BIBLIOTHÈQUE
HISTORIQUE
DE LA FRANCE.

BIBLIOTHÈQUE
HISTORIQUE
DE LA FRANCE,

Par feu JACQUES LELONG, Prêtre de l'Oratoire.

NOUVELLE ÉDITION

Revue, corrigée & considérablement augmentée

Par feu M. FEVRET DE FONTETTE, Conseiller au Parlement de Dijon, de l'Académie de cette Ville, & de celle des Insc. & Belles-Lettres.

TOME CINQUIÈME,

Contenant des Additions & les TABLES.

A PARIS,

Chez
{ PIERRE-FRANÇOIS DIDOT, jeune,
DEBURE, Fils aîné, } Quai des Augustins,
JEAN-LUC NYON, aîné, rue Saint-Jean-de-Beauvais,
MOUTARD, Imprimeur de la REINE, rue des Mathurins.

De l'Imprimerie de la Veuve HÉRISSANT, Imprimeur ordinaire du ROI,
Maison & Cabinet de SA MAJESTÉ.

M. DCC. LXXVIII.

AVEC APPROBATION, ET PRIVILÉGE DU ROI.

AVERTISSEMENT
DE L'ÉDITEUR.

EN PUBLIANT le Tome IV.ᵐᵉ de cette Bibliothèque Historique, au commencement de 1775, nous avions annoncé le Volume de Tables pour l'année suivante. Après une promesse aussi précise, le retard semble un tort bien grave; mais ce tort apparent est justifié, si nos délais ont tourné à l'avantage du Public, par la tâche que nous nous sommes volontairement imposée pour le mieux servir.

Nous avons senti que, dans un Livre dont tout le but est d'indiquer des sources d'étude, la partie essentielle est de fournir les Indices les plus complets, pour faciliter les Recherches des Personnes studieuses, & les mettre à portée de ne pas manquer l'objet qu'elles souhaitent trouver. En conséquence, nous sommes revenus avec une si scrupuleuse attention sur toutes les parties de l'Ouvrage, que nos Tables se sont sensiblement accrues dans leur exécution; & nous n'en avons écarté aucun détail, tant que nous avons pu les rendre plus riches, en sorte que nous croyons les avoir mises dans un état qui laissera fort peu de chose à desirer.

On peut d'ailleurs tenir pour certain qu'elles sont correctes, l'Auteur des plus difficiles étant M. RONDET, qui, après avoir fait preuve de sa sagacité en ce genre, a redoublé de soins pour que l'exécution de celles-ci répondît à leur importance. Mais c'est l'usage que les Sçavans en vont faire, qui pourra seul mettre à portée d'en apprécier le travail; & sur cela nous nous en rapportons avec confiance à leur équité. Nous les prions seulement de bien prendre l'esprit des IX. Tables, dans les courtes explications dont elles sont précédées; & de les considérer toutes ensemble, si l'on nous permet de parler ainsi, comme ces trousseaux de clefs dont on ne s'aide facilement qu'en devenant très-familier avec la destination de chacune d'elles.

Le délai imprévu qu'ont entraîné ces opérations minutieuses, nous a profité pour multiplier, de plus en plus, les améliorations dont un Catalogue d'Ouvrages est nécessairement susceptible; & l'on trouvera encore ici environ 40 pages d'Additions & Corrections au Supplément de Tome IV. Pour cette continuation de recherches, nous nous sommes vus heureusement secondés par plusieurs Personnes sçavantes

AVERTISSEMENT.

& officieufes, auxquelles nous avons déjà témoigné notre reconnoiffance à la tête des Volumes précédens.

Dans ce nombre d'Hommes eftimables, la République des Lettres a malheureufement perdu, en 1776, M. Jofeph NADAUD, Curé de Teyjac, Diocèfe de Limoges, qui, en bon Citoyen, n'a prefque point ceffé, tant qu'il a vécu, de travailler & d'apporter au Tréfor public fes richeffes particulières.

Nous avons auffi à louer le zèle & à regretter la perte de Dom Jacques-Claude VINCENT, Bénédictin & Bibliothécaire de Saint-Remy de Reims, mort en 1777. Il étoit fils de Jacques Vincent, Imprimeur-Libraire de Paris, célèbre par de belles impreffions, telles qu'*Origène, Biblia Sacra*, &c. qui a laiffé un autre fils, nommé Philippe, diftingué dans la même Profeffion. Nous nous reprochons de n'avoir pas nommé plutôt ce fçavant & laborieux Bénédictin, parmi les habiles Gens qui nous ont fecondé dans le cours de ce grand Ouvrage; & nous payons enfin à fa mémoire un tribut de gratitude d'autant mieux placé ici, que les *Additions* de ce Volume contiennent des Notices de plufieurs de fes Manufcrits, dont M. Nyon l'aîné (fon neveu) nous a donné communication après fa mort. Quelque intéreffans qu'ils foient, ce ne font néanmoins que de lugubres débris échappés à l'incendie de la Bibliothèque de Saint-Remy, où il a malheureufement péri beaucoup d'autres Manufcrits anciens & extrêmement précieux. Dom Vincent étoit encore en état de travailler utilement, n'étant âgé que de 51 ans.

Nous voilà donc enfin au bout d'une carrière pénible, que nous avons parcourue pendant quinze ans avec le plus grand zèle. Puiffe le Public éprouver quelque fatisfaction de ce que nous avons fait pour remplir les intentions de feû M. FEVRET DE FONTETTE, nous pardonner les fautes involontaires qui nous font échappées, & fur-tout être perfuadé que le defir d'être utile étoit feul capable de nous foutenir dans la continuité d'un travail qui a prefque épuifé nos forces.

J. L. BARBEAU DE LA BRUYERE, ce 15 Octobre 1778.

TABLE

De ce qui est contenu dans ce cinquième & dernier Volume de la Bibliothèque Historique de la France.

ADDITIONS & Corrections du Tome I.   Page 1

— du Tome II.   12

— du Tome III.   21

Additions & Corrections du Tome IV.   Page 29

— du Suppl. (qui est au Tome IV.) 32

— de ce Volume, ou Tome V. 36

TABLES.

I. *Table générale des Matières, selon l'ordre qu'elles ont dans les IV premiers Tomes,*   Page 1

II. *Table Géographique des Provinces, Villes, Abbayes (ou Monastères), & autres Lieux sur lesquels il y a quelques Histoires ou Traités dans la Bibliothèque Historique de la France,*   11

III. *Table Chronologique, qui indique ; 1.° les Chroniques dispersées dans les différentes Classes qui concernent l'Histoire Ecclésiastique & Monastique, Politique ou Civile ; 2.° les Histoires générales, qui embrassent plusieurs Règnes des Rois de France ; 3.° les Ouvrages qui traitent de chacune de leurs Races, ou de chacun de leurs Règnes ; 4.° les Histoires particulières des Provinces, & des principales Villes ; 5.° les Vies des Personnages les plus distingués dans l'Eglise ou dans l'Etat, & autres Pièces qui les regardent ; 6.° les Actes des Conciles Généraux, Nationaux & Provinciaux, & autres Pièces qui ont pour objet les Assemblées du Clergé de France, les Synodes Diocésains, & les Etats-Généraux du Royaume; par M.* RONDET,   79

Articles omis dans la (même) Table,   197

IV. *Table Alphabétique des Chroniques & Histoires générales, indiquées dans la Table précédente, mais ici présentées avec la seule date des années où elles finissent,*   199

V. *Table Alphabétique des Personnes, dont on indique, dans cette Bibliothèque, l'Histoire, la Vie, l'Eloge, l'Oraison funèbre, ou qui sont l'objet de quelques Dissertations, Remarques, Notes, ou autres Ecrits ; par le même,*   209

VI. *Table Alphabétique des Matières, qui sont l'objet des Ouvrages contenus dans cette Bibliothèque ; par le même,*   385

VII. *Table des Manuscrits indiqués au long dans cet Ouvrage, & rangés ici selon l'ordre des Matières suivies dans les Tomes précédens,* (ou selon la I. Table), 297.

VIII. *Table Alphabétique des Auteurs dont les Ouvrages sont rapportés dans cette Bibliothèque, avec l'indication de ces Ouvrages, & des Numéros sous lesquels on les trouve, y compris le* Supplément *& les* Additions; *par* M. RONDET. 373.

IX. *Table Alphabétique des Anonymes, c'est-à-dire, des Ouvrages qui ne portent point le nom de leurs Auteurs, & qui d'ailleurs n'indiquent point assez leur classe par le Titre, ou qui se rapportant à la Classe de l'Histoire des Règnes, n'ont point de date qui y puisse faire connoître leur rang; par le même,* 759.

APPROBATION

De M. BÉJOT, Garde des Manuscrits de la Bibliothèque du Roi, & Censeur Royal.

J'AI LU, par ordre de M. le Garde-des-Sceaux, un Manuscrit, intitulé : *Additions au Supplément de la Bibliothèque Historique de la France,* & je n'ai rien trouvé qui puisse en empêcher l'impression. A Paris, le 1 Septembre 1778.

Signé, BÉJOT.

Le Privilège est au Tome I.

ADDITIONS

ADDITIONS
AU SUPPLÉMENT
DE LA BIBLIOTHÈQUE HISTORIQUE
DE LA FRANCE.

PAGE 37 du Tome I. *ajoutez*,

439.* ☞ Mf. Differtations hiftoriques & critiques, de Jac. Claude VINCENT, fur la fituation & l'étendue de l'ancienne France, depuis la première connoiffance que nous en avons, & fur fes partages fous la première Race, jufques & y compris celui des enfans de Clotaire I. *in*-4. de 573 pages d'un caractère fin.

Il y a cinq Differtations, remplies d'une grande érudition : elles font entre les mains de M. Nyon l'aîné, Libraire, qui étoit neveu de D. Vincent. L'Auteur, comme on le voit par un *Précis*, avoit deffein de pouffer fes recherches jufqu'à Pepin le Bref : le plus important & le plus difficile eft fait. D. Vincent eft mort le 22 Septembre 1777.]

PAGE 40.

375.* ☞ Mf. Mémoire fur les limites du premier Royaume de Bourgogne, par M. l'Abbé (Charles) BOULLEMIER ; lu dans l'Académie de Dijon, en 1774.

Il eft confervé dans les Regiftres de cette Académie.]

PAGE 67, *ajoutez*,

931.*** ☞ Mf. Mémoire lu à la rentrée publique de l'Académie Royale des Sciences, le 15 Novembre 1775, fur les Moyens de conduire à Paris une partie de l'eau des Rivieres de l'Yvette & de la Bièvre ; par M. PERRONET, premier Ingénieur des Ponts & Chauffées : *Paris*, Impr. Royale, 1776, *in*-4.

Ce Mémoire, qui eft la fuite & la perfection du projet de M. Deparcieux, fi intéreffant pour Paris, eft accompagné d'une Carte topographique, ou d'un Plan général du Canal projetté. On a réimprimé ce Mémoire dans un Recueil complet de ceux de M. Deparcieux (dont les deux derniers font indiqués au *Supplément*, Tom. IV, *pag*. 228.) *Paris*, Jombert, 1776, *in*-4. Son Neveu, qui en eft l'Editeur, y a répondu aux Objections.]

940.*** ☞ Mémoire fur les Canaux qu'on peut conftruire en Bourgogne, particulièrement fur celui dont le Lac de Longpendu formeroit le point de partage : *Dijon*, 1775, *in*-4. de 46 pages.

PAGE 69, *ajoutez*,

965.* ☞ Mf. Arrêt du Confeil, du 9 Août 1774, qui ordonne la répartition en 1775 au marc la livre de la Capitation, d'une fomme pour la dépenfe de la conftruction des Canaux de Bourgogne & de Picardie : *in*-4.

Sa Majefté (y eft-il dit), n'a pu entendre qu'avec une extrême fatisfaction le compte qui lui a été rendu des travaux entrepris pour la confection du *Canal de Picardie*, qui doit former la jonction de l'*Efcaut* à la *Somme* & à l'*Oife*. Defirant faire jouir fes Peuples, le plutôt qu'il fera poffible, de tous les avantages qu'ils doivent en recueillir, elle a penfé auffi que rien ne devoit retarder la formation du *Canal de Bourgogne*, deftiné à réunir l'*Yonne* à la *Saône*, & qu'il étoit très-important pour le Royaume entier d'établir

Additions & Corrections

...de ces deux Canaux, une Navigation, qui, traversant ses Etats du Nord au Midi, assureroit à l'Agriculture le transport & la vente de ses productions, & faciliteroit au Commerce ses échanges & ses autres opérations.

PAGE 74.

1678. * ☞ Carte (nouvelle) de l'Archevêché de Lyon : *Paris*, Lattré, en quatre feuilles.

Le nouveau Diocèse de S. Claude en a été distrait.]

PAGE 134.

2440. * ☞ Essais sur l'Histoire-Naturelle de l'Isle de *Saint-Domingue* : *Paris*, Gobereau, 1776, *in*-8. fig.

Cet ouvrage est du Père NICOLSON, Dominicain.]

PAGE 145, *ajoutez*,

2590. * ☞ Christ. Lud. MOEGLINY, Pathologia & Therapia generalis malorum quæ exteros plerosque Lutetiæ degentes diversimodè afflictant : *Tubingæ*, 1756, *in*-4.]

PAGE 166, *ajoutez*,

2890. * ☞ Dissertatio Chemico-medica, de Fontibus medicatis *Alsatiæ*; quam proponit Franc. Anton. GUERIN : *Argentorati*, 1769, *in*-4.

PAGE 188, *ajoutez*,

3306. * ☞ Jo. Rein. SPIELATANE, de Vegetalibus *Alsatiæ* venenosis : *Argentorati*, 1766, *in*-4.]

Au N.º 3452, ligne 1. de la Note, *lisez* : M. de la Quintinie naquit, en 1626, à Chabanois, près d'Angoulême ; c'est ce qu'on a appris d'un de ses Descendans, mieux instruit que tous les Auteurs qui en ont parlé autrement.]

PAGE 204, *ajoutez*,

3552. * ☞ De Animalibus *Alsatiæ* nocivis, specimen, Præside & Autore Jac. Reinb. SPIELMANNO : *Argentorati*, 1768, *in*-4.]

PAGE 208, *ajoutez*,

3585. * ☞ Résultat d'expériences sur les Moyens les plus efficaces & les moins onéreux au Peuple, pour détruire dans le Royaume l'espèce de Bêtes voraces ; par l'Auteur des Mémoires imprimés par ordre du Gouvernement, à l'Imprimerie Royale, sur ce même objet, en 1766 & 1768. *Paris*, 1771, *in*-8.

L'Auteur est M. DE LISLE DU MONCEL. On y trouve une Notice des ravages causés par les Loups, dans l'espace de 15 mois, & la quantité, avec la maniere dont on les a détruits.

2587. * ☞ Lettre à M. le Comte de *** à Langeac, le 6 Juillet 1767 (sur la mort du monstre du Gévaudan) : *in*-8. de 12 pages.

Cette Lettre est de M. GOBET, aujourd'hui Secrétaire du Conseil de M. le Comte d'Artois.

PAGE 227, *ajoutez*,

3786. * ☞ Considérations sur l'esprit militaire des Gaulois, pour servir d'éclaircissemens préliminaires aux mêmes Recherches sur les François ; par M. (Claude-Guillaume) BOURDON DE SIGRAIS, Capitaine de Cavalerie, &c. de l'Académie des Inscriptions & Belles-Lettres : *Paris*, veuve Desaint, 1774, *in*-12.

Ce sont des Mémoires lus dans l'Académie.]

PAGE 233, *ajoutez*,

3847. * ☞ Mf. Remarques sur un passage de César, concernant la Religion des Gaulois ; par M. l'Abbé (Charles) BOULLEMIER, de l'Académie de Dijon, en 1774.

Ces Remarques, lues dans cette Académie, sont conservées dans ses Regîtres.]

PAGE 234.

3855. * ☞ Observations sur un ancien Monument Gaulois, trouvé en 1763, à la source de la Seine.

Il est conservé à Dijon, dans la Bibliothèque de M. le Président de Bourbonne ; & les Observations à son sujet sont imprimées dans une Note, à la page 155 du Tome II. de la nouvelle Edition de la Bibliothèque de la Croix du Maine, donnée par M. Rigoley de Juvigny : *Paris*, Saillant & Nyon, *in*-4.]

PAGE 235, *ajoutez*,

3860. * ☞ Excerpta TITI-LIVII.

Cet Ecrivain de l'Histoire Romaine (dont les Extraits concernant les Gaulois, se trouvent dans le même Tome I. de D. Bouquet) est celui qui rapporte les faits les plus anciens de l'Histoire de la Gaule, 591 ans avant J. C. Tite-Live est mort l'an 17 de l'Ere Chrétienne.]

PAGE 244, *ajoutez*,

3912. * ☞ Mf. Dissertation sur les *Aulerces* ; avec plusieurs autres sur les anciens Peuples qui ont habité la partie des Gaules qui a formé depuis le Duché d'Alençon & le Comté du Perche ; par M. ODOLANT DESNOS, Docteur en Médecine, Secrétaire de la Généralité d'Alençon : 1 vol. *in*-4.

Dans le Cabinet de l'Auteur, à Alençon.]

PAGE 264, *ajoutez*,

4139. * ☞ Histoire de Notre-Dame de Bon-Espoir, qui est dans l'Eglise paroissiale de Notre-Dame à Dijon ; par Joseph GAUDRILLET, Prêtre mé-partiste (ou habitué) de cette Eglise : *Dijon*, 1733, *in*-8.]

PAGE 265.

Au N.º 4161, *ajoutez* à la Note :

☞ La seconde Partie est dans cette Edition de 1632, & contient les Miracles de Notre-Dame de Liesse, en 18 Chapitres.]

PAGE 273.

Au N.º 4297, Agobardi, *lisez* Agoardi.

Ibid, cal. 2, Art. 5, avant la fin : De sancto Albino, Episcopo Lugdunensi. *Cet Article ne se trouve pas à l'indication suivante du P. le Long, & il n'y a point eu d'Albin, Evêque de Lyon. On en connoît un, Evêque d'Embrun, mais il n'a point de vie particulière : ainsi cet article est à retrancher.*

PAGE 278.

Au N.° 4333, Bellina, *lisez* Belina.

PAGE 285.

Au N.° 4401, Eudelbo, *lisez* Eudaldo.

PAGE 286.

Au N.° 4417 & 18, Florent, *lisez* Florentin.

PAGE 296.

Au N.° 4530, *ajoutez à la Note :*

On a répété cette Vie au N.° 13343 ; mais il faut voir au Supplément le N.° 11211.*, tiré des Bollandistes.]

PAGE 303.

Au N.° 4614, Paschalia, *lisez* Paschasia.

PAGE 304.

Avant le N.° 4617, Pauliniano, *lisez* Pauliano.

PAGE 314.

Au N.° 4726, Vitulina, *lisez* Vitalina.

PAGE 317.

Au N.° 4767, lig. 10, Albert, *lisez* Albret.

PAGE 319.

Au N.° 4805, ligne 4, Charlotte Marguerite, *lisez* Claude *ou* Claudine-Marguerite.

PAGE 321.

Au N.° 4816, ligne 5, BOQUET, *lisez* BOGUET, & *ajoutez* :

4826. * ☞ Discours des Sorciers, avec une ample Instruction pour un Juge en fait de Sorcellerie : *Lyon*, Pilehotte, 1603, *in* 8.

On y trouve beaucoup d'Anecdotes sur des personnes de la Terre de S. Claude, en Franche-Comté, accusées de sorcellerie.

On conserve dans la même Province, aux Archives de Luxeuil & de Fougerolles, plusieurs Procédures postérieures à cette époque contre de prétendus Sorciers, notamment les Originaux d'Interrogatoires où l'on a figuré des épingles en forme de Clous de quatre doigts, *que l'on enfonçoit dans les taches de la peau des Accusés, sans qu'ils en aient ressenti de la douleur, suivant les Procès-verbaux.]*

PAGE 323, *ajoutez*,

4854. * ☞ La Possession de Loudun, ou Histoire d'Urbain Grandier ; par M. RICHER.

Dans le Tome IV. de ses *Causes intéressantes,* &c. *Paris*, 1772, &c. *in*-12.]

PAGE 329.

Au N.° 4917, ligne 1. de la Note, Hyacinthe-Robillard, *lisez* Hyacinthe-Richard.

PAGE 330, *ajoutez*,

4919. * ☞ Ms. Lettres d'un Magistrat à M. Morenas, dans lesquelles on examine ce que dit cet Auteur dans la Continuation de son Abrégé de l'Histoire Ecclésiastique Tome V.

sur ce qui s'est passé en France dans les Tribunaux séculiers, & notamment dans le Parlement de Paris, au sujet de la Bulle Unigenitus ; pour servir de suite aux 21 premières Lettres d'Eusèbe à Philalèthe ; par Barthélemi-Gabriel ROLLAND.

Ces Lettres sont conservées dans la Bibliothèque de ce Président au Parlement connu, alors sous le nom de Rolland d'Erceville. *Elles ont été imprimées en 1754, & la* France Littéraire *en fait mention ; mais M. le Président Rolland a désavoué & désavoue cette édition, comme n'étant point conforme à son manuscrit.]*

PAGE 337, *ajoutez*,

5050. * ☞ Ms. Recueils de Pièces concernant l'Eglise Cathédrale de Meaux, composées & recueillies par M. Ch. Jos. THOMÉ, Chanoine.

1. Description de la Cathédrale de Meaux.

2. Mémoires sur l'Offrande qui s'y fait les jours de S. Etienne, & sur les Procès survenus à ce sujet.

3. Remarques sur la Cérémonie singulière du jour de Pâque, après Matines.

4. Catalogue des Chanoines, depuis 700 ans, tiré des Archives du Chapitre.

5. Pièces manuscrites & imprimées sur les Différends entre le Chapitre & l'Abbaye de S. Faron.

6. Pièces en grand nombre sur le Chapitre de S. Saintin de Meaux, qui dépend de celui de la Cathédrale, lequel a été confirmé dans ses droits par Arrêt du 12 Avril 1747.

7. Abrégé du Procès entre les Chanoines de la Cathédrale de Meaux, touchant les Statuts anciens & nouveaux concernant les Maisons Canoniales, avec un grand nombre de Pièces à ce sujet.]

PAGE 338.

Au N.° 5068, ligne 2, Herluyson, *lisez* Verluyson.

PAGE 342, *ajoutez*,

Au N.° 5136, *à la fin de la Note* : M. Nadaud est mort en 1776.]

PAGE 344.

Au N.° 5185, *ajoutez à la Note* :

On peut voir sur la sainte Chapelle de Paris ce qui en est rapporté au Tome VII. du Gallia Christiana *des Bénédictins.*]

PAGE 347.

Au N.° 5234 *à la Note, ligne 1*, est, *lis.* étoit ; & *à la fin,* & est aujourd'hui dans celle de M. le Duc de Charost.]

PAGE 351.

Au N.° 5337, *même correction & ailleurs.*)

PAGE 353.

Au N.° 5380, *ajoutez à la fin de la Note* :

Voyez ce qui est dit de l'ouvrage original de M. de Riguet, ci-après au N.° 10627, & dans les Additions *à ce N.°*

PAGE 363, *ajoutez*,

5565. * ☞ Histoire Ecclésiastique du XVII. Siècle : *Paris*, Pralard, 1714, *in*-8. 4 vol.

Ce Livre, qui est appelé dans le Privilège du Roi,

Additions & Corrections

un Ouvrage important & curieux, & de Louis ELLIES DU PIN, Docteur de Sorbonne, mort en 1719. Il y est beaucoup question des Contestations qui se sont élevées entre les Théologiens de France.]

PAGE 367.

Au N.° 5622, ligne 2, GOUGET, lisez GOUJET, & ajoutez à la fin de la Note :

Il y a eu une seconde Edition (revue) de cette Vie de M. Nicole : (Paris, Desprez) 1767, in-12.

PAGE 371.

Au N.° 3673, à la fin de la Note, Edmond Pourchot, &c. lisez Guillaume Dagoumer, Recteur de l'Université de Paris.]

PAGE 373.

Au N.° 5703, D'ANCESANE, lisez D'ANCEZUNE.

PAGE 409, ajoutez,

6274. * ☞ Dialogue entre un Evêque & un Curé, sur les Mariages des Protestans: 1775, in-12 de 120 pages.

Ce petit Ouvrage, bien écrit, est pour leur permettre de se marier devant les Magistrats. On l'attribue à M. GUIDI, ci-devant de l'Oratoire.]

☞ Les Protestans déboutés de leurs prétentions, par les principes & les paroles mêmes du Curé leur Apologiste, dans son Dialogue avec un Evêque, sur leurs mariages : Bruxelles & Paris, Morin, 1776, in-12 de 64 pages.

☞ Suite du Dialogue, ou Réponse de M. le Curé de *** à l'Auteur d'une Brochure, intitulée : les Protestans déboutés, &c. 1776, in-12 de 142 pages.

PAGE 415, ajoutez à la Note du N.° 6335 :

☞ M. du Tems a donné dans l'Ouvrage intitulé le Clergé de France, Tom. I. pag. 564-75, d'après un manuscrit authentique, les Actes de ce même Concile d'Apt, où l'on voit plusieurs Variantes entre cette copie, & celle qui a été publiée par D. Martène.]

PAGE 430.

Au N.° 6524, lig. 2, D'ARENTON, lis. D'ARANTHON.

PAGE 434.

Colonne 1, ligne 9, Tome. II. lisez Tom. IX.

PAGE 438.

Art. 6 de la colonne 1, anno 1207 vel 1208, lisez anno 1107 vel 1108.

PAGE 442, ajoutez,

6668. * ☞ Ordonnance de M. l'Archevêque de Paris (Ch. Gasp. Guill. DE VINTIMILLE) du 10 Septembre 1743, qui renouvelle les Statuts Synodaux de 1697, & les Ordonnances de M. de Noailles du 1 Avril 1696, du 8 Juin 1697, & du 24 Avril 1709 : Paris, G. Simon, 1743, in-4. de 30 pages.]

PAGE 455, ajoutez en Note :

Au N.° 6809, après la ligne 5 :

☞ Voyez dans le Tome VIII des Conciles d'Allemagne, ces Statuts de Claude de la Baume avec les Lettres de Pie V sur la publication du Concile de Trente à Besançon. Il est au reste question des Conciles Provinciaux de Besançon, dans l'Histoire de cette Eglise, par M. Dunod, Tom. II, pag. 151.]

PAGE 465, ajoutez :

Au N.° 6954, en Note :

☞ Les Assemblées du Clergé ayant pour objet principal le répartement des Décimes, il faut distinguer les Provinces qui composoient le Royaume en 1516, & quelques parties réunies depuis, qui sont également assujetties aux Décimes, telles que la Bresse, le Bugey & la Navarre : au contraire, les Trois-Evêchés, Metz, Toul & Verdun, l'Artois, la Flandre, l'Alsace, la Franche-Comté & le Roussillon ne sont point assujettis aux Décimes, mais à des Dons gratuits particuliers; & ces Provinces, appellées Pays conquis, ne sont point partie des Assemblées du Clergé de France. Voyez les Loix Eccléstastiques de d'Héricourt, Part. II, Chap. V, num. 6.]

PAGE 466, ajoutez,

Au bas de la col. 1.

☞ Il y a eu depuis une nouvelle Edition du Droit Canon de Pithou : Turin, 1746, in-fol. 2 vol. On y a joint une Table, qui indique les Décrétales adressées aux Evêques des Gaules. Si l'on en faisoit un extrait raisonné, cela pourroit servir à l'Histoire des usages & des abus des différens Diocèses de la France.]

PAGE 486.

7157. * ☞ Conseil Chrétien sur les Monitoires & menaces d'excommunication & interdiction du Pape Sfondrato, dit Gregoire XIV, contre le Roy, l'Eglise & le Royaulme de France, pris des exemples de nos prédécesseurs en choses semblables : 1591, in-12.

PAGE 492.

Au N.° 7238, ligne 2, après Roi, ajoutez, par Adrien d'Amboise ; & ligne 5 : lisez le même, (& non François d'Amboise.)

PAGE 526.

Au N.° 7622, ligne 5 de la Note, Pierre, lisez Antoine-François.

PAGE 531, ajoutez :

7677. ** ☞ Histoire des Papes qui ont siégé à Avignon, pendant 119 années, aux XIII. & XIV. siécles : Avignon, Merande, 1774, in-4.]

PAGE 538.

Col. 2, après l'Article 5, de Polignac, ajoutez :

☞ Eloge & Vie d'Antoine du Prat, Archevêque de Sens, & Chancelier, mort en 1535.

Voyez aux Chanceliers, Tom. III, 31495 & 96 ; & aux Entrées, comme Légat, Tom. II, 26180 & 90.]

PAGE 542.

Au N.° 5859, Brancesio, lisez Barcesio.

PAGE 545, ajoutez :

7921. * ☞ Eloge d'Armand-Pierre de la Croix de Castries, Archevêque d'Alby, mort le 14 Avril 1747 ; par M. DE RATTE, Secrétaire de la Société Royale de Montpellier.

Cet Eloge est imprimé dans la Relation de l'Assemblée de cette Société, du 8 Mai 1749.]

pour le Tome I.

PAGE 546.

Au N.° 7937, *ajoutez à la Note*:

Guillaume de la Croix n'est pas mort en 1618, comme l'a marqué le P. le Long, mais le 21 Juin 1614 : c'est ce qui est dit précisément au bas de quelques Vers imprimés après l'Epître dédicatoire de son Livre, faite par Côme de la Croix son frère.]

PAGE 547.

Le N.° 7958 doit être effacé, étant à sa place sous Cominges, N.° 8091.

Le N.° 7959 doit être aussi effacé : il est à sa vraie place sous Gap, N.° 7904.

PAGE 550.

Au N.° 8019, *effacez* à la fin de la Note, ce Cardinal est mort en 1417.

PAGE 552.

Les N.os 8052 & 53 doivent précéder 8045-51.

PAGE 553, *ajoutez*:

8086. ** ☞ Histoire du Cardinal de Polignac, Archevêque d'Auch, par le P. Chrysostome FAUCHER, Religieux de S. François (du Tiers-Ordre) : *Paris*, d'Houry, 1777, *in-12*, 2 vol.

Il n'y est question que de ses Ambassades en Pologne, en Hollande, à Rome, & de son fameux Poëme, l'Anti-Lucrèce.]

PAGE 554.

Au N.° 8100, Bertrandum, *lis.* Bernardum.

PAGE 555.

Au N.° 8130, Vedreduno, *lis.* Veredemo.

PAGE 556.

Le N.° 8149 doit être transporté après le 8154.

PAGE 557.

A la Note qui commence la col. 1, *ajoutez*:

M. Dunod, Tom. I, pag. 382, parle des Assemblées du Clergé de l'Archevêché de Besançon ou de Franche-Comté, qui ne fait pas partie des Assemblées du Clergé de France, comme nous l'avons observé ci-devant (dans l'*Addition*, au N.° 6954.) Nous mettrons ici une Note qui nous a été communiquée par M. Droz.

Il y a une Chambre Ecclésiastique à Besançon, pour le répartement du Don gratuit (qui tient lieu des Décimes de l'Assemblée du Clergé de France.) Quelques parties de Champagne, Lorraine & Barrois y ont été unies par Arrêt du Conseil de 1722. Il y eut, en 1736, des réclamations de la part des Réguliers & de quelques Curés sur la forme du répartement. Ces différends donnèrent lieu à divers *Mémoires* imprimés; & la contestation fut terminée par l'Arrêt du Conseil du 14 Août 1738, qui règle la manière dont la Chambre Ecclésiastique sera composée, & la forme des répartemens, comptes & surtaux.]

Au N.° 8171, Frontinio, *lisez* Fronimio.

Le N.° 8175 doit être effacé, car M. Baillet ne donne cette Vie de S. Germain, Evêque de Besançon, ni au 11 Octobre, ni ailleurs. Le Martyrologe Parisien en fait mention à ce jour, & M. Châtelain aussi, mais d'une manière indécise.

PAGE 558, *ajoutez*:

8193. * ☞ Epistola NICOLAI I, Papæ, ad Arduicum Archiepiscopum Bisuntinum, anno 865.

Elle contient plusieurs Décisions sur la discipline, & se trouve dans le *Spicilége* de Lunig, Tom. XVI des Archives de l'Empire, pag. 1073.]

☞ Dans les Tables du Corps du Droit Canon de Pithou, édition de Turin, 1746, *in-fol.* 2 vol. où se trouve l'indication des Decrétales adressées aux Evêques des Gaules, il y a plusieurs Decrétales qui concernent les Archevêques de Besançon, notamment du Pape Alexandre, *Cap.* 14, 16, 17, 19, 20 & 21 *de Simonid*; d'Innocent II, *Cap.* 4; *de causâ poss.* 2. *De Confessis.* 2. *De Schismate.* 39. *De Testibus.* 23. *De Prabendis.* 15. *De Homicid.* 14. *De Accusat.* 7. *De eo qui cognovit consang. &c.*]

PAGE 559, *ajoutez*:

8202. * ☞ Mf. Eloge historique d'Antoine Cleradus de Choiseul, Archevêque de Besançon, &c. mort le 7 Janvier 1774; par M. l'Abbé CANNES, Chanoine de l'Eglise de Besançon, & l'un des Membres de l'Académie de cette Ville.

Il est conservé dans les Registres de cette Académie.]

PAGE 560.

Au N.° 8244, *ajoutez en Note*:

☞ C'est S. Léonce l'ancien, ou I du nom, mort en 545.]

Au N.° 8245, *ajoutez en Note*:

☞ C'est S. Léonce le jeune, ou II, mort en 564.]

PAGE 566.

Le N.° 8365 doit être effacé, comme étant à sa vraie place à Cahors, qui étoit ci-devant de l'ancienne Province de Bourges, avant qu'Alby fût érigé en Métropole.

PAGE 563.

Au N.° 8304, Pierre, *lisez* Louis.

Au N.° 8305, de Gete, *lisez* de Gesté.

PAGE 569.

Au N.° 8438, Quentin, *lisez* Quintien.

8456. * ☞ Eloge de M. Massillon, prononcé à Toulouse, par M. l'Abbé de MARQUEZ : *Paris*, Brocas, 1768, *in-8*.

PAGE 571.

Au N.° 8490, Gregorii, *lisez* Georgii.

Au N.° 8492, Pauliniano, *lisez* Pauliano.

PAGE 577.

Au N.° 8561, Ennebetto, *lisez* Emeberto.

PAGE 579, *ajoutez à la fin de la Note du N.° 8599*:

Il en est encore question au N.° 8561, les Evêchés de Cambrai & d'Arras *étant alors unis*.]

PAGE 586.

Au N.° 8723, dans la Note, vers l'an 216, *lisez* l'an 276, selon Baronius, dans le Martyrologe Romain, d'après les meilleurs Ecrivains des Pays-Bas d'alors; ou dans le IV. Siècle, selon d'autres, qui ont discuté de nouveau cette matière & les semblables : voy. ci-après, pag. 674 (de ce Tome I.).

PAGE 587.

Le N.° 8738 doit être ainsi réformé :

Additions & Corrections

Vies de S. Mondolf ou Mondulfe, & de S. Gondon ou Gondulfe, Evêques de Maſtricht.

PAGE 589.

Au N.° 8788, Corachi, *liſez* Durandi.

PAGE 592, *ajoutez*,

8846. * ☞ Vita di Monſignore Ant. Godeau, Veſcovo di Vence, Scritta da D. Arnaldo Speroni, Decano Benedictino-Caſinenſe : *in Venezia*, 1761, *in*-4. de 45 pages.

Cette Vie eſt dédiée à l'Académie Françoiſe, par une Epître Italienne de l'Auteur, du 15 Janvier 1761. Elle eſt ſuivie d'un Catalogue des Ouvrages de M. Godeau.]

PAGE 600.

Au N.° 9016, Angrini, *liſez* Argrini.

PAGE 605, *ajoutez*,

9118. * ☞ Hiſtoire de l'Egliſe & des Evêques de Straſbourg, depuis la fondation de l'Evêché juſqu'à nos jours (avec les Chartes & Diplômes); par M. l'Abbé de Grandidier, Secrétaire & Archiviſte de l'Evêché de Straſbourg, &c. *Straſbourg*, 1776, *in*-4. Tome I.

A la tête de ce volume, ſont quatre Diſſertations : 1. Sur l'établiſſement du Chriſtianiſme en Alſace, au II ſiécle; 2. Sur l'Apoſtolat de S. Materne; 3. Sur S. Amand, premier Evêque de Straſbourg, & ſur l'authenticité du Synode de Cologne contre Euphratas ſon Evêque ; 4. Sur l'authenticité & la fauſſeté des Diplômes, comme ſur leur utilité. L'Hiſtoire des Evêques de Straſbourg, qui ſuit, va juſqu'à l'an 817 dans ce premier Tome ; & elle eſt diviſée en trois livres. Le IV traite de l'établiſſement des Abbayes & Monaſtères du Dioceſe de Straſbourg, dans les VI, VII & VIII ſiécles. La partie Diplomatique qui termine le volume, ne contient que les Pièces des ſiécles Mérovingiens : on a été obligé de renvoyer au volume ſuivant les Chartes données par Pepin, Carloman & Charlemagne.]

PAGE 607.

Au N.° 9175, Charles, *liſez* Jean.

9181. * ☞ Eloge de René-François de Beauvau, Archevêque de Narbonne, Académicien honoraire de la Société Royale de Montpellier; par M. de Ratte, Secrétaire perpétuel.

Dans la Relation de l'*Aſſemblée du 25 Avril* 1743.

PAGE 609, *ajoutez* :

9209. * ☞ Vie d'Eſprit Fléchier, par Léon Ménard, Conſeiller au Préſidial de Niſmes, de l'Académie Royale des Inſcriptions & Belles-Lettres.

Cette Vie eſt à la tête du Tome I des *Œuvres de M. Fléchier : Paris*, Ballard, 1763, *in*-4., qui eſt au reſte le ſeul que l'on ait donné au public en cette forme.]

PAGE 613.

A la Note du N.° 9311, après 892, *ajoutez* (ou plutôt vers 910.)

PAGE 619, *ajoutez* :

9405. * ☞ Mſ. Recueil ſur les Droits & Privilèges dont ont joui de tout temps les Evêques de Meaux, & ſur la grande cérémonie qui ſe faiſoit à leurs Entrées ſolemnelles ; par M. Ch. Joſ. Thomé, Chanoine de Meaux.

Voyez ci-devant (à l'*Addition du N.*° 5050.]

PAGE 620.

Le N.° 9423 *doit être effacé*, Philippe Miremont n'ayant point été Evêque de Meaux, ſon article eſt mis à ſa place, Tom. III, N.° 32399.

Au N.° 9430, *ajoutez à la fin de la Note* :

☞ On nous fait eſpérer une Vie détaillée & intéreſſante du grand Boſſuet, à la fin de la nouvelle édition de ſes Œuvres que donnent les Bénédictins, plus ample que les précédentes, & dont il a déjà paru pluſieurs volumes *in*-4. : *Paris*, Boudet.]

PAGE 621.

Au N.° 9450, *ajoutez à la Note* :

☞ Il y a une copie bien exacte du Procès-verbal de l'Entrée de M. Fleuriau, dans la Bibliothèque de M. le Préſident Rolland, à Paris : on y trouve un long Catalogue de tous les Priſonniers délivrés : *in*-8.]

Ibid, *ajoutez* :

9453. * ☞ Mſ. Mémoire concernant le Privilège de l'Evêque d'Orléans (pour la délivrance des Criminels qui ſe rendent à Orléans), ſuivi de Pièces à ce ſujet : *in*-8.

Ce Manuſcrit, copié ſur un original communiqué par M. l'Evêque d'Orléans même à M. Rolland, ſe trouve dans la Bibliothèque de ce Préſident au Parlement de Paris.]

PAGE 623.

Le N.° 9476 *doit être effacé* : Etienne de Gallande fut Doyen de S. Agnan à Orléans, & non Evêque. Son Article eſt mieux, N.° 16649, Tom. II.

PAGE 629.

Au N.° 9608, Bouilloud, *liſez* Bullioud.

PAGE 632.

Au N.° 9965, François, *liſez* Frère.

PAGE 633, *ajoutez* :

9692. * ☞ Mſ. Hiſtoire des Evêques d'Amiens, juſqu'en 1354; par Charles du Freſne du Cange : *in*-4.

Elle eſt conſervée dans la Bibliothèque du Roi.]

☞ On trouve une Hiſtoire (imprimée) des mêmes Evêques, juſqu'à notre temps, dans le Tome II de l'*Hiſtoire de la Ville d'Amiens* ; par le P. Daire, Céleſtin : *Paris*, 1757, *in*-4.]

PAGE 643.

Au N.° 2984, ligne 5 & 6, Masson, *liſez* Jean le Masson ; & *mettez enſuite cette Note* :

☞ Ce Jean le Maſſon, qui a été Aumônier du Roi, étoit frère du fameux Papire le Maſſon : leurs noms s'écrivoient ainſi, comme on le voit au Privilège du Roi de *Deſcriptio Fluminum Galliæ*, &c. *Pariſiis*, Queſnel, 1618, *in*-8.]

PAGE 644.

Au N.° 9927, *ajoutez en Note* :

☞ Cette Vie de M. Huet, écrite par lui-même,

n'eſt autre choſe que ſon *Commentarius*, &c. qui ſuit.]

PAGE 646, *ajoutez* :

9961. * ☞ Mſ. Hiſtoire des Evêques de Séez; par M. BAILLY, Chanoine Sémi-prébendé de cette Egliſe : *in-fol*.

Elle eſt conſervée dans le Cabinet de l'Auteur.]

PAGE 648, *ajoutez* :

9990. * ☞ Réplique du P. TEXTE à la Réponſe de M. l'Abbé Prévoſt.

Dans les *Mémoires de Trévoux*, 1744, Février.]

☞ Réponſe (de l'Abbé PRÉVOST) à la Réplique précédente.

Dans les mêmes *Mémoires*, Avril 1744. L'Auteur y paroît achever de prouver que Jean Hennuyer, Evêque de Liſieux, n'a point été Dominicain. On peut voir encore à ce ſujet les *Mémoires de Trévoux*, Mai, II. vol. *pag* 1119.]

Au N.° 9991, *liſez en Note* :

Le vrai titre eſt tel :

Lettre (de l'Abbé PRÉVOST) à M. l'Abbé Lebeuf, touchant Jean Hennuyer, Evêque de Liſieux : *Mercure*, 1746, Juin, I. vol. *pag*. 59-80.

L'objet de cette Lettre eſt de prouver que Jean Hennuyer ne ſauva pas la vie aux Huguenots de ſon Diocèſe, lors du maſſacre de la Saint-Barthélemi. C'eſt ce que l'Auteur prétend établir, 1.° par le ſilence des Auteurs contemporains, qui n'auroient pas manqué de citer ce trait-là ; 2.° Par l'oppoſition que montra Hennuyer à l'Edit du 17 Janvier 1561, en faveur des Religionnaires ; 3.° par l'attachement de cet Evêque aux Guiſes, à qui il devoit toute ſa fortune, & au Cardinal de Bourbon, dont il épouſa tous les ſentimens contre les Huguenots, comme l'a remarqué M. de Launoy ; 4.° Par le mal qu'en ont dit des Ecrivains paſſionnés en faveur du Calviniſme, tels que Villemadon & l'Auteur de la Légende du Cardinal de Lorraine, ce qu'ils n'euſſent pas fait, ſi cet Evêque les eût protégés lors du maſſacre de 1572. Hennuyer, premier Aumônier du Roi, n'étoit pas, ſelon les apparences, à Liſieux, mais à la Cour, vû qu'alors le Grand-Aumônier, Jacques Amyot, étoit à Auxerre, & qu'il eſt probable que ce dernier fut remplacé par Hennuyer pour faire le ſervice auprès du Roi, tant à la fête de l'Aſſomption qu'à la célébration du Mariage de Marguerite de Valois, ſœur du Roi, avec le Roi de Navarre.

Au reſte, nous croyons devoir obſerver ici que l'Abbé Prévoſt nous apprend (*pag*. 64) que Jacques de Matignon, Lieutenant de Roi en Baſſe-Normandie, ſauva du maſſacre de la Saint-Barthélemi les Habitans de Saint-Lô & d'Alençon. Il nous ſemble que ce Jacques de Matignon n'a pas été célébré parmi ceux qui eurent l'humanité de ne pas exécuter l'ordre barbare qui fut alors donné.]

9991. * ☞ Réponſe à la Lettre (précédente) d'un Anonyme : *Mercure*, 1746, Décembre, I. vol. *pag*. 26-37.

L'Auteur, pour ſoutenir le fait qui fait honneur à Hennuyer, s'appuie ſur le témoignage de Hemeré, Chanoine de S. Quentin, qui l'a rapporté d'après les Contemporains de cet Evêque, qu'il a connu ; il allégue la tradition conſtante de Liſieux à ce ſujet, les récits d'illuſtres Modernes, qui n'en ont pas douté, &c.]

9991. ** Jean Hennuyer, Evêque de Li-ſieux : Drame en trois Actes ; par M. MERCIER : *Lauſanne*, 1772, *in-8*. Nouvelle édition, *Paris*, Ruault, 1775, *in-8*.

Il s'agit dans cette Pièce, de ce que ce Prélat empêcha (ſelon l'opinion commune), en 1572, le maſſacre des Proteſtans de ſon Diocèſe. Les caractères de l'Evêque & du vieux (prétendu) Arſene y paroiſſent d'une grande beauté. On ſent bien au reſte que ce n'eſt pas ici une pièce hiſtorique, cependant nous avons cru devoir l'indiquer.]

PAGE 652, *ajoutez*,

10066. * ☞ Eloge, Vie, &c. du Cardinal Antoine du Prat, Légat & Chancelier, mort en 1735. *Voy*. Tome II, 26180 & 90 ; Tome III, 31495 & 96.]

PAGE 660.

Au N.° 10236, Jean *liſez* Henri.

PAGE 662.

Au N.° 10263, *liſez ainſi la Note* :

☞ Cet Ouvrage eſt imprimé à la fin de l'édition que Laurent Bouchel a donnée de Grégoire de Tours : *Pariſiis*, Chevalier, 1610, *in-8*.]

PAGE 671.

Au N.° 10455, Colveni, *liſez* Golveni.

PAGE 672.

Au N.° 10476, *lig*. 2, *effacez* Cardinalis (*ou liſez* filii Guillelmi Cardinalis).

Et à la Note, *liſez* mort en .1535.

PAGE 674.

Col. 1, après la ligne 4, *ajoutez* :

☞ Cela n'eſt vrai que des premiers Bollandiſtes, car les derniers réfléchiſſant ſur les ſçavans ouvrages des nouveaux Critiques, ont adopté le ſentiment de M. de Hontheim, dont il eſt parlé dans le N.° ſuivant, 10306.]

PAGE 679, *ajoutez* :

10627. ☞ Mſ. Hiſtoire Chronologique de l'Egliſe de S. Dié, en Lorraine, avec les preuves tirées des titres de la même Egliſe ; par M. DE RIGUET, Grand-Aumônier de M. le Duc de Lorraine, & Grand-Prévôt de cette Egliſe.

Ce ſont proprement des Diſſertations qui ſont conſervées à Saint-Dié, & dont il y a un exemplaire dans la Bibliothèque de la Ville de Strasbourg, ci-devant celle de M. Schœpflin.

On a érigé nouvellement un Evêché à Saint-Dié, & un autre à Nanci, en diminuant l'étendue de celui de Toul, qui étoit conſidérable.]

PAGE 683.

Au N.° 10716, Dodolino, *liſez* Bobolino ; & *ajoutez à la fin de la Note* :

S. Dodolin a été auſſi Evêque de Vienne ; mais il eſt marqué dans les Martyrologes au 1 Avril.]

PAGE 687, *ajoutez* :

10789. * Mſ. Procès-verbal & Informations pour parvenir à la Canoniſation de S. François de Sales, faites par M. Frémiot, Archevêque de Bourges, & par M. de l'Aubeſpine, Evêque d'Orléans, du 30 Août

Additions & Corrections

1628; jufqu'au 23 Janvier 1629, *in-fol.* de 1368 pages.

Ce Manufcrit eft confervé à Orléans, dans le cabinet de M. Jouffe, Confeiller au Préfidial.]

PAGE 685.

A la Note du N.° 10747, fleuriffoit en 1127, *lifez* eft mort en 1213.

PAGE 693.

Au N.° 10901, Autey, *lifez* Auvray.

PAGE 694, *ajoutez,*

10920. * ☞ Eloge du R. P. (David-Anfelme) de Bardonnanche, Prêtre de l'Oratoire.

Dans les *Affiches* de Bourgogne du Mardi 2 Septembre 1777, *page* 137. Cet Eloge a été lu (comme on le voit, dans la feuille précédente, *page* 136), dans la Séance publique de l'Académie de Dijon, dont le P. Bardonnanche étoit Membre, ainfi que de celles d'Auxerre & d'Angers. Il eft mort en cette dernière ville, le 22 Juin 1777, Supérieur de la Maifon des Pères de l'Oratoire.]

PAGE 695.

Au N.° 10956, *lig.* 3, Foffiniaco, *lifez* Toffiniaco, & commencez la Note ainfi :

☞ Cet Eloge, qui eft en profe latine, eft fuivi de beaucoup de vers de plufieurs Auteurs, à la louange de Jacques de Billy. Il contient en tout 24 feuillets *in-4*....

Au N.° 10959, *lifez* ainfi le titre, *au vrai (où les noms font corrigés, &c.*]

☞ Difcours fur la vie & la mort de feü M.° Germain Bynoys, vivant Advocat ès Cours de Parlement & d'Eglife, & Curé de l'Eglife parrochiale de Monfieur S. Benoît, faict par Thomas Gallot : *Paris*, Chaudière, 1598, *in-12* de 52 feuillets.

Cette Vie eft dédiée à Jacques le Coigneux, Confeiller au Parlement : il y a à la fin des vers latins & françois. M. Bruté, en donnant fa Chronologie des Curés de S. Benoît, n'a pas connu cette Vie : il ne rapporte que l'extrait mortuaire de M. Binoys, qui eft mort en 1596.

PAGE 696.

Au N.° 10984, *après* Bouillaud, *ajoutez* (ou Boulliau).

PAGE 697.

Au N.° 10997, Sainte Prudence, *lifez* Saint Prudence.

11001. * ☞ Mf. Eloge hiftorique de Jean-Baptifte Bullet, Profeffeur en Théologie en l'Univerfité de Befançon, des Académies de Befançon, Dijon & Lyon, Correfpondant de l'Académie Royale des Infcriptions & Belles-Lettres, mort le 6 Septembre 1775 ; lu à l'Affemblée publique du 19 Décembre fuivant; par M. Droz, Confeiller au Parlement, & Secrétaire perpétuel de l'Académie de Befançon.

Cet Eloge eft confervé dans fes Regiftres. M. Bullet eft l'Auteur du Dictionnaire Celtique, de l'Hiftoire de l'établiffement du Chriftianifme ; tirée des feuls Auteurs Juifs & Païens, & de plufieurs autres favans Ouvrages indiqués dans cette Bibliothèque, indépendamment de fes Œuvres théologiques.]

PAGE 703.

Au N.° 11130, Labatie, *lifez* la Baftie.

11130. * ☞ Idée de la Vie de l'Abbé de Fourquevaux (J. Bapt. Raymond de Beccarie de Pavie), mort en 1767.

Elle fe trouve à la tête du Tome III de fon *Catéchifme hiftorique & dogmatique fur les Conteftations.*]

PAGE 709.

Au N.° 11266, Marilhac, *lifez* Marillac.

PAGE 718.

A la Note du N.° 11467, frère, *lifez* coufin.

PAGE 728.

Avant le N.° 11640, frère, *lifez* oncle.

PAGE 730.

Après le N.° 11675, *ajoutez* :

Hiftoires de l'Abbaye d'Auchy, dans le Diocèfe de Boulogne.

11675. * ☞ (1) Mémoire à confulter & Confultation pour les Prieurs & Religieux de l'Abbaye d'Auchy, contre les Abbé & Religieux de l'Abbaye de Saint-Bertin ; fur la queftion de favoir fi l'Abbé d'Auchy doit toujours être élu parmi les Religieux Profès de l'Abbaye de Saint-Bertin, à l'exclufion de ceux de l'Abbaye d'Auchy ; (par M.° Camus, Avocat): *Paris*, Hériffant, 1774, *in-4.* de 29 pages.

A la fin, eft un Acte d'Héribert, Evêque de Térouenne, en 1079.

(2) Requête au Roi, & Confultation pour les Abbé & Religieux de Saint-Bertin, contre les Prieurs & Religieux de l'Abbaye d'Auchy : *Paris*, P. G. Simon, 1775, *in-4.* de 33 pages.

A la fin, eft la Charte de fondation de l'Abbaye de Saint-Bertin (pour le Monaftère d'Auchy) en l'année 648. Il y eut d'abord un Monaftère de Filles, que les Normands détruifirent ; on y mit enfuite des Religieux de Saint-Bertin en 1072.

(3) Seconde Confultation pour l'Abbaye d'Auchy, fervant de Réponfe aux critiques élevées contre la Charte de 1079 (& fur les) Droits de l'Abbaye d'Auchy, dans l'élection de fon Abbé ; par M.° Camus : *Paris*, P. G. Simon, 1775, *in-4.* de 32 pages.

(4) Réponfe pour l'Abbaye de Saint-Bertin, aux différens Mémoires & Confultations des Religieux de l'Abbaye d'Auchy : *Paris*, Lambert, 1775, *in-4.* de 26 pages.

On y a joint un Arrêt du Confeil du 20 Septembre 1727, qui a jugé pour la troifième fois l'affaire dont il eft queftion ; favoir que l'Abbé d'Auchy doit être choifi parmi les Religieux de S. Bertin.

(5) Mémoire

(5) Mémoire à consulter & Consultation de M.ᵉ Feranville, pour les Religieux de Saint-Bertin, contre ceux de l'Abbaye d'Auchy : *Paris*, 1776, *in*-4.

C'est au sujet de la Charte de 1079, que l'on prétend fausse, &c.]

PAGE 730.

A la Note du N.° 11690, *ajoutez* :

☞ Sur S. Rouin ou Roding, il faut rapporter ici le N.° 13020, qui n'a point rapport à *Beaulieu du Diocèse de Langres*.]

PAGE 732, *ajoutez*,

11719. * Lettre de M. Rondet aux Auteurs du Journal des Sçavans; 1.° sur un Abbé de Bèse omis dans la *Gallia Christiana*; 2.° Sur une Charte de la même Abbaye, omise dans le *Spicilége*; 3.° Sur l'Edition du *Chronicon Besuense*, donnée par D. Luc d'Achery; 4.° Sur trois autres Abbés de Bèse, qui s'y trouvent, & qui néanmoins sont omis dans la *Gallia Christiana*.

Cette Lettre est imprimée dans le *Journal des Sçavans*, 1778, Mars. La première de ces quatre Remarques est fondée sur une *Chronique* qui se trouve dans un manuscrit de la Bibliothèque du Roi, sous le num. 5009, contenant un Recueil de pièces au milieu desquelles elle ne porte aucun titre ; elle commence par ces mots : *Anni ab initio mundi* . . . . . . , & elle s'étend *depuis la Naissance de J. C. jusqu'à* l'an 1177. On y trouve plusieurs expressions qui prouvent qu'elle a été composée par un Moine de Bèse : par exemple, sous l'an 600. *Hoc anno, Monasterium istud Besuense ædificatum est ab Amalario, Duce optimo*.

Les trois autres Remarques sont appuyées sur le manuscrit du *Chronicon Besuense*, dont on a parlé au num. précédent. Ce Mf. est à la Bibliothèque du Roi sous le num. 4997. D. Luc d'Achery le regardoit comme l'original même, & M. Rondet confirme cette idée par une remarque qui a échappé au sçavant Bénédictin, & qui est fondée sur un mot qu'on ne trouve que dans ce Manuscrit.

Au N.° 11724, Longis, *lisez* Longils.

Au N.° 11727, d'Ernaud, *lisez* d'Arnaud.

PAGE 741, *ajoutez* :

11905. * ☞ Histoire de l'Abbaye de Faverney ; par Dom Grappin : *Besançon*, Daclin, 1771, *in*-8.

Parmi les Preuves, qui sont à la fin du volume, on trouve une preuve essentielle du Miracle dont il est parlé dans le N.° suivant, 11906.]

PAGE 767.

Au N.° 12361, *ajoutez à la Note, pour en corriger l'inexactitude* :

☞ Cette Chronique de Saint-Bertin ne se trouve ni à la Bibliothèque du Roi, ni à S. Germain. Il y a seulement à la Bibliothèque du Roi la copie d'un *Cartulaire* de l'Abbaye de S. Bertin, faite par M. Baluze, de l'ordre de M. Colbert. Il ne contient que des Chartes, dont la premiere est donnée à Compiègne, par Charles-le-Chauve, en 877. C'est de ce Cartulaire dont le P. Mabillon a parlé.]

Avant le N.° 12369, *ajoutez* :

— ☞ du Droit que prétend l'Abbaye de Saint-Bertin sur celle d'Auchy, dont l'Abbé doit être choisi entre les Religieux de Saint-Bertin.

Voyez ci-devant les Pièces pour & contre, au N.° 11675*.° de ces *Additions*.]

PAGE 795.°

Au N.° 12680, *ajoutez en Note* :

Il faut voir encore sur S. Frambourg les N.°ˢ 11585 de S. Frambaldo (autre nom du même), & 13307.]

PAGE 786.

Au N.° 11689, *ajoutez en Note* :

☞ On conserve aussi au Prieuré de S. Nicaise de Méulan ou Meulent, la Chronique de ce Monastère, par D. Victor Cotron, mort en 1679.]

PAGE 768, *ajoutez* :

Histoire du Prieuré de Sainte Céline, de Meaux.

12378. * Mf. Fondation du Prieuré de Sainte Céline, avec une Liste des Prieurs, faite sur les titres originaux, communiqués par M. Berthier, à M. Thomé, Chanoine de Meaux.

Dans le Cabinet de ce Chanoine, qui doit laisser ses manuscrits à la Bibliothèque de la Cathédrale.]

PAGE 805.

Au N.° 13013, *ligne* 6, Vaussiez, *lisez* Vaussin.

PAGE 806.

Le N.° 13020 doit être ôté d'ici, & transporté à 11690, auquel il a rapport.

Au N.° 13023, *ligne* 2, eodem Auctore, *lisez* Auctore Guillelmo Gauthier.

PAGE 810, *ajoutez* :

13093. * ☞ Vie du Révérend Père Jean-Robert Pouchet, de la Congrégation des Feuillans ; *Rouen*, V.ᵉ Maury, 1693, *in*-12.

Ce Religieux, qui étoit de Rouen, y est mort le 19 Mars 1689.]

PAGE 817, *ajoutez* :

13216. ** ☞ Mémoire à consulter, & Consultation pour les Religieux Célestins, concernant la réforme de la Congrégation : *Paris*, Brunet, 1774, *in*-4. de 49 pages.

☞ Précis pour les RR. PP. Célestins : *Paris*, Demonville, 1775, *in*-4. de 13 pag.

Ce Précis est de M.ᵉ Feranville, Avocat.]

PAGE 817.

Au N.° 13217, *lisez* Institutoribus.

PAGE 818, *ajoutez* :

13220. ☞ Bibliotheca Carthusiensis ; auctore Theodoro Petræo : *Colonia*, 1609 ; *in*-8.

Au N.° 13229, *ajoutez à la Note* :

☞ Ces Annales prétendues des Chartreux se trouvent aussi sous le titre de *Disciplina, &c. Parisiis*, Dezallier, 1703. On n'a fait que changer le frontispice & les quatre premieres pages.

D. le Masson a fait encore un vol. *in*-4. sur la

Règle des Chartreux, en réponſe à M. de Rancé, Abbé de la Trappe.]

13227. * Voyage à la grande Chartreuſe, avec une Pièce de Vers à ſon ſujet; par un Père de l'Oratoire.

Dans le *Journal de Verdun*, 1776, Janvier, *pag.* 60-69.]

PAGE 822, *ajoutez*,

13304. * ☞ Mſ. Recueil de pluſieurs Lettres & de Procès-verbaux concernant la deſcente de la Châſſe de S. Fiâcre, à Meaux.

Il eſt conſervé dans le Cabinet de M. Thomé, Chanoine. On y voit, entr'autres, la Lettre que le Cardinal de Richelieu écrivit de Ruel au Chapitre de Meaux, le 10 Décembre 1636, pour avoir une portion des Reliques de S. Fiâcre, *auquel*, dit-il, *j'ai une dévotion particulière*: il écrivit auſſi ſur le même ſujet à l'Evêque & au Lieutenant-Général. La Châſſe de S. Fiâcre fut deſcendue avec les cérémonies ordinaires, le 15 Janvier ſuivant, & on en tira *oſſiculum vertebrarum ſpinæ dorſalis*, que cinq Chanoines, députés par le Chapitre de Meaux, allerent à Paris préſenter au Cardinal de Richelieu.]

Au N.º 13410, ligne 5, Galaud, *liſez* Galaup.

PAGE 827.

Après le N.º 13430, *ajoutez*:

Hiſtoire de l'Abbaye de Juilly, Dioceſe de Meaux.

13430. Hiſtoire de l'Ancienne Abbaye de Juilly, & de ſa ſuppreſſion.

Dans le *Gallia Chriſtiana* des Bénédictins, *Tom.* VII, *pag.* 576 & aux Preuves, *pag.* 553: elle a été unie en 1639 à la Congrégation de l'Oratoire, qui y entretient un Collége célèbre. On peut voir encore ce que dit à ſon ſujet l'Abbé Lebeuf, dans le Dictionnaire de la Martinière, au mot *Juilly*.]

PAGE 828, *ajoutez*:

13448. * ☞ Mémoire hiſtorique ſur l'Ordre de S. Antoine de Viennois, avec une Conſultation touchant la réunion de cet Ordre à celui de Malthe: *Paris*, P. G. Simon (1775), de 52 pages.]

PAGE 830.

Aux N.ºs 13481 *& ſuiv.* Santeuil, *liſez* Santeul.

PAGE 832.

Au N.º 13528, *ajoutez à la fin de la Note*:

L'ancienne Edition (rare) des *Statuta Ord. Præmonſtr.*, faite en 1530, à Longeville, bourg auprès de Bar-le-Duc, ſe voit à Nanci, aux Prémontrés de S. Joſeph, & à Gendières, Abbaye de l'Ordre, proche Bar-le-Duc.]

13530. * ☞ Inſtitutio Reformationis in Ordine Præmonſtratenſi.

Cette Pièce ſe voit à Sainte-Marie de Pont-à-Mouſſon. On y trouve auſſi pluſieurs Ouvrages de l'Abbé GUÉNET touchant cette Réforme.]

PAGE 835.

Aux N.ºs 13575 *&* 76... Parchape de Vinaz, *liſez* Parchape de Vinai.

PAGE 837.

Au N.º 13622, lignes 1 & 4, du Moulinet, *liſez* du Molinet. (*Cette faute du P. le Long eſt à tous les Ouvrages de ce ſçavant Genovéfain, qui ſont indiqués dans notre Table des Auteurs*; & M. Mercier, *ci-devant Bibliothécaire de Sainte Géneviève, & maintenant Abbé de S. Léger de Soiſſons, à qui nous avons beaucoup d'obligations, nous a fort recommandé de relever cette faute*.)

PAGE 838.

Au N.º 13634, ligne 2, *après* Notre-Dame, *ajoutez* de Châge (*car il y a à Meaux une autre Abbaye de Notre-Dame (ſimplement dite), qui eſt de filles, leſquelles vinrent d'Ormond, près de Reims, s'établir à Meaux en* 1619.) On appelle quelquefois mal-à-propos cette Abbaye S. Honoré-les-Dames.

Ibid, ligne 5, Jacques, *liſez* Jean.

13634. * ☞ Mſ. La même Table Chronologique, &c. augmentée par Ch. Joſeph THOMÉ, Chanoine de Meaux.

Elle eſt conſervée dans ſon Cabinet, & voici ce qui lui a donné occaſion de l'augmenter. Il avoit eu du P. Prévoſt, ancien Bibliothécaire de Sainte Géneviève de Paris, une copie de l'ouvrage de Jean Couſinet. Il lui en vint enſuite une autre, compoſée ſur tous les titres de l'Abbaye, & qui a des différences. L'Auteur y dit (dans ſa Dédicace à l'Abbé de Rouvrai, mort en 1684) qu'il avoit eu d'abord l'idée » de dreſſer cette Table Chronologique des Abbés de » Châge, auſſi ample & de la même maniere qu'il a » fait celle de S. Loup de Troyes, mais qu'il n'a pas » rencontré de matiere ſuffiſante &c. » M. Thomé a refondu ces deux manuſcrits, & y a ajouté pluſieurs Abbés, diverſes Remarques, & des Actes qu'il a découverts dans ſes recherches ſur le Dioceſe de Meaux.]

PAGE 839.

Au N.º 13652, ligne 4, Jacobo, *liſez* Joanne.

PAGE 841, *ajoutez*:

13679. * ☞ Anaſtaſis Auguſtiniana; in quâ Scriptores Ordinis Eremitarum Sancti Auguſtini recenſentur: *Antverpiæ*, 1613, *in-*8.

PAGE 844.

Au N.º 13739, *ajoutez à la Note*:

Antoine Touron eſt mort à Paris, le 2 Septembre 1775, âgé de 89 ans.]

PAGE 849, *ajoutez*:

13842. * ☞ Eloge du même Michel le Quien, de l'Ordre de S. Dominique.

Dans le *Mercure*, 1733, Mai, *pag.* 869-74.]

13848. * Vita Ren. Hyacinthi Drouin.

A la tête de ſon Traité *de Sacramentis*, *in-fol.*

PAGE 850, *ajoutez*:

13872. ** ☞ Annales Ordinis Minorum: auct. Lucâ WADINGO & Joanne Mariâ FONSECA; Editio ſecunda: *Romæ*, 1731-1741, *in-fol.* 17 vol.

Nous avons parlé, même N.º de notre *Supplément* (*Tom.* IV, Sect. II, *pag.* 359) de la premiere édition de Wading: *Romæ* 1650, dont il y a eu un Supplément publié par Antoine MELISSAN, *Salamanticæ*, 1728, *in-fol.* 2 vol.]

13872. *** ☞ Bibliotheca universa Franciscana : auctore JOANNE A DIVO ANTONIO : *Madriti*, 1732, *in-fol.* 3 vol.]

PAGE 855, *ajoutez* :

13960. * ☞ De Ordine Sanctissimæ Trinitatis, & Chronicon Ministrorum Generalium.

Dans le Tome VII du *Gallia Christiana* des Bénédictins, pag. 1731-1754.]

PAGE 857, *ajoutez* :

13999. * ☞ Relation du Voyage des RR. PP. de la Mercy, aux Royaumes de Fez & de Maroc, pour la Rédemption des Captifs Chrétiens, en 1681 ; par Louis DESMAY : *Paris*, V.e Clousier, &c. 1682, *in-12.*

PAGE 859.

Au 14056, *ligne* 2, *lisez* Maignani.

PAGE 860.

Ligne 2 *de la Col.* 1, *lisez* 1697, *& ajoutez à la Note* :

☞ Cette Vie Latine du P. Maignan a été réimprimée à la tête de ses Commentaires sur la Philosophie : *Tolosæ*, 1703, *in-4.* 4 vol.]

Au N.° 14064, d'Estienne, *lisez* Détienne.

PAGE 861, *ajoutez* :

14080. * ☞ Remarques sur l'établissement des Théatins en France, par le P. Bernard de Tracy.

Ces Remarques sont imprimées à la fin des *Vies de S. Gaétan de Thienne*, Fondateur des Théatins, & de deux autres Saints ou Bienheureux de la même Congrégation : *Paris*, Lottin, 1774, *in-12.*]

PAGE 865, *ajoutez* :

14186. * ☞ Vie de Charles de la Rue.

Voyez ci-après, au Tome IV, N.° 4762.]

14190. * ☞ Vie de Noel-Etienne Sanadon.

Voyez ci-après au Tome IV, N.° 47215 & 47671.]

PAGE 870.

Au N.° 14261. Le Remerciement des Beurrieres n'est point en vers, & il paroît que c'est un Huguenot qui en est l'Auteur.

PAGE 873.

Au N.° 14314, *ajoutez à la Note* :

☞ M. Grosley a répondu à notre doute, que la Légende en question n'étant qu'un réchauffé du *Discours* de Pierre Pithou, donné en 1611, il n'a pas cru devoir l'insérer dans son Recueil.]

PAGE 879, *ajoutez* :

14393. * ☞ Histoire du Procès de la Cadière.

Elle occupe tout le Tome II des *Causes intéressantes*, &c. par M. Richer : *Paris*, 1772, *in-12.*]

PAGE 880, *ajoutez* :

14425. * (1) ☞ Edit du Roi (Louis XVI) concernant les Sujets du Roi qui étoient
Tome V.
engagés dans la Société & Compagnie des Jésuites, registré au Parlement le 13 Mai 1777, *in-4.*

(2) ☞ Déclaration du Roi concernant les Ecclésiastiques qui ont été ci-devant dans la Société des Jésuites du 7 Juin 1777, registrée le 10 : *in-4.*]

PAGE 897.

Au N.° 14836, de Rouvelle, *lisez* de Rouville.

PAGE 898, *ajoutez* :

14843. ** ☞ Vie de la Vénérable Mère Catherine de Bar (Religieuse Bénédictine), Institutrice des Religieuses de l'Adoration perpétuelle : *Nanci*, Lamort, & *Paris*, Berton, 1775, *in-12.*

Cette nouvelle Vie est plus ample que celle qui est indiquée dans notre *Supplément*, pag. 667.]

14850. * ☞ Mf. Histoire de l'Abbaye d'Almanèche ; par M. BAILLY, Sémi-Prébendé de l'Eglise de Séez : *in-fol.*

Cette Histoire est conservée dans le Cabinet de l'Auteur.]

PAGE 900, *ajoutez* :

14893. * ☞ Lettre circulaire des Dames de Faremoûtier, sur Madame Marie-Renée de Maupeou, Abbesse, morte le 15 Février 1759 : *in-4.* de 20 pages.]

14893. ** ☞ Mf. Inventaire des Reliques, Châsses, &c. de l'Abbaye de Faremoûtier, données depuis sa fondation, par les Rois, Reines, Princes, Princesses, &c. jusqu'en Juillet 1686.

Dans le Cabinet de M. Thomé, Chanoine de Meaux.]

PAGE 903.

Au N.° 14942, Louise, *lisez* Renée.

14945. * Oraison funèbre de Madame de la Rochefoucault, Abbesse de S. Pierre de Reims ; par M. l'Abbé DE SAULX : *Reims & Paris*, *in-4.*

PAGE 908, *ajoutez* :

15049. * ☞ Pseudo-Diva Bullencuriana, seu in Ascelinâ colendâ vana Religio ; Disquisitore J. PERISTOPHORIO, Parocho Macropolitano : *Eleutheropoli*, sumptibus Augustini Philaletis, 1711, *in-8.* 32 pag.

Cette Brochure, imprimée à Troyes, chez Jacques le Febvre, est un peu vive : son objet est de prouver, *meras nugas ac ineptias esse qua de Ascelina sanctitate fabulantur aniliter, neque ferandam horum audaciam... vulgi qui animos ludificantur.* Elle est du P. GUICHARD, de l'Oratoire, fils du Seigneur de Beutreville, au voisinage de Boulencourt. Voici ce que M. Chastelain nous apprend de Sainte Asceline, dans son *Martyrologe*, pag. 909. « Elle apporta de Co-
» logne à Boulencourt, Diocèse de Troyes, les chefs
» (ou crânes) des Saintes Martyres Foi, Espérance &
» Charité, disent les Religieuses qui sont de l'Ordre
» de Cîteaux. »]

PAGE 919, *ajoutez*:

15216. * ☞ Pièces sur l'affaire des Hospitalières (du fauxbourg de S. Marcel de Paris).

Elles sont imprimées à la fin de la *Lettre de M. l'Archevêque de Lyon*, &c. 1760, *pag.* 594 du Tom. I, N.° 8874.

Ces Pièces ne regardent que les Elections des Religieuses Hospitalières, dites de la Miséricorde de Jésus, qui furent autorisées, en 1758, à les faire, par une Ordonnance de M. de Montazet, alors Evêque d'Autun, & Administrateur de la Primatie de Lyon. Il y a encore trois autres Pièces dans le corps & vers la fin de l'Ouvrage.]

TOME SECOND.

PAGE 20.

Au N.° 15495, *ajoutez en Note* :

☞ Les Tables du Glossaire de D. Carpentier, qui sont dans le Tome IV, peuvent beaucoup servir pour des Recherches historiques.

L'*Index Autorum* est utile pour connoître leur patrie & le tems où ils ont vécu.

Celui des Livres Latins *Manuscrits*, indiqués tant dans le Glossaire de du Cange qu'en celui de Carpentier, *pag.* LXXVI, sert beaucoup pour connoître le dépôt où l'on peut les chercher.

Ceux qui sont intitulés *Scriptores vernaculi* & *Poetæ vernaculi*, *pag.* LXXIII-XV, sont utiles pour les anciens usages & l'ancien langage. On y peut joindre les Catalogues qui sont à la tête des Dictionnaires de Borel & de Ménage.]

PAGE 31, *ajoutez* :

15590. * ☞ Mf. Divers Ouvrages de M. du Cange sur l'Histoire de France.

Ils sont aujourd'hui réunis à la Bibliothèque du Roi, & la liste s'en trouve dans notre Tome III, *pag.* XIII & *suiv.*, & dans le *Moréri*. On en a parlé en détail dans le *Journal des Sçavans*, 1749, Décembre, vol. I, *pag.* 749, *in-*4. Nous les avons indiquées chacun en particulier, dans la place qui leur convient.]

PAGE 41.

Au N.° 15644, *ajoutez en Note* :

☞ Ce Journal du Catalogue de M. Bernard, qui en avoit hérité du Comte de Boulainvilliers, n'est pas de ce Comte, mais d'Antoine Aubery, comme on l'a marqué au N.° 17406. Il ne commence qu'au règne de S. Louis; & M. le Comte de Boulainvilliers y a fait des Notes sur les deux premiers Règnes, avec une Préface critique. C'est toute la part qu'il a à ce Journal. Il nous apprend dans cette Préface, que le Sieur Péan (ou Pihan, comme l'appelle le P. le Long, à notre N.° 16797) avoit fait des corrections & des Notes sur une partie du Journal d'Aubery. C'est le composé de l'un & de l'autre que M. de Boulainvilliers a prétendu réfuter.]

Au N.° 15648, *ajoutez en Note* :

☞ Ces grandes Chroniques de la Bibliothèque de M. de Baluze, ne sont que les Chroniques de S. Denys, dont il est amplement parlé, N.° 15672.]

PAGE 43.

Au N.° 15673, *ligne* 3, par l'Abbé LEBEUF. Ensuite *ajoutez à la Note* :

Le Manuscrit dont il est ici question, est à Paris, dans la Bibliothèque de Sainte Géneviève.]

PAGE 51.

Au N.° 15737, *ligne* 3 *de la Note*, 1588, *lisez* 1578, comme le dit la Croix du Maine son ami.

Quoiqu'on en dise dans le nouveau Moréri de 1759, il se nommoit Bouju (& non Bonju), ainsi qu'il paroît par ses Livres imprimés & ceux de son fils, comme par ses contemporains qui ont parlé de lui. Voyez encore l'Abbé Ménage son parent, *Ærodii Vita*, &c. *pag.* 261, 266, 325.]

PAGE 58.

Au N.° 15807, *ajoutez à la Note* :

L'Abbé Garnier a donné depuis jusqu'au Tom. XXVI de sa continuation de l'Histoire de France (qui a paru en Juin 1778), & son ouvrage continue à s'imprimer. Ce Tome finit à l'an 1555, dans le Règne de Henri II. On a donné une édition *in-*4. de cette Histoire, dont le XIII Tome est divisé en deux parties, parce qu'on y a joint les portraits de la plupart des Hommes illustres, dont il est fait mention dans les XIII vol. *Paris*, Nyon, &c.]

PAGE 61, *ajoutez* :

15846. * ☞ Histoire généalogique & chronologique des Rois de France & des Princes de leur Race (avec leurs Blazons); par le P. SIMPLICIEN.

Dans la derniere édition de l'Histoire de la Maison Royale de France, & des Grands-Officiers de la Couronne : *Paris*, 1726, *in-fol.* C'est ce que renferme le Tome I tout entier.

PAGE 68, *ajoutez* :

15916. * ☞ Mf. Mémoire sur le dégré de l'autorité des Empereurs dans les Gaules, après l'établissement des Barbares, qui a remporté le prix à l'Académie de Besançon en 1776, par D. Jacques-Claude VINCENT, Bénédictin & Bibliothécaire de l'Abbaye de S. Remi de Reims.

Elle est entre les mains de M. Nyon l'aîné, son neveu. On en trouve un Abrégé, *pag.* 9-18 de la *Séance publique de cette Académie du 24 Août 1776*: *Besançon*, Daclin, *in-*4.]

PAGE 70.

Au N.° 15934, *ajoutez en Note* :

☞ Il y a eu depuis une nouvelle édition des Bibliothèques de la Croix du Maine & de Du-Verdier, avec les Notes de divers Sçavans, & celles de M. Rigoley de Juvigny, Editeur : *Paris*, Saillant, 1772 &c. *in-*4. 5 vol.]

PAGE 75.

Au N.° 15973, *ajoutez à la Note* :

Cette Edition, augmentée & donnée par M. DROUET, Bibliothécaire de MM. les Avocats du Parlement de Paris, a paru en 1772 : *Paris*, Debure & Tilliard, *in-*12. 15 vol., dont le dernier contient la Table des Auteurs, avec l'indication de leurs Ouvrages.]

Au N.° 15980, *ajoutez*, *avant* Historia... *l'Ar-*

ticle suivant omis de l'ancien P. le Long :

* Annalium & Historiæ Francorum, ab anno 708, ad annum 990 Scriptores duodecim coætanei, nunc primum in lucem editi ; ex Bibliothecâ Petri PITHOEI ; Jurisconsulti : *Parisiis*, 1588, *in-*8., *Francofurti*, 1594, *in-fol*.

Et à la Note qui suit Historiæ..., *lis*. Cette collection (comme la précédente) faite, &c.

PAGE 77.

Avant le N.° 15985, *ajoutez* :

D. François Clément travaille à la suite des volumes du nouveau Recueil des Historiens de France. On peut voir à la fin de notre Tome III, pages XVIII-XXXIV, divers projets & Mémoires dressés par différens Sçavans pour cette nouvelle Collection.]

PAGE 81.

Au N.° 16012, *ajoutez à la Note* :

☞ Il est bon de voir sur ce Tombeau de Childeric ce que dit Audigier, *pag.* 501-520, de son *Origine des François* (ci-devant N.° 15430). Il prétend qu'il est d'un Childeric I. Le Gendre de S. Aubin, *pag.* 535-538, ci-devant N.° 15435 de ses *Antiquités*, approuve Audigier, & produit un nouvel argument pour prouver cette opinion.]

PAGE 93.

Le N.° 16117 *appartient à Dagobert* II, *& non au précédent, qui est Dagobert* III : *ainsi il doit être* N.° 16113, *& les suivans qui concernent Dagobert* III, *doivent être* N.°* 1116, 17 & 18.]

PAGE 98.

Au N.° 16171, *ajoutez à la Note* :

Voyez encore sur le temps de Jean le Maire, la Note de la page 534 du Tome I de la nouvelle édition de la Croix du Maine.]

PAGE 101, *ajoutez* :

16202. * ☞ Charlemagne Pénitent : Poëme en V Livres.

Il est imprimé avec des *Poésies Chrétiennes* : Paris, de Sercy, 1689, *in-*12 de 190 pages, dont ce Poëme occupe les 126 premieres : on le croit de Nicolas COURTIN, comme le précédent.]

PAGE 106.

Au N.° 16268, *ajoutez à la Note* :

Cette Histoire romanesque, appellée *Philomela*, pourroit bien être la même que celle que l'on nomme de *Philomena*, aux N.°* 16200 & 16203.]

PAGE 107, *ajoutez* :

12286. * Carolus Magnus redivivus hoc est (ejus) cum Henrico Magno... Comparatio, utriusque Regis Historiam plectens : auctore Guill. STUCKIO : *Tiguri*, 1592, 1612, *in-*4.]

PAGE 125, *ajoutez* :

16506. * Essai sur les causes principales qui ont contribué à détruire les deux premieres Races des Rois de France : *Paris*, veuve Duchesne, 1776, *in-*12 de 192 pages.

Cet Ouvrage, qui a remporté le prix de l'Académie Royale des Inscriptions & Belles-Lettres en 1775, a pour Auteur M. DUMONT. *Voyez* le *Journal des Sçavans*, 1776, Octobre, *pag.* 65-90, *in-*4.]

PAGE 142.

Au commencement de la Note du N.° 16705, George, *lisez* Grégoire.

PAGE 150, *ajoutez* :

16791. * ☞ Mf. Notice générale du Régne de Louis VIII, avec des Remarques historiques ; par l'Abbé (François) DE CAMPS : & Pièces qui concernent ce Règne.

C'est ce qui est compris dans les Porte-feuilles XXXVII & XXXVIII du grand Recueil de M. de Fontanieu, conservé à la Bibliothèque du Roi. Les originaux de l'Abbé de Camps sont dans celle de M. de Beringhen.]

Au N.° 16797, *ajoutez à la Note* :

☞ Ce Journal de Pihan ou Péan, n'est autre chose que le commencement du grand Journal d'Antoine Aubery (des N.°* 17406 & 15644), mais dans lequel Pihan (ou Péan) fit des Additions qui le lui ont fait attribuer.]

PAGE 154.

Au N.° 16838, *ajoutez à la Note* :

Voyez les Notes de la page 172 du *Tome* I de la nouvelle édition de la Bibliothèque de la Croix du Maine, *in-*4.]

PAGE 159.

Col. 2, au milieu de la Note 1, & au tiers de la page, à la citation de l'*Histoire de l'Université de Paris*, *pag.* 696, *ajoutez*, du Tome III.

PAGE 161.

Au haut de la Col. 1, *& avant le* N.° 16917, *ajoutez à la Note* :

☞ Nous croyons que cette Chronique de Gérard d'Auvergne, Chanoine, est différente de celle du Moine Gérard d'Auvergne, indiquée, *Tom.* I, *pag.* 735, N.° 11774, & qui finit en 1274, étant dédiée à Yves de Vergi, Abbé de Cluni, selon le *Gallia Christiana*. Mais la Chronique du Chanoine Gérard va jusqu'en 1287, & est, selon le P. le Long, dédiée à Yves de Chazan, Abbé de Cluni, (qui succéda en 1175 à Yves de Vergi). Ce sont trois différences : 1.° Qualité des Auteurs, 2.° Etendue de chaque Chronique, 3.° Dédicaces à différens Abbés. Apparemment que l'Histoire du Chanoine a plus de rapport à l'Histoire politique que l'autre, puisque le P. le Long ne l'a pas mise entre les Histoires de Cluni, l'une des deux étant à Rome. C'est tout ce que nous pouvons dire, pour justifier l'emploi double que nous en faisons dans nos Tables.]

PAGE 163.

Après le N.° 16950, *ajoutez* :

☞ D. François-Georges BERTHERAUD, Bénédictin de la Congrégation de S. Maur, travaille à un Recueil des Historiens Arabes, Latins & François (anciens) des Croisades ; Recueil qui servira de Supplément à celui des Historiens de France donné par ses Confrères.]

PAGE 166.

Au N.° 16985, *Alin.* 5, continuatum ad annum 1394, *lisez* 1364. *Corrigez de même à* 1494 *à la fin de la Note* 1.

PAGE 178.

Au N.° 17144, *ajoutez à la Note* :

Le Recueil où est l'Edition complette du *Journal*

d'un *Bourgeois de Paris*, a pour titre : *Mémoires pour servir à l'Histoire de France & de Bourgogne* : *Paris*, Gandouin, 1729, *in*-4. Il contient 1.º Journal de Paris ; 2.º Histoire du Meurtre de Jean Sans-Peur, Duc de Bourgogne, avec les Preuves ; 3.º Etats des Maisons & Officiers des Ducs de Bourgogne de la dernière Race, enrichis de Notes. Dans l'exemplaire qui est à la Bibliothèque du Roi, on lit à la tête la Note manuscrite qui suit :

» Cet Ouvrage est attribué sur de bonnes preuves » à N. DE BOIS-MOREL, Religieux de S. Bénigne de » Dijon, très-honnête homme & de bonnes mœurs, » lequel non par libertinage, mais par égarement » d'esprit sur la Religion, passa de France en Hol- » lande, où il se fit Protestant. »]

Au N.º 17145, *ajoutez à la Note* :

☞ L'Abbé Lebeuf a prétendu que Mamerot n'a rien fait de ce qui est dans le Tome II de la Chronique Martinienne : *Mém. de l'Acad. des Inscr. & Belles-Lettres*, Tom. XX, pag. 249. & *suiv*.

PAGE 220.

Au N.º 17573, *ligne* 1 *de la Note*, 1547, *lisez* 1546, & *ajoutez à la fin* :

On trouve un Article détaillé sur Dolet, dans le dernier Dictionnaire de Moréri, Edition de 1759.]

PAGE 223.

Au N.º 17621, *Col.* 1, *Alinea* 8, *ligne* 1, mort en 1553, *lisez* mort en 1543.

PAGE 242, *ajoutez* :

17881. * ☞ Lettre d'un Solitaire Philalite à un de ses amis, touchant le Livre de l'Invasion de la Ville du Mans, &c. *in*-8. de 35 pages.

Cette Critique est d'un Catholique désigné à la fin par ces trois Lettres, C. D. M.]

PAGE 254.

Au N.º 18065, *ligne* 3 *de la Note*, mort en 1620, *lisez* mort en 1599 ou 1600.

PAGE 265.

Au N.º 18199, *effacez la seconde Note* ; car Jean de Lery *s'appelle ainsi par son nom véritable*, & *se dit lui-même né à la Margelle*, à la tête de son Voyage au Brésil, *dont il y a eu plusieurs Editions de son vivant*.

PAGE 283.

Au N.º 18447, *ligne* 5, *après* Gentilhomme de Picardie, *ajoutez*, Servant de la bouche du Roi.

PAGE 306.

Le N.º 18836, Mss. (*ou* Manuscrit) *doit être effacé, ayant été mis ensuite comme imprimé au N.º* 18920.

PAGE 312, *ajoutez* :

18918. * ☞ (1) Propositionum à (Claudio) Angennæo Rambollieta, Cœnomanensi Episcopo, Concionibus publicis assertarum, censura (4 Februarii) : *Parisiis*, Nyvellii, 1589, *in*-8. pag. 8.

(2) Formulaire pour jurer l'Union : *Paris*, le Blanc, 1589, *in*-8. de 7 pages.

(3) Les Causes qui ont contraint les Catholiques à prendre les armes, avec les Articles des causes plus particulières qui obligent chacun Etat : *Paris*, Varingles & Binet, 1589, *in*-8. de 24 pages.

(4) Réponse des Docteurs de la Faculté de Paris, sur la Question, sçavoir, *S'il falloit prier pour le Roi au Canon de la Messe* ; à laquelle sont ajoutées, avec licence du Supérieur, deux Oraisons colligées pour la conservation des Princes Catholiques, & pour obtenir victoire contre les Ennemis : *Paris*, Binet, 1589, *in*-8.

M. Grosley nous a envoyé de Troyes ces indications (& quelques autres) qu'il a prises d'un Recueil fait dans le temps par le fameux Pierre Pithou. La *Réponse* dont on vient de parler, n'a dans ce Recueil que 8 pages d'impression, & la phrase n'étant pas finie, M. Pithou a écrit la suite de sa main, en 4 lignes ; & comme il y reste en blanc près de 6 pages, destinées apparemment à contenir les *Oraisons*, M. Grosley soupçonne que l'impression en fut arrêtée : il seroit intéressant, ajoute-t-il, de sçavoir s'il s'en est conservé quelque autre Exemplaire où ces Oraisons se trouvent.]

PAGE 313, *ajoutez* :

18936. * ☞ Réglement (du 6 Avril) fait par Monseigneur le Duc de Mayenne, Pair & Lieutenant-Général de l'Etat Royal & Couronne de France, & le Conseil général de l'Union des Catholiques établi à Paris, pour pourvoir & remédier aux désordres advenus à l'occasion des Troubles présens, attendant qu'il y soit plus amplement pourvu par l'Assemblée générale des Etats, assignée au 15 de Juillet prochain : *Paris*, Morel, 1589, *in*-8. de 28 pag.]

PAGE 318.

Au N.º 19017, *ajoutez en Note* :

Ce *second Devis* en suppose un premier, que ni le P. le Long ni nous n'avons pu trouver ; ce qui nous fait soupçonner que le *Dialogue* du N.º 19012, qui devoit avoir une suite, est le premier Devis : il paroît fait dans le même esprit.]

PAGE 324.

Avant le N.º 19089, *ajoutez* :

Ce M. Godefroy, dont on vient de parler, est *Jean* Godefroy, mort en 1732 : il étoit fils de *Denys*, & il demeuroit, comme son père, à Lille.]

PAGE 332.

19221. * ☞ Acte de ce qui s'est passé au Collège de Sorbonne, en l'Assemblée de la Faculté de Théologie, le 10 Février & jours consécutifs, pour confirmer l'Union ; avec la Traduction de deux Missives envoyées de Rome à la même Faculté : *Paris*, Chaudière, 1590, *in*-8. de 15 pages.]

1922. * ☞ Arrest de la Cour de Parlement (de Paris) contre un certain prétendu Arrest donné à Chaalons, sur le fait des Bulles de la Légation : 1590, *in*-8.

PAGE 333.

Les N.ºs 19226 *&* 27 *doivent être rapprochés du N.º* 18879, *où il est question du même sujet.*

19228. * La Forme du Serment de l'Union

que doivent faire & répéter tous les bons Catholiques, unis pour la défense de l'Eglise Catholique, Apostolique & Romaine, & conservation de l'Etat Royal & Couronne de France : *Paris*, Bichon, 1590, de 15 pages.

On y dit que ce Serment « a été fait solemnellement & publiquement en la Ville de Paris, le Dimanche, 11 jour de Mars 1590, en l'Eglise du Monastère des Augustins (entre les mains de Monseigneur l'Illustrissime Cardinal Cajetan, Légat du S. Siège Apostolique, assisté de plusieurs Prélats), par Messieurs les Prévost des Marchands, Eschevins, Colonels, Capitaines, Lieutenans & Enseignes des Quartiers & Dizaines de ladite Ville de Paris. »]

PAGE 339.

19324. * ☞ Articles accordés & jurés en l'Assemblée des Etats du Pays de Languedoc, faite dans la Ville de Lavaur, pour l'Union des Habitans dudit pays; ensemble l'Arrest de la Cour de Parlement de Tolose, portant confirmation & autorisation desdits Articles : *Paris*, Chaudière, 1590, in-8. de 7 pages.]

19325. * ☞ Mss. Recueil de Lettres-Patentes du 10 Juin 1589, & autres jusqu'au 10 Décembre 1590, pour informer de tous ceux qui depuis le 23 Décembre 1588, se sont soustraits de l'obéissance de Sa Majesté & rebellés contre elle, leurs fauteurs, complices & adhérans, soit Ecclésiastiques & autres, & procéder à la saisie de leurs biens, meubles & immeubles, & autres Réglemens à ce sujet, avec le compte des deniers provenant desdites Saisies, rendu par Antoine Demain, commis à cet effet.

Ce Manuscrit en parchemin est un *in-folio* de 420 pages : il est conservé dans le Cabinet de M. Jousse, à Orléans.]

PAGE 340.

19346. * ☞ Bref Avertissement de M. l'Evêque d'Evreux (Cl. de SAINCTES) à ses Diocésains, contre un prétendu Arrêt donné à Caën, le 28 Mars dernier, par lequel il appert de l'introduction & établissement en France du Schisme, Hérésie & Tyrannie d'Angleterre; avec ledit Arrest, Sentence du Métropolitain, & Arrest de la Cour donné contre icelui : *Paris*, Bichon, 1591, de 30 pages.

On lit dans cet Avertissement : « C'est Hérésie de juger loisible à un Curé d'admettre aux Sacremens les Adhérans du Navarrois, & qu'il n'est licite aux Curés de les refuser, moyennant qu'ils se déclarent ses serviteurs.... C'est encore plus grande Hérésie de juger être licite de commander aux Curés de ce faire sur crime de Lèze-Majesté. »]

PAGE 341.

19361. * ☞ Brefs & Bulles du Pape GRÉGOIRE XIV, en faveur de la Ligue : 1591.

1. Bref envoyé à M. l'Evêque de Plaisance, contenant la première résolution de Sa Sainteté sur les Affaires du Royaume de France & la Ville de Paris, (22 Février): *Paris*, Nivelle, 1591, in-8. de 24 pag.

2. Bulles (du 4 Juin); l'une contre toutes personnes Ecclésiastiques qui suivent le parti de Henri de Bourbon, jadis Roi de Navarre; l'autre aux Princes, Seigneurs, Nobles, & autres personnes laïques qui suivent le même parti : *Paris*, Nivelle, &c. 1591, de 32 pages.

3. Déclaration de N. S. P. le Pape (du 4 Juin), sur les Lettres qui lui ont été escrites par la Noblesse qui suit le parti du Navarrois : *Paris*, Nivelle, 1591, de 14 pages.

4. Bref (du 11 Septembre) par lequel il est permis à tous Ecclésiastiques de porter les armes contre les Hérétiques & leurs adhérans, pour la défense de la Religion Catholique : *Paris*, Nivelle, &c. 1591, in-8.]

PAGE 344, *ajoutez* :

19414. * ☞ Illustriss. & Rev. D. Cardinalis Placentini CAJETANI, S. D. N. Papæ Clementis VIII, & Sanctæ Sedis Apostolicæ in Regno Franciæ *de Latere* Legati, ad Catholicos qui in eodem Regno ab Hæretici partibus stant, Exhortatio (15 Januar.) : *Parisiis*, Robert Nivelle, &c. 1593, in-8. de 20 pages.

Cet Avis du Cardinal de Plaisance est très-éloigné de la platitude avec laquelle on le fait parler dans la Satyre Ménippée. Il est de la plus exquise latinité, & il y règne le plus grand art : presque tous les motifs proposés sont argumens *ad hominem*. M. Grosley.

19414. ** ☞ Theologorum Parisiensium ad Illustr. Legati Placentini postulata, super Propositione in Libello quodam Factionis Navarrenæ contentâ, Responsum; quo dictæ Propositionis Censura continetur, cum ejusdem Censuræ assertione ac probatione (mense Februario) : *Parisiis*, Nivelle, &c. 1593, in-8. de 73 pages.

Cette Proposition étoit : « Les Catholiques sont tenus d'obéir au Roi, qui leur étant donné de Dieu, est leur Souverain naturel. » Elle touchoit dans le vif la forme & le fond de la Ligue. Les principes & les raisonnemens que lui opposent les Docteurs sont les mêmes que Boucher avoit posés dans son Ouvrage contre Henri III *de justâ Henrici III abdicatione*. M. Grosley.]

PAGE 345.

19427. * ☞ Résolution de Messieurs de la Faculté de Théologie de Paris (du 1 Mai), sur les Articles à eux proposés par les Catholiques habitans de la Ville de Paris, touchant la Paix ou Capitulation avec l'Hérétique, & admission de Henri de Bourbon à la Couronne de France; avec une Lettre aux Habitans Catholiques des Villes de la France qui ont juré la sainte Union : *Paris*, Thierri, 1593, in-8. de 16 pages.]

19427. ** ☞ Litteræ Illustriss. & Rev. D. Cardinalis Placentini (CAJETANI) S. D. N. & sanctæ Sedis Apostol. in Regno Franciæ *de Latere* Legati, ad universos ejusdem Regni Catholicos (23 Julii), super

Conventu quorumdam Ecclesiasticorum ab Henrico Borbonio ad Oppidum Sancti Dionysii indicto : *Parisiis*, Thierry, 1593, de 6 pages.]

PAGE 371.

A la Note du N.° 19805, ajoutez :

☞ *Voyez*, sur le Duc de Biron, *notre* Tome III, *aux* N.os 31588 & *suiv.*, ainsi que la *Lettre Mystique*, &c. *du* Tome I, N.° 14246, imprimée à Leide en 1602, par deux fois, & en 1603, augmentée de sa Défense ou Réplique.]

PAGE 372.

Au N.° 19824, *ligne* 2, *ajoutez après in-*8. : Troyes, Philippe, 1605, *in*-12.

PAGE 390.

20072. * ☞ L'Ame d'un bon Roi, ou Choix d'Anecdotes & de Pensées de Henri IV, précédé de son Eloge & des Portraits qu'en ont tracés les meilleurs Historiens ; par M. COSTARD, Libraire à Paris : *Londres & Paris*, Costard, 1775, *in*-8. de 80 pages.]

PAGE 391.

Au N.° 20079, *ajoutez à la fin de la Note :*

☞ Les Originaux manuscrits des Journaux de Pierre de l'Etoile ont été découverts en 1777, par M. Jardel de Braine, à qui nous sommes redevables de quantité d'indications. Ils sont conservés dans la Bibliothèque de S. Acheul, près d'Amiens, en cinq gros volumes *in-fol.*, de l'écriture propre de Pierre de l'Etoile. On y trouve, après le vol. II, une lacune de 15 années, depuis 1594 ou 95, jusqu'en 1606, ce qui formoit un volume qui a été enlevé de l'Abbaye de S. Acheul.

C'est un petit-fils de l'Auteur qui lui a donné ces Manuscrits : il se nommoit Pierre de Poussemothe de l'Etoile, étoit Chanoine Régulier, & fut Abbé de S. Acheul, depuis 1667 jusqu'en 1718, qu'il y mourut âgé de 76 ans, & eut pour successeur dans cette Abbaye N. de Poussemothe de l'Etoile de Montbrisseuil, mort en 1732. Le premier de ces Abbés a écrit sur le second feuillet du volume V (ou VI) la Note suivante, que nous croyons devoir transcrire.

« Monsieur de l'Etoile, Auteur de ce Journal & » des précédens, est mort au mois d'Octobre 1611, » & a été enterré le 8 dans l'Eglise de S. André des » Arts. Il fut marié deux fois. Sa premiere femme » étoit Anne de Baillon, fille de Jean Baillon, Baron » de Bruyères-Chastel, Thrésorier de l'Epargne. La » seconde qu'il épousa, le 28 Janvier 1582, fut Colombe Marteau, fille de N. Marteau, Sieur de Gland. »

Cette importante découverte, ajoute M. Jardel, doit faire tomber les doutes que quelques Ecrivains ont eu que ces Mémoires fussent de l'Etoile....... Dans le peu de temps que j'ai mis à les parcourir, ils m'ont paru contenir plusieurs choses qui ne sont pas dans les différentes Editions qu'on en a données... Je pourrai bien quelque jour, si ma santé me le permet, examiner avec soin ces curieux Monumens de notre Histoire, & en faire un Supplément à l'Edition de l'Abbé Lenglet, qui n'a pas connu ces Manuscrits originaux, non plus que MM. Godefroy, &c.

Chaque volume a son titre particulier, de la main de Pierre l'Etoile : nous nous bornerons ici à ce qui regarde le premier & le dernier.

I. « Registre journal d'un Curieux, de plusieurs » choses mémorables advenues & publiées librement » à la Françoise, pendant & durant le Règne de » Henri III, Roy de France & de Polongne, lequel » commença le Dimanche xxx May, jour de Pentecoste, 1574, sur les trois heures après-midy, & » finist le Mercredy, 2 Août 1589, à deux heures » après minuit. »

Et au-dessous de ce titre, on lit ces mots :

« Il est aussi peu en la puissance de toute la faculté tertienne d'engarder la liberté Françoise de » parler, comme d'enfouir le soleil en terre, ou l'enfermer dans un trou. »

Et au revers de ce titre, on lit le Sonnet suivant :

» Le Soufflet de la Vie humaine.

» Le cœur est une forge, où forgent à deux mains,
» Sathan, la chair, le monde, un monde d'entreprises ;
» L'enclume & les marteaux sont les moyens humains,
» Les charbons allumés, nos folles convoitises.

» La matière est un rien qui reçoit toutes guises,
» Richesses, honneurs, estats, sous la trempe du bien ;
» Mais la mort par derrière, usant de ses surprises,
» Vient crever le soufflet, & ne s'acheve rien.
  1580. »

Au volume V (ou VI), est écrit :

« Continuation de mes Mémoires, Journaux & » Curiosités, tant publiques que particulières, commençant au Règne de notre petit nouveau Roy, » Louis XIII, que Dieu bénit, âgé de huit ans, sept » mois, dix-huit jours, depuis le xv May 1610 jusques » à ..... où il plaira à Dieu. »

Et au bas, est écrit :

« Il m'y a conduit jusques à l'autre xv du mois de » Mai 1611, qui fait l'an justement.]

PAGE 441.

21226. * ☞ Silvæ Balthasaris DE VIAS : *Parisiis*, 1723, *in*-4.

Ces Silves, ou petits Poëmes en Vers Latins, sont accompagnés de Notes. Le premier est intitulé : *Icon Ludovici* (XIII). Le second, *Chrisma & Lilia* : le troisième, *Strumarum Sanatio* : le quatrième, *Triumphus Fidei* : le cinquième, *Themis restituta* : le sixième, *Irene*, &c. Dans d'autres, il est question des Navigations des François & du Mariage du Roi avec la Reine Anne d'Autriche, &c.]

PAGE 491.

Au N.° 22168, *ligne* 3, *lisez* 3 vol. *in*-4. XIII.

PAGE 495, *ajoutez* :

27216. * ☞ Catéchisme Royal : *Paris*, 1645, *in*-4.

C'est un Dialogue entre le Roi & son Gouverneur.]

PAGE 496.

22249. * ☞ L'Entrevue de S. A. R. M. le Prince, & M. de Beaufort, & leur Entrée dans le Palais d'Orléans ; avec leur Entretien touchant les Affaires du temps : *Paris*, 1646, *in*-4.]

PAGE 530.

Au N.° 23118, *ligne* 5, *après in-fol. ajoutez* :

Jouxte la Copie imprimée à Paris : *Rouen*, 1651, *in*-4.]

PAGE 544.

A la fin de la Note, ajoutez l'*Observation mise au commencement de l'Avertissement du Tome* III.

PAGE 546, ajoutez :

23464. * ☞ Les dernières Résolutions faites en Parlement, en préfence de S. A. R. & de MM. les Princes, pour la protection de la Ville de Paris, le 14 Mai : *Paris*, le Gentil, 1652, *in*-4.]

23473. * ☞ Le dernier Courier envoyé à S. A. R. par M. le Prince de Condé, contenant l'ordre de la Bataille, les noms & nombre des Chefs morts, blessés & prisonniers : *in*-4. = Lettre écrite à M. le Duc de Mercœur, sur la défaite de l'Armée de MM. les Princes, près d'Estampes : *in*-4. = Les Particularités du second Combat donné entre l'Armée de S. A. R. & l'Armée commandée par le Maréchal de Turenne devant Estampes, le 29 Mai : *Paris*, le Gentil, 1652, *in*·4.]

PAGE 559, ajoutez :

23703. * ☞ Lettre du Comte de HARCOURT, Général de l'Armée du Roi en Guyenne, sur sa Retraite en son Gouvernement, du 10 Octobre 1652, *in*-4.

PAGE 592.

Au N.° 24228, ajoutez à la Note :

☞ M. Turpin a depuis donné un Abrégé de cette Vie, sous le titre d'*Eloge historique de Louis de Bourbon II, Prince de Condé*, num. 1 du Tom. II de la *France illustre*, ou du *Plutarque François* : 1777, *in*-4.]

PAGE 596.

Le N.° 24294 est le même que le N.° 24221.

PAGE 603.

Au N.° 24399, de Cotentin, *lisez* de Costentin.

PAGE 608, ajoutez :

24471. * ☞ Lettres de M.e la Comtesse DE LA RIVIERE à M.e la Baronne de Neufpont, son amie, contenant les principaux Evénemens de sa Vie, de celle de ses enfans, &, de quelques-uns de ses parens; avec beaucoup de Nouvelles & d'Anecdotes du Règne de Louis XIV, depuis l'année 1686, jusqu'à l'année 1712 : *Paris*, Froullé, 1776, *in*-12, 3 vol.]

PAGE 611.

Le N.° 24539 doit être effacé : il est mieux au N.° 23907.

Au N.° 24543, ligne 6 de la Note, Louis XIV, *lisez* Louis XV.

Au N.° qui suit, 23544, *lisez* 24544.

PAGE 620, ajoutez :

24685. * ☞ Histoire des Campagnes de M. le Maréchal de Maillebois en Italie, pendant les années 1745 & 46 (avec des Pièces justificatives) ; par M. le Marquis DE PEZAY : *Paris*, Imprim. Roy. & Panckoucke, 1777, *in*-4. 3 vol. avec un volume *in*-*fol*. de (83) Planches, Plans & Cartes.]

PAGE 622, ajoutez :

24725. * ☞ Histoire du Maréchal de Saxe; par M. le Baron D'ESPAGNAC, Gouverneur de l'Hôtel Royal des Invalides : *Paris*, 1773. Nouv. Ed. augmentée, 1775, *in*-12. 2 vol.; *in*-4. 3 vol. avec les Cartes & Plans.

Cette Histoire est bien meilleure que celle de M. Neel, venant d'un habile Militaire.]

PAGE 616, ajoutez :

24797. * ☞ Mémoires politiques & militaires, pour servir à l'Histoire de Louis XIV & de Louis XV, composées sur les Pièces originales recueillies par Adrien-Maurice, Duc de Noailles, Maréchal de France & Ministre d'Etat ; par M. l'Abbé MILLOT, des Académies de Lyon & de Nanci : *Paris*, Moutard, 1777, *in*-12, 6 vol.

Ces Mémoires, qui sont intéressans, commencent en l'année 1682 & finissent en 1756.]

PAGE 647.

Le N.° 25040 *doit être ôté d'ici & transporté après* 25249 ; *Théodéchilde n'ayant été que fille du Roi* Thierry I.

PAGE 649, ajoutez :

25068. * ☞ Litteræ Apostolicæ Pii VI Papæ, in formâ Brevis, quibus confirmantur Decreta sacræ Rituum Congregationis, pro approbatione virtutum Heroïcarum Beatæ Joannæ Valesiæ, & extensione Missæ ac Officii in honorem Beatæ ad omnes Ditiones Regis Christianissimi : *Parisiis*, ex Typogr. Reg. *in*-4.

Ce Bref est daté du 21 Juin 1775, & contient 8 pages.]

25069. * ☞ Augusti à LEYSER . . . . . de raptu Annæ Britannæ Dissertatio : *Marburgi*, 1770, *in*-4.

Cette accusation de Rapt, faite par un Auteur Allemand, est fondée sur ce qu'il y avoit eu une promesse de Mariage avec Maximilien, Roi des Romains, avant qu'Anne de Bretagne épousât le Roi de France Charles VIII, en 1491.]

PAGE 654, ajoutez :

25133. * ☞ Vie de la Reine Marguerite de Valois (première femme de Henri IV); par M. MARQUEZ, Chanoine Régulier de Provins : *Paris*, Ruault, 1777, *in*-8.

PAGE 657, ajoutez :

2507. * ☞ Vie de Marie Leczinska, Princesse de Pologne, Reine de France : *Paris*, Ruault, 1773, *in*·8.]

PAGE 661.

Au N.° 25293, ligne 3, fils aîné, *lisez* petit-fils.

PAGE 666, ajoutez, *après le* N.° 25366.

Augusti à LEYSER, de Vesperis Siculis (anni 1282) Dissertatio : *Marburgi*, 1770, *in*-4.

On peut voir ce que M. de Saint-Marc dit à ce sujet,

d'après Muratori, dans le *Tom.* VI de son Abrégé Chronologique de l'Histoire d'Italie, *page* 488 & *suiv.*]

PAGE 671.

Au N.° 25435, *lisez ainsi le commencement de la Note:*

Il est conservé dans la Bibliothèque particulière de M. Godefroy, Directeur des Chartres de la Chambre des Comptes de Lille....

PAGE 674.

Au N.° 25476, *à la fin de la Note*, de Maëtricht, *lisez* d'Utrecht.

PAGE 683.

Après le N.° 25607, il faut rapporter les 3 num. 25663, 64 & 65 *dérangés, & qui sont à la page* 686.

PAGE 684.

Au N.° 25633, *ligne* 5, Duchesse de Vendosme, *lisez* Duchesse de Beaufort.

PAGE 687, *ajoutez:*

25674. * ☞ Eloge historique de Philippe, Duc d'Orléans, Régent du Royaume; (par Louis-Théodore HÉRISSANT.)

Dans la *Galerie Françoise*, Edit. *in*-4. 2.° Dans l'Ed. *in-fol.*, avec un Portrait différent. 3.° A part, *in*-8, revu & augmenté : *Paris*, Lottin le jeune, &c. 1778.]

PAGE 690, *ajoutez:*

25736. * ☞ Lettre sur l'Epoque de l'Homme au Masque de Fer.

Elle se trouve dans l'*Année Littéraire* 1774, *Tome* V, *pages* 211-214. C'est au sujet d'un Voyage secret que fit en Angleterre, par ordre de la Cour, Jean Méry, habile Chirurgien, Membre de l'Académie des Sciences, & Chirurgien de la Reine, épouse de Louis XIV. On en conclut que cet Homme au Masque de fer pourroit être le Duc de Montmouth.]

PAGE 691, *ajoutez:*

25763. * ☞ Vie du Dauphin, père de Louis XVI, écrite sur les Mémoires de la Cour; par M. l'Abbé PROYART : *Paris*, Berton, &c. 1777, *in*-12. Nouv. Ed. augmentée de plusieurs traits intéressans, 1778, *in*-8. & *in*-12.

Cette Vie détaillée est aussi édifiante que curieuse. Le VI & dernier Livre roule tout entier sur la dernière Dauphine, qui a voulu que son corps fût transporté à Sens, auprès de celui de son mari.]

25763. ** Mémoires pour servir à l'Histoire de Louis, Dauphin de France, avec un Traité de la connoissance des Hommes, fait par ses ordres en 1758 (par le P. GRIFFET) : *Paris*, P. G. Simon, 1777, *in*-12, 2 v.

Ces Mémoires, de gros caractères, n'occupent que le premier volume, & après avoir lu l'Histoire précédente, on y trouve beaucoup moins de choses.]

PAGE 705.

Au N.° 25965, *ajoutez en Note:*

Le nom de l'Auteur n'est point sur le titre; on y lit seulement, *par M. R. C.* Il est répété de même sur un second frontispice qui est à la tête du *Formulaire du Sacre*, dans le même volume.]

Au N.° 25966, *ajoutez à la Note:*

Il y en a une première Edition de *Paris*, 1722, où n'étoit pas la Relation du Sacre de Louis X, dont celle-ci fut augmentée. Cette première Edition a été annoncée dans le *Journal des Sçavans*, en Octobre 1722. Il y en a eu une troisième Edition, *Amsterdam*, 1724, *in*-12, dont l'Editeur dit que ce livre a souffert des *retranchemens dans l'Edition de Paris*, & qu'il le donne *plus correctement, & tel qu'il est sorti de la plume de l'Auteur.*

25966. * ☞ Cérémonial du Sacre des Rois de France, précédé d'une Dissertation sur cet Acte de Religion, & suivi d'une Table chronologique du Sacre des Rois de la Seconde & de la Troisième Race : *Paris*, Desprez, 1775, *in*-8.

On y donne une Traduction de toutes les Pièces qui font partie de cette Cérémonie. Sur quoi, dans la Préface, l'Auteur dit qu'on ne les trouve qu'en Latin dans les Livres qui traitent *de cette matière* : c'est qu'il n'a pas vu celui du N.° 25965, où elles sont en François & en Latin.]

PAGE 706, *ajoutez:*

25979. * ☞ Lettre d'un Rémois à M. le M. D., ou Doutes sur la certitude de cette Opinion, que le Sacre de Pepin est incontestablement la première Epoque du Sacre des Rois de France : *Liège*, 1775, *in*-12 de 134 pages.

L'Auteur est D. Jacques-Claude VINCENT, Bénédictin, Bibliothécaire de l'Abbaye de S. Remy de Reims, mort le 22 Septembre 1777. *Voyez* ci-devant l'Avertissement de ce Volume.]

25984. * ☞ Lettre sur la Sainte Ampoule, & sur le Sacre de nos Rois à Reims, écrite de Laon, le 3 Février 1719; par feu M. l'Abbé PLUCHE : *Paris*, Freres Estienne, 1775, *in*-8. de 54 pages.]

PAGE 707.

M. Rondet *ayant eu occasion d'examiner les Sacres de nos Rois (dont il est question dans cette page & les deux suivantes), a fait plusieurs Remarques que nous croyons devoir mettre ici, en forme de Notes.*

Au N.° 25992, Pepin fut sacré dès le temps de son Election à Soissons, en 752, par S. Boniface, Archevêque de Mayence.]

Au N.° 25996. Le Couronnement Impérial de Charlemagne à Rome, est de l'an 801, selon le Comput (ou la manière de compter) de Rome, mais 800 selon notre Comput, car ce fut le jour de Noël.]

Au N.° 25998, *ligne* 3, Estienne, *lisez* Estienne IV.

Au N.° 2599, *ligne* 3, Paschal, *lisez* Paschal I.

Au N.° 2600. On dit que *Charles-le-Chauve fut sacré à Limoges en* 854; mais il paroît qu'on a confondu ici deux Sacres : celui du père & celui du fils. Charles-le-Chauve se fit sacrer Roi d'Aquitaine à *Orléans*, en 848; & ensuite, en 854; ou, selon d'autres, en 855 ou 856. Il fit sacrer à *Limoges* son fils Charles, en cette qualité de Roi d'Aquitaine.]

Au N.° 26001. On dit Charles-le-Chauve, sacré à *Metz* en 868. Ce fut en 869.

Au N.° 26002, *ajoutez en Note:*

Le Sacre Impérial de Charles-le-Chauve à Rome est de l'an 876, selon le Comput Romain, mais selon le nôtre, de 875, car cette cérémonie se fit le jour de Noël, par le Pape Jean VIII.

Au N.° 26011, *ligne* 3, 922, *lisez* 923 (car le

Sacre de Raoul se fit plus d'un an après celui de Robert, qui, dans le N.º précédent, est marqué à l'an 922.)

PAGE 708.

Au haut de la 1 Col., ligne 1 (*du N.º 26012*), Artold, *lisez* Artauld.

Au N.º 26013, ligne 3, lisez Artauld.... 954.

Au N.º 26017. Avant le Couronnement du Roi Henri I en 1027, on auroit dû faire mention de celui de Hugues, son frère aîné, qui fut couronné en 1017.

Au N.º 26020, ajoutez en Note :

Il y a une Pièce semblable dans le *Gallia Christiana*, mais intitulée : *Consecratio Philippi I, Francorum Regis*, Tome IX, aux Pièces justificatives, col. 22-24.]

Au N.º 26021. On cite l'Epître 70 d'Yves de Chartres : elle est marquée 189 dans le Gallia Christiana.

Au N.º 26022, ligne 3, en 1131, lisez, le premier en 1129, & le second en 1131.

Au N.º 26023, ajoutez en Note :

Le Sacre de Philippe Auguste en 1179, fut l'occasion d'une Bulle rapportée dans le *Gallia Christiana*, sous ce titre : *Bulla Alexandri III, de Inunctione Regum Francorum*, Tome IX, dans les Pièces justificatives, col. 48.

Au N.º 2627, ligne 2, l'an 1270, lisez, l'an 1271.

Au N.º 26029. On dit Philippe le Bel *couronné l'an 1285. C'étoit le Style du temps, où nous commencions l'année à Pâques. Ce Couronnement se fit le jour de l'Epiphanie 1286, selon le style d'aujourd'hui.*

Au N.º 26030, ligne 2, 1314, lisez 1315.

Au N.º 26031, ligne 2, 1317, lisez 1316, selon le style du temps, & 1317, selon le style d'aujourd'hui, car ce Sacre (de Philippe le Long) se fit le jour de l'Epiphanie.

Au N.º 26032, ligne 2, après l'an 1321, ajoutez selon le Style du temps ; & selon le nôtre 1322, le 21 Février.

PAGE 709.

Au N.º 26043. On marque le Sacre d'Anne de Bretagne, femme de Charles VIII, en 1489. Ce doit être au plutôt en 1491, qui fut l'année de son Mariage.

Au N.º 26047, ligne 2, en 1514, ajoutez, selon le style du temps, mais, selon le nôtre, 1515, le 25 Janvier.

Au N.º 26052, ligne 1, l'an 1530, ajoutez, selon le style du temps, mais selon le nôtre, 1531, le 5 Mars.

Au N.º 26063. On marque le Sacre de Charles IX le Mercredi, 14 Mai ; mais, selon le Président Hénault, ce fut le 15, Jeudi ; & selon le Gallia Christiana, ce fut III. Idus (le 13°) Mardi. La plupart des Sacres ont été faits le Dimanche, ou le jour de quelque Fête solemnelle, telle que fut cette année l'Ascension, qui étoit le 15 ; ce qui favorise la date du Président Hénault.

PAGE 745.

Au N.º 26858, retranchez au milieu de la Note : Si ce dernier fait est vrai, *&c. jusqu'à la fin, & mettez :* Durand s'est trompé, en citant *Baronius* au lieu de *Bellarmin*, contre lequel Savaron a écrit.]

Tome V.

PAGE 758, *ajoutez :*

27054. * ☞ Recherches & Observations sur les Fleurs de Lys, par AUDIGUIER.

Dans l'Ouvrage qui a pour titre : *L'origine des François & de leur Empire*, Paris, Barbin, 1676, *in*-12, 2 vol. pag. 470-547 du *Tom.* II.

PAGE 763.

Au N.º 27118, ligne 1, Des Droits, lisez Du Droit.... *On cite après la Note, une Edition de 1579. La première est de 1575, in-16 de 126 pages, sans nom de lieu. Dans le titre, au lieu de* tant pour les Magistrats que pour les Sujets, *on y lit*, pour advertir, tant les Magistrats que les Sujets.

PAGE 772.

A la Note du N.º 27183, ajoutez la seconde Observation mise au commencement de l'Avertissement du Tome III.

Le N.º 27185 doit être retranché. Ce Discours de Dolet de la République Françoise, ne concerne en aucune façon le Gouvernement du Royaume, comme il paroît par son vrai titre : « Bref Discours de la » République Françoise, desirant la lecture des Livres » de la sainte Ecriture lui être loisible en sa langue » vulgaire. »

PAGE 778.

Au N.º 27183, ajoutez à la Note :

La premiere Edition de cet Ouvrage est de Cologne (ou *Amsterdam*), Pierre du Marteau, 1669, *in*-12. Le savant M. Séguier de Nismes a soupçonné que c'étoit l'Ouvrage cité ci-devant, N.º 27171 ; mais nous en doutons fort.]

PAGE 779, *ajoutez :*

27300. * ☞ Ms. Recueil de Mémoires curieux, concernant les progrès de la puissance des Rois de France sur tous les Corps de l'Etat. X. Mémoires, 1690.

Ce Manuscrit étoit ci-devant dans la Bibliothèque de M. Perrot, Maître des Comptes : il est aujourd'hui dans celle de M. le Président Rolland. Il paroît que c'est une partie du Recueil que Jurieu a intitulé : *les Soupirs de la France*, & qu'il a arrangé & augmenté selon ses idées.]

PAGE 780.

Au N.º 27310, après VARSAVAUX, *ajoutez*, Avocat en Parlement : *Nantes*, veuve Marie.

PAGE 782.

Au N.º 27358, ligne dern., de Saint André, lisez de Montandré.

PAGE 796, *ajoutez :*

27595. * ☞ Traités sur les Coutumes Anglo-Normandes, qui ont été publiées en Angleterre, depuis le XI° jusqu'au XIV° siècle ; avec des Remarques sur les principaux points de l'Histoire & de la Jurisprudence Françoise, antérieures aux Etablissemens de S. Louis ; par M. HOUARD, Avocat au Parlement, & Correspondant de l'Académie Royale des Inscriptions & Belles-Lettres : *Paris*, Saillant, 1777, *in*-4. 2 vol.

Cet Ouvrage sera complet avec deux nouveaux volumes qui doivent suivre. On peut voir ce qui en est dit dans le *Journal des Sçavans*, 1777, Août, pag. 515-24, *in-4*.]

PAGE 799, *ajoutez* :

27625. * ☞ Vues d'un Politique du Seizième siècle, sur la Législation de son temps, également propres à réformer celles de nos jours ; ou Choix d'Arrêts qui composent le Recueil de Raoul de Spifame, connu sous le nom de *Dicæarchiæ*, &c. avec des Observations & une Table générale & raisonnée de tout l'Ouvrage ; par M. AUFFRAY, des Académies de Metz & de Marseille : *Amsterdam & Paris*, Durand, 1775, *in-8*. de 275 pages.]

PAGE 802, *ajoutez* :

27661. * ☞ Code de la Police, ou Analyse des Réglemens de la Police; par M. D.***, Lieutenant-Général de Police de .... en Champagne : *Paris*, 1761, *in-12*.

L'Epître Dédicatoire est signée DUCHESNE. Cette Edition revue, corrigée & augmentée, est la troisième. Ce Code forme un Supplément fort utile pour le *Traité de la Police* de M. de la Mare, qui devoit avoir XII Livres, dont on n'a que les VI premiers : celui-ci contient les douze en abrégé.]

PAGE 803, *ajoutez* :

27663. * ☞ Recueil de Lettres-Patentes & autres Pièces, en faveur des Juifs Portugais, contenant leurs Priviléges en France: *Paris*, Moreau, 1765, *in-12* de 35 pages.]

Après un *Avertissement* curieux, on y trouve pour première pièce, des Lettres-Patentes de Henri II, du mois d'Août 1550, & ce petit Recueil est terminé par une Ordonnance du Roi Louis XV, du 15 Juillet 1728.]

A la Note du N.° 27666, ligne 2 de la col. 2, Henri IV, *lisez* Henri III, *& ajoutez à la fin de cette Note* : Les Lettres de Noblesse accordées à Choppin, sont du mois de Février 1578. Elles sont rapportées presque en entier par Ménage, dans ses Notes sur la Vie de P. Ayrault, *pag.* 208 & 209.]

PAGE 809, *ajoutez* :

27793. * ☞ Exercitatio Juris publici, de nexu Regni Burgundici, cum Imperio Rom. Germanico, Præside Jo. Jac. MASCOV : *Lipsiæ*, 1720, *in-4* de 40 pages.

L'Ouvrage est partagé en trois Sections. 1. Origine du Royaume de Bourgogne (ou d'Arles) : 2. Union de ce Royaume à l'Allemagne, depuis Conrad II jusqu'à Frédéric III. 3. Des Démembremens de ce Royaume, & des Droits que l'Empire a pu conserver sur ces parties détachées.]

PAGE 839.

Au N.° 28353, ligne 3, Jeanne de Clermont, *lisez* Jeanne de Ponthieu, *& ajoutez à la Note* :

☞ C'est par distraction que M. Dupuy a mis au premier titre de ce *Procès*, Jeanne de Clermont ; car, dans la pièce, il n'est question que de Jeanne de Ponthieu, qui devint Reine de Castille : l'Ecrivain des Manuscrits de Brienne a copié l'erreur. L'Abrégé de ce Procès se trouve imprimé dans le Recueil de Rymer, *Tom.* I, col. 464 & 465.]

PAGE 841.

Au N.° 28410, Catherine de France, *lisez* Catherine de Bourbon.

PAGE 865, *ajoutez* :

28739. * ☞ Salomonis NIGARDI Disquisitio jurium & obligationum quæ circa pacem Westphalicam in Imperio R. G., competunt Regi & Regno Galliarum. *Lugd. Batav.*, 1750, *in-4*.

Le vrai nom de l'Auteur est DRINGARD.

PAGE 869.

Au N.° 28782, ligne 2, en 1587, *lisez* 1687.

PAGE 873, *ajoutez* ,

28843. * ☞ Mémoire sur la question de savoir pourquoi le S. Empire Romain est obligé de défendre le Cercle de Bourgogne contre toutes les invasions ennemies (1666 en Allemand).

Cette Consultation est dans le Recueil de Lunig, intitulé *Staats Consilia*, Tom. II, num. 158. On trouve dans le même Ouvrage, num. 165, une autre Consultation semblable. L'Auteur du Mémoire qui est au num. 159 du même Recueil, soutient le contraire : il a pour titre :

Mémoire où l'on examine si les Pays du Cercle de Bourgogne & toutes ses dépendances sont, ou non, compris dans le territoire de l'Empire, & s'ils y sont soumis.]

28845. * ☞ Che per necessita di giusticia, e per convenienza di Stato, sia indispensabile al S. Rom. Imperio la obligazione di soccorere le Provincie Belgiche, invase d'all' armi di Francia : 1667, *in-4*.

PAGE 885.

Au N.° 29038, *ajoutez en Note* :

☞ Cet Ouvrage a été imprimé quatre fois : la quatrième Edition est de *Halæ Magdeburgicæ*, 1712, *in-4*. de 48 pages. L'Auteur se nommoit Jean-Pierre LUDEWIG : sa Dissertation a été réfutée par celle de M. Lorenz, N.° 29041.]

Au N.° 29039, *effacez à la Note* : le P. Hugo est l'Auteur de cette Défense ; *car c'est la traduction de l'Ouvrage précédent*.

29041. * Exercitatio Juris publici, de nexu Regni Lotharingiæ, cum Imperio Rom. Germanico : autore Jo. Jac. MASCOV, Editio tertia, *Lipsiæ*, 1748.

Les Allemands ont prétendu répondre à M. Lorenz, par cette nouvelle Edition du Traité de Mascov.]

TOME TROISIÈME.

PAGE ij de l'Avertissement, alin. 2, ligne 4, Février dernier, *lisez* Février 1772.

PAGE 4.

Avant le N.° 29158, *ajoutez* :

29157. * ☞ Job. Gothefr. HOFFMANNI, Acta & Fœdera inter Imperatores Romanos, & Francos Reges primæ Stirpis : *Vittembergæ*, 1738, *in-4.*]

PAGE 8, *ajoutez*,

29249. * Traités avec la Cour de Vienne sur les limites de Flandre, & du côté de la Lorraine : *Paris*, *in-4.*

29249. ** Mſ. Traité du 24 Mai 1772 entre le Roi & le Prince-Évêque de Liège, pour les limites ; & Lettres-Patentes du 4 Juin 1774, regiſtrées au Parlement le 17, ſur ledit Traité entre le feû Roi & ledit Prince-Évêque de Liège : *Paris*, P. G. Simon, 1774, *in 4.*]

PAGE 24, *ajoutez* avant le N.° 29506.

☞ On trouve, *Tom.* IV du Gloſſaire de D. Carpentier, *page* LXXVJ *& ſuiv.*, une Table ſommaire des *Regiſtres de nos Rois*, depuis le XII. Siècle juſqu'à la fin du Règne de Louis' XI en 1483. Il y a joint l'Indication de pluſieurs autres Regiſtres des Parlemens, Chambres des Comptes, &c.]

PAGE 26,

Ajoutez à la Note qui eſt avant le N.° 29527.

☞ Il faut conſulter ſur les Cartulaires connus, le Tome I de la nouvelle *Diplomatique*, *in-4*. Le dépouillement en eſt fait dans les Notes 3 & 4 des *pag*. 436 & 437, avec l'Indication des num. de la Bibliothèque du Roi où ils ſe trouvent. On y voit les Cartulaires dont le P. Le Long, & même M. de Fontette ont ignoré le ſort, où l'on y ſupplée par les Copies qui ſont dans les Portefeuilles de M. de Gaignières, conſervés à la Bibliothèque du Roi.]

PAGE 27.

Au N.° 29575, Longpons, *lisez* Longpont.

PAGE 32.

Au N.° 29689, ligne 1, Mamentis, *lisez* Mamantis.

PAGE 39.

Au N.° 2989, *ajoutez* à la fin de la Note :

☞ Ce Mémoire eſt actuellement chez M. Filjean, Conſeiller au Parlement de Dijon.]

PAGE 45, *ajoutez*,

29923. * ☞ Exemplaria Litterarum, quibus & Chriſtianiſſimus Galliarum Rex Franciſcus ab adverſariorum maledictis defenditur, & controverſiarum cauſæ, ex quibus Bella hodie inter ipſum & Carolum V emerſerunt, explicantur : undè ab utro potius ſtet jus æquumque, Lector prudens facilè deprehendet : *Pariſiis*, Rob. Stephan. 1537, *in-4.*]

PAGE 83.

Au N.° 30461, *ajoutez* à la Note :

Les Lettres de Nicolas Paſquier ont été réimpriméées, avec les Ouvrages de ſon père Eſtienne, Edition de 1724, ci-devant à la fin de la Note du N.° 30416.]

PAGE 85.

Au N.° 30495, *ajoutez en Note* :

On conſerve au Monaſtère de S. Faron de Meaux, un Mſ. *in-fol*. de 852 pages que l'on pourroit comparer avec l'Imprimé, déjà ſuſpect. Il eſt intitulé : « Ambaſſade extraordinaire de M. le Maréchal de » Baſſompiere en Eſpagne, l'an 1621, & en Grande » Bretagne, l'an 1626. »]

PAGE 92.

Au N.° 30628, BUILLON, *lisez* Bullion.

PAGE 95.

Au N.° 30691 & de (Thomas) Duc de Bellegarde, *lisez* & de Thermes, Duc de Bellegarde.... (*& ajoutez en Note* :)

☞ Paul de la Barthe, Seigneur de Thermes, Maréchal de France, mort en 1562, inſtitua ſon héritier Jean de S. Lary, Seigneur de Bellegarde, ſon neveu, à condition qu'il porteroit ſon nom & ſes armes. Roger, fils de Jean, Seigneur de S. Lary & de Thermes, fut fait Duc de Bellegarde, & mourut en 1646.]

PAGE 102.

Au N.° 30815, effacez fils du . . . Comte d'Angoulême. . . , *lisez* Duc d'Angoulême. . . (*& ajoutez en Note* :)

Louis de Valois s'appelloit Comté d'Alais, du vivant de ſon père Charles de Valois, Duc d'Angoulême ; & ce ne fut qu'en 1650 que Louis eut ce dernier titre.]

PAGE 103.

Au N.° 30834, Barthélemi, *lisez* Guy.

PAGE 107.

Col. 1, ligne 5, en François, *lisez* Latine.

PAGE 130, *ajoutez* :

31222. * ☞ Hiſtoire de la Pairie diviſée en quatre Ages : *Liège*, 1775, *in-8*. 2 vol.]

PAGE 143, *ajoutez*,

31380. * ☞ La France illuſtre, ou le Plutarque François, contenant l'Hiſtoire ou l'Eloge hiſtorique des Miniſtres, des Généraux, des Magiſtrats, &c. par M. TURPIN, Citoyen de S. Malo : *Paris*, Lacombe, le Jay, &c. 1775 *& ſuiv. in-4*.

C'eſt un Recueil qui s'eſt diſtribué par Cahiers depuis 1775. Le Tome I en contient douze, & de plus, on en a publié (au commencement de cette année 1778) un Cahier préliminaire, contenant le Frontiſpice & une Épître Dédicatoire au Prince Kourakin, Ruſſien, où l'Auteur entre dans un aſſez grand détail sur les Hommes illustres dans les Sciences & les Beaux-Arts de ce Siècle. On a donné 5 Éloges ou Cahiers, pour le Tome II jusqu'à présent (Juillet 1778). Nous indiquerons ci-après tous ces Éloges, selon notre méthode, aux endroits qui leur conviennent.]

Au N.º 31587, bisayeul, *lisez* trisayeul.

PAGE 146, *ajoutez*,

31421. * ☞ Histoire (ou Éloge historique) du Connétable Bertrand du Guesclin; par M. TURPIN.

Dans la France illustre ou le Plutarque François, num. 4 du Tome II.]

PAGE 153, *ajoutez* :

31557. * ☞ Éloge historique de M. d'Argenson, Garde des Sceaux; par M. TURPIN.

Dans la France illustre ou le Plutarque François, num. 4 du Tome I, pages 183-219.]

31565. * Éloge du Chancelier d'Aguesseau; par M. TURPIN.

Dans la France illustre ou le Plutarque François, num. 2 du Tome I, *pages* 67-115.]

PAGE 154, *ajoutez* :

31584. * ☞ Éloge historique du Maréchal de Belle-Isle; par M. TURPIN.

Dans la France illustre ou le Plutarque François, num. 3 du Tome I, *pages* 119-178.]

31584. ** ☞ Éloge historique du Maréchal de Berwic, mort en 1734; par le même.

Dans le même Ouvrage, num. 8.]

31584. *** ☞ Mémoires du Mar. de Berwick, écrits par lui-même, *Paris*, Moutard, 1778, *in*-12, 2 vol.]

PAGE 156, *ajoutez avant* 31603 :

31602. * ☞ Éloge historique du Maréchal du Bourg (mort en 1739); par M. TURPIN.

Dans la France illustre ou le Plutarque François, Tome I, num. 12 & dernier.]

31608. * ☞ Éloge du Maréchal de Brissac; par M. TURPIN.

Dans la France illustre &c. num. 3 du Tome II.]

31611. * ☞ (1) Vie (abrégée) de Nicolas de Catinat : *Paris*, 1774, *in-8*.

La même : *Lausanne*, 1774, *in-8*. 32 pag.

Cette Édition est entièrement conforme à l'Original, dont l'Auteur (qui ne se fait pas connoître), se plaint, dans un Avertissement, qu'on a corrigé & mutilé son Ouvrage, qu'il avoit communiqué à un Ami, sans avoir eu l'intention de le faire imprimer.]

(2) ☞ Éloge de Nicolas de Catinat, Maréchal de France; Discours qui a remporté le prix de l'Académie Françoise, en 1775; par M. DE LA HARPE : *Paris*, Demonville, 1775, *in-8*. de 67 pages.]

(3) ☞ Mémoires pour servir à la Vie de Nicolas de Catinat, Maréchal de France : *Paris*, Ve Duchesne, 1775, *in*-12 300 pag.

Ce Maréchal est peut-être le moins connu des Généraux de Louis XIV. Les Soldats aguerris sous le commandement de ce nouveau Fabius, dont ils connoissoient la sagesse, le caractérisoient d'un seul mot, avec cette énergie soldatesque, près de laquelle tous nos Éloges sont froids : ils l'appelloient *le Père* LA PENSÉE.... La Vie militaire & toutes les Campagnes de cet habile Général sont ici très-bien détaillées, & d'un style simple, mais fort net : l'Auteur semble avoir voulu disputer de modestie avec son Héros... Peu de Généraux ont mieux su la guerre & ont mieux servi que Catinat. Mais, pour le bien juger, loin de s'en tenir sur son compte aux fameux Mémoires de Feuquières, remplis d'ailleurs d'excellentes choses, ceux que nous annonçons doivent au moins leur servir de correctif sur plusieurs faits importans. *M. de Querlon*, Affiches de 1775, *pag*. 30.]

PAGE 159, *ajoutez* :

31668. * ☞ Oraison funèbre du Comte de Muy (Louis-Nicolas-Victor de Félix), Maréchal de France, &c. prononcée dans l'Église des Invalides, le 24 Avril 1776; par Messire J. B. Ch. Marie DE BEAUVAIS, Évêque de Senez : *Paris*, le Jay, 1776, *in*-12 de 88 pages.]

PAGE 161, *ajoutez*,

31705. * ☞ Histoire du Maréchal de Saxe; par M. D'ESPAGNAC.

Voyez ci-devant N.º 24725 (de ces *Additions*).

Éloge historique du même; par M. TURPIN.

Dans la France illustre ou le Plutarque François, num. 1 du Tome I, de 63 pages.

31706. * ☞ Ms. Vie de M. le Maréchal (Jean) de Schulemberg, Comte de Mondejeu, Chevalier des Ordres du Roi, Gouverneur d'Arras, & ensuite du Berry : *in-4*.

Cette Vie paroît avoir pour Auteur M. DE VOIGNON, qui avoit été sous le Maréchal Commandant de Cavalerie. Elle est intéressante, principalement pour ce qui regarde les défenses de Coblents & d'Hermestein en 1635, & celle d'Arras en 1654, car c'est en quoi s'est distingué M. de Schulemberg; il est mort en 1671. L'Original est dans le Cabinet de M. l'Abbé d'Estoquois de Schulemberg, & une copie dans la Bibliothèque de M. le Marquis de Paulmy.]

PAGE 160.

Le N.º 31687 *appartient à* Henri *de Schomberg; & non à* Frédéric : *ainsi, il doit être avant le N.º* 31686.

PAGE 162, *ajoutez*,

31730. * ☞ Éloge historique du Maréchal de Villars; par M. TURPIN.

Dans la France illustre ou le Plutarque François, num. 5 du Tome I, *pages* 223-283.]

PAGE 166, *ajoutez*,

31791. * ☞ Vie du Chevalier Paul, de Marseille, Vice-Amiral, mort en 1667; par Joseph BOUGEREL, Prêtre de l'Oratoire.

Cette Vie se trouve, *pag*. 144 de ses *Mémoires sur plusieurs Hommes illustres de Provence* : *Paris*, 1752, *in*-12.]

PAGE 167.

Le N.º 31808 *doit être retranché comme très-fautif*,

& n'étant pas à sa place : aussi l'avons-nous rejeté au N.° 31940.* parmi les Officiers de Guerre.

J'ajouterai ici, pour servir d'éclaircissement, que celui dont Saliat a fait la Vie, se nommoit *François* (& non *Pierre*), & qu'il ne fut jamais Maître de l'Artillerie, mais que *Jacques* son père le fut réellement, ainsi que l'avoit été auparavant un autre *Jacques*, grand-oncle de *François*, & dont le père se nommoit simplement *Pierre Ricard*, & *mourut en* 1477, sans avoir été Maître de l'Artillerie, comme l'a dit le P. le Long, qui a fait ici, comme l'on voit, bien des fautes. On peut consulter les Généalogies du P. Simplicien, *Tom.* VIII, *pages* 163-167.]

PAGE 172, *ajoutez*,

31883. * ☞ Eloge historique de Bertrand-François Mahé de la Bourdonnais ; par M. TURPIN.

Dans la France illustre ou le Plutarque François, num. 10 du Tome I.]

PAGE 174, *ajoutez* :

31916. * ☞ Eloge historique de M. Chevert ; par M. TURPIN.

Dans la France illustre, &c. num. 7 du Tome I.]

PAGE 175, *ajoutez*,

31940. * Vita Francisci Galioti Acerii, turmarum Ductoris & fabrûm, machinarumque bellicarum Præfecti: auctore Petro SALIATO: *Parisiis*, 1549, *in*-4.

François Ricard, dit Galiot, comme Jacques son père, Seigneur d'Acier, mourut jeune, Officier dans l'Artillerie, ayant été dangereusement blessé à la Bataille de Cérisoles, en 1544. Le P. le Long l'avoit mis parmi les Grands-Maîtres de l'Artillerie, en le confondant avec *Pierre*, son arrière-grand-père, qui ne fut pas plus que lui revêtu de cette charge : voyez la nouvelle Note sur le N.° 31808.]

PAGE 176, *ajoutez* :

31955. * ☞ Eloge historique de M. Duguay-Trouin (Chef d'Escadre, mort en 1736) ; par M. TURPIN.

Dans la France illustre ou le Plutarque François, num. 6 du Tome I.]

PAGE 177.

Au N.° 31964, *ajoutez à la Note* :

On peut voir ce qui est dit de M. de Langallerie, dans la « Relation d'un Voyage en Hollande, en 1715, » par M. Guillot de Marcilly : *Paris*, Estienne, 1719, » *in*-12.»]

PAGE 179, *ajoutez*,

31999. * ☞ Eloge de M. le Comte de M. de Miran ; lu à l'Académie des Sciences de Toulouse ; par M. le Marquis D'ORBESSAN.

Dans le Tome III de ses Mélanges historiques : *Toulouse & Paris*, 1768, *in*-8.]

PAGE 181, *ajoutez* :

32050. * ☞ Histoire (ou Eloge historique) de Henri Duc de Rohan ; par M. TURPIN.

Dans la France illustre ou le Plutarque François, num. 5 du Tome II.]

PAGE 186, *ajoutez* :

32122. * ☞ Essai théorique & pratique sur les Batailles ; par M. le Chevalier DE GRIMOARD : *Paris*, Veuve Desaint, 1755, *in*-4. de 208 pages.]

PAGE 192, *ajoutez* :

32230. * ☞ Histoire Ecclésiastique de la Cour de France, où l'on voit tout ce qui concerne l'Histoire de la Chapelle & des principaux Officiers de nos Rois ; par l'Abbé OROUX, Chapelain du Roi : *Paris*, Imprim. Roy., 1778, *in*-4. 2 vol.]

PAGE 203, *ajoutez* :

32404. ** ☞ Ms. Ordonnances & Réglemens des Conseils du Roi, *in-fol*.

Ce Recueil est dans la Bibliothèque de M. Rolland, Président au Parlement de Paris. On y trouve écrit en tête : « Ce Manuscrit m'a été communiqué par » M. Rouillé de Coudrai, Conseiller d'Etat. Il a été » composé par M. DE BRIENNE, qui vouloit s'instruire » de l'origine & des régles du Conseil. Le Nain. »]

PAGE 208.

Au N.° 32463, Jean de Beaune, *lisez* Jacques de Beaune.

PAGE 217, *ajoutez* :

32596. * ☞ Eloge historique de Claude le Peletier, Ministre ; par M. TURPIN.

Dans la France illustre ou le Plutarque François, num. 2 du Tome II.]

PAGE 222.

Au haut de la col. 2, *avant le* N.° 32681, *ajoutez* :

On a nouvellement donné une ample Vie du Cardinal d'Ossat, qui est indiquée au *Supplément* N.° 9912, (Article des *Evêques de Bayeux*.)

PAGE 224, *ajoutez* :

32709. * ☞ Histoire de Melchior de Polignac, Archevêque d'Auch, (qui a été Ambassadeur en Pologne, Ministre Plénipotentiaire à Utrecht, & Ambassadeur à Rome.)

Voyez ci-devant (dans ces *Additions*), N.° 8086.]

PAGE 226.

Au N.° 32760, Pelisson, *lisez* Pellisson.

PAGE 233.

32842. * ☞ Mémoire sur l'origine & l'autorité du Parlement, appellé *Judicium Francorum* : 1732, *in*-4. de 7 pages.

Cette Pièce fut faite du temps du Cardinal Mazarin, & est restée long-temps manuscrite. Lorsqu'elle parut, elle fut condamnée par Arrêt du Parlement de Paris, ou de la Grand'Chambre, avec Réquisitoire de M. Gilbert de Voisins.]

PAGE 236.

Au N.° 32905, Augusti, *lisez* Augustini.

PAGE 238.

Au N.° 32955, *lisez* Lettre.

PAGE 248, *ajoutez* :

33109. * ☞ Lettres-Patentes du 25 Mars 1775, portant évocation au Grand-Conseil, des Affaires, tant civiles que criminelles des anciens Officiers du Parlement de Bretagne : Paris, Impr. Roy., 1775, in-4.]

PAGE 249.

Au N.° 33127, ligne 2 de la Note, un defcendant, lifez le fils.

PAGE 252, ajoutez :

33195. * ☞ Hiſtoire de Louis du Cheſne, Préſident à Mortier au Parlement d'Aix, mort en 1613; par Joſeph BOUGEREL.

Cette Hiſtoire ſe trouve, page 103 de ſes *Mémoires* ſur pluſieurs Hommes illuſtres de Provence : Paris, 1752, in-12.]

PAGE 253.

Au N.° 33210, Rigaud, lifez Rigault.

PAGE 280.

Au N.° 33636, ligne 2, en 1465, lifez 1431, & ajoutez en Note :

C'eſt de *Pierre* Cauchon dont il eſt ici queſtion : il ſe déclara pour les Anglois, & ſes revenus furent ſaiſis en 1431. Il aſſiſta, la même année, comme Pair, au Sacre du Roi d'Angleterre, & en conſéquence il fut dépouillé de l'Evêché de Beauvais; & Jean Juvenel des Urſins fut nommé à cet Evêché, où il eut pour ſucceſſeur, en 1644, Jean de Bar, qui étoit Evêque en 1465. On peut voir l'Ouvrage du P. Simplicien, Tom. II, pag. 280, & le *Gallia Chriſtiana*, au Tom. IX, pag. 758.]

PAGE 283.

Au N.° 33687, ajoutez à la Note :

☞ On trouve des Exemplaires à part de ce Procès du Maréchal de Biron, en 86 pages in-fol.]

PAGE 287.

Au N.° 33760, ajoutez en Note :

☞ Il faut conſulter ce qui en eſt dit enſuite, N.os 38790 & 91 (du même Tome III.]

PAGE 288.

Au N.° 33782, M. Michel, lifez M. Jean-Louis; & ajoutez en Note :

☞ M. le Chanteur dont il eſt ici queſtion, fut reçu Conſeiller-Auditeur en la Chambre des Comptes le 28 Novembre 1747, & il eſt mort le 13 Avril 1766, âgé de 47 ans. Sa Diſſertation fut imprimée aux frais de l'Ordre des Auditeurs, qui l'ont adoptée unanimement, par une Délibération du 1 Mars 1765, & en ont témoigné leur reconnoiſſance à M. le Chanteur, par la même Délibération, dans les termes les plus honorables.]

PAGE 291, ajoutez à la fin de cette Obſervation :

☞ A. J. Panckoucke, dans ſes *Elémens de Géographie* à l'uſage des Négocians ; Lille, 1740, gros in-12, pag. 96, fait mention d'une Chambre des Comptes à Lille, où il demeuroit. Cependant elle ne ſubſiſte plus depuis long-temps, mais on conſerve dans cette Ville les dépôts de l'ancienne Chambre des Comptes qui y étoit du temps des Eſpagnols. Lors de la Conquête que le Roi Louis XIV fit de la Flandre en 1667, les Maîtres des Comptes de Lille s'étant retirés à Bruxelles, Denys, fils de Théodore Godefroy, fut envoyé par le Roi à Lille, le 2 Décembre 1668, pour la garde & direction de la Chambre des Comptes de cette Ville, ſupprimée par le fait, & remplacée en partie par un Bureau des Finances, créé par Edit de Septembre 1691, & par l'Office ou Commiſſion de Directeur-Garde des Chartes de la Chambre des Comptes de Lille, exercée encore maintenant par un deſcendant de Denys Godefroy. Voyez à la fin du Tome III l'Article de MM. Godefroy, parmi les Hiſtoriens de France, pag. LX.

PAGE 304.

Au N.° 34065, Taiſſand, lifez Taiſand; & auſſi à la ligne 2 de la Note.

PAGE 306, ajoutez :

34100. * ☞ Déclaration du Roi (Louis XVI.) du 8 Avril 1775, qui rétablit l'Ordre des Offices des Conſeillers au Châtelet : Paris, 1775, in-4.]

PAGE 311, ajoutez :

34138. * ☞ Deſſein & Projet de l'Hiſtoire de Picardie ; par Charles du Freſne DU CANGE.

Ce Deſſein a été imprimé dans le *Journal des Savans* de 1749. L'Original eſt conſervé en un petit in-fol. dans la Bibliothèque du Roi, avec quantité de Manuſcrits de ce Savant ſur cet objet, qui l'avoit occupé dès la jeuneſſe. On en a donné la liſte à la fin de ce Tome (III), page XIV, depuis le num. 17 juſqu'à 23, ſans compter ce qui eſt relatif à la Picardie, dans le Recueil ſur le Nobiliaire de France, num. 9, &c.]

PAGE 314, ajoutez :

34187. * ☞ Mſ. Hiſtoire des Comtes de *Montreuil* & de *Ponthieu*, diviſée en trois Livres, avec une Suite des Vicomtes d'Abbeville, des Seigneurs de *Saint-Valery*, l'Hiſtoire de la Ville de *Calais*, &c. par Charles du Freſne DU CANGE : in-fol.

Cet Ouvrage eſt dans la Bibliothèque du Roi, avec l'*Hiſtoire d'Amiens* du même Auteur, à la fin du même volume.]

PAGE 327, ajoutez :

34353. * ☞ Relation du grand Incendie arrivé à Bourbonne-les-Bains, en Champagne, le 1 Mai 1717, tirée d'une Lettre écrite à M. le Prince de Talmond : Paris, Huguier, 1717, in-4.

C'eſt M. CHARLES, Curé de Bourbonne, qui eſt l'Auteur de cette Relation.]

PAGE 338.

Au N.° 34668, ajoutez avant le dernier alin. de la Note, ou avant le mot Voyez,

Pour ſuppléer à ces ſix derniers Livres, il faut conſulter le *Code de la Police* : Paris, 1761, in-12, qui renferme en abrégé les 12 Livres, c'eſt-à-dire, les XII Titres de ce Traité de M. DE LA MARE.

PAGE 339, ajoutez :

34497. * ☞ Lettre du Cavalier Marin (ou MARINI) à Dom Lorenzo Scotto (en Italien.)

Elle ſuit ſon Poëme d'*Adoné*, dans la petite Edition de Hollande, 1651. Cette Lettre offre une peinture auſſi naïve que plaiſante des Modes & du coup d'œil de Paris, ſous l'époque où y vint le Cavalier Marin, c'eſt-à-dire, vers 1615.]

PAGE 346.

34602. * ☞ Eloge hiſtorique de Michel-Etienne

Etienne Turgot, Prévôt des Marchands; par M. TURPIN.

Dans la France illustre ou le Plutarque François, num. 9 du Tome I.]

PAGE 347, *ajoutez* :

34612. * ☞ Mſ. Mémoire pour servir à l'Histoire de Hugues Aubriot, Prévôt de Paris.

Ce Mémoire, qui est conservé dans les Registres de l'Académie de Dijon, est de M. l'Abbé Charles BOULLEMIER. Aubriot, qui étoit de Bourgogne, y est mort vers 1384.]

PAGE 352.

Au N.° 34696, ajoutez en Note :

☞ Il y en a eu une Edition antérieure : *Paris*, Lamesle, 1740, *in-*4.

34707. (1) Recueil des Statuts & Réglemens des Libraires & Imprimeurs de Paris; par Laurent BOUCHEL, Avocat au Parlement : *Paris*, Julliot, 1620, *in-*4.

Ce Recueil fut fait relativement à la formation de la Communauté des Libraires & Imprimeurs de Paris, dont l'époque est de 1718.

(4) Edit du Roi pour le Réglement des Imprimeurs & Libraires de Paris, daté du mois d'Août 1686 : *Paris*, Thierry, 1687, *in-*4.

On y a rassemblé les autorités des anciennes Ordonnances, Statuts, Arrêts & Réglemens.

A la fin, se trouve imprimé séparément un Edit du Roi pour le Réglement des Relieurs & Doreurs de Livres, daté du mois de Septembre de la même année.

Ces deux Edits furent réimprimés ensemble à *Paris*, par J. B. Coignard, en 1688, format *in-*24; & sous le même Frontispice, on en trouve une Edition qui paroît être postérieure.

Autre Edition de l'Edit concernant la Librairie, avec quelques autres Pièces : *Paris*, le Mercier, 1731, petit *in-*12.

(3) ☞ Réglement pour la Librairie & Imprimerie de Paris, arrêté au Conseil d'Etat du Roi, le 28 Février 1723 : *Paris*, 1723, *in-*4.

Il y en a une Edition avec quelques autres Pièces : *Paris*, le Mercier, 1731, petit *in-*12, qui peut se joindre avec la petite Edition de l'Edit de 1686.]

PAGE 355.

Au N.° 34757, ajoutez en Note :

Cet Edit se trouve joint à celui qui concerne la Librairie, imprimé à *Paris*, chez Thierry, en 1687. Les deux Edits ont été réimprimés ensemble à *Paris*, chez Coignard, en 1688, *in-*24 ; & sous le même Frontispice, on en trouve une Edition qui paroît postérieure.]

Au N.° 34759, ajoutez en Note :

Le Frontispice porte qu'ils ont été *rédigés par* M. l'Abbé M***. On prétend que c'est l'Abbé Mascrier.

34762. * ☞ Statuts arrêtés entre les *Salpêtriers* du Roi en la Ville & Fauxbourgs

Tome V.

de Paris, pour la confection des Salpêtres de France pour le service de Sa Majesté, registrés au Greffe du Bailliage du Château du Louvre, le 11 Mai 1658 : *Paris*, Emery, 1705, *in-*8.

PAGE 357, *avant le §. III, ajoutez* :

Nota. Il y a eu, ces dernières années, de nouveaux arrangemens, non encore terminés, sur les Marchands & Artisans.]

PAGE 358, *ajoutez* :

34800. * ☞ Remarques sur le Château & l'Abbaye de Poissy.

Dans le *Journal de Verdun*, 1775, Juin, *pag*. 443. *Voyez* encore, sur l'Abbaye de Poissy, à notre Tom. I, N.° 15144 & 49.]

34808. * Recueil d'Actes & Contrats faits par Messire Nicolas Davanne, ancien Prieur du Prieuré S. Nigaise, au Fort de Meulent, & encore par autres Personnes, pour fondations & décorations audit Prieuré, & ailleurs; avec une breve Description dudit Prieuré, selon son estat en l'année 1656 : *Rouen*, J. le Boulenger, 1656, *in-*4.

Ce Recueil est de 135 pages, sans compter les Avertissemens & la Table, comme 16 pages pour la Description. Il est dédié à François de Blois, Lieutenant-Général du Bailliage & Comté de Meulent (ou Meulan, comme on l'écrit aujourd'hui.)

L'Avis aux Lecteurs contient l'Histoire de l'Auteur, M. Davanne, qui étoit né à Meulan.]

PAGE 377.

Au N.° 35051, ligne 3, *ad annum* 1998, *lisez* ad annum 1198.

PAGE 405, *ajoutez* :

35422. * ☞ Mſ. Essai de l'Histoire de la Ligue en Bretagne, divisée en deux Parties. La première contient ce qui s'est passé depuis la naissance de la Ligue, jusqu'à la Conversion du Roi Henri-le-Grand à la Religion Catholique; la seconde, ce qui est arrivé depuis cette époque jusqu'à la fin de la Guerre Civile.

Ce Manuscrit est conservé dans la Bibliothèque de M. le Marquis d'Aubais.]

PAGE 411.

Au N.° 35498, Corseuil, lisez Corseult, *& ajoutez en Note :*

Voyez ce qui se trouve sur ces Antiquités, à notre Tome I, N.° 254.]

PAGE 419, *ajoutez après la Note du N.° 35606 :*

☞ La même, augmentée, sous ce titre :

Essais historiques sur Orléans, ou Description topographique & critique de cette Capitale & de ses Environs, augmentés d'un Tableau chronologique & raisonné de ses Evêques, Rois, Ducs, &c. Personnages illustres, &c. avec plan & fig. : *Orléans*, Couret de Villeneuve, 1778, *in-*8.

Cette Description est de M. Daniel POLLUCHE, mort en 1768, & dont on fait, dans l'Avertissement, une Histoire abrégée de sa Vie & de ses Ouvrages.

Les Notes ont été augmentées par l'Editeur, M. Beauvais de Préau, &c. La Liste est en partie l'abrégé d'un Ouvrage de M. Couret de Villeneuve, Libraire. On voit en tête, 1.° un Plan nouveau de la Ville d'Orléans, selon sa situation actuelle, par le même Couret de Villeneuve; 2.° Un Portrait de la Pucelle d'Orléans, d'après un ancien Tableau de l'Hôtel-de-Ville.]

PAGE 421.

Au N.° 35643, ajoutez à la Note:

Sur les Observations qu'a faites M. Lancelot, par rapport au Bâtiment & au Portail de l'Eglise de la Magdelène de Châteaudun, il est bon de voir ce que disent au contraire les Bénédictins dans le *Gallia Christiana*, Tom. VIII, *pag.* 1317 & 18. Ils y observent, 1.° que D. Plancher (*Hist. de Bourgogne*, Tom. I, *pag.* 470, 503 & *suiv.*), a prouvé que le Portail de l'Eglise de S. Germain (auquel ressemble celui de la Magdelène de Châteaudun), a été fait par les ordres de Morard, qui étoit Abbé au XI Siécle; 2.° Que l'Aigle (que l'on a donné pour une preuve de la Fondation Impériale de Charlemagne à l'égard du Portail de Châteaudun), étoit les Armes d'un Abbé; 3.° qu'il y a des Actes plus anciens que celui de 1370, &c.]

35643. * ☞ Ms. Histoire de Châteaudun & du Comté de Dunois; par l'Abbé Courgibet, Chanoine de la Sainte-Chapelle de Châteaudun.

Elle est conservée dans la Bibliothèque de M. le Duc de Luynes & de Chevreuse, Comte de Dunois; & l'Original est entre les mains de l'Auteur, à Châteaudun.]

PAGE 439.

Au N.° 35824, ajoutez à la Note:

Ces Pièces, recueillies par M. de Fontette, sont encore à Dijon; mais, depuis sa mort, on les trouve dans la Bibliothèque de M. Esmonin de Dampierre, Président au Parlement de Bourgogne.]

35830. * ☞ Description générale & particulière du Duché de Bourgogne, précédée de l'Abrégé historique de cette Province; par M. Courtépée, Sous-Principal & Préfet du Collége de Dijon; & par M. Béguillet, Avocat-Notaire des Etats, & Correspondant des Acad. Roy. des Sciences & Belles-Lettres: *Dijon*, Frontin; & *Paris*, Lalain, &c. 1773 & 1775, *in-*8. 2 vol.

Cet Ouvrage, qui doit avoir trois ou quatre volumes, est intéressant. Le plan en a été bien tracé, & est parfaitement rempli. On y trouve quantité de traits curieux & d'Anecdotes nouvelles, tirées de divers Manuscrits.]

PAGE 439.

Au N.° 35843, ajoutez à la Note:

Bénigne le Goux de Jansigny a pris ensuite le surnom de Gerlan, & il a publié, en 1771, son Ouvrage sur Dijon (que nous avons indiqué dans notre *Supplément*, N.° 35910* de notre Tome IV. Cet Auteur est mort en 1774, après avoir donné les plus grandes marques de bienfaisance aux Habitans de Dijon, comme on le voit par son Eloge, imprimé *in-*4., à Dijon.]

PAGE 447.

Au N.° 35916, ajoutez à la Note:

Ce Philosophe Chrétien est mort à Angers, en 1777.]

PAGE 460.

Sur le Titre qui est à la Col. 2, mettez en Note, renvoyée au bas de la page:

* ☞ Ces Manuscrits de M. de Fontette ont été acquis depuis sa mort, par M. Esmonin de Dampierre, Président au Parlement de Dijon, qui n'a pas voulu qu'ils sortissent de la Province, à laquelle ils ont tant de rapport.]

A la ligne 3 de l'Al. 4, M.° Droz, lisez M. Droz, Conseiller au Parlement de Besançon.

PAGE 499.

Au N.° 37419, ajoutez en Note:

Il y a deux Frontispices de cette Déclaration: l'un porte, *Imprimée à Paris*, par ordre exprès de Monseigneur le Chancelier; & l'autre, *Imprimée à Paris*, aux dépens de la Communauté: mais c'est la même Edition.]

PAGE 509, *ajoutez:*

37754. * Mémoire sur la meilleure manière de tirer parti des Landes de Bordeaux, quant à la culture & à la population, qui a remporté le Prix de l'Académie de cette Ville; par M. d'Esbiey, Entreposeur & Receveur du Roi, à la Teste: *Bordeaux*, Racle, *in-*4. de 60 pages, avec fig.]

PAGE 513.

Le N.° 35609 doit être effacé, étant déjà mieux à 35792. Cognac est en Angoumois, & non dans le Quercy.

PAGE 557, *ajoutez:*

38149. * ☞ Recueil des Priviléges, Statuts, &c. de la Ville d'Aix: *Aix*, 1741, *in-*4.

PAGE 566.

Au N.° 38287, ajoutez en Note:

Il y en a eu une deuxieme Edition, *Iena*, 1743, *in-*4. en 6 feuilles.]

PAGE 567.

Au N.° 38319, à la Note, 1668, *lisez* 1678.

PAGE 569, *ajoutez:*

38346. * ☞ Lettres-Patentes du Roi (Louis XVI) du mois de Décembre 1774, en faveur des Consuls & Habitans de la Ville d'Avignon & du Comté Vénaissin: = Autres, de même date, portant confirmation de Priviléges en faveur des Habitans du Comté Vénaissin: *Paris*, P. G. Simon, 1775, *in-*4.]

PAGE 578.

Au N.° 38448, ajoutez en Note:

Ces Mémoires historiques sur Poligny, ont été depuis imprimés: *Lons-le-Saulnier*, 1767 & 1769, *in-*4. 2 vol. Le premier contient des Eclaircissemens préliminaires sur l'Histoire du Comté de Bourgogne; la Partie I de l'Histoire de Poligny, jusqu'en l'année 1700, & les Pièces justificatives. Le second volume renferme la Partie II qui traite des divers Etablissemens, soit Civils, soit Ecclésiastiques, de la Ville de Poligny; & la Partie III, qui contient les Notices des Familles nobles, & des Hommes illustres de cette Ville; & enfin les Pièces justificatives.]

PAGE 588, *ajoutez*:

38716. * ☞ Recueil des Edits, Déclarations, Lettres-Patentes, Arrêts du Conseil d'Etat, & du Conseil Souverain d'Alsace, Ordonnances & Réglemens concernant cette Province, avec des Observations; par M. DE BOUG, premier Président du Conseil Souverain d'Alsace : *Colmar*, Decker, 1775, *in-fol.* 2 vol.

Ce Recueil réunit le double mérite d'être en même temps un Ouvrage d'Histoire & de Jurisprudence. *Voyez* le *Journ. des Savans*, 1777, Août, *pag.* 557-60, *in-4.*]

PAGE 591, *ajoutez*:

38750. * ☞ Mémoire & Consultation pour S. A. S. le Landgrave de Hesse-Darmstadt, Comte de Hanau-Lichtemberg; avec un Recueil de Pièces : *Paris*, Veuve Hérissant, 1775, *in-4.*

PAGE 602, *ajoutez*,

38919. * ☞ Abrégé Chronologique de l'Histoire de Lorraine, contenant les principaux Evénemens de cette Histoire, depuis Clovis jusqu'à Gérard d'Alsace, premier Duc héréditaire, & depuis ce Prince jusqu'à François III. P. M. H. C. R. D. l'O. D. S. A. A. D. S. A. S. L. D. C. D. L. *Paris*, Moutard, 1775, *in-8.* 2 vol.

Les lettres initiales, qui désignent l'Auteur, signifient par M. Henriquez, Chanoine Régulier de l'Ordre de S. Antoine, Aumônier de Son Altesse Sérénissime le Duc Charles de Lorraine.]

PAGE 603, *ajoutez*,

38937. * ☞ Essai sur le Patois Lorrain des environs du Comté du Ban de la Roche, Fief Royal d'Alsace; par le Sieur OBERLIN: *Strasbourg*, Stein, 1775, *in-12.*]

PAGE 607, *ajoutez*,

39016. * (1) ☞ Lettre critique sur les prétendus Comtes d'Hesdin (par M. GOBET.)

Elle se trouve dans le *Journal de Verdun*, 1776, Novembre, *pag.* 379 & à part en 7 pages *in-12*, de plus, à la fin de la Lettre suivante, qui en est comme une Edition plus étendue. On répond & réfute ce que le P. Turpin a dit des Comtes d'Hesdin, dans les Annales des Comtes de Térouenne.]

(2) ☞ Lettre critique sur les prétendus Comtes d'Hesdin, Question de Diplomatique; par M. GOBET : *Poperingue* (Paris), 1777, *in-4.*]

(3) ☞ Dissertation sur l'existence des anciens Comtes d'Hesdin, en réponse à une Lettre anonyme sur les prétendus Comtes d'Hesdin, insérée dans le *Journal de Verdun* : *in-4.* de 16 pages.

On trouve à la fin une Replique tranchante à la Lettre de Poperingue. Cette matière a été agitée à l'occasion des prétentions de l'Abbaye de S. Bertin sur celle d'Auchy. *Voyez* (en ce Tome V) l'*Addition* du N.° 11675.*]

PAGE 613,

A la Table, après Ryswick, 1597, *lisez* 1697.

Au bas, après l'Alinea, les Traités... *ajoutez*:

☞ Par les Préliminaires du Traité de Vienne, signés en 1735, la propriété de la Lorraine a été assurée à la France, après la mort du Roi Stanislas; & elle en est entrée en possession l'an 1766.]

PAGE 616, *ajoutez*,

39109. * ☞ Les Libertés de l'Eglise Helvétique : trad. de l'Allemand, 1770, *in-12.*]

PAGE 618, *ajoutez*,

39140. * ☞ Relation (& Acte) de la Figure d'ozier que le Peuple (de Paris) nomme mal-à-propos le Suisse de la rue aux Ours. *Basle*, 1732.

On trouve encore dans le *Mercure* de 1733, Juin, *pag.* 1232-37. cet Acte en faveur des Suisses.]

PAGE 619, *ajoutez*:

Au N.° 39156, *ajoutez en Note*:

Ce ne fut pas sous son nom que M. Van Hohenbard publia cet Ouvrage : ce fut sous celui de Gundling.]

PAGE 622, *ajoutez en Note*:

39200. * ☞ Précis de l'Histoire du Palatinat du Rhin, depuis que la Maison regnante le possede, jusqu'à nos jours; par M. COLLIN, Secrétaire intime de S. A. S. E. Palatine : *Francfort*, 1763, *in-12.*

Cette Histoire commence avec le XIII Siécle, au temps où la Maison de Bavière-Witelspach a commencé à posséder le Palatinat du Rhin. On peut voir la suite des Princes qui l'ont précédé, dans la deuxième Edition de l'Art de vérifier les Dates, (*Paris*, 1770, *in-fol.*) *pag.* 457 & *suiv.*]

PAGE 623, *ajoutez*,

39201. * ☞ Jo. Christiani CROLLII, Origines Bipontinæ : *Biponti*, 1761-1769, *in-4.*

L'Auteur est profond dans ses Recherches : son Ouvrage doit avoir une Suite. Il avoit publié, en 1755, la première partie de la Généalogie des anciens Comtes de Deux-Ponts.]

39201. ** ☞ Oratio Jo. Philippi CROLLII (patris) de Biponto, veteris olim Comitatûs, nunc Ducatûs Bipontini : *Biponti*, 1731, *in-4.*

Ejusdem Oratio, de Meisenhemio, veteris olim Comitatûs Veldentini, nunc Ditionis Bipontinæ oppido : *Biponti*, 1727, *in-4.*

Ejusdem Oratio, de Tabernis montanis, Ducatûs Bipontini : *Biponti*, 1730, *in-4.*

Ejusdem Oratio, de Hornbaco, Ducatûs Bipontini : *Biponti*, 1728, *in-4.*

Ejufdem Oratio, de celeberrimo quondam Caftro Trifals : *Biponti*, 1726, *in-*4.]

PAGE 628, *ajoutez*:

39279. * ☞ Mémoires fur la Queftion : Quel a été l'Etat Civil & Eccléfiaftique des XVII Provinces des Pays-Bas, & de la Principauté de Liège, pendant les V & VI Siécle ; qui ont remporté les Prix de la Société Royale de Bruxelles ; en 1771. *Bruxelles*, 1774, *in-*4.

39279. ** Mémoires fur (diverfes) Queftions propofées par la (même) Société ; qui ont remporté les Prix de 1773 : *Bruxelles*, 1774, *in-*4.

PAGE 664, *ajoutez* :

39746. * ☞ Confidérations fur l'état préfent de la Colonie Françoife de Saint-Domingue ; Ouvrage Politique & légiflatif, préfenté au Miniftre de la Marine ; par M. H. D. L. : *Paris*, Grangé, 1776, 2 vol.]

PAGE 668, *ajoutez*,

39767. * ☞ Obfervations fuccinétes fur le Projet de priver les Réguliers de la defferte des Miffions aux Colonies Françoifes (en 1773) ; *in-*4. de 15 pag.

Très humbles Supplications des Paroiffiens de la Trinité & de ceux de la Paroiffe de Marigot, aux Gouverneur & Intendant des Ifles du Vent en Amérique (fur le même fujet) : *in-*4. de 7 pages.]

PAGE 676.

Au N.° 39898, *ajoutez en Note* :

Voyez le Recueil des Plaidoyers de Gillet.

PAGE 691.

Au N.° 40178, Difcours abrégé, avec, *lifez* Traité contre les Duels &

PAGE 700, *ajoutez* :

Des Chevaliers du S. Sépulchre.

40341. * ☞ Anciens Statuts de l'Ordre Hofpitalier & Militaire du Saint-Sépulchre de Jérufalem ; fuivis des Bulles, Lettres-Patentes & Réglemens authentiques dudit Ordre : *Paris*, Cailleau, 1776, *in-*8.

A la fin, eft la Bibliothèque hiftorique de cet Ordre, & (fous une fuite de chiffres féparée,) la Bulle de Benoît XIII, les Actes de Protection, &c.]

40341. ** ☞ Au Roi (Louis XVI) très-humbles & très-refpectueufes Repréfentations des Chevaliers, Voyageurs & Confrères de dévotion du S. Sépulchre, formant enfemble l'Archi-Confrairie Royale du même nom, établie en l'Eglife des Cordeliers de Paris : *Paris*, V.ᵉ Ballard, 1776, *in-*4. de 42 pages.]

PAGE 711.

Au N.° 40513. M. de Saint-Foix eft mort en 1773,
& on a donné une nouvelle Edition de fon Hiftoire, revue & augmentée : *Paris*, Piffot, 1774, *in-*12, 2 vol.

PAGE 714.

A la Note du N.° 40541, *ligne derniere*, du Frefne d'Aubigné, *lifez* du Frefne d'Aubigny.

PAGE 718.

Au N.° 40602, *ajoutez à la Note* :

☞ Il y en a un grand Recueil dans la Bibliothèque de l'Abbaye de S. Waft d'Arras.]

PAGE 720, *ajoutez*,

40630. * ☞ Mf. Eftat général de la Recherche faite (depuis 1668 jufqu'en 1678) contre les Ufurpateurs du titre de Nobleffe de la Province de Bretagne, contenant les Défiftans à la qualité d'Efcuyer, les Condamnés par Arrêt contradictoire ; & ceux qui ont été maintenus par Arrêt dans la qualité d'Efcuyer ou de Chevalier, avec le Blazon de leurs Armes : gros *in-fol.*

Ce Manufcrit, qui eft à Paris dans le Cabinet de M. Defprez de Boiffy, a nombre d'Obfervations ou d'apoftilles en marge, fur l'origine de plufieurs Familles, d'une écriture différente du texte. Quelques perfonnes ont conjecturé que c'étoit la même chofe que le Manufcrit précédent, mais j'en doute fort, car celui-ci ne femble indiquer que les véritables Nobles de Bretagne, *maintenus contradictoirement*, & par *Arrêt* ; au lieu que celui-ci fait mention d'abord des *Ufurpateurs du titre de Nobleffe*, dont les uns s'en font défifté volontairement, & les autres en ont été rayés ou *condamnés par Arrêt* contradictoire.]

PAGE 723.

Au N.° 40672, *Note* : *lifez* PERRECIOT.... BAVEREL.

PAGE 724.

Au N.° 40689, *Note*, *lifez* : Il eft encore Manufcrit entre les mains de l'Auteur, quoique depuis plufieurs années on le dife *fous preffe*.

PAGE 725, *ajoutez*,

40700. * ☞ (1) Differtation fur la Nobleffe de Lorraine ; par D. Auguftin CALMET, Bénédictin, Abbé de Senones, en Lorraine.

Dans la derniere Edition de fon Hiftoire de Lorraine, à la tête du *Tome* II, *pag.* 1 & *fuiv*, & Additions au *Tome* V, *pag.* XCIV.

(2) Effai pour fervir à l'Hiftoire de la Nobleffe de Lorraine ; par le même.

Dans le même *Tome* V, *pag.* CXXVI.]

PAGE 729.

Au N.° 40768, *ligne* 5, *col.* 2, & par N. DE ROUSSEVILLE, *lifez* & DE ROUSSEVILLE. C'eft-à-dire, & Seigneur de Rouffeville, car ce ne font pas deux Auteurs, & l'on voit dans ce Nobiliaire, au mot *Villiers*, que *Nicolas de Villiers* y eft dit *Seigneur de Rouffeville* : c'étoit même fous ce dernier nom qu'il étoit connu.]

PAGE 745.

Au N.° 41206, *ajoutez à la Note* :

Cet Extrait de l'Hiftoire Généalogique de la Maifon de Beaumont, *in-*4, a été imprimée en petit nombre par les foins de M. Chriftophe de Beaumont du Repaire, Archevêque de Paris, qui a fait imprimer depuis l'*Histoire généalogique* même, avec les Preuves, qui doit bientôt paroître. Le premier Ouvrage est de l'Abbé Jacques DESTRÉE.]

41206. * ☞ Histoire Généalogique de la Maison de *Beaumont* en Dauphiné ; avec les Preuves : *in-fol.* 2 vol. (par M. BRIZARD, Avocat.)

Le Tome I contient de plus l'Histoire d'Amblard de Beaumont, Principal Ministre du Dauphin Humbert II ; la Vie de Humbert de Beaumont, Seigneur d'Autichamp, Guerrier célèbre sous les Règnes de Charles VI & VII ; & l'Histoire de François de Beaumont, Baron des Adrets. Le Tome II renferme les Preuves de toute la Généalogie.

PAGE 825, *ajoutez* :

44744. * ☞ Généalogie de la Maison de Récourt, extraite du nouveau *Dictionnaire de la Noblesse*, *in-*4. Tom. XII, pag. 23 & *suiv.* ; par M. DE LA CHENAYE-DESBOIS, imprimé avec Approbation & Privilège du Roi : *in-*4. de 20 pages.

Il n'y a actuellement de cette ancienne Maison de Picardie, que deux frères.]

PAGE 827, *ajoutez* :

43824. * ☞ Généalogie historique & critique de la Maison de la Roche-Aymon (par l'Abbé Jacques DESTRÉE) : *Paris*, V.e Ballard, 1776, *in-fol.*

PAGE 829.

Au N.º 43862, *ajoutez* à la Note :

Le *Mémoire sur les Rangs* qui avoit été fait pour servir de réponse aux trois derniers Chapitres de l'Ouvrage du P. Griffet, fut distribué par les Ducs & Pairs. Il parut en 1771, sans année, ni noms de Ville & de Libraire ou Imprimeur.

Aux *Mémoires Historiques sur plusieurs Historiens de France*. (A la fin du Tom. III.)

PAGE iij, *au bas* :

Le prénom de l'Historien *Aubery* étoit *Antoine*, & non *Louis* (Ancillon s'est trompé ; & peut-être le frère d'Antoine, dont le prénom n'est pas connu, s'appelloit-il Louis.)

PAGE iv.

Col. 2, *alin.* 2, *ligne* 3, Legi, *lisez* Regi ; & dans la Note, en bas, 1759, *lisez* 1659.

PAGE lvj.

Au 2. *Alinea*, Provins, *lisez* Préauvin (Diocèse de S. Omer.)

PAGE lxj, *ajoutez*, Col. 1, avant M. Godefroy :

☞ Il faut voir sur les derniers morts de cette illustre Famille, ce qui en est dit dans le *Moreri* de 1759.]

PAGE lxix.

Il faut rapporter ici l'Addition sur le *Sire de Joinville*, qui se trouve dans notre Supplément, Tom. IV, pag. 517.]

PAGE cvij.

Au bas, *ajoutez* :

M. l'Abbé Garnier a donné, depuis ce que nous avons dit, les Tomes XXIII-XXVI. de l'Histoire de France, *in-*12.

TOME QUATRIÈME.

PAGE 19.

Au N.º 44780, *ajoutez* à la Note :

La première Edition des Statuts de l'Université de Paris (*Statuta Academia & Universitatis Parisiensis*), est de 1601. Cette Réforme de l'Université se fit en 1598, par Commissaires du Parlement, selon les ordres du Roi Henri IV. On en peut voir le Récit dans l'*Histoire de l'Université*, par M. Crevier, *Tome* VIII & dernier, *pag.* 51 & *suiv.*]

PAGE 22.

Au haut de la Col. 1, *effacez* : ils sont restés en possession de leurs anciens usages ; & *lisez* : il y eut Arrêt du Parlement contre eux. Au reste, ce Mémoire.

PAGE 36.

Au N.º 45090, *ajoutez* à la fin de la Note :

Ce Compte est indiqué ci-après, N.º 45107.]

PAGE 39, *ajoutez* :

45135. * ☞ Mémoire sur l'Administration du Collège de Louis-le-Grand, & Collèges y réunis, depuis le moment de la réunion jusqu'au premier Janvier 1771 (par M. le Président ROLLAND) : *Paris*, P. G. Simon, 1778, *in-*4. de 105 pages.

Ce Mémoire est accompagné de plusieurs extraits des Délibérations du Bureau d'Administration, faites en 1777 & 1778, & de trois Etats ou Tableaux concernant tout ce qui a rapport aux Collèges réunis & à leurs Bourses.]

A la Col. 2, *Alin.* 2. On dit que le Collège Royal ne dépend point de l'Université : cela étoit ci-devant vrai ; mais les choses ont changé en 1773, comme on le voit ci-après, par le Supplément, N.º 45140. *]

PAGE 42.

Au N.º 45199, *ligne* 1 & 2 DE SAUSSIN, *lisez* DE SAUSIN... & *ajoutez* à la Note :

Ce Compte rendu pour l'établissement d'une Université à Grenoble, est imprimé par ordre du Parlement : *Grenoble*, 1765, *in-*4. ; & il est suivi d'un *Mémoire* sur le même sujet, présenté au Roi par ce Parlement. Le tout a 62 pages. Ces deux Pièces sont intéressantes pour l'Histoire des Universités de la Province de Dauphiné.]

PAGE 44.

Avant le N.º 45218, *ajoutez* à la suite de la Note sur l'Université d'Orange.

☞ On voit quel est l'état présent de cette Université, dans le Compte rendu de M. de Sausin (&

non Sauſſin), & dans le Mémoire du Parlement de Dauphiné au Roi, ci-devant N.ᵒˢ 45199 (avec l'*Addition*) & 45200.]

PAGE 47.

Au N.° 45293, *ligne* 3 *de la Note*, Académie, *liſez* Univerſité, *& ajoutez cette nouvelle Note :*

☞ Il eſt bon de voir ſur l'Univerſité de Valence, le Compte rendu par M. de Sauſin, & le Mémoire (y joint) du Parlement de Dauphiné, ci-devant N.° 45199 avec l'*Addition*.]

PAGE 52.

Au N.° 45407, *ajoutez à la Note :*

Mais il y eſt principalement queſtion de l'Uſure.]

PAGE 55.

Au N.° 45480, *ligne* 3 *de la Note*, 1788, *liſez* 1768.

PAGE 57, *ajoutez :*

45497. * ☞ Projet auſſi utile aux Sciences & aux Lettres, qu'avantageux à l'Etat; par Sadoc ZOROBABEL, Juif nouvellement converti, & Compagnie: *Bordeaux*, 1760, *in*-12 de 64 pages.

Cette Brochure, moitié ſérieuſe, moitié plaiſante, propoſe d'ériger en titres & en charges les places d'Académies. On en peut voir l'Extrait dans le *Journal de Trévoux*, Mai 1767.]

PAGE 63.

A la Col. 1, *Art.* Aſſociés, *ligne* 2, 1705 Net., *liſez* Vét. (ou Vétéran.)

PAGE 65.

Au N.° 45514, *ajoutez à la Note :*

Pour établir la véritable origine de l'Académie des Sciences (que l'on date ordinairement de 1666), & ſes droits de primogéniture ſur la Société Royale de Londres, on peut voir ce qui en eſt dit à ce ſujet dans l'Ouvrage de (M. Groſley) intitulé, *Londres*, 1. Ed. de 1770, Tom. II, *pag.* 234 *& ſuiv.*]

PAGE 72, *ajoutez :*

45582. * ☞ Lettre à M. B. (ſur le commencement de l'Académie des Belles-Lettres de Lyon, en 1768.) *Mercure* de Septembre 1713, *pag.* 155-73.

PAGE 74, *ajoutez :*

45617. * ☞ Diſcours contenant l'Hiſtoire des Jeux Floraux & celle de Dame Clémence, prononcé au Conſeil de la Ville de Toulouſe, par M. LAGANE, Procureur du Roi & de la Ville & Sénéchauſſée, & ancien Capitoul : *Toulouſe*, Pijon, Imprimeur de la Ville & Capitoul, 1775, *in*-8. de 246 pages.

Ce Diſcours « a été imprimé par Délibération du » même Conſeil, pour ſervir à l'Inſtance que la Ville » a arrêté de former devant le Roi, en rapport de » l'Edit du mois d'Août 1773, portant Statuts pour » l'Académie des Jeux Floraux. »

Il s'agit ici d'une conteſtation très-ſérieuſe entre la Municipalité de Toulouſe & l'Académie des Jeux Floraux, au ſujet de l'Inſtitution de ces Jeux : conteſtation née dès la fin du XVI. Siècle, & deux ou trois fois aſſoupie par des tranſactions, mais dont le fonds n'en a peut-être jamais été auſſi ſolidement diſ-cuté qu'il paroît l'être dans ce Diſcours. La Ville de Toulouſe ſe plaint que l'Académie des Jeux Floraux veut lui ravir l'honneur de leur fondation, qui n'appartient qu'à elle ſeule, pour l'attribuer gratuitement à un perſonnage chimérique, à Clémence Iſaure, & qu'elle a fait conſacrer ce phantôme, par un Edit préjudiciable à ſes droits, à ceux de ſes Capitouls, & aux progrès des Beaux-Arts. Il eſt d'abord intéreſſant pour l'éclairciſſement de nos Antiquités, pour la vérité de l'Hiſtoire, contre laquelle rien ne preſcrit, ni le tems ni la poſſeſſion, de ſavoir ſi l'Inſtitution des Jeux Floraux eſt l'Ouvrage d'un corps éclairé ſur les intérêts de ſa gloire, & jaloux de l'éclat que les Arts de l'eſprit répandent ſur les lieux où ils ſont cultivés avec quelque diſtinction ; ou, ſi cette inſtitution eſt dûe à une perſonne privée, peu connue, & ſur laquelle il n'y a que des traditions incertaines. L'exiſtence vraie ou fauſſe de Clémence Iſaure intéreſſe en particulier les Lettres ou la Littérature Françoiſe ; car, ſi c'eſt un être de raiſon, un perſonnage auſſi fabuleux que cette *Reine Pédauque*, au pied d'oye, qui fut encore plus accrédité autrefois parmi le Peuple à Touloule, pourquoi lui continuer un culte incompatible avec les lumières, avec l'eſprit de critique, de philoſophie, de préciſion qui caractériſent ce Siècle, & dont il ne peut réſulter qu'une ſuperſtition ridicule. Or, par toutes les preuves de fait, par tous les moyens réunis dans ce Diſcours, il nous paroît démontré que cette Clémence Iſaure, qu'encenſent depuis plus de 250 ans tous les Novices & les Profès de la *Science gaie*, n'a guère plus de réalité que toutes ces Nymphes du Permeſſe, dont les noms & les attributs ont tant varié chez les Grecs & chez les Latins.... *M. de Querlon*, Affiches de 1775, *pag.* 34.

Dom Vaiſſette a prouvé, dans ſa grande *Hiſtoire du Languedoc* (Tom. IV, *pag.* 198 *&* 565) que Clémence Iſaure avoit réellement exiſté, & que ſi cette Dame n'a pas inſtitué les Jeux Floraux, on ne peut lui ôter la gloire d'avoir fondé de quoi fournir aux frais des Prix.]

PAGE 77, *ajoutez ;*

45641. * ☞ Mſ. Les Epitaphes choiſies, Latines & Françoiſes des perſonnes illuſtres de France, depuis 1600, juſques en 1671, avec leurs Armes & Blazons, & quelques Sommaires de leurs principales actions : le tout tiré des Inſcriptions qui ſont dans les Egliſes de France, & principalement à Paris, de l'Hiſtoire & de Mémoires domeſtiques ; par le ſieur M. B. 1671, *in*-4. *Cartâ majore*, de 736 pages.

Ce Manuſcrit eſt dans la Bibliothèque de M. Jardel, à Braine.

PAGE 78.

Au N.° 45646*, *ajoutez à la Note :*

Il y a eu une deuxième Edition augmentée, de ces Anecdotes Littéraires, *Paris*, Durand, &c. 1752, 2 vol.]

Au N.° 45655*, *ajoutez à la Note :*

Cet Ouvrage n'a pas été continué, & un autre Libraire a commencé le Recueil, intitulé : *la France illuſtre ou le Plutarque François*, qui eſt indiqué dans ces *Additions*, N.° 31380.]

45655. ** ☞ Aux Mânes de Louis XV & des Grands Hommes qui ont vécu ſous ſon Règne ; ou Eſſais ſur les progrès des Arts & de l'Eſprit humain ſous le Régne de Louis XV : *Aux Deux-Ponts*, 1776, *in*-8. 2 Parties.]

PAGE 85.

Au N.° 45751*, *ajoutez en Note* :

L'Académie de Toulouse a proposé, en 1749 & 1751, des Prix sur les deux Questions suivantes, qui regardent l'état ancien des Sciences en Languedoc : 1.° sur le temps où les Sciences & les Arts commencerent à être cultivés chez les Volces ; 2.° sur l'Etat des Sciences & des Arts dans le Royaume de Toulouse, sous les Rois Goths, & quelles furent les Loix & les mœurs sous le Gouvernement de ces Princes.

Le Mémoire couronné sur la première question, est celui de M. l'Abbé DE GUASCO (que nous avons indiqué dans le *Supplément*, N.° 39465). Le second, qui est M. LAGANNE, n'a point encore été imprimé; & il est conservé dans les Registres de l'Académie de Toulouse.]

PAGE 90.

Au N.° 45788, par Marguerite. . . , *lisez* par Guilberte PASCAL, sa sœur, femme de M. Perier, *& ajoutez à la Note* :

Marguerite Perier, sa fille, qui a vécu jusqu'en 1733, y a fait une espèce de Supplément, qui se trouve dans les Mémoires indiqués, aux N.°s 45789 45790 & 93.]

PAGE 93.

A la col. 1, *ligne* 33, Guillaume Mandayor, *lisez* Guillaume de Mandagot.

Et ligne 7 *par le bas*, Emar Rançonnet, *lisez* Aymar Rançonnet (*a*).

(*a*) Il se dit souvent dans ses Ouvrages *Burdigalensis*, ce qui prouve qu'il n'étoit pas de Périgueux, comme le dit Taisand & M. de Thou, mais bien de Bordeaux, comme l'a soutenu Ménage dans son Anti-Baillet.]

PAGE 95, *ajoutez* :

45821. * ☞ Lettre sur la personne & la Vie de M. Aubert, Doyen des Avocats de Lyon.

Dans le *Mercure* de 1733, Mai, pag. 935-49.]

Au N.° 45823, *ligne* 2. *de la Note* 148, *lisez* 157 & 158.

PAGE 96, *ajoutez* :

45857. ☞ Francisci Connani Vita, seu Elogium : Auctore Ludovico REGIO (le Roy).

Cette Vie est indiquée au N.° 32758.

PAGE 97, *ajoutez* :

45877. * ☞ Eloge de Cujas, avec des Notes historiques & critiques; par M. BERNARDI, Avocat au Parlement de Provence: *Paris*, 1775, *in*-12 de 134 pages.]

PAGE 98.

Aux N.°s 45899 & 45900, *lisez* Gujoniorum... Guijon...

PAGES 100 & 101.

Aux N.°s 45945 & 46, Mignaut, *lisez* Mignault.

PAGE 102.

Au N.° 45974, *à la fin de la Note*, 1643, *lisez* 1638 (& ailleurs de même), sur quoi on observera ici, ne l'ayant pu faire plutôt, que les Eloges de Papire Masson ont été imprimés en 1638 ; mais qu'il y en a nombre d'exemplaires qui ont un Frontispice de Libraires qui porte 1643.]

PAGE 103.

Au N.° 45997, Roquette, *lisez* Rochette, *& ajoutez en Note* :

Cet Avocat a donné plusieurs Ouvrages de Jurisprudence, dans quelques-uns desquels il a inséré plusieurs Pièces historiques, qui lui avoient été communiquées par le sçavant Camusat de Troyes. De ce nombre est la Sentence de l'Officialité de Troyes contre les Hurebets, que M. Grosley a fait passer dans les *Ephémérides* de cette Ville, année 1758.]

PAGE 108, *ajoutez* :

46081. * ☞ Histoire du Voyage en Espagne, de M. de CHARAS, (& de sa Prison à l'Inquisition.)

Dans plusieurs Volumes du *Journal de Verdun* de l'année 1776, Mars-Septembre.

PAGE 120.

Au N.° 46328, Jacques Spon, *lisez* Jacob Spon.

PAGE 128.

Au N.° 46505, Louis-François, *lisez* Louis-Ferdinand.

PAGE 129, *ajoutez* :

45514. * ☞ Eloge de Michel de Montagne, qui a remporté le Prix d'Eloquence à l'Académie de Bordeaux en 1774 ; par M. l'Abbé (François-Xavier) TALBERT, de l'Académie de Besançon, & Chanoine de l'Eglise Métropolitaine de cette Ville : *Paris*, Moutard, 1775, *in*-12 de 146 pages.]

PAGE 131.

Au N.° 46563, *ajoutez en Note* :

☞ On a dit la Quintinie né près de Poitiers : cela n'est pas selon la vérité. Il naquit en 1626, à Chabanois, près d'Angoulême. C'est une correction que m'a fait parvenir M. Robin, Imprimeur du Roi, & ancien Echevin d'Angoulême; petit-neveu de la Quintinie.]

Au N.° 46566, *ligne* 2 *de la Note*, tué en 1552, *lisez* tué en 1572.

PAGE 134.

Au N.° 46617, *lignes* 2 & 4, de Vaumurier, *lisez* du Maurier.

PAGE 137.

Au N.° 4660, Jean Boivin, *lisez* Louis Boivin.

PAGE 145.

Au N.° 46797 (Art. 1), Jean le Long, *lisez* Jacques le Long....

PAGE 147.

Au N.° 46836 (Art. 2), du Moulinet, *lisez* du Molinet. (De même, ailleurs : *Voyez* la Table des Auteurs.)

PAGE 150.

Au N.° 46889, *ajoutez à la Note* :

☞ On a donné, en 1774, une bonne Dissertation

sur la vérité de cette Vision de Constantin, dont voici le titre :
« Dissertation critique sur la Vision de Constantin; par M. l'Abbé DU VOISIN : *Paris*, 1774, le Berton, in-12. »

PAGE 157.

Au N.° 46998, *ajoutez à la fin de la Note, après* in-4. : *page* 228.

PAGE 162, *ajoutez* :

47132. * ☞ Vie de Gilles Ménage ; par Augustin-François JAULT.

A la tête de la dernière Edition du *Dictionnaire Etymologique* de Ménage, augmenté : *Paris*, 1750, *in-fol*. 2 vol.

Voyez ci-devant d'autres Vies du même, considéré comme Ecclésiastique, Tom. I, N.°^{s} 11284 & *suiv.*

PAGE 180, *ajoutez* :

47410. * ☞ Eloge de Jean Dorat, Poète & Interprète du Roi ; prononcé le 12 Août 1775, avant la distribtion des Prix du Collège Royal de Limoges ; par l'Abbé VITRAC, Professeur d'Humanités : *Limoges*, Barbou, 1775, *in*-8. de 62 pages.]

Au N.° 47422, Christophe-Barthélemi Fagan, mort le 28 Avril, *lisez* Barthélemi-Christophe, mort le 8 Avril...., & *à la fin de la Note, après* de Fagan, *ajoutez* : *Paris*, Duchesne, 1760, *in*-12, 4 vol.]

PAGE 187, *ajoutez*,

47585. * ☞ Eloge de M. (Alexis) Piron, (Poëte), lu à l'Académie de Dijon ; par M. PERRET : *Dijon*, Frontin (& *Paris*, Pissot), 1774, *in*-8. de 48 pages.]

☞ Vie du même ; par M. RIGOLEY DE JUVIGNY.

A la tête des Œuvres de ce Poëte : *Paris*, Lambert, 1776, *in*-8. 7 vol.]

PAGE 201, *ajoutez*,

47921. * ☞ Extrait de la Vie de François de Poilly (par l'Abbé GOUJET) : *Paris*, Duchesne, 1752, *in*-12 de 8 pages.

A la tête de l'Œuvre de ce Graveur, recueilli par le Sieur Hecquet, Graveur.]

PAGE 207, *ajoutez* :

47997. * ☞ Histoire des Femmes qui se sont rendues célèbres dans la Littérature Françoise : *Paris*, Costard, 1771, *in*-8. 5 vol.

D'abord on y donne un Abrégé de la Vie de la Dame qu'on se propose de faire connoître : on présente ensuite ce qu'il y a de plus ingénieux dans ses Ecrits. Il y est parlé de plusieurs Dames qui vivent encore.]

Au N.° 48004, *ajoutez à la Note* :

Il y a eu encore une Edition des Nouvelles Françoises, *Paris*, 1722, *in*-12. 2 vol. avec fig.]

PAGE 209, *ajoutez* :

48031. * ☞ Procès de Mademoiselle (Catherine) Cadière.

Voyez ci-devant, N.° 14393 de ces *Additions*, (*pag*. 11.)

PAGE 213.

Au N.° 48098*, *ajoutez en Note* :

Voyez encore sur Clémence Isaure, le nouveau Mémoire de M. Lagane, N.° 45617 (ci-devant *pag.* 30 de ces *Additions*.)

PAGE 214, *ajoutez* :

48120. * ☞ Entretien de Louis XIV & de Madame de Maintenon, sur leur Mariage : *Marseille* (en Hollande), 1710, *in*-12.

On sent bien que c'est une Pièce critique, rare & recherchée : elle est à la Bibliothèque du Roi.]

PAGE 217, *ajoutez*,

48157. * ☞ Vie de la Comtesse de la Rivière.

Elle se trouve dans ses Lettres, ci-devant N.° 24471* (de ces *Additions*.)

PAGE 220.

Au N.° 4822, Marie, *lisez* Magdelène.

PAGE 219.

Au N.° 48192*, Marie de la Tour, *lisez* Claude de la Tour. ...

Supplément.

PAGE 226.

Au N.° 684.* Cet *Atlas Minéralogique* n'a point paru, comme on nous l'avoit annoncé. Il en est parlé dans le *Journal des Sçavans* 1777, Août, *pag*. 372 & *suiv.*, *in*-4. L'entreprise s'y annonce comme très-considérable, & l'on y dit que cet Atlas sera composé de 200 Cartes, qu'il y en a seulement 16 en état d'être présentées au Public, & 14 ou 15 autres qui attendent quelques détails pour être totalement achevées.]

Au N.° 887*, *ajoutez à la Note* :

Cet Extrait est tiré d'un Recueil Manuscrit de Pièces sur la Rivière de Vesle, qui est dans le Cabinet de M. Jardel de Braine ; & il a fourni ce même Extrait, ainsi que plusieurs autres, à M. l'Abbé Carlier, lors de son travail sur l'Histoire du Valois.]

PAGE 229.

Au haut de la Col. 1, ligne 6, Courtemanche, *lisez* Courtépée.

PAGE 231.

Au N.° 1240*, à la Note, ligne 6, Proematio, *lisez* Procuratio.

1256. *** ☞ Mf. Pouillé du Diocèse de Saint-Claude, (nouv. Suffragant de Lyon.)

Il est conservé à Besançon, chez M. Droz.]

PAGE 245.

Au N.° 3181*, de Repis, *lisez* de Reipes.

PAGE 258.

Au N.° 3870, dans la Note, Courtemanche, *lisez* Courtépée.

PAGE 259.

Au haut de la Col. 1. avant le N.° 3943**, *ajoutez* :

L'Académie de Toulouse avoit proposé pour l'année 1768, ePrix (double) sur les *Tectosages*, & elle l'adjugea

pour le Tome IV : *Supplément.*

l'adjugea à M. Rondil de Berriac, dont la Differtation n'a pas été imprimée.

La même Académie, peu fatisfaite également des Pièces qui concoururent aux Prix de 1770 & 1773, a propofé de nouveau pour le Prix de 1776, comme triple, la même Queftion, fçavoir : « Quelles font les » révolutions qu'éprouverent les *Tectofages*, la forme » que prit leur Gouvernement, & l'état de leur Pays » fous la dénomination fucceffive des Romains & des » Vifigoths : 2.° Leurs Loix & leur caractère fous la » puiffance des Romains. »

Nous avons trouvé, parmi les Manufcrits de feû Dom Vincent, Bibliothécaire de S. Remi de Reims, qui font entre les mains de M. Nyon l'aîné, quatre Differtations manufcrites fur les *Tectofages*, qui paroiffent n'avoir pas été envoyées à l'Académie de Touloufe.]

PAGE 262.

Au N.° 4232*, *ajoutez à la Note* :

M. de Court étant mort en 1776, fon Martyrologe de France a paffé entre les mains de M. Rondet.]

PAGE 267.

Au N.° 4744*, *ajoutez à la Note* :

Cette première Edition de la Vie de Charles *Clarentin* eft de *Rouen*, le Boullenger, 1653, *in*-16, fous ce titre : « Idée d'une belle mort, exprimée en » la perfonne d'un jeune Ecolier, très-dévot à Noftre-» Dame ; par un Père de la Compagnie de Jéfus. »]

Au N.° 4745*, *ajoutez à la Note* :

La Vie de M. de la Foreft, publiée par le P. Chryfoftome, a été imprimée à *Paris*, Joffe, 1642, *in*-8. de 88 pages.]

PAGE 275.

Au N.° 5119*, *ajoutez en Note* :

☞ Les difficultés furvenues pour le même fait avec MM. de Grammont, Archevêques de Befançon, ont donné lieu à beaucoup de *Mémoires* diftribués, tant au Parlement qu'au Confeil : ils font très-curieux pour la Difcipline Eccléfiaftique du Comté de Bourgogne. *Voyez* Dunod, Hift. Ecclefiaftique de l'Eglife de Befançon, Tom. II, pag. 60.]

5119. * ☞ Mémoires fur les Différends des Chanoines & Familiers de Dole ; par M. Philipon, Avocat du Roi au Bureau des Finances : *Befançon*, *in*-4. & *in*-8.

On y trouve des recherches curieufes fur l'Hiftoire de Dole, & celle des Chapelains habitués dans les Eglifes du Diocèfe de Befançon, appellés *Familiers en Franche-Comté*.]

PAGE 277.

Au N.° 5244*, *ajoutez en Note* :

L'Hoftie miraculeufe de Paris eft celle de S. Jean en Grève ; il en eft parlé au N.° précédent (de ce *Supplément*) & fur celle de Dijon, N.° 5001 *& fuiv*. Par rapport à celle de Faverney, on trouve le Decret de l'Archevêque de Befançon, donné en 1608, *pag*. 180 des *Preuves de l'Hiftoire de l'Abbaye de Faverney*, par D. Grappin : *Befançon*, Daclin, 1771, *in*-8.]

PAGE 279.

Au N.° 5392*, *ajoutez à la Note* :

Le Jugement a été favorable à l'Archevêque de Lyon.]

Tome V.

PAGE 282.

Après le N.° 5500*, *ajoutez* :

5500. ** Pièces fur la Rofière de Salency.

La Cérémonie de la Couronne de rofes, donnée chaque année à la fille la plus vertueufe de ce village, dont les parens jouiffent d'une réputation irréprochable, & dont on rapporte l'Inftitution à S. Médard, qui y étoit né, a donné lieu, depuis quelques années, à plufieurs Ouvrages que nous allons indiquer (fans parler de plufieurs petites Pièces de vers faites à ce fujet.)

1. Relation de la Cérémonie de la Rofe, qui s'eft faite dans le Village de Salency, le 8 Juin 1766 : *Noyon*, Rocher, 1766, *in*-8.

2. Lettre 19. de l'*Année Littéraire* de M. Freron, 1766.

3. La Rofière de Salency, Comédie ; par M. Favart : *Paris*, Duchefne, 1770, *in*-8.

4. La Couronne de Rofes, Comédie : *Paris*, Mérigot, 1770, *in*-8.

5. La Rofe, ou la Fefte de Salency (Roman); par M. de Sauvigny : *Paris*, 1768 & 1770, *in*-8. réimprimée encore dans les *Mœurs des premiers Ages de France* ; par le même.

6. Deux Mémoires pour les Syndic & Habitans de Salency, & en faveur de la Rofière ; contre le fieur Danré, Seigneur de Salency (1773), *in*-8.

7. Requête (en vers) des Filles de Salency, à la Reine; par M. Blain de Sainmore : *Paris*, Delalain, 1774, *in*-8.

8. Requête pour le Seigneur de Salency ; par le Sieur Blondat, Procureur : *Paris*, Cl. Simon, 1774, *in*-4.

9. Mémoire pour le même (par M.e Lelurez, Avocat) : *Paris*, Cl. Simon, 1774, *in*-4.

10. Plaidoyer en faveur de la Rofière ; par M.e Target : *Paris*, Knapen, 1774, *in*-4.

11. Arrêt du Parlement, en faveur des Habitans de Salency (avec) Réglement pour la Fête de la Rofière, du 20 Décembre 1774. Le principal motif des Conclufions de M. Séguier, Avocat-Général, a été que cette Cérémonie étant tout-à-la-fois Religieufe & Civile, devoit fe faire par le Curé, & qu'il étoit jufte que *la vertu fût couronnée par le Miniftre du Dieu qui la donne*.]

PAGE 297.

Au N.° 6885*, *ajoutez à la Note* :

Il y a une autre Edition de ces Remontrances, *Paris*, 1656, *in*-12; où, à la fuite, au lieu des quatre Contrats, on trouve deux *Lettres d'un Habitant de Paris à un de fes Amis* fur *ces Remontrances* : 1656, *in*-12, l'une de 125 pages, & l'autre de 3, datées, la première de Paris, au mois d'Août 1656, & la feconde du 1. Octobre, fignées *Philalethe*.]

PAGE 307.

Au N.° 7730*, *lifez* 7723.*

PAGE 310.

Au N.° 8147*, *lifez* 8148.*

PAGE 315.

Après le N.° 9147*, on trouve 8155*, *lifez* 9155.*

E

PAGE 318.

Au N.º 9428*, effacez : par M. ETHIS, &c. & mettez, par M. l'Abbé TALBERT, Chanoine de Besançon.

PAGE 319.

Au N.º 9570, ajoutez à la Note :

M. Jardel m'a marqué depuis, que les Histoires rapportées par Marchand sont réellement dans son Manuscrit de Guy de Roye.]

PAGE 322.

Au bas de la Col. 2, 9984, lisez 9994.

PAGE 323.

A la Note, sur le N.º 9996, ligne 4, ajoutez à la fin : Foppens l'appelle Colpeanus, vulgò Colpeau.]

PAGE 329.

Au N.º 10784*, ligne 3, Tiderzay, lisez Piderzay.

PAGE 334.

Le N.º 11277 doit être effacé ; ce M. Massillon n'étant pas un Ecclésiastique de Toulouse, mais le fameux J. B. Massillon, Evêque de Clermont, où (dans ces Additions) on a remis cet Eloge, N.º 8456.*

PAGE 338.

Au N.º 11618*, ajoutez à la Note :

Ce Religieux est mort à Paris, aux Blancs-Manteaux, en Septembre 1777.]

PAGE 341.

Au N.º 12001*, Note, lig. 6, Urtitz, lisez Urtsiz...

PAGE 342.

Le N.º 12165 doit être effacé, étant déjà, & mieux à 11689 du Tome I.

PAGE 344.

La Note du N.º 12361 doit être effacée, comme nous en avons été bien sûrement avertis, en observant que le Manuscrit conservé par M. d'Héricourt n'est pas une Chronique de S. Bertin, mais une Chronique de l'Abbaye de S. Riquier.]

PAGE 354.

Au N.º 13462*, à la Note, ligne 7, après Abbés, ajoutez de Montbenoist.... & ajoutez à la Note :

On peut voir dans le Vol. IV. des Edits enrégistrés au Parlement de Besançon, in-fol. les Pièces qui concernent la suppression des Abbayes de S. Paul, de Montbenoist & de Goailles; la première est unie au Chapitre de Besançon, & les Manses Conventuelles des deux autres le sont à l'Abbaye des Chanoinesses Urbanistes de Lons-le-Saulnier, & au Séminaire de Besançon.]

PAGE 368.

Col. 1, au Titre avant 14875**, de Cambrai, lisez d'Atras.

PAGE 384.

A la Note du N.º 15955 (non 15954), ajoutez :

Mais ensuite il a été fait un choix de ces Manuscrits, & une grande partie a été vendue publiquement à Paris, & dispersée en 1776.]

Après le N.º 16012, Tome I, lisez Tome II.

PAGE 385.

Col. 2 vers la fin, à page 100, N.º 18186, lisez 16186.

PAGE 417.

Le N.º 21919* doit être effacé, étant mieux N.º 28710.

PAGE 418.

Col. 2, vers le milieu, on lit : Après le N.º 22304, & il ne suit rien, ce qui étoit attaché en marge, s'étant perdu. Je ne sais plus ce que ce pouvoit être, si ce n'est quelque chose sur le Testament du Cardinal Mazarin, ou sur la vente de sa Bibliothèque, qui lui a été conservée en grande partie par quelques-uns de ses amis, lesquels en ont acheté les Livres, & les lui ont ensuite rendus.]

PAGE 427.

Au N.º 25151*, ajoutez en Note :

Voyez le Journal des Sçavans, 1775, Janvier, pag. 33-40, in-4.]

PAGE 438.

Au N.º 27308, ajoutez à la Note :

L'ami des François est de M. ROUILLÉ, ancien Colonel d'Infanterie.

PAGE 441.

Col. 2. vers le milieu, num. 8, Leuurecht, lisez Leenrecht.....

PAGE 444.

Col. 1, Bassigney, lisez Bassigny... Billy (le premier), lisez Bihencourt..... Après Boitron, ajoutez III.

PAGE 445.

Col. 1, Chamsy, lisez Chauny.... Clermont-Margnac, lisez Clermont en Argonne.

PAGE 447.

Col. 1, Montsaulion, lisez Monsauljon... Meurelieu, lisez Meurchin.

PAGE 448.

Col. 1, à Quesque & Quintin, ajoutez 417.... Rauleour, lisez Raulcourt.

Col. 2, S. Piat de Scelin, lisez S. Piat de Seclin... Salominez.. 927, lisez Salomenez.. 447.

PAGE 449.

Col. 1, ligne 3, Tursan doit être à la ligne... Visneu, lisez Vimeu... après Waux... ajoutez Wepre : voyez Ennetières.

PAGE 453.

Au N.º 29164*, lisez 29153.*

PAGE 454.

Au haut de la Col. 1, & après l'Alin. 1, ajoutez à la Note du N.º 29499.**

Il a paru un Tome II de cette Table Chronologique des Diplômes, en 1775, in-fol. Elle va jusqu'en l'année 1136.]

PAGE 455.

Au bas de la Col. 1, en remontant 3 lignes, d'Armon, lisez d'Aramon....

PAGE 459.

Au N.º 31480*, ligne 5, vers 1628, lisez vers 1728.

PAGE 460.

A la dernière ligne de la Col. 1, 11641, lisez 31641.

pour le Tome IV : *Supplément.*

Au N.° 31706*, *ajoutez en Note :*

Il y a eu une seconde Edition, augmentée, &c. (N.° 24725 *de ces Additions.*)

PAGE 468, *ajoutez* :

32871. ** ☞ (1) Journal Historique de la Révolution opérée dans la constitution de la Monarchie Françoise, &c. *Londres*, 1774-1776, *in-*12.

Depuis le 17 Novembre 1770 jusqu'au 24 Avril 1775.

(2) Recueil des Réclamations, Remontrances, Lettres, Arrêts, Arrêtés, Protestations des Parlemens, Cours des Aides, Chambres des Comptes, Bailliages, Présidiaux, Elections, au sujet de l'Edit de Décembre 1770, l'Erection des Conseils Supérieurs, la suppression des Parlemens, &c. avec un Abrégé historique des principaux faits : *Londres*, 1773, *in-*8. 2 vol.

(3) Les Efforts de la Liberté & du Patriotisme, &c. ou Recueil d'Ecrits, &c. *Londres*, 1775, 5 vol.

Dans le premier, est une Table raisonnée des XXVI Pièces contenues en ce Recueil ; & à la fin du dernier, un Répertoire ou Table alphabétique des Matières & Anecdotes éparses dans les cinq volumes.]

PAGE 469.

Au N.° 32946, le Cogneux, *lisez* le Coigneux.

Au N.° 33004*, *ajoutez* :

☞ Les mêmes Lettres, seconde Edition : *Paris*, Méquignon jeune, 1777, *in-*12.

Cette Edition contient une Lettre de plus, & le Catalogue est considérablement augmenté.]

PAGE 471.

Au Titre du haut, Cérémonial, *lisez* Histoire.

PAGE 473, *où finissent les Notes du* N.° 33213.

A la fin de l'Alinea 3, *ajoutez* :

☞ Comme l'on semble dire que tous les Manuscrits de M. d'Esnans sont aujourd'hui parmi les Registres du Parlement de Besançon, il est nécessaire de s'expliquer clairement ici à ce sujet. Les Copies des Registres du Parlement mis au numéro, indiquées au N.° 33216 (*Tome* III), sont au dépôt du Parlement ; mais les Inventaires de M. d'Esnans, faits à Lille & Bruxelles, ainsi que son travail sur les anciennes Ordonnances de Franche-Comté (c'est-à-dire, les num. 38653, 54 & 55.) ont été remis par M. l'Abbé d'Esnans au Dépôt formé par les ordres de M. Bertin, comme cela est dit dans le Supplément (*pag.* 501, *col.* 1. *au milieu*). Il n'y a au Parlement de Besançon que les cinq Registres originaux des anciennes Ordonnances, & quelques Pièces éparses dans les Registres des Actes importans & *passim.* Observation de M. Droz.]

PAGE 477.

A la Col. 2, *au milieu, le titre* Gouvernement de Champagne *doit être avant* PAGE 317, & *non avant* PAGE 316.

PAGE 479 (*non* 469).

Au N.° 34351*, *ligne* 3, Lugdunensi, *lisez* Lingonensi.

PAGE 486.

Le titre Histoires de Bourgogne *doit être plus bas avant* PAGE 439.

PAGE 496.

Au N.° 38294*, *ajoutez à la Note :*

La seconde Dissertation, que le Père le Long avoit mal indiquée sous le nom de *Petri* LUDOVICI, (*Voy.* notre Tome II, N.° 28802), a été réimprimée sous ce titre : *Joh. Petri* LUDEWIG, *justa Anglorum in Galliam pretentiones* : *Hala*, 1739, *in-*4. Quant à la première dont il est ici principalement question, elle fut imprimée d'abord sous ce titre : *Joh. Petri* LUDEWIG, *Arausio supremo Imperio vindicata*: *Hala*, 1702, ou bien c'est un autre Ouvrage ; sur quoi nous ne pouvons rien assurer, n'ayant point vu les Editions.].

PAGE 501.

Au N.° 38654, *ajoutez* :

☞ Il faut encore observer (comme me l'a écrit en dernier lieu M. Droz), qu'il n'y a que les cinq volumes XV–XIX qui soient tirés de Lille : les Inventaires & Recueils qui suivent (*pag.* 584 du Tome III de la Bibliothèque historique), ont été faits dans les différentes Archives des Pays-Bas Autrichiens. Les Pièces même indiquées dans cet Article 38654 & le suivant, qui concernent les Souverainetés de l'Impératrice, lui ont été rendues en exécution de l'Article 38 du Traité du 16 Mai 1769, par M. Pfeffel, Jurisconsulte du Roi pour les Affaires Etrangères, & par M. Godefroy, Directeur des Archives de l'ancienne Chambre des Comptes de Lille, Commissaires du Roi pour ce sujet.]

PAGE 517, (*sur le Sire de* Joinville.)

Col. 2, *Alin.* 2, *ligne* 5, Joneville, *Joneivilla, lisez* Joncville, *Joncivilla.*

PAGE 531, *après le* N.° 47134.

Col. 2, *à la fin de l'Alin.* 2, *ajoutez* :

☞ Le nom de *Brossin*, que prenoit le Chevalier de Meré, n'est point incertain : c'étoit son véritable nom, & il y a dans le Soissonnois M. le Comte de Meré, Seigneur d'Ecuiry, Gentilhomme de M. le Duc de Penthièvre, qui est de la même Famille, & s'appelle *Brossin de Meré.* C'est de quoi nous a averti M. Jardel de Braine.]

PAGE 533.

Col. 2, *après la ligne* 25 *ajoutez* :

☞ Il y a eu encore depuis, une *sixième* Edition des *Lettres sur les Spectacles,* avec l'*Histoire des Ouvrages pour & contre*, par M. Desprez de Boissy, avec des augmentations très-considérables : *Paris*, Boudet, &c. 1777, 2 gros vol.]

ADDITIONS ET CORRECTIONS
DE CE TOME V.

On ne peut se dispenser de mettre ici des *Additions* pour ce Volume, sur-tout par rapport aux *Tables* qui suivent, parce qu'il est survenu nombre d'Articles, après que les feuilles où ils devoient être indiqués, étoient déjà imprimées : ils n'ont donc pu être placés en détail que dans les *Additions* que l'on vient de voir, & il reste à les indiquer sommairement dans les différentes Tables. Nous profiterons de l'occasion pour donner quelques *Corrections* aux *Additions* précédentes.

Page 1. Au second N.º 375, lisez 475. = Après N.º 965, effacez Mf.

Page 3. La Note du N.º 5185 doit être effacée, l'Article étant mieux au Supplément, N.º 5184.*

Page 4. Al. 3, au N.º 3673, lisez 5673. = Col. 2, Note 2, avant *Au bas*, mettez *Au* N.º 6958.

Page 5. Avant le N.º 8562, ajoutez :

Au N.º 8561, ajoutez à la Note : Il faut voir encore, sur le même S. Hadulfe, Évêque de Cambray, l'Éloge qu'en a fait D. Mabillon, ci-après N.º 8599, parmi les Évêques d'Arras : les deux Diocèses étoient alors unis.]

Page 6. A la fin du N.º 9476, ajoutez : Le même Article se trouve encore, & *il faut l'effacer*, parmi les Évêques de Beauvais, N.º 9685. Il est vrai qu'Etienne de Garlande fut nommé à cet Evêché, mais Yves de Chartres empêcha qu'il fût confirmé.]

Même Page, Au N.º 9965, lisez 9665. = Après *Page* 643, au N.º 2984, lisez 9894.

Page 16. Au N.º 21226... 1723, lisez 1623.

Page 17. Col. 1, au haut, & avant *A la fin*, ajoutez : *Au* N.º 23427. (Sur *les* Maximes de Claude Joly.)

Même Page, col. 2, N.º 2507, lisez 25107, & après de France, ajoutez : (par M. Aublet de Maubuy, Avocat.)

Page 19. Au N.º 27054, lisez Audigier.

Même Page, après N.º 27183, ajoutez (*sur la* Monarchie de Claude de Seyssel.)

Page 21. Après N.º 29249, effacez Mf.

Page 28. Au N.º 40630... jusqu'en 1678, lisez 1671.

Page 29. Au bas, N.º 47218, lisez 47217.

Page 31. Après les 2 premières lignes, ajoutez :

45655. *** Remarques sur l'état des Beaux-Arts sous le règne de Louis XV ; par M. Turpin.

On les trouve dans le Cahier préliminaire du Tom. I de sa France illustre : *Paris*, 1777, *in*-4.

Page 31. Col. 2, au N.º 45614, lisez 46514.

Page 32. Au N.º 8031, Catherine, lisez Marie-Catherine.

A la Table Géographique. (II, pag. 11.)

On ne mettra ici en *Lettres Capitales* que les Articles nouveaux, & on se dispensera de marquer par-tout V. Add., & *l'étoile* * après les *Chiffres* ; il les faut toujours supposer, comme on les voit au haut de chaque Colonne. Il en sera de même pour les Tables suivantes.

Abbeville, à ses Hist. V, *Add.* 34187.*
Aix, en Provence, Hist. de cette Ville, 38149.
Almanèche, Abbaye, 14850.
Alsace... Hist. nat. 2890, 3306, 3552.
— *Aj*. Recueil d'Édits, Ordonnances, &c. 38716.
Arras. Concile de 1365... V, *Add.* 6335.
Auchy, Abbaye : Mém. & Consultations, 11675.
Avignon... *Aj*. Lettres-Patentes, 38346.
Beaulieu en Argonne, 11690.
Besançon... Conciles, 6809; Hist. Eccl. 8158.
Bèse, Abbaye, 11719.
Bièvre, Rivière. *Ajoutez* : Mémoire sur la conduite de ses eaux, 931.
Bourbonne... *Aj*. Lettre sur l'Incendie, 34353.
Bourdeaux... *Aj*. Mém. sur les Landes, 37754.
Bourgogne... Étendue... 475... Canal, 940, 965.
Bretagne... *Aj*. Hist. de la Ligue en cette Prov. 35422.
— État de la Noblesse, 40630.
Calais... *Aj*. Son Histoire, par du Cange, 34187.
Châteaudun & Dunois, Hist. 35643.

Colonies Françoises... *Aj*. Pièces sur les Réguliers, qui les desservent, V, *Add.* 39767.*
Denain, Abbaye, 14875 (pag. 34).
Deux-Ponts, au Palatinat : Divers Ouvrages de Crollius, 39201.
Dole... Hist. de la Ville, 5119. (*pag.* 33.)
Faremoûtier, Abbaye, 14893.
Faverney, Abbaye, 11905.
Gaulois, 3786, 3847, 3855.
Hesdin... *Aj*. Lettres sur ses Comtes, 39016.
Limoges... Hist. Eccl. 5136.
Lorraine... Hist. 38919. Arm. & Nobl. 40700.
Lyon... Carte de l'Arch. 1678. Académie, 45581.
Le Mans... Invasion... 17881.
Meulan... Hist. du Prieuré... 12689.
— Recueil d'Actes, 34808.
Montbenoist, Abbaye, 13462. (*pag.* 34.)
Montreuil, en Picardie... son Hist... 34187.
Notre-Dame de Chage, Abb. 13634 (*non* 664.)
Orléans... Ses Hist... 35606.

Additions & Corrections pour le Tome V.

Palatinat... Ses Hist. V, *Add* 39200* & 201.*
Paris... Pièces d'Hist. Nat. 2590. = Université, 44780.
  = Académies, 45514.
Poissy... *Aj.* Château & Abbaye, 34800.
Poligny... Ses Hist... 38348.
Ponthieu... Ses Hist... 34187.
Saint-Bertin, Abbaye... Ses Hist. 11675, 12369, 12361. (*pag.* 34.)
Saint-Claude... Pouillé de l'Evêché, 1256. (*pag.* 32.)
Saint-Diez... Hist. de son Eglise, 10627.
Saint-Domingue... *Aj.* Essais d'Hist. Nat. 2440.
—Considérations sur S. Domingue, 39746.

Saint-Paul de Besançon, V, *Add*. 13462.*
Saint-Valery... Ses Seigneurs, 34187.
Sainte Célenie, *ou* Céline, Abb. 12878 (*non* 875.)
Salency, Village près Noyon : Pièces sur la Rosière, 5500. (*pag.* 33.)
Seès... Hist. de ses Evêq... 9961.
Strasbourg... Hist. des Evêques, 9118.
Tectosages... 3943. (*pag.* 32.)
Toulouse... Sciences & Arts, 45751.
Venaissin (le Comté)... *Aj.* Lettres-Pat. 38346.
Vesle, Rivière, 887 (*pag.* 32.)
Yvette, Rivière ; *aj.* Mém. sur la cond. de ses eaux, 931.

A la Table Chronologique. (III, *pag.* 79.)

Page 119, à *finissant* 1190, Cadomensis, *lisez* Autissiodorensis.

Page 128, à *finissant* 1305, *ajoutez* :
  I. 13639, Chronicon Panisponti, 1305.

A la Table des Chroniques. (IV, *pag.* 199.)

Chronique de Brompton, finissant l'an 1198... V, *Add.* 35051.
Chronique de Gérard, Chanoine, fin. 1287... *Add.* 16916.
Chronique de S. Denis, fin. 1000... 1461... V, *Add.* 15648, 73.
Chronique de S. Riquier, finissant l'an 1492, V, *Add.* 1261.

A la Table des Personnes *ou* des Eloges, &c. (IV, *pag.* 209.)

*L'étoile * désigne ici les Articles nouveaux.*

Aubert, Pierre, V, *Add.* 45821.
Aubriot, Hugues, 34612.
* de Bardonnanche, David-Anselme, Prêtre de l'Oratoire, 10920.
de Baugeney... Baugency : *effacez cet Article, & voyez-le* (*pag.* 486) *dans la* Table Alphabétique des Matières.
Binois (*ou plutôt* Bynois), 10959.
Bossuet, Evêque de Meaux, 9428. (*pag.* 34.)
de Bourbon, Louis II, Pr. de Condé, 24228.
de la Bourdonnais (Mahé), 31883.
du Bourg (le Maréchal), 31602.
Brossin de Méré, 47134. (*pag.* 35.)
* Cauchon, Pierre, Evêq. de Beauvais, 33636.
* du Chesne, Louis, Président au Parlement de Provence, 33195.
de Chevert, 31916.
Clarentin, 4744. (*pag.* 33.)
le Clerc de la Forest, 4745. (*pag.* 33.)
Connan, François, 45857.
Cospéan, Philippe, 9996. (*pag.* 33.)
de Cossé, Charles, de Brissac, 31608.
Cujas (Jacques), 45877.
* Dorat (Jean), Poëte, 47410.
Drouin (René-Hyacinthe), 3848.
S. Fiacre... * Ses Reliques à Meaux, &c. 13304.
de Fitz-James de Bervick, Jacques, 31584. = * Ses Mémoires, *ibid.*
Fleuriau (Louis-Gast.), Evêque d'Orléans, 9450.
Fouquet de Belle-Isle, 31584.
* de Fourquevaux (l'Abbé), 11130.
S. Frambourg, 12680.

de Garlande (Etienne), V, *Add.* 9476. (*pag.* 36.)
de Gentil de Langallerie, 31964.
Godeau, Antoine, Ev. de Vence... = * Vie, par Speroni, 8846.
du Guesclin, Connétable, 31421.
Guijon (*non* Guyon), & aussi *Guijoniorum*, 45899 & 900.
Hennuyer, Evêque de Lisieux, 9990 & 91.
S. Hadulfe, Ev. de Cambrai & d'Arras, 8561. (*pag.* 36.)
Henri IV... * L'Ame d'un bon Roi, 20072.
Isaure (Clémence), 45617.
de Joinville, V, *Add.* (*pag.* 35.)
Joly, Claude... V, *Add.* (*pag.* 36.)
Louis de France, Dauphin, fils de Louis XV, 25763.
* de Maillebois, Maréchal de France... Ses Campagnes, 24685.
Marguerite de Valois, Reine de France, 25133.
Marie de Médicis, Reine, 25151. (*pag.* 34.)
Marie Leczinska, Reine, 25107 (*non* 2507.)
Massillon (J. B.), Ev. de Clermont, 8456. (*pag.* 34.)
Mignault (*non* Mignaut). 45945 & 46.
* de Miran (le Comte), 13848.
Montagne... * Eloge, par l'Abbé Talbert, 46514; (*non* 45514; *Add. pag.* 31.)
de la Motte, Evêque d'Amiens : *voyez* d'Orléans de la Motte.
* de Muy (le Comte), 31668.
d'Orléans, Philippe, Régent, 15674.
Paul (le Chevalier), 31791.
Pascal (Blaise)... 45788.
S. Pepin, de Landen, 31387.
le Peletier, Claude, 32596.

Piron, Alexis, Poëte, V, *Add.* 47585.*
de Poilly, François, Graveur, 47921.
de Polignac : son Histoire, 8086.
Polluche, Daniel, 35606.
Pouchet, Jean-Robert, Feuillant, 13093.
de la Quintinie (Jean), 46563.
de la Ramée, *ou* Ramus, 46566.
Ricard de Genouillac, *dit* Galiot, *corrigé* 31808 &

transféré à 31940.*
de la Rochefoucaud, (N.) Abbesse...V, 14945.
Rochette (*non* Roquette), 45997.
S. Roding, Abbé de Beaulieu, 11690.
de Rohan... Henri II, 31685 (*non* 87.)
Trouin du Guay, 31955.
* Turgot (Etienne), Prév. des March., 34602.
de Villars (le Duc), Maréchal, 31730.

A la Table Alphabétique des Matières. (VI. *pag.* 285.)

L'étoile * *marque les Articles omis ou nouveaux.*

Assemblées du Clergé de France, V, *Add.* 6954*, 8158.*
Augustins, 13679.
Célestins, 13216.
Chartreux, 13220.
Collége Royal de Paris, 45136.
* Chevaliers du S. Sépulchre, 40341.
Conseils du Roi, 32404.
Dominicains, 13842, 48.
Epitaphes, 45641.
Feuillans, 13093.
Franciscains, 13872.
Gaulois... Antiquités, &c. 3786, 3847, 55.
Hospitalières, 15216.

Jésuites, V, *Add.* 14186*, 90.*
* Juifs en France, I, 4924 & 25 ; & IV, S. III, 33760, 38790-92 ; V, 27663.
* Masque de fer (l'Homme au), II, 25636, & V, *Add.*
Prémontrés, 13528, 30.
Sacres des Rois, V, *Add.*, pag. 18.
* Suisse (prétendu) de la rue aux Ours, 39140.
de Saint-Antoine (Ordre), 13448.
Sainte Chapelle du Palais, à Paris, I, 5181-94, V, 5185.
Sciences & Arts, 31380 (pour le Cahier préliminaire), 31497, 31655.
Trinitaires, Religieux, 13960, 99.
Théatins, Religieux, 14080.

A la Table des Manuscrits. (VII. *pag.* 297.)

[*Ce sont tous Articles nouveaux.*]

N.º 439. Dissertations sur l'étendue & les partages de l'ancienne France ; par Dom Vincent.

475. (*non* 375.) Mémoire sur le premier Royaume de Bourgogne ; par l'Abbé Boullemier.

1256. Pouillé du (nouveau) Diocèse de S. Claude.

3847. Remarques sur un Passage de César, concernant la Religion des Gaulois ; par l'Abbé Boullemier.

3912. Dissertation sur les Aulerces (anciens Habitans du Pays d'Alençon) ; par Odolant Desnos.

4919. Lettres d'un Magistrat à M. Morenas ; par le Président Rolland.

5050. Pièces sur la Cathédrale de Meaux ; par l'Abbé Thomé.

8202. Eloge de M. de Choiseul, Archevêque de Besançon ; par l'Abbé Cannes.

9405. Droits & Privilèges des Evêques de Meaux ; par l'Abbé Thomé.

9453. Mémoire sur le Privilège de l'Evêque d'Orléans.

9692. Histoire des Evêques d'Amiens, jusqu'en 1354 ; par du Cange.

9961. Histoire des Evêques de Seez ; par l'Abbé Bailly.

10627. Histoire de Saint-Diez ; par l'Abbé de Riguet.

10789. Procès-verbal & Informations pour la Canonisation de S. François de Sales.

11001. Eloge de l'Abbé Bullet ; par M. Droz.

12378. Fondation, &c. du Prieuré de Ste Céline ; par l'Abbé Thomé.

13304. Lettres & Procès-verbaux sur la Châsse de S. Fiacre, à Meaux.

13634. Table Chronologique des Abbés de Notre-Dame de Chage ; par l'Abbé Thomé.

14850. Histoire de l'Abbaye d'Almanèche ; par l'Abbé Bailly.

14893. Inventaire des Reliques, &c. de l'Abbaye de Faremoûtier.

15590. Ouvrages de du Cange sur la France.

15916. Mémoire (& Précis) sur l'autorité des Empereurs Romains dans les Gaules, par Dom Vincent.

16791. Notice du Règne de Louis VIII ; par l'Abbé de Camps.

19325. Recueil de Lettres-Patentes, &c. au sujet de ceux qui se sont soustraits à l'obéissance du Roi : 1688-90.

20079. Journaux de l'Estoile, en Original.

27300. Mémoires sur le progrès de la puissance des Rois de France.

30495. Ambassades de M. de Bassompierre.

31706. Vie du Maréchal de Schulemberg ; par de Voignon.

34187. Histoires des Comtes de Montreuil, de Ponthieu, &c. par du Cange.

34612. Mémoire sur Aubriot, Prévôt des Marchands de Paris ; par l'Abbé Boullemier.

35422. Histoire de la Ligue en Bretagne.

35643. Histoire de Châteaudun & du Comté de Dunois ; par l'Abbé Courgibet.

40630. Recherche de la Noblesse de Bretagne.

45641. Epitaphes choisies, sur-tout de Paris ; par M. B.

pour le Tome V. 39

A la Table Alphabétique des Auteurs. (VIII. pag. 373.)

Les Noms nouveaux sont en Capitales, & les Ouvrages récens sont précédés d'une *.

D'Angoulême... Louis... Ordonnance, II, 23001.
 = Lettres, III, 30815; & V, *Add.*
d'Angerville : *voyez* Dezallier.
Anson... 34885, *lisez* 34825.
Audigier, * Remarq. sur le Tomb. de Childeric, 16012.
B. *inconnu*. * Epitaphes choisies, 45641.
de Bassompierre : Ambassades, 30495.
Bauyn, Prosper, 29809.
de Beauvais... Evêq. de Senès... * Oraison funèbre du Comte de Muy, 31668.
Beauvais de Préau. * Notes sur Orléans, 35606.
Béguillet... * Description de la Bourgogne, 35830.
du Bellay, Martin, 17621.
Bertheraud (Dom), 16950.
de Bervick : *voyez* Fitzjames.
Beverel [*non* Baroul]. Dissertation sur les Seigneurs de Franche-Comté, &c. 40673.
Blin de S. More... * Requête des filles de Salency, à la Reine, 5500. (*pag. 33.*)
Blondat (N.), Procureur au Parlement. * Requête pour le Seigneur de Salency, *ibid.*
Boyvin, Jean, 16985.
Boismorel (N.). Recueil sur l'Histoire de France & de Bourgogne, 17114.
Bouchel, Laurent. * Statuts des Libraires, 34707.
Bougerel, Joseph... * Vie de Louis du Chesne, Président au Parlement d'Aix, 33195. * Vie du Chevalier Paul, 31791.
de Boulainvilliers (le Comte)... * Ses Manuscrits, 15644.
Bouju, père & fils, 15737.
Bourdon de Sigrais, Académicien. * Considérations sur l'esprit militaire des Gaulois, 3786.
de Brienne de Loménie, Henri-Auguste... * Ordonnances & Réglemens des Conseils du Roi, 32404.
de Bréquigny : *voyez* Feudrix.
Brizard, Avocat. * Histoire généalogique de la Maison de Beaumont, 41206.
C. D. M., *inconnu*. * Lettre sur l'Invasion du Mans, 17881.
Calmet (Dom)... * Dissertations sur la Noblesse de Lorraine, 40700.
Camus (N.), Avocat... * Deux Consultations pour l'Abbaye d'Auchy, 11675. * Seconde Edition de ses Lettres, augmentée, 33004. (*pag. 35.*)
Cannes (N.), Chanoine de Besançon. * Eloge de M. de Choiseul, Archevêque, 8202.
de Cérisiers, Jean... N. D. de Liesse, 4161.
Chamfrot, *lisez* Chamfort.
Charas, Moyse, Médecin & Académicien... Voyage en Espagne, & sa Prison dans l'Inquisition, 46081.
Charles (N.), Curé de Bourbonne (& *non* de Narbonne), 34353.
de Chaufepié... 46889.
de la Chesnaye Desbois... * Généalogie de Récourt, 44744.
Chevalier, Franç. Félix... Hist. de Poligny, 38448.
Clément (l'Abbé) :.. sur les Religieuses, *lisez* sur les Reliques...
Collin (N.). * Précis de l'Hist. du Palatinat, 39200.
Corron, Victor... Chronique de Meulan, 12689.
Couret de Villeneuve, d'Orléans. * Illustres Orléanois, 35606.
Courgibet, Chanoine * Histoire de Châteaudun & du Comté de Dunois, 35643.
de Court, Jean-Etienne, 4232. (*pag. 33.*)
Courtépée (l'Abbé), 45830 (*lisez* 35830.)
de la Croix, Guillaume, 5937.

de la Croix du Maine : *voyez* Grudé.
Crollius : *après* Georges-Chrétien, *ajoutez* & George Philippe (fils & père), 39201.
D. (M.), Lieutenant de Police en Champagne. * Code de la Police, 27661.
Daniel, Gabriel, Jésuite... Dissertation sur l'origine du Chancelier, 31480. (*pag. 35.*)
Davanne (N.). * Recueil d'Actes sur Meullent (*ou* Meulan), 34808.
Desprez de Boissy, 47780. (*pag. 35.*)
Destrées... Histoire abrégée de la Maison de Beaumont, 42814.
Dezallier (M.). *Ce premier est à supprimer, & l'Ouvrage qui lui est attribué appartient au troisième prétendu; car ils ne doivent être que deux.*
Dezallier, Ant. Joseph... *Effacez* fils du précédent... *Il faut lui rapporter l'Histoire Naturelle... ou Conchyologie, qui est attribuée à son fils.*
Dolet, Estienne, 17573. = Sa (prétendue) République Françoise *à retrancher*, 17185.
Dringard (N.) * Disquisitio jurium... *ex* pace Westphalica, 28843.
Dunod de Charnage... Histoire Ecclésiastique de Besançon, 8158.
Ellies du Pin... [Histoire du Concordat, I, 7549.]
 = * Histoire Ecclésiastique du XVII. Siécle, 5565.
d'Esbiey (M.). * Mémoire sur les Landes de Bourdeaux, 37754.
d'Espagnac... Histoire du Maréchal de Saxe, 24725; 31706. (*pag. 34.*)
Ethis (M.)... Eloge de M. Bossuet, *à effacer*, 9428. (*pag. 34.*)
de l'Estoille, Pierre... Journaux, 20079.
de Féranville (M.), Avocat... * Mémoires pour l'Abbaye de S. Bertin, 11675. (5.)
Feudrix de Bréquigny... * Second Volume de la Table Chron. des Diplômes, 29449. (*pag. 35.*)
Fitz-James de Bervick. * Ses Mémoires, 31584.
Fréron... * Lettre sur la Fête de la Rose à Salency, 5500. (*pag. 33.*)
Garnier, Jean-Jacques... Continuation de l'Histoire de France, 15807.
Gastelier de la Tour, 40689.
Gauthier, Guillaume... 13023.
Gobet (M.)... * Lettre sur le Monstre du Gévaudan, 2587. = * Lettres sur les Comtes d'Heldin, 39016.
Gondrin, Louis-Henri, Arch. de Sens, 6885. (*pag. 33.*)
Goujet... Seconde Edition de la Vie de Pierre Nicole, augm. 5622.
Griffet... à l'Hist. de Louis XIII, 22168. = * Mémoire sur Louis Dauphin, fils de Louis XV, 25763.
Grudé de la Croix du Maine... 15934.
Guerin (François-Antoine). *De Fontibus medicatis Alsatiæ*, 1890.
Guettard, J. Et... Atlas Minéralogique, 684. (*p. 32.*)
Guichard (N.), Prêtre de l'Oratoire. * Pseudo-Diva Bullencutiana, 15049.
H. D. *inconnu*. * Considérations sur S. Domingue, 39746.
Henriquez (M.), Chanoine Régulier. * Abrégé de l'Histoire de Lorraine, 38919.
Hérissant, Louis-Théodore... * Eloge de Philippe d'Orléans, Régent, 27674.
Hoffmann, Job. Gothefroi : * Acta & Fœdera... primæ Stirpis, 19157.
Huet, Pierre-Daniel... 9927.

Additions & Corrections pour le Tome V.

de l'Isle du Monceu (M.). * Moyens de détruire les Bêtes voraces, 3585.
Joly, Claude. Maximes, &c. 23427 : voyez l'Avertissement du Tome III.
Laganne (M.). * Mémoire sur les Tectosages, 45751.
Lancelot, Antoine... Sur le Portail de la Magdelène de Châteaudun, 33643.
Lelurez (M.), Avocat. * Mémoire pour le Seigneur de Salency, 5500. (*pag. 33.*)
Lenglet du Fresnoy... *à sa* Méthode pour l'Histoire, 15973.
S. Léonce, Evêque de Bourdeaux : *il en faut distinguer deux*, 8244 & 45.
de Leyser, Auguste. * De Raptu Annæ Britannæ, 25069.
— * De Vesperis Siculis, 25366.
Louis XVI... * Edit & Déclaration au sujet de ceux qui étoient engagés dans la Société des Jésuites, 14425.
— * Lettres-Patentes au sujet du Grand-Conseil, 33109.
— * Déclaration au sujet du Châtelet de Paris, 34100.
— * Lettres-Patentes en faveur d'Avignon & du Comté Vénaissin, 38346.
Louis, Pierre. De Jure, &c... *Effacez cet Article, qui concerne Ludewig, Allemand, lequel signifie Louis en François.*
Ludewig, Jean-Pierre... De Jure Anglorum in Galliam, ou Justæ, &c. II, 28802, & V, 38294. (*pag. 35.*)
Marquez, (N.) Chanoine Régulier. * Vie de la Reine Marguerite, 25133.
Masson, Jean-Papire & Jean (Bapt.) son frère : *ajoutez le avant* Masson...
S. Materne, Evêque de Tongres, Trèves, &c. 8723.
de Maubuy, (N. Aublet) Avocat. * Vie de Marie Leczinska, Reine de France, 25207. [*non* 2507.] (*pag. 36.*)
Ménard, Léon... * Vie de M. Fléchier, 9209.
Moegliny, Chrétien-Louis. * De malis quæ exteros Lutetiæ degentes affligtant, 2590.
de Montazet, Archevêq. de Lyon... 5392. (*pag. 33.*)
Nadaud, Joseph... 5136.
Oberlin (M.). Essai sur le Patois Lorrain, 38937.
d'Orbessan (le Marquis)... * Eloge du Comte de Miran, 31999.
Oroux (l'Abbé)... * Histoire Ecclésiastique de la Cour, 32230.
d'Orsans d'Esnans... Ses Manuscrits, 33213, 33854. (*pag. 35.*)
Pascal, Gilberte... *Après* 4759, *ajoutez* 45788.*
Pasquier, Nicolas, fils... 3461.
Péan *ou* Pihan... Journal... 16797.

Péristophore, *nom supposé :* voyez Guichard (N.), Prêtre de l'Oratoire.
de Pezay (M.). * Campagnes du Maréchal d Maillebois, 24685.
Pie VI, Pape. Litteræ pro Approbatione virtutum B. Joannæ Valesiæ, 25068.
Pithou... *à* Codex Canonum, 6958.
Polluche, Daniel... * Essais historiques sur Orléans, 35696.
Proyart (l'Abbé). * Vie du Dauphin, père de Louis XVI, 25763.
Rolland... *ajoutez* (Barthélemi-Gabriel), *effacez* (d'Erceville), Président... Lettres à M. Morenas, IV, S. 4619*, V, *Add.*
— * Mémoire sur l'Administration du Collége de Louis-le-Grand, V, *Add.* 45135.*
Rouillé (M.), ancien Colonel. L'Ami des François, IV, S. 27308, & V, *Add.* (*pag. 34.*)
de Roye (Guy)... 9570. (*pag. 34.*)
de Saint-Lary... *Après* 736 (*ou* 30736), *ajoutez* V, *Add.* 30691.
Saliat... *lisez* : Vita Francisci Galioti... 31940.*
Savaron... *au* Traité de la Souveraineté... 26858, & V, *Add.*
de Seyssel, Claude... Monarchie... 27183 : *voyez* l'Avertissement du Tome III.
de Sigrais : *voyez* Bourdon.
Simplicien... * Histoire Généalogique des Rois de France, 15846.
Spielatane, Jean Reinier. * De Vegetalibus Alsatiæ vernenosis, 3306.
Spielmann, Jacques Reinbert. * De Animalibus nocivis Alsatiæ, 3552.
Stuck... *Avant* II, 12401, *ajoutez* V, *Add.* 12286.
Taisand, Pierre... Les Vies... IV, 45807. *Corrigez, pag.* 93 , *à la Liste, ce qui est marqué à* V, *Add.* (*pag.* 31, *col.* 1), *après* PAGE 93 (du Tome IV.)
Target (M.), Avocat. * Playdoyer en faveur de la Rosière de Salency, 5500, (*pag. 33.*)
Tassin, René-Prosper... Histoire Littéraire... 11618. (*pag. 34.*)
Thomé... * Fondation de Sainte Céline... 12865, *lisez* 12378.
Titus-Livius. * Excerpta de Gallis, 3860.
Touron, Antoine... 13739.
de Tracy... *Après* Remarques sur les Théatins, *ajoutez* de France, 14080 (*non* 14075.)
Turpin... *Après* 24228, *ajoutez* & V, *Add.*
— * Remarques sur les Beaux-Arts sous Louis XV... (*pag. 36.*)
de Vias... Sylvæ... *Parisiis*, 1723... *lisez*, 1623, V, *Add.* 21226. (*pag. 36.*)

TABLES

TABLES
DE LA
BIBLIOTHÈQUE HISTORIQUE
DE LA FRANCE.

I.
TABLE GÉNÉRALE
DES MATIÈRES,

Selon l'ordre qu'elles ont dans les quatre Tomes.

[Les premiers chiffres marquent les *pages* de chaque Volume, & les derniers renvoyent au *Supplément*, qui est dans le Tome IV.]

Préliminaires généraux de l'Histoire de France.

Tome I.

Géographie des Gaules & du Royaume de France, selon ses différens âges, pag. 3, (IV. 221
Géographie ancienne des Gaules, Cartes & Traités, 5, (IV. 222
Géographie du moyen âge, 34, (IV. 224
Géographie moderne de la France, Cartes & Traités de la France en général, des Côtes, des Rivières & Canaux, 45, (IV. 225
Géographie Ecclésiastique de la France, Cartes & Traités, & Pouillés des Bénéfices, 71, (IV. 229
Géographie des Provinces de France, Cartes, Plans, Traités, Itinéraires & Voyages, 84, (IV. 232
Histoire Naturelle du Royaume de France, en général, 127, (IV. 237
Traités particuliers, du climat des différentes Villes ou Provinces, de l'air & de ses influences, &c. rangés suivant l'ordre alphabétique, 139, (IV. 239
Histoire Naturelle des Montagnes de la France, 148, (IV. 241
Minéralogie de la France, 149, (IV. 241
Traités particuliers sur les Terres, 152, (IV. 241
—— Sur les Pierres, 154, (IV. 242

—— Sur les Sels, les Bitumes, les demi-Métaux & les Métaux, 155, (IV. 242
—— Sur les Stalactites & Pétrifications, 159, (IV. 242
Hydrologie de la France : Traités sur les Mers, les Fleuves & les Fontaines qui ne sont pas minérales, 162, (IV. 242
Traités sur les Eaux minérales des différentes parties de la France, rangées selon l'ordre Alphabétique du nom des Lieux où elles se trouvent, 165, (IV. 243
Histoire Naturelle des Végétaux de la France : Traités des Plantes, des Arbres, des Fleurs, &c. 187, (IV. 247
Collections des Plantes des Jardins publics & particuliers, 194
Culture des Terres, Plantes, Vignes, &c. 196, (IV. 248
Histoire Naturelle des Animaux de la France, 104, (IV. 253
Histoire Naturelle des Prodiges, Tremblemens de terre & autres effets physiques arrivés en France, 215, (IV. 256
Histoire des anciens Gaulois, 219, (IV.

Tome V.

A

Histoire Ecclésiastique de la France.

TOME I.

Histoires des Origines des Eglises de France, 249, (IV. 259
Histoire des Lieux consacrés sous l'invocation de la Sainte Vierge, 261, (IV. 260
Recueils des Vies des Saints de France, 268, (IV. 262
Vies particulières des Saints de France, rangés selon l'ordre alphabétique de leur nom, 272, (IV. 263
Vies des Personnes séculières qui ont vécu dans une haute piété, 315, (IV. 267
Histoire de la Vie des Personnes se disant inspirées, de Possédées, de Visionnaires, &c. Ouvrages & Pièces historiques à ce sujet, 321, (IV. 269
Histoire Ecclésiastique des Provinces & des Villes de France, 327, (IV. 270
—— Hist. Eccl. d'Alsace, (IV. 271.]
—— d'Anjou & du Maine, 330, (IV. 271
—— d'Artois, 331, (IV. 271
—— d'Aunis, 332, (IV. 271
—— d'Auvergne, ibid.
—— de Beauce, 332, (IV. 272
—— de Berri, 333, (IV. 272
—— du Duché de Bourgogne & de la Bresse, ibid. (IV. 273
—— de Brabant, 336, (IV. 274
—— de Bretagne, ibid.
—— de Champagne & de Brie, ibid.
—— du Dauphiné, 338
—— de Flandres & de Hainaut, 339, (IV. 274
—— du Forez, 340
—— de Franche-Comté, ibid. (IV. 275
—— de Guyenne, 341, (IV. 275
—— de l'Isle-de-France, 342, (IV. 276
—— du Languedoc, 352, (IV. 278
—— de Lorraine & des Trois-Evêchés, 353, (IV. 279
—— du Lyonnois, ibid.
—— du Nivernois, 354, (IV. 280
—— de Normandie, 355, (IV. 280
—— de l'Orléanois, 356, (IV. 281
—— de Picardie, 357, (IV. 281
—— du Poitou, 360, (IV. 282
—— de Provence, ibid.
—— de Touraine, 361, (IV. 283
Histoires des Contestations qui se sont élevées entre les Théologiens de France, sur la Grace, &c. 363, (IV. 283
Histoires des Hérésies nées en France, de Bérenger, des Vaudois, Albigeois, Calvinistes, 373, (IV. 284
Actes & Traités concernant l'Histoire générale des Eglises de France, Conciles, Synodes, Mémoires du Clergé, 410, (IV. 289 & 296
Des Droits de l'Eglise de France, & Ouvrages généraux sur son Droit Canonique, 466, (IV. 299
Traités des Libertés de l'Eglise Gallicane, 468, (IV. 299
—— Sur les deux Puissances en général, 475, (IV. 300
—— Sur la puissance & les entreprises des Papes, leurs démêlés avec nos Rois, & sur l'autorité de leurs Bulles & de leurs Légats en France, 481, (IV. 301
—— Des Droits du Roi dans l'administration de l'Eglise, sur les biens & les personnes Ecclésiastiques, 502, (IV. 303
—— Sur la Juridiction Ecclésiastique & sur les Appels comme d'abus, 511, (IV. 305
—— Sur l'autorité des Conciles généraux en France, & principalement sur la réception du Concile de Trente, 515, (IV. 305
—— Sur les Pragmatiques & les Concordats, & autres objets qui y ont rapport, 519, (IV. 305
—— Des Droits de Régale & d'Indult, 524, (IV. 305
Histoires des Papes & des Cardinaux François, 531, (IV. 307

Histoires des Eglises Métropolitaines de France, avec celles de leurs Suffragans : Notices générales des Diocèses, 539, (IV. 307
Histoires de la Métropole d'Aix & de ses Suffragans, 542, (IV. 308
—— de l'Archevêché d'Aix, ibid.
—— de l'Evêché d'Apt, 543, (IV. 308
—— de l'Evêché de Riès, ibid.
—— de l'Evêché de Fréjus, 544, (IV. 308
—— de l'Evêché de Gap, ibid.
—— de l'Evêché de Sisteron, 545
Histoires de la Métropole d'Alby & de ses Suffragans, 545, (IV. 308
—— de l'Archevêché d'Alby, ibid.
—— de l'Evêché de Rhodès, ibid.
—— de l'Evêché de Castres, 546, (IV. 308
—— de l'Evêché de Cahors, ibid.
—— de l'Evêché de Vabres, 547
—— de l'Evêché de Mende, ibid. (IV. 309
Histoires de la Métropole d'Arles & de ses Suffragans, 548, (IV. 309
—— de l'Archevêché d'Arles, ibid.
—— de l'Evêché de Marseille, 550, (IV. 309
—— de l'Evêché de Saint-Paul-des-Trois-Châteaux, 552
—— de l'Evêché de Toulon, ibid. (IV. 309
—— de l'Evêché d'Orange, ibid.
Histoires de la Métropole d'Auch & de ses Suffragans, 553, (IV. 309
—— de l'Archevêché d'Auch, ibid.
—— de l'Evêché d'Acqs, ou de Dax, 553, (IV. 309
—— de l'Evêché de Lectoure, 553
—— de l'Evêché de Comminges, ibid.
—— de l'Evêché de Conserans, 554, (IV. 309
—— de l'Evêché d'Aire, 554
—— de l'Evêché de Bazas, ibid. (IV. 310
—— de l'Evêché de Tarbes, 554
—— des Evêchés de Lescar & d'Oleton, dans le Béarn, ibid.
—— de l'Evêché de Bayonne, 555
Histoires de la Métropole d'Avignon, & de ses Suffragans, 555, (IV. 310
—— de l'Archevêché d'Avignon, ibid.
—— de l'Evêché de Carpentras, ibid.
—— de l'Evêché de Vaison, 556, (IV. 310
—— de l'Evêché de Cavaillon, 556
Histoires de la Métropole de Besançon, & de ses Suffragans, 556, (IV. 310
—— de l'Archevêché de Besançon, ibid.
—— de l'Evêché de Bellay, 559, (IV. 311
—— de l'Evêché de Lausanne, ibid.
—— de l'Evêché de Bâle, 560
Histoires de la Métropole de Bordeaux, & de ses Suffragans, 560, (IV. 311
—— de l'Archevêché de Bordeaux, ibid.
—— de l'Evêché d'Agen, 562, (IV. 311
—— de l'Evêché d'Angoulême, 362
—— de l'Evêché de Saintes, 563, (IV. 311
—— de l'Evêché de Poitiers, ibid.
—— de l'Evêché de Périgueux, 564
—— de l'Evêché de Condom, ibid.
—— de l'Evêché de la Rochelle, 565
—— de l'Evêché de Luçon, ibid.
—— de l'Evêché de Sarlat, ibid.
Histoires de la Métropole de Bourges, & de ses Suffragans, 565, (IV. 312
—— de l'Archevêché de Bourges, ibid.
—— de l'Evêché de Clermont, 568, (IV. 312
—— de l'Evêché de Limoges, 570, (IV. 312
—— de l'Evêché du Puy-en-Velay, 571, (IV. 312
—— de l'Evêché de Tulles, ibid.
—— de l'Evêché de Saint-Flour, 572

Matières générales.

Histoires de la Métropole de Cambray, & de ses Suffragans, 572, (IV. 312
—— de l'Archevêché de Cambray, ibid.
—— de l'Evêché d'Arras, 578, (IV. 313
—— de l'Evêché de Tournay, 580, (IV. 313
—— de l'Evêché de Saint-Omer, 581
—— de l'Evêché de Namur, ibid.
Histoires de la Métropole de Cologne, & de ses Suffragans, 581, (IV. 313
—— de l'Archevêché de Cologne, ibid.
—— de l'Evêché de Liège, 584, (IV. 313
—— de l'Evêché d'Utrecht, 589, (IV. 313
Histoires de la Métropole d'Embrun, & de ses Suffragans, 591, (IV. 313
—— de l'Archevêché d'Embrun, ibid.
—— de l'Evêché de Grasse, 592
—— de l'Evêché de Digne, ibid.
—— de l'Evêché de Vence, 592, (IV. 313
—— de l'Evêché de Nice, ibid.
—— de l'Evêché de Glandève, 593
—— de l'Evêché de Senès, 593, (IV. 313 & 314
Histoires de la Métropole de Lyon, & de ses Suffragans, 593, (IV. 314
—— de l'Archevêché de Lyon, ibid.
—— de l'Evêché d'Autun, 597, (IV. 314
—— de l'Evêché de Langres, 599, (IV. 314
—— de l'Evêché de Châlons-sur-Saône, 600, (IV. 315
—— de l'Evêché de Mâcon, 601, (IV. 315
—— de l'Evêché de Dijon, 601
—— de l'Evêché de Saint-Claude, 601, (IV. 315
Histoires de la Métropole de Malines, & de ses Suffragans, 602, (IV. 315
Histoires de la Métropole de Mayence, & de ses Suffragans, ibid.
—— de l'Archevêché de Mayence, ibid.
—— de l'Evêché de Wormes, 604
—— de l'Evêché de Spire, ibid.
—— de l'Evêché de Strasbourg, ibid.
—— de l'Evêché de Constance, 606, (IV. 315
Histoires de la Métropole de Narbonne, & de ses Suffragans, ibid.
—— de l'Archevêché de Narbonne, ibid.
—— de l'Evêché de Béziers, 607
—— de l'Evêché d'Agde, 608
—— de l'Evêché de Carcassonne, 608, (IV. 316
—— de l'Evêché de Nismes, ibid.
—— de l'Evêché de Montpellier, 609, (IV. 316
—— de l'Evêché de Lodève, ibid.
—— de l'Evêché d'Uzès, 610
—— de l'Evêché d'Alet, 610, (IV. 316
—— de l'Evêché de Saint-Pons, 611, (IV. 316
—— de l'Evêché de Perpignan, 611
—— de l'Evêché d'Alais, ibid.
Histoires de la Métropole de Paris, & de ses Suffragans, 611, (IV. 317
—— de l'Archevêché de Paris, ibid.
—— de l'Evêché de Chartres, 616, (IV. 317
—— de l'Evêché de Meaux, 618, (IV. 318
—— de l'Evêché d'Orléans, 620, (IV. 318
—— de l'Evêché de Blois, 623, (IV. 319
Histoires de la Métropole de Reims, & de ses Suffragans, ibid.
—— de l'Archevêché de Reims, ibid.
—— de l'Evêché de Soissons, 628, (IV. 320
—— de l'Evêché de Châlons-sur-Marne, 630, (IV. 320
—— de l'Evêché de Laon, 630, (IV. 319 & 320
—— de l'Evêché de Senlis, 631
—— de l'Evêché de Beauvais, 632, (IV. 320
—— de l'Evêché d'Amiens, 633, (IV. 320
—— de l'Evêché de Noyon, 635, (IV. 321
—— de l'Evêché de Boulogne, 636, (IV. 321
Histoires de la Métropole de Rouen, & de ses Suffragans, 637, (IV. 321
—— de l'Archevêché de Rouen, ibid.
—— de l'Evêché de Bayeux, 642, (IV. 322

—— de l'Evêché d'Avranches, 644, (IV. 322
—— de l'Evêché d'Evreux, 645, (IV. 322
—— de l'Evêché de Seès, ibid.
—— de l'Evêché de Lisieux, 648, (IV. 322
—— de l'Evêché de Coutances, 648, (IV. 323
Histoires de la Métropole de Sens, & de ses Suffragans, 649, (IV. 323
—— de l'Archevêché de Sens, ibid.
—— de l'Evêché de Troyes, 652, (IV. 323
—— de l'Evêché d'Auxerre, 654, (IV. 324
—— de l'Evêché de Nevers, 657, (IV. 324
—— de l'Evêché de Bethléhem, 658, (IV. 324
Histoires de la Métropole de Tarantaise, 658, (IV. 325
Histoires de la Métropole de Toulouse, & de ses Suffragans, 658
—— de l'Archevêché de Toulouse, 659, (IV. 325
—— de l'Evêché de Pamiers, 660, (IV. 325
—— de l'Evêché de Mirepoix, 661
—— de l'Evêché de Rieux, ibid.
—— de l'Evêché de S. Papoul, 661, (IV. 325
—— de l'Evêché de Lavaur, ibid.

[On n'a rien trouvé de particulier sur les Evêchés de Montauban & de Lombès : il faut se contenter (pour le présent) de ce qui en est dit dans l'ancien Gallia Christiana de MM. de Sainte-Marthe.]

Histoires de la Métropole de Tours, & de ses Suffragans, 662, (IV. 325
—— de l'Archevêché de Tours, ibid.
—— de l'Evêché du Mans, 666, (IV. 326
—— de l'Evêché d'Angers, 667, (IV. 326
—— des Evêchés de Bretagne, 670
—— de l'Evêchés de Rennes, 670, (IV. 326
—— de l'Evêché de Nantes, ibid.
—— de l'Evêché de Vannes, 671
—— de l'Evêché de Cornouaille ou de Quimper, ibid.
—— de l'Evêché de Léon, 671, (IV. 326
—— de l'Evêché de Tréguier, ibid.
—— de l'Evêché de Saint-Brieux, ibid.
—— de l'Evêché de Saint-Malo, 672, (IV. 326
—— de l'Evêché de Dol, 672
Histoires de la Métropole de Trèves, & de ses Suffragans, 673, (IV. 327
—— de l'Archevêché de Trèves, ibid.
—— de l'Evêché de Metz, 675, (IV. 327
—— de l'Evêché de Toul, 678, (IV. 327
—— de l'Evêché de Verdun, 680, (IV. 327
Histoires de la Métropole de Vienne, & de ses Suffragans, 682, (IV. 327
—— de l'Archevêché de Vienne, ibid.
—— de l'Evêché de Valence, 684
—— de l'Evêché de Die, 684, (IV. 328
—— de l'Evêché de Grenoble, 685, (IV. 328
—— de l'Evêché de Viviers, ibid.
—— de l'Evêché de Genève, 685, (IV. 328
Histoires de l'Evêché de Québec, indépendant, (aujourd'hui aux Anglois, avec le Canada), 687
Histoires des Evêques François (& Gaulois) qui ont possédé des Prélatures hors du Royaume, 687, (IV. 329

Histoires générales du second Ordre du Clergé Séculier de France, 690, (IV. 330
—— Histoires particulières (de nombre d'Ecclésiastiques,) par ordre alphabétique, 691, (IV. 330
Histoires générales des Réguliers (ou Ordres Religieux) de France, 723, (IV. 336
Histoires des Moines & des Solitaires dont l'Ordre n'est pas connu, 724, (IV. 338
Histoires de l'Ordre de S. Benoît, 725, (IV. 338
—— Histoires (connues) des Abbayes (& Prieurés) d'Hommes de l'Ordre de S. Benoît, en France, rangées selon l'ordre alphabétique, 728
—— d'Afflighem, 728 : = d'Agaune, ou de Saint-Maurice-en-Valais, 728. (IV. 339 :) = d'Aindre, 729, (IV. 339 :) = d'Ancbin, ibid. = d'Aniane, ibid.

Tome V.

A 2

= d'Aifnay, *ibid.* = d'Anderne, *ibid.* = d'Argenteuil, 730, (IV. 339:) = d'Augie, ou d'Oye, *ibid.* = d'Aurillac, *ibid.*

—— de Baume, 730, (IV. 339:) = de Beaulieu, Diocèſe de Limoges, *ibid.* = de Beaulieu, Diocèſe de Verdun, *ibid.* = du Bec, 731, (IV. 340:) = de Bévon, ou La-Val-Saint-Benoît, 732: = de Beze, *ibid.* (IV. 340:) = du Bourdieux, *ibid.* = (de Boiſſelière, IV. 340:) = de Bonneval, *ibid.* = de Boufonville, 733: = (de Breteuil, IV. 340:) = de Bretigny, 733: = de Brogne, ou Saint-Gérard, 733, (IV. 340.)

—— de Carmery, ou Mouſtier-Saint-Chaffre, 733: = (de Caunes, IV. 340:) = de la Chaiſe-Dieu, 733, = de la Charité-ſur-Loire, 734, (IV. 340:) = de Chézal-Benoît, *ibid.* = de Cluni, 735, (IV. 340:) de Conches, 739: = de Conques, *ibid.* (IV. 341:) = de Corbie, *ibid.* (IV. 341:) = de Cormeri, 741: = de Creſpin, *ibid.* = de la Croix-Saint-Leufroy, *ibid.* = de Cuſance, *ibid.*

—— d'Eberſmunſter, 741.

—— de Faverney, 741, (IV. 341:) = de Fécan, 742, (IV. 341:) = de Ferrières en Gâtinois, *ibid.* de Figeac, 743, (IV. 341:) = de Flavigny, 743: = de Fleuri, ou de Saint-Benoît-ſur-Loire, *ibid.* (IV. 341:) = de Fontaine-lès-Dijon, 746: = de Fontenai-Louvet, *ibid.* = de Font-rouge, *ibid.*

—— (de Gaillac, IV. 341:) = de Gambron, *ibid.* = de Giblou, ou de Gemblours, *ibid.* = (de Gigny, IV. 341:) = de Saint-Gildas de Ruis, 747 (& 778:) = de Glanfeuil, ou Saint-Maur-ſur-Loire, *ibid.* = de Gorze, *ibid.* = de Granval, ou Grand-Vaux, 747, (IV. 341:) = de la Graſſe, *ibid.* = de Gueret, 748, (IV. 341.)

—— = de Haſnon, 748: = de Hautvilliers, *ibid.*

—— = de l'Iſle-Barbe-lès-Lyon, *ibid.* = de Jumiège, *ibid.*

—— de Kemperlay, 749.

—— de Lagny, 749: (IV. 342:) = de Landevenec, *ibid.* = de Laubes, ou Lobes, 750, (IV. 342:) = de Lérins, 751, (IV. 342:) = (de Leuſe, IV. 342: = de Lezat, *ibid.*) = de Lieſſis, 752: = de Li-Hons, ou Li-Huns, *ibid.* = de Lire, *ibid.* = de Longeville, *ibid.* = de Lure, *ibid.* = de Luxeuil, 753, (IV. 342.)

—— de Maillefais, 754, (IV. 342:) = du Maine, *ibid.* = de Mairé, *ibid.* = de Marchienne, 754, (IV. 342:) = de Marmoutier, 755, (IV. 342:) = de Marvilles, 755, (IV. 342:) = (du Mas-Garnier, IV. 342:) = de Mauſac, *ibid.* = de Menat, *ibid.* = de Mentcenay, ou Mantenay, 756: = du Merghem, 756, (IV. 342:) = (de Meulan, *ibid.*) = de Modiran, *ibid.* = de Moien-Moutier, *ibid.* = de Moleſme, *ibid.* = de Monſtier-en-der, ou Montirendé, 756, (IV. 342:) = de Mombourg, 757: = de Mont-Jura, ou de Saint-Claude, 757, (IV. 343:) = de Mont Majour, 758: = du Mont-Saint-Michel, 758, (IV. 343:) = du Mont-Saint-Quentin, 759: = de Morey, *ibid.* = de Morigny, *ibid.* = de Mouſon, 759, (IV. 343:) = de Mouſtier-la-Celle, 759: = de Mouſtier-Neuf, 759, (IV. 343:) = de Mouſtier-Saint-Jean, *ibid.* = de Munſter, en baſſe Alſace, 760: = de Murbach, dans la haute Alſace, *ibid.* = de Mure, en Suiſſe, *ibid.*

—— de Nanteuil, 760, (IV. 343:) = de Notre-Dame des Blancs-Manteaux, à Paris, *ibid.* = de Notre-Dame de Nogent-ſous-Coucy, 761: = de Notre-Dame de Sémur-en-Auxois, *ibid.* = (de Novy, IV. 343:) = de Noyers, *ibid.*

—— d'Orbais, 761.

—— de Perreci, 761: = du Pont, en Auvergne, *ib.* = (de Pontlevoi, IV. 343:) = de Préaux, *ibid.* = de Pruim, 762.

—— de Rebais, 762, (IV. 343:) = de Redon, 762: = de Remiremont, 762, (IV. 343 & 371:) = de Renty, 763: = de Roſoy, dite Ville Chaſſon, *ibid.*

—— de Saint-Aignan, *ibid.* = de Saint-Allyre, 764: = de Saint-Amand, *ibid.* (IV. 343:) = de Saint-André d'Avignon, 764, (IV. 343:) = de Saint-André du Câteau-Cambreſis, *ibid.* = de Saint-Arnoul de Metz, *ibid.* = de Saint-Aubin d'Angers, 765: = de Saint-Aventin, *ibid.* = de Saint-Auguſtin de Limoges, *ibid.* (IV. 343.)

—— de Saint-Bavon de Gand, 765: = de Saint-Bénigne de Dijon, 765, (IV. 343:) = de Saint-Benoît-ſur-Loire, 766, (ou ci-devant, *pag.* 743:) = de Saint-Bertin, 767, (IV. 344.)

—— de Saint-Calais, 767: = de Sainte-Catherine-du-Mont, près de Rouen, 768: = de Saint-Chef de Vienne, *ibid.* (IV. 344:) = de Saint-Chinien, ou Chignan, *ibid.* = de Saint-Claude, *ibid.* (ou ci-devant, *pag.* 757:) = de Sainte-Colombe de Sens, *ib.* = de Saint-Corneille de Compiègne, *ibid.* (IV. 344:) = de Saint-Creſpin de Soiſſons, *ibid.* = de Saint-Cybar d'Angoulême, *ibid.* (IV. 344:) = de Saint-Cyprien-lès-Poitiers, 769: = de Saint-Cyran, *ibid.*

—— de Saint-Denys en France, 769, (IV. 344.)

—— de Saint-Etienne de Caen, 772: = de Saint-Etienne de Dijon, *ib.* (IV. 344:) = de Saint-Etienne de Nevers, *ibid.* = de Saint-Evre-lès-Toul, *ib.* = de Saint-Evroul, *ibid.* (IV. 344.)

—— de Saint-Faron, 773: = de Saint-Florent-le-Vieux, *ibid.* = de Saint-Florent-lès-Saumur, *ibid.* (IV. 344:) = de Saint-Fulcien, *ibid.*

—— de Saint Genou, 774: = de Saint-Germain-d'Auxerre, *ib.* (IV. 344:) = de Saint-Germain-des-Prés, à Paris, 775, (IV. 344:) = de Saint-Germer de Flaye, 778, (IV. 345:) = (de Saint-Gervais & de Saint-Protais, *ibid.*) = de Saint-Gildas de Ruiz, *ibid.* (& 747, IV. 345:) = de Saint-Guillem du Déſert, *ibid.* (IV. 345:) = de Saint-Guiſlain, 779.

—— de Saint-Hilaire de Poitiers, 779: = de Saint-Hubert en Ardennes, *ibid.*

—— de Saint-Jean-de-Laon, *ibid.* = (de Saint-Joſſe, IV. 345:) = de Saint-Jouin-des-Marnes, de Poitiers, 779: = de Saint-Julien de Tours, *ibid.*

—— de Saint-Liffard, à Meun, *ibid.* = de Saint-Lomer d'Auvergne, à Meinſac, 780: = de Saint Lomer de Blois, *ibid.* = de Saint-Loup de Troyes, *it. id.* (IV. 345:) = (de Saint-Lucien de Beauvais, IV. 346.)

—— de Saint-Maixant, 780, (IV. 346:) = de Saint-Marcel de Vienne, *ibid.* = de Saint-Mars, *it. id.* = de Saint-Martial de Limoges, *ibid.* (IV. 346:) = de Saint-Martin d'Autun, 781, (IV. 346:) = de Saint-Martin de Cagnon (ou Canigou,) *ibid.* = de Saint-Martin-des-Champs, à Paris, 781, (IV. 346:) = de Saint-Martin de Limoges, 782: = de Saint-Martin de Maſſay, 782: = (de Saint-Martin de Metz, IV. 346:) = de Saint-Martin de Pontoiſe, 782, (IV. 346:) = de Saint-Martin de Seés, 782: = de Saint-Martin de Tournay, 783: = de Saint-Maur-des-Foſſés, *ibid.* (IV. 346:) = de Saint-Médard de Soiſſons, 784: = de Saint-Meen de Gael, *ibid.* (IV. 346:) = de Saint-Mélaine de Rennes, IV. 346:) = de Saint-Meſmin de Micy, *ibid.* = de Saint-Michel en Thiéraſche, 785: = de Saint-Mihel, *ibid.* = de Saint-Nicaiſe de Meulan, 786: = de Saint-Nicaiſe de Reims, *ibid.* (IV. 346:) de Saint-Nicolas d'Angers, *ibid.*

—— de Saint-Ouen-lès-Rouen, 786, (IV. 346.)

—— de Saint Papoul, 786: = (de S. Paul de Beſançon, IV. 347:) = de Saint-Père-en-Vallée-lès-Chartres, *it.* = de Saint-Pierre d'Arles, 787: = de Saint-Pierre de Châlons-ſur-Marne, *ibid.* = de Saint-Pierre-ſur-Dive, *ibid.* = de Saint-Pierre de Gand, *ibid.* = de Saint-Pierre-le-Vif de Sens, *ibid.*

—— de Saint-Rambert, 787: = de Saint-Remi de Reims, *ibid.* (IV. 347:) = de Saint-Remi de Sens, 788: = de Saint-Riquier, *ibid.*

—— de Saint-Saens, ou Sidoine, 789: = de Saint-Seine, *ibid.* = du Saint-Sépulchre de Cambray, *ibid.* = de Saint-Serge d'Angers, *ibid.* = de Saint-Sulpice de Bourges, 790, (IV. 347.)

Matières générales.

——— de Saint-Taurin d'Evreux, 790 : = de Saint-Thierry du Mont-d'Hor, proche de Reims, *ibid.* (IV. 347 :) = de Saint-Tron, *ibid.* (IV. 347.)
——— de Saint-Valery, 791 : = de Saint-Vast d'Arras, *ibid.* = de Saint-Vanne de Verdun, *ibid.* (IV. 347 :) = de Saint-Victor en Caux, 792 : = de Saint-Vigor de Bayeux, 793, (IV. 347 :) = de Saint-Victor de Marseille, 793 : = de Saint-Vincent de Besançon, *ib.* = de Saint-Vincent de Laon, *ibid.* = de Saint-Vincent du Mans, 794, (IV. 347 :) = de Saint-Vincent de Metz, *ibid.* = de Saint-Wandrille, *ibid.* (IV. 347 :) = de Saint-Vigor, 795, (*ci-devant à* 793 :) = de Saint-Vilmer, ou de Samer, *ibid.* (IV. 348 :) = (de Saint-Vivant, 795, *selon* IV. 348 :)
——— de Saint-Yriez de la Perche, 795, (IV. 348.)
——— (de Samer : *voy.* Saint-Vilmer :) = de Savigny d'Avranche, *ibid.* = de Savigny de Lyon, *ibid.* = de Sauve-Majoute, 796 : = de Selles, en Berry, *ibid.* (IV. 348 :) = de Selles, proche Dinant, *ibid.* = de Senone, *ibid.* = de Solignac, (IV. 348.) = de Souvigny, 797 : = de Stavelo, *ibid.*
——— de Tiron, 797 : = de Tournus en Bourgogne, 798 : = de Tournay en Poitiers, 799 : = de la Trinité de Vendôme, (IV. 348.)
——— du Val-des-Choux, Chef-d'Ordre, 799 : = de Vassor, *ibid.* = de Vaux, *ibid.* = de Vertou, *ibid.* de Vezelay, *ibid.* = de Villeloin, 800 : = d'Userche, *ibid.* = de Worholt, *ibid.*

Histoires de l'Ordre de Cîteaux, en France, 800, (IV. 348)

Histoires des Abbayes d'Hommes de l'Ordre de Cîteaux en France, rangées selon l'Ordre alphabétique, 805

——— de l'Abbaye d'Aldenbourg, *ibid.*
——— de Beaulieu, 806 : = de Bégar, *ibid.* = de Beuil, *ibid.* = de la Blanche, en l'Isle de Noirmoutier, *ibid.* (IV. 349 :) = de Bonlieu, 886 : = de Bonnevaux, *ibid.* = de Bonrepos, *ibid.*
——— de Cadouin, *ibid.* = de Calers, *ibid.* = de Cambron, *ibid.* = de Carnoet, *ibid.* = de Cercamp, *ibid.* = de Chaalis, 807 : = de Champagne, *ibid.* = de Charlieu, *ibid.* = de la Chassagne, *ibid.* = de Clairvaux, *ibid.* (IV. 349 :) = de Claire-Fontaine, 809 : = de Clairemaresch, *ibid.*
——— de Dunes, 809, (IV. 349.)
——— de l'Escale-Dieu, *ib.* = d'Eslan, *ibid.* = (de l'Etoile, *ibid.*)
——— de la Ferté, *ibid.* = de Feuillens, Chef de la Congrégation de ce nom, *ibid.* (IV. 349 :) = de Foigny, 810 : = de Fontaine-Jean, *ibid.* = (de Fontaines, IV. 349 :) = des Fontaines, 810.
——— de Grand-Selve, *ibid.*
——— d'Igni, *ibid.* (IV. 349.)
——— de Lieu-Croissant, *ibid.* (IV, 349 :) = de Longpont, *ibid.*
——— du Miroir, 811 : = de Morimond, *ibid.* = de Mortemer, *ibid.*
——— d'Obasine, *ibid.* = d'Olive, *ibid.* = d'Orval, *ibid.* = (d'Ourscamp, IV. 350.)
——— de Perseigne, 812 : = de Pontigny, *ib.* (IV. 350.) = de Saint-Aubin-des-Bois, 812 : = de Saint-André en Gouffern, *ibid.* = de Saint-Martin de Limoges, & de Saint-Mesmin, (ci-devant, *pag.* 782 & 784 :) de Saint-Vivant, 812, (*mal : voy. ci-devant,* 795 :) = de Salvanaife, *ibid.* = de Savigny d'Avranches, *ib.* (& *ci-devant, pag.* 795 :) = de Sept-Fonts, 813, (IV. 350 :) = de Signy, *ibid.*
——— de la Trappe, *ibid.* (IV. 350.)
——— de Valricher, 814, (IV. 350 :) = de Vaucelles, *ibid.* = de Vaux-de-Cernay, 815 : = de Villiers en Brabant, *ibid.*

Histoires des autres Ordres Religieux qui portent le nom de Moines, 815
——— de l'Ordre de Grammont, 816, (IV. 350
——— de la Congrégation des Célestins, 817, (IV. 350.)
——— de l'Ordre des Chartreux, *ibid.*

——— des Camaldules, 820, (IV. 352

Histoires des Solitaires de France, rangés selon l'ordre alphabétique, *ibid.*

Histoires des Chanoines Réguliers de France, 826, (IV. 353

Histoires des anciens Chanoines Réguliers, *ibid.*
——— de l'Abbaye d'Agaune, ou de Saint-Maurice en Valais, 826, (IV. 353.) & *ci-devant, pag.* 728 : = d'Arouais, ou Aroaise, *ibid.* = (de l'Artige, IV. 353 :) = d'Aureil, *ibid.* = de Cantimpré, 826, (IV. 353 :) = de Chalar, *ibid.* = de la Chancelade, 827 : = (de Chartreuve, IV. 353 :) = (de Châtillon-sur-Seine, *ibid.*) = de Chaumonsay, *ibid.* = de Daoulas, *ibid.* = de Gâtines, *ibid.* = de Hennin-Liétart, *ibid.* = (d'Herival, IV. 353 :) = du Mont-Saint-Eloy, *ib.* = de Saint-Antoine, Chef d'Ordre, *ibid.* (IV. 353 :) = de Saint-Aubert, 828 : = de Saint-Jean de Valenciennes, *ibid.* = de Saint-Jean-des-Vignes, *ibid.* (IV. 354 :) = de Saint-Léger de Soissons, 828, (renvoyé à 839, IV. 354 :) = de Saint-Ruf, 829 (IV. 354 :) = (de Saint-Paul de Besançon, 829, *mal, ci-après* 835, (IV. 354 :) = de Saint-Victor-lès-Paris, 829 : = de Vaux-Verd, 830.
——— de l'Abbaye de Sabloceaux, 830 : = des Chanoines Réguliers de Sainte-Croix, *ibid.* = de Saint-Sauveur en Lorraine, 831, (IV. 354 :) = de la Congrégation de Windesem, *ibid.* = de divers autres Chanoines-Réguliers, *ibid.*

Histoires de l'Ordre de Prémontré, en France, 832

Histoires de l'Abbaye de Prémontré, *ibid.* (IV. 355
——— des Abbayes de Prémontrés en Alsace, 834 : = de Beauport, *ibid.* = de Blanche-Lande, *ibid.* = de Bonne-Espérance, *ibid.* = de Chaumont, *ibid.* = (de Cuissy, IV. 355 :) = de Joyenval, 834 : = (du Mont-Saint-Martin, IV. 355 :) = de Neuf-Fontaines, *ibid.* = (d'Oigny, IV. 355 :) = du Parc, *ibid.* = du Monastère appellé *Postulanum*, *ibid.* = de Saint-André-aux-Bois, *ibid.* = de Saint-Martin de Laon, *ibid.* = de Saint-Paul de Besançon, 835, (*mal ici : voy. ci-devant* 829 :) = de Saint-Yved de Braine, *ibid.* (IV. 355 :) = de Vicogne, *ibid.*

Histoires des Chanoines-Réguliers de la Congrégation de France, 835

Histoires de l'Abbaye de Sainte-Geneviève-du-Mont, à Paris, *ibid.* (IV. 355 & 356
——— de l'Abbaye de la Couronne, 837 : = du Prieuré de la Couture Sainte-Catherine, à Paris, *ibid.* = des Abbayes de l'Esterp, 838 : (= de Foix, IV. 356 :) = de Mauléon, *ibid.* = de Notre-Dame de Meaux, *ibid.* = d'Oigny, *ibid.* = de Pébrac, *ibid.* = de Pimpont, *ibid.* = de Saint-Acheul-lès-Amiens, *ibid.* = de Saint-Chéron-lès-Chartres, *ibid.* = de Saint-Euverte d'Orléans, 839 : = de Saint-Jacques de Montfort, *ibid.* = de Saint-Jacques de Provins, *ibid.* = de Saint-Jean de Sens, *ibid.* = de Saint-Jean en Vallée, *ibid.* = de Saint-Irénée de Lyon, *ibid.* (IV. 356 :) = (de Saint-Léger de Soissons, IV. 354 :) = du Prieuré de Saint-Lô de Rouen, *ibid.* = des Abbayes de Saint-Loup de Troyes, *ibid.* = de Saint-Martin-au-Bois, dit Ruricourt, *ibid.* = de Saint-Vincent de Senlis, *ibid.* = du Val-des-Ecoliers, *ibid.*

Histoires d'autres Monastères de Chanoines-Réguliers, 840

Histoires des Religieux Mendians de France, *ibid.*
——— des Augustins, *ibid.* (IV. 356
——— des Carmes, de l'ancienne Observance, 842, (IV. 356.) — Des Carmes Déchaussés, *ibid.*
——— des Dominicains, 844, (IV. 357
——— de Franciscains, 849, = des Cordeliers, *ibid.* (IV. 318.) — Des Récollects, 851, (IV. 359.) = Des Capucins, 852, (IV. 359.) = Des Religieux du Tiers-Ordre, 853, (IV. 360

Histoires des autres Religieux de France, 853
——— de l'Ordre de Fontevrauld, *ibid.* (IV. 360
——— des Brigittains, 855
——— des Trinitaires Mathurins, 855, (IV. 360

Tome I.

——— des Pères de la Mercy, 856
——— des Servites, 857
——— des Minimes, *ibid.*
——— des Barnabites, 860
——— des Théatins, *ibid.*
——— des Frères de la Charité, 861
——— des Frères de la Mort, *ibid.*
Histoires des Jésuites, en France, (pour & contre,) 862, (IV. 361
Histoires des Religieuses de France, rangées selon la lettre alphabétique du nom de leur Ordre ou Congrégation, 891, (IV. 365
——— des Religieuses de l'Annonciade, *ibid.*
——— des Religieuses Augustines, 892, (IV. 365
——— des Religieuses Béguines, *ibid.*
——— des Religieuses Bénédictines, *ibid.*
——— de l'Abbaye d'Almaneſche, 898, (IV. 367:) = de Baume-lès-Dames, 899: = (de Bonne-ſaigne, IV. 367:) = de Château-Châlon, *ibid.* = de Chelles, *ibid.* = du Cherche-Midi, à Paris, *ibid.* = (de Coſne, IV. 368: = de Denain, *ibid.*) = d'Eſtrum, 899: = de Farmoutier, 899, (IV. 368:) = de La-Règle, à Limoges, 900, (IV. 368: = de Malnoue, *ibid.*) = de Montvilliers, 900, (IV. 368:) = de Montmartre, *ibid.* = (de la Mothe-Saint-Heray, IV. 369:) = de Notre-Dame de Lieſſe, à Paris, 901: = (de Notre-Dame de Saintes, *ibid.*) = de Notre-Dame de Soiſſons, *ibid.* = de Notre-Dame du Val-de-Gif, *ibid.* = d'Origny, 902, (IV. 369:) = du Paraclet, *ibid.* = de Saint-Amand de Rouen, *ibid.* = de Saint-Andoche d'Autun, *ibid.* = de Saint-Paul-lès-Beauvais, *ibid.*

(IV. 369:) = de Saint-Pierre de Lyon, *ibid.* = de Saint-Pierre de Reims, 903, (IV. 369:) = de Saint-Remi-lès-Landes, 903, (IV. 369
——— des Religieuses Brigittines, *ibid.*
——— des Religieuses du Calvaire, *ibid.* (IV. 369
——— des Religieuses Carmélites, *ibid.* (IV. 370
——— des Chanoineſſes, 906, (IV. 371:) = (de Remiremont, *ci-devant*, 762, & IV. 371.)
——— des Filles de la Charité, 907, (IV. 372
——— des Religieuses de Cîteaux, *ibid.* = de l'Abbaye des Clairets, 910, (IV. 372:) = de Notre-Dame du Pont-aux-Dames, *ibid.* = de Port-Royal, *ibid.*
——— des Religieuses Dominicaines, 914, (IV. 372
——— Histoires de la Congrégation des Filles de l'Enfance de Jésus, 915, (IV. 373
——— des Religieuses de Fontevrauld, 916, (IV. 373
——— des Religieuses Franciſcaines, 917, (IV. 373
——— des Religieuses Hospitalières, 919, (IV. 374
——— des Religieuses de l'Ordre des Minimes, 920, (IV. 374
——— des Religieuses de Notre-Dame, 920, (IV. 375
——— des Religieuses de la Congrégation de Notre-Dame, *ibid.*
——— des Religieuses de Notre-Dame de la Miséricorde, 911
——— des Religieuses de Notre-Dame du Refuge & du Bon-Paſteur, *ibid.* (IV. 375
——— des Religieuses de la Viſitation de Sainte-Marie, *ibid.*
——— des Religieuses Urſulines, 923, (IV. 375
——— de diverſes autres Religieuſes, 925, (IV. 377

Histoire Politique de France.

Tome II.

PRÉLIMINAIRES de l'Histoire des Rois de France, 3
1. Traités de l'origine des François, *ibid.* (IV. 378
2. Traités & Ouvrages ſur les Mœurs, Uſages & Coutumes des François; ſur la Langue Françoiſe & les Antiquités, 20, (IV. 378
3. Mélanges & Ouvrages qui traitent de pluſieurs parties de l'Histoire de France, 28, (IV. 379
4. Histoires générales, Plans, Sommaires & Abrégés de l'Histoire de France, 39, (IV. 379
5. Traités concernant la Chronologie des Rois de France, & l'établiſſement fixe des François dans les Gaules, 63, (IV. 382
6. Catalogue des Ecrivains de l'Histoire de France; Jugemens ſur les Historiens François, 70, (IV. 383
7. Collections d'Historiens contemporains, de Chroniques, & d'autres Morceaux ſervans à l'Histoire de France, 75, (IV. 384
Histoires des Rois de France, 79, (IV. 384
Histoires de ce qui s'est paſſé sous la première Race, *ibid.*
Histoires de la ſeconde Race, 97, (IV. 385
——— de Pepin, depuis 752 juſqu'en 768, *ibid.*
——— de Charlemagne, depuis 768, juſqu'en 814, 99, (IV. 385
——— de Louis-le-Débonnaire, depuis 814, juſqu'en 840, 109, (IV. 386
——— de Charles-le-Chauve, depuis 840, juſqu'en 877, 114, (IV. 386
——— des derniers Rois de la ſeconde Race, depuis Louis-le-Begue, juſqu'à la mort de Louis V. ou depuis l'an 877, juſqu'en 987, 117, (IV. 386
Histoires de ce qui s'est paſſé sous la troiſième Race, depuis l'an 987, 125

Part. I. Règnes des premiers Rois Capétiens (en ligne directe.)

Règnes de Hugues-Capet & de Robert, (depuis 987, juſqu'en 1031,) 125, (IV. 386

Règne de Henri I. (depuis l'an 1027, ou 1031, juſqu'en 1060,) 127, (IV. 386
——— de Philippe I. (depuis l'an 1059, juſqu'en 1108,) 129, (IV. 386
——— de Louis VI. ou *le Gros*, (depuis l'an 1108, juſqu'en 1137,) 135, (IV. 387
——— de Louis VII. ou *le Jeune*, (depuis l'an 1137, juſqu'en 1180,) 137, (IV. 387
——— de Philippe II. ou *Auguſte*, (depuis l'an 1180, juſqu'en 1223,) 140, (IV. 387
——— de Louis VIII. (depuis l'an 1223, juſqu'en 1226,) 149, (IV. 388
——— de S. Louis, ou IX. (depuis l'an 1226, juſqu'en 1270,) 150, (IV. 388
——— de Philippe III. dit *le Hardi*, (depuis l'an 1270, juſqu'en 1285,) 159, (IV. 388
——— de Philippe IV. dit *le Bel*, (depuis l'an 1285, juſqu'en 1314,) 160, (IV. 389
Règnes de Louis X. dit *le Hutin*, de Jean I. de Philippe V. ou *le Long*, & de Charles IV. dit *le Bel*, (depuis l'an 1314, juſqu'en 1328,) 165, (IV. 389

Part. II. Règnes de la première Branche de Valois.

Règnes de Philippe VI. ou *de Valois*, de Jean II. & de Charles V. ou *le Sage*, (depuis l'an 1328, juſqu'en 1380,) 167, (IV. 389
Règne de Charles VI. (depuis l'an 1380, juſqu'en 1422,) 172, (IV. 389
——— de Charles VII. (depuis l'an 1422, juſqu'en 1461,) 178, (IV. 390
——— de Louis XI. (depuis l'an 1461, juſqu'en 1483,) 195, (IV. 392
——— de Charles VIII. (depuis l'an 1483, juſqu'en 1498,) 201, (IV. 392

Part. III. Règnes de la ſeconde Branche de Valois, déſignée ſous le nom d'Orléans-Valois.

Règne de Louis XII. (depuis 1498, juſqu'en 1515,) 207, (IV. 393

Matières générales.

——— de François I. (depuis 1515, jufqu'en 1547,) 213, (IV. 393
——— de Henri II. (depuis 1547, jufqu'en 1559,) 227, (IV. 395
——— de François II. (depuis le 29 Juin 1559, jufqu'au 5 Décembre 1560,) 233, (IV. 396
——— de Charles IX. (depuis 1560, jufqu'en 1574,) 236, (IV. 396
——— de Henri III. (depuis 1574, jufqu'en 1589,) 271, (IV. 398

Part. IV. Règnes de la Branche de Bourbon, 328, (IV. 401

Règne de Henri IV. (depuis 1589, jufqu'en 1610,) *ibid.*
——— de Louis XIII. (depuis 1610, jufqu'en 1643,) 390, (IV. 409
——— de Louis XIV. (depuis 1643, jufqu'en 1715,) 492, (IV. 418
——— de Louis XV. (depuis 1715, jufqu'en 1774,) 612, (IV. 424

Hiftoires de la Famille Royale de France, 627, (IV. 425
Hiftoires Généalogiques des Rois de France, pour les trois Races, *ibid.*
Traités Généalogiques de la première Race, 630, (IV. 425
——— de la feconde Race, 632, (IV. 425
——— de la troifième Race, 635, (IV. 425
Hiftoires des Reines de France, 644, (IV. 426
Hiftoires des Princes & Princeffes iffus de la Famille Royale de France, 657, (IV. 428
Traités des Fils & Filles de France, & de leurs Apanages, *ibid.*
Hiftoires & Généalogies des Princes & Princeffes du Sang de la première Race des Rois de France, 659, (IV. 428
Hiftoires & Généalogies des Princes & Princeffes de la feconde Race, 660, (IV. 428
Hiftoires & Généalogies des Princes & Princeffes de la troifième Race, 661, (IV. 428
= Enfant de Hugues-Capet, 661
= Enfans du Roi Robert, *ibid.*
Anciens Ducs de Bourgogne, defcendus du Roi Robert, en 1032, 661, (IV. 428
Rois de Portugal, iffus du Roi Robert, par les anciens Ducs de Bourgogne, 662, (IV. 428
= Enfans de Henri I. 662
= Enfans de Louis VI. Comtes de Dreux, iffus de Robert de France, cinquième fils de Louis VI. en 1147, *ibid.*
Ducs de Bretagne, iffus de Louis VI. par les Comtes de Dreux, 663, (IV. 428
Seigneurs de Courtenay, iffus de Pierre de France, feptième fils de Louis VI. *ibid.*
= Enfant de Louis VII. 665
= Enfans de Louis VIII. *ibid.*
Rois de Sicile, de la Branche des Comtes d'Anjou, iffus de Charles, dernier fils de Louis VIII. *ibid.*
Comtes d'Artois, iffus de Robert, fils de Louis VIII. 667
Comtes de Toulouse, dont Alphonfe de France fut le dernier, 667, (IV. 429
Isabelle de France, Fille de Louis VIII. *ibid.*
= Enfans de S. Louis, IXᵉ du nom, *ibid.*
Comtes de Clermont (&) Maifon de Bourbon, (renvoyée plus bas.)
= Enfans de Philippe III. dit *le Hardi* : Comtes d'Evreux & Rois de Navarre, iffus de Louis de France, fils puîné de Philippe III. 668
Comtes & Ducs d'Alençon, iffus de Charles II. de Valois, petit-fils de Philippe III. 668, (IV. 429
= Enfans de Philippe VI. dit *de Valois* : Ducs d'Orléans, 669
= Enfans du Roi Jean : Ducs d'Anjou, Rois de Sicile, iffus de Louis fon fecond fils, 669, (IV. 429

Ducs de Berry, depuis Jean, troifième fils du Roi Jean, 670
Ducs de Bourgogne, iffus de Philippe, quatrième fils, 670, (IV. 429
= de Charles V. Ducs d'Orléans, iffus de Louis fon fecond fils, defquels defcendoit le Roi Louis XII. 674, (IV. 429
Première Branche des Ducs d'Orléans, Comtes d'Angoulême, defquels defcendirent les Rois depuis François I. jufqu'à Henri III. 675, (IV. 429
Seconde Branche des Ducs d'Orléans, Ducs de Longueville, 677, (IV. 430
Troifième Branche, Marquis de Rothelin, iffus des Ducs de Longueville, 679
= Fille de Charles VI. *ibid.*
= Enfans de Charles VII. 679, (IV. 430
= Fils de Louis XI. *ibid.*
= Enfans de François I. & de Henri II. (IV. 430
Sixième fils de S. Louis : Ducs de Bourbon, iffus de Robert, Comte de Clermont, 679, (IV. 430
Première Branche de Bourbon : Comtes de Montpenfier, 680, (IV. 430
Seconde Branche : Comtes de la Marche, 681
Troifième Branche, Comtes de Vendôme, *ibid.*
= Enfans de Henri IV. 682, (IV. 430
Ducs d'Orléans, *ibid.*
Filles du Roi Henri IV. 683, (IV. 430
Ducs de Vendôme, iffus du (même) Roi, 684
Autre fils naturel du Roi Henri IV. 686
= Enfans de Louis XIII. Ducs d'Orléans, *ibid.* (IV. 430
= Enfans de Louis XIV. Louis Dauphin fon fils, Louis, Duc de Bourgogne, &c. 687, (IV. 431
Rois d'Efpagne, iffus de Louis XIV. 689, (IV. 431
Princes Légitimés, fils de Louis XIV. *ibid.*
= Enfans de Louis XV. 690, (IV. 432
= Enfans de Charles de Bourbon, Duc de Vendôme, aïeul du Roi Henri IV. Quatrième Branche de Bourbon, Princes de Condé, 692, (IV. 432
Cinquième Branche : Princes de Conti, 695, (IV. 432
Sixième Branche : Comtes de Soiffons, 696
Septième Branche : Ducs de Montpenfier, 696, (IV. 433
Autres Branches de Bourbon, Seigneurs de Carency, &c. 697
Généalogies des Princes Etrangers prétendus iffus du Sang de France, *ibid.*
Obfervation fur les différentes Branches de la Maifon Royale (troifième Race.) 701, (IV. 433
Cérémoniaux ou Recueils des Cérémonies de France, 702, (IV. 433
Traités des Sacres des Rois & Reines de France, & du Couronnement de quelques Ducs, grands Vaffaux, 703, (IV. 433
Relations des Entrées folemnelles des Rois de France, des Reines, des Seigneurs & Dames : Fêtes & Réjouiffances publiques, 712, (IV. 433
Difcours de plufieurs autres Cérémonies faites du vivant des Rois : Mariages, Baptêmes, Lits de Juftice, Proceffions, Entrevues, Formulaires, Rangs & Séances, 732, (IV. 435
Defcriptions des Pompes funèbres des Rois, Reines, Princes & Princeffes de France, 737, (IV. 436
Traités politiques concernant les Rois & le Royaume de France, 742, (IV. 436
1. Traités des Prérogatives & Prééminences des Rois de France, de leurs Palais & de leurs Armoiries, *ibid.*
2. Ouvrages fur le Gouvernement de l'Etat, 758, (IV. 438
= Traités & Actes des Régences du Royaume & de la Majorité des Rois de France, 781
= Traités des Procès-verbaux des Etats Généraux du Royaume, & des Affemblées des Notables, 789
3. Recueils des Loix du Royaume, 795, (IV. 438
4. Traités & Titres des Domaines du Roi, 803, (IV.

TOME II.

5. Traités concernant les Finances du Roi, 819, (IV. 450
6. Ouvrages sur le Commerce & la Marine de France, 829, (IV. 450
7. Contrats de Mariage & Testamens des Rois, &c. 837, (IV. 451
8. Ouvrages sur le Droit de Succession à la Couronne, 844, (IV. 451
9. Traités sur les Alliances politiques de la France, 856, (IV. 451
10. Ouvrages par rapport aux Droits de la Couronne de France sur plusieurs Etats voisins, 866, (IV. 451

TOME III.

Suite de l'Histoire Politique de France.

ACTES publics, Chartres, Traités de Paix, &c. Lettres & autres Pièces politiques concernant l'Histoire de France, 1
1. Traités de Paix, de Trève, de Neutralité, de Confédération, d'Alliance & de Commerce, 2, (IV. 453
2. Recueils de Diplomatique, de Chartres & de Cartulaires, 20, (IV. 453
3. Lettres historiques, Mémoires d'Etat, Dépêches, Ambassades, Négociations, Entrevues, Conférences, & autres Recueils de Pièces politiques servant à l'Histoire de France, (& rangés suivant les différens Règnes,) 33, (IV. 455

Traités des Offices & Dignités du Royaume en général, de la Pairie & des Pairs, 127, (IV. 457
Histoires des Grands-Officiers de la Couronne, 136, (IV. 458
= Traités généraux concernant ces Officiers, ibid.
= Recueils de Vies des Princes & Seigneurs de la Cour de France, Ministres & Hommes illustres dans les Emplois Militaires & autres, 137, (IV. 458
= Traités & Histoires des Maîres du Palais, 143
= Histoires des Grands Sénéchaux de France, ibid.
——— des Connétables, 144, (IV. 459
——— des Chanceliers & Gardes des Sceaux de France, 148, (IV. 459
——— des Maréchaux de France, 153, (IV. 460
——— des Amiraux, 162, (IV. 461
——— des Généraux des Galères de France, 166, (IV. 461
——— des Grands-Maîtres des Arbalestriers, 166
——— des Grands-Maîtres d'Artillerie de France, 167
——— des Porte-Oriflammes, ibid.
——— des Colonels Généraux de l'Infanterie Françoise, 168
= Histoires des Officiers de Guerre qui ne sont point parvenus jusqu'aux premières Charges de la Couronne, 169, (IV. 461
= Traités concernant la Guerre & la Milice Françoise, 184

Histoires des Grands Officiers de la Maison du Roi, 191, (IV. 465
——— des Grands-Aumôniers de France, ibid.
——— des Grands-Maîtres de la Maison du Roi, 195, (IV. 465
——— des Grands-Chambriers de France, 197
——— des Grands-Chambellans, 198, (IV. 465
——— des Grands Ecuyers, 199
——— des Grands-Bouteillers, ibid.
——— des Grands-Pannetiers, 200, (IV. 465
——— des Grands-Veneurs, ibid.
——— des Grands-Fauconniers, ibid.
——— des Grands-Louvetiers, ibid.
——— des Grands-Queux, ibid.
——— des Grands-Maîtres des Eaux & Forêts, 201
= Traités des Officiers Commensaux de la Maison du Roi, & des Princes, 201, (IV. 465

Traités des Conseils du Roi & Histoires des Ministres, Secrétaires d'Etat, Maîtres des Requêtes, &c. 202, (IV. 465
Traités concernant le Grand-Conseil, 227, (IV. 467
Traité des grandes Magistratures en général, 229
——— de la grande Chancellerie, 230, (IV. 468
Traités & Histoires des Parlemens de France, 231, (IV. 468
= Registres secrets du Conseil du Parlement de Paris, & Pièces relatives, 255, (IV. 474
= Remontrances des Parlemens, & autres Cours Souveraines, 259, (IV. 474
= Procès criminels de lèze-Majesté, & autres extraordinaires, jugés au Parlement de Paris, dans les autres Parlemens, &c. 277, (IV. 474
Histoires des Chambres des Comptes de France, & Vies de quelques-uns de leurs Officiers, 287, (IV. 475
Histoires des Cours des Aides & Elections, avec les Vies de quelques-uns de leurs Officiers, 293, (IV. 475
Histoires & Traités des Monnoies, Poids & Mesures; des Cours des Monnoies de France, & Vies de quelques-uns de leurs Officiers, 294, (IV. 476
Traités des Prévôts de l'Hôtel, des Trésoriers de France, de la Connétablie & Maréchaussée, du Châtelet de Paris & des Bailliages, ou des Jurisdictions inférieures, 302, (IV. 476

Histoire Civile de France.

HISTOIRES des Provinces de France, 309, (IV. 477
Section I. Histoires des douze anciens Gouvernemens, ibid.
Histoires du Gouvernement de Picardie, ibid.
——— du Gouvernement de Champagne, 316, (IV. 477
——— du Gouvernement de l'Isle de France, & de celui de Paris, 333, (IV. 479
= Traités & Histoires de Paris, ibid.
= Traités, Histoires, Statuts & Réglemens des Corps des Marchands, & des Arts & Métiers de la Ville de Paris, 348, (IV. 480
Histoires des différentes Villes & autres lieux de l'Isle-de-France, propre, 356, (IV. 482
Du Valois, 356, (IV. 481, = du Soissonnois, 361, (IV. 481, = du Laonnois, 363, = du Noyonnois, 362, 482, = du Beauvaisis,

Histoires du Gouvernement de Normandie, (où se trouvent celles d'Angleterre,) 367, (IV. 482
——— du Gouvernement de Bretagne, 398, (IV. 483
——— du (grand & ancien) Gouvernement général de l'Orléanois, 411, (IV. 484
Ou, Histoires du Maine, ibid. = du Perche, 412, (IV. 484, = de la Beauce, 413, (IV. 484, = du Gâtinois, 414, (IV. 484, = du Nivernois, 415, (IV. 484, = de l'Orléanois propre, 416, (IV. 484, = du Blésois, 420, (IV. 485, = du Dunois, 421, (IV. 485, = de la Touraine, ibid. = d'Anjou, 423, (IV. 485, = du Poitou, 426, (IV. 485, = de l'Aunis, 429, (IV. 485, = de l'Angoumois, 432, = du Berry, 433, (IV. 486
——— du Gouvernement, (des anciens Royaumes & du Duché) de Bourgogne, 437, (IV. 486
= Histoires de la Bresse, du Bugey & du Pays de Gex, 455, (IV. 489
——— de

Matières générales.

——— de Dombes. 458
= Inventaire sommaire de Manuscrits & Pièces détachées, concernant l'Histoire de la Province de Bourgogne. 460, (IV. 489
Histoire de l'ancien Gouvernement Lyonnois. 493, (IV. 489
Ou, du Lyonnois propre, *ibid.* = du Forez, 499, du Beaujolois, *ibid.* (& IV. 490.
De l'Auvergne, 500, (IV. 490, = du Bourbonnois, 503, (IV. 490, = de la Marche, 504.
Histoires du Gouvernement général de Guyenne & Gascogne, 504, (IV. 490
Ou, de la Guyenne propre & du Bourdelois, 507, (IV. 490, = de la Saintonge, 510, = du Périgord, 511, = de l'Agenois, *ibid.* (& IV. 491, = du Limosin, 512, (IV. 491, = du Quercy, 513, (IV. 491 = du Rouergue, 514, = de Gascogne, *ibid.* = de Béarn & de Navarre, 516, (IV. 91 & 92
Histoires du Gouvernement de Languedoc, 518 (IV. 492
= du Comté de Foix, 537, (IV. 494
Histoires du Dauphiné, 538, (IV. 494
= du Marquisat de Saluces, 544, (IV. 494
Histoires de Provence, 545, (IV. 494
= d'Orange, ci-devant Principauté, 565, (IV. 496
= d'Avignon & du Comté-Vénaissin, 567, (IV. 497
Section II. Histoires des Provinces réunies à la Couronne par les derniers Rois, 570 (IV. 498
Histoires du Roussillon, & du Comté de Barcelone qui dépendoit autrefois de la France, *ibid.*
——— du Comté de Bourgogne, ou de la Franche-Comté, 572, (IV. 498
——— d'Alsace, 586, (IV. 501
——— de la Province des Trois Evêchés, Metz, Toul & Verdun, & des Pays annexés, 591, (IV. 502
——— de la Lorraine & du Barrois, avec celles de leurs Ducs, 595, (IV. 503
——— des Pays-Bas François, 604, (IV. 503
= de l'Artois, *ibid.* = de la Flandre Françoise, 607, (IV. 504, = du Cambrésis, 609, (IV. 504, = du Hainaut François, 611, IV. 504.
Histoires des Pays qui appartenoient à l'ancienne Gaule, & qui ne sont plus du Royaume de France, 614, (IV. 504
Histoires du Pays des Suisses & de leurs Alliés ; de l'Evêque de Basle, de la Principauté de Neuchâtel, & de l'Etat de Genève, *ibid.*
Histoires des Electorats Ecclésiastiques, Mayence, Cologne, Trèves, des Evêchés de Spire, de Worms & de Liège, du Palatinat en-deçà du Rhin, & des Duchés de Juliers & de Clèves, 621, (IV. 505
Histoires des Provinces des Pays-Bas, 626, (IV. 507
Histoires générales, *ibid.* = de l'Artois, *(qui se trouve ci-devant, page* 604.) = du Comté de Flandre, 632, (IV. 507, = du Comté de Hainaut, 639, (IV. 508, = du Comté de Namur, & des Duchés de Limbourg & de Luxembourg, 641, (IV. 508, du Duché de Brabant, (du Marquisat d'Anvers, de la Seigneurie de Malines, & du haut Quartier de Gueldres.) 643, (IV. 508.
Histoire des Provinces-Unies. 647, (IV. 509
Histoires des Colonies Françoises, formées en Amérique, en Afrique & en Asie, avec ce qui regarde la nouvelle possession de l'Isle de Corse, 654, (IV. 509
= des Colonies Françoises en Amérique, *ibid.*
= des Colonies Françoises en Afrique & dans les Indes Orientales, 668, (IV. 509
= de l'Isle de Corse, sous la Domination Françoise. 671, (IV. 509
Histoires de la Noblesse de France & de ses Familles illustres, 672, (IV. 509
Préliminaires de ces Histoires, *ibid.* = Traités de la Noblesse, des Fiefs, du Franc-Alleu, du Ban & Arrière-Ban, *ibid.* = des Armoiries & des Blazons des Familles illustres de France, 680, (IV. 510, = Armoriaux ou Recueils des Armoiries des Familles de France, 684, (IV. 510 = Traités des Hérauts d'Armes, des Duels, des Chevaleries & des Tournois, 689, (IV. 510.
Histoire des Ordres militaires & de Chevalerie de France, 695, (IV. 510, = de ces Ordres de Chevalerie en général, *ibid.* = Ordre des Hospitaliers de S. Jean de Jérusalem, dits ensuite de Rhodes, & à présent de Malthe, (établi en 1048.) 696, (IV. 510, = Ordre des Templiers, (l'an 1118.) 700. = Ordre du Mont-Carmel & de Saint Lazare, 702, (IV. 511, = Ordre du S. Esprit de Montpellier, 703, (IV. 512, = Ordre de la Toison d'Or, (institué en 1429.) 704, (IV. 512, = Ordre du Croissant, ou d'Anjou, (établi en 1448.) 706, = Ordre de S. Michel, (institué en 1469) 707, = Ordre du Saint-Esprit, (établi en 1578, *ibid.* = Ordre de S. Louis, (institué en 1693.) 711, = Ordre du Mérite Militaire, (en 1759.) 712, = De quelques Ordres de Chevalerie qui n'ont pas eu de suite. *ibid.*
Généalogies des Familles illustres de France, 712 (*) (IV. 513

(*) *A la fin de ce Tome III, on trouve des Mémoires historiques sur plusieurs Historiens modernes de France, au nombre de XLIV.*

Tome III.

Histoire Littéraire de France.

Histoires Littéraires générales de la France, & Histoires des anciennes Académies & Ecoles, où l'on voit le progrès des Sciences, 3, (& 518
Histoires des Universités de France, 7, (& 518
= Histoires & Traités concernant l'Université de Paris, ses Colléges. &c. *ibid.* = des Universités de Province, 40, (& 520, = Pièces concernant les Colléges de Province qui ne dépendent point des Universités, 47, (& 522.
Histoires des nouvelles Académies, 57, (& 522
= Académies de Paris ; Académie Françoise, *ibid.* = Académie des Inscriptions & Belles-Lettres, (& 522, = Académie des Sciences, 65, (& 522, = Académie de Peinture & de Sculpture, 69, = Académie d'Architecture, *ibid.* = Académie de Chirurgie, 69, = Société d'Agriculture, *ibid.* = De quelques Académies particulières, qui n'ont pas eu de suite, *ibid.*
= Histoires des Académies de Provinces, par ordre alphabétique, 70, (& 522
Recueils généraux & particuliers d'Histoires, Vies & Eloges des François qui se sont distingués, soit dans les Sciences & Arts libéraux, soit dans les Beaux-Arts, 75, (& 523
= Recueils généraux. *ibid.*
= Recueils d'éloges, &c. concernant les Hommes illustres dans les Sciences & Arts de diverses Provinces & Villes, 79, (& 52

Tome IV.

Tome V.

	Vies des Théologiens François, 86, (& 525	Hiſtoires des François qui ont cultivé la Poéſie, 171; (& 531
Tome IV.	Hiſtoires des Juriſconſultes François, qui ſe ſont diſtingués dans le Droit Civil & dans le Droit Canon, 92, (& 525	Vies des Muſiciens François, 192, (& 533
	Vies des Médecins François, & autres qui ont cultivé diverſes parties de la Médecine; ſavoir l'Anatomie, la Chirurgie, la Chimie, la Botanique, 104 (& 526	Hiſtoires des Théâtres & Spectacles de France, 194, (& 533
		Vies des Architectes François, 196, (& 533
	Hiſtoires des François Philoſophes & Mathématiciens, 121, (& 527	Hiſtoires des Peintres, Sculpteurs & Graveurs François, 197, (& 533
	Vies des Hiſtoriens & Antiquaires François, Géographes, Voyageurs, &c. 133, (& 528	Vies des François renommés dans les autres Arts, Imprimerie, Orfévrerie, &c. 202, (& 533
	Vies des Orateurs & Philologues François, 156, (& 530	Vies & Eloges des Dames illuſtres, Savantes & autres, de France, 206, (& 534

Après le Supplément *des IV Tomes, on trouve, à la fin du Volume,* les Tables & Liſtes *ſuivantes :*

I. Table générale du Recueil de Titres concernant l'Hiſtoire de France, tirés, tant des anciens Manuſcrits que des Mémoires originaux & Piéces fugitives du tems, par M. Gaſpard-Moyſe de Fontanieu, Conſeiller d'État ordinaire. (Recueil conſervé à la Bibliothèque du Roi, *in*-4°. 841 Porte-feuilles.) 3

II. Détail d'un Recueil d'Eſtampes, Deſſins, &c. repréſentans une Suite des événemens de l'Hiſtoire de France, à commencer depuis les Gaulois, juſques & compris le Règne de Louis XV. (Recueil formé par M. Fevret de Fontette, & aujourd'hui dans la Bibliothèque du Roi.) 11

III. Table générale du Recueil de Portraits des Rois & Reines de France, des Princes, Princeſſes, Seigneurs & Dames, & des perſonnes de toutes ſortes de Profeſſions, deſſinés à la main, ou peints en miniature, & pris ſur des Monumens qui font connoître les différens Habillemens de chaque Regne : (Recueil fait par les ſoins de M. de Gaignières, & conſervé à la Bibliothèque du Roi.) 110.

IV. Liſte alphabétique de Portraits (gravés, & quelques-uns en Deſſin,) des François & Françoiſes illuſtres. 134-285. (*Il y a, à la fin, quelques Additions, & dans ce Tome V.*)

II.

TABLE GÉOGRAPHIQUE

Des Provinces, Villes, Abbayes ou Monastères, & autres Lieux, sur lesquelles il y a quelques Histoires ou Traités dans la Bibliothèque Historique de la France.

[Les Chiffres marquent ici le Tome & les Numéros. Ce signe = indique le même Tome désigné précédemment ; — signifie *jusqu'à*. Les articles du *Supplément* (qui forme la Section II du Tome IV.) sont marqués par IV. S. quand ils ont rapport aux chiffres précédens : autrement, l'on y joint les Numéros particuliers, qui sont accompagnés d'une * ; *Add.* indiquent les *Additions* qui sont dans ce Tome V.]

A

ABBEVILLE, en Picardie :
Antiquité prétendue, I. 241, 42.
Eaux minérales, = 2888, 89.
Pièces d'Hist. Eccl. = 5467, 68.
Entrée de la Reine, en 1514, II. 2165.
Hist. Civiles, III. 34187, 95.
Ecoles de Philosophie & Théol. IV. *pag.* 56.
Ses Ecrivains, = 45659.
Sa Coutume, IV. *S. pag.* 443.

ABECOURT, en Noyonnois :
Ses Eaux minérales, I. 2890.

ABIOLICA, en Franche-Comté :
Son emplacement, I. 194, III. 38455.

ABUCINUS PORTUS, en Franche-Comté :
Sa situation, I. 186.

ACADIE, partie du Canada :
Voyage en ce Pays, III. 39659, &c.
Ses limites, = 31167, 69, (IV. S.) 39729-32.

ACCY, Abb. Dioc. de Besançon :
Son Cartulaire, III. 29616.

ACQS, ou DAX, en Gascogne :
Cartes de son Evêché, I. 1054 & 55.
Carte de son Présidial, = 1375.
Ses Eaux minérales, = 288593-96.
Hist. de ses Evêques, = 8087, 88, IV. S.
Son Collége, (de Dax) IV. *page* 56.

ADOUR, riv. de Gascogne :
Description de son cours, I. 855.
On y prend un Cachalot, = 3610.

AFFLIGHEM, Abb. Dioc. de Malines :
Ses Histoires, I. 11653-55.

AFRIQUE :
Histoire des Colonies Françoises en cette Partie du Monde, III. 39788-97.

AGAUNE, Ab. en Valais (Suisse) :
Ses Conciles, I. 6309, & 10.
Ses Hist. 11656, 57, (& IV. S.) 13413, 14, & IV. S.

AGDE, en Languedoc :
Carte de son Diocèse, I. 1000.
Ses Conciles, = 6307, & 8.
Hist. de ses Evêques, = 9193, 94.
Mém. sur cette Ville, III. 37753.
Ses anc. Vicomtes, = 37817.

AGEN, en Guyenne :
Carte de son Diocèse, I. 1001.
Pouillés de ses Bénéfices, = 1242-45.

Hist. de l'Eglise Collégiale, = 5123.
Ses Statuts Synodaux, = 6311-12.
Hist. de ses Evêques, = 8265-76, & IV. S.
Anc. Titres, II. 29687, & 29718.
Ses Antiq. & Hist. Civile, III. 37583-86, & IV. S.
Son Collége, 45311, 12.
Ecoles de Phil. & Théol. *pag.* 56.
Sa Coutume, IV. S. *pag.* 443.

AGENOIS, en Guyenne :
Hist. de ce Pays, III. 37583-89.

AGNADEL, Village du Milanès :
Hist. de sa Bataille, 1509, II. 17442-46.

AGOUSTA, en Sicile :
Sa prise, (en 1675.) II. 24084.

AIGLE (l') en Normandie :
Ses Eaux minérales, I. 2897.
Hist. de cette Ville, III. 35313.

AIGUES-MORTES, en Languedoc :
Entrev. de François I. & de Charles-Quint, II. 17568, & 75, 26590, 29971.
Origine de cette Ville, III. 37893.
Sa Coutume, IV. S. *pag.* 443.
Disc. sur le Gouverneur, IV. S. 17568*.

AIGUILLON, en Agénois :
Carte de ce Duché, I. 1313.
Son Histoire, III. 37587.

AINDRE, Abb. en Bretagne :
Son Hist. I. 11658-61, & IV. S.

AIRE, en Artois :
Son Plan, I. 1314.
Div. Sièges & Prises, II. 21050, & *suiv.* 14099, 24453, 54.
Ses Histoires, III. 39000, 39003-5, & IV. S.
Son Collége, IV. 45313.
Sa Coutume, &c. IV. S. *pag.* 443.

AIRE, en Gascogne :
Cartes de son Diocèse, I. 1002-4.
Ses Statuts Synodaux, = 6314.
Hist. de ses Evêques, = 8102.

AIRY, Dioc. d'Auxerre :
Son Concile, I. 6315.

AISNAY, Abb. près de Lion :
Son Hist. I. 11671, & 72.

AISNE, Rivière :
Carte de son Cours, I. 740.

AIX, Capitale de Provence :
Plan de cette Ville, I. 1315.

B 2

Carte de sa Généralité, I. 1316.
Piéces sur son Histoire naturelle, = 1815 & 16, 2488,
  2911 – 19, 30303.
Ses Conc. & Stat. Synod. = 6337-39, IV. S.
Piéc. d'Hist. Eccl. = 5508 – 5516, IV. S.
Hist. de ses Archev. = 7851 – 70.
Div. Entrées, II. 26351, 26394.
Hist. du Parlement, I. 14484 – 509, III. 3177 – 203,
  (IV. S.) 33310, & *suiv.* Add.
Chambre des Comptes, &c. III. 33824.
Hist. de cette Ville, = 38135 – 52.
Son Université, II. 26485, IV. 45142 – 49, &
  pag. 56.
Ses Ecrivains, = 45660.
Sa Coutume, IV. S. *pag.* 443.

A I X, Isle près de l'Aunis :
Sa Carte, I. 1578.
Tentative des Anglois, II. 24762.

A I X - L A - C H A P E L L E, au Duché de Juliers :
Eaux minérales, I. 1898 – 1910.
Conciles, = 6340, 41.
Traité de Paix, en 1748, = 29203.
Ses Histoires, III. 39250, 51.

A L A I S, en Languedoc :
Piéces sur son Histoire nat. I. 2729, & 72, 1829,
  IV. S. 2729*.
Ses Eaux minérales, = 1920, & 21.
Assemblée des Calvin. = 5919.
Ordon. Synod. IV. S. 6315*.
Hist. de ses Evêques, I. 9259 – 62.
Mém. sur son antiq. IV. S. 37894*.
Ses Comtes & Barons, III. 37895, 96.

A L A U N A, Ville Gauloise :
Anc. Voie, à Tours, I. 367.

A L B E, en Italie :
Sa prise, (en 1617) II. 20533.

A L B E R T, en Picardie :
Ses Pétrifications, I. 2801 – 3.

A L B I, en Languedoc :
Cartes du Diocèse, I. 1005, 6.
Pouillé de ce Dioc. = 1246.
Hist. des Hérétiq. Albigeois, = 5739. & *suiv.*
Conc. & Stat. Syn. = 6316 – 19.
Hist. de ses Archev. = 7911 – 21.
Anc. Titres, III. 29687, 29718.
Ecoles de Ph. & Th. IV. *pag.* 56.

A L B I A C, en Rouergue :
Sa prise, (en 1621) II. 21033.

A L B I C E S & A L B I C É R I E N S, anc. Peuples de Provence, I. 187.

A L B I G E O I S, Pays de Languedoc :
Projet de Navigation, I. 914-920.
Sa Coutume, IV. S. *pag.* 443.

A L B I G N Y, en Lyonnois :
Sa Seigneurie, I. 2278.

A L B R E T, en Gascogne :
Carte de ce Duché, I. 1317.
Etat de ses Terres, &c. II. 27720, 21.
Ses Titres, = 27852.
Ses Seigneurs ou Sires, III. 37650.
Ses Ducs, = 37651.

A L D E N B O U R G, Ab. en Flandre :
Ses Histoires, I. 13017 – 19.

A L D U C S (les), Montagnes entre la Navarre Esp.
  & la Navarre Françoise.
Dispute sur leurs pâturages, II. 27900.

A L E N Ç O N, en Normandie.
Carte de sa Généralité, I. 1714.
Piéc. d'Hist. Eccl. IV. S. 5432*.
Sa prise, (en 1589) II. 18997.
Ses Hist. III. 35295-310, (IV.S.) 35304* & *suiv.*
Ses Généalogies, III. 40598, 40741.
Son Collège, IV. 45314.

Sa Coutume, IV. S. *pag.* 443.

A L E S I A, ou *A L E X I A* :
Dissert. à son sujet, I. 173 – 78.
Son Siége, par César, 3894.

A L E T, en Languedoc :
Carte du Diocèse, I. 1007.
Piéc. d'Hist. Eccl. = 5367, 68, IV. S.
Ses Stat. Synod. = 6320, 21.
Régale de ce Dioc. = 7619.
Hist. des Evêq. = 9248 – 51, IV. S.

A L E T H, auj. S A I N T - M A L O :
Son antiquité, III. 35478.

A L E X A N D R I E, en Milanès :
Son Siége, II. 23814.

A L I N C O U R T, près d'Abbeville.
Observ. sur ses Eaux, IV. S. 3582*.

A L I Z E, en Bourgogne :
Son Hôpital de Sainte-Reine, I. 5014.

A L L E M A G N E,
Traités avec ses Princes, &c. III. 29205 – 252.
Cout. de ses Terres, près des Vosges, IV. S. *pag.* 443.

A L L E R S H E I M, en Allemagne :
Bataille, (en 1645) II. 22223, 24.

A L L E U R S (les) Prieuré :
Titres originaux, III. 29555.

A L L E U X (les) près d'Avalon :
Ancien Camp Romain, &c. I. 74 & 75.

A L L O I S (les), en Limosin :
Hist. de cette Abbaye, I. 14858.

A L L U Y E, dans le Perche :
Sa Coutume, IV. S. *pag.* 443.

A L M A N E S C H E, en Normandie :
Histoires de cette Abb. I. 14850 – 57.

A L M A N Z A, en Espagne.
Bataille (en 1707.) II. 24445.

A L O S T, en Flandre :
Sa Coutume, IV. S. *pag.* 443.

A L P E S, Montagnes entre la France & l'Italie :
Carte, I. 1930.
Passages de ces Monts, = 139, 2282, & 3. IV. S.
Voyages physiques, = 2448.
Leurs Plantes, = 3304.

A L P E S M A R I T I M E S :
Province de l'ancienne Gaule, dont Nice étoit : droits
  du Roi à ce sujet, III. 38271, 72.

A L S A C E :
Cartes de l'ancienne Alsace, I. 55.
Voies Romaines, &c. = 63, 156, 57.
Carte sous les premiers François, = 407.
Son explication, = 474.
Cartes modernes, = 1318 – 56, IV. S.
Description de cette Province, = 2168 – 79.
Voyage Littéraire. = 2331, & 42.
Son Hist. nat. = 2382, 83.
Piéces d'Hist. nat. = 2667, 68, 2757 & 58. 2771,
  2922, 23. 3305, & 6.
Vies des Saints de ce Pays, 4240.
Piéc. d'Hist. Eccl. = 9113, & *suiv.* Voyez S T R A S B O U R G
  & B A S L E.
Réd. de ses Villes, II. 21812, & *suiv.*
Ses Formules anciennes, = 27598.
Domaine, = 27722 – 32, & 27884.
Droit de Fiefs & priv. de sa Noblesse, III. 39961, 62.
Ses Hist. = 38694 – 748, & IV. S. 38694* – 56***.
Ses Généalogies, = 40599.
Ses Collèges, IV. 45315.
Ses Coutumes ou Réglemens, IV. S. *pag.* 443.

A M A G E T O B R I A :
Quel est ce lieu, I. 188.

A M A N S (les deux) à Rouen :
Hist. de ce Prieuré, I. 13658.

AMANSUS PAGUS:
Situation de ce Pays de Franche-Comté, I. 495.

AMBAR, en Alsace:
Sa Prise, (en 1634) II. 21813.

AMBOISE, en Touraine:
Conjuration, II. 17760 – 62.
Pacification des Troubles, 17932.
Hist. de cette Ville, III. 35662, 65 – 71.
Institution de l'Ordre de S. Michel, = 40447.
Piéces sur son Bailliage, IV. S. 35662*.
Ses Coutumes, IV. S. pag. 443.

AMBRONS, Peuple Gaulois:
Leur Histoire, I. 189, 90. 3911.

AMÉRIQUE:
Cartes des Col. Fr. I. 1452 – 59, 1539, 1584, 86 – 91.
Piéces d'Hist. nat. = 2384, 2419, 3307 – 11. 3327 – 29. IV. S.
Hist. des Col. Franç. III. 39629 – 787, IV. S.

AMERSFORT, aux Provinces-Unies:
Son Hist. & Description, III. 39565, & 66.

AMIENS, Cap. de la Picardie:
Son anc. emplacement, I. 191.
Cartes de son Diocése, 1008.
Son Pouillé, = 1270, & IV. S. 1271***.
Cartes de sa Généralité, = 1337, 38, 1811.
Plans de cette Ville, 1339.
Cartes de sa Vidamie, = 1364.
Piéces d'Hist. nat. = 2849, 3380.
Piéces d'Hist. Eccl. = 5457 – 66.
Ses Stat. Synod. = 6322 – 24.
Hist. des Evêq. = 9690 – 727. IV. S.
Prises de cette Ville, II. 19691 – 94, IV. S.
Entrée de la Reine d'Angleterre, = 26364.
Du Vidame d'Amiens, III. 31323.
Ses Anc. & Hist. = 34148 – 64.
Ses Maisons illustres, = 40600. 40766. IV. S.
Collége, IV. 45316, 17.
Ecol. de Ph. & Théol. = pag. 56.
Académie, = 45547, 48.
Ses Coutumes, IV. S. pag. 443.

AMMERIN, en Flandre:
Sa Coutume, IV. S. pag. 443.

AMOGNES, ancien Canton:
Dans le Nivernois, I. 495.

AMSTERDAM, en Hollande:
Ses Hist. III. 39605 – 611. & IV. S.

ANAPES, en Flandre:
Sa Coutume, IV. S. pag. 443.

ANCHIN, Abb. Dioc. d'Arras:
Ses Hist. I. 11662 – 64.

ANDAYE, Riviere:
Voyez BIDASSO.

ANDELOT, en Champagne:
Concile, I. 6330.

ANDELY, en Normandie:
Sa Coutume, IV. S. pag. 443.

ANDERNE, Abb. en Artois:
Son Hist. I. 11673 – 75.

ANDIGASTE, près l'Alsace:
Ses Eaux minérales, I. 2886.

ANDRES, en Picardie:
Dispute sur cette Baronie, IV. S. 34303*.

ANET, Election de Dreux:
Recherches sur cette Terre, IV. S. 34836*.

ANET, Election de Meaux:
Poëme sur son Château, I. 34837.

ANGERS, Cap. de l'Anjou:
Cartes de son Diocése, 1009, & 10.
Pouillé de ses Bénéfices, = 1283.
Plan de la Ville, IV. S. 1339*.
Ses Carrières d'Ardoises, I. 2715 – 17.
Prodiges vus, IV. S. 3709*.
Piéces d'Hist. Eccl. I. 4927 – 39.
Conc. & Stat. Synod. = 6325 – 29.
Hist. des Evêq. = 10378 – 418. IV. S.
Prise de cette Ville par les Normans, II. 16406.
Combat, 1652, IV. S. 23422* (2.)
Entrée de Marie de Médicis, II. 26342.
Etats d'Angers, = 17448.
Formules anciennes, = 27597.
Jurisdiction du Présidial, 34103.
Hist. de cette Ville, III. 35700 – 707, & IV S.
Université, IV. 45150 – 56.& S. pag. 520.
Collége, = pag. 156.
Son Académie, = 45549, 50.
Rec. sur ses Illustres, = 45661.

ANGLETERRE:
Ancienne jonction à la France, I. 161.
Droits de la France, II. 28784 – 803.
Traités avec la France, III. 29379 – 426.
Titres de ses Rois, &c. = 29611.
Sa Noblesse, = 40722 – 30.

ANGOULÊME, Capit. de l'Angoumois:
Carte du Diocése, I. 1011.
Pouillé de ses Bénéfices, = 1242 – 45.
Lieux dépendants de sa Coutume, = 2180.
Ses Conciles, = 6510.
Hist. des Evêq. = 8277 – 89.
Entrée de la Reine Eléonore, II. 26182.
Cartul. de l'Evêché, III. 29645.
Cartul. des Comtes, 29685.
Ses Hist. 35783 – 91.
Ses Généalogies, = 40694.
Son Collége, IV. 45318 – 20.
Ecol. de Phil. & Théol. = pag. 56.

ANGOUMOIS:
Carte de ce Pays, I. 1411.
Voyez SAINTONGE.
Etat de ses Jurisdictions, = 2180.
Piéces d'Hist. nat. = 3628, & 29.
Ses Titres, II. 17852.
Domaine: voyez GUYENNE:
Ses Hist. III. 35783, – 95.
Son Ban & Arriere-Ban, = 39965.
Sa Coutume, IV. S. pag. 443.

ANIANE, Ab. près Montpellier:
Ses Hist. I. 11665 – 70.

ANJOU:
Ouvrages des Romains, I. 97.
Ses Cartes, = 1340 – 49.
Sa Notice, = 2181.
Piéces d'Hist. nat. = 2385, 2924; 3521.
Piéces d'Hist. Eccl. = 4927 – 44.
Anciens mots de sa langue, II. 15493.
Domaine & Titres, = 27733 – 35. 28788, 29611.
Ses Hist. III. 35672 – 712.
Ses Généalogies, = 40601.
Sa Coutume, IV. S. pag. 443.

ANNEVILLE, en Normandie:
Son Etat historique, III. 35281, 82, & IV. S.

ANNONAI, en Vivarais:
Mém. historique, III. 3791.
Son Collége, IV. pag. 56.

ANSACQ, en Beauvaisis:
Son Akousmate, I. 3696, & 97.

ANSE, près de Lion:
Ses Conciles, I. 6332.

ANTIBE, en Provence:
Son Hist. III. 38261.

ANTIGUE, Isle en Amérique:
Sa prise, II. 23908.

ANTILLES, Isles d'Amérique:
Cartes, I. 1579 & 80.
Hift. nat. = 1579, 80. 2386, 87, 2925.
Hift. des Colon. Fr. III. 39739 – 67.

ANTILLY, en Brie:
Sa Fontaine, I. 2925.

ANTIN, en Bigorre:
Hift. de fon Duché, III. 37636.

ANTIOCHE, en Afie:
Guerre des François, II. 16633.

ANTRE, en Franche-Comté:
Ancienne Ville, I. 200 – 205.
Ses Aqueducs, III. 344.

ANTREIN, en Nivernois:
Sa prife, (en 1617) III. 20553.

ANVERS, aux Pays-Bas:
Carte du Diocèfe, I. 1012.
Ses Bénéfices, IV. S. 1259*(3).
Son Hift. Eccl. = 5025*(6).
Stat. Synod. = 6332*.
Hift. des Evêq. I. 9057, 58.
Entreprife du Duc d'Alençon, II. 18447. 2274 & 75.
IV. S. 39520*.
Hiftoires de cette Ville, III. 39513 – 22, IV. S.

APPENZEL, en Suiffe:
Son Hiftoire, III. 39118.

APPOIGNY, près Auxerre:
Ses Eaux minér. I. 2926.

APT, en Provence:
Piéces d'Hift. Eccl. I. 5517.
Conc. & Stat. Synod. = 6335, & 36.
Hift. des Evêq. = 7871 – 76.
Hift. de la Ville, III. 38263, IV. S.

AQUIN (Fort d') en Artois:
Sa Prife, (en 1644.) II. 22209.

AQUITAINE, aujourd'hui Guyenne, &c.
Ses antiquités, I. 146 – 49.
Carte de fon Royaume, = 415.
Limites de l'Aquitaine Gothique, = 460 – 462.
Ses Riv. & Villes, = 855.
Sa Defcription, = 2182.
Ses Eaux minér. = 2927.
Son Hift. facrée, = 5122.
Concile, = 6342.
Son Apôtre, = 4063, = 66.
Son Duché, III. 29618.
Ses Savans, IV. 45663, 4.
Voy. GUYENNE & BERRY.

ARAMON, en Provence:
Ses Monumens antiques, III. 38310.

ARBOIS, en Franche-Comté:
Ses Hift. III. 38451, 52.

ARC, Rivière de Provence:
Bataille de Marius, I. 170.

ARCUEIL, près Paris:
Pétrification de fes eaux, I. 1804.
Leur Analyfe, IV. S. 2846*.

ARCY, en Bourgogne:
Ses Grottes, I. 2786 – 91, IV. S. 2786*. III. 36028.

ARDENNE, Abb. Dioc. de Bayeux:
Ses Titres, &c. III. 29587.

ARDENNES (Forêt des):
Ses Eaux & Font. I. 2928, 3231 & 33.

ARDILLIERS (N. D. des), à Saumur:
Ses Hiftoires, I. 4088 – 91.
Miracle approuvé, IV. S. 4091*.

ARDON, Rivière de Picardie:
Son cours, I. 733.

ARDRES, en Picardie:
Son Siége, (en 1657.) II. 23816.

Sa Baronie, II. 27737.
Mém. hiftorique, III. 34210.

ARESETUM: *voy.* ARISIDIUM.

ARELAUS:
Ancien lieu, I. 494.

ARGENTAN, en Normandie:
Camp Romain, I. 269.
Hift. de cette Ville, III. 35310 – 12.

ARGENTEUIL, en l'Ifle de France:
Hift. de la Robe de N. S. I. 5327.
Hift. du Prieuré, = 11674, 75.

ARGENTORATUM: *voy.* STRASBOURG.

ARGILLY, en Bourgogne:
Attentat en fon Eglife, I. 4976.

ARGIS, en Touraine:
Sa Coutume, IV. S. pag. 443.

ARGONNE, Pays de Champagne & Lorraine:
Titres, II. 27738, 29050.

ARIARICA, en Franche-Comté:
Son emplacement, I. 194. III. 38455.

ARIÉGE, Riv. du Languedoc:
Defcription de fon cours, I. 855.
Ses paillettes d'or, = 2777.
Propriété de fes eaux, = 2836.

ARISIDIUM:
Ancien Evêché, I. 498, 9260, & 61, 7925.

ARKEL, en Hollande:
Ses Seigneurs, III. 39623, 24.

ARLAS, en Rouffillon:
Affemblée ou Concile, I. 6349.

ARLEBEKE, en Brabant:
Dévotion à la Sainte Vierge, I. 4087.

ARLES, en Provence:
Carte de fon Royaume, I. 418 – 420, 1541.
Differtation fur fon étendue, = 486.
Voyage en ces Pays, = 2349.
Sa contagion, (en 1721.) = 2489.
Ses Eaux minér. = 2929, & 30.
Son Apôtre, = 4067, & 68.
Piéces de l'Hift. Eccl. = 5518 – 21.
Ses Conciles, = 6344.
Hift. des Archev. = 7970 – 8024, & IV. S.
Prife fuppofée, II. 16210.
Entrée du Roi Louis XIII, = 26349, & 50.
Fête ou Réjouiffances en 1729: = 26542.
Droits du Roi, = 27789, 27838, 39.
Piéces fur fon Archev. III. 29541.
Hift. de cette Ville & de fon ancien Royaume, III. 38034, & *fuiv.* 38155 – 205, & IV. S.
Son Académie, IV. 45551, & 52.
Recueil fur fes Illuftres, = 45665.
Ses Coutumes ou Priviléges, IV. S. pag. 443.

ARLES, en Rouffillon:
Son Affemblée ou Concile, I. 6349.

ARLON, en Luxembourg:
Differtation fur fon ancien nom, III. 39461.

ARMAGNAC, en Gafcogne:
Carte, I. 1380.
Piéces fur ce Comté, II. 27721.
Ses Titres, = 27852.
Ses Priviléges, III. 29619.
Hift. de fes Comtes, = 37634.
Sa Coutume, IV. S. pag. 443.

ARMENTIERES, en Flandre:
Sa Coutume, IV. S. pag. 443.

ARMES, en Nivernois:
Miffion de Jéfuites, I. 5415.

ARMORIQUE, ou Bretagne:
Son Concile, I. 6346.
Sa Defcription, = 2183.

Table Géographique.

ARNAI-LE-DUC, en Bourgogne.
Piéces sur cette Ville, III. 37125, & 26.

AROAISE: voyez ARROUAISE.

ARPAJON, en l'Isle de France.
Sa Duché-Pairie, III. 34835.

ARQUES, en Normandie:
Bataille, (1589) II. 19210, 11. & IV. S. 19155*.
Maitr. de ses Eaux & For. III. 35245.
Sa Coutume, IV. S. pag. 443.

ARQUES, en Champagne:
Son Hist. &c. II. 27950, 29014.

ARRAGON, Province d'Espagne:
Droits de la France, II. 28892, 906, 919, 29085.
Piéces sur ses anc. Rois, = 28903, & 4.

ARRAS, cap. de l'Artois:
Carte du Diocèse, I. 1013.
Pouillé de ses Bénéfices. = 1253, 1270.
Plan de la Ville, = 1350.
Ses environs, = 1401.
Lieux dépendans de sa Coutume, = 2184, & 5.
Piéces de l'Hist. nat. = 2491.
Origine de son Eglise, = 4075.
Piéces de l'Hist. Eccl. = 4945 - 50.
Stat. Synod. = 6350 - 54.
Hist. de ses Evêques, = 8583 - 607, & IV. S. 8585*.
Thierry III. y est inhumé, II. 1611.
Paix, en 1435. IV. S. 17245* & III. 2807 - 809.
Ses Siéges, II. 22006, 23765, 74; III. 38471.
Ses Hist. III. 38952, 971 - 92.
Son Collége, IV. 45322.
Son Académie, = 4553.
Ses Illustres, = 45666.
Sa Coutume, IV. S. pag. 443.

ARREMARENSE Monasterium:
Voyez MONSTIER-RAMEY.

ARROUAISE, Abb. Dioc. d'Arras:
Son Hist. I. 13415, & 16.

ARSAT:
Rech. sur ce Pays, I. 9261. Voyez ARISIDIUM.

ARTIGE (l') Dioc. de Limoges:
Hist. de ce Prieuré, IV. S. 13416*.

ARTOIS:
Ses Voies Rom. &c. I. 86, 87.
Ses Cartes, = 1351 - 62.
Ses Jurisdictions, = 2184 & 85.
Piéces de l'Hist. nat. = 2185, 2388, 1490 - 92, 2669, & 70, 2692, 2850, 3312, 3650, & IV. S. 3666*.
Ancien Commerce & Manuf. = 3921.
Piéces de l'Hist. Eccl. = 4075, 4945 - 51.
Titres, Chartes, &c. II. 27739, 41 - 47. III. 29061, 38472.
Droits du Roi, II. 27785, 87, 27815, 820, 826, 828, 835.
Hist. de cette Prov. III. 38949 - 39010. S. 38963*.
Ses Généalogies, 40602.
Ses Colléges, IV. 45321 - 23.
Recueil sur ses Illustres, = 45666 - 68.
Sa Coutume, IV. S. pag. 443.

ARVERNI, Peuple Gaulois:
Voyez AUVERGNE.

ARVII, Peuple Gaulois:
Quel Pays il occupoit, I. 195.

ASPE, Vallée de Béarn:
Violence sur ses Habitans, II. 27854.

ASPREMONT, en Lorraine:
Req. sur cette Terre, IV. S. 38936*

ASPRICOLLIS:
Voyez MONTAIGU.

ASSENEDE, en Flandre:
Sa Coutume, IV. S. pag. 443.

AST, en Italie:
Sa reprise, (en 1644) II. 22209.

ATH, en Hainaut:
Son Siége, (en 1697) II. 24374.
Hist. de cette Ville, III. 39435 & 36.

ATREBATES, Peuple Gaulois:
Pays qu'il occupoit, I. 196.
Voyez ARTOIS.

ATTANCOURT, en Champagne:
Ses Eaux minérales, I. 1931.

ATTIGNY, Election de Reims:
Ses Assemblées, I. 6355.

AVAILLES, dans la Marche:
Ses Eaux min. I. 1891.

AVALLE, en Languedoc:
Ses Eaux min. I. 1932.

AVALON, en Bourgogne:
Ses Voies Romaines, I. 71 - 74.
Piéces de l'Hist. Eccl. = 3974, 4977, 78.
Notice sur cette Ville & environs, III. 35986 & 7.
Piéces diverses, = 36255, 60, 37127.
Son Collége, = page 56.

AVARICUM:
Ancien nom de Bourges, I. 199

AUBAIS, près de Nismes:
Carte de ce Marquisat, IV. S. 1362*.

AUBENAS, en Vivarais:
Conv. des Hérétiques, II. 21470.
Rélation de ce qui s'y est passé, III. 37913.

AUBERVILLIERS, près Paris:
Son Siége, (en 1649) II. 22919.

AUBIGNY, en Artois:
Chron. de son Prieuré, I. 4951.

AUBIGNY-RICHEMONT, en Berry:
Hist. de sa Duché-Pairie, III. 35822.

AUBOURVILLE, en Normandie:
Son Etat historique, III. 35281, & IV. S.

AUBRAC, en Rouergue:
Arrêt sur sa Dommerie, IV. S. 5123*.

AUCH, en Gascogne:
Carte de son Diocèse, I. 1015.
Ses Con. & Stat. Synod. = 6375 - 79.
Hist. de ses Archev. = 8076 - 86 & IV. S.
Ses Titres, III. 29687 & 29718.
Son Collége, IV. 45324.
Ecoles de Phil. & Théol. = pag. 56.

AUDE, Riviere de Languedoc:
Projet de jonct. avec la Garone, II. 28182, IV. S.

AUDENARDE, en Flandre:
Sa Coutume, IV. S. page 443.
Voyez OUDENARDE.

AVENCHE, en Suisse:
Dissertation à ce sujet, &c. I. 205, & 7.
Voyez AVENTICUM.

AVENNE, la petite, près d'Arras:
Sa prise, par Charles-Quint, II. 17601.

AVENTICUM:
Dissertation sur cette ancienne Ville, I. 173, 200 - 207.

AVESNE, en Hainaut:
Notice de cette Ville & environs, III. 39068.

AUGIE, Ab. Dioc. de Troyes:
Ses Hist. I. 11676 - 80.

AUGUSTA RAURACORUM:
Sa situation, I. 188, 208, 336.

AUGUSTA VEROMANDUORUM:
Dissert. à son sujet, I. 209, 210, (& IV. S.) 5498.

AUGUSTODUNUM:
Ancien nom d'Autun, I. 176, 182.

Augustoritum :
Quelle Ville c'étoit, I. 211, 212.

AUJEURRE, en Champagne :
Fondation d'une Ecole, &c. I. 5030.

AVIGNON, en Provence :
Carte des environs & du Comté Vénaissin, I. 1363.
Vues d'Avignon, IV. S. 1363*, & *suiv.*
Son Climat, &c. I. 2495.
Prodiges divers, IV. S. 3701*, & 3709*.
Piéces de l'Hist. Eccl. I. 5544, & IV. S.
Ses Conc. & Stat. Synod. I. 6360 - 62, & IV. S. *pag.* 290, & 91.
Vies des Papes qui y ont siégé, I. 7761, & IV. S.
Hist. de ses Ev. & Arch. I. 8122 - 134, & IV. S.
Réceptions de Princes, &c. II. 17007*, II. 26132, 26291, 95, 316, 354, 500 & *suiv.* 559, 562.
Fêtes, II. 26572 & 75.
Réunion à la Couronne, = 27748 - 50, 29063 - 73.
Titres, Actes, &c. = 27786, 839, 29063, 64 & 85.
Droits du Pape, = 29072.
Chartes & autres Piéces, III. 29620, 687, 718.
Ses Hist. = 38308 - 343, & IV. S. *pag.* 497.
Sa Noblesse, III. 40787.
Hist. de son Université, IV. 45157 - 60, S. 45158*, & *page* 156.
Ses illustres Jurisconsultes, = 45809.
Coutumes ou Statuts, IV. S. *page* 443.

AVIOTH, en Lorraine, près Montmedy :
Mémoire sur ce Village, IV. S. 38796.

Aulerces, anciens Habitans d'Alençon :
Dissertation à ce sujet, *Add.* 38282*.

AULNEAU, en Beauce :
Défaite des Reistres, en 1587, II. 18603 - 6.

AUMALE, en Normandie :
Carte de ce Duché, I. 1364.
Ses Eaux, air, maladies, = 2605, 2933 & 34.
Ses Comtes, III. 35278, & 79.
Hist. de sa Duché-Pairie, = 35279.

AUMONT, ou *Isle*, près Troyes.
Hist. de sa Duché-Pairie, III. 34317.

AUNIS :
Anc. dépend. des *Santones*, I. 340 & IV. S.
Origine de ses premiers Habitans, = 496, 97.
Son Canal, = 967.
Cartes de ce Pays, = 1365, 66.
Aveux & dénombremens, = 2250.
Son Hist. naturelle, = 2389.
Piéces sur le même sujet, = 2732 & 34, 2827, 3313, (IV. S.) 3419*, 3434 & 35, 3668, 71.
Piéces de l'Hist. Eccl. I. 4952 - 54, 6050.
Son Hist. civ. III. 35750 - 83.
Voyez LA ROCHELLE.

AVON, près Fontainebleau :
Mém. sur sa Cure, I. 5328.

AVRANCHES, en Normandie :
Carte de son Diocèse, I. 1014.
Pouillé de ses Bénéfices, = 1274.
Ses Conc. & Synodes, = 6299 - 305.
Hist. de ses Evêques, = 9914 - 33.
Entreprise sur cette Ville, par les Calvin. II. 18641.

AVRANCHIN :
Ses Salines, I. 2738.

AURAY, en Bretagne :
Dévotion de Sainte Anne, I. 5027, & 28.

AUREIL, Dioc. de Limoges :
Hist. de son Prieuré, I. 13417 - 20.

AURILLAC, en Auvergne :
Ses Conciles, I. 6367.
Hist. de son Abbaye, = 11681.
Son Collége, IV. 45325 - 28, & *page* 156.

AURIOLS, en Auvergne :
Ses Eaux minérales, I. 2935.

AUSCH, en Gascogne :
Voyez AUCH.

AUSSONNE, en Bourgogne :
Voyez AUXONNE.

AUSTRASIE, ou France Orientale :
Cartes, I. 396 - 401, & IV. 400*.
Ses Rois & Ducs, 1571, & IV. S.
Voyez LORRAINE & BRABANT.

Austria Francica :
Explication de ce mot, I. 459.

AUTEUIL, près Paris :
Ses Eaux min. I. 2936.

AUTHIE, Rivière de Picardie :
Sa Description, I. 863.

AUTROCHE, en Berry :
Sa Coutume, IV. S. *page* 443.

AUTUN, en Bourgogne :
Voyez BIBRACTE & *AUGUSTODUNUM*.
Ses Voies Romaines, I. 72, 74.
Carte de son Diocèse, = 1016.
Pouillé de ses Bénéfices, = 1255.
Salubrité de son air, = 2492.
Reliques de S. Lazare, = 3975, 76.
Vies de ses Saints, = 4241.
Piéces de son Hist. Eccl. = 4979, & IV. S.
Ses Conc. & Stat. Synod. = 6363 - 67.
Hist. de ses Evêques, = 8959 - 96 & IV. S.
Sa prise, (en 1595.) II. 19660.
Entrée de M. de Bellegarde, = 26298.
Ses Hist. III. 35922, 28, 47, 36250, & 252, 36262, & 63, 36330, 36451, & 54, 37128 - 149.
Recueils sur ses Illustres, IV. 45669, & 70.

AUVERGNE :
Ses Voies Romaines, I. 108.
Bornes de l'ancien Royaume, = 213.
Cartes modernes, = 1367 - 72, 1670.
Lieux de ses Coutumes, = 2186.
Son Hist. nat. = 2390 - 93.
Piéces sur la même, = 2493, 2671 - 73, 2759, 2937 & 38, 3314 - 17, 3338, 3522, 3566.
Observ. sur ses Montagnes, IV. S. 2642*.
Echo singulier, I. 3693.
Ses anciens Rois, = 3913 - 17.
Origine de son Eglise, = 4076.
Vies de ses Saints, = 4242, & 43.
Piéces pour l'Hist. Eccl. = 4955 - 60, & IV. S.
Prise de plusieurs Villes, &c. II. 19024.
Ses anciens Titres, = 27752 - 56.
Ses limites, = 27910.
Ses Comtes, III. 34197, 37904.
Ses Histoires, = 37436 - 81.
Son Nobiliaire, = 40603.
Ses Généalogies, = 40690.
Ses Coutumes, IV. S. *pag.* 443.

AUXERRE, en Bourgogne :
Ses Voies Romaines, I. 72.
Cartes de son Diocèse, = 1017 - 19.
Ses Pouillés, = 1277, 81, & IV. S.
Carte du Comté, IV. S. 1374*.
Plan de la Ville, I. 1373 & 74.
Lieux de sa Coutume, = 2187.
Piéces sur l'Hist. nat. = 2494, (& IV. S.) 2765, 2851, & 52, 29616, 3518, 3532, & 33, 3624.
Vies des Saints du Diocèse, = 4144 - 16 & IV. S.
Piéces sur l'Hist. Eccl. = 4980 - 85, (& IV. S.) III. 37150.
Ses Conc. & Stat. Synod. = 6380 - 88, & IV. S.
Hist. de ses Evêques, = 10113 - 71, & IV. S.
Sa prise par les Calvinistes, II. 18020.
Redd. d'Auxerre, (à Henri IV.) II. 19574, & *suiv.*
Piéces sur le Domaine, &c. = 27760, 786 & 87, 27808.
Ses Histoires, III. 36006 - 24, & IV. S.

Son

Son Collége, IV. 45329 – 33, & IV. S.
Son Académie, = 45554, 55.
Recueil sur ses Illustres, = 45668.
Ses Coutumes, IV. S. page 443, 444.
    Auxois, Pays en Bourgogne :
Ses anciens tombeaux, III. 35983.
    Auxonne, en Bourgogne :
Piéces sur le Domaine, II. 27751.
Piéces sur cette Ville, II. 35961, 36205, 238, 319, 37151 – 58.
    Ax, dans le Comté de Foix :
Ses eaux min. I. 2892 – 96.
    Azay le Ferron, en Berry :
Ses Coutumes, IV. S. page 444.
    Azincourt, en Artois :
Bataille funeste à la France, II. 17220.

B.

Bacarrat, à l'Evêché de Metz.
Sa Coutume, IV. S. pag. 444.
    Bade, en Suisse :
Paix avec l'Empereur, III. 31140.
    Bagacum, en Hainaut François :
Remarques sur cet ancien lieu, I. 214.
Voyez Bavai.
    Bagneres, en Bigorre :
Voyage en ce lieu, I. 2353.
Description d'une Grotte, = 2792.
Ses eaux min. 2885, 2939 – 48, 2974.
Tremblement de terre, = 3704.
    Bagnoles, en Normandie :
Ses eaux min. = I. 2950 – 54.
    Bagnolz, en Gévaudan :
Ses eaux min. I. 2949.
    Bailleul, en Artois :
Sa Coutume, IV. S. pag. 444.
    Bailleul Sire-Berthoud, en Artois :
Sa Coutume, IV. S. pag. 444.
    Bailleulmont, en Artois :
Fontaines intermittentes, I. 2853.
    Bains, en Lorraine :
Ses eaux min. I. 2955.
    Bains du Mont d'Or, en Auvergne :
Ses anciens Monumens, III. 37474.
    Balaruc, en Languedoc :
Ses eaux min. I. 2956 – 62.
    Balme (la) en Dauphiné :
Description de sa Grotte, I. 2796, & 97.
    Balme (la) en Bourgogne :
Description de sa Grotte, IV. S. 2791*.
    Banche, en Touraine :
Sa Coutume, IV. S. pag. 444.
    Bappaume, en Artois :
Ses Coutumes, IV. S. page 444.
    Bar, en Auvergne :
Ses eaux minérales, I. 2963.
    Bar, Duché, ou Barrois :
Carte, I. 1377, 1633, 41, 46.
Sa Description, = 2222.
Ses Bénéfices & usages, = 7676.
Ses Descript. & Notices, = 2221 – 25.
Ses Titres, II. 27885.
Droits de la France, = 28991, & suiv.
Sa succession, III. 38918.
Ses Hist. = 38937 – 43, & IV. S.
Ses Généalogies, III. 40695, 702.
Ses Coutumes, IV. S. pag. 444.
    Bar-le-Duc, en Barrois :
Camp Romain auprès, I. 78.

Plan de cette Ville, I. 376.
Congrégation de Notre-Dame, = 4094.
Son Collége, IV. 45334 – 36.
    Bar-sur-Aube, en Champagne :
Son Histoire, &c. IV. S. 34358*.
    Bar-sur-Seine, en Bourgogne :
Ses antiq. & Hist. III. 36001 – 3, & 36185, 6.
    Barbarie (Etats de)
Traités avec eux, III. 29450, & suiv.
    Barbeaux, Abb. Dioc. de Sens :
Cartulaires, III. 29558, 689.
    Barbésieux, en Saintonge :
Son antiquité, III. 37562.
    Barbotan, en Armagnac :
Ses eaux minérales, I. 2964.
Dissertation à leur sujet, IV. S. 2964*.
    Barcelone, en Catalogne :
Ses Siéges, II. 16500. 23378. 24482.
Droits de la France, = 28903.
Ses Hist. III. 38352, & suiv.
Sa Noblesse, = 40779.
    Barcelonette, en Provence :
Mém. des Habitans, III. 38270.
Son Collége, IV. pag. 56.
    Bardon, en Bourbonnois :
Ses eaux minérales, I. 2965.
    Bardouville, en Normandie :
Son état historique, III. 35281.
    Barege, en Bigorre :
Ses eaux minérales, I. 2885, 2939 – 46, 66, 75.
Nouvelle Source découverte, = 2966 – 75.
Dissertation sur ces eaux, IV. S. 2975*.
Sa Vallée, II. 27854.
Sa Coutume, IV. S. pag. 444.
    Bargemons, en Provence :
Dévotion à la Sainte Vierge, I. 4093.
    Barraille & Buissy, en Artois :
Sa Coutume, IV. S. pag. 444.
    Barre (la) près d'Autun :
Exerc. de la Rel. Prét. Réf. III. 36198, 203 & 4.
    Barrois : voyez Bar, Duché.
    Basle, en Suisse :
Description de son Canton, I. 336, 1023.
Carte de son Diocèse, = 1023.
Histoire de ses Evêques, = 8223 – 28.
Sa Chronique, III. 38757.
Droits de son Evêque sur une partie de l'Alsace, IV. S. 38756*.
Histoires de la Ville, III. 39122 – 33.
Défaite des Suisses, IV. S. 39093*.
    Basly, en Normandie :
Suppression du Prêche, &c. I. 6027.
    Bassée (la) en Flandre :
Sa Coutume, IV. S. pag. 444.
    Bassigny, Pays en Champagne.
Sa Carte, I. 1560.
Son Tumulte, en 1573, II. 18200.
Ses Généalogies, III. 40679.
Sa Coutume, IV. S. pag. 444. *Add.*
    Bastion-de-France, en Barbarie :
Etablissement François, III. 39789.
    Batavie, ancien nom de la Hollande :
Sa Description & ses Habitans, I. 157 – 160.
    Bavai, en Hainaut François.
Ses antiq. & Hist. I. 214. III. 39066, & 7.
    Baudimont, près d'Arras :
Sa Coutume, IV. S. pag. 444.

BAUGÉ, en Breſſe (Bourgogne:)
Hiſtoire de ſes Sires, III. 36045.

BAUME (la ſainte)', en Provence :
Son pelerinage, &c. I. 5539 & 40.

BAUME les Meſſieurs, Abb. Dioc. de Beſançon :
Hiſt. de cette Abbaye, I. 11682 − 86.

BAUME les Dames, même Diocèſe :
Hiſt. de l'Abb. I. 14861.
Mém. ſur la Ville & l'Abb. IV. S. 38454*.

BAYEUX, en Normandie :
Vieux Bayeux, I. 365.
Ses anciens Peuples, = 368, & 69, IV. S. 214*.
Cartes de ſon Diocèſe, = 1020 - 22.
Plan de la Ville, IV. S. 1377.
Pouillé du Diocèſe, I. 1274.
Obſerv. météorologiques, = 1496.
Vies des Saints du Dioc. = 4247.
Chap. de la Cathédrale, = 5427.
Ses Conc. & Stat. Synod. = 6389 − 94.
Hiſt. des Evêques, = 9890 − 913, IV. S. & Add.
Antiq. de la Ville, III. 35290.
Ses Hommes illuſtres, IV. 45671.
Ecol. de Phil. & Théol. = pag. 56.
Sa Coutume, = pag. 444.

BAYONNE, en Gaſcogne :
Carte du Dioc. I. 1024.
Hiſt. des Evêques, = 8120, & 21.
Diverſes Entrées, II. 16142, 239 & 40.
Hiſt. de la Ville, III. 37652, 54.
Ecol. de Théol. & Ph. IV. page 56.
Sa Coutume, IV. S. page 444.

BAZADOIS, Pays de Gaſcogne :
Titres du Domaine, II. 27850.

BAZAS :
Carte du Diocèſe, I. 1025.
Ses Stat. Synod. = 6797 & 98.
Hiſt. des Evêques, 8103 − 7. & IV. S. 8107*.
Son Collége, IV. page 56.

BAZOCHE (la) Gouet, au Perche :
Sa Coutume, IV. S. pag. 444.

BEARN :
Ses Cartes, I. 1378 − 80.
Voyage en ce Pays, IV. S. 2308*.
Ses Plantes, I. 3318.
Eaux min. = 2945, 2976, & 77.
Voyage de Louis XIII. II. 2896 − 900.
Rétabl. de la Rel. Cathol. I. 5892 & ſuiv. 5927 & 28,
  8116 − 18, IV. S. 20739*, 20927*.
Hiſt. des troubles, &c. IV. S. 5928*.
Domaine, II. 27761, 899.
Ses Titres, = 27761, 850.
Deſcript. & Hiſt. III. 37656 − 64.
Compl. ſur ſon union, IV. S. 37688*.
Sa Coutume, IV. S. page 444.

BEAUCAIRE, en Languedoc :
Feux qui en dépendent, = 482.
Carte de ſes marais, I. 1381.
Notice de ſa Vigueric, = 2237.
Ses Sénéchaux, III. 37886.
Son origine & Hiſt. = 37887 = 92.
Son Collége, IV. pag. 56.
Sa Coutume, IV. S. pag. 447. avec Niſmes.

BEAUCE :
Ses Cartes, I. 1382 − 84, 1394, 1727.
Ses tourbes, = 2695.
Piéc. de l'Hiſt. Eccl. = 4961 − 71. IV. S. 4974*.
Ses Hiſtoires, III. 35532 − 46.
Ses Généalogies, = 40646.

BEAUFORT, en Anjou :
Titres du Domaine, II. 27770.

BEAUFORT, en Champagne :
Sa Duché-Pairie, III. 34319.

BEAUGENCY, en Orléanois :
Ses Conciles, I. 6395.
Son Hiſtoire, III. 35626.

BEAUJOLOIS, Pays du Lyonnois :
Ses Cartes, dans le Lyonnois, I. 1648 − 56.
Sa Deſcription, = 2228.
Piéces d'Hiſtoire nat. = 2394, 2426, 2673, 80, 81,
  2711, 64, 78, 2833, 3511, 65, 73, 95, 3607.
Ses Titres, II. 27868.
Ses Hiſt. III. 37430 − 35, & IV. S. 37433*.

BEAUJOLOIS, en Beaujolois :
Ses Uſages, IV. S. page 446, avec Lyonnois.

BEAUJEU, en Berry :
Sa Coutume, IV. S. page 444.

BEAULIEU, en Auvergne :
Ses eaux min. I. 2963.

BEAULIEU, Abb. Dioc. de Langres :
Son Hiſt. I. 13020.

BEAULIEU, Abb. Dioc. de Limoges :
Son Hiſt. I. 11687.
Son Cartulaire, III. 29621.

BEAULIEU, Dioc. de Lyon :
Hiſt. de ce Prieuré, I. 15173.

BEAULIEU, Abb. Dioc. de Verdun :
Ses Hiſt. I. 11688 − 90.

BEAUMONT, au Maine :
Hiſt. de ſon Duché, III. 35523.

BEAUMONT, en Picardie :
Deſcript. d'une maladie, I. 2497.
Déroute des Lorrains, II. 19390.

BEAUMONT d'Auge, (en Normandie :)
Son Collége, IV. page 56.

BEAUMONT-LE-ROGER, en Normandie :
Hiſt. de ſon Comté, III. 35323.
Sa Coutume, IV. S. page 444.

BEAUNE, en Bourgogne :
Plan de cette Ville, IV. S. 1384*.
Piéces de l'Hiſt. Eccl. I. 4986 − 89, & IV. S.
Entrée de Henri II. en 1548, II. 26201.
Priſe de Beaune, (en 1595.) = 19648, & ſuiv.
Ses Hiſt. III. 35914, 35951 − 58, & IV. S.
Div. Piéces, = 36187, 36270 & 307, 37159 − 72.
Son Collége, IV. page 56.

BEAUPORT, Abb. Dioc. de S. Brieux :
Son Hiſtoire, I. 13561.

BEAUPREAU, en Anjou :
Hiſt. de ſon Duché, III. 35708.

BEAUQUESNE, en Picardie :
Ses Coutumes, IV. S. page 444.

BEAUREGARD, en l'Iſle de France :
Titres de ce Fief, III. 34828.

BEAURIN, en Hainaut :
Sa propriété féodale, III. 30153.

BEAUVAIS :
Ses Voies Romaines, I. 90, & IV. S.
Cartes du Diocèſe, = 1026, 27.
Ses Pouillés, = 1270, 71.
Plans de la Ville, IV. S. 1387*.
Ses eaux, I. 2978, 79.
Hiſt. nat. des environs, = 2395.
Voyez BEAUVAISIS.
Piéces de l'Hiſt. Eccl. = 5469 − 74, & IV. S. 5469*,
  5471*, 15302*.
Ses Conc. & Stat. Synod. = 6398 − 402.
Hiſt. des Ev. = 9666 − 89, & IV. S.
Son Siége, (en 1472) II. 17308.
Sa Réduction, = 19699.

Ses Hift. III. 34896, 903, & *fuiv.*
Sa Nobleffe, 40604 — 606.
Son Collége, IV. S. 45336*.
Rech. de fes Illuftres, = 45672*.

BEAUVAISIS :
Camps Romains, IV. S. 79.
Ses Cartes, I. 1385 — 87.
Sa Defcription, &c. = 2188, 2363.
Piéces d'Hift. nat. = 2498, 2820, & IV. S. 2694*.
Ses eaux min. = 2978, 79.
Ses Hiftoires, III. 34896 — 910.
Son Nobiliaire, = 40604, 605.
Rec. de fes Illuftres, IV. 45672.
Ses Coutumes, IV. S. pag. 444.

BEBRYCES, Peuple Gaulois :
Leur fituation, I. 215.

BEC (le), Abb. Dioc. de Rouen :
Ses Hift. I. 11691 — 715, & IV. S.
Affemblée Eccl. = 6396.

BEDFORT, ou BETFORT, en Alface :
Sa Prife, en 1636, II. 21876.

BÉES, en Valois :
Titres & Terrier, III. 34850.

BEGAR, Abb. Dioc. de Tréguier :
Son Hiftoire, I. 13021.
Coutumes de fa Seign. IV. S. page 444.

BELAC, dans la Marche :
Son Siége, (en 1591) IV. S. 19362.
Son Collége, IV. pag. 56.

BELGES, Peuple Gaulois,
Origine & langue, I. 3736 — 38, 57.

BELGIQUE, Partie de la Gaule :
Ses Voies Romaines, I. 88.
Sa Defcription & fes Peuples, = 154, 55, & IV. S.
Cartes anc. & du moyen âge, = 48, 53, 403 & 4.
Cartes modernes, = 2023 — 25.
Son état, au moyen âge, = 473.
Voyages en ce Pays, = 2285, 90 & 91, 2306 & 7.
Ses anc. Princes fab. = 3856.
Son Hiftoire = 3922, 23.
Anc. & moderne, III. 39254, & *fuiv.*

BELGIUM :
Differt. fur fon étendue, I. 216.

BELLEFONTAINE, en Franche-Comté :
Prieuré & dévot. à N. D. I. 4095, 96.

BELLEGARDE, en Bourgogne :
Ses Siéges, II. 23101, 758.
Hift. de fa Duché-Pairie, III. 35965, & IV. S.
Son Siége, (en 1653) III. 36382, 37174.

BELLEGARDE, en Rouffillon :
Sa Prife, (en 1675) II. 24080.

BELLEJAMBE, en l'Ifle de France :
Ses anciens Titres, 34828.

BELLE-ISLE, près de la Bretagne :
Cartes de cette Ifle, I. 1581 — 83.
Piéces de l'Hift. nat. = 2499, 3709. & IV. S. 2395*.
Siége, (en 1761) II. 24785.
Ses Hiftoires, III. 35493 — 95.

BELLESME, en Perche :
Ses Hiftoires, III. 35527 — 31.

BELLEVILLE, près de Paris :
Son ancien nom, &c. I. 447.

BELLEY, en Bugey :
Piéces de l'Hift. Eccl. I. 5017 — 19.
Stat. Synod. = 6397.
Hift. des Evêques. = 8203 — 12, & IV. S. 8208*.

Son Collége, III. 37175, IV. 45337.

BELOT, en Brie :
Sa Coutume, IV. S. pag. 444.

BELVER, en Cerdagne, ou Catalogne :
Sa Prife, (en 1654.) II. 23771.

BENOISTEUZE, Dioc. de Toul :
Dévotion à la Sainte Vierge, I. 4097.

BERCY, près de Paris :
Ses Plans, 34796.
Son Hiftoire, *voyez* CHARENTON.

BERG, Principauté :
Ses Hift. III. 39241, & *fuiv.*

BERGERAC, en Périgord :
Ses Prifes, II. 21005, 900, 24695, & *fuiv.*
Ses Coutumes, III. 37577. & IV. S. page 444, (fous BRAGERAC.)

BERG-OP-ZOOM, en Brabant Hollandois :
Son Siége, (en 1747, &c.) II. 24695 — 97. III. 39532.

BERGUES, en Flandre :
Sa Prife, (en 1667) II. 23912.
Son Collége, IV. 45338.
Ses Coutumes, IV. S. page 444.

BERNAY, en Normandie :
Dévotion à N. D. de la Couture, I. 4135.

BERNE, en Suiffe :
Ses Hiftoires, III. 39134, 135.

BERNESQ, en Normandie :
Piéces fur cette Terre, III. 35295.

BERNEVILLE, en Artois :
Sa Coutume, IV. S. page 444.

BERNIERES, en Normandie :
Ha re formé naturellement, I. 3714.

BERNY, près de Paris :
Defcription de fon Château, IV. S. 35818.
Fête de M. de Lyonne, II. 26459.

BERRY :
Ses Cartes, I. 1388 — 96.
Defcription & lieux dépendans de fa Coutume, = 2189 & 90.
Ses Plantes, = 3319.
Vies de fes Saints, = 4248, & 49.
Piéces de l'Hiftoire Eccléfiaftique, = 4972 — 75.
Défaite des Huguenots, II. 19026.
Titres du Domaine, = 27736.
Ses Hiftoires Civ. III. 35796 — 822.
Son Franc-Aleu, = 39956.
Ses Généalogies, = 40606 — 13.
Son Collége, IV. S. 40350.
Recueil de fes Illuftres, = 45673, 74.
Ses Coutumes, IV. S. page 444.

BERU, près de Reims :
Ses eaux minérales, I. 2980.

BERVILLE, en Normandie :
Son Etat hiftorique, III. 35281.

BESALU, en Rouffillon :
Ses anciens Comtes, III. 38559.

BESANÇON, Cap. de Franche-Comté :
Carte du Diocèfe, I. 1028, 29, & IV. S. 1029*.
Pouillés de fes Bénéfices, = 1237 — 41, & IV. S. 1240*, & *fuiv.*
Plans de cette Ville, = 1397, & IV. S. 1397*.
Ses eaux minérales, = 2981.
Naiffance d'un monftre, = 3719.
Piéces de l'Hift. Eccl. = 5107 — 19, III. 38551 — 79, IV. S. 5118*, & 14724*.
Conc. & Stat. Synod. = 6809.
Hiftoire des Archevêques, = 8156 — 8202, & IV. S. 8201*.

Domaine : *voyez* FRANCHE-COMTÉ.
Hift. de fon Parlement, III. 33213 – 26; & IV. S. *ib.*
 33289, & *fuiv.* I. 14510, & *fuiv.* IV. S. 45339*.
Hiftoires de la Ville, II. 18329, 24030 & 31,
 III. 38396, 38428 – 38, IV. S. 38429* & *fuiv.*
Univerfité, IV. 45161, 62, & IV. S. *ibid.*
Son Collége, = 45339, & S. 45339* (1).
Son Académie, = 4556, 57, & S. *ibid.*
Sa Coutume, IV. S. *page* 444.

BESSIN, ou Environs de Bayeux :
Ancien établiffement de Saxons, I. 455.
Mémoire hiftorique fur ce Pays, III. 35293.

BETHARAN, en Béarn :
Dév. à la Sainte Vierge, I. 4098*, & IV. S. 4098*.

BETHISY, en Picardie :
Sa Coutume, IV. S. *page* 444.

BETHLÉEM, dans l'Abb. de Ferrière, en Gâtinois :
Dévotion à la Sainte Vierge, I. 4099 – 4102.

BETHLÉEM, en Nivernois :
Son Evêché titulaire, I. 1085 – 8. 5416, III. 35567.

BÉTHUNE, en Artois :
Son Plan, IV. S. 1397*.
Ses Fontaines, I. 1853.
Ses Hiftoires, II. 22228, 24453 & 54, III. 38952,
 39000 – 2, & IV. S. 39000*.
Son Collége, IV. 45340.
Sa Coutume, IV. S. *page* 444.

BÉTHUNE-CHAROST, en Berry :
Hiftoire de fa Duché-Pairie, III. 35820.

BEVESIER (Cap de), dans la Manche :
Combat naval, en 1690, II. 24289.

BEUIL, Abb. Dioc. de Limoges :
Son Hiftoire, I. 13022.

BEVON, Abb. du Diocèfe de Sifteron :
Ses Hiftoires, I. 11716 – 18.

BEURIC, au Pays de Trèves :
Dévotion à la Sainte Vierge, I. 4103.

BEUVRAI, montagne près d'Autun :
On y a mis l'ancienne *Bibracte*, I. 219, & *fuiv.*

BEUVRY, en Artois :
Obfervations fur fa Fontaine, I. 2850.

BEZE, Abb. Diocèfe de Dijon :
Ses Hiftoires, I. 11719 – 21, & IV. S. 11721.*

BEZIERS, en Languedoc :
Carte du Diocèfe, I. 1030 – 31.
Piéces de l'Hift. nat. = 2396, 2500 – 503, 3320,
 3694, IV. S. 2501*.
Conciles & Statuts Synodaux, = 6404 – 405.
Hiftoires des Evêques, = 9183 – 92.
Ses Titres, II. 27857, 60.
Sénéchauffée & Préfidial, III. 34111.
Hiftoire civile, = 37813 – 18.
Collége, IV. 45341.
Ecoles de Théologie & de Philofophie, = *page* 56.
Académie, = 45558, 59.
Sa Coutume, IV. S. *page* 444.

BIACHE, en Picardie :
Sa Coutume, IV. S. *page* 444.

BIBRACTE, ancienne Ville, en Bourgogne :
Differtation fur fa fituation, I. 173, 182, 217 – 26,
 III. 35945 & *fuiv.*
Sa prife & ruine, 3895.

BIBRAX, ancienne Ville du Laonnois :
Mémoires fur fa fituation, I. 227, 30.

BIÈRE, en Normandie :
Voyez ESSUI.

BIEVRE, Riviere, près de Paris,
Son cours, I. 749, 864 & 5.
Son inondation, (en 1625.) = 865.

BIEVRES, en Laonnois :
C'eft, felon plufieurs, *Bibrax*, I. 230.

BIEZ (le) en Artois :
Sa Coutume, IV. S. *page* 444.

BIGORRE, en Gafcogne :
Ses Plantes, I. 3318.
Ses eaux minérales, = 37637.
Ses Titres, II. 27852.
Ses Hiftoires, III. 37637 – 39, 37918.

BIHENCOURT, en Artois :
Sa Coutume, *Add.* & *Corr.* de IV. S. *page* 447.

BILLOM, en Auvergne :
Reliques du Sang de Jefus-Chrift, I. 4957, 58.
Son Collége, IV. 45342 – 44.

BILLY, en Artois :
Sa Coutume, IV. S. *page* 444 (2).

BILLY, en Bléfois :
Sa Coutume, IV. S. *page* 444 (3).

BINCH, en Hainaut :
Sa Coutume, IV. S. *page* 444.

BIRON, en Périgord :
Hiftoire de fa Duché-Pairie, III. 37578.

BISCARA, en Catalogne :
Sa prife, (en 1674.) II. 24078.

BISCAYE, Pays d'Efpagne & de France :
Ses Plantes, I. 3318.

BISSEUL, en Champagne :
Sa prife, (en 1589,) II. 19027.

BITCHE, en Lorraine :
Piéces de l'Hiftoire naturelle, I. 1397, 2504.
Sa prife, (en 1634,) II. 21823.

BIVAL, près d'Amiens :
Maladie épidémique, I. 2505.

BLABIA, ancien Château Romain :
Sa Situation, &c. III. 35492, IV. 230*.

BLAIN, en Bretagne :
Sa prife, (en 1591,) IV. S. 19362*.

BLAISOIS, Pays :
Ses Hiftoires, III. 35628, & *fuiv.*
Ses Généalogies, = 40646.

BLANCHE (la), Abb. Diocèfe de Luçon :
Son Hiftoire, I. 13023.

BLANCHE-LANDE, Abb. Diocèfe de Coûtances :
Son Hiftoire, I. 13562.

BLANC-MESNIL :
Dévotion à la Sainte Vierge, I. 4104.

BLANCS-MANTEAUX, (N. D. des), à Paris :
Hiftoires de ce Prieuré, I. 12256 – 61, III. 29359.

BLARU, en Normandie :
Ses eaux minérales, I. 2982.

BLAVET, en Bretagne :
Voyez PORT-LOUIS.

BLAYE, en Guyenne :
Son Siége, (en 1593) II. 19514.
Son Hiftoire abrégée, III. 37556, 58.
Lettres à fon Gouv. IV. S. 37556*.

BLOIS, en Beauce :
Cartes du Diocèfe, I. 1032, 33.
Ses Bénéfices, = 1168.
Cartes du Comté, = 1398, 99.
Lieux de fa Coutume, = 2190.

Son Jardin Royal, I. 3382, & 83.
Piéces de l'Histoire Eccléfiastique, = 5449 – 56.
Histoire des Evêques, = 9486 – 88, & IV. S. 9486*.
Assassinat du Duc de Guise, II. 18806, & *suiv.*
Tournois & mariages, = 26221.
Etats Généraux, = 27417, 27, 46, 59 – 95.
Histoires Civiles, III. 35628 – 38.
Titres de la Chambre des Comptes, IV. 33847.
Son Collége, IV. 45345 – 49.
Ses Illustres, = 45675.
Sa Coutume, IV. S. *page* 444.

BODEGRAVE, en Hollande :
Sa prise, (en 1672) II. 24004, 5.

BOHEME, en Allemagne :
Guerre en ce Pays, II. 24631, 63.

BOIENS, Peuple Gaulois :
Dissertation à leur sujet, I. 231 – 33.

BOILLEUX, ou MONT, en Artois :
Sa Coutume, IV. S. *page* 444.

BOING, Isle du Poitou :
Sa Coutume, IV. S. *page* 444.

BOISCOMMUN, en Gâtinois :
Maladie épidémique, I. 2506.

BOIS-LE-DUC : *voyez* BOSLEDUC.

BOIS-LE-VICOMTE, en l'Isle de France :
Description du Château, IV. S. 35818*.

BOISSE, Diocèse d'Angoulême :
Son Concile, I. 6423.

BOISSELIERE, Abb. Diocèse du Mans :
Ses Histoires, I. 11722 – 24.

BOITRON, en Artois :
Sa Coutume, IV. S. *page* 444.

BOLBEC, en Caux, Normandie :
Histoire naturelle de ses environs, I. 2398.

BOLLEDUC, près d'Autun :
Exercice de la Religion Prét. Réf. III. 6103, & 4.

BONAIL, en Languedoc :
Sa prise, (en 1625,) II. 21311.

BONDEVILLE, en Normandie :
Ses Pétrifications, I. 2805.

BONENCONSTRE, Diocèse d'Agen :
Dévotion à la Sainte Vierge, I. 4105.

BONLIEU, Abb. Diocèse de Limoges :
Son ██████, I. 13024.

BONNE, en Savoye :
Droits du Roi, II. 29078.

BONNE-ESPÉRANCE, Abb. Diocèse de Cambrai :
Son Histoire, I. 13063, & 4.

BONNESAIGNE, Abb. Diocèse de Limoges :
Son Histoire, I. 14859, & IV. S. 14859*.

BONNEVAL, Abb. Diocèse de Chartres :
Ses Histoires, I. 11525 – 27.
Ses Titres, III. 29560.

BONNEVAUX, Abb. Diocèse de Vienne :
Son Histoire, I. 13025 – 27.

BONOGILUM, ancien Palais Royal :
Sa situation, I. 452.

BONREPOS, Abb. Diocèse de Quimper :
Son Histoire, I. 13028.

BONSONVILLE, Abb. Diocèse de Metz :
Son Histoire, I. 11730.

BORDEAUX : *voyez* BOURDEAUX.

BOSLEDUC, en Brabant Hollandois :
Carte de son Diocèse, I. 1012.
Ses Cures, IV. S. 1259 (2).
Dévotion à la Sainte Vierge, I. 4209.
Statuts Synodaux, IV. S. 6421*.
Siéges & Descript. II. 21594, 603, III. 39526 – 29,
& IV. S. 39529*.

BOUBERS, sur Cauche, en Artois :
Sa Coutume, IV. S. *page* 444.

BOUC, en Provence :
Prise du Prince de Pologne, II. 21982.

BOUCHAIN, en Hainaut :
Ses Siéges, II. 21798, 24098.
Son Histoire, III. 39065.

BOUCHAUTE, en Flandre :
Sa Coutume, IV. S. *page* 444.

BOUCHERASSE, en Bourgogne :
Ancien Palais Royal, I. 449, & 50.

BOUCOU, en Gascogne :
Son Histoire, III. 37645.

BOUFFLERS, en Picardie :
Sa Duché-Pairie, III. 34924.

BOUGE, en Berry :
Sa Coutume, IV. S. *page* 444.

BOUILLENS, près de Nismes, en Languedoc :
Ses Bains, I. 3121.

BOUILLON, en Anjou :
Ses eaux minérales, I. 2983, 84.

BOUILLON, en Luxembourg :
Piéces de son Dom. II. 27722, 771, & *suiv.* 27949.
Piéces sur ce Duché souverain, III. 34296, 97.
Sa Coutume, IV. S. *page* 444.

BOUIN, en Artois :
Sa Coutume, IV. S. *page* 444.

BOUIN, Isle : *voyez* BOING.

BOULENOIS, ou *Boulonnois*, Province :
Sa Carte, &c. I. 1401 – 3.
Lieux de sa Coutume, I. 2191.
Histoire naturelle, = 1400.
Ses Coutumes, IV. S. *page* 444.

BOULIDOU, en Languedoc :
Ses eaux minérales, IV. S. 2984*.

BOULLANCOURT, en Champagne :
Pseudo-Diva, &c. V. *Add.* 15049*.

BOULOGNE, en Picardie :
Carte du Diocèse, I. 1034.
Plans de la Ville, = 1404, 5, & IV. S. 1404*.
Cartes du Comté, = 1400, 1403, 1446.
Pouillé du Diocèse, I. 1170.
Piéces de l'Histoire naturelle, = 2399 & 400, 2510,
2511, 3571.
Dévotion à la Sainte Vierge, = 4113 & 14.
Fondation de cette Eglise, = 5475.
Concile & Statuts Syn. = 6410 – 13, & IV. S. 5413*.
Histoire de ses Evêques, = 9763 – 81.
Sa vendition, &c. II. 18933.
Titres du Domaine, 27755, 87, 963.
Négociation avec les Anglois, III. 30008.
Histoires civiles, = 34196 – 203.
Son Collége, IV. *page* 56.
Sa Coutume, IV. S. *page* 444.

BOURBERAUX, près Tonnere :
Sa Fontaine, I.*2872.

BOURBON, Duché-Pairie :
Son Histoire, III. 37485.
Généalogie de la Maison Royale, II. *page* 79, & *suiv.*

BOURBON l'Ancy, en Bourgogne :
Maladies épidémiques, I. 2512.
Ses Bains, = 2985.
Ses eaux minérales, = 2985 – 95.

Son Histoire, III. 35994, 37176.

BOURBON l'Atchambaud, en Bourbonnois :
Ses Bains, I. 2985 & 6, 2995 – 300.
Ses eaux minérales, = 2874, 3275, IV. S. 2874*.

BOURBON, Isle d'Afrique :
Sa Carte, I. 1584.
Son Histoire naturelle, = 2401, 2513, 2644.
Hist. de l'établissement des François, III. 39815.

BOURBONNE, en Champagne :
Ses eaux min. I. 3001 – 14, IV. S. 3014*, & suiv.

BOURBONNOIS, Province :
Ses Cartes, I. 1395, 96, 1406, 1652.
Sa Description, = 2192, 93.
Lieux dépendants de sa Coutume, = 2193.
Eaux minérales, = 2937.
Piéce de l'Histoire Ecclésiastique, = IV. S. 4975*.
Titres du Domaine, II. 27773, 74.
Histoire civile, III. 37482 – 86, & IV. S. 37484*.
Ses Illustres, IV. 45676, & 77.
Sa Coutume, IV. S. page 444.

BOURBOULE, en Auvergne :
Ses eaux minérales, I. 3015.

BOURBOURG, en Flandre Françoise :
Sa prise, (en 1645) II. 22227.
Droits du Roi, = 27841. 28909.
Son Histoire, III. 39028.
Sa Coutume, IV. S. page 444.

BOURDEAUX, Capitale de Guyenne :
Son nom & origine, I. 234 – 37.
Ce que sont les Gahets, = 493.
Pouillés du Diocése, = 1242 – 45.
Ses Plans, = 1408 – 10.
Piéces de l'Histoire naturelle, = 2507 – 9; 3517.
Son Eau minérale, = 3016, & Add.
Voyage du Diocése, &c. = 2351.
Sépulture des anciens Vivifques, = 3825.
Piéces de l'Histoire Ecclésiastique, = 5124 – 31.
Conciles & Statuts Synodaux, = 6417 – 21.
Hist. des Archevêques, = 8229 – 64, IV. S. & Add.
Titres du Domaine, II. 27775, 852.
Diverses Entrées, = 26142, 43, 83, 308, 27, 38, 26491, IV. S. 20429*, & 20445*.
Histoires du Parlement, III. 33110 – 37, & IV. S. 33137*, III. 33323 & suiv. 33766, & I. 14518 – 31.
Lit de Justice, (en 1564,) II. 26662.
Histoires de la Ville, II. 23160, 23747, 27775, III. 37514 – 54, & IV. S. 37532*.
Son Université, IV. 45163 – 65.
Ses Colléges, = 45350 – 52.
Chaire de Théologie, page 56.
Son Académie, = 45560, 61.
Ses Illustres, = 45663, 64.
Sa Coutume, IV. S. page 444.

BOURDEILLE, en Périgord :
Sa Mouvance, III, 37580, 81.

BOURDELOIS, Pays de Guyenne :
Position de lieux anciens, = 238.
Ses Cartes, I. 1407, 1411.
Ses Landes, = 3433.
Ses Vins, = 3517.

BOURDIEUX, Abb. Diocése de Bourges :
Son Histoire, I. 11728, 29.

BOURG, en Bresse :
Piéces de l'Histoire Ecclésiastique, I. 5020, 21, 23.
Cour Souveraine, (1638) III. 36534.
Suppression (1661) = 36552.
Droits de ses Elus, = 3698.
Diverses Piéces, = 37183 – 87.

BOURG, sur mer, en Guyenne :
Ses Histoires, III. 37521, & 557.

BOURGANEUF, dans la Marche :
Ses Généalogies, III. 40694.

BOURGES, Capitale du Berry :
Son ancien nom, I. 199.
Carte du Diocése, = 1035.
Ses Pouillés, = 1242, 46 – 50, IV. S. 1246.
Carte de sa Généralité, = 1412.
Plan de la Ville, IV. S. 1412*.
Ses eaux minérales, = 3018, 19.
Apparition de Croix, IV. S. 3729*.
Piéces de l'Histoire Eccl. = 4973 – 75, 14698 – 706.
Conciles & Statuts Synodaux, = 6406 – 409.
Histoires des Archevêques, = 8349 – 406, & IV. S. 8370*, 8396*.
Siége, (en 1562) II. 17898, 99.
Entrée du Duc d'Enghien, = 26365.
Son Présidial, III. 34112.
Histoire civile, = 35799, & suiv. II. 17898, 9. 18072.
Son Université, IV. 45165 – 74.
Son Collége, = 45353.
Ses Coutumes, IV. S. page 444.

BOURGOGNE, Comté :
Voyez, FRANCHE-COMTÉ.

BOURGOGNE, Duché :
Carte de l'ancien ou premier Royaume, I. 418, 19, IV. S. 419*.
Etendue de ce Royaume, = 454, 475, 3732.
Desséchement des marais, &c. du Duché, = 937.
Projets de Canaux, = 938 – 49, & IV. S. 940* – 957*.
Cartes du Duché, &c. = 1413, 17 – 25.
Description, Villes, &c. = 2115, 2167, 2195 – 99, IV. S. 2194*.
Voyages en cette Province, = 2341 – 43, IV. S. 2339*.
Piéces de l'Histoire naturelle, = 2514 – 16, 2708, 9. 2723, 2768 – 70, 3321, 22, 3538, 39, & IV. S. 3416*.
Météore vu en Bourgogne, IV. S. 3729*(2).
Glossaire Bourguignon, I. 3779*.
Piéces de l'Histoire Ecclésiastique, = 4976 – 5016, & IV. S. 4979* – 5012.
Concile en lieu incertain, = 6422.
Titres du Domaine, &c. II. 27743, 76 – 83, 28804, & suiv. IV. S. 2779*, & **.
Autres Titres, III. 29625.
Ses Histoires, II. 16060, III. 35823 – 906, IV. S. 35812* – 36045*.
Piéces Ms. historiques, III. 36073, & suiv.
Procès singuliers, = 36704, & suiv.
Franc-aleu roturier, = 39958.
Ses Généalogies, = 40614 – 18, 40679.
Ses Colléges, IV. 45353.
Ses Illustres & Ecrivains, = 45678 – 80, 45810, & 11.
Sa Coutume, IV. S. page 444.

BOURGUEIL, Abb. Diocése d'Angers :
Copie de ses Titres, III. 29561.

BOURMONT, en Lorraine :
Son Collége, IV. page 56.

BOURNONVILLE, en Boulonnois :
Histoire de ce Duché, III. 34204.

BOURON, Fort, en Amérique :
Sa prise, (en 1667) II. 23909.

BOURQUIERE, en Montferrat :
Sa prise, (en 1625) II. 21333.

BOUSIGNIES, en Flandre :
Sa Coutume, IV. S. page 444.

BOUSONVILLE, Abb. Diocése de Metz :
Son Histoire, I. 11730.

BOUSSAC, en Berry :
Sa Coutume, IV. S. page 444.

BOUTILLERIE (la) en Flandre:
Sa Coutume, IV. S. page 444.

BOUTONNET, près de Montpellier :
Ses Pétrifications, I. 2806.

BOUVAIN, en Artois :
Sa Coutume, IV. S. page 444.

BOUVINES, en Flandre :
Sa Coutume, IV. S. page 444.

BOUXVILLER, en Alsace :
Essai d'Histoire naturelle, I. 2675.

BOYAVAL, en Artois :
Exondation de son puits, I. 2853 & 70.

BRABANT, Espagnol ou Autrichien :
Cartes, I. 1362, 2051, 62, 66.
Voyages, = 2291.
Piéces de l'Histoire Ecclésiastique, = 4117, 5024, 25, IV. S. 5025*.
Droits du Roi, II. 28824, & suiv.
Son Histoire civile, III. 39462 - 533, IV. S.
Ses Généalogies, = 40620 - 22. IV. S.
Sa Coutume, IV. S. page 444.

BRABANT Hollandois :
Description, III. 39525 - 32, 39628.

BRAGERAC, ou Bergerac, en Guyenne :
Sa Coutume, IV. S. page 444.

BRAINE, en Soissonnois :
Piéces de l'Histoire Ecclésiastique, IV. S. 6493* & suiv.
Son Concile, I. 6414.
Domaine, II. 27796.
Histoire, III. 34809, 34880 - 81.
Diverses Piéces, IV. S. 34880* - 82.
Voyez SAINT-YVID, Abbaye.

BRATUSPANTIUM, Ville Gauloise :
Sa situation, I. 239, 40, & IV. S.

BREDA, en Brabant Hollandois :
Sa Prise, III. 39531, & IV. S. 39531*.

BREDERODE, en Hollande :
Histoire de ses Seigneurs, III. 39622.

BRENNACUM, Ville Gauloise :
Sa situation, I. 451, & IV. S. 451*.

BRESIL, en Amérique :
Etablissement François, III. 39771, & suiv.

BRESSE, Pays de Bourgogne :
Ses anciens Habitans, I. 342.
Pouillé de ce Pays, &c. = 1259.
Ses Cartes, (avec celles de Bourgogne.)
Ses Villes, &c. = 2195.
Son Histoire naturelle, = 2402.
Piéces de l'Histoire Ecclésiastique, = 5017 - 23.
Titres, II. 27794, 838, III. 29715.
Histoire, III. 36031 - 42, 36296, 36360 - 62, 37177 - 88.
Sa Noblesse, IV. 40623.
Sa Coutume, IV. S. page 444.

BREST, en Bretagne :
Ses environs, IV. S. 1427*.
Plan de la Ville, I. 1428.
Mine de pyrites, = 2766.
Puits singulier, = 2853.
Prise, (en 1626) II. 21382.
Séminaire de la Marine, III. 35488.
Académie de Marine, IV. 45562 - 64.

BRETAGNE :
Carte ancienne, (de l'Armorique) I. 46.
Ses Voies Romaines, = 98, 99, & IV. S.
Anciens Camps, &c. = 100, & IV. S. 100*.
Ses anciens Peuples, = 153.
Projet de Canaux, = 958.

Cartes modernes, = 1430 - 42.
Sa Description, = 2183.
Hist. nat. = 2403, 2674, 2828, 3017, 3420, 3630.
Origine de ses Eglises, = 4073, 14.
Vies de ses Saints, = 4250, 51.
Piéces de l'Histoire Ecclésiastique, = 5626 - 29, & IV. S. 5027*.
Conciles, = 6346, 6415.
Catalogue de ses Evêques, = 10419.
Piéces du Domaine, II. 27797 - 825.
Son Commerce, = 28136, 93.
Titres, III. 29556, IV. S. 29627*.
Ses Histoires, II. 16206, 316, 17467, 19711, 12, III. 35344 - 500, IV. 18913*, 19712, 18, 35343 - 81*.
Arm. & Généalogies, III. 40092 - 94, 40624 - 34, IV. S. 40632*.
Ses Colléges, IV. 45354 - 57.
Recueil de ses Illustres, IV. 45681.
Ses Coutumes, IV. S. page 444.

BRETEUIL, Abbaye, Diocèse de Beauvais :
Son Histoire, IV. S. 11730*.

BRETEUIL, en Normandie :
Sa Coutume, IV. S. page 444.

BRETIGNY, Abb. Diocese de Soissons :
Son Histoire, I. 11731.

BRETIGNY, où fut conclue la paix avec les Anglois ; en 1360.
Sa situation, I. 499, 500, III. 34832, 33. & IV. S.

BRETZENHEIM, en Lorraine :
Son Histoire, IV. S. 38806*.

BRIANÇON, en Dauphiné :
Diverses Singularités, I. 2449.
Ses Coutumes ou Loix, IV. S. page 444.

BRIARE, en Gâtinois :
Son Canal, I. 933 - 35.

BRIE, Pays :
Carte, I. 1443.
Voyez celles de Champagne.
Piéces de l'Histoire naturelle, = 2517, 3430.
Piéces de l'Histoire Eccl. = 5050 - 55, & Add.
Cartulaire, III. 29636.
Son Histoire, = 34212, & suiv.
Ses Généalogies, IV. S. 40639*.
Sa Coutume, IV. S. page 444.
Voyez CHAMPAGNE.

BRIE-COMTE-ROBERT :
Sa prise, (en 1649,) II. 22772.

BRIENNE, en Champagne :
Histoire de ce Duché, III. 34521.

BRIENNON, en Champagne :
Découverte de Médailles, III. 36028.

BRIGANTES :
Dissertation sur cet ancien Peuple, I. 146.

BRIGNOLES, en Provence :
Son ancien nom, I. 277.

BRIONE, en Normandie :
Son Assemblée Ecclésiastique, I. 6414.

BRIOUDE, en Auvergne :
Ses Conciles, I. 6416.
Son Collége, IV. page 56.

BRIOUDE (Vieille) :
Son ancien Pont, III. 37470.

BRIQUESEC, près de Caen :
Ses eaux minérales, I. 3020.

BRIQUEVILLE, en Normandie :
Piéces sur cette Terre, III. 35295.

BRISAC, en Souabe:
Ses Siéges, II. 21959, 24415, 30.
   BRISSAC, en Anjou:
Histoire de son Duché, III. 35709.
Défense de ses Droits, IV. S. 31312*.
   BRITANNIA, ancienne Ville:
Sa situation prétendue, I. 241.
   BRITTENBURGUM, en Hollande:
Dissertation sur cette ancienne Ville, I. 3925.
   BRIVE, en Limosin:
Ses Généalogies, III. 40694.
Mémoire sur cette Ville, IV. S. 37603*.
Son Collége, IV. page 56.
   BROC, Château en Provence:
Relation à son sujet, III. 38088.
   BROCARIACA, ou BROCARIACUM:
Situation de cet ancien Palais, I. 449 & 50.
   BROCOMAGUS, ancienne Ville:
Sa situation, I. 348, 49.
   BROGNE, Abb. Diocèse de Namur:
Son Histoire, I. 11732--34, IV. S. 11733*.
   BROU, en Bresse:
Son Eglise, I. 5021. III. 37189, IV. S. 5021*.
   BROU AUTON, en Perche:
Sa Coutume, IV. S. page 444.
   BROUAGE, en Aunis:
Ses Siéges, II. 18390, 505.
   BROUEREC:
Ancien nom Breton du Pays de Vennes;
Sa Coutume, IV. S. page 444.
   BRUGES, en Flandre:
Carte du Diocèse, I. 1063.
Statuts Synodaux, IV. S. 6416*.
Histoire des Evêques, IV. S. 9059*, I. 9060.
Extraits des Archives, III. 29720.
Histoire Civile, = 39405 -- 8. 4014.
Ses Coutumes, IV. S. page 444.
   BRUGUIERES, en Languedoc:
Dévotion à la Sainte Vierge, I. 4115, 16.
   BRUMT, en Alsace:
Ancienne Inscription, I. 349.
   BRUXELLES, Capitale du Brabant:
Pluie de sang, I. 3716 -- 17.
Miracle du Saint Sacrement, IV. S. 5025*.
Siége (en 1709) II. 24444.
Sa prise, en 1746 = 24668.
Titres & Cartulaires, III. 29628 & 29.
Ses Histoires, III. 39509 -- 11.
Sa Coutume, IV. S. page 444.
   BUEIL, ou BEUIL, en Touraine:
Sa Coutume, IV. S. page 444.
   BUGEY, Pays de Bresse:
Piéces sur ce Pays, III. 36296, 36364, 37178, & suiv.
Ses Généalogies, = 40623.
Voyez BRESSE.
   BUGLOSE, en Gascogne:
Dévotion à la Sainte Vierge, I. 4119, 20.
   BUGUES, Abb. Diocèse de Perigueux:
Son Histoire, I. 14860.
   BUISSY, en Artois:
Sa Coutume, IV. S. page 444.
   BULLY, en Lyonnois:
Eclaircissement géographique, I. 2178.
   BURICK, au Duché de Cléves:
Sa prise, (en 1672) II. 23974.
   BUSANÇOIS, en Berry:
Ses Coutumes, IV. S. page 444.

BUSSANG, en Lorraine:
Ses eaux minérales, I. 3031 -- 23.
   BUSSIERE (la), en Bretagne:
Sa Coutume, IV. S. page 444.
   BUSSIERE (la), Abb. Diocèse d'Autun:
Son Cartulaire, III. 29630.
   BUXEUIL, en Berry:
Sa Coutume, IV. S. page 444.

C.

CADETES, Peuple Gaulois:
Leur situation, I. 243.
   CADILLAC, en Guyenne:
Piéces d'Histoire naturelle, I. 2404, 2517, 3323, 3324, 3517.
Son Collége, IV. page 56.
   CADIX, en Espagne:
Combat naval, II. 22004.
Fête, en 1703, = 26515.
   CADOUIN, Abb. Diocèse de Sarlat:
Ses Histoires, I. 5132, 33, 13028.
   CAEN, en Normandie:
Son Plan, I. 1444.
Piéces d'Histoire naturelle, = 3024, 25, 3325.
Piéces d'Histoire Eccl. = 5429--31, 5600, & IV. S.
Assemblées & Conciles, = 6426.
Réduction, (en 1620) II. 20869.
Entrée de Charles VII. = 26141.
Réjouissances, = 26523, 41.
Baillis & Gouverneurs, III. 34115.
Ses Histoires, = 35285 -- 88.
Sa Noblesse, = 40740 -- 42.
Son Université, IV. 45175 -- 84.
Son Collége, = 45358, 59.
Son Academie, = 45565 -- 67.
Ses Illustres, 45683, 85.
Sa Coutume, IV. S. page 444.
   CÆSARODUNUM, ancienne Ville:
Sa situation, I. 35647.
   CAGNY, en Beauvaisis:
Voyez BOUFFLERS.
   CAGOTS: Voyez CAPOTS.
   CAHORS, en Guyenne:
Sa situation, I. 372.
Carte du Diocèse, = 1036.
Son Pouillé, = 1246.
Saint Suaire, = 5134.
Statuts Synodaux, = 6455.
Histoires des Evêques, = 7936-54.
Titres, III. 29687, 718.
Histoires Civiles, = 37605 -- 8.
Son ancienne Université, IV. 45185 -- 88.
Ecole de Théologie, = page 56.
   CAILA, en Languedoc:
Carte de sa Baronie, I. 1445.
   CAILLAN, en Armagnac:
Maladie épidémique, I. 2518.
   CAINGY, près d'Orléans:
C'est l'ancien Cingiacum, I. 508, & 9.
   CALAIS, en Picardie:
Ancienne jonction avec l'Angleterre soupçonnée, I. 161.
Port Iccien (prétendu), = 296, & suiv.
Carte des environs, = 1446 -- 48.
Plan de la Ville, = 1449, 50, & IV. S.
Siége & prise, II. 17014 -- 18.
Réduction, = 17694 -- 704.

Entreprise

Table Géographique.

Entreprise des Anglois, II. 21449.
Titres du Domaine, = 27826, 27.
Ses Histoires, III. 29876--80, 34205--208.
Son Collége, IV. *page* 56.
Ses Coutumes, IV. *S. page* 444.

CALERS, Abb. Diocèse de Rieux :
Son Histoire, I. 13029.

CALETES, Peuple Gaulois :
Sa situation, I. 244.

CALLAU, Montagne :
Sa position, I. 501.

CALVISSON, en Languedoc :
Carte de ce Marquisat, I. 1451.

CAMBRAY :
Anciens habitans, *Voyez* NERVIENS.
Cartes du Diocèse, I. 1037, 38.
Son Pouillé, = 1251--54.
Dévotion à la Sainte Vierge : = 4131.
Catalogue de ses Saints, = 4253.
Conciles & Statuts Synodaux, = 6428--32, IV. *S.*
Histoires des Archevêques, = 8510--82, IV. *S.*
Siéges, = 23021, 24112, 21.
Titres, II. 27785, 828--31.
Histoire du Congrès, III. 31151.
Histoires civiles, = 39036--51, IV. *S.*
Sa Noblesse, = 40640.
Sa Coutume, IV. *S. page* 444.

CAMBRÉSIS, Pays :
Ses Cartes, I. 1553, 55, 57.
Sa Description, = 2200, 1.
Son Histoire, = 39035--47.

CAMBRON, Abb. Diocèse de Cambray :
Son Histoire, = I. 13030.
Dévotion à la Sainte Vierge, = 4121.

CAMBRON, (Fort de) en Flandre :
Sa prise, en 1644, II. 22209.

CAMPREDON, en Catalogne :
Sa prise, (en 1689,) II. 24261.

CANADA, Pays d'Amérique :
Cartes, I. 1452--59.
Sa Description, = 2202, III. 39639.
Son Histoire nationale, = 2405-7, 1665, 3328, III. 39632, IV. *S.* 2675*.
Histoire Ecclésiastique ; *voyez* QUEBEC, & *diverses Relations de l'Article qui va suivre.*
Histoires civiles, III. 39638--738, IV. *S.*

CANARIES, Isles d'Afrique :
Découvertes par les François, III. 39788.

CANDIE :
Siége, (en 1666, &c.) II. 23944, & *suiv.*

CANTIMPRÉ, Abb. à Cambray :
Son Histoire, I. 13421, 22. IV. *S.*

CAP-BRETON, Isle d'Amérique :
Son Histoire, III. 39670, 1, 39734.

CAP DE LA MAGDELENE, en Canada :
Ses eaux minérales, I. 3016.

CAP DE QUIERS, en Catalogne :
Sa prise, (en 1655) II. 23797.

CAPELLE (la), en Picardie :
Carte des environs, I. 1460.
Ses Prises, II. 21658, 23807.

CAPOTS, gens singuliers, en Guyenne, &c.
Détails à leur sujet, I. 492.

CAPPÆ, ancien lieu :
Sa situation, I. 502.

CARCASSONNE, en Languedoc :
Colonne milliaire, I. 65.

Ses Fontaines, I. 913.
Carte du Diocèse, = 1039.
Saint Suaire, 5369.
Histoires des Evêques, = 9195 - 98. IV. *S.*
Titres, II. 17857.
Prise & rébellion, = 17811, 27857.
Ses Histoires civiles, III. 37808 -- 12.
Son Collége, IV. 45361, & *page* 56.
Sa Coutume, IV. *S. page* 443.

CARENTAN, en Normandie :
Ses Redditions, II. 18250, 19600.

CARIGNAN, en Luxembourg François :
Histoire de son Duché, III. 38795.

CARIGNAN, en Piémont :
Ses prises : II. 17601, 21621, 22.

CARMERY, Abb. Diocèse du Puy :
Ses Histoires, I. 11735--39.

CARNOET, Abb. Diocèse de Quimper :
Son Histoire, I. 13031.

CAROCOTINUM, lieu Romain :
Sa situation & ruines, I. 245.

CARPENTRAS, en Provence :
Piéces d'Histoire Ecclésiastique, IV. *S.* 5544 (4 & 6.)
Conciles & Statuts Synodaux, I. 6446, & IV. *S.*
Histoires des Evêques, = 8135 -- 42.
Entrée du Cardinal Farneze, IV. *S.* 38332*.

CASAL, en Italie :
Siéges, II. 21620, 24, 21988--92, 43, 721, 24351.

CASSANO, en Italie :
Bataille, en 1705, II. 24467.

CASSEL, en Allemagne :
Siége, en 1762, II. 24779.

CASSEL, en Flandre Françoise :
Bataille, en 1677, II. 24113.
Son Collége, III. 45360.
Sa Coutume, IV. *S. page* 444.

CASSIERE (la), dans la Marche :
Eclaircissement Géographique, I. 2278.

CASTEAU-CAMBRÉSIS :
Sa Chronique, III. 39052.
Négociation avec l'Espagne, = 30054, & 72.

CASTEL-GÉLOUX, en Gascogne :
Son antiquité, III. 37557.

CASTELLANE, en Provence :
Piéces d'Histoire Ecclésiastique, I. 5541.
Ses Priviléges, &c. III. 38269.

CASTELNAUDARI, en Languedoc :
Relation au sujet du Canal, I. 904.
Fondation du Chapitre, IV. *S.* 5369*.
Combat, en 1632, II. 21755.
Son Collége, IV. *page* 56.

CASTILLE, Province d'Espagne :
Droits du Roi, II. 28907.

CASTRES, en Languedoc :
Cartes du Diocèse, I. 1040, 1.
Son Pouillé, = 1246.
Histoire naturelle, = 2408.
Chambre de l'Edit, = 6247, 8.
Statuts Synodaux, = 6448.
Histoires de ses Evêques, = 7933 --35.
Histoires civiles, III. 37792--97, & IV. *S.*
Son Collége, IV. *page* 56.
Sa Coutume, IV. *S. page* 444.

CATALAUNICI CAMPI :
Défaite d'Attila, I. 503 -- 5, IV. *S.*

CATALOGNE, Province d'Espagne :
Vies de ses Saints, I. 4254.

Tome V.

D

Se donne aux François, II. 22024, 32, IV. S.
Droits du Roi, = 28919, & suiv.
Ses Histoires, III. 38354--68, & IV. S.
Sa Noblesse, = 40779.

CATOLOCENSIS Vicus :
Ancien nom de S. Denys, I. 507.

CAVAILLON, en Provence :
Son Synode, (en 1680) I. 6459.
Histoires des Evêques, = 8152--55.
Histoires civiles, III. 38346, IV. S.

CAUDEBEC, en Normandie :
Sa Coutume, IV. S. page 444.

CAUNES, Abb. Diocèse de Narbonne :
Son origine, IV. S. 11739*.

CAUTEREZ, en Gascogne :
Ses eaux minérales, I. 2946, 74, 3028--30.

CAUX, Pays de Normandie :
Anciens Habitans, I. 244.
Ses Cartes, I. 1461, 2.
Origine de ses Peuples, = 3927.

CAYENNE, Isle d'Amérique :
Son Plan, I. 1539.
Histoire naturelle, = 2409, 10, 14, 3329.
Histoires civiles, III. 39774-87, IV. S.

CEIGNAC, en Rouergue :
Dévotion à la Sainte Vierge, I. 4122.

CELLES : voyez SELLES.

CELTES, anciens Habitans de Gaule :
Leur origine & Histoire, I. 3735, & suiv.

CENABUM : voyez GENABUM.

CERCAMP, Abb. Diocèse d'Amiens :
Son Histoire, I. 13032.

CERDAGNE, Pays de Roussillon :
Droits du Roi, II. 28919.
Histoire, III. 38359.

CERISOLES, en Italie :
Bataille, en 1544. II. 17599, & suiv.

CESSAY, en Bourgogne :
Ses eaux minérales, I. 3031.

CETTE, en Languedoc :
Son Port, &c. I. 899, 991, IV. S.
Carte de sa Presqu'isle, = 1463.
Descente des Anglois, II. 24456.
Description, III. 37816.

CÉVENNES, Montagnes de Languedoc :
Ses Cartes, I. 464, 68.
Situation de ces Montagnes, &c. = 2203, 2784.
Révolte de ce Pays, = 6081, 85, & suiv. II. 24432.

CEZE, Riviere :
Ses paillettes d'or, I. 2782, 4.

CHAALIS, Abbaye, Diocèse de Senlis :
Ses Histoires, I. 13033--35.
Son Cartulaire, III. 29637.

CHABRIS, en Berry :
Sa Coutume, IV. S. page 445.

CHACENAY, en Champagne :
Histoire de cette Baronnie, III. 34378.

CHAGNY, en Bourgogne :
Piéces à son sujet, III. 37190, 91.

CHAILLOT, près Paris :
Antiquités prétendues, &c. III. 34793.

CHAINGY, en Orléannois :
C'est l'ancien CINGIACUM, I. 508, 9.

CHAISE-DIEU, Abb. Diocèse de Clermont :
Ses Histoires, 11740-52.

CHAISE-DIEU, Diocèse d'Evreux :
Histoire de ce Prieuré, I. 15174.

CHALLON sur Saone, en Bourgogne :
Carte du Diocèse, I. 1043.
Son Pouillé, = 1255, 58.
Vies de ses Saints, 4252.
Piéces d'Histoire Ecclésiastique, = 4990, 91, IV. S.
Conciles & Statuts Synodaux, = 6424, 25, & IV. S.
Histoires des Evêques, 9022--41, IV. S.
Entrées & Réjouissances, II. 26378, 510, 47.
Cartulaires, III. 29631, 710.
Son Bailliage, 34117.
Ses Hist. civ. = 35966--71, 36211, 12, 78, 79, 37192--214.
Son Collége, IV. S. 45368.
Ses Ecrivains, = 45682.

CHALONS sur Marne, en Champagne :
Carte du Diocèse, I. 1042.
Son Pouillé, = 1270.
Plan de la Ville, = 1469.
Lieux dépendans de la Coutume, &c. = 2204, 5.
Histoire naturelle, = 2519, 20, IV. S. 3432*.
Dévotion à la Sainte Vierge, = 4123.
Piéces d'Histoire Ecclésiastique, = 5031--40. IV. S.
Conciles & Statuts Synodaux, = 6451--54.
Histoires des Evêques, = 9612--33.
Titres de l'Evêché, III. 29542.
Histoires civiles, = 34272--75. II. 18700, 26550.
Son Collége, IV. S. 45365--67.
Son Académie, = 45570.
Sa Coutume, IV. S. page 444.

CHAMAILLERE, en Auvergne :
Ses caves étouffantes, I. 3690.

CHAMBON, Abb. Diocèse de Poitiers :
Ses Titres, III. 29562.

CHAMBOR, en Blaisois :
Description de ce Château, II. 27033.

CHAMERAC, en Vivarais :
Sa prise, (en 1628) II. 21468.

CHAMILLY, en Brie :
Sa Coutume, IV. S. page 445.

CHAMPAGNE, Province :
Projet d'un Canal, IV. S. 965*.
Ses Cartes, I. 1470-82.
Description, = 2206, 7.
Histoire naturelle, = 2411, 12.
Piéces de la même, = 2676, 2807, 3326, 3424-32. (& IV. S.) 3506, 23, 28-30, (& IV. S.) 3617, (IV. S. 3675*.) 3711.
Piéces d'Histoire Ecclésiastique, 5030, & suiv. IV. S.
Domaine, II. 2777, 27829-32.
Cartulaires, &c. III. 29632--36, & IV. S.
Ses Hist. civ. III. 34211-379, IV. S. 34221*--371*.
Sa Noblesse utérine, = 39889.
Sa Coutume, IV. S. page 444.
Fiefs de ses Comtes, = 39925.
Ses Généalogies, = 40095, 40641-45.
Ses Illustres, IV. 45686, IV. S.

CHAMPAGNE, Abb. Diocèse du Mans :
Son Histoire, I. 13036.
Ses Titres, III. 29563.

CHAMP-LIEU, Plaine, en Valois :
Ancien camp Romain, I. 91.

CHANCELADE, Abb. Diocèse de Périgueux :
Son Histoire, I. 13423, & 24.

CHANNI, ancien nom de CHAULNY :
Sa Coutume, IV. S. page 445, & V. Add.

CHANTEMARLE, en Brie :
Sa Coutume, IV. S. page 445.

CHANTILLY, en l'Isle de France :
Carte de ses environs, I. 1483.
Voyage, = 2364.
Description du Château, III. 34861, 62.
Fêtes, II. 26483, (& IV. S.) 26527, 579, & IV. S. 34861*.

CHAPELLE Dam Guillon, en Berry :
Sa Coutume, IV. S. page 445.

CHARANTE, Riviere :
Description de son cours, I. 855.

CHARENTON, près de Paris :
Echo singulier, I. 3695.
Les Calvinistes y étoient établis, = 5913, 6053.
Prises, II. 22552, 705.
Combat auprès, = 22721.
Description historique, &c. III. 34795, 96.

CHARITÉ (la), Diocèse d'Auxerre :
Histoire du Prieuré, I. 11753-57.
Siége, (en 1577) II. 18376.

CHARLEROY, au Comté de Namur :
Son Siége, en 1672, II. 23984.

CHARLEVILLE, en Champagne :
Sa mouvance, II. 27950, 29014.
Son Histoire, III. 34270.
Son Collége, IV. 45362-64.

CHARLIEU, Abb. Diocèse de Besançon :
Son Histoire, I. 13047.
Piéce à son sujet, III. 37215.

CHARLIEU, Diocèse de Mâcon :
Son Concile, I. 6434.
Sa prise, en 1590, IV. S. 19275*.

CHARNIE (la), au Maine,
Mémoire à son sujet, III. 35522.

CHAROLES, en Bourgogne :
Piéces à son sujet, III. 37216-26.

CHAROLOIS, Comté :
Sa Carte, I. 1484.
Son Histoire, III. 36004, 5.
Piéces sur ce Pays, = 36228, 29, 314, 23, 61, 463, 64.
Droits du Roi, &c. II. 28815, 26, 33.
Ses Comtes, = 36004, IV. S.

CHARON, près de la Rochelle :
Maladie épidémique, I. 2521.

CHAROST, en Berry :
Histoire de son Duché, III. 35820.
Sa Coutume, IV. S. page 445.

CHARREY, en Bourgogne :
Piéces à son sujet, III. 37331.

CHARROU, en Poitou :
Ses Conciles, I. 6539.

CHARTRES, en Beauce :
Sa Voie Romaine, I. 94.
Cartes du Diocèse, = 1044, 45.
Ses Pouillés, = 1262, & 67.
Lieux de sa Prévôté, = 2208.
Piéces d'Hist. nat. = 3032, 33, 3691, 2, 3718.
Dévotion à la Sainte Vierge, = 4124-26, & IV. S.
Piéces d'Histoire Eccl. = 4961-71, IV. S. 35542*.
Conciles & Statuts Synodaux, = 6436-45.
Histoires des Evêques, = 9354-88, & IV. S.
Titres de l'Evêché, III. 29543, 44.
Droits du Roi, II. 27833.
Ses Histoires civiles, III. 35532-46, & IV. S.
Diverses Piéces historiques, II. 26341, 27550, IV. S. 26073*, 26183*.
Sa Noblesse, III. 40646.
Ses Illustres, IV. 45687, 88.
Sa Coutume, IV. S. pag. 445.

CHARTREUSE (la grande), en Dauphiné :
Ses Plans, IV. S. 1182*.
Description, I. 13226, 27, IV. S. 13217*, (pour 27.)

CHASSAGNE, Abb. Diocèse de Lyon :
Son Histoire, I. 13038.

CHASTEAU-CHASLON, Abb. du Dioc. de Besançon :
Ses Histoires, I. 14862-63, IV. S.

CHASTEAU-CHINON, en Bourgogne :
Son Histoire, III. 35580, 81.

CHASTEAUDUN, en Beauce :
Sa Description, III. 35640.
Anciennes figures, = 35643.

CHASTEAU-GONTIER, en Anjou :
Ses Conciles, I. 6447.
Réduction, II. 20865.

CHASTEAU-LANDON, en Gâtinois :
Son antiquité, &c. III. 34824.
Sa Coutume, IV. S. pag. 445.

CHASTEAU-LIN, en Bretagne :
Piéces d'Hist. nat. I. 2718, 3606.

CHASTEAU-MEILLAN, en Berry :
Bataille, en 583. I. 523.
Sa Coutume, IV. S. pag. 445.

CHASTEAU-NARBONNOIS :
Sa situation, I. 526.

CHASTEAU-NEUF, de Tymerais :
Suite de ses Seigneurs, IV. S. 35531*.
Sa Coutume, IV. S. page 445.

CHASTEAU-NEUF sur Cher, en Berry :
Sa Coutume, IV. S. page 445.

CHASTEAU-PORCIEN, en Champagne :
Sa prise, (en 1617) II. 20693.
Ses Histoires, III. 34264, 69.

CHASTEAU-REGNAULT, en Champagne :
Mémoire sur cette Principauté, II. 27834.
Ses Coutumes, IV. S. page 445.

CHASTEAU-RENARD, en Gâtinois :
Ses Domaines, II. 27826.

CHASTEAU-ROUX, en Berry :
Son Concile, I. 6449.
Piéces historiques, II. 20353, & IV. S.
Histoire de son Duché, III. 35816, 17, IV. S.

CHASTEAU-THIERRY, en Champagne :
Ses eaux minér. I. 3034.
Son Concile, = 6450.
Ses Histoires, III. 34360, &c.

CHASTEAU-VILLAIN, en Champagne :
Histoire de son Duché, III. 34321.

CHASTELLERAULT, en Poitou :
Histoire de son Duché, III. 35749.
Titres d'Hamilton, II. 27835.

CHASTELET, en Berry :
Sa Coutume, IV. S. page 445.

CHASTELIER, en Normandie :
Camp Romain, I. 269.

CHASTILLON lez Dombes :
Son Incendie, III. 36072.

CHASTILLON sur Indre, en Touraine :
Ses Coutumes, IV. S. page 445.

CHASTILLON sur Loin, en Gâtinois :
Histoire de son Duché, III. 35555.
Sa Coutume, IV. S. page 445.

CHASTILLON sur Seine :
Piéces d'Histoire Eccl. I. 4992, 93, IV. S. 13424*.

D 2

Histoires de la Ville, III. 35996, 97.
Autres Piéces, II. 26488, III. 37227.

CHASTRES, en l'Isle de France :
Histoire du Duché d'Arpajon, III. 34835.

CHATENAY, Montagne en Auxerrois :
Sa Chauffée antique, I. 73.

CHATENAY, en Lorraine :
Droits du Roi, II. 29016.

CHATENOI, en Alsace :
Ses Bains, I. 3027.

CHAUD-FONTAINE, au Pays de Liége :
Ses eaux minérales, I. 2505, 3036.

CHAUDES-AIGUES, en Auvergne :
Ses eaux minér. I. 3035.

CHAULNES, en Picardie :
Histoire de son Duché, III. 34176.

CHAULNY, en Noyonnois :
Son Canal, I. 959.
Lieux dépendans de sa Coutume, = 2209.
Ses antiquités, III. 34895.
Sa Coutume, IV. S. page 445.

CHAUMONT, en Bassigny :
Lieux dépendans de sa Coutume, I. 2210, II.
Ses Histoires, III. 34355 - 57.
Piéces historiques, IV. S. 18434*, 34361*.
Son Collége, IV. 45369, 70.
Sa Coutume, IV. S. page 445.

CHAUMONT, butte près de Paris :
Remarques à son sujet, I. 2643.

CHAUMONT, Abb. Diocèse de Reims :
Son Histoire, I. 13565.

CHAUMONT, en Vexin :
Sa Coutume, IV. S. page 445.

CHAUMOUSSAY, Abb. Diocèse de Toul :
Ses Histoires, I. 13425 - 27.

CHELLES, Abb. Diocèse de Paris :
Ses Histoires, I. 14864 - 74.
Conciles ou Assemblées, = 6538.

CHENAY, près de Reims :
Ses eaux minérales, I. 3037.

CHENONCEAUX, en Touraine :
Entrée de François I. en 1559, Ii. 26224.

CHEPPE, en Champagne :
Camp d'Attila prétendu, I. 506.

CHERBOURG, en Normandie :
Son Plan, IV. S. 1484*.
Ses Histoires, III. 35340, 41.

CHERCHE-MIDI, Prieuré, à Paris :
Piéce à son sujet, I. 14875.

CHERLIEU, Abb. Diocèse de Besançon :
Mémoire historique, IV. S. 38455.

CHESNE (le), en Anjou :
Dévotion à la Sainte Vierge, I. 4132, 33.

CHESSI, dans l'Isle de France :
Description du Château, III. 34836.

CHEVREUSE, dans l'Isle de France :
Histoire de son Duché, III. 34816.

CHEYLAR, en Vivarais :
Murs démolis, II. 21007.

CHEZAL-BENOIST, Abb. Diocèse de Bourges :
Ses Histoires, I. 11858 - 68.

CHIEVRES, en Brabant :
Dévotion à la Sainte Vierge, IV. S. 4141*.

CHIMAY, en Hainaut :
Titres de ce Comté, II. 29059.
Sa Coutume, IV. S. page 445.

CHINON, en Touraine :
Son Eglise, &c. = 4598, 5560.
Mémoire historique, III. 35663.
Assemblée Ecclésiastique, I. 6463.

CHOISEUL, en Bourgogne :
Histoire de son Duché, III. 35927.

CHOISY, en Brie :
Sa Coutume, IV. S. page 445.

CHORA, ancien lieu :
Sa situation, I. 247 - 51.

CIMBRES, ancien Peuple d'Allemagne :
Leurs guerres en Gaule, I. 3928.

CINGIACUM, ancien lieu :
Sa situation, I. 508, & 9.

CIOTAT (la), en Provence :
Son Collége, IV. page 56.

CISTEAUX, Abb. Diocèse de Dijon :
Ses Histoires, I. 12938 - 13016, & IV. S.
Piéces sur cette Abb. III. 36456 - 510. 37072 - 122.

CIVAUX, en Poitou :
Ses Tombeaux, I. 3820 - 23.

CLAIRE-FONTAINE, Abb. Diocèse de Besançon :
Son Histoire, I. 13075.
Défaite auprès, II. 19022.

CLAIREMARESCH, Abb. Diocèse de S. Omer :
Son Histoire, I. 13076.

CLAIRETS, Abb. Diocèse de Chartres :
Ses Histoires, I. 15083 - 85.

CLAIRVAUX, Abb. Diocèse de Langres :
Ses Histoires, I. 13039 - 74, & IV. S.

CLAMECY, en Nivernois :
Sa Prise, (en 1617.) II. 20552.
Voyez BETHLÉEM, Evêché titulaire.
Diverses Piéces, III. 35567.

CLARENSAC, en Languédoc :
Monument antique, III. 37882.

CLÉRAC, en Agénois :
Réduction, (en 1621) II. 21010, 11.

CLERMONT, en Argonne :
Mouvance & Histoire, 27950, 29014.
Cession au Prince de Condé, IV. S. 38793**.
Sa Coutume, IV. S. page 445, & V. Add.

CLERMONT, capitale de l'Auvergne, ou CLERMONT-FERRAND :
Ancien état de cette Ville, &c. I. 252, 53.
Pouillés du Diocèse, = 1242, 46.
Piéces d'Histoire naturelle, = 2522, 2706, 48, 49.
Vies de ses Saints, = 4255.
Ses Eglises & Monasteres, = 4955 - 57.
Conc. & Stat. Synod. = 6464 - 71. IV. S. 6645*.
Hist. des Evêq. = 8407 - 56, IV. S. 8449*.
Entrée du Cardinal de Rendan, II. 26273.
Histoires civiles, III. 37459 - 76.
Son Collége, IV. 45371 - 73.
Son Académie, = 45571 - 73.

CLERMONT en Beauvaisis :
Prise, (en 1654.) II. 23761.
Son Nobiliaire, III. 34922.
Fiefs & Arriere-Fiefs, = 39926.
Sa Coutume, IV. S. page 445.

CLERMONT-LODEVE, en Languedoc :
Ses Priviléges, III. 37845.

CLERMONT-SOUVERAIN, en Agénois :
Sa Coutume, IV. S. page 445.

CLERMONT-TONNERRE, en Dauphiné :
Histoire de son Duché, III. 38011, 12.
Saints de cette Maison, I. 4282, 83.

CLERREVESSEL, Diocèse de Rouen :
Titres de ce Prieuré, III. 29555.

CLERY, en Orléanois :
Titres de l'Eglise de Notre-Dame, III. 29564.

CLEVES, près des Pays-Bas :
Carte des environs, I. 1001, & 3.
Ses Histoires, III. 39240 - 53.

CLICHY, près de Paris :
Son Concile, I. 6472.

CLOSTER-SEVEN, (& non HOVEN), en Allemagne
ou en Westphalie :
Capitulation de 1757, &c. II. 24763, III. 31176.

CLUNI, Abb. Diocèse de Mâcon :
Ses Hist. I. 11769 - 865. IV. S.
Divers Cartulaires, III. 29638 - 40.
Piéces à son sujet, = 35977, 37237 - 42.

CLUSEAU, en Périgord :
Remarques sur son trou, III. 37582.

CŒUVRES, en Soissonnois :
Voyez ESTRÉES.

COGNAC, en Angoumois :
Ses Conciles, I. 6433, & 81.
Bataille auprès, II. 18059.
Siége, (en 1651) = 23352, & suiv.
Ses Titres, = 27852.
Ses Priviléges, III. 35792.
Ses Généalogies, = 40694.

COISLIN, en Bretagne :
Histoire de son Duché, III. 35474.

COLIGNY, en Bourgogne :
Carte de sa Seigneurie, I. 1485.

COLMAR, en Alsace :
Ses Hist. &c. III. 38751 - 53.
Son Conseil supérieur, = 33230, 31, IV. S.
Remontrances, = 33592, & suiv.

COLMARS, en Provence :
Sa Fontaine, I. 2855.

COLOGNE, en Allemagne Gauloise :
Cartes du Diocèse, I. 1046, 47.
Piéces d'Hist. Eccl. = 4256.
Ses Conciles, = 6313, 6474.
Histoires des Archevêques, = 8643 - 81.
Pompe funèbre de Marie de Médicis, II. 26752.
Le Cardinal Mazarin s'y retire, = 23245, & suiv. IV. S.
Conférence pour la Paix, III. 30998, 108.
Histoires de l'Electorat, = 39188, 39201 - 107, IV. S. 39206*.

COLONIES FRANÇOISES :
Leurs Histoires, III. 39629, & suiv. IV. S. page 656.

COMBALET :
Question à son sujet, non résolue, I. 2278.

COMBRAILLE, Pays d'Auvergne :
Réglement à son sujet, IV. S. 37439*.

COMMERCY, en Barrois :
Ses Titres, II. 29011.

COMMINES, en Flandre :
Sa Coutume, IV. S. pag. 445.

COMMINGES, en Gascogne :
Cartes du Diocèse, I. 1048, 49.
Ses Stat. Synod. = 6475, IV. S.
Hist. des Evêq. = 8090 - 95.
Ses Titres, II. 27856, 58.
Histoires de ses Comtes, III. 37641 - 44.

COMPIEGNE, en l'Isle de France :
Carte du Voyage, depuis Paris, = 627, 28.
Cartes de la Forêt, I. 1486 - 89, IV. S.
Piéces d'Hist. Eccl. = 5476, II. 16434.
Ses Conciles, I. 6476.
Diverses Piéces, II. 16343, 16529, 26005, 8, 14, 27001, 2, III. 30528.
Ses Histoires, III. 34856 & 57.
Description de sa Forêt, = 34859.
Son Collége, IV. 45374 - 76. & pag. 56.
Sa Coutume, IV. S. pag. 445.

CONCHES, Abb. Diocèse d'Evreux :
Son Histoire, II. 11866, IV. S.
Sa Coutume, IV. S. pag. 445.

CONCQ, en Bretagne :
Pris & repris, II. 18377.

CONDAT, Abbaye :
Voyez SAINT-CLAUDE :

CONDÉ, en Hainaut :
Ses Siéges, II. 23794, 24097.
Droits de la France, = 17836, 28879 - 80.
Princes qui en portent le nom, = 25783, & suiv.

CONDÉ, sur Noireau, en Normandie :
Mémoire historique, III. 35330.

CONDOM, en Gascogne :
Carte du Diocèse, I. 1050.
Ses Pouillés, = 1241 - 45.
Ses Stat. Synod. = 6477.
Hist. des Evêq. = 8333, 34.
Son Collége, IV. page 56.

CONFÉRENCE, (Isle de la).
Sa Carte, I. 1585.
Rel. de la Paix de 1659, III. 30917 - 33, & 30936.

CONFLANS, près de Paris :
Sa Description, III. 34797.
Voyez CHARENTON.

CONNERÉ, dans le Maine :
Défaite des Reistres, II. 19030.

CONQUETS de Hue de Gournay :
Sa Coutume, IV. S. pag. 445.

CONSERANS, en Gascogne :
Carte du Diocèse, I. 1051.
Histoires des Evêques, = 80961 - 8101.

CONSTANCE, en Suisse :
Carte du Diocèse, I. 1072.
Histoires des Evêques, = 9147 - 50, IV. S.

CONSTANTINOPLE :
Histoires sous les Emp. Franç. II. 16725 - 37. IV. S. 39349*.
Audience à M. de Guilleragues, IV. S. 31063*.

CONTI, en Picardie :
Son Canal, I. 930.
Ses Princes, II. 25847, & suiv.

CONTRAGINNUM, ancien lieu :
Sa situation, I. 250.

CONTREXEVILLE, en Lorraine :
Ses eaux minérales, I. 3038, 39.

CONVICINUM, près de Senlis :
Son Concile, I. 648.

CORBEIL, en l'Isle de France :
Ses Saints, I. 5329.
Ses antiquités, III. 34819.

CORBIE, Abb. Diocèse d'Amiens :
Ses Hist. I. 11868 - 90, IV. S.
Siége de la Ville, II. 21887, 88.

CORBIGNY, en Laonnois :
Pélerinage des Rois, à S. Marcou, II. 26976, 80.

CORDES, en Bourbonnois :
Ses antiquités, I. 265.

CORDOUAN (Tour de) à l'embouchure de la Gironde, ou Garonne :
Pièce à son sujet, III. 37555.

CORGIRENON, en Champagne :
Ses deux Fontaines, I. 2861, IV. S.

CORMERY, Abbaye, Diocèse de Tours :
Ses Histoires, I. 21891 – 93.

CORNEUX, Abbaye, Diocèse de Besançon :
Mémoire historique, IV. S. 38455*.

CORNOUAILLES, en Bretagne :
Sa Coutume, IV. S. pag. 445.
Voyez QUIMPER.

COROMANDEL, Pays des Indes :
Ses Cartes, I. 1668, 69.
Guerre avec les Anglois, II. 14777, III. 33809, & suiv.

CORSE, Isle d'Italie :
Diverses Piéces, II. 14623 – 32, 24766.
Ses Hist. III. 39819 – 22, & IV. S.
Corses François, = 40791.

CORSEULT, en Bretagne :
Ses antiquités, I. 254, 55, III. 35498.

CORTENBOSCH, au Pays de Liége :
Dévotion à la Sainte Vierge, I. 4130.

CÔTE-CÔTE, près de Dieppe :
Ses antiquités, III. 35244.

CÔTENTIN, Pays de Normandie :
Sa Description, III. 35336, 37.
Recueil de Chartes, IV. S. 29640*.

CÔTES de France :
Leurs Cartes, I. 687 – 729.
Traités à leur suje:, = 834 – 52.

COUCY, en Laonnois :
Son Histoire, III. 34896.
Sa Coutume, IV. S. pag. 445.

COUDES, en Auvergne :
Ancienne Inscription, III. 37480.

COUDUN, en Beauvaisis :
Plan de son Camp, I. 1489. IV. S.
Journal des exercices, II. 34381.

COUGNY, en Nivernois :
Histoire de cette Terre, III. 35584.

COULAINES, dans le Maine :
Son Concile, I. 6473.

COULANGE la Vineuse, en Bourgogne :
Découverte d'une source, I. 2856.

COULDRAY (le), en Touraine :
Ses Coutumes, IV. S. pag. 445.

COULOMBIERES, en Normandie :
Piéces sur cette Terre, III. 35295.

COULOMMIERS, en Brie :
Mémoire à son sujet, III. 34370.
Histoire de son Duché, = 34371.
Entrée de M. Bossuet, &c. IV. S. 34370*.
Sa Coutume, IV. S. pag. 445.

COURBEVOYE, en l'Isle de France :
Piéc. d'Hist. Eccl. l. 5330.

COURONNE (la) Abbaye, Diocèse d'Angoulême :
Son Histoire, I. 13617.

COURTENAY, en Gâtinois :
Histoire de ses Princes, II. 25317 – 44.

COURTRAI, en Flandre :
Ses Siéges, II. 22244, 23915.

Conférences, en 1679. III. 31039 – 41.
Son origine, = 39401.
Ses Coutumes, IV. S. pag. 445.

COUTANCES, en Normandie :
Cartes du Diocèse, I. 1052, 53.
Ses Pouillés, = 1274, IV. S. 1276*.
Statuts Synodaux, = 6478, 79.
Histoires des Evêques, = 9998 – 10006, IV. S.
Entrée de l'Evêque, II. 26405.
Ancien Aqueduc, III. 35338.

COUTRAS, en Guyenne :
Bataille, (en 1587) II. 18624.

COUTURE (la), Abbaye, au Mans :
Copie de ses Titres, III. 29565.

COUTURE Sainte Catherine, à Paris :
Histoire de ce Prieuré, I. 13628, 29.

CRANSSAC, en Rouergue :
Ses eaux minérales, I. 3040.

CRÉCY, en Brie :
Son Collége, IV. pag. 56.
Sa Coutume, IV. S. pag. 445.

CREGI, en Brie :
Description de sa Grotte, I. 2795.

CREIL, en l'Isle de France :
Mémoire historique, II. 20422.

CREISSA, en Languedoc :
Assemblée Ecclésiastique, I. 6482.

CRÉMIEU, en Dauphiné :
Son Concile, I. 6744.

CRÉMONE, en Italie :
Son Siége, (en 1648) II. 22282.

CRÉPY, en Valois :
Son Histoire, III. 34852.
Sa Coutume, IV. S. pag. 445.

CRÉQUI, en Picardie :
Histoire de son Duché, III. 34167.

CRESPIN, Abbaye, Diocèse de Cambray :
Ses Histoires, I. 11894 – 98.

CRESSEILLES, en Vivarais :
Ses eaux minérales, I. 3041.

CRESSY sur Serre, en Picardie :
Ses Conciles, I. 6435.

CREUILLY, en Normandie :
Mémoire historique, III. 35331.

CROISIC, (le) en Bretagne :
Découverte d'une Médaille, III. 35500.

CROIX-FAUXBIN, Fauxbourg S. Antoine de Paris :
Son eau minérale, I. 3124.

CROIX-DE-HINS, près de Bordeaux :
Sépulture des Vivisques, I. 3825.

CROIX-SAINT-LEUFROY, Abb. Diocèse d'Evreux :
Ses Histoires, I. 11899 – 901.

CROTOI (le), en Picardie :
Projet d'un Port, I. 963, 4, IV. S.

CROY-HAVRÉ, en Picardie :
Histoire de son Duché, III. 34166.

CUISE (Forêt de), ou Compiègne :
Sa Description, III. 34859.

CUISEAUX, en Bourgogne :
Son Histoire, III. 35991.

CUISERY, en Bourgogne :
Piéc. d'Hist. Eccl. III. 37243.

CUISSY, Abbaye, Diocèse de Laon :
Ses Priviléges, IV. S. 13565.

CULENBOURG, en Gueldres Hollandoise :
Son Histoire, III. 39556.

CULLODEN, en Ecosse :
Bataille, (en 1746) III. 24673.

CULM, en Suisse :
Découvertes d'antiquités, I. 207.

CUPEDENSES, ancien Canton :
Sa situation, I. 510.

CURIOSOLITES, ancien Peuple :
Ruines de leur Ville, I. 254, 55.

CURMILIACA, lieu ancien :
Sa situation, III. 34907.

CUSANCE, Abbaye, Diocèse de Besançon :
Son Histoire, I. 11902.

CUSSY, en Bourgogne :
Sa Colomne antique, 35948 - 50.

CYBEINS, au Pays de Dombes :
Eclaircissemens à son sujet, I. 2278.

D.

DAINVILLE, en Artois :
Sa Coutume, IV. S. page 445.

DALON, Abbaye, Diocèse de Limoges :
Son Cartulaire, III. 29566.

DAMIETTE, en Egypte :
Sa prise, &c. (en 1218) II. 16757 - 59.

DAMMARTIN, en l'Isle de France :
Remarques sur ce Bourg, III. 34851.
Liste de ses Comtes, IV. S. 34840*.

DAMMARTIN sur Illon, en Normandie :
Pièc. d'Hist. Eccl. I. 5041.

DAMPIERRE, en Franche-Comté :
Défaite d'Arioviste, conjecturée, I. 185.

DAMVILLE, en Normandie :
Histoire de son Duché, III. 35324.

DAMVILLIERS, au Luxembourg François :
Sa Prise, (en 1650) II. 23190.

DANEMARCK, Royaume :
Traités d'Alliance, III. 29434.

DANIEL, près d'Alais :
Ses eaux minérales, I. 3042.

DANTZICK, en Pologne :
Guerre des François, II. 24606.
Le Roi Stanislas s'en retire, III. 38930.

DAOULAS, Abbaye, Diocèse de Quimper :
Histoire de cette Abbaye, I. 13428.
Coutume de sa Seigneurie, IV. S. page 445.

DARIORIGUM, Capitale des Vénetes :
Ses ruines & Histoires, I. 256.

DAULLE, en Picardie :
Mouvance de sa Forêt, II. 27796.

DAUPHINÉ, Province :
Ses Voies Romaines, I. 106.
Carte ancienne : voyez NARBONNOISE.
Carte du moyen âge, & explication, = 421, 27.
Cartes modernes, = 1491 - 1501.
Descriptions, = 2212, 13.
Ses Passages en Italie, = 2284.
Pièces d'Hist. nat. = 2523, 1640, 2735, 80.
Ses Merveilles (prétendues), = 3683 - 88, IV. S.
Pièces d'Hist. Eccl. = 5072 - 78.
Ses antiquités, II. 15413.
Titres, &c. = 27786, 88, 27837, 40, 27914.

Cartulaire, III. 29644.
Ses Histoires civiles, = 37925 - 38017, IV. S.
Usage de ses Fiefs, = 39937.
Son Armorial, 40096, 97.
Sa Noblesse, = 40647 - 53.
Universités & Colléges, IV. S. 45189.
Ses Ecrivains, = 45689.
Sa Coutume, ou Statuts Delph. IV. S. page 445.

DAX : voyez ACQS.

DELFT, en Hollande :
Description, &c. III. 39616.

DEMENCOURT, en Artois :
Sa Coutume, IV. S. pag. 445.

DENAIN, en Hainaut :
Bataille, (en 1712,) II. 24465, 67.

DENAIN, Abbaye, Diocèse d'Arras :
Sa fondation, &c. IV. S. 14875*. Add.

DENDERMONDE, en Flandre :
Sa Prise, (en 1745) II. 24678.
Son antiquité, &c. III. 39412.

DEOL, en Berry :
Ses Seigneurs, III. 35816.

DESSELDONCK, en Flandre :
Sa Coutume, IV. S. pag. 445.

DESVRENE, en Boulonois :
Sa Coutume, ibid.

DEVILLA, près de Rouen :
Son Concile, I. 6483.

DIABLINTES, Peuple Gaulois :
Leur situation, &c. I. 257 - 61.

DIDATIUM, ancienne Ville :
Sa découverte, &c. I. 262, 63, III. 38419.

DIE, en Dauphiné :
Cartes du Diocèse, I. 1056.
Eaux minérales, = 3043, 44.
Statuts Synodaux, = 6484.
Hist. des Evêques, = 10743 - 49, IV. S.
Pièce historique, III. 38004.

DIEPPE, en Normandie :
Son Plan, I. 1502.
Projet de Canal, = 929.
Calvinistes, 5998, 6029, 30.
Ses Histoires, III. 35239 - 43.
Son Collège, IV. 45377. & pag. 56.

DIEST, en Brabant :
Réputé l'ancienne Dispargum, II. 26985.

DIEU-LE-FIT, en Dauphiné :
Ses eaux minérales, IV. S. 3044*.

DIGE, en Champagne :
Ses eaux minérales, I. 1926.

DIGNE, en Provence :
Ses eaux minérales, I. 3045 - 47, IV. S.
Serpens de ses Bains, I. 3677.
Histoires des Evêques, = 8832 - 34.

DIJON, capitale de Bourgogne :
Origine & antiquités, I. 264. IV. S. 35910* & **.
Cartes du Diocèse, = 1057, 58, IV. S.
Plans de la Ville, = 1503, 4, IV. S.
Pièce d'Hist. naturelle, = 3330.
Tombeau de Chindonax, = 3818, 19.
Dévotion à la Sainte Vierge, = 4106, Add. 4108*.
Pièces d'Hist. Eccl. = 4994 - 5012, (IV. S. 5244*)
II. 15566, III. 37018 & suiv.
Conc. & Stat. Syn. = 6485 - 86.
Histoires des Evêques, = 9048 - 52.
Siége par les Suisses, II. 17465, & IV. S.
Réduction à Henri IV. II. 19653, III. 3624 - 67.

Sédition, &c. II. 21617, 18.
Entrées, Fêtes, &c. = 26178, 233 & 4, 375 – 77,
  26390, 91, (IV. S. 26403) 406 & 7, 416 & 17,
  26469-71, 511, 543 – 46, 60, 75.
Cartulaires, III. 29641 – 43.
Ses Histoires civiles, = 35908 – 26.
Piéces historiques, = 36233, 64 – 67, 36306, 25, 29,
  36380, 36924, & suiv.
Parlement, III. 33038 – 94, (IV. S.) I. 14532 – 42,
  III. 33438, &c. 36482 & suiv.
Chambre des Comptes, III. 33817 – 20, 48 – 51,
  36618, & suiv. 36656, & suiv.
Université, IV. 45190 – 92, & IV. S.
Académie, = 45574 – 80.

Dinan, en Bretagne :
Mémoire historique, III. 35416.

Dinant, au Pays de Liége:
Ses eaux minérales, I. 3048.

Diois, Pays de Dauphiné :
Son transport au Roi, II. 27956.
Voyez Die.

Dispargum, ancien lieu:
Situation douteuse, II. 26985. IV. S. 439*.

Dol, en Bretagne :
Carte du Diocèse, I. 1059.
Son Pouillé, = 1283.
Colloque Ecclésiastique, = 6487.
Hist. de ses Evêques, = 10477 – 92.
Titres de l'Evêché, III. 29545.
Rôles des Officiers, III. 35476, 77.
Sa Noblesse, = 40636.

Dole, en Franche-Comté :
Son origine, I. 262, 63.
Piéces d'Hist. Ecclésiastiq. = 5120, 21, IV. S. 5119*.
Siéges, II. 21881, 2, 23928, 24032.
Chambre des Comptes, III. 33852 – 54.
Histoires de la Ville, = 38420 – 27, IV. S. 38455*.
Son Collége, IV. S. 45339*(1).

Dombes, en Bourgogne :
Carte de cette ancienne Principauté, I. 1505.
Ses Histoires, III. 36046 – 72.
Son Parlement, III. 33232, 3. IV. S.
Sa Coutume, ou Ord. IV. S. page 445.

Domfront, en Normandie :
Son Siége, (en 1574) II. 18221.
Son Histoire, III. 35332.

Domitii-Forum, ancien lieu :
Sa situation, I. 275.

Donchery, en Champagne :
Sa Mouvance, &c. II. 27950, 29014.
Notice historique, III. 34299.

Dondain, en Charolois :
Son Siége, (en 1593) III. 36258.

Donzy, en Nivernois:
Sa Prise, (en 1617) II. 20553.
Ses Histoires, III. 35576, IV. S. 5416*, 35579*.

Dordogne, Riviere ;
Sa navigation, I. 866.

Dordrecht, en Hollande :
Sa Description, III. 39617.

Dormelle, en Gâtinois :
Bataille, en 600, I. 522.

Douay, en Flandre :
Son Plan, IV. S. 1506*.
Carte de sa Châtellenie, I. 1553.
Son eau colorée, = 3049, 50.
Piéces de l'Hist. Eccl. = 5091 & 92.
Ses Siéges, II. 23914, 24454.

Droits du Roi, &c. II. 28820, 837 & 39, 909,
  III. 39014.
Son Parlement, III. 33227, 28, IV. S.
Histoires civiles, = 38952, 39014, 33, IV. S.
Son Université, IV. 45193 – 98.
Ses Colléges, = 45378, 79.
Ses Coutumes, IV. S. pag. 445.

Doullens, en Picardie :
Bataille, (en 1595) IV. S. 19646*.
Histoire de la Ville, III. 34165.
Sa Coutume, IV. S. page 445.

Dourdan, en l'Isle de France :
Mémoire historique, III. 34823.
Sa Coutume, IV. S. pag. 446.

Douvre, Diocèse de Bayeux :
Dévotion à la Sainte Vierge, I. 4138.

Douvres, en Angleterre :
Réception de Henriette de France, II. 26604.

Douzy, en Champagne :
Ses Conciles, I. 6489.

Draguignan, en Provence :
Son Collége, IV. pag. 56.

Dresche (la), en Languedoc :
Dévotion à la Sainte Vierge, I. 4139.

Drevant, en Bourbonnois :
Ses antiquités, I. 265.

Dreux, en l'Isle de France :
Bataille, (en 1562) II. 17906, & suiv.
Antiquités, &c. III. 34809 – 11.
Sa Coutume, IV. S. pag. 445.

Dun, en Lorraine :
Sa Prise, (en 1592) II. 19394.
Cession au Prince de Condé, IV. S. 38793*.

Dun-le-Roy, en Berry :
Sa Coutume, IV. S. page 445.

Dunes, Abbaye, Dioc. de Bruges :
Ses Histoires, I. 13077 – 81.

Dunes, buttes de Flandre :
Bataille auprès, II. 23819.

Dunkerque, en Flandre :
Ses Plans, I. 1507 – 9, IV. S.
Piéces d'Hist. nat. = 2524, 3331.
Piéce d'Hist. Eccl. = 5093.
Siéges, II. 22246, 7, 23810, 19.
Domaine, &c. = 27842, 43, 28909.
Ses Histoires, III. 39028 – 32, IV. S.
Son Collége, IV. S. 45323.

Dunois, dans le Gouv. Orléanois :
Voyage en ce Pays, I. 2359.
Ses Histoires, III. 35639 – 41.
Sa Coutume, IV. S. page 445.

Dunum, mot Celtique :
Sa signification, I. 377 – 83.

Durance, Riviere :
Bataille de Marius, I. 170.
Son cours, = 855.
Dérivation d'une partie de ses eaux, = 970.

Duras, en Agénois :
Hist. de son Duché, III. 37588.

Duravel, en Quercy :
Translation de Reliques, I. 5135.

Duren, au Duché de Juliers :
Ses Conciles, I. 6488.

Durfort, près d'Alais :
Mine de plomb, I. 2772.

E

E.

Eause, en Armagnac :
Son ancienne Inscription, III. 37499.
Voyez Auch.

Ebermunster, Abb. Diocèse de Strasbourg :
Son Histoire, I. 11903.

Eburones, Peuple Gaulois :
Dissertation à leur sujet, IV. S. 3943***.
Voyez Namur.

Eccloo, en Flandre :
Sa Coutume, IV. S. page 445.

Eckelsbeke, en Flandre :
Sa Coutume, IV. S. pag. 445.

Ecluses (les), en Touraine :
Ses Coutumes, IV. S. pag. 445.

Ecosse (nouvelle) :
Voyez Acadie.

Ecouen, en l'Isle de France :
Ses Stalactites, I. 2785.

Eduens, Peuple Gaulois :
Leur Histoire, I. 3926.
Voyez Autun.

Effiat, en Auvergne :
Son Collége, IV. page 56.

Egmond, en Hollande :
Ses Histoires, III. 39620, 21.

Elbeuf, en Normandie :
Histoire de son Duché, III. 35284.

Electorats Ecclésiastiques :
Leurs Cartes, I. 1997, 98.
Leurs Histoires, III. 39188 & suiv.
Voyez Mayence, Treves, Cologne.

Electorat Palatin :
Ses Histoires, III. 39197, & suiv.

Elette, Riviere :
Son cours, I. 733.

Elne, en Roussillon :
Ses Conciles, I. 6530, 31.
Voyez Perpignan.

Embrun, en Dauphiné :
Carte du Diocèse, I. 1060.
Conc. & Stat. Synod. = 6490, 503, IV. S.
Histoires des Archevèques, = 8822 – 29, IV. S.

Emmerick, au Duché de Cleves :
Sa Description, III. 39252.

Empire d'Allemagne :
Droits de la France, II. 28757 – 83.
Traités, III. 29205, & suiv.

Empyré, près d'Angers :
Camp Romain & antiquités de l'Eglise, I. 97.

Encausse, en Gascogne :
Ses Eaux min. I. 3051 – 53.

Enghien, en Hainaut :
Ses Seigneurs, III. 39436.

Enleien, en Allemagne :
Bataille, (en 1674) II. 24046.

Ennetieres, en Flandre :
Sa Coutume, IV. S. pag. 445.

Tome V.

Ensidlen, en Suisse :
Dévotion à la Sainte Vierge, I. 4152. & IV. S.
Liberté de ce lieu, III. 39119.

Ensisheim, en Alsace :
Conseil souverain, III. 33230.

Entrevaux, en Provence :
Ses Priviléges, III. 38268.

Epaona, ancien lieu :
Dissertations sur sa situation, I. 511 – 15, IV. S.
Son Concile, I. 6511.

Epernay, en Champagne :
Son Concile, I. 6741.
Histoires de la Ville, II. 19388, III. 34276.

Eperviere, près d'Angers :
Ses Eaux minérales, IV. S. 3053*.

Epinal, en Lorraine :
Sa Prise, (en 1670) II. 23955.
Sa Coutume, IV. S. pag. 445.

Epoigny, près d'Auxerre :
Ancien squelette, &c. III. 36025.

Epouille, en Catalogne :
Bataille, (en 1677) II. 24119.

Epuisars, en l'Isle de France :
Sa Fontaine minérale, I. 3073.

Equestris Colonia :
Dissertations sur sa situation, &c. I. 266 – 68.

Erchrecum :
Sa position, I. 494.

Eresbourg, en Westphalie :
Sa prise, (en 772) II. 16181.

Ermenonville, en l'Isle de France :
Etat de sa Forêt, III. 34862.

Erquinghehem, en Flandre :
Sa Coutume, IV. S. page 445.

Escale-Dieu, Abbaye, Diocèse de Tarb.
Son Histoire, I. 13082.

Eschalis, Abbaye, Diocèse de Sens :
Ses Titres, &c. III. 19567, 8.

Escharlis, près de Montargis,
Ses Eaux minérales, I. 3054.

Escoult, en Artois :
Sa Coutume, IV. S. page 445.

Escurey, en Lorraine :
Mort de Dagobert, II. 16109.

Eslan, Abbaye, Diocèse de Reims :
Son Histoire, I. 13083.

Espagne :
Observations sur ses limites, I. 483.
Droits de la France, II. 28883 & suiv.
Traités, III. 29337 – 378.

Espernon, en Beauce :
Histoire de son Duché, III. 35546.

Esquermes, en Flandre :
Sa Coutume, IV. S. page 445.

Esreux, en Flandre :
Sa Coutume, IV. S. page 445.

Essonne, en l'Isle de France :
Réception de la Reine Christine, II. 26414.

Essui, Peuple Gaulois :
Sa situation, I. 269.

Estaires, en Flandre :
Sa Coutume, IV. S. page 445.

E

ESTAMPES :
Voyez ETAMPES.

ESTANG (l'), près Dijon :
Dévotion à la Sainte Vierge, I. 4140, IV. S.

ESTAPPES , en Artois ;
Sa Coutume, IV. S. page 445.

ESTERELLES (Fort d') en Provence :
Pierres singulieres, I. 2721.

ESTERP, Abbaye, Diocèse de Limoges :
Ses Histoires, I. 13630 – 32.

ESTOUTEVILLE, en Normandie :
Histoire de ce Duché, III. 35247.

ESTRÉES, en Soissonnois :
Histoire de ce Duché, III. 34882.

ESTRUN, Abbaye de Flandre :
Ses Histoires, I. 14876, 77.

ETAMPES, en Beauce :
Lieux de sa Coutume, I. 2214.
Piéces d'Hist. nat. = 2525, 2695, 2728, 85, 2813.
Ses Conciles, = 6743.
Ses Histoires, III. 35557 – 59.
Siége, (en 1652) IV. S. 23471*.
Son Collége, IV. 45382, & page 56.
Sa Coutume, IV. S. page 445.

ETOILE, Abbaye , Diocèse de Poitiers:
Piéce historique, IV. S. 13083*.

EU , en Normandie :
Antiquités & étymologies, I. 270 – 74.
Carte de ce Comté, = 1462.
Histoire naturelle, = 2413.
Sa Prise, (en 1589) II. 19029.
Ses Histoires, III. 35267 – 77.
Son Collége, IV. 45383, 4.
Sa Coutume, IV. S. page 445.

EURE, Riviere:
Carte de son cours, I. 734.

EVRECY, en Normandie :
Sa Vicomté, III. 35289.

EVREUX, en Normandie :
Cartes du Diocèse, I. 1061, 62.
Piéces d'Hist. Eccl. = 5428.
Statuts Synodaux , = 6504 – 8.
Histoires des Evêques , = 9934 – 51, IV. S.
Droits du Roi, II. 28799.
Ses Histoires, III. 35314 – 22.
Sa Noblesse, = 40736.
Sa Coutume, IV. S. page 445.

EUROPE FRANÇOISE :
Cartes , I. 682 , 83.

EXCLUSES , (les) en Touraine :
Ses Coutumes, IV. S. page 445.

F.

FAIX, en Languedoc :
Sa Prise, (en 1625) II. 21355.

FALAISE, en Normandie :
Assemblée Ecclésiastique, I. 6513.
Sa Coutume, IV. S. pag. 445.

FAREMOUTIER, Abbaye, Diocèse de Meaux :
Ses Histoires, I. 14878 – 93, IV. S. & *Add.* 14893*.
Coutumes de sa Seigneurie, IV. S. page 445.

FAUCOGNEY , en Franche-Comté :
Sa Prise, (en 1674) II. 14040.

FAVERNEY, Abbaye, Diocèse de Besançon :
Ses Histoires, I. 11904 – 906, IV. S.
Miracle du Saint Sacrement, IV. S. 5118*, 5244*.

FÉCAN, Abbaye, Diocèse de Rouen :
Ses Histoires, I. 11907 – 20, IV. S.
Ses Conciles, I. 6514.
Monument singulier, III. 34927.

FEMHY, en Artois :
Sa Coutume, IV. S. pag. 445.

FENESTRANGES , en Lorraine :
Mémoires sur cette Terre, III. 38935, 36.

FENOUILLÈDES, en Languedoc :
Ses Comtes, III. 38359.

FÈRE (la) en Picardie :
Son Plan, IV. S. 1509**.
Ses Prises, II. 18417, 19025, 679.
Ses Titres, = 27844.
Charte ou Priviléges, III. 34184.

FÈRE (la), en Tardenois, (Champagne) :
Piéce d'Hist. Eccl. I. 5042.
Ses antiquités, III. 34359.

FERRETTE, en Alsace :
Prise par le Duc de Bourgogne, III. 36116, & 136.
Droits de l'Evêque de Basle, IV. S. 38756*.

FERRIERES , Abbaye, Diocèse de Sens :
Ses Histoires, I. 11921 – 28.
Dévotion à la Sainte Vierge, = 4099 – 102.

FERTÉ (la), Abbaye, Diocèse de Challon :
Son Histoire I. 13084.
Antiquités , III. 37244, 45.

FERTÉ-AU-COL, en Brie :
Sa Coutume, IV. S. page 445.

FERTÉ-AURAY, en Berry :
Sa Coutume, *ibid.*

FERTÉ-GAUCHER , en Brie :
Sa Coutume, *ibid.*

FERTÉ-MILON, en Valois :
Sa Coutume, *ibid.*

FERTÉ-SENNETERRE, en Orléanois :
Histoire de son Duché, III. 35627.

FERTÉ-SOUS-JOUARRE, en Brie Champenoise :
Sa Pierre meuliere, I. 2727.

FERTÉ-SUR-AUBE, en Champagne :
Mémoires historiques, IV. S. 34337*.

FERTÉ-YMBAULT, en Berry :
Sa Coutume, IV. S. page 445.

FEUILLENS, Abbaye, Diocèse de Rieux :
Ses Histoires, 13085 – 93, IV. S. & *Add.* 13093*.

FEURS, en Forès, (Lyonnois):
Pierre antique , III. 37428.

FICHEUX, en Artois :
Sa Coutume, IV. S. page 445.

FIEULAINE, Diocèse de Noyon :
Dévotion à la Sainte Vierge, I. 4186 – 9.

FIGEAC, Ville de Quercy :
Sa Notice, III. 37610.
Ecoles de Phil. & Théol. IV. pag. 56.
Histoire de l'Abbaye, I. 11929 – 34. IV. S.

FIGUERA, en Catalogne :
Sa Prise, (en 1674) II. 14078.

FILLIEURES, en Artois :
Sa Coutume, IV. S. page 445.

FISMES, en Champagne :
Ses Conciles, I. 6721.
Titres & autres Piéces, IV. S. 34260*.

FITS-JAMES, en Beauvaſis :
Hiſtoire de ſon Duché, III. 34925.

FIVES, en Flandre Françoiſe :
Droits du Prieuré, I. 5094.

FLANDRE, Comté :
Cartes, I. 705, 6, 2052 – 62.
Voyages, = 2285, 2290, 91, 94, 95, 2306, 7, 2321, 36, 44.
Piéces d'Hiſt. nat. = 2378, 2526. IV. S. 2832*.
Ses Saints, = 4261.
Piéces d'Hiſt. Eccl. = 5079 – 103. IV. S.
François d'abord en Flandre, & Brabant, II. 15414.
Droits du Roi, = 28808, & ſuiv. 28815. 833 – 82, 2889 3, 909.
Traités avec les Etats, II. 29253 – 65.
Ses Hiſtoires, III. 39323, & ſuiv. IV. S.
Armoiries & Nobleſſe, III. 40099 – 103, 40654 – 64, IV. S.
Ses Ecrivains, 45690 – 95.
Sa Coutume, IV. S. page 445.

FLANDRE Eſpagnole, ou Autrichienne :
Ses Droits, II. 28807, 12, 14, 18, 20, 22.
Piéces hiſtoriques, III. 38469, 39395 – 419.

FLANDRE FRANÇOISE :
Ses Cartes, I. 1510 – 15.
Ses Hiſtoires, III. 39011 – 33.
Ses Colléges, IV. 45385.

FLANDRE HOLLANDOISE :
Sa Deſcription, II. 39628.

FLAVIGNY, en Bourgogne :
Deſcription de la Ville, III. 36000.
Hiſt. de l'Abbaye, I. 11930 – 34, III. 37246, 7.
Son Cartulaire, III. 29646.

FLÉCHE (la), en Anjou :
Piéce d'Hiſt. Eccl. I. 4940.
Cœur de Marie de Médicis, II. 26753.
Son Collége, IV. 45386 – 89.

FLESSINGUE, en Zélande :
Son Marquiſat, I. 39627.

FLEURUS, au Comté de Namur :
Bataille, (en 1690) II. 24287, 8.

FLEURY, Abbaye, Dioceſe d'Orléans :
Aſſemblée Eccléſiaſtique, I. 6515.
Hiſtoire de l'Abbaye, = 11935 – 76.

FLORENCE, en Italie :
Obſéques de Marie de Médicis, II. 26754.
Obſéques de Louis XIII. = 26758.
Obſéques d'Anne d'Autriche, = 26760.

FLORENGES, en Champagne :
Sa Coutume, IV. S. pag. 445.

FLORIDE, en Amérique :
Expéd. des François, II. 18013 – 19. III. 39645 – 50.

FOIGNY, Abbaye, Dioceſe de Laon :
Son Hiſtoire, I. 13094.

FOIX, Comté :
Ses Cartes, I. 1516, 17.
Mine de fer, = 2769.
Ses Titres, II. 27850, 52.
Ses Hiſtoires, III. 37673, 914 – 24.

FOIX, Ville :
Son Concile, I. 6512.
Hiſtoire de l'ancienne Abbaye, IV. S. 13632*.

FOLGOET, Dioceſe de S. Paul, en Bretagne :
Dévotion à la Sainte Vierge, I. 4141.

FONSANCHE, en Languedoc :
Sa Fontaine minérale, I. 3055.

FONTAINE, Abbaye, Dioceſe de Dijon :
Son Hiſtoire, I. 11977.

FONTAINEBLEAU, en l'Iſle de France :
Route de Paris, I. 630.
Plans & Foreſt, = 1517 – 21.
Sa Deſcription, = 2369.
Piéce d'Hiſt. nat. = 3332.
Affaires Eccléſiaſtiques, = 5328, 5781, 6206, & ſuiv. (IV. S.) 6837, II. 19770.
Etats & Cérémonies, I. 6826, 26303, 613, 17, 40.
Ses Hiſtoires, = 26994 – 700. IV. S. 26972*.

FONTAINE-DANIEL, Abbaye, Dioceſe du Mans :
Ses Titres, III. 29569.

FONTAINE-FRANÇOISE, en Bourgogne :
Combat, (en 1595) IV. S. 19651*.

FONTAINE-JEAN, Abbaye, Dioceſe de Sens :
Son Hiſtoire, I. 13095.

FONTAINE-LES-BOUILLANS :
Ses ſources, (en Artois) I. 2853.

FONTAINES, près de Dijon :
Diverſes Piéces, III. 37247 – 50.

FONTAINES, Abbaye, Dioceſe de Tours :
Son Hiſtoire, I. 13096.

FONTARABIE, en Eſpagne :
Son Siége, (en 1638) II. 21952 – 58.
Mariage de Louis XIV. = 26608.

FONTCOUVERTE, en Languedoc :
Son Concile, I. 6632.

FONTENAY, en Auxerrois,
Bataille, (en 841) I. 516, II. 16379 – 80.

FONTENAY, près de Paris :
En quoi remarquable, I. 517.

FONTENAY-LE-COMTE, en Poitou :
Aſſemblée du Clergé, I. 6871.
Sa Priſe, (en 1574) II. 18317.
Son Collége, IV. 45390 – 93.

FONTENAY-LOUVET, Abbaye, Dioceſe de Seés :
Ses Hiſtoires, I. 11978, 19.

FONTENELLES, en Poitou :
Ses eaux minérales, IV. S. 3055*.

FONTENOTE, en Bourgogne :
Piéce à ſon ſujet, III. 37251.

FONTENOY, près de Tournay :
Bataille, (en 1745) II. 24667, & ſuiv.

FONTESTORBE, en Languedoc :
Fontaine intercalaire, I. 2857 – 60.

FONTEVRAULD, Abbaye, Dioceſe de Poitiers :
Ses Hiſtoires, I. 13932 – 56, 15160.
Ses Titres, III. 29570.

FONT-ROUGE, Abbaye, Dioceſe d'Auxerre :
Son Hiſtoire, I. 11980.

FORCALQUIER, en Provence :
Droits du Roi, &c. II. 28904, 910 – 23.
Ses Comtes, III. 38049, 38056 – 59.
Sa Coutume, IV. S. page 445.

FORCE (la) en Périgord :
Hiſtoire de ſon Duché, III. 37579.

FORÈS, Pays du Lyonnois :
Deſcription, I. 228.
Cartes, = 1648 – 50.
Piéces d'Hiſt. nat. = 2426, 2680, 81, 2711, 64, 2778, 2833, 3511, 65, 95, 3607.
Piéces d'Hiſt. Eccl. = 5104 – 105.

Droits du Roi, II. 27846, & suiv.
Son Cartulaire, III. 29647.
Histoires civiles, = 37425 - 29.
Ses Fiefs, = 39931.
Sa Noblesse, 40665.
Coutumes ou Usages, IV. S. p. 446, avec LYONNOIS.

FORGES, en Normandie:
Ses eaux min. I. 2877, 3056 - 68, 3209.

FORNOUE, en Italie:
Bataille, (en 1495) II. 17377.

FORT-LOUIS, en Alsace:
Son Plan, I. 1521, IV. S.

FORVIERE, à Lyon:
Ses eaux minérales, I. 3069.

FOSSE-D'YONNE, à Tonnerre:
Description de cette Fontaine, I. 2872.

FOUGERES, en Bretagne:
Sa Coutume, IV. S. page 445.

FOULLOY, en Picardie:
Ses Coutumes, ibid.

FOY (Notre-Dame de):
Dévotion à la Sainte Vierge, I. 4142 - 44.

FOYSIN, Abbaye, Diocèse de Laon:
Son Cartulaire, III. 29649.

FRACINE, en Touraine:
Sa Coutume, IV. S. page 445.

FRANAY, en Nivernois:
Histoire de son Eglise, I. 5417.

FRANC, (Pays du) en Flandre:
Sa Coutume, IV. S. page 445.

FRANCE:
Voyez la Table I.

FRANCE (Nouvelle):
Voyez CANADA.

FRANCE EQUINOXIALE:
Voyez BRESIL & CAYENNE.

FRANCHE-COMTÉ:
Voies Romaines, I. 70.
Etat ancien, voyez SÉQUANIE, & SÉQUANOIS.
Cartes, = 1523 - 36, IV. S.
Descriptions, = 2215 - 17, IV. S.
Piéces d'Hist. nat. = 2415, 16, 2529, 2740, 41, 81, 2862, 3070, 3333, 3567, IV. S. 2528*, 2719*.
Ses Saints, = 4267.
Piéces d'Histoire Ecclésiastique, = 5106 - 21. IV. S.
Guerres des François, II. 21880 - 85, 23927, 30, 23933, 24030 - 36, III. 30970, 71.
Droits du Roi, II. 27743, 76, 84, 87, 28804 - 23.
Titres & Cartulaires, III. 29626, 27, 43, & suiv. IV. S. 29625*.
Ses Histoires, = 38369 - 693, IV. S.
Ses Fiefs, III. 39932.
Son Nobiliaire, 40666 - 77, IV. S.
Ses Ecrivains, IV. 45696 - 701.
Sa Coutume, IV. S. page 444.

FRANÇOIS:
Origine, &c. II. 15357, & suiv.

FREJUS, en Provence:
Piéce d'Hist. nat. IV. S. 2529*.
Concile & Assemblée, I. 6516.
Histoires des Evêques, = 7895 - 900.

FRESNE, en Artois:
Sa Coutume, IV. S. page 445.

FRETEVAL, en Dunois:
Sa Coutume, ibid.

FRIBOURG, en Souabe:
Batailles, II. 22185, 211.
Sa Prise, (en 1677) = 24120.
Voyage au Camp, IV. S. 2356*.

FRISE, (ancienne):
Ses Cartes, I. 405, 406.
Sa Description, = 160, 476, 78.
Son Histoire, III. 39578.

FROIDMONT, Abbaye, Diocèse de Beauvais:
Ses Titres, III. 29571.
Camp de César, IV. S. 79*.

FROMENTEAU, en Touraine:
Sa Coutume, IV. S. page 445.

FRONSAC, en Guyenne:
Histoire de son Duché, III. 37559.

FRONTENAY, ou ROHAN, en Saintonge:
Histoire de son Duché, III. 37567.

FRONTIERES
D'Allemagne, Carte, 1993.
D'Espagne, Carte, 1923.
D'Italie, Carte, 1926.
Des Pays-Bas, Carte, 2050, 65.

FRONTIGNAN, en Languedoc:
Son vin, I. 3540.

FOSSIGNY, Pays de Savoye:
Droits du Roi, II. 29078.

FUMAY, en Champagne:
Droits du Roi, IV. 34270*.

FURNES, en Flandre Autrichienne:
Sa Prise, (en 1646) II. 22245.
Ses Coutumes, IV. S. page 445.

G.

GABARDON, Pays de Gascogne:
Sa Coutume, IV. S. page 445.

GABIAN, en Languedoc:
Piéces d'Hist. nat. I. 2724, 52 - 54, 3071.

GADELINE, près d'Angers:
Observations sur sa Fontaine, IV. S. 3709*.

GAILLAC, Abbaye, Diocèse d'Alby:
Sa fondation, IV. S. 11980*.

GAILLON, en Normandie:
Son Plan, I. 1537.
Descriptions, III. 35235, 36.
Piéces à son sujet, IV. S. 35236*.

GALATES, ou GAULOIS:
Etablis en Asie, I. 3952, IV. S.

GAMBAIS, en l'Isle de France:
Sa Coutume, IV. S. page 445.

GAMBRON, Abbaye, Diocèse d'Angers:
Son Histoire, I. 11981.

GAMMES, en Italie:
Sa Prise, (en 1617) II. 20533.

GAND, en Flandre Autrichienne:
Carte du Diocèse, I. 1063.
Statuts Synodaux, IV. S. 6518*.
Histoires des Evêques, I. 9059, IV. S. 9060*.
Piéces historiques, II. 24134, 677 & 78, 26276.
Extraits des Archives, III. 29720.
Ses Histoires, = 39400 - 404.

GAP, en Dauphiné:
Carte du Diocèse, I. 1064.
Statuts Synodaux, = 6519.
Histoires des Evêques, = 7901 - 8.
Histoires civiles, III. 38008, 9.
Sa Coutume, IV. S. page 445.

GARANBAUD, en Forès :
Ses vins, I. 3541.

GARASON, Diocèse d'Auch :
Dévotion à la Sainte Vierge I. 4145 - 7.

GARDANE, en Provence :
Ses Priviléges, III. 38153.

GARDON, Riviere :
Son débordement, IV. S. 866*.

GARNACHE, en Poitou :
Son Siége, (en 1588) II. 18790.

GARONNE, Riviere :
Son cours, &c. I. 735, 36, 855, 67 - 69.
Projet de Canal, IV. S. 892*.

GASCOGNE, Province :
Notice & Peuples, I. 145, 490, 91.
Débordement de Rivieres, = 869.
Ses Cartes, 1490, 1546, 1551.
Incurf. des Normands, II. 16403.
Piéces à son sujet, III. 29618.
Ses Histoires, = 37627, & suiv.
Ses Généalogies, 40690.

GASPÉSIE, en Amérique :
Relation, III. 39701.

GASTINES, Abbaye, Diocèse de S. Omer :
Son Histoire, I. 13429.

GASTINES, en Blaisois :
Son Eglise Collégiale, I. 5449.

GASTINOIS, Pays de l'Isle de Fr. & de l'Orléanois :
Sa Carte, I. 1538, 76.
Son Safran, = 3334.
Histoires civiles, &c. III. 35547 - 60.
Sa Noblesse, = 40680.
Sa Coutume, IV. S. page 445.

GAVERELLES, en Artois :
Sa Coutume, IV. S. page 445.

GAVI, en Italie :
Sa Prise, (en 1625) II. 21331.

GAUJAC, en Gascogne :
Son Bitume, I. 2755, 56.

GAULE, ancien nom de la France :
Ses Cartes, I. 23 - 57.
Traités Géographiques, = 58 - 389, 424 - 32, 53.

GAULOIS :
Leurs Histoires, I. 3730 - 952.

GEBERSWICER, en Lorraine :
Ses eaux minérales, I. 2886.

GEMBLOURS :
Voyez GIBLOU.

GENABUM, ancienne Ville :
Dissert. à son sujet, I. 182, 199, 278 - 83, 356, 61.
Son Siége, par César, = 3896.

GENES, en Italie :
Carte de son Etat, I. 1947.
Sa Prise, (en 1507) II. 17425, 30, 450, 26157 - 59.
Son Bombardement, = 24204, 5.
Ses Révolutions, = 24707, 769.
Droits du Roi, = 29081, 85.
Cartulaire, III. 29656.

GENEVE, en Suisse :
Lignes de César, I. 184.
Cartes du Diocèse, = 1065.
Plan de la Ville, & du Lac, = 1976 - 8.
Piéces d'Hist. nat. = 2677, 78, 3626.
Conc. & Stat. Synod. = 6522 - 24.
Commenc. du Calvinisme, = 5767, 5807, & suiv.
Histoires des Evêques, = 10764 - 99. IV. S.
Ancien Cartulaire, III. 29650.

Ses Histoires, III. 39164 - 89. IV. S.

GENTILLY, près de Paris :
Son Concile, I. 6525.

GERBEROY, en Beauvaisis :
Son Histoire III. 34921.
Sa Coutume, IV. S. page 445.

GERGOVIA, ancienne Ville :
Sa situation, &c. I. 284 - 90.
Son Siége, par César, = 3891, 92.

GERMANIE, Gallicane :
Voyez BELGIQUE.
Carte du moyen âge, I. 402.

GERMIGNY, en Bourbonnois :
Sa Coutume, IV. S. page 445.

GERMIGNY, près de Meaux :
Sa Description, IV. S. 9392**.

GERMIGNY, en Orléanois :
Son Concile, I. 6526.

GERTRUYDENBERG, au Brabant Hollandois :
Négociations, en 1711. III. 31126 - 8.

GESVRES : voyez TRESMES.

GEVAUDAN, Pays de Languedoc :
Piéces d'Histoire naturelle, I. 2417, 2530 - 32.
Eaux minérales, = 3072.
Bête féroce, = 3587.
Ses Histoires, III. 37901 - 3.

GEVREY, en Bourgogne :
Piéce à son sujet, III. 37253.

GEX, Pays de Bresse :
Sa Carte, I. 1978.
Piéce d'Histoire naturelle, = 3627.
Piéces d'Histoire Ecclésiastique, = 5022, 5990 - 93.
Histoires civiles, III. 36031, 39, 40.
Diverses Piéces, = 36312, 28, 37254 - 58.
Son Collége, IV. page 56.

GHISOING, ou Cisoin, en Flandre Françoise :
Sa Coutume, IV. S. page 445.

GIBLOU, Abbaye, Diocèse de Namur :
Ses Histoires, I. 11982 - 90.

GIEN, en Orléanois :
Voyez GENABUM.
Notice historique, III. 35621.
Sa Coutume, IV. S. page 445.

GIF, Abbaye, Diocèse de Paris :
Ses Histoires, I. 14920, 21.

GIGNY, en Franche-Comté :
Piéces à son sujet, I. 11682, IV. S. 5121*, 11990*.

GIMOEZ, en Gascogne :
Ses Vicomtes, III. 37648.

GIMONT, en Armagnac :
Son Collége, IV. page 56.

GIRONE, en Catalogne :
Sa Prise, (en 1720) II. 24455, IV. S.

GISORS, en Normandie :
Assemblée Ecclésiastique, I. 6527.
Ses Châtellains, III. 35238.
Sa Coutume, IV. S. page 445.

GIVRY, en Champagne :
Titres de ce Marquisat, III. 29651.

GLACIERE, près de Besançon.
Sa grotte, I. 1793, 94.

GLANDEVE, en Provence :
Statuts Synodaux, I. 6528.
Histoire des Evêques, = 8850.

GLANFEUIL, Abbaye, Diocèse d'Angers :
Ses Histoires, I. 11991-96.
  GLANUM LIVII :
Sa position, IV. S. 290*.
  GOELLO, Pays de Bretagne :
Sa Coutume, IV. S. page 445.
  GOLFE DE GASCOGNE :
Ses Cartes, I. 719, 20.
  GOLFE DE LYON :
Ses Cartes, I. 727, 28.
  GOLFE DE S. LAURENT :
Ses Cartes, IV. S. 729*.
  GONDRECOURT, en Barrois :
Remarques historiques, III. 38945.
  GORCUM, en Hollande :
Origine, &c. III. 39624.
  GORÉE, Isle d'Afrique :
Description, III. 39794.
  GORGUE (la), en Flandre :
Sa Coutume, IV. S. page 445.
  GORRE, en Artois :
Sa Coutume, ibid.
  GORZE, Abbaye, Diocèse de Metz :
Ses Histoires, I. 11997-98.
Ses Titres, &c. II. 27880, 88.
Son Cartulaire, III. 19652.
Coutumes de sa Seigneurie, IV. S. page 446.
  GOTHIE :
Limites de la France, I. 461.
Voyez LANGUEDOC.
  GOUDE, en Hollande :
Son Eglise, III. 39618.
  GOULT, en Provence :
Dévotion à la Sainte Vierge, I. 4168.
  GOURNAY, en Normandie :
Sa Prise, (en 1589) II. 19163.
Sa Coutume, IV. S. page 446.
  GOUSSAINVILLE, en l'Isle de France :
Voyez EPUISARS.
  GOUY, en Picardie :
Sa Prise, (en 1557) II. 17688.
  GRAD, en Languedoc :
Dévotion à la Sainte Vierge, IV. S. 4147*.
  GRAINDOR :
Titres de ce Fief, III. 19653.
  GRAMONT, en basse Navarre :
Histoire de son Duché, III. 37691.
  GRANCEY, en Champagne :
Ses Généalogies, II. 40612.
Sa Chronique, = 40678.
Histoire de son Duché, III. 34354.
  GRAND, en Champagne :
Restes d'une ancienne Ville, &c. I. 291.
  GRANDMONT, en Flandre Autrichienne :
Monastere, I. 5095.
Histoires de la Ville, III. 39410, 11.
  GRANDMONT, Abbaye, Diocèse de Limoges :
Ses Histoires, I. 13179-203. IV. S.
  GRANDSELVE, Abbaye, Diocèse de Toulouse :
Son Histoire, I. 13097.
  GRANDVAL, Abbaye, Diocèse de Besançon :
Ses Histoires, I. 11999-12001.
  GRANNONA, ancien lieu :
Sa situation, I. 292.

  GRASSE, en Provence :
Ses carrieres de marbre, &c. I. 2710.
Statuts Synodaux, = 6800.
Histoires des Evêques, = 8830, 31.
Ecoles de Philosophie & de Théologie, IV. page 56.
  GRASSE (la), Abbaye, Diocèse de Carcassonne :
Ses Histoires, I. 11002, 3.
  GRAVE, en Brabant Hollandois :
Sa Prise, (en 1671) II. 23981.
Sa Reprise, (en 1675) = 24041-43.
  GRAVELINES, en Flandre Françoise :
Bataille, (en 1558) 17710.
Son Siége, (en 1644) = 22208.
Droits du Roi, = 17842, 43, 909, 63.
Son Histoire, III. 39028.
  GRAVILLE, en Normandie :
L'ancien Carocotinum, I. 245.
Son Histoire, III. 35342.
  GRAUS du Rhône :
Diverses embouchures, I. 84.
  GRAY, en Franche-Comté :
Dévotion à la Sainte Vierge, I. 4148.
Histoire de la Ville, III. 38445. IV. S.
Son Collège, IV. S. 45339*(1).
  GRENOBLE, Capitale du Dauphiné :
Cartes du Diocèse, I. 1066, 67.
Fontaine ardente, & eaux minérales, = 2864, 3074.
Piéces d'Histoire Ecclésiastique, 5076, 77.
Statuts Synodaux, = 6529.
Histoires des Evêques, = 10750-60, IV. S.
Reddition de la Ville, en 1590, II. 19301.
Entrées de Rois, &c. = 26358, 80, 504.
Titres, &c. III. 29546, 654, 55.
Histoires du Parlement, = 33138-56, 33412, & suiv.
    I. 14548, & suiv.
Histoires de la Ville, III. 37963-65, 92.
Projet d'une Université, IV. 45199, 200 & Add.
Ecoles de Philosophie & de Théologie, = page 56.
  GRÉOUX, en Provence :
Ses Bains, I. 3075-79.
  GRIMAUD, en Provence :
Histoire de son Marquisat, III. 38259.
  GRISONS, en Suisse :
Traités d'alliance, III. 29274, & suiv.
Voyez aussi VALTELLINE.
  GROLL, en Gueldre Hollandoise :
Sa Prise, (en 1627) IV. 39556*.
  GROS, près de Montpellier :
Dévotion à la Sainte Vierge, I. 4148.
  GROSBOIS, Diocèse de Paris :
Histoire des Camaldules, I. 13265, & suiv.
  GROSON, en Franche-Comté :
Ses Salines, I. 2741.
  GUADELOUPE, Isle d'Amérique :
Sa Carte, I. 1588.
Ses Histoires, III. 39751-54.
  GUASTALLA, en Italie :
Bataille, (en 1734) II. 24607, 8.
  GUELDRES, aux Pays-Bas :
Ses Cartes, I. 1001, & 2.
Extrait des Archives, III. 29720.
Ses Histoires, = 39533, 45-56.
  GUÉMAPPES, en Artois :
Sa Coutume, IV. S. page 446.
  GUERET, Capitale de la Marche :
Son Abbaye, I. 12004, 6. IV. S.
Tentative des Jésuites, IV. 45394.
Son Collège, = page 56.

Guernesey, Isle:
Description, III. 35343.

Guierche (la), en Touraine:
Ses Coutumes, IV. S. page 446.

Guillerville, en l'Isle de France:
Ses antiquités, III. 34828.

Guinée Françoise:
Ses Histoires, III. 39790 — 97.

Guise, en Picardie:
Carte de ce Duché, I. 1911.
Piéce d'Histoire naturelle, = 2533.
Siége de la Ville, II. 23141 — 43.
Titres, &c. = 27848, 849, 948.
Histoire de son Duché, III. 34186.

Guisnes, en Picardie:
Carte des environs, I. 1400.
Sa Prise, (en 1558) II. 17700, 2, 5.
Histoires de son Comté, III. 34208, 9.
Sa Coutume, IV. S. page 446.

Gurgy le Châtel, en Champagne:
Sa Coutume, IV. S. page 446.

Guyanne Françoise, en Amérique:
Sa Carte, I. 1539.
Description, III. 39774, & suiv.

Guyenne, Province:
Voies Romaines, I. 109.
Cartes modernes, = 1540 — 52.
Piéces d'Histoire naturelle, = 855, 2945, 3436, 3505.
Piéces d'Histoire Ecclésiastique, 5122 — 43, IV. S.
Guerre des Anglois, II. 17025.
Guerre civile, = 23724 — 6.
Droits du Roi, = 17850 — 54, 28798.
Titres Anglois, III. 29612, 18, 64.
Monnoies Angloises, = 34015.
Histoires civiles, = 37492, & suiv.
Son franc-alleu, = 39958.
Ses Colléges, IV. 45395, 99, 400.

Guyenne propre, ou Bourdelois:
Ses Histoires, III. 37516 — 59.

H

Hacqueniere, en Beauce:
Ses eaux minérales, I. 3080, 81.

Hacquin:
Ses eaux minérales, IV. S. 3081*.

Haguenau, en Alsace:
Sa Prise, (en 1634) II. 21813.
Sa Préfecture, = 27730.

Hainaut, aux Pays-Bas:
Voies Romaines, I. 214.
Ses Cartes, = 1553 — 57, 67.
Piéces d'Histoire Ecclésiastique, 5096, 97, 103.
Droits du Roi, II. 28824, 32, 44, 55, 77.
Ses Histoires, III. 39421 — 37, IV. S.
Sa Noblesse, = 40658, 81.
Ses Coutumes, IV. S. page 446.

Hainaut François:
Mines de charbon, I. 2762.
Ses Histoires, III. 39053, & suiv.

Haisnes, en Artois:
Sa Coutume, IV. S. page 446.

Halencourt:
Voyez Alincourt.

Hallatte (Forêt de), en Valois:
Sa Carte, I. 1558.
Mémoire à son sujet, III. 34863.

Halle, en Brabant:
Dévotion à la Sainte Vierge, I. 4150, 51, IV. S.

Hallwin, en Picardie:
Histoire de son Duché, III. 34177.

Ham, en Picardie:
Maladie épidémique, I. 2534.
Prise de la Ville, II. 19646.
Sa Coutume, IV. S. page 446.

Hambelin, en Artois:
Sa Coutume, IV. S. page 446.

Hanau (Fiefs de), en Alsace:
Baume de terre, I. 2750, 51.
Leur mouvance, &c. IV. S. 38760*, & Add.

Hanut, en Brabant:
Sa Coutume, IV. S. page 446.

Haravesnes, en Artois:
Sa Coutume, IV. S. page 446.

Harcourt, en Normandie:
Histoire de son Duché, III. 35292.
Sa Coutume, IV. S. page 446.

Harfleur, en Normandie:
Ses Histoires, II. 17592, 19211, III. 35253.

Harlem, en Hollande:
Son Histoire, III. 39612.

Hasbaye, Pays de l'Etat de Liége:
Son Histoire, III. 39234.
Sa Noblesse, = 40682, 92.

Hasnon, Abbaye, Diocése d'Arras:
Ses Histoires, I. 5097, 12007, 8.

Hasselt, en l'Etat de Liége:
Son Histoire, III. 39233.

Hathiers, en Artois:
Sa Coutume, IV. S. page 446.

Havre-de-Grace, en Normandie:
Plans, I. 1462, 1559, (IV. S.) III. 35252.
Histoire naturelle, I. 2418, 2720, 3331.
Piéces historiques, II. 17925, (IV. S. 19579*,) 23229, 26569, 28793, IV. S. 26481*.
Droits du Roi, II. 28793.
Ses Histoires, III. 35248 — 52.

Hautbourdin, en Flandre:
Sa Coutume, IV. S. page 446.

Hautebruyere, Diocése de Chartres:
Histoire de ce Prieuré, I. 15175.
Ses Titres, III. 29555.

Hautemaison, en Brie:
Sa Coutume, IV. S. page 446.

Hautponnois de S. Omer:
Lettre à leur sujet, III. 39008.

Hautvilliers, Abbaye, Diocése de Reims:
Ses Histoires, I. 11009, & 10.

Hébévecron, en Normandie:
Ses eaux minérales, I. 3082 — 85.

Hées, en Artois:
Sa Coutume, IV. S. page 446.

Helvétiens, ou anciens Suisses:
Carte, I. 57.
Leurs confins, &c. = 293, 94.
Leurs Histoires, = 3929 — 31.

Hennebont, en Bretagne:
Journal à son sujet, III. 35417.

Hennin, Abbaye, Diocése d'Arras:
Son Histoire, I. 13430.

HENRICOPOLIS, en Suisse :
Sa Description, III. 39145.

HERBAULT, en Touraine :
Ses Coutumes, IV. S. page 446.

HERIVAL, en Lorraine :
Antiquités de ce Prieuré, IV. S. 13430*.

HERLIES, en Flandre Françoise :
Sa Coutume, IV. S. page 446.

HERLY, en Boulonois :
Sa Coutume, ibid.

HERMITES (les), Diocèse de Châlon :
Piéce sur ce Prieuré, III. 37259.

HERVAIN, en Artois :
Sa Coutume, IV. S. page 446.

HESDIN, en Artois :
Ses Histoires, II. 21964, 65, III. 38998, 99.
Son Collége, IV. 4396.

HIERES, Ville de Provence :
Son Collége, IV. page 56.

HIÉRES (Isles d') :
Histoire naturelle, I. 2445.

HOEMBOURG, en Alsace :
Ses Chanoinesses, I. 15027.

HOLLANDE :
Langue & antiquités, I. 3780.
Voyez BATAVIE.
Ses Histoires, III. 39567 – 604, IV. S. 23998*.

HOLZ, en Alsace :
Ses Eaux minérales, I. 3086.

HONDTSCHOTTE, en Flandre :
Sa Coutume, IV. S. page 446.

HORN, en Hollande :
Sa Chronique, III. 39619.

HOSTUN — TALLARD, en Dauphiné :
Histoire de son Duché, III. 38013.

HOULBEC, en Normandie :
Sa pierre meulière, I. 2727.

HOUTKERKE, en Flandre :
Sa Coutume, ibid.

HUBERSTBOURG, en Allemagne :
Paix de 1763, IV. S. 24792*.

HUMIERES, en Picardie :
Histoire de son Duché, III. 34923.

HUNINGUE, en Alsace :
Son Plan, IV. S. 1559**.

HUREPOIS, Pays de l'Isle de France :
Cartes, I. 1567, 76, 1916.
Ses Histoires, III. 34817, 18, 35547.
Sa Noblesse, = 46680.

HURONS, en Amérique :
Relation à leur sujet, III. 39675.

HUY, en l'Etat de Liége :
Ses Histoires, II. 24077, III. 39232.

HYESTE, en Flandre :
Sa Coutume, IV. S. page 546.

I.

(On trouvera ensuite J.)

ICCIUS Portus :
Voyez ITIUS.

IGNY, Abbaye, Diocèse de Reims :
Ses Histoires, I. 13098, 99.

ILLIERS, en Normandie :
Mémoire historique, III. 35322.

ILLINOIS, en Amérique :
Lettre à leur sujet, III. 39711.

INDES Occidentales :
Voyez AMÉRIQUE.

INDES Orientales :
Compagnie de Commerce, II. 27964, 28265 & suiv.
Histoire des Indes Françoises, III. 39802. – 18, IV. S.

INGELHEIM, en Palatinat :
Son Concile, I. 6509.
Mémoire sur son ancien Palais, IV. S. 39193*.

IPRES, en Flandre Autrichienne :
Cartes du Diocèse, I. 1068, 1139.
Pouillé de ses Bénéfices, IV. S. 1259*.
Carte de sa Châtelenie, = 1561.
Statuts Synodaux, = 6534, 824.
Piéce d'Histoire Ecclésiastique, I. 5098.
Histoire des Evêques, = 9061.
Son Siége, (en 1648) II. 22290 – 92.
Extrait de ses Archives, III. 29720.
Convention, en 1414, III. 36085.
Histoire civile, = 39409.
Ses Coutumes, IV. S. page 446.

ISERNORE, en Bugey :
Son Inscription, III. 36044.

ISEZ lez Esquerchins, en Artois :
Sa Coutume, IV. S. page 446.

ISLE, en Provence :
Ses Conciles, III. 6532.

ISLE-ADAM, en l'Isle de France :
Projet d'un Canal, IV. S. 928*.

ISLE-BARBE, près de Lyon :
Ses Histoires, I. 12011 – 15. IV. S.
Généalogies de ses anciens Religieux, III. 40709.

ISLE DE FRANCE, Province :
Ses Cartes, I. 1562 – 67.
Piéces d'Histoire Ecclésiastique, = 5144 – 60. IV. S.
Histoires civiles, III. 34381 – 925, IV. S.
Ses Fiefs, = 39927.

ISLE DE FRANCE, Isle d'Afrique :
Carte, I. 1586.
Ses Histoires, III. 39815 – 18.

ISLE-JOURDAIN, en Gascogne :
Ses Histoires, III. 37647 – 48.

ISSIGEAC, en Périgord :
Sa Coutume, IV. S. page 446.

ISSOIRE, en Auvergne :
Divers Siéges, II. 18374, 75, 18971, 19156.

ISSOUDUN, en Berry :
Son Concile, I. 6512.
Sa Coutume, IV. S. page 446.

ISSY, près de Paris :
Son Eloge, &c. III. 34786, 7.

ITALIE :
Carte du moyen âge, I. 422.
Droits du Roi, II. 28893, 29074, 93.
Traités d'Alliances, &c. III. 29306 – 336.

ITESUI, ancien Peuple :
Sa situation, I. 169.

ITIUS Portus :
Sa position, fort disputée, I. 195 – 311.

IVILLE, en Normandie :
Son Etat historique, III. 35281, IV. S.

IVRY, en Normandie :
Lieu de la Bataille, I. 2139, II. 19239, 51,

J.

Jallerange, en Franche-Comté :
Ses antiquités, IV. S. 344*. 38389*.

Jametz, en Barrois :
Ses Siéges, II. 18877, 19021.
Sa Mouvance, = 27950, 29014.
Ses Histoires, III. 38794, IV. S. 38793*.
Sa Coutume, IV. S. page 446.

Jard (le), Abbaye, Diocèse de Sens :
Ses Titres, III. 29572.
Son Cartulaire, III. 29658.

Jarnac, en Angoumois :
Bataille, (en 1569) II. 18057, 58.

Jensac, en Bourbonnois :
Découverte d'antiquités, III. 37477.

Jersey, &c. (Isles de) :
Carte, I. 718.
Leur Histoire, III. 35343.

Jerusalem, en Asie :
Ses Assises, II. 15464.
Histoire des Croisades, = 16575 – 616, 920 – 51.

Joigny, en Champagne :
Ses Vins, I. 3534.
Ses Histoires, III. 34331 – 33.

Joinville, en Champagne :
Carte de cette Principauté, I. 1560.
Ancienne Chartre, III. 29660.
Inscription à deux lieues, = 34334.

Jordoignes, en Brabant :
Sa Coutume, IV. S. page 446.

Jouarre, en Brie :
Son Concile, I. 6533.
Piéces sur l'Abbaye, I. 14843, III. 34365.
Convocation de Troupes, = 36153.

Jouhe, en Franche Comté :
Ses eaux minérales, I. 3087, 88.

Jouy, Abbaye, Diocèse de Sens :
Ses Titres, III. 29573.
Son Cartulaire, = 29659.

Joy (la), sur Morin, en Brie :
Sa Coutume, IV. S. page 446.

Joyenval, Abbaye, Diocèse de Chartres :
Son Histoire, I. 13566.

Joyeuse, en Vivarais :
Histoire de son Duché, III. 37912.

Judes, près de Thionville :
Son Concile, I. 6535.

Juilly, en Brie :
Histoire de son Abbaye supprimée, Add. 13430*.
Son Collége, IV. page 56.

Juliers, Duché :
Carte, I. 2001.
Histoires, III. 39240 – 49, IV. S.

Juliobona, ancienne Ville :
Capitale des Caleti, I. 312.
Ses antiquités, = 313.
Ses Conciles, = 6536.

Jumiéges, Abbaye, Diocèse de Rouen :
Ses Histoires, I. 12016 – 26.
Assemblée Ecclésiastique, = 6521.
Ses Titres, III. 29574.

Juniville, en Champagne :
Sa situation, &c. I. 2279.

Junquieres, Diocèse de Montpellier :
Ses Conciles, I. 6537.

Juviniacum, Château Royal.
Sa situation, I. 448.

K.

Kemperlay, Abbaye de Bretagne :
Son Histoire, I. 12027.

Kimper : voyez Quimper.

L.

Labourd, Pays de Gascogne :
Sa Description, I. 2218.
Sa Coutume, IV. S. page 446.
Voyez Bayonne.

Labroye, en Artois :
Sa Coutume, IV. S. page 446.

Laca, Fauxbourg de Bruxelles :
Dévotion à la Sainte Vierge, I. 4118.

Lagny, en Brie :
Son Concile, I. 6542.
Sa Coutume, IV. S. page 446.
Histoires de l'Abbaye, I. 12028 – 36, IV. S.

Lagny-le-sec :
C'est Latiniacum, I. 522.

Lalleue, Pays d'Artois :
Sa Coutume, IV. S. page 446.

Lamballe, en Bretagne :
Sa Chronique, III. 35487.
Sa Coutume, IV. S. page 446.

Lambesc, en Provence :
Maladie épidémique, I. 2535.

Lampertsloch, en Alsace :
Son Bitume, I. 2750, 51.

Landau, en Alsace :
Carte des environs, I. 1601.
Ses Plans, = 1602 – 4.
Son Siége, (en 1704) II. 24409 – 14, IV. S.

Landevenec, Abbaye, Diocèse de Quimper :
Ses Histoires, I. 12037 – 45.
Lettre sur les environs, III. 35499.

Landrecy, en Hainaut François :
Bataille, II. 175909.
Siéges, = 21920 – 24, 23793.
Sa Coutume, IV. S. page 446.

Langeais, en Touraine :
Ses Conciles, I. 6540.

Langle, en Artois :
Sa Coutume, IV. S. page 446.

Langon, en Bazadois, (Guyenne :)
Son Collége, IV. page 56.

Langres, en Champagne :
Voie Romaine, I. 76.
Carte du Diocèse, = 1069.
Pouillés des Bénéfices, = 1255, 57.
Histoire naturelle, = 2420.
Piéces d'Histoire Ecclésiastique, = 5043 – 49.
Conc. & Stat. Synod. = 6563 – 66.
Hist. des Evêques, = 8997 – 9021, IV. S.
Cartulaires de l'Evêché & de la Cathédrale, III. 29547, 29665, 699.
Histoires civiles, = 34338 – 53, 36321.
Ses Généalogies, = 40678.
Son Collége, IV. 45397, 98.
Ses Ecrivains, = 45702.
Ecole de Philosophie, IV. page 56.
Sa Coutume, IV. S. page 446.

LANGUEDOC, Province:
Voies Romaines, &c. I. 102-4.
Cartes, = 416, 17, (IV. S.) 1605-18.
Mémoires, &c. =, 144, 479-81.
Ports & Commerce, = 481.
Son Canal, = 895-912, IV. S.
Ses marais, forêts, &c. = 985-87.
Sa Description, = 2219, 2356, 49.
Histoire naturelle, = 2421, 22, 2536, 2705, 81, 83, 2876, 3335-37, (IV. S.) 3504, 10, 17.
Piéces de l'Hist. Eccl. = 5361-71, (IV. S.) 7606, 7607.
Titres, &c. II. 27851-59.
Ses Etats généraux, = 27860.
Droit de l'équivalent, = 27861.
Ses Histoires, III. 37692-923, IV. S.
Fiefs & Franc-alleu, = 39935, 47-60.
Son Armorial, = 40105, 6.
Sa Noblesse, = 40683-90.
Ses Colléges, IV. 45399, 400.
Ses Illustres, = 45703.
Coutumes ou Franchises, IV. S. page 446.

LANNION, en Bretagne:
Ses eaux minérales, I. 3089.

LANNOY, en Flandre Françoise:
Sa Prise, (en 1646) II. 22244.
Sa Coutume, IV. S. page 446.

LAON, en l'Isle de France:
Carte du Diocèse, I. 1070.
Pouillé de ses bénéfices, = 1270.
Piéces d'Hist. nat. = 2441, 2635.
Dévotion à la Sainte Vierge, 4153.
Histoire de possédées, IV. S. 4827*, 28*.
Piéces d'Histoire Ecclésiastique, I. 5477-80, IV. S.
Conc. & Stat. Synod. II. 6543, 45.
Histoires des Evêques, = 9634-54, IV. S.
Piéces historiques, IV. S. 19576*. II. 19698.
Cartulaire de la Ville, III. 19661.
Ses Histoires, = 34883-85, 91.
Son Collége, IV. 45401.
Ses Coutumes, IV. S. page 446, & voy. VERMANDOIS.

LAON (Vieux), ou VIÉ-LAN:
Camp & Voie Romaine, I. 89.

LAONNOIS:
Ses Cartes, I. 1619, 20.
Ses maladies, IV. S. 2536*.
Ses Histoires, III. 34883, & suiv.

LATINIACUM, ancien Palais:
Sa situation, I. 519.

LATISCUM, ancienne Ville:
Sa situation, près Molême, I. 520.

LATOFAO, lieu peu connu.
Sa situation, I. 494, 521, 22.

LAVAL, au Maine:
Piéces d'Histoire Ecclésiastique, I. 4944. IV. S. 5412*.
Son Concile, = 6794.
Titres du Comté, II. 27862.
Ses Histoires, III. 35519-21.

LAVAL-MONTMORENCI:
Son Collége, IV. page 56.

LAVAUR, en Languedoc:
Carte du Diocèse, I. 1071.
Statuts Synodaux, IV. S. 6542*.
Ses Conciles, I. 6799.
Histoires des Evêques, = 10251-55. IV. S.
Son Collége, IV. page 56.

LAUBES, Abbaye, Diocèse de Cambray:
Ses Histoires, I. 12046-64.

LAUCONIA SYLVA:
Remarques au sujet de cette Forest, I. 494.

LAVEDAN, en Gascogne:
Histoire de son Duché, III. 37640.

LAUNAY, en Anjou:
Dénombrement, III. 35712.

LAURAGAIS, en Languedoc:
Histoire de ses Comtes, III. 34197.

LAURESHEIM, au Palatinat:
Son Code Diplomatique, IV. 29661*, & suiv.

LAUS, en Dauphiné:
Dévotion à la Sainte Vierge, IV. S. 4153*.

LAUSANE, en Suisse:
Mémoire sur son antiquité, I. 316.
Cartes de l'ancien Diocèse, = 1072.
Son Concile, = 6544.
Histoires des Evêques, = 8213-22, IV. S.

LAUTENBACH, en Alsace:
Bataille, (en 1645) II. 22219.

LAUTREC, en Languedoc:
Jurisdiction de Castres, II. 21353.
Ses Titres, = 27856.
Bataille, (en 1592) IV. S. 19390*.

LAWFELDT, en l'Etat de Liége:
Bataille, (en 1747) II. 24701, 702.

LAUZERTE, en Quercy:
Son Collége, IV. page 56.

LAUZUN, en Agénois (Guienne:)
Histoire de son Duché, III. 37589.

LEBODUNENSIS Pagus:
Pays au Palatinat, IV. S. 39201*.

LECTOURE, en Gascogne:
Histoire des Evêques, I. 8989.
Prise de la Ville, IV. S. 20440*(4).
Son Collége, IV. page 56.

LEDRINGHEM, en Artois:
Sa Coutume, IV. S. page 446.

LEMBEKE, en Artois:
Sa Coutume, ibid.

LEMOVICUM, ancienne Ville:
C'est Limoges, I. 314.

LENGOU:
Sa Fontaine, I. 3090.

LENS, en Artois:
Prise, (en 1647) II. 22157.
Bataille, (en 1648) = 22288, 89.
Ses Coutumes, IV. S. page 446.

LEOGNAN, près Bourdeaux:
Ses Pétrifications, I. 2823.

LEON, en Bretagne:
Sa Coutume, IV. S. pag. 446.
Voyez S. PAUL de Léon.

LEPINE, en Flandre Françoise:
Sa Coutume, IV. S. pag. 446.

LEPREROUX, en Berry:
Sa Coutume, ibid.

LERIDA, en Catalogne:
Son Siége, (en 1646) II. 22205, 35.

LÉRINS, Abbaye, Diocèse de Grasse:
Vies de ses Saints, I. 4271.
Ses Histoires, 12065-90. IV. S.

LESCAR, en Béarn :
Carte du Diocèse, I. 1073.
Statuts de son Chapitre, IV. S. 5143*.
Ses Statuts Synodaux, I. 6541.
Histoires des Evêques, = 8110 – 19.
Histoires civiles, III. 37666.
Son Collége, IV. pag. 56.

LESDIGUIERES, en Dauphiné :
Histoire de son Duché, III. 37994.

LESIGNEM : voyez LUSIGNAN.

LESSINE, en Hainaut,
Sa Coutume, = IV. S. pag. 446.

LESTINES, Diocèse de Cambray :
Ses Conciles, I. 6567.

LEUCATE, en Languedoc :
Siége & Bataille, II. 21897, 926, 27, IV. S. 21896*, 21899*.

LEUCORUM Civitas :
Carte du Diocèse de Toul, au moyen âge, I. 408.

LÉVIGNEN, dans le Valois :
Mémoire sur cette Terre, III. 34854.

LEVIS, en Bourbonnois :
Histoire de son Duché, III. 37486.

LEUSE, Abbaye, Diocèse de Cambray :
Piéce historique, IV. S. 12090*.
Bataille, (en 1691,) II. 24309.

LEUVE, en Brabant :
Sa Prise, (en 1678) II. 24130.

LEYDE, en Hollande :
Sa Description, &c. III. 39613 - 15.

LEZAT, Abbaye, Diocèse de Rieux :
Sa fondation, IV. S. 12090**.

LICHTEMBERG, en Alsace :
Histoire de ses Seigneurs, III. 38750, & Add. 38750*.

LIÉGE (Etat de), enclavé dans les Pays-Bas :
Cartes, I. 1074, 2019 – 22, 66.
Plan de la Ville, IV. S. 684*.
Piéces d'Histoire naturelle, I. 2730, 3241.
Vies de ses Saints, = 4266.
Conc. & Stat. Synod. = 6555 – 58, IV. S.
Histoires des Evêques, I. 8682 – 788.
Pompe funèbre de Marie de Médicis, II. 26752.
Histoires civiles, III. 36111 – 15, 39208 – 34. IV. S.
Sa Noblesse, III. 40614, 91, & suiv.
Ses Ecrivains, IV. S. 45694*.
Ses Coutumes, IV. S. page 446.

LIENCOURT, Diocèse de Beauvais :
Communauté Parochiale, I. 5481.

LIESSE, Diocèse de Laon :
Dévotion à la Sainte Vierge, I. 4154, 55, 58 – 65.
IV. S. 41155*, & suiv. 5480*.

LIESSE (N. D. de) à Paris :
Histoire de ce Prieuré, I. 14907 - 9.

LIESSIES, Abbaye, Diocèse de Cambray :
Ses Histoires, I. 12091 – 96.

LIEU-CROISSANT, Abb. Diocèse de Besançon :
Son Histoire, I. 13100, 101.

LIEVAIN, en Artois :
Sa Coutume, IV. S. page 446.

LIFAO : voyez LATOFAO.

LIGNY, en Barrois :
Ses Titres, II. 29060.

LIGUEIL, en Touraine :
Ses Coutumes, IV. S. pag. 446.

LIGURIE, (ou Pays de Gènes.)
Généalogie de ceux qui se sont att. à la Fr., III. 40791.

LI-HONS, Abbaye, Diocèse d'Amiens :
Son Histoire, I. 12097.

LILLE, Capitale de la Flandre Françoise :
Carte de sa Châtellenie, I. 1622.
Plan de la Ville, = 1623.
Dictionnaire historique de sa Châtellenie, = 2220.
Piéces d'Histoire naturelle, = 2537, & 38, 3384.
Piéces d'Hist. Eccl. = 4207, 8, 65, 5099. IV. S. 5098.
Droits du Roi, II. 28837 – 39, 28909, 39014.
Titres de sa Chambre des Comptes, III. 29662, 63, 33856 – 58.
Piéces historiques, II. 23917, 18, 26466. III. 30993, 36096, 39014 – 28.
Généalogies, III. 40656, & suiv.
Ses Colléges, IV. 45401, & page 56.
Ses Coutumes, IV. S. page 446.

LILLEBONNE, en Normandie :
Voyez JULIOBONA.

LILLERS, en Artois :
Sa Coutume, IV. S. pag. 446.

LIMAGNE, Plaine d'Auvergne :
Sa Description, III. 37438.

LIMBOURG, aux Pays-Bas :
Cartes de ce Duché, I. 2014 – 18.
Ses Titres, II. 27743.
Ses Histoires, III. 39445 – 47.
Sa Coutume, IV. S. pag. 446.

LIMMES, ancienne Ville :
Sa situation, I. 82 – 84, IV. S.

LIMOGES, Capitale du Limosin :
Cartes du Diocèse, I. 1075 – 77.
Plan de la Ville & environs, IV. S. 1628*.
Pouillés des Bénéfices, I. 1246, 49, 50, IV. S.
Piéces d'Histoire naturelle, = 2679, 2773, IV. S. 2539*, 3545*.
Saints du Diocèse, = 4268 – 70, IV. S.
Piéces d'Hist. Eccl. I. 5136, 37, IV. S. 15341*.
Conc. & Stat. Synod. I. 6548 – 54.
Histoires des Evêques, 8457 – 83. IV. S.
Couronnement de Charles le Chauve, II. 1600.
Entrées de Rois, &c. = 26139, 124, 145, 179, 199, 26200, 220, 306.
Droits du Roi, = 27909.
Ses Histoires, III. 29664, 37590 - 600.
Ses Illustres, IV. 45704.
Ses Généalogies, = 40694.
Ecoles de Philosophie & de Théologie, IV. page 56.
Sa Coutume, IV. S. pag. 446.

LIMONUM, ancienne Ville :
Sa situation, I. 212, 314, 15.

LIMOSIN, Province :
Ses Cartes, I. 1624 - 29, 70.
Piéce d'Hist. nat. = 3338.
Piéces d'Hist. Eccl. = 4268 – 70, IV. S. 5137*.
Ses Titres, II. 27850, 63.
Titres des Abbayes, &c. III. 29557.
Grammaire Limousine, IV. S. 3779*.
Ses Histoires, III. 37590 – 603.
Sa Noblesse, = 40690, 93, 94.
Ses Illustres, IV. S. 45704 - 706.

LIMOURS, en l'Isle de France :
Piéce d'Hist. Eccl. IV. S. 5330*.

LIMOUX, en Languedoc :
Son Collége, IV. page 56.

LINAS, en l'Isle de France :
Ses antiquités, &c. III. 34828.

LINCK, en Flandre :
Sa Prise, (en 1645) II. 22226.
Droits du Roi, = 27836, 79, 80.

LINIERE, au Maine :
Maladie épidémique, I. 2539.

LINIERES, en Berry :
Sa Coutume, IV. S. pag. 446.

LIRE, Abbaye, Diocèse d'Evreux :
Son Histoire, I. 12098.

LISIEUX, en Normandie :
Cartes du Diocèse, I. 1079, 80.
Vies de ses Saints, 4272.
Conc. & Stat. Synod. = 6561, 62.
Histoires des Evêques, = 9984 - 97, IV. S. & *Add.*

LISLE, au Comtat Vénaissin :
Ses Conciles, I. 6532.

LISLE-JOURDAIN, en Gascogne :
Ses Seigneurs & Comtes, III. 37647, 8.

LISLE-SAVARY, en Touraine :
Ses Coutumes, IV. S. *page* 446.

LITANOBRIGA, ancien lieu :
Sa situation disputée, I. 519, III. 34907.

LITRY, près de Bayeux :
Mines de charbon, I. 2763.

LIVRY, (Forêt de) en l'Isle de France :
Dévotion à la Sainte Vierge, I. 4085, 6.

LOCHES, en Touraine :
Ses antiquités, III. 35668.
Son Collége, IV. 45403, & *page* 56.

LODÈVE, en Languedoc :
Carte du Diocèse, I. 1081.
Maladie épidémique, = 2540.
Histoires des Evêques, = 9226 - 35.
Comtes & Vicomtes, III. 37844, 45.
Son Collége, IV. *page* 56.

LODUNOIS, Pays en Poitou :
Sa Coutume, IV. S. *page* 446.
Voyez LOUDUN.

LOHANS, en Bourgogne :
Ses Lettres de Franchise, III. 37260.

LOIRE, Riviere :
Piéces à son sujet, I. 737, 38, 870, 932, 3609, 28292.
Ses débordemens, &c. IV. S. 870*, 957*.
Excellence de ses eaux, = 2836*.

LOIRET, petite Riviere :
Cartes de son cours, I. 737, 8.
Mémoire à son sujet, = 871, (IV. S.) 2837.
Examen de ses eaux, IV. S. 2836*.

LOMAGNE, Pays de Gascogne :
Ses anciens Vicomtes, III. 37646.

LOMBARDIE, Province d'Italie :
Droits du Roi, II. 29086.

LOMBERS, en Albigeois :
Son Concile, I. 6585, 86.

LOMBÈS, en Languedoc :
Ses Statuts Synodaux, I. 6587, 88.
Hist. des Evêq. *voyez* l'ancienne GALLIA *Christiana*.

LOMME, ancien Comté :
C'est le Comté de Namur, IV. S. 473*.

LONDRES, Capitale d'Angleterre :
Entrée de Marie de Médicis, II. 26386.
Entrée de la Reine Henriette, = 16604.

LONGEVILLE, Abbaye, Diocèse de Metz :
Son Histoire, I. 12099.

LONGPENDU, en Charolois :
Projet sur ses Etangs, IV. S. 940**.

LONGPONT, Abbaye, Diocèse de Soissons :
Ses Histoires, I. 13102 - 7, IV. S.
Ses Titres, III. 29575.

LONGPRÉ, Diocèse d'Amiens :
Histoire de son Chapitre, I. 5482.

LONGUAY, Abbaye, Diocèse de Langres :
Son Cartulaire, III. 39666.

LONGUEVAL, en Picardie :
Rencontre, en 1590. II. 19303.

LONGUEVILLE, en Normandie :
Histoire de son Duché, III. 35246.

LONS-LE-SAULNIER, en Franche-Comté :
Son Histoire, III. 38442.

LORGUES, en Provence :
Son Collége, IV. *page* 56.

LORRAINE, Duché, &c.
Voies Romaines, 77.
Cartes, I. 1329, 1630 - 46.
Plans des Villes, = 1361, 2116.
Descriptions, = 1287, 2153, 54, 58, 2221 - 26.
Limites, IV. S. 2226*. II. 21032, 27864, 66.
Voyages en ce Pays, I. 2227, 2331, 42, 74.
Piéces d'Hist. nat. = 2423 - 25, 2541, 2736, 3091 ; 3343 - 45, IV. S. 3344*, 55*, & *suiv.*
Piéces d'Hist. Eccl. 1287 - 93, 4273, 5372 - 81, IV. S.
Fondations du Roi Stanislas, = 2153 - 55.
Fêtes, II. 26577, 78.
Son Commerce, = 28232.
Droits du Roi, = 27865, 28991 - 98, 29044.
Ses Titres, = 27885, III. 29667, IV. S. 29636*.
Traités avec ses Ducs, III. 29266 - 72.
Ses Monnoies, &c. = 34016.
Ses Histoires, = 38808 - 919, II. 21801, IV. S. 28855*, 38813*, & *suiv.*
Armoiries & Noblesse, III. 29720, 40112, 14 ; 40695 - 701.
Ses Colléges, IV. 45404.
Ses Ecrivains, = 45707 - 709.
Sa Coutume, IV. S. *page* 446.

LORRIS, en Gâtinois :
Lieux dépendans de sa Coutume, I. 2190.
Son Concile, = 6546.
Sa Coutume, IV. S. *page* 446.

LOSS, en l'Etat de Liége :
Son Histoire, 39233. IV. S.

LOT, (*Oldus*) Riviere :
Son cours, I. 855.

LOUDUN, en Poitou :
Carte du Pays, I. 1647.
Histoire de Possédées, = 4834 - 54. IV. S.
Son Concile, = 6547.
Assemblée de Calvinistes, = 6236, 38 - 40.
Conférences & Actes, II. 20856, IV. S. 20454*(3) ; III. 30429, 30.
Ses Histoires, III. 35744, 45.
Sa Coutume, IV. S. *page* 446. *Voyez* LODUNOIS.

LOUISIANE, en Amérique :
Cartes, I. 1454, 55, 57, 59.
Piéce d'Hist. nat. = 2407.
Ses Histoires, III. 39697, 98, 39703, 4, 5, 15-26, & IV. S.

LOUSONE, ancienne Ville :
Voyez LAUSANE.

LOUVAIN, en Brabant :
Son Siége, (en 1635.) II. 21848, 49.
Ses Histoires, III. 39503 - 508.
Généalogies, = 40658.

LOUVEROT, en Franche-Comté :
Ses eaux minérales, IV. S. 3991.

LOUVIERS, en Normandie :
Ses Possédées, I. 4855 - 68.

Louzoun, en Auvergne;
Droits du Roi, II. 27867.

Luçon, en Poitou:
Carte du Diocèse, I. 1082.
Antiquités de son Eglise, = 5503.
Statuts Synodaux, = 6568 - 74. IV. S.
Histoires des Evêques, II. 8341 - 47.

Lucy, en Bourgogne:
Médailles trouvées, III. 36026, 27.

Lude (le) en Anjou:
Histoire de son Duché, III. 35711.

LUGDUNUM, ancien Lyon.
Son Origine & ancien état, I. 163, 317 - 20.

Lugny (Vau de), en Bourgogne:
Piéce à son sujet, III. 37261.

Lumes, en Italie:
Sa prise, (en 1544,) II. 17604.

Lunel, en Languedoc:
Sa prise, (en 1622) II. 21089.
Histoire de ses Seigneurs, III. 37843.

Luneville, en Lorraine:
Séjour de Mesdames de France, IV. S. 2375*.

Lunnern, en Suisse:
Ses antiquités, III. 39115.

Lurcy, en Berry:
Sa Coutume, IV. S. page 446.

Lure, Abbaye, Diocèse de Besançon:
Ses Histoires, I. 12100 - 102. IV. S. 38443* & **.
Sa Prise, (en 1674) II. 14040.

Lury, en Brie:
Sa Coutume, IV. S. ibid.

Lusarche, en l'Isle de France:
Piéces d'Hist. Eccl. I. 5145, 46, 5332.
Sa Prise, (en 1619) II. 20766.

Lusignan, en Poitou:
Son Siége, (en 1574) II. 18226, 323, 324.
Histoire de ses Seigneurs, III. 43013 - 21.

Lutzelberg, en Allemagne:
Bataille, (en 1758) II. 24764.

Lux, en Bourgogne:
Piéce à son sujet, III. 37262.

LUXEMBOURG, Province des Pays-Bas:
Ses Cartes, I. 2007 - 13.
Dévotion à la Sainte Vierge, I. 4169.
Piéces historiques, II. 17713, 19666, 24102, 3.
Inventaire des Archives, = 29059 - 61, III. 29720.
Ses Histoires, III. 39448 - 61. IV. S.
Ses Généalogies, = 40703.
Sa Coutume, IV. S. page 446.

LUXEMBOURG, Duché François:
Voyez PINEY.

Luxeul, Abbaye, Diocèse de Besançon:
Ses Histoires, I. 12103 - 24, IV. S. 3843*, 44*.
Ses eaux minérales, = 3092 - 96.
Histoire de la Ville, III. 38454.
Réduction, (en 1674) II. 24040.

Luynes, en Touraine:
Histoire de son Duché, III. 35660, IV. S.

LYON, Capitale du Lyonnois:
Projet de Canal, &c. I. 932.
Carte du Diocèse, I. 1078.
Plans de la Ville, I. 1657 - 59. IV. S.
Voyez LUGDUNUM.
Pouillés du Diocèse, II. 1255, 6, IV. S.
Piéces d'Hist. nat. = 2542-46, (IV. S.) 3342, 3639, 3702, IV. S. 3701*.
Vies de ses Saints, = 4274-76.
Piéces d'Hist. Eccl. = 2339, 5389-412, (IV. S.) 5839, II. 25759.
Conc. & Stat. Synod. I. 6575 - 84.
Histoires des Archevêques, = 8854 - 958, IV. S.
Piéces sur son Commerce, II. 28161-66, 245.
Piéces historiq. = 17408, 783, 18181, 847, 19509, 19575, (IV. S.) 19686, III. 29647*, 33742.
Entrées de Rois, &c. II. 26132, &c. 26580.
Autres Fêtes, = 26272, 522.
Titres & Chartes, = 27856, 68, III. 29669, 70.
Ses Histoires, III. 3732-421, IV. S.
Armoiries & Noblesse, = 40107-9, 704-708.
Collége de Médecins, IV. 45201.
Autres Colléges, = 45405 - 12, & page 56.
Ses Académies, = 45581, 82.
Ses Illustres, = 45710-12.
Son Imprimerie, IV. S. 47972*.

LYONNOIS, Province:
Voies Romaines, I. 69.
Ses Cartes, = 1648 - 50, 54 - 56.
Description, = 2228.
Piéces d'Hist. nat. = 2416, 2680, 81, 1711, 64, 78, 2833, 3339 - 42, 3511, 66, 86, 95, 3607.
Piéces d'Hist. Eccl. = 5389 - 412, IV. S.
Anciens mots de sa Langue, II. 15493.
Ses Titres, = 27786, 868, 906.
Ses Histoires, III. 37332, & suiv.
Ses Illustres, IV. 45710.
Coutumes ou Usages, IV. S. page 446.

Lyons, en Normandie:
Sa Coutume, IV. S. page 446.

Lys, Riviere:
Projet d'un Canal, I. 2888.

M.

MADAGASCAR, Isle d'Afrique:
Etablissement François, III. 39798-803.

MADRID, Capitale d'Espagne:
Prison de François I. II. 17519, 20, III. 29885, & suiv.
Réception du Duc de Mayenne, = 26309.
Entrée de Philippe V. Roi d'Espagne: 26513.

MADRIE, en Auvergne:
Carte de cet ancien Comté, I. 1660.

MAESTRICHT, aux Pays-Bas:
Dévotion à la Sainte Vierge, I. 4179.
Siéges de la Ville, II. 24011 - 15, 24100.
Bataille, &c. = 24700 - 704.
Son Histoire, III. 39525.

MAGDELEINE (Cap de la):
Ses eaux minérales, I. 3026.

MAGNY, en Vexin:
L'ancien Petromantalum, III. 34907.

MAGUELONE, en Languedoc:
Ses Conciles, I. 6592.
Voyez MONTPELLIER.
Ses Comtes, III. 37840.

MAIGNELETZ, en Picardie:
Voyez HALLWIN.

MAILLEZAIS, Abbaye, changée en Evêché, dans le Poitou:
Histoires de l'Abbaye, I. 12125-29. IV. S.
Pouillé du Diocèse, I. 1242, 43.
Statuts Synodaux, = 6594.
Voyez la ROCHELLE.

MAINE (le), Province:
Sa Description, I. 1285, 86.
Ses Cartes, = 1661 - 67.
Piéce d'Hist. Eccl. IV. S. 5412*.
Droits du Roi, &c. II. 27924, 54, 28788, 99.
Ses Histoires, III. 35501 - 23, IV. S.
Ses Illustres, IV. 45713.
Sa Coutume, IV. S. page 446.

MAINTENON, en l'Isle de France:
Pierres singulieres, I. 2707.

MAIRÉ, Abbaye, Diocèse de Poitiers:
Ses Histoires, I. 12136 - 39.

MAIREMOUSTIER:
Voyez MARMOUSTIER.

MAIZIERES, en Touraine:
Sa Coutume, IV. S. page 446.

MALABAR, aux Indes:
Cartes de cette Côte, I. 1668, 69.

MALEMAISON, en Brie:
Sa Coutume, IV. S. page 446.

MALINES, en Brabant:
Cartes du Diocèse, I. 1084, 85.
Ses Pouillés, IV. S. 1259*.
Ses Conciles, I. 6605.
Histoires des Archevêques, = 9055, 56.
Histoires de la Ville, III. 39523, 24.
Ses Coutumes, IV. S. page 446.

MALNOUE, Abbaye, Diocèse de Paris:
Sa fondation, &c. IV. S. 14896* & suiv.

MALOU, en Languedoc:
Ses bains, I. 3097, 98.

MALPLAQUET, en Hainaut:
Bataille (en 1709.) II. 24447, 67.

MALTHE (Isle de):
Histoires de ses Chevaliers, III. 40276 - 341.

MALZIOU (le), en Gévaudan:
Sa Prise, (en 1586) II. 18544.

MANCHE (la):
Cartes de cette mer, I. 707 - 17.
Ses Poissons, = 3605.

MANDEURE, en Franche-Comté:
Mémoire historique, III. 38456.
Ancienne statue, = 38467.

MANDUBIENS, ancien Peuple de Bourgogne:
Ses louanges, I. 321.

MANOSQUE, en Provence:
Ses tremblemens de terre, I. 3706.
Histoire de son Eglise, IV. S. 4169*.
Dévotion à la Sainte Vierge, = 4203.
Histoires civiles, III. 38265 - 67.
Sa Coutume, IV. S. page 446.

MANS (le), Capitale du Maine:
Carte du Diocèse, I. 1086 - 88.
Ses Pouillés, = 1283 - 86.
Lieux dépendans de sa Coutume, = 2229.
Maladie épidémique, IV. S. 2547*.
Piéce d'Hist. Eccl. IV. S. 5412*
Invasion du Mans, par les Calvinistes, I. 5799; II. 17881, 82.
Conc. & Synod. l. 6460 - 62, IV. S.
Histoires des Evêques, = 10333 - 77, IV. S.
Sa Prise par les Calvinistes, II. 17881.
Entrée de Louis XIII, &c. = 26230.
Anciennes Monnoies, III. 34011.
Antiquités de la Ville, = 35501.
Son Collége, IV. page 56.
Voyez MAINE.

MANTALE, au Diocèse de Vienne:
Son Concile, I. 6595.

MANTES, en l'Isle de France:
Carte du Pays, I. 1576.
Lieux dépendans de sa Coutume, = 2229.
Voyage de Paris, = 2361.
Son Concile, = 6595.
Assemblée du Clergé, = 6877 - 80.
Ses Histoires, III. 34806 - 8.
Ses Coutumes, IV. S. page 446.

MANTENAY, Abbaye, Diocèse de Troyes:
Ses Histoires, I. 12162, 63.

MANTOUE, en Italie:
Ses Siéges, II. 2190, 21636.
Entrée de Henri III. = 26160, 61.

MARAGNAN, en Amérique:
Etablissement François, III. 39772, 73.

MARAN, en Aunis:
Ses Prises, II. 18639, 734.

MARCHAIS, en Laonnois:
Arrêt à son sujet, IV. S. 5480*.

MARCHE (la), Province:
Cartes, I. 1670, 71, 1868.
Piéces d'Hist. nat. = 2427, 1547, 2834, 3346.
Défaite des Huguenots, II. 18701.
Ses Histoires, III. 37488 - 91.
Sa Coutume, IV. S. page 446.

MARCHENOIR, en Beauce:
Sa Coutume, IV. S. page 446.

MARCHIENNE, Abbaye, Diocèse d'Arras:
Ses Histoires, I. 12140 - 43. IV. S.
Combat aux environs, II. 24465, 66.

MARCIAC, Diocèse d'Auch:
Son Concile, I. 6596.

MARCIGNY, en Bourgogne:
Ravages des Calvinistes, III. 37269.

MARCK, près d'Ardres:
Conférences avec les Espagnols, III. 30032, 73.

MARCK (la), Comté:
Ses Histoires, III. 39241, & suiv. 53.

MARCOUSSI, en l'Isle de France:
Ses Histoires, III. 35428 - 31.

MARCY, en Nivernois:
Histoire de ce Comté, III. 35583.

MARDICK, en Flandre:
Sa Prise, (en 1645) II. 22225.
Cession aux Anglois, = 23825 - 28.

MAREUL lez Meaux:
Sa Coutume, IV. S. page 446.

MARFÉE (la), près de Sedan:
Bataille, (en 1641) II. 22047.

MARIE-GALANTE, Isle d'Amérique:
Sa Carte, I. 1588.

MARIEMBOURG, en Hainaut:
Mémoire historique, III. 39069.

MARIENDAL, en Allemagne:
Bataille, (en 1645) II. 22217.

MARIGNAN, en Italie:
Bataille, (en 1515) II. 17487, 88.

MARIGNANE, en Provence:
Maladie épidémique, I. 2548.

MARIMONT, en Brabant:
Ses eaux minérales, I. 3099 - 101.

Table Géographique.   47

MARLY, Château Royal :
Sa Description, II. 27010 - 29, IV. S. III. 34513, 27.

MARLY, près de Calais :
Négociation avec les Espagnols, III. 29960.

MARLY-LA-VILLE, en l'Isle de France :
Ses lits de terre, I. 2689.

MARMOUSTIER, Abbaye, Diocèse de Tours :
Ses Histoires, I. 12144 - 55, IV. S.
Titres & Cartulaires, III. 29575, 676.
Coutumes de sa Seigneurie, IV. S. page 446.

MARNE, Rivière :
Son cours, I. 872.
Qualité de ses eaux, = 2842.

MAROILLES, Abbaye, de Hainaut :
Ses Histoires, I. 12156 - 58.

MAROLLES, en Brie :
Sa Coutume, IV. S. page 446.

MARQUENTERRE, Pays de Picardie :
Sa Coutume, ibid.

MARSAC, en Périgord :
Sa Fontaine, I. 2865.

MARSAL, en Lorraine :
Son briquetage, III. 38793.
Guerre Cardinale, IV. S. 38793*.
Sa Coutume, IV. S. pag. 446.

MARSAN, Pays de Gascogne :
Sa Coutume, IV. S. page 446.

MARSANNE, en Dauphiné :
Son bruit souterrain, I. 3698.

MARSEILLE, en Provence :
Etat du Diocèse, I. 1236.
Ses Plans, = 1672, 73.
Sa fondation & histoire ancienne, = 3897, 3932 - 35.
Piéces sur sa peste, = 2549, 67, IV. S.
Piéc. d'Hist. Eccl. = 5521 - 38.
Conc. & Stat. Syn. = 6597 - 600.
Histoires des Evêques, = 8025 - 55, IV. S.
Piéces historiques, II. 18473, 19680 - 83, 23019, IV. S. 21926*.
Entrées & Fêtes, II. 16190 - 93, 295, 352, 413, 26473, 482 - 84, 93, 514.
Son Commerce, II. 28187, IV. S. 5308.
Histoire de ses Comtes, IV. S. 38056*.
Ses Histoires, III. 38077 - 86, 209 - 55.
Son Académie, IV. 45583 - 86.
Ses Illustres, = 45714 - 18.
Son Collége, &c. IV. page 56.
Statuts & Coutumes, IV. S. pag. 446.

MARTEL, en Quercy :
Sa Coutume, IV. S. page 446.

MARTINIQUE, Isle d'Amérique :
Ses Cartes, I. 1589 - 91, 98.
Histoire naturelle, = 2428.
Autres Histoires, III. 39750 - 65.

MARTRES-DE-VERRE, en Auvergne :
Maladie épidémique, I. 2568.

MARVEGES, en Languedoc :
Sa Prise, (en 1586) II. 18544.

MASCON, en Bourgogne :
Cartes du Diocèse, I. 1083, 648.
Son Pouillé, = 1255.
Cartulaire de la Cathédrale, III. 29711.
Mémoire pour un Chanoine, IV. S. 5812*.
Conc. & Stat. Synod. I. 6601 - 4.
Histoires des Evêques, = 9042 - 47.
Réd. de la Ville, II. 19576.
Entrées du Roi, &c. = 26379, 92.
Titres, &c. II. 27786, 856, 28808.
Ses Histoires, III. 35972, 78.
Piéces historiques, = 37263 - 68.
Ses Comtes, = 40710, 711.
Son Collége, IV. 45413 - 15.

MASCONNOIS :
Cout. ou Usages, IV. S. page 446, avec LYONNOIS.

MAS-GARNIER, Abbaye, Diocèse d'Aire :
Sa fondation, IV. S. 12158*.

MASOLACUM, ancien palais :
Sa situation, I. 448, 522.

MATAFELON, en Franche-Comté :
Son anc. Inscription, III. 38444.

MAUBEUGE, en Hainaut :
Son Plan, I. 1674.
Ses Généalogies, III. 40712.
Son Collége, IV. 45416.

MAUGUIO, ou MELGUEIL, en Languedoc :
Ses Comtes, &c. 37840 - 42.

MAULEON, Abbaye, Diocèse de la Rochelle :
Son Histoire, I. 13633.

MAULX, en Artois :
Sa Coutume, IV. S. page 446.

MAUNY, en Normandie :
Sa Baronie, &c. III. 35281.

MAURIAC, en Auvergne :
Son Collége, IV. 45417 - 19.

MAURIENNE, & Savoye :
Histoire des Comtes, &c. III. 36043.

MAUSAC, Abbaye, Diocese de Clermont :
Son Histoire, I. 12159.

MAXIMA SEQUANORUM.
Etendue de cette anc. Province, I. 343, 4.

MAYENCE, en Allemagne Gallicane.
Sa Carte, I. 1089.
Ses Conciles, = 6621.
Histoires des Archevêques, = 9065 - 105, IV. S.
Prises de la Ville, II. 22215, 24043, 24259.
Histoires civiles, III. 39189 - 93. IV. S.

MAYENNE, au Maine :
Histoire de ce Duché, III. 35503, 18.

MAZAMET, en Languedoc :
Ses eaux minérales, I. 3102.

MAZENGARBE, en Artois :
Sa Coutume, IV. S. pag. 446.

MEAUX, en Brie Françoise.
Carte du Diocèse, I. 1090, 91.
Plan de la Ville, ibid.
Ses Pouillés, = 1261, 691.
Piéces d'Hist. Eccl. = 5050, 51 & V. Add.
Conc. & Stat. Synod. = 6606 - 12. IV. S.
Histoires des Evêques, = 9389 - 431. IV. S. & V. Add. 9405*.
Cartulaires de l'Eglise, III. 29548, 672.
Baillis de la Ville, III. 34124.
Ses Histoires = 34362 - 68. IV. S.
Piéces historiques, IV. S. 19523*. 26580*. 27868*.
Sa Coutume, IV. S. page 446.

MEDIOLANENSE CASTRUM :
Sa situation, I. 523.

MEDIOLANUM, ancienne Ville :
Dans l'Autunois, I. 239.

MEDIOLANUM (Autre) :
En Saintonge, I. 340.

MEDIOMATRICI :
Ancien nom du Pays de Metz, I. 322.

MEDITERRANÉE (Mer):
Carte des Côtes de France, I. 698, 721, 6.

MEDOC, en Guyenne:
Carte de ce Pays, I. 1407.
Sa Description, 2230.

MEILLERAYE, (la) en Poitou:
Histoire de son Duché, III. 35742.

MELDI, ancien Peuple:
Observations à leur sujet, IV. S. 323*.

MELERAY, en Brie:
Sa Coutume, IV. S. pag. 447.

MELGUEIL, en Languedoc:
Voyez MAUGUIO.

MELUN, en l'Isle de France:
Remarques sur son Isle, I. 323.
Conc. & Stat. Synod. = 6613.
Assemblée du Clergé, = 6839, 40.
Histoire de la Ville, III. 34821.
Ses Coutumes, IV. S. pag. 447.

MELUN sur Core, en Berry:
Sa Coutume, IV. S. page 447.

MENAPII, ancien Peuple:
Dans la Belgique, I. 352.

MENAT, Abbaye, Diocèse de Clermont:
Ses Histoires, I. 12160, 61.

MENDE, en Languedoc:
Carte du Diocèse, I. 1092.
Son Pouillé, = 1246.
Statuts Synodaux. = 6614, 15.
Histoires des Evêques, = 7960 - 69.
Prise de la Ville, (en 1563) II. 17928.
Ses Histoires, III. 37901, 902.
Son Collège, IV. pag. 56.

MENETON sur Cher, en Berry:
Sa Coutume, IV. S. page 447.

MENTE: voyez MANTALE.

MENTON, en Italie:
Sa Seigneurie, III. 38276.

MERCŒUR, en Auvergne:
Histoire de son Duché, III. 37472.

MERGHEM, Abbaye de Flandre:
Ses Histoires, I. 12164, 65*

MERLANGE, près Montereau:
Ses Eaux minérales. I. 4103 - 5. IV. S.

MERS, Océane & Méditerranée:
Leur Jonction, I. 891 - 900.
Voyez CANAL DE LANGUEDOC.
Coutumes ou Usages, IV. S. pag. 447.

MERY sur Seine, en Champagne:
Défaite d'Attila, I. 903 - 506.
Prise de la Ville, (en 1615) II. 20384.

MESSIN (Pays):
Voyez METZ.

MESSINE, en Flandre:
Statut ou Coutume, IV. S. pag. 447.

MESSINE, en Sicile:
Ses mouvemens, &c. II. 24082, 83.

METIOSEDUM, ancienne Ville:
Sa situation disputée, I. 323.

METZ, en Lorraine:
Cartes du Diocèse, I. 1093, 94.
Environs de la Ville, = 1675, 76.
Plan de la Ville, = 1677.
Pouillé du Diocèse, 1288.
Description du Pays Messin, = 2231, 32.

Pieces d'Histoire Naturelle, I. 2569, 2736, 3258.
Antiquités, = 3936.
Piéces d'Histoire Ecclésiastique, = 5372-76. 5971, 72.
Conc. & Stat. Synod. = 6616 - 20.
Histoires des Evêques, = 10542 - 604. IV. S.
Piéces historiques, II. 17662 - 66. 19334. 19866. 26001. 26241. 26412. 26619. III. 30020, 21.
Titres de l'Evêché, &c. = 26885 - 89. III. 29673, IV. S. 38760*.
Droits du Roi, = 27723, 869 - 81. IV. S. 38760**.
Chambre Royale pour réunion, = 27882 - 84. IV. S. 28782*. & suiv.
Anciennes Monnoies, III. 34008.
Son Parlement, = 33207 - 12. (& IV. S.) 33532, & suiv. 33732, 33. (IV. S.) 37760.
Histoires civiles, = 38758 - 63.
Ses Généalogies, III. 40712.
Son Académie, IV. 45587.
Son Collège, IV. page 56.
Ses Coutumes, IV. S. page 447.

MEUDON, près de Paris:
Description du Château, II. 27030, 31, 34513.
Remarques sur le Village, IV. S. 34797.

MEULAN, en l'Isle de France:
Lieux dépendans de sa Coutume, I. 2229.
Sa Prise (en 1590.), II. 19215.
Son Collège, IV. page 56.
Sa Coutume, IV. S. page 447.
Histoire du Prieuré, I. 12689 - 91.
Son Cartulaire, III. 29706;
Voyez SAINT-NICAISE.

MEUN, en Orléanois:
Son Concile, I. 6593.
Mémoires historiques, III. 35622 - 25.

MEURCHIN, en Artois:
Sa Coutume, IV. S. page 447.

MEUSE, Riviere:
Projet de jonction à la Seine, IV. S. 965*.
Seigneuries de son cours, II. 27950, 29014.

MEYNES, en Provence:
Ses eaux minérales, I. 3107, 8.

MEYRVEIS, en Languedoc:
Maladie épidémique, IV. S. 2569*.
Ses grottes, I. 2798, 99.

MÉZIERES, en Champagne:
Mariage de Charles IX. II. 18096, & suiv. 26589.
Histoire de la Ville, III. 34270.
Ses Coutumes, IV. S. pag. 446.

MIDDELBOURG, en Zélande:
Carte de l'Evêché, I. 1178.
Miracle du S. Sacrement, IV. S. 5025*(2).

MILAN, en Italie:
Carte du Duché, I. 1930.
Conquête par Louis XII. II. 17410 - 12, 26160.
Conquête par François I. = 17490 - 94, 26173, 74.
Droits du Roi, = 28917, 29084, 85, IV. S.
Actes de ses Ducs avec les Rois de France, III. 29656.
Négociation, en 1609, = 30374, 85.

MILANCÉ, ou MILLANÇAY, en Sologne:
Camp Romain, &c. I. 93.
Sa Coutume, IV. S. page 447.

MILHAU, en Rouergue:
Histoire des Calvinistes de cette Ville, I. 5994, 95.
Son Collège, IV. page 56.

MILHAUD, près de Nismes:
Société littéraire, IV. 45588, & S.

MILLEFONSSE, en Flandre Françoise:
Sa Coutume, ibid.

MILLY;

MILLY, en Gâtinois :
Mémoire historique, III. 35560.

MIMEAUX, en Brie :
Sa Coutume, IV. S. page 447.

MINORQUE, Isle :
Sa conquête, II. 24741, 44, 45, 50, 54.
Avantages de la France, III. 31172.

MIRABEL, en Vivarais :
Prise du Château, II. 21469.

MIREBALAIS, Pays de Poitou :
Sa Carte, I. 1678.
Sa Coutume, IV. S. page 447.

MIREBEAU, en Bourgogne :
Piéce à son sujet, III. 36354.

MIREBEAU, en Poitou :
Sa Coutume, IV. S. page 447.

MIREPOIX, au Pays de Foix (Languedoc) :
Carte du Diocèse, I. 1095.
Histoires des Evêques, = 10243 – 47.

MIROIR (le), Abbaye, Diocèse de Lyon :
Son Histoire, I. 13108.

MISSISSIPI, Fleuve d'Amérique :
Son embouchure, III. 39710.
Sa partie Occidentale prétendue par les Anglois, II. 28803.

MITRY, en Brie :
Usage faussement attribué, III. 34838, IV. S.

MODIRAN, Diocèse de Tarbes :
Histoire de ce Prieuré, I. 12166.

MOISSAC, en Quercy :
Concile, dans son Abbaye I. 6627.
Translation des Jurisdictions de Montauban, II. 21335, 416, & suiv.
Son Collége, IV. page 56.

MOKA, en Arabie :
Commerce des François, II. 24617.

MOLESME, Abbaye, Diocèse de Langres :
Ses Histoires, I. 12170 – 73. III. 37270.

MOLINS, en Berry :
Sa Coutume, IV. S. page 447.

MOLLEY-BACON, près de Bayeux :
Ses Seigneurs, &c. III. 35294.

MONACO, en Italie :
Carte de cet Etat, I. 1927.
Ses Princes, &c. III. 3275, 77.

MONCEAU, en Picardie :
Maladie épidémique, I. 2570.

MONCEAUX, près de Meaux :
Réception d'un Ambassadeur Turc, II. 20732.
Recueil de Piéces, III. 34364.

MONCONTOUR, en Poitou :
Bataille, (en 1569) II. 18077 – 79.

MONESTIER, en Dauphiné :
Ses eaux minérales, I. 2935.

MONS, en Hainaut :
Lieux dépendants de sa Coutume, I. 1233.
Ses Chanoinesses, = 15021, III. 40712.
Combat auprès, (en 1678) II. 24133.
Son Siége, (en 1691) = 24305, 6.
Extrait de ses Archives, III. 29720.
Ses Histoires, = 39432, 33.
Ses Généalogies = 40712.
Sa Coutume, IV. S. page 447.

MONS en Peule, en Flandre :
Sa Coutume, IV. S. page 447.

Tome V.

MONSAULJON, en Champagne :
Sa Coutume, IV. S. page 447.

MONSTIER-EN-DER, Abbaye, Diocèse de Châlons-sur-Marne :
Ses Histoires, I. 12174 – 79, IV. S.

MONSTIER-RAMEY, Abbaye, Diocèse de Troyes :
Son Cartulaire, III. 29617.

MONSTIER-VILLER, ou Montivilliers, en Normandie :
Coutume de sa Seigneurie, IV. S. pag. 447.

MONTAGNES de France :
Cartes de leurs chaînes, I. 732.
Détails à leur sujet, = 2634, & suiv.

MONTAIGU, en Brabant :
Dévotion à la Sainte Vietge, I. 4170, IV. S. 4092*.

MONTAIGU, en Poitou :
Sa Prise, (en 1588) II. 18791.

MONTAIMÉ, en Champagne :
Lettre sur ce Fort, III. 34377.

MONTALBAN, en Piémont :
Prise de ce Château, II. 24307.

MONTALLIER, en Roussillon :
Sa Prise, (en 1654) II. 23771.

MONTARGIS, en Gâtinois :
Lieux dépendants de sa Coutume, I. 2234.
Piéce d'Hist. Eccl. IV. S. 5448*.
Combat d'un chien, 15554.
Histoires civiles, III. 35548 – 52.
Son Collége, IV. 45420, & page 156.
Sa Coutume, IV. S. page 447.

MONTAUBAN, en Quercy :
Carte du Diocèse, I. 1096.
Carte de sa Généralité, = 1612.
Plan de la Ville, = 1678.
Piéces d'Hist. Eccl. = 5138, & IV. S.
Statuts Synodaux, IV. S. 6623*.
Hist. des Evêques, voyez l'ancienne Gallia Christiana.
Siége, (en 1562) IV. S. 17888*.
Siége, (en 1621) II. 2156 – 65, 21182, 83, IV. S. 21016*, 62*.
Cour des Aides, III. 33504, &c. 33866, 67.
Histoires civiles, = 37611 – 14, IV. S.
Son Académie, IV. 45589 – 91.
Ses Illustres, = 45719.
Son Collége, &c. IV. page 56.

MONTAUBANT, en Artois :
Sa Coutume, IV. S. page 447.

MONTAUSIER, en Angoumois :
Histoire de son Duché, III. 35795.

MONT-AUX-MALADES, près de Rouen :
Titres de ce Prieuré, III. 29555.

MONTBARD, en Bourgogne :
Son Siége, (en 1590) II. 19314.
Piéces sur cette Ville, = 27891, III. 37272 – 74.
Son Cartulaire, III. 29674.
Son Histoire, = 35999.

MONTBAZON, en Touraine :
Histoire de son Duché, III. 35741.
Sa Description, IV. S. 35660*.

MONTBÉLIARD (Comté de) :
Carte de ses possessions, I. 1533.
Ses Histoires, II. 18644, III. 38462 – 66.

MONTBOURG, Abbaye, Diocèse de Coûtances :
Son Histoire, I. 12180.

MONTBRISON, en Forez :
Prise par les Calvinistes, II. 17885.
Ses Titres, = 27846, 47.
Son Collége, IV. pag. 56.

G

MONT-CASSEL, en Flandre Françoife:
Bataille, en 1677, II. 24121, 144.

MONTDIDIER, en Picardie :
Lieux de la Coutume, I. 2248.
Ses Hiftoires, III. 34168 – 72.
Ses Illuftres, IV. 45721.
Sa Coutume, IV. S. page 447.

MONT-DIEU, Diocèfe de Reims:
Annales de la Chartreufe, IV. S. 13250*.

MONT D'OR, en Auvergne :
Ses eaux minérales, I. 3111 – 13.
Ses antiquités, III. 37474.

MONT-D'OR, près de Reims :
Sa Fontaine minérale, I. 3110.

MONTÉLIMAR, en Dauphiné :
Prifes, (en 1586, 87, 91,) II. 18597, 19362.
Entrée de Louis XIII. = 26357.
Son Collége, IV. pag. 56.

MONTEREAU, en Brie :
Meurtre du Duc de Bourgogne, II. 17120, & fuiv. IV. S. 15448*.
Prife (en 1589), II. 19031.
Sa Coutume, IV. S. pag. 447.

MONTFERRAND, en Auvergne :
Sa Cour des Aides, III. 33864, IV. S. 33895**.
Son Hiftoire, III. 37467.
Voyez CLERMONT, auquel on l'a uni.

MONTFORT, en Bretagne :
Canne Sauvage, III. 35496.

MONTFORT-l'Amaury, en l'Ifle de France:
Lieux de fa dépendance, I. 2235.
Sa Coutume, IV. S. page 447.

MONTFORT, en Lorraine :
Droits du Roi, II. 29016.

MONTGERES, près de Beziers :
Dévotion à la Ste. Vierge, I. 4176.

MONTGISCARD, en Languedoc :
Prifes de fes Tours, II. 20924.

MONTIGNY, en Brie :
Sa Coutume, IV. S. pag. 447.

MONTILLY, en Languedoc :
Son Concile, I. 6624.

MONT-JOUE, en Catalogne :
Sa Prife (en 1675), II. 24078.

MONTIRENDÉ, Abbaye :
Voyez MONSTIER-EN-DER.

MONTIVILLIERS, Abbaye, Diocèfe de Rouen :
Ses Hiftoires, I. 14897. IV. S.
Voyez MONSTIER-VILLER.

MONT-JURA, Abbaye de Franche-Comté :
Voyez SAINT-CLAUDE.

MONTLHÉRY, en l'Ifle de France :
Ses Hiftoires, II. 21023, III. 34827, 28.

MONTLIEURE, en Languedoc :
Prife, (en 1621) II. 21023.

MONT-MAJOUR, Abbaye, Diocèfe d'Arles :
Son Hiftoire, I. 12209.

MONT-MARSAN, en Gafcogne :
Ses eaux minérales, I. 3109.
Son Hiftoire, III. 37649.
Son Collége, IV. pag. 56.

MONTMARTRE, Abbaye, Diocèfe de Paris :
Formation (prét.) de fa butte, I. 2643.
Hiftoires de l'Abbaye, = 14898–906. (IV. S.) 34397, 419.

MONTMÉDY, au Luxembourg :
Prife (en 1658), II. 23817.

MONTMÉLIAN, en Savoye :
Prife (en 1600), II. 19777, 78.

MONTMIRAIL, au Perche :
Réconciliation de St. Thomas de Cantorbéri, I. 524.
Coutume de ce lieu, IV. S. pag. 447.

MONTMORENCY, en l'Ifle de France :
Hiftoire de fon Duché, I. 34840.

MONTMOROT, en Franche-Comté :
Ses Fontaines falées, 2746, 47, 3114.

MONT-NOTRE-DAME, en Soiffonnois :
Son Concile, I. 6625.

MONT-OLYMPE, en Champagne :
Mémoire hiftorique, III. 34270.

MONTORIENT, en Franche-Comté :
Sa Tour, III. 36030. IV. S.

MONTOYRE, en Artois :
Sa Prife (en 1543), II. 17588.

MONTPELLIER, en Languedoc :
Carte du Diocèfe, I. 1097, 98.
Carte de la Généralité, 1611.
Plans de la Ville, = 1679, 80, IV. S.
Piéces d'Hiftoire naturelle, 2429, 2571, 3347 – 51. 85 – 89. 3655. 3701.
Piéces d'Hiftoire Eccléfiaftique : = 5370, (IV. S.) 5864.
Conciles & Statuts Synodaux. = 6612, 23.
Hiftoires des Evêqués, = 9210 – 15, IV. S.
Archives de l'Evêché, III. 29676.
Piéces hiftoriques, II. 21091, IV. S. 21125*, 21467*, II. 19325, 26337, 563, III. 37653.
Titres, &c. = 27856 – 60.
Ch. des Comp. III. 34022, 23, 33448, &c. 33859–64.
Hiftoires civiles, 37819 – 36. IV. S.
Ordre (prét.) du St. Efprit, = 40376, & fuiv. IV. S.
Généalogies, = 40687.
Univerfité, IV. 45202 – 209. IV. S. & page 56.
Académie ou Société Royale, = 45592 – 94.
Ses illuftres, = 45208, 720.
Fragment de Coutume, IV. S. page 447.

MONTPENSIER, en Auvergne :
Hiftoire de fon Duché, III. 37471.

MONT-PILATE, en Dauphiné.
Ses Defcriptions, I. 2636, 37.

MONTRAVEL, en Guyenne :
Sa Prife (en 1622), II. 21093.

MONTREVEL, en Breffe :
Piéces à fon fujet, III. 37186, 87.

MONTREUIL, près Paris :
Ses jardins, &c. I. 3456. IV. S.

MONTREUIL, en Picardie :
Son Plan, IV. S. 1680*.
Son Hiftoire, III. 34195.
Son Collége, IV. page 56.
Ses Coutumes, IV. S. page 447.

MONTREUIL-LES-DAMES, près Laon.
Piéces fur la Ste. Face, I. 5483 – 87.

MONTRICHART, en Touraine :
Sa Coutume, IV. S. page 447.

MONT-ROLAND, en Franche-Comté :
Dévotion à la Ste. Vierge, I. 4178.

MONTROND, en Berry :
Réduction du Château, II. 23669.

MONT-SAINTE-CATHERINE, à Rouen :
Ses eaux minérales, I. 3190.

MONT-SAINT-ELOY, Abbaye, Diocèse d'Arras:
Ses Histoires, I. 1343, 32.
Coutumes de la Seigneurie, IV. S. page 447.

MONT-SAINT-HUBERT, en Flandre:
Sa Prise, (en 1667) II. 23916.

MONT-SAINT-JEAN, Abbaye, Diocèse de Langres:
Son Cartulaire, III. 29677.

MONT-SAINT-MARTIN, Abb. Diocèse de Cambray:
Son Cartulaire, III. 29678.
Ses Abbés, &c. IV. S. 13566* & suiv.

MONT-SAINT-MICHEL, Abb. Diocèse d'Avranches:
Sa Description, I. 2360.
Ses Histoires, I. 12210-20.
Copie de ses Titres, III. 29599.
Sable de la grève, I. 3709.
Sa Prise, (en 1575) II. 18320.

MONT-SAINT-QUENTIN, Abb. Diocèse de Noyon:
Ses Histoires, I. 1221-26.

MONT-SAINT-SIMÉON, près d'Auxerre:
Ses Pyrites, I. 2765.

MONT-SAULJON:
Voyez MONSAULJON.

MONT-SERRAT, en Catalogne:
Dévotion à la Sainte Vierge, IV. S. 4178*.

MONT-VALÉRIEN, près de Paris:
Anciens ermitages, &c. I. 5332-48, IV. S.

MORBIHAN, en Bretagne:
Golfe où étoit *Dariorigum*, I. 256.
Compagnie de Commerce, II. 28179.

MORET, Diocèse de Besançon:
Histoire de ce Monastere, I. 12127-29.

MOREY, en Gâtinois:
Son Concile, I. 6629.

MORIGNY, Abbaye, Diocèse de Sens:
Ses Histoires, I. 12230, 31.

MORIMOND, Abbaye, Diocèse de Langres:
Son Histoire, I. 13109, 10.
Suite de ses Abbés, III. 37275.

MORINI, ancien Peuple:
Leur situation, &c. I. 196, 324.
Leur Histoire, III. 38996.

MORLACA, ancien Château Royal:
Sa situation, I. 448.

MORLAIX, en Bretagne:
Droit des Freres Prêcheurs, III. 35481.
Son Collége, IV. page 56.

MORNAS, en Provence:
Ses antiquités, III. 38310.

MORTAGNE, en Perche:
Ses Histoires, III. 35527, 28.

MORTAGNE, en Tournaisis:
Son érection en Pairie, III. 39034.
Droits du Roi, II. 28838.

MORTAIN, en Normandie:
Sa donation, &c. II. 27892.
Histoire de son Duché, III. 35335.

MORTEMART, en Périgord:
Histoire de son Duché, III. 35750.
Son Collége, IV. page 56.

MORTEMER, Abbaye, Diocèse de Rouen:
Son Histoire, I. 13111.

MOSCOVIE:
Traités d'Alliance, III. 29440.

MOSELLE, Riviere:
Son cours, I. 739.

Ses Cartes, = 1999, 2000.
Ancienne Description, IV. S. 39198*.

MOTHE (la), en Lorraine:
Ses Prises, II. 21815, 29, 22233.

MOTHE sur Indre, en Touraine:
Ses Coutumes, IV. S. pag. 447.

MOTHE-SAINT-HERAY, en Poitou:
Ses Bénédictines, IV. S. 14906*.

MOUCHY, en Beauvaisis:
Voyez HUMIERES.

MOULINEAUX, près de Rouen:
Château de Robert le Diable, III. 35237.

MOULINS, Capitale du Bourbonnois:
Carte de sa Généralité, I. 1681.
Tenue des Etats Généraux, II. 27458.
Entrée de Henri IV. = 26282.
Son Collége, IV. 45421-24.

MOUSON, en Champagne:
Ses Conciles, I. 6626.
Ses Titres, II. 27873.
Sa mouvance, &c. = 27950, 29014.
Son Histoire, III. 34261.
Histoires de son Abbaye, I. 12232-35, IV. S.

MOUSSON, en Lorraine:
Ses eaux minérales, I. 3115.

MOUSTIER-LA-CELLE, Abbaye, près de Troyes:
Ses Histoires, I. 12236, 37.

MOUSTIER-NEUF, Abbaye, Diocèse de Poitiers:
Son Histoire, I. 12238.

MOUSTIER-SAINT-CHAFFRE, Abbaye:
Voyez CARMERY.

MOUSTIER-SAINT-JEAN, Abb. Diocèse de Langres:
Ses Histoires, I. 12239-44.
Son Cartulaire, III. 29677.

MOUVEAUX, en Flandre Françoise:
Sa Coutume, IV. S. page 447.

MOYEN, à l'Evêché de Metz:
Sa Coutume, *ibid.*

MOYEN-MOUTIER, Abbaye, Diocèse de Tours:
Ses Histoires, I. 12167-69.

MOYEN-PONT, près de Péronne:
Dévotion à la Sainte Vierge, I. 4172, 73, IV. S. 4179*.

MOYENVILLE, en Artois:
Sa Coutume, IV. S. page 447.

MOYSSIACUM, en Quercy:
Voyez MOISSAC.

MULHAUSEN, en Alsace:
Son Histoire, III. 38756.

MUNICH, en Allemagne:
Mariage de M. le Dauphin, (fils de Louis IV.) III. 38656.

MUNSTER, Abbaye, en Alsace:
Son Histoire, I. 12245.

MUNSTER, en Allemagne:
Traité de paix, &c. III. 30720-26, 54, 64-87.
IV. S. 29230*, 31*, 30772*.

MURBACH, Abbaye, en Alsace:
Son Histoire, I. 12246.

MURE, Abbaye, en Suisse:
Son Histoire, I. 12247.

MUREL, près de Toulouse:
Son Concile, I. 6628.

Murs, (les) Ville-Mareul, &c. en Brie:
Leur Coutume, IV. S. page 447.

Myrecul, en Anjou:
Dénombrement de cette Terre, III. 35712.

N.

Naerden, en Hollande:
Se rend à Louis XIV. II. 24006.

Namur, aux Pays-Bas:
Carte du Diocèse, I. 1099.
Cartes du Comté, = 1362. 1557, 2051.
Piéce d'Histoire Ecclésiastique, IV. S. 5103*.
Statuts Synodaux, = 6629*.
Histoire des Evêques, I. 8641, 42.
Siéges de Namur, II. 24312 - 14. 346 - 49.
Droits du Roi, = 28844, 77. 29061. & suiv.
Inventaire des Chartes, 29061, 62.
Extrait des Archives, III. 29720.
Histoires civiles, 39438 - 44.
Ses Généalogies = 40614.
Sa Coutume, IV. S. page 447.

Nançay, en Blésois:
Sa Coutume, IV. S. page 447.

Nancy, Capitale de la Lorraine:
Ses Plans, I. 1682 - 5. IV. S.
Place, & Statue de Louis XV. = 2153, 55.
Piéces d'Histoire naturelle, = 2572, IV. S. 3115*.
Dévotion à la Ste. Vierge, = 4111, 4180.
Piéces d'Histoire Ecclésiastique, = 5375. 77. 6205.
Bataille (en 1477) II. 17311, 12.
Passage de Mme. la Dauphine, = 26611.
Cour Souveraine, III. 33234, 35. (IV. S.) 33338,
&c. I. 14555, III. 33366, 67, 77, 414, 44*.
Histoires Civiles, = 38921 = 36. IV. S. 38901*.
& suiv.
Son Université, IV. 45209, 253.
Son Académie, = 45597.
Sa Coutume, IV. S. pag. 447.

Nanterre, près Paris:
Assemblée Ecclésiastique, I. 6939.
Collége (aujourd'hui éteint): IV, page 56.

Nantes, en Bretagne.
Cartes du Diocèse, I. 1100, 1101.
Plan de la Ville, = 1686.
Pouillé du Diocèse, = 1283.
Edit pour les Calvinistes, = 6159, 66, 68, 72 - 74.
82, & suiv.
Conciles & Statuts Synodaux, = 6630, 31.
Histoires des Evêques = 10432 - 41. Add. 9181*.
Pillage par les Normands, II. 16383.
Ses Titres, = 17800 - 803.
Chambre de Justice, 33713, & suiv.
Chambre des Comptes, 33821 - 23, 55.
Inscription ancienne, 35349.
Ses Histoires, = 35450, 55, 58 - 72.
Sa Noblesse, = 40635.
Son Université, IV. 45210 - 16, IV. S. & pag. 56.
Ses Illustres, 45722.
Ses Coutumes, IV. S. page 447.

Nanteuil, Abbaye, Diocèse de Coûtances.
Ses Histoires, I. 12248 - 55. IV. S.

Nantua, en Bresse:
Fondation de son Prieuré, III. 37276.

Naples, en Italie.
Expédition de Charles VIII. II. 17364. & suiv. 26151.
Révolution, en 1648, II. 21262. & suiv.
Succession de la Maison de Bourbon, = : 28887, 90.
Fêtes, = 16318, 19, 26565.
Naples Françoise, III. 40793.

Narbonne, en Languedoc:
Mémoire sur l'ancien Château Narbonnois, I. 526.
Cartes du Diocèse, = 1103, 4.

Son Pouillé, II. 1260. IV. S.
Ses Plantes, = 3375.
Dévotion à la Ste. Vierge, = 4167.
Piéce d'Histoire Ecclésiastique, = 5361.
Conciles & Statuts Synodaux, = 6632 - 35. IV. S.
Histoires des Archevêques, 9151 - 82. IV. S.
Prise de la Ville, (en 802) II. 16229.
Registre de ses Archives, III. 29679.
Histoires civiles, = 37801 - 8.
Ses Illustres, IV. 45723.
Son Collége, IV. page 56.

Narbonnoise (Gaule):
Ses limites, divisions, &c. I. 140 - 45.
Son Histoire, = 3937.

Navarre, Royaume:
Ses Cartes, I. 1687, 88.
Carte de la Basse, = 1552.
Ses Plantes, = 3318.
Mémoire sur ses confins, II. 27854.
Ses Titres, &c. = 27893, 99.
Droits du Roi sur le Royaume de Navarre, = 28893,
905, 8 - 13, 35.
Ses Histoires, III. 37667 - 90. IV. S.
Ses Généalogies = 40703.
Coutume ou Fors, IV. S. page 447.

Nazareth, Diocèse de St. Mâlo:
Dévotion à la Ste. Vierge, I. 4181.

Neauphle le Château, en Beauce:
Sa Coutume, IV. S. pag. 447.

Nédonchel, en Boulonnois.
Sa Coutume, ibid.

Negrepelisse, en Quercy:
Ses Titres, II. 27852.

Nemetacum, ancienne Ville:
Sa situation, I. 197, 98.

NEMETOCENNA: ibid.

Nemours, en Gâtinois:
Mémoire historique, III. 34825.
Histoire de son Duché, = 34826.
Sa Coutume, IV. S. pag. 447.

Neomagus, ancienne Ville:
Des Tricastins, I. 325.

Nirac, en Gascogne:
Sa Réduction, (en 1621) II. 21005.
Son Collége, IV. page 56.

Neri, en Bourbonnois:
Ses Antiquités, I. 326.
Ses Bains, = 3116, 17.

Nerviens, ancien Peuple:
Leur Capitale, I. 350 - 52.

Nerwinde, aux Pays Bas:
Bataille, en 1706, II. 24327.

Nesle, en Picardie:
Sa Mouvance, II. 27796, IV. S. 34183*.

Neu-Brisac, en Alsace:
Son Plan, I. 1689.

Nevers, Capitale du Nivernois:
Carte du Diocèse, I. 1105.
Son Pouillé, = 1277, 82.
Piéces d'Hist. Eccl. = 5413, 14.
Conc. & Stat. Synod. = 6641 - 43.
Histoires des Evêques, = 10172 - 85. IV. S.
Histoires civiles, III. 35561, & suiv.
Son Collége, IV. 45425, 26.

Neuf-Bourg, en Normandie:
Sa Prise (en 1649) II. 22825.

Neuf-Chastel, en Lorraine:
Droits du Roi, = 29016.

Neuf-Chastel, en Normandie:
Sa Réduction, (en 1597) II. 19699.
Sa Coutume, IV. S. page 447.

Table Géographique.   53

NEUF-CHASTEL, en Suisse :
Carte de cette Principauté, I. 1975.
Ses Histoires, III. 39141 - 63. IV. S.

NEUF-FONTAINES, Abbaye, Diocèse de Clermont :
Ses Histoires, I. 13567 - 69.

NEUFMARCHÉ, en Normandie :
Son Concile, I. 6652.

NEUFVILLE, en Flandre Françoise :
Sa Coutume, IV. S. page 447.

NEUFVY, en Berry :
Sa Coutume, ibid.

NEUSTRIE, ou France Occidentale :
Sa Carte, I. 396 - 401.
Explication de ce mot, = 459.
Neustrie nouvelle, = 484.
Voyez NORMANDIE.
Ses antiquités, III. 34930.

NEUVILLE-LES-DAMES, en Bresse :
Chanoinesses, I. 15034. IV. S.

NICE, en Piémont :
Ses Cartes, I. 1927 - 29.
Histoires des Evêques, = 8847 - 49.
Prises de la Ville, (en 1543 & 1691) II. 17589, 24307.
Entrevue de Paul III, Charles-Quint, & François I.
(en 1538) IV. S. 17567*.
Droits du Roi, II. 19078.
Ses Histoires, III. 38273, 74.

NIDERBRONN, en Alsace :
Ses eaux minérales, I. 2886.
Ses Bains, = 3118 - 20.

NIELLE lez Boulonois, en Artois :
Sa Coutume, IV. S. page 447.

NIEUPORT, en Flandre :
Sa Prise, (en 1745) II. 14678.
Droits du Roi, = 28880.
Sa Coutume, IV. S. page 447.

NIGRITIE Françoise :
Voyez SÉNÉGAL.

NIMÈGUE, en Gueldre :
Assemblée Ecclésiastique, I. 6648.
Prise de la Ville, (en 1672) II. 23981.
Bataille, (en 1702.) = 24409.
Paix, (en 1679) III. 31014 - 27.
Histoires de la Ville, = 39554, 55.

NINOVE, en Flandre Autrichienne :
Sa Coutume, IV. S. pag. 447.

NIORT, en Poitou :
Son Siége, (en 1569) II. 18063.
Ses Priviléges, &c. III. 35739.
Son Collége, IV. pag. 56.

NISMES, en Languedoc :
Inscriptions de pierres milliaires, I. 105.
Cartes du Diocèse, = 1106, 7.
Son Pouillé, = 1261.
Plans de la Ville, = 1690 - 93.
Lieux de sa Viguerie, = 482, 2236, 37.
Pièces d'Hist nat. = 1430, 2573 - 75, (IV. S.) 2690.
Capitale des Volces Arécomices, = 3945.
Pièces d'Hist. Eccl. = 5371, (IV. S. 5940*) 6232, 34.
Conciles & Statuts Synodaux, = 6636 - 38.
Histoires des Evêques, = 9199 - 209, IV. S.
Pièces historiques, II. 20107, 26381, 27860. IV. S.
21467*.
Histoires civiles, & Antiquités, III. 37846 - 81. IV. S.
Ses Sénéchaux, = 37886.
Son Collége, IV. 45216, 427 - 29. IV. S. & page 57.
Son Académie, = 45598.
Coutume ou Style, IV. S. page 447.

NIVELET, au Pays de Liége :
Ses Fontaines, I. 3122.

NIVELLE, en Brabant :
Son Concile, I: 6614.
Ses Chanoinesses, = 15012 - 20.
Sa Coutume, IV. S. pag. 447.

NIVERNOIS, Province :
Ses Cartes, I. 1394 - 96, 1681, 94 - 98.
Pièces d'Hist. Eccl. = 5413 - 17. IV. S.
Ses Titres, &c. II. 27401, 27778 - 95.
Ses Histoires, III. 35561 - 84.
Voyez NEVERS.
Sa Coutume, IV. S. pag. 447.

NOAILLÉ, Abbaye, Diocèse, de Poitiers :
Copie de ses Titres, III. 29577.

NOAILLES, en Limosin :
Histoire de son Duché, III. 37601.

NOBILIACUM, Diocèse de Limoges :
Voyez St. LÉONARD.
Son Concile, I. 6645.

NOBILIACUM CASTRUM :
Fondation de ce lieu à Arras, III. 38983.

NOENVILLE — S. Vaast, en Artois :
Sa Coutume, IV. S. page 447.

NOGAROL, Diocèse d'Auch :
Ses Conciles, I. 6653.

NOGENT sous Coucy, Abbaye, Diocèse de Laon :
Ses Histoires, I. 12262 - 65.

NOIRMOUTIER, en Poitou :
Histoire de son Duché, III. 35738.

NONANCOUR, en Normandie :
Sa Coutume, IV. S. page 447.

NORMANDIE, Province :
Ses Voies Romaines, I. 85.
Son état en 912. = 484.
Carte de ses Côtes, = 718.
Son Pouillé, = 1172, 73.
Ses Cartes, = 1699 - 1718.
Description & Voyage, = 2237, 39, 2360.
Pièces d'Histoire naturelle, = 2737 - 39, 63, 2835,
3352, 3437, 8, 3515.
Pièces d'Hist. Ecclés. = 4078, 4278, 5418 - 32. IV. S.
Conciles, = 6640, 6646.
Son ancienne Langue, II. 15493.
Couronnement des Ducs, = 16108.
Guerres des Anglois, & Réd. = 17025, 17249 — 52.
Soumission, (en 1617) IV. S. 20533*.
Séditions, (en 1639 & 40) II. 21978 - 82.
Réception du Roi, = 26410.
Droits de la France, = 28788, 98, 99.
Cartulaire de cette Province, III. 29681.
Ses grands Baillis, = 34116.
Ses Histoires, = 34926 - 35343. IV. S.
Ses Fiefs, = 39928.
Armoiries & Noblesse, = 40120, 40713 - 49.
Collége, ci-devant aux Jésuites. IV. 45430.
Ses Ecrivains, = 45724 - 28.
Sa Coutume, IV. S. page 447.

NORTLINGUE, en Allemagne :
Bataille, (en 1645) II. 22221, 22.

NOTRE-DAME de Bonnes-nouvelles, près de Rouen :
Ses Conciles, I. 6681.

NOTRE-DAME de Chage, Abbaye à Meaux :
Son Histoire, I. 13664. & V. Add.

NOTRE-DAME de Grace, en Forez :
Son Collége, IV. page 57.

NOTRE-DAME de Paris :
Ses Histoires, I. 5151, & suiv.
Cartulaires, III. 49549, 51, 680. IV. S.

NOTRE-DAME de Saintes, Abbaye :
Son Cartulaire, IV. S. 14909*.

NOTRE-DAME de Soissons, Abbaye :
Ses Histoires, I. 14910-19.
Poëme sur les miracles, = 4211.

NOTRE-DAME de Tardenois :
Son Concile, I. 6625.

NOVEMPOPULANIE, Diocèse d'Auch :
Son Concile, I. 6647.

NOVIGENTUM, ancien lieu :
Sa Situation, I. 494.

NOVIODUNUM Suessionum :
Sa position, I. 327.

NOUVELLE-Ecosse, en Amérique :
Histoire géographique, III. 39631, 32.
Voyez ACADIE.

NOUVELLE-FRANCE, en Amérique :
Voyez CANADA & LOUISIANE.

NOUVELLE-ORLÉANS, en Louisiane :
Etablissement des Ursulines, IV. S. 15332*.

NOVY, Prieuré, Diocèse de Reims :
Son Cartulaire, III. 19682.
Sa Chronique, IV. S. 12266*.

NOYERS, en Bourgogne :
Sa Confrairie du St. Sacrement, I. 5013.
Sa Seigneurie, II. 27901.
Mémoire historique, III. 35984, 85.
Piéces à son sujet, = 37277, 78.
Son Collège, IV. page 57.

NOYERS, Abbaye, Diocèse de Tours :
Ses Histoires, I. 11267, 68.

NOYON, en l'Isle de France :
Carte du Diocèse, I. 1108.
Son Pouillé, = 1270. IV. S. 1271*.
Piéces d'Histoire Ecclésiastique, = 5488, IV. S.
Conciles & Stat. Synod. = 6449-51.
Histoires des Evêques, = 9728-62.
Prise, (en 1591), II. 19344. IV. S.
Prise & reprise, (en 1591 & 1593) IV. S. 34893*.
Couronnement de Charles-Magne, II. 25993.
Négociation en 1475. III. 29824, 36147.
Histoires civiles, = 34891-94.
Son Collège, IV. 45431, & page 57.
Ses Illustres, = 45730.
Sa Coutume, VI. S. page 447.

NUYS, en Bourgogne :
Ses Eaux minérales, I. 3123.
Réduction de la Ville, (en 1595) II. 19653.
Mémoire historique, III. 35959.
Piéce à son sujet, = 37279.

NYHONS, en Dauphiné :
C'est le *Neomagus* des Tricastins, I. 325.
Vent singulier, = 2576, 77.

O.

OBASINE, Abbaye, Diocèse de Limoges :
Ses Histoires, I. 13112-14.

OBENHEIM, en Alsace :
Sa Prise, (en 1636) II. 21877.

OBERHEIMGERAIDA, en Alsace :
Dissertation sur ces Forêts, I. 2177.

OCÉAN de France :
Coquillages de ses Côtes, I. 3669, 734.

OCTODURE : voyez SION.

OIGNY, Abbaye, Diocèse de Namur :
Son Histoire, I. 13635, IV. S. 13569*.

OISE, Riviere :
Son cours, I. 740, 744.

OISSEL, près de Rouen :
Mémoires à son sujet, I. 527-29.
Son Concile, = 6054.
Ses antiquités, III. 35237.

OLERON, en Béarn :
Carte du Diocèse, I. 1109.
Statuts Synodaux, = 6665.
Histoires des Evêques, = 8111-19.

OLERON, Isle d'Aunis :
Cartes, I. 1366, 78, 1592-95.
Des Calvinistes de ce Pays, = 5983.

OLINO, ancien lieu :
Sa situation, en Franche-Comté, IV. S. 327*.

OLIVE, Abbaye de Hainaut :
Son Histoire, I. 13115.

OMMEL, en Brabant :
Dévotion à la Sainte Vierge, I. 4182.

ONS-EN-BRAI :
Carte de les environs, IV. S. 1718*.

OPPEDE, en Provence :
Jugement pour son Seigneur, III. 38346.

ORANGE, en Dauphié :
Ses Cartes, I. 1719, 1838.
Son Hist. nat. = 2431.
Ses Conciles, = 6343.
Histoires des Evêques, = 8067-75.
Massacre, en 1571, II. 18108.
Titres, Actes, &c. = 27786, 839, 902-5, 916.
Antiquités & Histoires, III. 38280-307.
Sa Noblesse, = 48787.
Son Université, IV. 45217, & Add.
Son Collège, IV. page 57.
Sa Coutume, IV. S. page 447.

ORBAIS, Abbaye, Diocèse de Soissons :
Son Histoire, I. 12269.

ORCAMP, Abbaye :
Voyez OURSCAMP.

ORCHAN, en Picardie :
Assemblée de la Ligue, II. 18551.

ORCHIES, en Flandre :
Droits du Roi, II. 28820, 37, 39, 909, III. 39014.
Sa Coutume, IV. S. page 447.

ORGELET, en Franche-Comté :
Mémoire historique, IV. S. 30455*.

ORIENT & Port-Louis, en Bretagne :
Leur Plan, I. 1720.

ORIENTALES (Langues) :
François qui se sont distingués dans leur connoissance, IV. 45729.

ORIGNY, Abbaye, Diocèse de Laon :
Ses Histoires, I. 14922-25. IV. S.

ORLÉANOIS, Province :
Ses Cartes, I. 1721-30.
Sa Description, IV. S. 2240*.
Piéces d'Hist. nat. = 2432, 2830, (IV. S. 2836*.) 3353, 3542-44, 3703.
Histoires civiles, III. 35585, & suiv.
Sa Noblesse, = 40750-52.

ORLÉANS :
Ses Voies Romaines, I. 93, 94.
Sa Forêt, = 518.

Table Géographique. 55

Son Canal, II. 936.
Carte de son Diocèse, = 1110.
Ses Pouillés, = 1262, 65, 66.
Carte de ses environs, IV. S. 1730*.
Plans de la Ville, I. 1731, 33, IV. S.
Son Histoire ancienne, = 279-281.
Voyez GENABUM.
Lieux de sa Coutume, 2240.
Piéces d'Hist. Eccl. = 4077, 279, (IV. S.) 5433-56,
  (IV. S.) 6043, IV. S. 13696*, 15334*.
Conc. & Stat. Synod. = 6368-74, IV. S.
Histoires des Evêques, = 9432-85, IV. S.
Siége, par Attila, II. 16009.
Siége par les Anglois, = 17175, & suiv. IV. S.
Autres Siéges, = 17913, 18878, 19176.
Massacre des Calvinistes, = 18182.
Soumission à Henri IV. = 19577, 78.
Entrées de Rois, &c. = 26122, 33, 95, 98, 216, 27,
  63, 66, 71, (IV. S.) 78, (IV. S. 26286*) 321,
  22, 34, 555.
Assemblée des Etats Généraux, = 27438-54.
Inventaire de ses Titres, = 27906.
Monnoies anciennes, III. 34011, 12.
Ses Histoires, = 34421, 35585-620, IV. S.
Son Université, IV. 45218-31, IV. S.
Son Collége, 45432, 33.
Ses Illustres, 45230, 731-34.
Ses Coutumes, IV. S. page 447.

ORLY, en Brie :
Sa Coutume, IV. S. page 447.

ORNANS, en Franche-Comté :
Mémoire historique, IV. S. 38455*.

ORNE, Riviere :
Moyen de la rendre navigable, I. 873.

ORSOY, au Duché de Clèves :
Sa Prise, (en 1672) II. 23974.

ORVAL, Abbaye, Diocèse de Trèves :
Ses Histoires, I. 13116-20.

OSCELLE, Isle :
Voyez OISSEL.

OSISMIENS, ancien Peuple :
Leur situation, I. 328, 29.

OSTENDE, en Flandre :
Sa Prise, (en 1745) II. 24678.
Relation de 1658, III. 30916.
Sa Coutume, IV. S. page 447.

OSTIONES, ancien Peuple :
Dissertation à leur sujet, I. 328.

OSTREVANT, Partie d'Artois :
Droits du Roi, II. 28829-32.

OSTRICOURT, en Flandre :
Sa Coutume, IV. S. page 447.

OTLINGUA SAXONIA :
D'où vient ce nom au Bessin, I. 455.

OUCHE, Riviere :
Procès verbal à son sujet, IV. S. 873*.
Qualité de ses eaux, I. 2838.

OUDENARDE, en Flandre :
Ses Prises, II. 24213, 678.
Voyez AUDENARDE.

OUNOZ, en Franche-Comté :
Dévotion à la Ste-Vierge, I. 4183.

OURCQ, Riviere :
Projet de Canal à Paris, I. 928.

OURSCAMP, Abbaye, Diocèse de Noyon :
Piéce historique, IV. S. 13120*.
Copie de ses Titres, III. 29578.

OUTREFURAN, en Forez :
Partie de la Ville de St. Etienne, I. 2278.

OYE, Abbaye :
Voyez AUGIE.

P.

PAGNOL, en Franche-Comté :
Sa Description, III. 38443.

PALATINAT (Bas) deça le Rhin :
Ses Cartes, I. 1993-97.
Ses Histoires, III. 39197-201.

PALTEAU, en Champagne :
Notice de ce Fief, III. 34330.

PAMIERS, au Pays de Foix :
Carte du Diocèse, I. 1111.
Piéce d'Histoire Ecclésiastique, = 7619.
Conciles & Stat. Synod. = 6656. IV. S. 6333*, 34*.
Histoires des Evêques, = 10233-42, IV. S.
Pieces historiques, II. 17997, 21479.
Origine de la Ville, III. 37924.
Ecole de Théologie, IV. page 57.

PARACLET, Abbaye, Diocèse de Troyes :
Son Histoire, I. 14926.

PARAY, en Bourgogne :
Piéce à son sujet, III. 37280.

PARC (le), Abbaye en Brabant :
Son Histoire, I. 13570.

PARCAL, en Dauphiné :
Cartulaire de son Prieuré, III. 29596.

PARIS, Capitale de la France :
Projets de Canaux, I. 921 = 28.
Cartes du Diocèse, = 1112-19.
Pouillés de ses Bénéfices, = 1262-64. IV. S.
Biens Ecclésiastiques, = 1308-10.
Cartes de sa Généralité, = 1733-36.
Cartes des Environs, = 1737-58, IV. S.
Plans de la Ville, = 1759-93. IV. S.
Vues, grands Bâtimens, &c. = 2125, 2134-36.
Description de sa Généralité, = 2241-45. IV. S.
Lieux de sa Prévôté, &c. = 2246, 47.
Voyage de Paris & Environs, = 2340, 65-68.
Manuel du Naturaliste, 2433.
Piéces d'Hist. nat. Maladies, &c. = 2578-604. IV. S.
— Minéralogie, = 2682, 2713, 14, 27.
— Hydrologie, = 2843, 66, 3124.
— Plantes, Descriptions de Jardins, = 3354-64, 90-
  405, 14, 3423, 76, 3502, 45.
= Oiseaux, poissons, = 3596, 3608.
= Insectes, = 3616, 21, 81.
= Quadrupedes, = 3555.
= Phénomènes, 3705, 19-21, 26, 28.
Dévotions à la Sainte Vierge, = 4107-10, 90, 4206.
Piéces d'Hist. Ecclés. = 5144-326. IV. S. 4144*.
Conciles & Stat. Synod. = 6656-68. IV. S. Add.
  6668*.
Assemblées du Clergé, = 6836, & suiv.
Histoires des Archevêques = 9263-353. IV. S.
Titres de l'Archevêché, III. 49550.
Normands autour de Paris, II. 16386, 452.
Entreprise du Duc de Guise, = 18663, 54.
Siége par Henri IV, (en 1590) = 19276, & suiv. IV. S.
Réduction, (en 1594) = 19542, 66-69. IV. S.
Barricades, (en 1648) II. 22198, & suiv.
Entrées de Rois, &c. = 26126, 29, 35, 36, &c. 26424,
  & suiv.
Fêtes & rejouïssances, = ibid. & IV. S.
Etats Généraux, = 27418, & suiv.
Lits de Justice, = 26664-68, &c.
Piéces touchant le Domaine, = 27907, 8.
Histoires du Grand-Conseil, III. 32769-82.
— de la grande Chancellerie, = 32799-822.

Histoires du Parlement, III. 32872-33011, IV. S.
Ses Registres, = 33236 - 304. IV. S.
Remontrances, = 33304, & suiv. IV. S.
Procès illustres, = 33596, & suiv. IV. S.
Ses Arrêts, au sujet des Jésuites, I. 14430, & suiv.
Histoires de la Chambre des Comptes, III. 33770, & suiv. IV, S.
— de la Cour des Aides, = 33861, & suiv. IV. S.
— de la Cour des Monnoies, = 33975, & suiv. IV. S.
— du Châtelet, = 34084. & suiv. IV. S.
Jurisdiction des Consuls, II. 28157, & suiv.
Histoires de la Ville, III. 34382-631, IV. S. & Add. 34497*.
Statuts des Marchands, &c. = 34632. & suiv.
Arm. & Noblesse, = 40125. III. 40753-65. IV. S.
Petites Ecoles, IV. 44576 - 90. IV. S.
Université, = 44608 - 45140. IV. S.
Académies, = 45498. - 546.
Ses Illustres, = 45735 - 37.
Son Imprimerie, = 4997, & suiv.
Ses Coutumes, IV. S. page 447.

PAS DE CALAIS:
Ses Cartes, I. 714-715.

PASSAVANT, en Franche-Comté:
Titres à son sujet, II. 27873.

PASSY, près de Paris:
Ses eaux minérales, I. 3125 - 43. IV. S.

PATRICIACENSE Monasterium:
Voyez PERRECY.

PAU, Capitale du Béarn.
Son Plan, I. 1794.
Voyez BÉARN.
Son Parlement, I. 14563-70. III. 33204-206. IV. S.
Son Château, &c. = 37665.
Université & Collége, IV. 45232 - 34.
Son Académie, = 45999.

PAVIE, en Italie:
Siége & Bataille, (en 1525) II. 17509 & suiv.
Autre Siége, (en 1655) = 23799, 600.

PAYS-BAS:
Ses Cartes, I. 2026 - 71.
Ses Plantes, IV. S. 3364*.
Ses anciens Peuples, = 3943*.
Vies de ses Saints, I. 4257-65. 4273.
Piéces d'Hist. Eccl. voyez FLANDRE, BRABANT, &c.
Bulles à leur sujet, III. 29683.
Traités de paix, &c. = 29253, 29247 & suiv.
Hist. des Pays Bas en général, III. 39254-322. Add. 39279*.
— des Pays-Bas François, = 38946 - 39069.
— des Pays Bas Autrichiens; 39323, & suiv.
— des Pays Bas Prot. ou unis, = 39534, & suiv.
Ecrivains, IV. 45690 - 95, & S.

PEBRAC, Abbaye, Diocèse de St. Flour.
Ses Histoires, I. 13636 - 38. IV. S.

PÉCAIS, en Languedoc:
Carte de ses Salins, I. 1795.
Détail des Salines, = 2742 - 45.

PECQUIGNY, en Picardie:
Camp Romain, I. 80.

PÉGNAFIEL, en Catalogne:
Droits du Roi, II. 28909.

PEIRE, en Rouergue:
Sa Prise (en 1586), II. 18544.

PENALVA, en Castille:
Combat (en 1710) II. 24455.

PENES, en Provence:
Sa Fontaine, I. 3043, 44.

PENTHIEVRE, en Bretagne:
Ses Comtes & D , III. 35482, 83.

PERCHÉ, Pays:
Cartes, I. 1666, 67, 1796, 97.
Histoires, III. 35298-304, 35524-32.
Noblesse, = 40744.
Ses Coutumes, IV. S. page 447.
Voyez aussi GRAND-PARCHE, ibid. page 446.

PÉRIGORD, Province:
Sa Carte, I. 1798.
Voyage en ce Pays, = 2357.
Ses raisins, = 3517.
Etat de son Eglise, = 5139.
Titres du Domaine, II. 27850, 909.
Ses Histoires, III. 37569 - 82.

PÉRIGUEUX, Capitale du Périgord:
Carte du Diocèse, I. 1120.
Son Pouillé, = 1242, 43, IV. S.
Lieux de sa Coutume, = 2248.
Eaux de son Lac, = 2867.
Ordonnances Synodales, = 6669.
Histoires des Evêques, 8326-32, IV. S.
Antiquités, &c. III. 37573-76.
Son Collége, &c. IV. page 57.

PERNES, en Artois:
Ses Coutumes, IV. S. page 447.

PÉROLS, près de Montpellier:
Phénomene d'un puits, IV. S. 2984*.

PÉRONNE, en Picardie:
Lieux de sa Coutume, I. 2248.
Piéce d'Hist. Eccl. = 5489.
Siége, (en 1536) II. 17562.
Ses Histoires, III. 34174, 75, IV. S.
Son Collége, IV. page 57.
Ses Coutumes, IV. S. page 447.

PÉROUSE (la), en Berry:
Sa Coutume, ibid.

PERPIGNAN, Capitale du Roussillon:
Carte du Diocèse, I. 1121.
Son Concile, = 6670.
Histoire des Evêques, = 9255-58.
Prise, (en 1642) II. 22058, & suiv.
Conseil souverain, III. 33229, (IV. S.) I. 14571-80.
Noblesse, III. 38352.
Université & Collége, IV. 45235, 36, 435.
Ecoles de Phil. & de Théol. = page 57.

PERRECY, en Charollois:
Histoire du Prieuré, I. 12270.
Son Cartulaire, III. 29684, 37281.

PERREVAL, près de Genes:
Combat, (en 1625) II. 21358.

PERSEIGNE, Abbaye, Diocèse du Mans:
Ses Histoires, I. 13121 - 23.
Copie de ses Titres, III. 29579.

PERTUIS, en Provence:
Abrégé historique, III. 38154.

PERUCHÈS, en Auvergne:
Ses eaux minérales, I. 3145.

PERUVIGNY, en Hainaut:
Dévotion à la Sainte Vierge, I. 4112.

PESSIN, en Alsace:
Ses eaux minérales, I. 3146.

PETROMANTALUM, ancien lieu:
Soupçonné Magny en Vexin, III. 34907.

PEULE, en Artois:
Sa Coutume, IV. S. page 447.

PEZENAS, en Languedoc:
Mélange historique, III. 37753.
Son Collége, IV. page 57.

PHALEMPIN, en Flandre Françoise:
Sa Coutume, IV. S. page 447.

PHILIPSBOURG,

PHILIPSBOURG, en Allemagne :
Siéges & prises, II. 21840, 2212, 24101, 212, 49, 58, 609.

PICARDIE, Province :
Anciens Camps Romains, I. 79.
Son ancien état, = 216.
Origine de son nom, = 485.
Mémoire sur ses Rivieres, = 886.
Canaux & projets de Ports, = 960 - 65.
Ses Cartes, = 1799 - 1814.
Mémoire pour sa Géographie, = 2249.
Piéces d'Hist. nat. = 2434, 35, 2605, 83, (IV. S.) 93, 94, 2801 - 803, 3365, 3501.
Piéces d'Hist. Eccl. = 5457 - 502.
Ses anciennes limites, II. 27910, 11.
Ses Histoires, III. 34138 - 210, IV. S.
Armorial & Noblesse, = 40131, 33, 40766 - 71, & Add. au N°. 40768.
Ses Illustres, IV. 45738, 39.
Ses Coutumes, IV. S. page, 447.

PICTAVIS VETUS :
Sa situation, I. 314.

PICTONES, PICTAVI, &c.
Origine de leur nom, I. 330, 31.

PIÉMONT, Province d'Italie :
Cartes, (Frontieres de France) I. 1937 - 49.
Droits du Roi, II. 29074 - 117, 76.

PIENE, en Italie :
Sa Prise, (en 1625) II. 21337.

PIERREFONS, en Valois :
Sa Prise, (en 1617) II. 20693.
Sa Coutume, IV. S. page 447.

PIERRE-PONT, en Champagne :
Réception du Duc de Saxe, II. 26223.

PIÉTÉ (la) Abbaye, Diocèse de Troyes :
Son Histoire, I. 15056.

PIGNEROL, en Piémont :
Sa Prise, (en 1630) II. 21631.
Coutume, ou Statuts, IV. S. page 447.

PINEY, en Champagne :
Titres du Duché, II. 29060.
Son Histoire, III. 34318.
Mémoire à son sujet, IV. S. 31274*.

PINPONT, Abbaye, Diocèse de S. Malo :
Son Histoire, I. 13639.

PINTARVILLE, en Normandie :
Son Concile, I. 6674.

PISE, en Italie :
Entrée de Charles VIII. II. 26151.

PISTRES, en Normandie :
Ses Conciles, I. 6675.
Lettre historique, III. 35283.

PITGAM, en Flandre :
Sa Coutume, IV. S. page 447.

PLACES (les), en Touraine :
Ses Pétrifications, I. 2819.

PLAINE (la) :
Ses eaux minérales, I. 3147, 48.

PLAN... en Artois :
Médailles... uvées, III. 38956.

PLENÉE-JUGON, en Bretagne :
Maladie épidémique, I. 2606.

PLOERMEL, en Bretagne :
Sa Coutume, IV. S. page 447.
Tome V.

PLOMBIERE, en Bourgogne :
Histoire d'un Obélisque, III. 37282.

PLOMBIERES, en Lorraine :
Ses eaux minérales, I. 1375, 2955, 3149 - 60.

PLUVIERS, en Gâtinois :
Observations, I. 2607.

POCCONA : voyez SOCCOVA.

POIS-DE-FIOL, en Franche-Comté :
Ses six puits, I. 2863.

POISSY, en l'Isle de France :
Monastere de S. Louis, I. 5349, 50, 15144 - 49.
Copie de ses Titres, III. 29555.
Colloque de 1561, I. 5791, 6200, (IV. S.) 6828 - 34.
Antiquités de la Ville, III. 34800.

POITIERS, Capitale de Poitou :
Ses anciens noms, I. 211, 12.
Bataille de 1356, = 530.
Carte du Diocèse, = 1122.
Son Pouillé, = 1242, 3.
Piéces d'Hist. Eccl. = 4280, 5504, 6872, IV. S. 15342*.
Conc. & Stat. Synod. = 6671 - 73.
Histoires des Evêques, = 8306 - 25, IV. S.
Piéces historiq. II. 17897, 18065 - 70, IV. S. 19578*, & Add. 18065*.
Entrées, = 26194, 95, 343, 95.
Titres, &c. = 27857, 912, 28799.
Cartulaire des Comtes, III. 29685.
Ses Histoires, = 35716, 729, & suiv.
Son Université, IV. 45237 - 48, IV. S.
Ses Colléges, &c. 45437, & page 57.

POITOU, Province :
Projet d'un Canal, I. 966.
Cartes du Poitou, = 1815 - 24, IV. S.
Descriptions, = 2250, 51.
Piéces d'Hist. nat. 3366, 3635, 75. voyez AUNIS.
Piéces d'Hist. Eccl. = 4280, 5503 - 5.
Anciens mots de sa Langue, II. 15493.
Guerres civiles, = 18337.
Ses Titres, 27913, 28788.
Ses Histoires, III. 35713 - 50, IV. S.
Ban & Arriere-Ban, = 39965.
Ses Ecrivains, IV. 45740.
Ses Coutumes, IV. S. page 447.

POITTES, ou POIPPES, en Bresse :
Especes de buttes, 36030, IV. S.

POIX, en Picardie :
Voyez CREQUI.

POLIGNAC, en Vélay :
Ses Vicomtes, &c. III. 37908 - 10.

POLIGNY, en Bretagne :
Son tripoli, I. 2704.

POLIGNY, en Franche-Comté :
Ses Histoires, III. 38446 - 50.
Ses Généalogies, 40667.
Son Collége, &c. IV. page 57.

POLINIER, en Bretagne :
Son alun, I. 2731.

POLOGNE, Royaume :
Guerre par le Roi Stanislas, II. 24605.
Traités d'Alliance, III. 29430.

POMARET, au Diocèse d'Alais :
Ses eaux minérales, I. 3161.

PONDICHÉRI, aux Indes :
Siége par les Anglois, (en 1748) II. 24708.
Diverses Piéces, III. 39809 - 11.

PONT, en Auvergne :
Histoire de l'Abbaye ancienne, I. 12271.

PONT-A-MOUSSON, en Lorraine :
Ses eaux minérales, I. 3162, 3.
Ses Pénitens blancs, = 5378.
Etablissement des Jésuites, IV. S. 14390*.
Description de la Ville, III. 38944.
Son Université, IV. 45249-53.

PONTARCY, en Soissonnois :
Sa Baronie, III. 34881.

PONTARLIER, en Franche-Comté :
Son Histoire naturelle, I. 2436.
Etablissement des Jésuites, IV. S. 14287*.
Chronique des Annonc. = 14701*.
Son Bailliage, III. 38455.

PONT-AUDEMER, en Normandie :
Son Concile, I. 6677.

PONT-A-VENDIN, en Flandre Françoise :
Sa Coutume, IV. S. page 448.

PONT-AUX-DAMES, Diocèse de Meaux :
Histoires de l'Abbaye, I. 15086-88.

PONT-BEAUVOISIN, en Dauphiné :
Son Péage, III. 37173.

PONTCHARTRAIN, en l'Isle de France :
Pièce à son sujet, III. 34814.

PONT-DE-L'ARCHE, en Normandie :
Son Concile, I. 6676.
Sa Réduction, II. 23190.
Lettre historique, III. 35283.
Sa Coutume, IV. S. page 448.

PONT-DE-CAMAREZ, en Rouergue :
Ses eaux minérales, I. 3164.

PONT-DE-CÉ, en Anjou :
Sa Prise, (en 1620) II. 20865, 6.

PONT-DE-VAUX, en Bresse :
Histoire de son Duché, III. 36041.
Serment au Roi, = 36308.

PONT-DE-VEYLE, en Bresse :
Requête des Habitans, III. 37183.

PONTHIEU, Pays de Picardie :
Sa Carte, I. 1401.
Pièce d'Hist. Eccl. = 5467.
Droits du Roi, II. 28799.
Ses Histoires, III. 34187-95.
Ses Illustres, IV. 45741.
Sa Coutume, IV. S. page 448.

PONTIGNY, Abbaye, Diocèse d'Auxerre :
Ses Histoires, I. 13124, 25.
Son Cartulaire, III. 29686.

PONT-L'EVÊQUE, en Normandie :
Poëme sur cette Ville, III. 35328.

PONTLEVOY, Abbaye, Diocèse de Blois :
Son Histoire, IV. S. 12270*.
Son Collège, IV. 45436, & page 57.

PONTOISE, en l'Isle de France :
Pouillé de son Archidiac. IV. S. 1176*.
Dévotion à la Ste. Vierge, I. 4192, 93. 5351.
Pièces d'Hist. Ecclés. = 5352, 53. (IV. S.) 9807-13.
Son Concile, = 6679.
Assemblée du Clergé, = 6987-89.
Siége, (en 1589), II. 19020.
Etats Généraux, = 27418, 57.
Cartulaire de l'Hôpital, III. 29671.
Translation du Parlement de Paris, III. 34804 (4°)
IV. S. 23614*, 705*.
Antiquités de la Ville, &c. III. 34802-4.
Son Collège, IV. 45438, 39.
s Illustres, 45742.

PONT-SAINTE-MAXENCE, en l'Isle de France :
Son Histoire, III. 34853.

PONT-YON, en Champagne :
Son Concile, I. 6678.

POPERINGHE, en Flandre :
Sa Coutume, IV. S. page 448.

PORCETTE, en l'Etat de Liége :
Ses Bains, I. 2899-2901.

PORHOET, en Bretagne :
Sa Coutume, ibid.

PORT, Diocèse de Nismes :
Ses Conciles, I. 6680.

PORTES, en Bugey :
Piéces des Chartreux, III. 37284.

PORT-LOUIS, en Bretagne :
Carte des Environs, I. 1720.
Piéces à son sujet, III. 35491, 92.

PORT-MAHON, en l'Isle Minorque.
Sa Prise, &c. III. 24742-52.

PORT-ROYAL, Abbaye, Diocèse de Paris :
Ses Histoires, I. 15089-132.
Mémoire sur les MM. = 10866-70.

PORTUGAL, Royaume :
Traités d'Alliance, III. 29337, & suiv.

POSTULANUM, Monastere en Brabant :
Son Histoire, I. 13571.

POUANCÉ, en Anjou :
Son Hôtel-Dieu, I. 4941.

POUGUES, en Nivernois :
Ses eaux minérales, I. 2874, 3165-75. IV. S.

POUILLY, en Bourgogne :
Mémoire sur ce Village, III. 37285.

POURAIN, en Champagne :
Ses eaux minérales, I. 2926.

POUSSIN (le) en Vivarais :
Ses Prises, II. 21081, 474.

PRADELLES, Diocèse de Viviers :
Dévotion à la Sainte Vierge, I. 4194.

PRATUM, près de Rouen :
Son Concile, I. 6681.

PRÉAUX, Abbaye, Diocèse de Lisieux :
Ses Histoires, I. 12272, 73.

PREMEAU, en Bourgogne :
Ses eaux minérales, I. 3176, 77.

PRÉMONTRÉ, Abbaye, Diocèse de Laon :
Ses Histoires, I. 13522-59. IV. S.

PRESSAC, Diocèse de Poitiers :
Miracle du S. Sacrement, I. 5505.

PREUILLY, en Berry :
Sa Coutume, IV. S. page 448.

PREUILLY, Abbaye, Diocèse de Tours :
Copie de ses Titres, III. 29580.

PRIÉZAC, en Limosin :
Particularités historiques, I. 1278.

PRISCEY, en Bourgogne :
Ses eaux minérales, I. 3176, 77.

PRIVAS, en Vivarais :
Assemblée de Calvinistes, I. 6229, 30.
Sa Prise (en 1629), II. 21575.

PROVENCE, Province :
Voies Romaines, I. 106.
Etendue de son ancien Royaume, = 424

Piéces sur ses Canaux, I. 968 – 83. IV. S.
Ses Cartes, = 1825 – 39.
Ses Descriptions, = 2251 – 55.
Ses anciens Limites, = 2272 – 76.
Voyages, = 2354 – 56.
Piéces d'Histoire naturelle, = 2437 – 39, 2608 – 11, 2721, 3367 – 70, 3674, IV. S. 3701*.
Grammaire de son ancienne Langue, IV. S. 3779*.
Piéces d'Hist. Eccl. I. 3971 – 402, 4281, 5506 – 44, (IV. S.) 7851, & suiv.
Autres Piéces historiq. II. 19338, 24693, 26348, IV. S. 19399*.
Titres & Droits du Roi, = 17786, 93, 859, 904, 914 - 25.
Monnoies anciennes, III. 34005.
Ses Histoires, = 38018 - 274. IV. S.
Noblesse, = 40135, 773 - 79 (IV. S.) II. 27917.
Ses illustres, IV. 45743 - 45, 47255 - 62, IV. S.
Sa Coutume, IV. S. page 448.

PROVINCES-UNIES, des Pays-Bas:
Traités avec elles, = III. 29427 - 33.
Leurs Histoires, = 39534 - 628.

PROVINS, en Brie:
Ses eaux minérales, 3178, 79, IV. S.
Son ouragan, I. 3713.
Piéces d'Histoire Ecclésiastique, = 5052 - 55.
Sa Réduction, (en 1590) II. 19212. IV. S. 19304*.
Histoire des Environs, III. 34373.
Son Collége, IV. 45440, 41, & page 57.
Sa Coutume, IV. S. page 448.

PRUILLY, en Touraine:
Sa Coutume, IV. S. page 448.
Voyez PREUILLY, Abbaye.

PRUM, Abbaye, Diocèse de Trèves:
Ses Histoires, I. 12274 - 76.

PRUSIANUM, ancien lieu:
Sa situation, I. 347.

PULTIÈRES, en Mâconnois:
Vente de cette Terre, III. 37286.

PUISAYE, Pays de l'Orléanois:
Sa Coutume, IV. S. page 448.
Voyez SAINT-FARGEAU.

PUY (le), en Vélay:
Cartes du Diocèse, I. 1113.
Ses Pouillés, = 1242, 46.
Dévotion à la Sainte Vierge, = 4195 - 99.
Conciles & Statuts Synodaux, 6331, 6681, 83.
Histoires des Evêques, = 8484 - 97. IV. S.
Antiquités & Histoires, III. 37905. IV. S. 37904*.
Ses Illustres, IV. 45662.

PUYCERDA, en Catalogne:
Ses Siéges, II. 23769, 70. 24131.

PUY-DE-DÔME, en Auvergne:
Foyer d'un ancien Volcan, I. 2642.

PUY DE POIX, en Auvergne:
Ses Descriptions, I. 2748, 49.

PUY-SAINT-LAURIANT, en Berry:
Sa Coutume, IV. S. page 448.

PYRÉNÉES (Monts):
Cartes, I. 1924, 1925.
Voyage, = 2352.
Diverses Remarques, = 2638, 84, 85.
Mines & Plantes, = 3304, 371.

PYRMONT, au Pays de Liège:
Ses eaux minérales, I. 3180.

Q.

QUARRÉE, en Bourgogne:
Ses anciens Tombeaux, III. 35988 - 90.

QUEBEC, Capitale du Canada:
Observations physiques, I. 2612.
Histoires des Evêques, = 10800 - 802.
Piéces d'Hist. Eccl. III. 39723.
Histoires civiles, = 39736 - 38.

QUENTOVICUS, ancien lieu:
Sa situation en Picardie, I. 531.

QUERCY, Pays de Guyenne:
Sa Carte, I. 1840.
Voyage en ce Pays, IV. S. 2308*.
Les Scordisques en sont sortis, I. 3939.
Droits du Roi, II. 27928.
Ses Histoires, III. 37604 – 14.

QUESNOY (le), en Hainaut François:
Sa Prise, (en 1637) II. 21920.

QUESQUE, en Boulonnois:
Sa Coutume, IV. S. pag. 448.

QUEUVRE (la), en Orléanois:
Sacrilége y commis, &c. I. 5448.

QUILLEBEUF, en Normandie:
Sa Prise, (en 1649) II. 22743.

QUIMPER, en Bretagne:
Carte du Diocèse, I. 1124.
Son Pouillé, = 1283.
Histoires des Evêques, = 10448 – 50.
Cérémonie singuliere, III. 35486.
Sa Noblesse, 40637.
Son Collége, IV. 45447 - 49, 50.

QUINCAMP, en Bretagne:
Sa Réduction, (en 1591) IV. S. 19362*.

QUINGEY, en Franche-Comté:
Sa grotte, I. 2794.
Mémoire historique sur la Ville, IV. S. 38444*.
Son Collége, IV. page 57.

QUINTIN-LORGES, en Bretagne:
Histoire de son Duché, III. 35485.
Sa Coutume, IV. S. page 448.

R.

RAISSE, en Flandre Françoise:
Sa Coutume, IV. S. page 448.

RAMBERVILLER, à l'Evêché de Metz:
Sa Coutume, ibid.

RAMBOUILLET, en l'Isle de France:
Histoire de son Duché, III. 34815.

RAMILLIES, en Hainaut:
Bataille, (en 1706) II. 24433.

RANDAN-FOIX, en Auvergne:
Histoire de son Duché, III. 37473.

RAPPOLSTEIN, en Alsace:
Ses Annales, III. 38754, 55.
Droits de l'Evêché de Bâle, IV. S. 38756**.

RASTADT, en Allemagne:
Paix avec l'Empereur, II. 24473, III. 31139, 40.

RATIATUM, ancienne Ville:
Sa situation, I. 332, 33.

RATISBONNE, en Allemagne:
Réjouissances en 1682, II. 26474.

RAUCOURT, (ou Raulcourt,) en Champagne:
Piéces à ce sujet, II. 27949, 50, 29014, III. 34289.
Sa Coutume, IV. S. page 448.

RAUCOUX, au Pays de Liége:
Bataille, (en 1746) III. 39234.

RAVENNE, en Italie :
Bataille, en 1512, II. 17458, 59.

RAURACI, ancien Peuple :
Recherches à leur sujet, I. 334, 35, 3938.

RÉ, Isle d'Aunis :
Cartes, I. 1366, 68, 1592-95.
Prises, &c. II. 18314, 21313, 21450, & suiv. IV. S.
Ses Titres, III. 35783.

REBAIS, Abbaye, Diocèse de Meaux :
Ses Histoires, I. 12277-79, IV. S.
Son Collège, IV. *page* 57.
Voyez RESBETZ.

REBAIS, près de Chaumont en Champagne :
Tableau poétique, III. 34358.

RÉDON, Abbaye, Diocèse de Vannes :
Ses Histoires, I. 12280-84.
Son Cartulaire, III. 29688.

REGENNES, près d'Auxerre :
Son terrein, I. 3416.

REGLE (la), Abbaye, à Limoges :
Ses Histoires, I. 14894-96.

REIMS, en Champagne :
Route de Paris, I. 629.
Cartes du Diocèse, = 1125, 26.
Ses Pouillés, = 1270, IV. S.
Carte du Pays, = 1841.
Plans de la Ville, = 1842, 43, IV. S.
Elevations, Coupes, &c. = 2151, 52.
Lieux de sa Coutume, = 2257.
Piéces d'Hist. nat. = 2411, 2613, 3524-27, 3531.
Piéces d'Hist. Eccl. = 5056-63, IV. S.
Son Arcboutant, = 3699, 700.
Conc. & Stat. Synod. = 6688-94.
Histoires des Archevêques, = 9489-584, IV. S.
Réduction de la Ville, (en 1594) II. 19582.
Sacres des Rois, = 16009, & suiv. IV. S 24573*.
Feu de joie, en 1749 = 16568.
Ses Histoires, III. 34230-60. (IV. S.) 379, 80.
Université, IV. 45254-65, IV. S.
Collège ci-devant aux Jésuites, = 45442-45.
Ses Illustres, = 45746.
Sa Coutume, IV. S. pag. 448.

RELLEC, Abbaye de Bretagne :
Coutumes de sa Seigneurie, IV. S. *page* 448.

REINSFELD, en Allemagne :
Combat, (en 1678) II. 24132.

RELLES, en Bretagne :
Sa Coutume, IV. S. *pag.* 448.

REMIREMONT, Abbaye, Diocèse de Toul :
Ses Histoires, I. 12285-305, (IV. S.) 15029.

RENAIX, en Flandre :
Sa Coutume, IV. S. *page* 448.

RENNES, Capitale de Bretagne :
Ses Voies Romaines, I. 96.
Carte du Diocèse, = 1127.
Plans de la Ville, = 1844, IV. S.
Ses Bains, I. 3181.
Dévotion à la Sainte Vierge, = 4205.
Conc. & Stat. Synod. = 6684, 85.
Histoires des Evêques, = 10420-31.
Piéces historiques, II. 19036, 16368, 784.
Hist. du Parlement, III. 33095-109, IV. S. I. 14581.
Chambre des Comptes, = 33821, & suiv. 855.
Anciennes Inscriptions, = 35349.
Ses Histoires, = 35414, 20, 31, 32, 55, 56.
Noblesse, IV. 40636.
Faculté de Droit, = 45216.
Collège, = 45446-50, & *page* 57.
Coutumes, IV. S. *pag.* 448.

RENTY, Abbaye, Diocèse de S. Omer :
Ses Histoires, I. 12306-7.

REPIS, en Franche-Comté :
Ses eaux minérales, IV. S. 3181*.

RESBETZ, en Brie :
Sa Coutume, IV. S. *page* 448.

RETHEL, en Champagne :
Carte du Réthelois, I. 1845.
Détail de ce Comté, = 2258.
Prise du Château, (en 1617) II. 20566.
Bataille & Prise, (en 1650) = 23206.
Ses Histoires, III. 34262-69.

RETS (Forêt de) :
Voyez VILLERS-CÔTERETS.

RETZ, ou RAIS, en Bretagne :
Histoire de son Duché, III. 35473.

REVIN, en Champagne :
Droits du Roi, IV. S. 34270*.

REZAY, en Berry :
Sa Coutume, IV. S. *page* 448.

RHENEIN, au Palatinat :
Sa Description, IV. S. 39201*.

RHIN, Fleuve :
Ses Embouchures, &c. I. 158, 59.
Son cours, = 746-48, 874, 75.
Ses Cartes, = 1979-91, IV. S.
Or & Vins, = 2779, 3520.
Ses Paillages, II. 21987, 23977.

RHODES (Isle de) :
Sa prise, &c. III. 40308-12.

RHODES, Capitale de Rouergue :
Cartes du Diocèse, I. 1128, IV. S. 1131*.
Son Pouillé, = 1246.
Statuts Synodaux, = 6704-6.
Histoires des Evêques, = 7922-32.
Anciens Titres, III. 29687, 718.
Son Comté, = 37807.
Ses Histoires, = 37618-25.
Projet de Jeux Floraux, IV. 45602.

RHÔNE, Fleuve :
Passage d'Annibal, I. 163-69.
Projets à son sujet, = 876, 932, 3415.
Ses Terres, = 3415.
Propriété disputée, = 2274, 75-27917, III. 37996, & suiv.
Ses Ponts, III. 38345, 39181.

RIBEMONT, en Picardie :
Sa Coutume, IV S. *page* 448.

RICEYS (les 3) en Bourgogne :
Leur Histoire, III. 35998.

RICHEBOURG St. Wast, en Artois :
Sa Coutume, IV. S. *page* 448.

RICHEBOURG la Voye, en Artois :
Sa Coutume, *ibid.*

RICHECOURT, en Picardie :
Prise du Château, II. 20534.

RICHELIEU, en Poitou :
Histoires de son Duché, III. 35746-8.
Plaintes des Habitans, IV. S. 35747*.
Son Collège, IV. 45452*, 53.

RICHEMONT, en Lorraine :
Son Camp, II. 24738.

RIEUX, en Bretagne :
Revenus de cette Terre, III. 35497.

RIEUX, en Languedoc :
Cartes de son Diocèse, I. 1130, 31.
Histoires des Evêques, = 10258, 49.

Table Géographique.

Riez, en Provence:
Carte du Diocèse, I. 1129.
Conciles & Statuts Synodaux, = 6686, 87, IV. S.
Histoires des Evêques, = 7877 - 94.
Histoires de la Ville, III. 38260.
Sa Coutume, IV. S. page 448.

Rillé, en Anjou:
Confrairie, I. 4943.

Rimogne, en Champagne:
Carriere d'Ardoises, I. 2719.

Rinberg, en Allemagne:
Sa Prise, (en 1672) II. 23974.

Rio Janeiro, en Amérique:
Etablissement des François, II. 24461, III. 39766.

Riom, en Auvergne:
Cartes de sa Généralité, I. 1652, 1846, 47.
Terre crétacée, = 1697.
Eglise de S. Amable, 4959.
Histoire de la Ville, III. 37468.
Son Collége, IV. 45382, IV. page 57.

Roanne, en Lyonnois:
Son Collége, IV. 45454, 55.

Roannois,
Ses Vins, I. 3541.
Histoire de son Duché, III. 37429.

Roche (la), en Bourgogne:
Mémoire sur cette Terre, III. 37287.

Rochecaille, en Périgord:
Sa Caverne, I. 2800.

Roche de-Pouzay, en Poitou:
Sa Fontaine, I. 3182, 83.

Rochefort, en Aunis:
Ses Plans, 1848, IV. S.
Ses Histoires, III. 35781, 82.

Rochefort, en Bretagne:
Revenus de cette Terre, III. 35497.

Rochefort, en Languedoc:
Dévotion à la Sainte Vierge, I. 4200. IV. S.

Roche-Foucauld, en Angoumois:
Histoire de son Duché, III. 35794.
Son Collége, IV. page 57.

Roche-Guyon, en l'Isle de France:
Histoire de son Duché, III. 34805.

Rochelle (la), en Aunis:
Carte du Diocèse, I. 1132.
Pouillé: voyez Maillesais.
Cartes du Gouvern. & de la Génér. = 1849 - 51.
Plans de la Ville, IV. S. 1852*, & suiv.
Lieux de sa Coutume, I. 2259.
Voyage, = 2361.
Pièces d'Hist. nat. = 2614, 2808, 3372, IV. S. 2867*.
Pièces d'Hist. Eccl. 4951, 53.
Calvinistes de cette Ville, I. 1848, 932, 33. 6218, 38, 50, 6241, & suiv.
Statuts Synodaux, = 6695, 96, IV. S.
Histoires des Evêques, = 8335 - 40, IV. S.
Voyage de François I. II. 17581, 83.
Siége, en 1573, = 18205 - 8.
Siége, en 1622, = 21099, & suiv. IV. S.
Siége en 1627 & 28, = 21451, 82, & suiv.
Prise, en 1628, = 21507, & suiv. 24108.
Entrée du Roi & de la Reine, = 26371, 72, 26389, IV. S. 26304*.
Titres de cette Ville, = 27929, 30.
Ses Histoires, III. 35751 - 80.
Son Collége, IV. 45458 - 60.
Son Académie, = 45600, 601.
Ses Illustres, = 45747.
Sa Coutume, IV. S. page 448.

Rocheposay, en Poitou:
Sa Coutume, IV. S. page 448.

Roclencourt, près d'Arras:
Ses antiquités, III. 38956.
Sa Coutume, IV. S. page 448.

Rocquecroix, au Pays de Bouillon:
Sa Prise (en 1587), II. 18579.

Rocroy, en Champagne:
Bataille, &c. (en 1643), II. 22182 - 85.

Rohan, en Bretagne:
Sa Mouvance, II. 27932.
Histoire de son Duché, III. 35484.
Sa Coutume, IV. S. page 448.

Rohan-Rohan, ou *Frontenay*, en Saintonge:
Histoire de son Duché, III. 37567.

Roiao, en Auvergne:
Fontaine minérale, I. 3184.

Romans, en Dauphiné:
Tombeau (prétendu) d'un Géant, I. 3723, & suiv.
Mémoire pour le Chapitre de St. Bernard, III. 38007.

Rome, en Italie:
Prise par les Gaulois, I. 3949 - 52.
Couronnemens, II. 16002, 7.
Entrée de Charles VIII, = 26151.
Siége par Charles de Bourbon, (en 1527) = 17526, 7.
Entrée d'Ambassadeur, = 26304, 93.
Affaire des Corses, = 23877, IV. S.
Affaire des Franchises, = 14256, IV. S.
Autres Pièces, = 29094, & suiv.
Fêtes, = 26638, IV. S. 26547*.
Obsèques, = 26761, 62, 78.

Romégas, en Armagnac:
Question à son sujet, non résolue, I. 2278.

Romorantin, en Blésois:
Camp Romain, I. 93.
Sa Coutume, IV. S. page 448.

Roncevaux, en Navarre:
Bataille, en 778, II. 16184, 85.
Réception d'Elisabeth de France, IV. S. 26226*.

Roquebrune, en Italie:
Mémoire à son sujet, III. 38276.

Roquelaure, en Gascogne:
Histoire de son Duché, III. 37635.

Roquemadour, en Quercy:
Dévotion à la Sainte Vierge, I. 4201.

Roquette, en Languedoc:
Singularité d'Histoire naturelle, I. 3708.

Rose, en Catalogne:
Siége (en 1645) II. 22231.

Rosières, en Franche-Comté:
Mémoire sur son Cartulaire, IV. S. 29711*.

Rosnay, Diocèse de Reims:
Ses eaux minérales, I. 3185.

Rosnay, près de Troyes:
Histoire de son Duché, I. 34320.

Rosoy, Abbaye, Diocèse de Sens:
Ses Histoires, I. 12308, 9.

Rothonense, Monasterium:
Voyez Redon.

Roue, en l'Isle de France:
Antiquité de ce Fief, III. 34828.

Rouen, Capitale de Normandie:
Cartes du Diocèse, I. 1133, 34.
Ses Pouillés, = 1172 - 76.
Carte de la Généralité, = 1853.
Plans de cette Ville, = 1854 - 57.
Pièces d'Histoire naturelle, = 2440, 2616, 2720, 3186, 89, 91, 3373, 74, 3422, 3717.

Dévotions à la Sainte Vierge, I. 4127 – 29, 4203, 4.
Piéces d'Histoire Ecclésiastique, = 5422 - 26.
Conciles & Statuts Synodaux, = 6698 - 703.
Calvinistes de cette Ville, = 6084.
Histoires des Archevêques, = 9782 - 889, IV. S.
Siéges, II. 17929, (IV. S. 18723*, 19155*.) 19338;
385, 579 (IV. S.) 642, 705.
Assemblées des Etats & Notables, II. 20716, 27554,
& suiv. 27575.
Entrées de Rois, &c. = 26140, 161 & 62, (IV. S.
26182*.) 26214 & 15, 30, 79 - 84, III. 36326.
Cartulaires, III. 29681.
Hist. du Parlement, = 33157 - 76. (IV. S.) 33119,
&c. I. 14596, & suiv. II. 26664.
Histoire de la Cour des Aides, III. 33868.
Histoires civiles, = 35198 - 236. II. 28245.
Noblesse de sa Généralité, = 40740.
Son Collége, IV. 45461, 62.
Son Académie, = 45603 - 606.
Ses Illustres, = 45748.
Sa Coutume, IV. S. pag. 448.

ROUERGUE, Pays de Guyenne :
Union à la Narbonoise, I. 337.
Piéce d'Histoire naturelle, = 2782.
Piéce d'Histoire Ecclésiastique, IV. S. 5213*.
Union au Comté de Toulouse, II. 27928. III. 37607.
Ses Histoires, III. 37615 - 26.

ROUILLASSE, en Saintonge :
Ses eaux minérales, I. 3192.

ROUSSELAR, en Flandre :
Sa Coutume, IV. S. page 448.

ROUSSELLE, près Bourdeaux :
Ses eaux minérales, I. 3193.

ROUSSILLON, Province :
Ses Cartes, I. 1858 - 62.
Piéces d'Hist. nat. = 2686, 3194, 95, 3375.
Droits du Roi, II. 28903, & 4, 19, 21 & 23.
Ses Histoires, III. 38347 - 68. IV. S.
Son Franc-alleu, = 39955.
Sa Noblesse, = 40779.

ROUVERAY, près de Rouen :
Ses Antiquités, III. 35237.

ROUVRES, en Bourgogne :
Piéces à son sujet, III. 37288 - 90.

Roux (le), en Auvergne :
Ses Antiquités, III. 37478, 79.

ROYAN, en Saintonge :
Sa Réduction, en 1622, II. 21090.
Histoire de son Duché, III. 37566.

ROYAULIEU, Abbaye, près Compiégne :
Histoire de sa Patrone, I. 5490.

ROYAUMONT, Abbaye, Diocèse de Beauvais :
Copie de ses Titres, III. 29581.

ROYE, en Picardie :
Lieux dépendans de sa Coutume, I. 2248.
Ses eaux minérales, IV. S. 3195*.
Sa Collégiale, I. 5491, 92.
Remarques historiques sur la Ville, III. 34173.
Sa Coutume, IV. S. page 448.

RUE d'Indre, Fauxbourg de Châteauroux, en Berry :
Sa Coutume, IV. S. page 448.

RUEL, près Paris :
Piéce d'Histoire Ecclésiastique, IV. S. 5353*.
Emeute, (en 1589) II. 19033, 34792.
Conférence, (en 1649) = 22792, & suiv. III. 34792.

RUFFÉ, en Anjou :
Dévotion à la Sainte Vierge, I. 4149.

RUFFEC, en Poitou :
Ses Conciles, I. 6697.

RUNGIS : Voyez ARCUEIL.

RUREMONDE, en haute Gueldre :
Cartes du Diocèse, I. 1135.
Histoire des Evêques, = 9062.
Histoire civile, III. 39533.

S.

SAARE, Riviere :
Son cours, I. 739, 42.

SAARLOUIS, en Lorraine :
Son Collége, IV. page 57.

SABLANCEAUX, Diocèse de Saintes :
Son Histoire, I. 13493.

SABLÉ, en Anjou :
Sa Fontaine, I. 2868.
Son Histoire, III. 43965.

SABLONARIÆ :
Assemblée Ecclésiastique, I. 6707.

SABLONIERE (la), en Alsace :
Piéces d'Histoire naturelle, I. 2757, 58.

SAINT-ACHEUL, Abbaye, près Amiens :
Son Histoire, I. 13640.

ST-AFFRIQUE, en Rouergue :
Siége, (en 1616) II. 20467.

ST-AIGNAN, Abbaye, Diocèse d'Orléans :
Ses Histoires, I. 12310 - 12.

ST-AIGNAN, en Berry :
Histoire de son Duché, III. 35821.
Sa Coutume, IV. S. page 448.

ST-ALLYRE, Abbaye de Clermont :
Ses eaux minérales, I. 3196.
Ses Reliques, = 4956.
Ses Histoires, = 12311, 12.

ST-AMAND, en Flandre :
Droits du Roi, II. 28838.
Eaux minérales, I. 2993, 2197 - 204. IV. S.
Histoires de l'Abbaye, = 12313 - 21. IV. S.

ST-AMAND, Abbaye de Rouen :
Son Histoire, I. 14927.
Extrait de ses Titres, III. 29582.

ST-ANDEOL, en Languedoc :
Ses Antiquités, III. 37883, 84.
Son Collége, IV. page 57.

ST-ANDOCHE, Abbaye, à Autun :
Piéces à son sujet, I. 14928.

ST-ANDRÉ aux Bois, Abbaye, Diocèse d'Amiens :
Son Histoire, I. 13572.
Conférence, III. 30190, 30337.

ST-ANDRÉ d'Avignon, Abbaye :
Ses Histoires, I. 12322 - 24.

ST-ANDRÉ du Câteau, Diocèse de Cambray :
Son Histoire, I. 12325.

ST-ANDRÉ en Gouffern, Diocèse de Sées :
Son Histoire, I. 13127.

ST-ANTOINE, en Dauphiné :
Histoires de l'Abbaye, I. 13432-48.
Piéce sur la Ville, III. 37959.

ST-ANTONIN, en Rouergue :
Son Collége, IV. page 57.

Table Géographique.

St. Arnoul, Abbaye à Metz :
Ses Histoires, I. 13326 – 35.
Usurpations des Ducs de Lorraine, II. 27880.

St-Aubert, Abbaye, Diocèse de Cambray :
Son Histoire, I. 13449.

St-Aubin, Abbaye, à Angers :
Ses Histoires, I. 12336 – 40. IV. S.
Copie de ses Titres, III. 29583.

St-Aubin des Bois, Diocèse de St. Brieux :
Son Histoire, I. 13126.

St. Aventin, Abbaye, près de Troyes :
Ses Histoires, I. 12341, 42.

St-Augustin, Abbaye à Limoges :
Ses Histoires, I. 12343, 44.

St. Barthelemy, en Aunis :
Charte de Fondation, I. 4954.

St-Bavon, Abbaye à Gand :
Ses Histoires, I. 12345, 46.

St-Bénigne, Abbaye à Dijon :
Ses Histoires, I. 12347 – 60.
Ses Cartulaires, III. 29622, 23, 90.

St-Benoît-sur-Loire, Ab. au Diocèse d'Orléans :
Ses Histoires, I. 11935 – 76.

St-Bertin, Abbaye, Diocèse de St. Omer :
Ses Histoires, I. 12361 – 72.

St-Brieux, en Bretagne :
Carte du Diocèse, I. 1136.
Son Pouillé, = 1283.
Statuts Synodaux, = 6716, 17.
Histoires des Evêques, = 10459 – 66.
Histoires civiles, III. 35476, 17, IV. S. 35481*.
Sa Noblesse, = 40637.

St. Calais, Abbaye, Diocèse du Mans :
Ses Histoires, I. 12373 – 76.

St. Chaumont, en Lyonnois :
Ses Pierres figurées, I. 2810, 12.

St. Chef, Abbaye, à Vienne :
Ses Histoires, I. 12379, 80.

St. Cheron, Abbaye, près de Chartres :
Son Histoire, I. 13641.

St. Chinien, Abbaye, Diocèse de S. Pons :
Ses Histoires, I. 12381. I.V. S.

St. Christ, en Picardie :
Ses eaux minérales, I. 3205.

St. Christophe, Isle d'Amérique :
Ses Histoires, III. 39751, 54, &c.

St. Claude, en Franche-Comté :
Histoires des Evêques, I. 9053, 54, IV. S.
Histoires de l'ancienne Abbaye, = 11181 – 208, IV. S.
Piéces historiques, III. 38457, IV. 38443*.

St. Cloud, près de Paris :
Plan du Château, I. 1864, IV. S.
Voyage & Antiquités, IV. S. 1361*, & suiv.
Assassinat d'Henri III. II. 19957, & suiv.
Cartulaire de l'Eglise, III. 29691.
Description du Château, 34513, 23, 27, IV. S. 34788*.
Fêtes, IV. S. 26480*.
Histoires de son Duché, III. 34788*.

St. Corneille de Compiègne, Ab. Dioc. de Soissons :
Ses Histoires, I. 12383 – 86.

St. Crespin, Abbaye, à Soissons :
Ses Histoires, I. 12387 – 90.

St. Cybar, Abbaye à Angoulême :
Ses Histoires, I. 12391 – 96, IV. S.

St. Cyprien, Abbaye, près de Poitiers :
Son Histoire, I 12397.
Copie de ses Titres, III. 29585.

St. Cyr, près de Versailles :
Piéces à son sujet, I. 5355, 15346 – 50.

St. Cyran, Abbaye, Diocèse de Bourges :
Ses Histoires, I. 12398 – 402.
Coutume de sa Seigneurie, IV. S. page 448.

St. Damien, en Italie :
Sa Prise, (en 1617) II. 20533.

St. Denys, près de Paris :
Son ancien nom, I. 507.
Carte de son Territoire, = 1863.
Ses Conciles, – 6718.
Histoires de l'Abbaye, = 12403 – 44. IV. S.
Couronnements, II. 26024, 59, 78, 186.
Pompes funebres, = 29747 – 49, 65, 70, 71, 85, IV. S. 24802*(2.)
Copie de ses Titres, III. 29586.
Cartulaires, = 29692, 93.
Histoire de la Ville, = 34839.

St. Denys, près de Blois :
Sa Fontaine, I. 3106.

St. Denys de Vergy, en Bourgogne :
Son Cartulaire, III. 29694.
Son Chapitre transféré, = 37279.

St. Diez, en Lorraine :
Son Chapitre, I. 5379, 81.
Ses Antiquités, IV. S. 5381*.
On vient d'y établir un Evêché.

St. Domingue, Isle d'Amérique :
Ses Cartes, I. 1596 – 98.
Piéce d'Histoire naturelle, = 2617, IV. S.
Conseil Souverain, III. 33585.
Histoires de cette Isle, = 39742 – 49.

St. Donas, à Bruges :
Coutumes de la Seigneurie, IV. S. page 448.

St. Ebres : voyez St. Evre.

St. Emilion, en Guyenne :
Son Eglise, I. 5141.

St. Etienne de Caen, Abbaye :
Ses Histoires, I. 12445 – 49.
Copie de ses Titres, III. 29587.

St. Etienne de Dijon, Abbaye :
Ses Histoires, I. 12450 – 53.
Son Cartulaire, III. 29709.

St. Etienne de Forez :
Mission des Jésuites, I. 5105.

St. Etienne de Nevers :
Histoire de ce Prieuré, I. 12454.

St. Evre de Toul, Abbaye :
Son Histoire, I. 12455.
Copie de ses Chartes, III. 29714.

St. Evroul, Abbaye, Diocèse de Lisieux :
Ses Histoires, I. 12456 – 61.

St. Eustache, Isle d'Amérique :
Sa Prise, (en 1667) II. 23908.

St. Euverte d'Orléans, Abbaye :
Son Histoire, I. 13642.

St. Fargeau, en Puisaye (Orléanois) :
Histoire de son Duché, III. 35554.
Ses Seigneurs, IV. S. 35554*.
Sa Coutume, IV. S. page 448.

St. Faron, Abbaye, près de Meaux :
Ses Histoires, I. 12467, 68.

St. Felion, en Catalogne :
Sa Prise, (en 1653) II. 23760.

St. Felix, en Languedoc :
Obfervations fur fa Fontaine, IV. S. 2848*.

St. Fiacre, Diocèfe de Meaux :
Hiftoire de ce Prieuré, I. 12468.

St. Florent, en Anjou :
Miracle en ce lieu, I. 4942.

St. Florent le Vieux, Abbaye d'Angers.
Son Hiftoire, I. 12469.

St. Florent, de Saumur, Abbaye :
Ses Hiftoires, I. 12470 — 72.

St-Flour, en Auvergne :
Carte du Diocèfe, I. 1137.
Ses Pouillés, = 1242, 46.
Antiquités Eccléfiaftiques, = 4960.
Statuts Synodaux, = 6719, 20.
Hiftoires des Evêques, = 8504 — 9.
Son Collége, IV. 45464 — 66.

St-Fuscien, Abbaye, Diocèfe d'Amiens :
Ses Hiftoires, I. 12473 - 75.

St-Gal, Abbaye, en Suiffe :
Sa Defcription, III. 39117

St-Gaudens, en Comminges :
Son Collége, IV. page 57.

St-Gengoux, en Bourgogne :
Mémoire hiftorique, III. 35992.

St-Genou, Abbaye, Diocèfe de Bourges :
Son Hiftoire, I. 12476.
Coutume de fa Seigneurie, IV. S. page 448.

St-Georges, Abbaye, Diocèfe de Rouen :
Copie de fes Titres, III. 29688.

St-Germain, d'Auxerre, Abbaye.
Ses Hiftoires, I. 12477 — 90.

St-Germain, de Paris, Abbaye.
Ses Hiftoires, I. 12491 — 549. IV. S.

St-Germain du Bois, en Berry :
Sa Coutume, IV. S. page 448.

St-Germain-en-Laye :
Piéces d'Hift. Eccl. IV. S. 5198*. I. 6890 - 902.
Diverfes Affembléés, 17837, 27455, 56, 27554 — 56.
Sa Defcription & fa Foreft, III. 34798, 99.

St. Germer, Abbaye, Diocèfe de Beauvais :
Ses Hiftoires, I. 12550 — 53.
Son Collége, IV. page 57.

St. Gervais, Diocèfe de Mende :
Hiftoire du Prieuré, I. 12554.

St. Gildas, Abbaye, Diocèfe de Vannes :
Ses Hiftoires, I. 12555 — 57.

St. Gilles, en Languedoc :
Ses Conciles, I. 6306.
Remarques fur cette Ville, III. 37885.
Son Abbaye changée en Chapitre, IV. S. 5369*.

St. Gilles, au Pays de Liége :
Ses eaux minérales, I. 3210.

St. Gondon, en Berry :
Ses eaux minérales, I. 3210.

St. Guilliem, Abbaye, Diocèfe de Lodève :
Ses Hiftoires, I. 12558 — 61. IV. S.

St. Guislain, Abbaye, Diocèfe de Cambray :
Ses Hiftoires, I. 12561 - 65.

St. Hilaire, Abbaye, à Poitiers :
Son Hiftoire, I. 12566.

St. Honorat, Ifle de Provence :
Ses Cartes, I. 1599, 1600.
Sa Prife, (en 1637) II.

St. Hubert, Abbaye, en Ardennes :
Ses Hiftoires, I. 12567 - 73.

St. Jacques de Montfort, Abbaye, au Diocèfe de S. Malo :
Ses Hiftoires, I. 13643, 44.

St. Jacques de Provins, Abb. au Diocèfe de Sens :
Ses Hiftoires, I. 13645, 46.

St. Jean-au-Mont, Abb. au Diocèfe de Boulogne :
Anciennes Piéces, II. 27933 - 35.

St. Jean d'Angely, en Saintonge :
Plan de cette Ville, IV. S. 1864*.
Siéges, II. 18078, 80, 20997 - 21004.
Mort du Prince de Condé, = 18659.
Entrée de Louis XIII. = 26344.
Ses Généalogies, III. 40694.
Sa Coutume, IV. S. page 448.
Cartulaire de l'Abbaye, III. 29657.

St. Jean de Laon, Abbaye :
Ses Hiftoires, I. 12574, 75.

St. Jean de Lône, en Bourgogne :
Son Siége (en 1636), II. 21879.
Piéces à ce fujet, III. 36356 = 59. IV. S. 35959*.
Autres Piéces fur cette Ville, 35960, 36372, 76, 79, 37294 — 98.
Son Collége, IV. page 57.

St. Jean de Luz, en Gafcogne :
Sa Fontaine, I. 2869.
Mémoire à fon fujet, II. 27854.
Réception de la Reine d'Efpagne, = 26239.
Arrivée de la Reine Anne, 20440, & fuiv. IV. S.
Remarques hiftoriques, III. 37655.

St. Jean de Morienne :
Conférence en 1560, III. 30088.

St. Jean de Seirargues :
Ses eaux minérales, I. 3211 — 13, 86.

St. Jean de Sens, Abbaye :
Son Hiftoire, I. 13647.

St. Jean de Valenciennes, Abbaye :
Ses Hiftoires, I. 13450, 51.

St. Jean des Vignes, Abbaye à Soiffons :
Ses Hiftoires, I. 13452 — 57.

St. Jean en Vallée, Ab. au Diocèfe de Chartres :
Ses Hiftoires, I. 13648, 49.
Copie des Titres, III. 29589.

St. Josse, Abbaye, Diocèfe d'Amiens :
Son Hiftoire, IV. S. 12575*.
Son Cartulaire, III. 29695.

St. Jouin, Abbaye, Diocèfe de Poitiers :
Son Hiftoire, I. 12576.
Divers Titres, III. 29550.

St. Irenée de Lyon, Abbaye :
Son Hiftoire, I. 13650.

St. Julien, en Limofin :
Son Eglife Collégiale, I. 5142.

St. Julien de Masseré, en Limofin :
Fondation & Statuts du Chapitre, IV. S. 5137*.

St. Julien de Tours, Abbaye :
Ses Hiftoires, I. 12577, 78.
Copie de fes Titres, III. 29592.

St. Junien, en Limofin :
Hiftoire du Chapitre, IV. S. 5137*.
Arrêt à fon fujet, I. 5142.

St. Junien-sur-Vienne, Diocèfe de Limoges :
Hiftoire du Chapitre, IV. S. 5137*.

St. Laurent,

Table Géographique.

St. Laurent, en Bourgogne:
Ancien Parlement, II. 27751. III. 35961 – 64.

St. Laurent, en Vivarais:
Ses eaux minérales, IV. S. 3213*.

St. Laurent-d'Oulx:
Notice historique, I. 13511.

St. Leger de Soissons, Abbaye:
Piéces historiques, I. 13458 – 62. IV. S.

St. Léon, à Touars, Abbaye:
Copie de ses Titres, III. 29593.

St. Léonard, en Limosin:
Son Concile, I. 6645.

St. Liffard, Abbaye, Diocèse d'Orléans:
Ses Histoires, I. 12579, 80.

St. Liger d'Iveline, Isle de France:
Sa Coutume, IV. S. page 448.

St. Lo, en Normandie:
Sa Prise, (en 1574) II. 18316.
Découverte, &c. III. 36333.

St. Lo, à Rouen:
Histoire de ce Prieuré, I. 13651, 58.

St. Lomer de Blois, Abbaye:
Ses Histoires, I. 12582 – 86.

St. Lomer de Meinsac:
Histoire de ce Prieuré, I. 12581.

St-Louis, Isle d'Afrique:
Fort François, III. 39794.

St. Louis de Poissy:
Voyez Poissy.

St. Louis de St. Cyr:
Voyez St. Cyr.

St. Loup de Troyes, Abbaye:
Ses Histoires, 12587, 8, (IV. S.) 13652.

St. Loup de Vosge, Abbaye:
Sa Mouvance, II. 27795, 936.

St. Lucien de Beauvais, Abbaye:
Titres & Chartes, III. 29668.
Son Histoire, IV. S. 12588*.

St. Magloire, à Paris:
Cartulaires, III. 29594, 696 – 98.

St. Maigrin, en Saintonge:
Sa Châtellenie, III. 37568.

St. Maixant, Abbaye, Diocèse de Poitou:
Son Concile, I. 6722.
Ses Histoires, = 12589 – 91.

St. Malo, en Bretagne:
Cartes du Diocèse, I. 1059, 1138.
Plan de la Ville, = 1865.
Piéce d'Histoire naturelle, = 1618.
Statuts Synodaux, = 6589 – 91.
Histoires des Evêques, 10467 – 76. IV. S.
Histoires de la Ville, II. 19238, 400, 26242, III. 35415, 76 – 81.
Sa Noblesse, III. 40639.
Sa Coutume, IV. S. page 448.

St. Mansuy, Abbaye, Diocèse de Toul:
Copie de ses Chartes, III. 29714.

St. Marcel de Challon:
Chartes de ce Prieuré, III., 29700, I.

St. Marcel de Vienne, Abbaye.
Ses Histoires, I. 12592 – 94.

St. Marcellin, en Dauphiné:
Son Collége, IV. page 57.

St. Marcoul, en Laonnois:
Voyez Corbigny.

St. Mars, Abbaye, en Auvergne:
Ses eaux minérales, I. 3214.
Ses Histoires, = 12595, 96.

St. Mars, en Touraine:
Description de sa Pile, III. 35648.

St. Martial, Abbaye, Diocèse de Limoges:
Ses Histoires, I. 12597 – 602.

St. Martin, dans l'Isle de Ré:
Siége & prise, II. 2313, 459.

St. Martin aux Bois, Abbaye, Diocèse de Beauvais:
Son Histoire, I. 13653.

St. Martin d'Autun, Abbaye:
Ses Histoires, I. 12603 – 9. IV. S.
Registre de ses Titres, III. 29702.

St. Martin de Cagnon, Abbaye, Diocèse de Perpignan:
Son Histoire, I. 12610.

St. Martin de Laon, Abbaye:
Son Histoire, I. 13573.

St. Martin de Limoges, Abbaye:
Son Histoire, I. 12622.

St. Martin de Massay, Abb. Diocèse de Bourges:
Son Histoire, I. 12613.

St. Martin de Metz, Abbaye:
Piéce historique, IV. S. 12613*.

St. Martin de Pontoise, Diocèse de Rouen:
Ses Histoires, I. 12624 – 28.

St. Martin de Seez, Abbaye:
Ses Histoires, I. 12629 – 33.

St. Martin des Champs, à Paris:
Histoires de ce Prieuré, I. 12611 – 21. IV. S.

St. Martin d'Espernay:
Notice historique, I. 13658.

St. Martin de Tournay, Abbaye:
Ses Histoires, I. 12634 – 37.

St. Martin de Tours, ancienne Abbaye:
Ses Histoires, I. 5545, & suiv.
Chartes & Diplômes, III. 29703.

St. Maur des Fossés, ancienne Abbaye, Diocèse de Paris:
Ses Histoires, I. 12638 – 49.
Son Cartulaire, III. 29595.
Dévotion à la Sainte Vierge, I. 4174.

St. Maurice en Valais, Abbaye:
Voyez Agaune.

St. Maxent, Diocèse de S. Malo:
Fondation de l'Eglise, I. 5026.

St. Maximin, en Provence:
Son pélerinage, &c. I. 5539, 40.
Son Collége, IV. page 57.

St. Mealpus, (& non Mearilpes) en Auvergne:
Ses eaux minérales, I. 3279. IV. S.

St. Médard de Soissons, Abbaye:
Ses Histoires, I. 5493, 12650 – 59, IV. S.
Orage extraordinaire, = 3712.

St. Meen, Abbaye, Diocèse de S. Malo:
Ses Histoires, I. 12660 – 61. IV. S.

St. Mélaine de Rennes, Abbaye:
Piéce historique, IV. S. 12661*.
Remarques sur une Inscription, III. 35454.

St. Méloir, en Bretagne:
Ancienne Inscription, III. 35349.

St. Menges, en Champagne :
Remarques historiques, III. 34280.

St. Merry, à Paris :
Son Cartulaire, III. 29705.
Voyez encore, I. 5275.

St. Mesmin, Abbaye, Diocèse d'Orléans :
Ses Histoires, I. 12263 - 81. IV. *S.*
Copie de ses Titres, III. 29597, 98.

St. Michel, en Thiérache, Abbaye, Diocèse de Laon :
Son Histoire, I. 12682.

St. Michel lez Arras :
Sa Coutume, IV. *S. page* 448.

St. Mihel, Abbaye, Diocèse de Verdun :
Ses Histoires, I. 12683 - 88.
Coutume de sa Seigneurie, IV. *S. page* 448.

St. Nazaire, en Bourgogne :
Fondation du Prieuré, III. 37176.

St. Nicaise de Meulan, Prieuré :
Ses Histoires, I. 12689 - 91.
Son Cartulaire, III. 29706.

St. Nicaise de Reims, Abbaye :
Ses Histoires, I. 12692, 93. IV. *S.*

St. Nicolas d'Angers, Abbaye :
Ses Histoires, I. 12694 - 97.

St. Nicolas, en Bresse :
Son Eglise, I. 5023.

St. Nicolas du Pont, à Compiègne :
Procès-verbal, I. 5494.

St. Nicolas du Port, en Lorraine :
Miracles, &c. IV. *S.* 5377*.

St. Omer, en Artois :
Carte du Diocèse, I. 1139.
Dévotion à la Sainte Vierge, = 4175.
Piéces d'Hist. Eccl. = 5100, IV. *S.* 9769*.
Conc. & Stat. Synod. = 6357 - 59.
Histoires des Evêques, = 8637 - 40.
Histoires de la Ville, II. 21933, 24121. III. 39006, IV. *S.*
Ses Colléges, IV. 45467 - 71. IV. *S.*
Ses Coutumes, IV. *S. page* 448.

St. Orens, Diocèse d'Auch :
Recueil sur son Prieuré, I. 5143.

St. Oriole, Monastere de Champagne :
Son Cartulaire, III. 29708.

St. Ouen de Rouen, Abbaye :
Ses Histoires, I. 12698 - 700. IV. *S.*
Copie de Titres, III. 29600.

St. Oyend : *voyez* St. Claude.

St. Palais, en Navarre :
Ancienne Justice souveraine, III. 37689, 90.

St. Papoul, en Languedoc :
Carte du Diocèse, I. 1140.
Statuts Synodaux, = 6723. IV. *S.* 6722*.
Histoires des Evêques, = 10250.
Ancienne Justice, = 12701.

St. Pardoux, en Bourbonnois :
Sa Fontaine, I. 3215.

St. Paul, en Artois :
Carte de ce Comté, I. 1401.
Mémoires à son sujet, II. 27828, 910 & 11, 937 - 46.
Ses Histoires, III. 39010, 11.
Son Collége, IV. *page* 57.
Ses Coutumes, IV. *S. page* 448.

St. Paul de Beauvais, Abbaye :
Ses Histoires, I. 14929 - 33. IV. *S.*

St. Paul de Besançon, Abbaye :
Histoires, I. 13574, IV. 12701*, 13462*, 38455*.

St. Paul de Léon, en Bretagne :
Carte du Diocèse, I. 1141.
Son Pouillé, = 1283.
Statuts Synodaux, = 6559, 60.
Histoires des Evêques, = 10451 - 55. IV. *S.*
Voyez Léon.

St. Paul Lamiate, en Languedoc :
Sa Prise, (en 1625) II. 21355.

St. Paul-trois-Chateaux, en Dauphiné :
Statuts Synodaux, I. 6723.
Histoires des Evêques, = 8056 - 59.

St. Paulien, en Auvergne :
Anciens Monumens, III. 37906, 7.

St. Pere Avi-la-Colombe, en Orléannois :
Corps de S. Sigismond, I. 532, 33.

St. Pere en Vallée, Abbaye, Diocèse de Chartres :
Ses Histoires, I. 12702 - 7.
Copie des Titres, III. 29601.

St. Philippe, Fort de Flandre :
Sa Prise, (en 1644) II. 22208.

St. Piat de Seclin, en Flandre :
Coutume de sa Seigneurie, IV. *S. page* 448.

St. Pierre d'Arles, Abbaye :
Son Histoire, I. 12708.

St. Pierre de Blois, Abbaye :
Ses Cartulaires, III. 29624, 707.

St. Pierre de Chaalons, Abbaye :
Son Histoire, I. 12709.

S. Pierre de Gand, Abbaye :
Son Histoire, I. 12711.

Sr. Pierre de Lille, en Flandre :
Coutume de sa Seigneurie, IV. *S. page* 448.

St. Pierre de Lyon, Abbaye :
Ses Histoires, I. 14934 - 36.

St. Pierre de Reims, Abbaye :
Ses Histoires, I. 14937 - 45. IV. *S.* & *Add.*

St. Pierre-le-Moutier, en Nivernois :
Piéces à son sujet, III. 35567.
Sa Coutume, IV. *S. page* 448.

St. Pierre le Vif, Abbaye, à Sens :
Ses Histoires, I. 12712 - 19.

St. Pierre sur Dive, Abbaye, Diocèse de Seès :
Son Histoire, I. 12710.
Dévotion à la Sainte Vierge, = 4191.

St. Pol : *voyez* St. Paul, en Artois :

St. Pons, en Languedoc :
Carte du Diocèse, I. 1142.
Histoires des Evêques, = 9252 - 54.

St. Pourçain, en Bourbonnois :
Sa Coutume, IV. *S. page* 448.

St. Quentin, en Artois :
Sa Coutume, IV. *S. page* 448.

St. Quentin, en Picardie :
Ancien nom ; *voyez Augusta Veromanduorum*.
Piéces d'Hist. Eccl. I. 5495 - 5500.
Ses Conciles, = 6724.
Procès du Chapitre contre l'Evêque de Noyon, = 9731 - 41.
Siége & Bataille, II. 17688 - 95.
Ses Histoires, III. 34178 - 80.
Voyez Vermandois.
Son Collége, IV. 45473.
Ses Illustres, = 45749.
Sa Coutume, IV. *S. pag.* 448.

St. Rambert, Abbaye, Diocèse de Lyon:
Son Histoire, I. 12720.

St. Rambert, Ville:
Piéces à son sujet, III. 37299, 300.
Son Collége, IV. page 57.

St. Remi, en Provence:
Ses Antiquités, III. 38206, & 7.
Son Collége, IV. page 57.

St. Remi de Reims, Abbaye:
Ses Histoires, I. 12721 – 30. III. 38206, 7. IV. S.
12408*, 12730*, 12730**.
Son Cartulaire, III. 29708.

St. Remi de Sens, Abbaye:
Son Histoire, I. 12731, IV. S.

St. Remi des Landes, Abbaye, Diocèse de Castres:
Son Histoire, I. 14946.

St. Remi l'Honoré, en l'Isle de France:
Eau minérale, I. 3216.

St. Remi sur Coligny en Franche-Comté:
Inscription, III. 38444.

St. Riquier, Abbaye, Diocèse d'Amiens:
Ses Histoires, I. 12732 – 51.
Conférences, II. 27938, III. 30337, 39.
Coutume de sa Seigneurie, IV. S. page 448.

St. Ruf, Abbaye, Diocèse de Valence:
Ses Histoires, I. 13463 – 68, IV. S.

St. Saens, Diocèse de Rouen:
Histoire du Prieuré, I. 12752.

St. Saulge, en Nivernois:
Mémoire historique, III. 35582.

St. Sauveur, en Languedoc:
Ses eaux minérales, I. 3217.

St. Sauveur, Abbaye, en Lorraine:
Ses Histoires, I. 13499 – 502

St. Seine, Abbaye, Diocèse de Dijon:
Ses Histoires, I. 12753 – 55.
Son Cartulaire, III. 29716.
Piéces à son sujet, = 37301 – 303.

St. Sépulchre de Cambray, Abbaye:
Ses Histoires, I. 12756.
Copie de Titres, III. 29602.

St. Serge d'Angers, Abbaye:
Ses Histoires, I. 12757, 58.
Copie de Titres, III. 29602.

St. Sever, en Gascogne:
Son Collége, IV. page 57.
Ses Coutumes, IV. S. pag. 448.

St. Simon, en Flandre Françoise:
Sa Coutume, IV. S. page 448.

St. Simon, en Picardie:
Histoire de son Duché, III. 34183.

St. Sulpice de Bourges, Abbaye:
Ses Histoires, I. 12759 – 61.

St. Symphorien, en Bourgogne:
Ses eaux minérales, I. 3218.

St. Symphorien, en Lyonnois:
Réunion de cette Ville, IV. S. 19715*.

St. Taurin d'Evreux, Abbaye:
Piéce à son sujet, I. 12761.

St. Thierry, près Reims, Abbaye:
Son Concile, I. 6723.
Ses Histoires, 12763 – 74, IV. S.

St. Tiberi, Diocèse d'Agde:
Ses Conciles, I. 6726.

St. Trivier, en Bresse:
Droits de sa Justice, III. 37188.

St. Tron, Abbaye, Diocèse de Liége:
Ses Histoires, I. 12775 – 80.

St. Vaast d'Arras, Abbaye:
Ses Histoires, I. 12790 – 96.
Coutume de sa Seigneurie, IV. S. page 448.

St. Valery, Abbaye, Diocèse d'Amiens:
Ses Histoires, I. 12781 – 89.

St. Vandrille, Abbaye, Diocèse de Rouen:
Ses Histoires, 12836 – 53, IV. S.
Copie de ses Titres, III. 29603.

St. Vannes de Verdun, Abbaye:
Ses Histoires, I. 12797 – 807, IV. S.

St. Vaulri, Diocèse de Limoges:
Assemblée de 1035, IV. S. 6726*.

St. Venant, en Artois:
Prise & Siége, II. 23818, 24453, 4.

St. Victor en Caux, Abbaye:
Ses Histoires, I. 12808 – 13.

St. Victor de Marseille, Abbaye:
Ses Histoires, I. 12814 – 26.

St. Victor de Paris, Abbaye:
Ses Histoires, I. 13469 – 88.

St. Vigor, de Bayeux, Abbaye:
Son Histoire, I. 12854.

St. Vilmer, Abbaye, Diocèse de Boulogne:
Ses Histoires, I. 12855 – 61, IV. S.

St. Vincent aux Bois, Diocèse de Chartres:
Son Cartulaire, III. 29713.

St. Vincent de Besançon, Abbaye:
Ses Histoires, I. 12827, 28.

St. Vincent de Laon, Abbaye:
Ses Histoires, I. 12829 – 31.

St. Vincent de Metz, Abbaye:
Son Histoire, I. 12835.

St. Vincent de Senlis, Abbaye:
Son Histoire, I. 13654.

St. Vincent du Mans, Abbaye:
Ses Histoires, I. 12832 – 34, IV. S.
Cartulaire, &c. III. 29604, 605.

St. Vinemer, en Champagne:
Son Doyenné, I. 5071.

St. Vit de Verdun, Abbaye:
Son Cartulaire, III. 29723.

St. Vivant, Abbaye, Diocèse d'Autun:
Ses Histoires, I. 13128, III. 37304, IV. S. 12861*.

St. Ymer, en Auge, Normandie:
Son Cartulaire, III. 29718.

St. Yriez, Abbaye, Diocèse de Limoges:
Ses Histoires, I. 12862 – 65, IV. S.

St. Yved, Abbaye, Diocèse de Soissons:
Ses Histoires, I. 13575, 76, IV. S.
Ses Titres, &c. III. 29591.
Voyez Braine.

Ste. Anne, en Bourgogne:
Ses eaux minérales, IV. S. 3205*.

Ste. Baume: voyez Baume.

Ste. Catherine, (Forts de):
Bâtis sur l'Escaut, II. 19359.

STE. CATHERINE de Paris :
Histoire de ce Prieuré, I. 13628, 9.

STE. CATHERINE, Abbaye de Rouen :
Ses Histoires, I. 12377, 78.

STE. CÉLÉNIE, à Meaux :
Histoire de ce Prieuré, V. Add. 12865*.

STE. CHAPELLE de Paris :
Ses Histoires, 5181 - 94, & Add.
Titres originaux, III. 29584.

STE. CHAPELLE de Vincennes :
Piéce historique, I. 5360*.
Suite de ses Tréforiers, IV. S. 5360*.

STE. COLOMBE de Sens, Abbaye :
Son Histoire, I. 12382.

STE. CROIX de Paris :
Histoire de ses Chan. Rég., I. 13494 - 98.

STE. CROIX du Mont, près Bordeaux :
Banc de coquillages, I. 3676.

STE. FOI, en Guyenne :
Piéce d'Histoire naturelle, I. 3323, 3517.
Défaite des Reistres, II. 20413.

STE. GENEVIEVE de Paris, Abbaye :
Ses Histoires, I. 13581 - 626.

STE. GENEVIEVE-BOIS, Isle de France :
Mémoire historique, III. 34834.

STE. GUDULE, à Bruxelles :
Son Cartulaire, III. 29629.

STE. LUCIE, Isle d'Amérique :
Mémoires à son sujet, III. 39763, 4.

STE. MACRE : voyez FISMES.

STE. MARGUERITE, Isle de Provence :
Cartes, I. 1599, 1600.
Sa Prise, (en 1637) II. 21907 - 12.

STE. MENEHOULD, en Champagne :
Diverses Conférences, III. 29920, 30015.
Paix en 1614, IV. S. 20199.
Mémoire historique, III. 34271.

STE. PERRINE, à Paris :
Ses Chanoinesses, I. 15031 - 33.

STE. REINE, en Bourgogne :
Ses eaux minérales, I. 3031, 3206 - 9.
Diverses Piéces, I. 5014, III. 37291 - 93.

SAINTES, Capitale de Saintonge :
Camp Romain, &c. IV. S. 100*, I. 101.
Carte du Diocèse, I. 1143.
Son Pouillé, = 1242, 43.
Ancien Peuple, IV. S. 3938*.
Conciles & Statuts Synodaux, I. 6727 - 29.
Histoires des Evêques, = 8290 - 305, IV. S.
Titres & Chartes, IV. S. 29711*, 35716*.
Ses Histoires, III. 37062 - 65.
Ses Généalogies, = 40694.
Son Collége, IV. 45463, & page 57.

SAINTES (les), Isle d'Amérique ;
Carte, I. 1588.

SAINTONGE, Pays :
Cartes, I. 1817, 22, 66 - 68.
Dénombremens, = 2250.
Voyage en ce Pays, = 2358.
Marais salans, = 2733, 34.
Piéces sur les Calvinistes, = 5140; 962.
Ses Histoires, III. 37560 - 68.
Sa Noblesse, = 40680.
Sa Coutume, IV. S. page 448.

SAIS : voyez SEES.

SALENCY, en Picardie :
Translation de Relique, IV. S. 5500*.
Mémoire & Arrêt, sur la Rosière, V. Add. 34896*.

SALINS, en Franche-Comté :
Ses eaux minérales, I. 3414.
Ses Salines, = 2746, 47, III. 36421, & suiv. 38440, 41, IV. S.
Son Histoire, III. 38439, IV. S.
Ses Généalogies, III. 40667.
Maison des Jésuites, IV. S. 45339* (2).
Son Collége, IV, page 57.

SALIOCANUS PORTUS :
Sa situation (en Bretagne,) I. 338, 39.

SALLE (la), en Lyonnois :
Eclaircissement géographique, I. 2278.

SALLIÉS, en Béarn :
Source salée, I. 3219.

SALMIERE, en Quercy :
Ses eaux minérales, I. 3220.

SALOMMEZ, en Flandre, (& non Salominez) :
Sa Coutume, IV. S. page 448.

SALON, en Provence :
Sa misere en 1598, III. 38208.

SALVANAISE, Monastere, Diocèse de Vabres :
Son Histoire, I. 13129.

SALUCES, en Italie :
Carte de ce Marquisat, I. 1927.
Sa Prise, II. 19194.
Diverses prétentions, 29079, 80.
Histoires, &c. III. 3814 - 17, IV. S.
Sa Coutume, IV. S. page 448.

SAMBRE, Riviere :
Titre de ses Terres, III. 29058.

SAMER, en Boulonois :
Voyez SAINT-VILMER.

SANCERRE, en Berry :
Ses Siéges & Prises, II. 18197 - 9, 20996; 21875.
Ses Comtes, III 35814 - 16.
Sa Coutume, IV. S. page 448.

SANTHENAY, en Bourgogne :
Ses eaux minérales, I. 3211.

SANTONES : voyez SAINTES.

SAÔNE, Riviere :
Projets à son sujet, I. 932, 50, IV. 940.

SAPONARIÆ, près Toul :
Son Concile, I. 6729, 76.

SARLAT, en Périgord :
Cartes du Diocèse, I. 1144, 45.
Son Pouillé, = 1242, 43.
Histoire des Evêques, = 9348.
Siége, (en 1587) II. 18586.

SARRAGOSSE, en Espagne :
Bataille, (en 1710) II. 24455.

SATHENAY, en Bourgogne.
Arrêt à son sujet, III. 37305.

SAUCATZ, en Guyenne :
Ses coquillages, I. 1824.

SAUCOURT, en Picardie :
Défaite des Normands, (en 881) I. 534.

SAUDEMONT, en Artois :
Sa Coutume, IV. S. page 448.

SAULIEU, en Bourgogne :
Cartulaire de l'Eglise, III. 29712.
Piéces historiques, = 37306, 307.

SAULIEU, en Nivernois :
Son Histoire, III. 35995, 96.

Table Géographique.

SAULTY, en Artois :
Sa Coutume, IV. S. page 448.

SAULX-LE-DUC, en Bourgogne :
Droits de l'Evêque de Langres, III. 29712, 37308.

SAUMUR, en Anjou :
Carte du Pays, I. 1667.
Piéces sur les Calvinistes, = 6019, 220, & suiv.
Ses Conciles, = 6715.
Ses Prises, II. 21084, 87, 23102.
Son Collége, IV. pag. 57.

SAURICIACUM, Diocèse de Soissons :
Son Concile, I. 6730.

SAUVE, en Languedoc :
Ses Seigneurs, &c. III. 37753, 806, 894.

SAUVE-MAJOUR, Abbaye, Diocèse de Bordeaux :
Ses Histoires, I. 12871 - 75.

SAUVEMENT, en Franche-Comté :
Histoire du Prieuré, IV. S. 11682*.

SAUVETERRE, en Gascogne :
Son Histoire, III. 37645.

SAVEGIUM :
Voyez SUCIACUM.

SAVEIA, ancien Château :
Sa situation, près de Paris, I. 4471.

SAVERNE, en Alsace :
Entrée de l'armée Françoise : I. 21814.

SAVIGNY, Abbaye, Diocèse d'Avranches :
Ses Histoires, I. 12866, 7, 13130 - 32.

SAVIGNY, Abbaye, Diocèse de Lyon :
Ses Histoires, I. 12868 - 70.

SAVONE, en Italie :
Droits du Roi, II. 29082.
Entrevue de Louis XII & Ferdinand, III. 29853.

SAVONIÈRES, près de Toul :
Voyez SAPONARIÆ.

SAVOYE :
Cartes, I. 1930 - 38, 48 - 57.
Piéces d'Hist. Eccl. IV. S. 5993*.
Ses Titres, II. 27838, 915.
Droits du Roi, = 29074, 85.
Démêlés & Conquêtes, = 19779, 29091, 92. IV. S. 21630*.
Traités de paix, &c. III. 29294 - 305.
Histoires des Comtes & Ducs, = 36042, 43, 37937.

SCARPE, Riviere :
Mémoire à son sujet, I. 877.

SCORDISQUES, Peuple Gaulois :
Dissertation à leur sujet, I. 3939.

SEAUX, près Paris :
Son Obituaire, I. 5356.

SÉBOURG, en Hainaut François :
Histoire de cette Terre, III. 39064.

SÉCLIN, en Flandre :
Sa Coutume, IV. S. pag. 448.
Voyez ST-PIAT.

SÉDAN, en Champagne :
Cartes du Territoire, I. 1868, 70.
Piéces d'Hist. Eccl. = 5064.
Phénomènes vus, IV. S. 20328*.
Piéces historiques, II. 22042, 76, 26066, III. 30630, IV. S. 34280*, & suiv.
Mémoires & Titres, II. 27722, 828, 947 - 51, 29014.
Ses Histoires, III. 34280 - 98.
Sa Coutume, IV. S. page 448.

SEÈS, en Normandie :
Cartes du Diocèse, I. 1146, 47.

Piéces d'Histoire Ecclésiastique, = 5432, IV. S.
Conc. & Stat. Synod. = 6708 - 14.
Hist. des Evêq. = 9952 - 83, IV. S. V. Add. 9961*.
Histoires civiles, III. 35325 - 27.

SEGRAY, en Beauce :
Son eau minérale, I. 3222 - 25.

SEGUSIENS, peuple Gaulois :
Leur situation, I. 341, 42.

SEINE, Diocèse de Digne :
Son Concile, I. 6731.

SEINE, Fleuve :
Cours, inondations, &c. I. 861, 62, 78 - 85 ; (IV. S. 79*) 2839, 40.
Analyse de ses eaux, = 2844, IV. S. 2846*.
Monument trouvé à sa source : V. Add. 3852*.

SELINCOURT, en Picardie :
Larme de Jésus-Christ, IV. S. 5468*.

SELLE (la), en Brie :
Sa Coutume, IV. S. page 448.

SELLES, en Berry :
Sa Coutume, IV. S. page 448.
Histoire de l'Abbaye, I. 12876 - 80, IV. S.

SELLES, Abbaye, Diocèse de Liége
Ses Histoires, I. 12881, 82.

SELLÉS, en Vivarais :
Ses eaux minérales, I. 3226.

SELTER, au Pays de Tréves :
Sa Fontaine, I. 3227 - 29.

SEMILLY, en Normandie :
Ses Antiquités, III. 35334.

SEMUR en Auxois, Bourgogne :
Dévotion à la Sainte Vierge, I. 5015.
Histoires du Prieuré, = 12266 - 68.
Histoires de la Ville, III. 35981, 82.
Diverses Piéces, = 37309 - 319.
Réjouissances, II. 26472, 561.
Son Collége, IV. page 57.

SEMUR, en Brionnois, (Bourgogne) :
Ses Histoires, III. 35993, 37320.

SENART (Forêt de), Isle de France :
Dévotion à la Sainte Vierge, I. 4134.

SENEF, en Brabant :
Bataille (en 1674), II. 24044, 45, 144.

SÉNÉGAL, ou Afrique Françoise :
Sa Carte, I. 1871.
Description, &c. III. 39792, 95.

SENÈS, en Provence :
Confrérie de S. François de Sales, I. 5541.
Histoires des Evêques, I. 8851 - 53, IV. S.

SENLIS, en l'Isle de France :
Cartes du Diocèse, I. 1148, 49.
Son Pouillé, = 1270.
Lieux de sa Coutume, = 2260.
Piéces d'Hist. Eccl. = 5501, IV. S. 5356*.
Conc. & Stat. Synod. = 6480, 6739, 40.
Histoires des Evêques, = 9655 - 65, IV. S.
Histoire de la Ville, III. 34852.
Son Collége, IV. page 57.
Sa Coutume, IV. S. page 448.

SENLISSE, près de Chevreuse :
Sa Fontaine, I. 2871.

SÉNONE, Abbaye, Diocèse de Toul :
Ses Histoires, I. 12883 - 86.

SÉNONOIS, Pays de Champagne :
Sa Carte, I. 1533.

Son Histoire, III. 35547.
Sa Noblesse, = 40680.

SENS, en Champagne :
Voies Romaines, I. 72.
Cartes du Diocèse, I. 1150, 51.
Ses Pouillés, = 1277 – 82.
Lieux de sa Coutume, = 2261.
Piéces d'Hist. nat. = 2814, 3376, 3715.
Piéces d'Hist. Eccl. = 4069, IV. S. 5064*.
Conc. & Stat. Synod. = 6732 – 38, IV. S. 6294*.
Histoires des Archevêques, = 10007 – 78, IV. S.
Histoires civiles, III. 34324 – 29.
Son Collége, &c. IV. 45474 - 77.
Ses Coutumes, IV. S. pag. 448.

SEPT-FONTS, Abbaye, Diocèse d'Autun :
Ses Histoires, I. 13133, 4, IV. S.

SEPTIMANIE :
Ses Cartes, I. 416, 17.
Sa Description, &c. = 487, 89.

SÉQUANIE, ancienne Franche-Comté :
Ses Cartes, I. 56.
Voies Romaines, = 70.
Peuples & Villes, = 343, 44, (IV. S.) III. 3941 - 43,
  IV. S. 38371*, 87*.
Cantons du moyen âge, IV. S. 489*.

SERMAISE, en Champagne :
Ses eaux minérales, I. 2931, 3230.

SERRIS, en Brie :
Sa Coutume, IV. S. page 448.

SERVAS, en Languedoc :
Sa Fontaine, IV. S. 2848*.

SERVIN, en Artois :
Sa Coutume, IV. S. 448.

SESTAS, près de Bourdeaux :
Ses antiquités, III. 37558.

SEURRE, en Bourgogne :
Piéces historiques, III. 36294, 373, 37321.

SEYSSEL, en Bugey :
Piéce sur une Chapelle, III. 37322.

SEZANNE, en Brie :
Son ancien nom, I. 510.
Mémoire historique, III. 34375, 76.
Sa Coutume, IV. S. page 448.

SICILE, Royaume :
Rois des Maisons d'Anjou, II. page 665 & 669.
Droits du Roi, = 28887 – 95.

SIENNE, en Italie :
Entrée de Charles VIII. II. 26151.

SIGISTRENSE Monasterium :
Voyez ST. SFINE.

SIGNY, Abbaye, Diocèse de Reims :
Son Histoire, I. 13135.

SIMANDRE, en Franche-Comté :
Ses pierres, I. 38444.

SINTZHEIM, en Allemagne :
Bataille, (en 1674) II. 24038.

SION, en Suisse :
Hist. des Evêques, I. 10191, 92, (IV. S.)
Leurs Droits, III. 39140.

SISTERON, en Provence :
Société de charité, I. 5542.
Statuts Synodaux, = 6741.
Histoires des Evêques, = 7909, 10.
Histoire civile, III. 38262.

SIVRY la Perche, près de Verdun :
Mémoire pour les Habitans, II. 15520.

SLEYDEGHEM, en Flandre :
Sa Coutume, IV. S. page 448.

SOCCOVA (& non POCCONA), près de S. Jean
  de Luz, en Gascogne :
Construction d'un Port, II. 27854.

SOESMES, en Berry :
Sa Coutume, IV. S. page 448.

SOISSONNOIS, dans le Gouvernement de l'Isle de
  France :
Ancien état, I. 345.
Ses Cartes, = 1872 – 76.
Piéces d'Hist. nat. = 2441, 2696, IV. S. 3423*.
Piéces d'Hist. Eccl. = 4070 - 72, 5493, 5502.
Histoires civiles, III. 34864 - 82.
Sa Noblesse, = 40767, 69, 80, 81, IV. S.

SOISSONS :
Route de Paris, I. 627.
Cartes du Diocèse, = 1152, 53.
Son Pouillé, = 1270, IV. S. 1271**.
Conc. & Stat. Synod. = 6745 - 49, IV. S.
Histoires des Evêques, = 9585 - 711, IV. S.
Piéces historiques, II. 17545, 18003, 19645, 20569,
  & suiv.
Réjouissances, en 1744, IV. S. 24655*.
Couronnement du Roi Carloman, II. 25993.
Entrée de Louis XIII. = 26339.
Mouvance de la Couronne, = 27952.
Eloge du Présidial, III. 34131.
Antiquités & Histoires, = 34864 - 79.
Son Académie, IV. 45607.
Son Collége, = page 57.

SOLE, ou SOULE, en Gascogne :
Sa Coutume, IV. S. page 448.

SOLEURE, en Suisse :
Treve du Duc de Bourgogne, III. 36148.
Histoires de la Ville, = 39120, 21.

SOLIGNAC, Abbaye, Diocèse de Limoges :
Ses Histoires, I. 12887, 88, IV. S.

SOLOGNE, Pays de l'Orléanois :
Sa Carte, I. 1394.
Son seigle, = 1377, 78.

SOMME, Riviere :
Son cours, &c. I. 743, 45, 886.

SOMMIERES, en Languedoc :
Ses Siéges, II. 18382, 21347.

SOREZE, en Languedoc :
Son Collége, IV. S. page 57.

SORGUE, Riviere :
Projet de navigation, IV. S. 886*.
Recherche sur ses eaux, = 2872*.

SOUGÉ, en Vendômois :
Camp Romain, I. 94.

SOULAINS, en Champagne :
Ses Pétrifications, I. 2809.

SOULIERS, dans la Marche :
Eclaircissement géographique, I. 2278.

SOULZ, en Alsace :
Son Bitume, I. 2757, 58.
Son Bain, = 3255.

SOUVIGNY, en Bourbonnois :
Histoire du Prieuré, I. 12889.

SPA, en l'Etat de Liége :
Ses eaux minérales, I. 1905 - 9, 3180, 3231 - 33,
  IV. S. 3245* - 50.

SPIRE, en Allemagne Gallicane :
Cartes du Diocèse, I. 1154.

Histoires des Evêques, I. 9110.
Ses Prises, II. 21841, 22213.
Ses Histoires, III. 39194, 95.

SPOY, en Bourgogne :
Mémoire des Habitans, III. 37323.

STADINISUS PAGUS :
Sa situation, I. 535.

STAFFARDE, en Piémont :
Bataille, (en 1690) II. 24292.

STAINS, près Saint-Denis :
Son Hôpital, &c. I. 5357, 58.

STAVELO, Abbaye, Diocèse de Liége :
Ses Histoires, I. 12890 - 98.
Ses anciens monumens, II. 16134.

STEINKERQUE, en Hainaut :
Bataille, (en 1692) II. 24410, 11.

STENAY, en Lorraine :
Piéces historiques, II. 23279, 767, 77.
Mouvance & Histoire, = 27950, 29014.
Cession au Prince de Condé, IV. S. 38793**.

STONNE, au Diocèse de Reims :
Son ancien nom, I. 535.

STRASBOURG, Capitale d'Alsace :
Son ancien nom, &c. I. 192, 93.
Carte du Diocèse, = 1155.
Plans de la Ville, = 1977 - 81, IV. S.
Description, = 2168, 72, III. 38694, & suiv.
Voyages, = 2370, 71.
Piéces d'Histoire naturelle, 2442, 3381, 3728.
Statuts Synodaux, = 6347, 48.
Histoires des Evêques, = 9111 - 146.
Fêtes & mariage de Louis XV, II. 26556 - 8, 26616,
& suiv.
Son Université, IV. 45266, 67.
Son Imprimerie, = 47960 - 62, 65 - 68.

SUBSTANTION, en Languedoc :
Ses Comtes, III. 37840.

SUCIACUM, en Brie :
Dissertation à son sujet, IV. S. 534*.

SUEDE, Royaume :
Traités d'Alliance, III. 29434, & suiv.

SUEVRE, en Orléanois :
Observation à son sujet, I. 94.

SUISSE :
Ancien Etat : voyez HELVETIENS.
Ses Antiquités, I. 205, 207.
Ses Cartes, = 1958 - 74, IV. S.
Plans de Villes, &c. = 2117, 66.
Voyages physiques, = 2448.
Sa Comparaison avec le Canada, IV. S. 2675*.
Saints de ce Pays, = 4288.
Guerre de Charles, Duc de Bourgogne, IV. S. 25454*.
Traités d'Alliance, III. 29274 - 93.
Ses Histoires, = 39070 - 187, IV. S. & Add. 39108*.

SULLY, en Gâtinois :
Ses Histoires, III. 35818, 19.

SULZ : voyez SOULZ.

SULZBACH, en Alsace :
Ses eaux minérales, I. 3254, 55.

SUNTGAU, ou Haute Alsace :
Sa Carte, I. 1336.

SURESNE, près Paris :
Conférences (en 1594) II. 19463, 64.
Audience à l'Envoyé de Turquie, = 26460.

SURGERES, en Aunis :
Ses eaux minérales, I. 3256.

SUSE, en Piémont :
Passage forcé, II. 21999, 603.

SUSON, Ruisseau, à Dijon :
Projet à son sujet, IV. S. 886*.

T.

TABAGO, Isle d'Amérique :
Sa Prise (en 1667) II. 23908.
Combat, (en 1678) II. 24144.
Relations & Descriptions, III. 39758, 9.

TABENNÆ (& non TABENNAC) :
Ancien lieu de Franche-Comté, III. 38444.

TAILLEBOURG, en Saintonge :
Prise du Château, (en 1622) II. 21090.

TAIN, en Dauphiné :
Ancienne Inscription, III. 38003.

TALANT, en Bourgogne :
Ses Priviléges, &c. III. 37323, 24.

TANCARVILLE, en Normandie :
Inventaire de ses Titres, III. 29717.

TARANTAISE, en Savoye :
Histoire de ses Archevêques, I. 10189, 90.

TARASCON, en Provence :
Air & maladies, I. 1619, 20.
Ses Reliques, = 5543.
Siége du Château, II. 23485.
Son Collége, IV. pag. 57.

TARBES, en Gascogne :
Cartes du Diocèse, I. 1156, & IV. S.
Statuts Synodaux, = 6750.
Histoires des Evêques, = 8108, 9.
Leur presséance aux Etats, III. 37638.
Son Collége, IV. page 57.

TARDENOIS, Pays, en Champagne :
Sa Carte, I. 1565.
Voyez FERE.

TARN, Riviere :
Projets de Navigation, I. 855, 87, 914 - 20.

TARQUINOPLE, en Lorraine :
Ses Antiquités, III. 38793.

TART, Abbaye, à Dijon :
Ses Histoires, I. 15060, 61.
Piéces à son sujet, IV. S. 1501*, III. 37115-22.

TAURIACUM, Diocèse d'Auxerre :
Son Concile, I. 6751.

TECTOSAGES, Peuple Gaulois :
Dissertation à leur sujet, IV. S. 3943*. & Add.

TELLAU ; ancien Pays :
Dans la Normandie, I. 380.

TELLUET, en Artois :
Sa Coutume, IV. S. page 448.

TEMPLEWE, en Flandre Françoise :
Sa Coutume, ibid.

TERCIS, en Gascogne :
Ses eaux minérales, I. 3257.

TERGAU, en Hollande :
Vitrage de son Eglise, III. 39618.

TERMONDE, en Flandre :
Ses Coutumes, IV. S. page 448.

TÉROUENNE, en Artois :
Plan & vue, I. 1881.
Ses anciens Evêques, = 9763.
Prise & ruine, II. 17672.

Ses Histoires, III. 38995-97.
Sa Coutume, IV. S. page 448.

TERRE-NEUVE, Isle d'Amérique:
Voyages & Descriptions, III. 39642, 44, 733.

TERRE-SAINTE:
Carte pour les Croisades, I. 423.
Histoire des Expéditions ou Croisades, II. 16577, & suiv. 16920-51.

THEVÉ, en Berry:
Sa Coutume, IV. S. page 448.

THEULEY, Abbaye, Diocèse de Besançon:
Mémoire historique, IV. S. 38455.

THIÉRACHE, Pays de Picardie:
Sa Carte, I. 1911.

THIERS, en Auvergne:
Son Collége, IV. pag. 57.

THIONVILLE, en Luxembourg François
Carte & Plan, I. 1883, 84.
Ses Conciles, = 6752, 53.
Ses Prises, II. 17697, 707, 22188, 90.
Combat auprès, = 22007.
Son Collége, IV. page 57.
Sa Coutume, IV. S. page 448.

THOIRÉ, en Bresse:
Son Histoire, III. 36045.

THOISSEY, au Pays de Dombes:
Son Collége, IV. page 57.

THORIGNY, en Normandie:
Ancienne Inscription, III. 35291.

THOUARS, en Poitou:
Carte de son Duché, I. 1885.
Ses Vicomtes & Ducs, III. 35743.

THURY, en Normandie:
Voyez HARCOURT.

THYMERAIS, Pays du Perche:
Sa Carte, I. 1576.
Ses Illustres, IV. 45750.

TIBERII FORUM:
Ses Antiquités, 276.

TIGURIENS, en Suisse:
Leur Histoire, I. 3929.
Voyez ZURICH.

TINTINIAC, en Limosin:
Ses anciens monumens, I. 346.

TIRON, Abbaye, Diocèse de Chartres:
Ses Histoires, I. 12899-906.
Son Collége, IV. pag. 57.

TONGRES, en l'Etat de Liége:
Ses eaux minérales, I. 3235.
Dévotion à la Sainte Vierge, = 4213-16.
Ses Histoires, III. 39208.

TONNEINS, en Guyenne:
Maladie épidémique, I. 1621, 22.

TONNERRE, en Champagne:
Sa Fontaine, I. 2872.
Ses Histoires, III. 34335-37.

TORCY, sur Loire:
Entrevue d'Alexandre III, & Louis VII, IV. S. 535*.

TORTOSE, en Catalogne:
Prise & Siége, II. 22071, 283.

TOSCANE, Françoise:
Partie de sa Noblesse en France, III. 40789, 90.

TOUCHE (la) en Anjou:
Dénombrement de cette Terre, III. 35712.

TOUCY, près d'Auxerre:
Ses eaux minérales, I. 2926.
Son Histoire, IV. S. 35554*.

TOUILLON, en Franche-Comté:
Sa Fontaine périodique, I. 1862.

TOUL, en Lorraine:
Son ancien état, I. 353.
Carte du Diocèse, = 408, 1157-59.
Ses Pouillés, = 1289-92.
Plan de la Ville, = 1886.
Description du Pays, = 2226.
Ses Bains, = 3258.
Piéces d'Hist. Eccl. = 5382-06, IV. S.
Conc. & Stat. Synod. = 6776-80, IV. S.
Histoires des Evêques, = 10605-49, IV. S.
Mémoires & Titres, II. 27723, 869, 953.
Chartres de la Ville, III. 29714.
Ses Histoires, = 38797-800.
Ses Généalogies, 40712.

TOULON, en Provence:
Son Plan, I. 1887.
Peste & maladie, = 2623-25.
Ordonnances Synodales, = 6765.
Histoires des Evêques, = 8060-66, IV. S.
Siége, &c. II. 24441, 26494.
Ses Histoires, III. 38256-58.
Son Collége, IV. pag. 57.

TOULOUSE, Capitale du Languedoc:
Cartes du Diocèse, I. 1159, 60.
Cartes de la Généralité, = 1611, 12.
Plan de la Ville, = 1888, IV. S.
Sa Description, IV. S. 2308*.
Piéces d'Histoire naturelle, I. 1626, 7, 3699, 3707.
Piéces d'Hist. Eccl. = 4136, 37, 4284, 6, 5363-66, IV. S.
Piéces sur les Calvinistes, = 5830, 38, II. 17810, 11, 18183.
Conc. & Stat. Synod. = 6754-61, IV. S.
Histoires des Archevêques, = 10193-232, IV. S.
Réduction à Henri IV, II. 19687.
Entrée de Rois, &c. IV. S. 16904*, II. 26187-90, 26229, 38, 346, 401.
Fêtes, IV. S. 26339*, II. 26599.
Titres, &c. II. 27777, 857, 860, III. 29687, 718, 19.
Parlement, III. 33012-37 (IV. S.) 33321; & suiv. I. 14615-32.
Histoires civiles, = 37607, 755-91, & IV. S.
Fiefs & Noblesse, = 39959, 40687, 782, 83.
Université & Collége, IV. 45268-87, (IV. S.) 45478-80, & pag. 57.
Académies, = 45613-20, & Add. 45617*.
Ecrivains, = 45751.
Sa Coutume, IV. S. page 448.

TOUQUE, en Normandie:
Ses Salines, I. 2739.

TOUR, (la) en Auvergne:
Evaluation de la Baronie, II. 27754.
Famille: Voyez BOUILLON.

TOURAINE, Province:
Cartes, I. 1665, 7, 1889-94.
Description, = 2262, 63.
Piéces d'Hist. nat. = 2819, 25, 3417, 21; IV. S. 3421*.
Piéces d'Histoire Ecclésiastique, = 5545-60.
Domaine, II. 28788, 99.
Histoires civiles, III. 35644-59, IV. S. 35662*.
Fiefs & Noblesse, = 39934, 40784-86.
Ses Illustres, IV. 45742-54.
Sa Coutume, = IV. S. pag. 448.

TOURAINE,

Table Géographique.

Tourcoing, en Flandre :
Sa Coutume, IV. S. page 448.

Tour de Vesre, en Berry :
Sa Coutume, ibid.

Tournan, en Brie :
Ses Antiquités, III. 34372.

Tournay, en Flandre :
Son ancien état , I. 350 : voyez Nerviens.
Cartes du Diocèse, I. 1139, 1161.
Cures, ou Pouillé , = 1254.
Carte du Bailliage, = 1622.
Sa Fontaine minérale, = 3259.
Ses Canonicats, = 5101, 2.
Statuts Synodaux , = 6762 - 64, IV. S.
Histoires des Evêques, = 8608 - 36.
Siéges, II. 23913, 24664 , (IV. S.) 24675, & suiv.
Titres, &c. II. 28838, III. 29720.
Ses Histoires, III. 39413 - 20, IV. S.
Ses Ecrivains, IV. 45755.
Sa Coutume, IV. S. page 448.

Tournehan, en Artois :
Sa Prise, en 1542, II. 17588.
Sa Coutume, IV. S. page 448.

Tournon, en Vivarais :
Entrée de Madame de la Rochefoucault, II. 16277.
Funérailles de Henri IV, = 26750.
Université ou Collége, IV. 44660, 61, 45288, 481.

Tournus, en Mâconnois :
Ses Conciles, I. 6773.
Ses Antiquités, III. 35979, 80.
Mémoire sur cette Ville, = 37325.

Tournus, Abbaye, Diocese de Châlon :
Ses Histoires, I. 12907 - 12.
Son Cartulaire, III. 29721.

Tours, Capitale de Touraine :
Carte du Diocèse, 1162.
Ses Pouillés, = 1283, 84.
Piéces d'Histoire naturelle, = 2628, 3421, 3710.
Piéces d'Hist. Eccl. = 4073, 4212, 5545 - 59, IV. S.
Conc. & Stat. Synod. 6783-89.
Histoires des Arch., = 10256-332 , IV. S. Add. 10263*.
Bataille aux Fauxbourgs, (en 1589) II. 18991-96.
Entrées de Rois, = 16217, 28, 67, 68, 340.
Etats Généraux, = 27427-36, 547.
Domaine, = 27954.
Fabricans, = 28245.
Antiquités & Histoires, III. 35644-62.
Projets d'Université, IV. 45289.
Son Collége, = 45482-86.

Tousy, en Lorraine :
Son Concile, 6776.

Toutes-Aides , Paroisse de Maxent , Diocèse de Saint-Malo :
Dévotion à la Ste. Vierge, I. 4217.

Trappe, (la) Abbaye, Diocèse de Seés :
Son Plan, I. 1198.
Ses Histoires, = 13136-63, IV. S.

Trasiniacum, en Flandre :
Son Histoire, III. 39409.

Treffon, en Brie :
Sa Coutume, IV. S. page 448.

Tréguier, en Bretagne :
Carte du Diocèse, I. 1163.
Son Pouillé, = 1283.
Histoires des Evêques, = 10456-58.

Treignac, en Limosin :
Son Collége, IV. page 57.

Tremblevy, en Berry :
Sa Coutume, IV. S. pag. 448.

Tresmes, (ou Gévres) en Brie :
Histoire de son Duché, III. 34369.

Treves, en Allemagne Gallicane :
Cartes du Diocèse, I. 1164, 65.
- de son Electorat , = 2004-6.
Piéces d'Histoire Ecclésiastique, = 5382, 83.
Ses Conciles, = 6774.
Histoires des Archevêques, = 10493 - 541, IV. S.
Prises & Plaintes, II. 21748, 22218, IV. S. 31070*.
Histoires civiles, III. 39188, 235-39, IV. S.

Trevidon, ancien lieu :
Sa situation, I. 347.

Trianon, Château Royal :
Description, II. 24523, 27012, 31.

Tribocs, Peuple Gaulois :
Ancien Monument, &c. I. 348.

Tricasses : voyez Troyes.

Tricines, ancien lieu :
Partie de S. Denys, I. 536.

Triel, en l'Isle de France :
Sa Description, III 34801.

Trinité (la), de Caen, Abbaye, Diocèse de Bayeux :
Titres & Cartulaire, III. 29587, 722.

Trinité (la), de Poitiers, Abbaye :
Piéce historique, I. 12913.

Trinité (la), de Vendôme, Abbaye, Diocèse de Blois :
Ses Histoires, I. 12914 - 16, IV. S.
Copie de ses Titres, III. 29606.

Trois-Evêchés (Pays des), en Lorraine :
Titres, &c. II. 27879, 82, 28993.
Histoires civiles, III. 38758 - 806. IV. S.
Voyez Metz, Toul, Verdun.

Trois-Rois (les), Abbaye, Diocèse de Besançon :
Voyez Lieu-croissant.

Trosly , Diocèse de Soissons :
Ses Conciles, I. 6775.

Troy, en Berry :
Sa Coutume, IV. S. pag. 449.

Troyes, en Champagne :
Voies Romaines, & ancien Camp, I. 76.
Son état ancien, = 354.
Cartes du Diocèse, = 1166, 7.
Ses Pouillés, = 1277, 80, IV. S.
Carte des environs, = 1895.
Bailliage & Lieux de sa Coutume, = 2264, 5.
Piéces d'Hist. nat. = 2443, 2629, 97, 98.
Piéces d'Hist. Eccl. = 4287, (IV. S.) 5065 - 70. IV. S.
Conc. & Stat. Synod. = 6766 - 72.
Histoires des Evêques, = 10079 - 112, IV. S.
Reddition de la Ville à Henri IV. II. 17243.
Entreprise des Calvinistes, = 19290.
Entrées de Rois, &c. = 16149, 64, 231, 32, 90, 374, 83.
Titres, &c. = 27955.
Ses Histoires, III. 34300 - 16, IV. S.
Académie supposée, 45621.
Son Collége, IV. page 57.
Sa Coutume, IV. S. page 449.

True, ancien lieu :
Bataille, en 593, I. 537, IV. S.

Tugiens, Peuple Gaulois :
Ses Histoires, I. 3929.

Tome V.

K

TULLES, en Limofin :
Ses Antiquités, I. 346.
Carte du Diocèfe, = 1168.
Son Pouillé, = 1242, 46.
Air & maladies, IV. S. 2619*
Ses Saints, = 4288*.
Statuts Synodaux, I. 6781, 82.
Hiſtoires des Evêques, = 8498 – 503, IV. S.
Hiſtoires civiles, III. 37600, 603.
Généalogies, = 40694.

TULLUM : voyez TOUL.

TUNGRES, Peuple Gaulois :
Diſſertation à leur ſujet, IV. S. 3943*.

TURENNE, en Limoſin :
Carte de cette Vicomté, I. 1896.
Diverſes Piéces, III. 34297, 37603.

TURIN, en Italie :
Siéges & Bataille, II. 21995, & ſuiv. 24436, IV. S.
Fêtes, en 1619, = 26600.

TURNUS (Tombeau de) :
Pierre ainſi appellée, III. 35661.

TURQUIE :
Traités avec la France, III. 29441, & ſuiv.

TURSAN, Pays de Gaſcogne :
Sa Coutume, IV. S. page 449.

U.

UBIENS, Peuple Gaulois :
Diſſertation à leur ſujet, I. 3944.

UCHON, en Bourgogne :
Droits du Duc de Nevers, III. 36401.

URGEL, en Catalogne :
Sa Priſe, en 1654, II. 23771.

USERCHE, en Limoſin :
Hiſtoire de ſon Abbaye, I. 12934, 35.
Sa Priſe, (en 1622) II. 21200.
Edits de Réglemens, III. 37600.

USÈS, en Languedoc :
Cartes du Diocèſe, I. 1179, 80.
Ordonnances Synodales, = 6822, 23.
Hiſt. des Evêques, = 9236 – 47.
Entrée de Louis XIII. II. 26381.
Hiſtoires civiles, III. 37897 – 900. IV. S.

USSÉ, en Touraine :
Ses deux caiſſes Egyptiennes, III. 35664.

USSEL, en Limoſin :
Chef-lieu du Duché de Ventadour, III. 37602.

UTRECHT, aux Provinces-Unies :
Son ancien Diocèſe, I. 476.
Carte du Diocèſe actuel, = 1178.
Son Concile, = 6819.
Hiſtoires des Evêques, = 8789 – 821. IV. S.
Paix de 1713, III. 31134 – 36.
Hiſtoires civiles, = 39557 – 66.

UXELLODUNUM, ancienne Ville :
Sa poſition diſputée, I. 372 - 76.

V.

VABRES, en Rouergue :
Carte du Diocèſe, I. 1169.
Son Pouillé, = 1246.
Hiſtoires des Evêques, = 7955 – 59.

VAISON, en Provence :
Deſcription de ce Diocèſe, I. 2256.
Cartulaire de ſon Egliſe, IV. S. 5544*.
Ses Conciles, = 6796.
Hiſtoires des Evêques, = 8143 - 51, IV. S.

VAL (le), Abbaye, Diocèſe de Paris :
Copie de ſes Titres, III. 29607.

VAL, en Provence :
Bataille, (en 1649) II. 22998.

VALAIS, en Suiſſe :
Camp Romain, I. 81.
Deſcription du Pays, III. 39139.

VALANGIN :
Voyez NEUFCHATEL en Suiſſe.

VAL-DES-CHOUX, Prieuré, Diocèſe de Langres :
Ses Hiſtoires, I. 12917, 18.
Piéces à ſon ſujet, III. 37227 – 36, 326.

VAL-DES-ECOLIERS, Abbaye, Diocèſe de Langres :
Ses Hiſtoires, I. 13655 – 57.

VAL-DE-GRACE, Abbaye, à Paris :
Ses Hiſtoires, I. 14795 - 801.

VALENCE, en Agénois :
Air & maladies, I. 2630.

VALENCE, en Dauphiné :
Carte du Diocèſe, I. 1170.
Conc. & Stat. Synod. = 6791, 92.
Hiſtoires des Evêques, = 10731 – 42, IV. S.
Hiſtoire de la Ville, III. 38002.
Univerſité, IV. 45290 - 93, IV. S. & Add.

VALENCE, en Eſpagne :
Droits du Roi, II. 28903, 4.

VALENCE, en Italie :
Siéges, &c. II. 23808, 9, 23821.

VALENCE, en Vivarais :
Ses eaux minérales, I. 3283.

VALENCIENNES, en Hainaut :
Son Plan, IV. S. 1896*.
Lieux de ſa Coutume, I. 2266.
Piéces d'Hiſt. Eccl. = 4218, 19, 5097, 5103.
Son Concile, = 6790.
Entrée de Charles-Quint, II. 17570.
Siéges & Priſe, = 23805, 6, 24109, 21.
Antiquités & Hiſtoires, III. 39054 - 63.
Son Collége, IV. 45487.
Ses Coutumes, IV. S. pag. 449.

VALENTINOIS, Pays de Dauphiné :
Droits du Roi, II. 27956, 57.
Hiſtoire de ſon Duché, III. 38005, 6.

VALETTE (la), en Angoumois :
Hiſtoire de ſon Duché, III. 35793.

VALLANÇAY, en Berry :
Sa Coutume, IV. S. page 449.

VALLEMER, en Anjou :
Dénombrement de cette Terre ; III. 35712.

VALLIERE (la), en Anjou :
Carte de ce Duché, III. 1897.
Son Hiſtoire, = 35710.

VALLINIERE (la), en Anjou :
Dénombrement de cette Terre, III. 35712.

VALMAGNE, Abbaye, en Languedoc :
Piéce à ſon ſujet, III. 37753.

VALOGNE, en Normandie :
Sa Voie Romaine, I. 95.
Ses Antiquités, &c. III. 35339.

Table Géographique.

VALOIS (le), en l'Isle de France :
Sa chaussée aricienne, I. 91.
Sa Carte, = 1898-1901, IV. S.
Description, = 2267, 68.
Son Hist. nat. = 2444.
Histoires civiles, III. 34841-63.
Sa Coutume, IV. S. pag. 449.

VALRICHER, Abbaye, Diocèse de Bayeux :
Son Histoire, I. 13164.

VALROMEY, Pays de Bresse :
Son Histoire, III. 36031.

VALS, en Vivarais :
Ses Fontaines, I. 3260, 61.
Ses eaux minérales, 3284.

VALTELINE, en Suisse :
Guerre, II. 21316-29, 720, 22, 903-6.
Autres Piéces, III. 30499, 500, 513, 535.

VANDŒUVRES, en Champagne :
Son Histoire, IV. S. 34358*.

VANNECOUR, en Picardie :
Combat, (en 1651), IV. S. 23306*.

VANNES : voyez VENNES.

VAR (le), Riviere :
Passage des Autrichiens, II. 24694.

VARENÆ, ancien lieu du Royaume d'Arles :
Son Assemblée Ecclésiastique, I. 6795.

VASCONIA : voyez GASCOGNE.

VASSERIE (la), en Artois :
Ses Fontaines saillantes, I. 2853.

VASSOR, Abbaye, Diocèse de Namur :
Ses Histoires, I. 12919-22.

VASSY, en Champagne :
Massacre des Calvinistes, II. 17843-48.

VASTAN, en Berry :
Sa Coutume, IV. S. page 449.

VASTINIERES, (& non *Vausiviere*,) en Auvergne :
Dévotion à la Sainte Vierge, I. 4220. IV. S.

VAUCELLES, Abbaye, Diocèse de Cambray :
Ses Histoires, I. 13165-67.

VAUCLUSE, en Provence :
Recherches sur cette Fontaine, IV. S. 2872*.

VAUD, Pays de Suisse :
Ses Histoires, III. 39073, 136-38.
Coutume ou anciens Statuts, IV. S. page 449.

VAUDEMONT, en Lorraine :
Dévotion à la Sainte Vierge, I. 4210.
Sa réduction, II. 21822.

VAUGIRARD, près de Paris :
Ses eaux minérales, IV. S. 3261*.

VAUJOUR : voyez LA VALLIERE.

VAULUISANT, Abbaye, Diocèse de Sens :
Copie de ses Titres, III. 29608.

VAUSIVIERE : [mal écrit.]
Voyez VASTINIERES.

VAUVERT, en Languedoc :
Sa Prise, (en 1628) II. 21471.

VAUX, Prieuré, Diocèse de Besançon :
Ses Histoires, I. 12923, 4.

VAUXCOULEURS, en Champagne :
Son Concile, I. 6793.

VAUX-DE-CERNAY, Abbaye, Diocèse de Paris :
Ses Histoires, I. 13168-72.

Tome III.

VAUX-SUR-POLIGNY, Prieuré, Diocèse de Besançon :
Ses Histoires, I. 12923, 24.

VAUX-VERD, près de Bruxelles :
Histoire de son Monastere, I. 13489-92.

VEILLANE, en Italie :
Sa Prise, (en 1630) II. 21623.

VÉLAI, Pays de Languedoc :
Vies de ses Saints, I. 4243.
Histoire de ses Comtes, III. 37904.

VELLAUDUNUM, ou VELLAUNODUNUM, anciens lieux :
Leur situation, I. 355-61.

VÉNAISSIN, Comté, en Provence :
Ses Cartes, I. 1902-1907.
Sa Peste, = 5507.
Droits du Roi, II. 2748-50, 2963-65.
Ses Chartes, III. 29620.
Ses Histoires, = 38049, (IV. S. 38036*,) 74, 76, 38308-46, & *Add.*
Coutume ou Statuts, IV. S. page 449.

VENCE, en Provence :
Statuts Synodaux, I. 6800.
Histoires des Evêques, = 8835-46, IV. S. & *Add.*

VENDELAT, en Bourbonnois :
Sa Carriere de marbre blanc, I. 2712.

VENDÔME, en Orléanois :
Sainte Larme, = 5450-56.
Assemblée Ecclésiastique, I. 6812.
Bataille, en 1589, II. 18990.
Histoire de son ancien Duché, III. 35638.
Ses Généalogies, = 40703.
Son Collége, IV. page 57.
Abbaye : voyez TRINITÉ de Vendôme.

VENDRES, en Languedoc :
Ses eaux minérales, I. 3262, 63.

VENETES, peuple Gaulois :
Guerre de César, IV. S. 39443*.
Voyez DARIORIGUM & VENNES.

VENISE, en Italie :
Entrées de Rois, &c. II. 17450, 26254, 57, 764.

VENNES, en Bretagne :
Ses Antiquités, I. 256.
Cartes de son Diocèse, = 1171, 72.
Piéce d'Histoire Ecclésiastique, = 5029.
Conc. & Star. Syn. = 6801-4.
Histoires des Evêques, = 10442-47.
Recherches sur cette Ville, &c. III. 35475.
Sa Noblesse, = 40638.
Son Collége, IV. 45447, & *suiv.*
Son ancien nom : voyez BROUEREC.
Sa Coutume, IV. S. page 449.

VENTADOUR, en Limosin :
Histoire de son Duché, III. 37602.

VENTAVON, en Dauphiné :
Ancien monument, III. 38010.

VERBERIE, en Valois :
Ses eaux minérales, I. 3264.
Ses Conciles, = 6805.
Antiquité de son Palais, III. 34860.
Sa Coutume, IV. S. pag. 449.

VERDELAY, au Diocèse de Bordeaux :
Dévotion à la Ste. Vierge, I. 4222.

VERDUN de Bourgogne :
Sa Prise, en 1636, III. 36353.

VERDUN, en Lorraine :
Cartes du Diocèse, I. 1173, 74.
Son Pouillé, = 1293.
Plan de la Ville, = 1910.

K 2

Lieux de son Bailliage, = 1226.
Piéces d'Histoire Ecclésiastique, = 5387, 88.
Conc. & Stat. Synod. = 6813 - 16.
Histoires des Evêques, = 10650 - 78, IV. S.
Titres, &c. II. 27723, 869, 958 - 62.
Histoires civiles, III. 38801 - 6, IV. S.
Généalogies, = 40712.
Sa Coutume, IV. S. pag. 449

VEERE, en Zélande :
Son Marquisat, III. 39627.

VERE, Riviere en Albigeois :
Projet sur sa navigation, I. 887, 914 - 20.

VERMANDOIS, en Picardie :
Cartes de ce Pays, I. 1908, 9, 11.
Lieux de son Bailliage, = 2269.
Droits du Roi, II. 27963.
Ses Histoires, III. 34181, 82, IV. S.
Sa Coutume, IV. S. page 449.
Voyez aussi SAINT-QUENTIN.

VERNEUIL, en Normandie :
Réduction à Henri IV, 34855.
Sa Coutume, IV. S. page 449.

VERNEUIL, en Valois :
Histoire de son Duché, III. 34855.

VERNEUL, en Bourbonnois :
Sa Coutume, IV. S. page 449.

VERNON, en Normandie :
Son eau minérale, I. 3265.
Ses Conciles, = 6806 - 8.
Sommaire Historique, III. 35280.
Sa Coutume, IV. S. page 446.

VERNUM, ancien Palais :
Sa situation, I. 519.

VERONGES, en Brie :
Sa Coutume, V. S. page 449.

VERONNE, en Bourgogne :
Chartres pour fortifications, III. 37327.

VERRUE, en Italie :
Ses Siéges, (en 1624 & 1625) II. 21256, 342.
Défaite des Espagnols, = 21333.

VERSAILLES, Château Royal :
Cartes & Plans, I. 1912 - 15, IV. S.
Son air, = 2631, 32.
Piéces d'Hist. Eccl. = 5359.
Descriptions, II. 27005 - 27, (IV. S.) 34613, 23, 27, 797.
Fêtes, = 26449, 80, 553, 628, IV. S. 26475, 76, 631.

VERT, en Champagne :
Son Eglise, ancien Temple, III. 34277.

VERTOU, en Bretagne :
Histoire du Prieuré, I. 12925 - 27.

VERTUS, en Champagne :
Mémoire historique, III. 34278.

VERVINS, en Picardie :
Paix, (en 1598) III. 30315 - 21.

VESDUN, en Berry :
Sa Coutume, IV. S. page 449.
(Où est mal Verdun avant III .1009.)

VESLE, Riviere de Champagne :
Projets de navigation, IV. S. 887*, 34882*.
Analyse de ses eaux, I. 2847.

VESOUL, en Franche-Comté :
Ses eaux minérales, I. 3266, 67.
Son Histoire, III. 38453.

Son Collége, V. S. 45339.*

VETERA DOMUS :
Sa situation, I. 445, 46.

VETUS DOMUS :
Sa situation, I. 452.

VEXIN, Pays :
Ses anciens Habitans, I. 363.
Cartes, = 1567, 76, 1916 - 18

VEZELAY, Abbaye, Diocèse d'Autun :
Son Concile, I. 6818.
Ses Histoires, = 12928, 32.
Piéces historiques, III. 37328, 29.

VIC, en Carladès, Auvergne :
Ses eaux minérales, I. 3268, 69.

VIC, en Guyenne :
Dévotion à la Sainte Vierge, I. 4177.

VICHY, en Bourbonnois :
Ses eaux minérales, I. 2995, 96, 3270 - 79, IV. S.

VIC-LE-COMTE, en Auvergne :
Ses eaux médicinales, I. 3279, 80.

VICOGNE, Abbaye, Diocèse d'Arras :
Ses Histoires, I. 13577 - 80.

VICTORIACUM CASTRUM :
Sa situation, I. 538.

VIDUCASSIENS, Peuple Gaulois :
Ruines de leur ancienne Ville, I. 364.

VIENNE, en Dauphiné :
Carte du Diocèse, I. 1175.
Piéces d'Histoire Ecclésiastique, = 5073 - 75.
Conc. & Stat. Synod. = 6810, 11.
Histoires des Archevêques, = 10679 - 30. IV. S.
Réduction de la Ville, II. 19661.
Cartulaire de S. André, III. 29704.
Cartulaire de S. Maurice, = 29596.
Histoires civiles, = 37995 - 38000.
Son Collége, IV. page 57.
Sa Coutume, IV. S. page 449.

VIERZON, en Berry :
Sa Chronique, II. 16767.

VIEUVILLE (la) en Champagne :
Histoire de son Duché, III. 34361.

VIEUVILLE (la), Abbaye, Diocèse de Dol :
Copie de ses titres, III. 29609.

VIGEOIS (le), Abbaye, Diocèse de Limoges :
Copie de ses Titres, III. 29610.

VIGNACOURT, en Picardie :
Son Histoire, III. 34165.

VIGNE lez - Arras :
Sa Coutume, IV. S. pag. 449.

VILLARS, en Bresse :
Histoire de ses Sires, III. 36045.

VILLARS, en l'Isle de France :
Histoire de son Duché, III. 34822.

VILLARS-BRANCAS, en Dauphiné :
Histoire de son Duché, III. 38264.

VILLAVICIOSA, en Espagne :
Combat (en 1710) II. 24455.

VILLE, en Normandie :
Son Etat historique, III. 35281.

VILLEBOIS, en Bugey :
Affaire avec les Chartreux, III. 37284.

VILLEBROSSE, en Blésois :
Sa Coutume, IV. S. page 449.

VILLEDAVRAY, près de Versailles:
Analyse de ses eaux, IV. S. 2846*.

VILLEDESTIN, en Lorraine:
Sa Prise (en 1634), II. 21821.

VILLEFRANCHE de Beaujolois:
Ses Histoires, III. 37434, 35.
Son Académie, IV. 45622.

VILLEFRANCHE de Piémont:
Carte des environs, I. 1929.
Sa Prise, (en 1691) II. 24307.
Droits du Roi, II. 29078, III. 3872.
Mémoire historique, III. 38274.

VILLEFRANCHE de Rouergue:
Sa Peste, I. 2633.
Désordres en 1643, IV. S. 23192*.
Sa Comté-Pairie, III. 37626.
Son Collége, IV. page 57.

VILLEFRANCHE sur Cher, en Berry:
Sa Coutume, IV. S. page 449.

VILLELOIN, Abbaye, Diocèse de Tours:
Son Histoire, I. 12933:

VILLEMAREUL, en Brie:
Sa Coutume, V. S. page 449.

VILLEMOR, en Champagne:
Histoire de son Duché, III. 34323.

VILLEMUR, en Languedoc:
Son Siège, (en 1592) II. 19391.

VILLENEUVE-AUX-AULNES:
Mal nommée ainsi, I. 2280.

VILLENEUVE-LE-COMTE, en Brie:
Son Histoire, IV S. 34371*.

VILLENEUVE LEZ-AVIGNON, en Languedoc:
Son Histoire, III. 38344.

VILLENEUVE-SOUS-BARILLON, en Berry:
Sa Coutume, ibid.

VIMORY, en Gâtinois:
Défaite des Reistres, II. 18600, & suiv.

VILLEROY, en l'Isle de France:
Ses Tourbières, I. 2695.
Histoire de son Duché, III. 34810.

VILLERS, Abbaye, Diocèse de Namur:
Ses Histoires, I. 13173-78.

VILLERS-CASTEL, en Artois:
Sa Coutume, IV. S. page 449.

VILLERS-COTTERETS, en Valois:
Plan de sa Forêt, I. 1846.
Remarques historiques, III. 34851.

VILLERY, en Champagne:
Entrevue de Clotilde & Clovis, I. 539.

VILLETTE-AUX-AULNES:
Mal nommée ainsi, I. 2280.

VIMORY, en Gâtinois:
Défaite des Reistres, II. 18600, & suiv.

VINCENNES, Château Royal:
Remarques à son sujet, II. 26693.
Diverses Piéces qui le concernent, I. 5360, II. 27908.
Etymologie de son nom, III. 34527, 794.
Voyez STE-CHAPELLE de Vincennes:

VINCY, en Laonnois:
Bataille, (en 717) II. 16123.

VINDISGRATS, en Allemagne:
Ses Conférences, IV. S. 30989*.

VINDONISSA, en Suisse:
Description de cette ancienne Ville, I. 370.

VINTERTHUR, en Suisse:
Ses Antiquités, III. 39116.

VIRE, en Normandie:
Mémoire historique, III. 35329.
Sa Coutume, IV. S. page 449.

VIS, en Artois:
Sa Coutume, IV. S. page 449.

VISAN, en Provence:
Statuts & Actes, IV. S. 38346**.

VISMEU, Pays de Picardie: (& non Visneu.)
Sa Coutume, IV. S. page 449.

VISNEU. (mal.)
Voyez VISMEU.

VITEAUX, en Bourgogne:
Examen de diverses Piéces, I. 5016.
Recherches sur cette Ville, III. 37330.

VITRÉ, en Bretagne:
Son eau minérale, I. 3281.
Son Siège, (vers 1590.) III. 35418.
Sa Coutume, IV. S. page 449.

VITRY le François, en Champagne:
Son Plan, I. 1919.
Lieux de sa Coutume, = 2258, 70, 71.
Piéces d'Histoire nat. = 1699, 3282, (IV. S.) 3379.
Ses Histoires civiles, III. 34279, IV. S.
Son Collége, IV. pag. 57.
Sa Coutume, IV. S. page 449.

VIVARAIS, Pays de Languedoc:
Sa Carte, I. 1466.
Piéces d'Histoire naturelle, I. 3283, 4. 3568.
Histoires des Fanatiques, IV. S. 6066*, I. 6085.
Guerres civiles, II. 18360.
Défaite des Reistres, = 21032.

VIVIERS, en Languedoc:
Carte du Diocèse. I. 1176.
Ordonnances Synodales, = 6817.
Histoires des Evêques, = 10761 - 63.

VIZILLE, en Dauphiné:
Réception de la Duchesse de Sault, II. 26462.

VOCLADENSIS CAMPUS:
Sa situation disputée, I. 540 - 42.

VOLCES, anciens peuples de Narbonne, &c.
Etymologie du surnom, Arecomices, I. 371.
Leurs Histoires, = 3945, 46.
Dissertation à leur sujet, IV. S. 3946*.

VOLVIC, en Auvergne:
Son Concile, I. 6820.

VOSGES, Montagnes:
Leur situation, I. 2639.
Saintes Antiquités, = 4289.
Coutume, IV. S. page 449.

W.

WAERSCOT, en Flandre:
Sa Coutume, IV. S. page 449.

WAES, Pays de Flandre:
Droits du Roi, II. 28909.
Sa Coutume, IV. S. page 449.

WAHAIGNES, en Flandre Françoise:
Sa Coutume, IV. S. ibid.

WAIL, en Artois:
Sa Coutume, ibid.

WALDERSBRONN, en Lorraine:
Ses eaux minérales, I. 2886.

WANCOUR, en Artois:
Sa Coutume, IV. S. page 449.

WARTI, en Beauvaisis:
Voyez FITZ-JAMES.

WASSO, en Auvergne:
Son ancien Temple, III. 37475.

WATEN, en Artois:
Ancienne Abbaye, &c. IV. S. 45471*.

WATVEILLE, en Alsace:
Ses eaux minérales, I. 3285.

WAVRE, en Brabant:
Dévotion à la Ste. Vierge, I. 4221.

WAUX, en Artois:
Sa Coutume, IV. S. page 449.

WEISSEMBOURG, en Alsace:
Son Histoire, III. 38749.

WEPRE, en Flandre:
Sa Coutume, IV. S. page 445, avec *Ennetières*.

WESTPHALIE, Province d'Allemagne:
Traité de Paix: voyez MUNSTER.

WESEL, en Allemagne:
Ses Prises, (en 1629 & 1672) II. 21603; 23974.

WISSANT, en Boulonnois:
Réputé l'ancien Port Iccius, I. 299, 311.
Sa Coutume, IV. pag. 449.

WOERDEN, en Hollande:
Sa Journée (en 1672) II. 23983.

WORHOLT, Abbaye de Flandre:
Ses Histoires, I. 12936, 37.

WORMES, en Allemagne Gallicane:
Carte du Diocèse, I. 1177.
Ses Conciles, = 6821.
Histoires des Evêques, = 9106 - 9.
Histoires civiles, III. 39196, IV. 39201*.

Y.

YÈRES (Isles d').
Voyez HIÈRES.

YEUSET, en Languedoc:
Ses eaux minérales, I. 3286, 87, IV. S.

YONNE, Riviere:
Observation sur ses eaux, I. 2851, 52.
Transport d'une vigne, = 3519.
Projet de jonction, IV. S. 957*.

YPRES: voyez IPRES.

YVETOT, en Normandie:
Son prétendu Royaume, I. 35253 - 66.

YVETTE, Riviere:
Mémoires à son sujet, I. 749, 931, & IV. S.
Examen de ses eaux, = 1845, IV. S.

Z.

ZÉLANDE, aux Pays-Bas:
Ses Histoires, III. 39534, 625, 26.

ZUITKOTE, en Flandre:
Sa Coutume, IV. S. page 449.

ZURICH, en Suisse:
Ses Histoires, III. 39114, 15.

III.
TABLE
CHRONOLOGIQUE.

Qui indique, 1° les Chroniques dispersées dans les différentes Classes qui concernent l'Histoire Ecclésiastique & Monastique, Politique ou Civile; 2° les Histoires générales qui embrassent plusieurs règnes des Rois de France; 3° les Ouvrages qui traitent de chacune de leurs Races ou de chacun de leurs règnes; 4° les Histoires particulières des Provinces ou des principales Villes; 5° les Vies particulières des Personnages les plus distingués dans l'Eglise ou dans l'Etat, & autres Pièces qui les regardent; 6° les Actes des Conciles Généraux, Nationaux ou Provinciaux, & autres Pièces qui ont pour objet les Assemblées du Clergé de France, les Synodes Diocésains, & les Etats-Généraux du Royaume:

Rédigée par LAUR. ET. RONDET.

Quoique la Table Chronologique du P. le Long, dans la premiere Edition de cette Bibliothèque, fût simplement intitulée, *Table des Chroniques & Histoires générales qui contiennent plusieurs Règnes des Rois de France*; & qu'en effet elle commençât par les *Chroniques*, auxquelles venoient ensuite se joindre les *Histoires générales*, qui contiennent plusieurs Règnes; cependant elle ne se bornoit pas à ces deux objets: on y trouvoit *les Histoires de plusieurs Provinces & de leurs principales Villes, de diverses Eglises & des principaux Monastères*; on y voyoit même plusieurs *Vies ou Histoires particulières des Personnages les plus distingués dans l'Etat*; c'est-à-dire, dès le quatorzième siècle, l'Histoire du *Connétable du Guesclin*, en 1380: dans le quinzième, l'Histoire de *Louis II. Duc de Bourbon*, en 1410; celle du *Maréchal de Boucicaut*, en 1421; celle d'*Artus III. Duc de Bretagne*, en 1457; la Vie de *Jean, Comte d'Angoulême*, en 1467: dans le seizième, la Vie de *Charles III. Duc de Bourbon*, *Connétable de France*, en 1521; l'Histoire du *Maréchal de Fleurange*, sous la même date; l'Histoire du *Chevalier Bayart*, en 1524; l'Histoire de *Louis de la Trimouille, Chambellan de France*, Amiral de Guienne, sous la même année; la Vie de *Camille Orsino*, en 1559; la Vie de *François de Lorraine, Duc de Guise*, en 1563; la Vie de *Gaspar de Coligny, Amiral de France*, en 1572; la Vie de *Louis de Bourbon, premier Duc de Montpensier*, placée d'abord en 1570, & répétée sous 1579; Vie de *François de la Noue*, l'un des Capitaines de la Religion Prétendue-Réformée, en 1591; Histoire du *Maréchal de Matignon*, en 1597: dans le dix-septième, la Vie de *Philippe de Mornay, Seigneur du Plessis*, l'un des principaux défenseurs des Calvinistes de France, en 1623; l'Histoire du *Duc de Lesdiguieres*, en 1626; l'Histoire du *Marechal de Toiras*, en 1636; l'Histoire du *Duc de Rohan*, en 1638; l'Histoire du *Maréchal de Créquï, Duc de Lesdiguieres*, même date; la Vie du *Duc d'Espernon*, en 1642; l'Histoire du *Comte de Guébriant*, en 1643; la Vie du *Maréchal Gassion*, en 1647; & la Vie de *Louis II. de Bourbon, Prince de Condé*, en 1686.

D'après ce détail, que j'ai cru nécessaire pour prouver ce que j'avance, il m'a paru que cette Table Chronologique pourroit être enrichie de beaucoup d'autres *Vies particulières*. Si l'on y fait entrer *les Personnages les plus distingués dans l'Etat*, ne convient-il pas d'y faire paroître également ceux qui ont été *les plus célèbres dans l'Eglise?* Si l'on y admet *les principaux défenseurs de la Religion Prétendue-Réformée*, n'est-il pas encore plus convenable d'y rappeller le souvenir des *Saints Prélats & autres Hommes célèbres*, qui ont été la gloire de l'Eglise Catholique par leurs vertus ou par leurs travaux?

Ce qui a pu donner lieu au P. le Long de se borner aux seuls Personnages qui ont brillé dans l'Etat, c'est peut-être que, dans cette Chronologie, il n'avoit d'abord considéré que *l'Histoire de l'Etat*, l'Histoire de la Nation Françoise depuis le commencement de sa Monarchie en la personne de *Clovis*. Mais il y a fait néanmoins entrer nombre de *Chroniques Ecclésiastiques & Monastiques*, & *les Histoires particulieres de plusieurs Eglises & Monastères*. Si donc aux grands Hommes de l'Etat, nous joignons les grands Hommes de l'Eglise, par eux nous remonterons jusqu'aux *premieres Origines de l'Eglise Gallicane*: nous aurons alors une partie qui manque entièrement dans la Chronologie du P. le Long, celle des siècles qui ont précédé Clovis.

Ceux qui ont recueilli les anciens monumens de notre Histoire, ont très-bien reconnu qu'on en trouve une partie dans les *Vies des Saints*; & ils y joignent les *Actes des Conciles*, auxquels succèdent les *Assemblées générales du Clergé & les Synodes Diocésains*. Ces Assemblées Ecclésiastiques rappellent les Assemblées Politiques, je veux dire, *les Etats Généraux du Royaume*. Tout cela fait partie de notre Histoire; & comme tout cela porte ses dates, j'ai cru qu'une Chronologie, qui embrasseroit tout cela, deviendroit, par ce détail, beaucoup plus intéressante. C'est ce que j'ai osé entreprendre.

Du reste, je suivrai dans cette Table le même arrangement que lui avoit donné le P. le Long: elle sera seulement augmentée d'*une colonne* nécessaire pour l'indication des Tomes; ce sera la premiere : *la seconde*, marquera les Numéros de cette Bibliothèque; *la troisieme*, les titres abrégés des Chroniques, Histoires générales, Vies particulieres, Conciles, &c. *la quatrieme*, l'année où commencent les Chroniques & les Histoires générales, lorsque cette année m'est connue; *la cinquième*, l'année où finissent les Chroniques, les Histoires générales, les Vies particulieres; ou du moins l'année à laquelle ces Chroniques ou Histoires générales ont été publiées; ou l'année de la mort du Personnage dont j'indique la Vie.

Cette derniere colonne marque aussi *la suite des années depuis l'Ere Chrétienne Vulgaire* : les noms des Rois de France sont placés vis-à-vis la premiere année de leur règne, du moins autant qu'elle peut être déterminée dans la premiere Race, où les sentimens des Savans se trouvent souvent partagés sur le commencement & la fin des règnes. Lorsque les Chroniques ou Histoires générales remontent au-dessus de l'Ere Chrétienne Vulgaire, j'imite le P. le Long, en mettant dans la quatrième colonne *un zero*, qui avertit qu'on ne pouvoit mettre là aucune date, puisque celle qu'il auroit fallu y mettre, remonte au-dessus de l'Ere Vulgaire d'où part cette Chronologie. Le Supplément sera indiqué par la lettre S, jointe au N.º IV. qui marque le Tome.

Comme, par le nouveau Plan que je viens de proposer, cette Table se trouvera considérablement augmentée, & que les Chroniques & Histoires générales y seront mêlées avec un très-grand nombre de Vies particulieres, j'avertis ceux qui voudroient suivre ces *Chroniques* ou *Histoires générales*, qu'elles seront ici *distinguées par les lettres majuscules du premier mot*, qui sera communément le nom de leur Auteur, lorsqu'il me sera connu. On en trouvera le premier exemple vis-à-vis l'année 455, où je mets cette indication :

PROSPERI Aquitanici Chronicon, sive Fasti Consulares.

C'est par cette Chronique que le P. le Long commençoit sa Table Chronologique. On n'a qu'à suivre tous les articles distingués par ce caractère, on aura toutes les Chroniques & Histoires générales, indiquées dans cette Table. A l'exemple du P. le Long, je ne détaillerai point les Histoires particulières de chaque règne, ni les Mémoires particuliers qui n'excèdent point l'intervalle d'un règne. J'indiquerai seulement en général les Ouvrages relatifs à chaque règne.

Cette *Table* étant devenue *beaucoup plus ample* que dans la première Edition, où elle n'étoit divisée que par les Règnes mêmes des Rois, je la divise *en huit Parties principales* qui seront subdivisées par les Règnes des Rois.

I. PARTIE. *Chronologie des Siècles d'avant Clovis.* (depuis le commencement de l'Ere Chrétienne Vulgaire, jusqu'à l'an 481.)

II. PARTIE. *Chronologie de la I. Race de nos Rois, dite des Mérovéens ou Mérovingiens.* (depuis 481, jusqu'à 752.)

III. PARTIE. *Chronologie de la II. Race, dite des Carliens ou Carlovingiens.* (depuis 752, jusqu'à 987.)

IV. PARTIE. *Chronologie de la III. Race, dite des Capétiens, depuis Hugues-Capet jusqu'à S. Louis.* (depuis 987, jusqu'à 1226.)

V. PARTIE. *Chronologie des Rois Capétiens, depuis S. Louis jusqu'à Philippe de Valois.* (depuis 1226, jusqu'à 1328.)

VI. PARTIE. *Chronologie des Rois Capétiens, depuis Philippe de Valois jusqu'à Louis XII.* (depuis 1328, jusqu'à 1498.)

VII. PARTIE. *Chronologie des Rois Capétiens, depuis Louis XII. jusqu'à Henri IV.* (depuis 1498, jusqu'à 1589.)

VIII. PARTIE. *Chronologie des Rois Capétiens, depuis Henri IV. jusqu'à LOUIS XVI. aujourd'hui régnant.* (depuis 1589, jusqu'à 1776.)

I. PARTIE

I. PARTIE. *Chronologie des Siecles d'avant Clovis.*

Tomes & Numéros.	INDICATION DES OUVRAGES.	Dates commençantes.	finiſſantes.
I. 3860 & V. *Add.*	Titi Livii Excerpta de Gallis. On y trouve les faits les plus anciens concernant la Gaule : ils remontent jusques vers l'an 600 avant l'Ere Chrétienne Vulgaire.	o	o
3879 - 3901	Julii Cæsaris Commentarii de Bello Gallico.	o	o
3903	Appiani de Bellis Gallicis liber.	o	o
	Plusieurs Eglises de France font remonter leurs Origines jusqu'au premier Siecle de l'Eglise. Voyez les Ouvrages qui y ont rapport, Tome I. Nos 3953—4078, & Tome IV. au Supplément.) Mais voici le monument le plus ancien & le plus certain.		
4274, 4275 & IV. Suppl.	Actes du Martyre de S. Pothin, Evêque de Lyon, & de 46 autres Fideles.	de l'Ere V.	177
4299 & 4300	Vie de S. Alexandre, Martyr à Lyon.		178
4395 - 4397	Vie de S. Epipode, Martyr à Lyon.		178
4312	Vie de S. Andoche, de S. Thyrſe & de S. Félix, Martyrs au Diocèse d'Autun.		178
4566 - 4560	Actes de S. Marcel, Martyr à Châlons-ſur-Saone.		179
4694 - 4696	Vies de S. Symphorien, Martyr à Autun.		179
4706 - 4709	Actes de S. Valérien, Martyr à Tournus.		179
10930 - 10936	Vies de S. Benigne, Prêtre & Martyr de Dijon.		179
10689 - 10693	Vies des premiers Evêques de Vienne, S. Creſcent, S. Zacharie, S. Juſte & S. Denys.		II. Siècle.
8363 & 8364	Vie de S. Urſin, ou Urſicin, premier Evêque de Bourges.		II. S.
4423 & 4424	Actes de S. Flocel, enfant, Martyr en Bourgogne.		II. S.
6520 & 6575	Premier Concile de Gaule, tenu à Lyon.		197
8875 - 8883	Vies de S. Irénée, Evêque de Lyon.		202
4310	Vie de S. Andéol, Martyr en Vivarais.		207
11117 & 11118	Actes des SS. Martyrs Fargeau & Fergeon, Martyrs à Besançon.		vers 217
4614	Vie de Ste Paſchaſie, Vierge & Martyre à Dijon.		v. 222
10031 - 10034	Vies de S. Savinien & de S. Potentien, premiers Evêques de Sens.		III. S.
9507 - 9509	Vies de S. Sixte & de S. Sinice, premiers Evêques de Reims.		III. S.
	Vies des sept Evêques dont on place la Mission vers le milieu du III. Siècle ; savoir :		
7981 - 7984	Vies de S. Trophime, premier Evêque d'Arles.		III. S.
10201 - 207 & S.	Vies de S. Paul, premier Evêque de Narbonne.		III. S.
9163 - 67 & S.	Vies de S. Saturnin, premier Evêque de Toulouſe.		III. S.
10272	Vie de S. Gatien, premier Evêque de Tours.		III. S.
9281 - 9284	Vies de S. Denys, premier Evêque de Paris.		III. S.
4012 - 4062	Ecrits pour & contre S. Denys l'Aréopagite, premier Evêque de Paris.		
8409 - 8411	Vies de S. Auſtremoine, premier Evêque de Clermont en Auvergne.		III. S.
8462 - 68 & S.	Vies de S. Martial, premier Evêque de Limoges.		III. S.
	Sur la Mission de ces sept Evêques, il y a dans la seconde édition de l'Art de vérifier les Dates, une remarque qui n'est point à négliger : la voici : « Quoi qu'en disent plusieurs Savans modernes, il y a bien de l'apparence que c'est à S. Clément, » (vers la fin du I. Siècle,) & non à S. Fabien, (vers le milieu » du III.) qu'on doit rapporter la mission des premiers Evêques » dans les Gaules, tels que S. Saturnin de Toulouſe, S. Trophime » d'Arles, S. Gatien de Tours, S. Denys de Paris, S. Paul de » Narbonne, S. Auſtremoine de Clermont, S. Martial de Limo- » ges. (Marca & les deux Pagi.) » page 239.		
10343 - 10346	Vies de S. Julien, premier Evêque du Mans, mort au III. ou IV. Siècle.		III. S.
7985	Vie de S. Rieule, ſecond Evêque d'Arles.		III. S.
8469	Mémoire ſur S. Aurélien, ſecond Evêque de Limoges.		III. S.
8293 - 8296	Vies de S. Eutrope, Evêque de Saintes.		III. S.
10552	Vie de S. Clément, Evêque de Metz.		
7856	Vie de S. Maximin, Evêque d'Aix.		III. S.
7962	Mémoire ſur S. Sévérien, Evêque du Gévaudan.		III. S.
4314 & 4315	Vie de S. Antonin, Martyr à Pamiers.		III. S.
4403	Vie de S. Eugene, Martyr à Deuil, en Pariſis.		III. S.
4605	Vie de S. Nicaiſe & de ſes Compagnons, Martyrs au Vexin.		III. S.
4620 & 4621	Vie de S. Prix & de ſes Compagnons, Martyrs au territoire d'Auxerre.		III. S.
4701	Vie de S. Timothée & de S. Apollinaire, Martyrs à Reims.		III. S.

Tome V. L

Table III.

Tomes & Numéros.		Dates comm.	finiss.
I.	4720 - 4723 Vies de S. Vincent, Martyr en Agénois.		III. Siec.
	11051 - 11054 Vies de S. Clair, Prêtre & Martyr au Vexin.		III. S.
	11332 Vie de S. Papoul, Prêtre & Martyr en Languedoc.		III. S.
II.	15433 — 15451 *Les Francs, ou François, commencent d'être connus.*		vers 240
I.	4548 & 4549 Vie de S. Luperce, Martyr dans la Novempopulanie.		v. 250
	4309 Vie de S. Amarante, Martyr à Albi.		v. 253
	8884 Histoire de Faustin, Évêque de Lyon.		v. 254
	6632 Concile tenu à Narbonne, *(peu connu.)*		257
	7939 - 7942 Vies de S. Genou, Évêque de Cahors.		v. 260
	8282 - 8286 Vies de S. Ausone, Évêque d'Angoulême.		v. 260
	4353 Dissertation sur le Martyre des SS. Cassi, Victorin, & leurs Compagnons.		v. 264
	9007 - 9010 Vies de S. Didier, Évêque de Langres.		v. 264
	4313 Mémoire sur S. Antholien, Martyr de Clermont.		v. 265
	7963 - 7966 Vies de S. Privat, Évêque du Gévaudan.		v. 265
	4361 - 4364 Vies de Ste. Colombe, Vierge & Martyre à Sens.		v. 273
	4565 Actes des SS. Marcel & Anastase, Martyrs d'Argenton en Berry.		v. 274
	4613 Vie de S. Parre, ou Patrocle, Martyr à Troyes. *(Voyez aussi les N°. 4615 & 4616.)*		v. 274
	4676 - 4680 Vies de S. Savinien, Martyr, & de Sainte Sabine, Vierge, sa sœur, à Troies.		v. 274
	9676 - 80 & S. Vies de S. Lucien, Apôtre de Beauvais.		v. 274
	4519 & 4524 Actes du Martyre de Sainte Julie & de ses Compagnes à Troyes.		v. 275
	11540 & 11541 Vie de S. Yon, Prêtre & Martyr au Diocèse de Paris.		v. 275
	8723 Vie de S. Martin (*non Materne*), Évêque de Tongres.		276
	8961 Actes de S. Révérien, Évêque d'Autun.		282
	4340 Vie de Ste Benoîte d'Origny, de Ste Romaine de Beauvais & de leurs Compagnons, Martyrs.(*Voyez aussi Tom. IV. Supplém.* 4339* & **, & Tome I. 14923, & IV. Supplém.)		v. 286
	4578 - 80 & S. Actes du Martyre de S. Maurice & de ses Compagnons, Martyrs à Agaune.		v. 286
	4358 & S. Mémoire sur les SS. Martyrs Chryseuil & ses Compagnons.		v. 287
	4370 & 4371 Vies des SS. Martyrs Crespin & Crespinien, à Soissons.		v. 287
	4378 & 4379 Vies des SS. Martyrs Donatien & Rogatien, à Nantes. (*Voyez aussi le N° 4664.*)		v. 287
	4411 - 14 & S. Vies de Ste Foi & de S. Caprais, Martyrs à Agen.		v. 287
	4415 Mémoire sur Ste Flamine, Vierge & Martyre en Auvergne.		v. 287
	4428 - 4430 Vies des SS. Fuscien, Victorin & Gentien, Martyrs à Amiens.		v. 287
	4521 - 4523 Vies de S. Julien de Brioude, Martyr en Auvergne.		v. 287
	4525 - 4528 Martyre de S. Justin, enfant, Martyr en Beauvaisis, ou en Parisis.		v. 287
	4551 - 4554 Vies de Ste. Macre, Vierge & Martyre au territoire de Reims.		v. 287
IV.	S. 4612* Mémoire sur les SS. Palmace & ses Compagnons, Martyrs à Trèves.		v. 287
I.	4622 - 27 & S. Vies de S. Quentin, Apôtre & Martyr du Vermandois.		v. 287
	4671 Vie des SS. Ruffin & Valere, Martyrs au territoire de Soissons.		v. 287
IV.	S. 4700* Actes de S. Thyrse & de ses Compagnons, Martyrs à Trèves.		v. 287
I.	8268, 8269 & IV. S. Mémoires sur S. Caprais, Martyr d'Agen, (*selon quelques-uns Évêque.*)		v. 287
	9817 Vie de S. Nigaise, premier Évêque de Rouen.		v. 287
	9695 - 9700 Vie de S. Firmin le Martyr, Évêque d'Amiens.		v. 287
	8619 - 8623 Vies de S. Piat, Martyr de Tournai, (*selon quelques-uns Évêque.*)		v. 287
II.	15451 *Premiere origine de la Monarchie Françoise, selon M. Freret.*		287
I.	4529 Éloge de S. Juste, Disciple de S. Ursin, premier Évêque de Bourges.		v. 289
	4712 - 4719 Vies de S. Victor & de ses Compagnons, Martyrs à Marseille.		v. 290
	4332 Actes des SS. Martyrs Félix, Fortunat, & Achillée, à Valence.		v. 292
	11115 Vie de Ste. Béate ou Bénédicte, Vierge, près de Sens.		v. 294
	8724 Mémoire sur S. Maximin, Évêque de Tongres.		v. 300
	4327 - 4329 Vie de S. Baudille, Martyr à Nismes.		30 u 4 S.
	4409 & 4410 Vie de S. Ferréol, Martyr à Vienne.		30 u 4 S.
	4595 & 4596 Vie de S. Mitre, Martyr d'Aix en Provence.		30 u 4 S.
	4703 & 4704 Vies de S. Tuberi & ses Compagnons, Martyrs au Diocèse d'Agde.		30 u 4 S.
	10501 - 10506 & IV. S. Vies des premiers Évêques de Trèves, S. Euchaire, S. Valere & S. Materne.		30 u 4 S.
	sous 8662 On croit que S. Materne fut aussi premier Évêque de Cologne, même de Tongres, & qu'il est ce Materne de Cologne, qui se trouva au Concile d'Arles, en 314. Mais les Eglises de Trèves & de Tongres ont prétendu que leur S. Materne vivoit dès le I. siecle de l'Eglise. Ceux de Tongres ont mis après lui, au III siecle, un S. Martin dont il a été parlé sous l'an 276, & ceux de Trèves un S. Celse, dont il sera parlé plus bas.		

Table Chronologique.

TOMES & Numéros.		DATES comm.	finiss.
I. 8490 & 8491	Mémoires fur S. Georges, *(non Grégoire,)* & S. Marcellin, Evêques du Puy.		3 & 4 S.
8328 - 8330	Vies de S. Front, Evêque de Périgueux.		3 ou 4 S.
4420 & 4421	Vies de S. Florent, Prêtre, Patron de Roye. *(Voyez les Nos 4416, 11125 & 11126.)*		IV. S.
4434 & 4435	Vies de S. Genès, Martyr à Arles. *(Voyez aussi le N° 4479.)*		IV. S.
4440	Vie de S. Gene, Confesseur ou Martyr à Lectoure. *(Voyez aussi le N°. 4404.)*		IV. S.
IV. S. 9592*	Mémoire sur S. Divitien, Evêque de Soissons.		IV. S.
I. 11050	Vie de S. Clair, Prêtre en Touraine.		IV. S.
11074	Mémoire sur S. Corcodeme, Diacre d'Auxerre.		IV. S.
13359	Mémoire sur S. Lupicin, du Berry.		IV. S.
10695	Mémoire sur S. Claude, Evêque de Vienne.		IV. S.
9286	Observation sur Massus, Evêque de Paris.		IV. S.
10120 - 10123	Vies de S. Pelerin, Evêque d'Auxerre.		v. 303
10347 - 10349	Vies de S. Thuribe, Evêque du Mans.		v. 305
9616 - 21 & S.	Vies de S. Menge, ou Mémie, Evêque de Châlons-sur-Marne.		v. 306
10208	Mémoire sur S. Hilaire, Evêque de Toulouse.		v. 310
9818	Vie de S. Mellon, Evêque de Rouen.		v. 312
10694	Mémoire sur S. Paschase, Evêque de Vienne.		v. 313
3954 à 3955 & IV. S.	Bosqueti Historiæ Gallicanæ Ecclesiæ libri quatuor, usque ad datam à Constantino Ecclesiæ pacem.	I. S.	v. 313
6344	Concile d'Arles, où se trouve S. Materne de Cologne.		314
10507 & IV. S.	Mémoire sur S. Celse & S. Métropole, Evêques de Trèves, postérieurs à S. Materne.		v. 320
8963 - 8965	Vies de S. Rétice, Evêque d'Autun, qui assista au même Concile.		v. 320
8422 & 8423	Vies de S. Urbice, Evêque de Clermont.		v. 320
10696	Mémoire sur S. Nectaire, Evêque de Vienne.		v. 320
9658 - 9662	Vie de S. Rieule, Evêque de Senlis.		v. 320
	Ici finit la Chronique d'EUSEBE DE CÉSARÉE, continuée depuis par S. Jérôme, & ensuite par S. Prosper.	0	327
10433 & 10434	Vies de S. Semblin, Evêque de Nantes.		v. 330
10661 & S.	Vie de S. Saintin, premier Evêque de Verdun.		v. 332
10508	Vie de S. Agrice, ou Agrece, Evêque de Trèves.		v. 335
8725	Mémoire sur S. Valentin, Evêque de Tongres.		v. 337
10553	Vie de S. Patient, Evêque de Metz, *(non vers l'an 153.)*		v. 339
8966	Vie de S. Cassien, Evêque d'Autun.		v. 340
10350	Vie de S. Pavais, Evêque du Mans.		v. 346
6313	Concile de Cologne, *(douteux.)*		346
10509 - 10515	Vies de S. Maximin, Evêque de Trèves.		349
6344	Concile, *(ou Conciliabule)* d'Arles.		353
8825 - 8827	Vies de S. Marcellin, premier Evêque d'Embrun.		v. 354
6404	Concile *(ou Conciliabule)* de Béziers.		356
10516 - 10518	Vies de S. Paulin, Evêque de Trèves.		358
6520	Concile en Gaule.		v. 359
9514	Vie de S. Maternien, Evêque de Reims.		v. 360
9185 & 9186	Vies de S. Aphrodise, Evêque de Béziers.		v. 360
6656	Premier Concile de Paris.		v. 360
9592	Vie de S. Onésime, Evêque de Soissons.		360
7986	Histoire de Saturnin, Evêque d'Arles.		v. 361
4301	Vie de S. Alof, Martyr en Lorraine.		362
4533	Mémoire sur Ste Libarie, Vierge & Martyre en Lorraine.		362
10124 & IV. S.	Mémoire sur S. Valere *(ou Valérien,)* Evêque d'Auxerre.		364
8309 - 8316	Vies de S. Hilaire, Evêque de Poitiers.		367
3904	EUTROPII Epitome Belli Gallici.		v. 370
8854	Vie de S. Domnin, Evêque de Digne.		v. 370
9287	Histoire de Paul, Evêque de Paris.		v. 370
10273 & 10274	Vies de S. Lidoire, Evêque de Tours.		371
6791	Premier Concile de Valence. *(On y fit quatre Canons: ce sont les premiers qui soient connus dans les Gaules.)*		374
	Fin de la Chronique de S. JÉRÔME, depuis continuée par S. Prosper.	327	379
10035	Mémoire sur S. Ursicin, Evêque de Sens.		v. 380
10209	Mémoire sur S. Silve, Evêque de Toulouse.		v. 380
8178	Mémoire sur S. Agnan, Evêque de Besançon.		v. 380
11416	Vie de S. Romain, Prêtre de Blaye en Guyenne.		382
8412 - 8417	Vies de S. Allire, Evêque de Clermont.		383
8726 - 8734	Vies de S. Servais, Evêque de Tongres.		384
6417	Concile de Bordeaux.		v. 385
10519	Mémoire sur S. Briton, Evêque de Trèves.		v. 386
6520	Concile en Gaule,		386
6774	Concile de Trèves. *(S. Martin de Tours y étoit.)*		386
10125	Mémoire sur S. Hélade, ou Elade, Evêque d'Auxerre.		387
4516	Mémoire sur S. Injurieux, Sénateur, & Ste Scholastique, son épouse.		v. 388

Tome V.

Tomes & Numéros.			Dates comm.	finiss.
I.	6636	Concile de Nîmes.		389
	8885 - 8890	Vies de S. Just, Évêque de Lyon.	v.	389
	9510	Vie de S. Donatien, Évêque de Reims.	v.	389
	9229 & 9230	Vie de S. Flour, premier Évêque de Lodève.		389
	9406	Vie de S. Saintin, Évêque de Meaux.	v.	390
	9701 - 9711 & IV. S.	Vies de S. Firmin le Confès, (c'est-à-dire, le Confesseur,) Évêque d'Amiens.	v.	390
	8172	Mémoire sur les SS. Silvestre & Fronime, (non Frontin,) Évêques de Bourges.	v.	390
	4726	Mémoire sur Sainte Vitaline, Vierge en Auvergne.	v.	390
	9457 - 9459	Vies de S. Euverte, Évêque d'Orléans.		390
	8270 - 8272	Vies de S. Phébade, Évêque d'Agen.	v.	392
	10351 - 10357 & IV. S.	Vies de S. Liboire, Évêque du Mans, & récit de la Translation de son corps.		397
	10803 - 10811	Vies de S. Ambroise, Archevêque de Milan.		397
	9197 & 9198	Mémoires sur les premiers Évêques de Carcassonne, & spécialement S. Hilaire & S. Valere.	IV. S.	
	9228	Observations sur les premiers Évêques de Lodeve.	IV. S.	
	10632 & 10633	Vies de S. Mansui, Évêque de Toul.	IV. S.	
	9893 - 9898	Vies de S. Exupere, Évêque de Bayeux.	IV. S.	
	9971	Vie de S. Landri, Évêque de Seés.	IV. S.	
	10086	Mémoire sur S. Mélan, Évêque de Troyes.	IV. S.	
	7926	Vie de S. Chamant, (ou Amant,) Évêque de Rodès.	IV. S.	
	9938 - 9941	Vies de S. Taurin, Évêque d'Evreux.	IV. S.	
	4311	Vie de S. Anatole, Patron de Salins.	IV. S.	
	12576	Vie de S. Jouin, du Diocèse de Poitiers.	IV. S.	
	8891	Mémoire sur S. Elpide, Évêque de Lyon.	v.	400
	10520 & 10521	Vies de S. Félix, Évêque de Trèves.	v.	400
	11533	Vie de S. Vivent, Prêtre honoré à Vergi, en Bourgogne.	v.	400
IV.	47288	Vie d'Ausone, Poëte Bourdelois.	v.	400
I.	10275 - 10302 & IV. S.	Vies de S. Martin, Évêque de Tours, & autres Pieces qui le concernent.	v.	400
	10662	Mémoire sur les SS. Maur, Salvin, & Arateur, Évêques de Verdun.	4 & 5 S.	
	11462 - 11464	Vies de Sulpice Sévere, Prêtre, Historien.	4 & 5 S.	
	11279 & 11280	Vies de S. Maturin, Prêtre.	4 ou 5 S.	
	4297	Vie des SS. Agoard & Aglibert, Martyrs de Creteil.	V. S.	
	4316	Vie de Sainte Apronie, Vierge à Toul en Lorraine.	V. S.	
	4330	Vie de S. Béat de Vendôme, Confesseur.	V. S.	
	4352 & 4356	Vies de S. Chéron, Martyr au Diocèse de Chartres.	V. S.	
	4407	Vie de Ste Eutropie, veuve en Auvergne.	V. S.	
	4471	Mémoire sur Ste Géorgie, Vierge à Clermont.	V. S.	
	4508	Mémoire sur Ste Hoïlde, Vierge en Champagne.	V. S.	
	4543 - 4545	Vie de S. Livier, Gentilhomme d'Austrasie.	V. S.	
	4569	Vie de S. Martin de Brives, en Limousin.	V. S.	
	4573 & 4574	Vies des Saintes Maure & Brigide, Vierges & Martyres.	V. S.	
IV.	S. 4612	Mémoire sur les Saintes Palladie & Porcaire, Vierges à Auxerre & à Sens.	V. S.	
I.	10697	Mémoire sur S. Simplice, Évêque de Vienne.	V. S.	
	8402	Mémoire sur S. Paulien, (non Paulinien,) Évêque du Puy.	V. S.	
	7943	Vie de S. Alethe, Évêque de Cahors.	V. S.	
	10762	Remarques sur les premiers Évêques de Viviers.	V. S.	
	11144	Vie de S. Léger, Prêtre du Pertois, en Champagne.	V. S.	
	11591	Vie de S. Martin, Abbé à Saintes, & de S. Eutrope son successeur.	V. S.	
	11602	Vie de S. Venant, Abbé de Tours.	V. S.	
	12481 - 12483	Vie de S. Mamertin, Abbé de S. Marien d'Auxerre.	V. S.	
	12665 & 12666	Vie de S. Euspice, premier Abbé de Mici.	V. S.	
	13377	Mémoire sur S. Primaël, Ermite en Bretagne.	V. S.	
	10448 - 10450	Vies de S. Corentin, Évêque de Quimper.		401
	8235 - 8238	Vies de S. Delphin, Archevêque de Bordeaux.		402
	11170	Vie de S. Gibrien, Prêtre du Diocèse de Châlons-sur-Marne.	v.	404
	4417 & 4418	Vie des SS. Florentin & Hilaire, Martyrs en Bourgogne.	v.	406
	8114	Mémoire sur S. Julien, Évêque de Lescar.	v.	407
	8173 - 8175	Vies de S. Germain, Archevêque de Besançon.		407
	9511 - 9513 & IV. S.	Vies de S. Nicaise, Archevêque de Reims, & Actes de son Martyre.		407
	9819 - 9823 & IV. S.	Vies de S. Victrice, Archevêque de Rouen, & Histoire de ses ouvrages.	v.	410
		CLODION commence, selon le P. le Long & autres, à régner sur les François (Saliens établis, depuis 287, au Nord de la Gaule:) on ne connoît point ses prédécesseurs. Selon la plupart des Histoires communes Modernes, Pharamond,		414

Table Chronologique. 85

TOMES & Numéros.		DATES comm. finiss.
	comme premier Roi de France, est mis, en 418, ou 420; & Clodion lui succede en 427 jusqu'en 448. Le P. le Long & d'autres Critiques, comme M. Schoepflin, croyent que Pharamond n'a jamais existé, si ce n'est peut-être au-delà du Rhin. (II. 16000 - 16003, & IV. Supplément.)	
I. 10210 - 10213	Vies de S. Exupere, Evêque de Toulouse.	v. 416
8033	Vie de S. Procule, Evêque de Marseille.	v. 418
8967 - 8969	Vies de S. Simplice, Evêque d'Autun.	v. 418
10126 - 10128	Vies de S. Amateur, Evêque d'Auxerre.	418
6791	Concile de Valence.	419
9968 & 9969	Vies de S. Lain, (ou Latuin) Evêque de Séès.	v. 420
8243	Vie de S. Surin, (ou Severin) Archevêque de Bordeaux.	v. 420
7987	Vie de S. Heros, Archevêque d'Arles.	v. 420
7857	Vie de S. Lazare, Evêque d'Aix.	v. 420
8419 & 8420	Vies de S. Vénérand, Evêque de Clermont.	423
8892	Mémoire sur S. Sicaire, Archevêque de Lyon.	v. 425
10636 & 10637	Vies de S. Evre, Evêque de Toul.	v. 425
7874 - 7876 & IV. S.	Vies de S. Castor, Evêque d'Apt. On place sa mort entre 420 & 426.	v. 426
10087	Mémoire sur S. Ours, Evêque de Troyes.	v. 426
10554	Vie de S. Adelphe, Evêque de Metz.	v. 426
6520	Concile en Gaule. (à Troyes.)	429
7988 - 7993 & IV. S.	Vies de S. Honorat (ou Honoré), Archevêque d'Arles, Fondateur du Monastere de Lérins.	v. 430
9011 & S.	Vie de S. Urbain, Evêque de Langres.	v. 430
9187	Histoire de Paulin, Evêque de Béziers.	v. 430
9622 & 9623	Vies de S. Alpin, Evêque de Châlons-sur-Marne.	v. 430
12072 - 12074	Vie de S. Caprais, Abbé de Lérins.	430
8239 - 8242	Vies de S. Amand, Archevêque de Bordeaux.	431
10821-27 & S.	Vies de S. Paulin, Evêque de Nole.	431
11032 - 11034	Vies du B. Jean Cassien. (Voyez aussi le N°. 12819.)	434
10036	Mémoire sur S. Ambroise, Archevêque de Sens.	v. 435
8976	Mémoire sur S. Evance, Evêque d'Autun.	v. 436
9288 - 9292	Vies de S. Marcel, Evêque de Paris.	436
10378-83 & S.	Vies de S. Maurille, Evêque d'Angers.	437
6686	Concile de Riés.	439
11292 & 11293	Mémoire sur S. Micomer, Prêtre de Tonnerre.	v. 440
6343	Premier Concile d'Orange. (Il a trente Canons.)	441
6796	Premier Concile de Vaison. (Il a dix Canons.)	442
8080 - 8083	Vies de S. Orient, Evêque d'Ausch.	v. 444
10303 - 10305	Vies de S. Brice, Archevêque de Tours.	444
6809	Concile de Besançon.	444
6520	Concile en Gaule.	444
8424 & 8425	Vies de S. Rustique, Evêque de Clermont.	v. 446
6520	Concile en Gaule.	446
10129 - 10145 & IV. S.	Vies de S. Germain, Evêque d'Auxerre, & autres Pieces qui le concernent.	448
II. 16004 & S.	Découvertes (prétendues) sur Clodion & les François.	448
	MÉROVÉE, Chef de la I. Race de nos Rois, succede à Clodion. Quelques-uns, dit Grégoire de Tours, prétendent qu'il étoit de sa famille.	448
I. 7994 - 8001	Vies de S. Hilaire, Archevêque d'Arles.	449
8849	Histoire de S. Valérien, Evêque de Cémele.	v. 450
7899, 7900 & S.	Vies de S. Léonce, Evêque de Fréjus.	v. 450
8297	Vie de S. Bibien, ou Vivien, Evêque de Saintes.	v. 450
8893 - 98 & S.	Vies de S. Eucher, Archevêque de Lyon.	v. 450
9942 - 9944 & IV. S.	Vies de S. Gaud, Evêque d'Evreux. Il y en a encore une autre au N° 9921.	v. 450
4588	Mémoire sur S. Mémiers & ses compagnons, Martyrs au territoire de Troyes.	v. 450
4597 & 4598	Vie de S. Mesme de Chinon, Disciple de S. Martin de Tours.	v. 450
12075 - 12078	Histoire de S. Vincent de Lérins. (Voyez aussi le N° 8000.)	v. 450
8367	Mémoire sur les SS. Pallade I. & II. Archevêques de Bourges. (Selon d'autres, il n'y en eut qu'un.)	v. 451
6344	Concile d'Arles.	451
6520	Autre Concile en Gaule.	451
6344	Second Concile d'Arles. (Il a cinquante-six Canons.)	452
10384 - 89 & S.	Vies de S. René, Evêque d'Angers, & Pieces qui le concernent.	v. 453
10555	Mémoire sur S. Auteur, Evêque de Metz.	v. 453
6325	Concile d'Angers. (On y fit douze Canons.)	453
9460 - 9465 & IV. S.	Vies de S. Aignan, Evêque d'Orléans, & Pieces qui le concernent.	453

			DATES	
TOMES & Numéros.			comm.	finiss.
I.	6406	Concile de Bourges.		454
	6344	Troisieme Concile d'Arles.		v. 455
II.	16005	PROSPERI Aquitanici Chronicon, sive Fasti Consulares. *C'est par cette Chronique que le P. le Long commençoit sa Table Chronologique des Chroniques & Histoires générales.*	379	455
	16006	PROSPERI TYRONIS Chronicon, sive Fasti Imperiales. *Ces deux Chroniques intéressent peu les Gaules. Voyez sur elles le N° 16007.*	379	455
	16008 & 16009	PIECES qui concernent le regne de Mérovée.	448	456
		CHILDERIC I. succede à son pere Mérovée.		456
I.	10521	Mémoire sur S. Cyrille, Archevêque de Trèves.		458
	3919	Mémoire sur la vie de l'Empereur Avitus.		v. 460
	10146	Mémoire sur S. Fraterne, Evêque d'Auxerre.		v. 460
	8002	Histoire de Ravenne, Archevêque d'Arles.		v. 460
	7886 - 7893	Vies de S. Maxime, Evêque de Riès.		460
	6575	Concile de Lyon.		460
	11197 - 11201	Vie de S. Romain, Abbé de Condate.		460
	10306 & 10307	Vie de S. Eustoche, Archevêque de Tours.		461
	9168 - 9170	Vies de S. Rustique, Archevêque de Narbonne.		461
	6783	Premier Concile de Tours. (*On y fit treize Canons.*)		461
	8426	Vie de S. Namace, Evêque de Clermont.		v. 462
	6344	Concile d'Arles.		463
	7882 - 7885	Vies de S. Prosper d'Aquitaine, *prétendu Evêque de Riès.*		v. 465
	9466 & 9467	Vies de S. Prosper, Evêque d'Orléans.		v. 465
	8971	Vie de S. Sigibold, Evêque de Sées.		v. 465
	8836 - 8838	Vies de S. Véran, Evêque de Vence.		v. 465
	9895, 96 & S.	Vies de S. Loup, Evêque de Baïeux.		v. 465
	6801	Concile de Vannes. (*On y fit seize Canons.*)		v. 465
II.	16011	IDACII Lemicensis (*ou Lamecensis*) Episcopi, Chronicon.	379	467
I.	10523	Mémoire sur S. Mare, Archevêque de Trèves.		v. 469
	10664	Mémoire sur S. Pulchrone, Evêque de Verdun.		470
	4541 & 4542	Vies de Ste Lintru, Vierge en Champagne, & de ses sœurs. (*Voyez aussi le N° 4550.*)		470
	6424	Concile de Châlons-sur-Saône.		470
	10524	Mémoire sur S. Milet, Archevêque de Trèves.		v. 472
	10147	Mémoire sur S. Alode, Evêque d'Auxerre.		v. 472
	8426	Vie de S. Eparce, Evêque de Clermont.		472
	6406	Concile de Bourges.		473
	10767	Vie de S. Salone, Evêque de Geneve.		v. 474
	6810	Concile de Vienne. (*On y établit les Rogations.*)		v. 475
	10663	Vie de S. Firmin, Evêque de Verdun.		v. 475
	10879 - 10886	Vies de S. Amable, Curé de Riom, & Pieces relatives.		v. 475
	6344	Concile d'Arles.		475
	6575	Concile de Lyon, *vers* 475 *ou*		v. 478
	10745	Mémoire sur S. Marcel, Evêque de Die.		v. 478
	9028	Mémoire sur S. Jean, Evêque de Châlons-sur-Saône.		v. 478
	8070 - 8071	Vies de S. Eutrope, Evêque d'Orange.		v. 478
	10088 - 10100	Vies de S. Loup, Evêque de Troies, & Pieces qui le concernent.		v. 479
	3920	Mémoire sur la vie d'Ecdicius, fils de l'Empereur Avitus.		v. 480
	8368	Mémoire sur S. Simplice, Archevêque de Bourges.		v. 480
	8970 - 8972	Vies de S. Euphrone, Evêque d'Autun.		v. 480
	9900 & 9901	Vies de S. Manvieu, Evêque de Baïeux.		v. 480
	11571	Mémoire sur S. Abraham, Abbé de Clermont en Auvergne.		v. 480
	12201 - 12204	Vie de S. Lupicin, Abbé de Condate.		v. 480
	13370, 71 & S.	Vie de S. Montain, Solitaire.		v. 480
II.	15923	Disquisitio de annis Childerici I.	456	481
	16010 - 16014	PIECES qui concernent Childéric. (*Le Supplément sur* 16012,	456	481
	15918 - 15920	*indique encore les trois autres ici marquées en marge. Tome II.* (*non I.*)		
I.	3730 - 52 & S.	OUVRAGES qui concernent l'Histoire des anciens Gaulois.	•	481

Table Chronologique.

II. PARTIE. *Chronologie de la premiere Race de nos Rois, dite des Mérovéens, ou Mérovingiens.*

Tomes & Numéros.		Dates comm. finiss.
	CLOVIS I succede à son pere Childeric.	481
	On le regarde comme le principal fondateur de la Monarchie Françoise ; c'est pourquoi on le place à la tête de la premiere Race de nos Rois, quoiqu'elle tire son nom de Mérovée, qui en est réputé le premier Auteur.	
I. 8427 - 8435	Vies de S. Sidoine Apollinaire, Evêque de Clermont.	482
8003	Vie de S. Léonce, Archevêque d'Arles.	483
11440 - 11443	Vie de S. Salvien, Prêtre de Marseille.	vers 484
7894	Vie de Fauste, Ev. de Riés. (*Voyez aussi* I. 7877, & IV. S. 7893.)	v. 485
9361	Histoire d'Arbogaste, Evêque de Chartres.	v. 485
8735	Mémoire sur S. Quirille, Evêque de Mastricht.	v. 485
10634 & 10635	Mémoires sur S. Auspice, Evêque de Toul.	v. 486
10525	Mémoire sur S. Modeste, Archevêque de Trèves.	486
8034 & 8035	Vies de S. Cannat, Evêque de Marseille.	v. 487
10037	Mémoire sur S. Agrice, Archevêque de Sens.	487
8436	Mémoire sur S. Aproncule, Evêque de Clermont.	v. 488
4365 - 4367	Vies de Ste Consorce, Vierge Provençale.	v. 489
IV. S. 4704*	Mémoire sur Ste Tulle, Vierge Provençale.	v. 489
I. 10310 - 10313	Vies de S. Perpétue, Archevêque de Tours.	v. 490
8899 - 8903	Vies de S. Patient, Archevêque de Lyon.	490
10358 & 10359	Vies de S. Victeur, Evêque du Mans.	490
8176 & 8177	Vies de S. Antide, Archevêque de Besançon.	v. 493
8036	Vie de S. Honorat, Evêque de Marseille.	v. 494
11158	Vie de S. Gennadius, Prêtre de Marseille.	495
10308 & 10309	Vies de S. Volusien, Archevêque de Tours.	v. 497
6688	Assemblée de Reims.	497
6575	Assemblée (*ou Conférence*) de Lyon.	v. 500
8904 & 8905	Histoire de S. Rustice, Archevêque de Lyon.	v. 500
8004	Mémoire sur S. Eone, Archevêque d'Arles.	v. 500
8073	Histoire de S. Verus, Evêque d'Orange.	v. 500
9902	Vie de S. Contest, Evêque de Baieux.	v. 500
12037	Mémoire sur S. Rioch, Moine de Landevenec.	v. 500
8298	Mémoire sur S. Ambroise, Evêque de Saintes.	5 ou 6 S.
4558 & 4559	Vie de Ste Maixence, Vierge & Martyre en Beauvaisis. (*Voyez aussi* IV. S. 4581*)	5 ou 6 S.
9204	Observations sur les premiers Evêques de Nismes.	V. Siecl. VI. S.
4307 & 4308	Vies des SS. Amand & Domnolene, du Périgord.	VI. S.
4319 - 4321	Vies de S. Arnoul & de Ste Scariberge son épouse. (*Voyez aussi le* N° 4682.)	VI. S.
4408	Vie de Sainte Exupérance, Vierge à Troyes.	VI. S.
4431	Vie de Ste Galle, Vierge de Valence.	VI. S.
4617	Vie de Ste Pecinne ou Persévérande, au territoire de Poitiers.	VI. S.
4702	Vie de S. Trivier, Moine, Patron de Dombes.	VI. S.
4730 & 4731	Vies de S. Vorle, Patron de Châtillon sur-Seine.	VI. S.
11106	Vies des SS. Eman, Maurille & Almer, Martyrs au pays Chartrain.	VI. S.
11207	Mémoire sur S. Jean du Moustier, Prêtre de Chinon.	VI. S.
11283	Mémoire sur S. Maurille, Prêtre du Diocèse de Troies.	VI. S.
11372	Vie de S. Précorde, Prêtre de Corbie, en Gaule.	VI. S.
11490 & 11491	Vie de S. Trésain, Prêtre en Champagne.	VI. S.
11534, 35 & S.	Vie de S. Vulgis, Prêtre & Patron de la Ferté-Milon.	VI. S.
11536 - 38 & S.	Vie de S. Wulphy, Patron de Rue en Ponthieu.	VI. S.
11580	Mémoire sur S. Benoît, Moine en Champagne.	VI. S.
11581	Eloge de S. Dulcard, Moine.	VI. S.
11585	Mémoire sur S. Frambaud, Abbé ou Solitaire.	VI. S.
11588	Vie de S. Hervé, Abbé en Bretagne.	VI. S.
11980	Vie de S. Romain, Fondateur du Monastere de Font-rouge.	VI. S.
12038 - 12041	Vie de S. Guignolé, premier Abbé de Landevenec.	VI. S.
12677 - 12680	Vie de S. Frambourd, Moine de Mici.	VI. S.
13293 - 13295	Vie de S. Dié, Anachorete du Blésois.	VI. S.
13364 & 13365	Vie de S. Marian, Solitaire en Berry. (*Voyez aussi le* N° 13361.)	VI. S.
13381	Vie de S. Romain, Ermite en Bretagne.	VI. S.
13387	Vie de S. Sore, Ermite près de Périgueux.	VI. S.
13395 & 13396	Vie de S. Valeric, Ermite dans le Limousin.	VI. S.
13404	Vie de S. Walfroy, Solitaire.	VI. S.
6507	Concile d'Agde. (*On y fit quarante-huit Canons.*)	506
10271 & IV. S.	Observations sur Verus, Archevêque de Tours.	v. 507

Table III.

Tomes & Numéros			Dates comm.	finiss.
I.	8112 & 8113	Vies de S. Galactoire, Evêque de Lescar.		v. 507
	8470, 71 & S.	Histoire de S. Rurice, Evêque de Limoges.		v. 507
	6754 & 6755	Concile de Toulouse.		507
	11657	Vie de S. Séverin, Abbé d'Agaune. (*Voyez aussi* I. 13413; & IV. *Suppl.* 11657*.)		507
	9814 & 9825	Vies de S. Gildard, Archevêque de Rouen.		v. 508
	10148	Mémoire sur S. Ours, Evêque d'Auxerre.		v. 508
	11603	Vie de S. Ours, Abbé à Tours.		v. 508
	9364 - 9366	Vies de S. Souleine, Evêque de Chartres.		509
	8091 & 8092	Vies de S. Africain, Evêque de Comminges. (*Le même qui a été mis par méprise sous l'abres, au N° 7958.*)		v. 510
	9205	Histoire de Sedatus, Evêque de Nîmes.		v. 510
	9594 & 9595	Vies de S. Principe, Evêque de Soissons.		v. 510
	12205 & 12206	Vie de S. Oyend, Abbé de Mont-Jou.		510
	6368	Premier Concile d'Orléans. (*On y fit trente & un Canons.*)		511
II.	16015 - 37 & S.	Ouvrages qui concernent le regne de Clovis.	481	511
	16019	Roriconis Gesta Francorum. (*Voyez aussi les N°* 16020 & 16021.)	0	511
I.	3923	Bucherii Belgium Romanum, Ecclesiasticum & Civile. (*Voyez aussi au Tome III, sous le N° 39284, au Tome I, le N° 5080.*)	0	511
		Les quatre fils de Clovis lui succedent : Thierri I regne à Metz, Clodomir à Orléans, Childebert I à Paris, Clotaire I à Soissons.		511
	4442 - 70 & S.	Vies de Ste Geneviève, & autres Pieces qui la concernent.		v. 512
	8736	Mémoire sur S. Eucher & S. Falcon, freres, Evêques de Mastricht. (*Le dernier mourut vers* 512, *non* 532.)	487	v. 512
IV.	S. 4909*.	De Tillemont, Mémoires sur l'Histoire Ecclésiastique.	I. S.	513
I.	10149	Mémoire sur S. Théodose, Evêque d'Auxerre.		v. 515
	8437	Vie de S. Euphraise, Evêque de Clermont.		515
	6520	Concile en Gaule.		515
	6309	Concile d'Agaune, *ou* de Saint-Maurice.		515
	6575	Concile de Lyon.		516
	8906 - 8908	Vies de S. Viventiol, Archevêque de Lyon.		v. 517
	7903	Mémoire sur S. Constantin, *ou* Constance, Evêque de Gap.		v. 517
	6511	Concile d'Epaone. (*Voyez aussi* I. 511 - 515. *On y fit* 40 *Canons.*)		517
	6575	Concile de Lyon.		517
	10736 & 10737	Vies de S. Apollinaire, Evêque de Valence.		v. 520
	12590 & 12591	Vie de S. Maixant, Abbé, au Diocèse de Poitiers.		v. 520
	10815 & 10816	Vie de S. Ennode, Evêque de Pavie.		521
	10038	Vie de S. Héracle, Archevêque de Sens.		v. 522
	12763 - 68 & S.	Vie de S. Thierry, Abbé du Mont-d'Hor.		523
	6344	Quatrieme Concile d'Arles. (*On y fit quatre Canons.*)		524
	10150	Mémoire sur S. Optat, Evêque d'Auxerre.		v. 525
	10665 & 10666	Vies de S. Venne (*ou* Vannes,) Evêque de Verdun.		525
	9922 & 9923	Vie de S. Severe, Evêque d'Avranches.		525
	10698 - 10701	Vie de S. Alcime Avit, Archevêque de Vienne.		525
	12595 & 12596	Vie de S. Mars, Abbé en Auvergne.		525
	10101	Mémoire sur S. Camélien, Evêque de Troies.		v. 526
	9029	Vie de S. Silvestre, Evêque de Châlons-sur-Saône.		v. 526
	12079 & 12080	Vie de S. Antoine de Lérins.		526
	12667	Vie de S. Aurele, Abbé de Mici.		v. 527
	8438	Vie de S. Quintien, Evêque de Clermont.		527
	6446	Concile de Carpentras. (*On y fit quelques Canons.*)		527
	6343	Second Concile d'Orange, (*nommé le Concile de la Grace.*)		529
	6796	Second Concile de Vaison.		529
	6791	Concile de Valence.		
	4400	Vie de S. Eucher le jeune, Evêque suffragant d'Arles.		v. 530
	4732	Mémoire sur S. Ursion, Moine, au Diocèse de Troies.		v. 530
	8472 - 8474	Vies de S. Sadroc, *ou* Sardot, Evêque de Limoges.		v. 530
	10360	Vie de S. Principe, Evêque du Mans.		v. 530
	9515 - 9529	Vies de S. Remi, Archevêque de Reims.		530
	10422 - 10424	Vies de S. Mélaine, Evêque de Rennes.		530
	4347	Vie de Ste Césatie, Vierge, sœur de S. Césaire.		530
	6325	Assemblée d'Angers.		530
	10702	Mémoire sur S. Julien, Archevêque de Vienne.		v. 532
	9023	Mémoire sur S. Didier, Evêque de Châlons-sur-Saône.		v. 532
	10526	Mémoire sur S. Aproncule, Archevêque de Trèves.		532
	8614 - 8629	Vies de S. Eleuthere, Evêque de Tournai.		532
	8299	Vie de S. Troyen, Evêque de Saintes.		532
	10039	Mémoire sur S. Paul, Archevêque de Sens.		v. 533
	9530	Mémoire sur S. Romain, Archevêque de Reims.		533
	6368	Second Concile d'Orléans. (*On y fit vingt-un Canons.*)		533
	10314 - 10316	Vie de S. Arnoul, (*prétendu*) Archevêque de Tours.		v. 534
	10900	Vie de S. Aventin, Archidiacre de Châteaudun.		v. 534
I.	13344 - 13347	Vie		

Table Chronologique.   89

TOMES & Numéros.		DATES comm.	finiss.
I. 13344 - 13347	Vie de S. Lié, Solitaire de la Beausse. (*Voyez aussi le N° 4540.*)		534
	Ici finit la Chronique du Comte MARCELLIN, continuée depuis par un *Anonyme*.	379	534
	THÉODÉBERT I. *succede à Thierri son pere, Roi de Metz.*		534
13297	Vie de S. Donat, au Diocèse de Sisteron. (*Voyez aussi le N° 4705.*)		vers 535
6464	Concile de Clermont en Auvergne. (*On y fit seize Canons.*)		535
9903 & 9904	Vies de S. Vigor, Evêque de Baïeux.		v. 538
9012 & 9013	Vies de S. Grégoire, Evêque de Langres.		538
6368	Troisieme Concile d'Orléans. (*On y fit trente-trois Canons.*)		538
12566	Vie de S. Fridolin, Abbé de S. Hilaire de Poitiers.		538
4331	Vies des SS. Béat & Fridolin, premiers Apôtres des Suisses.		v. 539
12241 & 12242	Vie de S. Jean, Abbé de Réomay.		539
8593 - 8598	Vies de S. Vaast, Evêque d'Arras.		v. 540
11578	Vie de S. Almir, Abbé.		v. 540
11579	Vie de S. Baumir, Moine.		v. 540
12373 - 12375	Vie de S. Calais, Abbé d'Anisole.		v. 540
13290 & 13291	Vie de S. Berthauld, Abbé de Chaumont.		v. 540
10040 & 10041	Histoire de S. Léon, Archevêque de Sens.		540
6368	Conciliabule d'Orléans.		540
10763	Mémoire sur S. Pantagathe, Archevêque de Vienne.		v. 541
8059	Histoire de Heracle, Evêque de Saint-Paul-trois-Châteaux.		v. 541
6368	Quatrieme Concile d'Orléans. (*On y fit trente-huit Canons.*)		541
8005 - 8011	Vies, &c. de S. Césaire, Archevêque d'Arles. (IV. *Supplém.*)		542
8909 - 8911	Vies de S. Loup, Archevêque de Lyon.		542
10361	Vie de S. Innocent, Evêque du Mans.		542
12876 - 12880	Vie de S. Eusice, Abbé dans le Berry. (IV. *Supplém.*)		542
8144	Vie de S. Léonce I. Archevêque de Bordeaux.		v. 545
8383	Mémoire sur S. Arcade, Archevêque de Bourges.		v. 545
IV. S. 8060*	Mémoire sur S. Cyprien, Evêque de Toulon.		v. 545
I. 10460 - 10462	Vies de S. Brieu, Evêque de la Ville qui porte son nom.		v. 545
9741 - 9748	Vies de S. Médard, Evêque de Noyon.		545
II. 25000 - 25007	Vies de Sainte Clotilde, Reine de France. (IV. *Supplém.*)		545
I. 6344	Concile d'Arles.		545
	THÉODÉBALD *succede à Théodébert son pere, Roi de Metz.*		547
8097 & 8098	Vies de S. Lycard, (*ou S. Lyzier*,) Evêque de Conserans.		v. 548
6464	Concile de Clermont.		549
6368	Cinquieme Concile d'Orléans. (*On y fit vingt-quatre Canons.*)		549
8977	Mémoire sur S. Nectaire, Evêque d'Autun.		v. 550
9643 & 9644	Vies de S. Génébaud, Evêque de Laon. (IV. *S.*)		v. 550
6616	Concile de Metz.		v. 550
8828	Vie de S. Pallade, Archevêque d'Embrun.		v. 550
12162 & 12163	Vie de S. Léon, Abbé de Mentenay.		v. 550
8369 & 8370	Vies de S. Desiré, Archevêque de Bourges.		550
9826 & 9827	Vies de S. Evode, *ou* Yved, Archevêque de Rouen. (IV. *S.* 9825*)		550
10390 - 20592	Vies de S. Aubin, Evêque d'Angers.		550
8139	Mémoire sur S. Siffrid, Evêque de Carpentras.		550
6776	Concile de Toul.		550
8912 & 8913	Vies de S. Serdot, Archevêque de Lyon.		v. 551
8012 - 8014	Vies de S. Aurélien, Archevêque d'Arles.		551
9918 - 9921	Vies de S. Pair, Evêque d'Avranches. (IV. *Supplém.*)		v. 552
11573 - 11577	Vies de S. Gilles, Abbé d'Arles.		552
9238 - 9241	Vies de S. Firmin, Evêque d'Uzès.		553
18456 & 10457	Vies de S. Tugal, Evêque de Lexobie, en Basse-Bretagne.		553
12708	Mémoire sur S. Florentin, Abbé d'Arles.		553
6344	Cinquieme Concile d'Arles, *en* 553; *ou*		
8439 & 8440	Vies de S. Gal, Evêque de Clermont.		v. 554
8146	Mémoire sur S. Théodose, Evêque de Vaison.		554
10442 - 10444	Vies de S. Paterne, Evêque de Vannes.		v. 555
IV. S. 11578*	Mémoire sur S. Auguste, Abbé dans le Berry.		v. 555
I. 11716 - 11718	Vie de S. Mary, Abbé de Beuvoux. (*Voyez aussi les N°s 4570 & 4705.*)		v. 555
13383	Vie de S. Séverin, Solitaire, à Paris.		v. 555
6656	Second Concile de Paris.		v. 555
6346	Concile de l'Armorique, ou Bretagne.		555
9367 & 9368	Vies de S. Lubin, Evêque de Chartres.		556
6656	Troisieme Concile de Paris. (*On y fit dix Canons.*)		v. 557
12248 - 12255	Vie de S. Marcou, Abbé de Nanteuil. (IV. *S.*)		v. 558
13349 - 13356	Vie de S. Léonard, Anachorete du Limosin. (*Voyez aussi le N° 4532.*)		v. 559
9531	Histoire de Mapinius, Archevêque de Reims.		v. 560
10420 & 10421	Vie de S. Léonore, Evêque en Bretagne.		v. 560
10215 - 10217	Vies de S. Germier, Evêque de Toulouse.		v. 560

Tome V.   M

Table III.

TOMES & Numéros.			DATES comm.	finiss.
I.	10894	Vie de S. Aoust, Prêtre en Berri.		vers 560
	11501	Vie de S. Valentin, du Diocèse de Langres.		v. 560
	10176 - 10178	Vies de S. Arcy, Evêque de Nevers.		560
	8737	Vie de S. Domitien, Evêque de Mastricht.		560
	10151 & 10152	Vies de S. Eleuthere, Evêque d'Auxerre.		v. 561
II.	15891 & 16039	VALESII (Hadriani) Chronicon rerum Francicarum.	254	561
	16040	FRAGMENTA de veterum Francorum moribus & gestis.	313	561
	16038 - 16045	OUVRAGES qui concernent les regnes des enfans de Clovis.	511	561
	16046	DANIEL, premiere édition de son Histoire de France. (*Il met la mort de Clotaire en 562.*)	481	561

Les quatre fils de Clotaire I lui succedent. 561
CHARIBERT I à Paris, GONTRAN à Orléans & en Bourgogne,
CHILPÉRIC I à Soissons, SIGEBERT I à Metz.

I.	9925	Mémoire sur S. Sinier, Evêque d'Avranches.		v. 563
	10002 & 10003	Vies de S. Lo, Evêque de Coutances.		v. 563
	6727	Concile de Saintes, *en 561 ou*		563
	8145	Vie de S. Léonce II, Archevêque de Bordeaux.		v. 564
IV.	S. 10152*	Mémoire sur S. Romain, Evêque d'Auxerre.		v. 564
I.	10527 - 10529	Vies de S. Nicet, Archevêque de Trèves.		v. 565
	9593	Vie de S. Bandaride, Evêque de Soissons.		v. 565
	10469 - 10473	Vie de S. Malo, Evêque en Bretagne.		565
	10479 - 10482	Vies de S. Samson, Evêque de Dol.		565
	12555 & 12556	Vie de S. Gildas, Abbé de Ruiz.		565
	12579 & 12580	Vie de S. Lissard, Abbé de Meun.		565
	13348-56 & S.	Vie de S. Léonard, Anachorete du Berry.		565
II.	16038	Continuation de la Chronique du Comte Marcellin par un Anonyme. (*Fragment, 551 - 557.*)	534	566
I.	6783	Second Concile de Tours. (*On y fit vingt-sept Canons.*)		567
	6575	Concile de Lyon. (*On y fit six Canons.*)		567
	10334	ACTA Episcoporum Cenomanensium.	250	567
	10447	Dissertation sur Maracaite, Evêque de Vannes.		v. 568
	6415	Concile de Bretagne.		568
	12043 & 12044	Vie de S. Guénau, Abbé de Landevenec, & ensuite de S. Denys.		v. 569
	8831	Histoire de S. Eusébe, Evêque de Grasse.		v. 570
	9663	Vie de S. Létard, Evêque de Senlis.		v. 570
	4600 - 4602	Vies de Ste Monégonde de Tours.		v. 570
	12341 & 12342	Vie de S. Fidole, Abbé de S. Aventin.		570
	12641 - 12646	Vie de S. Babolein, premier Abbé des Fossés.		570
	12668 - 12670	Vie de S. Avit, Abbé de Mici.		570
	10153	Mémoire sur S. Ethere, Evêque d'Auxerre.		v. 571
	10317 & 10318	Vies de S. Euphrone, Archevêque de Tours.		v. 572
	10704	Mémoire sur S. Philippe, Archevêque de Vienne.		572
	9014	Mémoire sur S. Tétrique, Evêque de Langres.		572
	6656	Quatrieme Concile de Paris.		573
	8914, 15 & S.	Vies de S. Nisier, Archevêque de Lyon.		573
	2369	Vie de S. Calétric, Evêque de Chartres.		573
	10452 - 54 & S.	Vies de S. Paul, Evêque de Léon.		573
	10483 - 10485	Vies de S. Magloire, Evêque de Dol.		573
	12379 & 12380	Vie de S. Theudier, *ou* Cherf, Abbé de Vienne.		v. 575
	10705 - 10707	Vies de S. Mamert, Archevêque de Vienne.		v. 575
				575

CHILDÉBERT II succede à son pere Sigebert I, Roi de Metz, ou d'Austrasie. 575

	8287	Histoire de Macarius, (*ou* Mererius,) Evêque d'Angoulême.		v. 576
	9293 - 9300	Vies de S. Germain, Evêque de Paris. (*IV. S.*)		576
	6656	Cinquieme Concile de Paris.		576
	6380	Concile (*ou* Synode) d'Auxerre.		577
	8147 & 8148	Vies de S. Quiniz, Evêque de Vaison.		578
	6727	Concile de Saintes.		578
	6424	Concile de Châlons-sur-Saône.		579
	11598 & 11599	Vie de S. Senoch, Abbé en Touraine.		579
	7928	Vie de S. Dalmace, Evêque de Rodès.		579
IV.	S. 8147*	Mémoire sur S. Barte *ou* Barse, Evêque de Vaison. (*Son numéro doit être 8148*.*)		v. 580 / v. 580
I.	11023	Vie de S. Caluppain, Prêtre reclus.		v. 580
	12753 - 12755	Vie de S. Seine, Abbé en Bourgogne.		v. 580
II.	25039	Vie de Ste Ultrogothe, Reine de France, épouse de Childébert I. (*non II.*)		v. 580
I.	10182	Mémoire sur S. Eulade, *ou* Eolade, Evêque de Nevers. (*Voyez aussi le N° 10179.*)		v. 580
	9614	Mémoire sur S. Elaphe, Evêque de Châlons-sur-Marne.		580
	12130 & 12131	Vie de S. Pavin, Abbé au Mans.		580
II.	25020	Vie de Ste Andovaire, premiere épouse de Chilpéric I.		580

Table Chronologique.

TOMES & Numéros.		DATES comm.	finiſſ.
I. 9030 & 9031	Vies de S. Agricole, Evêque de Châlons-ſur-Saône.		580
6414	Concile de Brenne (ou Braine), au Diocèſe de Soiſſons.		580
10912	Hiſtoire de S. Salvius, Evêque d'Octodure.		vers 581
9242 - 9245	Vies de S. Ferréol, Evêque d'Uzès.		581
10363 - 10366	Vies de S. Domnole, Evêque du Mans.		581
6601	Premier Concile de Mâcon. (On y fit dix-neuf Canons.)		581
12391-94. IV. S.	Vie de S. Cybar, Abbé d'Angoulême.		581
II. 16049	MARII Aventicenſis Epiſcopi Chronicon.	455	581
I. 10708 & 10709	Hiſtoire de S. Evance, Archevêque de Vienne.		582
6575	Concile de Lyon. (On y fit ſix Canons.)		583
13308 - 13310	Vie de S. Friard, recluſ près de Nantes.		583
7915 - 7918	Vies de S. Salvi, Evêque d'Albi. (Voyez auſſi IV. Supplém.)		584
6791	Second Concile de Valence.		584
6464	Concile de Clermont, en 588 ou		584
11991 - 11994	Vie de S. Maur, Abbé de Glaufeuil.		584
	CLOTAIRE II ſuccede à ſon pere Chilpéric I. Roi de Soiſſons.		584
12243	Vie de S. Sylveſtre, Abbé de Réomay.		v. 585
13403	Vie de S. Voug, Ermite en Bretagne.		v. 585
8475 - 8477	Vies de S. Ferréol, Evêque de Limoges.		585
8916 & 8917	Mémoire ſur S. Priſque, Archevêque de Lyon.		585
6601	Second Concile de Mâcon. (On y fit vingt Canons.)		585
12509	Vie de S. Droctovée, Abbé de S. Vincent.		v. 586
9828 - 9830	Vies de S. Prétextat, Archevêque de Rouen.		586
10435 - 10437	Vies de S. Félix, Evêque de Nantes.		587
II. 25008 - 25019	Vies de Ste Radegonde, Reine de France, épouſe de Clotaire I. (Voyez auſſi IV. Supplém. 2514 & ſuiv.)		587
I. 6330	Concile d'Andelot.		587
12136 & 12137	Vie de S. Junien, Abbé de Mairé.		587
10667	Vie de S. Airy, ou Agri, Evêque de Verdun.		588
6520	Concile en Gaule.		588
6730	Concile de Sauriciac, au Diocèſe de Soiſſons.		589
6632	Concile de Narbonne. (On y fit pluſieurs Réglemens.)		589
II. 16069	Chronique de JEAN DE BICLAR, Evêque de Girone.	566	589
I. 6424	Aſſemblée de Châlons-ſur-Saône.		589
6671	Aſſemblée de Poitiers.		589
12151 & 12152	Vie de S. Léobard, Recluſ à Marmoutier.		v. 590
II. 25021	Vie de Ste Géleſvinte, ſeconde épouſe de Chilpéric I.		v. 590
I. 8153 & 8154	Vies de S. Vrain, Evêque de Cavaillon. Le Supplément ſur le Nº 8149 avertit qu'il faut le joindre à ceux-ci.		590
6671	Concile de Poitiers.		590
6616	Concile de Metz.		590
6520	Concile en Gaule, au voiſinage des trois Diocèſes de Clermont, Mende & Rodès.		590
10179	Mémoire ſur S. Agricole, Evêque de Nevers.		v. 591
8374	Vie de S. Sulpice le Severe, Archevêque de Bourges.		591
6639	Aſſemblée de Nanterre, près de Paris.		591
II. 16051	GREGORII Turonenſis Epiſcopi, Hiſtoria Francorum Eccleſiaſtica. Il en eſt auſſi parlé au Tome I. Nº 4905. Il faut voir encore les Pieces qui concernent cette Hiſtoire, II. 16052 - 16057. & il faut y joindre auſſi les Pieces indiquées aux Nºˢ 15878 - 15880. (IV. S.)	177	591
I. 4909	EJUSDEM liber de gloria Confeſſorum. Il faut y joindre ſes Livres de gloria Martyrum, & de Vita Patrum.	I. S.	591
12862 - 12865	Vie de S. Yriez, Abbé en Limoſin. (Voyez auſſi IV. Supplém.)		591
II. 15881	BULTEAU, Annales Francici ex Gregorio.	458	591
I. 10556	Vie de S. Aigulfe, Evêque de Metz.		593
8418	Vie de S. Avit, Evêque de Clermont.		v. 594
8037 - 8039	Vies de S. Théodore, Evêque de Marſeille.		v. 594
6424	Concile de Châlons-ſur-Saône.		594
12582 - 12585	Vie de S. Lomer, Abbé de Courbion.		594
10319 - 10325	Vies de S. Grégoire, Archevêque de Tours.		595
8217	Hiſtoire du B. Marius, Evêque d'Avenche. (Voyez auſſi au Tome IV. le Nº 46811.)		596
12458 & 12459	Vie de S. Evroul, Abbé d'Ouches.		596
	Les deux fils de Childebert II lui ſuccedent: THIERRI II regne à Orléans & en Bourgogne; THÉODÉBERT II en Auſtraſie.		596
II. 25022 & 25023	Mémoires ſur Frédégonde, troiſieme épouſe de Chilpéric I.		597
I. 8061 - 8064	Vies de S. Cyprien, Evêque de Toulon. (Voyez auſſi IV. Supplém.)		v. 598
12471 - 12475	Vie de S. Evrols, Abbé de S. Fuſcien-aux-Bois. (Voyez auſſi le Nº 11581.)		598
10638	Obſervation ſur Autmonde, ou Antimond, Evêque de Toul.		v. 600

Tome V.

Table III.

TOMES & Numéros.		DATES comm. finiss.
I. 8300 & IV. S.	Vie de S. Pallade, Evêque de Saintes.	vers 600
8317 & 8318	Vies de S. Fortunat, Evêque de Poitiers. (*Voyez aussi* IV. S. 47441*.)	v. 600
8973 - 8975	Vies de S. Syagre, Evêque d'Autun.	v. 600
9018	Mémoire sur S. Flavius, Evêque de Châlons-sur-Saône.	v. 600
9188	Histoire de Sédatus, Evêque de Béziers.	v. 600
9370	Vie de S. Béthaire, Evêque de Chartres.	v. 600
4322*	Vie de Ste Austrégilde, mere de S. Leu.	v. 600
4398 & 4399	Vie de Ste Ermelinde, Vierge dans le Brabant.	v. 600
4690 & 4691	Vies de S. Sindoux, au Diocèse de Reims.	v. 600
11511	Actes de S. Vorle, Prêtre de Châtillon-sur-Seine.	v. 600
12769 - 12772	Vie de S. Théodulphe, Abbé du Mont-d'Hor.	v. 600
13328 - 13330	Vie de S. Hospice, Reclus en Provence.	v. 600
9712 - 9714	Vies de S. Honoré, Evêque d'Amiens.	600
12925 - 12927	Vie de S. Martin de Vertou.	600
8109	Mémoire sur S. Fauste, Evêque de Tarbes.	6 ou 7 S.
10474	Mémoire sur S. Gurvalle, Evêque de Saint-Malo.	6 ou 7 S.
11600	Mémoire sur S. Sulin, Abbé.	6 ou 7 S.
4296	Vie de S. Agil, le Vicomte.	VII. S.
IV. S. 4406*	Mémoire sur Ste Eutiele, Vierge en Armorique.	VII. S.
I. 4426	Mémoire sur S. Frise, Martyr au Diocèse d'Ausch.	VII. S.
4486	Mémoire sur S. Gombert, Martyr au territoire de Reims.	VII. S.
4587	Vie de S. Mélaire, *ou Mélar*, Martyr en Bretagne.	VII. S.
4590	Vie de Ste Menehoult, Vierge en Champagne.	VII. S.
4665	Vie de Ste Roleinde, Vierge au Comté de Namur.	VII. S.
4684 & 4685	Vies des SS. Seneri & Serné, freres, Solitaires. (*Voyez aussi le* N° 11036.)	VII. S. VII. S.
4687	Vie de Sainte Sigrade, Veuve à Soissons.	VII. S.
4733	Mémoire sur S. Walbert & Ste Bertille, pere & mere des Stes Vautru & Aldegonde. (*Voyez aussi les* Nos 4342 & 4343.)	VII. S. VII. S.
10445	Mémoire sur S. Mériadec, Evêque de Vannes.	VII. S.
10872	Actes de S. Algis, Prêtre en Thierasche.	VII. S.
10911	Vie de S. Baudouin, Archidiacre de Laon.	VII. S.
10962	Vie de Blithaire, Prêtre.	VII. S.
11243	Vie de S. Lénogesile, Prêtre du Mans.	VII. S.
11349-51 IV. S.	Vie de S. Phalier, Patron de Chablis en Berry.	VII. S.
11451	Vie de S. Serene, Prêtre.	VII. S.
11592	Mémoire sur S. Momble, Abbé à Bourdeaux.	VII. S.
11981	Vie de S. Albert, Abbé de Gambron.	VII. S.
12660 - 12661	Vie de S. Méen, *ou Mandé*, Abbé en Bretagne.	VII. S.
13277 & 13278	Vie de S. Baront & de S. Didier, Ermites.	VII. S.
13296	Vie de S. Duminy, Solitaire en Limosin.	VII. S.
13402	Mémoire sur S. Ulface, Anachorete.	VII. S.
14767	Vie de Ste Adjole, Abbesse dans le Berry.	VII. S.
14768	Mémoire sur Ste Aguilberte, Abbesse de Jouarre.	VII. S.
8918	Mémoire sur S. Æthier, Archevêque de Lyon.	602
10154 - 10157	Vies de S. Aunaire, *ou Aunacaire* Evêque, d'Auxerre.	603
6424	Concile de Châlons-sur-Saône.	603
7904	Vies de S. Arige, Evêque de Gap, (*& non de Vabres.*) Il faut le supprimer du N° 7959.	v. 604
II. 16070	FRECULPHI Episcopi Lexoviensis Chronica. o	606
I. 10710 - 10713	Vies de S. Didier, Archevêque de Vienne.	608
4698	Vie de Ste Tarsice, Vierge dans le Rouergue.	v. 609
8738	Vie de S. Mondolf, (*& non Mondoalde,*) Evêque de Mastricht.	609
10042	Mémoire sur S. Artême, Archevêque de Sens.	609
14725 - 14727	Vie de Ste Glossine, Abbesse à Metz.	610
8190	Vie de S. Nicece, Archevêque de Besançon.	v. 611
IV. S. 8370*	Remarque sur S. Apollinaire, Archevêque de Bourges.	611
I. 9715 - 9718	Vies de S. Sauve, Evêque d'Amiens.	612
II. 25023 - 25029	Mémoires sur Brunehault, épouse de Sigebert I, Roi d'Austrasie.	613
I. 8919 & 8920	Vies de S. Arige, Archevêque de Lyon.	613
III. 35844	CLEMENT, Chronologie historique des 1ers Rois de Bourgogne. 413	613
	Thierri II, qui mourut alors, laissa un fils que quelques-uns nomment SIGEBERT II, mais qui ne lui survécut pas long-tems.	
I. 6656	Concile de Paris, (*réputé National. On y fit quinze Canons.*)	615
6520	Concile en Gaule.	615
12107 - 12110	Vie de S. Colomban, Abbé de Luxeul.	615
8015 & 8016	Vies de S. Virgile, Archevêque d'Arles.	v. 616
10393 - 10396	Vies de S. Lézin, Evêque d'Angers.	616
8738	Vie de S. Gondulf, Evêque de Mastricht, *avec celle de S. Mondolf, (non Modoalde) son prédécesseur.*	617
10714	Mémoire sur S. Domnole, Archevêque de Vienne.	v. 618

Table Chronologique.   93

Tomes & Numéros.		Dates comm.	finiss.
I.	8552 - 8555	Vies de S. Géri, Evêque de Cambrai.		619
	10715	Mémoire sur S. Ethier, Archevêque de Vienne.		vers 620
	8421	Mémoire sur S. Juste, Evêque de Clermont.		v. 620
	9032	Vie de S. Loup, Evêque de Châlons-sur-Saône.		v. 620
	9301 - 9303	Vies de S. Céran, Evêque de Paris.		y. 620
	10557	Vie de S. Arnould, Evêque de Metz.		y. 620
	12587 & 12588	Vie de S. Winebaud, Abbé de S. Loup de Troyes.		v. 620
	12671 - 12674	Vie de S. Mesmin, Abbé de Mici. (*Voyez* IV. *Supplém.*)		y. 620
	13279—13282	Vie de S. Basle, Ermite près de Reims.		y. 620
	14729 & 14730	Vie de Ste Waldrade, Abbesse à Metz.		v. 620
	9532	Histoire de Sonnace, Archevêque de Reims.		620
II.	16073	Chronique ou Histoire des Goths, par S. ISIDORE DE SÉVILLE.	176	621
I.	12781—12783	Vie de S. Valeri, Abbé de Leuconai.		622
	10043—10046	Vies de S. Loup, Archevêque de Sens.		623
	10368	Vie de S. Bertram, Evêque du Mans.		623
II.	25030	Vie de Ste Bertrude, Reine de France, épouse de Clotaire II.		623
I.	8371—8373	Vie de S. Austrégisile, Archevêque de Bourges.		624
II.	16071	APPENDIX ad Chronicon Marii Aventicensis.	581	624
I.	8301	Mémoire sur S. Léonce, Evêque de Saintes.		y. 625
	9625	Vie de S. Leudomer, Evêque de Châlons-sur-Marne.		v. 625
	12100 & 12101	Vie de S. Diel, Abbé de Lure.		y. 625
	12111—12116	Vie de S. Eustase, Abbé de Luxeu.		625
II.	15893	LE COINTE Tabula Chronologica Regum Francorum.	417	625
I.	8191 & 8192	Vies de S. Protade, Archevêque de Besançon.		626
	12289—12291	Vie de S. Amer, premier Abbé de Remiremont.		v. 627
	6601	Concile de Mâcon.		627
	6472	Concile de Clichy, près de Paris.		628
II.	15922 & IV. S.	DE LONGUERUE, Chronologie des Rois Mérovingiens.	414	628
	16074	FRAGMENTA de Regum Francorum rebus piè gestis.	481	628
	16047—16074	Ouvrages qui concernent les regnes des enfans de Clotaire I. (IV. S.)	561	628

DAGOBERT I succede à Clotaire II son pere.   628

I.	6688	Premier Concile de Reims. (*On y fit vingt-cinq Canons.*)		v. 630
	9905, 6. IV. S.	Vies de S. Renobert, Evêque de Baïeux.		v. 630
	9945	Mémoire sur S. Laudulf, ou Landulf, Evêque d'Evreux.		y. 630
	10397-99. IV.S.	Vies de S. Maimbœuf, Evêque d'Angers.		y. 630
	12081	Vie de S. Attale, Abbé de Lérins.		v. 630
	12158 & 12159	Histoire d'Auremond, Abbé de Mairé.		y. 630
	8739	Vie de S. Perpet, Evêque de Liége.		630

Dagobert I donne à son frere CHARIBERT II une partie   630
de l'ancienne Aquitaine.

	13283—13287	Vie de S. Bavon, Ermite de Gand.		631
	9642	Vies de S. Cagnou, Evêque de Laon. (*Il faut réunir ces trois Numéros, & voir le Supplément Tome IV.*)		632
	9645 & 9646			
	14732—14734	Vie de Ste Resticule, Abbesse à Arles.		632
	6472	Concile de Clichy, près de Paris.		636
	8478	Mémoire sur S. Loup, Evêque de Limoges.		v. 637
II.	15902—15909	Pieces sur les années du Roi Dagobert I.	628	638
	16075—16079	Autres Pieces qui concernent le Roi Dagobert I.	628	638

Les deux fils de Dagobert I lui succedent: 638
SIGEBERT II (ou III), en Austrasie ; CLOVIS II en Neustrie
& en Bourgogne.

I.	9749	Vie de S. Achaire, Evêque de Noyon.		639
	4298	Vie de Ste Alene, Vierge & Martyre.		v. 640
	10530	Vie de S. Modoald, Archevêque de Trèves, beaufrere de Pepin de Landen.		v. 640
	13357 & 13358	Vie de S. Liffart, Solitaire.		v. 640
	10558—10562	Vies de S. Alnoulf, Evêque de Metz, aïeul paternel de Pepin de Héristel.		640
III.	31386—31388	Vies du B. Pepin de Landen, Maire du Palais d'Austrasie, aïeul maternel du Duc Pepin de Héristel, (*avec lequel on l'a quelquefois confondu,*) & trisaïeul, (*non bisaïeul*) du Roi Pepin le Bref.		640
II.	25031	Vie de Nanthilde, Reine de France, épouse de Dagobert I.		641
	16081	FREDEGARII Scholastici Chronicon. (*Il faut aussi voir le Numéro précédent 16080, & les suivans, 16082—16087.*)	584	641
I.	11583	Vie de S. Ethbin, Abbé en Bretagne.		v. 642
	8375—8380	Vie de S. Sulpice le Pieux, Archevêque de Bourges.		644
	9831—9853	Vies, &c. de S. Romain, Archevêque de Rouen. (*Voy. IV. Suppl.*)		645
	6368	Concile d'Orléans.		645
	12736—12739	Vie de S. Riquier, Abbé de Centule.		645
	11224 & 11225	Vie de S. Landoul, Archiprêtre.		646

Table III.

Tomes & Numéros.		Dates comm.	finiss.
I.	13319—13322 Vie de S. Goar, Anachorete.		vers 649
	10668 Vie de S. Paul, Evêque de Verdun.		649
	1656 Concile de Paris.		649
	9596 Vie de S. Anfaric, Evêque de Soissons.		v. 650
	10455 Vie de S. Golvene, (& non Colvene) Evêque de Léon.		v. 650
	4697 Vie de Ste Syre, au Diocèse de Troies.		v. 650
	11028—12033 Vie de S. Fursi, Abbé de Lagny.		v. 650
	12784 & 12785 Vie de S. Blimond, Abbé de S. Valeri.		v. 650
	13305 & 13306 Vie de S. Flavie, Ermite.		v. 650
	13307 Vie de S. Frambaud, Solitaire.		v. 650
	14735 Vie de Ste Eustandiole, Fondatrice d'un Monastere en Berry.		v. 650
	14736 & 14737 Vie de Ste Angadrême, Abbesse d'Oroër.		v. 650
	6424 Concile de Châlons-sur-Saône. (On y fit vingt Canons.)		v. 650
	6698 Concile de Rouen.		650
	8193 Histoire de S. Donat, Archevêque de Besançon.		v. 651
	4294 Vie de S. Adalbaud, mari de Ste Rictrude.		v. 652
	8319 Vie de S. Emmeran, Evêque de Poitiers.		652
	9033 & 9034 Vies de S. Grat, Evêque de Châlons-sur-Saône. (Voy. IV. Suppl.)		652
	15020 Vie de Ste Ideburge, ou Itte, Religieuse de Nivelle.		652
	10372 & 10373 Vies de S. Chadouin, Evêque du Mans.		653
	11722—11724 Vie de S. Longils, Abbé de Boisseliere.		653
	12292—12295 Vie de S. Romaric, Abbé de Remiremont.		653
	7944—7947 Vies de S. Didier, ou Géry, Evêque de Cahors.		v. 654
	4603 Vie de Ste Montaine.		v. 654
II.	16088 Aimoini, Monachi, Historia Francorum. (Il faut aussi voir les Numéros suivants 16089—16093, & IV. Supplém.)	481	654
I.	8493 Mémoire sur S. Agreve, ou Agripan, Evêque du Puy.		655
	12398—12400 Vie de S. Cyran, Abbé de Longoret.		v. 655
	14738—14740 Vie de Ste Salaberge, Abbesse à Laon.		v. 655
	14878—14886 Vie de Ste Fare, Abbesse d'Eboriac.		v. 655
II.	15903 & 15904 Dissertations sur les années de Clovis II.	638	656

CLOTAIRE III succede à son pere Clovis II, Roi de Neustrie & de Bourgogne : Et bientôt après à son oncle Sigebert II, Roi d'Austrasie. — 656

I.	6732 Concile de Sens. (On y fit quelques Réglemens.)		v. 657
	6630 Concile de Nantes. (On y fit vingt Canons.)		v. 658
	10492 Histoire de S. Budoc, Evêque de Dol, ou de Vannes.		v. 658
	15013—15019 Vie de Ste Gertrude, premiere Abbesse de Nivelle.		658
	9750-55. IV. S. Vies de S. Eloi, Evêque de Noyon.		659
	6472 Assemblée de Clichi, près de Paris.		659
	9304—9308 Vies de S. Landri, Evêque de Paris.		v. 660
	9768—9771 Vies de S. Omer, Evêque de Terouanne. (Voyez IV. Supplém.)		v. 660
	8921—8923 Vies de S. Chaumont, ou Annemond, Archevêque de Lyon.		v. 660
	9948 Mémoire sur S. Eterne, Evêque d'Evreux.		v. 660
	12591—12594 Vie de S. Clair, Abbé de S. Marcel de Vienne.		v. 660
	14741 & 14742 Vie de Ste Théodéchilde, Abbesse de Jouarre.		v. 660
	10910 Vie de S. Galmier, Soudiacre de Lyon.		v. 660
IV.	S. 46733* Histoire de Frédegaire.		v. 660
I.	12277—12279 Vie de S. Ayle, Abbé de Rebais. (Voyez aussi IV. Supplém.)		660

CHILDÉRIC II, second fils de Clovis II, est proclamé Roi d'Austrasie. — 660

	10158 Mémoire sur S. Pallado, Evêque d'Auxerre.		v. 661
	8441—8443 Vies de S. Genès, Evêque de Clermont.		662
	8663 & 8664 Vies de S. Cunibert, Archevêque de Cologne.		663
	10102 Mémoire sur S. Leucone, Evêque de Troies.		665
	11117—12120 Vie de S. Gaubert, Abbé de Luxeu.		665
	11999 & 12000 Vie de S. Germain, Abbé de Granval.		v. 666
	14745-48.IV.S. Vie de Ste Aure, Abbesse de S. Martial, à Paris.		666
	10563 & 10564 Vies de S. Goéric, ou Abbon, Evêque de Metz.		v. 667
	8744. IV. S. Vie de S. Rémacle, Evêque de Mastricht.		668
	8692 Gesta Episcoporum Tungrensium, Trajectensium & Leodiensium, autore Notgero, Episcopo Leodiensi.	3 ou 4 s.	668
	8707 Gesta eorumdem Pontificum, autore Hatigero, Abbate Lobiensi.	3 ou 4 s.	668
	13337—13339 Vies de S. Josse, Prince de Bretagne. (Voyez aussi les Numéros 4517 & 4518, & 13341.)		v. 669
	8745 Vie de S. Théodard, Evêque de Mastricht.		669
	9533—9535 Vies de S. Nivard, Archevêque de Reims.		669
	8556 & 8557 Vies de S. Aubert, Evêque de Cambrai.		669
	11638 Histoire de Jonas, que l'on croit Abbé d'Elnone.		v. 670
	11902 Vie de S. Ermenfred, premier Abbé de Cusance.		v. 670
	12296 & 12297 Vie de S. Adelphe, Abbé de Remiremont.		v. 670
	13301—13304 Vie de S. Fiacre, Anachorete.		v. 670

Table Chronologique.

Tomes & Numéros.		Dates comm.	finiss.
I. 9971	Vie de S. Milhard, Evêque de Séez.		vers 670
4304 & 4305	Vie de Ste Amalberge, Veuve, mere de Ste Gudule.		670
	THIERRI III, troisieme fils de Clovis II, est proclamé Roi de Neustrie & de Bourgogne, après la mort de son frere Clotaire III. Mais bientôt après il est détrôné, & Childéric II est proclamé Roi de toute la France.		670
4724 & 4725	Vies de S. Vincent de Soignies, dit Mauger.		v. 672
9407—9409	Vies de S. Faron, Evêque de Meaux.		672
12841—12845	Vie de S. Wandrille, Abbé de Fontenelles.		672
12236 & 12237	Vie de S. Frobert, Abbé de Moustier-la-Celle.		v. 673
14937—14941	Vie des Stes Bove & Dode, Fondatrices de S. Pierre de Reims.		v. 674
8444—8447	Vies de S. Prix, Evêque de Clermont.		674
	DAGOBERT II, fils de Sigebert II, est reconnu Roi d'Austrasie, après la mort de Childéric II : Et Thierri III remonte sur le trône de Neustrie & de Bourgogne.		674
10047 & 10048	Vies de S. Gondelbert, Archevêque de Sens.		v. 675
10218 & 10219	Vies de S. Erembert, Evêque de Toulouse.		v. 675
4555	Vie de S. Magnebert, Martyr en Bresse.		v. 675
4628 & 4629	Martyre de S. Rambert, en Bresse.		v. 675
12034 & 12035	Vie de S. Eminien, Abbé de Lagny.		v. 675
12082—12087	Vie de S. Ayou, Abbé de Lérins.		v. 675
12787	Histoire de Raimbert, Abbé de Saint-Valery.		v. 675
9597—9599	Vies de S. Draufin, Evêque de Soissons.		v. 676
6363	Concile d'Autun, vers l'an 663 ou 670 ou		676
10565	Vie de S. Godon, Evêque de Metz.		v. 677
13367	Vie de S. Mauger, Solitaire.		v. 677
4599	Vie de S. Mommolin, ou Mommole, Abbé de Fleury, Patron de Bordeaux. (Voyez aussi les Numéros 11963 & 11964.)		v. 678
8978—8985	Vies de S. Léger, Evêque d'Autun.		678
9132	Vie de S. Arbogaste, Evêque de Strasbourg.		678
6520	Concile en Gaule.		679
II. 15902	Piece qui concerne les années des deux Dagoberts.	628	679
15900	DANIEL, Chronologie des Rois de la premiere Race.	481	679
16075—16109	OUVRAGES qui concernent les enfans de Clotaire II. (IV. S.)	628	679
	Fin du Royaume d'Austrasie, dont les Ducs Martin & Pepin de Héristel se rendent maîtres, après la mort de Dagobert II.		
I. 9410—9412	Vies de S. Hildevert, Evêque de Meaux.		v. 680
10103	Recherches sur Waymer, Evêque de Troies.		v. 680
10180 & 10181	Vies de S. Dié, Evêque de Nevers. (Voyez aussi le N° 4376.)		v. 680
11688—11690	Vie de S. Rouin, Abbé de Beaulieu.		v. 680
12752	Vie de S. Sidoine, Abbé en Caux.		v. 680
14749,50. IV S.	Vie de Ste Eusébie, Abbesse en Hainaut.		v. 680
14887	Vie de Ste Aubierge, Abbesse de Faremoutier.		v. 680
9309 & 9310	Vies de S. Agilbert, Evêque de Paris.		680
II. 25032—25038	Vies de Ste Bathilde, Reine de France, épouse de Clovis II.		680
16081	I. CONTINUATION de la Chronique de Frédégaire.	641	680
I. 11587	Mémoire sur S. Généreux.		v. 682
12156—12158	Vie de S. Humbert, Abbé de Maroilles, en Hainaut.		v. 682
6520	Concile en Gaule.		v. 683
9854—9859	Vies de S. Ouën, Archevêque de Rouen.		683
9756 & 9757	Vies de S. Mommolin, Evêque de Noyon.		683
10161	Vie de S. Vigile, Evêque d'Auxerre.		683
12017—12019	Vie de S. Filbert, Abbé de Jumieges. (Voyez aussi le N° 11584.)		v. 684
14751—14755	Vie de Ste Aldégonde, Abbesse de Maubeuge.		v. 684
8740—8743	Vies de S. Amand, Evêque de Liége. (Voyez aussi les Numéros 12315—12317, & IV. Supplém. 12315*.)		684
13360 & 13361	Vie de S. Mauguille, Ermite dans le Ponthieu. (Voyez aussi le N° 13363.)		v. 685
12176—12178	Vie de S. Berchaire, Abbé de Monstier-en-der.		685
15021—15024	Vie de Ste Vautrude, Fondatrice des Chanoinesses de Mons. (Voyez aussi le N° 14731.)		686
12222—12224	Vie de S. Outain, Abbé du Mont-S.-Quentin.		686
9130 & 9131	Vies de S. Florent, Evêque de Strasbourg.		687
12376	Vie de S. Siviard, Abbé de Saint-Calais.		687
11919	Vie de S. Vaneng, Fondateur de l'Abbaye de Fescan.		v. 688
9536	Mémoire sur S. Réole, Archevêque de Reims.		688
12551—12553	Vie de S. Germer, Abbé de Flaye.		688
8448	Mémoire sur S. Avite II, Evêque de Clermont.		v. 689
11676—11680	Vie de S. Godon, Abbé d'Augie.		v. 690
11871	Eloge de S. Théofrid, Abbé de Corbie.		v. 690
14756—14759	Vie de Ste Hunégonde, Vierge d'Hombliéres.		v. 690

Table III.

Tomes & Numéros.		Dates comm.	finiss.
I.	14760—14761 Vie de Ste Landrade, Fondatrice de l'Abbaye de Munster-Belise.		vers 690
	10049—10053 Vie de S. Amé, Archevêque de Sens.		690
	12561—12565 Vie de S. Guislain, Abbé de la Celle en Hainaut.		691
II.	16110 Fragmenta de rebus piè gestis filiorum Clodovei II.	656	691
	Clovis III succede à son pere Thierri III, Roi de Neustrie & de Bourgogne.		691
I.	14718 & 14719 Vie de Ste Begge, Duchesse de Brabant.		693
	14388 Mémoire sur Ste Sethride, Abbesse de Faremoutier.		v. 693
	9946 & 9947 Vies de S. Aquilin, Evêque d'Evreux.		695
	Childebert III, frere de Clovis III, lui succede.		695
	10183 & 10184 Vies de S. Ithier, Evêque de Nevers.		v. 696
	8179—8189 Vies de S. Claude, Archevêque de Besançon, & Pieces qui le concernent. (*Voyez encore* IV. *Supplém.*)		696
	8746—8759 Vies de S. Lambert, Evêque de Mastricht. (IV. *Suppl.* 8760.)		696
	10566—10568 Vies de S. Cloud, Evêque de Metz.		696
	11895—11898 Vie de S. Landelin, Abbé de Crespin.		v. 697
	6819 Concile d'Utrecht. (*Faux*; *voyez-le vers* 720.)		697
	12010—12024 Vie de S. Aicard, Abbé de Jumieges.		697
	14762,63.IV.S. Vie de Ste Richtrude, Abbesse de Marchiennes.		697
	14743 & 14744 Vie de Ste Anstrude, Abbesse à Laon.		v. 698
	6698 Concile de Rouen, en 682, ou		698
	8924 & 8925 Mémoires sur S. Lambert, Archevêque de Lyon.		698
	9860—9863 Vies de S. Ansbert, Archevêque de Rouen.		698
	11493—11496 Vie de S. Tron, Prêtre au Diocèse de Liége.		698
	10531 & 10532 Vies de S. Basin, Archevêque de Trèves.		v. 700
	9413 & 9414 Vie de S. Ebregisil, Evêque de Meaux.		v. 700
	9970 & 9971 Vie de S. Annobert, Evêque de Séez.		v. 700
	10446 Mémoire sur S. Bille, Evêque de Vannes.		v. 700
	10569 Vie de S. Landri, Evêque de Metz.		v. 700
	4402 Actes de S. Evermer, Martyr au pays de Liége.		v. 700
	4481—4483 Vies de Ste Godeberte, Vierge à Noyon.		v. 700
	4502 Vie de Ste Herdelande (*ou* Berelende), Vierge en Brabant.		v. 700
IV.	S. 4705* Mémoire sur les Stes Valérie & Pollene, Vierges au Diocèse de Cambrai.		v. 700
I.	11594 Mémoire sur S. Patrice, Abbé dans le territoire de Nevers.		v. 700
	12052 Vie de S. Hidulphe, Abbé de Laubes.		v. 700
	12318 Mémoire sur le B. André, Abbé de S. Amand.		v. 700
	12603—12608 Vie de S. Merry, Abbé d'Autun.		v. 700
	12881 & 12882 Vie de S. Hadelin, Fondateur de l'Abbaye de Selles, en Ardenne.		v. 700
	12895 Mémoire sur S. Papolein, Abbé de Stavelo.		v. 700
	14889 & 14890 Vie de Ste Artongate, Religieuse de Faremoutier.		v. 700
	8127—8129 Vies de S. Agricole, Evêque d'Avignon. (*Voyez* IV. *Supplém.*)		700
	8712 Gloria Leodiensis Ecclesiæ, per septem prima secula.	I. S.	700
	10639 Mémoire sur S. Jacques, Evêque de Toul.		VIII. S.
	8302 Mémoire sur S. Dicence, ou Dizance, Evêque de Saintes. (*inconnu.*)		VIII. S.
	4323 & 4324 Vies de Ste Aye, Comtesse de Hainaut.		VIII. S.
	4380 & 4381 Vie de Ste Dympne, Vierge & Martyre en Brabant.		VIII. S.
	4507 Vie de Ste Ninnoque, Vierge en Basse-Bretagne.		VIII. S.
	4727—4729 Vies de Ste Ulphe, Vierge à Amiens. (*Voyez aussi le* N° 4377, & IV. *Supplém.*)		VIII. S.
IV.	S. 4734* Mémoire sur S. Wasnulphe, à Condé en Hainaut.		VIII. S.
I.	11198 Vie de S. Himmelin, Prêtre dans le Brabant.		VIII. S.
	11340 Mémoire sur S. Patu, Chanoine de Meaux.		VIII. S.
	12164 & 12165 Vie de S. Mauronte, Abbé de Bruel.		701
	14866 & 14868 Vie de Ste Bertille, Abbesse de Chelles.		v. 702
	12888 Vie de S. Theau, *ou* Tillon, Moine de Solignac. (*Voyez aussi le* N° 13394.)		702
	14776 Mémoire sur la Bienheureuse Clotsinde, Abbesse de Marchienes.		v. 703
	14769—14775 Vie de Ste Austreberte, Abbesse de Pavilli.		703
	8558—8560 Vies de S. Vindicien, Evêque de Cambrai.		v. 705
	12306 & 12307 Vie de S. Bertoul, Abbé de Renty.		705
	10533—10535 Vies de S. Hidulphe, Archevêque de Trèves.		707
	10570 Mémoire sur S. Abbon, Evêque de Metz.		707
	8449—8451 Vies de S. Bonet, Evêque de Clermont. (*Voyez* IV. *Supplém.*)		v. 709
	10159 & 10560 Vies de S. Tétrique, Evêque d'Auxerre.		v. 709
	12369—12371 Vie de S. Bertin Abbé du Monastere de son nom.		v. 709
	12856—12861 Vie de S. Valmer, *ou* Samer, Abbé de Silviac.		v. 710
	Dagobert III succede à son pere Childebert III, dans le Royaume de Neustrie & de Bourgogne.		711
	4487—4490 Vies de Ste Gudule, Vierge en Brabant.		v. 712
	11731 Vies de S. Hucbert, Moine de Brétigni.		v. 712

I. 8562 Mémoire

Table Chronologique.

Tomes & Numéros.		Comm.	Finiss.
I. 8562	Mémoire sur S. Ablebert, ou Emebert, (non Ennebert,) Evêque de Cambrai.		vers 713
12053—12055	Vie de S. Ursmar, Abbé de Laubes.		713
4608	Vie de Ste Noïtburge, Vierge à Cologne.		714
	Charles-Martel succede à son pere Pepin de Hériftel, Duc d'Auftrafie.		715
	CHILPERIC II, fils de Childéric II, Roi d'Auftrafie, eft mis fur le trône de Neuftrie & de Bourgogne, après la mort de Dagobert III.		715
12936 & 12937	Vie de S. Vinock, Abbé en Flandres.		v. 717
9772 & 9773	Vie de S. Silvin, Evêque de Térouanne.		717
10716	Mémoire sur S. Bobolin, (& non Dodolin,) Archevêque de Vienne.		v. 718
9924	Mémoire sur S. Autpert, Evêque d'Avranches.		v. 720
6819	Concile d'Utrecht.		v. 720
11658—11661	Vie de S. Herbland, Abbé d'Aindre. (IV. Supplém.)		v. 720
11978 & 11979	Vie de S. Evremont, Abbé de Fontenai-Louvet.		v. 720
14777—14780	Vie de Ste Berte, Abbeffe de Blangi. (IV. Supplém.)		v. 720
15025—15027	Vie de Ste Odile, Abbeffe en Alface.		v. 720
10054—10056	Vies de S. Vulfran, Archevêque de Sens.		720
12160 & 12161	Vie de S. Mendé, Abbé de Menat.		720
	THIERRI IV, dit DE CHELLES, fils de Dagobert III, eft fubftitué à Chilpéric II, fur le trône de Neuftrie & de Bourgogne.		720
8130	Mémoire fur S. Veredeme, Evêque d'Avignon.		722
12846	Vie de S. Conded, Moine de Fontenelle.		723
12827	Vie de S. Benigne, Abbé de Fontenelle.		723
II. 16119	GESTA Regum Francorum epitomata.	481	v. 725
I. 10438	Mémoire fur S. Emilien, Evêque de Nantes.		v. 726
12715—12717	Vie de S. Paterne, Moine de S. Pierre-le-vif.		726
8761—8766	Vies de S. Hubert, Evêque de Liége.		727
11736—11738	Vie de S. Chafre, ou Théofrid, Abbé de Carmery.		v. 728
8561 & 8599	Mémoires fur S. Hadulphe, Evêque de Cambrai & d'Arras.		728
12088 & 12089	Vie de S. Porcaire, Abbé de Lérins. (IV. Supplém.)		v. 730
9864 & 9865	Vies de S. Hugues, Archevêque de Rouen.		730
10425	Vie de S. Moran, Evêque de Rennes. (IV. Supplém.)		730
13366	Vie de S. Marin, Hermite & Martyr en Auvergne.		v. 731
4401	Mémoire fur S. Eudalde, (& non Eudelbe,) en Gafcogne.		v. 735
6805	Premier Concile de Verberie.		v. 735
II. 16121	HISTORIA Francorum, juffu Childebrandi Comitis exarata. (Seconde continuation de la Chronique de Frédégaire. Voyez le N° 16081.)	680	735
I. 10717	Mémoire fur S. Auftrebert, Archevêque de Vienne, vers 719, ou		736
12004—12006	Vie de S. Pardou, Abbé de Gueret. (IV. Supplém.)		737
12057—12059	Vie de S. Erme, Abbé de Laubes.		737
16122	ERCHAMBERTI (non Erchanberti) Fragmentum, ex Breviario Regum Francorum.	613	737
	Mort de Thierri IV. Interregne de cinq ans.		737
11899—11901	Vie de S. Leufroi, Abbé de Madri, ou la Croix-Saint-Leufroi.		v. 738
9468 & 9469	Vies de S. Eucher, Evêque d'Orléans.		738
8809 & 8810	Vies de S. Willebrord, Evêque d'Utrecht.		v. 739
	PAULI Diaconi Fragmentum, de geftis Longobardorum.	553	739
4295	Vie du Comte S. Adelbert.		v. 740
4377	Vie de S. Domice, Prêtre, au Diocèfe d'Amiens. (Voyez auffi le N° 4728.)		v. 740
12060	Mémoire fur S. Ulgis, Abbé de Laubes.		v. 740
III. 31589	Vie de Charles - Martel, Maire du Palais, & Duc d'Auftrafie, pere du Roi Pepin le Bref. (Il faut auffi voir le N° 16123, Tome II.)		741
	Carloman & Pepin le Bref fuccedent à leur pere Charles-Martel, Duc d'Auftrafie & des François.		741
	Carloman fe retire, en 747, & laiffe Pepin feul Duc d'Auftrafie & des François.		
II. 16128	HISTORIA de origine & geftis Francorum.	o	741
I. 10057—10059	Vies de S. Ebbon, Archevêque de Sens.		v. 741
9774	Vie de S. Erkembodon, Evêque de Terouenne.		742
	CHILDERIC III, fils de Chilpéric II, eft mis, par Pepin le Bref, fur le trône de Neuftrie & de Bourgogne.		742
9537—9539	Vies de S. Rigobert, Archevêque de Reims.		v. 743
6567	Concile de Liptine, ou Leftines. (On y fit quatre Canons.)		743
9758	Mémoire fur S. Evence, Evêque de Noyon.		744

Tome V.

Table III.

TOMES & Numéros.			DATES comm.	DATES finiss.
I.	6745	Premier Concile de Soissons. (*On y fit dix Canons.*)		744
	14781 & 14782	Vie de Ste Herdelinde, Abbesse d'Eike, en Flandre.		vers 745
	11933	Eloge du vénérable Widrade, Abbé de Flavigni.		745
	8767 & 8768	Vies de S. Florebert, Evêque de Liége.		746
	10486 & 10488	Vies de S. Turiaf, Evêque de Dol.		749
II.	15893	Le Cointe, secunda Tabula Chronologica Regum Francorum.	692	749
I.	9540	Vie de S. Abel, Archevêque de Reims. (IV. *Supplém.*)		v. 750
	8592	Mémoires pour servir à l'Histoire Ecclésiastique du Diocèse d'Arras.		v. 750
II.	16131	Lamberti Schafnaburgensis Fragmentum.	710	750
	16110—16137	Ouvrages qui concernent les regnes des successeurs de Clovis II. (*Voyez aussi* IV. *Supplém.*)	656	752
I.	4237	Modeste de S. Amable, Monarchie Sainte & historique de France. (*Voyez aussi* IV. *Supplém.*)	481	752
II.	15883	Bucherii Annotatio de Chronologia Regum Francorum Merovædarum.	481	752
	15887	de Longuemare, Dissertation sur la Chronologie des Rois Mérovingiens. (*Il faut voir les* Nos 15888 & 15889, & IV. *S.*)	638	752
	15890	le Fevre, Essai Chronologique touchant les années des regnes de nos premiers Rois.	481	752
	15892	Gebhardus, Reges Francorum Merovingici.	382	752
	15895	Allen, Dissertatio Chronologica, à Pharamundo ad Pipinum.	420	752
	15896	Henschenii, Francorum Regum Chronologia. (*On peut voir les* Nos 15897 & 15898.)	481	752
	15899	Labbe, Chronologie des Rois de France.		
IV.	S. 15900*	de Fontette, Chronologie des Rois de France de la premiere Race.	414	752
II.	15910	Lacarry, Dissertatio Chronologica de principio & exitu Regni, Regumque Franciæ primæ Familiæ.	481	752
	15921	d'Amyens, Mémoire pour servir à l'Histoire des premiers tems de la Monarchie Françoise. (IV. *Supplém.*)	481	752
	15922	de Longuerue, Chronologia Regum Francorum.	628	752
	15924	de Longuemare, Lettre sur l'Histoire de France de la premiere Race. (*Voyez aussi* IV. *Supplém.*)	481	752
	16081	Appendix ad Fredegarium, (*ou* III. *Continuation.*)	736	752
	16120	Appendix ad gesta Francorum.	737	752
	16132	Chronicon brevissimum Regum Francorum.	678	752
	16133	Fragmentum historicum de Regibus Francorum.	631	752
	16138	Trithemii, Compendium de origine Gentis & Regum Francorum.	440	752
	16140	Chronicon brevissimum Regum Francorum. (*Ce n'est peut-être qu'une seconde copie du* N° 16132.)	674	752
IV.	S. 16140*	Gesta Francorum.	0	752
II.	16141	Epitome in primam Regiam Francorum Stirpem.	481	752
	16142	Tarault, Annales de France.	420	752
	16143	Valesii (Hadriani) Gesta Francorum.	254	752
	16144	Jourdan, Histoire de France.	245	752
	16147 & 16148	de Saint-Remy, Mémoires sur l'Histoire de France.	481	752
IV.	S. 16148*	Marnezia, Réflexions sur l'Histoire de France.	481	752
II.	16149	Excerpta ex vitis Sanctorum de Francorum regibus primæ stirpis.	481	752
	16150	Excerpta ex Conciliis de iisdem Regibus.	481	752
IV.	S. 16151*	Dissertation sur les premiers tems de la Monarchie Françoise.	481	752
	S. 16151**	Hæckel, Annales breves Regum Merovæorum.	481	752
III.	29725—29733	Pieces qui concernent les Rois de la premiere race. *Il faut voir encore sur cette premiere Race la note qui se trouve au Tome II, sous le* N° 16153, *& qui termine ce qui regarde cette Race.*	481	752

III. PARTIE. *Chronologie de la seconde Race de nos Rois, dite des Carliens, ou Carlovingiens.*

Tomes & Numéros.		Dates commençantes.	finissantes.
	Pepin, dit LE BREF, est proclamé Roi des François.		752
	Comme il est le premier Roi de la seconde Race, il en est réputé le chef, quoiqu'elle tire son nom de Charles-Martel son pere, comme la premiere tire son nom de Mérovée, aïeul de Clovis.		
I. 6616	Concile de Metz. (*Assemblée mixte d'Evêques & d'Officiers du Roi.*)		753
9088—9093	Vies de S. Boniface, Archevêque de Mayence, Chancelier du Roi Pepin. (*Voyez aussi* IV. *Suppl.*)		754
II. 16162	DE LONGUERUE, Annales. (*Voyez aussi le* N° 15922.)	628	754
I. 6806	I. Concile de Vern, entre Paris & Compiegne. (*On y fit vingt-cinq Canons.*)		755
11639 & 11640	Vie de S. Carloman, Duc des François, & Moine du Mont-Cassin.		755
6567	Concile de Liptines, *ou* Lestines.		756
12848	Vie de S. Wandon, Abbé de S. Wandrille.		756
6476	Concile de Compiegne. (*On y fit dix-huit Canons.*)		757
6476	Assemblée de Compiegne.		758
III. 37718	CLÉMENT, Chronologie historique des Rois Visigoths, d'Aquitaine, & de la Gaule Narbonnoise, & révolutions de la Septimanie sous les Sarrasins.	412	759
I. 4436—4439	Vies de S. Gengou, Martyr en Bourgogne.		vers 760
12061	Mémoire sur S. Amulwin, Abbé de Laubes.		v. 760
6488	Concile ou Assemblée de Duren, au pays de Juliers.		761
6516	Concile de Fréjus.		761
6820	Concile de Volvic.		761
IV. S. 10668*	Vie de S. Magdalvée, Evêque de Verdun.		v. 762
I. 6641	Assemblée de Nevers.		763
6821	Assemblée de Wormes.		764
6355	Assemblée d'Attigni.		765
10571—10575	Vies de S. Grodegand, ou Chrodegand, Evêque de Metz.		766
6368	Assemblée d'Orléans.		766
6406	Concile de Bourges.		767
6525	Concile de Gentilli, près de Paris.		767
III. 39332	VREDII Historia Comitum Flandriæ.	481	767
IV. S. 9170*	Remarques sur Aribert, Archevêque de Narbonne.		v. 768
I. 6718	Concile de Saint-Denys.		768
II. 15736	RONSARD, la Franciade. (*Voyez aussi* IV. *Suppl.*)	481	768
15882	BULTEAU, Annales Francici, ex Fredegario. (*Voyez aussi le* N° 16172, & IV. *Suppl.* 15882.)	593	768
16163	FRAGMENTA diversorum Scriptorum, de gestis Carlomanni & Pipini Regis.	741	768
16165	APPENDIX ad Fredegarium, (*ou* IV. *Continuation. Voyez le* N° 16081.)	752	768
16166	CHRONICON brevissimum Regum Francorum.	584	768
16171	LE MAIRE, les Illustrations de la Gaule.	0	768
16172	BULTEAU, Annales Francici, ex veteribus Auctoribus qui Gregorium Turonensem præcesserunt, (simul & ex ipso Gregorio, atque Fredegario.) (*Il paroît que ce sont les trois parties de l'Ouvrage dont les deux dernieres ont été indiquées aux* Nos 15881 & 15882.)	255	768
16154—16175	OUVRAGES qui concernent le regne de Pepin. (IV. *Suppl.*)	752	768
	CHARLES, dit Charlemagne, & CARLOMAN son frere, succedent à Pépin leur pere.		768
	Carloman mourut dans la quatrieme année de son regne, & Charlemagne demeura maître de toute la Monarchie.		
I. 14764—14766	Vie de Ste Ségoulaine, Abbesse de Troclar.		v. 769
9971—9976	Vies de S. Godegrand, Evêque de Séez, & Pieces qui le concernent. (*Voyez aussi* IV. *Suppl.*)		v. 770
7948—7951	Vies de S. Ambroise, Evêque de Cahors.		v. 770
6821	Concile de Wormes.		770
14852—14856	Vie de Ste Opportune, Abbesse de Montreuil.		770
II. 16179	FRAGMENTA veterum Scriptorum, de Pipino & Carolo magno.	742	770
I. 9866—9668	Vies de S. Remi, Archevêque de Rouen.		771
6790	Concile de Valenciennes.		771

Tome V.

Table III.

Tomes & Numéros.		Dates comm.	finiss.
I.	4306	Vie de Ste Amalberge, Vierge, (*Voyez aussi* IV. *Suppl.*)		772
	6821	Concile de Wormes.		772
	6522	Concile de Geneve.		773
	4496 & 4497	Vie de S. Gomer, en Brabant.		774
II.	16182	Pauli Diaconi Fragmentum de rebus Pipini & Caroli magni.	741	774
I.	4534	Vie de S. Libert de Malines, & de ses Compagnons, Martyrs.		775
	6488	Concile de Duren, au pays de Juliers.		775
	8811	Vie de S. Grégoire d'Utrecht.		776
	6821	Concile de Wormes.		776
	11236	Vie de S. Lebwin, Prêtre.		776
	12056	Mémoire sur S. Théodulphe, Abbé de Laubes.		776
	6488	Concile de Duren, au pays de Juliers. (On y fit vingt-quatre Canons.)		779
	6474	Concile de Cologne.		782
II.	25041	Vie de la Bienheureuse Hildegarde, Reine de France, seconde femme de Charlemagne.		783
I.	12424—12427	Vies de S. Fulrad, Abbé de S. Denys, & Archichancelier de Charlemagne.		784
	8812	Observations sur Albéric, Evêque d'Utrecht.		784
	6821	Concile de Wormes.		786
	9094—9096	Vie de S. Lulle, Archevêque de Maïence.		787
	6821	Concile de Wormes.		787
	6632	Concile de Narbonne.		788
	6341	Concile ou Capitulaire d'Aix-la-Chapelle.		789
	14783 & 14784	Vie de Ste Hiltrude, Vierge dans le Hainaut.		vers 790
II.	16208	Annales Francici, (sive Nazariani.)		790
I.	10577	Histoire d'Angelramne, Evêque de Metz.	707	791
	6516	Assemblée de Fréjus.		791
II.	16211	Erchemberti Monachi Fragmentum.	781	793
	16212	Anastasii Bibliothecarii Fragmentum.	742	795
	16214	Annales Francorum, (Labbeani.)	726	796
	12025	Eloge de S. Tassillon, Moine de Jumieges.		v. 798
	16218	Chronicon vetustissimum.	708	798
	16222	Chronicon brevissimum.	697	799
I.	6341	Concile d'Aix-la-Chapelle.		799
	8896	Mémoire sur S. Albric, ou Aldric, Evêque d'Autun.		v. 800
	10616	Système Chronologique & historique des Evêques de Toul.		v. 800
	9541	Histoire de Tilpin, Archevêque de Reims.		v. 800
	12570	Vie de S. Beregis, Fondateur de l'Abbaye de S. Hubert.		v. 800
	12657 & 12658	Vie de S. Voël, Moine de Soissons.		v. 800
	13371	Vie de S. Namphase, Ermite.		v. 800
	14785	Vie de Ste Aldetrude, Abbesse de Maubeuge.		v. 800
	6783	Concile de Tours.		800
	6821	Concile de Wormes.		800
	12062	Histoire d'Anson, Abbé de Laubes.		800
III.	29150	Barbeyrac, Histoire des anciens Traités.		800
		Charlemagne est couronné Empereur à Rome.		800
II.	16223	Annales Francorum, (Petaviani.)	708	800
I.	4711	Vie de S. Veron, aux frontieres du Hainaut.		IX. S.
	11595	Mémoire sur S. Quinibert, Moine en Hainaut.		IX. S.
	4673 & 4674	Vie de S. Sauge & de S. Supéri, Martyrs à Valenciennes.		801
	6341	Concile ou Capitulaire d'Aix-la-Chapelle.		802
	11922—11927	Vie du B. Alcuin, Abbé de Ferrieres.		804
	6520	Concile en Gaule.		v. 805
	6752	Assemblée ou Capitulaire de Thionville.		v. 805
IV.	S. 14875**	Vie de Ste Ragenfrede, Abbesse de Denain.		805
II.	16223	Annales Francorum, (Tiliani.)	708	808
	16234	Annales Francorum, (Colbertini.)	742	809
	16235	Eginhardi Breviarium Chronologicum.	0	809
I.	6341	Assemblée ou Capitulaire d'Aix-la-Chapelle.		809
	12849	Mémoire sur le vénérable Hardouin, Reclus de S. Vandrille.		810
II.	16205	Chronicon breve (Bedanum.)	0	810
I.	12558—12561	Vie de S. Guillaume, Duc de Septimanie. (IV. *Suppl.*)		v. 812
	6344	Sixieme Concile d'Arles.		813
	6611	Concile de Mayence.		813
	6688	Second Concile de Reims.	(*On fit, dans ces cinq Conciles,*	813
	6783	Troisieme Concile de Tours.	*un grand nombre de Canons.*)	813
	6424	Concile de Châlons-sur-Saône.		813
	8929	Histoire de S. Leidrade, Archevêque de Lyon.		v. 814
II.	16205	Fragmentum de Regibus Francorum.		
	16241	Annales rerum Francicarum, (Loiselliani.) (*Voyez aussi le N°. 16242.*)	752 741	814 814
	16243	Chronicon brevissimum Monasterii S. Galli.	691	814

Table Chronologique.   101

TOMES & Numéros.			DATES comm.	finiss.
II.	16244	Excerpta ex diversis Chronicis.	742	814
	16245	Gesta Francorum, Bibliothecæ Victorinæ.	420	814
	16262	Excerpta ex Vitis Sanctorum.	742	814
	16267	Histoire de France, en Provençal.	420	814
IV.	S. 16170*	Histoire de Pepin & de Berthe sa femme, & de son fils Challemaine.	741	814
II.	16276—16311	Ouvrages qui concernent le regne de Charlemagne. (IV. Suppl.)	768	814
		LOUIS-LE-DÉBONNAIRE succede à Charlemagne son pere, comme Empereur & Roi de France.		814
	16312	Epitome Historiæ Francicæ, ad initium imperii Ludovici Pii.	0	814
	16313	Chronique des Rois de France.	481	814
I.	6575	Concile de Lyon.		814
	6649	Concile de Noyon.		814
	6774	Concile de Trèves.		814
	12740—12744	Vie de S. Angilbert, Abbé de Saint-Riquier.		814
	11995	Histoire de Fauste, Moine de Glanfeuil.		v. 815
IV.	S. 10184*	Mémoire sur S. Jérôme, Evêque de Nevers.		816
I.	6341	Assemblée ou Capitulaire d'Aix-la-Chapelle.		816
II.	16317	Chronicon Monasterii Besuensis. (Le P. le Long, en plaçant ici cette Chronique, suppose que le premier Auteur la terminoit vers ce tems. Elle reparoîtra sous l'an 1134 & sous 1229, jusqu'où elle a été continuée.)	600	816
I.	6341	Assemblée ou Capitulaire d'Aix-la-Chapelle.		817
II.	16318	Annales Francorum, (Fuldenses, seu Laureshamenses.)	714	817
I.	6341	Assemblée ou Capitulaire d'Aix-la-Chapelle.		818
	6801	Concile de Vannes.		818
II.	16319	Chronicon Moissiacense.	420	818
I.	6341	Assemblée ou Capitulaire d'Aix-la-Chapelle.		819
	10060	Histoire de Magnon, ou Magnus, Archevêque de Sens.		v. 820
	8228	Histoire de Hetton, Evêque de Basle.		v. 820
IV.	S. 6368*	Capitulaires de Théodulfe, Evêque d'Orléans.		v. 820
I.	12688	Histoire de Smaragde, Abbé de Saint-Mihel, en Lorraine.		v. 820
II.	16323	Theodulfi Fragmentum Annalium Francorum.		v. 820
	16324	Annales Ratisponenses.	48	820
I.	6753	Histoire de Théodulfe, Evêque d'Orléans.		v. 821
	9470	Concile de Thionville.		821
	11665	Annales Monasterii Anianensis.	670	821
	11666—11669	Histoire de S. Benoît, Abbé d'Aniane.		821
	10536 & 10537	Vies de S. Amalaire, Archevêque de Trèves.		822
	6355	Assemblée d'Attigni.		822
II.	16325	Fragmentum Gallici Scriptoris.		822
	16326	Annales Francorum vetusti.	801	822
I.	10576	Mémoire sur S. Gondoulf, Evêque de Metz.		v. 823
	6656	Assemblée de Paris.		824
	8452	Histoire de Bernouin, Evêque de Clermont.		v. 825
II.	16282 & 16330	Appendix ad Paulum Diaconum.	776	825
I.	11872—11878	Vie de S. Adhalard, Abbé de Corbie.		826
	9055	Mémoire sur S. Hildegrim, Evêque de Châlons-sur-Saône.		827
	12868	Chronicon Saviniacense.	809	827
	10162	Eloge de S. Angelelme, Evêque d'Auxerre.		828
II.	15894	Caroli le Cointe, Reges Francorum.	s	828
I.	6575	Concile de Lyon.		829
	6621	Concile de Mayence.		829
	6656	Sixieme Concile de Paris.		829
	6755	Concile de Toulouse.		829
	6821	Concile de Wormes.		829
II.	16333—16336	Annales Regum Francorum, (Laureshamenses.)	741	830
I.	6563	Concile de Langres.		831
	8563 & 8564	Vies d'Halitgaire, Evêque de Cambrai.		831
	6648	Assemblée de Nimégue.	0	831
IV.	S. 16338*	Chronicon breve.		832
I.	6718	Concile de Saint-Denys.		832
II.	16338	Chronica Regum Francorum, (Aquitanica.)	420	832
I.	6476	Assemblée de Compiegne.		833
	821	Assemblée de Wormes.		833
	12850—12852	Vie de S. Ansegise, Abbé de Fontenelles.		833
	6718	Assemblée de Saint-Denys.		834
	12838	Chronicon Fontanellensis Abbatiæ.	645	834
	6355	Assemblée d'Attigni.		835
	6616	Concile de Metz.		835
	6753	Concile de Thionville.		835
	11879 & 11880	Vie de S. Wala, Abbé de Corbie.		835
	6341	Concile d'Aix-la-Chapelle.		836

Table III.

Tomes & Numéros.			Dates comm.	finiss.
I.	6744	Concile de Crémieu.		836
	8997	Histoire de Modoin, Evêque d'Autun.		vers 838
	9719	Histoire de Jessé, Evêque d'Amiens.		838
	8813	Actes de S. Frédéric, Evêque d'Utrecht.		838
	6424	Assemblée de Châlons-sur-Saône.		839
II.	16354	Chronicon Bibliothecæ Harlayanæ.	532	839
IV.	S. 46723*	Histoire d'Eginhard, Chancelier de Charlemagne. (*Voyez aussi Tome II.* 16249—55, *& Tome III.* 31488.)		839
I.	12428	Histoire d'Hilduin, Abbé de S. Denys.		v. 840
	8381 & 8382	Vies de S. Aigulfe, ou Ayou, Archevêque de Bourges.		840
	8928—8931	Vies de S. Agobard, Archevêque de Lyon.		840
	10061—10063	Vies de S. Aldric, ou Audry, Archevêque de Sens.		840
	12684	Chronicon Monasterii S. Michaelis in Pago Virdunensi. (*Voyez aussi sous le* N° 16359, *au Tome II.*)	768	840
II.	15922	de Longuerue, Annales de Charlemagne & de Louis-le-Débonnaire.	768	840
	16367	Chronicon vetus S. Martialis Lemovicensis.	600	840
	16368	Sorel, Histoire de la Monarchie Françoise.	420	840
	16374	Chronicon Casauriense, seu Piscatiense.	752	840
	16375	Annales veteres Francorum.	670	840
	16312—16376	Ouvrages qui concernent le regne de Louis-le-Débonnaire. (IV. *Supplém.*)	814	840
		Charles-le-Chauve succede à son pere en France, sous le seul titre de Roi de France.		840
		Ses deux freres aînés succedent aux autres Etats de leur pere; savoir, Lothaire, sous le titre d'Empereur & Roi d'Italie, & Louis, sous le titre de Roi de Baviere.		
		La Lorraine & la Provence furent aussi du partage de l'Empereur; mais Charles y rentra dans la suite.		
I.	6380	Assemblée d'Auxerre.		840
	10718—10721	Vies de S. Barnard, Archevêque de Vienne.		841
	6341	Concile d'Aix-la-Chapelle.		842
	6406	Concile de Bourges.		842
	9471	Histoire de Jonas, Evêque d'Orléans.		v. 843
	10439	Mémoire sur S. Gohard, Evêque de Nantes.		843
II.	25042	Eloge de Judith, Reine de France, seconde épouse de Louis-le-Débonnaire.		843
I.	6473	Concile de Coulaines, proche le Mans.		843
	6546	Concile de Lorris, au Diocèse d'Orléans. (*On y fit quatre Canons.*)		843
	6751	Concile de Tautiac, au Diocèse d'Auxerre.		843
	6755	Assemblée ou Capitulaire de Toulouse.		843
	11670	Histoire de S. Ardon Smaragde, Religieux d'Aniane.		843
	6753	Concile de Thionville. (*C'est le même que celui de Judes*, N° 6535.)		844
	6806	Second Concile de Vern. (*On y fit douze Canons.*)		844
	6398	Concile de Meaux. (*On y fit une collection de 80 Canons.*)		845
	6606	Concile de Beauvais.		845
	4907	le Cointe, Annales Ecclesiastici Francorum.	253	845
	6656	Concile de Paris.		846
	6801	Conciliabule de Vannes.		846
	6742	Concile d'Epetnai-sur-Marne, au Diocèse de Reims.		847
	6656	Concile de Paris.		847
	6575	Concile de Lyon.		847
	6621	Premier Concile de Mayence.		847
	9681 & 9682	Vies de S. Hidelmann, Evêque de Beauvais.		848
	10640	Histoire de Frothaire, Evêque de Toul.		848
	6548	Assemblée de Limoges.		548
	6621	Second Concile de Mayence.		848
	6436	Assemblée de Chartres.		849
	6656	Concile de Paris. (*C'est le même que le IV. de Tours*, N° 6783.)		849
	6435	Premier Concile de Quierci-sur-Oise.		849
	10163 & 10164	Mémoire sur S. Héribaud, Evêque d'Auxerre.		v. 850
	9987	Histoire de Fréculfe, Evêque de Lisieux.		v. 850
	4575—4577	Vies de Sainte Maure, Vierge à Troyes.		v. 850
	12045	Histoire de Gurdistin, Abbé de Landevenec.		v. 850
	12274	Eloge de Macward, Abbé de Pruim.		v. 850
IV.	45761	Histoire d'Amalaire, Diacre de Metz.		v. 850
I.	6732	Concile de Sens. (*C'est le même que celui de Morat*, N° 6629.)		v. 850
	6745	Concile de Soissons.		v. 851
	9542—9548	Vies d'Ebbon, Archevêque de Reims, & Pieces qui le concernent.		851
	8932 & 8933	Vies d'Amulon, *ou* Amolon, Archevêque de Lyon.		852
	6621	Troisieme Concile de Mayence.		852
IV.	S. 10721*	Remarques sur Agilmaire, Archevêque de Vienne.		853

Table Chronologique.

TOMES & Numéros.		DATES comm.	finiss.
I. 6526	Concile de Germigni.		853
6435	Second Concile de Querci-sur-Oise.		853
6732	Assemblée de Sens.		853
6745	Second Concile de Soissons.		853
6805	Second Concile de Verberie.		853
II. 16389	ADREVALDI Fragmenta de Regum Francorum rebus gestis.	738	853
I. 6435	Concile de Quierci-sur-Oise.		854
11684 & 11685	Eloge de S. Eutice, Abbé de Baume, en Bourgogne.		v. 855
12123	Histoire d'Angelome, Moine de Luxeu.		v. 855
9775	Vies de S. Folcuin, Evêque de Térouenne.		855
6791	Troisieme Concile de Valence. (On y fit vingt-trois Canons.)		855
II. 16391	CHRONICA Regum Francorum (Tiliana.)	420	855
16392	FRAGMENTUM brevis Chronici.	742	855
I. 9097—9102	Vie de Raban Maur, Archevêque de Mayence.		856
10374—10377	Vies de S. Aldric, Evêque du Mans.		856
12839	CHRONICON Fontanellense minus. (Il faut aussi voir, Tome II. N° 16393, où elle n'est donnée que comme un fragment d'une autre plus étendue, qui est au N° 12838; mais là il est dit que ce sont deux Chroniques différentes.	841	856
6435	Concile de Quierci-sur-Oise.		857
6745	Concile de Soissons.		858
6563	Concile de Langres. (On y fit seize Canons.)		859
6616	Concile de Metz.		859
6776	Concile de Savonières, près de Toul. (On y fit treize Canons.)		859
6776	Concile de Tousi, près de Toul. (On y fit cinq Canons.)		860
6341	Concile d'Aix-la-Chapelle.		860
6520	Concile en Gaule.		860
10104—10109	Vies de S. Prudence, Evêque de Troyes.		861
6745	Concile de Soissons.		861
6675	Concile de Pistres, en Normandie. (Il est réputé National.)		861
6341	Concile d'Aix-la-Chapelle.		861
6707	Assemblée de Sablonières.		862
6745	Deux Conciles de Soissons.		862
6342	Concile en Aquitaine.		863
6616	Concile de Metz.		863
6675	Concile de Pistres.		863
6739	Concile de Senlis. (C'est le même que celui du N° 6480.)		863
6805	Concile de Verberie.		863
II. 16402	ANNALES Francorum, Lambeciani.		864
I. 11928	Histoire de Loup, Abbé de Ferrieres.		v. 865
12745	Histoire de Michon, Moine de S. Riquier.		v. 865
11881—11886	Vie de S. Paschase Radbert, Abbé de Corbie.		865
13331—13333	Vie de S. Jacques, Ermite en Berry.		865
8384—8386	Vie de S. Raoul, Archevêque de Bourges.		866
6745	Troisieme Concile de Soissons.		866
6766	Premier Concile de Troyes.		867
6435	Assemblée de Querci-sur-Oise.		868
6821	Concile de Wormes. (On en compte quatre-vingt Canons.)		868
6520	Concile en Gaule.		868
5561	DE BOURZEYS, Chronologica Synopsis controversiæ Gotthescalcanæ.	848	868
12281—12284	Vie de S. Convoyon, Abbé de Redon.		v. 869
12169	Histoire de Gothescalc, Moine d'Orbais.		869
6368	Capitules de Gautier, Evêque d'Orléans.		869
8665	Vie de Gonthier, Archevêque de Cologne.		869
6805	Concile de Verberie.		869
6675	Concile de Pistres. (On y dressa treize Capitules.)		869
6616	Concile de Metz.		v. 870
11887	Histoire de Ratramne, Moine de Corbie.		v. 870
11275	Histoire de Wandalbert, Moine de Pruim.		870
10064	Eloge historique du vénérable Egilon, Archevêque de Sens.		870
6555	Assemblée d'Attigni.		870
6474	Concile de Cologne.		871
10326	Vie de Hérard, Archevêque de Tours.		871
9778	Mémoire sur S. Humfroi, Evêque de Térouenne.		871
6489	Concile de Douzi.		872
12319	Histoire de Milon, Moine de S. Amand.		873
10579	Histoire de S. Advence, Evêque de Metz.		873
6424	Concile de Châlons-sur-Saône.		873
6474	Concile de Cologne.		873
6739	Concile de Senlis.		873
4498	Vie de S. Heldrad, Abbé de Novalese.		v. 874
6489	Concile de Douzi.		874
6688	Concile de Reims.		874
6345	Concile sur les confins des Provinces d'Arles & de Narbonne.		874

	TOMES & Numéros.		DATES comm.	finiss.
II.	16411	Adonis Breviarium Chronicorum.	o	874
I.	12510	Histoire d'Usuard, Moine de Saint-Germain-des-Prés.		v. 875
	10164	Mémoires sur les Saints Héribald, Abbon & Christien Evêques d'Auxerre.	829	875
	8934 & 8935	Vies de S. Remi, Archevêque de Lyon.		875
	10722—10725	Vies de S. Adon, Archevêque de Vienne.		875
	9416	Histoire d'Hildegaire, Evêque de Meaux.		875
	6424	Assemblée de Châlons-sur-Saône.		875
		Charles-le-Chauve est couronné Empereur à Rome.		875
	8387	Histoire de Vulfade, Archevêque de Bourges.		876
	6678	Concile de Pont-Yon.		876
	13373	Vie de S. Patrocle, Reclus en Berry.		876
III.	37719	Clément, Chronologie des Rois François de Toulouse & d'Aquitaine.	630	877
II.	16410	Andreæ, Itali, Chronicon breve.	568	877
	16419	Annales Weingartenses.	811	877
	16428	Historia quædam de Regibus Francorum.	768	877
	16430	De Origine & gestis Francorum.	420	877
	16377—16434	Ouvrages qui concernent le regne de Charles-le-Chauve. (IV. S.)	840	877
		Louis II, dit Le Begue, succede à son pere, sur le trône de France.		877
I.	9626 & 9627	Histoire de Guillebert, Evêque de Châlons-sur-Marne.		v. 878
	11965	Histoire d'Adrevald, Moine de Fleury.		v. 878
	6640	Concile de Neustrie.		878
	6698	Concile de Rouen.		878
	6766	Second Concile de Troyes. (*On y souscrivit sept Canons.*)		878
	12356	Mémoire sur S. Bertillon, Abbé de S. Bénigne de Dijon.		878
	6595	Concile de Mante, dans le Diocèse de Vienne.		879
	6638	Concile de Reims.		879
	6755	Concile de Toulouse, *en 873 ou 883, ou plutôt (IV. Supplém.)*		879
II.	16411	Appendix ad Adonis Breviarium.	874	879
	16435	Brevis Chronica Regum Francorum.	420	879
	16436	Golein, Livre neuvieme de ses Chroniques.	420	879
		Louis III & Carloman succedent à leur pere. Louis mourut en 881, & laissa Carloman seul maître de toute la Monarchie.		879
I.	4692 & 4693	Vies de Ste Solonge, Vierge & Martyre en Berry.		v. 880
	11996	Histoire d'Odon, Abbé de Glanfeuil.		v. 880
	9015	Histoire d'Isaac, Evêque de Langres.		880
	9647 & 9648	Vies de Hincmar, Evêque de Laon.		v. 881
	9683	Histoire d'Odon, Evêque de Beauvais.		881
	6721	Concile de Fîmes, près de Reims. (*On y fit huit Canons.*)		881
	9549	Histoire de Hincmar, Archevêque de Reims.		882
II.	16437	Annales Regum Francorum (Bertiniani.) (*Il faut voir aussi les Pieces qui les concernent, N° 16438 - 16443.*)	741	882
	16464	Annales Francorum, Fuldenses.	714	883
	16445	De Vita Caroli Magni, & posterorum ejus.	768	884
I.	12009	Histoire d'Almanne, Moine de Hautvilliers.		v. 885
		Régence de l'Empereur Charles-le-Gros en France, pendant la minorité de Charles-le-Simple, après la mort de Carloman.		885
	6424	Concile de Châlons-sur-Saône.		886
	6636	Concile de Nîmes. (*C'est le même qu'au N° 6680: sur quoi on peut voir aussi le Supplément, Tome IV. N° 6680.*)		886
	6424	Concile de Châlons-sur-Saône.		887
	6474	Concile de Cologne.		887
	9246	Chronicon Uceticense.	743	887
		Eudes, Comte de Paris, Duc de France, fils de Robert-le-Fort, est couronné Roi de France, pendant la minorité de Charles-le-Simple.		887
	6310	Assemblée de Saint-Maurice.		v. 888
	6616	Concile de Metz. (*On y fit treize Canons.*)		888
	6621	Concile de Mayence. (*On y fit vingt-six Canons.*)		888
	10650	Bercharii Historia Virdunensium Episcoporum.	IV. S.	888
II.	16454—16457	Ouvrages qui concernent l'Empire d'Occident, depuis le Couronnement de Charlemagne, jusqu'à la mort de Charles-le-Gros, dernier Empereur de sa Maison.	800	888
I.	4373	Vie de S. Cuthmain, en Normandie.		v. 889
	12511	Histoire d'Aimoin, Moine de Saint-Germain-des-Prés.		v. 889
	6795	Assemblée de Varennes.		889
	11484 & 11485	Histoire de S. Héric, Moine de Saint-Germain d'Auxerre.		v. 890

I. 6791 Concile

Table Chronologique. 105

TOMES & Numéros.			DATES comm.	finiss.
I.	6791	Concile de Valence.		890
	6821	Concile de Wormes.		890
	11888	Histoire d'Angilbert, Abbé de Corbie.		890
	6593	Concile de Meun, au Diocèse d'Orléans.		891
	9472	Histoire de Vautier, Evêque d'Orléans.		vers 892
	4591	Vie de S. Maingaud, Comte, Martyr en Flandre.		v. 892
	6810	Concile de Vienne. (On y fit quatre Canons.)		892
	9171 & 9172	Vies de S. Théodard, Archevêque de Narbonne.		v. 893
	6688	Concile de Reims.		893
	12429	Eloge d'Ebles de Poitiers, Abbé de Saint-Denys, Ministre du Roi Eudes. (On le trouve aussi au Tome II, N° 16460.)		893
		CHARLES III dit LE SIMPLE, fils posthume de Louis-le-Bègue, parvenu à l'âge de quatorze ans, commence d'être reconnu Roi de France.		893
	6424	Concile de Châlons-sur-Saône.		894
	6592	Concile de Maguelone. (C'est le même que le Concile de Junquieres, au N.° 6537.)		894
II.	16461	DE GESTIS Carlomanni, Caroli Simplicis, & Successorum ejus; (ou peut-être, & Caroli Simplicis, successoris ejus.)	877	896
	16462	CHRONICON de gestis Normannorum in Francia.	833	896
I.	6636	Concile de Nîmes. (C'est le même que celui du N° 6680.)		898
		Après la mort du Roi Eudes, Charles-le-Simple est reconnu Roi de toute la France.		898
II.	16463	PETRI Bibliothecarii, Historia Francorum abbreviata.	715	898
I.	4909	GODEAU, Histoire de l'Eglise.	0	899
	9869—9872	Vies de S. Léon, Archevêque de Rouen.		v. 900
	11672	Mémoire sur S. Badour, Abbé d'Aisnay.		v. 900
IV.	S. 11090	Mémoire sur S. Badilon, Abbé de Leuse.		v. 900
I.	9550	Vie de Foulques, Archevêque de Reims.		900
	6630	Concile de Nantes.		900
	6688	Concile de Reims.		900
IV.	S. 11610	BULTEAU, Histoire de l'Ordre de S. Benoît.	500	900
II.	16464	APPENDIX ad Annales Fuldenses.	883	900
	16437	APPENDIX ad Annales Bertinianos.	883	900
	16465	ANNALES Vedastini. (Il faut voir le N° 16466.)	874	900
I.	4734	Actes de S. Wambert, Martyr au Diocèse de Séez.		9 ou 10 s.
IV.	S. 9205	Remarques sur quelques Evêques de Nîmes.		X. S.
I.	11686	Vie de S. Adegrin, Moine de Baume.		X. S.
	12311	Histoire de Winebrand, Moine de S. Allyre.		X. S.
	12512	Histoire d'Abbon, Moine de S. Germain-des-Prés.		X. S.
	9600	Histoire de Riculfe, Evêque de Soissons.		v. 902
	6632	Concile de Narbonne.		902
II.	16467	ANNALES Rerum Francicarum (Metenses.)	687	904
I.	6632	Concile de Narbonne.		906
II.	16468	RHEGINONIS, Abbatis Prumiensis, Chronica.	1	906
I.	6632	Concile de Narbonne. (C'est le même qu'au N° 6726.)		907
	6810	Concile de Vienne.		907
	9630	Vie de Mancion, Evêque de Châlons-sur-Marne.		v. 908
	12486	Histoire de Remy, Moine de S. Germain d'Auxerre.		v. 908
IV.	S. 10164*	Remarque sur Hérifrid, Evêque d'Auxerre.		909
I.	4472—4475	Vies de S. Géraud, Comte d'Aurillac.		909
	6592	Concile de Maguelone. (C'est le même qu'au N° 6537.)		909
	6775	Concile de Trosly, au Diocèse de Soissons. (On y fit quinze Canons.)		909
	9311	Eloge d'Anscheric, Evêque de Paris, Ministre du Roi Eudes, & ensuite Chancelier de Charles-le-Simple. (On a mis sa mort en 892, ou même 889; mais il ne mourut que vers 910. Le même Eloge est rappellé au Tome II, N° 16459, par anticipation fondée sur cette méprise.)		v. 910
	9977	Histoire d'Adelhelme, Evêque de Séez.		v. 910
	6632	Concile de Narbonne, ou de Fontcouvert.		911
	9103	Histoire de Hatton, Archevêque de Mayence.		912
	6783	Concile de Tours.		912
II.	16470	PALATII Aquila inter lilia.	800	912
I.	7972	NOMINA Episcoporum Arelatensium.		913
	9016	Eloge d'Argrin, (non Angrin) Evêque de Langres.		913
	10165	Vie de S. Géran, Evêque d'Auxerre.		914
	6424	Concile de Châlons-sur-Saône.		915
	11276	Histoire de Reginon, Abbé de Pruim.		915
	10580	Histoire de Robert, Evêque de Metz.		916
	10327	Histoire d'Herberne, Archevêque de Tours.		v. 917
	10164	Mémoire sur S. Betton, Evêque d'Auxerre.		v. 918

Tome V.   O

Table III.

	Tomes & Numéros.		Dates comm.	finiss.
I.	8814—8816	Vies de S. Ratbod, Evêque d'Utrecht.		918
	8829	Vie de S. Libéral, Archevêque d'Embrun.		vers 920
	6732	Concile de Sens.		v. 920
	11659	Histoire d'Odilon, Moine de S. Médard de Soissons.		v. 920
	8769	Vie d'Etienne, Evêque de Liége.		920
	9150	Histoire de Salomon, Evêque de Constance.		920
II.	16472	Fragmentum Chronici Laureshamensis.	764	920
III.	34955	Chronicon de Rebus Normannorum.	840	920
II.	16473	Hermanni Contracti Fragmentum.	714	920
I.	6775	Concile de Trosly, au Diocèse de Soissons.		921

Robert, Duc de France, frere du Roi Eudes, est élu Roi par des factieux. — 921

	9552	Histoire de Hervé, Archevêque de Reims.		922
II.	16474	Fragmentum Gallici Scriptoris.		922

Robert ayant été tué, Raoul, Duc de Bourgogne, est élu Roi, par les intrigues de Hugues-le-Grand, son beau-frere. — 923

I.	10065	Histoire de Vautier, Archevêque de Sens.		923
	10669	Histoire de Dadon, Evêque de Verdun.		923
	6688	Concile de Reims.		923
	6775	Concile de Trosly, au Diocèse de Soissons.		924
	9553	Eloge de Seulphe, Archevêque de Reims, Ministre des Rois Robert & Raoul. (Voyez aussi Tome II, N° 16481.)		925
	6783	Concile de Tours.		925
	6434	Concile de Charlieu, au Diocèse de Mâcon.		926
II.	16482	Chronicon breve Sancti Galli.	748	926
I.	9173	Histoire d'Agion, Archevêque de Narbonne.		v. 927
	10581	Histoire de Wigeric, Evêque de Metz.		927
	6775	Concile de Trosly, au Diocèse de Soissons.		927
	11798—11800	Vie de S. Bernon, premier Abbé de Cluni.		927
II.	16483	Luitprandi, Ticinensis Levitæ, Historia.	888	928
	16484	Excerpta Chronici Acutiani, sive Farrensis.	669	928

A la mort de Charles-le-Simple, Raoul demeure seul Roi de France. — 929

I.	10538	Histoire de Rotger, Archevêque de Trèves.		v. 930
II.	16485	Chronicon Aquitanicum. (Le Chronicon Normannicum, placé sous ce N°, se trouvera plus loin, sous l'an 1025.)	830	930
I.	12609	Vie de S. Hugues, Moine d'Autun.		930
	12310	Histoire de Hucbald, Moine de S. Amand.		v. 932
	6450	Concile de Château-Thierry, au Diocèse de Soissons.		933
	6721	Concile de Fimes, près de Reims.		935
II.	16486	Historiæ Gentis Francorum.	420	936

Louis IV, dit d'Outremer, fils de Charles-le-Simple, est mis sur le trône après la mort de Raoul. — 936

	16488	Odonis, primi Cluniacensis Abbatis, Chronicon.	0	937
	16489	Witichindi, Corbiensis in Saxonia Monachi, Fragmentum.	888	937
	16490	Chronicon Wirzeburgense.	687	938
I.	6745	Concile de Soissons.		938
	9045	Mémoire sur S. Giraud, Evêque de Mâcon.		941
	11801—11806	Vie de S. Odon, Abbé de Cluni.		942
	6773	Concile de Tournus, en Bourgogne.		942
	6530	Concile d'Elne, dans le Roussillon.		944
	6813	Concile de Verdun.		v. 947
III.	38037	Clément, Chronologie historique des Rois de Provence, (qu'il ne faut pas confondre avec les Rois d'Arles.)	855	947
I.	9490	Flodoardi, Historia Ecclesiæ Remensis. (Elle est rappellée au Tome II, sous le N° 16491. Il faut voir aussi, au Tome IV, le Supplément, N° 9490.)	III. S.	948
	6509	Concile d'Ingelheim.		948
	6543	Assemblée de Laon.		948
	6626	Concile de Mouson, au Diocèse de Reims.		948
	6774	Concile de Trèves.		948
II.	16492	Hugonis Floriacensis Fragmentum.	888	949
I.	6646	Concile en Normandie.		v. 950
II.	16494	Chartarii Sithiensis Fragmentum.		952
I.	6725	Concile de Saint-Thierri, près de Reims.	879	953
II.	16493	Chronici Augiensis Fragmentum.	878	954

Lothaire succede à Louis d'Outremer, son pere. — 954

I.	6422	Concile en Bourgogne.		955
	11733 & 11734	Vies de S. Gérard, Abbé de Brogne. (IV. Suppl.)		959

Table Chronologique.

TOMES & Numéros.		DATES comm.	fin.̃
I. 12102	Mémoire sur le vénérable Beltran, Abbé de Lure.		960
12331	Mémoire sur le vénérable Anstée, Abbé de S. Arnoul de Metz.		960
12705	Eloge du vénérable Alvée, Abbé de Chartres.		960
9554	Histoire d'Artaud, Archevêque de Reims.		961
12361	FOLQUINI, Levitæ Sithientis, seu S. Berthini, Chronica.	630	961
10641	Actes de S. Gauzlin, Evêque de Toul.		962
6606	Concile de Meaux.		962
II. 16495	LEONIS Marsicani Fragmentum de gestis Regum Francorum in Italia.	771	962
16495	GUILLELMI Gemeticensis Fragmentum.	876	962
I. 11984—11986	Vie de S. Guibert, Abbé de Gemblours.		962
11807	Eloge de S. Aymard, Abbé de Cluni.		963
8666—8669	Vies de S. Brunon, Archevêque de Cologne.		965
8565	Histoire de Wibold, Evêque de Cambrai.		965
9163	Vie d'Uthon, Evêque de Strasbourg.		965
III. 35865	QUARRÉ D'ALIGNY, Histoire des anciens Rois, Ducs & Comtes de Bourgogne.	408	965
II. 16496	FRODOARDI Annales, seu Chronicon.	919	966
I. 11124	Vie de Flodoart (ou Frodoard), Chanoine de Reims.		966
6625	Concile de Notre-Dame en Tardenois, Diocèse de Soissons.		972
II. 16497	APPENDIX ad Rheginonis Chronicon.	907	972
I. 11997 & 11998	Vie du B. Jean, Abbé de Gorze.		973
12675	Mémoire sur S. Annon, Abbé de Mici.		973
16497	FRAGMENTUM ex Gestis Abbatum Laubiensium.	879	974
12920	Vies de S. Cadroé, Abbé de Vassor, au Diocèse de Namur.		974
12372	Histoire de Folcuin, Moine de Saint-Bertin.		v. 975
6688	Concile de Reims.		975
12681	Mémoire sur S. Macalin, Abbé en Thiérache.		978
12921	Eloge du B. Malcalene, Abbé de Vassor, au Diocèse de Namur.		978
II. 16496	APPENDIX ad Flodoardi Chronicon.	966	978
I. 11966	Histoire de Richard, Abbé de Fleury.		979
6732	Concile de Sens.		980
12911	Vie de S. Foran, Abbé de Vassor, au Diocèse de Namur.		982
12332	Histoire de Jean, Abbé de S. Arnoul de Metz.		983
10582	Vies de Thierri, Evêque de Metz.		984
III. 35361	CHRONICON Nannetense. (Voyez aussi au Tome II, sous le N.° 16499.)	841	984
I. 8936 & 8937	Vies de S. Aurélien, Archevêque de Lyon. (IV. S. 8915*.)		985
9971	Vie de S. Hadelin, Evêque de Séez.		v. 986
11376	Vie de S. Probas, Prêtre de Nogent, dit Saint-Cloud.		v 986
4344—4346	Vie de S. Beuvon, Gentilhomme Provençal.		986
	LOUIS V succede à Lothaire son pere.		986
II. 16435—16506	Ouvrages qui concernent les regnes des successeurs de Charles-le-Chauve. (Voyez aussi IV. Suppl.)	877	987
16499	EXCERPTA ex Vita S. Genulfi.	481	987
16501	FRAGMENTUM Historiæ Francorum.	877	987
16501	ORDERICI Vitalis, Fragmentum.	888	987
16502	CHRONICON breve Regum Franciæ.	481	987
16503	EXCERPTA ex diversis Chronicis.	877	987
16504	GRANIER, Extrait de l'Histoire de France.	420	987
16505	EXCERPTA ex Vitis Sanctorum.	877	987
16506	EXCERPTA ex Conventibus & Conciliis.	877	987
V. 15980 Add.	PITHŒI, Scriptores duodecim coætanei.	708	987
II. 15639	DE FLAVIGNY, les Rois de France.	420	987
15640	FAUCHET, Histoires Gauloises & Françoises.	0	987
15641	DE CORDEMOY, Histoire de France.	0	987
15642	LE GENDRE, Histoire de France.	420	987
15643	DE BOULAINVILLIERS, Histoire des deux premieres Races des Rois de France.	420	987
15645.	DE CAMPS, Abrégé de l'Histoire de France.	288	987
III. 34575	DU PLESSIS, Annales de Paris.	0	987
II. 26734—29751	PIECES qui concernent la seconde Race de nos Rois. (Il faut voir encore, sur cette seconde Race, la Note qui se trouve au Tome II, sous le N.° 16506, & qui termine ce qui regarde cette Race.	752	987

Tome V.

IV. PARTIE. *Chronologie de la troisieme Race de nos Rois, dite des Capétiens, depuis Hugues Capet, jusqu'à S. Louis.*

Tomes & Numéros.			Dates comm.	finiss.
		Hugues Capet est proclamé Roi de France.		987
		Il est le chef de la troisieme Race, qui tire de lui son nom.		
I.	9555	Histoire d'Adalbéron, Archevêque de Reims.		988
	10066	Mémoires sur S. Anastase, Archevêque de Sens.		989
	6539	Concile de Charrou, entre le Poitou & le Berry. (*On y fit trois Canons.*)		989
	6688	Concile de Reims.		989
	6332	Concile d'Anse, près de Lyon.		990
	6514	Assemblée de Fécamp.		990
	6632	Concile de Narbonne.		990
	6739	Concile de Senlis.		990
	12063	Histoire de Folcuin, Abbé de Laubes.		990
II.	16496	Appendix ad Flodoardi Chronicon.	977	990
	16511	Chronique jusqu'au Roi Robert. (IV. *Supplém.* 16525*.)	0	990
I.	12047	Folcuini gesta Abbatum Laubiensium. (*Il faut encore voir au Tome II, son article, sous le N.º* 16511.)	641	990
	9115	Erckembaldi Carmen de Episcopis Argentinensibus.		991
	9134	Histoire d'Erckembald, Evêque de Strasbourg.		991
	6689	Concile de Reims.		991
II.	16513	Chronicon Engolismense.	814	991
I.	12179	Histoire d'Anson, Abbé de Monstier-en-der.		992
	8288	Histoire de Hugues, Evêque d'Angoulême.		vers 993
II.	16514	Fragmentum ex gestis Comitum Barcinonensium.	888	993
I.	10641—10645	Vies de S. Gérard, Evêque de Toul.		994
	6332	Concile d'Anse, près de Lyon.		994
	6689	Concile de Reims.		994
	11808—11817	Vies de S. Maïeul, Abbé de Cluni.		994
	6626	Concile de Mouson.		995
	6689	Concile de Reims.		995
	10716	Mémoire sur S. Thibaud, Archevêque de Vienne.		v. 996
	8495	Histoire de Guy II. Evêque du Puy.		v. 996
III.	35087	Chronica quædam.		996
II.	15926	Mabillonii Observatio de anno obitûs Hugonis Capeti.		996
III.	37494	Fragmentum Aquitanicæ Historiæ.	888	996
		Robert succede à Hugues Capet son pere.		996
I.	6718	Concile de Saint-Denys.		v. 997
	8495	Histoire d'Etienne, Evêque du Puy.		v. 998
	9473	Histoire d'Arnoul, Evêque d'Orléans.		v. 998
	6671	Concile de Poitiers. (*On y fit trois Canons.*)		999
II.	16515	Chronicon Remense brevissimum.	813	999
I.	10873—10875	Vies de S. Adelard, Archidiacre de Troyes. (IV. *Supplém.*)		v. 1000
	11968	Vies de S. Gérauld, & d'Isembart, Moines de Fleury.		v. 1000
	11647 & 12648	Vie de Bouchard, Comte de Melun, Ministre d'Etat.		v. 1000
	10362	Appendix Chronologica de Successoribus S. Innocentii Cenomanensis Episcopi.	542	1000
IV.	S. 9205*	Remarques sur quelques Evêques de Nîmes.	901	1000
II.	16517	Chronicon breve.	800	1000
I.	11726	Chronicon Monasterii Bonævallis, apud Carnutes.	840	1000
	12408	Chronicon Cœnobii S. Dionysii in Francia.		1000
	13323—13325	Vie de S. Grégoire de Nicople, ou d'Arménie, Ermite.		1000
	6520	Conciles en France.		v. 1002
	7679—7681	Vies de Gerbert, Archevêque de Reims, Chancelier de Hugues Capet, & depuis Pape, sous le nom de Sylvestre II.		1003
	11968—11970	Histoires de S. Abbon, Abbé de Fleury. (*Voyez aussi* II. 16516.)		1004
	12798	Mémoire sur le vénérable Fingene, Abbé de S. Vanne.		1004
	10584	Vie d'Adalberon II, Evêque de Metz.		1005
	9231—9233	Vies de S. Fulcran, Evêque de Lodève. (IV. *Supplém.*)		1006
	12064	Histoire d'Heriger, Abbé de Laubes.		1007
	11971	Histoire d'Aimoin, Moine de Fleury.		v. 1008
	4341	Vie de S. Bernard de Menthon, Archidiacre d'Ouste. (*Voyez aussi le N.º* 13289.)		1008
	8770	Vie de Norger, Evêque de Liége.		1008
	6538	Concile de Chelles.		1008

Table Chronologique.

TOMES & Numéros.			DATES comm.	finiss.
I.	9417	Mémoire sur S. Gilbert, Evêque de Meaux.		1009
	4348—4350	Vie des SS. Martyrs Can, Cantien & Cantienne, dont la translation fut faite sous le Roi Robert.		v. 1010
	11195	Vie d'Hervé, Trésorier de S. Martin de Tours.		v. 1010
	12681	Vie de Létald, Moine de Mici. (IV. Supplém.)		v. 1010
	12623	CHRONICON Sancti-Martini Masciacensis. (Voyez aussi au Tome II, N.° 16518.)	722	1013
	11213	Vie du B. Israël, Chanoine de Dorat.		1014
	6689	Concile de Reims.		1015
II.	16519	CHRONICON Auctoris incerti.	688	1115
I.	6368	Assemblée d'Orléans.		1017
	6755	Concile de Toulouse. (IV. Supplém.)		v. 1020
	6315	Concile d'Airy, au Diocèse d'Auxerre.		1020
	9556	Histoire d'Arnoul, Archevêque de Reims.		v. 1021
	8670 & 8671	Vies de S. Héribert, Archevêque de Cologne.		1021
	8771—8774	Vies de S. Wolbode, Evêque de Liége.		1021
	9474	Vie de S. Thierri, Evêque d'Orléans.		1022
	6341	Concile d'Aix-la-Chapelle.		1022
	12796	Mémoire sur le vénérable Frédéric, Abbé de S. Vast.		1022
II.	16520	FRAGMENTA Chronici Novaliciensis.	928	1024
I.	8788	Mémoire sur Durand, (& non Corach,) Evêque de Liége.		1025
	6332	Concile d'Anse, près de Lyon.		1025
	6350	Concile d'Arras.		1025
III.	33360	CHRONICON Normannicum, seu Britannicum.	830	1025
II.	16521	CHRONICON Aquitanicum, seu Lemovicense.	834	1025
I.	9109	Vie de Burchard, Evêque de Wormes.		1026
	6698	Concile de Rouen.		1026
	8817	Vie d'Adelbode, Evêque d'Utrecht.		1027
	6530	Concile d'Elne, dans le Roussillon.		1027
	6514	Assemblée de Fécamp.		1027
II.	16522	CHRONICON brevissimum.	1	1017
I.	6539	Concile de Charrou, entre le Poitou & le Berry.		1028
	11935	CHRONICON Floriacense.	688	1028
	12395 & 12396	Histoire d'Ademar, Moine de S. Cybar.		1028
	8388	Histoire de Gauzlin, Archevêque de Bourges. (Voyez aussi le N.° 11971.		1029
	9371—9373	Vie de S. Fulbert, Evêque de Chartres. (Voyez IV. Supplém.)		1029
	6548	Assemblée de Limoges.		1029
	6368	Assemblée d'Orléans.		1029
II.	16523—16525	ADEMARI Chabanensis Chronicon. (Voyez IV. Supplém.)	410	1029
I.	12706 & 12707	Vie de S. Arnoul, Abbé de Chartres.		v. 1030
II.	16090—16092	Mémoire sur le Moine Aimoin, Historiographe.		v. 1030
I.	9649	Histoire d'Adalberon, Evêque de Laon.		1030
	6671	Concile de Poitiers.		1030
	8521	CHRONICON Cameracense.		1030
IV.	S. 6606 *	Statuts Synodaux de Meaux.		1030
I.	11973	Histoire de Diédéric, Moine de Fleury.		1031
	6548	Concile de Limoges.		1031
	6520	Divers Conciles en France.		1031
	12244	Vie de Guillaume, Abbé de Réomay.		1031
	12357—12359	Vie du même S. Guillaume, Abbé de S. Bénigne.		1031
	12853	Mémoire sur le vénérable Gérard, Abbé de Fontenelle.		1031
II.	15927	DU BOIS, Dissertatio de anno obitûs Roberti Regis.		1031
	16510	DE CAMPS, Notice générale des regnes de Hugues Capet & du Roi Robert.	987	1031
IV.	S. 16525	CHRONIQUE jusqu'au Roi Robert. (Peut-être la même que celle du Tome II, N.° 16511*.)	0	1031
II.	16512	LACARRY, Dissertatio de primo & ultimo anno Regis Hugonis Capeti, atque de anno mortis Roberti ejus filii.	987	1031
	16526	CHRONICON Regum Francorum.	0	1031
	16527	FRAGMENTA de Regibus Francorum.	741	1031
	16528	EXCERPTA ex Vitis Sanctorum.	987	1031
	16533	EXCERPTA Historica.	987	1031
	16537	Eloge d'Eudes de Chartres, Comte de Champagne, Ministre du Roi Robert.		1031
	16538	Histoire de Hugues de Beauvais, Comte de Paris, Favori du Roi Robert.		1031
	16540	CHRONICON Regum Francorum.	752	1031
	16541	EXCERPTA ex diversis Chronicis & Historiis.	987	1031
	16542	EXCERPTA ex Conciliis.	987	1031
	16508—16542	OUVRAGES qui concernent les regnes de Hugues Capet, & de son fils Robert. (Voyez aussi IV. Supplém.)	987	1031

Table III.

Tomes & Numéros.			Dates comm.	finiss.
		HENRI I succede à Robert son pere.		1031
I.	6671	Concile de Poitiers.		1032
II.	16543	ODORANNI, Monachi S. Petri vivi, Chronicon.	675	1032
I.	12232	CHRONICON Monasterii Mosomensis.	971	1033
	6398	Concile de Beauvais.		1034
	4906	HUGONIS Floriacensis Historia Ecclesiastica. (II. 16545.)	0	1034
	6406	Concile de Bourges. (On y fit vingt-cinq Canons,) en 1031, ou		1034
II.	16544	CHRONICON breve Regum Francorum.	752	1034
IV.	S. 6726*	Assemblée de Saint-Valery.		1035
I.	13385 & 13386	Vie de S. Siméon, Reclus, près de Trèves.		1035
	6671	Concile de Poitiers.		1036
	8788	Mémoire sur Reinard, Evêque de Liége.		1037
II.	16547	CHRONICON Lemovicense, seu Aquitanicum.	538	1037
I.	6632	Assemblée de Narbonne.		1038
	6632	Autre Assemblée de Narbonne.		1040
	6812	Assemblée de Vendôme.		1040
II.	16548	HISTORIA Turonensis Monasterii S. Juliani.	570	1040
I.	6520	Divers Conciles en France.		1041
	6306	Concile de Saint-Gilles, au Diocèse de Nîmes. (On y fit trois Canons.)		1042
	10650 & 10651	CONTINUATIO Historiæ Virdunensium Episcoporum.	888	1043
	6632	Deux Conciles de Narbonne.		1043
	6810	Concile de Vienne.		1044
II.	16549	HEPIDANNI, Monachi S. Galli, Annales.	709	1044
I.	12746 & 12747	Histoire du vénérable Enguerran, Abbé de Saint-Riquier.		1045
	6349	Assemblée d'Arlas, en Roussillon.		1046
	12799—12801	Histoire du B. Richard, Abbé de Saint-Vanne.		1046
	9684	Histoire de Drogon, Evêque de Beauvais.		1047
	11974	Histoire d'Helgaud, Moine de Fleury.		vers 1048
	12602	Histoire d'Odolric, Abbé de S. Martial de Limoges.		v. 1048
	6732	Concile de Sens.		1048
	8775	Vies de Wazon, Evêque de Liége.		1048
	11818—11824	Vie de S. Odilon, Abbé de Cluni.		1048
	11988	Histoire d'Olbert, Abbé de Gemblours.		1048
	12821	Vies de S. Ysarn, Abbé de S. Victor de Marseille.		1048
	16550 & 16551	GLABRI Rodulphi Historia. (Voyez aussi le N° 16552.)	987	1048
		GESTA Pontificum Leodiensium.	664	1048
II.	6689	Concile de Reims. (On y fit douze Canons.)		1049
I.	9476	Eloge d'Etienne de Garlande, Evêque d'Orléans.		v. 1050
	11101	Histoire de Dudon, Doyen de S. Quentin.		v. 1050
	11825—11827	Histoire de Raoul Glaber, Moine de Cluni. (Voyez aussi au Tome IV. le N.° 46745.)		v. 1050
	11866	CHRONICON Conchensis Monasterii. (Voyez aussi au Tome II, sous le N.° 16548.)	v. 817	v. 1050
	12718	Histoire d'Odoranne, Moine de S. Pierre-le-vif.		v. 1050
	12727	Histoire d'Anselme, Moine de S. Remi de Reims.		v. 1050
	9285	Découverte des corps des SS. Denys, Rustique & Eleuthere.		1050
	6414	Assemblée de Brionne.		1050
	6656	Concile de Paris.		1050
	6698	Concile de Rouen. (On y fit dix-neuf Canons,) en 1048, ou		1050
	6726	Concile de Saint-Tibery, au Diocèse d'Agde.		1050
	8566	Histoire de Gérard I, Evêque de Cambrai.		1051
	9017	Histoire de Hugues, Evêque de Langres.		1051
	9104	Mémoire sur le B. Bardon, Archevêque de Mayence.		1051
	8938 & 8939	Vie de S. Halinard, Archevêque de Lyon.		1052
	8479	Histoire de Jourdain, Evêque de Limoges.		1052
	12348	CHRONICON S. Benigni Divionensis.	485	1052
	6548	Assemblée de Limoges.		1052
	12818	CHRONICON Fontanellensis Abbatiæ, (II. sous 16552.)	645	1053
	10539	LEONIS Papæ IX, Historia Successorum S. Hidulphi.	V. S.	1054
	7682—7687	Vies du Pape S. Léon IX, auparavant Evêque de Toul. (Voyez aussi sous le N.° 10647.)		1054
	6632	Concile de Narbonne. (On y fit vingt-neuf Canons.)		1054
	6718	Concile de Saint-Denys.		1054
	6783	Concile de Tours.		1055
	6561	Concile de Lisieux.		1055
	6575	Concile de Lyon.		1055
	6698	Concile de Rouen.		1055
	6424	Concile de Châlons-sur-Saône.		1056
	9755	Concile de Toulouse. (On y fit treize Canons.)		1056
	12212	CHRONICON S. Michaelis de Monte, in periculo maris. (Voyez aussi au Tome II. sous le N.° 16552.)	421	1056
II.	16553	CHRONICON Andegavense.		1057.

Table Chronologique.

TOMES & Numéros.		DATES comm.	finiff.
I. 7688—7690	Vies du B. Frédéric, Cardinal de Lorraine, depuis Pape Etienne IX. ou X.		1058
6530	Assemblée d'Elne, dans le Roussillon.		1058
11744—11748	Vie de S. Robert, premier Abbé de la Chaise-Dieu.		1058
6689	Assemblée de Reims.		1059
7906 & 7907	Vies de S. Arnulfe, Evêque de Gap.		vers 1060
11828	Histoire de Jotsauld, Moine de Cluni.		v. 1060
IV. 47449	Notice du Poëte Fulcoius.		v. 1060
I. 6360	Concile d'Avignon, en 1080, ou		1060
6810	Concile de Vienne. (*On y fit dix Canons.*)		1060
6783	Concile de Tours. (*On y répéta les mêmes Canons.*)		1060
11935	CHRONICON Floriacense.	627	1060
II. 16553	Yvonis Carnotensis Episcopi Chronicon.	420	1060
16554	CHRONICON breve Regum Francorum.	0	1060
35984	BOUQUET & ses Confreres, Recueil des Historiens des Gaules & de la France. (*Voyez aussi le N° 16557, & IV. Supplém.*)	0	1060
16558	DE CAMPS, Notice du regne de Henri I.	1031	1060
16559	Eloge de Geoffroy, dit Martel, Comte d'Anjou, Ministre de Henri I.		1060
15646	HISTOIRE des Rois de France.	591	1060
16560	DE CORDEMOY, Histoire de France, III. Race.	987	1060
16563	CHRONICON Lemovicense.	687	1060
15895	ALLEN, Dissertatio Chronologica à Carolo Simplice ad Philippum I.	893	1060
16543—16561	OUVRAGES qui concernent le regne de Henri I. (*IV. Supplém.*)	1031	1060
	PHILIPPE I succede à Henri I son pere.		1060
I. 7691 & 7692	Vies du Pape Nicolas II, originaire de Bourgogne.		1061
6426	Synode de Caen.		1061
7795 & 7796	Histoire du Cardinal Humbert, Evêque de Blanche-selve.		v. 1063
6424	Concile de Châlons-sur-Saône.		1063
6627	Assemblée de Moissac.		1063
6698	Concile de Rouen.		1063
11154	Histoire d'Albert, Abbé de Marmoutier.		1064
6363	Concile d'Autun.		1065
6531	Concile d'Elne, dans le Roussillon.		1065
10540	Actes de S. Conrad, ou Cunon, désigné Archevêque de Trèves.		1066
6536	Assemblée de l'Isle-bonne.		1066
12909	FALCONIS Chronicon Trenorciense.	179	1066
13388—13393	Vie de S. Thibaut de Champagne, Ermite.		1066
III. 34962	DENIALDI Rollo Northmanno-Britannicus.	908	1066
I. 9558	Histoire de Gervais, Archevêque de Reims.		1067
9873—9875	Vies de S. Maurille, Archevêque de Rouen.		1067
6646	Decrets des Evêques de Normandie.		1067
8084	Mémoire sur S. Austinde, Archevêque d'Ausch.		1068
6375	Concile d'Ausch.		1068
6698	Concile de Rouen.		1068
6755	Concile de Toulouse.		1068
6699	Concile de Rouen.		1069
12896 & 12897	Vie de S. Poppon, Abbé de Stavélo.		1069
7790	Histoire du Cardinal Estienne.		v. 1070
IV. S. 7918*	Observation sur Frotard, Evêque d'Albi.		v. 1070
I. 12460 & 12461	Vies de S. Thierri, Abbé d'Ouches.		v. 1070
4484 & 4485	Vie de Ste Godelieve, Martyre au Diocèse de Boulogne.		1070
6332	Concile d'Anse, près de Lyon.		1070
6640	Concile de Neustrie. (*Peut-être le même que celui de Normandie, au N° 6646.*)		1070
8223	CHRONICON Basileensium Episcoporum.	740	1070
8523	BALDERICI Chronicon Cameracense & Atrebatense.	500	1070
13631 & 13632	Vie de S. Gautier, Abbé de l'Esterp.		1070
III. 38995	BALDERICI Chronicon Morinense. (*Voyez IV. Supplém.*)	500	1070
37633	CLÉMENT Chronologie Historique des Ducs de Gascogne.	768	v. 1071
I. 9664	Histoire de Frolland, Evêque de Senlis.		1071
II. 16564	EXCERPTA Chronici Monasterii S. Vincentii, propè Volturnum fluvium.	727	1071
I. 6424	Concile de Châlons-sur-Saône.		1072
6698	Concile de Rouen. (*On y fit vingt-quatre Canons.*)		1072
6424	Concile de Châlons-sur Saône.		1073
6647	Concile au Diocèse d'Ausch.		1073
6698	Concile de Rouen.		1073
8303	Dissertation sur Goderan, Evêque de Saintes.		1074
6698	Concile de Rouen. (*On y fit quatorze Canons.*)		1074
9720	Histoire de Guy, Evêque d'Amiens.		v. 1075
6363	Concile d'Autun.		v. 1075
12748 & 12749	Vie de S. Gervin, Abbé de S. Riquier.		v. 1075

Table III.

Tomes	& Numéros.		Dates comm.	finiss.
I.	8672 & 8673	Vies de S. Annon, Archevêque de Cologne.		1075
	9491	Histoire des Archevêques de Reims.	III. S.	1075
	8776	Vie de Théoduin, Evêque de Liége.		1075
	6722	Concile de S. Maixent, en Poitou.		1075
II.	15565	GESTA Francorum.	420	1075
I.	8567	Vie de S. Liebert, Evêque de Cambrai.		1076
	6332	Concile d'Anse, près de Lyon.		1076
	6417	Concile de Bordeaux.		1076
	6485	Concile de Dijon.		1076
	6671	Concile de Poitiers.		1076
	6396	Assemblée du Bec.		1077
	6426	Assemblée de Caen.		1077
	6464	Concile de Clermont.		1077
	11171	Vie de S. Gilduin, Chanoine de Dol en Bretagne.		1077
II.	16566	LAMBERTI Schafnaburgensis Fragmentum.	753	1077
I.	6671	Concile de Poitiers. (*On lui attribue dix Canons.*)		1078
	6698	Concile de Rouen.		1078
	6745	Concile de Soissons.		1078
	11697	Vie du B. Herluin, Abbé du Bec.		1078
	11920	Histoire de Jean, Abbé de Fescan.		1078
IV.	S. 9173*	Remarques sur Gaifred, Archevêque de Narbonne.	?	1079
I.	9876	Histoire de Jean, Archevêque de Rouen.		1079
	6417	Concile de Bordeaux.		1079
	6415	Concile en Bretagne.		1079
IV.	S. 7918*	Remarques sur Frotard, Evêque d'Albi.		vers 1080
I.	9560 & 9561	Histoire de Manassé I. Archevêque de Reims.		1080
	6536	Concile de l'Isle-bonne. (*On y fit treize ou vingt-six Canons.*)		1080
	6563	Concile de Langres.		1080
	6575	Concile de Lyon.		1080
	6606	Concile de Meaux.		1080
	6727	Premier Concile de Saintes.		1080
	6732	Concile de Sens.		1080
	11641	Vie de S. Simon, Comte de Crespy, Moine de S. Claude. (*Voyez aussi le N.° 12208.*)		1080
	13636 & 13637	Vie de S. Pierre de Chavanon, premier Prévôt de Pébrac. (*Voyez encore IV. Supplém.*)		1080
	10400	Histoire d'Eusebe, (Brunon,) Evêque d'Angers.		1081
	6512	Concile d'Issoudun en Berry.		1081
	8940	Histoire de S. Gebouin, ou Jubin, Archevêque de Lyon.		1082
	6539	Concile de Charrou, entre le Poitou & le Berry.		1082
	6606	Concile de Meaux.		1082
	6654	Assemblée d'Oissel, près de Rouen.		1082
	6727	Second Concile de Saintes.		1083
	9018	Histoire de Rainard, Evêque de Langres.		1085
	6476	Concile de Compiegne.		1085
II.	16568	RAYNALDI Andegavensis, Chronicon.	320	1085
III.	34991	CHRONICON breve Northmannicum.	1041	1085
I.	6364	Concile d'Aurun.		1086
II.	16567	MARIANI Scoti, Chronici Fragmentum.	753	1086
I.	9601—9605	Vies de S. Arnoul, Evêque de Soissons.		1087
	12571	Vie de S. Thietri, Abbé de S. Hubert.		1087
	10670	Vie de Thierri, Evêque de Verdun.		1088
	11323 & 11324	Vie de S. Ponce, Abbé de S. André d'Avignon.		1088
	12733	CHRONICON Abbatiæ Centulensis, sive S. Richarii. (II. *sous* 16569.)	625	1088
	6727	Concile de Saintes.		1089
	6755	Concile de Toulouse.		1089
	11698—11701	Vie du B. Lanfranc, Abbé du Bec.		1089
	12333	Histoire de Guillaume, surnommé Walon, Abbé de S. Arnoul de Metz.		1089
III.	35002	INGULPHI Londinensis Historia.	1066	1089
I.	4494	Vie de S. Guillaume Firmat, Chanoine à Tours.		v. 1090
	5694	Histoire de l'hérésiarque Bérenger.		v. 1090
	12854	Histoire de Robert, Abbé de S. Vigor.		v. 1090
	10585	Histoire d'Hérimanne, Evêque de Metz.		1090
	6404	Concile de Béziers.		1090
	6632	Concile de Narbonne.		1090
II.	16569	CHRONIQUE de l'Abbaye du S. Sépulcre de Cambrai.		1090
I.	8777	Vie de Henri le Pacifique, Evêque de Liége.		1091
	6698	Concile de Rouen.		1091
	8568	Histoire de Gérard II, Evêque de Cambrai.		1092
	6743	Concile d'Estampes.		1092
	6656	Concile de Paris.		1092
	6689	Assemblée de Reims.		1092
	6745	Concile de Soissons.		1092

I. 11829 Histoire

Table Chronologique.

Tomes & Numéros.			Dates comm.	finiss.
I.	11819	Histoire de S. Ulric, Moine de Cluni.		1093
	6364	Concile d'Autun.		vers 1094
	6416	Concile de Brioude.		1094
	6487	Colloque de Dol en Bretagne.		1094
	6689	Concile de Reims.		1094
	11702	Vie de Roger, Moine du Bec.		v. 1095
	8453	Histoire de Durand, Evêque de Clermont.		1095
	6464	Concile de Clermont. (On y fit plusieurs Canons, & l'on y ordonna la publication de la première Croisade. Voyez le N.º 6465.)		1095
	6548	Concile de Limoges.		1095
	12321	Histoire de Gilbert, Moine de S. Amand.		1095
	12371—12875	Histoire de S. Gérauld, Abbé de Sauve-Majour.		1095
	9562	Histoire de Renauld, Archevêque de Reims.		1096
	6636	Concile de Nîmes. (On y fit seize Canons.)		1096
	6698	Concile de Rouen.		1096
	6727	Concile de Saintes.		1096
	6783	Concile de Tours.		1096
	12869	Gesta quorumdam Abbatum Saviniacensium.	760	1096
	12625—12628	Vie de S. Gaultier, Abbé de S. Martin, près de Pontoise.		1097
	8988	Histoire d'Aganon, Evêque d'Autun.		1098
	9759	Histoire de Ratbod II. Evêque de Noyon.		1098
	8496	Histoire d'Adhémar, Evêque du Puy.		1098
	6417	Concile de Bordeaux.		1098
	12010	Histoire de Norcher, Abbé de Hautvilliers.		v. 1099
	7693 & 7694	Vies du B. Otton, Cardinal de Chastillon, Pape sous le nom d'Urbain II.		1099
	8813	Vie de Conrad, Evêque d'Utrecht.		1099
	6743	Concile d'Etampes.		1099
	6356	Concile de Saint-Omer.		1099
II.	15576	Chronicon Tornacense.	449	1099
I.	11889	Histoire de Névélon, Moine de Corbie.		v. 1100
	12026	Histoire de Guillaume, Moine de Jumieges.		v. 1100
	12117	Histoire de Pierre, Moine de Maulesais.		v. 1100
	6671	Concile de Poitiers. (On y fit seize Canons.)		1100
	6791	Concile de Valence.		1100
	11608	Acta Sanctorum Ordinis S. Benedicti. (IV. Supplém.)	500	1100
	11749—11752	Vie de S. Aleaume, Moine de la Chaise-Dieu, Abbé de Burgos.		1100
	12207	Chronicon Condatescensis Cœnobii. (IV. Supplém.)	428	1100
II.	16617	Chronographia ab initio mundi.	0	1100
III.	38827	Chronicon Lotharingiæ.	900	1100
	31880	Histoire de Godefroi de Bouillon, Roi de Jérusalem. (IV. Suppl.)		1100
	35801	Clement, suite Chronologique & Historique des Comtes & Vicomtes du Berry. (IV. Supplém.)	778	1100
I.	11202 & 11203	Vie d'Honoré, Scholastique d'Autun.		XII. S.
	11844	Histoire de Nalgode, Moine de Cluni.		XII. S.
	11934	Histoire de Hugues, Abbé de Flavigni.		XII. S.
	7803	Histoire d'Odon, Cardinal & Evêque d'Ostie.		1101
	8246	Vie d'Amat, Archevêque de Bordeaux.		1101
	13233—13245	Vie de S. Bruno, Instituteur des Chartreux. (IV. Supplém.)		1101
IV.	S. 6465*	Concile de Clermont.		1102
I.	10655	Hugonis Flavinianensis Chronicon Virdunense. (Voyez aussi II. 16618. & IV. Suppl. 10655.)	1	1102
	8941	Histoire de Hugues, Archevêque de Lyon.		1103
	10586	Histoire de Poppon, Evêque de Metz.		1103
	6597	Concile de Marseille.		1103
	6395	Concile de Beaugenci.		1104
	6766	Concile de Troyes.		1104
II.	16619	Gregorii Chronicon Farfense.	681	1104
I.	6656	Concile de Paris.		1105
	9563 & 9564	Histoire de Manassé II. Archevêque de Reims.		1106
	6561	Concile de Lisieux.		1106
	6671	Concile de Poitiers.		1106
	12036	Histoire d'Arnoul, Abbé de Lagni.		1106
	12336	Chronicon Sancti-Albini Andegavensis.	768	1106
	10671	Histoire de Richer, Evêque de Verdun.	IV. S.	1107
	10609	Acta Pontificum Tullensium.		1107
	6513	Assemblée de Falaise.		1107
	6515	Assemblée de Fleury-sur-Loire.		1107
	6561	Concile de Lisieux.		1107
	6632	Concile de Narbonne, (en 1107, non 1207.)		1107
	6756	Concile de Troyes.		1107
	12779	Vie de Thierry, Abbé de Saint-Tron.		1107
	13019	Mémoire sur S. Gervin, Abbé d'Aldembourg.		1107

Tome V.

Tomes & Numéros.			Dates comm.	finiss.
I.	6698	Concile de Rouen.		1108
	6657	Constitutions du Cardinal Galon, (*en* 1108, *non* 1208. IV. *Suppl.*)		1108
	11419	Histoire de Roscelin, Chanoine de Compiegne. (IV. *Supplém.*)		1108
	12990—12995	Vie de S. Robert, Abbé de Molesme, Fondateur de Citeaux.		1108
II.	16610	Chronicon Regum Francorum.	451	1108
	16622	Fragmentum Historiæ Francicæ.	840	1108
	16623	de Camps, Notice du regne de Philippe I.	1060	1108
	16624	Eloge de Gui de Mont-le-Heri, Sénéchal de France. (*Voyez aussi* III. 31394.)		1108
	16626	Breve Chronicon Regum Francorum.	768	1108
	16561—16628	Ouvrages qui concernent le regne de Philippe I. (IV. *Suppl.*)	1060	1108
		Louis VI, dit le Gros, succede à Philippe I. son pere.		1108
I.	6689	Concile de Reims. (*Il est contesté.*)		1109
	6547	Concile de Loudun.		1109
	11703—11709	Vie de S. Anselme, Abbé du Bec, & depuis Archevêque de Cantorbéri.		1109
	11830—11835	Vie de S. Hugues, Abbé de Cluni.		1109
	12571	Vie de Thierri II. Abbé de S. Hubert.		1109
	12712	Chronicon Monasterii S. Petri vivi Senonensis.	400	1109
	12997 & 12998	Vie de S. Albéric, second Abbé de Citeaux.		1109
II.	16627	Chronicon anonymi.	940	1109
	16628	Excerptum Chronici veteris.	986	1109
I.	11838	Histoire d'Yves, Prieur de Cluni.		v. 1110
	13379	Mémoire sur le B. Renaud, Ermite en Anjou.		v. 1110
	4769	Vie de la vénérable Alette, mere de S. Bernard.		1110
	9877	Histoire de Guillaume, Archevêque de Rouen.		1110
	9019	Histoire de Robert, Evêque de Langres.		1110
	6465	Concile de Clermont.		1110
	6515	Assemblée de Fleury-sur-Loire.		1110
	6755	Concile de Toulouse.		1110
	12599	Ademari Commemoratio Abbatum Lemovicensium Abbatiæ S. Martialis.	752	1110
II.	15690	Pauli Æmilii, de rebus gestis Francorum Libri IV.	420	1110
	16619	Chronicon breve Fontanellense.	570	1110
I.	13467	Histoire de Lietbert, Abbé de S. Ruf.		v. 1111
	11758	Gesta Abbatum Monasterii Casalis Benedicti.		1111
	7802	Histoire de Milon, Cardinal & Archevêque de Palestine.		1112
	9949	Histoire de Gislebert, Evêque d'Evreux.		1112
	4491—4493	Vies de S. Guidon d'Andrelec.		1112
	6337	Concile d'Aix.		1112
	6332	Concile d'Anse, près de Lyon.		1112
	6743	Concile fictice d'Etampes.		1112
	6810	Concile de Vienne.		1112
	11989	Histoire de Sigebert, Moine de Gemblours.		1112
II.	16630	Sigeberti Gemblacensis Chronicon. (*Voyez aussi les* Nos 16631, & 16632.)	381	1112
	16632	Historia Trevirensis.	30	1112
I.	8569—8571	Vies du B. Odon, Evêque de Cambrai. (IV. *Suppl. Voyez aussi sous le* N.° 12636.)		1113
	9760	Histoire de Baudri, Evêque de Noyon.		1113
	12360	Histoire de Javenton, Abbé de S. Bénigne de Dijon.		1113
	4511—4515	Vies de Ste Ide, Veuve, Comtesse de Boulogne.		1113
	6398	Concile de Beauvais.		1114
	6531	Concile d'Elne.		1114
	6689	Concile de Reims.		1114
	11836 & 11837	Vie de S. Morand, Moine de Cluni.		v. 1115
	11975	Histoire de Raoul Tortaire, Moine de Fleuri.		v. 1115
	12996	Histoire d'Ildebod, Compagnon de S. Robert de Molesme.		v. 1115
	8601	Histoire de Lambert, Evêque d'Arras.		1115
	6451	Concile de Châlons-sur-Marne.		1115
	6689	Concile de Reims.		1115
	6745	Concile de Soissons.		1115
	6773	Concile de Tournus.		1115
	13374 & 13375	Vie de Pierre l'Hermite, premier Auteur des Croisades.		1115
	14788	Vie de la vénérable Hildeburge, Religieuse près de Pontoise. (*C'est la même qu'au* N° 4503.)		1115
	9374—9377	Vie de S. Yves, Evêque de Chartres.		v. 1116
	9312	Histoire de Galon, Evêque de Paris.		1116
	6563	Concile de Langres.		1116
	11607	Mabillon, Annales Ordinis S. Benedicti.	700	1116
	6773	Concile de Tournus.		1117
	13934—13949	Vie du B. Robert d'Arbrisselles, Fondateur de Fontevrauld.		1117
	8459	Episcopi Lemovicenses.	III. S.	1118

Table Chronologique.

Tomes & Numéros.		Dates comm.	finiss.
I.	6410 Concile d'Angoulême.		1118
	6698 Concile de Rouen.		1118
	6755 Concile de Toulouse.		1118
	11899—12902 Vie de S. Bernard, premier Abbé de Tiron.		1118
II.	16634 Eloge d'Ansel de Garlande, Sénéchal de France. (*Voyez aussi* III. 31395.)		1118
III.	35003 Petri Blesensis Continuatio ad Historiam Britonum.	1106	1118
	35004 Florentii Vigorneniis Chronicon.		1118
I.	10746 Mémoire sur S. Ismidon, Evêque de Die.		1119
	8778 Vies d'Otbert, Evêque de Liège.		1119
	6398 Concile de Beauvais.		1119
	6561 Assemblée de Lisieux.		1119
	6755 Concile de Toulouse. (*On y fit dix Canons,*) en 1124 où (IV. Supplém.)		1119
	6689 Concile de Reims. (*On y fit cinq Decrets.*)		1119
	6698 Concile de Rouen.		1119
	6810 Concile de Vienne.		1119
	11739 Chronicon Cœnobii S. Theofredi Cameliacensis.		1119
II.	16638 Gesta Francorum expugnantium Jerusalem.	1095	1119
I.	11720 Histoire de Jean, Moine de Beze.		v. 1120
	11729 Vie d'Hervé, Moine de Bourdieux.		v. 1120
	11976 Histoire de Hugues de Sainte-Marie, Moine de Fleury.		v. 1120
	12700 Histoire de Jean, Moine de S. Ouen.		v. 1120
	6449 Concile de Château-Roux, au Diocèse de Bourges.		1120
	8389 Histoire de Léger, Archevêque de Bourges.		1120
	8942 Histoire de Josceran, Archevêque de Lyon.		1120
	10587 Histoire de Théodger, Evêque de Metz.		1120
	6745 Concile de Soissons.		1120
	10544 Pauli Diaconi Chronica Metensium Episcoporum.	III. S.	1120
	16635 Alberici Chronicon Hierosolymitanum.	1095	1120
	16636 Chronicon breve Remense.	1	1120
III.	35005 Eadmeri Historia rerum sui sæculi.	1066	1120
I.	9174 Histoire de Richard, Cardinal & Archevêque de Narbonne.		1121
	9628 Histoire de Guillaume de Champeaux, Evêque de Châlons-sur-Marne.		1121
	8779—8781 Vies de S. Frédéric, Evêque de Liège.		1121
	12728 & 12729 Histoire de Robert, Abbé de S. Remi de Reims.		vers 1122
	9978 Histoire de Serlon, Evêque de Sées.		1122
	12866 & 12867 Vies de S. Vital, Abbé de Savigny, au Diocèse d'Avranches.		1122
IV.	4578 Eloge de Guillaume d'Auxerre, Evêque de Paris.		1123
I.	10426 & 10427 Histoire de Marbode, Evêque de Rennes.		1123
	12719 Histoire de Clarius, Moine de S. Pierre-le-vif.		v. 1124
	7698—7701 Vies de Gui, Archevêque de Vienne, depuis Pape, sous le nom de Calliste II.		1124
	6398 Concile de Beauvais.		1124
	6436 Concile de Chartres.		1124
	6465 Concile de Clermont.		1124
	6810 Concile de Vienne.		1124
	11710 Vie de Guillaume, Abbé du Bec.		1124
	11839—11841 Vie du B. Ponce, Abbé de Cluni.		1124
	12263—12265 Vie de Guibert, Abbé de Nogent.		1124
	13190—13198 Vie de S. Etienne de Thiers, ou de Muret, Fondateur de l'Ordre de Grammont.		1124
II.	16639 Historia Hierosolymitana.	1100	1124
I.	12773 Histoire d'Adalgise, Moine de S. Thierri de Reims.		v. 1125
	7702 Histoire de Maurice Bourdin, Antipape, sous le nom de Grégoire VIII.		1125
	12462 Histoire de Jean, Moine de S. Evroul.		1125
IV.	S. 13422** Vie de Geofroi de Nho, Restaurateur du Monastere du Chalar.		1125
I.	9606 Histoire de Lisiard, Evêque de Soissons.		v. 1126
	7799—7801 Vies du B. Matthieu, Cardinal Evêque d'Albano.		1126
	8093 & 8094 Vies de S. Bertrand, Evêque de Comminges.		1126
	10829 Observations sur S. Raimond, Evêque de Balbastro.		1126
	12463 Histoire de Roger-du-Sap, Abbé de S. Evroul.		1126
	6708 Assemblée de Sées.		1126
	6630 Concile de Nantes.		1127
	12636 Herimanni Narratio Restaurationis S. Martini Tornacensis.	1092	1127
IV.	S. 13313* & ** Vie de S. Gens, Solitaire dans le Comté Venaissin.		1127
II.	16637 Fulcherii Carnotensis, Historia Hierosolymitana.	1095	1127
III.	35006 Wilhelmi Malmesburiensis, Historia Anglorum. (IV. Supplém.)	1066	1127
I.	6698 Concile de Rouen.		1128
	6766 Concile de Troyes.		1128
	11681 Chronicon Auriliacensis Abbatiæ.	972	1128
	13427 Vie de Séhere, premier Abbé de Chaumousay.		1128

Tome V.

TOMES & Numéros.			DATES comm.	finiss.
I.	6368	Assemblée d'Orléans.		vers 1129
	8943	Histoire de Rainald, Archevêque de Lyon.		1129
	6656	Concile de Paris.		1129
	6755	Concile de Toulouse (faux , Voyez IV. Supplém.)		1129
	9220	Histoire de Gautier, Evêque de Montpellier.		v. 1130
	11842	Vie d'Alger, Moine de Cluni.		v. 1130
	7776	Histoire du B. Baudouin, Cardinal, Archevêque de Pise.		1130
	7798	Vie du B. Martin, Cardinal.		1130
	9779	Vie du B. Jean, Evêque de Terouenne.		1130
	6465	Concile de Clermont. (On y fit treize Canons.)		1130
	6743	Concile d'Estampes.		1130
	6533	Concile de Jouarre.		1130
	6331	Concile du Puy en Velai.		1130
	12776	RODULPHI Chronicon Abbatum S. Trudonis.	999	1130
III.	13476 & 13477	Vie du B. Thomas, Prieur de S. Victor.		1130
I.	35008	SIMEONIS Dunelmensis, Historia Regum Anglorum.	1066	1130
	10477	BALDERICI Gesta Pontificum Dolensium.	VI. S.	v. 1131
	12903—12906	Vie de S. Adjuteur, Moine de Tiron.		v. 1131
	10489	Vie de Baudri, Archevêque de Dol.		1131
	9135	Histoire de Brunon, Evêque de Strasbourg.		1131
	6555	Concile de Liége.		1131
	6689	Concile de Reims. (On y publia dix-sept Canons.)		1131
	12173	Histoire de Richard, Abbé de Préaux.		v. 1132
	10755—10758	Vies de S. Hugues, Evêque de Grenoble.		1132
	6482	Assemblée dans le territoire de Narbonne.		1132
	6753	Concile de Thionville.		1132
	10495	GESTA Trevirorum. (Voyez aussi III. 39235.)	30	1132
	12172	Histoire de Gui second, Abbé de Moleme.		1132
	12916	Histoire de Geoffroi, Abbé de Vendôme, Cardinal.		1132
II.	16640	CHRONICON Leodiense.	400	1132
I.	12141	Histoire d'Amand du Châtel, Abbé de Marchiennes.		v. 1133
	10328 & 10329	Vies du vénérable Hildebert, Evêque du Mans, & ensuite Archevêque de Tours.		v. 1134
	6632	Concile de Narbonne.		1134
	12142	Histoire de Galbert, Moine de Marchiennes.		1134
	12999—13003	Histoire de S. Etienne, troisieme Abbé de Cîteaux.		1134
	13538—13556	Vie de S. Norbert, Instituteur des Prémontrés.		1134
II.	16317	APPENDIX ad Chronicon Monasterii Besuensis.	816	1134
I.	12125	CHRONICON Malleacense. (II. sous le N.° 16661.)	0	1134
	13564	Vie du B. Philippe Harveng, second Abbé de Bonne-Espérance.		1134
	13649	Histoire de Hugues Farsit, Abbé de S. Jean en Vallée.		
	8289	Histoire de Gérard, Evêque d'Angoulême.		v. 1135
	7773 & 7774	Vies du B. Albéric, Evêque d'Ostie.		1135
	11655	Vie de Francon, Abbé d'Afflighem.		1135
	12619	Vie de Matthieu de Reims, Cardinal, Evêque d'Albano.		1135
	14786 & 14787	Vie de Ste Reingrade, Religieuse de Marsigny.		1135
III.	35011	HISTOIRE des Rois de France & des Ducs de Normandie.	420	1135
I.	10166	Vie de S. Hugues, Evêque d'Auxerre.		1136
	6745	Concile de Soissons.		1136
	11711 & 11713	Vie de Boson, Abbé du Bec.		1136
	11891	Histoire de Thibault, Abbé de Cormeri.		1136
	11990	Histoire d'Anselme, Abbé de Gemblou.		1136
	12750	Histoire d'Anscher, Abbé de Saint-Riquier.		1136
II.	16641	ANSELMI Gemblacensis Chronicon.	1113	1136
	16642	CHRONICON breve Beccense. (Voyez aussi Tome I. avant le N.° 11691.)	851	1136
I.	9105	Histoire d'Albert, Archevêque de Mayence.		1137
	12464	Histoire de Guérin-des-Essars, Abbé de S. Evroul.		1137
	13246	Histoire de Guigues I, cinquieme Prieur de la grande Chartreuse.		1137
II.	15647	GESTA Regum Francorum.	420	1137
	15648	GRANDES Chroniques de France.	420	1137
	15649	DES CARNEAUX, de Gestis Regum Galliæ.	420	1137
	16643	CHRONICON Turonense.	420	1137
	16644	CRONICON breve Regum Francorum.	677	1137
III.	35676	GESTA Consulum Andegavensium. (II. 16644.)	420	1137
II.	16645	ABBREVIATIO Gestorum Regum Franciæ.	873	1137
	16646	FRAGMENTA Historiæ Franciæ.	420	1137
	16647	HUGONIS & RICHARDI Chronicon.	484	1137
	16648	CHRONICON breve Regum Francorum.	1	1137
	16655	DE CAMPS, Notice du regne de Louis VI.	752	1137
III.	35013	WILHELMI Calculi, Historia Normannorum.	1108	1137
	37501	ALTISERRÆ, Res Aquitanicæ.	912	1137
II.	16629—16656	OUVRAGES qui concernent le Regne de Louis-le-Gros. (IV. S.)	481	1137
			1108	1137

Table Chronologique. 117

TOMES & Numéros.			DATES comm.	finiss.
		LOUIS VII. dit LE JEUNE, succede à Louis-le-Gros son pere.		1137
I.	8459	GESTA Episcoporum Lemovicensium.	I. S.	1138
	12388	Histoire de Teulfe, Abbé de S. Crespin de Soissons.		1138
	12780	Histoire de Rodulphe, Abbé de S. Tron.		1138
	13071	Vie du B. Gérard, frere de S. Bernard.		1138
II.	16657	HUGONIS à S. Victore, Chronicon.	0	1138
	16658	CHRONICON Hildeshemense.	714	1138
III.	35724	BESLY, Histoire des Comtes de Poitou.	811	1138
	39346	CHRONICON Flandriæ.		1138
I.	11802	Histoire de Laurent, Abbé de Saint-Vanne.		1139
IV.	S. 9949 *	Observation sur Audin, Evêque d'Evreux.		1139
II.	16659	EXCERPTA ex Chronico Saxonico.	814	1139
I.	11842 & 11843	Histoire d'Alger, Scholastique de Liége, & Moine de Cluni.		v. 1140
	7806	Histoire du B. Etienne, Cardinal, Evêque de Préneste.		1140
	8989	Histoire d'Etienne de Baugé, Evêque d'Autun.		1140
	8204 & 8205	Vie du B. Ponce de Balmei, Evêque de Bellay.		1140
	6689	Concile de Reims, (ou plutôt de Sens, N.° 6732.)		1140
	5418	ORDERICI Vitalis Historia Ecclesiastica.	t	1140
	11642 & 11643	Vies de S. Aybert, Reclus en Hainaut.		1140
	12465	Histoire de Richard de Leycestre, Abbé de S. Evroul.		1140
	13417—13420	Vies de S. Gaucher, Prieur d'Aureil.		1140
	13478 & 13479	Vie de Hugues de S. Victor.		1140
II.	16660	CHRONICA Chronicarum.	0	1140
	16661	JULII Flori Chronicon, de rebus Aquitanicis.	840	1140
I.	8390	Histoire d'Albéric de Reims, Archevêque de Bourges.		1141
IV.	S. 13566	Histoire du B. Garembert, Fondateur de l'Abbaye du Mont S. Martin.		1141
	15040 & 15041	Vie de Ste Hombeline, sœur de S. Bernard.		1141
III.	35004	CONTINUATIO Chronici Florentii Vigornensis.	1119	1141
I.	7792	Histoire de Gilon, Cardinal, Evêque de Tusculum.		1142
	9629	Histoire de Geoffroi, Evêque de Châlons-sur-Marne.		1142
	9313	Histoire d'Etienne de Senlis, Evêque de Paris.		1142
	6542	Concile de Lagny en Brie.		1142
	11845—11855	Histoires de Pierre Abeillard, Moine de Cluni.		1142
III.	39347	CHRONIQUE de Flandre.	704	1142
I.	10738	Vie de S. Jean, Evêque de Valence. (Voyez aussi le N.° 13025.)		1144
	12231	Histoire de Thomas, Abbé de Morigny.		1144
II.	16661	EXCERPTA ex Actibus Cenomannensium Pontificum.	568	1144
I.	12466	Histoire d'Ordric Vital, Moine de S. Evroul.		v. 1145
	6406	Assemblée de Bourges.		1145
	11644—11646	Vie d'Hervé, Prieur de Bourg-Déols en Berry.		1145
	6436	Concile de Chartres.		1146
	6818	Concile de Vézelay, en Nivernois.		1146
	6743	Assemblée d'Estampes.		1147
	6656	Concile de Paris.		1147
II.	16663	CHRONICON Moriniacense. (Voyez aussi le N.° 16664.)	1108	1147
I.	12637	Histoire de Hériman, Abbé de S. Martin de Tournay.		v. 1148
	10401	Histoire d'Ulger, Evêque d'Angers. (IV. Supplém. 10400*.)		1148
	8541	POTIER, Histoire des Evêques de Cambrai.	IV. S.	1148
	6689	Concile de Reims. (On y fit plusieurs Canons.)		1148
	6774	Concile de Trèves.		1148
	12361	SIMONIS Gandensis, Continuatio Chronici S. Bertini.	961	1148
	11712	Vie de Léthard, Abbé du Bec.		1149
	4768	Vie de Marguerite, Comtesse d'Albon.		v. 1150
	10110	Histoire d'Atton, Evêque de Sens.		v. 1150
	11721	Histoire de Thibault, Moine de Beze.		v. 1150
	12173	Vie du B. Pierre de Juilly, Moine de Molesme.		v. 1150
	12389	Histoire de Nicolas, Moine de S. Crépin.		v. 1150
	12649	Histoire de Rainaud, Prieur de S. Eloi à Paris.		v. 1150
	12774	Histoire de Guillaume, Abbé de S. Thierri de Reims.		v. 1150
	12931	Histoire de Hugues de Poitiers, Moine de Vézelai.		v. 1150
	13020	Vie de S. Roding, Abbé de Beaulieu.		v. 1150
	13455	Histoire de Hugues Farsit, Chanoine Régulier.		v. 1150
	13638	Histoire d'Estienne, Chanoine Régulier de Pébrac.		v. 1150
	13647	Histoire de Pierre, Prieur de S. Jean de Sens.		v. 1150
IV.	46374 & 46375	Vie de Bernard de Chartres, Philosophe.		v. 1150
	47045	Histoire de Guillaume de Conches.		v. 1150
	47490	Observations sur Leonius, Poëte de Paris.		v. 1150
	S. 6606	Statuts Synodaux de Meaux, sous Manassès II.		1150
I.	7777	Histoire du Cardinal Bernard.		1150
	9585	Eloge d'Etienne de Garlande, Chancelier & Sénéchal sous Louis-le-Gros, nommé à l'Evêché de Beauvais. (II. 16649.)		1150
II.	16665	LIBER de Compositione Castri Ambaziæ, & ipsius Dominorum Gestis. (III. 35666.)	0	1150

Table III.

TOME	& Numéros.		DATES comm.	finiff.
III.	35649	Joannis Majoris Monasterii Chronicon Turonense.	1	1150
I.	10167 & 10168	Vies du B. Hugues de Mâcon, Evêque d'Auxerre.		1151
	9607	Histoire de Joscelin, Evêque de Soissons.		1151
	6395	Concile de Baugency.		1151
	12730	Histoire d'Odon, Abbé de S. Remi de Reims.		1151
	13004	Histoire de Rainald, quatrieme Abbé de Citeaux.		1151
	10763	Remarques sur Thomas II. Evêque de Viviers.		vers 1152
	12430—12439	Histoires de Suger, Abbé de Saint-Denys. (IV. Supplém.)		1152
	8209	Histoire de Bernard des Portes, Evêque de Bellay. (IV. Suppl.)		1152
	13567—13569	Vie de S. Gilbert, premier Abbé de Neuf-Fontaines.		1152
II.	25301	Vie de Rodolphe de Vermandois, Sénéchal de France.		1152
	15650	Besly, Histoire des Rois de France.	811	1152
	13099	Histoire du B. Guerric, Abbé d'Igny.		v. 1153
IV.	S. 9105*	Histoire de Henri Félix, Archevêque de Mayence.		1153
I.	9651	Vie du B. Gautier, Evêque de Laon.		1153
	13041—13070	Vies de S. Bernard, Abbé de Clairvaux, & Pieces qui le concernent. (IV. Supplém.)		1153
	9156	Rescripta Summorum Pontificum ad Archiepiscopos Narbonenses.	1097	1153
III.	35677	Fragmentum Chronici de Comitibus Andegavensibus.	1067	1153
I.	8839 & 8840	Vies de S. Lambert, Evêque de Vence.		1154
	8321	Histoire de Gilbert de la Porrée, Evêque de Poitiers.		1154
	6698	Concile de Rouen.		1154
	12213	Chronicon S. Michaelis de Monte in periculo maris.	506	1154
II.	16669	Chronicon breve Beccense.	1026	1154
III.	35022	Henrici Huntendoniensis, Historiæ Regum Anglorum.	1066	1154
I.	6745	Concile de Soissons.		1155
	13480	Histoire de Gilduin, Abbé de S. Victor.		1155
	11856 & 11857	Vies de Pierre le Vénérable, Abbé de Cluni. (IV. Supplém.)		1156
	11609	Martenne, Continuatio Annalium Ordinis S. Benedicti.	1116	1157
	15028 & 15029	Vie de la vénérable Ode, Prieure de Rivroelle.		v. 1158
	7794	Histoire de Hugues, Cardinal & Evêque d'Ostie.		1158
	8247	Histoire de Geoffroi de Lorroux, Archevêque de Bordeaux.		1158
	9652	Histoire de Barthélemi de Jura, (ou de Vir) Evêque de Laon.		1158
	10672	Histoire d'Albéron, Evêque de Verdun.		1158
	6689	Assemblée de Reims.		1158
	12143	Vie de Hugues, Abbé de Marchiennes.		1158
	12898	Histoire de Wibaud, Abbé de Stavelo.		1158
	13131	Histoire du vénérable Serlon, Abbé de Savigny.		1158
	8218 & 8219	Vies de S. Amédée, Evêque de Lausanne. (IV. Supplém.)		1159
	8280	Notitia Pontificum & Comitum Engolismensium.	IV. S.	1159
	13113 & 13114	Vie de S. Etienne, Abbé d'Obasine.		1159
	11389 & 11390	Vie de S. Raimond, Chanoine de S. Sernin à Toulouse. (IV. S.)		1159
	11727	Histoire d'Arnaud, Abbé de Bonneval. (Voyez aussi Tome IV. N.° 45762.)		v. 1160
	11740	Bertrandi Historia Abbatum Casæ Dei.		v. 1160
	13026 & 13027	Vie de S. Hugues, Abbé de Bonnevaux.		v. 1160
III.	35013	Chronicon Saxonicum.	1066	1160
	39204	Excerpta ex Chronico Coloniensi.	918	1160
I.	12636	Continuatio Historiæ S. Martini Turonensis. (II. sous le N.° 16671.)	1127	1160
	6652	Concile de Neuf-Marché en Normandie.		1160
	6398	Concile de Beauvais.		1161
	6755	Concile de Toulouse.		1161
	13110	Histoire d'Odon, Abbé de Morimond.		1161
II	16672	Richardi Pictaviensis Chronicon.	0	1161
I.	9926	Remarques sur Achard, Evêque d'Avranches.		v. 1161
	10588	Histoire d'Estienne de Bar, Cardinal de Montbelliard.		1162
	6621	Concile de Montpellier.		1162
	6698	Assemblée de Rouen.		1162
	11695	Carræi Annalium Beccensium Epitome.		1162
	12441	Histoire d'Odon de Deuil, Abbé de Saint-Denys.	1034	1162
II.	16673	Roberti de Monte, Appendix ad Sigebertum.	1113	1162
III.	38364	Clément, Chronologie Historique des Comtes de Barcelone. (IV. Supplém.)	864	1162
I.	10475	Vie de S. Jean de la Grille, Evêque de S. Malo.		1162
	6783	Concile de Tours. (On y fit plusieurs Canons.)		1163
	6520	Concile en France.		1163
	13005	Histoire de Fastrede, Abbé de Citeaux.		1163
	9314	Histoire de Pierre Lombard, Evêque de Paris.		1163
	9838	Histoire de Hugues d'Amiens, Archevêque de Rouen.		v. 1164
	12929	Hugonis Pictaviensis, Historia Monasterii Vezeliacensis.	846	1164
	13558	Vie du B. Hugues, premier Abbé de Prémontré.		1164
III.	35011	Chronicon S. Michaelis de Monte.		1164
I.	6585	Concile de Lombers en Albigeois. (Voyez aussi le N°. 6586.)	994	1164
	14789	Vie de Ste Elisabeth de Schonauge.		1165
				1165

Table Chronologique.

Tomes & Numéros.		Dates comm.	finiss.
II.	16675	Continuatio Historiæ Aimoini.		1165
	15981	Freheri Corpus Historiæ Franciæ.	420	1165
I.	6463	Assemblée de Chinon en Touraine.		1167
	12883*	Chronicon Senonensis Abbatiæ.	720	1167
	13079 & 13080	Histoire du B. Idesbalde, Abbé de Dunes.		1167
III.	35679	Pactii, Gesta Comitum Andegavensium.	843	1169
I.	6510	Concile d'Angoulême. (*le même qu'au N.° 6423.*)		vers 1170
	8522	Waterlosii, Historia Episcopotum Cameracensium.	1108	1170
	6656	Concile de Paris.		1170
	12346	Excerpta Chronici S. Bavonis.	474	1170
	12790	Guyman, Historia Monasterii S. Vedasti Atrebatensis.		1170
	13314—13316	Vies de S. Gerlac, Ermite.		1170
	6299	Concile d'Avranches. (*On y fit douze Canons.*)		1172
	12600	Godelli Chronicon.		1172
	13288	Vie de S. Bernard, Pénitent.		1172
II.	16678	Chronicon Auctoris anonymi.	1096	1172
I.	6426	Assemblée de Caen.		1173
	6436	Concile de Châlons-sur-Saône.		1173
	14916	Histoire d'Héloïse, Abbesse du Paraclet. (*Voyez aussi le N.° 11852.*)		1173
	8526	Continuatio Chronici Cameracensis.	V. S.	1173
II.	16679	Chronicon S. Stephani Autissiodorensis.	1105	1174
I.	13083	Vie de S. Roger, Abbé d'Elan.		1175
	6520	Concile en France.		1176
	6396	Assemblée du Bec.		1177
	8106—8208	Vies de S. Anthelme, Evêque de Bellay.		1178
III.	35026	Romualdi Salernitani, Chronica solemnis.	1085	1178
	37495	Fragmentum Historiæ Aquitanicæ.	997	1178
I.	7793	Histoire du B. Henri, Cardinal, Evêque d'Albano.		1179
	1009	Chronicon Senonense.		1179
	12361	Continuatio altera Chronici S. Bertini.	1148	1179
III.	35028	Chronica Anglorum.	1066	1179
I.	12390	Histoire de S. Bernarede, Abbé de S. Crespin, Cardinal.		1180
	15043 & 15044	Vie de Ste Hildegarde, Abbesse du Mont S. Robert.		1180
II.	16680	Chronicon Regum Francorum.	768	1180
	16681	Guillelmi Tyrii, Historia Belli sacri.	1095	1180
	16683	de Camps, Notice du regne de Louis VII.	1137	1180
	16657—16684	Ouvrages qui concernent le regne de Louis-le-Jeune. (IV. *Suppl.*)	1137	1180
		Philippe II, dit *Auguste*, succede à Louis-le-Jeune son pere.		1180
IV.	S. 9174*	Remarques sur Pons d'Arsac, Archevêque de Narbonne.		1181
I.	9379	Histoire de Jean Petit de Salisbery, Evêque de Chartres.		1181
	9721—9723	Vies de S. Godefroi, Evêque d'Amiens.		1181
	8528	Gesta Episcoporum Cameracensium.	IV. S.	1181
	9988	Histoire d'Arnoul, Evêque de Lisieux.		1182
	8331	Fragmentum de Petracoriensibus Episcopis.	976	1182
	6426	Concile de Caen.		1182
II.	16685	Chronicon breve Tungrense.	540	1182
	16374	Chronicon Casauriense, seu Piscariense.	866	1182
	16686	Eloges de Robert Clément & de Gilles Clément son frere, Ministres sous Philippe Auguste.		1182
I.	4334—4339	Vies de S. Benezet, Fondateur du Pont d'Avignon.		1184
	12713	Chronicon Monasterii S. Petri Vivi Senonensis.	441	1184
II.	16688	Gauffredi Vosiensis Prioris, Chronica.	997	1184
I.	9418	Eloge de Simon, Evêque de Meaux.		v. 1185
III.	34181	Clément, Chronologie Historique des Comtes de Vermandois.	vers 890	1185
I.	6539	Concile de Charroux, entre le Poitou & le Berry.		1186
	6656	Concile de Paris.		1186
	13298—13300	Vie de S. Drogon, Reclus en Hainaut.		1186
II.	16687	Roberti de Monte, Appendix ad Sigebertum.	1101	1186
I.	9380	Histoire de Pierre de Celle, Evêque de Chartres.		1187
II.	16692	Chronicon breve Autissiodorense.	1022	1187
I.	10817 & 10818	Vie de Guillaume, Archevêque de Tyr.		1188
	6527	Assemblée de Gisors en Normandie.		1188
	6656	Concile de Paris.		1188
	6460	Assemblée du Mans, *en 1188 ou*		1189
	5419	Altorfi Annales Ecclesiæ Anglicanæ.	1066	1189
III.	35031	Chronique de Normandie.	908	1189
I.	6698	Concile de Rouen. (*On y fit trente-deux Canons.*)		1190
II.	16708	Appendix ad Chronicon S. Stephani Cadomensis.	1033	1190
I.	13101	Chroniques de l'Abbaye de Lieu-Croissant.	1133	1190
III.	35034	Richardi Divisensis Chronicon.		1190
I.	8782—8786	Vies de S. Albert, Cardinal, Evêque de Liége.		1192
	13073	Chronicon Clarevallense. (II. *sous* 16709.)	1147	1192
II.	16710	Chronicon breve Leodiense.	549	1192

Table III.

Tomes & Numéros.		Titre	Dates comm.	finiss.
III.	35035	Radulphi Nigri Chronicon.	0	1192
	35680	Chronicon Andegavense. (II. 16711.)	881	1192
II.	16712	Chronicon breve Senonense.	708	1193
I.	8693	Lamberti Parvi, Res gestæ Leodiensium.	988	1194
II.	16713	Excerpta Chronici Monasteriensis, in valle Gregoriana.	500	1194
	16714	Sylvii Synopsis Historiæ Franco-Merovingicæ.	381	1194
I.	6622	Concile de Montpellier.		1195
	8653	Successio Episcoporum Coloniensium.	III. S.	1196
	6656	Concile de Paris.		1196
	8525	Continuatio Chronici Cameracensis.		1196
	11662	Vie de S. Gosvin, Abbé d'Anchin.		1196
III.	39423	Gisleberti Chronicon Hannoniæ. (IV. Suppl.)	1168	1196
I.	8320	Mémoire sur S. Guillaume de Tempier, Evêque de Poitiers.		1197
	10652	Laurentii de Leodio, Historia Virdunensium Episcoporum.	IV. S.	1197
III.	35040	Radulphi de Diceto, Fragmentum.	1066	1197
I.	6732	Concile de Sens.		1198
	11772	Fragmentum Chronici Cluniacensis. (Voyez aussi au Tome II, sous le N.° 16715.)	1108	1198
	8524	Chronicon Cameracensium. (IV. Suppl.)		1198
III.	35051	Joannis Brompton, Fragmentum. (au lieu de 1998, lisez 1198.)	1066	1198
I.	4909	Baronii Annales Ecclesiastici. (IV. Suppl.)	1	1198
	6485	Concile de Dijon.		1199
	6507	Assemblée entre Vernon & Andeli. (La même qu'au N.° 6517.)		1199
II.	16716	Chronica abbreviata.	0	1199
III.	35054	Gervasii Dorobernensis Chronica.	1122	1199
	35059	Chronique de Normandie.		1199
	35650	Chronicon breve Turonense.	956	1199
I.	4302 & 4303	Vie de Ste Alpais, Vierge. (IV. Suppl.)		v. 1200
	6766	Statuts Synodaux de Troyes.		v. 1200
	11714	Histoire d'Etienne de Rouen, Moine du Bec.		v. 1200
	6810	Concile de Vienne.		1200
	6644	Concile de Nivelle dans le Brabant.		1200
IV.	S. 10494*	Catalogus Pontificum Trevirensium.	III. S.	1200
I.	8653	Chronica Archiepiscoporum Coloniensium.	III. S.	1200
	10544	Continuatio Chronici Episcoporum Metensium.	1120	1200
	10819	Vie de S. Hugues, Evêque de Lincoln.		1200
	11346 & 11347	Vie de Pierre de Blois. (Voyez aussi Tome IV, les N.os 45795 & 46867.)		1200
	12337	Chronicon S. Albini, Andegavensis. (II. 16717.)	929	1200
II.	15825	Labbe Annales Regum Francorum.	420	1200
	16718	Chronicon Remense.	1	1200
	16719	Chronicon Senonense.	1	1200
I.	12470	Michaelis Historia Monasterii S. Florentii de Salmurio. (Voyez aussi II. sous 16719.)	841	1200
II.	16720	Coggoshale, Chronicon Anglicanum.	1066	1200
IV.	S. 25044*	Boutier, Histoire du Divorce de Philippe Auguste.	1193	1200
III.	35060	Chronica Regum Angliæ & Ducum Normanniæ.	1100	1200
I.	6656	Concile de Paris.		1201
	6745	Concile de Soissons.		1201
	9565—9568	Histoire de Guillaume de Blois, ou de Champagne, Cardinal, Archevêque de Reims, Ministre d'Etat. (IV. Supplém. 9569* pour 9568*, & III. 32446 & 32447. C'est le même qu'au Tome II. N.° 16689.)		1202
II.	15651	Grandes Chroniques de France.		1202
III.	35062	Rogeri de Hoveden Annales.	1066	1202
	35063	Krantzii, Normannorum res gestæ.	838	1202
I.	13603 & 13604	Vie de S. Guillaume, Abbé de Roschild.		1203
III.	39582	Chronique des Comtes de Hollande.	860	1203
II.	25044	Histoire d'Eléonore de Guienne, Reine de France, Epouse de Louis VII.		1204
I.	6606	Concile de Meaux.		1204
	9787	Trigan, Histoire Ecclésiastique de la Province de Normandie.		1204
III.	35189	Clément, Chronologie historique des Ducs de Normandie.	885	1204
II.	16721	Helinandi Chronicorum pars ultima.	634	1204
IV.	S. 16727*	Nicolai Ambianensis Chronicon.	0	1204
III.	39285	Chronicon Belgicum, ac potissimum Hollandiæ.	647	1205
I.	9569	Histoire de Gui Paré, Archevêque de Reims.		v. 1206
IV.	S. 8208*	Vie du Bienheureux Artaud, Evêque de Belley, de l'Ordre des Chartreux.		1206
II.	16742	Abrégé de l'Histoire de France.	420	1207
III.	32012	Vie de Simon, Comte de Montfort, Général des armées de France.		1207
I.	13422	Vie du B. Jean de Cantimpré, Instituteur & premier Abbé de l'Abbaye de Notre-Dame de Cantimpré.		v. 1208

IV. S. 9314* Remarques

Table Chronologique.

Tomes & Numéros.		Dates comm.	finiss.
IV.	S. 9314*	Remarques sur Odon de Sully, Evêque de Paris.		1208
I.	13006 & 13007	Vie de S. Pierre de Castelnau, de l'Ordre de Cîteaux.		1208
III.	35039	GUILLELMI Neubrigensis, Historia Anglicana.	1066	1208
I.	8391—8398	Vies de S. Guillaume, Archevêque de Bourges. (IV. *Supplém.*)		1209
	6340	Concile d'Avignon. (*On y fit plus de vingt-un Canons.*)		1209
	6624	Concile de Montilli en Languedoc.		1209
	6657	Concile de Paris.		1209
	6306	Concile de Saint-Gilles, au Diocèse de Nîmes.		1209
IV.	46894	Mémoire sur la vie & les ouvrages de Rigord, Historien.		vers 1210
I.	9780	Mémoire sur S. Baine, Evêque de Térouenne.		1210
	6360	Concile d'Avignon.		1210
	6632	Assemblée de Narbonne.		1210
	6306	Concile de Saint-Gilles, au Diocèse de Nîmes.		1210
III.	29719	Recueil de diverses Chartes données par les Comtes de Toulouse.	1141	1210
II.	16743	ROBERTI de Monte, Appendix ad Chronicon Sigeberti.	1113	1210
III.	32078 & 32079	Histoire de Geoffroi de Villehardouin, Maréchal de Champagne.		1210
I.	6344	Concile d'Arles, en 1210, ou		1211
	6622	Assemblée de Montpellier.		1211
	7911	CHRONICON Episcoporum Albiensium & Abbatum Castrensium.	647	1211
II.	16712	CHRONICON Senonense.	708	1211
	16746	ROBERTI S. Meriani Chronicon Autissiodorense. (IV. *Supplém.*)	0	1211
I.	6360	Concile d'Avignon.		1212
	6333	Assemblée de Pamiers.		1212
	6657	Concile de Paris. (*On y fit divers Statuts, divisés en quatre parties.*)		1212
	12232	ADDITIO ad Chronicum Monasterii Mosomensis.	1033	1212
III.	13970—13975	Histoire de S. Félix de Valois, l'un des Instituteurs des Trinitaires.		1212
I.	39148	GESTA Comitum Flandriæ.	792	1212
	10747—10749	Vies de S. Etienne, Evêque de Die, (*mis, par méprise, comme florissant en 1117. Il mourut en 1213.*)		1213
	6799	Concile de Lavaur.		1213
	6628	Concile de Murelle, près de Toulouse.		1213
	13970—13977	Vie de S. Jean de Matha, l'un des Instituteurs des Trinitaires.		1213
	14720—14723	Vie de Ste Marie d'Oignies, Beguine.		1213
III.	35041	CHRONICON Normanniæ.	96	1213
	35064	GASSION, Chronique de Normandie.		1213
	35155	CHRONIQUE de Normandie.		1213
II.	16749	CHRONICON Monachi S. Stephani Cadomensis.	1	1213
III.	35155	CHRONIQUE de Normandie.		1213
I.	6406	Statuts Synodaux de Bourges, sous Gérard de Cros.		1214
	6698	Concile de Rouen.		1214
II.	16750	HISTORIA Regum Franciæ.	420	1214
	16751	GESTA Francorum.	420	1214
III.	35065	CHRONICON Normanniæ.	1	1214
IV.	S. 8528*	ABREGÉ des Vies des Evêques de Cambrai.	IV. S.	1215
I.	6406	Concile de Bourges.		1215
	6622	Concile de Montpellier. (*On y fit quarante-six Canons.*)		1215
	6613	Concile de Melun.		1216
III.	38767	CHRONIQUE des Comtes de Metz.	960	1216
I.	13103—13107	Vies du B. Jean, Seigneur de Montmireil. (IV. *Supp.* 11207*)		1217
III.	35042	CHRONIQUE des Ducs de Normandie.		1217
	35066	CHRONIQUES d'Angleterre & de Normandie.		1217
	35068	CHRONIQUE de Normandie.		1217
	35785	CLÉMENT, Chronologie historique des anciens Comtes d'Angoulême.	839	1218
II.	16753	CHRONICON Canonici Laudunensis.	1	1218
	16763	CHRONICON ab orbe condito.	0	1219
I.	6733	Statuts Synodaux de Pierre de Corbeil, Archevêque de Sens.		v. 1220
	10995 & 10996	Mémoires sur Guillaume le Breton, Chapelain de Philippe-Auguste. (*Voyez aussi au Tome IV. le N° 46757.*)		v. 1220
	11910	CHRONICON Fiscanense.	1	1220
	12338	FRAGMENTUM Chronici S. Albini Andegavensis.	1187	1220
	12601	ITHERII Chronicon S. Martialis Lemovicensis.	1161	1220
	13763—13765	Vie du B. Regnault de S. Gilles, Dominicain.		1220
II.	16776	CHRONICON breve.	420	1220
III.	34954	HISTORIÆ Normannorum Scriptores antiqui.	838	1220
	35069	CHRONIQUE de Normandie.	885	1220
	35071	HISTOIRE de Normandie.	885	1220
	35072	CHRONIQUES de Normandie.	752	1220
	35073	CHRONIQUE de Normandie.		1220
	38056	CLÉMENT, Chronologie historique des Comtes de Forcalquier.	1094	1220
II.	16767	CHRONICON Verzionense.	843	1221
I.	6657	Concile de Paris.		1223
	6698	Concile de Rouen.		1223

Tome V.

Table III.

Tomes & Numéros.			Dates comm.	finiss.
II.	15652	Histoire de France.	420	1223
	15653	Historia Francorum.	420	1223
	15690	Paulus Æmilius, de rebus gestis Francorum.	420	1223
I.	12313	Chronicon breve Elnonense.	534	1223
	12352	Excerpta ex Chronico S. Benigni Divionensis.	753	1223
	12709	Chronicon S. Petri Catalaunensis.	1009	1223
II.	16746	Appendix ad Chronicon Autissiodorense. (IV. Supplém.)	1212	1223
	16770	Chronicon breve Turonense.	33,1	1223
	16771	Chronicon Regum Francorum.	768	1223
IV.	S. 16771*	Chronique Françoise.	420	1223
II.	16771**	Histoires de plusieurs Rois de France.	814	1223
	16778	de Camps, Notice du regne de Philippe Auguste.	1189	1223
	16685—16779	Ouvrages qui concernent le regne de Philippe-Auguste. (Voyez IV. Supplém.)	1180	1223
		Louis VIII, dit le Lion, succede à Philippe Auguste son pere.		1223
I.	6624	Concile de Montpellier.		1224
	6657	Deux Conciles de Paris.		1224
	6793	Concile de Vauxcouleurs en Champagne.		1224
	13175	Vie de S. Charles, Abbé de Villers.		v. 1225
	8674—8676	Vies de S. Engelbert, Archevêque de Cologne.		1225
	6406	Concile de Bourges.		1225
	6613	Concile de Melun.		1225
	6657	Deux Conciles de Paris.		1225
II.	5545	Chronicon Ecclesiæ S. Martini Turonensis.	1	1225
	16780	Chroniques de France.	420	1225
	16781	Annales Francorum.	879	1225
IV.	46155	Notice de Gilles de Corbeil, Médecin.		v. 1226
I.	6518	Concile de Foix.		1226
	6555	Concile de Liége, en 1228, ou		1226
	6657	Concile de Paris.		1226
II.	15653	Historia Francorum.	420	1226
	15654	Chroniques depuis la naissance de J. C.	1	1226
IV.	S. 15664*	Histoires des Rois & des Seigneurs de France.	420	1226
II.	16787	Chronicon Canonici S. Martini Turonensis.	841	1226
	16788	Chronicon Turonense breve.	374	1226
III.	35002	Continuatio Chronici Ingulphi.	1089	1226
IV.	S. 16789*	Recueil de Pieces sur l'Histoire de France.	420	1226
II.	16790	Chronique des Rois de France.	420	1226
	16791	Histoire des Rois Philippe-Auguste & Louis VIII.	1169	1226
V.	Add. 16791ᵏ	de Camps, Notice du regne de Louis VIII.	1223	1226
II.	16780—16791	Ouvrages qui concernent le regne de Louis VIII. (Voyez IV. Suppl.)	1223	1226

Table Chronologique.

V. PARTIE. Suite de la Chronologie des Rois Capétiens, depuis S. Louis jusqu'à Philippe de Valois.

Tomes & Numéros.			Dates commençantes.	Dates finissantes.
		S. LOUIS, IX du nom, succede à Louis VIII son pere.		1226
		Il continue la tige de la troisieme Race de nos Rois, dite des Capétiens ; & il est le pere de tous les Rois qui vont suivre jusqu'à nos jours.		
I.	9315	Eloge de Barthélemi, Evêque de Paris.		1227
	6632	Concile de Narbonne. (*On y fit vingt Canons.*)		1227
	13072	Vie du B. Conrad, Abbé de Clairvaux.		1227
II.	16789	Chronicon Turonense.	0	1227
	16792	Chronicon à Christo nato.	1	1227
I.	9665	Eloge de François Guérin, Evêque de Senlis, Chancelier de France. (*Voyez III.* 31490 *& IV. Supplém.* 9665*.)		1228
	6406	Concile de Bourges.		1228
	6606	Assemblée de Meaux.		1228
	6657	Deux Conciles & une Assemblée de Paris.		1228
	6755	Concile de Toulouse. (*On y publia quarante-cinq Canons.*)		1229
	11719	Chronicon Monasterii Besuensis.	600	1229
	12361	Continuatio tertia Chronici S. Bertini. (*Voyez IV. Supplém.*)	1179	1229
II.	16795	Conradi à Liechtenaw Chronicon.	0	1230
I.	13766	Histoire de l'Abbé Matthieu, premier Supérieur des Jacobins, à Paris.		vers 1230
	8694	Reineri Historia Leodiensis.	1194	1230
	12776	Rodulphi Chronicon Abbatum S. Trudonis.	999	1230
II.	16794	Bernardi Thesaurarii liber de acquisitione Terræ Sanctæ.	1095	1230
	16796	Lamberti Parvi Chronicon.	988	1230
I.	13767	Histoire de Bertrand Garrigue, Dominicain, premier Provincial de Provence.		1230
III.	35074	Blampaini, Historia Normanniæ.		1230
I.	6447	Concile de Château-Gontier. (*Il y en a vingt-sept Canons.*)		1231
	6698	Concile de Rouen. (*On y fit cinquante-deux Réglemens.*)		1231
	6724	Concile de Saint-Quentin.		1231
	6398	Conciles de Beauvais.		1232
	6613	Assemblée de Melun.		1232
	6649	Concile de Noyon.		1232
	6543	Assemblée de Laon.		1232
	6724	Concile de Saint-Quentin.		1232
III.	35075	Annales de Morgan.	1066	1232
	35076	Rudborn Chronicon.		1232
I.	6398	Conciles de Beauvais.		1233
III.	39560	De Rebus Ultrajectinis.	1138	1233
I.	10463—10465	Vies de S. Guillaume, Evêque de S. Brieuc.		1234
	6344	Concile d'Arles. (*On y publia vingt-quatre Canons.*)		1234
	6404	Concile de Béziers. (*On y dressa vingt-six Canons.*) en 1233 ou		1234
	9795	Fragmentum Chronici Ecclesiæ Rotomagensis.	1227	1234
	11673	Guillelmi Chronicon Monasterii Andrensis.	1082	1234
	12444	Chronicon S. Dionysii in Francia.	986	1234
	13111	Chronicon Monasterii Mortui-Maris.	1113	1234
III.	35077	Rogeri de Wendover Chronica.	1	1234
I.	11903	Historia Novientensis, seu Apri-Monasterii.		v. 1235
	6476	Concile de Compiegne.		1235
	6689	Concile de Reims. (*Le même que celui du N°. 6724.*)		1235
	6739	Concile de Senlis.		1235
II.	16799	Chronicon breve Monachi Cluniacensis.	1	1235
	16800	Chronicon Monasterii S. Florentii Salmuriensis.	789	1235
I.	6689	Concile de Reims. (*Le même que celui du N°. 6724.*)		1236
	6783	Concile de Tours. (*On y fit un Réglement contenant quatorze Articles.*)		1236
	12471	Chronicon Monasterii S. Florentii Salmuriensis.	635	1236
	12941	Manrique Annales Cistercienses.	1098	1236
	8653	Actus Pontificum Coloniensium.	III. S.	1237
	11775	Excerpta ex Chronico Cluniacensi.	888	1237
	6433	Concile de Cognac. (*On y publia trente-huit Canons.*)		1238
	6774	Concile de Tréves. (*On y publia quarante-cinq Canons.*)		1238
II.	16801	Wilhelmi Andernensis, (*ou Andrensis,*) Appendix ad Sylvium.	1194	1238
IV.	S. 6606	Statuts Synodaux de Meaux, sous Pierre de Cuisy.		1239

Tome V.

Table III.

Tomes & Numéros.		Description	Dates comm.	finiss.
I.	6689	Concile de Reims. (*Le même que celui du* N° 6724.)		1239
	6783	Concile de Tours. (*On y publia treize Canons.*)		1239
	10679	Chronicon Episcoporum Viennensium.	II. S.	1239
	6735	Statuts Synodaux de Gautier Cornu, Archevêque de Sens.		vers 1240
	6606	Concile de Meaux.		1240
	6739	Concile de Senlis.		1240
	4972	Catherinot, Annales Ecclésiastiques de Berry.	1201	1240
IV.	S. 4478*	Mémoire sur S. Gérold de Cologne.		1241
I.	13115	Vie du B. Guillaume, Fondateur de l'Abbaye d'Olive.		1241
II.	16803	Alberici, Monachi Trium-Fontium, Chronicon.	o	1241
I.	6794	Concile de Laval dans le Maine. (*On y fit neuf Canons.*)		1242
II.	15656	Mouskes, Histoire de France.	o	1242
I.	6715	Concile de Saumur.		1243
II.	16805	Chronicon ab orbe condito.	o	1243
I.	6632	Concile de Narbonne, *en 1235 ou*		v. 1244
	7807 & 7808	Histoires du Cardinal Jacques de Vitri.		1244
	6575	Premier Concile général de Lyon. (*On y fit dix-sept Decrets.*)		1245
	13768	Histoire de Pierre de Reims, Evêque d'Agen.		1245
	6344	Concile d'Arles.		1246
	8709	Gesta Pontificum Leodiensium.	1047	1246
	6404	Concile de Béziers. (*On y publia quarante-six Articles de Réglemens.*)		1246
IV.	S. 6606*	Ordonnances du Légat Odon à Meaux, sous Pierre de Cuisy.		1246
I.	15046—15048	Vies de Ste Lutgarde, Religieuse en Brabant.		1246
	12622	Coral, Chronicon S. Martini Lemovicensis.	618	1247
	9316	Histoire de Guillaume d'Auvergne, Evêque de Paris.		1247
	13169—13172	Vie de S. Thibaud, Abbé de Vaux-de-Cernai.		1248
	6791	Concile de Valence. (*On y publia vingt-trois Canons.*)		1248
	12098	Chronicon Lirensis Monasterii.	814	1248
II.	16809	Epitome Chronici S. Nicasii Remensis.	350	1248
III.	35681	Chronicon breve Vindocinense.	678	1248
IV.	S. 4909*	Ceillier, Histoire des Auteurs Ecclésiastiques & des Conciles.	I. S.	1248
I.	13992—13999	Vie de S. Pierre Nolasque, Fondateur de l'Ordre de la Merci.		1249
	6364	Statuts Synodaux d'Autun, sous Ansel de Pomare.		1250
	13578	Chronicon Viconiense.	1115	1250
II.	16813	Bercharii Historia Episcoporum Virdunensium.	IV. S.	1250
	16813	Richerii Historia Abbatiæ Senoniensis. (*Voyez* I. 12883.)	720	1250
I.	6532	Concile de l'Isle, au Diocèse de Cavaillon. (*On y fit treize Canons.*)		1251
	6575	Statuts & Constitutions de l'Eglise de Lyon.		1251.
	9070	Conradi, Chronicon rerum Moguntinensium.	1142	1251
II.	16816	Appendix ad Chronicon Andegavense.	1057	1251.
I.	12470	Michaelis Historia Monasterii S. Florentii de Salmurio. (*Voyez* IV. *Suppl.*)	X. S.	1251.
	6732	Concile de Sens.		1252
	7788	Vie de Pierre de Collemieu, Cardinal Evêque d'Albano, auparavant Archevêque de Rouen.		1253
II.	15045—15047	Histoires de la Reine Blanche, Mere de S. Louis. (IV. *Suppl.*)		1253
I.	6715	Concile de Saumur. (*On y fit trente-un Canons.*)		1253
	6447	Concile de Château-Gontier. (*Il n'en reste qu'un Canon.*)		1253
III.	35044	Richardi à S. Germano Chronicon.	1087	1253
I.	6316	Concile d'Albi. (*On y dressa soixante & douze Canons.*)		1254
II.	15656	Vincentii Bellovacensis, Fragmenta Speculi Historialis.	420	1254
IV.	47691	Notice de Thibaut, Comte de Champagne & Roi de Navarre.		1254
I.	13769	Histoire d'André de Lonjumeau, Envoyé de S. Louis.		v. 1255
	6404	Concile de Béziers.		1255
	6417	Concile de Bourdeaux. (*On y publia une Constitution de trente Articles.*)		1255
	6481	Concile de Coignac.		1255
	6657	Concile de Paris.		1255
	10367	Vie du B. Geoffroi II. Evêque du Mans.		1255
III.	35078	Annales à Christo nato.	1	1255
	35973	Brugnyon, Chronicon Urbis Matissanæ (*Mâcon.*)		1255
I.	6677	Concile de Pont-Audemer.		1257
	6689	Concile de Reims.		1257
	11105	Vie du vénérable Prêtre Thomas Elie, Aumônier de S. Louis.		1257
	13767	Histoire de Pierre Callani, Fondateur des Dominicains de Limoges.		1257
	6622	Concile de Montpellier.		1258
	6697	Concile de Ruffec. (*On y publia un Réglement de dix Articles.*)		1258
	15050—15055	Vie de la B. Julienne, Prieure de Mont-Cornillon.		1258
III.	38355	de Marca, Marca Hispanica.	174	1258
	35079	Matthæi Paris Historia major.	1066	1258
	35080	Chronica Normanniæ.	1139	1259
	35081	Prouvere Brichetaux, Histoire de Normandie.	911	1259

Table Chronologique.

TOMES & Numéros.		DATES comm.	finiss.
I.	8399—8401	Vies de S. Philippe Berruyer, Archevêque de Bourges, auparavant Evêque d'Orléans. (*Voyez aussi N° 9478.*)		1260
IV.	S. 6325*	Concile d'Angers.		1260
I.	6657	Concile de Paris.		1260
	6481	Concile de Coignac. (*On y fit dix-neuf Articles de Constitutions.*)		1260
	6344	Concile d'Arles. (*On y fit dix-sept Canons.*)		1260
	10544	CONTINUATIO Chronici Metensium Episcoporum.	1200	1260
III.	39136	CHRONIQUE du Pays de Vaud.		1260
I.	6326	Statuts Synodaux du Diocèse d'Angers, sous Nicolas Gestant.		1261
II.	16820	HISTOIRE des Guerres saintes.	1095	1261
I.	6481	Concile de Coignac. (*On y fit sept Articles de Réglemens.*)		1262
II.	16821	DU BOIS, de Bellis sacris.	1095	1262
	16822	HISTORIARUM Fragmentum.	631	1262
I.	6417	Concile de Bourdeaux. (*On y fit encore sept Articles.*)		1263
	6657	Concile de Paris.		1263
III.	35082	ANNALES Monasterii Burtonensis.	1004	1263
	37812	CLÉMENT, Chronologie historique des Comtes & Vicomtes de Carcassonne & de Rasez.	819	1263
I.	4480	Vies du B. Gobert, Comte d'Aspremont, Moine de Villers. (*Voyez aussi les N°s 13176 & 13177.*)		1263
	8944 & 8945	Vies du Cardinal Hugues de Saint-Cher, élu Archevêque de Lyon. (*Voyez aussi le N° 13771.*)		1263
IV.	S. 16822*	Histoire de Godefroi de Bouillon, & des Rois de Jérusalem.		1264
I.	7703—7706	Vies du Pape Urbain IV, natif de Troyes en Champagne.		1264
	6410	Concile de Boulogne-sur-mer.		1264
	6630	Concile de Nantes. (*On y publia neuf Canons.*)		1264
	6657	Concile de Paris.		1264
	13771	Histoire de Vincent de Beauvais, Dominicain.		1265
	8220—8222	Vies de S. Boniface, Evêque de Lausanne. (*Voyez IV. Suppl.*)		1265
II.	16823	APPENDIX ad Andream Sylvium.	1238	1267
I.	6490	Concile d'Embrun.		1267
	6677	Concile de Pont-Audemer. (*On y fit quatre Canons.*)		1267
	6731	Concile de Seine, au Diocèse de Digne.		1267
	6810	Concile de Vienne.		1267
	10010	CHRONICON Senonense.	998	1267
III.	39476	CHRONICON Brabantiæ vetus.		1267
IV.	S. 6606	Statuts Synodaux de Jean de Poincy, Evêque de Meaux.		vers 1268
I.	6504	Ordonnances de Raoul de Chevry, Evêque d'Evreux.		1268
	7707—7712	Vies du Pape Clément IV, auparavant Archevêque de Narbonne.		1268
	6447	Concile de Château-Gontier. (*On y fit huit Canons.*)		1268
	9950	Eloge de Raoul de Chevry, Cardinal Evêque d'Evreux.		1269
	6325	Concile d'Angers.		1269
	6732	Concile de Sens. (*Il y en a six Canons.*)		1269
	12650	CHRONICON Abbatiæ S. Medardi Suessionensis.	497	1269
IV.	S. 29510*	CARTULARIUM Alfonsi, Comitis Pictaviensis.	1250	1269
III.	32324	Eloge & vie de Pierre de Villebéon, Chambellan de France.		1270
I.	6360	Concile d'Avignon. (*On y fit huit Réglemens.*)		1270
	6476	Concile de Compiègne.		1270
	6540	Concile de Langes.		1270
I.	6677	Concile de Pontaudemer.		1270
	4908	HISTORIA Ecclesiastica, usque ad S. Ludovici obitum.		1270
II.	15657	CHRONIQUES des Rois de France.		1270
	15658	BOUCHET, Gestes de quarante Rois de France.	420	1270
	16829	DE COLUMNA, Mare historiarum.	0	1270
	16830	ADAMI Opus historicum.		1270
	16831	CHRONIQUE de France, depuis Pharamond.	420	1270
	16832	Histoire de France, depuis Charlemagne.	768	1270
	16833	CHRONIQUE de France, depuis Louis-le-Begue.	877	1270
	16887	DE CAMPS, Notices du regne de S. Louis.	1226	1270
III.	35083	CHRONIQUE (petite), depuis Brutus.	0	1270
	35084	HISTORIA Anglicana.	1078	1270
	35085	CHRONICA Monasterii de Mailros.	735	1270
II.	16792—16897	OUVRAGES qui concernent le regne de S. Louis. (*IV. Suppl.*)	1226	1270
		PHILIPPE III, dit LE HARDI, succede à S. Louis son pere.		1270
		Il fut le pere des Rois suivans, jusqu'à Henri III, inclusivement.		
I.	6724	Concile de Saint-Quentin. (*On en cite cinq Canons.*)		1271
	5745	DE PODIO LAURENTII, Chronicon. (*Voyez II. 16900.*)	1170	1271
	11412 & 11413	Vie de Robert Sorbon, Confesseur de S. Louis.		1271
II.	16898	DE FRACHETO, Chronicon Lemovicense.	0	1271
III.	37763	DE CATEL, Histoire des Comtes de Tholose.	710	1271
	35716	CLÉMENT, Chronologie Historique des Comtes de Poitiers, depuis Ducs de Guienne ou d'Aquitaine.	778	1271

Table III.

Tomes & Numéros.			Dates comm.	finiss.
I.	11428	Mémoires touchant Guillaume de Saint-Amour, Docteur en Théologie.		1272
	13029	Chronicon Abbatiæ B. Mariæ à Calertio.	1147	1272
	5764	de Vic & Vaissete, Histoire des Albigeois.	1165	1272
II.	16899	Gerardi de Antverpia Abbreviatio Historiæ.	o	1272
	16900	Chronicon Auctoris anonymi.	1096	1272
I.	7967	Observations sur Odilon de Mercœur, Evêque de Mende. (Le même qu'au Supplément Tome IV. 7969*.)		1273
IV.	S. 9653*	Remarques sur Geoffroi de Beaumont, Evêque de Laon. (Voyez aussi IV. S. N° 9570*.)		1273
I.	6684	Concile de Rennes. (On y fit sept Canons.)		1273
	8460	Gesta Lemovicensium Episcoporum.	I. S.	1273
III.	39350	Histoire de Flandres.	1186	1273
I.	8017	Vie de Bertrand de S. Martin, Cardinal, Archevêque d'Arles.		1274
	6575	Second Concile général de Lyon. (On y publia plusieurs Constitutions.)		1274
	11774	Gerardi de Arvernia Monachi, Chronicon Cluniacense.	o	1274
II.	16902	Chronica abbreviata.	o	1274
I.	6344	Concile d'Arles. (On y dressa vingt-deux Canons.)		1275
	13776	Histoire de Pierre de Saint-Astier, ancien Evêque de Périgueux.		1275
III.	37713	Chronicon Occitanum.		1275
I.	9378	Elogia Episcoporum Carnutensium.	858	1276
III.	32326 & 32327	Histoire de Pierre de Brosse, Chambellan de France. (Voyez aussi II. 16912.)		1276
I.	6406	Concile de Bourges.		1276
	6715	Concile de Saumur. (On y fit quatorze Canons.)		1276
	13778	Histoire du Pape Innocent V. (Pierre de Tarentaise.)		1276
	6405	Concile de Béziers. (On y publia seize Articles de Réglements.)		1277
	6476	Concile de Compiègne.		1277
	13777	Histoire de Humbert de Romans, cinquieme Général des Dominicains.		1277
IV.	S. 16902*	Histoire des conquêtes d'Outremer.		1277
III.	35045	Chronicon rerum in Sicilia gestarum.	1027	1277
	35087	Raynaldi Continuatio Chronicorum.	996	1277
I.	6503	Statuts de l'Eglise d'Embrun, publiés par Jacques Serene.		1278
	10169	Actes d'Erard de Lésignes, Cardinal, Evêque d'Auxerre.		1278
	10739	Vie d'Amédée de Roussillon, Evêque de Valence.		1278
	6367	Concile d'Aurillac, au Diocèse de Saint-Flour.		1278
	6540	Concile de Langeais en Touraine. (On y fit un Decret de seize Articles.)		1278
II.	16903	Histoire des Rois & Seigneurs de France.	420	1278
III.	35088	Chronicon de Gestis ac nominibus Regum Angliæ.		1278
	39371	Meyeri Chronicon Flandriæ.	445	1278
I.	6325	Concile d'Angers. (On y fit quatre Canons.)		1279
	6375	Concile d'Ausch.		1279
	6360	Concile d'Avignon. (On y fit un Decret contenant quinze Articles.)		1279
	6404	Concile de Béziers.		1279
	6677	Concile de Pont-Audemer. (On y fit vingt-quatre Chapitres de Réglements.)		1279
	12835	Chronicon S. Vincentii Metensis.	511	1279
	13773 & 13774	Vie de Thomas de Cantimpré, Dominicain.		v. 1280
	13775	Histoire de Geoffroi de Beaulieu, Confesseur de S. Louis.		v. 1280
	6404	Concile de Béziers.		1280
	6406	Concile de Bourges.		1280
	6671	Synode de Poitiers.		1280
	6727	Synode de Saintes.		1280
	12027	Chronicon Kemperligense.	842	1280
II.	15659	Philopœi Historia Francorum.	800	1280
	16904	de Bongevilla, Chronicon.	1000	1280
I.	13779	Histoire de Gui de Sully, Archevêque de Bourges.		1281
	6344	Concile d'Arles, ou d'Avignon. (C'est le même qu'au N° 6360. On y publia dix Canons.)		1282
	6698	Concile de Rouen.		1282
	6728	Synode de Saintes.		1282
	6783	Concile de Tours.		1282
	9273	du Bois, Historia Ecclesiæ Parisiensis.	III. S.	1283
	6636	Actes du Synode de Nismes, sous Bertrand de Languissel.		1284
	6657	Concile de Paris.		1284
	6671	Synode de Poitiers.		1284
	7713—7716	Vies du Pape Martin IV, originaire de Brie.		1285
	8454	Eloge de Gui de la Tour, Evêque de Clermont.		1285
IV.	S. 10226*	Remarques sur Bertrand de l'Isle Jourdain, Evêque de Toulouse.		1285
I.	6686	Concile de Riès. (On y fit vingt-trois Canons.)		1285
	14001	Vie de S. Philippe Benizzi, Général des Servites.		1285

Table Chronologique. 127

TOMES & Numéros			DATES comm.	finiss.
II.	15661	Histoire de France, depuis l'origine des François.	420	1285
	15980	Pithœi, Historiæ Francorum Scriptores veteres undecim.	900	1285
	15981	Freheri, Corpus Francicæ Historiæ veteris.	420	1285
	15982	du Chesne, Historiæ Francorum Scriptores coætanei.	420	1285
	16905	Summaria Guerrarum Regni Francorum.		1285
	16906	Chronique de France.	420	1285
	16907	Chronica Regum Francorum.	420	1285
	16911	de Camps, Notice du regne de Philippe-le-Hardi.	1270	1285
IV.	S. 16914*	Aubery, Journal du regne de S. Louis, & de celui de Philippe-le-Hardi.	1226	1285
III.	34225	Clément, Chronologie des Comtes de Champagne, de la Maison de Vermandois & de celle de Blois.	958	1285
	39424	Balduini Avennensis Chronicon, seu Historia Comitum Hannoniæ. (Voyez IV. Supplém.)		1285
II.	16898—16914	Ouvrages qui concernent le regne de Philippe-le-Hardi. (Voyez IV. Supplém.)	1270	1285
	29752—29791	Pieces relatives à la troisieme Race des Rois de France, depuis Hugues Capet, jusqu'à Philippe-le-Bel.	987	1285
		Philippe IV, dit LE BEL, succede à Philippe-le-Hardi son pere.		1285
I.	12442	Vie de Matthieu de Vendôme, Ministre d'Etat, Abbé de S. Denys. (Voyez IV. Supplém.)		1286
	6406	Concile de Bourges. (On y publia une Constitution de trente-sept Articles.)		1286
	6601	Concile de Mâcon.		1286
	13076	Chronicon breve Clarimarisci. (Voyez II. 16915.)	1098	1286
	13780	Histoire de Gui de-la-Tour-du-Pin, Evêque de Clermont.		1286
III.	35089	Chronica paucorum ab origine mundi.	0	1286
I.	6689	Concile de Reims.		1287
II.	16916	Gerardi de Arvernia Canonici, Chronicon.	0	1287
I.	6532	Concile de l'Isle, au Diocèse de Cavaillon.		1288
	11633	Annales Aquicinensis Monasterii. (Voyez II. 16917.)	1079	1288
	6810	Concile de Vienne.		1289
	10402	Vie de Guillaume le Maire, Evêque d'Angers.		1290
	6490	Concile d'Embrun.		1290
	6645	Concile de Nobiliac, au Diocèse de Limoges.		1290
	6653	Concile de Negarol, au Diocèse d'Ausch. (On y fit dix Canons.)		1290
	6657	Concile de Paris.		1290
II.	16919	Chronique depuis Jesus-Christ.	1	1290
III.	37657	Clément, Chronologie historique des Comtes, Vicomtes & Princes de Béarn.	819	1290
	39477	Historia Brabantiæ.		1290
IV.	45912	Eloge historique de Lambert du Châtel, ou de Châteauneuf, Jurisconsulte.		1290
I.	12557	Chronicon Ruyense.	1008	1291
	13781	Histoire de Nicolas de Hanaps, dernier Patriarche de Jérusalem.		1291
II.	16921—16951	Histoires des Croisades.	1095	1291
III.	35092	Annales Monasterii Waverlaiensis.	1066	1291
II.	16952	Chronicon S. Dionysii in Francia.	808	1292
	16953	Chronique de France.	1181	1292
III.	37637	Clément, Chronologie historique des Comtes de Bigorre.	820	1292
	39351	Chroniques de Flandre.		1292
	35090	Liber Chronicarum.	1250	1293
I.	6367	Concile d'Aurillac, au Diocèse de S. Flour.		1294
	6478	Statuts Synodaux de Coutances, sous Robert d'Harcourt.		1294
	6715	Concile de Saumur. (On y fit cinq Statuts.)		1294
	12362	Joannis Iperii Chronicon Sancti-Bertini. (Voyez II. sous 16955.)	590	1294
	13008	Vie d'Alain de l'Isle, Moine de Cîteaux.	1	1294
II.	16955	Balduini Niniveensis, Chronicon breve.		1295
I.	7791	Vie de Guillaume Ferrier, Cardinal.		1295
	6465	Concile de Clermont.		1295
IV.	S. 10011*	Catalogus Archiepiscoporum Senonensium.	III. S.	1295
I.	10011	de Collone, Libellus super Archiepiscopis Senonensibus.	III. S.	1295
II.	16956	de Collone, Chronicon rerum.	1	1295
I.	12714	de Collone, Historia S. Petri Senonensis.		1295
	10653	Continuatio Historiæ Virdunensium Episcoporum.	1197	1295
	7968 & 7969	Vies de Guillaume Duranti, Evêque de Mende.		1296
	12447	Annalis Historia in Monasterio S. Stephani Cadomensis conscripta.	633	1296
	12622	Continuatio Chronici S. Martini Lemovicensis.	1221	1296
II.	16957	Chronique de France en vers.	1214	1296
	16958	Chroniques de France en vers.	1214	1296
III.	35094	Chronicon S. Taurini Ebroicensis.	1138	1296
	37716	de Caseneuve, Annales de la Province de Languedoc.	1270	1296

Tomes & Numéros.			Dates comm.	finiss.
III.	38355	Gesta veterum Comitum Barcinonenſium, & Regum Arragonenſium.	884	1296
	39583	Chronique des Comtes de Hollande.		1296
		Eyndii Chronicon Zelandiæ.		1296
I.	6549	Statuts de Renauld de la Porte, Evêque de Limoges.		vers 1297
	10222—10226	Vies de S. Louis, Evêque de Toulouſe.		1297
	13782	Hiſtoire de Hugues Aycelin de Billon, Cardinal, Evêque d'Oſtie.		1297
	6576 & 6577	Faux-Concile de Lyon.		1297
III.	35095	Chronica Regis Anglorum.	1259	1297
	37489	Clément, Chronologie hiſtorique des Comtes de la Marche.	944	1297
I.	6728	Synode de Saintes.		1298
III.	35096	Liber de geſtis Regum Britonum.	0	1298
I.	6404	Concile de Béziers.		1299
	6649	Concile de Noyon.		1299
	6681	Concile du Pré, ou de Notre-Dame, ou de Bonnes-nouvelles, près de Rouen. (*Peut-être le même que celui du N° 6698. On y fit un Decret diviſé en ſept Articles.*)		1299
IV.	46208	Remarques ſur Mandeville, *ou* Mondeville, Médecin.		v. 1300
I.	6375	Concile d'Auſch.		1300
	6390	Concile de Baïeux.		1300
	6613	Concile de Melun.		1300
	6715	Concile de Saumur.		1300
	13376	Vie de S. Pipion, Ermite.		1300
II.	16960	Guillelmi de Nangiaco, Chronicon. (*Voyez auſſi les Nos 16961 & 16962.*)	1112	1301
	16963	Chronique univerſelle depuis la Création du Monde.	0	1301
III.	35097	de Icham, Chronica de Regibus Angliæ.	0	1301
IV.	46758 & 46759	Hiſtoire de Guillaume de Nangis.		1302
I.	6476	Concile de Compiègne.		1302
	6657	Aſſemblée de Paris.		1302
III.	38701	Chronicon Dominicanorum Colmarienſium.	1218	1302
I.	6653	Concile de Nogatol. (*On y fit dix-neuf Canons.*)		1303
	11544—11556	Vies de S. Yves, Prêtre de Tréguier, en Bretagne.		1303
III.	38701	Annales Dominicanorum Colmarienſium.	1211	1303
IV.	S. 25053*	Eloge de Jeanne de Navarre, Reine de France, épouſe de Philippe-le-Bel.		1304
I.	6476	Concile de Compiègne. (*On y fit des Statuts compris en cinq Articles.*)		1304
	6674	Concile de Pintarville, en Normandie.		1304
	13783	Hiſtoire de Raoul de Grandville, Patriarche titulaire de Jéruſalem.		1304
III.	35098	Wickes Chronicon Angliæ, ſive Chronicon Salisberienſis Monaſterii.	1066	1304
	35143	Rishanger, Chronicon Angliæ.	1259	1304
I.	6483	Concile de Deville, près de Rouen, *en* 1304, *ou*		1305
	6677	Concile de Pont-Audemer.		1305
IV.	S. 13120*	Vie du B. Michel du Coudray, Bernardin.		1306
I.	13784	Hiſtoire de Jean de l'Alleu, Chancelier de l'Egliſe de Paris.		1306
II.	16965	Guiart d'Orléans, Roumanz contenant les faits des François.	1165	1306
III.	35099	Chronicon ab orbe condito.	0	1307
	35102	Matthæi Weſtmonaſterienſis, Flores Hiſtoriarum.	1066	1307
	35103	Trivetti Dominicani Chronicon.	1136	1307
	35104	Gualteri Hiſtoria de Regibus Angliæ.	1066	1307
I.	6375	Concile d'Auſch. (*On y publia ſix Articles de Réglemens.*)		1308
	5760	Benoit de S. Dominique, Hiſtoire des Albigeois, des Vaudois, & des Barbets.	1124	1309
IV.	47370 & 47371	Vie de Jean Clopinel, dit de Meun, Poëte.		v. 1310
I.	6404	Concile de Béziers.		1310
	6657	Concile de Paris, ou de Sens. (*C'eſt le même qu'au N° 6732.*)		1310
	6676	Concile du Pont-de-l'Arche.		1310
	6774	Concile de Trèves. (*On y publia cent cinquante-ſix Statuts.*)		1310
	12601	Continuatio Chronici S. Martialis Lemovicenſis.	1220	1310
III.	35118	Pike Suppletio Hiſtoriæ Regum Angliæ.		1310
I.	6698	Concile de Rouen.		1311
	6810	Concile général de Vienne.		1311
	5746	Præclara Francorum facinora. (*Voyez* II. *ſous* 16966.)	1201	1311
II.	16966	Histoire des guerres de France. (*Traduction des Livres précédents.*)	1200	1311
IV.	S. 38366*	Chronicon Barcinonenſe.	985	1311
III.	40342	Clément, Chronologie hiſtorique des Grands-Maîtres du Temple.	1118	1312
I.	6681	Concile du Pré, ou de Notre-Dame de Bonnes-nouvelles, près de Rouen.		1313
	12488	Mémoire ſur Gui, Abbé de S. Germain d'Auxerre.		1313

III. 31491 Obſervations

Table Chronologique.

TOMES & Numéros.		DATES comm.	finiff.
III. 31491	Observation sur Guillaume de Nogaret, Chancelier. (*Voyez aussi* IV. *Supplém.*)		1313
7717—7723	Histoires du Pape Clément V, auparavant Archevêque de Bourdeaux. (*Voyez* IV. *Suppl.* 7717 & 7730*, pour 7723*.)		1314
			1314
10402	Vie de Guillaume le Maire, Evêque d'Angers. (II. 16974.)		1314
6657	Concile de Paris. (*On y fit un Decret de douze Articles.*)		1314
6326	Statuts Synodaux du Diocèse d'Angers, sous Nicolas Geslant & Guillaume le Maire.		1314
II. 16971	CHRONIQUE des Rois Philippe III. & IV.	1270	1314
16973	FRAGMENTUM Historiæ Regum Francorum.	1180	1314
III. 35105	CHRONICON Monasterii de Halles.	0	1314
35106	CHRONICON breve Anglicanum.	1066	1314
II. 16976	DE CAMPS, Notice du regne de Philippe-le-Bel.	1285	1314
16915—16979	OUVRAGES qui concernent le regne de Philippe-le-Bel. (*Voyez* IV. *Supplém.*)	1285	1314
	LOUIS X, dit HUTIN, succède à Philippe-le-Bel son pere.		1314
III. 32328—32330	Vies d'Enguerrand de Marigny, Chambellan de France.		1315
I. 6783	Concile de Tours, ou de Saumur. (*C'est le même qu'au* N° 6715. *On y publia un Decret en quatre Articles.*)		1315
6653	Concile de Nogarol, au Diocèse d'Ausch. (*On y fit quatre Articles ou Réglements.*)		1315
6698	Concile de Rouen.		1315
6739	Concile de Senlis.		1315
12598	CHRONICON Abbatum S. Martialis Lemovicensis.	752	1316
12928	CHRONICON Vizeliacense.	660	1316
III. 37591	CHRONICON Comodoliacense.	500	1316
	JEAN I, dit LE PETIT-JEAN, succède à Louis Hutin son pere, & ne vit que quelques jours: plusieurs ne le comptent pas.		1316
	PHILIPPE, dit LE LONG, succède au Petit-Jean son neveu.		1316
III. 31961 & 31962	Vie de Jean, Site de Joinville, Sénéchal de Champagne. (*Voyez aussi au Tome* IV. *le* N° 46778, *& au Supplément, le* N° 46778*.)		vers 1317
IV. S. 7802*	Observations sur le Cardinal Arnaud Novelli, Abbé de Fontfroide.		1317
I. 6679	Concile de Pontoise.		1317
6391	Statuts Synodaux de Guillaume de Trie, Evêque de Baïeux.		1317
II. 15660	IVONIS Historia Regum Francorum.	420	1318
I. 10196	NOMINA Episcoporum Diœcesis Tolosanæ.	III. S.	1318
6739	Concile de Senlis.		1318
8461	NOMINA Episcoporum Lemovicensium. (*Voyez* IV. *Supplém.*)	I. S.	1319
6755	Concile de Toulouse.		1319
IV. 46040	Remarques sur Bernard de Gordon, Médecin.		v. 1320
8334	CONDOMENSIS Abbatiæ Historia. (*Voyez* IV. *Supplém.*)		1320
6715	Concile de Saumur.		1320
6732	Concile de Sens. (*On y fit un Statut de quatre Articles.*)		1320
III. 37624	CLÉMENT, Chronologie historique des Comtes de Rouergue & de Rhodès.	820	1320
II. 16985	JOANNIS à Sancto-Victore, Memoriale Historiarum.	0	1320
6646	Concile de Normandie.		1321
16986	HISTOIRE des Rois de France.	1031	1321
16987	DE COLUMNA, Elogia Philippi Pulchri, & Filiorum ejus Ludovici & Philippi.	1285	1321
16988	CHRONIQUE de France.	420	1321
	CHARLES IV, dit LE BEL, succède à Philippe le Long, son frere.		1322
II. 16985	JOANNIS à S. Victore, Memoriale Historiarum. (*C'est un second exemplaire, prolongé de deux années.*)	0	1322
I. 6364	Statuts Synodaux de l'Eglise d'Autun.	1250	1323
II. 16689	CHRONICON breve Nemausense.	815	1323
I. 6657	Concile de Paris ou de Sens. (*C'est le même qu'au* N° 6732. *On y publia un Statut de quatre Articles.*)		1324
13785	Histoire de Nicolas de Fréauville, Cardinal & Légat Apostolique.		1324
4384—4393	Vies de S. Elzéar de Sabran, & de la B. Delphine, son épouse. (*Voyez aussi le* N° 4375, & IV. *Supplém.*		v. 1325
9355	SERIES Episcoporum Carnotensium.	III. S.	1325
III. 35107	ANNALES Anglicani, ab incarnato Christo.	1	1325

Tome V.

Table III.

Tomes & Numéros.			Dates comm.	finiss.
I.	6360	Concile d'Avignon. (*On y fit un Réglement de cinquante-neuf Articles.*)		1326
	6596	Concile de Marciac dans le Diocèse d'Ausch. (*On y publia cinquante-six Canons.*)		1326
	6739	Concile de Senlis. (*On y publia sept Statuts.*)		1326
II.	16990	Chronique depuis Adam.	0	1326
	16991	Le Bel, Chronique de France & d'Angleterre.		1326
I.	4647—4662	Vie de S. Roch de Montpellier. (*Voyez* IV. S.)		1327
II.	16981	Observations sur Pierre de Latilly, Garde des Sceaux. (*Voyez* III. 31492.)		1327
I.	6697	Concile de Ruffec.		1327
II.	15662	Historia de origine Francorum.	420	1327
	15663	Guidonis, Nomina Regum Francorum. (*Peut-être le même que le N° 16995 qui va suivre.*)	420	1327
	15664	Historia Regum Francorum.	420	1327
	16992	de Fibrois, Chronique.		1327
	16993	Chronique des Rois de France.		1327
	16994	Histoire depuis le commencement du Monde.	0	1327
	16995	Guidonis, Chronicon de Regibus Francorum. (*Il y en a une Traduction*, IV. *Supplém.*)	420	1327
	16996	Extrait d'une vieille Chronique Françoise.	752	1327
	16997	Fragmentum historicum.	1315	1327
III.	35109	Historia Regum Anglorum.		1327
II.	16999	Histoire de Philippe-le-Bel & de ses fils.	1285	1327
	17001	de Camps, Notices des Regnes des trois fils de Philippe-le-Bel.	1314	1327
	17002	Pieces concernant l'Histoire des François.	1270	1327
	16980—17002	Ouvrages qui concernent les Regnes des trois fils de Philippe-le-Bel. (*Voyez* IV. *Supplém:*)	1314	1327

VI. PARTIE. *Suite de la Chronologie des Rois Capétiens, depuis Philippe de Valois jusqu'à Louis XII.*

TOMES & Numéros.			DATES comm.	finiss.
		PHILIPPE VI, dit DE Valois, succede à Charles-le-Bel, comme premier Prince du Sang Royal, & devient le chef de la Branche Royale de Valois, issue de Philippe-le-Hardi, fils de S. Louis.		1328
I.	10227	Histoire de Jean-Raymond de Comminges, Cardinal & premier Archevêque de Toulouse.		1328
	13786	Histoire de Raymond Béquin, Patriarche de Jérusalem.		1328
II.	17003	CHRONIQUES abrégées depuis Adam.	0	1328
III.	29514	REGISTRES depuis S. Louis jusqu'à Philippe de Valois.	1226	1328
	35524	CLÉMENT, Chronologie historique des Comtes du Perche. (*Voyez* IV. *Supplém*.)	940	1328
I.	4663	Histoire de Ste Rossoline de Villeneuve, Chartreuse.		1329
	9791	OBITUARIUM Ecclesiæ Cathedralis Rotomagensis.		1329
	6476	Concile de Compiegne. (*On y fit un Réglement de sept Articles*.)		1329
	6375	Concile de Marciac, dans la Province d'Ausch.		1329
	6657	Assemblée de Paris.		1329
III.	31407	Vie de Gaucher de Chastillon, Connétable.		1329
II.	15983	BONGARSII, Gesta Dei per Francos.	1095	1329
I.	6691	Statuts Synodaux de Reims, sous Guillaume de Trie.		vers 1330
IV.	47759	Observations sur Jean de Muris, Musicien.		v. 1330
I.	13787	Histoire de Bérenger de Landore, Archevêque de Compostelle.		1330
	9234 & 9235	Vie de Bernard de la Guionie. (IV. *Supplém*. *Voyez aussi le* N° 13788.)		1331
III.	29379	TRAITÉS entre la France & l'Angleterre.	1193	1331
II.	17004	HISTOIRE des Guerres entre la France & la Flandre.	1180	1331
	17005	CHRONICON ex codice Ecclesiæ S. Pauli Narbonensis. (*Voyez* III. *sous* 37715.)	890	1332
I.	8790	WILLELMI Egmondani Chronicon. (*Voyez* III. *sous* 39285, & *sous* 39620.)	647	1333
	7724—7731	Vies du Pape Jean XXII, Evêque d'Avignon.		1334
IV.	S. 11695*	THIBAULT, Annales de l'Abbaye du Bec.	1034	1334
I.	12487	Mémoire sur Gaucher, Abbé de S. Germain d'Auxerre.		1334
	13789	Histoire de Durand de Saint-Pourçain, Evêque du Puy, & ensuite de Meaux.		1334
	6698	Concile de Rouen. (*Vraisemblablement le même qu'au* N° 6681. *On y fit un Statut de treize Articles*.)		1339
	6347	Statuts Synodaux de l'Eglise de Strasbourg.		1335
	6406	Concile de Bourges. (*On y publia quatorze Statuts*.)		1336
	6447	Concile de Château-Gontier. (*On y publia un Decret de douze Articles*.)		1336
	13790	Histoire de Guillaume-Pierre de Godieu, Cardinal-Légat.		1336
II.	17006	CHRONIQUE depuis Adam.		1336
	17007	DE GESTIS Francorum.		1336
I.	6360	Concile d'Avignon. (*On y publia un Decret de soixante-neuf Articles*.)		1337
III.	35117	LAMBARDI, Additamenta Chronicorum Prosperi Aquitanici.	466	1339
	39414	MUEVIN, Chronicon de rebus Tornacensium & Flandrorum.	1297	1339
II.	17008	CHRONIQUE abrégée commençant à Adam.	0	1339
	17009	BIBLES historiaux concernant la France.	420	1339
I.	6704	Statuts Synodaux de Rhodès, sous Gibert de Cantabre.		1340
	8695	WARNANTII & Ultramosani, Historia Rerum atque Episcoporum Leodiensium.		1340
II.	17011	HISTORIA Gallorum.		1340
	17012	CHRONIQUE abrégée depuis Adam.	0	1340
	25569	HISTOIRE de Louis I, Duc de Bourbon, Grand-Chambrier de France.		1341
I.	7732—7737	Vies du Pape Benoît XII, auparavant Evêque de Pamiers & de Mirepoix.		1342
	8631	Vie d'André Ghin de Florence, Evêque de Tournay.		1342
	13791	Histoire de Pierre de la Palu, Patriarche de Jérusalem.		1342
	8710	HOCSEMII Gesta Pontificum Leodiensium.	1246	1344
II.	17013	CHRONICON Rotomagense, à Christo nato.	1	1344
I.	6649	Concile de Noyon. (*On y publia dix-sept Canons*.)		1344
	7858	Vie de Pierre Auréole, Archevêque d'Aix. (*Voyez aussi au* Tome IV. *sous le* N°. 45763.)		v. 1345

Tome V. R

Table III.

TOMES & Numéros.			DATES comm.	finiss.
I.	13792	Histoire de Gérard de Daumar de la Garde, Cardinal.		vers 1345
	8791	DE BEKA, Chronicon Episcoporum Ultrajectensium.	VII. S.	1345
	11728	CHRONICON Dolensis Abbatiæ.	917	1345
IV.	S. 6606	Statuts Synodaux de Jean de Meulant, Evêque de Meaux.		1346
	6657	Concile de Paris, *ou* de Sens. (*Le même qu'au* N° 6732. On y fit treize Canons.)		1346
III.	35120	CHRONICON (Anglicanum.)	0	1346
I.	15217—15220	Vie de Ste Flore, Religieuse Hospitaliere.		1347
II.	17019	CHRONIQUE Françoise.	420	1347
III.	39356	CHRONIQUE de Flandre.	0	1347
	42333	GENEALOGIA Comitum Flandriæ. (*Voyez* II. *sous* 17019.)	792	1347
I.	7859	Eloge d'Armand de Barcès, (& *non* Brancès,) Archevêque d'Aix.		1348
IV.	48106 & 48107	Mémoire sur la belle Laure, célébrée par Pétrarque.		1348
II.	17020	LI MUSIS, Abbatis Tornacensis Chronica.	972	1348
I.	8631	Vie de Jean des Prés, Evêque de Tournai.		1349
	8649	A NORTHOFF, Catalogus Archiepiscoporum Coloniensium.	III. S.	1349
III.	29530	MÉLANGES d'anciens Titres.	1088	1349
	37943	CLÉMENT, Chronologie des Comtes & Dauphins de Viennois.	1044	1349
IV.	46018—46021	Vie d'Arnauld de Villeneuve, Médecin.		v. 1350
	47498	Mémoires sur Guillaume de Machaut.		v. 1350
I.	6704	Statuts Synodaux de Rhodès, sous Raimond d'Aigrefeuille.		1350
	9189	Observations sur Guillaume de Landore, Evêque de Béziers.		1350
II.	15807	VELLY, Histoire de France.	420	1350
	17022	CHRONIQUES Françoises.	1	1350
IV.	S. 17022*	CHRONIQUE de France.		1350
II.	17024	CHRONIQUE de France.	420	1350
	17025	CHRONIQUE des Guerres des Anglois en France.	420	1350
	17026	CHRONIQUE de France depuis S. Louis.	1226	1350
	17027	DESPRETZ, Vitæ Ludovici X, Philippi V, Caroli IV, & Philippi VI.	1314	1350
III.	35868	DU CHESNE, Histoire des Rois, Ducs & Comtes de Bourgogne.	408	1350
IV.	S. 39424*	CHRONIQUE de Baudouin d'Avesne continuée.	1285	1350
II.	17058	DE CAMPS, Notice du regne de Philippe de Valois.	1328	1350
	17003—17038	OUVRAGES qui concernent le regne de Philippe de Valois. (*Voyez* IV. *Suppl.*)	1328	1350
		JEAN II, *dit* LE BON, *succede à Philippe de Valois son pere.*		1350
IV.	S. 9570*	Remarques sur Jean de Vienne, Archevêque de Reims.		1351
I.	9211	DE VERDALA, Series Chronologica Episcoporum Magalonensium.	V. S.	1351
	6404	Concile de Béziers. (On y fit trente-deux Canons.)		1351
	13793	Histoire de Guillaume de Laudun, Archevêque de Toulouse & de Vienne.		v. 1352
IV.	S. 6360	Statuts Synodaux de l'Eglise d'Avignon, sous Jean de Coïardan.	1337	1352
I.	7738—7742	Vies du Pape Clément VI, auparavant Archevêque de Rouen.		1352
	9136	Vie de Berthold II de Buchecke, Evêque de Strasbourg.		1353
	10541	Histoire de Baudouin de Luxembourg, Archevêque de Trèves.		1353
	13795	Histoire de Humbert, Dauphin de Viennois, Patr. d'Alexandrie.		1355
II.	17040	DE LA MOTTE, Episcopi Bazatensis, Chronica.	1295	1355
	16456	MAIMBOURG, Histoire de la décadence de l'Empire.	814	1356
IV.	45866	Vie de Pierre de Cugnieres, Avocat du Roi.		v. 1356
IV.	S. 17041*	CHRONICON ab initio mundi.	0	1356
II.	27419 & 27420	Pieces relatives aux Etats Généraux.		1356
III.	35121	HISTOIRE d'Angleterre.	0	1356
	35370	CHRONICON Britannicum.	211	1356
	35122	HIGDENI, Polychronici Libri.	0	1357
I.	13794	Histoire de Jean de Moulins, Cardinal.		v. 1358
II.	27412 & 27413	Etats généraux tenus sous le Roi Jean.	1355	1358
III.	39253	A NORTHOF, Chronicon Comitum de Marca.	1080	1358
I.	6777	Statuts Synodaux de Toul, sous Bertrand de la Tour.		1359
	9915	CHRONICON Abrincense.	837	1359
IV.	47700	Mémoire sur Jean de Venette, Poëte.		v. 1360
I.	9381	Vie du B. Lami, Evêque de Chartres, & Patriarche de Jérusalem. (IV. *Supplém.*)		1360
II.	17044	CHRONIQUE depuis la Création du Monde.	0	1360
I.	9420	Histoire de Philippe de Vitry, Evêque de Meaux.		1361
III.	31493 & 31494	Vies de Pierre de la Forest, Chancelier.		1361
II.	17045	HISTOIRE des nouvelles Guerres.	1326	1361
III.	35123	DU MOULIN, Histoire générale de Normandie.	800	1361
	37720	CLÉMENT, Chronologie des Comtes & Ducs de Toulouse, des Ducs & Marquis de Septimanie, ou Gothie, & des Comtes de la Marche d'Espagne ou de Barcelone.	778	1361
I.	7743—7746	Vies du Pape Innocent VI, natif du Diocèse de Limoges.		1362
II.	17046	AUGERII Chronicon.		1362
I.	6672	Statuts Synodaux de Poitiers, sous Aimeri de Mons.		1363

Table Chronologique.

TOMES & Numéros.			DATES comm.	finiss.
I.	7805	Histoire du Cardinal Hugues Roger, dit de Tulles.		1363
	6672	Synode de Poitiers.		1363
	15042	Vie de Marguerite de Bourgogne, femme de Gui VIII, Comte Dauphin.		1363
III.	38828	Chronicon Regum & Ducum Austrasiæ.	714	1363
II.	15665	DE LESTANG, Histoire des conquêtes des Gaulois.		1364
	16985	Continuatio Memorialis Joannis à S. Victore. (*On lit ici* 1394; *mais sous le* N° 17047, *on trouve* 1364, & *c'est sous cette année que le* P. *le Long l'a placée.*)	1322	1364
	17047	Chronique des Papes, Empereurs & Rois Très-Chrétiens.	33	1364
	15667	Histoire de France.	420	1364
	17051	Chronicon à Creatione Mundi.	0	1364
III.	39286	Chronicon diversorum gestorum.	912	1364
II.	17052	DE CHOISY, Histoire de Philippe de Valois & du Roi Jean.	1328	1364
	17050	DE CAMPS, Notice du regne du Roi Jean.	1350	1364
	17039—17052	Ouvrages qui concernent le regne du Roi Jean II. (*Voyez* IV. *Supplém. Il faut y rappeller le* N° 17023.)	1350	1364
		CHARLES V, dit LE SAGE, succede à Jean-le-Bon; son pere.		*1364
I.	6335	Concile d'Apt. (*On y fit un Statut en trente Articles.*)		1365
IV.	S. 6606	Statuts Synodaux de Meaux, sous Jean le Royer.	1363	1365
I.	6325	Concile d'Angers. (*On y fit trente-quatre Articles de Réglemens.*)		1366
	13700	Vie du vénérable Pierre Thomas, Carme, Evêque.		1366
III.	32332	Mémoire sur Arnaut de Cervole, Chambellan de France.		1366
	35124	Chronica Angliæ.		1367
	35125	Chronicon (Anglicanum.)	0	1367
II.	17054	Appendix Chronici Guillelmi de Nangis.		1367
I.	6405	Statuts de l'Eglise de Béziers, sous le Cardinal Hugues de la Jugie.		1368
	8402	Vie du B. Roger, Archevêque de Bourges.		1368
	6799	Concile de Lavaur. (*On y fit un corps de Constitutions en* 133 *Articles, dont le premier renferme un corps de Doctrine.*)		1368
II.	17055	Chronicon Regum Francorum.	420	1368
I.	6391	Statuts Synodaux de Louis Tezart, Evêque de Baïeux.		1369
	13680	Vie du B. Guillaume de Toulouse, Augustin.		1369
	6767	Statuts Synodaux de Troies, sous Jean de Bracque.		vers 1370
IV.	46165	Remarques sur Guy de Chauliac, Médecin.		v. 1370
II.	17462	Trithemii Annales Hirsaugenses.	830	1370
I.	7747—7752	Vies du Pape Urbain V, (*auparavant Abbé de S. Germain d'Auxerre & de S. Victor de Marseille.*)		1370
II.	17059	Annales Francorum.	1057	1370
IV.	S. 17059*	Chronica Regum Franciæ.	1285	1370
III.	37590	Chroniques de Limoges.		1370
I.	9356	Chronicon Episcoporum Carnotensium.	III. S.	1373
	13796	Histoire de Guillaume Sudre, Evêque de Marseille & Cardinal.		1373
	6633	Concile de Narbonne. (*On y fit vingt-huit Canons.*)		1374
III.	35126	DE SCHEPSEVEDE, Annales de Rebus Anglicis.	1066	1374
I.	13797	Histoire de Charles d'Alençon, Archevêque de Lyon.		1375
	13798	Histoire de Hugues Gaspert, Evêque de Ceneda.		1377
II.	17060	BERTOULET le Brun, Chronique de France.	420	1377
III.	35055	JOANNIS de Londino, Continuatio Chronici Gervasii Dorobernensis.	1199	1377
	35115	Chronica bona & copiosa (Anglicana.)	0	1377
	35116	Liber Annalium Regum Anglorum.	1066	1377
	35127	Chronica Angliæ.	0	1377
	35128	Chronica de Rebus Angliæ.	0	1377
	35132	DANIEL (Samuel), Histoire d'Angleterre.	1066	1377
	38831	Chronique de Lorraine.		1377
I.	7753—7756	Vies du Pape Grégoire XI. (*natif du Diocèse de Limoges.*)		1378
	13130	Chronicon Saviniacense.	1112	1378
II.	17061	Chronique touchant la France & l'Angleterre.	0	1378
IV.	S. 17061*	Myroir historial.		1378
II.	17062	Chronica Regum Francorum.	420	1378
III.	38702	ALBERTI Argentinensis Chronicon.	1272	1378
II.	15668	Histoire de France.	1224	1379
III.	32331	Vie de Louis de Montjoye, Chambellan de France.		v. 1380
	32752 & 32753	Mémoires sur Raoul de Presles, Maître des Requêtes.		v. 1380
	31408—31422	Vies de Bertrand du Guesclin, Connétable de France.		1380
II.	15669	Gesta Regum Franciæ.	420	1380
	15670	DESNOUELLES, Miroir historial. (*Peut-être le même qu'au Supplément* IV. N° 17061*.)		1380
	15871	Noms des Rois de France, & temps de leur regne.	420	1380
	17053	Chronique de France.	420	1380
	17064	Chronique de France.	1225	1380
	17065	Chronique ancienne de France.	420	1380

134   *Table* III.

Tomes & Numéros.			Dates comm.	finiss.
II.	17066	Chroniques abrégées des Rois de France.	420	1380
	17069	Histoire des Rois Philippe de Valois, Jean & Charles V.	1328	1380
	17073	de Camps, Notice du regne du Roi Charles V.	1364	1380
	17053—17083	Ouvrages qui concernent le regne de Charles V. (*Voyez* IV. Supplém.)	1364	1380
		CHARLES VI, dit LE BIEN-AIMÉ, succede à Charles-le-Sage, son pere.		1380
	15666	Chronique des Rois de France.	420	1380
	15671	Histoire depuis Noé.	o	1380
	15672	Chroniques des Rois de France. (*Voyez*, sur ces Chroniques, les Nos 15673—15675.)	420	1380
	15676	Mantel, Histoire de France.	420	1380
	15677	Histoire de France, depuis la mort de Louis-le-Débonnaire.	840	1380
	17068	Chronique depuis Philippe-de-Valois.	1328	1380
	17088	Chronique de France, depuis l'hommage d'Edouard, Roi d'Angleterre.	1329	1380
III.	39425	Le Fevre, grandes Chroniques de Hainault.	1182	1380
I.	13491 & 13492	Vie de Jean Rusbrock, Prieur de Vaux-verd.		1381
	13799	Histoire de Nicolas de Saint-Saturnin, Cardinal.		1382
IV.	S. 45787* & **	Remarques sur Nicolas Oresme.		1382
IV.	47186	Mémoires sur Raoul de Presle.		1382
II.	17084	Chroniques anciennes.		1383
	17086	Chronique depuis le commencement du monde.	o	1383
	17087	Chroniques tirées des Histoires de France, d'Angleterre & de Flandre.	366	1383
	15678	Histoire de France.	1146	1383
	17089	Chroniques des Rois de France.	o	1383
	17090	Chronique abrégée de France.	420	1383
III.	39209	Chronicon Leodiense.		1383
	13800	Histoire de Simon de Langres, Evêque de Nantes.		vers 1384
	39360	Chroniques de Flandre.		1384
	39366	Chronique des Comtes de Flandre.	792	1384
	39362	Annales de Flandre.	1280	1385
I.	10589—10597	Vies du Bienheureux Pierre de Luxembourg, Cardinal, Evêque de Metz. (*Voyez* IV. Supplém.)		1387
II.	17092	Annales de France.	646	1387
I.	9653	Remarque sur Aycelin, ou Aiscelin, Evêque de Laon.		1388
	6726	Concile de Saint-Tibery, dans le Diocèse d'Agde.		1389
IV.	S. 13800*	Histoire d'Elie Raymond, Général des Dominicains.		1389
I.	8711	de Rivo, Gesta Pontificum Leodiensium.	1348	1390
	10012	Compendium de Gestis Archiepiscoporum Senonensium.	III. S.	1390
II.	17095	Journal de l'Histoire de France & d'Angleterre.	1285	1390
III.	35134	Chronicon rerum Anglicanarum.	1066	1390
	37821	Chronique de la Ville de Montpellier.	1192	1390
	39427	Guisii Annales Hannoniæ.	o	1390
	39353	Supplementum Chronici Comitum de Marca.	1358	1391
II.	17096	Petri Baiocensis Chronicon sui temporis.	1350	1392
I.	6451	Statuts Synodaux de Châlons-sur-Marne, sous Charles de Poitiers.		1393
III.	39561	de Beka, Chanoine d'Utrecht, Chronique.	690	1393
I.	7757—7759	Vies du Pape Clément VII. (auparavant Evêque de Cambrai.)		1394
	7717—7761	Vies des Papes d'Avignon. (*Voyez* IV. Suppl. 7730* & 7762*.)	1305	1394
	7677—7762	Vies des Papes François. (*Voyez* IV. Supplém.)	999	1394
	6657	Concile de Paris. (Il est réputé National.)		1395
	6689	Convocation d'un Concile provincial à Reims.		1395
III.	35140	Knighton, Libri de eventibus Angliæ.	950	1395
	31755	Eloge de Jean de Vienne, Amiral de France.		1396
I.	7775	Histoire du Cardinal Philippe d'Alençon, Patriarche d'Aquilée.		1397
III.	31929	Abrégé de la Vie d'Enguerrand VII, Sire de Coucy.		1397
	35135	Thorne, Monachi Cantuariensis, Chronicon.	1066	1397
I.	8155	Histoire de Philippe Cabassolin, Evêque de Cavaillon, Cardinal.		1398
IV.	S. 13800 **	Histoire de Jean de Neufchâtel, Cardinal Evêque d'Ostie.		1398
III.	39288	de Guise, Illustrations de la Gaule Belgique.		1398
I.	6657	Assemblée de Paris, (ou Concile réputé National,) en 1398 ou		1399
II.	17098	de Konigshoffen, Chronique en Allemand.	420	1399
	17099	Chronique depuis Adam.	o	1399
III.	35139	Knighton Chronici Libri. (C'est le même qu'au No 35140.)	930	1399
	35142	de Elham, Annales Regum Angliæ.	o	1399
	35143	Continuatio Chronici Angliæ Rishunger.	1360	1399
	37570	Clément, Chronologie historique des Comtes de Périgord.	866	1399
	32278	Observation sur Jean le Mercier, Grand-Maître de France.		v. 1400
IV.	48097 & 48098	Eloge de Clémence Isaure, Fondatrice des Jeux Floraux. (*Voyez* IV. Supplém.)		v. 1400

Table Chronologique.

Tomes & Numéros	Titre	Dates comm.	Dates finiss
II. 17100	Froissart, Histoire & Chronique, contenant les Guerres de France & d'Angleterre. (Voyez aussi les Nos 17101 & 17102, & IV. Supplém.)	1326	1400
III. 37359	Menestrier, Histoire Civile & Consulaire de Lyon.		1400
38043	Chronique des Comtes de Provence.	1000	1400
32448	Vie de Jean de la Grange, Cardinal d'Amiens, Ministre d'Etat.		1402
37764	Fragmentum Chronici Tolosani.	1194	1402
IV. S. 6745ᴷ	Statuts Synodaux du Diocèse de Soissons recueillis.		1403
I. 6963	Statuts Synodaux de Langres, sous le Cardinal Louis de Bar.		1404
6657	Concile de Paris. (On y arrêta huit Articles de Réglements.)		1404
II. 17105	Histoire de France.	1136	1404
III. 32714 & 32715	Mémoires sur Philippe de Maizieres, Chancelier de Chypre.		1405
IV. S. 38963ᴷ	Gazet, Succession des Comtes d'Artois.	1237	1405
III. 38964	Clément, Chronologie historique des Comtes d'Artois.	1237	1405
II. 17106	Chronique de Charles V & de Charles VI.	1364	1406
III. 35144	de Rochfort, Flores Historiarum.	1066	1406
35145	de Marleburg, Chronica excerpta de medulla Chronicorum.		1406
31423	Vie d'Olivier de Clisson, Connétable.		1407
29801	Collectio Auctorum veterum de Papis Avenionensibus.	1335	1408
I. 6657	Concile de Paris. (On y fit plusieurs Réglements.)		1408
6670	Conciliabule de Perpignan.		1408
6689	Concile de Reims.		1408
III. 32449	Vie de Jean de Montagu, Grand-Maître de France, & Surintendant des Finances. (Voyez aussi le N° 32279.)		vers 1409
I. 9570	Remarques sur Gui de Roye, Archevêque de Reims.		1409
II. 17102	Mémoires sur Jean Froissart. (Voyez aussi au Tome IV, sous le N° 46734—46737, & le N° 47448.)		v. 1410
IV. S. 17119*	Abbrégé de l'Histoire de France.		1410
II. 25970	Histoire de Louis II, Duc de Bourbon, Grand-Chambrier de France.		1410
I. 8131	Gesta inter Ægidium Avenionensem Episcopum, & Regem Franciæ.		1411
II. 27421—27424	Pieces relatives aux Etats du Royaume.		1412
III. 32456	Vie de Pierre des Essars, Surintendant des Finances.		1413
I. 4556	Vie de la vénérable Marie de Maillé, Vierge & Veuve.		1414
4909	Fleury, Histoire Ecclésiastique.	33	1414
III. 35378	Chronicon Briocense.	366	1415
35146	Walsingham Historia brevis.	1272	1417
39584	Gerbrandi Chronicon Hollandiæ Comitum, & de rebus Belgii.	1	1417
35147	Ypodigma Neustriæ seu Normanniæ.	838	1418
IV. S. 13762*	Vie de S. Vincent Ferrier, Dominicain.		1419
III. 35878	Plancher, Histoire de Bourgogne.	407	1419
32236—32238	Vies de Pierre d'Ailli, Cardinal, Grand-Aumônier de France. (Voyez IV. Supplém. & au Tome I, les Nos 8572 & 8573.)		1420
38703	de Konigshoven, Chronique du Pays d'Alsace.	0	1420
I. 10330	Vie de Jacques Gélu, Archevêque de Tours.		1421
III. 31592—31596	Histoires du Maréchal de Boucicaut.		1421
IV. S. 10227*	Histoire de Dominique de Florence, Archevêque de Toulouse.		v. 1422
I. 6808	Concile de Vernon.		1422
II. 15681	de Serres, Inventaire de l'Histoire de France.	420	1422
15682	Dupleix, Inventaire des erreurs contenues dans l'Ouvrage précédent.	420	1422
17133	Chronique des Rois de France.	420	1422
17134	de Conty, Historia de nonnullis rebus Caroli V. & Caroli VI.	1364	1422
17148	de Choisy, Histoire de Philippe de Valois & de ses Successeurs.	1328	1422
III. 29804	Mémoires pour servir à l'Histoire de Charles VI.	1380	1422
29805	Besse, Recueil de Pieces servant à l'Histoire de Charles VI.	1380	1422
35151	Chronique de Normandie.		1422
35154	Chronicon Angliæ.	0	1422
35154	Chronica diversorum Regum & Principum.	0	1422
II. 17150	de Camps, Notice du regne de Charles VI.	1380	1422
17084—17151	Ouvrages qui concernent le regne de Charles VI. (IV. Suppl.)	1380	1422
	CHARLES VII, dit le VICTORIEUX, succede à Charles VI, son pere.		1422
15679	Histoire des Rois de France.	420	1422
15680	Histoire de France.	420	1422
IV. S. 17132*	Abrégé des Chroniques de France.	420	1422
I. 6328	Statuts Synodaux d'Hardouin de Bueil, Evêque d'Angers.		1423
III. 39367	Chronica Principum Flandriæ.		1423
II. 17152	Chronique abrégée.	1407	1424
III. 35204	Chronique de la Ville de Rouen.	1363	1424
I. 8020	Eloge de Jean de Brogniac, Cardinal, Archevêque d'Arles.		1426
13801	Histoire de Martin Porée, Evêque d'Arras.		1426
III. 37824	Chronique de Montpellier.	1114	1426

Table III.

Tomes & Numéros.		Titre	Dates comm.	finiss.
III.	39561	Continuation de la Chronique de Jean de Beka.	1393	1426
I.	6767 & 6768	Statuts Synodaux de Troies, sous Jean l'Eguisé.		1427
II.	17154	Chronique depuis Adam.	0	1427
III.	35155	Chronique de Normandie continuée.	1213	1427
I.	6658	Statuts Synodaux du Diocése de Paris, sous Jacques du Chaftelier.		1428
II.	17155	Chronicon ab orbe condito.	0	1428
I.	6657	Concile de Paris. (*C'eft le même que celui de Sens*, N° 6732. *On y dreffa quarante Articles de Réglements.*)		1429
	10013	Chronicon Senonense.	35	1429
	11163	Vies de Jean Charlier, dit Gerson.		1429
IV.	46870 & 46871	Vie de Chriftine de Pifan, veuve d'Etienne du Châftel. (*Voyez auffi le* N° 48148.)		vers 1430
	S. 17154*	Miroir hiftorique de la France.		v. 1430
I.	6633	Concile de Narbonne.	1107	1430
II.	17244	Annales Francici.	1107	1430
	17245	Chronicon, res Franciæ, Flandriæ & Burgundiæ fpectans.		1430
III.	35156	Chronique de Normandie.	1181	1430
	39478	Haræi Annales Ducum Brabantiæ.	615	1430
	39500	Clément, Chronologie hiftorique des Ducs de Lothier, ou Baffe-Lorraine, & de Brabant.	959	1430
I.	6630	Concile de Nantes.		1431
IV.	S. 6783	Concile de Tours.		1431
I.	13802	Hiftoire de Jean de Puinoix, Evêque de Catane.		1431
II.	17172—17242	Hiftoires de la Pucelle d'Orléans, & Pieces qui la concernent.		1431
III.	38768	Chronique de Metz.		1431
	38939	Clément, Chronologie hiftorique des Comtes & Ducs de Bar.	954	1431
	39585	Vossii, Chronicon Hollandiæ.		1432
I.	4536—4539	Vies de Ste Lidwine, Vierge en Hollande.		1433
II.	17247	Abrégé des chofes arrivées en France.	1403	1433
III.	35157	Chronique de Normandie.	1066	1433
IV.	S. 25053**	Difcours fur Ifabelle de Baviere, Reine de France, époufe de Charles VI.		1435
III.	39369	Sauvage, Continuation d'une Chronique de Flandre.	1384	1435
IV.	S. 10608	Epitaphia Epifcoporum Tullenfium, & Hiftoria parva Leucorum.	IV. S.	1436
III.	39431	Clément, Chronologie hiftorique des Comtes de Hainaut.	875	1436
	39604	Clément, Chronologie hiftorique des Comtes de Hollande.	923	1436
I.	6405	Statuts de l'Eglife de Béziers.	1368	1437
	6698	Concile de Rouen.		1437
	6406	Concile de Bourges. (*On y dreffa la Pragmatique-Sanction.*)		1438
II.	25392	Perceval de Caigny, Chronique d'Alençon.	1227	1438
I.	10196	Guidonis, Nomina Epifcoporum Diœcefis Tolofanæ.	III. S.	1439
III.	31684	Lettre fur le Maréchal de Rieux.		1439
	35158	Chronique d'Angleterre & de Normandie.		v. 1440
I.	11055 & 11056	Vies de Nicolas de Clémangis, Docteur de Sorbonne. (*Mort entre 1425 & 1440.*)		v. 1440
II.	17248	Chronique de France.	420	1440
	17246	Chronique. (*Voyez auffi le* N° 17254.)	1403	1442
III.	37629	Chronique de Gafcogne.	1253	1442
IV.	S. 6555*	Concile ou Synode de Liége.		1445
I.	13214	Vie du B. Jean Baffen, Céleftin.		1445
	8040	Eloge de Barthélemi Raccoli, Evêque de Marfeille.		1445
	6698	Concile de Rouen. (*On y fit quarante-un Statuts.*)		1445
II.	17293	Evénemens arrivés fous les regnes de Charl.s VI & Charles VII.	1390	1445
III.	38769	Chronique du Doyen de S. Thibault de Metz. (*Voyez au Tome II. les* Nos 17254 & 17283.)	1231	1445
I.	11289	Vie de Matthieu Ménage, Théologal d'Angers. (IV. *Supplém.*)		1446
III.	32333	Vie de George de la Trémoille, Chambellan de France.		1446
I.	10405	Vie du B. Jean Michel, Evêque d'Angers.		1447
	15181—15185	Vie de la B. Colette, Réformatrice des Clariffes.		1447
III.	35159	Historia Regum Angliæ.	1066	1447
I.	6325	Concile d'Angers, ou de Tours. (*C'eft le même qu'au* N° 6783. *On y fit dix-fept Réglements.*)		1448
	6774	Concile de Tréves.		1448
III.	39481	Dinteri Chronicon Brabantiæ.		1448
I.	6544	Concile de Laufanne.		1449
	6577	Concile de Lyon.		1449
	8696	Chronicon Leodienfe.	III. S.	1449
	13803	Hiftoire de Barthélemi Texier, Général des Dominicains.		1449
V.	S. 17252*	Chronique de France.		1449
II.	17255	Journal du regne de Charles VI & de Charles VII.	1408	1449
II.	34424	Mémoires de Paris fous Charles VI & fous Charles VII. (*C'eft peut-être le même Ouvrage, fous un fecond titre.*)	1409	1449
V.	S. 36276	Vie d'Alain Chartier, Secrétaire des Rois Charles VI & Charles VII.		v. 1450
	46984	Vie de Hugues Babel, Savant de Franche-Comté.		v. 1450

IV. 47467 Remarques

Table Chronologique. 137

TOMES & Numéros		DATES comm.	finiss.
IV. 47467	Remarques sur les deux freres Gréban.		v. 1450
I. 8021—8023	Histoire du Cardinal Louis Aleman, Archevêque d'Arles.		1450
II. 17258	ANNALES de France.	420	1450
III. 35161	HISTOIRE & Chronique de Normandie.	751	1450
35382	CHRONIQUE de Bretagne.	1341	1450
39428	CHRONICON Hannoniæ.		1450
39482	ANTIQUITATES Brabanticæ.		1450
IV. S. 6755*	Constitutions Synodales de Bernard du Rosier, Archevêque de Toulouse.		1452
III. 29391	TRAITÉS entre la France & l'Angleterre.	1360	1452
32281	Vie de Jacques de Chabannes, premier du nom, Grand-Maître de France.		1453
37643	CLÉMENT, Chronologie historique des Comtes de Comminges.	1130	1453
I. 7789	Histoire de Nicolas de Cusa, Cardinal, originaire du Diocèse de Trèves.		1454
9158	ACTES concernant les Archevêques de Narbonne. (IV. Suppl.)	782	1454
II. 17259	BARDIN, Historia chronologica. (Voyez IV. Supplém.)	1031	1454
17260	FAITS aucuns arrivés au Royaume de France.	1403	1454
I. 6689	Concile de Reims. (Le même que celui de Soissons, N° 6745. On les met en 1456, selon le calcul du temps à Reims; mais c'est 1455. On y fit quelques Statuts.)		1455
III. 29339	TRAITÉS entre les Rois de France & les Rois de Castille.	1306	1455
I. 6381	Statuts Synodaux d'Auxerre.	1451	1456
III. 32450—32455	Histoire de Jacques Cœur, Surintendant des Finances. (IV. Suppl.)		1456
I. 5184	MORTIS, Histoire de la Sainte-Chapelle de Paris.		1457
6360	Concile d'Avignon.		1457
II. 17261	ANIANI Chronicon universale.	0	1457
III. 31426 & 31427	Histoire d'Artus, Comte de Richemont, Connétable.		1457
35385	LE BAULT, Compilation des Chroniques des Bretons. (Voyez aussi le N° 35386.)		1457
II. 17262	CHRONIQUE de Charles VI, & de Charles VII.	1402	1458
IV. S. 17262*	RECUEIL de Pieces.	1417	1458
IV. 46047	Eloge de Pierre Beschebien, Médecin, mort Evêque de Chartres.		1459
II. 17263	CHRONIQUE de France.	1328	1459
7973	Catalogus Archiepiscoporum Arelatensium.	I. S.	v. 1460
6732	Concile de Sens.		1460
III. 35162	DE REGIBUS, Histoire chronologique d'Angleterre.	0	1460
35163	CHRONIQUES de Normandie.		1460
37915	HISTOIRE de Foix & de ses Comtes.		1460
I. 7952	Histoire de Louis d'Albret, Cardinal, Evêque de Cahors.		1461
8699	ZANT-FLIET, Chronicon Leodiense. (Le même qu'au N° 17274.)	1230	1461
II. 15672	CHRONIQUES de France, (ou de Saint-Denys.) Voyez V. Add.	420	1461
IV. S. 15680*	CHRONIQUE des Rois de France.	420	1461
II. 15681	CONTINUATION de l'Inventaire de Jean de Serres.	1422	1461
15683	HISTOIRE des Rois de France.	420	1461
15684	DU HAILLAN, Histoire des Rois de France. (Voyez le N° 15687.)	420	1461
15685	HISTOIRE des Rois de France.	420	1461
17271	CHRONIQUE de Charles VI, & de Charles VII. (C'est la même que celle du N° 17262, mais continuée.)	1402	1461
17285	Eloge de Jean d'Orléans, Comte de Dunois.	1423	1461
III. 38063	BOISSET, Chronique ou Journal.	1365	1461
II. 17292	DE CAMPS, Notice du regne de Charles VII.	1422	1461
17152—17293	OUVRAGES qui concernent le regne de Charles VII. (IV. Suppl.)	1422	1461
	LOUIS XI succède à Charles VII, son pere.		1461
II. 15686	CANDIDA, de origine Regum Galliæ.	420	1461
17266	LE MOINE, Chronique de France, jusqu'à Louis XI.	0	1461
III. 29816	COLLECTION de divers Titres, depuis Dagobert jusqu'à Louis XI.	618	1461
29817	MÉMOIRES depuis Philippe de Valois jusqu'à Louis XI.	1380	1461
I. 6360	Statuts de l'Eglise d'Avignon.	1337	1462
III. 39368	CHRONICA Comitum & Reipublicæ Flandriæ.	580	1462
II. 15807	VILLARET, Continuation de l'Histoire de France de l'Abbé Velly.	1350	1463
III. 35390	CHRONICON Britannicum.	593	1463
I. 8018 & 8019	Histoire de Pierre de Foix, Cardinal, Archevêque d'Arles.		1464
III. 39449	BENNINGII, Historia Comitatûs Luxemburgensis.	963	1464
IV. S. 17294*	CAUBINI, della Storia di Francia.	420	1465
III. 35164	CHRONIQUE d'Angleterre.	0	1465
I. 6578	Synodicon Lugdunense.		1466
III. 39546	DE BERCHEM, Chronica Gelriæ.		1466
IV. 46611	Vie de Benoît Accolti, Historiographe.		1466
I. 11692	CHRONICON Abbatum Monasterii Beccensis.	1034	1467
II. 17295	DE MONSTRELET, Chronique.	1400	1467
17296	Histoire Chronologique des Rois Charles VI, & suivans.	1400	1467
17297	DU CLERCQ, Mémoires.	1448	1467

Tome V. S

TOMES & Numéros.			DATES comm.	finiss.
II.	25491	Vie de Jean d'Orléans, Comte d'Angoulême.		1467
	27428	Etats généraux tenus à Tours.		1467
III.	39288	CONTINUATION de la Chronique de Jacques de Guise. (IV. *Suppl.*)	1398	1467
II.	17298	CHRONICA Regum Franciæ.	1285	1469
IV.	47978	Notice de Nicolas Jenson, Imprimeur à Venise.		1470
I.	10004	Histoire de Richard de Longueil, Cardinal, Evêque de Coutances.		1470
II.	17300	CHRONIQUE de France.	1375	1470
	17303	CHRONIQUE des Rois de France.	1400	1470
	17304	CHRONIQUE de France.	420	1470
	25542—25544	Histoire de Jean d'Orléans, Comte de Dunois.		1470
III.	31806 & 31807	Eloge de Jean & Gaspard Bureau, Grands-Maîtres d'Artillerie.		1470
	35165	HARDING, Chronique en vers Anglois.	1066	1470
	35687	CLEMENT, Chronologie historique des Rois de Sicile & de Naples, de la première & seconde Maison d'Anjou.	1266	1470
	39094	TSCHUDI, Chronique de Suisse & d'Allemagne.	1000	1470
II.	17302	Vie de Guillaume Cousinot, Chambellan des Rois Charles VII, & Louis XI.		1471
	17305	DE VAUVRIN, Chroniques d'Angleterre.	1339	1471
	17306	CHRONIQUE des Guerres.	1444	1471
III.	32374	Observations sur Antoine de Château-neuf, Grand-Chambellan de France.		v. 1471
I.	9317	Observations sur Guillaume Chartier, Evêque de Paris.		1472
IV.	S. 6633*	Ordonnance de l'Archevêque de Narbonne, Antoine du Bec-Crespin.		1472
III.	37922	CLEMENT, Chronologie historique des Comtes de Foix.	1012	1472
IV.	48 87	Observations sur Jeanne Hachette, de la Ville de Beauvais.		1472
I.	7797	Lettre sur le Cardinal Jouffroy.		1473
II.	25393	CHRONIQUE des Comtes & Ducs d'Alençon.	1268	1473
III.	39289	MAGNUM Chronicon Belgicum.	54	1474
II.	15644	DE BOULAINVILLIERS, Journal des regnes des Rois de France.	420	1475
	15675	CHRONICHE di Francia.	420	1475
III.	29342	TRAITÉS de Paix entre les Rois de France & les Rois de Castille.	1306	1475
	34128 & 31429	Observations sur le Connétable de S. Pol.		1475
	35880	VIGNERII Rerum Burgundionum Chronicon.		1475
	39291	CHRONIQUE des choses arrivées aux Pays-Bas.	1455	1475
IV.	S. 11696*	HISTORIA Beccensis Monasterii.		1476
III.	35871	BEGATII, Rerum Burgundicarum Commentarii.		1476
	39370	D'OUDEGHERST, Chronique de Flandre.	620	1476
	39371	MEYERI Annales Rerum Flandricarum.	792	1476
II.	25437	HEUTERI, Res Burgundicæ.	1360	1477
	25439—25445	Histoires des quatre derniers Ducs de Bourgogne.	1360	1477
III.	34196	CHRONIQUE des Comtes de Boulogne.		1477
	35883	CLÉMENT, Chronologie historique des Ducs de Bourgogne. (*Voyez* IV. *Supplém.*)	877	1477
	38719	SPACH, Chronique de Strasbourg.		1477
	39373	SUEYRO, Annales de Flandre.	458	1477
I.	6810	Statuts Synodaux de Vienne, sous Guy de Poissieux.		1478
II.	25873	Histoire de Jean de Bourbon, Prince de Carency, Grand-Chambellan.		1478
III.	39374	DE ROYA, Annales Belgici.	792	1478
IV.	46610	Oraison funebre de Donat Acciaioli.		1478
I.	6368	Assemblée d'Orléans.		1479
III.	39287	CHRONIQUE Belgique, en Flamand.	1285	1479
I.	6809	Statuts du Diocèse de Besançon, sous Charles de Neufchâtel.		1480
II.	17316	CHRONIQUE de France.	420	1480
III.	38048	DE RUFFI, Histoire des Comtes de Provence.	934	1488
	39095	SCHILLING, Chronique ou Histoire de son temps.	1468	1480
IV.	45958—45960	Vie de Guy Pape, Conseiller au Parlement de Grenoble.		1480
IV.	S. 6758*	Ordonnances Synodales de Toulouse, sous Pierre du Lyon.		1481
	6761*	Statuts Synodaux de Tournai, sous Ferri de Clugny.		1481
III.	35510	CLÉMENT, Chronologie historique des Comtes du Maine.	955	1481
	38038	CLÉMENT, Chronologie historique des Comtes de Provence.	916	1481
I.	8698	A MEERHOUT, gesta Pontificum Tungrensium, Trajectensium & Leodiensium.		III. S. 1482
II.	25473 & 25474	Histoire de Marie de Bourgogne, épouse de l'Archiduc Maximilien d'Autriche.		1482
III.	35877	PARADIN, Annales de Bourgogne, composées sur les Mémoires de M. Prévost, Lieutenant-Général au Bailliage de Dijon.	378	1482
	38045	SEGUYRANNI, Chronica Comitum Provinciæ, ex præcepto Regis Henrici II. descripta.	1080	1482
IV.	48001	Histoire de Marguerite d'Anjou, Reine d'Angleterre, (épouse de Henri VI.) (*Voyez aussi au Tome II, le N° 25420.*)		1482
I.	8700	DE VETERE-BUSCO, Chronicon Leodiense. (*Voyez aussi sous le N° 17316.*)	1429	1483

Table Chronologique. 139

TOMES & Numéros.			DATES comm.	finiss.
I.	10545	Histoire des Evêques de Metz.	III. S.	1483
II.	15684	Continuation de l'Histoire de France de du Haillan.	1461	1483
	15688	Chronique des Rois de France. (Voyez IV. Suppl.)	420	1483
	15689	Gilles, Annales & Chroniques de France. (Voyez IV. Suppl.)	420	1483
	17317	Chronique de France.	420	1483
	17318	Historia Gentis Francorum.	0	1483
	17319	Chroniques de Louis XI, & autres adventures. (Voyez aussi le N° 17321.)	1415	1483
	17323	Continuation de la Chronique Martinienne. (Voyez aussi le N° 17324.)	1380	1483
	27414 & 27415	De Boulainvilliers (le Comte), Mémoires sur les anciens Parlemens, ou Etats-Généraux.	768	1483
	27429—27434	Pieces relatives aux Etats-Généraux tenus à Tours. (IV. Supplém.)		1483
III.	29498	De Camps, Cartulaires historiques des Rois de la troisieme Race.	987	1483
II.	17342	De Camps, Notice du regne de Louis XI.	1461	1483
IV.	S. 17342*	Recueil de Pieces.	1437	1483
II.	17294—17342	Ouvrages qui concernent le regne de Louis XI.	1461	1483
		CHARLES VIII succede à Louis XI, son pere.		1483
I.	8024	Eloge de Philippe de Lévis, Cardinal, Archevêque d'Arles.		1484
III.	35132	Trussel, Continuation de l'Histoire d'Angleterre de Daniel.	1377	1484
I.	6732	Concile de Sens. (On y fit plusieurs Réglemens.)		1485
	11778	Rivii, Chronicon Cluniacense.	910	1485
	14958—14960	Vie de Françoise d'Amboise, Duchesse de Bretagne.		1485
	12890	Monumenta vetera Monasterii Stabulensis.	648	1485
II.	17344	Chronique de France & d'Angleterre.	1378	1485
III.	35166	Rossi Warwicensis Historia.	0	1486
	35167	Chronique de Normandie.		vers 1487
I.	6478	Statuts Synodaux de l'Eglise de Coutances.	1294	1487
III.	31754	Vie d'Odet d'Aydie, Amiral de Guyenne. (Voyez IV. Suppl.)		1487
	35168	Chronique de Normandie.		1487
	37914	Chronique des Comtes de Foix, & Maison de Navarre.		1487
IV.	S. 6633*	Statuts de l'Eglise de Narbonne, sous François Halle.		1488
I.	13081	Vie d'Adrien de Budt, Moine de Dunes.		1488
II.	15690	Paulus Æmilius, de rebus gestis Francorum.	420	1488
III.	32280—32282	Pieces sur Antoine de Chabannes, Grand-Maître de France.		1488
	35391	Bouchard, Chroniques de Bretagne.	0	1488
	39375	Marchantius, de rebus Flandricis.	531	1488
IV.	S. 9410*	Pieces concernant l'Eglise de Meaux.	1479	1489
I.	6563	Statuts Synodaux de Langres, sous Jean d'Amboise.		1491
III.	32239—32242	Histoires de Jean de la Balue, Cardinal, Evêque d'Angers, Ministre d'Etat.		1491
I.	12732	De Capella, Chronicon Abbatiæ Sancti Richarii.		1492
	6607	Statuts Synodaux de Meaux, sous Jean l'Huillier.		1493
	6766	Statuts Synodaux de Troies.	1200	1495
IV.	47522	Eloge de Jean Michel, Poëte.		1495
III.	39203	Chronique de la Ville de Cologne.	0	1496
I.	10727 & 10728	Vies d'Angelo Catro, Cardinal, Archevêque de Vienne.		1497
II.	15684	Continuation de l'Histoire de France de du Haillan.	1461	1498
	15689	Continuation de la Chronique de Nicole Gilles.	1483	1498
	15691	Annales Franciæ.	420	1498
IV.	S. 15691*	Thenaud, Chronique des Rois des Gaules.	0	1498
II.	15693	Laziardi, Epitomata.	0	1498
	17388	Chroniques de France abrégées.	420	1498
	17392	De Comines, Mémoires. (Voyez aussi les N°s 17393 & 94 & IV. Suppl.)	1464	1498
	17406	Aubery, Journal des Rois de France.	1226	1498
III.	35634	Clement, Chronologie historique des Comtes de Blois.	800	1498
II.	17407	Notices du regne de Charles VIII.	1483	1498
	17343—17408	Ouvrages qui concernent le regne de Charles VIII. (IV. Suppl.)	1483	1498

Tome V.   S 2

VII. Partie. Suite de la Chronologie des Rois Capétiens, depuis Louis XII jusqu'à Henri IV.

Tomes & Numéros.			Dates comm.	finiss.
		Louis XII succede à Charles VIII, comme premier Prince du Sang Royal.		1498
		Il est le premier de la Branche d'Orléans - Valois, issue de Charles V.		
I.	6437	Statuts Synodaux de Milon d'Illiers, Evêque de Chartres.		1499
	6769	Statuts Synodaux de Troies, sous Jacques Raguier.		1499
	12003	Synopsis rerum memorabilium Crassensis Abbatiæ. (IV. Suppl.)	778	1499
II.	15692	Cattanæi, Historia Regum Francorum.	420	1499
	15694	Gaguini Compendium super Francorum gestis.	420	1499
III.	39096	Etterlin, Chronique.		1499
	39293	de la Marche, Mémoires. (IV. Supplém.)	1435	1499
I.	6467	Statuts Synodaux de Charles II de Bourbon, Evêque de Clermont.		vers 1500
	6630	Statuts Synodaux de Nantes.		v. 1500
	8529	Gelicq, Chroniques de Cambrai.		v. 1500
III.	35170	Chroniques d'Angleterre.		v. 1500
IV.	47377	Notice de Guillaume Coquillard, Poëte.		v. 1500
	47706	Histoire de François Villon, Poëte.		v. 1500
II.	17414	Sanuti Commentarius de bello Gallico.	1494	1500
III.	38770	Aubrion, Chronique ou Journal. (Voyez le N° 38777. & IV. Supplém.)	1464	1500
I.	13978 & 13979	Histoire de Robert Gaguin, Général des Maturins. (Voyez aussi au Tome IV, le N° 46738.)		1501
II.	29523	Recueil de Lettres-Patentes.	1368	1501
I.	6455	Constitutions Synodales de Cahors, renouvellées par Antoine de Luzech.		1502
	8520	Preudhomme, Acta Episcoporum Cameracensium.	IV. S.	1502
IV.	S. 12832**	Colomb, Histoire de l'Abbaye de S. Vincent du Mans.	572	1502
I.	13804	Histoire de Michel-François de Lille, Evêque de Sélivrée.		1502
	13873	Histoire d'Olivier Maillard, Franciscain.		1502
	6364	Statuts Synodaux du Diocèse d'Autun.		1503
	9264	Catalogus Episcoporum Parisiensium.	I. S.	1503
	11341	Eloge de Jean le Pelletier, Curé de S. Jacques-de-la-Boucherie.		1503
	13009	Vie de Jean de Cirey, Abbé de Cîteaux.		1503
III.	31852 & 31853	Histoire du Cardinal Pierre d'Aubusson, Grand-Maître de Rhodes.		1503
I.	8531	Le Robert & Bloquet, Mémoriaux.		v. 1504
III.	39292	de Molinet, Chronique.	1474	1504
I.	8701	Brusthemius, Res gestæ Leodiensium.	IV. S.	1505
	8702	Herbenus, de rebus gestis Trajectensium ad Mosam.		1505
	12761	Remarques sur Gui Jouvenneaux, Abbé de S. Sulpice de Bourges.		1505
II.	15695	Riccius de Regibus Francorum.		1505
	25054—25068	Vies de la Bienheureuse Jeanne de Valois, Reine de France, Epouse de Louis XII.		1505
III.	32895 & 32896	Pieces sur Pierre de Courthardi, ou Coardi, premier Président du Parlement de Paris.		1505
I.	8712	Petri Gesta Pontificum Leodiensium.	1390	1506
II.	17417	Chronique des Rois de France.	420	1506
	17418	Boyvin, Recueil des choses mémorables.	1483	1506
	17420	Gordon, Guerres de Charles VIII & de Louis XII.	1492	1506
	27435 & 27436	Pieces relatives aux Etats tenus à Tours.		1506
III.	39012 & 39393	Clément, Chronologie historique des Comtes de Flandre.	851	1506
	39294	Macreau, (ou Macquerau,) Chronique de la Maison de Bourgogne.	1464	1506
	13805	Histoire de Jean Clérée, Général des Dominicains.		1507
	14011—14033	Vie de S. François de Paule, Instituteur des Minimes.		1507
II.	15697	Rivii, Rerum Francicarum Decades.	420	1507
	15874	de la Vigne, Louanges des Rois de France. (Voyez le N° 15696.)	420	1507
III.	29852	Recueil des Affaires de France.	1159	1507
IV.	S. 31494 *	Poëme sur la mort du Chancelier Guy de Rochefort.		1507
I.	9112	Wimphelengii Catalogus Episcoporum Argentinensium.		1507
	10657	de Wassebourg, Histoire des Evêques de Verdun.		1508
III.	37808	Clément, Chronologie historique des Vicomtes de Narbonne.	802	1508
IV.	47516 & 47517	Observations sur Martial d'Auvergne, Poëte.		1508
I.	6762	Statuts Synodaux de Tournai, sous Charles Hautbois.		1509

Table Chronologique. 141

Tomes & Numéros.		Dates comm.	finiss.
I.	6797 Anciens Decrets Synodaux de Basas, recueillis par le Cardinal d'Albret.		1509
	10611 Champier, des Evêques & Comtes de Toul.		1509
	6360 Concile d'Avignon.		1509
III.	31925—31928 Vie de Philippe de Comines, Chambellan de Louis XI. (*Voyez aussi au Tome IV, le N° 46703.*)		1509
IV.	47135 Histoire de Jean Meschinot.		1509.
	46454—46456 Histoire de Nicolas Flamel.		vers 1510
	47469 & 47470 Histoire de Pierre Gringore, Poëte.		v. 1510
	47487 Remarques sur Michel Langlois, Poëte.		v. 1510
III.	32458—32462 Vies du Cardinal d'Amboise, Ministre d'Etat.		1510
I.	6783 Concile de Tours.		1510
II.	17449 de Saint-Gelais, Histoire de France.	1270	1510
III.	38841 Champier, Chronique des Histoires d'Austrasie.		1510
I.	6608 Statuts Synodaux de Louis Pinelle, Evêque de Meaux.		1511
III.	31613 Vie de Charles d'Aumont, Sieur de Chaumont, Maréchal de France.		1511
	37822 Chronique de Montpellier.	1192	1511
I.	6783 Concile de Tours.		1512
II.	17455 Florus, de Bello Italico.	1494	1512
III.	29223 Traités entre la France, les Rois de Castille, &c.	1258	1512
	29318 Traités entre Gênes & la France.	1392	1512
	31844 Vie d'Yves d'Alegre, Capitaine de cent hommes.		1512
	31941—31943 Vie de Gaston de Foix, Duc de Nemours.		1512
	38771 Journal du Pays Messin.	1346	1512
	39489 Chronique de Brabant.		1512
I.	12349 Continuatio Chronici S. Benigni Divionensis. (*IV. Suppl.*)	1052	1513
II.	15672 Continuation des Chroniques de France.	1493	1513
	17462 Trithemii Annales Hirsaugenses.	830	1513
	25069—25076 Histoires de la Reine Anne de Bretagne, successivement épouse de Charles VIII & de Louis XII. (*IV. Suppl.*)		1513
III.	29346 Traités entre la France & les Rois d'Arragon, &c.	1258	1513
I.	11859 Histoire de Jean Raulin, Moine de Cluni.		1514
II.	15694 Chroniques de Gaguin, traduites & continuées.	420	1514
	15698 Mer des Chroniques, traduite & continuée.	420	1514
	15699 Cretin, Chronique de France.	0	1514
III.	29260 Traités de la France avec la Bourgogne.	1461	1514
	32457 Vie de Guillaume Briçonnet, Archevêque de Reims, puis de Narbonne, Cardinal & Ministre d'Etat.		1514
II.	15705 Chroniques de France abrégées.	0	1514
III.	35205 Chronique de la Ville de Rouen.		1514
	35395 d'Argentré, Histoire de Bretagne.		1514
I.	10248 Mémoire sur Jean de Pins, Evêque de Rieux.		v. 1515
	6659 Statuts Synodaux de Paris, sous Etienne Poncher.		1515
	6777 Statuts Synodaux de Toul, sous Hugues des Hazards.		1515
	8653 Iserlhuyff, Historia Archiepiscoporum Coloniensium.	III. S.	1515
II.	15689 Continuation de la Chronique de Nicole Gilles.	1498	1515
	15700 Vignier, Sommaire de l'Histoire de France.	420	1515
	15701 Volaterranus, de Francorum Regibus.	420	1515
IV.	45760 Notices de Jacques Almain, Professeur en Théologie.		1515
II.	17482 Anecdotes secretes des regnes de Charles VIII & de Louis XII.	1483	1515
	17483 Notices du regne de Louis XII.	1498	1515
III.	29868 Mémoires du regne de Louis XII.	1498	1515
II.	17409—17484 Ouvrages qui concernent le regne de Louis XII. (*IV. Suppl.*)	1498	1515
	FRANÇOIS I succede à Louis XII, comme premier Prince du Sang Royal.		1515
	Il fut le second de la Branche d'Orléans-Valois, & devint le pere des Rois suivans, jusqu'à Henri III.		
I.	6369 Statuts Synodaux de Germain de Ganat, Evêque d'Orléans.		1516
	6825 Département des décimes du Clergé de France.		1516
II.	15704 Mer des Histoires & Chroniques de France.	0	1516
	17495 Continuation de la Chronique de Monstrelet.	1487	1516
IV.	48194 Notice de Madame de la Trémoille, Gabrielle de Bourbon.		1516
I.	9792 Chronique des Archevêques de Rouen.	III. S.	1517
II.	15781 Sommaire historial de France.		1517
	15703 de Bez, Compendium in res gestas Regum Francorum.	420	1517
	15706 Rosier historial de France.	0	1517
	17496 Histoire de France, ou Journal.	1513	1517
III.	38355 de Marca, Appendix Actorum veterum Hispanicorum.	819	1517
I.	13874 Histoire de Michel Menot, Franciscain.		v. 1518
	6392 Constitutions Synodales de Louis de Canosse, Evêque de Baïeux.		1518
IV.	S. 6655* Statuts Synodaux de Liége, revus & confirmés.	IV. S.	1518
I.	9000 Felix, de Pontificibus Urbis Lingonicæ.		1518

142   *Table* III.

TOMES & Numéros.			DATES comm.	finiss.
I.	11732	Sorii Catalogus Abbatum Cœnobii Broniensis.		1518
II.	17498	Chronique depuis S. Bernard. (*Peut-être la même que celle des N°s 38773 & 38774.*)	1113	1518
	17500	Corona delle Guerre d'Italia.	1494	1518
I.	6550	Statuts Synodaux de Limoges, publiés par Philippe de Montmorenci.		1519
III.	37502	Bouchet, Annales d'Aquitaine.		1519
IV.	47316	Notice de Pierre Blanchet.		1519
I.	6602	Statuts Synodaux de Mâcon, sous Etienne de Longvic.		*vers* 1520
	10992	Observations sur Geoffroi Boussard, Docteur en Théologie.		v. 1520
III.	32683	Vie de Florimond Robertet, Secrétaire d'Etat.		v. 1520
I.	6762	Statuts Synodaux de Tournai, sous Louis Guillard.		1520
	8041	Vie de Claude de Seyssel, Evêque de Marseille. (*Voyez aussi au Tome IV. le N° 46921.*)		1520
	8106	Oraison funebre du Cardinal Amanieu d'Albret.		1520
	8795	Barlandus, de Episcopis Trajectinis. (d'Utrecht.)		1520
	10014	Buretbau, Historia Archiepiscoporum Senonensium.	III. S.	1520
	11606	Chronicon Ordinis S. Benedicti.	500	1520
IV.	S. 14033*	Vie de François Binet, premier Général des Minimes.		1520
II.	15694	Vellei Supplementum ad Compendium Gaguini.	1499	1520
IV.	S. 6623*	Statuts Synodaux de Montauban, sous Jean-des-Prés.		1521
I.	6642	Statuts Synodaux de Nevers, par Jacques d'Alebretz.		1521
	15165	Eloge de Charlotte de Bourbon, Religieuse de Fontévrauld.		1521
II.	15693	Huberti Epitoma.	1498	1521
	15708	Faits & Gestes des Rois de France.	420	1521
	15709	Iconographia Regum Francorum.	420	1521
	17505	de Fleuranges, Histoire des choses mémorables.	1503	1521
I.	6698	Concile de Rouen.		1522
III.	31615	Mémoire sur le Maréchal de Coligny.		1522
IV.	47121—17123	Vie de Christophe Longueil.		1522
	47298	Histoire de Nicolas Barthélemi.		v. 1523
	47515	Histoire de Jean Marot, Poëte.		1523
I.	6734	Ordonnances Synodales d'Etienne Ponchier, Archevêque de Sens.		1524
II.	25079	Eloge de la Reine Claude de France, épouse de François I.		1524
III.	31756—31759	Vies de Louis de la Trémoille, Amiral de Guienne & de Bretagne.		1524
	31864—31872	Histoires du Chevalier Bayart. (IV. *Supplém.*)		1524
	32284	Vie du Comte de Villars, Grand-Maître de France.		1524
	38772	Le Chastelain, Chronique de Metz.		1524
IV.	46804	Recherches sur Jean le Maire, Historien & Poëte.		1524
	46063—46065	Vie de Pierre Brisfot, Docteur en Médecine.		v. 1525
	47399	Notice de Guillaume Cretin, Poëte.		v. 1525
I.	6370	Ordonnances Synodales du Diocèse d'Orléans, sous Jean d'Orléans.		1525
II.	15710	Sabino, le Vite de gli Rè di Francia.		1525
III.	29261	Traités & Affaires des Rois de France avec les Comtes de Flandre.	1194	1525
	29294	Affaires entre la Savoie & la France.	1427	1525
	29395	Traités entre la France & l'Angleterre.	1093	1525
	31676	Vie de Jacques de Chabannes II du nom, Grand-Maître, & ensuite Maréchal de France. (*Voyez aussi le N° 32283.*)		1525
	31760—31762	Vies de Guillaume Gouffier, Seigneur de Bonnivet, Amiral.		1525
	38777	de Luttange, Chronique des Célestins de Metz.		1525
II.	17513	Nuenarius, de rebus Francorum.		1525
III.	29347	Traités entre les Rois de France & les Rois d'Espagne.	1258	1526
	38777	de Vigneules, Chronique de Metz.	0	1526
II.	17524	Carpesanus, Commentaria suorum temporum.	1470	1526
	17525	Histoires advenues entre Charles-Quint & le Roi de France.	1501	1526
I.	6317	Statuts Synodaux du Diocèse d'Albi.		1527
II.	25576—25580	Vies de Charles, Duc de Bourbon, Connétable.		1527
III.	29161	Recueil de Traités de Paix.		1527
	29901	Recueil de Pieces.	1316	1527
	32463	Vie de Jean de Baune, Baron de Semblançai, Surintendant des Finances.	1227	1527
I.	6406	Concile de Bourges.		1528
	6577	Concile de Lyon.		1528
	6657	Concile de Paris ou de Sens. (*Voyez le N° 6734. On y fit plusieurs Réglements.*)		1528
IV.	S. 6608*	Statuts Synodaux de Guillaume Briçonnet, Evêque de Meaux.	1521	1528
I.	6734	Ordonnances Synodales d'Antoine du Prat, Archevêque de Sens.		1528
III.	31634 & 31635	Eloge d'Odet de Foix, Seigneur de Lautrec, Maréchal de France.		1528
IV.	46622	Notice de Jean d'Authon, Historien & Poëte.		1528
I.	7929—7931	Vies de François d'Estaing, Evêque de Rhodès.		1529
	8704	Placentini Catalogus Antistitum Tungrensium, Trajectensium & Leodiensium.	III. S.	1529
	11779	d'Olery, Fragmentum adjunctum Chronico Cluniacensi.	1485	1529
IV.	S. 11869*	de Caulincourt, Chronicon Corbeiense.	662	1529

Table Chronologique.   143

Tomes & Numéros.		Dates comm. finiss.	
III.	35689	DE BOUDIGNÉ, Histoire aggrégative des Annales d'Anjou & du Maine. (IV. Supplém.)		1529
IV.	47185	Remarques sur Pierre du Pont, Professeur à Paris.		ant 1530
I.	6411	Ordonnances Synodales de Philippe de la Chambre, Evêque de Boulogne.		1530
	6770	Statuts Synodaux de Troies, sous Odoard Hennequin.		1530
	6810	Statuts Synodaux de Vienne, sous Pierre Palmier.		1530
	10610	Cedulæ cujuslibet Episcopi Tullensis.		1530
	12735	Chronique de l'Abbaye de S. Riquier.	622	1530
	13111	Chronicon Monasterii Mortui-Maris.	1113	1530
II.	15711	DE VOLKYR, Epitome des Empereurs, Rois & Ducs d'Austrasie. (C'est le même qu'au N° 38819. IV. Suppl.)		1530
III.	38388	CLÉMENT, Chronologie Historique des Comtes de Bourgogne.	915	1530
	38774	Chronique de Metz.	1113	1530
	39589	Chronique de Hollande, Zélande & Frise.		1530
I.	6399	Statuts Synodaux de Charles de Villiers de l'Isle-Adam, Evque de Beauvais.		1531
	6756	Statuts Synodaux de Toulouse, par Jean d'Orléans.		1531
	6709 & 6710	Statuts Synodaux de Séès, de Jacques de Silly.	1524	1532
	6746	Statuts Synodaux de Soissons, sous Symphorien de Bullioud.		1532
	13875 & 13876	Vie de Nicolas Gilbert, Franciscain.		1532
II.	15712	Chronica Chronicarum ou Registre des ans passés.		1532
	17546	Chronique des choses plus mémorables.	1500	1532
	17547	GUICCIARDINI, Historia d'Italia. (Voyez les N°s 17548—17555.	493	1532
III.	35391	Grandes Chroniques de Bretagne.	0	1532
	35395	D'ARGENTRÉ, Histoire de Bretagne.	0	1532
	35398	LOBINEAU, Histoire de Bretagne.	458	1532
	35403	CLÉMENT, Chronologie historique des Rois, Comtes & Ducs de Bretagne.	383	1532
I.	6551	Statuts Synodaux de Limoges, augmentés par Jean de Langeac.		1533
IV.	S. 6722	Constitutions Synodales de Saint-Papoul, par Charles de Bar.		1533
I.	9608	Remarques sur Symphorien de Bullioud, Evêque de Soissons.		1533
III.	35171	VIRGILII (Polydori) Historia Anglicana. (Voyez le N° 35172.)	1066	1533
I.	6689	Concile provincial de Reims.		1534
	9421	Vie de Guillaume Briçonnet, Evêque de Meaux.		1534
III.	32080	Vie de Philippe de Villiers de l'Isle-Adam, dernier Grand-Maître de Rhodes.		1534
	32698	Mémoire sur Denys Billot, Ambassadeur.		1534
I.	10476	Oraison funebre de Denys Briçonnet, Evêque de Saint-Malo, qualifié, par méprise, Cardinal.		1535
III.	29273	TRAITÉS de la Ville de Metz.	1325	1535
	31495 & 31496	Vies d'Antoine du Prat, Archevêque de Sens, Cardinal & Chancelier.		1535
I.	37502	BOUCHET, Annales d'Aquitaine continuées.	1519	1535
	6438 & 6439	Constitutions Synodales de Chartres, sous Louis Guillard.		1536
	8530	Histoire des Evêques de Cambray.	IV. S.	1536
	13806	Histoire de Guillaume Parvi, Evêque de Troies, puis de Senlis.		1536
III.	29259	TRAITÉS entre les Rois de France & les Ducs de Bourgogne.	1435	1536
	31905	Observations sur Rance, Baron de Cere.		1536
I.	6467	Statuts Synodaux de Clermont, renouvellés par Guillaume du Prat.		1537
	6587	Statuts Synodaux de Bernard d'Ornezan, Evêque de Lombès.	1534	1537
	6783 & 6786	Statuts Synodaux de Tours, sous Antoine de la Barre. (IV. Suppl.)	1532	1537
	13258	Mémoire sur Pierre le Couturier, (Sutor) Chartreux.		1537
	10732	Chronicon Episcoporum Valentinensium.	419	1537
II.	15713	Libro chiamato Reali di Francia.	420	1537
III.	35520	Chroniques du Pays & du Comté de Laval.	143	1537
I.	6478	Statuts Synodaux de Coutances, recueillis & réformés.		1538
	6564	Statuts Synodaux du Cardinal Claude de Longvic, Evêque de Langres.		1538
	8787	Histoire d'Erhard de la Marck, Cardinal, Evêque de Liège.		1538
III.	31654	Histoire de Robert de Montejean, Maréchal de France.		1538
II.	17574	Chronicon breve.	1191	1539
III.	33124 & 33125	Vie de Nicolas Boyer, Président au Parlement de Bordeaux. (Voyez aussi au Tome IV, sous le N. 45836.)		1539
	37918	DE LA PERRIERE, les Annales de Foix. (IV. Suppl.)		1539
IV.	46080	Histoire de Symphorien Champier.	IV. S.	1539
I.	8532	MASSÆUS, de Episcopis Cameracensibus.		1540
II.	15714	Chronique des Gestes de cinquante-huit Rois de France.	420	1540
	15715	MASSÆUS, Chronicon multiplicis Historiæ.	0	1540
III.	29958	Recueil de Pieces.	1308	1540
	32754—32757	Vie de Guillaume Budé.		1540
IV.	46753 & 46754	Histoire de François Guichardin.		1540
I.	6407	Constitutions Synodales de Jacques le Roi, Archev. de Bourges.		1541

Tomes & Numéros.		Description	Dates comm.	Dates finiss.
I.	10251	Discours sur Georges de Selve, Evêque de Lavaur.		1541
	10431	Vie du B. Yves Mahieuc, Evêque de Rennes.		1541
	8796	GELDENHAURII, Catalogus Episcoporum Ultrajectensium.		1542
III.	39334	DE FEUCY, Chronique des Comtes de Flandre.		1542
	39490	BARLANDI, Chronica Ducum Brabantiæ.		1542
IV.	46625	Vie d'Adrien Barland, Historien.		1542
	47035	Notice de Jean Cheradame, Professeur-Royal en Grec.		vers 1543
I.	6376	Constitutions Synodales du Diocèse d'Ausch, sous M. le Cardinal de Tournon.		1543
	6727 & 6728	Constitutions Synodales du Diocèse de Saintes, sous Julien de Soderin.		1543
	6689	Concile provincial de Reims.		1543
II.	15716	BONADI, Anacephaleosis 58 Regum Francorum.	420	1543.
III.	31579	Mémoires du Comte d'Aubigny, Maréchal de France.		1543
	31763—31766	Vie de Philippe Chabot, Comte de Charny, Seigneur de Brion, Amiral de France.		1543
	32677 & 32678	Vie de Guillaume du Bellay, Ambassadeur de France.		1543
I.	6673	Constitutions Synodales de Poitiers, sous le Cardinal Claude de Givry.		1544
	8678	Historia defectionis Hermanni Comitis de Weda, Archiepiscopi Coloniensis.		1544
II.	15689	SUPPLÉMENT aux Chroniques de Gilles.	1483	1544
III.	29348	TRAITÉS entre la France & l'Espagne.	1306	1544
	33191—33193	Vie de Barthélemi de Chasseneuz, premier Président du Parlement de Provence.		1544
IV.	47515	Histoire de Clément Marot, Poëte.		1544
	47579	Histoire de Bonaventure des Périers.		1544
I.	8196	Vie de Pierre de la Baume, Cardinal, Archevêque de Besançon.		v. 1545
	9793	CHRONIQUE des Archevêques de Rouen.	III. S.	1545
II.	17618	L'ADAM (Nicaise), Chronique.	1488	1545
III.	39083	STUMPFF, Chronique des Suisses.		1545
I.	6322	Statuts Synodaux du Diocèse d'Amiens, sous François de Pilleseu.		1546
	10244	Histoire de David Bétoun, Cardinal, Evêque de Mirepoix.		1546
III.	29497	PIECES du Trésor des Chartes.	1202	1546
IV.	47021	Vie de Pierre Bunel, Toulousain.		1546
	47231 & 47232	Notice de Jacques Toussain, Professeur en Grec.		1546
	47406	Histoire d'Etienne Dolet, Poëte & Impie.		1546
I.	6311	Statuts Synodaux du Diocèse d'Agen, sous le Cardinal de Lorraine.		1547
	8140—8142	Vies de Jacques Sadolet, Evêque de Carpentras, Cardinal.		1547
	11500	Notice de François Vatable, Professeur-Royal.		1547
	14790	Eloge de Claudine de Budoz, Abbesse de S. Honorat de Tarascon.		1547
	15186—15191	Vie de Madame Philippe de Gueldres, Duchesse de Lorraine.		1547
II.	15684	DU FERCA, Continuation de l'Histoire de France, de du Haillan.	1468	1547
	15689	SAUVAGE, Continuation de la Chronique de Nicole Gilles.	1498	1547
	15690	DU FERRON, Continuatio Historiæ Pauli Æmilii. (IV. Supplém.)	1484	1547
	15717	MASSONI (Papyrii) Annales.	427	1547
IV.	S. 15717*	SUCCESSIO Regum Francorum.	561	1547
II.	17610	JOVII (Pauli) Historia sui temporis.	1494	1547
	17621—17623	MÉMOIRES de Martin & Guillaume du Bellay. (IV. Supplém.)	1513	1547
	17640	PIECES concernant le regne de François I.	1515	1547
III.	29224	TABLE des Traités entre Charles VII & ses successeurs, jusqu'à François I & Philippe de Bourgogne, & ses Successeurs jusqu'à Charles-Quint.	1422	1547
	29390	TRANSACTA Inter Angliam & Franciam.	1327	1547
	29792—30000	PIECES relatives à la troisieme Race des Rois de France, depuis Philippe-le-Bel jusqu'à François I. inclusivement.	1285	1547
	29997	MÉMOIRES du regne de François I.	1515	1547
	35173	MARTYNS, Histoire des Rois d'Angleterre.	1066	1547
	39297	DE WASSEBOURG, Antiquités de la Gaule Belgique.	0	1547
IV.	46115	Vie de Jean Desjardins, Médecin.		1547
II.	17465—17642	Ouvrages qui concernent le regne de François I. (IV. Supplém.)	1515	1547
		HENRI II succede à François I, son pere.		1547
	15718	TILII Chronicon de Regibus Francorum.	420	1547
IV.	47281	Histoire de Michel d'Amboyse.		v. 1548
I.	6613	Assemblée de Melun.		1548
	6774	Synode de Trèves, sous Jean d'Isembourg.		1548
	6556	Statuts Synodaux de Liége, sous George d'Autriche. (IV. Suppl.)		1548
IV.	S. 17643*	HISTOIRE du temps.	1514	1548
II.	29349	TRAITÉS entre la France & l'Espagne.	1278	1548
	31497	Piece sur Guillaume Poyet, Chancelier.		1548
IV.	47150	Notice de Denys Coroné, ou Charton, Professeur en Grec.		1548
I.	6714	Concile de Trèves.		1549
	9066	BUSCHII, Annales Archiepiscopatûs Moguntini.	III. S.	1549

II. 15721 CHRONIQUE

Table Chronologique. 145

TOMES & Numéros.			DATES comm.	finiff.
II.	15721	CHRONIQUE des Rois de France.	420	1549
III.	29533	ANCIENS Titres.	801	1549
IV.	48001	Eloge de Marie d'Albret, Comteffe de Nevers.		1549
I.	6300	Conftitutions Synodales du Diocèfe d'Avranches.		vers 1550
IV.	45982	Eloge de Denys du Pont.		v. 1550
	46555	Notice de Jean Martin Poblacion, Profeffeur en Mathématiques.		v. 1550
	47004	Obfervations fur Nicolas Bérauld.		v. 1550
	47166	Notice de Paul Paradis, Profeffeur Royal en Hébreu.		v. 1550
	47254	Remarques fur Jean Viforius, ou le Voyer.		v. 1550
	47553	Notice de Pierre Motin, Poëte.		v. 1550
	47557	Remarques fur Laurent des Moulins.		v. 1550
I.	6428	Decrets Synodaux du Diocèfe de Cambrai, fous Robert de Croy.		1550
	6440	Synode du Diocèfe de Chartres, fous Louis Guillard.		1550
IV.	S. 8851*	Eloge de Pierre de Quiqueran, Evêque de Senez.		1550
I.	10987	Hiftoire de Nicolas Bourbon, l'ancien.		1550
	11728	APPENDIX ad Chronicon Dolenfis Abbatiæ fanctæ Mariæ.	1459	1550
	12550	COMPENDIUM Hiftoriæ Flaviacenfis Monafterii.	660	1550
II.	17650	SEVERTII (Vincentii) Chronicon.		1550
III.	32356—32359	Vies de Claude de Lorraine, Duc de Guife, Grand-Veneur de France. (Voyez auffi les Nos 32285—88.		1550
	39451	CHRONICON Mofellanicum & Luxemburgi.		1550
IV.	45994	Notice de Pierre Rat, Jurifconfulte.		1550
	48144	Notice d'Anne de Parthenay.		1550
I.	6633	Concile de Narbonne.		1551
	9071	HEROLDEN, Chronique de Mayence.		III. S. 1551
III.	32759	Vie de Jacques Ménage, Seigneur de Cagny, Maître des Requêtes.		1551
	39616	REYHERSBERGE, Chronique du Comté de Zélande.		1551
IV.	46315	Notice de Gaucher de Sainte-Marthe, Médecin.		1551
	47223	Hiftoire de Hubert Suffaneau.		1551
	46048	Obfervations fur Guillaume Bigot, Médecin & Philofophe.		v. 1552
I.	6382	Statuts Synodaux d'Auxerre, fous François de Dinteville.		1552
	6541	Conftitutions du Diocèfe de Lefcar, par Jacques de Foix.		1552
	6719	Statuts Synodaux de Saint-Flour, par Antoine de Lévis.		1552
	10015	COQUINI, Fafciculus Archiepifcoporum Senonenfis civitatis.		III. S. 1552
III.	32243 & 32244	Vies de Pierre du Chaftel, Evêque de Mâcon, & Grand-Aumônier de France.		1552
IV.	47112	Hiftoire de Nicolas de Herberay.		1552
	47131	Hiftoire de Jean Martin.		v. 1553
I.	11381—11387	Vie de François Rabelais. (Voyez auffi fous le N.° 46298, & fous les Nos 46890 & 47603, & au Supplément les Nos 11384, 11387*, & 47603*.)		1553
	13807	Hiftoire de Jean Guiencourt, Confeffeur de Henri II.		1553
	31938	Vie d'André de Montalembert, Seigneur d'Effé.		1553
III.	38996	MALBRANCQ, de Morinis & Morinorum rebus.	309	1553
IV.	45999	Remarques fur Arnoul Ruzé, Jurifconfulte.		1553
	47667	Hiftoire de Hugues Salel, Poëte.		1553
I.	6400	Conftitutions Synodales d'Eudes de Coligny, Cardinal de Chaftillon, Evêque de Beauvais.		1554
	6425	Conftitutions Synodales de Louis Guillard, Evêque de Châlons-fur-Saône.		1554
	6735	Ordonnances Synodales du Cardinal Louis de Bourbon, Archevêque de Sens.		1554
	10117	VITÆ Epifcoporum Autiffiodorenfium.	IV. S.	1554
III.	29397	TRAITÉS entre la France & l'Angleterre.	1395	1554
	29532	ANCIENS Titres.	500	1554
	31798	Eloge de Léon Strozzi, Général des Galeres de France. (Voyez IV. Supplém.)		1554
	32897	Eloge de Pierre Lizet, premier Préfident du Parlement de Paris. (On peut voir encore les Nos 32898 à 900.)		1554
IV.	46668	Hiftoire de Jean Bouchet, Hiftorien & Poëte.		v. 1555
III.	29350	TRAITÉS entre la France & l'Efpagne.	1432	1555
	29351	TRAITÉS entre la France & l'Efpagne.	1480	1555
	35206	DE LA MARRE, Chronica inclytæ Urbis Rotomagenfis.	94	1555
	37650	CLÉMENT, Chronologie hiftorique des Sires d'Albret.	1050	1555
	39429	VINCHANT, Annales de Hainaut.		1555
	46123—46125	Vie de Jacques Dubois, dit Sylvius, Médecin.		1555
	46450—46452	Vie d'Oronce Finé, Profeffeur de Mathématiques.		1555
IV.	46744	Hiftoire de Pierre Gilles, Hiftorien.		1555
	47687	Hiftoire de Jacques Tahureau, Poëte.		1555
I.	6705	Statuts Synodaux de Rhodès, fous le Cardinal d'Armagnac.		1556
	10067 & 10068	Vie de Louis de Bourbon, Cardinal, Archevêque de Sens.		1556
	10982	Hiftoire de Charles de Bouelles, Chanoine de Noyon.		1556
	11355	Vie de François le Picart, Doyen de S. Germain l'Auxerrois. (Voyez IV. Suppl.)		1556

Tome V.   T

Table III.

Tomes & Numéros.			Dates comm.	finiss.
I.	12777	Moringi Chronicon Trudonense.	1410	1556
III.	29162	Recueil de Traités de paix.	1435	1556
IV.	46069	Eloge de Louis Burgensis, Médecin.		1556
	46202	Notice de Jean Maignien, Médecin.		1556
I.	6452	Statuts Synodaux de Jérôme du Bourg, Evêque de Châlons-sur-Marne.		1557
	6810	Concile de Vienne.		1557
II.	17685	Ulloa le Guerre d'Italia, e d'altri paesi.	1525	1557
III.	29322	Mémoires concernant le Royaume de Naples & de Sicile.	1409	1557
IV.	47668—47670	Histoire de Jean Salmon, dit Macrin.		1557
I.	6736	Synode de Sens, sous Jean Bertrandi.		1557
	6792	Réforme du Clergé de Valence & de Die, par Jean de Montluc.		1558
	8278	Catalogus Episcoporum Engolismensium.	IV. S.	1558
	10017	Reversy, Annales Ecclesiæ Senonensis.	III. S.	1558
IV.	S. 15802*	Prouesses de la Cavalerie légere de France.		1558
II.	25080	Eloge de la Reine Eléonore d'Autriche, seconde épouse de François I.		1558
III.	29681	Cartulaire de Normandie.	1262	1558
	31695 & 31696	Eloge de Pietre Strozzi, Maréchal de France.		1558
IV.	46139 & 46140	Vie de Jean Fernel, Médecin.		1558
	46320—46323	Vie de Jules-César Scaliger, Médecin.		1558
	46545	Notice de Jean Pena, Professeur en Mathématiques.		1558
	47659—47661	Histoire de Mellin de Saint-Gelais.		1558
III.	38384	Gollut, Mémoires de la République Séquanoise.		1558
IV.	47212	Notice de Jean Strazel, Professeur en Grec.		vers 1559
I.	3956	Longueval & autres, Histoire de l'Eglise Gallicane.	150	1559
	11138	Notice de Pierre Galland, Professeur Royal.		1559
	11893	Histoire de Joachim Perion, Moine de Cormeri.		1559
II.	15694	Supplementum ad Annales sive Compendium Gaguini.	1420	1559
	15717	Massoni (Papyrii) Annales, cum Auctuario.	427	1559
	17738	Amelin, Histoire de France.	420	1559
	17749	de Herrera (Antonio) Commentario.	1285	1559
	17751	Vita di Camillo Orsino.	1494	1559
	17755	Pieces concernant le regne de Henri II.	1547	1559
III.	29163	Recueil de Traités de paix.	1360	1559
IV.	S. 29164*	Recueil de Traités de paix. (Son N° devroit être 29153*.)	1461	1559
III.	29352	Traités entre la France & l'Espagne.	1293	1559
	29398	Traités entre la France & l'Angleterre.	1060	1559
	29400	Traités entre la France & l'Angleterre.	1476	1559
	30059	Mémoires servant à l'Histoire de France.	1482	1559
	30084 & 30085	Mémoires du regne de Henri II.	1547	1559
	37502	Continuation des Annales d'Aquitaine de Bouchet.	1535	1559
II.	17643—17756	Ouvrages qui concernent le regne de Henri II. (Voyez IV. Sup.)	1547	1559

François II succede à Henri II, son pere. 1559

	15722	du Haillan, Regum Gallorum Icones.	420	
IV.	47003	Notice de Raoul Bayne, Professeur en hébreu.		v. 1560
	47132	Histoire de Louis Meigret.		v. 1560
I.	6580	Statuts Synodaux de Lyon, sous François de Tournon.		1560
	6826	Etats convoqués à Fontainebleau.		1560
	6827	Etats tenus à Orléans.		1560
	8455	Eloge de Guillaume du Prat, Evêque de Clermont.		1560
	9001	de Cavanyac, Historia Episcoporum Lingonensium.	IV. S.	1560
IV.	S. 9317*	Eloge du Cardinal Jean du Bellay, Evêque de Paris. (Voyez aussi au Tome IV. le N° 47302.)		1560
I.	9917	Cœnalis (Roberti) Hierarchia Neustriæ.	III. S.	1560
	10927	Histoire de Joachim du Bellay, Chanoine & Archidiacre de Paris.		1560
	12775	Roberti Chronicon Trudonopolitanum.	600	1560
	15689	Sauvage, Continuation de la Chronique de Nicole Gilles.	1547	1560
	15723	Taboetii Historica Franciæ Regum Genesis.	420	1560
	19869	Thuani Historiarum sui temporis, pars prima.	1544	1560
	27416	Etats Généraux.		1560
III.	30094	Mémoires du regne de François II.	1559	1560
	31498—31500	Eloge de François Olivier, Chancelier de France. (IV. Suppl.)		1560
	31795—31797	Vies d'André Doria, Général des Galeres de France. (IV. Suppl.)		1560
	32960	Oraison funèbre de Guillaume Abot, Conseiller du Parlement.		1560
	39210	Chronicon Leodiense.		1560
IV.	48114	Oraison funèbre de Marie de Lorraine, Reine d'Ecosse.		1560
II.	17794	Pieces concernant le règne de François II.	1559	1560
	17757—17794	Ouvrages qui concernent le regne de François II. (IV. Suppl.)	1559	1560

Charles IX succede à François II, son frere. 1560

| I. | 6747 | Statuts Synodaux de Soissons, par Charles de Roucy. | | 1561 |
| | 6810 | Statuts Synodaux de Vienne, sous Jean de la Brosse. | | 1561 |

Table Chronologique. 147

TOMES & Numéros.		DATES comm.	finiff.
I. 5785	DE LA PLACE, Commentaires de l'état de la Religion & de la République.	1556	1561
6828—6835	Assemblée du Clergé à Poissy.		1561
II. 17797	Histoire particuliere de ce qui s'est passé en France.	1556	1561
17798	DE VILLARS (le Baron), ses Mémoires.	1550	1561
17809	DE SERRES, Commentarii de statu Religionis & Reipublicæ. (*Voyez* le N° 18347.)	1557	1561
II. 27438—27457	Pieces relatives aux Etats-Généraux tenus à Orléans. (IV. *Suppl.*)	1560	1561
IV. 45911	Notice de Robert Irland, Professeur en Droit.		1561
45987	Notice de Simon Pouvreau.		1561
46033	Notice d'André Beauvais, Professeur en Chirurgie.		vers 1562
46591	Histoire de Jean Tusnier, Mathématicien.		v. 1562
47105	Histoire de Claude Grujet.		v. 1562
47478	Histoire de François Habert, Poëte.		v. 1562
I. 8069	Mémoire sur la succession des Evêques d'Orange. (IV. *Suppl.*)	IV. S.	1562
8857	SARACENI, Catalogus Lugdunensium Præsulum.	II. S.	1562
8946—8951	Vies du Cardinal de Tournon, Archevêque de Lyon. (*Voyez* IV. *Suppl.* & le N° 32464.)		1562
9956	VALLÆ Catalogus Episcoporum Sagiensium.	IV. S.	1562
IV. S. 12089*	Vie de Denys Faucher, Bénédictin.		1562
I. 14034	Vie de Jean Dehan, Minime.		1562
II. 17841	COMMENTARII delle attioni del regno di Francia.	1556	1562
25587—25590	Histoires d'Antoine de Bourbon, Roi de Navarre.		1562
III. 31624	Eloge du Maréchal de Saint-André. (*Voyez aussi* le N° 31685.)		1562
31708	Vie du Maréchal de Thermes.		1562
31856	Vie de Pierre d'Auffun, Gouverneur de Turin.		1562
31886	Vie de Nicolas de Brichanteau, Seigneur de Beauvais-Nangis.		1562
38046	FAUCHERII, Annales Provinciæ.		1562
39547	ZUTPHII, Chronicon Geldriæ.		1562
IV. 46004 & 46005	Histoire de Julien Tabouet.		1562
47426	Notice de Pierre Fauveau, Poëte.		1562
I. 5804	DE-BEZE, Histoire Ecclésiastique des Eglises Réformées.	1521	1563
5807—5813	Vies de Jean Calvin, & Pieces qui le concernent.		1563
10018	COMPENDIUM de Gestis Archiepiscoporum Senonensium.	III. S.	1563
12816	EXCERPTA ex Chronico S. Victoris Massiliensis.	538	1563
II. 15726	MALVINI, de Gallorum rebus gestis.	420	1563
IV. S. 17934*	Mémoires de Pierre le Blanc.		1563
III. 31606—31608	Vies du Maréchal de Brissac.		1563
32289—32313	Pièces sur François de Lorraine, Duc de Guise, Grand-Maître de France.		1563
39194	EYSENGREIN, Chronique de la Ville de Spire.	1.	1563
IV. 46161 & 46162	Notice de Jacques Goupyl, Médecin.		1563
I. 6440 & 6441	Statuts Synodaux du Diocèse de Chartres, par Charles Guillard.		1564
6660 & 6661	Statuts Synodaux du Diocèse de Paris, par Eustache du Bellay.		1564
6689	Concile de Reims.		1564
IV. 46036 & 46037	Histoire de Pierre Bélon, Médecin. (*Voyez* IV. *Suppl.*)		1564
47044	Notice de Bertin le Comte, Professeur Royal en Hébreu.		v. 1565
I. 6429	Concile de Cambrai.		1565
6430	Synode Diocésain de Cambrai, sous Maximilien de Berghes.		1565
6568	Statuts Synodaux de Luçon, par Jean-Baptiste Tiercelin.		1565
6589	Statuts Synodaux de Saint-Malo, par Pierre de Montfort.		1565
IV. S. 6819	Concile Provincial d'Utrecht.		1565
II. 17975	MÉMOIRES du Prince de Condé.	1559	1565
17983	MÉMOIRES de Guillaume de Rochechouart.	1497	1565
III. 31799	Eloge de François de Lorraine, Grand-Prieur de France, & Général des Galeres.		1565
32961	Histoire de Jean Picot, Conseiller-Clerc au Parlement.		1565
35174	CHRONIQUE d'Angleterre.	o	1565
46167	Notice d'Augier d'Harambourg, Médecin.		1565
IV. 47234—47239	Histoire d'Adrien Turnebe.		1565
47283	Histoire de Barthélemi Aneau.		1565
47116	Notice de Barthélemi Latomus, *ou* le Masson.		v. 1566
47194	Notice d'Alain Restaud de Caligny.		v. 1566
I. 10185	Remarques sur Jacques-Paul Spifame, Evêque de Nevers.		1566
12093—12096	Vie de Louis de Blois, Abbé de Liessies. (*Voyez aussi* Tome IV. *sous le* N° 45765.)		1566
II. 15727	DESPREZ, Faits & Gestes des Rois de France.	420	1566
27458	Mémoires des Etats de Moulins.		1566
III. 29492	INVENTAIRE des Chartes de la Sainte Chapelle.	1180	1566
31848	Vie de Jean l'Archevêque, Seigneur de Soubize.		1566
35175	BESNARD, (*ou* Bernard,) Chronique d'Angleterre.		1566
IV. 45949—45953	Vie de Charles Dumoulin, Jurisconsulte.		1566
46250—46255	Vie de Michel Nostradamus, Médecin.		1566
46309—46311	Vie de Guillaume Rondelet, Médecin.		1566

Tome V. T 2

Table III.

Tomes & Numéros.			Dates comm.	finiss.
IV.	48099—48101	Histoire de Louise Labbé, Poëte.		1566
	S. 6429	Synode de Cambrai, sous Maximilien de Berghes.		1567
I.	6836	Assemblée du Clergé tenue à Paris.		1567
	11083	Histoire de Gilbert Cousin, Chanoine de Nozeret. (*Voyez aussi au Tome IV. le* N° 47053.)		1567
II.	17999	Sancta-Crucius, de civilibus Galliæ dissensionibus.	1547	1567
	18012	Belcarii, Commentaria Rerum Gallicarum.	1461	1567
III.	31431—31441	Vies d'Anne de Montmorenci, Connétable. (*Voyez* IV. *Suppl.*)		1567
	39237	Kyriandri, Annales Treverorum.	0	1567
IV.	46350	Notice de Vidus Vidius, Professeur en Médecine.		1567
	46550	Vie de Guillaume Philandrier.		1567
I.	6763	Statuts Synodaux de Tournai, par Gilbert Dognyes.		1568
	9072	Periandri Nobilitas Moguntinæ Diœceseos.		1568
II.	18055	Visconti, Trattato delle Guerre di sua memoria.	1548	1568
III.	39621	Hovæus, Chronique des Seigneurs depuis Comtes d'Egmond.		1568
IV.	46707	Histoire de Gilles Corrozet.		1568
I.	5828	Varillas, Histoire des Révolutions arrivées en Europe.	1374	1569
	10111	Histoire d'Antoine Caracciol, Evêque de Troies.		1569
IV.	S. 6360*	Concile d'Avignon. (*On y fit soixante-trois Réglements.*)		1569
II.	15690	Thomæ Paralipomena, ad Paulum Æmilium.	1547	1569
	15728	Chronique abrégée des Rois de France.	420	1569
	18056	Merello, della Guerra fatta da Francesi.	1553	1569
	18077	Brulart, Journal des choses plus remarquables.	1559	1569
	18081	Acta tumultuum Gallicorum.	1559	1569
	25763—25791	Histoires de Louis I. de Bourbon, Prince de Condé.		1569
III.	31835	Vie de François d'Andelot, Colonel-Général de l'Infanterie Françoise.		1569
	31836 & 31837	Vies du Comte de Brissac, Colonel-Général de l'Infanterie Françoise.		1569
	31987 & 31988	Vie de Charles & Sébastien de Luxembourg, Comtes de Martigues.		1569
	32971	Vie de (Jean Baptiste) du Mesnil, Avocat du Roi au Parlement de Paris. (*C'est la même qu'au Tome IV.* N° 45941.)		1569
	33202	Eloge de François Gaufridy, Conseiller au Parlement de Provence.		1569
IV.	46081	Notice de Jean Chapelain, premier Médecin de Henri II & de Charles IX.		1569
I.	6558	Statuts du Pays de Liége, par Gérard de Groisbeeck.		vers 1570
IV.	46422	Notice de Dampestre, Professeur de Mathématiques.		v. 1570
	47127	Histoire de Jean de Marconville.		v. 1570
	47310	Notice de Jacques Bereau.		v. 1570
I.	6352	Statuts Synodaux d'Arras, sous François Richardot.		1570
	6605	Concile de Malines. (*Voyez* IV. *Suppl.*)		1570
II.	15729	Chronique abrégée des Rois de France.	420	1570
	15730	de Naissey, Epitome Historiæ Regum Francorum.	420	1570
	15731	Chronica Franciæ Regum.	420	1570
	15732	du Tillet (Jean), ses Mémoires.		1570
	18093	de Castelnau (Michel), ses Mémoires.		1570
IV.	47133	Notice de Jean Mercier, Professeur en Hébreu.		1570
	47468	Histoire de Jacques Grévin.		1570
	S. 6416*	Statuts du premier Synode de Bruges, sous M. Driutius.		1571
	6422*	Statuts du premier Synode de Bois-le-Duc, sous M. Metsius.		1571
	6518*	Statuts du premier Synode de Gand, sous Corn. Jansénius.		1571
	9685*	Histoire du Cardinal de Chastillon, Evêque de Beauvais.		1571
I.	11109 & 11110	Histoire de Claude d'Espence, Docteur de Sorbonne.		1571
	13011 & 13012	Eloge de D. Jérôme de la Souchere, Abbé de Citeaux.		1571
II.	18114	Carlois, Mémoires du Maréchal de Vieilleville. (*Voyez aussi au Tome III. le* N° 31726.)	1528	1571
III.	38974	Bresin, Chronique du Pays d'Artois & de Flandre.	1482	1571
I.	10338	Morelli Legenda aurea Pontificum Cenomanensium.	II. S.	1572
	11780	Excerpta ex Chronico Cluniacensi.		1572
II.	18117	Commentaires de Blaise de Montluc. (*Voyez* IV. *Supplém.*)	1529	1572
	18119	Surius, Histoire des choses mémorables.	1521	1572
	18422	Comitis (Natalis), Historia sui temporis.		1572
III.	31622 & 31623	Mémoires sur le Maréchal de la Force.	1545	1572
	31767—31771	Vies de l'Amiral de Coligny. (IV. *Suppl. Voyez aussi Tome* II, N° 18130.)		1572
	33031 & 33032	Vie de Jean de Coras, Conseiller de Toulouse.		1572
	33069—33071	Vie de Jean Bégat, Président au Parlement de Dijon.		1572
IV.	47037	Histoire d'Antoine Rodolphe le Chevalier.		1572
	47041	Histoire de Gabriel de Collange.		1572
	47114	Notice de Denys Lambin.		1572
	47188—47192	Vie de Pierre Ramus, ou de la Ramée. (*Voyez aussi les* N°s 46566 & 46567.)		1572

Table Chronologique.

TOMES & Numéros			DATES comm.	finiss.
I.	6837	Assemblée du Clergé.	1572	1573
	8653	Chronica Archiepiscoporum Coloniensium.	III. S.	1573
II.	15689	de Belleforest, Continuation des Annales de Nicole Gilles.	1560	1573
	15737	Jarry, des Faits des François.	420	1573
	18193	Le Frere, Histoire des troubles & des guerres civiles.	1370	1573
	18203	di Terracina, Commentarii di Francia.	1556	1573
	18204	Pasquier, les Guerres arrivées pendant les troubles.	1556	1573
	18216	de Mergey, ses Mémoires militaires.	1554	1573
	18217	Mémoires du Maréchal Gaspard de Saulx-Tavannes.	1530	1573
III.	30156	Recueil de Pieces.	1515	1573
	31501—31504	Vies du Chancelier Michel de l'Hôpital.		1573
	31696 & 31697	Vies du Maréchal Gaspard de Saulx-Tavannes.		1573
	32360	Discours sur la mort du Duc d'Aumale, Grand-Véneur de France. (*Voyez* IV. Suppl.)		1573
IV.	45822—45825	Eloge de François Baudouin, Jurisconsulte.		1573
	47483 & 47484	Vie d'Etienne Jodelle, Parisien.		1573
	47361	Histoire de Claude Chappuys.		vers 1574
I.	4781	Oraison funèbre de Marie de Clèves, Princesse de Condé.		1574
	6605	Concile de Malines.		1574
	8602 & 8603	Vie de François Richardot, Evêque d'Arras.		1574
	8791	Petri (Suffridi) Appendix ad Chronicon Joannis de Beka.	1546	1574
IV.	S. 9491	Catalogue & Histoire des Archevêques de Reims.	III. S.	1574
I.	9572—9577	Vies du Cardinal Charles de Lorraine, Archevêque de Reims. (IV. Suppl. *Voyez* aussi au Tome III. le N° 32464.)		1574
	9725	Oraison funèbre du Cardinal Antoine de Créqui, Evêque d'Amiens. (*Voyez* IV. Suppl. 9724*.)		1574
IV.	S. 15723*	Discours du Royaume & des Rois de France.	420	1574
II.	15724	Bossuet, Abrégé de l'Histoire de France.	420	1574
	15725	Abrégé de l'Histoire de France.	420	1574
	15733	Pantaleonis, Vitæ Regum Francorum.	420	1574
	15734	de Belleforest, les grandes Annales de France.	420	1574
	18246	Adriani Istoria de suoi tempi.	1536	1574
	18247	Traité des Guerres civiles advenues en France.	1559	1574
IV.	S. 18247*	Recueil de diverses Pieces.	1515	1574
II.	18254	de Belleforest, Histoire des neuf Charles de France.	768	1574
	18259	Monnier, Journal des regnes de François I, Henri II, François II, & Charles IX.	1515	1574
	18262	Histoire de France, sous Henri II, François II, & Charles IX.	1547	1574
	18265	Pieces concernant le regne de Charles IX.	1560	1574
III.	30173	Mémoires du regne de Charles IX.	1560	1574
	31800	Oraison funèbre de Charles de Gondi, Seigneur de la Tour, Général des Galeres de France.		1574
	31854	Oraison funèbre d'Eustache de Conflans, Vicomte d'Auchi.		1574
	32036 & 32037	Vie de Raymond de Pavie, Baron de Forquevals.		1574
IV.	46084—46086	Vie de Jacques Charpentier, Professeur Royal.		1574
	46158	Eloge de Jean Gonthier d'Andernach, Médecin.		1574
	46596 & 46597	Vie de Geoffroi Vallée, Philosophe impie.		1574
	47445	Notice de Jacques du Fouilloux, Poëte.		1574
II.	17795—18265	Ouvrages qui concernent le regne de Charles IX. (*Voyez* IV. S.)	1560	1574
		Henri III succede à Charles IX, son frere.		1574
I.	6809	Statuts Synodaux de Besançon, sous le Cardinal Claude de la Baume.		1575
	9176	Vie de Simon Vigor, Archevêque de Narbonne.		1575
II.	15738	Chroniques des Rois de France. (*Voyez* IV. Suppl.)	420	1575
III.	32007	Vie de Charles du Puy, Seigneur de Montbrun.		1575
	39211	Chronique de la Ville & Cité de Liége.		1575
IV.	46763	Notice de Jean de la Haye, Historien & Poëte.		1575
	46463	Notice de Pierre Forcadel, Professeur en Mathématiques.		1576
	S. 6332*	Statuts Synodaux d'Anvers, sous François Sonnius.		1576
I.	6505	Constitutions Synodales d'Evreux, publiées par Claude de Sainctes.		1576
	6838	Avis de ce qui s'est passé dans le Clergé aux premiers Etats de Blois.	1575	1576
	13879	Eloge de Philippe Picart, Franciscain.		1576
II.	15739	Solis & Ammam Effigies, cum Chronica Regum Francorum.	420	1576
	18347	de Serres, Continuatio Commentariorum de statu Religionis & Reipublicæ.	1561	1576
	18348	de Morvillers (Jean), Mémoires d'Etat.	1571	1576
	18360	Mémoires sur les Guerres civiles du Haut-Vivarais.	1558	1576
III.	38776	Chronique de Metz.		1576
IV.	S. 6823 *	Statuts Synodaux d'Ypres, sous Martin Rithovius.		1577
I.	8224	Urstitii Catalogus Episcoporum Basileensium.		1577
	8679	Mémoire sur Gebhard Truchsès, Archevêque de Cologne.		1577
	10252—10255	Vies de Pierre Danès, Evêque de Lavaur. (*Voyez* IV. Suppl. & N° 47061.)		1577

Tomes	& Numéros.		Dates comm.	finiss.
II.	15740	Faits mémorables advenus depuis Pharamond.	420	1577
	18385	de la Popeliniere, Histoire des troubles & choses mémorables.	1562	1577
	18386	de la Popeliniere, Histoire de France.	1550	1577
	18389	Dinothus, de Bello civili Gallico.	1555	1577
	27459—27468	Pieces relatives aux Etats tenus à Blois.	1576	1577
III.	31505 & 31506	Vies de Jean de Morvilliers, Evêque d'Orléans, Garde des Sceaux de France.		1577
	31655	Eloge du Maréchal de Montluc.		1577
IV.	45859	Vie d'Antoine le Conte, Jurisconsulte.		1577
	46659	Histoire de Jean de Gorris, Médecin.		1577
	47200 & 47201	Histoire de Louis le Roi, ou Regius.		1577
	47303 & 47304	Histoire de Remy Belleau.		1577
	47804	Eloges de Philibert de Lorme.		1577
I.	6839	Assemblée du Clergé tenue à Melun.		1578
	8647	Cratepolii Catalogus Archiepiscoporum Coloniensium ac Trevirensium.	III. S.	1578
	9989—9991	Pieces concernant Jean Hennuyer, Evêque de Lisieux. (*Voyez aussi* IV. Supplém. 9988* & 9990* & V. Additions.)		1578
	10019	Tavelli, Vitæ Archiepiscoporum Senonensium.	III. S.	1578
	13809	Histoire d'Antoine Havet, premier Evêque de Namur.		1578
II.	15741	Giunti, Chronicon breve de' i fatti illustri de Re di Francia.	420	1578
III.	31585	Oraison funèbre du Maréchal Oudart du Biez & de Jacques de Coucy son gendre.		1578
IV.	46218	Notice de Jean Maziles, Médecin.		1578
	46226	Histoire d'Antoine Mizauld, Médecin.		1578
I.	6613	Assemblée de Melun.		1579
	6798	Constitutions Synodales d'Arnauld de Pontac, Evêque de Basas.		1579
II.	15742	Chambre, Histoire abrégée des Rois de France.	420	1579
III.	29164	Recueil de Traités de paix.	1476	1579
	31580 & 31581	Vie du Maréchal de Bellegarde.		1579
	31656—31658	Vies du Maréchal François de Montmorenci.		1579
	31889	Eloge de Clermont d'Amboise, dit le brave Bussi.		1579
IV.	S. 37853*	Journal de Balthasar, Bourgeois de Nismes.	1561	1579
	46589	Notice de Jean Stadius, Professeur en Mathématiques.		1579
III.	33078	Histoire de Jean Vetus, Conseiller au Parlement de Bourgogne.		v. 1580
IV.	47104	Vie de César Grollier.		v. 1580
	47456	Histoire de Jean de la Gessée.		1580
I.	3953	Paradini, Historia Ecclesiæ Gallicanæ.		1580
	6840	Assemblée du Clergé tenue à Melun & à Paris.	1579	1580
	8632	Oraison funèbre de Pierre de Pantaslour, Evêque de Tournai.		1580
	8648	Cratepolii Catalogus Archiepiscoporum Coloniensium, Moguntinensium ac Trevirensium.	IV. S.	1580
	9494	Colardi, Annales Remenses.	III. S.	1580
	11094	Histoire d'Artus Desiré.		1580
II.	15743	Bernard, Sommaire des Vies des Rois de France.	420	1580
	15744	du Preau, Abrégé de l'Histoire de France.	420	1580
	18418	le Frere, Histoire des troubles. (*Voyez aussi le* N° 18193.)	1560	1580
	18420	le Frere, Histoire de France.	1547	1580
III.	38757	Wurtisius, Chronique de Basle. (*Elle est aussi au* N° 39123.)		1580
	39298	Feyrabendii, Historiæ rerum Belgicarum. (*Cela est répété au Tome* IV. Suppl. 39315*.)		1580
	39491	Divæi Res Brabantica.		1580
IV.	45897	Histoire de François Grimauder.		1580
	46510	Notice de Jean de Merlieres, Professeur en Mathématiques.		1580
I.	4913	de la Haye, l'Etat de l'Eglise & de la Religion en France.	436	1581
	6698	Concile de Rouen.		1581
	10956—10958	Eloge de Jacques de Billy, Abbé de S. Michel en l'Erme.		1581
	11366—11371	Histoire de Guillaume Postel, Prêtre. (IV. Suppl. *Voyez aussi au Tome* IV. *le* N° 46558, *& encore au Suppl. le* N° 46558*.)		1581
II.	15877	Paradini Francorum Regum series.	420	1581
	18422	Comitis (Natalis), Historia sui temporis continuata.	1572	1581
III.	37503	de la Haye, Mémoires & Recherches de la France. (*Voyez le* N° 37504.)	436	1581
	37823	Chronique de Montpellier. (*Voyez aussi le* N° 37824.)	1114	1581
IV.	46790—46792	Vie d'Hubert Languet.		1581
I.	6418	Concile de Bourdeaux.		1582
	6491	Concile d'Embrun.		1582
	6841	Assemblée du Clergé à Paris. (*Voyez aussi le* N° 6853.)		1582
	9023	Naturellus, de Episcopis Cabillonensibus.	IV. S.	1582
	9068	Latomi Catalogus Episcoporum & Archiepiscoporum Moguntinensium.		1582
IV.	S. 12143*	Oraison funèbre d'Arnold de Gauthois, Abbé de Marchiennes.		1582
II.	18419	le Frere, Histoire des troubles continuée. (*Voyez aussi le* N° 18193.)	1580	1582

Table Chronologique. 151

TOMES & Numéros.		DATES comm.	finiss.
IV. S. 18430*	Histoire de France.	1482	1582
II. 25867 & 25868	Vie de Louis de Bourbon, Duc de Montpensier.		1582
III. 31838 & 31839	Vies de Philippe Strozzi, Colonel-Général de l'Infanterie Françoise.		1582
32901—32905	Vies de Christophle de Thou, premier Président du Parlement de Paris.		1582
33798	Eloge de Guillaume Bailly, Président en la Chambre des Comptes.		1581
IV. 46185 & 46186	Histoire de Laurent Joubert, Médecin.		1582
47177	Histoire de Jacques Pelletier.		1582
I. 6357—6359	Statuts Synodaux de Saint-Omer, sous Jean Six.		1583
6418	Concile de Bourdeaux.		1583
6690	Concile de Reims.		1583
6783 & 6784	Concile de Tours.		1583
II. 15745	Gallei Epitome Chronica Regum Francorum.	420	1583
15746	Du Verdier, Biographie & Prosopographie des Rois de France.	420	1583
15876	Corrozet, Catalogue des Rois & Reines de France.	420	1583
18435	Chronique de Metz.		1583
III. 31507—31510	Oraison funèbre & éloges de René de Birague, Chancelier. (Voyez IV. Suppl.		1583
IV. 46034	Notice de Pierre Langlois de Bélestat, Médecin.		1583
46643 & 46644	Histoire de François de Bellefurêt, Historien.		1583
I. 6353	Statuts Synodaux du Diocèse d'Arras, sous Matthieu Moullart.		1584
4909	Genebrardi Chronologia.		1584
6407	Concile de Bourges.		1584
6842	Assemblée du Clergé tenue à Paris.		1584
8680	Ab Isselt, de Bello Coloniensi.		1584
10228—10230	Oraison funèbre & Histoire du Cardinal de Foix, Archevêque de Toulouse.		1584
10339	Brouillier, Recueil des Vies des Evêques du Mans.	II. S.	1584
11196	Histoire de Gentien Hervet, Chanoine de Reims.		1584
II. 15747	Hovel, Abrégé de l'Histoire des François.	420	1584
18445	Tahureau, Histoire de notre temps.	1515	1584
III. 32929—32936	Vie de Guy du Faur, Sieur de Pibrac. (Voyez aussi IV. 47585.)		1584
34232	Collardi, Commentaria rerum Remensium.		1584
35300	Clément, Chronologie historique des Comtes d'Alençon.	966	1584
35315	Clément, Chronologie historique des Comtes d'Evreux.	940	1584
35683	Clément, Chronologie historique des Comtes & Ducs d'Anjou.	989	1584
IV. 46030	Notice de Simon Baudichon, Médecin.	879	1584
46103	Notice de Jean le Conte, Professeur Royal en Médecine.		1584
46207	Notice de Simon Malmedy, Professeur en Philosophie & en Eloquence.		1584
46646	Eloge de Nicolas Bergeron, Historien.		1584
48050	Oraison funèbre de Me la Chancelière de Chiverni, (Anne de Thou.)		1584
I. 11333	Histoire de Guillaume Paradin, Doyen de la Collégiale de Beaujeu.		vers 1585
6337	Concile d'Aix. (Voyez IV. Supplem.)		1585
6663	Statuts Synodaux de Pierre de Gondi, Evêque de Paris.		1585
6843 & 6844	Assemblée du Clergé.		1585
7923	Bonal, Histoire des Evêques de Rhodès.		1585
11313—11315	Vie de Marc-Antoine Muret. (Voyez au Tome IV. les N°. 47156 & 47559; & dans le Supplément, le N° 11313.)		1585
II. 15689	Chappuis, Continuation des Annales de Nicole Gilles.	1573	1585
15748	H. C. Abrégé de l'Histoire Françoise.	420	1585
18464	Ballin, Recueil de ce qui est advenu de plus digne de mémoire.	1500	1585
18496	De Lucinge, Commentarii rerum toto orbe gestarum.	1572	1585
25091—25122	Pieces qui concernent Marie Stuart, Reine d'Ecosse, Douairière de France. (Voyez IV. Supplém.)		1585
III. 32020 & 32021	Vie de Jacques de Savoie, Duc de Nemours.		1585
I. 6429	Concile de la Province de Cambrai, tenu à Mons. (IV. Supplém.)		1586
6843—6845	Assemblée du Clergé tenue à Paris. (Voyez aussi le N° 6853.)	1585	1586
7787	Eloge du Cardinal Matthieu Cointerel.		1586
8197—8201	Histoire du Cardinal de Granvelle, Archevêque de Besançon. (Voyez IV. Supplém.)		1586
8798	Brockenbergii Catalogus & Historia Episcoporum Ultrajectensium.	VII. S.	1586
II. 18555	De Bouillon (le Duc), ses Mémoires.	1560	1586
25523 & 25524	Récit de la mort de Henri d'Angoulême, Général des Galeres de France.		1586
III. 29534	Recueil d'anciens Tittres.	994	1586
31842	Vie de François de Beaumont, Baron des Adrets.		1586
IV. S. 31947*	Vie de Pontus de la Gardie, Général des Troupes de Suède.		1586
46127—46129	Histoire de Louis Duret, Médecin.		1586
47203 & 47204	Histoire de Jean Rouxel, Professeur Royal à Caën.		1586
47540—47542	Histoire de Jean-Edouard du Monin.		1586
47629—47643	Histoire de Pierre Ronsard, Poëte.		1586
I. 6372	Statuts Synod. du Diocèse d'Orléans, sous Germain Vaillant Guesle.		1587

Table III.

Tomes & Numéros.			Dates comm.	finiss.
I.	6519	Statuts Synodaux de Gap, par Pierre Pararain de Chaumont.		1587
	8639	Oraison funèbre de Jacques Pamélius, Evêque de S. Omer.		1587
	10673	Vie de Charles de Lorraine, Cardinal de Vaudemont, Evêque de Verdun.		1587
	13810	Histoire de Godefroy de Bolduc, Evêque de Harlem.		1587
II.	18561	DE MONTAGNE, Histoire de l'Europe.	1559	1587
III.	29284	AFFAIRES de France avec les Grisons.	1550	1587
	31772—31776	Oraison funèbre & éloge du Duc de Joyeuse, Amiral.		1587
IV.	46315	Notice de Jacques de Sainte-Marthe, Médecin.		1587
	46603	Histoire d'Elie Vinet, Mathématicien. (*Voyez aussi le* N° 46972.)		1587
	47039	Histoire de Jean de Cinqarbres, Professeur Royal en Hébreu.		1587
	48013*	Eloge de la Comtesse du Bouchage, (Catherine de Nogaret.)		1587
	48161 & 48162	Eloge de Mesdames des Roches.		1587
	47056 & 47057	Histoire de François Grudé, Sieur de la Croix-du-Maine.		vers 1588
I.	6620	Statuts Synodaux de Metz, sous le Cardinal Charles II de Lorraine.		1588
	9579	Relation de la mort de Louis de Lorraine, Cardinal de Guise, Archevêque de Reims.		1588
IV.	S. 13810*	Remarques sur Blaise Foucher, Dominicain.		1588
II.	18804—18943	Pieces sur la mort du Cardinal de Guise & du Duc son frere. (*Voyez* IV. *Suppl.*)		1588
III.	32314—32317	Pieces sur Henri de Lorraine, Duc de Guise, Grand-Maître de France.		1588
IV.	46014	Notice de Martin Akakia, Médecin de Paris.		1588
	47068	Notice de Jean Dorat, Professeur en Grec. (*Voyez aussi les* Nos 47406—47410.)		1588
	S. 47301*	Eloge de Louis de la Bellaudiere.		1588
I.	6763	Statuts Synodaux de Tournai, sous Jean Vendeuille.		1589
	6846	Assemblée du Clergé tenue à Paris. (*Voyez aussi le* N° 6853.)	1588	1589
	10952	Histoire de Marguerin de la Bigne, Théologal de Baïeux.		1589
II.	15741	HARAULT, Chronicon breve d'i fatti illustri de Re di Francia. (*Voyez aussi le* N° 15749.)	420	1589
	15750	HISTOIRE de France.		1589
	15812	DUPLEIX, Histoire générale de France.	420	1589
	19122	TROUBLES de Charles IX & de Henri III.	420	1589
	19124	ANNALES de France en vers.	1560	1589
	19126	RECUEIL des choses mémorables.	1547	1589
	19130	COSMI, Istoria della Lega.	1585	1589
	19142	DE GOMBERVILLE, Histoire des cinq derniers Rois de France.	1515	1589
	19143	VARILLAS, Histoire de Louis XI & de ses successeurs.	1461	1589
	19146	PIECES qui concernent le regne de Henri III.	1574	1589
	19670	DE CHAVIGNY, premiere face du Janus François.	1534	1589
	19737	MATTHIEU, Histoire des derniers troubles de France.	1585	1589
	25081—25090	Pieces qui concernent la Reine Catherine de Médicis, épouse de Henri II.		1589
	27429	RECUEIL concernant les Etats généraux.	1580	1589
	27749—27495	Pieces relatives aux Etats généraux tenus à Blois sous Henri III.	1588	1589
	27496	RECUEIL de Pieces concernant les Etats du Royaume tenus à Blois.	1560	1589
III.	30001—30266	PIECES qui concernent les regnes de Henri II & de ses fils François II, Charles IX & Henri III.	1547	1589
	30265	MÉMOIRES des regnes de Charles IX & de Henri III.	1560	1589
	30266	MÉMOIRES du regne de Henri III.	1574	1589
	30346	DE VILLEROY (M.), premiere Partie de ses Mémoires d'Etat.	1574	1589
	30831	RECUEIL historique de Pieces authentiques.	858	1589
	33026—33028	Vie de Jean Etienne Duranti, premier Président du Parlement de Toulouse.		1589
	37634	CLÉMENT, Chronologie historique des Comtes d'Armagnac.		1589
	38720	SPECKLIN, Chronique de la Ville de Strasbourg.	960	1589
IV.	45837	Notice de Jean Boiceau, Jurisconsulte & Poëte. (*Voyez aussi le* N° 47317.)		1589
II.	18266—19146	OUVRAGES qui concernent le regne de Henri III. (IV. *Suppl.*)	1574	1589

VIII. PARTIE

VIII. PARTIE. Suite de la Chronologie des Rois Capétiens, depuis Henri IV, jusqu'à Louis XVI.

Tomes & Numéros.		Dates commençantes.	Dates finissantes.
	HENRI IV succede à Henri III, comme premier Prince du Sang Royal.		1589
	Il est le premier de la Branche de Bourbon, issue de Robert de Clermont, fils de S. Louis.		
IV. S. 19192*	CORMERII Res Gallicæ.	1574	1589
II. 19195	S. C. Histoire des choses plus remarquables.	1587	1589
27417	Journal des Etats tenus à Blois.	1588	1589
IV. 45932	Notice de Claude Mangot, Avocat.		vers 1590
46698	Notice de Jean Choisnin, Historien.		v. 1590
47101	Observations sur Jean le Grand.		v. 1590
47475	Eloge d'Adrien Guesdou, Poëte.		v. 1590
47863	Vie de Jean Cousin, Peintre.		v. 1590
I. 6756	Concile de Toulouse.		1590
9881 & 9882	Oraison funebre & Vie de Charles de Bourbon l'ancien, Archevêque de Rouen.		1590
11478	Histoire d'André Thevet, Aumônier de Catherine de Médicis.		1590
11983	CHRONICON Gemblacensis Cœnobii.	900	1590
15228	Oraison funebre de Marie Dudos, du Tiers-Ordre de S. François de Paule.		1590
II. 19203	HISTOIRE du Temps.	1371	1590
19204	CORNEIO, Relation de la Liga.	1585	1590
19264	JOURNAL historique des Rois Henri III & Henri IV.	1584	1590
19289	SOMMARIO di quanto è seguito in Franzia di notabile.	1587	1590
32955	Vie de Jacques Faye, Sieur d'Espesses, Président au Parlement de Paris.		1590
III. 35176	EUSTACHE d'Anneville, Histoire de Normandie.	0	1590
IV. 45867 & 45868	Vie de Jacques Cujas, Jurisconsulte.		1590
45907—45909	Vie de François Hotman, Jurisconsulte.		1590
45986	Notice de François de la Porte.		1590
46108	Notice de Jean Coyttat, Médecin.		1590
47109	Notice de Jacques Hélie, Professeur en Grec.		1590
47452	Histoire de Robert Garnier, Poëte.		1590
47297	Notice de Guillaume Salluste du Bartas.		v. 1591
I. 11694	APPENDIX ad Chronicon Beccense.	1492	1591
13713	Vie de S. Jean de la Croix, premier Carme déchaussé. (IV. Suppl.)		1591
13877 & 13878	Histoire de Maurice Hylaret, Franciscain.		1591
14106—14108	Histoire d'Edmond Auger, Confesseur de Henri III.		1591
II. 15734	CHAPPUIS, Continuation des grandes Annales de France.	1579	1591
I. 19326	HURAULT, Discours sur l'état de France.	1588	1591
19330	Vie de François de la Noue, dit Bras-de-fer.	1560	1591
IV. S. 19431*	RECUEIL de Pieces.	1577	1591
III. 32950—32954	Vie de Barnabé Brisson, Président au Parlement de Paris. (Voyez aussi au Tome IV. le N° 45846, & au Supplém. le N° 45845.*)		1591
IV. 45871—45874	Eloge de Hugues Doneau, Docteur en Droit.		1591
48192	Eloge de Marie de la Tour, Comtesse de Roussillon & de Tournon.		1591
I. 8609	DE CARDEVACQUE, Histoire des Evêques de Tournai.	III. S.	v. 1592
8633	Vie de Jean de Vandeuille, Evêque de Tournai.		1592
8648	CRATEPOLII, Catalogus Electorum Ecclesiasticorum.	IV. S.	1592
11326	Eloge de Noël Paillet, Docteur en Théologie.		1592
II. 15751	ZUINGLII, Epitome de Francorum regno.	420	1592
19403	HISTOIRE de la Ligue, ou Recueil de Pieces.	1576	1592
19405	DONDINI, Historia de rebus in Gallia gestis.	1585	1592
25123 & 25124	Vie & Eloge de la Reine Elisabeth d'Autriche, épouse de Charles IX. (Voyez IV. Supplém.)		1592
III. 31586 & 31587	Vie & Eloge d'Armand de Gontaud de Biron, Maréchal de France.		1592
31788 & 31789	Vie de l'Amiral Bernard de la Valette.		1592
32679	Vie de Michel de Castelnau, Seigneur de la Mauvissiere, Ambassadeur.		1592
33130 & 33131	Vies & Eloge de Michel de Montaigne, Conseiller au Parlement de Bordeaux. (Voyez aussi au Tome IV, le N° 46514, & aux Add.)		1592
IV. 47192	Notice de Jean Antoine de Baïf, Poëte & Musicien.		1592
I. 6442	Statuts Synodaux de Nicolas de Thou, Evêque de Chartres.	1587	1593
8585	TILIANI, Historia Episcoporum Atrebatensium. V.	510	1593

Tome V.

Table III.

Tomes & Numéros.			Dates comm.	finiss.
I.	10115	Gesta Episcoporum Autissiodorensium.	IV. S.	1593
	11430	Histoire de Pierre de Saint-Julien, Historien.		1593
	13248	Vie de D. Jérôme Marchant, Général des Chartreux.		1593
	14109	Vie de Jacques de Sales & de Guillaume Saltamoch, Jésuites.		1593
II.	19431	Mélanges historiques, pendant la Ligue.	1585	1593
	19433—19455	Pieces relatives aux Etats de la Ligue, tenus à Paris.		1593
	19490	Racolta de alcune Scritture.	1585	1593
	19497	d'Ambres, Mémoires sur les Guerres de la Ligue.	1586	1593
	19498	de la Lande, ses Mémoires.	1588	1593
	19518	Loisel, son Journal.	1588	1593
	27418	Recueil de différents Etats généraux.	1355	1593
	27497	Recueil concernant les Etats généraux.	1560	1593
III.	29402	Traités entre la France & l'Angleterre.	1177	1593
	32145	Vies de Jacques Amyot, Grand-Aumônier de France.		1593
IV.	46134	Notice de Jean Faber, Professeur-Royal en Médecine.		1593
	46163	Notice d'Etienne Gourmelen, Professeur-Royal en Médecine.		1593
I.	6360	Concile d'Avignon.		1594
	6580	Statuts Synodaux de Lyon, sous Pierre d'Espinac.	1578	1594
	7804	Vie du Cardinal de Pellevé, Archevêque de Sens, puis de Reims.		1594
	8234	Lurbé, Catalogus Archiepiscoporum Burdigalensium.	III. S.	1594
	9116	Buheler, (pere & fils) Chronique de Strasbourg. (Voyez au Tome III, sous le N° 38721.)	1301	1594
	9879 & 9880	Oraison funebre & Eloge de Charles de Bourbon le jeune, Archevêque de Rouen. (Voyez aussi le N° 9883, & IV. Supplém. 9883*.)		1594
	13215	Histoire de Pierre Crespet, Célestin.		1594
II.	19519	de la Chastre, ses Mémoires.	1556	1594
	19571	d'Ossat, Commentarii delle cose notabili.	1574	1594
	19597	Campiglia, Turbulenze della Francia.	1553	1594
	19598	Risebergii, Epitome de rebus Gallicis.	1555	1594
	19601	Malingre, Recueil tiré des Registres du Parlement.	1588	1594
	19637	de Herrera, Historia de los Successos de Francia.	1585	1594
	19638	Godefroy, Abrégé de l'Histoire de la Ligue.	1576	1594
III.	31951—31953	Eloge d'Anne d'Anglure, Marquis de Givry.		1594
	32031 & 32032	Vie de François d'O, Surintendant des Finances.		1594
	33030	Vie de Jean Bertrand, Président au Parlement de Toulouse.		1594
	34187	Rennet, (pere & fils) Chronique du Comté de Ponthieu.		1594
	37531	Lurbé, Chronique Bourdeloise.		1594
	39493	Cuyper, Chronica Brabantiæ.		1594
IV.	45920	Notice de François Lauson, Jurisconsulte.		1594
	46149	Notice d'Adam Fumée, Médecin.		1594
	46357 & 46358	Notice de François Umeau, Médecin.		1594
	47006	Notice de Corneille-Bonaventure Bertram.		1594
I.	4909	Fabre, Continuation de l'Histoire Ecclésiastique de l'Abbé Fleury.	1414	1595
	4916	Rondet, Sommaires concernant l'Eglise Gallicane.	II. S.	1595
II.	19844	Aitsinger, Liber de Leone Belgico.		1595
III.	31777	Discours sur la mort de l'Amiral de Brienne.	1559	1595
	31959 & 31960	Vie de Charles d'Humieres, Lieutenant-général.		1595
	31992	Oraison funebre d'Odet de Matignon, Lieutenant-général.		1595
	32022 & 32025	Vie de Charles-Emmanuel de Savoie, Duc de Nemours.		1595
	32025 & 32026	Vie de Louis de Gonzague, Duc de Nevers.		1595
	32937	Eloge d'Auguste de Thou, Président à Mortier.		1595
IV.	46600	Notice de François Vicomercato, Professeur en Philosophie.		1595
I.	6758	Anciens Statuts de Toulouse, publiés en François par le Cardinal de Joyeuse. (Voyez IV. Suppl.)		1596
	6847—6849	Assemblée du Clergé tenue à Paris.	1595	1596
	8134	Histoire de François-Marie Taurugi, Archevêque d'Avignon, Cardinal.		1596
	10080	Pithou, Recueil des Evêques de Troies.	IV. S.	1596
II.	19670	de Chavigny, Continuation du Janus François.	1589	1596
	19671	de Saulx-Tavannes, Mémoires des choses advenues en France, ès Guerres civiles.	1560	1596
	19675	Historie del Mondo.		1596
	19676	Histoire des Guerres civiles de France.	1570	1596
III.	32720	Vie de Henri de Mesme, Chancelier de Navarre.	1586	1596
	34122 & 34123	Histoire de Jean Bodin, Historien.		1596
IV.	45973—45981	Vie de Pierre Pithou, Jurisconsulte. (Voyez aussi le N° 46872.)		1596
	46966 & 46967	Vie de Nicolas Vignier, Historiographe.		1596
	47038	Histoire de Florent Chrétien.		1596
	48222	Eloge de Madame de Villeroy, Marie de l'Aubespine.		1596
	S. 6360*	Concile d'Avignon.		1597
	6686*	Constitutions Synodales de Riès.		1597

Table Chronologique.

Tomes & Numéros.		Dates comm.	finiss.
I.	7860—7863 Vies de Gilbert Génebrard, Archevêque d'Aix. (*Voyez* IV. *Suppl.* & le N° 47092.)		1597
	8181 Carlonii, Engolismenses Episcopi.	IV. S.	1597
	8714 Chronique & vraie Histoire de Liége.	1417	1597
II.	19708 de Calignon, Journal des Guerres du Duc de Lesdiguieres.	1585	1597
	19713 Recueil des choses mémorables. (Histoire des cinq Rois.)	1547	1597
	19714 & 19715 Histoire du Maréchal de Matignon. (*Voyez aussi le* N° 31651.)		1597
III.	39496 Petri (Suffridi) Chronicon Ducum Brabantiæ.		1597
I.	6850 Assemblée du Clergé tenue à Paris.		1598
	8535 Gazet, suite des Evêques de Cambrai & d'Arras.		1598
	10682 de Villars, Catalogus Præsulum Viennensium.	I. S.	1598
	12797 Chronicon S. Vitoni Virdunensis.	952	1598
II.	15752 de Serres, Syllabus Annalium Galliæ.		1598
	15681 Continuation de l'Inventaire de Jean de Serres.	1461	1598
	15758 Mezeray, Histoire de France. (*Voyez aussi les* N°ˢ 15759—15761.)	420	1598
	15762 Mezeray, Abrégé Chronologique de l'Histoire de France.	420	1598
	19721 Mémoires de ce qui s'est passé sur la frontiere de Champagne.	1581	1598
	19724 Mémoires de la Ligue.	1585	1598
	19737 Matthieu, Histoire des derniers troubles, continuée.	1589	1598
	19742 Davila, Historia delle Guerre civili di Francia. (*Voyez le* N° 19743.)	1559	1598
	19747 Maimbourg, Histoire de la Ligue. (*Voyez* IV. *Suppl.*)	1576	1598
	19750 Matthieu, Histoire mémorable des Guerres de France & d'Autriche.	1575	1598
III.	29165 Traités entre divers Princes.	1475	1598
IV.	S. 29170* Recueil de divers Traités de paix.	1516	1598
III.	29225 Table des Traités entre l'Empereur & les Rois d'Espagne & de France.	1514	1598
	29262 Traités entre la France, les Ducs de Bourgogne, &c.	1414	1598
	29263 Extraits des Traités touchant la Flandre.	1438	1598
	39056 d'Oultreman, Histoire de la Ville de Valenciennes.	366	1598
IV.	46919 & 46920 Mémoires sur Jean de Serres, Historiographe.		1598
	47084 Histoire de Guy le Fevre de la Boderie.		1598
	47286 Histoire de Germain Audebert, Poëte Latin.		1598
	47975—47977 Histoires des Estiennes, Imprimeurs célèbres.		1598
I.	6468 Statuts de Clermont, renouvellés par François de la Rochefoucauld.		1599
	8952 Vie de Pierre d'Espinac, Archevêque de Lyon.		1599
	11212 Notice de François Jourdain, Professeur Royal.		1599
	11465 Mémoire sur Guillaume de Taix.		1599
II.	15689 Chappuis, Continuation des Chroniques de Nicole Gilles.	1585	1599
	19749 Hurault de Chiverni, Mémoires d'Etat.	1586	1599
III.	29361 Traités entre la France & l'Espagne.	1559	1598
	29422 Traités entre la France & l'Ecosse.		1599
	31511 Pieces sur Philippe Hurault de Chiverni, Chancelier. (IV. *Suppl.*)		1599
	38110 de Gaufridi, Histoire de Provence.		1599
IV.	46965 Histoire de Blaise de Vigenere.		1599
I.	8533 Desprets, Mémoires sur les Evêques de Cambrai & d'Arras.		vers 1600
	9117 Kogmann, Chronique de Strasbourg. (*Voyez* III. N° 38721.)	1	v. 1600
III.	32680 Vie de Caïus de Vérail, Ambassadeur.		v. 1600
	32697 Mémoire sur M. Savary de Breves, Ambassadeur.		v. 1600
IV.	45924 Histoire de Marin Liberge.		v. 1600
	46544 Notice de Jean Pellerin, Professeur en Philosophie.		v. 1600
	46925 Vie de Jules Raymond de Soliers, Historien.		v. 1600
	47294 Notice de Gilbert Banchereau.		1600
I.	6301 Statuts Synodaux de François de Péricard, Evêque d'Avranches.		1600
	6360 Synode d'Avignon, sous Jean-François Bordini.		1600
	6729 Statuts Synodaux de Saintes, sous Nicolas le Cornu.		1600
	6763 Statuts Synodaux de Tournai, sous Michel Desne.		1600
	6851 Assemblée du Clergé à Paris.	54	1600
	8159 Catalogue des Archevêques de Besançon.		1600
	8533 Oraison funebre de Matthieu Moulart, Evêque d'Arras.		1600
	8604 Oraison funebre de Jean de Vernois, Evêque de Saint-Omer.		1600
	8640 Chronica Præsulum Coloniensium.		1600
	8805 Hoync van Papendrecht, Catalogus Præpositorum & Decanorum Ultrajectensium.		1600
	9154 Chronicon Narbonense.	1058	1600
	10335 Additiones ad Acta Episcoporum Cenomanensium.	542	1600
IV.	S. 11610* Tassin, Continuation de l'Histoire de l'Ordre de S. Benoît.	901	1600
I.	11664 Historia Monasterii Aquicinensis.	1079	1600
	13087 & 13088 Eloge de Jean de la Barriere, Général des Feuillens.		1600
II.	15753 Marcel, Histoire de l'origine & du progrès de la Monarchie Françoise.	420	1600

Tome V.

Tomes & Numéros.			Dates comm.	finiss.
II.	15815	Brietii, Continuatio Annalium Regum Francorum.	1201	1600
IV.	S. 15870*	Luckii, Sylloge Numismatum.	1500	1600
II.	19755	Campana, Historia del Mondo.	1578	1600
	19771	Chappuis, Histoire de ce qui s'est passé sous Henri III & Henri IV.	1574	1600
III.	29166	Traités de Paix ou de Trève, & de Guerres civiles.	1200	1600
	38108	Nostradamus, Histoire de Provence.		1600
	58722	Mueg, Chronique de Strasbourg. (Voyez IV. Suppl.)		1600
	39258	Brouweri Antiquitates & Annales Trevirenses.		1600
	39303	Locrii, Chronicum Belgicum.	258	1600
	39376	de Rovere, vieille Chronique de Flandre.		1600
	39536	Le Petit, Chronique ancienne & moderne de Hollande. (Voyez aussi le N° 39590.)		1600
IV.	45820	Histoire de Guillaume Aubert, Jurisconsulte & Poëte.		1600
	45936	Oraison funebre de Jean le Mercier, Docteur en Droit.		1600
	46007	Notice de Nicolas Théveneau, Jurisconsulte.		1600
	46187	Notice de Pierre Joyeux. Médecin.		1600
	46445	Notice de Daniel Drouin, Sieur de Belendroit.		1600
	47247	Histoire d'Antoine du Verdier, Sieur de Vauprivas.		1600
I.	9979	Oraison funebre de Louis du Moulinet, Evêque de Séez.		1601
	13089	Vie de Charles de S. Bernard, Feuillant.		1601
II.	15690	Henricpetri, Continuatio Historiæ Pauli Æmilii.	1569	1601
	19783	Tortora, Historia di Francia.	1559	1601
	19784	d'Aubigné, Histoire universelle. (Voyez aussi les N°s. 19785 & 19786.)	1550	1601
	25125—25128	Oraison funebre, Vie & Eloge de la Reine Louise de Lorraine, épouse de Henri III.		1601
III.	29167	Traités de Paix.	1461	1601
	34017 & 34018	Histoire de Claude Fauchet, premier Président de la Cour des Monnoies.		1601
	34104—34106	Vie de Pierre Ayrault, Trésorier de France à Angers.		1601
	37933	Chorier, Histoire du Dauphiné.		1601
I.	6602	Ordonnances Synodales de Mâcon, par Gaspar Dinet.		1602
	6853	Assemblée du Clergé tenue à Paris.		1602
	8510	Gazet, Histoire Ecclésiastique des Pays-Bas.		1602
	8511	Gazet, Suite des Evêques des Pays-Bas.		1602
	10768	Vie de Claude de Granier, Evêque de Geneve. (Voyez IV. Suppl.)		1602
II.	15754	Le Vasseur, Franciæ Reges Τετράστιχοι.	420	1602
	19794	Olier, Journal de ce qui s'est passé de plus considérable.	1593	1602
	19802	de Villegomblain, Mémoires des Troubles.	1562	1602
	19803	Faurin, Journal sur les Guerres de Castres.	1559	1602
III.	31588—31591	Vies de Charles de Gontault, Duc de Biron, Maréchal de France. (Voyez IV. Suppl.)		1602
	31680	Consolation sur la mort du Maréchal Duc de Retz.		1602
	31995—31997	Eloge de Philippe-Emmanuel de Lorraine, Duc de Mercœur.		1602
	35399	des Fontaines, Histoire des Ducs de Bretagne.		vers 1603
IV.	45945 & 45946	Histoire de Claude Mignaut.		1603
I.	8351	Chenu, Historia Archiepiscoporum Bituricensium.		1603
	8797	Barlandi, Catalogus Episcoporum Trajectensium. (d'Utrecht.)		1603
	11040—11042	Vie de Pierre Charron, Théologal de Condom.		1603
II.	15755	de Laudun, Franciade, Poëme.	420	1603
	15757	Epitome Historiæ Gallicæ.	420	1603
III.	30340	Discours historiques.	1456	1603
	39425	Van-Haecht-Goidschenhoven, Chronique des Ducs de Brabant.		1603
IV.	45860—45863	Vie de Guy Coquille, Jurisconsulte.		1603
	45915	Notice de Guillaume de Lavau.		1603
	48155	Eloge de la Duchesse de Raix (ou Retz), Claude Catherine de Clermont de Vivonne.		1603
I.	6430	Decrets du Synode Diocésain de Cambrai, par Guillaume de Berghes.		1604
	6620	Statuts Synodaux de Metz, sous le Cardinal Charles II de Lorraine.		1604
IV.	S. 6629*	Decrets du Synode de Namur, sous François Buisseret.		1604
	S. 8585*	Gazet, Suite des Evêques d'Arras.	VI. S.	1604
I.	9077	Serrarii, Historia Archiepiscoporum Moguntinensium.	III. S.	1604
	9908—9912	Oraison funebre, Eloge & Vie du Cardinal d'Ossat. (IV. Suppl.)		1604
	12793	de Marquais, Gesta Abbatum Monasterii S. Vedasti.		1604
	14037	Vie de Gaspar Bon, Minime.		1604
II.	15718	Chronique de Jean du Tillet, traduite & continuée. (IV. Suppl.)	1547	1604
	15756	Epitome Historiæ Gallicæ.		1604
III.	39189	Serrarii Moguntiacæ res.	420	1604
I.	6854 & 6855	Assemblée du Clergé tenue à Paris.		1604
	5875—5882	Histoires de Théodore de Beze. (Voyez IV. Supplém.)		1605
	8104 & 8105	Vie & Oraison funebre d'Arnaud de Pontac, Evêque de Bazas.		1605
	9036	Histoire de Pontus de Tyard, Evêque de Châlons-sur-Saône.		1605
	9492 & 9493	Marlot, Historia Metropolis Remensis. (Voyez IV. Supplém.)		1605

Table Chronologique.

Tomes & Numéros		Dates comm.	finiss.
I.	10683 A Bosco, Elenchus Archiepiscoporum Viennæ. (*Voyez* IV. *Suppl.*)	II. S.	1605
	11940 A Bosco, Bibliotheca Floriacensis.		1605
II.	19851 Journal du Secrétaire de Philippe du Bec.	1588	1605
IV.	45827 Histoire de Guillaume Barclay.		1605
I.	6372 Statuts Synodaux de M. de Laubespine, Evêque d'Orléans.		1606
	6478 Statuts Synodaux de Coutances, renouvellés par Nicolas de Briroy.		1606
	6716 Statuts Synodaux de Saint-Brieuc, par Melchior de Marconnay.		1606
	6856 Assemblée du Clergé.		1606
IV.	S. 7934* Remarque sur un Evêque de Castres.		1606
I.	11365* Histoire de Philippe des Portes, Abbé de Tiron.		1606
	11622 Miræi, Origines Cœnobiorum Benedictinorum in Belgio.		1606
II.	15681 Continuation de l'Inventaire de Jean de Serres.	1598	1606
III.	33152 Histoire de Soffrey Calignon, Président au Parlement de Grenoble.		1606
	37448 Clément, Chronologie historique des Comtes & des Dauphins d'Auvergne.	778	1606
	39304 Candidi, Epitome rerum Belgicarum.	742	1606
IV.	45852 & 45853 Vie de René Chopin, Jurisconsulte.		1606
I.	6605 Concile de Malines.		1607
	8408 Savaron, Catalogue des Evêques de Clermont.	III. S.	1607
IV.	S. 9044* Severtius, de Matisconensibus Episcopis.	V. S.	1607
I.	9118 Guillimanni, liber de Episcopis Argentinensibus.	V. S.	1607
	9149 Manlii, Chronicon Episcopatûs Constantiensis.		1607
	11002—11011 Vies du B. César de Bus, Fondateur de la Doctrine Chrétienne.	68	1607
II.	19869 Thuani Historiarum sui temporis corpus integrum. (*Voyez aussi* les N.os 19970—19890, & IV. *Supplém.*)	1544	1607
IV.	S. 19892* M. J. E. A. Rerum memorabilium Excerpta ex Thuani Historia.	1544	1607
III.	31515—31519 Oraisons funebres & Eloges de Pomponne de Bellievre, Chancelier.		1607
	31946 Oraison funebre de MM. du Fresne & de Minville.		1607
	35177 Aiscu, Histoire des Guerres, Traités, Mariages, &c.	1066	1607
	39084 Suizeri, Chronologia Helvetica.		1607
IV.	45910 Notice de Bonaventure Itland.		1607
	48082 & 48083 Oraison funebre de Madame la Duchesse de Guise, (Anne d'Est ou de Ferrare.)		1607
I.	6408 Statuts Synodaux d'André Frémiot, Archevêque de Bourges.		1608
	6664 Statuts Synodaux de Henri de Gondi, Evêque de Paris.		1608
	6857 Assemblée du Clergé.		1608
	8537 Grammaye, Historiæ Urbis Cameracensis summa Capita.		1608
	9357 de Villiers, Catalogus Episcoporum Carnutensium.	III. S.	1608
	10937 & 10938 Histoire de René Benoît, Curé de S. Eustache à Paris. (IV. *Suppl.*)		1608
	11310 Histoire de Pietre Morin.		1608
	13910—13915 Vies du Maréchal de Joyeuse, mort Capucin. (*Voyez* IV. *Suppl.* 13909*, & suiv.*)		1608
II.	25869 & 25870 Oraisons funebres de Henri de Bourbon, Duc de Montpensier. (*Voyez* IV. *Suppl.*)		1608
I.	6534 Statuts Synodaux du Diocèse d'Ypres, par Charles Masius.		1609
	6633 Concile de Narbonne.		1609
	Picardi, Nomenclatura Episcoporum Lexoviorum.	V. S.	1609
	10428—10430 Eloge & Oraison funebre du Cardinal Séraphin Olivier, Evêque de Rennes.		1609
	13132 Vie de Claude du Bellay, Abbé de Savigny.		1609
II.	15875 Devises des Rois de France. (*Voyez* IV. *Suppl.*)	420	1609
III.	30369 Recueil de Pieces.	1571	1609
	31851 Oraison funebre du Marquis d'Assetac. (*Voyez* IV. *Supplém.*)		1609
	39306 Haræi, Annales Ducum Brabantiæ.	615	1609
IV.	S. 6332* Decrets Synodaux d'Anvers, sous Jean le Mite.		1610
I.	6858 Assemblée du Clergé tenue à Paris.		1610
	10082 Camusat, Promptuarium Antiquitatum Tricassinæ Diœcesеos.		1610
	10263 Acta Episcoporum Civitatis Turonicæ.	III. S.	1610
	11013—11016 Histoire de Pierre-Victor Palma Cayer, Professeur Royal.		1610
	13882 & 13883 Histoire de François Feuardent, Franciscain.		1610
II.	15758 Dé Mezeray, Histoire de France. (*Voyez aussi les* N.os 15759—15761, & IV. *Supplém.*)	420	1610
	15761 de Mezeray, Abrégé Chronologique de l'Histoire de France.	420	1610
	15764 Daniel, Histoire de France.	468	1610
	15766 Daniel, Abrégé de l'Histoire de France.	468	1610
	15769 Abrégé de l'Histoire Françoise.	420	1610
	15822 de Riencourt, Abrégé Chronologique de l'Histoire de France.	420	1610
	15850 de Boulainvilliers (M. le Comte), Abrégé Chronologique de l'Histoire de France.	420	1610
	19998 Bulengeri, Historiæ sui temporis. (*Voyez* IV. *Supplém.*)	1559	1610
	20048 Particularités sur les regnes des Rois Henri III & Henri IV.	1574	1610
	20073 Recueil de Pieces sur le regne de Henri IV.	1589	1610
III.	30267—30395 Pieces qui concernent le regne de Henri IV.	1589	1610
	30391 de Sully (le Duc), ses Mémoires.	1570	1610

Table III.

Tomes & Numéros.			Dates comm.	finiss.
III.	31671 & 31672	Vies du Maréchal Alfonse Ornano. (*Voyez* IV. *Supplém*.)		1610
	31898 & 31899	Vies de Jean & Gaspar de Pontevès, pere & fils, Comtes de Carcès.		1610
	42582	Vie de Philippe Canaye, Sieur de Fresne, Ambassadeur.		1610
	37774	LA FAILLE, Annales de la Ville de Toulouse.	1271	1610
	38222	DE RUFFI, Histoire de la Ville de Marseille.		1610
	39240	ERICH, Chronique de Juliers.		1610
II.	19147—20073	OUVRAGES qui concernent le regne de Henri IV.	1589	1610
		LOUIS XIII *succede à Henri IV*, *son pere*.		1610
I.	8789	SCRIVERIUS, de Urbis Ultrajectinæ Episcopis.	VII. S.	1611
	10887	Notice de Jacques-Marie d'Amboile, Docteur de Sorbonne.		1611
	11647 & 11648	Vie de D. Noël Mars, Vicaire-général des Bénédictins Réformés.		1611
II.	15768	RECUEIL de l'Histoire de France.	420	1611
	15770	VARIN, le sacré Thrône des Rois de France.	420	1611
	20049	CHRONIQUE des Rois de France.	420	1611
	19137 & 20068	DE L'ETOILE, Journal des regnes de Henri III & de Henri IV.	1574	1611
	20079	DE L'ETOILE, Mémoires pour servir à l'Histoire de France.	1515	1611
III.	30398	TRAITÉS & autres Dépêches d'Etat.	1564	1611
	31778—31785	Oraisons funebres & Vies du Duc de Mayenne, Amiral de France.		1611
	32925—32997	Vie de Papire Masson, Substitut du Procureur-Général.		1611
I.	6337	Concile ou Assemblée d'Aix.		1612
	6736	Assemblée provinciale de Sens, & Ordonnances Synodales.		1612
	6859	Assemblée du Clergé tenue à Paris.		1612
	8684	BUCHERII Chronologia Episcoporum Leodiensium.	710	1612
	8706	CHAPEAVILLI, Historia Pontificum Tungrensium, Trajectensium & Leodiensium.	III. S.	1612
	10599—10601	Vies d'Anne d'Escars, Cardinal de Givry, Evêque de Metz.		1612
	11153	Histoire de Guillaume Gazet, Chanoine d'Arras.		1612
	11858	Histoire de D. Claude de Guise, Abbé de Cluni.		1612
	12832	COMPENDIUM historiale S. Vincentii Cenomanensis.	658	1612
II.	25862	Oraison funebre de Charles de Bourbon, Comte de Soissons, Grand-Maître de France.		1612
III.	29425	TRAITÉS entre la France & l'Ecosse.	791	1612
	31786 & 31787	Vie de Charles de Montmorenci, Amiral de France.		1612
	39195	LEHMANN, Chronique de Spire.		1612
IV.	S. 6320*	Synode d'Avignon, sous François-Etienne Dulci.		1613
I.	6711	Statuts Synodaux de Sées, par Jacques de Suarez.		1613
	8713	CHAPEAVILLI, Gesta Pontificum Leodiensium. (*Voyez* IV. *Suppl*.)		1613
	9390	LENFANT, Mémoires historiques pour la Ville & Evêché de Meaux. (*Voyez* IV. *Suppl*.)		1613
	10020	ABRÉGÉ des Vies des Archevêques de Sens.		1613
	10542	NOMINA Pontificum Metensium.	III. S.	1613
	10949	Histoire de François Béroalde de Verville, Chanoine de Tours.		1613
	11392 & 11393	Histoire de Maturin Régnier, Chanoine de Chartres.		1613
II.	32681	Oraison funebre de François de Luxembourg, Duc de Piney, Ambassadeur.		1613
	34128	Vie d'Adam de Blacvod, Conseiller au Présidial de Poitiers. (*Voyez aussi au Tome* IV. N°. 45833.)		1613
	39190	CHRONIQUE de Mayence.		1613
I.	6582	Statuts de Lyon, sous Denys-Simon de Marquemont.		1614
IV.	S. 6753 k	Recueil d'Ordonnances de Toulouse, imprimé par ordre de Philippe de Cospéan, Administrateur de cet Archevêché.		1614
	S. 9001 †	EXTRAIT des Vies des Evêques de Langres.	IV. S.	1614
I.	9074	HELWICH, Nobilitas Ecclesiæ Moguntinæ.	1500	1614
	11777	CHRONOLOGIA Abbatum Cluniacensium.	910	1614
	11787	MARRIER & QUERCETANI (Du Chesne), Bibliotheca Cluniacensis.		1614
	14791	Vie d'Anne le Barbier, Religieuse du Monastere de la Trinité de Caen.		1614
II.	15681	CONTINUATION de l'Inventaire de Jean de Serres.	1606	1614
III.	29265	TRAITÉS & autres Actes concernant la Flandre & l'Artois.	1099	1614
	29406	TRAITÉS entre la France & l'Angleterre.	1448	1614
	29407	TRANSACTA inter Angliam & Franciam.	1538	1614
	29445	TRAITÉS entre les Rois de France & le Grand-Seigneur.	1514	1614
	30416	PASQUIER, ses Lettres.	1552	1614
	31442—31448	Vies de Henri de Montmorenci, Connétable. (*Voyez* IV. *Suppl*.)		1614
	31612	Discours sur la Vie du Maréchal de la Châtre.		1614
	31974—31983	Mémoires sur François-Alexandre-Paris de Lorraine, Chevalier de Guise.		1614
	35178	SPEED, Théâtre de la Grande-Bretagne.	0	1614
	35180	DU CHESNE, Histoire d'Angleterre, d'Ecosse & d'Irlande.		1614
I.	6860	Assemblée du Clergé tenue à Paris.		1615
	6861	Procès-verbal de la Chambre Ecclésiastique des Etats-Généraux tenus à Paris.	1614	1615
	8519	VITA Episcoporum & Archiepiscoporum Cameracensium.	IV. S.	1615

Table Chronologique. 159

Tomes & Numéros.		Titre	Dates comm.	finiss.
I.	8576	Vie de François Buisseret, Archevêque de Cambrai.		1615
	9107	Helwich, Prodromus Annalium Wormatiensium.		1615
	9265	Picardi, Catalogus Episcoporum Parisiensium.	III. S.	1615
	9434	Sausseyi, Annales Ecclesiæ Aurelianensis.	III. S.	1615
	9794	Dadré, Chronique des Archevêques de Rouen.		1615
	9884—9888	Oraisons funebres & Histoires de François de Joyeuse, Cardinal & Archevêque de Rouen. (*Voyez* IV. *Supplém.*)		1615
II.	15684	Continuation de l'Histoire de France, de du Haillan.	1547	1615
	25129—25137	Mémoires sur Marguerite de Valois, Reine de France, premiere épouse de Henri IV. (*Voyez* IV. *Supplém.*)		1615
IV.	45961	Vie d'Etienne Pasquier, Avocat en Parlement.		1615
II.	27402	Savaron, Chronologie des Etats-Généraux.	422	1615
	27498—27532	Pieces relatives aux Etats-Généraux.	1614	1615
III.	31931—31933	Vie de Louis Balbe Berton de Crillon, Lieutenant-Colonel.		1615
I.	4909	Gualtherii, Tabula Chronologica Status Ecclesiæ Catholicæ.	33	1616
	6814	Premier Synode de Verdun, sous Charles de Lorraine.		1616
	9318	Oraison funebre de Pierre de Gondi, Cardinal, Evêque de Paris. (*Voyez* IV. *Supplém.*)		1616
	10175	Cotignon, Catalogue historial des Evêques de Nevers.		1616
	10458	Vie d'Adrien d'Amboise, Evêque de Tréguier.		1616
	13681	Vie d'Etienne Rabache, Réformateur des Augustins de France. (*Voyez* IV. *Supplém.*)		1616
	15771	Villette, Histoire de France.	420	1616
III.	30422	Mémoires pour l'Histoire de France.	1589	1616
	32906—32908	Vies & Eloges d'Achilles de Harlay, premier Président du Parlement de Paris.		1616
	33123	Oraison funebre d'André de Nesmond, premier Président du Parlement de Bourdeaux.		1616
I.	6862	Assemblée du Clergé tenue à Blois.		1617
	7937	de la Croix, Acta Episcoporum Cadurcensium.	III. S.	1617
	9490	Colvenerii, Catalogus Archiepiscoporum Remensium.	III. S.	1617
	10021	Milachon, Histoire des Archevêques de Sens.	III. S.	1617
	10493	Brouveri, Historia Archiepiscoporum Trevirensium & Episcoporum Suffraganeorum.	III. S.	1617
II.	15689	Continuation des Annales de Nicole Gilles.	1585	1617
	20514	Loisel, Histoire des affaires du Temps.	1603	1617
	20577—20690	Pieces concernant le Maréchal d'Ancre. (*Voyez aussi* le N° 31618, & le N° 32475.)		1617
III.	30433	Mémoires singuliers pour l'Histoire.	1572	1617
	31631	Oraison funebre du Maréchal de la Grange de Montigny.		1617
IV.	S. 31994*	Discours fait aux obséques de Pierre Rouxel de Médavy, Comte de Grancey.		1617
III.	32684—32691	Pieces sur Nicolas de Neuville, Seigneur de Villeroy, Secrétaire d'Etat.		1617
	32938—32945	Mémoires sur Jacques-Auguste de Thou, Président-à-Mortier.		1617
IV.	45925—45928	Vie d'Antoine Loysel, Avocat.		1617
I.	6729	Statuts Synodaux de Saintes, par Michel Raoul.		1618
	8157	Chiffletii, de Episcopis Bisuntinis.	540	1618
	9667	Louvet, Chronologia rerum Ecclesiasticarum Diœcesis Bellovacensis. (*Voyez aussi* IV. *Supplém.*)	III. S.	1618
	10069—10074	Oraisons funebres & Vies de Jacques Davy du Perron, Cardinal, Archevêque de Sens. (*Voyez* IV. *Suppl.* & III. 32253.)		1618
	13811 & 13812	Histoire de Sébastien Michaëlis, Réformateur des Dominicains.		1618
	14793 & 14794	Eloge d'Antoinette d'Orléans, Fondatrice des Religieuses du Calvaire.		1618
	14976—14982	Vie de Barbe Avrillot, Religieuse Carmélite. (*Voyez* IV. *Suppl.*)		1618
	15221 & 15222	Eloge de Galiote de Gordon, Religieuse Hospitaliere.		1618
II.	20740	Continuatio Historiarum Thuani.	1607	1618
III.	29169	Traités de paix & de confédération.	1520	1618
	30436	Discours & Lettres d'Etat.	1588	1618
	30437	Ambassades du Cardinal du Perron.	1590	1618
	38109	de Nostradamus, Suite de la Chronique de Provence.	1601	1618
IV.	43112 & 48113	Vie de Catherine de Lorraine, Duchesse de Nevers.		1618
I.	6552	Statuts Synodaux de Limoges, par Raymond de la Martonie.		1619
	6863	Assemblée du Clergé tenue à Paris.		1619
	8613	Cousin, Histoire de la Ville de Tournai. (*Voyez aussi* le N° 9729.)		1619
	9046	Vie de Gaspard Dinet, Evêque de Mâcon.		1619
II.	20855	de Richelieu, Histoire de la Mere & du Fils, ou Histoire de la Régence.	1600	1619
III.	30442	Pieces servant à l'Histoire de France.	1561	1619
	37531	Darnalt, Chronique Bourdeloise continuée.	1594	1619
	38777	Chronique des Célestins de Metz.		1619
	32721	Histoire de François d'Amboise, Conseiller d'Etat.		1620
I.	6470	Canons Synodaux de Clermont, statués par Joachim d'Estaing.		1620

Tomes & Numéros.		Titre	Dates comm.	finiss.
I.	6590	Statuts Synodaux de Saint-Malo, par Guillaume le Gouverneur.	1619	1620
	6740	Statuts Synodaux de Senlis, sous le Cardinal de la Rochefoucauld.		1620
	8485	DE GISSEY, Remarques sur les Evêques de Velay.	VI. S.	1620
	8612	BUZELINI, Series Episcoporum Tornacensium.	III. S.	1620
	8681	MESHOVII, Relatio Rerum Coloniensium.	IV. S.	1620
	10258	DU PAZ, Histoire Chronologique des Evêques de Bretagne.		1620
IV.	S. 15711*	CLÉMENT, Rois & Ducs d'Austrasie.	511	1620
	15312 & 15313	Vie d'Anne de Beauvais, Religieuse Ursuline.		1620
II.	15734	CONTINUATION des Annales de Belleforest.	1591	1620
IV.	S. 20852*	COMMENTAIRE sur les guerres de Hollande.	1600	1620
II.	20864	FRETON, ses Commentaires.	1600	1620
III.	37668	CLÉMENT, Chronologie historique des Rois de Navarre.	831	1620
	38778	CHATELAIN, Chronique de la Ville de Metz.		1620
	39299	SEVERTII Annales, Chronici & Historici, rerum Belgicarum.		1620
I.	5884 & 5885	MALINGRE, Histoire générale de l'hérésie moderne.	1561	1621
	6565	Statuts & Ordonnances de Sébastien Zamet, Evêque de Langres.		1621
	6864	Assemblée du Clergé, tenue à Paris.		1621
	8351	CHENU, Chronologia Archiepiscoporum Bituricensium.		1621
	9580	Oraison funebre de Louis de Lorraine, Cardinal de Guise, Archevêque de Reims. (Voyez IV. Supplém.)		1621
	9957	DE LA CLERGERIE, Catalogue des Evêques de Séez.		1621
	9992—9995	Oraison funebre, Eloge & Vie de Guillaume du Vair, Evêque de Séez, Garde des Sceaux. (Voyez aussi au Tome III, le N° 31524 & IV. Suppl. 9984*.)		1621
	11447 & 11448	Histoire de Charles de la Saussaie, Curé de Paris.		1621
	14984 & 14985	Vie de la Mere Anne de Jesus, Carmelite.		1621
II.	15772	CHARRON, Histoire universelle.	0	1621
	20948	ANNALES & Chroniques.	1505	1621
	20950	MATTHIEU, pere & fils, Histoire de France.	1515	1621
III.	31449 & 31450	Vie de Charles d'Albert, Duc de Luynes, Connétable. (Voyez aussi au Tome II. le N° 21212.)		1621
	32334	Discours funebre de Henri de Lorraine, Duc de Mayenne, Grand-Chambellan.		1621
	32336—32343	Pieces sur la mort de César-Auguste de Bellegarde, Grand-Ecuyer de France.		1621
	32692 & 32693	Eloge & Vie de Paul Phelipeaux de Pontchartrain, Secrétaire d'Etat.		1621
IV.	45233	Vie de Guillaume Maran, Jurisconsulte.		1621
	45971 & 45972	Eloge de François Pithou, Avocat.		1621
I.	6383	Statuts Synodaux de François de Donadieu, Evêque d'Auxerre.		1622
	8863	CLEMENTIS, Oratio de Ecclesiæ Lugdunensis Christiana ac humana majestate.	II. S.	1622
	9319	Oraison funebre de Henri de Gondi, Cardinal de Retz, Evêque de Paris.		1622
	9936	LE JAU, Series Episcoporum Ebroicensium. (Voyez IV. Suppl.)	III. S.	1622
	10684	LE LIEVRE, Histoire de l'antiquité & sainteté de la Ville de Vienne. (Voyez IV. Suppl.)	I. S.	1622
	10769—10796	Vies de S. François de Sales, Evêque de Geneve, & autres Pieces qui le concernent. (Voyez IV. Supplém.)		1622
	11417 & 11418	Vie de Jean-Baptiste Romillon, Prêtre de l'Oratoire.		1622
	12803—12805	Vies de D. Didier de la Cour, Prieur de S. Vanne. (IV. Suppl.)		1622
II.	15773	AUBERT, Histoire & Recueil des Gestes des Rois de France.		1622
	31860 & 31861	Eloge funebre de Henri de Beaufremont, Marquis de Senecey.		1622
	32027	Oraison funebre de François de Gonzague de Clèves, Duc de Retelois.		1622
IV.	S. 37833*	DAVIN, son Journal.		1622
III.	39315	MIRÆI, Historia Rerum Belgicarum.		1622
IV.	45891—45893	Vie de Denys Godefroy, Jurisconsulte.		1622
	45899 & 45900	Vie de Hugues Guijon, Professeur en Droit, & de ses freres.		1622
	46000—46002	Histoire de Jean Savaron.		1622
I.	4803 & 4804	Vie & mort de Marie de Luxembourg, Duchesse de Mercœur.		1623
	6594	Statuts Synodaux de Maillezais par Henri d'Escoubleau.		1623
	6781	Réglement pour le Clergé de Tulles, par Jean de Genoillac.		1623
	5941 & 5942	Histoire de Philippe de Mornay, Seigneur du Plessis. (Voyez aussi III. 32722.)		1623
	8043 & 8044	Eloge de Nicolas Coëffeteau, Evêque de Marseille. (Voyez IV. Suppl. & les N°' 13813 & 13814.)		1623
	10174	BETORT, Historia Episcoporum & Comitum Nivernensium.	III. S.	1623
II.	15775	DE VIAS, Gallorum Monarchiæ Panegyrica.		1623
	15776	THOMASSINI, Rerum Gallicarum Epitome.	420	1623
	15777	GEUFFRIN, Franciade, ou Histoire des Rois de France.		1623
III.	29408	TRAITÉS entre la France & l'Angleterre.	1193	1623
	30463	RECUEIL du Président Jeannin.	1595	1623
	30464—30471	LETTRES concernant les Affaires de l'Etat.	1566	1623

III. 30472 & 30473 DE MORNAY,

Table Chronologique.

Tomes & Numéros.			Dates comm.	finiss.
III.	30472 & 30473	DE MORNAY, ses Mémoires & autres Pieces.	1572	1623
	31602	Histoire du Duc de Bouillon, Maréchal de France. (*Voyez aussi le N° 31443.*)		1623
	32465—32471	Pieces sur Pierre Jeannin, Président au Parlement de Bourgogne, & Surintendant des Finances.		1623
	34047—34053	Vie de Scévole de Sainte-Marthe, Président des Trésoriers de France, à Poitiers.		1623
IV.	45942	Notice de François Meynard, Professeur en Droit.		1623
I.	4742	Vie d'Arnauld de Boret, Conseiller au Parlement de Toulouse. (*Voyez aussi au Tome IV, sous le N° 33033.*)		1624
	6377	Synode d'Auch.		1624
	6419	Ordonnances Synodales du Cardinal de Sourdis, Archevêque de Bourdeaux.	1600	1624
	6419	Concile de Bourdeaux.		1624
	9073	HELWICH, Tredecim Icones Electorum Moguntinensium.		1624
	9958	BRICHETAUX, Histoire Ecclésiastique du Diocèse de Séez.	IV. S.	1624
	10752	DE BALMI, Catalogue des Evêques de Grenoble.	IV. S.	1624
	11294	Vie de François Mirapeau, Prêtre de la Doctrine Chrétienne.		1624
	11299	Eloge de Claude de Montigny, Prêtre de l'Oratoire.		1624
	13074	Oraison funèbre de Denys de Largentier, Abbé de Clairvaux.		1624
	13916 & 13917	Vie d'Honoré de Champigny, Capucin.		1624
	14115 & 14116	Histoire de Fronton du Duc, Jésuite.		1624
II.	15719	FAVEREAU, Continuation de la Chronique de Jean du Tillet.	1547	1624
	21297	DEAGEANT, ses Mémoires.	1600	1624
III.	29280	AFFAIRES entre la France & les Suisses.	1587	1624
	30474—30478	LETTRES & autres Pieces concernant les Affaires de l'Etat. (*Voyez IV. Supplém.*)	1606	1624
	31520—31523	PIECES sur Nicolas Brulart de Sillery, Chancelier.		1624
	39131	GROSS, Chronique de Basle.		1624
	39314	MIRÆI, Annales Rerum Belgicarum.	0	1624
IV.	45881	Histoire d'Antoine Favre.		1624
I.	10924 & 10925	Vie de Bernard Bardon de Brun, Prêtre de Limoges.		1625
	12413	DOUBLET, Histoire de l'Abbaye de S. Denys.		1625
III.	29409	TRAITÉS entre la France & l'Angleterre.	1259	1625
	29410	RYMER, Recueil des Actes de l'Angleterre.	1101	1625
	29414	AFFAIRES de France & d'Angleterre.	1190	1625
	32083—32086	Vie d'Honoré d'Urfé, Chevalier de Malte.		1625
	32723	Histoire de Charles Paschal, Conseiller d'Etat.		1625
	35184	ECHARD, Histoire d'Angleterre.		1625
	38223	GUESNAY, Annales Provinciæ Massiliensis.	0	1625
	38724	KLEMLAWEL, Chronique de Strasbourg.		1625
IV.	45922 & 45923	Eloge de Jacques Leschassier, Avocat au Parlement.		1625
	S. 6608**	Statuts Synodaux de Meaux, sous Jean de Belleau.		1626
I.	6865—6871	Assemblée du Clergé tenue à Paris. (*Voyez IV. Supplém.*)	1625	1626
	7825	ROBERTI, Gallia Christiana.		1626
	8953	Oraison funèbre du Cardinal Simon de Marquemont, Archevêque de Lyon.		1626
	10193	CATEL, Histoire des Archevêques & Evêques de Languedoc.	I. S.	1626
	10729	Eloge de Pierre de Villars, Archevêque de Vienne.		1626
	10969 & 10970	Histoire de Jean du Bois, Abbé de Beaulieu.		1626
	12815	CHRONOLOGIE du Monastere de S. Victor-lès-Marseille.		1626
	14040 & 14041	Vie de Pierre Moreau, Minime.		1626
	14117—14119	Vie de Pierre Coton, Jésuite.		1626
	14796—14801	Vie de Marguerite Veni d'Arbouze, Réformatrice du Val-de-Grace.		1626
	14943	Eloge de Renée de Lorraine, Abbesse de S. Pierre de Reims.		1626
	14987	Vie d'Anne de S. Barthélemi, Carmelite.		1626
II.	21345 & 21346	Histoire du Duc de Lesdiguieres. (*Voyez aussi Tome III. N°s 31451—31453.*)		1626
	21395	MÉMOIRES d'un Favori de M. le Duc d'Orléans.	1608	1626
III.	29413	TRAITÉS entre la France & l'Angleterre.	1193	1626
	30490—35004	LETTRES & Mémoires d'Etat. (*Voyez IV. Supplém.*)	1596	1626
	31673—31675	Vie du Maréchal Jean-Baptiste Ornano.		1626
	31677	Vie du Maréchal Charles de Choiseuil. (*Voyez IV. Suppl. 31676.*)		1626
	31694	Discours sur la mort du Maréchal de Souvré.		1626
	32724	Vie de François de Montholon, Conseiller d'Etat.		1626
	32972—32980	Eloge de Louis Servin, Avocat-Général.		1626
	33034	Histoire de Guillaume de Catel, Conseiller au Parlement de Toulouse.		1626
	38723	SCHADÉ, Chronique de Strasbourg.		1626
IV.	45828	Notice de Jacques Barraud.		1626
I.	4814 & 4815	Vie & mort de la Marquise d'Oraison, Baronne d'Allemagne.		1627
	6588	Ordonnances Synodales pour Lombès, par Bernard Daffis.		1627
IV.	S. 11074*	Vie de G. de Cornac, Abbé de Villeloin.		1627

Tome V.

X

Table III.

Tomes & Numéros.			Dates comm.	finiss.
I.	14869 & 14870	Eloge de Marie de Lorraine, Abbesse de Chelles.		1627
II.	15684	Continuation de l'Histoire de France de du Haillan.	1615	1627
III.	32909—32915	Pieces sur Nicolas de Verdun, premier Président du Parlement de Paris. (*Voyez* IV. *Supplém.*)		1627
	39098	Stettler, Annales de Suisse.	1191	1627
IV.	45850	Histoire de Jean Chenu.		1627
I.	4745	Vie d'Antoine le Clerc, Sieur de la Forest.		1628
	6872	Assemblée du Clergé tenue à Poitiers & à Fontenay.	1627	1628
	8250	Oraison funèbre de François d'Escoubleau, Cardinal de Sourdis, Archevêque de Bordeaux.		1628
	8854 & 8855	Severtii, Chronologia historica Antistitum Archiepiscopatûs Lugdunensis, & Suffraganeorum Diœceseon. (*Voyez aussi* IV. *Suppl.* 9044*.)	II. S.	1628
	9191	Oraison funèbre de Thomas de Bonzi, Evêque de Béziers.		1628
	13815	Histoire de Louis de Vervins, Archevêque de Narbonne.		1628
	13117 & 13118	Vie de D. Bernard de Montgaillard, Abbé d'Orval.		1628
II.	21447	Hérouard, Journal particulier de la Vie du Roi Louis XIII. (*Voyez aussi le* N° 21448.)	1605	1628
	21466	Histoire de François, V du nom, premier Duc de la Rochefoucauld.		1628
	21568	Continuatio Historiarum Thuani.	1607	1628
III.	29285	Alliances touchant les Grisons & la Valteline.	1497	1628
	29312	Traités entre Venise & la France.	1477	1628
	30511	Recueil de Pieces.	1281	1628
	33126	Oraison funèbre de Marc-Antoine de Gourgues, premier Président au Parlement de Bordeaux.		1628
I.	6552	Statuts Synodaux de Limoges, revus par François de la Fayette.		1629
	6569	Ordonnances Synodales de Luçon, par Emery de Bragelongne.		1629
	6620	Statuts Synodaux de Metz, sous Henri de Bourbon.		1629
	7778—7786	Vies du Cardinal de Bérulle. (*Voyez* IV. *Suppl.*)		1629
	7975	Saxii Historia Primatum Arelatensis Ecclesiæ.	I. S.	1629
	8327	du Puis, Histoire des Evêques de Périgueux.	IV. S.	1629
	9581 & 9582	Oraisons funèbres de Guillaume de Gifford, Archevêque de Reims.		1629
	13090 & 13091	Histoire de Jean Goulu, Général des Feuillens. (*Voyez* IV. *Suppl.*)		1629
	13762	Vie de Pierre Quintin, Dominicain. (*Voyez aussi* IV. *Suppl.* 13815*.)		1629
II.	21614	Continuation des affaires d'Italie.	1561	1629
IV.	S. 31994	Eloge de Charles de Maupas, Baron du Tour.		1629
III.	32472—32474	Pieces sur Nicolas de Harlay, Sieur de Sancy, Surintendant des Finances.		1629
	32706	Mémoires sur François d'Usson, Sieur de Bonrepos, Ambassadeur.	1625	1629
IV.	45840	Eloge de Laurent Bouchel.		1629
	47565	Remarques sur Pierre Besse, Théologien.		vers 1630
I.	5087	Miræi, Notitia Ecclesiarum Belgii.		1630
	6334	Ordonnances Synodales de Henri Sponde, Evêque de Pamiers.	1620	1630
	6411	Ordonnances Synodales de Victor le Bouthillier, Evêque de Boulogne.		1630
	6559	Constitutions Synodales de René de Rieux, Evêque de Léon.	1629	1630
IV.	S. 6332*	Ordonnances Synodales de Jean Malder, Evêque d'Anvers.		1630
I.	9070	Helwich, Continuatio Chronici Rerum Moguntinarum.	1251	1630
IV.	S. 10476*	Oraison funèbre de Guillaume le Gouverneur, Evêque de Saint-Malo.		1630
I.	11139	Vie de Jacques Gallemant, Docteur en Théologie.		1630
	12414	Histoire des Abbayes de S. Denys & de S. Germain-des-Prés.		1630
II.	15779	Histoire généalogique des Rois de France.	420	1630
	15780	Berthault, Florus Francicus.	420	1630
III.	29415	Traités entre la France & l'Angleterre.	1587	1630
	29428	Traités entre la France & les Provinces-Unies.	1596	1630
	32694	Vie de Louis Potier de Gesvres, Secrétaire d'Etat.		1630
	39098	Stettler, Annales de Suisse, plus amples.	805	1630
	39250	Noppius, Chronique d'Aix-la-Chapelle.		1630
I.	6432	Concile de Cambrai.		1631
	9669	Louvet, Histoire du Diocèse de Beauvais.		1631
	10170	Eloge de Gilles de Souvré, Evêque d'Auxerre.		1631
IV.	S. 10658*	Husson, Histoire des Evêques de Verdun.	IV. S.	1631
I.	11205	Oraison funèbre de Jean le Jau, Doyen de l'Eglise d'Evreux.		1631
	11409 & 11410	Vie d'Edmond Richer, Docteur de Sorbonne. (*Voyez aussi le* N° 7089.)		1631
	12913	Eloge de Jean Guichard, Abbé de la Trinité de Poitiers.		1631
	14120	Histoire de Charles de Lorraine, ancien Evêque de Verdun.		1631
	14121	Histoire de François Garasse, Jésuite.		1631
IV.	S. 14802*	Eloge de Jeanne Guichard de Bourbon, Abbesse de la Sainte Trinité de Poitiers.		1631
	21657	de Bassompierre (le Maréchal), ses Mémoires.		1631

Table Chronologique.

Tomes & Numéros.		Dates comm.	finiss.
III.	29222 — Traités entre les Empereurs & les Rois de France.	1198	1631
	29243 — Traités entre les Rois de France & les Electeurs Ecclésiastiques.	1341	1631
	29244 — Traités entre les Rois de France & les Electeurs Palatins.	1337	1631
	29264 — Traités concernant le Brabant.	1204	1631
	30523 — Recueil de Pieces.	1598	1631
	30534 — Lettres d'intrigues de Cour.	1551	1631
IV.	45925 — Vie de Gui Loyfel, Conseiller au Parlement.		1631
	48145 — Notice de Catherine de Parthenay.		1631
II.	15194 — Vie de Madame de Maisons, Religieuse de Ste Claire.		1632
	15785 — Lacarry, Epitome Historiæ Regum Francorum.	420	1632
	21763—21765 — Histoire de Henri, dernier Duc de Montmorenci, Pair & Maréchal de France. (Voyez aussi Tome III. les N°s 31659—31664, & IV. Suppl.)		1632
III.	29266 — Traités entre les Rois de France & les Ducs de Lorraine.	1301	1632
	29281 — Traités entre les Rois de France & les Suisses.	1444	1632
	29301 — Traités entre la France & la Savoie.	1335	1632
	29416 — Traités entre la France & l'Angleterre.	1444	1632
	29417 — Traités entre la France & l'Angleterre.	1541	1632
	30544 — Dépêches d'Etat.	1537	1632
	30546 — Traités des Ambassadeurs de Turquie & du Levant.	1528	1632
	31526—31528 — Pieces sur Michel de Marillac, Garde des Sceaux.		1632
	31649—31651 — Mémoires sur le Maréchal de Marillac.		1632
	31691—31693 — Pieces sur la mort du Maréchal Henri de Schomberg. (IV. Suppl.)		1632
IV.	S. 6372* — Statuts Synodaux de Nicolas de Nets, Evêque d'Orléans.		1633
I.	6384 — Statuts de Dominique Séguier, Evêque d'Auxerre.		1633
	6617 — Statuts Synodaux du Diocèse de Metz, par Martin Maurisse, Evêque de Madaure.		1633
	8718 — Robert, Legia Catholica.	III. S.	1633
	9730 — Le Vasseur, Annales de l'Eglise Cathédrale de Noyon.	VI. S.	1633
II.	21767 — De Chastillon (le Maréchal), ses Mémoires.	1596	1633
III.	29434 — Traités entre la France & les Rois du Nord.	1275	1633
	38786 — Praillon, Chronique de Metz.		1633
	38801 — Husson, Histoire de la Ville de Verdun.	514	1633
	38869 — Loyens, Synopsis rerum Lotharingiæ, Brabantiæ & Limburgi.	1267	1633
	39430 — Delewarde, Histoire générale du Hainaut. (Voyez IV. Suppl.)		1633
IV.	48084 — Eloge de M^e la Duchesse de Guise.		1633
I.	6614 — Statuts de Sylvestre de Crusy de Marcillac, Evêque de Mende.		1634
	8512 — Raissii, Belgica Christiana.	III. S.	1634
	9227 — Plantavitii, Chronologia Præsulum Lodovensium.	V. S.	1634
	10548 — Meurisse, Histoire des Evêques de Metz.	III. S.	1634
	15136 & 15137 — Vie de la Mere Agnès de Jesus, Dominicaine. (Voyez IV. Suppl.)		1634
	15229 & 15230 — Vie de Catherine de Vis, Religieuse Minime.		1634
II.	21835 — Dupleix, Histoire des regnes de Henri IV & de Louis XIII. (Voyez aussi les N°s 11836—21839.)	1589	1634
III.	30561 — Ambassades de Turquie.	1528	1634
I.	6729 — Statuts Synodaux de Saintes, sous Jacques Raoul.		1635
	6874 & 6875 — Assemblée du Clergé tenue à Paris.		1635
	7826 — De la Riviere, Historia Ecclesiæ Gallicanæ.	II. S.	1635
	8605—8607 — Eloges de Paul Boudot, Evêque de Saint-Omer, & ensuite d'Arras. (Voyez IV. Supplém.)		1635
	8655 — Wilmii, Historia Coloniensis.		1635
	10118 — De Villiers, Catalogus Episcoporum Autissiodorensium.	IV. S.	1635
IV.	S. 10796* — Vie de Jean-François de Sales, Evêque de Genève.		1635
I.	11150 — Vie d'Ambroise le Gauffre, Official de Baïeux.		1635
IV.	S. 12805** — Eloge de D. Philippe François, Bénédictin.		1635
	13083* — Vie de D. Jérôme Petit, Abbé de l'Etoile, Bernardin.		1635
I.	14122 — Vie de Louis Lallemant, Jésuite.		1635
	15197 — Vie de Mademoiselle Bachelier, du Tiers-Ordre de S. François.		1635
III.	29446 — Traités entre les Rois de France, & le Grand-Seigneur.	1515	1635
	31525 — Eloge d'Etienne d'Aligre, Chancelier.		1635
	38777 — Bauchert, Chronique de Metz.		1635
IV.	45956 — Histoire de Jules Pacius.		1636
I.	5714 — Chronique des Vaudois.	1160	1636
	6876 — Assemblée du Clergé.	V. S.	1636
	7877 — Bartel, Historia Præsulum Regiensium.	IV. S.	1636
	9613 — Rapine, Annales Ecclésiastiques de Châlons en Champagne.		1636
	12794 — Caverellii, Chronicon Vedastinum.		1636
	13500—13502 — Vie de S. Pierre Fourrier, de Matincourt. (Voyez IV. Suppl.)		1636
	13701 & 13702 — Vie de Jean de S. Samson, Carme réformé. (Voyez IV. Suppl.)		1636
	14803 — Eloge d'Antoinette Granger, Fondatrice des Bénédictines de Montargis.		1636
	14988 — Vie de la Mere Louise de Jesus, Carmélite.		1636
IV.	S. 15230* — Vie de Barbe Fremault, du Tiers-Ordre de S. François de Paule.		1636
II.	15726 — Chomer, Abrégé de l'Histoire de France.	420	1636

Tome V.

Tomes & Numéros.			Dates comm.t	finiss.
II.	15727	DE BIE, Portraits des Rois de France.	420	1636
	15788	DE BIE, France Métallique.	420	1636
	21867	MÉMOIRES de M. le Duc d'Orléans.	1608	1636
	21869	MÉMOIRES pour servir à l'Histoire des regnes de Henri III, Henri IV, & Louis XIII.	1589	1636
IV.	S. 21895*	RECUEIL de Pieces.	1545	1636
III.	29317	TRAITÉS entre Gènes & la France.	1396	1636
	30579	DU CHASTELIER-BARLOT, ses Mémoires.	1596	1636
	31709 & 31710	Eloges & Histoire du Maréchal de Toiras. (Voyez aussi le N° 21889, au Tome II.)		1636
	32699	Mémoire sur Benjamin Aubery, Ambassadeur.		1636
	32726	Histoire de Paul Hay du Chastelet, Conseiller d'Etat.		1636
	33150 & 33151	Vie de Claude Expilly, Président-à-Mortier au Parlement de Grenoble.		1636
	33196—33201	Vie de Nicolas-Claude Fabri de Peiresc, Conseiller au Parlement de Provence.		1636
	38725	GOLDMEYER, Chronique de Strasbourg.		1636
	39313	MIRÆI, Chronicon rerum Belgicarum.	o	1636
	39597	VAN GONTHOEVENS, Chronique de Hollande.		1636
I.	6479	Statuts Synodaux du Diocèse de Coutances, publiés par Léonor de Matignon.		1637
	8077	OIHENARTI, Catalogus Pontificum Vasconiæ Aquitanicæ.		1637
	8095	Vie de Barthélemi de Donadieu de Griet, Evêque de Comminges.		1637
	9435	GUYON, Historia Episcoporum Ecclesiæ Aurelianensis.	III. S.	1637
	10084	DES GUERROIS, Vies des Evêques de Troyes.	IV. S.	1637
	10259	ALBERT LE GRAND, Catalogue des Evêques de la Province Arque.	IV. S.	1637
	12611	MARRIER, Historia Regalis Monasterii S. Martini de Campis.		1637
	13930	Vie de Vincent Mussart, Réformateur du Tiers-Ordre de S. François.		1637
	14042	Eloge de Pierre Blanchot, de l'Ordre des Minimes.		1637
	14989 & 14990	Vie de Magdelène de S. Joseph, Carmélite.		1637
	15175	Vie de Jeanne Absolu, Religieuse de Fontevraud.		1637
III.	31845	Eloge funebre d'Alexandre Allemand, Seigneur de Pasquiers.		1637
	32929	Panégyrique funebre de Charles de Gonzague de Clèves, Duc de Mantoue.		1637
IV.	45865	Eloge de Jean de la Coste, Docteur en Droit.		1637
I.	8124	VALLADIER, Histoire du Comté d'Avignon.		1638
	11499	Histoire d'André du Val, Docteur.		1638
II.	12334 & 12335	Histoire d'André Valladier, Abbé de S. Arnoul.		1638
	13919—13924	Vie de Joseph le Clerc du Tremblai, Capucin.		1638
IV.	S. 13927**	Vie des PP. Agathange de Vendôme, & Cassien de Nantes, Capucins.		1638
II.	14805	Vie de Florence de Werguineul, Réformatrice de l'Abbaye de la Paix, à Douai.		1638
	21930	CARTELS, Défis & Déclarations de Guerre.	1528	1638
	21943—21949	Histoires de Henri Duc de Rohan, Pair de France. (Voyez aussi au Tome III, N° 42049 & 42050.)		1638
	21950	Histoire de Charles de Créqui, Duc de Lesdiguieres, Pair & Maréchal de France. (Voyez au Tome III, le N° 31616.)		1638
III.	30519	LETTRES de Henri IV & de Louis XIII.	1601	1638
	30604	MÉMOIRES concernant les affaires d'Allemagne.	1519	1638
	38777	FLORET, Journal de Metz.	1587	1638
	39241	TESCHENMACHERI, Annales Juliæ, Cliviæ, &c.		1638
I.	6419	Ordonnances Synodales de Henri d'Escoubleau, Archevêque de Bourdeaux.		1639
IV.	S. 10230*	Oraison funèbre du Cardinal Louis de la Valette, Archevêque de Toulouse.		1639
	S. 14943*	Eloge de Marguerite de Kircaldi, Abbesse de S. Pierre de Reims.		1639
	21977*	RECUEIL de Pieces.		
III.	31984 & 31985	Mémoires sur François de Lorraine, Prince de Joinville. (Voyez IV. Suppl.)		1639
	40295	DE FUNES, Cronica de la Militia de San Juan-Bautista de Jerusalem.		1639
IV.	45998	Histoire de Sébastien Rouillard.		1639
I.	6358	Statuts Synodaux de Saint-Omer, sous Christophe de France.		1640
	6771	Statuts Synodaux de Troies, sous René de Breslay.		1640
	6787	Ordonnances Synodales de Tours, sous Victor le Bouthillier.		1640
	6665	Concile de Paris.		1640
	8052	Vie d'Eustache Gault, Evêque de Marseille.		1640
	13092	Vie de D. Eustache de S. Paul Asseline, Feuillent.		1640
	14123—14129	Vie de S. Jean-François Regis, Jésuite.		1640
	14806—14808	Vie de Charlotte-Flandrine de Nassau, Abbesse de Ste Croix de Poitiers.		1640

Table Chronologique.

TOMES & Numéros.			DATES comm.	finiss.
II.	15794	LAMY, Recueil de l'Histoire de France. (*Voyez* IV. *Suppl.*)	420	1640
	22002	SIRI, Memorie recondite. (*Voyez aussi le* N° 22003.)	1601	1640
III.	29291	PIECES concernant les Suisses.	1244	1640
	29440	TRAITÉS entre la France, la Pologne & la Moscovie.	1524	1640
	30619	Pieces qui regardent les affaires de Turquie.	1528	1640
	30623	RECUEIL de Pieces.	1480	1640
	32700	Vie du Marquis de Feuquieres, Ambassadeur.		1640
	32916	Oraison funèbre de Nicolas le Jay, premier Président du Parlement de Paris.		1640
	34528	MALINGRE, Annales de la Ville de Paris.	0	1640
	35815	CLÉMENT, Suite Chronologique & historique des Comtes de Sancerre.	1151	1640
	35969	BERTAUD, l'illustre Orbandale, ou Histoire de Châlons-sur-Saône.	812	1640
I.	6475	Statuts Synodaux de Cominges, publiés par Hugues de Labatuts.		1641
	6877—6881	Assemblée du Clergé tenue à Mantes.		1641
	8404 & 8405	Oraisons funèbres d'André Frémyot, Archevêque de Bourges.		1641
	8716	MELLART, Chronologie des Comtes & Evêques de Liége.	VIII. S.	1641
	8793	BUCHELLI, Historia Ultrajectina.	VII. S.	1641
IV.	S. 10330 **	Poëme sur la mort de Bertrand d'Eschaux, Archevêque de Toulouse.		1641
I.	10466	Vie d'Etienne de Vilazel, Evêque de S. Brieuc.		1641
	10939—10948	Vies du vénérable Claude Bernard, mort à Paris.		1641
	11068 & 11069	Vies de Charles de Condren, second Supérieur-Général de l'Oratoire. (*Voyez* IV. *Suppl.*)		1641
	12049	CHRONICON Lobiense.	640	1641
	15269—15283	Vie de Ste Jeanne Françoise Frémyot, Baronne de Chantal, Institutrice de l'Ordre de la Visitation. (*Voyez* IV. *Suppl.*)		1641
II.	15805	DE CERISIERS, Réflexions sur la Vie des Rois de France.	420	1641
	25864	Oraison funèbre de Louis de Bourbon, Comte de Soissons, Grand-Maître de France.		1641
III.	29419	TRAITÉS entre la France & l'Angleterre.	1259	1641
	29429	Traités entre la France & les Provinces-Unies.	1596	1641
	31810—31818	Vies de Maximilien de Béthune, Duc de Sully, Maréchal de France.		1641
	32024	Panégyrique funèbre de Louis de Savoie, Duc de Nemours.		1641
	35181	BAKER, Histoire d'Angleterre.	0	1641
I.	4748	Vie de Denys de Cordes, Conseiller au Châtelet de Paris.		1642
	6385	Ordonnances Synodales de Pierre de Broc, Evêque d'Auxerre.		1642
	6631	Statuts Synodaux de Nantes, sous Gabriel de Beauvau.		1642
	4909	SPONDANI, Annales Ecclesiastici.		1642
	8074	Eloge de Jean Vincent de Tulle, Evêque d'Orange.		1642
	8719	FIZEN, sancta Legia.	VIII. S.	1642
	8824	FORNIER, Histoire des Alpes maritimes.		1642
	9498	COCQUAULT, Mémoires pour servir à l'Histoire Ecclésiastique de la Ville & Province de Reims.	0	1642
	9691	DE LA MORLIERE, Catalogue des Evêques d'Amiens.	III. S.	1642
II.	15796	PIERRE DE SAINT-ROMUALD, Annales de France.	420	1642
	15797	FOURNIER, Mémoires de la Marine.	420	1642
	22077—22080	Mémoires du Duc d'Espernon, & autres Pieces qui le concernent. (*Voyez aussi le* N° 21650, & Tome III, *le* N° 31840.)		1642
	22088—22122	Pieces sur le Cardinal de Richelieu, Ministre d'Etat, & Evêque de Luçon. (*Voyez aussi au Tome* III, *les* N°s 32476—32532, & IV. *Suppl.* & *encore* IV. 45797 & 45798.)		1642
	25138—25158	Pieces concernant Marie de Médicis, Reine de France, épouse de Henri IV. (*Voyez* IV. *Suppl.*)		1642
III.	29170	TRAITÉS avec la Lorraine, la Savoie, &c.	1594	1642
	30649	LETTRES des Rois de France.	1471	1642
	32701—32703	Oraisons funèbres de Charles de Neuville, Seigneur d'Halincourt, Ambassadeur.		1642
	34120 & 34121	Histoire de Jean Besly.		1642
IV.	45943 & 45944	Eloge de Gabriel Michel de la Rochemaillet.		1642
	48111	Oraison funèbre de la Duchesse de Longueville, (Anne de Caumont.)		1642
I.	6302	Statuts Synodaux de Charles de Vialart, Evêque d'Avranches.		1643
	6314	Ordonnances Synodales du Diocèse d'Aire, sous Gilles Bontault.		1643
	6699—6701	Statuts Synodaux de François de Harlai, Archevêque de Rouen.	1616	1643
	6763	Synode de Tournai, par Maximilien Vilain de Gand.		1643
	8045—8051	Vies de Jean-Baptiste Gault, Evêque de Marseille.		1643
	8203	GUICHENON, Series Chronologica Episcoporum Bellicensium.		1643
	10237—10239	Histoires de Henri Sponde, Evêque de Pamiers. (*Voyez* IV. *Suppl.* N° 10236*.)		1643
	11071—11073	Vie de Jean de Cordes, Chanoine de Limoges.		1643
	11507—11509	Histoire de Jean du Vergier de Hauranne, Abbé de S. Cyran.		1643

Tomes & Numéros.			Dates comm.	finiss.
IV.	S. 13904*	Vie de Jean Laborie, Récollet.		1643
I.	14130	Histoire de Philibert Monet, Jésuite.		1643
	14810	Eloge de Louise de l'Hôpital, Abbesse de Montivilliers.		1643
	14811	Eloge de Louise Bouffard, Religieuse de Montargis.		1643
	14891	Eloge de Françoise de la Chastre, Abbesse de Faremoutier. (*Voyez* IV. *Supplém.*)		1643
IV.	S. 14897* & **	Eloge de Louise de l'Hospital, Abbesse de Montivilliers.		1643
I.	14992	Vie de Léonarde du Verdier de la Croix, Carmélite.		1643
II.	15681	Continuation de l'Inventaire de Jean de Serres.	1614	1643
	15739	Effigies Regum Francorum continuatæ cum Chronica.	1576	1643
	15799	Abrégé de l'Histoire de France.	420	1643
	15806	Le Gendre, Histoire de France.	420	1643
	15816	Brosse, Tombeaux des Rois de France.	638	1643
	15844	Chalons, Histoire de France.	420	1643
	22170	Recueil de Pieces concernant l'Histoire de Louis XIII.	1610	1643
	27427	Recueil des Etats-Généraux.	1380	1643
III.	30396—30709	Pieces relatives au regne de Louis XIII.	1610	1643
	30674	Recueil de Pieces.	1379	1643
	30676	Recueil de Pieces.	1429	1643
	30706	Memoires d'Etat, sous Henri II & suivans.	1547	1643
	30707 & 30708	Recueils de Pieces.	1573	1643
	30712	Lettres & Mémoires concernant l'Italie.	1605	1643
IV.	S. 32334*	Lettres & Papiers du Duc de Chevreuse.	1637	1643
III.	37727	De Vic & Vaissette, Histoire générale de Languedoc.	0	1643
	39626	Continuation de la Chronique du Comté de Zélande.	1551	1643
II.	20074—22171	Ouvrages qui concernent le regne de Louis XIII.	1610	1643

Louis XIV succede à Louis XIII, son pere.

II.	15798	Portraits des Rois de France.	420	1643
	15801	Girard, les mémorables Journées des François.	498	1643
	22195	Histoire du Comte de Guébriant, Maréchal de France. (*Voyez* aussi au Tome III, N° 31632.)		1643
I.	13310—13312	Vie de M. de Chasteuil, Solitaire du Mont-Liban. (*Voyez aussi* le N° 4744.)		1644
	5122	Bajole, Histoire sacrée d'Aquitaine.	I. S.	1644
	6401	Statuts Synodaux d'Augustin Potier, Evêque de Beauvais.		1644
	6461	Ordonnances Synodales d'Emery Marc la Ferté.		1644
	6506	Statuts du Diocèse d'Evreux, revus par François de Péricard.		1644
	8577	Vie de François Vander Burch, Archevêque de Cambray.		1644
	10988	Histoire de Nicolas Bourbon le jeune.		1644
	11178 & 11179	Vie de Robert Guériteau.		1644
	11311 & 11312	Histoire de Siméon de Muis, Chanoine de Soissons.		1644
	12513 & 12514	Histoire de D. Nicolas Hugues Ménard, Bénédictin.		1644
	12620	Vie de Martin Marrier, Prieur de S. Martin-des-champs.		1644
IV.	S. 12146*	Le Michel, Histoire de l'Abbaye de Maremoutier.		1644
	12550*	De Boullogne, Histoire de l'Abbaye de S. Germer.		1644
	13607 & 13608	Vie de Charles Faure, Abbé de Sainte Geneviève.		1644
	14991	Vie d'Isabelle des Anges, Carmélite.		1644
II.	15931	Besly, Dates de la vie des Rois de France.	420	1644
	22199	Mercure François.	1605	1644
III.	29171*	Traités de Confédération & d'Alliance.	1629	1644
	29420	Traités des Différends avec les Rois d'Angleterre.		1644
	29421	Traités entre la France & l'Angleterre.	1572	1644
	29535	Recueil de Titres & Actes.	987	1644
	30718	Lettres de M. du Perron, Evêque d'Angoulême.	1634	1644
	30719	Lettres de M. de la Grange-aux-Ormes.	1631	1644
	31734	Oraison funèbre du Maréchal de Vitri.		1644
IV.	S. 31856*	Notice historique de Léon du Chatelier Barlot.		1644
	45969	Histoire de Gabriel du Pineau.		1644
I.	6882 & 6883	Assemblée du Clergé tenue à Paris.		1645
	8107	Oraison funèbre de Henri Litolphi Maroni, Evêque de Bazas. (*Voyez* IV. *Supplém.*)		1645
	8161	Oraison funèbre de Henri d'Escoubleau, Archevêque de Bordeaux.		1645
	9437	Le Maire, Histoire de l'Eglise & Diocèse d'Orléans.	III. S.	1645
	9497	Cocquault, Table Chronologique de l'Histoire de Reims.	III. S.	1645
IV.	S. 10796*	Vie de Juste Guérin, Evêque de Genève.		1645
I.	10993*	Mémoire sur Charles Bouvard, Abbé de S. Florent.		1645
	11348	Mémoires sur Guillaume du Peyrat.		1645
	11484	Vie de Mademoiselle Raynard, du Tiers-Ordre de S. François. (*Voyez* IV. *Supplém.*)		1645
	13818	Histoire de Noël Deslandes, Evêque de Tréguier.		1645
III.	30730	Recueil de Pieces.	1577	1645
	30731	Recueil de Pieces.	1258	1645
	30732	Recueil de Pieces.	1530	1645

Table Chronologique. 167

Tomes & Numéros.		Dates comm.	finiss.
III. 30733	Negociations de M. de Sabran.	1631	1645
30736	Lettres du Duc de Bellegarde.	1629	1645
30737	Lettres de M. de la Thuillerie.	1632	1645
30738	Lettres de M. de Sabran.	1631	1645
30739	Lettres de M. de Rorté.	1633	1645
30740	Lettres de M. de Bellievre.	1635	1645
30741	Lettres de M. le Comte d'Avaux.	1629	1645
30742	Lettres de M. d'Hémery.	1631	1645
30743	Lettres de M. Hœufft.	1635	1645
31790	Discours sur Armand de Maillé, Grand-Maître de la Navigation de France.		1645
32254—32261	Vies & Oraisons funebres du Cardinal de la Rochefoucault, Evêque de Senlis. (*Voyez* IV. *Supplém.*)		1645
32695 & 32696	Vies de François Sublet, Seigneur des Noyers, Secrétaire d'Etat.		1645
I. 6650	Statuts Synodaux de Noyon, par Henry de Baradat.		1646
IV. S. 8331*	Notice sur François de la Béraudiere, Evêque de Périgueux.		1646
I. 9996 & 9997	Oraison funebre & Vie de Philippe Cospéan, Evêque de Sées. (*Voyez* IV. *Suppl.*)		1646
10075	Oraison funebre d'Octave de Bellegarde, Archevêque de Sens.		1646
IV. S. 10255**	Remarques sur Charles-François Abra de Raconis, Evêque de Lavaur.		1646
I. 11263	Vie de Pierre Manguelen, Chanoine de Beauvais.		1646
11484	Vie de M. Thuet, Théologal de Péronne.		1646
13885	Vie du Pere Jean-Chrysostôme, Franciscain. (*Voyez* IV. *Suppl.* 13931*.)		1646
14043	Histoire de Jean-François Niceron, Minime.		1646
II. 15803	Du Val, Recherches curieuses des Annales de France.	1635	1646
15812	Dupleix, Continuation de son Histoire de France, par lui-même.		1646
15814	Unelli Francias. (*Voyez* IV. *Suppl.*)	0	1646
25799—25817	Histoires de Henri de Bourbon, II du nom, Prince de Condé. (*Voyez* IV. *Suppl.*)		1646
III. 29435	Traités entre la France & la Suede.	1542	1646
30744	Lettres de M. le Comte de Cezy.	1619	1646
30746	Recueil de Pieces.	1600	1646
30747	Lettres de M. de Saint-Chamont.	1633	1646
30748	Lettres de M. le Comte d'Argenson.	1635	1646
30749	Lettres de M. de Pujols.	1636	1646
30750	Dépêches de M. de Peny.	1630	1646
30751	Lettres de M. de Meulles.	1638	1646
30752	Lettres de M. l'Abbé de la Riviere.	1635	1646
32344 & 32345	Pieces sur la mort de Roger de Saint-Lary, Duc de Bellegarde, Grand-Ecuyer de France.		1646
32727	Vie de Guillaume Marescot, Conseiller d'Etat.		1646
IV. 45858	Notice de Jean Constant.		1646
45937 & 45938	Vie d'Edme Mérille, Professeur en Droit.		1646
I. 6303	Statuts Synodaux de M. d'Aumont, Evêque d'Avranches.	1646	1647
6320	Ordonnances Synodales du Diocèse d'Alet, sous M. Pavillon.	1640	1647
6470	Statuts Synodaux de Clermont, renouvellés par Joachim d'Estaing.		1647
6598	Statuts & Ordonnances d'Estienne de Puget, Evêque de Marseille.	1637	
6692 & 6693	Statuts Synodaux de Léonor d'Estampes, Archevêque de Reims.	1645	1647
IV. S. 7977*	Marcelli, Promptuarium Ecclesiasticum & Civile Arelates.		1647
I. 8307	Besly, des Evêques de Poitiers.	IV. S.	1647
9436	Guyon, Histoire de l'Eglise, Ville & Université d'Orléans.	III. S.	1647
9986	De Glatigny, Series Episcoporum Lexoviensium.	V. S.	1647
IV. S. 11022*	Vie de Louis Calon, Curé d'Aumale.		1647
I. 12472	Guignes, Historia Abbatiæ S. Florentii de Salmurio. (*Voy.* IV. *S.*)		1647
IV. S. 14985*	Eloge de Marie de Hanivel, Carmélite.		1647
I. 15317	Vie de Marguerite de S. François-Xavier, Religieuse Ursuline.		1647
II. 15804	De Sainte-Marthe (MM.), Abrégé de l'Histoire de France.	420	1647
15813	Rémond, Epitome de l'Histoire de France.	420	1647
22254	Vie de Jean Gassion, Maréchal de France. (*Voyez aussi au Tome* III. *les N°s* 31625—31628.)		1647
22256	Florus Germanicus.	1617	1647
22258	Pieri, Cabinetto istorico delle Guerre d'Italia.	1640	1647
22261	Audin, Histoire de France, représentée par tableaux.	420	1647
III. 29175	Traités entre les Rois de France, &c.	1625	1647
29176	Traités entre les Rois de France, &c.	1631	1647
30758	Recueil de Pieces.	1287	1647
30762	Lettres du Cardinal Mazarin.	1631	1647
I. 6801 & 6803	Ordonnances de Sébastien de Rosmadec, Evêque de Vannes.	1642	1648
7865	Vie de Michel Mazarin, Cardinal, Archevêque d'Aix. (*Voyez* IV. *Suppl.*)		1648
IV. S. 8341*	Politia sacra Lucionensis Ecclesiæ.	1317	1648
I. 8353	Labbe, Catalogue des Evêques soumis à la Primatie de Bourges.	III. S.	1648

TOMES & Numéros.			DATES comm.	finiff.
L.	8534	VINCHANT, Annales des Evêques de Cambrai.	IV. S.	1648
	9437	LE MAIRE, Histoire de l'Eglise & Diocèse d'Orléans, augmentée.	III. S.	1648
	9656	JAULNAY, Histoire ou Annales de l'Eglise de Senlis.	III. S.	1648
	10340	LE COURVAISIER, Histoire des Evêques du Mans. (*Voyez aussi le N° 10341.*)	III. S.	1648
IV.	S. 10377*	Oraison funebre d'Emeri Marc de la Ferté, Evêque du Mans.		1648
L.	11300 & 11301	Histoire de Pierre de Montmaur. (*Voyez IV. Suppl.*)		1648
	11512	Vie de Jean Violart, Chanoine & Vidame de Reims. (*Voyez IV. Suppl.*)		1648
IV.	S. 11626*	Vie de D. Grégoire Tarisse, Supérieur général de la Congrégation de S. Maur.		1648
L.	12382	COTRONII, Chronicon Cœnobii sanctæ Columbæ Senonensis.	275	1648
	12530	CARROUGET, Histoire de l'Abbaye de S. Martin de Séés.		1648
	13102	MULDRAC, Compendium Chronici Abbatiæ Longiponti.	1131	1648
	14044—14048	Vie de Marin Mersenne, Minime.		1648
	14994—14998	Vie de la Mere Marguerite du S. Sacrement, Carmélite. (*Voyez IV. Suppl.*)		1648
II.	22286	RICCIUS, de Bellis Germanicis.	1618	1648
IV.	S. 22286*	RECUEIL de Pieces.	1518	1648
III.	29177	TRAITÉS de Confédération & d'Alliance.	1621	1648
	30780	AB AITZEMA, Historia Pacis à fœderatis Belgis pertractatæ.	1621	1648
	30791	LETTRES & Mémoires.	1515	1648
	30792	MÉLANGE servant à l'Histoire.	1590	1648
	30793	RECUEIL de Pieces.	1602	1648
	30795	LETTRES du Cardinal de Sourdis.	1633	1648
	30796	LETTRES du Cardinal Barberin.	1633	1648
	30797	LETTRES du Sieur des Hameaux.	1639	1648
	30798	LETTRES de M. de Marillac.	1628	1648
	30799	LETTRES de M. Méliand.	1635	1648
	31604	Histoire du Maréchal de Brézé.		1648
	32077	Vie du Marquis de Ville.		1648
	39429	VINCHANT & RUTEAU, Annales du Comté de Hainaut.		1648
L.	4763	Vie de Jean-Baptiste, Baron de Renti.		1649
	6669	Ordonnances de Philibert Brandon, Evêque de Périgueux.		1649
	7934	BOREL, Histoire des Evêques de Castres.	1317	1649
	9025	DE SAINTE-MARTHE, Historia Cabillonensium Episcoporum & Comitum.	IV. S.	1649
	11049	Notice de Jacques de Chevreuil, Professeur-Royal.		1649
III.	30806	LETTRES de M. le Comte de Chavigny.	1633	1649
	30807	LETTRES de M. Amontot.	1634	1649
	30808	DÉPÊCHES du Marquis de Fontenay-Mareuil. (*Voyez IV. Suppl.*)	1630	1649
	30809 & 30810	LETTRES de M. de Caumartin.	1640	1649
	30811	LETTRES de M. de Vaubecourt.	1630	1649
	30812	LETTRES de la Princesse de Condé.	1628	1649
	30813	LETTRES de M. de Saint-Romain.	1638	1649
	30815	LETTRES de Louis de Valois, fils du Comte d'Alais.	1630	1649
	30816	LETTRES du Duc de Brézé.	1632	1649
	30817	LETTRES du Duc d'Arpajon.	1632	1649
	32051	Histoire de Tancrede de Rohan.		1649
	35179	SYLVII, Florus Anglicus.	1066	1649
L.	4805 & 4807	Eloges de Claude (& *non* Charlotte) Marguerite de Gondi, Marquise de Maignelay. (*Voyez IV. Suppl.*)		1649
	5828	VARILLAS, Continuation de l'Histoire des Révolutions arrivées en Europe.	1569	1650
	6884	Assemblée du Clergé tenue à Paris.		1650
	7763—7768	HISTOIRES des Cardinaux François.	999	1650
	9184	ANDOQUE, Catalogue des Evêques de Béziers.	IV. S.	1650
	9438	GUYON, Histoire de l'Eglise, Diocèse, Ville & Université d'Orléans.		1650
	10734	MOLINIER, Abrégé chronologique des Evêques de Valence & de Die. (*Voyez IV. Suppl.*)		1650
	10896	Notice de Jean Aubert, Chanoine de Laon, & Professeur Royal.		1650
IV.	S. 10977*	Eloge de Louis Bonet, Curé de Ste Eulalie, à Bourdeaux.		1650
I.	11484	Vie de M. Oubrel, Théologal de Péronne.		1650
	12478	VIOLE, Historia Abbatum Monasterii S. Germani Autissiodorensis. (*On peut aussi voir le N° 12479.*)	560	1650
	14050	Vie de Jacques Martinot, Minime.		1650
	14813	Eloge de Laurence de Budos, Abbesse de la Trinité de Caën.		1650
IV.	S. 15205*	Vie de Magdelene du Sauveur, du Tiers-Ordre de S. François.		1650
I.	15319	Vie de Catherine de Montholon, Religieuse Ursuline.		1650
II.	15823	CHARPY, Eloges des Rois de France.	420	*vm* 1650
	15830	DE BONAIR, Sommaire Royal de l'Histoire de France.	420	1650
	23052	DE L'ETOUF, Baron de SIROT, ses Mémoires.	1605	1650
	23053	COMPENDIUM Belli Germanici.	1617	1650
	23054	LOTICHII, Commentarii Rerum Germanicarum.	1612	1650

III. 29178 PACTA

Table Chronologique. 169

TOMES & Numéros.		DATES comm.	finiss.
III. 29178	PACTA & Confœderationes.	1610	1650
29275	ALLIANCES de la Suisse avec la France.	1452	1650
30819	LETTRES de M. Bussi-Lamet.	1633	1650
30820	LETTRES de M. du Boullay.	1636	1650
30821	LETTRES de MM. Bouthillier & de Chavigni.	1635	1650
30830	RECUEIL de Pieces.	1589	1650
IV. S. 31216*	TRAITÉ des Ducs & Pairs de France.	987	1650
III. 31578	Harangue funèbre d'Honoré d'Albert, Duc de Chaulne, Maréchal de France.		1650
31681—31683	Pieces sur la mort du Maréchal Comte de Rantzau.		1650
32533—32535	Eloges de Claude de Mesme, Comte d'Avaux, Surintendant des Finances.		1650
32705	Piece sur M. le Comte d'Avaux & M. le Président de Mesme, son frere.		1650
IV. S. 34258*	COCQUAULT, Table Chronologique de l'Histoire de Reims.		1650
III. 36031	GUICHENON, Histoire de Bresse & de Bugey.		1650
38777	JOURNAL de Metz.	1635	1650
IV. 45856	Notice de Julien Colardeau.		1650
45885 & 45886	Vie de François Florent, Jurisconsulte.		1650
I. 6562	Statuts Synodaux de Lysieux, par Léonor de Matignon.		1651
IV. S. 8321* & **k	Notice & Apologie de Henri-Louis Chasteignier de la Rochepossay, Evêque de Poitiers.		1651
I. 9112	WIMPHELENGII, Catalogus Episcoporum Argentinensium.	V. S.	1651
10342	BONDONNET, les Vies des Evêques du Mans. (Voyez IV. Suppl.)	III. S.	1651
10733	COLUMBUS, de rebus gestis Valentinorum & Diensium Episcoporum.	IV. S.	1651
10761	COLUMBUS, de rebus gestis Episcoporum Vivariensium.	V. S.	1651
IV. S. 10986*	Vie de Pasquier Bouray, Prêtre.		1651
I. 11091	Notice de Jean Dattis, Professeur Royal. (Voyez au Tome IV. les N°s 45869—45871.)		1651
11112	Histoire de Jacques Eveillon, Chanoine d'Angers.		1651
14131	Eloge de Nicolas Caussin, Jésuite.		1651
14135—14140	Vie de Jacques Sirmond, Jésuite.		1651
15060	Vie de Madame de Courcelles de Porlan, Abbesse de Notre-Dame de Tart.		1651
15087	Eloge funèbre de Catherine de Baradat, Abbesse du Pont-aux-Dames.		1651
II. 15815	LABBE, Eloges historiques des Rois de France.	420	1651
15826	DU VERDIER, Abrégé de l'Histoire de France.	420	1651
23222	BRACHELII, Historia universalis. (Voyez aussi le N° 23973.)	1618	1651
23376	GUICHENON, Histoire des Guerres de Savoie.	1597	1651
III. 30833	LETTRES du Comte de Choiseul du Plessis-Praslin.	1632	1651
30834	LETTRES de M. d'Elbene.	1633	1651
30835	LETTRES du Cardinal Barberin.	1630	1651
30836	LETTRES de M. Malaysoye.	1634	1651
30837	LETTRES de M. de Marsillac.	1628	1651
30838	LETTRES de M. Gobelin.	1633	1651
30839	LETTRES du Cardinal Alfonse de Richelieu.	1622	1651
30840	LETTRES du Vicomte de Turenne.	1638	1651
30841	LETTRES du Duc de Saint-Simon.	1638	1651
30842	LETTRES de M. Brasset.	1633	1651
30844	LETTRES de M. d'Aiguebonne.	1634	1651
30845	LETTRES du Cardinal Mazarin.	1633	1651
30846	LETTRES de M. Goulas.	1628	1651
32704	Eloge de Réné de Voyer d'Argenson, Ambassadeur.		1651
I. 6455	Statuts Synodaux du Diocèse de Cahors, sous Alain de Solminihac.	1638	1652
8210—8212	Oraison funèbre de Jean-Pierre Camus, Evêque de Bellay.		1652
9213	GARIEL, Series Episcoporum Magalonensium & Montispeliensium.	451	1652
11029 & 11030	Vies de Pierre Caseneuve, Prêtre.		1652
11322	Vie de Michel le Noblets, Missionnaire en Bretagne.		1652
12814	GUENAY, Chronologia Monasterii Sancti Victoris Massiliensis.		1652
14132—14134	Eloge de Denys Pétau, Jésuite.		1652
14141	Histoire de Georges Fournier, Jésuite.		1652
15062	Vie de la Mere de Nérestang, premiere Abbesse de la Bénisson-Dieu.		1652
15088	Oraison funèbre d'Anne-Marie de Lorraine, Abbesse du Pont-aux-Dames.		1652
II. 15791	A. V. Portraits des Rois de France.	420	1652
23723	BIRAGO, Historia memorabile delle Sollevationi di Stato.	1626	1652
23738	MÉMOIRES de M. de Pontis.	1596	1652
III. 30851	RECUEIL de Pieces.	1500	1652
30852	RECUEIL de Pieces.	1628	1652
30853	LETTRES de Gaston de France.	1628	1652

Tome V.

Y

Table III.

TOMES & Numéros.			DATES comm.	finiss.
III.	30854	Lettres de Madame de Combalet.	1632	1652
	30855	Lettres du Comte de Charost.	1638	1652
	30856	Lettres de M. Servien.	1629	1652
	30857	Lettres à M. d'Estrades.	1637	1652
	30858	Lettres du Cardinal Bichi.	1634	1652
	30859	Lettres du Sieur Rabut.	1632	1652
	30863	Lettres de M. de Montagu.	1635	1652
	30864	Lettres de M. de la Barde.	1630	1652
	30865	Lettres du Duc de Rohan.	1616	1652
	30866	Lettres du Maréchal de Schomberg.	1624	1652
	30867	Lettres de M. de Souvré.	1639	1652
	30868	Lettres du Duc de Lesdiguieres.	1635	1652
	30869	Lettres du Maréchal de Grammont.	1631	1652
	30870	Lettres d'Abraham Fabert.	1634	1652
	30871	Lettres de M. de Beringhen.	1636	1652
	30872 & 30873	Lettres de M. Arnauld d'Andilly.	1636	1652
	31883	Mémoires de Frédéric-Maurice de la Tour-d'Auvergne, Duc de Bouillon.		1652
	39258	Masenii, Continuatio Annalium Trevirensium. (*Voyez* IV. *Suppl.*)	1600	1652
IV.	45894 & 45895	Histoire de Jacques Godefroi, Jurisconsulte.		1652
	48067	Oraison funèbre de Madame la Duchesse d'Elbœuf, (Marguerite de Chabot.)		1652
I.	6401	Statuts Synodaux de Beauvais, revus par M. de Buzanval.		1653
	6412	Statuts Synodaux de François Perrochel, Evêque de Boulogne.		1653
	6471	Canons Synodaux de Clermont, augmentés par Louis d'Estaing.		1653
	6712	Statuts Synodaux de Sées, par François Rouxel de Médavy.		1653
	8685	Henschenii, Chronologia Episcoporum Tungrensium & Trajectensium.	III. *S.*	1653
	8954	Vie d'Alfonse-Louis du Plessis de Richelieu, Archevêque de Lyon, Cardinal & Grand-Aumônier de France.		1653
	9789	Le Prevost, Series Archiepiscoporum Rotomagensium.	III. *S.*	1653
	11629	Mege, Annales Congregationis S. Mauri. (*Voyez* IV. *Suppl.*)	1610	1653
	11317 & 11318	Eloge de Gabriel Naudé, Chanoine de Verdun. (*Voyez* IV. *Suppl.*)		1653
	11400	Vie de François Renar, Prêtre.		1653
	11542 & 11543	Vie d'Antoine Yvan, Prêtre Provençal.		1653
	13819 & 13820	Histoire de Jacques Goar, Dominicain.		1653
	14814	Eloge d'Antoinette d'Estrades, Abbesse de S. Jean-le-Grand d'Autun.		1653
II.	23752	Ricci, Narrationes Rerum Italicarum.	1613	1653
	23886	De Parival, Abrégé de l'Histoire de ce siècle de fer.	1600	1653
III.	30878	Lettres des sieurs de Vic, Biron & autres.	1600	1653
	31529—31531	Pieces concernant M. de l'Aubespine, Marquis de Châteauneuf, Garde des Sceaux.		1653
IV.	S. 31997*	Oraison funèbre de Philippe, Marquis de Meillars.		1653
III.	32729	Oraison funèbre d'Omer Talon, Conseiller d'Etat.		1653
	33210—33212	Histoire de Nicolas Rigault, Doyen du Parlement de Metz, Garde de la Bibliothèque du Roi.		1653
IV.	45864	Histoire de Jacques Corbin.		1653
I.	6609	Statuts Synodaux de Meaux, par Dominique Séguier.		1654
IV.	S. 8498ᵏ	Baluzii, Catalogus Abbatum & Episcoporum Tutelensium.		1654
I.	8833	Gassendi, Historia Ecclesiæ Diniensis.	V. *S.*	1654
	9329	Oraison funèbre de Jean-François de Gondi, Archevêque de Paris.		1654
	10265	Cherreau, Histoire des Archevêques de Tours.	III. *S.*	1654
II.	23786	Bellum Sueco-Gallo-Germanicum.	1618	1654
III.	29410	Sanderson, Continuation du Recueil des Actes de l'Angleterre.	1625	1654
	30886	Recueil des Affaires de France.	1501	
	30887	Instructions de plusieurs Ambassadeurs.	1588	1654
I.	9020	Vie de Sébastien Zamet, Evêque de Langres.		1655
	10167	Maan, Series Archiepiscoporum Turonensium.	251	1655
	10989	Vie d'Adrien Bourdoise, Instituteur du Séminaire de S. Nicolas du Chardonnet, à Paris.		1655
	11026	Histoire de Nicolas Camusat, Chanoine de Troies.		1655
	11144—11149	Histoire de Pierre Gassendi, Prévôt de Die. (*Voyez* IV. *Suppl.*)		1655
	11185	Vie de François Guyet, Prieur de S. Andrade.		1655
	14815	Eloge de Françoise de Faudoas d'Averton, Religieuse Bénédictine. (*Voyez* IV. *Suppl.*)		1655
	14816	Vie de Marie-Marguerite de la Trémouille, Abbesse de Jouarre.		1655
	14817	Histoire de Madame de Sacy, Religieuse de Vignals.		1655
II.	23791	Vittorio Siri, il Mercurio.	1635	1655
	29250	Traités entre les Rois de France & les Villes de la Hanse Teutonique.	1483	1655
III.	30894	Lettres du Duc d'Enghien. (*Voyez* IV. *Suppl.*)	1639	1655
I.	393	Statuts Synodaux de François Servien, Evêque de Bayeux.		1656

Table Chronologique. 171

Tomes & Numéros.		Dates comm. finiss.
I. 6528	Constitutions Synodales de Jean-Dominique Ithier, Evêque de Glandeve.	1656
6885 & 6886	Assemblée du Clergé tenuë à Paris. (*Voyez* IV. *Suppl.*)	1655 1656
7827	SAMMARTHANORUM, Gallia Christiana (vetus.)	I. S. 1656
8145	COLUMBI, Libri de rebus gestis Episcoporum Vasionensium.	IV. S. 1656
8720	FULLONII Compendium Historiæ Leodiensis.	a 1656
IV. S. 9608*	Eloge funèbre de Simon le Gras, Evêque de Soissons.	1656
I. 11268	Mémoires de Michel de Marolles, Abbé de Villeloin.	1600 1656
13821	Histoire de Jean-Baptiste Carré, Dominicain.	1656
14818	Eloge de Luce de Luxe, Abbesse de S. Ausone d'Angoulême.	1656
III. 29536	EXTRAITS des Registres des Chartes de la Chambre des Comptes.	1623 1656
30893	LETTRES au Duc d'Espernon.	1623 1656
30895	LETTRES des Rois, Reines & autres.	1553 1656
30900	LETTRES du Comte d'Harcourt.	1636 1656
30905	LETTRES & Poësies.	1631 1656
30906	LETTRES au Duc d'Espernon.	1589 1656
31532—31535	Oraison funèbre & Vie de Matthieu Molé, Garde des Sceaux. (*Voyez* IV. *Suppl.*)	1656
32318 & 32319	Vie & Eloge de Thomas-François de Savoie, Prince de Carignan, Grand-Maître de France.	1656
32981—32985	Vie de Jérôme Bignon, Avocat-Général & Conseiller d'Etat.	1656
I. 5984	GARIEL, Epitome rerum in inferiore Occitania, pro Religione gestarum.	1610 1657
11324	Vie de Jean-Jacques Olier, Curé de S. Sulpice à Paris. (*Voyez* IV. *Suppl.*)	1657
14819	Eloge de Blaise de Vulvegan, Religieuse Converse de l'Abbaye de Gif.	1657
II. 23815	BRUSONI, Historie delle Guerre d'Italia.	1635 1657
III. 30909	LETTRES aux Ducs d'Aumale, de Guise & d'Espernon.	1548 1657
31665 & 31666	Mémoires sur le Maréchal de la Mothe-Houdancourt.	1657
32536	Oraison funèbre de Léon Bouthillier, Comte de Chavigny, Ministre d'Etat.	1657
32917—32923	Oraison funèbre de Pompone de Bellievre, premier Président du Parlement de Paris. (*Voyez* IV. *Supplém.*)	1657
34189	SANSON, Histoire des Comtes de Ponthieu.	1083 1657
IV. 48015	Oraison funèbre de Madame la Duchesse de Bouillon, (Eléonore de Bergh.)	1657
I. 4758	Vie d'Antoine le Maistre, Avocat au Parlement de Paris, & autres Solitaires de Port-Royal. (*Voyez aussi* IV. 45931.)	1658
6695	Ordonnances Synodales de Jacques Raoul, premier Evêque de la Rochelle.	1658
6737	Statuts Synodaux de Sens, sous Henri de Gondrin.	1658
6778	Statuts Synodaux de Toul, sous André du Saussay.	1658
8225	SUDAN, Series Episcoporum Basileensium. (*Voyez* IV. *Suppl.*)	1658
8226	ORIGINES Basileensium Episcoporum.	1658
8848	JOFFREDI, Nicæa Civitas. (*Voyez* IV. *Suppl.*)	1658
9037 & 9038	Eloge & Oraison funèbre de Jacques de Neufcheses, Evêque de Châlon-sur-Saône.	1658
14145	Vie du Pere Rigouleuc, Jésuite.	1658
15099	Vie de la Mere Marie des Anges Suireau, Abbesse de Maubuisson.	1658
15249—15250	Vie de Magdelène de la Trinité, Fondatrice des Religieuses de la Miséricorde.	1658
III. 29180	TRAITÉS & Négociations.	1644 1658
30911	LETTRES & Dépêches.	1515 1658
30912	LETTRES des Empereurs & autres.	1607 1658
31609 & 31610	Oraison funèbre & Eloge du Maréchal de Castelnau. (*Voyez* IV. *Suppl.*)	1658
32038	MÉMOIRES de Jacques de Chastenet, Seigneur de Puységur. (*Voyez aussi au Tome* II, *le N°* 23823.)	1617 1658
34054	Vie de Louis Chantereau le Fevre, Président des Trésoriers de France, à Soissons.	1658
IV. 45879	Eloge de Jacques Dulorens, Jurisconsulte.	1658
S. 4742*	Vie de Jean de Bernieres, Sieur de Louvigny.	1659
I. 6320	Ordonnances Synodales du Diocèse d'Alet, publiées par Nicolas Pavillon.	1640 1659
6603	Ordonnances Synodales de Jean de Lingendes, Evêque de Mâcon.	1657 1659
6821 & 6823	Ordonnances Synodales d'Uzès, sous Nicolas Grillé.	1635 1659
7953 & 7954	Vie & Eloge d'Alain de Solminihac, Evêque de Cahors. (*Voyez* IV. *Suppl.*)	1659
8126	NOGUIER, Histoire Chronologique de l'Eglise d'Avignon.	III. S. 1659
8354	WILTHELMII, Diptychon Bituricense.	III. S. 1659
8705	WILTHELMII, Diptychon Leodiense.	III. S. 1659
9026	PERRY, Histoire Ecclésiastique de Châlons-sur-Saône.	IV. S. 1659

Tome V. Y 2

Table III.

Tomes & Numéros.		Titre	Dates comm.	finiss.
IV.	S. 9155*	L'Hermite de Soliers, Chronologie des Archevêques de Narbonne, (*faussement cotée* 8155.)	III. S.	1659
I.	9177	Oraison funèbre de Claude de Rebé, Archevêque de Narbonne.		1659
	9422	Oraison funèbre de Dominique Séguier, Evêque de Meaux.		1659
IV.	S. 9912**	Oraison funèbre de François Servien, Evêque de Bayeux.		1659
I.	10899	Mémoires sur Hercules Audifret, premier Général de la Congrégation de la Doctrine Chrétienne.		1659
	11306—11309	Vie de Jean Morin, Prêtre de l'Oratoire. (*Voyez aussi du Tome* IV. N° 45786.)		1659
	14143	Histoire de Henri Albi, Jésuite.		1659
II.	23841	Journal pour servir à l'Histoire de la Guerre d'Espagne.	1635	1659
III.	29362	Traités entre la France & l'Espagne.	1526	1659
	30927	Louvet, Discours historique de l'an jubilaire de la paix.	1559	1659
	32537 & 32538	Oraisons funèbres d'Abel Servien, Ministre d'Etat, Surintendant des Finances.		1659
	35563	Clément, Chronologie historique des Comtes & Ducs de Nevers.	987	1659
IV.	45880	Histoire de Charles-Annibal Fabrot.		1659
I.	4820	Histoire de Madame de Saint-Balmon, (Alberte Ernecourt. *Voyez* IV. *Supplém.*)		1660
IV.	S. 6360*	Decrets Synodaux d'Avignon, sous Dominique Marini.		1660
I.	6443	Réglements de Ferdinand de Neuville, pour le Diocèse de Chartres.		1660
	6453	Ordonnances de Félix Vialart, Evêque de Châlons-sur-Marne.		1660
	6800	Ordonnances Synodales d'Antoine Godeau, Evêque de Vence.	1644	1660
	8121	De Compaigne, Chronique de Bayonne.		1660
IV.	S. 10796*	Vie de Charles-Auguste de Sales, Evêque de Genève.		1660
II.	11377	Vie de Pierre Quériolet, Prêtre, Conseiller au Parlement de Rennes.		1660
	11515—11531	Mémoires sur S. Vincent de Paul.		1660
IV.	S. 14998* & **	Vie de Marguerite Acarie, Carmélite.		1660
II.	15035	Vie de Madame le Gras, Fondatrice des Sœurs de la Charité. (*Voyez* IV. *Suppl.*)		1660
	15136 & 15138	Vie de Françoise des Séraphins, Dominicaine. (*Voyez* IV. *Suppl.*)		1660
	15817	Speneri, Synopsis Rerum Gallo-Francicarum.		1660
	15928	Chronologie des Rois de France.	420	1660
	23864	Lestorquart, Historia memorabilium in Bello Gallico gestorum.	1630	1660
	23865	Mémoires du Marquis de Montglat. (*Voyez aussi le* N° 23866.)	1635	1660
	23867	Mémoires du Marquis de Chouppes.	1625	1660
	23973	Thuldeni, Historia universalis continuata.	1651	1660
III.	29182	Theatrum Pacis.	1647	1660
	30803	Dépêches de M. Gueffier.	1632	1660
IV.	S. 30896*	Lettres de MM. Méliand & de la Barde.	1637	1660
III.	30937	Mémoires des regnes de Louis XIII & de Louis XIV.	1610	1660
	30938	Mémoires pour l'Histoire de France.	1628	1660
	35969	Bertaud, Eloges historiques des Evêques de Châlons-sur-Saône.	346	1660
I.	6591	Ordonnances de François de Villemontée, Evêque de Saint-Malo.		1661
	6887	Assemblée du Clergé tenue à Pontoise. (*Voyez* IV. *Suppl.*)	1660	1661
	8087	De Compaigne, Catalogue des Evêques d'Acqs.		1661
	9588	Muldrac, Compendiolum Diœcesis Suessionensis Speculum.	304	1661
	10266	Marteau, Chronologie des Archevêques de Tours.	III. S.	1661
	10901	Remarques sur l'Abbé Jean Auvray. (*Voyez* IV. *Suppl.*)		1661
	11456	Vie d'Antoine Singlin, Prêtre.		1661
	11513 & 11514	Eloge de Jérôme Vignier, Prêtre de l'Oratoire. (*Voyez* IV. *Suppl.*)		1661
	11743	Historia Monasterii Casæ Dei.		1661
	13182	Levesque, Annales Ordinis Grandimontensis.	1052	1661
	14051 & 14052	Histoire d'Hilarion de Coste, Minime.		1661
	15096	Mémoires pour servir à l'Histoire de la Mere Marie Angélique, Réformatrice de P. R.		1661
	15286 & 15287	Vie d'Anne Marguerite Clément, Religieuse de la Visitation.		1661
	15341	Vie de Marcelle Chambon, Fondatrice des Filles de la Providence. (*Voyez* IV. *Suppl.*)		1661
II.	23871	Mémoires de M. de Loménie, Comte de Brienne.	1613	1661
III.	30943	Lettres du Cardinal Mazarin.	1631	1661
	32539—32566	Pieces sur le Cardinal Mazarin. (*Voyez* IV. *Suppl.*)		1661
	33087—33091	Vie de Charles Fevret, Avocat au Parlement de Dijon. (*Voyez aussi au Tome* IV. *le* N° 45883.)		1661
	38122	Bouche, Histoire Chronologique de la Provence.	0	1661
I.	4759	Vie de Blaise Pascal, Mathématicien. (*Voyez aussi au Tome* IV. N° 45788—45793, & 46542.)		1662
	6323	Statuts Synodaux du Diocèse d'Amiens, sous M. Faure.		1662
	6456	Ordonnances de François Sevin, Evêque de Cahors.		1662
	8538	Chronique des Evêques de Cambrai.	IV. S.	1662
	9338—9343	Vies de Pierre de Marca, Archevêque de Paris. (*Voyez* IV. *Suppl.*)		1662

Table Chronologique.

Tomes & Numéros		Dates comm.	finiss.
I.	9638 Bolette, Catalogus Episcoporum Ecclesiæ Laudunensis.		1662
	9781 du Monstier, Neustria Christiana.		1662
	10249 Oraison funèbre de Jean-Louis de Bertier, Evêque de Rieux.		1662
	10976 Histoire de François le Métel de Boisrobert.		1662
	11200 Vie de Henri Holden, Docteur en Théologie.		1662
	12699 Pommeraye, Histoire de l'Abbaye de S. Ouein de Rouen.		1662
	13611—13613 Vie de Jean Fronteau, Chanoine de Sainte Geneviève.		1662
	13904 Eloge d'Artus du Monstier, Récollect.		1662
	14821 & 14822 Eloge de Scholastique-Gabrielle de Livron-Bourbonne, Abbesse de Juvigny.		1662
II.	15813 Remond, Continuation de son Abrégé de l'Histoire de France.	1647	1662
	23881 & 23882 Histoire & Vie du Maréchal Fabert. (Voyez IV. Suppl.)		1662
III.	30950 & 30952 Ambassades du Comte d'Estrades.	1637	1662
	33154—33156 Histoire de Pierre Boissat, Vice-Bailli de Vienne.		1662
IV.	45988 Histoire de Daniel de Priezac.		1662
I.	4757 Relation de la mort de Henri II, Duc de Longueville.		1663
	6477 Statuts Synodaux de Condom, publiés par Charles-Louis de Lorraine.		1663
	7902 de Lyonne, Histoire Chronologique des Evêques de Gap.	V. S.	1663
	7908 Oraison funèbre d'Artus de Lyonne, Evêque de Gap.		1663
	8065 Mémoire sur les actions de Jacques Danès, Evêque de Toulon.		1663
	9586 Dormay, Suite des Evêques de Soissons.	III. S.	1663
	10658 Histoire de l'Eglise & du Diocèse de Verdun.	IV. S.	1663
	11082 Oraison funèbre de Nicolas Cornet, Grand-Maître du Collège de Navarre. (Voyez IV. Suppl. 11074**.)		1663
	11510 Vie de Jean Verjus, Docteur de Sorbonne, Aumônier du Roi.		1663
	14146—14148 Eloge de Théophile Raynaud, Jésuite.		1663
II.	15820 de Marolles, Histoire des Rois de France.		1663
III.	31887 Vie d'André Bugnot, Colonel d'Infanterie.		1663
	32730 Vie de Guillaume Ribier, Conseiller d'Etat.		1663
	34873 Dormay, Histoire de la Ville de Soissons.		1663
	39600 Scrivere, Chronique de Hollande. (Voyez IV. Suppl.)		1663
I.	5996 Bonnefoy, Historia Hæresis in Gallia ortæ.	1534	1664
	6373 Recueil des Statuts Synodaux d'Orléans, par M. d'Elbene.		1664
	6432 Recueil des Statuts Synodaux de Cambrai.	1550	1664
	6507 Statuts Synodaux publiés par Henri de Maupas, Evêque d'Evreux.		1664
	7938 Vidal, Abrégé de l'Histoire des Evêques, Barons & Comtes de Cahors. (Voyez IV. Suppl.)		1664
	8539 Le Carpentier, Histoire de Cambrai, & du pays Cambrésis.		1664
	8990—8993 Pieces concernant Louis Doni d'Attichy, Evêque d'Autun.		1664
	11047 Histoire de Philippe Chifflet, Jésuite.		1664
	14824 Eloge de Louise le Tellier, Prieure de Notre-Dame de la Ville-l'Evêque.		1664
	14925 Oraison funebre de Catherine de Montluc de Balagny, Abbesse d'Origny.		1664
	15002 Vie d'Anne des Anges, Carmélite.		1664
	15288—15290 Vie de Marie-Félice des Ursins, Duchesse de Montmorenci. (Voyez IV. Suppl.)		1664
II.	23886 de Parival, Continuation de son Abrégé de l'Histoire de ce siècle de fer.	1653	1664
III.	31319 Eloge du Duc de la Meilleraye, Maréchal de France.		1664
	31948 Vie de Nicolas Gargot, Capitaine de Marine.		1664
IV.	S. 32334* Mémoire sur Henri II. de Lorraine, Duc de Guise, Grand-Chambellan.		1664
I.	6378 Constitutions Synodales de M. de la Mothe-Houdancourt, Archevêque d'Ausch.		1665
	6394 Statuts Synodaux de François de Nesmond, Evêque de Bayeux.	1662	1665
	9213 Gariel, Series Præsulum Magalonensium & Montispeliensium locupletata & continuata.	451	1665
	9266 Sausseii, Chronicon Parisiense Ecclesiasticum.	33	1665
	11373 Notice de Pierre Pradet, Professeur Royal.		1665
	14053 Eloge de Gilles Cossart, Minime.		1665
	14144 Vie de Jean-Joseph Seurin, Jésuite.		1665
	14930 & 14931 Vie de Magdelène de Sourdis, Abbesse de Notre-Dame de S. Paul-lès-Beauvais.		1665
III.	30963 Recueil de Pieces.		1665
	32034 & 32035 Vie de François, Comte de Pagan.		1665
	33035 & 33036 Eloge de Pierre de Fermat, Conseiller du Parlement de Toulouse.	0	1665
	34350 Vignerii, Chronicon Lingonense.	0	1665
	38135 Pitton, Histoire de la Ville d'Aix.		1665
IV.	45784 Histoire de Théophile Brachet de la Milletiere.		1665
I.	4753 Vie du bon Henri (Buche), Instituteur des Freres Cordonniers & Tailleurs.		1666

Tomes & Numéros.			Dates comm.	finiss.
I.	6618	Statuts Synodaux du Diocèse de Metz, par l'Abbé de Coursan, Vicaire-Général.		1666
	6683	Ordonnances du Diocèse du Puy, par Armand de Béthune.		1666
	S. 6758ᴍ	Recueil des Ordonnances de Toulouse, jusqu'à Charles d'Anglure.	1481	1666
	6888	Assemblée du Clergé tenue à Pontoise & à Paris.	1665	1666
	8858	de Saint-Aubin, Histoire Ecclésiastique de la Ville de Lyon.		1666
	14825	Eloge d'Antoinette de Varennes Pagu, Abbesse de Notre-Dame de Chasaux.		1666
II.	23904	Mémoires du Comte de Bussi-Rabutin. (*Voyez aussi Tome* III, Nᵒˢ 31890-31891.)	1634	1666
	23906	Mémoires de Madame de Motteville.	1615	1666
	23907	Mémoires de M. de la Porte.	1624	1666
	25159—25178	Pieces sur la Reine Anne d'Autriche, épouse de Louis XIII. (*Voyez* IV. *Suppl.*)		1666
	25849—25854	Pieces sur Armand de Bourbon, Prince de Conti.		1666
III.	32346—32351	Pieces sur le Comte d'Harcourt, Grand-Ecuyer de France.		1666
	32567	Oraison funèbre du Comte de Brionne, Ministre d'Etat.		1666
	37595	Collin, Table Chronologique de l'Histoire du Limosin.		1666
IV.	S. 39051ᵏ	Déduction de ce qui s'est passé dans le Comté de Cambresis.	1007	1666
I.	10898	Histoire de l'Abbé Jean d'Aubry.		vers 1667
	4743	Histoire de la conversion de M. Chanteau.		1667
	6634	Ordonnances Synodales de Narbonne, par François Fouquet.		1667
	6651	Statuts Synodaux de François de Clermont-Tonnerre, Evêque de Clermont.		1667
	9147	Bucelini, Constantiæ Rhenanæ Metropolis.		1667
	9196	de Vic, Chronicon historicum Episcoporum Ecclesiæ Carcasfonensis.	IV. S.	1667
	9433	Meusnier, Notitia Episcoporum Aurelianensium.	III. S.	1667
	9797	Pommeraye, Histoire des Archevêques de Rouen.	III. S.	1667
	10188	Vie de Christophe d'Authier de Sisgau, Evêque de Béthléem.		1667
	11742	Genoux, Casa Dei Benedictina.		1667
	13093	Histoire de Pierre Guillebaud, Feuillent.		1667
	13981	Vie de Dom Pierre de la Conception, Trinitaire.		1667
	14149 & 14150	Histoire de Philippe Labbe, Jésuite.		1667
	15231	Vie de Madelène Vigneron, du Tiers-Ordre de S. François de Paule.		1667
II.	15824	Labbe, Histoire des Rois de France.		1667
	15826	du Verdier, Abrégé de l'Histoire de France.		1667
	23926	Mémoires de Robert Arnaud d'Andilly.		1667
III.	29183	Traités de Paix.		1667
IV.	45769	Remarques sur les Ouvrages de Jean Chaumont.		1667
	45848	Notice de Philippe de Busine, Professeur en Droit Canon.		1667
	45968	Vie de Scipion du Perrier, Jurisconsulte.	1590	1667
I.	6604	Ordonnances Synodales de Michel Colbert, Evêques de Mâcon.	1621	1668
IV.	S. 6758*	Ordonnances Synodales de Charles d'Anglure, Archevêque de Toulouse.		1668
I.	7854	Pitton, Annales de l'Eglise d'Aix.		1668
	8232	Lopez, Histoire des Archevêques de Bordeaux.		1668
IV.	S. 10548*	le Fevre, Mémoire sur les Evêques de Metz.		1668
I.	11143	Vie d'Adrien Gambart, Prêtre Missionnaire.	IV. S.	1668
	14151	Histoire de Philippe Briet, Jésuite.	III. S.	1668
	14820	Oraison funèbre d'Anne-Bathilde de Harlay, Abbesse de Notre-Dame de Sens. (*Voyez* IV. *Suppl.*)	III. S.	1668
IV.	S. 14827*	Eloge d'Elisabeth de Brême, Religieuse du S. Sacrement.		1668
	14828*	Oraison funèbre d'Elisabeth de Châtillon-sur-Marne, Abbesse de S. Jean de Bonneval.		1668
I.	15064	Vie de Louise-Blanche-Térèse de Ballon, Fondatrice des Bernardines Réformées. (*Voyez aussi Suppl.*)		1668
	15066	Eloge de Marie-Françoise Lescuyer, Abbesse du Lys. (*Voyez* IV. *Suppl.* 14827.*)		1668
	15224	Vie de Catherine de S. Augustin, Religieuse Hospitaliere.		1668
IV.	S. 30975*	Mémoires de M. de la Trémoille, Prince de Tarente.	1620	1668
I.	6694	Ordonnances Synodales de Reims, sous Antoine Barberin.		1669
IV.	S. 8134*	Histoire de Dominique de Marinis, Archevêque d'Avignon.		1669
I.	9002	Vignier, Histoire du Diocèse de Langres. (*Voyez* IV. *Suppl.*)		1669
	9178	Eloge de François Fouquet, Archevêque de Narbonne.		1669
	9184	Farin, Histoire Chrétienne de Normandie.		1669
	9916	Nicole, Histoire Chronologique des Evêques d'Avranches.	IV. S.	1669
	14152 & 14153	Vie d'Anne-François de Beauvau, Jésuite.		1669
	14830	Eloge de Guyone-Scholastique Rouxel de Médavy, Abbesse de S. Nicolas de Verneuil.		1669
	14916 & 14917	Oraison funèbre de Henriette de Lorraine d'Elbœuf, Abbesse de Notre-Dame de Soissons.		1669
	15003	Vie de Françoise de S. Joseph, Carmélite.		1669

Table Chronologique.

TOMES & Numéros.		DATES comm.	finiss.
II.	25637—25640	Oraisons funèbres de François de Vendôme, Duc de Beaufort, Amiral de France. (*Voyez* IV. *Supplém.*)		1669
	32966 & 32967	Vie de Denys de Sallo, Conseiller au Parlement.		1669
I.	6321	Statuts Synodaux du Diocèse d'Alet, sous M. Pavillon.	1640	1670
	6638	Ordonnances Synodales de Nîmes, par Anthime-Denys Cohon.		1670
	9021	Mémoire sur Louis Barbier de la Riviere, Evêque de Langres.		1670
	9959	PILATRE, Mémoire sur les Evêques de Sées. (*Voyez* IV. *Suppl.*)	IV. S.	1670
IV.	S. 10330*	Oraison funèbre de Victor le Bouthillier, Archevêque de Tours.		1670
	10455*	Eloge de Jean de Montigny, Evêque de Léon.		1670
I.	11305	Histoire de Matthieu de Morgues.		1670
	11446	Vie de Charles de Saveuse, Prêtre, Conseiller au Parlement de Paris.		1670
	11457 & 11458	Histoire de Samuel Sorbiere.		1670
IV.	11730*	VUYARD, Histoire de l'Abbaye de Breteuil.		1670
I.	12624	ESTIENNOT, Historia Regalis Monasterii S. Martini, supra Viosnam. (*Voyez* IV. *Suppl.*)		1670
	13705	Histoire de Louis Jacob, Carme.		1670
	14055	Eloge de François Lanoue, Minime.		1670
	15167—15169	Mémoires sur Jeanne-Baptiste de Bourbon, Abbesse de Fontévrauld. (*Voyez* IV. *Suppl.*)		1670
II.	15631	DE LA MOTHE-LE-VAYER, Introduction Chronologique à l'Histoire de France.		1670
	15815	CONTINUATIO Annalium Regum Francorum.	1601	1670
IV.	S. 15827*	DE BUSSIERES, Historia Francica.	420	1670
III.	31617	Discours sur le Maréchal d'Effiat.		1670
I.	6570	Ordonnances de Nicolas Colbert, Evêque de Luçon.		1671
	6619	Statuts Synodaux du Diocèse de Metz, par Georges d'Aubusson.		1671
	6889	Assemblée du Clergé tenue à Pontoise & à Paris. (*Voyez* IV. *Supplém.*)	1670	1671
	8822	CHORIER, Histoire des Archevêques d'Embrun, & de leurs Suffragans.		1671
	8859	DE LA MURE, Histoire Ecclésiastique du Diocèse de Lyon.		1671
	9344—9348	Oraison funèbre de Hardouin de Péréfixe, Archevêque de Paris.		1671
	11109 & 11110	Histoire de Claude d'Espence, Docteur de Sorbonne.		1671
	11302	Vie de René Moreau, Vicaire-Général de la Rochelle.		1671
	11743	HISTOIRE du Monastere de la Chaise-Dieu, depuis sa réforme.	1640	1671
	12354	LE ROY, Histoire du Monastere de S. Bénigne de Dijon. (*Voyez* IV. *Supplém.*)		1671
	15827	DE PÉRÉFIXE, Sommaire de l'Histoire générale de France.	420	1671
	15828	VIES des Rois de France, (en Allemand.)	420	1671
II.	23962	MÉMOIRES du Maréchal du Plessis-Praslin.		1671
	23964	NANI, Historia della Republica Veneta.	1613	1671
III.	32568—32571	Vies & Oraison funèbre de Hugues de Lyonne, Ministre d'Etat.		1671
	37531	CHRONIQUE Bourdeloise continuée. (*Voyez* IV. *Suplém.*)	1619	1671
IV.	48092	Oraison funèbre de la Comtesse de Hombourg, (Marie-Magdelène de Coligny d'Andelot.)		1671
I.	4738	Vie de Pierre Bachelier, Sieur de Gentes.		1672
	6338	Ordonnances Synodales du Diocèse d'Aix, sous le Cardinal Grimaldi.		1672
	6524	Statuts Synodaux publiés par Jean d'Aranthon d'Alex, Evêque de Genève.		1672
IV.	S. 6695*	Ordonnances de Henri de Laval, Evêque de la Rochelle.		1672
I.	8843—8846	Oraison funèbre, Eloges & Vie d'Antoine Godeau, Evêque de Vence. (*Voyez* IV. *Suppl.*)		1672
	10991	Histoire d'Amable de Bourzeys. (*Voyez aussi au Tome* IV. N°. 45767.)		1672
	11206	Discours sur Jean le Jeune, Prêtre de l'Oratoire.		1672
	11450	Eloge de Jean-François Senault, Général de l'Oratoire.		1672
	12689	COTRON, Chronicon Monasterii S. Nicasii Melletensis.		1672
II.	23965	LAZARI, Motivi di tutte le Guerre di Francia.	1560	1672
	23972	MÉMOIRES du Maréchal de Grammont.		1672
	23973	BREUVER, Historia universalis continuata.	1660	1672
III.	29370	TRAITÉS entre la France & l'Espagne.	1621	1672
	30992	ACTA publica.	1618	1672
	30995	LETTRES de Guy Patin.	1630	1672
	31536—31543	Pieces sur Pierre Séguier, Chancelier. (*Voyez* IV. *Suppl.*)		1672
	32071	Mémoires de Henri-Charles de la Trémoille, Prince de Tarente.		1672
	32733—32735	Histoire de François de la Mothe-le-Vayer, Conseiller d'Etat.		1672
I.	6312	Statuts Synodaux du Diocèse d'Agen, sous Claude le Boultz.		1673
	6599	Ordonnances de Toussaints de Forbin de Janson, Evêque de Marseille.		1673
	6748	Statuts Synodaux de Soissons, par Charles Bourlon.		1673
	6824	Statuts Synodaux de l'Evêché d'Ypres.		1673

Tomes & Numéros.			Dates comm.	finiss.
I.	10918	Notice de Jean Banneret, Docteur de Sorbonne, & Professeur Royal.		1673
	11190—11192	Histoire de François Hédelin, Abbé d'Aubignac.		1673
	12734	COTRON, Continuatio Chronici Centulensis.		1673
	13614—13617	Vie de Pierre Lallemant, Chanoine de Sainte-Geneviève.		1673
	13618	Vie de Pierre Guillery, Curé de la Ferté-Milon, Génovéfain.		1673
	13822	Histoire de Jacques Barrelier, Dominicain.		1673
	13823	Histoire de Jean Nicolaï, Dominicain.		1673
	14154—14156	Histoire d'Ignace Pardies, Jésuite.		1673
II.	15829	DU BOURGLABBÉ, Oracles des Rois de France.		1673
III.	32053	Histoire du Marquis de Saint-André Mont-Brun, Capitaine-Général.		1673
	32067	Vie de Maurice Eugène de Savoie, Comte de Soissons.		1673
I.	4756	Relation de la mort de M. le Duc de Liancourt, & Vie de son épouse. (*Voyez aussi le* N° 4797.)		1674
	6321	Statuts Synodaux du Diocèse d'Alet, sous M. Pavillon.	1640	1674
	6386	Ordonnances Synodales d'Auxerre, publiées par Nicolas Colbert.		1674
	6457	Statuts de Cahors renouvellés & augmentés par Nicolas de Sevin.		1674
	6666	Ordonnances de François de Harlay, Archevêque de Paris. (*Voyez* IV. *Suppl.*)	1672	1674
	6667	Synodicon Ecclesiæ Parisiensis.	1208	1674
	6706	Ordonnances Synodales de Rhodès, par Gabriel de Voyer de Paulmy.		1674
	6713	Statuts Synodaux de Séés, par Jean Forcoal.		1674
	8651	CROMBACH, Epitome Chronologica Archiepiscoporum Coloniensium.	IV. S.	1674
	11122	Notice de Valérien de Flavigny, Docteur de Sorbonne, & Professeur Royal.		1674
	13824	Histoire de Vincent Baron & de Vincent Contenson, Dominicains.		1674
	13825	Histoire de Bernard de Guyard, Dominicain.		1674
	14832	Eloge de Geneviève Granger, Supérieure du Monastere de Montargis.		1674
	15139	Vie de Marie Paret, du Tiers-Ordre de S. Dominique.		1674
IV.	S. 15819*	DE LOYS, Descriptio Regum Franciæ.	420	1674
II.	15821	DE BRIANVILLE, Abrégé de l'Histoire de France.	420	1674
III.	31873	Eloge historique de Sébastien de Pontault, Seigneur de Beaulieu.		1674
	32052	Histoire du Chevalier de Rohan.		1674
	32738—32740	Eloge de Robert Arnauld d'Andilly, Conseiller d'Etat. (*Voyez aussi* II. 23926.)		1674
I.	6610	Statuts Synodaux de Meaux, par Dominique de Ligny.		1675
	6687	Ordonnances du Diocèse de Riès, par Nicolas de Valavoire.		1675
	6890 & 6891	Assemblée du Clergé tenue à S. Germain-en-Laie.		1675
	8654	CROMBACH, Annales Metropolis Ubiorum.	63	1675
	10076 & 10077	Oraisons funèbres de Henri-Louis de Goudrin, Archevêque de Sens.		1675
	10648	Histoire d'André du Saussay, Evêque de Toul.		1675
	11217	Histoire de Jean le Laboureur, Prieur de Juvigné.		1675
	13609	Vie de François Blanchart, Abbé de Ste Geneviève.		1675
IV.	S. 14832*	Oraison funèbre de Marguerite de Quibly, Abbesse de Notre-Dame de la Déserte de Lyon.		1675
	14894	Eloge de Jeanne de Verthamont, Abbesse de la Régle.		1675
	15329	Vie de Françoise Fournier, Religieuse Ursuline.		1675
II.	24070	REMARQUES sur le gouvernement du Royaume.	1589	1675
	24071	MÉMOIRES de M. l'Abbé Arnaud.	1634	1675
	24073—24076	Histoires & Vies du Vicomte de Turenne. (*Voyez aussi au Tome* III. *les* Nos 31711—31724, & IV. *Supplém.*)		1675
III.	31678 & 31679	Vie & Oraison funèbre de César Choiseul du Plessis-Praslin.		1675
IV.	47998 & 47999	Oraison funèbre de la Duchesse d'Aiguillon, Marie de Vignerod.		1675
I.	6479	Statuts Synodaux de Coutances, renouvellés par M. de Loménie.		1676
	7851	LOUVET, Abrégé de l'Histoire de Provence.		1676
	8304	Oraison funèbre de Louis de Bassompiere, Evêque de Saintes.		1676
	8480	Oraison funèbre de François de la Fayette, Evêque de Limoges. (*Voyez* IV. *Suppl.* 8481*, *pour* 8480*.)		1676
	9221—9223	Oraison funèbre, Eloge & Histoire de François Bosquet, Evêque de Montpellier.		1676
	10114	LEBEUF, Mémoires concernant l'Histoire Ecclésiastique & Civile d'Auxerre. (*Voyez* IV. *Suppl.*)	258	1676
	11502	Histoire d'Alexandre Varet.		1676
	13826—13828	Vie d'Antoine le Quieu, Dominicain. (*Voyez* IV. *Suppl.*)		1676
	14056—14058	Histoire d'Emmanuel Maignan, Minime.		1676
	15068 & 15069	Eloge de Charlotte Bigars, Abbesse de Fontaine-Guérard. (*Voyez encore* IV. *Suppl.* 14832**.)		1676
	6760	Ordonnances Synodales de Toulouse, par Joseph de Montpesat de Carbon.		1677

I. 8150 Histoire

Table Chronologique.

TOMES & Numéros.		Désignation	DATES comm.	finiss.
I.	8150	Histoire de Joseph-Marie Suarès, Evêque de Vaison.		1677
	8486	THEODORE, Histoire de l'Eglise Angélique de Notre-Dame du Puy.		1677
	8545	DUPONT, Histoire de Cambrai & du Cambresis. (*Voyez* IV. *Suppl.*)	400	1677
	9040 & 9041	Oraison funèbre de Jean de Maupeou, Evêque de Châlons-sur-Saône.		1677
	9249—9251	Vies & Oraison funèbre de Nicolas Pavillon, Evêque d'Aleth. (*Voyez* IV. *Suppl.*)		1677
	12002	CHRONICON Regalis Abbatiæ B. Matiæ de Crassâ.		1677
	14892 & 14893	Eloge de Jeanne-Anne de Plas, Abbesse de Farmoutier.		1677
	14944	Eloge d'Antoinette de Montbron (*& non* de Bourbon), Religieuse de S. Pierre de Reims.		1677
	15140	Vie d'Elisabeth de l'Enfant Jésus, Dominicaine.		1677
III.	31544	Piece sur Etienne d'Aligre, II du nom, Chancelier. (*Voyez* IV. *Suppl.*)		1677
	32924—32926	Oraisons funèbres & Eloge de Guillaume de Lamoignon, premier Président du Parlement de Paris. (*Voyez* IV. *Suppl.*)		1677
IV.	45799	Notice de Jacques de Sainte-Beuve.		1677
I.	6738	Statuts Synodaux de Sens, sous Jean de Montpezat de Carbon.		1678
	6779	Statuts Synodaux de Toul, sous Jacques de Fieux.		1678
	6815	Statuts Synodaux de Verdun, sous M. de Mouchy Hoquincourt.		1678
	9960	PROUVERE, Historia Diœcesis Sagiensis.		1678
	10112	Oraison funèbre de François Mallier du Houssay, Evêque de Troyes.		1678
	10889 & 10890	Histoire de Denys Amelote, Prêtre de l'Oratoire.		1678
	11228—11231	Histoire de Jean de Launoy, Docteur en Théologie. (*Voyez* IV. *Suppl.*)		1678
	11432	Vie de François Saint-Pé, Prêtre de l'Oratoire.		1678
	15031	Vie d'Antoinette de Jésus, Chanoinesse de Ste Perrine. (*Voyez* IV. *Suppl.*)		1678
II.	1581	BERIGNY, Abrégé de l'Histoire de France. (*Voyez aussi* IV. *Suppl.*)	420	1678
III.	29152	DE SAINT-PREST, Histoire des Traités de Paix. (*Voyez aussi* IV. *Suppl.*)	1598	1678
	31628—31630	Mémoires & Eloges du Maréchal de Gramont.		1678
	32071	Mémoires de Don Francisco de Terradeil.	1654	1678
	33074	Vie de Georges Joly, Baron de Blaisy.		1678
I.	4798 & 4799	Vies d'Anne-Geneviève de Bourbon, Duchesse de Longueville.		1679
	6329	Statuts Synodaux du Diocèse d'Angers, recueillis par Henri Arnauld.	1240	1679
IV.	S. 6542*	Statuts Synodaux de Lavaur, sous M. de la Berchere.		1679
	6566	Statuts & Ordonnances de M. de Simianes, Evêque de Langres.		1679
	6620	Statuts Synodaux de Metz, sous Georges d'Aubusson.		1679
	6643	Ordonnances Synodales de Nevers, par Edouard Valot.		1679
	9330—9337	Pieces touchant le Cardinal de Retz, Jean-François-Paul de Gondi, Coadjuteur de Paris. (*Voyez* IV. *Suppl.*)		1679
	9686—9688	Vies de Nicolas Choart de Buzanval, Evêque de Beauvais.		1679
	11031	Histoire de Jacques Cassagnes.		1679
	11099	Oraison funèbre de Jean-Baptiste de Contes, Doyen de l'Eglise de Paris.		1679
	13829—13831	Histoire de François de Combesis, Dominicain.		1679
	14157	Histoire de Jacques de Billy, Jésuite.		1679
II.	15223	Vie de Mademoiselle Anne de Meleun, Fondatrice d'Hospitalieres.		1679
	15793	DE LARMESSIN, Représentations des Rois de France.	420	1679
	15832	DE PRADE, Sommaire de l'Histoire de France.	420	1679
	15932	TABLE Chronologique, Historique & Généalogique des Rois, Ducs, Comtes & autres Seigneurs.	420	1679
	24153	Mémoires du Comte de Chavagnac.	1624	1679
	31850	Oraison funèbre de Louis, Duc d'Arpajon, Ministre d'Etat.		1679
	32019	Oraison funèbre du Marquis de Navailles, Brigadier.		1679
I.	14158	Histoire de Jean Adam, Jésuite.		1680
	6409	Ordonnances Synodales de M. de la Vrilliere, Archevêque de Bourges.		1680
	6459	Decrets du Synode de Cavaillon, sous Jean de Sade de Mazan.		1680
	6461	Ordonnances Synodales du Mans, sous M. de Tressan.	1671	1680
	6809	Statuts Synodaux de Besançon, sous Antoine-Pierre de Gramont.	1480	1680
	6892	Assemblée du Clergé tenue à Saint-Germain-en-Laie.		1680
	7896	ANTHELMII, Præsulum Forojuliensium Nomenclatura. (*Voyez* IV. *Suppl.*)	IV. S.	1680
	7924	DE BONAL, Liste des Evêques de Rhodès & de Vabres. (*Voyez* IV. *Suppl.*)	V. S.	1680

Tome V.

178 Table III.

Tomes & Numéros			Dates comm.	finiss.
I.	8101	Oraison funèbre de Bernard de Marmiesse, Evêque de Conserans.		1680
	8164	Oraison funèbre de Henri de Béthune, Archevêque de Bordeaux.		1680
	8653	Series Archiepiscoporum Coloniensium.	IV. S.	1680
	9632 & 9633	Vie & Miracles de Félix Vialat, Evêque de Châlons-sur-Marne.		1680
	9951	Oraison funèbre de Henri de Maupas du Tour, Evêque d'Evreux.		1680
	10240—10241	Vies d'Etienne-François de Caulet, Evêque de Pamiers. (*Voyez* IV. *Suppl.*)		1680
	11266	Oraison funèbre d'André de Matilhac, Doyen de S. Emilion.		1680
	11304	Histoire de Louis Moréri.		1680
IV.	S. 11486*	Vie de Pierre Tonniet, de la Congrégation des Joséphites.		1680
I.	13619 & 13620	Vie de René le Bossu, Chanoine de Sainte Geneviève.		1680
	15330	Vie de Marie Bon de l'Incarnation, Religieuse Ursuline.		1680
II.	24155	Theatrum Europæum.	1617	1680
III.	29436	Alliances entre la Suède & la France.	1630	1680
	32068	Eloge de Jacques Solleysel, Ecuyer de la grande Ecurie.		1680
	32573—32584	Pieces sur Nicolas Fouquet, Surintendant des Finances. (*Voyez* IV. *Supplém.*)		1680
I.	4766	Vies des SS. Fondateurs de Retraite, M. Kerlivio, Vincent Hubi, & Mademoiselle de Francheville.		1681
	6789	Ordonnances Synodales de Michel Amelot de Gournay, Archevêque de Tours.	1674	1681
	8156	Chiffletii Catalogus Episcoporum Vesontionensis Ecclesiæ.	III. S.	1681
	9393	Phelipeaux, Chronique des Evêques de Meaux. (*Voyez* IV. *Suppl.*)	III. S.	1681
	11064—11067	Histoires de Charles le Cointe, Prêtre de l'Oratoire.		1681
	11268—11272	Mémoires sur Michel de Marolles, Abbé de Villeloin.		1681
	11498	Vie de Jean-Antoine le Vachet, Prêtre.		1681
	14159—14161	Histoire de Jean Garnier, Jésuite.		1681
	14161—14164	Histoire de François Vavasseur, Jésuite.		1681
	14896	Eloge de Marie-Eléonore de Rohan, Abbesse de Malnoue.		1681
III.	31610	Eloge du Maréchal de la Ferté.		1681
IV.	45962—45967	Eloge d'Olivier Patru, Avocat au Parlement.		1681
I.	6031	Maimbourg, Histoire du Calvinisme.	1539	1681
	6631	Statuts Synodaux de Nantes, par Gilles de Beauvau.		1682
	6685	Statuts de M. de Lavardin, Evêque de Rennes.		1681
	6893	Assemblée du Clergé tenue à Paris. (*Voyez* IV. *Supplém.*)	1681	1682
	9142	Oraison funèbre de François-Egon de Furstemberg, Evêque de Strasbourg.		1682
IV.	S. 9979*	Oraison funèbre de Jean Forcoal, Evêque de Sénez.		1682
I.	11081	Eloge de l'Abbé Charles Cotin, de l'Académie Françoise.		1682
	11186	Histoire de M. du Hamel, Curé de S. Merry, à Paris. (*Voyez* IV. *Suppl.*)		1682
	11611	Estiennot, Collectio Antiquitatum Benedictinarum. (*Voyez* IV. *Suppl.*)		1682
	12012	Le Laboureur, les Masures de l'Abbaye de l'Isle-Barbe lès-Lyon.		1682
	12480	Bargedé, Histoire de l'Abbaye de S. Germain-d'Auxerre. (*Voyez* IV. *Suppl.*)		1682
	14165	Histoire de Pierre-François Chifflet, Jésuite.		1682
IV.	S. 14897***	Oraison funèbre d'Eléonore de Bellefont, Abbesse de Montivilliers.		1682
II.	24180	Marana, l'Espion dans les Cours des Princes Chrétiens.	1637	1682
III.	31993	Eloge de Henri de Matignon, Comte de Torigny, Lieutenant-Général.		1682
	32069	Eloge de Louis Rabuit, Comte de Souches.		1682
IV.	45884	Notice de Jean Filleau, Jurisconsulte.		1682
I.	6304	Statuts Synodaux de M. de Teslé, Evêque d'Avranches.		1683
	6553	Ordonnances Synodales de Louis Lascaris, Evêque de Limoges.		1683
	6037	de Rocoles, Histoire du Calvinisme.		1683
	7910	Columbi, de rebus gestis Episcoporum Sistaricensium.		1683
	8356	Catherinot, les Archevêques de Bourges.		1683
	11303	Vie de Jean-Baptiste Morel, Curé de Villiers-Vimeux.		1683
	11397	Vie de Pierre Ragot, Curé du Crucifix, au Mans. (*Voyez* IV. *Suppl.*)		1683
	13621	Eloge d'Anselme de Paris, Chanoine de Sainte-Geneviève.		1683
	14166	Vie de Julien Maunoir, Jésuite.		1683
	14167—14169	Histoire de René Rapin, Jésuite.		1683
	14838	Vie de Laurence de Bellefons, Fondatrice du Monastere de Notre-Dame-des-Anges, à Rouen.		1683
	15292	Vie d'Anne-Séraphique Boulier, Religieuse de la Visitation.		1683
II.	24186	Mémoires de Charles Perrault.	1662	1683
	24189	Mémoires du Duc de Navailles, Maréchal de France.	1635	1683
	25179—25196	Oraisons funèbres & Histoires de la Reine Marie-Térèse d'Autriche, épouse de Louis XIV. (*Voyez* IV. *Suppl.* & le N° 25164.)		1683
III.	29182	Theatrum Pacis.	1647	1683

Table Chronologique. 179

TOMES & Numéros.		DATES comm.	finiss.
III. 32585—32589	Pieces sur Jean-Baptiste Colbert, Ministre d'Etat. (*Voyez aussi au Tome* II, *les* N°s 24182—24187.)		1683
33800—33803	Vie de Denys Salvaing de Boëssieu, Président au Parlement de Dauphiné.		1683
IV. 45957	Eloge de René Pageau, Avocat.		1683
S. 8134*	Histoire d'Hyacinthe Libelli, Archevêque d'Avignon.		1684
9391*	Janvier, Fastes & Annales des Evêques de Meaux.	III. S.	1684
I. 10842	Recueil de Pieces sur les Missions étrangeres de France.	1615	1684
11245	Vie de François Lévesque, Prêtre de l'Oratoire.		1684
11290	Vie de Bon de Merbes, Théologien.		1684
11427	Vie d'Isaac le Maître de Sacy, Prêtre.		1684
13683	Vie du vénérable Frere Fiacre, Augustin. (*Voyez* IV. *Suppl.*)		1684
14932	Vie de Magdelène de Clermont, Abbesse de Notre-Dame de S. Paul-lès-Beauvais.		1684
IV. 48055	Oraison funèbre de la Marquise de Cœuvres, (Magdelène de Lyonne.)		1684
48075	Oraison funèbre de la Princesse Palatine, Anne de Gonzague.		1684
I. 6185	Benoist, Histoire de l'Edit de Nantes.	1598	1685
6458	Statuts de Cahors, renouvellés par Guillaume le Jay.		1685
6894	Assemblée du Clergé tenue à S. Germain-en-Laie.		1685
7866 & 7867	Eloge & Oraison funèbre du Cardinal Jérôme Grimaldi, Archevêque d'Aix.		1685
7873	de Marmet, Chronologie des Evêques d'Apt.		1685
9026	Perry, Histoire Ecclésiastique de Châlon-sur-Saône.		1685
11012	Histoire de Jean Cabassut, Prêtre de l'Oratoire.		1685
11214 & 11215	Vies de Louis Eudo de Kerlivio.		1685
12103*	de Villiers, Chronicon Luxovicum.		1685
12515	Eloge de D. Luc d'Achery, Bénédictin. (*Voyez* IV. *Suppl.*)		1685
III. 29145	Nesselii, Catalogus Chronologicus Tractatuum.	1400	1685
31061	Recueil de Lettres.	1494	1685
31545—31551	Oraisons funèbres, Eloge & Vie de Michel le Tellier, Chancelier.		1685
31731	Oraison funèbre du Maréchal Duc de Villeroy.	1625	1685
IV. S. 31944*	Eloge de Gaspard-François Belou de Fontenay, Officier de guerre.		1685
III. 32708	Mémoires de M. de Gourville.		1685
37597	de Saint-Amable, Histoire du Limosin.		1685
39601	van Loeuwen, Chronique de Hollande.		1685
IV. 45805	Notice sur Joseph de Voisin, Théologien.		1685
S. 45827*	Vie de Pierre Bardet, Avocat.		1685
I. 4752	Vie de Claude Héliot, Conseiller en la Cour des Aides.		1686
6055	Soulier, Histoire du Calvinisme.	1534	1686
6419	Ordonnances Synodales de M. de Bourlémont, Archevêque de Bourdeaux.		1686
8961	Saulnier, Histoire de l'Eglise d'Autun.	IV. S.	1686
9609	Oraison funèbre de Charles de Bourlon, Evêque de Soissons.		1686
9798	Pommeraye, Histoire de l'Eglise Cathédrale de Rouen.	III. S.	1686
11075—11080	Mémoires sur Jean-Baptiste Cotelier.		1686
11488 & 11489	Vie de Nicolas le Tourneux, Prêtre.		1686
14059	Eloge de Nicolas Barré, Minime.		1686
14207	Eloge de Pierre Poussines, Jésuite.		1686
II. 24226—24228	Histoires & Vie de Louis II de Bourbon, Prince de Condé. (*Voyez aussi les* N°s 25810—25838, & IV. *Suppl.*)		1686
24831	de Chasan, Histoire du siècle courant.	1600	1686
III. 33029	Eloge de Gaspard de Fieubet, premier Président de Toulouse.		1686
I. 4751	Vie de Jean Hamon, Médecin.		1687
6348	Ordonnances Synodales de Strasbourg, sous Martin de Ratabon.		1687
7921	Eloge d'Hyacinthe Serroni, premier Archevêque d'Albi. (*Voyez* IV. *Supplém.*)		1687
10006	Oraison funèbre de Claude Auvry, Evêque de Coutances.		1687
11097	Vie de Toussaints-Guy Desmares, Prêtre de l'Oratoire.		1687
11619	Germain, Monasticon Gallicanum.		1687
13622 & 13623	Vie de Claude du Molinet, Chanoine de Sainte Geneviève.		1687
III. 32707	Eloge de François-Hannibal Duc d'Estrées, Ambassadeur.		1687
IV. 45838 & 45839	Eloge de Jean Boscager, Professeur en Droit.		1687
I. 6895	Assemblée des Prélats tenue à Paris.		1688
10022	Mathou, Catalogus Archiepiscoporum Senonensium.		1688
10967	Histoire d'Etienne du Bois de Bretteville.		1688
14060 & 14061	Vie de François Giry, Minime.		1688
II. 24252	Mémoires de Mademoiselle de Montpensier.	1634	1688
III. 31735	Oraison funèbre de M. le Maréchal Duc de Vivonne.		1688
31801 & 31802	Oraison funèbre de M. le Duc de Mortemart, Général des Galeres de France.		1688
31930	Histoire du Marquis de Courbon.		1688
32039—32042	Eloge d'Abraham du Quesne, Lieutenant-Général des Armées du Roi.		1688

Tome V.   Z 2

Table III.

TOMES & Numéros.			DATES comm.	finiss.
III.	34055—34064	Eloge de Charles du Fresne, Sieur du Cange, Trésorier de France à Amiens.		1688
	34112—34114	Histoire de Nicolas Catherinot, Avocat du Roi, & Conseiller à Bourges.		1688
	35187	HUME, Histoire d'Angleterre.		1688
IV.	45875—45877	Histoire de Jean Doujat.		1688
I.	8634 & 8635	Eloges de Gilbert de Choiseul du Plessis-Praslin, Evêque de Cominges, & ensuite de Tournay.		1689
IV.	S. 10743*	HISTOIRE Chronologique des Evêques & Comtes de Die.		1689
I.	13216	Histoire de Nicolas le Comte, Célestin.		1689
IV.	S. 13830*	Vie de Claude-Joseph Fournet, Dominicain.		1689
III.	33202	Eloge de François Gaufridy, Conseiller au Parlement de Provence.		1689
	33812	Eloge d'Antoine Vion, Seigneur d'Hérouval, Auditeur des Comptes.		1689
	33890	Histoire d'Emeri Bigot, Doyen de la Cour des Aydes de Normandie.		1689
IV.	45901—45905	Eloge de Pierre Hallé, Docteur en Droit.		1689
	35800	DE LA THAUMASIERE, Histoire du Berry.		1689
I.	6529	Ordonnances Synodales de Grenoble, par Etienne le Camus.		1690
	6896	Assemblée du Clergé tenue à S. Germain-en-Laie.		1690
	7977	DU PORT, Histoire de l'Eglise d'Arles. (Voyez IV. Supplém.)	III. S.	1690
	9672 & 9673	HERMANT, Histoire du Diocèse de Beauvais. (Voyez IV. Suppl.)	III. S.	1690
	11193 & 11194	Vie de Godefroi Hermant, Chanoine de Beauvais.		1690
	11361 & 11362	Vie de Sébastien-Joseph du Cambout de Pontchâteau.		1690
	11433 & 11434	Histoire de Claude de Sainte-Marthe, Théologien.(Voyez aussi au Tome IV. le N° 45800.)		1690
IV.	S. 11608**	MEGE, Histoire de l'Ordre de S. Benoît.		1690
I.	15295—15298	Vie de Marguerite-Marie Alacoque, Religieuse de la Visitation.		1690
III.	29147	LEONARD, Recueil des Traités de Paix.	1435	1690
	31686—31689	Pieces sur le Maréchal Frédéric de Schomberg. (Voyez IV. Suppl.)		1690
	31999	Eloge de Claude Berbier du Metz, Lieutenant-Général.		1690
	32001—32006	Oraison funèbre de Charles de Sainte-Maure, Duc de Montausier.		1690
	32590—32591	Vie & Eloge de Jean-Baptiste Colbert, Marquis de Seignelay, Ministre d'Etat. (Voyez IV. Suppl.)		1690
	38813	CALMET, Histoire de Lorraine. (Voyez IV. Suppl.)	0	1690
I.	6354	Ordonnances Synodales d'Arras, sous M. de Rochechouart.	1675	1691
	6782	Statuts & Réglements de Tulles, par Humbert Ancelin.		1691
	7932	Vie de Louis Abelly, Evêque de Rodès.		1691
	11038	Vie de François Chansiergues, Instituteur des Séminaires de la Providence.		1691
	11127	Eloge de Pierre Floriot, Prêtre.		1691
	11183	Vie de Martin Grandin, Théologien.		1691
III.	32591—32593	Pieces sur François-Michel le Tellier, Marquis de Louvois, Ministre d'Etat. (Voyez IV. Suppl.)		1691
IV.	45887	Vie de Bonaventure de Fourcroy, Avocat.		1691
	45970	Histoire de François Pinson, Jurisconsulte.		1691
	48089	Vie de Madame de Hautefort, Duchesse de Schomberg.		1691
I.	6738	Statuts Synodaux de Sens, sous Hardouin Fortin de la Hoguette.		1692
	10412—10417	Pieces sur Henri Arnaud, Evêque d'Angers. (Voyez IV. Suppl.)		1692
	10612	DE L'AIGLE, Mémoires sur les Evêques de Toul.	IV. S.	1692
IV.	S. 11129*	Vie de M. Foucault, Curé de S. Michel d'Orléans.		1692
I.	11284—11288	Histoire de Gilles Ménage, Doyen de S. Pierre d'Angers.		1692
	12415	FÉLIBIEN, Histoire de l'Abbaye de S. Denys en France.	358	1692
	13334	Vie du Solitaire d'Anjou, (qu'on a prétendu être le Comte de Moret.) (Voyez IV. Suppl.)		1692
	14170	Vie de Jean Crasset, Jésuite.		1692
	14933	Vie de Magdelène de Clermont-Tonnerre, Abbesse de Notre-Dame de S. Paul-lès-Beauvais.		1692
II.	15801	BATAILLES des François.	498	1692
III.	35182	D'ORLÉANS, Histoire des Révolutions d'Angleterre.		1692
IV.	45829 & 45830	Vie de Jacques Baudin, Professeur en Droit.		1692
	45854	Vie de Nicolas Chorier, Avocat en Dauphiné.		1692
	45954	Vie de Jean le Noir, Théologal de Séez.		1692
I.	6305	Statuts Synodaux de Daniel Huet, Evêque d'Avranches.		1693
	6444	Statuts Synodaux du Diocèse de Chartres, renouvellés par M. des Marais.		1693
	6454	Ordonnances de Louis-Antoine de Noailles, Evêque de Châlons-sur-Marne.		1693
	6571—6573	Ordonnances Synodales de Luçon, sous Henri de Barillon.		1693
	6804	Ordonnances Synodales de Vannes, par Laurent Cibon.		1693
	8332	Vie de Guillaume le Boux, Evêque de Périgueux.		1693
	8955 & 8956	Oraison funèbre & Vie de Camille de Neufville de Villeroy, Archevêque de Lyon.		1693
	10730	Oraison funèbre de Henri de Villars, Archevêque de Vienne.		1693

Table Chronologique.

TOMES & Numéros.			DATES comm.	finiss.
I.	11037	Histoire de Pierre Cureau de la Chambre, Curé de S. Barthélemi, à Paris.		1693
	11466	Histoire de François Tallemant.		1693
	12516	Histoire de Louis Bulteau.		1693
	13164	Vie de Dominique Georges, Abbé de Valricher.		1693
	14171	Vie de Vincent Huby, Jésuite.		1693
III.	32760—32764	Vie de Paul Pellisson-Fontanier, Maître des Requêtes.		1693
IV.	S. 39424*	LE ROY, Historia Comitum Hannoniæ.		1693
	45917	Eloge de François de Launay, Professeur en Droit.		1693
	48069	Eloge de Madame la Comtesse de la Fayette, (Marie-Magdelène de la Vergne.)		1693
I.	5618—5620	Vie d'Antoine Arnauld, Docteur de Sorbonne. (Voyez aussi Tome IV. N° 45763.)		1694
	6339	Ordonnances Synodales du Diocèse d'Aix, sous M. de Cosnac.	1693	1694
	6897	Assemblée du Clergé tenue à Paris.		1694
	10972—10975	Histoire de Jean-Baptiste Boisot, Abbé de S. Vincent de Besançon.		1694
	10984—10986	Histoire d'Ismaël Bouillaud, Prêtre, Astronome & Historien.		1694
	11060 & 11061	Histoire de François de Clugny, Prêtre de l'Oratoire.		1694
	11114	Vie de Matthieu Feydeau, Prêtre. (Voyez IV. Supplém. 11121*, par méprise.)		1694
	11121	Vie de Jacques Fevret, Bachelier en Théologie.		1694
	11175—11177	Eloge de Marin Grosteste des Mahis, Chanoine d'Orléans.		1694
	11208	Vie de Bénigne Joly, Chanoine de S. Etienne de Dijon. (Voyez IV. Suppl.)		1694
	11227	Eloge de Louis Irland de Lavau, Trésorier de S. Hilaire de Poitiers.		1694
IV.	S. 12662**	Eloge de Dom Julien-Gatien Morillon, Bénédictin.		1694
I.	13684 & 13685	Eloge d'Anselme de la Vierge Marie, Augustin.		1694
	15293 & 15294	Vie de Louise-Eugénie de Fontaine, Religieuse de la Visitation.		1694
II.	15800	AUBERY, Journaux des regnes de nos Rois.		1694
III.	38777	MAILLETE, Journal de Metz.	1663	1694
IV.	45995	Eloge d'Antoine de Rez, Avocat au Parlement.		1694
	S. 5928*	MIRASSON, Histoire des troubles du Béarn.		1695
I.	6318	Statuts Synodaux du Diocèse d'Albi, sous M. de la Berchere.		1695
	6387	Ordonnances Synodales d'Auxerre, publiées par André Colbert. (Voyez IV. Supplém.)	1683	1695
	6898 & 6899	Assemblées du Clergé tenues à Paris & à S. Germain-en-Laie.		1695
	8491—8493	Oraisons funèbres de Louis de Lascaris d'Urfé, Evêque de Limoges. (Voyez IV. Suppl.)		1695
	9349—9352	Oraisons funèbres, Eloges & Vie de François de Harlay de Chanvallon, Archevêque de Paris.		1695
	9353	DE MARTIGNAC, Eloges des Evêques & Archevêques de Paris. (Voyez IV. Suppl.)	1596	1695
	10797 & 10798	Vie de Jean d'Aranthon d'Alex, Evêque de Genève. (Voyez IV. Supplém. 10796* & 10798*.)		1695
	11321	Vie de Pierre Nicole. (Voyez aussi les N°s 5622 & 5623, & IV. 46524.)		1695
	11480—11483	Histoire de Louis Thomassin, Prêtre de l'Oratoire.		1695
	12401 & 12402	Histoire de Dom Claude Lancelot, Moine de S. Cyran.		1695
	13384	Vie de Sébastien Sicler, Ermite au Diocèse de Noyon.		1695
	13687 & 13688	Vie d'Augustin Lubin, Augustin.		1695
III.	31641—31648	Histoire du Maréchal Duc de Luxembourg. (Voyez IV. Suppl.)		1695
	33092	Eloge de Jean-Baptiste Lantin, Conseiller au Parlement de Dijon.		1695
	34067	Vie de François Jogue de Bouland, Président à l'Election d'Orléans.		1695
IV.	45817—45819	Vie d'Antoine Aubery, Avocat au Parlement.		1695
I.	6324	Statuts Synodaux du Diocèse d'Amiens, sous M. de Brou.		1696
	6545	Ordonnances Synodales du Diocèse de Laon, publiées par Louis de Clermont.		1696
	6583	Ordonnances de Camille de Neufville, Archevêque de Lyon.		1696
	6761	Ordonnances Synodales de Jean-Baptiste-Michel Colbert, Archevêque de Toulouse.		1696
	10968	Histoire de Gérard du Bois, Prêtre de l'Oratoire.		1696
	12817	DE RUFFY, Histoire de l'Abbaye de S. Victor de Marseille.		1696
	13610	Vie de Paul Beurrier, Abbé de Sainte Geneviève.		1696
	14841	Eloge de Jacqueline Bouette de Blémur, Religieuse du Saint-Sacrement.		1696
III.	35181	PHILIPS, Continuation de l'Histoire d'Angleterre de Baker.	1641	1696
I.	4776 & 4777	Eloge & Vie de Louise Boyer, Duchesse de Noailles.		1697
IV.	S. 6446*	Synode de Carpentras, sous Laurent Bury.		1697
I.	6668	Statuts Synodaux de Louis-Antoine de Noailles, Archevêque de Paris.		1697
	6900	Assemblée du Clergé tenue à Paris.		1697

182 *Table III.*

Tomes & Numéros.			Dates comm.	finiss.
I.	7897	Anthelmi, Histoire de la Ville & de l'Eglise de Fréjus.		1697
IV.	S. 8088* &**	Eloge & Histoire de Paul-Philippe de Chaumont, Evêque d'Acqs.		1697
I.	8794	Matthæi Chronica de Trajecto (Utrecht), cum Actis publicis. (*Voyez* IV. *Suppl.*)		1697
	10892 & 10893	Histoire de Joseph Antelmi, Chanoine de Fréjus.		1697
IV.	S. 11434*	Eloge de Louis-Abel de Sainte-Marthe, Général de l'Oratoire.		1697
I.	11477	Eloge de Claude Thévenin, Chanoine de l'Eglise de Paris.		1697
	13481—13485	Eloge de Jean-Baptiste Santeuil, Chanoine de S. Victor.		1697
	13727	Histoire de Joseph la Broise, Carme déchaussé.		1697
	13889 & 13890	Oraison funèbre de François le Roux, Cordelier.		1697
	15004	Vie de Magdelène du Saint-Sacrement, Carmélite.		1697
II.	24370	Mémoires du Chevalier de la Fontaine.	1636	1697
	24373	Fastes des Rois de la Maison d'Orléans & de celle de Bourbon.	1498	1697
	24375	Leti, Theatro Gallico.	1572	1697
IV.	S. 31107*	Ragguaglio istorico di quanto è seguito dopo la pace di Nimegua.	1678	1697
III.	33222	Mémoires de Claude-Ambroise Philippe, Président au Parlement de Besançon.		1697
I.	6336	Ordonnances & Statuts Synodaux du Diocèse d'Apt, sous M. de Colongue.		1698
	6379	Recueil des Statuts Synodaux du Diocèse d'Auch, par M. de la Baume de Suze.		1698
	6484	Statuts Synodaux de Die, publiés par Séraphim Pajot.		1698
	6508	Statuts Synodaux publiés par Jacques Potier, Evêque d'Evreux.		1698
	6611	Statuts Synodaux de Jacques-Bénigne Bossuet, Evêque de Meaux. (*Voyez* IV. *Suppl.*)	1691	1698
	6651	Statuts Synodaux de François de Clermont-Tonnerre, Evêque de Noyon.		1698
	8322	Oraison funèbre de François-Ignace de Baglion de Saillant, Evêque de Poitiers.		1698
	9980	Oraison funèbre de Maturin Savary, Evêque de Séez.		1698
	11100	Eloge d'Emery Dreux, Sous-Chantre de l'Eglise de Paris.		1698
	11237—11240	Histoire de Sébastien Lenain de Tillemont.		1698
	11952	Sartorii, Historia Ordinis Cisterciensis.	1098	1698
	13832	Histoire de Jacques Quétif, Dominicain.		1698
II.	15834	Lesconvel, Histoire de France.	420	1698
IV.	S. 39190*	Junckeri Fasti Moguntinenses.		1698
	39206*	Junckeri Fasti Colonienses.		1698
	39236*	Junckeri Fasti Trevirenses.		1698
IV.	45770	Vie d'Antoine Charlas.		1698
I.	4915	de Guffulette, Histoire de l'Eglise Gallicane.		1699
	5380	de Riquet, Histoire de l'Eglise de Saint-Diez en Lorraine.	660	1699
	6402	Statuts du Cardinal de Janson, Evêque de Beauvais.		1699
	6448	Statuts Synodaux du Diocèse de Castres, sous M. de Maupeou.		1699
	6610	Choix des Canons de l'Eglise de Metz, par Charles de Cambout.		1699
	8344 & 8345	Oraison funèbre & Vie de Henri de Barillon, Evêque de Luçon. (*Voyez* IV. *Supplém.*)		1699
	11161 & 11162	Histoire de Jean Gerbais, Docteur de Sorbonne. (*Voyez aussi au Tome* IV. *le N°* 45889.)		1699
	13892 & 13893	Histoire d'Antoine Pagi, Cordelier. (*Voyez* IV. *Supplém.*)		1699
III.	31552—31554	Eloges funèbres de Louis Boucherat, Chancelier. (*Voyez* IV. *Supp.*)		1699
	32594	Vie de Simon Arnauld d'Andilly, Marquis de Pomponne, Ministre d'Etat.		1699
IV.	45772—45774	Mémoires sur Louis Ferrand, Avocat.		1699
I.	4918	Racine, Histoire Ecclésiastique. (*Voyez* IV. *Suppl.*)	I. S.	1700
	5632	Phelipeaux, Relation de ce qui concerne le Quiétisme.		1700
IV.	S. 6425*	Recueil des Ordonnances Synodales de Châlon-sur-Saône.		1700
I.	6749	Statuts Synodaux de Soissons, par Fabio Brulart de Sillery.		1700
	6901 & 6902	Assemblée du Clergé tenue à S. Germain-en-Laie.		1700
IV.	S. 10605*	Suite des Evêques de Toul.		1700
I.	10922 & 10923	Histoire de Michel-Antoine Baudrand.		1700
	11045	Histoire d'André Chevillier, Docteur de Sorbonne.		1700
	11095 & 11096	Histoire de Jean Deslyons, Doyen de l'Eglise de Senlis.		1700
	11209—11211	Histoire de Claude Joly, Grand Chantre & Official de Paris.		1700
	13146—13157	Vie d'Armand-Jean le Bouthillier de Rancé, Abbé de la Trappe. (*Voyez* IV. *Supplém.*)		1700
II.	15836	de Coursons, Méthode pour apprendre l'Histoire de France.	420	1700
III.	29148	Recueil de Traités de Paix.	536	1700
	29151	Leibnits, Codex Juris Gentium diplomaticus. (*Voyez* IV. *Suppl.*)		1700
IV.	S. 31113*	Notes & Fragmens écrits de la main de Louis XIV.	1667	1700
III.	35195	de Masseville, Histoire de Normandie.		1700
	39052	Potier, Chronique du Câteau Cambresis.		1700
	39519	Papebrochii, Annales Antverpienses.		1700
IV.	45764	Notice de Jean Babu, Controversiste.		1700
I.	6413	Statuts du Diocèse de Boulogne, publiés par Pierre de Langle.		1701

Table Chronologique.

Tomes & Numéros.		Dates comm.	finiss.
I.	6903 Assemblée du Clergé tenue à Paris.		1701
	9762 Mémoire sur François de Clermont-Tonnerre, Evêque de Noyon.		1701
	11319 & 11320 Mémoires sur Claude Nicaise, Chanoine de la Sainte-Chapelle de Dijon. (*Voyez* IV. *Supplém.*)		1701
	14172 Vie d'Etienne des Champs, Jésuite.		1701
	14920 Vie d'Anne-Victoire de Clermont-Montglat, Abbesse de Gif.		1701
II.	25652—25658 Histoires de Philippe de France, Duc d'Orléans, fils de Louis XIII. (*Voyez* IV. *Supplém.*)		1701
III.	32595 Vie de M. le Marquis de Barbésieux, Ministre d'Etat.		1701
	37531 Tillet, Continuation de la Chronique Bourdeloise.	1671	1701
I.	4746 Vie de Juste de Clermont d'Amboise, Chevalier de Reynel.		1702
	6904 Assemblée du Clergé tenue à Paris.		1702
	8151 Histoire de François Genêt, Evêque de Vaison. (*Voyez* IV. *Suppl.*)		1702
	8305 Oraison funèbre de Guillaume de la Brunetiere, Evêque de Saintes.		1702
	8323 Oraison funèbre d'Antoine Girard, Evêque de Poitiers.		1702
	8339 & 8340 Eloge & Oraison funèbre de Charles-Magdelène de Frezeau de la Frezeliere.		1702
	10980 & 10981 Vies de Henri-Marie Boudon, Archidiacre d'Evreux.		1702
	11755 Histoire Chronologique du Prieuré de la Charité-sur-Loire.		1702
IV.	S. 11869* de Bonnefons, Historia Corbeiensis.		1702
I.	14173—14175 Histoire de Dominique Bouhours, Jésuite.		1702
III.	31636 Oraison funèbre du Maréchal de Lorges.		1702
	35183 Larrey, Histoire d'Angleterre.	1066	1702
I.	6554 Ordonnances Synodales de François de Carbonel, Evêque de Limoges.		1703
	8274—8276 Oraison funèbre & Vie de Jules Mascaron.		1703
	9253 Chronologie des Abbés & des Evêques de Saint-Pons. (*Voyez* IV. *Suppl.*)		1703
	10971 Histoire de Philippe du Bois, Chanoine de S. Etienne-des-Grès.		1703
	11479 Histoire de Jean-Baptiste Thiers, Curé de Vibray. (*Voyez aussi* au Tome IV. *le N°* 45801.)		1703
IV.	S. 13248* Eloge de Dom Innocent le Masson, Général des Chartreux.		1703
I.	14176 Eloge d'Antoine Bonnet, Jésuite.		1703
	15837 Singularia Historiæ Galliæ.	420	1703
III.	32058—32060 Vie de Charles de Saint-Denys, Sieur de Saint-Evremont.		1703
IV.	45913 Eloge de Jacques de la Lande.		1703
I.	6421 Ordonnances Synodales de Bordeaux, par M. de Bezons.		1704
	6765 Ordonnances Synodales de Toulon, par Armand-Louis le Bonnin de Chalucet.		1704
	8800 Matthæi, Fata Ecclesiarum Ultrajecti.	VII. S.	1704
IV.	S. 9178* Oraison funèbre de Pierre de Bonzy, Cardinal, Archevêque de Narbonne.		1704
I.	9424—9430 Oraisons funèbres, Eloges & Vies de Jacques-Bénigne Bossuet, Evêque de Meaux. (*Voyez* IV. *Supplém.*)		1704
IV.	S. 10170* Vie d'André Colbert, Evêque d'Auxerre.		1704
I.	13260 & 13261 Histoire de D. Noël Bonaventure d'Argonne, Chartreux.		1704
	14062 Histoire de Charles Plumier, Minime.		1704
	14177—14179 Vie de Louis Bourdaloue, Jésuite. (*Voyez* IV. *Suppl.*)		1704
III.	31855 Eloge de Louis-Marie de Rochebaron, Duc d'Aumont.		1704
I.	6584 Statuts Synodaux de Claude de S. Georges, Archevêque de Lyon.		1705
	6750 Ordonnances Synodales de Tarbes, par François de Poudenx.		1705
	6905 & 6906 Assemblée du Clergé tenue à Paris.		1705
	8636 Oraison funèbre de Louis-Marcel de Coëtlogon, Evêque de Tournai. (*Voyez* IV. *Suppl.*)		1705
	9144 Oraison funèbre de Guillaume-Egon de Furstemberg, Cardinal, Evêque de Strasbourg.		1705
	9891 Hermant, Histoire du Diocèse de Baïeux.	IV. S.	1705
	10549 Benoit, Histoire de la Ville & des Evêques de Metz.	IV. S.	1705
	10615 Benoit, Histoire de la Ville & Diocèse de Toul.	III. S.	1705
	10659 Benoit, Histoire de la Ville & Evêché de Verdun.	IV. S.	1705
	14180 & 14181 Histoire de Claude-François Ménestrier, Jésuite.		1705
II.	15838 de Feuquerolles, Tablettes historiques & Chronologiques des Guerres de France. (*Voyez* IV. *Suppl.*)		1705
IV.	48003 Notice de la Comtesse d'Aunoy, (Marie-Catherine-Jumelle de Berneville.)		1705
I.	6560 Statuts Synodaux de Léon, par Jean-Louis de Bourdonnaye.		1706
	6635 Statuts Synodaux de Narbonne, par Charles le Goux de la Berchere.		1706
	6771 Statuts Synodaux de Troies, sous Denys-François le Bouthillier.		1706
	9670 & 9671 Simon, Supplément & Additions à l'Histoire de Beauvaisis. (*Voyez* IV. *Suppl.*)		1706
IV.	S. 9725** Oraison funèbre de Henri Feydeau de Brou, Evêque d'Amiens.		1706
	9998* Histoire Ecclésiastique de Coutances.	IV. S.	1706

Tomes & Numéros.			Dates comm.	finiss.
I.	10888	Histoire de Claude Ameline, Grand-Archidiacre de Paris.		1706
	10903—10908	Vie d'Adrien Baillet, Bibliothécaire de M. de Lamoignon.		1706
	11130	Eloge de Louis de Fougasse la Bastie d'Entrechaux, Chanoine de Notre-Dame de Dons.		1706
	11187—11189	Histoire de Jean-Baptiste du Hamel, Académicien.		1706
	13014 & 13015	Eloge de Paul-Yves Pezron, Abbé de la Charmoye.		1706
	13833 & 13834	Histoire d'Antonin Massoulié, Dominicain.		1706
III.	32263—32268	Oraison funèbre du Cardinal Pierre du Cambout de Coislin, Evêque d'Orléans, Grand-Aumônier de France.		1706
I.	4749	Vie de François-Arnaud de Courville, Colonel & Brigadier des Armées du Roi.		1707
	6809	Statuts Synodaux de Besançon, sous François-Joseph de Gramont.	1480	1707
	6907	Assemblée du Clergé tenue à Paris.		1707
	8213	RUCHAT, Succession des Evêques de Lausanne.	VI. S.	1707
	10759 & 10760	Vies d'Etienne le Camus, Cardinal, Evêque de Grenoble. (Voyez IV. Supplém.)		1707
	11140—11142	Histoire de Jean Gallois, Académicien. (Voyez IV. Suppl.)		1707
	12517—12523	Histoire de D. Jean Mabillon, Bénédictin. (Voyez IV. Suppl.)		1707
	13119	Vie de Charles-Henri de Bentzeradt, Abbé d'Orval.		1707
	15085	Vie de Françoise-Angélique d'Estampes de Valançay, Abbesse des Clairets.		1707
II.	15839	BUFFIER, Pratique de la mémoire artificielle pour l'Histoire de France.	420	1707
III.	29192	RECUEIL de Traités de Paix, &c.	1647	1707
	31725	Eloge du Maréchal de Vauban.		1707
	33175 & 33176	Histoire de Jean-Laurent le Cerf de la Vieville de Freneuse, Garde-des-Sceaux du Parlement de Rouen.		1707
	34019—34021	Histoire de Louis Cousin, Président de la Cour des Monnoies.		1707
I.	7869	Histoire de Daniel de Cosnac, Archevêque d'Aix.		1708
IV.	S. 9251*	Vie de Charles-Nicolas Taffoureau de Fontaines, Evêque d'Alet.		1708
I.	10685	DE MAUPERTUIS, Histoire de l'Eglise de Vienne.	I. S.	1708
	11278	Vie de François Mathon, Chapelain des Carmélites d'Amiens.		1708
	11281 & 11282	Histoire de François de Maucroix. (Voyez IV. Suppl.)		1708
	11861—11863	Histoire de Claude de Vert, Religieuse de Cluni.		1708
	15338	Oraison funèbre de Marie-Françoise de Lezay de Luzignan, Religieuse.		1708
III.	31669	Oraison funèbre du Maréchal Anne-Jules de Noailles.		1708
I.	9385—9387	Oraison funèbre, Vie & Eloge de Paul-Godet des Marais, Evêque de Chartres.		1709
	10440	Oraison funèbre de Gilles de la Baume le Blanc de la Valliere, Evêque de Nantes.		1709
	10926	Mémoires sur Charles Walon de Beaupuis, Prêtre de Beauvais.		
	11113	Vie de l'Abbé Joachim Faultrier.		1709
	11329—11331	Histoire d'Isaac Papin, Ministre converti.		1709
	11754	BERNOT, Histoire du Prieuré & de la Ville de la Charité-sur-Loire.		1709
	12524—12527	Histoire de Thierri Ruinart, Bénédictin.		1709
	13835	Histoire d'Alexandre Piny, Dominicain.		1709
	14183	Eloge de François de la Chaize, Jésuite.		1709
	15074 & 15075	Vie de Louise-Hollandine, Palatine de Baviere, Abbesse de Maubuisson.		1709
IV.	S. 15838*	LE BRETHON, Historia Regum Franciæ.		1709
	25839 & 25840	Oraisons funèbres de Henri-Jules de Bourbon, Prince de Condé, Grand-Maître de France.		1709
	25856—25859	Oraison funèbre de François-Louis de Bourbon, Prince de Conty, & autres Pieces qui le concernent. (Voyez IV. Suppl.)		1709
III.	32947—32949	Histoire de Chrétien-François de Lamoignon, Président à mortier.		1709
	32986	Eloge de Jean le Nain, Avocat Général.		1709
IV.	48091	Oraison funèbre de la Marquise d'Heudicourt, (Anne-Marie Françoise de Lénoncourt.)		vers 1710
	S. 9157*	BULLÆ & Statuta pro Ordinatione Ecclesiæ Narbonensis.		
I.	6908 & 6909	Assemblée du Clergé tenue à Paris.		1710
	9206—9209	Oraison funèbre, Eloges & Histoire d'Esprit Fléchier, Evêque de Nimes.		1710
	9981 & 9982	Oraison funèbre & Vie de Louis d'Acquin, Evêque de Séez. (Voyez IV. Suppl.)		1710
	10232	Oraison funèbre de Jean-Baptiste-Michel Colbert de Villacerf, Archevêque de Toulouse.		1710
	11249	Vie de Pierre Lombert.		1710
	12405	DU BOIS, Series Abbatum S. Dionysii in Francia.		1710
	13159	Vie du Frere Arsene de Janson, Moine de la Trappe.		1710
	15007	Vie de Madame la Duchesse de la Valliere, Carmélite. (Voyez aussi au Tome IV. les Nos 48207—48209, & au Supplém. 48209* & **.)		1710

I. 15076 Vie

Table Chronologique.

TOMES & Numéros.			DATES comm.	finiff.
I.	15076	Vie d'Anne-Louife de Brigueul, Réformatrice de l'Abbaye de Mouchy.		1710
III.	32766	Remarques fur Michel Bégon, Maître des Requêtes.		1710
V.	Add. 5565*	DU PIN, Hiftoire Eccléfiaftique du XVIIᵉ Siécle.	1587	1711
I.	6696	Ordonnances Synodales du Diocèfe de la Rochelle, fous Etienne de Champflour.		1711
	6741	Statuts Synodaux de Sifteron, par Louis Thomaffin.		1711
	11453—11455	Hiftoire de Richard Simon, ci-devant de l'Oratoire.		1711
	11614	PEZ, Bibliotheca Benedictina Mauriana.	1644	1711
	12528	Hiftoire de Pierre-François Lamy, Bénédictin.		1711
	13895	Eloge de Claude Fraffen, Francifcain.		1711
	15089—15132	Hiftoires de l'Abbaye de Port-Royal.	1204	1711
II.	15840	BEREY, Hiftoire de la Monarchie Françoife, par Portraits.	420	1711
	25691—25702	Oraifons funèbres & Eloges de M. le Dauphin, fils de Louis XIV. (*Voyez* IV. Suppl.)		1711
III.	31597—31601	Hiftoire & Oraifons funèbres du Maréchal de Boufflers. (*Voyez* IV. Suppl.)		1711
	31614	Oraifon funèbre du Maréchal Claude de Choifeul. (*Voyez* IV. Supplém.)		1711
	32596	Vie de Claude le Pelletier, Miniftre d'Etat.		1711
IV.	45778	Hiftoire de Gabriel Gerberon, Bénédictin.		1711
I.	6361	Decrets du Synode d'Avignon, fous M. Gonterio.		1712
	6600	Statuts Synodaux de Marfeille, par M. de Belfunce.		1712
	6655	Recueil des Ordonnances du Diocèfe d'Oleron.		1712
	6780	Ordonnances Synodales de Henri de Thiard de Billy, & de François Blovet de Camilly, Evêques de Toul.		1712
	6910	Affemblée du Clergé tenue à Paris.		1712
	11467 & 11468	Hiftoire de Paul Tallemant, Académicien.		1712
	13645	Vie de François d'Aligre, Abbé de S. Jacques de Provins.		1712
	14064	Vie de Jérôme Dérienne, Minime. (*Voyez* IV. Suppl.)		1712
	14184 & 14185	Hiftoire de Jean Dez, Jéfuite.		1712
	15802	ALLETZ, Victoires mémorables des François.		1712
	25706—25721	Oraifons funèbres & Eloges de M. le Dauphin, petit-fils de Louis XIV. (*Voyez* IV. Suppl.)		1712
III.	31611	Mémoires fur le Maréchal de Catinat.		1712
	38183	CLÉMENT, Chronologie des Comtes & Princes d'Orange.	1000	1713
IV.	S. 10730*	Oraifon funèbre d'Armand de Montmorin, Archevêque de Vienne.		1713
I.	11394—11396	Vie de François-Séraphin Régnier Defmarefts.		1713
	13162 & 13163	Vie de Dom Pierre Lenain, Sous-Prieur de la Trappe.		1713
IV.	31133*	Mémoires de M. de Chamlai.	1689	1713
III.	31138	RECUEIL de Pieces.	1589	1713
	32273	Vie du Cardinal Touffaints de Forbin de Janfon, Evêque de Beauvais, Grand-Aumônier de France.		1713
I.	6911	Affemblée des Prélats à Paris.		1714
	8799	VAN HEUSSEN, Batavia facra.		1714
	8957	Oraifon funèbre de Claude de S. Georges, Archevêque de Lyon.		1714
	9611	Eloge de Fabio Brulart de Sillery, Evêque de Soiffons.		1714
	9654	Vie du Cardinal Céfar d'Eftrées, Evêque de Laon.		1714
	10119	FOURNIER, Vie de plufieurs Evêques d'Auxerre.		1714
	10961	Mémoire fur Antoine Blache, Curé de Ruel, près de Paris. (*Voyez* IV. Suppl.)		1714
	13836	Hiftoire d'Antoine Chatagnié, Dominicain.		1714
III.	29195	RECUEIL de Traités.	1648	1714
	29197	RECUEIL de Traités.	1648	1714
I.	4909	DE CHOISY, Hiftoire de l'Eglife.	I. S.	1715
	4917	D'AVRIGNY, Mémoires pour l'Hiftoire Eccléfiaftique.	1600	1715
	6912 & 6913	Affemblée du Clergé. (*Voyez* IV. Suppl.)		1715
	7855	HISTORIA Archiepifcoporum Aquenfium.	IV. S.	1715
	7871	HISTORIA Epifcoporum Aptenfium.	IV. S.	1715
	7878	HISTORIA Epifcoporum Regenfium.	V. S.	1715
	7895	HISTORIA Epifcoporum Forojulienfium.	IV. S.	1715
	7901	HISTORIA Epifcoporum Vapincenfium.	V. S.	1715
	7909	HISTORIA Epifcoporum Siftaricenfium.	V. S.	1715
	7911	HISTORIA Epifcoporum & Archiepifcoporum Albienfium.	III. S.	1715
	7922	HISTORIA Epifcoporum Ruthenenfium.	V. S.	1715
	7933	HISTORIA Epifcoporum Caftrenfium.	XIV. S.	1715
	7936	HISTORIA Epifcoporum Cadurcenfium.	III. S.	1715
	7955	HISTORIA Epifcoporum Vabrenfium.	XIV. S.	1715
	7960	HISTORIA Epifcoporum Mimatenfium.	III. S.	1715
	7971	HISTORIA Archiepifcoporum Arelatenfium.	III. S.	1715
	8025	HISTORIA Epifcoporum Maffilienfium.	III. S.	1715
	8056	HISTORIA Epifcoporum Tricaftinorum.	V. S.	1715
	8060	HISTORIA Epifcoporum Telonenfium.	IV. S.	1715
	8067	HISTORIA Epifcoporum Arauficanorum.	IV. S.	1715

Tome V.

Tomes & Numéros.			Dates comm.	finiss.
I.	8078	Historia Episcoporum Elusanorum & Archiepiscoporum Auscienfium.	IV. S.	1715
	8088	Historia Episcoporum Aquensium.	V. S.	1715
	8089	Historia Episcoporum Lactorensium.	VI. S.	1715
	8090	Historia Episcoporum Convenensium.	V. S.	1715
	8096	Historia Episcoporum Conseranensium.	V. S.	1715
	8102	Historia Episcoporum Adurensium.	VI. S.	1715
	8103	Historia Episcoporum Vasatensium.	VI. S.	1715
	8108	Historia Episcoporum Tarbensium.	V. S.	1715
	8110	Historia Episcoporum Lascurrensium.	VI. S.	1715
	8111	Historia Episcoporum Oleronensium.	VI. S.	1715
	8120	Historia Episcoporum Baionensium.	IX. S.	1715
	8122	Historia Episcoporum & Archiepiscoporum Avenionensium.	III. S.	1715
	8135	Historia Episcoporum Carpentoractensium.	VI. S.	1715
	8143	Historia Episcoporum Vasionensium.	IV. S.	1715
	8152	Historia Episcoporum Cabellionensium.	VI. S.	1715
	8578—8582	Histoires & Vies de François de Salignac de la Motte-Fénelon, Archevêque de Cambray. (*Voyez* IV. *Suppl.*)		1715
IV.	S. 9157*	Priviléges accordés, par les Rois, aux Archevêques & à l'Eglise de Narbonne.		1715
I.	9913	Oraison funèbre de François de Nesmond, Evêque de Bayeux.		1715
	10078	Oraison funèbre de Hardouin Fortin de la Hoguette, Archevêque de Sens.		1715
	11218	Eloge de Jean-François de Negre de Lacan, Archidiacre de Montpellier.		1715
	11222 & 11223	Histoire de Bernard Lamy, Prêtre de l'Oratoire.		1715
	11256—11261	Eloge de Nicolas Malebranche, Prêtre de l'Oratoire.		1715
	11485 & 11486	Histoire de Jean-Marie la Marque de Tilladet, Académicien.		1715
II.	15602	De Sibert, Variations de la Monarchie Françoise.		1715
	15763	De Limiers, Abrégé Chronologique de l'Histoire de France, sous Louis XIII & Louis XIV.	1610	1715
	15765	Griffet, Continuation de l'Histoire de France du P. Daniel. (*Voyez* IV. *Suppl.*)	1610	1715
	15766	Dorival, Continuation de l'Abrégé de l'Histoire de France du P. Daniel.	1610	1715
	15843	De Dangeau, Tables historiques de la Monarchie Françoise.	420	1715
	15852	Hénault, Abrégé Chronologique de l'Histoire de France.	480	1715
	15867	Anecdotes Françoises. (*Voyez* IV. *Suppl.*)	480	1715
	15870	De Launay, Histoire de France par jetons.	420	1715
	15929	Chronologia Regum Francorum.	420	1715
	24541	D'Avrigny, Mémoires pour l'Histoire universelle de l'Europe.	1600	1715
III.	30710—31146	Pieces qui concernent le regne de Louis XIV. (*Voyez* IV. *Suppl.*)	1643	1715
	32269—32272	Pieces pour le Cardinal de Bouillon, Grand-Aumônier de France.		1715
	34065 & 34066	Vie de Pierre Taisand, Jurisconsulte & Trésorier de France à Dijon.		1715
IV.	45882	Histoire de Claude de Ferriere, Jurisconsulte.		1715
	45989 & 45990	Vie de Guillaume Prousteau, Professeur en Droit, à Orléans.		1715
II.	24540	Recueil de Pieces sur l'Histoire de Louis XIV.	1643	1715
	22172—24541	Ouvrages qui concernent le regne de Louis XIV.	1643	1715
		Louis XV succede à Louis XIV, son bisaieul.		1715
I.	9692	De Riencourt, Histoire des Evêques d'Amiens.	III. S.	1716
	10023	Fenel, Mémoires pour l'Histoire des Archevêques de Sens.	III. S.	1716
IV.	S. 10331*	Notice de Matthieu Ysoré d'Hervault, Archevêque de Tours.		1716
I.	10966	Histoire de Jacques Boileau, Docteur de Sorbonne. (*Voyez* IV. *Supplém.*)		1716
	11298	Vie de Louis-Marie Grignion de Montfort, Missionnaire Apostolique. (*Voyez* IV. *Suppl.*)		1716
	11539	Mémoires sur la vie de Charles Witasse.		1716
	14952	Vie de Marie-Catherine-Antoinette de Gondi, Supérieure-Générale du Calvaire.		1716
IV.	S. 15205*	Vie de Marie-Françoise le Picart, Tiercaire.		1716
II.	24544	Mémoires de Mylord Bolingbroke.	1710	1716
III.	31971	Vie de Joachim de Lyonne, premier Ecuyer de la grande Ecurie du Roi.		1716
IV.	45775	Eloge de Jacques le Fevre, Docteur de Sorbonne.		1716
I.	8102	Eloge de François-Joseph de Grammont, Archevêque de Besançon.		1717
	8499	Baluzii, Historia Ecclesiæ Tutelensis.		1717
	9058	Historia Episcopatûs Antuerpiensis.		1717
	9786	Bessin, Series Archiepiscoporum Rotomagensium & Suffraganeorum.	III. S.	1717
	11323	Vie de Jean de la Noé-Ménard, Prêtre de Nantes.		1717
	11354	Eloge de Michel Pinard, Théologal de Sens.		1717.

Table Chronologique.

Tomes & Numéros.		Dates comm.	finiss.
I.	11391	Mémoire sur Hyacinthe Ravechet, Docteur de Sorbonne. (*Voyez* IV. *Supplém.*)		1717
	11864 & 11865	Histoire de Paul Rabusson, Religieux de Cluni.		1717
	12529 & 12530	Histoire de D. Jean Martianay, Bénédictin.		1717
	14084	Notice de Louis-Marie Pidou, Evêque de Babylone.		1717
	15009	Vie de Marie de Sainte-Térèse, Carmélite. (*Voyez* IV. *Suppl.*)		1717
II.	24546	Mémoires de M. de la Colonie.	1692	1717
III.	31964 & 31965	Mémoires du Marquis de Langallery. (*Voyez* V. *Add.*)	1674	1717
I.	8542	de Lewarde, Liste des Evêques de Cambray.	499	1718
	10871	Histoire de Gaspard Abeille.		1718
	10912—10917	Histoire d'Etienne Baluze.		1718
	11253—11255	Eloge de Camille le Tellier de Louvois.		1718
	12531	Eloge de D. Antoine-Augustin Touttée, Bénédictin.		1718
IV.	S. 12693**	Histoire de l'Abbaye de S. Nicaise de Reims.		1718
	45857	Vie de Philibert Collet, Avocat au Parlement de Dombes.		1718
	45992 & 45993	Eloge d'Etienne Rassicod, Avocat au Parlement de Paris.		1718
I.	5084	de Castillon, Sacra Belgii Chronologia.	III. S.	1719
	8801	Historia Episcopatuum fœderati Belgii.		1719
	8821	Knippenberg, Historia Ecclesiastica Geldriæ.		1719
	9179 & 9180	Oraisons funèbres de Charles le Goux de la Berchere, Archevêque de Narbonne.		1719
	10331	Oraison funèbre de Matthieu Ysoré d'Hervault, Archevêque de Tours. (*Voyez* IV. *Suppl.*)		1719
	11104	Histoire de Louis Ellies du Pin, Docteur de Sorbonne. (*Voyez* aussi les Nos 11357 & 11358, & IV. *Suppl.* 11357.)		1719
	11378—11380	Vie de Pasquier Quesnel, Prêtre de l'Oratoire.		1719
	11435 & 11436	Vie de Jean-Baptiste de la Salle, Docteur en Théologie. (*Voyez* IV. *Suppl.*)		1719
	11445	Notice historique de Jean-Baptiste Sarrasin, Docteur de Sorbonne.		1719
	12532 & 12533	Eloge de Dom Michel Félibien, Bénédictin.		1719
	14186	Eloge de Michel le Tellier, Jésuite.		1719
	15079	Eloge de Marguerite le Cordier du Trône, Abbesse de Villiers.		1719
III.	32046	Eloge de Bernard Renau d'Elisagaray, Académicien. (*Voyez* aussi au Tome IV. Nos 46571 & 46572.)		1719
I.	6914	Assemblée du Clergé.	1719	1720
	8027 & 8028	de Ruffi, Histoire des Evêques de Marseille.		1720
	8231	Historia Archiepiscoporum Burdigalensium.	III. S.	1720
	8265	Historia Episcoporum Aginnensium.	IV. S.	1720
	8277	Historia Episcoporum Engolismensium.	IV. S.	1720
	8290	Historia Episcoporum Santonensium.	IV. S.	1720
	8306	Historia Episcoporum Pictaviensium.	IV. S.	1720
	8326	Historia Episcoporum Petrocorensium.	IV. S.	1720
	8333	Historia Episcoporum Condomensium.	XIV. S.	1720
	8335	Historia Episcoporum Malleacensium & Rupellensium.	XIV. S.	1720
	8341	Historia Episcoporum Lucionensium.	XIV. S.	1720
	8348	Historia Episcoporum Sarlatensium.	XIV. S.	1720
	8349	Historia Archiepiscoporum Bituricensium.	III. S.	1720
	8407	Historia Episcoporum Claromontensium.	III. S.	1720
	8457	Historia Episcoporum Lemovicensium.	III. S.	1720
	8484	Historia Episcoporum Aniciensium.	VI. S.	1720
	8498	Historia Episcoporum Tutelensium.	XIV. S.	1720
	8504	Historia Episcoporum Sancti-Flori.	XIV. S.	1720
	10245	Vie de Pierre de la Broue, Evêque de Mirepoix.		1720
	10661	Roussel, Histoire Ecclésiastique & Civile de Verdun. (*Voyez* IV. *Suppl.*)		1720
	11043	Histoire de Guillaume Amfrye de Chaulieu.		1720
	11402 & 11403	Vie d'Eusèbe Renaudot.		1720
	13840	Histoire d'Antonin Cloche, Général des Dominicains. (*Voyez* IV. *Suppl.*)		1720
II.	24567	Mémoires du Marquis de Dangeau.	1684	1720
III.	31147	Lettres de Madame du Noyer, &c.	1688	1720
	31936	Eloge de Philippe de Courcillon de Dangeau, Académicien.		1720
	32709	Mémoire sur François Pidou de Saint-Olon, Ambassadeur.		1720
I.	6574	Ordonnances Synodales de Luçon, par Jean-François de Lescure.		1721
	9064	Foppens, Historia Episcopatûs Sylvæ-Ducensis.		1721
	9927—9933	Vies & Eloges de Pierre-Daniel Huet, Evêque d'Avranches.		1721
	11250 & 11251	Histoire de Jacques le Long, Prêtre de l'Oratoire. (*Voyez* IV. *Suppl.*)		1721
	12534	Eloge de D. Pierre Coustant, Bénédictin.		1721
	13894	Histoire de François Pagi, Cordelier.		1721
IV.	S. 15009*	Vie de Madame de Ségur, Carmélite.		1721
	15299*	Vie d'Anne-Marie Pillet, Visitandine.		1721
II.	24569	de Massiac, Faits mémorables des Révolutions de l'Europe.	1672	1721

Table III.

TOMES & Numéros.			DATES comm.	finiss.
III.	31556 & 31557	Pieces sur Marc-René de Paulmy d'Argenson, Garde des Sceaux de France. (*Voyez* IV. *Supplém.*)		1721
	32597	Vie de Michel Chamillard, Ministre d'Etat.		1721
	32598	Mémoires sur M. Law, fameux Financier.		1721
	32742	Mémoire sur la Vie de M. Foucault, Conseiller d'Etat.		1721
	34530	Félibien, Histoire de la Ville de Paris.		1721
I.	8543	Catalogue des Evêques de Cambrai.	IV. S.	1722
	9075	Syllabus Ecclesiæ Metropolitanæ Moguntinensis.		1722
	9583 & 9584	Oraison funèbre & Eloge du Cardinal François de Mailly, Archevêque de Reims.		1722
	11070	Histoire de Louis Géraud de Cordemoy.		1722
	11221	Histoire de Joseph Lambert, Prieur de Palaiseau.		1722
	11274—11276	Histoire de Guillaume Massieu, Académicien.		1722
	11503—11505	Histoire de Pierre Varignon, Académicien.		1722
II.	15845	De Fer, Histoire des Rois de France, par Portraits.	420	1722
III.	35314	Le Brasseur, Histoire du Comté d'Evreux. (*Voyez aussi au Tome IV*, *Suppl.* N° 9937*.)		1722
I.	6717	Statuts Synodaux de Saint-Brieuc, par Pierre-Guillaume de la Vieux-ville.		1723
	6915	Assemblée du Clergé. (*Voyez* IV. *Suppl.*)		1723
	8215	Epoques des Evesques de Lausanne.	VI. S.	1723
	9076	Necrologium Ecclesiæ Metropolitanæ Moguntinæ.	III. S.	1723
	10432	Travers, Histoire des Evêques de Nantes. (*Voyez* IV. *Suppl.*)	IV. S.	1723
	11024 & 11025	Mémoires sur François de Camps, Abbé de Signy.		1723
	11089 & 11090	Histoire de l'Abbé de Courcillon de Dangeau.		1723
	11123	Histoire de Claude Fleury, Prieur d'Argenteuil.		1723
	11359	Notice de Jacques Pinssonat, Docteur de Sorbonne.		1723
II.	25671—25674	Histoires & Oraison funèbre de Philippe Duc d'Orléans, petit-fils de France, Régent du Royaume. (*Voyez* IV. *Suppl.*)		1723
IV.	S. 31875**	Eloge de Jacques-Louis de Beringhen.		1723
	45768	Histoire de David-Augustin de Brueys.		1723
III.	32599	Anecdotes sur le Cardinal Dubois, Ministre d'Etat.		1723
IV.	S. 6315*	Ordonnances Synodales de Charles de Bannes d'Avejan, Evêque d'Alais.		1724
I.	6612	Compilation des Ordonnances du Diocèse de Meaux, par l'ordre du Cardinal de Bissy.		1724
	6780	Ordonnances Synodales de Scipion Jérôme Bégon, Evêque de Toul.		1724
	8214	l'Evêché de Lausanne, & ses Evêques.	VI. S.	1724
	8227	l'Evêché de Basle & ses Evêques.	VI. S.	1724
IV.	S. 8340*	Oraison funèbre d'Etienne de Champflour, Evêque de la Rochelle.		1724
I.	11220	Histoire d'Ambroise Lallouette, Chanoine de Sainte Opportune.		1724
	11273	Histoire de Jacques Marsollier, Archidiacre d'Uzès.		1724
	11364	Eloge de Joseph-François Portalon, Prébendier de Béziers.		1724
	12491	Bouillart, Histoire de l'Abbaye de S. Germain-des-Prés.		1724
	12535 & 12536	Eloge de D. Nicolas le Nourry, Bénédictin.		1724
	12537 & 12538	Eloge de D. Simon Mopinot, Bénédictin.		1724
	13837—13839	Histoire de Noël Alexandre, Dominicain.		1724
IV.	S. 15299**	Vie de Suzanne-Marie de Riantz de Villerey, Visitandine.		1724
II.	15846	De Limiers, Annales de la Monarchie Françoise.	420	1724
IV.	45834 & 45835	Vie de Guillaume Blanchard, Avocat.		1724
	45996	Notice d'Etienne Gabriau de Riparfons, Jurisconsulte.		1724
I.	6362	Concile d'Avignon.		1725
	6623	Ordonnances Synodales du Diocèse de Montpellier, par Joachim Colbert.		1725
	6916	Assemblée du Clergé.		1725
	8518	Historia Episcoporum & Archiepiscoporum Cameracensium.	IV. S.	1725
	8583	Historia Episcoporum Atrebatensium.	VI. S.	1725
	8608	Historia Episcoporum Tornacensium.	III. S.	1725
	8637	Historia Episcoporum Audomarensium.	XVI. S.	1725
	8641	Historia Episcoporum Namurcensium.	XVI. S.	1725
	8646	Historia Archiepiscoporum Coloniensium.	IV. S.	1725
	8682	Historia Episcoporum Tungrensium, Trajectensium & Leodiensium.	III. S.	1725
	8802	Historia de rebus Ecclesiæ Ultrajectensis.	VII. S.	1725
	8803	Van Papendrecht, Historia Ecclesiæ Ultrajectinæ.	VII. S.	1725
	8823	Historia Episcoporum & Archiepiscoporum Ebredunensium.	IV. S.	1725
	8830	Historia Episcoporum Grassensium.	V. S.	1725
	8832	Historia Episcoporum Diniensium.	V. S.	1725
	8835	Historia Episcoporum Vinciensium.	IV. S.	1725
	8847	Historia Episcoporum Niciensium & Cemeleonensium. (*Voyez* IV. *Suppl.*)	III. S.	1725
	8850	Historia Episcoporum Glandevensium.	V. S.	1725

Table Chronologique.   189

TOMES & Numéros.		DATES comm.	finiss.
I. 8851	Historia Episcoporum Senecensium.	V. S.	1725
9056	Van Gestel, Historia Archiepiscopatûs Mechliniensis.	XVI. S.	1725
11421	Eloge de Henri de Rouch, Sieur d'Arnoy, Prieur de la Flèche.		1725
12539—12542	Eloge de D. Denys de Sainte-Marthe, Bénédictin. (*Voyez aussi au Tome* IV. *sous le* N° 45800.)		1725
12543	Eloge de D. Jean Gellé, Bénédictin.		1725
II. 15851	Histoire de France avec l'Histoire Romaine.	420	1725
24421	Ottieri, Istoria delle Guerre avenute in Europa.	1696	1725
III. 32779	Mémoires de M. Joly, Baron de Blaisy, second Président du Grand-Conseil.		1725
35185	de Thoyras, Histoire d'Angleterre.	621	1725
39391	Chronique de Flandre.		1725
I. 6685	Statuts du Diocèse de Rennes, par M. le Tonnelier.		1726
6764	Statuts Synodaux du Diocèse de Tournai.		1726
6917 & 6918	Assemblée extraordinaire du Clergé.		1726
11022	Eloge de Marie-Jean-François de Caylus, Prieur de Langogne.		1726
11615	Le Cerf, Bibliothèque des Auteurs de la Congrégation de S. Maur.		1726
12982	Gervaise, Histoire de la Réforme de l'Ordre de Cîteaux en France. (*Voyez* IV. *Suppl.*)		1726
II. 24591	Mémoires du Marquis de Lassay.	1663	1726
IV. 45983	Histoire de Claude Poquet de la Livoniere.		1726
I. 4754	Vie d'Abraham Hugy, Capitaine d'Infanterie, Calviniste converti. (*Voyez aussi au Tome* III. *sous le* N° 31958.)		1727
5638	Louail & Cadry, Histoire de la Constitution *Unigenitus*.	1713	1727
6492—6503	Concile d'Embrun, & Pieces qui le concernent.		1727
11354—11338	Vie de François de Pâris, Diacre de Paris.		1727
13841	Histoire de Pierre Paul, Dominicain, Préfet Apostolique.		1727
IV. S. 15205*	Vie de Marie de la Passion, du Tiers-Ordre de S. François.		1727
III. 31555	Observations sur Louis Phelipeaux de Pontchartrain, Chancelier.		1727
IV. 45844	Eloge de Barthélemi-Joseph Bretonnier, Avocat au Parlement.		1727
I. 6421	Ordonnances Synodales du Diocèse de Bordeaux, renouvellées par M. d'Argenson.		1728
7879	Solomet, Nomenclatura Regiensium Episcoporum.	V. S.	1728
8856	Historia Archiepiscoporum Lugdunensium.	II. S.	1728
8959	Historia Episcoporum Augustodunensium.	IV. S.	1728
8997	Historia Episcoporum Lingonensium.	IV. S.	1728
9022	Historia Episcoporum Cabillonensium.	IV. S.	1728
9042	Historia Episcoporum Matisconensium.	V. S.	1728
9069	Elenchus Cancellariorum Electoralium Moguntinensium.	1093	1728
9275	Grancolas, Histoire de l'Eglise de Paris.	III. S.	1728
10501	Calmet, Liste Chronologique des Evêques & Archevêques de Trèves.	III. S.	1728
10543	Calmet, Liste Chronologique des Evêques de Metz.	III. S.	1728
10607	Calmet, Liste Chronologique des Evêques de Toul.	IV. S.	1728
10660	Calmet, Liste Chronologique des Evêques de Verdun. (*Voyez* IV. *Suppl.*)	IV. S.	1728
10964 & 10965	Histoire de Lazare-André Bocquillot, Chanoine d'Avalon.		1728
11084—11086	Histoire de Jean-Baptiste Couture, Professeur-Royal.		1728
11134—11137	Eloges de l'Abbé Claude-François Fraguier.		1728
11339	Vie de M. Paté, Curé de Cherbourg.		1728
11408	Eloge de Charles Reyneau, Prêtre de l'Oratoire.		1728
11776	Historia Abbatum Cluniacensium.		1728
12884	Oraison funèbre de D. Claude Petit-Didier, Abbé de Senones.		1728
14187 & 14188	Eloge de Gabriel Daniel, Jésuite.		1728
II. 24593	Lettres historiques de M. Basnage.	1692	1728
III. 31707	Eloge du Maréchal de Tallard.		1728
IV. S. 31933 **	Eloge de Joseph de la Croix, Marquis de Castries.		1728
45801	Notice de Théodoric de Saint-René, Carme.		1728
45918 & 45919	Eloge d'Eusèbe-Jacob de Lauriere, Avocat.		1728
45939	Notice de Pierre le Merre, Avocat.		1728
I. 7898	Girardin, Histoire de la Ville & de l'Eglise de Fréjus. (*Voyez* IV. *Suppl.*)		1729
10977	Eloge de Jean-Baptiste Thiaudiere de Boissy.		1729
11248	Vie de Jean Litoust, Curé de S. Saturnin de Nantes.		1729
13486—13488	Eloge de Simon Gourdan, Chanoine de S. Victor.		1729
14066	Eloge de Jean-Baptiste-Elie Avrillon, Minime.		1729
14189 & 14190	Histoire de Jean Hardouin, Jésuite.		1729
II. 15847	Elémens de l'Histoire de France & de l'Histoire Romaine.	420	1729
III. 31653	Oraison funèbre de Charles-Auguste de Matignon, Maréchal de France.		1729
35186	Histoire véritable & secrete d'Angleterre.	1066	1729
IV. 45802	Notice d'Honoré Tournély, Professeur en Théologie.		1729
45826	Notice de Jean Barbeyrac, Jurisconsulte.		1729

Table III.

Tomes & Numéros.		Titre	Dates comm.	finiss.
IV.	45984	Eloge d'Antoine de Portalou, Docteur-ès-Droit.		1729
I.	6919 & 6920	Assemblée du Clergé.		1730
	8057	BOYER, Histoire de l'Eglise Cathédrale de Saint-Paul-trois-Châteaux.	V. S.	1730
	10418	Oraison funèbre de Michel Poncet de la Riviere, Evêque d'Angers.		1730
	12827	GUILLOT, Histoire de l'Abbaye de S. Vincent de Besançon.		1730
II.	15848	Histoire de France.	420	1730
I.	6612	Synodicon Meldense.	1493	1731
	8144	BOYER, Histoire de l'Eglise Cathédrale de Vaison. (*Voyez* IV. *Suppl.*)	III. S.	1731
	9055	HISTORIA Archiepiscoporum Mechliniensium.	1559	1731
	9057	HISTORIA Episcoporum Antverpiensium.	1559	1731
IV.	9059	HISTORIA Episcoporum Gandavensium.	1568	1731
I.	S. 9059*	COMPENDIUM Chronologicum Episcoporum Brugensium.	1561	1731
	9060	HISTORIA Episcoporum Brugensium.	1561	1731
	9061	HISTORIA Episcoporum Yprensium.	1562	1731
	9062	HISTORIA Episcoporum Ruremundensium.	1563	1731
	9063	HISTORIA Episcoporum Sylvæducensium.	1562	1731
	9065	HISTORIA Episcoporum & Archiepiscoporum Moguntinensium.	III. S.	1731
	9106	HISTORIA Episcoporum Vormatiensium.	IV. S.	1731
	9109	HISTORIA Episcoporum Spirensium.	IV. S.	1731
	9111	HISTORIA Episcoporum Argentoratensium.	V. S.	1731
	9148	HISTORIA Episcoporum Vindonissensium, postea Constantiensium.	IV. S.	1731
	9395—9405	DU PLESSIS, Histoire de l'Eglise de Meaux, & Pieces qui la concernent. (*Voyez* IV. *Supplém.*)	III. S.	1731
IV.	S. 15009**	Vie de Marguerite-Térèse de Cambis, Carmélite.		1731
III.	29149	RECUEIL de Traités d'Alliance, &c.	800	1731
	29153	LAMBERTI, Mémoires pour servir à l'Histoire du XVIIIe siécle.	1696	1731
IV.	39242	BORSII Annales Juliæ, Cliviæ, Montiumque.		1731
I.	45984	Eloge de Guillaume de Lavaur, Avocat.		1731
	8324	Oraison funèbre de Jean-Claude de la Poype de Vertrieu, Evêque de Poitiers. (*Voyez* IV. *Suppl.*)		1732
	10603 & 10604	Oraison funèbre & Eloge de Henri-Charles du Cambout de Coislin, Evêque de Metz.		1732
	11444	Vie de René-François de Santerre, Prêtre du Diocèse d'Orléans.		1732
IV.	45876	Eloge de Jean-Henri Boëcler, Jurisconsulte.		1732
I.	9487 & 9488	Eloges de Jean-François-Paul le Febvre de Caumartin, Evêque de Blois.		1733
	9726	Vie de Pierre de Sabatier, Evêque d'Amiens.		1733
	11102	Vie de l'Abbé Jacques-Joseph Duguet.		1733
	11181 & 11182	Histoire de l'Abbé Joachim le Grand.		1733
	11252	Histoire de l'Abbé Louis du Four de Longuerue.		1733
	12910	JUENIN, Histoire de l'Abbaye de S. Philibert de Tournus.		1733
	13842 & 13843	Eloge de Michel le Quien, Dominicain.		1733
	13844	Vie d'Hyacinthe-Amé de Graveson, Dominicain.		1733
	31863	Oraison funèbre de Charles-Emmanuel de Beaufremont.		1733
IV.	45824	Histoire de Pierre Aubert.		1733
I.	6817	Ordonnances du Diocèse de Viviers, sous François Reynaud de Villeneuve.		1734
	6921	Assemblée du Clergé.		1734
IV.	S. 9021*	Eloge de Pierre de Pardaillan de Gondrin d'Antin, Evêque de Langres.		1734
I.	9108	SCHANNAT, Historia Episcopatûs Wormatiensis.	IV. S.	1734
	10799	Vie de Michel-Gabriel de Rossillon de Bernex, Evêque de Genève. (*Voyez* IV. *Suppl.* 10798**.)		1734
	10928 & 10929	Mémoires sur Jean-Baptiste du Morvan de Bellegarde.		1734
	12544	Mémoires sur D. Claude de Vic, Bénédictin. (*Voyez* IV. *Suppl.*)		1734
	13164	Vie de D. Jacques Jubié, Chartreux.		1734
IV.	45780	Notice de Thomas Gould, Théologien.		1734
II.	24603	DE MARGON, Mémoires du Maréchal, Duc de Villars. (*Voyez* aussi III. N°s 31727—31730, & IV. *Suppl.*)		1734
	24604	DE MARGON, Mémoires du Maréchal de Berwick.		1734
IV.	S. 24609*	RECUEIL de Pieces.	1435	1734
	46006	Eloge de Matthieu Terrasson, Avocat au Parlement.		1734
I.	6922	Assemblée du Clergé.		1735
	8721	FOULLON, Historia Leodiensis.		1735
	11649	Vie de D. Charles Dupont, Bénédictin.		1735
IV.	S. 12805***	Vie de D. Thierri de Viaixnes, Bénédictin.		1735
I.	13845	Eloge de François Romain, Dominicain.		1735
	14191	Eloge de Jacques Longueval, Jésuite.		1735
II.	15869	LENGLET, Abrégé de l'Histoire de France.	420	1735
I.	6374	Ordonnances Synodales de M. Fleuriau, Evêque d'Orléans.	1707	1736
	7935	Vie & Eloge de M. de Beaujeu, Evêque de Castres.		1736

Table Chronologique.

TOMES & Numéros.			DATES comm.	DATES finiss.
I.	9200	MÉNARD, Histoire des Evêques de Nîmes. (*Voyez* IV. *Suppl.*)	400	1736
IV.	S. 9209*	Notice sur Jean-César Rousseau de la Parisiere, Evêque de Nîmes.		1736
I.	11035	Vie de M. Caulet, Curé de Mireval.		1736
	11058 & 11059	Histoire de Laurent-Josse le Clerc, Prêtre de Lyon.		1736
	11167—11169	Histoire de Jean-Pierre Gibert, Canoniste. (*Voyez* IV. *Suppl.*)		1736
	11715	Vie de D. Jean Daret, Bénédictin.		1736
IV.	S. 15226*	Vie de Jeanne Delanoue, Fondatrice de la Providence de Saumur.		1736
III.	31954 & 31955	Eloge de René du Guay-Trouin, Lieutenant-Général.		1736
	37737	PROCÈS-VERBAUX des Etats de Languedoc.	1501	1736
IV.	45776	Notice de Jacques Fouillou.		1736
	45846	Vie de Pierre-Jacques Brillon, Avocat au Parlement.		1736
I.	9431	Oraison funèbre de Henri Thiard de Bissy, Cardinal, Evêque de Meaux.		1737
	10830	Histoire de Jean-Claude Sommier, Archevêque de Césarée.		1737
	10891	Eloge de l'Abbé Antoine Anselme.		1737
	10990	Oraison funèbre de François de Bourlemont, Abbé de S. Florent-le-vieux.		1737
	14192	Eloge de Claude Buffier, Jésuite.		1737
IV.	31611 K	Piece concernant M. de Caumont, Maréchal de France.		1737
III.	31619	Eloge de M. le Maréchal Victor-Marie Duc d'Estrées. (*Voyez* IV. *Suppl.*)		1737
I.	6388	Ordonnances Synodales de M. de Caylus, Evêque d'Auxerre.		1738
	6615	Statuts Synodaux de Mende, par Gabriel-Florent de Choiseul-Beaupré.		1738
	9224 & 9225	Vies de Charles-Joachim Colbert, Evêque de Montpellier.		1738
	11328	Eloge de Philibert Papillon, Chanoine de la Chapelle-aux-Riches de Dijon.		1738
	13846	Vie d'Antoine-Denys-Simon d'Albizzi, Dominicain.		1738
	14074	Histoire de Jean-Pierre Niceron, Barnabite.		1738
	14193	Eloge de François Catrou, Jésuite.		1738
II.	15841	DE LA HODE, Histoire des Révolutions de France.		1738
III.	32047 & 32048	Lettres & Vie du Comte de la Riviere.		1738
I.	8119	Oraison funèbre de Joseph de Revol, Evêque d'Oléron.		1739
	9153	HISTORIA Archiepiscoporum Narbonensium.	III. S.	1739
	9181	Oraison funèbre de François-René de Beauvau, Archevêque de Narbonne. (*Voyez* IV. *Suppl.*)		1739
	9183	HISTORIA Episcoporum Biterrensium.	IV. S.	1739
	9193	HISTORIA Episcoporum Agathensium.	V. S.	1739
	9195	HISTORIA Episcoporum Carcassonensium.	IV. S.	1739
	9199	HISTORIA Episcoporum Nemausensium.	V. S.	1739
	9210	HISTORIA Episcoporum Magalonensium & Monspeliensium.	V. S.	1739
	9217	D'AIGRE-FEUILLE, Histoire Ecclésiastique de Montpellier. (*Voyez* IV. *Suppl.*)		1739
	9226	HISTORIA Episcoporum Leutevensium.	V. S.	1739
	9236	HISTORIA Episcoporum Ucetiensium.	IV. S.	1739
	9248	HISTORIA Episcoporum Electensium.	XIV. S.	1739
	9252	HISTORIA Episcoporum sancti Pontii Tomeriarum.	XIV. S.	1739
	9255	HISTORIA Episcoporum Helenensium & Perpinianensium.	IV. S.	1739
	9259	HISTORIA Episcoporum Alesiensium.	XVII. S.	1739
	11104	Notice sur Jean Dupuis, Recteur de l'Université de Paris.		1739
	11630	MARTENE, Histoire de la Congrégation de S. Maur.	1610	1739
	11650	Vie de D. François Louvard, Religieux Bénédictin.		1739
	12545	Eloge de D. Edme Martene, Bénédictin. (*Voyez* IV. *Suppl.*)		1739
	14194—14197	Vie de René-Joseph de Tournemine, Jésuite.		1739
	14198 & 14199	Vie de Jacques Vaniere, Jésuite.		1739
II.	24626	DE SAINT-PIERRE, Annales politiques.	1658	1739
I.	6923 & 6924	Assemblée du Clergé.		1740
	8501 & 8502	Oraison funèbre & Vie de Charles du Plessis d'Argentré, Evêque de Tulles.		1740
	8852 & 8853	Vies de Jean Soanen, Evêque de Sénez.		1740
	9983	Vie de Jacques-Charles-Alexandre Lallemant, Evêque de Séez.		1740
	13847	Histoire de Guillaume Martel, Dominicain.		1740
	14200	Eloge de Pierre Julien Rouillé, Jésuite.		1740
IV.	S. 29499*	GEORGISCH, Regesta Chronologico-Diplomatica.		1740
I.	8085 & 8086	Eloges du Cardinal Melchior de Polignac, Archevêque d'Ausch. (*Voyez* IV. *Suppl.*)		1741
	10919 & 10920	Mémoires sur Antoine Bannier.		1741
	11184	Eloge de François Granet.		1741
	11414 & 11415	Eloge de Charles Rollin, ancien Recteur de l'Université de Paris. (*Voyez* IV. *Supplém.*)		1741
	11452	Eloge de François Sevin, de l'Académie des Inscriptions.		1741
	11651	Vie de D. Guillaume Lapatre, Bénédictin.		1741

TOMES & Numéros.			DATES comm.	finiss.
I.	12546	Eloge de D. Bernard de Montfaucon, Bénédictin. (Voyez IV. Suppl.)		1741
	12751	Vie de D. Edme Perreau, Bénédictin.		1741
	13270	Vie de Maur Boucault, Camaldule.		1741
	14210	Eloge de Charles Porée, Jésuite.		1741
	14202	Eloge de Dominique de Colonia, Jésuite.		1741
III.	37811	Bouges, Histoire de la Ville & Diocèse de Carcassonne. (Voyez IV. Suppl. N° 9196*.)		1741
IV.	S. 6339*	Ordonnances Synodales d'Aix, sous J. B. Antoine de Brancas.		1742
I.	6445	Statuts du Diocèse de Chartres, publiés par M. de Merinville.		1742
	6925	Assemblée du Clergé.		1742
	8456	Vie de Jean-Baptiste Massillon, Evêque de Clermont.		1742
	10000	Rouault, Vies des Evêques de Coutances. (Voyez aussi le N° 10001.)		1742
	10831	Vie de Dominique-Marie Varlet, Evêque de Babylone.		1742
	11295 & 11296	Eloges de Joseph Privat de Molieres, Académicien.		1742
	13624	Vie de Simon Picard, Chanoine de sainte Geneviève.		1742
	13848	Vie de René Hyacinthe Drouin, Dominicain.		1742
	14203	Eloge de Pierre-Claude Fontenai, Jésuite.		1742
	14204	Eloge de Pierre Brumoy, Jésuite.		1742
IV.	S. 6668*	Ordonnance de M. de Vintimille, Archevêque de Paris, qui renouvelle celles de M. le Cardinal de Noailles.		1743
I.	10953 & 10954	Eloges de l'Abbé Jean-Paul Bignon. (Voyez IV. Suppl.)		1743
	14205	Eloge de Jean-François Baltus, Jésuite.		1743
IV.	S. 14847*	Eloge de Madame de Beaumont, Abbesse de Chazaux de Lyon.		1743
	14893***	Histoire d'Olympe-Félicité de Beringhen, Abbesse de Faremoutier.		1743
III.	31922	Oraison funèbre de Gabriel-Joseph le Coigneux, Comte de la Roche-Turpin.		1743
	32600—32613	Pieces sur le Cardinal de Fleury, Ministre d'Etat. (Voyez IV. Suppl.)		1743
IV.	S. 5184*	Series Thesaurariorum Sacræ Capellæ Parisiensis.	1245	1744
	5360*	Series Thesaurariorum Sacræ Capellæ Vincennarum.	1385	1744
	6413*	Statuts Synodaux de Boulogne, par François-Joseph-Gaston de Partz.		1744
I.	6486	Statuts Synodaux de Dijon, publiés par Jean Bouhier.		1744
	9263	Historia Episcoporum & Archiepiscoporum Parisiensium. (Voyez IV. Suppl.)	III. S.	1744
	9354	Historia Episcoporum Carnotensium.	III. S.	1744
	9389	Historia Episcoporum Meldensium.	III. S.	1744
	9432	Historia Episcoporum Aurelianensium.	III. S.	1744
	9486	Historia Episcoporum Blesensium.	XVII. S.	1744
IV.	S. 10191*	Briquet, Historia Sacra Diœcesis Sedunensis.	V. S.	1744
I.	10801	Historia Episcoporum Quebecensium.	1674	1744
	11027 & 11028	Eloge & Notice de Claude Capperonnier, Professeur Royal. (Voyez IV. Suppl.)		1744
	11154—11156	Mémoires sur l'Abbé Nicolas Gedoyn, Chanoine de la Sainte-Chapelle.		1744
	11420	Eloge de l'Abbé Charles d'Orléans de Rothelin.		1744
	11625	Historia Congregationis S. Mauri reformatæ.		1744
	11781	Historia Congregationis Cluniacensis reformatæ.		1744
	14206	Eloge d'Etienne Souciet, Jésuite.		1744
IV.	S. 6723*	Statuts Synodaux de Saint-Paul-trois-Châteaux.		1745
I.	6926	Assemblée du Clergé.		1745
	8652	Morckens, Conatus Chronologicus ad Catalogum Archiepiscoporum Coloniæ Agrippinensium.		1745
	10498	de Hontheim, Historia Trevirensis.		1745
	11118	Histoire de Pierre-François Guyot des Fontaines.		1745
IV.	S. 14954*	Vie de Marguerite-Françoise de Coëtquen, Général des Calvairiennes.		1745
	45849	Notice de Claude-Charles Capon, Avocat au Parlement.		1745
II.	15833	Alletz, Abrégé de l'Histoire de France.	420	1745
I.	8079	de Brugelles, Chroniques Ecclésiastiques du Diocèse d'Ausch.		1746
IV.	S. 9387*	Oraison funèbre de Charles des Monstiers de Mérinville, Evêque de Chartres.		1746
I.	10441	Mémoire sur Christophe-Louis Turpin Crissé de Sansay, Evêque de Nantes.		1746
	10909	Eloge de Noël-Philippe Baizé, Prêtre de la Doctrine Chrétienne.		1746
	11131 & 11132	Eloge de l'Abbé Michel Fourmont.		1746
	11297	Eloge de l'Abbé Nicolas Hubert de Mongault.		1746
	11459—11461	Eloge de l'Abbé Jean-Baptiste Souchay.		1746
	12257	Eloge de Dom Maur Dantine, Bénédictin.		1746
III.	32614	Eloge de Jean-Baptiste Colbert de Torcy, Ministre d'Etat.		1746
	33076	Vie de Jean Bouhier, Président à Dijon.		1746
I.	6461	Ordonnances Synodales de Charles-Louis de Froulay, Evêque du Mans.		1747

Table Chronologique. 193

TOMES & Numéros		DATES comm.	finiss.
I.	6927	Assemblée du Clergé.		1747
IV.	S. 7921*	Eloge d'Armand-Pierre de la Croix de Castries, Archevêque d'Albi.		1747
I.	9614	ISLETTE, Mémoire sur les Evêques de Châlons-sur-Marne.		1747
	11342	Histoire de Nicolas Petitpied, Docteur de Sorbonne.		1747
	11630	FORTET, Continuation de l'Histoire de la Congrégation de S. Maur. (Voyez IV. Supplém.)	1739	1747
II.	15856	JACQUIN, Fastes François.	4to	1747
IV.	45855	Panégyrique de Henri Cochin, Avocat au Parlement de Paris.		1747
I.	6928	Assemblée du Clergé.		1748
	10250	Vie de Jean-Charles de Ségur, Evêque de S. Papoul. (Voyez IV. Suppl.)		1748
IV.	S. 13016*	Eloge funèbre d'Andoche Pernot, Abbé de Citeaux.		1748
II.	15630	LENGLET, Plan d'une Histoire de la Monarchie Françoise.	4to	1748
	15857	SOMMAIRE de l'Histoire de France.	4to	1748
	15858	DE LA CHAPELLE, Abrégé de l'Histoire de France.	4to	1748
III.	29156	MAUBERT, Histoire politique du siècle. (Voyez IV. Suppl.)	1648	1748
	36043	CLÉMENT, Chronologie historique des Comtes de Maurienne, Comtes & Ducs de Savoie, & Rois de Sardaigne.	1014	1748
I.	6397	Statuts Synodaux du Diocèse du Bellay, sous M. Tinseau.	1746	1749
	8325	Oraison funèbre de Louis de Foudras, Evêque de Poitiers. (Voyez IV. Suppl.)		1749
	9145 & 9146	Oraison funèbre & Eloge d'Armand-Gaston-Maximilien de Rohan, Cardinal, Evêque de Strasbourg, Grand-Aumônier de France. (Voyez au Tome III. le N° 32274.)		1749
	11062	Eloge de Charles Coffin, Recteur de l'Université de Paris.		1749
	12833 & 12834	Vie de D. Antoine Rivet, Bénédictin. (Voyez IV. Suppl.)		1749
II.	15859	GUYART, Histoire de France & Histoire Romaine.		1749
III.	32615	Eloge de Jean-Jacques Amelot, Ministre d'Etat.		1749
IV.	45766	Notice de Laurent Boursier, Docteur de Sorbonne.		1749
I.	6816	Statuts Synodaux de Verdun, sous Charles-François d'Hallencourt.		1750
	6929	Assemblée du Clergé.		1750
	8158	DUNOD, Histoire de l'Eglise, Ville & Diocèse de Besançon.		1750
	10332	Vie de Louis-Jacques Chapt de Rastignac, Archevêque de Tours.		1750
IV.	S. 12266*	BAILLET, Chronique du Prieuré de Novy, Diocèse de Reims.		1750
III.	31603	Oraison funèbre de Louis de Brancas, Maréchal de France.		1750
	31697—31706	Vies, Oraisons funèbres & Eloges du Maréchal Comte de Saxe. (Voyez IV. Suppl.)		1750
	35401	MORICE, Histoire de Bretagne.		1750
I.	8029	SUCCESSION des Evêques de Marseille.		1751
	9489	HISTORIA Archiepiscoporum Remensium.		1751
	9585	HISTORIA Episcoporum Suessionensium.		1751
	9612	HISTORIA Episcoporum Catalaunensium.		1751
	9634	HISTORIA Episcoporum Laudunensium.		1751
	9655	HISTORIA Episcoporum Sylvanectensium.		1751
	9666	HISTORIA Episcoporum Bellovacensium.		1751
	9690	HISTORIA Episcoporum Ambianensium.		1751
	9728	HISTORIA Episcoporum Noviomensium ac Tornacensium.		1751
	9763	HISTORIA Episcoporum Morinensium & Boloniensium.		1751
IV.	S. 10232*	Eloge de M. de Crillon, Archevêque de Toulouse.		1751
I.	11469—11473	Mémoires sur Jean Terrasson, Académicien.		1751
IV.	S. 12546*	Eloge de D. Jacques Martin, Bénédictin.		1751
III.	31558—31565	Eloges & Vie de Henri-François d'Aguesseau, Chancelier. (Voyez IV. Suppl.)		1751
	31843	Eloge de Charles d'Albert, Académicien.		1751
IV.	45779	Eloge de Pierre-Bénigne Germain, Théologal d'Autun.		1751
	45781	Notice de Nicolas le Gros, Docteur & Chanoine de Reims.		1751
III.	32617	Eloge d'Antoine-Louis Rouillé, Ministre d'Etat.		1751
IV.	S. 6475*	Statuts Synodaux du Diocèse de Comminges, par Antoine de Lastic.		1752
	S. 8142*	Oraison funèbre de Dominique-Joseph-Malachie d'Inguimbert, Evêque de Carpentras.		1752
	S. 11044*	Eloge de Joseph Chevassu, Curé des Rousses, au Diocèse de Besançon.		1752
I.	11152	Eloge de Pierre Gayet, Vicaire-Général de Béziers.		1752
	11157	Eloge de l'Abbé François Geinoz. (Voyez IV. Suppl.)		1752
IV.	S. 13624*	Eloge de Claude Prévost, Génovéfain.		1752
	13625*	Eloge de Louis-Joachim Gillet, Génovéfain.		1752
I.	14208	Histoire de François Oudin, Jésuite.		1752
II.	15842	VALEROT, Journal de la France.	4to	1752
	15860	CHRONIQUE des Rois de France.	4to	1752

Tome V.   B b

Table III.

Tomes & Numéros.		Dates comm.	finiss.
III. 25675—25678	Oraisons funèbres de Louis, Duc d'Orléans, premier Prince du Sang. (*Voyez* IV. *Suppl.*)		1752
31944	Mémoires pour servir à l'Histoire de Charles de Folard.		1752
I. 9182	Oraison funèbre de M. de Crillon, Archevêque de Narbonne.		1753
IV. S, 9586*	Suite des Evêques de Soissons.	III. S.	1753
10078*	Lettre sur la mort de M. Languet, Archevêque de Sens.		1753
I. 10649	Oraison funèbre de Scipion-Jérôme Bégon, Evêque de Toul.		1753
10983	Eloge de Joseph Bougerel, Prêtre de l'Oratoire. (*Voyez* IV. Supplém.)		1753
IV. S. 11112**	Eloge de Jean-Claude Fabre, Prêtre de l'Oratoire.		1753
I. 11116	Eloge de Jean-Basile Fenel, Chanoine de Sens.		1753
IV. S. 45905*	Vie de Jean-Baptiste-Louis Harcher, Jurisconsulte.		1753
I. 8308	DU RADIER, Chronologie des Evêques de Poitiers.	IV. S.	1754
8642	DE MARNE, Evénements Ecclésiastiques du Comté de Namur.		1754
10171	Vie de Daniel-Charles-Gabriel de Thubieres de Caylus, Evêque d'Auxerre. (*Voyez* IV. *Suppl.*)		1754
IV. S. 11290*	Eloge de Jean-Baptiste Mercastel, Prêtre de l'Oratoire.		1754
I. 12258	Eloge de Dom Martin Bouquet, Bénédictin.		1754
12259	Eloge de Dom Charles-François Toustain, Bénédictin.		1754
IV. S. 13102**	NECROLOGIUM Chronologicum Abbatiæ Longipontis.	1131	1754
S. 14208*	Vie de Jean Cayron, Jésuite.		1754
S. 6446*	Synode de Carpentras, sous Dominique d'Inguimbert.		1755
S. 6929*	Assemblée du Clergé. (*Voyez* IV. *Suppl.*)		1755
I. 8055	Oraison funèbre de M. de Belsunce de Castelmoron, Evêque de Marseille. (*Voyez* IV. *Suppl.* 8054*.)		1755
9052	Oraison funèbre de Claude Bouhier, Evêque de Dijon.		1755
10246 & 10247	Eloges de Jean-François Boyer, Evêque de Mirepoix.		1755
11241 & 11242	Mémoires sur Nicolas Lenglet du Fresnoy. (*Voyez* IV. *Suppl.*)		1755
11262	Eloge d'Edme Mallet, Professeur en Théologie.		1755
11388	Vie de Bonaventure Racine. (*Voyez* IV. *Suppl.*)		1755
12547	Eloge de D. Etienne-Gabriel Brice, Bénédictin.		1755
13849	Vie d'Antoine Brémond, Général des Dominicains.		1755
III. 31637—31640	Eloges & Mémoires de M. le Maréchal de Lowendal.		1755
33132—33137	Eloge de Charles Secondat de Montesquieu, Conseiller au Parlement de Bordeaux.		1755
IV. 45777	Notice de Jean-Baptiste Gaultier, Théologien.		1755
I. 4760	Vie de M. le Pelletier, Orléanois, mort en odeur de sainteté.		1756
9961	CALIMAS, Mémoires pour servir à l'Histoire du Diocèse de Séez.		1756
10419	TAILLANDIER, Catalogue des Evêques de Bretagne.		1756
11352	Notice de Nicolas Piat, Professeur-Royal.		1756
11363	Eloge de Henri-Charles Arnaud de Pompone.		1756
III. 31947	Eloge de Rolland-Michel Barrin de la Galissoniere.		1756
IV. S. 11112*	Eloge de Balthasar Eymar, Archidiacre de Marseille.		1757
I. 12885 & 12886	Vie de D. Augustin Calmet, Abbé de Senones.		1757
14109 & 14210	Eloge de Louis-Bernard Castel, Jésuite.		1757
III. 31175	RECUEIL de Pieces.	1550	1757
IV. S. 32615*	Eloge de René-Louis de Voyer de Paulmy, Marquis d'Argenson, Ministre d'Etat.		1757
I. 6929	Assemblée du Clergé.		1758
8348 & 8349	Vie de Samuel-Guillaume de Verthamon, Evêque de Luçon.		1758
8958	Vie de Pierre Guérin de Tencin, Cardinal, Archevêque de Lyon.		1758
12621	Eloge de D. Pierre-François Pernot, Bénédictin.		1758
III. 34102	Eloge de M. Boullanger de Rivery, Lieutenant-Particulier au Bailliage d'Amiens.		1758
I. 5568	ABRÉGÉ Chronologique sur la Constitution *Unigenitus*.	1713	1759
8066	Lettre sur M. Albert Joly de Chouin, Evêque de Toulon.		1759
9788	HISTORIA Archiepiscoporum Rotomagensium.	III. S.	1759
9890	HISTORIA Episcoporum Bajocensium.	IV. S.	1759
9914	HISTORIA Episcoporum Abrincensium.		1759
9934	HISTORIA Episcoporum Ebroicensium.	III. S.	1759
9952	HISTORIA Episcoporum Sagiensium.	IV. S.	1759
9984	HISTORIA Episcoporum Lexoviensium.	V. S.	1759
9998	HISTORIA Episcoporum Constantiensium.	IV. S.	1759
11049	Vie de l'Abbé Paul-César de Ciceri.		1759
IV. 11093*	Vie de Jacques Deschamps, Curé de Dangu, au Diocèse de Rouen.		1759
I. 11129	Eloge de l'Abbé Louis-François de Fontenu.		1759
10189	BESSON, Mémoires pour l'Histoire Ecclésiastique des Diocèses de Genève, Tarentaise, &c.	IV. S.	1759
10197	RAYNAL, Suite Chronologique des Evêques & Archevêques de Toulouse.	III. S.	1759

Table Chronologique.

TOMES & Numéros.			DATES comm.	DATES finiss.
IV.	S. 15342*	Vie de Marie de Jésus, Supérieure des Filles de la Sagesse, à Poitiers.		1759
II.	15861	ELÉMENS de l'Histoire de France.	420	1759
III.	33860	Eloge de Hyacinthe Astier, Auditeur des Comptes à Montpellier.		1759
I.	6720	Statuts Synodaux de Saint-Flour, sous Paul de Ribeyre.		1760
	6929	Assemblée du Clergé. (*Voyez* IV. Supplém.)		1760
IV.	S. 8960*	GUINET, Table Chronologique des Evêques d'Autun.	IV. S.	1760
I.	10081	GROSLEY, Catalogue des Evêques de Troyes.	IV. S.	1760
IV.	S. 11226*	Eloge de Jacques-Philippe de Lavarde, Chanoine de S. Jacques de l'Hôpital.		1760
	11231—11235	Eloge de Jean Lebeuf, Sous-Chantre d'Auxerre.		1760
II.	15863	DE MONTEILI, Précis de l'Histoire de France. (*Voyez* IV. Suppl.)	420	1760
III.	31582—31584	Oraisons funèbres & Vies du Maréchal de Belle-Isle. (*Voyez* IV. Supplém. & N°. 32618.)		1760
	32616	Eloge de Jean Moreau de Séchelles, Ministre d'Etat. (*Voyez* IV. Supplém.)		1760
I.	10686	CHARVET, Histoire de la Sainte Eglise de Vienne. (*Voyez* IV. Supplém.)	I. S.	1761
	11088	Vie de Nicolas Creusot, Curé de S. Loup d'Auxerre.		1761
	11360	Eloge d'Antoine Pluche. (*Voyez* IV. Suppl.)		1761
	11404 & 11405	Vie de Jean-François du Resnel.		1761
	11438	Eloge de Claude Sallier, l'un des Gardes de la Bibliothèque du Roi.		1761
	11491	Vie de Pierre-Joseph Tricalet, Directeur du Séminaire de S. Nicolas à Paris. (*Voyez* IV. Suppl.)		1761
	11532	Mémoires sur Gaspard Donneau de Vizé, ancien Prêtre de l'Oratoire.		1761
	12807	Vie de D. Remi Ceillier, Bénédictin.		1761
III.	31875	Eloge historique de Bernard Forêt de Belidor, Académicien.		1761
IV.	45803	Vie de Pierre-Joseph Tricalet.		1761
	45888	Vie de Jean-Baptiste Furgole, Avocat.		1761
	45991	Eloge de Jean-Ignace de Racolis, Avocat.		1761
I.	6319	Statuts Synodaux du Diocèse d'Albi, sous M. de Choiseul.		1762
IV.	S. 6929*	Assemblée du Clergé.		1762
I.	8503	Oraison funèbre de M. de Beaumont d'Autichamp, Evêque de Tulles.		1762
	11017	Eloge de Jean Caillé, Docteur en Théologie.		1762
	11018—11021	Eloge de Nicolas-Louis de la Caille, Astronome.		1762
IV.	S. 11351**	Eloge d'Antoine Philopald.		1762
I.	12260	Remarques sur Dom Prudent Maran, Bénédictin.		1762
III.	39392	PANCKOUCKE, Abrégé Chronologique de l'Histoire de Flandres.	851	1762
IV.	45842	Vie de Louis Boullenois, Avocat au Parlement.		1762
IV.	S. 6819*	Concile Provincial d'Utrecht.		1763
	9047	Eloge de Henri-Constance Delort de Valras, Evêque de Mâcon.		1763
I.	9996	MÉMOIRES pour servir à l'Histoire de l'Eglise de Séez.	IV. S.	1763
	10951	Mémoires sur Jérôme Besoigne, Docteur de Sorbonne.		1763
	11291	Mémoires sur François-Philippe Mésenguy.		1763
	11374 & 11375	Vie d'Antoine-François Prevost d'Exilles.		1763
II.	15864	ABRÉGÉ de l'Histoire de France.	420	1763
IV.	S. 31847*	Eloge de M. le Marquis d'Anlezy.		1763
	31875*	Eloge de M. le Vicomte de Bellunce.		1763
	45847	Eloge de Gabriel-Charles Buffard, Canoniste.		1763
III.	38277	CLÉMENT, Chronologie Historique des Princes de Monaco.	1218	1763
IV.	45940	Eloge de Pierre le Merre, Avocat.	IV. S.	1763
	S. 9195*	SUITE des Evêques de Carcassonne.		1764
	9611*	Vie de M. le Duc François de Fitz-James, Evêque de Soissons.		1764
I.	11103	Eloge de Joseph-Nicolas Morice du Létain, Chanoine d'Auxerre. (*Voyez* IV. Suppl.)		1764
	13120	Histoire de D. Claude-Bernard Barhom.		1764
III.	31998	Eloge de M. le Marquis du Mesnil, Lieutenant-Général.		1764
	32013	Eloge de M. le Marquis de Montmirail, Brigadier des Armées du Roi. (*Voyez* IV. Suppl.)		1764
	32619 & 32620	Eloge & Vie de M. le Comte d'Argenson, Ministre d'Etat. (*Voyez* IV. Suppl.)		1764
I.	6930	Assemblée du Clergé. (*Voyez* IV. Suppl.)	VII. S.	1765
	8804	HISTOIRE de l'Eglise Métropolitaine d'Utrecht.	IV. S.	1765
	9003	MANGIN, Histoire du Diocèse de Langres.	III. S.	1765
	10173	PARMENTIER, Suite Chronologique des Evêques de Nevers.	III. S.	1765
	10187	PARMENTIER, Suite Chronologique des Evêques de Bethléhem.	XIII. S.	1765
	13626	Vie de Jean Scoffier, Chanoine de Sainte Geneviève.		1765

Tome V.

TOMES & Numéros.			DATES comm.	finiss.
I.	15081	Eloge de Charlotte Colbert de Croissy, Abbesse de Maubuisson.		1765
III.	31902—31904	Eloge de M. le Comte de Caylus, Académicien.		1765
	32744	Eloge de Henri-François-de-Paule d'Aguesseau, Conseiller d'Etat.		1765
	38982	Chronique de la Ville d'Arras.	0	1765
IV.	46009	Eloge de René-Josué Valin, Jurisconsulte.		1765
I.	11219	Eloge de Jean-Baptiste Ladvocat, Bibliothécaire de Sorbonne.		1766
	13729	Vie du P. Pacifique de S. Jean-Baptiste, Carme déchaussé.		1766
II.	15862	du Radier, Tablettes des Rois de France.	420	1766
	25745—25763	Oraisons funèbres & Eloges de M. le Dauphin, fils de Louis XV. (*Voyez* IV. *Supplém.*)		1766
III.	38817	Clément, Chronologie historique des Rois & Ducs de Lorraine.	855	1766
IV.	45878	Eloge de M. Doulcet, Avocat au Parlement.		1766
	S. 45929*	Vie de Paul-Charles Lorry, Professeur en Droit.		1766
	S. 6574*	Ordonnances & Statuts pour le Diocèse de Luçon.		1767
I.	11174	Mémoires sur l'Abbé Claude-Pierre Goujet. (*Voyez* IV. *Supplém.*)		1767
	14067	Eloge de Michel-Ange Marin, Minime. (*Voyez* IV. *Suppl.*)		1767
II.	15868	Millot, Elémens de l'Histoire de France.	420	1767
III.	31670	Oraison funèbre & Vie d'Adrien-Maurice, Duc de Noailles, Maréchal de France.		1767
	37362	de Lumina, Abrégé Chronologique de l'Histoire de Lyon.		1767
II.	15865	d'Espinassi, Abrégé de l'Histoire de France.	420	1768
III.	32014	Eloge de Laurent-Gabriel de Montrichard, Marquis de Fontenay.		1768
	40300	Clément, Chronologie historique des Grands-Maîtres de l'Ordre de S. Jean de Jérusalem.	1113	1768
II.	15866	Alletz, Tableau de l'Histoire de France.	420	1769
IV.	S. 15868*	de Lumina, Usages & Mœurs des François.		1769
	15868**	Rossel, Histoire du Patriotisme François.		1769
	15869*	Viard, Epoques les plus intéressantes de l'Histoire de France.		1769
	15900*	de Fontette, &c. Suite Chronologique des Rois de France.	414	1769
	31863*	Eloge de Louis, Prince de Beaufremont.		1769
	31912*	Eloge de Michel-Ferdinand d'Ailly, Duc de Chaulnes.		1769
III.	32745	Vie de Pierre Gilbert de Voisins, Conseiller d'Etat.		1769
IV.	S. 6930*	Assemblée du Clergé.		1769
	S. 8859*	de Lumina, Histoire de l'Eglise de Lyon.	II. S.	1770
I.	10007	Historia Archiepiscoporum Senonensium.	III. S.	1770
	10079	Historia Episcoporum Trecensium.	IV. S.	1770
	10113	Historia Episcoporum Autissiodorensium.	IV. S.	1770
	10172	Historia Episcoporum Nivernensium.	III. S.	1770
	10186	Historia Episcoporum Bethlehemitanorum. (*Voyez* IV. *Suppl.*)	XIII. S.	1770
	10190	Historia Episcoporum & Archiepiscoporum Tarantasiæ.	IV. S.	1770
	10191	Historia Episcoporum Octodurensium, postea Sedunensium.	V. S.	1770
IV.	S. 11618*	Tassin, Histoire Littéraire de la Congrégation de S. Maur.	1618	1770
	15929*	Clément, Chronologie Historique des Rois de France.	418	1770
III.	37668	Clément, Chronologie historique des Rois de Navarre.	831	1770
IV.	25297*	Clément, Chronologie historique des Rois de Portugal.	1095	1770
	25727*	Clément, Chronologie historique des Rois d'Espagne de la Maison de Bourbon.	1700	1770
	31616*&**	Oraison funèbre & Eloge de Jean-Baptiste de Durfort, Maréchal Duc de Duras.		1770
	45947	Eloge de Claude-Pierre de la Monnoye, Avocat.		1770
	S. 11905*	Eloge de Dom Coquelin, Abbé de Faverney.		1771
	31619*	Vie de Louis-César d'Estrées, Maréchal de France.		1771
	35481*	Ruffelet, Annales Briochines, ou de Saint-Brieuc.		1771
	9060*	Hellin, Histoire Chronologique des Evêques de Gand.	XVI. S.	1772
	10929*	Eloge de M. Bélon, Professeur en Théologie à Besançon.		1772
	11091*	Vie de M. Delalande, Curé de Grigny, dans le Diocèse de Paris.		1772
	14848***	Oraison funèbre de Madame de Vermandois, Abbesse de Beaumont-lès-Tours.		1772
	45986	Vie de Robert-Joseph Pothier, Jurisconsulte. (*Voyez* IV. *Suppl.*)		1772
	S. 15870*#	Moreau, Nouveau plan d'étude de l'Histoire de France.		1773
	45887*	Eloge d'Edme de la Poix de Freminville.		1773
	9727*	Eloge de Louis-François-Joseph-Gabriel d'Orléans de la Mothe, Evêque d'Amiens.		1774
	15869**	d'Hermilly & Hurtaut, Iconologie historique & généalogique des Rois de France.	420	1774
II.	24541—24802	Ouvrages qui concernent le regne de Louis XV.	1715	1774
III.	31147—31180	Pieces qui concernent le regne de Louis XV.	1715	1774

Table Chronologique.

TOMES & Numéros.		DATES comm.	finiss.
	LOUIS XVI succede à LOUIS XV son aïeul.	1774	
IV. 31565	Lettres-Patentes en faveur de M. de Miromesnil, Garde des Sceaux de France.	1774	
S. 33011*	Procès-verbal du Lit-de-Justice, tenu à Paris le 12 Novembre.	1774	
II. 25561—25874	HISTOIRES des Princes de la Maison de Bourbon. (*Voyez* IV. Suppl. & V. Add.)	....	....
25651—25678	HISTOIRES des Ducs d'Orléans issus de Louis XIII. (*Voyez* V. Add.)	....	....
25783—25846	HISTOIRES des Princes de Condé. } *Voyez* V. Add.	....	....
25847—25865	HISTOIRES des Princes de Conti. }	....	....
24802	GAZETTE de France.	1631	....
24801	MERCURE de France.	1672	....
24798	MERCURE historique & politique.	1689	....
24800	JOURNAL de Verdun.	1704	1776
I. 5852	NOUVELLES Ecclésiastiques.	1728	....

OUVRAGES qui ne sont pas finis, & dont on n'a pas cru devoir parler plutôt dans cette Table.

TOMES & Numéros.		DATES comm.	finiss.
II. 15984	BOUQUET, & autres PP. Bénédictins, les anciens Historiens des Gaules & de France.	0	....
I. 7828	SAMMARTHANI & aliorum, Galliæ Christianæ nova editio.	I. S.	....
IV. S. 7828*	DU TEMPS, le Clergé de France.	II. S.	....
II. 15807	GARNIER, Histoire de France, continuée de MM. Velly & Villaret.	1469	....
IV. S. 29499*.	DE BRÉQUIGNY, Table Chronologique des Diplômes, &c.	14½	....
III. 35841	MILLE, Abrégé Chronologique de l'Histoire de Bourgogne. (*Voyez* IV. Suppl. & V. Add.)	406	....
II. 37777	DE ROSOY, Annales de Toulouse.	0	....

ARTICLES
OMIS DANS LA TABLE CI-DESSUS.

TOMES & Numéros.		DATES comm.	finiss.
IV. 46693 & 46694	Vies d'André Du-Chesne, Historien. (*Voyez encore aux Mémoires historiques sur les Historiens de France, à la fin du Tome III, pages* xv, *& suiv.*	1640	
46425—46442	Vies & Eloges de René Descartes, Philosophe.	1650	
46681—46686	Eloges de Pierre Dupuy, Historien.	1651	
46100	Eloge de Philippe Collot, Chirurgien.	1656	
45788—45793	Vie & Eloges de Blaise Pascal, Philosophe & Théologien. (*Voyez encore* IV. 46541.)	1662	
47806 & 47807	Eloges de François Mansart, Architecte.	1666	
47527—47538	Vies, Eloges, &c. de Jean-Baptiste Pocquelin de Moliere, Poëte.	1673	
46827—46832	Vies & Eloges de François Eudes de Mezerai, Historien.	1683	
47378—47383	Eloges, Vie, &c. de Pierre Corneille, Poëte.	1684	
47745—47747	Vies, &c. de Jean-Baptiste Lulli, Musicien.	1687	
47609—47613	Eloges & Histoire de Jean Racine, Poëte. (*Voyez encore* N°. 46890, [4°].)	1699	
46481 & 46482	Eloges de Guillaume-François-Antoine de l'Hôpital, Mathématicien.	1704	
46330—46334	Eloges de Joseph (Pitton) de Tournefort, Botaniste.	1708	

IV.	47318—47326 Vies, &c. de Nicolas Boileau Despréaux, Poëte.	1711
	46407—46409 Eloges de Jean-Dominique Cassini, Astronome.	1712
	46781 Vie ou Notice de Claude De-l'Isle, Historien. (*Voyez sur ses fils*, Nº 46485—46487, & 46781—46783.	1720
	46963 Eloge de René [Auber] de Vertot, Historien.	1735
	46788 Eloge d'Antoine Lancelot, Antiquaire.	1740
	47650 & *Suppl.* Mémoires sur Jean-Baptiste Rousseau, Poëte.	1741
	46280 Eloge de François de la Peyronie, premier Chirurgien du Roi.	1747
	46734 Eloge de Nicolas Freret, Historien & Antiquaire.	1749
	46553 Notice de Robert Pitrou, Mathématicien & Architecte.	1750
	46270 Eloges, &c. de Jean-Louis Petit, Chirurgien.	1750
	46675—36677 Eloges de Claude [Gros] de Boze, Antiquaire & Historien.	1753
	46228 Vies, &c. de Jacques Molin, Médecin.	1755
	46458—46462 Eloges, &c. de Bernard (le Bovier), de Fontenelle.	1757
	46670 Eloge de Jean-Pierre de Bougainville, Historien & Littérateur.	1763
	47760—47761 Vies & Eloges de Jean-Philippe Rameau, Musicien.	1764
	46072—46077 Eloges, &c. de Nicolas le Cat, Chirurgien.	1768
	46666 & 46667 Eloges de Nicolas Bonamy, Historien & Antiquaire.	1770
	46526 & 46527 Eloges de Jean-Antoine Nollet, Physicien.	1770
	46915 & 46916 Vie, &c. de Jean-Daniel Schoepflin, Historien.	1771

IV.
TABLE
ALPHABÉTIQUE
DES CHRONIQUES ET HISTOIRES GÉNÉRALES
INDIQUÉES DANS LA TABLE PRÉCÉDENTE,

Mais ici présentée avec la seule date des années où elles finissent.

Si l'on veut savoir le commencement d'une Chronique, &c. à quels regnes des Rois elle a rapport, enfin dans quel Tome & sous quel Numéro elle se trouve dans l'Ouvrage, on observera l'année indiquée dans cette Table Alphabétique, & on la cherchera dans la Table Chronologique qui précede, où se trouve ce qu'on desire. Nous citons peu d'Ouvrages Ecclésiastiques, excepté les anciennes Chroniques écrites dans les Monastères, parce qu'il n'est question dans cette Table que de l'Histoire générale de l'Etat. Au reste, nous avons cru pouvoir indiquer avec les *Chroniques*, ces *Chronologies historiques* des anciens Princes vassaux de la Couronne, qui ont été composées par Dom François Clément, Bénédictin, & qui sont imprimées dans l'*Art de vérifier les Dates*, 1770, *in-fol.* C'est le résultat de toutes les discussions faites jusqu'à présent, & ce que l'on a de plus exact touchant la Chronologie de l'Histoire des différentes Provinces du Royaume. Pour en faciliter la recherche, par la comparaison avec la Table précédente, on a mis, avant chacun de ces Articles, une *.

ABBREVIATIO gestorum Regum Franciæ, Anonym. 1137.
— Historiæ, Gerardi de Antverpiâ, 1272.
   Riccii, 1505.
   Sylvii, 1194.
   Taboetii, 1560.
ABRÉGÉ de l'Hist. Chronologiq. ELÉMENS, &c.
d'Alletz, 1745, 1769.
Anonymes, 1207, 1410, 1517, 1574, 1643, 1703, 1715, 1725, 1759, 1762.
de Bérigny, 1678.
de Bonair, 1650.
de Brianville, 1674.
de Buffier, 1707.
de Camps, 987.
de Chambre, 1579.
de la Chapelle, 1748.
de Chomer, 1636.
de Courfons, 1700.
de Daniel & Orival, 1715.
de Dreux du Radier, 1766.
de Favede, 1760.
de Guyart, 1749.
de Hénault (Président), 1715.
de Hovel, 1584.
de Jacquin, 1747.
de Jarry, 1573.
de Labbe, 1667.
de Lenglet, 1735, 1748.
de Lesconvel, 1698.
de Loys, 1674.
de Marcel, 1600.
de Mezeray, 1610. Continuat. de Limiers, 1715.
de Millot, 1767.

ABRÉGÉ de la Mothe-le-Vayer, 1670.
de Paradin, 1581.
de Péréfixe, 1671.
de Prade, 1679.
de Rémond, 1647, 1662.
de Riencourt, 1687.
de Sainte-Marthe, 1647.
de Viard, 1769.
de Villette, 1616.

ANNALES Ananienses, 821.
Anglicani, 1189, 1325, 1374. *bis.* 1377, 1399.
Anonymi, 1255, 1621.
Antverpienses, 1700.
Aquicinenses, 1288.
d'Aquitaine, de du Bouchet, 1519, 1535.
Belgici, de Roya, 1478.
— per Miræum, 1624.
de Belleforest, 1573, 1574, 1620.
S. Benedicti Ordinis, par Mabillon, 1116. Continuat. Martenne, 1154.
Bertiniani, 882. Append. 900.
de Bourgogne, par Paradin, 1482.
— Meyeri, 1476.
Brabantiæ Ducum, Haræi, 1430, 1609.
Briochines, de Ruffelet, 1771.
de Bulteau, 591, 768.
de Cambray, par Vinchant, 1648.
Colbertini, 809.
Colmarienses, 1303.
Colonienses, vel Ubiorum, 1675.
Ecclesiæ Francorum, de le Cointe, 845.
Ecclesiastici, Baronii, 1198. Contin. Spondani, 1642.
Eginhardi : *voyez* Laureshamenses.

Annales de Flandre, Anonyme, 1385.
— par Sueyro, 1477.
Flodoardi, 966. Append. 978, 990.
de Foix, par la Perrière, 1539.
de France, 1385, 1450, 1589, 1621.
Francorum, 796, 809, 822, 840, 864, 1225, 1370, 1430, 1498.
— Brietii, 1600.
Fuldenses, 817, 883. Append. 900.
de Gilles (Nicole), 1483. Continuat. 1498, 1573, 1585, 1599, 1617.
Hæckel, 752.
de Hainaut, par Vinchant, 1555, 1648.
Hannoniæ, Guisii, 1390.
Hepidani, San-Gallensis, 1044.
Hirsaugienses : *voyez* Trithemii (Chronicon).
de Hoveden, (Rogeri) Angli, 1202.
Juliæ, Cliviæ, &c. Teschenmacheri, 1638.
— Borsii, 1731.
de Labbe, 1200.
Labbeani (Francorum), 796.
Lambeciani, 864.
Laureshamenses, seu Eginhardi, 817, 829.
de Limiers, 1724.
Loiselliani, 814.
de Longuerue, 752, 840.
de Margan, 1232.
Massilienses, par Guesnay, 1625.
Massoni (Papyrii), 1547.
Metenses, 904.
Moguntini, per Buschium, 1549.
Nazariani, 790.
de Paris, par Malingre, 1640.
— par du Plessis, 987.
Petaviani, 800.
Politiques, de Saint-Pierre, 1739.
Provinciæ, Faucherii, 1561.
Ratisponenses, 820.
Remenses, Colardi, 1580.
de Pierre de S. Romuald, 1641.
de Schepseveđe, 1374.
Serrani, 1587.
de Suisse, par Stettler, 1627, 1650.
de Tarault, 752.
Theodulphi, 820.
de Thibault du Bec, 1334.
Tiliani, 808.
de Toulouse, par la Faille, 1610.
— par Rosoy, (*non finis*).
Treverorum, Kyliandri, 1567. Cont. 1652.
— Brouveri, 1600.
Trithemii, Hirsaugiensis, 1370, 1513.
de du Val, 1646.
Vedastini, 900.
Waverlaienses, 1291.
Weingartenses, 877.
Wormatienses, 1615.

Aquila inter Lilia, Palatii, 912.

Bibles historiaux de la France, 1339.

Breviarium, Adonis Viennensis, 874, 879.

Breviarium Eginardi, 809.
Chronicon ou Chronique,
Abbreviata, 1199, 1274.
Abrincense, 1359.
de l'Adam (Nicaise), 1545.
Acutianum, 928.
Ademari, Chabannensis, 1029.
Alberici, Trium-Fontium, 1241.
Alberti, Argentinensis, 1378.
Albiense, 1211.
* d'Albret (des Sires), par Clément, 1555.
d'Alençon, 1438, 1473.
* — (des Comtes & Ducs) par Clément, 1584.
d'Alsace, par Konigshoven, 1420. *Voyez* Strasbourg.
Andegavense, 1057, 1153, 1192, 1251.
Andreæ, Itali, 877.
Andrense, 1234, 1238.
Anglorum, (pro Normanniâ, &c.) 1179, 1201 bis, 1217, 1278, 1297, 1301, 1304 bis, 1314, 1326, 1346, 1350, 1367 bis, 1377 ter, 1422, 1440, 1465, 1485, 1500, 1565, 1566. *Voyez* Normannicum, &c.
* d'Angoulême (des Comtes), par Clément, 1303.
   [*Car ce Comté fut enfin uni à la Marche.*]
Aniani, 1457.
* d'Anjou (des Comtes), par Clément, 1480.
Anonymorum, 990, 1015, 1031, 1109, 1172, 1219, 1220, 1226, 1227, 1243, 1270, 1272, 1290, 1293, 1301, 1307, 1314, 1328, 1336, 1339, 1340, 1356, 1360, 1364 bis, 1378, 1380, 1383 bis, 1399, 1422 bis, 1427, 1428, 1442, 1518.
Anselmi, Gemblacensis, 1136.
* d'Aquitaine & de Narbonnoise, par Clément, 760.
* d'Aquitaine & Toulouse (des Rois), par le même, 877.
d'Aquitaine, ou Guyenne : *Voyez* Poitiers.
Aquitanicum, 930, 1025, 1037.
* d'Arles (des Rois), par Clément : *voyez* Provence.
d'Arras (& Atrebatense), 1070, 1765.
d'Artois, par Bresin, 1571.
* d'Artois (des Comtes), par Clément, 1405.
d'Aubrion, 1500.
Augerii (Almerici), 1362.
Augiense, 954.
Auriliacense, 1128.
Austrasiæ, 1363.
— par Champier, 1510.
Voyez Lotharingiæ & Lorraine.
Autissiodorense, 1174, 1187, 1190.
— Roberti S. Meriani, 1211, 1225.
Autoris incerti, 1115.
* d'Auvergne (Comtes & Dauphins), par Clément, 1606.
Balderici, 1070.
Balduini Avennensis, 1285.
Balduini Ninivensis, 1295.
* de Bar (des Comtes & Ducs), par Clément, 1431.
* de Barcelone (des Comtes), par Clément, 1162.
Barcinonense, 1311.
de Basle, Urstitii, 1580.
— Grossii, 1624.
de Bayonne, par Compaigne, 1660.

Chronique

Table Alphabétique des Chroniques, &c.

* Chronique de Béarn (des Comtes & Princes), Clément, 1290.
Beccense, 1136, 1154, 1467, 1591.
Bedanum (breve), 810. Contin. 1350.
de Beka, Ultrajectensis, 1393. Cont. 1426, 1574.
de le Bel, 1326.
Belgicum, Anonymorum, 1205, 1474, 1475, 1479.
— Begatii, 1476.
— Gerbrandi, 1417.
— Locrii, 1600.
— Miræi, 1636.
— Severtii, 1620.
* de Berry (Comtes & Vicomtes), par Clément, 1100.
Besuense, 816. Contin. 1134, 1239.
* de Bigorre (des Comtes), par Clément, 1292.
Bonævallis Carnutensis, 1000.
de Bongevilla (Guillelmi), 1280.
de Boulogne (des Comtes), 1477.
Bourdeloise, 1594, 1619, 1701.
* de Bourgogne (des Comtes), ou de Franche-Comté, par Clément, 1530.
* de Bourgogne (des Ducs), par le même, 1477.
* de Bourgogne (des Rois), par le même, 613.
* de Brabant (des Ducs), par le même, 1430.
Brabantiæ, Anonym. 1512.
— Barlandi, 1542.
— Dinteri, 1448.
— Cuyperi, 1594.
— Goidschenhoven, 1603.
— Suffrid. Petri, 1597.
— Vetus, 1267.
de Bretagne, Anonym. 1298, 1356, 1450, 1463, 1532. Voyez ci-après, Britannicum.
— par le Bault, 1457.
— par Bouchard, 1488.
* de Bretagne (des Comtes & Ducs), par Clément, 1532.
Breve, Anonym. 810, 831, 855, 879, 987, 1000, 1060, 1108, 1137, 1220, 1270, 1328, 1340, 1414, 1539, 1578.
Brevissimum, Anon. 768, 799, 1027.
Briocense, 1415.
Voyez ci-devant Briochines (Annales).
Britannicum, 1025, 1356, 1463.
de Brompton (Joannis), 1198.
Burgundionum, de Macreau, 1506.
— de Vignier, 1475.
Calertiense, 1272.
Cameracense, Anonymi, 1030.
— Balderici, 1070. Cont. 1173, 1196.
— de Gelicq, 1500.
* de Carcassonne (des Comtes), par Clément, 1263.
Casauriense, 840, 1182.
de Câteau-Cambresis, 1700.
Centulense, 1088.
* de Champagne (des Comtes), par Clément, 1285.
Chronicarum, 1140, 1532.
Clatevallense, 1190.
Clarimatisci, 1286.
Cluniacense, 1198, 1235, 1237, 1274, 1485, 1572.
— Supplementum, d'Olery, 1529.

Chronicon Colmariense, 1302.
Coloniense, 1160, 1496.
* de Comminges (des Comtes), par Clément, 1453.
Comodoliacense, 1316.
Conchense, 1050.
Condatescense, 1100.
Conradi à Lichtenaw, 1229.
Corbeiense, de Caulincourt, 1529.
des Croisades, 1291.
de Dauphiné : voyez Viennois.
Dolense [vel Burgi-Dolensis], 1345. Append. 1550.
du Doyen de S. Thibault, 1455.
Egmundanum, Hovæi, 1568.
Elnonense, 1223.
Engolismense, 991. Voyez Angoulême.
d'Etterlin, 1499.
* d'Evreux (des Comtes), par Clément, 1584.
Falconis, 1066.
Farfense, 1104.
Farrense, 928.
de Fibrois, 1327.
Fiscanense, 1220.
de Flandre, Anonym. 1138, 1142, 1292, 1347, 1384 bis, 1423, 1462, 1725.
— par Bresin, 1571.
— par Feucy, 1542.
— Meyeri, 1278.
— par Muevin, 1339.
— par Oudegherst, 1476.
— par Pankoucke, 1762.
— par Rovere, 1600.
— par Sauvage, 1435.
* de Flandre (des Comtes), par Clément, 1506.
Flodoardi, Remensis, 966. Appendix, 978, 990.
Florentii, Vigorniensis, 1028, 1060.
Flori (Julii), 1140.
de Foix & de Navarre, 1487.
* de Foix (des Comtes), par Clément, 1471.
Folquini, Sithiensis, 961.
Fontanellense, 834, 856, 1053, 1110.
de Fracheto (Gerardi), 1271.
de France, Anonym. 996, 1202, 1216, 1270 ter, 1296 bis, 1292 bis, 1314, 1321, 1326, 1327 bis, 1339, 1350 (5), 1360, 1364, 1380 (9), 1383 (4), 1430, 1442, 1449, 1458, 1459, 1461 ter, 1469, 1480, 1483, 1485, 1510 bis, 1513, 1514, 1532, 1570, 1575, 1617.
— par le Bel, 1326.
— par Berroulet le Brun, 1377.
* — par Clément, 1770.
— par Cretin, 1514.
— par Nicole Gilles, 1483. Suppléments, 1498, 1515, 1544, 1547, 1560.
— Tilii, 1547.
de Franche-Comté : voyez Bourgogne (Comtes de).
di Francia, 1475.
Freculphi, 641. Continuat. 680, 735, 752, 768.
Frodoardi, Albanensis, 996, Contin. 1277.
de Froissart, 1400.
de Gascogne, 1442.
* — (des Ducs), par Clément, 1070.

Tome V.

CHRONICON Gaufredi, Vosiensis, 1184.
Gaufridi de Collone, 1295.
Gelriæ, Belchemi, 1466.
— Zutphii, 1562.
Gemblacense, 1590.
Genebrardi, 1584.
Gerardi de Arverniâ, Canonici, 1287.
Gerardi de Arverniâ, Monachi, 1274.
Gervasi Dorobetnensis, 1199. Contin. 1377.
Godelli, Lemovicensis, 1172.
de Golein (Jean), 879.
Gregorii Farfensis, 1104.
Gualtherii, 1616.
des Guerres des Anglois en France, 1350.
Guidonis (Bernardi), 1327.
Guillelmi Gemeticensis, 962.
Guillelmi de Nangiaco, 1301. Appendix, 1367.
de Guise (Jacques) : *Voyez* ILLUSTRATIONS.
de Halles (Monasterii), 1314.
Hannoniæ (*ou* de Hainault), Anonymi, 1450.
— Gisleberti, 1196.
— Balduini Avennensis, 1285.
— par le Fevre, 1380.
* — par Clément, 1436.
di Hatault, 1589.
Harlayanæ Bibliothecæ, 839.
Helinandi, 1204.
Hermanni Contracti, 920.
Hierosolymitanum, 1120.
Higdeni (Radulphi), 1357.
Hildeshemense, 1138.
de Hollande, Anonym. 1203, 1296, 1530.
* — par Clément, 1436.
— Gerbrandi, 1417.
— de Gonthoevens, 1636.
— de le Petit, 1600.
— Scriverii, 1663.
— Vossii, 1432.
Hugonis Flaviniacensis, 1102.
Hugonis Floriacensis, 949.
Hugonis & Richardi, 1137.
Hugonis à S. Victore, 1138.
Idacii [Hispani], 467.
Ingulphi, Londinensis, 1088, 1118. Cont. 1226.
Joannis de Londino, 1377.
Iperii (Joannis), 1294.
de Juliers, 1610.
Kemperligense, 1280.
Knighton, Angli, 1395.
Konigshoffen, Germani, 1399, 1420.
Lambardi [Angli], 1339.
Lamberti Parvi, 1230.
Lamberti Schafnaburg. 750, 1077.
Laudunensis Canonici, 1218.
Laureshamense, 920.
de Laval (du Comté), 1537.
Lemovicense, 1005, 1037, 1060, 1220, 1271, de Limoges, 1370.
Leodiense, 1132, 1192, 138 , 1461, 1560, 1575, 1597.
— de Vetere-Busco, 1483.

CHRONICON Leonis Marsicani [Itali], 962.
de Lieu-Croissant, 1189.
Lingonense, 1269.
— Vignerii, 1665.
Lirense, 1248.
Lobiense, 1641.
* de Lorraine (des Rois & Ducs), par Clément, 1766.
Lotharingiæ, 1100. *Voyez* Austrasiæ (Chronicon).
Lucemburgi, 1550.
de Luttange, 1525.
de Mailros (Monasterii Angli), 1270.
* du Maine (des Comtes), par Clément, 1481.
Malleacense, 1134.
Marcanum, 1086. Supplem. 1358.
* de la Marche (des Comtes), par Clément, 1297, [ou 1303.]
Mariani Scoti, 1086.
Marii Aventicensis, 581. Appendix, 624.
Maris mortui, 1234, 1530. *Voyez* S. Michaelis.
de Marleburg, 1406.
Martinienne (Supplém. à la Chron.) 1483.
Massæi, Cameracensis, 1540.
Matissanum [de Mâcon], par Brugnion, 1255.
de Metz, 1216, 1431, 1512, 1530, 1576, 1583.
— par Bauchert, 1635.
— par le Chastelain, 1524.
— par Chatelain, 1620.
— par Luttange, 1525.
— par Praillon, 1633.
— par Vigneules, 1526.
Moguntinense, 1251, 1551, 1613, 1630.
de le Moine, 1461.
Moissiacense, 818.
de Molinet, 1504.
Monasteriense [in Alsatiâ], 1194.
de Monstrelet, 1467. Continuat. 1516.
de Montpellier, 1390, 1426, 1511, 1581.
Morinense, 1070.
Moriniacense, 1147.
Mosellanicum, 1550.
Mosomense, 1033, 1212.
de la Mothe, 1355.
de li Musis, 1348.
Nannetense, 984.
Narbonense, 1600.
* de Navarre (des Rois), par Clément, 1770.
de Navarre & Foix, 1487.
Nemausense, 1323.
* de Nevers (des Comtes & Ducs), par Clément, 1659.
Nicolai Ambianensis, 1204.
* de Normandie (des Ducs), par Clément, 1204.
Normannicum, 896, 920, 1025, 1189, 1199, 1213 *bis*, 1214, 1217, 1220, 3259 *bis*, 1422, 1427, 1430, 1433, 1487.
à Northof, Marcani, 1359.
Novaliense, 1024.
Occitanum, 1275.
Odonis Cluniacensis, 937.
Odoranni, 1032.
* d'Orange (des Princes), par Clément, 1714.
Panispontis, (in Britannia), 1305. [*omis ci-devant, & se trouve* Tome I. N° 13639.]

Table Alphabétique des Chroniques, &c. 203

* CHRONIQUE du Perche (des Comtes), par Clément, 1328.
Petri Bajocensis, 1392.
Piscariense, 1182.
de Podio Laurentii, 1271.
* de Poitiers (des Comtes), par Clément, 1271.
Prosperi Aquitanici, 455. Additam. 1339.
Prosperi Tironis, 455.
* de Provence (des Rois), par Clément, 947.
de Provence (des Comtes), 1400.
* — par Clément, 1481.
— Seguyranni, 1482.
Radulphi de Diceto, 1197.
Radulphi Nigri, 1192.
Raynaldi Andegavensis, 1085.
Raynaldi seu Reginaldi, 1277.
Regum Francorum, 752, 768, 832, 987, 1031, 1034, 1060, 1108 *bis*, 1117, 1180, 1223, 1285, 1368, 1370, 1469, 1547 *bis*, 1582.
Remense, 999, 1120, 1200.
Rheginonis, 906. Continuat. 972.
Richardi à S. Germano, 1253.
Richardi Divisensis, 1190.
Richardi Pictaviensis, 1161.
Rishungeri, 1399.
Rogeri de Wendover, 1234.
des Rois de France, 814, 832, 1031, 1223, 1225, 1226, 1270, 1364, 1378, 1406, 1422 *bis*, 1458, 1470 *ter*, 1483, 1498, 1506, 1518, 1540, 1549, 1569, 1570, 1611, 1752.
* — par Clément, 1770.
Romualdi Salernitani, 1178.
Rotomagense, 1234, 1344, 1424, 1514.
— de la Mare, 1555.
* de Rouergue & Rhodès (des Comtes), par Clément, 1320.
Rutborn, Wintoniensis, 1232.
Ruyense, 1291.
du S. Sépulchre de Cambrai, 1092.
* de Sancerre (des Comtes), par Clément, 1640.
Sancti Albini, (Andegav. Monast.) 1200, 1220.
Sancti Bavonis, (Gand. Monast.) 1170.
Sancti Benigni, (Divion. Monast.) 1052, 1223, 1513.
Sancti Bertini, (Audomar. Mon.) per Folcuinum, 961.
— per Simonem Gandensem, 1148.
— Contin. Anonym. 1179, 1229.
— per Iperium, 1294.
Sancti Dionysii in Franciâ, 1000, 1137, 1234, 1292, 1461. Continuat. 1513.
Sancti Florentii, (Salmur. Monast.) 1236.
Sancti Galli, (in Helvetia) 814, 926.
Sancti Martialis (Lemovicensis), 840, 1220, 1310.
Sancti Martini Lemovicensis, 1247, 1296.
Sancti Martini Masciacensis, 1013.
Sancti Martini Turonensis, 1225, 1226.
Sancti Medardi Suessionensis, 1269.
Sancti Michaelis de Monte, 1056, 1154, 1164. *Voyez* Maris mortui.
Sancti Michaelis Virdunensis, 840.
Sancti Nicasii Remensis, 1248.
Sancti Pauli Narbonensis, 1332.
Sancti Petri Catalaunensis, 1223.

CHRONICON Sancti Petri Vivi Senonensis, 1109, 1184, 1530.
Sancti Richarii, 1492.
Sancti Stephani Autissiodorensis, 1174, 1190. [*non* Cadomensis, *comme on lit dans la Table précédente, à cette derniere date.*]
Sancti Stephani Cadomensis, 1213, 1296.
Sancti Taurini, 1296.
Sancti Theofredi, 1119.
Sancti Trudonis, 1230.
Sancti Vincentii Metensis, 1279.
Sancti Vincentii Voltunensis, (in Italia) 1071.
Sancti Vitoni, 1598.
Saviniacense [in Lugd. Diœces.], 817.
Saviniacense [in Normann.], 1378.
Saxonicum, 1138.
Senonense, 1179, 1193, 1200, 1211, 1267, 1429.
Senoniense, (in Lotharingia) 1167.
in Sicilia gestarum rerum, 1277.
Sigeberti Gemblacensis, 1112. Continuationes, 1162, 1186, 1210.
Sithiense, 952.
de Spire, par Eysengrein, 1563.
— par Lehman, 1612.
de Strasbourg, par Spach, 1477.
— par Specklin, 1589.
— par les Buheler, 1594.
— par Kogmann, 1600.
— par Mueg, 1600.
— par Schadé, 1616.
— par Goldmeyer, 1636.
de Suisse, par Tschudi, 1470.
— par Stumpff, 1545.
— par Suizer, 1606.
Thorne, Cantuariensis, 1397.
Tilianum, 855.
de du Tillet, 1604. Cont. 1624.
Tolosanum, 1401.
* — de Toulouse (des Rois & Comtes), par Clément, 877, 1361.
Tornacense, 1099.
Trenorciense, 1066.
Trivetti, *vel* Treveth, Angli, 1307.
Trudonense, Moringi, 1556.
— Roberti, 1560.
Tungrense, 1182, 1199.
Turonense, 1137, 1150, 1223, 1226, 1227.
Valesii (Hadriani), 561.
du pays de Vaud, 1260.
des Vaudois, 1636.
de Vauvrin, 1471.
Uceticense, 887.
Vedastinum, 1636.
* de Vermandois (des Comtes), par Clément, 1185.
Verzionense, 1220.
Vetus, Anonym. 840, 1110.
Vetustissimum, Anonym. 798.
Viconiense, 1250.
* de Viennois (des Comtes & Dauphins), par Clément, 1345.
Vindocinense (de Vendôme), 1248.

Tome V.   Cc 2

CHRONICON Virdunense, Hugonis, 1102.
Ultrajectense, de Beka, 1345.
— Matthæi, 1697.
Universelle, 1301, 1326, 1380.
Urspergense : *voyez* Conradi.
Willelmi Egmondani, 1333.
Wirceburgense, 938.
Yvonis Carnotensis, 1060.
Zelandiæ Comitum, 1296, 1551, Continuat. 1643.
CHRONOGRAPHIA, 1100.
COLLECTIO de Papis Avenion. 1408.
COMPENDIUM Hist. Franc. par de Bez, 1517.
— Gaguini, 1499.
— Trithemii, 752.
CORPUS Historiæ Franc. Freheri, 1165.
ELOGES des Rois, par Charpy, 1649.
— per Landulphum de Columna, 1321.
— par Labbe, 1651.
— par le Vasseur, 1602.
— par de Vias, 1622.
— par la Vigne, 1507.
EPITOME, Anonymor. 814, 1603, 1604.
— Bonadi, 1543.
— Cattanæi, 1499.
— Huberti, 1521.
— Lacarry, 1632.
— Laziardi, 1498.
— Nasseyi, 1570.
— Thomassini, 1623.
— Zuinglii, 1592.
EXCERPTA, ex Conciliis, 752, 987, 1031.
— ex Chronicis diversis, 814, 987, 1031.
— historica, 1031.
— ex Vitis Sanctorum, 752, 814, 987, 1031.
EXTRAITS de l'Hist. de France, 987.
FASTES des Maisons d'Orléans & de Bourbon, 1697.
FACINORA (præclara) Francorum, 1311, 1577.
FRAGMENTA Adrevaldi, 853.
Aquitanicæ Historiæ, 996.
Anastasii Bibliothecarii, 795.
Erchemberti, 737, 793.
Historica, 752, 987, 1108, 1137, 1178, 1262, 1314, 1327, 1406.
Orderici Vitalis, 987.
de Regibus Francorum, 814, 1031.
de Rebus piè gestis, 628, 691.
Theodulphi, 820.
GALLIA CHRISTIANA, Benedictinor. 1714, &c.
— Sammarthanorum, 1656.
— Roberti, 1626.
GAZETTE de France, 1774, &c.
GESTA Andegavens. Consul. & Com. 1137, 1169.
Barcinonensium Comitum, 993, 1296.
Britonum, 1298.
Carlomanni & Successorum, 896.
Dei per Francos, edente Bongarsio, 1328.
Epitomata Regum Francorum, 725.
Flandriæ Comitum, 1212.

GESTA Francorum Regum, 752 *bis*, 814, 1175, 1137 *bis*, 1214, 1270, 1336, 1380, 1521.
In Occitaniâ, 1657.
Roriconis (Francorum), 511.
Trevirorum, 1132.
Valesii (Francorum), 752.
HISTOIRE, ou HISTORIA,
d'Aix, par Pitton, 1665.
des Albigeois, 1272, 1309. *Voyez* de Podio Laurentii (Chronicon).
des Alpes maritimes, 1642.
Anglorum, Anonym. 1270, 1327, 1356, 1390, 1447, 1460.
— Bakeri, 1641, Contin. 1696.
— Daniel (Samuel), 1377. Contin. 1484.
— de Duchesne, 1614.
— Henrici Hutentoniensis, 1154.
— Gualteri, 1307.
— Guillelmi Neubrigensis, 1108.
— de Harding, 1470.
— de Hume, 1688.
— de Larrey, 1702.
— de Martyn, 1547.
— Matthæi Paris, 1258.
— Matthæi Westmonasteriensis, 1307.
— d'Orléans, 1692.
— de Pike, 1310.
— Rossi Warvicensis, 1486.
— Simeonis Dunelmensis, 1130.
— Sylvii, 1649.
— de Thoyras, 1725.
— Véritable & secrette, 1729.
— Virgilii (Polydori), 1533.
— Walsingham, 1417.
— Wilhelmi Malmesburiensis, 1127.
d'Anjou, par Boudigné, 1529.
Aquitaniæ, per Alteserram, 1137.
d'Artus, Connétable, 1457.
d'Avignon, par Valladier, 1638.
de l'Austrasie, par Volkir, 1530.
d'Auxerre, par Lebeuf, 1676.
de Bardin, Toulousain, 1454.
de Bayart, Chevalier, 1524.
de Béarn, par Mirasson, 1695.
de Beauvais, par Louvet, 1631.
— par Simon, 1706.
Belgii, per Bucherium, 511.
— per Feyrabendium, 1580.
— per Miræum, 1622.
— par Wassebourg, 1547.
Belli Sacri, per Guill. Tyrium, 1180.
du Berry, par la Thaumassière, 1689.
de Besançon, par Dunod, 1750.
de Boucicaut, 1421.
de Bourgogne, par Duchesne, 1350.
— par Quarré d'Aligny, 965.
— par D. Plancher, 1419.
— par Mille, 1031, &c. (*non finie*.)
des quatre derniers Ducs de Bourgogne, par un Anonyme, 1477.
— par Heuterus, 1477.

Table Alphabétique des Chroniques, &c.

HISTORIA Brabantiæ, Anonym. 1290, 1450.
— per Divæum, 1581.
de Bresse, par Guichenon, 1650.
de Bretagne, par d'Argentré, 1514, 1532.
— par le Bault, 1457.
— par Desfontaines, 1603.
— par D. Lobineau, 1532.
— par D. Morice, 1751.
du Calvinisme, par Benoist, 1685.
— par Maimbourg, 1682.
— par Rocoles, 1683.
— par Soulier, 1685.
de Cambrai, par le Carpentier, 1664.
— par Dupont, 1677.
de Carcassonne, par Bouges, 1741.
de Châlon-sur-Saône, 1640.
Coloniensium rerum, 1620, 1633.
des Conquêtes des Gaulois, 1364.
— d'Oultremer, 1277. Voyez Croisades.
de Conty (Stephani), 1422.
de Dauphiné, par Chorier, 1601.
Ecclesiastica, Anonymi, 1270.
— des Calvinistes, par Beze, 1563.
— de Fleury, 1414. Contin. 1595.
— Hugonis Floriacensis, 1034.
— Orderici Vitalis, 1140.
— de Racine, 1700.
de l'Eglise Gallicane, 1559.
d'Evreux (du Comté), par le Brasseur, 1722.
de Flandre, Anonym. 1273, 1331.
— Marchantii, 1488.
— Vredii, 767.
— de Wassebourg, 1547.
de Fleurانges, Maréchal, 1521.
de Foix & de ses Comtes, 1469.
* — par Clément, 1472.
de France, Anonymes, 814, 987, 1060 bis, 1207, 1223, 1226, 1270, 1278, 1285, 1321, 1364, 1379, 1380 ter, 1383, 1404, 1422 bis, 1454, 1461 bis, 1467, 1574 bis, 1582, 1589, 1630.
Franciæ, Anonymorum, 877, 936, 1108, 1135, 1137, 1214, 1223, 1327, 1340, 1380 ter, 1483, 1521, 1537.
— Aimoini, 584. Continuat. 1165.
— d'Amelin, 1559.
— d'Aubert, 1622.
— de Belleforest, 1574 bis.
— de Besly, 1152.
— de Bossuet, 1574.
— de Boulainvilliers, 987, 1610.
— de le Breton, 1709.
— Bussierii, 1670.
— Berthault (Petri), 1630.
— Caubini [Italici], 1465.
— de Chalons, 1643.
— de Chappuis, 1585, 91, 99, 1600.
— de Choisy, 1364, 1422.
— de Conty, 1422.
— de Cordemoy, 887.
— de Daniel, 562, 1610. Continuation par Griffet, 1643.
— de Desprez, 1566.

HISTOIRE de France de Dupleix, 1422, 1589, 1646.
— de Fauchet, 987.
— de Ferroni, 1547, 1601.
— de Flavigny, 987.
— de le Frère, 1573, 1580, 1582.
— Gaguini, 1499. Supplem. Velleii, 1520. Anonymi, 1559.
— de le Gendre, 987, 1643.
— de Gomberville, 1589.
— Gregorii Turonensis, 591.
— de Guyart, d'Orléans, 1306.
— de du Haillan, 1461. Continuat. 1483, 1498, 1547, 1615, 1617.
— de la Haye, 1581 bis.
— Ingulphi, Londinensis, 1089.
— de Jourdan, 752.
— Ivonis, San-Dionysiani, 1317.
— de Marolles, 1663.
— Malvini, 1563.
— de Mantel, 1380.
— de Matthieu, 1621.
— de Mezeray, 1598, 1610.
— de Mouskes, 1242.
[Elle doit être indiquée II. 15655 & non 15656.]
— Nuenarii, 1525.
— Pauli-Æmilii, 1488. Contin. 1547, 69, 1600.
— Petri Bibliothecarii, 898.
— Philopæi, 1180.
— de la Popelinière, 1577.
— de Prade, 1640.
— Rivii, 1507.
— de Saint-Gelais, 1510.
— Sancta-Crucii, 1567.
— de de Serres, 1422. Continuations, 1461, 1598, 1606, 1614, 1643.
— de Sorel, 840.
— Sylvii, 1194. Appendix, 1267.
— di Tortora, 1601.
— de Varillas, 1569, 1589.
— de Velly, 1350. Cont. de Villaret, 1463 : de Garnier, 1535, &c. (non finie.)
— de du Verdier, 1651, 1667.
— de Vignier, 1514.
— Vincentii Bellovacensis, 1254.
— Volaterrani, 1515.
de Franche-Comté, par Gollut, 1558.
de Fréjus, par Anthelmi, 1697.
de Froissart, 1400.
Gallorum, 1340.
de Guébriant, Maréchal, 1643.
des Guerres avec la Maison d'Autriche, 1598, 1648, 1650 bis.
des Guerres de France. Anonymes, 1285, 1361, 1471, 1500, 1506, 1574, 1576, 1589, 1596.
— di Birago, 1651.
— de Davila, 1598.
— Dinothi, 1577.
— de le Frere, 1580, 1582.
— d'Herrera, 1594.
— du Janus François, 1589, 1596.

HISTOIRE des Guerres de France, de Leftorquart, 1660.
— de Matthieu, 1589, 1598.
— di Merello, 1569.
— d'Ottieri, 1725.
— de Pafquier, 1573.
— Rifebergii, 1594.
— Serrani [de Serres], 1576, 1597.
des Guerres d'Italie, Anonymes, 1518, 1525, 1589, 1629.
— di Brufoni, 1657.
— di Campiglia, 1594.
— Flori, 1512.
— del Corona, 1518.
— di Guicciardini, 1532.
— Jovii (Pauli), 1544.
— di Pieri, 1647.
— Riccii, 1653.
des Guerres de Savoie, par Guichenon, 1651.
de du Guefclin, Connétable, 1380.
Hannoniæ [ou de Hainaut], Balduini, 1285.
— de Delewarde, 1633.
— de le Roy, 1693.
— di Ulloa, 1557.
de l'Héréfie, par Bonnefoy, 1664.
— par Malingre, 1611.
de Languedoc, par Cafeneuve, 1296.
— par Gariel, 1657.
— par DD. de Vic & Vaiffette, 1643.
Leodienfium, Brufthemii, 1505.
de Lefdiguieres, Maréchal, 1638.
de la Ligue, Anonym. 1592.
— di Cofmi, 1589.
— di Corneio, 1590.
— de Maimbourg, 1598.
du Limofin, par Bonav. de S. Amable, 1685.
de Lorraine, 1377, 1633.
— par Calmet, 1690.
de Louis II. Duc de Bourbon, 1410.
de Louis de Bourbon, Prince de Condé, 1686.
Lucemburgenfis Comitatûs, 1464.
Luitprandi, 928.
de Lyon, par Meneftrier, 1400.
— par Lumina, 1769.
de Marfeille, par Ruffi, 1610.
de Matignon, Maréchal, 1597.
de Monftrelet, 1467. Contin. 1516.
Morinorum, par Malbrancq, 1533.
Niceæ Civitatis, par Joffred, 1658.
de Normandie, Anonym. 1135, 1220, 1450.
— Blampaini, 1230.
— de d'Anneville, 1590.
— Denialdi, 1066.
— de Farin, 1669.
— Krantzii, 1201.
— de Maffeville, 1700.
— de du Moulin, 1361.
— Scriptores antiqui, 1220.
— Wilhelmi Calculi, 1137.
— Ypodigma Neuftriæ, 1418.
de Origine & Geftis Francorum, 741, 877, 1326.

HISTOIRE d'Orléans, par Guyon, 1647, 1650.
— par le Maire, 1644, 1648.
Parifienfis Ecclefiæ, par du Bois, 1283.
de Paris (de la Ville), par Felibien, 1721.
Parmenfis Ducis, 1591.
de Poitou (des Comtes), 1138.
de Ponthieu (des Comtes), par Sanfon, 1657.
de Provence, par Bouche, 1661.
— par Gaufridi, 1599.
— par Louvet, 1676.
— par Noftradamus, 1600.
— par Ruffi, 1480.
Remenfis Ecclefiæ, par Flodoard, 948.
— par Marlot, 1605.
des Révolutions, par Varillas, 1569, 1650.
— par Maffiac, 1721.
Rodulphi (Glabri), 1048.
de Rohan (du Duc Henri), 1638.
de l'Abbaye de S. Denys, par Doublet, 1624.
— par Félibien, 1692.
Sui temporis, di Adriani, 1573.
— Anonymi, 1548.
— Bulengeri, 1610.
— Carpefani, 1526.
— Comitis (Natalis), 1572, 1581.
— Eadmeri, 1120.
— Jovii (Pauli), 1547.
— de Loifel, 1603.
— de Schilling, 1480.
— Surii, 1572.
— Tahureau, 1584.
— du Temps, 1590.
— Thuani, 1560, 1607. Contin. 1618, 1628.
— di Vifconti, 1568.
de Toiras, Maréchal, 1636.
de Toulouse (des Comtes), par Catel, 1271.
de Toulouse (Ville), par la Faille, 1610.
— par Rofoy: (non finie.)
de Tournay, par Coufin, 1619.
Trajecti ad Mofam, (Maeftreicht) 1504.
de Valenciennes, par Oultreman, 1598.
de Verdun, 1633, 1663, 1720.
Vezeliacenfis, 1164.
de Vienne, par le Lievre, 1622.
Ultrajecti, per Bechelium, 1641.
Univerfelle, Anonymes, 1327, 1380.
— de d'Aubigné, 1601.
— d'Avrigny, 1715.
— Brachelii, 1651.
— de Charron, 1621.
— de Chafan, 1686.
— de Leftorquart, 1660.
— de Loifel, 1617.
— de Montagne, 1587.
— de Nani, 1671.
— de Parival, 1653, 1664.
— Wilhelmi Malmesburienfis, 1127.

ICONOGRAPHIA (ou Portraits), Regum Francorum, 1521, 1560, 1576, 1636, 1643 bis, 1647, 1652, 1679, 1711, 1722, 1774.

Table Alphabétique des Chroniques, &c.

ILLUSTRATIONS des Gaules, par le Maire, 768.
— de la Gaule Belgique, par de Guife, 1398.

JOURNAL, d'un Anonyme, 1390.
d'Aubery, 1285, 1498.
de Balthafar de Nifmes, 1579.
de Boiffet, 1461.
de Boulainvilliers, 1475.
d'un Bourgeois de Paris, 1449.
de Brulart, 1569.
de Calignon, 1597.
de Davin, 1612.
de l'Eftoile, 1611.
de Faurin, 1602.
de Floret, de Metz, 1638.
de Maillete, de Metz, 1694.
du pays Meffin, 1512, 1650.
de Mofnier, 1574.
d'Olier, 1602.
du Secretaire de Philippe du Bec, 1605.
de Valerot, 1752.

JOURNÉES mémorables des François.
— par d'Allets, 1712.
— Anonyme, 1692.
de Gérard, 1643, 1692.

MARCA Hifpanica, 1258.
MARE Hiftoriarum, Columnæ, 1270.
MÉMOIRES & COMMENTAIRES,
d'Arnaud d'Andilly, 1667.
de l'Abbé Arnaud, 1675.
de Ballin, 1585.
de Baffompierre, 1631.
Belcarii, 1567.
des du Bellay, 1547.
de Berwick, par Margon, 1734.
de le Blanc (Pierre), 1563.
de Bolingbrocke (Mylord), 1716.
de Bouillon (du Duc), 1586.
de Brienne (du Comte), 1661.
Burgundicarum rerum, Begatii, 1476.
de Buffi-Rabutin, 1666.
de Caftelnau (Michel), 1570.
de Charles IX (du Règne), 1574.
de Chaftellier-Barlot, 1636.
de Chaftillon (du Maréchal), 1633.
de la Chaftre (Claude), 1594.
de Chavagnac (du Comte), 1679.
de Chiverni (du Chancelier), 1599.
de du Clercq (Jacques), 1467.
de Coquault, de Reims, 1642.
Colmarienfes, 1302.
de la Colonie, 1717.
de Comines (Philippe), 1498.
de Condé (du Prince), 1565.
de Dambres, 1591.
de Dangeau, 1720.
de Deageant, 1624.
d'Efpernon (du Duc), 1642.
de l'Eftoile (Pierre), 1611.
d'un Favori de Monfieur, 1626.

MÉMOIRES de Fléuranges, 1521.
de la Fontaine (du Chevalier), 1697.
de Fournier, fur la Marine, 1642.
de Franche-Comté, par Goffus, 1558.
de Fréton, 1620.
de Herrera, 1559.
de Lamberti, 1731.
de la Lande, 1593.
du Languedoc (des Guerres), 1592.
de Laffay, 1726.
de la Ligue, 1598.
de Loménie (Henri-Augufte), 1661.
de Lucinge, 1589.
de la Marche, 1499.
de Mergey (Jean), 1573.
de Montbrun (du Marquis), 1632.
de Monglat, 1660.
de Montluc (Blaife), 1571.
de Montpenfier (de Mademoifelle), 1688.
de Mornay (Philippe), 1623.
de Motteville (de Madame), 1666.
de Navailles (du Duc), 1683.
d'Orléans (de M. le Duc), 1636.
de Perrault (Charles), 1683.
de la Place, 1591.
de du Pleffis-Praflin, 1671.
de Pontis, 1652.
de la Porte, 1656.
de Puyfegur, 1658.
Remenfium rerum, Collardi, 1584.
de Robert & Bloquet, 1504.
de Rochechouart (Guillaume), 1565.
de Saint-Remy, 752.
de Saulx-Tavannes (Gafpard), 1573.
de Saulx-Tavannes (Guillaume), 1596.
de Serres (Jean), 1561, 1576.
de Sirot (du Baron), 1650.
di Terracina, 1573.
de Tillemont, fur les Empereurs, 513.
de du Tillet, 1570.
de Touraine, 1573.
de la Trémoille, 1668.
de Vieilleville, par Carlois, 1571.
de Villars, par Margon, 1734.
de Villegomblain, 1602.

MEMORIALE Hiftoriarum, Joannis à S. Victote, 1320.

MEMORIE recondite, di Siri, 1640.

MER des Chroniques, 1514.
— des Hiftoires, 1516.

MERCURE François, 1644.

MERCURIO di Vittorio Siri, 1655.

MESLANGES hiftoriques, 1593.

MIROIR hiftorial, 1378, 1380, 1430.

MOTIVI de tutte le Guerre, di Lazati, 1671.

OPUS hiftoricum, Adami, 1270.

ORACLES des Rois de France, 1675.

de Origine & gestis Francorum, 877.
— Regum Galliæ, 1461.
Recherches de la France, par la Haye, 1581.
Recueil des choses mémorables, Anonym. 1505.
— par Jean Ballin, 1585.
Recueil des Registres du Parlement, 1599.
de Rebus piè gestis, 628, 691.
Révolutions de France, par la Hode, 1738.
Rosier historial, 1517.
Roumanz des faits des François, par Guiart d'Orléans, 1306.
Scriptores de rebus Gallic. & Franc. 1060.
— Coætanei, de du Chesne, 1285.
— Pithœi, 708, 987, 1285.
Scriptores Historiæ Normannorum, 1220.
Sommaire, Anonyme, 1748.
— de Bernard, 1580.
Sommaire historial, 1517.
— de Vignier (Nicolas), 1515.
Theatro Gallico, di Leti, 1697.
Theatrum Europæum, 1680.
Variations de la Monarchie Françoise, par Sibert, 1715.
Vies particulieres, qui ont rapport à plusieurs Regnes :
— de Coligny (de l'Amiral), 1572.
— d'Espernon (du Duc), 1642.
— du Duc de Guise (François), 1563.
— de Mornay (Philippe), 1623.
— de la Noue (François), 1591.
— d'Orsino (Camillo), 1559.
Vitæ Reg. Franc. Anonym. 884, 1350, 1671.
— de Despreis, 1350.
— Pantaleonis, 1574.
— del Sabino, 1525.
— de du Verdier, 1582.

V. TABLE

V.
TABLE ALPHABÉTIQUE
DES PERSONNES,

Dont on indique, dans cette Bibliothèque, l'Histoire, la Vie, l'Eloge, l'Oraison funèbre ; ou qui sont l'objet de quelques Dissertations, Remarques, Notes, ou autres Ecrits ;

Rédigée par LAURENT-ETIENNE RONDET.

Les chiffres Romains indiquent les Tomes ; les chiffres Arabes, les Numéros de cette Bibliothèque ; la lettre S. le Supplément ; *Add.* les Additions au Supplément qui sont au commencement de ce Tome V. Les autres abréviations sont faciles à comprendre.

Les deux I, J, & les deux U, V, seront ici distingués, non-seulement en premier ordre, IB, IC, ID, avant JA, JE, JI ; mais encore en sous-ordre, AI avant AJ, & AU avant AV.

Les Généalogies sont indiquées, par ordre Alphabétique, au Tome III. 40796 & suiv. jusqu'à 44547 ; & les Portraits, dans le Tome IV. Partie II. pag. 134—285. C'est pourquoi je ne parlerai point ici de ces deux objets.

Du reste, en général, je préfere ici les noms aux surnoms ; mais j'ai soin de renvoyer des surnoms aux noms ; par-là je réunis les personnes qui sont d'une même Famille.

A

ABAILARD, ou Abeillard, (Pierre) Abbé de S. Gildas, I, 11845—55.
Abbadie (Jacques), Ministre Calviniste, I, 6134 & 35, IV, 46364.
S. Abbon, Evêque d'Auxerre, I, 10164.
S. Abbon, Evêque de Metz, I, 10570.
S. Abbon, Abbé de Fleury, I, 11968—70.
Abbon, Moine de S. Germain-des-Prés, I, 12512.
Abeilard ; *voyez* Abailard.
Abeille (Gaspard), Abbé, I, 10871.
S. Abel, Archevêque de Reims, I, 9540, retiré à Laubes, 11050.
S. Abélard, I, 4291.
Abélard ; *voyez* Abailard.
Abelly (Louis), Evêque de Rhodès, I, 7932.
d'Abiancourt : *voyez* Perrot & Frémont.
S. Ablébert, ou Emébert, non Ennebert, Evêque de Cambrai, I, 8562. (*Ce sont deux Evêques différens, qu'on a confondus.*)
Abot (Guillaume), Conseiller au Parlement de Paris, III, 32960, IV, S. & V. *Add.*
Abra de Raconis, (Charles-François), Evêque de Lavaur, IV, S. 10255***.
S. Abraham, Abbé de Clermont, I, 11572.
S. Abroncule : *voyez* Aproncule.
Absolu (Jeanne), Religieuse, I, 15175.
S. Acaire : *voyez* Achaire.
Acarie (Marguerite), Carmélite, IV, S. 14998* & **.
Acciaioli (Donat), Historien, IV, 46610.
Accolti (Benoît), Historien, IV, 46611.
d'Aceilly : *voyez* de Cailly.
S. Achaire, ou Acaire, Evêque de Noyon, I, 9749.

Achard ou Aichard, Evêque d'Avranches, I, 9926.
des Achards de la Baume (Elzéar-François), Evêque d'Halicarnasse, I, 10812.
S. Ache & S. Acheul, Martyrs, I. 4293.
d'Achery (Jean-Luc), Bénédictin, I, 12515, Historien, IV, 46612.
S. Acheul, ou Axeuil : *voyez* S. Ache.
S. Achillée, Martyr : *voyez* S. Félix.
d'Acier : *voyez* Ricard de Genouillac.
d'Acquin : *voyez* d'Aquin.
S. Adalbaud, mari de Ste Richtrude, I, 4294.
Adalbéron, Archevêque de Reims, I, 9555.
Adalbéron, Evêque de Laon, I, 9649 & 50.
Adalbéron II, ou Alberon, Evêque de Metz, I, 10584.
Adalbert, Moine, IV. S. 11965.
S. Adalgise, ou Algise, ou Augis, Prêtre, I, 10871.
Adalgise, Moine de S. Thierry, I, 12773.
S. Adalhard : *voyez* Adhalard.
Adam (Jean), Jésuite, I, 14158.
Adam (Maître) : *voyez* Billaut.
S. Adegrin, Moine de Baume, I, 11686.
Adélaïde de France : *voyez* Alix.
Adélaïde de France (Madame), fille du feu Roi Louis XV, II, 26577 & 78.
S. Adélard : *voyez* Adhalard.
S. Adelbert, Comte d'Austrobande, I, 4295.
Adelbode, ou Adelbolde, Evêque d'Utrecht, I, 8817.
Ste Adele, fille de Dagobert, Roi d'Austrasie, II, 25255.
Adelheime, ou Adelin, Evêque de Séez, I, 9977.
Adelmane, ou Adelman, Evêque de Bresce, I, 10833.
S. Adelphe, Evêque de Metz, I, 10554.
S. Adelphe, Abbé de Remiremont, I, 12296 & 97.
S. Adelrad, ou Aderald, Archidiacre de Troyes, I, 10873—75. IV. S.

Tome V.

Dd

Table V.

Adémar, ou Aimar, de Chabanois, Moine, I, 12395 & 96.
S. Adérald : *voyez* Adelrad.
S. Adhalard, ou Adélard, ou Allard, Abbé de Corbie, I, 11872—78.
Adhémar, Evêque du Puy, I, 8496.
Ste Adjole, Abbesse Bénédictine, I, 14767.
S. Adjuteur, ou Ajoutre, ou Ajudou, Moine de Tiron, I, 12903—6.
S. Adon, Archevêque de Vienne, I, 10722—25.
Adrets (le Baron des) : *voyez* de Beaumont.
Adrevald, Moine de Fleury, I, 11965.
Advence, Evêque de Metz, I, 10579.
S. Ægidius : *voyez* S. Gilles.
S. Æmilianus : *voyez* Emilien.
S. Æonius : *voyez* S. Eone.
Ærodius : *voyez* Ayrault.
S. Æternus : *voyez* S. Eterne.
S. Æthere, ou Æthier, Archevêque de Lyon, I, 8918.
S. Æthier, Archevêque de Vienne, I, 10715.
S. Æthier, Evêque d'Auxerre, I, 10153.
S. Africain, ou Efrique, Evêque de Comminges, I, 8091 & 92, (mis, par méprise, dans l'article de Vabres, 7958.)
Aganon, Evêque d'Autun, I, 8988.
Agathange de Vendôme, Capucin, IV. S. 13927.**
Ste Age, ou Aige : *Voyez* Aultrégilde.
S. Ageric : *voyez* Agri.
Ste Agie : *voyez* Aye.
S. Agil : *voyez* Agile.
S. Agilbert, Evêque de Paris, I, 9309 & 10.
Ste Agilberte, ou Aguilberte, Abbesse de Jouarre, I, 14768.
S. Agile, ou Ayle, ou El, Abbé de Rebais, I, 12277—79, & IV. S.
S. Agile, ou Y, Vicomte, I, 4296.
Agilmar, Archevêque de Vienne, IV. S. 10721.*
Agion, Archevêque de Narbonne, I, 9173.
S. Aglibert ; *voyez* Agoard.
S. Agnan : *voyez* Aignan.
Agnès de Jésus, (la B.) Religieuse Dominicaine, I, 15136 & 37, IV. S.
Agnès (la Belle) : *voyez* Soreau.
S. Agoard, & S. Aglibert, Martyrs, I, 4297.
S. Agobard, ou Aguebaud, Archevêque de Lyon, I, 8928—31.
d'Agoult (François), Comte de Sault, III, 32066.
S. Agrécule : *voyez* Agricole.
S. Agreve : *voyez* Agripan.
S. Agri, ou Airi, Evêque de Verdun, I, 10667.
S. Agrice, Archevêque de Sens, I, 10037.
S. Agrice, Archevêque de Trèves, I, 10508.
S. Agricole, ou Agrique, Evêque d'Avignon, I, 8127—29, & IV. S.
S. Agricole, ou Agrécule, Evêque de Châlons-sur-Saône, I, 9030 & 31.
S. Agricole, ou Arille, Evêque de Nevers, I, 10179.
S. Agripan, ou Agreve, Evêque du Puy, I, 8493.
S. Agrique : *voyez* Agricole.
S. Aguebaud : *voyez* Agobard.
d'Aguesseau (Henri-François), Chancelier, III, 31558-63, & IV. S.
d'Aguesseau (Henri-François-de-Paule), Conseiller d'Etat, fils du précédent, III, 32744, & IV. S.
Ste Aguilberte : *voyez* Agilberte.
d'Aguillenquy (Agnès), Religieuse Capucine, I, 15200 & 201.
S. Aicadre, ou Aicard, ou Achart, Abbé de Jumieges, I, 12020—14.
S. Aichar : *voyez* Achaire.
Aichard : *voyez* Achard.
Ste Aige, ou Age : *voyez* Auftrégilde.
S. Aignan, ou Agnan, Evêque d'Orléans, I, 9460—65 & IV. S.

d'Aigrefeuille (Fulcrand-Jean-Joseph-Hyacinthe), premier Président de la Cour des Aides de Montpellier, IV. S. 33889*.
d'Aiguillon (la Duchesse), *voyez* de Vignerod.
S. Aigulfe, ou Aigulphe, ou Aioul, ou Ayou, Archevêque de Bourges, I, 8381 & 82.
S. Aigulfe, ou Aigulphe, ou Ayou, Evêque de Metz, I, 10556.
S. Aigulfe, ou Aigulphe, ou Ayou, ou Aïou, Martyr, I, 4325, Abbé de Lerins, 12081—87.
Ailhaud (Jean) Médecin, IV. S. 46013*.
d'Ailly (Pierre), Cardinal, Evêque de Cambrai, I, 8572 & 73, Grand-Aumônier de France, III, 32236-38, & IV. S.
Aimar de Chabanois : *voyez* Adémar.
Aimé, ou Amat, Archevêque de Bourdeaux, I, 8246.
S. Aimé, ou Amé, ou Amet, Archevêque de Sens, I, 10049—53.
S. Aimé, ou Amé, ou Amet, Abbé de Remiremont, I, 12289—91.
Aimoin, Moine de Fleury, I, 11971.
Aimoin, Moine de S. Germain-des-Prés, I, 12511 ; II, 16089—93.
S. Aiou, ou Aioul : *voyez* Aigulfe.
S. Airi : *voyez* Agri.
Aiscelin : *voyez* Aycelin.
S. Ajoutre : *voyez* Adjuteur.
S. Ajudou : *voyez* Adjuteur.
Akakia (Martin), trois Médecins de ce nom, Professeurs Royaux, IV, 46014.
Alacoque (Marguerite-Marie), Religieuse Visitandine, I, 15295—98, & IV. S.
Alain de l'Isle, Moine de Cîteaux, I, 13008.
Alary (l'Abbé), Philologue, IV, 46972.
S. Albéric, ou Aubéri, second Abbé de Cîteaux, I, 12997 & 98.
S. Albéric, Abbé de Vézelai, & ensuite Cardinal, Evêque d'Ostie, I, 7773 & 74.
Albéric de Reims, Archevêque de Bourges, I, 8390.
Albéric, ou Albric, Evêque d'Utrecht, I, 8811.
Albéron, Evêque de Verdun, I, 10672.
Albéron : *voyez* Adalbéron.
S. Albert, Evêque de Liége, Cardinal, I, 8781—86.
S. Albert, Abbé de Gambron, I, 11981.
S. Albert, Prêtre & Reclus, I, 13271.
Albert I, Archevêque de Mayence, I, 9105.
Albert, Abbé de Marmoutier, I, 12154.
d'Albert (Charles), Duc de Luynes, Connétable, II, 20809 & *suiv.* 21212—14, 26339 ; III, 31449 & 50.
d'Albert (Honoré), Duc de Chaulnes, Maréchal de France, frere du Connétable, III, 31578.
d'Albert d'Ailly (Michel-Ferdinand), Duc de Chaulnes, petit-fils de Charles-Honoré, Duc de Luynes, IV. S. 31912*.
d'Albert (Charles), Officier, & Membre de l'Académie des Sciences, III, 31843.
Albi (Henri), Jésuite, I, 14143.
S. Albin : *voyez* S. Aubin.
d'Albizzi (Antoine-Denys-Simon), Dominicain, I, 13846.
la B. Alboflede, sœur de Clovis, II, 15235.
Ste Alboflede, fille de Clovis, II, 15236.
d'Albon (la Comtesse) : *voyez* de Bourgogne (Marguerite).
d'Albon (Jacques), Marquis de Fronsac, & Sieur de Saint-André, Maréchal de France, III, 31624 & 85.
d'Albret (Louis), Evêque de Cahors, Cardinal, fils de Charles II, I, 7552.
d'Albret (Amanieu), Evêque de Bazas, Cardinal, fils d'Alain, & petit-neveu du précédent, I, 8106.
d'Albret, non d'Albert, (Charlotte) Duchesse de Valentinois, sœur du précédent, I, 4767.
d'Albret (Marie), Comtesse de Nevers, fille de Jean d'Albret, Sire d'Orval, IV, 48001.

Table des Personnes.

d'Albret (Hélène), sœur de la précédente, IV, 48000.
d'Albret (Henri II.), Sire de Pons, IV. S. 31843*.
S. Albric : *voyez* Aldric.
Albric : *voyez* Albéric.
S. Alcime Avite, Archev. de Vienne, I, 10698—701.
le B. Alcuin, Abbé de Ferrieres, &c. I, 11922—27.
Ste Aldégonde, Abbesse de Maubeuge, I, 14751—55. *Peut-être la même qu'au Supplément*, IV, 25018*.
Ste Aldétrude, Abbesse de Maubeuge, I, 14785.
S. Aldric, ou Audry, Archevêque de Sens, I, 10061—63.
S. Aldric, ou Albric, Evêque d'Autun, I, 8986.
S. Aldric, Evêque du Mans, I, 10374.
S. Aleaume, Moine de la Chaise-Dieu, I, 11749—92.
d'Alegre, Yves II, Capitaine de cent hommes d'armes, petit-fils d'Yves I, III, 31844.
d'Alegre (Anne), Coadjutrice de l'Abbesse de S. Cyr, petite-fille d'Yves I, I, 14828.
le B. Aleman (Louis), Archevêque d'Arles, Cardinal, I, 8021—23.
d'Alençon (la Comtesse) épouse de Pierre de France, fils de S. Louis. *Voyez* de Chastillon.
d'Alençon (Charles), Dominicain, Archevêque de Lyon, fils aîné de Charles II, I, 13797.
d'Alençon (Philippe), Archevêque de Rouen, Cardinal, Patriarche d'Aquilée, frere du précédent, I, 7775.
d'Alençon (René, Duc), fils de Jean II, III, 33844.
d'Alençon (la Duchesse), épouse du précédent. *Voyez* de Lorraine (Marguerite).
d'Alençon (Françoise), Duchesse de Beaumont, Douairiere de Vendôme & de Longueville, fille de René, I, 4767 ; II, 25304 & 5.
d'Alençon (Anne), Marquise de Montferrat, sœur de la précédente, I, 4767 ; II, 25406.
d'Alençon (François de Valois, Duc), fils de Henri II, Roi de France, II, 25511—16, 26167—70, 74—76, 26743 & 44, 28404-9 ; 28457 ; III, 33669-71.
Ste Alene, Vierge & Martyre, I, 4267.
Alès de Thézieux, Religieuse, I, 14936.
S. Alethe, Evêque de Cahors, I, 7943.
Alete (la Vénérable), mere de S. Bernard, I, 4769.
S. Aleu : *voyez* Alode.
d'Alex : *voyez* d'Aranthon.
S. Alexandre, Martyr de Lyon, I, 4299 & 380.
S. Alexandre, Martyr de Marseille, I, 4712—19.
le B. Alexandre de Sauly, Prémontré, I, 13559.
Alexandre (Noël), Dominicain, I, 13837—39.
la B. Aleyde de Scharenbech, Religieuse Cistercienne, I, 15045.
Alfonse de France, Comte de Toulouse, fils de Louis VIII, II, 23373, & IV. S.
Alger, Moine de Cluni, I, 11842 & 43.
S. Algise : *voyez* Adalgise.
d'Alibrai : *voyez* Vion.
Alienor : *voyez* Eléonore.
d'Aligre (Etienne I.), Chancelier de France, III, 31529.
d'Aligre (Etienne II.), fils du précédent, Chancelier de France, III, 31544 & IV. S.
d'Aligre (François), fils du précédent, Chanoine Régulier, Abbé de S. Jacques de Provins, I, 13645 & 46.
d'Alincourt : *voyez* de Neufville & de Mandelot.
Alix, ou Adélaïde, de France, fille du Roi Robert, III, 42767.
Alix, ou Adélaïde de France, fille de Louis VII, & d'Alix de Champagne, sa troisieme femme, II, 25345.
Allamant (François), Président, III, 33664.
d'Allamont (Jean), Gouverneur de Montmédy, IV. S. 31844*.
S. Allard : *voyez* Adhalard.
Allard (Jean), Minime, I, 14038.
Alleaume (Jacques), Curé, I, 10876.

Allemand (Alexandre), Seigneur de Pasquiers, &c. III, 31845.
de l'Alleu (Jean), Dominicain, I, 1,5784.
S. Allire, ou Illide, Evêque de Clermont, I, 8411-17.
Allix (Pierre), Ministre Calviniste, I, 6117—19.
d'Allonville de Louville, Jacques-Eugene, Astronome, IV, 44495.
d'Almacheu : *voyez* Prodez.
Almain (Jacques), Docteur & Professeur en Théologie, IV, 45760.
S. Almair, Martyr, I, 11106.
Almanne : *voyez* Altman.
S. Almir, Moine, I, 11578.
S. Alnobert : *voyez* Aunobert.
S. Alode, ou Aleu, Evêque d'Auxerre, I, 10147.
S. Alof, Martyr, I, 4301.
Ste Alpaïs, Vierge, I, 4302 & 303, & IV. S.
d'Alpheston : *voyez* d'Elphinston.
Alphonse de France : *voyez* Alfonse.
S. Alpien, Prêtre, I, 10877 & 78.
S. Alpin, premier Evêque de Châlons-sur-Marne, I, 9622 & 23.
S. Alterger, Evêque de Chartres, I, 9378.
Alterger, Evêque de Cambrai, I, 8563 & 64.
Alterid, Evêque de Munster, I, 10833.
Altman, ou Almanne, Moine de Hautvilliers, I, 12009.
Alvée, Abbé de S. Pere-en-Vallée-lès-Chartres, I, 12705.
d'Alvequin de Jésus (Marie), Supérieure & Réformatrice des August. de S. Magloire, I, 14709 & 710.
d'Alverny de la Palme (Marc), Philologue, I, 11327 ; IV, 47165.
S. Amable, Prêtre, Curé, I, 10879—86, & IV. S.
S. Amadour : *voyez* Amateur.
S. Amalaire, Archevêque de Trèves, I, 10536 & 37.
Amalaire, Prêtre de Metz, IV, 45761.
Amalaric, Roi des Visigoths, I, 525.
Ste Amalberge, Veuve, I, 4304 & 305.
Ste Amalberge, Vierge, I, 4306 & IV. S.
Ste Amalberge, I, 12050. } *Peut-être les mêmes que*
Ste Amalberge, I, 14761. } *les deux précédentes*.
S. Amand, Confesseur, I, 4307.
S. Amand, Evêque de Bordeaux, I, 8239—42.
S. Amand, Evêque de Maëstricht, I, 8740—43 ; ensuite Abbé d'Elnone, I, 12315—17 & IV. S.
S. Amand & S. Donnolene, I, 4308.
S. Amand & S. Junien, Anachoretes, I, 13272.
S. Amand & S. Berthauld, Ermites & Prêtres, I, 13290.
Amand du Châtel, Abbé de Marchiennes, I, 12141.
S. Amant, ou Chamant, Evêque de Rhodès, I, 7916 & 27.
S. Amarante, Martyr, I, 4309.
S. Amat : *voyez* Aimé.
S. Amateur, ou Amadour, Solitaire en Querci, IV. S. 13272*.
S. Amateur, ou Amatre, Evêque d'Auxerre, I, 10126—28.
d'Amboise (la B. Françoise), Duchesse de Bretagne, fille de Louis d'Amboise, Prince de Talmond, Fondatrice des anciennes Carmélites de Bretagne, I, 14958—60.
d'Amboise (Georges), Archevêque de Rouen, Cardinal & Ministre d'Etat, III, 32458—62.
d'Amboise (Charles II), Seigneur de Chaumont, Maréchal de France, III, 31613.
d'Amboise (de Clermont) : *voyez* de Clermont d'Amboise.
d'Amboise (François), Conseiller d'Etat, fils de Jean d'Amboise, III, 32721.
d'Amboise (Adrien), Evêque de Tréguier, frere du précédent, I, 10458.
d'Amboise (Jacques), Médecin du Roi, frere des deux précédens, IV, 46015 & 16.

D d 2

d'Amboife (Jacques-Marie), Docteur de Sorbonne, Profeſſeur Royal en Philoſophie, I, 10887, & IV. 46364.
d'Amboiſe (Michel), Seigneur de Chevillon, IV, 47281.
S. Ambrois : *voyez* Ambroiſe.
S. Ambroiſe, Archevêque de Milan, I, 10803—811.
S. Ambroiſe, Archevêque de Sens, I, 10036.
S. Ambroiſe, *ou* Ambrois, Evêque de Cahors, I, 7948—51.
S. Ambroiſe, Evêque de Saintes, I, 8298.
Ste Ame, Vierge, I, 4303.
S. Amé, *ou* Amet, *ou* Amat : *voyez* S. Aimé.
S. Amédée de Clermont de Hauterive, Evêque de Lauſanne, I, 8218 & 19, & IV. S.
Amédée de Rouſſillon : *voyez* de Rouſſillon.
Ameline (Claude), Archidiacre de Paris, I, 10888.
Amelot (Jean), Seigneur de Gournai, Préſident au Grand-Conſeil, III, 32777.
Amelot (Jean-Jacques), Seigneur de Chaillou, Miniſtre d'Etat, III, 32615.
Amelot de la Houſſaie (Abraham-Nicolas), Hiſtorien, IV, 46613.
Amelote, *ou* Amelotte, (Denys), Prêtre de l'Oratoire, I, 10889 & 90.
S. Amet : *voyez* Aimé.
Amice Picard (Marie), I, 4735 & 72.
d'Amiens (le Cardinal) : *voyez* de la Grange.
d'Amiens (la Vidame) : *voyez* de Bâtarnay.
d'Amiens : *voyez* Damiens.
Amiot : *voyez* Amyot.
Amolon, *ou* Amulon, Archevêque de Lyon, I, 8932 & 33.
Amondeville : *voyez* Mandeville.
Amontons (Guillaume) Mathématicien & Méchanicien, IV, 46365 & 66.
S. Amour, Diacre, I, 14761, & IV. S. 10886*.
Amulon : *voyez* Amolon.
S. Amulwin, Abbé de Laubes, I, 12061.
Amyot (Jacques), Evêque d'Auxerre, Grand-Aumônier de France, III, 32245—52.
Amyrault, Moyſe, Miniſtre Calviniſte, I, 5999.
S. Anaſtaſe & S. Martial, Martyrs, I, 4565.
S. Anaſtaſe, Archevêque de Sens, I, 10066.
S. Anatole, I, 4311.
Ancillon (David), Miniſtre Calviniſte, I, 6076—79.
Ancillon (Charles), Hiſtoriographe, fils du précédent, IV, 46614 & 15.
Ancillon (David), Miniſtre Calviniſte, fils du précédent, I, 6133.
d'Ancourt : *voyez* Carton.
d'Ancre (le Maréchal) : *voyez* Concino.
d'Ancre (Marie), fille du précédent, II, 20674 ; IV. S. 48002*.
d'Andelot (de Coligny) : *voyez* de Coligny.
S. Andéol, Martyr, I, 4310 & IV. S.
d'Andilly : *voyez* Arnauld.
S. Andoche, S. Thyrſe & S. Félix, Martyrs, I, 4312.
Ste Andovaire, *ou* Audovere, Reine de France, épouſe de Chilpéric I, II, 25020.
d'Andrault (Charles), Comte de Langeron, III, 31966.
le B. André, Abbé de Saint-Amand, I, 12318.
André, Grand-Prieur de Fontevrauld, I, 13950.
André de Lonjumeau, Dominicain, Nonce Apoſtolique, I, 13769.
André (Yves-Marie), Jéſuite, I, 14213 & 14 ; IV, 46367, & IV. S. 14214.
d'Andrieu (Jean-François), Organiſte, IV, 47714.
Andry (Nicolas), Médecin, IV, 46017.
Aneau (Barthélemi), Poëte, IV, 47283.
Anfrye de Chaulieu (Guillaume), Poëte, I, 11043 & IV, 47363 & 64.
Ste Angadrême, Abbeſſe d'Oroër, I, 14736 & 37.

Ange de Joyeuſe : *voyez* de Joyeuſe.
l'Ange (Nicolas), Antiquaire, IV, 46676.
S. Angelelme, Evêque d'Auxerre, I, 10162.
Angélique de S. Jean : *voyez* Arnauld d'Andilly.
Angelome, Moine de Luxeu, I, 12123.
S. Angelrame : *voyez* Enguerran.
Angelramne, Evêque de Metz, I, 10577.
Angeluccie, Religieuſe de Fontevrauld, I, 15162.
d'Angennes (Charles), Marquis de Rambouillet, Vidame du Mans, III, 31846.
d'Angennes de Rambouillet (Julie-Lucie), Ducheſſe de Montauſier, fille du précédent, IV, 18132.
d'Angennes (Marguerite), Abbeſſe de S. Sulpice de Rennes, I, 14792.
d'Angeres du Main (Renée-Jeanne), Générale du Calvaire, IV. S. 14954**.
S. Angilbert, *ou* Inglevert, Abbé de Centule, I, 12740—44.
Angilbert, Abbé de Corbie, I, 11888.
Angilran : *voyez* Enguerran.
Angliviel de la Baumelle (Laurent), IV. S. 46641*.
d'Anglure (Antoine-Saladin), Marquis du Bellay, III, 31847.
d'Anglure (Anne), Marquis de Givri, III, 31951-53.
d'Anglure de Bourlemont (François), Abbé de S. Florent-le-Vieux, I, 10990.
d'Angouleſme (le Comte Louis) : *voyez* d'Orléans.
d'Angouleſme (le Comte), Jean d'Orléans, II, 25491, & IV. S.
d'Angouleſme (le Comte), Charles d'Orléans, fils du précédent, II, 28374.
d'Angouleſme (le Comte), François d'Orléans : *voyez* François I, Roi de France, fils du précédent.
d'Angouleſme (la Comteſſe), Louiſe de Savoie : *voyez* de Savoie.
d'Angouleſme (Henri), fils naturel de Henri II, Roi de France, II, 25523 & 24.
d'Angouleſme (la Ducheſſe), Diane de France, fille légitimée de Henri II, Roi de France, II, 25525—27.
d'Angouleſme (derniers Ducs), depuis Charles de Valois, fils naturel de Charles IX, II, 25528 : *voyez* de Valois.
d'Angouleſme (la Ducheſſe), Charlotte de Montmorenci : *voyez* de Montmorency.
Angrin, Evêque de Langres, I, 9016.
d'Anguien : *voyez* de Bourbon.
Anguier (François & Michel), freres, Sculpteurs, IV, 47829.
S. Anian : *voyez* Aignan.
S. Anian, Evêque de Beſançon, I, 8178.
d'Anjou (le Comte), Geoffroi Martel, Miniſtre d'Etat, I, 12697 ; II, 16559.
d'Anjou (le Comte), Foulques Rechin, neveu du précédent, III, 35864.
d'Anjou (Marguerite), Reine d'Angleterre, fille de René, Roi de Naples, II, 25420, & IV. S. IV. 48002.
d'Anjou (le Duc), Henri, frere de Charles IX, II, 25222 : *voyez* Henri III, Roi de France.
d'Anjou (le Duc), François, frere de Charles IX : *voyez* d'Alençon.
d'Anjou (le Duc), fils de Louis XIV, II, 26766.
d'Anjou (le Duc), fils de Louis XV, II, 26648 & 49.
d'Anjou & de Chevrieres (la Comteſſe) : *voyez* de Gadagne.
d'Anlezy (le Marquis), IV. S. 31847*.
Ste Anne, Mere de la Sainte Vierge, I, 7872.
Anne d'Angleterre, Reine d'Angleterre, III, 35186.
Anne d'Autriche, Reine de France, II, 23906, 25159—78, IV. S. II, 26309—19 ; IV. S. 26384*; II, 26760—62, & 27353—67.
Anne Chriſtine de Baviere, Dauphine de France, II, 25703—705.
Anne de Bretagne, Reine de France, II, 25069—76,

IV. S. II, 25316, 26043 & 45, 26150, 55, 56 & 62, 26730, 31 & 37, III, 35404.
Anne de France, Dame de Beaujeu, & enfuite Duchesse de Bourbon, fille de Louis XI, II, 25572 & 73, 26147, & III, 33639.
Anne-Henriette de France, fille de Louis XV, II, 25737, 81 & 82, IV. S. 25737.
Anne de Jésus, Carmélite, I, 14984 & 85.
Anne-Marie de Jésus, Carmélite, I, 15005 & 6.
Anne de Sainte-Marie, Dominicaine, 15141 & 42.
Anne des Anges, Carmélite, I, 15002.
Anne de Saint-Barthélemi, Carmélite, I, 14987.
Anne de Xaintonge, Fondatrice des Ursulines, dans le Comté de Bourgogne, I, 15321 & 22.
Anne-Catherine de la Croix, Visitandine, I, 15291.
S. Annemond, ou Chaumond, ou Dauphin, Archevêque de Lyon, I, 8921—23.
S. Annemond : voyez Auremond.
Annibal (le Grand), Général des Carthaginois, I, 161—69.
S. Annobert : voyez Aunobert.
S. Annon, Archevêque de Cologne, I, 8672 & 73.
Annon, Abbé de Mici, I, 12675.
S. Ansaric, ou Ansery, Evêque de Soissons, I, 9596.
S. Ansbert, Archevêque de Rouen, I, 9860—63; auparavant Abbé de Fontenelles, 12845 ; le même que celui dont il est parlé au N° 8926.
Ansbert, Duc en Austrasie, II, 24876—90.
S. Anscaire, Archevêque de Hambourg, I, 10833.
Anscher, Abbé de S. Riquier, I, 12750.
Anscheric, Evêque de Paris & Ministre d'Etat, I, 9311, & II, 16459.
S. Ansegise, Abbé de Fontenelles, I, 12850-52.
Ansel de Garlande : voyez de Garlande.
S. Anselme, Archevêque de Cantorbéri, I, 10833; auparavant Abbé du Bec, 11703—709.
Anselme, Abbé de Gemblours, I, 11990.
Anselme, Moine de S. Remi de Reims, I, 12727.
Anselme de la Vierge Marie, Augustin déchaussé, I, 13684 & 85.
Anselme (Antoine), Prédic. & Académ. I, 10891.
S. Ansery : voyez Ansaric.
Anson, Abbé de Laubes, I, 12062.
Anson, Abbé de Monstier-en-der, I, 12179.
Anstée, Abbé de S. Arnoul de Metz, I, 12330 & 31.
Ste Anstrude, ou Austrude, Abbesse à Laon, I, 14743 & 44.
d'Antelmi (Joseph), Chanoine de Fréjus, I, 10892 & 93.
Antheaume (Denys), Augustin déchaussé, I, 13683.
S. Anthelme, Evêque du Bellay, I, 8206—208, auparavant Prieur de la grande Chartreuse, 13246.
Anthoine (Nicolas), fameux impie, I, 5959 & 60.
S. Antholien, Martyr, I, 4313.
S. Antide, Archevêque de Belançon, I, 8176 & 77.
S. Antoine, Pere des Solitaires, I, 13446.
S. Antoine, Abbé de S. Julien de Tours, I, 12577.
S. Antoine, Moine de Lérins, I, 12079 & 80.
Antoine de Bourbon, Roi de Navarre, II, 25587-90, 26210 & 28393.
Antoine, Duc de Lorraine & de Bar, III, 38846—50.
Antoine du Saint-Sacrement, Dominicain, I, 13826 —28.
Antoinette de Jésus : voyez Journel.
S. Antonin, Martyr, I, 4314 & 15.
d'Antragues : voyez de Balsac.
Ste Antrude, Abbesse de Laon, I, 14743 & 44.
d'Anville : voyez de Montmorenci.
S. Aoust, Prêtre, I, 10894.
S. Aper : voyez Evre.
S. Aphrodise, Martyr, I, 4418.
S. Aphrodise, Evêque de Béziers, I, 9185 & 86.
S. Apollinaire & S. Timothée, Martyrs, I, 4701.
S. Apollinaire, Archevêque de Bourges, IV. S. 8370*.

S. Apollinaire, Evêque de Valence, I, 107, 6 & 37. IV. S.
Appleine (Nicolas), Chanoine de Nevers, I, 10895.
d'Apremont : voyez d'Alpremont.
S. Aproncule, ou Abroncule, Archevêque de Trèves, I, 10526.
S. Aproncule, ou Evrouil, Evêque de Clermont, I, 8436.
Ste Aptonie, ou Evronie, Vierge, I, 4316.
S. Aquilin, Evêque d'Evreux, I, 9946 & 47.
d'Aquin (Louis), Evêque de Séez, I, 9981 & 82, IV. S.
d'Aquin (Philippe), Professeur Royal en Hébreu, IV, 46980.
d'Aquin (Louis-Claude), Organiste, IV. S. 47714* &**.
d'Aquitaine (le Duc), Eudes, II, 16130.
d'Aranthon, non d'Arenthon, d'Alex (Jean), Evêque de Genève, I, 10797 & 98, IV. S. 10796 & 98*.
S. Arateur, Evêque de Verdun, I, 10662.
d'Arbaud de Porcheres (François), Poëte, IV, 47284 & 85.
Arbert, premier Abbé de S. Arnoul de Metz, I, 12330.
S. Arbogaste, Evêque de Strasbourg, I, 9132.
Arbogaste, Evêque de Chartres, I, 9361.
Arborio de Gattinara, Mercurin, Chancelier de Charles-Quint, III, 33219.
d'Arbouze : voyez Veni.
d'Arbrissel : voyez Robert.
d'Arc (Jeanne), dite la Pucelle d'Orléans, I, 4735, & II, 17171—242, IV. S.
S. Arcade, Archevêque de Bourdeaux, I, 8383.
d'Arce : voyez d'Arsace.
l'Archevêque (Jean), Seigneur de Soubize, III, 31848.
l'Archiprêtre : voyez de Cervole.
S. Archonce, Confesseur, I, 4383.
Ste Arcongathe : voyez Earcongote.
d'Ardene : voyez de Rome.
S. Ardon Smaragde, Moine de l'Abbaye d'Aniane, I, 11670.
S. Arede : voyez Arige.
S. Arede : voyez Yriez.
S. Arege : voyez Arey.
d'Arenthon : voyez d'Aranthon.
d'Aretès de la Tour (Pierre-François), Général de l'Oratoire, I, 11487.
S. Arey, ou Arege, Evêque de Nevers, I, 10176-78.
d'Argens (le Marquis) : voyez Boyer.
d'Argenson : voyez de Voyer.
d'Argenton : voyez de Comines.
d'Argenville : voyez Dezallier.
d'Argilemont (le Baron), III, 33706.
d'Argonne (Noël Bonaventure), Chartreux, I, 13260 & 61.
S. Arlbert, Archevêque de Narbone, IV. S. 9170*.
S. Aribon, Evêque de Frisingue, I, 10833.
S. Arige, Archevêque de Lyon, I, 8919 & 20.
S. Arige, ou Arede, Evêque de Gap, I, 7904 & 905, mis par méprise dans l'Article de Vabres.
S. Arille : voyez Agricole.
Ariovifte, Roi des Allemands, I, 185.
d'Armagnac (Comtes), III, 40858.
d'Armagnac (le Comte), Jean V, III, 33640.
d'Armagnac (Jacques), Duc de Nemours, III, 33641.
d'Armagnac (Georges), Cardinal, Archevêque de Toulouse, puis d'Avignon, I, 8152 & 33.
Armelle Nicolas, fille vertueuse, I, 4770—72.
Arménie (Gui), Président au Parlement des deux Bourgognes, III, 33218.
d'Armenonville : voyez Fleuriau.
S. Arnalt : voyez Arnoald.
Arnaud, non Ernaud, Abbé de Bonneval, I, 11727, IV. S. IV, 45762.

Arnaud de Courville (François), Colonel & Brigadier, I, 4749.
Arnaud de Villeneuve, Médecin, IV, 46018—21.
Arnaud (Henri), Evêque d'Angers, I, 10412 & 13.
Arnaud (Antoine), Docteur de Sorbonne, frere du précédent, I, 5618—21, 10895; IV, 45763.
Arnaud d'Andilly (Robert), frere des deux précédents, II, 23926; III, 32736—40, IV. S. & IV. 47282.
Arnaud d'Andilly (Simon), Marquis de Pomponne, fils du précédent, III, 32594.
Arnaud de Pomponne (Henri-Charles), Abbé de S. Médard de Soissons, fils du précédent, III, 32594.
Arnaud (Marie-Angélique), Abbesse de Port-Royal, sœur des trois premiers, I, 15094—96.
Arnaud d'Andilly (Angélique), Abbesse de Port-Royal, fille de Robert, I, 15107 & 15109.
S. Arnoald, petit-fils du Roi Clotaire II, 25251, Duc en Australie, 24876, & ensuite Evêque de Metz, I, 10557.
S. Arnon : voyez Arnoul & Arnoulf.
S. Arnoul, ou Arnoulf, ou Arnou, Evêque de Metz, fils du précédent, I, 10558—62, II, 24868—90.
S. Arnoul, Evêque de Soissons, I, 9601—605.
S. Arnoul, Evêque de Tours, I, 10314—16. Il est réputé le même que S. Arnoulf, Martyr près de Paris, qui va suivre.
S. Arnoul, Abbé de S. Pere-en-Vallée, I, 12706 & 707.
le B. Arnoul, Moine de Villers en Brabant, I, 13178.
Arnoul, Archevêque de Reims, I, 9556 & 57.
Arnoul, Evêque de Lisieux, I, 9988.
Arnoul, Evêque d'Orléans, I, 9473.
Arnoul, Evêque de Rochester, I, 10833.
Arnoul, Abbé de Lagny, I, 12036.
S. Arnoulf, Martyr près de Reims, I, 4317 & 18.
S. Arnoulf, ou Arnou, Martyr près de Paris, & époux de Ste Scariberge, I, 4319—21, & 10316.
S. Arnoulf, Evêque de Gap, I, 7906 & 907.
Arnoux (Jean), Jésuite, IV. S. 14119*.
S. Aroaste, Prêtre, I, 9921; IV. S. 9921 & 13272**.
d'Arpajon (Louis, Duc), 31850.
d'Arsace, ou d'Arce, Ponce, Archevêque de Narbone, IV. S. 9174*.
d'Arschot : voyez de Croy.
Arsene de Janson : voyez Forbin.
Arsene de Jougla, Moine de la Trappe, I, 13160.
Artaud, Archevêque de Reims, I, 9554.
le B. Artaud, Evêque de Belley, IV. S. 8208*.
S. Arteme, Archevêque de Sens, I, 10042.
d'Artois (le Comte), Robert I, III, 38966.
d'Artois (le Comte), Robert II, fils du précédent, III, 38967.
d'Artois (la Comtesse), Mahaut, fille du précédent, III, 38968.
d'Artois (Robert), Comte de Beaumont, II, 25372; III, 33614—16.
d'Artois (le Comte), Charles-Philippe de France, II, 25779.
Ste Artongathe : voyez Eatcongote.
Artus, Ducs de Bretagne : voyez de Bretagne.
d'Arvieux (Laurent), Chevalier du Mont-Carmel, III, 40345.
Ste Asceline, Religieuse, I, 15049 : voyez encore V. Add.
d'Aspremont (le Comte) : voyez le B. Gobert.
Asseline (Eustache), Feuillant, I, 13092.
d'Asserac : voyez de Rieux.
d'Assoucy : voyez Coypeau.
d'Assy : voyez Bourdin.
Astier (Hyacinthe), Auditeur des Comptes, III, 33360.
Astruc (Jean), Médecin, IV, 46022 & 23.

S. Attale, Abbé de Lérins, I, 12081.
d'Attichi : voyez Doni.
Attila, Roi des Huns, I, 503—6.
Atton, Evêque de Troyes, I, 10110.
Atton, Evêque de Verceil, I, 10833.
Auber de Vertot (René), Historien, IV, 46963.
S. Auberi : voyez Albéric.
des Auberis (Guillaume), Philosophe, IV, 46369.
S. Aubert, ou Autbert, Evêque de Cambrai, I, 8556 & 57.
Aubert (Guillaume), Avocat-Général de la Cour des Aides, IV, 45820, & IV. S. 33889**.
Aubert (Jean), Chanoine de Laon, & Professeur Royal, I, 10896.
Aubert (Pierre), Avocat, IV, 45821.
Aubertin (Edme), Ministre de Charenton, I, 5977.
Aubery (Antoine), non Louis, Avocat, IV, 45817—19. Voyez le Mémoire qui le concerne, à la fin du Tome III, pag. iij. & suiv.
Aubery (Jacques), Avocat, IV, 45815 & 16.
Aubery (Benjamin), Conseiller d'Etat, petit-neveu du précédent, III, 32699.
Aubery (Louis), Sieur de Vaumurier, ou plutôt du Maurier, Historien, fils du précédent, IV, 46617.
de l'Aubespine (Gabriel), Evêque d'Orléans, I, 9479.
de l'Aubespine (Charles), Marquis de Châteauneuf, Garde des Sceaux, frere du précédent, III, 31519—31, 33707.
de l'Aubespine (Magdelène), non Marie, Dame de Villeroy, tante des deux précédens, IV, 48222.
de l'Aubespine de Châteauneuf (Marie), sœur des deux précédents, Abbesse Bénédictine, I, 14809; IV. S.
d'Aubeterre : voyez d'Espatbès.
Aubier (Ithier), I, 4736.
Ste Aubierge : voyez Edilburge.
d'Aubignac (l'Abbé) : voyez Hedelin.
d'Aubigné (Théodore-Agrippa), II, 19785 & 86; IV, 46618—21; IV. S. 46621. Voyez aussi le Mémoire qui le concerne, à la fin du Tome III, pag. ij & iij.
d'Aubigné (Françoise), Marquise de Maintenon, petite-fille du précédent, II, 24514, IV, 48118—20, & S.
d'Aubigny : voyez Stuart.
S. Aubin, ou Albin, Archevêque d'Embrun. C'est celui qui a été indiqué par méprise, sous le nom d'Archevêque de Lyon, Tome I, p. 273. col. 2. son article a échappé.
S. Aubin, Evêque d'Angers, I, 10390—92.
d'Aubray (Marie-Magdelène), Marquise de Brinvilliers, IV, 48030 & 31, & IV. S.
Aubriot (Hugues), Prévôt de Paris, V. Add.
d'Aubry (Jean), Abbé, I, 10898.
d'Aubusson (Pierre), Grand-Maître de l'Ordre de S. Jean de Jérusalem, & Cardinal-Légat du Saint-Siège dans l'Asie, III, 31892 & 53.
d'Aubusson de la Feuillade (Georges), Archevêque d'Embrun, & depuis Evêque de Metz, III, 41033.
d'Aubusson de la Feuillade (Elisabeth), Religieuse, sœur du précédent, I, 14895.
d'Auchi : voyez de Conflans & des Ursins.
d'Aucour : voyez Barbier.
Audebert (Germain), Elu à Orléans, III, 34127; & Poëte, IV, 47286.
Audiffret (Hercules), Général de la Doctrine Chrétienne, I, 10899; IV, 46981; & IV. S. 10899.
Audin, Evêque d'Evreux, IV. S. 9949*.
S. Audoen : voyez Ouen.
S. Audomare : voyez Omer.
Ste Audovere : voyez Andovaire.
Audran, (Claude II), Peintre, IV, 47832.
Audran (Gérard ou Girard), Graveur, frere du précédent, IV, 47833.
S. Audry : voyez Aldric.

Table des Personnes.   215

Auger (Edmond), Jésuite, I, 14106—8.
S. Augis : *voyez* Adalgise.
S. Auguste, ou Oust, Abbé, IV. S. 11578*.
l'Augustin de France, I, 4737 & IV. S.
d'Aulnoy : *voyez* d'Aunoy.
S. Aulzias de Sabran : *voyez* Elzéar.
d'Aumale : *voyez* de Lorraine.
Aumont (Jean), dit de la Croix, I, 4735.
d'Aumont & de Rochebaron (Louis-Marie-Victor), Duc d'Aumont, III, 31855.
d'Aumont (Louis), Duc, fils du précédent, II, 26524.
S. Aunacaire, ou Aunaire, Evêque d'Auxerre, I, 10154—57.
d'Auneau : *voyez* Donneau.
S. Aunobert, ou Alnobert, *non* Annobert, Evêque de Séez, I, 9970 & 71.
d'Aunoy (la Comtesse) : *voyez* Jumelle.
Ste Aupaies : *voyez* Alpaïs.
Auratus : *voyez* Dorat.
Ste Aure, Abbesse de S. Martial, I, 14745—48 & IV. S.
S. Aurele, Abbé de Mici, I, 12667.
Ste Aurélie, fille de Hugues Capet, Solitaire, I, 13276 ; II, 25282.
S. Aurélien, Archevêque d'Arles, I, 8012—14.
S. Aurélien, Archevêque de Lyon, I, 8936, & 37, & IV. S. 8915*.
S. Aurélien, Evêque de Limoges, I, 8469.
S. Auremond, ou Annemond, Abbé de Mairé, I, 11138 & 39.
Auréole, ou Oriol (Pierre), Archevêque d'Aix, I, 7858.
d'Auria, ou Doria, ou d'Oria, (André), Prince de Melphe, III, 31795—97, IV. S.
Aurillot (Madame) : *voyez* Dudrac.
Ausone, ancien Poëte, IV, 47288.
S. Ausone, ou Ausony, Evêque d'Angoulême, I, 8181—86.
S. Auspice, ou Sauspis, Evêque d'Apt, I, 7873.
S. Auspice, Evêque de Toul, I, 10634 & 35.
d'Aussun (Pierre), Gouverneur de Turin, III, 31856.
S. Austind, ou Ostent, Archevêque d'Auch, I, 8084.
S. Austrebert, Archevêque de Vienne, I, 10717.
Ste Austreberte, Abbesse de Pavilly, I, 14769—75, IV. S. II, 25256.
Ste Austrégilde, Age, ou Aige, mere de S. Leu, I, 4322.
S. Austrégisile, ou Austrille ou Outrille, Archevêque, de Bourges, I, 8371—73.
S. Austremoine, ou Stremoine, Evêque de Clermont, I, 4003 & 5.
S. Austrille : *voyez* Austregisile.
Ste Austrude : *voyez* Anstrude.
S. Autbert : *voyez* Aubert.
des Aurels (Guillaume), Gentilhomme, Poëte, IV, 47289.
d'Auteroche : *voyez* Chappe.
S. Auteur, Evêque de Metz, I, 10555.
d'Authier de Sisgau, Christophe, Evêque de Bethléhem, I, 10188.
d'Authon (Jean), Historien & Poëte, IV, 46622.
d'Autichamp : *voyez* de Beaumont.
Automonde, Evêque de Toul, I, 10658.
S. Aurperc, Evêque d'Avranches, I, 9923.
Autreau (Jacques), Poëte & Peintre, IV, 47290.
d'Autriche (Marguerite), promise au Dauphin, qui fut depuis Charles VIII, I, 26147.
d'Autriche (Eléonore), Reine de France, seconde épouse de François I, II, 25080, 26052, 26177 & 78, 82—86, 26200 ; IV. S. & II, 26588.
d'Autriche (Elisabeth ou Isabelle), Reine de France, épouse de Charles IX, II, 25123 & 24, IV. S. II, 26067 & 68, IV. S. II, 26245—50 & 66, 26589.
d'Autriche (Anne), Reine de France, épouse de Louis XIII, II, 23906, 25159—78, 26309—19, 26760—62, 27353—61.

d'Autriche (Marie-Térèse, Reine de France, épouse de Louis XIV, II, 25164, 25179—96, 26424—41 ; 26606—10 ; 26770—72 ; IV. S.
d'Autriche (Eléonore-Marie), Reine de Pologne, & ensuite Duchesse de Lorraine, épouse de Charles V, III, 38906.
d'Autriche (Eléonore), Duchesse de Mantoue, III, 32026.
d'Auvergne (le Comte) : *voyez* de Valois.
d'Auvergne (la Comtesse) : *voyez* de Montmorenci.
d'Auvergne (Claude), Professeur Royal, IV, 46982.
d'Auvergne (Jacques), Professeur Royal, IV, 46983.
d'Auvergne (Martial), Poëte, IV, 47516.
Auvray, & *non* Aurey, (Jean), Prêtre, I, 10901, IV. S.
Auvry, (Claude) Evêque de Coutances, I, 10005 & 6 ; II, 26405.
d'Avaux : *voyez* de Mesme.
des Avaux : *voyez* Félibien.
Aved (Jacques), Peintre, IV, 47830 & 31.
S. Aventin, Archidiacre de Châteaudun, I, 10900.
S. Aventin, Ermite, I, 13273—76.
S. Aventin, Disciple de S. Thomas de Cantorbéri, I, 4322.
d'Averton : *voyez* de Faudoas.
d'Aviler (Augustin-Charles), Architecte, IV, 47791 & 98.
Avisse ...., Poëte, IV, 47287.
S. Avit, Archevêque de Vienne : *voyez* Alcime.
S. Avit I, Evêque de Clermont, I, 8418.
S. Avit II, Evêque de Clermont, I, 8448.
S. Avit, ou Avy, Abbé de Micy, I, 12668—70.
Avitus, Empereur, I, 3919.
Avrillot (Barbe), dite Marie de l'Incarnation, Carmélite, I, 14976—83, IV. S.
S. Avy : *voyez* Avit.
S. Axeuil, ou Acheul : *voyez* S. Ache.
S. Aybert, Prêtre, Reclus, Bénédictin, I, 11642 & 43.
Aycelin, ou Aiscelin, Evêque de Laon, I, 9653, IV. S.
Aycelin de Billon (Hugues), Dominicain, Cardinal, I, 13782.
d'Aydie (Odet), Sieur de Lescun, Comte de Comminges, Amiral de Guyenne, III, 31754, IV. S.
Ste Aye, ou Agie, Comtesse de Mons, I, 4323 & 24. IV. S.
S. Ayeul, ou Ayoul : *voyez* Aigulfe.
S. Ayle : *voyez* Agile.
le B. Aymard, Abbé de Cluni, I, 11807.
Aymard (Madame) : *voyez* Piner.
S. Ayou, ou Ayoul : *voyez* Aigulfe.
Ayrault (Pierre), Lieutenant Criminel d'Angers, III, 34104—6.
d'Azillan : *voyez* Gaucelin.

B

Babel (Hugues), Savant, IV, 46984.
Babin (François), Théologien & Canoniste, Doyen de la Faculté de Théologie d'Angers, I, 10902.
S. Babolein, premier Abbé de S. Maur-les-Fossés, I, 12641—46.
Babu (Jean), Théologien Controversiste, IV, 45764.
Bachelier (Jacquette), Religieuse du Tiers - Ordre de S. François, I, 15197, IV. S. & IV. S. 4772*.
Bachelier (Pierre), Sieur de Geutes, I, 4738, IV. S.
Bachet de Meziriac, ou Meyseria (Claude-Gaspard), Savant, IV, 47136—38.
S. Badilon, Abbé de Leuse, IV. S. 12090*.
S. Badulphe, ou Badour, premier Abbé d'Aisnay, I, 11672.
de Bagneux (Madame), IV, 48005.
de Baïf (Jean-Antoine), Poëte, IV, 47292.
Baillet (Adrien), Prêtre, Bibliothécaire & Savant, I, 10903—8.

le Baillif de la Riviere (Roch), Médecin, IV, 46306 & 7, IV. S.
de Baillou (Guillaume), Médecin, IV, 46024 & 25, IV. S.
Bailly (Guillaume), Président en la Chambre des Comptes, III, 33798.
S. Bain, Evêque de Boulogne, I, 9780, auparavant Abbé de Fontenelles, 12846.
Baissey (Antoine), Bailli de Dijon, III, 34119.
Baizé (Noël-Philippe), Doctrinaire, I, 10909.
de Balagny : *voyez* de Montluc.
de Balbis de Berton de Crillon (Louis), Lieutenant-Colonel, III., 31931—33.
de Balbis de Berton de Crillon (Jean-Louis), Archevêque de Touloufe, & ensuite de Narbonne, I, 9182, IV. S. 10232*.
S. Baldéric, *ou* Baudri, Abbé de Montfalcon, fils de Sigebert, Roi d'Auftrafie, II, 25256.
S. Baldomer, *ou* Galmier, Soudiacre de Lyon, I, 10910.
Balechou (Nicolas), Graveur, I, 47834.
Ballefdens (Jean), Avocat & Académicien, IV, 46985 & 86.
Ballin (Claude), Orfévre, IV, 47982.
de Ballon (Louise-Blanche-Térèse), Religieuse, I, 15064, IV. S.
de Balmet : *voyez* Ponce.
de Balsac (Charles), Seigneur d'Entragues, III, 33696 ; IV. S.
de Balsac d'Entragues (Henriette), Marquise de Verneuil, sœur du précédent, III, 33696 ; IV. S.
S. Balseme, *ou* Bausfenge, Martyr, I, 4326.
Balthasar (le Chevalier) : *voyez* Premoy.
Baltus (Jean-François), Jésuite, I, 14205.
de la Balue (Jean), Evêque d'Evreux, puis d'Angers, Cardinal, Grand-Aumônier & Ministre, I, 10404, & III, 32239—42, 32456.
Baluze (Etienne), Professeur Royal, I, 10912—17 ; & IV, 46622. *Voyez le Mémoire qui le concerne, à la fin du Tome III. p. v—ix.*
de Balzac : *voyez* Guez & Balsac.
Banchereau, *ou* Bancherel (Gilbert), Poëte, IV, 47294.
S. Bandaride, *ou* Bandriz, Ev. de Soissons, I, 9593.
Bandieri de Laval (Antoine), IV, 47744.
Banduri (Anfelme), Bénédictin, IV, 46623.
Banier (Antoine), Académicien, I, 10919 & 20.
Banneret (Jean), Professeur Royal, I, 10918 ; & IV, 46993.
Banquet (Gabriel), Dominicain, I, 13817.
S. Baomir, Moine, I, 11579.
de Bar (la Duchesse) : *voyez* de Bourbon-Vendôme.
de Bar (Hilarion), Bénédictin, I, 12099.
de Bar (Jean-Pierre), III, 33764.
de Bar (Catherine), Religieuse, IV. S. 14843**, & V. Add.
de Bar de Montbelliar (Etienne), Cardinal, I, 10588.
de Baradat (Catherine), Religieuse, I, 15087.
de Baraills, ..., Vice-Amiral de France, III, 31791.
Barat (Nicolas), Académicien, IV, 46614.
Barbe (la Sœur) : *voyez* Fremault.
Barberin (François), Cardinal Légat en France, II, 26361—63.
de Barbesieux : *voyez* le Tellier.
Barbeyrac (Charles), Médecin, IV, 46026.
Barbeyrac (Jean), Jurisconsulte, neveu du précédent, IV, 45816.
Barbier (Robert-Marc-Antoine), Président au Présidial de Béziers, III, 34111.
Barbier (Marie-Anne), Poëte, IV, 48006.
Barbier d'Aucour (Jean), Avocat & Académicien, IV, 46994—96.
Barbier de la Riviere (Louis), Evêque de Langres, I, 9021.

le Barbier (Anne), Religieuse Bénédictine, I, 14791 ; & IV. S.
de Barcès, *non de* Brancès (Armand), Archevêque d'Aix, I, 7859.
Barclai (Guillaume), Jurisconsulte, IV, 45827.
Barclai (Jean), Philologue, fils du précédent, IV, 46997—7000, IV. S.
Bardet (Pierre), Avocat, IV, S. 45827*.
Bardin (Pierre), Académicien, IV, 47001.
le B. Bardon, Archevêque de Mayence, I, 9104.
Bardon de Brun (Bernard), Prêtre, I, 10924 & 25 ; IV. S.
Barhom (Claude-Bernard), I, 13120.
de Barillon (Jean-François), Président au Parlement de Paris, III, 32956.
de Barillon (Antoine), Seigneur de Morangis, Conseiller d'Etat, III, 32731 & 32.
de Barillon (Henri), Evêque de Luçon, I, 8344 & 45 ; IV. S.
Barland (Adrien), Historien, IV, 46625.
Barlot : *voyez* du Chastelier.
S. Barnard, Archevêque de Vienne, I, 10718—21.
Barnaud (Nicolas), Médecin, IV, 46027.
Baro (Balthasar), Poëte & Académicien, IV, 47295.
Baron (Vincent) Dominicain, I, 13824.
Baron (Théodore), Médecin, IV, 46028 ; IV. S.
S. Baront, Ermite, I, 13277 & 78.
Bartaud (Jacques), Jurisconsulte, IV, 45828.
de la Barre (Louis-François-Joseph), Académicien, IV, 46616.
de la Barre (Michel), Musicien, IV, 47715.
Barré (Nicolas), Minime, I, 14059 ; IV, S. 14058* & 59.
Barrelier (Jacques), Dominicain, I, 13812.
des Barres, ..., Capitaine, III, 31857.
Barriere (Pierre), *dit* la Barre, II, 19501—6 ; & III, 33681.
de la Barriere (Jean), Abbé de Feuillens, I, 13085—88 ; IV, S.
Bartin de la Galissonniere (Rolland-Michel), Officier & Académicien, III, 31947.
S. Bars, *ou* Bart, Evêque de Vaison, IV, S. 8147*.
du Bartas : *voyez* Sallufte.
de la Barthe (Paul), Seigneur de Thermes, Maréchal de France, III, 31708 ; IV, S.
S. Barthélemi, Abbé de Marmoutier, I, 12153.
Barthélemi, Evêque de Paris, I, 9315.
Barthélemi (Nicolas), Poëte, IV, 47298.
de Barthélemi (Gabriel), Seigneur de Gramond, Président au Parlement de Touloufe, II, 21570.
S. Basin, Evêque de Trèves, I, 10531 & 32.
S. Basle, Ermite, I, 13279—82.
Basnage (Benjamin), Ministre Protestant, I, 5976.
Basnage de Beauval (Jacques), Ministre Protestant, petit-fils du précédent, I, 6130—32.
Basnage de Beauval (Henri), frere du précédent, Avocat & Académicien, IV, 46627—29.
Baffen, *ou* Basson (le B. Jean), Célestin, I, 13214.
de Bassompierre (François), Maréchal de France, II, 21687.
de Bassompierre (Louis, *non* Pierre), Evêque de Saintes, fils naturel du précédent, I, 8304.
Basson : *voyez* Bassen.
Bassuel (Pierre), Chirurgien, IV, 46029, & IV. S.
de Bastarnay (Marie), Vicomtesse de Joyeuse, I, 4767.
de Bastarnay (Françoise), Vidame d'Amiens, I, 4767.
de la Bastide (Marc-Antoine), Calviniste, I, 6107.
la Bastie : *voyez* Fougasse.
de la Bastie : *voyez* de Bimard.
Ste Bathilde, *ou* Baudour, *ou* Baureur, Reine de France, I, 14865, II, 25032—38.
Baudelot de Dairval (Charles-César), Antiquaire, IV, 46631 & 32.

Bauderon

Bauderon de Senecé (Antoine), Poëte, IV, 47686.
Baudichon (Simon), Médecin, IV, 46030.
S. Baudille ou Bauzille, Martyr, I, 4327—29.
Baudin (Jacques), Profeſſeur Royal, IV, 45829.
Baudoin (Jean), Académicien, IV, 46633 & 47002.
Baudot de Juilly (Nicolas), Hiſtorien, II, 16777.
S. Baudouin, Archidiacre de Laon, I, 10911.
le B. Baudouin, Cardinal, Archevêque de Piſe, I, 7776.
Baudouin I, Empereur de Conſtantinople, II, 16727—38.
Baudouin II, Empereur de Conſtantinople, II, 16730.
Baudouin (François), Juriſconſulte, IV, 45822—25.
Ste Baudoux: voyez Bathilde.
Baudrand (Michel-Antoine), Prieur de Rouvres, I, 10922 & 23.
Baudry, Evêque de Dol, I, 10489.
Baudry, Evêque de Noyon & de Tournai, I, 9760.
de Bauffremont: voyez de Beaufremont.
de Baugé (Etienne), Evêque d'Autun, I, 8989.
Bauldry (Paul), Profeſſeur en Hiſtoire Sacrée, IV, 46634.
de la Baume le Blanc de la Valliere (Gilles), Evêque de Nantes, I, 10440.
de la Baume le Blanc de la Valliere (Louiſe-Françoiſe), Ducheſſe, Carmélite, I, 15007; IV, 48206—9; IV, S.
de la Baume-Montrevel (Pierre), Cardinal, Archevêque de Beſançon, I, 8196.
de la Baume-Montrevel (Jean-Baptiſte), Marquis de Saint-Martin, Gouverneur du Comté de Bourgogne, III, 31858.
de la Baume-Suze (Louis), Comte de Suze, III, 31859 & IV. S. 32069.
de la Baume: voyez des Achards & d'Hoſtun.
Baurans ( ), Muſicien, IV, 47716.
S. Bauſſenge: voyez Balſeme.
Ste Bauteur: voyez Bathilde.
de Bauz: voyez Merigot.
S. Bauzille: voyez Baudille.
Bavent (Magdeleine), Religieuſe, I, 4735, 4867 & 68, 15316.
de Baviere (Eliſabeth ou Iſabelle), Reine de France, Epouſe de Charles VI, II, 26129—31; IV, S. 25053*.
de Baviere (Louiſe-Hollandine), Palatine, Abbeſſe de Maubuiſſon, Fille de Frédéric V, Duc de Baviere, Electeur Palatin, I, 15074 & 75.
de Baviere (Eliſabeth-Charlotte), Palatine, Ducheſſe d'Orléans, Niece de la précédente, II, 25670 & 71; IV. S.
de Baviere (Anne), Palatine, Princeſſe de Condé, Couſine de la précédente, II, 25842.
de Baviere (Marie-Anne-Chriſtine-Victoire), Dauphine de France, épouſe de Louis Dauphin, fils de Louis XIV, II, 25703—5; 26464, 26611.
S. Bavon, Ermite, I, 13283—87.
Bayard (le Chevalier): voyez du Terrail.
Bayle (François), Médecin, IV, 46031.
Bayle (Pierre), Philoſophe, IV, 46635—41.
Bayne (Raoul), Profeſſeur Royal, IV, 47003.
Bazin (Denys), Médecin, IV, 46032.
Bazin (Remie), Abbeſſe de N. D. de Meaux, IV, S. 15088*.
de Bazoches (la Baronne): voyez de Faudoas.
S. Béat ou Bié, de Vendôme, I, 4330.
S. Béat & S. Fridolin, Apôtres des Suiſſes, I, 4331.
Ste Béate ou Benoîte, Vierge, I, 4332.
la B. Béatrix, Religieuſe, I, 15045.
Beatrix, Comteſſe de Châlon, III, 38385.
le Beau (Jean-Louis), Académicien, IV, 46642.
le Beau de Montholon.
de Beauchaſteau (le petit): voyez Chaſtelet.
Beaucouſin (Madame): voyez Sezille.
de Beaufort (la Ducheſſe) voyez d'Eſtrées.

Tome V.

de Beaufort (le Duc): voyez de Vendôme.
de Beaufort-Ferrand: voyez du Tixier.
de Beaufremont (Henri), Marquis de Senecey, III, 31860 & 61.
de Beaufremont (Conſtance), Abbeſſe de S. Menou, I, 14804.
de Beaufremont (Claude), Baron de Senecey, III, 31862.
de Beaufremont (Claude-Paul), Marquis de Liſtenois, III, 38416.
de Beaufremont (Charles-Emmanuel), III, 31863.
de Beaufremont (Louis), Prince, IV, S. 31863*.
de Beaugency: voyez de Baugency.
de Beaujeu (Madame): voyez Anne de France.
de Beaujeu (Marguerite), Abbeſſe de Fervaques, IV, S. 14843*.
de Beaujeu: voyez de Quiqueran.
de Beaujou (Philippe), III, 33765.
de Beaulieu (Simon), Archevêque de Bourges, Cardinal, I, 8406.
de Beaulieu: voyez de Pontault.
de la Beaumelle: voyez Angliviel.
de Beaumont (le Comte): voyez d'Artois.
de Beaumont (Geoffroy), Evêque de Laon, IV, S. 9570* & 9653*.
de Beaumont (François), Baron des Adrets, III, 31842.
de Beaumont (Antoinette), Abbeſſe de Chazaux, IV, S. 14847*.
de Beaumont d'Autichamp (François), Evêque de Tulles, I, 8503.
de Beaumont de Perefixe: voyez de Perefixe.
de Beaumont le Roger: voyez Stuart.
de Beaune, Jacques (non Jean), Baron de Samblançai, III, 32463, 33654 & 55.
de Beaune Florimond, Conſeiller au Préſidial de Blois, IV, 46370.
de Beaupoil de Saint-Aulaire (François-Joſeph), Poëte, IV, 47657.
de Beaupuis: voyez Walon.
de Beauregard, Philoſophe, IV, 46371.
de Beauſobre (Iſaac), Miniſtre Proteſtant, I, 6147—50.
Beauvais (André), Chirurgien, IV, 46033.
de Beauvais (Hugues), Comte de Paris, II, 16538.
de Beauvais (Anne), Urſuline, I, 15312 & 13.
de Beauvais-Nangis: voyez de Brichanteau.
de Beauvais: voyez Baſnage.
de Beauvau (Anne-François), Marquis, & enſuite Jéſuite, I, 14152 & 53; IV, S.
de Beauvau (la Marquiſe), ſon Epouſe: voyez de Raigecourt.
de Beauvau (Claude), Jéſuite, leur fils, I, 14153, IV, S.
de Beauvau (Marie), Religieuſe, leur fille, IV, S. 14153.
de Beauvau (René-François), Archevêque de Narbonne, I, 9181; IV, S. & V. Add.
de Beauvau (Marie-Anne-Eliſabeth), Ducheſſe de Rochechouart, I, 4819.
de Beauvilliers (François), Duc de Saint-Aignan, IV, 47300 & 301, & 47654.
de Beauvilliers de Saint-Aignan (François-Honorat-Antoine), Evêque de Beauvais, fils du précédent, I, 9689.
de Beauvilliers (Catherine-Henriette), Abbeſſe de Montmartre, I, 14905.
de Beauvilliers (Marie), Abbeſſe de Montmartre, I, 14906; IV, S.
de Beauvilliers (Marie), Prieure de Montargis, I, 14848.
de la Becqueriere (le Sieur): voyez Elzear de Vire.
Bégun (Michel), Maître des Requêtes, III, 32766.
Bégon (Scipion-Jérôme), Evêque de Toul, ſon fils, I, 10649.

E e

Ste Begue, Duchesse de Brabant, Fondatrice des Beguines I, 14718 & 19.
de Belendroit : *voyez* Drouin.
de Belestat : *voyez* Langlois.
Belet (Guillaume), Médecin, IV, 46035.
de Belidor : *voyez* Forest.
Belin ( ), Conseiller Honoraire au Parlement de Besançon, IV, S. 33226*.
de Beljambe de Longtais (Alexandre-Louis), Poëte, IV, 47495.
de Bellangeic (René), III, 33656.
de la Bellaudiere (Louis), Poëte, IV, S. 47301*.
du Bellay-Giseux (Joachim), Chanoine de l'Eglise de Paris, I, 10927; IV, 47301 & 2.
du Bellay-Langey (Guillaume), Ambassadeur, III, 32677 & 78.
du Bellay-Langey (Jean), Cardinal, Evêque de Paris, frere du précédent, III, 32678; IV, 47302 & IV, S. 9317*.
du Bellay-Langey (Martin), Prince d'Yvetot, frere du précédent, III, 32678.
du Bellay-Thouarcé (Claude), Abbé de Savigny, I, 13132.
du Bellay (le Marquis) : *voyez* d'Anglure.
Belleau (Remi), Poëte, IV, 4703 & 4.
de Bellefons (Laurence), Religieuse, I, 14838.
de Bellefont (Eléonore), Abbesse de Montvilliers, IV, 14897***.
de Belleforest (François), Historien, IV, 46643—44. Voyez le Mémoire qui le concerne à la fin du Tome III, page ix.
de Bellegarde: *voyez* de Saint-Lary & de Morvan.
de Belle-Isle : *voyez* Fouquet.
de Bellemere (Gilles), Evêque d'Avignon, I, 8131.
de Bellere du Tronchay (Mademoiselle), I, 4774.
Belley (Augustin), Académicien, IV, 46645.
de Bellievre (Pompone I), Chancelier de France, III, 31515—19.
de Bellievre (Jean), Sieur de Hautefort, Ier Président du Parlement de Grenoble, frere du précédent, III, 33147 & 48.
de Bellievre (Pompone II), premier Président du Parlement de Paris, neveu du Chancelier, III, 32917—23; IV, S.
Ste Belline (*non* Beline), Vierge & Martyre, I, 4333.
Bellocq (Pierre), Poëte, IV, 47305.
Bélon (Pierre), Licentié en Médecine, IV, 46036 & 37; IV, S.
Bélon ( ), Professeur en Théologie, IV, S. 10919*.
Belou de Fontenay (Gaspard-François), Officier, IV, 31944*.
de Belsunce de Castelmoron (Henri-François-Xavier), Evêque de Marseille, I, 8055; & IV, S. 8054*.
de Belsunce ( ), Vicomte de Belsunce, IV, S. 31875*.
Beltran, Abbé de Lure, I, 12102.
de Bénac : *voyez* de Montault.
Bénard (Jacques), Professeur en Philosophie, IV, 46373.
S. Bénedet *ou* Bénezet, fondateur du Pont d'Avignon, I, 4334—39.
S. Bénezet : *voyez* Bénedet.
S. Benigne *ou* Broing *ou* Breng, Martyr de Dijon, I, 10930—36, & 12350; IV, S.
S. Benigne, Abbé de Fontenelles, I, 12847.
S. Benoît, Abbé du Mont-Cassin, I, 11941—62 & IV, S. 11608**.
S. Benoît, Abbé d'Aniane, I, 11666—69.
S. Benoît, Moine en Champagne, I, 11580.
Benoît X *ou* XI, Pape, I, 7116.
Benoît XI *ou* XII, Pape, I, 7732—37.
Benoît, Moine de S. Faron, I, 12467.
Benoît (René), Curé de Paris, I, 10937 & 38; IV, S.
Benoît (Elie), Ministre Calviniste, I, 6136.

Benoît (Marie), *dite* de la Bucaille, I, 4891—94.
Ste Benoîte (*ou* Beate), du Diocèse de Sens, I, 4331.
Ste Benoîte d'Origny, au Diocèse de Laon, I, 4340 & 14923; IV, S. 4339* & **, & 14923*.
de Benserade (Isaac), Poëte, IV, 47306—47309; IV, S.
de Bentzeradt (Charles-Henri), Abbé d'Orval, I, 13119.
Béquin (Raymond), Dominicain, Patriarche de Jérusalem, I, 13786.
de Beragrem : *voyez* Prodez.
de la Beraudiere (François), Evêque de Perigueux, IV, S. 8331*.
Berauld (Nicolas), Littérateur, IV, 47004.
Berault (Jean), Médecin, IV, 46038.
Berbier du Metz (Claude), Lieutenant-Général, III, 31999.
S. Berchaire, Abbé de Monstier-en-Der, I, 12176, —78.
de la Berchère : *voyez* le Goux.
Bereau (Jacques), Poëte, IV, 47310.
S. Beregise *ou* Bergis, Abbé, I, 12570.
S. Berenger, Moine de S. Papoul, I, 12701.
Berenger, Empereur, II, 25270.
Berenger, Archidiacre d'Angers, & Ecolâtre de S. Martin de Tours, I, 5694—701.
Berger (Claude), Médecin, IV, 46039.
de Bergerac : *voyez* Cyrano.
la Bergere de Laus : *voyez* Rencurel.
de la Bergerie : *voyez* Durant.
Bergeron (Nicolas), Littérateur, IV, 46646.
de Bergh (Eléonore), Duchesse de Bouillon, IV, 48015.
de Berghes (Henri), Evêque de Cambray, I, 8575.
Bergier (Nicolas), Littérateur, IV, 46647.
S. Bergis : *voyez* Beregise.
de Beringhen (Jacques-Louis), Comte de Châteauneuf, Académicien, IV, S. 31875**.
de Beringhen (Marie-Anne-Généreuse-Constance-Térèse), Abbesse de Faremoutier, fille du précédent, IV, S. 14893*.
de Beringhen (Louise-Charlotte-Eugenie-Térèse-Fate-Victoire), Abbesse de Faremoutier, nièce de la précédente, IV, S. 14893**.
de Beringhen (Olympe-Félicité), Abbesse de Faremoutier, sœur de la précédente, IV, S. 14893***.
de Bermond (Françoise), Supérieure de la premiere Maison des Ursulines en France, IV, S. 15308.
S. Bernard, Archevêque de Vienne. *Voyez* Barnard.
S. Bernard, Abbé de Clairvaux, I, 13041—70; IV, Supplém.
S. Bernard, Abbé de Tiron, I, 12899—901.
S Bernard de Menthon, Archidiacre d'Aouste, I, 4341 & 13289.
S. Bernard, Pénitent, I, 13288.
Bernard, Cardinal, Evêque de Porto, I, 7777.
Bernard, Archevêque de Tolède, I, 10833.
Bernard (Charles), Historiographe, IV, 46648—50. Voyez le Mémoire qui le concerne à la fin du Tome III, page x.
Bernard (le Pere), (Claude), surnommé le Bon Prêtre, I, 10939—48.
Bernard (Etienne), Lieutenant-Général du Bailliage de Châlon-sur-Saône, III, 34117.
Bernard (Jacques), Ministre Protestant, I, 6120—21.
Bernard (le petit) : *voyez* Salomon.
Bernard (Catherine), Poëte, IV, 48009.
Bernard de Chartres, Philosophe, IV, 46374 & 5.
Bernard de Corléon, Capucin, IV, S. 13921.
Bernard Délicieux, Frere Mineur, III, 33625.
Bernard de Gordon, Médecin, IV, 46040.
Bernardin de Picquigny, Capucin, I, 13929.
S. Bernard, Abbé de S. Crespin, I, 12390.
Bernaud : *voyez* Barnaud.
de Berneville : *voyez* Jumelle.

de Bernex : *voyez* de Rossillion.
Bernier (François), Médecin, IV, 46041.
Bernier (Jean), Médecin, IV, 46042 & 43.
Bernier (Nicolas), Musicien, IV, 47717.
de Bernieres (Jean), Sieur de Louvigny, IV, S. 4742*.
le B. Bernon, Abbé de Cluni, I, 11798—800.
Bernoulli (Jacques), Mathématicien, IV, 46376—78.
Bernoulli (Jean), Mathématicien, frere du précédent, IV, 86379—81.
Bernouin, Evêque de Clermont, I, 8452.
Beroalde (Matthieu), Ministre Protestant, IV, S. 5845*.
Beroalde de Verville (François), Chanoine de Tours, fils du précédent, I, 10949.
Berquin (Louis), Hérétique, I, 5766.
Berroyet (Claude), Avocat, IV, 45831 & 32.
le Berruyer (Philippe), Evêque d'Orléans, I, 9478.
de Berry (le Duc), Jean de France, fils du Roi Jean, II, 25422—25.
de Berry (le Duc), Charles de France, petit-fils de Louis XIV; II, 25229—31; 25725 & 26, 26493—97; 28437.
Bertaut (Jean), Evêque de Séez, Poëte, IV, 47311.
Bertaut (Françoise), épouse de M. de Motteville, IV, 48136 & 37.
Bertel (Laurent-Dominique), Avignonois, I, 10950.
Bertel (Jean), Avignonois, I, 4895.
Bertet (Jean), Ex-Jésuite, Littérateur, IV, 47005.
S. Berthauld, Ermite, I, 13290 & 91.
Ste Berthe, Abbesse de Blangi, I, 14777—80.
Ste Berthe, Fondatrice de l'Abbaye d'Avenay, II, 25257—60, & IV, S. 14780* & *.
Berthe, Reine de France, épouse de Pepin-le-Bref; IV, S. 16170*.
Berti de Christini (Philippe), Conseiller au Présidial de Béziers, III, 34111.
de Bertier (Jean-Louis), Evêque de Rieux, I, 10249.
Ste Bertille, Vierge, Patrone de Mareuil, en Artois, I, 4342 & 43.
Ste Bertille, Veuve, mere de Ste Vautru & de Ste Aldegonde, I, 4733.
Ste Bertille, Abbesse de Chelles, I, 14866—68.
S. Bertillon, Abbé de S. Bénigne, I, 12356.
S. Bertin, Abbé de Sithiu, I, 12369—71; IV, S. 9769*.
Bertin (   ), Musicien, IV, 47718.
Bertin (Nicolas), Peintre, IV, 47835.
Bertius (Abraham, Wenceslas & Jean), Carmes Déchaussés, I, 13723.
Bertius (Pierre), Mathématicien, IV, 46382 & 83.
de Berton : *voyez* de Balbis.
S. Bertoul, Abbé de Renti, I, 12306 & 7.
S. Bertram, Evêque du Mans, I, 10368—71.
Bertram (Corneille-Bonaventure), Ministre Calviniste, IV, 47006.
S. Bertran, Abbé du Mont-Saint-Quentin, I, 12215.
S. Bertrand, Evêque de Comminges, I, 8093 & 94.
Bertrand (S. Louis) : *voyez* Louis.
Bertrand de Poitiers, Fondateur de l'Abbaye de Pont, I, 12271.
Bertrand de Saint-Martin, Cardinal, Archevêque d'Arles, I, 8017.
Bertrand (Jean), Président du Parlement de Toulouse, III, 33030.
Bertrand (Jean-Baptiste), Médecin, IV, 46044.
Bertrand (François Séraphique), Poëte, IV, 47312.
Bertrand-Pibrac (Egide), Chirurgien, IV, 46045.
Bertrandi (Ambroise), Chirurgien, IV, 46046.
Ste Berttrude, Reine de France, épouse de Clotaire II; II, 25030.
de Berulle (Pierre), Cardinal, I, 7778—86; IV, S.
de Berwick : *voyez* de Fitz-James.
Beschebien (Pierre), Médecin, Evêque de Chartres, IV, 46047.

Besly (Jean), Avôcat du Roi, III, 34120 & 21; IV, S. & IV, 46650 & 51.
Besoigne (Jérôme), Docteur de Sorbonne, I, 10951.
Bessard (Jean), I, 4739.
Besse (Pierre), Théologien, IV, 45765.
de Bessey (Antoine), Seigneur de Longecourt, III, 31876.
de Bessy : *voyez* Frenicle.
S. Bethaire (*ou* Bohaire), Evêque de Chartres, I, 9370.
de Bethune (Maximilien), Duc de Sully, Marquis de Rosny, Maréchal de France, & Grand-Maître d'Artillerie, III, 31810—18; IV, S. III, 32464.
de Béthune d'Orval (Marguerite, *ou* Marie, Angélique), Abbesse de S. Pierre de Reims, I, 14945.
de Béthune d'Orval (Anne-Léonore), Abbesse de Gif, sœur de la précédente, I, 14921.
de Béthune de Selles (Henri), Evêque de Maillezais, puis Archevêque de Bordeaux, I, 8262—64, & 8336.
de Béthune de Selles (Marie), Duchesse d'Estrées, sœur du précédent, IV, 48068.
de Béthune de Selles (Anne-Berthe), Abbesse de Beaumont, nièce de la précédente, I, 14842.
de Béthune de Selles (Marie-Casimire-Térèse Geneviève-Emmanuelle), Duchesse de Belle-Isle, IV, 48008.
Beroun (David), Cardinal, Evêque de Mirepoix, I, 10244.
Betton, Evêque d'Auxerre, I, 10164.
le Beuf : *voyez* Lebeuf.
Beurrier (Paul), Abbé de Ste Geneviève, I, 13610.
Ste Beuve : *voyez* Bove.
S. Beuvon, Gentilhomme, I, 4344—46.
de Beuvron : *voyez* de Harcourt.
de Beze (Théodore), Ministre de Genève, I, 5875—82; IV, S. & IV, 47313.
Bianchini (François), Mathématicien, IV, 46384.
S. Bibian, Evêque de Saintes, I, 8197.
S. Bié : *voyez* Béat.
Biétrix de Peloufcy (   ), Conseiller au Parlement de Franche-Comté, III, 33224.
du Biez (Oudart), Maréchal de France, III, 31585 33662 & 63.
Bigars (Charlotte), Abbesse de Fontaine-Guérard, Bénédictine, IV, S. 14832**, & *non Bernardine*, I, 15068 & 69.
de la Bigne (Marguerin), Théologal de Bayeux, I, 10952.
Bignon (Jérôme I), Avocat-Général au Parlement de Paris, III, 32981—85.
Bignon (Jérôme III), Conseiller d'Etat, & Prévôt des Marchands, IV, S. 32742**.
Bignon (Jean-Paul), Abbé de S. Quentin-en-l'Isle, frere du précédent, I, 10953 & 54; IV, S.
Bignon (Armand-Jérôme), Prevôt des Marchands, neveu du précédent, IV, 32744.
Bigot (Guillaume), Médecin, IV, 46048.
Bigot (Emeric), Doyen de la Cour des Aides de Normandie, III, 33890, IV, 47007—9.
Billard (Louis-Antoine), I, 4740.
Billaut (Adam), Poëte & Menuisier, *dit* Maître Adam, IV, 47314.
S. Bille, Evêque de Vannes, I, 10446.
des Billettes : *voyez* Filleau.
de Billi (Jacques), Abbé de S. Michelle-en-l'Herm, I, 10956—58, & V. *Add.*
de Billy (Jacques), Jésuite, I, 14157.
de Bimard de la Bastie (Joseph), Académicien, IV, 46630.
Binet (François), premier Général des Minimes, IV, S. 14033.
Binoys (*non* Binois, *Add.*), (Germain), Curé à Paris, I, 10959, & V. *Add.*
de Birague (René), Evêque de Lavaur, Cardinal & Chancelier de France, III, 31507—10; IV, S.

de Biron : *voyez* de Gontault.
de Biscarat : *voyez* de Rotondy.
Biscot (Jeanne), Fondatrice de la Société de Ste Agnès, I, 4775.
de Bissy : *voyez* de Thyard.
Birost (Louis), Barnabite, I, 14073.
de Biville (Thomas-Elie), Curé, I, 10960.
Blache (Antoine), Curé près Paris, I, 10961 ; IV, S. 10961 & 24536*.
Blacvod (Adam), Conseiller au Présidial de Poitiers, III, 34128, & IV, 45833 & 47315.
Blacvod (Henri), Médecin, IV, 46049.
Blain de Fontenay (Jean-Baptiste), Peintre, IV, 47880.
de Blaisy : *voyez* Joly.
de Blamont : *voyez* Colin.
le Blanc (Guillaume), Evêque de Vence, I, 8341 & 42.
le Blanc (Mademoiselle), fille Sauvage, IV, 48010.
le Blanc : *voyez* Blancio.
le Blanc : *voyez* de la Baume.
Blanchard (Jacques), Peintre, IV, 47836 & 37.
Blanchard (Guillaume), Avocat, IV, 45834 & 35.
Blanchard (Elie), Académicien, IV, 46652.
Blanchart (François), Abbé de Sainte Geneviève, I, 13609.
Blanche de Castille, Reine de France, mere de S. Louis, II, 16817, 25045—53 & 26025, IV, S. 25047*.
de Blanchefort : *voyez* de Créqui.
Blanchet (Pierre), Poëte, IV, 47316.
Blanchet (Thomas), Peintre, IV, 47838.
Blanchot (Pierre), Minime, I, 14042.
Blancio (*ou* le Blanc), (Vincent), Professeur Royal, IV, 47010.
de Blancourt : *voyez* Haudicquer.
Blavet ( ), Musicien, IV, 47710.
du Blé (Louis-Châlon), Marquis d'Uxelles, III, 23087 & 88.
de Blémur : *voyez* Bouette.
de Blesville : *voyez* du Bocage.
de la Bléterie (Jean-Philippe-René), Professeur Royal, IV, 46653.
S. Blier : *voyez* Blithaire.
S. Blimont : *voyez* Blithmond.
Blin (François), IV, S. 4740*.
S. Blithaire (*ou* Blier), Prêtre, I, 10962.
S. Blithmond (*ou* Blimond), Abbé, I, 12784 & 85.
Blitilde, fille de Clotaire, II, 24879—88.
de Blois (Etienne), Comte, III, 35535.
de Blois (Guillaume), fils d'Estienne, III, 35635.
de Blois (Etienne) Roi : *voyez* Estienne.
de Blois (Mademoiselle), (Marie-Anne), Princesse de Conti, II, 16464.
de Blois : *voyez* Blosius.
de Blonay (Marie-Aimée), Religieuse, I, 15284 ; IV, S.
Blondel (François), Mathématicien, IV, 46387 ; IV, Supplém.
Blondel (David), Professeur en Histoire, IV, 46654 —56.
Blondin (Pierre), Médecin, IV, 46050.
Blosius (*ou* de Blois), (Louis), Abbé de Liessies, I, 12093—96 ; IV, 45765.
S. Boaire : *voyez* Béthaire.
S. Bobolin, Evêque de Vienne : *voyez* Dodolin.
du Bocage de Blesville ( ), Académicien, IV, 46388.
Bochart (Samuel), Ministre Calviniste, I, 6010—13.
Bochart de Champigny : *voyez* Honoré de Paris.
de Boche (l'Abbé), I, 10963.
Bocquillot (Lazare-André), Chanoine d'Avalon, I, 10964 & 65.
de la Boderie : *voyez* le Fevre.
Bodin (Jean), Procureur du Roi au Présidial de Laon, III, 34122 & 23 ; IV, S.

Boëcler (Jean-Henri), Jurisconsulte, IV, 45836.
Boërhave (Herman), Médecin, Associé de l'Académie des Sciences de Paris, IV, 46389—91.
Boërius (*ou* Boïer), (Nicolas), Président au Parlement de Bordeaux, III, 33124 & 25, IV, Suppl. IV, 45836.
de la Boëtie (Etienne), Conseiller au Parlement de Bordeaux, III, 33128 & 29.
le Bœuf ou le Beuf : *voyez* Lebeuf.
le Bœuf (Madame) : *voyez* Tricalet.
Boffrand (Germain), Architecte, IV, 47799.
S. Bohaire : *voyez* Béthaire.
Boiceau (Jean), Jurisconsulte & Poëte, IV, 45837 & 47317.
Boïer : *voyez* Boërius.
Boileau (Gilles), Académicien, IV, 47011 & 12.
Boileau (Jacques), Docteur de Sorbonne, frere du précédent, I, 10965 ; IV, S.
Boileau (Nicolas), sieur des Préaux, Poëte, frere des deux précédens, IV, 47318—26.
Boindin (Nicolas), Poëte, IV, 47327 ; IV, S.
Bois de la Pierre (Madame) : *voyez* de Lanfernat.
du Bois (Guillaume), Cardinal, Archevêque de Cambray, premier Ministre d'Etat, III, 32599.
du Bois (Gérard), Prêtre de l'Oratoire, I, 10968.
du Bois (Jean), Abbé de Beaulieu, I, 10969 & 70.
du Bois (Philippe), Chanoine de S. Etienne des Grès, à Paris, I, 10971.
du Bois (Jean), Conseiller en la Cour des Monnoies de Saint-Lô, I, 4741 ; & III, 34021.
du Bois (Jacques), *dit* Sylvius, Médecin, IV, 46123 —25.
du Bois (Jean-Baptiste), Médecin, IV, 46126.
du Bois (Magdeleine), Carmélite, I, 14989 & 90 ; IV, S.
du Bois : *voyez* Bosc, Dubois & Goisbaud.
du Bois de Bretteville (Etienne), I, 10967.
du Bois de la Roche : *voyez* de Volvyre.
de Boisgautier (Pierre), IV, 46051.
Boisot (Jean-Baptiste), Abbé de S. Vincent, I, 10972 —75.
de Boisrobert : *voyez* le Métel.
Boissard (Jean-Jacques), Antiquaire, IV, 46657 & 58, IV, S.
de Boissat (Pierre), le fils, Académicien, IV, 47016 & 17 ; IV, S. & IV, 47328 & 29. On l'a confondu avec son pere Vice-Bailli de Viennois, en le mettant au Tome III, 33154—56.
Boissier de Sauvages (François), Médecin, IV, 46319.
de Boissieu : *voyez* Salvaing.
de Boissy : *voyez* Thiaudiere.
Boivault (Madame) : *voyez* Habert.
Boivin (Louis), Académicien, IV, 46662—64.
Boivin (Jean), Académicien & Professeur Royal, IV, 46659—61, 47017 & 47330. Il a été nommé Louis par méprise, au N.° 46660.
Boivin ( ), Musicien, IV, 47769.
de Bolduc (Godefroi), Dominicain, Evêque de Harlem, I, 13810.
Bompart (Marcellin-Hercules), Médecin, IV, 46052.
Bon (François-Xavier), I. Président de la Chambre des Comptes de Montpellier, Académicien, IV, 46665, & IV, S. 33803**.
Bon (Gaspar), Minime, I, 14037.
Bon (Marie), Ursuline, I, 15330.
Bonamy (Pierre-Nicolas), Académicien, IV, 48666 & 67.
S. Bonet (*ou* Bont), Evêque de Clermont, 8449—51, IV, S.
Bonet (Louis), Curé à Bordeaux, IV, S. 10977*.
S. Boniface & ses Compagnons, Martyrs, à Trèves ; IV, S. 4700*.
S. Boniface, Archevêque de Mayence, & Archi-Chancelier, I, 9088—93, IV, S. & III, 31487.
S. Boniface, Evêque de Lausanne, I, 8220—22 ; IV, Suppl.

Boniface VIII, Pape, I, 7116—24.
de Boniface (Alexandre), Baron de Boſſehart; IV, S. 31879*.
Bonne de Paris : voyez des Jardins.
de Bonne (François), Duc de Leſdiguieres, Connétable, II, 21345 & 46, III, 31451—53.
de Bonne de Créqui (François), Duc de Leſdiguieres, petit-fils du précédent, III, 31969.
Bonneau de Rubelle (Marie), épouſe de Jean-Jacques de Beauharnois, Seigneur de Miramion, I, 4809 & 15351, IV, S.
Bonnet (Antoine), Jéſuite, I, 14176.
Bonnet (Théophile), Médecin, IV, 46053.
de Bonneuil : voyez de Coſterel.
de Bonneval (César-Phœbus-François), Comte, III, 31878 & 79.
de Bonnivet : voyez Gouffier.
Bonoſier (Antoine), Miſſionnaire, I, 10978.
de Bonrepos : voyez d'Uſſon.
S. Bont : voyez Bonet.
Bontemps (Alexandre), premier Valet-de-Chambre ordinaire du Roi ; IV, S. 32399*.
Bontems (Madame), IV, 48011.
Bonvalot (Jean-Jacques), Préſident du Comté de Bourgogne, III, 33217.
Bony (Françoiſe), Fille de la Charité, I, 15037.
de Bonzi (Thomas II), Evêque de Béziers, I, 9190 & 91.
de Bonzi (Pierre), Cardinal, Archevêque de Narbonne, IV, S. 9178.
Borel (Pierre), Médecin, IV, 46054.
Boret (Arnaud), Conſeiller au Parlement de Toulouſe, I, 4742 & III, 33033.
Boret (Madame), épouſe du précédent, IV, Suppl. 14992*.
Borſale (Gélonide), épouſe de Salmon Macrin, IV, 48013.
Boſc du Bois (Claude), Prévôt des Marchands, III, 34601.
du Boſc (Nicolas), Prévôt des Marchands, III, 34602.
du Boſc : voyez Thomines.
Boſcaget (Jean), Profeſſeur en Droit, IV, 45838 & 39.
Boſon, Abbé du Bec, I, 11711 & 13.
Boſquet (François), Evêque de Montpellier, I, 9221—23.
de Boſſehart : voyez de Boniface.
le Boſſu (René), Chanoine Régulier, I, 13619 & 20.
Boſſuet (Jacques-Bénigne), Evêque de Meaux, I, 9424—30, IV, S. & V. Add.
Boucault (Maur), Camaldule, I, 13270.
du Bouchage (le Comte) : voyez de Joyeuſe.
du Bouchage (la Comteſſe) : voyez de Nogaret.
Bouchard (ou Burchard), Comte de Melun, Miniſtre d'Etat, & enſuite Moine des Foſſés, I, 12647 & 48.
Bouchard (Adrien), III, 33733; IV, S.
Bouchardon (Edme), Sculpteur, IV, 47839—41.
Bouchel (Laurent), Juriſconſulte, IV, 45840.
Boucher (Nicolas), Evêque de Verdun, I, 10676.
Boucherat (Louis), Chancelier, III, 31552—54; IV, S. 31551*.
Bouchet (Jean), Hiſtorien, IV, 46668.
du Bouchet (Henri), ſieur de Bournonville, Conſeiller au Parlement de Paris, III, 32964. Le N.º ſuivant n'eſt qu'une répétition; IV, S.
Bouchu (Jean), premier Préſident au Parlement de Dijon, III, 33066 & 67.
de Boucicaut : voyez le Meingre.
Boudier (René), ſieur de la Touſſeliniere, Littérateur, IV, 46669.
Boudon (Henri-Marie), Archidiacre d'Evreux, I, 10980 & 81.
Boudot (Paul), Evêque d'Arras & de Saint-Omer, I, 8605—7, & IV, S. 8605 & 40.

Boudot (Jean), Libraire, IV, 47971.
de Bouelles (Charles), Chanoine, I, 10982.
Bouette de Blémur (Jacqueline), Religieuſe, I, 14841.
de Boufflers (Louis-François), Maréchal de France, III, 31597—601; IV, S.
de Bougainville (Jean-Pierre), Académicien, IV, 46670.
Bougerel (Joſeph), Prêtre de l'Oratoire, I, 10983; IV, S.
Bouguet (Pierre), Mathématicien, IV, 46392.
de Bougues (Annonciade-Eléonore), Religieuſe, IV, 48014.
Bouhier (Jean), Préſident au Parlement de Bourgogne, III, 33076; & IV, 47331.
Bouhier (Claude), Evêque de Dijon, I, 9052.
Bouhours (Dominique), Jéſuite, I, 14173—75.
Bouillaud : voyez Boulliau.
de Bouillon (Godefroy), Roi de Jéruſalem : voyez Godefroi.
de Bouillon : voyez de la Marck & de la Tour.
de Bouillon (la Ducheſſe) : voyez de Bergh.
Bouilloud : voyez Bullioud.
Boujonnier (François), Médecin, IV, 46055.
de Bouland : voyez Jogues.
Boulanger (Antoine), Ingénieur, IV, 46394.
Boulanger : voyez Boulenger.
du Boulay : voyez Maillet.
Boulduc (Gilles-François), Chimiſte, IV, 46056.
Boulenger (Jean), Mathématicien, IV, 46395.
du Boulet : voyez Maillet.
Boulier (Anne-Séraphique), Viſitandine, I, 15292.
Boullanger (Charles-Joſeph), Avocat, IV, 45841.
Boullanger de Rivery ( ), Lieutenant-Particulier au Bailliage d'Amiens, III, 34102.
Boullenger (Jules-Céſar), Jéſuite, IV, 46671.
Boullenois (Louis), Avocat, IV, 45842.
Boulliau (non Bouillaud), (Iſmaël), Prêtre, I, 10984—86, IV, 46392 & 93.
Boullier (David-Renaud), Miniſtre Calviniſte, IV, S. 6155*.
Boullongne (Bon), Peintre, IV, 47842.
de Boullongne, ou Boulogne (Louis), Peintre, frere du précédent, IV, 47843 & 44.
de Boulogne : voyez de Boullongne.
Boulongne (la B. Marie-Marthe), IV, S. 4775*.
Bouquet (Martin), Bénédictin, I, 11258; IV, 46672; IV, S. 12546* & 46672*. Voyez ce qui le concerne à la fin du Tome III, pag. xxxiv & xxxv.
Bouray (Paſquier), Inſtituteur d'Hoſpitalieres, IV, S. 10986*.
de Bourblanc ( ), Préſident au Parlement de Bretagne, III, 33109.
Bourbon (Nicolas), l'ancien, Poëte, I, 10987; & IV, 47331.
Bourbon (Nicolas), le jeune, petit-neveu du précédent, I, 10988; IV, 47019, 47331 & 32.

Maiſon de Bourbon.

de Bourbon (Louis I), Duc de Bourbon, Comte de Clermont, fils de Robert de France, II, 25568 & 69; III, 32320.
de Bourbon (Louis II), Duc, fils de Pierre I, & petit-fils du précédent, II, 27106 & 25570; III, 32320.
de Bourbon (Jeanne), Reine de France, épouſe de Charles V, ſœur du précédent, II, 26036.
de Bourbon (Blanche), Reine de Caſtille, ſœur de la précédente, II, 28354.
de Bourbon (la Ducheſſe), Agnès de Bourgogne, épouſe de Charles I, voyez de Bourgogne.
de Bourbon (Charles), Cardinal, Archevêque de Lyon, fils de Charles I, I, 8945, & II, 25574.
de Bourbon (Pierre II), Duc, ſieur de Beaujeu, frere du précédent, II, 26729; III, 33639; IV, Supplém.

de Bourbon (la Duchesse), (Anne de France), épouse du précédent. II, 26572 & 73 : *voyez* Anne de France.

Premiere branche de Bourbon Montpensier.

de Bourbon (Gabrielle), Vicomtesse de Thouars, & Dame de la Trémoille, fille de Louis de Bourbon Comte de Montpensier, & petite fille de Jean I, I, 4767; II, 25575; IV, 48194; & IV, S. 48018*.

de Bourbon (Charlotte), Dame de la Verre, sœur de la précédente, II, 28370.

de Bourbon (Charles III.), Duc, Connétable, fils de Gilbert Comte de Montpensier, & neveu des précédentes, II, 25576—79; III, 31429, 33646—52.

de Bourbon (la Duchesse), (Susanne de Bourbon-Beaujeu), fille de Pierre II, & épouse du précédent, II, 25580.

Branche de Bourbon - Vendôme.

de Bourbon (Jeanne), Dame de Bothéon, fille de Jean de Bourbon, Comte de Vendôme, II, 28731.

de Bourbon (Charlotte), Comtesse de Nevers, Religieuse de Fontevrauld, sœur de la précédente, I, 15165.

de Bourbon (Renée), Abbesse de Fontevrauld, sœur des deux précédentes, I, 15166; IV. S.

de Bourbon (Charles), Duc de Vendôme, petit-fils de Jean, II, 25585.

de Bourbon (Louis), Cardinal, Archevêque de Sens, frere du précédent, I, 10067 & 68; II, 25585.

de Bourbon (Antoinette), Duchesse de Guise & d'Aumale, sœur des précédens, I, 4767; II, 25586.

de Bourbon (Antoine), Roi de Navarre, fils de Charles, II, 25587—90. *Voyez* Antoine.

de Bourbon (Charles), Cardinal, Archevêque de Rouen, frere du précédent, I, 9881—83; IV, S. II, 25594.

de Bourbon (Jean), Comte d'Anguien & de S. Paul, frere des précédens, II, 25596.

de Bourbon (Henri), Roi de France & de Navarre, fils d'Antoine Roi de Navarre : *voyez* Henri de Bourbon, Roi de Navarre, & Henri IV, Roi de France.

de Bourbon (Catherine), Duchesse de Bar, sœur du précédent, II, 25593.

de Bourbon (Gaston), Duc d'Orléans, fils de Henri IV, & ses enfans : *voyez* d'Orléans.

de Bourbon ou de France (Elisabeth ou Isabelle), Reine d'Espagne, fille de Henri IV; IV, S. 25613*, II, 25614, 26310—19, 26593—97, 28422—25.

de Bourbon ou de France (Christine), Duchesse de Savoie, fille de Henri IV, II, 28426.

de Bourbon ou de France (Henriette-Marie), Reine d'Angleterre, fille de Henri IV, II, 28427 & 28.

de Bourbon (Gabrielle-Angélique), légitimée de France, Duchesse de la Valette, fille de Henri IV, II, 25613.

de Bourbon (Jeanne-Baptiste), Abbesse de Fontevrauld, fille légitimée de Henri IV, I, 15167—69; IV. S. & II, 26768.

de Bourbon (Louis), Comte de Vermandois, fils légitimé de Louis XIV, II, 25735 & 36; IV, S.

de Bourbon (Marie-Anne), fille légitimée de Louis XIV, nommée Mademoiselle de Blois, & ensuite Princesse de Conti, IV, S. 25857*.

de Bourbon (Louis-Auguste), Duc du Maine, fils légitimé de Louis XIV, II, 25732 & 33; IV, S.

de Bourbon (Charles-Louis-Auguste), Prince de Dombes, fils du précédent, II, 25734 & 25; IV, S.

Branche de Bourbon-Condé.

de Bourbon (Louis I.), Prince de Condé, fils de Charles de Bourbon, Duc de Vendôme, II, 25786 & 87, 90—92.

de Bourbon (Henri I.), Prince de Condé, fils du précédent, I, 7139—53; II, 18659; III, 33677; IV, S. 25788*.

de Bourbon (Charles), Cardinal, Archevêque de Rouen, frere du précédent, I, 9879 & 80; IV, S. & II, 25595.

de Bourbon (Henri II.), Prince de Condé, fils de Henri I, II, 20879 & *suiv.* 10783 & *suiv.* 25793 & 99—817; IV, S. II, 26308, 390—392.

de Bourbon (Louis II.), Prince de Condé, auparavant Duc d'Enghien, fils du précédent, II, 24226—28, 25820—38, 26365 & 66, 26396, 26406 & 7, 26773—75, III, 33753 & 54.

de Bourbon (Anne-Geneviève), Duchesse de Longueville, sœur du précédent, I, 4798 & 99, 15110; II, 25553; IV, 48111.

de Bourbon (Henri-Jules), Prince de Condé, fils de Louis II, II, 25839 & 40.

de Bourbon (Louis), Duc de Bourbon, fils du précédent, II, 25841.

de Bourbon (Louis-Henri), Prince de Condé, fils du précédent, II, 25843—45.

de Bourbon (Henriette-Louise-Gabrielle-Françoise), nommée Mademoiselle de Vermandois, Abbesse de Beaumont, I, 14848; IV, S. 14848*** & 25846¹.

Branches de Bourbon - Conti.

de Bourbon (François), Prince de Conti, fils de Louis de Bourbon, Prince de Condé, II, 25847.

de Bourbon (Armand), Prince de Conti, fils de Henri II. de Bourbon, Prince de Condé, II, 25850—54.

de Bourbon (Louis-Armand), Prince de Conti, fils du précédent, II, 26464.

de Bourbon (François-Louis), Prince de Conti, frere du précédent, II, 25856—59; IV, S. & II, 26777.

Branche de Bourbon-Soissons.

de Bourbon (Charles), Comte de Soissons, fils de Louis I. de Bourbon, Prince de Condé, II, 25861.

de Bourbon (Louis), Comte de Soissons, fils du précédent, II, 25864 & 65; III, 33742.

de Bourbon (Louise), Duchesse de Longueville, sœur du précédent, I, 4767, 25551 & 52, 25865.

Seconde Branche de Bourbon-Montpensier.

de Bourbon (Louis II), premier Duc de Montpensier, fils de Louis I, Prince de la Roche-sur-Yon & Comte de Montpensier, & petit-fils de Jean de Bourbon, Comte de Vendôme, II, 25867 & 68.

de Bourbon (François), Duc de Montpensier, fils du précédent, IV, S. 25580*.

de Bourbon (Henri), Duc de Montpensier, fils du précédent, II, 25597, 25869—71; IV, S.

de Bourbon (Marie), Princesse de Montpensier, Duchesse d'Orléans, fille du précédent, II, 25214, 25599, 25605—7, 25663—65; 26750; IV, S.

Autres Branches de Bourbon.

de Bourbon (Jean), Prince de Carenci, fils de Jean de Bourbon, Comte de la Marche, II, 25872 & 73.

de Bourbon-Préaux, Caudes-Aigues, Busset & Bonneval, III, 25874.

de Bourbon-Guischard : *voyez* Guischard.

de Bourcheneu : *voyez* Moret.

Bourcier de Montureux (Jean-Léonard), III, 33135.

Bourdaloue (Louis), Jésuite, I, 14177—79; IV, S.

Bourdelin (Claude), Médecin, pere des deux suivans, IV, 46057 & 58.

Bourdelin (Claude), Médecin, fils aîné du précédent, IV, 46059 & 60.

Bourdelin (François), Littérateur, frere du précédent, IV, 46673.

Bourdin (Maurice), Antipape : *voyez* Grégoire VIII.

Bourdin (Gilles), Seigneur d'Assy, Procureur-Général au Parlement de Paris, III, 32987.

Bourdoise (Adrien), Prêtre, I, 10989.

Bourdon (Sébastien), Peintre, IV, 47845.

Bureau Deslandes (André-François), IV, 46443.

du Bourg (Anne), Conseiller au Parlement de Paris, I, 5771—77.

Bourgeois (Louis-Thomas), Musicien, IV, 47721.

Bourgeois (Marguerite), Institutrice d'une Congrégation de N. D. IV, S. 4775*.
le Bourgeois (Pierre), Comte d'Origny, III, 31884, peut-être le même qu'au N°. 32033.
de Bourgogne (le Duc & Comte), Guillaume - Othon, II, 25285, III, 35866.
de Bourgogne (Marguerite), Comtesse d'Albon, première Dauphine de Viennois, fille d'Étienne, Comte de Bourgogne, I, 4768; II, 25290.
de Bourgogne (le Duc), Robert I, fils de Robert Roi de France, II, 25284.
de Bourgogne (Henri), Comte de Portugal, petit-fils (non fils aîné) de Robert I, Duc de Bourgogne, II, 25293—98.
de Bourgogne (André), Dauphin de Viennois, fils de Hugues III, Duc de Bourgogne, II, 25292.
de Bourgogne (Marguerite), seconde femme de Charles d'Anjou, Roi de Naples & de Jérusalem, fille d'Eudes de Bourgogne, Comte de Nevers, fils de Hugues IV, II, 29367.
de Bourgogne (Marguerite), femme de Gui VIII, Comte Dauphin, fille de , I, 15042.
de Bourgogne (Philippe de France), Duc, fils du Roi Jean, II, 25429.
de Bourgogne (Jean), Duc, auparavant Comte de Nevers, II, 17109—126, 25446 & 47; IV, S.
de Bourgogne (Philippe-le-Bon), Duc, fils & successeur de Jean, II, 25447—93; IV, S. 25468*.
de Bourgogne (Agnès), Duchesse de Bourbon, fille de Jean, II, 25571.
de Bourgogne (Jean), Évêque de Cambrai, fils naturel de Jean, I, 8574.
de Bourgogne (Antoine), fils de Philippe le Bon, II, 25478 & 79.
de Bourgogne (Philippe), Évêque d'Utrecht, (non de Maestricht), fils naturel de Philippe-le-Bon, I, 8820; II, 25476.
de Bourgogne (Charles), Duc, fils & successeur de Philippe, II, 25454—68; IV, S. & II, 28369.
de Bourgogne (Marie), épouse de Maximilien, Archiduc d'Autriche, depuis Empereur, fille de Charles, II, 25473 & 74, IV, S.
Bourgoin de Villefore (François), Historien, IV, 46971.
Bourguignon de Gravelot (Humbert - François), Graveur, IV, S. 47888*.
Bourignon (Antoinette), IV, 48021—26.
de Bourlemont : voyez d'Anglure.
de Bourlon (Charles), Évêque de Soissons, I, 9609.
de Bourneuf (Henri), Marquis de Cucé, 1er Président du Parlement de Bretagne, III, 33107 & 8.
de Bournonville : voyez du Bouchet.
Bourrelier (Matthieu), Poëte, IV, 47333.
Boursault (Edme), Poëte, IV, 47334 & 35.
Boursier (Laurent), Docteur en Théologie, IV, 45766; IV, S.
de Bourzeys (Amable), Théologien & Académicien, I, 10991; IV, 45767.
Boussard (Geoffroy), Docteur en Théologie, I, 10992.
Boussard (non Roussard), (Louise), Bénédictine, I, 14811; IV, S.
de Bousset (Jean-Baptiste), Musicien, IV, 47722.
Boutard (François), Académicien, I, 10993.
le Bouthillier (Victor), Archevêque de Tours, IV, S. 10330*.
le Bouthillier (Léon), Comte de Chavigny, neveu du précédent, III, 32536.
le Bouthillier de Rancé (Armand-Jean), Abbé de la Trape, I, 13146—56; IV, S.
Bouthrais ou Botrays, (Raoul), Littérateur, IV, 46674.
Boutteville, III, 33708. Peut-être le même que le suivant.
de Boutteville, le Comte : voyez de Montmorency.
Bouvard (Charles), Abbé de S. Florent, I, 10979; IV, S. 10993.

Bouvard (Charles), Médecin, IV, 46061.
Bouvieres (Jeanne-Marie), épouse de M. de la Mothe-Guyon, appellée Madame Guyon, IV, 48085 & 86.
le Boux (Guillaume), Évêque de Périgueux, I, 8332.
Ste Bove, Abbesse de Saint-Pierre de Reims, I, 14937 —41.
le Bovyer de Fontenelle (Bernard), Philosophe, IV, 46458—62.
Boyer (Louise), Duchesse de Noailles, I, 4776 & 77.
Boyer ( ), Marquis d'Argens, III, 31849; IV, 46368.
Boyer (Jean-François), Théatin, Évêque de Mirepoix, I, 10246 & 47.
Boyer (Jean-Pierre), Carme Déchaussé, I, 13728.
Boyer (Jean-Baptiste), Médecin, IV, 46061.
Boyer (Claude), Poëte, Académicien, IV, 47336 & 37.
de Boze : voyez Gros.
de Brabant (Marie), Reine de France, épouse de Philippe le Hardi, II, 16028.
Brachet (Théophile), Sieur de la Milletiere, IV, 45784.
Bradley (Jacques), Anglois, de l'Académie des Sciences de Paris, IV, 46396.
de Bragelongne (Thomas), premier Président du Parlement de Metz, III, 33209.
de Bragelongne (Christophe-Bernard), Doyen & Comte de S. Julien de Brioude, petit-fils du précédent, I, 10998.
de Braglion de Saillant (François-Ignace), Évêque de Poitiers, I, 8322.
de Brancas (Louis), Maréchal de France, III, 31603.
de Brancas (André), Seigneur de Villars, Amiral, III, 31777.
de Brancas (Madame), IV, 48027 & 28.
de Brandebourg (Georges), élu Évêque de Strasbourg, I, 9138.
de Bréauté (Adrien), Gentilhomme de la Chambre, III, 31885.
de Brebeuf (Guillaume), Poëte, IV, 47338 & 39.
de Bregy (Madame), voyez de Saumaise de Chazans.
de Breme (Elisabeth), Religieuse, IV, S. 14827*.
de Brémond (Antonin), Dominicain, I, 13849.
de Brémond (François), Mathématicien, IV, 46397.
S. Breng : voyez Bénigne.
Breslay (Jean), Bailli de Sablé, IV, 45843, & IV, S. 34130*.
Breslay (Gui), Président au Grand-Conseil, petit-fils du précédent, III, 32778.
Bressieu (Maurice), Mathématicien, IV, 46398.
le Bret (Cardin), Conseiller d'État, III, 32743; IV, Supplém.
le Bret (Cardin), premier Président du Parlement de Provence, arrière-petit-fils du précédent, III, 32743.
de Bretagne, Artus I, Comte d'Anjou & de Bretagne, fils de Geoffroi Comte d'Anjou, & de Constance Comtesse de Bretagne, III, 31425 & 35362.
de Bretagne (le Duc), Charles de Blois, III, 35358 & 69.
de Bretagne (le Duc), Jean IV, ou V, dit le Conquérant, petit-fils d'Artus II, II, 25313; III, 35372.
de Bretagne (le Duc), Artus III, Comte de Richemont, Connétable de France, fils du précédent, II, 25313; III, 31425—27; IV, S. & 35383; IV, Supplém.
de Bretagne (Gilles), Seigneur de Chasteau-Briant & de Chantocé, neveu du précédent, III, 35384.
de Bretagne (le Duc), François II, autre neveu d'Artus III, II, 25314 & 15, III, 35465.
de Bretagne (Anne), fille du précédent : voyez Anne de Bretagne, Reine de France.
de Bretagne (le Duc), François III : voyez François, Dauphin de France.

de Bretagne (le Duc), fils aîné de M. le Duc de Bourgogne petit-fils de Louis XIV, mort avant d'être nommé, II, 26516—23.
de Breteuil : *voyez* le Tonnelier.
de Brétigny (M.), Prêtre, I, 10994.
le Breton (Guillaume), Chapelain de Philippe-Auguste, I, 10995 & 96.
Bretonnier (Barthelemi-Joseph), Avocat au Parlement, IV, 45844.
de Bretteville : *voyez* du Bois.
de Breves : *voyez* Savari.
Breyer (Remi), Chanoine de Troyes, I, 10997.
de Brézé (Louis), Comte de Maulevrier, III, 31994.
de Brézé : *voyez* de Maillé.
S. Brice, Evêque de Tours, I, 10303—5.
Brice (Etienne-Gabriel), Bénédictin, I, 12547; IV, S. 46678.
de Brichanteau (Nicolas), Seigneur de Beauvais-Nangis, III, 31886.
Briçonnet (Guillaume), Cardinal, Archevêque de Reims, puis de Narbonne, III, 32457.
Briçonnet (Guillaume), Evêque de Meaux, fils du précédent, I, 9421.
Briçonnet (Denys), Evêque de Saint-Malo, frere du précédent, I, 10476. *Il n'étoit pas Cardinal, mais fils du Cardinal.*
Bridart de la Garde (Philippe), Littérateur, IV, 47091.
Bridoul (Marie-Antoinette), Abbesse Brigittaine, I, 14948.
de Brienne : *voyez* de Loménie.
Briet (Philippe), Jésuite, I, 14151.
S. Brieuc, Evêque des Armoricains, I, 10460—62 & 65.
Ste Brigide, Vierge & Martyre, I, 4573 & 74.
de Brigueul : *voyez* de Crévant.
Brillon (Pierre-Jacques), Avocat, IV, 45845.
de Brinvilliers (la Marquise) : *voyez* d'Aubrai.
de Brion : *voyez* Chabot.
de Brissac : *voyez* de Cossé & de Grillet.
Brisson (Barnabé), Président au Parlement de Paris, III, 32950—54; IV, 45846. S. 45845*.
Brisson (Pierre), Médecin, IV, 46063—65.
S. Briton, Evêque de Trèves, I, 10519.
de Brogniac (*ou* de Brognier), (Jean), Cardinal, Archevêque d'Arles, I, 10450.
S. Broing : *voyez* Bénigne.
Brossard (Sébastien), Musicien, IV, 47723.
de Brosse (*ou* la Brosse), (Pierre), Favori de Philippe le Hardi, II, 16912; III, 32326 & 27.
la Brosse (Joseph), Carme Déchaussé, I, 13727.
Brossette (Claude), Avocat, IV, S. 47019*.
Brossier (Marthe), prétendue Démoniaque, I, 4830.
Brossin (Georges), *dit* le Chevalier de Méré, IV, 47010; & S. 47134.
de Brou : *voyez* Feydeau.
de la Broue (Pierre), Evêque de Mirepoix, I, 10245.
Brousson (Claude), Avocat, & Ministre Calviniste, I, 6081.
de la Bruere : *voyez* le Clerc.
de Brueys (David-Augustin), Littérateur & Poëte Dramatique, IV, 45768, 47341; IV, S.
Brulart (Nicolas), Marquis de Sillery, Chancelier, III, 31520—23.
Brulart de Sillery (Fabio), Evêque de Soissons, arriere-petit-fils du précédent, I, 9610 & 11.
Brulart (Denys), Baron de la Borde, premier Président au Parlement de Bourgogne, III, 33061.
Brulart (Nicolas), Abbé de S. Martin d'Autun, frere du précédent, IV, S. 12609*.
Brulart (Nicolas), Marquis de la Borde, premier Président au Parlement de Bourgogne, III, 33068.
Brumoy (Pierre), Jésuite, I, 14204; IV, 47342.
de Brun (Antoine), Procureur-Général du Parlement de Dôle, III, 33220.
de Brun : *voyez* Bardon.

le Brun (Pierre), Prêtre de l'Oratoire, I, 10999 & 11000.
le Brun (Marie), Ursuline, IV, S. 15333*.
le Brun (Antoine), Poëte, IV, 47343.
le Brun (Louis), Poëte, IV, 47344.
le Brun (Charles), Peintre, IV, 47846—48.
Brunehault, Reine de France, II, 25023—29.
Brunet (Pierre-Nicolas), Poëte, IV, S. 47344*.
de la Bruneriere du Plessis de Gesté (*non Gete*), (Guillaume), Evêque de Saintes, I, 8305.
S. Bruno, Instituteur des Chartreux, I, 13228, 13233—45; IV, S.
S. Brunon, Archevêque de Cologne, I, 8666—69.
Brunon, Evêque de Toul, I, 10647 : *voyez* Léon IX. Pape.
Brunon, Evêque de Strasbourg, I, 9135.
Bruslé (Jean), Namurois, I, 11001.
des Bruslons : *voyez* Savary.
la Bruyere : *voyez* Jarente.
de la Bruyere (Jean), Philosophe, IV, 46399—401.
Bruys (François), Littérateur, IV, 46679 & 80.
de Brye : *voyez* Loaisel.
Buache (Philippe), premier Géographe du Roi; IV, S. 46680*.
de la Bucaille : *voyez* Benoît.
Bucer (Martin), Ministre Protestant, I, 5806.
Buche (Henri), Instituteur des Freres Cordonniers & Tailleurs, I, 4753.
de Buchecke (Berthold), Evêque de Strasbourg, I, 9136.
Budé (Guillaume), Maître des Requêtes, III, 32754—57; IV, S.
de Budes (Jean-Baptiste), Comte de Guébriant, Maréchal de France, II, 22195; IV, S. III, 31631.
S. Budoc *ou* Buzeu, Evêque de Dol, I, 10492.
de Budoz (Claudine), *dite* Scholastique, Abbesse de S. Honorat, I, 14790.
de Budoz (Laurence), Abbesse de la Trinité, I, 14813; IV, S.
de Budoz (Diane-Henriette), Duchesse de Saint-Simon, IV, 48168.
de Budt *ou* Buth, (Adrien), Moine de Dunes, I, 13081.
de Beuil (Honorat), Marquis de Racan, IV, 47604—8, & S.
Buffard (Gabriel-Charles), Canoniste, IV, 45847.
Buffier (Claude), Jésuite, I, 14192.
Bugnot (André), Colonel, III, 31887.
de Buhy : *voyez* de Mornay.
de Buisine (Philippe), Professeur Royal, IV, 45848.
Buisseret (François), Evêque de Cambray, I, 8576.
Bullet ( ), Architecte, IV, 47814.
Bullet (Jean-Baptiste), Professeur de Théologie à Besançon, V. *Add.* 11001*.
Bullioud *non* de Bouilloud (Symphorien), successivement Evêque de Glandèves, de Bazas & de Soissons, I, 9608.
Bulteau (Louis), Savant, I, 12516.
Bunel (Pierre), Littérateur, IV, 47021.
Bunel (Jacques), Peintre, IV, 47849.
de Buous : *voyez* Pontevès.
Burchard, Evêque de Wormes, I, 9109.
Burchard, Historien, II, 17368.
Burchard : *voyez* Bouchard.
Bureau (Jean & Gaspard), Grands-Maîtres d'Artillerie, III, 31806 & 7.
Burette (Pierre-Jean), Médecin, IV, 46066—68 & 46680.
Burgensis (Louis), Médecin, IV, 46069.
de Bus : *voyez* le B. César.
de Busset : *voyez* de Bourbon-Busset.
de Bussieres (Jean), Poëte, IV, 47345.
de Bussy : *voyez* de Clermont & de Rabutin.
de Buth : *voyez* de Budt.
Buttet (Louise-Marguerite), épouse de M. Vatry, IV, 48210.

Table des Personnes.

de Buzanval : *voyez* Choart.
S. Buzeu : *voyez* Budoc.
de Byssepat (Guillaume), Seigneur de Hanaches, III, 31893.

C

de Cabanes la Bruyere : *voyez* Jarente.
Cabassolin (Philippe), Cardinal, Evêque de Cavaillon, I, 8155.
Cabassut (Jean), Prêtre de l'Oratoire, I, 11012.
Cadiere (Marie-Catherine), IV, S. 48030—32, & V. *Add*.
S. Cadroas, Abbé de Vassor, I, 12920.
S. Cagnou (*ou* Chagnoald *ou* Chenoald), Evêque de Laon, I, 9642, 45, 46, & IV, S.
de Cagny : *voyez* Ménage.
Cahagne de Verrieres (Henri), Poëte, IV, 47702.
Cahier *ou* Caïet *ou* Cayer, (Pierre-Victor-Palma), d'abord Ministre Calviniste, ensuite Docteur en Théologie, & Professeur Royal, I, 5860 & 61, 11013—16; II, 19819 & 20, IV, 46680; IV, S. 5860 & 11014.
de la Caille (Nicolas-Louis), Astronome, I, 11018—21; IV, 46403.
Caillé (Jean), Docteur en Théologie, I, 11017.
Cailler (Susanne), IV, 48032.
de Cailly (Jacques), Poëte, IV, 47347, *connu sous le nom de* d'Aceilly.
de Cailus (Marie-Jean-François), Prieur de Langogne, I, 11022.
Caïus, Evêque Régionaire, I, 10833.
de Calabre (le Duc), Robert Guiscard, III, 34994—96; IV, S.
de Calabre (le Duc), Roger, frere du précédent, III, 34994, 97—35000 & 35024.
de Calabre (le Duc), Charles d'Anjou, Comte du Maine, II, 25421.
S. Calais *ou* Calès, Abbé d'Anisole, I, 12373—75.
S. Caletric *ou* Caltry, Evêque de Chartres, I, 9369, IV, S.
Calignon, Soffrey (*non* Soffroy), Président au Parlement de Grenoble, Chancelier du Roi de Navarre, III, 33152; IV, S.
de Caligny : *voyez* Restaud.
Callani (Pierre), Dominicain, I, 13767.
de Callieres (François), Académicien, IV, 47022 & 348.
Calliste II (*non* Callixte), Pape, auparavant Guy, Archevêque de Vienne, I, 7698—701 & 10726.
Callot (Jacques), Graveur, IV, 47850 & 51, IV, *Supplém*.
Calmet (Augustin), Abbé de Senones, I, 12885 & 86.
S. Calmin *ou* Carmery, Fondateur du Monastere de Carmery, I, 11735.
Calon (Louis), Curé d'Aumale, IV, S. 11022*.
de la Calprenede : *voyez* de Costes.
S. Caltry : *voyez* Caletric.
S. Caluppain (Rellus), I, 11023.
Calviere (Antoine), Musicien, IV, 47724.
Calvin (Jean), Hérésiaque, I, 5807—13, IV, S.
Cambert ( ), Musicien, IV, 47725.
de Cambis (Marguerite-Térése), Carmélite, IV, 15009**.
du Camboust de Coislin (Sébastien-Joseph), *connu sous le nom d'*Abbé de Pont-Château, I, 11361 & 62.
du Camboust de Coislin (Marie), Duchesse de la Valette, sœur du précédent, II, 26412, où se trouve nommée par méprise, Gabrielle de Bourbon, premiere femme de son époux.
du Camboust de Coislin (Pierre), Cardinal, Evêque d'Orléans, Grand-Aumônier, neveu des précédens, I, 9481—83; III, 32262—68.

du Camboust de Coislin (Henri-Charles), Evêque de Metz, premier Aumônier du Roi, neveu du précédent, I, 10603 & 4.
de Cambry (Jeanne-Augustine), Recluse, I, 14711.
S. Camélien, Evêque de Troyes, 10101.
Campistron (Jean-Gualbert), Poëte, IV, 47550—52.
Campistron (Louis), Poëte, frere du précédent, IV, 47353.
Campra (André), Musicien, IV, 47726.
de Camps (François), Abbé de Signy, I, 11024 & 25. *Voyez le Mémoire qui le concerne à la fin du Tome III, page xj, & Suppl.*
Camus (Jean-Pierre), Evêque du Belley, I, 8210—12.
Camus (Ch. Et. Louis), Mathématicien, IV, 46404.
le Camus (Madame), tante du suivant : *voyez* de Melsons.
le Camus (Etienne), Cardinal, Evêque de Grenoble, I, 10759 & 60, IV, S.
le Camus (Antoine), Médecin, IV, 46070.
Camusat (Nicolas), Chanoine, I, 11026.
les SS. Can, Cantian & Cantianne, I, 4348—50.
Canaye (Philippe), Sieur du Fresne, Ambassadeur, III, 32682.
de Candale : *voyez* de Foix.
S. Candide *ou* Cande, Evêque de Mastricht, I, 8725.
S. Candide, honoré à Ruel, I, 4351.
du Cange : *voyez* du Fresne.
de Canillac (Marguerite), fille de M. de Canillac, Marquis du Pont-du-Château, IV, 48034.
S. Cannat, Evêque de Marseille, I, 8034 & 35.
Caoursin (Guillaume), Chevalier de S. Jean, III, 40324.
Capon (Claude-Charles), Avocat, IV, 45849.
Cappel (Louis), Ministre à Sédan, I, 5847.
Cappel (Jacques), Professeur en Théologie à Sédan, neveu du précédent, I, 5943 & 44.
Cappel (Louis), le jeune, Professeur en Théologie à Saumur, frere du précédent, I, 5985 & 86.
les Cappel, Philologues, IV, 47023.
Cappelis (Madame) : *voyez* de Faucher.
le Cappellain (Claude), Professeur Royal, IV, 47024.
Capperon (Marie), Ursuline, IV, S. 15333*.
Capperonnier (Claude), Professeur Royal, I, 11027 & 28, IV, S.
S. Caprais, Martyr, & *selon quelques-uns*, Evêque d'Agen, I, 4413 & 14; 8268 & 69, IV, S.
S. Caprais, Abbé de Lérins, I, 11072—74.
Capreolus : *voyez* du Chevreul.
Caracciol *ou* Caraccioli, (Antoine), Evêque de Troyes, & ensuite Ministre Calviniste, I, 5827 & 10111.
S. Caraune : *voyez* Chéron.
de Carcès : *voyez* de Pontevès.
de Cardaillac (Jean), Patriarche d'Alexandrie, Administrateur de l'Archevêché de Toulouse, I, 10834.
Cardon (Horace), Imprimeur, IV, 47972.
de Cardonne : *voyez* la Mothe-Houdancourt.
de Carenci : *voyez* de Bourbon.
de Carignan : *voyez* de Savoie.
Ste Carissime, Vierge, I, 4354.
Carita (Pierre), Médecin, IV, 46071.
de Carlencas : *voyez* Juvenel.
Carlet de Chamblain de Marivaux (Pierre), Poëte, IV, 47514.
S. Carloman, Duc des François, oncle (*non* frere) de Charlemagne, I, 11639 & 40.
Carloman I, Roi de France, frere de Charlemagne, I, 16176—78; II, 25993; IV, S. 16286*.
Carloman II, Roi de France, fils de Louis le Begue, II, 16444—61, IV, S. & II, 26006.
Carlot (Pierre), Evêque de Noyon, I, 9761.
S. Carmen : *voyez* Calmin.

Tome V.

le Carpentier (Antoine-Matthieu), IV, S. 47799*.
Carré (Jean-Baptiste), Dominicain, I, 13821.
Carré (Louis), Mathématicien, IV, 46405 & 6.
Carron de Ceffens (Virginie), épouse de M. Galliat, IV, 48073.
S. Cartaud : voyez Catald.
Cartesius : voyez Descartes.
Carton d'Ancourt (Florent), Poëte, IV, 47181.
Cartouche (Louis-Dominique), fameux Voleur, II, 24578.
Cary (François), Antiquaire, IV, 46685.
Casaubon (Isaac), Littérateur, IV, 47015—28.
de Caseneuve (Pierre), Prébendier de Toulouse, I, 11029 & 30, IV, S.
Cassagnes (Jacques), Docteur en Théologie, & Académicien, I, 11031, & IV, 47354.
Cassanea de Mondonville (Jean-Joseph), Musicien, IV, 47754.
les SS. Cassi, Victorin & leurs Compagnons, Martyrs, I, 4353; IV, S.
S. Cassien, Evêque d'Autun, I, 8966.
Cassien ; voyez Jean Cassien.
le P. Cassien de Nantes, Capucin, IV, S. 13927**.
Cassini (Jean-Dominique), Astronome, IV, 46407—9.
Cassini (Jacques), Astronome, fils du précédent, IV, 46410.
Castel (Louis-Bernard), Jésuite, I, 14209 & 10.
de Castellane (la Marquise), IV, 48035.
de Castelmoron : voyez de Belsunce.
de Castelnau (Michel), Seigneur de la Mauvissiere, Ambassadeur, III, 32679.
de Castelnau (Jacques), Maréchal de France, petit-fils du précédent, III, 31609; IV, S.
de Castelnau (Henriette-Julie), Comtesse de Murat, petite-fille du précédent, IV, 48139.
de Castille (Blanche), Reine de France : voyez Blanche.
S. Castor, Evêque d'Apt, I, 7874—76, IV, S.
de Castries : voyez de la Croix.
le Cat (Claude-Nicolas), Médecin & Chirurgien, IV, 46071—77.
S. Catald ou Cartaud, I, 4355.
de Catel (Guillaume), Conseiller au Parlement de Toulouse, III, 33054.
Ste Catherine, Vierge & Martyre, I, 13302.
Catherine de Bourbon (non de France), Duchesse de Bar, sœur de Henri IV, II, 28410.
Catherine de France, fille de Charles V, II, 28356.
Catherine de France, fille de Charles VII, Reine d'Angleterre, II, 15558 & 28358.
Catherine de France, fille de Charles VII, Comtesse de Charlois, II, 28367.
Catherine de Médicis, Reine de France, épouse de Henri II, II, 25081—90; 26058—60; 26203, 16, & 36—40; 27348 & 49.
Catherine de l'Incarnation, Ursuline, I, 15328.
Catherine de Jésus, Carmélite, I, 14986, IV, S.
Catherine de Saint-Augustin, Hospitaliere, I, 15224, IV, S.
Catherinot (Nicolas), Avocat du Roi, & Conseiller, III, 34112—14; IV, 46683.
Catignon (Charles), Bénédictin, IV, S. 47355*.
Catinat (Nicolas), Maréchal de France, III, 31611, & V. Add.
Caton de Court (Charles), Littérateur, IV, S. 47052; IV, S.
Catrou (François), Jésuite, I, 14193.
Catto (Angelo), Archevêque de Vienne (non Cardinal), I, 10727 & 28.
de Caudes-Aigues : voyez de Bourbon.
de Caulet (   ), Curé, I, 11035, IV, S.
de Caulet (Etienne-François), Evêque de Pamiers, I, 10140—42; IV, S. 9249*, & 10240 & 41.
de Caumont (Anne), Comtesse de S. Paul, Duchesse de Fronsac, & ensuite Duchesse de Longueville, I, 4767, & IV, 48111.

de Caumont de la Force (Charlotte - Rose), IV, 48071.
de Caumont (Jacques-Nompar), Duc de la Force, Maréchal de France, III, 31622.
de Caumont (Jacques-Nompar), Maréchal de France, IV, S. 31611*.
de Caumont : voyez de Seytres.
de Caussade : voyez de Stuer.
Caussin (Nicolas), Jésuite, I, 14131.
de Cauvigny (François), Sieur de Colomby, IV, 47042.
de Caux (Gilles), Poëte, IV, 47355.
Cavalier ou Cavelier, (Louise), épouse de M. Levesque, IV, 48109 & S. 48035*.
Cayet : voyez Cahier.
de Caylus : voyez de Lévis.
de Caylus (la Marquise) : voyez de Valois.
Cayron (Jean), Jésuite, IV, S. 14208*.
Cazes (Pierre-Jacques), Peintre, IV, 47852.
la B. Cecile de Ponçonas : voyez de Ponçonas.
Ceillier (Remy), Bénédictin, I, 12807.
S. Celerin : voyez Cerenic.
de Celle (Pierre), Evêque de Chartres, I, 9380.
S. Celse, Evêque de Trèves, I, 10507.
le Cene (Charles), Ministre Calviniste, I, 6105 & 6.
S. Céran, Evêque de Paris, I, 9301—3.
du Cerceau (Jean-Antoine), Jésuite, IV, 47356.
de Cere : voyez Rance.
S. Cérenic, Diacre, I, 11036 : le même que S. Sérenic, 4684. On le nomme aussi Séneri, ou Célerin, ou Sélerin.
le Cerf de la Viéville de Freneuse (Jean-Laurent), Garde-des-Sceaux du Parlement de Rouen, III, 33175 & 76.
S. Cerin, Martyr, I, 4605.
de Cérisantes : voyez Duncan.
de Cervole (Arnaut), dit l'Archiprêtre, III, 32332.
S. Césaire, Evêque d'Arles, I, 8005—11, IV, S.
le B. César de Bus, Fondateur de la Congrégation de la Doctrine Chrétienne, I, 11001—11.
Ste Césarie, Vierge, sœur de S. Césaire, I, 4347.
de Chabannes (Jacques I), Grand-Maître de France, III, 32281.
de Chabannes (Antoine), Grand-Maître de France, frere du précédent, III, 32280—82.
de Chabannes (Jacques II), Sieur de la Palice, Grand-Maître, puis Maréchal de France, petit-fils de Jacques, III, 31676, 32283.
Chabot (Henri), Duc de Rohan, III, 31906.
Chabot (Philippe), Comte de Charny, Seigneur de Brion, Amiral, III, 31763—66, 33659 & 60.
Chabot (Marguerite), Duchesse d'Elbeuf, petite-fille du précédent, IV, 48067.
Chabot (Charles), Comte de Charny, arriere-petit-fils du précédent, III, 31907, IV, S.
S. Chadouin ou Hadouind, Evêque du Mans, I, 10372 & 73.
Chaduc (Louis), Conseiller au Présidial de Riom, III, 34130.
S. Chaffre : voyez Théofred.
S. Chagnoald : voyez Cagnou.
de la Chaise : voyez Filleau.
de la Chaise (François), Jésuite, I, 14183, IV, S. & IV, 46687.
de Chalais : voyez de Talleran.
de Chalamont de la Visclede (Louis), Littérateur, IV, 47250.
de Chaligny : voyez de May.
de Châlons (Marguerite), épouse de Jean de Savoie, Baron de Vaud, IV, 48037.
de Chalver (Matthieu), Président aux Enquêtes de Toulouse, IV, S. 32724*.
S. Chamant : voyez Amant.
de Chamblain : voyez Carlet.

de Chamblay : *voyez* Chouayne.
Chambon (Marcelle), *dite* Madame Germain, I, 15341, IV, S.
Chambonniere, Musicien, IV, 47769.
de la Chambre : *voyez* Cureau.
Chamilard (Michel), Ministre & Secrétaire d'Etat, III, 32597.
de Chamousset : *voyez* Piarron.
Champagne (Philippe), Peintre, IV, 47853.
de Champagne (le Comte), Thibault, Roi de Navarre, premier du nom : *voyez* Thibault.
de Champagne (Guillaume), Archevêque de Reims, III, 32446.
de Champagne (Adélaïde), Reine de Chypre, IV, 48038.
de Champflour (Etienne), Evêque de la Rochelle, IV, S. 8340*.
Champier (Symphorien), Médecin, IV, 46080.
de Champigni : *voyez* Honoré de Paris.
des Champs (Etienne), Jésuite, I, 14172.
de Champvalon : *voyez* de Harlai.
de Chamdieu (Antoine), *dit* Sadeel, Ministre de Genève, I, 5858 & 59.
du Change (Gaspard), Graveur, IV, 47854.
Chanliergues (François), Instituteur de Séminaires, I, 11038.
de Chantrail (le Baron), III, 33708.
de Chantal (la Baronne) : *voyez* Frémiot.
de Chantal : *voyez* de Rabutin.
Chanteau (Antoine), Auditeur des Comptes, I, 4743. III, 33812.
de Chanteloupe (le Pere), Ex-Oratorien, III, 33733.
Chantereau le Fevre (Louis), Préf. des Tréf. de France, III, 34054.
de Chanvallon : *voyez* de Harlay.
de Chapeauville (Jean), Chanoine, III, 46689 & 90.
Chapelain (Jean), Poëte, IV, 47357.
Chapellain (Jean), Médecin, IV, 46081.
Chapelle : *voyez* Luillier.
de la Chapelle (Jean), Poëte, IV, 47360.
des Chapelles (le Comte) : *voyez* de Rosmadec.
Chappe d'Auteroche (Jean), Astronome, IV, 46411 & 12.
Chappuys (Claude), Poëte, IV, 47361.
Chappuys (Gabrielle), Littérateur, IV, 47030.
Chapt de Rastignac (Louis-Jacques), Archevêque de Tours, I, 10332.
Chapuis de Corgenon (Claudine), Religieuse, IV, S. 15205*.
Charas (Moyse), Médecin, IV, S. 46081*, & V. Add.
Chardin (Jean), Historien, IV, 46691 & 92.
Chardon (Madame), I, 4779, IV, S.
S. Charles le Bon, Comte de Flandres : *voyez* de Flandres.
S. Charles, Abbé de Villers, I, 13175.
Charles Martel, Maire du Palais, II, 16123—30; III, 31389.
Charles I, *ou* Charlemagne, Roi de France & Empereur, Cartes de son Empire, I, 409—14 & 65; Ouvrages qui concernent son Regne, II, 16176—311, 16332—36, 16428, 45, 57; son origine, 24864—93; ses Sœurs, 25263; son Sacre, 25993—96; son Testament, 28454. Pieces relatives à son Regne, III, 29735—40 : *voyez aussi* IV, S. 16170, 80, 86, 202, 206, 250, 264, 268, 286.
Charles II, le Chauve, Roi de France & Empereur, son Regne, II, 16377—7434, 45, 57; ses Couronnemens, 26000—26002; son Epitaphe, 26714; Pieces relatives à son Regne, III, 29745—47 : *voyez aussi* IV, S. 16384, 90, 411.
Charles III, le Gros, Empereur, II, 16448—52, 57, & 26007.
Charles IV, Empereur, II, 26126 & 27.
Charles-Quint, Empereur, II, 26194—98, IV, S.

Charles III, le Simple, Roi de France, son Regne, II, 16461—85; son Sacre, 26009.
Charles IV le Bel, Roi de France, son Regne, II, 16989—17002; son Couronnement, 26032; dissolution de son Mariage, 28353 : *voyez aussi*, IV, S. 16995*.
Charles V, *dit* le Sage, Roi de France, son Regne, II, 17053—83; les Enfans, 25481—25557; son Sacre, 26036; formulaire de son temps, III, 29516; Pieces relatives à son Regne, 29795—97 : *voyez aussi*, IV, S. 17059*, 61*, 82*, 83*, 25483*, *& suiv. jusqu'à* 25556*.
Charles VI, Roi de France, son Regne, II, 17084—151; ses descendans, 24955; sa fille Catherine, 25558; son Couronnement, 26037, son Entrée à Lyon, 26132; à Paris, 26135 & 36; ses Obsèques, 26726; Pieces relatives à son Regne, III, 29797—806 : *voyez aussi*, IV, S. 17085*, *& suiv. jusqu'à* 17132*.
Charles VII, Roi de France, son Regne, II, 17152—193; sa fille Magdelène, 25559; son Couronnement, 26039 & 40; ses Entrées, 26137—41; les Epitaphes, 26722 & 23; Recueils de son temps, III, 29518—21; Pieces relatives à son Regne, 29807—17 : *voyez aussi*, IV, S. 17154*, *& suiv. jusqu'à* 289*.
Charles VIII, Roi de France, son Regne, II, 17343—408; son Couronnement, 26042; ses Entrées, 26148—52; son Epitaphe, 26714; son Enterrement, 26727, 28, 37; son Mariage avec Marguerite d'Autriche, 28372; son Mariage avec Anne de Bretagne, 28375 & 76; Pieces relatives à son Regne, III, 29838—49: *voyez aussi*, IV, *Suppl.* 17342**, *& suiv. jusqu'à* 406.
Charles IX, Roi de France, son Regne, II, 17795—18265; sa naissance, II, 26638; IV, S. 25496*; son Sacre, II, 26063 & 64; ses Entrées, 26229—51; son Mariage, 26589; ses Obsèques, 26739—42; sa majorité, 27375 & 76; son Mariage, 28398—400; Pieces relatives à son Regne, III, 30095—173 : *voyez aussi*, IV, 17798, *& suiv. jusqu'à* 18254*, 26234, 26739* & **, 30097*, *& suiv. jusqu'à* 161*.
Charles I, Roi d'Angleterre; III, 35179—81.
Charles I, Roi d'Espagne : *voyez* Charles-Quint, Empereur.
Charles II, Roi d'Espagne, II, 26464.
Charles II, Roi de Navarre, II, 25387; III, 33628; IV, S. 37680**.
Charles I, Roi de Naples & de Sicile, II, 25348—66.
Charles II, II Roi de Naples & de Sicile, II, 25361.
Charles de France, Comte de Valois, Chef de la branche Royale de Valois & de la Maison d'Alençon, II, 25390.
Charles de France, Duc de Berry : *voyez* de Berry.
Charles (Claude), Médecin, IV, 46082 & 83.
Charles de Saint-Bernard, Feuillent, I, 13089.
de Charleval (Jean-Louis), Poëte, IV, 47362.
Charlier (Jean), *dit* Gerson, Docteur en Théologie, I, 11163—66.
Charlier (Anne), épouse de François la Fosse, IV, S. 4786*.
Charlier (Marie-Angélique), épouse de M. Tiquet, IV, 48187 & 88.
Charlotte de Savoie, Reine de France, épouse de Louis XI, II, 26146.
de Charnage : *voyez* Dunod.
de Charny : *voyez* Chabot.
Charpentier (François), Académicien, IV, 47031 & 32, & 47362.
Charpentier (Jacques), Médecin, IV, 46084—86.
Charpentier (Marc-Antoine), Musicien, IV, 47727.
Charpentier de Marigny (Jacques), Poëte, IV, 47512.
Charpy (Catherine), I, 4879 & 80.

Charretier ( ), III, 33685.
Charron (François), I, 4735.
Charron (Pierre), Théologal de Condom, I, 11040 —42, & IV, 46413.
Charron : *voyez* Coroné.
de Charsigné : *voyez* Piédoué.
Chartier (Guillaume), Evêque de Paris, I, 9817.
Chartier (Alain), Secrétaire des Rois Charles VI & VII, II, 17172; IV, S. 32676* & 47032*.
Chartier (René), Médecin, IV, 46087.
Chartier (Jean & Philippe), Médecin, IV, 46087.
le Chartier (Jean), Recteur de l'Université de Caën, IV, 47033.
de Chasan ou Chazans : *voyez* Saumaise.
de Chasseneuz (Barthélemi), premier (ou unique) Président du Parlement de Provence, III, 33191 —93.
de Chasteaubriant (le Seigneur) : *voyez* de Bretagne (Gilles).
de Chasteau-Neuf (le B. Pierre) : *voyez* Pierre.
de Chasteau-Neuf (Antoine), Seigneur du Lau, Chambellan, III, 32334.
de Chasteauneuf : *voyez* de l'Aubespine, Lambert & d'Urfé.
Chastelgnier de la Roche-posay (Henri-Louis), Evêque de Poitiers, IV, S. 8321* & **.
Chastel (Jean), II, 19602—15 ; III, 33682—84.
du Chastel (Pierre), Evêque de Tulles, de Mâcon & d'Orléans, & Grand-Aumônier de France, III, 32243 & 44.
du Chastel : *voyez* Lambert & Lautour.
Chastelet de Beauchasteau (François-Matthieu), Poëte, IV, 47299; IV, S.
du Chastelet (Evrard ou Erard), Marquis de Trichasteau, III, 31910—12; IV, S.
du Chastelet (la Marquise), : *voyez* le Tonnelier.
du Chastelet : *voyez* Hay.
du Chastelier Barlot (Léon), Officier, IV, Supplém. 31856*.
de Chastellux (le Comte), César-Philippe, IV, S. 31935*.
de Chastellux (le Comte), , fils du précédent, IV, S. 31935**.
de Chastenet (Jacques), Seigneur de Puységur, III, 32038.
de Chasteuil : *voyez* Galaup.
de Chastillon (Jeanne), Comtesse d'Alençon, II, 25380 & 98; III, 35635.
de Chastillon (Gaucher IV), Connétable, III, 31407.
de Chastillon (Elisabeth), Abbesse de S. Jean près Thouars, IV, S. 14828*.
de Chastillon (Magdelène-Angélique-Marie), Abbesse de S. Jean près Thouars, nièce de la précédente, IV, S. 14845*.
de Chastillon (Louise-Charlotte), Abbesse de S. Loup-lès-Orléans, sœur de la précédente, I, 15977 & 78.
de Chastillon (le Cardinal) : *voyez* de Coligny.
de Chastillon (la Duchesse) : *voyez* de Montmorency.
de la Chastre (Gaspard), Sieur de Nancei, III, 31908 & 9.
de la Chastre (Claude), Baron de la Maison-Fort, Maréchal de France, III, 31612.
de la Chastre (Françoise), Abbesse de Faremoutier, fille du précédent, I, 14891; IV, S.
Chataguié (Antoine), Dominicain, I, 13836.
de Chauliac : *voyez* Guy.
de Chaulieu : *voyez* Anfrye.
de Chaulne : *voyez* d'Albert.
S. Chaumond : *voyez* Annemond.
Chaumonot (Pierre-Joseph-Marie), Jésuite, I, 4735.
de Chaumont (Paul-Philippe), Evêque d'Acqs, IV, S. 8088* & **.
de Chaumont (Jean), Théologien, IV, 45769.

de Chaumont : *voyez* d'Amboise.
de la Chaussée : *voyez* Nivelle.
Chauveau (Sébastien), Secrétaire de M. le Duc de Montausier, IV, S. 4744*.
Chauveau (François), Graveur, IV, 47855.
Chauveron (Audouin), Prévôt de Paris, III, 33629.
de Chauvigny : *voyez* le Roy.
Chavagnac ( ), III, 33735.
de Chavagnac (le Comte), Gaspard, II, 24153.
de Chavanon, (S. Pierre) : *voyez* Pierre.
de Chavigny : *voyez* le Bouthillier.
du Chayla : *voyez* de Langlade.
de Chazans ou de Chasan : *voyez* Saumaise.
de Chazelles (Jean-Matthieu), Mathématicien, IV, 46414.
S. Chef (ou Cherf) : *voyez* Theudere.
de Chenailles : *voyez* Vallée.
Chendé (Louis), Président au Parlement de Provence, III, 33195.
de Chenevieres : *voyez* de Franchillon.
Chenu (Jean), Avocat, IV, 45850.
Cheradame (Jean), Professeur Royal, IV, 47035.
S. Cherf ou Chef : *voyez* Theudere.
S. Chéron ou Caraune, Martyr, I, 4352 & 56.
Cheron (Louis), Peintre, IV, 47858.
Cheron (Elisabeth-Sophie), Peintre & Poëte, sœur du précédent, & épouse de M. le Hay, 48756 & 57, 48047—49, & IV, S.
Chesfelden (Guillaume), Chirurgien, IV, 46088.
du Chesne (André), Historien, IV, 46693 & 94. *Voyez* le Mémoire qui le concerne à la fin du Tome III, pag. xv—xxxv.
du Chesne (Léger), Professeur Royal, IV, 47036.
Chesneau du Marsais (César), Littérateur, IV, 47130.
Chevalard (Antoine), Directeur de Religieuses, I, 11044.
Chevalier (François), Mathématicien ; IV, 46415.
le Chevalier (Antoine-Rodolphe), Littérateur, IV, 47037.
de Chavanes (Nicolas), Avocat, IV, 45851; IV, S.
Chevassu (Joseph), Curé, IV, S. 11044*.
de Chevert (François), Lieutenant-Général, III, 31915 & 16, IV, S.
Chevillier (André), Docteur de Sorbonne, I, 11045.
Chevreau (Urbain), Historien & Poëte, IV, 46695 —97 & 47367.
Chevreteau (Jacques), Ermite, dit Jérôme de Saint Joseph, IV, S. 13291*.
du Chevreul (Jacques), Professeur Royal, I, 11046; IV, 46416.
du Chevreul (Madame) : *voyez* Ranquet.
de Chevrieres (la Comtesse) : *voyez* de Gadagne.
de Chevrieres : *voyez* Mitte.
de Chevriers (Raoul), Cardinal, Evêque d'Evreux, I, 9950.
Chezart de Matel (Jeanne), Fondatrice des Religieuses du Verbe Incarné, I, 14723, IV, S. *On la retrouve sous le nom de* Jeanne-Marie Chezard, IV, Suppl. 15343**.
Chicoyneau (François), Médecin, IV, 46090 & 91.
Chicoyneau (François), Médecin, fils du précédent, IV, 46089, IV, S.
Chifflet (Jean-Jacques), Médecin, IV, 46092.
Chifflet (Philippe), Abbé de Balerne, frere du précédent, I, 11047.
Chifflet (Pierre-François), Jésuite, frere des deux précédens, I, 14165.
Chigi (Fabio), Cardinal, Légat en France, II, 16453 —58.
Childebert I, Roi de Paris, II, 16044.
Childebert II, Roi d'Austrasie, II, 16068.
Childebert III, Roi de Neustrie & de Bourgogne, II, 16113 & 14.
Childebrand, frere de Charles Martel, II, 16135 & 24919—22.

Childeric I, Roi de France, II, 15918, 20, 23 & 16010—14.
Childeric II, Roi d'Austrasie, II, 16110.
Childeric III, Roi de Neustrie & de Bourgogne, II, 16137 & 24859.
Chilperic I, Roi de Soissons, II, 16047 & 48, IV, Supplém.
Chirac (Pierre), Médecin, IV, 46093—95, IV, S.
de Chisy (Jean), Augustin, I, 13682.
de Chiverny : voyez Hurault.
de Chiverny (Madame) : voyez de Thou.
Choart de Buzanval (Nicolas), Évêque de Beauvais, I, 9686—88.
de Choiseul-Praslin (Charles), Maréchal de France, III, 31677, IV, S. 51676*.
de Choiseul-Praslin (Claude), Abbesse de Notre-Dame de Troyes, fille du précédent, I, 14826 & 27, IV, S.
de Choiseul-Praslin (Anne), Abbesse de Notre-Dame de Troyes, sœur de la précédente, I, 14839.
de Choiseul-du-Plessis-Praslin (César), Maréchal de France, neveu de Charles, II, 23962; III, 31678 & 70.
de Choiseul-du-Plessis-Praslin (Gilbert), Évêque de Comminges, puis de Tournay, frere du précédent, I, 8634 & 35.
de Choiseul-Francieres (Claude), Maréchal de France, III, 31614; IV, S.
de Choiseul-Francieres (Marie), Abbesse de Poulangy, sœur du précédent, I, 14846; IV, S.
de Choiseul-Beaupré (Antoine - Clériadus), Archevêque de Besançon, V. Add. 8202*.
de Choiseul-Beaupré (Claude - Antoine), Évêque de Châlon-sur-Marne, II, 26550.
Choisnin (Jean), Historien, IV, 46698.
de Choisy (François-Timoléon), Prieur de Saint-Lô, I, 11048; IV, 46699; IV, S.
Chomel (Pierre-Jean-Baptiste), Médecin, IV, 46096.
Choppin (René), Jurisconsulte, IV, 45852 & 53.
Chorier (Nicolas), Avocat; IV, 45854 & 46700.
Chousayne (François), Sieur de Chamblay, III, 34118.
de Chouin : voyez Joly.
de Chouly de Permangle (Irier), Gouverneur de Limoges, IV, S. 31916* & **.
de Chouppes (le Marquis), Lieutenant-Général, II, 23867, IV, S. & III, 31917.
S. Chrauding, Abbé de Beaulieu, I, 13020.
Chrestien, Évêque d'Auxerre, I, 10164.
Chrestien (Florent), Littérateur, IV, 47038.
Ste Christine, honorée à Monceaux, I, 4357.
Christine, Reine de Suede, II, 26414 & 15.
Christine de France, Duchesse de Savoie, fille de Henri IV, II, 25615—18; 26599 & 600; IV, Suppl. 26339* & **.
de Christini : voyez Berti.
S. Chrodegand ou Godegrand ou Grodegand, Évêque de Metz, I, 10571—75.
S. Chrodegand ou Godegrand, Évêque de Séez, I, 9971—76; IV, S.
S. Chryseuil & ses Compagnons, Martyrs, I, 4358.
Chyndonax, Chef des Druides, I, 3817—19.
de Ciceri (Paul-César), Abbé de Notre - Dame en Touraine, I, 11049.
de Cinq-Arbres (Jean), Professeur Royal, IV, 47039.
de Cinq-Mars : voyez de Coiffier.
de Cirey (Jean), Abbé de Cîteaux, I, 13009.
de Cisternay du Fay (Charles-François), Académicien, IV, 46138.
Citoys (François), Médecin, IV, 46097.
de Civille (le Sieur), Gentilhomme, III, 31918.
S. Clair ou Clairs, Évêque & Martyr, près de Lectoure, I, 4359 & 60.
S. Clair, Prêtre & Martyr, au Vexin, I, 11051—54.
S. Clair, Abbé de S. Marcel de Vienne, I, 11592—94.

S. Clair, Prêtre en Touraine, I, 11050.
S. Clair, dit sur Epte, Prêtre, I, 4717.
le Clair (Jean-Marie), Musicien, IV, 47728.
Clairambault ou Clérembault (Nicolas), Organiste, IV, 47729.
Clairaut (Alexis - Claude), Mathématicien, IV, 46417 & 18.
Claire de la Passion, Capucine, I, 15196.
de Clapiés (Jean), Mathématicien, IV, 46419 & Suppl.
de Clapisson (Madame), Poëte, IV, 48051.
Clarenrin (Charles), jeune enfant, IV, S. 4744**, & V. Add.
de Clari (François), Conseiller au Parlement de Toulouse, III, 33033.
Clarius, Moine de S. Pierre-le-vif, I, 12719.
S. Clars : voyez Clair.
S. Claude, Martyr : voyez Claudien.
S. Claude, Archevêque de Besançon, I, 8179—89; IV, S.
S. Claude, Évêque de Vienne, I, 10695.
Claude (le prétendu Frere), I, 4780.
Claude (Jean), Ministre Calviniste, I, 6061—63.
Claude de France, Reine de France, épouse de François I, II, 25079; 26050 & 51, 26734, 28380—82.
Claude de France, Duchesse de Lorraine, fille de Henri II, Roi de France, II, 25521 & 22.
Claude - Louise de Ste Anastasie, Prieure de Port-Royal-des-Champs, I, 15116.
S. Claudien ou Claude, Martyr, honoré à Jouare, I, 4524.
Claver (le Pere), Minime, I, 14065.
de Clausse (Diane), Abbesse de Saint-Jean-aux-Bois, I, 14802.
de Clémangis (Nicolas), Docteur en Théologie, I, 11055 & 56.
S. Clément, Évêque de Metz, I, 10552.
Clément IV, Pape, I, 7707—12.
Clément V, Pape, I, 7116, & 7717—23, IV, S. 7717 & 30*, qui devroit être 23*.
Clément VI, Pape, I, 7738—42.
Clément VII, Pape, II, 26191—93.
Clément (Robert & Gilles), Ministres d'Etat, freres, II, 16686.
Clément (Jacques), Dominicain, II, 19053 — 66; III, 33680.
Clément (Anne-Marguerite), Visitandine, I, 15286 & 87.
le Clerc (Laurent - Josse), Prêtre de Lyon, 11058 & 59.
le Clerc (Alix), Fondatrice de la Congrégation de Notre-Dame, I, 15240 & 41.
le Clerc (Daniel), Médecin, IV, 46098.
le Clerc (Jean), Littérateur, IV, 47040.
le Clerc (Michel), Poëte, IV, 47368.
le Clerc (Sébastien), Graveur, IV, 47859 & S.
le Clerc de la Bruere (Charles-Antoine), Poëte, IV, 47340.
le Clerc de Coulennes (Joseph-Ignace), Chanoine, I, 11057.
le Clerc de la Forest (Antoine), Avocat, I, 4745, IV, S. & V. Add.
le Clerc du Tremblay (Joseph), Capucin, I, 13919—24, & 14949.
de Cleré (Jacques), Chevalier, III, 31919; IV, S.
de Cleré (Charles), Chevalier, IV, S. 31919*.
Clérée (Jean), Général des Dominicains, I, 13805.
Clérembault : voyez Clairembault.
Cléric (Pierre), Poëte, IV, 47369.
de Clermont d'Amboise ( ). Seigneur de Gallerande, III, 31920.
de Clermont-d'Amboise (Louis), Seigneur de Bussi, Marquis de Reynel, III, 31889.
de Clermont-Saint-Georges (François de Paule), Mar-

quis de Monglat, II, 23865 & 66, IV, *Suppl.*
de Clermont-Monglat (Anne-Victoire), Abbesse de Gif, fille du précédent, I, 14920.
de Clermont-Reynel-d'Amboise (Just), Chevalier de Malte, I, 4746; & III, 40327.
de Clermont-Taillart (Magdelène), Abbesse de Saint-Paul-lès-Beauvais, I, 14932.
de Clermont-Tonnerre (François), Evêque de Noyon, neveu de la précédente, I, 9761.
de Clermont-Tonnerre (Magdelène), Abbesse de S. Paul-lès-Beauvais, sœur du précédent, I, 14933.
de Clermont-Thoury (Marie - Françoise), Marquise, IV, 48186.
de Clermont de Hauterive : *voyez* S. Amédée.
de Clermont de Vivonne (Claude - Catherine), Duchesse de Retz, IV, 48155.
de Clermont (Marie), Abbesse de Sainte-Claire d'Avignon, I, 15198.
de Clevans (le Marquis), Conseiller au Parlement de Besançon, IV, S. 33225* & 46700*.
de Cleves (Henriette), Duchesse de Nevers, Princesse de Mantoue, I, 4767.
de Cleves (Catherine), Duchesse de Guise, sœur de la précédente, IV, 48084.
de Cleves (Marie), Princesse de Condé, sœur des deux précédentes, I, 4767 & 81; II, 25794; IV, S.
de Cleves : *voyez* de Gonzague.
de Clisson (Olivier), Connétable, III, 31423.
Cloche (Antonin), Dominicain, I, 13840; IV, S.
Ste Clodesinde *ou* Glodesinde *ou* Glossine, Abbesse à Metz, I, 14725—27.
Clodion, Roi des François, II, 16000 & 16004; IV, S. & IV, 25234.
Clodomir, Roi d'Orléans, II, 24850.
Clopinel (Jean), *dit* de Meun, Poëte, IV, 47370 & 71.
la B. Closseinde : *voyez* Clotsinde.
Clotaire I, Roi de France, II, 16045.
Clotaire II, Roi de France, II, 16072.
Clotaire III, Roi de France, II, 16110.
Ste Clotilde, Reine de France, II, 25000—25007, IV, S.
la B. Clotsinde *ou* Closseinde, Abbesse de Marchiennes, I, 14776.
S. Cloud, fils de Clodomir, Solitaire, I, 13291; II, 25240—46.
S. Cloud, Evêque de Metz, I, 10566—68.
Clovis, Roi de France, II, 15920, 16015—37; 24849; III, 29726—29.
de Clugny (François), Prêtre de l'Oratoire, I, 11060 & 61.
Clusius : *voyez* de l'Ecluse.
Coardi *ou* Courthardi (Pierre), I. Président au Parlement de Paris, III, 32895 & 96.
Cochin (Henri), Avocat, IV, 45855.
Cochois (Jacques), *dit* Jasmin, I, 4747.
Coëffeteau (Nicolas), Evêque de Marseille, Dominicain, I, 8043 & 44, IV, S. & 13813 & 14.
Coëtier *ou* Coittier, *non* Coctier (Jacques), Médecin, IV, 46099.
de Coëtlogon (Louis-Marcel), Evêque de Tournay, I, 8636, IV, S.
de Coëtquen (Marguerite - Françoise), Générale du Calvaire, IV, S. 14954*.
Cœur (Jacques), Seigneur de S. Fargeau, III, 32450 —55, IV, S. & 33634.
de Cœuvre (la Marquise) : *voyez* de Lionne.
Coffin (Charles), Recteur, I, 11062.
Cognatus : *voyez* Cousin.
le Cogneux *ou* le Coigneux (Jacques), Président au Parlement de Paris, III, 32946; IV, S.
de Cogollin (le Chevalier), Poëte, IV, 47372.
de Coiffier *dit* Ruzé (Henri), Marquis de Cinq-Mars, II, 22083; III, 33741—49.
le Coigneux (Gabriel-Joseph), Comte de la Roche-Turpin, III, 31922.

le Coigneux : *voyez* le Cogneux.
de Coignou (M.), Chanoine, I, 11063.
le Cointe (Charles), Oratorien, I, 11064—67; IV, 46700 & 701. *Voyez* le Mémoire qui le concerne à la fin du Tome III, *pag.* xxxvj—xxxix.
Cointerel (Matthieu), Cardinal, I, 7787.
de Coislin : *voyez* du Cambout.
Coittier : *voyez* Coëtier.
Colardeau (Julien), Jurisconsulte, IV, 45856.
Colbert (Jean-Baptiste), Marquis de Seignelay, Ministre & Secrétaire d'Etat, Contrôleur-Général des Finances, II, 24183—87; III, 32585—89.
Colbert (Nicolas), Evêque de Luçon, frere du précédent, I, 8343.
Colbert (Jean-Baptiste), Marquis de Seignelai, Ministre & Secrétaire d'Etat, fils du premier Jean-Baptiste, II, 24298; III, 32590 & 91, IV, S.
Colbert de Croissy (Jean-Baptiste), Marquis de Torcy, Ministre & Secrétaire d'Etat, neveu du premier Jean-Baptiste, III, 32614.
Colbert de Croissy (Charles - Joachim), Evêque de Montpellier, frere du précédent, I, 9224 & 25.
Colbert de Croissy (Charlotte), Abbesse de Pantemont, & ensuite de Maubuisson, sœur du précédent, I, 15081.
Colbert de Villacerf (Jean-Baptiste-Michel), Archevêque de Toulouse, I, 10232.
Colbert (André), Evêque d'Auxerre, IV, S. 10170*.
la B. Colette Boilet, Réformatrice de l'Ordre de Ste Claire, I, 15181—87, IV, S.
de Coligny (Gaspard I), Maréchal de France, III, 31615.
de Coligny (Odet), Cardinal de Chastillon, Archevêque de Toulouse, Evêque & Comte de Beauvais, fils du précédent, IV, S. 9685*.
de Coligny (Gaspard II), Amiral de France, second fils de Gaspard I, II, 18129 & 30, III, 31767—71, IV, S. & III, 33665 & 66.
de Coligny (François), Seigneur d'Andelot, Colonel Général d'Infanterie, troisieme fils de Gaspard I, III, 31835.
de Coligny (Gaspard IV), Lieutenant - Général des Armées du Roi, arriere-petit fils de l'Amiral, III, 31923 & 24.
de Coligny (Henriette), Comtesse de la Suze, fille de Gaspard I, IV, 48182 & 83.
de Coligny d'Andelot (Marie - Magdelène), Comtesse de Hambourg, IV, 48091.
Colin de Blamont (François), Musicien, IV, 47719.
de Collanges (Gabriel), Littérateur, IV, 47041, IV, S.
Collasse (Paschal), Musicien, IV, 47730.
de Collemieu (Pierre), Archevêque de Rouen, Cardinal, I, 7788.
Collet (Philibert), Avocat, IV, 45857.
Colletet (Guillaume), Poëte, IV, 47373.
Collot (Philippe), Chirurgien, IV, 46100.
S. Colomban, Abbé de Luxeul, I, 12107—110.
Ste Colombe, Vierge & Martyre, I, 4361—64.
Colombel (Nicolas), Peintre, IV, 47860.
de Colomby : *voyez* de Cauvigny.
Colomiès (Paul), Littérateur, IV, 46702 & 4703.
de Colonia (Dominique), Jésuite, I, 14202; IV, 47374.
Combalusier (François de Paule), Médecin, IV, 46101.
de Combé (Madame) : *voyez* de Cyz.
de Combefis (François), Dominicain, I, 13829—31; IV, S.
Comblat (Vincent), Franciscain, IV, S. 13888.
de Comines *ou* Commines (Philippe), Seigneur d'Argenton, II, 17394; III, 31925—27; IV, 46702 & 3. *Voyez* le Mémoire qui le concerne à la fin du Tome III, *pag.* xxxix—xlj.
de Commines : *voyez* de Comines.
de Comminges (Jean-Raimond), Cardinal, Archevêque de Toulouse, I, 10227.

Table des Personnes.   231

de Comminges : *voyez* d'Aydie.
Commire (Jean), Poëte, IV, 47375.
le Comte (Nicolas), Célestin, I, 13216.
le Comte (Bertin), Professeur Royal, IV, 47044.
de Conches (Guillaume), Littérateur, IV, 47045.
Concino Concini, Marquis d'Ancre, Maréchal de France, II, 20577—689, IV, S. III, 31618, 32475, 33703 & 4.
de Conconas (le Comte), III, 33668.
de Condé (Princes) : *voyez* de Bourbon.
de Condé (la Princesse), épouse de Louis I : *voyez* de Roye.
de Condé (la Princesse), premiere épouse de Henri I : *voyez* de Cleves.
de Condé (la Princesse), seconde épouse de Henri I : *voyez* de la Trémouille.
de Condé (la Princesse), épouse de Henri II : *voyez* de Montmorenci.
de Condé (la Princesse), épouse de Henri-Jules : *voyez* de Baviere.
de Condé (la Princesse), épouse de Louis-Joseph : *voyez* de Rohan-Soubise.
S. Condede, Moine de Fontenelles, I, 8926 & 12846.
de Condren (Charles), Général de l'Oratoire, I, 11068 & 69; IV, S.
de Conflans (Eustache), Vicomte d'Auchi, III, 31854.
Connan (François), Maître des Requêtes, III, 32758.
S. Conrad, Evêque de Trèves, I, 10540.
Conrad, Evêque d'Utrecht, I, 8818.
le B. Conrad, Abbé de Clairvaux, I, 13072.
Conrart (Valentin), Académicien, IV, 47046 — 48 & 47376.
de Conros : *voyez* de Saint-Marsal.
Ste Conforce, Vierge, I, 4365—67.
S. Constance *ou* Constantin, Evêque de Gap, I, 7903.
Constant (Jean), Jurisconsulte, IV, 45858.
S. Constantin *ou* Constance : *voyez* Constance.
S. Constantin, Solitaire, I, 13292.
Constantin (Robert), Littérateur, IV, 47049.
Contant (Jacques & Paul), Botanistes, pere & fils, IV, 46102.
le Conte (Antoine), *dit* Contius, Jurisconsulte, IV, 45859.
le Conte (Jean), Médecin, IV, 46103.
Contenson (Vincent), Dominicain, I, 13824.
S. Contexte *ou* Contest, Evêque de Bayonne, I, 9901.
de Conti (Princes) : *voyez* de Bourbon.
de Conti (la Princesse), épouse de François : *voyez* de Lorraine.
de Conti (la Princesse), épouse d'Armand : *voyez* Martinozzi.
S. Convoyon *ou* Couvoyon, Abbé de Redon, I, 12281 —84.
le Coq (Paschal), Médecin, IV, 46104.
Coquelin (Dom), Abbé de Faverney, IV, Suppl. 11905*.
Coquillard (Guillaume), Poëte, IV, 47377.
Coquille (Guy), Jurisconsulte, IV, 45860—63.
Corach, Evêque de Liége (*douteux*), I, 8788.
de Coras (Jean), Conseiller au Parlement de Toulouse, III, 33031 & 32.
de Corbeil : *voyez* Gilles.
Corbin (Jacques), Jurisconsulte, IV, 45864.
S. Corcodême *ou* Courcômé *ou* Cordon, Diacre, I, 11074; IV, S.
de Cordemoy (Géraud), Historien, IV, 46704 & 5.
de Cordemoy (Louis-Géraud), Abbé de Fénieres, fils du précédent, I, 11070; IV, 46706. *Voyez* le Mémoire qui les concerne l'un & l'autre à la fin du Tome III, pag. xlj & xlij.
de Cordes (Jean), Chanoine de Limoges, I, 11071 —73.
de Cordes (Denys), Conseiller au Châtelet, I, 4748.
Cordier (Jules), Théologien, IV, 45771.

le Cordier du Trône (Marguerite), Abbesse de Villiers, I, 15079.
S. Cordon : *voyez* Corcodême.
le Cordon d'Evieu (Jacques), Chevalier, IV, Sup. 40325*.
S. Corentin, Evêque de Quimper, I, 10448—50.
de Corgenon : *voyez* Chapuis.
Corlieu (Jean), Historien, IV, 46706.
S. Corneille, Pape, I, 4368.
Corneille (Pierre), Poëte, Académicien, IV, 47378 —83.
Corneille (Thomas), Poëte, Académicien, frere du précédent, IV, 47384—87.
Corneille (Michel), Peintre, IV, 47861.
Cornet (Nicolas), Grand-Maître du Collége de Navarre, I, 11082; IV, S. 11074**.
Coroné *ou* Charron (Denys), Professeur Royal, IV, 47050.
Corrozet (Gilles), Historien, IV, 46707.
Corsembleu Desmahis (Joseph-François-Edouard), Poëte, IV, 47405.
des Cortels (   ), Baron de Saint-Roman, III, 33731.
le Corvaisier (Pierre-Jean), Littérateur, IV, 47051.
de Cosnac (Daniel), Archevêque d'Aix, I, 7869 & 70.
de Cospean *ou* Cospeau (Philippe), Evêque de Lisieux, I, 9996 & 97; IV, S.
Cossart (Gilles), Minime, I, 14053.
Cossart (Gabriel), Jésuite, IV, 47388.
de Cossé (Charles I), Comte de Brissac, Maréchal de France, II, 17798; III, 31606—8.
de Cossé (Timoléon), Comte de Brissac, Colonel Général de l'Infanterie, fils du précédent, III, 31836 & 37.
de Cossé (Marie-Marguerite), épouse du Maréchal Duc de Villeroy, IV, 48223.
à Costa : *voyez* de Coste.
de Costa (Marie), épouse d'Arnaud Boret, Conseiller au Parlement de Toulouse, III, 33033.
de Coste (Hilarion), Minime, I, 14051 & 52.
de Coste *ou* à Costa (Jean), Docteur en Droit, IV, 45865.
la Coste (   ), Musicien, IV, 47731.
de la Coste : *voyez* de Simiane.
de Costentin, *non* Cotentin, de Tourville (Anne-Hilarion), Maréchal de France, II, 24399; IV, S.
de Costerel de Bonneuil (Antoinette *ou* Anne), Chanoinesse, I, 15031; & IV, S. 15030*.
de Costes de la Calprenede (Gautier), Poëte, IV, 47349.
S. Cot : *voyez* Cotte.
Cotelier (Jean-Baptiste), Professeur Royal, I, 11075 —80; IV, S.
Cotereau-Duclos (Samuel), Médecin, IV, S. 46126*.
Cotin (Charles), Académicien, I, 11081; IV, 47389.
Cotolendi (Ignace), Evêque de Metellopolis, I, 10813 & 14.
Coton (Pierre), Jésuite, I, 14117—19.
S. Cotte *ou* Cot, & S. Prisque, Martyrs, I, 4620 & 21.
de Cotte (Robert), Architecte, IV, 47800.
de Coucy, Enguerrand VII, Comte de Soissons, III, 31929.
de Coucy (Jacques), Seigneur de Vervins, III, 33662 & 63.
de Coucy : *voyez* de Marigny.
du Coudray (Michel), Religieux d'Ourscamp, IV, S. 13120*.
de Coulanges (Charles-Emmanuel), Poëte, IV, 47390.
de Coulennes : *voyez* le Clerc.
Couperin (François), Organiste, IV, 47732.
les Couperins, Musiciens, IV, 47769.
Couplet (Claude-Antoine), Mathématicien, IV, 46420.

de la Cour (Didier), Prieur de Saint-Vanne, I, 12803—5; IV, S.
de Courbon (le Marquis), III, 31930.
de Courbouzon (M.), Président au Parlement de Besançon, III, 33225.
de Courcelles (la Marquise) : voyez de Lénoncourt.
de Courcelles (Etienne), Protestant, I, 5989.
de Courcelles de Porlan (Madame), Abbesse de Tart, I, 15060; IV, S. 15061*.
de Courchetet : voyez Hélie.
de Courcillon (Philippe), Marquis de Dangeau, III, 31936.
de Courcillon de Dangeau (Louis), Abbé de Fontaine-Daniel, frere du précédent, I, 11089 & 90.
S. Courcôme : voyez Corcodême.
de Court : voyez Caton.
Courtaud (Siméon), Médecin, IV, 46105.
de Courtenay (Seigneurs), issus de Pierre de France, fils de Louis VI, Roi de France, II, 25317—44.
de Courtenay (Agnès), Religieuse de Fontevraud, petite-fille de Louis VI, II, 25560.
de Courtenay (Hélène), épouse du sieur de Beaufremont, derniere de la Maison de Courtenay, II, 25344.
de Courtenay : voyez de Rambures.
de Courtenvaux : voyez de Souvré.
de Courthardy : voyez Coardi.
de Courtilz de Sandras (Gatien), Historien, IV, 46708 & 9. Voyez le Mémoire qui le concerne à la fin du Tome III, pag. xlij & xliij, & IV, S.
Courtois (Paul), Médecin, IV, 46106.
Courtois (Jacques & Guillaume), Peintres, freres, IV, 47862.
de Courville : voyez Arnaud.
Cousin (Gilbert), Chanoine, I, 11083; IV, 47053.
Cousin (Louis), Président de la Cour des Monnoies, III, 34019—21.
Cousin (Jean), Peintre, IV, 47863.
Cousinot (Guillaume), Maître des Requêtes, II, 17302; III, 31930.
Cousinot (Jacques), Médecin, IV, 46107.
Coustant (Pierre), Bénédictin, I, 12534, IV, S.
Coustou (Nicolas), Sculpteur, IV, 47864.
Couturier (Pierre), Chartreux, I, 13258.
de Coutance (Marie) : voyez des Vallées.
Couteaux : voyez Procope.
Couture (Jean-Baptiste), Professeur Royal, I, 11084—86; IV, 46709.
S. Couvoyon : voyez Convoyon.
Coypeau (Charles), Sieur d'Assoucy non Dassoucy, Poëte, IV, 47402—3.
Coypel (Noël), Peintre, IV, 47867 & 68.
Coypel (Antoine), Peintre, fils du précédent, IV, 47865 & 66.
Coypel (Noël-Nicolas), Peintre, frere du précédent, IV, 47867 & 68.
Coysevox (Antoine), Sculpteur, IV, 47869.
Coyttar (Jean), Médecin, IV, 46108.
Crasset (Jean), Jésuite, I, 14170.
de Crébillon : voyez Jolyot.
de Crenan : voyez de Perrien.
de Créquy (Antoine), Cardinal, Evêque d'Amiens, I, 9724 & 25; IV, S.
de Créquy de Blanchefort (Charles), Duc de Lesdiguieres, II, 21950, 26393; III, 31616.
de Créquy (François de Bonne), Duc de Lesdiguieres, fils du précédent, III, 31969.
Ste Crescence, Vierge, I, 4369.
S. Crescent, Evêque de Vienne, I, 10689 & 90.
Crespet (Pierre), Célestin, I, 13215.
SS. Crespin & Crespinien, Martyrs, I, 4370 & 71.
Cretenet (Jacques), Instituteur des Joséphites, I, 11087.
Cretey (M.), Curé de Baranthon, IV, S. 11087*.
Cretin (Guillaume), Poëte, IV, 47399.
Creusot (Nicolas), Curé de Saint-Loup d'Auxerre, I, 11088; IV, S.

du Creux (Jacques), Cordelier, I, 13888.
de Crevant d'Humieres (Elisabeth), Abbesse de Marquette, IV, S. 15073*.
de Crevant d'Humieres de Brigueul (Anne-Louise), Abbesse de Mouchi, nièce de la précédente, I, 15076.
de Crillon : voyez de Balbis.
Crissé : voyez Turpin.
Critton (Georges), Professeur Royal, IV, 47054 & 55.
de Crochans (Joseph), Archevêque d'Avignon, IV, S. 8154*.
de la Croisette (M.), Gouverneur & Baillif de Caen, IV, S. 31933*.
de Croisilles (Jean-Claude), Poëte, IV, 47400.
de la Croix (André), Théatin, I, 14083.
de la Croix : voyez Aumont, Petis & du Verdier.
de la Croix de Castries (Joseph-François), Marquis de Castries, IV, S. 31899* & 933*.
de la Croix de Castries (Armand Pierre), Archevêque de Toulouse, puis d'Alby, frere du précédent, IV, S. 7921*.
de la Croix du Maine : voyez Grudé.
de la Croix de Sévilles (Anne-Catherine), Visitandine, I, 15291.
Cros (Jean), Médecin, IV, 46109.
de Crouzas (Jean), Philosophe, IV, 46411.
de Croy (Charles), Duc d'Arschot, III, 31934.
de Croy & de Solre (Alexandre-Emmanuel), Baron de Condé, IV, S. 31934*.
la Croze : voyez Veyssieres.
de Crussol (Louis), Duc d'Uzès, III, 32089.
de Cucé : voyez de Bourneuf.
de Cugniere (Pierre), Avocat du Roi, IV, 45866.
Cujas (Jacques), Jurisconsulte, IV, 45867 & 68.
Cujas (Susanne), fille du précédent, IV, 48057 & S. 35803.
Culoteau de Vélye (Nicolas), Littérateur, IV, 46710.
Ste Cunere, Vierge & Martyre, I, 4372.
S. Cunibert ou Gombert, Archevêque de Cologne, I, 8663 & 64.
S. Cunon, Evêque de Trèves, I, 10540.
Cuper (Gisbert), Littérateur, IV, 46711.
Cureau de la Chambre (Marin), Médecin, IV, 46078 & 79; IV, S.
Cureau de la Chambre (Pierre), Curé de S. Barthélemi, à Paris, fils du précédent, I, 11037; IV, 47029.
de Cursay : voyez Thomasseau.
S. Curvalle, Evêque de Saint-Malô, I, 10474.
de Cusa (Nicolas), Cardinal, I, 7789.
S. Cuthmann, Confesseur, I, 4373.
S. Cybar ou Eparque, d'Angoulême, I, 12391—94; IV, S.
S. Cyprien, Evêque de Carthage, & Martyr, I, 4368.
S. Cyprien ou Cyvran, & S. Savin, Martyrs à Poitiers, I, 4681.
S. Cyprien, Evêque de Toulon, I, 8061—64; IV, S. 8060*.
S. Cyr & Ste Julitte, sa mere, Martyrs, I, 4374.
S. Cyran, Abbé, I, 12398—400.
Cyrano de Bergerac (Savinien), Littérateur, IV, 47058.
S. Cyrille, Evêque de Trèves, I, 10522.
S. Cyvran : voyez Cyprien.
de Cyz (Marie), épouse d'Adrien de Combé, I, 15258; IV, S.
Czar (Pierre), I, IV, 46551.

D

Dacier (André), Académicien, IV, 47059—61.
Dacier (Madame) : voyez le Fevre.
Dadin d'Hauteserre (Antoine), Jurisconsulte, IV, 45906.
Dadon, Evêque de Verdun, I, 10669.

Dagobert,

Table des Personnes.   233

Dagobert I, Roi d'Auſtraſie, & enſuite de toute la France, II, 16074—79, IV, S. & II, 16105 & 26706.
S. Dagobert II, Roi d'Auſtraſie, II, 16099, 16104 & 16109. C'eſt à lui qu'il faut rapporter le N.° 16117.
Dagobert III, Roi de Neuſtrie & de Bourgogne, II, 16115—118, excepté le N.° 16117, qui appartient au précédent; on a quelquefois ainſi confondu ces deux Princes.
Dagobert (les trois), Rois des François, I, 9125, II, 16117, & 24854—58.
Daillé (Jean), Miniſtre Calviniſte, I, 6016—18.
Daillon (Antoinette), Comteſſe de Guiche, I, 4767.
de Daiival : voyez Baudelot.
S. Dalphin : voyez Annemond.
Damiens ou d'Amiens (Robert-François), II, 24755 —57.
de Dammartin : voyez de Chabannes.
Dampeſtre (   ), Profeſſeur Royal, IV, 46422.
de Dampierre : voyez du Val.
Danchet (Antoine), Poëte, IV, 47401.
Dandoque (François), Ecuyer, IV, 46423.
Daneau (Lambert), Miniſtre Calviniſte, IV, Suppl. 5861*.
Danès (Pierre), Evêque de Lavaur, I, 10252—55; IV, S. & IV, 47062.
Danès (Jacques), Evêque de Toulon, I, 8065.
de Dangeau : voyez de Courcillon.
Daniel (Gabriel), Jéſuite, I, 14187 & 88, IV, 46712 & 13. Voyez le Mémoire qui le concerne à la fin du Tome III, Pages xljv & xlv.
Dantine (Maur), Bénédictin, I, 12257.
Daret (Jean), Bénédictin, I, 11715.
Dartis (Jean), Profeſſeur Royal, I, 11091, IV, 45869 —71.
Daſſoucy : voyez Coypeau.
Daubus (Sébaſtien), Profeſſeur Royal, IV, 47063.
Daudé (Pierre), Proteſtant, I, 6145.
de Daumar de la Garde (Gérard), Général des Dominicains & Cardinal, I, 13792.
Daumond (Jean-Jacques), I, 4750.
S. Dauphin : voyez Annemond.
Ste Dauphine : voyez Delphine.
Dauvaine (Marie-Agnès), Religieuſe, I, 14704.
Dauvet du Marais (Jeanne-Gabrielle), Abbeſſe du Mont-notre-Dame, I, 15072.
Davenne (François), I, 4876.
David (   ), Oculiſte IV, 46111 ; IV, S.
Davila (Henri-Catherin), Hiſtorien, II, 19743; IV, 46714—17. Voyez le Mémoire qui le concerne à la fin du Tome III, Page xlv—xlix.
Davity (Pierre), Seigneur de Montmartin, Hiſtorien, IV, 46718.
Davy du Perron (Jacques), Cardinal, Archevêque de Sens, 10069—74; III, 32253; IV, 45793, 46858, 47582, & S.
Deagent (Iſabelle), épouſe de Denys Salvaing de Boiſſieu, III, 33801.
Decalogne (Louis-Marie-Geneviève), IV, S. 4750*.
S. Décence : voyez Dizans.
Déchamps (Louis), Solitaire, IV, S. 13294*.
Déchaus (Bertrand), Archevêque de Tours, IV, S. 10330**.
Dehan (Jean), Minime, I, 14034.
S. Déicole : voyez Diel.
Delalande (M.), Curé de Grigny, IV, S. 11091*.
Delamet (Philippe), Docteur en Théologie, I, 11092.
Delanoue : voyez de la Noue.
Delfaut (Henri), Préſident, IV, 47064.
Deliſle : voyez de l'Iſle.
Delort de Valras (Henri-Conſtance), Evêque de Mâcon, I, 9047.
S. Delphin, Evêque de Bordeaux, I, 8233—38.
Ste Delphine ou Dauphine, épouſe de S. Elzear, I, 4375, IV, S. & I, 4384—93.
Tome V.

Deneſle (M.), Littérateur, IV, 47065.
Deniſot (Jacques), Vicaire de S. Etienne de Dijon, I, 11093.
Denyau (Alexandre-Michel), Médecin, IV, 46112.
S. Denys l'Aréopagite, Evêque d'Athènes, I, 4004 —62, & IV, S. 3987*.
S. Denys, premier Evêque de Paris, I, 4003—62; 9281—85.
S. Denys, Evêque de Vienne, I, 10693.
Denys (Jean-Baptiſte), Médecin, IV, 46113 & 114.
S. Déodat : voyez Dié.
Depringles (Jean), III, 33070.
Deſaguliers (Jean-Théophile), Phyſicien, IV, 46424.
Deſauberis : voyez des Auberis.
Deſboulmiers (N.), Littérateur, IV, 47066.
Deſcartes (René), Philoſophe, IV, 46425—42; & Suppl.
Deſcartes (Catherine), fille du précédent, IV, 48063.
Deſchamps (Jacques), Curé de Dangu, IV, S. 11093*.
Deſchamps (François-Michel-Chrétien), Poëte, IV, 47404.
Deſchapelles (le Comte) : voyez de Roſmadec.
Deſchiens de Reſſons (Jean-Baptiſte), Mathématicien, IV, 46573.
Deſcontes (Jean-Baptiſte), Doyen de l'Egliſe de Paris, I, 11099.
Desfontaines : voyez des Fontaines.
Desforges-Maillard (Paul), Poëte, IV, S. 47404.
Desfriches : voyez des Friches.
Deſgodets (Antoine), Architecte, IV, 47801.
Deshais-Gendron (Claude), Médecin, IV, 46151.
Deshays non Deshayes (Jean Baptiſte), Peintre, IV, 47870 & 71, & 47936.
S. Deſiré, Archevêque de Bourges, I, 8369 & 70.
Deſiré (Artus), Prêtre, I, 11094.
Desjardins (Martin), Sculpteur, IV, 47871.
Desjardins : voyez des Jardins.
Deſlandes (Noël), Dominicain, Evêque de Tréguier, I, 13818.
Deſlandes : voyez Boureau.
Deſlyons (Jean), Doyen de l'Egliſe de Senlis, I, 11095 & 96.
Deſmahis : voyez Corſembleu & Groſtête.
Deſmares (Touſſaints-Guy), Oratorien, I, 11097.
Deſmarets (Henri), Muſicien, IV, 47733.
Deſmolets (Pierre-Nicolas), Prêtre de l'Oratoire, I, 11098.
Deſplans (Alard), III, 33708.
Deſportes (François), Peintre, IV, 47873.
Deſpréaux : voyez Boileau.
Deſtalles (non Dellalles), de Roſté (Marie-Anne), Religieuſe, I, 14845. IV, S.
Deſtouches (André-Cardinal), Muſicien, IV, 47734.
Détienne non d'Eſtienne (Jérôme), Minime, I, 14064; IV, S.
Devaux (Jean), Chirurgien, IV, 46116—18.
Deymes (Marie), Dominicaine, IV, S. 15142*.
Dez (Jean), Jéſuite, I, 14184 & 85.
Dezallier d'Argenville (Joſeph), Maître des Comptes, IV, S. 33805*.
de Dhona (Chriſtophe), Comte ou Vicomte, Gouverneur d'Orange, III, 38290 & 91.
Dias (Marie), I, 4772.
S. Dicence : voyez Dizans.
S. Didier, Archevêque de Vienne, I, 10710—13.
S. Didier ou Géry, Evêque de Cahors, I, 7944 —47.
S. Didier, Evêque de Châlons-ſur-Saône, I, 9028.
S. Didier ou Diſier, Evêque de Langres, I, 9007 —10.
S. Didier, Ermite, I, 13277 & 78.
S. Dié ou Deodat, Evêque de Nevers, & Abbé de Jointures, I, 4376, 10180 & 81.
S. Dié ou Dieu-donné, Anachorete du Bléſois, I, 13293—95.

G g

Diédéric, Moine de Fleury, I, 11973.
S. Diel, Abbé de Lure, I, 12100 & 101.
S. Dieu-donné : *voyez* Dié.
Dinet (Gaspard), Evêque de Mâcon, I, 9046.
Dippy (Pierre), Professeur Royal, IV, 47067.
S. Divitien, Evêque de Soissons, IV, S. 9592*.
S. Dizans *ou* Dicence, Evêque de Saintes, I, 8302.
Dodart (Denys), Médecin, IV, 46119.
Ste Dode, Religieuse, I, 14937—41.
S. Dodolin *ou* Bobolin, Evêque de Vienne, I, 10716. *indiqué au 26 Mai, jour de S. Bobolin; Saint Dodolin est du premier Avril.*
S. Dodon, Abbé de Laubes, I, 12051.
Dolet (Etienne), Poëte, IV, 47406.
de Dombes (le Prince), Charles-Louis-Auguste de Bourbon, II, 25734 & 35.
S. Domenge : *voyez* Dominique.
S. Domicé, Prêtre, I, 4377, 4727—29.
S. Domini *ou* Dumini, Solitaire, I, 13296; IV, *Suppl.*
S. Dominique *ou* Domenge, Instituteur des Dominicains, I, 13740.
Dominique de Jésus-Marie, Général des Carmes Déchaussés, I, 13722.
S. Domitien, Evêque de Mastricht, I, 8737.
S. Domitien, Abbé de Bron *ou* Vebron, I, 12720.
S. Domnin, Evêque de Digne, I, 8834.
S. Domnole, Archevêque de Vienne, I, 10714.
S. Domnole *ou* Tannoley, Evêque du Mans, I, 10363—66.
S. Domnolene *ou* Tonnolein *ou* Onnoulé, I, 4308.
de Donadieu de Griet (Barthélemi), Evêque de Comminges, I, 8095.
S. Donas : *voyez* Donatien.
S. Donat, Archevêque de Besançon, I, 8193.
S. Donat, Prêtre & Ermite, I, 4705 & 13297.
SS. Donatien & Rogatien, Martyrs, I, 4378 & 79 & 4664.
S. Donatien *ou* Donas, Archevêque de Reims, I, 9510.
Doneau (Hugues), Jurisconsulte, IV, 45872—74.
Doni d'Attichi (Louis), Evêque d'Autun, I, 8990—93.
Donneau (Jean), Sieur de Vizé, Poëte, IV, 46974 & 47707.
Donneau de Vizé (Gaspard), Oratorien, I, 11532.
Dorat (Jean), Poëte, IV, 47068, 47407—10.
Doria : *voyez* d'Auria.
Dorigny (Louis), Peintre, IV, 47874.
Dortous de Mairan (Jean-Jacques), Mathématicien, IV, 46498 & 99.
S. Douchard : *voyez* Dulcard.
Douglas de Morton (Jacques), Mathématicien, IV, 46518.
Doujat (Jean), Jurisconsulte, IV, 45875 — 77, & 47411.
Doulcet (M.), Avocat, IV, 45878.
le Dran (Henri-François), Chirurgien, IV, 46120.
S. Drausin, Evêque de Soissons, I, 9597—99.
Drelincourt (Charles), Ministre Calviniste, I, 6014 & 15.
Drelincourt (Charles), Médecin, fils du précédent, IV, 46121 & 22.
Dreuillet (Madame) : *voyez* de Montlaur.
S. Dreux *ou* Drogon *ou* Druon, Ermite, I, 13298—300.
Dreux : *voyez* Drogon.
Dreux (Emeri), Sous-Chantre de l'Eglise de Paris, I, 11100.
de Dreux (Pierre), Duc de Bretagne, II, 25312.
de Dreux : *voyez* de Montigny.
Drevet (Pierre), Graveur, IV, 47875.
S. Droctovée, Abbé de S. Vincent, aujourd'hui S. Germain des Prés, à Paris, I, 12509.
S. Drogon : *voyez* Dreux.

Drogon *ou* Dreux, Evêque de Metz, I, 10578.
Drogon *ou* Drocon, Evêque de Beauvais, I, 9684.
Drouais (Hubert), Peintre, IV, 47876.
Drouin (Daniel), Sieur de Belendroit, IV, 46445.
Drouin (René-Hyacinthe), Dominicain, I, 13848 & V. *Add.*
S. Druon : *voyez* Dreux.
Dubois : *voyez* du Bois.
Dubois (Philippe), Professeur Royal, IV, 47069.
Dubois ( ), Musicien, IV, 47769.
Dubois de la Ferté (Gabriel), Chevalier de Malte, III, 40327.
du Duc (Fronton), Jésuite, I, 14115 & 16.
le Duc (Gabriel), Seigneur de Saint-Clou, IV, 47412.
le Duchat (Jacob), Littérateur, IV, 47070 & 71.
Duché (Joseph-François), Poëte, IV, 47413.
Duclos : *voyez* Cotereau & Penot.
Dudon, Doyen de Saint-Quentin, I, 11101.
Dudos (Marie), Religieuse, I, 15228.
Dudrac (Marie), épouse de Jacques Aurillot, I, 4784; IV, *S*.
Dufesc (le Pere), Jésuite, I, 14211.
Dufresny : *voyez* Riviere.
Duguai (Charlotte), épouse de Nicolas de Verdun, IV, 48212.
Duguet (Jacques-Joseph), Théologien, I, 11102; IV, 46444.
Dulard (Paul-Alexandre), IV, 46446.
S. Dulcard *ou* Douchard, Moine, I, 11581.
Dulérain : *voyez* Morice.
Dulorens (Jacques), Jurisconsulte, IV, 45879.
S. Dumini : *voyez* Domini.
Dumoulin : *voyez* du Moulin.
Dumourier : *voyez* du Perrier.
Duncan de Cérisantes (Marc), Poëte, IV, 47356.
Dunod de Charnage (M.), Académicien, IV, 46719; IV, *S*.
Dunod de Charnage (M.), le fils, Académicien, IV, S. 46719**.
de Dunois, le Comte, (Jean d'Orléans), II, 17285; 25542—44, 26142; III, 32334.
Dupin : *voyez* Ellies du Pin.
Dupin Pager (Romain), Poëte, IV, 47566.
Dupleix (Scipion), Historiographe, IV, 46720—22. *Voyez le Mémoire qui le concerne à la fin du Tome III, page xlix—lj.*
Dupont (Charles), Bénédictin, I, 11649.
Dupré (Marie), Poëte, IV, 48065.
Dupuis (Jean), Recteur de l'Univ. de Paris, I, 11104.
Dupuy (Claude), Conseiller au Parlement de Paris, III, 32963.
Dupuy (Pierre), Garde de la Bibliothèque du Roi, fils du précédent, IV, 46882—86, IV, *S. Voyez le Mémoire qui le concerne à la fin du Tome III, pages lj & lij.*
Durand, Evêque de Clermont, I, 8453.
Durand, Evêque de Mende : *voyez* Duranti.
Durand de Villegaignon (Nicolas), Chevalier, II, 17817—23; III, 40325.
Durant (Gilles), Sieur de la Bergerie, IV, 47418.
Duranti *ou* Durand (Guillaume), Evêque de Mende, premier du nom, I, 7968 & 69.
Duranti (Jean-Etienne), premier Président du Parlement de Toulouse, II, 19226 & 27; III, 33026—28.
de Duras (Jeanne) : *voyez* Jeanne II, Reine de Naples.
de Duras : *voyez* de Durfort.
Duret (Louis), Médecin, IV, 46127—29.
Duret (Jean), Médecin, fils du précédent, IV, 46130.
Durey de Noinville (Jacques-Bernard), Académicien, IV, 46723.
de Durfort (Guy), Comte de Lorges & de Quintin, Maréchal de France, III, 31636.

de Durfort (Jean-Baptiste), Duc de Duras, Maréchal de France, IV, S. 31616* & **.
Duval (Jean-Baptiste), Interprete du Roi; IV, 47073.
Duval ( ), Musicien, IV, 47769.
Duval (Marguerite), Religieuse, IV, S. 15210*.
Ste Dympne, Vierge & Martyre, I, 4380 & 81.

E

Ste Eartongathe ou Attongate ou Earcongote, Religieuse, I, 14889 & 90.
S. Ebbon, Archevêque de Sens, I, 10057—59.
Ebbon, Archevêque de Reims, I, 9540—48.
Ebles, Abbé de S. Denys, & Ministre du Roi Eudes, I, 12429; II, 16460.
Eboissard des Roches (Catherine), *faussement appellée* Frantonet ou Fradonnet, IV, 48161 & 62, IV, *Supplém.*
S. Ebregisile, Evêque de Meaux, I, 9413 & 14.
Ebremar, Patriarche de Jérusalem, I, 10833.
S. Ebrulf, Abbé, I, 11582.
Ecdicius, fils de l'Empereur Avitus, I, 3920; II, 24898.
de l'Ecluse (Charles), Médecin, IV, 46131 & 32.
Ecureuil, Dominique, Récollect, I, 13905.
Edelinck (Gérard), Graveur, IV, 47877.
S. Edesbald, Abbé de Dunes, I, 13079 & 80.
Ste Edilburge ou Aubierge, Abbesse de Faremoutier, I, 14887.
Edouard I ou IV, Roi d'Angleterre, I, 35087 & suivans.
Edouard II ou V, Roi d'Angleterre, I, 35104 & suivans.
Edouard III ou VI, Roi d'Angleterre, I, 35114 & suivans.
d'Effiat : *voyez* Rufé.
S. Efrique : *voyez* Africain.
Egile ou Egilon, Archevêque de Sens, I, 10064.
Eginhard, Chancelier de Charlemagne, I, 16249—55 & 88; III, 31488; IV, S. 46723*.
d'Egly : *voyez* de Monthenault.
Egon : *voyez* de Furstemberg.
d'Eguillon : *voyez* du Plessis.
S. Elade ou Helade, Evêque d'Auxerre, I, 10125.
S. Elaphe, Evêque de Châlons-sur-Marne, I, 9624.
d'Elbene (Alfonse), Evêque d'Orléans, I, 9480.
d'Elbœuf (la Duchesse) : *voyez* Chabot.
Ste Elenare ou Elevare, Vierge, I, 4382.
Eléonore d'Autriche, Reine de France : *voyez* d'Autriche.
Eléonore-Marie d'Autriche, Duchesse de Lorraine : *voyez* Autriche (d').
Eléonore de Guienne, Reine de France & d'Angleterre : *voyez* de Guienne.
S. Eleuthere, Evêque de Tournai, I, 8624—29.
S. Eleuthere, Evêque d'Auxerre, I, 10151 & 52.
Elie (Thomas), Aumônier de S. Louis, I, 11105.
Ste Elisabeth, Fondatrice de l'Abbaye de Rosoy, I, 12308.
Ste Elisabeth de Schonauge, Religieuse, I, 14789.
Elisabeth ou Isabelle d'Autriche, Reine de France : *voyez* d'Autriche.
Elisabeth ou Isabelle de France, Reine d'Angleterre, & ensuite Duchesse d'Orléans, fille de Charles VI, II, 28361 & 63.
Ste Elisabeth ou Isabelle de France, sœur de S. Louis, II, 25374—78; IV, S.
Elisabeth de France, Reine d'Espagne, fille de Henri II, II, 25517—20, 26225 & 26, IV, S. II, 26239 & 40; 28195 & 96.
Elisabeth de France, Reine d'Espagne, fille de Henri IV : *voyez* de Bourbon.
Elisabeth d'Angleterre, Reine d'Angleterre, III, 35187.

Elisabeth de l'Enfant-Jésus, Religieuse, I, 15140.
Elisabeth de Sainte-Anne : *voyez* le Fevre de la Boderie.
Elisabeth de la Croix, Fondatrice des Filles Pénitentes de Nanci, I, 4735.
d'Elisagarai : *voyez* Renau.
Ellies du Pin (Louis), Docteur en Théologie, I, 11104, 11357 & 58; IV, S. IV, 46869, & S.
S. Eloi, Evêque de Noyon, I, 9750—55; IV, S.
d'Elphinston ou d'Alpheston (François), III, 33732 & 33, IV, S.
S. Elpide ou Ylpize, Martyr, I, 4383.
S. Elpide, Evêque de Lyon, I, 8891.
S. Elzéar ou Aulzias de Sabran, Comte d'Arian, I, 4375, 4384—93.
Elzéar de Vire, Capucin, I, 13928.
S. Emain, Martyr, I, 11106.
S. Emebert : *voyez* Ablebert.
S. Emilien, Evêque de Nantes, I, 10438.
S. Emilien ou Ymelin ou Eminien, Abbé de Lagny, I, 12034.
S. Emilion, I, 4394.
Emme, Reine d'Angleterre, fille de Richard I, Duc des Normans, III, 34959.
S. Emmeran, Evêque de Poitiers, I, 8319.
S. Engelbert, Archevêque de Cologne, I, 8674—76.
d'Enghien (le Duc), Louis, depuis Prince de Condé, II du nom : *voyez* de Bourbon.
Enguehard (André), Médecin, IV, 46133.
Enguerran ou Angilran, Abbé de S. Riquier, I, 12746 & 47.
Ste Enimie (Solitaire), fille de Clotaire II, *ou selon d'autres*, sœur de Clovis II, I, 13300; II, 25252 & 53; IV, S.
S. Ennodius, Evêque de Pavie, I, 10815 & 16.
d'Entragues : *voyez* de Balsac.
d'Entrechaux : *voyez* de Fougasse.
S. Eolade, Evêque de Nevers, I, 10179.
S. Eone, Evêque d'Arles, I, 8004.
S. Eparce, Evêque de Clermont, I, 8426.
S. Eparque : *voyez* Cybar.
S. Epipode ou Ypipoi & ses Compagnons, Martyrs, I, 4395—97.
S. Eptade, Prêtre, I, 11108.
Erard (Marie-Térèse), Religieuse, I, 15257; IV, S.
S. Erembert, Evêque de Toulouse, I, 8926, 10218 & 19.
Erkembald, Evêque de Strasbourg, I, 9134.
S. Erkembodon, Evêque de Boulogne, I, 9774.
S. Erme, Abbé de Laubes, I, 12050, 51, 57—59.
Ste Ermelinde, Vierge, I, 4398 & 99.
S. Ermenfred, Abbé de Cusance, I, 11902.
Ermine ou Hermine (la pieuse), I, 4792 & 93.
l'Ermite de Compiegne, I, 13405; IV, S.
d'Ernecourt (Alberte-Barbe), Dame de Saint-Balmont, I, 4820; IV, S.
S. Ernée, Abbé au Maine, I, 12135.
S. Erric, Moine d'Auxerre, I, 12484 & 85.
d'Escars de Givry (Anne), Cardinal, Evêque de Metz, I, 10599—601.
Ste Escobille, Martyre, I, 4605.
d'Escoubleau de Sourdis (François), Cardinal, Archevêque de Bordeaux, I, 8250.
d'Escoubleau de Sourdis (Henri), Archevêque de Bordeaux, frere du précédent, I, 8251 & 52.
d'Escoubleau de Sourdis (Catherine-Marie), Comtesse de Clermont-Tonnerre, sœur des précédens, I, 4767.
d'Escoubleau de Sourdis (Magdelène), Abbesse de S. Paul-lès-Beauvais, sœur de la précédente, I, 14930 & 31; IV, S.
d'Escoubleau de Sourdis (Marie-Catherine-Henriette), Coadjutrice de l'Abbesse de Montmartre, nièce des précédentes, I, 14903.
d'Esnans : *voyez* Hélie.

d'Esparbès de Lussan d'Aubeterre (Louis), Seigneur Comte de la Serre, IV, S. 31851**.

aux Espaules (Susanne), épouse du Maréchal de Saint-Géran, IV, 48167.

d'Espeilles : *voyez* Faye.

d'Espence (Claude), Docteur en Théologie, I, 11109 & 10.

Ste Espérance : *voyez* Exupérance.

d'Espernon : *voyez* de Nogaret.

d'Espinac (Pierre), Cardinal, Archevêque de Lyon, I, 8952.

Espitallier (le Sieur), Curé, I, 11107.

Esprit (Jacques), Académicien, IV, 47074.

Esprit de Jésus de Jassaud (la Mere), Dominicaine, I, 4735.

des Essars (Pierre), Surintendant des Finances, III, 32456.

d'Essé : *voyez* de Montalembert.

d'Est de Ferrare (Anne), Duchesse de Guise, IV, 48082 & 83.

d'Estampes (Marie), Comtesse de Selles, IV, 48175 & 76.

d'Estampes de Valançay (Françoise-Angélique), Abbesse des Clairets, I, 15085; IV, S. 15084*.

d'Esteing (François), Evêque de Rhodès, I, 7929—31.

S. Estienne, Evêque de Die, I, 10747—49.

S. Estienne, Abbé de Cisteaux, I, 12999—13003.

S. Estienne, Abbé d'Obasine, I, 13113 & 14.

S. Estienne, Archidiacre de Sens, I, 11111.

S. Estienne de Muret *ou* de Thiers, Fondateur de l'Ordre de Grammont, I, 13188—98.

le B. Estienne, Cardinal, I, 7806.

Estienne IX *ou* X, Pape, I, 7688—90.

Estienne, Cardinal, 7790.

Estienne, Evêque de Liége, I, 8769.

Estienne, Evêque du Puy, I, 8495.

Estienne, Chanoine Régulier, I, 13638.

Estienne, Roi d'Angleterre, I, 35016 & 20.

Estienne, Comte de Blois, III, 35535.

Estienne I, Comte de Sancerre, III, 35815.

Estienne (Jacques), Calviniste converti, IV, *Suppl.* 6049*.

Estienne de Rouen, Moine du Bec, I, 11714.

Estienne de Senlis, Evêque de Paris, I, 9313.

les Estiennes, Imprimeurs, IV, 47973—77.

d'Estiolles : *voyez* Poissons.

de l'Estonnac (Jeanne), Fondatrice de l'Ordre des Religieuses de Notre-Dame, veuve de Gaston de Montferrand, Marquis de Landiras, I, 4785, 15233 & 34.

d'Estrades (Antoinette), Abbesse de S. Jean-le-Grand d'Autun, I, 14814; IV, S.

d'Estrées (Jean), Grand-Maître d'Artillerie, III, 31809; IV, S.

d'Estrées (la Duchesse), épouse de François Annibal, premier du nom : *voyez* de Béthune.

d'Estrées (Gabrielle), Duchesse de Beaufort, belle-sœur de la précédente, II, 25625 & 33. Dans ce dernier N.°, elle est nommée par méprise Duchesse de Vendôme.

d'Estrées (François-Annibal), second du nom, Duc, III, 32707.

d'Estrées (César), Cardinal, Evêque-Duc de Laon, frere du précédent, I, 9654.

d'Estrées (Victor-Marie), Duc, IV, S. 31618*.

d'Estrées (Louis-César), Maréchal de France, IV, 31619, & S.

S. Eterne, Evêque d'Evreux, I, 9948.

S. Ethbin, Abbé, I, 11583.

de l'Etoile (Claude), Poëte, IV, 47419—21.

S. Euchaire, Evêque de Trèves, I, 10501 & 3.

S. Euchaire, Evêque de Mastricht, I, 8736.

S. Eucher, Archevêque de Lyon, I, 8893—98; IV, *Suppl.*

S. Eucher, Evêque d'Orléans, I, 9468 & 69. C'est celui dont il est parlé au N.° 14695.

S. Eucher le jeune, Evêque suffragant d'Arles, I, 4400.

S. Eudelbe, *ou* Eudalde, Martyr, I, 4401.

Eudes *ou* Odon, Comte de Paris, qui reçut le titre de Roi de France, II, 16458—60, & 26008.

Eudes, Duc d'Aquitaine, II, 16130.

Eudes de Chartres, Comte de Champagne, Ministre d'Etat, II, 16537.

Eudes de Mezeray (François), Historien, IV, 46817—32. *Voyez* le Mémoire qui le concerne à la fin du Tome III, pag. lxxxiv—lxxxvj.

Eudo de Kerlivio (Louis), Grand-Vicaire de Rennes, I, 4766, 11214 & 15; IV, S.

S. Eugende *ou* Oyend, Abbé de Condat, *ou* de S. Claude, I, 11205 & 6.

S. Eugene, Martyr à Deuil, I, 4403; IV, S.

S. Eugene *ou* Génie *ou* Hygin, Confesseur, I, 4404.

Eugénie de Saint-Augustin, Carmélite, I, 15008.

S. Eulade *ou* Eulale, Evêque de Nevers, I, 10182.

S. Eunuce, Evêque de Noyon, I, 9758.

S. Euphraise, Evêque de Clermont, I, 8437.

S. Euphrone, Archevêque de Tours, I, 10317 & 18.

S. Euphrone, Evêque d'Autun, I, 8970—72.

Ste Euphrosyne, Vierge, I, 4405 & 6, IV; S.

Ste Euriele, Vierge, IV, S. 4406.

S. Eusébe, Abbé de Grasse, I, 8831.

Eusébe, Evêque d'Angers, I, 10400.

Ste Eusébie, Abbesse à Marseille, I, 14749 & 50; IV, S.

S. Eusice *ou* Ysis, Abbé de Celles, I, 12876—80; IV, S.

S. Euspice, Abbé de Mici, I, 12665 & 66.

S. Eustache, Patron d'une Paroisse de Paris, I, 4239.

Eustache de Saint-Paul, Feuillent, I, 13092.

Ste Eustandiole, Abbesse dans le Berry, I, 14735.

S. Eustase, Abbé de Luxeuil, I, 12111—16.

S. Eustoche, Evêque de Tours, I, 10306 & 7.

S. Eutice, Abbé de Baume, I, 11684 & 85.

S. Eutrope, Evêque de Saintes, I, 8293—96.

S. Eutrope, Evêque d'Orange, I, 8070—72.

Ste Eutrope *ou* Eutropie, Veuve, I, 4407.

S. Euverte, Evêque d'Orléans, I, 9457—59.

S. Evance, Archevêque de Vienne, I, 10708 & 9.

S. Evance, Evêque d'Autun, I, 8976.

Eveillon (Jacques), Chanoine, I, 11112.

l'Evêque (Madame) : *voyez* Cavalier.

S. Evermar *ou* Evremer, Martyr au Territoire de Tongres, I, 4402.

d'Evieu : *voyez* le Cordon.

S. Evode *ou* Yved, Archevêque de Rouen, I, 9816 & 27; IV, S. 9825*.

S. Evre *ou* Aper, Evêque de Toul, I, 10636 & 37; IV, S.

S. Evremer : *voyez* Evermar.

S. Evremont, Abbé de Fontenay-Louver, I, 11978 & 79.

S. Evrols : *voyez* Evroul.

Ste Evronie : *voyez* Aproine.

S. Evrouil : *voyez* Aproncule.

S. Evroul, Abbé d'Ouche, I, 12458 & 59.

S. Evroul *ou* Evrols, Abbé de Saint-Fuscien, I, 12473—75.

d'Exiles : *voyez* Prevost.

Expilly (Claude), Président au Parlement de Grenoble, III, 33150 & 51.

Ste Exupérance *ou* Espérance, Vierge, honorée à Troyes, I, 4408.

S. Exupere *ou* Spire, Evêque de Bayeux, I, 9893—98; IV, S.

S. Exupere, Evêque de Toulouse, I, 10210—13.

Eymar (Balthasar), Archidiacre de Marseille, IV, S. 11112*.

F

Faber ou Fabre ou le Fevre (Jean), Médecin, IV, 46134.
Fabert (Abraham), Maréchal de France, II, 23881 & 82, IV, S.
Fabre (Jean-Claude), Oratorien, IV, S. 11112*.
Fabre : voyez Faber.
Fabri de Peirese (Nicolas-Claude), Conseiller au Parlement d'Aix, III, 33196—201, IV, S.
Fabrot (Charles-Annibal), Jurisconsulte, IV, 45880.
Fagan (Christophe-Barthélemi), Poëte, IV, 47422 & 23.
Faget (Jean), Chirurgien, IV, S. 46134*.
Fagon (Guy-Crescent), Médecin, IV, 46135 & 36.
de la Faille (Germain), Historien, IV, 46725 & 26.
S. Falcon, Evêque de Mastricht, I, 8736.
Falconet (Camille), Médecin, IV, 46137.
S. Fale : voyez Fidol.
Fantet de Lagny (Thomas), Mathématicien, IV, 46489.
Ste Fare, Abbesse de Faremoutier, I, 14878—86.
de la Fare (Charles-Auguste), Poëte, IV, 47424.
Farel (Guillaume), Ministre de la prétendue réforme, I, 5817—20.
Faret (Nicolas), Académicien, IV, 47075 & 76.
S. Fargeau & S. Fergeon ou S. Ferréol & Ferrucion, Martyrs, I, 11117 & 18.
Farnèse (Alexandre), Cardinal, Légat en France, II, 26218.
S. Faron, Evêque de Meaux, I, 9407—9.
Farsit (Hugues), Abbé de Saint-Jean en Vallée, I, 13649.
Farsit (Hugues), Chanoine Régulier de Saint-Jean-des-Vignes, I, 13455.
Fastrade, Reine de France, épouse de Charlemagne, II, 26709.
Fastrede, Abbé de Cîteaux, I, 13005.
Fatouville ( ), Poëte, IV, 47425.
Faucher (Denys), Bénédictin, IV, S. 12089*.
de Faucher (Jeanne), Veuve de M. Cappelis, Ursuline, I, 15332.
Fauchet (Claude), premier Président de la Cour des Monnoies, III, 34017 & 18.
de Faudoas d'Averton (Françoise), Religieuse, I, 14815; IV, S.
Faultrier (Joachim), Abbé, I, 11113.
du Faur (Guy), Sieur de Pibrac, premier Président au Parlement de Paris, III, 32929—36; IV, 47585 & S. 32931.
Faure (Charles), Chanoine Régulier, Instituteur de la Congrégation de France, I, 13591, 13607 & 8.
S. Fauste, Evêque de Tarbes, I, 8109.
Fauste, Evêque de Riez, I, 7877 & 94, IV, S.
Fauste, Moine de Glanfeuil, I, 11995.
Faustin, Evêque de Lyon, I, 8884.
Fauveau (Pierre), Poëte, IV, 47416.
de Favanne ( ), Peintre, IV, 47878.
Favre (Antoine), Jurisconsulte, IV, 45881.
Favre de Vaugelas (Claude), IV, 47242 & 43.
du Fay : voyez de Cisternay.
Faye (Jacques), Sieur d'Espeisses, Président au Parlement de Paris, III, 32955.
de la Faye : voyez Leriget.
de la Fayette (François), Evêque de Limoges, I, 8480; IV, S. 8481*.
de la Fayette (Magdelène), Abbesse de Saint-Georges de Rennes, nièce du précédent; IV, S. 14839*.
de la Fayette (la Comtesse) : voyez Pioche.
le Febvre (Nicolas), Précepteur de Louis XIII, IV, 47077—80, & S.
le Febvre de Caumartin (Jean-François-Paul), Evêque de Blois, I, 9487 & 88.
le Febvre de Saint-Marc (Charles-Hugues), IV, 46903 & 4.
S. Fédéric, Evêque d'Utrecht, I, 8813.
S. Fédéric, Evêque de Liége, I, 8779—81.
le B. Fédéric, Cardinal : voyez Estienne IX, Pape.
Fédéric, Prévôt de Saint-Vast, I, 12796.
de Felgar (Raimond), Dominicain, I, 13767.
Félibien (André), Seigneur des Avaux & de Javercy, Historiographe, IV, 46727 & 28.
Félibien (Michel), Bénédictin, fils du précédent, I, 12532 & 33.
S. Félicien, Martyr avec S. Victor, I, 4711—19.
Ste Félicule, Vierge, IV, S. 4408*.
S. Félix, Martyr avec S. Andoche & S. Thyrse, I, 4312.
S. Félix, Martyr avec S. Fortunat & S. Achillée, I, 11115.
S. Félix, Archevêque de Trèves, I, 10520 & 21.
S. Félix, Evêque de Nantes, I, 10435—37.
S. Félix de Valois, l'un des Fondateurs de l'Ordre des Trinitaires, I, 13970—75 : voyez Saint Jean de Matha.
Félix (Henri), Archevêque de Mayence, IV, Suppl. 9105*.
Félix, Evêque en Angleterre, I, 10833.
Fenel (Jean-Basile), Chanoine de Sens, I, 11116.
de Fenelon : voyez de Salignac.
Ferchault de Réaumur (René-Antoine), Académicien, IV, 46568, & S. 46569*.
Ferdinand VI, Roi d'Espagne, de la Maison de France, II, 25729.
S. Fergeon & S. Fargeau : voyez Fargeau.
de Fermat (Pierre), Conseiller au Parlement de Toulouse, III, 33035 & 36, Mathématicien, IV, 46447 —49.
S. Fermier ou Fremier, Martyr, IV, S. 4408*.
S. Fermins : voyez Firmin.
Fernandès (le Pere), Cordelier, Confesseur de la Reine Anne d'Autriche, I, 13886, IV, S.
Fernel (Jean), Médecin, IV, 46139 & 40; IV, Supplém.
Ferrand (Louis), Avocat, IV, 45772—74.
de Ferrare : voyez d'Est.
Ferrein (Antoine), Médecin, IV, 46141 & 42.
S. Ferréol & S. Ferrucion : voyez Fargeau.
S. Ferréol ou Forgeu, Martyr de Vienne, I, 4409 & 10.
S. Ferréol, Evêque de Limoges, I, 8475—77.
S. Ferréol, Evêque d'Uzès, I, 8242—45.
Ferréol, Préfet du Prétoire des Gaules, II, 24876 —78.
Ferrier (Guillaume), Cardinal, auparavant Prévôt de Marseille, I, 7791.
Ferrier (M.), Conseiller d'Etat, IV, S. 32723*.
de la Ferriere (Claude), Jurisconsulte, IV, 45882.
S. Ferrucion & S. Ferréol : voyez Fargeau.
de la Ferté : voyez Marc.
de la Ferté (le Commandeur), I, 31939.
de la Ferté (le Chevalier), IV, 47429.
de la Ferté : voyez Dubois & de Senecterre.
Feuardent (François), Cordelier, I, 13882 & 83.
la Feuillade : voyez Philibert.
de Feuquieres : voyez de Pas.
le Fevre : voyez le Febvre.
le Fevre (Michel), Docteur en Théologie, I, 11110.
le Fevre (Jacques), Docteur en Théologie, IV, 45775.
le Fevre (Nicolas), Chimiste, IV, 46143.
le Fevre (Tanneguy), Littérateur, IV, 47081—83.
le Fevre (Claude), Peintre, IV, 47879.
le Fevre (Anne), épouse de M. Dacier, fille de Tanneguy, IV, 48058—61.
le Fevre : voyez Chantereau & Faber.
le Fevre de la Boderie (Gui), Philologue, IV, 47084.
le Fevre de la Boderie (Anne), nièce du précédent, Religieuse sous le nom d'Elisabeth de Sainte-Anne, I, 13928 & 15065.

Fevret (Charles), Avocat, III, 33087—91; IV, 45883, & S. 33089.
Fevret (Jacques), Bachelier en Théologie, I, 11121.
Fevret de Fontette (Charles-Marie), Conseiller au Parlement de Bourgogne, IV, S. 46729* & **, & ses Eloges à la tête du Tome IV.
Feydeau (Matthieu), Prêtre, I, 11114.
Feydeau de Brou (Henri), Evêque d'Amiens, IV, S. 9725**.
Feydeau de Brou (   ), Intendant de Rouen, I, 32767.
S. Fiacre, Anachorete, I, 13301—4.
Fiacre (le Frere), Augustin Déchaussé, I, 13683; IV, S.
Ste Fides : voyez Foi.
S. Fidol ou Fale, Abbé de S. Aventin, I, 12341 & 42.
de Fiennes (Jean-Baptiste), Professeur Royal, IV, 47085.
de Fieubet (Gaspard), Conseiller d'Etat, III, 32741.
de Fieubet (Gaspard), premier Président du Parlement de Toulouse, cousin du précédent, III, 33029.
de Fieubet (Gaspard), Poëte, IV, 47430.
de Fieux (le Marquis), III, 31940.
S. Filibert ou Filbert, Abbé de Jumiéges, I, 11584, 12017—19.
Filleau (Jean), Jurisconsulte, IV, 45884.
Filleau des Billettes (Gilles), Physicien, IV, 46385 & 86.
Filleau de la Chaise (Jean), Historien, IV, 46688.
Filzjan (   ), épouse de M. de Mucie, IV, 48138.
Finé (Oronce), Mathématicien, IV, 46450—52.
Fingen, Abbé de Saint-Vanne, I, 12798.
Finot (Raimond-Jacob), Médecin, IV, 46144.
S. Firmat, Diacre, IV, S. 11121**.
S. Firmin, Evêque Régionaire, I, 10833.
S. Firmin le Martyr, Evêque d'Amiens, I, 9695—700.
S. Firmin le Confès, Evêque d'Amiens, I, 9701—11; IV, S.
S. Firmin ou Fermins, Evêque d'Uzés, I, 9238—41.
S. Firmin, Evêque de Verdun, I, 10663.
de Fitz-James (Jacques), Duc de Berwick, Maréchal de France, II, 24604.
de Fitz-James de Berwick (François), Evêque de Soissons, IV, S. 9611*.
Fizes (Antoine), Médecin, IV, 46145.
S. Flaceau : voyez Floscel.
Flamel (Nicolas), prétendu Alchimiste, IV, 46453—56.
Ste Flamine, Vierge & Martyre, I, 4415.
de Flandres (le Comte), Lidéric, III, 39335.
de Flandres (le Comte), Baudouin, on ne sçait lequel, III, 39336—39338.
de Flandres (le Comte), S. Charles-le-Bon, III, 39339—44.
de Flandres (le Comte), Guy de Dampierre, III, 39353—55.
de Flandres (le Comte), Robert III, III, 33621.
de Flandres (Jeanne), Comtesse de Montfort, petite-fille de Robert III, III, 35380.
S. Flavie ou Flaive, Evêque de Châlon-sur-Saône, I, 9028.
S. Flavie ou Flavy, Ermite, I, 13305 & 6.
Ste Flavie ou Flaviene, Vierge, IV, S. 11121**.
de Flavigny (Valérien), Docteur en Théologie & Professeur Royal, I, 11122; IV, 47086.
Fléchier (Esprit), Evêque de Nîmes, I, 9206—9; IV, 47431; V, Add. 9209*.
de Fleuranges : voyez de la Marck.
Fleuriau d'Armenonville (Louis-Gaston), Evêque d'Orléans, I, 9484 & 85.
Fleury (Claude), Prieur d'Argenteuil, I, 11123.

de Fleury (André-Hercule), Evêque de Fréjus, Cardinal, III, 31159, 32600—13; IV, S.
Flodoard, Chanoine de Reims, I, 11124.
Ste Florine, Religieuse Hospitaliere, I, 15217—20.
S. Florebert, Evêque de Liége, I, 8768.
S. Florence, Martyr, I, 4704.
de Florence (Dominique), Archevêque de Toulouse, IV, S. 10227.
S. Florent, Confesseur, I, 4416, 20 & 21, IV, Supplém.
S. Florent, Evêque de Strasbourg, I, 9130 & 31.
S. Florent, Prêtre, I, 11125 & 26.
Florent (François), Jurisconsulte, IV, 45885 & 86.
S. Florentin non Florent, Martyr, I, 4417 & 18.
S. Florentin, Abbé d'Arles, I, 11708.
S. Florilege, Evêque, I, 44193, IV, S.
Ste Florine, Vierge & Martyre, I, 4422.
Floriot (Pierre), Théologien, I, 11127.
S. Floscel ou Flaceau, Martyr, I, 4423 & 24; IV, Supplém.
Flotte (Balthasar), Comte de Roche, III, 33702.
S. Flour, Evêque de Lodève, I, 9229 & 30.
de Flurance : voyez Rivault.
Ste Foi, ou Foy, & S. Caprais, Martyrs, I, 4411—14; IV, S.
de Foix (Pierre), Cardinal, Archevêque d'Arles, I, 8018 & 19.
de Foix (Paul), Cardinal, Archevêque de Toulouse, I, 10228—30.
de Foix (le Comte), Gaston, II, 26143.
de Foix (Gaston), Duc de Nemours, III, 31941—43.
de Foix (Odet), Seigneur de Lautrec, Maréchal de France, III, 31634 & 35.
de Foix (Louis-Gaston), Duc de Candale, III, 31894—97.
de Foix (   ), Marquis de Rabat, III, 32043.
de Foix de Gurlon (Françoise), Abbesse de Notre-Dame de Saintes, I, 14823; IV, S.
de Foix de Candale (Susanne-Henriette), I, 4786.
de Folard (Charles), Officier, III, 31944.
S. Folcuin, Evêque de Térouane, I, 9775—77.
Folcuin, Abbé de Laubes, I, 12063.
Folcuin, Moine de Saint-Bertin, I, 12372.
Folkes (Martin), Mathématicien, IV, 46457.
S. Follain, frere de S. Fursy, I, 12033.
Follard (Melchior), Poëte, IV, 47432.
de la Fond (Jacques), Poëte, IV, 47433.
de la Fons (M.), Lieutenant Général de Police d'Orléans, III, 34126.
de la Font (Etienne), Médecin, IV, 46146.
de la Font (   ), Poëte, IV, 47435.
Fontaine (Alexis), Mathématicien, IV, S. 46457.
Fontaine (Nicolas), Historien, IV, 46729.
Fontaine (Catherine), I, 4881—85.
de Fontaine (Louise-Eugénie), Visitandine, I, 15119, 15293 & 94.
de la Fontaine (Jean), Poëte, IV, 47434—40; IV, S.
de Fontaines : voyez Jaffoureau.
des Fontaines : voyez Guyot.
Fontanier (Jean), Hérétique, I, 5938 & 39.
Fontanier : voyez Pellisson.
Fontenay (Pierre-Claude), Jésuite, I, 14203.
de Fontenay : voyez Belou & Blain.
de Fontenelle : voyez le Bovyer.
de Fontenu (Louis-François), Académicien, I, 11129.
de Fontette : voyez Fevret.
S. Foranne, Abbé de Vaslor, I, 12921.
de Forbin de Janson (Toussaints), Evêque de Beauvais, Cardinal & Grand-Aumônier de France, III, 32273.
de Forbin de Janson (François-Toussaints), dit le Comte de Rosemberg, & depuis Frere Arsene, Religieux de la Trappe, neveu du précédent, I, 13159.

Forcadelle (Pierre), Mathématicien, Professeur Royal, IV, 46463.
de Forcalquier (le Comte), Guillaume le jeune, III, 38058.
de la Force : *voyez* de Caumont.
Forcoal (Jean), Evêque de Séez, IV, S. 9979*.
Foreſt (Jean), Peintre, IV, 47881.
Foreſt de Belidor (Bernard), Ingénieur & Mathématicien, III, 31875; IV, 46371 & 72.
de la Foreſt (Pierre), Chancelier, III, 31493 & 94.
des Forges (la Mere), Annonciade, I, 14706.
Forneret (Philippe), Miniſtre Proteſtant, I, 6146.
Forqueray ( ), Muſicien, IV, 47735.
de Forquevals : *voyez* de Pavie.
le Fort de la Morinière (Adrien-Claude), Littérateur, IV, 47153.
de Fortias (Paul), Seigneur de Pilles, IV, S. 31944**.
Fortin de la Hoguette (Hardouin), Archevêque de Sens, I, 10078.
S. Fortunat, Martyr, I, 11115.
S. Fortunat, Evêque de Poitiers, I, 8317 & 18; IV, S. 47441ᵏ.
la Foſſe (Madame) : *voyez* Charlier.
de la Foſſe (Antoine), Poëte, IV, 47442.
de la Foſſe (Charles), Peintre, IV, 47882.
du Foſſé : *voyez* Thomas.
Foubert (Pierre), Chirurgien, IV, 46147.
Foucault (M.), Curé de S. Michel d'Orléans, IV, S. 11129*.
Foucault (Nicolas-Joſeph), Conſeiller d'Etat, III, 32742; IV, S.
Foucher (Blaiſe), Dominicain, IV, S. 13810*.
de Foudras (Louis), Evêque de Poitiers, I, 8325.
de Fougaſſe la Baſtie, *non* Labatie, d'Entrechaux (Louis), Chanoine, I, 11130.
Fouillou (Jacques), Théologien, IV, 45776.
du Fouilloux (Jacques), Poëte, IV, 47443.
Foulques, Archevêque de Reims, I, 9550 & 51.
Fouquet (François), Archevêque de Narbonne, I, 9178.
Fouquet (Charles-Louis-Auguſte), Duc de Belle-Iſle, Maréchal de France, II, 24781—83, III, 31582 —84, 32618, IV, S. 31583.
Fouquet (Louis-Marie), Comte de Giſors, fils du précédent, III, 31950.
Fouquet (Nicolas), Surintendant des Finances, III, 32573—84, 33756—59; IV, S. 32584*.
du Four (Philippe-Sylveſtre), Antiquaire, IV, 46148.
du Four de Longuerue (Louis), Littérateur, I, 11252.
de Fourcroy (Bonaventure), Avocat, IV, 45887.
de Fourcy (Henri), Préſident en la Chambre des Comptes, III, 33799.
Fourier : *voyez* S. Pierre Fourier.
Fourmont (Etienne), Profeſſeur Royal, IV, 46731 & 32.
Fourmont (Michel), Profeſſeur Royal, frere du précédent, I, 11131 & 32, IV, 46733.
Fournet (Claude-Joſeph), Dominicain, IV, S. 13830*.
Fournier (Georges), Jéſuite, I, 14141.
Fournier (Pierre-Simon), Graveur & Fondeur en Lettres, IV, 47883, & S.
Fournier (Françoiſe), Urſuline, I, 15329.
de Fourquevaux : *voyez* de Pavie.
Fourré (Jacques), Dominicain, Evêque de Châlon-ſur-Saone, I, 13808.
Fourtier (Pierre) : *voyez* S. Pierre Fourrier.
Ste Foy : *voyez* Foi.
Foy-Vaillant (Jean), Médecin & Antiquaire, IV, 46939 —42; & S.
Foy-Vaillant (Jean-François), Médecin & Antiquaire, fils du précédent, IV, 46943—45.
Fradonnet, *faux nom* : *voyez* Eboiſſard.
Fraguier (Claude-François), Académicien, I, 11134 —37; IV, 47443.
Fraichot (Dom), Bénédictin, I, 12229.

S. Frambaud *ou* Frambourg, Abbé, Moine *ou* Solitaire, (*c'eſt le même*), 1, 11585, 12677—80, 13307.
S. Francaire, pere de S. Hilaire Evêque de Poitiers, I, 4425.
de Francheville (Catherine), Fondatrice de Retraites, I, 4766 & 87, 11214; IV, *Suppl.* 4766 & 11214.
de Franchillon (Charles), Baron de Chenevieres, III, 31945.
S. Franchy : *voyez* Francovée.
S. François d'Aſſiſe, Inſtituteur des Franciſcains, I, 13896; III, 40679.
S. François de Paule, Inſtituteur des Minimes, I, 13238, 14011—33.
S. François de Sales, Evêque de Genève, I, 10769 —96; IV, S. V, *Add.* 10796*.
François I, Roi de France, auparavant Duc de Valois, Médaille ſous ſon nom, II, 25496, ſon Regne, 17485—642, IV, S. ſon Sacre, II, 26047—49, ſes Entrées, 26171—76 & 87, ſes Mariages, 26588, 28381, 82, 88, ſon Entrevue avec Charles-Quint, 26590, ſon Enterrement, 26735—37, Pieces relatives à ſon Regne, III, 29869—30000.
François II, Roi de France, ſon Regne, II, 17757 —94, IV, S. ſon Sacre, 26062, ſes Entrées, 26213, 224—128, ſon Mariage, 28394, Pieces relatives à ſon Regne, III, 30086—94.
François, Dauphin de France, Duc de Bretagne, fils de François I, II, 25501 & 2; IV, S. 25500*; II, 26189, 26585—87, 28387; III, 35414.
François (Philippe), Bénédictin, IV, S. 12805**.
François (Jean-Charles), Graveur, IV, 47884.
Françoiſe de la Croix, Religieuſe Hoſpitaliere, I; 15226; IV, S.
Françoiſe des Séraphins, Religieuſe Dominicaine, I, 15136 & 38. Le N.° 15137 ne la regarde pas. *Voyez* IV, S. 15137 & 38*.
Françoiſe de Saint-Joſeph, Carmélite, I, 15003.
Françoiſe de Saint-Bernard, Franciſcaine, I, 15194.
Francon, Abbé d'Aſſighem, I, 11655.
S. Francovée ou Franchy, Moine, I, 11586.
Frantonet, *faux nom* : *voyez* Eboiſſard.
Fraſſen (Claude), Cordelier, I, 13895.
S. Fraterne, Evêque d'Auxerre, I, 10146.
de Freauville (Nicolas), Dominicain, Cardinal, I, 13785.
de Frecheville : *voyez* de la Vigne.
Fréculfe, Evêque de Liſieux, I, 9987.
Frédégaire, Hiſtorien, II, 16083—85, 87; IV, S. 46733*.
Frédégonde, Reine de France, II, 25022 & 23.
Fremault (Barbe), I, 4735; IV, S. 15230*.
S. Fremier : *voyez* Fermier.
Freminer (Martin), Peintre, IV, 47885.
de Fréminville : *voyez* de la Poix.
Frémiot (André), Archevêque de Bourges, I, 8403 —5.
Frémiot (Jeanne-Françoiſe), Barone de Chantal, I, 15269—83; IV, S.
Frémon (Charles), Réformateur des Grandmontains, I, 13188.
Frémont d'Ablancourt (Nicolas), Hiſtoriographe, III, 31689; IV, S.
de la Frenaye (Jean), Poëte, IV, 47443.
de Freneuſe : *voyez* le Cerf.
Frenicle (Nicolas), Poëte, IV, 47445.
Frenicle de Beſſy (Bernard & *non* Nicolas), Mathématicien, frere du précédent, IV, S. 46463*.
le Frere (Jean), Hiſtorien, II, 18421.
Freret (Nicolas), Antiquaire, IV, 46734.
de Freſne : *voyez* Canaye.
du Freſne (Charles), Sieur du Cange, Tréſorier de France, III, 34055—64; IV, 46681 & 82. *Voyez auſſi le Mémoire qui le concerne à la fin du Tome* III, *pag.* xj—xv.
du Freſne : *voyez* de Palayſeau.

du Fresnoy (Charles-Alphonse), Poëte & Peintre, IV, 47446 & 47, & 47886.
de Frézeau de la Frezeliere (Charles - Magdelène), Evêque de la Rochelle, I, 8339 & 40.
S. Friard (Reclus), I, 13308—10.
des Friches de Brasseuse (Susanne), Abbesse de Notre-Dame du Paraclet, I, 15070.
S. Fridolin, Abbé de S. Hilaire de Poitiers, & Apôtre des Suisses, I, 4331 & 12566.
S. Frise, Martyr, I, 4426.
S. Fröbert ou Frodobert, Abbé de Moustier-la-Celle, I, 12236 & 37.
Froissard ou Froissart (Jean), Historien & Poëte, II, 17102; IV, 46734—37, & 47448. Voyez aussi le Mémoire qui le concerne, Tome III, p. lij—lv.
Froissart (Antoine), Chanoine & Grand-Chantre de Notre-Dame de Paris, IV, S. 11137*.
Frollard, Evêque de Senlis, I, 9664.
Fromageot (Jean-Baptiste), Académicien, IV, 47089.
de Fromenteau (Madame) : voyez Soreau.
S. Fronime : voyez Phronime & Frontin.
de Fronsac : voyez d'Albon & de Maillé.
de Fronsac (la Duchesse) : voyez de Caumont.
S. Front ou Fronton, Evêque de Périgueux, I, 4427, 8328—30.
Fronteau (Jean), Chanoine Régulier, I, 13611—13; & IV, S.
de Frontenay : voyez de Montrichard.
S. Frontin ou Fronime, Evêque de Besançon, I, 8172.
S. Fronton : voyez S. Front.
Frotard, Evêque d'Alby, IV, S. 7918*.
Frothaire, Evêque de Toul, I, 10640.
Fugere (Alexandre-Contard), Conseiller à la Cour des Aides de Paris, III, 33891—93; IV, 46464.
S. Fulbert, Evêque de Chartres, I, 9371—73.
Fulcoïus, ancien Poëte, III, 47449.
S. Fulcran, Evêque de Lodève, I, 9231—33.
S. Fulrad, Abbé de Saint-Denys, I, 12424—27.
Fulrad, Abbé du Mont-Saint-Quentin, I, 12226.
Fumée (Adam), Médecin, IV, 46149.
de Fumel (Marie), Marquise de Saint-Aulaire, IV, 48163 & 64.
de Furetiere (Antoine), Académicien, IV, 47090.
Furgole (Jean - Baptiste), Avocat, IV, 45888 & Supplém.
de Furstemberg (François-Egon), Evêque de Strasbourg, I, 9141 & 42.
de Furstemberg (Guillaume-Egon), Cardinal, Evêque de Strasbourg, frere du précédent, I, 9144.
S. Fursy, Abbé de Lagny, I, 12028—33.
SS. Fuscien, Victorin & Gentien, Martyrs, I, 4428—30.
Fuselier (Jean ou Louis), Poëte, IV, 47450.
Fusi (Antoine), Docteur Apostat, I, 5945 & 46; IV, S.

G

Gabriau de Riparfons (Etienne), Jurisconsulte, IV, 45996.
Gabriel (Jacques), Musicien, IV, 47801.
Gabriel de Sainte-Marie : voyez de Gifford.
Gâcon (François), Poëte, IV, 47451.
de Gadagne (Gabrielle), Comtesse d'Anjou & de Chevrieres, I, 4767.
Gaguin (Robert), Général des Maturins, I, 13978 & 79. Voyez aussi le Mémoire qui le concerne à la fin du Tome III, pag. lvj—lviij.
Gaifred, Archevêque de Narbonne; IV, S. 9173*.
S. Gal, Evêque de Clermont, I, 8439 & 40.
S. Galactoire, Evêque de Lescar, I, 8112 & 13.
Galand (Agnès) : voyez la B. Agnès de Jésus.
Galaup de Chasteuil (François), Littérateur, I, 4744, 13310—12.
Galbert, Moine de Marchiennes, I, 12142.

Galigay (Eléonore), épouse du Maréchal d'Ancre, II, 20577—689; IV, S.
Galiot d'Acier : voyez Ricard de Genouillac.
la Vén. Galiote de Gourdon, Réformatrice des Religieuses de l'Ordre de Saint Jean de Jérusalem, I, 15221 & 22.
de la Galissoniere : voyez Barrin.
Galland (Pierre), Chanoine & Professeur Royal, I, 11138; IV, 46464.
Galland (Antoine), Académicien, IV, 46739—41.
Ste Galle, Vierge, I, 4431.
Gallemant (Jacques), Docteur en Théologie, I, 11139.
Galliat (Madame) : voyez Carron.
Gallois (Jean), Abbé de Saint-Martin de Cores, I, 11140—42; IV, 46741, & S. 11141*.
S. Galmier : voyez Baldomer.
Galon, Evêque de Paris, I, 9312.
Galon de Besiers, Religieuse Franciscaine, I, 15204.
Gambart (Adrien), Prêtre, I, 11143.
Gandoget (Pierre-Louis), Médecin, IV, 46150.
Gantez (Annibal), Chanoine, I, 11151, IV, S.
de Ganthois (Arnold), Abbé de Marchiennes, IV, S. 12143*.
S. Gaon : voyez Godon.
Garasse (François), Jésuite, I, 14121.
Garat (Jean), Abbé de la Chancelade, I, 13424.
Garault ( ), Artiste, IV, 47987.
de la Garde (le Baron), III, 33661.
de la Garde : voyez Bridart & du Ligier.
de la Gardie (Pontus), Général en Suede, IV, Suppl. 31947*.
le B. Garembert, premier Abbé du Mont-Saint-Martin, IV, S. 13566* & **.
de Garengeot (René-Jacques), Chirurgien, IV, S. 46150*.
Gargan (Nicolas), III, 33733.
Gargot (Nicolas), Capitaine de Vaisseau, III, 31948.
de Garlande (Ansel), Sénéchal de France & Ministre d'Etat, II, 16634; III, 31395.
de Garlande (Etienne), Chancelier & Sénéchal de France, nommé à l'Evêché de Beauvais, & Doyen de S. Aignan (non Evêque) d'Orléans, frere du précédent, I, 9476 & 9685; II, 16649.
Garmager (M.), Curé à Clermont, IV, S. 11151*.
Garnier (Jean), Jésuite, I, 14159—61; IV, S.
Garnier ( ), III, 33733.
Garnier (Robert), Poëte, IV, 47452.
Garnier ( ), Musicien, IV, 47769.
le B. Garnier de Mailly, Prévôt de S. Etienne de Dijon, I, 12453; IV, S.
Garreau (Léonard), Jésuite, I, 14142.
Garrigue (Bertrand), Dominicain, I, 13767.
Gaspert (Hugues), Dominicain, Evêque de Céneda, I, 13798.
Gassendi (Pierre), Prévôt de l'Eglise de Die, I, 11144—49; IV, 46464 & 65, S. 11144* & 46465*.
de Gassion (Jean), Maréchal de France, II, 22254; III, 31625—28.
S. Gatien, premier Evêque de Tours, I, 4003—11; & 10272.
Gatti : voyez Théobaldo.
de Gattinara : voyez Arborio.
S. Gaubert : voyez Walbert.
Gaubil (Antoine), Jésuite, IV, S. 14212*.
Gaucelin d'Azillan, Maître des Hospitaliers de Saint-Jean de Jérusalem, III, 40306.
S. Gaucher, Prieur ou premier Abbé de Saint-Jean d'Aureil, I, 13417—20.
Gaucher, Abbé de S. Germain d'Auxerre, I, 12487.
S. Gaud (non Gaude), Evêque d'Evreux, I, 9921 & 41—44; IV, S.
Gaudon (Pernelle), Moulinoise, I, 4788.
le Gauffre (Ambroise), Grand-Vicaire & Official de Baïeux, I, 11150.

de Gaufridy

de Gaufridy (Jacques), Président au Parlement de Provence , III, 33194.
de Gaufridy (François), Conseiller au Parlement de Provence , III, 33202.
S. Gaugeric *ou* Géry, Evêque de Cambrai, I, 8552 —55.
Gaujon de la Martiniere (Antoine-Joseph), III, 33765.
Gault (Eustache), nommé Evêque de Marseille, I, 8052 & 53; V, *Add.*
Gault (Jean-Baptiste), Evêque de Marseille, frere du précédent, I, 8045—51.
Gaultier (Jean-Baptiste), Théologien, IV, 45777, & *Supplém.*
Gaultier (les deux), Joueurs de Luth, IV, 47736.
Gaultier (Pierre), Musicien, IV, 47736.
Gaumin (Gilbert), Poëte, IV, 47453.
Gauslin, Abbé de Fleury, I, 11972.
Gaussein (Etienne), Professeur de Saumur, IV, S. 5986*.
Gauthier de Montdorge (Antoine), Poëte, IV, 47545.
S. Gautier, Abbé de l'Esterp, I, 13631 & 32.
S. Gautier, Abbé de S. Martin de Pontoise, I, 11625 —28.
le B. Gautier, Evêque de Laon, I, 9651.
Gautier, Evêque de Maguelone, I, 9220.
Gautier (Jeanne), Carmélite, I, 15008.
Gautron (Magdelène), Bénédictine, I, 14840.
S. Gauzlin, Evêque de Toul, I, 10641.
Gauzlin, Archevêque de Bourges, I, 8388.
Gayet (Pierre), Docteur en Théologie, IV, *Suppl.* 11141*.
Gayet (Pierre), Chanoine de Béfiers, I, 11152; IV, *Supplém.*
Gazet (Guillaume), Curé & Chanoine, I, 11153.
S. Geaumer, Soudiacre, I, 10910.
S. Gébouin *ou* Jubin, Archevêque de Lyon, I, 8940.
S. Gédouin : *voyez* Gilduin.
Gédoyn (Nicolas), Chanoine & Académicien, I, 11154—56.
Geinoz (François), Aumônier des Suisses, & Académicien, I, 11157; IV, *S.*
Gelée le Lorrain (Claude), Peintre, IV, 47898.
Ste Gelesvinte, Reine de France, II, 25021.
Gellé (Jean), Bénédictin, I, 12543.
Gelu (Jacques), Archevêque de Tours, I, 10330.
Ste Gemme, Vierge & Martyre, I, 4432 & 33.
le Gendre (Pierre), Curé d'Aumale, IV, *Suppl.* 11159*.
le Gendre (Louis), Chanoine de l'Eglise de Paris, I, 11160. *Voyez aussi le Mémoire qui le concerne à la fin du Tome* III, *pag.* lvij *&* lix.
Gendron : *voyez* Deshais.
S. Genebaud, *non* Guinebaud, Evêque de Laon, I, 9643 & 44.
Génébrard (Gilbert), Archevêque d'Aix, I, 7860—64; IV, 47092, & *S.* 7862.
S. Genereux *ou* Generoux, Abbé de Saint-Jouin de Marnes en Poitou, I, 11587.
S. Genès *ou* Giniez, Martyr d'Arles, I, 4434 & 35, & 79.
S. Genès, Evêque de Clermont, I, 8441—43.
Genest (Charles-Claude), Abbé de S. Victor, IV, 47454 & 55.
Genet (François), Evêque de Vaison, I, 8151, IV, *Supplém.*
Ste Geneviève, Vierge, I, 4053, 4239, 4442—70, 13301 & 13594; IV, *S.* 4448*—58*, 13594—
de Génevois (le Comte), Amé fils d'Amé VIII, premier Duc de Savoie, II, 25419.
S. Gengou, Martyr, 4436—39.
S. Genie *ou* Eugene *ou* Hygin, Martyr *ou* Confesseur, I, 4404, 4440 & 41.

Tome V.

Gennadius, Prêtre de Marseille, I, 11158.
de Gennes (Julien-René-Benjamin), Oratorien, I, 11159.
S. Genou *ou* Génulfe, Archevêque de Bourges, I, 8365 & 66. V. *Add.*
S. Genou *ou* Génulfe, Evêque de Cahors, I, 7939 —42.
S. Genou *ou* Genulfe, Abbé de Strade, I, 12476.
S. Gens, Solitaire, I, 13313; IV, *S.*
de Gentes : *voyez* Bachelier.
SS. Gentien, Fulcien & Victorin, Martyrs, I, 4428 —30.
de Gentil (Philippe), Marquis de Langallerie, III, 31964 & 65.
S. Genulfe : *voyez* Genou.
S. Geoffroy, Evêque du Mans, I, 10367.
S. Geoffroy de Nho, Restaurateur du Monastere de Chalar, IV, *S.* 13422**.
Geoffroy, Evêque de Châlons-sur-Marne, I, 9629.
Geoffroy, Abbé de Vendôme, I, 12914 & 16.
Geoffroy de Beaulieu, Dominicain, I, 13775.
Geoffroy (Etienne-François), Médecin, IV, 46152 —53.
Geoffroy (Claude-Joseph), Chimiste & Botaniste, IV, 46154.
S. George, *& non* Grégoire, Evêque du Puy, I, 8490.
Ste George, Vierge, I, 4471.
George (Dominique), Abbé du Val-Richer, I, 13164; IV, *S.*
S. Géran, Evêque d'Auxerre, I, 10165.
S. Gérard, Evêque de Toul, I, 10641—45.
S. Gérard, Abbé de Brogne, I, 11733 & 34; IV, *Supplém.*
S. Gérard *ou* Géraud, Fondateur de l'Abbaye de Sauve-Majoure, I, 12871—75.
S. Gérard, Comte de Roussillon, I, 4476; IV, *Supplém.*
le B. Gérard, Fondateur de l'Ordre de S. Jean de Jérusalem, III, 40302 & 3.
le B. Gérard, Moine de Clairvaux, I, 13071.
Gérard, Archevêque d'Yorck, I, 10833.
Gérard I, Evêque de Cambrai, I, 8566.
Gérard II, Evêque de Cambrai, I, 8568.
Gérard, Evêque d'Angoulême, I, 8289.
Gérard, Abbé de Fontenelles, I, 12853.
Gérard de Saint-Amant (Marc-Antoine), Poëte; IV, 47655 & 59.
S. Géraud, Comte d'Autillac, I, 4472—75; IV, *Supplém.*
Géraud (le Comte), beau-frere de Charlemagne, III, 31949.
Gérauld, Moine de Fleury, I, 11967.
Gerbais (Jean), Docteur en Théologie & Jurisconsulte, I, 11161 & 62; IV, 45889.
Gerberon (Gabriel), Bénédictin, I, 12443; IV, 45778.
Gerbert, Archevêque de Reims : *voyez* Sylvestre II, Pape.
Gerberte, Reine de France, épouse de Louis d'Outremer, II, 26715.
S. Géri, Evêque : *voyez* Gaugeric.
S. Géti, Pèlerin, I, 4477; IV, *S.*
le B. Géric *ou* Goëric *ou* Guéric, Archevêque de Sens, I, 10058.
S. Gerlac, Ermite, I, 13314—16.
S. Germain, Martyr, Evêque de Besançon, I, 8173 —75, V, *Add.*
S. Germain, Martyr d'Amiens, I, 4478.
S. Germain, Evêque d'Auxerre, I, 10129—45; IV, *S.*
S. Germain, Evêque de Paris, I, 9293—300; IV, *Supplément.*
S. Germain, Abbé de Grandfelds *ou* de Grandvaux, I, 11999 & 12000; IV, *S.*

H h

Germain (Pierre-Bénigne), Théologal d'Autun, IV, 45779.
Germain (Pierre & Thomas), Orfèvres, pere & fils, IV, 47783.
Germain (Madame) : voyez Chambon.
S. Germer, Abbé de Flai, I, 12551—53.
S. Germier, Evêque de Toulouse, I, 10215—17.
S. Gérold de Cologne, Martyr, IV, S. 4478*.
Gerson : voyez Charlier.
Ste Gertrude, Abbesse, I, 15013—19.
SS. Gervais & Protais, Martyrs, I, 9591.
Gervais, Archevêque de Reims, I, 9558 & 59.
Gervais (Charles-Hubert), Musicien, IV, 47737.
S. Gervin, Abbé de S. Riquier, I, 12748 & 49.
S. Gervin, Abbé d'Aldembourg, I, 13019.
SS. Géry : voyez Didier & Gaugeric.
S. Geselin, Ermite, I, 13317 & 18.
de la Gessée (Jean), Poëte, IV, 47456.
de Gesvres : voyez Potier.
Ghin de Florence (André), Evêque de Tournay, I, 8631.
Gibelin, Patriarche de Jérusalem, I, 10833.
Gibert (Jean-Pierre), Docteur en Théologie & en Droit, I, 11167—69; IV, S.
Gibert (Joseph-Balthasar), Docteur de l'Université de Paris, IV, 46743.
S. Gibrien, Prêtre, I, 11170.
de Gié : voyez de Rohan.
de Gifford (Guillaume), dit Gabriel de Sainte-Marie, Archevêque de Reims, I, 9581 & 81.
S. Gilbert ou Gillebert ou Gislebert, Evêque de Meaux, I, 9417.
S. Gilbert ou Gislebert, Evêque d'Evreux, I, 9949.
S. Gilbert, Abbé de Neuf-Fontaines, I, 13567—69.
Gilbert, Evêque de Londres, I, 10833.
Gilbert, Moine de Saint-Amand, I, 12321.
Gilbert (Nicolas), Cordelier, I, 13875 & 76.
Gilbert (Gabriel), Poëte, IV, 47457.
Gilbert de Voisins (Pierre), Conseiller d'Etat, III, 32745; IV, S. 32744**.
S. Gildard, Archevêque de Rouen, I, 9824 & 25.
S. Gildard, Prêtre, I, 11172.
S. Gildas, Abbé de Ruyz, I, 12555 & 56.
S. Gilduin ou Gédouin, Chanoine de Dol en Bretagne, I, 11171.
Gilduin, Abbé de S. Victor, I, 13480.
S. Gillebert : voyez Gilbert.
S. Gilles, Abbé, I, 11573—77.
Gilles (Pierre), Historien, IV, 46744.
Gilles (Jean), Musicien, IV, 47738.
Gilles de Corbeil, Médecin, IV, 46155.
Gilles de Paris, Poëte, IV, 47458 & 59.
Gillet (Louis-Joachim), Chanoine Régulier, IV, S. 13615*.
Gillier (Jean-Claude), Musicien, IV, 47739.
Gillot (Charles), Médecin, IV, 46156; IV, S.
Gilon, Cardinal, I, 7792.
S. Giniez : voyez Genès.
S. Girard, Moine de Saint-Aubin, I, 11340.
Girard (Antoine), Evêque de Poitiers, I, 8323.
Girard (Jean-Baptiste), Jésuite, I, 14392 & 93; IV, S. & V, Add.
de Girard (Bernard), Sieur du Haillan, IV, 46760 & 61. Voyez aussi le Mémoire qui le concerne à la fin du Tome III, pag. lxvj—lxvij).
Girardel (Pierre), Dominicain, I, 13816.
Girardon (François), Sculpteur, IV, 47887.
S. Giraud, Evêque de Mâcon, I, 9045.
Girbert, Abbé de Fontenelles, I, 12853.
Giroux ( ), Président du Parlement de Bourgogne, III, 33081—84.
Giry (Louis), Académicien, IV, 47093.
Giry (François), Minime, fils du précédent, I, 14060 & 61.

S. Gislebert : voyez Gilbert.
de Gisors : voyez Fouquet.
le Givre (Pierre), Médecin, IV, 46157.
de Givry : voyez d'Anglure & d'Escars.
Glaber (Rodolphe), Moine de Cluni, I, 11825—17; II, 16552; IV, 46745.
Ste Glodesinde ou Glossine : voyez Clodesinde.
S. Goar, Anachorete, I, 13319—22.
Goar (Jacques), Dominicain, I, 13819 & 20.
S. Gobain, Prêtre & Martyr, I, 11180.
le B. Gobert, Comte d'Aspremont, I, 4480; 13176 & 77.
Godeau (Antoine), Evêque de Vence, I, 8843—46; IV, 47460, & S. 8846* & 47460*; V, Add.
Ste Godeberte, Vierge, I, 4481—83.
S. Godefroy, Evêque d'Amiens, I, 9721—23.
le B. Godefroy, Prêtre, IV, S. 11172*.
Godefroy (Denys), Jurisconsulte, IV, 45891—93.
Godefroy (Théodore & Denys), Historiens, fils & petit-fils du précédent, IV, 46746 & 47. Voyez aussi le Mémoire qui les concerne à la fin du Tome III, pag. lix—lx].
Godefroy (Jacques), Jurisconsulte, frere de Théodore, IV, 45894 & 95.
Godefroy de Bouillon, Chef de la premiere Croisade, & Roi de Jérusalem, II, 16587—6113; III, 31880; IV, S. 16822*, 31880*.
le B. Godefroy de Westphalie, I, 4669 & 12195.
SS. Godegrand : voyez Chrodegand.
Ste Godelieve ou Godoleve, Martyre, I, 4484 & 85.
le Vén. Goderan, Abbé de Maillezais, & ensuite Evêque de Saintes, I, 8303 & 12129.
Godet des Marais (Paul), Evêque de Chartres, I, 9385—87.
de Godieu ou de Godin (Guillaume-Pierre), Dominicain, Cardinal, I, 13790.
Ste Godoleve : voyez Godelieve.
S. Godon ou Gon, Evêque de Metz, I, 10565.
S. Godon ou Gaon, Abbé d'Augie, I, 11676—80; IV, S.
S. Goëric, Evêque de Metz, I, 10563 & 64.
le B. Goëric, Archevêque de Sens : voyez Géric.
Goguet (Antoine-Yves), Conseiller au Parlement de Paris, III, 32968 & 69.
S. Gohard, Evêque de Nantes, I, 10439.
Goibaud du Bois (Philippe), Littérateur, IV, 47013—15.
S. Golvene non Colvene, Evêque de Léon, I, 10455.
de Gombauld : voyez Ogier.
S. Gombert, issu de la Maison Royale de France, II, 25257—60; IV, S. 14780**.
S. Gombert ou Gondelbert, Archevêque de Sens, & Fondateur de Senones, I, 10047 & 48.
S. Gombert, Archevêque de Cologne : voyez Cunibert.
de Gomberville : voyez le Roi.
S. Gomer, I, 4496 & 97.
S. Gondelbert, Martyr, 4486.
S. Gondelbert : voyez Gombert.
Gondevald, prétendu fils de Clotaire I, II, 25247.
de Gondi (Jérôme), Chevalier d'Honneur de la Reine, IV, S. 31953* & **.
de Gondi (Albert), Duc de Retz, Maréchal de France, III, 31680.
de Gondi (Pierre), Evêque de Paris, Cardinal, frere du précédent, I, 9318; IV, S.
de Gondi (Charles), Seigneur de la Tour, Général des Galeres, frere des deux précédents, III, 31800.
de Gondi de Rets (Henri), Evêque de Paris, Cardinal, neveu des deux précédens, I, 9319.
de Gondi de Rets (Jean-François), premier Archevêque de Paris, frere du précédent, I, 9329.
de Gondi de Rets (Charlotte-Marguerite), Mar-

Table des Personnes. 243

quise de Maignelay, sœur du précédent, I, 4805 —7; IV, S.
de Gondi de Rets (Jean-François-Paul), Archevêque de Paris, Cardinal, neveu de Jean-François, I, 9330—37; IV, S.
de Gondi de Rets (Marie-Catherine-Antoinette) Général des Calvairienes, I, 14952; IV, Suppl. 14951*.
de Gondrecourt (M.), I, 11173.
de Gondrin : voyez de Pardaillan.
S. Gondulfe, Évêque de Maftricht, I, 8738, où il a été omis. Voyez au Tome V, les Additions.
S. Gondulfe, Évêque de Metz, I, 10576.
Gondulfe, Évêque de Rochester, I, 10833.
Gontard, Abbé de Jumieges, I, 12833.
de Gontaut (Armand), Baron de Biron, Maréchal de France, III, 31586 & 87.
de Gontraut (Charles), Duc de Biron, Maréchal de France, II, 19804—6; III, 31588—91, 33686 —92; IV, S. 31588, & V, Add. 33687*.
Gontery (le Pere), Jésuite, IV, 46114.
Gonthier, Archevêque de Cologne, I, 8665.
Gonthier (Jean), Médecin, IV, 46158.
S. Gontran, Roi de France & de Bourgogne, II, 16063—67; 26122 & 23.
de Gonzague (Louis), Prince de Mantoue, Duc de Nevers, III, 32025 & 26; IV, S.
de Gonzague de Clèves, (Charles I), Duc de Nevers & de Mantoue, fils du précédent, II, 26304 & 5; III, 32029.
de Gonzague de Clèves (Catherine), Duchesse de Longueville, sœur du précédent, I, 4767; II, 25548.
de Gonzague de Clèves (François de Paule), Duc de Rhetelois, fils du précédent, III, 32027 & 28.
de Gonzague de Clèves (Marie-Louise), Reine de Pologne, sœur du précédent, II, 26464; IV, 48074, & Suppl.
de Gonzague de Clèves (Anne), Princesse Palatine, I, 4782; IV, 48075,
de Gordon : voyez Bernard.
de Gornac, G. Abbé de Villeloin, IV, S. 11074*.
de Gorris (Jean), Médecin, IV, 46159.
Gosselin (Antoine), Professeur d'Eloquence, IV, 47097.
S. Gosvin, Abbé d'Anchin, I, 11662.
Gothescale, Moine d'Orbais, I, 5561—64, & 12269.
Goudelin (Pierre), Poëte, IV, 47463 & 64.
Goudouin (Jean), Professeur Royal, IV, 47098.
le Gouello ou le Gouelle (Pierre), de Queriolet, Conseiller au Parlement de Rennes, I, 11377; IV, S. 4762* & 11377.
Gouffier (Guillaume), Seigneur de Bonnivet, Amiral de France, III, 31760—61.
Gougenot (Louis), Peintre, IV, 47888,
Goujet (Claude-Pierre) Historien, I, 11174; IV, 46748 & 49, & S. 11174.
Goulart (Simon), Ministre de Genève, I, 5951 & 52.
Goulas (Léonard), Secrétaire des Commissions de M. le Duc d'Orléans, II, 25602.
Gould (Thomas), Théologien, IV, 45780.
Ste Goule : voyez Gudule.
Goulu (les), IV, 47099.
Goulu (Nicolas), Professeur Royal, IV, 47100.
Goulu (Jean), Général des Feuillens, I, 13090 & 91; IV, S.
Goulu (Jérôme), Médecin & Professeur, IV, 46160 & 47100.
Goupyl (Jacques), Médecin, IV, 46161 & 62.
Gourdan (Simon), Chanoine de S. Victor, I, 13486 —88.
de Gourdon : voyez la B. Galiote.
de Gourgues (Marc-Antoine), premier Président au Parlement de Bordeaux, III, 33116.

Tome V.

de Gourgues (Jean), Président au Parlement de Bordeaux, fils, non descendant, du précédent, III, 33127.
Gourmelen (Etienne), Médecin, IV, 46163.
de Gournay : voyez Amelot & de Jars.
de Gourville (M.), Envoyé du Roi, III, 31708
Gousset (Jacques), Ministre Calviniste, I, 6113 & 14.
le Gouverneur (Guillaume), Évêque de S. Malo, IV, S. 10476.
de Gouvest : voyez Maubert.
le Goux de la Berchere (Jean-Baptiste), premier Président au Parlement de Bourgogne, III, 33062.
le Goux de la Berchere (Pierre), premier Président au Parlement de Bourgogne, & ensuite du Parlement de Dauphiné, fils du précédent, III, 33063—65, & 149; IV, S.
le Goux de la Berchere (Charles), successivement Archevêque d'Aix, d'Albi & de Narbonne, fils du précédent, I, 7868, 9179 & 80.
Goy (Jean-Baptiste), Curé de Sainte Marguerite à Paris, IV, S. 11174*.
Gradulphe, Abbé de Fontenelles, I, 12853.
de Grafigny (Madame) : voyez d'Issembourg.
de Gramond : voyez de Barthélemi.
de Gramont (Gabriel), Cardinal, Archevêque de Bordeaux, I; 8248 & 49.
de Gramont (François-Joseph), Archevêque de Besançon, I, 8202.
de Gramont (Antoine), Duc, Maréchal de France, II, 25972; III, 31628—30.
le Grand (Joachim), Prieur de Neuville, I, 11181 & 82; IV, 46750 & 51. Voyez aussi le Mémoire qui le concerne à la fin du Tome III, pages lxij —lxiv.
le Grand (Jean-Matthieu), Jurisconsulte, IV, 45896.
le Grand (Jean), Littérateur, IV, 47101.
Grandier (Urbain), Curé & Chanoine de Loudun, I, 4834—54; IV, Suppl. 4834—54 & 11174**.
Grandin (Martin), Docteur de Sorbonne, I, 11183.
Granet (François), Diacre de l'Eglise d'Aix, I, 11184.
de la Grange ( ), Poëte, IV, 47465.
de la Grange-Chancel, Poëte, IV, 47466.
de la Grange de Montigny (François), Maréchal de France, III, 31631.
Granger (Antoinette), Fondatrice & Supérieure des Bénédictines de Montargis, I, 14803; IV, S.
Granger (Geneviève), Supérieure des Bénédictines de Montargis, nièce de la précédente, I, 14832.
Grangier (Jean), Professeur Royal, IV, 47102 & 3.
de Granier (Claude), Évêque de Genève, I, 10768; IV, S.
de Granvelle : voyez Perrenot.
de Granville (Raoul), Dominicain, Patriarche de Jérusalem, I, 13783.
le Gras (Simon), Évêque de Soissons, IV, Suppl. 9608*.
le Gras (Jean-Baptiste), Lieutenant Général au Présidial de Soissons, III, 34132.
le Gras (Madame) : voyez de Marillac.
S. Grat, Évêque de Châlons-sur-Saône, I, 9033 & 34; IV, S.
de Gravelot : voyez Bourguignon.
Graverol (François), Historien, IV, S. 46751*.
de Graveson (Hyacinthe-Amé), Dominicain, I, 13844.
Greban (les deux Simon), freres, Poëtes, IV, 47467.
S. Grégoire, Évêque de Tours, I, 10319—25, II, 16053—57.
S. Grégoire, Évêque de Langres, I, 9012 & 13.
S. Grégoire, Administrateur de l'Eglise d'Utrecht, I, 8811.
S. Grégoire d'Arménie, Ermite, I, 13325.
Grégoire VII, Pape, I, 7330—47; IV S.
Grégoire VIII, Antipape, I, 7702.

Hh 2

Grégoire XI, Pape, I, 7753—56.
Grégoire XIV, Pape, I, 7156—91.
de Grentemesnil : *voyez* Paulmier.
Grévin (Jacques), Poëte, IV, 47468.
Grignion de Montfort (Louis-Marie), Missionaire Apostolique, I, 11298; IV, S.
de Grillet de Brissac (Agnès-Catherine), Abbesse d'Origny, IV, S. 14925*.
Grimaldi (Jérôme), Cardinal, Archevêque d'Aix, I, 7866 & 67.
Grimaudet (François), Conseiller au Présidial d'Angers, III, 34109; IV, 45897.
Grimoard, Abbé de S. Germain d'Auxerre : *voyez* Urbain V, Pape.
Gringore (Pierre), Poëte, IV, 47469 & 70.
de la Grive (Jean), Géographe, IV, S. 46751**.
S. Grodegand : *voyez* Chrodegand.
Groguet (Pierre), Poëte, IV, 47471—74.
Grollier (César), Littérateur, IV, 47104.
Gros de Boze (Claude), Académicien, IV, 46675 —77.
le Gros (Nicolas), Chanoine de Reims, IV, 45781.
de la Grossetiere : *voyez* le Venier.
Grostête des Mahis (Marin), Chanoine d'Orléans, I, 11175—77.
Grudé (François), Sieur de la Croix du Maine, Littérateur, IV, 47056 & 57.
Gruget (Claude), Littérateur, IV, 47105.
Grulart (Claude), Président au Parlement de Rouen, III, 33172.
Gualterio (Philippe-Antoine), Cardinal, Associé de l'Académie des Inscriptions, IV, 46752.
Guarin (Pierre), Bénédictin, IV, *Suppl.* 47105*.
du Guay-Trouin, *non* Gué : *voyez* Trouin.
le Guay de Prémontval (André-Pierre), Mathématicien, IV, 46561.
Ste Gudule *ou* Goule, Vierge, Patrone de Bruxelles, I, 4487—90.
de Guébriant : *voyez* de Budes.
de Gueldres (Philippe), Duchesse de Lorraine, Religieuse Franciscaine, I, 15186—91; IV, S.
S. Guénaud, Abbé de Landevenec, I, 12042—44.
de Guerchy : *voyez* de Regnier.
Gueret (Gabriel), Avocat, IV, 47106.
le B. Gueric : *voyez* Geric.
Guérin, Fr. (*c'est-à-dire* Frere, & *non* François), Chevalier de l'Ordre de S. Jean de Jérusalem, Evêque de Senlis, & Ministre d'Etat, I, 9665; IV, S. II, 16791; III, 31489 & 90, 40306.
Guérin (Juste), Evêque de Genève, IV, S. 10796*.
Guérin (Abel), Secrétaire & Valet de Chambre de Charles IX, IV, 45898.
Guérin des Essars, Abbé de S. Evroul, I, 11464.
Guérin (Pierre), Archevêque de Lyon, I, 8958.
Guériteau (Robert), Curé, I, 11178 & 79.
de la Guerre (Madame) : *voyez* Jacquet.
le B. Guerric, Abbé d'Igny, I, 13099.
Guerrier (le Pere), Oratorien, IV, S. 11184*.
du Guesclin (Bertrand), Connétable de France, II, 17067; III, 31408—22.
Guesdou (Adrien), Poëte, IV, 47475.
Gueset (Jean), Curé, IV, S. 11184**.
Guet de Paris, Gardes de nuit & de jour, III, 34098.
du Guet : *voyez* Duguet.
de la Guette (Madame), IV, 48081.
Gueullette (Thomas-Simon), Littérateur, IV, 47107.
Guez de Balzac (Jean-Louis), Littérateur & Poëte, II, 21613; IV, 46987—92 & 47293.
Guglielmini (Dominique), Mathématicien, IV, 46466 & 67.
Gui, Archevêque de Vienne : *voyez* Calliste II, Pape.
Gui II, Evêque du Puy, I, 8494 & 95.
Gui, Evêque d'Amiens, I, 9720.

Gui, Abbé de Molesme, I, 12172.
Gui, Abbé de Saint-Germain d'Auxerre, I, 12488.
Gui (Dauphin), frere de Jean Dauphin de Viennois, II, 25291.
Gui, Comte de Flandres : *voyez* de Flandres.
Gui de Chauliac, Médecin, IV, 46165.
S. Guibert, Fondateur du Monastere de Gemblours, I, 11984—86.
Guibert, Abbé de Nogent, I, 12263—65.
Guicciardini : *voyez* Guichardin.
Guichard (Jean), Abbé de la Trinité de Poitiers, I, 12913.
Guichard (Simon), Général des Minimes, I, 14036.
Guichardin (François), Historien, II, 17552—54; IV, 46753 & 54. *Voyez aussi le Mémoire qui le concerne à la fin du Tome III, pag.* lxiv-lxvj.
de Guiche (la Comtesse) : *voyez* Daillon.
de la Guiche (Madame), II, 26186.
Guichenon (Samuel), Historien, IV, 46755 & 56.
S. Guidon, Confesseur, I, 4491—93.
Guiencourt (Jean), Dominicain, I, 13807.
Guignard (Elisabeth-Henriette), Abbesse de Longchamp, I, 4735.
S. Guignolé *ou* Guingalois, Abbé de Landevenec, I, 12038—41.
Guigues, Dauphin de Viennois, II, 25289.
Guigues, Prieur de la Grande Chartreuse, I, 13146.
Guijon (Jacques, Jean, André & Hugues), freres, Jurisconsultes, IV, 45899 & 45900.
S. Guillaume, Duc d'Aquitaine, I, 12558—61; IV, S.
S. Guillaume, Archevêque de Bourges, I, 8391—98; IV, S.
S. Guillaume, Evêque de Poitiers, I, 8320.
S. Guillaume, Evêque de Saint-Brieux, I, 10463 —65.
S. Guillaume, Abbé de Saint-Bénigne de Dijon, I, 12557—59.
S. Guillaume, Chanoine Régulier, Abbé de Roschild, I, 11603 & 4.
S. Guillaume Firmé, I, 4494.
le B. Guillaume d'Olive, Cistercien, I, 13115.
le B. Guillaume de Toulouse, Augustin, I, 13680.
Guillaume I & II, Rois d'Angleterre, III, 34966 —34512; IV, S.
Guillaume II, Roi de Sicile, *surnommé* le Bon, IV, S. 35001*.
Guillaume, Archevêque de Rouen, I, 9877.
Guillaume, Archevêque de Tyr, I, 10817 & 18.
Guillaume, Evêque de Durham, I, 10833.
Guillaume, Abbé du Bec, I, 11710.
Guillaume, Abbé du Moustier-Saint-Jean, I, 12244.
Guillaume, Abbé de S. Thierry, I, 12774.
Guillaume, Moine de Jumiége, I, 11026.
Guillaume, Moine de S. Denys, I, 12440.
Guillaume d'Auvergne, Evêque de Paris, I, 9316.
Guillaume d'Auxerre, Théologien, IV, 45781.
Guillaume de Blois *ou* de Champagne, Cardinal, Archevêque de Reims, Ministre d'Etat, I, 9565 —68; II, 16689; III, 32446 & 47; IV, S. 9569* *pour* 68*.
Guillaume le Breton, Historien, I, 10995 & 96; II, 16741; IV, 46756 & 57.
Guillaume de Champeaux, Evêque de Châlons-sur-Marne, I, 9628.
Guillaume de Chartres, Dominicain, I, 13775.
Guillaume de Lorris, Poëte, IV, 47476.
Guillaume de Nangis, Historien, II, 16962; IV, 46758 & 59.
Guillaume Walon, Abbé de Saint-Arnoul, I, 12333.
Guillebaud (Pierre), Feuillent, I, 13093.
Guillebert, Evêque de Châlons-sur-Marne, I, 9626 & 27.
Guillery (Pierre), Chanoine Régulier, I, 13618; IV, S.

Table des Personnes. 245

Guillery (le Capitaine), IV, S. 31956*.
S. Guingalois : *voyez* Guignolé.
de la Guionie : *voyez* de la Guyonie.
Guisard (Pierre), Médecin, IV, 46164.
Guischard (Jeanne), de Bourbon, Abbesse de la Ste Trinité de Poitiers, IV, S. 14802*.
de Guise (le Duc) : *voyez* de Lorraine.
de Guise (le Cardinal) : *voyez* de Lorraine.
de Guise (Claude), Abbé de Cluni, fils naturel de Claude de Lorraine, Duc de Guise, II, 18245.
de Guise (la Duchesse), Antoinette de Bourbon : *voyez* de Bourbon.
de Guise (la Duchesse), Anne d'Est : *voyez* d'Est.
de Guise (la Duchesse), Catherine de Clèves : *voyez* de Clèves.
de Guise (la Duchesse), Elisabeth d'Orléans : *voyez* d'Orléans.
S. Guislain, Moine, I, 12562—65.
S. Guisy, Patron de Péronne, I, 4495.
Guitmond, Evêque d'Averse, I, 10833.
Gurdistin, Abbé de Landevenec, I, 11045.
Guy : *voyez* Gui.
de Guyard (Bernard), Dominicain, I, 13825.
de Guyenne (le Duc), Charles de France, fils de Charles VI, II, 28362.
de Guyenne (le Duc), Charles de France, fils de Charles VII, IV, S. 25558*.
de Guyenne (Eléonore), Reine de France & d'Angleterre, II, 25044.
de Guyenne (Eléonore), Femme Sçavante, IV, S. 48084*.
Guyet (François), Prieur de Saint-Andrade, I, 11185.
Guyon (Madame) : *voyez* Bouvieres.
de la Guyonie (Bernard), Dominicain, Evêque de Lodève, I, 9234 & 35, & 13788; IV, S. 9235 & 13788.
Guyonnet de Vertron (Claude-Charles), Poëte, IV, 47703.
Guyot de Merville (Michel), Poëte, IV, 47477.
Guyot des Fontaines (Pierre-François), Littérateur & Poëte, I, 11128; IV, 47087 & 88, & 47441.

H

Habert (François), Poëte, IV, 47478.
Habert (Philippe), Poëte, IV, 47479 & 80.
Habert (Renée), épouse de Jacques Boivault, I, 4790.
Habert (Susanne), épouse de Charles du Jardin, I, 4767.
Habert de Montmort (Henri-Louis), Poëte, IV, 47547.
Hachette (Jeanne), illustre Femme de Beauvais, IV, 48087.
S. Hadelin, Evêque de Séez, I, 9971.
S. Hadelin, Prêtre, Fondateur de l'Abbaye de Selles, au Diocèse de Liége, I, 12881 & 82.
S. Hadouind : *voyez* Chadouin.
S. Hadulfe, Evêque d'Arras & de Cambrai, I, 8561 & 8599. *C'est le même.*
du Haillan : *voyez* de Girard.
Haimon, Evêque d'Halberstad, I, 10833.
Hales (Etienne), Mathématicien, IV, 46468.
Haligre : *voyez* d'Aligre.
le Vén. Halinard, Archevêque de Lyon, I, 8938 & 39.
d'Halincourt *ou* d'Alincourt : *voyez* de Mandelot & de Neuf-ville.
Haligaire, Evêque de Cambrai, I, 8563 & 64.
Hallé (Pierre), Jurisconsulte, IV, 45901—5.
Hallé (Claude), Peintre, IV, 47889.
Halley (Edmond), Astronome, IV, 46469 & 70.
du Hamel (Charles), Curé de S. Merry, à Paris, I, 11186; & IV, S.

du Hamel (Jean-Baptiste), Prieur de S. Lambert, I, 11187—89; IV, 46471.
Hamon (Jean), Médecin, I, 4751; IV, 46166.
de Hanaches : *voyez* de Byslipat.
de Hanaps (Nicolas), Dominicain, Patriarche de Jérusalem, I, 13781.
de Hanivel (Marie), Carmélite, IV, S. 14985*.
d'Happoncourt : *voyez* d'Issembourg.
d'Harambour (Augier), Médecin, IV, 46167, & *Suppl.*
Harcher (Jean-Baptiste-Louis), Jurisconsulte, IV, S. 45905*.
de Harcourt (Odet), Comte de Croisy, IV, *Suppl.* 51956**.
de Harcourt (François), Marquis de Beuvron, neveu du précédent, III, 31877.
de Harcourt (Louis-Henri), Comte de Beuvron, petit-fils du précédent, IV, S. 31956***.
de Harcourt (Agnès), Religieuse de Longchamp, I, 15203.
de Harcourt : *voyez* de Lorraine.
Hardion (Jacques), Historien, IV, 46762.
le Vén. Hardouin (Pierre), Reclus, I, 12849.
Hardouin (Jean), Jésuite, I, 14189 & 90.
Hardouin-Mansart (Jules), Architecte, IV, 47803.
de Harlay (Achilles), premier Président au Parlement de Paris, III, 31906—8.
de Harlay de Sancy (Nicolas), Surintendant des Finances, III, 32472—74.
de Harlay de Chanvallon (François), Abbé de Saint-Victor, I, 11039.
de Harlay de Chanvallon (François), Archevêque de Rouen, & depuis Archevêque de Paris, I, 9349 —53; IV, S.
de Harlay (Catherine), Dame de la Meilleraye, I, 4789; IV, S. 48117*.
de Harlay (Charlotte), Abbesse de Sainte-Perrine, I, 15032.
de Harlay (Charlotte II), Abbesse de Sainte Perrine, nièce de la précédente, I, 15033.
de Harlay (Anne-Bathilde), Abbesse de Notre-Dame de Sens, I, 14820; IV, S.
de Harlay (Louise), Abbesse de Notre-Dame de Sens, I, 14844.
Ste Harlende : *voyez* Herlinde.
Hartsoëker (Nicolas), Physicien, IV, 46472 & 73.
Harveng : *voyez* Philippe.
Hatté (Jean-Baptiste), Médecin, IV, 46168.
Hatton, Archevêque de Mayence, I, 9103.
Haudicquer de Blancourt (le Sieur), III, 33762.
de Hauranne : *voyez* du Verger.
de Hautefort : *voyez* de Bellievre.
de Hautefort (le Chevalier), IV, S. 31956****.
de Hautefort (Madame), Duchesse de Schomberg, IV, 48089.
de Hauterive : *voyez* S. Amédée de Clermont.
d'Hauteserre : *voyez* Dadin.
Havet (Antoine), Dominicain, Evêque de Namur, I, 13809.
Hawart (Thomas), Duc de Norsfolk, III, 33667.
Hay (Daniel), Mathématicien, IV, 46474.
Hay du Chastelet (Paul), Conseiller d'Etat, III, 32726; IV, 47034.
de la Haye (Jean), Historien & Poëte, IV, 46763.
Hebert ( ), Littérateur, IV, 47108.
Hecquet (Philippe), Médecin, IV, 46169—71.
Hedelin (François), Abbé d'Aubignac, I, 11190 —92.
S. Hélade : *voyez* Elade.
S. Hélan, Prêtre, IV, S. 11192*.
S. Heldrad, Abbé, I, 4498.
Ste Helene, Impératrice, I, 4499—501.
Helgaud, Moine de Fleury, I, 11974 & II, 16530.
Hélie (Jacques), Professeur Royal, IV, 47109.
Hélie de Courcheret (François), Seigneur d'Esnans, Cons. au Parl. de Besançon, III, 33226.

Héliot (Ambroife), Chartreux, IV, S. 13261*.
Héliot (Claude), Confeiller en la Cour des Aydes, I, 4752; III, 33889.
Hellot (Jean), Chimifte, IV, 46172.
Héloïfe, époufe d'Abélard, I, 11850—52, & 14926; IV, S.
Helvétius (Jean-Claude-Adrien), Médecin, IV, 46173.
Helvétius (Claude-Adrien) Philofophe, IV, 46475 & 76.
Hélyot (Madame), I, 4791.
Hénault (Charles-Jean-François), Académicien, IV, 46764 & 65.
Hennuyer (Jean), Evêque de Lifieux, I, 9989—91; IV, S. 9988* & 90*; V, Add.
Henri I, Roi de France, fon Regne, II, 16543—61; IV, S. fes Enfans, II, 25299—301; fon Couronnement, 26017 & 19; Pieces relatives à fon Regne, III, 29759—63.
Henri II, Roi de France; fon Regne, II, 17643—756; IV, S. fon Sacre, II, 26053—60; fes Entrées,&c. 26201—22; IV, S. fon Enterrement, II, 26738; fon Mariage, 18390 & 91; Pieces relatives à fon Regne, III, 30001—87.
Henri III, Roi de France; fon Regne, II, 18166—19146; IV, S. fon Sacre, II, 26069—72; fes Entrées, 26153—80; IV, S. fon Mariage, II, 28404; fes Regiftres, III, 29525 & 16; Pieces relatives à fon Regne, 30174—266.
Henri IV, Roi de France & de Navarre, II, 19147—20073; IV, S. Monitoire contre lui, I, 7156—85; fa Généalogie, II, 24970—88; fes Enfans, 25598—623; fon Couronnement, 26073—76; fes Entrées, 26281—306; IV, S. fes Funérailles, 26745—49 ; fon Mariage avec Marguerite de France, 28401—3, 28412—16, & avec Marie de Médicis, 28417 & 18; fon Regiftre, III, 29525; Pieces relatives à fon Regne, 30267—395. Voyez auffi l'article fuivant.
Henri de Bourbon, Roi de Navarre, I, 7139—53; II, 26179. Voyez l'article précédent.
Henri I, Roi d'Angleterre, III, 35012,
Henri II, Roi d'Angleterre, III, 35027—31.
Henri III, Roi d'Angleterre, III, 35071—85.
Henri IV, Roi d'Angleterre, III, 35142—45.
Henri V, Roi d'Angleterre, III, 35146—53; II, 26136.
Henri VI, Roi d'Angleterre, III, 35154—65.
Henri VII, Roi d'Angleterre, III, 35166—70.
Henri VIII, Roi d'Angleterre, III, 35171—73.
le B. Henri, Cardinal, I, 7793.
Henri le Pacifique, Evêque de Liége, I, 8777.
Henri (le Bon), Maître Cordonnier, I, 4753.
Henri (Nicolas), Profeffeur Royal, IV, 47110.
Henriette-Marie de France, Reine d'Angleterre, fille de Henri IV, II, 25619—22; IV, S. 26364; 26602—4, 26765 & 28417.
Henriette-Anne d'Angleterre, Ducheffe d'Orléans, II, 25659—69; IV, S. 26767.
Henrion (Nicolas), Antiquaire, IV, 46766—68.
S. Héracle, Evêque de Sens, I, 10038.
Héracle, Evêque de Saint-Paul-Trois-Châteaux, I, 8059.
Hérard, Archevêque de Tours, I, 10326.
d'Herbelot (Barthélemi), Hiftorien, IV, 46769—73.
de Herberay (Nicolas), Littérateur, IV, 47112.
Herberne, Archevêque de Tours, I, 10327.
Ste Herdelande, Vierge, I, 4502.
S. Héribald, Evêque d'Auxerre, I, 10163 & 64.
S. Héribaud, Solitaire, I, 13326.
S. Héribert, Archevêque de Cologne, I, 8670 & 71.
S. Héric, Moine d'Auxerre, I, 11484 & 85.
Hériftrid, Evêque d'Auxerre, IV, S. 10164*.
Hériger, Abbé de Laubes, I, 12064.
Hériman, Abbé de Saint-Martin de Tournai, I, 12637.

Hérimanne, Evêque de Metz, I, 10585.
Hériffant (Jean-Thomas), Imprimeur du Cabinet du Roi, IV, S. 47977*.
Hériffant (Louis-Antoine-Profper), Bachelier en Médecine, fils du précédent, IV, 46174 & 75.
l'Héritier de Villandon (Marie-Jeanne), Poëte, IV, 48090.
Ste Herlinde, non Herdelinde, Abbeffe d'Eike, I, 14781 & 82.
le B. Herluin, Abbé du Bec, I, 11697.
Hermanne, Evêque de Sarisbéry, I, 10833.
Hermant (Godefroy), Docteur & Chanoine, I, 11119 & 94.
S. Hermeland, Abbé d'Aindre, I, 8926, 11658—61; IV, S.
Hermentrude, Reine de France, Epoufe de Charles le Chauve, II, 26003.
Hermine (la pieufe) : voyez Ermine.
Hermitage de Caën : voyez Ermitage.
l'Hermite : voyez Triftan.
l'Hermite de Compiegne : voyez Ermite.
Hermundaville : voyez Mandeville.
S. Héros, Evêque d'Arles, I, 7987.
d'Hérouval : voyez Vjon.
Herfan (Marc-Antoine), Profeffeur Royal, IV, 47113.
de Herfe : voyez Vialart.
Herfent (Charles), dit Optatus Gallus, I, 7138—70.
d'Hervault : voyez Yforé.
S. Hervé, Abbé en Bretagne, I, 11588.
S. Hervé, Tréforier de S. Martin de Tours, I, 11199 & 13327.
Hervé, Archevêque de Reims, I, 9552.
Hervé, Prieur de Bourdeols, I, 11644—46; 11729; & IV, S.
Hervet (Gentien), Chanoine de Reims, I, 11196.
Hefnaud ou Hefnault (Jean), Poëte, IV, 47481.
Hetton, Evêque de Bafle, I, 8228.
d'Heudicourt (la Marquife) : voyez de Linoncourt.
d'Heurtevan (le Baron), III, 33705.
S. Hidelmann, Evêque de Beauvais, I, 9681 & 82.
S. Hidulfe, Evêque de Trèves, I, 10533—35.
S. Hidulfe, Abbé de Laubes, I, 12050 & 52; IV, Suppl.
S. Hilaire & S. Florentin, Martyrs, I, 4417 & 18.
S. Hilaire, Evêque de Touloufe, I, 10208.
S. Hilaire, Evêque de Poitiers, I, 8309—16.
S. Hilaire, Evêque de Carcaffonne, I, 9198. Il eft réputé le même que S. Valere.
S. Hilaire, Evêque d'Arles, I, 7994—8001.
S. Hilarion, Prêtre, Martyr, I, 11197
Hildebert, Archevêque de Tours, I, 10328 & 29.
Ste Hildeburge, Veuve & Religieufe, I, 4503 & 14788.
Hildegaire, Evêque de Meaux, I, 9416.
la B. Hildegarde, Reine de France, l'une des époufes de Charlemagne, II, 25041 & 26710.
Ste Hildegarde, Abbeffe du Mont-Saint-Rupert, I, 15043 & 44.
S. Hildegrim, Evêque de Châlon-fur-Saône, I, 9035.
S. Hildevert, Evêque de Meaux, I, 9410—12.
Hilduin, Abbé de S. Denys, I, 12428.
Ste Hiltrude, Vierge Recluse, I, 14783 & 84.
S. Himmelin, Confeffeur, I, 11198.
Hincmar, Archevêque de Reims, I, 9549.
Hincmar, Evêque de Laon, I, 9647 & 48.
Hincmar, Abbé de S. Remi de Reims, I, 12726.
S. Hippolyte, Evêque Régionaire, I, 10833.
de la Hire (Laurent), Peintre, IV, 47890.
de la Hire (Philippe), Mathématicien, fils du précédent, IV, 46477—80.
Hocart (l'Abbé), I, 11199.
de la Hoguette : voyez Fortin.
Holden (Henri), Docteur en Théologie, I, 11200.

Table des Personnes. 247

de Hollandre (Jean), Curé de S. Sauveur à Paris, I, 11201.
Homberg (Guillaume), Chimiste, IV, 46176 & 77.
Ste Hombline, sœur de S. Bernard, I, 15040 & 41.
de Hombourg (la Comtesse) : *voyez* de Coligny.
Horne (David), Ministre Calviniste, I, 5967.
d'Hona : *voyez* Dhona.
S. Honfroid, Evêque de Térouane, I, 9778.
S. Honorat, Archevêque d'Arles, auparavant Fondateur du Monastere de Lerius, I, 12070, 7988—93; IV, S.
S. Honorat, Evêque de Marseille, I, 8036.
S. Honoré, Evêque d'Amiens, I, 9712—14.
Honoré de Paris, *dit aussi* de Champigni, Capucin, I, 13916 & 17, & 15196.
Honoré de _____, Capucin, différent du précédent, I, 13918.
Ste Honorine, Vierge & Martyre, I, 4504—7.
Honorius *ou* Honoré, Scholastique d'Autun, I, 11202 & 3.
Hortense : *voyez* des Jardins.
S. Hospice, Reclus, I, 13328—30.
de l'Hospital (Michel), Chancelier de France, III, 31501—4; IV, 47432.
de l'Hospital (Nicolas), Duc de Vitri, Maréchal de France, II, 26387 & 88; III, 31734.
de l'Hospital (François), Comte de Rosnai, Maréchal de France, frere du précédent, III, 31957.
de l'Hospital (Lucrece), Demoiselle de Vitri, apparemment tante des deux précédens, I, 4767.
de l'Hospital (Louise), Abbesse & Réformatrice de Montivilliers, tante des deux précédens, I, 14810; IV, S. 14897*.
de l'Hospital (Anne), Abbesse de Montivilliers, nièce de la précédente, IV, S. 14897**.
de l'Hospital (Guillaume-François-Antoine), Marquis de Sainte-Même, Mathématicien, IV, 46481 & 82.
d'Hostun (Antoine), Seigneur de la Baume, Sénéchal de Lyon, III, 31958.
d'Hostun (Camille), Duc de Tallard, Maréchal de France, III, 31707.
d'Hostun (Marie-Joseph), Duc de Tallard, fils du précédent, III, 32070; IV, S.
Hotman (François), Jurisconsulte, IV, 45907—9.
les Hotteterre, Musiciens, IV, 47769.
Houdar de la Motte (Antoine), Poëte, IV, 47554 & 55.
des Houlieres (Madame) : *voyez* du Ligier.
des Houlieres (Antoinette-Térèse), fille de la précédente, IV, 48094 & 99.
du Houssay : *voyez* Mallier.
Houssu (_____), Musicien, IV, 47769.
Ste Hoylde, Vierge, I, 4508.
d'Hozier (Pierre), Généalogiste, IV, 46775 & 76.
S. Hubert, dernier Evêque de Tongres, premier Evêque de Liége, & Patron des Ardennes, I, 8761—66, & 11569.
Hubert (Etienne), Médecin, IV, 46178.
Huby (Vincent), Jésuite, I, 4766, 11214, 14171; & IV, S. 4766 & 11214.
Hucbald, Moine de S. Amand, I, 11320.
S. Hucbert, Moine de Bretigny, I, 11731.
Hue de Miromesnil (Armand-Thomas), Garde des Sceaux de France, IV, S. 31565*.
Huet (Pierre-Daniel), Evêque d'Avranches, I, 9927—33.
S. Hugues, Archevêque de Rouen, I, 9864 & 65.
S. Hugues de Montaigu, Evêque d'Auxerre, I, 10166.
S. Hugues, Evêque de Grenoble, I, 10755—58.
S. Hugues, Evêque de Lincoln, I, 10819.
S. Hugues, Abbé de Cluni, I, 11830—35.
S. Hugues, Abbé de Bonnevaux, I, 13026 & 27.
S. Hugues, Moine d'Autun, I, 12609.

S. Hugues, le Pélerin, I, 4509.
le B. Hugues de Mâcon, premier Abbé de Pontigny, & depuis Evêque d'Auxerre, I, 10167 & 68; & 13125; IV, S.
le B. Hugues, premier Abbé de Prémontré, I, 13558.
Hugues, Cardinal, I, 7794.
Hugues de Saint-Cher *ou* de Saint-Thierry, Cardinal, Archevêque de Lyon, Dominicain, I, 8944 & 45, & 13772.
Hugues, Archevêque de Lyon, I, 8941.
Hugues d'Amiens, Archevêque de Rouen, I, 9878.
Hugues, Archevêque d'Edesse, I, 10833.
Hugues, Evêque d'Angoulême, I, 8288.
Hugues, Evêque de Langres, I, 9017.
Hugues, Evêque de Porto en Portugal, I, 10833.
Hugues, Abbé de Flavigny, I, 11934.
Hugues, Abbé de Marchiennes, I, 12143.
Hugues de Poitiers, Moine de Vezelay, I, 12931.
Hugues de Sainte-Marie, Moine de Fleury, I, 11976.
Hugues de Lacerta, Disciple de S. Etienne de Muret, I, 13199—201.
Hugues de Saint-Victor, Chanoine Régulier, I, 13478 & 79.
Hugues l'Abbé, fils de Charlemagne, II, 25267 & 68.
Hugues le Grand, Duc de France, II, 26716.
Hugues Capet, Roi de France; son Regne, II, 16508—10; son Origine, 14899—949; la Fille Aurélie, 25282; son Sacre, 26015 & 19; Pieces relatives à son Regne, III, 29753—57.
Hugues de Beauvais, Comte de Paris, II, 16538.
Hugues de France, Comte de Vermandois, II, 25300.
Hugy (Abraham), Capitaine, I, 4754; III, 31958.
l'Huillier : *voyez* Luillier.
S. Humbert, Abbé de Maroilles, I, 12156—58.
Humbert I, Dauphin de Viennois, III, 37947 & 48.
Humbert II, Dauphin de Viennois, Dominicain, Patriarche d'Alexandrie, I, 13795; III, 37949 & 50.
Humbert, Cardinal, I, 7795 & 96.
Humbert de Romans, Général des Dominicains, I, 13777.
Humblot (François), Minime, I, 14039.
d'Humieres (Charles), Lieutenant-Général des Armées du Roi, III, 31959 & 60.
d'Humieres : *voyez* de Crevant.
Hunauld (François-Joseph), Médecin, IV, 46179.
Ste Hunégonde, Vierge, I, 14756—59; IV, S.
Hurault (Philippe), Comte de Chiverny, Chancelier de France, III, 31511 & 12.
Huyghens (Christian), Mathématicien, IV, 46483 & 84; IV, S.
S. Hygin : *voyez* Eugene.
Hylaret (Maurice), Cordelier, I, 13877 & 78.

I

Icard (Charles), Ministre Calviniste, I, 6116.
Icher (Pierre), Médecin, IV, 46184.
Ste Ide (Veuve), Comtesse de Boulogne, I, 4512—15.
la B. Ide de Leuve, Religieuse, I, 15045.
la B. Ide de Louvain, Religieuse, I, 15045.
la B. Ide de Nivelle, Religieuse, I, 15045.
la B. Ideburge *ou* Itte, Chanoinesse, I, 15020.
Idesbalde, Abbé de Dunes, I, 13079 & 80.
S. Ignace de Loyola, Instituteur des Jésuites, I, 13238.
Ildebod, Compagnon de Saint Robert de Molesme, I, 12996.
S. Illide : *voyez* Allire.

Ingelburge *ou* Isemburge de Danemarck, Reine de France, épouse de Philippe Auguste, II, 16720; IV, S. 25044*.
S. Inglevert : *voyez* Angilbert.
d'Inguimbert (Malachie), Evêque de Carpentras, IV, S. 8142*.
S. Injurieux d'Auvergne, & son épouse, I, 4516.
Innocent V, Pape, I, 13778.
Innocent VI, Pape, I, 7743—46.
S. Innocent, Evêque du Mans, I, 10361.
S. Irénée, Evêque de Lyon, I, 8875—83.
Irland (Robert), Jurisconsulte, IV, 45911.
Irland (Bonaventure), Jurisconsulte, IV, 45910.
Irland de Lavau (Louis), Trésorier de S. Hilaire le Grand, de Poitiers, I, 11227; IV, 47118.
Irmengarde, Impératrice, épouse de Lothaire, II, 16712.
Isaac, Evêque de Langres, I, 9015.
Isabelle d'Autriche : *voyez* d'Autriche.
Isabelle de Baviere : *voyez* de Baviere.
Isabelle de France : *voyez* Elisabeth & Marie-Elisabeth.
Isabelle des Anges, Carmélite, I, 14991; IV, S.
Isarne : *voyez* Ysarne.
Isaure (Clémence), de Toulouse, IV, 48097 & 98; & S. comme V, Add.
Iselin (Jacques-Christophe), Historien, IV, 46779 & 80; & S.
Isembart, Moine de Fleury, I, 11967.
Isemburge : *voyez* Ingelburge.
de l'Isle (Paulin), Religieux de la Trape, IV, S. 13145*.
de l'Isle (Arnoul), Médecin, IV, 46188.
de l'Isle (Claude), Historien, IV, 46781.
de l'Isle *ou* Delisle (Guillaume), Géographe, fils du précédent, I, 2; IV, 46781—83.
de l'Isle (Joseph-Nicolas), Mathématicien, frere du précédent, IV, 46485—87.
de l'Isle-Adam : *voyez* de Villiers.
S. Ismidon *ou* Ismion, Evêque de Die, I, 10746.
Isoré : *voyez* Ysoré.
le B. Israël, Chanoine de Dorat, I, 11213.
d'Issembourg d'Happoncourt (Françoise), épouse de M. de Grafigny, IV, 48079.
S. Ithier : *voyez* Ythier.
la B. Itte : *voyez* Ideburge.
S. Ives : *voyez* Yves.
Ste Ivette *ou* Ivitte, Recluse, I, 13340.
d'Ivry : *voyez* de Loré.

J

Jacob (Louis), Carme, I, 13705.
Jacob (Antoine), *dit* Montfleuri, Auteur Dramatique, IV, 47546.
S. Jacques le Majeur, Apôtre, I, 4510.
S. Jacques, Evêque de Toul, I, 10639.
S. Jacques, Ermite & Martyr, I, 13331—33.
Jacques I, Roi d'Angleterre, III, 35177—84.
Jacques II, Roi d'Angleterre, III, 35187.
Jacques (le Frere), Baulot *ou* de Beaulieu, Lithotomiste, IV, 46180.
Jacquet (Elisabeth-Claude), épouse de M. de la Guerre, IV, 48080.
Jacquette de S. Sernin, Ursuline, I, 15331.
Jaillot (le Pere), Oratorien, I, 11204.
Janson (François-Michel), Historien, IV, 46777.
de Janson : *voyez* de Forbin.
Janse (Lucas), Ministre Calviniste, I, 6058.
Jaquelot (Isaac), Ministre Calviniste, I, 6109—11.
du Jardin (Madame) : *voyez* Hubert.
du Jardin (la Mere) *dite* Bonne de Paris, Capucine, I, 15202; IV, S.
des Jardins (Jean), Médecin, IV, 46115.
des Jardins (Marie-Catherine) *dite* Hortense, épouse de M. de Ville-Dieu, IV, 48220 & 21.

Jarente de Cabanes-la-Bruyere (Dominique), Chevalier de S. Jean, & ensuite Religieux Cistercien, IV, S. 13016* & 40327*.
Jars (Gabriel), Chimiste, IV, 46181.
de Jars (le Chevalier), III, 33740.
de Jars de Gournay (Marie), Fille Savante, IV, 48076—78.
Jasmin : *voyez* Cochois.
de Jassaud (la Mere) *dite* Esprit de Jésus, Dominicaine, I, 4735.
le Jau (Jean), Doyen de l'Eglise d'Evreux, I, 11205.
Jault (Augustin-François), Médecin, IV, 46182 & 83.
Javenton, Abbé de S. Bénigne de Dijon, I, 12360.
le Jay (Nicolas), premier Président au Parlement de Paris, III, 32916.
S. Jean, Evêque de Châlons-sur-Saône, I, 9028.
S. Jean, Evêque de Valence, I, 10738.
S. Jean de la Craticule, Evêque de Saint-Malo, I, 10475.
S. Jean, Abbé de Gorze, I, 11997 & 98.
S. Jean, Abbé de Réomé, I, 12141 & 42.
S. Jean de Matha, l'un des Instituteurs des Trinitaires, I, 13970—77.
S. Jean de la Croix, premier Carme Déchaussé, I, 15713; IV, S.
S. Jean du Moutier, Prêtre, I, 11207.
S. Jean-François Régis, Jésuite, I, 14123—29; IV, Suppl.
le B. Jean, Evêque de Boulogne, I, 9779.
le B. Jean (Michel), Evêque d'Angers, I, 10405.
le B. Jean, premier Abbé de Bonnevaux, I, 10738 & 13025.
le B. Jean, premier Abbé de N. D. de Cantimpré, I, 13422; IV, S.
le B. Jean de Montmirel, Moine de Longpont, I, 13103—7; IV, S. 11207*.
Jean XXII, Pape, I, 7724—31.
Jean, Archevêque de Rouen, I, 9876.
Jean, Abbé de Fescan, I, 11920.
Jean, Abbé de S. Arnoul, premier du nom, I, 12330 & 32.
Jean, Abbé de Saint-Arnoul, second du nom, I, 12330.
Jean Cassien, premier Abbé de S. Victor de Marseille, I, 11032—34, & 12819.
Jean de S. François, Général des Feuillens, I, 13090 & 91.
Jean, Moine de Bese, I, 11720.
Jean, Moine de Saint-Evroul, I, 12461.
Jean, Moine de Saint-Ouen, I, 12700.
Jean-Chrysostome, Religieux du Tiers-Ordre de Saint-François, IV, S. 13931**, mis par méprise au Tome I, sous 13885; IV, S.
Jean-Pierre, Carme Déchaussé, I, 13728.
Jean de Gand, Ermite, I, 13336.
Jean de S. Samson, Carme, I, 13701 & 2; IV, S.
Jean I, *ou* le Petit-Jean, Roi de France, II, 16983 & 84.
Jean II, *dit* le Bon, Roi de France; son Regne, II, 17023, 17039—52; IV, S. ses Enfans, 25410—80; son Sacre, 26035; son Registre, III, 29515; IV, S. 16982*, *par méprise sous Jean I, il appartient à Jean II*; [Sa place pourroit être après le N.º 17052.]
Jean, Roi d'Angleterre, III, 35059—68.
Jean de Brienne, Empereur de Constantinople, II, 16739.
Jean de France, fils de Louis VIII, II, 25346.
Jean de France, fils du Roi Jean, II, 25422—25.
Jean de France, fils de Charles VI, II, 28364.
Jean-Baptiste, Solitaire, I, 13334; IV, S. & II, 25650.
Ste Jeanne de Valois *ou* de France, Reine de France, épouse de Louis XII, II, 25054—68; IV, S. V, Add.
Ste Jeanne

Ste Jeanne-Françoise Frémiot, Baronne de Chantal, I, 15269—83.
la B. Jeanne, Recluse, I, 13335.
la B. Jeanne de la Croix, Franciscaine, I, 15193.
Jeanne de Navarre, Reine de France, Femme de Philippe-le-Bel, IV, S. 25053*.
Jeanne d'Evreux, Reine de France, épouse de Charles-le-Bel, II, 26033.
Jeanne de Boulogne, Reine de France, épouse de Jean-le-Bon, II, 26035.
Jeanne de Bourbon, Reine de France, épouse de Charles V, II, 26036.
Jeanne d'Albert, Reine de Navarre, I, 7136—38; II, 25589—92, & 26220.
Jeanne I, Reine de Naples, II, 25414 & 15; IV, Suppl.
Jeanne II, Reine de Naples, II, 25415; IV, S.
Jeanne de Ponthieu (non de Clermont), épouse de Henri III, Roi d'Angleterre, II, 28353; V, Add.
Jeanne de Jesus, Ursuline, I, 15334.
Jeanne des Anges, Ursuline, I, 15315.
Jeanne d'Arc : voyez d'Arc.
Jeannin (Pierre), Président au Parlement de Bourgogne, & Surintendant des Finances, III, 32465—71, & 33071.
Jenson (Nicolas), Imprimeur, IV, 47978.
S. Jérôme, Evêque de Nevers, IV, 10184.
Jérôme de S. Joseph : voyez Chevreteau.
Jessé, Evêque d'Amiens, I, 9719.
le Jeune (Jean), Prêtre de l'Oratoire, I, 11206 ; IV, S.
Jodelle (Etienne), Poëte, IV, 47483 & 84.
Jogues de Bouland (Jacques-François), Président à l'Election d'Orléans, I, 4755, & III, 34067.
de Joigny (la Comtesse) : voyez de Silly.
de Joinville (le Sire Jean), Historien, II, 16851; III, 31961 & 62; IV, 46777 & 78, & S. On peut aussi voir le Mémoire qui le concerne à la fin du Tome III, pages lxviij & lxix; IV, S. & V, Add.
de Joinville : voyez de Lorraine.
Jolly (François-Antoine), Poëte, IV, 47485.
Joly (Guillaume), Lieutenant-Général de la Connétablie, III, 34079.
Joly (Claude), Préchantre, Chanoine & Official de l'Eglise de Paris, fils du précédent, I, 11209—13; IV, S.
Joly (Bénigne), Chanoine de Saint-Etienne de Dijon, I, 11208; IV, S.
Joly (Georges), Baron de Blaisy, Président au Parlement de Bourgogne, III, 33074.
Joly ( ), Baron de Blaisy, Président au Grand-Conseil, fils du précédent, III, 32779.
Joly de Chouin (Albert), Evêque de Toulon, I, 8066.
Joly de Fleury (Guillaume-François), Procureur-Général au Parlement de Paris, III, 32988 & 89; IV, Suppl.
Jolyot de Crébillon, Prosper, IV, 47391—98.
du Jon (François), Théologien Protestant, I, 5871 & 72.
Jonas, Evêque d'Orléans, I, 9471.
Jonas, réputé Abbé d'Elnone, I, 11638.
Jonin (Gilbert), Poëte, IV, 47486.
le B. Josbert, Moine, I, 11589.
Joscelin, Evêque de Soissons, I, 9607.
Josceran, Archevêque de Lyon, I, 8942.
Joseph le Clerc du Tremblay, Capucin, I, 13919—24, & 14949.
Joseph Arnaud de Paris, Capucin, I, 13925.
Joseph de Léonisse, Capucin, I, 13926.
Joseph de Morlaix, Capucin, I, 13927.
S. Josse, Solitaire, I, 4517 & 18; 13337—39, & 41.
Jossaud, Moine de Cluny, I, 11828.
Joubert (Laurent), Médecin, IV, 46185 & 86.

Jouffroy, Cardinal, I, 7797.
de Jougla (Arsène), Moine de la Trappe, I, 13160.
S. Jouin, du Diocèse de Poitiers, I, 12576.
Jourdain, Evêque de Limoges, I, 8479.
Jourdain (François), Professeur Royal, I, 11212.
Jourdan : voyez de Sainte-Colombe.
Journel (Antoinette), dite Antoinette de Jésus, Chanoinesse, I, 15031; IV, S.
Jouvenet (Jean), Peintre, IV, 47891 & 92.
Jouvenneaux (Gui), Abbé de S. Sulpice de Bourges; I, 12761.
Jouvin non Jouvain (Julienne), Sœur de la Charité; I, 15036; IV, S.
S. Jovin ou Juvin, Confesseur en Champagne; IV, S. 11211*.
de Joyeuse (la Vicomtesse), Mere de ceux qui suivent : voyez de Bastarnay.
de Joyeuse (Anne), Duc, Amiral de France, III, 31772—76; IV, S. 26276*.
de Joyeuse (François), Cardinal, Archevêque de Rouen, frere du précédent, I, 9884—88; IV, Suppl.
de Joyeuse (Henri), Maréchal de France, & ensuite Capucin, sous le nom d'Ange, frere des deux précédens, I, 13910—15; IV, S. & III, 31633.
de Joyeuse (Claude), Sieur de Saint-Sauveur, III ; 31963.
Joyeux (Pierre), Médecin, IV, 46187.
Jubié (Jacques) Chartreux, I, 13264.
S. Jubin : voyez Gebouin.
Judith, Reine de France, Mere de Charles-le-Chauve; II, 25042.
Judith, Reine d'Angleterre, fille de Charles-le-Chauve; II, 26004.
Jules César, Fondateur de l'Empire Romain, I, 300; 302, 308 & 311; 3879—901.
Ste Juliane, Martyre, I, 4520.
Ste Julie ou Julle, & ses Compagnes, Martyres, I; 4519 & 24.
S. Julien de Brioude, Martyr, I, 14521—23.
S. Julien, Evêque du Mans, I, 10344—46.
S. Julien, Evêque de Lescar, I, 8114.
S. Julien, Evêque de Vienne, I, 10702.
la B. Julienne, Prieure du Mont-Cornillon, I, 15050—55.
de Julienne ( ), Peintre, IV, 47893.
Ste Julitte & S. Cyr, Martyrs, I, 4374.
Ste Julle : voyez Julie.
Jumelle de Berneville (Marie-Catherine), Comtesse d'Aunoy, IV, 48003.
S. Junien, Abbé de Mairé, I, 12136 & 37.
S. Junien, Solitaire, I, 13172 & 342.
de Jura (Barthélemi), Evêque de Laon, I, 9652.
Jurieu (Pierre), Ministre Calviniste, I, 6115.
de Justac de S. Preuil (François), Gouverneur d'Arras; III, 32062; 33750 & 51.
de Jussieu (Antoine), Médecin, IV, 46189.
S. Juste, Evêque de Vienne, I, 10692.
S. Juste, Evêque de Lyon, I, 8885—90.
S. Juste, Evêque de Clermont, I, 8421.
S. Juste, Confesseur, I, 4529.
Justel (Henri), Historien, I, 46784.
S. Justin (Enfant), Martyr, I, 4525—28; IV, S.
Juvenel de Carlencas ( ), Littérateur, IV ; 46684.
S. Juvin, Confesseur : voyez Jovin.
Juvin, Ermite, I, 13343.
S. Juvin, peut-être le même que l'un des deux précédens, I, 4530.

K

de Kailus ou de Caylus : voyez de Lévis.
Kerbic (Yves), Docteur en Théologie, IV, 45782.

de Kerlivio : *voyez* Eudo.
de Kircaldi (Marguerite), Abbesse de Saint-Pierre de Reims, IV, S. 14943*.
de Konisseg (le Comte), Ambassadeur de l'Empereur, II, 26525.
Kuster (Ludolphe), Littérateur, IV, 46785.

L

Labadie (Jean), Missionnaire, I, 6002—9.
Labbe (Philippe), Jésuite, I, 14149 & 50. *Voyez* le Mémoire qui le concerne à la fin du Tome III, pages, lxx & lxxj.
Labé (Louise), Poëte, IV, 48099—101.
Labelle (Pierre), Curé d'Arc en Barrois, I, 11216.
Laborie (Jean), Récollect, IV, S. 13904*.
le Laboureur (MM.), Historiens, IV, 46786. *Voyez* le Mémoire qui les concerne à la fin du Tome III, pages lxxij & lxxiij.
le Laboureur (Jean), Prieur de Juvigné, l'un des précédens, I; 11217.
de Lacan : *voyez* Negre.
de Lacroix : *voyez* de la Croix.
Lacurne (Jean), III, 34110; IV, S.
Ladvocat (Jean-Baptiste), Docteur en Théologie, I, 11219; IV, 46787.
Lætus : *voyez* Lets.
de Lagny : *voyez* Fantet.
de Lagonia (Louis), Sieur de Merargues, III, 33695.
S. Lain, Evêque de Séez, I, 9968, 69, 71.
de Lalain (Jacques), Chevalier de la Toison d'Or, III, 39365.
Lallemant (Jacques-Charles-Alexandre), Evêque de Séez, I, 9983.
Lallemant (Louis), Jésuite, I, 14122.
Lallemant (Pierre), Prieur de Ste Geneviève, I, 13614 —17.
Lallouette (Ambroise), Chanoine de Ste Opportune, I, 11220.
Lalouette (François), Musicien, IV, 47740.
S. Lambert, Evêque de Lyon, I, 8924 & 25.
S. Lambert, Evêque de Mastricht, I, 8746—60.
S. Lambert, Evêque de Vence, I, 8839 & 40.
Lambert, Evêque d'Arras, I, 8601.
Lambert (Joseph), Prieur de Palaiseau, I, 11221.
Lambert (Michel), Musicien, IV, 47741 & 42.
Lambert du Chastel *ou* de Chasteauneuf, Jurisconsulte, IV, 45912.
de Lambert (la Marquise) : *voyez* Marguenat.
Lambin (Denys), Professeur Royal, IV, 47114.
de Lamoignon (Guillaume), premier Président au Parlement de Paris, III, 32924—26; IV, S.
de Lamoignon (Chrétien-François), Président au Parlement de Paris, fils du précédent, III, 32947 —49.
de Lamoignon (Chrétien-Guillaume), Président au Parlement de Paris, petit-fils du précédent, IV, S. 32955*.
de Lamoignon (Mademoiselle), I, 4794.
le B. Lamy, Evêque de Chartres, I, 9381; IV, Suppl.
Lamy (Pierre-François), Bénédictin, I, 12528.
Lamy (Bernard), Oratorien, I, 11222 & 23.
Lancelot (Claude), Bénédictin, I, 12401 & 2; IV, 46789 & 47115.
Lancelot (Antoine), Académicien, IV, 46788.
Lancelot de Voësin *ou* du Voisin, Sieur de la Popeliniere, II, 18387, IV, 46873—75. *Voyez* le Mémoire qui le concerne à la fin du Tome III, page lxxxix.
Lancret (Nicolas), Peintre, IV, 47894 & 95.
de la Lande (Jacques), Jurisconsulte, IV, 45913.
de la Lande (Michel-Richard), Musicien, IV, 47743.

S. Landelin, premier Abbé de Laubes & de Crespin, I, 11895—98, & 12051.
de Landiras (la Marquise) : *voyez* de l'Estonnac.
S. Landoald, Archiprêtre, I, 11224 & 25.
de Landore (Bérenger), Dominicain, Archevêque de Compostelle, I, 13787.
de Landorre (Guillaume), Evêque de Béziers, I, 9189.
Ste Landrade, première Abbesse de Munster-Belise, I, 14760 & 61.
S. Landri, Evêque de Paris, I, 9304—8.
S. Landri, Evêque de Meaux, I, 9415, (*inconnu*).
S. Landri, Evêque de Séez, I, 9971.
S. Landri, Evêque de Metz, I, 10569.
S. Landulfe *ou* Laudulfe, Evêque d'Evreux, I, 9945.
Laneau (René), Général des Bénédictins, IV, S. 12546*.
de Lanfernat (Louise-Marie), épouse de M. Bois de la Pierre, IV, 48011.
le B. Lanfranc, Archevêque de Cantorbéri, I, 10833, auparavant Abbé du Bec, 11698—701.
de Langallerie : *voyez* de Gentil.
Lange : *voyez* l'Ange.
de Langeron : *voyez* d'Andrault.
Langlade du Chayla (l'Abbé), I, 6087 & 11216.
de Langle (Pierre), Evêque de Boulogne, I, 9781; IV, S.
Langlois (Hugues), Jurisconsulte, IV, 45914.
Langlois (Michel), Poëte, IV, 47487.
Langlois de Belestat (Pierre), Médecin, IV, 46034.
de Langres (Simon), Evêque de Nantes, Dominicain, I, 13800.
Languet (Jean-Joseph), Archevêque de Sens; IV, S. 10078*.
Languet (Marie-Rose), Visitandine, I, 15300.
Languet (Hubert), Historien, IV, 46790—92.
de Lanoue *ou* de la Noue (François), Minime, I, 14055; IV, S.
Lantin (Philippe), Conseiller au Parlement de Dijon, III, 33085.
Lantin (Jean-Baptiste), Conseiller au Parlement de Dijon, III, 33092.
Laparre (Guillaume), Bénédictin, 11651.
Larchevesque ( ), Médecin, IV, 46191.
le Large de Lignac (Joseph-Albert), Philosophe, IV, 46494.
de Largentier (Denys), Abbé de Clairvaux, I, 13074.
Largilliere (Nicolas), Peintre, IV, 47896.
de Larrey (Isaac), Historien, IV, 46793—94.
de Larroque (Matthieu), Ministre Calviniste, I, 6045 —47.
de Lascaris d'Urfé (Louis), Evêque de Limoges, I, 8481—83; IV, S.
de Lassay (la Marquise) : *voyez* de Madaillan.
de Latilly (Pierre), Garde des Sceaux, II, 16981; III, 31492; IV, S.
Latomus : *voyez* le Masson.
S. Latuin, Evêque de Séez, I, 9968, 69, 71.
du Lau : *voyez* de Chasteauneuf.
de Laubespine : *voyez* de l'Aubespine.
S. Laud : *voyez* Lô.
S. Laudulfe : *voyez* Landulfe.
de Laudun, Archevêque de Toulouse & de Vienne, Dominicain, I, 13793.
Laugier (Marc-Antoine), Littérateur, IV, 46796.
Laugier (Honorat), Sieur de Porcheres, Académicien, IV, 47285.
S. Laumer : *voyez* Lomer.
de Launay (François), Jurisconsulte, IV, 45917.
de Launay ( ), Poëte, IV, 47488.
de Launay (Marie-Marguerite), Ursuline, IV, S. 15333*.
de Launoy (Jean), Docteur en Théologie, I, 11218 —31; IV, S.
S. Laur, Abbé, I, 4531.
Laure (la belle), Provençale, IV, 48106 & 7.

du Laurens (André), Médecin, IV, 46193.
Laurent, Abbé de S. Vanne, I, 11802.
Laurent (le Pere), Augustin Déchauſſé, I, 13686; IV, Suppl.
Laurent (le Frere), Carme Déchauſſé, I, 13723—26; IV, S.
Laurent (Pierre-Joseph), Géometre, IV, S. 46489*.
de Lauriere (Eusèbe-Jacob), Avocat, IV, 45918 & 19.
de Lauſieres-Themines-Cardaillac (Pons), Marquis de Themines, Maréchal de France, II, 26368.
Lauſon (François), Jurisconsulte, IV, 45920.
Lautour du Chaſtel ( ), Avocat, IV, 45921.
de Lautrec: voyez de Foix.
Laval (Marie), I, 4795.
de Laval (Gui), Comte, Amiral de Bretagne, III, 31967 & 68.
de Laval (Gilles), Seigneur de Retz ou Rais, III, 33632; IV, S.
de Laval (Henri), Evêque de la Rochelle, I, 8338.
de Laval (Antoine), Littérateur, IV, 47117.
de Laval (Mademoiſelle), IV, 48105.
de Laval: voyez Bandieri.
de Lavarde (Jacques-Philippe), Chanoine de Saint-Jacques de l'Hôpital, IV, S. 11226*.
Lavau: voyez de Saint-Vertunien.
de Lavau (Guillaume), Avocat, IV, 45915.
de Lavau: voyez Irland.
de Lavaud: voyez de Verthamond.
de Lavaur (Guillaume), Avocat, IV, 45916 & 46795.
Law (M.), Surintendant des Finances, III, 32598.
Laydet (Pierre), Conseiller au Parlement, III, 33656.
Laynez (Alexandre), Poëte, IV, 47489.
S. Lazare, réputé premier Evêque de Marseille, I, 3970—4002; IV, S. I, 4039, 8030 & 31.
Lazare, Evêque d'Aix, I, 7857.
Lebeuf (Jean), Sous Chantre de l'Egliſe d'Auxerre, I, 11232—35; IV, 46796.
S. Lebwin, Confeſſeur, I, 11136.
Leckzinska (Marie-Sophie-Félicité), Reine de France, épouſe du feu Roi Louis XV, II, 25197—207; 26528; 26616—27.
S. Leger, Evêque d'Autun, Maire du Palais, I, 8978—85; IV, S. II, 16108.
S. Leger, Prêtre, I, 11244.
Leger, Archevêque de Bourges, I, 8389.
Leggnes ou Leggues (Eſther), I, 4796.
la Ste Légion Thébéenne, I, 4578—80.
de Leibnitz (Godefroi-Guillaume), Mathématicien, IV, 46490—93.
S. Leidrade, Evêque de Lyon, I, 8927.
Lemery (Nicolas), Médecin, IV, 46194—96.
Lemery (Louis), Médecin, fils du précédent, IV, 46197.
Lenain: voyez le Nain.
Lenclos (Anne), dite Ninon, IV, 48108; IV, Suppl.
Lenfant (Jacques), Ministre Calviniſte, I, 6139—41; IV, S.
Lenglet du Fresnoy (Nicolas), Littérateur, I, 11241 & 42; IV, S.
de Lenglet (Pierre), Profeſſeur Royal, IV, 47120.
S. Lénogéſile, Prêtre, I, 11243.
de Lénoncourt (Robert), Archevêque de Reims, I, 9371.
de Lénoncourt (Marie-Sidonia), Marquiſe de Courcelles, IV, 48056.
de Lénoncourt (Anne-Marie-Françoiſe), Marquiſe d'Heudicourt, IV, 48091.
Lenox: voyez Stuart.
de Lens (Jean), Evêque de Cambray, I, 8574.
S. Léobard, Recluſ, I, 12151 & 52.
Léodibod, Abbé de S. Chinien, I, 12381.

S. Léon IX, Pape, auparavant Evêque de Toul, I, 7682—87, & 10647.
S. Léon, Archevêque de Sens, I, 10040 & 41.
S. Léon, Archevêque de Rouen, I, 9869—72.
S. Léon, Abbé de Mantenay, I, 11162 & 63.
S. Léonard, Moine & Martyr, I, 4533.
S. Léonard, Anachorete dans le Limosin, I, 4532; 13349—56; IV, S.
S. Léonard, Anachorete dans le Berry, I, 13348.
Léonard de la Croix, Carmélite, I, 14992.
S. Léonce, Evêque de Bordeaux, I, 8144 & 45.
S. Léonce, Evêque de Saintes, I, 8301.
S. Léonce, Evêque de Fréjus, I, 7899 & 900; IV, Suppl.
Léonce, Evêque d'Arles, I, 8003.
Léonius, Poëte, IV, 47490.
S. Léonore, Evêque de Rennes, I, 10410 & 21.
S. Léopardin, Moine & Martyr, I, 4533.
Lériget de la Faye (Jean-Elie), Mathématicien, IV, 46447.
Lériget de la Faye (Jean-Elie), Poëte, IV, 47427.
Leschaſſier (Jacques), Avocat, IV, 45922 & 23.
de Leſcun: voyez d'Aydie.
Leſcuyer (Marie-Françoiſe), Abbeſſe du Lys, I, 15086 & 67; IV, S. 14827.
de Lesdiguieres: voyez de Bonne & de Créqui.
de Léſigny (Erard), Cardinal, Evêque d'Auxerre, I, 10169.
de Leſparre: voyez de Madaillon.
de Leſtang (Jacques-Joseph), I, 4886.
de Leſtonac (Jeanne), Fondatrice des Religieuses de Notre-Dame; IV, S. 15234*.
Letald, Moine de Micy, I, 12681; IV, S.
S. Lethard, Evêque de Senlis, I, 9663.
Lethard, Abbé du Bec, I, 11712.
de Lérouf (Claude), Baron de Sirot, II, 25052; III, 31969 & 70.
Lets (Jacques), Médecin; IV, 46190.
S. Leu: voyez Loup.
S. Leucone, Evêque de Troyes, I, 10102.
S. Leudomer, Evêque de Châlons-ſur-Marne, I, 9625.
S. Leufroy, Abbé de Madrie, I, 11899—901.
Léveſque (François), Oratorien, I, 11245; IV, S. 11244*.
Léveſque (Madame): voyez Cavalier.
Léveſque de Pouilly (Jean), Philoſophe, IV, 46560.
Léveſque de la Ravaliere (Pierre-Alexandre), Hiſtorien, IV, 46797.
Lévier (Alexandre), Prêtre, I, 11246.
de Lévis (Philippe), Archevêque d'Arles, Cardinal, I, 8024.
de Lévis (Anne), Duc de Ventadour, III, 31075.
de Lévis (Jacques), Comte de Caylus, III, 31901.
de Lévis de Thubieres (Philippe-Claude-Anne), Comte de Caylus, III, 31902—4; IV, Supplém. & IV, 46686.
de Lévis de Thubieres de Caylus (Daniel-Charles Gabriel), Evêque d'Auxerre, I, 10171; IV, S.
de Lezay de Luzignan (Marie-Françoiſe), Religieuse, I, 15338.
S. Lezin, Evêque d'Angers, I, 10393—96.
de Liancour (le Duc): voyez du Pleſſis.
de Liancour (la Ducheſſe): voyez de Schomberg.
Ste Libarie, Vierge & Martyre, IV, S. 4533*.
Libelli (Hyacinthe), Archevêque d'Avignon, IV, S. 8134*.
S. Liber ( ), I, 11495.
S. Liberal non Liberat, Evêque d'Embrun, I, 8829; IV, S. 4569.
Liberge (Marin), Jurisconsulte, IV, 45924.
S. Libert, Martyr, I, 4534.
S. Liboire, Evêque du Mans, I, 10351—57; IV, Suppl.
de Liçartague (Jean), Ministre Calviniſte; I, 5837.

Ste Licerie, Martyre, I, 4535.
Lideric, Comte de Flandre, III, 39335.
S. Lidoire, Evêque de Tours, I, 10273 & 74.
Ste Lidwige ou Lidwine, Vierge, I, 4536—39.
S. Lié, Moine de Mici, I, 12676.
S. Lié, Ermite dans le Berry, I, 13344 & 45.
S. Lié, Solitaire dans la Beauffe, I, 4540, 13346 & 47.
S. Liébert ou Lietbert, Evêque de Cambrai, I, 8567.
Lietbert, Abbé de S. Ruf, I, 13467.
S. Lifard, Abbé de Meun, I, 12579 & 80.
S. Lifard, Solitaire, I, 13357 & 58; II, 25237.
du Ligier de la Garde (Antoinette), épouse de M. des Houlieres, IV, 48093—95.
de Lignac : voyez le Large.
de Ligny (Louise-Françoise), Abbeffe de Notre-Dame de Fervacques, I, 15082; IV, S. 14848**.
de Lille (Michel-François), Dominicain, Evêque de Sélivrée, I, 13804.
de Lille-Jourdain (Bertrand), Evêque de Toulouse, IV, S. 10226*.
de Limbau (Pierre), dit Quintin : voyez Quintin.
de Limoges (Jean-Maximilien), Préfident au Parlement de Rouen, III, 33173.
Limojon de Saint-Didier (François), Poëte, IV, 47491.
de Linant ( ), Poëte, IV, 47492.
de Lingendes (Pierre), Poëte, IV, 47493.
de Linieres (Bertrand-Claude), Jéfuite, IV, Suppl. 14206*.
Ste Lintru ou Lintrude, Vierge, I, 4541 & 42, & 50.
de Lionne : voyez de Lyonne.
Lifiard, Evêque de Soiffons, I, 9606.
de Lifle (François), Curé de Notre-Dame de Châlons, IV, S. 11246*.
de Lifle : voyez de l'Ifle.
de Lifte (Madame), Fondatrice de l'Ordre de la Mere de Dieu, IV, S. 15343*.
Litaud (Etienne), Curé de l'Hôpital de S. Didier, I, 11247.
Litolphi-Maroni (Henri), Evêque de Bazas, I, 8107; IV, S.
Litouft (Jean), Curé de S. Saturnin, I, 11248; IV, Supplém.
Littre (Alexis), Médecin & Anatomifte, IV, 46198.
S. Livier, Martyr, I, 4543—45.
de la Livonieres : voyez Poquet.
de Livron (Françoife-Gabrielle), Religieufe de Juvigny, IV, S. 14802**.
de Livron-Bourbonne (Scholaftique-Gabrielle), Abbeffe de Juvigny, I, 14821 & 22.
Lizet (Pierre), premier Préfident au Parlement de Paris, III, 32897—900.
S. Lizier, Evêque de Conferans, I, 8098.
S. Lô, Evêque de Coutances, I, 10002 & 3.
Loaifel (François), Marquis de Brye, IV, Suppl. 31886*.
S. Lohier, Evêque de Séez, I, 9971.
Loir (Nicolas), Peintre, IV, 47897.
Loifeau de Mauléon (Alexandre-Jérôme), Maître des Comptes de Nancy, IV, 47119.
Loifel (Antoine), Avocat au Parlement, IV, 45925 —28.
Loifel (Gui), Confeiller de la Grand'Chambre, fils du précédent, I, 45925.
Loifel (Antoine), Confeiller au Parlement de Paris, neveu du précédent, IV, 45929.
Lombert (Pierre), Avocat au Parlement, I, 11249.
de Loménie (Henri-Augufte), Comte de Brienne, III, 32567 & 70.
S. Lomer, Abbé, I, 12582—86.
le Long (Jacques & non Jean), Oratorien, I, 11250 & 51; IV, 46797 & 98, & S, 11250.

de Longepierre (Hilaire-Bernard), Poëte, IV, 47494.
S. Longis, non, Longis, Abbé de Boiffeliere, I, 11722 —24; IV, S.
S. Longin, Martyr avec S. Victor de Marfeille, I, 4712—19.
de Longrais : voyez de Beljambe.
de Longueil, Cardinal : voyez Olivier.
de Longueil (René), Marquis de Maifons, Préfident au Parlement de Paris, III, 32957.
de Longueil (Chriftophe), Confeiller au Parlement de Paris, III, 32959; IV, S. 47121—23.
de Longuerue : voyez du Four.
Longueval (Jacques), Jéfuite, I, 14191.
de Longueville (le Comte) : voyez de Marigny.
de Longueville (la Duchesse), épouse de François : voyez de Caumont.
de Longueville (la Duchesse), épouse de Henri I : voyez de Gonzague.
de Longueville (la Duchesse), premiere épouse de Henri II, Louife de Bourbon : voyez de Bourbon-Soiffons.
de Longueville (la Duchesse), feconde épouse de Henri II, Anne-Geneviève de Bourbon : voyez de Bourbon-Condé.
de Loré (Ambroife), Seigneur d'Ivry, III, 31972.
Loret (Jean), Prêtre, IV, 47496.
de Lorge (Gabriel), Comte de Montgommery, II, 18221—24; III, 32008 & 9.
de Lorge : voyez Durfort.
de Lorme (Philibert), Intendant des Bâtimens du Roi, IV, 47804 & 5.
de Lorme (Charles), Médecin, IV, 46199 & 200.
de Lorme (Marion), IV, S. 48111*.
de Loroux (Geoffroy), Archevêque de Bordeaux, I, 8247.
le Lorrain : voyez Gelée.
de Lorraine (le Duc), Charles de France, Duc de la Baffe Lorraine, II, 24895 & 96; 25275 & 76; 25821.
de Lorraine (le Duc), Charles I ou II, Connétable de France, III, 33631.
de Lorraine (Marguerite), Duchesse d'Alençon, époufe du Duc René, & enfuite Religieufe de Sainte Claire, fille de Ferri II; I, 15185; II, 25399—403; IV, S. 25398*.
de Lorraine (le Duc), René II, fils de Ferri II; III, 38834—36.
de Lorraine (la Duchesse), Philippe de Gueldres, époufe du précédent : voyez de Gueldres.
de Lorraine (Jean non Charles), Archevêque de Reims, de Lyon & de Narbonne, fils de la précédente, I, 9175.
de Lorraine (le Duc) (Antoine), oncle du précédent, III, 38849 & 50.
de Lorraine (le Duc), François I; III, 38849.
de Lorraine (le Duc), Charles II ou III; III, 38858 —64.
de Lorraine (Charles), Cardinal, Evêque de Metz & de Strafbourg, fils du précédent, I, 9139; & III, 38860.
de Lorraine (Chriftine), Grande-Duchesse de Tofcane, fœur du précédent, I, 4767.
de Lorraine (Catherine), Abbeffe de Remiremont, fœur de la précédente, IV, S. 15029*.
de Lorraine (le Duc.), Henri-le-Débonaire, frere des précédentes, III, 38867.
de Lorraine (Marguerite), Duchesse d'Orléans, fille de François, Comte de Vaudemont, frere du précédent, II, 25599 & 25608.
de Lorraine (le Duc), Charles III ou IV, frere de la précédente, III, 38871—98.
de Lorraine (le Duc), Charles IV ou V, neveu du précédent, III, 38899—906.
de Lorraine (le Duc), Léopold I, fils du précédent, III, 38907—15.

Table des Personnes.

de Lorraine (Charlotte-Elisabeth-Gabrielle), Abbesse de Remiremont, fille du précédent, IV, S. 15029*.
de Lorraine (Nicolas), Duc de Mercœur, Comte de Vaudemont, fils du Duc Antoine, III, 31973.
de Lorraine-Vaudemont (Philippe-Emmanuel), Duc de Mercœur, fils du précédent, III, 31995—97.
de Lorraine-Vaudemont (Charles), Cardinal de Vaudemont, Evêque de Toul, puis de Verdun, frere du précédent, I, 10673—75.
de Lorraine-Vaudemont (Louise), Reine de Pologne & de France, sœur des précédens, II, 25125—28, 26271 & 78.
de Lorraine-Vaudemont (Marguerite), Duchesse de Joyeuse, sœur de la précédente, IV, S. 26276*.
de Lorraine-Vaudemont (Louise), Religieuse Capucine, sœur de la précédente, I, 15195.
de Lorraine-Vaudemont (Françoise), Duchesse de Vendôme, fille de Philippe-Emmanuel, II, 25636.
de Lorraine-Vaudemont (Charles), Evêque de Verdun, puis Jésuite, fils de Henri, Marquis de Moï, & neveu de Philippe-Emmanuel, I, 14120.
de Lorraine (Claude), Duc de Guise, fils de René II, Duc de Lorraine, III, 32285—88, 32356—59.
de Lorraine-Guise (Charles), Cardinal de Lorraine, Archevêque de Reims, fils du précédent, I, 9572 —77, 10598; III, 32311 & 32464; IV, Suppl. 9577*.
de Lorraine-Guise (François), Grand-Prieur & Général des Galeres de France, frere du précédent, III, 31799.
de Lorraine-Guise (Marie), Reine d'Ecosse, sœur du précédent, IV, 48114.
de Lorraine-Guise (Renée non Louise), Abbesse de Saint-Pierre de Reims, sœur de la précédente, I, 14942.
de Lorraine-Guise (François), Duc de Guise, frere des précédentes, II, 17912—20; III, 32285 & 89—313; IV, S.
de Lorraine-Guise (Louis), Cardinal de Guise & ensuite de Lorraine, Archevêque de Reims, fils du précédent, I, 9578, II, 18804—901; IV, Suppl. III, 33678 & 79.
de Lorraine-Guise, Henri I, Duc de Guise, frere du précédent, II, 18804—901; III, 32313 —17, 33678.
de Lorraine-Guise (Louis), Cardinal de Guise, Archevêque de Reims, fils du précédent, I, 9579 & 80; IV, S.
de Lorraine-Guise (François-Alexandre-Paris), Chevalier de Guise, frere du précédent, II, 20211; III, 31974—83; IV, S.
de Lorraine-Guise (Louise-Marguerite), Princesse de Conti, sœur des précédens, II, 25848.
de Lorraine-Guise, Renée II, Abbesse de Saint-Pierre de Reims, sœur de la précédente, I, 14943; IV, Suppl.
de Lorraine-Guise (Claude), Duc de Chevreuse, frere des précédentes, II, 21284; IV, S. 32334.
de Lorraine-Guise (Anne-Marie), Abbesse de Pont-aux-Dames, fille du précédent, I, 15088.
de Lorraine-Guise (Henriette), Abbesse de Jouarre, sœur de la précédente, I, 14843.
de Lorraine-Guise (François), Prince de Joinville, fils de Charles, Duc de Guise, & neveu du Duc de Chevreuse, III, 31984 & 85; IV, S.
de Lorraine-Guise, Henri II, Duc de Guise, frere du précédent, II, 22276; III, 33741; IV, Suppl. 32334*.
de Lorraine-Guise (Charles), Duc de Mayenne, fils de François, Duc de Guise, III, 31778—85, 32334; IV, S.
de Lorraine-Guise (Henri), Duc de Mayenne & d'Aiguillon, fils du précédent, II, 26309 & 38; III, 32334.
de Lorraine-Guise (Catherine), Duchesse de Nevers non de Nemours, sœur du précédent, I, 4867; IV, 48112 & 13, & 48141.
de Lorraine-Guise (Claude), Duc d'Aumale, fils de Claude de Lorraine, Duc de Guise, III, 32360; IV, S.
de Lorraine-Guise (Antoinette-Louise), Abbesse de Notre-Dame de Soissons, fille du précédent, I, 14913.
de Lorraine-Guise (Marie), Abbesse de Chelles, sœur de la précédente, I, 14869 & 70.
de Lorraine-Guise (Henriette), Abbesse de Notre-Dame de Soissons, fille de Charles I de Lorraine, Duc d'Elbœuf, I, 14914—17.
de Lorraine-Guise (Françoise), Abbesse de Montmartre, fille de François de Lorraine, Comte d'Harcourt, IV, S. 14906*.
de Lorraine-Guise (Béatrix-Hiéronyme), Abbesse de Remiremont, fille de François-Marie, Comte de Lillebonne, IV, S. 15029* & 30*.
de Lorraine-Guise (Henri), Comte d'Harcourt & d'Armagnac, fils de Charles I de Lorraine, Duc d'Elbœuf, III, 32346—51.
de Lorraine-Guise (Armande-Henriette), Abbesse de Notre-Dame de Soissons, fille du précédent, I, 14918.
de Lorris : *voyez* Guillaume.
Lorry (Paul-Charles), Jurisconsulte, IV, S. 45929*.
Losme de Monchesnay (Jacques), Poëte, IV, 47539.
Lothaire, Empereur, II, 25999 & 26712.
Lothaire, Roi de France, II, 26013 & 26715.
de Loubens (Hugues), Grand-Maître de l'Ordre de Saint-Jean, Cardinal, III, 40307.
de la Loubere (Simon), Littérateur, IV, 46799 & 46800.
Louis I, le Débonaire, Empereur & Roi de France; son Regne, II, 16312—76; IV, S. II, 16424, 28, 45; son Sacre, 25995—98; son Epitaphe, 26711.
Louis II, le Bègue, Roi de France; son Regne, II, 16435—46; son Sacre, 26005; Piece qui le concerne, III, 29746.
Louis III, Roi de France; son Regne, II, 16444—47; son Sacre, 26006.
Louis IV, d'Outremer, Roi de France; son Sacre, II, 26012.
Louis V, Roi de France; son Sacre, II, 26014.
Louis VI, le Gros, Roi de France; son Regne, II, 16629—56; IV, S. ses Enfans, II, 25302—44; son Sacre, 26021; Pieces relatives à son Regne, III, 29767—69.
Louis VII, le Jeune, Roi de France; son Regne, II, 16657—84; IV, S. sa fille Alix, II, 25345; son Sacre, 26022; son Epitaphe, 26718; Pieces relatives à son Regne, III, 29771—81.
Louis VIII, Roi de France; son Regne, II, 16780 —91; IV, S. ses Enfans, II, 25346—78; son Sacre, 26025.
S. Louis IX, Roi de France; son Regne, II, 16792 —897; IV, S. & V, Add. ses descendans, II, 24953—88; 25379 & 80; Branche de Bourbon issue de S. Louis, 25561—874; Sacre de S. Louis, 16026; Epitaphes de ses Freres & de ses Enfans, 26721; Pieces qui concernent son Regne, III, 29785 —91, & 94.
Louis X, le Hutin, Roi de France; son Regne, II, 16980—82; son Sacre, 26030; son Registre, III, 29513.
Louis XI, Roi de France; son Regne, II, 17294 —342; IV, S. son Fils, II, 25560; son Sacre, 26041; ses Entrées, 26144 & 45; son Epitaphe, 26714; ses deux Mariages, 28365 & 68; Pieces relatives à son Regne, III, 29676—79.
Louis XII, Roi de France; son Regne, II, 17409—84; IV, S. son Sacre, II, 26044; ses Entrées, 26153 —69; ses Funérailles, 26732, 33 & 37; ses Mariages, 28375, 77—79 & 84; son Registre, III, 29524; Pieces relatives à son Regne, 29851—68.

Louis XIII, Roi de France & de Navarre ; fon Regne, II, 20074—22171; IV, S. fes Enfans, II, 25651—78 ; fon Sacre, 26080—95 ; fes Entrées, 26307—81 & 400; IV, S. fon Mariage, II, 26593—98.; fon Baptême, 26639—45; fes Funérailles, 26755 ; Monument de fon cœur, 26788 ; fa Majorité, 27378—83 ; fon Mariage, 28419—21 ; Pieces relatives à fon Regne, III, 30396—709.

Louis XIV, Roi de France & de Navarre; fon Regne, II, 22172—24541 ; IV, S. fes Enfans, II, 25679—736; fon Sacre, 26096—102 ; fa Naiffance, 26401; fes Entrées, 26403—41 ; fon Mariage, 26606—10; fes Funérailles, 26785—87; Monument de fon cœur, 26788; fa Majorité, 27384; fon Mariage, 28430; fon Teftament, 28460; Pieces relatives à fon Regne, III, 30710—31146.

Louis XV, Roi de France & de Navarre; fon Regne, II, 24542—802; IV, S. fes Enfans, II, 25737—82; fon Sacre, 25966 & 26102 ; fa Convalefcence , 26556; fon Mariage, 26616—27 ; fa Majorité, 27389; Pieces relatives à fon Regne, III, 31147—80.

Louis II, Empereur, fils de Lothaire, & petit-fils de Louis-le-Débonaire, II, 26713.

Louis de France, Comte d'Evreux, fils de Philippe-le-Hardi, II, 25331—89.

Louis de France, Duc d'Anjou, Roi de Sicile, fils du Roi Jean, II, 25410—21, 26038, 26128 & 28355.

Louis II d'Anjou, Roi de Sicile & de Jérufalem, fils du précédent, II, 28456.

Louis de France, Duc d'Orléans, fils de Charles V, II, 25481—557; 26133 & 28357.

Louis de France, Duc de Guienne, fils de Charles VI, II, 28359.

Louis de France, fils de Louis XI; II, 25560.

Louis de France, Dauphin, fils de Louis XIV, II, 25679—702 & 716, 26444 & 64, 26661, 26646 & 47, 26778—81, 28433; IV, S. 25679*, 96—98*.

Louis de France, Duc de Bourgogne, & enfuite Dauphin, petit fils de Louis XIV, II, 25700; IV, S. II, 25707—16, 26467—74, 26493—512, 26614, 28435.

Louis de France, Duc de Bretagne, arriere-petit-fils de Louis XIV, II, 25722 — 24; IV, Suppl. II, 26784.

Louis de France, Dauphin, fils de Louis XV, II, 25738—63 ; IV, S. 26531—48, 26564—66, 26631 & 48.

Louis-Jofeph-Xavier de France, Duc de Bourgogne, petit-fils de Louis XV, II, 25767—77 ; IV, S. II, 26671—75.

Louis-Stanislas-Xavier de France, Comte de Provence, petit-fils de Louis XV; IV, S. 25782*.

S. Louis, Evêque de Touloufe, I, 10222—26, II, 25367.

Louife de France, fille de François I; II, 28386.

Louife-Elifabeth de France, Ducheffe de Parme, fille de Louis XV, II, 25737 & 80; 26551, 26628—30; IV, S. 25737.

Louife de Jéfus, Carmélite, I, 14988.

Louife de la Miféricorde : voyez de la Baume le Blanc.

Louife (la Sœur), Religieufe, I, 15242.

S. Loup, Archevêque de Lyon, I, 8909—11.

S. Loup, Archevêque de Sens, I, 10043—46.

S. Loup, Evêque de Bayeux, 9894—96 & 99.

S. Loup, Evêque de Châlons-fur-Saône, I, 9032.

S. Loup, Evêque de Limoges, I, 8478.

S. Loup, Evêque de Troyes, I, 10089—100.

Loup, Abbé de Ferrieres, I, 11928.

Louvard (François), Bénédictin, I, 11650.

de Louvencourt (Marie), Poëte, IV, 48115.

de Louvigny : voyez de Bernieres.

de Louville : voyez d'Allonville.

de Louvois : voyez le Tellier.

de Lowendal (le Comte), Woldemar, Maréchal de France, III, 31637—41; IV, S.

le Loyer (Pierre), Confeiller au Préfidial d'Angers, III, 34107; IV, 47497.

Loys (Nicolas), Greffier en Chef de la Chambre des Comptes de Dol, III, 33854; IV, S. 33805***.

Lozeran (Louis-Antoine), Jéfuite, I, 14211.

S. Lubin, Evêque de Chartres, I, 9367 & 68.

Lubin (Auguftin), Auguftin réformé, I, 13687 & 88.

S. Lucain, Martyr, I, 4546.

Ste Lucence, Vierge, I, 4547.

S. Lucien, Apôtre de Beauvais, I, 9676—80; IV, Suppl.

S. Ludger, Evêque de Mimigernedorf, I, 10833.

Luillier (Magdelène), Dame de Sainte-Beuve, I, 15309; IV, S.

Luilliet-Chapelle (Claude-Emmanuel), Poëte; IV, 47358 & 59.

S. Lulle, Archevêque de Mayence, I, 9094—96.

Lully (Jean-Baptifte), Muficien, IV, 47745—48 ; IV, S.

de Lumagne (Marie), Veuve de M. Polaillon, I, 4800—2; IV, S.

S. Luperce, Martyr, I, 4548 & 49.

S. Lupicin, Abbé de Condat, I, 12202—4.

S. Lupicin, Reclus, I, 13359.

de Luffan : voyez d'Efparbès.

de Luffan (Mademoifelle), IV, 48116.

Ste Lutgarde, Religieufe Cifterciene, I, 15046—48.

Ste Lutrude ou Lintrude : voyez Lintru.

de Luxe (Luce), Abbeffe de S. Aufone d'Angoulême, I, 14818; IV, S.

de Luxembourg (Baudouin), Archevêque de Trèves, fils du Comte Henri II ; I, 10541.

de Luxembourg (Marie), Reine de France, fille du Comte Henri III, Empereur, II, 26033.

de Luxembourg (S. Pierre), Cardinal, Evêque de Metz, fils de Gui de Luxembourg, Comte de Ligni, I, 10589—97.

de Luxembourg (Louis), Comte de S. Paul, Connétable de France, III, 31428 & 33641.

de Luxembourg (Louis), Prince d'Altemure, fils du précédent, III, 31429 & 31986.

de Luxembourg (Marie), Comteffe de Vendôme; nièce du précédent, I, 4767.

de Luxembourg (François), Duc de Piney, III, 32681.

de Luxembourg (le Maréchal Duc), François-Henri de Montmorenci, époux de Magdelène-Charlotte, Ducheffe de Luxembourg : voyez de Montmorenci.

de Luxembourg (Charles & Sébaftien), Comtes de Martigues, freres, II, 17667; III, 31987 & 88.

de Luxembourg (Marie), Ducheffe de Mercœur, fille de Sébaftien qui précéde, I, 4803 & 4.

de Luynes : voyez d'Albert.

de Luzignan : voyez de Saint-Gelais.

S. Lycard, Evêque de Conferans, I, 8098.

de Lyonne (Artus), Evêque de Gap, I, 7908.

de Lyonne (Madame), époufe du précédent : voyez Servien.

de Lyonne (Hugues), Miniftre d'Etat, fils du précédent, III, 32568 & 69.

de Lyonne (Magdelène), Marquife de Cœuvres, fille du précédent ; IV, 48055.

de Lyonne (Joachim), premier Ecuyer, III, 31971.

S. Lyphard : voyez Lifard.

M

Mabillon (Jean), Bénédictin, I, 12517—23; IV, 46801; IV, S. Voyez auffi le Mémoire qui le concerne à la fin du Tome III, pages lxxiv—lxxvij.

Table des Personnes.

S. Macalin, Abbé de Saint-Michel en Thierasche, I, 12682.
Macarius, Evêque d'Angoulême, I, 8287.
de Machaut (Guillaume), Poëte, IV, 47498.
S. Maclou : voyez Malo.
Macquatt (Henri-Jacques), Médecin, IV, 46201.
Macquer (Philippe), Historien, IV, 46802.
Ste Macre, Vierge & Martyre, I, 4551—54.
Macrin : voyez Salmon.
Macward, Abbé de Reins, I, 12274.
de Madaillan de Lesparre, Reine, Marquise de Lassay, IV, 48104.
Madelene : voyez Magdelene.
S. Madelgaire ou Mauger : voyez Vincent.
Madin ( ), Musicien, IV, 47749.
Maffei (François-Scipion), Marquis, IV, 46803; IV, Suppl.
S. Magdalvée, Evêque de Verdun, IV, S. 10668*.
S. Magdégisile, Ermite, I, 13360 & 61.
Ste Magdelène, Sœur de S. Lazare I, 3977—4002.
Magdelène de France, Princesse de Viane, fille de Charles VII, II, 25559.
Magdelène de France, Reine d'Ecosse, fille de François I, II, 17567, 25503 & 4, 28392.
Magdelène de la Trinité, Religieuse, I, 15249 & 50.
Magdelène du Sauveur, Religieuse, IV, S. 15205*.
Magdelène du Saint-Sacrement, Carmélite, I, 15004.
Magdelène de S. Joseph, Carmélite, I, 14989 & 90; IV, S.
Magdelénet (Gabriel), Poëte, IV, 47499 & 500.
Maginaire, Abbé de S. Denys, I, 12426.
S. Magloire, Evêque de Dol, I, 10483—85.
S. Magnebert, Martyr, I, 4555.
Magnet (Louis), Poëte, IV, 47501.
Magnien (Jean), Mathématicien, IV, 46496.
Magnol (Pierre), Médecin, IV, 46203 & 4.
Magnon, Archevêque de Sens, I, 10060.
Mahieuc (Yves), Evêque de Rennes, Dominicain, I, 10431 & 13762.
des Mahis : voyez Corsembleu & Grostête.
S. Maian : voyez Mandé.
S. Maieul, Abbé de Cluni, I, 11808—17.
Maignan (Emmanuel), Minime, I, 14056—58; IV, 46496, & V, Add. 14056.
de Maignelay (la Marquise) : voyez de Gondi.
Maignien (Jean), Médecin, IV, 46202.
Maigret : voyez Meigret.
Maigrot (Charles), Evêque de Conon, I, 10820.
Maillard (André), Conseiller d'Etat, III, 32719; IV, Suppl.
Maillard (Olivier), Cordelier, I, 13873.
Maillard : voyez Desforges.
de Maillé (Urbain), Marquis de Brezé, Maréchal de France, III, 31604.
de Maillé (Madame), son épouse : voyez du Plessis-Richelieu.
de Maillé-Brézé (Armand), Duc de Fronsac, Amiral, III, 31790.
de Maillé-Brézé (Jacques), Conseiller d'Etat, III, 32725.
Maillet ( ), Philosophe, IV, 46497.
Maillet du Boulay (Charles-Nicolas), Académicien, IV, 47018.
de Mailly, Garnier : voyez le B. Garnier.
de Mailly (François), Cardinal, Archevêque de Reims, I, 9583 & 84.
S. Maime ou Mesme, Confesseur, I, 4597 & 98.
du Main : voyez d'Angeres.
S. Mainbode, Martyr, I, 4557.
S. Mainbœuf, Evêque d'Angers, I, 10397—92; IV, Suppl.
du Maine (le Duc) : voyez de Bourbon-Vendôme.
le Maingre : voyez le Meingre.
de Maintenon (Madame) : voyez d'Aubigné.

de Mairan : voyez Dortous.
S. Maire ou Mary, ou May, I, 4570.
le Maire (Guillaume), Evêque d'Angers, I, 10402 & 3; II, 16974.
le Maire (Jean), Historien & Poëte, IV, 46804.
Mairet (Jean), Poëte, IV, 47502 & 3.
de Maisons : voyez de Longueil.
le Maistre (Antoine), Avocat, I, 4758; IV, 45931.
le Maistre de Sacy (Louis-Isaac), Prêtre, frere du précédent, I, 11427; IV, 47504.
le Maistre (Paul), Médecin, IV, 46205.
Ste Maixance, Vierge & Martyre, I, 4558 & 59.
S. Maixant, Abbé, I, 12590 & 91.
de Maizieres (Philippe), Conseiller d'Etat, III, 32714 & 15.
Malaval (Jean), Chirurgien, IV, 46029 & 46206; IV, S.
S. Malcalene, Abbé de Vassor, I, 12921.
Malebranche (Nicolas), Oratorien, I, 11256—61; IV, 46499 & 500.
de Malézieu (Nicolas), Mathématicien, IV, 46501 & 2, & 47504.
Malfilâtre ( ), Poëte, IV, 47505.
de Malherbe (François), Poëte, IV, 47506—8.
Malin (Jeanne), Supérieure d'une Maison de la Providence, I, 4885—89; IV, S.
Malingre (Claude), Historien, IV, 46805. Voyez aussi le Mémoire qui le concerne à la fin du Tome III, pages lxxvij & lxxviij.
Mallet (Edme), Docteur, I, 11262.
de Malleville (Claude), Poëte, IV, 47509.
de Malley : voyez Garnier.
Mallier du Houssay (François), Evêque de Troyes; I, 10112.
de Malmédy (Siméon), Médecin, IV, 46207.
S. Malo ou Maclou, Evêque de Bretagne, I, 10469—73.
de Malpeines (Léonard), Littérateur, IV, 46807.
S. Mamas ou Mamès, I, 4560—62, 9006; IV, Suppl.
Mambrun (Pierre), Poëte, IV, 47510.
S. Mamert, Evêque de Vienne, I, 10705—7.
S. Mamert ou Mamertin, Abbé d'un Monast. d'Auxerre, I, 12481—83; IV, S. 4562 & 10119*.
S. Mames ou Mametz : voyez Mamas.
Mamion : voyez Mancion.
Manassé I, Archevêque de Reims, I, 9560 & 61.
Manassé II, Archevêque de Reims, II, 9563 & 64.
Manassés, deux ou trois Evêques d'Orléans de ce nom, I, 9477.
Mancini (Hortense), Duchesse de Mazarin, IV, 48122—127.
Mancion ou Mamion, Evêque de Châlons-sur-Marne, I, 9630.
de Mandajors : voyez des Ours.
S. Mandé ou Méen, Abbé, I, 12660—62.
Mandelot (le Sieur), Gouverneur de Lyon, III, 31989.
de Mandelot (Marguerite), épouse de M. de Neufville, Marquis d'Alincourt, IV, 48088.
de Mandevelani (Jean), Evêque de Châlons-sur-Marne, I, 9631.
Mandeville ou Mondeville, Médecin-Chirurgien de Philippe IV; IV, 46208.
Mandrin, fameux Voleur, III, 33768 & 69; IV, Suppl.
Manfredi (Eustache), Mathématicien, IV, 46503.
Mangenot (Louis), Poëte, IV, 47511.
Manget (Jean-Jacques), Médecin, IV, 46209.
Mangot (Claude), Avocat, 45932.
Manguelen (Pierre), Chanoine, I, 11263.
Ste Manne ou Menne, Vierge, IV, S. 4591*.
Mansart (François), Architecte, IV, 47806 & 7.
Mansart : voyez Hardouin.
S. Mansuet, Martyr, I, 4563.

S. Mannuy, Evêque de Toul, I, 10632 & 33.
de Mantoue (le Prince), Louis: voyez de Gonzague.
de Mantoue (la Princeffe), fon épouse: voyez de Clèves.
S. Manvieu, Evêque de Bayeux, I, 9900 & 1.
Mapinius, Archevêque de Reims, I, 9531.
Maracare, Evêque de Vannes, I, 10447.
Marais (Marin), Muficien, IV, 47750.
des Marais: voyez Godet.
Maraldi (Jacques-Philippe), Aftronome, IV, 46504.
Maran (Guillaume), Jurifconfulte, IV, 45933.
Maran (Prudent), Bénédictin, I, 11260; IV, 45783.
Marana (Jean-Paul), Hiftorien, IV, 46809.
Marbode, Evêque de Rennes, I, 10426 & 27.
S. Marc, l'Evangélifte, I, 4564.
Marc de la Ferté (Emeri), Evêque du Mans, IV, S. 10377*.
de Marca (Pierre), Archevêque de Toulouse, & enfuite de Paris, I, 9338—43; IV, S.
de Marcaffus (Pierre), Littérateur, IV, 47124.
S. Marcel & S. Anaftafe, Martyrs, I, 4565.
S. Marcel de Châlons, Martyr, I, 4566—68.
S. Marcel, Evêque de Paris, I, 4239, 9288—92.
S. Marcel, Evêque de Die, I, 10745.
S. Marcellin, Evêque d'Embrun, I, 8825 & 26.
S. Marcellin, Evêque du Puy, I, 8491.
Marchand (Prosper), Libraire, IV, 47980; IV, Suppl.
Marchand (Jean-Louis), Organifte, IV, 47751.
Marchant (Jérôme), Général des Chartreux, I, 13148.
de la Marche-Courmont (Ignace), Littérateur, IV, 47125.
de la Marche de Parnac (Henri), Abbé de Grammont, IV, S. 13202*.
Marcile (Théodore), Profeffeur Royal, IV, 47126, IV, S.
de la Marck (Erhard ou Evrard), Cardinal, Evêque de Liége, I, 8787.
de la Marck, Robert III, Seigneur de Fleurange & de Sédan, Maréchal de France, neveu du précédent, II, 17505, & III, 31621.
de la Marck (Guillaume-Robert), Duc de Bouillon, III, 31881; IV, S.
de Marconville (Jean), Littérateur, IV, 47127.
de Marcoffey (Marie), épouse de Charles d'Urre, I, 4765.
S. Marcoul, Abbé de Nanteuil, I, 12248—55; IV, Suppl.
Marculfe, Moine, IV, 45930.
S. Mare, Evêque de Trèves, I, 10523.
de la Mare (Nicolas), Commiffaire au Châtelet, IV, 46810.
Maréfchal (Georges), Chirurgien, IV, 46210 & 11.
Marefcot (Michel), Médecin, IV, 46212 & 13.
Marefcot (Guillaume), Confeiller d'Etat, fils du précédent, III, 32727.
Marefius: voyez des Marefts.
des Marefts (Samuel), Miniftre Calvinifte, I, 6023—25.
des Marefts (Rolland), Avocat, IV, 47128 & 29.
des Marefts de Saint-Sorlin (Jean), Poëte, IV, 47663.
Marguenat de Courcelles (Anne-Térèfe), Marquife de Lambert, IV, 48102 & 3.
Ste Marguerite, Vierge & Martyre, I, 13302.
Marguerite d'Anjou, Reine d'Angleterre: voyez d'Anjou.
Marguerite de Valois, Reine de Navarre: voyez de Valois.
Marguerite de Valois ou de France, Reine de France, II, 25129—37, 28401—3, 11—16.
Marguerite de France, Ducheffe de Savoie, fille de François I; II, 25505—7; 28397—401; IV, S. 26226**.

Marguerite de Jéfus, Carmélite, I, 14999.
Marguerite du Saint-Sacrement, Carmélite, I, 14494—98; IV, S.
Marguerite de Sainte-Anne, Fondatrice des Feuillentines, I, 15057.
Marguerite de Saint-François-Xavier, Ursuline, I, 15317.
S. Mari: voyez Mary.
S. Marian, Solitaire, I, 13362, 64 & 65; IV, S.
Mariana (Jean), Jéfuite, III, 33701.
Marie (Gilles), Curé de Chartres, I, 11264 & 65.
Ste Marie, Vierge & Mere de Jéfus-Chrift, Hiftoire de fon Culte & des lieux confacrés fous fon invocation en France, I, 4079—226; IV, S. & I, 14911.
Ste Marie-Magdelène, I, 3977—4002; IV, S.
Ste Marie de Malliac, Veuve, I, 4556.
Ste Marie d'Oignies, Béguine, I, 14710—23.
Marie de Brabant, Reine de France, feconde épouse de Philippe le Hardi, II, 26028.
Marie de Luxembourg, Reine de France, feconde épouse de Charles-le-Bel, II, 26033.
Marie d'Angleterre, Reine de France, troifième épouse de Louis XII, II, 25077 & 78; 26046; 26165—70; 26585.
Marie Stuart, Reine de France & d'Ecoffe, épouse de François II; II, 25091—122; 26227 & 28; IV, Suppl.
Marie de Médicis, Reine de France, épouse de Henri IV, II, 25138—58; 26077—79; 26188—97; 26307, 26320, 26342, 26384—86; 26591 & 92; 26752—54; 28459.
Marie-Térèfe d'Autriche, Reine de France, épouse de Louis XIV; II, 25164, 25179—96, 26424—41, 26606—10, 26770—72; IV, S.
Marie-Sophie-Félicité Leckzinska, Reine de France, épouse de Louis XV, II, 25197—207, 26528, 26616—17.
Marie d'Angleterre, Dauphine de France, épouse du Dauphin François, fils de François I, II, 26585—87.
Marie-Anne de Bavière, Dauphine de France, épouse du Dauphin Louis, fils de Louis XIV, II, 25705—5, 26464; 26611.
Marie-Adélaïde de Savoie, Dauphine de France, épouse du Dauphin Louis, petit-fils de Louis XIV, II, 25707—16; 26615.
Marie-Térèfe d'Efpagne, Dauphine de France, première épouse du Dauphin Louis, fils de Louis XV, II, 25764 & 65; 26564.
Marie-Jofeph de Saxe, Dauphine de France, feconde épouse du précédent Dauphin, II, 25766.
Marie-Elifabeth de France, fille de Charles IX, II, 25508—10.
Marie de Portugal, Reine d'Efpagne, épouse de Ferdinand VI, II, 25729.
Marie d'Agreda, Cordeliere, I, 4735.
Marie de la Trinité, Carmélite, I, 14993 & 15000; IV, S.
Marie de l'Incarnation, Carmélite, I, 14976—83.
Marie de l'Incarnation, Ursuline, I, 15314.
Marie de l'Incarnation, Ursuline de la Nouvelle France; I, 15324—26.
Marie-Bon de l'Incarnation, Ursuline, I, 15330.
Marie de Jéfus, Carmélite, IV, S. 14992*.
Marie de Jéfus, Supérieure des Filles de la Sageffe, IV, S. 15342*.
Marie-Angélique, Abbeffe de Port-Royal; I, 15094—96.
Marie-Angélique de la Providence, Religieufe, I, 4821 & 15340.
Marie des Anges, Abbeffe de Maubuiffon & de Port-Royal, I, 15099.
Marie de S. Charles, Religieufe de Ste Elifabeth, I, 15199.
Marie de Sainte-Dorothée, Abbeffe de Port-Royal, I, 15118.

Marie

Table des Personnes. 257

Marie de Sainte-Térèse, Carmélite, I, 15009, IV, Suppl.
Marie-Elisabeth, Annonciade, I, 14705.
Marie-Elisabeth de la Croix de Jésus, I, 15256; IV, Suppl.
Marie-Hyacinthe, Annonciade, I, 14703.
Marie-Jeanne de Jésus, Fondatrice des Augustines, I, 14708.
Marie-Magdelène de la Sainte-Trinité, Fondatrice des Religieuses de la Miséricorde, I, 15249 & 15337; IV, S.
Marie-Magdelène de la Trinité, Carmélite, I, 14993 & 15000; IV, S.
Marie-Térèse de Jésus, Carmélite, I, 15001.
de Marigny (Enguerrand), Seigneur de Couci, Comte de Longueville, Chambellan; II, 16979 & 82; III, 31528—30.
de Marigny : *voyez* Charpentier.
de Marillac (Michel), Garde des Sceaux, III, 31526—28.
de Marillac (Louis), Maréchal de France, frere du précédent, II, 21788; III, 31649—51; 33718—23, & 49.
de Marillac *non* Marilhac (André), Doyen de S. Emilion, arrière-petit-fils de Michel, I, 11266.
de Marillac (Louis), Curé de Paris, frere du précédent, I, 4735.
de Marillac (Michel), Poëte, IV, 47513.
de Marillac (Louise), épouse de M. le Gras, I, 15035; IV, S.
S. Marin (Ermite), I, 13366.
Marin (Michel-Ange), Minime, I, 14067; IV, S.
de Marinis (Dominique), Archevêque d'Avignon, IV, S. 8134*.
Marion ( ), Chanoine, I, 11267.
Mariotte ( ), Trésorier de France; IV, S. 34066*.
Mariotte (Edme), Physicien, IV, S. 46504*.
S. Marius, Protecteur d'Auvergne, I, 4242.
le B. Marius, Evêque d'Avenches, I, 8217; IV, 46811.
de Marivaux : *voyez* Carlet.
de Marmiesse (Bernard *non* Bertrand), Evêque de Conserans, I, 8100 & 101; IV, S.
de Marolles (Claude), Capitaine des Cent-Suisses, III, 31990.
de Marolles (Michel), Abbé de Villeloin, fils du précédent, I, 11268—72; IV, S.
Marot (Jean & Clément), pere & fils, Poëtes; IV, S. 47515.
de Maroulle (l'Abbé), I, 11272.
de la Marque de Tilladet (Jean-Marie), Académicien, I, 11485 & 86.
de Marquemont : *voyez* Simon.
Marquet (François-Nicolas), Médecin, IV, 46214.
Marrier (Martin), Prieur de S. Martin-des-Champs, I, 12620; IV, S.
S. Mars, Abbé, I, 12595 & 96.
Mars (Noël), Bénédictin, I, 11647 & 48; IV, S.
du Marsais : *voyez* Chesneau.
de Marsal (Sibylle), I, 4896.
S. Marse, Prêtre d'Auxerre, IV, S. 11270*.
de Marseille : *voyez* de Vintimille.
de Marsigli (Louis-Ferdinand *non* François), Marquis, IV, 46505; IV, S.
Marsollier (Jacques), Prevôt d'Uzès, I, 11273.
de Marsy (François-Marie), Historien & Poëte; IV, 46812.
Martel (Guillaume), Dominicain, I, 13847.
Martene (Edmond), Bénédictin, I, 12545; IV, 46813, & S.
Ste Marthe, sœur de Lazare, I, 3977—4002; IV, Supplém.
S. Martial, premier Evêque de Limoges, I, 4003—11, 63—66; 8461—67; IV, S.

S. Martial de Stains, I, 8468; IV, S.
Martial (le Pere), Capucin, IV, S. 13927*.
Martial d'Auvergne ou de Paris, IV, 47516 & 17.
Martianay (Jean), Bénédictin, I, 12529 & 30.
S. Martien, Abbé, I, 11590.
de Martigny (Charles), Evêque d'Elne, III, 33643.
de Martigues : *voyez* de Luxembourg.
Martin IV, Pape, I, 7713—16.
S. Martin, Evêque de Tours, I, 10275—302; IV; Supplém.
S. Martin *non* Materne, Evêque de Tongres, I, 8723.
S. Martin, Abbé de Saintes, I, 11591.
S. Martin de Brive, I, 4569; IV, S.
S. Martin de Vertou, I, 11925—27.
le B. Martin, Cardinal, I, 7798.
Martin (Claude), Bénédictin, I, 12155; IV; S.
Martin (Jacques), Bénédictin, IV, S. 12546*.
Martin (François), Minime, I, 14054.
Martin (David), Ministre Calviniste, I, 6129.
Martin (Jean), de Paris, Médecin, IV, 46215.
Martin (Jean), de Troyes, Médecin, IV, 46216.
Martin ( ), Chimiste, IV, 46217.
Martin (Jacques), Mathématicien, IV, 46506.
Martin (Jean), Littérateur, IV, 47131.
Martinengo (François), Comte, III, 31991.
de la Martiniere : *voyez* Gaujon.
Martinot (Jacques), Minime, I, 14050.
Martinozzi (Anne-Marie), Princesse de Conti, II; 25855.
de Marville (Antoine), Jurisconsulte, IV, 45934.
S. Mary ou Maire ou May, Abbé de Bevon, I, 4570; 4705; 11716—18.
Mascaron (Jules), Evêque d'Agen, I, 8174—76.
Mascaron ( ), Avocat, IV, 45935.
Masoyer (Jeanne), Ursuline, I, 15318; IV, S.
Masquiere (Françoise), Poëte, IV, 48121.
Massé (Jean-Baptiste), Peintre, IV, 47899 & 900.
Massieu (Guillaume), Académicien, I, 11274—76; IV, 47517.
Massillon (Jean-Baptiste), Evêque de Clermont, I, 8456, V. Add.
Masson (Jean), dit Papire, Substitut du Procureur-Général du Parlement de Paris, III, 31995—97; IV, 46813, & S. Voyez aussi le Mémoire qui le concerne à la fin du Tome III, pages lxxviij—lxxx.
le Masson (Innocent), Général des Chartreux, IV, S. 13248⅔.
le Masson (Barthélemi), Professeur Royal, IV, 47116.
Massoulié (Antoine), Dominicain, I, 13833 & 34.
Massus, Evêque de Paris, I, 9286.
Ste Mastide, Vierge, I, 4571 & 72.
de Matel : *voyez* Chezart.
S. Materne, Evêque de Trèves, de Tongres & de Cologne, I, 8662 & 10502, 4—6; & V, Add.
S. Maternien, Archevêque de Reims, I, 9514.
Matho (Jean), Musicien, IV, 47752.
Mathon (François), Prêtre, I, 11278.
S. Mathurin : *voyez* Maturin.
de Matignon (Jacques), Prince de Mortagne, Maréchal de France, II, 19714 & 15; III, 31651 & 52.
de Matignon (Odet), Comte de Torigny, Lieutenant-Général, fils du précédent, III, 31992.
de Matignon (Henri), Comte de Torigny, Lieutenant-Général, arrière-petit-fils de Jacques, III, 31993.
de Matignon (Charles-Auguste), Comte de Gacé, Maréchal de France, frere du précédent, III, 31653.
de Matignon (Eléonore), Abbesse de Notre-Dame du Paraclet, sœur des deux précédens, IV, S. 14845*.

Tome V.   K k

Matte (Jean), Chimiste, IV, S. 46217*.
le B. Matthieu, Cardinal, I, 7799—801.
Matthieu de Vendôme, Abbé de S. Denys; IV, S. 12442*.
Matthieu de Reims, Prieur de S. Martin-des-Champs, I, 12619.
Matthieu (l'Abbé), Dominicain, I, 13766.
Matthieu (Pierre), Historien, IV, 46815. Voyez aussi le Mémoire qui le concerne à la fin du Tome III, pap. lxxx) & lxxxij.
S. Maturin, Prêtre, I, 11279 & 80.
Maubert de Gouvest (Henri), Littérateur, IV, 46817; IV, S.
Mauclerc (Paul.-Emile), Ministre Calviniste, I, 6153.
Maucomble (Jean-François-Dieu-donné), Poëte, IV, 47518.
de Maucroix (François), Chanoine, 11281 & 82, IV, 47519, & S.
Mauduit (Michel), Oratorien, IV, S. 11282*.
S. Mauger : voyez Vincent.
S. Mauguille, Solitaire, I, 13360, 61, 63; IV, Suppl.
de Maulart (Jean), Evêque de Meaux, I, 9419.
de Mauléon : voyez Loiseau.
de Maulevrier : voyez de Brezé.
Maumenet (l'Abbé), Littérateur, IV, 46818.
Maunoir (Julien), Jésuite, I, 14166.
de Maupas (Charles), Baron du Tour, IV, Suppl. 31994*.
de Maupas du Tour (Henri), Evêque d'Evreux, fils du précédent, I, 9951.
de Maupeou (Jean), Evêque de Châlons-fur-Saône, I, 9039—41.
de Maupeou (Marie-Renée), Abbesse de Faremoutier; V, Add. 14893**.
Maupertuis : voyez Moreau.
S. Maur, Evêque de Verdun, I, 10662.
S. Maur, Abbé de Glanfeuil, I, 11609 & 10, 11991 —94, 12508 & 12640.
S. Maur, Ermite, I, 13368.
Ste Maure, Martyre en Beauvoisis, I, 4573 & 74; IV, S.
Ste Maure, Vierge à Troyes, I, 4575—77; IV, Suppl.
S. Maurice & ses Compagnons, Martyrs, I, 4578 —80; IV, S.
S. Maurille, Martyr, I, 11106.
S. Maurille, Archevêque de Rouen, I, 9873—75.
S. Maurille, Evêque d'Angers, I, 10378—83 & 86; IV, S.
S. Maurille, Prêtre, I, 11183.
S. Mauronte, Abbé de Merghem, I, 12164 & 65.
de Mautout : voyez Moreau.
de la Mauvissière : voyez Castelnau.
S. Mauxe, ou Maxime, & S. Vénérand, Martyrs, I, 4581—83.
Mauzé (Madame), Religieuse, IV, 47987.
S. Maxence, Martyr, IV, S. 4612**.
Ste Maxence, Vierge & Martyr, IV, S. 4581.
S. Maxime, Martyr : voyez Mauxe.
S. Maxime, Evêque de Riès, I, 7886—93.
S. Maxime de Rascas, I, 4586.
Maxime, prétendu Evêque de Toulouse, I, 10214.
Ste Maxime, Vierge, I, 4584 & 85.
S. Maximin, Evêque de Trèves, I, 10509—15.
S. Maximin, Evêque de Tongres, I, 8724.
S. Maximin, Evêque d'Aix, I, 3977, 88, 90, 91, 4002, 7856; IV, S.
S. Maximin ou Mesmin : voyez Mesmin.
S. May : voyez Mary.
de May (Claude), Comtesse de Chaligny, Chanoinesse, I, 15030.
du May (Louis), Littérateur, IV, 46820.
de Mayenne : voyez de Lorraine.

de Mayerne : voyez Turquet.
Maynard (François), Poëte, IV, 47520.
Mazarin (Jules), Cardinal, Evêque de Metz, Ministre d'Etat, I, 10602; II, 23117 & 18; 23868, & 69; III, 32514—16, 24 & 25, 28, 39—66; IV, S.
Mazarin (Michel), Cardinal, Archevêque d'Aix, frere du précédent, I, 7865; IV, S.
Mazarin (la Duchesse) : voyez Mancini.
Mazarini-Mancini (Philippe-Julien), Duc de Nevers, IV, 47561.
Maziles (Jean), Médecin, IV, 46218.
Mazocchi (Alexis-Symmaque), Chanoine de Naples, IV, 46821.
Mectilde du Saint Sacrement, Religieuse, IV, Suppl. 14843**.
S. Médard, Evêque de Noyon, I, 9741—48.
de Médavy : voyez Rouxel.
de Médicis (Catherine), Reine de France, épouse de Henri II : voyez Catherine.
de Médicis (Marie), Reine de France, épouse de Henri IV : voyez Marie de Médicis.
S. Médulfe, Ermite, I, 13369; IV, S.
S. Méen : voyez Mandé.
de Méhégan (Guillaume-Alexandre), Littérateur, IV, 46822.
Meigret ou Maigret (Louis), Littérateur, IV, 47132.
de Meillars (Philippe), Marquis, Maréchal de Camps; I, 4761; IV, S. 5974* & 31997*.
de la Meilleraye (le Duc) : voyez de la Porte.
de la Meilleraye (Madame) : voyez de Harlay, (Catherine).
le Meingre ou le Maingre de Boucicaut (Jean), Maréchal de France, II du nom, II, 17132; III, 31594 —96.
S. Mélaine, Evêque de Rennes, I, 10422—24.
S. Mélair ou Mélar, Martyr, I, 4587.
S. Mélan, Evêque de Troyes, I, 10086.
Mélan (Claude), Graveur, I, 47901 & 2.
de Meleun non Melun (Anne), Fondatrice des Hospitalieres de Baugé, I, 15223; IV, S.
S. Mellon, Archevêque de Rouen, I, 9818.
Mélot (Anicet), Littérateur, IV, 46823.
de Mellons (Charlotte), épouse d'André-Gérard le Camus, IV, 48033.
de Melun (Charles), Connétable, III, 31424 & 33637.
S. Mémoire & ses Compagnons, Martyrs, I, 4588.
S. Mémoire, Confesseur, I, 4589.
Ménage (Matthieu), Théologal d'Angers, I, 11289; IV, S.
Ménage (Jacques), Seigneur de Cagny, de la même famille, 32759.
Ménage (Guillaume), Avocat du Roi à Angers, de la même famille, III, '34108.
Ménage (Gilles), Doyen de S. Pierre d'Angers, fils du précédent, I, 11284—88; IV, 47521; V, Add. 47132*.
Ménard (Nicolas-Hugues), Bénédictin, I, 12513 & 14.
Ménard (Bruno), Chartreux, I, 13259.
Ménard (Léon), Historien, IV, 46824.
Ste Ménéhoult, Vierge, I, 4590.
S. Menelé, Abbé de Menat, I, 12160 & 61.
Menestrier (Claude-François), Jésuite, I, 14180 & 81. Voyez aussi le Mémoire qui le concerne à la fin du Tome III, pag. lxxxij.
le Menestrier (Jean-Baptiste), Antiquaire, IV, 46816.
S. Menge ou Menje, Evêque de Châlons-fur-Marne, I, 9616—21; IV, S.
S. Menjol, Martyr, I, 4591.
Ste Menne, Vierge, IV, S. 4591*.
Menot (Michel), Cordelier, I, 13874; IV, S.
S. Menoux, Evêque Breton, I, 4593.

Table des Personnes.

S. Menulf, Evêque du Berry, I, 4592.
de Merargues : voyez de Lagonia.
de Merbes (Bon), Docteur en Théologie, I, 11290.
Mercastel (Jean-Baptiste), Oratorien, IV, *Suppl.* 11290.
Mercier (Jean), Professeur Royal, IV, 47133.
Mercier (Nicolas), IV, 47134.
Mercier du Pâty (Charles-Jean-Baptiste), Physicien, IV, 46543.
le Mercier (Jean), Seigneur de Noviant, Grand-Maître de France, III, 32278.
le Mercier (Jean), Jurisconsulte, IV, 45936.
de Mercœur : *voyez* de Lorraine & de Vendôme.
de Mercœur (la Duchesse) : *voyez* de Luxembourg, (Marie).
de Mercueur (Odilon), Evêque de Mende, I, 7967, répété au Tome IV, S. 7969*.
Ste Mere, Vierge & Martyre, I, 4594.
de Méré (le Chevalier) : *voyez* Brossin.
Mérérius, Evêque d'Angoulême, I, 8287.
de Mergey (Jean), Sieur de Haraus-Mesnil, II, 18216; III, 31998.
S. Mériadec, Evêque de Vannes, I, 10445.
Merigot de Bauz (le Sieur), III, 33763.
Merille (Edme), Jurisconsulte, IV, 45937.
de Merinville : *voyez* de Monstiers.
de Merlieres (Jean), Mathématicien, IV, 46510.
Merlin (Pierre), Ministre Calviniste, I, 5873.
Merlin (Jacques), Ministre Calviniste, IV, S. 5958*.
Mérovée, Roi des Francs, II, 16000 & 16008.
S. Merre ou Mitre, Martyr, I, 4595 & 96.
le Merre (Pierre), Avocat, IV, 45939.
le Merre (Pierre), Avocat, fils du précédent, IV, 45940.
S. Merry, Abbé d'Autun, I, 12603—8.
Mersenne (Marin), Minime, I, 14044—48; IV, S.
de Merville : *voyez* Guyot.
Mery (Jean), Chirurgien, IV, 46219 & 20.
Meschinot (Jean), Littérateur, IV, 47135.
Mesenguy (François-Philippe), Auteur Ecclésiastique, I, 11291; IV, S.
S. Mesme : *voyez* Maime.
Mesme (Laurent), *dit* Maturin Neuré, Physicien, IV, 46511 & 19.
de Mesmes (Henri), Seigneur de Roissy, Conseiller d'Etat, III, 32720.
de Mesmes (Claude), Comte d'Avaux, Surintendant des Finances, petit-fils du précédent, III, 32533 —35, & 32705.
de Mesmes (Jean-Antoine), Seigneur d'Irval, Président au Parlement de Paris, frere du précédent, III, 32705.
de Mesmes (Jean-Jacques), Bailli de l'Ordre de Malte, petit-fils du précédent, III, 32710.
S. Mesmin *ou* Maximin, Abbé de Micy, I, 12671—74; IV, S.
de la Mesnardiere : *voyez* Pilet.
du Mesnil (le Marquis), Lieutenant-Général, III, 31998.
du Mesnil (Jean-Baptiste), Avocat du Roi, III, 32971; IV, 45941.
du Mesnil de Courtiaux (Claude-Louise), derniere Prieure de Port-Royal-des-Champs, I, 15126.
de Mesples (Marguerite), Supérieure des Orphelines du Puy, I, 4808; IV, S. 4807*.
Mestrezat (Jean), Ministre Calviniste, I, 5963.
le Métel de Boisrobert (François), Poëte, I, 10976; IV, 47328.
S. Métropole, Evêque de Trèves, IV, S. 10507*.
de la Mettrie : *voyez* Offray.
du Metz : *voyez* Berbier.
de Méun : *voyez* Clopinel.
Meusnier (Philippe), Peintre, IV, 47903.
Meynard (François), Jurisconsulte, IV, 45942.

Tome V.

de Meyrac (Christine), fille du Baron de Meyrac, IV, 48128.
de Mezeray : *voyez* Eudes.
de Méziriac : *voyez* Bachet.
Michaëlis (Sébastien), Dominicain, I, 13811 & 12; IV, S.
de Michaëlis (M.), Conseiller au Parlement de Provence, III, 33203.
Michault (Jean-Bernard), Littérateur & Historien; IV, 46833.
Michel (Jean), Evêque d'Angers, I, 10405.
Michel (Nicolas), Médecin, IV, 46224.
Michel (Jean), Poëte, IV, 47522.
Michel de la Rochemaillet (Gabriel), Jurisconsulte, IV, 45943 & 44.
Michelle de France, fille de Charles VI; II, 28360.
Michon, Moine de S. Riquier, I, 12745.
S. Micomer, Prêtre, I, 11292 & 93.
de Migieux (Antide), Président au Parlement de Bourgogne, III, 33075.
Mignard (Nicolas), Peintre, IV, 47904.
Mignard (Pierre), Peintre, frere du précédent, IV, 47905—8.
Mignard ( ), Carmélite, I, 14993; IV, *Suppl.*
Mignault *non* Mignaut (Claude), *dit* Minos, Jurisconsulte, IV, 45945 & 46; 47139 & 40.
Mignot (Estienne), Littérateur, IV, 46834.
S. Milet, Evêque de Trèves, I, 10524.
S. Milhard, Evêque de Sèez, I, 9971.
Millet (Marie), Villageoise; IV, 48129.
de la Milletiere : *voyez* Brachet.
Milletot (Jean-Bénigne), Conseiller au Parlement de Dijon, III, 33093.
Millieu (Pierre-Antoine), Poëte, IV, 47523.
Milon, Cardinal, I, 7802.
Milon, Moine de S. Amand, I, 12319.
Milon (Pierre), Médecin, IV, 46225.
de Mimeure : *voyez* Valon.
S. Minje : *voyez* Menge.
Minoret (Guillaume), Musicien, IV, 47753.
Minos : *voyez* Mignault.
de Minville : *voyez* de Palayseau.
de Miramion (Madame) : *voyez* Bonneau.
de la Mitande : *voyez* Pic.
Mirapeau (François), Prêtre de la Doctrine, I, 11294.
de Miremont (Philippe), Gentilhomme de la Chambre, III, 32399; mis par méprise au Tome I, N.° 9423.
de Miromesnil : *voyez* Hue.
Miron (François), Prévot des Marchands, III, 34599 & 600.
S. Mitre : *voyez* Merre.
Mitte de Chevrieres (J. A.), Marquis de S. Chamond, III, 32056.
Mitte de Chevrieres (Melchior), Comte de S. Chamond, II, 29394; III, 32057.
Mizauld (Antoine), Médecin, IV, 46226.
S. Modeste, Martyr, I, 4704.
S. Modeste, Evêque de Trèves, I, 10525.
S. Modoald, Evêque de Trèves, I, 10530.
Modoin, Evêque d'Autun, I, 8987.
le Moine (Estienne), Professeur Calviniste, I, 6068 & 69.
le Moine (Pierre), Poëte, IV, 47525.
le Moine ( ), Musicien, IV, 47769.
le Moine (François), Peintre, IV, 47909 & 10.
Moisant (Jacques), Poëte, IV, 47526.
Moivre (Abraham), Mathématicien Anglois, Associé étranger de l'Académie des Sciences, IV, 46512.
Mola (Jean-Baptiste), Peintre, IV, 47911.
de Molai (Jacques), Grand-Maître des Templiers, III, 40348 & 49.
la Mole (Boniface), Gentilhomme, III, 33668.

K k 2

Molé (Matthieu), Garde des Sceaux, III, 31532—35; IV, S.
Molé (Madame), son épouse: *voyez* de Nicolaï.
Molé (Françoise), Abbesse de S. Antoine, leur fille, I, 15071.
de Moliere: *voyez* Pocquelin.
de Moliere (Henriette-Sylvie), IV, 48131.
de Molieres: *voyez* Privat.
Molin (Jacques), *dit* du Moulin, Médecin, IV, 46227 & 28; IV, S.
Molinelli (Pierre-Paul), Chirurgien, IV, 46229.
du Molinet (Claude), Chanoine Régulier, I, 13622 & 23; IV, 46836 & S.
Mollony (Jean), Théologien, IV, 45785.
S. Momble *ou* Mummole *ou* Mommolin, Abbé de Fleury, Patron de Bordeaux, I, 4599 & 11963.
S. Momble, Moine de Lagny, I, 11964. *On l'a confondu avec le précédent.*
S. Mommole: *voyez* Momble & Mummole.
S. Mommolin, Evêque de Noyon, I, 9756 & 57.
S. Mommolin, Abbé: *voyez* Momble.
de Monaco (Mademoiselle), IV, S. 48131*.
de Monantheuil (Henri), Médecin, IV, 46230—32.
de Monbron *non* de Bourbon (Antoinette), Religieuse, I, 14944; IV, S. & V, *Add.*
de Monchesnay: *voyez* Losme.
de Moncrif: *voyez* Paradis.
Mondeville: *voyez* Mandeville.
S. Mondolf *non* Modoalde, Evêque de Mastricht, I, 8738.
de Mondonville: *voyez* Cassanea.
Ste Monégonde, Femme, I, 4600—2.
Monet (Philibert), Jésuite, I, 14130.
Monetæ: *voyez* de la Monnoie.
de Mongault (Nicolas-Hubert), Académicien, I, 11297.
de Monglat: *voyez* de Clermont.
Moni (Jean), Graveur, IV, 47492.
du Monin (Jean-Edouard), Poëte, IV, 47540—42.
de la Monnoie (Claude-Pierre), Avocat, IV, 45947.
de la Monnoie (Bernard), Littérateur, IV, 47143—47; 47542 & 43.
Monoyer (Jean-Baptiste), Peintre, IV, 47912.
du Monstier (Artus), Récollect, I, 13904.
du Monstier (François), Professeur Royal, IV, 47148.
des Monstiers de Merinville (Charles-François), Evêque de Chartres, IV, S. 9387*; I, 9388.
de Monstrœil *ou* Montreuil (Jean), Médecin, IV, 46233.
du Mont (Henri), Musicien, IV, 47755.
de Montañé (Anne), Comtesse de Soissons, II, 25862 & 63.
de Montagu (Jean), Grand-Maître & Surintendant des Finances, III, 32279 & 32449.
de Montaigne (Michel), Conseiller au Parlement de Bordeaux, III, 33130 & 31; IV, 46513 & 14, & S. V, *Add.* 36514*.
S. Montain, Solitaire, I, 13370 & 71.
Ste Montaine, I, 4603.
de Montal: *voyez* de Montsaulnin.
de Montalembert (André), Seigneur d'Essé, III, 31938.
de Montault de Bénac (Philippe), Duc de Navailles, Maréchal de France, II, 24189.
de Montault de Bénac (Philippe), Marquis de Navailles, fils du précédent, III, 32019.
de Montault de Bénac-Navailles (Charlotte-Françoise-Radegonde), Abbesse de Sainte-Croix de Poitiers, sœur du précédent, I, 14834.
Montaudouin (Daniel-René), Philosophe, IV, 46515.
de Montausier (le Duc): *voyez* de Sainte-Maure.

de Montausier (la Duchesse): *voyez* d'Angennes.
de Montbelliar: *voyez* de Bar.
de Montbrun: *voyez* du Puy.
de Montcalm (le Marquis), III, 32010 & 11.
de Montchal (Charles), Archevêque de Toulouse, I, 10231.
de Montchrestien (Antoine), Poëte, IV, 47544.
de Montdorge: *voyez* Gauthier.
de Monteclair (Michel), Musicien, IV, 47756.
de Montecuculli: *voyez* de Sébastiane.
de Montégut (Madame): *voyez* Segla.
de Montejean (Robert), Maréchal de France, III, 31654.
de Montereau: *voyez* de Montreul.
de Montereul: *voyez* Montreuil.
de Montesquieu: *voyez* de Secondat.
de Montfaucon (Bernard), Bénédictin, I, 12546; IV, 46834, & S.
de Montferrand (la Dame): *voyez* de l'Estonnac.
de Montferrat (la Marquise): *voyez* d'Alençon.
Montfleury: *voyez* Jacob.
de Montfort (Simon), Comte, III, 32012.
de Montfort (la Comtesse): *voyez* de Flandres.
de Montfort: *voyez* Grignion.
de Montgaillard: *voyez* de Persin.
de Montglat: *voyez* de Clermont.
de Montgommery: *voyez* de Lorge.
de Monthenault-d'Egly (Charles-Philippe), Littérateur, IV, 46724.
de Montholon (François), Conseiller d'Etat, III, 32724.
de Montholon (Catherine), Fondatrice des Ursulines de Dijon, veuve de René le Beau, Seigneur de Sanzelles, sœur du précédent, I, 15319.
de Montigny (Jean), Evêque de Léon, IV, *Suppl.* 10455*.
de Montigny (Philippe), Vicomte de Dreux, IV, S. 32012*.
de Montigny (Claude), Oratorien, I, 11299; IV, *Suppl.*
de Montigny: *voyez* de la Grange.
de Montjoye (Louis), Chambellan, III, 32331.
de Montlaur (Elisabeth), épouse de M. Dreuillet, IV, 48064.
de Mont-le-Hery (Gui II), Comte de Rochefort, Sénéchal de France, II, 16624; III, 31394.
de Montluc (Blaise), Maréchal de France, II, 18117 & 18; III, 31654 & 55, 33676.
de Montluc (Jean), Evêque de Valence, frere du précédent, I, 10740—42; IV, S.
de Montluc de Balagny (Catherine), Abbesse d'Origny, I, 14925.
de Montlyard (Jean), Historien, IV, 46835.
de Montmartel: *voyez* Paris.
de Montmartin: *voyez* Davity.
de Montmaur (Pierre), Littérateur, I, 11300 & 301; IV, 47149, & S.
de Montmiral: *voyez* de Silly & le Tellier.
de Montmirel, le B. Jean: *voyez* Jean.
de Montmor: *voyez* Hubert.
de Montmorency (François), Comte de Boutteville, III, 33749 & peut-être 33708.
de Montmorency (François-Henri), Duc de Luxembourg-Piney, Maréchal de France, fils du précédent, II, 24365; III, 31642—48; IV, S.
de Montmorency (Elisabeth-Angélique), Duchesse de Châtillon, sœur du précédent, IV, 48047.
de Montmorency (Guillaume), premier Baron de III, 32015; IV, S.
de Montmorency (Anne), Duc, Connétable de France, II, 17743 & 44, 26188; III, 31430—41, 48, IV, S.
de Montmorency (la Duchesse), son épouse: *voyez* de Savoie.
de Montmorency (François), Maréchal de France, fils du précédent, III, 31656—58.

de Montmorency (Henri I), Duc, Connétable de France, frere du précédent, III, 31442—48; IV, *Suppl.*
de Montmorency (Charlotte), Duchesse d'Angoulême, & Comtesse d'Auvergne, fille du précédent, I, 4767.
de Montmorency (Charles), Duc de Damville, Amiral de France, Oncle de la précédente, III, 31786 & 87.
de Montmorency (Henri II), Duc, Maréchal de France, Neveu du précédent, II, 21763—65; III, 31659—64, 33725—29 & 49; IV, *S.*
de Montmorency (la Duchesse), son épouse : *voyez* des Ursins.
de Montmorency (Charlotte - Marguerite), Princesse de Condé, sœur du précédent, II, 25818—20, & 26759.
de Montmorin (Armand), Archevêque de Vienne, IV, *S.* 10730*.
de Montmort : *voyez* Rémond.
de Montpensier : *voyez* de Bourbon.
de Montpensier (Mademoiselle), fille de Gaston, Duc d'Orléans, II, 25601, 25609—11.
de Montplaisir (le Comte), Poëte, IV, 47548.
de Montreuil *ou* Montereul (Jean & Matthieu), Poëtes, IV, 47549.
de Montreuil : *voyez* de Monstrœil.
de Montreul (Eudes), Architecte, IV, 47808.
de Montreux (Nicolas), Poëte, IV, 47550.
de Montrevel (le Chevalier), III, 32016.
de Montrichard (Laurent-Gabriel), Marquis de Frontenay, III, 32014; IV, *S.*
de Montsaulnin (Charles), Comte de Montal, Lieutenant-Général, III, 32000.
de Montureux : *voyez* Bourcier.
Mopinot (Simon), Bénédictin, I, 12537 & 38.
S. Moran, Evêque de Rennes, I, 10425; IV, *S.*
S. Morand, Moine de Cluni, I, 11836 & 37; IV, *Suppl.*
Morand (Sauveur-François), Chirurgien; IV, *S.* 46234*.
de Morand (Pierre), Avocat, IV, 45948.
de Moranges : *voyez* Barillon.
Moreau (René), Curé de Poitou, IV, 11302; IV, *Suppl.*
Moreau (Jean-Baptiste), Vicaire-Général de Cîteaux, I, 13016.
Moreau (Pierre), Minime, I, 14040 & 41; IV, *S.*
Moreau (Martin), Médecin, IV, 46235.
Moreau (René), Médecin, IV, 46236 & 36*.
Moreau (Jean-Baptiste & Jean-Baptiste-René), Médecins, freres, IV, 46237.
Moreau (Jean-Baptiste), Musicien, IV, 47757.
Moreau de Maupertuis (Pierre-Louis), IV, 46507—9.
Moreau de Mautour (Philibert-Bernard), Antiquaire & Poëte, IV, 46819 & 47551.
Moreau de Séchelles (Jean), Ministre, III, 32616.
Morel (Cyprien), Négociant, I, 4762.
Morel (Jean-Baptiste), Curé, I, 11303.
Morel (Jean), Gouverneur de Henry d'Angoulême, III, 32017; IV, 47151.
Morel (Frédéric), Professeur Royal, & Imprimeur du Roi, IV, 47150.
Moréri (Louis), Littérateur, I, 11304; IV, 46835.
Moret de Bourcheru de Valbonnays (Jean-Baptiste), Historien, IV, 46946—48, & *S.* 33803.
de Moret (le Comte) : *voyez* Jean-Baptiste, Solitaire.
Morgagne (Jean-Baptiste), Philosophe, IV, 46517.
Morgan (Thomas), Anglois, III, 33696.
de Morgues (Matthieu), Sieur de S. Germain, Aumônier de la Reine, I, 11305.
Morice du Lérain (Joseph-Nicolas), Chanoine, I, 11103; IV, *S.*

Morillon (Julien-Gatien), Bénédictin, IV, *S.* 12662* & 47551.
Morin (Simon), Fanatique, I, 4876—78; IV, *S.* 33759.
Morin (Jean), Prêtre de l'Oratoire, I, 11306—9; IV, 45786.
Morin (Pierre), Savant d'Italie, I, 11310.
Morin (Jean-Baptiste), Médecin & Mathématicien, IV, 46238—41.
Morin (Louis), Médecin, IV, 46242 & 43.
Morin (Nicolas), Médecin, IV, 46244.
Morin (Henri), Antiquaire, IV, 46836.
Morin (Etienne), Littérateur, IV, 47152.
de la Motiniere : *voyez* le Fort.
Morisot (Claude-Barthélemi), Littérateur, IV, 47154.
Mornac (Antoine), Poëte, IV, 47552.
de Mornay (Pierre), Sieur de Buhy, IV, *S.* 43324*.
de Mornay (Philippe), Seigneur du Plessis, frere du précédent, I, 5941 & 42; II, 21223; III, 32721 & 22; IV, *S.* 43324*.
de Mornay (Marie), Demoiselle de Buhy, petite-fille de Pierre, I, 4778.
de Mortemar : *voyez* de Rochechouart.
de Morton : *voyez* Douglas.
de Morvan de Bellegarde (Jean-Baptiste), Littérateur, I, 10928 & 29.
Morus (Alexandre), Ministre Calviniste, I, 6020 & 21.
Morus (Michel), Philosophe, IV, 46518.
de Morvilliers (Jean), Evêque d'Orléans, Garde des Sceaux de France, I, 9478; III, 31505.
Mosnier (Jean), Peintre, IV, 47913.
Motin (Pierre), Poëte, IV, 47553.
de la Mothe-Houdancour, Duc de Cardonne, Maréchal de France, III, 31665 & 66.
de la Mothe le Vayer (François), Conseiller d'Etat, III, 32733—35; IV, 47155.
de la Motte : *voyez* Houdar.
de la Motte-Fénelon : *voyez* de Salignac.
de la Motte-des-Goutes (Jeanne-Silénie), Visitandine, I, 15299.
de la Motte-Lambert ( ), Evêque de Beryte, I, 10837.
de la Motte-Messemé : *voyez* le Poulcre.
de Motteville : *voyez* Bertaut.
du Mouclin : *voyez* Rogier.
Moulart (Matthieu), Evêque d'Arras, I, 8604.
du Moulin (Pierre), Ministre Calviniste, I, 5987 & 88; IV, *S.* 5986**.
du Moulin (Charles), Jurisconsulte ; IV, 45949—53.
du Moulinet (Louis), Evêque de Séez, I, 9979.
des Moulins (Jean), Cardinal, Dominicain, I, 13794.
des Moulins (Laurent), Poëte, IV, 47557.
Mouret (Jean-Joseph), Musicien, IV, 47758.
Mourgues (Michel), Poëte, IV, 47558.
Moyron (Jacques), III, 34022.
Muce (le Frere), Moine de la Trappe, I, 13161.
de Mucie (Madame) : *voyez* Filzjan.
le Muet (Pierre), Architecte, IV, 47814.
de Muis (Siméon), Chanoine, I, 11311 & 12.
S. Mummole, Abbé à Bordeaux, I, 11592. *C'est le même que le suivant.*
S. Mummole, Abbé de Fleury, mort à Bordeaux : *voyez* Momble.
de Murat (la Comtesse) : *voyez* de Castelnau.
Muret (Marc-Antoine), Littérateur, I, 11313—15; IV, 47156 & 47559; IV, *S.*
de Murs (Jean), Musicien, IV, 47759.
Mussart (Vincent), Instituteur du Tiers-Ordre de S. François, I, 15930.
S. Mytre : *voyez* Merre.

N

Nadal (Augustin), Antiquaire & Poëte, IV, 46837 & 47560.
le Nain de Tillemont (Louis-Sébastien), Prêtre, I, 11237—40.
le Nain (Pierre), Sous-Prieur de la Trappe, frere du précédent, I, 13162 & 63.
le Nain (Jean), Avocat-Général au Parlement de Paris, neveu des précédens, III, 32986.
le Nain de Tillemont (Madame), Prieure des Carmélites à Paris, I, 15010.
Nalgode, Moine de Cluni, I, 11844.
S. Namace, Evêque de Clermont, I, 8426.
S. Namphase ou Nauphary, Ermite dans le Querci, I, 13372.
de Nancei : voyez de la Chastre.
de Nancel (Nicolas), Médecin, IV, 46245.
Nanteuil (Robert), Graveur, IV, 47914.
de Nanteuil : voyez de Schomberg.
Nanthilde, Reine de France, épouse de Dagobert I, II, 15031.
de Naples : voyez de Sicile.
de Nassau (Charlotte-Flandrine), Abbesse de Sainte-Croix de Poitiers, I, 14806—8; IV, S.
Nattier (Jean-Marc), Peintre, IV, 47915.
Naturel (Pierre), Préchantre de Châlons-sur-Saône, I, 11316.
Naudé (Gabriel), Chanoine de Verdun, I, 11317 & 18; IV, 46247 & 48, 47157, & S.
Naudé (Philippe), le pere, Mathématicien, I, 6142; IV, 46519.
Naudé (Philippe), le fils, Mathématicien, I, 6142.
Naudin (François), Théologien, IV, 45787.
S. Nauphaty : voyez Namphase.
de Navailles : voyez de Montault.
S. Nectaire, Evêque de Vienne, I, 10696.
S. Nectaire, Evêque d'Autun, I, 8977.
Negre de Lacan (Jean-François), Archidiacre de Montpellier, I, 11218; IV, 46488.
de Nemours : voyez d'Armagnac, de Foix & de Savoie.
de Nereltang (Françoise), premiere Abbesse de la Bénisson-Dieu, I, 15062.
Néricault des Touches (Philippe), Poëte, IV, 47694.
S. Nerlin, I, 4604.
de Nesmond (André), prémier Président du Parlement de Bourdeaux, III, 33123; IV, S.
de Nesmond (la Présidente), I, 4735; IV, 48140.
de Nesmond (François), Evêque de Bayeux, I, 9913.
de Neuchastel (Jean), Cardinal, Evêque d'Ostie, IV, S. 13800**.
de Neufcheses (Jacques), Evêque de Châlons-sur-Saône, I, 9037 & 38.
de Neufville (Nicolas), Seigneur de Villeroy, Secrétaire d'Etat, III, 32684—91; IV, S.
de Neufville (Charles), Marquis d'Alincourt, Gouverneur de Lyon, fils du précédent, II, 26302; III, 32701—3.
de Neufville (Nicolas), Duc de Villeroy, Maréchal de France, fils du précédent, III, 31731 & 32.
de Neufville de Villeroy (Camille), Archevêque de Lyon, frere du précédent, I, 8955 & 56; IV, Suppl.
de Neufville de Villeroy (Magdelène), Vicomtesse de Pisieux ou Puisieux, sœur des précédens, IV, 48154, & S.
de Neufville (François), Duc de Villeroy, Maréchal de France, fils de Nicolas, III, 31733.
de la Neufville : voyez le Quien.
Neuté (Maturin) : voyez Mesme.
de Neuvillars (Mademoiselle), I, 4811.

Neuville : voyez Poncy.
de Neuvillette (la Baronne) : voyez Robineau.
Newton (Isaac), Philosophe, IV, 46520—22.
Nevelon, Moine de Corbie, I, 11889.
de Nevers (le Comte), Gérard, III, 33565; IV, Suppl.
de Nevers (le Comte), Jean : voyez de Bourgogne.
de Nevers (les Ducs) : voyez de Gonzague & Mazarini.
de Nevers (les Duchesses) : voyez de Cleves & de Lorraine.
Neveu (Magdelène), épouse de M. des Roches, IV, 48161 & 62; IV, S.
S. Nicaise, Archevêque de Rouen : voyez Nigaise.
S. Nicaise, Archevêque de Reims, Martyr, I, 9511 —13; IV, S.
S. Nicaise, Martyr, I, 4605.
Nicaise (Claude), Chanoine de la Sainte-Chapelle de Dijon, I, 11319 & 20; IV, 46838, & S.
Niceron (Jean-François), Minime, I, 14043; IV, 46522.
Niceron (Jean-Pierre), Barnabite, I, 14074; IV, Suppl.
S. Nicet, Evêque de Vienne, I, 10696.
S. Nicet, Evêque de Trèves, I, 10527—29.
S. Nicet, Archevêque de Besançon, I, 8190.
Nicolaï (Jean), Dominicain, I, 13823.
de Nicolaï (Renée), épouse de M. le Président Molé, I, 4810.
S. Nicolas, Evêque de Myre, I, 4606; IV, S.
S. Nicolas Appleine, Chanoine, I, 10895.
Nicolas II, Pape, I, 7691 & 92.
Nicolas, Moine de S. Crépin, I, 12389.
Nicole (Pierre), Théologien, I, 5622 & 23, 11321; IV, 46524.
Nicole (François), Mathématicien, IV, 46523.
Nicole (Claude), Poëte, IV, 47562.
Nicot (Jean), Maître des Requêtes, IV, S. 32759*.
S. Nigaise, Archevêque de Rouen, I, 9817.
Ste Ninnoque, Vierge, I, 4607.
S. Nisier, Evêque de Lyon, I, 8914 & 15; IV, Suppl.
Nissole (Pierre), Médecin, IV, 46249.
Nithard, Historien, petit-fils de Charlemagne, II, 16373 & 25269.
S. Nivard, Archevêque de Reims, I, 9533—35.
Nivelle de la Chaussée (Pierre-Claude), Poëte, IV, 47365 & 66.
de Nivetnois : voyez de Nevers.
de Noailles (la Duchesse), Mere des suivans : voyez Boyer.
de Noailles (Anne-Jules), Duc, Maréchal de France, III, 31669; IV, S.
de Noailles (Louis-Antoine), Cardinal, Archevêque de Paris, frere du précédent, I, 9353.
de Noailles (Gaston-Jean-Baptiste-Louis), Evêque de Châlons-sur-Marne, frere des précédens, I, 9633.
de Noailles (Adrien-Maurice), Duc, Maréchal de France, fils d'Anne-Jules, III, 31670; IV, S.
le Noble (Eustache), Poëte, IV, 47563.
le Noblets (Michel), Prêtre, I, 11322.
de la Noë-Ménard (Jean), Prêtre, I, 11323.
Noël (Louis), Philosophe, IV, 46525.
de Nogaret (Guillaume), Chancelier, III, 31491 & 32030; IV, S.
de Nogaret & de la Valette (Bernard II), Amiral de France; II, 19408; III, 31788 & 89, 38081.
de Nogaret & de la Valette (Jean-Louis), Duc d'Espernon, Pair & Amiral de France, frere du précédent, II, 20743 & suiv. 22077—80; III, 31840 & 33734.
de Nogaret (Catherine), Comtesse du Bouchage, sœur du précédent, IV, 48013.
de Nogaret de la Valette & de Foix, (Bernard III),

Table des Personnes.

Duc d'Espernon, fils du précédent, II, 26416 & 17; III, 33736—39, & 49.
de Nogaret (Anne-Louise-Christine), Carmélite, dite Anne-Marie de Jésus, fille du précédent, I, 15005 & 6.
de Nogaret & de la Valette (Louis), Cardinal, Archevêque de Toulouse, frere du précédent, IV, S. 10230*.
de Noinville : voyez Durey.
le Noir (Jean), Théologal de Sées, IV, 45954.
de le Noir (Gabriel), Lieutenant-Général, III, 34111.
Ste Noitburge, Vierge, I, 4608.
Nollet (Louis-Antoine), Physicien, IV, 46526 & 27.
S. Nomius ou Nummius, I, 4609.
S. Norbert, Archevêque de Magdebourg, I, 10833 & 13558—56.
Norbert (le Pere) : voyez Parisot.
de Normandie (le Duc), Rollon ou Raoul, III, 34956—63; IV, S.
de Normandie (le Duc), Guillaume-Longue-Epée, III, 34964.
de Normandie (le Duc), Richard I, III, 34965.
de Normandie (le Duc), Guillaume le Conquérant, III, 34966—90, 35012.
de Normandie (le Duc), Guillaume III; III, 35006 —8 & 12.
de Normandie (le Duc), Henri I; III, 35008 —12.
de Normandie (le Duc), Geoffroy Plantegenet, III, 35019.
de Norsfolk : voyez Hawart.
Nostradamus (Michel), IV, 46250—55.
le Nostre (André), Controleur des Bâtimens du Roi, IV, 46528.
Notcher, Abbé de Hautvilliers, I, 12010.
Notger, Evêque de Liége, I, 8770.
Notre-Dame, la Sainte-Vierge : voyez Marie.
de la Noue ou de Lanoue (François), Minime, I, 14055; IV, S.
de la Noue ou Delanoue (Jeanne), Religieuse, I, 4813; IV, 15226*.
de la Noue (François), dit Bras-de-fer, Capitaine, II, 19330 & 31.
le Noutry (Nicolas), Bénédictin, I, 12535 & 36.
Novelli (Arnaud), Cardinal, Abbé de Fontfroide, IV, S. 7802*.
de Noviant : voyez le Mercier.
des Noyers ( ), Musicien, IV, 47769.
des Noyers : voyez Sublet.
Nyon (Pierre), Philosophe, IV, 46529.

O

d'O (François), Marquis, III, 32031 & 32, & 32464.
Obrecht (Ulric), Jurisconsulte, IV, 45955.
Ste Ode, épouse du B. Arnould, I, 4610 & 11, II, 15251.
Ode, la Vénérable Religieuse, I, 15028 & 29.
Odebert (Pierre), Président au Parlement de Bourgogne, III, 33072 & 73.
Ste Odile, Abbesse de Hoëmbourg, I, 15025 —27.
S. Odilon, Abbé de Cluni, I, 11818—24.
Odilon, Moine de Saint-Médard de Soissons, I, 12659.
Odolric, Abbé de Saint-Martial, I, 12602.
S. Odon, Abbé de Cluni, I, 11801—6.
le B. Odon, Evêque de Cambrai, auparavant Abbé de Saint-Martin de Tournai, I, 8569—71, 12636; IV, S.
Odon, Cardinal & Evêque d'Ostie, I, 7803.

Odon, Evêque de Beauvais, I, 9683.
Odon, Abbé de Glanfeuil, I, 11996.
Odon, Abbé de Morimond, I, 13110.
Odon, Abbé de Saint-Remi de Reims, I, 12730.
Odon de Deuil, Abbé de Saint-Denys, I, 12441.
Odon du Sap, Prieur de S. Evroul, I, 12463.
Odoranne, Moine de Saint-Pierre-le-Vif, I, 12718.
Offray de la Mettrie (Julien), Médecin, IV, 46223.
Ogier ou Oger (Charles), Littérateur & Poëte, IV, 47159 & 47564.
Ogier de Gombauld, Littérateur & Poëte, IV, 47160 —62, 47461 & 47564.
Olbert, Abbé de Gemblours, I, 11988.
S. Oldegaire, Archevêque de Tarragone, I, 10833.
Oliba, Evêque de Vic, I, 10833.
Olier (Jean-Jacques), Curé de S. Sulpice, I, 11324; IV, S.
Oliva (Jean), Littérateur, IV, S. 46838*.
d'Olivet : voyez Thoulier.
Olivier (Séraphin), Cardinal, Evêque de Rennes, I, 10428—30.
Olivier (François), Chancelier de France, III, 31498 —500; IV, S.
Olivier de Longueil (Richard), Cardinal, Evêque de Coutances, I, 1004.
S. Omer, Evêque de Terouenne, I, 9768—71.
S. Onésime, Evêque de Soissons, I, 9592.
S. Onnoulé : voyez Domnolene.
d'Onsembray : voyez Pajot.
Opalinska (Marie), Reine de Pologne, Duchesse de Lorraine, IV, S. 38931.
Ste Opportune, Abbesse de Montreuil, I, 14852—56; IV, S.
S. Oprat, Evêque d'Auxerre, I, 10150.
Optatus Gallus : voyez Hersent.
d'Oraison (la Marquise), Marthe, Baronne d'Allemagne, & Vicomtesse de Valernes, I, 4767, 4814 & 15.
d'Orbay (François), Architecte, IV, 47814.
Ordric Vital, Moine de S. Evroul, I, 12466.
S. Orens ou Orient, Evêque d'Ausch, I, 8080 —83.
Oresme (Nicolas), Evêque de Lisieux; IV, Suppl. 45787* & **.
d'Oria : voyez d'Auria.
S. Orient : voyez Orens.
d'Origny (le Comte) : voyez le Bourgeois.
d'Origny (M.), III, 32033, peut-être le même que le précédent.
Oriol : voyez Auréole.

Maisons d'Orléans-Valois.

d'Orléans (le Duc), Philippe, Comte de Valois, fils de Philippe de Valois, II, 25407—9.
d'Orléans (le Duc), Louis, fils de Charles V, Comte d'Angoulême, II, 17153, 25221, 25484—87.
d'Orléans (Charles), Duc, fils du précédent, II, 25488; IV, 47565, & S.
d'Orléans (Marie), fille du précédent, II, 25489.
d'Orléans (Jean), Comte d'Angoulême, frere du précédent, II, 25490 & 91; IV, S.
d'Orléans (Charles), Comte d'Angoulême, fils du précédent, II, 28374.
d'Orléans (Jean), Comte de Dunois, fils naturel du Duc Louis, II, 17285, 25533—43; 26142; III, 32334; IV, S.
d'Orléans (François II), Duc de Longueville, descendant du précédent, II, 25545.
d'Orléans (Catherine), fille de Léonor, Duc de Longueville, Fondatrice de l'Ordre des Carmélites en France, II, 25547.
d'Orléans (Antoinette), Marquise de Belle-Isle, Fondatrice des Religieuses du Calvaire, sœur de la précédente, I, 14793 & 94, II, 25546; IV, S.

d'Orléans (Henri II), Duc de Longueville, I, 4757; II, 23115, 25549, 50 & 52.
d'Orléans (Jean-Louis-Charles), Duc de Longueville, nommé l'Abbé d'Orléans, fils du précédent, IV, S. 25556*.
d'Orléans (Charles-Paris), Comte de Saint-Paul, frere du précédent, II, 25554—56.
d'Orléans (François), Marquis de Rothelin, Pere du Duc Léonor, & des Marquis de Rothelin, II, 25557.
d'Orléans-Rothelin (Charles), Abbé de Cormeilles, I, 11420; II, 25557.
d'Orléans (le Duc), Charles, fils de Henri II. *Voyez* Charles IX, Roi de France.

Maisons d'Orléans-Bourbon.

d'Orléans (le Duc), Jean-Baptiste-Gaston de France, fils de Henri IV, I, 7377—86; II, 25223 & 24, 25599—604, 26383, 26605, 28428 & 29.
d'Orléans (la Duchesse), Marie de Bourbon, premiere épouse du précédent. *Voyez* de Bourbon-Montpensier.
d'Orléans (la Duchesse), Marguerite de Lorraine, seconde épouse du précédent : *voyez* de Lorraine.
d'Orléans (Anne-Marie-Louise), Princesse de Dombes, fille aînée de Gaston, II, 25609—11; IV, S.
d'Orléans (Elisabeth), Duchesse de Guise, seconde fille de Gaston, II, 25611; IV, S.
d'Orléans (Françoise-Magdelène), Duchesse de Savoie, troisième fille de Gaston, II, 25613.
d'Orléans (le Duc), Philippe de France, fils de Louis XIII, II, 25652—58; IV, S.
d'Orléans (la Duchesse), Henriette-Anne d'Angleterre, premiere épouse du précédent : *voyez* Henriette.
d'Orléans (la Duchesse), Elisabeth-Charlotte - Palatine de Baviere : *voyez* de Baviere.
d'Orléans (Philippe), Duc, Régent, petit-fils de France, & fils du précédent Philippe, II, 24576, 25672—74; 27365—69.
d'Orléans (Marie-Louise), Reine d'Espagne, sœur du précédent, II, 26464, 26612 & 13, 16776, 28414.
d'Orléans (Louis), Duc, fils du précédent, II, 25675—78; IV, S.
d'Orléans (Marie-Louise-Elisabeth), Duchesse de Berry, sœur aînée du précédent, II, 28437.
d'Orléans (Louise - Adélaïde), Abbesse de Chelles, seconde sœur du précédent, I, 14873 & 74; IV, S. 25678*.
d'Orléans (Louise-Elisabeth), Reine d'Espagne, troisieme sœur du précédent, II, 26615.
d'Orléans de la Motte (Louis-François-Joseph-Gabriel), Evêque d'Amiens, IV, S. 9727*.
Ornano (Alfonse), Maréchal de France, III, 31671 & 72.
Ornano (Jean-Baptiste), Maréchal de France, fils du précédent, III, 31673—75.
Orsini & Orsino : *voyez* des Ursins.
S. Ortaire, Abbé, I, 11593.
d'Ortigue *ou* Dortigue de Vaumoriere (Pierre), IV, 47244 & 45.
S. Osmond, Evêque de Sarisbery, I, 10833.
d'Ossat (Arnauld), Cardinal, I, 9908—12; III, 32680; IV, S.
S. Ostent : *voyez* Austind.
S. Ostien, Prêtre, I, 11325.
Otbert, Evêque de Liége, I, 8778.
S. Otger, Moine de S. Faron, I, 12467.
Otter (Jean), Académicien, II, 46840 & 41.
Oubrel (M.), Théologal de Péronne, II, 11484; IV, S. 4766*.
S. Oudard, I, 4612; IV, S.
Oudin (François), Jésuite, I, 14208; IV, *Suppl.* 47165.

Oudin (Casimir), Littérateur, IV, 46842.
Oudinet (Marc - Antoine), Antiquaire, IV, 46843 & 44.
Oudry (Jean-Baptiste), Peintre, IV, 47916.
S. Ouen, Archevêque de Rouen, I, 9854—59, III; 31486.
d'Oultreman (Henri), Historien, IV, 46845.
S. Ours, Abbé, I, 11603.
des Ours de Mandajors (Pierre), Littérateur, IV; 46808.
Oussat (le Président), III, 33693.
S. Oust : *voyez* Auguste.
S. Outain : *voyez* Ultain.
S. Outrille : *voyez* Austrégisile.
S. Oyend : *voyez* Eugende.
Ozanam (Jacques), Mathématicien, IV, 46532—34.

P

Pacifique de S. Jean-Baptiste, Carme Déchaussé, I; 13729.
Pacius (Jules), Jurisconsulte, IV, 45956.
Padet (Pierre), Professeur Royal, I, 11373; IV, 46536.
Padet (Pierre), Proviseur du Collège d'Harcourt, IV, 46535.
de Pagan (Hugues), Fondateur & Grand-Maître de l'Ordre des Templiers, III, 40346.
de Pagan (Blaise-François), Comte, Mathématicien; III, 32034 & 35; IV, 46536.
Pageau (René), Avocat, IV, 45957.
Pager : *voyez* Dupin.
Pagi (Antoine), Cordelier, I, 13891—93; IV; *Suppl.*
Pagi (François), Cordelier, neveu du précédent, I; 13894.
Pagu : *voyez* de Varennes.
Paillet (Noël), Docteur en Théologie, I, 11326.
S. Pair, Evêque d'Avranches, I, 9921; IV, S.
Pajon (Claude), Ministre Calviniste, I, 6049.
Pajot (Louis), Comte d'Onsembray, IV, 46530 & 31.
S. Palais *ou* Pallade, Evêque de Saintes, I, 8300.
Palaprat (Jean), Poëte, IV, 47567.
Palarin (M.), Président au Parlement de Toulouse; IV, S. 33030*.
de Palayseau (MM.), du Fresne & de Minville, fils du Seigneur de Palayseau, III, 31946.
Palémon (le Frere), Moine de la Trappe, I, 13158.
de la Palice : *voyez* de Chabannes.
SS. Pallade I & II, Archevêques de Bourges, I, 8367.
S. Pallade *ou* Pelade, Evêque d'Embrun, I, 8828.
S. Pallade, Evêque d'Auxerre, I, 10158.
S. Pallade, Evêque de Saintes : *voyez* Palais.
Ste Palladie, Vierge, IV, S. 4612*.
Palliot (Pierre), Historiographe, IV, 46846—48.
Pallu (M.), Evêque d'Heliopolis, I, 10839.
Pallu (Victor), Médecin, IV, 46256.
S. Palmace, Martyr, IV, S. 4612**.
de la Palme : *voyez* d'Alverny.
Palmerius : *voyez* Paulmier.
de la Palu (Pierre), Patriarche de Jérusalem, Dominicain, I, 13791.
Pamélius (Jacques), Evêque de Saint-Omer, I; 8639.
Panard (Charles-François), Poëte, IV, 47568.
de Pantaflour (Pierre), Evêque de Tournay, I, 8632.
S. Pantagathe, Evêque de Vienne, I, 10703.
Pape *ou* de la Pape (Guy), Conseiller au Parlement de Grenoble, IV, 45958—60.

Papillon;

Papillon (Philibert), Chanoine de Dijon, I, 11328; IV, 46849.
Papin (Isaac), Ministre Anglican converti, I, 11329 —31.
S. Papolen, Abbé de Stavélo, I, 12895.
S. Papoul, Martyr, I, 11331.
Paradin (Guillaume), Doyen de Beaujeu, I, 11333.
Paradis (Paul), Professeur Royal, IV, 47166.
Paradis de Moncrif (François-Augustin), Académicien, IV, 47141 & 42.
de Parcieux (Antoine), Mathématicien, IV, 46537 & 38.
de Pardaillan de Gondrin (Louis-Henry), Archevêque de Sens, I, 10076 & 77.
de Pardaillan de Gondrin d'Antin (Pierre), Evêque de Langres, IV, S, 9021*.
Pardies (Ignace-Gaston), Jésuite, I, 14154—56.
S. Pardou ou Pardoulf, Abbé de Gueret, I, 12004 —6; IV, S.
Paré (Guy), Cardinal, Archevêque de Reims, I, 9569.
Patent (Antoine), Académicien, IV, 46539 & 40.
Parent (François), Professeur Royal, IV, 46541 & 47167.
Paret (Marie), Dominicaine, I, 15139; IV, S.
Parfaict (François), Historien, IV, 46850.
Parigot (Marguerite), dite du S. Sacrement, Carmélite, I, 14994—98; IV, S.
Paris (Claude), Opticien, IV, 47984.
Paris de Montmartel (M.), III, 32621.
de Paris (Madame) : voyez le Picart.
de Paris (Anselme), Chanoine Régulier, I, 13621.
de Paris (François), Diacre, I, 5677—93, 11334 —38.
de la Parisiere : voyez Rousseau.
Parisot (Norbert), Capucin, dit l'Abbé Platel, IV, S. 11359** & 13929*.
Parménien, Evêque Donatiste de Carthage, I, 10833.
S. Parre ou Patrocle, Martyr, I, 4613, 15 & 16.
Parrenin (Dominique), Jésuite, I, 14212.
Parrocel (Joseph & Charles), Peintres, pere & fils, IV, 47917.
de Parthenay (Anne), épouse d'Antoine de Pons, Comte de Marennes, IV, 48144.
de Parthenay (Catherine), épouse 1.º de Charles de Quelenec, Baron du Pont, & 2.º de René, Vicomte de Rohan, nièce de la précédente, IV, 48145.
Parthénius, Ministre de Théodébert, III, 32445.
Parvi (Guillaume), Evêque de Troyes, puis de Senlis, Dominicain, I, 13806.
de Pas (Manassès) Marquis de Feuquières, III, 31700.
du Pas (Jean), Lieutenant-Général, I, 4762.
Pascal (Blaise), Mathématicien, I, 4759; IV, 45763, 45788—93, 46542, & S. 4759.
S. Paschal Baylon, Capucin, I, 13969; IV, S.
Paschal II, Pape, I, 7697.
Paschal (Charles), Conseiller d'Etat, III, 32723.
S. Paschase, Evêque de Vienne, I, 10694.
S. Paschase Radbert, Abbé de Corbie, I, 11881 —86.
Ste Paschasie non Paschalie, Vierge & Martyre, I, 4614.
Palquier (Etienne), Avocat, IV, 45961 & 47569.
Passerat (Jean), Professeur Royal, IV, 47168—73, 47569.
la B. Passi, Fondatrice des Capucines, IV, Suppl. 15199*.
Passionei (Dominique), Cardinal, IV, 46851; IV, Suppl.
de Paltrana (le Duc), II, 26310 & 11.
Paté (M.), Curé de Cherbourg, I, 11339.
S. Paterne, Evêque de Vannes, I, 10442—44.
S. Paterne, Evêque d'Avranches, I, 9918—21.

S. Paterne, Moine de S. Pierre-le-Vif, I, 12715 —17.
S. Patient, Evêque de Lyon, I, 8899—903.
S. Patient, Evêque de Metz, I, 10553.
Patin (Guy), Médecin, IV, 46257—61.
Patin (Charles), Médecin, fils du précédent, IV, 46262 & 63.
Patouillet (Jean), Protonotaire Apostolique, I, 11340; IV, S.
S. Patrice, Abbé, I, 11594.
Patrix (Pierre), Poëte, IV, 47570.
S. Patrocle, Martyr : voyez Parre.
S. Patrocle, Reclus, I, 13373.
Pattu (Olivier), Avocat, IV, 45962—67.
Pattu (Claude-Pierre), Poëte, IV, 47571.
S. Patuse, Chanoine, élu Evêque de Meaux, IV, S. 11340*.
du Paty : voyez Mercier.
S. Paul, premier Evêque de Narbonne, I, 4003—11; 9163—67; IV, S.
S. Paul, Evêque de Sens, I, 10039.
S. Paul, Evêque de Léon, I, 10452—54; IV, Suppl.
S. Paul, Evêque de Verdun, I, 10668.
Paul, Evêque de Paris, I, 9287.
Paul (Pierre), Dominicain, I, 13841.
Paule (la belle) : voyez Viguier.
S. Paulin, Evêque de Trèves, I, 10516—18.
S. Paulin, Evêque de Nole, I, 10821—27; IV; Suppl.
Paulin, Evêque de Béziers, I, 9187.
S. Paulinien, Evêque du Puy, I, 8492.
le Paulmier de Grentemesnil (Jacques), IV, 47174 —76.
de Paulmy : voyez de Voyer.
le Pautre (Antoine), Architecte, IV, 47814.
S. Pavace, Evêque du Mans, I, 10350.
de Pavie (Raymond), Baron de Forquevals, III, 32036 & 37.
Pavillon (Nicolas), Evêque d'Alet, I, 9249—51; IV, S.
Pavillon (Etienne), Académicien, neveu du précédent, IV, 46852 & 53; 47572.
S. Pavin, Abbé au Maine, I, 12130 & 31.
le Pays (René), Poëte, IV, 47573.
Péchantré ( ), Poëte, IV, 47574.
Ste Pécinne ou Persévérande, Vierge, I, 4617.
Pecquet (Jean), Médecin, IV, 46264.
Pédauque (la Reine), II, 25007.
de Peiresc : voyez Fabri.
S. Pelade : voyez Pallade.
Ste Pélagie, Veuve, I, 4618.
S. Pélerin : voyez Peregrin.
le Peletier (Claude), Ministre d'Etat; III, 32596.
le Peletier de Souzy (Michel), Conseiller d'Etat, frere du précédent, IV, S. 32742***.
Pelgey (Claude), Maître des Comptes, IV, 47575 & S. 33805*.
Pellegrin (Simon-Joseph), Poëte, IV, 47576.
Pellerin (Jean), Philosophe, IV, 46544.
Pelletier (Jacques), Littérateur, IV, 47177.
le Pelletier (Jean), Curé de S. Jacques de la Boucherie, I, 11341.
le Pelletier (M.), d'Orléans, I, 4760.
de Pellevé (Nicolas), Cardinal, Archevêque de Sens, & ensuite de Reims, I, 7804.
Pellisson, non Pelisson, Fontanier (Paul), Maître des Requêtes, III, 32760—65; IV, 47577, & S.
Pellot (M.), III, 33174.
de Pelousey : voyez Biettix.
de la Peltrie (Madame), Fondatrice des Ursulines de la Nouvelle France, I, 15323.
Pena (Jean), Mathématicien, IV, 46545.
le Pénitent de Châteauneuf; IV, S. 4760*.

Pernot Duclos (Charles), Académicien, IV, 47072; IV, S.

S. Pepin de Landen, Maire du Palais d'Auſtraſie, III, 31386—88, & 39473—75.

Pepin-le-Gros ou d'Hériſtel, Maire du Palais d'Auſtraſie, petit-fils du précédent, I, 16112; IV, S.

Pepin-le-Bref, Roi de France, petit-fils du précédent, ſon Regne, II, 16154—75, 79, 82, 212, 262, 332—335, ſon Sacre, 25992; IV, S.

Pepin, Roi d'Italie, petit-fils du précédent, II, 25995.

Perau-Calabre ou Calabre-Perau (Gabriel-Louis), Littérateur, IV, 46854.

Perault (Guillaume), Dominicain, célèbre Docteur de Paris, I, 13770.

Perdoulx (François), Théologien, I, 11343.

Perdoulx (Barthélemi), Médecin, IV, 46265 & 66.

Perdreau (Marie), Abbeſſe de Port-Royal de Paris, I, 15118.

de Perefixe de Beaumont (Hardouin), Archevêque de Paris, I, 9344—48; IV, 46855.

S. Péregrin ou Pelerin, Evêque d'Auxerre, I, 10120—23.

S. Peregrin, Prêtre de Lyon, I, 11344.

Perier (Jacques-Simon), Prêtre, I, 11345.

du Perier (Charles), Poëte, IV, 47578.

des Periers (Bonaventure), Poëte, IV, 47579.

Perion (Joachim), Moine de Cormeri, I, 11893.

de Permangle : voyez de Chouly.

Pernot (Andoche), Abbé de Cîteaux, IV, Suppl. 13016*.

Pernot (Pierre-François), Bénédictin, I, 12621.

Peronnet de Gravagneux (Madame), IV, 48147.

S. Perpétue, Evêque de Tours, I, 10310—13.

S. Perpétue, Evêque de Liége, I, 8739.

Perraud (Jeanne), Auguſtine, I, 14712.

Perrault (Claude), Académicien, IV, 46267—69*, 47809, & S.

Perrault (Charles), Académicien, frere du précédent, IV, 46856—58, 47580.

Perreau (Edme), Bénédictin, I, 12751.

Perreau (Jean), Philoſophe, IV, 46546.

Perrenot de Granvelle (Antoine), Cardinal, Archevêque de Beſançon, I, 8197—201; IV, S.

de Petrien de Crenan (Marie-Magdelène), Générale du Calvaire, IV, S. 14952*.

Perrier (François), Peintre, IV, 47918.

du Perrier (Scipion), Juriſconſulte, IV, 45968.

du Perrier Dumourier (Antoine-François), Poëte, IV, 47417.

Perrin (Pierre) Poëte, IV, 47581.

du Perron : voyez Davy.

Perrot d'Ablancourt (Nicolas), Académicien, IV, 46859 & 60.

de Perſon de Montgaillard (Bernard), Abbé d'Orval, I, 13117 & 18.

Perſone de Roberval (Gilles), Mathématicien, IV, 46574; IV, S.

Peſſelier (Charles-Etienne), Littérateur, IV, 47178.

Petau (Denys), Jéſuite, I, 14132—34; IV, 47583.

Pétis de la Croix (François), Hiſtorien, IV, 46861.

Pétis de la Croix (François), Profeſſeur Royal, fils du précédent, IV, 46862 & 63.

Pétis de la Croix (Alexandre-Louis-Marie), Profeſſeur Royal, fils du précédent, IV, 46864.

Petit (Jérôme), Abbé de l'Etoile, IV, S. 13083*.

Petit (Louis), Grand-Maître des Trinitaires, I, 13980.

Petit (Samuel), Miniſtre Calviniſte, I, 5973.

Petit (Jean-Louis), Chirurgien, IV, 46270—73.

Petit (   ), Chirurgien, fils du précédent, IV, 46274.

Petit (Pierre), Médecin, IV, 46275—78, & 47584.

Petit (Pierre), Mathématicien, IV, 46547 & 48.

Petit de Sariſbery (Jean), Evêque de Chartres, I; 9379.

du Petit : voyez de Pourfour.

Petit-Didier (Claude), Abbé de Senones, I; 12884.

Petit-pied (Nicolas), Théologien, I, 11342.

Ste Pétronille, Abbeſſe d'Aubeterre, I, 13567—69.

du Peyrat (Guillaume), Aumônier du Roi, I, 11348.

la Peyrere (Iſaac), Littérateur, IV, 46865.

de la Peyronie (François), Chirurgien, IV, 46280—82.

Peyſſonnel (Charles), Médecin, IV, 46283.

Peyſſonnel (Charles), Antiquaire, IV, 46866.

Pezron (Paul-Yves), Abbé de la Charmoye, I, 13014 & 15.

S. Phalette ou Phalete ou Phalier, Prêtre, I, 11349—51; IV, S.

Pharamond, Roi des Francs, II, 16000—3.

de Pharès (Simon), Aſtronome, IV, 46549.

S. Phébade, Evêque d'Agen, I, 8170—72.

Phelypeaux de Pontcharttrain (Paul), Secrétaire d'Etat, III, 32692 & 93.

Phelypeaux de Pontchartrain (Louis), Chancelier, III; 31555.

Philandrier (Guillaume), Mathématicien, IV, 46550

Philibert (François), dit la Feuillade, Soldat; IV, S. 4762.

les Philidor, Muſicien, IV, 47769.

S. Philippe, Apôtre, I, 4009.

S. Philippe, Evêque de Vienne, I, 10704.

Philippe I, Roi de France ; ſon Regne, II, 16561—628; ſa Parenté avec Bertrade, 24950; ſon Sacre, 26018 & 20; ſon Epitaphe, 26717; Pieces relatives à ſon Regne, III, 29759, 63—67.

Philippe II dit Auguſte, Roi de France ; ſon Regne; II, 16685—779 & 791; ſa Parenté avec Iſemburge, 24951; ſon Sacre, 26023 & 24; ſon Epitaphe, 26719; ſon Divorce prétendu, 28349; ſon Teſtament, 28455; ſes Regiſtres, III, 29507—9; Pieces relatives à ſon Regne, 29779—84.

Philippe III dit le Hardi, Roi de France; ſon Regne; II, 16898—914; ſes Enfans, 25381—406 ; ſon Sacre, 26027; ſon Entrée à Limoges, 26124; Pieces relatives à ſon Regne, III, 29789—91.

Philippe IV dit le Bel, Roi de France ; ſon Regne, II, 16915—79; ſon Différend avec Boniface VIII, I, 7116—14; ſon Sacre, II, 26029; ſes Regiſtres, III, 29511 & 12; Piece relative à ſon Regne, 29792:

Philippe V dit le Long, Roi de France; ſon Regne, II, 16986—88; ſon Sacre, 26031; Piece relative à ſon Regne, III, 29793.

Philippe VI dit de Valois, Roi de France; ſon Regne; II, 17003—22; ſes Enfans, 25407—9; ſon Sacre, 26034.

Philippe de France, fils de Louis VIII, II ; 25346.

Philippe de France, fils de S. Louis, II, 25379: voyez Philippe-le-Hardi.

Philippe de France, Duc d'Orléans, fils de Philippe de Valois, II, 25407—9.

Philippe de France, Duc de Bourgogne, fils de Jean-le-Bon, II, 25429.

Philippe de France, Duc d'Orléans, fils Louis XIII, II, 25651—58; IV, S. ſes deux Mariages, II, 28431 & 32.

Philippe de France, Duc d'Anjou, Roi d'Eſpagne; petit-fils de Louis XIV; II, 25717, 27—30, 26490—92, 26513 & 14, 28436.

Philippe de Bourbon, Infant d'Eſpagne, Duc de Parme; fils du précédent, II, 25731, 26551—55.

Philippe (Claude-Ambroiſe), Préſident au Parlement de Beſançon, III, 33221 & 22.

Table des Personnes.   267

Philippe (   ), Littérateur, IV, 47179.
S. Philippe Benizi, Général des Servites, I, 14001; IV, S.
le B. Philippe Berruyer, Archevêque de Bourges, I, 8399—401.
Philippe Harveng, Abbé de Bonne-Espérance, I, 13564.
Philippe Thibault, Réformateur de l'Ordre des Carmes en France, I, 13703 & 4.
Philopald (Antoine), Curé, Trésorier d'Apoigny, IV, S. 11351**.
S. Phronime *non* Fromine *ni* Frontine, Evêque de Besançon, I, 8172.
Piarron de Chamousset (Claude-Humbert), Maître des Requêtes, IV, S. 33805***.
S. Piat, Evêque de Tournay, I, 8619—23.
Piat (Nicolas), Professeur Royal, I, 11352; IV, 47180.
Pibrac : *voyez* Bertrand.
de Pibrac : *voyez* du Faur.
Pic de la Mirande (Sylvie), Comtesse de la Rochefoucault, IV, 48130.
Pic de la Mirande (Fulvie), Comtesse de Randan, sœur de la précédente, IV, 48130.
Picard (Jean), Prêtre, Prieur de Rillié, IV, Suppl. 46546*.
Picard (Simon), Chanoine Régulier, IV, 13624.
Picart (Philippe), Cordelier, I, 13879.
Picart (Bernard), Graveur, IV, 47919.
le Picart (François), Doyen de S. Germain l'Auxerrois, I, 11355; IV, S.
le Picart (Marie-Françoise), *dite* Madame de Paris, Tiercaire, IV, S. 15205*.
Picot (Jean), Conseiller au Parlement de Paris, III, 32961.
Picquet (François), Consul à Alep, & ensuite Evêque de Babylone, I, 10828.
Pidou (Louis-Marie), Evêque de Babylone, Théatin, I, 14084.
Pidou de Saint-Olon (François), Ambassadeur, III, 32709.
Pidoux (Jean & François), Médecins, IV, 46284.
Pie IV, Pape, I, 7136—38.
Piedoué (Jean-Baptiste), Seigneur de Charsigné, IV, 47181.
S. Pienche, Martyr, I, 4605.
Piénud (Jacques), Professeur Royal, IV, 47182.
Pierquin (Jean), Curé de Chastel, I, 11353.
Pierre I, Empereur de Russie, IV, 46551.
Pierre de France, Seigneur de Courtenay, fils de Louis VI : *voyez* de Courtenai.
S. Pierre de Luxembourg, Cardinal, Evêque de Metz, I, 10589—97; IV, S.
S. Pierre Nolasque, Fondateur de la Merci, I, 13992—99; IV, S.
S. Pierre de Chavanon, Fondateur de l'Abbaye de Pébrac, I, 13636 & 37; IV, S.
S. Pierre Fourrier de Mataincourt, Instituteur de la Congrégation de Notre-Dame, I, 13500—2, 15259 & 40; IV, S. 13499* & 502* & **.
S. Pierre de Juliac, Moine de Molesme, I, 12173.
S. Pierre de Castelnau, Moine de Citeaux, I, 13006 & 7.
Pierre de Tarentaise, Dominicain, depuis Pape sous le nom d'Innocent V; I, 13778.
Pierre Lombard, Evêque de Paris, I, 9314.
Pierre, Evêque de Beauvais en 1465, III, 33636. C'est vraisemblablement Pierre Cauchon en 1431; V, Add.
Pierre de Saint-Astier, Evêque de Perigueux, Dominicain, I, 13776.
Pierre de Librana, Evêque de Saragoce, I, 10833.
Pierre de Blois, Archidiacre de Bath, *non* Abbé du Bec, I, 11346 & 47, IV, 45795 & 46867.
Pierre Maurice, *dit* le Vénérable, Abbé de Cluni, I, 11856 & 57; IV, S.
Tome V.

Pierre, l'Ermite, I, 13374 & 75.
Pierre de la Conception, Trinitaire, I, 13981.
Pierre de Maillesais, Moine, I, 12127.
Pierre de Reims, Dominicain, I, 13768.
Pierre de Saint-Jean de Sens, Prieur, I, 13647.
Pierre Thomas, Carme, I, 13700.
de la Pierre (Madame) : *voyez* de Lansernat.
Pietre (Simon), Médecin, IV, 46285 & 86.
Pigenat (François), Curé de S. Nicolas-des-Champs, I, 11356.
Pigeon (Jean), Méchaniste, IV, 46552.
Pigis (Jacques), Professeur Royal, IV, 47183.
de Piles (Roger), Historien, IV, 46868 & 69.
Pilet de la Mesnardiere (Hippolyte-Jules), Médecin, IV, 46221 & 22.
Pillet (Anne-Marie), Religieuse, IV, S. 15299*.
Pilon (Germain), Sculpteur, IV, 47920.
de la Pimpie de Solignac (Pierre-Joseph), Académicien, IV, S. 46925*.
du Pin : *voyez* Ellies.
Pinard (Michel), Théologal de Sens, I, 11354.
Pineau (Séverin), Chirurgien, IV, 46286.
du Pineau (Gabriel), Jurisconsulte, IV, 45969.
Piner de Romanet (Marguerite), épouse de Claude Aymard, I, 4816.
de Piney : *voyez* de Luxembourg.
de Pins (Jean), Evêque de Rieux, I, 10248.
Pinsson (François), Jurisconsulte, IV, 45970.
Pinssonat (Jacques), Professeur Royal, I, 11359.
Piny (Alexandre), Dominicain, I, 13835.
Pioche de la Vergne (Marie-Magdelène), Comtesse de la Fayette, IV, 48069.
S. Pipion, Diacre, Ermite, I, 13376, & IV, Suppl. 11359*.
Piron (Alexis), Poëte, IV, S. 47585*.
de Pisan (Thomas), Astrologue, IV, 46870.
de Pisan (Christine), Historienne, fille du précédent, IV, 46870 & 71, 48148.
de Pisieux *ou* Puisieux (la Vicomtesse) : *voyez* de Neufville.
Pithou (Messieurs), Jurisconsultes, IV, 45971—81.
Pithou (Pierre), pere des deux suivans, IV, 45980.
Pithou (Pierre), Jurisconsulte, fils du précédent, IV, 45973—81, & 46872. Voyez aussi le Mémoire qui le concerne à la fin du Tome III, pages lxxxvij & lxxxviij.
Pithou (François), Avocat, frere du précédent, IV, 45971 & 72.
Pitot (Henri), Académicien, IV, S. 46552*.
Pitrou (Robert), Mathématicien, IV, 46553.
Pitton de Tournefort (Joseph), Botaniste, IV, 46330—34; IV, S.
de la Placette (Jean), Ministre Calviniste, I, 6124—16.
Planque (François), Médecin, IV, 46288.
de Plantade (François), Conseiller à la Cour des Aydes de Montpellier, IV, S. 33893*.
de Plas (Jeanne-Anne), Abbesse de Farmoutier, I, 1489 & 93.
Platel (l'Abbé) : *voyez* Parisot.
du Plessis d'Argentré (Charles), Evêque de Tulles, I, 8501 & 2.
du Plessis Liancourt (Roger), Duc de la Roche-Guyon, I, 4756.
du Plessis-Mornay : *voyez* Mornay.
du Plessis-Praslin : *voyez* Choiseul.
du Plessis de Richelieu (Alfonse-Louis), Cardinal, Archevêque de Lyon, I, 8954; III, 32961.
du Plessis de Richelieu (Armand-Jean), Cardinal, Duc de Richelieu, frere de Luçon, frere du précédent, I, 8343, 13010; II, 21615, 21781 & 82, 22088—122, 22165, 26751; III, 32476—532, 32612; IV, 45797 & 98, 47627, & S.

Ll 2

du Pleſſis de Richelieu (Nicole), épouſe du Maréchal de Brézé, ſœur des précédens, III, 31605.
du Pleſſis de Richelieu (Armand-Jean), Duc de Richelieu, petit-neveu des précédens, II, 26402.
du Pleſſis de Richelieu (Armand - Louis non Jean), Duc d'Eguillon, fils du précédent, III, 31937.
Pluche (Noël-Antoine), Philoſophe, I, 11360; IV, 46554 & 5.
Plumier (Charles), Minime, I, 14062; IV, 46288, & S.
Poblacion (Jean - Martin), Mathématicien, IV, 46555.
Pocquelin de Moliere (Jean-Baptiste), Poëte, IV, 47527—38.
de Poictiers (Jean), Sieur de Saint-Vallier, III, 33650 & 53; IV, S.
Poillot (Denys), Préſident au Parlement de Paris, III, 32698.
Poilly (François), Graveur, IV, 47921; & V, Add.
Poinſinet (Alexandre - Henri), Poëte, IV, 47586.
Poiret (Pierre), Miniſtre Calviniſte, I, 6127 & 28.
le Pois (Charles), Médecin, IV, 46289.
Poiſle (Jean) Conſeiller au Parlement de Paris, III, 32961.
Poiſſenot (Philibert), Moine de Cluni, I, 11860.
Poiſſon (Raimond), Poëte, IV, 47588.
Poiſſon (Philippe), Poëte, petit-fils du précédent, IV, 47587.
Poiſſons d'Eſtiolles (Madame), Marquiſe de Pompadour, IV, S. 48149* tranſpoſé après 48154.
de la Poix de Fréminville, Juriſconſulte, IV, S. 45887*.
de Polaillon (Madame) : voyez de Lumagne.
de Polaſtron (Marguerite), Fondatrice de la Congrégation des Feuillentines, I, 15057.
de Poleni (Jean), Philoſophe, IV, 46556.
Poli (Martin), Médecin, IV, 46290.
de Polignac (Melchior), Cardinal, Archevêque d'Auſch, I, 8085 & 86, IV, 47589, & S.
Poliniere (Pierre), Phyſicien, IV, 46557.
Ste Pollene, Vierge, IV, S. 4705*.
de Pompadour (Léonard-Philibert), Vicomte, Lieutenant-Général, IV, S. 32037*.
de Pompadour (la premiere Marquiſe), belle-fille du précédent : voyez de Rochechouart.
de Pompadour (Marie-Eſther), Abbeſſe de Saint-Bernard de Tulle, belle-ſœur de la précédente, I, 15073.
de Pompadour (la derniere Marquiſe) : voyez Poiſſons.
Pomponius : voyez Popon.
de Pompone : voyez Arnaud.
S. Ponce, Abbé de Saint-André d'Avignon, I, 12323 & 24.
le B. Ponce de Balmet, Evêque de Belley, I, 8204 & 5, & 13246.
le B. Ponce, Abbé de Cluni, I, 11839—41.
la Vén. Ponce, Abbeſſe d'Auberterre, I, 13567.
Ponce d'Arſace : voyez d'Arſace.
Ponce de Laraze, Fondateur du Monaſtere de Salvanaiſe, I, 13129.
Poncet de la Riviere (Michel), Evêque d'Angers, I, 10418.
Ponçon (Pierre), Médecin, IV, 46291.
de Ponçonas (Louiſe-Cécile), Inſtitutrice des Bernardines réformées de Dauphiné, I, 15059; IV, Suppl.
Poncy - Neuville (Jean - Baptiſte), Poëte, IV, 47590.
S. Pons, Evêque de Cimiez, I, 4619.
de Pons (le Sire) : voyez d'Albret.
de Pons (Jean-François), Littérateur, IV, 47184.
du Pont (Denys), Juriſconſulte, IV, 45982.

du Pont (Pierre), Littérateur, IV, 47185.
de Pontac (Arnaud), Evêque de Bazas, I, 8104 & 5.
de Pontault (Sébaſtien), Seigneur de Beaulieu, III, 31873.
de Pontchartrain : voyez Phelypeaux.
de Pontchâteau : voyez du Cambout.
de Pontevès ( ), Marquis de Buous, III, 31888.
de Pontevès (Jean), Comte de Carcès, III, 31898; IV, Suppl.
de Pontevès (Gaſpard), Comte de Carcès, fils du précédent, III, 31898 & 99; IV, S.
de Pontgibaut (le Comte), III, 33708.
de Ponthieu non de Clermont (Jeanne), marié à Henri III, Roi d'Angleterre, II, 28353; & au Tome V, les Additions.
de Pontis (Louis), Gentilhomme ordinaire de la Chambre du Roi, II, 23738.
de Pontoiſe : voyez Rance.
de Pontoux (Claude), Poëte, IV, 47591.
de la Popeliniere : voyez Lancelot.
Popon (Maclou), Conſeiller au Parlement de Dijon, III, 33077; IV, S.
S. Poppon, Abbé de Stavélo, I, 11896 & 97.
Poppon, Evêque de Metz, I, 10586.
Poquet de la Livoniere (Claude), Juriſconſulte, IV, 45983.
S. Porcaire, Abbé de Lérins, I, 12088 & 89; IV, Suppl.
Ste Porcaire, Vierge, IV, S. 4612*.
Porcher (Eſtienne), Habitant de Joigny, IV, Suppl. 43614*.
de Porcheres : voyez d'Arbaud & Laugier.
Porée (Mattin), Evêque d'Arras, Dominicain, I, 13801.
Porée (Charles), Jéſuite, I, 14201; IV, 47592, & Suppl.
de Porlan : voyez de Courcelles.
de la Porrée (Gilbert), Evêque de Poitiers, I, 8321.
Portalon (Joſeph - François), Prébendier de Béziers, I, 11364.
de Portalou (Antoine), Avocat, IV, 45984.
de la Porte (Charles), Duc de la Meilleraye, Grand-Maître de l'Artillerie, III, 31819.
de la Porte (Magdelène), Abbeſſe de Chelles, ſœur du précédent, I, 14371 & 72; IV, S.
de la Porte (Pierre), premier Valet de Chambre de Louis XIV; II, 23907.
de la Porte (François), Avocat, IV, 45985.
des Portes (Bernard), Evêque de Belley, & enſuite Chartreux, I, 8209.
des Portes (Philippe), Abbé de Tiron, I, 11365 bis. IV, 47592—94.
Porthaiſe (Jean), Cordelier, I, 13880 & 81; IV, Suppl.
Poſtel (Guillaume), Prêtre, Profeſſeur Royal en Mathématiques, I, 11366—71; IV, 46558, & S. 11371 & 11371*.
S. Potentien, Martyr, I, 10031—34.
Pothenot (Laurent), Mathématicien, IV, 46559.
Pothier (Robert-Joſeph), Juriſconſulte, IV, 45986; IV, S.
S. Pothin, Evêque de Lyon, I, 4274 & 75.
Potier de Geſvres (Louis), Secrétaire d'Etat, III, 32694.
Pouchard (Julien), Académicien, IV, 46876—78.
Pouchet (Jean-Robert), Feuillent, V, Add. 13095*.
Pouſſier (M.), Doyen du Parlement de Dijon, III, 33094.
de Pouilly : voyez Léveſque.
le Poulcre (François), Sieur de la Motte - Meſſemé, Poëte, IV, 47556.
Poupart (François), Médecin, IV, 46292 & 93.

de Pourfour du Petit (François), Médecin, IV, 46279.
Poussard de Fors (Anne), Duchesse de Richelieu, IV, 48157.
Pousse (François), Médecin, IV, 46294.
Poussin (Nicolas), Peintre, IV, 47922 & 23.
Poussines (Pierre), Jésuite, I, 14207.
Pouvreau (Simon), Jurisconsulte, IV, 45987.
Poyet (Guillaume), Chancelier, III, 31497, 33658 & 59.
de la Poype de Vertrieu (Jean-Claude), Evêque de Poitiers, I, 8324; IV, S.
Pradon ( ), Poëte, IV, 47595.
de Praslin : *voyez* de Choiseul.
du Prat (Antoine), Cardinal, Archevêque de Sens, Chancelier de France, II, 26180 & 90, III, 31495 & 96. Il a été omis au Tome I dans l'article des *Cardinaux*, & dans celui des *Archevêques de Sens*.
du Prat (Guillaume), Evêque de Clermont, fils du précédent, I, 8455.
Préaux (Germain), Médecin, IV, 46295.
des Préaux : *voyez* Boileau.
S. Précorde, Prêtre, I, 11372.
S. Préject ou Prix, Evêque de Clermont, I, 8444—47.
de Prémontval : *voyez* le Guay.
des Prés (Jean), Evêque de Tournay, I, 8631.
de Presles (Raoul), Maître des Requêtes, III, 32752 & 53; IV, 47186.
le Prestre (Sébastien), Seigneur de Vauban, Maréchal de France, III, 31725.
S. Prétextat, Archevêque de Rouen, I, 9828—30.
Prevost (Claude), Chanoine Régulier, I, 13625; IV, S. 13624*.
Prevost d'Exiles (Antoine-François), Littérateur, I, 11375; IV, 46879, 47186 & 87, & S.
Prevost ou le Prevost (Pierre-Robert), Chanoine de Chartres, I, 11374.
de Prizac (Daniel), Jurisconsulte, IV, 45988.
S. Primaël, Ermite, I, 13377.
S. Principe, Evêque du Mans, I, 10360.
S. Principe, Evêque de Soissons, I, 9594 & 95.
Prioli ou Priolo (Benjamin), Littérateur, IV, 46880 & 81.
S. Prisque & ses Compagnons, Martyrs, IV, 4610 & 11.
S. Prisque, Evêque de Lyon, I, 8916 & 17.
S. Privat, Evêque de Mende, I, 7961, 63—66.
Privat de Molieres (Joseph), Mathématicien, I, 11295 & 96; IV, 46512 & 13.
S. Prix : *voyez* Préject.
S. Probat, Prêtre, I, 11376.
Procope-Couteaux (Michel), Médecin, IV, 46296.
S. Procule, Evêque de Marseille, I, 8033.
S. Prosper, Evêque d'Orléans, I, 9466 & 67.
S. Prosper d'Aquitaine, prétendu Evêque de Riez, I, 7381—85, II, 16007.
Prosper Tyron, Auteur d'une Chronique, II, 16007.
S. Protade, Archevêque de Besançon, I, 8191 & 92.
Prousteau (Guillaume), Jurisconsulte, IV, 45989 & 90.
Provenchere (Siméon), Médecin, IV, 46297.
S. Prudence, Martyr, honoré à Bese en Bourgogne, IV, S, 11721*.
S. Prudence, Evêque de Troyes, 10104—109.
S. Psalmode, Ermite, I, 13378.
Puget (Pierre), Peintre, IV, 47924.
du Puget (Michel), Physicien, IV, 46562.
de Puinoix (Jean), Evêque de Catane, Dominicain, I, 13802.
de Puisieux ou de Pisieux (la Vicomtesse) : *voyez* de Neufville.

du Puis ou du Puits : *voyez* Dupuis & Dupuy ou du Puy.
S. Pulchrone, Evêque de Verdun, I, 10664.
Puteanus : *voyez* Dupuy.
du Puy (Raymond), Grand-Maître de l'Ordre de Saint-Jean, IV, 40302, 4 & 5.
du Puy (Charles), Seigneur de Montbrun, III, 32007.
du Puy (Alexandre), Marquis de Saint-André-Montbrun, petit-fils du précédent, III, 32053.
du Puy (Claude & Pierre) : *voyez* Dupuy.
du Puységur : *voyez* de Chastenet.
de Puysieulx ou Pisieux (la Vicomtesse) : *voyez* de Neufville.
Puzos (Nicolas), Chirurgien, IV, 46298.
Pythéas de Marseille, Voyageur, IV, 46887.

Q

S. Quentin, Martyr, I, 4622—27; IV, S.
Quercétanus : *voyez* du Chesne.
de Quériolet : *voyez* le Gouello.
du Quesne (Abraham), Lieutenant-Général, III, 32039—42.
Quesnel (Pasquier), Oratorien, I, 11378—80; IV, Suppl.
Quetif (Jacques), Dominicain, I, 13832.
de Quetin (Jean-Baptiste), Mathématicien, IV, S. 46562*.
de Quibly (Marguerite), Abbesse de Notre-Dame de la Déserte, IV, S. 14832*.
le Quien (Michel), Dominicain, I, 13842 & 43; & V, Add.
le Quien de la Neufville (Jacques), Académicien, IV, 46888 & 89.
le Quieu (Antoine), Dominicain, I, 13826—28; IV, S.
Quillet (Claude), Poëte, IV, 47596 & 97.
Quinault (Philippe), Poëte, IV, 47598—602.
S. Quinibert, Moine, I, 11595.
S. Quiniz, Evêque de Vaison, I, 8147 & 48.
Quinquarboreus : *voyez* de Cinq-Arbres.
de Quinsonas (M.), premier Président du Parlement de Besançon, III, 33223; IV, S.
S. Quintien *non* Quentin, Evêque de Clermont, I, 8438.
S. Quintin, Martyr, IV, S. 4627**.
Quintin (Pierre), Dominicain, I, 13762; IV, S. 13815.
de la Quintinie (Jean), Physicien, IV, 46563 & 64.
de Quiqueran de Beaujeu (Pierre), Evêque de Senez, IV, S. 8851*.
de Quiqueran de Beaujeu (Honoré), Evêque de Castres, I, 7935.
S. Quirille, Evêque de Mastricht, I, 8735.
Quirini (Jérôme-Quirin), Cardinal, Honoraire Etranger de l'Académie des Inscriptions, IV, 46890.

R

Rabache (Etienne), Augustin, I, 13681; IV, Suppl.
Raban Maur, Archevêque de Mayence, I, 9097—102.
de Rabat : *voyez* de Foix.
Rabelais (François), Curé de Meudon, I, 11381—87; IV, 46298 & 47603; IV, S.
Rabuit (Louis), Comte de Souches, III, 32069.
Rabusson (Paul), Moine de Cluni, I, 11864 & 65.
de Rabutin-Chantal (Marie-Aimée), épouse de Bernard, Baron de Sales & de Thorens, IV, S. 4816*.

de Rabutin-Chantal (Françoise), Comtesse de Toulonjon, sœur de la précédente, IV, 48190.
de Rabutin-Chantal (Marie), Marquise de Sévigné, nièce de la précédente, IV, 48178.
de Rabutin-Bussy (Roger), Comte de Bussy, Lieutenant-Général, II, 23964; III, 31889—92; IV, 47346, & S.
de Racan : voyez de Bueil.
Raccoli (Barthélemi), Evêque de Marseille, I, 8040.
Racine (Bonaventure), Chanoine de Notre-Dame d'Auxerre, I, 11388; IV, S.
Racine (Jean), Historien & Poëte, IV, 46890, & 47609—14, & S.
Racine (Louis), Historien & Poëte, fils du précédent, IV, 46890, & 47615—17.
de Racolis (Jean-Ignace), Avocat, IV, 45991.
de Raconis : voyez Abra.
Ste Radegonde, Reine de France, II, 25008—19; IV, S.
Raffar (Vincent), Philosophe, IV, 46565.
Ste Ragenfrede, Abbesse de Denain, IV, Supplém. 14875**.
S. Ragnebert, Martyr, I, 4628 & 29.
Ragot (Pierre), Curé du Crucifix au Mans, I, 11397; IV, S.
de Ragueneau (Fédéric), Evêque de Marseille, I, 8042.
de Raigecourt (Marguerite), Marquise de Beauvau, IV, S. 14153.
S. Raimbert ou Renobert ou Regnobert, Evêque de Baïeux, I, 4641, 9905—7; IV, S.
S. Raimbert ou Rithbert, I, 11597.
Raimbert, Abbé de Leucone, I, 12787.
Raimond : voyez Raymond.
Rainald, Archevêque de Lyon, I, 8943.
Rainald, Abbé de Cîteaux, I, 13004.
Rainard, Evêque de Langres, I, 9018.
Rainaud, Moine de S. Maur, I, 12649.
de Rais ou Retz : voyez de Gondi & de Laval.
de Raix ou Retz (la Duchesse) : voyez de Clermont.
de Rambouillet : voyez d'Angennes.
de Rambure (Charles), Comte de Courtenay, III, 32044.
Rameau (Jean-Philippe), Musicien, IV, 47760—62.
de la Ramée (Pierre), dit Ramus, Philosophe, IV, 46566 & 67, 47188—92, & S.
de Rampalle (Jeanne), Ursuline, I, 15334.
Ramus : voyez de la Ramée.
Rance, Baron de Cere, Comte de Pontoise, III, 31905.
Ranchin (François), Médecin, IV, 46299.
de Randan (le Comte) : voyez de la Rochefoucault.
de Randan (la Comtesse) : voyez Pic.
Ranquet (Elisabeth), veuve de M. du Chevreul, I, 4817; IV, S.
de Rantzau (Josias), Comte, Maréchal de France, III, 31681.
S. Raoul ou Rodulfe, Archevêque de Bourges, I, 8384—86.
Raoul, Archevêque de Cantorbéri, I, 10833.
Raoul (Jacques), Evêque de Maillezais, I, 8337.
Raoul ou Rodolfe, nommé Roi de France, II, 16487 & 26011.
Raoul Tortaire, Moine de Fleury, I, 11975.
Raoux (Jean), Peintre, IV, 47925.
Raphaël Levi, Juif, III, 33760.
Rapin (René), Jésuite, I, 14167—69, IV, 47619 & 20.
Rapin (Nicolas), Poëte, IV, 47618 & 19.
de Rapin (Paul), Sieur de Thoiras, IV, 46891—93.

de Rasilly (Marie), Poëte, IV, 48156.
Rassicod (Etienne), Avocat IV, 45992 & 93.
Rat (Pierre), Jurisconsulte, IV, 45994.
le Rat (Antoine), Médecin, IV, 46300.
S. Ratbod, Evêque d'Utrecht, I, 8814—16.
Ratbod II, Evêque de Noyon, I, 9759.
Rathier, Evêque de Vérone, I, 10833.
Raramne, Moine de Corbie, I, 11887.
Raulin (Jean), Moine de Cluni, I, 11859.
Ravaillac (François), II, 19945—52, & 77; III, 33697—700.
de la Ravaliere : voyez Levesque.
de Ravanne (le Chevalier), Mousquetaire, III, 32045.
Ravechet (Hyacinthe), Docteur de Sorbonne, I, 11391; IV, S.
Ravenée (Thomas), Augustin, IV, 45796.
Ravenne, Evêque d'Arles, I, 8001.
S. Raymond, Evêque de Balbastro, I, 10829.
S. Raymond, Chanoine de Saint-Sernin, I, 11389 & 90; IV, S.
Raymond (Elie), Général des Freres Prêcheurs, IV, S. 13800*.
Raymond : voyez du Puy & de Tripoly.
Raynard (Mademoiselle), du Tiers-Ordre de S. François, I, 11484, 15205, & IV, S. 4766* & 11484.
Raynaud (Théophile), Jésuite, I, 14146—48.
de Réaumur : voyez Ferchault.
de Rebé (Claude), Archevêque de Narbonne, I, 9177.
Rebel (Jean-Ferry), Musicien, IV, 47663.
Reboulet (Paul), Ministre Calviniste, II, 6112.
S. Reginald, Ermite, I, 11596 & 13379.
Reginard, Evêque de Liége, I, 8768.
Réginon, Abbé de Pruim, I, 12276.
Regis : voyez S. Jean-François.
Regis (Pierre), Médecin, IV, 46303.
Regis (Pierre-Sylvain), Mathématicien, IV, 46569 & 70.
Regius : voyez le Roi.
Regnard (Jean-François), Poëte, IV, 47611 & 22.
le B. Regnault de Saint-Gilles, Doyen de S. Aignan, & ensuite Dominicain, I, 11398 & 13763—65.
Regnier (Maturin), Chanoine de Chartres, I, 11391 & 93; IV, 47622.
Regnier Desmarets (François-Séraphin), Académicien, I, 11394—96; IV, 47622 & 23.
de Regnier (Claude-Louis-François), Comte de Guerchy, III, 31956.
S. Regnobert : voyez Raimbert.
S. Régule : voyez Rieul.
Ste Reine, Vierge & Martyre, I, 4630—40; IV, Suppl.
Ste Reingarde, Religieuse, I, 14786 & 87.
Relly (Edmond), Prieur d'Armack, I, 11399.
S. Remacle, Evêque de Mastricht, I, 8744; IV, Suppl.
S. Rembert, Archevêque de Hambourg, I, 10833.
S. Remi, Archevêque de Reims, I, 9515—29; 12725.
S. Remi, Archevêque de Rouen, I, 9866—68, 25261.
S. Remi, Archevêque de Lyon, I, 8934 & 35.
Remi, Moine de Saint-Germain d'Auxerre, I, 12486.
Remi (Abraham), Professeur Royal, IV, 47193, 47625.
Rémond de Montmort (Pierre), Mathématicien, IV, 46516.
Renar, (François), Prêtre, I, 11400.
Renau (André), Docteur en Théologie, I, 11401.
Renau d'Elisagaray (Bernard), Géometre, III, 32046; IV, 46571 & 72.
Renaud de Segrais (Jean), Poëte, IV, 47684 & 85.

Renaudot (Théophraste), Médecin, IV, 46301 & 2.
Renaudot (Eusèbe), Prieur de Froſſay, neveu du précédent, I, 11402 & 3.
Renauld, Archevêque de Reims, I, 9562.
Rencurel (Benoîte), dite la Bergere de Laus, I, 4818.
S. René, Evêque d'Angers, I, 10384—89; IV, Suppl.
Renée de France, fille de Louis XII, II, 28383, 85, 89.
Renée (la Sœur), I, 15336.
Ste Renelle, Abbeſſe, I, 14782.
S. Renobert : voyez Raimbert.
de Renti (Gaſton-Jean-Baptiſte), Baron, I, 4763; IV, Suppl.
S. Reole, Archevêque de Reims, I, 9536.
du Resnel (Jean-François), Académicien, I, 11404 & 5.
de Reſſeguier (Jacquette), Urſuline, I, 15331; IV, Suppl.
de Reſſons : voyez Deschiens.
Reſtaud de Caligny (Alain), Profeſſeur Royal, IV, 47194.
Reſtaut (Pierre), Littérateur, I, 47195.
Ste Reſtitute, I, 4642 & 43; IV, S.
Reſtout (Jean), Peintre, IV, 47926 & 27.
S. Rétice : voyez Rhétice.
de Rets : voyez de Gondi.
S. Révérent, Prêtre, I, 11406 & 7.
S. Révérien, Evêque d'Autun, I, 8962.
du Reveſt : voyez de Veteris.
de Révol (Joſeph), Evêque d'Oléron, I, 8119.
de Rey (Françoiſe), Religieuſe, IV, S. 15196*.
Reyneau (Charles), Oratorien, I, 11408; IV, 46573.
de Reynel : voyez de Clermont.
de Rez (Antoine), Avocat IV, 45995.
de Rhételois (le Duc) : voyez de Gonzague.
S. Rhétice ou Rétice ou Ritice, Evêque d'Autun, I, 8963—65.
Rhodon (David), Calviniſte converti, IV, Suppl. 6049*.
de Riantz de Villerey (Suſanne-Marie), IV, Suppl. 15299kk.
S. Ribert : voyez Raimbert.
Ribier (Guillaume), Conſeiller d'Etat, III, 32730.
Ricard de Genouillac (Jacques non Pierre), dit Galiot, Seigneur d'Acier, Grand-Maître de l'Artillerie, III, 31808.
Ricci (Michel), Conſeiller au Parlement de Dijon, III, 33079.
S. Richard, Martyr, I, 4644 & 45.
S. Richard, Abbé de Saint-Vannes, I, 12799—801.
Richard, Cardinal, Archevêque de Narbonne, I, 9174.
Richard, Abbé de Fleury, I, 11966.
Richard, Abbé de Préaux, I, 12273.
Richard de Leyceſtre, Abbé de Saint-Evroul, I, 12465.
Richard I, Roi d'Angleterre, III, 35032—58, IV, Suppl.
Richard II, Roi d'Angleterre, III, 35055, 35134 —46.
Ste Richarde, Impératrice, épouſe de Charles-le-Gros, II, 25043.
Richardot (François), Evêque d'Arras, I, 8602 & 3.
Richelet (Céſar-Pierre), Littérateur, IV, 47196 & 47626.
de Richelieu : voyez du Pleſſis.
de Richelieu (la Ducheſſe) : voyez Pouſſard.
de Richemont (le Comte) : voyez de Bretagne.
Richer, Evêque de Verdun, I, 10671.
Richer, Abbé de Saint-Martin de Metz, IV, S. 12623*.

Richer (Edmond), Docteur de Sorbonne, I, 11409 & 10.
Richer (Henri), Poëte, IV, 47628.
de Richeſource : voyez de Soudier.
S. Richmir, Abbé au Maine, I, 12132 & 34.
Ste Richtrude, Abbeſſe de Marchiennes, I, 14762 & 63; IV, S.
Ricome (Laurent), Médecin, IV, 46304.
Riculfe, Evêque de Soiſſons, I, 9600.
S. Rieule, Evêque d'Arles, I, 7985.
S. Rieule, Evêque de Senlis, I, 9658—62.
de Rieux (Claude), Maréchal de France, III, 31684.
de Rieux (René), Marquis d'Aſſerac, III, 31851; IV, S.
Rigaud (Hyacinthe), Peintre, IV, 47928.
Rigault non Rigaud (Nicolas), Doyen du Parlement de Metz, III, 33210—12.
S. Rigobert, Archevêque de Reims, I, 9537—39.
Rigoleu non Rigouleuc (Jean), Jéſuite, I, 14145; IV, S.
S. Rigomer, I, 11411, & 12133 & 34.
Rigord, ancien Hiſtorien, II, 16741; IV, 46894.
Rigord (Jean-Pierre), Antiquaire, IV, 46895.
S. Rioch, Moine de Landevenec, I, 12037.
Riolan (Jean), Médecin, IV, 46305.
de Riparfons : voyez Gabriau.
S. Riquier, Abbé de Centule, I, 12736—39.
S. Rithbert : voyez Raimbert.
S. Ritice : voyez Rhétice.
Rivalz (Antoine), Peintre, IV, 47929.
Rivault de Flurance (David), IV, 47198 & 99.
de Rivery : voyez Boulanger.
Rivet (Antoine), Bénédictin, I, 12833 & 34; IV, S. aux mêmes N.os & encore au N.o 46895.
Riviere (Guillaume), Médecin, IV, S. 46307*.
Riviere Dufreſny (Charles), Poëte, IV, 47414 —16.
de la Riviere (Henri-François), Comte, III, 32047 & 48; IV, S.
de la Riviere (la Comteſſe), V, Add. 48157*.
de la Riviere : voyez Barbier, Poncet & le Bailliſ.
Rizzi (Barbe-Louiſe), prétendue Comteſſe de Schomberg, IV, 48158.
S. Robert, Abbé de la Chaiſe-Dieu, I, 11744 —48.
S. Robert, Abbé de Moleſme, Fondateur de l'Ordre de Citeaux, I, 12990—95.
S. Robert, Conſeſſeur, I, 4646.
le B. Robert d'Arbriſſelles, I, 13934—49; IV, Suppl.
Robert, Evêque de Langres, I, 9019.
Robert, Evêque de Metz, I, 10580.
Robert, Evêque de Hetford, I, 10833.
Robert, Abbé de S. Remi de Reims, I, 12728 & 29.
Robert, Abbé de S. Vigor, I, 12854.
Robert le Fort, Duc de France, I, 24927—49.
Robert, nommé Roi de France, fils du précédent, II, 26010.
Robert, Roi de France, fils de Hugues Capet; ſon Regne, II, 16510—42; IV, S. ſes Enfans, II, 15282—98; ſon Sacre, 26016 & 19; Pieces relatives à ſon Regne, III, 29756, 58—60.
Robert de France, Comte de Dreux, fils de Louis VI; II, 25302—9.
Robert de France, Comte d'Artois, fils de Louis VIII, II, 25368—72.
Robert de France, Comte de Clermont, Seigneur de Bourbon, fils de S. Louis, II, 25561—66.
Robert de France, fils de Philippe - le - Bel, II, 28352.
Robert-Guiſcard, Duc de Calabre, III, 34994—96; IV, S.
Robert-Sorbon, Fondateur du Collége de Sorbone, I, 11412 & 13.

Robert ( ), Musicien, I, 47769.
Robertet (Florimond), Secrétaire d'Etat, III, 32683.
de Roberval : *voyez* Persone.
Robin (Barthélemi) Abbé de Soreze, IV, *Suppl.* 11413*.
Robineau (Magdelène), Barone de Neuvillette, I, 4812.
S. Roch, Confesseur, I, 4647—62; IV, *S.*
de Roche (le Comte) : *voyez* Flotte.
de Roche (Antoine), Moine de Cluni, I, 11860.
la Roche, III, 33733.
de la Roche (Alain), Dominicain, I, 13762.
de la Roche (Nicolas), Ermite, I, 13380.
de la Roche : *voyez* de Volvyre.
de Rochebaron : *voyez* d'Aumont.
de Rochechouart (Marie), Marquise de Pompadour, IV, 48149.
de Rochechouart (Madame), épouse de René, Baron de Mortemart : *voyez* de Saulx.
de Rochechouart (Louis-Victor), Duc de Mortemart & de Vivonne, Maréchal de France, Général des Galeres, III, 31755, 31801 & 2, 32018.
de Rochechouart de Mortemart (Marie-Magdelène-Gabrielle), Abbesse de Fontevrauld, sœur du précédent, I, 15170 & 71; IV, *S.*
de Rochechouart de Mortemart (Gabrielle), Abbesse de Beaumont-lès-Tours, fille du précédent, I, 14847; IV, *S.*
de Rochechouart (la Duchesse), épouse de Paul-Louis : *voyez* de Beauvau.
de Rochefort (le Comte) : *voyez* de Mont-le-Héry.
de Rochefort (Gui), Chancelier de France, IV, *S.* 31494*.
de la Rochefoucaud (la Comtesse), premiere épouse de François III : *voyez* Pic.
de la Rochefoucaud (Magdelène), Dame de Tournon, fille de François III; II, 26277.
de la Rochefoucaud (Charles), Comte de Randan, frere de François III; II, 26273.
de la Rochefoucaud (François), Cardinal, Evêque de Clermont, puis de Senlis, Grand-Aumônier de France, fils du précédent, III, 32254—61; IV, *Suppl.*
de la Rochefoucaud (le Duc), François VI, arriere-petit-fils de François III; IV, 46575.
de la Rochefoucaud (Gabrielle-Marie), Abbesse de Notre-Dame de Soissons, sœur du précédent, I, 14919.
de la Rochefoucaud (N), Abbesse de S. Pierre de Reims, IV, 48160; & au *S.* où on avertit que sa place est au N.° 14945*.
de la Rochefoucaud : *voyez* de Roye.
de la Rochemaillet : *voyez* Michel.
de la Rochepofay : *voyez* Chasteignier.
de la Roche-Turpin : *voyez* le Coigneux.
des Roches (Mesdames) : *voyez* Neveu & Eboissard.
Rochette *non* Roquette (Jean), Avocat, IV, 45997.
de la Rochette, Calviniste converti, IV, *S.* 5995.
de Rocoles (Jean-Baptiste), Historien, IV, 46896.
S. Roding *ou* Rouin, Abbé de Beaulieu en Argonne, I, 11688—90, à quoi il faut joindre le N.° 13020 placé par méprise sous Beaulieu en Bourgogne.
Rodolfe, Evêque d'Orviette, II, 10833.
Rodolfe Glaber : *voyez* Glaber.
Rodolfe : *voyez* Raoul.
S. Rodulfe : *voyez* Raoul.
Rodulfe, Abbé de S. Tron, I, 12780.
Roëderer (Jean-Georges), Anatomiste, IV, 46308.
Roëmer (Olaüs), Astronome, IV, *S.* 46575*.
Ste Roffoline de Villeneuve, I, 4663.
S. Rogatien & S. Donatien, Martyrs, I, 4378 & 79, & 4664.
S. Roger, Abbé d'Eslan, I, 13083.
le B. Roger, Archevêque de Bourges, I, 8402.

Roger (Hugues), Cardinal, I, 7805.
Roger, Moine du Bec, I, 11702.
Roger, Moine de S. Faron, I, 12467.
Roger (l'Abbé) : *voyez* Schabol.
Roger, Comte de Sicile, & ensuite Duc de Calabre: *voyez* de Calabre.
Roger du Sap, Abbé de S. Evroul, I, 12463.
Rogier, Chancelier de France, III, 31489.
Rogier du Mouclin (M.), Président du Présidial de Reims, III, 34129.
de Rohan (Pierre), Maréchal de Gié, III, 33645.
de Rohan (le Duc), Henri II du nom; II, 21943—49, 26367; III, 32049 & 50.
de Rohan (Tancrède), prétendu fils du précédent, III, 32051.
de Rohan (le Duc), Henri Chabot, III, 31906.
de Rohan-Guémené (Marie-Eléonore), Abbesse de Malnoue, I, 14835; IV, *S.* 14896**.
de Rohan-Guémené (Louis), *dit* le Chevalier, neveu de la précédente, III, 32052 & 33761; IV, *S.* 33761.
de Rohan-Soubise (Armand-Gaston-Maximilien), Cardinal, Evêque de Strasbourg, I, 9145 & 46; III, 32274.
de Rohan-Soubise (Marie-Isabelle-Gabrielle), Duchesse de Tallard, niéce du précédent, IV, 48184, &. *S.*
de Rohan-Soubise (Charlotte-Godefride-Elisabeth), Princesse de Condé, petite-niéce de la précédente, II, 25846.
Rohault (Jacques), Philosophe, IV, 46577 & 78.
Roi : *voyez* Roy.
le Roi : *voyez* le Roy.
de Roissy : *voyez* de Mesmes.
Ste Rolende, Vierge, I, 4665.
Rolin (Nicolas), Chancelier de Bourgogne, III, 35903.
Rolle (Michel), Mathématicien, IV, 46579.
Rollin (Charles), Recteur de l'Université de Paris; I, 11414 & 15; IV, 46897, 47202, 47628; & *S.* 11414 & 15.
S. Romain, Archevêque de Reims, I, 9530.
S. Romain, Archevêque de Rouen, I, 9831—52; IV, *S.*
S. Romain, Evêque d'Auxerre, IV, *S.* 10152*.
S. Romain, Abbé de Condat, I, 11197—201.
S. Romain, Fondateur du Monastere de Fontrouge, I, 11980.
S. Romain, Prêtre, I, 11416.
S. Romain, Patron de l'Eglise de Seure, I, 4666, peut-être le précédent Abbé de Condat.
Romain (François), Dominicain, I, 13845; IV, 47810.
Ste Romaine de Beauvais, I, 4340, 4667 & 68; IV, *Suppl.*
de Romanet : *voyez* Piner.
S. Romaric, Abbé de Remiremont, I, 4669, 11191—95.
de Rome (Esprit-Jean), Sieur d'Ardene, Poëte, IV, 47291.
Romillion (Jean-Baptiste), Oratorien, I, 11417 & 18.
S. Ronan, Ermite, I, 13381.
Rondelet (Guillaume), Médecin, IV, 46309—11.
Ronsard *ou* Roussard (Pierre), Poëte, IV, 47619—43; IV, *S.*
de la Roque (Gilles-André), Littérateur, IV, 46898; & *Suppl.*
de la Roque (Antoine), Poëte, IV, 47644.
de Roquette (Gabriel), Evêque d'Autun, I, 8994—96.
Roricon, Historien, II, 16020 & 21; IV, *S. fous* 46898.
Roscelin, Chantre & Chanoine de Beauvais, I, 11419; IV, *S.*

de la Rose;

de la Rose (Marie), *dite* de Sainte-Térèse, Carmélite, I, 15009; IV, S.
de Rosemberg (le Comte) : *voyez* de Forbin.
de Rosieres (François), Archidiacre de Toul, III, 33674 & 75.
de Rosmadec ( ), Comte des Chapelles, III, 33735 & 49.
de Rosny : *voyez* de Béthune.
Rossignol (Antoine), Maître des Comptes, III, 33805.
de Rossillion de Bernex (Michel-Gabriel), Evêque de Genève, I, 10799; IV, S. 10798**.
de Rosté : *voyez* Dessalles.
Rotger, Evêque de Trèves, I, 10538.
de Rothelin : *voyez* d'Orléans-Valois.
de Rotondy de Biscarat (Armand-Jean), Evêque de Béziers, I, 9192.
de Rotrou (Jean), Poëte, IV, 47645—47.
Ste Rotrude, Vierge, I, 4670.
de Rouch (Henri), Prieur de la Fleche, I, 11421.
de Rouci : *voyez* de Roye.
Rouelle (Guillaume), Chimiste, IV, 46312 & 13.
Rouillard (Sébastien), Jurisconsulte, IV, 45998.
Rouillé (Pierre-Julien), Jésuite, I, 14200.
Rouillé (Antoine-Louis), Ministre d'Etat, III, 32617.
Roussé (Gérard), Chanoine d'Avenay, I, 5674—76.
Rousseau (Jean-Baptiste), Poëte, IV, 47648—50; IV, S.
Rousseau (Jacques), Peintre, IV, 47930.
Rousseau de la Parisiere (Jean-César), Evêque de Nîmes, IV, S. 9209*.
Roussel (Maurice), Chartreux, I, 13263.
Roussier (Antoine), Prêtre, I, 11422.
de Roussillon (Amédée), Evêque de Valence, I, 10739.
de Roussillon & de Tournon (la Comtesse) : *voyez* de la Tour.
de Rouville *non* Rouvelle (Marie-Anne-Agnès), Abbesse de Saint-Julien de Rougemont, I, 14836.
le Roux (François), Cordelier, I, 13889 & 90.
Rouxel (Pierre), Baron de Médavy, Comte de Grancei, IV, S. 31994**.
Rouxel de Médavy (Louise), Abbesse d'Almanesche, fille du précédent, I, 14857.
Rouxel de Médavy (Guyone-Scholastique), Abbesse de Saint-Nicolas de Verneuil, sœur de la précédente, I, 14830.
Rouxel (Jean), Professeur Royal, IV, 47203 & 4.
de Rouxelloy (Marguerite), Damoiselle de Saché, IV, S. 4819*.
Roverio (Mattheo), Conseiller d'Etat, III, 32718.
Roy (Edme), Curé de Persé, I, 11423 & 24.
Roy (Pierre-Charles), Poëte, IV, 47651.
Roy (Françoise), Abbesse de Nidoiseau, I, 14812.
le Roy (François), Seigneur de Chauvigny, III, 31914.
le Roy (Louis), Professeur Royal, IV, 47200 & 201.
le Roy (Julien), Horloger, IV, 47985.
le Roy de Gomberville (Marin), Poëte, IV, 47094—96, 47462.
de Roye (Gui), Archevêque de Tours, puis de Sens, & ensuite de Reims, I, 9570; IV, S.
de Roye-Rouci (Eléonore), Princesse de Condé, II, 15792.
de Roye-Rouci-la-Rochefoucauld (Elisabeth), Abbesse de Saint-Pierre de Reims, IV, 48160, *à reporter au Tome I, N.° 14945*; IV, S.
Royer (Joseph-Nicolas-Pancrace), Musicien, IV, 47764.
du Rozier : *voyez* Sureau.

Tome V.

Ruade (Bruno), Evêque de Conserans, I, 8099.
du Ruau (Florentin), Historien, IV, 46899.
Ruault (Jean), Professeur Royal, IV, 47205.
de Ruvelle : *voyez* Bonneau.
de la Rue (Charles), Jésuite, IV, 47652. *Il a été omis au Tome I, après le N.° 14186.*
de Ruffec : *voyez* de Volvyre.
de Ruffi (Antoine), Conseiller d'Etat, Historien, IV, 46900.
de Ruffi (Louis-Antoine), Littérateur, fils du précédent, IV, 46901 & 901*.
Ruffin (Guillaume), Ecolier, I, 4764; IV, S. depuis Docteur, I, 11425.
S. Rufin & S. Valere, Martyrs, I, 4671.
Ruinart (Thierry), Bénédictin, I, 12524—27; IV, 46902.
S. Rurice, Evêque de Limoges, I, 8470 & 71; IV, *Supplém.*
Rusbroch (Jean), Prieur de Vaux-verd, I, I, 13491 & 92.
Rusé (Antoine), Marquis d'Effiat, Maréchal de France, III, 31617.
Ste Rusticule, Abbesse de Saint-Césaire, I, 14732—34.
S. Rustique *ou* Rustice, Evêque de Lyon, I, 8904 & 5.
S. Rustique, Evêque de Narbonne, I, 9168—70.
S. Rustique *ou* Rustic, Evêque de Clermont, I, 8424 & 25.
S. Rustique, Prêtre de Lyon, I, 11426.
Ruxellius : *voyez* Rouxel.
Ruysch (Frédéric), Physicien, IV, 46580.
Ruzé : *voyez* de Coiffier & Rusé.
Ruzé (Arnoul), Jurisconsulte, IV, 45999.
du Ryer (Pierre), Académicien, IV, 47206 & 7.

S

de Sabatier (Pierre), Evêque d'Amiens, I, 9726 & 27.
Ste Sabine, Vierge & Martyre, I, 4672.
de la Sabliere (Antoine), Poëte, IV, 47653.
S. Sacerdos *ou* Serdot, Evêque de Lyon, I, 8912 & 13.
S. Sacerdos *ou* Sadroc *ou* Sardot, Evêque de Limoges, I, 8472—74.
de Sacy : *voyez* le Maistre.
de Sacy (Madame), Religieuse, I, 14817.
Sadéel : *voyez* de Chandieu.
Sadolet (Jacques), Cardinal, Evêque de Carpentras, I, 8140—1; IV, S.
S. Sadroc : *voyez* Sacerdos.
S. Saëns, Abbé au Pays de Caux, I, 12752.
le Sage (François), Médecin, IV, 46314.
Sager *ou* de Saicetti (Bernard), Evêque de Pamiers, I, 10233—35.
de Saillant : *voyez* de Braglion.
de Sainclair (David), Mathématicien, IV, 46580.
de Sainctonge (Louise-Geneviève), Poëte, IV, 48169.
de Saint-Aignan : *voyez* de Beauvilliers.
de Saint-Amant : *voyez* Gérard.
de Saint-Amour (Guillaume), Docteur en Théologie, I, 11428.
de Saint-André : *voyez* d'Albon.
de Saint-André Montbrun : *voyez* du Puy.
de Saint-Aoust (Jean), Comte, III, 32054.
de Saint-Aulaire *ou plutôt* de Sainte-Aulaire : *voyez* de Beaupoil.
de Saint Aulaire (la Marquise) : *voyez* de Fumel.
de Saint-Balmont : *voyez* d'Ernecourt.
de Saint-Bélin (Georges), Chevalier, III, 32055.
de Saint Bonnet (Jean), Seigneur de Toiras, Maréchal de France, II, 21889; III, 31709 & 10.
de Saint-Chamond : *voyez* Mitte.

M m

de Saint-Clou : *voyez* le Duc.
de Saint-Cyran : *voyez* du Vergier.
de Saint-Denys (Charles), Sieur de Saint-Evremont, III, 32058—60; IV, 47207 & 8, 47658.
de Saint-Didier : *voyez* Limojon.
de Saint-Evremont : *voyez* de Saint-Denys.
de Saint-Fargeau : *voyez* Cœur.
de Saint-Gelais (Mellin), Poëte, IV, 47659—61.
de Saint-Gelais de Luzignan (Françoise), IV, *Suppl.* 14830*.
de Saint-Georges (Claude), Archevêque de Lyon, I, 8957.
de Saint-Géran (Madame) : *voyez* aux Espaules.
de Saint-Géran (Mademoiselle), fille de la précédente, IV, 48166.
de Saint-Hyacinthe (M.), Littérateur, IV, 47209.
de Saint-Julien (Pierre), Doyen de l'Eglise de Châlon-sur-Saône, 11430.
de Saint-Lary (Roger), Seigneur de Bellegarde, Maréchal de France, II, 18409 ; III , 31580 & 81.
de Saint-Lary (Jeanne), Duchesse de la Valette, sœur du précédent, IV, 48104 & 5.
de Saint-Lary de Bellegarde (Octave), Archevêque de Sens, petit-fils du précédent, I, 10075.
de Saint-Lary & de Termes, Duc de Bellegarde, Lieutenant au Gouvernement de Bourgogne, Grand-Ecuyer de France, II , 26298 ; III , 31874, 32344 & 45, & 33724.
de Saint-Lary de Bellegarde (César-Auguste), Baron de Termes, Grand-Ecuyer de France, frere du précédent, III, 32336—42 ; IV, S. 32070*.
de Saint-Lary de Bellegarde (Louis), Chevalier de Termes, fils du précédent, III, 32343.
de Saint-Maigrin *ou* Mégrin : *voyez* de Stuer.
de Saint-Marc : *voyez* le Febvre.
de Saint-Marsal de Conros (Marie), Abbesse de Saint-Jean-du-Bois-lès-Aurillac, IV, S. 14848*.
de Saint-Martin (Bertrand), Cardinal, Archevêque d'Arles, I, 8017.
de Saint-Martin (Michel), Docteur en Théologie, I, 11277.
de Saint-Martin : *voyez* de la Baume-Montrevel.
de Saint-Mégrin *ou* Maigrin : *voyez* de Stuer.
de Saint-Nectaire, *ou* de Senecterre, *ou* Senneterre, (Henri), Marquis de la Ferté, Maréchal de France, III, 31620.
de Saint-Olon : *voyez* Pidou.
de Saint-Paul *ou* Pol : *voyez* de Luxembourg.
de Saint-Paul (la Comtesse) : *voyez* de Caumont.
de Saint-Pavin : *voyez* Sanguin.
de Saint-Pé (François), Prêtre de l'Oratoire, I, 11431 ; IV, S.
de Saint-Pierre (Eustache), Habitant de Calais, II, 17014—18.
de Saint-Pol *ou* Paul : *voyez* de Luxembourg.
de Saint Pourçain (Durand), Evêque du Puy, & ensuite de Meaux, Dominicain, I, 13789.
de Saint-Preuil : *voyez* de Jussac.
de Saint-Réal : *voyez* Vichard.
de Saint-Roman : *voyez* des Cortels.
de Saint-Saturnin (Nicolas), Cardinal, Dominicain, I, 13799.
de Saint-Sauveur : *voyez* de Joyeuse.
de Saint-Simon (la Duchesse) : *voyez* de Budoz.
de Saint-Sorlin : *voyez* des Marests.
de Saint-Souplet : *voyez* le Vergeur.
de Saint-Vallier : *voyez* de Poictiers.
de Saint-Vertunien-Lavau (François), Médecin, IV, 46192.
de Sainte-Aulaire : *voyez* de Beaupoil.
de Sainte-Beuve (Jacques), Docteur en Théologie, IV, 45799.
de Sainte-Beuve (Madame) : *voyez* Luillier.
de Sainte-Colombe-Jourdan (M.), Aumônier de l'Hôpital de Bourg en Bresse, I, 11432.

de Sainte-Marthe (MM.), Historiens, IV, 46907 & 9. *Voyez* le *Mémoire qui les concerne à la fin du Tome* III , *pag.* lxxxix—xcj.
de Sainte-Marthe (Scévole *ou* Gaucher, & Jacques), Médecins, pere & fils, IV, 46315.
de Sainte-Marthe (Scévole), Président des Trésoriers de France à Poitiers, petit-fils du précédent Scévole, III, 34047—53 ; IV, 46905 & 6, 46665.
de Sainte-Marthe (Abel), Conseiller d'Etat, fils du précédent ; IV, 47664.
de Sainte-Marthe (Scévole, Louis & Pierre-Scévole), Historiographes, les deux premiers freres du précédent, & le troisieme son neveu par Scévole, IV, 46908.
de Sainte-Marthe (Abel-Louis), Général de l'Oratoire, frere de Pierre-Scévole, IV, 47665 ; *Suppl.* 11434*.
de Sainte-Marthe (Claude), Théologien, petit-fils de Jacques, I, 11433 & 34 ; IV, 45800.
de Sainte-Marthe (Denys), Bénédictin, neveu du précédent, I, 12539—42 ; IV, 45800 , & S. 11542* & 46908*.
de Sainte-Maure (Charles), Duc de Montausier, III, 32001—6.
S. Saintin, Evêque de Meaux, I, 9406.
du Saix (Antoine), Poëte, IV, 47666.
Ste Salaberge, Abbesse de Laon, I, 14738—40.
Saladin, Sultan d'Egypte , II , 16696—704 ; IV; *Suppl.*
Salcedo (Pierre *ou* Nicolas), III , 33672 & 73.
Salel (Hugues), Poëte, IV, 47667.
de Sales (Jacques), Jésuite, I, 14109.
de Sales (Louis), Comte, III, 32065.
de Sales (François), frere du précédent : *voyez* Saint François de Sales.
de Sales (Jean-François), Evêque de Genève, frere des précédens, IV, S. 10796*.
de Sales (Charles-Auguste), Evêque de Genève, neveu des précédens, IV, S. 10796*.
de Saliez (Madame) : *voyez* de Salvan.
de Salignac de la Motte-Fénelon (François), Archevêque de Cambrai, I, 8578—82 ; IV , 47428, & *Suppl.*
de la Salle (Jean-Baptiste), Docteur en Théologie, I, 11435 & 36 ; IV, S.
Sallier (Claude), Bibliothécaire du Roi & Académicien, I, 11438.
de Sallo (Denys), Conseiller au Parlement de Paris, III, 32966 & 67 ; IV, S.
Salluste du Bartas (Guillaume), Poëte, IV, 47297.
Salmasius : *voyez* Saumaise.
Salmon (François), Docteur en Théologie, I, 11437.
Salmon (Jean), *dit* Macrin, Poëte , IV , 47668—70.
S. Salomon, Roi de Bretagne, III, 35359.
Salomon, Evêque de Constance, I, 9150.
Salomon ( ), Musicien, IV, 47765.
Salomon, (Bernard), Graveur, IV, 47942.
S. Salone, Evêque de Genève, I, 10767.
Saltamoch (Guillaume), Jésuite, I, 14109.
de Salvador (Joseph-François), Prêtre, I, 11439.
Salvaing de Boissieu (Denys), Président de la Chambre des Comptes de Dauphiné , III , 33800—3.
de Salvan (Antoinette), épouse de M. de Saliez, IV, 48170.
S. Salvi, Evêque d'Albi, I, 7915—18 ; IV, S.
Salvien, Prêtre de Marseille, I, 11440—43.
S. Salvin, Evêque de Verdun, I, 10662.
S. Salvius *ou* Sauge, Evêque & Martyr, I, 4673 & 74.
S. Salvius *ou* Sauve : *voyez* Sauve.
S. Salvius, Evêque d'Octodure, I, 10192.
de Samblançay : *voyez* de Beaune.

Table des Personnes.

S. Samer : *voyez* Vulmer.
S. Samson, Evêque de Dol, I, 10479—82.
Sanadon (Noël-Etienne), Jésuite, IV, 47215 & 47671. *Il a été omis au Tome I après le N.º 14190.*
de Sancerre (le Comte), Etienne I; III, 32064 & 35815.
Sanchez (François), Médecin, IV, 46316.
de Sancy : *voyez* de Harlay.
S. Sandoux *ou* Sindoux, d'Auffone, I, 4690 & 91.
de Sanejehan (Pierre), Réformateur de l'Ordre de Saint-Antoine de Viennois, I, 13447.
Sanguin (Claude), Poëte, IV, 47672.
Sanguin de Saint-Pavin (Denys), Poëte, IV, 47662.
de Sanlecque (Louis), Poëte, IV, 47673.
de Sanfay : *voyez* Turpin.
Sanson (Nicolas), Géographe, I, 1; IV, 46910.
de Santena (le Comte), Moine de la Trappe, I, 13158.
Santerre (Jean-Baptiste), Peintre, IV, 47931 & 32.
de Santerre (René-François), Prêtre, I, 11444.
Santeul *non* Santeuil (Jean-Baptiste), I, 13481—85 ; IV, 47674 & 75.
de Sauzelles (Madame) : *voyez* de Montholon.
Sanzey (Agneau-Bénigne), Théologal de Beaune, IV, S. 11444*.
Sarasin (Jean-François), Littérateur, IV, 46911—13 & 47676 & 77 ; & S.
S. Sardot : *voyez* Sacerdos.
de Sarra *ou* Sarrasie (Florette), épouse du Sieur de Véran, IV, 48211.
Sarrasin (Jean-Baptiste), Professeur Royal, I, 11445.
Sarrasin (Jacques), Peintre & Sculpteur, IV, 47933 & 34.
S. Saturnin, premier Evêque de Toulouse, I, 4003 —11 ; 10201—7 ; IV, S.
Saturnin, Evêque d'Arles, I, 7986.
Ste Saturnine, Vierge & Martyre, IV, 4675.
de Sault (le Comte) : *voyez* d'Agoult.
de Sault (la Duchesse), II, 26462.
de Saulx (Gaspard), Seigneur de Tavannes, Maréchal de France, II, 18217 & 18; III, 31696 & 97.
de Saulx de Tavannes (Jeanne), Dame de Rochechouart, fille du précédent, IV, 48159.
de Saulx (Jean), Marquis de Tavannes, Lieutenant au Gouvernement de Bourgogne, petit-fils du précédent, II, 26397.
de Saulx de Tavannes (Nicolas), Cardinal, Archevêque de Rouen, I, 9889.
de Saumaise (Claude), Littérateur, IV, 47210—14, IV, S.
de Saumaise (Pierre), Seigneur de Chazans, frere du précédent, III, 33080.
de Saumaise de Chazans (Charlotte), Comtesse de Bregy, fille du précédent, IV, 48029.
Saurin (Elie), Ministre Calviniste, I, 6103 & 4.
Saurin (Jacques), Ministre Calviniste, I, 6143 & 44.
Saurin (Joseph), Mathématicien, IV, 46583 ; IV, *Suppl.*
S. Saupis : *voyez* Auspice.
de la Saussaie (Charles), Curé de Saint-Jacques de la Boucherie, I, 11447 & 48.
du Saussay (André), Evêque de Toul, I, 10648.
Sautel (Pierre-Juste), Poëte, IV, 47679.
Sauvage (Jean-Marie), Prêtre, I, 4735.
de Sauvages : *voyez* Boissier.
S. Sauve, Evêque d'Amiens, I, 9715—18.
Sauveur (Joseph), Mathématicien, IV, 46584—86.
Savaron (Jean), Lieutenant-Général de la Sénéchaussée de Clermont, III, 34118 ; IV, 46000—2 ; 46913 & 14. *Voyez le Mémoire qui le concerne à la fin du Tome* III, *pages* xcij & xciij.
Tome V.

Savary (Maturin), Evêque de Séez, I, 9980.
Savary de Breves (François), Ambassadeur, III, 32697; IV, 46678.
Savary (Jacques), Philosophe, IV, 46581 & 82.
Savary des Bruslons (Jacques), Philosophe, fils du précédent, IV, 46582.
Savary (Jacques), Poëte, IV, 47678.
de Saveuse (Charles), Conseiller-Clerc au Parlement de Paris, I, 11446; III, 32967.
Savigné (Jacques), Jurisconsulte, IV, 46003.
S. Savin, Martyr, I, 4681.
S. Savin, Ermite, I, 13382.
Ste Savine, Vierge, I, 4676.
S. Savinien, Evêque de Sens, & Martyr, I, 10031—34.
S. Savinien, Martyr à Troyes, I, 4677—80.
Savot (Louis), Médecin, IV, 46317 & 18.
de Savoye (Louise), Duchesse d'Angoulême, fille du Duc Philippe, & Mere du Roi François I; II, 25492—95.
de Savoye (René), Comte de Villars, fils légitimé du Duc Philippe, III, 32284.
de Savoye (Magdelène), Duchesse de Montmorenci, fille du précédent, I, 4767.
de Savoye (la Duchesse), épouse de Victor-Amédée : *voyez* Christine de France.
de Savoye (la Duchesse), épouse de Charles-Emmanuel : *voyez* d'Orléans-Bourbon.
de Savoye (Marie-Adélaïde), Dauphine de France, fille du Duc Victor-Amédée II ; II, 25706—16 ; IV, S.
de Savoye (Thomas-François), Prince de Carignan, III, 32318 & 19.
de Savoye (Maurice-Eugene), Comte de Soissons, III, 32067.
de Savoye (Jacques), Duc de Nemours, III, 32020 & 21.
de Savoye (Charles-Emmanuel), Duc de Nemours, fils du précédent, III, 32022 & 23.
de Savoye (Louis), Duc de Nemours, neveu du précédent, III, 32024.
de Saxe (Marie-Josephe), Dauphine de France, II, 25766.
de Saxe (Maurice), Comte, Maréchal de France, II, 24725 ; III, 31697—706; IV, S. & V, *Add.* 24725*.
S. Scabilion, Abbé de S. Seniet & Evêque d'Avranches, I, 9921; IV, S.
Scaliger (Jules-César), Médecin, IV, 46320—23.
Scaliger (Joseph-Juste), Poëte, fils du précédent, IV, 47216—20 & 47680.
Ste Scariberge, épouse de Saint Arnoul, I, 4321 & 4682.
Scarron (Paul), Poëte, IV, 47681 & 82.
de Scepeaux (François), Sieur de la Vieilleville, Maréchal de France, II, 18114; III, 31726.
Schabol (Roger), Physicien, IV, 46576.
Schœpflin (Jean-Daniel), Historien, IV, 46915 & 16; IV, S.
Ste Scholastique, Vierge, sœur de Saint Benoît, I, 11941, 43; 51, 53 ; 57.
de Schomberg (Henri), Comte de Nanteuil, Maréchal de France, III, 31687, 91—93; IV, S.
de Schomberg (Jeanne), Duchesse de Liancour, sœur du précédent, I, 4797.
de Schomberg (la Duchesse), épouse de Charles, fils du précédent : *voyez* de Hautefort.
de Schomberg (Frédéric-Armand), Duc, Maréchal de France, I, 31686—96, *excepté* 87 *qui appartient à Henri.*
de Schomberg (la Comtesse) : *voyez* Rizzi.
de Schulemberg (Jean), Maréchal de France, V, 31706*.
S. Scocelin, Ermite, I, 13317 & 18.
Scoffier (Jean), Chanoine Régulier, I, 13626.

de Scudery (Georges), Poëte, IV, 47683.
de Scudery (Magdelène), sœur du précédent, IV, 48172—74.
de Sébastiane de Montécuculli (le Comte), III, 33656 & 57.
Sébastien (le Pere) : *voyez* Truchet.
de Séchelles : *voyez* Moreau.
de Secondat (Charles), Baron de Montesquieu, Président au Parlement de Bordeaux, III, 33132—37; IV, *S*.
Secousse (Denys-François), Historien, IV, 46917 & 18. *Voyez aussi le Mémoire qui le concerne à la fin du Tome* III, *pages* xciij—xcv.
de Sédan : *voyez* de la Marck.
Sedatus, Evêque de Nismes, I, 9205.
Sedatus, Evêque de Béziers, I, 9188.
Segla (Jeanne), épouse de M. de Montégut, IV, 48133.
Ste Segoulaine, Abbesse de Troclar, I, 14764—66.
de Segrais : *voyez* Renaud.
Séguier (Pierre), Chancelier de France, I, 31536—43.
Séguier (Dominique), Evêque de Meaux, frere du précédent, I, 9422.
Séguin (Pierre, Michel & Claude), Médecins, pere, fils & neveu, IV, 46324.
de Ségur (Jean-Charles), Evêque de Saint-Papoul, I, 10250; IV, *S*.
de Ségur (Madame), Carmélite, IVe, *S*. 15009*.
Séhere, premier Abbé de Chaumoulay, I, 13427.
de Seignelay : *voyez* Colbert.
S. Seine, Abbé, I, 12753—55.
S. Sélerin : *voyez* Cérénic.
de Selles (la Comtesse) : *voyez* d'Estampes.
S. Selve : *voyez* Sylvius.
de Selve (Georges), Evêque de Lavaur, I, 10251.
S. Semblin, Evêque de Nantes, I, 10433 & 34.
le Sémélier (Jean), Doctrinaire, I, 11449.
Senaillé (Jean-Baptiste), Musicien, IV, 47766.
Senault (Jean-François), Général de l'Oratoire, I, 11450.
de Senecé : *voyez* Bauderon.
de Sénecey : *voyez* de Beaufremont.
de Senecterre : *voyez* de Saint-Nectaire.
S. Séneri : *voyez* Cérénic.
Senès (Dominique), Ingénieur du Roi en Chef, IV, 46587.
de Senneterre : *voyez* de Saint-Nectaire.
S. Sénoch, Abbé, I, 11598 & 99.
le B. Séraphin, Capucin, I, 13926.
des Séraphins (la Mere) : *voyez* Françoise des Séraphins.
S. Serdot : *voyez* Sacerdos.
S. Serene, Prêtre, I, 11451.
Ste Serene, Martyre, I, 4683.
S. Serened *ou* Serné, Solitaire, I, 4685.
S. Sérénic : *voyez* Cérénic.
le Sergent (Charlotte), Religieuse de Montmartre, I, 14904.
Serlon, Evêque de Séez, I, 9978.
Serlon, Abbé de Savigny, I, 13131.
de Serment (Louise-Anastasie), Poëte, IV, 48177.
S. Serné : *voyez* Sérened.
S. Sernin : *voyez* Saturnin.
de Serres (Jean), Historiographe, I, 5865; IV, 46919 & 20. *Voyez le Mémoire qui le concerne à la fin du Tome* III, *pages* xcv—xcvij.
Serrony (Hyacinthe), Archevêque d'Albi, I, 7921; IV, *S*.
S. Servais, Evêque de Tongres & de Mastricht, I, 8726—34.
Servandoni (Jean-Nicolas), Architecte, IV, 47811 & 12.
Servien (Abel), Surintendant des Finances, III, 32537 & 38.

Servien (François), Evêque de Bayeux, frere du précédent, IV, *S*. 9912**.
Servien (Isabeau), épouse d'Artus de Lyonne, sœur des précédens, IV, 48110.
Servin (Louis), Avocat-Général au Parlement de Paris, III, 32972—80.
de Sesy (le Pere), Chanoine Régulier, I, 13644.
Ste Séthride, Abbesse de Faremoutier, I, 14888.
Sculphe, Archevêque de Reims, I, 9553; II, 16481.
Seurin (Jean-Joseph), Jésuite, I, 14144.
S. Sever, Evêque d'Avranches, I, 9922.
S. Séveriens, Evêque de Mende, I, 7962.
S. Séverin *ou* Surin, Evêque, mort & honoré à Bordeaux, I, 8243.
S. Séverin, Abbé d'Agaune, I, 11657; IV, *S*. I, 13413.
S. Séverin, Solitaire, I, 13383.
de Sévigné (Madame) : *voyez* de Rabutin.
de Sévilles : *voyez* de la Croix.
Sevin (François), Académicien, I, 11452.
S. Sevold, Moine de S. Valery, I, 12788.
de Seyssel (Claude), Evêque de Marseille, I, 8041; IV, 46921.
de Seytres (Joseph), Marquis de Caumont, IV, 46686.
Sezille (Louise-Françoise), épouse de M. Beaucousin, IV, 48007.
S. Sicaire, Martyr, I, 4686.
S. Sicaire, Evêque de Lyon, I, 8891.
de Sicile (le Comte), depuis Duc de Calabre : *voyez* de Calabre.
Sicler (Sébastien), Ermite, I, 13384.
S. Sidoine Apollinaire, Evêque de Clermont, I, 8427—35.
S. Sidoine, Abbé : *voyez* Saëns.
S. Sifrid le, Evêque de Carpentras, I, 8139.
Sigebert I, Roi d'Austrasie, II, 25250.
S. Sigebert II *ou* III, Roi d'Austrasie, I, 4239; II, 16094—103, & 25254.
Sigebert, Moine de Gemblours, I, 11989.
S. Sigibolde, Evêque de Séez, I, 9971.
S. Sigismond, Duc & ensuite Roi des Bourguignons, I, 532 & 333 III, 35846—52; IV, *S*.
Ste Sigrade, Veuve, I, 4687.
de Silhon (Jean), Littérateur, IV, 46922.
de Sillery : *voyez* Brulart.
de Silly (Françoise-Marguerite), Comtesse de Joigny & Dame de Montmirail, I, 4767.
Silva (Jean-Baptiste), Médecin, IV, 46325.
S. Silvain : *voyez* Sylvain.
S. Silvestre : *voyez* Sylvestre.
S. Silvin : *voyez* Sylvin.
S. Silvius : *voyez* Sylvius.
S. Siméon, Reclus, I, 13385 & 86.
de Simiane de la Coste (Gaspard), Chevalier de S. Jean, III, 40326.
S. Similien : *voyez* Semblin.
S. Simon, Comte de Crépi, Moine de Saint-Claude, I, 11641 & 12208; IV, *S*.
Simon, Evêque de Meaux, I, 9418.
Simon (Richard), Prêtre, I, 11453—55.
Simon (Catherine), *dite* S. Augustin, Religieuse, I, 15224; IV, *S*.
Simon (Madame), *dite* Marie-Angelique de la Providence, I, 4821 & 15340.
Simon (François), Antiquaire, IV, 46923 & 24; IV, Suppl.
Simon de Marquemont (Denys), Cardinal, Archevêque de Lyon, I, 8953.
Simonneau (Charles), Graveur, IV, 47935.
S. Simpert, Evêque d'Augsbourg, I, 10833.
S. Simplice, Archevêque de Vienne, I, 10697.
S. Simplice, Archevêque de Bourges, I, 8368.
S. Simplice, Evêque d'Autun, I, 8967—69.

S. Sindoux : *voyez* Sandoux.
Singlin (Antoine), Prêtre, I, 11456.
S. Sinice, Evêque de Soissons, puis Archevêque de Reims, I, 9507—9, & 9591.
S. Sinier, Evêque d'Avranches, I, 9925.
Sirmond (Jacques), Jésuite, I, 14135—40; IV, *Suppl.*
Sirmond (Jean), Académicien, IV, 47221.
de Sirot : *voyez* de Létouf.
S. Siviard, Abbé de Saint-Calais, I, 12376.
S. Sixte, Archevêque de Reims, I, 9507—9.
Sixte V, Pape, I, 7139—53.
Sloane (Hans), Médecin, IV, 46588.
Slodtz (René-Michel), Sculpteur, IV, 47936 & 37.
Smaragde, Abbé de S. Mihel, au Diocèse de Verdun, I, 12688.
Soanen (Jean), Evêque de Sénez, I, 8852 & 53; IV, *Suppl.*
de Soissons (la Comtesse) : *voyez* de Montafié.
S. Solenne *ou* Souleine, Evêque de Chartres, I, 9364 —66.
de Soliers (Jules-Raymond), Historien, IV, 46925.
de Soliez (Marguerite), Abbesse d'Hyeres en Provence, I, 15063.
de Solignac : *voyez* de la Pimpie.
Soliman-Mustafa-Feraga, Envoyé de l'Empereur des Turcs, I, 26460.
Solitaire inconnu : *voyez* Jean-Baptiste, Solitaire.
Solleysel (Jacques), Ecuyer du Roi dans la Grande Ecurie, III, 32068.
de Solminihac (Alain), Evêque de Cahors, I, 7953 & 54; IV, S. & I, 13423.
Ste Sologne *ou* Solonge, I, 4692 & 93.
Sommier (Jean-Claude), Archevêque de Césarée, I, 10830.
Sonnace, Archevêque de Reims, I, 9532.
Sorbiere (Samuel), Médecin, I, 12457 & 58; IV, 46325, & S.
Sorbon : *voyez* Robert.
S. Sore, Ermite, I, 13387.
Soreau *ou* Sorel (Agnès), Dame de Fromenteau, IV, 48180 & 81.
Sorel (Charles), Historien, IV, 46926.
Soto (Jean), Cordelier, I, 13895 & 96.
de Soubize : *voyez* l'Archevêque.
Souchay (Jean-Baptiste), Académicien, I, 11459 —61.
de la Souchere (Jérôme), Abbé de Citeaux, I, 13011 & 12.
de Souches : *voyez* Rabuit.
Soucier (Etienne), Jésuite, I, 14206.
de Soudeilles (Louise-Henriette), Religieuse, IV, S. 15198*.
de Soudier de Richesource (Jean), Littérateur, IV, 47197.
S. Souleine : *voyez* Solenne.
de Sourdis : *voyez* d'Escoubleau.
de Souvré (Gilles), Marquis de Courtenvaux, Maréchal de France, III, 31694.
de Souvré (Gilles), Evêque d'Auxerre, fils du précédent, I, 10170.
de Souzy : *voyez* le Peletier.
Spifame (Jacques-Paul), Evêque de Nevers, I, 5822 & 10185.
S. Spire : *voyez* Exupere.
Spon (Charles), Médecin, IV, 46326 & 27.
Spon (Jaques), Médecin, fils du précédent, IV, 46328.
de Sponde (Henri non Jean), Evêque de Pamiers, I, 10236—39; IV, S.
Ste Sponsaire, Vierge, I, 4382.
Stadius (Jean), Mathématicien, IV, 46589.
Stanislas Lesczinski, Roi de Pologne, Duc de Lorraine, II, 24627; III, 38917—31.
Stella (Jacques), Peintre, IV, 47938.

Stella : *voyez* Tileman.
Strazel (Jean), Professeur Royal, IV, 47222.
S. Stremoine : *voyez* Austremoine.
Strozzi (Léon), Chevalier de Malte, Général des Galeres de France, III, 31798; IV, S.
Strozzi (Pierre), Maréchal de France, frere du précédent, III, 31695 & 96.
Strozzi (Philippe), Colonel-Général de l'Infanterie, fils du précédent, III, 31838 & 39.
Stuart (Marie) : *voyez* Marie Stuart.
Stuart (Robert), Comte de Beaumont le Roger, Seigneur d'Aubigny, Maréchal de France, III, 31579.
de Stuer de Caussade (Paul), Seigneur de Saint-Maigrin, III, 31900.
de Stuer de Caussade (Jacques), Marquis de Saint-Maigrin, III, 32061.
Suarès (Joseph-Marie), Evêque de Vaison, I, 8150.
Sublet (François), Seigneur des Noyers, Secrétaire d'Etat, III, 32695 & 96.
Subleyrac (Pierre), Peintre, I, 47939.
Sudre (Guillaume), Cardinal, Dominicain, I, 13796.
le Sueur (Eustache), Peintre, IV, 47940 & 41.
le Sueur (Pierre & Nicolas), Graveurs en Bois, pere & fils, IV, 47942.
le Sueur (Pierre), deux autres Graveurs en Bois, IV, 47942.
Suger, Abbé de Saint-Denys, I, 12430—39; IV, S. II, 16666; III, 32445.
Suireau (Marie), Abbesse de Maubuisson, & ensuite de Port-Royal, I, 15099.
S. Sulin, Abbé, I, 11600.
de Sully (Odon *ou* Eudes), Evêque de Paris, IV, S. 9314*.
de Sully (Gui), Archevêque de Bourges, Dominicain, petit-neveu du précédent, I, 13779.
de Sully (le Duc) : *voyez* de Béthune.
S. Sulpice le Sévere, Archevêque de Bourges, I, 8374.
S. Sulpice le Pieux *ou* le Débonaire, Archevêque de Bourges, I, 8375—80.
Sulpice-Sévere, Historien, I, 11461—64.
S. Superi, Martyr, I, 4674.
de Superville (Daniel), Ministre Calviniste, I, 6137 & 38.
de Surbeck (Eugene-Pierre), Académicien, IV, 46928.
Sureau du Rozier (Hugues), Ministre Calviniste, I, 5843.
S. Surin : *voyez* Severin.
Sussanneau *ou* Susanneau (Hubert), Médecin, IV, 46328 & 47223.
Sutor : *voyez* Cousturier.
de Suze : *voyez* de la Baume.
de Suze (l'Abbé), IV, S. 11464*.
de la Suze (la Comtesse) : *voyez* de Coligni.
S. Syagre, Evêque d'Autun, I, 8973—75.
S. Sylvain *ou* Sylvin, S. Sylvestre & Ste Rodene, I, 4688.
S. Sylvestre, Evêque de Besançon, I, 8172.
S. Sylvestre, Evêque de Châlons-sur-Saône, I, 9029.
S. Sylvestre, Abbé de Reomé, 12243.
*S. Sylvestre, *ci-dessus* avec S. Sylvain.
Sylvestre II, Pape, *le même que* Gerbert, Archevêque de Reims, I, 7679—81; III, 31488.
S. Sylvin : *voyez* Sylvain.
S. Sylvin d'Auchi, Evêque Régionaire, I, 9972 & 10220.
S. Sylvin de Levroux, I, 4689.
S. Sylvius *ou* Selve, Evêque de Toulouse, I, 10209.
Sylvius : *voyez* du Bois & Dubois.
S. Symphorien, Martyr, I, 4694—96.

278 *Table* V.

Ste Syre, Dame Troyenne, I, 4697.

T

Tabouet (Julien), Jurisconsulte, IV, 46004 & 5.
Taffoureau de Fontaines (Charles-Nicolas), Evêque d'Alet, IV, S. 9251*.
Tahureau (Jacques), Poëte, IV, 47687.
de la Taille (Jean & Jacques), Poëtes, IV, 47688, & *Suppl.*
Taisand *non* Taissand (Pierre), Jurisconsulte & Trésorier de France, III, 34065 & 66; IV, 46005.
Taisnier (Jean), Mathématicien, IV, 46591.
de Taix (Guillaume), Doyen de l'Eglise de Troyes, I, 11465.
de Tallard (le Duc) : *voyez* d'Hostun.
de Tallard (la Duchesse) : *voyez* de Rohan-Soubise.
Tallemant (François), Académicien, I, 11466.
Tallemant (Paul), Académicien, cousin (*non* frere) du précédent, I, 11467 & 68.
de Tallerand (Henri), Comte de Chalais, III, 33710—16.
Talon (Jacques), Conseiller d'Etat, III, 32728.
Talon (Omer), Avocat-Général au Parlement de Paris, II, 23753; IV, S. & III, 32729.
S. Tannoley : *voyez* Domnole.
de Targny (Marguerite), Ursuline, IV, S. 15333*.
Tarin (Jean), Professeur Royal, IV, 47224.
Tarisse (Grégoire), Supérieur-Général de la Congrégation de Saint-Maur, I, 11626; IV, S.
Ste Tarsitie, Vierge, I, 4698.
S. Tassillon, Moine de Jumiéges, I, 12025.
Tasso (Torquato), *dit* le Tasse, Poëte, II, 16603.
S. Taurin, Evêque d'Evreux, I, 9938—41.
Taurusio (François-Marie), Cardinal, Evêque d'Avignon, I, 8134.
Tauvry (Daniel), Médecin, IV, 46329.
de Tavannes : *voyez* de Saulx.
Tavernier (Nicolas), Professeur Royal, IV, 47225.
Teissier (Antoine), Historiographe, IV, 46929 & 30.
Teissonniere (Marie), I, 4822.
Tell (Guillaume), III, 39111—13.
Tellier (Joseph), Général des Minimes, I, 14035.
Tellier (Michel), Jésuite, I, 14186.
le Tellier (Michel), Chancelier de France, III, 31545—51; 32572; IV, S.
le Tellier (François-Michel), Marquis de Louvois, Ministre d'Etat, fils du précédent, II, 24303 & 4; III, 32591—93; IV, S.
le Tellier (Louis-François-Marie), Marquis de Barbesieux, Ministre d'Etat, fils du précédent, III, 32595.
le Tellier de Louvois (Camille), Abbé de Bourgueil, & de Vauluisant, frere du précédent, I, 11253—55.
le Tellier (Charles-François-César), Marquis de Montmirail, petit-neveu des précédens, III, 32013; IV, S.
le Tellier (Louise), Prieure de Notre-Dame de la Ville-l'Evêque, I, 14824; IV, S.
Ste Ténestine, Vierge, I, 4699; IV, S. & I, 12133.
Tercier (Jean-Baptiste), Littérateur, IV, 46931.
de Termes : *voyez* de Saint-Lary.
de Terradeil (François), Capitaine, III, 32071.
du Terrail (Pierre), *dit* le Chevalier Bayard, II, 17508; III, 31864—72; IV, S.
Terrasson (Jean), Académicien, I, 11469—73.
Terrasson (Matthieu), Avocat, IV, 46066.
les Terrassons, Savans de divers Ordres, IV, 47226.
Terrin (Claude), Antiquaire, IV, 46932.

Testelin (Louis), Peintre, IV, 47943.
Testu (Jacques), Poëte, IV, 47689.
Tetere, Ecrivain Ecclésiastique, I, 11474.
S. Tetrique, Evêque de Langres, I, 9014.
S. Tetrique, Evêque d'Auxerre, I, 10159 & 60.
Teulfe, Abbé de Saint-Crespin, I, 12388.
Texier (Barthélemi), Dominicain, I, 13803.
S. Theau : *voyez* Tillon.
Ste Théchilde : *voyez* Théodéchilde.
Thégan, Chorévêque de Trèves, Historien, II, 16353.
de Thémines : *voyez* de Lausieres.
Théobaldo-Gatti (Jean), Musicien, IV, 47767.
S. Théodard, Archevêque de Narbonne, I, 9171 & 72.
S. Théodard, Evêque de Mastricht, I, 8745.
Théodebald, Roi d'Austrasie, arriere-petit-fils de Clovis, II, 24850.
Théodebert, Roi d'Austrasie, petit-fils de Clovis, pere du précédent, II, 24850.
Ste Théodéchilde, premiere Abbesse de Jouarre, I, 14741 & 42.
Ste Théodéchilde *ou* Téchilde, Reine des Varnes, *non* de France, fille (*non* épouse) de Thierri I, Roi d'Austrasie, & Fondatrice de l'Abbaye de Saint-Pierre-le-Vif, II, 25040, 25248 & 49.
S. Théodefrid, Abbé de Corbie, I, 11871.
Théodger, Evêque de Metz, I, 10587.
S. Théodore, Evêque de Marseille, I, 8037—39.
Théodore de Celles, Fondateur des Religieux de Sainte-Croix, I, 13495 & 96.
Ste Théodore, I, 4700.
S. Théodore, Abbé d'Utique, I, 12460 & 61.
Théodoric de Saint-René, Carme, IV, 45801.
S. Théodose, Evêque d'Auxerre, I, 10149.
S. Théodose, Evêque de Vaison, I, 8146.
Théoduin, Evêque de Liége, I, 8776.
S. Théodulfe *ou* Thiou, Abbé du Mont-d'Hor, I, 12769—72.
S. Théodulfe, Abbé de Laubes, I, 12050 & 56.
S. Théodulfe, Prêtre, I, 11476.
Théodulfe, Evêque d'Orléans, I, 9470.
S. Théofred *ou* Chaffre, Abbé de Carmery, I, 11736—38.
Théophile : *voyez* Viaud.
Théotmar, Archevêque de Saltzbourg, I, 10833.
de Thermes : *voyez* de la Barthe.
de Thermes *ou* Termes : *voyez* de Saint-Lary.
S. Theudere *ou* Cherf *ou* Chef, Abbé, I, 12379 & 80.
Theurobocus, Roi des Theutons, I, 3723—25.
Théveneau (Nicolas), Jurisconsulte, IV, 46007.
Thévenin (Claude), Chanoine de l'Eglise de Paris, I, 11477.
Thévenot (Melchisédec), Littérateur, IV, 46933.
Thévenot ( ), Littérateur, neveu du précédent, IV, 46934.
Thevet (André), Cordelier, I, 11478.
de Thianges *ou* Thienges (la Marquise), IV, 48185.
de Thiard *ou* Thyard (Pontus), Evêque de Châlon-sur-Saône, I, 9038; IV, 47227 & 47693.
de Thiard *ou* Thyard de Bissy : *voyez* de Thyard.
Thiaudiere de Boissy (Jean Baptiste), Académicien, I, 10977; IV, 46658.
S. Thibaud, Evêque de Vienne, I, 10726.
S. Thibaud, Abbé de Vaux de Cernay, I, 13169—72.
S. Thibaud, Chanoine de Dorat, I, 11475.
S. Thibaud, Ermite, I, 13388—93.
Thibault, Abbé de Cormeri, I, 11892.
Thibault, Moine de Bese, I, 11721.
Thibault (Philippe), Réformateur des Carmes, I, 13703 & 4; IV, S.
Thibault, Comte de Champagne, & Roi de Navarre, premier du nom, IV, 47691. *Peut-être le même qu'au* Tome II, *N.°* 28350 & 51.

Table des Personnes.

Thibouft (Claude-Charles), Imprimeur du Roi, IV, 47981.
de Thianges : *voyez* de Thianges.
S. Thierry, Evêque d'Orléans, I, 9474 & 75.
Thierri I, Evêque de Metz, I, 10582 & 83.
Thierri, Evêque de Verdun, I, 10670.
S. Thierri, Abbé de Mont-d'Hor, I, 12763 — 68 ; IV, S.
S. Thierri, Abbé de Saint-Hubert, I, 12571.
Thierri II, Abbé de Saint-Hubert, I, 12572.
Thierri, Abbé de S. Tron, I, 12779.
Thierri I, Roi d'Auftrafie ; fon Regne, II, 24850; fes Defcendans, 25238 & 39 ; fon Epitaphe, 26707.
Thierri III, Roi de Neuftrie & de Bourgogne, II, 16110 & 11.
Thierri IV, Roi de Neuftrie & de Bourgogne, II, 16119—22.
Thiers (Jean-Baptifte), Curé de Vibray, I, 11479 bis ; IV, 45801.
de Thimbrune de Valence (Marie-Louife), Abbeffe de Fontevrault, I, 15172.
S. Thiou : *voyez* Théodulfe.
de Thoiras : *voyez* Rapin.
Tholofani (Antoine), Abbé de Saint-Antoine, I, 13448.
le B. Thomas de Saint-Victor, I, 13476 & 77.
Thomas II, Evêque de Viviers, I, 10763.
Thomas I & II, Archevêques d'Yorck, I, 10833.
Thomas, Abbé de Morigny, I, 12231.
Thomas de Cantimpré, Dominicain, I, 13773 & 74; IV, S.
Thomas du Foffé (Pierre), Hiftorien, IV, 46730.
Thomaffeau du Curfay (Jofeph), Médecin, IV, 46110.
Thomaffin (Louis), Prêtre de l'Oratoire, I, 11480—83.
Thomines (Pierre), Sieur du Bofc, Minifte Calvinifte, I, 6074 & 75.
de Thou (Chriftophe), premier Préfident au Parlement de Paris, III, 32901—5.
de Thou (Auguftin *non* Augufte), II du nom, Préfident au Parlement de Paris, frere du précédent, II, 32905 & 37.
de Thou (Jacques-Augufte), Préfident au Parlement de Paris, neveu du précédent, II, 19871—90; III, 32938—45; IV, 46934 & 35, & 47692. *Voyez auffi le Mémoire qui le concerne à la fin du Tome III, pages xcvij—c.*
de Thou (François-Augufte), Confeiller d'Etat, fils du précédent, III, 33741—49.
de Thou (Anne), époufe du Chancelier de Chiverny, tante du précédent, III, 31513 & 14; IV, S. & IV, 48050.
de Thou (Louife), Abbeffe des Clairets, petite-nièce de la précédente, I, 15083.
de Thouars ou Touats (la Vicomteffe), Gabrielle de Bourbon : *voyez* de Bourbon-Montpenfier.
Thoulier d'Olivet (Jofeph), Académicien, IV, 46838 & 39, & 47163 & 64.
de Thoury : *voyez* de Clermont.
de Thubieres de Caylus : *voyez* de Lévis.
Thuet (M.), Théologal de Péronne, I, 11484; IV, S. 4766*.
S. Thuribe, Evêque du Mans, I, 10347—49.
de Thyard de Biffy (Henri), Cardinal, Evêque de Meaux, I, 9431.
S. Thyrfe & fes Compagnons, Martyrs d'Autun, I, 4312.
S. Thyrfe & fes Compagnons, Martyrs de Trèves, IV, S. 4700*.
Tileman Stella (Jean), Mathématicien, IV, 46590.
de Tilladet : *voyez* de la Marque.
de Tillemont : *voyez* le Nain.
du Tillet : *voyez* Titon.

S. Tillon ou Theau, Moine de Solignac, I, 12888 & 13394.
de la Tilly : *voyez* de Latilly.
Tilpin ou Turpin, Archevêque de Reims, I, 9541.
Tilpin, Chancelier de France, III, 31489.
S. Timothée & S. Apollinaire, Martyrs, I, 4701.
Tiquet (Madame) : *voyez* Charlier.
Tiraqueau (André), Jurifconfulte, IV, 46008.
Titon du Tillet (Evrard), IV, 47228—30; IV, S.
du Tixier (Anne), époufe de M. de Beaufort, I, 4773 ; IV, S.
du Toc (Angélique), Abbeffe de S. Laurent de Bourges, I, 14831; IV, S.
de Toiras : *voyez* de Saint-Bonnet.
de Toledo (Pedre), Ambaffadeur d'Efpagne, II, 26303.
Tomelin ( ), Muficien, IV, 47769.
le Tonnelier de Breteuil (Gabrielle-Emilie), Marquife du Châtelet, IV, 48043.
de Tonnerre (la Comteffe) : *voyez* d'Efcoubleau.
Tonnier (Pierre), Sous-Directeur des Joféphites, IV, S. 11486.
S. Tonnolein : *voyez* Domnolene.
de Torcy (le Marquis) : *voyez* Colbert.
de Torcy (la Marquife), IV, 48189.
de Torigny (le Comte) : *voyez* de Matignon.
de Tofcane (la Grande-Ducheffe), Chriftine de Lorraine : *voyez* de Lorraine.
de Touats : *voyez* de Thouars.
des Touches : *voyez* Néricault.
de Toulonjon (la Comteffe) : *voyez* de Rabutin-Chantal.
de Touloufe (le Comte), Théodoric, pere de Saint Guillaume du Défert, III, 44263.
de Touloufe (le Comte), Raimond VII; III, 29687.
de la Tour d'Auvergne (Marie ou Claude), Comteffe de Rouffillon & de Tournon, IV, 48192; V, *Add.*
de la Tour d'Auvergne (Henri), Duc de Bouillon, Maréchal de France, II, 18555; III, 31443, 31601 & 2, 31882 & 33694.
de la Tour d'Auvergne (Frédéric-Maurice), Duc de Bouillon, fils du précédent, II, 23623; III, 31883, 33741 & 44.
de la Tour d'Auvergne (Frédéric-Maurice), Comte d'Auvergne, fils du précédent, IV, S. 32071*.
de la Tour d'Auvergne (Emmanuel-Théodofe), Cardinal de Bouillon, frere du précédent, I, 7448 ; III, 32269—72.
de la Tour d'Auvergne (Louife-Charlotte), Demoifelle de Bouillon, fœur du précédent, IV, 48016—18.
de la Tour d'Auvergne (Henri), Vicomte de Turenne, Maréchal de France, II, 24073—76; 26769; III, 31711—24; IV, S.
de la Tour du Pin (Gui), Evêque de Clermont, Dominicain, I, 8454 & 13780.
de la Tour : *voyez* de Gondy & d'Arerès.
du Tour : *voyez* de Maupas.
Tournebu : *voyez* Turnebe.
de Tournefort : *voyez* Pitton.
Tournély (Honoré), Docteur en Théologie, IV, 45801.
de Tournemine (René-Jofeph), Jéfuite, I, 14194—97.
le Tourneux (Nicolas), Prêtre, I, 11488 & 89.
Tournieres (Robert), Peintre, IV, 47944.
de Tournon (François), Cardinal, Archevêque de Lyon, I, 8946—51 ; III, 32464 ; IV, *Suppl.* 8951*.
de Tournon (la Comteffe) : *voyez* de la Tour.
de Tourny (Emmanuel), Calvairienne, I, 14955.
de Tourreil (Jacques), Académicien, IV, 46936 & 37.
de Tourville : *voyez* de Coftentin.

Touſſain (Jacques), Profeſſeur Royal, IV, 47231 & 32.
Touſſaint (François-Vincent), Littérateur, IV, S. 47232*, non 332.
Touſtain (Charles-François), Bénédictin, I, 12259; IV, S. 46937*.
Toutray, III, 33668.
Tourtée (Antoine-Auguſtin), Bénédictin, I, 12531.
de Tramelay (Bernard), Grand-Maître du Temple, III, 40347.
de la Trémoille (Georges), Comte de Guines, Chambellan & Miniſtre d'Etat, III, 32333.
de la Trémoille (Louis II), Comte de Guines, Amiral de Guyenne & de Bretagne, petit-fils du précédent, II, 17508; III, 31756—59.
de la Trémoille (Madame), épouſe du précédent: voyez de Bourbon-Montpenſier.
de la Trémoille (Charlotte-Catherine), Princeſſe de Condé, fille de Louis III; II, 25789, & 95—98.
de la Trémoille (Henri), Duc, neveu de la précédente, II, 31533.
de la Trémoille (Henri-Charles), Prince de Tarente, fils du précédent, III, 32072; IV, S.
de la Trémoille de Royan (Marie-Marguerite), Abbeſſe de Jouarre, I, 14816.
Trémollieres (Pierre-Charles), Peintre, IV, 47945.
S. Treſain non Trélain, Curé de Mareuil-ſur-Marne, I, 11490 & 91; II, 25260; IV, S. 11490 & 14780**.
Trial (Jean-Claude), Muſicien, IV, 47768.
Tricalet (Pierre-Joſeph), Prêtre, I, 11492; IV, Suppl.
Tricalet (Marie-Eliſabeth), épouſe de M. le Bœuf, I, 4823.
de Trichaſteau : voyez du Chaſtelet.
Trichet (Marie-Louiſe), Supérieure des Filles de la Sageſſe, IV, S. 15342*.
de la Triimouille : voyez de la Trémoille.
Trincant (Louis), Hiſtorien, IV, 46938.
de Tripoly (le Comte), Raymond II; IV, Suppl. 16703*.
Triſtan-l'Ermite (François), Académicien, IV, 47695.
S. Trivier, Confeſſeur, I, 4702.
S. Tron : voyez Trudon.
du Tronchay : voyez de Bellere.
Tronchet (Paul), Minime, I, 14049.
Tronchin (Louis), Miniſtre Calviniſte, I, 6108.
S. Trophime, premier Evêque d'Arles, I, 4003—10, 67 & 68; 7981—84.
Trouin du Guay (René), Lieutenant-Général, II, 24512; III, 31954 & 55; IV, S. 24512 & 31954.
du Trouſſet de Valincour (Jean-Baptiſte-Henri), Mathématicien, IV, 46594 & 95, 47697.
de Troy (François & Jean-François), Peintres, pere & fils, IV, 47946.
S. Troyen, Evêque de Saintes, I, 8299.
Trublet (Nicolas-Charles-Joſeph), Littérateur, IV, 47233.
Truchet (Jean), dit le Pere Sébaſtien, Carme, I, 13706; IV, 46592.
Truchſès (Gebhard), Archevêque de Cologne, I, 8679 & 80.
Trudaine (Daniel-Charles), Conſeiller d'Etat, IV, S. 32744*.
S. Trudon ou Tron, Confeſſeur, I, 11493—96.
de Tſchirnaus : voyez Wolter.
S. Tuberi ou Tyberge & ſes Compagnons, Martyrs, I, 4703 & 4.
S. Tudin, Abbé, I, 11601.
S. Tugal, Evêque de Tréguier, I, 10456 & 57.
Tuillier (Adrien), Médecin, IV, 46335.
de Tulle (Jean-Vincent), Evêque d'Orange, I, 8074 & 75.

Ste Tullie, Vierge, IV, S. 4704*.
de Turenne : voyez de la Tour d'Auvergne.
Turgot (Michel), Préſident au Grand-Conſeil, IV, S. 32780*.
S. Turiaf, Evêque de Dol, I, 10486—88.
Turnebe ou Tournebu (Hadrien), Profeſſeur Royal, IV, 47234—39.
Turpin : voyez Tilpin.
Turpin Criſſé de Sanſay (Chriſtophe-Louis), Evêque de Nantes, I, 10441.
Turquet de Mayerne (Théodore), Médecin, IV, 46336 & 37.
Turſtain ou Turſtin, Archevêque d'Yorck, I, 10833; IV, S. 9949*.
Tuſanus : voyez Touſſain.
de Tyard : voyez de Thyard.
S. Tyberge : voyez Tuberi.
S. Tyrſe, Patron de Siſteron, I, 4705.

U

S. Ulface, Anachorete, I, 13402.
Ulger, Evêque d'Angers, I, 10401, & IV, Suppl. 10400*.
S. Ulgis, Abbé de Laubes, I, 12060.
Ste Ulphe, Vierge, I, 4377, 4727—29; IV; Suppl.
S. Ulric, Moine de Cluni, I, 11829.
S. Ultain ou Outain, Abbé du Mont-Saint-Quentin, I, 12033 & 12222—24.
Ste Ultrogothe, Reine de France, II, 25039.
Umeau (François), Médecin, IV, 46357 & 58.
S. Urbain, Evêque de Langres, I, 9011; IV, S.
Urbain II, Pape, I, 7693—97.
Urbain IV, Pape, I, 7703—6.
Urbain V, Pape, I, 7747—52.
S. Urbice, Evêque de Clermont, I, 8422 & 23.
d'Urfé (Honoré), Comte de Châteauneuf, II, 12301 & 2; III, 32083—86; IV, 47708.
d'Urre (Charles), Conſeiller du Duc de Lorraine, I, 4765.
S. Urſe, Evêque de Troyes, I, 10087 & 88.
S. Urſe, Evêque d'Auxerre, I, 10148.
S. Urſicin ou Urſin, Evêque de Bourges, I, 8363 & 64.
S. Urſicin, Evêque de Sens, I, 10035.
S. Urſicin, Evêque du Puy, I, 8493.
Urſin, ancien Hiſtorien, IV, 46976.
des Urſins (Camille), Marquis de Tripalda, Capitaine Général de l'Egliſe, II, 17751.
des Urſins (Marie-Félice), Ducheſſe de Montmorenci, Religieuſe Viſitandine, I, 15288—90; II, 26337; IV, 48134; S. 15288* & 90*.
S. Urſion, Solitaire, I, 4732.
S. Urſinar, Abbé de Laubes, I, 12050, 51, 53—55.
d'Uſſon (François), Sieur de Bonrepos, III, 32706.
Uſuard, Moine de Saint-Germain-des-Prés, I, 12510.
Uthon, Evêque de Straſbourg, I, 9133.
d'Uxelles : voyez du Blé.
d'Uzès : voyez de Cruſſol.

V

Va (René), dit l'Ermite de Compiegne, I, 13405; IV, S.
S. Vaaſt, Evêque d'Arras, I, 8593—98.
de Vaccon (Joſeph), I, 11497.
le Vacher (   ), Chirurgien, IV, 46338.
le Vachet (Jean-Antoine), Prêtre, I, 11498.
Vadé (Jean-Joſeph), Poëte, IV, 47696.
Vaillant (Sébaſtien), Botaniſte, IV, 46339—41.

Vaillant:

Vaillant : *voyez* Foy-Vaillant.
du Vair (Guillaume), Evêque de Lisieux, Garde des Sceaux de France, I, 9992—95 ; III, 31523 & 24 ; IV, S. 9984* pour 94*.
du Val (André), Docteur en Théologie , I, 11499.
du Val (Guillaume), Médecin, IV, 46342.
du Val de Dampierre (Marie-Anne), I, 4783 ; IV, S.
Valadon (Louis), Médecin, IV, 46343.
de Valbelle (Côme-Alfonse), Chevalier , III, 32073.
S. Valbert : *voyez* Walbert.
de Valbonnays : *voyez* Moret.
de Valence : *voyez* de Thimbrunes.
Valens (Pierre), Professeur Royal , IV, 47240 & 41.
S. Valentin, Evêque de Tongres, I, 8725.
S. Valentin : Confesseur, I, 11501.
Valentin , Chevalier , II, 25262.
Valentin (Moyse), Peintre, IV, 47947.
de Valentinois (la Duchesse) : *voyez* d'Albret.
S. Valere, Evêque de Trèves, I, 10502 & 3.
S. Valere , Evêque de Carcassonne, I , 9198. *Il est réputé le même que Saint Hilaire.*
S. Valere, Evêque d'Auxerre , I, 10124. *Il est réputé le même que Saint Valérien* , IV, S.
Ste Valere, Vierge, IV, S. 4705*.
S. Valeric ou Vaultri, Ermite, I, 13395 & 96.
S. Valérien, Martyr à Tournus, I, 4706—9 ; 12912.
S. Valérien, Evêque d'Auxerre, I, 10124. *Il est réputé le même que Saint Valere*, IV, S.
S. Valérien , Evêque de Cémele, I, 8849.
de Valernes (la Vicomtesse) : *voyez* d'Oraison.
S. Valery, Abbé , I, 12781—83.
de la Valette : *voyez* de Nogaret.
de la Valette (la Duchesse), épouse de Jean : *voyez* de Saint-Lary.
de la Valette (la Duchesse), premiere épouse de Bernard III : *voyez* de Bourbon-Vendôme.
de la Valette (la Duchesse), seconde épouse du même : *voyez* du Camboust.
Valin (René-Josué), Jurisconsulte , IV, 46009.
de Valincour : *voyez* du Trousset.
Valladier (André), Abbé de Saint-Arnoul , I, 12334 & 35.
Vallée (Geoffroy), Philosophe impie, I, 4827 ; IV, 46596 & 97.
Vallée (M.), Seigneur de Chenailles, III, 33755.
Vallée des Barreaux ( ), Poëte, IV, 47296.
des Vallées (Marie), *dite* de Coutances , IV , 48195 —203.
de Valliere (François-Florent), Académicien , III, 32074.
de la Valliere : *voyez* de la Baume le Blanc.
de Valois (Philippe), Roi de France : *voyez* Philippe VI.
de Valois (Charles), Comte d'Alençon, Chef de la Maison d'Alençon, frere du précédent, II , 25396 —406.
de Valois (le Duc), François, Comte d'Angouleme : *voyez* François I, Roi de France.
de Valois (Marguerite), Reine de Navarre, sœur du précédent, II, 25497—500 & 26199.
de Valois (François), Duc d'Alençon, fils de Henri II : *voyez* d'Alençon.
de Valois (Isabelle), Reine d'Espagne, sœur du précédent : *voyez* Elisabeth de France.
de Valois (Claude), Duchesse de Savoie, sœur de la précédente : *voyez* Claude de France.
de Valois (Marguerite), Reine de Navarre & de France, sœur de la précédente , & premiere épouse de Henri IV : *voyez* Marguerite.
de Valois (Charles), Comte d'Auvergne, depuis Duc d'Angoulême , fils naturel de Charles IX , II , 23136 , 25136 , 25528 , 31 & 32 ; III, 33696 ; IV, S.

Tome V.

de Valois (Louis - Emmanuel), Duc d'Angoulême, Comte d'Alais , fils du précédent , II , 25529 & 30.
de Valois (Marthe-Marguerite), Marquise de Villette, épouse de M. le Marquis de Caylus , IV, 48036.
de Valois (Adrien & Henri), freres, Historiographes, IV, 46949—56. *Voyez le Mémoire qui concerne Adrien à la fin du Tome III, pages* c—cij.
de Valois (Charles), Antiquaire , fils d'Adrien, IV, 46957.
Valon de Mimeure (Georges-Louis), Poëte, IV, 47524.
Vamba, Roi de Tolède, II, 16107.
Vander-Burch (François), Evêque de Cambray, I, 8577.
Vandermonde (Charles-Augustin), Médecin, IV, 46344.
de Vandeuil : *voyez* de Vendeuil.
S. Vaneng, Fondateur de l'Abbaye de Fescan, I, 11918 & 19.
Vaniere (Jacques), Jésuite, I, 14198 & 99 ; IV, 47698.
Vanloo (Jean-Baptiste), Peintre, IV, 47951.
Vanloo (Charles-André), Peintre, frere du précédent, IV, 47948—51.
S. Vannes : *voyez* Vennes.
S. Vânon : *voyez* Wasnulfe.
Varandel *ou* Varandé (Jean), Médecin, IV, 46345.
de Varennes-Pagu, *non* Nagu (Antoinette), Abbesse de Notre-Dame de Chasaux , I, 14825 ; IV, S.
de Varennes-Pagu, *non* Nangu (Charlotte), Abbesse de Lancharre, I, 14837. IV, S.
Varet (Alexandre), Grand-Vicaire de Sens , I , 11502.
Vatignon (Pierre), Mathématicien, I, 11503—5 ; IV, 46597—99.
Varillas (Antoine), Historien, II , 17338 , IV, 46958 —60. *Voyez aussi le Mémoire qui le concerne dans le Tome III , pages* cliij—cv.
Varin (Jean), Graveur , IV, 47952.
Varlet (Dominique-Marie), Evêque de Babylone, I, 10831.
de Vassé (Françoise), Prieure de Saint-Gervais, I, 15225.
le Vassor (Michel), Historien, IV, 46961.
Vatable (François), Professeur Royal, I, 11500.
Vatry (René), Antiquaire, IV, 46962.
Vatry (Madame) : *voyez* Buttet.
Vattier (Pierre), Médecin, IV, 46346.
le Vau (Louis), Architecte , IV, 47813.
de Vauban : *voyez* le Prestre.
Ste Vaubourg, I , 4710.
de Vaudemont (le Cardinal) : *voyez* de Lorraine-Vaudemont (Charles).
de Vaudemont (Mademoiselle) : *voyez* de Lorraine-Vaudemont, (Marguerite).
Ste Vaudrée, Abbesse de Metz , I, 14729—31. *On l'a confondue avec Ste Vautrude dans ce dernier N.º*
de Vaugelas : *voyez* Favre.
de Vaumoriere : *voyez* d'Ortigue.
de Vaumurier : *voyez* Aubery.
de Vauprivas : *voyez* du Verdier.
de Vaussin, *non* Vaussiez (Claude), Général de Cîteaux, I, 13013 ; V. Add.
Vautier, Archevêque de Sens, I, 10065.
Vautier, Evêque d'Orléans, I, 9471.
Ste Vautrude, Fondatrice des Chanoinesses de Mons, I, 15021—14.
Vauvilliers (Jean), Professeur Royal, IV, 47246.
Vavasseur (François), Jésuite, I, 14162—64 ; IV, 47698 & 99.
le Vayer : *voyez* de la Mothe.
S. Vedredun, Evêque d'Avignon, I, 8130.
la Velle (François), Cordelier, I, 13887.

N n

Velly (Paul-François), Historien, I, 11506; IV, 46963. *Voyez le Mémoire qui le concerne à la fin du Tome III, page cv.*
de Velye : *voyez* Culoteau.
S. Venant, Abbé, I, 11602.
de Vendeuil (Jean), Evêque de Tournay, I, 8633.
de Vendôme (Matthieu), Abbé de S. Denys, I, 12442; II, 16911; III, 32447.
de Vendôme (le Duc), (César) fils légitimé de Henri IV; II, 25624—34; IV, S. III, 33709.
de Vendôme (Louis), Chevalier, Duc de Mercœur & ensuite de Vendôme, fils du précédent, II, 25635, 42, 43.
de Vendôme (Louis-Joseph), Duc de Vendôme, fils du précédent, II, 25644—49, & 26463.
de Vendôme (François), Duc de Beaufort, oncle du précédent, II, 25637—40, 26764; III, 31790, 33709; IV, S. 25638.
S. Venerand, Martyr, I, 4581—83.
S. Venerand, Evêque d'Auvergne, I, 8419 & 20.
de Venette (Jean), Poëte, IV, 47700.
Veni d'Arbouze (Marguerite), Abbesse & Réformatrice de Notre-Dame du Val-de-Grace, I, 14796—801.
le Venier (Charles), Sieur de la Grossetiere, III, 33717.
S. Vennes *ou* Vannes, Evêque de Verdun, I, 10665 & 66.
de Ventadour : *voyez* de Lévis.
S. Veran, Evêque de Vence, I, 8836—38.
S. Veran, Evêque de Cavaillon (*non* de Vaison), I, 8149, 53 & 54.
de Vetan (Madame) : *voyez* de Satra.
Verdier (César), Chirurgien, IV, 46029, & S.
du Verdier (Antoine), Sieur de Vauprivas, Littérateur, IV, 47147.
du Verdier (Claude), Littérateur, fils du précédent, IV, 47248.
du Verdier de la Croix (Léonarde), Carmélite, I, 14992.
de Verdun (Nicolas), premier Président au Parlement de Paris, III, 32909—15.
de Verdun (Madame), son épouse : *voyez* Duguai.
le Vergeur de Saint-Souplet (Claudine), Abbesse de Notre-Dame du Paraclet, I, 15080.
Vergier (Jacques), Poëte, IV, 47701.
Vergier de Barbe (le Pere), Jésuite, IV, S. 14214*.
du Vergier de Hauranne (Jean), Abbé de S. Cyran, I, 11507—9.
de la Vergne : *voyez* Pioche.
de Vergy (Gabrielle), IV, 48214.
de Vergy (Clériadus), Lieutenant-Général, III, 33076; IV, S.
Verjus (Jean), Aumônier du Roi, I, 11510.
Verjus (Antoine), Jésuite, I, 14181; IV, 45804.
de Vermandois (le Comte), Herbert II; II, 16480 & 25266.
de Vermandois (le Comte), Hugues de France, II, 25300.
de Vermandois (le Comte), Raoul *ou* Rodolphe, fils du précédent, II, 25301 & IV, Suppl. III, 31395.
de Verneuil (la Marquise) : *voyez* de Balsac.
du Verney (Guichard-Joseph), Médecin, IV, 46348 & 49.
du Verney (Emmanuel-Maurice), Médecin, fils du précédent; IV, 46347.
de Vernois (Jean), Evêque de S. Omer, I, 8640.
S. Verol *ou* Vorle, Prêtre, I, 4730 & 31, 11511.
S. Veron, Confesseur, I, 4711.
Veron (Pierre-Antoine), Astronome, IV, Suppl. 46599*.
de Verrietes : *voyez* Cahagne.
de Vert (Claude), Moine de Cluni, I, 11861—63.

de Verthamont (Jeanne), Abbesse de la Régle, I, 14894.
de Verthamont (M.), Président au Grand-Conseil, III, 32780.
de Verthamont (Samuel-Guillaume), Evêque de Luçon, I, 8546 & 47.
de Verthamont de Lavaud (Catherine-Elifabeth), Abbesse de la Régle, I, 14896; IV, S.
de Vertillac (la Comtesse), IV, 48215.
de Vertot : *voyez* Auber.
de Vertron : *voyez* Guyonnet.
S. Vertunien : *voyez* Victurnien.
S. Verus, Evêque d'Orange, I, 8675.
Verus, Evêque de Tours, I, 10271; IV, S.
de Verville : *voyez* Beroalde.
de Vervins (Louis), Archevêque de Narbonne, Dominicain, I, 13815.
de Vervins (Nicole), IV, 48216.
de Veteris du Revest (Catherine), Ursuline, I, 15328.
Vetus (Jean), Conseiller au Parlement de Bourgogne, III, 33078.
de Veuilly (la Baronne), Religieuse, I, 15199.
Veyssiere la Croze (Maturin), Calviniste, I, 6151 & 52.
de Viaixnes (Thierry), Bénédictin, IV, Suppl. 11805***.
Vialart, *ou* Vialar, de Herse (Félix), Evêque de Châlons-sur-Marne, I, 9632.
de Vias (Balthazar), Poëte, IV, 47704.
Viaud (Théophile), Poëte, IV, 47690.
de Vic (Claude), Bénédictin, I, 12544; IV, Suppl.
Vichard de Saint-Réal (César), Historien, IV, 46905 bis.
Vicomercato (François), Philosophe, IV, 46600.
S. Victeur, Evêque du Mans, I, 10338 & 59.
Victoire de France (Madame), fille du feu Roi Louis XV; II, 26977 & 78.
S. Victor & ses Compagnons, Martyrs de Marseille, I, 4712—19; & 8032.
S. Victor, Moine de Mouson, I, 12235.
S. Victor, Ermite, I, 13397 & 98.
S. Victorin : *voyez* Cassi & Fuscien.
S. Victrice, Archevêque de Rouen, I, 383, 9819—23; IV, S.
S. Victurnien, Ermite, I, 13399; IV, S.
Videl (Louis), Littérateur, IV, 46964.
Vidius (Vidus), Médecin, IV, 46550.
S. Vie *ou* Voug, Ermite, I, 13403.
de la Vieilleville : *voyez* de Scépeaux.
de Vienne (Jean), Archevêque de Reims, IV, S. 9570*.
de Vienne (Jean), Amiral de France, III, 31755.
Viete (François), Mathématicien, IV, 46601 & 2.
de Vieussens (Raimond), Médecin, IV, 46351 & 52.
de la Vieuville (Charles), Marquis, III, 33752.
de la Viéville : *voyez* le Cerf.
Vigal (Pierre), Professeur Royal, IV, 47249.
de Vigenere (Blaise), Historien, IV, 46965.
Vigier (Nicolas), Cordelier, I, 13884.
S. Vigile, Evêque d'Auxerre, I, 10161.
de la Vigne (Michel), Médecin, IV, 46354—56.
de la Vigne (Anne), Poëte, fille du précédent, IV, 48217 & 18.
de la Vigne de Frecheville (Claude), Médecin, IV, 46353.
de Vignerod (Marie), Duchesse d'Aiguillon, IV, 47998 & 99.
Vigneron (Magdelepe), du Tiers-Ordre de S. François de Paule, I, 4824; IV, S. & I, 15231; IV, S.
Vignier (Nicolas), Historiographe, IV, 46966 & 67. *Voyez le Mémoire qui le concerne à la fin du Tome III, page cvj.*

Table des Personnes.

Vignier (Nicolas), Ministre Calviniste, fils du précédent, I, 5969.
Vignier (Jérôme), Oratorien, fils du précédent, I, 11513 & 14; IV, S.
des Vignoles (Alphonse), Ministre Calviniste, I, 6154 & 55; IV, 46968.
S. Vigor, Evêque de Bayeux, I, 9903 & 4.
Vigor (Simon), Archevêque de Narbonne, I, 9176.
Viguier (Paule), dite la belle Paule, IV, 48219 & S.
de Vilazel (Etienne), Evêque de Saint-Brieux, I, 10466.
de Villandon : voyez l'Héritier.
Villaret (Claude), Historien, IV, 46969 & 70 : voyez le Mémoire qui le concerne à la fin du Tome III, page cvij.
de Villars (Balthasar), Prévôt des Marchands de Lyon, III, 37408.
de Villars-la-Chapelle (Pierre), Archevêque de Vienne, I, 10729.
de Villars-la-Chapelle (Henri), Archevêque de Vienne, neveu du précédent, I, 10730.
de Villars-la-Chapelle (Louis-Hector), Duc de Villars, Maréchal de France, II, 24603 ; III, 31727—30; IV, S.
de Villars : voyez de Brancas & de Savoie.
de Ville (le Marquis), III, 32077.
de Villebéon (Pierre), Chambellan de France, II, 16828 ; III, 32324 & 25.
de Ville-Dieu (Madame) : voyez des Jardins.
de Villefore : voyez Bourgoin.
de Villegaignon : voyez Durand.
de Villehardouin (Geoffroy), Maréchal de Champagne, III, 32078 & 79.
de Villeneuve (le Marquis), IV, S. 44469*.
de Villeneuve : voyez Arnauld.
de Villetey : voyez de Riantz.
de Villeroy : voyez de Neufville.
de Villeroy (Madame) : voyez de l'Aubespine.
de Villeroy (la Maréchale) : voyez de Cossé.
Villery (Jacques), Prêtre, I, 4882—89.
de Villette (Françoise-Hieronyme), Visitandine, I, 15285.
de Villiers (Pierre), Poëte, IV, 47705.
de Villiers-l'Isle-Adam (Philippe), Grand-Maître de Rhodes & de Malte, III, 32080, 40313 & 14.
Villon (François), Poëte, IV, 47706.
S. Vincent, Martyr en Agenois, I, 4720—23.
S. Vincent, Moine de Lérins, 8000, 12075—78.
S. Vincent ou Mauger, Comte de Hainault, & premier Abbé de Soignies, I, 4724, 13367 & 15022.
S. Vincent de Notre-Dame de Nazareth, I, 4725.
S. Vincent-Ferrier, Dominicain, IV, S. 13762*.
S. Vincent de Paul, Instituteur des Prêtres de la Mission, I, 4735; 11515—31.
Vincent de Beauvais, Dominicain, I, 13771.
S. Vincentien, Solitaire, I, 13400 & 1.
S. Vindicien, Evêque de Cambray, I, 8558—60.
Vinet (Elie), Mathématicien & Historien; IV, 46603; 46971 & 73.
Vinnebrand : voyez Winebrand.
S. Vinoch, Abbé, I, 12936 & 37; IV, S. 9769*.
de Vintimille (le Comte), Jacques, Conseiller au Parlement de Dijon, III, 33086.
de Vintimille (François), dit aussi de Marseille, Chevalier de Malte, III, 32081.
Violart, non Vialan (Jean), Chanoine & Vidame de Reims, I, 11512; IV, S.
Viole (Daniel-Georges), Bénédictin, I, 12490; IV, Suppl.
Violée (Michel), Jurisconsulte, IV, 46010.
Tome V.

Violet (Anne), du Tiers-Ordre de S. François, IV, S. 15205*.
Vion (Antoine), Seigneur d'Hérouval, Auditeur de Comptes, III, 33812; IV, 46774.
Vion d'Alibray (Charles), Poëte, IV, 47280.
de Vir (Barthélemi), Evêque de Laon, I, 9652.
de Virail (Caius ou Louis), Gouverneur de Sisteron, III, 32082 & 32680.
Viret (Pierre), Ministre Calviniste, I, 5833 & 34.
S. Virgile, Evêque d'Arles, I, 8015 & 16.
de Vis (Catherine), Religieuse Minime, I, 15229 & 30.
de la Visclede : voyez de Chalamont.
de Visdelou (Claude), Evêque de Claudiopolis, I, 10832.
Visorius : voyez le Voyer.
S. Vital, Abbé de Savigny, I, 12866 & 67.
Ste Vitaline, non Vituline, Vierge, I, 4726.
S. Viton : voyez Vennes.
de Vitry (Jacques), Cardinal, Evêque de Frescati, I, 7807 & 8.
de Vitry (Philippe), Evêque de Meaux, I, 9410.
de Vitry : voyez de l'Hospital.
S. Vivance, Prêtre, I, 11533.
S. Viventiol, Evêque de Lyon, I, 8906—8.
S. Vivian, Evêque de Saintes, I, 8297.
Viviani (Vincenzio), Géometre, IV, 46604.
Vivien, Disciple de Saint-Norbert, I, 13557.
Vivien (Joseph), Peintre, IV, 47953.
de Vivonne (Catherine), épouse de Charles d'Angennes, III, 31846.
de Vivonne : voyez de Clermont & de Rochechouart.
de Vizé : voyez Donneau.
S. Vodoald ou Voël, Moine de Soissons, I, 12657 & 58.
de Voësin ou du Voisin : voyez Lancelot.
de Voisin (Joseph), Aumônier du Prince de Conti ; IV, 45805.
de Voisins : voyez Gilbert.
Voiture (Vincent), Académicien, IV, 47251—53 ; 47707.
Volet (Marie), I, 4890.
S. Volusien, Evêque de Tours, I, 10308 & 9.
de Volvyre de Ruffec (Henri), Comte du Bois de la Roche, IV, S. 31052.
S. Vorle : voyez Verol.
Vouet (Simon), Peintre, IV, 47954 & 55.
S. Voug : voyez Vie.
de Voyer (Jean), Vicomte de Paulmy, Seigneur d'Argenson, IV ; S. 32082*.
de Voyer (René), Seigneur d'Argenson, premier du nom, petit-fils du précédent, III, 32704.
de Voyer de Paulmy (Marc-René), Marquis d'Argenson, Garde des Sceaux de France, petit-fils du précédent, III, 31556 & 57; IV, S.
de Voyer de Paulmy (René-Louis), Marquis d'Argenson, fils du précédent, IV, S. 32615*.
de Voyer de Paulmy (Pierre-Marc), Comte d'Argenson, frere du précédent, III, 32619 & 20.
le Voyer (Jean), Littérateur, IV, 47254.
S. Vrain : voyez Veran.
Vulfade, Archevêque de Bourges, I, 8387.
S. Vulfran, Archevêque de Sens, I, 10054—56.
S. Vulgis, Prêtre, I, 11534 & 35 ; IV, S.
S. Vulmer, Abbé de Samer, I, 12857—61.
S. Vulphy ou Vulphy, Curé de Rue, I, 11536—38; IV, S.
de Vulvegan, non Villegevan, (Blaise), Religieuse, I, 14819; IV, S.
Vyon : voyez Vion.

W

Wala (le Vénérable), Abbé de Corbie, I, 11879 & 80.
S. Walbert, époux de Ste Bertille, I, 4733.
S. Walbert, Abbé de Luxeuil, I, 12117—20.
Ste Waldrade : *voyez* Vaudrée.
S. Walfroy, Solitaire, I, 13404.
Walon de Beaupuis (Charles), Prêtre, I, 10926 ; IV, S.
S. Wambert, Martyr, I, 4734.
Wandalbert, Moine de Pruim, I, 12275.
S. Wandon, Abbé de Fontenelles, I, 12848.
S. Wandrille, Abbé de Fontenelles, I, 12841—45.
S. Wasnulfe, *ou* Vânon, IV, S. 4734*.
Wateau (Antoine), Peintre, IV, 47956.
Waymer, Evêque de Troyes, I, 10103.
Wazon, Evêque de Liége, I, 8775.
de Weda (Herman), Archevêque de Cologne, I, 8678.
de Werguineul (Florence), Réformatrice de l'Abbaye de la Paix, I, 14805 ; IV, S.
Wibaud, Abbé de Stavélo & de Corbie en Saxe, I, 12890.
Wibolde, Evêque de Cambray, I, 8565.
Widrad, Abbé de Flavigny, I, 11933.
Wigeric, Evêque de Metz, I, 10581.
S. Willebrord, Evêque d'Utrecht, I, 8809 & 10.
S. Willibald, Abbé d'Eichstat, I, 10833.
S. Winebaud, Abbé de S. Loup de Troyes, I, 12587 & 88.
Winebrand, Moine de Saint-Allyre, I, 8414 & 12312.
Winflow (Jacques-Bénigne), Médecin, IV, 46359 & 60.
Witaffe (Charles), Docteur en Théologie, I, 11539.
Witelleschi (Mutius), Général des Jésuites, IV, S. 14216*.
S. Wolbode, *ou* Wolbodon, Evêque de Liége, I, 8771—74.

Woldemar : *voyez* de Lowendal.
Wolf (Chrétien), Philosophe, IV, 46605 & 6.
Wolter de Tschirnaus (Ernfroi), Mathématicien, IV, 46593.

X

de Xaintonge (Anne) : *voyez* Anne.
Xavier-Marie-Joseph de France, Duc d'Aquitaine, II, 25778.

Y

S. Y : *voyez* Agile.
Yard (.), Mathématicien, IV, 46607.
S. Ymelin : *voyez* Emilien.
Yolande de France, fille de Charles VII ; II, 28366.
S. Yon, Martyr, I, 11540 & 41.
S. Ypipoi : *voyez* Epipode.
S. Yriez, Abbé en Limofin, I, 12862—65 ; IV, S.
S. Yfarn, Abbé de S. Victor de Marseille, I, 12821.
S. Yfis : *voyez* Eufice.
Yforé d'Hervault (Matthieu), Archevêque de Tours, I. 10331 ; IV, S.
S. Ythier, Evêque de Nevers, I, 10183 & 84.
Yvan (Antoine), Instituteur de l'Ordre de Notre-Dame de la Miséricorde, I, 11542 & 43 ; IV, S.
S. Yved : *voyez* Evode.
S. Yves, Official de Treguier, I, 11544—56.
Yves, Evêque de Chartres, I, 9374—77.
Yves, Prieur de Cluni, 11838.

Z

S. Zacharie, Evêque de Vienne, I, 10691.
Zamet (Sébastien), Evêque de Langres, I, 9020.

VI.
TABLE
ALPHABÉTIQUE
DES MATIERES,

Qui font l'objet des Ouvrages contenus dans cette Bibliothèque.

Rédigée par LAURENT-ETIENNE RONDET.

Les Provinces, Villes & autres Lieux ont été indiqués dans la Table Géographique : on a aussi précédemment une Table des Personnes dont il y a des Vies, Eloges, &c. Il ne s'agit donc plus ici que de ce qui n'est ni Personnes ni Lieux, ou du moins de ce qui ne les désigne que par des termes génériques, tels que celui qui va se trouver le premier dans cette Table.

Les Chiffres Romains indiqueront ici, comme dans les Tables précédentes, les Tomes; & les Chiffres Arabes, les Numéros de cette Bibliothèque.

A

Abbayes & Prieurés de France, I, 991—96, 1295—97, 11561—69; IV, S.

Abbayes & Prieurés d'Hommes de l'Ordre de Saint-Benoît, I, 11653—12937; IV, S. & V. Add. de l'Ordre de Cîteaux, 13016—178; IV, S. des anciens Chanoines Réguliers, 13413—511; IV, S. de l'Ordre de Prémontré, 13512—80; IV, S. des Chanoines Réguliers de la Congrégation de France, 13581—658; IV, S.

Abbayes & Prieurés de Filles de l'Ordre de Saint-Benoît, I, 14850—946; IV, S. de l'Ordre de Cîteaux, 15083—132; IV, S.

Du reste on trouvera ces Monastères & tous autres, chacun sous leur nom particulier dans la Table Géographique, & leurs différens Ordres sous leurs titres ci-après.

Abeilles, Insecte, I, 3616, & 46—50, & IV, Suppl.

Abregés, Plans & Sommaires de l'Histoire de France, II, 15625—870; IV, S.

Acacia, Arbre, IV, S. 3545* (5.)

Académies & Ecoles Anciennes, IV, 44548—96, & S.

Académies Modernes, I, 657 & 58; IV, 45488—622; IV, S. & V. Add.

Académies de Paris: Académie Françoise, IV, 45498—507, & S.

Académie Royale des Inscriptions & Belles-Lettres, IV, 45508—13, & S.

Académie Royale des Sciences, IV, 45514—28, & Suppl.

Académie Royale de Peinture & de Sculpture, IV, 45529—34.

Académie Royale d'Architecture, IV, 45535 & 36.

Académie Royale de Chirurgie, IV, 45537—41.

Académies qui n'ont pas eu de suite, IV, 45543—46.

Académies de Provinces, IV, 45547—622, & Suppl. *Voyez-les chacune dans la Table Géographique, sous le titre des Lieux où elles sont établies.*

Acier, I, 2771; IV, S.

Actes des Conciles & Synodes de France, I, 6275—824; IV, S.

Actes & Mémoires des Assemblées générales du Clergé de France, I, 6825—955; IV, S.

Actes de foi & hommage, II, 16675.

Actes publics, Traités, Chartes, Lettres & autres Pieces politiques qui concernent l'Histoire de France, III, 29144—31180; IV, S. Traités, 29144—454; Chartes, 29455—723; Lettres, &c. 29724—31180.

Agaric minéral, I, 2720.

Agaric, simple; IV, S. 3301ᵏ.

Agriculture, I, 3415—545; IV, S. Société d'Agriculture dans la Généralité de Paris, IV, 45542.

Aimant, I, 3691 & 92.

Air & Climats, I, 1488—633; IV, S.

Albâtre, I, 2710.

Albergues, espèce de rentes, II, 15523.

Albigeois, Hérétiques, I, 5739—5764; II, 16743 & 44; IV, S.

d'Albret (Sires & Ducs), III, 37650 & 51.

d'Alençon (Comtes & Ducs), II, 25390—406.

Alga ou Plantes Marines; IV, S. 3302*.

Alliances Politiques, II, 28613—751; IV, S.

d'Alsace (Maison), de qui viennent celles de Lorraine & d'Autriche, II, 25883 & 96.

Alun, I, 2731.

Ambassades : *voyez* Lettres.

Ambassadeurs, leur séance, II, 26907—45 : leur dignité, &c. III, 32632—710; IV, S.

Amirautés, I, 637.
Amiraux de France, III, 31736—91; IV, S.
Amphithéâtres, I, 526, & 46.
Ampoulle de Reims, II, 25980—86; V, Add.
Analyses de la France, I, 617, 21 & 33.
Anatomistes : voyez Médecins.
d'Angleterre (Rois), de la Maison des Ducs de Normandie, III, 34966, & suiv.
d'Angoulême (Comtes & Ducs), II, 25490—532.
Animaux : Traités généraux, I, 3546—555; IV, S. Traités particuliers : Quadrupèdes, 3556—88; Oiseaux, 3589—601; Poissons, 3602—12; Insectes, Coquillages, Reptiles, &c. 3613—82; IV, S.
d'Anjou (Comtes & Ducs), II, 25347, & suivants, 25410.
Annales. Voyez cet Article dans la Table Alphabétique des Chroniques ci-dessus page 199.
Annates, I, 7568—74; IV, S.
Annonciades, Religieuses, I, 14698—706; IV, Suppl.
Antiquaires : voyez Historiens.
Antiquités, I, 183, 205—7, 346, 2074, 3730—855; IV, S.
Appanages des Enfans de France, II, 25208—31; IV, S.
Appel & Appellans, I, 5570, 5654, 55, &c.
Appels comme d'abus : voyez Juridiction Ecclésiastique.
d'Aquitaine (Ducs), ou de Guyenne, II, 26108; III, 37500, 507, 510.
Araignées, I, 3653—57.
Arbalêtriers, leurs Grands-Maîtres : voyez Maîtres.
Arbres & Plantes, I, 3288—379; IV, S. voyez Végétaux.
Archevêchés & Evêchés, Descriptions, I, 463, 632 & 33, 988—96, 1199—1215; IV, S. Histoires, 7810—10802; IV, S. & V, Add.
Architectes François, IV, 47795—814; IV, Suppl.
Architecture, IV, 45535 & 36.
Ardoise, I, 2715—19.
Argent, I, 2774, 75, 78, 80; IV, S.
Argilles, IV, S. 3427*.
d'Armagnac (Comtes), III, 37634.
Armoiries des Rois de France, II, 27034—62.
Armoiries & Blazons des Familles, III, 39972—40037.
Armoriaux, III, 40038—40138.
Arsénic, I, 2767.
Artillerie, ses Grands-Maîtres : voyez Maîtres.
Artistes & Marchands de la Ville de Paris, III, 34631—784, & V, Add.
d'Artois (Comtes), III, 38963, & suiv.
Arts & Sciences, IV, 45623, & suiv. IV, S.
Arts Libéraux, IV, 46977—47792, & S. Beaux-Arts, IV, 47793—987, & S. voyez Faculté des Arts.
Asphalte, I, 2757 & 58.
Assemblées du Clergé, I, 625—955, 6828—6935, & IV, S. II, 25950.
Assemblées des Etats : voyez Etats.
Assemblées des Notables, II, 26650 & 651, 27552—75.
Atlas, I, 3 & 4, 618—20, 22, 44, 96, 702, 805, 843.
Auditeurs des Comptes, III, 3806—12.
Augustines, Religieuses, I, 14707—13; IV, S.
Augustins, Religieux, I, 1190, 91, 13661—88; IV, S.
Aumôniers (Grands), de France, III, 32218—75; IV, S.
Autorité des Rois de France, I, 26814—92; IV, Suppl.
d'Autriche (Maison Impériale), II, 25875—98.
d'Auvergne (Comtes & Dauphins), III, 37448—50.
Avocats du Roi au Parlement de Paris, III, 33001—4.

Avocats & Procureurs-Généraux, III, 52870.
Avocats au Parlement de Paris, III, 33001—4.
Avoués & Vidames, III, 31321.
Aydes, Cours des Aydes, & Elections, III, 33862—95; IV, S.

B

Bailliages, Sénéchaussées & Présidiaux, III, 34069, 34079—133; IV, S.
Ban & Arrière-Ban, III, 39963—71.
Baptêmes des Enfans de France, II, 26632—46.
Barnabites, Religieux, I, 14068—74; IV, S.
Barricades de Paris, II, 18663—82.
Batailles de France ou des François, I, 681. Voyez les chacune au nom de leurs Lieux dans la Table Géographique.
Bâtimens les plus beaux de France, I, 2119, 20 & 35.
Baume minéral, I, 2750 & 51.
de Baugency (Seigneurs), III, 35626.
Bazoche, III, 33009 & 10.
de Béarn (Maison), II, 25388, 89; III, 37657, & suiv. IV, S.
Beaux-Arts, IV, 47793—987; & S.
Beguines, Religieuses, I, 14714—23; IV, S.
Bénédictines, I, 14724—946; IV, S.
Bénédictins : voyez Ordre de Saint-Benoît.
Bénéfices de France, 1216—97; 7538—676; IV, Suppl.
Bernardines, I, 15038—132; IV, S.
Bernardins : voyez Ordre de Cîteaux.
de Berry (Ducs), issus du Roi Jean, II, 15411—15.
Bêtes à cornes, I, 3566—71; IV, S. à laine, 3572—76; IV, S. sauvages, 3577—85; IV, S. féroces, 86 & 87. Voyez sur chacune le Supplément, Tome IV.
Bibliothèque du Roi, II, 26729—74; IV, 44594—98; IV, S. 26972*.
Bibliothèques de Paris, IV, 44593; & relativement aux Manuscrits, II, 15947, V, Add.
Biens Ecclésiastiques : voyez Droits du Roi.
de Bigorre (Maison), II, 25388; III, 37660, & suiv.
Birgittains, Religieux, I, 13957 & 58.
Bitumes, Sels & Métaux, I, 2729—84; IV, Suppl.
Blanc de Troyes, I, 2697 & 98.
Blazons : voyez Armoiries & Armoriaux.
Bois, I, 1311 & 12; IV, S. 3545*; voyez Arbres.
Boire à la santé, II, 15549.
Bœufs & Vaches, I, 3566—71.
le Bon Pasteur, Religieuses, I, 15252—59.
Bonnet-Verd, II, 15571.
Botanistes : voyez Médecins.
de Boulogne (Comtes), II, 27949; III, 34196.
de Bourbon (Maison), II, 24968—89; 25561, & suivantes.
Bourgachard, Congrégation de Chanoines Réguliers, I, 13506.
de Bourgogne (anciens Rois & Ducs), III, 35839—83; anciens Ducs descendus du Roi Raoul, II, 25277; Ducs descendus du Roi Robert, 25183—92; Ducs descendus du Roi Jean, 25425; Ducs fils des Dauphins de France, 26783.
de Bourgogne (Comtes), III, 38376—88.
Bouteilliers (Grands), de France, III, 32353.
de Brabant (Ducs), II, 25274, 430 & 77; III, 47316 & 37.
Brebis, Moutons, Chèvres, I, 3572—76.
de Bretagne (Rois, Comtes & Ducs), III, 35351 & suivantes; Ducs issus des Comtes de Dreux, II, 25310—16.
de Brie (Comtes) : voyez Champagne.
Brigittaines, Religieuses, I, 14947—55.

Bruits extraordinaires, I, 3696—98.
Bulles : *voyez* Puissance des Papes.

C

Cabinet du Roi, II, 26674.
Cachalot, I, 3610.
Caffé, sa culture, &c. IV, S. 3506*.
Cagots : *voyez* Capots.
du Calvaire (Congrégation des Prêtres), I, 10862.
Calvairiennes , Religieuses, I, 14949—55 ; IV, *Suppl.*
Calvinistes *ou* Prétendus Réformés, I, 5765—6274; IV, S.
Camaldules, Religieux, I, 13265—70; IV, S.
Camps anciens, I, 74—76, 79—84, 89, 91, 93, 96, 100, 269, 292.
Canaux & Rivieres de France, Cartes, I, 730—60; IV, S. Traités, 893—987; IV, S.
Capétiens, troisieme Race des Rois de France, II, 16507 & *suiv.*
Capitulaires des Rois de la seconde Race, II, 27600—10.
Capots, Cagots, Cacous, gens singuliers, I, 492 & 93.
Capucins, Religieux, I, 1186; 13906—20 ; IV, *Suppl.*
de Carcassonne (Comtes), III, 37660.
Cardinaux (François), I, 7763—809; IV, S.
Carlovingiens, seconde Race des Rois de France, II, 16154—506.
Carmélites, Religieuses, I, 14956—15010.
Carmes, Religieux, I, 13689—730; IV, S.
Carrieres : *voyez* Pierres.
Carrosses, II, 15542.
Cartes Géographiques des Gaules & de la France, I, 1—4, 8 ; de la Gaule ancienne, 23—57 ; de la Gaule moderne, qui est la France ancienne, 390—423; de la France moderne, 543—760; Cartes générales, 543—684 ; Cartes Marines ou des Côtes, 685—729 ; Cartes des Rivieres & Canaux, 730—60; Cartes des Diocèses, 988—1180 ; générales, 988—99; particulieres, 1000—1180 ; Cartes de quelques Communautés Régulieres, 1181—98 ; Cartes des Provinces & Plans des Villes de France, 1313—1922; Cartes des Lisieres de la France & de ses Frontieres, 1923—2073 ; Diverses autres Cartes, 87, 100, 102, 131, 133, 161, 168, 315, 528, 789, 89. *Voyez* le Supplément sur tous ces Articles.
Cartulaires & Registres des Rois de France, III, 29485—526.
Cartulaires *ou* Recueils de Titres des Provinces & des Eglises de France, III, 29527—723; IV, S.
Catalogue des trois Gaules , Celtique , Belgique & Aquitanique , I, 129.
Catalogues d'Histoire Naturelle, I, 2467—87.
Catalogues des Ecrivains de l'Histoire de France ; Jugemens sur les Historiens François, III, 15934—77; IV, S.
Célestins, I, 13204—16; IV, S. & V, *Add.*
Celtes , ancien nom des Gaulois, I, 3739 , & *suiv.* IV, S.
Cérémoniaux *ou* Recueils des Cérémonies de France, II, 25921—42; IV, S.
Cérémonies des Sacres & Couronnemens, II, 25943—16109; des Entrées, &c. 26110—581; des Mariages, Baptêmes, Lits de Justice, Processions, Entrevues, &c. 26582—695; des Pompes funebres, 26696—789. *Voyez* sur tous ces Articles, le Supplément.
Chambellans (Grands), de France , III, 32321—34.
Chambres des Comptes de France, I, 645 & 833 ; II, 25934—37; IV, S. & V, *Add.* III, 33770—861; 36656—97; IV, S.
Chambriers (Grands), de France, III, 32320.
de Champagne & de Brie (Comtes), III, 34215—25.
Champignons, I, 3499.
Champs de Mars, I, 15529.
Chanceliers & Gardes des Sceaux de France, I, 4238 ; III, 31459—569; IV, S.
Chancellerie (Grande), III, 32799—821.
Chanoines Réguliers de France, anciens, I, 1187—89, 13406—511 ; IV, S. de Prémontré, 13512—80; IV, S. de la Congrégation de France, 13581—658; IV, S.
Chanoinesses, I, 15011—34.
Chapitres Nobles de France, I, 999.
Chappe de S. Martin, III, 31823 & 24.
Charbon de Terre, I, 2759—62; IV, S.
Charençons, Insecte, IV, S. 3657*.
Charité (Freres de la), Religieux, I, 14085—93.
Charité (Sœurs de la), Religieuses, I, 1193, 15035—37.
Chartes *ou* Chartres : *voyez* Diplomatique , Cartulaires & Registres.
Chartreuses, Religieuses, I, 15339.
Chartreux, Religieux, I, 13217—64; IV, S.
Chasses & Pêches, I, 987, 3577—85; IV, S. 3604*—6*.
Châteaux & belles Maisons, I, 2121—27, 34 & 37. *Voyez* Palais.
Châtelet de Paris, III, 34084—100; 34611—28.
Chaussées antiques, I, 73, 88, 90 & 91.
Chauve-souris, I, 3601.
Chemins Romains & grands Chemins , I , 62, 69, 71, 77, 86 & 87, 88, 90, 103, 624. *Voyez* Itineraires & Voies.
Chenilles, I, 3623—27.
Chevalerie, III, 40209—47 ; Ordres de Chevalerie, 40248—531 ; IV, S. & V, *Add.*
Chevaux, I, 3556—66; IV, S.
Chevelure des anciens François, II, 15913 & 14.
Chien de Montargis, II, 15934.
Chimistes : *voyez* Médecins.
Chirurgie, IV, 45527—41. *Voyez* Médecine.
Chirurgiens, IV, 44878—45004. *Voyez* encore Médecins.
Chroniques. *Voyez-les dans la Table* IV.
Chronologie des Rois de France, II, 15871—933. *Voyez aussi celle qui est à la tête de ce II. Tome.*
Cicade, Insecte, I, 3655.
Cidre , I, 3515 & 16; IV, S.
Cigale, I, 3644.
de Cisteaux (Religieux & Religieuses), I, 12938—13178; 15038—132.
Citronier , I, 3470.
de Ste Claire, Religieuses : *voyez* Franciscaines.
Clercs du Parlement, III, 33011.
Clergé Séculier du premier Ordre : *voyez* Archevêchés.
Clergé Séculier du second Ordre, I, 10844—1156, & IV, S.
Clergé Régulier *ou* Ordres Monastiques : *voyez* Religieux.
de Clermont en Auvergne (les Comtes), II, 15563.
Climats , I, 2488—633; IV, S.
Cobolt, substance minérale, I, 1767.
Codes, II, 2638—56.
Collections d'Historiens, de Chroniques , &c. II, 15980—99.
Colléges de l'Université de Paris, IV, 45033—105.
Collége de Louis le Grand réuni, IV, 45106—135.
Collége Royal réuni, IV, 45136—40, & *Suppl.*
Collèges des autres Universités : *voyez* Universités.
Collèges indépendans des Universités ; IV, 45294—487, & *Suppl.*
Colloque de Poissi, I, 5787, 89, 91, 6100—4, 6828—34.

Colonels Généraux de l'Infanterie Françoise, III, 31832—40.
Colonies Françoises, III, 39629—822; IV, S.
Colonnes Itinéraires, I, 63—66.
Commanderies, I, 1300 & 1.
Commensaux (Officiers) de la Maison du Roi & des Princes, III, 32369—99; IV, S.
Commerce & Marine, II, 28150—323; IV, S.
Commissaires au Châtelet de Paris, III, 34614—18.
Communautés Régulieres, I, 1181—98; IV, S. *Voyez* Religieux & Religieuses.
de la Compagnie de la Ste Vierge (Filles), I, 15345.
Comptes : *voyez* Chambres.
Comte Palatin, IV, S. 31318*.
Comtés & Duchés, I, 654. *Voyez-les chacun à leurs titres, dans la Table Géographique.*
Conciles & Synodes, I, 997, 6275—824; IV, S.
Conciles généraux : leur autorité en France, I, 7496—537.
Concordats & Pragmatiques, I, 7538—85; IV, *Suppl.*
Conférences & Lettres : *voyez* Lettres.
Congrégations de Clercs Séculiers, I, 10844—65.
Congrégations de Filles, I, 15150—59, 15236—45, 15343—45.
Connétables de France, III, 31396—454; IV, *Suppl.*
Connétablie, Jurisdiction, III, 34068—79.
Constitution *Unigenitus*, I, 5638—73, 7323—29.
Consuls, Jurisdiction, III, 28157—61.
Conseil (Grand), III, 32769—82.
Conseil Souverain de Roussillon, III, 33229 ; d'Alsace, 33230 & 31.
Conseillers d'Etat & Maîtres des Requêtes, III, 32711—68.
Conseils du Roi, III, 32400—21.
Contestations sur la Doctrine de Gothescalc, I, 5561—64; sur les Investitures, 65; sur la Grace, &c. 5566—69; sur la Doctrine de Baïus, 5573 & 74; sur celle de Jansénius, 5578—629; sur le Quiétisme, 5630—37; sur la Constitution *Unigenitus*, 5638—73; sur les Evénemens extraordinaires, &c. 5674—93. *Sur le tout, voyez le Supplément.*
Contrôleurs-Généraux des Finances : *voyez* Surintendans.
Convois : *voyez* Pompes Funèbres.
Convulsions, I, 5682—93.
Coquillages, Insectes & Reptiles, I, 1812, 19—25; IV, S. 3667—76; IV, S.
Cordelieres, Religieuses, *voyez* Franciscaines.
Cordeliers, Religieux, I, 1183—85; 13850—96.
Correcteurs des Comptes, III, 33809 & 10.
Côtes de la France : Cartes, I, 685—729; Traités, 834—52.
Cour (ancienne) de Bourgogne, II, 25940 & 41.
Cour Souveraine de Nanci, III, 33234 & 35.
Couronnemens : *voyez* Sacres.
Couronnes, II, 27063 & 64.
Cours des Aydes & Elections, I, 647—50; II, 25937; III, 33862—95; IV, S.
Cours des Monnoyes, I, 651 & 52; III, 33973—77, 34017—23.
Coutumes, Mœurs & Usages des François, II, 15461—556.
Coutumes, espèce de Loix, IV, S. 27663*.
Couvents ou Monastères : *voyez* Abbayes & Prieurés.
Croisades, I, 423; II, 16577—951.
Croissant, Ordre de Chevalerie, *dit aussi* d'Anjou, III, 40436—44.
de la Croix (Filles), Religieuses, I, 15345.
Crystallisations, I, 1723.
Culture des Terres : *voyez* Agriculture.

D

Dames Illustres, Sçavantes & autres de France, IV, 31380, 47988—48223; IV, S. & V, *Add.*
Dates, II, 15541.
Dauphins de France, II, 25212, 25292, 26782: *voyez* Enfans de France.
Dauphins d'Auvergne, III, 37448—50.
Dauphins de Viennois, II, 25287—92, 29596; III, 37938, & *suiv.*
Déclaration de l'Assemblée du Clergé de l'an 1682, I, 7281—303.
Demoiselle, Insecte, I, 3642.
Démoniaques *ou* Possédés, I, 2828—904.
Dendrites, Pierres, I, 2829 & 30.
Dépêches & Lettres : *voyez* Lettres.
Descriptions des Gaules & de la France, I, 7—10, 22, 59, 112, 118, 130, 132, 134, 135, 137, 145, 151, 160, 336, 543, 551.
Devises des Rois de France, II, 27065—67.
Devoirs des Souverains & des Sujets, II, 27068—149; IV, S.
Diamans, I, 1724.
Dictionaires, I, 12—19, 126, 2458—61, 65; IV, S.
Dieux des Gaules : *voyez* Religion.
Dignités de l'Empire dans les Gaules, I, 388.
Dignités du Royaume de France, III, 31181—316; IV, S.
Dimanches, II, 15550.
Diocèses de France, I, 988—1180, 1199—1211, 7810—50 : *voyez* Archevêchés.
Diplomatique, III, 19455—84.
Disputes : *voyez* Contestations.
Distances des principales Villes de France, I, 677, 679, 680.
Divisions des Gaules, I, 127, 128, 136, 143.
Doctrine Chrétienne, Congrégation de Prêtres, I, 10844—52.
Domaines du Roi, II, 27664—963; III, 36773—812; IV, S. & V, *Add.*
Dominicaines, Religieuses, I, 15133—49; IV, *Suppl.*
Dominicains, Religieux, I, 13731—849; IV, *Suppl.*
Dons annuels, II, 15569.
de Douay (Ducs & Duchesses), III, 39033.
de Dreux (Comtes), issus du Roi Louis VI, *depuis* Ducs de Bretagne, II, 25301—16.
Droit François, Romain, Germanique : *voyez* Loix.
Droit Public : *voyez* Gouvernement.
Droit Canonique de l'Eglise de France, I, 7956—77; IV, S. *Voyez* Libertés, Puissance, Jurisdiction.
Droit Civil & Canonique : *voyez* Faculté de Droit.
Droits & Libertés de l'Eglise de France : *voyez* Libertés.
Droits du Roi de France, I, 7359—453; IV, S. *Voyez* Prérogatives.
Droits de la Couronne de France, II, 28752—29117; IV, S.
Druides, Prêtres Gaulois, I, 3826—50; IV, S.
Duchés Pairies & non Pairies, I, 654; II, 26106; III, 31212, & *suiv. Voyez-les chacun à leurs titres dans la Table Géographique.*
Duels, II, 15528; III, 40148—205.
Dun *ou* Dunum, I, 327, 377—87.

E

Eaux & Forêts de France, I, 655, 987.
Eaux de France, non minérales, I, 2831—72; IV, S. *Voyez* Hydrologie.

Eaux

Table Alphabétique des Matieres.

Eaux minérales de France, I, 2873—3287; IV, S. *Voyez*-les chacune au titre de leurs lieux dans la Table Géographique.
Echevins de Paris, III, 34591—603.
Echos, I, 3693—95.
Ecoles anciennes & modernes, IV, 44548—90 : *voyez* Universités.
Ecrivains de l'Histoire de France, III, 25934—79 : *voyez* Historiens.
Ecrouelles, II, 26976—83.
Ecuyers (Grands) de France, III, 32335—52.
Edifices des Romains, I, 326.
Eglise de France, Géographie Ecclésiastique, I, 988—1312; IV, S. Histoire Ecclésiastique, I, 3953—15356; IV, S. *Voyez* Géographie & Histoire.
Eglises Métropolitaines, avec celles de leurs Suffragans : *voyez* Archevêchés.
Elections, Tribunaux, I, 642 & 44 : *voyez* Aydes.
Empereurs d'Occident & Rois de France, II, 16455 & 56; 25271, 26793. *Voyez à la Table des Personnes*, Charlemagne, Louis le Débonnaire, Lothaire, Louis II, Charles-le-Chauve, Charles-le-Gros.
Empereurs d'Occident qui ne furent pas Rois de France : *voyez* Charles IV, & Charles V.
Empereurs d'Orient ou de Constantinople, de la Nation Françoise : *voyez dans la même Table* Baudouin, de Courtenai, de Brienne.
Empire François, I, 5, 563.
Empire de Charlemagne, I, 409—14, & 65.
Empire de Galilée, Jurisdiction des Clercs de la Chambre des Comptes, III, 33814—16.
Encrinites, amas de petits corps, I, 2826.
Energumènes : *voyez* Démoniaques.
de l'Enfance de Jésus (Filles), Religieuses, I, 15150—59.
Enfans de France, & Princes du Sang Royal, II, 25208—782. *On les trouve chacun à leurs prénoms dans la Table précédente, ou à leurs apanages dans celle-ci.*
Engrais des Terres, IV, S. 3419*, & *suiv.*
Enterremens : *voyez* Pompes funebres.
Entrées solemnelles, Fêtes & Réjouissances publiques, II, 26110—581; IV, S.
Entrevues des Rois, II, 26678—80.
Entrevues des Ministres : *voyez* Lettres.
Epine de la Couronne de Notre-Seigneur, I, 15101—6.
Epitaphes, II, 25278, 26706—25.
Ermitage de Caën, Compagnie, I, 4871.
Esclavage : *voyez* Servitude.
Etablissement des Francs dans les Gaules, II, 15910—10; IV, S.
Etats Généraux & Provinciaux, I, 635; II, 25939, 27391—579; III, 32859; IV, S.
Etrennes, II, 15539 & 40.
Evêchés & Archevêchés : *voyez* Archevêchés.
Evêques François & Gaulois hors du Royaume, I, 10803—43; IV, S.
d'Evreux (Comtes), issus du Roi Philippe-le-Hardi, II, 25381—89.
Exemptions de quelques Eglises, I, 1299.
Expéditionnaires en Cour de Rome, III, 34629 & 30.

F

Fabriques de France, I, 1306.
Facultés (les quatre) de l'Université de Paris, IV, 44780; IV, S.
Faculté des Arts, IV, 44781—816; de Théologie, 44817—36; de Médecine, 44837—45006, 46011—360; & S. de Droit, 45007—140.
Tome V.

Fauconniers (Grands), de France, III, 32361.
Fer, I, 1769, 70, 81.
Fermes, I, 827 : *voyez* Finances.
Festin du Roi-boit, II, 15555.
Fête des Foux, II, 15563—68.
Fêtes & Réjouissances publiques : *voyez* Entrées.
Feu de la S. Jean, II, 15547.
Feu de la rue aux Ours, II, 15556.
Fiefs & Arrières-Fiefs, I, 6; III, 39899—963.
Figuiers, I, 3471.
Filles de la Charité, I, 15035—37.
Filles de Notre-Dame, I, 15232—35.
Filles de la Croix, I, 15345.
Filles de Ste Geneviève, I, 15351 & 52.
Filles de S. Joseph, I, 15353.
Filles & Veuves de l'Union Chrétienne & des Nouvelles Catholiques, I, 15354—56.
Finances du Roi, II, 27308, 27964—28149; IV, S. Suppl.
de Flandre (Comtes), III, 39012—18, 39332—93.
Fleurs, I, 3482—98; IV, S. *Voyez* Végétaux.
Fleurs-de-Lys, II, 27044—62; IV, S; V, *Add.*
Fleuves & Rivières, I, 2832—47, & 75; IV, S. *voyez* Eaux.
de Foix (Maison), II, 25388; III, 37660, 37918—23.
Fontaines, I, 2848—76 : *voyez* Eaux.
Fontevrauld, Ordre Religieux, I, 13932—56. Religieuses, 15160—75.
de Forcalquier (Comtes), III, 38056.
Forêts : *voyez* Eaux & Forêts.
Formicaléo, Insecte, I, 3643.
Formulaire : *voyez* Contestations sur la Doctrine de Jansenius.
Formulaires & Formules, II, 26669—75, 27596—99.
Fossiles, I, 2662, & *suiv.* IV, S.
Franc-Aleu, III, 39947—63.
de France (Maison Royale) : *voyez au Tome* II, *la remarque qui est au N.° 25920.*
Franciscaines, Religieuses, I, 15176—207.
Franciscains, Religieux, I, 1183—86, 13850—9313; Cordeliers, 13850—96; Récollects, 13897—905; Capucins, 13906—29; Tiers-Ordre, 13930 & 31.
François, leur Origine, Mœurs, &c. leur Etablissement dans les Gaules, I, 15357, & *suiv.* II, 15910—20; IV, S.
Freres de la Charité, I, 14085—93.
Freres de la Mort, I, 14094 & 95.
Freres Mineurs : *voyez* Franciscains (Cordeliers).
Freres-Prêcheurs : *voyez* Dominicains.
Froment (Grain de) très-multiplié, IV, S. 3301**.
Frontieres & Lisieres de la France, I, 1923—2073, 2277.
Fruits, I, 3463—81; IV, S. *Voyez* Végétaux.
Funérailles : *voyez* Pompes funebres.

G

Gages de Bataille, &c. II, 26676 & 77 : *voyez* Duels.
Gahets de Guyenne, Gens singuliers, I, 492 & 93.
Galates, espèce de Gaulois transportés en Asie, I, 3952; IV, S.
Galere subtile, II, 15534.
Galeres : *voyez* Généraux.
Garance, I, 3500; IV, S.
Gardes des Sceaux : *voyez* Chanceliers.
de Gascogne (Ducs), III, 37660.
Gaulois : Antiquité, Langue, Religion, Mœurs, &c. des Gaulois, I, 3730—855; IV, S. Histoires sui-

O o

vies & Traités particuliers sur les Gaulois, 3856 —952; & IV, S.

Géant prétendu, I, 3722—25; IV, S.

Généalogies des Rois de France; Généalogie des trois Races, II, 24803—48; IV, S. de la I^e Race, 24849—63; de la IIe Race, 24864—96; IV, S. de la IIIe Race, 24897—988; IV, S.

Généalogies des Princes & Princesses du Sang Royal de la I^e Race, II, 25234—60; IV, S. de la IIe Race, 25261—78; IV, S. de la IIIe Race, 25279 —874; IV, S. Voyez-en le détail dans la premiere Table.

Généalogies des Princes Etrangers, prétendus issus du Sang de France, I, 25875—920; IV, S.

Généalogies particulieres de Bourgogne, III, 36834 —923.

Généalogies des Familles illustres de France : Recueils des Généalogies de différentes Familles & Nobiliaires des Provinces & des Chapitres, III, 40532 —794; IV. S. Généalogies particulieres, rangées par ordre Alphabétique. 40795—44547, IV, S.

Généralités de France, I, 580, 618, 632 & 33, 642 & 43, 815, 2082—87.

Généraux des Galeres, III, 31792—802.

Géographes : voyez Historiens.

Géographie des Gaules & de la France dans ses différens âges; Cartes, I, 1—4; Traités, 5—22; IV, S. comme sur les 5 Géographies qui suivent;

Géographie ancienne des Gaules; Cartes, I, 23—57. Traités, 58—389.

Géographie du moyen âge; Cartes, I, 390—423; Traités, 424—542.

Géographie moderne & générale de la France; Cartes, I, 543—760; Traités, 761—987; V, Add.

Géographie moderne & Ecclésiastique; Cartes, I, 988—1198, Traités, 1199—1312.

Géographie moderne des Provinces; Cartes, I, 1313 —2073; Traités, 2074—2375.

Géographie Sacrée, quant à la dispersion des Peuples, & leurs premiers établissemens, I, 3730.

Géographie des Légendes, I, 4233.

de Gothie (Marquis), III, 37660.

Gouvernement Ecclésiastique : voyez Droit Canonique.

Gouvernement de l'Etat; Traités du Droit Public, &c. II, 27068—148; IV, S. Traités Historiques généraux, 27149—75; Traités particuliers, 27176 —325.

Gouvernemens (Grands & Anciens) de la France, I, 583, 613, 618, 632—34, 819; Gouvernement de Picardie, III, 34138—210; IV, Suppl. & V, Add. comme sur les articles qui suivent; de Champagne, 34211—380; de l'Isle de France & de Paris, 34381—24; de Normandie, 34926 —35343; de Bretagne, 35344—500; de l'Orléanois, 35501—822, de Bourgogne, 35823—37331; du Lyonnois, 37332—491; de Guyenne & Gascogne, 37492—691; de Languedoc, 37692 —924; de Dauphiné, 37925—38017; de Provence, 38018—346.

Gouvernemens (nouveaux) ou nouvelles Provinces, de Roussillon; III, 38347—53; IV, S. & V, Add. comme sur les articles qui suivent; de Franche Comté, 38369—693; d'Alsace, 38694—757; des Trois-Evêchés, 38758—806; de Lorraine & Barrois, 38807—945; des Pays-Bas François, 38946—39069; IV, S. & V, Add. des Colonies, 39629—818; de Corse, 39819—22.

Gouverneurs & Lieutenans-Généraux, III, 31324 —16.

Grace : voyez Contestations.

Grand Conseil, Jurisdiction, I, 32769—82.

Grandes-Magistratures de France : voyez Parlemens, Chambres des Comptes, Cours des Aydes, Cours des Monnoies.

Grandeur des Rois de France, II, 26805—13.
Grandmontins, Religieux, I, 13179—203.
Grands-Maîtres : voyez Maîtres.
Grands-Officiers : voyez-les chacun à leurs Titres dans cette Table.
Granits, pierres, I, 2721 & 22.
Gratifications, II, 15536.
Graveurs : voyez Peintres.
Greffiers du Parlement de Paris, III, 32998 & 99.
Grottes, I, 2786—800.
de Gueldres (Ducs), III, 39549.
Guerre & Milice Françoise, III, 32092—217; IV, Suppl.
Guerres des Gaules, I, 3879—912.
Guesde, plante, I, 3504.
Guespes, I, 3651 & 52.
Gui de chêne, I, 3815.
de Guyenne (Ducs) : voyez Aquitaine.

H

de Hainaur (Comtes), III, 39324—31.
Hannetons, insecte; IV, S. 3657**.
Hérauts d'Armes, III, 40139—147.
Hérésies nées en France; celle de Bérenger, I, 5694 —701; celle des Vaudois, 5702—38; IV, S. celle des Albigeois, 5739—64; IV, S. celle des Calvinistes, 5765—6274; IV, S.
Histoire de France, Préliminaires généraux : Géographie, I, 1—2375 (voyez Géographie); Histoire Naturelle, 2376—3729 (voyez Histoire Naturelle); Histoire des anciens Gaulois, 3730—952 (voyez Gaulois).
Histoire Ecclésiastique des Gaules & de la France; Origines des Eglises de France, I, 3953—4078; IV, S. comme sur les articles suivans; Vies des Saints des Gaules & de la France, 4079—4904; Histoire Ecclésiastique des Provinces & des Villes de France, 4905—5560; Contestations qui se sont élevées entre les Théologiens de France, 5561 —693; Hérésies nées en France, 5694—6274; V, Add. Actes des Conciles & des Synodes, 6275 —6824; Actes & Mémoires des Assemblées du Clergé, 6825—6955; V, Add. Ouvrages concernant les Droits & Bénéfices de l'Eglise de France, 6956—7676; V, Add. Histoires du Clergé Séculier de France, du premier Ordre, 7677—1084; du second Ordre, 10844—11556; V, Add. Histoire du Clergé Régulier, 11557—14697; V, Add. des Communautés Religieuses, 14698—15356; V, Add.
Histoire Politique de France; Origine des François, II, 15357—460; IV, S. comme sur les articles qui suivent. Mœurs, Usages, Coutumes, Langue, Antiquités, 15461—579; V, Add. Mélanges & Ouvrages qui traitent de plusieurs parties de l'Histoire, 15580—624. Histoires générales, Plans, Sommaires & Abrégés, 15625—870; V, Add. Chronologie des Rois de France, 15871—933. Catalogues des Historiens; Jugemens sur leurs Ouvrages, 15934 —79. Collections d'Historiens, & de Chroniques & autres Morceaux, 15980—99; V, Add. Histoires des Rois de la I^e Race, 16000—153; de la IIe Race, 16154—506; de la IIIe Race depuis Hugues-Capet jusqu'à Saint Louis, 16507—791; V, Add. depuis Saint Louis jusqu'à Philippe de Valois, 16792—17002; V, Add. depuis Philippe de Valois jusqu'à Louis XII, 17003—408; V, Add. depuis Louis XII jusqu'à Henri IV, 17409—19146; V, Add. depuis Henri IV, jusqu'au feû Roi Louis XV, inclusivement, 19147—24802; IV, S. & V, Add. Histoires Généalogiques des Rois de France, 24803—990.
Histoires des Reines, 24991—25207; IV, S. & V, Add. Histoires des Princes & Princesses du Sang

Table Alphabétique des Matieres. 291

Royal, 25208—874; IV, S. & V, Add. Généalogies des Princes Etrangers prétendus iſſus du Sang Royal, 25875—910. Cérémonial de France, 25921—26789; IV, S. & V, Add. Traités Politiques concernant les Rois & le Royaume, 26790—29143. Actes Publics, Traités, Chartes, Lettres & autres Pieces politiques, III, 29144—31180. Traités des Offices & Dignités du Royaume, des Pairs & de la Pairie, 31181—326. Traités & Histoires concernant les Grands Officiers de la Couronne, 31327—840. Histoire des Officiers de Guerre & Traités concernant la Guerre, 31841—32217. Histoires des Grands-Officiers de la Maiſon du Roi, 32218—32368. Traités des Officiers Commensaux de la Maiſon du Roi & des Princes, 32369—99. Traités des Conſeils du Roi, & Histoires des Ministres, 32400—768. Traités concernant le Grand-Conſeil, 32769—81. Traités des Grandes Magistratures, & en particulier de la Grande Chancellerie, 32783—821. Traités & Histoires des Parlemens, 32822—33769. Histoires des autres Cours & Juriſdictions, 33770—34133.

Histoire Civile de France. Histoires des Provinces & Gouvernemens, III, 34134—38346; IV, S. comme ſur les articles qui ſuivent : (voyez Gouvernemens). Histoires des Provinces réunies à la Couronne par les derniers Rois, III, 38347—39069. Histoires des Pays qui appartenoient à l'ancienne Gaule, & qui ne font plus du Royaume de France, 39070—628. Histoires des Colonies-Françoiſes formées en Amérique, en Afrique & en Aſie, 39629—822. Histoires de la Nobleſſe de France & de ſes Familles illuſtres, 39823—44547.

Histoire Littéraire de France. Histoires générales de la Littérature Françoiſe, des anciennes Ecoles, & de la Bibliotheque du Roi; IV, 44548—98; & IV, S. comme ſur les articles qui ſuivent. Histoires des Univerſités, 44599—45487. Histoires des nouvelles Académies, 45488—622; V, Add. comme ſur les Articles qui ſuivent. Recueils d'Histoires, Vies & Eloges des François diſtingués dans les Sciences & dans les Arts, 45623—755. Vies des Théologiens, 45756—805. Vies des Juriſconſultes, 45806—46010. Vies des Médecins, Anatomiſtes, Chirurgiens, Chimiſtes & Botaniſtes, 46011—360. Vies des Philoſophes & Mathématiciens, 46361—607. Vies des Historiens, Antiquaires, Géographes, Voyageurs, &c. 46608—977. Vies des Orateurs & Philologues, 46978—47254. Vies des Poëtes, 47255—708. Vies des Muſiciens, 47709—69. Histoires des Théâtres & Spectacles, 47770—92. Histoires des Artiſtes célebres, 47793—987. Vies & Eloges des Dames illuſtres, 47988—48223.

Histoire Naturelle de la France en général, I, 2376—487; IV, S. comme ſur les articles qui ſuivent. Traités particuliers du Climat & de l'Air, 2488—633. des Montagnes, des Mines, des Terres, des Pierres, &c. 2634—830. des Eaux, 2831—3287. des Végétaux, 3288—545. des Animaux, 3546—682. des Prodiges, Tremblemens de Terre & autres Effets Phyſiques, 3683—729.

Historiens François : leurs Catalogues & Jugemens ſur eux, II, 15934—79. Collections, 15980—99. Vies & Eloges des Historiens, Antiquaires, Géographes, Voyageurs; IV, 46608—976; IV, S. & V, Add.

de Hollande (Comtes), III, 39579—604.
Hommes illuſtres dans les Emplois Militaires, III, 31349—80.
Hommes illuſtres dans les Sciences & les Arts, IV, 45623—987.
Hôpitaux de France, I, 1231, 1303—5.
Horlogers, fameux Artiſtes, IV, 47985 & 86.
Hoſpitalieres, Religieuſes, I, 15208—26.
Hoſpitaliers de S. Jean de Jéruſalem, de Rhodes & de Malte, III, 40276—341.
Tome V.

Hôtel de Ville de Paris, II, 25938; ſon Chef ou Prévôt des Marchands, 34100, 34591—603.
Hôtel de Ville de Lyon, II, 25942.
Houille, I, 2696.
Huile de pétrole, I, 2750—4.
Huiſſiers du Châtelet de Paris, III, 34626—28.
Hydrologie de la France ; Traités ſur les Mers, Fleuves, Rivieres & Fontaines non minérales, I, 2831—72; IV, S. comme ſur les articles qui ſuivent ; ſur les Eaux minérales de la France en général, 2873—87; ſur les Eaux minérales des différentes parties de la France, 2888—3287.
Hyène, I, 3586.

I

Imprimeurs & Libraires, IV, 44773—79, 47957—81; IV, S. V, Add. 34707*, k*,**k*; & 37419.
Indult, I, 7664—74.
Infanterie, ſes Colonels : voyez Colonels.
Inſcriptions & Belles-Lettres, IV, 45508—133; & IV, Suppl.
Inſectes, Coquillages, Reptiles, &c. de la France, I, 3613—82; IV, S.
Inſtruction des jeunes Filles (Congrégations Religieuſes pour l'), I, 15344 & 45.
Intendans de Juſtice, &c. dans les Provinces, III, 32568.
Intérêts des Princes & Etats de l'Europe, II, 29118—43.
Inveſtitures, I, 5565.
Itinéraires & Voyages, I, 60 & 61, 98, 107, 615 & 16, 2281—375; IV, S. voyez Chemins & Voies.

J

Jacinthes, I, 3489; IV, S.
Jacquerie, troupe de Brigands, II, 15572.
Jardinage, I, 3442—60; IV, S.
Jardins, I, 3380—414; IV, S.
Jaſpe, I, 2710 & 21.
de Jéruſalem (Rois François), II, 25347—67.
Jéſuites, I, 1194—96, 14096—697; IV, S.
Jeux de haſard, II, 15544.
Jugemens par les épreuves, II, 15527 & 28.
Jugemens ſur les Historiens François : voyez Catalogues.
Juriſconſultes François, IV, 45007—32; 45632, 45806—46010; IV, S. & V, Add.
Juriſdictions Eccléſiaſtiques & Appels comme d'abus, I, 7454—95; IV, S.
Juriſdictions Civiles : voyez-les chacune à leurs titres.
Juriſdictions Conſulaires, I, 656, II, 28157—61.
Juriſprudence ancienne des François, II, 15515—17: voyez Droit.
Juſtice Criminelle de France, III, 34099.

K

Kaolin, terre à Porcelaine, I, 2700—2; IV, S. 2705*.

L

Langue Celtique ou Gauloiſe, I, 3740; 58—80; IV, S.
Langue Françoiſe, II; 15483—512; IV, S.
de Lavedan (Vicomtes), II, 25874.
Légats du Pape, I, 7349—58.
Léproſeries de France, I, 1303 & 4.

Lettres du Roi & au Roi, II, 16669—74.
Lettres Historiques, Mémoires d'Etat, Pieces Politiques, Dépêches, Ambassades, Négociations, Entrevues, Conférences & autres Pieces concernant l'Histoire de France, III, 29724, sous la premiere & la seconde Race de nos Rois, 29725–515 sous la troisieme Race jusqu'au Regne de Philippe le Bel, 29752—91; IV, S. jusqu'à la fin du Regne de François I, 29792—30000; IV, S. comme sur les articles qui suivent; jusqu'à la mort de Henri III, 30001—266; sous le Regne de Henri IV, 30267—395; sous le Regne de Louis XIII, 30396—709; sous le Regne de Louis XIV, 30710—31146; sous le Regne de Louis XV, 31147—80; IV, S.
Libertés de l'Eglise Gallicane, I, 6977—7537; IV, S.
Libraires : voyez Imprimeurs.
Lieue Gauloise, I, 182.
Lieutenans Civils de Paris, III, 31337 & 47.
Lieutenans Généraux & Gouverneurs des Provinces, III, 31324—26.
Ligue, II, 18466—19748.
Limaçons, I, 3662—66; IV, S.
de Limbourg (Ducs), III, 39445—47.
Limites : voyez Frontieres.
Lin, I, 3501.
Lisières : voyez Frontieres.
Lits de Justice, II, 26652—68; IV, S.
Loix Ecclésiastiques : voyez Droit Canonique.
Loix du Royaume. Traités généraux, II, 27580—83; IV, S. Anciennes Loix des François, 27584—99; IV, S. Capitulaires des Rois de la seconde Race, 27600—10. Ordonnances des Rois de la troisième Race, 27611—63; IV, S. & V, Add.
Loix Saliques, II, 28467—550; IV, S.
Loix Somptuaires, III, 15531.
de Longueville (Ducs), illus des anciens Ducs d'Orléans, II, 25533—57.
de Lorraine (Ducs), II, 25274—76, 25881—84, 25900—20, III, 38816, & suiv.
Loups, I, 3583—85.
Louvetiers (Grands) de France, III, 32362.
Luxe, II, 15529.
de Luxembourg (Ducs), III, 39448—59.

M

Macreuses, I, 3599 & 600.
Madelonettes, Religieuses, I, 15252—54.
la Magdelène, Ordre de Chevalerie, III, 40531.
Magiciens & Sorciers, I, 4826, 32 & 33; V, Add.
Magistratures de France, III, 32783—34133. Voyez les chacune sous leurs titres.
Maires du Palais, III, 31381—89.
Maison du Roi & des Princes, ses Officiers, II, 32276—319.
Maîtres (Grands) des Arbalêtriers, III, 31803.
Maîtres (Grands) d'Artillerie, III, 31804—19.
Maîtres des Comptes, III, 33804 & 5; IV, S.
Maîtres (Grands) de la Maison du Roi, III, 32276—319.
Maîtres (Grands) des Eaux & Forêts, III, 32364—67.
Maîtres des Requêtes, III, 32746—68.
Majorité des Rois : voyez Régences.
Mal de Naples, II, 15533.
Maladeries, I, 1301—5.
Maladies, IV, S. 2494*, & suiv.
Manteau Royal des Reines, II, 26691.
Manufactures, II, 15543.
Marais salans, I, 2732—34.
Marbres, I, 2709—12.
Marchands & Artistes de la Ville de Paris, III, 34632—784; IV, S. & V, Add.

de la Marche (Comtes), anciens, III, 37489—91, de la Maison de Bourbon, II, 25581.
Maréchaussées de France, I, 672, III, 34073—79.
Maréchaux de France, III, 31566—735; 34070—79; IV, S. & V, Add.
Mariages des Rois & autres Grands, II, 26582—631, 28324—448; IV, S. & V, Add.
Marine & Commerce, II, 28150—323; IV, S.
Marne, espece de Terre, I, 2699.
Marques nationales, II, 15573.
Martyrs de France (Carte Géographique des), I, 998.
Massacre de la S. Barthélemi, II, 18124—89; IV, S.
Mathématiciens : voyez Philosophes.
Maturins ou Trinitaires, Religieux, I, 13959—85.
May, Arbre planté par les Clercs de Procureurs, I, 3816.
Mazarinades ou Ecrits au sujet du Cardinal Mazarin, II, 22304—23757; III, 32442, 32539—66.
Médecine : voyez Faculté de Médecine.
Médecins, Anatomistes, Chirurgiens, Chimistes & Botanistes; IV, 44837—45006, 46011—360; IV, S. & V, Add.
Mélanges sur l'Histoire de France, II, 15580-614, IV, S.
Melons, I, 3502.
Mémoires d'Etat : voyez Lettres.
Mémoires Historiques sur plusieurs Historiens modernes de France, à la fin du Tome III, pages j —cvij.
Mendians (Religieux), I, 1307, 13659—931: voyez Augustins, Carmes, Dominicains, Franciscains.
Méphitis, I, 3689.
la Merci, Ordre Religieux, I, 13986—99.
Mercure de France, II, 15545.
Méridienne de Paris, I, 790—94.
Mérite Militaire, Ordre de Chevalerie, III, 40550.
Mérovingiens, premiere Race des Rois de France, descendue de Mérovée, II, 16000—153, 25234—60.
Mers de la France : voyez Côtes & Hydrologie.
Merveilles de la France, 3683—88; IV, S.
Messe Rouge, III, 33000.
Mesures itinéraires, I, 68, 182; III, 34906.
Métaux & demi-Métaux, Sels & Bitumes de la France, I, 2729—84; IV, S.
Métropoles : voyez Archevêchés.
Meulière, pierre, I, 2727.
Milice : voyez Guerre.
Minéralogie de la France; Traités généraux sur les Mines & Minières, I, 2645—86; IV, S. comme sur les articles qui suivent : Traités particuliers sur les Terres, 2687—704; sur les Pierres, 2705—28; sur les Sels, Bitumes, demi-Métaux & Métaux, 2729—84; sur les Stalactites & Pétrifications, 2785—830; IV, S.
Minimes, Religieux, I, 14002—67; Religieuses, 15227—31.
Ministres principaux (Anciens), tels que Maires, Grands-Sénéchaux, Connétables, III, 31349—565.
Ministres d'Etat & Surintendans des Finances, III, 32422—622; IV, S.
Miracles & autres événemens extraordinaires, I, 5674—93.
Miramiones, Religieuses, I, 15351 & 52.
de la Miséricorde, Religieuses, I, 15246—51.
Missi Dominici, III, 31319 & 20.
de la Mission (Prêtres), Congrégation dite des Lazaristes, I, 5667, 10853 & 54.
des Missions Etrangeres (Prêtres), I, 10835—43.
Modes, II, 15532.
Mœurs des Gaulois, I, 3781—855; IV, S.
Mœurs des François, II, 15461—83.

Table Alphabétique des Matieres.

Moines & Solitaires dont l'Ordre n'est pas connu, I, 11572—603.
Moines dont l'Ordre est connu : *voyez* Ordres.
Monasteres : *voyez* Abbayes.
Monnoies (Traités des), Poids & Mesures, III, 33896—34023; IV, *S.*
Monstres, I, 3726—29.
Mont-Carmel & Saint-Lazare, Ordre de Chevalerie, III, 40358—75.
Montagnes, I, 2634-44; IV, *S.*
Monumens antiques : *voyez* Antiquités.
Mouches, I, 3639—41.
Moulins à Soie, IV, *S.* 3481*.
Muriers, I, 3473—81; IV, *S.*
Musaraigne, I, 3588.
Musiciens François, IV, 47709—69; IV, *S.*
Mythologie des Celtes ou Gaulois, I, 3758.

N

de Namur (Comtes), III, 39438—43.
de Navarre (Rois), issus de Philippe le Hardi, Roi de France, II, 25381—89; suite de tous ses Rois, III, 37668.
Navets, I, 3505.
Nécrologe, I, 5570; IV, 45653 & 54.
Négociations : *voyez* Lettres.
Neptune François, I, 696 & 97, 703.
de Neufchâtel (Comtes), III, 39141, & *suiv.*
de Nevers (Comtes & Ducs), III, 35565.
Nielle, ou Maladie des Bleds, IV, *S.* 3438*.
Nobiliaires des Provinces & des Chapitres, III, 40532—794; IV, *S.*
Noblesse de France, III, 39823—44547; IV, *S.* & V, *Add.*
Nomenclature des Lieux de la Gaule, I, 119, 20, 22, 389.
Noms, II, 15537.
de Normandie (Ducs), III, 34948, & *suiv.*
Notaires au Châtelet de Paris, III, 34619—25.
Notices de la Gaule, I, 100, 124; IV, *S,* 59*.
de Notre-Dame, Ordre de Religieuses, I, 15232—35. Congrégation de Religieuses, I, 15236—45.
Nouvelles Catholiques, Communauté de Filles & Veuves de nouveaux Catholiques, I, 15354—56.

O

Obseques : *voyez* Pompes funèbres.
Ocre, I, 2703.
Œillets, I, 3490—92, 95.
Offices de France; Offices & Dignités en général, I, 31181—326; IV, *S.* & V, *Add. comme sur les articles qui suivent.* Grands-Officiers de la Couronne, 31327—840; Officiers de Guerre, d'un rang inférieur, 31841—32090; Grands-Officiers de la Maison du Roi, 32218—399; Conseils & Ministres, 32400—782; Magistrature, 32783—34133. *Voyez ces Offices à leurs propres titres.*
Oignon, I, 3503.
Oiseaux, I, 3589—601; IV, *S.* 2466*, 3594*, & *suiv.*
Olives ou Oliviers; IV, *S.* 3470*.
Opticien, Artiste, IV, 47984.
Or, I, 2775—84.
Orangers, I, 3470; IV, *S.*
Orateurs & Philologues François, IV, 46977—47254; & S. V, *Add.*
Oratoriens, ou Prêtres de l'Oratoire de Jésus, Congrégation, I, 10855—59.
Ordonnances des Rois de la troisieme Race, II, 27611—63; V, *Add.*

Ordres Monastiques. Ordre de Saint-Benoît, I, 11604—12937; Ordre de Cîteaux, 12938—13178; autres Ordres qui portent le nom de Moines, 13179—270. *Voyez-les chacun sous leurs titres.*
Ordres Militaires & de Chevalerie de France, III, 40248—531, & 674—77, IV, *S.* & V, *Add. Voyez-les chacun sous leurs titres.*
Oreilles d'Ours, I, 3493 & 95.
Orfévres, Artistes, IV, 47982 & 83.
Oriflamme : *voyez* Porte-Oriflammes.
Origine des François, II, 15357—460; IV, *S.*
Origines des Eglises de France, I, 3953—4078; IV, *Suppl.*
d'Orléans (Ducs), anciens, de la Maison de Valois, II, 24956, 25481—532. Nouveaux, de la Maison de Bourbon, II, 25651—78.
Os fossiles, I, 2816-18.
Ostéocole, pierre, I, 2728.
Ouragans, I, 3710—14.
Oursins crystallisés, I, 2823.

P

Pairie & Pairs de France, III, 31212—312; IV, *Suppl.*
Palais des Rois, I, 441—52; II, 26984—27033.
Pannetiers (Grands) de France, III, 32354.
Papes : Traités sur la puissance & les entreprises des Papes, leurs démêlés avec nos Rois, & sur l'autorité de leurs Bulles & de leurs Légats en France, I, 7107—7358. Papes François, 7677—762.
Papes d'Avignon, avant le Schisme, I, 7760 & 61. Durant le Schisme, 7128—33.
Parlemens de France, I, 633, 38—41, III, 32822—33595; IV, *S. Voyez-les dans la Table Géographique, chacun sous le nom des Villes où ils siégent.* Leurs Remontrances, III, 33305—594.
Paroisses, I, 1294.
Pastel, I, 3504.
Pays qui appartenoient à l'ancienne Gaule & qui ne sont plus du Royaume de France, III, 39079—39629.
Pêchers, I, 3472; IV, *S.*
Pêches & Chasses, I, 987. Pêches, IV, *S.* 3604*, & *suiv. Voyez* Chasses.
Peintres, Sculpteurs & Graveurs, IV, 47815—956; IV, *S.* & V, *Add.*
Peinture & Sculpture, IV, 45529—34.
Pénitens, ou Religieux du Tiers-Ordre de S. François, I, 13930 & 31; IV, *S.*
Penitens de l'Annonciation, Confrairie, II, 18436—38.
de Perche (Comtes), II, 25391 & 97.
de Perigueux (Comtes), II, 25388.
Peste (Relations de la), & Remedes, I, 2457, & *suiv.* IV, *S.*
Pétrifications & Stalactites, I, 2785—2830.
Pétrole : *voyez* Huile.
Pé-tun-tsé, pierre, I, 2700—2.
Peupliers, IV, *S.* 3472* & 81*.
Phénomenes, I, 3718—21.
Philologues : *voyez* Orateurs.
Philosophes & Mathématiciens, IV, 46361—607, IV, *S.* & V, *Add.*
Philosophie & Religion des Gaulois, I, 3790—848; IV, *S.*
Pieces Politiques : *voyez* Lettres.
Pierres, I, 2705—28; IV, *S.*
Pierres extraordinaires, I, 100.
Pierres Milliaires, I, 104 & 5.
Pierres figurées, I, 2828.
Piété, vraie & fausse, I, 4735—904.
Plans des Villes, Ports, &c. I, 588, 704; 1313—2073; 2111, 14—18, 28—33, 40—44; IV, *S.*

Plans d'Histoire, Sommaires, Abrégés, &c. II, 15625 —870; IV, S.
Plantes, I, 3288—545; IV, S. voyez Végétaux.
Plâtre, I, 2714.
Plomb, I, 2772 & 73.
Pluie rouge, I, 3715—17.
Poësie des Celtes ou Gaulois, I, 3758.
Poëtes François, IV, 47255—708; S. & V, Add.
Poiriers, I, 3515.
Poisson d'Avril, II, 15546.
Poissons, I, 3602—12; IV, S.
Poix, I, 2748 & 49.
Police de Paris, III, 34452, 53, 58; & V, Add. 27656*K, & 34458.
Pommes de terre, IV, S. 3505*.
Pommiers, I, 3515.
Pompes funèbres des Rois, Reines, Princes & Princesses, II, 26696—789; IV, S.
Porcelaine, I, 2700; IV, S. 2705*.
Porphyres, I, 2721.
Porte-Oriflammes, III, 31820—31.
Portolans ou Portulans, I, 834 & 35, 46 : voyez Neptune.
Ports, I, 637, 685—729.
Possédés, Visionnaires, & autres personnes soi-disant inspirées, I, 4826—904; IV, S. V, Add. Celles de Loudun, 4834—54; V, Add. de Louviers, 4855 —68, d'Auxonne, 4874 & 75, de Landes, 4897 —900.
Postes, I, 659—71, 77; 816, 30—32.
Poudingues, cailloux, I, 2725.
Pouillés des Bénéfices, I, 1212—98; IV, S. & V, Add.
Pragmatiques & Concordats, I, 7538—85; IV, S.
Prédestination : voyez Contestations sur Gotheschalc.
Prééminences & Prérogatives des Rois de France, II, 26790—983; IV, S.
Prémontré, Ordre de Chanoines Réguliers, I, 13512 —80.
de la Présentation de la Ste Vierge (Religieuses), I, 15339.
Présidiaux & Bailliages, II, 34079—133; IV, S.
Prévôt de l'Hôtel du Roi, III, 34024 & 25.
Prévôts des Maréchaux de France, III, 34068—73.
Prévôts de Paris, III, 31337 & 42, 34083—91, & 34612.
Prevôts des Marchands de Paris, III, 34100, 34591 —603.
Prieurés & Abbayes : voyez Abbayes.
Princes & Princesses du Sang Royal, II, 25208-874; IV, S.
Princes Etrangers prétendus issus du Sang de France, II, 25875—920; IV, S.
Princes & Seigneurs de la Cour de France, Ministres & Hommes illustres dans les Emplois Militaires & autres, III, 31349—80. Voyez-les en détail chacun sous leurs propres titres.
Princesses de la Maison de France, qui ont embrassé l'Etat Monastique, IV, S. 14697*.
Prisio, Explication de ce terme, II, 15538.
Procès-Criminels de lèse-Majesté & autres, III, 33596 —769; IV, S.
Processions solemnelles, II, 26681 & 82.
Procureurs & Avocats Généraux du Parlement de Paris, III, 32870.
Prodiges, Tremblemens de Terre & autres effets Physiques, I, 3683—729; IV, S.
de Provence (Comtes), III, 33034—55 & 33638.
Proverbes, II, 15548.
la Providence, Communauté de Filles, I, 15341, 42, 53.
Provinces des Gaules, I, 143.
Provinces & Villes de France : Cartes, I, 605, 16, 18, 20—22, 84, 1313—2073; IV, S. Traités, 2074—2480; IV, S. Histoire Ecclésiastique, 4905 —5560. Histoire Civile, III, 34134—39069; IV, S. & V, Add. Voyez-les chacune sous leurs titres dans la Table Géographique.
Publications de Paix, &c. II, 26683.
Puissances Ecclésiastique & Civile, I, 7040—106; IV, S. voyez Papes & Rois.
Puits, I, 2842, 53, 54, 63, 66, 70.
la Purification de la Ste Vierge (Religieuses de), I, 15343.
Pyrites, I, 2765 & 66.

Q

Quadrupèdes, I, 3556—88.
Queux (Grands) de France, III, 32363.
Quiétisme, I, 5630—37.

R

Rang des Grands, II, 26685—95; III, 43861, & suiv. IV, S. 31222*.
Raves, I, 3505.
Récollects, Religieux, I, 13897—905; IV, S.
Réformés (prétendus) : voyez Calvinistes.
le Réfuge, Religieuses, I, 15252—59.
Régale, I, 7586—659; IV, S.
Régences du Royaume & Majorité des Rois, II, 27326—69; IV, S.
Registres des Chartres du Roi, III, 29485—505.
Registres des Rois de France, III, 29506—26.
Registres secrets du Conseil du Parlement de Paris, & Pieces relatives, III, 33236—304.
Regnum : Signification de ce mot, II, 15524.
Réguliers : voyez Religieux.
la Reine Pédauque, II, 15552 & 53.
Reines de France, II, 24991—25207; IV, S.
Réjouissances publiques : voyez Entrées.
Religieuses de France, I, 14698—15356; IV, S.
Religieux de France, I, 11557—14697; IV, S.
Religion des Gaulois, I, 3798—810.
Remontrances des Parlemens & autres Cours Souveraines, III, 33305—595.
Renoncule, I, 3494 & 95.
Repas, II, 15530.
Reptiles, I, 3677—82.
Requêtes de l'Hôtel, Jurisdiction, III, 34030.
Rivieres & Canaux : Cartes, I, 730—60, Traités géographiques, 833—987; IV, S. Traités hydrologiques, 1832—72; IV, S.
Roches, I, 2768.
de Rodès (Comtes), II, 25388.
Roi des Ribauds, III, 34026—29.
Rois d'Armes : voyez Hérauts.
Rois de France. Droits du Roi dans l'Administration de l'Eglise, sur les biens & les personnes de l'Eglise, I, 7359—453; IV, S. comme sur les articles qui suivent. Chronologie des Rois de France, II, 15871—93; Histoires des Rois de France de la premiere Race, 16000—153. de la seconde Race, 16154—507. de la troisieme Race, 16508—17002, de la branche de Valois, 17003—408, de la branche d'Orléans-Valois, 17409—19146, de la branche de Bourbon, 19147—24802. Généalogies des Rois de France, 24803—25874. Cérémonies relatives aux Rois, 25921—26789. Traités des Prérogatives des Rois de France, de leurs Palais & de leurs Armoiries, 26790—27067.
Rossignol, I, 3598.
Routes, I, 612, 78 : voyez Chemins.
Routiers, II, 15572.
Royaume : Traités concernant le Royaume de France, II, 17068—19143; IV, S.

S

Sacres & Couronnemens des Rois & Reines de France, & de quelques Ducs, II, 25943—16109; IV, S. & V, Add.
Saffran, IV, S. 3333* & non 1333.
Sainfoin, I, 3506; IV, S.
Saint-Antoine, Ordre Militaire & Monastique, I, 13433—48; IV, S.
Saint-Cosine-lès-Tours, Ordre de Chanoines Réguliers, I, 13507 & 8.
Saint-Cyr, Religieuses, I, 15346—50.
Saint-Esprit, Ordre de Chevalerie de Montpellier, III, 40376—407. Ordre Royal, 40459—523.
Saint-Joseph, Communauté de Filles, I, 15216 & 353.
Saint-Lazare : voyez Mont-Carmel.
Saint-Louis, Ordre de Chevalerie, III, 40524—29.
Saint-Michel, Ordre de Chevalerie, III, 40445—458.
Saint-Nicolas du Chardonnet, Congrégation de Prêtres, I, 10860.
Saint-Paul (Comtes de), II, 27945.
Saint-Sépulchre, Ordre de Chevalerie, &c. V, Add. 40341*.
Saint-Sulpice, Congrégation de Prêtres I, 10861.
Ste Croix, Ordre de Chanoines Réguliers, I, 13494—98.
Ste Geneviève, Congrégation de Chanoines Réguliers, I, 13581—658.
Ste Geneviève, Communauté de Filles, I, 15351 & 52.
Saints, & autres Personnes distinguées par leur piété, I, 4227—827; IV, S. V, Add.
Salamandre, I, 3680—82.
Salières, pierre, I, 2726.
Salines, I, 2736—47.
de Salins (Sires), III, 38439.
Samedis gras, d'après Noël, II, 15551.
Saumon, I, 3606.
Schisme d'Occident, I, 7125—33.
Sciences, IV, 45514—28; IV, S.
Sciences & Arts, IV, 45623—47987; & S.
Sculpteurs : voyez Peintres.
Sculpture : voyez Peinture.
Séances des Rois & des Grands, II, 26684 : voyez Rang.
Seche, poisson, I, 3612.
Secrétaireries ou Départemens des Secrétaires d'Etat, Carte, I, 653.
Secrétaires d'Etat & Ambassadeurs, III, 32623—710.
Secrétaires du Roi, III, 32805—21.
Seigneurs, Princes & Princesses issus de la Famille Royale, II, 25208—874; IV, S. voyez Princes & Seigneurs de la Cour de France.
Sels, Bitumes, &c. I, 1729—84; IV, S.
Séminaires à Paris, de S. Nicolas, I, 10860; des Trente-Trois, 10863; de S. Louis, 10864; du Saint-Esprit, 10865.
Sénéchaussés : voyez Bailliages.
Sénéchaux (Grands) de France, III, 31382, 90—95.
Sépultures anciennes, I, 3817—26; II, 15561.
Sépultures de nos Rois, II, 26696; IV, S. voyez Pompes funèbres.
Sermens, II, 15525, 26675.
Serpens, I, 3677.
Services funèbres : voyez Pompes funèbres.
Servites, Religieux, I, 14000 & 14001.
Servitude chez les Francs, II, 15518—22, IV, S. 27310*.
de Sicile (Rois), & de Naples, issus de Louis VIII, II, 23347—67; issus de Jean le Bon, 25410—21.
Sociétés d'Agriculture, IV, 45542; & S. 45622.
de Soissons (Comtes), III, 34878.
Soies, IV, S. 3481*.
Solitaires, I, 13271—405 : voyez Moines.

Sommaires, Plans & Abrégés de l'Histoire de France, II, 15625—870; IV, S.
Sorciers, Possédées, Visionnaires, &c. I, 4826—904; IV, S. & V, Add.
Sources : voyez Fontaines.
Souterrains, II, 15562.
Souveraineté des Rois de France : voyez Prééminences.
Souverains : voyez Devoirs.
Spectacles : voyez Théâtres.
Stalactites & Pétrifications, I, 2785—830.
Suaire (Saint) & Bandeau, I, 5132—34.
Substituts du Procureur-Général, III, 32992—97.
Succession à la Couronne de France, II, 28468—612, IV, S.
Sujets : voyez Devoirs.
Surintendans des Finances, III, 32449—56.
Synodes & Conciles de France, I, 6275—824; IV, S. voyez Conciles.
Synodes des Prétendus Réformés, I, 6194—244, IV, S.

T

Tailles, I, 646; III, 33869—80.
Talc, I, 2713.
Taupes, IV, S. 3588*.
Taxe des Bénéfices de France, I, 1223—25, 33—35.
Teignes, insectes, I, 3630.
Templiers, Ordre de Chevalerie, III, 40342—57.
Terres, I, 2687-704, 3415-5455 IV, S.
Testamens des Rois & Reines, Princes & Princesses, II, 28446—67.
Théatins, Religieux, I, 14075—84; V, Add.
Théâtres & Spectacles, IV, 47770—925 S. & V, Add.
Théologie : voyez Faculté de Théologie.
Théologiens François, IV, 45756—805; IV, S.
Tiers-Ordre de Saint-François, I, 13930 & 31; IV, S.
Titres & Prééminences des Rois de France : voyez Prééminences.
Titres des Provinces & des Eglises de France, III, 29527—723.
Toison d'Or, Ordre de Chevalerie, III, 40408—35.
Tombeaux Romains, I, 86 : voyez Sépultures.
de Tonnerre (Comtes), III, 34336.
Torpille, poisson, I, 3611.
Tortue de Mer, I, 3609.
de Toulouse (Comtes), III, 37755, & suiv.
Tourbes, I, 2691—95.
Tournois, III, 40147—57, 40231—46.
Traités de Paix, de Trève, de Neutralité, de Confédération, d'Alliance & de Commerce : Recueils généraux, III, 29144—57; IV, S. & V, Add. comme sur les articles suivans. Recueils particuliers des Traités faits entre plusieurs Princes avec la France, 29158—204. Recueils des Traités faits par la France avec l'Allemagne, 29205—52; avec la Flandre, la Lorraine, la Suisse, la Savoie; 29253—305; avec l'Italie, 29306—36; avec l'Espagne & le Portugal, 29337—78; avec l'Angleterre, 29379—426; avec les Pays-Bas & le Nord, 29427—40, avec les Turcs & la Barbarie, 29441—54.
Tremblemens de Terre, I, 3701—7.
Trésoriers de France, III, 34031—65.
Trinitaires ou Maturins, I, 13959—85.
Tripoli, pierre tendre, I, 2704.
Tulipes, I, 3495—98.

U

Union, Filles & Veuves de l'Union Chrétienne & des Nouvelles Catholiques, I, 15354—56.
Universités de France, I, 657 & 58, 990 & 991; IV, 44575, 599—607; IV, S. comme sur les articles qui suivent. Université de Paris, I, 1298;

IV, 44608—45140. Universités des Provinces, IV, 45141—293; IV, S. & V, Add.
Ursulines, Religieuses, I, 15301—34.
Usages, Mœurs & Coutumes des François, II, 15461—556; IV, S.

V

de Valois, (Maison Royale) II, 24957; IV, S.
Vapeurs étoufantes, I, 3690.
Vaudois, Hérétiques, I, 5702—38.
Végétaux de la France. Traités des Plantes, Arbres, Fleurs, &c. de la France en général, I, 3288—302; IV, S. comme sur les articles qui suivent : de diverses parties de la France, 3303—79. Collections des Plantes des Jardins publics & particuliers, 3380—414. Culture des Terres, Plantes, Vignes, &c. 3415—545; IV, S.
Vénalité des Offices, III, 31201—4; IV, S. 28004*.
de Vendôme (Comtes & Ducs), issus des Comtes de la Marche-Bourbon, II, 25582—96; Autres issus de Henri IV, 15624—49. Voyez encore, III, 35638.
Vénerie, I, 3577—83.
Véneurs (Grands) de France, III, 32355—60.
de Vermandois (Comtes), II, 25264—66, 299—301.
Verre, II, 15545.
Vers, I, 3658—61.
Vers à soie, I, 3631—38; IV, S. 3481*, 3637*.
Vidames & Avoués, III, 31321—23.
Vierge (Lieux sous l'inv. de la Sainte), I, 4079—4226; IV, S. Voyez leurs titres à la Table Géographique.
Vies des Saints & des Personnes distinguées par leur piété, I, 4227—825; IV, S. & V, Add.

Vies des Princes & Seigneurs de la Cour, Ministres & Hommes illustres dans les Emplois Militaires & autres, III, 31349—34132; IV, S.
Vies des François qui se sont distingués dans les Sciences & dans les Arts, IV, 45623—755; IV, S. & V, Add. comme sur les articles qui suivent; dans les Sciences, 45756—46976; dans les Arts Libéraux, 46977—47792; dans les Beaux-Arts, 47793—987.
Vies des Dames illustres, Sçavantes & autres, IV, 47988—48223 : voyez encore IV, S. & V, Add.
Vigne, I, 3507—14, 23, 44.
Villes & Provinces de France : Plans & Cartes, I, 1313—2073; Traités, 2074—375; Histoire Ecclésiastique, 4905—5560; Histoire Civile, III; 34134—39069. Voyez-les chacune sous leur titre dans la Table Géographique.
Vins, I, 3507—45; IV, S.
Viperes, I, 3678 & 79.
Visionnaires : voyez Sorciers, &c.
Visitation de Ste Marie, Religieuses, I, 15260—300.
Vitriol, I, 2729 & 30; IV, S.
Voies Romaines, I, 63, 67, 70, 72, 74, 76, 85, 89, 92—96, 99, 101 & 102, 106, 108 & 109, 194, 214, 326 : voyez Chemins & Itinéraires.
Volcans, I, 2641—44; IV, S. 2642*.
Voyages : voyez Itinéraires.
Voyageurs : voyez Historiens.
Voyer (Grand), III, 32368.
Vues : voyez Plans.

W

de Windesheim, Congrégation de Chanoines Réguliers, I, 13503—5.

VII.

TABLE DES MANUSCRITS,

Indiqués au long dans cet Ouvrage, & rangés ici selon l'ordre des Matières suivies dans les Tomes précédens.

Les chiffres désignent les N.^{os} : les Articles marqués d'une *, sont ceux qui se trouvent dans le *Supplément*, Tome IV; & l'on a mis deux ** à ceux qui sont dans les *Additions*, contenues en ce Tome V.

TOME PREMIER.

LIVRE PREMIER.

Préliminaires de l'Histoire de France.

Géographie des différens Ages.

10. Mémoires pour une Description de la France ancienne & moderne; par du Cange.
11. Caroli du Fresne du Cange Gallia.

Géographie Ancienne des Gaules.

70. Voies Romaines dans le Pays des Séquanois; par D. Jourdain.
73. Chaussée antique qui va de la Montagne de Chatenai (Diocèse d'Auxerre) à Entrains; par M. le Pere.
85. Voies Romaines en Normandie; par l'Abbé Saas.
86. Tombeaux & Chemins Romains en Artois; par M. Camp.
96. De deux Voies Romaines qui conduisoient de Rennes dans le Côtantin; par l'Abbé Belley.
108. Des Voies Romaines en Auvergne; par M. du Fraisse de Vernines.
151. Description de la Gaule Celtique; par l'Abbé Precy.
166. De la Route d'Annibal dans les Gaules; par M. de Mandajors.
191. Ancien emplacement de la Ville d'Amiens; par M. Sellier.
196. Des Pays occupés par les *Atrebates* & les *Morins*; par M. le Gay de Ramecourt.
197. Mémoire sur les *Atrebates*, où l'on examine si la Ville d'Arras est *Nemetacum* & *Nemetocenna*; par M. de Crespiœul.
198. Sur l'Etymologie de *Nemetocenna*; par M. Camp.
202. Trois Lettres sur la découverte de la Ville d'Antre, en Franche-Comté; par Aubert.
Tome V.
212. Sur l'Origine des Poitevins, & sur la position de l'*Augustoritum* & du *Limonum*; par M. Bourgeois.
213. Sur les Bornes du Royaume des Auvergnats; par M. du Fraisse de Vernines.
217. Sur l'ancienne Ville *Bibracte*; par M. Moreau de Mautour.
225. Problême sur *Bibracte*; par M. l'Abbé Germain.
228. Sur le lieu de Bibrax, *oppidum Remorum*; par M. Robbe.
236. Sur l'ancienne position de la Ville de Bordeaux; par M. l'Abbé Baurein.
237. Recherches (du même) sur la premiere enceinte & les accroissemens de la Ville de Bordeaux.
238. Observations (du même) sur la position de quelques lieux anciens du Bordelois.
240. Sur la position de *Bratuspantium*; par M. Bucquet.
243. Sur les Peuples que César nomme *Cadetes*; par M. de la Londe.
252. Sur les anciens noms de la Ville de Clermont; par M. Bompart de S. Victor.
253. Sur l'ancien & le nouvel état de la Ville de Clermont; par M. de Vernines.
262. Dissertation sur *Didatium*; par M. Lampinet.
282. Observations où l'on soutient que *Genabum* doit s'entendre de Gien, par M. Polluche.
283. Réflexions (du même) sur l'explication que donnent les nouveaux Editeurs des Historiens de France à *Genabum*.
283.* Que *Genabum* est Orléans; par D. Verninac.
285. Sur la position de *Gergovia*; par M. le Masson.
286. Sur la position de *Gergovia*; par M. de Vernines.
287. Sur la position de *Gergovia*; par M. Martinon.
288. Rapport de la Fouille faite sur la Montagne de *Gergovia*; par M. Garmage.
297. Du *Portus Icius* de César démontré à Boulogne; par Nicolas Sanson.

P

344. Sur les principales Villes de la Province Séquanoise ; par M. Bergier.
344.* Sur un Château, &c. près Jallerange ; par M. Seguin.
352. Sur les Peuples de l'ancien Diocèse de Cambray ; par M. Mutte.
362. Sur l'ancien *Vellaunodunum* de César ; par l'Abbé Précy.
387. Sur la signification du mot *Dunum*; par M. Fréret.

Géographie du moyen Age.

393. Carte des premiers Etablissemens des François dans les Gaules; par G. Delisle.
396. Trois Cartes de Guillaume Delisle : la France partagée aux Enfans de Clovis : la France suivant le partage de enfans de Clotaire : la France partagée à la mort de Dagobert, en Neustrie & Austrasie.
414. Carte de l'Empire de Charlemagne, avec le partage de ses petits-fils & arrière-petits-fils; par G. Delisle.
433.* Lettres & Disquisitions de Guil. Sanson.
439. Essai d'une Notice des Gaules & de la France; par M. Secousse.
439.* Sur la Notice des Gaules de Valois; par M. Perreciot.
440. Notice de l'ancienne France ou de la Gaule du moyen Age ; par Dom Liéble.
450. Sur un ancien Palais de nos Rois, appellé *Brocariacum*; par D. Grappin.
451.* Que *Brennacum* ne peut convenir qu'à Braine ; par M. Jardel.
475.** Des Limites du premier Royaume de Bourgogne; par l'Abbé Boulemier.
484. Etat de la nouvelle Neustrie ou Normandie en 912; par M. le Vasseur. *Cette Pièce a été depuis imprimée : IV, S.*
505. Sur le lieu où Attila fut défait par l'Armée d'Aëtius ; par M. Sabbathier.
512. Sur la Province où étoit la Ville d'Epaune ; par le P. Menestrier.
526. Sur le *Château Narbonnois*; par M. Bousquet.
537. Sur le Lieu où s'est donné la Bataille de Truë ; par M. Robbe : IV, *S.*
538. Sur la position du *Castrum Victoriacum* ; par M. Martinon.

Géographie Moderne.

550. France dédiée à Charles IX ; par Hamon.
698. Cartes des Côtes sur l'Océan, & des Côtes sur la Mer Méditerranée.
731. Des quatre grandes Rivières de France; par Boyer.
732. France divisée par Terreins de fleuves & par chaînes de Montagnes ; par M. Buache. (*Cette Carte est aujourd'hui imprimée*).
738. Carte du Loiret.
761. Description de la France.
762. De plusieurs Provinces.
765. De laudibus Franciæ.
781. Moyen Géométrique de faire une Carte de la France ; par M. de Roberval.
807. Descriptio Provinciarum Galliæ; à D. Vaissette.
816. Bibliothèque Chorographique & Historique de la France ; par Mazoyer.
833. Table des Villes, Bourgs, Châteaux, & dont il est parlé dans les Registres de la Chambre des Comptes de Paris.
844. Mémoires des Côtes de France sur l'Océan ; par M. de Chazelles.
848. Mémoires sur les Côtes de France de la Mer Méditerranée ; par M. de Chazelles.
857. Recueil des Fleuves, Rivieres, Ruisseaux & Etangs de France.
858. Description des Cartes des Rivieres de France; par Boyer.
861. Visite des Ponts de Seine, Yonne, Armançon & autres.
862. Cours de la Seine, & des Rivieres & Ruisseaux qui y affluent ; par M. l'Abbé de la Grive.
863. Description de la Riviere d'Authie.
866. Mémoire sur la Navigation de la Dordogne.
872. Cours de la Marne.
873.* Procès-verbal du Cours de l'Ouche.
877. Mémoire sur la Scarpe ; par M. Calvet.
879. Cours de la Seine; par M. l'Abbé de la Grive.
886. Cours de la Somme & autres Rivieres de Picardie ; par M. Sellier.
886.* Mémoire pour rendre le Suzon flottable, &c.
895. Pieces concernant le Canal de Languedoc.
897. Rapport & Dépêches sur le Canal de Languedoc : Jonction des Mers; par M. de Clerville.
906. Descrittione del Canal Réale, &c. da Andreossy.
909. Pièces sur le même Canal de Languedoc.
918. Pièces sur un Canal de l'Ourcq à Paris.
929. Projet d'un Canal de Dieppe à Pontoise & à Paris.
931.** Sur les moyens de conduire à Paris partie de l'Yvette, &c. par Perronet.
940*. bis. Mémoires sur une seconde Jonction des deux Mers.
950.* Remarques de M. Bichet, sur les nouveaux Mémoires de M. Thomassin.
952. Dissertation sur les Canaux proposés en Bourgogne.
957.* Mémoire de M. Pasumot sur le Canal de Bourgogne.
978—80. Pièces sur la Construction d'un Canal en Provence.

Géographie Ecclésiastique.

1000. Carte de l'Evêché d'Agde ; par N. Sanson.
1002. d'Aire : *Idem.*
1007. d'Alet : *Id.*
1014. d'Avranches : *Id.*
1022. de Bayonne : *Id.*
1025. de Bazas : *Id.*
1030. de Béziers : *Id.*
1036. de Cahors : *Id.*
1039. de Carcassonne : *Id.*
1041. de Castres : *Id.*
1048. de Cominges : *Id.*
1050. de Condom : *Id.*
1051. de Couserans : *Id.*
1052. de Coutances : *Id.*
1054. de Dax *ou* Acqs : *Id.*
1056. de Die : *Id.*
1059. de Dol & de S. Malo : *Id.*
1060. de l'Archevêché d'Embrun : *Id.*
1064. de l'Evêché de Gap : *Id.*
1066. de Grenoble : *Id.*
1073. de Lescar : *Id.*
1075. de Limoges : *Id.*
1079. de Lisieux : *Id.*
1081. de Lodève : *Id.*
1092. de Mende : *Id.*
1095. de Mirepoix : *Id.*
1097. de Montpellier : *Id.*
1100. de Nantes : *Id.*
1102. de l'Archevêché de Narbonne : *Id.*
1106. de l'Evêché de Nismes : *Id.*
1109. d'Oléron : *Id.*
1111. de Pamiers : *Id.*
1124. de Quimper : *Id.*
1127. de Rennes : *Id.*
1128. de Rhodez : *Id.*
1129. de Riés : *Id.*
1130. de Rieux : *Id.*
1131. Autre, par un Curé du Pays.
1133. Carte de l'Archev. de Rouen ; par N. Sanson.
1136. de l'Evêché de Saint-Brieu : *Id.*

1137. Carte de Saint-Flour ; par N. Sanson.
1138. de Saint-Malo : Id.
1140. de Saint-Papoul : Id.
1141. de Saint-Paul de Léon : Id.
1142. de Saint-Pons : Id.
1146. de Seez : Id.
1156. de Tarbes : Id.
1156.* Le même, par la Bastide.
1159. de l'Archevêché de Toulouse ; par N. Sanson.
1163. de Tréguier : Id.
1168. de Tulles : Id.
1169. de Vabres : Id.
1170. de Valence : Id.
1171. de Vannes : Id.
1175. de l'Archevêché de Vienne : Id.
1176. de l'Evêché de Viviers : Id.
1179. d'Uzès : Id.
1182.* Carte des Maisons des Chartreux.
1192. Carte des Maisons des Freres de la Charité.
1193. Carte des Maisons des Sœurs de la Charité.
1214. Dénombrement des Archevêchés, Evêchés, & Bénéfices de France.
1216. Pouillé général des Archevêchés & Evêchés de France.
1217. Pouillés de quelques Evêchés.
1218. Pouillés des Diocèses de France, Abbayes, &c.
1219. Descriptions de quantité de Diocèses.
1220. Mémoire pour un Pouillé général.
1225. Taxe générale des Expéditions.
1233. Archevêchés, Evêchés, &c. à la Nomination du Roi.
1234. Etat des Bénéfices de France, & leur valeur.
1237. Pollitum Diœcesis Bisuntinæ.
1238. Pouillé du Diocèse de Besançon.
1239. Polypticon Vesontino-Sequanicum.
1240.* bis. Pollitum Archiepiscopatûs Bisuntini.
1241. Pollitum Comitatûs Burgundiæ.
1245. Pouillé du Diocèse de Bordeaux.
1245.* Bona Ecclesiastica Diœcesis Petricorensis : 1336.
1248.* Pollitum Diœcesis Lemovicensis.
1249. Etat du Clergé du Diocèse de Limoges.
1250. Pouillé de Limoges ; par N. Nadaud.
1251. Anciens Pouillés de l'Archevêché de Cambray.
1257. Rotulus Beneficiorum Episcopatûs Lingonensis.
1270.* Pouillé de Reims.
1271. bis. Pouillés de Soissons & d'Amiens.
1272. Pouillé des Evêchés de Normandie.
1273. Pouillé des Bénéfices de Normandie.
1278. Pouillé du Diocèse de Sens.
1279. Poleanus Diœcesis Senonensis.
1281. Pouillé de l'Evêché d'Auxerre.
1281.* Pouillé du Diocèse de Troyes.
1282. Polio Diœcesis Nivernensis.
1284. Pouillé de l'Archevêché de Tours.
1288. Pouillé de l'Evêché de Metz.
1289. Pouillé de l'Evêché de Toul.
1291. Pouillé du Diocèse de Toul ; par Alix.
1292. Autre, par Callière.
1295. Pouillé des Abbayes & Prieurés de France.
1296. Pouillé général des Abbayes & Bénéfices.
1301. Maladeries & Commanderies de France.
1302. Maladeries de France.
1306. Revenus des Fabriques.
1307. Biens des Mendians.
1308. Biens des Ecclésiastiques de Paris.
1309. Biens des Communautés de Paris.
1310. Biens des Collèges de Paris.
1311. Etat des Bois possédés par les Ecclésiastiques.
1312. Recouvremens demandés par le Roi, des Bois & Forêts de Gens de main-morte.

Géographie des Provinces.

1363. bis. Vues d'Avignon.
1374. Plan d'Auxerre : par M. Rondé.

Tome V.

1387.* Plan de Beauvais.
1441. Carte des Confins de Bretagne & d'Anjou ; par le Loyer.
1442. Huit Plans des Côtes & Ports de Bretagne.
1451. Carte du Marquisat de Calvisson.
1463. Carte de la Presqu'Isle de Cette.
1467 & 68. Cartes des Cévennes.
1516. Carte du Comté de Foix.
1627. Carte de l'Election de Limoges ; par Chabrol.
1671. Province de la Marche.
1730.* Environs d'Orléans.
1795. Carte des Salins de Pecais.
1900. Carte du Duché de Valois ; par M. Minet.
1919. Plan de la Ville de Vitry-le-François.
1920. Carte depuis les bords de la Loire jusqu'à l'Adour ; par Massé.
2074. Les Antiquités des Gaules.
2075. Descriptions de plusieurs Provinces.
2076. Antiquités des Provinces, Villes & Bourgs.
2078. Lieux communs tirés des Arrêts concernant les Provinces.
2079. Extraits des Registres du Parlement, touchant les Villes & Provinces.
2080. Privilèges accordés à diverses Provinces.
2081. La France Curieuse.
2082. Table des Villes, Généralités, Elections, &c.
2083. Etat de la France en 1598.
2084. Mémoires des Généralités.
2094. Explications de plusieurs noms de Villes, &c.
2109. Le Théâtre des Villes & Lieux remarquables.
2138. Procès-verbal des Limites, après la Paix de 1559.
2189. Description du Duché de Berry ; par Nicolay.
2192. Topographie du Duché de Bourbonnois ; par Ferrault.
2195. Recueil des noms des Villes de Bourgogne.
2199. Sur l'élévation du Terrein de la Bourgogne.
2203. Sur les Montagnes des Cévennes & du Vivarais.
2208. Cens de la Prévôté de Chartres.
2216.* Comitatus Burgundiæ ; auct. Tissot.
2219. Description du Languedoc.
2221. Mémoires sur la Lorraine.
2226.* Limites de Lorraine, & de Franche-Comté.
2241.* Généralité de Paris ; par l'Abbé de Longuerue.
2249. Mémoires pour la Géographie de la Picardie.
2250. Fois & Hommages, & dénombremens de Poitou, Saintonge & Aunis : en 1363.
2251. Mémoire sur partie du bas Poitou, Aunis & Saintonge ; par Massé.
2263. Roole des Fiefs en la Province de Touraine.

Itinéraires.

2308.* Voyages de Tolose, Béarn & Quercy ; par Léon Godefroy.
2311.* Voyage de France, en 1657.
2312. Voyage fait en plusieurs Villes de France ; quelques Isles de l'Amérique, &c. par Vassau.
2336. Plusieurs Voyages en France, Flandre, &c. par Jérôme Besoigne.
2340. Voyages dans le Diocèse de Paris ; par l'Abbé Chastelain.
2351. Itinerarium per Burdegalensem Ecclesiam. Il est imprimé : IV, S.
2352. Voyages des Pirénées ; par de Froidour.
2353. Voyage de Bagnières ; par M. Bégon.
2372.* Voyages des Rois de France : 1500—1700.

Histoire Naturelle.

2382. Histoire Naturelle d'Alsace ; par Maugue.
2390. Discours sur celle d'Auvergne ; par Duvernin.

2391. Sur la Chimie, & plusieurs articles de l'Histoire Naturelle d'Auvergne ; par Ozy.
2392. Prospectus d'une Histoire Naturelle de l'Auvergne ; par le même.
2397. Discours & Description du Comté de Bitche ; par Alix de Veroncourt.
2402. Histoire Physique de Bresse ; par Collet.
2403. Histoire Naturelle de Bretagne ; par M. de Robien.
2404. Observations d'Histoire Naturelle, de Physique, & de Météorol. à Cadillac ; par l'Abbé Bellet.
2415. Mémoire pour l'Histoire Naturelle de Franche-Comté ; par le P. Florence.
2416. Recherches de M. Barbaud sur le même sujet.
2420. Histoire Naturelle du Diocèse de Langres ; par l'Abbé Charlet.
2425. Histoire Naturelle de Lorraine ; par Alix de Véroncourt.
2427. Mémoires pour l'Histoire Naturelle de la Marche ; par Robert.
2434. Discours sur l'Histoire Naturelle de Picardie ; par d'Esmery.
2435. Mémoires sur l'Histoire Naturelle de Picardie ; par Sellier.
2440. Mémoire pour l'Histoire Naturelle de Rouen ; par le Cat.
2471. Catalogue des Plantes & Animaux peints en miniature.
2492. Les Causes de la Salubrité de la Cité d'Autun ; par Thomas.
2494. Observations Météorologiques & Botaniques à Auxerre ; par Robinet de Pontagny.
2500. Des Vents du Diocèse de Béfiers ; par Astier.
2503.* Exposition de diverses Maladies aiguës ; par M. Bouillet le Pere.
2508. Observations Météorologiques sur Bordeaux ; par MM. Sarrau.
2509. Autres ; par M. Doazan.
2521. Essai sur le Froid & la Chaleur de Clermont.
2531 & 32. De la Peste du Gevaudan ; par de Ladevèse & Gibertain.
2546. Observations Météorologiques faites à Lyon ; par le P. Beraud.
2547. Sur les Maladies de la Marche.
2563.* Détail sur la Peste de Marseille ; par Bourguet.
2568. Sur la Maladie Epidémique des Maîtres-de-Verre ; par Duvernin.
2615. Observations Météorologiques faites à Rouen ; par le Cat.
2616. Sur le Climat de Rouen ; par Boisduval.
2621 & 22. Maladies Epidémiques de Tonneins ; par Imbert.
2618. Observations faites à Tours, sur le Froid & le Chaud ; par Burdin.
2642. Du Puy de Dôme, ancien Foyer d'un Volcan ; par Garmage.
2669. Sur les Fossiles d'Artois ; par M. Enlart de Grandval.
2670. Sur les Minéraux, Pierres & Pétrifications de l'Artois ; par Wartel : *depuis imprimé*, IV, S.
2683. Sur les Fossiles de la Picardie ; par Rivery.
2685.* Sur l'Histoire Minéralogique de la France ; par Lavoisier.
2688. Nature des Matières trouvées en creusant le Canal du Lys à l'Aa ; par l'Abbé Lucas.
2690. Nature du Sol de Nîsmes ; par M. Séguier.
2692. Sur la Tourbe d'Artois ; par l'Abbé Lucas.
2699. Sur la Marne des environs de Vitry-le-François ; par Varnier.
2706. Sur les Pierres des environs de Clermont en Auvergne ; par de Vernines.
2719.* Des Carrières de Franche-Comté, & Pétrifications ; par le Normand.
2724. Sur les Diamans de Gabian ; par Dandoque.
2731. Sur l'Alun de la Tolfa ; par l'Abbé de Mazeas.

2744 & 45. Des Salines de Pécais ; par MM. d'Orbessan & Montet : *ces Pièces ont été imprimées*, IV, S.
2746 & 47. Salines de Montmorot ; par MM. d'Esnans & ***.
2749. Bitume du Puy de la Poix ; par Ozy.
2755. Bitume de Gaujac ; par Juliot & Bitry.
2759. Mines de Charbon d'Auvergne ; par Ozy.
2763. Mines de Charbon de Litry ; par de l'Aveine.
2765. Pyrites trouvées à la Montagne S. Siméon, près d'Auxerre ; par Martin.
2784. Pêche de l'Or dans la Cèze, Rivieres des Cévennes ; par le Cointe : *imprimée*, IV, S.
2787. Grottes d'Arcy, près Avalon ; par Joly.
2790. Plans, Couppe, &c. des mêmes ; par Pasumot.
2791.* De la Grotte de la Balme en Bregey.
2800. Voyage dans la Caverne de Rochecaille en Périgord.
2803. Pétrifications d'Albert ; par des Meillarts.
2805. Pétrifications de Bondeville ; par Guerin.
2807. Pétrifications de la Champagne ; par Viallet.
2809. Pétrifications de Soulains ; par Varnier.
2818. Os Fossiles ; par Guettard.
2823. Coquillages Fossiles, &c. de Léognan, près Bordeaux.
2824. Coquillages Fossiles dans les Landes près Bordeaux ; par M. de Baritault.
2817. Pierres figurées d'Aunis ; par de la Faille.
2834. Rivières de la haute & basse Marche ; par Robert.
2836. Propriétés des eaux de l'Arriège ; par Ricaut.
2849. Eaux d'Amiens ; par Sellier.
2850. Eaux de l'Artois ; par l'Abbé Lucas.
2851 & 52. Eaux de la Ville d'Auxerre ; par Berryat & Martin.
2853. Exondations du Puits de Boyaval, Sources de Fontaine-les-Boullans, Fontaines du Château de la Vasserie, Fontaines de Bailleulmont ; par l'Abbé Lucas.
2863. Sur six Puits creusés dans un Rocher en Franche-Comté, par M. de Montrichart.
2867. Eaux inflammables d'un Lac, près de Perigueux ; par l'Abbé Peix.
2867.* Des Eaux de la Rochelle ; par Richard.
2869. Flux & Reflux d'une Fontaine située sur une Montagne, à 150° toises du dessus du niveau de la Mer ; par Lavaut.
2872. Description d'une Fontaine appellée Fossé-d'Yonne ; par le Pere.
2872.* De la Fontaine de Vaucluse, & de la Rivière de Sorgue ; par Brisson.
2882.* Analyse d'Eaux Minérales ; par Seignette.
2887. Aquarum Mineralium Analysis ; par Venel.
2887.* De earumdem natura, &c. Pet. Jo. Buirette.
2889. Eaux minérales d'Abbeville ; par Vrayer.
2891. Eaux minérales d'Availles ; par MM. Robert.
2894. De aquis Tarbellicis calidis : auctore de Subercisaux.
2896. Fontaine d'eau chaude de Dax ; par le Pere Lambert.
2914. Eaux minérales de l'Anjou ; par Bertelot du Paty.
2941. Eaux de Bagnères, & Description du lieu ; par M. d'Orbessan : *depuis imprimé*, IV, S.
2944. Dégrès de chaleur des Sources de Bagnères ; par Darquier.
2946. Eaux minérales de Bagnères, Barège & Cauteretz ; par Campaigne.
2948. Analyse de plusieurs Eaux minérales ; par Seignette.
2980. Eaux de la Fontaine du Mont Béru, près Reims ; par Josnet.
2984. Eaux de la Carrière de Bouillon ; par Bertelot du Paty.
3015. Eaux de la Bourboule ; par Ozy.
3025. Eaux minérales de l'Hôtel-Dieu de Caen ; par Desmoueux.

Table des Manuscrits.

3035. Eaux de Chaudes-aigues en Auvergne ; par Ozy.
3039. Eaux de Contrexeville ; par le même.
3045.* Bains de Digne ; par Chesserilles.
3053. Eaux d'Encausse ; par Raoul.
3071. Fontaines de Gabian ; par Venel.
3091. Hydrologie minérale de la Lorraine ; par Bagard.
3092.* Eaux minérales de Luxeuil ; par Saben.
3095. Parallèle des Eaux de Plombieres & de Luxeuil ; par de Cossigny.
3096. Eaux de Luxeuil ; par M. de Rostaing.
3097. Bains de la Malou ; par Cros.
3102. Eaux de Mazamet ; par Galet.
3145. Eaux de Peruchès, près Aurillac ; par Duvernin.
3175. Eaux de Pougues ; par le Pere.
3181. Bains de Rennes ; par Sage.
3185. Eaux de Rosnay ; par Navier.
3191. Eaux des environs de Rouen ; par Boisduval.
3214. Eaux de Saint-Mars ; par Ozy.
3217. Eaux de Saint-Sauveur ; par Darquier.
3256. Eaux de Surgères ; par Naudin.
3263. Eaux de Vendres ; par Cros.
3290. Index stirpium in Gallia conquisitarum, Nic. Marchant.
3301.* Fécondité singuliere d'un grain de froment ; par Maret.
3313. Plantes du Pays d'Aunis ; par Girard de Villars.
3315. Plantes d'Auvergne ; par Charles, &c.
3316. Dissertation sur le Mûrier blanc, & la bonté de la Soie en Auvergne ; par Ternier.
3320. Rhubarbe de Béziers ; par Cros.
3322. Catalogue des Plantes de Bourgogne ; par d'Huissier d'Argencour.
3323. Plantes de Cadillac ; par l'Abbé Bellet.
3324. Arbres de Cadillac ; par le même.
3325. Ager Medicus Cadomensis ; par Callard de la Ducquerie.
3326. De quelques Plantes de Champagne ; par Varnier.
3331. Index Plantarum collect. in Littore Oceani.
3332. Enumeratio stirpium collectarum in Sylvâ Fontainebleau.
3333. Plantes de Franche-Comté ; par Roman.
3342. Index Plantarum Lugdunensium, D. Goiffon.
3343. Plantes de la Lorraine ; par Marquet.
3346. Plantes de la Marche ; par MM. Robert.
3353. Plantes des environs d'Orléans ; par Lambert, &c.
3355. Index Plantarum, circà Lutetiam.
3365. Plantes de la Picardie ; par Desmars.
3371. De Plantis Pyrenaicis, Jo. Pech.
3372. Plantes de la Rochelle ; par Girard de Villars.
3373 & 74. Plantes de Rouen ; par Dufay & Pinard.
3379. Plantes de Vitry-le-François ; par Varnier.
3380. Plantes du Jardin d'Amiens ; par d'Esmery.
3421.* ter. Améliorations des Terres, &c.
3431. De la Culture des Terres de Champagne ; par de Villiers.
3432. Labours de la Haute-Champagne ; par France de Vaugency.
3432.* Recherches Economiques ; par Navier.
3434. Agriculture du pays d'Aunis ; par Mercier du Paty.
3437. Multiplication des Bois en Normandie ; par du Menil Morin.
3438. Agriculture avantageuse en Normandie ; par Guillot.
3472.* Culture des Pêchers ; par Maysonade.
3505. Culture des Raves & Navets en Guyenne ; par Desmarest.
3513. Culture des Vignes en Normandie ; par Tiphaigne.
3517. Raisins de Sainte-Foi, &c. par l'Abbé Bellet.
3518. Raisins d'Auxerre ; par Merrat.
3519. Transport d'une Vigne d'un côté de l'Yonne à l'autre ; par Rondé.
3521. Vins d'Anjou ; par Berthelot du Paty.
3522. Vins d'Auvergne ; par Vernines.
3547. Oiseaux, Poissons & Insectes de Strasbourg ; par Baldner.
3555*. Animaux de la Ménagerie de Versailles ; 1680.
3588.* Sur les Moyens de détruire la Taupe.
3604.* Poissons de la Grande & petite Marée ; par le Masson du Parc.
3609. Sur une Tortue de Mer ; par Lafond.
3610. Prise d'un gros Cachalot.
3612. Sur la Seche, Insecte-Poisson ; par le Cat.
3620. Insectes & Vers de Champagne ; par le Blanc.
3624. Chenilles plieuses de feuilles ; par le Pere.
3625. Chenilles de Vignes ; par Rondé.
3650. Sur l'Education des Abeilles, &c. par l'Abbé de Lys.
3652. Abrégé de l'Histoire des Guespes ; par Rondé.
3657. Sur un Insecte auteur du bruit qu'on attribue à l'Araignée ; par Dagot.
3668. Des Coquillages de mer, de terre & d'eau douce, en Aunis ; par la Faille.
3675.* Coquillages de mer trouvés en Champagne.
3676. Banc de Coquillages de Sainte-Croix du Mont ; par Sarrau de Boynet.
3689. Expériences sur un Méphitis ; par Darquier & Mangaud.
3690. Vapeurs des Caves de Chamaillère ; par Ozy.
3693. Sur le son d'un Echo de la haute Auvergne ; par le P. Monestier.
3694. Echo de Béziers ; par Massip.
3698. Bruit souterrain de Marsanne ; par Dufesq.
3707. Tremblement de terre de Toulouse.
3714. Havre formé à Bernières ; par de Biéville.

Histoire des Gaulois.

3757. Origine des Gaulois ; par Pélissier de Féligonde.
3766. Glossaire Celtique ; par le P. Oudin.
3768. Glossaire Bas-Breton, François & Latin ; par Lagadène.
3774. De l'ancienne Langue Gauloise.
3777. Langue originaire des Gaulois ; par de Féligonde.
3779.* Grammaires, Provençale & Limousine.
3786. Tractatus Bulengeri, de Gallorum moribus & disciplinâ.
3795. Caractère des anciens Gaulois ; par l'Abbé Richard.
3796. Mœurs des Gaulois ; par le même.
3819. Tombeau de Chyndonax, & Réflexions.
3825. Sépulture des anciens Vivisques ; par M. de Secondat.
3842. Etat des Sciences dans les Gaules avant la conquête des Romains ; par l'Abbé Richard.
3845. Des Druides ; par l'Abbé d'Hangest.
3845.* Sciences des Gaulois ; par Meynier.
3847. Religion des Gaulois ; par le P. Lambert.
3847.** D'un Passage de César sur le même sujet ; par l'Abbé Boulemiet.
3848. Gouvernement des Druides ; par M. de Bacalan.
3855.** Sur un Monument Gaulois trouvé à la source de la Seine.
3870.* Histoire des Gaules ; par le P. Lempereur.
3880.* Commentaires de César, abrégés, avec Notes.
3885. Coquerius, de bello gesto à Cæs. in Helvetios.
3893. Caractère & actions de Vercingentorix ; par Ribaud.
3900. Bulengeri Annotationes in sextum Cæsaris Librum.
3912.** Dissertation sur les Autercos ; par Odolant.

3914. De l'ancien Royaume des Auvergnats, & de leur état, avant les Romains; par Dufraisse de Vernines.
3915. Sur les Rois d'Auvergne; par Dom Deschamps.
3916. Mœurs & Gouvernement des Auvergnats; par de Vernines.
3917. Familles Sénatoriales des Gaules; par Cortigier.
3918. Familles Sénatoriales de l'Auvergne; par Martinon.
3919. Vie de l'Empereur Avitus; par Teillard de Beauveseix.
3920. Vie d'Ecdicius, fils d'Avitus; par le même.
3921. Commerce & Manufactures des Atrébates; par Camp.
3926. Des anciens Eduens; par le P. Lempereur.
3928. Guerres des Cimbres, Teutons, Helvétiens, &c. contre les Romains; par Tschudi.
3934. Maxime singulière des anciens Marseillois; par de Biéville.
3939. Dissertation sur les Scordisques; par Lathala.
3940. Des anciens Peuples de Bresse.
3951 & 52. De la Prise de Rome par les Gaulois; par Bullet & de Rabaudy.

LIVRE SECOND.
Histoire Ecclésiastique.
Origines de l'Eglise de France.

3953. Paradini, Historia Ecclesiæ Gallicanæ.
3965. Origines Ecclesiarum Galliæ : auct. Sausseyo.
3969. Naissance & progrès de la Religion Chrétienne en France; par Forestier.
3973.* Lettres sur les Reliques de S. Lazare; par Bocquillot & Germain.
3997.* Histoire de Ste Magdelène, &c. Poëme.
4035. Que S. Denys Evêque de Paris, n'est point l'Aréopagite; par du Cange.
4066. Dissertation sur S. Martial; par Nadaud.
4068. Mission de S. Trophime; par Ciminy.
4075. Epoque de la Conversion des Atrebates; par l'Abbé de Lys.
4076. Epoque de l'établissement du Christianisme en Auvergne; par Ribaud.

Vies des Saints de France, &c.

4139.ᴷᴷ Histoire de N. D. du Bon-Espoir; par Gaudrillet.
4196. Histoire de Notre-Dame du Puy. *Voyez son vrai titre, au Supplément.*
4200.* Merveilles opérées à N. D. de Rochefort.
4211. Poëme sur les Miracles de N. D. de Soissons; par de Coincy.
4217.* Spicilegium, &c. Nic. de Beaufort.
4218. La France Chrétienne; par le P. Gueret.
4232.* Martyrologe de France; par de Court.
4240. Coccii, Historia Sanctorum Alsatiæ.
4244. Vies des Saints d'Auxerre; par Forestier.
4245. Sépulture des Saints d'Auxerre; par Potel.
4246. Découv. faites dans le Sanctuaire de l'Eglise de N. D. de la Cité d'Auxerre; par Rondé.
4253. Saints de Cambray.
4267. Prospectus d'une Histoire des Saints de Franche-Comté; par l'Abbé Trouiller.
4273. Sancti è prosapiâ Principum Lotharingiæ & Brabantiæ.
4278. Neustria pia, Arthuri du Monstier.
4279.* Vitæ Sanctorum Aurelianentium.
4283. Lettre à Mad. la C. sur plusieurs Saints de la Maison de Clermont-Tonnerre.
4302. Vies de Ste Alpais.
4353. Dissert. sur le Martyre des SS. Cassi, Victorin & leurs Compagnons; par Dom Chevalier.
4368. Légende de S. Corneille & S. Cyprian.
4375.* Processus de vitâ & miraculis sanctæ Delphinæ.

4392. Vies de S. Elzéar & de Ste Delphine; par de Rémerville.
4403.* Vie & Miracles de S. Eugène de Dueil.
4476. Vie de S. Gérard.
4480. Vita B. Goberti. .
4518. Vie de S. Josse; par Dom Teissier.
4523. Vie de S. Julien de Brioude.
4545. Dissert. sur la Vie de S. Livier; par le Fèvre.
4700. Vie de Ste Théodore; & Histoire de sa Communauté, à Paris.
4707. Dissertation sur S. Valérien & ses Reliques; par Juénin.
4735. Recueil de diverses Vies.
4744.* Vie de M. Chauveau.
4760.* Vie du Pénitent de Châteauneuf.
4775*. Vie & mort de Marie-Marthe Boulongne.
4792. Historia piæ fœminæ Herminæ.
4794. Vie de Mademoiselle de Lamoignon.
4816.* Vie de Marie-Aymée de Rabutin Chantal.
4827.* De Christi Jesu triumpho, &c. adversus dæmonem Obriz corpus agitantem, &c.
4848. Procès-verbal du Bailli de Loudun, touchant les Ursulines.
4863*. Sentiment d'un Médecin, sur l'accident des Filles de Louviers.
4864. Récit de ce qui s'est passé dans le même Monastère au sujet des Possédées.
4870. Maladie qui à la fin s'est trouvée être Possession du Démon.
4875. Pièces sur la Possession des Ursulines d'Auxonne.
4889. Pièces au sujet du sieur Villery.
4894.* Histoire de la petite fille de M. Thomé.
4904. Assemblées prétendues de Sorciers, & procédures faites contre eux en Franche-Comté.

Histoire Ecclésiastique des Provinces & Villes.

4906. Hugonis Floriacensis Historia Ecclesiastica.
4908. Historia Ecclesiastica Anonymi, usque ad S. Ludovicum.
4909. Historia della Chieza di Francia.
4911. La France sainte.
4926.* Diverses Pieces sur les Juifs en France.
4945. Dissertation sur l'époque de la Conversion des Atrebates; par l'Abbé de Lys.
4956. Dissertation sur les 6266 Martyrs de Clermont; par Dom Chevalier.
4956.* Excerpta ex diversis Necrologiis.
4961. Mémoires sur le Pays Chartrain & l'Eglise de Chartres; par l'Abbé Souchet.
4965. Miracles de N. D. de Chartres, & Fondation de l'Eglise.
4966. Traité de l'Abbé Prévôt, sur la Fondation de l'Eglise de N. D. de Chartres.
4967. Histoire de l'Eglise de Chartres; par Duparc.
4968. Autre; par Dom Liron.
4977. Fondation de l'Eglise Collégiale d'Avalon; par Forestier.
4980. Mémoire sur l'Histoire de l'Eglise d'Auxerre; par M. Potel.
4980.* Du droit du Doyen d'Auxerre.
4983. Mémoire sur les Hôpitaux d'Auxerre; par M. Potel. *Voyez les corrections, au Supplém.*
4984. Des anciennes Ecoles d'Auxerre; par le même.
4988.* Legendarium Ecclesiæ Belnensis.
4994. Divio Christiana, Franc. Chiffleti.
4995. Avis du Conseil sur l'érection d'un Siége épiscopal à Dijon, en 1639.
4996. Histoire de la Sainte Chapelle de Dijon; par de Chevanes.
4997. Privilegia indulta sancto Sacello Divionensi.
4998. Réfutation des Moyens de l'Abbé de S. Etienne.
5003. Pièces concernant la sainte Hostie conservée à la sainte Chapelle de Dijon.
5005. Procès de l'Ev. de Dijon avec les Mépartistes.

5011.* Histoire de la Maison du S. Esprit de Dijon.
5018. Mémoire pour les Doyen & Chanoines de l'Eglise Cathédrale de Belley, contre l'Evêque, sur la Jurisd. contre les Membres du Chapitre.
5021. Histoire de l'Eglise & Monastère de Brou.
5034. Réponse de l'Evêque de Châlons à M. le Procureur-Général, au sujet de la Relique du Saint Nombril.
5043. Histoire de l'Eglise de Langres ; par Tabouror.
5044. Catalogue Historique des Doyens de l'Eglise Cathédrale de Langres ; par Macheret.
5050.** Description, Mémoires & Pièces sur Cathédrale de Meaux ; par M. Thomé.
5053. Histoire de l'Hôtel-Dieu de Provins ; par M. Grillon.
5064.* Statuta Ecclesiæ Senonensis.
5065. Histoire Ecclésiastique de Troyes ; par Nic. Pithou.
5066. Calendrier de l'Eglise de Troyes ; par Morel.
5072. Histoire Ecclésiastique du Dauphiné ; par Juvenis.
5079. Harduini, Historia Ecclesiastica Flandriæ.
5103. Histoire Ecclésiastique de Valenciennes ; par le Boucq.
5106. Christiana Sequanorum decas historica : auct. Andrea.
5108. Recueils pour servir à l'Histoire de l'Eglise de Besançon.
5109. Recueils qui ont servi aux Ouvrages historiques de M. Dunod.
5110. Cartulaire pour l'Histoire de l'Eglise de Besançon.
5121.* (2.) Droits des Chanoines de Gigny.
5123. Histoire de l'Eglise Collégiale d'Agen ; par de la Bénazie.
5127. Bulles, &c. sur l'union de l'Eglise de S. Michel de Bordeaux au Monastère de Sainte-Croix.
5129. Recherches sur l'Eglise de S. Michel de Bordeaux ; par Dumage.
5130. Dissertation sur le Clocher de l'Eglise de Saint-Michel ; par l'Abbé Bautein.
5136. Histoire du Diocèse de Limoges ; par Jos. Nadaud.
5137.* bis. Histoires des (deux) Chapitres de Saint-Junien, en Limousin, & Fondation de celui de S. Julien.
5161. Histoire du Chapitre de N. D. de Paris ; par Nic. Petitpied.
5166. Pièces concernant les franchises des dix Francs-Archers de l'Eglise de Paris.
5181. Ortus, Institutio, &c. Ministrorum Sacræ Capellæ Regalis Palatii Parisiensis.
5184. Histoire de la Sainte Chapelle de Paris ; par Mortis.
5185. Mémoires pour l'Histoire de la même ; par Dongois.
5234. Pièces concernant l'Eglise & l'Hôpital de Saint-Jacques.
5261. Statuts de la Confrairie des Bourgeois de Paris.
5275.* Propriétés des Chanoines de S. Merry.
5278.* Fondation des 40 heures dans l'Eglise de Saint Nicolas du Chardonnet.
5283.* Epitaphes de l'Eglise de S. Paul.
5291.* Ancien Registre de l'Eglise de S. Sulpice.
5299. Titres de la Confrérie des Arbalêtriers & Arquebusiers de la Ville de Paris.
5300 Statuts pour les Freres Cordonniers.
5312. Fondation de la Chapelle & Hôp. du S. Esprit.
5312.* Descript. de la Maison Royale de Monheur.
5333.* Statuta Sacerdotum de Calvaria.
5337. Hermites du Mont-Valérien.
5338. Sur le Fondateur de cet Hermitage.
5356. Obituaire de la Paroisse de Seaux.
5361. Martyrologium Narbonensis Ecclesiæ, & Necrologium.

5362. Sentences rendues par Bernard Guy, Inquisiteur de Toulouse. Elles ont eté imprimées, IV, S.
5363.* Histoire de l'Eglise de S. Sernin.
5379. Histoire du Chapitre de Saint-Diez ; par l'Abbé de Riguet.
5392. Catalogue des Chanoines & Comtes de Lyon, depuis 1361.
5396.* De bellis inter Canonicos Lugdunenses & Cives.
5410. Observations sur la Charité & le Grand Hôtel-Dieu de Lyon.
5416.* Histoire Ecclésiastique de Donzy ; par Rouger.
5417. Histoire de l'Eglise de Franay-les-Chanoines ; par M. le Jeune.
5420. Arthuri du Monstier, de rebus Neustriacis.
5440.* Histoire du Miracle d'un Crucifix à Orléans.
5457. Mémoires sur l'Histoire d'Amiens ; par de Court.
5458. De la Construction de la Cathédrale d'Amiens ; par l'Abbé d'Hangest.
5459. Architecture Gothique de la Cathédrale d'Amiens; par de Gomicourt.
5469. Histoire Ecclésiastique & Civile de Beauvais ; par God. Hermant.
5477.* De Laudunensi Ecclesiâ incensâ, &c.
5493.* bis. Fondation d'un Hôpital à Braine, &c.
5544.* (4.) Lettre de M. Fomeri, sur le saint Clou de Carpentras. (7.) Cartulaire de Vaison.
5547. Historia Ecclesiæ Sancti Martini Turonensis : auct. Rad. Monsnyer.
5555. Statuta Ecclesiæ beati Martini Turonensis.
5556. Procès-verbal des Joyaux, Reliquaires, &c. de S. Martin de Tours.

Contestations des Théologiens.

5577. Mémoires de God. Hermant, sur l'Histoire Ecclésiastique du XVII Siécle.
5584. Histoire du Jansénisme, ou Mémoire Historiq.
5586. Mémoires sur l'origine & progrès du Jansénisme ; par M. de Lomenie de Brienne.
5587. Mémoires de ce qui s'est passé sur les questions de la Grace & du Libre-Arbitre.
5589. Relation de l'Assemblée extraordinaire du Clergé, tenue chez le Cardinal Mazarin, en 1653.
5623*. Négociation du Cardinal Janson pour la Bulle Vineam.
5629. Lettre de D. le Masson, Général des Chartreux, au sujet de la Consultation des quarante Docteurs ; & Réponse du P. de la Chaize.
5636. Histoire des Quiétistes de Bourgogne, & du Quillotisme.

Histoire des Vaudois & des Albigeois.

5702. Processus & Sententiæ contrà Valdenses.
5703. Histoire des Vaudois du Dauphiné ; par M. d'Ancesune.
5709. La Vauderie d'Arras, par du Clercq.
5710. Recherches sur les Vaudois d'Arras ; par M. Camp.
5711. Enquêtes contre les Vaudois de Pragelas : 1495.
5714. Plaidoyers & Actes contre ceux de Mérindol & de Cabrières : 1540.
5722. Traité des Vaudois ; par Aug. Galand.
5723. Amphithéâtre des Vaudois.
5737. Histoire des Vaudois ; par Beausobre.
5742. Histoire de la Guerre touchant les Albigeois.
5743. Anciennes traductions de l'Histoire de Pierre de Vaux-de-Cernay.
5744. Roaldi in Petri Historiam Commentarii.
5747. Histoire des Albigeois, en ancien Languedocien.
5748. Histoire des Albigeois.
5749. Historia Albigensium.

5750. Histoire des Guerres des Albigeois.
5751. Fragmentum Historiæ, adversùs Albios.
5752. Gervasii Tornacensis, Bellum adversùs Albios.
5753. Traités des Albigeois & des Vaudois; par Aug. Galland.
5764. Histoire des Albigeois; par de Beausobre.

Histoires des Prétendus-Réformés.

5769.* Arrêt de 1546, exécuté à Meaux.
5770. Introduction des Hérésies de Luther & de Calvin en France.
5779. Troubles arrivés en France au sujet de la Religion prétendue réformée.
5780. Naissance & progrès de l'Hérésie en France; par Nic. le Fèvre.
5781. Assemblée de Fontainebleau, en 1560.
5786. Moyens de mettre en paix les Huguenots avec les Catholiques; par Postel.
5787. Histoire mêlée des Eglises réformées de France; par Bongars.
5792. Conférence en présence du Roi entre les Docteurs Catholiques & les Ministres de la Religion prét. réformée, sur les Images.
5795. Commentarii delle attioni del Regno di Francia, concernenti la Religione, &c. 1556—62.
5796. Choses mémorables au sujet des Prét. Réformés.
5817. Vie de Guillaume Farel, & abrégé de l'Hist. de la réformation de Genève.
5824. Histoire de la Guerre Civile en Languedoc.
5844. Remontrances au Roi, en 1576.
5868. Lud. Masurii, de bello Civili ob Religionis causam.
5874. Procès-verbal pour l'exécution de l'Edit de Nantes.
5893. Pièces sur le rétablissement de la Religion Catholique dans le Béarn.
5918. Mémoires touchant la Religion Prét. réformée : 1598—1620.
5921. Mémoires sur l'Assemblée des Réformés à la Rochelle.
5933.* Moyens pour anéantir les Prét. Réformés.
5940. Discours de Gariel, sur la Guerre de Religion.
5947. Mémoires touchant les Huguenots : 1621—24.
5949. Conférence tenue entre le Sieur Véron & le Sieur Bancillon, Ministre : 1625.
3956.* Serment d'union des Prét. Réformés, en 1627.
3958.* Vie de Jacques Merlin.
5972. Réponse à l'Histoire de la naissance & de la décadence de l'Hérésie à Metz; par Ferri.
5975. L'Eglise Réformée de Charenton.
5975.* Remontrances, &c. des Prét. Réformés.
5993.* Missions des Capucins en Savoye.
5998. De la naissance & progrès de l'Hérésie à Dieppe; par Colmont.
6029. De l'Hérésie de Calvin à Dieppe; par Martin.
6043.* Visite du Temple de Bionne.
6097. Révolte des Fanatiques Camisards; par de la Beaume.
6098. Pièces concernant les Fanatiques.
6099. Des Assemblées tenues dans les Montagnes de Castres.
6102. Mémoires sur les Troubles du Languedoc; par Rossel d'Aigaliers.
6188. Requête des Protestans au Roi, en 1697.
6191.** Lettres de Sivers, sur son abjuration.
6200. Colloque de Poissy, en 1561.
6200.* Conventus apud Pissacum.
6209. Actes d'onze Synodes des Réformés.
6210. Vingt-quatre Synodes tenus par ceux de la Religion Prét. Rétormée.
6211. Synode National tenu à Castres.
6212. Synode National de S. Maixant.
6214. Synodes Nationaux de Paris, d'Alais & d'Alençon.
6215—19. Autres Assemblées des Prét. Réformés.

6221. Pièces concernant l'Assemblée de Saumur : 1611.
6228. Lettres sur la réception & le renvoi des Députés.
6229. Déclaration des Eglises réformées, assemblées à Privas.
6231 & 32. Actes de l'Assemblée de Grenoble.
6235. Pardon accordé à ceux de l'Assemblée de Milhau.
6236. Pièces sur l'Assemblée de Loudun.
6237. Harangues faites aux Assemblées de Béarn, Grenoble, &c.
6238 & 39. Conférence & Assemblée de Loudun.
6241. Actes de l'Assemblée générale, en 1621 & 22.
6243.* Pièces sur plusieurs des Synodes des Prét. Réformés.
6245—64. Lettres, Mémoires, Actes, Edits, Arrêts, concernant les Prét. Réformés.
6262.* Autres Mémoires à leur sujet.

Conciles & Synodes de l'Eglise Gallicane.

6291. Concilia Galliæ Narbonensis, operâ Jo. de Rignac.
6292. Florilegium Sacrum ex Conciliis, &c.
6294.* Notitia Conciliorum Senonensium.
6295.* Des Conciles de Tours.
6340. Synodus Aquisgranensis, sub Pipino Rege.
6360.* Concilium Avenionense, anni 1569.
6452. Remarques sur les Statuts Synodaux de Guillebert, Evêque de Châlons, par M. Beschefer.
6465.* Historia Concilii Claromontani, anni 1102.
6503. Défense de la Consultation faite par MM. les Avocats de Paris, contre le Concile d'Embrun.
6549. Statuta Reginaldi à Porta, Episcopi Lemovicensis.
6550. Statuta Synodalia Diœcesis Lemovicensis, anni 1519, per Philip. de Montmorency.
6551. Statuta Synodalia, revisa & adaucta per Jo. de Langeac, anno 1533.
6555.* Confirmatio Statutorum Curiæ Leodiensis.
6633.* Statuta Ecclesiæ Narbonensis.
6637. Discipline Ecclésiastique tirée des Actes du Synode de Nismes de 1284; par Paulhan.
6686.* Decreta Episcopatûs Regiensis, anni 1597.
6689. Deux Synodes de Reims, en 1539 & 1543.
6691. Synodalia Ecclesiæ Remensis, Guill. de Tria.
6726.* Conventus ad sanctum Valericum, anno 1055.
6745.* Suessionensis Diœcesis Synodalia.
6769. Statuta Trecensia, anno 1499.
6777.* Statuta Decanatûs de Danubrio, Diœcesis Tullensis.
6785. Traités des Conciles de la Métropole de Tours; par Nic. Travers.

Assemblées du Clergé.

6825. Département des Décimes du Clergé de France.
6826. Extrait, quant au Clergé, des Etats convoqués à Fontainebleau, en 1560.
6828. Procès-verbal de l'Assemblée du Clergé tenue à Poissy en 1561.
6832—35. Pièces & Actes concernant l'Assemblée de Poissy.
6836—6935. Pieces relatives aux Assemblées du Clergé depuis 1567 jusqu'en 1698. *Voyez aussi le* Supplém.
6953. Cérémonial des Assemblées générales du Clergé de France.
6955. Traités pour les Affaires du Clergé de France.

Droits & Bénéfices de l'Eglise de France.

6966. Remarques sur les Loix Ecclésiastiques.
6972.

6972. Usage & autorité du Droit Canonique en France; par J. P. Gibert.
6976. De la Discipline de l'Eglise de France, & de ses Usages particuliers; par le Merre.
6977. Introduction à l'étude des Libertés de l'Eglise Gallicane; par J. P. Gibert.
6992. Apologie pour la Publication des Preuves des Libertés de l'Eglise Gallicane; par P. du Puy. *Elle a été imprimée*, IV, S.
6993. Lettre d'un Anonyme, sur le même sujet.
6994. Lettre sur ce qui s'est passé en l'Assemblée du Clergé au sujet des Libertés de l'Eglise Gallicane en 1641.
6996. Mémoire pour une Edition des Libertés de l'Eglise Gallicane; par J. P. Gibert.
6998—7009. Actes & Mémoires pour les Libertés de l'Eglise Gallicane.
7016. Discours sur les Libertés.
7023. Préface & Plan de l'Ouvrage de François Bosquet, sur les Libertés de l'Eglise Gallicane.
7026. Apologie de Libertés de l'Eglise Gallicane, où l'on refute l'Auteur qui a attaqué la Déclaration du Clergé de 1682; par J. P. Gibert.
7027. Les Opinions Ultramontaines, sappées par leur fondement; par le même.
7028. Traité des Libertés de l'Eglise Gallic. par Patru.
7029. Mémoire historique sur les mêmes; par l'Abbé Fleury.
7046. Pièces sur l'autorité des deux Puissances.
7049. Oratio Petri de Cugneriis de duabus Potestatibus.
7053. Acta Controversiæ inter Prælatos & Petrum de Cugneriis.
7060 & 7097.* Traité de la Puissance Royale & Sacerdotale; par de Maynard.
7088. De Historia rerum gestarum adversus Richerium; ab Edm. Richerio.
7107. Droits & usages du Royaume de France envers l'Eglise & le Saint Siège Apostolique.
7107.* Ecclesiæ Regulæ, &c.
7108. Sommaire des services rendus à l'Eglise Romaine par nos Rois.
7109. Quali Provincie e citta li Rè ò Principi de Galli e Francesi donarono alla Chieza Romana & alli Pontefici.
7114. Mémoire du Traité politique des différends Ecclésiastiques, depuis le commencement de la Monarchie, &c.
7117. Le Livre de Franchise.
7112. Acta quædam inter Bonifacium VIII, & Philippum Pulchrum.
7114.* Des Différends de Boniface VIII, & autres; par l'Abbé Fleury.
7116. Journal du Schisme sous Charles VI.
7117. Pièces touchant le Schisme d'Urbain VI.
7194. Traité de la Puissance du Pape envers les Rois; par Cl. d'Angennes de Rambouillet.
7155.* De la manière de procéder en France, contre les Bulles des Papes; par l'Abbé Fleury.
7161. Censure du Livre d'Optatus Gallus, *de cavendo Schismate*.
7169 & 70. Eclaircissement du P. Rabardeau, des difficultés qu'on remarque dans un Livre composé contre Optatus Gallus: deux autres, en Latin.
7283. Oratio habita à M. Chamillard, in Declarationem Cleri Gallicani, & in Edictum Regis de Ecclesiastica potestate.
7309.* Divers Mémoires de l'Abbé Fleury.
7351. Traité historique des Légats *à latere*.
7353. Narration des Inscriptions des Légats & des Vérifications de leurs Facultés.
7358.* Des Légats *à latere*; par l'Abbé Fleury.
7362. Pouvoirs des Rois sur les personnes & biens Ecclésiastiques.

Tome V.

7370.* Sur le refus du Pape de donner des Provisions; par l'Abbé Fleury.
7373 & 374. Sur les Mariages des Princes du Sang, sans le consentement des Rois.
7377—80. Actes & Pieces touchant le Mariage de Monsieur avec la Princesse de Lorraine.
7381.* Critique sur la Dissolubilité du Mariage, &c. = L'Eglise Launoïque.
7389.* Noctes Paludanæ, ou Lettre de Ferrand sur les Mariages. = Réflexions sur l'Edit touchant la Réformation des Monastères.
7392—96. Actes, Bulles & Mémoires concernant les Décimes, Contributions & Subsides auxquels les Ecclésiastiques sont obligés envers le Roi.
7396.* Remontrances touchant le pouvoir du Roi sur le Temporel de l'Etat Ecclésiastique, pour le soulagement de ses Sujets.
7400. Impositions & Contributions des Ecclésiastiques.
7402. Impositions payées par le Clergé depuis 1700 jusqu'en 1750.
7421. Titres concernant les Ecclésiastiques.
7430.* Etat des Evêques en France sous la I. Race; par Bullet.
7432. Procédures & Jugemens Canoniques contre les Evêques, pour le Crime de Lèse-Majesté.
7437. Du Délit commun.
7445. Procès Criminels faits à des Evêques depuis 991 jusqu'en 1633.
7446. Procès Criminels & Sentences données tant contre les Ecclésiastiques, qu'autres, accusés du Crime de Lèse-Majesté.
7447. Jugemens des Evêques sous les trois Races.
7449 & 50. Entreprises des Ecclésiastiques sur la Jurisdiction temporelle.
7457. Projet d'une Déclaration au sujet de l'Exercice de la Jurisdiction Ecclésiastique.
7459. Lettres écrites au Chancelier de France, au sujet de l'Edit de 1695.
7485. Réflexions sur le Traité de l'Abus.
7496. Maximes & Usages de France sur les Conciles & les Assemblées du Clergé; par J. P. Gibert.
7503. Instruction envoyée par le Roi d'Espagne au Parlement de Franche-Comté, au sujet du Concile de Trente.
7530. Actes publics touchant la Réception du Concile de Trente en France.
7531. Traité maintenant que le Concile de Trente ne doit pas être reçu en France.
7533. Observations sur le Concile de Trente; par Loger.
7537. Mémoire de M. Pirot, sur l'autorité du Concile de Trente.
7545. Remarques sur la Pragmatique; par le Merre.
7545.* Remarques sur la Pragmatique.
7549. Mémoires touchant le Concordat entre Léon X & François I; par P. du Puy.
7550. Pièces touchant le Concordat, depuis 1515 jusqu'en 1532.
7556. Résolutions de plusieurs Questions sur le Concordat; par P. le Merre.
7567.* Bertrandi, Legati Apostolici, Acta.
7587. Discours au sujet de la Régale; par Fr. Florent.
7590. Divers Arrêts sur le Droit de Régale.
7590.* Regalium Jus, ex Registris Cameræ Computorum.
7591 & 92. Ordonnances & Arrêts touchant la Régale.
7593. Pièces touchant la Régale.
7594. De la Régale, Commentaire de Fr. Pithou.
7595. De la Régale & du Serment que les Evêques doivent faire, &c.

Q q

7596. Traité de la Régale sous les trois Races.
7596.* Traité de la Régale.
7597. Pièces sur la Régale, en 1680.
7598. Traité sur la Régale; par Favier, en 1681.
7610. Traité du Droit de Régale; par Balthasar.
7623. Discours sur le Livre de M. de Pamiers, au sujet de la Régale.
7632. Observations sur les principales maximes que les Défenseurs de la Régale ont voulu établir.
7633. Sentimens de MM. les Gens du Roi sur l'Affaire de la Régale.
7641. Pièces concernant la Régale.
7641.* Autres Pièces sur la Régale.
7646. Réflexions sur le Canon XII. du second Concile de Lyon; par le Merre.
7650.* Riflessioni sopra la Lettera del Signor Card. d'Estrées. = Mémoire de ce qui s'est passé sur la Régale à Rome & à Pamiers.
7656. Remarques critiques sur le Traité de M. Audoul; par l'Abbé de Camps.
7659. De l'Origine de la Régale; par J. A. Mignot.
7675. Négociations de M. de Courbouzon, à la Cour de Rome, au sujet des Bénéfices de Franche-Comté.

Histoires des Papes & des Cardinaux François.

7762.* Pontificum Rom. qui Avenione sederunt res gestæ, J. M. Suarès.
7771. Origine des Cardinaux; par l'Abbé de Vertot.
7786. Histoire du Cardinal de Bérulle; par l'Abbé Goujet.
7809. Abrégé des Cérémonies pour les Cardinaux; par M. de Grolée de Viteville.

Histoires des Eglises Métropolitaines & de leurs Suffragans.

7810. Episcoporum in Provinciis Galliæ Syllabus.
7826. Historia Ecclesiæ Gallicanæ, auct. Polycarpo de la Rivière.
7843. Avis sur la Liberté des Eglises Cathédrales.
7845. Traité de l'ancienne Hiérarchie; par Gatien.
7847. Sur la Jurisdiction des Archevêchés & Evêchés de France.
7848. Mémoires pour les Evêchés & Abbayes de France.
7849. Catalogue des Archevêques & Evêques de France.
7853. Actes concernant l'Archevêché d'Aix, ses Suffragans, & ses Abbayes.
7861. Gilberti Genebrardi Vita : auct. Philib. de la Mare.
7863. Mémoire sur la Vie & les Ouvrages de Génébrard; par Cortigier.
7881. Histoire de la Ville & du Diocèse de Riez; par Solomet.
7897. Histoire de la Ville & de l'Eglise de Fréjus; par Anthelmi.
7901. Histoire Chronologique des Evêques de Gap; par Artus de Lionne.
7913. Pièces sur l'Histoire de l'Evêché d'Alby.
7923. Histoire des Evêques de Rhodez; par Bonal.
7970. Actes anciens concernant l'Archevêché d'Arles & ses Suffragans.
7972. Nomina Episcoporum Atelatensium.
7973. Catalogus Archiepiscoporum Arelatensium.
7977.* W. Marcelli, Promptuarium Arelates.
7978. Acta Ecclesiæ Arelatensis.
7988.* La Vida de sant Honorat.
8027. Histoire des Evêques de Marseille, avec les preuves; par L. A. de Ruffi.
8028. Dissert. sur les Evêq. de Marseille; par le même.
8058. Hist. des Evêques de S. Paul-Trois-Châteaux.
8068. Histoire de l'Eglise d'Orange; par Prevost; IV, S.

8069. Etat Ecclésiastique de la Ville d'Orange.
8123. Chronologie, Armes & Blasons des Archevêques d'Avignon.
8124. Histoire Ecclésiastique & Civile du Comté d'Avignon; par Valladier.
8125. Annales Ecclesiæ Avenionensis : auct. Polycarpo de la Riviere.
8125.* Avenionis antiqua Documenta. = Diptychon Episcoporum & Archiepiscoporum Avenionensium.
8131. Gesta inter Ægidium Episcopum Avenionensem & Regem Franciæ (Carolum VI).
8151.* Enlèvement & prison de Franc. Genêt, Evêq. de Vaison.
8159. Catalogue des Archevêques de Besançon.
8160—65. Histoires de l'Eglise & des Archevêques de Besançon. Le N.º 8164 a été imprimé ; IV, S.
8194. Juramenta Notariorum practicantium, Stylus & Minutæ Curiæ Bisuntinæ, &c.
8201.* Des Mémoires du Cardinal de Grandvelle, &c.
8202. Eloge de M. de Grammont, Archevêque de Besançon; par M. de Courbouzon.
8215. Epoque de l'Eglise & des Evêques d'Avanche, &c.
8216. Chronicon Episcoporum Lausanensium.
8253—55, & 58. Actes, Mémoires, Procédures, Sentences, & Relation de l'Affaire qui s'est passée entre M. de Sourdis, Archevêque de Bordeaux, & M. le Duc d'Espernon.
8266. Hist. du Diocèse d'Agen; par Bern. de Labenazie.
8278. Catalogus Episcoporum Engolismentium usque ad annum 1558.
8279. Historia Pontificum & Comitum Engolismensium, ex Hist. Hugonis.
8345.* Abrégé de la Vie de M. Barillon.
8350. Bituricensium Archiepiscoporum Nomina.
8396.* Histoire de S. Guillaume de Bourges.
8414. Sur le temps où a écrit Vinnebrand; par D. Deschamps.
8435. Vie de Sidoine Apollinaire; par Dufraisse de Vernines.
8458. Lemovicenses Episcopi usque ad annum 1118.
8459. Gesta Lemovicensium Episcop. ad annum 1138.
8461. Eadem, usque ad annum 1319. Imprimé, IV, S.
8463. Codex de Apostolo Christi Martiale.
8505. Historia fundationis sancti Flori.
8519. Series & Vita Episcop. & Arch. Cameracensium.
8520. Series & Acta Episcop. Cameracensium : auct. Pet. Preudhomme.
8522. Historia Episc. Camer. ab anno 1108 usque ad 1170 : auct. Lamb. Waterlosio.
8524. Chronicon abbreviatum, ad ann. 1198.
8525. Continuatio Chronici.
8526. Altera Continuatio.
8527. Traduction (ancienne) de l'Abregé de la Chronique, & de la Continuation.
8528. Gesta Episcoporum Cameracensium.
8528.* Abrégé des Vies des Evêques de Cambray.
8529. Chroniques de Cambray; par Adam Gelicq.
8530. Histoire des Evêques de Cambray.
8531. Mémoriaux de Jean le Robert & de Philippe Bloquet.
8533. Mémoires sur les Evêques de Cambray & d'Arras; par Cl. Desprets.
8536. Discours de l'Etat ancien & moderne de Cambray, & du Cambresis.
8540. Recherches sur les Evêques de Cambray & sur ceux de Liège; par Vander-Hecken.
8541. Histoire des Evêques de Cambray, & des Abbés du Câteau-Cambresis; par D. Potier.
8548. Mém. sur l'Erection de la Citadelle de Cambray.
8572. Histoire des difficultés qu'éprouva Pierre d'Ailly.
8591. Antiquité de l'Eglise d'Arras; par Binot.
8592. Mémoire pour l'Histoire du Diocèse d'Arras; par l'Abbé Galhault.

Table des Manuscrits. 307

8603. Vie de Richardot, Evêque d'Arras; par l'Abbé de Lys.
8609. Histoire des Evêques de Tournay; par Ferd. de Cardevacque.
8610. Series Episcoporum Tornacensium, Nic. du Fief.
8611. Titres concernant les Evêques & l'Evêché de Tournay.
8631. De Vita & obitu Andreæ Chin : auct. Ægid. li Mufis.
8634. Eloge historique de Gilbert de Choiseul; par de Moreilhon.
8653. Decem Chronicæ Colonienses.
8654. Annales Ecclesiastici & Civiles Metropolis Ubiorum : auct. Herman. Crombach.
8655. Historia Coloniensis : auct. Joan. Wilmio.
8683. Historia Principum & Episcoporum Tungrenf.
8691. La Succession des Evêques de Liége.
8692. Gesta Episcopor. Tungrensium, Trajectensium & Leodiensium; à Notgero.
8693. Res gestæ Leodiensium, ab anno 988. ad 1194. auct. Lamberto Parvo.
8694. Historia Leodiensis : auct. Reinero : 1194—1230.
8695. Hist. rerum atque Episcop. Leod. ad ann. 1340. auct. Jo. Warnantio, &c.
8696. Chronicon Leodiense, Jo. Stabulani, ad an. 1449.
8697. Chronique de la Ville & Pays de Liége.
8698. Gesta Pontificum Tungr. Traject. & Leod. à Jo. à Meerhout.
8699. Chronicon Corn. Zant-fliet, 1130—1461.
8700. Chronicon Leod. continuat. ad an. 1483. ab Adriano de Vetere-Busco.
8701. Res gestæ Episcop. Leod. & Ducum Brabantiæ, ad an. 1505 : auct. Jo. Brusthemio.
8702. De origine & rebus Trajectensium ad Mosam : auct. Matthæo Herbeno.
8703. Res Leodienses : auct. Joanne, Lossenf.
8714. Chronique & vraie Histoire de Liége.
8717. Gesta Pontificum Tungrensium; per Jo. Milar.
8823*. Annales Ecclesiæ Ebredunensis.
8814. Histoire générale des Alpes Maritimes, & particuliérement d'Embrun ; IV, S.
8860. Titres & Mémoires pour l'Histoire des Archevêques de Lyon.
8871. Mémoire pour la prééminence de l'Eglise de Lyon.
8960. Episcoporum Æduensium Historia.
8998. Episcopi Lingonenses.
8999. Gesta Præsulum Lingonensium.
9000. De Pontificibus Urbis Lingonicæ , &c. auct. Cl. Felice, cum Notis Jac. Vignerii.
9001. Historia brevis Lingon. Episcopor. auct. Jo. de Cavanyac.
9001.* Extrait des Vies des Evêques de Langres.
9002. Histoire du Diocèse de Langres; par Jacq. Vignier.
9023. De Episcopis Cabillonensibus, Petri Naturel.
9024. Historia Cathedralis Cabillonensis.
9025. Cabillonensium Episcoporum & Comitum Historia; à Nic. Car. de Sainte-Marthe.
9046. Vie de Gaspard Dinet, Evêque de Mâcon; par Ant. Gayot.
9048. Acte contenant l'opposition des Bénédictins de Dijon, à l'Erect. d'un Evêché en cette Ville.
9050. Deux Mémoires de M. l'Evêque de Dijon, contre M. l'Evêque d'Autun.
9116. Chronique de Strasbourg ; par Buheler.
9117. Autre Chronique ; par Kogmann.
9119. Dissertatio de Argentinæ Ecclesiæ fundatore, &c.
9120. Noblesse , Antiquité, Priviléges de l'Eglise de Strasbourg.
9121. Discours sur le fait de cette Eglise.
9130. Vita sancti Florentii Episcopi Argentinensis.

9152. Catalogues des Evêques de Languedoc.
9154. Chronicon Narbonense.
9156. Varia summorum Pontificum ad Archiepiscopos Narbonenses Rescripta.
9158. Recueil d'Actes concernant les Eglises de Languedoc : ann. 782—1454.
9159. Pieces anciennes sur les Eglises & les Evêques de Languedoc.
9160. Remontrances des Gens d'Eglise du Languedoc, en 1569.
9212. Chronicon Præsulum Magalonensium; ab Arnoldo de Verdala.
9237. Preuves des Evêques & des Seigneurs d'Uzès.
9251.* Vie de M. Talloureau, Evêque d'Alet.
9256. Recueil de 31 Actes & Bulles des Papes, touchant l'Evêché d'Elne (ou de Perpignan).
9264. Catalogus Episcoporum Parisiensium.
9265. Catalogus Episcoporum Parisiensium; à Joan. Picardo.
9266. Chronicon Parisiense Ecclesiasticum : auct. Andr. Sausseio.
9267. Histoire de l'Eglise de Notre-Dame de Paris.
9268. Antiquités de l'Eglise de Paris.
9276. Que ce n'est point à M. le Grand-Aumônier, mais à l'Archevêque de Paris à confirmer le Roi.
9276.* Que c'est à M. le Grand-Aumônier a administrer à Sa Majesté tous les Sacremens.
9298. Vie de Saint Germain, Evêque de Paris.
9330. Mémoires touchant le Cardinal de Retz.
9331. Pieces pour & contre le Cardinal de Retz.
9332. Recueil de Pièces sur l'Affaire du C. de Retz, pour l'Archevêché de Paris.
9334.* Autres Pièces sur le Card. de Retz.
9335. Recueil (sur le même) depuis 1654 jusq. 1658.
9336. Histoire & Mémoires de M. le Cardinal de Retz, écrits par lui-même.
9337. Mémoires de tout ce qui s'est fait touchant le Cardinal de Retz, en France, Espagne, Italie, &c. par Rob. François dit d'Aigreville.
9355. Series Episcoporum Carnotensium, ad ann. 1325.
9356. Chronicon Episcopor. Carnotenf. ad ann. 1373.
9359. Mémoires pour l'Histoire des Evêques de Chartres ; par D. Liron.
9364. Vita sancti Solemnis.
9390. Mémoires pour la Ville & Evêché de Meaux ; par l'Enfant.
9391. Fastes & Annales des mêmes; par Janvier.
9392. Recueil des Evêques de Meaux ; par Bordereau.
9392.* Aspect de l'Evêché de Meaux.
9393. Chronique des Evêques de Meaux; par Phelipeaux.
9394. Histoire & Antiquité du Diocèse de Meaux ; par Ledieu.
9405.** Recueil sur les Droits, Priviléges, &c. des Evêq. de Meaux.
9420.* Pièces concernant l'Episcopat de Jean de Melun & de Jean Lhuillier.
9421.* Protocolle des Bénéfices du Diocèse de Meaux.
9441. Ingressus Episcopi Christoph. de Brilhac in Urbem Aurelianensem.
9442. Processus de Ingressu Episcopi Aurelianensis.
9443. Privilège des Evêques d'Orléans à leur premiere Entrée.
9448—50. Procès-verbaux de plusieurs Entrées.
9460.* Vitæ S. Aniani.
9485.* Entrée de M. de Pâris à Orléans.
9491. Histoire des Archevêques de Reims.
9491.* Catalogue & Histoire des mêmes.
9493. Histoire de la Ville, Cité & Université de Reims; trad. de Marlot.
9493.* Traduction abrégée de Marlot, &c.
9494. Annales Remenses, Ant. Colardi.
9498. Mémoires de Cocquault pour l'Histoire Ecclés. de la Ville & de la Province de Reims.
9498.* Autres Pièces sur l'Hist. Ecclésiastiq. de Reims.

Tome V.

Qq 2

9501. Sur la Revendication des Eglises des Pays-Bas; par Cocquault.
9511.* Ad Vitam sancti Nicasii Notæ.
9520. Nic. de Larisvilla, de vita & miraculis S. Remigii.
9521. Ejusdem, brevis Chronologia Vitæ S. Remigii.
9522 & 23. Vies de S. Remi, en vers François.
9545. Visio ostensa Raduino, de Ebbonis depositione.
9564. Recherches touchant la Vie & les Ouvrages de Manassé II; par Fradet.
9571. L'Entrée Ducale de Robert de Lénoncourt.
9588. Compendiosum Diœcesis Suessionensis speculum: auct. Ant. Muldrac.
9614. Recherches sur les Evêques de Châlons-sur-Marne; par l'Abbé Islette.
9621. Epoque de la Mission de S. Memie, Evêque & Apôtre de Châlons; par Beschefer.
9627. Dissertation sur Guillebert, Evêque de Châlons; par le même.
9630. Vie de Mancion (non Mamion); par le même.
9631. Sépulture de Jean de Mandevelani; par Cortigier.
9636. Histoire du Diocèse de Laon; par le Leu.
9672. Histoire Ecclésiastique de Beauvais; par Godefroy Hermant.
9673. Titres servant de Preuves à cette Histoire.
9685.* Histoire du Cardinal de Chastillon; par Vaillant.
9686. Abrégé de la Vie de Nic. Choart de Buzanval.
9692. Histoire des Evêques d'Amiens; par Cellier de Riencourt.
9692.** Histoire des mêmes, par du Cange.
9765. Chronicon Morinense.
9766. Antiquitates Ecclesiæ Morinensis; auct. Desprets.
9767. Elenchus Episcoporum Teruanensium.
9782. Neustria Christiana, Arth. du Moustier.
9783. Histoire Ecclésiastique de Normandie; par J. le Prevost.
9791. Obituarium Ecclesiæ Rotomagensis.
9792. Chronique des Archevêques de Rouen: 1517.
9793. Autre, jusqu'en 1545.
9796. Chronicon Tolosanum, meliùs Normanicum, abbreviatum.
9806.* Remarques de l'Abbé de Longuerue, sur la seconde Requête de l'Archevêque de Lyon, touchant la Primatie de Rouen.
9816. Eglises Paroissiales de l'Archevêché de Rouen.
9852. Mémoire sur le Privilège de Saint-Romain; par le Moine.
9891. Catalogue des Evêques de Bayeux, avec des Ordonnances & Statuts.
9893. Vie de S. Exupere; par P. de Sallen.
9915. Chronicon Episcoporum Abrincensium: 837 —1359.
9917. Rob. Cœnalis, Historia Episcoporum Abrincensium.
9927. Petri Danielis Huetii vita, ab ipso scripta.
9935. Episcopi Ebroicenses.
9937. Historia Episcoporum Ebroicensium: auct. J. B. de Machault.
9954. Catalogus Episcoporum Sagiensium.
9955. Series & Chronicon eorumdem.
9958. Histoire Ecclésiastique du Diocèse de Séez; par Marin Prouvere.
9959. Mémoires sur les Evêques de Séez; par Pilatre.
9960. Historia Diœcesis Sagiensis: auct. Simone Prouvere.
9961. Mémoires pour l'Histoire de Séez; par Calimas.
9979.* Oraison funèbre de M. Forcoal.
9982. Mémoires pour la Vie de M. d'Acquin.
9983. Abrégé de la Vie de M. Lallemant; par Dadin.
9985. Lexoviorum Episcoporum Nomenclatura, &c. à Jo. Picardo.

9986. Series eorumdem; à Petro de Glatigny.
9998.* Histoire Ecclésiastique de Coutances.
10008. Senonenses Archiepiscopi, IV, S.
10009. Chronicon Senonense, ad annum 1179.
10010. Chronicon Senonense: an. 998—1267.
10011. Libellus Gaufredi de Collone, super actibus, &c. Senonensium Archiepiscoporum.
10011.* Catalogus Archiep. Senon. ad ann. 1295.
10012. Compendium de gestis eorumdem, ad an. 1390.
10013. Chronicon Senonense: an. 35—1429.
10014. Historia Archiep. & aliorum illustrium, P. Bureteau.
10015. Fasciculus Archiep. &c. auct. P. Coquino.
10016. Nomina, tempora & Vitæ eorumdem.
10017. Usb. Reversy Opus, seu Annales Senon. 1558.
10018. Compendium, ad an. 1563.
10019. Senon. Archiep. Vitæ, à Jac. Tavello.
10020. Abrégé des Vies, &c. 1613.
10021. Hist. des Archevêques de Sens; par Milachon.
10023. Mémoires pour l'Histoire de Sens, 1716; par Fenel.
10079.* Catalogue des Evêques de Troyes.
10088. Vita Sancti Lupi, cum Notis Jac. Cousinet.
10116. Epitome Vitarum Episcop. Autissiodorensium.
10117. Vitæ & Gesta eorumdem, ad an. 1554.
10118. Catalogus, usque ad an. 1635.
10133. Vie de S. Germain; par G. Begine.
10173. Suite Chronologique des Evêques de Nevers; par Parmentier.
10174. Histoire des mêmes en Latin; par Betort.
10187. Suite Chronologique des Evêques de Bethléhem; par Parmentier.
10194. Pièces concernant l'Histoire des Eglises & Evêques de Languedoc.
10196. Nomina Episcop. Tolosanorum, &c. auct. Bern. Guidone. = Vitæ quorumdam Episcoporum Tolosan. = Episcopi Tolosani, eodem auct.
10197*. Collectio omnium Canonum Prov. Tolosana & Statutorum Synodalium.
10233. Pièces servant à l'Histoire de l'Eglise de Pamiers.
10242. Mémoires sur la Vie d'Etienne de Caulet & l'Histoire de son Chapitre; par L. P. du Vaucel.
10242.* Mémoire sur les Chanoines de Pamiers.
10256 & 57. Catalogus & Nomina Archiepiscop. Turonensium, Andegav. Cenoman. Nannet. & Pictaviensium.
10262. Historia Ecclesiæ Turonensis.
10290. Sur l'année de la mort de S. Martin; par Chantereau le Févre.
10295. Sur le même sujet; par P. Carreau.
10325. Mémoire sur la Vie de Grégoire de Tours; par Dufraisse de Vernines.
10368. Gesta Bertigramni, seu Bertramni.
10389. Sur l'existence de S. René; par l'Abbé Ménage.
10397. Vita sancti Magnobaudi.
10397.* Alia Vita ejusdem.
10451. Mémoires sur l'Evêché de S. Paul de Léon; par Yves le Grand.
10467. Hist. des Evêq. de S. Malo; par P. des Hayes.
10511. De rebus gestis sancti Maximini: auct. J. G. Wiltheim.
10539. Historia Successorum Sancti Hidulphi: auct. B. Leone IX.
10545. Histoire des Evêques de Metz: 1483.
10546. Histoire Ecclésiastique de Metz.
10547. Reprises, Hommages & Reconnoissances de l'Evêché de Metz.
10548.* Mémoires sur les Evêques de Metz.
10549. Histoire de la Ville & des Evêques de Metz; par le P. Benoist.
10598. Négociations de J. Vetus, envoyé à Ausbourg,

10605. Catalogue des Evêques de Toul.
10606. Mémoires Historiq. de la Ville & des Evêques de Toul.
10608. Historia Pontificum Tullensium.
10608.* Epitaphia & Historia eorumdem.
10612. Mémoires pour l'Hist. des Evêques de Toul, jusqu'en 1692.
10613. Mémoires sur les mêmes ; par M. Midot.
10614. Autres Mémoires ; par Maschon.
10618. Jurisdiction Ecclésiastique de la Ville & du Diocèse de Toul.
10619. Mémoire présenté au Roi à ce sujet.
10621. Anciennes Ordonnances Ecclésiastiques de Lorraine & autres Pièces sur les démêlés entre la Cour de Lorraine & les Evêques de Toul.
10622. Accommodement projetté entre l'Evêque & ladite Cour.
10627. Mémoire de M. de Camilly, sur son Opposition à l'érection d'un Evêché à Saint-Diez.
10629. Siége quasi-Episcopal de l'Eglise de Saint-Diez ou Recueil de Lettres ; par M. Thouvenot.
10645. Remarques sur la Vie de S. Gérard ; par l'Abbé de Camps.
10647. Réfutation du P. Benoist, pour justifier que Frédéric a fait construire deux Châteaux, &c.
10658. Histoire de l'Eglise & Diocèse de Verdun : 1663.
10658.* Histoire abrégé des Evêques de Verdun.
10659. Histoire de la Ville & Evêché de Verdun ; par le P. Benoist.
10661.* Actes concernant la Jurisdiction temporelle des Evêques de Verdun.
10679. Chronica Episcoporum Viennensium.
10680. Fundatio Ecclesiæ Viennensis.
10721. Chronicon Episcoporum Valentinensium.
10735. Droits de l'Evêché de Valence.
10739. Vita Amedei de Roussillon.
10764. Histoire des Evêques de Genève ; par le P. Monod.
10766. Codex antiquus rerum Genevensium.
10789.* Mémoires pour la Vie de S. François de Sales, & pour celle de Madame de Chantal ; par M. de Cambis de Velleron.
10789.** Procès-verbal & Informations pour la Canonisation de S. François de Sales.

Histoires du second Ordre.

10855*. Regulæ (primæ) Congregationis Oratorii.
= Réglemens de la même Congrégation.
10857*. Requête & Déclaration des Prêtres de l'Oratoire.
10859.* Litteratorum Congreg. Oratorii, cum censura Operum, &c.
10899. Mémoires sur la vie d'Hercules Audiffret.
10906. Eloge d'Adrien Baillet ; par Chrét. de Lamoignon.
10920. Mémoire sur la Vie & les Œuvres de l'Abbé Banier ; par N. Banier, son neveu.
10929.* Eloge de M. Belon ; par M. Droz.
10932. Vie de S. Bénigne ; par Fr. J. B. Bonamour.
10966.* Histoire de Jacques Boileau ; par M. Delan.
11001.** Eloge historique de J. B. Bullet ; par M. Droz.
11017. Eloge de Jean Caillé ; par M. Foulquier.
11022.* Vie de Louis Calon.
11025. Dissertation critique sur l'Abbé de Camps ; par Boullanger de Rivery.
11038. Abrégé de la Vie de François Chansiergues.
11074.* Abrégé de la Vie de M. G. de Cornac.
11121.* Mémoires de Matthieu Feydeau.
11129.* Vie de M. Foucault, Curé à Orléans.
11152. Eloge de Pierre Gayet ; par M. Cambacerès.
11184.* Procès-verbal touchant le Corps de Jean Guesct, Curé à Orléans.
11199. Eloge Historique de M. l'Abbé Hocart ; par M. Meunier.
11233. Eloge de M. l'Abbé Lebœuf ; par M. le Père.
11259. Vie de Mallebranche, avec l'Hist. de ses Ouvrages ; par le P. le Long.
11267. Eloge historique de M. l'Abbé Marion ; par M. de Courbouzon.
11294. Abrégé de la Vie & de la Mort de François Mirapeau.
11340. Vita Janoti Patoilleti : auct. Philib. de la Mare.
11345. Vie de M. Jacques-Simon Pétier, écrite par lui-même.
11364. Eloge de Jos. Franç. Portalon, par M. Massip.
11387.* Remarques sur Rabelais ; par le Président Bouhier.
11405. Eloge de l'Abbé Jean-François du Resnel ; par M. du Boullay.
11428. Mémoires de Sébastien Lenain de Tillemont, touchant Guillaume de Saint-Amour, & les démêlés des Jacobins & des Cordeliers, avec la Faculté de Théologie.
11435.* Vie de M. de la Salle.
11464. Dissertation sur la Vie & les Ouvrages de Sulpice Sévère ; par l'Abbé Tricaut.
11464*. Histoire de l'Abbé de Suze.
11534.* Vita sancti Vulgisi.
11551. Vie, Miracles & Canonisation de S. Yves.

Histoires du Clergé Régulier.

11564. Histoire des Fondations des Eglises & Abbayes de Hainaut.
11566. Noms des Fondateurs des Abbayes de Normandie.
11569*. Pièces sur les Ordres Religieux.

Ordre de S. Benoît.

11606. Chronicon Ordinis S. Benedicti : 500—1520.
11610.* Continuation de l'Hist. de l'Ordre de Saint-Benoît ; par D. Tassin.
11619. Monasticon Gallicanum, Mich. Germain.
11620. Recueil de Pièces pour l'Histoire de l'Ordre de S. Benoît en France.
11621. Antiquitates Benedictinæ, compilatæ à Cl. Estiennot.
11629. Annales Congregationis S. Mauri ; auct. D. Mege, IV, S.
11630. Histoire de la Congrégation de S. Maur ; par DD. Martenne & Fortet.
11632. Histoire de tous les Monastères du Comté de Bourgogne ; par D. Chassignet.
11637. Réponse des Chanoines Réguliers, à la Réplique des Bénédictins, touchant la préséance dans les Etats de Bourgogne.
11648. Vie de Noël Mars ; par D. Mars son Neveu.
11654. Huberti Phalesii, Chronicon Affligemense.
11663. Annales Aquicinensis Monasterii in Belgio : 1049—1288.
11664. Historia ejusdem Monasterii, usque ad finem Sec. XVI.
11665. Annales Monasterii Anianensis.
11671. Chronicon Abbatum Athanacensium.
11682.* Du Prieuré de Sauvement.
11683. Epitome de Monumens illustres de l'Abbaye de Baume-les-Messieurs.
11687. Historia Monasterii Belliloci Lemovicensis.
11691. Carmina historica de fundatione Monasterii Beccensis, & de ejus Abbatibus.
11693. Additiones ad Chronicon Beccense.
11695. Annalium Beccensium Epitome, Franc. Carræi.
11695.* Annales de l'Abb. du Bec ; par D. Thibault.

11696. Inventaire des Titres de l'Abbaye du Bec.
11696.* Anciennes Pieces sur le Bec.
11708. Vie de S. Anselme, &c. par Mich. Félibien.
11725. Fundatio Abbatiæ Bonævallis.
11730.* Histoire de l'Abbaye de Breteuil; par D. Vuyard.
11732. Catalogus Abbatum Cœnobii Broniensis.
11739. Chronicon Cœnobii Cameliacensis.
11741. Mémoires de l'Abbaye de la Chaise-Dieu.
11742. Casa Dei Benedictina, &c. Sim. Genoux.
11743. Historia Mon. Casæ Dei: 1661. = Histoire (en François) depuis la Réforme en 1640 —1671.
11755. Histoire Chronologique du Prieuré de la Charité-sur-Loire.
11757. Inventaire des Titres de N. D. de la Charité-sur-Loire.
11770. Historia Fundationis Mon. Cluniacensis, ex relatione Eberhardi.
11771. Cluniac. Monasterii Descriptio & Historia.
11772. Fragmentum Chronici Cluniac. 1108—1198.
11773. Excerpta ex Chronico Cluniac. ante an. 1130.
11774. Chronicon breve; & aliud, usque ad an. 1274. Gerardi de Arvernia.
11775. Historia Abbatum Cluniacensium.
11783. Histoire des Maisons de l'Ordre de Clugni dans la Franche-Comté; par D. Chassignet.
11860. Mémoire sur Philibert Poissenot, & sur Antoine de Roche; par M. de Frasne.
11867. Histoire du Monastère de Conques.
11868. Historia Monasterii Sancti Petri Corbeiensis.
11869. Chronique de l'Abbaye de Corbie.
11869.* Chronicon Corbeiense, Joan. de Caulincourt; & Historia Corb. Bened. de Bonnefons.
11904. Histoire de l'Abbaye de Faverney.
11905. Cartulaire de la même Abbaye.
11905.* Eloge de D. Coquelin; par M. Droz.
11906. Relation d'un Miracle arrivé dans cette Abbaye.
11907. Nomina & Acta Abbatum Fiscanensium.
11908. De revelatione, ædificatione & auctoritate Monast. Fiscanensis.
11909. Ejusdem Descriptio: auct. Balderico.
11909.* Fondation de la même Abbaye, en Vers.
11911. Hist. de l'Abbaye de Fescan, &c. par Ant. de Mareste d'Alge.
11932. Histoire de l'Abbaye de Flavigny; par D. Viole.
11938. Collectanea ad Hist. Abbatiæ Floriacensis.
11939. Historia Cœnobii Floriac. auct. Franc. Chazal.
11949. De sacri Benedicti corporis non interruptâ possessione, Vindiciæ Casinenses: auct. Antonio.
11957. Dissertation sur la Translation du corps de S. Benoit; par D. Fabre.
11959. Miracula sancti Benedicti; ab Adrevaldo.
11962. De miraculis ejusdem: auct. Hugone.
11972. De Vitâ Gauslini Abbatis: auct. Andrea.
11983. Chronicon Gemblacensis Cœnobii: auct. Sigeberto, &c.
11987. Guiberti, Narratio Combustionis Mon. Gemblacensis.
12001. Chronicon Abbatiæ B. Mariæ de Crassâ.
12003. Synopsis rerum memorabilium Crassensis beatæ Mariæ Abbatiæ; IV, S.
12003.* Histoire de l'Abbaye de Guerer.
12008. De la Fondation de l'Abbaye de Hasnon, & de S. Jean de Valenciennes; par le Boucq.
12046. Gesta Abbatum Lobiensium: auct. Hilduino.
12066. Antiquitatis Monumenta pro Historia Lirinensi.
12069. Histoire de l'Abbaye de Lérins; par Jos. Anthelmi.
12070. La Vida de san Honorat.

12088.* Passio sancti Porcatii; en vers Provençaux.
12091. Libellus Chronicorum Monasterii Lætiensis.
12121. Eloges des Hommes illustres de l'Abbaye de Luxeul; par D. Coulon.
12122. Examen des Antiquités de cette Abbaye & de la Ville; par D. Grappin.
12124. Historia Martyrii Monachorum Luxoviensium; à Richerio.
12146.* Histoire de l'Abbaye de Marmoutier, par D. le Michel.
12147. Histoire de la même; par D. Martenne.
12149. Recueil de Pièces de Marmoutier; par D. Monsnier.
12159. Historia Mausiacensis Monasterii: auct. Lanfredo.
12165.* Histoire du Prieuré de Meulan; par D. Corton.
12168. Histoire de l'Abbaye de Moyen-Moûtier; par J. de Baion.
12170. Chronica Abbatiæ Molismensis.
12171. Histoire de cette Abbaye; par D. Briot.
12180. Historia Monasterii Montisburgi.
12182. Abbaye de S. Claude & ses dépendances.
12207. Chronicon Condatescensis Cœnobii.
12209. Histoire de l'Abbaye de Mont-Majour d'Arles; par D. Chantelou.
12210. Compendiosa Monasterii S. Michaelis Historia.
12216. Histoire de l'Abbaye du Mont S. Michel; par D. Huynes.
12217. Autre, jusqu'en 1648.
12227. Histoire de l'Abbaye de Morey; par D. Fauste.
12228. Autre en Vers; par D. Fraichot.
12229. Vie & Ouvrages de D. Fraichot; par lui-même.
12234.* Catalogue des Abbés de Mouson.
12245. Histoire de l'Abbaye de Munster; par D. Calmet.
12249.* Descriptio Vitæ beati Marculphi.
12266*. Chronique du Prieuré de Novy; par D. Baillet.
12267. Cartularium Abbatiæ Stæ. Mariæ de Nuchariis.
12268. Elenchus Benefactorum & Abbatum.
12270.* Histoire de l'Abb. de Pontlevoy; par D. Chazal.
12271. Gesta Bertrandi, Fundatoris Domûs de Ponte in Arvernia.
12272. Fondation de l'Abbaye de Préaux, &c.
12278.* Ad Vitam S. Agili Notæ.
12280. Rothonensis Monasterii Abbates.
12285. Histoire de l'Abbaye de Remiremont; par Jacq. Bruyer.
12286. Registres de ses Antiquités, &c.
12287. Usages & Coutumes de Remiremont.
12288. Histoire de cette Abbaye; par Valdenvint.
12298. Registre des choses mémorables, &c.
12299.* Pièces concernant Remiremont.
12301. Ecrit des Dames Chanoinesses de cette Abbaye.
12302. Histoire Monastique de Remiremont, &c. par le P. *** Procureur de S. Vanne.
12303. Quartiers & Pièces concernant les Chanoinesses.
12308. Mémoire de l'Abbaye de Rosoy, &c.
12309. Histoire de la même Abbaye; par le P. Vignier.
12311. Chronicon Monast. sancti Illidii Claromontensis: auct. Winebrando.
12322. Histoire de l'Abbaye de S. André d'Avignon; par D. Chantelou.
12325. Historia Abbatiæ sancti Andreæ in Castello Cameracensi.
12326. Tractatus de Ecclesiâ sancti Arnulphi Metensis.
12327. Ancienne Chronique de S. Arnoul de Metz.

Table des Manuscrits.

12338. Fragmentum Chronici sancti Albini : 1187 —1220.
12339. Histoire de S. Aubin d'Angers; par D. Hardi.
12339.* Rotulus sancti Albini Andegavensis.
12343. De fundatione, &c. Monasterii S. Augustini Lemovicensis.
12344. Histoire de cette Abbaye; par D. du Pin.
12345. Chronicon Gandense.
12346. Excerpta Chronici : 474—1170.
12347. Chronicon breve sancti Benigni Divionensis.
12353. Series Abbatum sancti Benigni; à Petro Francisco Chiffletio.
12354. Histoire de ce Monastère; par D. le Roy.
12361. Chronica Abbatum Sithiensium; à Folquino, &c.
12377. Vitæ Abbatum Sanctæ Catharinæ; auct. Forestier.
12382. Chronicon Sanctæ Columbæ Senonensis; per Cotronium.
12387. Histoire de l'Abbaye de S. Crépin-le-Grand; par D. Elie.
12397. Historia Abbatiæ S. Cypriani, auct. du Cher; IV, S.
12404. Origine de l'Abbaye de S. Denys.
12408. Chronicon Cœnobii sancti Dionysii.
12410. Histoire de l'Abbaye de S. Denys.
12414. Histoire de la même Abbaye & de celle de S. Germain-des-Prés.
12445. De Fundatione sancti Stephani Cadomensis.
12449. Histoire de la même Abbaye, S. Etienne de Caën, avec fig. de Destouches.
12450. Series Abbatum sancti Stephani Divionensis.
12454. Chroniques du Prieuré de S. Etienne de Nevers; par D. de la Veine.
12455. Notice de l'Abbaye de S. Evre; par D. Gesnel.
12456. Catalogus Abbatum sancti Ebrulfi.
12457. Histoire de l'Abbaye de S. Evroul; par D. Carrouget.
12468. Histoire du Prieuré de S. Fiacre; par D. Racine.
12470. Historia sancti Florentii de Salmurio : auct. Michaele. *Elle est imprimée*; IV, S.
12471. Alia Historia (amplior) : auct. Jo. Guignes.
12478. Historia Abbatum Mon. sancti Germani Autissiodorensis: auct. Georg. Viole.
12479. Chronicon ejusdem, à Vict. Cotronio.
12480. Abrégé de l'Histoire de cette Abbaye.
12493. Chronicon, in quo interjecti sunt Regum aliquot Francorum & Abbatum sancti Germani Parisiensis obitus.
12504. De Privilegiis sancti Germani Parisiensis; auct. J. B. du Hamel.
12550.* Histoire de l'Abb. de S. Germer; par D. de Boullogne.
12554. Historia Monasterii SS. Gervasii & Protasii.
12567. Histoire de l'Abbaye de S. Hubert.
12575.* Histoire du Monastère de S. Josse.
12578. Historia Mon. sancti Juliani Turonensis.
12586.* Antiquités de S. Loup de Troyes.
12588.* Histoire de l'Abbaye de S. Lucien; par D. Porcheron.
12589. Hist. de l'Abbaye de S. Maixant; par D. Chazal.
12597. Abbatum S. Martialis Lemovicensis Catalogus.
12598. Chronicon S. Martialis, ad an. 1316.
12600. Chronicon Wilhelmi Godelli.
12601. Chronicon S. Martialis, à Bern. Itherio.
12609.* Nic. Brularti Epicedium.
12622. Chronicon sancti Martini Lemovicensis : auct. P. Coral.
12624. Historia sancti Martini (de Pontoise) : auct. Cl. Estiennot.
12629. Antiquités, &c. ou Histoire de S. Martin de Séez; par D. Conard.
12630. Hist. de la même Abbaye; par D. Carrouget.
12631. La même, refondue, sans nom.
12632. Abrégé Chronologiq. de cette Histoire; par du Friche.

12633. Nécrologe de S. Martin de Séez.
12634. Catalogus Antistitum sancti Martini Tornacensis.
12635. Gesta Abbatum S. Martini Tornac. à Jac. Marquais.
12639. Pouillier de l'Abbaye de S. Maur.
12659.* Anciennes Pièces sur S. Médard de Soissons.
12664.* Vitæ sanctorum Monast. Miciacensis.
12665. Vita Sancti Eusipicii, I. Abb. Miciacensis.
12683. Historia Fundationis sancti Michaelis (Virdunensis.)
12689. Chronicon Monasterii S. Nicasii Melletensis: auct. Vict. Cotron.
12693. Historia renovationis Basilicæ Joviniæ, seu Mon. S. Nicasii Remensis.
12693.* Abregé de l'Histoire de l'Abbaye de Saint Nicaise.
12695. Histoire de l'Abbaye de S. Nicolas d'Angers; par D. le Duc.
12698. Ancienne Chronique des Abbés de Saint Ouen.
12699.* Histoire de l'Abbaye de Saint Ouen; par D. Tassin.
12701.* Histoire de l'Abbaye de Saint Paul; par Alix.
12702. Histoire de l'Abbaye de Saint Pere-en-Vallée.
12703. Ejusdem Historia : auct. Paulo.
12711. Chronica S. Petri juxta Gandavum.
12713. Chronicon S. Petri-vivi Senonensis.
12714. Historia ejusd. Mon. auct. Gauf. de Collone.
12722—24. De Ecclesiæ S. Remigii Remensis dedicatione.
12729. Vie & Ouvrages de Robert, Abbé de Saint Remi; par Fradet.
12730.* Histoire de l'Eglise de Saint Remi de Reims; par D. Chastelain.
12731. Histoire des Abbés de S. Remi de Sens; par D. Cotton.
12732. Chronicon Abbatiæ S. Richarii : auct. Jo. de Capella.
12734. Continuatio Chronici, à Vict. Cotton.
12735. Chronique de S. Riquier: 662—1530.
12757. Chronica sancti Sergii Andegavensis.
12758. Histoire de l'Abbaye de S. Serge.
12759. Historia Monast. S. Sulpicii bituricensis.
12760. Collectio rerum memorabilium ejusdem.
12761. Réformation de l'abbaye de S. Taurin.
12765.* Sancti Theodorici Vita, &c.
12775. Chronicon Trudonopolitanum : auct. Roberto.
12777. Chronicon Trudonense : auct. Gerardo Moringo.
12778. Historia Mon. Trudonensis, à Joan. Latomo.
12790. Historia Mon. sancti Vedasti Atrebatensis.
12791. Salii, Vedastiados Libri V.
12793. Gesta Abbatum S. Vedasti : auct. Jo. de Marquais.
12794. Chronicon Vedastinum : auct. Ph. Caverellio.
12795. Vedastini Cœnobii ortus, progressus, &c.
12803. Vie de D. Didier de la Cour.
12815. Chronologie de S. Victor-lès-Marseille; par J. F. Fabry.
12826.* Histoire de l'Abb. de S. Vigor; par D. Boudier.
12827. Histoire de S. Vincent de Besançon; par D. Guillot.
12828. Ancien Nécrologe de cette Abbaye.
12829. Historia S. Vincentii Laudunensis : auct. de la Bigne.
12830. Histoire de l'Abb. de S. Vincent de Laon; par D. Wialart.
12831. Compendium historiale S. Vincentii Cenomanensis.
12832*. Mémoires sur l'Abb. de S. Vincent; par D. Briant = Histoire de la même; par D. Colomb.

12836. Historia Monasterii S. Wandregisili.
12837. Gesta Abbatum ejusdem Monasterii.
12840. Historia Abbatiæ Fontanellensis, auct. Breard.
12840.* Histoire de l'Abb. de Fontenelle depuis la Réforme; par DD. Toustain & Tassin.
12853.* Histoire des Saints Religieux de Fontenelle; par D. Bonnefons.
12855. Sameracense Cœnobium.
12855.* Histoire de l'Abb. de Samer; par D. Vuyard.
12856. Sancti Vulmari (Samer), primordia.
12857 & 58. Vitæ sancti Vulmari Abbatis, Fundatoris.
12868. Breve Chronicon Saviniacense.
12869. Gesta quorumdam Abbatum Saviniac. 1096.
12887*. Mém. sur l'Abb. de Solignac; par D. Estiennot.
12894. Chronicon Abbatum Stabulensium.
12915.* Mémoires sur l'Abb. de Vendôme; par D. Lantenas.
12918. Mémoire sur l'Ordre du Val-des-Choux.
12919. De Fundatione Monast. Walciodorensis : auct. Roberto.
12923. Histoire du Prieuré de Vaux-sur-Poligny; par D. Boban.
12924. Autre Histoire; par D. Chassignet.
12933. Titres pour les Abbayes de Villeloin & de Baugerais; extraits par l'Abbé de Marolles.

Ordre de Cîteaux.

12940. Compendium Ordinis Cisterciensis.
12945. Cisterciense Chronicon.
12946. Jo. de Cirey Chronicon, an. 1473—80.
12947. Chronicon de gestis, &c. auct. Jafaugato.
12948. Speculum elevationis & enervationis Ord. Cisterc.
12959. Origine de la Maison & Ordre de Cîteaux; par D. Cotheret.
12984.* Pièces sur l'Abbaye de Cîteaux.
13009. Vie de Jean de Cirey, Abbé de Cîteaux.
13017. Chronicon Abbatiæ Aldenburgensis.
13018. Georg. Cabelliau, Historia Urbis & Abbatum Aldenburg.
13021. Historia Abbatiæ de Begaris : auct. Guil. Gauthier.
13022. Histoire de l'Abbaye de Beuil; par Jos. Nadaud.
13023. Historia Abbatiæ de Blancha; auct. Guil. Gauthier.
13024. Hist. de l'Abbaye de Bonlieu en Limousin.
13028. Historia Monasterii de Bonarequie.
13029. Chronicon B. Mariæ à Calertio : 1147 —1272.
13031. Historia Monasterii Carnoetensi.
13032. Chronicon Abbatiæ Caricampi.
13033. Titres de l'Abbaye de Chaalis.
13037. Titres de l'Abbaye de Charlieu.
13038. Chronicon Abbatum de Cassania.
13039.* Pièces sur l'Abbaye de Clairvaux.
13049. De Vita & Miraculis S. Bernardi; auct. Bern. de Rosergio.
13075. Histoire de l'Abbaye de Clairefontaine; par D. Coquelin.
13077. Historia Monasterii Dunensis : 1468.
13082. Histoire de l'Abbaye de l'Escale-Dieu.
13083.* Vie de Jérôme Petit, Abbé de l'Etoile.
13084. Antiquitates Mon. de Firmitate : auct. Jos. Brechillet.
13085. De origine & progressu Congregationis Fuliensis : auct. Ludovico.
13098. Chartæ & dotationes S. Mariæ Igniacensis.
13098.* Commission .... sur l'Abbaye d'Igny.
13100. Histoire de l'Abbaye de Lieu-Croillant.
13101. Chronique de la même Abbaye.
13102.* Tombeaux de l'Abbaye de Longpont, & ancien Nécrologe.
13108. Historia Fundationis Abbatiæ Miratorii.

13109. Series Abbatum Motimondi, &c.
13116. Chronique du Monastere d'Orval.
13119. Vie de Ch. Henri de Bentzeradt.
13121. Histoire de l'Abbaye de Perseigne.
13122. Registre du Prieur D. Vau.
13123. Notitia Abbatiæ de Persenia.
13126. Historia Mon. S. Albini de Bosco : auct. G. Gauthier.
13127. Chronique de S. André de Gouffern; par Henri de Chatelraut.
13128. Histoire du Mon. de S. Vivant; par D. Crevaisier.
13134.* Recherches sur l'Abbaye de Sept-Fonds.
13135. Histoire des Abbés de N. D. de Signy; par l'Abbé de Camps.
13161. Vie de D. Muce R. de la Trappe.
13165. Catalogus Abbatum Valcellensium.
13166. Chronica Valcellensia.
13168. Catal. des Abbés de Vaux-de-Cernay, &c.
13176. Vita B. Goberti.
13177. Ejusdem alia Vita.

Ordres des Grandmontins, des Célestins & des Chartreux.

13179. Historia Monasterii Grandimontensis.
13180. Gesta Priorum, usq. ad an. 1317.
13183. Hist. Ordinis Grandim. auct. Rich. du Bois.
13184. Speculum Grandimontis : auct. F. Pardoux.
13185. De Ordine Grandim. auct. Jo. Roudet.
13186. Annales Ord. Grandim. auct. P. Levesque.
13187. De Ordine Grandim. auct. P. Bonnet; IV, S.
13192. Epitome Vitæ S. Stephani Thiernensis, cum Catalogo Pr. & Abbatum.
13198. Vie de S. Etienne de Muret; par Jos. Nadaud.
13199. Vita Hugonis de Lacerta : auct. Guil. de S. Savino.
13207. De Viris Illustribus & Factis Ordinis Cœlestinorum; à Cl. Firmino.
13210. Hist. Cœlestinorum Galliæ : auct. Ben. Gonon.
13218. Chronica inchoationis, &c. Ordinis Cattusiensis.
13249. Chronique de la Chartreuse de Bellary.
13250. Historia Cartusiæ Bonipastus.
13250.* Annales de la Chartreuse du Mont-Dieu; par D. Ganneron.
13251. Pièces concernant la Chartreuse de Dijon.
13261.* Vie de D. Héliot, Chartreux.
13262.* Pièces sur la Chartreuse de Beaune.

Solitaires de France.

13296. Vita sancti Dominii.
13304.** Lettre du Card. de Richelieu, au sujet des Reliques de S. Fiacre.
13313.* Legenda B. Gentii; & Vie de S. Gens; par M. de Cambis-Velleron.
13327. Vita sancti Hervei.
13342. Vita sancti Juniani; auct. Frotomundo.

Chanoines Réguliers.

13411. Pièces curieuses concernant l'Ordre des Chanoines Réguliers.
13414.* Hist. de l'Abbaye d'Agaune; par D. de Lisle.
13416.* Statuts & Chroniques du Prieuré de l'Artige.
13422. Vie du Bienheureux Jean de Cantimpré; par Thomas.
13422.* Vita Gaufridi de Nho.
13424.* Extraits des Titres de l'Abb. de Chartreuve.
13424.* (2.) Historia Abbatiæ de Castellione, &c. Franc. Houemelle.
13425. Histoire de l'Abbaye de Chaumousay.
13428.

13428. Mémoire pour l'Abbaye de Daoulas ; par Louis Pinsson.
13430. Historia Abbatum Cœnobii Henniacensis : auct. B. de Glen.
13431. Histoire de l'Abbaye du Mont - Saint - Eloy ; par André Vaillant.
13434. Historia Ordinis sancti Antonii Viennensis.
13440. Discours de M. du Puy, sur la nomination du Général de l'Ordre de S. Antoine.
13450. De Origine & Abbatibus S. Joannis apud Valencenas ; auct. Ant. d'Oultreman.
13462. Harangue de M. Hébert, Maire de Soissons.
13462.* Cartulaire de l'Abb. de S. Paul de Besançon.
13469. De Fundatione S. Victoris Parisiensis, & primis Prioribus.
13472. Antiquitates ejusdem Abbatiæ.
13473. Annales Ecclesiæ S. Victoris, ab ann. 1110.
13474. Chronicon ejusdem Abbatiæ, à Jo. Picardo.
13475. Vies & Maximes de ses Hommes illustres ; par Sim. Gourdan.
13489. De exordio & progressu Mon. Viridis-Vallis.
13512. Chronica Abbatum Mon. Præmonstratensis.
13528. Statuta ejusdem Ordinis.
13537.* Actes, &c. sur l'Ordre de Prémontré.
13541. Vita sancti Norberti, versibus elegiacis; auct. Joan. Ant. Peltano.
13561. Fragmentum Chronici Belli Portûs.
13566. De Fundatione Cœnobii Gaudii-Vallis.
13574.* Piéces concernant l'Abb. de S. Yved de Braine.
13579. Annales Cœnobii Viconiensis : auct. Nic. à Montignea.
13581. Tempus & causa mutationis Canonicorum S. Genovefæ in Regulares.
13583. Histoire de l'Ordre des Chanoines Réguliers de France.
13584. Regula antiqua Canonicorum S. Genovefæ.
13593. Centuria Virorum illustrium in Ord. Canonico; per Lud. de Clermont.
13594. Hist. de l'Abb. de Ste Géneviève ; par Cl. du Molinet.
13595. Histoire des Chan. Réguliers, jusq. 1670 ; par le même.
13596. Origine & progrès de cet Ordre ; par le même.
13597. Vies des Hommes illustres de l'Ordre des Chanoines Réguliers en France ; par le même.
13598. Vies des Hommes illustres des Chanoines Réguliers de la Congrég. de Fr. par le même
13600. Piéces concernant la Réformation des Chan. Réguliers.
13608. Vie du P. Faure ; par Bern. Caignet.
13609. Vie du P. Blanchart ; par le P. le Royer.
13610. Vie du P. Beurrier ; par lui-même.
13617. Recueil pour la Vie du P. Lallemant.
13618. Abrégé de la Vie du P. Guillery.
13627. Historia Abbatum Monasterii de Coronâ.
13628. Histoire du Prieuré de Ste Catherine de Paris ; par Nic. Quesnel.
13630. Histoire de l'Abbaye de l'Esterp ; par Jos. Nadaud.
13633. Hist. de l'Abb. de Mauleon ; par Jacq. Thieulin.
13634. Chronologie des Abbés de N. D. de Châge, à Meaux ; par Jean Cousinet. Voy. les Add.
13636.* Vie de S. Pierre de Chavanon ; par Branche.
13640. Histoire de l'Abbaye de S. Acheul ; par Pierre de Ponssemothe.
13641. Histoire de l'Abbaye de S. Chéron.
13643. Fondation, Priviléges, Personnes illustres de l'Abbaye de S. Jacques de Montfort ; par Vinc. Barlouf.
13651. Antiquités du Prieuré de S. Lô de Rouen ; par Th. Avice.
13652. Chronologia Abbatiæ S. Lupi Trecensis ; à Jo. Cousinet.
13654. Histoire de l'Abbaye de S. Vincent de Senlis ; par Nic. Quesnel.

Tome V.

Histoires des Religieux Mendians.

13675. Chronique des Augustins Déchaussés de France.
13676. Histoire des Augustins de Bourg - en - Bresse.
13677. De l'Eglise du Couvent de Brou, près de Bourg-en-Bresse ; par le P. Raphaël.
13692.* & 96.* Collectanea Ordinis Carmelitarum.
13699. Necrologium Fratrum Carmelitarum Cabillone quiescentium.
13709. Missions des Carmes Déchaussés en Hollande ; par le P. Louis.
13711. Historia Missionis Carmelitarum Discalceatorum in Hollandia ; à P. Petro.
13716. Histoire des Carmes d'Orléans ; par Château.
13731. Exordia Fratrum Prædicatorum, &c.
13741. Histoire des Frères Prêcheurs, Confesseurs des Rois, &c. par le Pere Matthieu Texte.
13745. Nécrologe de leur Maison de S. Jacques de Paris, avec des Dissertations ; par le même.
13747. Chronique des Dominicains de France, surtout de ceux d'Argentan ; par le P. Marin Prouvére Bricheteaux.
13748. Histoire des Dominicains d'Arras ; par le P. J. J. Proville.
13754. Historia Conventuum S. Jacobi Rotomagensis, & S. Jacobi Cadomensis : auct. Oliv. Fourtnier.
13756. Historia Congregationis Occitaniæ ; à Jac. Archimbaud.
13758. Hist. des PP. Prêcheurs de Toul ; par L. Villeroi.
13759. Collectanea de Domo Prædic. Oppidi de Veliaco.
13853.* Hist. des Cordeliers d'Amiens ; par J. B. Paradis.
13856. Nécrologe des Freres Mineurs de Dijon ; par Fr. Lacheré.
13872. Henr. Villot Athenæ Soladitii Franciscani.
13888.* Relation sur le P. Comblat, Franciscain.
13903. Histoire des Récollects de la Province, de la Conception [ou de Limoges]; par le P. Jacquet.
13904. Eloge du P. Artus du Monstier ; par l'Abbé Saas.
13919. Vita R. P. Josephi Capucini.

Histoires des autres Ordres.

13965. Continuatio Annalium Ordinis SS. Trinitatis ; à P. Ignatio.
13967. Relation des Vies des Religieux de la Ste Trinité ; par le P. Bonaventure.
13968. Journal des Vies des Religieux & Religieuses de la Sainte-Trinité ; par le P. Ignace.
13969. Divers Mémoires sur la Déchaussé, avec les Brefs.
14006.* Chronique des Maisons de Minimes.
14033.* Vita Francisci Bineti ; per J. N. Mars.
14071. Acta Clericorum Regularium S. Pauli in Urbe Parisiensi.
14080. Relation de la Mission des Théatins en France ; traduite de l'Italien du P. del Monaco.
14081. Epreuves (des mêmes) dans les temps des troubles de 1649.
14082. Noms des Théatins de Paris, avec des Notes ; par le P. de Tracy.
14083. Relation de la Mort du P. André de la Croix ; par le P. Quinquet.
14110. Res gestæ ab Henrico IV, in causa Societatis Jesu.
14208.* Vie du P. Cayron, Jésuite.
14211. Histoire de Louis-Antoine Lozeran, & du Pere Dufesc ; par M. Maini.
14212. Eloge du P. Dominique Parrenin, Jésuite ; par le Pere Renaud.
14341.* Mémoires du Pere Garasse, Jésuite.
14353. Récit de ce qui s'est passé entre le Parlement de Bordeaux & l'Université, au sujet des Lettres Provinciales.
14354. Relation de ce qui s'est passé sur l'établissement prétendu des Jésuites dans Bayonne.
14371.* Piéces sur les Jésuites de Reims.
14422.* Recueil de Lettres, &c. sur les Jésuites,

R r

Histoires des Religieuses.

14701.* Chronique des Annonciades de Pontarlier.
14724.* Histoire des Bénédictines de Besançon.
14850. Mémoire de l'Abbaye d'Almaneſche; par D. Jourdain.
14853. Vie de Sainte Opportune, en vers.
14858. Histoire de l'Abbaye des Allois; par Joſ. Nadaud.
14859.* Histoire de l'Abbaye de Bonneſaigne; par Mad. Colas.
14909. Acte des Religieuſes de N. D. de Lieſſe de Paris, touchant le Formulaire : 1680.
14909.* Cartulaire de N. D. de Saintes; par Dom Boudet.
14920. Vie de Madame de Clermont-Montglat, Abbeſſe de Gif, par Madame de Béthune d'Orval.
14988. Vie de la Mere Louiſe de Jéſus, Carmélite; par la Mere Téréſe de Jéſus.
14999. Vie de Marguerite de Jéſus, Carmélite.
15005. Vie de Madame d'Epernon, Carmélite; par M. Boileau.
15009.* Abrégé de la Vie de Mad. de Ségur, Carmélite; par M. de la Rivière. = Vie abrégée de Madame de Cambis, Carmélite.
15056. Histoire de l'Abbaye de la Piété de Ramerus.
15061.* Pièces concernant l'Abbaye de Tart.
15086. Temporel de l'Abbaye de N. D. du Pont-aux-Dames.
15118. Vie de la Mere Marie de Ste Dorothée Perdreau, Abbeſſe de Port-Royal.
15150. Histoire abrégée des Filles de l'Enfance.
15151. Histoire ſecrette de leur Abolition.
15154.* Mémoire ſur les Filles de l'Enfance; par l'Abbé Fleury.
15161. Régles de l'Ordre de Fontevrauld.
15174. Chronologie des Prieures de Chaiſe-Dieu.
15177. Conſtitutiones Monialium ſanctæ Claræ.
15183. Vie de la Bienheureuſe Colete de Corbie.
15186. Vie de Philippe, Ducheſſe de Lorraine.
15230.* Vie de la Sœur Barbe Fremault.
15244.* Lettres-Patentes pour les Religieuſes de la Congrégation de N. D. de Donzy.
15252. De l'Institution du Monaſtère de Ste Madeleine, à Paris.
15253. Conſtitutions du même.
15257.* Statuts des Sœurs Repenties d'Avignon.
15260.* Histoire du Monaſtère de la Viſitation de Gray.
15302.* Etabliſſement des Urſulines à Beauvais.
15308.* Abrégé de la Vie de Madame de Bermond, Urſuline.

TOME SECOND.

LIVRE III.

Histoire Politique de la France.

Préliminaires.

De l'Origine des François.

15357. Liber de origine Francorum, Gothorum, &c.
15359. Andreæ, Arelatenſis, Libri tres de origine & geſtis Francorum.
15376. De origine primâ Francorum; auct. Bernardo Guidone.
15416. L'origine de François, ... juſqu'à Pharamond.
15416.* De (la même) origine, & de leurs faits, depuis C. Céſar, juſqu'au Roi Clouton.
15423. Louange de la France, enſuite des ſept graces que Dieu a démontrées.
15427. Traité des anciens Germains & des anciens Francs; par Chantereau le Fevre.
15437. De Francorum origine.
15438. De Francorum rebus geſtis.
15443. Traité de l'origine des François; par l'Abbé de Longuerue.
15451. De l'origine des François, & de leur établiſſement dans la Gaule; par M. Freret.
15458. Diſſertation ſur l'origine des Francs; par Alex. Vincent.

Mœurs, uſages, antiquités, &c. des François.

15463.* Mœurs, Uſages, &c. recueillis par M. de Fontanieu.
15465. Mémoire ſur les avantages de la France; par de Prémagny.
15468. Eſſai ſur les différens génies du Peuple François; par Gélot.
15469. Conſidérations ſur le génie des François, ſous François II; par de Gomicourt.

15493. Gloſſaires des anciens mots des Langues de la Province d'Anjou, du Poitou, de la Normandie & du Lyonnois.
15514. De Francorum ſpecie, cultu & capillitio.
15553. Diſſertation ſur la Reine Pedauque; par Bullet.
15554. Diſſertation ſur le prétendu combat du Chien de Montargis; par le même.
15577. Parallèle des Antiquités de France & d'Italie; par Séguier.
15579. Miſcellanea eruditæ Antiquitatis, J. Benigni Lucotte du Tillot.

Mélanges, &c.

15598. Réflexions du Comte de Boulainvilliers ſur l'Histoire de France.
15599. Extraits de divers Auteurs ſur l'Histoire de France; par Michault.
15605. Remarques du C. de Boulainvilliers ſur les Rois de la troiſième Race, la Pragmatique Sanction, la Servitude, les Dîmes, la Régale, la Puiſſance Eccléſiaſtique, les Offices devenus vénals.
15613. Recueil contenant les Traités ſuivans : Noms des Princes, Seigneurs, &c. empriſonnés depuis la Monarchie Françoiſe : Abrégé des Tailles, &c. Récit des obligations que les Papes ont aux Rois de France : Mémoire des querelles entre les Papes & les Rois de France.
15616.** Ouvrages de M. du Cange, ſur l'Histoire de France.
15617. Porte-feuilles de M. Lancelot.
15613. Recueil de Pièces hiſtoriques depuis 1293 juſqu. 1715, fait par MM. de la Mare & Fontette.
15624. Traités & Ouvrages, recueillis par M. de la Mare.

Histoires générales & Abrégés.

15644. Journal du Règne des Rois de France jusqu'en 1475 ; par le C. de Boulainvilliers.
15645. Abrégé de l'Histoire de France, jusqu'à Hugues Capet ; par François de Camps.
15646. Histoire des Rois de France depuis Chilpéric jusqu'à Philippe I.
15647. Gesta Regum Francorum, ab exordio Regni ad Ludovicum juniorem.
15648. Les grandes Chroniques de France, jusqu'au Regne de Louis VII, dit le Jeune.
15651. Les grandes Chroniques de France.
15652. Histoire de France, finissant en 1223.
15653. Historia Francorum, usque ad Ludovicum VIII.
15654. Chroniques, contenant 140 feuillets.
15655. Histoire de France (en vers) ; par Mouskes.
15657. Chroniques des Rois de France, jusqu'à la mort de S. Louis, en 1270.
15660. Historia Regum Francorum, usque ad Philippum V. auct. Ivone, Mon. San-Dion.
15661. Histoire de France, depuis l'origine des François, jusqu'à Philippe-le-Hardi.
15662. Historia de origine Francorum, usque ad Philippum VI, Comitem de Valesio.
15663. Nomina Regum Francorum, usque ad Philippum VI, auct. Bern. Guidone.
15664. Historia Regum Francorum, usque ad an. 1317.
15664.* Les Histoires des Rois & des Seigneurs de France, jusqu'en 1226.
15666. La Chronique des Rois de France, jusqu'à Charles, petit-fils du Roi Jean.
15667. Histoire de France, finissant à Charles V.
15668. Histoire de France depuis 1224, jusq. 1379.
15669. Gesta Regum Franciæ, Imperatorum & Pontificum Rom. usque ad ann. 1380.
15670. Miroir historial, finissant en 1380 ; par l'Abbé de S. Vincent de Laon (Jean Desnouelles ou de Guise.)
15671. Histoire depuis Noé, jusqu'au Couronnement de Charles VI.
15672. Chroniques des Rois de France, jusqu'au couronnement de Charles VI, (ou Chroniques de Saint Denys.)
15676. Histoire de France jusqu'à Charles VI. tirée de la Fleur des Histoires ; par Jean Mantel.
15677. Histoire de France depuis la mort de Louis le Débonnaire jusqu'à Charles VI.
15678. Histoire de France depuis 1146, jusq. 1383.
15679 & 80. Histoire des Rois de France ; jusqu'à Charles VII.
15680.* Chronique abrégée des Rois de France, jusqu'à la mort de Charles VII.
15683. Histoire des Rois de France, jusqu'à la mort de Charles VII.
15685. Histoire des Rois de France, jusqu'à la mort de Charles VII, avec de belles peintures.
15686. Jo. Candidæ de origine Regum Galliæ à Pharamundo ad Ludovicum XI. Carolo adolescenti Ludovici filio, dicatum.
15690. Pauli Æmilii de rebus à Regibus Franciæ gestis Liber.
15691. Franciæ Annales usque ad annum 1498, jussu Caroli VIII.
15691.* La Margarite de France, ou Chronique abrégée, depuis Samothès ... jusqu'à Charles VIII ; par Thénaud.
15692. Alberti Cattanæi, Historiæ Regum Franc. à Pharamundo, ad Ludov. XII, Epitome.
15699. Les Chroniques de France, en vers héroïques ; par Cretin & Macé.
15717. Francorum Reg. successio, ad Franciscum I.
15718. Chronique de Jean du Tillet, avec beaucoup d'Additions tirées des autres Historiens.

15719. La même, augmentée par ordre de M. d'Estampes de Vallençay ; par Favereau.
15720. Ci commencent les Généalogies des Rois de France & les Chroniques.
15725. Abrégé de l'Histoire depuis Mérovée, jusqu'à Charles IX.
15730. Historia Regum Franc. Epitome seu Chronicon : auct. Jo. de Naisley.
15735. Critique de l'Histoire de Belleforest.
15750. Histoire de France depuis Pharamond, jusqu'à la mort de Henri III.
15760. Extrait de l'Histoire de France de Mézeray ; par le Comte de Boulainvilliers.
15761. Remarques du Chevalier Guichenon, sur l'Histoire de Mézeray.
15789. Discours sur les véritables Effigies des Rois de la I. & II. Race ; par l'Abbé de Vertot.
15800. Journaux des Règnes de nos Rois ; par Aubery.
15802.* Les Prouesses de la Cavalerie légere ; par Venelle.
15819. Carmen de nominibus & ordine Regum Franciæ : auct. Nic. Nancelio.
15823. Eloges des Rois de France ; par le P. Charpy.
15827. Sommaire de l'Histoire de France ; par Hardouin de Péréfixe.
15829. Les Oracles des Rois de France, ou Paroles remarquables ; par Et. du Bourglabbé.
15831. Abrégé de l'Histoire de France, depuis Pharamond, jusqu'en 1678 ; par Bérigny.
15855. Mém. sur un Article de l'Abrégé Chron. du Prés. Hénault ; par M. de la Chapelle.

Chronologie des Rois de France, &c.

15871. Les noms des Rois & le temps de leur Règne, en vers, jusqu'à Charles V.
15873. Petit abrégé sur aulcuns pas des Cronicques de France ; par Regnault Havarr.
15890. Essai Chronologique touchant les années des Règnes de nos premiers Rois ; par Chantereau le Févre.
15895. Dissertatio chronologica, à Pharamundo ad Pipinum : alia, à Carolo Simplice ad Philippum primum ; auct. Anton. Allen.
15908. Observations sur le temps de la mort du Roi Dagobert ; par Ismaël Bouliau.
15913. Remarques critiques sur deux Dissertations du P. Daniel ; par l'Abbé de Camps.
15914. Recherches de l'établissement des Francs dans les Gaules ; par M. Freret.
15922. Introduction à l'Histoire de France, avec la Chronologie des Rois Mérovingiens, depuis Clodion jusqu'à Clotaire II : Chronologia ab obitu Clotarii II. ad Pipinum : Annales de Charlemagne & de Louis le Débonnaire ; par l'Abbé de Longuerue.
15925. Extrait de l'Introduction .... de l'Abbé de Longuerue, par le C. de Boulainvilliers.
15931. Dates de la Vie des Rois de France des trois Lignées ; par Jean Besly.

Catalogues des Historiens de France, & Jugemens.

15935.** Bibliothèque des Historiens de France ; par André Du-Chesne, 2. Edition, avec grand nombre d'Additions Mss. de David Blondel.
15937. Bibliothèque des Historiens de France ; par Louis Jacob.
15939. Inventaire des Manuscrits de MM. Dupuy.
15940. Inventaire des Manuscrits d'Antoine de Loménie.
15941. Table des Manuscrits de Brienne.
15942. Inventaire des Mss. du Comte de Béthune.
15943. Tables des (mêmes) Manuscrits.
15944. Inventaire des Mss. de MM. de Bouthillier.
15946. Inventaire des Mss. de M. de Gaignières.

15947. Inventaire des Manuscrits de M. le Chancelier d'Aguesseau.
15976. Remarques critiques sur les Historiens de France ; par l'Abbé de Camps.
15997. Extraits de plusieurs anciens Titres; par Nic. de Rousseville.
15998. Porte-feuilles qui viennent de M. Lancelot.
15999. Porte-feuilles de M. de Fontanieu.

Histoires des Rois de la I. Race.

16007. Discours sur les deux Chroniques attribuées à S. Prosper ; par Chantereau le Fevre.
16013. Privilegium à Childerico Rege, sancto Berchario datum.
16022. De transitu Clodovei Dissertationes duæ, Ant. Allen.
16027. Clovis, Poëme; par Houdar de la Motte.
16033. Parallèle de Clovis I. & de Théodoric I. Roi des Ostrogoths; par l'Abbé de Camps.
16037. Vie de Clovis; par l'Abbé Moreau.
16054. Gregorius Turonensis Notis illustratus, ab Ægidio Boucher.
16056. Remarques sur la Préface & les Notes du P. Ruinart, & sur un endroit de la Diplomatique du P. Mabillon ; par l'Abbé de Camps.
16075. Partie d'Histoire de France, du temps du Roi Dagobert, jusqu'en 630.
16079.* Dagoberti, Testamenti Fragmentum.
16093.* Notes de Juret, sur Aimoin.
16103. Lettre de l'Abbé de Camps, au P. Hugo, sur l'Histoire de Sigebert, Roi d'Austrasie.
16111. Dissertation sur l'inhumation de Thierry III. dans l'Eglise de S. Vast d'Arras ; par M. Biner.
16123. Historia rerum gestarum Caroli Majoris Domûs, &c.
16128. Historia de origine & gestis Francorum .... ab Orbe condito ad mortem Caroli Martelli.
16135. Excerpta historica quæ res Gallicas spectant ; ex Libro de Regno Italiæ, &c.
16140.* Gesta Francorum, ad Pippinum.

Histoires des Rois de la II. Race.

16158. De l'Abdication volontaire du Roi Childeric, & de la succession légitime de Pepin le Bref ; par l'Abbé de Camps.
16159. Dissertation sur l'Abdication forcée du Roi Childeric III, &c. par l'Abbé de Vertot.
16168. Histoire du Roi Pepin.
16169. Histoire de Pepin le Bref.
16170. Le Roman de Pepin & de Berte ; par Adenez.
16170.* Histoire de Pepin & de Berthe au grand pié & de Challemaine.
16176. Inauguratio & confirmatio Pipini filiorumque ejus, per Stephanum Papam.
16177. Historia Carlomanni, fratris Caroli Magni.
16181. Histoire de la conquête d'Eresbourg en Westphalie, par Charlemagne, & de la destruction de l'Idole d'Irmensul ; par l'Abbé de Vertot.
16183. Historia Caroli Magni, à Turpino.
16185. Bataille de Roncevaux.
16186 & 87. Histoire de Charlemagne & Chronique, attribuées à Turpin.
16188. Visio Turpini de anima Caroli magni, &c.
16191. Historia fabulosa rerum heroïcarum Ducis Arpini & Caroli Magni, &c.
16199. Histoire des Gestes de Rolland & de Charlemagne ; par de Ekembach.
16200. Le Roman de Philomena .... contenant les actions héroïques de Charlemagne.
16205. Fragmentum de Regibus Francorum, à Childerico .... ubi de bellis Regis Caroli agitur.
16206. Discours de la conquête de la Bretagne Arémorique par Charlemagne.

16206.* Rigordi Relatio quomodo Carolus Magnus à Constantinopoli Aquisgranum attulerit Christi Clavum, &c.
16218. Vetustissimum Chronicon, ab anno 708 ad ann. 798.
16229. Historia de rebus gestis à Carolo Imp. in captione Carcassonæ & Narbonæ, anno 802.
16234. Annales Francorum, ab anno 742, ad ann. 809.
16235. Eginhardi, Breviarium chronologicum, ab Orbe condito ad annum 809.
16242. Appendix ad Annales Loisellianos.
16245. Gesta Francorum, ab eorum exordio ad mortem Caroli Magni.
16250.* Notes de Juret, sur Eginhart.
16254. Lettre .... à M. Schminck, au sujet de son Edition d'Eginhart.
16259. Fragmentum de Historia Caroli Magni & de sanctâ Amalbergâ.
16260. Vita Caroli Magni, scripta jussu Federici primi Imperatoris ; per Micrologum.
16263. Diverses Histoires de Charlemagne, en vieux François.
16264. Carolinus : auctore Ægidio.
16264.* Le Roman de Charlemagne, en Vers.
16265. Conradi, Historia Caroli Magni.
16266. Chronicon Aymerici de Peyraco, de gestis Caroli Magni.
16267. Histoire de France jusqu'à la mort de Charlemagne, en Provençal.
16268. Histoire de Charlemagne .... appellée Philoméla (ou Philomena).
16268.* Vita Caroli Magni, versibus Theutonicis.
16269. Clemens, de Vita Caroli Magni.
16271. Vie de Charles le Grand, mise en François avant 1200.
16272. Liber Historiæ magnifici Karoli Magni ; auct. Bern. de Rosergio.
16310. Liber de sanctitate meritorum & gloria miraculorum beati Caroli Magni.
16312. Epitome Historiæ Franciæ, à Priamo & Antenore, ad initium imperii Ludovici Pii.
16313. Chronique des Rois de France, depuis Clovis jusqu'à Louis le Pieux.
16323. Fragmentum Annalium Francorum Theodulpho adscriptorum. *Il est imprimé.*
16338. Chronica Regum Francorum à Pharamundo ad annum 16 Pipini Regis Aquitaniæ.
16338.* Chronicon breve, ad ann. 831.
16354. Chronicon ab anno 532, ad annum 839.
16367. Vetus Chronicon ... S. Martialis Lemovicensis.
16392. Fragmentum brevis Chronici (Elnonensis) ab anno 742, ad annum 855.
16411.* Joannis Sapientissimi, Versus ad Carolum Calvum.
16428. Historia quædam de Carolo Magno, Ludovico pio & Carolo Calvo.
16430. De origine & gestis Francorum usque ad Ludovicum Balbum, Libri III.
16435. Brevis Chronica & Genealogia Regum Francorum, à Marcomiro usque ad Ludovicum III, &c.
16436. Livre neuvième des Chroniques .... jusqu'à Louis III, traduit par J. Golein.
16445. De vita Caroli Magni & posterorum ejus, usque ad Ludovicum & Carlomannum.
16449. Historia Carlomanni, filii Caroli Magni (vel potius nepotis Caroli Calvi.)
16458. Dissertation sur le titre de Roi donné à Eudes, fils de Robert le Fort ; par l'Abbé de Vertot.
16475. Vita Caroli, Francorum Regis, Simplicis dicti.
16476. Chronicon Raynaldi, sub Rege Carolo Simpl.
16477. Historia de tempore Caroli Simplicis.
16486. Historiæ Gentis Francorum, ab exordio Regni ad Ludovicum IV.
16487. Vie de Rodolphe, Roi de France ; par J. Munier.

16488. Odonis, Cluniacensis, Chronicon ab exordio Mundi ad annum 937.
16498. Tractatus de gestis Regum Franciæ; auct. Sigiberto, Episcopo Uticensi.
16502. Chronicon breve Regum Franciæ, primæ & secundæ Stirpis.
16504. Extrait de l'Histoire de France, depuis Pharamond jusqu'à Hugues Capet; par Granier.

Histoires des Rois de la III. Race.

16510. Notice générale des Règnes de Hugues Capet & Robert; par l'Abbé de Camps.
16511. Chronique depuis Adam jusqu'au Roi Robert.
16517. Chronicon breve, ab anno 800, ad annum 1000.
16522. Chronicon brevissimum, à Christo nato, ad annum 1027.
16525.* Chronique Françoise, jusq. 1031.
16526. Chronicon ab Alexandro Magno, ad obitum Roberti Regis.
16540. Breve Chronicon, à Pipino Rege ad Henricum I.
16546. Fragmentum Chronici Hugonis Floriacensis de gestis modernorum Regum.
16554. Chronicon breve, usque ad Philippum I.
16558. Notice générale du Règne de Henri I; par l'Abbé de Camps.
16559. Histoire de France depuis Hugues Capet jusqu'à la mort de Henri I; par l'Abbé de Cordemoy.

Philippe I.

16565. Gesta Francorum, ab eorum exordio ad annum 1075.
16568. Breve Chronicon Raynaldi, ab anno 3201 ad annum 1085.
16569. Chronique de l'Abbaye du Saint-Sépulchre de Cambray.
16575.* Histoire de la premiere Croisade jusq. 1098.
16578. Dissertation sur la première Croisade; par Ribaud de la Chapelle.
16586.* La Conquête de Jérusalem.
16587. Sacra Gothofredi Bullionis Expeditio : auct. Gualfredo.
16588. Historia redemptionis & captionis Terræ Sanctæ.
16589. Chronique ou Histoire de Godefroy de Bouillon, attribuée à Falcon.
16590. Chronique de Godefroy de Bouillon.
16591. Fragmentum longissimum Belli sacri.
16592. Le Siège de Jérusalem; par Godefroy de Bouillon, en vers.
16593. De la Conquête de Jérusalem; par Eraclis, Godefroy de Bouillon, &c.
16595.* Roman & Histoire de Godefroy de Bouillon.
16596. Le Roman de Godefroy de Buillon & de Salehadin, &c.
16596*. Roman des Guerres de la Terre Sainte=Histoire de la Prise & des Rois de Jérusalem.
16600. Lotareis Peroti, seu de Bello Sacro, Poëma.
16602.* Jérusalem délivrée, trad. du Tasse; par de Fetrat.
16610. Hierosolymita, sive de oppressione & restauratione Ecclesiæ Hierosolymitanæ, &c. per Fidentium.
16610.* Jerosolymitanæ Expeditionis Libri sex.
16611. Relation de la mort de Godefroy de Bouillon & de ses Successeurs.
16615. Pontii de Paludano, Historia prioris Belli sacri.
16617. Chronographia ab initio Mundi, ad Balduinum Regem Hierosolymitanum.
16620. Chronicon Reg. Franc. à Merovæo, ad ann. 1108.
16621. Liber de Regibus Franc. à Philippo ad Ludovicum Crassum.
16623. Notice générale du Règne de Philippe I; par l'Abbé de Camps.
16626. Breve Chronicon à Carolo Magno, ad Ludovicum VI.
16627. Chronicon ab anno 940, ad annum 1109.

Louis VI. & Louis VII.

16629. Breve Chronicon Fontanellense, ab anno 570, ad annum 1110.
16632. Anton. Allen Notæ in Sigeberti Chronicon.
16635.* Histoire de la premiere Croisade, en vers; par Tortaise.
16642. Breve Chronicon Beccense, ab anno 851, ad annum 1136.
16643. Chronicon Turonense ab anno 677, ad annum 1137.
16645. Abbreviatio Gestorum Regum Franciæ, ad ann. 1137.
16646. Fragmenta ab anno 484, ad ann. 1137.
16647. Chronicon Hugonis & Richardi, à Cæsare Octaviano ad Ludovicum Juniorem.
16648. Chronicon breve à Pipino, ad annum 1137.
16655. Notice générale du Règne de Louis VI; par l'Abbé de Camps.
16657. Chronicon Hugonis à sancto Victore, ab initio Mundi, ad ann. 1138.
16660. Chronica Chronicatum, ab Orbe condito, ad annum 1140.
16661. Julii Flori Chronicon, potissimùm de rebus Aquitanicis, à Carolo Calvo usque ad annum 1140.
16669. Breve Chronicon Beccense, ab anno 1026, ad annum 1154.
16672. Richardi Pictaviensis Chronicon, ab Orbe condito, ad annum 1161. Elle a été imprimée.
16677. Suite de l'Histoire de Frère Macé, qui contient l'Hist. de Louis le Jeune.
16680. Chronicon à Carolo Magno, ad Philippi Augusti nativitatem, anno 1165; IV, S.
16681. Histoire des Croisades; par Guillaume de Tyr.
16683. Notice générale du Règne de Louis VII; par l'Abbé de Camps.

Philippe-Auguste & Louis VIII.

16685. Breve Chronicon Tungrense, ab anno 540, ad annum 1182.
16693. Historia Belli Sacri, à morte Balduini pueri, anno 1184, ad annum 1188.
16694. Quoties & à quibus capta fuit Hierusalem.
16697. Histoire de Saladin; par Abou Mudafir.
16698. Histoire des Guerres de Palestine; par Abou Abdallah.
16699. Quatre Manuscrits de quatre Auteurs différens, contenant l'Histoire de Nourreddin & de Salaheddin, en Arabe.
16701. Histoire de la Guerre contre les Francs; par Muhamed.
16702. Actes & condition du Roi Salah-eddin.
16703. Histoire de Saladin; par l'Abbé Renaudot.
16716. Chronica abbreviata, ad annum 1199.
16718. Chronicon Remense, ad ann. 1200.
16719. Chronicon, ad annum 1200. sanctæ Columbæ Senonensis.
16725. Historia expugnatæ urbis Constantinopolitanæ.
16727.* Nicolai Ambianensis Chronicon, ad ann. 1204. = Just. Gobleri Historia de quadam filia Regis Franciæ, &c.
16735. Histoire de la Conquête de Constantinople; par François Rose.
16742. Histoire de France, jusqu'en 1202, ou 1207.
16745. Eracles, de la conquête de la Terre-Sainte, continuée jusqu'au Roi Jean de Brienne.

16749. Chronicon (Cadom.) ad annum 1213, & contin. ad annum 1328.
16750. Historia Regum Franc. ad ann. 1214.
16751. De Gestis Francorum, ad ann. 1214.
16752. Chronicon à Christo nato, ad annum 1218.
16753.* De Hierusalem itinere præcluso, Lamentatio.
16754. Jacobi de Vitriaco Historia Orientalis, ab editis discrepans.
16761. Chronicon Terræ sanctæ : auct. Radulpho Coggoshalensi.
16763. Chronicon ab Orbe condito, ad annum 1219.
16766. Breve Chronicon à Pharamundo, ad ann. 1220.
16770. Breve Chronicon Turonense, ab anno 331, ad Ludovicum VIII.
16771. Chronicon à Carolo Magno, ad Ludovicum patrem S. Ludovici.
16771.* Chronique Françoise, jusq. 1223. = l'Histoire du bon Roy Lois, & de plusieurs (autres), 1223.
16777. Remarques critiques de l'Abbé de Camps, sur l'Histoire de Philippe Auguste, écrite par Baudot.
16778. Notice générale du Règne de Philip. Aug. par le même Abbé de Camps.
16780. Chronique de France, jusqu'en 1225.
16781. Annales Francorum, ad ann. 1225.
16787. Chronicon, ad annum 1226.
16788. Chronicon Turonense breve, ad ann. 1226.
16789.* Recueil de Pièces, jusqu'en 1226.
16790. Chronique des Rois de France, du XIV Siècle.
16791. Histoire des Rois Philippe - Auguste & Louis VIII.
16791.** Notice générale du Règne de Louis VIII ; par l'Abbé de Camps.

S. Louis ou Louis IX.

16792. Chronicon à Christo nato, ad ann. 1227.
16797. Journal du Règne de S. Louis ; par Péan. [voyez 17406 & le Supplément.]
16799. Chronicon breve, à Christo nato, ad ann. 1235.
16805. Chronicon ab Orbe condito, ad ann. 1243.
16808. Hodœporicon primæ profectionis S. Ludovici in Syriam : auct. Guiberto.
16819. Li Charboclois d'armes, (ou) du conquest de la Terre - Sainte ; par Roger de Stavegne.
16820. Histoire des Guerres Saintes, finissant en 1261.
16822*. Histoire de Godefroy de Bouillon, & des Rois de Jérusalem, jusqu'en 1263.
16827. Enseignemens de Saint Louis à sa fille Agnès, &c.
16829. Mare historiarum, à Joanne de Columna.
16830. Adami Opus historicum, ad annum 1270.
16831. Chronique de France, depuis Pharamond jusqu'à Philippe le Hardi, en 1270.
16832. Histoire de France depuis Charlemagne, &c.
16833. Chronique de France, depuis Louis le Begue, jusqu'à Philippe III.
16839. Vie de Saint Louis, écrite peu après sa mort.
16840. Histoire de S. Louis ; par le Confesseur de la Reine Marguerite. Elle a été imprimée.
16841. & 42. Vies de S. Louis.
16849. Abrégé ou Extrait en l'honneur de S. Louis, contenant les noms des Rois de France, qui ont été en Terre-Sainte, &c.
16857. Vie & Miracles de S. Louis, composée par ordre de Charles, Cardinal de Bourbon, &c.
16858—60. Vies & Faits de S. Louis.
16875. Histoire du Règne de S. Louis ; par Varillas.
16876. Mémoires de la Vie de S. Louis ; par Lenain de Tillemont.
16877. Journal du Règne de S. Louis ; par Aubery.
16878. Anecdotes curieuses sur (le même) Règne.
16887. Notice générale du Règne de S. Louis ; par l'Abbé de Camps.

Philippe III., & Philippe IV.

16898. Chronicon Lemovicense, ad annum 1271.
16899. Gerardi de Antverpia, Abbreviatio Historiæ ad annum 1272.
16902. Chronica abbreviata, ad annum 1274.
16902.* Histoire des Conquêtes d'Oultremer, jusq. 1277.
16903. Histoire des Rois & Seigneurs de France, jusq. 1278.
16904. Chronicon ad annum 1280 ; auct. Guill. de Bongevilla.
16905. Summaria doctrina .... abbreviationis Guerrarum, &c.
16907. Chronica ad annum 1285.
16911. Notice générale du Règne de Philippe III ; par l'Abbé de Camps.
16913. Chronique du Règne de Philippe, fils de Saint Louis.
16914.* Journal de S. Louis & de Philippe III ; par Aubery, &c.
16915. Chronicon Gerardi de Arvernia [ad annum 1287.].
16917. Annales Aquicinenses, ad annum 1288.
16918. Guerres de la Terre - Sainte, jusqu'en 1188.
16919. Chronique jusqu'en 1290.
16936. Histoire des Croisades, depuis Godefroy de Bouillon.
16950. Conquest de la Terre-Sainte [jusqu'en 1277.]
16953. Chronique de France jusqu'en 1292.
16954. Défi d'Adolphe de Nassau, au Roi Philippe le Bel, &c.
16955. Chronicon ad annum 1294 : auct. Balduino.
16956. Chronicon ad annum 1295 : auct. Gaufrido de Collone.
16957 & 8. Chroniques en vers, jusqu'en 1296.
16960. Deux Copies de la Chronique de Guillaume de Nangis, continuée jusqu'en 1381 & 1467.
16963. Chronique jusqu'en 1301.
16965. Branche aux Reaux lignages, en vers... jusq. 1306 ; par Guyart.
16967. Histoire du différend de Boniface VIII & de Philippe le Bel.
16969. Chronique de Philippe le Bel & de Guy de Dampierre.
16971. Chronique jusqu'en 1314.
16972. Histoire en vers François, jusqu'en 1314.
16973. Fragmentum Historiæ, ad Philippi IV. obitum.
16975. Storia di Francia ; da Andrea Cambini.
16976. Notices du Règne de Philippe le Bel ; par l'Abbé de Camps.

Louis X, Jean I, Philippe V, Charles IV.

16980. Ligues & Associations de la Noblesse.
16982.* Historia del Re Giannino.
16985. Memoriale historiarum, Joannis Victorini, ad annum 1320.
16986. Histoire de France, jusqu'à Charles le Bel.
16988. Chronique de France, finissant en 1311.
16989. Breve Chronicon Nemausense, ad annum 1324.
16990. Chronique jusqu'en 1326.
16991. Chronique de France & d'Angleterre ; par le Bel.
16992. Chronique de Fibrois, jusqu'en 1327.
16993. Chronique des Rois de France, jusqu'en 1327.
16994. Histoire, jusqu'à la mort de Charles IV.
16995. Chronicon Bernardi Guidonis, ad Philippum Valesium.
16695.* Les Fleurs des Chroniques ; par Bern. Guido.
16996. Extrait d'une vieille Chronique.
16999. Histoire de Philippe le Bel & de ses fils.
17001. Notices de l'Abbé de Camps, & Pièces, sur Louis le Hutin, Philippe le Long & Charles le Bel.

17002. Pièces depuis 1270, jusqu'en 1318.

Philippe de Valois, Jean II & Charles V.

17003. Chroniques abrégées, jusqu'en 1328.
17006. Chronique jusqu'en 1336.
17007. De Geſtis Francorum, uſque ad annum 1336.
17008. Chronique abrégée, finiſſant en 1339.
17009. Bibles hiſtoriaux, jusqu'en 1339.
17011. Hiſtoria Gallorum, uſque ad annum 1340.
17012. Chronique abrégée, jusqu'en 1340.
17013. Chronicon Rothomagenſe, uſque ad annum 1344.
17019. Chronique finiſſant en 1347.
17020. Libri duo Chronicorum, Ægidii li Muſis.
17021. Hiſtoire de Philippe de Valois.
17022. Vieilles Chroniques Françoiſes, jusqu'en 1350.
17022.* Chronique de France.
17024. Chronique de France jusqu'au Roi Jean.
17025. Chronique des Guerres des Anglois; par de Bercy.
17026. Chronique de France jusqu'au Roi Jean.
17027. Vitæ Ludovici X....Philippi VI: auct. Joan. Deſpretz.
17028. Chronicon, ſub Philippo VI.
17038. Notice & Pièces ſur Phil. de Valois; par l'Abbé de Camps.
17041.* Chronicon ad ann. 1356.
17042. Diſcours de Charles de France, ſur la détention du Roi Jean ſon pere; en 1356.
17043. Relation touchant l'Ayde octroyé en 1359; par les Etats.
17043.* Hiſtoire des Querelles des Rois de France & d'Angleterre: 1360.
17044. Chronique, jusqu'en 1360.
17045. Hiſtoire des nouvelles Guerres depuis 1326, jusqu'en 1361.
17046. Chronicon Augerii (circa 1362.)
17047. Chronique, jusqu'en 1364.
17048 & 49. Hiſtoire & Chronique du Roi Jean, depuis 1350, jusqu'en 1364.
17050. Notice & Pièces (de ſon) Règne; par l'Abbé de Camps.
17051. Chronicon, ad Regem Carolum Bonum.
17053. Chronique de France, jusqu'en 1380.
17054. Appendix Chronici Guill. de Nangiaco.
17055. Chronicon, ad annum 1368.
17056. Faits des Guerres au tems du Roi Charles V.
17059. Annales Francorum, ad annum 1370.
17059.* Chronica, ad annum 1370.
17060. Chronique de Fr. finiſſant en 1377; par le Brun.
17061. Chronique, jusqu'en 1378.
17061.* Myroir hiſtorial, (juſqu'à Charles V.)
17062. Chronica Regum Fr. uſque ad annum 1378.
17064—66. Chroniques, qui finiſſent en 1380.
17067. Hiſtoire de Charles V, depuis 1364, jusqu'en 1380.
17068. Chronique, juſqu'à Charles VI.
17069. Hiſtoire des Rois Philip. de Valois, Jean & Charles V.
17070. Le Livre des Faits & Mœurs de Charles V; par Chriſtine de Piſan. *Imprimé.*
17072. Hiſtoire du Roi Charles V, &c.
(Ses) derniers propos.
(Ses) préceptes à ſon fils Charles VI.
17073. Notice & Pièces (de ſon) Règne; par l'Abbé de Camps.
17078. Eſſai ſur le Règne de Charles V; par M. Doderel.
17083. Inventaire des Ornemens de ſa Chapelle.
17083.* Diverſes Prognoſtications, ſous ſon Règne.

Charles VI.

17084 & 86—90. Anciennes Chroniques, qui finiſſent en 1383.
17091. Hiſtoria Caroli VI, uſque ad annum 1385.
17092. Annales, depuis 646, jusqu'en 1387.
17092.* H. de San-Severino Oratio, ad Regem Franciæ.
17093. Joan. Fabri Diarium, ab anno 1381 ad 1388.
17095. Journal depuis Philippe le Bel, jusqu'en 1390.
17096.* Hiſtoire du Roi Richard d'Angleterre.
17097 & 17107. Mémoires des Querelles entre les Maiſons d'Orléans & de Bourgogne.
17098. Chronique de Jacques de Conigshoffen.
17099. Chronique, jusqu'en 1399.
17100.* Les Chroniques de Froiſſart abrégées, avec un Supplément & des Notes.
17104. Combat de ſept François contre ſept Anglois, en 1402.
17105. Hiſtoire de France, depuis 1136 jusqu'en 1404.
17106. Chronique, jusqu'en 1406.
17108. Mémoire ſur la Mort du Duc d'Orléans.
17109. Juſtification du Duc Jean de Bourgogne; par Jean Petit. *Imprimée.*
17110. Procès-verbal de la Propoſition de Jean Petit.
17111. Tractatus (Martini Porée) pro parte Ducis Burgundiæ.
17112. Recueil ſur la juſtification du Duc de Bourgogne, en 1407.
17117. Hiſtoire des Conteſtations agitées au Concile de Conſtance, ſur la Doctrine de Jean Petit.
17119.* Abrégé de l'Hiſtoire de France.
17120—23. Relations du Meurtre de Jean Duc de Bourgogne, en 1419.
17125 & 26. Pièces &c. (ſur le même ſujet.)
17127. Hiſtoria, ab anno 1380, ad 1412; auctore Simone le Couvreux.
17128. Deſolatio Franciæ, dum Rex Carolus VI.(anno 1412.) detineretur ab Anglis: auct. Rob. Blondelli.
17129. Hiſtoria Caroli VI, ad annum 1415.
17130. Factum du Sieur de Gaucourt.
17132.* Abrégé des Chroniques de France; par Friboes.
17133. Chronique, jusqu'en 1422.
17134. Hiſtoria Stephani de Conty.
17135—37. Chroniques & Hiſtoire, jusqu'en 1422.
17138. Journal du Règne de Charles VI; par de Baye.
17139. Hiſtoria (ejuſdem), à Joanne Vitrio.
17140. Mémoires ſur le (même) Règne.
17141. Hiſtoire de Charles VI; par le Fevre de S. Remy.
17149. Hiſtoire des Rois après Philippe III, juſqu'à Charles VI.
17150. Notice & Pièces du Règne de Charles VI; par l'Abbé de Camps.
17151. Différentes Pièces ſur le (même) Règne.

Charles VII.

17152. Chronique abrégée, depuis 1407, jusqu'en 1424.
17153. Hiſtoire de France & de Bourgogne (mêmes années.)
17154—56. Chroniques, jusqu'en 1427—29.
17154.* Miroir hiſtorique, juſqu'à Charles VII.
17158. Barth. Facii de origine Belli inter Gallos & Britannos.
17159. Hiſtoria Francorum, ab anno 1418 cum conditionibus Pacis cum Anglis.
17161. De miſeriis Belli Anglici.
17166. De calamitate Franciæ: auct. Guill. Majoris.
17167. Hiſtoire des Différends des Rois de France & d'Angleterre; par Jean Chartier.
17168. Hiſtoire ancienne des mêmes Différends.

17170. Rob. Blondelli Libellus (contra) pestem Anglicæ tyrannidis.
17180.* Le Mystère du Siège d'Orléans, en Vers.
17190. Démonstration, &c. (sur la Pucelle d'Orléans;) par Postel.
17199. Jacobi Gelu, Dissertatio de Puella Aurelianensi.
17200. Petit Traité ou Chronique sur le Siége d'Orléans.
17201. Processus Puellæ Aurelianensis.
17202—5. Procès fait à la Pucelle d'Orléans.
17206—12. Procès de la Justification de la même.
17225. Histoire de la Pucelle d'Orléans; par Edm. Richer.
17231. Remarques historiques sur la Pucelle d'Orléans.
17244 & 45. Annales & Chronicon, ab anno 1107, ad 1430.
17246. Chronique, jusqu'en 1442.
17247. Abrégé des choses arrivées en France, depuis 1403, jusqu'en 1433.
17248. Chronique, jusqu'en 1440.
17249. Historia reductionis Normanniæ : auct. Rob. Blondelli.
17249.* Rob. Blondelli, Oratio historialis.
17250. Recouvrement de la Normandie, en 1448; par Berry.
17251 & 52. Autres, sur le même sujet.
17252.* Chronique de France : 1408—1449.
17253. Débat de la France & de l'Angleterre.
17254. Chronique abrégée, jusqu'en 1442.
17258. Annales, jusqu'en 1450.
17259. Guil. Bardin, Historia Chronologia. *Imprimée.*
17260. Faits aucuns du Royaume de France, depuis 1403. jusqu'en 1454.
17261. Aniani Chronicon, ad annum 1457.
17262. Chronique, depuis 1402. jusqu'en 1458.
17262.* Pièces sur Charles VII.
17263. Chronique, finissant en 1459.
17265. Diarium rerum Gallicarum sub Carolo VII.
17266. Chronique, jusqu'à Louis XI; par P. le Moine.
17267. Historia Caroli VII. per Joannem.
17268. De rebus gestis Caroli VII, auct. Amelgardo.
17269. Mémoires de Charles VII.
17273. Discours sur les Guerres du temps de Charles VII.
17277. Considérations sur Charles VII. par M. Tribert.
17279. La vie privée de Charles VII.
17281. Complainte sur la mort de Charles VII.
17282.* Epitaphes de Charles VII; par Simon Gréban.
17283. Abrégé des Chroniques du Roi Ch. VII.
17287. Histoire de Charles VII ; par M. de Fontanieu.
17292. Notice & Pièces du Règne de Charles VII; par l'Abbé de Camps.
17293. Divers événemens, depuis 1390, jusqu. 1445.

Louis XI.

17294. La Guerre menée par les Seigneurs du Sang Royal.
17294.* Storia di Francia, Andr. Caubini.
17297. Mémoires de Jacques du Clercq.
17297.* Chronique de France, 1461—67.
17298. Chronica, ad annum 1469.
17299. Entrevue du Roi & de Monseigneur de Guyenne.
17300. Chronique depuis 1375, jusqu'en 1470.
17301. Chronique de Guillaume Cousinot.
17303 & 4. Chroniques, jusqu'en 1470.
17305. Chroniques de Jean de Vauvrin.
17306. Chronique des Guerres, 1444—1471.
17307. Mémoires de la Guerre du Duc de Guyenne.
17310. Paix avec le Duc de Bretagne, en 1475.
17311 & 12. Histoires de la Bataille de Nancy : 1476 ou 77.

17314. Déclaration de Louis XI, pour faire procéder à la confiscation des Terres du Duc de Bourgogne : 1478.
17314.* Examen de la Question entre le Duc d'Ausbourg (ou d'Autriche) & Louis XI.
17316. Chronique, jusqu'en 1480.
17317. Chronique, jusqu'en 1483.
17318. Historia Gentis Francorum, ad annum 1483.
17319. Les Chroniques de Louis XI : 1415—1483.
17321. Calendrier de Louis XI; par Nicolay.
17326. Annotations de Montjournal du Thil, sur les Mémoires de Comines.
17327. De rebus gestis Ludovici XI : auct. Amelgardo.
17329. Histoire de Louis XI; par Maupoint.
17330. Vie de Louis XI; par du Haillan.
17339. Histoire de Louis XI; par l'Abbé le Grand.
17342. Notice & Pièces du Règne de Louis XI; par l'Abbé de Camps.
17342.* Recueil de Pièces : 1437—83. = Congratulation de la Nativité de Charles, Dauphin.

Charles VIII.

17344. Chronique, jusqu'en 1485.
17345. Lettre de Maximilien, &c.
17346. Harangue de Madame de France : 1486.
17349. Histoire de Charles VIII, jusqu'en 1489.
17351. Histoire depuis 1487. jusqu'en 1491; par Jean Molinet.
17354. Litteræ Caroli VIII. de sua Expeditione.
17361. Accessus & introitus Regis Franciæ in Urbem Romam, &c. 1495.
17362. Relation de ce que fit dans Rome Charles VIII.
17363. Diarium Alexandri VI.
17369. Neopolitana Expeditio ; auct. Patoilleto.
17370. De adventu Caroli, &c. auct. Schifaldo.
17373. Historia Caroli, ad recuperationem Siciliæ.
17377. Bellum gestum apud Fornovium.
17379. Chronica, ad annum 1495.
17386. Complainte du Trépas de Charles VIII; par Saint-Gelais.
17387. Chronique jusqu'à Louis XII.
17389. Caroli VIII. Vita.
17390. Vie ou Eloge ; par Baude.
17391. Histoire de Charles VIII.
17392.* Mémoires de Comines abrégés, avec un Supplément & des Notes.
17394.* Que Philippe de Comines n'est pas l'Auteur de la Vie de Charles VIII; par M. de la Mare.
17396. Gohorii, Carolus VIII. Rex 55.
17397. Chronique de Charles VIII.
17398. Mémoire historial sous Charles VIII.
17405. Histoire de Charles VIII; par M. de Fontanieu.
17406. Journal depuis S. Louis, y compris Charles VIII; par Aubery.
17407. Notice, &c. du Règne de Charles VIII.

Louis XII.

17409.* Capitulation entre les Génois & Louis XII. = Novellini, de Expeditione Genuensi.
17410 & 11. Conquête de Milan, en 1499.
17413. Chronique des Faits & Gestes de Louis XII, en 1500.
17417. Chronique jusqu'en 1506.
17418. Recueil des choses mémorables : 1483—1506; par Guillaume Boyvin.
17421. Expédition de Louis XII sur les Génois; par Jean des Marais.
17422. Chronique des Gestes de Louis XII ; par Jean d'Auton.
17449. Histoire de France : 1270—1510.

17456.*

Table des Manuscrits.

17456.* Le Blazon de la Guerre du Pape, ses Alliés, les Vénitiens, contre le Roy.
17457. L. Parmenii, de cladibus per Gallos Italiæ illatis.
17461. Extrait des Chroniques; par Siméon.
17464. Poëme sur l'embrasement d'un Vaisseau : 1513.
17465. Siége de Dijon, en 1513; par Tabourot.
17468. Aurelii Apocalypsis, sive Narratio sacratissima, &c.
17469. Gesta Ludovici XII : auct. Gohorio.
17471. Ludovici XII, Vita & Historia : auct. Nic. Bartholomæo.
17472. Histoire de Louis XII; par Vellay.
17474. Ludovici XII. Panegyris.
17475. Mémoires du Chancelier du Prat.
17479. Sommaire de la Vie de Louis XII.
17484. Notice du Règne de Louis XII. & Pièces.

François I.

17484.* Vers sur la Naissance de François I.
17491. De rebus gestis ann. 1515; ex Diario Paridis.
17496. Histoire de France : 1513—1517.
17497. Histoire des deux premières années de François I; par Barillon.
17498. Chronique : 1113—1518.
17499. Compte des deniers de la Croisade.
17503. Histoire des premières années de François I; par Moreau.
17504. Histoire depuis 1514. jusq. 1520.
17504.* Relation de ce qui se traita à Calais, &c. en 1521.
17505. Histoire, &c. par de Fleuranges. (*Imprimé.*)
17506. Histoire des sept premieres années de François I : 1415—22.
17516 & 17. Recueils des Poësies de François I.
17519. Traité de paix fait à Madrid.
17519.* Délivrance de François I.
17525. Histoires advenues depuis 1501, jusqu'en 1526.
17539. Discours à Charles V. Empereur, pour la liberté des Enfans de France.
17540. Chronique en l'an 1528.
17542. Choses arrivées à Naples : 1519—1530.
17544. Délivrance des Enfans de France, &c. 1530.
17557. Projet d'Histoire; par Guill. du Bellay.
17560. Journal du Règne de François I, jusqu'en 1535.
17561. Relazione di Marino Giustiniani.
17567.* Relazione del Abboccamento di Paolo III. con Carlo V. e Francesco I.
17568.* Extrait de la Rivoire, sur l'Entrevue de François I. & de Charles V.
17572. Voyage de Charles V, Emp. en France, 1539; par Macé.
17574. Chronicon breve : 1191—1539.
17580. Chronique jusqu'en 1542.
17618. Chronique de Nicaise l'Adam : 1488—1545.
17619. Relazione fatta per Marino de' Cavalli.
17619.* Arrest notable de 1546, exécuté à Meaux.
17610. Relazione delle cose di Francia.
17611 & 22. Guil. Bellaii Langei, Ogdoadis primæ Libri III.
17611 & 23.* Mémoires de du Bellay abrégés, avec un Supplément & des Notes.
17614. Des Guerres entre Charles V. & François I, 1519—47.
17615. Histoire de François I, avec digressions morales, &c.
17626.* Panegyricus Francisco I. dictus.
17627. Lettre de Henri II. au Parlement, &c.
17634.* Louange de François I, en vers François.
17640. Pièces concernant le Règne de François I.
17041. Œuvres poëtiques & Lettres de ce Prince.

Tome V.

Henri II.

17643. Choses mémorables arrivées en 1547 & 48.
17650. Chronicon ad ann. 1550 : auct. Severtio.
17651. Historia Coterei, usque ad ann. 1550.
17655. Discours de la Guerre entre Henri II. & Charles V.
17661. Siége de Metz, en 1552 ; par de Chanatz.
17686 & 7. Voyage de M. de Guise en Flandre, & ses Mémoires : 1557.
17689. Déroute de Saint-Quentin ; par Dinteville.
17695. Guerres entre le Roi Henri II, & le Roi d'Espagne.
17697. Voyage de M. de Guise en Italie. *Imprimé.*
17718. Annales historiques des Guerres de Henri II.
17723. Mémoires des Favoris sous Henri II.
17724. Mémoires sur la fin du Règne de Henri II.
17732.* Monodia lamentabilis Henrici II, &c.
17738. Histoire de France, par Jean Amelin.
17740. Histoire de la Cour de Henri II.
17742. Histoire depuis la prinze de M. le Connétable, &c.
17743. Gestes d'Anne de Montmorenci, Connétable.
17747. De rebus gestis Henrici II : auct. Carolo, Cardinale Guiso.
17748. Historiarum Fragmenta : auct. Pascalio.
17754. Mémoires sur le secours accordé par Henri II, au Pape Paul IV.
17755. Pièces concernant le Règne de ce Prince.
17756. Recueil de Pièces d'Etat, ou Cartable.

François II.

17774. Commentario del Regno di Francia ; da Mich. Suriano.
17775. Histoire de la Mort de Henri II, & du Règne de François II.
17777. Choses notables advenues, &c.
17778. Francisci II. Vita; à Rob. Huralto.
17779. Ab excessu Henrici II. Annalium Liber I.
17780. Supplément à l'Histoire Latine de Henri II, & de François II.
17780.* Th. Cormerii, rerum sub Francisco II. gestarum Historia.
17793. Inventaire des Vaisselles, Bijoux, &c de François II.
17794. Pièces sur le Règne de ce Prince.

Charles IX.

17797. Histoire depuis 1556, jusqu'en 1561.
17802. Journal de la Cour & de Paris, 1561.
17811. Expéditions sur la rébellion de Tolose, &c.
17824. Articles prétendus envoyés par la Reine, au Pape.
17841. Commentarii delle attioni concernenti la Religione, &c.
17842. Relazione di Marc. Ant. Barbato.
17848. Chanson sur la défaite & meurtre de Vassy.
17888.* Affliction de Montauban, &c. par Fornier.
17912. De la vaillance de François, Duc de Guise.
17934.* Mémoires de le Blanc : 1558—62.
17968. Curiosités du temps; par Scarron.
17983. Mémoires de Guillaume de Rochechouart.
17998. Prise (ou Dispute) du Cardinal de Lorraine avec le Chancelier : 1566.
18003. Histoire de la Surprise de Soissons : 1567.
18018 & 19. Reprise de la Floride; deux Relations.
18020. Histoire des Troubles ; par Rodeau.
18046. Relazione di Giovanni Correro.
18058. Relation du Camp du Duc d'Anjou : 1569.
18066. Journal du Siége de Poitiers ; par J. de la Haye.
18081. Discours de la Guerre faite sous la conduite du Duc d'Anjou, en 1568 & 69.

18089. Discours délibératif sur la paix : 1570.
18090. But de la Guerre & de la Paix; par le Chancelier de l'Hôpital.
18117.* Commentaires de Montluc abrégés, avec un Supplément & des Notes.
18142. Discours sur les Troubles : 1572.
18143. Narratio cædis Bartholomeanæ.
18175. De Laniena Parisiensi, Descr. G. de Bonheim.
18176. Histoire des Massacres de 1572.
18182. Le Massacre d'Orléans, & quelques Pièces.
18185. Les François lavés du crime de la Saint-Barthélemi; par M. de Valette-Travessac.
18191. Conseil tenu par le frere du Roi, la Reine, & le Cardinal de Lorraine.
18195. Harangue du Cardinal de Lorraine, au Roi : 1573.
18203. Commentarii di Francia; di Mgr. di Terracina.
18205. Ph. Caurianæ, de obsidione Rupeliæ, Commentarius.
18210. Requête des Rochellois au Roi de Pologne.
18224. Chanson sur le Comte de Montgommery.
18247.* Pièces historiques; par l'autrier.
18254.* Louanges de Charles IX.
18256. Rerum à Carolo IX, gestarum Historia : auct. Thoma Cormerio.
18257. Historia Caroli IX.
18258. L'acquit du Trésorier d'Abra de Raconis.
18259. Journal des Regnes de François I, &c. jusqu'à Charles IX; par Franc. Monnier.
18260. Histoire depuis la Saint-Barthélemi.
18261. Histoire de notre temps; par J. de la Haye.
18265. Pièces du Règne de Charles IX.

Henri III.

18322. Déclaration du Maréchal Dampville : 1574.
18328. Relazione di Giovanni Michele : 1575.
18334. Remontrances de la Ville de Paris.
18335. Missives du Prince de Condé, au Comte Palatin.
18342. Recueil de Gazettes Italiennes : 1571—75.
18348. Mémoires de Jean de Morvilliers.
18368. Pièces des Etats de Blois.
18369. Articles présentés au Roi.
18384. Portraits des Guerres Civiles : 1558—77.
18387. Lettres & Mémoires sur l'Histoire de la Popelinière.
18394. Recueil des choses plus remarquables : 1572—78.
18395. Histoire de ce qui s'est passé entre Mgr. (d'Anjou) & les Etats des Pays bas : 1578.
18410. Mémoire des troubles; par Flor. Chrétien.
18417. Discours des Troubles de Picardie : 1580.
18421. Conférence de l'Histoire de la Popelinière & de celle de le Frère.
18430.* Histoire de France, en Italien, 1482—1582.
18445. Histoire de notre temps; par Tahureau.
18454. Historia tumultuum Belgicorum; auct. Joan. Asselieri.
18455. Pièces concernant le Duc d'Alençon.
18464. Recueil de ce qui s'est avenu, depuis 1500, jusq. 1585. par J. Ballin.
18465. Relation de la présentation de l'Ordre de la Jarretiere au Roi.
18468.* Lettre de Henri, Roi de Navarre, à Henri III; du 5 Juin 1585.
18480. Instructions des Ducs de Guise, pour les Gentilshommes envoyés en Suisse.
18496. Rerum gestarum Commentarii, ab ann. 1572 —85 : auct. Ren. de Lucinge.
18497. Traité pour la défense du Roi de Navarre.
18561. Histoire depuis 1559—1587; par Jacques de Montagne.
18562. Iehova Servator : 1585—87.

18583. Discours de l'Armée étrangère; par le Comte de Chastillon.
18621. Journal du Voyage des Reistres en France.
18624. Relation de la Bataille de Coutras : 1587.
18673. Histoire du jour des Barricades : 1588.
18675. Histoire de la Ligue : 1588.
18676. Mémoires du Capitaine Guis.
18746.* Narratio stupenda cujusdam rei, &c.
18823. La mort du Duc & du Cardinal de Guise, en vers Italiens; par Raphaël.
18836. Mandement du Chapitre de l'Eglise de Reims, à l'occasion de ce Meurtre.
18838 & 60. Informations sur la mort du Cardinal, & du Duc.
18910. Journal de Paris : 1588 & 89.
18981. Mémoires pour l'Histoire de la Ligue; par Poitevin.
19005. Relation de la défaite de Saveuse.
19052. Les dernieres paroles de Henri de Valois.
19077.* Procès fait à la mémoire de Jacques Clément.
19083. Chanson de la Ligue.
19096. Henri Valesii Elogium (Satyricum.)
19122. Troubles de Charles IX & Henri III.
19123. Georg. Bevilaquæ Historiæ de Bello Gallico.
19124. Annales, en Vers ; 1547—89.
19125. Traité de ce qui s'est passé à Paris au temps de la Ligue.
19138. Wolfgangi Fusii Valesius.
19142. Histoire des cinq derniers Rois de la Maison de Valois; par Gomberville.
19144. Remarques sur l'Histoire de François I, &c. écrite par Varillas.
19146. Pièces du Règne de Henri III.

Henri IV.

19147. Tractatus de translatione regni in Borboniam Domum.
19164. Mémoire apporté de l'armée du Roi, le 7 Septembre 1589.
19179.* (4) Lettre du Cardinal de Vendôme, à M. le Blanc.
19192.* Rerum recentis memoriæ Libri V, à Cormerio.
19196. Relation depuis la Mort de Henri III, jusqu'au secours envoyé à Henri IV par la Reine d'Angleterre.
19203. Histoire du temps, tirée des Registres du Parlement : 1371—1590.
19215. Siège de Meulant.
19237. Pièces concernant la Ligue.
19239. Discours sur la Bataille d'Ivry; par M. de Villeroy.
19264. Journal historique, depuis 1584. jusq. 1590.
19275. Ligue depuis 1587. jusqu'en Août 1590.
19289. Sommario, &c. 1587—90.
19298. Discours de la constance, &c. des Parisiens; par Laigneau.
19306. Journal du Roi Henri IV, 1589 & 90.
19307. Mémoires de la Borde du Houssai.
19311. Traité de ce qui s'est passé à Paris, en 1590.
19323.** Recueil contenant Lettres-Patentes, &c. & Procès-verbal de saisies & ventes faites sur des Ligueurs; par Damain.
19366. Discorso di Monsignor Lommelino.
19375. Histoire des Exploits du Duc de Joyeuse, en 1592, & sa mort.
19397. Discours présenté au Pape; par Desportes.
19400. Journal de Saint-Malo : 1590—91.
19403. Histoire de la Ligue, ou Pièces : 1576—91.
19404. Relazione del successo dal Duca di Parma.
19428 & 29. Récits de ce qui s'est passé depuis 1589 jusqu'en 1593.
19430. Relation faite au Duc de Savoie; par Panigarole.
19431. Mélanges historiques, dep. 1585, jusq. 1593.

19431.* Pièces sur les Troubles de la Ligue.
19432. Histoire de la Ligue : 1590—1593.
19435. Divers Mémoires, &c. sur le même sujet : 1588—93.
19436—42. Etats généraux de la Ligue, en 1593. Extraits, &c.
19440.* Pièces sur le même sujet.
19455. Ecrit de M. de Villeroy sur le Catholicon.
19460.* Départemens, marches, &c. de l'Armée de Henri IV, 1592 & 93.
19463. Actes de la Conférence de Surène : 1593.
19498. Mémoires du sieur de la Lande : 1588—93.
19499. Discours des choses arrivées à Châteauvilain : 1589—93.
19507. Déclaration de la ville de Meaux, aux Bourgeois de Paris.
19514. Discours du Siége de Blaye : 1593.
19518. Journal d'Ant. Loisel, sur la Ligue.
19519. Discours & Mémoires de Cl. de la Chastre, sur le même sujet.
19531. Avis salutaire aux vrais Catholiques François.
19547. De la Religion Catholique en France ; par de Lezeau.
19548. Poëme sur la Ligue ; par de Boton.
19565. Discours contre la Ligue.
19567. Mémoires sur la Réduction de Paris.
19571. Commentarii delle cose notabili, &c. (du C. d'Ossat).
19573. Mémoire de ce qui est arrivé à Abbeville.
19574.* Mémoire de Félix d'Auxerre.
19583. Lettres de Henri III & Henri IV, à Jean Roussat.
19584. Relation de la Campagne de 1594.
19595. Lettre du Roi, aux villes d'Arras, Mons, &c.
19602. Histoire abrégée depuis la mort de Henri III, jusqu'à l'affaire de Jean Chastel.
19605. Discours aux François, &c.
19619. Actes & Mémoires de la Conversion & Absolution de Henri IV.
19623. Raisons & preuves contre les Calomnies (sur) la conversion du Roi Henri IV.
19632. Relazione de Mgr. Lomellino, sopra l'Assolutione di Henrico IV.
19647. Dialogue entre Henri IV, & deux Vignerons de Besançon.
19649 & 50. Relation de la Réduction de Beaune.
19666. Mémoire de la Guerre au Luxembourg.
19667. Mémoires de Villars-Houdan : 1593—95.
19668. Recueils de la Ligue : 1593—95.
19676. Histoire des Guerres Civiles : 1586—96.
19677. Mémoire de ce qui s'est passé en Artois.
19688. Oratio Venetiis habita, à Dominico Musée.
19693. Description de la Surprise d'Amiens & du Siége par le Roi.
19708. Journal des Guerres du Duc de Lesdiguières ; par Calignon.
19718. Mémoires des Guerres de Bretagne : 1589—98 ; par Montmartin.
19718.* Histoire de la Ligue en Bretagne.
19725. Litteræ ad Henricum Smetium, in quibus multa de bello Gallico.
19746. Des Guerres de la Ligue ; par Mornac.
19751. Pièces sur ce qui s'est passé en 1598.
19754. Discours des combats où s'est trouvé Gilbert de la Curée ; par de Faur.
19761.* Lettres de Cachet pour l'Inventaire de Gabrielle d'Estrées.
19782. Mémoires de Philippe Hurault : 1599—1601.
19794. Journal d'Edoard Olier, depuis 1593, jusq. 1601.
19796. Anecdote sur l'Echange du Marquisat de Saluces ; par de Lucinge.

Tome V.

19806. Chanson sur la mort du Maréchal de Biron.
19809. Recueil des Présages prosaïques de Nostradamus.
19817. Journal, depuis 1601, jusqu'en 1604.
19851. Journal du Secrétaire de Philippe du Bec : 1588—1605.
19872—75. Préface, Avis & Mémoires sur l'Histoire de M. de Thou.
19879.* Fastes ou Abrégé de cette Histoire.
19888. Thuani Historiarum Epitome.
19900. Abrégé de ce qui s'est passé en France, 1605—1608.
19908. Le Sotisier de Pierre de l'Estoile.
19912. Conférence secrette tenue par le Roi, &c.
19928 & 29. Recueil des réparties, &c. de Henri le Grand ; par Quinne. Autre, en Latin.
19938. Réflexions historiq. sur la mort de Henri IV.
19978. Histoire déplorable de la mort de ce Prince.
19990. De vita & gestis Henrici IV.
20048. Particularités sur les Règnes de Henri III & Henri IV.
20049. Chronique depuis Pharamond, jusqu'à Louis XIII.
20050. Lud. Ferronii, Hentiados Libri IV.
20065.* Cl. Quillet, Henriciados Libri XII.
20073. Pièces sur le Règne de Henri IV.

Louis XIII.

20467. Guerres du Siège de Saint-Affrique (1616).
20514. Histoire du temps ; par Antoine Loisel : 1603—1617.
20703. Histoire de le Grain, continuée jusque vers 1640.
20852.* Commentaire sur les Guerres de Hollande, &c.
20866. Relation de la Guerre du Pont de Cé ; par L. de Marillac.
20946. Mémoires sur les mouvemens de 1619 & 1620.
20948. Annales depuis 1505, jusqu'en 1621.
21022. Mémoires de Raymond, Comte de Modène.
21059. Le Siége de Montauban, en 1621.
21310. Déclaration des Ambassadeurs d'Angleterre, sur le Mariage de Madame Henriette.
21323. Relation de la Guerre de la Valteline : 1625.
21344. Mémoires de Pierre de Bordeaux : 1620—26.
21383. Histoire secrette ; par Rulman : 1622—26.
21424. Manifeste du Duc de Rohan. *Imprimé*.
21447 & 48. Journal de la vie de Louis XIII ; par Herouard.
21466. Histoire de François V. de la Rochefoucauld.
21479. Relation de la prise de Pamiers : 1628.
21483.* Mémoires des derniers troubles de la Rochelle ; par Mervault.
21484. Journal du Siége de la Rochelle.
21510. Harangue faite au Roi, par la Goute, Député de la Rochelle ; & autres Pièces.
21564. Siége de la Rochelle.
21571. Lauriers triomphans ... de Louis XIII ; par Boyer.
21576. Commentaire du Soldat de Vivarais : 1611—1629.
21578. Ligue du Duc de Rohan avec l'Espagne.
21580. Voyage de Henri, Duc de Rohan.
21581. Traité de M. de Rohan avec l'Espagnol.
21582.* Histoire secrette des Affaires du temps : 1622—29.
21583. Histoire des Troubles : 1620—29.
21591 & 93. Relations des Affaires de Mantoue, &c.
21608. Pyramide Royale, ou Panégyrique de Louis XIII.
21609. Origine de la Guerre d'Allemagne : 1629.

Ss 2

21610. Supplémens à l'Histoire de France, jusqu'en 1630.
21615. Histoire de France sous Louis XIII; par le Cardinal de Richelieu : 1609—1630.
21620. Journal du Siége de Casal; par la Serre.
21629. Lettre du Duc de Savoie, & Manifeste.
21636. Relation de la prise de Mantoue : 1630.
21639. De justitia Regis in Rebus Italiæ.
21640. Relation de ce qui s'est fait en Italie, pour secourir le Duc de Mantoue.
21670.* Lettre de Michel Roger, sur le Duc d'Orléans.
21674. Mémoires concernant la sortie de Monsieur, du Royaume, en 1631.
21718. Relation sur la levée du Siége de Casal.
21719. Sommaire de ce qui s'est passé en Piémont.
21722. Histoire des Guerres de la Valteline; par Ardier.
21765.* Vie de Henri II, Duc de Montmorency; par J. U. C.
21767. Mémoires de Gaspard de Coligny, Maréchal de Chastillon.
21780. Mémoires sur les Affaires de la Chrétienté, & sur-tout de Louis XIII.
21847. Relation des actions du Cardinal de la Valette : 1635.
21850. Déclaration du Roi, contre l'Espagne.
21866. Mémoires pour servir à l'Histoire.
21882. Réponse de Villiers la Faye, sur le Siége de Dole.
21885. Guerre du Comté de Bourgogne : 1636.
21891. Harangue de M. Bignon, au Roi.
21893. Histoire depuis 1634, jusq. 1636.
21894. Extraits depuis 1631, jusq. 1636.
21895.* Recueil de Pièces diverses.
21901. Mémoires de la Révolte des Croquans : 1637.
21905. Histoire de ce qui s'est passé aux Grisons & à la Valteline : 1631—1637.
21928. Histoire de Louis XIII; par le Cardinal de Richelieu : 1610-1638.
21929. Histoire faite sur les Mémoires de ce Cardinal : 1631—1638.
21930. Cartels, Défis & Déclarations de Guerre : 1528—1638.
21936. Campagne de M. de Chastillon, en 1638.
21942. Expédition faite par mer.
21945 & 46. Vie de Henri, Duc de Rohan, & Mémoire (particulier) sur ce qu'il a fait dans la Valteline.
21956—58. Relations du Siége de Fontarabie, en 1638.
21960. Lettre au C. de Richelieu, & Discours des Consuls de Dantzic.
21960.* Harangue de M. le Prince, à Bordeaux : 1638.
21963. Histoire depuis 1623, jusqu'en 1638.
21968. Extraits touchant les Affaires d'Italie, en 1638 & 1639.
21970. Relation des actions du Cardinal de la Valette : 1635—39.
21971. Lettre du Cardinal de Richelieu, à Madame de Savoie.
21977.* Recueil de Pièces : 1639.
21978. Séditions de Normandie, en 1639 & 40.
21984. Epistolæ Uladislai IV, Regis Poloniæ, &c.
21986. Historia annorum 1639 & 40.
21989 & 91. Relation de la Bataille de Casal, & Journal du Siége.
21993. Casale liberato, (Poëme).
21994. Journal des Armées de France & d'Espagne.
22000.* Mémoires des Guerres d'Italie, trad. de Fossati; par l'Abbé Boullemier.
22009 & 10. Relations du Camp devant Arras; dont l'une par M. de Chastillon.

22028. Mémoires de M. de Montresor.
22037. Traité d'Alliance, &c. (ou Pièces sur la Catalogne).
22044. Avis sur la Franche-Comté; par Gaulmin.
22054. Relations écrites par Louis XIII.
22057. Paraphrase de l'*In exitu*.
22070. Défaite des Espagnols (venus) au secours de Perpignan.
22075. Mémoire sur ce qui s'est passé à la Cour, en 1642.
22077. Mémoires du Duc d'Espernon.
22082. Traité de Monsieur avec les Espagnols.
22088. Mémoires des actions principales de Louis XIII, & du Cardinal de Richelieu.
22094. Pièces & Anecdotes sur l'Administration de ce Cardinal.
22142. Les hauts faits d'Armes de Louis XIII.
22145. Remarques de Machon sur une Histoire journalière de Louis XIII.
22153. Recueil des choses passées durant le Règne de Louis XIII.
22155. Histoire de Louis XIII; (par Goulas.)
22156. Histoire du Roi Louis XIII; par de Morgues, sieur de S. Germain.
22157. Louis XIII; par de Bussy-Rabutin.
22158. Vie de Louis XIII; par Pierre le Moine.
22170. Diverses Pièces sur l'Histoire de Louis XIII.

Louis XIV.

22186. Campagne d'Allemagne, en 1643.
22192.* Résolutions du Parlement de Toulouse, au sujet de Villefranche.
22193. Discours de ce qui s'est passé en Catalogne, sous M. de Harcourt.
22200. Description du Pays des Braques Idraques.
22224. Relation de la Bataille de Nortlingue, en 1645.
22242.* La Peiralté : Roman historique; par Quatré.
22249. Lettre de la Reine Christine, à M. le Duc d'Enghien.
22255. Affaires de France, jusqu'en 1647.
22268—70. Actes & Mémoires, &c. sur la Rébellion de Naples, & le Voyage du Duc de Guise.
22286.* Pièces depuis 1518, jusqu'en 1648.
22300. Agréable Récit de ce qui s'est passé à Paris, aux Barricades; en Vers.
22310—12. Extrait de ce qui s'est passé au Parlement de Paris, en 1648. Délibérations, &c.
22377.* Le Branfle-Mazarin, en Vers.
21988. Récit & Journal de ce qui s'est passé au Parlement en 1648 & 49.
22991. Discours de ce qui s'est passé à Paris, en 1649.
22994. Mouvemens de Paris, de l'année 1649.
22995. Journal de la Guerre de Paris.
23022. Relation du Siége de Cambray, en 1649.
23063. Relation de ce qui s'est passé dans Paris depuis 1644, jusq. 1650.
23187. Journal du Voyage du Roi à Bourdeaux, en 1650.
23221.* Pièces de François Davenne.
23374. Discours sur l'état des Affaires, en 1651.
23377. Mémoires de Goulas, dep. 1643, jusq. 1651.
23378. Mémoires depuis 1649, jusq. 1652.
23540. Relation de ce qui s'est passé à l'Hôtel de Ville de Paris, le 9 Juillet 1652.
23552. Narration sincère de ce qui s'est passé depuis le commencement de la Régence d'Anne d'Autriche, jusqu'en 1652.
23701. Secrets de la Négociation de 1652; & autres Pièces.
23702. Guerres Civiles, & Affaires du Prince de Condé.
23714. Au Révérend Pere D. Gaston, Général des Frondeurs Réformés.
23716. Mémoires de Jean Dominique Marchisio.

Table des Manuscrits.

23724. Histoire de la Régence de la Reine Anne d'Autriche, & diverses Pièces.
23725. Historia delle Guerre Civili, da Vittorio Siri.
23726. Mémoires de M. de la Rochefoucault.
23730. Journal, durant les années 1651 & 1652.
23740. Affaires du Parlement de Paris, depuis 1648, jusqu'en 1653.
23742. Mémoires (particuliers) de ce qui s'est passé au Parlement, en 1651 & 1652.
23747. Secret de la Négociation pour la réduction de Bourdeaux, en 1653.
23749. Mémoires des mouvemens de Guyenne.
23763. Corrections à l'Histoire de Galeazzo Gualdo.
23764. Copies de Commissions, Missives, &c. de Gardé, Hérault d'armes: 1648–1654.
23774. Levée du Siége d'Arras, en vers; par Etienne Pasquier.
23785. Réponse de M. de Chanut à la Reine de Suède.
23788. Lit de Justice de 1655.
23795. Relations des Affaires publiques: 1652—55.
23804. Discours sur les moyens de maintenir la France contre ses voisins: 1655.
23816. Mémoires sur le Siége d'Ardres, en 1657.
23823. Relation de Philippe de Puységur: 1617 —1658.
23838. Mémoires du Baron de Worden: 1653 —1659.
23852. Lettre sur le Voyage de Madame de Lyonne, en Espagne: 1660.
23861.* Voyage en Espagne, &c.
23866. Mémoires de M. de Montglat.
23868. Testament & Codicile du Cardinal Mazarin, &c.
23871. Mémoires de M. de Loménie. *Imprimés.*
23873. Mémorial de ce qui s'est fait à Fontainebleau, en 1661.
23874. Requête & Remontrance au Roi.
23877.* Histoire des démêlés sur l'Affaire des Corses.
23894. Lettre de M. de la Feuillade, ou Relation de la Bataille de S. Gothard.
23895. Mémoires historiques, pour l'année 1665.
23897. Fragment d'une Comédie (satyrique, contre M. Colbert.)
23919. Extrait des Délibérations de l'Assemblée des Princes de l'Europe.
23920. Le véritable Flamand, touchant l'entrée de l'Armée Françoise, en Flandres: 1667.
23927. Projet de la Conquête du Comté de Bourgogne, en 1667 & 68.
23937. Relation de ce qui s'est passé dans les Pays de l'Hurepois, en 1668.
23952. Journal de M. de Vivonne, en Candie: 1669.
23960. Mémoires de la Campagne de 1670.
23963. Relation de la première Audience qu'eut le Marquis de Nointel, de la part du Grand-Seigneur.
23980. Relation de ce qui s'est passé en Hollande, aux Siéges faits par M. le Prince, en 1672.
23993. Recueil de Mémoires & Relations, depuis 1664, jusqu'en 1672.
24015. Recueil touchant ce qui s'est passé en 1673.
24017. Campagnes de 1672 & 73.
24027. Requête présentée au Roi par la Noblesse, en Janvier 1674.
24036. Mémoires, Relations, &c. sur la Conquête de la Franche-Comté.
24044. La grande chasse aux Loups, &c. chassés à Senef.
24057. Elégie de l'Abbé Ménage, & Relation.
24064. Joan. Moreleti, de Bello Baravico, Belgico, Sequanico & Germanico, per annos 1672 —75.
24088. Historia de las Revoluciones de Messina; por Lanzina.

24094. Origines des Troubles de Messine, jusqu'en 1677.
24114. Le triomphe de la France, par les grands Exploits du Roi, &c.
24134. Lettre touchant le Siége de Gand, en 1678.
24139. Lettres écrites à M. Portail, contenant ce qui s'est passé en 1674—78.
24169. Lettre servant de Réponse au Libelle intitulé: Relation véritable de ce qui s'est passé à Constantinople, &c.
24186. Mémoires de Charles Perrault, depuis 1662 jusqu'en 1683.
24196. Réponse d'un Officier, ou détail de la Campagne de 1683.
24220. Le piu nobili azioni della vita di Luigi il Grande (par Marana:) 1685.
24237. Mémoires de Philibert de la Mare, depuis 1673, jusqu'en 1687.
24315. Recueil de Pièces sur le Siége de Namur: 1692.
24321. Journal de ce qui s'est passé à Paris en 1689 —92.
24365.* Journal, depuis 1672, jusqu'en 1695; par Abraham.
24369. Mémoires historiques de du Tillot.
24374. Relation du Siége d'Ath, en 1697.
24377. Mémoires du Comte d'Aligny.
24382. Relations de plusieurs Expéditions, depuis 1691, jusqu'en 1698.
24389.* Voyage du sieur Poussin, en Sicile & à Naples.
24413. Journal du Siége de Landau; par M. de Laubanie: 1704.
24413.* Autre Journal; par de Villemont & de Joinville.
24475.* Relation du Blocus de Girone; par le Pere Ambroise.
24481. Poëme du Règne de Louis XIV; par Regnier Desmarais.
24488. Mémoire du Marquis de Dangeau, sur la maladie & la mort de Louis XIV.
24495. Histoire de Louis XIV; par l'Abbé de Bellegarde.
24517. Les prodiges du Ciel dans la Vie & le Règne de Louis XIV.
24540. Diverses Pièces sur l'Histoire de Louis XIV.

Louis XV.

24567. Mémoires du Marquis de Dangeau: 1684 —1720.
24575. Mémoires concernant la Régence de M. le Duc d'Orléans.
24602. Recueil de 37 Lettres: 1730—1733.
24605. Journal de la Campagne du Nord en 1734; par M. de Severac.
24609.* Pièces, depuis 1435, jusqu'en 1734.
24615. Journal de la Guerre d'Italie, en 1733; par M. de Fontanieu.
24618. Nouvelles depuis 1732, jusqu'en 1737; par D. F. Regnard.
24631. Mémoires de la Campagne de Bohême; par M. de Soulle.
24699. Procès-verbaux des Graces accordées par le Roi, en faveur des prises de (plusieurs) Villes de Flandres, en 1744—47.
24711. Précis historique sur les causes & révolutions de la Guerre de la Succession d'Autriche après la Mort de Charles VI; par le Dran.
24758. Mémoire de M. de Maillebois.
24797. Recueil de Pièces sur le Règne de Louis XV.

Histoires Généalogiques des Rois de France.

24803. De origine & gestis Regum Francorum.

24804. De Francorum Regum origine.
24805. Les Lignées des Rois de France.
24806. De l'origine & succession des Rois de France; par Nic. d'Oraison.
24807. Généalogie des Rois de France, &c. par Heuneson.
24808. De Francorum Regum origine & gestis, ad Ludovicum Balbum.
24809. Genealogia Regum Francorum ad Henricum I.
24810. Altera, ad Philippum I.
24811. Généalogie des Rois de France jusqu'à Louis VIII.
24812. Genealogia usque ad annum 1316, per Guidonem.
24813. Origo Regum Franciæ ad Ludovicum X.
24814. Généalogie des Rois de France jusqu'à Philippe le Bel.
24815. Chronique, contenant la Généalogie des Rois de France, jusqu'au même; par de Mesne.
24816. Origo & Series Regum Francorum, ad Carolum VI.
24817. Généalogie des Rois de France jusqu'à Charles VI.
24820. Généalogie .... jusqu'à François I.
24829. Chronologie Armoriale, Alliances & Descentes.
24832. Additions à l'Histoire Généalogiq. par Pierre-Scévole de Sainte-Marthe.
24846. Carte Généalogique des Rois & de la Maison de France, depuis Pharamond jusqu'à Louis XIV; par du Cange.
24849. Clovis issu des premiers Rois; par l'Abbé de Camps.
24868. Genealogia beati Arnulphi, &c. aucta ab Aub. Miræo.
24869. Altera, diversa ab ea quam Pithœus edidit.
24871. Relatio gestorum eorum qui de genere B. Arnulphi processerunt.
24872. Documenta Domûs S. Arnulphi & ejus posteritatis, collecta & illustrata à Fr. de Camps.
24875. Prosapia Regum à B. Arnulpho ad Lotharium I. Imp.
24880. Apologie de la Maison Royale; par du Bouchet.
24882. Observations sur le Discours concernant le mariage d'Ansbert; par le Pere Thomas d'Acquin.
24885. La famille d'Ansbert anéantie; par Chantereau le Févre.
24889. Remarques critiques contre les preuves de du Bouchet; par l'Abbé de Camps.
24890. Que S. Arnoul venoit en ligne masculine de Clovis; par le même.
24897. Titres originaux de la troisième Race des Rois de France.
24898. Que les deux dernières Races descendent d'Ecdicius, fils de l'Emp. Avitus; par de Beauvezeix.
24925. Remarques sur le Livre de M. d'Espernon, de l'origine de la Maison de France.
24930. Que Hugues Capet descendoit de S. Arnoul, & avoit la même origine que les Rois de la I. & de la II. Race; par l'Abbé de Camps.
24937. Remarques du même, sur la Dissertation de l'Abbé des Thuilleries.
24948.* Que la II. & la III. Race de nos Rois descendent de la I; par D. Verninac.
24950. Parenté de Philippe I. avec Bertrade de Montfort.
24952. Genealogia aliquot Regum Franciæ, &c. per Richardum Scoti.
24953. Genealogia à S. Ludovico ad Carolum VI.

24956. Généalogie de la Maison d'Orléans, jusqu'à François I.
24958. Généalogie de la Maison de Bourbon.
24959. Autre, avec les Terres appartenantes à ladite Maison, & comment elles y sont venues.
24960. Chronologie des Maisons de France avec la Généalogie de Bourbon; par du Bois.
24961. Généalogies & Alliances de la Maison de Bourbon; par Jacques de Mesme.
24962. Mémoires concernant les Biens de cette Maison.
24963—66. Titres & Mémoires sur la Maison de Bourbon.
24969. Ephémérides Bourbonnoises, ou Extraits des Chartes, &c. par Cousin.

Histoires des Reines de France.

24993. Abrégé de l'Histoire des Reines; par l'Abbé de Camps.
24995. Traités des Reines de France; par M de Fontanieu.
25009. Vie de Sainte Radegonde.
25025. Innocentia & sanctitas Brunichildis; à J. Floydo.
25028. Dissertation sur la Reine Brunehault; par Silvestre de S. Abel.
25029. Observations sur la même; par M. Petyst.
25032. Vie de Madame Sainte Baultheux (ou Bathilde.)
25034.* Vie de Madame Sainte Bautheur.
25040. Epitaphes de la Reine Théodechilde, &c. avec des Rem. de l'Abbé de Longuerue.
25044.* Divorce de Philippe Aug. & de la Reine Isemburge; par J. Boulier.
25045. Les Gestes de la Reine Blanche, présentés à la Mere de François I; par le Blanc.
25046. Autres, écrits par ordre de Catherine de Médicis.
25054. Vie de la Bienheureuse Jeanne de France.
25069. Histoire d'Anne de Bretagne.
25085. Mémoires touchant Catherine de Médicis, & la Reine Marguerite.
25086. Etat général des Finances de Catherine de Médicis: 1580.
25121. Roman de Marie Stuart.
25142. Histoire de Marie de Médicis. *Imprimée.*
25150. Vie & actions de Marie de Médicis.
25151. Histoire de Marie de Médicis.
25155. Lettres & Papiers concernant cette Reine.
25157. Copie du Compte rendu de l'Administration de ses Biens.

Histoires des Princes & Princesses du Sang Royal.

25208. Mémoires de J. du Tillet sur les Apanages, avec des Observations.
25211.* Apanages des Enfans de France, &c.
25214. Discours sur l'origine des Apanages; par M. Guerrier.
25215. Apanages des Enfans de France, depuis Louis XII. jusq. 1584.
25216. Autres, depuis 1225, jusqu'en 1627.
25217—19. Pièces sur le même sujet.
25222. Procès-verbal de l'évaluation des Duchés & Seigneuries baillées en Apanage au Duc d'Anjou, en 1570.
25225. Recueil des Apanages des Ducs d'Orléans.
25228. Apanages & Partages des Enfans de France; par l'Abbé de Longuerue.
25233.* Du Rang des Princes du Sang.
25252. Vita sanctæ Enimix, filiæ Clodovæi II.
25285. Généalogie des Ducs de Bourgogne; par Pierre de S. Julien.
25288. Notes d'Et. Perard, sur l'Histoire de Bourgogne par Duchesne.

Table des Manuscrits.

25290. Histoire de Marguerite de Bourgogne, avec des Réflexions ; par M. de Quinssonas.
25294.* De l'origine des Rois de Portugal ; par Th. Godefroy.
25297. Seconde & troisième Lettres du P. Dunand, sur la descendance de Henri, Roi de Portugal, des Comtes de Bourgogne.
25304. Lignage de Dreux & de Coücy.
25305. Généalogie des Comtes de Dreux.
25306. Histoire des Comtes de Dreux & de Braine ; par Herbelin.
25307. Antiquité de Dreux & de Braine, avec les Généalogies, &c. par le même.
25320—22. Titres, Extraits & Généalogie de la Maison de Courtenay.
25351. Chronica come la Casa di Franza ... fu investita di Napoli : 1264.
25357. Historia Neapolitana, usque ad annum 1318.
25362. Observations sur l'Histoire de Sicile & de Naples de M. des Noulis ; par l'Abbé de Camps.
25365. Mémoires de M. de Tillemont, touchant la Conquête du Royaume de Sicile, par Charles d'Anjou ; avec des Notes.
25370. De origine Comitatûs Artesiæ, & Comitum ejusdem Genealogica enarratio.
25384. Titres de la Maison d'Evreux, du Sang de France.
25385. Généalogie de la Maison Royale de Navarre ; par Pierre-Gaucher de Sainte-Marthe.
25392. Chronique d'Alençon, depuis 1227, jusqu'en 1438 ; par Perceval.
25393. Chronique des Comtes & Ducs d'Alençon, jusq. 1473.
25394. Addition à l'Histoire d'Alençon.
25395. Mémoire de la noble Lignie de quoi M. d'Alençon est descendu.
25398.* Vie de Marguerite de Lorraine, Duchesse d'Alençon.
25402. Lettre historique sur la Vie de Marguerite de Lorraine ; par Barat.
25408. Histoire de Philippe d'Orléans, Comte de Valois.
25411. Généalogie des Rois de Naples & de Sicile, (seconde Branche d'Anjou) ; par Meinier.
25416. Amours de René, Roi de Sicile, & de Jeanne de Laval.
25416.* Généalogie de René d'Anjou.
25417. Chronique de la Lignie d'Anjou : 1377 —1446.
25419.* Histoire de Marguerite d'Anjou, Reine d'Angleterre.
25421. Lettres d'abolition pour Charles, Duc de Calabre, & Comte du Maine : 1475.
25425. Testament, Inventaire & Prisée des meubles de Jean, Duc de Berry : 1416.
25432. Généalogies des Rois & Princes de Bourgogne ; par Thevet.
25433. Généalogie pour montrer que le Duché de Bourgogne est échu au Roi Jean.
25434. Sommaire des deux Familles Royales de Bourgogne ; par Jul. Chifflet.
25435. Histoire générale de la Vie des Ducs issus de la Maison Royale, & de leurs successeurs ; par de Croix.
25436. Mémoires pour l'Histoire des Ducs de Bourgogne ; par du Tillot.
25441. Mémoires contenant la Vie des quatre derniers Ducs de Bourgogne ; par Bauyn.
25442. Historia quatuor Ducum postremorum : auctore Palliot.
25443. Histoire abrégée des quatre derniers Ducs de Bourgogne ; par Godran.
25445. Eloges des 4 derniers Ducs de B. & Mém. sur les écus des Chev. de la Toison d'Or ; par Monin.

25446. Histoire du Voyage en Hongrie de Jean, Comte de Nevers ; par Bauyn.
25447. Le Pas ou Tournoy de Bruxelles, avec la mort de Jean Duc de Bourgogne, &c.
25449. Sommaire des Victorieux faits du Duc Philippe & de Charles de Charolois, son Fils.
25450. Déclaration des avantures du Duc Philippe ; par Chastelain.
25451. Histoire de Bourgogne, commençant à la prise du Château de Gaur.
25452. Historia Philippi Boni, Ducis Burgundiæ.
25455. Mort du Duc de Bourgogne Pervers, nommé Charles : (1476).
25456. Ad Fred. Gonzag. de bello, strage & obitu Caroli Burg. Ducis ; à Brocardo.
25457. Vie de Charles, Duc de Bourgogne.
25458. Histoire du même.
25458.* Le Chevalier délibéré, Roman.
25461. Ballade de la Mort du Duc de Bourgogne, tué à Nancy.
25463. Gundelfing. de rebus gestis sub Carolo Duce Burgundiæ.
25465. Histoire de Charles, dernier Duc de Bourgogne ; par Wauvrin.
25468.* Histoire de Philippe le Bon & de Charles.
25471. Etats des Maisons des quatre derniers Ducs de Bourgogne. *Imprimés.*
25479. Vita Antonii Brabantiæ Ducis : 1410—1415.
25486. Mort & occision du Duc d'Orléans : 1407.
25487. Plaidoyer fait au Conseil, au nom de la Duchesse d'Orléans.
25488.* Hist. Caroli Aurelianensis ; à Bartholemeo.
25492. Mémoires de Louise de Savoie.
25535. Généalogie de la Maison de Longueville.
25536. Terres & Seigneuries du Duc de Longueville. *Imprimé.*
25538. Traité des Comtes de Dunois & Ducs de Longueville.
25539. Papiers concernant la Maison de Longueville.
25541. Histoire de cette Maison ; par Lescornay.
25564. Histoire de la Maison Royale de Bourbon ; par le Pere André.
25567. Généalogie des Comtes de Clermont.
25580. Procès pour la succession de Suzanne de Bourbon-Beaujeu.
25583. Pièces concernant la Maison de Vendôme.
25601. Lettres & Papiers concernant M. le Duc d'Orléans (Gaston), & Mlle de Montpensier sa fille : 1626—70.
25602. Vie de Léonard Goulas, Secrétaire du Duc d'Orléans.
25616. Histoire de Christine de France ; par Guichenon.
25625. Discours sur le mariage prétendu de la Duchesse de Beaufort, avec le Roi (Henri IV).
25626. Inventaire des Titres du Duché de Vendôme.
25627 & 28. Lettres, Mémoires, Titres touchant MM. de Vendôme.
25635. Indult de Paul V. en faveur du Chevalier de Vendôme.
25641. Les trophées & les disgraces des Princes de la Maison de Vendôme ; par de Bonnair.
25660. Histoire de Madame Henriette d'Angleterre, Duchesse d'Orléans, avec des Notes.
25735. Oraison funebre de Louis-Auguste, Prince de Dombes ; par l'Abbé de Merez.
25762. Pièces en Prose & en Vers sur la mort de Monseigneur le Dauphin : 1765 & 66.
25801. Voyage du Prince de Condé (Henri II.) en Flandre : 1609.
25802. Sommation à ce Prince, sur sa retraite.
25803. & 4. Lettres, Mémoires, &c. sur le même sujet.
25807. Itinerarium Italicum Henrici Borbonii : Carmen, Enoch Virey.

25812. Vie de M. le Prince de Condé, ou Véritable Discours & Pièces.
25856.* Vie de François-Louis, Prince de Conti; par l'Abbé Fleury.
25877. Fausseté de Piefpord, sur l'origine de la Maison d'Autriche; par A. du Chesne.
25879. Vraie origine de cette Maison; par Théodore Godefroy, augmentée.
25881. Origine de la Maison de Lorraine & d'Autriche; par Thierry.
25884. Rem. de Pihan, sur la Maison de Lorraine.
25885. Preuves des degrés de la Maison d'Alsace; par Mauljean.
25907. Origines de la Maison de Lorraine, avec les Preuves; par Théodore Godefroy.
25908. Réfutation de la prétention de J. Jacq. Chifflet; par le même.
25912. Critique de l'Ouvrage du P. Benoist; par l'Abbé de Camps.
25914. Critique de celui de Baleicourt; par le même.
25919. Critique de celui de Muffey; par le même.

Cérémonial de France.

25923. Projet d'un nouveau Cérémonial; par Ant. Franç. Joly: avec des Notes de Cl. Prevôt.
25925. Des Solemnités en général.
25926. & *Supplém.* Cérémonial; par MM. de Rhodes, Sainfot, &c.
25927. Cérémonial contenant les rangs des Enfans de France, Princes, Ducs, &c. Réception d'Ambassadeurs.
25928. Recueil de Cérémonies; par Théodore Godefroy.
25929. Recueil de plusieurs choses mémorables.
25930. Cérémonial des Assemblées du Clergé.
25931. Cérémonial de l'Ordre du Saint-Esprit.
25932 & 33. Cérémoniaux de la Cour du Parlement de Paris.
25934—36. Cérémoniaux de la Chambre des Comptes.
25937. Cérémonies en la Chambre des Comptes & Cour des Aydes.
25938. Cérémonial de l'Hôtel-de-Ville de Paris: 1501-1629.
25939. Cérémonial des Etats de Languedoc.
25941. Cérémonial public des Officiers de l'Hôtel-de-Ville de Lyon.
25947. Ordo ad consecrandum & coronandum Regem Franciæ.
25947.* Du Couronnement des Rois, &c.
25948. Ordo ad Regem faciendum.
25949. Ordo ad inungendum & coron. Regem.
25950. Sacre & Couronnement des Rois de France, depuis Pepin jusqu'à Louis XIII.
25951. Rex Franciæ per quem sacratur & coronatur.
25953. Inventaire des Pièces du Cartulaire de la ville de Reims, sur le Sacre des Rois; par Foulquart.
25963. Sacres & Couronnemens des Rois & Reines de France, & des Souverains Etrangers.
25964. Sacres & Couronnemens des Rois & Reines, depuis Philippe I, jusqu'à Louis XIII.
25967. De Sacra Regum Galliæ unctione: auct. Guillelmo Nangio.
26045. Couronnement de la Reine Anne de Bretagne.
26051. Couronnement & entrée à Paris de Madame Claude de France, deux fois Reine.
26069. Sacre & Couronnement de Henri III.
26105. Procès-verbal des graces accordées par (Louis XV), lors de son Sacre.
26107. Remarques sur les Rois sacrés à Orléans; par Polluche.
26109. Couronnement des Ducs de Bretagne.
26113. Entrées des Rois & Princes: 1378—1626.
26114. Entrées des Rois & Reines, dans les villes du Royaume: 1420—1622.

26115. Entrées & passages de divers Rois & Princes Etrangers, dans les villes de France: 1578 —1625.
26116. Entrées, Réceptions & Voyages des Rois & Reines de France; par ordre Chronologique.
26117. Entrées, &c. des Princes, Princesses, Ministres, Ambassadeurs, &c. par ordre Chronologique.
26118. Entrées, &c. des Souverains étrangers, dans les villes & à la Cour de France.
26125. Actes du Roi Jean, contenant des Entrées.
26126. Entrée de l'Emp. Charles IV, en France, en 1377.
26127. Relation de la venue de l'Emp. Charles IV.
26131. Entrée de la Reine Isabelle de Bavière.
26198. Extrait des Registres du Parlement: comme il a été au-devant de l'Empereur Charles-Quint: 1539.
26202. Entrée de Henri II, à Beaune, en 1548; par de Chavigny.
26264. Entrée du Roi de Pologne à Paris, (1573.)
26286.* Entrée de Henri IV, à Orléans: 1598.
26287. Arrivée des Ambassadeurs de Flandres à Paris.
26338. Entrée de M. le Duc de Mayenne, à Bordeaux: 1618.
26407. La Voie triomphale, &c. Entrée de Louis de Bourbon, Prince de Condé, à Dijon en 1648.
26447. Noms & Armes des Princes & Seigneurs du Carrousel de 1662.
26458. Entrée du Légat, à Paris, en 1664; par Fr. du Chesne.
26459. Arrivée du Roi, de la Reine, &c. à Berny.
26580.* Entrées de Rois, &c. à Meaux.
26581. Mémoires concernant les Ambassadeurs; par M. de Sainfot.
26582. & 83. Cérémonies observées aux Mariages des Rois & Grands de France: 1494-1626.
26603. Mariage de Charles I (d'Angleterre), & de Madame, Sœur de Louis XIII, 1624.
26607. Mariage du Roi, Louis XIII.
26610. Procès-verbal touchant les Prisonniers, à Paris, & graces accordées.
26632—35. Cérémonies des Baptême, Confirmation & Communion des Rois & Princes, &c.
26647. Recueil de Cérémonies, qui commence par celles qui furent observées, lorsque Monseigneur le Dauphin fut fait Chevalier du Saint-Esprit: 1682.
26648. Procès-verbal des graces accordées en faveur de la Naissance de Monseigneur le Dauphin, en 1729.
26649—51. Ordre & Séances des Etats Généraux; & Majorités des Rois.
26652—61. Cérémonies & Rangs aux Lits de Justice, Mariages, Processions, &c.
26669—72. Suscriptions, Souscriptions, titres & qualités des Lettres des Rois, &c.
26669.* Formularium Litterarum ad usum Regis.
26674. Formulaire pour le Cabinet du Roi: 1685.
26676. Cérémonies anciennes, observées aux Gages des Batailles, &c.
26678. Entrevues des Rois & Princes Souverains: 1254—1625. Festins Royaux: 1378-1625.
26681 & 82. Processions solemnelles, depuis 1482.
26683. Publications de Paix, Alliances & Déclarations de Guerre.
26685—90, 93 & 95. Grands-Maîtres des Cérémonies: Mémoires sur le Rang des Grands.
26698 & 99. Obséques des Rois & Reines de France, & des Seigneurs.
26702—705. Autres Recueils sur le même sujet.
26722. Epitaphes de Charles V (ou VII); par Greban.
26730. Pompe funèbre d'Anne de Bretagne, avec miniatures.
26731. Cérémonies des Obséques d'Anne de Bretagne.
26737. Pompes funèbres de Charles VIII, &c. jusqu'à Henri II.

26745.

16745. Cérémonies observées aux Funérailles de Henri IV.
16751. Cérémonies pour le Cardinal de Richelieu.
16755. Procès-verbal de la Pompe funèbre de Louis XIII.
16759.* Service du Duc d'Orléans, J. B. Gaston.
16763. Pompes funèbres des Reines & Princesses, depuis 1666.
16784. Réjouissances faites à Rennes, pour la Naissance du Duc de Bretagne, & Cérémonies de ses Funérailles, &c.
16789. Enterremens, Pompes funèbres des Rois, Princes, &c.

Des Titres & Prééminences des Rois de France, de leur Souveraineté, &c.

16810. Titre du Roi de Navarre, donné ou omis au Roi de France.
16890. Titres des Rois de France.
16892. De prærogativis Regum Franciæ.
16901. Du titre de Roi très-Chrétien; par Bullet.
16902. Des suscriptions & Souscriptions des Lettres du Roi.
16908. Relazione venuta di Trento, &c.
16910. Discours du Rang & Préséance de France.
16911—13. Discorso, &c. Actes, &c. sur la Préséance entre la France & l'Espagne.
16920. Relation de ce qui s'est passé à Rome, en 1609, à ce sujet.
16921. Séance du rang des Ambassadeurs du Roi, aux Traités de Paix, &c.
16929. De la Préséance des Rois de France & d'Espagne : du rang des Dauphins, &c.
16930. Du rang des Maisons de France & d'Espagne, avec les Electeurs.
16931. Débat de Préséance de l'Ambassadeur du Roi des Romains, & des Ambassadeurs des autres Rois de l'Europe.
16935. Sur le Droit qu'ont les Rois de France de précéder les Empereurs d'Allemagne; par Charrier.
16939. Lettres du Roi (Louis XIV) à l'Archevêque d'Embrun, & autres Pièces sur la Préséance que les Espagnols prétendoient.
16941. Prerogatives de la Couronne, & Préséances des Rois de France.
16945. Préséance de la France, sur l'Angleterre.
16946. Droits, prérogatives & prééminences des Rois de France.
16947. Préséance des Freres des Rois de France & d'Espagne, sur les Electeurs.
16948. Rois de France, Arbitres de plusieurs Rois & Princes.
16957. Des choses les plus signalées, faites par les Rois de France, pour l'exaltation de l'Eglise.
16958. Discours historiques & apologétiques de la France, avec le Calendrier Royal.
16961. Table Alphabétique des Dons des Rois, vérifiés en la Chambre des Comptes.
16966. Exemples de la hardiesse de plusieurs Rois; par Sala.
16971. Inventaire des Livres de la Bibliothèque de Charles VI.
16987. Mémoires sur les Maisons Royales; par A. Félibien.
16989. Description de l'ancien Louvre, par J. Fr. Félibien.
17034. Traité de Blason dédié à Philippe-Auguste.
17053. De l'antiquité des Armoiries, & de l'origine des Fleurs-de-Lys, par l'Abbé de Marolles.
17057. Sur les Lys qui font les Armoiries de France; par le Quieu de la Neuville.

Tome V.

27067. Devises à la Louange de Louis XIV, avec des Explications.

Du Gouvernement de l'Etat.

27151. La France ancienne, &c. par J. du Tillet.
27162. Du Gouvernement Monarchique des Rois de la premiere Race; par de Gomicourt.
27164. Que sous les Rois Mérovingiens, les Evêques ont formé le premier Ordre de l'Etat; par Bullet.
27172. Traité de la Politique (ou Gouvernement) de la France.
27176. Discours touchant l'état de la Police.
27177. Pièces touchant l'Etat de France, les Dignités & les Charges.
27181. Etat de la France pendant l'exil d'Alain Chartier.
27202. Avis d'Etat donnés à Henri III.
27203. Mémoires politiques sur le Gouvernement; par Belesbat.
27205. Etat du Royaume de France, en 1580.
27208. L'acquit du Trésorier d'Abra de Raconis.
27258. Raisonnemens d'Etat, sur les occurrences du temps.
27259 & 60. Deux Etats de la France, en Italien.
27284. Etat de la France, ou Propositions Politiques & Militaires.
27289.* Moyens présentés au Roi, pour ôter l'abus, &c.
27290. Proposition pour la Police générale, en 1679.
27291. De la Justice, de la Police, des Finances.
27298. Réflexions & Maximes politiques : 1692.
27299. Mémoire & Etat de la France, en 1698.
27301. Pièces sur la Police du Royaume.
27322. Si l'établissement des Monts de piété est nécessaire en France.
27325. Pièces sur le Gouvernement.

Des Régences du Royaume, & de la Majorité des Rois.

27326 & 27. De la Majorité des Rois, & des Régences.
27328, 29, 31. Pouvoirs & Lieutenances générales données à des Reines, Princes du Sang, &c. 1375 —1637.
27332. Actes de Régences, 1190—1574-1643.
27333 & 34. Régences & Majorités.
27335. Régences pendant les absences & Minorités.
27336. Opinions de divers Docteurs, pour le Gouvernement, quand le Roi est mineur.
27337. Traité de la Régence; par Savaron.
27342. Des Minorités des Rois, Régences, &c.
37352. Discorso della Regenza di Maria di Medici.
27363. Différends sur la Régence.
27369. Pièces sur les Régences, Minorités, Majorités.
27386 & 87. Notes d'Adrien de Valois, & Lettre de M. Givez, sur le Traité de M. Dupuy de la Majorité des Rois.
27390. Des Régences, Minorités & Majorités des Rois.

Des Etats généraux.

27392—97. Origine de la convocation des trois Etats, & Recueils à ce sujet.
27404. Traité sommaire des Etats-Généraux.
27405. Etats du Royaume.
27406. Pièces sur les Etats-Généraux.
27407. Traité de l'Assemblée des Etats; par l'Abbé le Grand.

T t

27409.* Des Etats-Généraux ; par N. Fretet.
27413. Assemblées des Etats, sous le Roi Jean.
27415—21. Recueils des Etats-Généraux.
27423. Ordonnance de Charles VI. dite *Cabochienne*.
27425. Lettre de J. Juvenal des Ursins, pour envoyer aux Etats tenus à Blois par Charles VII.
27434. Procès-verbal des Etats tenus à Tours, en 1483.
27440. Propositions du Chancelier de l'Hôpital, aux Etats d'Orléans, en 1560.
27445. Cahiers présentés par la Noblesse à Charles IX.
27446. Cahier du Tiers-Etat, en 1560.
27450. Petit Journal des Etats d'Orléans ; par Coquille, & autres Pièces.
27451. Procès-verbal de cette Assemblée, en 1560.
27453. Recueil général de tout ce qui s'est fait dans la même Assemblée.
27453*. Traité des mêmes Etats, &c. 1561.
27455. Cahier du Tiers-Etat, présenté au Roi à Saint-Germain-en-Laye, en 1561, &c.
27457. Recueil sur les Etats de Pontoise, en 1561.
27458. Mémoires des Etats de Moulins, en 1566.
27460, 61 & 63. Pièces sur les Etats de Blois, en 1576.
27485 & 86. Cahiers de la Noblesse & du Clergé, aux Etats de Blois : 1588.
27488. Procès-verbal de l'Assemblée de Paris, pour députer auxdits Etats.
27489. Procès-verbal concernant les Députés du Clergé aux mêmes Etats ; par le Tartrier.
27491. Procès-verbal & Mémoires sur lesdits Etats de Blois ; par Thesut.
27492. Remontrances des Habitans d'Orléans, pour présenter aux mêmes Etats.
27493. Journal des Etats de Blois, en 1588 & 89 ; par Bernard.
27495. Petit Journal des mêmes Etats ; par Coquille.
27496. Pièces concernant les Etats, depuis 1560 jusq. 1588.
27497. Autre Recueil, jusqu'en 1627, (qu'il se tint une Assemblée des Notables.)
27498. Etats de 1614 & 1615.
27508. Cahier de l'Etat Ecclésiastique : 1614.
27509. Procès-verbal de la Chambre de la Noblesse, auxdits Etats de 1614.
27510. Cahier de la Noblesse de France.
27511—13. Divers Cahiers de la Noblesse des Provinces.
27517—20, 23. Recueils généraux des Etats de 1614 & 1615.
27525. Harangues prononcées auxdits Etats.
27531 & 52. Etats généraux : Assemblées des Notables, en 1616 & 1627.
27554, 57, 68 & 69. Assemblées des Notables, depuis 1583 jusqu'en 1627.
27575. Assemblée des Notables à Rouen, en 1629.

Loix du Royaume.

27593. Decreta Regum primæ Stirpis.
27614. Le Livre de Justice, &c.
27616. Répertoires & Registres des Ordonnances.
27617. Anciennes Ordonnances, & autres Pièces.
27618 & 19. Recueils d'anciennes Ordonnances.
27610. Statuts & Etablissemens sur le fait de la Justice, après l'expulsion des Anglois.
27611.* Ordonnances depuis Louis VI, jusqu'à Charles VIII.
27629. Ordinationes antiquæ.
27639. Ordonnances depuis Décembre 1583, jusqu'en 1594.

27642. Répertoire des Ordonnances, depuis Juin 1574 jusqu'en 1627.
27646. Arrêts & Délibérations du Parlement, sur diverses Ordonnances : 1493—1629.
27647. Ordonnances anciennes : 1302—1643.
27652. Journal des Edits, Déclarations, &c. pendant la Minorité de Louis XV, 1715—1723.
27661. Recueil de Réglemens de Police, depuis Saint-Louis, jusqu'en 1765.

Titres & Traités du Domaine.

27664. De l'Origine & Autorité du Patrimoine Royal.
27665. Du Domaine de France.
27669. Des biens que Henri IV possédoit lors de son avénement à la Couronne ; par M. de Mesme.
27676. Du Domaine Royal, Droits & Privilèges d'icelui, &c. par Balthazar.
27678. Traités des Domaines, faits par les Commissaires, en 1581.
27679. Traité du Domaine, & autres Pièces.
27680. Du Domaine du Roi ; par Biset.
27681—89. Divers Traités du Domaine.
27690. Maximes concernant les Droits du Roi & son Domaine ; par Dupuy.
27691. Recueils sur le Domaine & autres Revenus du Roi.
27694. Mémoires pour le Domaine du Roi : 1310 —1628.
27695. Autre Recueil : 1278—1633.
27696 & 97. Anciens Titres du Domaine, & Extraits de l'Histoire.
27698. Extraits des Registres de la Chambre des Comptes, depuis 1223.
27699. Mémoires d'Auguste Galland, touchant le Domaine.
27700. Etat général du Domaine.
27701. Des Domaines de France ; par Robichon.
27701.* Etat général du Domaine ; par Boyer du Parc.
27702 & 703. Aliénations de portions du Domaine.
27704. Réunions à la Couronne de plusieurs Provinces, Principautés, &c.
27706. Mémoires des Principautés, Duchés, &c. sur lesquels le Roi peut prétendre droit de réunion.
27709. Droits du Roi, sur diverses Maisons de France.
27710—14. Anciens Titres originaux de Villes & Provinces.
27715. Pièces sur le Domaine, les Droits Domaniaux, &c.
27720 & 21. Pièces sur le Duché d'Albret, & Comté d'Armagnac.
27722 & 23. Procès & Mémoires sur l'Alsace, Sedan, Bouillon & les trois Evêchés.
27733—35. Pièces & Titres sur l'Anjou.
27736. Anjou, Maine, Berry : Titres des Maisons de Vendôme, &c. 1377—1626.
27738. Titres du Pays d'Argonne.
27739—43 & 45—47. Extraits, Mémoires & Titres tois.
27752—57. Titres, &c. d'Auvergne.
27761—66. Titres & Mémoires sur le Béarn.
27770. Droits du Roi, au Comté de Beaufort, &c.
27771. Origine du Duché de Bouillon, & sa Mouvance ; avec les Pièces : par l'Abbé de Camps.
27773. Extraits des Registres du Bourbonnois.
27774. Titres du Bourbonnois.
27776—87. Titres, &c. sur les Duché & Comté de Bourgogne.

Table des Manuscrits.

27779.* Inventaire des Titres du Domaine de Bourgogne ; par Vandenesse. = Autre ; par Venot.
27783.* Pièces sur le même sujet.
27791—94. Autres Pièces sur la Bourgogne.
27797—813 & 17. Titres & Pièces concernant la Bretagne.
27824. Procès-verbal d'évaluation de ses Domaines.
27826. Domaines de Calais & de Château-Renard.
27827. Procès-verbal du Pays reconquis.
27828. Lettres, Actes, &c. touchant Cambrai, Saint-Paul, Sedan.
27832. Mémoires sur plusieurs Villes de Champagne, &c.
27834. Mémoires sur la Principauté de Château-Regnault.
27838, 39 & 41. Titres, Actes, &c. sur le Dauphiné.
27838.* Inventaire des Titres remis par la Savoie, &c.
27842. Mémoires touchant la Flandre.
27844. Inventaire des Titres, &c. de la Fère.
27846 & 47. Inventaire & Titres de Forez.
27848 & 49. Pièces sur le Comté de Guise.
27850. Guyenne, Armagnac, Limosin, Périgord, &c.
27851. Guyenne & Languedoc.
27852. Guyenne, Bourdeaux, Bigorre, Angoumois, &c.
27854. Traité concernant parties de Guyenne (Frontière d'Espagne.)
27855. Domaines du Hainaut.
27856—60. Titres & Pièces sur le Languedoc.
27863. Extraits de Pièces concernant le Limosin.
27864—66. Pièces sur la Frontière de Lorraine.
27867. Droit du Roi sur le Châtel de Louzoun.
27868. Titres du Lyonnois & Beaujolois.
27868.* Inventaire, Dénombrement, &c. du Bailliage de Meaux.
27869—77. Titres des trois Evêchés, Metz, Toul & Verdun.
27879 & 80. Recueils sur les mêmes.
27884—90. Metz, Lorraine & Barrois.
27891. De la Seigneurie de Montbard.
27893—900. Pièces & Titres de Navarre & Béarn.
27901. De la Seigneurie de Noyers.
27902 & 3. Principauté d'Orange.
27906. Inventaire des Titres d'Orléans.
27907 & 8. Domaine de Paris.
27909. Inventaire des Titres du Périgord & Limosin.
27910 & 11. Mémoires concernant la Picardie.
27912 & 13. Domaine & Titres de Poitou.
27914—16. Provence, Dauphiné, Bresse.
27919 & 20, 25 & 26. Ecritures sur la Provence.
27919 & 30. Inventaires des Titres de la Rochelle.
27934. Procès-verbal sur le Différend, touchant la mouvance de S. Jean-du-Mont.
27936. Autre, sur S. Loup en Vosge.
27937—40, 45 & 46. Pièces sur le Comté de Saint-Paul.
27947—52. Principauté de Sedan.
27953. Titres sur l'Evêché de Toul.
27954. Mémoires sur Tours, Anjou, Maine.
27955. Titres pour la Ville de Troyes.
27956. Des Comtés de Valentinois & Diois.
27958—62. Titres, &c. de Verdun.
27963. Droits du Roi sur le Vermandois, Boulogne, Gravelines, &c.

Traités des Finances.

27969. Instruction des Finances.
27971. Système politique sur la conduite des Finances.

27978. Etat des Finances, en 1588 & 89.
27979. Affaires extraordinaires de Finances, depuis 1706, jusqu'en 1713.
27984. Ligues de la Noblesse, pour s'opposer à plusieurs Exactions : 1314.
27985. Remarques sur les troubles advenus en France.
27986. Sommaire Déclaration des Aydes que les Rois ont levées.
28006. Revenu & Dépense, en 1617.
28013. Etat des Finances sous Louis XIII.
28014. Moyens d'augmenter les Finances de France.
28030. Arrêts contre plusieurs Financiers.
28034. Etat général des Finances, en 1639.
28036. Remontrances de la Chambre des Comptes, sur les Finances, 1648.
28045. Recherches des Finances, en 1530-35.
28047. Journal des Grands-Jours de Languedoc.
28048. Chambres de Justice, en 1607, 1624 & 1627.
28050—52. Recueils des Grands-Jours tenus en plusieurs Villes : 1360—1635.
28054. Chambre de Justice de 1661.
28056. Journal de M. (Olivier) d'Ormesson, sur la Chambre de Justice de 1661, &c.
28057. Pièces sur cette même Chambre.
28059. Chambres de Justice, depuis 1318, jusqu'en 1666.
28060. Etat des Particuliers taxés par celle de 1716.
28064. Etat des Finances, en 1694.
28065. Finances extraordinaires, depuis 1686, jusq. 1698.
28066. Histoire de la Maltôte ; par Mezeray.
28067. Etat de l'estimation des Offices.
28077 & 79. Observations sur la Dixme Royale de M. de Vauban.
28080. Traité sommaire de la Taille réelle.
28087. Capitation de la Cour & de tout le Royaume.
28088. Détail de la France, à M. le Duc du Maine.
28095 & 96. Journal & Pièces sur la Chambre de Justice de 1716.
28099. Matières de Finances ; par de Chandé.
28100 & 101. De la recette & dépense du Royaume.
28102. Variations des Effets en papiers : 1719—1721.
28106. Mémoires de M. Law, concernant l'établissement de la Banque.
28136. Etat actuel des Affaires générales, &c.
28137. Diverses Pièces & Mémoires sur les Finances.

Commerce & Marine.

28154. Du Commerce de France, sous la première Race.
28164. Mémoires sur la Douane de Lyon, &c.
28168 & 69. Privilèges accordés aux Marchands.
28170 & 71. Mémoires touchant le Commerce & la Navigation.
28177. Mémoire sur le Commerce de Mer ; par de Rolely : 1626.
28179. Autre ; par M. de Sainte-Catherine.
28180. Articles de la Compagnie de Morbihan.
28181. Lettre du Czar au Roi, pour le Commerce : 1629.
28183. Plaintes au Parlement d'Angleterre : 1644 & 45.
28191. Mémoires sur l'état du Commerce : 1701.
28192. Traité du Commerce ou Assemblées des Députés des Pays-Bas : 1703.
28294. Arrêts & Pièces sur le Commerce.
28296. Avis pour l'Office de Contrôleur des Manufactures.

28302. Pièces & Mémoires sur le Commerce & la Marine.
28304—306. Mémoires, Ordonnances, Registre des dépenses, &c. pour la Marine.
28309—13. Autres Recueils.
28317. Remontrances du Parlement de Provence, au sujet des Galères.

Contrats de Mariages & Testamens des Rois, &c.

28324. Que les Rois de la prem. Race ont épousé deux sortes de Femmes; par l'Abbé de Camps.
28326—46. Recueils des Contrats de Mariage des Rois & Princes.
28348. Assignations des Douaires donnés aux Reines.
28349. Du divorce prétendu de Philippe-Auguste, avec Ingelburge.
28352. Contrat de Mariage de Robert, fils de Philippe (le Bel.)
28352.* Contrats de Mariages de Jean Tristan, de Charles & de Philippe de Valois.
28353 & Add. Dissolution du Mariage de Henri III, Roi d'Angleterre & de Jeanne de Ponthieu (*non* de Clermont.)
28354. Mariage de Pierre de Castille & de Blanche de Bourbon.
28357. Mariage de Louis, Duc d'Orléans, avec Valentine de Milan.
28363. Du Mariage d'Isabelle de France & de Richard III, Roi d'Angleterre.
28370. Mariage de Volfart de Borselle avec Charlotte, fille de Louis de Bourbon, Comte de Montpensier: 1468.
28371. Mariage de Louis de Joyeuse avec Jeanne de Bourbon, fille du Comte de Vendôme.
28372. Traité de Paix & de Mariage de Charles Dauphin & de Marguerite d'Autriche; & autres Pièces.
28377. Dissolution du Mariage de Louis XII & de Jeanne de France.
28379. Procédures pour la Dissolution du Mariage de Louis XII. & d'Anne de Bretagne.
28388. Du Mariage de la Fille de Henri VIII avec François I, & de la Délivrance des Enfans de France.
28389. Mariage de Renée de France avec Hercule d'Est.
28402 & 3. Histoire du Mariage de Henri (IV) avec la Princesse Marguerite, &c.
28405—7. Pièces sur le Mariage (proposé) du Duc d'Anjou avec la Reine Elisabeth d'Angleterre.
28411—14. Dissolution du Mariage d'entre Henri IV & la Reine Marguerite.
28427. Lettres, Mémoires, Actes sur le Mariage de Henriette-Marie, Sœur de Louis XIII, avec Charles I, Roi d'Angleterre.
28438—40. Contrats de Mariages de plusieurs Princes & Princesses, & grands Seigneurs.
28441 & 42. Dissolutions de Mariages, & Bâtards Légitimés.
28443 & 44. Discours, Consultations & Exemples sur les Mariages des Princes du Sang.
28445. Légitimations de Bâtards: 1558-1673.
28446. Mariages des Comtes d'Alençon, de Blois, &c. 1205—1524.
28447. Mariages des Ducs de Bourgogne, Testamens, &c.
28448. Mariages & Testamens des Seigneurs de la Tour d'Auvergne.
28449—53. Testamens des Rois, Princes, &c.
28456. Testament de Louis II, Roi de Sicile.
28458. Testamens & Contrats de Mariage, 1416-1615.
28461—67. Recueils de Testamens & Contrats de Mariages.

Droits de Succession à la Couronne.

28470.* De jure Galliæ Regis cum Rege Angliæ, &c.
28506. Remontrances faites aux (prétendus) Etats de Paris.
28531 & 33. La Loi Salique, par Chantereau le Fèvre.
28546. De la Loi Salique; par Pierre le Cointe.
28548. De l'Abdication de Childéric III; par l'Abbé de Camps.
28553. Lettre de l'Abbé des Thuilleries, sur l'Election des anciens Rois de France.
28560. Que Hugues Capet est monté sur le Trône par une Election légitime; par M. Bullet.
28562. Pièces sur la Succession à la Couronne.
28567. Réponse aux Lettres de Filz-Moritz.
28582 & 83. Mémoire & Réflexions sur l'Affaire des Princes Légitimés: 1716.

Alliances Politiques.

28637. La Monarchie de France, ou le moyen de mettre à bas celle d'Espagne; par Campanella.
28656. Jugement de Guiscardi, sur le Catholique d'Etat.
28659 & 60. Mémoire, & Censure de l'Evêque de Chartres, sur certains Libelles: 1626.
28662. Divers Actes sur la Censure de l'Assemblée du Clergé.
28678. Sapiens & generosus Francus.
28695. La impieta destrutta, di Goffredo.
28696. Al pio, al grande Urbano VIII. Lud. Zambeccari, &c.
28698. Ludovici XIII. postulatio ad Urbanum VIII, ut transferat Imperium, &c.
28713. Discours sur la Justice des Armes de Louis XIII; par Gibalin.
28714. Infractions de Traités par les Espagnols.
28715. De bello justo Hispaniæ Regis.
28742. Différence des humeurs de cinq Nations.

Droits de la Couronne sur divers Etats.

28753. Mémoires des Duchés, Marquisats, &c. auxquels le Roi peut prétendre droit de réunion.
28755 & 56. Droits du Roi, sur plusieurs Royaumes, &c.
28769. Translation de l'Empire d'Occident à Charlemagne.
28775. Pièces sur la Prétention de François I, à l'Empire.
28782. Inventaire des Titres des Réunions: 1687.
28784—92. Droits de la France contre les Anglois, & de ceux-ci sur la France.
28795—98. Différends entre la France & l'Angleterre.
28804—6. Droits au Royaume de Bourgogne.
28808—14. Pièces sur le Différent de Louis XI.
28817—23. Querelles de la Maison d'Autriche ou des Espagnols, avec la France.
28824 & 25. Traités, Actes, &c. concernant le Hainaut.
28827—30, 32. Mémoires, Recueils & Traités sur ce Pays & voisinage.
28831. Traités concernant Cambrai.
28833—35. Droits sur la Flandre, & Pièces.
28841.* Remontrances sur la remise des Places Maritimes de Flandre.
28842. Consultation de Doujat, sur la Renonciation de la Reine Marie-Térèse d'Autriche.
28855. Réponse du même, au Bouclier d'Etat.
28856. Réplique de P. H. D. C. au même Livre.

28887—91, 93, 95. Droits aux Royaumes de Naples & de Sicile : Titres & Actes.
28887.* Avis à Louis XIII, sur la succession au Royaume de Naples ; par de Rémond.
28896. Avis de Cujas, sur la Succession du Roi de Portugal, &c.
28903—5, 14. Droits sur l'Aragon, le Roussillon, &c. la Navarre.
28919—21. Droits & Titres sur la Catalogne.
28938. Protestation faite au Roi d'Espagne, en 1699, & Réponse.
28989. Réflexions sur la Rénonciation de Philippe V.
28991—29016. Titres & Mémoires de Lorraine & de Bar, & Droits du Roi.
29023. Barrum Ducale, adversùs Blondellum.
29024. Des Droits du Roi sur la Lorraine.
29025. Procès-verbaux de Commissaires, en 1661.
29036. Réflexions sur le Traité de la nature du Duché de Lorraine.
29040. Remarques de l'Abbé de Camps, sur la Défense de la Lorraine.
29041. De la Souveraineté des Rois de France sur le Barrois, &c. par l'Abbé de Camps.
29043—57. Pièces & Titres sur le Duché de Bar.
29058. Titres sur les Terres entre Sambre & Meuse.

29059 & 60. Titres de Luxembourg, Ligny, Piney, &c.
29061 & 62. Inventaires des Titres de Namur, &c.
29063. Titres, Actes, &c. touchant Avignon, & le Comté Venaissin.
29073. Liber generalis inquisitionis.
29074. Par quel moyen, &c. les Rois de France ont possédé divers Pays (d'Italie, &c.)
29075. Droits sur plusieurs Terres que possède le Duc de Savoie.
29076 & 77. Titres & Recueils sur le Piémont.
29079. Pièces & Titres sur le Marquisat de Saluces.
29081—83. Actes & Pièces sur Gènes.
29084—86. Droits sur le Duché de Milan, &c.
29091—93. Recueils sur la Savoie, &c.

Intérêts des Etats de l'Europe

29133. Discours pour connoître les Intérêts de Chaque Cour.
29134. Des vraies Maximes d'aucuns Princes ; par Charles le Cointe.
29135. Discours sur les intérêts des Princes tant alliés que non alliés à la Couronne.
29136. Intérêts & Maximes des Princes.

TOME TROISIEME.

Traité de Paix, de Trève, de Confédérations.

29157. Des Traités depuis la Paix de Ryswick, en 1697 ; par le Dran.
29158. Traités des Empereurs Latins de C. P. avec les Papes, Rois de Sicile, &c.
29159. Traités de Paix entre les Rois de France, Empereurs & autres Princes.
29161. Traités de Paix, depuis 1316 jusqu'en 1527.
29162. Traités depuis 1435, jusqu'en 1556.
29163. Traités depuis 1360, jusqu'en 1559.
29164. Traités de Trève & de Paix, 1476—1579.
29164.* Traités depuis Louis XI, jusqu'à Henri II.
29165. Traités depuis 1475—1598.
29166. Traités depuis 1200—1600.
29167. Traités depuis Louis XI, jusqu'à Henri IV.
29168. Traités avec les Rois d'Espagne, Ducs de Savoie, &c.
29169. Traités depuis 1520, jusqu'en 1618.
29170. Traités avec la Lorraine, Savoie, Monaco, &c.
29170.* Traités, & autres Pièces, de Charles-Quint & Philippe II.
29171. Négociations & Traités avec l'Espagne, l'Italie, &c.
29173. Traités avec l'Angleterre, les Suisses, la Hollande, &c.
29174. Traités avec l'Allemagne, la Suède, la Hollande.
29175. Traités avec l'Angleterre, &c. 1625—47.
29176. Traités avec l'Allemagne, les Pays-Bas, &c. 1631-1647.
29179. Traités depuis 1478—1654.
29180. Traités & Négociations, 1644—58.
29209. Traité de Senlis, & autre en exécution.
29110. Conférence de Calais, en 1521.
29211. Traités avec Charles-Quint, 1516—25.
29212. Traités avec Maximilien & Charles-Quint, 1501—25.
29213. Traité de Madrid, en 1526.

29214. Echange entre François I & la Duchesse de Luxembourg.
29215 & 16. Traités de Madrid en 1526, & de Cambrai en 1529.
29217. Traité de Cambrai, avec d'autres Pièces.
29218. Traités avec l'Empereur Charles-Quint, depuis 1537, jusqu'en 1555.
29220. Traité de Crespy, en 1544.
29221. Traités avec l'Espagne, 1547—59.
29222. Traités avec l'Allemagne, & plusieurs Mémoires & Instructions : 1198—1631.
29223—25. Différentes Tables des Traités, jusqu'en 1598.
29226 & 27. Traités de Ratisbonne, & Modifications, en 1630.
29231. Actes de la Paix de Munster.
29234. Traités avec la Maison d'Autriche, depuis Charles VIII, jusqu'en 1660.
29237. Capitulation de Bonn, en 1689.
29242. Confœderationes inter Reges Franciæ, Duces Austriæ & Reges Bohemiæ.
29243. Traités des Rois de France avec les Electeurs Ecclésiastiques : 1341-1631.
29244. Traités avec les Electeurs Palatins : 1337—1631.
29245. Traités avec différens Etats d'Allemagne : 1631—1643.
29247. Capitulation de Kaiservert, en 1689.
29253.* Traités entre Philippe le Bel, & Robert de Béthune, Comte de Flandre.
29254. Traité d'Arras, de 1435.
29255. Mémoires de la Négociation pour ce Traité ; par Prosper Bauyn.
29256. Traité de Péronne, &c. entre Louis XI & Charles, Duc de Bourgogne.
29257. Trèves Marchandes, à Soleurre, en 1475.
29258. Cartulaire de Lettres & Traités, avec le Duc de Bourgogne : 1462-78.
29259. Traités avec les Ducs de Bourgogne : 1435—1536.
29260. Autre Recueil, depuis 1461, jusqu'en 1514.
29261—64. Traités & Affaires, avec les Comtes de Flandres & de Brabant : 1194—1631.

29265. Traités & autres Actes, concernant la Flandre & l'Artois : 1099—1614.
29266. Traités avec les Ducs de Lorraine : 1301 1632.
29268 & 69. Traités avec le Duc Charles IV.
29273. Traités de la Ville de Metz, avec les Princes voisins : 1325—1535.
29274—76. Traités des Suisses & de Genève, avec la France; Alliances, &c.
29277. Instructions & Mémoires touchant les Affaires avec les Suisses.
29280. Mémoires à ce sujet, depuis 1587, jusqu'en 1614.
29281. Traités avec les Suisses : 1444—1632.
29282. Traités avec les Suisses & Grisons.
29283. Instructions & Mémoires touchant les Suisses: 1647—76.
29284. Mélanges de Lettres, &c. sur les Grisons : 1550—87.
29285. Alliances, Traités, &c. touchant les Grisons & la Valteline : 1497—1628.
29291. Pièces sur les mêmes : 1244—1640.
29292. Mémoires & Traités avec Genève.
29294. Traités & Actes avec la Savoie : 1427 —1525.
29297. Traité pour le Marquisat de Saluces, & son Echange avec la Bresse : 1600.
29301—303. Traités avec la Savoie, & Pièces, depuis 1335.
29307—12. Traités avec les Vénitiens : 1477 —1628.
29314. Traités avec les Papes, Ducs de Ferrare, les Républiques de Florence, Luques, &c. 1538, ad 1614.
29317 & 18. Traités avec l'Etat de Gènes : 1392 —1636.
29321 & 22. Bulles, Titres, Actes concernant le Royaume de Naples & de Sicile.
29323 & 24. Pièces concernant Milan : 1478 & 1500.
29333. Raccolta di molti Brevi, &c. scritti nel Negotio del Duca di Crequy.
29334. Pièces concernant l'Affaire des Corses.
29338. Traité avec Ferdinand de Castille : 1306.
29339 & 42. Traités avec les Rois de Castille : 1306 —1455, & 1475.
29340. Traité avec Jean, Roi d'Aragon, en 1462.
29341. Transactio Barcinonensis : 1493.
29343. Traité de Marcoussis, avec Ferdinand & Isabelle, 1498.
29344. Histoire des Traités avec le Roi de Castille : 1498—1507.
29345. Traité de Blois, avec le Roi d'Espagne, en 1505.
29346. Table générale des Traités avec l'Espagne.
29347—52. Divers Recueils de ces Traités : 1258 —1559.
29354. Traité du Câteau-Cambresis : 1559.
29355. Procès-verbal des Limites, après ce Traité.
29356. Traité de Neutralité, pour la Franche-Comté: 1562.
29357. Traité de Joinville, en 1584.
29358 & 59. Conférence & Traité de Vervins.
29360. Table des Traités avec Philippe II, Roi d'Espagne.
29361. Traités avec les Rois d'Espagne : 1559 —1599.
29364. Procès-verbaux de ce qui a été traité à Stenay, pour la Paix, en 1651.
29365. Traité de Paix exhibé par le Duc de Longueville.
29379. Traités, &c. avec l'Angleterre : 1193 —1331.
29380. Traité de S. Louis, en 1259.
29381 & 82. Traité de Bretigny, & Pièces : 1360.

29387. Recueil d'Actes & de Traités avec l'Angleterre : 1360—66.
29388. Guerres & Traités, au sujet de la Guyenne & de la Normandie ; par Bercy.
29390. Transacta à temporibus Eduardi III. ad Henricum VIII.
29391. Traités avec l'Angleterre, depuis 1360, jusq. 1452.
29392. Traité de 1499, en Vers.
29393. Trêve de Calais, en 1521.
29394. Traité avec Henri VIII, en 1525.
29395. Inventaire des Traités avec l'Angleterre, dont les Chartes sont conservées à la Tour de Londres; avec quelques autres, depuis 1093 —1525.
29396. Traités de 1527 & 1532.
29397. Traités depuis 1395, jusqu'en 1554.
29399. Traité avec la Reine Elisabeth, en 1559.
29400. Traités avec l'Angleterre, depuis 1476 —1559.
29401. Liste des Seigneurs Anglois, envoyés en France l'an 1572, pour confirmer la Ligue entre Charles IX & la Reine Elisabeth.
29402. Recueil de Traités avec l'Angleterre, depuis 1177—1593.
29403. Traité pour le Commerce, en 1606.
29404. Traités & Alliances faites par Henri IV & Louis XIII. avec le Roi d'Angleterre.
29405. Pièces concernant la France & l'Angleterre, jusqu'en 1612.
29406. Recueils de Traités : 1448—1614.
29407. Transacta inter Angliam & Franciam, ab an. 1538, ad 1614.
29408. Traités avec l'Angleterre, 1193-1623.
29409. Autres Traités des années 1259, 1572, 1625.
29412. Supplément aux Actes de Rymer.
29413. Traités avec l'Angleterre, 1193—1616.
29414. Mélanges de Lettres, Titres, &c. concernant les Affaires d'Angleterre : 1190—1625.
29415. Mémoires, Actes, &c. sur le même sujet, pour l'an 1587 & 1627—30.
29416. Traités avec les Rois d'Angleterre : 1444 —1632.
29417. Autre Recueil, depuis 1541, jusqu'en 1632.
29418. Articles arrêtés, depuis le Traité de Suze, en 1632.
29419. Différens Traités, & Affaires : 1259—1641.
29420. Différends avec les Rois d'Angleterre, jusq. 1644.
29421. Traités de Confédération, &c. 1572—1644.
29422 & 23. Traités avec les Rois d'Ecosse, jusqu'en 1612.
29427. Des Traités avec la Hollande ; par Galland.
29428 & 29. Recueils de ces Traités : 1596—1641.
29434. Lettres, Traités, &c. avec le Danemarck, la Norwège & la Suède : 1275—1633.
29435. Traités avec la Suède : 1542—1646.
29438. Traité d'Alliance avec la même, en 1672.
29440. Traités & Actes avec la Pologne & la Moscovie : 1524—1640.
29445 & 46. Traités avec le Grand-Seigneur : 1514 —1635.
29448. Traités avec le Turc, & plusieurs Pièces.
29449. Mémoires sur les Traités & Ambassades à la Porte; par M. Durey de Noinville.
29450 & 51. Articles de Paix avec l'Empereur de Maroc : 1631 & 1635.
29454. Pièces sur la Turquie & la Barbarie.

Recueils des Actes publics & des Chartes.

29458. Réflexions sur le Livre du P. Germon, contre le P. Mabillon; par l'Abbé de Camps.

Table des Manuscrits.

29460. Notice du Supplément à la Diplomatique ; par le même.
29470. Dissertation de l'Abbé des Thuilleries, sur la Dispute entre le P. Germon & le P. Mabillon.
29487. Ancien Inventaire des Chartes du Roi ; par L. Levet.
29488—90. Inventaires des Titres du Trésor des Chartres.
29491. Table des Pièces du Cartulaire de Philippe-Auguste.
29492 & 93. Tables de l'Inventaire des Chartres du Trésor.
29494. Inventaire des Titres achetés en 1746, pour le Trésor des Chartres.
29495. Inventaire des Chartes de France, d'Italie, Espagne, &c.
29497. Pièces du Trésor des Chartes, depuis 1202 –1546.
29498. Cartulaires Historiq. des Rois de la troisième Race, jusqu'à Louis XI, avec Notes, &c. par l'Abbé de Camps.
29500. Notices & Inventaires des Titres.
29501. Sigilla, caracteres & inscriptiones Diplomatum, &c.
29504. Dates singulières des Chartes, recueillies par l'Abbé de Camps.
29506. Registrum Principum.
29507. Registrum Philippi-Augusti.
29508. Registres de Philippe - Auguste.
29510. Registrum Curiæ Franciæ de feudis & negotiis Seneschaliatûs Carcassonæ, &c. 1214–74.
29510.* Cartularium Alphonsi Comitis.
29511 & 12. Registres des Lettres-patentes de Philippe le Bel : 1293—1311.
29513. Registrum Cartarum sub Ludovico Hutino : 1314 & 15.
29514. Registre depuis S. Louis, jusqu'à Philippe de Valois.
29515. Registre de Lettres - patentes du Roi Jean & du Maréchal d'Andreham : 1353.
29516. Formularium Litt. Reg. sub Carolo V.
29518. Registrum Præsentationum, &c. sub Carolo VII.
29519—21. Lettres patentes, &c. du même.
29522. Registre du Chancelier P. d'Oriolles : 1474 –80.
29523. Recueil de Lettres-patentes de nos Rois : 1368 –1501.
29524. Registres de Lettres-patentes sous Louis XII.
29525. Registre du Sécrétariat d'Etat, sous Henri III & Henri IV, 1588—94.
29526. Registres des Expéditions de Henri Duc (d'Alençon &) d'Anjou.
29527–714, & 16–23. Cartulaires ou Recueils des Titres des Provinces & des Eglises.
29615.* Cartulaire des Fiefs & Privilèges de Bourgogne.
29627.* Titres & Actes du Duché de Bretagne.
29636.* Inventaire de Titres concernant la Champagne, la Lorraine, &c.
29640.* Chartes, Titres des Bénéfices du Côtantin, &c. de Normandie.
29646.* Divers Cartulaires de Franche-Comté.
29680.* Cartulaire de l'Eglise de Paris.
29711.* Mémoire sur le Cartulaire de Rosières ; par M. Droz.
29711.* (2) Mémoires, &c. sur les Titres de l'Eglise de Saintes.

Lettres - historiques, & autres Pièces, jusqu'à François I.

29724. Négociations, &c. recueillies par MM. Godefroy.

29752. Remarques sur les Rois de la troisième Race, la Pragmatique Sanction, &c. par M. le Comte de Boulainvilliers.
29781.* Epistolæ diversorum ad Ludovicum VII.
29788. Registrum Litterarum Alphonsi Comitis Pictaviensis : 1263—66.
29795. Recueil de Pièces, depuis 1364, jusqu'en 1375.
29796.* Lettres du Roi Jean, &c.
29797. Registre de Lettres & Mémoires sous les Rois Jean, Charles V & Charles VI.
29798. Maximes Royales, & autres Pièces par Salmon, avec Lettres de Charles VI.
29803. Epistolæ Joannis Ducis Bituricensis, Caroli Andegavensis, &c.
29804. Mémoires pour l'Histoire de Charles VI.
29807. Relation de ce qui s'est passé à la Convention d'Arras, en 1435.
29809. Mémoire sur le même sujet ; par Bauyn (*déja au N.° 29255.*)
29810. Discours sur le Traité d'Arras.
29811. Considérations sur les Traités faits entre la France & l'Espagne.
29813. Relation de l'Ambassade de Louis de Bourbon-Vendôme, Jean Juvenal des Ursins, &c. envoyés en Angleterre : 1445.
29814. Rapport de Jean Juvenal des Ursins, de son Extrait des Chartres par rapport à l'Angleterre.
29816. Collection de Titres depuis Dagobert, jusqu'à Louis XI.
29817. Mémoires depuis Philippe de Valois, jusqu'à Louis XI.
29818 & 19. Lettres, Traités, &c. touchant la Guerre du Bien public.
29820. Lettres originales de Charles, Comte de Charolois : 1465 & 66.
29821. Pièces & Remontrances de Jean Juvenal des Ursins : 1433—68.
29822. Ambassade de Guil. Cousinot à Rome, pour le Procès du C. Balue, &c. 1470.
29823. Registre du Règne de Louis XI.
29824. Pièces concernant la Négociation de Noyon : 1475.
29825—27. Pièces & Mémoires sur le Règne de Louis XI.
29829. Registre contenant des Instructions d'Ambassade, Trève, Alliance, &c. depuis 1479 —1480.
29830 & 31. Lettres du Roi Louis XI.
29832. Lettres des Règnes de Charles VI, de Charles VII, & de Louis XI.
29833. Lettres de différens Règnes, depuis 1393, & particulièrement du Règne de Louis XI.
29834 & 35. Lettres originales du même Règne.
29836. Recueil de Pièces : 1088—1482.
29837. Mémoires du Règne de Louis XI.
29838. Titres & Actes depuis Philippe-Auguste, jusqu'à Charles VIII.
29840. Pièces sous Louis XI & Charles VIII, 1476 —92.
29842. Lettres originales des Règnes de Louis XI & Charles VIII.
29843. Lettres Italiennes sous Charles VIII.
29845. Mémoires du Règne de Charles VIII.
29847. Diverses Pièces hist. du XVe Siècle.
29848. Lettres & Pièces depuis Philippe I, jusqu'à Charles VIII.
29850. Lettres de Pierre de Clermont.
29852. Recueil des Affaires de France : 1159 —1507.
29856. Remontrance au Pape sur la calomnie faite contre Louis XII.
29857 & 58. Lettres originales de plusieurs Grands, sur les Affaires d'Etat.

29859 & 60. Lettres du Cardinal d'Amboise, & de M. de Chaumont, son neveu.
29861. Processus verbalis super Legatione ad Reges Scotiæ, Daniæ, &c. per Pet. Cordier.
29868. Mémoires du Règne de Louis XII.

Pièces sous François I.

29870. Lettres & Instructions à M. de la Guiche, pour traiter avec le Pape & l'Angleterre : 1515.
29871. Anciens Titres depuis 1235, jusqu'en 1516.
29872. Lettres & Mémoires sur les Affaires d'Italie, depuis 1510, jusqu'en 1518.
29874. Lettres de l'Amiral Bonnivet, Amb. en Angleterre, 1519.
29875. Lettres de (Gaspard I.) de Coligny, à François I, &c. en 1521.
29876—80. Actes, Histoire, &c. de la Conférence de Calais : 1521.
29881. Recueil des principaux Traités, Instructions, &c. jusqu'en Décembre 1521 ; par Bourdel.
29882. Lettres de Charles, Duc d'Alençon, & du Maréchal de Chastillon.
29883. Lettres du Cardinal de Tournon & d'Anne de Montmorency : 1525.
29884. Lettres de l'Amiral de Brion.
29885. Négociations de Jean de Selve, pour la délivrance de François I.
29886. Conférence de Calais, en 1521 ; & de Tolède, en 1525.
29887. Discours du Cardinal de Tournon, & de Jean de Selve, pour la délivrance de François I.
29888. Exemplaire original de ce qui s'est passé en Espagne, pour (cette) délivrance.
29889. Lettres, Mémoires, &c. sur la prise de François I. sa prison, la Conférence de Madrid, &c.
29890. Recueil Chronologique des Pièces à ce sujet.
29891. Conférence de Madrid ; & celle de Palence pour la délivrance des Enfans de France, donnés en ôtage.
29892. Mémoires concernant les Affaires avec l'Emp. Charles-Quint.
29900. Pièces sur les démêlés avec cet Emp. 1526 & 27.
29901. Recueil de Pièces : 1227—1527 ; par Et. le Blanc.
29902. Négociations en Italie & Angleterre, en 1527.
29903 & 4. Lettres du Cardinal Jean du Bellay.
29905. Lettres de Michel, Marquis de Salusses.
29906. Ambassade du Vicomte de Turenne, &c. à Rome, en 1528.
29907. Lettres touchant les Affaires de Rome, depuis 1527.
29908. Voyages & Négociations de Guyenne, Roi d'Armes, en 1528.
29909. Négociations avec l'Empereur Charles-Quint, en faveur des Héritiers du Connétable de Bourbon.
29910 & 11. Conférence de Madrid & de Cambrai, en 1529.
29912. Ant. Arlerii Epistolæ : 1529.
29913. Lettres de M. de la Pommeraye, en 1529 & 30.
29914. Lettres & Négociations du Chancelier du Prat.
29915. Lettres de Louis XI, &c. jusqu'à François I, & de divers Seigneurs & Dames.
29916. Lettres originales de François I, du Seigneur de Lautrec, & autres.
29917. Lettre de Cl. de Guise, & du Duc d'Albanie.

29918. Relazione di Matino Giustiniani : 1530.
29920. Conférences de Sainte-Menehould : 1531.
29921. Lettres de Lazare de Baïf.
29922. Lettres de M. de Vely : 1532.
29923. Dépêches de François de Dinteville.
29924. Lettres depuis 1527, jusqu'en 1567, & Dépêches de Venise : 1529—33.
29925. Lettres originales de François I, & de divers Grands.
29926. Voyage de Fez ; par Piton.
29929. Lettres de Robert de la Marck II & de Rob. Stuart.
29930, 32—34. Lettres originales de Jean du Bellay, & autres : 1528=35.
29935. Lettres originales de Guill. Martin & René du Bellay.
29936 & 37. Relations Italiennes de Marin & de François Giustiniani : 1535.
29938. Dépêches de l'Evêque de Mâcon, Hémard de Dennonville.
29939. Lettres originales à Anne de Montmorency, & autres.
29944. Apologie de François I.
29945. Plaidoyers & Harangues de Jacques Cappel, contre Charles d'Autriche.
29946. Negotio di Liga & Pace, di M. Ardingello.
29947. Lettres & Instructions pour le Sieur de la Valpelle.
29948. Lettres de Ch. Hémard, Cardinal de Dennonville.
29949. Lettres de François I, à M. d'Orléans son fils ; de le Breton & de Reince.
29950. Lettres de Nicolas Reince.
29951 & 52. Négociations de M. de Chastillon, en Angleterre ; & Lettres.
29953. Lettres de Jean de Monthuc : 1538.
29954. Lettres de François I, & du Connétable de Montmorency.
29955 & 56. Ambassade de M. de Marillac, en Angleterre ; & Dépêches.
29957. Lettres de M. de Gyé, en 1539, & d'autres.
29958. Pièces depuis 1308, jusqu'en 1540.
29959. Lettres du Connétable de Montmorency, &c. 1538—40.
29960. Négociations pour la Paix, à Marly, près de Calais : 1540.
29963 & 64. Lettres originales de Guillaume Pélissier.
29967. Mémoires & Instructions : 1529—43.
29974. Mémoires envoyés en Allemagne, pour la justification du Roi.
29976. Lettres & Mémoires du Règne de François I. 1519-45.
29977. Mémoires pour les Amb. à C. P. jusqu'en 1545.
29978. Pièces depuis 1503, jusqu'en 1546.
29979. Voyage de M. d'Aramont à C. P. par Chesneau.
29980. Instructions & Négociations de M. Richer, en Danemarck.
29981. Ambassade du Sieur du Mortier à Venise.
29982. Instructions & Mémoires : 1538—1547.
29984 & 85. Dépêches de Louis XII, & François I.
29986. Lettres du Règne des mêmes Rois.
29987. Lettres originales du Règne de François I.
29988—93. Lettres de François I, & autres relatives à son Règne.
29994. Pièces des Règnes de Louis XII & de François I.
29995. Traités, Négociations, &c. avec Charles-Quint, depuis 1525, jusqu'en 1547.
29996. Ambassade de M. de Saint-Mauris.
29997. Mémoires du Règne de François I.
29998. Autre Recueil du même Règne.

29999.

Table des Manuscrits. 337

29999. Lettres originales des Règnes de Louis XII, & de François I.
30000. Collection de Lettres écrites à François I, & autres Princes.

Pièces sous Henri II.

30001 & 2. Lettres & Dépêches du Sieur du Mortier, à François I & Henri II.
30003. Négociations du Cardinal de Guise (Ch. de Lorraine) auprès du Pape : 1547.
30004. Extrait de l'Ambassade de M. de Selve, en Angleterre.
30005. Ambassade de Gabr. d'Aramont à C. P.
30006. Négociations de M. de la Saludie, en Angleterre : 1546—49.
30007. Lettres de Marguerite, Duchesse d'Alençon.
30008. Harangue des Amb. François aux Anglois, &c. 1549.
30010—12. Négociations & Ambassades de Ch. de Marillac, vers l'Empereur.
30013. Lettres du Roi, &c. à M. de Marillac.
30014. Lettres d'Antoine de Bourbon-Vendôme.
30015. Conférences à Sainte-Ménehould, en 1551.
30016. Lettres de Henri II, & du Connét. de Montmorency.
30017 & 18. Lettres dudit Connétable, & de M. de Chastillon.
30019 & 20. Autres Lettres du même Connétable, &c.
30021. Lettres concernant le Siége de Metz, en 1552.
30022. Instructions & Mémoires sur la Négociation faite à Metz, par le Cardinal de Lénoncourt, &c.
30024. Ambassade d'Ant. de Noailles en Angleterre : 1553.
30026. Dépêches du Sieur de Lansac.
30027. Négociations de Bassefontaine, en Suisse.
30028. Registre du Secrétaire du Cardinal de Lorraine, en 1553 & 54.
30029 & 30. Lettres écrites au Maréchal de Brissac, & ses Négociations en Italie.
30031. Négociations à Venise, depuis 1550, jusqu'en 1554.
30032. Procès-verbal de la Conférence de Marck, près d'Ardres, en 1555; par J. de Morvilliers.
30033. Lettres, Négociations, &c. de J. de Morvilliers.
30034. Registre des Expéditions de Cosme Clausse : 1550—55.
30036. Lettres & Mémoires du Cardinal Ch. Caraffe.
30037. Lettres écrites à Cl. le Breton de Villandri.
30038. Négociations à Rome, du Duc de Guise. 1556.
30039. Lettres écrites à MM. de Guise : 1547—56.
30040. Lettres du Cardinal de Guise, pendant son Voyage d'Italie.
30041. Ragionamenti d'un Ambasciatore in Venetia, &c.
30042 & 43. Pièces depuis 1529, jusq. 1557.
30044. Ambassade de Jean-Paul de Selve, à Rome.
30045. Minute du Mémoire responsif de la Dépêche portée par le sieur de S. Julien.
30046. Lettres depuis 1552, jusq. 1557.
30047 & 48. Lettres originales du Duc de Guise, & du Cardinal de Lorraine.
30049. Lettres originales du Capitaine Poullain, en 1550—58.
30050. Lettres or. des Parlemens à Henri II, &c.

Tome V.

30051. Lettres originales du Règne de Henri II, 1549—58.
30052. Lettres or. de Ferrant de Launoy.
30053. Négociations de François de Noailles, en Angleterre.
30054. Dépêches de la Négociation de Castel-Cambresis.
30055. Lettres or. de Henri II, & d'Isabelle, Reine de Hongrie.
30056. Ambassade à Rome, du Cardinal de la Bourdaisière.
30057. Mémoires sur la fin du Règne de Henri II, en 1557 & 58.
30058. Pièces depuis 1504, jusq. 1559.
30060. Lettres or. du Cardinal de Tournon.
30061. Lettres or. de Georges, Cardinal d'Armagnac.
30062 & 63. Lettres or. du Cardinal du Bellay, de Guil. & de Martin du Bellay.
30064. Lettres or. depuis 1531, jusqu'en 1559.
30065 & 66. Lettres du Duc de Nevers, & autres Seigneurs.
30067. Lettres de plusieurs Princes de Lorraine.
30068. Registre d'un Secrétaire d'Etat, sous François I. & Henri II.
30069. Négociations de MM. de Bourdillon & Marillac.
30070. Ambassades, &c. de M. de Bochetel.
30072 & 73. Négociat. & Conférence près d'Ardres, au sujet de la Paix du Câteau-Cambresis; & diverses Pièces.
30074. Registre des Dépêches de Henri II.
30075. Dépêches du Cardinal de Lorraine, en 1558 & 59.
30076 & 77. Lettres d'Etat, depuis 1493, jusqu'en 1559.
30078. Lettres de François I & Henri II, &c. 1539—59.
30079. Lettres de Turquie, depuis 1547-59.
30080. Instructions, Mémoires. &c. 1521—59.
30082. Mémoires d'Etat, depuis 1555.
30083. Registre des Expéditions de Guill. Bochetel.
30084 & 85. Mémoires du Règne de Henri II.
30086 & 87. Lettres & Mémoires, depuis 1538; jusqu'en 1563.

Pièces sous François II & Charles IX.

30088. Conférence à Saint-Jean de Morienne.
30090. Lettres & Mémoires d'Etat.
30091. Lettres, Instructions d'Ambassadeurs, &c.
30092. Lettres du Roi François II, de M. de Guise, &c.
30093. Missives écrites à François II, par tous les Potentats.
30094. Mémoires du Règne de François II.
30095. Mémoires de l'Evêque de Limoges, Amb. en Espagne.
30096 & 97. Dépêches & Instructions du sieur de l'Isle, en 1561.
30097.* Anciennes Lettres des Rois, &c. 1538—61.
30098. Instruction à M. le Prince de Condé, allant en Guyenne.
30099. Lettere del Cardinal de Ferrara : 1562.
30102. Productions des Députés du Roi & du Duc de Savoie, assemblés à Lyon.
30104. Ambassade du sieur d'Orbais.
30105 & 6. Négociations à Rome, & Mémoires du Cardinal de la Bourdaisière.
30108 & 9. Dépêches & Lettres du Marquis de Saint-Sulpice.
30111. Mémoires & Dépêches faites par M. Bourdin.
30112. Ambassades de M. de l'Aubespine, Evêque de Limoges, du Marquis de S. Sulpice & du Baron de Forquevaulx, en Espagne : 1563-66.

V v

30113. Dépêches du Baron de Forquevaulx.
30114. Lettres du fieur de Petremol, Agent à la Porte.
30116. Lettres écrites aux Rois ou par les Rois, &c. 1558—66.
30117. Lettres, Négociations & Dépêches.
30118. Lettres de Catherine de Médicis, au Conn. de Montmorency.
30119. Expéditions de Henri II & de Charles IX : 1552—1567.
30120.* Lettres du Duc d'Anjou, de la Reine Elisabeth, &c.
30121. Relazione di Giovani Correro : 1568.
30122. Lettres des Sieurs Bochetel, de Lus, de Lanfac, &c.
30122.* Lettres de M. de Forquevaulx.
30123. Lettres des fieurs Serey Durefeu, &c.
30124 & 25. Amb. & Dépêches du Cardinal de Rambouillet, à Rome, en 1568.
30126. Lettres originales de 1531—1569.
30127. Lettres du Comte de Fiefque, &c.
30128. Amb. de M. de Chantonay, auprès de Maximilien II.
30130. Lettres-Patentes & Expéditions de Henri, Duc d'Anjou.
30131. Lettres du Baron de Forquevaulx : 1568—70.
30132. Relazione di Giov. Correro : 1570.
30133. Relazioni di Francia delli Signori Sorano e Terracina.
30134. Lettres au Roi Charles IX, de Rome.
30135. Pièces fur les Guerres Civiles : 1567—71.
30137. Lettres du Baron de Ferals.
30145. Lettres de MM. de Coligny, de Chaftillon & d'Andelot.
30146. Amb. de François de Noailles à C. P. 1571 & 72.
30147. Ambaffades de M. de Bellièvre : 1564—71.
30148 & 49. Lettres, Négociations du Maréchal de Schomberg.
30150. Lettere del Cardinal Orfini.
30151. Amb. en Suiffe de Pompone de Bellièvre : 1572, &c.
30152. Lettres à Henri II, &c. de Gafp. de Saulx.
30153. Conférence de 1573, fur la propriété féod. de Beaurin.
30154. Amb. de M. du Ferrier à Venife : 1573—82.
30155. Dépêches de Charles IX, à fes Amb. en Italie, depuis 1571, jufqu'en 1573.
30156. Pièces depuis 1515, jufqu'en 1573.
30157 & 58. Autres fur l'Election de Henri, Roi de Pologne.
30159 & 60. Ambaffade de Gilles de Noailles, en Pologne, & à Conftantinople.
30161. Lettres, &c. des fieurs de la Fontaine, Godart, &c. Amb. en Suiffe.
30161.* Inftructions données au fieur de Buhy, &c.
30162. Lettres & Négociations de Montdoucet, aux Pays-Bas.
30163. Regiftre des Rois Louis XII (jufq.) Charles IX.
30164. Lettres originales des Règnes d'Henri II.... Charles IX.
30165. Lettres de Blaife & de Jean de Montluc, fous les mêmes Règnes.
30166. Lettres écrites à Gafp. de Saulx, par les Rois, &c.
30167. Diverfes Négociations, fous Henri II, François II & Charles IX.
30168. Recueil de Pièces, depuis François I, par du Faultray.
30169. Regiftres d'Expéditions de Charles IX.
30170 & 71. Lettres de Charles IX, & de Catherine de Médicis.

30172. Pièces pour l'Hiftoire de Henri II, François II & Charles IX.
30173. Mémoires du Règne de Charles IX.

Pièces fous Henri III.

30174. Dernières Lettres du Chanc. de l'Hôpital, au Roi, &c.
30175. Lettres de Henri III, à MM. de Pibrac & de Bellegarde.
30176. Lettres de la Reine Marguerite, & de Pibrac.
30178. Lettres originales des Républiques de Venife, Gènes, Lucques.
30186. Lettres des Sieurs de Grandrye, Grand-Champ & de Noailles.
30187. Offre de la Souveraineté des Pays-Bas au Roi ; Pièces à ce fujet.
30188. Liber Legationum Jo. Zamozcienfis.
30189. Avis & Lettres depuis 1557, jufq. 1579.
30190. Conférence de S. André aux Bois.
30191. Lettres & Mémoires du fieur de Hautefort.
30192—94. Amb. de M. d'Abain à Rome : Lettres du Roi, &c. 1576—80.
30195. Négociations de MM. d'O & Séguier.
30196. Pièces depuis 1230, jufq. 1580.
30198. Pièces depuis 1574—81 ; par Marion.
30201. Dépêches du Roi, à M. de Mandelot, &c.
30203. Lettres originales depuis 1538, jufqu'en 1581.
30205. Lettres au Roi, &c. par Paul de Foix, &c.
30206. Amb. du Sieur de Vivonne de S. Goard, en Efpagne.
30207. Négociations du Prince de Condé, avec les Princes Proteftans.
30208. Négociations de Flandre, pour le Duc d'Alençon.
30210. Lettres du Sieur de Germigny, Amb. à Conftantinople.
30211. Ambaffade de M. de Caftelnau, en Angleterre.
30212. Lettres depuis 1571, jufqu'en 1584.
30213. Pièces depuis 1574, jufqu'en 1585 ; par du Faultray.
30218. Remontrance des Princes d'Allemagne, & Prière au Pape de ne pas aider le Duc de Savoie, contre Genève.
30219. Lettres du Marquis de Pifani au Roi : 1586.
30220. Lettres du Duc de Guife, au Roi.
30221 & 22. Lettres du Duc d'Efpernon : 1585—87.
30224 & 25. Amb. de M. de Maiffe, à Venife ; & Lettres au Roi.
30226. Négociation de Pomp. de Bellièvre, en Angleterre.
30227. Dépêches concernant les Pays-Bas & l'Angleterre, depuis 1569, jufqu'en 1587.
30228. Lettres de M. de Vivonne de S. Goard, Amb. à Rome.
30229. Lettres depuis 1524, jufqu'en 1588.
30230. Autres, depuis 1529, jufqu'en 1588.
30231. Dép. de M. Pinart fous Charles IX & Henri III: 1572—88.
30232 & 33. Lettres du Cardinal de Joyeufe à Henri III.
30234. Lettres de Henri III, à ce Cardinal & à M. Pifani, Ambaffadeur à Rome.
30235. Ambaffade de M. de Sillery, en Suiffe, en 1587 & 88.
30236. Négociations de Jacques Ségur, en Allemagne.
30237. Lettres des Sieurs Boivin, de Revol & Duval.
30238. Pièces de l'année 1588.

Table des Manuscrits.

30239. Lettres du Duc de Guise, H. de Lorraine.
30240. Lettres de Louis, Cardinal de Guise.
30247. Lettres secrettes du Roi de Navarre, &c.
30248. Instructions, Lettres, &c. des sieurs de la Clielle & de Barradat.
30250 & 51. Négociations & Lettres de M. de Fresne-Forget.
30252. Pièces depuis 1573, jusqu'en 1589.
30253. Négociations diverses, sous Charles IX & Henri III.
30254. Affaires de Rome : 1558—1589.
30255. Lettres, &c. de Simon Renard.
30256. Lettre de J. Paul de Selve & de l'Evêque d'Angoulême (le Cardinal de la Bourdaisière), &c.
30257. Mémoires sur la Ligue, en 1589; par Poictevin.
30258. Lettres & Pièces du temps de Catherine de Médicis.
30259. Lettres de cette Reine.
30260. Expéditions de Lettres de Henri III.
30261. Pièces originales, depuis François I, jusqu'à Henri IV.
30262-64. Autres Recueils, semblables.
30265. Mémoires des Règnes de Charles IX & Henri III.
30266. Mémoires du Règne de Henri II.

Pièces sous Henri IV.

30267. Lettres originales depuis Henri II, jusq. sous Henri IV.
30268. Lettres originales de MM. de Denneville & des Chenets.
30269. Lettres des Rois Henri III & IV, & autres écrites à M. Rouillé, depuis 1584, jusqu'en 1590.
30271. Mémoires du Voyage de M. de Schomberg, en Allemagne & Italie : Instruction au sieur de la Clielle.
30274. Mélanges historiques touchant la Ligue : 1589—91.
30277. Instructions & Lettres de plusieurs Amb. en Suisse.
30278. Lettres d'un Secrétaire d'Etat : 1590-92.
30279. Lettres diverses, depuis 1524—92.
30280. Ambassade de Henri Untons de la part de la Reine d'Angleterre.
30281. Traités, Lettres, &c. depuis 1228, jusqu'en 1593.
30282. Pièces depuis 1586-93.
30283. Pièces originales de ceux de la Ligue.
30284. Lettres de Claude de la Chastre.
30285. Lettres de M. de Sillery, Ambassadeur en Suisse.
30286. Amb. du Sieur de Longlée, en Espagne.
30287. Lettres de M. de Maisse, Amb. à Venise.
30288. Instructions & Négociations du sieur de la Clielle.
30291. Dépêches d'Etat, en 1592 & 93.
30292. Lettres originales de 1594.
30293. Lettres des sieurs Mondoucet, de Refuge & Blatier, employés ès Pays-Bas.
30294. Instructions, &c. expédiées par L. de Revol; & Mémoires du même.
30295. Délibérations, &c. du Parlement, au sujet de la Ligue.
30296. Pièces des années 1593 & 94.
30296.* Lettre del Nunzio in Francia : 1594.
30297. Mémoires de la Ligue, & Pièces originales.
30298. Instructions à MM. de la Fin & de Challesses.
30299. Instructions au Sieur de **, allant à Parme, &c.
30301. Négociations d'Antoine de Loménie, en Angleterre.

Tome V.

30303. Lettres originales, depuis 1592—96.
30306. Pièces depuis 1584—97.
30309 & 10. Lettres de François de Luxembourg, au Roi, &c.
30311. Amb. de Venise, de Léon Brulart & du sieur de Villiers.
30312. Lettres or. de Bellièvre, du Vair, de Boissise.
30313. Pièces des Règnes de Henri III & IV.
30314. Amb. du sieur de Maisse, en Angleterre.
30315—17. Négociations du Traité de Vervins.
30319. Pacis initæ, &c. Historia : auct. Seculio.
30322. Notes du P. Macaire, sur les contraventions de l'Espagne.
30324 & 25. Dépêches de MM. de Loménie, de Sancy, de Boissise.
30328. Instructions baillées à M. de Vic.
30330. Lettres de Henri IV, au D. de Luxembourg, &c. sur le fait des Bénéficiers.
30331. Lettres des Ministres de Florence, à M. de Villeroi, &c.
30332. Négociations du Sieur de Villiers, à Venise.
30333. Lettres originales de 1600 & 1601.
30334. Lettres originales des Gouverneurs de Provinces.
30335. Lettres écrites au sieur du Haillan, sous les Règnes de Henri III & IV.
30336. Diario del Viaggio del Card. Aldobrandino, & Relazione della Legatione, &c. 1600 & 1601.
30337. Conférences de S. André aux Bois en 1579, & de S. Riquier en 1602.
30338. Pièces depuis 1561, jusqu'en 1602.
30339. Conférences ès années 1601—1603 ; par MM. de Caumartin & Mangot.
30340. Discours historiques depuis 1456, jusqu'en 1603.
30341. Pièces depuis 1576, jusqu'en 1603.
30342. Lettres de Henri III & Henri IV : 1579—1603.
30343. Lettres du sieur Brunault, &c. 1601—1603.
30344. Lettres de Henri IV, à M. de Béthune.
30349—52. Dépêches du Comte de Béthune, & Lettres à lui écrites.
30353. Recueil très-curieux : 1527—1605.
30354. Pièces depuis 1572, jusqu'en 1605.
30355. Autres, depuis 1577, jusqu'en 1605.
30356. Journal d'un Ambassadeur d'Angleterre.
30357. Dépêches de M. de Harlay, Ambassadeur en Angleterre.
30358. Lettres originales & Négociations de M. de Buzenval, en Hollande.
30359. Lettres de la Reine Elisabeth : 1596-1605.
30360 & 61. Lettres originales : 1589—1606.
30362. Lettres de Henri IV, &c. à M. de Caumartin, & ses Réponses.
30364. Lettre du Cardinal du Perron, sur l'accord du Pape & des Vénitiens.
30365. Négociation pour la Trève des Pays-Bas.
30366. Lettres des sieurs de Buzenval, Jeannin & de Ruffy.
30367. Lettres d'Antonio Perez, au Connétable de Montmorency.
30368. Lettres de M. de Breves, en 1608.
30369. Pièces depuis 1571, jusqu'en 1609.
30371. Lettres de Henri IV, à Marie de Médicis.
30372. Conférence entre les Députés du Roi, & de Lorraine : 1609.
30373. Instructions du sieur de Ste Catherine.
30377. Traités & Amb. en Turquie : 1574—1610.
30378 & 79. Lettres du Roi, &c. au Connét. de Montmoreny.
30380. Lettres originales de Henri III & IV, à M. de Souvré.
30381. Lettres de M. de la Boderie, 1606—1610.

30385. Mémoire de ce que l'Abbé d'Aumale a traité avec le Prince de Condé.
30386. Registre d'Expéditions sous Henri III & IV.
30387. Mémoires du Règne de Henri IV.
30388. Lettres de M. le Marquis de Bougy.
30389. Pièces & Réglemens pour le Royaume.
30390. Registre des Expéditions sous Henri IV.
30394. Mémoires sous le Règne de Henri IV.
30395. Lettres & Pièces, dont plusieurs en orig.

Pièces sous Louis XIII.

30396. Lettres de Charles de Lorraine, Duc de Mayenne.
30397. Lettres écrites à la Duchesse de Guise.
30398. Traités & Dépêches d'Etat : 1564—1611.
30399. Lettres & Dépêches à M. de Refuge.
30400. Négociations de M. de Boissise.
30401. Lettres de Henri IV, de MM. de Villeroy, & de Puysieux, à M. de la Boderie : 1606—11. *(Imprimées.)*
30402. Extraits de l'Ambassade de M. de la Boderie, en Angleterre.
30403. Négociations de MM. de la Vieilleville, de Selve, & de Villiers-Hotman.
30404. Lettres du Roi, &c. à M. de Villiers-Hotman.
30406. Amb. d'Angleterre de M. de Buisseau.
30406.* Négociation du Duc de Bouillon, en Angl. 1612.
30407. Instruction donnée à M. Ancel, allant en Allemagne.
30408. Lettres & Mémoires de M. de Villeroy : 1588—1614.
30409 & 10. Lettres écrites au sieur de Refuge, & Pièces sur ses Ambassades.
30414. Lettre de M. de Ste Catherine : 1614.
30417. Lettres de Louis XIII, à M. de Breves.
30418. Négociations de M. de Breves : 1608—15.
30420. Lettres d'Espagne.
30421. Lettres originales de Louis XII. Catherine de Médicis... Louis XIII. Anne d'Autriche.
30422. Mémoires pour l'Histoire de France : 1589—1616.
30423. Instructions & Dépêches : 1610—16.
30424. Registro delle Lettere della Nuntiatura del Car. Ubaldini. : 1578—1616.
30425. Vérification des Extraits d'un Mémoire Italien.
30426—28. Négociations, &c. de M. de Castille.
30429 & 30. Lettres, Actes, &c. de la Conférence de Loudun.
30431. Lettres du Duc de Nevers, &c. au sujet des Terres du Marquis de la Vieuville, relevantes du Duché de Réthelois.
30432. Pièces touchant l'Affaire du Prince de Condé & du Comte de Soissons.
30433. Mémoires singuliers, &c. 1572—1617.
30434. Lettre de Marie de Médicis : 1601—17.
30435. Instruction à M. de Schomberg, pour l'Allemagne.
30436. Discours & Lettres d'Etat : 1588—1618.
30438. Lettres & Dépêches du C. des Marest, &c.
30439. Amb. de M. de Harlay de Sancy, à C. P.
30440. Lettres du Cardinal de Marquemont, de Rome.
30442. Pièces depuis 1562, jusqu'en 1619.
30443. Amb. de M. de Léon, à Venise.
30444. Amb. de MM. Carla & Angus, à la Porte : 1618—20.
30445. Instruction donnée à M. de Toiras.
30448. Négociations du Marquis de Cœuvre.
30449—51. Dépêches, Lettres, &c. de MM. de Villiers & de Césy.

30452. Mémoires & Avis pour Affaires d'importance : 1621.
30453. Lettres de MM. de Mandelot, de Hautefort, Fleury, &c.
30454. Lettres, Mémoires, &c. 1610—22.
30455. Négociations de M. de Bassompierre, en Espagne.
30455.* Ambassades du même, en Espagne & en Angleterre.
30459 & 60. Amb. de M. Sillery, à Rome : 1612.
30463. Avis, Lettres, &c. du Président Jeannin.
30464. Lettres des Ducs de Ferrare, Mantoue, Parme, &c.
30465. Lettres de Venise, de MM. de Foix, du Ferrier, de Champigny, &c. depuis 1571—1623.
30466 & 68. Lettres de Bruxelles, des sieurs de la Boderie, Brulart, de Berny, &c. 1600—1623.
30467. Lettres de Rome : 1603—1613.
30468. Lettres de Bruxelles & des Pays-Bas : 1606—23.
30469. Lettres du Grand-Duc, & autres, depuis 1607—23.
30470. Lettres sur les Affaires de Savoie : 1607—23.
30471. Lettres des Sieurs de Russy & de Refuge, &c.
30473. Lettres, Mémoires, &c. de Philippe de Mornay.
30474. Lettres des Sieurs de Buzenval, Franchemont, &c.
30475. Lettres de Gênes : 1606—24.
30476. Négociation de Louis Gédoin, à Alep.
30477. Mélange de Mémoires, Lettres, &c. de l'Amb. de M. Miron, en Suisse : 1619—24.
30479. Lettres du Comte de Tilly, à M. de Baugy.
30480—84. Négociations, &c. du Cardinal Barberin, Légat en 1625.
30485. Journal de l'Amb. Pisaurus de Hollande : 1614—25.
30486 & 87. Amb. & Lettres de M. d'Effiat, en Angleterre.
30488. Relation de ce qui s'est passé en Angleterre, à l'occasion du Mariage de Henriette de France : 1625.
30490 & 91. Lettres, &c. du Cardinal de Marquemont, de Rome.
30492. Minutes & Expéditions, en 1625 & 26.
30493. Négociations de M. de Blainville, en Angleterre.
30494. Amb. de MM. de Tilliers, d'Effiat...de Chevreuse, de Bassompierre, en Angleterre, 1624—26.
30496. Négociations, &c. de M. de Bassompierre.
30498. Amb. de M. de Salignac, en Turquie : 1604—26.
30499 & 500. Négociations de M. de Cœuvre, pour la Valteline, &c.
30501. Négociations de M. d'Espesse, en Hollande.
30502. Lettres de M. de Puysieux, &c. à M. de Ste Catherine.
30503. Lettres du Roi, de la Reine-Mere, &c. aux Ducs de Nevers & de Nemours.
30504. Mémoires & Lettres originales des Princes Etrangers : 1596—1626.
30505. Lettres de M. d'Aligre, de Venise : 1614—27.
30506. Lettres de M. de Crequy : 1627.
30507—9. Amb. de M. de Harlay de Césy, à C. P.
30511. Pièces concernant Venise, Milan, Florence, &c. 1281—1628.
30514. Pièces depuis 1610, jusqu'en 1629.
30515. Lettres de M. de Marillac, Garde des Sceaux.
30516. Journal des Dépêches de Louis Gédoin, de Venise.

Table des Manuscrits.

30518 & 19. Négociations du Comte de Béthune, à Rome ; & Lettres.
30521. Négociations de M. du Plessis-Besançon.
30522. Dépêches de M. Bouthillier : 1630.
30523. Pièces depuis 1598, jusqu'en 1631.
30524. Mélange depuis 1610, jusqu'en 1631.
30525. Lettres de M. Ceberet, à M. Bouthillier.
30526. Dépêches du Comte d'Avaux, de Venise : 1628—31.
30527. Négociations de M. Mointru, à Genève.
30528. Lettres & Instructions sur l'Affaire de la Reine Mere : 1631.
30529. Lettres du Roi & de la Reine Mere, &c. sur sa Sortie de France.
30530 & 33. Pièces, Dépêches, &c. sur la Retraite de la Reine.
30531. Lettres, Arrêts, &c. sur la Sortie du Duc d'Orléans.
30534. Lettres sur les Intrigues de la Cour : 1551 —1631.
30535. Mémoires sur les Grisons & la Valteline ; par Ardier.
30537 & 39. Négociations & Pièces du Traité de Quérasque : 1631 & 32.
30540. Lettres, Pièces sur les Affaires de Mantoue, &c. par Priandi.
30542. Instruction du Sieur du Belloy, s'en allant vers le Duc de Montmorency.
30543. Lettres & Relations, depuis 1625—32.
30544. Pouvoirs & Dépêches : 1537—1632.
30545. Lettres & Dépêches du Maréchal d'Effiat.
30546. Amb. de Turquie, depuis 1528, jusqu'en 1632.
30547. Négociations de M. Gueffier, à Rome.
30548. Lettres de M. Marescot, à M. de Béthune.
30549. Négociations du Comte d'Avaux, à Rome.
30550. Pièces depuis 1626, jusq. 1633.
30551. Lettres de M. de Guron, Envoyé de Lorraine.
30553. Relation de Monsieur, en Flandre.
30554. Négociation de M. de Crequy, à Rome.
30555. Dépêches du Duc de Rohan, Ambassadeur en Suisse.
30556, 57, 59. Voyage & Négociations de M. de Feuquières, en Allemagne.
30561. Amb. de Turquie : 1528—1634.
30563. Procès-verbal pour les Limites de Savoie.
30564. Lettres & Dépêches de M. de Brassac.
30565. Lettres de M. B**, Envoyé en Angleterre : 1635.
30566. Lettres & Instructions, envoyées au Maréchal de Chastillon.
30568. Amb. de M. de Belliévre, en Italie.
30569. Lettres & Dépêches du Comte de Bartault.
30570. Lettres, &c. au Maréchal de la Force.
30571. Dépêches à M. de Feuquières.
30572. Dépêches de M. Landé, Envoyé aux Grisons.
30573. Négociations de M. le Maréchal d'Estrées, à Rome.
30574. Lettres du Maréchal de Thoiras.
30575. Lettres, &c. sur le Duc de Puy-Laurens.
30576. Mémoires de M. de Charnacé : 1625-36.
30577. Lettres & Dépêches de M. le Maréchal de Crequy.
30578. Lettres de M. de Pugny, Ambassadeur en Angleterre.
30581. Amb. à Rome, de François de Noailles.
30582. Lettres du Cardinal de Lion, au Roi.
30583. Amb. de M. de Sennetterre, en Angleterre.
30584. Mémoire du Roi, au sujet de Mazarin, &c.
30585. Lettres & Mémoires depuis 1632—37.

30586. Actes, &c. ensuite de la Retraite de M. Gaston, &c.
30587. Instructions & Dépêches à Léon Brulart.
30588 & 92. Minutes des Lettres de M. de Charnacé.
30589-91 & 93. Lettres à lui, du Cardinal de Richelieu, du P. Joseph, de MM. des Noyers & de Chavigny.
30594. Dépêches de M. de Charnacé, au Roi, &c.
30595. Dépêches du Comte d'Avaux : 1633—1637.
30596. Lettres de M. Marescot.
30597. Lettres écrites au Maréchal de Chastillon, en 1638.
30598. Motifs de la Guerre d'Allemagne ; par Servien.
30599. Négociations de M. de Sabran : 1629—38.
30600 & 601. Lettres du Maréchal de la Force : 1630-38.
30602. Lettres du P. Joseph ; 1630—38.
30603. Mémoires depuis 1634, jusq. 1638.
30604. Mémoires sur les Affaires d'Allemagne : 1519 —1638.
30605. Amb. de M. le Bailli de Fourbin, de Malthe.
30606. Lettres de MM. de la Thuillerie & du Houssay, &c.
30607. Conférence de M. de Chavigny, avec le Nonce Scot, &c.
30608. Lettres, &c. des Ducs d'Espernon & de la Valette.
30609. Amb. de MM. de Chavigny & d'Hemery.
30610. Amb. des mêmes, & du Cardinal de la Valette.
30612. Emplois, &c. du Duc de la Meilleraye.
30613. Différend de M. de Valençay, & (diverses) Relations.
30614. Lettres & Dépêches de la Duchesse de Savoie.
30615. Lettres interceptées ; & autres Pièces, 1610 -39.
30616. Lettres du M. de Chavigny : 1635—39.
30617 & 18. Lettres du Cardinal de la Valette, & autres.
30619 & 20. Traités, Ambassades, &c. de Turquie : 1528—1640.
30621. Voyages à Rome & en Turquie.
30622. Pièces servant à l'Histoire.
30623. Lettres & Mémoires : 1480-1640.
30625. Lettres & Dépêches de M. de Feuquières.
30626. Dépêches de M. de Saint-Etienne.
30627. Lettres au Cardinal Alphonse de Richelieu.
30628. Lettres de M. Bullion, Surintendant des Fin.
30629. Lettres originales de Marie de Médicis, de Gaston, &c.
30630. Pièces sur la Bataille de Sedan, &c. la mort de MM. de Cinq-Mars & de Thou.
30632. Lettres, &c. du Comte de Soissons.
30633. Instructions & Lettres écrites au Maréchal d'Estrées.
30634. Lettres de M. de Bourbonne : 1632-14.
30635. Lettres & Dépêches de M. de Brassac.
30636. Dépêches de M. de Pujols : 1637-41.
30637. Négociations de M. de Cœuvre, en Italie, depuis 1613, jusqu'en 1641.
30638-41 & 43. Ambassades & Lettres du même.
30642. Lettres de MM. de Sabran & Bidault.
30644. Lettres de M. du Houssay, Ambassadeur à Venise.
30645 & 46. Lettres écrites à M. de Cœuvre (ou d'Estrées.)
30647 & 48. Mémoires, &c. du Maréchal de Chastillon : 1635-41.
30649. Lettres des Rois de France, depuis 1471, jusq. 1641.
30650. Lettres de M. le Maréchal de Guébriant.

30651. Lettres de M. Gerbier, Résident du Roi d'Angleterre, à Bruxelles.
30652 & 53. Lettres de M. de Bouthillier, au Cardinal de Richelieu, & Réponses.
30654—56. Lettres, &c. du Cardinal de Richelieu: 1625—42.
30657. Lettres de M. de Saxe-Veymar.
30658. Lettres & Depêches de M. Bautru.
30659 & 60. Lettres de M. de Chavigny, au Cardinal de Richelieu & au Roi.
30661. Lettres de Gaston de France, au Roi (son Frère.)
30664. Négociations de Hambourg ; par M. d'Avaux.
30671. Papiers & Lettres de la Reine, Anne d'Autriche.
30672. Lettres de M. de Brezé : 1628—43.
30673. Mem. du Chanc. Séguier, sur les différends avec l'Autriche.
30674. Pièces depuis 1379, jusq. 1643.
30675. Actes & Lettres sur la révolte des Croquans.
30676. Pièces depuis 1429, jusqu'en 1643.
30677. Lettres & Relations concernant le Regne de Louis XIII, en 1642 & 43.
30678. Lettres de M. de Noailles, de Rome ; depuis 1632 jusqu'en 1643.
30679. Dépêches de M. le Gras, Secrétaire de la Reine.
30680. Lettres de Louis XIII, à la Reine sa Mère, au Cardinal de Richelieu, à M. de Chavigny, &c.
30681. Lettres de M. de Vitry : 1632—43.
30682. Lettres du Roi, à M. le Duc d'Orléans, son Frère.
30683. Lettres du sieur Lopez : 1638—43.
30684. Dépêches, &c. de M. d'Estrées : 1632—43.
30685. Lettres de M. Lacourt, envoyé à Turin.
30686. Lettres de M. des Noyers, Secrétaire d'Etat.
30687. Lettres de la Duchesse d'Orléans.
30688. Lettres, &c. en original, sur le Règne de Louis XIII.
30689 & 90. Lettres de M. de Barillon, & autres à lui.
30691. Lettres originales de M. de Saint-Lary, Duc de Bellegarde.
30692. Registre de tous les Amb. envoyés par Henri IV & Louis XIII.
30693. Pièces du Regne de Louis XIII.
30694. Dépêches du Comte de Guébriant.
30695. Dépêches sous Henri IV & Louis XIII.
30696. Mémoires de (ces deux) Règnes.
30697. Mém. du Règne de Louis XIII.
30698. Lettres du Chancelier Séguier : 1633—43.
30699. Dépêches de M. de l'Isle, Envoyé de l'Electeur de Saxe.
30700. Lettres de M. de Chastillon : 1630—43.
30701. Instructions, &c. pour M. de Brezé.
30702. Lettres de M. de l'Hospital du Hallier.
30703. Lettres de M. le Duc d'Angoulême.
30704. Instructions, &c. pour M, d'Avaugour.
30705. Lettres de Henri de Bourbon, Prince de Condé.
30707. Instructions, Mémoires & Motifs d'Amb. sous Henri III..... Louis XIII.
30708. Lettres Dépêches & Mémoires, depuis 1573—1643.
30709. Lettres de MM. Brasset, Charnacé & de la Thuillerie.

Pièces sous Louis XIV.

30710 & 11. Instructions, Pouvoirs, &c. des années 1643 & 44.

30712. Lettres & Mémoires touchant l'Italie : 1605—43.
30713. Mémoire à M. Desmarets ; par M. Priaudi.
30714. Instruction à M. de Grémonville.
30715. Amb. de M. de Saint-Chamont, à Rome: 1644.
30716. Amb. & Mémoires de M. de la Thuillerie.
30717. Lettres du même, & de M. Servien, Secrétaire d'Etat.
30718. Lettres de M. Jacques du Perron, Evêque d'Angoulême.
30719. Lettres de M. la Grange-aux-Ormes.
30728. Hugonis Grotii Epistolæ, ad Christinam Reginam, &c.
30729. Discours, Mémoires, &c. de M. de la Chastre.
30730. Pièces sous Henri III..... Louis XIV : 1577 1645.
30731. Autre Recueil : 1258—1645.
30732. Autre, depuis 1530—1645.
30733 & 34. Négociations de M. de Sabran : 1631—45.
30735. Ambassade de M. des Hameaux, à Venise.
30736. Lettres de M. de Saint-Lary, Duc de Bellegarde, depuis 1629—45.
30737. Lettres & Dépêches de M. de la Thuillerie.
30738. Lettres & Dépêches de M. de Sabran.
30739. Lettres de M. de Rorté.
30740. Lettres & Dépêches de M. de Bellièvre.
30741. Lettres du Comte d'Avaux.
30742. Lettres & Dépêches de M. d'Hemeri.
30743. Lettres de M. Hœufft, de Hollande.
30744. Lettres du Comte de Cezy, de C. P.
30746. Pièces depuis 1600, jusq. 1646.
30747. &c. de M. de Saint-Chamont.
30748. Lettres de M. le Comte d'Argenson.
30749. Lettres & Dépêches de M. de Pujols.
30750. Dépêches de M. de Peny.
30751. Lettres de M. de Meulles.
30752. Lettres de l'Abbé de la Rivière.
30755. Dépêches du Roi, en 1646.
30756. Ambassade de M. de Grémonville.
30757. Négociations de MM. de Saint-Chamont, de Bichi & de Grémonville.
30758. Pièces depuis 1287, jusqu'en 1647.
30759. Relation de l'Ambassade de M. de la Barde, en Suisse.
30760. Lettres de MM. de Brulart, Berny, Grollier, Marini., Gueffier, Béthune, &c.
30761. Mémoire de M. de Fontenay - Mareuil : 1647.
30762 & 63. Lettres du Cardinal Mazarin.
30764—72. Pièces, Négociations, &c. des Traités de Munster & d'Osnabruck.
30772.* Négociation de France & de Suède, au sujet du Congrès de Munster.
30781. Mémoires du Marquis de Castel-Rodrigo.
30788. Négociations du Baron de Rotté.
30789. Lettres de M. de Caumartin : 1641—48.
30791. Lettres & Mémoires depuis François I. jusq. 1648.
30792. Mélange pour l'Histoire : 1590—1648.
30793. Pièces originales, (recueillies par le Cardinal Mazarin) : 1602—1648.
30794. Actes, Mémoires, &c. sur la Rébellion de Naples.
30795. Lettres du Card. de Sourdis.
30796. Lettres du Cardinal Antoine Barberin.
30797. Lettres de M. des Hameaux.
30798. Lettres de M. de Marillac.
30799. Lettres de M. Méliand.
30800. Négociations de M. de Saint-Chamont & de Henri Arnaud, Abbé de S. Nicolas.
30801. Négociations de l'Abbé de S. Nicolas (H. Arnaud :) *Imprimées.*

Table des Manuscrits.

30801 & 3. Lettres & Dépêches de M. Gueffier.
30804. Négociations de M. de Vautorte. (*Imprimées*.)
30805. Ambassade de M. de Grignon.
30806. Lettres de M. de Chavigny, au Cardinal Mazarin.
30807. Lettres de M. Amontot : Instructions & Lettres au même.
30808. Dépêches & Lettres de M. de Fontenay-Mareuil.
30809 & 10. Lettres & Dépêches de M. de Caumartin.
30811. Lettres de M. de Vaubecourt.
30812. Lettres de la Princesse de Condé, Montmorency.
30813. Lettres de M. de Saint-Romain.
30814. Lettres de M. de Fontrailles.
30815. Lettres de Louis de Valois, Comte d'Alais.
30816. Lettres du Duc de Brezé.
30817. Lettres du Vicomte d'Arpajon.
30818. Négociations de M. de Montreuil : 1645—50.
30819. Lettres de M. de Bussi-Lamet.
30820. Lettres de M. du Bouillay.
30821. Lettres de MM. Bouthillier & de Chavigny.
30822. Lettres de M. de la Valette, Duc d'Espernon.
30823. Dépêches du Cardinal Mazarin : 1649 & 50.
30824 & 25. Dépêches de M. le Tellier.
30826. Dépêches du Cardinal Mazarin, & de M. Colbert.
30827. Mémoires & Chiffres de M. le Tellier.
30828 & 29. Ambassade de M. de Bellièvre, en Hollande, &c.
30830. Lettres & Pièces sous Henri IV, Louis XIII & XIV.
30832. Pièces sur les Guerres Civiles : 1647—51.
30833. Lettres de M. du Plessis-Praslin.
30834. Lettres de M. d'Elbene.
30835. Lettres du Cardinal François Barberin.
30836. Lettres de M. Malaysoye.
30837. Lettres de M. de Marsillac, Evêque de Mende.
30838. Lettres de M. Gobelin.
30839. Lettres du Cardinal Alphonse de Richelieu.
30840. Lettres de M. de Turenne : 1638—51.
30841. Lettres de M. de Saint-Simon.
30842. Lettres de M. Brasset.
30843. Lettres de M. de Saint-Aubin.
30844. Lettres de M. d'Aiguebonne.
30845. Lettres du Cardinal Mazarin, ou à lui écrites.
30846. Lettres de M. Goulas.
30847. Dépêches & Mémoires de M. le Tellier.
30848. Dépêches de M. de Marca, à M. le Tellier.
30849. Lettres de M. Colbert de S. Pouange.
30851. Mélanges, Lettres, &c. depuis la fin du XVe Siècle, jusqu'en 1652.
30852. Pièces depuis 1628, jusqu'en 1652.
30853. Lettres du Duc d'Orléans, Gaston.
30854. Lettres de Madame de Combalet (Duchesse d'Aiguillon.)
30855. M. de Charost : 1638—52.
30856. Lettres de M. Servien, Secrétaire d'Etat.
30857. Instructions & Lettres à M. d'Estrade.
30858. Lettres & Dépêches du Cardinal Bichi.
30859. Lettres de M. de Croissy : 1648—52.
30860. Lettres du sieur Rabut, Consul à Livourne.
30861. Lettres de M. de Ruvigny.
30862. Lettres de M. Viole.
30863. Lettres de M. de Montagu.
30864. Lettres de M. de la Barde.
30865. Lettres & Dépêches au Duc de Rohan, & Lettres de ce Duc.
30866. Lettres de MM. de Schomberg.

30867. Lettres de M. de Souvré.
30868. Lettres de M. de Lesdiguières.
30869. Lettres du Maréchal de Gramont.
30870. Lettres de M. Fabert, & à lui écrites.
30871. Lettres de M. de Beringhen.
30872. Lettres de M. Arnaud d'Andilly.
30874. Lettres du Cardinal Mazarin, & de M. le Tellier.
30875. Mémoires envoyés à M. d'Aligre.
30876. Mémoires écrits de Poitiers & de Saumur.
30877. Ambassade de M. de Valençay à Rome : 1647—53.
30878. Lettres des sieurs de Vic, Biton, de Sillery, Refuge & Melian : 1600—53.
30879. Lettres du Cardinal Mazarin, à M. le Tellier.
30880. Lettres de M. le Tellier, au Cardinal Mazarin.
30881. Dépêches & Mémoires de M. de Guenegaud.
30882. Lettres de M. Bosquet, Evêque de Montpellier.
30883. Lettres du Roi, au Cardinal Bichi & au Marquis de Fontenay, & Lettres de plusieurs Seigneurs.
30884. Négociations de M. de Vautorte, en Allemagne.
30885. Dépêches de la Cour, pour l'Allemagne.
30886. Recueil d'Affaires : 1501—1654.
30887. Instructions à plusieurs Ambassadeurs : 1588—1654.
30888. Négociations de M. Chanut, en Suède, &c.
30889. Lettres & Mémoires du sieur Gardé.
30890. Pièces de 1647, & années suivantes.
30891. Relations d'Affaires : 1652—55.
30892. Dépêches sur Rome, & le Cardinal de Retz : 1652—55.
30893. Lettres écrites au Duc d'Espernon.
30894. Lettres du Duc d'Anguien : 1639—55.
30895. Lettres des Rois, des Reines, des Seigneurs, &c. 1553—1656.
30896. Dépêches & Ambassade de M. de la Barde, en Suisse.
30896.* Harangues & Négociations de MM. Meliand & de la Barde.
30897. Lettres de Rome à M. Fouquet : 1655 & 56.
30898. Négociations de M. d'Argenson, à Venise.
30899. Lettres de M. de Bordeaux, Ambassadeur en Angleterre.
30900. Lettres du Comte d'Harcourt.
30901. Négociations de M. du Plessis-Besançon.
30902 & 3. Négociations de M. de Lionne, &c.
30904. Lettres de M. le Comte de Brienne.
30906. Lettres originales au Duc d'Espernon.
30907. Lettres au Duc de Candale.
30908. Lettres or. de MM. de la Vieilleville & de Montrésor.
30909. Lettres aux Ducs d'Aumale, de Guise & d'Espernon.
30911. Lettres aux Rois, & Dépêches à M. de Montmorency, aux Ducs d'Estampes, de Guise, &c. 1548—1657.
30912. Lettres des Empereurs, Princes d'Allemagne, &c. 1607—58.
30913. Voyage de M. Blondel, à la Porte, en 1658.
30917—19. Négociations de la Paix des Pyrénées : 1659.
30920. Lettres du Cardinal Mazarin.
30922 & 23. Dépêches du Cardinal Mazarin, & de M. le Tellier.
30934. Actes de la Conférence de Céret : 1660.
30935. Ambassade de l'Archevêque d'Embrun, à Venise.
30936. Traité de Paix de 1659, & ce qui a été fait depuis en exécution.

30937. Mémoires des Règnes de Louis XIII & XIV.
30938. Mém. depuis l'an 1628, jusqu'en 1660.
30939 & 40. Patentes, Ordonnances, Dépêches de M. le Tellier.
30941. Mémoires du Règne de Louis XIV.
30942. Dépêches, Lettres, &c. du Comte de Brienne.
30943. Lettres du Cardinal Mazarin: 1631—61.
30944. Relazione della Amb. di Battista Nani.
30946. Instructions & Négociations du Chevalier de Jant, en Portugal.
30947. Instructions à MM. de la Barde, de la Feuillade, &c.
30949. Mémoires & Dépêches de M. de Lionne.
30951. Ambassades & Négociations du Comte d'Estrades: (Imprimées.)
30952. Instructions au Duc de Créquy, & autres.
30953. Lettres de Louis XIV, & du Comte de Brienne.
30954. Registre de 1663, du temps de M. de Lionne.
30955. Actes & Mémoires, sur le changement arrivé en Lorraine.
30956 & 57. Pièces sur l'Affaire des Corses: 1662—64.
30958. Lettres du Roi Louis XIV: 1646-64.
30960. Traité sommaire de la Légation du Cardinal Chigi.
30960.* Il Diario della Legazione del Card. Chigi.
30962. Lettres de Louis XIV: 1662—64.
30963. Recueil, jusqu'en 1665.
30965. Instructions & Négociations du Chevalier de Terlon, du Duc de Chaulnes, d'Arnaud de Pompone, & du sieur d'Aubeville.
30967. Pièces de la Négociation de M. de Gravel.
30970. Négociation, ou projet de la Conquête du Comté de Bourgogne.
30971. Lettres & Pièces sur cette Conquête: 1667 & 68.
30973. Instruction au Président de Saint-André.
30975.* Mémoires de H. Ch. de la Trémoille: 1620—68.
30981. Registre des Lettres de M. Colbert de Croissy.
30982. Mémoires des années 1667-69.
30983. Lettres de M. Colbert de Croissy au Roi, &c. 1668 & 69.
30984. Instruction donnée à M. de Bonzy, Evêque de Béziers.
30986. Lettres de Monsieur, de la Reine Mere (Anne d'Autriche), de Mademoiselle de Montpensier, &c. à M. Dugué-Bagnols.
30989. Dépêches, Lettres, &c. de 1671.
30990. Instr. au Marquis de Villars, Négociations de MM. de Grémonville, de Pompone, &c.
39993. Procès-verbal des Conférences de Lille, en 1672.
31007. Mémoires de Lettres, &c. 1670-76.
31009. Lettres de Louis XIV, & de la Reine-Mère (Anne d'Autriche), à M. de Lamoignon: 1655—77.
31010. Lettres du Roi, depuis 1661, jusq. 1678.
31014. Négociations de la Paix de Nimègue.
31017. Journal, ou Extraits des Dépêches.
31018. Lettres & Négociations de la Paix de Nimegue: 1676—79.
31027. Rétablissement de la France, &c.
31030. Mémoires de M. de la Croix, sur l'Ambassade de M. Nointel à C. P.
31031. Leteras originales escritas & recedivas, por Al. de Lanzina.
31032. Lettres de l'Electeur de Trèves, en 1678.
31033. Mémoire de M. de Louvois, à M. d'Humières.
31034. Relation de l'Etat de Messine; & Instructions à MM. de Villars & de Guilleragues.
31038. Instruction au Marquis d'Oppede.

31039, 41 & 42. Procès-verbal, &c. des Conférences de Courtray.
31048. Lettres de MM. le Tellier & de Louvois: 1661-82.
31052. Instruction de M. de Louvois, au Comte de Montal.
31056. Mémoire de M. de la Vauguyon, Amb. en Espagne.
31057. Mémoire de M. de Breteuil, Envoyé à Mantoue.
31058. Négociations à Gènes, par M. de Saint-Olon.
31061. Lettres de Rois, Princes, Ministres: 1494—1685.
31062 & 89. Négociations du Marquis d'Arcy.
31070. Mémoires de Philibert de la Mare: 1670—87.
31070.* Mémoires au Roi, par le Baron de Raville.
31071. Négociations à Rome, de (César) d'Estrées, Evêque de Laon.
31073. Négociations à la Haye, du Comte d'Avaux.
31078. Lettres de M. de Louvois, à M. d'Asfeld.
31079. Lettre au Roi, des Princes voisins du Palatinat.
31080. Mémoire pour M. de Heiss, & Lettres de M. de Louvois.
31081. Mémoire de ce qui s'est passé au Pays de Cologne, en 1689.
31082. Lettres de créance à M. de Heiss, & diverses Pièces.
31083. Lettres de M. le Tellier à M. de Heiss.
31086. Mémoire du Comte de Rebenac, Ambassad. en Espagne.
31087. Négociations du Comte d'Avaux, en Irlande.
31089. Négociations du Marquis d'Arcy, en Savoie.
31100. Recueil de Chansons sur les Gens de Cour.
31101. Négociations du Comte d'Avaux, en Suède.
31108. Ambassades du Comte de Briord: 1697—99.
31109. Voyages au Levant, & Négociations à la Porte; par M. d'Arvieux.
31113.* Copie de Notes & Fragmens de la main de Louis XIV.
31122. Ambassade de M. de Puysieux, & Lettres au Roi, &c. 1698-1708.
31133. Histoire succincte des Traités depuis celui de Vervins en 1598, jusqu'en 1713.
31133.* Mémoires de M. de Chamlai: 1689—1713, —1714.
31141. Mémoires de M. le Comte de Muret: 1683—1714.
31142. Dépêches sur la Guerre, sous Louis XIII & XIV.
31143. Dépêches de la Cour sur les Troubles du Royaume, sous Louis XIII & XIV.
31144. Lettres & Expéditions, sous Louis XIII & XIV.
31145. Lettres & Pièces du Règne de Louis XIV.

Pièces sous Louis XV.

31148. Pièces sur ce Règne.
31150. Traductions de l'Ambassade Turque: 1721.
31155. Mémoire sur les Vallées cédées dans le Briançonnois.
31175. Pièces depuis 1550, jusqu'en 1757.

Des Dignités du Royaume, & des Pairs.

31193. Les Offices de France; par P. & Fr. Pithou.
31194. Origines des Offices de France.
31196. Officiers Royaux de France.
31205. Extrait des Titres du Marc d'or: 1603.
31208. De Magistratibus & Præfecturis Francorum, Joan. Grangier.

Table des Manuscrits. 345

31211. Des grands Officiers de la Couronne.
31216.* Traité des Ducs & Pairs; par Hiér. Bignon.
31222. Histoire de la Pairie de France; par le Laboureur.
31222.* Ordre que doivent observer les Ducs pour leur rang, &c.
31225. Sur la Comté - Pairie de Châalons; par M. Culoteau de Velye.
31228. Origine des douze Pairs de France; par M. Bullet.
31230. Travail tendant à établir que le Parlement de Paris est la Cour des Pairs.
31231. Recueil d'Actes concernant les Ducs & Pairs.
31232. Recueil des Duchés-Pairies, Comtés & Baronies-Pairies réunies à la Couronne, &c.
31233. Origine des Duchés-Pairies anciennes & nouvelles.
31234. Droits & Prérogatives des Pairs; par ordre Alphabétique.
31235. Ducs & Pairs Ecclésiastiques & Séculiers, avec leurs Armoiries.
31236. Titres des érections des Ducs & Pairs.
31237. Mémoires & Actes de leur origine, depuis 1615—1628. = Autres, jusq. 1643 & 62.
31238. Duchés & Pairies, jusqu'en 1634.
31239. Armoiries des Pairs, & Discours sur les Pairs.
31240. Mémoires des Créations, Suppressions & Rétablissemens des Duchés & Pairies, jusqu'en 1635.
31241. Erections des Duchés & Pairies: 1429—1637.
31242. Duchés & Pairies: 1340—1642.
31243. Les mêmes: 1317—1644.
31244. Abrégé des Duchés & Pairies: 1645.
31245. Créations de Pairies: 1458—1647.
31246 & 47. Mémoires concernant les Ducs & Pairs.
31250. Lettres-Patentes contenant les Terres érigées en Duchés & Pairies.
31251. Mémoires, Titres, &c. concernant les Ducs & Pairs.
31252. Erections; par ordre alphabétique.
31253. Pièces concernant les Ducs & Pairs.
31254. Duchés & Pairies nouvelles, &c.
31257. Plaidoyer de Simon Marion, sur le rang & séance entre les Ducs de Nivernois & d'Aumale, où il est traité de l'origine des Ducs & Pairs, &c.
31299. Lettre circulaire de M. le Chancelier, au sujet des Ducs & Pairs.
31300. Protestation de la haute Noblesse.
31310. Affaire des Princesses du Sang & des Duchesses.
31311. Mémoires sur le même sujet.
31321. Traité sur les Vidames & Avoués.
31323. Dissertation sur le même sujet; par d'Hangest.
31324. Gouverneurs des Provinces; par P. Sc. de Sainte-Marthe.
31325. Etats des Gouvernemens, &c.

Grands-Officiers de la Couronne.

31327. Connétables & Maréchaux, Grands-Maîtres & Amiraux de France.
31328—32. Pièces & Titres concernant ces Grands Officiers.
31333. Histoire des François & des Officiers de la Couronne.
31334. Rangs & préséance desdits Officiers.
31335. Leurs Droits & Fonctions.
31346. Divers Etats de la Maison du Roi, depuis le temps de S. Louis, &c.
31347. Pièces pour les Grands Officiers de la Couronne.
31351. Des anciens Guerriers des Gaules & de leurs Successeurs.

Tome V.

31369. Mémoires sur la Naissance & les Actions des Capitaines qui ont servi l'Empire contre la France, avec la véritable origine du Cardinal Mazarin.
31370. Libellus Morisoti de Viris illustribus sui ævi.
31371. Discours de la fortune & des disgraces des Favoris, depuis François I, jusqu'à Louis XIII.
31374.* Eloges des Grands Hommes, recueillis par MM. Godefroy.
31385. Mémoire sur les Maîtres du Palais; par M. de Gomicourt.
31398. Mémoires sur les Connétables; par le même.
31399. Titres concernant les Connétables.
31403. Prérogatives de la Charge de Connétable; par Al. le Roi.
31408 & 9. Romans de la Vie de Bertrand du Guesclin, en Vers.
31415. Histoire du même.
31429. Déploration du Trépas de Loys de Luxembourg.
31430. Le Triomphe d'honneur, &c. d'Anne de Montmorency, en Vers.
31431. Sommaire de la Vie du même, jusqu'à ce qu'il fut fait Connétable.
31436. Histoire, Gestes & Récit des actions d'Anne de Montmorency.
31436.* Vie d'Anne de Montmorency, en Vers; par l'Abbé de Luxembourg.
31443. Vie de Henri de Montmorency, & de Henri de Bouillon; & Actes concernant les Ducs de Mercœur, Joyeuse, Vendôme & son Frère.
31448. Mémoires pour les deux Connétables de Montmorency.
31455. Hist. Chronologiq. des Chanceliers & Gardes des Sceaux.
31456. Lettres des Chanceliers, &c.
31457. Discours de l'Office de Chancelier; par J. Juvenal des Ursins.
31458—70. Traités de l'Origine, Fonctions, Droits, Honneurs attribués à leur Charge.
31471. Recueil Chronologique des Chanceliers, &c. depuis Clovis I, jusqu'en 1650.
31475. Traité de François Florent, de l'Office de Chancelier.
31480.* Dissertation sur l'Origine, &c. de la Charge de Chancelier, &c.
31502. Discours de la Vie de Michel de l'Hôpital; par la Croix du Maine.
31505. Vie de Jean de Morvilliers; par le Fèvre.
31521. Mémoires de la Vie & Mort du Chancelier de Sillery.
31527. Apologie de Michel de Marillac.
31528. Vie du même; par le Fèvre.
31531. Lettres & Papiers concernant M. de Châteauneuf.
31535. Symbola heroïca Matth. Molé.
31567. Maréchaux de France, & leur Jurisdiction.
31568. Mémoires pour & contre.
31569. Titres des Maréchaux de France.
31570. Mémoire de leur Préséance sur les Amiraux.
31591. Mémoires pour l'Histoire de M. de Biron; par M. du Tillot.
31611.* Information devant Samuel de la Nauve, de la Vie, Mœurs, &c. de Jacques Nompar de Caumont.
31654. Histoire de Robert de Montejean.
31662.* Vie de Henri II de Montmorency; par J. U. C. Docteur ès Droits.
31667. Mémoires des Campagnes de Philippe de la Mothe-Houdancourt; par de Serre-Lirtauld.
31671. Vie d'Alphonse Ornano, avec un abrégé de celle de Sanpietro son pere; par Canaut.
31706.** Vie du Maréchal de Schulemberg.

X x

31736. Noms & Armes des Amiraux de France, depuis 1284, jusqu'en 1627.
31737. Amiraux de France, Guyenne, Bretagne, Provence.
31744. Mémoires concernant l'Amirauté du Levant.
31745. Titres originaux des Amiraux de France.
31746. Titres originaux de l'Amirauté de Bretagne.
31747. Edits & Actes touchant l'Amirauté de Bretagne : 1479—1606.
31748. Autres, depuis 1493, jusqu'en 1630.
31755. Eloge de Jean de Vienne, Amiral de France; par l'Abbé Guillaume.
31766. Provisions & Dons du Roi, en faveur de l'Amiral de Brion.
31792. Origine de la Charge de Général des Galères.
31793. Histoire des Généraux des Galères; par M. de Ruffi.
31820. Traité de l'Oriflamme; par Raoul de Præsle.
31821. Titres & Sceaux concernant les Porte-Oriflammes.
31848. Vie de Jean l'Archevêque, Seigneur de Soubise.
31863.* Eloge de Louis, Prince de Bauffremont; par M. Droz.
31876. Fragment de la Vie d'Antoine de Bessey.
31882. Mémoires de M. le Duc de Bouillon, à son Fils.
31892. Remarques sur la Vie & les Ouvrages de M. de Bussi Rabutin.
31893. Plainte sur le Trépas de M. de Byssipat.
31898. Vies & Mémoires de Jean & Gaspar de Pontevès, Comte de Carcès; par Augier.
31903. Eloge de M. le Comte de Caylus; par M. Pasumot.
31910. Eloge de M. le Marquis du Châtelet; par l'Abbé Talbert.
31914. Vie de François le Roy de Chauvigny.
31926. Pièces sur la Vie, les Emplois & la Famille de Philippe de Comines.
31927. Le Séjour de Deuil, en Vers, pour le Trépas de Philippe de Comines.
31942. Histoire de Gaston de Foix; par le Seur.
31943. Les Regrets de trois Gentilshommes, sur le Trépas du même.
31960. Vie de Charles d'Humières.
31986. Déploration du Trépas de Loys de Luxembourg.
31990. Vie de Claude de Marolles, avec sa Généalogie; par l'Abbé de Marolles, son Fils.
31994. Abrégé des Gestes de Louis de Brezé.
31998. Eloge du Marquis du Mesnil; par M. de Grand-Fontaine.
32014. Eloge du Marquis de Montrichard; par M. Droz.
32070. Eloge du Duc de Tallard; par M. de Courbouzon.
32070.* Oraison funèbre du Duc de Tallard; par l'Abbé de Villeframon.
32082. Eloge de Louis de Virail; par Beraud.
32091. Histoire de la Guerre, & de la levée des troupes & des vaisseaux, depuis le commencement de la Monarchie, jusqu'à présent; par l'Abbé de Camps.
32097.* L'Ordre & le train qu'un Prince doit tenir, qui veut conquester, &c.
32101. Traité de la Guerre; par le Maréchal de Biron.
32102. Le Général d'Armée.
32104. Discours de l'Art Militaire; par le Connétable de Lesdiguières.
32106. Observations sur l'Art de faire la Guerre, avec les Actions les plus éclatantes du Règne de Louis XIV.
32120. Observations Militaires de M. de Saint-Luc.

32122. Maximes pour le maniement de la Guerre; par le Maréchal de Biron.
32123. Le Général d'Armées; par le Chevalier de la Vallière.
32124. Discours de l'Artillerie; par Vasselieu.
32125. Traité des Machines, Instrumens & Munitions de Guerre.
32126. L'Art Militaire de Végece, traduit par Jehan de Méhun.
32168. Traité des Ordres & exercices de la Cavalerie; par H. de Billon.
32174. Le Fantassin réformé; par B. Madaillan.
32186. Avis à M. de Louvois, sur les levées des Soldats, &c.
32187. Titres des Capitaines des Francs-Archers, depuis l'an 1451.
32188. Titres de l'ancienne Gendarmerie.
32191. Titres des Officiers de Marine, depuis 1375.
32209. Annales du Régiment de Bresse : 1684—1754.
32213—15. Pouvoirs & Provisions donnés aux Gouverneurs de Provinces, &c.
32217. Diverses Pièces sur la Guerre.

Grands-Officiers de la Maison du Roi.

32220. Mémoire sur la Charge de Grand-Aumônier.
32223. Traité des Grands-Aumôniers; par Frizon.
32224. Recueil concernant la Grande-Aumônerie.
32228. De la Charge de Grand-Aumônier; par Bertet.
32231. Remarques de l'Abbé de Camps, sur l'Histoire de la Chapelle des Rois.
32235. Mémoires sur quelques Confesseurs des Rois de France.
32242. Processus (Cardinalis) Ballue.
32280. Mémoires de la Vie d'Antoine de Chabannes, Comte de Dammartin.
32308. Les Gestes de M. de Guise (François) : jusqu'à la prise de Thionville, en 1558.
32314. Mémoires pour l'Histoire du Duc de Guise (Henri); par M. du Tillot.
32331. Vie de Louis de Montjoye.
32350. Mémoires du Comte d'Harcourt; par Faret.
32351. Lettre du Comte d'Harcourt, au Cardinal Mazarin.
32352. Dépense de l'Ecurie du Roi : 1595.
32365. Départemens des Eaux & Forêts.
32366 & 67. Tables générales de ces Départemens.
32369. Etat des Maisons des Rois & Reines.
32370. Etat des Officiers de la Maison du Roi.
32371. Etat des Maisons des Enfans de France.
32374. Registre des Offices de la Maison de François I.
32375. Etat de la Maison de Henri III.
32376. Maisons du Roi, de la Reine & des Princes.
32377. Réglemens de la Maison du Roi : 1585—1616.
32378. Autre Recueil, depuis 1585—1616.
32379 & 80. Réglemens des Maisons, Conseils & Officiers.
32381. Recueil de la Maison du Roi, de la Reine & des Enfans de France.
32383. Rôle de Cent Gentilshommes de la Maison du Roi, depuis 1471.
32391 & 92. Etats de la Maison de la Reine, en 1663 & 76.
32393. Etat de la Dépense de M. le Dauphin, en 1711.

Conseils du Roi, Ministres, &c.

32401. Recueil des Conseils du Roi.
32403. Pièces concernant les Conseils; par le Févre de Lézeau.

32403.* Recueil des Conseils du Roi ; par M. de Marillac.
32404. Du Conseil du Roi ; par André le Févre d'Ormesson.
32404.** Ordonnances & Réglemens des Conseils du Roi, (recueillis pour M. de Brienne.)
32406. Des Personnes qui composent les Conseils; par le P. Caussin.
32407. Mémoires pour un Dictionnaire des Conseils.
32414. Réglemens des Conseils, depuis 1560, jusq. 1626.
32415. Autres, depuis 1546, jusqu'en 1631.
32416. Registre des Conseils d'Etat de 1484.
32417. Registres des Dépêches du Conseil d'Etat de François I : 1525 & 27.
32418. Autre, du Conseil d'Etat.
32419. Registre du Conseil Privé, en 1570—72.
32420. Registres du Conseil d'Etat & des Finances : 1563—1636.
32421. Extraits des Registres du Conseil d'Etat : 1674, & années suivantes.
32430. Abrégé de Politique pour la France ; par N. Garnison. = Traité de Politique ; par le même.
32441. Observations (de Pelisson) sur le Testament Politique du Cardinal de Richelieu.
32455.* Pièces sur le Procès de Jacques Cœur.
31483. Pièces touchant le Cardinal de Richelieu.
31493. Relation (en Vers burlesques) de ce qui se passa au Parlement, sur la validité du Testament du Cardinal de Richelieu.
32500. Fragment de l'Histoire de ce Cardinal.
32501. Observations sur la Vie & ses services.
32502. Journal du Cardinal de Richelieu ; par de Harlay de Sancy.
32504. Vita Cardinalis Richelii : auct. de Rhedinger.
32509. Vie du même ; par Jacq. Lescot.
32510. Histoire du même ; par Pierre le Moine.
32513. Portrait du Cardinal de Richelieu.
32517. Pièces concernant le Tableau de ce Cardinal.
32521. Critique du Parallèle des Cardinaux Ximenès & Richelieu; par l'Abbé de Camps.
32535. Panégyrique sur la vie & la mort de Claude de Mesme d'Avaux.
32542.* Discours sommaire de la vie du Cardinal Mazarin.
32543. Vie du Cardinal Mazarin, jusqu'en 1654.
32544. Breve Raccolta della Vita del C. Mazarini.
32544.* Vita del Cardinale Mazarini.
32545. Il Colosso Mazarino, &c.
32548. Della Vita del Card. Mazarini.
32550. Les Testament & Codicile du Cardinal Mazarin.
32555 & 56. Vita del Card. Giulio Mazarini.
32559. Epigrammes & Vers à la louange du Cardinal Mazarin.
32565. Registre des Délibérations du Conseil du Cardinal Mazarin, depuis 1654 ; jusqu'en 1659.
32566. L'Ombra del Signor Card. Mazzarini, &c.
32575. Pièces concernant M. Fouquet, & autres.
32577. Projet de M. Fouquet.
32584.* Journal de M. d'Ormesson, Rapporteur de l'Affaire de M. Fouquet.
32588. Mémoires de M. Colbert.
32593.* Mémoires de François-Michel le Tellier, Marquis de Louvois.
32599. Anecdotes de l'élévation de l'Abbé du Bois.
32607. Pièces critiques sur le Cardinal de Fleury.
32623. Traité des Secrétaires d'Etat ; par du Peyrat.
32624. Etablissement des Secrétaires d'Etat, par Henri III : 1547.
32625. Mémoires à ce sujet, avec Blazons.

Tome V.

32627. Réglemens entre le Contrôleur-Général des Finances, & les Secrétaires d'Etat.
32638. Pièces touchant le rang des Ambassadeurs de France, aux Traités de Paix.
32639. Traité de l'Administration des Ambassadeurs.
32640. Instructions des Ambassades faites en Cour de Rome.
32641. De la Charge d'un Ambassadeur.
32642. Etat de son train, dépense, &c.
32643. Avis aux Ambassadeurs.
32644 — 46. Instructions générales des Ambassadeurs.
32652 — 73. Instructions d'Ambassadeurs : 1314 —1630.
32673.* Instruction générale des Ambassadeurs ; par le Chancelier de l'Hôpital, &c.
32674 & 75. Mémoires des Ambassadeurs, &c. envoyés en France.
32676. Mémoires sur le rang des Amb. de France, au-dessus de ceux des autres Rois.
32680. Vie de Louis de Virail ; par Beraud.
32684. Apologie de M. de Villeroy, sur la Ligue ; (par lui-même).
32685. Lettre de M. de Villeroy à M. du Vair, sur la Satyre Ménippée.
32698. Mémoires sur la Vie de Denys Poillot.
32708. Mémoires de M. de Gourville.
32714. Mémoires pour la Vie de Philippe de Maizières ; par Bauduy.
32742. Mémoires sur la Vie de M. Foucault.
32743. Oraison funèbre de M. Cardin le Bret; par le P. Folard.
32746. Titres originaux concernant les Maîtres des Requêtes.
32748. Histoire généalogique des Maîtres des Requêtes : 1575—1722.
32749. Remontrances des Maîtres des Requêtes au Roi : 1664.
32767. Eloge de M. Feydeau de Brou ; par M. du Boullay.
32773. Registres du Grand-Conseil.
32775. Extraits & Titres originaux, concernant le Grand-Conseil.
32779. Mémoires de M. Joly de Blaisy.

Grandes Magistratures.

32784. De l'Ordre judiciaire & des Magistrats, sous la premiere & la seconde Race ; par Balthazar.
32786. Des Conseils d'Etat, des Parlemens, Chambres des Comptes, Grand-Conseil, Cours des Aydes & des Monnoies.
32787. Institution du Parlement, du Conseil, desdites Chambres & autres Jurisdictions.
32788. Diverses Pièces sur les Parlemens, &c.
32793. Recueil de Pièces sur les Jurisdictions de France.
32796. Dissertation sur le remplacement, par élection, de l'Office de Chancelier & de toutes les Magistratures ; par M. de Fontanieu.
32801. Pièces concernant la Chancellerie de France.
32802. Traité sur les Affaires des Finances & de la Chancellerie.
32806. Titres originaux concernant les Secrétaires du Roi.
32807—9. Privilèges & Statuts des Secrétaires du Roi.

Histoires des Parlemens.

32823. Recherches touchant la Justice Royale durant les trois Races ; ou véritable origine du Parlement.

32824. Pièces concernant les Paréages & Associations des Rois à la Justice temporelle des Archevêchés, Evêchés, &c. par l'Abbé de Camps.
32825 & 26. De l'origine des Etats & des Parlemens.
32827. De l'établissement & du pouvoir des Parlemens; par le Comte de Boulainvilliers.
32828. Vraie Origine des Parlemens, Conseils & autres Cours Souveraines; par P. Dupuy.
32829. Factum concernant la Justice & les Parlemens.
32830. Origines & Créations des dix Parlemens de France.
32831. Pièces sur l'Erection des dix Parlemens & des Cours des Aydes.
32832. Traité des Parlemens & de leur Pouvoir.
32833. Historia Chronologica Parlamentorum.
32842. Arrêt du Parlement de Toulouse, contre l'Auteur des Treize Livres des Parlemens.
32849. Dignités des Chanceliers, Présidens, &c.
32850. Mémoire sur l'autorité du Parlement.
32851. Discours sur l'autorité des Parlemens & du Conseil Privé.
32853. Arrêts concernant le Parlement: 1291-1626.
32854. Arrêts concernant les Droits du Parlement de Paris: 1344-1630.
32855. Preuve du Droit des Evêques, pour l'Assemblée des Chambres.
32856. Cours des Parlemens, leur Jurisdiction.
32861. Mémoires touchant les Parlemens de Paris, Toulouse, Rouen, Dijon & Metz.
32869. Togati heroes: Poema Jac. Guijonii.
32870.* Mémoire sur la qualité de Chevalier, pour les Présidens au Mortier; par M. de Ménières.
32873. Etablissement du Parlement de Paris.
32874. Autre; par le Comte de Boulainvilliers.
32874.* De la Cour du Parlement; par Michel de Marillac, & Pièces relatives.
32879. Porte-feuille sur le Parlement de Paris.
32880. Recueil concernant le Parlement de Paris.
32881. Lettres, Arrêts & Actes qui le concernent.
32882. Lettres originales des Rois & Princes du Sang, écrites au Parlement de Paris.
32883. Pièces concernant le Parlement & ses Conseillers, depuis 1270.
32884. Remarques sur ce qui s'est passé au Parlement depuis 1607, jusqu'en 1622; par M. de Bellièvre.
32886. Harangues & Remontrances des Chanceliers, au Parlement: 1514-1625.
32888. Discours de Rentrée, &c. par M. Portail: 1698-1706.
32889. Visites & Réceptions des Grands Seigneurs, au Parlement.
32890. Accommodement du Parlement, avec la Chambre des Comptes; par François I, 1520.
32891. Historia primorum Præsidum: auct. Rolliardo.
32927. Suite des Officiers du Parlement de Paris.
32939. Mémoires de M. de Thou, trad. en François. Imprimés.
32958. Catalogue des Conseillers, depuis 1270, jusq. 1649.
32990. Portrait du Parlement.
32991. Caractères des Officiers du Parlement, vers 1660.
33002. Liste des Avocats depuis l'institution du Parlement; par Blanchard.
33013. Institution du Parlement de Tolose, &c.
33018. Historia Parlamentorum Occitaniæ, & div. Conventuum trium Ordinum, &c. per G. Bardin.
33019. Titres originaux du Parlement de Toulouse.
33020. Titres concernant ses Premiers Présidens.
33024 & 25. Inventaire des Registres du même Parlement, & Table.

33040. Seconde Continuation de l'Histoire du Parlement de Bourgogne, depuis 1733.
33041. Registres du Conseil secret du Parlement de Dijon, & Table.
33042 & 43. Délibérations du même, depuis 1525.
33044. Mémoires, Observations & Arrêts du même: 1476-1600.
33045. Délibérations, depuis 1509, jusqu'en 1559.
33046. Extrait des Registres, de tout ce qui s'est passé pendant la Ligue, depuis le 31 Décembre 1588, jusq. 29 Juillet 1594.
33047. Délibérations des Officiers qui, pendant la Ligue, se retirèrent à Flavigny, & ensuite à Sémur.
33048. Tables des Registres, Edits & Déclarations, vérifiées à Dijon.
33049. Délibérations de la Tournelle de ce Parlement.
33050. Inventaire des Pièces, de 1740-42.
33051. Pièces concernant les démêlés intérieurs du Parlement de Dijon, & avec les autres Cours de la Bourgogne: 1476-1744.
33052. Pièces du Démêlé entre Gaspard de Saulx & MM. de Récourt & Popon, Conseillers au Parlement de Dijon.
33053. Mémoires de ce qui s'est passé au Parlement de Dijon depuis 1574, jusqu'en 1578; par G. Breunot. = Autres depuis 1594, jusq. 1602.
33054. Journal de 1598-1601; par J. de Poligny.
33055. Histoire secrette du même Parlement: 1650-1655; par Cl. Malteste.
33056. Anecdotes, depuis 1652, jusqu'en 1658.
33057. Journal de l'interdiction du Parlement de Dijon: 1658 & 59.
33058. Journal, depuis 1658, jusqu'en 1665.
33064. Mémoires pour l'Histoire de Pierre le Gour de la Berchère.
33080. Instruction des Affaires de Pierre Saumaise-Chazans.
33081-83. Pièces du Procès du Président Giroux.
33085. Vita Philippi Lantini: auct. Philib. de la Mare.
33086. Abrégé de la Vie de Jacques de Vintimille; par le même.
33087. De Vita & Scriptis Car. Fevreti; à Jac. Aug. Chevane.
33091. Discours panégyrique, en faveur de Charles Févret.
33098. Titres concernant le Parlement de Bretagne.
33099. Recueil des Parlemens de Bretagne, tenus sous les Ducs Pierre & François II, depuis 1451.
33100. Extrait des Registres secrets: 1555-92.
33101. Autres, concernant ce qui s'est passé en 1554-1687.
33102 & 3. Tables de 25 Registres.
33104. Table des Registres de la Chambre du Conseil du Parlement de Bretagne.
33110. Registres secrets du Parlement de Bourdeaux.
33111. Anciens Registres secrets.
33115. Extraits des Registres du même.
33116. Titres originaux du Parlement de Bourdeaux.
33117. Porte-feuille de Mémoires sur le même Parlement.
33118. Registres du Conseil secret, depuis 1451, jusqu'en 1658.
33119. Extrait des Registres du même.
33120. Lettres-Patentes concernant le Parlement de Bourdeaux.
33129. Mémoires pour la Vie d'Estienne de la Boëtie; par Philib. de la Mare.
33138. Histoire du Parlement de Grenoble; par Guy Allard.

Table des Manuscrits.

33140. Titres originaux concernant ce Parlement.
33143. Arrêt du Conseil pour MM. du Parlement de Grenoble, contre MM. de la Chambre des Comptes.
33144. Mémoires pour établir la Jurisdiction de ce Parlement, sur la Principauté d'Orange, &c.
33157. Titres originaux du Parlement de Normandie.
33161. Dissertation sur l'origine de l'Echiquier de Normandie ; par Toustain de Richebourg.
33162.* Histoire du Parlement de Rouen.
33163. Extraits des Registres : 1499—1643.
33164. Extraits des Registres du Conseil secret : 1499—1653.
33165. Table alphabétique des Registres.
33166. Recueil d'Arrêts, depuis 1635.
33169. Virorum omnium Consularium Libri IV. auct. B. Candelario.
33175. Histoire de la Vie & des Ouvrages de J. Laur. le Cerf de la Viéville.
33177. Histoire du Parlement de Provence : 1502—1715 ; par M. Esmivy de Moissac.
33178. Mémoires touchant le même Parlement.
33191. Mémoires de la Vie de Barthel. de Chasseneuz ; par Philib. de la Mare.
33203. Histoire du Parlement de Provence, depuis son Institution en 1501, jusqu'à la mort de Louis XIV.
33213. Dissertation sur l'Institution du Parlement de Franche-Comté ; par M. de Courbouzon.
33216. Registres de ce Parlement.
33218. Eloge de Guy Armenie ; par l'Abbé Guillaume.
33219. Mémoire pour l'Histoire de Mercurin de Gattinare ; par M. de Courbouzon.
33220. Mémoires pour l'Histoire d'Antoine de Brun ; par M. de Grand-Fontaine.
33221. Vie du Président Philippe ; par M. de Courbouzon.
33222. Mémoires de Claude-Ambroise Philippe.
33223. Eloge de M. de Quinssonas, Président ; par M. de Courbouzon.
33224. Eloge de M. Biétrix de Peloufcy, Conseiller.
33225. Eloge du Président de Courbouzon ; par M. de Grand-Fontaine.
33226. Eloge de M. de Courchetet d'Esnans, Conseiller ; par M. Droz.
33230. Mémoires concernant l'Etablissement d'une Chambre Souveraine en Alsace.
33233. Lettre d'un Conseiller au Parlement de Paris, sur l'enregistrement des Lettres-Patentes accordées aux Officiers du Parlement de Dombes.
33236—304. Registres secrets du Conseil du Parlement de Paris, Extraits & Tables, depuis 1229, jusqu'en 1703.
33304.* Journal Hist. du Parlement de Paris : 1713—46 ; par MM. de Nassigny & Hurson.
33305—8. Remontrances du Parlement de Paris : 1524—1614, &c.
33317. Remontrances du Parlement de Bretagne, sur l'Edit du cinquantième ; 1725.
33334. Remontrances du Parlement de Paris en 1741, sur le Dixième.
33335. Discours du Premier Président (le Pelletier) en 1747. sur un Arrêt du Conseil.
33336. Remontrances sur l'établissement du Vingtième : 1749.
33339. Autres, du Parlement de Douai, sur le même sujet.
33340. Autres, du Parlement de Paris, au sujet de la prorogation des quatre sols pour livre.
33341. Discours de M. de Maupeou, sur un Edit de Création de Rentes Viagères.

Procès Criminels.

33596. Procès Criminels de Lèse-Majesté : 1313—1589.
33597. Autres, depuis 1456, jusqu'en 1593.
33598. Autres, depuis 1315, jusqu'en 1623.
33599. Autres, finissants en 1627 ; avec divers Mémoires.
33600. Autres, depuis 1331, jusqu'en 1633.
33601. Autres, depuis 1331, jusqu'en 1635.
33602. Procès Criminels depuis les Rois de la premiere Lignée.
33603. Autres, jusqu'à MM. de Cinq-Mars & de Thou, en 1642.
33604. Autres, depuis 976.
33605. Procès Criminels faits à divers Seigneurs & Princes.
33606. Arrêts contre plusieurs Princes & Seigneurs, depuis 619, jusq. 1634.
33607. Procès Criminels, pour Crime de Lèse-Majesté.
33608. Autres, contre des Ecclésiastiques.
33609 & 10. Crimes de Lèse-Majesté, & Abolitions.
33611. Emprisonnemens, Informations, &c.
33612. Recueil de Procès Criminels.
33613. Procès d'Etat & Historiques : 1378—1752.
33614. Crimes de Lèse-Majesté en France, Angleterre, Espagne, &c.
33615—18. Procédures contre des Evêques, pour Crime de Lèse-Majesté, depuis 884, jusq. 1633.
33618.* Princes & Pairs jugés au Parlement, &c.
33619. Procès Criminels, par ordre alphabétique.
33620. Procès Criminel, touchant la prise du Duc Jean, ceux de la Maison de Penthièvre, &c.
33621. Pièces du Procès de Robert de Flandres : 1315.
33622. Procès Criminel des Templiers.
33623. Processus contra Fratrem Bernardum Delitiosi.
33624. Procès Criminel, fait à Robert d'Artois : 1340.
33628. Procès fait à Charles II, Roi de Navarre.
33630. Concilium Parisiense supra morte Ducis Aurelianensis : 1407.
33632 & 33. Procès fait à Gilles de Rais (de Retz), & Enquête.
33634. Procès de Jacques Cœur.
33635. Procès fait à Jean, Duc d'Alençon.
33636. & Add. Procès de Pierre, Evêque de Beauvais : 1430 & 32.
33637. Procès fait à Charles de Melun : 1458.
33638. Procès Criminels des Comtes de Provence, &c.
33639. Procès de Pierre, Duc de Bourbonnois, & d'Anne de France, fille de Louis XI.
33640. Procès fait à Jean V, Comte d'Armagnac.
33641. Procès de Louis de Luxembourg, Comte de Saint-Paul.
33642. Procès Criminel fait à Jacques d'Armagnac, Duc de Nemours.
33643. Interrogatoires de Jacques de Martigny, Evêque d'Elne.
33644. Procès fait à René, Duc d'Alençon.
33645. Procès de Pierre de Rohan, Maréchal de Gié.
33646—49. Procès fait à Charles de Bourbon, Connétable.
33653. Procès de Jean de Poitiers de S. Vallier.
33654 & 55. Procès de Jacques de Beaune de Samblançay.
33656. Procès contre Pierre Laydet, Conseiller au Parlement.

33658. Procès fait à Guillaume Poyet, Chancelier.
33660. Arrêt contre l'Amiral Chabot.
33661. Pièces du Procès fait au Baron de la Garde.
33663. Rétablissement de la mémoire des Maréchal du Biez & Seigneur de Vervins.
33666. Pièces pour & contre l'Amiral de Coligny.
33667. Procès Criminel de Thomas Hawart.
33669 & 70. Procès & Lettres de François, Duc d'Alençon, Frère de Charles IX.
33671. Conspiration du même; par Théod. Godefroy.
33672. Procès de Pierre (ou Nicolas) Salcedo.
33674 & 75. Procès fait à François de Rosières, & Extrait de son Manuscrit.
33676. Deux Abolitions pour le Maréchal de Montluc.
33677. Lettre du Roi de Navarre, à M. de Ségur, sur la mort du Prince de Condé.
33678. Informations sur la mort du Duc & du Cardinal de Guise.
33679. Lettres du Cardinal de Joyeuse & de Claude d'Angennes, sur la mort du Cardinal de Guise.
33681. Procès criminel de Pierre Barrière.
33682. Procès de Jean Chastel.
33685. Interrogatoire, Arrêt, &c. contre Chartretier.
33686, 89, 92. Procès fait au Maréchal de Biron.
33694. Lettres, Mémoires, &c. contre Henri, Duc de Bouillon.
33695. Procès Criminel fait à Louis de Lagonia.
33696. Procès du Comte d'Auvergne, de M. d'Antragues, de la Marquise de Verneuil, &c.
33697. Interrogatoire & exécution de Ravaillac.
33702. Procès de Balthazar Flotte, Comte de Roche.
33703. Procès fait au Maréchal d'Ancre.
33704. Discussion des Biens du même.
33709. Détention de MM. de Vendôme & de Beaufort.
33717. Procès Criminel fait à Charles le Venier.
33718. Lettres, Arrêts, &c. du Procès de Louis de Marillac.
33724. Pièces du Procès du Duc de Bellegarde.
33725. Procès fait à Henri le Montmorency.
33730. Procès faits aux Parlemens de Paris, Toulouse & Dijon, contre les grands Seigneurs qui ont suivi le Duc d'Orléans hors du Royaume, en 1631 & 1632.
33731. Recueil des Libelles de des Cortels, & Arrêt contre lui.
33732. Extrait du Procès d'Alpheston.
33734. Arrêt contre les Complices du Duc d'Espernon.
33736 & 39. Procès fait au Duc de la Valette.
33740. Procès du Chevalier de Jars.
33741. Procès du Comte de Soissons & des Ducs de Guise & de Bouillon.
33742. Procès de MM. de Cinq-Mars & de Thou.
33745. Mémoires pour la justification de M. de Thou; par Pierre Dupuy. *Imprimés.*
33749. Pièces historiques (de divers Procès:) 1627 —42.
33753 & 54. Procès de Louis de Bourbon, Prince de Condé.
33755. Procès fait à M. Vallée, Conseiller au Parlement.
33756—58. Procès de Nicolas Fouquet, Surintendant des Finances.
33761. Procès fait au Chevalier de Rohan.
33762. Procès du sieur Haudicquer de Blancourt.
33763. Procès fait au sieur Merigot de Bauz.
33764. Procès de Jean-Pierre de Bar.
33765. Procès de Philippe de Beaujou & de Gaujon de la Martinière.
33766. Arrêt du Parlement de Bourdeaux, contre 140 Personnes criminelles de Lèse-Majesté.
33767. Recueil de Pièces sur les faussaires & les faussetés.

Des Chambres des Comptes.

33770. De l'établissement de la Chambre des Comptes de Paris.
33771. Traité sur la Chambre des Comptes, de ses Officiers, & des matières dont elle connoît.
33779. Instruction sur la Chambre des Comptes.
33780. Annoblissement (de ses Membres.)
33789. Titres concernant la Chambre des Comptes de Paris.
33790. Table de ses Mémoriaux.
33791. Mémoires tirés de ses Mémoriaux.
33792. Ordre qui s'observe par ses Officiers.
33793. Réglemens de la Chambre des Comptes.
33794. Recueil des Réglemens & Ordonnances, depuis 1538, jusqu'en 1690.
33796. Recueil de tous les Officiers des Comptes de Paris, par filiation de Charges.
33804. De l'origine & Office de Maître des Comptes; par Jean Gautier.
33808. Mémoires sur les Offices des Auditeurs.
33818. Prérogatives de la Chambre des Comptes de Dijon; par Et. Pérard.
33819. Anciens Comptes rendus sous les Ducs de Bourgogne, & jusqu'à François I; par le même.
33823. Arrêt du Conseil, sur la préséance entre les Officiers de la Chambre des Comptes de Bretagne, & ceux du Présidial de Nantes.
33825—28. Registres de la Chambre des Comptes de Paris, depuis 1137, jusq. 1599.
33829. Répertoire de la Chambre des Comptes de Paris.
33830. Copie du Livre appellé *Turnus Brutius*, depuis 1574.
33831. Inventaire de la même Chambre.
33832. Alphabeth du Répertoire doré.
33833. Inventaire des Titres; par Théod. Godefroy.
33834. Inventaire de la même Chambre.
33835. Registre du Plumitif, depuis 1574, jusqu'en 1593.
33836. Extrait du Livre coté † premier des Registres du Greffe : 1223—1337.
33837. Répertoire des Mémoriaux, Chartres & Registres.
33838. Extraits des Mémoriaux & Registres, depuis 1286.
33839. Autre, par ordre alphabétique.
33840. Pièces tirées des Mémoriaux : 1555—74.
33841. Extraits des Registres recueillis en 1648—50; par Nic. Ch. de Sainte-Marthe.
33842. Recueil de Remontrances, faites au Roi & aux Princes du Sang, depuis 1625, jusqu'en 1655.
33843. Titres concernant le Domaine de la Couronne; par M. Ménant.
33844. Extraits des Registres de la Chambre des Comptes de Paris.
33845. Autres, depuis 1223, jusqu'en 1701.
33846. Publication des Edits à la Chambre des Comptes, & Cour des Aydes de Paris.
33847. Extrait des Layettes & Matières contenues en l'Inventaire des Titres de la Chambre des Comptes de Blois.
33848. Registres de la Chambre des Comptes de Dijon, depuis 1386, jusqu'en 1596.
33849. Recueil des Journaux de la même Chambre, depuis 1559, jusqu'en 1690.
33850. Inventaire des Titres qui sont au Trésor de la Chambre des Comptes de Dijon, concernant les Ducs de Bourgogne.

33851. Recueil des anciens Comptes rendus en la même Chambre.
33852. Extraits de plusieurs Titres de la Chambre des Comptes de Dole.
33853. Inventaire des Titres de la Chambre des Comptes & de l'Hôtel-de-Ville de Dole.
33854. Eloge historique de M. Loys ; par M. de Clévans.
33856 & 57. Inventaire des Registres de la Chambre des Comptes de Lille.
33859. Inventaire des Titres de la Chambre des Comptes de Montpellier.
33860. Eloge de Hyacinthe Aftier ; par M. Foulquier.
33861. Recueil de Pièces, (sur la Ch. des Comptes de Montpellier, & autres Jurisdictions de Languedoc.)

Des Cours des Aides & des Monnoies.

33889. Mémoires de la Vie de Jean Chandon, Président de la Cour des Aides.
33894. Diverses Copies & Extraits sur les Cours des Aides.
33895. Registres de la Cour des Aides de Paris : 1360 –1686.
33897. Varia de Monetis Francorum & Sigillis Regum, &c.
33898. Tarif de diverses Monnoies anciennes.
33899. Explication de la Monnoie de Clovis.
33900. Dissertation sur les Monnoies d'Or, des Rois de la première Race, &c.
33904. Recueil d'Empreintes des Monnoies de diverses Nations, leur valeur & explications.
33908. Moyen pour rendre les Monnoies de poids juste & égal.
33917. Cours, lois, poids & coins des Monnoies des anciens Barons, &c.
33918. Registre contenant quels Barons, &c. se disent avoir Droit de battre Monnoie ; & autres Pièces.
33956. Projet de Réglement pour les Maîtres des Monnoies, &c.
33957. Arrêt du Conseil de 1623, pour la Ferme des Monnoies à Briot.
33958. Procès-verbal des Commissaires, sur l'épreuve de la Machine de Briot.
33972. Cause qui a fait rompre les Ordonnances, faites en France, sur les prix de l'Or & de l'Argent ; par Colas.
33973. Jurisdiction de la Cour des Monnoies.
33974. Abrégé historique des Monnoies.
33979. Des Monnoies, depuis Philippe, jusq. Louis XI.
33987. Projet d'une Ordonnance sur les Monnoies.
33990. Monnoies des Rois Jean, Henri VI d'Angleterre, Charles VII.... (jusqu'à) François I ; de Charles IV, Philippe VI (& même de Rois précédens.)
34000. Pièces, Edits & Mémoires sur les Monnoies.
34003. De la Refonte des Monnoies : 1709–1715.
34019. Eloge historique de Louis Cousin, Président de la Cour des Monnoies de Paris.

Autres Jurisdictions.

34034. Titres des Trésoriers des Finances.
34035. Pièces concernant les Trésoriers de France.
34043. Pièces sur les Trésoriers de France de Dijon.
34045. Mémoire de Montpellier, sur les Trésoriers de France.
34054. Vie de Louis Chantereau le Févre.
34063. Eloge de M. du Cange ; par Prosp. Hérissant.
34064. Autres du même, par divers Auteurs.
34098. Histoires du Guet de nuit & du Guet de jour ; par M. Boucher d'Argis.
34103. Jurisdiction du Présidial d'Angers.

34110. Jo. Lacurnæ Vitæ Breviarium : auct. Chevaneo.
34111. Eloges de plusieurs Officiers de la Sénéchaussée de Béliers.
34119. Vie d'Antoine Baissey ; par Lantigeois.

LIVRE IV.

HISTOIRE CIVILE DE FRANCE.

Histoires des Provinces.

34135. Porte-feuilles de Pièces sur les Provinces, recueillis par M. Godefroy.
34136. Pièces & Mémoires sur les Provinces, recueillis par M. de Fontanieu.
34137. Pièces concernant les Provinces, Villes, &c. recueillies par M. de Fontette.

Histoires de Picardie.

34140. Historia Picardiæ : auct. Nic. Rumet de Bussgamp.
34141. Histoire de Picardie ; par de Rousseville.
34142. Mémoires sur l'Histoire de Picardie ; par Caron de l'Eperon.
34143. Mémoires pour l'Histoire de Picardie ; par M. d'Hangest.
34144. Divers Mémoires sur la Picardie.
34146. Mémoire sur l'esprit, les facultés, &c. des Habitans de Picardie ; par Sellier.
34149. Histoire de la Ville d'Amiens & de ses Comtes ; par du Cange.
34150. Mémoires Chronologiques sur Amiens ; par de Court.
34151. Le Roman d'Abladane ou d'Amiens ; par de Fournival.
34153. Mémoires pour l'Histoire de l'Amiénois & du Beauvaisis ; par M. Bucquet, &c.
34154. Histoire des Majeurs d'Amiens ; par de Rousseville.
34155. Chronologie des Seigneurs des Villages du Diocèse d'Amiens, depuis l'an 1200 ; par le même.
34156. Factum pour l'Echevinage d'Amiens, & Requête.
34157. Histoire sur la surprise d'Amiens & de sa reprise ; par M. de Gomicourt.
34169. Histoire de la Ville de Montdidier.
34170. Mémoires pour l'Histoire de la même Ville ; par de la Morlière.
34171. Histoire de la même ; par Scellier.
34172. Mémoires pour l'Histoire de Montdidier.
34182. & *Supplém*. Mémoires sur l'Histoire du Vermandois ; par Colliete. *Imprimés*.
34187. Chronique du Pays & Comté de Ponthieu ; par Rumet.
34187.** Histoire des Comtes de Montreuil & de Ponthieu, &c. par du Cange.
34190. Histoire de Ponthieu, par de Runas.
34191. Histoire Chronologique des Comtes de Ponthieu ; par de Rousseville.
34196. Chronique des Comtes de Boulogne.
34197. Preuves de l'Histoire de ces Comtes, &c.
34198. Histoire de Boulogne ; par Feramus.
34201. Histoire du Boulonnois ; par Lutto.
34202. Journal du Siége de Boulogne, en 1543 ; par Morin.
34209. Lamberti Opera super Ghisnensium Historiam, &c.
34210. Petit Mémoire sur la Ville d'Ardres.

Histoires de Champagne.

34213. Mémoire sur l'état actuel de la Champagne : 1744.

34218. Affaires générales & des Villes de Champagne.
34221.* Mémoires sur les premiers Peuples de Champagne; par M. Sabbathier.
34222. Histoire des Comtes Héréditaires de Champagne.
34227.* Listes des Gouverneurs, &c. de Champagne, & leurs Entrées solemnelles à Meaux.
34231. Faits de la Ville de Reims; par Foulquart.
34232. Commentaria rerum Remensium, à Colardo: 966—1584.
34233. Mémoires sur les Affaires de la Ligue.
34234. Articles accordés entre les Députés de Reims & Châalons, &c. assemblés au Bourg d'Avenay en 1593.
34235. Progrès de la Ligue à Reims: 1585-94.
34236. Choses notables advenues entre les Rivières de Marne & de Meuse, pendant la Ligue.
34237. Mémoires de Jean Rogier, sur Reims, avec des Chartes.
34238. Pièces sur Reims, recueillies par M. Raullin (ou Raussin:) *Voyez Liste, N.°* 34380.
34238.* Pièces anecdotes pour l'Histoire de Reims.
34239. Introduction à l'Histoire de Reims; par le Feron.
34254. Dissertation sur l'Echevinage de Reims, avec Pièces; par Bidet.
34258. Mémoires de Cocquault sur les établissemens faits à Reims.
34260. Ordonnance du Jeu de l'Arbaleste.
34260.* Titres & autres Pièces sur la Ville de Fismes.
34261. Histoire de la Ville de Mouzon, avec Journal du dernier Siége.
34263. Recueil de tout ce qui est arrivé au Duché de Mazarin.
34264. Histoire de Château-Portien & de Rethel; par Masset.
34265. Mémoires de Dom Ganneron, Chartreux.
34266. Livre d'hommages & aveux rendus à Henri de Foix en 1533, pour le Comté de Rethelois & la Vicomté de S. Florentin.
34270. Mémoire sur Mezières & Charleville.
34272. Fondation de Châalons, Eclogue; par de Meules.
34276. Histoire de la Ville d'Espernay; par Bertin du Rocheret.
34277. Description de quelques Monumens de Vert, au Comté de Vertus.
34278. Mémoires pour l'Histoire du Comté de Vertus, par Culoteau de Velye.
34279.* Anecdotes sur la Champagne, & sur nombre de Familles de Vitry-le-François; par Varnier.
34280. Chronologie de la Ville de Sedan, Raucourt, &c. par Norbert.
34280.* Pièces sur les Princes de Sedan & de Bouillon.
34281. Antiquité de Sedan, &c.
34283. Antiquités de Sedan, &c.
34284. Edits & Ordonnances des Princes de Sedan: 1558—1641.
34285. Histoire de la Ville de Sedan.
34286. Ordonnances du Maréchal de Fabert.
34287. Registres du Greffe: 1642—90.
34289. Mémoires historiques & Pièces sur Sedan.
34293. Réduction des Privilèges de Sedan.
34295. Registres du Conseil des Modérateurs de l'Académie (ou Collège) de Sedan.
34300. Les Louanges ou Histoires de Troyes; par Passerat.
34301. Annales de la Ville de Troyes; par Hugot.
34302. Annales de la même Ville; par Breyer.
34308. Titres pour la Ville de Troyes, Privilèges, &c.
34324.* Antiquités de la Ville de Sens; par J. Driot.
34328. Histoire de Sens; par Jacq. Rousseau.
34329. Antiquités de la Ville de Sens; par B. Taveau.

34330. Notice du Fief de Palteau; par Sylvestre de Saint-Abel.
34331. Histoire de la Ville & des Comtes de Joigny; par Davier.
34332. Autre; par M. Bourdois.
34337.* Mémoires sur le Bourg de la Ferté-sur-Aube.
34338. Situation du Pays de Langres, &c.
34339. Ses Inscriptions & Monumens anciens; par Jacq. Vignier.
34340. Mémoires sur le Pays de Langres.
34344. Recherches & Antiquités de Langres; par J. Roussat.
34345. Histoire de Langres.
34346. Bertii Epistola de Lingonensibus.
34347. Histoire de Langres; par Odon Jauvernant.
34348. Les trois premiers Livres de la Décade historique du Pays de Langres; par Jacq. Vignier.
34355. Mémoire concernant la Ville de Chaumont en Bassigny; par M. Angiboire.
34356. Rôle des Siéges Royaux & non Royaux, Paroisses, &c. du Bailliage de Chaumont.
34357. Privilèges pour ceux de Chaumont en Bassigny.
34358.* Histoire de Bar-sur-Aube, Chartes, &c.
34358.* (2.) Histoire de Vandœuvres.
34362. Remarques, ou Lettre adressée à D. du Plessis, (sur les Antiquités de Meaux.)
34362.* Histoire de la Ville de Meaux; par Rochard. = Antiquités de la même Ville; par le même.
34362.* (2.) Antiquités de Meaux; par P. Mouton.
34365. Pièces concernant la Ville de Meaux, l'Abbaye de Jouarre, &c.
34370. Mémoires sur Coulommiers; par M. Hébert.
34370.* Entrée de M. Bossuet, à Coulommiers.
34371.* Histoire de Ville-neuve-le-Comte; par M. Boutinot.
34372. Mémoires sur les Antiquités de Tournan; par Damien de Calandiers.
34373. Recueil de Cas advenus au Royaume de France, & principalement en la Ville de Provins & Bailliage: 1543—86.
34379. Manuscrits de M. de la Salle, (dont Liste.)
34380. Manuscrits de M. Raussin, (dont Liste.)

Histoires de Paris & de l'Isle de France.

34406. Description de quelques Monumens anciens de la Ville de Paris; par J. F. Félibien.
34421. Etablissemens des Rois de France, concernant Paris & Orléans.
34422. Anciennes Ordonnances de la Ville de Paris, &c.
34423. Pièces concernant Paris & ses Hôtels.
34424. Mémoires de Paris sous Charles VI & Charles VII: 1408—49.
34427. Antiquités de Paris; par H. Sauval. *Imprimées.*
34440. Extraits des Registres de l'Hôtel-de-Ville de Paris.
34441. Table de ces Registres.
34442. Extraits des mêmes Registres, contenant les Affaires de la Ville.
34443. Pièces sur l'Hôtel-de-Ville de Paris, & autres.
34444. Division de la Ville de Paris, en ses Quartiers.
34445. Les divers Quartiers de Paris; par Cuvié.
34446. Pièces, Reglemens, &c. sur les bornes de Paris: 1638—74.
34452. Pièces touchant la Police de Paris.
34453. Ordonnance pour la Police, en 1496.
34454. Inondation du Fauxbourg de S. Marceau.
34504. Ancienne Fondation & Description de Paris; par Raoul de Presles.
34509. Tombeaux des Personnes Illustres inhumées dans les Eglises de Paris.
34525. Longueur de toutes les Rues de Paris.
34554. Projet pour la Construction de Galeries Patriotiques, dans la Place de Louis XV; par M. du Terrail.

34582.

Table des Manuscrits.

34582. Fontaines & Regards de Paris & de la Campagne.
34603.* Regist. de l'Hôtel-de-Ville de Paris : 1648-88.
34612.** Mémoire pour l'Histoire de Hugues Aubriot, Prévôt de Paris.
34632. Livre des Métiers de Paris; par Boylesve.
34639. Titres de la Communauté & Confrérie des Arbalestriers & Arquebusiers de Paris.
34641. Statuts des Balanciers.
34643. Statuts des Lanterniers, Souffletiers & Boisseliers.
34647. Statuts des Bouchonniers.
34654. Statuts des (Boyaudiers, ou) Faiseurs de cordes à boyau.
34660. Statuts des Ceinturiers.
34661. Statuts des Chaînetiers.
34671. Statuts des Cloutiers.
34679. Statuts des Découpeurs, Egratigneurs & Gauffreurs.
34686. Statuts des Eguilletiers.
34710. Statuts des Linières & Filassières.
34729. Statuts des Nattiers.
34777. Lettres pour le Règlement des Tondeurs de Draps.
34778. Statuts des Tonneliers.
34799. Etat de la Forêt de Laye, en 1686, avec le Plan.
34806. Antiquités de la Ville de Mantes; par Chevremont.
34809. Antiquités & Description de Dreux.
34817. Traité du Pays du Hurepois; par S. de la Motte.
34818.* Description des Châteaux de Berny & de Bois-le-Vicomte.
34819. Antiquités de Corbeil; par J. de la Barre.
34818. Observations sur un Usage (prétendu) singulier du Bourg de Mitry. *Voyez le Supplém.*
34840.* Liste des Comtes de Dammartin ; par M. Thomé.
34844. Histoire du Valois; par L. Bouchel.
34846. Essai de Mémoire sur le Valois; par Minet.
34847. Traités du Valois ; par le même.
34850. Titres & Terrier des Terres de Bées.
34852. Histoire des Villes de Senlis & de Crépy ; par du Ruel.
34856. Histoire de Compiègne ; par D. Placide Berthauld.
34857. Antiquités de cette Ville ; par D. Bon. Gilleson.
34860. Antiquités du Palais de Verberie ; par Frere François.
34864. Antiquités de la Ville & Pays de Soissons; par MM. Berlette & Bertin.
34865. Histoire de Soissons.
34866 & 67. Mémoires historiques sur la même Ville.
34869. Annales de Soissons ; par D. Bon. Gilleson.
34870. Antiquités de Soissons; par le même.
34874. Mémoires sur les Troubles arrivés à Soissons, en 1666.
34880.* Essai sur les Antiquités de Braine, &c. par M. Jardel. = Hist. des Comtes de Braine.
34881.* Mémoire, Titres & Journal de Braine.
34882.* Procès-verbal sur la Navigation de la Vesle, & Mémoire de M. Jardel.
34883 & 4. Histoire & Extrait de la Ville de Laon ; par J. Laurent.
34886. Mémoires pour la même Histoire ; par Cl. Leleu.
34887. Histoire du Laonnois; par D. Gédéon Bugnatre.
34889. Mémoires de ce qui s'est passé à Laon, depuis les Guerres Civiles, jusq. 1596 ; par Ant. Richart.
34891. Affaire du Collège de la Ville de Laon.

Tome V.

34892. Mémoires & Pièces sur Noyon & le Noyonnois.
34899. Additions au Nobiliaire de Beauvais; par du Caurroy.
34900. Extrait des Registres de l'Hôtel-de-Ville de Beauvais : 1402-1756.
34904. Mémoires sur l'Histoire de cette Ville; par Denully.
34905. Histoire du Beauvaisis; par MM. Danse, Borel & Bucquet.
34906. Eclaircissemens des mêmes, sur les Mesures itinéraires des Gaulois, &c.
34907. Dissertation sur *Litanobriga*, *Curmiliaca*, *Petromantalum* ; par les mêmes.
34908. Réduction des Mesures & Poids de Beauvais, à ceux & celles de Paris; par M. Borel.
34922. Nobiliaire du Comté de Clermont, en Beauvaisis; par M. Bosquillon.

Histoires de Normandie.

34936. Titres originaux, concernant la Normandie.
34937. De Normannis, Libri quatuor.
34940. Disc. sur l'origine des Normans; par M. Crevel.
34941. Dissertation sur l'Ingermanie;par M. du Boullay.
34946. Mémoire avec un Plan de l'Histoire de Normandie; par le même.
34948. L'Estoire de Normandie.
34949—52. Anciennes Histoires de Normandie.
34953. Histoire de Normandie; par J. B. Machault.
34963. Histoire de Raoul, premier Duc de Normandie; par M. d'Urville.
34964. Histoire de Guillaume Longue-Epée, second Duc.
34965. Histoire de Richard I, troisième Duc.
34967. Guidonis Poema de Conquæstu Angliæ per Guillelmum Normannorum Ducem.
34968. Balderici. versus de Conquæstu eodem.
34969. La Conquête de l'Angleterre, Poëme ; par M. de Mesle.
34975. Synodale Decretum de Pace.
34976. Historia de Hastingo, de Rollone, de Wilhelmo.
34978. Vita & Gesta Guillelmi Normanni.
34990. Discours sur la Translation d'un Ossement de Guillaume le Conquérant; par M. Crevel.
34995. Traduction en vieil Roman François de l'Histoire de li Normant de la Pouille.
34996. Histoire de Robert Guiscart, Duc de Calabre; par Robert le Poitevin.
34998. Historia Comitis Rogerii in Sicilia, auct. Nic. Maugerio.
35011. Histoire des Rois de France & des Ducs de Normandie, jusqu'à la mort de Henri I, Roi d'Angleterre.
35014. Histoire de Normandie, (conservée en Angleterre.)
35015. Chronicon Normanniæ.
35027. Benedicti Petroburgensis, de vita Henrici II, Regis Angl. 1170-77.
35028. Chronica Anglorum, ab adventu Normannorum ad ann. 1179.
35029. Chronica Regum Angliæ, à Bruto ad Henricum II.
35030. De præliis inter Henricum II, & Ducem Aquitanorum, &c.
35031. Chronique de Normandie, depuis Rou le Danois, jusqu'à la mort de Henri II.
35032. Historia Normannorum usque ad Richardum I.
35033. Itinerarium, seu Gesta Richardi Regis in Judæa ; per Richardum Londinensem.
35034. Chronicon Richardi Divisensis, de Rebus ejusdem Regis & de gestis ipsius in Palæstina.

Yy

35035. Chronicon Radulphi Nigri, ab Orbe condito ad Captionem Richardi I.
35036. Histoire de la prise de Richard, en Vers; par Creton.
35037. Histoire du Roi d'Angleterre, Richard.
35038. Anglorum res præclarè gestæ in Gallia, aliisque regionibus transmarinis.
35041. Chronicon Normanniæ: 96—1213.
35042. Faits & Histoires des Ducs de Normandie, finissant en 1217.
35052. Histoire de la mort de Richard, en 1199.
35053. Historia Normannorum ad mortem Richardi I.
35055. Continuatio Chronici Gervasii Dorobernensis: 1199—1377.
35058. Histoire de Richard Cœur de Lyon; par M. du Boullay.
35059. Chronique de Normandie, continuée jusqu'à Jean, frère de Richard.
35060. Chronica brevis, ab anno 1100 ad 1200.
35061. Guerres du Roi Jean d'Angleterre, en France, jusqu'en 1200.
35064. Chronique de Normandie, finissant en 1213: par G. Gaffion.
35065. Chronicon Normanniæ, à Christo nato, ad ann. 1214.
35066. Chronique d'Angleterre & de Normandie, depuis Brutus, jusqu'en 1217.
35067. Histoire de Jean Sans-Terre; par M. du Boullay.
35068. Chronique de Normandie, depuis Aubert I, jusqu'en 1217.
35069. Chronique, depuis Rou, jusq. 1220.
35070. Livre du Recouvrement du Duché de Normandie & d'une partie de Guyenne; par Berry.
35071. Histoire de Normandie, depuis Rollon, jusqu'à Henri III, d'Angleterre.
35072 & 73. Chroniques de Normandie, depuis Pepin jusqu'à Henri III.
35074. Historia Normanniæ, usque ad annum 1230, auct. Blampaino.
35076. Chronicon Thomæ Rudborn, à Bruto ad annum 18. Henrici III.
35077. Chronica Rogeri de Wendover, à Christo nato ad ann. 1234.
35078. Annales à Christo nato, ad ann. 1255.
35081. Histoire de Normandie; par Prouvere-Brichetaux.
35083. Petite Chronique depuis Brutus, jusqu'à la mort de Henri III.
35084. Historia Anglicana, ab anno 1078, ad mortem Henrici III.
35087. Chronica quædam cum Contin. Raynaldi.
35088. Chronicon de gestis ac nominibus Regum Angliæ, ad ann. 1278.
35089. Chronica paucorum, ab origine mundi, ad ann. 1286.
35090. Liber Chronicarum, ab anno 43 Henrici III. ad ann. 22 Eduardi IV.
35091. Gualteri Conventtiensis, Historia Regum Angliæ, à tempore Elwaldradi ad Eduardum IV.
35092. Annales Monasterii Waverlaïensis: 1066—1291.
35094. Chronicon sancti Taurini: 1138—1296.
35095. Chronica Henrici III, ad ann. 25 Eduardi IV, Regis Anglorum.
35096. De gestis Regum Britonum, à Bruto ad 1298.
35097. Chronica de Regibus Angliæ, à Bruto ad 1301.
35099. Chronicon ab Orbe condito ad obitum Eduardi IV.
35104. Gualteri Hemingsfordii, Historia à Guillelmo Bastardo, ad Eduardum II.
35105. Chronicon Monasterii de Hales, à Bruto ad 1314.
35106. Breve Chronicon, à Guillelmo I, ad annum 1314.
35107. Annales à Christo, ad annum 1325.
35109. Historia Regum Anglorum, à Bruto ad depositionem Eduardi II.
35114. Histoire d'Edouard II, & commencement de celle d'Edouard III.
35115. Chronica à Noe; ad ann. 1333.
35116. Liber Annalium, &c. 1066—1336.
35117. Addimenta Chronicorum Prosperi, per Lambardum: 466—1339.
35118. Suppletio historiæ Regum Angliæ, quantùm ad Reges Saxonum, &c. ad 1310, per J. Pike.
35120. Chronica à Bruto, ad annum 1346.
35121. Histoire d'Angleterre, depuis Brutus jusqu'à 1356.
35124. Chronica Angliæ, ubi de Anglorum, Gallorum & Scotorum bellis.
35125. Chronicon à Bruto, ad ann. 1367.
35126. Annales ab anno 1066, ad 1374 W. de Schepseved.
35127. Chronica Angliæ à Bruto ad Eduardum III.
35128. Chronica de Regibus Angliæ à Noe, ad ann. 1377.
35129. Histoire d'Edouard III; par Robert d'Evesburi.
35130. Gesta Eduardi III, contra Regem Galliæ.
35131. Fragmenta de rebus Eduardi II & Eduardi III.
35134. Chronicon rerum Anglic. 1066—1390.
35136. Histoire de Richard II.
35137. Chronique de Richard II; par J. le Baud.
35140. Henrici Knigthon, de eventibus Angliæ.
35142. Annales Regum Angliæ, à Bruto ad Henricum IV.
35143. Chronicon Angliæ, G. Rishanger: 1259—1304, & 1360—1399.
35144. Flores historiarum, ab adventu Normannorum; per J. de Rochfort.
35145. Chronica Henrici de Marleburg, ad annum 1406.
35148. Le Siége de Rouen, par Henri V, 1419.
35149. Collectanea de actis Regis Anglorum, Henrici V, in Gallia.
35150. Chronica ejusdem: 1413—22.
35151. Chronique de Normandie, jusqu'en 1422.
35154. Chronicon Angliæ, à Bruto ad Henricum VI.
35155. Chronique de Normandie, jusqu'en 1427.
35156. Autre, depuis 1181, jusqu'en 1430.
35157. Chronique depuis Philippe I, Roi de France, jusq. 1433.
35158. Chronique d'Angleterre & de Normandie.
35159. Brevis Historia Regum Angliæ à Guillelmo I, ad ann. 1447.
35162. Histoire d'Angleterre, depuis Brutus, jusqu'à Henri VI; par G. de Regibus.
35163. Anciennes Chroniques de Normandie: 1460.
35164. Chronique d'Angleterre, jusq. 1465.
35165. Autre, en Vers Anglois: 1066—1470; par J. Harding.
35166. Jo. Rossi Historia, à Bruto, ad ann. 1486.
35167. Ancienne Chronique de Normandie.
35170. Chroniques d'Angleterre: 14 Vol.
35174. Chronique d'Angleterre, jusqu'en 1565.
35190. Recherches de la Normandie; par J. le Prévost.
35193. Négociation de MM. d'O & Séguier, pour les Tailles de Normandie.
35203. De vetusta Northmanniæ, urbisque Rothomagensis nuncupatione: auct. B. Candelario.
35204. Chronique de la Ville de Rouen: 1361—1424.
35205. Autre Chronique de la même, jusqu'en 1514.

Table des Manuscrits. 355

35207. Histoire de la Ville & Mairie de Rouen.
35208. Mémoire sur la Ville de Rouen; par l'Abbé Yart.
35221. Mémoire sur le Fort Ste-Catherine; par M. Rondeau.
35222. Ordonnance du Bailli de Rouen, sur le Métier de Broderie, en 1477.
35230. Mémoire sur les Manufactures de Fayance de Rouen; par M. Bulliou.
35237. Mémoires de M. Rondeau, sur les Tombeaux d'Oissel, sur ses Antiquités & celles de Rouveray, & sur le Château de Robert-le-Diable.
35239. Histoire de la Ville de Dieppe, depuis sa Naissance, l'an 1080; par D. Asseline.
35241. Bombardement de Dieppe, &c. en 1694; par Fr. Chrétien.
35249. Portrait du Havre-de-Grace; par God. de Nipiville.
35252. Plans & Cartes du Havre; par l'Abbé Dicquemare.
35256. Traité contre les prétendus Droits du Royaume d'Yvetot.
35258. Relation de la Principauté d'Yvetot; par Pinsson de la Martinière.
35266. Histoire du Royaume d'Yvetot.
35287. Titres originaux concernant la Ville de Caen, depuis 1308.
35291. Remarques sur une Inscription de Thorigny; par l'Abbé de Longuerue.
35299. (2.) Histoire d'Alençon, augmentée; par Bry de la Clergerie.
35301. Etat sommaire de la Généralité d'Alençon.
35303. Mémoire sur les Provinces d'Alençon & du Perche.
35304. Chartes & autres Pièces pour leur Histoire.
35304.* Chronique d'Alençon, & Chronologie des Baillis & Gouverneurs; par M. Odolant Desnos.
35305. Mémoire sur l'Echiquier d'Alençon; par le même.
35306. Registre du Contrôle du Domaine de la Vicomté d'Alençon.
35307. Histoire de la Ville d'Alençon, de ses Seigneurs & de Marguerite de Lorraine; par M. Malart.
35309. Inventaire des Titres & Papiers concernant la Cure d'Alençon; par P. Belart.
35310. Mémoires de la Maison d'Alençon & des choses mémorables d'Argentan; par Maunoury de Perteville.
35311. Mémoires de l'Election d'Argentan; par A. Hyver.
35312. Description de la Ville d'Argentan, & des Bourgs & Paroisses de son Election, en 1745; par Fr. Lautour.
35313. Histoire de l'Aigle, de ses Seigneurs, &c. par L. d'Aprés.
35329. Mémoire pour l'Histoire de Vire & des Paroisses qui en dépendent; par le Cocq.
35337. Mémoires pour l'Histoire du Côtentin.

Histoires de Bretagne.

35347. Antiquités & singularités de la Bretagne Armorique; par J. de Morin.
35348.* Etat de la Bretagne, & Mémoire à son sujet.
35354. Mémoires pour l'Histoire de Bretagne; par Jacq. Gallet.
35355. Abrégé de l'Histoire de la Bretagne; par M. de Robien.
35356. La Conquête de Bretagne, par Charlemagne.
35363. Galfredi Monomethensis, Historia Britannica.

Tome V.

35364. Historia Britonum, versibus compilata, per Al. Nuques.
35366. Ecritures du Procès pour le Duché de Bretagne, entre Charles de Blois & Jean de Montfort: 1341.
35367. Histoire des Guerres faites entre ces Princes.
35368. Procès-verbal de la Vie & des Miracles de Charles de Blois, fait l'an 1371.
35369. Pièces sur la Canonisation du même. = Vers de Guill. de S. André, sur la Guerre de Bretagne, en 1352. Imprimés.
35373. Collectio vetus variorum Monumentorum.
35374. Histoire des Seigneurs de Bretagne, en Vers; par Mauhugeon.
35376. Histoire des Ducs de Bretagne, en Vers.
35377. Lettres & Arrêts en faveur des Ducs de Bretagne.
35378. Chronicon Briocense, de rebus gestis Britonum Aremoricorum.
35379. Recueil concernant la Bretagne.
35381. Narré de ce qui se passa entre les Ambassadeurs de France & ceux d'Angleterre, au Port S. Ouen, en 1449.
35383. Chronique d'Artus III.
35385. Compillacion des Cronicques & Ystoires des Bretons, jusqu'en 1457; par P. le Bault, ou Baud. Imprimée.
35387. De origine ac rebus gestis Aremoricæ Britanniæ Regum, Ducum, &c. eodem Auctore.
35388. Liber de rebus Britanniæ minoris in Gallia, quatenùs ad Angliam spectant, &c.
35389. Histoire des Ducs de Bretagne: l'hommage dû au Roi.
35392. Histoire de Bretagne; par E. Gourmelan.
35393. Autre; par Noël du Fail.
35394. Autre; par Jacq. Brydon.
35397. Autre, depuis les temps fabuleux, jusqu'au Règne de Henri II; par H. de Coniac.
35405 & 6. Inventaire & Table alphabétique des Titres de Bretagne.
35407. Recueil de Pièces sur les Communautés de Bretagne.
35408. Edits, Lettres & Arrêts touchant l'Amirauté de Bretagne.
35411. Histoire du Barronage de Bretagne.
35412. Contrats faits par le Roi avec la Bretagne.
35413. La Bataille de 30 Anglois & de 30 Bretons, en Vers.
35414. Relation du Couronnement du Duc François III, à Rennes. Imprimée.
35415. Journal de ce qui s'est passé à Saint-Malo: 1578-91; par N. Frorer.
35416. Mémoires du Gouverneur de Dinan, touchant l'état de la Bretagne, pendant la Ligue: 1578—91.
35417. Journal de Jérôme d'Aradon: 1589—93.
35418. Relation du Siège de Vitré; par de la Meraie.
35419. Histoire de ce qui s'est passé en Basse-Bretagne, pendant les Troubles de Religion; par Georges d'Aradon.
35420. Journal de ce qui s'est passé à Rennes, &c. pendant la Ligue: 1589—98; par P. Pichart.
35421. Histoire de Bretagne; par Moreau: 1589—98.
35425. Assises des Etats de Bretagne: 1567-1714.
35426. Etats de Bretagne: 1573—1736.
35428. Procès-verbal de l'Assemblée des Etats à Vitré, en 1655. Lettres & Journal de M. de Lamoignon, &c.
35446. Pièces sur les Affaires de Bretagne: 1764—70.
35456. Rec. concernant l'Incendie de Rennes, en 1720.
35458. Histoire de la Ville de Nantes, de la Chambre des Comptes, &c. par G. Lobineau.

Yy 2

35460. Histoire de Nantes ; par N. Travers.
35461. Essai sur l'Histoire du Comté de Nantes.
35481. Droit des Frères Prêcheurs de Morlaix, de donner leur Voix dans les Assemblées de la Commune ; par le P. Trotel.
35487. Extrait de la Chronique de Lamballe.
35497. Compte des Revenus de la Terre de Rochefort, Rieux, &c. 1661.

Histoires du grand Gouvernement Orléanois.

35501. Recherches des Antiquités de la Ville du Mans ; par G. Tamor.
35502. Mémoires des Antiquités du Maine ; par J. Orry.
35503. Remarques sur l'Histoire des Seigneurs de Mayenne ; par le Gove.
35504. Mémoires du Pays du Maine.
35510.* Cenomania : auct. Dion. Briant.
35519. Discours sur l'Antiquité de la Ville de Laval ; par P. le Baud.
35520. Annales du Pays de Laval : 1423-1537.
35525. Histoire du Perche & de ses Antiquités ; par R. Courtin.
35526. Recueil des Antiquités du Perche ; par L. Bar des Boulais.
35529. Unellographie, ou Description poëtique de la Fondation de Belesme ; par J. de Meules.
35532. Histoire de Chartres.
35533. Histoire Chartraine ; par du Parc.
35540. Titres & Arrêts concernant Chartres & le Mans.
35541. Charte de la Franchise de la Cité de Chartres.
35542. Cens & Appartenances de la Prévôté de Chartres : 1302.
35544. Journal des choses advenues à Chartres : 1579—92.
35546. Histoire de Chartres ; par le Chevalier de Rostaing.
35549. Journal concernant Montargis ; par G. de Montmelier : 1607—79.
35554.* Notice des Seigneurs de S. Fargeau & de la Puisaye ; par M. Bonamy, & Histoire de la Ville de Toucy ; par l'Abbé Lebeuf.
35561. Historia Nivernensis.
35566. Antiquités de Nevers & du Nivernois.
35567. Pièces concernant les Seigneurs de Nevers, S. Pierre-le-Moutier, Clamecy, &c.
35570. Histoire de la Province de Nivernois ; par L. Dolet.
35579.* Histoire Civile de Donzy ; par M. Rouger.
35581. Recherches concernant Château-Chinon, & ses Seigneurs : 1713.
35583. Histoire de la Châtellenie & Comté de Marcy ; par M. Parmentier.
35584. Histoire de la Terre de Cougny ; par le même.
35585. Mémoires sur la Généralité d'Orléans.
35586. Bibliographie Orléanoise ; par M. le Coince, fils.
35588. Origine de la Ville d'Orléans ; par Fr. le Maire.
35597. Remarques sur le Chap. 33 de le Maire, où il parle des Rois qui se sont fait sacrer à Orléans ; par M. Polluche.
35599. Remarques sur l'Histoire d'Orléans de le Maire.
35599.* Histoire du Pays Orléanois ; par Hubert.
35607. Anciennes Coutumes d'Orléans, en 1260.
35609. Recueil de Pièces sur la Ville d'Orléans.
35621. Notice du Comté & de la Ville de Gien ; par Sylvestre de S. Abel.
35622. Mémoire sur le temps que les Evêques d'Orléans sont devenus Seigneurs de Meun-sur-Loire ; par M. Polluche.
35623. Mémoire sur un Passage de Nicole Gilles ; au sujet de la Seigneurie de Meun.
35624 & 25. Dialogues sur les Antiquités de Meun ; par J. Binet.
35626. Histoire des Seigneurs de Beaugency ; par Cl. du Molinet.
35629. Annales des Comtes de Blois.
35630. Histoire abrégée des Comtes de Blois ; par Albert.
35637. Avis, &c. ou Relation de la Famine de Blois, en 1662.
35639.** Histoire de Châteaudun, ou du Comté de Dunois.
35649. Chronicon Turonense : auctore Joanne.
35650. Chronicon breve Turonense : 956—1199.
35651. Extraits des Titres & Mémoires de Touraine.
35653. Histoire du Pays de Touraine ; par P. Carteau.
35661.* Pièces concernant le Ban & Arrière-Ban de Touraine, & Roolle de ses Fiefs.
35663. Mémoires pour l'Histoire de Chinon ; par M. de la Sauvagère.
35665. Chronique d'Amboise.
35667. Histoire d'Amboise, en Vers ; par H. de la Queue.
35668. Histoire Lochoise des Antiquités d'Amboise, Loches, &c. par le même, &c.
35677. Fragmentum Chronici in quo de Comitibus Andegavensibus : 1067—1153.
35678. Historia brevis de Comitum Andegavensium gestis.
35679. Gesta Comitum Andegavensium : 843-1169 ; auct. Th. Pactio.
35681. Chronicon breve, ab ann. 678, ad an. 1148.
35690. Sommaire de l'Histoire d'Anjou ; par Fr. Balduin.
35691. Propositions d'erreurs, sur les Mémoires de Balduin.
35692. Brunelli, Historia rerum Andegavensium.
35695. Recueil des choses advenues au Pays d'Anjou : 1559—84.
35697. Historia Andegavensis : auct. Cl. Menard.
35699. Discours sur les Maisons qui ont possédé l'Anjou ; (par l'Abbé Rangeard.)
35712. Adveu & Dénombrement des Terres de Vallemer, Launay, &c. 1538.
35716.* Diplômes, Chartes, &c. concernant le Poitou, l'Aunis & la Saintonge.
35717. Vie de S. Guillaume, translatée du Latin.
35720. Histoire dévote de la Vie du même ; par S. de la Haye.
35725. Preuves de l'Histoire des Comtes de Poitou ; par Besly.
35728. Mémoire concernant l'état de Poitou ; par Ch. Colbert de Croissy.
35751. Histoire de la Rochelle ; par Baudouin.
35752. Autre, par A. Barbot ; ou Inventaire des Titres, &c.
35755. Annales de Raphaël Collin : 1560-1643.
35757. Journal de la Rochelle ; par Jacq. Merlin : 1607-30.
35760. Collections historiques ; par P. Mervault.
35764. Observations sur quelques points d'Histoire, &c. par M. Arcère.
35770. Copie de Lettres concernant la Rochelle : 1611.
35771. Cayer des Affaires en la Mairie d'André Toupet, à la Rochelle : 1614.
35775. Privilèges accordés aux Maires, Echevins & Habitans de la Rochelle.
35776. Livre de la Poterne, ou de Conain.
35777. Privilèges de la Rochelle, ou Extrait des Titres.
35778. Mémoire pour la Ville de la Rochelle, au sujet de la Franchise de son Port ; par J. B. Gastumeau.

35783. Inventaire des Titres de l'Isle de Ré.
35804. Mémoires de M. Cholet, sur le Berry.
35810. Remarques sur la Ville de Bourges.

Histoires de Bourgogne.

35824. Pièces & Lettres concernant l'Histoire de Bourgogne, depuis 1364, jusqu'en 1712.
35826. Chorographie, & Histoire des Bourguignons; par Turrel.
35827. Minutes de l'Etat général du Gouvernement de Bourgogne; par N. B. Février.
35837. De certissima nominis Burgundionum ratione: Elegia.
35838. Philiberti Moneti Burgundionica.
35839. Discours sur l'Origine, la Conversion, &c. des Bourguignons; par Fr. de la Vie.
35840. Commentarium de Burgundiæ Imperio: auct. E. Virey.
35848. Vita sancti Sigismundi; auct. J. J. Quarterio.
35858. Chronique des Rois de Bourgogne.
35859. Extraits des Chroniques du Royaume de Bourgogne.
35860. Recueil des Chroniques des Saints Rois & Comtes de Bourgogne.
35861. Chroniques & Antiquités des Rois & Ducs de Bourgogne.
35862. Mémoire sur le premier Royaume de Bourgogne; par D. Berthod.
35863. Dissertation sur le nombre des Rois Bourguignons, qui ont précédé Gondebaud; par M. Séguin.
35864. Autre, sur l'Auteur des Loix des Bourguignons; par le même.
35865. Histoire des Rois, Ducs & Comtes de Bourgogne, jusqu'à 965; par G. Quarré.
35866. Vie de Othe-Guillaume, Duc & Comte de Bourgogne; par Ph. de la Mare.
35872. Histoire de Bourgogne; par Jacq. le Clerc.
35873. Instructions & Pièces concernant les Ducs de Bourgogne : 1460—77.
35874. Chronicon rerum quæ in Burgundia gestæ sunt : 1473—80. J. de Cyrey.
35875. Sommaire des choses arrivées en France & en Bourgogne : 1570—91; par Fr. de Thesu.
35876. Mélanges de Pièces servant à l'Histoire de Bourgogne.
35879. Histoire de Bourgogne; par P. Tureau.
35883.* Coutumes de Bourgogne & Ordonnances des Ducs : 1366.
35884. Lettres-Patentes de Philippe I, Duc de Bourgogne, pour la levée d'un impôt, &c. 1371.
35885. Exposition de l'Ordonnance Militaire de Charles-le-Guerrier; par M. Gelot.
35886. Pièces sur l'Histoire ancienne de Bourgogne.
35887. Antiquités de Bourgogne; par Fr. Mangeard.
35888. Inscriptiones antiquæ per Burgundiam sparsæ.
35889. Recueil des Epitaphes des Ducs & Duchesses de Bourgogne, avec le Titre de la Fondation de la Chartreuse de Dijon.
35890. Traités, Contrats de Mariage & Testaments des Ducs de Bourgogne, & autres Titres : 586—1525.
35891. Mémoires, &c. de la Généralité de Bourgogne.
35892. Réponses aux Instructions envoyées au Sieur Bouchu, Intendant.
35893. Recueil concernant l'Histoire des Bailliages, Villes, &c.
35895. Histoire de Bourgogne & de Flandres, jusq. 1639.
35896. Recueil de quelques Arrêts, avec un sommaire, &c. 1570—1591; par Fr. de Thesu.

35897. Journal de Dijon : 1571—1601; par Pepin.
35899. Autre, de la Bourgogne & de Dijon : 1588 —1619; par Cl. Sullot.
35900. Mémoires servant à l'Histoire de Bourgogne, &c. par Ant. Millotet.
35901. Anecdotes, pendant 1650—58 ; par Cl. Maletête.
35902. Histoire des Chanceliers de Bourgogne; par P. Palliot.
35903. Mémoire sur la Vie de Nicolas Rolin ; par le même. = Diverses Pièces sur les Etats de la Province de Bourgogne.
35904. Cérémonies faites, en Bourgogne, aux Princes de Condé ; par Ph. Dancourt.
35907. Discours sur les Causes qui inspirent aux Habitans de Dijon l'amour des Sciences; par M. Perret.
35910.* De l'Antiquité de la Ville de Dijon ; par l'Abbé Boullemier.
35911. Cartulaire de la Ville de Dijon.
35912. Remarques sur l'Etablissement de la Commune de Dijon ; par MM. Boullemier & Gellot.
35913. Description de la Ville de Dijon, en Vers ; par P. Grosnet.
35915. Edmundi Francelet, Divio sancta, armata, togata & docta.
35919. Choses diverses concernant Dijon.
35920. Recueil de Pièces sur la même Ville.
35921. Autre, sur ses Priviléges, sa Police, ses Eglises, &c.
35924. Mémoire sur les anciennes & nouvelles Armoiries de Dijon; par l'Abbé Boullemier.
35925. Essai historique sur le Siége de Dijon ; par le Président de Ruffey.
35926. Observations sur les Mesures de Dijon, &c. par M. de Bardonnenche.
35928. Antiquités de la Ville d'Autun.
35929. Mémoires servant à l'Histoire d'Autun ; par Matt. du Pin.
35930. Recueil de Mémoires, sur le même sujet ; par A. de Charvot.
35932. Histoire d'Autun ; par le Sieur de S. Julien.
35934. Autre; par Fr. Perrin.
35935. Véritables Recherches de l'Antiquité d'Autun ; par le même.
35936. Regrets sur ses Ruines; par le même.
35942. Recherches des anciens Comtes d'Autun, &c. par J. Munier.
35947. Mémoires sur l'Histoire d'Autun ; par P. Germain.
35955. Mémoires sur l'Histoire de Beaune ; par M. Gandelot. (*Imprimée*, Supplém.)
35957. Chartres & Priviléges de la Ville de Beaune.
35961. Traité du Comté d'Aussonne, &c. par P. Dupuy.
35962. Sommaire des choses arrivées à Aussonne, en 1585.
35963. Registres & Lettres, &c. sur Aussonne, en 1589.
35966. Description du Territoire de Châlon-sur-Saône; par Cl. E. Virey.
35972. J. (aut Fr.) Fustaillerii, de Urbe & Antiquitatibus Matisconensibus, Opus.
35975. Histoire de Mâcon ; par Cl. Bernard.
35976. Notes sur les Antiquités de Mâcon, &c. par le Marquis de la Guiche.
35977. Histoire de l'Abbaye & Bourg de Cluni.
35984. Recueil de Mémoires, sur la Ville de Noyers.
35985. Requête pour le Chev. de Soissons, où (est question de) l'Antiquité de Noyers.
35987. Mémoires sur l'Histoire d'Avalon ; par L. A. Bocquillot.
35991. Cuiselli, Brannovicum oppidi, Historia : auct. Ant. Arviseto.

35992. Mémoires pour l'Histoire de Saint-Gengoux ; par L. de Poncelet.
35993. Mémoires pour l'Histoire de Semur en Brionnois ; par le Sieur Dupuy.
35994. Mémoires pour l'Histoire de Bourbon-Lancy.
35995. Mémoires pour l'Histoire de Saulieu ; par Merle.
35997. Historia de Castellione ad Sequanam : (auct. Fr. Hoemelle.)
35999. Mémoire pour servir à l'Histoire de Montbard ; par J. Nadault.
36000. Description de la Ville de Flavigny.
36001. Recherches de la Ville & Comté de Bar-sur-Seine ; par J. de Lausserois.
36002. Antiquités & Curiosités de la même ; par Jacq. Vignier.
36004.* Rôle des Fiefs du Charolois, & Pièces relatives.
36005. Preuves de l'Histoire des Comtes de Charolois ; par l'Abbé de Camps.
36006. Notice des Auteurs & monumens, qui peuvent servir à l'Histoire d'Auxerre ; par MM. Mignot & Potel.
36007. Prospectus pour la Notice de la Ville & du Comté d'Auxerre ; par M. Robinet de la Coudre.
36008. Notice des Villes, Bourgs, &c. de ce Comté ; par M. Robinet de Pontagny.
36009. Du nombre des Habitans anciens & modernes ; par le même.
36014. Mémoire sur l'Horloge public de la Ville d'Auxerre ; par M. Potel.
36015. Observations de l'amplitude, &c. pour la Méridienne d'Auxerre ; par M. le Père.
36016. Mémoire sur l'Observation du Baromètre, par lequel il est conclu qu'Auxerre est élevé de 400 pieds au-dessus du niveau de la Mer ; par M. Berryat.
36017. Mémoire sur l'Histoire d'Auxerre ; par l'Abbé Précy.
36018. Traité de l'Ancien Comté d'Auxerre ; par l'Abbé Moreau.
36020. Evaluation du prix que coûta à Charles V, l'achat de la Ville & Comté d'Auxerre ; par M. le Père.
36023. Mémoire sur le Commerce d'Auxerre ; par 'Abbé Moreau.
36024. Observations sur quelques Monumens de l'Auxerrois, & principalement sur une Tombe tirée des ruines de S. Marien ; par M. Chappotin de S. Laurent.
36030. Mémoire sur l'usage de plusieurs Tours antiques & des Pyramides de Terres, &c. par le Marq. de Montrichard.
36032. Actes, Titres, &c. sur lesq. Guichenon a composé ses Histoires de Bresse & de Savoie.
36033. Critique de son Histoire de Bresse ; par Philib. Collet.
36035. Récit historique de la Province de Bresse.
36037. Recueil d'Ouvrages pour l'Histoire de Bresse.
36039. Les Franchises & autres Titres de Gex.
36044. Examen de deux anciens Monumens ; par le Marquis de Montrichard.
36048. Histoire de la Souveraineté de Dombes ; par Sam. Guichenon.
36054. Autre, par M. de Polcins.
36055. Histoire de Dombes ; par Philib. Collet.
36056. Abrégé de l'Histoire de Dombes, Description & Armorial : Mémoires sur sa Souveraineté & son Parlement.
36059. Mémoire historique sur Dombes ; par A. G. Boucher d'Argis.
36060. Collection de divers Mémoires sur le même sujet ; par le même.

36061. Inventaire des Terriers de Beaujolois & de Dombes : 1432—1525.
36062. Extrait de l'Etat des Titres qui sont au Greffe du Conseil de Dombes.
36063. Recueil des Ordonnances, &c. des Princes de Dombes.
36064. Recueil historique concernant le Conseil Souverain de Dombes ; par Boucher d'Argis.
36065. Catalogue des Chanceliers, & autres Officiers de ce Conseil.
36066. Mém. & Pièces concernant ce Conseil.
36067. Coutumes de Dombes de 1324, 1325. Privilèges de plusieurs Villes.
36068. Projet d'Ordonnance Civile, fait pour la Principauté de Dombes ; par M. Aubret.
36071. Mémoires & Pièces concernant l'Union de Dombes, à la Couronne.
36073—37331. Inventaire des Mss. & Pièces détachées qui se trouvent dans la Bibliothèque de M. Févret de Fontette, concernant l'Histoire de Bourgogne.

Histoires de l'ancien Gouvernement Lyonnois.

37332. Description de la Cité de Lyon, du Pays Lyonnois, & du Beaujolois ; par N. Nicolay.
37337. Lugdunum priscum, (Cl. de Bellièvre.)
37338. Description de Lyon.
37349. Remarques sur le Temple dédié à Rome & à Auguste, & sur le Tombeau des deux Amans.
37353. Histoire du Lyonnois ; par le P. Bulliond.
37368. Mémoires des choses arrivées à Lyon : 1536—1629.
37381.* (2.) Privilegia Civitatis Lugdunensis.
37426. Du Pays de Forez, extrait de la Chambre des Comptes de Paris.
37430. Histoire du Beaujolois ; par P. Louvet.
37436. Procès-verbal de la Tournée faite (en Auvergne) par M. Meulan.
37437. Plans de plusieurs Villes d'Auvergne.
37440. Histoire d'Auvergne ; par l'Abbé Audufier.
37441. Autre ; par Jean de Sistrières.
37442. Discours sur l'Histoire d'Auvergne ; par M. Dufraisse.
37443. Mémoires sur les Auteurs à consulter pour cette Histoire ; par le même.
37444. Mémoire sur l'Histoire d'Auvergne, sous Clovis ; par le même.
37445. Autre, servant de critique au précédent ; par M. de Feligonde.
37446. Mémoire pour l'Histoire d'Auvergne, sous les Enfans de Clovis ; par M. Dufraisse de Vernines.
37447. Autre, pour le Règne de Hugues Capet ; par le même.
37449. Histoire des Dauphins d'Auvergne ; par le Quien de la Neuville.
37450. Mémoire sur les Dauphins d'Auvergne ; par M. le Masson.
37452. Mémoire sur la Méridienne de l'Observatoire de Paris, coupée en Auvergne par le parallèle du 45e degré ; par M. de Cassini.
37453. Dissertation sur le tempérament des Auvergnats ; par M. Duvernin.
37453.* Sur les anciens Rois d'Auvergne ; par D. Deschamps.
37455. Mémoire sur la Coutume d'Auvergne ; par M. Dufraisse.
37456. Sur les Etats particuliers d'Auvergne ; par M. Guerrier.
37458. Des Familles Sénatoriales des Gaules, & en particulier de l'Auvergne ; par l'Abbé Cortigier.

37463. De la Sénéchauffée de Clermont, &c. par M. Tixier.
37470. Mémoire fur l'ancienneté, &c. du Pont de Vieille-Brioude; par M. Dijon.
37475. Sur le Temple de Waffo; par M. Dufraiffe.
37476. Sur une Statue (Gauloife) trouvée à Clermont; par M. du Bouchet.
37477. Sur des Armes anciennes & Trophées, &c. par M. de la Chapelle.
37478. Sur un Vafe antique; par M. Dufraiffe.
37479. Sur une Inscription sépulchrale, du Règne d'Alaric; par M. Teillard de Beauveseix.
37480. Sur une autre, du Règne de Théodebert; par le même.
37484. Mémoires fur l'Histoire du Bourbonnois; par le P. André de S. Nicolas.
37491. Mémoires fur la Province & les Comtes de la Marche; par J. & P. Robert.

Histoires de Guyenne & Gascogne.

37496. Antiquités de Guyenne.
37500. S. Geraldi Poema de rebus gestis à Waltario.
37508. Fragmenta historiæ Aquitanicæ, collecta à Cl. Estiennot.
37509. Recueil de Chartes, concernant la Guyenne & la Gascogne.
37514. Differtation fur un Tombeau de Bordeaux, ou Tombe de Caiphas; par l'Abbé Baurein.
37515. Mémoires fur les Gouverneurs, &c. de Guyenne; par le même.
37516. Historia Fundationis Urbis Burdigalensis.
37520. Fragmenta Chronicalia de rebus Burdigalensium.
37523. Etat de Bordeaux du temps des Romains; par l'Abbé Baurein.
37524. Bordeaux ancien & moderne; par l'Abbé Bellet.
37527. Epoque de la construction du Palais Galien; par M. de la Montaigne.
37529. Differtation fur un Bas-relief; par l'Abbé Venuti.
37533. Poids, Mesures & Monnoies anciennes de Bordeaux; par M. de Secondat.
37534. Ancienne Justice de Bordeaux; par l'Abbé Baurein.
37535. Son esprit & gouvernement fous les Anglois; par le même.
37557. Mémoire de l'Antiquité de Castel-Geloux.
37571. Histoire du Périgord; par Jos. Chevalier.
37575. Description des anciens Monumens de Périgueux; par M. Jourdain.
37585. Histoire de la Ville d'Agen; par B. Labenazie.
37590. Privilegia Urbis Lemovicensis.
37591. Chronicon Comodoliacenfe : 500—1316.
37592. Chroniques de Limoges, jusqu'en 1370.
37593. Commentaria Fulcherii de rebus patriis : 1507—43.
37598. Chronique de Limoges.
37604. Mémoires des anciens Comtes de Quercy; M. A. Dominicy.
37612.* Mémoires fur la Généralité de Montauban.
37615. Mémoires concernant le Rouergue; par Fr. Delort.
37616. Mémoires des Comtes de Rouergue & de Cahors.
37618. Histoire de la Comté de Rodez, depuis Charlemagne, jusqu'en 1610; par A. Bonal.
37619. Remarques fur les Evêques & les Comtes de Rodez.
37620. Histoire des Comtes de Rodez, avec quelques Chartes.
37621. Autre Histoire des mêmes.
37629. Chronique abrégée de Gafcogne : 1253—1442.
37630. Historia Vasconica : auct. A. Montgaillard.

37642. Preuves de l'Histoire des Comtes de Comminges.
37659. Mémoire de la Souveraineté de Béarn; par P. de Marca.
37661. Examen des Réponses, &c. au sujet de la Ville de Benearnum.
37672. Confidérations fur la situation du Royaume de Navarre, & son Invasion.
37673. Histoire de Navarre & de Foix.
37674. Histoire de Navarre; par L. Bouchel.

Histoires du Languedoc.

37692. Curiosités de l'Aquitaine, & particulièrement du Languedoc; par P. Ponslemotte.
37695. Instruction pour le Languedoc.
37702.* Essai fur le Gouvernement du Languedoc; par Domergue.
37705. Relation des Comtes de Languedoc, de Roussillon & de Catalogne; par Rentière.
37707. Recueil des Antiquités du Languedoc; par E. Fléchier.
37712. Narré des Révolutions de Languedoc; par A. de Rulman.
37713. Chronicon Occitanum, ad an. 1275.
37714. Lettres de Joseph de la Baume, contenant une Description & des Remarques fur l'Histoire anc. du Languedoc.
37716. Annales de la Province de Languedoc, depuis son Union à la Couronne.
37722. Mélanges pour l'Histoire du Languedoc.
37723. Journaux de Bruzand & de Petrois.
37724. Mémoires fur les Guerres de la Religion en Languedoc, en 1584—86; par N. Batailles.
37726. Pièces concernant l'Histoire du Languedoc; par de la Porte.
37729. Regiftres de Lettres Royaux, Ordonnances, &c. concernant le Languedoc.
37737. Procès-verbaux des Etats : 1501—1736.
37738. Affaires traitées aux Etats de Languedoc, en 1703.
37750. Preuves pour l'Histoire des Lieutenans & Gouverneurs, en Languedoc.
37753. Mélanges pour Narbonne, Montpellier, Pezenas, Agde, &c.
37760. Liber de Annalibus Civitatis Tholosanæ : auct. P. de Rosergio.
37761. Collectanea Tolosæ : auct. Jac. de Rabiria.
37764. Fragmentum Chronici Tholosani : 1194—1401.
37767. Histoire de Toulouse; par Od. de Giffey.
37769. Annales de l'Hôtel-de-Ville de Toulouse.
37771. Differtation fur l'origine de Toulouse; par M. Reboulier.
37773. Sur l'ancienne Enceinte de cette Ville; par M. Bousquet.
37781. Description de Toulouse, & Voyage jusqu'à Paris, en 1638; par L. Godefroy.
37785. Arrêts du Parlement, pour reconnoître le Roi; en 1593.
37793. Mémoires de Gaches, fur les chofes mémorables arrivées en Languedoc & à Castres; 1560—1610.
37794. Journal de Faurin : 1560—1601.
37798. Mémoire fur la Ville & Diocèse de Narbonne.
37799. Inventaire de leurs Documens.
37802. Inscriptions & Bas-reliefs qui font à Narbonne, chez M. Pech.
37803. Antiquités de la Ville de Narbonne.
37804. Inscriptions antiques de Narbonne, figures & deffins des Monumens.
37805. Autre Recueil, par P. Garrigues.
37806. Mélanges pour Narbonne, Montpellier, &c. *(peut-être le même que 37753.)*

37819. Chronique & Statuts de la Ville de Montpellier.
37820. Las Coftumas è las Franquefas de la Vila de Monfpelier.
37821. Chronique de Montpellier : 1192—1390.
37822. Sommaire des chofes hiftoriales, jufq. 1511.
37823. Chronique de Montpellier : 1114—1581.
37824. Preuves de l'Hiftoire des Seigneurs de Montpellier.
37827. Hiftoire de la Guerre Civile, faite en Languedoc, pour la Religion : 1560—1608.
37827.* Difcours de la Guerre, contre les prétendus Réformés : 1619—22; par Garriel.
37829. Hiftoire de Montpellier ; par P. Louvet.
37830. Autre, abrégée par M. Serres.
37837. Mémoires de la même Ville : 1621—1690.
37838. Pour le Palais de la Juftice, ou la Cour des Aydes de Montpellier.
37840. Preuves pour l'Hiftoire des Comtes de Maguelonne, Subftantion & Melgueil.
37842. Etat de la Ville de Mauguio, ou Melgueil.
37843. Preuves pour l'Hiftoire des Seigneurs de Lunel.
37853.* Journaux de Davin & de Balthazar, &c.
37854. Relation des Mouvemens arrivés à Nifmes, en 1658.
37856. Difcours fur l'origine de Nifmes, &c. par le Marquis de Rochemare.
37860. Mémoires touchant les Antiquités de Nifmes; pat J. Robert.
37862. Antiquités Romaines de Nifmes; par Rulman.
37873. Interpretatio G. Guirani, lapidum repertorum Nemaufi.
37873.* Differtation du Préfident Bouhier, fur une Infcription de Nifmes.
37874. Jof. Bimardi (de la Baftie), ad Infcriptiones à Guirano illuftratas, Adnotatiunculæ.
37875. Antiquitates & Infcriptiones Nemaufenfes, G. Guirani.
37875.* Eclairciffement des Antiquités de Nifmes; par J. de la Baume.
37894. Inventaire ou Suite des Seigneurs de Sauve, depuis 1020; par H. D. V.
37894.* Mémoires & Remarques fur la Ville d'Alais.
37895. Preuves pour l'Hiftoire des Comtes d'Alais.
37896. Dénombrement des Barons d'Alais, jufqu'en 1638; par M. de Rignac.
37897. Preuves de l'Hiftoire d'Uzès, &c.
37913. Fidèle Relation de ce qui s'eft paffé à Aubenas, pendant les mouvemens du Vivarais.
37914. Chronique abrégée des Comtes de Foix & Maifon de Navarre.
37915. Abrégé de l'Hiftoire de Foix, jufq. 1460.
37916. Differtation fur le Droit des anciens Comtes de Foix, fur plufieurs Terres dans les Pyrenées, &c. avec les Pièces; par l'Abbé de Camps.
37919. Abrégé de l'Hiftoire de Foix : fes Privilèges, &c.

Hiftoires du Dauphiné.

37929. Hiftoire Séculière & Eccléfiaftique de R. Juvenis.
37930. Le Regiftre Delphinal; par M. Thomaffin.
37931. Statuta Delphinalia.
37932. Aym. Rivalii, de Allobrogibus.
37937. Eclairciffemens fur l'Hiftoire de Dauphiné & de Savoie; par Philib. le Brun.
37949. Mémoires de Humbert Pila.
37959. Mémoires de ce qui s'eft paffé en Dauphiné : 1572—1608; par E. Piémont.
37960. Hiftoire de Dauphiné, avec Preuves; par G. M. de Fontanieu.
37961. Correfpondances de l'Intendance de Dauphiné, depuis 1724, jufq. 1740; par le même.

37993. Stephani Barlerii, abfcondita rerum antiquarum, &c.
37996. Traité fur Vienne ; par S. Champis (ou Champier.)
38001. Regiftre des Affaires de Vienne.
38002. Antiquités de Valence ; par Fr. Roaldes.
38008. Mémoires de la Ville de Gap ; par R. Juvenis.

Hiftoires de Provence.

38021. Provinciæ Galliæ Narbon. vulgò Provence, Chorographica Defcriptio : auct. J. de Burie.
38025. Hiftoire du Royaume de Ligurie; par Galfcedus.
38026. Rerum antiquarum Provinciæ, &c. Commentarii : auct. J. R. Solerio.
38033. Roman en vieux Provençal, fur les Maures & le Siége de Fretta.
38040. Illuftrations & Singularités de la Provence, &c. par N. D. L.
38043. Chronique des Comtes de Provence : 1000 —1400.
38044. Mémoires fur l'ancienne Hiftoire de Provence.
38045. Chronica Comitum Provinciæ; per B. Seguyranni.
38046. Annales Provinciæ : auct. D. Fauchetio.
38055.* Procès pour les Comtés de Provence, &c. fous Louis XII.
38057. Hiftoire des Comtes de Forcalquier ; par Fr. de Remerville.
38061. Mémoire des chofes notables de France & de Provence; par P. Manne.
38062. Journal de Jean le Févre : 1381—88.
38063. Chronique de Bertrand Boiffet : 1365—1461, en Provençal.
38066. Mémoires de Jean de Noftradamus : 1080 —1494.
38070. Hiftoire de Valbelle, en Provençal, contenant ce qui s'eft paffé de fon temps : 1481 —1539.
38076. Difcours des Guerres du Comtat Venaiffin: 1562—70.
38079. Mémoires d'Ant. Hon. de Caftellane, Sieur de Befaudun : 1589—94.
38082. Sommaire de ce qui s'eft paffé en Provence, depuis la mort du Grand-Prieur, jufqu'à l'arrivée du Duc de Guife.
38083. Guerres de Provence, pendant le même temps.
38084. Mémoires pour l'Hiftoire de Provence; par le Sieur de S. Marc.
38085. Mémoires de Morillon, fur les Troubles de Provence, en 1577 & 79.
38086. Autres, de M. de S. Cannat : 1578-88.
38087. Autres, de N. de Bauffet : 1585—96.
38088. Narré de ce qui s'eft paffé au Château du Broc, en 1589.
38089. Commentaire de Scipion de Virail, fur les Guerres Civiles de Provence : 1587—96.
38090. Mémoires de Caius de Virail, fur les Troubles du Pays.
38091. Mémoires de J. Raym. de Soliers, fur les Affaires de Provence : 1588—96.
38092. Mémoires d'André Fournier : 1588—95.
38093. Mémoires envoyés à Paris, fur les Affaires de Provence : 1588—96.
38094. Relations particulières de Provence, fous Henri III & Henri IV.
38095. Mémoires de M. de la Baurde, en 1691.
38096. Mémoires pour l'Hiftoire de Provence & de Marfeille : 1593, 94 & 96.
38101. Mémoires de Louis Fabri, Sieur de Fabregues.

38102. Histoires des Troubles excités en Provence par la Ligue.
38103. Mémoires pour l'Histoire de Provence : 1588 —97 ; par Gasp. de Fourbin, Sieur de S. Cannat.
38104. Histoire Provençale ; par Gasp. Alseran, jusq. 1598.
38109. Neuvième Partie, ou Suite de l'Histoire de César de Nostradamus : 1601—18.
38111. Mémoire de François du Perrier : 1600-8.
38113. Journal de Provence : 1562—1617.
38116. Actes & Mémoires pour l'Histoire de Provence : 1441—1637.
38118. Lettres & Actes sur le différend avec le Comte d'Alais : 1649—51.
38120. Affaires de Provence : 1586—1655.
38121. Histoire de Provence : 1628—60 ; par Jacq. de Gaufridy.
38136. Histoire de la Ville d'Aix ; par P. J. de Haitze.
38139. Etat de la Ville d'Aix : 1562—1607 ; par F. de Sobolis.
38153. Privilèges du lieu de Cardane.
38159. Histoire des Antiquités de la Ville d'Arles ; par L. D. R.
38160. Autre, par le P. Porchet.
38162. Fondation d'Arles, & ses révolutions ; par le Sieur Seve.
38168. Lettre de M. Brunet, sur la Vénus d'Arles.
38174. Diverses Antiquités d'Arles ; par M. de Rebatu.
38175. Mémoire sur le Théâtre d'Arles, & Explications d'autres Monumens ; par M. Terrin.
38179. Description de tous les Monumens antiques d'Arles ; par J. Raybaud.
38180. Recueil d'Inscriptions trouvées à Arles.
38193. Statuts de la Ville d'Arles.
38195. Annales de cette Ville, depuis 1385.
38196. Mémoires sur l'Histoire particulière d'Arles.
38197. Discours de ce qui s'y est passé en 1591, & Recueil des Troubles : 1588—92.
38198. Recueil des Troubles d'Arles, durant les Guerres Civiles, l'an 1598.
38218. Le Siège de Marseille, &c. par J. Th. de Lestoille.
38219. Mémoires des Affaires de Marseille ; par N. de Bausset.
38227. Mémoires de ce qui s'est passé à Marseille : 1638—53 ; par A. de Valbelle.
38234. Factum pour la Ville de Marseille, adressé au Cardinal Mazarin.
38236. Relation des Troubles de Marseille : 1655—60.
38237. Mémoires de Marseille & de la Provence ; par Ch. le Cointe.
38238. Actes & Mém. touchant la Ville de Marseille, & ses Seigneurs.
38250. Cahier du Commerce de Marseille.
38256. Histoire de la Ville de Toulon ; par le P. Isnard.
38261. Histoire de la Ville d'Antibe ; par J. Arasi.
38262. Histoire de la Ville de Sisteron ; par P. Louvet.
38263. Histoire de la Ville d'Apt ; par François de Remerville.
38271. Historia Alpium Maritimarum : auct. P. Joffredo.
38279. Dissertation sur la Principauté d'Orange.
38308. Edifice historial & Chronique de la Ville d'Avignon.
38312. Annales Ecclesiæ, Urbis & Comitatus Avenionensis, à P. de la Rivière.
38314. Annales de la Ville d'Avignon & du Comté Venaissin ; par J. L. D. de Cambis.

38315. Francisci Lemovicensis, Ep. Avenion. Chronicon Avenionense : 430—1370.
38316.* Remise des Châteaux du Vénaissin, en 1274, & Jura Avenion. & Comit. Venaissini.
38318. Etat de la Ville d'Avignon & du Comté Vénaissin.
38318.* Mémoires de J. B. Bertel, touchant les Droits du Roi, sur Avignon, &c.
38322. Histoire de la Ville d'Avignon ; par J. L. D. de Cambis.
38323.* Histoire du Comté Vénaissin & d'Avignon ; par l'Abbé de Pithoncourt.
38328. Statuta & Privilegia Reipublicæ Avenionis.
38330—32. Recueils de Pièces anciennes sur Avignon.
38337. Mémoires de R. J. de Cambis, sur les troubles d'Avignon : 1661—65.
38338. Histoire des Révolutions d'Avignon : 1652—65.
38339. Memorie dell'Auditorato della Legatione di Avenione : dall'Abbate A. Codebo.
38345. Jura Pontis Rhodani.

Histoires du Roussillon & du Comté de Barcelone.

38350. Histoire du Roussillon ; par l'Abbé de Faverner.
38353. Etat Militaire, Ecclésiastique & Politique du Roussillon.
38361. Cronica universal de Cataluña.

Histoires de Franche-Comté, ou du Comté de Bourgogne.

38369. Dissertation sur l'origine du nom de Franche-Comté ; par M. Chifflet.
38370. Moyens pour perfectionner l'Histoire du Comté de Bourgogne ; par J. M. Dunand.
38370.* Moyens, &c. (pour le même sujet ;) par M. de Courbouzon.
38371. Mémoires pour l'Histoire de Franche-Comté ; par V. Duchesne.
38371.* Pièces sur l'Histoire ancienne de Franche-Comté.
38375. Dissertation pour prouver qu'Auxonne, étoit du Comté de Bourgogne, avant 1237 ; par J. M. Dunand.
38377.* (2.) De l'Entrée des Bourguignons dans les Gaules ; par le Comte de Roussillon.
38378. Dissertation où l'on examine si le Comté de Bourgogne a fait partie de la Bourgogne Transjurane ; par M. Dagay de Mutigney.
38379. Sur l'origine de Gerberge, Mere d'Otton-Guillaume ; par M. de Courbouzon.
38380. Sur la Maison des Ducs de Meranie ; par M. Dunod de Charnage.
38383. Recueil des Chroniques des Saints Rois, Ducs & Comtes de Bourgogne ; & Déportemens des François, sous Louis XI.
38387. Abrégé Histor. & Chronol. du Comté de Bourgogne ; par D. Coquelin.
38387.* Prospectus d'une Description de la Franche-Comté ; par D. Berthod.
38389. Dissertation sur un Bœuf de Bronze, &c. trouvé en Franche-Comté ; par M. Buller.
38389.* Description de Monumens antiques, près Jalleranges ; par Séguin.
38391. Douaire des Femmes Nobles de Franche Comté ; par M. Droz.
38392. Examen de cette Dissertation ; par M. Chifflet.
38394. Traités & Actes concernant le Comté de Bourgogne, depuis 1252, jusq. 1628.

38395. Cession de Charles-Quint, à Marguerite sa Tante, des Comtés de Bourgogne, &c. 1514.
38401. Apologie pour la Franche-Comté : 1668 ; par M. A. Millotet.
38406. Relation de la Guerre du Comté; par M. de la Perrière.
38407. Lettre touchant le changement arrivé au Comté de Bourgogne.
38408–10. Points représentés par le Marquis d'Yennes, pour la sûreté du Comté, & ses Manifestes.
38414. Ordre donné au Baron de Sembourg, & signifié à Madame de Messimieux.
38415. Défense d'avoir commerce avec les Espagnols.
38416. Pièces concernant le Marquis de Listenois.
38417. Lettres pour l'Histoire de la Franche-Comté.
38419. Serment de Fidélité, fait par tous les Ordres du Comté, à Louis XIV.
38423 & 24. Réponses à la Dissertation & au Supplément de C. J. Normand, sur l'Antiquité de Dôle ; par J. M. Dunand.
38425. Prise de la Ville de Dôle par les François, en Vers : 1479.
38428. Recueil d'Antiquités de la Cité de Besançon.
38429.* Histoire de Besançon, du Chapitre, &c. par M. d'Orival.
38431. Cause & époque du nom de Chrysopolis donné à Besançon ; par J. M. Dunand.
38431.* Des différentes positions de cette Ville ; par D. Coudret, &c.
38432. Création de Besançon, Recueil de Pièces.
38432.* Mémoires sur le Gouvernement de Besançon, sous l'Empire d'Allemagne, &c. par M. Egenod, &c.
38433. Dissertation sur les anciens Droits des Comtes de Bourgogne sur Besançon, comment elle fut mise sous la protection de l'Empire, & comment elle est rentrée sous la domination de nos Souverains; par M. Dagay de Mutigney.
38434. Dissertation sur la Ville de Besançon : 1768.
38439.* Urbis Salinarum Topographia : Poëma H. Marchand.
38440. Discours sur l'état des Salines de Salins.
38441. Production des Titres de ceux qui ont droit de percevoir du Sel à Salins, ou des Rentes.
38442. Dissertation sur la Ville de Lons-le-Saulnier.
38443.* Dans quel temps les Abbayes de S. Claude, de Luxeul & de Lure, jouirent-elles des droits Régaliens, &c. par D. Berthod, &c.
38444. Observations sur les Aqueducs du Lac d'Antre, sur le lieu appellé *Tabenna*, sur les Pierres des Fées de Simandre, &c. par M. Droz.
38444.* Mémoire sur la Ville & Abbaye de Luxeul ; par D. Grappin.
38445. Mém. historiq. sur la Ville de Gray ; par M. Chevalier.
38452. Pièces pour l'Histoire de la Ville d'Arbois.
38453. Dissertations sur la Ville de Vesoul ; par D. Coudret, &c.
38454. Histoire de Luxeul ; par M. Vinet.
38454.* (3.) Mémoire sur la Ville & Abbaye de Baume-les-Dames ; par M. Perreciot.
38455.* Divers Mémoires sur plusieurs Villes & Abbayes de Franche-Comté.
38456. Dissertation sur une Statue antique du Territoire de Mandeure; par l'Abbé Guillaume.
38458. Recueil de Dissertations sur les Etats de Franche-Comté.
38459. Recueil des Etats ; 1484–1668.
38460. Rapport fait par Jean de Vatteville, aux Députés des Etats, sur sa Négociation en Suisse.
38461. Dissertation sur l'origine, progrès & décadence de l'Inquisition, en Franche-Comté; par M. de Courbouzon.
38461.* Mémoire sur la Collection des Chartes de Franche-Comté, & sur les anciennes Coutumes ; par M. Droz.
38463. Mémoire où l'on montre que Montbéliard & ses dépendances, relevent du Comté de Bourgogne.
38464. Mémoires historiques & politiques sur le Comté de Montbéliard ; par M. de Courbouzon.
38468–38693. Inventaire (ou Articles principaux) des Manuscrits de la Bibliothèque de M. le Président Chifflet, & de celle de M. Desnans (aujourd'hui à Paris), sur l'histoire de la Flandre & des deux Bourgognes, mais particulièrement sur celle de la Franche-Comté.

Histoires de l'Alsace.

38706. Historia Alsatiæ (Bern. Hertzog.)
38707. Matern Berler, Chronicon Alsatiæ.
38708. Description de la Guerre d'Alsace, en 1610 & 1611 ; par Kugler.
38709. Mémoires sur l'Alsace; par M. Colbert de Croissy.
38710. Autre; par M. de la Grange.
38711. Autre; par M. de la Houssaye.
38712. Mémoire concernant l'établissement d'une Chambre Souveraine en Alsace, & diverses Pièces.
38713. Livre des Fiefs d'Alsace, &c. par C. L. R. le Laboureur.
38715. Recueil de Mémoires sur l'Alsace & ses principales Villes.
38716. Mémoires sur l'Alsace, provenant de M. de Fontanieu.
38718. Frederici Closneri, de rebus Urbis Argentinensis, à Rodulpho Haspurgensi, ad 1362.
38719. Chronique de Strasbourg ; par J. Spach.
38720. Autre; par D. Specklin.
38721. Description de la Ville de Strasbourg ; par J. B. Ruchen.
38722. Chronique de Strasbourg ; par Ch. Mueg.
38723. Autre; par Osée Schadé.
38727. Collection des Edifices publics de Strasbourg ; par Ph. L. Kunast.
38746. Remarques sur l'Histoire de la Basse-Alsace ; par D. Specklin.
38749. Remarques sur la Ville de Weissembourg ; par B. Boll.
38752. Description de la Prise de Colmar, par les Suédois, en 1632; par Jacq. Rapp.
38754. Jo. Jac. Luckii, Annales Rupispolerani.
38756. Histoire de la Ville de Mulhausen ; par Petri, &c.

Histoires de la Province des trois Evêchés.

38764. Histoire Ecclésiastique & Civile du Diocèse de Metz ; par le P. Benoist.
38765. Recueil de ce qui est arrivé à Metz, depuis Jul. César, jusqu'en 1756 ; par Theod. Brocq.
38767. Des Comtes de Metz, depuis 960, jusqu'en 1116.
38768. Chronique de Metz, depuis sa fondation, jusq. 1431
38770. Autres, depuis 1416, jusq. 1501.
38771. Liste des Echevins de la Ville de Metz, jusq. 1512, & Journal : 1346–1512.
38772. Chronique de Metz, jusq. 1524; par J. le Chastelain.

38773. Chroniques des Papes, des Rois, & des choses advenues à Metz : 1113—1518.
38774. Autres, qui commencent du temps de S. Bernay, (1113—1530.)
38776. Chronique de Metz, en Vers, jusq. 1576.
38777. Diverses Chroniques & Journaux (particularisés) concernant la ville de Metz.
38781. Remarques sur une Entreprise tramée sur la Ville de Metz, en 1601.
38786. Chronique de Metz; par Mich. Praillon.
38787. Recueil de ce qui est arrivé dans Metz, en 1606.
38788. Mémoires pour l'Histoire de Metz; par Bontemps.
38789. Histoire de la Ville de Metz; par Paul Ferry.
38789.* Pièces sur l'Evêché de Metz.
38792. Coutumes & Usages des Juifs de Metz, dressés en 1743.
38794. Mémoire sur la Ville de Jametz.
38796. Mémoire sur le Village d'Avioth, près de Montmedy; par l'Abbé Carilon.
38798. Mémoires de Jean du Pasquier, sur la Ville de Toul.
38799. Annales de Toul; par Demange - Bussi: 1620—70.
38800. Histoire du Siége de Toul, en 1685.
38801. Histoire abrégée de la ville de Verdun : 514—1633 ; par Mat. Husson.
38803. Histoire de Verdun; par D. Senoque.
38804. Divers Discours touchant le Verdunois.
38804.* Usurpations du Duc de Lorraine, sur l'Evêché de Verdun.
38805. Ce qui s'est passé lorsque le Roi, Protecteur de la Ville de Verdun, en est devenu le Possesseur.

Histoires de la Lorraine & du Pays de Bar.

38809. Histoire & dénombrement du Pays & Duché de Lorraine; par Th. Alix.
38810. Polium ou Table alphabétique des noms de Lieux des Duchés de Lorraine & de Bar; par Bugnon; avec Additions de MM. Jamet & Lancelot.
38811. Mémoire de Jean-Jacques Chifflet, sur la Lorraine.
38812. Histoire de Lorraine, jusqu'en 1718 ; par L. Hugo.
38819. De l'antiquité du Duché de Lorraine, &c. par Th. Alix.
38820. Recueil de Pièces concernant la Lorraine.
38823. Miscellanea Franciæ Austrasiæ, Lotharingiæ, &c. auct. Jac. Vignier.
38827. Chronicon Lotharingiæ : 900—1100.
38828. Chronicon Regum & Ducum Austrasiæ, à Pipino Heristalio, &c.
38830. Ancienne Chronique de Lorraine, en Vers.
38831. Chronique du temps, sous Jean, Duc de Lorraine, vers 1377.
38832. Histoire de Lorraine ; par M. de Seraucourt.
38835. Vie de René II. Duc de Lorraine ; par N. Faret.
38836. Dispense d'Innocent VIII, pour dissoudre le Mariage de René avec Jeanne de Harcourt; & Contrat de Mariage avec Philippe de Gueldres.
38838. Les opérations des Ducs de Lorraine, depuis Jean I, jusqu'à Antoine.
38839. Pièces pour l'Histoire de Lorraine : 1436—1540.
38841. Recueil des Histoires du Royaume d'Austrasie; par Symph. Champier.

Tome V.

38844. Histoire des Ducs de Lorraine, sous le titre de Chronique; par J. d'Aucy.
38845. Histoire des Ducs de Lorraine ; par Jaquemin.
38846. De rebus gestis Antonii Lotharingiæ Ducis, anno 1543.
38848. Registres des Lettres, Expéditions, &c. des Ducs de Lorraine, René, Antoine, &c.
38851. Histoire de Lorraine; par Edm. du Boullay.
38854. Histoire ou Lettres écrites depuis 1547—1557.
38856. Histoire des Ducs de Lorraine; par Thierry.
38865. Traité & Conventions passées en 1614 & 1615, entre les Evêques de Metz & les Ducs de Lorraine.
38871. Inquisita D. d'Achey, & autres Pièces sur les Mariages de Charles, avec Nicole de Lorraine & Béatrix de Cusance.
38879. Mémoires concernant le Mariage du Duc Charles de Lorraine, avec Mademoiselle de Cusance.
38880. Maximes Politiques, sur la conduite de Béatrice en son Mariage avec le Duc de Lorraine; par M. Pelletier.
38883. Question sur la Dissolution du premier Mariage du Duc Charles de Lorraine, & sur la Confirmation du second, &c.
38885. Narré de ce qui s'est passé touchant la Succession, en faveur de la Ligne Masculine, & la Nullité du prétendu Mariage de S. A. & Madame la Duchesse Nicole.
38886. Histoire des Ducs de Lorraine, avec des Mémoires pour la Vie de Charles III & de Charles IV; par le P. Donat.
38890. Mémoires & Intrigues de la Cour de Lorraine : 1662.
38890.* Testaments, Contrats de Mariage, &c. des Ducs de Lorraine, &c.
38893. Discours sommaire de l'état & succès des Affaires, depuis Charles I, jusqu'à Charles IV; par M. de Riocourt.
38897. Mémoires du Baron d'Hennequin, pour l'Histoire de Charles IV.
38898. Mémoires de la Vie de Charles IV ; par Forget.
38905. Mémoires pour l'Histoire de Lorraine ; par Alex. Royer.
38917. Actes de Cession & de Prise de possession des Duchés de Lorraine & de Bar, & Lettres du Roi Stanislas.
38942. Mémoire historique de la Mouvance du Barrois.

Histoires des Pays - Bas François.

38954. Mémoire sur l'Artois.
38955. Dissertation sur des Antiquités de l'Artois; par M. Cawet.
38956. Autre, sur des Antiquités découvertes, en 1752 à Roclencourt, & sur des Médailles; par M. Camp.
38957. Histoire d'Artois, depuis César, jusq. 1581.
38958. De origine Comitatûs Artesiæ, & Comitum Genealogica Narratio.
38961. Dissertation sur l'époque de l'érection de l'Artois en Comté; par M. Binot.
38962. Autre, sur une Médaille citée par Mézeray au sujet de cette érection ; par M. Cawet.
38963. Historia de origine & rebus gestis Comitum Artesiæ : auct. D. Bersaquio.
38965. Mémoire pour l'Histoire d'Artois, depuis 1180, jusqu'à Robert I ; par M. Cawet.
38966. Mémoire pour la Vie de Robert I, Comte d'Artois; par le même.
38967. Autre, sur la Vie de Robert II ; par le même.

Zz 2

38968. Mémoire pour l'Histoire de Mahaut, Comtesse d'Artois, morte en 1329; par le même.
38969. Histoire d'Artois; par Cl. d'Oresmieux.
38970. Historia Comitum Artesiæ: auct. Ferd. de Cardevaque.
38971. Mémoires & Pièces touchant l'Artois & la Ville d'Arras.
38973. Journal de choses arrivées au Comté d'Artois: 1492 & 93.
38974. Chronique des Pays d'Artois & de Flandre: 1482—1571; par L. Bresin.
38975. Troubles advenus en la Ville d'Arras; par Walerand Obert.
38976. Troubles arrivés en 1578, réduits en Histoire; par Pontus Payen.
38977. Histoire des Troubles arrivés à Arras, en 1578.
38979. Mémoires concernant quelques points de l'Histoire d'Artois; par MM. Blondin & de Grandval.
38983. Recherches sur la Fondation du lieu nommé *Castrum Nobiliacum*, à Arras; par M. Camp.
38984. Mémoire sur la Citadelle d'Arras; par le Comte de Mirabel.
38988. Diverses Relations des Siéges d'Arras, de 1640 & 1654.
38993. Discours touchant le retour de l'Artois sous la domination Françoise; par M. Harduin.
38995. Chronicon Morinense: auct. Balderico.
38999. Histoire de la Révolte des Sieurs de la Rivière & de Farques, à Hesdin; par Prévost d'Essart. = Autres Mémoires sur le vieux & le nouvel Hesdin.
39001 & 2. Anciennes Remarques, & Mémoires sur la Ville de Béthune.
39003. Mémoire pour l'Histoire de la Ville d'Aire.
39004. Histoire de la Ville d'Aire, avec les Armes des Gouverneurs.
39018. Histoire des Comtes de Flandre, Châtelains & Gouverneurs de Lille: Histoire de cette Ville, de ses Siéges, &c.
39019. Mémoires originaux pour l'Histoire de Lille.
39020. Inventaire de tout ce qui a rapport à l'Histoire de la Ville & Châtellenie de Lille; contenant ses Fondations, Priviléges, &c.
39021. Trésor général des Chartes de Lille.
39022. Mémoires ou Annales de la Flandre Gallicane: 999—1610.
39028. Histoire de Lille, Dunkerque, Bourbourg & Gravelines.
39037. Journal des choses arrivées à Cambray; par Jul. de Ligne.
39038. Calendrier historial de Cambrai; par le même.
39040. Historia Cameracensium Principum & Episcoporum: auct. Ph. Vielan.
39045. Relation du Siége de Cambrai, par les Espagnols, en 1595.
39052. Chronique du Câteau-Cambresis; par Potier.
39053. Bref Recueil des Antiquités de Valenciennes, & ce qui s'y est passé depuis sa Fondation, jusq. 1619; par S. le Boucq.
39057. Recueil des Antiquités de Valenciennes; par L. de la Fontaine.
39058. Mémoires de Valenciennes, dirigés par années, concernant son état, Priviléges, &c. par J. Cocqueau.
39059. Antiquités & Mémoires de la Ville & Comté de Valenciennes, avec les Généalogies, &c. par S. le Boucq.
39060. Journaux des Ordonnances, Priviléges & Chartes de Valenciennes; par le même.
39060. Dénombrement des Hommes, &c. du Gouvernement de Valenciennes, ses Paroisses, &c. par J. E. & T.
39066. Mémoire sur la Ville de Bavai, en Hainaut.

Histoires des Suisses, &c.

39075. Josiæ Simleri, Antiquitatum Helveticarum Libri III.
39089. Histoire générale de la Suisse, jusqu'en 1308; par A. Ruchat.
39090. Historia Helvetiæ Allemanicæ: 563—751: auct. Ægid. Tschudi.
39093. Extraits Latins de Titres & Actes, depuis le VII Siècle, jusqu'à la fin du XIII, rédigés par le même; & Histoire: 900—1200.
39107. Histoire Helvétique, depuis l'origine des Suisses; par M. de Zur-Lauben.
39110. Diverses Pièces sur la Suisse, recueillies par MM. Godefroy.
39110.* Pièces sur l'Histoire de Suisse.
39136. Chronologie du Pays de Vaud, jusqu'en 1160.
39143. Récit du différend de M. le Duc de Longueville, pour Neufchâtel, avec MM. de Berne; par Sarrazin.
39144. Briève Description des deux Comtés de Neufchâtel & Vallangin, contenant la suite des Comtes, &c. par M. Stenglin.
39164. Chroniques de Genève; par Mich. Roset.
39170. Mémoires touchant l'Etat & la Ville de Genève, jusq. 1627; par Jacq. Godefroy.
39171. Mémoires sur Genève; par Théod. & Denys Godefroy.
39172. Histoire de Genève; par P. Monod.
39177. Relatione di Genevra: 1535—1621. da And. Cardoino.
39178. Jac. Basnage, tres Epistolæ, de historia Genevensi.

Histoires des Electorats Ecclésiastiques, &c.

39196. Chronicon Civitatis Wormatiensis.
39208. Historia Petri à Timo, de origine Trevirensium & Tungrorum.
39209. Chronicon Leodiense fusè per annos digestum, usque ad annum 1383.
39210. Aliud, usque ad annum 1560.
39211. Chronique de la Ville de Liége, jusq. 1575.
39212. Leodiensia, à Barth. Macario descripta.
39217. Bella Leodiensia, à Barth. Macario descripta.
39219. De Desolatione Civitatis & terræ Leodiensis, facta à Carolo Audace, an. 1468: auct. H. de Merica.
39222. Historia de cladibus Leodiensium: auct. Th. Pauli.
39245. Diverses Pièces sur Clèves & Juliers.

Histoires des Provinces des Pays-Bas.

39280. Historia rerum Belgicarum ante Christi adventum; auct. Lucio.
39282. Divæi, de Belgica sub Francorum Imperio.
39284. Æg. Bucherii, Belgium Gallicum (à Clodoveo) ad Carolum Calvum.
39291. Chronique des choses arrivées aux Pays-Bas, sous les Ducs de Bourgogne, depuis 1455, jusqu'en 1475.
39292. Chroniques de Jean de Molinet: 1474-1504.
39294. Les Chroniques de la Maison de Bourgogne, depuis 1464—1506; par R. Macreau.
39305. Jo. Bochii, de Belgii principatu à Romano imperio, ad nostra tempora.
39311. Histoire des Troubles des Pays-Bas; par M. de France.
39312. Histoire des Pays-Bas.

Table des Manuscrits.

39313. Dissertation abrégée sur les Pays-Bas.
39323. Descriptio Comitatûs Flandriæ, & Chronicon: auct. A. M. Warnewicio.
39324. Le Voyageur Flamand; par C. Van Castenoble.
39335. Desseins & Description d'un Tableau de la Maison de la Ville de Gand, représentant l'Institution du Comté de Flandre, &c.
39333. Chronique des Règnes, &c. des Forestiers & Comtes de Flandre.
39334. Chronique des mêmes; par J. de Feucy.
39336. Histoire de Baudouin, Comte de Flandre.
39345. De primis Comitibus Flandriæ, usque ad Carolum Bonum: auct. Oliv. Vredio.
39346. Chronicon Flandriæ, usque ad ann. 1138: auct. Jac. Driesschio.
39347. Chronique de Flandre, depuis 704, jusqu'en 1142.
39350. Histoire de Flandre, depuis 1186, jusqu'en 1273.
39351. Chroniques de Flandre, finissant en 1292.
39354. Chronique de Philippe-le-Bel, Roi de France, & de Guy de Dampierre, Comte de Flandre.
39355. Chronique de Guy de Dampierre.
39356. Chronique de Flandre, depuis le temps de Finard, jusq. 1347.
39358. Recueil de Titres concernant l'Histoire de Flandre, depuis 1199, jusq. 1364.
39359. Recueil historial touchant la Flandre, Villes & Pays circonvoisins.
39360. Chroniques de Flandre, qui finissent à la mort de Louis de Male.
39361. Miroir historial de Jean du Nouelle, jusq. 1380.
39362. Annales de Flandre, depuis Guy de Dampierre, jusq. 1385.
39363. Chronique de la Rébellion de Gand, &c. 1178—1385; (par J. Froissart.)
39366. Chronique des Comtes de Flandre, finissant par Louis II, dit de Male.
39367. Chronica Principum Flandriæ, usque ad 1423.
39368. Chronica Comitum & Reipublicæ Flandriæ: 580—1462.
39378. Recueil des Antiquités de Flandre; par Ph. Wielandt.
39380. Mémoires (sur) les Guerres des Rois de France, contre les Flamans.
39381. Journal de ce qui s'est passé en Flandre, depuis le 5 Mai 1475, jusqu'au 5 Avril 1511.
39382. Recueil de Pièces, concernant l'Histoire de Flandre: 1049—1514.
39383. Rébellions des Peuples de Flandre, contre leurs Seigneurs.
39384. Francisci Modii, Collectanea de rebus Flandriæ.
39385. De Antiquitatibus Belgicis: auct. Fr. de Bar.
39387. Historia Comitum Flandriæ: auct. Lamb. Vander-Burchio.
39396. De Magistratibus Flandriæ, &c. auct. D. Harduino.
39400. Chronicon de rebus Gandavensium, & Fasti Consulares: auct. Chr. Van-Hurne.
39408. Recueil & Liste des Grands-Baillis, &c. de Bruges; par Marius Voet.
39413. De Antiquitate Urbis Tornacensis: auct. Henrico.
39414. Chronicon de rebus quæ Tornaci contigerunt, 1297—1339: auct. Jac. Muevin.
39415. Chronica Tornacensis, continens Fundationem & partem Historiæ Urbis.

39417. Histoire de Tournay, son gouvernement, ses coutumes, &c.
39418. Histoire de Tournay, finissant à l'an 1506. Autre Histoire; par J. le Roux.
39423. Chronicon Hannoniæ: auct. Gisleberto.
39425. Les grandes Chroniques de Hainaut, depuis Philippe-le-Conquérant, jusq. Charles VI; par J. le Févre.
39427. Annales Hannoniæ, ad annum Chr. 1390: auct. Jac. Guisio.
Ibid. Chroniques des Princes de Hainaut, &c. (Traductions des Annales.)
39428. Chronicon Hannoniæ, usque ad 1450.
39437. Titres de la Ville & Seigneurie d'Enghien, avec Généalogie des Seigneurs; par Aug. Galland.
39438. Gesta Comitum Namurcensium: auct. G. de Jacea.
39439. Liber de Comitibus Namurcensibus: auct. Ph. Cronendalio.
39448. De Ducibus Luxemburgicis & Comitibus Namurci.
39449. Historia Comitatûs Luxemburgensis: 963—1464: auct. J. Benningto.
39450. Annales de Luxembourg, avec les Comtes de S. Paul & les Châtelains de Lille.
39451. Chronicon Mosellanicum & Luxemburgi, ad 1550.
39453. Notes de P. Dupuy, sur l'Histoire de la Maison de Luxembourg de Vignier.
39458. Luciliburgensia, seu Luxemburgum Romanum, hoc est Arduennæ veteris situs, populi, loca, Antiquitates, &c. auct. Alex. Vilthemio.
39462. Descriptio Ducatûs Brabantiæ.
39472. Jo. Latomi, Historia Regum & Ducum Austrasiæ, à Pipino Heristalio ad Philippum II.
39476. Chronicon Brabantiæ vetus, usque ad ann. 1267.
39477. Historiæ Brabantiæ Libri VII, ad 1290.
39479. Chronique du Brabant, en vers Flamands; par N. le Clerc.
39482. Antiquitatum Brabanticarum Libri VII, usque ad 1450.
39483. Histoire & Faits des Ducs de Brabant; par Jacq. Angian.
39484. Historia Brabantiæ: auct. P. à Thimo.
39485. Historia Brabantiæ: auct. Ægid. Fabro.
39486. Historia Brabantiæ ac Cameracensium Principum & Episcoporum: Auctore Wielandt.
39488. Commentaria Gallo-Brabantiæ: auct. J. Blondeau.
39493. Brabantiæ Chronica, ex Diplomatibus, &c. à Laur. Cuypero.
39496. Chronicon Ducum Brabantiæ vetus, deductum à Suffrido Petri, usque ad sua tempora.
39503. Lovaniensium rerum Libri: auct. Edm. Dintero.
39519. Annales Antverpienses, ab ipsa fundatione ad ann. 1700; à Dan. Papebrochio. (Ce titre est plus exact au Supplément.)
39519.* Chronique de la Ville d'Anvers; par Van-Caukerclcen.
39525. De origine & rebus gestis Trajectensium ad Mosam: auct. Matth. Herbeno.
39545. Chronicon Gelriæ: auct. Gasp. Harteveltio.
39546. Compendium Chronicorum Gelriæ: auct. G. de Berchem.
39549. De Geldrorum Principum origine & rebus gestis, usque ad Carolum V, Imperatorem: auct. Regn. Tegnagellio.
39582. Chronique des Comtes de Hollande: 860—1203.
39583. La Chronique des Comtes de Hollande, en vers Flamands.

Histoires des Colonies Françoises.

39635. Des Colonies & des droits du Roi dans l'Amérique; par la Brunière.
39639. Description de la Nouvelle France & des Terres Neuves.
39695.* Mémoires sur le Canada, &c. par L. Nicolas.
39715. Mémoire historique sur la Louisiane; par Fr. le Maire.
39719.* Mémoires de Charles le Gac, sur la Louisiane.
39749. Relatio gestorum à primis Ordinis Prædicatorum Missionariis in Insulis Americanis, &c. ab ann. 1635, ad 1643 : auct. Raim. Breton.
39780. Histoire de l'Isle Cayenne, & Province de Guyane; par M. de Milhau.
39781. Lettres du P. J. Chrétien, écrites de Cayenne pendant 1718 & 1719.
39782. Autre du même, du 25 Juillet 1725, sur les Mœurs & Coutumes des Habitans, les Sauvages Galibis & l'état de la Colonie.
39800. Avis d'un Particulier, au sujet de l'établissement d'une Colonie à Madagascar.

De la Noblesse de France, & des Fiefs.

39831. Des origines & révolutions des grandes Seigneuries de France; par P. du Moulin.
39833. Etat général des Seigneuries; par Provinces.
39834. De la Noblesse & des comportemens des Nobles.
39835. Traité de la Noblesse.
39836. Déclaration de Noblesse & (des) Blazons.
39837. De la Noblesse & de ses circonstances.
39842. Pogius de Nobilitate.
39877. Traité sommaire de plusieurs Questions sur la Noblesse, pour distinguer les véritables Gentilshommes, &c.
39880. Dissertation sur la Noblesse Françoise; par le Comte de Boulainvilliers.
39881. Recherches de l'ancienne Noblesse; du même.
39890. Lettres d'Anoblissement, depuis 1180; recueillies par l'Abbé de Camps.
39891. Extrait des Registres de la Chambre des Comptes, contenant les Anoblissemens : 1350—1660.
39892 — 94. Autres Recueils sur les Anoblissemens.
39918. De l'origine des Fiefs & des Droits Seigneuriaux; par Chr. Balthazar.
39920. Recherches & Preuves des Fiefs; par Aug. Galland.
39921. Registre des anciens Fiefs du Roi.
39924. Mémoires sur les Fiefs de chaque Province; par J. Desistrières.
39925. Registre des Fiefs des Comtes de Champagne.
39926. Registre des Fiefs du Comté de Clermont.
39927. Registre des Fiefs de l'Isle de France.
39928. Ancien Dénombrement des Fiefs de Normandie.
39929 & 30. Des Fiefs de Normandie, Picardie, Champ. Bourgogne, &c.
39931. Des Fiefs du Pays de Forez.
39932. Remarques sur les Fiefs de Franche-Comté; par M. de Courbouzon.
39934. Rôle des Fiefs de Touraine.
39935. Registrum de Feudis Seneschall. Carcassonæ, Tolosanæ, Caturcensis, & Rhutenensis : 1214
—74.

39964. Titres originaux sur les Arrières-Bans.
39968. Relation du Voyage de l'Arrière-ban, en Allemagne, en 1674; par Cl. Joly.

Des Armoiries & Blazons.

39972. Traité des Armoiries, Rois d'Armes & Hérauts.
39973. Du comportement des Armes; par Secile, &c.
39975. Traité des Armoiries; par J. de Saint-Remy.
39979. Armorial, ou Livre du Blazon.
39980. Armorial de M. de Longueil des Chesnais.
39981. Le grand Blazon d'Armoiries; par J. le Féron.
39990. Des Armes, & comment on les doit blazonner.
39997. Ordonnances touchant l'Office d'Armes, le Blazon & les Hérauts.
40040. Copie d'un ancien Hérault d'Armes, dit Berry.
40043. Armes & Blazons des Connétables, &c. pour servir de Suite à J. le Féron; par de Valles.
40044. Blazon des Amiraux; par le même.
40045. Noms, Armes, Blazons des Amiraux.
40047. Livres des Armes, Montjoye, de diverses Familles de France, d'Angleterre, &c.
40048. Armes des Seigneurs de France, Bretagne, &c.
40049. Deux Recueils de Hérauts d'Armes : Mémoires, &c. sur les Armoiries.
40050. Blazon d'Armoiries, ou Armorial de la Noblesse, &c.
40051—62. Divers Armoriaux.
40074 & 75. Noms & Armoiries des Croisés.
40076. Armorial des Seigneurs tués à la Bataille de Poitiers, en 1356.
40077. Trésor des Armoiries de diverses Provinces.
40078. Recueil d'Armoiries accordés à (divers) Corps & Particuliers.
40079. Ancien Armorial d'Alegre, en Auvergne.
40081. Chronologie & Armes des Archevêques d'Avignon.
40082. Ancien Armorial de Belleforiere de Soyecourt.
40086. Recherches des Armoiries de Bourgogne : 1698; par d'Hozier.
40088. Ancien Armorial de Brabant.
40090. L'ancien Hérault Breton; par F. de Longchamp.
40096. Armoiries de Dauphiné; par G. de Torchefelon.
40098. France Espagnole.
40099. Armorial de Flandre.
40100. Phil. Wieland, Insignia Nobilium Flandriæ.
40104. Catalogue des Noms, &c. des Nobles du Comté de Bourgogne, ou de Franche-Comté.
40105. Armorial de Languedoc.
40107. Armes de la Noblesse Lyonnoise; par Matth. de Goussancourt.
40109. Armorial véritable de Lyon : 1668; par Claudine Brunand.
40110. Armoiries des Trésoriers de France, à Lyon.
40111—14. Armoriaux de Lorraine.
40119. Armes des Alliances de Neufville-Villeroy.
40120. Armorial de Normandie, du temps de Philippe-Auguste.
40121. Armorial des Nobles d'Angleterre & de Normandie, depuis Guillaume-le-Conquérant.
40122. Deux autres Armoriaux d'Angleterre.
40124 & 25. Armoriaux des principales Familles de Paris.

40120. Blazons & Armoiries des Prévôts des Marchands, Echevins, &c. de Paris; par Chevillard.
40129 & 30. Armoriaux des Conf. d'Etat & Maîtres des Requêtes.
40131. Armorial de Picardie; par G. le Féron.
40132. Ancien Armorial de Picardie, ou de Beauvaisis.
40134. Catalogue & Armes des Maires de Poitiers : 1333—1629.

Hérauts d'Armes, Duels, Tournois.

40139. Histoire de la Création du Roi d'Armes des François; par Toison.
40140. Pièces & Titres sur les Rois & Hérauts d'Armes.
40141 & 42. De l'Office du Roi d'Armes & des Hérauts.
40145. De leurs Droits & Franchises.
40146. Dispute entre les Hérauts de France & ceux d'Angleterre.
40147. Des droits d'Armes, de la Noblesse, &c.
40149. L'Arbre des Batailles, en Provençal.
40150—52. Cérémonies anciennes ès gages de Bataille, &c.
40154—56. Ordonnances, & Avis, à leur sujet, par J. de Villiers, & Hard. de la Jaille.
40201. Dissertation sur l'usage de la Preuve du Duel; par L'Abbé Guillaume.
40204. Combat du Sieur de Bréauté, &c.
40205. Duel du Chevalier de Guise, &c.
40209. L'Ordre de Chevalerie.
40210. Végèce de la Chevalerie, traduit en Vers; par J. Priorat.
40217. Mémoire sur l'ancienne Chevalerie; par M. Bouillet.
40218. Sur l'origine & le progrès de la Chev. Militaire; par l'Abbé Richard.
40221. Recueil sur les Chevaliers, Duels, Satisfactions, &c.
40222. Des Faits d'Armes & de Chevalerie.
40223. Des Chevaleries & des Duels.
40224. Livre des Faits d'Armes, &c. par Christine de Pisan.
40231. Dissertation sur les anciens Preux; par le Comte de Roussillon.
40232. Sur l'Etymologie des Jeux Militaires, &c. par M. Bullet.
40233 & 34. La forme des Tournois, du temps du Roi Artus, des Tournois modernes, &c. par René d'Anjou & Catherine de Bourbon.
40235. Lettres & Pièces sur les Tournois.
40236. Tournois d'Antoine de la Salle, &c.
40238. Description du Tournois de Tarascon : 1449; par L. de Beauvau.
40239. Les armes, &c. à Sandricourt : 1493; par Orléans.

Ordres de Chevalerie de France.

40248. Ordres de Chevalerie, en divers Royaumes, &c.
40249. Recueil d'Ordres Militaires.
40250. Croix, Colliers, Marques, &c.
40253. Le Livre de la Doctrine de Chevalerie.
40264. Des Ordres Hospitaliers & Militaires; par MM. Godefroy.
40271. Ordres Religieux & Militaires, recueillis par M. de Fontanieu.
40274. Ordres des Chevaliers institués en France.
40275. Dissertation sur les Ordres de Chevalerie de France; par J. L. le Cointe.
40276. Exordium Hierosolymitani Ordinis.
40277. Narratio de fundatione Hospitalis Hierosol.

40283. La Regla de la Maiso del Hospital, de M. S. Johan de Jérusalem.
40284. Origine, Privilèges, &c. des Chevaliers de S. Jean.
40285. Chroniques des Chevaliers de S. Jean de Hiérusalem.
40286. Preuves & autres Pièces sur cet Ordre.
40309. Histoire du Siége de Rhodes.
40322. Histoire du Siége de Malte.
40327.* Titres Latins, concernant les Hospitaliers de Jérusalem, & la Commanderie de Dieu-Lamant.
40328. Histoire des Grands-Prieurs de Saint-Gilles; par J. Raybaud.
40341.** Statuts, &c. des Chevaliers du Saint-Sépulchre.
40352. Pièces concernant les Templiers.
40359. De l'origine des Chevaliers de S. Lazare, & si cet Ordre étoit anciennement Militaire; par l'Abbé de Vertot.
40363. Pièces sur les Chevaliers de S. Lazare.
40373* (3.) Liste du Conseil de l'Ordre de S. Lazare, Modèles de Réceptions, &c.
40381. Mémoire pour l'Antiquité de l'Ord. du S. Esprit de Montpellier; (par ... de la Terrade.)
40411. Historia Ordinis Equitu... rei Velleris : auct. Antonio de Berghes.
40414. De l'érection de l'Ordre de la Toison d'Or.
40415. Recueil des Noms, &c. des Chevaliers de la Toison d'Or.
40426. Histoire abrégée de ces Chevaliers; par J. Godran.
40427. Remarques sur leurs Armes, à Dijon; par le même.
40428. Sur ceux qui ont assisté aux Chapitres, à Dijon.
40429. Les Eloges & Blazons des mêmes (par P. Palliot.)
40430. Extraits des Registres de l'Ordre; par Barthélemi Petit.
40432. Noms & Armoiries des Chevaliers de la Toison d'or.
40437—39. Institution & Statuts de l'Ordre du Croissant.
40441 & 42. Noms & Armoiries des Chevaliers.
40443. Histoire des Chevaliers de l'Ordre du Croissant.
40444. L'Ordre du Croissant institué, &c. avec les Armes & Généalogies des Chevaliers; par Cl. Ménard.
40446. Livre de l'Ordre de S. Michel.
40447 & 48. Institution & Constitutions de cet Ordre.
40451. Ordonnances & autres Pièces à son sujet.
40452. La Complainte de l'Ordre Royal, en Vers.
40456 & 57. Rôles, Lettres & Extraits de ses Titres.
40460. Statuts de l'Ordre du S. Esprit au Droit Desir, ou du Nœud, institué par Louis d'Anjou, &c.
40461. Ordre du S. Esprit, institué par Henri III, &c.
40471. L'Ordre du S. Esprit, Statuts & Noms des Chevaliers, jusqu'en 1641.
40474 & 75. Chapitres de cet Ordre.
40492. Discours sur l'Ordre du S. Esprit.
40493, 99, 500. Armoiries des Chevaliers.
40515—17. Registres de l'Ordre du S. Esprit.
40518 & 19. Pièces qui le concernent.
40520. Recueil pour servir à son Histoire; par P. Clairembault.

Recueils de Généalogies.

40559. Des Maisons de France qui prouvent leur Généalogie depuis l'an 900; par l'Abbé de Camps.

40542. Histoire des Familles de Jérusalem, &c. par du Cange.
40543. Histoire des Familles Normandes de Naples; par le même.
40545. Seigneurs qui suivirent S. Louis outre mer.
40548. Gén. des illustres Maisons de France; par Aug. Galland.
40549. Nobiliaire universel du Royaume; par D. Gabriel de Ste Anne.
40550. Dictionnaire de la Noblesse de France; par le même.
40551. Généalogie de plusieurs Familles; par du Chesne.
40552. Autres; par Sainte-Marthe.
40553. Autres; par Lenain d'Olinville.
40554—57. Autres; (anonymes.)
40558 & 59. Titres, par ordre alphab. des Noms.
40560. Génalog. des plus illustres Maisons; par de Kaerdaniel.
40561. Des Familles anciennes; par Paradin.
40562. Généalogies par ordre alphabétique; par P. Clairembault.
40563. Autres; par MM. d'Hozier.
40564. Nobiliaire historique; par l'Abbé de Camps.
40565. Autre Nobiliaire (d'un Anonyme.)
40566. De Genealogia veterum Francorum, H. Leonardi.
40567—76. Généalogies de diverses Maisons.
40577. Nobiliaire, ou Mémoires des grands Fiefs; par du Cange.
40578 & 79. Histoires Généalogiques; par Prosper de Rodez.
40580. Tables des Maisons des Pairs de France.
40586. Généalogies, Pièces sur la Noblesse; par MM. Godefroy.
40587. Mémoires Généalogiques; par M. de Cangé.
40590. Généalogies recueillies par M. de Fontette.
40598.* Parentés que les Créanciers de la Duchesse de Bouillon, ont rès Parlement de Paris, &c.
40599. Luckii, Genealogiæ Alsatiæ.
40602. Généalogies d'Artois.
40614. Harduinus, de Nobilitate Burgundica, &c.
40617. Extraits des Titres de Bourgogne, des Tombeaux, des Registres du Parlement, &c. par P. Palliot.
40624. Généalogies des anciennes Familles de Bretagne; par d'Argentré.
40628. Catalogue des Nobles de Bretagne : 1100—1532.
40629. Nobiliaire de Bretagne : 1427—1667.
4.630. Noms, Armes & Généalogies des Gentilshommes de Bretagne : 1668—71.
40630.** Etat général de la Recherche faite en Bretagne : 1668—71.
40635—39. Réformation de la Noblesse de l'Evêché de Nantes, de Rennes, de Dol, &c.
40639.* De plusieurs Maisons de Brie.
40641—43. Recueils sur les Maisons de Champagne.
40646. Mémoires du Prieur de Mondonville, sur les Gén. de Chartres, Orléanois, Blaisois, &c.
40650. Hist. généal. de 50 Familles de Dauphiné; par Guy Allard.
40655. Théâtre généalogique de Flandre; par Scohier, &c.
40656 & 57. Nobiliaire, &c. de Lille.
40659 & 60. Généal. de Flandre, Hollande, &c.
40668—72. Nobiliaires de Franche-Comté.
40666.* Autre Nobiliaire.
40673. Dissertations sur les Seigneurs de Franche-Comté, qui se sont distingués aux Croisades.
40676. Pièces sur les Chevaliers de S. Georges.
40678. Chronique de Grancey, ou la Roue de Fortune.
40683—85. Généalogies de Languedoc.

40689.** Nobiliaire du Languedoc; par G. de la Tour.
40690. Les Familles d'outre Loire; par Jean-Baptiste de Ste Anne.
40691. Preuves des Chanoines de Liége.
40693. Noblesse du Limosin : 1568.
40695—98. Recueils sur la Noblesse de Lorraine.
40701. Des Annoblis de Lorraine.
40703. Inventaire de la Fère, sur divers Maisons.
40705—8. Généalogies & Preuves des Comtes de Lyon.
40710 & 11. Généalogies des Chanoines de Mâcon.
40712. Preuves des Chanoinesses de Mons & de Maubeuge.
40716 & 17. Des Seigneurs qui passerent la Mer avec Guillaume-le-Conquérant : leurs Généalogies, &c.
40722. Liber Genealogiarum, Rogeri Dorsworth.
40730. Anciennes Familles Françoises, transportées en Angleterre; par du Cange.
40732. Nobiliaire de Normandie; par d'Osmond.
40734. Anciennes Maisons de Normandie; par Protoval.
40735—42. Recherches de la Noblesse de Normandie.
40744—46. Généalogies & Recherches d'Alençon & du Perche.
40749. Noblesse de Normandie, en 1639 & 40.
40751. Généalogies de l'Orléanois; par M. Castanet.
40752. Autres; par M. Hubert.
40754—61. Généalogies des principales Familles de Paris.
40762—64. Epitaphes & Tombeaux de Paris.
40763.* Autre Exemplaire de ces Epitaphes.
40766 & 69. Généalogies de Picardie.
40770. Epitaphes de Picardie.
40771. Nobiliaire de Picardie; par du Cange.
40773. Généalogies de Provence.
40776. Critique du Nobiliaire de l'Abbé Robert. (Voyez au Supplém. 40775* & aux Add.)
40777. Plusieurs Généalogies de Provence; par Robert.
40781. Nobiliaire de Soissons.
40781.* Etat des Gentilshommes de Soissons, &c.
40784 & 85. Généalogies de Touraine; par l'Abbé de Marolles.
40795. Table alphabétique des Familles Nobles de France; par l'Abbé de Camps.

Généalogies particulières.

40803. De la Maison d'Achay.
40821. De la Maison d'Agoult.
40838.* De la Maison des Aymards.
40844. De la Maison d'Albert; par J. le Laboureur.
40858. De la Maison d'Albret & d'Armagnac.
40861—65, 68. De la Maison d'Albret (Inventaires, Titres, &c.)
40869. De la Maison d'Alègre.
40904. De la Maison des Amats; par P. Paillot.
40907, 8 & 10. Des Seigneurs & de la Maison d'Amboise; par de la Queue, Mouret, &c.
40930—32. De la Maison d'Anduse; par J. B. de Bermond, &c.
40953. Antipolitanorum Comitum, [d'Antibes.]
40977. De la Maison d'Armagnac. (Titres.)
41005 & 7. De la Maison d'Aspremont; par N.... & par L. & Sc. de Sainte-Marthe.
41027. De la Maison d'Aubigny, en Anjou; par l'Abbé d'Aubigny.
41033. Preuves de Georges d'Aubusson.
41059. Histoire des Comtes d'Auvergne & de Boulogne.

41061.

41062. Critique de l'Histoire de la Maison de Turenne de Justel; par Matt. Marais.
41063. Lettres, &c. de la Maison de Bouillon.
41068, 69 & 77. Observations, &c. de l'Abbé de Camps, sur la Maison d'Auvergne.
41111. Généal. de la Maison de Balzac, &c. par M. Perron.
41153. De la Maison de Baschi, & Preuves.
41171. De la Maison de Bauffremont ; par l'Abbé Guillaume.
41196. De la Maison de Beaujeu. (Chronique.)
41216. De la Maison de Beaurepaire.
41220. De la Maison de Beauvau ; par Chevillard.
41229. De la Maison de Bec-Vardes.
41244. De la Maison du Bellay; par L. Trincant.
41248. De la Maison de Belleforière - Soyecourt.
41251. Comitum Bellilimensium [de Bellesme.]
41272. De la Maison de la Berchère.
41285. De la Famille des Bernard, à Dijon; par P. Palliot.
41302. De la Maison de Berthelot.
41316. De la Maison de Bessey.
41320 & 22. De la Maison de Béthune.
41375 & 76. Des Comtes de Blois.
41424. De Messieurs Bonneau; (par Edme le Seure.)
41452. De la Maison de Bouillé.
41460. Des Comtes de Boulainvilliers, par Henri, Comte de Boulainvilliers.
41460.* De la Maison de la Boullaye-Echallard.
41461—63. De la Maison des Comtes de Boulogne.
41493. De la Maison des Bouthilliers de Senlis; par A. du Chesne.
41496. De la Maison de Bouton. [deux Manuscrits, outre l'Imprimé.]
41512. De la Maison de Bréauté; par P. d'Hozier.
41532. Comitum & Ducum Britanniæ.
41586. De la Famille de Brulart.
41650. De la Famille de l'Abbé de Camps; par lui-même.
41653. De la Maison de Candale. (Chronique)
41663. Des Comtes de Carcès. (Vies)
41684. De la Maison de Castellane; par Ch. de Castellane, S. d'Auzat.
41751. De la Maison de Champagne.
41772. De la Maison de la Chapelle - Rainsouin; par M. Quatre-barbes.
41782. De la Famille de Charnières ; par le même.
41813. De la Maison de Chastillon & de Luxembourg.
41822. De la Maison de la Chastre. (Mémoires)
41830. De la Maison de Chaugy. (Titres)
41833. De la Famille de Chaumont, en Vexin ; par Cl. de Marois.
41869. De la Maison de Chouly.
41891. De la Famille de Cleré, imprimé ; par le P. le Maistre.
41896. De la Maison de Clermont, en Dauphiné ; avec Titres.
41900. Des Guilhems, S. de Clermont-Lodève; (par H. de Caux.)
41951. De la Maison de Cominge; par d'Hozier.
41996. De Cosker, dite de la Vieuville.
41997. De la Maison de Cossé.
42006. De Coucy & de Dreux. (Linage)
42009. Sépultures des Seigneurs de Coucy.
42015. De la Maison de Cougnac.
42021. De la Maison de Courtenay : Extrait de Chroniques; par N. Houssemayne.
42027. De la Famille des le Coussin, à Dijon; par P. Palliot.
42035. De la Maison de Craon; par le Loyer.
42059. De la Maison de Croy.
42062, 63, 65. Autres, de la même; par Voet, & Chevillard.
42076. De la Maison de Culant, en Brie.

Tome V.

42115. De Deols & de Châteauroux; par J. de la Gogue.
42155. Des Maisons de Dreux, de Braine, &c.
42177. De la Maison de Duras. (Antiquités)
42207. De la Maison d'Espernon; (Recherches) par Bern. de la Roche.
42241—44. Des Comtes d'Eu, jusq. 1340.
42248. Des Comtes d'Evreux, issus des Ducs de Normandie; par d'Aviron.
42256. De la Maison de Falconi; (Actes) recueillis par M. de Rignac.
42309. De la Famille de le Févre d'Ormesson; par le P. Saffron.
42312. De la Famille des Févret.
42325, 26, 28, 29, 32, 34. Comitum Flandriæ.
42353—55. De la Maison de Foix.
42373. De la Maison de Fourbin.
42416. Des neveux & nièces de S. François de Paule, & de plusieurs Familles de Paris.
42548. De la Maison de Gondrin; par Capdeville.
42570. De la Maison de Goyet ; par l'Abbé de Goyet.
42575. De la Famille de le Grain ; par J. B. le Grain.
42578. De la Maison de Grancey.
42598. De la Maison de Graville.
42609. De la Maison de Grimaldi.
42657. Collectanea Comitum Guinensium.
42667, 68, 71. De la Maison de Guise; par P. P. Fornier, &c.
42680. Des Comtes de Hainaut. (Chronique)
42695—97. De la Maison d'Harcourt ; par J. le Feron, Jacq. d'Auzoles, & G. Lucas.
42721. De la Famille de MM. Hennequin.
42724. De la Maison de Hennin.
42736. De la Maison de Heu; par Laur. Frisius.
42767. De la Maison d'Humières; par Ant. Charpentier.
42794. De la Famille des Joly, à Dijon ; par P. Palliot.
42803. Des Comtes d'Isenghien. (Patentes & Titres)
42834. De la Maison de Lamet.
42863. De la Maison de Lascaris; par le P. Astria.
42867 & 70. Des Comtes de Laval ; par L. de Meaune, & Jac. Publitius.
42888. De la Maison de Lautrec. (Titres)
42896. De la Maison de Lebret; par François le Maire.
42905. De la Maison de Léon; par Aug. du Paz.
42935. De la Maison de Ligne ; par M. de la Rivière.
42949. De la Maison de l'Isle - Jourdain. (Titres)
42954. De la Maison de Livron. (Titres)
42976—79 & 82. De la Maison de Lorraine.
42983. Partie de la même, &c. avec les Gestes de Louis de Brezé.
42984, 88, 90—94. Autres de la Maison de Lorraine.
42997. De la Maison de Loudon ; par Jacq. Morin.
43015 & 16. Roman de Lusignan, & Hist. de Mélusine.
43023, 24, 31. De la Maison de Luxembourg, dont une par Clém. de Sainghin.
43061. De la Famille de le Maistre.
43067. De la Maison des Malarts ; par M. Malart de Normandel.
43144. De la Maison de Mascon.
43166. Des Seigneurs du Duché de Mayenne.
33175. De Marie de Médicis; par Scip. Amirato.
43218. De la Maison de Miremont, &c.
43249. De la Maison de Montagu ; par G. Pijan.
43280. Des Comtes de Montgommery.
43296, 97, 307. De la Maison de Montmorency. (Titres, &c.)
43324.* De la Maison de Mornay. (Titres)

A a a

43327. Des Comtes de Mortain ; par de Saint-Jean.
43373. De la Maison de Navarre. (Traité)
43375 & 76. De la Maison de Nemours. (Titres, &c.)
43382 & 85, 86. De la Maison de Nevers, Titres, &c. par Coquille, &c.
43415. De Wilhelmo Comite Normannorum.
43423. De la Maison de Noyers.
43428. De la Maison d'Offemont de Nesle.
43492. De la Maison de Passac. (Titres)
43513. De la Famille de Pélisson. (Titres)
43539. De la Maison des Picart , de Paris.
43580, 82, 86. De la Maison de Poitiers & de Boulogne.
43583. De la Maison de Poitiers - Saint - Vallier. (Titres)
43592. De la Maison de Polignac ; par Gaspard Chabron.
43599. De la Maison de Pons. (Titres)
43611 & 13. De la Famille des Pourcellets.
43645. De la Maison de Préaulx, en Touraine.
43660 & 61. Des Comtes de Provence.
43669. De la Maison du Pujet.
43675. De la Maison de du Puy, en Forez.
43682. De la Famille de Quatre-barbes; par M. de Quatre-barbes de la Rongères.
43697.* De la Maison des Rabots.
43748. De la Maison de Refuge.
43782 & 86. Du Cardinal de Richelieu.
43797. Contrat de Mariage de Claude de Rieux.
43843. Généalogie de la Maison de la Roche-Guyon.
43853.* De la Famille de Roger.
43856 & 57, 63—65. De la Maison ; par de la Coudraye, D. Morice, Clairembault, & de Guehéneuc.
43870.* Mémoire sur la Naissance de Tancrède de Rohan.
43879. Généalogie de la Famille de Roncheroles.
43885. De la Maison de Roquelaure.
43887. De la Famille de Rosel ; par Jacq. Deyron.
43891. De la Maison de Rossignac. (Titres)
43899. De la Maison de Rouault.
43934. De la Maison de Rouxel - Médavy ; par M. Latour de Montfort.
43991. De la Maison de Saint-Chamont. (Titres)
44004. De MM. de Sainte-Marthe. (Titres)
44009. De la Maison de Saint-Omer.
44032. De la Maison de Salignac. (Titres)
44056. De la Maison de Sansay ; par Pierre Ronsard.
44101 & 3. De la Maison de Séguier ; par d'Arnaldi, & de Rignac.
44106. De Seguinorum gente : auct. P. Morelii.
44186. De la Famille d.s Tabourot.
44230.* De la Maison de Thoire.
44254. Des Comtes de Tonnerre.
44262. Des Comtes de Toulouse.
44263. Remarq. de René Pihan, sur l'origine de Théodoric , C. de Toulouse.
44265. De la Maison de la Tour- d'Auvergne, &c. (Pièces)
44266. Procès de la Tour, par les Commissaires de la Chambre de l'Arsénal, en 1704.
44272. De la Tour- Landry de Maillé.
44275. De la Maison de Tournebu. (Titres , &c.)
44296 & 97. De la Maison de la Trimouille. (Titres)
44315. De la Famille de Tronson.
44352. De la Maison de Valcaux ; par M. Quatrebarbes.
44355. Des Comtes de Valence. (Titres , &c.)
44358. De la Maison de la Valette - Nogaret.
44440 & 41. De la Maison de Vienne ; par Guinemand & Prosp. Bauyn.
44469.* De la Maison de Villeneuve. (Titres)
44491. De la Maison des Comtes de Vintimille ; par J. B. Bourot.
44495. De la Maison des Violes ; par P. d'Hozier.
44519. De la Maison d'Urfé.

TOME QUATRIEME.

LIVRE CINQUIÉME.

Histoire Littéraire de France.

Histoires des Universités & des Académies.

44563. Essai sur l'état des Sciences en France, & sur les Ecoles de Champagne, dans le XII. Siècle, &c. avec quelques Recherches sur Adelgise ; par M. Frader.
44565. Dissertation sur l'état des Sciences dans le Royaume avant François I ; par J. L. le Cointe.
44589. Arrêt du Parlement, du 19 Mai 1628 , concernant les petites Ecoles.
44594. Histoire de la Bibliothèque du Roi ; par M. Oudinet.
44600. Pièces sur les Universités de France.
44619. Historia Academiæ Parisiensis : auct. Edm. Richerio.
44624. Historia Universitatis Parisiensis : Auct. N. Guiart, & J. Mentelio.
44718. Sommaire des Titres de l'Université de Paris.
44766. Recueil de Pièces, concernant les Chanceliers de l'Université de Paris.
44830. Histoire de la Maison de Sorbonne ; par Ch. Musnier.
44853. Mémoires historiques sur la Faculté de Médecine de Paris, & sur les Vies de ses plus illustres Membres ; par M. Bertrand.
45045. Pièces sur le Collége de Dormans- Beauvais.
45075. Inventaire des Titres & Revenus du Collége de Montaigu , à Paris.
45082. Constitutiones Navarræ , seu Collegii Navarrici.
45083. Pièces sur le Collége de Navarre.
Fundatio Collegii Plessæi.
45139. Histoire du Collége Royal, avec deux Dissertations, &c. par Martin Billet de Fanière.
45161. Histoire de l'Université de Besançon ; par Fr. Ign. Dunod.
45193. Traité de l'établissement de l'Université de Douay ; par Jér. le Franc.
45220. Statuta Aurelianensis Universitatis, ac Privilegia, &c.
45252. Histoire de l'Université de Pont-à-Mousson ; par Nic. Abram.
45258. Statuts de l'Université de Reims , Réglemens, &c. Facultés de Droit, de Théologie, & de Médecine.

45270. Vetera Statuta & Privilegia Universitatis Tolosanæ.
45271. Fundationes & Statuta Collegiorum Tolosanorum.
45278. Processus pro Domino Comite Fuxi, contrà Dominos Capituli & Universitatis Tolosæ.
45279. Registratio pro eodem Domino Comite.
45353. Pièces sur les Collèges de la Province de Bourgogne.
35431. Remarques & Pièces sur le Collège de Noyon.
45495. Essai historique sur les Académies de France ; par M. de Ruffey.
45503. Portrait de quarante Académiciens; par Is. de Benserade.
45504. Description de l'Académie Françoise; par Ant. Furetière.
45552. Mémoires pour l'Histoire de l'Académie d'Arles; par Jos. Bougerel.
45554. Statuts de la Société des Belles-Lettres, Sciences, Arts & Commerce d'Auxerre.
45602. Mémoire touchant l'établissement des Jeux Floraux, à Rodez; par J. Tullier.
45611. Trois Discours sur l'établissement de l'Académie Françoise de Soissons.

Recueils des Hommes illustres dans les Sciences.

45628. Mémoires des Testamens, Vies, Eloges & Lettres des Hommes illustres, qui sont dans la Bibliothèque (ou les Ms.) de MM. Dupuy, depuis le Tome I. jusqu'au DCVI.
45653. Nécrologe de la mort des Sçavans, pour chaque jour de l'année, depuis le rétablissement des Sciences & des Beaux-Arts, de 1500 à 1701; par Ant. Galland.
45661. Peplus Andegavensis, seu illustrium Andegavensium Elogia : auct. Cl. Menard.
45667. Notes historiques sur des Personnes célèbres d'Artois; par M. d'Artus.
45669. De claris Æduensibus, Liber Ludovici Jacob.
45674. Bibliothèque des Auteurs de Berry; par Fr. Méry & G. Gérou.
45676. J. Megreti Epigrammata, &c. illustresque Borbonienses.
45678. Ludovici Jacob, Catalogus Scriptorum Burgundiæ.
45685. Eloges des Personnes de Caën, illustres par leur érudition; par Fr. Martin.
45686. Bibliothèque des Ecrivains de Champagne; par R. M. Pelletier.
45696. Mémoires pour une Bibliothèque de la Séquanoise, ou Franche-Comté; par M. Marion.
45697. Bibliothèque Séquanoise ; par M. Lampinet.
45698. Autre, aussi de Franche-Comté; par Basile Payen.
45699. Histoire des Auteurs Comtois, leur Vie, avec l'Analyse & la Critique de leurs Ouvrages; par Adalb. Colomb.
45700. Essai sur l'Histoire des Hommes de Lettres de Franche-Comté ; par M. de France.
45701. Bibliothèque des Auteurs de Franche-Comté; par J. M. Dunand.
45702. Langres Sçavante, ou Catalogue des Personnes illustres, &c. du Diocèse; par J. B. Charlet & Philib. Papillon.
45706. Bibliothèque Limousine; par M. Nadaud.
45722. Mémoires sur quelques Hommes illustres de Nantes.
45724. Athenæ Normannorum veteres ac recentes: auct. Fr. Martin.
45728. Catalogue des Hommes illustres nés en Normandie; par l'Abbé Saas.
45730. Histoire des Hommes illustres de Noyon.

Tome V.

45734. Bibliothèque des Ecrivains d'Orléans ; par G. Gérou.
45737. Bibliothèque des illustres Parisiens ; par Martin Billet de Fanières.
45738. Mémoires sur les Hommes illustres de Picardie; par M. d'Hangest.
45743. Les Hommes illustres de Provence, depuis le Siècle d'Alexandre; par Jos. Bougerel.
45745. Bibliothèque des Auteurs de Provence; par P. Jos. de Haitze.
45746. Hommes illustres & Sçavans de Reims.
45749. Mémoire sur quelques Hommes illustres de la Ville de S. Quentin.
45751. Nic. Bertrandi, Tractatus de Doctorum Tholosanorum gestis, opinionibus, &c.
45753. Eloges des Sçavans de Touraine ; par P. Carreau.
45754. Bibliothèque des Auteurs de Touraine; par G. Gérou.
45755. Bibliotheca Tornacensis : auct. Nic. du Fief.

Vies des Théologiens.

45789. Mémoires pour l'Histoire de M. Pascal; par Mademoiselle Perier.
45793. Mémoire sur la Vie de M. Blaise Pascal, &c. par M. Ternier.

Vies des Jurisconsultes.

45813. Sentimens de Cléante sur quelques-uns des plus fameux Avocats de Paris, en 1679, par Cl. Pocquet de Livonière.
45851. Jac. Aug. Chevanei Pietas, sive de Vita & Scriptis Nic. Chevanei, Jurisconsulti.
45859. Vie de Contius ou le Conte; par Chr. J. Fr. Beaucousin.
45871. Vie de J. Dartis, avec détail de ses Ouvrages; par le même.
45887. Vie de Bonaventure de Fourcroy; par le même.
45898. Mémoires de la Vie d'Abel Guérin, Secrétaire & Valet de Chambre de Charles IX; par lui-même.
45953. Notice exacte des Ouvrages de Dumoulin, &c. par M. Beaucousin.
45954. Abrégé de la Vie de Jean le Noir; par Nic. Bordin.
45991. Eloge de Jean-Ignace de Racolis.
46002. Mémoire sur la Vie & les Œuvres de Jean Savaron ; par M. Bompart de S. Victor.

Vies des Médecins, Chirurgiens, &c.

46011. De illustribus Medicis Parisiensibus : auct. Ren. Moreau.
46045. Eloge d'Egide Bertrand Pibrac.
46052. Mémoires sur la Vie & les Ouvrages de Marcellin-Hercule Bompart; par M. Bompart de S. Victor.
46074. Eloge de Cl. Nic. le Cat ; par M. Louis.
46109. Eloge de Jean Cros; par M. Carbasse.
46111. Eloge de M. Daviel ; par M. Hoin.
46120. Eloge de Henri-François le Dran; par M. Louis.
46147. Eloge de Pierre Foubert; par le même.
46183. Vie d'Augustin-François Jault ; par M. de Courbouzon.
46217. Eloge de M. Martin; par M. le Pere.
46229. Eloge de Pierre-Paul Molinelli ; par M. Louis.
46246. Vie de Nicolas de Nancel, & Notice de ses Ouvrages; par M. Beaucousin.
46261. Mémoires sur Guy Patin ; par M. Desmery.
46308. Eloge de J. Georges Roederer; par M. Louis.

46338. Eloge hiftoriq. de M. le Vacher ; par le Marquis de Clévans.

Vies des Philofophes & Mathématiciens.

46388. Eloge de M. du Bocage ; par M. le Cat.
46419. Eloge de Jean de Clapiés ; par M. Pradines.
46423. Eloge de François Dandoque ; par M. Maffip.
46433. Abrégé de la Vie & des Ouvrages de Réné Defcartes ; par le P. Vial.
46607. Eloge hiftorique de M. Yard ; par M. de Grandfontaine.

Vies des Hiftoriens & Antiquaires.

46609. Les Antiquaires Francois ; par M. Billet de Fanières.
46618. Vie de Th. Agrippa d'Aubigné ; par lui-même : Imprimée.
46700.* Eloge de M. le Marquis de Clevans ; par M. de Grandfontaine.
46710. Eloge hiftorique de Nicolas Culoteau de Velye ; par M. Frader.
46719. Eloge hiftoriq. de M. Dunod de Charnage ; par M. de Courbouzon.
46719.* Laudatio funebris ejufdem : auct. N. Copel. = Eloge de M. Dunod le fils.
46778.* Diſſertation où l'on prouve que le Site de Joinville doit être placé au nombre des illuſtres Comtois ; par M. Droz.
46826. De Joannis Meneftrerii Vita, moribus & fcriptis ; auct. Jac. Aug. Chevaneo.
46827. Vie de Mezeray ; par N. Corbin.
46847. Abrégé de la Vie de Pierre Palliot ; par A. Joly de Blaify.
46925. Vie de Jul. Raymond de Soliers ; par P. Jof. de Haïtze.
46956. Lettres originales écrites à Henri & Adrien de Valois.
46976. Diſſertation fur Urfin, Auteur de la Vie de S. Leger ; par M. de Gomicourt.

Vies des Orateurs & des Philologues.

46984. Vie de Hugues Babel ; par M. de Frafne.
47119. Eloge d'Al. Jérôme Loifeau de Mauléon ; par M. Beaucoufin.
47163.* Eloge de l'Abbé d'Olivet ; par M. de Grandfontaine.
47184. Eloge hiftorique de J. François de Pons ; par M. Melon.
47212. Vita Claudii Salmafii, à Mart. Hanchio.
47213. Vita ejufdem : auct. Philib. de la Mare.
47230. Eloge de M. Titon du Tillet ; par M. de Grandfontaine.

Vies des Poëtes.

47255. Vies des Poëtes Provençaux, en Provençal.
47258. Hiftoires des Troubadours ; par P. de Galaup.
47262. Vies des Troubadours ; par M. de la Curne de Sainte-Palaye.
47266. Hiftoire des Poëtes François anciens & modernes ; par G. Colletet.
47278. Mémoires pour l'Hiſtoire des Poëtes François ; par l'Abbé le Brun.
47394. Eloge de Profper Jolyot de Crebillon ; par M. du Boullay.
47395. Eloge du même ; par J. Bern. Michault.
47503. Vie de Jean Mairet ; par M. de Frafne.
47606.* Vie de Racan ; par M. Beaucoufin.

Vies des Architectes.

47805. Hiſtoire de Philibert de Lorme, & Notice de fes Ouvrages ; par M. Beaucoufin.

Vies des Peintres & Sculpteurs.

47848.* Vie de Charles le Brun, & Defcription détaillée de fes Ouvrages ; par Cl. Nivelon.
47934. Eloge de Jacques & de Pierre Sarrafin, avec la Defcription de leurs Ouvrages ; par M. Beaucoufin.

Hiftoires des Artiftes Renommés.

47975. Profperi Marchand, Syntagma de Vitis Stephanorum, celebrium Typographorum.
47977.* Eloge hiftorique de Jean-Thomas Hériffant, Imprimeur du Cabinet du Roi.

Vies & Eloges des Dames Illuftres.

48000. Complainte du Trépas d'Hélène d'Albret.
48002. Hiſtoire de Marguerite d'Anjou, Reine d'Angleterre.
48007. Eloge de Madame Beaucoufin ; par fon fils.
48028. Vie de Madame de Brancas.
48031. Les 24 dernieres heures de la Marquife de Brinvilliers ; par Edme Pirot.
48031.* Relation de la mort de Madame de Brinvilliers ; par M. Pirot.
48042. Le regret d'honneur féminin, fur le Trépas de Dame Françoife de Foix, Dame de Châteaubriant ; par Fr. Sagon.
48056. Mémoires concernant la Vie de la Marquife de Courcelles ; par J. Bouhier.
48087. Obfervations hiftoriques, fur quelques femmes fortes, & particuliérement fur Jeanne Hachette ; par M. Bouillet de Dijon.
48089. Vie de Madame de Hautefort, Ducheffe de Schomberg.
48093. Eloge de Madame des Houlières ; par N. Lucas.
48113. Vie de Catherine de Lorraine, Ducheffe de Nevers.
48140. Abrégé de la Vie de la Préfidente de Nefmond.
48175. Hiftoire de la Comteffe de Selles.
48184. Eloge funèbre de la Ducheffe de Tallard ; par M. de Frafne.
48191. Madame de Tournon, Roman en Vers François.
48195. Obfervations qui fe peuvent faire pour connoître de quel efprit procède la conduite de Marie des Vallées ; par N. le Pileur.
48196. Abrégé de la Vie & Etats de Marie des Vallées.
48197. Recueil des Apparitions & Viſions de la même, & de fes Colloques avec J. C. & la Vierge.
48198. Etat des chofes qui fe font paffées en la conduite de la Sœur des Vallées ; par N. Ameline.
48199. Hiftoire de la Vie de la même, en douze Livres ; par le P. Eudes.
48200. Mémoire d'une admirable conduite de Dieu envers Sœur Marie de Coutance (ou des Vallées.)
48206. Mémoire des Amours de Louis XIV, avec Madame de la Vallière.
48216. Hiftoire de Nicole de Vervins ; par Chriſtophe d'Héricourt.

VIII.

TABLE DES AUTEURS,

dont les Ouvrages sont rapportés dans cette Bibliothèque.

Avec l'indication de leurs Ouvrages, & des Numéros sous lesquels on les trouve :

Rédigée par LAURENT-ETIENNE RONDET.

Les Chiffres Romains indiquent les Tomes; les Chiffres Arabes, les Numéros : la Lettre S. le Supplément, qui est dans le Tome IV. & ces trois Lettres, Add. les Additions placées dans ce Tome V.

A

A. (l'Abbé), *c'est-à-dire*, l'Abbé Armerye, I, 3742: *voyez* Armerye.

A. (le Pere) de l'Oratoire, *c'est-à-dire*, le Pere Amelotte, IV, S. 14994* : *voyez* Amelotte.

A. A. *c'est-à-dire*, Adam Adam, III, 30785 : *voyez* Adam.

A. B. *inconnu.*
Magnificence des triomphes faits à Rome, II, 26638.

A. B. J. C. *c'est-à-dire*, Adamus Blacwodus, Juris-Consultus, II, 26741 : *voyez* Blacwod.

A. C. *c'est-à-dire*, Auteuil Combault, III, 38989 : *voyez* de Combault.

A. C. *c'est-à-dire*, Antoine Cordier, I, 4562 & 9006: *voyez* Cordier.

A. C. *inconnu.*
Le Lourdaut vagabond, II, 20154.
Le Lourdaut de Champagne, 20177.

A. C. E. B. R. V. P. *c'est-à-dire*, Auctore Cæsare Egassio Bulæo, Rectore Universitatis Parisiensis, IV, 44786 : *voyez* Egasse du Boulay.

A. D. *inconnu.*
Les Morits qui ont empêché la paix, IV, S. 23672*.

A. D. B. *inconnu.*
Oratio de Gallicâ Laniena, II, 18178.

A. D. C. *c'est-à-dire*, Auteuil de Combault, II, 24920: *voyez* de Combault.

A. D. C. *peut-être* Achille (de Harlay, Marquis) de Chanvallon : *voyez* de Harlay.
Description de la Batalla de Ivry, II, 19142.
Summa de las hazanas del muy famoso Henrico IV, 19867.

A. D. C. P. *inconnu.*
Hiérostonie de Jésus-Christ, I, 5114.

A. D. C. T. *c'est-à-dire*, André du Chesne, Tourangeau, II, 25971 & 26812 : *voyez* du Chesne.

Abr. D. L. D. P. *c'est-à-dire*, Abraham de la Devese, Pasteur, I, 6061 : *voyez* de la Devese.

A. D. P. *peut-être*, Antoine du Parc : *voyez* du Parc.
Lamentations sur la mort de Charles IX; II, 18235.

A. D. T. *inconnu.*
Lettres d'un Gentilhomme François, II, 21732.

A. D. W. *inconnu.*
Lettre à Monseigneur Paulino, I, 14280.

A. G. E. D. G. *c'est-à-dire*, Antoine Godeau, Evêque de Grasse, I, 4748 : *voyez* Godeau.

A. G. L. B. D. P. D. M. P. *c'est-à-dire*, Achilles Guillelmus le Begue de Presle, Doctor Medicus Parisiensis, I, 2433 : *voyez* le Begue de Presle.

A. I. *c'est-à-dire*, Autore Joanne Georgio Eccardo, II, 27603 : *voyez* Eccard.

A. J. D. *inconnu.*
Histoire du Siége de Montauban, II, 21061.

A. L. *inconnu.*
Généalogie de M. le Premier Président Molé, II, 22530.

A. M. *c'est-à-dire*, Antoine Mérindol, I, 1911 : *voyez* Mérindol.

A. M. B. P. *inconnu.*
Les grands chemins de l'Empire Romain dans la Belgique, I, 88.

A. M. D. P. *c'est-à-dire*, Autore Michaële de Pure, III, 32476 : *voyez* de Pure?

A. O. M. *c'est-à-dire*, Arnaldus Oihenartus Mauleonensis, II, 28912 : *voyez* Oihenart.

A. Ph. D. L. C. *c'est-à-dire*, A. Perorhée (ou Philothée) de la Croix, IV, S. 14996* : *voyez* de la Croix.

A. T. *inconnu.*
Apologia Christianorum Principum, II, 19425.

A. T. M. C. *inconnu.*
Discours des Bains de Plombieres, I, 3149.

A. V. *inconnu.*
Portraits des Rois de France, II, 15791.

A. V. D. S. S. *inconnu.*
  Apologie pour les François, II, 23957.
d'A. D. S. *inconnu.*
  Discours sur M. Servin, III, 32973.
ABADIE (M.), Chanoine de Comminges.
  Dissertation sur l'établissement de la Religion Chrétienne dans les Gaules, I, 4007.
ABAILARD : *voyez* Abeillard.
d'ABAIN : *voyez* de Châteignier.
ABAUZIT, Firmin, Bibliothécaire de Genève.
  Preuves de l'Hist. de Genève, III, 39174.
S. ABBON, Abbé de Fleury.
  Epistolæ ejus, III, 29755 & 56.
ABBON, Moine de S. Germain-des-Prés.
  De obsessa à Normannis Lutetia, II, 16088 & 16452;
  III, 34575.
ABBOT, Robert, Evêque de Salisbury.
  De suprema Potestate Regia, I, 7243.
ABEILLARD, Pierre, Abbé de S. Gildas.
  Historia calamitatum suarum, I, 11846.
ABEILLE (M.)
  Mémoire sur le projet d'un Canal de Bourgogne, I, 942.
  Procès-verbal sur le même sujet, 944.
ABEILLE (Madame), veuve du précédent, & ses enfans, ou sous leur nom.
  Lettre sur le Prospectus du Canal de Bourgogne, I, 954.
  Réponse au même Prospectus, 955.
ABEL (ou d'Abel) Jean-Philippe.
  Theatrum Europæum, II, 24155. (*Il paroît que c'est la continuation du* Mercurius Gallo-Belgicus, III, 39300.)
ABÉLARD : *voyez* Abeillard.
ABELLY, Louis, Curé de S. Josse à Paris, & ensuite Evêque de Rhodès.
  Vie de S. Josse (& de S. Fiacre), I, 4517 & 13341.
  Vie de François Renar, 11400.
  Vie de (S.) Vincent-de-Paul, 5014 & 11516.
  Défense des sentimens de (S.) Vincent-de-Paul, 11518.
ABIBEREGG : *voyez* Reding.
d'ABILLON, André.
  Le Concile de le Grace, (II. d'Orange,) I, 6343.
d'ABLANCOURT : *voyez* Frémont & Perrot.
d'ABLON, Claude, Jésuite.
  Histoire de Madame de la Peltrie, I, 15323.
  Relations de la Nouvelle France, III, 39690 & 39691.
ABOT de Bazinghen, Conseiller en la Cour des Monnoies.
  Traité des Monnoies, III, 33977.
ABOU Abdallah Mahomet.
  Histoire des Guerres Saintes, II, 16698.
  Histoire de Nourreddin & de Salaheddin, 16699.
ABON Mudafir.
  Histoire de Saladin, II, 16697.
ABOULFADHL-Abdalmonaem.
  Vers à la louanges de Saladin, II, 16699.
d'ABOVILLE (M.), Ingénieur.
  Analyse d'une Eau de Douai, I, 3049.
d'ABRA de Raconis (M.)
  L'Acquit du Trésorier, II, 18258 & 27208.
d'ABRA de Raconis, Charles-François, Evêque de Lavaur.
  Vie de Madame la Duchesse de Mercœur, I, 4803.
  Discours funèbre sur Louis XIII ; II, 22129.
  Lettre sur la mort du Maréchal de Schomberg, III, 31692; IV, S.
ABRAHAM, Claude, Chirurgien.
  Journal historique, IV, S. 24365*.
ABRAM, Nicolas, Jésuite.
  Histoire de l'Université de Pont-à-Mousson, (en Latin) IV, 45252.
ABULFARAGE, Grégoire, (& non pas Georges.)
  Historia Dynastiarum, II, 16705.

ACCARIAS de Sérionne.
  Les intérêts des Nations de l'Europe, II, 29143.
ACCIAIOLI, Donat, Historien.
  Commentarius de vita Caroli magni, II, 16270.
ACCOLTI, Benoît, Jurisconsulte.
  De Bello à Christianis contra Barbaros gesto, II, 16924.
d'ACHERI, Jean-Luc, Bénédictin : *souvent simplement* Luc.
  Acta SS. Ordinis S. Benedicti, I, 11608.
  Series Abbatum B. Mariæ de Novigento, 12262.
  Vita Guiberti Abbatis hujus Monasterii, 12264.
  Elogium Hugonis Menardi, 12513.
  De privilegiis S. Walarici, 12786.
  Spicilegium, II, 15988.
d'ACHEY (M.)
  Lettre sur le Parlement, III, 38518.
ACHILLINI, Jean-Philothée, Poëte, *à qui l'on a faussement attribué* le Songe du Vergier, I, 7055.
ACKELEY, Gabriel.
  Discursus ad Librum Taciti de Moribus Germanorum, II, 15395.
ACOMINAT : *voyez* Nicetas.
ACOSTA, Jérôme, *faux nom, sous lequel s'est caché* Richard Simon : *voyez* Simon.
d'ACOSTA, Jean-Alvarès.
  Aquila augusta trisulco adornata fulmine, II, 28984.
d'ACQUIN *ou* d'Aquin, Louis, Evêque de Séez.
  Image d'Armand-Jean le Bouthillier de Rancé, I, 13149.
d'ACROIGNE, C.
  Récit de la défaite des troupes de M. le Prince, IV, S. 20454*.
ACROPOLITE : *voyez* Georges.
ADALBÉRON, Evêque de Laon.
  Carmen ad Robertum Regem, I, 9650, & II, 16535.
ADALBERT, Moine de Fleuri : *on l'a quelquefois confondu avec* Adrevald, *à qui on a attribué l'Ouvrage qui suit.*
  Historia translationis S. Benedicti, I, 11941.
ADALGISE, Moine de S. Thierri du Mont-d'Hor.
  Miracula S. Theodorici, I, 12764.
ADAM, Clerc de l'Evêque de Clermont.
  Opus historicum, II, 16830.
ADAM, Melchior, Recteur d'un Collége à Heidelberg.
  Vitæ Eruditorum, IV, 45639.
ADAM, Thomas, Curé de S. Thomas d'Evreux.
  Lettre sur un droit honorifique, III, 35320 ; IV, S.
ADAM (M.)
  Traduction d'une partie de l'Histoire de M. de Thou, II, 19878.
ADAM, Adam.
  Arcana Pacis, III, 30785.
l'ADAM, Nicaise, de Béthune.
  Chronique, II, 17618.
ADAMI, Annibal, Jésuite.
  Traduction de la Vie de Jean-Joseph Seurin, I, 14144.
  Oratio in funere Francisci Vindocinensis, Ducis Belfortii, II, 25638 ; IV, S.
ADANSON, Michel, Botaniste.
  Observations Météorologiques, I, 2594.
  Histoire Naturelle du Sénégal, III, 39795.
ADELIN : *voyez* Adhelin.
ADELME *ou* Ademar, l'ancien, Moine.
  Annales Regum Francorum, II, 16333.
ADELME *ou* Ademar *ou* Aymar de Chabanois, Moine de S. Cibar d'Angoulême & de S. Martial de Limoges : *le P. le Long les avoit distingués ; mais c'est le même.*
  Commemoratio Abbatum Lemovicensium Abbatiæ S. Martialis, I, 12599.

Chronicon, II, 16523 & 24; IV, S. III, 37494 & 95.
ABEMAR ou Aymar : *voyez les deux articles précédens.*
ADENEZ li Roix, Poëte.
Le Roman de Pepin, II, 16170.
ADEODAT.
Vita S. Taurini Ebroicensis Episcopi, I, 9938.
ADER, Guillaume, Médecin.
Lou Gentilhome Gascon, II, 19932.
ADHÉLIN ou Adhelme, Evêque de Séez.
Vita sanctæ Opportunæ, I, 14852.
ADHÉMAR de Monteil, Louis, Comte de Grignan, Lieutenant-Général en Provence.
Lettres, II, 29957.
ADHÉMAR de Grignan, Jean-Baptiste, Coadjuteur, puis Archevêque d'Arles.
Oraison funèbre de Marie-Térèse d'Autriche, II, 25181.
ADHÉMAR de Grignan, Louis-Joseph, mort Evêque de Carcassonne.
Procès-verbal de l'Assemblée du Clergé de 1680, I, 6892.
S. ADON, Archevêque de Vienne.
Breviarium Chronicorum, I, 4909; II, 16411.
Vita S. Theuderii, Abbatis Viennensis, I, 12379.
ADREVALD, Moine de Fleury, *que l'on a quelquefois confondu avec Adalbert, dont il est parlé plus haut. Voyez* Adalbert.
Miracula S. Benedicti in Gallia, I, 11959; II, 16389.
Vita S. Aigulfi, Abbatis Lerinensis, 12082.
ADRIANI, Jean-Baptiste, Historien.
Istoria de suoi tempi, II, 18246.
ADRIEN I, Pape.
Epistolæ, III, 29738.
ADRIEN, Moine de Jumieges.
De fundatione, ruina & instauratione Abbatiæ Gemeticensis, I, 11016.
ADSON, Abbé de Montier-en-Derf.
Acta Pontificum Tullensium, I, 10609.
Vita S. Mansueti Tullensis, 10632.
Passio S. Bercharii, 12176.
Vita S. Basoli, 13280.
Liber de Miraculis S. Valdeberti, 12118. *Sur celui-ci les sentimens sont partagés : quelques-uns l'attribuent à un autre* Adson *ou* Hémeric, *Abbé de Luxeu.*
ÆDUUS (ou d'Autun) J. B.
Epistola quâ Thuanus defenditur, II, 19887.
ÆGIDIUS : *voyez* Gilles.
ÆLIUS Antonius : *voyez* Antonius.
ÆMILIUS : *voyez* Paulus.
d'AFFIS, Bernard, Evêque de Lombès.
Ordonnances Synodales, I, 6588.
de l'AGALIER : *voyez* de Laudun.
AGARD, Antoine, Orfèvre.
Discours des Médailles & autres Antiques de son Cabinet, III, 38181.
AGATHIAS, Historien Grec.
Fragmenta de Francis, II, 16040—42.
d'AGAY : *voyez* Dagay.
AGAZZON, Thomas.
Historia mirabilis de Francorum Rege supposito, II, 16983.
d'AGILES, Raymond, Chanoine du Puy-en-Velay.
Historia Francorum qui ceperunt Jerusalem, II, 16584.
AGION, Abbé de Vabres, & depuis Archevêque de Narbonne.
Epistola de origine Monasterii Vabrensis, I, 7956.
AGNÈS (M.), *faux nom sous lequel s'est caché* M. Rey : *voyez* Rey.
AGOBARD, Archevêque de Lyon.
Tractatus de comparatione utriusque regiminis Ecclesiastici & Politici, I, 7040.
Epistola de divisione Imperii Francorum, II, 16340.
Chartula porrecta Lothario Augusto in Synodo Compendiensi, 16341.
Liber Apologeticus pro filiis Ludovici Pii Imperatoris, 16342.
d'AGOUST : *voyez* de Bonne.
AGRICE, Matthieu.
Vita S. Heriberti Coloniensis Archiepiscopi, I, 8671.
AGRICOLA, Rodolphe.
Vita S. Judoci, I, 13339.
AGRICOLE, Magne, *faux nom sous lequel s'est caché* Joseph-Pierre de Haitze : *voyez* de Haitze.
d'AGUESSEAU, Henri, Intendant en Languedoc, pere du suivant.
Procès-verbal sur la réception des Ouvrages du Canal de Languedoc, IV, S. 907*.
Mémoire sur la Douane de Lyon, II, 28164. *Il demeure incertain si ce Mémoire appartient au pere ou au fils.*
d'AGUESSEAU, Henri-François, Chancelier de France, fils du précédent.
Mémoire où on examine si un Cardinal François, &c. I, 7448.
Mémoire sur le Droit de joyeux Avénement à la Couronne, 7660.
Deux Plaidoyers dans la Cause de M. le Prince de Conti & de Madame la Duchesse de Nemours, II, 25859; IV, S. 25556* & 39150*.
Réquisitoire au sujet du surnom de Très-Chrétien, attribué au Roi de France, IV, S. 26901*.
Requêtes concernant les matières Domaniales, IV, S. 27699.*
Plaidoyer sur la Duché-Pairie de Piney, III, 31279.
Maximes sur les Parlemens, 31861.
Instructions sur les études propres à former un Magistrat, 32871.
Eloge de Jean le Nain, Avocat-Général, 32986.
Requête sur la Mouvance du Comté de Soissons, 34879.
— sur la Mouvance de la Terre de Saint-Maigrin, 37568.
— sur la Mouvance de la Seigneurie de Bourdeilles, 37580.
de AGUILON, Pedro, Secrétaire du Duc de Bourgogne.
Historia del Duque Carlos de Borgoña, II, 25467.
d'AGUIRRE : *voyez* Saëns.
d'AIGALIER : *voyez* Rossel.
de l'AIGLE, Charles-Claude, Archidiacre & Official de Toul.
Mémoires pour servir à l'Histoire des Evêques de Toul, I, 10612.
AIGRAD ou Angrad, Moine de Fontenelle.
Vita S. Ansberti Rotomagensis Episcopi, I, 9860.
d'AIGREFEUILLE, Raymond, Evêque de Rhodès.
Statuta Synodalia, I, 6704; IV, S.
d'AIGREFEUILLE ou d'Egrefeuille, Charles, Chanoine de l'Eglise Cathédrale de Montpellier.
Histoire Ecclésiastique de Montpellier, I, 9217; IV, S. *Il y est nommé* d'Egrefeuille.
Histoire (Civile) de Montpellier, III, 37832. *Il est nommé* d'Aigrefeuille.
d'AIGREMONT : *voyez* de Laon.
d'AIGREVILLE : *voyez* François.
d'AIGUEBONNE (M.)
Lettres, III, 30844.
d'AIGUILLON (la Duchesse) : *voyez* Vignerod.
AILLAUD (l'Abbé).
Dissertation sur l'ancienneté de Marseille, III, 38211.
AILLEBOUST, Jean, Médecin.
Exercitatio de cujusdam indurationis causis, I, 2814.

d'AILLY, Pierre, Cardinal, Evêque de Cambrai.
De emendatione Ecclefiæ libellus, I, 7539.
d'AILLY : *voyez* d'Albert.
AIMAR *ou* Aymar, N. Avocat, Juge de Pierre-Latte en Dauphiné.
Hiftoire du Chevalier Bayard, III, 31867.
— du Marquis de Courbon, 31930.
AIMOIN, Moine de S. Germain-des-Prés.
Hiftoria miraculorum S. Germani, I, 9295.
De inventione & tranflatione Corporis S. Vincentii, II, 16088.
Fragmentum de Normannorum geftis, 16386.
AIMOIN, Moine de Fleury.
Galliæ totius Divifio & defcriptio, I, 468.
Hiftoria tranflationis S. Benedicti & fanctæ Scholafticæ, 11943.
De miraculis S. Benedicti, I, 11960; II, 16533 & 56.
Vita S. Abbonis, Abbatis Floriacenfis, I, 11968; II, 16516.
De Regum Francorum origine, geftifque, II, 16088. *Il y a été nommé* Annon; *& il y a été confondu avec le précédent Aimoin.*
AIMON, Abbé de S. Pierre-fur-Dive.
Hiftoire des miracles de la Ste Vierge, dans cette Abbaye, I, 11710.
d'AIRVAL *ou* de Dairval : *voyez* Baudelot.
AISCU, Edouard.
Hiftoire des Guerres, Traités, Mariages, &c. de l'Angleterre, III, 35177.
AITSINGER, Michel.
De Leone Belgico, II, 19844; III, 39261; IV, Suppl.
d'AITZEMA, Léon.
Hiftoria Pacis, III, 30780.
d'AIX, François, Avocat.
Statuts municipaux & Coutumes anciennes de Marfeille, III, 38224.
AKAKIA, Martin, Profeffeur Royal en Médecine.
Panegyricus Henrico Valefio Regi dictus, II, 18398.
ALAGUS, Chanoine d'Auxerre.
Gefta Autiffiodorenfium Epifcoporum, I, 10115.
ALAIN, Evêque d'Auxerre & Moine de Clairvaux.
Vita S. Bernardi, I, 13042.
ALAIN, Nicolas, Médecin.
De Sanctonum regione & illuftribus familiis, III, 37561 & 40779.
d'ALAIS (le Comte) : *voyez* d'Angoulême.
ALAMAY, Léonard, Jéfuite.
Parentalia Marci-Antonii Gourguei, III, 33126.
ALARY, Jean, Médecin.
La Vertu triomphante de la Fortune, II, 25144.
ALARY, François, Médecin.
Prophétie du Comte Bombaſte, II, 19904 & 24398.
d'ALARY, Jean, Avocat.
Le Lys fleuriſſant, II, 27383.
de ALAS, Jufto.
Traduction Efpagnole du Procès des Sieurs de Cinq-Mars & de Thou, III, 33748.
d'ALATRI : *voyez* Pandulphe.
d'ALBANIE (le Duc) : *voyez* Stuart.
d'ALBENAS, Jean-Poldo.
Difcours fur la Cité de Nifmes, III, 37846.
ALBERGANTE, Hector.
Difcorſo fopra la Dichiaratione del Clero Gallicano, I, 7307.
ALBÉRIC *ou* Baldéric.
Carmina hiftorica, II, 16583.
ALBÉRIC *ou* Albert, Chanoine d'Aix-la-Chapelle.
Hiftoria Hierofolymitana, II, 16635.
ALBÉRIC, Moine des Trois-Fontaines.
Chronicon, II, 16803.
ALBERT, Chanoine d'Aix-la-Chapelle : *voyez* Albéric.
ALBERT, Difciple de S. Guillaume de Malaval.
Vita S. Guillelmi, Comitis Pictavienſis, III, 35718.

ALBERT, Abbé de Stade.
Chronicon, II, 16454.
ALBERT, Greffier de la Chambre des Comptes de Blois.
Hiftoire des Comtes de Blois, III, 35630.
ALBERT, Jean, Profeffeur au Collége de Beauvais.
Dæmon Julii Mazarini in Gallos, IV, S. 22415*.
ALBERT, Prêtre du Dauphiné.
Dictionnaire des Prédicateurs François, IV, 46977.
ALBERT le Grand, Dominicain.
Vie & Miracles des Saints de la Bretagne Armorique, I, 4250.
Catalogue des Evêques de l'Armorique, I, 10259.
Hiftoire de S. Budoc, Evêque de Dol, & de la Princeſſe Azenor, fa Mere, 10492.
Vie de S. Hervée, Abbé en Bretagne, 11588.
Vie de S. Méen, Abbé en Bretagne, 12660.
Généalogie des Rois & Ducs de Bretagne, III, 41531.
ALBERT de S. Jacques : *voyez* Mercier (Chriftophe.)
ALBERT de Straſbourg. *On prétend que c'eſt* Matthias de Neufchâtel, III, 38702 : *voyez* Matthias.
d'ALBERT, Charles, Duc de Luynes, Connétable.
Requête au Roi, II, 20840.
Lettre à M. de Montbazon, 21065.
Inftruction donnée à M. Toiras, III, 30445.
d'ALBERT, Louis-Charles, Duc de Luynes, fils du précédent.
Relation au fujet des rangs des Ducs & Pairs, III, 31306.
d'ALBERT de Luynes, Paul, Evêque de Bayeux, aujourd'hui, Cardinal, Archevêque de Sens.
Difcours dans l'Académie de Caën, IV, 45567.
d'ALBERT d'Ailly, Charles, Duc de Chaulnes.
Négociation, III, 30965.
ALBERTI *ou* Albert, Jean-Baptiſte, de Savone.
De vita S. Maioli, Abbatis, I, 11813.
ALBI, Henri, Jéfuite.
Eloges des Cardin. François & Etrangers, I, 7768.
Eloge du Cardinal de Foix, Archevêque d'Arles, 8018.
— du Cardinal de Brogniac, Archevêque d'Arles, 8020.
— du Cardinal Aleman, Archevêque d'Arles, 8021.
— du Cardinal de Lévis, Archevêque d'Arles, 8014.
— du Cardinal d'Armagnac, Archevêque d'Avignon, 8132.
— du Cardinal Sadolet, Evêque de Carpentras, 8142.
— du Cardinal de Granvelle, Archevêque de Befançon, 8197.
— du Cardinal de Tournon, Archevêque de Lyon, 8949.
— du Cardinal de Lorraine, Archevêque de Reims, 9577.
— du Cardinal d'Oſſat, Evêque de Baïeux, 9909.
— du Cardinal du Perron, Archevêque de Sens, 10073.
— du Cardinal de la Ballue, Evêque d'Angers, 10404; III, 32239.
— du Cardinal Olivier, Evêque de Rennes, I, 10428.
— du Cardinal de Givry, Evêque de Metz, 10600.
— du Cardinal de Bourbon, Archevêque de Lyon, II, 25574.
— du Cardinal de Birague, Chancelier de France, III, 31510.
— du Cardinal de Loubens, Grand-Maître de l'Ordre de S. Jean, III, 40307.
Vie de S. Pierre de Luxembourg, I, 10593.
— de Marie-Jeanne de Jéſus, Fondatrice des Religieuſes Auguſtines, 14708.
ALBICANTE.
Hiftorie delle Guerre del Piemonte, II, 17558.
ALBIN, Eléazar.
Hiftoire Naturelle des Oifeaux, I, 3592.

Albin,

ALBIN, Jean.
De Bello Gallico Ferdinandi II; II, 17371.
ALBOSIUS : *nom Latin de* Jean Ailleboust : *voyez* Ailleboust.
d'ALBRET, Jeanne, Reine de Navarre.
Lettres, II, 18034.
d'ALBRET, Amanieu, Cardinal, Evêque de Basas.
Decreta Synodalia, I, 6797; IV, S.
d'ALBRET, César-Phœbus, Maréchal de France.
Lettres sur la mort du Marquis de Rabat, III, 32043.
ALCIAT, André, Jurisconsulte.
Livre du Duel, III, 40161.
ALCIDE de Bonnecase, Robert, Sieur de Saint-Maurice.
Tableau des Provinces de France, I, 2090; IV, S.
Guide des Etrangers dans le voyage de France, 2316.
ALCIME Avite : *voyez* Avite.
d'ALCO : *voyez* Bonnier.
ALCUIN, Flaccus Albinus, Abbé de Saint-Martin de Tours.
Vita S. Vedasti, Attrebatensis Episcopi, I, 8594.
Vita S. Willebrordi, Ultrajectensis Episcopi, 8809.
Scriptum de Vita S. Martini, Turonensis Episcopi, 10280.
Epitaphium suum, 11925.
Epitaphia Fulradi & Maginarii, Abbatum Sancti-Dionysii, 12426.
Vita S. Richarii, Centulensis Abbatis, 11736.
Carmina, II, 16258.
Epistolæ, III, 29737.
ALDENBRUCK, Augustin, Jésuite.
De Religione Ubiorum, I, 3944.
ALDROVANDE, Ulysse, Philosophe & Médecin.
De avibus & cæteris animantibus, I, 3554.
ALEAUME, Jacques, Chanoine & Official d'Orléans.
Oraison funèbre du Cardinal de Coislin, III, 32264.
d'ALEBRETZ, Jacques, Evêque de Nevers.
Statuta Synodalia, I, 6642.
ALEGAMBE, Philippe, Jésuite.
Mortes illustres Virorum illustrium Societatis Jesu, I, 14101; III, 39691.
d'ALEMBERT : *voyez* le Rond.
d'ALENÇON (le Duc) Charles IV, descendant de Philippe-le-Hardi, Roi de France.
Ses Lettres, III, 29882.
d'ALENÇON (la Duchesse), Marguerite d'Orléans; épouse du précédent : *voyez* d'Orléans.
d'ALENÇON (le Duc), François de France, fils du Roi Henri II.
Sa Déclaration sur sa sortie de la Cour, II, 18331.
Sa Lettre au Roi sur son éloignement, 18399.
Ses Lettres, III, 30421.
d'ALÈS de Corbet, Pierre V, *qui étant veuf, devint* Chanoine de Blois.
Sa Lettre à M. d'Hozier de Serigny, III, 40878.
d'ALÈS de Corbet, Pierre-Alexandre, Vicomte, fils du précédent.
Observations sur la Noblesse Commerçante ou Militaire, II, 28227.
Recherches sur l'ancienne Gendarmerie Françoise, III, 32189; IV, S.
Origine de la Noblesse Françoise, III, 39886.
d'ALÈS de Corbet (Mademoiselle), sœur du précédent.
Vie de M. le Pelletier d'Orléans, son Parain, I, 4760.
ALESME, Jean.
Vita Nicolai Boërii, III, 33124.
ALETHEIUS Demetrius : *faux nom sous lequel s'est caché* Julien Ofroy de la Mettrie, IV, 46013 : *voyez* Ofroy.
d'ALEX : *voyez* d'Aranthon.
ALEXANDRE II, Pape.
Epistolæ ad Gervasium Remensem, I, 9559; III, 29763.

ALEXANDRE III, Pape.
Epistolæ pro Remensi Provincia, I, 9495.
ALEXANDRE IV, Pape.
Epistolæ super negotio Regni Siciliæ, III, 29789.
ALEXANDRE VII, Pape.
Bref pour la Congrégation de la Doctrine Chrétienne, I, 10850.
ALEXANDRE VIII, Pape.
Decretum contra extensionem Juris Regaliæ, I, 7654.
ALEXANDRE, Moine de Cluni.
Glossæ in vitam S. Maioli, I, 11809.
ALEXANDRE, Abbé de Saint-Sauveur de Ceglio.
Rogerii Siciliæ Ducis, res gestæ, III, 34997.
ALEXANDRE, Noel, Dominicain.
Dissertatio de Prædicationis Evangelicæ exordio, I, 3966.
— de B. Mariæ Magdalenæ, Lazari & Matthæ in Gallias appulsu, 3992.
— de adventu S. Dionysii in Gallias, 4054.
— de dissidio Bonifacii VIII, & Philippi Pulchri, 7124.
— de Jure Regaliæ, 7643.
— de translatione Regni Francorum à Childerico ad Pipinum, II, 16156.
— de translatione Imperii ad Carolum Magnum, 16226.
— de Ludovici Pii Imperatoris exauctoratiore & restitutione, 16347.
— de divortio Lotharii Regis, 16401.
— de causa Templariorum, III, 40354.
Apologie des Dominicains Missionnaires à la Chine, IV, S. 13849*.
ALEXANDRE d'Arles (le Pere), Capucin.
Histoire de la Fondation du Monastère de la Miséricorde de la Ville d'Arles, I, 5518 & 15251.
ALEXANDRE de Caën (le Pere), Capucin.
La Ruine des Prêches : le Triomphe de Louis-le-Grand : le Triomphe du S. Sacrement, IV, S. 6053*.
ALEXANDRE de Lyon (le Pere), Récollect.
Vie de Magdelène du Sauveur, IV, S. 15205*.
ALEXIS (le Pere), Pierre Caquet, Augustin.
Généalogie de la Maison de la Fare, III, 42262;
— de la Maison de Roquelaure, IV, S. 43886.
d'ALEXIS, Léon : *faux nom sous lequel s'est caché le* Card. de Bérulle, IV, S. 4831 : *voyez* de Bérulle.
ALFANT, Bernardin, Sieur de Saint-Martin.
Legenda beati Gentii, IV, S. 13313*.
ALFERAN, Gaspard, Notaire.
Histoire Provençale, III, 38104.
ALFONSE : *voyez* Alphonse.
ALGAY de Martignac, Etienne.
Eloges des Evêques & Archevêques de Paris, I, 9353; IV, S.
Mémoires de Monsieur, II, 21867 & 68.
d'ALGE : *voyez* de Mareste.
ALGIER (le Sieur).
Stances au Roi, II, 22847.
d'ALGUERBE (M.).
Dictionnaire des Théâtres de Paris, IV, 47776; & Suppl.
d'ALIBARD (M.), Correspondant de l'Académie des Sciences.
Floræ Parisiensis Prodromus, I, 3360.
d'ALIGNY : *voyez* Quarré.
d'ALIGRE, Etienne, Ambassadeur, depuis Chancelier de France.
Lettres, III, 30505 & 30986.
ALIX, Philippe.
Panégyrique de Jean-Jacques Bonvallet, 33217 & 38511.
ALIX, Pierre, Abbé de S. Paul de Besançon.
Histoire de cette Abbaye, IV, S. 12701*.

ALIX de Véroncourt, Thierri, Préſident en la Chambre des Comptes de Lorraine.
Pouillé du Diocèſe de Toul, I, 1291; IV, S.
Diſcours ſur la Charte du Comté de Bitche, I, 2397.
Hiſtoire du Duché de Lorraine, I, 2415; III, 38809.
De l'Antiquité du Duché de Lorraine, III, 38819.
ALLAIN (M.), Maître de Penſion, à Paris.
Traduction d'une Oraiſon funèbre Eſpagnole de M. le Dauphin, II, 25760.
ALLARD, Claude, Religieux Antonin.
Crayon des Grandeurs de S. Antoine de Viennois, I, 13438.
Vie de Charlotte-Flandrine de Naſſau, I, 14807.
ALLARD; on l'a nommé Gui : mais il paroît antérieur au ſuivant.
Entrée du Roi (Louis XIII) : à Toloſe, II, 26346.
ALLARD, Guy, Préſident en l'Election de Grenoble, neveu de Claude.
De la Juſtice, de la Police & des Finances de France, II, 27291.
Vie du Baron des Adrets, III, 31842.
Vie de Charles du Puy, Seigneur de Montbrun, 32007.
Hiſtoire du Parlement de Grenoble, 33138.
Les Préſidens uniques & premiers Préſidens de ce Parlement, 33139.
Vie de Soffrey Calignon, Chancelier du Roi de Navarre, 33152; IV, S.
Hiſtoire de Humbert II, Dauphin de Viennois, 37950.
Les Gouverneurs & Lieutenans au Gouvernement de Dauphiné, 37962.
Les anciennes Inſcriptions de la Ville de Grenoble, 37964.
Etat politique de la Ville de Grenoble, 37965.
Avertiſſement au ſujet des Rentes du Dauphiné, 37986.
Diſſertation ſur les Rentes de Dauphiné, 37987.
Remontrances des Débiteurs des Rentes, 37988.
Lettres & Mémoires, 37989.
Projet de l'Hiſtoire généalogique des Familles Nobles du Dauphiné, 40647.
Nobiliaire du Dauphiné, 40648.
Hiſtoires généalogiques des Maiſons du Dauphiné, 40649.
Hiſtoires généalogiques de cinquante Familles de Dauphiné, 40650.
Hiſtoire généalogique de la Famille de Chaponay, 41774.
—de la Maiſon de Langon, 42850.
Généalogie de la Maiſon de Montchenu, 43264.
Hiſtoires généalogiques des Familles de du Puy-Montbrun & de Murinais, 43679.
Généalogie de la Maiſon de Simiane, 44149.
Bibliothèque du Dauphiné, IV, 45689.
Zizimi, Prince Ottoman, 48171.
ALLARD, Marcellin.
Gazette Françoiſe, II, 19852.
ALLATIUS, Leo, c'eſt-à-dire, Léon Allazzi, Garde de la Bibliothèque Vaticane.
Verſion Latine de la Chronique Grecque de George Logothete, II, 16731.
Hellas in Natales Delphini Gallici, Græcè, 22179.
d'ALLEMAN (le Pere)
Oraiſon funèbre de M. le Bret, IV, S. 32743*.
ALLEMAND, Alexandre, Vicomte de Paſquiers.
Remontrance à la Nobleſſe de France, qui fait profeſſion de la R. P. R. II, 19860.
ALLEN, Antoine, Conſeiller au Bailliage de Troyes.
Diſſertationes Chronologicæ à Pharamundo ad Pipinum, & à Carolo Simplice ad Philippum I; II, 15895.
—de tranſitu Clodovæi, 16022.

Notæ in Sigeberti Chronicon, 16632.
ALLEN, Guillaume, Anglois.
Traité Politique, II, 27136.
d'ALLENÇON (M.), Huiſſier au Parlement.
Vie de David-Auguſtin de Brueys, IV, 47341; IV, S.
ALLÉON Dulac (M.), Avocat en Parlement.
Mémoires pour ſervir à l'Hiſtoire Naturelle des Provinces de Lyonnois, Forès & Beaujolois, I, 2426.
Mélanges d'Hiſtoire Naturelle, 2451.
Mémoire ſur la Montagne de Pila, 2637.
Diſcours ſur la Minéralogie, 2680.
Mémoire ſur les Métaux & Minéraux du Lyonnois, &c. Id.
—ſur les Foſſiles du Lyonnois, &c. 2681.
—ſur les Carrières de Pierres, de Marbres, &c. du Lyonnois, &c. 2711.
Obſervations ſur le Plâtre de Paris, 2714.
Hiſtoire des Mines de Charbon du Lyonnois, &c. 2764.
Mémoire ſur les Rivières du Lyonnois, &c. qui roulent des paillettes d'or & d'argent, 2778.
—ſur les Rivières, Ruiſſeaux, Fontaines & Caſcades du Lyonnois, &c. 2833.
—ſur les Vignes du Lyonnois, &c. 3511.
Zoologie du Lyonnois, &c. ſous le N.° 3565.
Ornithologie du Lyonnois, &c. 3595.
Ichthyologie du Lyonnois, &c. 3607.
ALLETZ, Pons-Auguſtin, Avocat.
Victoires mémorables des François, II, 15802.
Art de fixer dans la mémoire les faits les plus remarquables de l'Hiſtoire de France, 15833.
Tableau de l'Hiſtoire de France, 15866.
Almanach Pariſien, III, 34516.
des ALLEURS (M.), Abbé de la Reau.
Oraiſon funèbre de Marie-Térèſe d'Autriche, II; 25188.
ALLIAU, François, Jéſuite.
Traduction d'un Catalogue des Saints de Lyon, I, 4276.
ALLIOT (M.), Conſeiller Aulique de la Cour de Lorraine.
Relation de la Pompe funèbre du Duc de Lorraine Léopold, III, 38912.
Fondations & Etabliſſemens du Roi Staniſlas, Duc de Lorraine, I, 21543; IV, S.
AILIX, Pierre, Miniſtre de Charenton.
Remarques ſur les Vaudois, I, 5734.
—ſur les Albigeois, 5762.
l'ALLOUETTE, Ambroiſe : voyez Lallouette.
l'ALLOUETTE, François, Bailli du Comté de Vertus.
Origine des François, II, 15385.
Traité des Nobles, III, 39850.
De l'Origine des Fiefs, 39909.
Hiſtoire généalogique de la Maiſon de Coucy & de Vervins, 41006 & 44427.
Généalogie de la Maiſon de la Mark, 43121.
de l'ALLOUETTE, François, Préſident : on l'a quelquefois confondu avec le précédent.
Des Affaires d'Etat, de Finance, du Prince, de la Nobleſſe, II, 27214.
Des Maréchaux de France, III, 31571.
de l'ALLOUETTE, Edmond, Juriſconſulte, déſigné par ces Lettres E. D. L. J. C.
Apologie Catholique, II, 18493 & 18529. On l'a néanmoins attribuée à Pierre de Belloy.
Hiſtoire abrégée de la Maiſon de Bourbon, 24968, jointe au Livre précédent & avec le même monogramme.
d'ALLUIN : voyez de Schomberg.
ALLUIS, Jacques.
Amours d'Abélard & d'Héloïſe, I, 11851.
d'ALMACHEU : voyez Prodez.
ALMAIN, Jacques, Docteur en Théologie.
Expoſitio de Poteſtate Eccleſiaſtica & Laica, I, 7058.

Table des Auteurs. 379

ALMANN ou Altman, Moine de Hautvilliers.
Vita S. Sindulphi, Confessoris Remensis, I, 4690.
Vita S. Nivardi, Episcopi Remensis, 9533.
d'ALMAY : *voyez* de Bois d'Annemets.
d'ALMELOVEEN : *voyez* Janson.
ALMONAZID, Joseph, Bernardin.
Vida di San Bernardo, I, 13064.
ALOISIO, Giacomo.
Discorso di Precedenza tra Spagna e Francia, II, 26911.
ALPHONSE, Comte de Poitiers & de Toulouse : *voyez* de Poitiers.
ALPHONSE (le Pere), Capucin.
Histoire de l'Image de N. D. de Boulogne, I, 4113.
d'ALQUIÉ, François-Savinien.
Délices de la France, I, 2091.
Histoire du Siége de Candie, II, 23945.
d'ALT de Tieffenthal, Fr. Jos. Nicolas, Baron.
Histoire des Suisses, III, 39102.
ALTARIUS, Guillaume.
Encomium Galliæ Belgicæ, III, 39254.
ALTESERRA : *voyez* Dadin d'Hauteserre.
ALTHAMNUS, André.
Scholia in Libellum Taciti de Germania, II, 15396; IV, S.
ALTING, Menson, Bourguemestre de Groningue.
Descriptio Germaniæ inferioris antiquæ, I, 52.
—Agri Batavi & Frisii secundùm antiquos, I, 160; II, 15398; III, *sous le N.°* 39533.
—Frisiæ, post emigrationem Francorum, I, 405.
—Frisiæ, sub Francorum reditum, 406.
—Frisiæ, secundùm medii ævi Scriptores, 478.
ALTMAN : *voyez* Almann.
ALTMANN, Jean-George.
Dissertatio de Sequanis, I, 3943; IV, S. 38377*.
Etat & Délices de la Suisse, III, 39079.
ALTORF, Michel, *dit* Griffith, Jésuite.
Annales Ecclesiæ Anglicanæ, I, 5419.
ALVARÈS, Jean, Bernardin.
Vida y milagros de san Bernardo, I, 13052.
ALVARÈS, Blas-Antonio.
Oracion funebra por Luis XIV; II, 26786.
ALVES, Jean-François, Ministre des Trinitaires de Tarascon.
Traduction des Vies de S. Jean de Matha & de S. Felix de Valois, I, 13971.
des ALYMES : *voyez* de Lucinge.
ALZIARIUS, P.
Ludovico XIV Panegyricus, II, 23221.
d'AMALADE : *voyez* van-Damme.
AMAND du Chastel, Abbé de Marchiennes.
Vita B. Odonis, Cameracensis Episcopi, I, 8569.
AMANN, Nicolas.
Flora Alpina, I, 3304.
AMARITAN, Louis : *peut-être* Amariton.
Oraison funèbre de Louis XIII, IV, S. 22138**.
d'AMARZIT : *voyez* de Sahuguet.
AMATORE, Diego.
Napoli sollevata, II, 22266.
AMBERTAN, Hugues.
Sylvæ præsta varia complectentes, II, 17490.
d'AMBOISE, Georges, Cardinal, Archevêque de Rouen & Ministre d'Etat.
Lettres, III, 29859, 60 & 66.
d'AMBOISE, Jean, Evêque de Langres, neveu du précéd.
Statuta Synodalia, I, 6563.
d'AMBOISE, François, Conseiller d'Etat.
Traduction d'un Discours de S. Grégoire [de Tours] sur l'ancienne Eglise & Etat des Gaules, I, 7238.
Le Traité qui le précede est de son frere Adrien, comme on va le voir.
Apologia pro Petro Abælardo, 11845.
Odes sur le Désastre de la France, 18027.
Tome V.

d'AMBOISE, Adrien, Docteur en Théologie, Recteur de l'Université de Paris, & ensuite Evêque de Tréguier, frere du précédent.
Traité de l'impossibilité & impertinence du Concile demandé au Roi, I, 7238 & 7517, V. *Add.* 7238.
Défense du Concile de Trente, 7518.
d'AMBOISE, Jacques, Médecin, Recteur de l'Université de Paris, frere des deux précédens.
Orationes in Jesuitas, IV, 44639.
d'AMBRES (le Baron).
Mémoires sur les Guerres de la Ligue, en Languedoc, II, 19497.
AMBROISE (le Pere), Augustin Déchaussé.
Rélation du blocus de Girone, IV, S. 24475*.
AMEILHON, Hubert-Paschal, Académicien.
Eloge de Pierre-Nicolas Bonamy, IV, 46666.
AMELGARD, Prêtre de Liége.
De rebus gestis Caroli VII; II, 17268.
—Ludovici XI, 17327 & 28.
AMELIN, Jean, Gentilhomme.
Histoire de France, II, 17738.
AMELINE, N. Missionaire.
Mémoire sur la Sœur Marie des Valées, IV, 48198.
AMELINE (M.), Prêtre, Licentié en Droit.
Vie de M. Delalande, Curé de Grigny, IV, S. 11091*.
AMELOT de Gournay, Michel, Archevêque de Tours.
Statuts Synodaux, I, 6789; IV, S.
AMELOT de la Houssaye, Abraham-Nicolas, Historien.
Vie du Cardinal d'Ossat, I, 9910.
Mémoires Historiques, Politiques, Critiques & Littéraires, II, 15621.
Notes sur l'Abrégé de l'Histoire de France de Mézeray, 15762.
Préface & Notes sur les Mémoires de M. de la Rochefoucault, 23726.
Préliminaires des Traités des Rois de France, III, 29146 & 49.
Notes sur les Lettres du Cardinal d'Ossat, 30345.
Histoire des Princes d'Orange, 38282.
Abrégé du Procès fait aux Juifs de Metz, 38790.
AMELOTTE, Denys, Oratorien.
Vie de Charles de Condren, I, 11068.
Vie de Marguerite du S. Sacrement, IV, S. 14994*.
AMERBACH, Gui, Philosophe.
Annotationes in Constitutiones Caroli Magni & Ludovici Pii, II, 27606 & 10.
AMFRYE de Chaulieu, Guillaume, Abbé d'Aumale.
Réponse de M. le Chevalier de Vendôme, II, 28593, *attribuée*.
AMIOT, J.
Histoire de la Ville de Rouen, III, 35218.
AMIOT (le Pere), Jésuite.
Lettre concernant le P. Gaubil, IV, S. 14212*.
AMIOT : *voyez* Amyot.
de l'AMIRANDE (le Comte).
Lettres, III, 30464.
AMMAM, Juste.
Effigies cum Chronica Regum Francorum, II, 15739.
AMMIEN Marcellin, Historien.
Descriptio Galliarum, I, 59.
AMMIRATO, Scipion.
Orazione all' Henrico IV; II, 19723.
Généalogie de Marie de Médicis, III, 43175; IV, *Suppl.*
AMONTOT (M.)
Lettres, III, 30807.
AMORT, Eusèbe.
Principia meliora de Jurisdictione Ecclesiastica, I, 7103.
d'AMOUR, Pierre, Provincial des Jacobins.
Oraison funèbre de Henri IV; II, 20037.
des AMOURETTES : *voyez* d'Hautville.

B b b 2

d'Amours, Jacques, Sieur de Lumieres.
  Ode à M. de la Meilleraye, II, 22113.
Amphoux (l'Abbé), Aumônier des Galères.
  Poëme sur l'Histoire de Marseille, IV, S. 38255*.
Amy (M.), Avocat au Parlement de Provence.
  Observation sur les Eaux des Rivieres de Marne,
    d'Arcueil & de Puits, I, 2842.
d'Amy : voyez Noël.
'Amy, Marc-Antoine, Avocat au Parlement de Paris.
  Table des Lieux régis par la Coutume d'Estampes,
    I, 2214.
d'Amyens de Gomicourt, Augustin-Pierre, Commissaire des Guerres.
  Mémoire sur la Cathédrale d'Amiens, I, II, 5459.
  Considérations sur le Génie des François, II, 15469.
  Mémoires pour servir à l'Histoire des premiers temps
    de la Monarchie Françoise, II, 15921; IV, S.
    & II, 27163; IV, S.
  Dissertation sur le Gouvernement Monarchique, II,
    17162.
  Mémoire sur les Maires du Palais, III, 31385.
  —sur les Connétables, 31598.
  Histoire de la Surprise d'Amiens, 34157.
  Dissertation sur Ursin, Auteur de la Vie de S. Léger,
    IV, 46976.
Amyot, Jacques, Evêque d'Auxerre, Grand-Aumônier
    de France.
  Poema Elegiacum in funere Caroli IX; II, 18241;
    IV, S. 26739*.
  Poema Heroicum de felici inauguratione Henrici III;
    II, 18310.
  De Vita sua, III, 32245.
Amyrault, Moyse, Ministre Calviniste.
  Vie de François de la Noue, II, 19330; III, 32030.
  Discours de la Souveraineté des Rois, II, 26871.
Amys : voyez Avis.
Anastase II, Pape.
  Epistola Clodoveo Regi Francorum, II, 16017.
Anastase le Bibliothécaire.
  Historia Pontificia, II, 16212.
Ancelin, Humbert, Evêque de Tulles.
  Statuts & Réglemens, I, 6782.
d'Ancezune (non d'Ancesane), Rostaing, Archevêque d'Embrun.
  Histoire des Vaudois de Dauphiné, I, 5703; V.
    Add.
Ancillon, David, Ministre de Metz, puis de Berlin.
  Vie de Guillaume Farel, I, 5818.
Ancillon, Charles, Historiographe de l'Electeur de
    Brandebourg, fils du précedent.
  Réflexions sur la persécution des Réformés, I,
    6051.
  Histoire de l'établissement des Réfugiés dans les
    Etats de Brandebourg, 6071.
  Discours sur la Vie de David Ancillon, 6076.
  L'irrévocabilité de l'Edit de Nantes, 6181.
  La France intéressée à rétablir l'Edit de Nantes,
    6184.
  Mémoires concernant les Vies & Ouvrages des Modernes célèbres, IV, 45642.
  —sur Adrien Baillet, I, 10905.
  —sur Jean-Baptiste Cotelier, 11078.
  —sur Benjamin Aubery, III, 32699.
  —sur Jacques Aubery, IV, 45816.
  —sur Antoine Aubery, 45817.
  —sur Louis Aubery, 46617.
  —sur Urbain Chrevreau, 46695.
  —sur Barthélemi d'Herbelot, 46769.
  —sur Henri Justel, 46784.
  —sur Valentin Conrart, 47047.
d'Ancre (le Maréchal) : voyez Concino.
d'Andelot (le Marquis) : voyez de Coligny.
Anderson, Jacques.
  Recueil de Pièces concernant Marie Stuart, II,
    15118.

d'Andeux : voyez Vatin.
d'Andilly : voyez Arnaud.
Andoire, F. A.
  Défense des Religieux de la Merci, I, 13991.
Andoque, Pierre, Conseiller au Présidial de
    Béfiers.
  Catalogue des Evêques de Béfiers, I, 9184.
  Histoire du Languedoc, III, 37715.
d'Andrada, Alphonse, Jésuite.
  Vida de S. Juan de Matha, & de S. Felix de Valesio, I, 13973.
  Vida di Santa Gertruda, 15019.
Andrault de Langeron-Maulevrier, Charles, Abbé de
    S. Pierre de Châlon.
  Rapport & Pièces justificatives de son Agence, en
    1705 & en 1710, I, 6906 & 9.
André, Prêtre d'Italie.
  Chronicon, II, 16410.
André, d'Arles.
  De origine & gestis Francorum, II, 15359.
André, Moine de Fleury.
  De vita Gauslini, Abbatis Floriacensis, I, 11972.
André, Grand-Prieur de Fontevrauld.
  Vita B. Roberti de Arbrisello, I, 13935 & 36.
André Sylvius ou du Bois : voyez Sylvius.
André, Esprit, Médecin.
  Discours sur la Nature d'un Suc huileux, I, 2752.
André, Valere, Jurisconsulte.
  Topographia Belgica, III, 39269.
  Bibliotheca Belgica, IV, 45693.
André de S. Nicolas (le Pere), Prieur des Carmes de
    Besançon.
  Dissertation sur la découverte de la Ville d'Antre,
    I, 201.
  Polypticon Vesontino-Sequanicum, 1239.
  Sequani Christiani, 5106.
  Histoire de l'Abbaye de S. Etienne de Dijon, 12451.
  Collectanea Provinciarum & Conventuum Ordinis
    Carmelitarum, IV, S. 13692*.
  Histoire généalogique de la Maison Royale de Bourbon, II, 25564.
  Mémoires sur l'Histoire du Bourbonnois, III, 37484.
  Veteres Sequanorum Reguli, 38377.
  De sepulchrali lapide Comitibus Burgundo-Sequanorum posito, 38381.
d'Andréa, Jean-Augustin, Sieur de Nibles, Gentilhomme Provençal.
  Tableau du Gouvernement du Comté d'Alais, II,
    15529; IV, S.
  La Vérité Provençale, III, 38027.
d'Andréa, François, Fiscal de la Chambre de Naples.
  Risposta al Trattato delle ragioni della Regina
    Christianissima, II, 28862.
d'Andrehan, Arnoul, dit d'Audenehan, Maréchal de
    France.
  Lettres, III, 29515; IV, S. 29796*.
Andrelin, Publie-Fauste, Poëte du Roi, Chanoine de
    Bayeux.
  De secunda Neapolitana Victoria, Sylva, II, 17415.
  De Regia in Genuenses Victoria, 17429.
  Præfationes ab Anna Francorum Regina, 25070.
  Epitre de la Reine Anne, 25071.
  Carmen in obitum Guidonis Rupefortis, IV, S.
    31494*.
  Deploratio de morte Petri Coardi, III, 31895.
Andréossy, François, Ingénieur.
  Canal du Languedoc, I, 752.
  Régles du Jeu du Canal Royal, 905; IV, S.
  Descrittione del Canal Reale, 906.
Andreu, François, Curé de Remiremont.
  Oraisons funèbres de Madame Béatrix Jéronyme de
    Lorraine, IV, S. 15019*.
Andreu de Bilistein, Charles-Léopold.
  Essai de Navigation en Lorraine, I, 2227.
  Etat Physique de la Lorraine, 2423.

Institutions Militaires, III, 32135.
Essai sur les Duchés de Lorraine & de Bar, 38818.
Essai sur Nancy, 38932; IV', S.
ANDROUET du Cerceau, Jacques.
Bâtimens de France, I, 2119.
ANDRY, David.
Chartes & Titres des Habitans de Tonnerre, III, 34336.
ANDRY, Nicolas, Médecin.
Cléon à Eudoxe, IV, 44922.
ANDRY, Charles-Louis, Médecin.
An Parisinis præsertim interdùm rusticari, I, 2598.
ANEAU, Barthélemi, Professeur de Rhétorique.
Lyon Marchand, III, 37371.
d'ANFONILLE : voyez des Armoises.
ANGE de Raconis (le Pere), Capucin.
Histoire de la conversion de Jean de la Rochette, IV, 45997 & S. 5995*.
ANGE de Sainte-Rosalie (le Pere), Augustin Déchaussé.
Edition de l'Histoire Généalogique & Chronologique de la Maison de France, II, 24837.
De l'Origine de Robert, chef de la troisieme Race de nos Rois, 24941.
Edition de l'Etat de la France, 17296.
Edition de l'Histoire Généalogique & Chronologique des Grands Officiers de la Couronne, III, 31344.
Catalogue des Grands-Sénéchaux de France, 31392.
—des Connétables de France, 31404.
—des Chanceliers & Gardes des Sceaux, 31484.
Ces Catalogues ont été continués par le P. Simplicien : voyez Simplicien.
ANGE de Saulieu (le Pere), Capucin.
Hydrologie, I, 3123.
ANGELI, Pierre, Poëte.
Syrias, II, 16606.
ANGÉLIQUE de S. Jean : voyez Arnaud d'Andilly.
ANGELRANNE, Abbé de Centule.
Vita S. Richarii, I, 12737.
ANGELUS de Curibus Sabinis, Poëte.
De Excidio Civitatis Leodiensis, III, 39220.
d'ANGENNES de Rambouillet, Charles, Cardinal, Evêque du Mans.
Ambassade, III, 30124.
Dépêches, 30125.
d'ANGENNES de Rambouillet, Claude, Evêque de Noyon & ensuite du Mans, frere du précédent.
Remontrances du Clergé, en 1585, I, 6844;
—en 1596, 6849.
Traité de la puissance du Pape envers les Rois, 7194.
Lettres à Henri III; II, 18919; III, 30244.
Lettre sur la mort de Henri III; II, 19084.
d'ANGENNES, Charles, Seigneur de Fontaineriat, Gouverneur de Séez.
Le Droit du Roi (sur Séez), I, 9963.
ANGERSTEIN, Suédois.
Mém. sur quelques Montagnes & quelques Pierres, I, 2721.
d'ANGERVILLE.
Harangue Burlesque, II, 23442.
ANGIAN, Jacques, Chevalier, Seigneur de Castergate.
Histoire des Ducs de Brabant, III, 39483.
ANGIBOIRE, Subdélégué.
Mémoire sur Chaumont en Bassigny, III, 34355.
ANGIER, Pierre, Prêtre.
L'idée d'un parfait Chanoine (Jean Violart), I, 11512; IV, S.
ANGILBERT Komares; faux nom sous lequel s'est caché le Sieur du Fresne de Francheville : voyez du Fresne.
ANGLIVIEL de la Beaumelle, Laurent.
Notes sur le Siècle de Louis XIV, II, 24504.

Réponse au Supplément du Siècle de Louis XIV, 24507.
Suite de la Défense de l'Esprit des Loix, 27077.
Cinq Lettres sur l'Esprit des Loix, 27082; IV, Suppl.
Vie de Madame de Maintenon, IV, 48113; & Suppl.
Lettres de Madame de Maintenon, là.
Mémoires sur Madame de Maintenon, là, & II, 24514; IV, S.
d'ANGLURE de Bourlemont, Charles, Archevêque de Toulouse.
Ordonnances Synodales, IV, S. 6758*.
d'ANGLURE de Bourlemont, Henri, Abbé de S. Pierre-au-Mont, Agent du Clergé, neveu du précédent.
Procès-verbaux des Assemblées de 1695 & 1696, I, 6898 & 99.
d'ANGLURE de Bourlemont, Louis, Archevêque de Bourdeaux, cousin du précédent.
Decrets Synodaux, I, 6419.
d'ANGOULESME (la Duchesse), Louise de Savoie : voyez de Savoie.
d'ANGOULESME (le Duc), Charles de Valois, fils naturel de Charles IX.
Mémoires, II, 19192 & 21869.
Harangues, 20913.
Relation de ce qui s'est passé dans l'Isle de Rhé, 21454.
Ambassade, III, 30458.
Lettres, 30703.
d'ANGOULESME (le Duc), Louis de Valois, Comte d'Alais, fils du précédent.
Lettres, III, 30815.
ANGRAD : voyez Aigrad.
ANGUETIN, Jacques, Greffier de Chartres.
La Beauce desséchée, III, 35545.
ANGUS, M.
Ambassade, III, 30444.
ANIEN, Jurisconsulte, Chancelier d'Alaric.
Abrégé des Codes, IV, S. 27583*.
ANIEN, Moine de Saint-Winoc, & ensuite Abbé d'Aldembourg.
Chronicon universale, II, 17161.
d'ANJOU (le Comte), Foulque IV.
Historia Comitum Andegavensium, III, 35675.
d'ANJOU (le Duc), Charles, ou peut-être Louis.
Epistolæ, III, 19803.
d'ANJOU (le Duc), François, frere de Henri III.
Son Testament, II, 28457.
d'ANJOU, Jean, Jésuite.
Panégyrique du Comte de Langeron, III, 31966.
ANNAT, François, Jésuite.
Notæ in Diarium Sanctamorii, I, 5592.
Rabat-joie des Jansénistes, 15101.
Défense de la Vérité Catholique, 15103.
ANNE d'Autriche, Reine de France.
Lettres, III, 30421, 671, 986 & 31009.
ANNE-Eugenie de Saint-Ange, Religieuse de Port-Royal.
Relation de sa Captivité, I, 15107.
ANNEAU, Barthélemi.
Traduction d'une Lettre de Henri II; II, 17652.
d'ANNEMETS : voyez de Bois.
d'ANNEVILLE : voyez Eustache.
ANNON : voyez Aimoin, Moine de Fleury.
ANQUETIL, Louis-Pierre, Chanoine Régulier de Sainte Geneviève.
L'Esprit de la Ligue, II, 19748; IV, S.
Histoire de la Ville de Reims, 34252.
Almanach de Reims, 34259.
ANQUETIL.
Journal des Postes, I, 831.
ANQUETIN (M.), Curé du Diocèse de Rouen.
Dissertation sur les trois Maries, I, 3995.

382   *Table* VIII.

ANRAER, &c.
 Analyse des Eaux de Chaufontaine, I, 3036.
ANROUX, Nazare, Ministre des Trinitaires.
 Oraison funèbre de Louis Petit, Grand-Maître de l'Ordre, I, 13980.
 Récit de la mort du Cardinal de la Rochefoucault, III, 32254.
ANSCHER, Abbé de Saint-Riquier.
 Vita S. Angilberti, I, 12741.
ANSEGISE, Abbé de Fontenelles.
 Capitula Caroli Magni & Ludovici Pii, II, 27610.
S. ANSELME, Archevêque de Cantorbéri.
 Epistolæ, III, 29766.
ANSELME, Moine du Bec.
 Vita S. Berengarii, I, 12701.
ANSELME, Abbé de Gemblours.
 Chronicon, II, 16630 & 41.
ANSELME, Chanoine de Liége.
 Gesta Pontificum Leodiensium, I, 8708.
ANSELME, Moine de Saint-Remi de Reims.
 Historia Dedicationis Ecclesiæ S. Remigii apud Remos, I, 12721.
ANSELME, Antoine, Abbé de S. Sever-Cap, Académicien.
 Oraison funèbre de Marie-Éléonore de Rohan, I, 14835.
 — de Marie-Magdelène-Gabrielle de Rochechouart, 15170.
 — de Marie-Térèse d'Autriche, II, 25188.
 — de Mademoiselle, fille de Gaston, Duc d'Orléans, 25610.
 — du Comte de Lorge, III, 31636.
 — du Duc de Montausier, 32004.
 — de Gaspard Fieubet, 32741.
ANSELME (le Pere), Dominicain : *voyez* Boyer.
ANSELME de la V. M. (le Pere), Augustin Déchaussé.
 Histoire Généalogique & Chronologique de la Maison de France, II, 24837; & III, sous le N.º 40576.
 Cérémonies qui s'observent aux Sacres des Rois & des Reines, 25961.
 — aux Entrées des Rois & des Reines, 26119.
 — aux Baptêmes des Fils & des Filles de France, 26637.
 — aux Enterremens des Rois & des Reines, 26701.
 Histoire Généalogique & Chronologique des Pairs de France, III, 31223.
 Institution des principales Charges & Dignités de la Couronne, 31343.
 Histoire Généalogique & Chronologique des Grands-Officiers de la Couronne, 31344.
 Catalogue des Maréchaux de France, 31576.
 — des Amiraux de France, 31752.
 — des Généraux des Galères, 31794.
 — des Grands-Maîtres des Arbalestriers, 31803.
 — des Grands-Maîtres d'Artillerie, 31804.
 — des Porte-Oriflammes, 31831.
 — des Colonels Généraux, 31833.
 — des Grands-Aumôniers de France, 32226.
 — des Grands-Maîtres de la Maison du Roi, 32276.
 — des Grands-Chambriers, 32320.
 — des Grands-Chambellans, 32323.
 — des Grands-Ecuyers, 32335.
 — des Grands-Bouteilliers, 32353.
 — des Grands-Pannetiers, 32354.
 — des Grands-Veneurs, 32355.
 — des Grands-Fauconniers, 32361.
 — des Grands-Louvetiers, 32362.
 — des Grands-Queux, 32363.
 — des Grands-Maîtres des Eaux & Forêts, 32364.
 Traité du Blazon, 40012.
 Science Héraldique, 40022.
 Institution des Ordres Militaires, 40262.
 Catalogue des Chevaliers de l'Ordre du S. Esprit, 40505.

 Le Palais de l'Honneur, 40537.
 Le Palais de la Gloire, 40538.
 Généalogies des illustres Maisons de Lorraine, de Savoie, & de plusieurs Familles illustres de France, 40597.
ANSON, Abbé de Laubes.
 Vita S. Ursmari, I, 12053.
 Vita S. Ermini, 12057.
ANSON (M.), Docteur en Droit.
 Mémoire sur la Ville de Nemours, III, 34885.
 Lettre sur la Ville de Milly, 35560.
 Anecdotes sur la famille de le Févre d'Ormesson, 42310.
d'ANTECOURT, Jean-Baptiste, Chanoine Régulier.
 Réponses des Chanoines Réguliers de Bourgogne, aux Religieux Bénédictins, I, 11635 & 37.
d'ANTELMI ou d'Anthelmi, Joseph, Chanoine de Fréjus.
 De Cultu & Patria Sanctæ Maximæ Virginis, I, 4585.
 De Ecclesia Reiensi, 7880.
 De initiis Ecclesiæ Forojuliensis, 7896.
 Histoire de la Ville & de l'Eglise de Fréjus, 7897.
 Assertio pro unico S. Eucherio Lugdunensi, 8895.
 De ætate S. Martini Turonensis, 10293.
 Histoire de l'Abbaye de Lérins, 12069.
d'ANTELMI ou d'Anthelmi, Léonce, Prévôt & Grand-Vicaire de Fréjus, frere du précédent.
 Vie de François Picquet, Evêque de Babylone, I, 10828.
d'ANTELMI ou d'Anthelmi, Charles-Léonce-Octavien, Evêque de Grasse, frere des précédens.
 Notæ in Concilium Regiense, I, 8895.
ANTENOR, Evêque de Térouane.
 Vita S. Silvini apud Morinos Episcopi, I, 9771.
d'ANTHONELLE, (le Sieur).
 Recueil au sujet du Lieutenant Biord, III, 38196.
d'ANTIMON (le Sieur) : *nom sous lequel s'est déguisé* Nicolas Clément : *voyez* Clément.
d'ANTINE, Maur, Bénédictin.
 Additions au Dictionnaire de du Cange, II, 15494.
ANTOINE.
 Etat des Archevêchés, &c. de France, I, 1223.
ANTOINE de Bourbon, Duc de Vendôme, depuis Roi de Navarre.
 Lettres, III, 30014.
ANTOINE de Lebrixa, Ælie.
 De Bello Navarrensi, III, 37670.
ANTOINE de Naples, Moine du Mont-Cassin.
 De S. Benedicti corporis possessione, I, 11949.
ANTOINE de Paris (le Pere), Capucin.
 Traduction du *Giges Gallus*, II, 15466.
ANTOINE de Saint-Front, Feuillent.
 Monumens de la Dévotion de N. D. de Bellefontaine, I, 4096.
ANTOINE de Saint-Gabriel, Feuillent.
 Carte de la postérité de Saint Louis, II, 24982.
ANTOINE de S. Martin de la Porte, Carme réformé.
 Vie de Madame de Beaufort, I, 4773; IV, S.
ANTOINE de S. Pierre, Feuillent.
 Vie de D. Eustache de S. Paul Asseline, I, 13092.
d'ANTON : *voyez* d'Auton.
ANTONIN, Empereur.
 Itinerarium, I, 60–62.
ANTONINI (l'Abbé).
 Mémorial de Paris, III, 34485.
ANTONIUS, Zuinglius : *peut-être faux nom*.
 La Confession d'Espernon, II, 18722.
d'ANTRAIGUES (Mademoiselle)
 Extrait de l'Inventaire, &c. II, 20330; IV, S.
d'ANTRECHAUS (M.), premier Consul de Toulon.
 Relation de la Peste de Toulon, I, 1623; III, 38258.
ANULE, Barthélemi, de Bourges.
 Exegesis Jurisprudentiæ, IV, 45169.

Table des Auteurs. 383

d'Anville *voyez* Bourguignon.
d'Apchon : *voyez* de Saint-Germain.
de l'Api : *voyez* Baccioni.
Apollinaire : *voyez* Sidoine.
Apollonius, Levinus.
 De Navigatione Gallorum in terram Floridam, II, 18013; III, 39647.
l'Apostre, Georges.
 Regrets sur la mort de François Pigenat, I, 11356.
 Calais, Port Iccien, III, 34205.
Appien d'Alexandrie, Historien.
 De Bellis Gallicis, I, 3903.
d'Apremon (Madame).
 Vie de Jean de la Placette, son Pere, I, 6125.
d'Après, Louis, Curé de S. Martin de l'Aigle.
 Histoire de l'Aigle, III, 35313.
Apronius, Aulus : *faux nom sous lequel s'est caché Adam Ebert* : *voyez* Ebert.
Aquaviva, Claude, Général des Jésuites.
 Decret contre la Doctrine qui permet d'attenter aux Personnes des Rois, I, 14252.
Aquilius, Henricus.
 Compendium Chronici Gelriæ, III, 39535 & 39548.
d'Aquin, Louis : *voyez* d'Acquin.
d'Aquin, Philippe, Professeur Royal en Hébreu.
 Lacrymæ in obitum Cardinalis de Berulle, IV, S. 7778*.
d'Aradon, Jérôme, Seigneur de Quinipilès, Gouverneur d'Hennebont.
 Journal, III, 35417.
d'Aradon, Georges, Evêque de Vannes.
 Histoire de ce qui s'est passé en Basse Bretagne, III, 35419.
de Aranas, Jacinto, Commissaire général de l'Ordre de N. D. du Carmel.
 El Señor Philippe V, es el Rey de las Españas verdadero, dado per la mano de Dios, II, 28987.
d'Aranthon *ou* d'Arenthon d'Alex, Jean, Evêque de Genève.
 Statuts Synodaux, I, 6524.
Arasi, Jean, Conseiller au Siége de l'Amirauté de Marseille.
 Histoire d'Antibe, III, 38261.
Arbaleste, Jacques, Récollect.
 Chronologie des Freres Mineurs, IV, S. 13852.*
Arbaud.
 Abrégé de l'Histoire de Louis XIV, II, 24497.
d'Arbaud de Rougnac, Bruno.
 Relation de l'échange de Beaucaire, III, 37892; IV, S.
de Arbieto, Placido.
 Vida de la Madre Aña de Jesus, I, 14985.
d'Arc (le Chevalier).
 La Noblesse Militaire, II, 28214.
Arcere, Louis-Etienne, Oratorien.
 L'Aulnis, dépendance des *Santones*, I, 340.
 Etymologie du nom d'Aulnis, 496.
 Alnisium vetus, 497.
 Réflexions sur un Canal projetté dans le Pays d'Aulnis, 967.
 Carte du Pays d'Aulnis, 1366.
 Histoire Naturelle du Pays d'Aulnis, 2389.
 Eloge du Pere Jaillot de l'Oratoire, 11104.
 Remarques sur quelques points de l'Histoire composée par Pierre de Maillesais, IV, S. 11126.*
 Observations sur la retraite de S. Amand, IV, S. 12315.
 Journal de la tentative des Anglois sur la côte de l'Aulnis, 24762.
 Histoire de la Ville de la Rochelle & du Pays d'Aulnis, III, 35763.
 Observations concernant la Ville de la Rochelle, 35764.

d'Arcet (M.), Médecin.
 Observations Météorologiques, I, 2594.
 Analyse d'une Source de Vaugirard, IV, S. 3261.*
 Rapport sur le Cidre & le Poiré, IV, S. 3516.*
Archange (le Pere), du Tiers - Ordre de Saint François.
 Vie de S. Vincent, dont le corps repose au Couvent de N. D. de Nazareth, I, 4725.
Archange (le Pere), Capucin : *peut-être l'un des suivans*.
 Oraison funèbre de la Marquise de Thianges, IV, 48185.
Archange de Bourbon - Lancy (le Pere), Capucin.
 Oraison funèbre du Marquis de Trichasteau, III, 31912; IV, S.
Archange de Clermont (le Pere), Récollect.
 Histoire des Croisades, II, 16942.
Archange de Lyon (le Pere), Capucin, *en* 1586.
 Eloge funèbre du Marquis de Saint-Chamond, III, 32056.
Archange de Lyon (le Pere), Capucin, *en* 1677.
 Oraison funèbre de Jean de Maupeou, Evêque de Châlons-sur-Saone, I, 9041.
Archange du Puy (le Pere), Capucin.
 Histoire de l'Image miraculeuse de N. D. de Gros, IV, S. 4148.*
Archange Gabriel de l'Annonciation (le Pere), de l'Ordre du S. Sacrement.
 Vie d'Antoine du S. Sacrement, Instituteur de cet Ordre, I, 13827.
Archard, Moine de Clairvaux.
 Vita S. Geselini, I, 13317.
Archimbaud, Jacques, Dominicain.
 Congregationis Occitaniæ S. Ludovici dictæ Narratio, I, 13756.
Archon, Louis, Sacristain de la Chapelle du Roi.
 Histoire de la Chapelle des Rois de France, I, 51803; III, 32230.
Archuys, J. Jésuite.
 In Natales Britanniæ Ducis, Ode, II, 25722.
d'Archye (le Sieur).
 Généalogie de la Maison d'Aspremont, III, 41006.
d'Arcie : *voyez* de Ville-d'Arcie.
d'Arcons, César.
 Œuvres sur la jonction des Mers, & les Mines Métalliques de la France, I, 2655.
d'Arcos (le Duc).
 Mémoires sur les Grands d'Espagne, III, 31306.
d'Arcq : *voyez* Douet.
d'Arcuas, Jean - François & Jérôme, Jurisconsultes.
 Memorabilia in adventu Caroli VIII, in Italiam, II, 17356.
d'Arcussia de Capre, Charles, Seigneur d'Esparron.
 La Fauconnerie, I, 3590.
d'Arcy : *voyez* de Fontaine-Martel.
Ardant, P. F. Docteur en Théologie.
 Fondation de l'Abbaye du Mont-Saint-Michel, I, 12219.
d'Ardennes : *voyez* de Faverner.
Ardier, Paul, Président en la Chambre des Comptes de Paris.
 Histoire de la Valteline, II, 21722.
 Procès-verbal de l'Assemblée des Notables de 1626, 27568.
 Mémoires sur les Affaires des Grisons, III, 30535.
Ardingello (M.), Nonce en France.
 Negotio di Liga & Pace tra Carlo V, & D. Francesco Re di Franci, III, 29946.
Ardon : *voyez* Smaragde.
d'Aréna, Antoine, Jurisconsulte, & Poëte Macaronique.
 Préface sur les Vigueries de Provence, I, 2253.
 De Guerra Neapoletana, II, 17427.
 Ad suos Compagnones, 17428.

Meygra Entreprifa Catoliqui Imperatoris, III, 38068.
d'ARENNES : *voyez* de Saint-Martin.
d'ARENTHON : *voyez* d'Aranthon.
ARETIN, Léonard : *voyez* Bruni.
ARETINUS, Petrus.
  Epiſtolæ ad Franciſcum I, &c. V. *Add.* 30029*.
d'ARGENCOURT : *voyez* d'Huiſſier.
d'ARGENS : *voyez* Boyer.
d'ARGENSON : *voyez* de Voyer.
d'ARGENTON : *voyez* de Comines.
d'ARGENTRÉ, Bertrand, Sieur des Goſnes, Grand-Sénéchal de Rennes.
  Hiſtoire de Bretagne, III, 35395.
  Priviléges & Franchiſes des Habitans de la Bretagne, 35436.
  Généalogies des plus anciennes familles de Bretagne, 40624.
  Avis & Confultation fur les partages des Nobles, IV, S. 40632.*
d'ARGENTRÉ, Charles, Sieur de la Boiſſiere, fils du précédent.
  Edition de l'Hiſtoire de Bretagne, augmentée, III, 35395.
d'ARGENTRÉ, Charles du Pleſſis : *voyez* du Pleſſis.
d'ARGENVILLE : *voyez* Dezallier.
d'ARGER, Léon, Chanoine de la Rochelle.
  Oraiſon funèbre du Maréchal de Matignon, III, 31653.
  —de M. de Champflour, Evêque de la Rochelle, IV, S. 8340.*
d'ARGIS : *voyez* Boucher.
d'ARGOU, Gabriel, Avocat au Parlement.
  Mémoire pour M. de Luxembourg, III, 31277; IV, S.
  —touchant la Souveraineté de Neufchaſtel, III, 39147.
ARIBON : *voyez* Cirin.
ARISTE, *faux nom*.
  Réponſe à Clytophon, II, 23028.
  Lettre à Nicandre, 23220.
ARISTIDE : *faux nom*.
  Sentimens ſur les affaires publiques, II, 22773.
ARISTOTE, Jardinier de Puteaux : *vraiſemblablement faux nom*.
  Obſervations ſur le Livre du Curé d'Hénouville, I, 3466; IV, S.
  L'Art de cultiver les fleurs, I, 3483.
d'ARLES (M.), Curé de Congénies, au Diocèſe de Niſmes.
  Requête critique du Curé de C. II, 24667; IV, S.
ARLIER, Antoine, premier Conſul de Niſmes, depuis Conſeiller au Parlement de Turin.
  Epiſtolæ, III, 29912.
d'ARLINGTON (le Comte) : *voyez* Bennet.
d'ARMAGNAC, Georges, Cardinal, Evêque de Rhodès, & enſuite Archevêque de Toulouſe.
  Lettre à la Reine de Navarre, I, 5800.
  —à l'Evêque de Leſcar, 5802.
  Statuta Synodalia, 6705.
  Lettres, III, 30061.
ARMERYE (l'Abbé).
  Réflexions ſur l'origine des Gaulois, I, 3742.
  Diſcours ſur l'aſſaſſinat du Roi, II, 24757.
des ARMOISES, Charles-Louis, Sieur d'Anfonille.
  Lettre à M. du Vivier, (ſur Saint François de Paule), I, 14018.
d'ARNALDI.
  Généalogie de la Maiſon de Séguier, III, 44101.
ARNAUD, Abbé de Bonneval.
  Vita S. Bernardi, I, 13041.
ARNAUD, Antoine, Avocat, pere des ſuivans.
  Diſcours ſur les Jéſuites, I, 14241; IV, 44645.
  L'Anti-Eſpagnol, II, 18679, 19232, 19378; IV, S. 19378.

La Fleur-de-Lys, II, 19419.
Diſcours ſur la délivrance de la Bretagne, II, 19712; III, *ſous* 35424.
Premiere Savoyſienne, II, 19779 & 29087. Elle lui eſt attribuée; mais peut-être fauſſement.
Avis au Roi, 20090.
Les Terreurs Paniques, 20426; IV, S.
Préſentation des Lettres de l'Office de M. le Connétable, III, 31442.
Plaidoyer pour M. de Guiſe, 25273.
—contre les Jéſuites, IV, 44635 & 38.
ARNAUD, Antoine, Docteur en Théologie, fils du précédent.
  Réfutation de la Relation du Pere Ferrier, I, 5604.
  Les deſſeins des Jéſuites repréſentés, 5605.
  Phantôme du Janſéniſme, 5614.
  Lettres, 5621.
  Lettre ſur Jean Labadie, 6006.
  Conſidérations ſur les Affaires de l'Egliſe, 7617.
  Réponſe au Libelle intitulé Dom Pacifique d'Avranches, 8111.
  L'innocence & la vérité défendues, 14359.
  Nouvelle héréſie des Jéſuites, IV, S. 14361.*
  Avis aux RR. PP. Jéſuites, I, 14365.
  Inſtruction du Procès de la calomnie, 14378.
  Apologie des Religieuſes de Port-Royal, 15111.
ARNAUD, Henri, Abbé de S. Nicolas, depuis Evêque d'Angers, frere du précédent.
  Conſtitutions & Ordonnances Synodales, Statuts Synodaux, I, 6329.
  Négociations, III, 30800 & 30801.
ARNAUD, Marie-Angélique, Abbeſſe de Port-Royal, ſœur du précédent.
  Relation de ce qui eſt arrivé de plus confidérable à Port-Royal, I, 15094.
  Lettres, 15097.
ARNAUD, Agnès, Abbeſſe de Port-Royal, ſœur de la précédente.
  Conſtitutions du Monaſtère de Port-Royal, I, 15095.
  Relation de ſa captivité, 15107.
  Avis aux Religieuſes de Port-Royal, *là & ſuiv*.
  Lettre contre les accommodemens, *là*.
ARNAUD d'Andilly, Robert, frere aîné des précédens.
  Traduction de la Vie de S. Elzéar, I, 4385.
  —de la Vie de S. Eucher de Lyon, 8893.
  —de la Vie de S. Léger d'Autun, 8979.
  —de la Vie de S. Godefroi d'Amiens, 9721.
  —de la Vie de S. Ouein de Rouen, 9854.
  —de la Vie de S. Germain d'Auxerre, 10119.
  —de la Vie de S. Louis de Toulouſe, 10222.
  —de la Vie de S. Lezin d'Angers, 10394.
  —de la Vie de S. Arnoul de Metz, 10558.
  —de la Vie de S. Colomban de Luxeul, 11107.
  —de la Vie de la B. Marie d'Oignies, 14710.
  —de la Vie de Sainte Reingarde, 14786.
  —de la Vie de Sainte Bathilde, II, 25034.
  Vie de S. Roch, I, 4659.
  Mémoires ſur Jean du Vergier de Hauranne, Abbé de S. Cyran, 11508.
  —ſur ſa propre Vie, II, 23926.
  Lettres, III, 30872 & 73.
  Lettre à M. de Montrave, II, 21570; III, 32736; IV, S. 21570.
  Seconde Lettre à M. de Montrave, IV, S. 32737.*
ARNAUD d'Andilly, Antoine, Abbé de Chaumes, fils du précédent.
  Mémoires, II, 24071.
ARNAUD d'Andilly, Simon, Seigneur de Pomponne, frere du précédent.
  Négociations, III, 30965 & 90.
ARNAUD d'Andilly, Angélique *dite* de S. Jean, Abbeſſe de Port-Royal, ſœur des précédens.
  Relation de la Vie de la Mere Angélique, I, 15094.

Relation

Relation de sa propre captivité, 15107 & 9.
Lettres, 15107.
Discours appellés Miséricordes, 15117.
Nécrologe de l'Abbaye de Port-Royal-des-Champs, 15127.
ARNAUD d'Andilly, Marie-Angélique, Religieuse de Port-Royal, sœur de la précédente.
Relation de sa captivité, I, 15107.
ARNAUD d'Andilly, Marie-Charlotte, Religieuse de Port-Royal, sœur des précédentes.
Relation de sa captivité, I, 15107.
ARNAUD, J. Curé de la Ciotat.
Réflexions sur la Vie de Charles de Valois, Duc d'Angoulême, II, 23136 & 25531.
ARNAUD, Constantin, Recollect.
Oraison funèbre de Marie-Térèse d'Autriche, II, 25193.
ARNAUD, Louis.
Traités des eaux minérales d'Aix, I, 1917.
d'ARNAUD de Baculard, François-Thomas-Marie, Conseiller d'Ambassade du Roi de Pologne.
La Tragédie de Coligny, II, 18170.
La France sauvée, 24757.
La Mort du Maréchal de Saxe, III, 31706.
d'ARNAUDIN (M.), neveu du Docteur de ce nom.
Vie de Dom Pierre le Nain, I, 13162.
ARNAULD, Antoine, Prêtre des pauvres de l'Hôpital Général.
Le Triomphe de S. François de Sales, IV, *Suppl.* 10784.**
ARNAULD, Pierre, Sieur de la Chevalerie.
Les figures hiéroglifiques de Nicolas Flammel, III, 34569.
ARNAULT de Laborie, François, Chanoine de Périgueux.
Des Antiquités de Périgord, III, 37569.
ARNAULT de Nobleville, Médecin.
Histoire Naturelle des Animaux, I, 3550.
ARNISÉE, Jean.
De Potestate temporali Pontificis, I, 7218.
De translatione Imperii Romani, II, 28768.
ARNOLD, Jean, *surnommé* Bergellanus.
De Chalcographiæ inventione, III, 39191.
ARNOLD, Simon-Jean.
Traduction Latine des Titres d'honneur, avec des Notes, III, 40726.
ARNOLD de Morimond : *voyez* Bernard, Abbé de Morimond.
ARNOLPH, Jean-Baptiste.
Tumulus Simeonis Provencherii, IV, 46297.
ARNOLPHINI, Pompeo.
Traduction Italienne de la Vie d'André Doria, III, 31796.
ARNOUL, Chantre de l'Eglise de Chartres.
Vita S. Ebrulfi, I, 12458.
ARNOUL, Evêque de Lisieux.
Epistolæ, III, 29777.
ARNOULT, Jean, Curé de S. André de Nyort.
Oraison funèbre de M. de Foudras, Evêque de Poitiers, I, 8325; IV, S.
ARNOULX, Gaspard.
Oraison funèbre de Henri IV; IV, S. 20041.*
ARNOULX, Claude-Bonaventure, Jésuite.
Vie d'Anne de Xaintonge, I, 15322.
ARNOUX, Jean, Jésuite.
Oraison funèbre de Henri IV; II, 20040 & 26749.
Bearnica Expeditio, II, 20923; IV, S.
ARNOUX (M.), Avocat.
Inventaire des saintes Reliques qui sont en Provence, I, 4281.
AROUET de Voltaire, François-Marie, Philosophe.
Histoire des Croisades, II, 16945.
La Ligue, ou la Henriade, 19549 & 52.
Essai sur les Guerres Civiles de France, 19744.
Dissertation sur la mort de Henri IV, 19979.

Le Siècle de Louis XIV, 24504.
Anecdotes sur Louis XIV, 24508.
Essai sur l'Histoire générale, 24510.
Discours en Vers sur les évènemens de 1744; 24656.
La Bataille de Fontenoy, 24656 & 67.
Histoire de la Guerre de 1741, 24666.
Panégyrique de Louis XV, 24724.
Précis du Siècle de Louis XV, 14794.
Remerciement sincère à un homme charitable, 27073.
Lettre sur le Commerce des Grains, IV, *Suppl.* 28161.*
Eloge funèbre des Officiers morts dans la Guerre de 1741, III, 32090.
Doutes sur le Testament du Cardinal de Richelieu, 32434 & 38.
Histoire du Parlement, 32875; IV, S. *attribué.*
Des Normands, 34943.
Lettre sur un Eloge de Descartes, IV, 46436.
Vie de Molière, 47534.
AROUX, Charles, *dit* de S. Vincent, Dominicain.
Vie de Françoise des Séraphins, IV, S. 15138.*
ARP, Pierre-Frédéric.
Themis Cimbrica, IV, S. 27592.*
d'ARPAJON, Louis, Vicomte, depuis Duc.
Lettres, III, 30817.
ARPAUD (le Père), Barnabite.
Vie de Juste Guérin, Evêque de Genève, IV, S. 10796.*
d'Arragon (M.), Commis au Bureau des Affaires Etrangères.
Eloge de Claude de la Vigne de Frécheville, IV, 46353.
d'ARRAS, Matthieu.
Vita Philippi Cominæi, III, 31925.
ARRAULT, Charles, Avocat.
Mémoire pour le Prince de Monaco, III, 38276.
—sur la Principauté de Neufchâtel, 39154.
ARREL, Yves, Sieur de Coatmen, Vicaire de Dol.
Vie de S. Melaire, I, 4587.
ARRHEN, Claude, Historiographe.
Vita Herois Ponti de la Gardie, IV, S. 31947.*
ARRIVABENE, André : *faux nom sous lequel s'est caché* André Mocenigo: *voyez* Mocenigo.
ARROY, Bésian, Théologal de l'Eglise de Lyon.
Apologie pour l'Eglise de Lyon, I, 8861.
Histoire de l'Abbaye de l'Isle-Barbe, 12011.
Questions sur la justice des armes des Rois de France, II, 18531 & 28700.
Domús Umbræ vallis Vimiacæ Descriptio, III, 37424.
d'ARTAGNAN (M.) : *voyez* de Courtilz.
ARTEFEUIL.
Histoire de la Noblesse de Provence, III, 40779.
ARTHAUD, Guy, Archidiacre d'Angers.
Cartes de l'Anjou, I, 1344—46.
ARTHUSIUS, Gothard.
Mercurius Gallo-Belgicus, III, 39300.
ARTHUSIUS de Cressonieriis, M., *faux nom.*
Epistola super Jesuitis, I, 14251.
d'ARTIGNOLE : *voyez* de Thoron.
d'ARTIGNY (l'Abbé), Ex-Jésuite, Chanoine de Vienne en Dauphiné.
Eloge de M. Huet, Evêque d'Avranches, I, 9932.
Remarques sur M. de Raconis, Evêque de Lavaur, IV, S. 10255.*
—sur quelques Fêtes singulières, II, 15564.
Mémoire sur la Pucelle d'Orléans, 17227.
Notes sur un Examen de deux articles de ce Mémoire, 17228.
Réfutation d'un fait concernant Luc Gauric, 17727.
Observations sur les Sermons de Jean Boucher, 19492.

386   *Table* VIII.

Eclaircissemens sur Honoré d'Urfé, 21302; III, 32085.
Réflexions sur le Duc d'Espernon, II, 22080.
Détail de l'Affaire du Comte de Chalais, 22160; III, 33716; IV, S. 21409.
Réflexions sur le Cardinal de Richelieu, II, 22160, III, 32532.
Caractère de Michel le Vassor, II, 22160.
Eloge de Guy du Faur, Sieur de Pibrac, III, 32930.
Observations sur François Savary de Breves, IV, 46678.
Idée de quelques Ouvrages de Nicolas Mercier, 47134.
Vie de César-Pierre Richelet, 47196.
Notice de Jean Soudier de Richesource, 47197.
Remarques sur les deux de Porcheres, 47285.
Eclaircissemens sur les Ouvrages de M. Godeau, IV, S. 47460.*
Eloges de Jean & de Matthieu de Montreuil ou Montreul, IV, 47549.
ARTUR (le Pere), Récollect : peut-être *Artus du Monstier*, dont il sera parlé en son rang : voyez du Monstier.
Editio Actorum S. Wamberti, I, 4734.
ARTUS, Recteur de l'Université de Paris.
Lettre au Recteur de l'Université de Caën, IV, 45179.
d'ARTUS (le Sieur), Maréchal des Camps, & Directeur des Fortifications.
Dissertation sur l'Esclavage, II, 15518.
Notes sur quelques personnes célèbres de l'Artois, IV, 45667.
d'ARVIEUX, Laurent, Chevalier de N. D. du Mont-Carmel & de S. Lazare.
Histoire de ses Voyages dans le Levant, III, 31109.
Son Voyage dans la Palestine, 31110.
Ses Voyages à Constantinople, 31111.
ARVISET, Antoine, Trésorier de France en Bourgogne.
Historia Cuiselli Oppidi, III, 35991.
ARVISET, Antoine-Jehannin, Conseiller au Parlement de Bourgogne.
Précis des Edits & Réglemens de ce Parlement, III, 33039.
d'ASNIERES (l'Abbé).
Lettre sur un Solitaire inconnu, IV, S. 13334.*
ASSARAC, André.
Historiæ novæ & veteres, II, 17494.
ASSARINI, Luc.
Delle Guerre d'Italia, 21648.
Delle Rivoluzioni di Catalogna, 22230; IV, S. 38365.**
ASSE.
Commentaires sur le fait des Aydes, II, 37988.
ASSELIERS, Jean, Greffier d'Anvers.
Historia tumultuum Belgicorum, II, 18454.
ASSELINE, David, Prêtre.
Histoire de la Ville de Dieppe, III, 35239.
ASSER.
Vita Ælfredi Anglorum Regis, II, 16237 & 16450.
l'ASSERTEUR, J.
La Gloire du Royaume de France, II, 21796.
d'ASSIGNIES, Jean, Abbé de Nizelle en Brabant.
Vie & Miracles de S. Martin de Tours, I, 10281.
Vies des personnes illustres en sainteté de l'Ordre de Citeaux, 12955.
Traduction de la Vie de S. Arnoulf, Moine de Villiers, 13178.
d'ASSIGNY : voyez Troya.
ASSONICA, Carlo.
La Gierusalemme liberata travestita, II, 16601.
ASTIER le Cadet, de l'Académie de Béfiers.
Mémoire sur les Vents, I, 2500.

ASTRIA (le Pere), Jésuite.
Généalogie de la Maison de Lascaris, III, 42863.
ASTRUC, Jean, Médecin.
Description des Voies Romaines du Languedoc, I, 102.
Mémoires Géographiques sur le Languedoc, 144.
Des Ports & du Commerce du Languedoc, 481.
Mémoires de la Société des Sciences de Montpellier sur l'Histoire Naturelle du Languedoc, 2421.
Mémoires pour l'Histoire Naturelle du Languedoc, 2422; III, 37693.
Mémoire sur les Vents du Languedoc, I, 2536.
Dissertation sur la peste de Provence, 2608; IV, S. 2564.*
Observations sur une mine de plomb, I, 1772.
Mémoire sur les pétrifications du Bouronnet, 2806.
—sur la Fontaine de Colmars, 2855.
—sur la Fontaine de Fontestorbe, 2857.
Dissertation sur les bains de Balaruc, 2962.
Mémoire sur la Fontaine de Fonsanche, 3055.
Remarques sur l'ancien commerce de Montpellier, III, 37836.
—sur la Ville de Saint-Gilles, 37885.
—sur la Ville d'Aigues-mortes, 37893.
Lettres sur un Mémoire pour les Chirurgiens, IV, 44915.
Etat des Contestations entre les Médecins & les Chirurgiens, 44943.
Mémoires pour servir à l'Histoire de la Faculté de Médecine de Montpellier, 45208.
Remarques sur Arnauld de Villeneuve, 46021.
—sur Charles Barbeyrac, 46026.
—sur Bernard de Gordon, 46040.
—sur François Bernier, 46041.
—sur Jean Bernier, 46043.
—sur Jean Chapelain, 46081.
—sur François Chicoyneau, 46091.
—sur Pierre Chirac, 46095.
—sur Siméon Courtaud, 46105.
—sur Charles Drelincourt, 46122.
—sur Jacques Dubois, 46125.
—sur Adam Fumée, 46149.
—sur Gilles de Corbeil, 46155.
—sur Guy de Chauliac, 46165.
—sur Laurent Joubert, 46186.
—sur André du Laurens, 46193.
—sur Charles de Lorme, 46200.
—sur Pierre Magnol, 46204.
—sur Jean Maziles, 46218.
—sur Michel Nostradamus, 46255.
—sur François Rabelais, 46298.
—sur François Ranchin, 46299.
—sur Theophraste Renaudot, 46301.
—sur Guillaume Rondelet, 46311.
—sur Théodore Turquet, 46337.
—sur Jean Varandal, 46345.
—sur Raimond de Vieussens, 46352.
d'ASSAS (M.), Président.
Discours des Affaires de France, IV, S. 20358.*
d'ATHIS, François, Religieux de la Merci.
Vie de S. Pierre Nolasque, I, 13995; IV, S.
d'ATHYS : voyez Viole.
d'ATTICHY : voyez Doni.
d'AUBAIS : voyez de Baschi.
AUBAYSLE le jeune, Pardoux.
Office de S. Pardoux, I, 12006.
d'AUBENTON, Guillaume, Jésuite.
Oraison funèbre de M. le Dauphin, fils de Louis XIV, II, 25698.
—du Prince de Condé, Louis II de Bourbon, II, 25832.
—de Thomas de Bragelongne, premier Président du Parlement de Metz, III, 33209.

d'AUBENTON (M.), de l'Académie des Sciences.
Histoire Naturelle générale & particuliere, avec la Description du Cabinet du Roi, I, 2466 & 3549; IV, S. conjointement avec M. de Buffon.
Mémoire sur les bêtes à laine, IV, S. 3575.**
—sur les Musaraignes, I, 3588.
—sur les Chauvesouris, 3601.

AUBER (M.)
Mémoire concernant la Taille, II, 28082.

AUBER de Vertot, René, de l'Académie des Inscriptions.
Dissertation sur le premier Fondateur de l'Eglise de Paris, I, 5158.
Origine de la Grandeur de la Cour de Rome & de la nomination aux Evêchés & aux Abbayes de France, 7111.
Dissertation sur l'Origine des Cardinaux, & le rang qu'ils tiennent en France, 7771.
—sur l'origine des François, II, 15444.
—sur la signification du mot Regnum, 15524.
—sur les sermens usités chez les François, 15526.
—sur l'établissement des loix somptuaires chez les François, 15531.
—sur les Effigies de nos Rois de la premiere Race & du commencement de la seconde, 15789.
—sur l'Epoque de la Monarchie Françoise, 15914.
Apologie de l'Histoire de Fredegaire, 16087.
Dissertation sur les Rois appelés fainéans, 16137.
—sur l'abdication de Childéric III, & l'élévation de Pepin, 16159.
Histoire de la Conquête du Fort d'Eresbourg en Westphalie, & de la destruction du Culte du Dieu Irmensul, 16181.
Dissertation sur le titre de Roi donné à Eudes, Comte de Paris, 16458.
Traité de la sainte Ampoule, 25989.
—de la Mouvance de Brétagne, 27818.
Histoire de l'établissement des Bretons dans les Gaules, & de leurs dépendances des Rois de France & des Ducs de Normandie, 27810; III, 35545.
Dissertation sur l'origine de la loi Salique, II, 28549.
—sur cette Question, le Royaume de France a-t-il toujours été héréditaire? 28555.
Relation de l'Ambassade d'Antoine de Noailles en Angleterre, III, 30025.
—de l'Ambassade de François de Noailles en Angleterre & à Venise, 30053.
—de l'Ambassade de François de Noailles à Constantinople, 30146.
—de l'Ambassade de Gilles de Noailles en Pologne, 30159.
Remarques sur quelques monumens antiques de l'Eglise de Paris, 34396.
—sur un monument de l'Abbaye de Fécamp, 34927.
Dissertation sur l'origine du Royaume d'Yvetot, 35259.
Histoire des Chevaliers de S. Jean de Jérusalem, 40298.
Dissertation sur l'origine des Chevaliers de Saint Lazare, 40359.

AUBERT (le Pere), Jésuite.
Explication du flux & reflux d'un puits, I, 2854.
Observations sur les eaux de Bourbon, 2994.
—sur les eaux de Lannion, 3089.
Oraison funèbre du Duc de Lorraine, Leopold, III, 38913.

AUBERT, Jean-Louis, Chapelain de l'Eglise de Paris.
L'Aigle & le Vautour, Fable, II, 24757.

AUBERT, Daniel, Régent des Belles-Lettres.
Dissertation sur la découverte de la Ville d'Antre, I, 101.

Tome V.

AUBERT, Guillaume, Avocat.
Histoire des Guerres contre les Turcs, II, 16598.

AUBERT (M.), Avocat.
Vie du Roi de Pologne Stanisflas Lesczinski, II, 38929.

AUBERT, Pierre, Conseiller au Présidial de Beauvais.
Histoire des Rois de France, II, 15773.

AUBERT, Pierre, Doyen des Avocats de Lyon.
Lettre sur sa personne & sa vie, V, Add. 45821.

AUBERT de Flegny (M.).
Mémoire sur les Coulommiers, III, 34370.

AUBERT de Massoignes.
Les occasions, II, 19658.

AUBERTIN, Gilles.
Traduction Allemande d'une Histoire de la naissance de l'hérésie en France, I, 5883.

AUBERY, Antoine, Avocat.
Traité de la Régale, I, 7620.
Histoire des Cardinaux, IV, S. 7769.
Histoire du Cardinal de Joyeuse, 9887.
Vie du Cardinal du Perron, IV, S. 10074.*
Mémoires pour servir à l'Histoire du Cardinal de Richelieu, III, 30662.
Histoire du Cardinal de Richelieu, 32512.
Histoire du Cardinal Mazarin, 32560.
Journaux des Regnes de nos Rois, II, 15800; IV, S.
Journal du Regne de S. Louis, 16876 & 773; IV, S. 16914*; II, 17406; IV, S.
Journal du Règne de Philippe III ou le Hardi, II, 16910; IV, S. 16914.*
De la prééminence de nos Rois, II, 26936.
Dissertation touchant les Droits du Roi sur la Lorraine, 29016.
Généalogie de la Maison de Joyeuse, III, 42800.

AUBERY, Jacques, Lieutenant-Civil au Châtelet de Paris.
Pro Merindoliis & Capratiensibus, I, 5713 & 17.

AUBERY, Louis, Sieur du Maurier.
Histoire de l'exécution de Cabrieres & de Merindol, I, 5717.

AUBERY, Jean, Médecin.
Les Bains de Bourbon-l'Ancy & de Bourbon-l'Archambaud, I, 2985 & 98.
Antiquités du Bourbonois, III, 37482.

AUBERY, Jean-Henri, Jésuite : quelquefois simplement Henri.
De diva Virgine Garazonia, I, 4146.
Thomæ Bonsii Biterrarum Antistitis Profectio, 9190.
Vota pro salute Regis Ludovici XIII, II, 20915.
Genethliacon Delphini Gallici, 22175.
Henrici Borbonii Iter, 25806.

de l'AUBESPINE, Sébastien, Evêque de Limoges.
Ses Mémoires, III, 30095.
Ses Ambassades, 30912.

de l'AUBESPINE, Charles, Marquis de Château-neuf, Abbé de Préaux, Garde des Sceaux.
Avis important, II, 23337.
Second Avis, 23346.
Son Ambassade, III, 30458.

d'AUBIGNAC: voyez Hédelin.

d'AUBIGNÉ, Humbert, Baron de Montépineuse.
Le Retour d'Enfer de la Duchesse de Beaufort, II, 19760.

d'AUBIGNÉ, Théodore-Agrippa, Conseiller d'Etat de la Reine de Navarre.
Choses notables advenues aux premiers troubles, II, 17777.
Histoire du Siége de la Rochelle, 18208.
Les Tragiques, 18388.
Histoire universelle, 19784.
Lettre sur quelques Histoires de France, 19785.
Vie de Henri-le-Grand, 19997.

Ccc 2

Lettre à la postérité, IV, S. 20875.*
Le Baron de Fœneste, II, 21650.
Relation de la Fête donnée par la Reine aux Noces du Duc de Joyeuse, IV, S. 26276.*
Confession Catholique du Sieur de Sancy, III, 32473.
Sa propre Vie, IV, 46618.

d'AUBIGNÉ.
Tables des Registres du Parlement, III, 33297.

d'AUBIGNY (l'Abbé).
Généalogie de la Maison d'Aubigny, III, 41027.

d'AUBIGNY : *voyez* du Fresne.

AUBIN.
Histoire des Diables de Loudun, I, 4834.

d'AUBREMONT, Jean-Antoine, Dominicain.
Doctrina quam de primatu, &c. I, 7285.
Mantissa, 7292.

AUBRET (M.), Conseiller au Parlement de Dombes.
Projet d'Ordonnance Civile pour la Principauté de Dombes, III, 36068.

AUBRION, Jean, notable Bourgeois de Metz.
Chronique ou Journal de Metz, III, 38770 & 77, IV, S. 38770.

de l'AUBRUSSEL (l'Abbé).
Oraison funèbre de feu M. le Dauphin, fils de Louis XV ; II, 25753.

AUBRY, Charles.
Gallorum ad Landaviam & in pugna Spirensi duplex palma, II, 24414.
Victores Galli ad Rhenum, 24416.
Ecloga in obitum Ducis Aurelianensis, 25658.

AUBRY, Jean-Charles, Avocat, fils du précédent.
Consultation au sujet du Jugement rendu à Embrun, I, 6498.
Mémoire contre l'Abbé de Cîteaux, 12986.
— pour les Ducs & Pairs, III, 31312.

AUBRY, Gui-Charles, fils du précédent.
Mémoire pour M. l'Evêque d'Auxerre sur la Régale, IV, S. 7659.*
— pour le Chapitre d'Auxerre contre les Maires & Echevins de Cravan, 36024*.
— pour M. Péan, Gouverneur de Quebec, III, 39736.

d'AUBUSSON, Pierre, Grand-Maître de l'Ordre de S. Jean.
Relatio de servata Urbe Rhodiorum, III, 40308.

d'AUBUSSON de la Feuillade, François, Maréchal de France.
Lettre sur la Bataille de Saint-Gothard, II, 23894.
Reglement pour le Régiment des Gardes Françoises, III, 32200.

d'AUBUSSON de la Feuillade, Georges, Archevêque d'Embrun, Evêque de Metz.
Statuta Synodi Metensis, I, 6619.
Oraison funèbre de Marie-Térèse d'Autriche, II, 25181.
Lettres au Roi, 26939.
Réponse au Comte de Fiesque Député de la Noblesse, 27539.
La Défense de Marie-Térèse d'Autriche, 28876.
Ambassade à Venise, III, 30935.

AUCANE Emeric, Antoine, Médecin.
Analyse des Eaux minérales d'Aix, I, 2918.

d'AUCOUR : *voyez* Barbier.
d'AUCOURT : *voyez* Godart.

d'AUCY, Jean, Cordelier.
Histoire des Ducs de Lorraine, III, 38844.

d'AUDENEHAN : *voyez* d'Andrehan.

AUDIBERT, Louis-Antoine.
La Conquête du Port Mahon, Poëme, II, 24748.
Dissertation sur les origines de Toulouse, III, 37772.

d'AUDIFFRET, Louis, Avocat.
La Fidélité de Marseille, III, 38233.

d'AUDIFFRET, Jean-Baptiste, fils du précédent.
Description de la France, I, 7.

AUDIGIER.
De l'origine des François, II, 15430.

d'AUDIGUIER, Vital.
Le vrai & ancien usage des duels, III, 40185.

d'AUDIGUIER, Henri, Sieur du Mazet, Avocat-Général de la Reine Mere.
Traité de la Conversion de S. Bruno, I, 13241 ; IV, S.
Le Censeur de la Censure, II, 23478 ; IV, S.
Discours pour la présentation des Lettres de Surintendance de la Marine, IV, S. 25160.*
Lettres, Pièces & Mémoires touchant la Baronie d'Ardres, II, 25177 & 27737; IV, S. 34203*.
Le Censeur censuré, 27360.

AUDIN, Gabriel.
Celtodicarchia, III, 32402.

AUDIN, Prieur de Thermes.
Histoire de France en Tableaux, II, 22261.

S. AUDOENUS : *voyez* Ouein.

AUDOIN de Chaignebrun, H. Médecin.
Relation d'une Maladie épidémique, I, 2517.

AUDOUL, Gaspar, Avocat.
Traité de l'origine de la Régale, I, 7655.

AUDRAD, Chorevêque de Sens.
Revelationes, II, 16390.

AUDUSIER (M.), Chanoine de Clermont.
Histoire d'Auvergne, III, 37440.

d'AUFFAY (ou d'Ollai), Jean, Maître des Requêtes du Duc de Bourgogne.
Traité du Chancelier de Bourgogne, II, 28807.
Réponse touchant les Droits du Roi sur le Comté de Bourgogne, III, 38585.
Discours sur les Droits de la Maison de Bourgogne, 38586.

AUFFRAY, Jean.
Diverses Pièces sur l'Imprimerie, IV, S. 47981.*

AUFFRAY (N.), Académicien de Metz.
Vues d'un Politique du XVIe Siècle, V, 27615*, *Add.*

AUFRAY de Lenouet.
Remontrances prononcées aux Ouvertures de la Chambre des Comptes de Bretagne, III, 33855.

AUFRERI, Etienne, Jurisconsulte.
Repetitio ad Clementinam primam, I, 7061.

d'AUGE, Daniel, Professeur Royal.
Oraison funèbre du Chancelier Olivier, III, 31498.

d'AUGENOUST (M.), Capitaine d'Artillerie.
Mémoire sur le Charbon de Terre, IV, S. 1762.*

AUGER, Edmond, Jésuite.
Métanéologie, I, 4225; II, 18438; IV, S.

AUGERI, Alméric, de l'Ordre de S. Augustin.
Vita Clementis V, Papæ, I, 7722.
— Joannis XXII, Papæ, 7730.
Chronicon, II, 17046.

AUGERI, Gaspard, Protonotaire Apostolique.
La Charité persécutée, ou S. Mitre, Martyr, I, 4595.
Abrégé de l'Histoire d'Aix de son temps, *id.*
Vie de S. Honoré, Evêque d'Arles, 7991.
Le Tableau du vrai Prélat, J. B. Gault, Evêque de Marseille, 8046.
Le Tableau du vrai Chrétien, *id.*
Vie d'Ignace Cotolendi, Vicaire Apostolique, 10813.
Le Trésor de Lerins, ou Chronologie de cette Abbaye, 12071.
Vie du Solitaire Provençal, François Galaup de Chasteuil, 13311.

AUGIER, Barthélemi, Secrétaire des Comtes de Carcès.
Vies de Jean & Gaspard, Comtes de Carcès, III, 31898.

Augier, Christophe, Sieur de la Terraudiere, Avocat.
Trésor des Titres de la Ville de Nyort, III, 35739.
Augier (M.), Curé du Diocèse d'Agen.
Lettre sur Uxellodanum, I, 373.
d'Augieres, Albert, Jésuite.
Poëma de Amphitheatro Nemausensi, III, 37867; IV, S.
Réflexions touchant la Diane d'Arles, 38169.
Augustin de Picquigny (le Pere), Capucin.
Oraison funèbre de M. le Dauphin, fils de Louis XIV, II, 25694.
Augustin de Saint Nicolas (le Pere), Carme.
Oraison funèbre d'Hardouin de Péréfixe, Archevêque de Paris, I, 9347.
l'Augustin de France, nom déguisé.
Confessions & Lettres, I, 4737; IV, S.
Augver, Cl. Font.
Toga Parisina, III, 33004.
d'Aulberoche, Pierre, Professeur de Rhétorique.
De rebus gestis Henrici IV; II, 20059.
—Ludovici XIII, 21414; IV, S.
De coronâ Franciæ præstantiâ, 26880.
Elogium Familiæ Seguierorum, III, 44102.
Aulbery, Georges, Secrétaire de Charles de Lorraine.
Vie de S. Sigebert, traduite, II, 16096.
Description de la Lorraine & de la Ville de Nanci, là.
Généalogie de la Maison de Lénoncourt, là; III, 42902.
d'Aulnay : voyez Dupré.
d'Aulnoy ou d'Aunoy (la Comtesse) : voyez le Jumel.
d'Aultruy, Jean, Régent de Philosophie.
Larmes sur la mémoire de Henri-le-Grand, II, 20016.
d'Aumont, Roger, Evêque d'Avranches.
Statuts Synodaux, I, 6303.
d'Aumont (le Duc), Louis, Ambassadeur.
Relation de son Entrée à Londres, IV, Supplément, 51138.*
d'Aumont, Arnulphe, Professeur en Médecine.
Relation des Fêtes données par l'Université de Montpellier, à l'occasion du rétablissement de la santé du Roi (Louis XV), II, 26563; IV, Suppl. 45209.*
d'Auneau, Jean, Sieur de Visé (ou Vizé), premier Auteur du Mercure.
Mémoires pour servir à l'Histoire de Louis-le-Grand, II, 24188.
Journal du Siége de Luxembourg, 24203.
Relation de ce qui s'est passé devant Gênes, 24205.
Affaires du Temps au sujet de la Guerre de 1688, 24272.
Relation de la Bataille de Fleurus, 24288.
Journal du Siége de Mons, 24305.
Suite de ce Journal, avec la prise de cette Ville, là.
Journée de Nimégue, 24409.
Journal de l'Armée du Roi en Italie, là.
Journal du Séjour du Roi d'Espagne à Naples, là.
Journal du Blocus de Mantoue, là.
Journée de Crémone, là.
Journal du Blocus & du Siége de Landau, là.
Journal du Siége de Brisac, 24415.
Histoire du Siége de Toulon, 24441.
Le Mercure Galant, 24801.
Fête de Chantilly, 26483; IV, S. 34861.*
Recueil de Pièces touchant les Préliminaires de la Paix, III, 29193.
Voyage & Réception des Ambassadeurs de Siam en France, 31069.

d'Auneau de Larroque (M.), Bibliothécaire du Cardinal de Noailles.
Réflexions libres & désintéressées, & autres Pièces sur le Prince Edouard, II, 24673.
d'Aunoy ou d'Aulnoy (la Comtesse) : voyez le Jumel.
Auratus, nom Latin de Dorat : voyez Dorat.
Aurelianus, Joannes.
De Feudis, III, 39905.
S. Aurélien, Disciple de S. Martial.
Vita S. Martialis, I, 8462.
Aurelius, Cornelius, Chanoine Régulier.
Apocalypsis super obitu Ludovici (XII), Regis & Maximiliani Imperatoris, II, 17468.
Batavia, seu de antiquo ejus insulæ situ, &c, III, 39571.
Batavicæ gloriæ Defensio, là.
Auriga, Alanus : nom Latin d'Alain Chartier : voyez Chartier.
Aurivallius : nom Latin de François d'Orival : voyez d'Orival.
Auroux, Jean, Prêtre.
Recueil des Statuts de la Confrairie aux Clercs, IV, S. 5352.*
Auroux des Pommiers, Matthieu, Conseiller Clerc en la Sénéchaussée de Bourbonnois.
Etendue de la Coutume de Bourbonnois, I, 2193.
Ausône, Poëte, Bourdelois.
Claræ Urbes, I, 2093.
Mosella, IV, S. 39198.*
d'Aussigny, Thibault, Evêque d'Orléans.
Diploma de Processione pro libertate Urbis Aurelianæ, II, 17177.
des Autels, Guillaume, Jurisconsulte.
Harangue au Peuple François, contre la Rébellion; II, 17789.
d'Auteuil (le Baron) : voyez de Combault.
d'Auteuil (le Vicomte), Doyen des Chevaliers de l'Ordre de S. Michel.
Harangue au Roi, III, 40453.
d'Autherive (M.), Théologal de S. Paul de Fenouillede.
Oraison funèbre de Nicolas Pavillon, Evêque d'Alet, I, 9251.
d'Authville : voyez d'Hautville.
d'Auton (ou d'Anton), Jean, Abbé d'Angle.
Chronique de Louis XII; II, 17422; IV, S. & II, 17478.
L'exil de Gênes la Superbe, 17433.
Entrevue de Louis XII & de Ferdinand, Roi d'Arragon, 17434; III, 29853.
Description de l'entrée de Louis XII à Gênes, II, 26158.
d'Autrepe (M.)
Eloge de J. B. Colbert, Marquis de Seignelay, III, 32591.
Autret, Guy, Sieur de Missirien.
Vie des SS. de la Bretagne Armorique, augmentée, I, 4250.
Annotations sur les Lettres-Patentes du Roi, pour la conservation du Ban & Arrière-Ban de Bretagne, III, 40632.
Projet de l'Histoire Généalogique des Rois, Ducs, Comtes & Princes de Bretagne, 41533.
d'Autreville.
Etat des Affaires de France, depuis la mort de Henri IV, II, 20515.
Inventaire des Affaires de France, depuis la même époque, 20916.
d'Autriche, Georges, Evêque de Liége.
Acta & Decreta Synodalia, I, 6556; IV, S.
d'Autriche : voyez Anne & Marie-Térèse.
d'Autun : peut-être désigné par Æduus : voyez Æduus.
Autunet, Dominique.
De Donationibus Jurium & Bonorum Regiæ Coronæ, II, 17677.

d'AUVERGNE, Guillaume, Evêque de Paris.
Statuta Synodalia, I, 6662; IV, S.
d'AUVERGNE (M), Avocat.
Lettre au sujet d'un saint (Nerlin) inconnu, I, 4604.
d'AUVIGNY : voyez Castres.
AUVRAY, J.
Discours sur le Trépas du Duc de Montausier, IV, S. 25870.**
AUVRAY, Jean, Prêtre, Prieur de Boffets.
Vie de Marguerite du S. Sacrement, I, 14994; IV, S.
Vie de Jeanne Absolu, dite de S. Sauveur, I, 15175.
AUVRAY, Thomas, Sieur de Garel.
Carte de la France, I, 592.
—des environs de Paris, 1748.
d'AUXIRRON (M.).
Comparaison de son projet avec celui de M. Deparcieux, IV, S. 931.**
d'AUXON (M.).
Les Registres du Parlement de la Franche-Comté rangés & mis au net, III, 33216.
d'AUZAT : voyez de Castellane.
d'AUZOLES, Jacques, Sieur de la Peyre.
Généalogie de la Maison d'Harcourt, III, 42696.
AUZOUT (M.).
Lettres sur les Vers luisans, I, 3658.
d'AVANÇON, Guillaume, Archevêque d'Embrun.
Decreta Synodi Provincialis, I, 6491.
d'AVAUGOUR (le Marquis) : voyez de Bretagne.
d'AVAUX (le Comte) : voyez de Mesme.
des AVAUX : voyez Félibien.
AVED de Lozerolles (M.), Avocat.
Mémoire pour M. le Marquis de Saillant, IV, S. 8461.*
—pour M. le Maréchal de Clermont-Tonnerre, III, 41902.
de l'AVEINE (M.), Ingénieur des Ponts & Chaussées.
Mémoires sur des Mines de Charbon, I, 2763.
d'AVEJAN : voyez de Bannes.
de l'AVERDY (M.), Avocat & ensuite Contrôleur-Général des Finances.
Mémoire pour la Congrégation de S. Antoine, I, 13445.
Réponse aux Ecritures des Chanoines Réguliers de Ste Geneviève, Id.
Preuves de la pleine Souveraineté du Roi sur la Province de Bretagne, III, 35445.
Mémoire pour les Princes de Ligne, 38918.
Compte rendu concernant les Boursiers des petits Colléges de Paris, IV, 45102.
—concernant les Biens des Jésuites de Paris, 45106.
—concernant le Collége de Clermont, dit de Louis-le-Grand, 45109.
—concernant les Biens de ce Collége, 45111.
—concernant plusieurs Colléges de Provinces, 45307.
—concernant le Collége que les Jésuites occupoient à Amiens, 45316.
—concernant le Collége que les Jésuites occupoient à Langres, 45397.
—concernant les établissemens que les Jésuites occupoient à Lyon, 45405.
—concernant le Collége que les Jésuites occupoient à Nevers, 45425.
—concernant le Collége que les Jésuites occupoient à la Rochelle, 45459.
d'AVESNE : voyez Baudoin.
d'AVIA, Alexis, Moine de la Trappe.
Compendio della Vita di Frate Arsenio di Gianson, I, 13159.

AVICE, Thomas, Curé de S. Lô.
Antiquités & dignité du Prieuré de S. Lô de Rouen, I, 13651.
d'AVICE, Henri, Chevalier de l'Ordre de Saint Michel.
Cérémonie du Sacre de Louis XIV, II, 26097.
de AVILA, Gilles-Gonçalès, Historiographe du Roi d'Espagne.
Vidas de San Juan de Matha & de San Felix de Valois, I, 13970.
d'AVILA e Soto-Mayor, Ferdinand.
El Arbitrio entre el Marte Frances y las Vindicias Gallicas, II, 28725.
d'AVIRON : voyez le Bathelier.
AVIS (ou Amys), Jean, Notaire & Secrétaire de Louis XII.
Procès-verbal de l'hommage fait par Philippe, Archiduc d'Autriche, à Louis XII, II, 17478 & 28815.
S. AVITE, Alcime, Evêque de Vienne.
Epistola ad Clodovæum I, 16016.
Epistolæ, III, 29727.
d'AVRIGNY, Hyacinthe-Richard, Jésuite.
Mémoires pour servir à l'Histoire Ecclésiastique, I, 4917.
—pour servir à l'Histoire Universelle de l'Europe, II, 24541.
AVRIL, Hyacinthe, Bénédictin.
Oraison funèbre de François de Bourlemont, Abbé de S. Florent-le-Vieux, I, 10990.
d'AXEN, Pierre.
Historia Pacis inter Galliarum & Hispaniarum Reges, III, 30931.
de Ayala : voyez Interian.
AYLESBURY, Guillaume.
Traduction Angloise de l'Histoire des Guerres Civiles de France de Davila, II, 19742.
d'AYMA, Jean, Jurisconsulte.
Commentaria ad Concordata, I, 7553.
AYMAR ou Ademar : voyez Adelme.
AYMAR, N. voyez Aimar.
AYMAR (l'Abbé).
Oraison funèbre de M. le Bret, Intendant en Provence, IV, S. 32743.*
AYMARD, Jacques-Henri, Avocat.
Remontrances au nom des Ecclésiastiques & autres de la Principauté d'Orange, III, 38286.
AYMON.
De Guidone, Autissiodorensi Abbate, I, 11488.
AYMON, Jean, Théologien Calviniste & Jurisconsulte.
Synodes Nationaux des Eglises Réformées de France, I, 6196.
de AYORA Malvisoto : nom renversé de Ferdinand d'Avila e Soto-Mayor : voyez d'Avila.
AYRAULT, Pierre, Lieutenant-Criminel d'Angers.
Déploration de la mort de Henri III; II, 19060.
Discours sur la restauration de l'Université d'Angers, IV, S. 45152.*

B

B. inconnu.
Lettre au sujet de l'entrée du Roi d'Espagne à Bordeaux, II, 26492.
B. Jean : c'est Nicolas Rigault, II, 28682 : voyez Rigault.
B.***, Sébastien ; c'est Sébastien Briguet, IV, S. 514* : voyez Briguet.
B. (le Sieur), peut-être le Sieur Barroys du N.° 22817, par comparaison avec celui-ci.
Les Sentimens du vrai Citoyen, II, 22824.

B. (le Sieur) : *inconnu.*
Mémoires de Don Francisco de Terradeil, III, 32071.

B. (Madame) : *c'est* Madame Bélot, III, 35187 : *voyez* Bélot.

B. A. G. A. *c'est* Bernardin Alfant, IV, S. 13313*: *voyez* Alfant.

B. D. L. (le Pere), *c'est-à-dire*, le Pere Bougerel de l'Oratoire, I, 11066 : *voyez* Bougerel.

B. D. L. F. *c'est-à-dire*, Barthélemi de la Flemas, I, 3473 : *voyez* de la Flemas.

B. L. D. *inconnu.*
Franc & libre Discours, II, 10233.

B. M. A. J. D. R. *c'est-à-dire*, B. Meneffier, Arpenteur Juré du Roi, I, 758 : *voyez* Meneffier.

B. M. C. *c'est-à-dire*, Benigne Milletot, Conseiller, I, 7435 : *voyez* Milletot.

BABOU de la Bourdaisiere, Philibert, Cardinal, Evêque d'Angoulême.
Ambassade, III, 30056.
Négociations, 30105.
Mémoires, 30106.
Lettres, 30256.

du BAC.
Carte de la Vicomté de Turenne, I, 1896.

de BACALAN (M.), Conseiller au Parlement de Bourdeaux.
Dissertation sur le Gouvernement des anciens Druides, I, 3848.

BACARETTI (M.), Chanoine de Toul.
Histoire du Siége de Toul, III, 38800.

BACCHINI (le P.), Bénédictin.
Traductions Latine & Italienne de l'Ouvrage de Nicolas Bergier, sur les grands Chemins de l'Empire Romain, I, 62. *On en doute.*

BACCIO, André, Médecin.
De Rheni, &c. Vinis, I, 3510.

BACCIONI de l'Api, François.
La Bocella espugnata, II, 21558.

de BACHAUMONT : *voyez* le Coigneux & Petit.

BACHER, Fr.
Traité des Eaux de Buffang, I, 3021.

BACHERS : *peut-être le même que le précédent.*
Notice des Eaux de Wattweile, I, 3285.

BACHET de Meziriac, Claude-Gaspard, de l'Académie Françoise.
Remarques sur le mot *Lugdunum*, I, 317.

BACHOT, Étienne, Médecin.
Ad Regem Ludovicum XIV, Panegyricus, II, 13711.
Le Tombeau du Maréchal de Schomberg, III, 31693.
Orationes, IV, 44847.

BACHOT, J.
Sezaniæ Urbis Incendium, III, 34376.

BACIO, Henri, Jésuite.
Elogium Henrici Borbonii II, II, 15814.
Laudatio Ducis Belgardii, III, 31874.

BACON, François, Chancelier d'Angleterre.
Considérations Politiques, III, 30562.

BACOT de la Bretonniere, F. Médecin.
Analyse des Eaux de Bourbonne, I, 3003.

de BACOT : *voyez* Peisson.

BACOUE, Léon, Evêque de Glandeve, puis de Pamiers.
Delphinus, de prima Principis institutione, II, 25682.

de BACQ : *voyez* Gordon.

BACQUET, Jean, Avocat du Roi en la Chambre du Domaine.
Traités des Droits du Domaine de la Couronne, &c. II, 27668.

BACQUEVILLE de la Potherie, (le Sieur).
Histoire de l'Amérique Septentrionale, III, 39708.

de BACULARD : *voyez* d'Arnaud.

BADIER, Jean-Etienne, Bénédictin.
Histoire de l'Abbaye de Marmoutier & de l'Eglise de S. Martin de Tours, I, 12448 ; IV, S. la même qu'au N.° 5552, Tome I, & IV, S.

BADIN, Martin.
Traduction Angloise des Commentaires de César, I, 3882.

BADUEL, Claude, Calviniste.
Version Latine du Livre des Martyrs (hérétiques), I, 5851.
De Collegio & Universitate Nemausensi, IV, 45427.
Oraison funèbre (Latine) de Madame de Veran, IV, 48211.

BAER (M.), Aumônier du Roi de Suède.
Oraison funèbre du Comte de Saxe, II, 24715 ; III, 31697.
Lettre sur l'origine de l'Imprimerie, IV, 47967.

van-BAERLE, Melchior, (nommé en Latin Barlæus), Poëte.
Brabantias, III, 39490.

van-BAERLE, Gaspard, (nommé en Latin Barlæus) Orateur & Poëte, neveu du précédent.
Medicæ hospes, II, 26385.
Poëmation in Ducatum Limburgicum, III, 39447.
Triumphus Fœderati Belgii, *là.*
In Ducatum Limburgicum additum Fœderatorum imperio, *là.*
Encomia Urbium Hollandiæ, 39575.

BAERT, François, Jésuite.
De sanctâ Ninnocâ, I, 4607.
De S. Adalgiso seu Algiso, 10872.
De S. Maiano seu Mevenno, 11660.

BAGARD, Charles, Médecin.
Mémoire sur les Eaux de Contrexeville, I, 3038.
Hydrologie minérale, 3091.
Les Eaux minérales de Nancy, IV, S. 3115.*

BAGEREAU, Nicolas, Avocat.
Décisions sur les Ordonnances des Tailles, III, 33880.

BAGLONI, Thomas.
Traduction Italienne de l'Histoire de la Guerre Sainte, II, 16681.

BAGNASAC, Antoine, Jurisconsulte.
De successione Regni Galliæ, II, 28514.

de BAIF ou BAYF, Lazare, Ambassadeur.
Lettres, III, 29921.

de BAIF ou BAYF, Jean-Antoine, Poëte, fils du précédent.
Poëma in funere Caroli IX, II, 18241.
Avis au Roi, en vers, 20176.

le BAIG.
Mémoire sur la nature des Eaux de Bagneres, I, 2942.

BAIL, Louis, Docteur en Théologie.
Vita insignium Concionatorum, IV, 46978.

BAILLARD : *voyez* de Caumont.

BAILLET, Adrien, Biographe.
Missions célèbres des sept Evêques envoyés dans les Gaules par S. Fabien, I, 4003.
Vies des Saints de France, 4231.
Histoire des Martyrs de Lyon, 4275.
Vie de S. Agoard & de S. Aglibert, 4297.
—de S. Alof, 4301.
—de Ste Amalberge, Veuve, 4305.
—de S. Amarante, 4309.
—de S. Andoche & ses Compagnons, 4311.
—de S. Antonin, 4315.
—de S. Arnoul de Crépy, 4320.
—de S. Baudille, 4329.
—de S. Benezet, 4338.
—de Ste Benoîte d'Origny, 4340.
—de S. Beuvon, 4344.
—de S. Cheron, 4356.

—de S. Clair de Lectoure, 4360.
—de Ste Colombe, 4364.
—de Ste Consorce, 4367.
—de S. Crespin & de S. Crespinien, 4371.
—de S. Donatien & de S. Rogatien, 4379.
—de Ste Dympne, 4381.
—de S. Elzéar & de Ste Delphine, 4391.
—de S. Epipode, 4396.
—de Ste Ermelinde, 4399.
—de S. Eucher le jeune, 4400.
—de S. Eugene de Deuil, 4403.
—de Ste Eutrope ou Eutropie, 4407.
—de S. Ferréol de Vienne, 4409.
—de Ste Foi & de S. Caprais, 4413.
—de S. Florentin & de S. Hilaire, 4417.
—de S. Florent de Roye ou de Saumur, 4421; IV, S.
—de S. Fuscien & de ses Compagnons, 4430.
—de S. Gengoux, 4438.
—de Ste Geneviève, 4467.
—de S. Géniez ou Genès d'Arles, 4479.
—de Ste Godeberte, 4483.
—de Ste Godelieve, 4485.
—de Ste Gudule, 4489.
—de S. Guidon, 4493.
—de S. Gomer, 4497.
Histoire de la Translation de Ste Honorine, 4506.
Vie de Ste Ide, 4515.
—de S. Just en Beauvaisis, & de S. Justin en Parisis, 4528; IV, S.
—de Ste Lidwine, 4539.
—de Ste Lintru & de ses Sœurs, 4542.
—de S. Lucain, 4546.
—de Ste Macre, 4554.
—de Ste Maixerac, 4559.
—de S. Marcel de Châlon-sur-Saône, 4567.
—de S. Mary ou Maire, 4570.
—de Ste Maure & de Ste Brigide, 4573.
—de Ste Maure de Troies, 4577.
—de S. Maurice & de ses Compagnons, 4578.
—de S. Merre ou Mitre, 4596.
—de S. Mesme, 4597.
—de Ste Monégonde, 4602.
—de S. Nicaise & de ses Compagnons, 4605.
—de S. Prisque & de S. Cotte, 4621.
—de S. Quentin, 4626.
—de Ste Reine, 4639.
—de S. Roch, 4661.
—de Ste Romaine, 4668.
—de S. Savinien de Troyes, 4679.
—de S. Silvin de Levroux, 4689.
—de S. Sindoux ou Sandoux, 4691.
—de S. Symphorien, 4696.
—de S. Timothée & de S. Apollinaire, 4701.
—de S. Tuberi & de ses Compagnons, 4704.
—de S. Victor de Marseille & de ses Compagnons, 4718.
—de S. Vincent d'Agen, 4722.
Vie de S. Léon IX Pape, auparavant Evêque de Tulles, 7686.
Vie de S. Maximin, qualifié premier Evêque d'*Aix*, 7856.
—de S. Prosper, qualifié Evêque de Riès, 7884.
—de S. Maxime, Evêque de Riès, 7891.
—de S. Léonce, Evêque de Fréjus, 7900.
—de S. Arige, Evêque de Gap, 7905.
Vie de S. Salvi, Evêque d'*Albi*, 7918.
—de S. Chamant, Evêque de Rhodès, 7927.
—de S. Genou, Evêque de Cahors, 7942.
—de S. Géry, Evêque de Cahors, 7945.
—de S. Ambroise, Evêque de Cahors, 7950.
—de S. Privat, Evêque de Mende, 7965.
Vie de S. Trophime, Evêque d'*Arles*, 7981.
—de S. Honoré, Evêque d'Arles, 7993.

—de S. Hilaire, Evêque d'Arles, 7997.
—de S. Césaire, Evêque d'Arles, 8009.
—de S. Aurélien, Evêque d'Arles, 8013.
—de S. Virgile, Evêque d'Arles, 8016.
—du B. Louis Aleman, Archevêque d'Arles, 8023.
—de S. Théodore, Evêque de Marseille, 8038.
—de S. Cyprien, Evêque de Toulon, 8063.
—de S. Eutrope, Evêque d'Orange, 8071.
Vie de S. Orens, Evêque d'Ausch, 8083.
—de S. Africain, Evêque de Cominges, 8092.
—de S. Bertrand, Evêque de Cominges, 8094.
—de S. Lycard ou Lisier, Evêque de Conserans, 8098.
—de S. Galactoire, Evêque de Lescar, 8112.
—de S. Quiniz, Evêque de Vaison sous *Avignon*, 8148.
—de S. Vrain, Evêque de Cavaillon, 8154.
Vie de S. Claude, Evêque de *Besançon*, 8188.
—de S. Anthelme, Evêque du Bellay, 8208.
—de S. Boniface, Evêque de Lausne, 8222.
Vie de S. Delphin, Evêque de *Bordeaux*, 8236.
—de S. Amand, Evêque de Bordeaux, 8240.
—de S. Séverin, Evêque de Bordeaux, 8243.
—de S. Léonce, Evêque de Bordeaux, 8245.
—de S. Phébade, Evêque d'Agen, 8271.
—de S. Ausone, Evêque d'Angoulême, 8286.
—de S. Eutrope, Evêque de Saintes, 8296.
—de S. Troyen, Evêque de Saintes, 8299.
—de S. Pallade, Evêque de Saintes, 8300.
—de S. Hilaire, Evêque de Poitiers, 8314.
—de S. Front, Evêque de Périgueux, 8330.
Vie de S. Ursin, Evêque de *Bourges*, 8364.
—de S. Desiré, Evêque de Bourges, 8370.
—de S. Austregisile, Evêque de Bourges, 8373.
—de S. Sulpice, le Sévere, Evêque de Bourges, 8374.
—de S. Sulpice, le Débonaire, Evêque de Bourges, 8377.
—de S. Aygulfe, Evêque de Bourges, 8391.
—de S. Guillaume, Archevêque de Bourges, 8398.
—de S. Philippe, Archevêque de Bourges, 8401.
—de S. Austremoine, Evêque de Clermont, 8411.
—de S. Allire, Evêque de Clermont, 8416.
—de S. Vénérand, Evêque de Clermont, 8420.
—de S. Urbice, Evêque de Clermont, 8423.
—de S. Rustic, Evêque de Clermont, 8425.
—de S. Sidoine Apollinaire, Evêque de Clermont, 8431.
—de S. Euphraise, Evêque de Clermont, 8437.
—de S. Quintien, Evêque de Clermont, 8438.
—de S. Gal, Evêque de Clermont, 8440.
—de S. Prix, Evêque de Clermont, 8446.
—de S. Bont, Evêque de Clermont, 8450.
—de S. Martial, Evêque de Limoges, 8467.
—de S. Sadroc ou Sardot, Evêque de Limoges, 8474.
—de S. Ferréol, Evêque de Limoges, 8477.
Vie de S. Géry, Evêque de *Cambrai*, 8555.
—de S. Aubert, Evêque de Cambray, 8557.
—de S. Vindicien, Evêque de Cambray, 8560.
—de S. Waast, Evêque d'Arras, 8598.
—de S. Piat, Apôtre de Tournai, 8620.
—de S. Eleuthere, Evêque de Tournai, 8628.
Vie de S. Cunibert, Evêque de *Cologne*, 8664.
—de S. Brunon, Evêque de Cologne, 8668.
—de S. Annon, Evêque de Cologne, 8673.
—de S. Engelbert, Evêque de Cologne, 8676.
—de S. Servais, Evêque de Tongres, 8731.
—de S. Mondolf & de S. Gondon, Evêques de Mastricht, 8738; V, *Add.*
—de S. Amand, Evêque de Mastricht, 8743.
—de S. Lambert, Evêque de Mastricht, 8759.
Vie de S. Hubert,

Table des Auteurs.

Vie de S. Hubert, Evêque de Liége, 8765.
—de S. Willebrord, Evêque d'Utrecht, 8810.
—de S. Ratbod, Evêque d'Utrecht, 8815.
Vie de S. Marcellin, Evêque d'*Embrun*, 8826.
—de S. Veran, Evêque de Vence, 8837.
—de S. Lambert, Evêque de Vence, 8840.
Vie de S. Irénée, Evêque de *Lyon*, 8879.
—de S. Just, Evêque de Lyon, 8888.
—de S. Eucher, Evêque de Lyon, 8896.
—de S. Patient, Evêque de Lyon, 8901.
—de S. Viventiol, Evêque de Lyon, 8907.
—de S. Loup, Evêque de Lyon, 8911.
—de S. Serdot, Evêque de Lyon, 8913.
—de S. Nisier, Evêque de Lyon, 8915.
—de S. Arige, Evêque de Lyon, 8920.
—de S. Chaumont, Evêque de Lyon, 8923.
—de S. Agobard, Evêque de Lyon, 8929.
—de S. Remy, Evêque de Lyon, 8934.
—de S. Rhétice, Evêque d'Autun, 8964.
—de S. Cassien, Evêque d'Autun, 8966.
—de S. Simplice, Evêque d'Autun, 8968.
—de S. Euphrone, Evêque d'Autun, 8971.
—de S. Syagre, Evêque d'Autun, 8975.
—de S. Léger, Evêque d'Autun, 8982.
—de S. Didier, Evêque de Langres, 9009.
—de S. Grégoire, Evêque de Langres, 9013.
—de S. Sylvestre, Evêque de Châlon-sur-Saône, 9029.
—de S. Agricole, Evêque de Châlon-sur-Saône, 9031.
—de S. Grat, Evêque de Châlon-sur-Saône, 9034.
Vie de S. Boniface, Evêque de *Mayence*, 9092.
—de S. Lulle, Evêque de Mayence, 9095.
Vie de S. Paul, Evêque de *Narbonne*, 9165.
—de S. Rustique, Evêque de Narbonne, 9168.
—de S. Théodart, Evêque de Narbonne, 9172.
—de S. Flour, Evêque de Lodève, 9230.
—de S. Fulcran, Evêque de Lodève, 9233.
—de S. Firmin, Evêque d'Uzès, 9240.
—de S. Ferréol, Evêque d'Uzès, 9244.
Vie de S. Denys, Evêque de Paris, 4059 & 9283.
—de S. Marcel, Evêque de Paris, 9290.
—de S. Germain, Evêque de Paris, 9297.
—de S. Céran, Evêque de Paris, 9302.
—de S. Landry, Evêque de Paris, 9308.
—de S. Agilbert, Evêque de Paris, 9310.
—de S. Souleine, Evêque de Chartres, 9366.
—de S. Caletric *ou* Caltry, Evêque de Chartres, 9369; IV, S.
—de S. Fulbert, Evêque de Chartres, 9371.
—de S. Yves, Evêque de Chartres, 9375.
—de S. Saintin, Evêque de Meaux, 9406.
—de S. Faron, Evêque de Meaux, 9409.
—de S. Hildevert, Evêque de Meaux, 9411.
—de S. Euverte, Evêque d'Orléans, 9459.
—de S. Aignan, Evêque d'Orléans, 9463.
—de S. Prosper, Evêque d'Orléans, 9467.
—de S. Eucher, Evêque d'Orléans, 9469.
—de S. Thierry, Evêque d'Orléans, 9475.
Vie des SS. Sixte & Sinice, Evêques de *Reims*, 9509.
—de S. Donatien, Evêque de Reims, 9510.
—de S. Nicaise, Evêque de Reims, 9513.
—de S. Remi, Evêque de Reims, 9527.
—de S. Rigobert, Evêque de Reims, 9539.
—de S. Principe, Evêque de Soissons, 9595.
—de S. Draufin, Evêque de Soissons, 9599.
—de S. Arnoul, Evêque de Soissons, 9605.
—de S. Menge, Evêque de Châlons-sur-Marne, 9620.
—de S. Génébaud, Evêque de Laon, 9643; IV, *Suppl.*
—de S. Cagnou, Evêque de Laon, 9645; IV, *Suppl.*

Vie de S. Rieule, Apôtre de Senlis, 9661.
—de S. Lucien, Apôtre de Beauvais, 9680.
—de S. Hidelman, Evêque de Beauvais, 9682.
—de S. Firmin le Martyr, Evêque d'Amiens, 9699.
—de S. Firmin le Confès, Evêque d'Amiens, 9702.
—de S. Honoré, Evêque d'Amiens, 9714.
—de S. Sauve, Evêque d'Amiens, 9718.
—de S. Godefroi, Evêque d'Amiens, 9723.
—de S. Médard, Evêque de Noyon, 9747.
—de S. Acaire *ou* Achaire, Evêque de Noyon, 9749.
—de S. Eloi, Evêque de Noyon, 9754.
—de S. Mommolin, Evêque de Noyon, 9757.
—de S. Omer, Evêque de Térouenne, 9771.
—de S. Silvin, Evêque de Térouenne, 9773.
—de S. Folcuin, Evêque de Térouenne, 9777.
Vie de S. Mellon, Evêque de *Rouen*, 9818.
—de S. Victrice, Evêque de Rouen, 9821.
—de S. Gildard, Evêque de Rouen, 9825.
—de S. Evode *ou* Yved, Evêque de Rouen, 9827.
—de S. Prétextat, Evêque de Rouen, 9829.
—de S. Romain, Evêque de Rouen, 9838.
—de S. Ouein, Evêque de Rouen, 9858.
—de S. Ansbert, Evêque de Rouen, 9862.
—de S. Remi, Evêque de Rouen, 9868.
—de S. Léon, Evêque de Rouen, 9871.
—de S. Maurille, Evêque de Rouen, 9874.
—de S. Exupere *ou* Spire, Evêque de Bayeux, 9898.
—de S. Manvieu, Evêque de Bayeux, 9901.
—de S. Vigor, Evêque de Bayeux, 9904.
—de S. Renobert *ou* Raimbert, Evêque de Bayeux, 9906.
—de S. Pair *ou* Patier, Evêque d'Avranches, 9920.
—de S. Gaud, Evêque d'Evreux, 9943.
—de S. Aquilin, Evêque d'Evreux, 9947.
—de S. Lô, Evêque de Coutances, 10003.
Vie de S. Savinien, Evêque de *Sens*, 10033.
—de S. Loup *ou* Leu, Evêque de Sens, 10046.
—de S. Ame, Evêque de Sens, 10053.
—de S. Vulfran, Evêque de Sens, 10056.
—de S. Ebbes *ou* Ebbon, Evêque de Sens, 10059.
—de S. Audry, Evêque de Sens, 10062.
—de S. Loup, Evêque de Troyes, 10091.
—de S. Prudence, Evêque de Troyes, 10104.
—de S. Pérégrin *ou* Pelerin, Evêque d'Auxerre, 10122.
—de S. Amateur, Evêque d'Auxerre, 10127.
—de S. Germain, Evêque d'Auxerre, 10138.
—de S. Eleuthere, Evêque d'Auxerre, 10152.
—de S. Aunaire, Evêque d'Auxerre, 10156.
—de S. Arey, Evêque de Nevers, 10178.
—de S. Dié, Evêque de Nevers, 10181.
Vie de S. Saturnin, Evêque de *Toulouse*, 10204.
—de S. Exupere, Evêque de Toulouse, 10213.
—de S. Germer *ou* Germier, Evêque de Toulouse, 10217.
—de S. Erembert, Evêque de Toulouse, 10219.
—de S. Louis, Evêque de Toulouse, 10224.
Vie de S. Gatien, Evêque de *Tours*, 10271.
—de S. Lidoire, Evêque de Tours, 10274.
—de S. Martin, Evêque de Tours, 10285.
—de S. Brice, Evêque de Tours, 10305.
—de S. Eustoche, Evêque de Tours, 10307.
—de S. Perpet *ou* Perpétué, Evêque de Tours, 10311.
—de S. Euphrone, Evêque de Tours, 10318.
—de S. Grégoire, Evêque de Tours, 10321.
—de S. Julien, Evêque du Mans, 10346.
—de S. Liboire, Evêque du Mans, 10355.
—de S. Victeur, Evêque du Mans, 10359.

Vie de S. Domnole, Evêque du Mans, 10365.
—de S. Bertram, Evêque du Mans, 10369.
—de S. Chadouin, Evêque du Mans, 10373.
—de S. Aldric, Evêque du Mans, 10376.
—de S. Maurille, Evêque d'Angers, 10383.
—de S. René, Evêque d'Angers, 10385.
—de S. Aubin, Evêque d'Angers, 10391.
—de S. Lézin, Evêque d'Angers, 10396.
—de S. Maimbeuf, Evêque d'Angers, 10398.
—de S. Léonore, Evêque de Rennes, 10421.
—de S. Melaine, Evêque de Rennes, 10423.
—de S. Moran, Evêque de Rennes, 10425; IV, Suppl.
—de S. Semblin, Evêque de Nantes, 10434.
—de S. Félix, Evêque de Nantes, 10436.
—de S. Paterne, Evêque de Vannes, 10443.
—de S. Corentin, Evêque de Quimper, 10450.
—de S. Paul, Evêque de Léon, 10454.
—de S. Tugal, Evêque, Patron de Tréguier, 10456.
—de S. Brieux, Evêque de Saint-Brieux, 10462.
—de S. Malo, Evêque de Saint-Malo, 10473.
—de S. Magloire, Evêque de Dol, 10485.
—de S. Turiaw, Evêque de Dol, 10488.
Vie de S. Euchaire & de S. Valere, Evêques de Trèves, 10503.
—de S. Materne, Evêque de Trèves, 10505.
—de S. Maximin, Evêque de Trèves, 10513.
—de S. Paulin, Evêque de Trèves, 10517.
—de S. Félix, Evêque de Trèves, 10521.
—de S. Nicet ou Nicesse, Evêque de Trèves, 10528.
—de S. Basin, Evêque de Trèves, 10532.
—de S. Hildulphe, Evêque de Treves, 10535.
—de S. Arnoul, Evêque de Metz, 10562.
—de S. Cloud, Evêque de Metz, 10568.
—de S. Grodegand, Evêque de Metz, 10574.
—du B. Pierre de Luxembourg, Evêque de Metz, 10597.
—de S. Mansuy, Evêque de Toul, 10633.
—de S. Evre, Evêque de Toul, 10637; IV, Suppl.
—de S. Gérard, Evêque de Toul, 10644.
—de S. Vennes ou Vannes, Evêque de Verdun, 10666.
—de S. Agri ou Airy, Evêque de Verdun, 10667.
Vie de S. Crescent, Evêque de *Vienne*, 10690.
—de S. Avit, Evêque de Vienne, 10700.
—de S. Mamert, Evêque de Vienne, 10706.
—de S. Didier, Evêque de Vienne, 10713.
—de S. Barnard, Evêque de Vienne, 10720.
—de S. Adon, Evêque de Vienne, 10724.
—de S. Apollinaire, Evêque de Valence, 10737.
—de S. Etienne, Evêque de Die, 10749.
—de S. Hugues, Evêque de Grenoble, 10757.
—de S. François de Sales, Evêque de Genève, 10789.
Vie de S. Ambroise, Evêque de Milan, 10809.
—de S. Ennode, Evêque de Pavie, 10815.
—de S. Paulin, Evêque de Nole, 10825.
Vie de S. Amable de Riom, 10883.
—de S. Aoust de Berry, 10894.
—de S. Bénigne de Dijon, 10933.
—du B. César de Bus, 11010.
—du B. Cassien, 11033.
—de S. Clair, Prêtre en Touraine, 11050.
—de S. Clair, Martyr au Vexin, 11054.
—de SS. Fargeau & Fergeon, 11117.
—de S. Landoul, 11225.
—de S. Maturin, 11280.
—de S. Papoul, 11332.
—de S. Romain, Prêtre de Blaye, 11416.
—de S. Salvien, Prêtre de Marseille, 11442.
—de S. Tron, 11496.

Vie de S. Yon, 11541.
—de S. Yves, 11551.
Vie de S. Gilles, Abbé, 11575.
—de S. Martin & de S. Eutrope de Saintes, 11591.
—de S. Senoch, 11599.
—de S. Venant, 11602.
—de S. Carloman, 11640.
—de S. Aybert, 11643.
—de S. Séverin d'Agaune, IV, S. 11657* & I, 13413.
—de S. Hermelan ou Erblain, I, 11661.
—de S. Benoît d'Aniane, 11668.
—de S. Gon, 11680.
—de S. Rouin, 11690.
—du B. Lanfranc, 11700.
—de S. Anselme, 11707.
—de S. Mary, 11718 & 4570.
—de S. Longil, 11724; IV, S.
—de S. Gérard de Brogne, 11734.
—de S. Chaffre, 11738.
—de S. Robert de la Chaise-Dieu, 11748.
—de S. Aleaume, 11752.
—de S. Bernon, 11800.
—de S. Odon de Cluni, 11805.
—de S. Mayeul, 11816.
—de S. Odilon, 11823.
—de Pierre-le-Vénérable, 11857.
—de S. Adhalard, 11876.
—de S. Paschafe Radbert, 11885.
—de S. Landelin, 11898.
—de S. Leufroy, 11901.
—du B. Alcuin, 11924.
—de S. Abbon de Fleury, 11969.
—de S. Evremont, 11979.
—de S. Guibert, 11986.
—de S. Maur, 11994.
—du B. Jean de Gorze, 11998.
—de S. Germain de Granval, 12000.
—de S. Pardou, 12005.
—de S. Filibert, 12119.
—de S. Aicard, 12024.
—de S. Fourcy, 12032.
—de S. Guignolé ou Guingalois, 12041.
—de S. Guénaud, 12044.
—de S. Ursmar, 12055.
—de S. Erme, 12058.
—de S. Caprais de Lérins, 12074.
—de S. Vincent de Lérins, 12076.
—de S. Antoine de Lérins, 12080.
—de S. Porcaire, 12089.
—de Louis de Blois, 12096.
—de S. Diel ou Deile, 12101.
—de S. Colomban de Luxeul, 12108.
—de S. Eustase, 12115.
—de S. Valbert ou Gaubert, 12120.
—de S. Pavin, 12131.
—de S. Junien, 12137.
—de S. Léobard, 12152.
—de S. Humbert, 12158.
—de S. Ménelé, 12161.
—de S. Mauronte, 12165.
—de S. Berchaire, 12177.
—de S. Romain de Condate, 12200.
—de S. Lupicin, 12203.
—de S. Oyend, 12206.
—de S. Outain, 12224.
—de S. Frobert, 12237.
—de S. Jean de Réomay, 12242.
—de S. Ayle, 12279.
—de S. Conwoyon, 12284.
—de S. Aimé, 12291.
—de S. Romaric, 12294.
—de S. Berroul, 12307.
—de S. Bertin, 12371.

Vie de S. Calais, 12375.
— de S. Chef ou Cherf, 12380.
— de S. Cybar, 12394.
— de S. Cyran, 12400.
— de S. Evroul d'Ouche, 12459.
— de S. Evroul d'Amiens, 12475.
— de S. Germer, 12553.
— de S. Gildas, 12556.
— de S. Guillaume de Gellone, 12560.
— de S. Guiflain, 12564.
— de S. Liffard, 12580.
— de S. Lomer, 12585.
— de S. Winebaud, 12588.
— de S. Maixant, 12591.
— de S. Clair, 12594.
— de S. Mars, 12596.
— de S. Merry, 12607.
— de S. Babolein, 12646.
— de S. Voël, 12658.
— de S. Méen, 12662.
— de S. Avite, 12670.
— de S. Mesmin, 12674.
— de S. Frambourg, 12680.
— de S. Paterne ou Paire, 12717.
— de S. Riquier, 12739.
— de S. Seine, 12755.
— de S. Thierry, 12768.
— de S. Thiou, 12772.
— de S. Valery, 12783.
— de S. Wandrille, 12845.
— de S. Samer ou Vulmer, 12861.
— de S. Géraud, 12874.
— de S. Eufice, 12880.
— de S. Hadelin, 12882.
— de S. Poppon, 12897.
— de S. Bernard de Tiron, 12901.
— de S. Adjuteur, 12906.
— de S. Martin de Verrou, 22927.
— de S. Vinoch, 12937.
— de S. Robert de Moleime, 12994.
— de S. Etienne de Cîteaux, 13002.
— de S. Pierre de Castelnau, 13007.
— de S. Hugues de Bonnevaux, 13027.
— de S. Bernard de Clairvaux, 13067.
— du B. Gérard son frere, 13071.
— du B. Jean de Montmirel, 13107.
— de S. Thibauld, 13172.
— de S. Etienne de Muret, 13194.
— de S. Bruno, 13244.
Vie de S. Aventin, 13276.
— de S. Baront & de S. Didier, 13278.
— de S. Basle, 13282.
— de S. Baron, 13287.
— de S. Constantin, 13292.
— de S. Drogon ou Dreux, 13300.
— de S. Flavie, 13306.
— de S. Friard, 13310.
— de S. Gézelin ou Scocelin, 13318.
— de S. Goar, 13322.
— de S. Grégoire d'Arménie, 13325.
— de S. Hospice, 13330.
— de S. Jacques l'Ermite, 13333.
— de S. Lié, 13347.
— de S. Léonard, 13354.
— de S. Mauguille, 13363; IV, S.
— de S. Marian, 13365.
— de S. Mauger, 13367.
— de S. Patrocle, 13373.
— de S. Siméon, 13386.
— de S. Thibauld, 13391.
— de S. Victor, 13398.
— de S. Walfroy ou Ouflet, 13404.
— de S. Séverin d'Agaune, 13413, & IV, S. 11657.*
— de S. Gaucher, 13420.
— du B. Thomas de S. Victor, 13477.
Tome V.

Vie de S. Norbert, 13552.
— de S. Gilbert & de Ste Pétronille, 13569.
— de S. Guillaume de Roschild, 13604.
— de S. Gautier, 13632.
— du B. Robert d'Arbriffelles, 13946.
— de S. Félix de Valois, 13975.
— de S. Pierre Nolasque, 13998.
— de S. François de Paule, 14030.
Vie de Ste Marie d'Oignies, 14723.
— de Ste Gloffine, 14727.
— de Ste Rusticule, 14734.
— de Ste Angadresme, 14737.
— de Ste Salaberge, 14740.
— de Ste Austrude ou Anstrude, 14744.
— de Ste Aure, 14747.
— de Ste Eusébie, 14750.
— de Ste Aldegonde, 14755.
— de Ste Hunégonde, 14759.
— de Ste Richtrude, 14763.
— de Ste Segoulaine, 14766.
— de Ste Austreberte, 14775.
— de Ste Berte, 14780.
— de Ste Herlinde & de Ste Renelle, 14782.
— de Ste Hiltrude, 14784.
— de Ste Reingarde, 14787.
— de Ste Opportune, 14856.
— de Ste Bertille, 14868.
— de Ste Fare, 14886.
— de Ste Edilburge ou Aubierge, 14887.
— de Ste Artongathe, 14890.
— des Stes Bove & Dode, 14941.
— de Ste Gertrude, 15017.
— de Ste Vautrude, 15024.
— de Ste Odile, 15026.
— de Ste Hombline, 15041.
— de Ste Hildegarde, 15044.
— de Ste Lutgarde, 15048.
— de la B. Julienne du Mont-Cornillon, 15054.
— de la B. Coïette, 15185.
Vie de S. Gontran, Roi de Bourgogne, II, 16066.
— de S. Sigebert, Roi d'Austrasie, 16098.
— de S. Dagobert, Roi d'Austrasie, 16117.
— de S. Charlemagne, Empereur, 16307.
— de S. Louis, Roi de France, 16882.
— de Ste Clotilde, Reine de France, 25006.
— de Ste Radegonde, Reine de France, 25017.
— de Ste Bathilde, Reine de France, 25038.
— de Ste Jeanne de Valois, Reine de France, 25067.
— de S. Cloud, petit-fils de Clovis, 25246.
— de Ste Isabelle de France, sœur de S. Louis, 25378.
Vie du B. Pepin de Landers, Maire du Palais d'Austrasie, III, 31388 & 39475.
— de S. Guillaume, Duc d'Aquitaine, 35722.
— de S. Sigismond, Roi de Bourgogne, 35851.
— de Charles-le-Bon, Comte de Flandre, 39344.
Vie de Godefroi Hermant, Chanoine de Beauvais, I, 1193.
Vie d'Edmond Richer, Grand-Maitre du Collége du Cardinal-le-Moine, 11409.
Histoire de Hollande depuis la Trève de 1609; IV, S. 39310. (non 39910.)
Vie de René Descartes, IV, 46428.
Abrégé de cette Vie, 46429.
Jugemens des principaux Imprimeurs François, IV, S. 47969.*
BAILLET, Pierre, Bénédictin.
Chronique du Prieuré de Novy, IV, S. 12266.*
BAILLEUL, Gaspard, Géographe.
Carte de l'Alsace, I, 1332.
— de la Forêt de Compiegne, 1486.
— des environs de Landau, 1601.
— de la Châtellenie de Lille, 1621.
— de la Provence, 1834.

BAILLEUL le jeune, Géographe.
  Carte de l'Evêché de Dijon, IV, S. 1058.*
de BAILLEUL, Nicolas, Lieutenant Civil au Châtelet de Paris.
  Sentence contre l'*Admonitio* & le *Mysteria Politica*, II, 18643.
le BAILLIF de la Rivière, Roch, Médecin.
  Traité de l'Antiquité, Noblesse & Singularités de la Bretagne Armorique, I, 2674 & 3017; III, 35452.
  Le Desmotérion, III, 35453.
  Sommaire défense aux demandes des Docteurs de la Faculté de Médecine de Paris, IV, 46307, & *Suppl*.
BAILLON, Elisabeth, dite de l'Enfant Jésus.
  Vie du Baron de Renti, I, 4763.
BAILLOT, J.
  Verdun voué à S. Joseph, I, 5388.
BAILLOT, Nicolas, Avocat.
  Généalogie des Princes de la Maison de Gonzague, III, 43383.
de BAILLOT (M.), Secrétaire de M. le Duc de Nevers.
  Lettre à M. de Charnizay, II, 21475.
BAILLY, Thomas.
  Vie de S. Mamès, I, 4561.
BAILLY, Paul, Abbé du Mont-d'Hor.
  Vie de S. Thierry de Reims, I, 12766; IV, S.
  — de S. Théodulphe, 12766 & 71.
BAILLY, Albert.
  Panégyrique de la Mere de Chantal, I, 15269.
BAILLY, Nicolas, Jésuite.
  Histoire du Pere Edmond Auger, I, 14106.
  Historia Edmundi Augerii, 14107.
BAILLY (M.), Chanoine de Séez: *voyez* le Bailly.
de BAILLY, Guillaume, Président de la Chambre des Comptes.
  Remontrances au Roi, II, 18213; III, 31200.
de BAILLY, Alexandre, Cordelier.
  Oraison funèbre de M. le Marquis de Buous, III, 31888.
  Discours pour l'Election des Consuls, III, 38201.
le BAILLY (M.), Chanoine de Séez.
  Mémoire sur la Confrairie de S. Gervais, IV, S. 5431.*
  Histoire de l'Abbaye d'Almaneche, V, *Additions*, 14850.*
  Histoire des Evêques de Séez, V, *Add*. 9961.*
de BAION, Jean, Dominicain.
  Histoire de l'Abbaye de Moyen-Moutier, I, 12168.
BAIZÉ, Noël-Philippe, Doctrinaire.
  De Congregatione Clericorum Secularium Doctrinæ Christianæ, I, 10844.
  Eloge de Jean-Laurent le Semelier, 11449.
  Catalogue de la Bibliothèque de la Maison de Saint Charles à Paris, V, *Add*. 15947.*
BAJOLE, Jean, Jésuite.
  Histoire sacrée d'Aquitaine, I, 5122.
BAKER, Richard.
  Histoire d'Angleterre, III, 35181.
de BALADUNO: *voyez* de Paludano.
BALANDAMI, Isidore, Abbé de Casamari.
  Vita de Domenico Jarente de Cabanes-la-Bruyere, IV, S. 13016* & 40327.*
BALBI, Francisco.
  Relacion del successo de Malta, III, 40321.
BALBUS: *voyez* le Bègue.
BALDERIC, Evêque de Noyon & de Tournay.
  Chronicon Cameracense & Atrebatense, I, 8523 & 8584; II, 16498; IV, S. 8523. On le lui attribue.
  Chronicon Morinense, III, 38995; IV, S.
BALDERIC, d'abord Abbé de Bourgueil, & ensuite Evêque de Dol.
  Acta S. Valeriani, I, 4706.

Vita S. Hugonis Rotomagensis, 9865.
Gesta Pontificum Dolensium, 10477.
Descriptio Monasterii Fiscanensis, 11909.
Vita B. Roberti de Arbrisello, 13934 & 36.
Historia Hierosolymitana, II, 16582.
De Conquæstu Angliæ, III, 34968.
BALDERIC: *voyez* Alberic.
BALDIT, Michel.
  L'Hydrothermopotie des Nymphes de Bagnolz, I, 2949.
BALDNER, Léonard, Pêcheur de Strasbourg.
  Description des Oiseaux, &c. I, 3547.
BALDO de Bella Curia.
  Lysias, II, 23755.
BALDUIN, François, Jurisconsulte.
  Panégyrique sur le Mariage du Roi Charles IX, II, 18099 & 16589.
  Relatio ad Henricum Audium Ducem, IV, *Suppl*. 18104.*
  Erreurs de la Lettre de Carpentier, II, 18190.
  De Legatione Polonica, 18276.
  Disputatio ad Academiam Cracoviensem, *Id*.
  Sommaire de l'Histoire d'Anjou, III, 35690.
de BALEICOURT (le Sieur): faux nom sous lequel s'est caché Louis-Charles Hugo, Prémontré: *voyez* Hugo.
BALESDENS, Jean, Avocat.
  Le Transport du Dauphiné à la Maison de France, II, 17837.
de BALEURE: *voyez* de Saint-Julien.
BALIN, Jean.
  Poëma de Divæ Magdalenæ gestis, I, 3998.
  Le même traduit en François, *Id*.
  Oratio de reformatione Parisiensis Academiæ, IV, 44730.
  Oratio de Scholarum laudibus, 45080.
BALLADA, Octave.
  Pavia assediara, II, 17511.
BALLET (M.), ancien Curé de Gif, Prédicateur du Roi.
  Vie de la sœur Françoise Bony, I, 15037.
de BALLEURE: *voyez* de Saint-Julien.
BALLIERE de Laissement (M.), de l'Académie de Rouen.
  Eloge de Claude-Nicolas le Cat, IV, 46075.
BALLIN, Jean, Religieux de Clairmarest-lès-Saint-Omer.
  Recueil de ce qui est advenu de plus digne de mémoire, II, 18464.
BALLIVET, Jean, Bénédictin.
  Vie de Jacques Chevreteau, IV, S. 13291.*
BALLON, Guillaume, Médecin.
  Epidemiorum & Ephemeridum, Libri duo, I, 2575.
BALLY (l'Abbé).
  Oraison funèbre de feu M. le Dauphin, IV, *Suppl*. 25758.*
de BALMI, Claude, Curé de S. Hugues de Grenoble.
  Catalogue des Evêques de Grenoble, I, 10752.
BALOT de Sovot.
  Eloge de Nicolas Lancret, IV, 47895.
de BALSAT, Robert.
  La Nef des Princes, III, 39843.
BALTAZAR, Daniel, Sieur de Malherbe.
  La Senonoise au Roi, I, 10024.
de BALTHASAR, Félix, Membre du Conseil Souverain de Lucerne.
  Apologie de la Légion Thébaine, I, 4580.
  Défense de Guillaume Tell, III, 39111.
BALTHAZAR, Bourgeois de Nismes.
  Journal, IV, S. 37853.*
BALTHAZAR, Christophe, Conseiller d'Etat, Intendant en Languedoc.
  Justice des Armes du Roi de France, contre le Roi d'Espagne, II, 22251 & 28886.
  Traité des Usurpations des Rois d'Espagne, 28884.

Discours des droits des Rois de France sur l'Empire, *Id*.
BALTHAZAR, Christophe, Avocat du Roi, au Bailliage d'Auxerre. *On l'a confondu avec le précédent; mais il paroît être plutôt son fils.*
Traité du Droit de Régale, I, 7610.
Traité du Domaine Royal, II, 27676.
De l'Ordre judiciaire, III, 32784.
Traité de l'Origine des Fiefs, 39918.
BALTHAZAR de Riès (le Pere), Capucin.
Histoire des Papes François, IV, S. 7677.*
La Piété des Rois de France, II, 26959; IV, S. 15775.
BALTHAZARD (M.), Lieutenant-Général des Armées du Roi.
Histoire de la Guerre de Guyenne, II, 23746.
BALURGEY de Dijon.
Ode Græca in D. de Chanvallon obitum, I, 11039.
BALUZE, Etienne, Professeur Royal.
Dissertatio de SS. Claro, Laudo, &c. IV, Suppl. 4288.*
Concilia Galliæ Narbonensis, I, 6290.
Trois Editions du Livre de M. de Marca, *de Concordia Sacerdotii & Imperii*, 7094.
Dissertatio de Concilio Teleptensi, *ld*.
Vitæ Paparum Avenionensium, 7761; III, 38338.
Antifrizonius, 7764.
Disquisitio de S. Sacerdote Lemovicensi, 8473.
Catalogus Abbatum & Episcoporum Tutelensium, IV, S. 8498.*
Historia Ecclesiæ Tutelensis, 8499; III, 37603.
Epistola de vita, &c. Petri de Marca, 9339.
Fragmentum de vita, moribus & scriptis suis, 10912.
Epistola de vita J. B. Cotelerii, 11076.
Vita Salviani Massiliensis, 11441.
Miscellanea, II, 15994.
Lex Salica, 27587.
Marculfi Formulæ, 27596.
Capitularia Regum Francorum, 27610; IV, S.
Notæ in vitam Petri Castellani, III, 32243.
Epistola de vita & morte Caroli du Fresne, Domni du Cange, 34057.
Lettre sur deux Cartulaires concernant la Maison de la Tour-d'Auvergne, 41067.
Lettre en réponse à divers Ecrits concernant MM. de Bouillon, 41070.
Histoire généalogique de la Maison d'Auvergne, 41075.
de BALZAC: *voyez* Guez.
BAMIN, Gabriel, Lieutenant de Châteauroux en Berry.
Harangue au Roi, II, 17973.
BANC, Jean, Médecin.
Merveilles des Eaux naturelles de France, I, 2873 & 74; IV, S.
Vertus des Eaux de Pougues, 3170.
BANCHI, Séraphin, Dominicain.
Histoire du Parricide attenté par Barriere, II, 19505.
Apologie contre les Jugemens téméraires, 19506.
BANDEL, Jean, Chanoine de Limoges.
Traité de la dévotion à S. Martial, IV, S. 8465.*
BANDELLI, François.
Traduction Italienne des Commentaires de César, I, 3881.
— des Livres de la Guerre des Chrétiens contre les Barbares, II, 16924.
de BANDOLE, Antoine, Avocat.
Parallele de Jules César & de Henri IV, I, 3880; II, 19921 & 20055; IV, S. 20055.
BANIRE, fou: *sous le nom duquel s'est déguisé un inconnu.*
Le Moine au Surveillant endormi, I, 5898.

BANI, Cosimo, Chanoine.
Essequie del Delfino di Francia, figlio di Luigi XIV, II, 26780.
BANIER, Antoine, Clerc-tonsuré, Membre de l'Académie des Inscriptions.
Des Dieux des Gaulois, I, 3806.
BANIER (M.), neveu du précédent.
Mémoire sur l'Abbé Banier, I, 10920.
de BANNES d'Avejan, Charles, Evêque d'Alais.
Ordonnances Synodales, IV, S. 6315.*
BANOSIUS, Theophile.
Censura orthodoxa in excommunicationem Sixti V, I, 7153.
Traduction Latine du Livre des derniers mouvemens des Gaules, II, 18560, *attribué par conjecture.*
Vita Petri Rami, IV, 47188.
BAPTISTE de Mantoue, Général des Carmes.
De vita S. Dionysii Areopagitæ, I, 4023.
BAR (Dom), Bénédictin.
Etat de la France, II, 27296.
BAR des Boulais, Léonard, Notaire de Mortagne.
Recueil des Antiquités du Perche, III, 35526.
de BAR, Louis, Cardinal, Evêque de Langres.
Statuta Synodalia, I, 6563.
de BAR, Charles, Evêque de S. Papoul.
Constitutions Synodales, IV, S. 6722.*
de BAR, François, Grand-Prieur d'Anchin.
Histoire des Abbayes de Hainault, I, 11564.
De Antiquitatibus Belgicis, III, 39385.
BARA, Jérôme.
Le Blazon des Armoiries, III, 39984.
de BARADAT, Henri, Evêque de Noyon.
Statuts Synodaux, I, 6650.
BARAIL, Xavier.
Eloge du Roi Stanislas, III, 38927.
BARAL, Pierre.
Appellans célèbres, I, 5655.
Maximes sur le devoir des Rois, II, 27109; IV, S.
Dictionnaire historique, IV, S. 45658.
de BARANTE: *voyez* Breugiere.
BARAT, Jean, Curé de Ste Honorine du Chailloué.
Lettre sur Marguerite de Lorraine, Religieuse de Ste Claire, II, 25402.
BARAT (M.), Médecin.
Récit de l'abstinence de Catherine Charpy, I, 4879.
BARATHIER, Barthélemi, Jurisconsulte.
De Feudis, III, 39916.
BARATHIER (l'Abbé).
Oraison funèbre de feu Duc d'Orléans, II, 25677.
de la BARAUDIERE: *voyez* Boiceau.
BARBARO, Marc-Antoine, Ambassadeur de Venise.
Relazione di Francia, II, 17841.
BARBAUD (M.), Avocat.
Recherches sur l'Histoire Naturelle de Franche-Comté, I, 2416.
BARBAZA (le Pere), Observantin.
L'Année Chrétienne des Saints du Tiers-Ordre de S. François, IV, S. 13931.*
BARBAZAN (M.).
Dissertation sur l'origine de la Langue Françoise, II, 15502; III, 40213.
Petit Glossaire, *Id*.
BARBERET (M.), Médecin.
Mémoire sur les Maladies des bestiaux, IV, S. 3570.*
BARBERIN, François, Cardinal, Légat en France.
Négociations, III, 30480.
Lettres, 30835.
BARBERIN, Antoine, Cardinal, Archevêque de Reims, frere du précédent.
Ordonnances Synodales, I, 6694; IV, S.
Lettre au Cardinal Mazarin, II, 22556.

Lettres, III, 30796.
BARBEROUSSE, Pierre.
Oratio ad introitum Episcopi Aurelianensis, I, 9444.
BARBEU du Bourg, Jacques, Médecin.
Examen des Eaux de Briquesec, I, 3020.
Le Botaniste François, IV, S. 3293.*
Traduction des Lettres sur Milord Bolingbrocke, III, 31136; IV, S.
Eloge de Charles Gillot, Médecin, IV, 46156, & S.
BARBEYRAC, Jean, Professeur en Droit & en Histoire.
Traduction du Discours du pouvoir des Souverains, II, 26875.
—du Traité du Droit de la Guerre & de la Paix, 29118.
—du Traité du Droit de la Nature & des Gens, 29119.
Supplément au Corps Diplomatique du Droit des Gens, III, 29150.
BARBIER, André, Médecin.
Dissertation sur les Eaux de Reipes, IV, S. 3181.* V, Add.
BARBIER, Louis, Ermite de N. D. de Liesse, près de Narbonne.
Tableaux sacrés de la Vierge, I, 4167.
BARBIER, Jean, Avocat-Consistorial au Parlement de Dauphiné.
Les merveilleux effets de la sacrée main des Rois de France, II, 26978.
BARBIER d'Aucour, Jean, Avocat.
Onguent pour la Brûlure, I, 14362.
le BARBIER, Gervais, Chancelier des Rois de Navarre.
Remontrance de la Noblesse du Maine, III, 35511; IV, S.
BARBOT, Amos, Baillif du Grand-Fief d'Aulnis.
Inventaire des Titres de la Rochelle, II, 27930; III, 35752.
BARBOT, Romain, Chanoine-Aumônier de Saint-Emilion.
Privilèges de l'Eglise de S. Emilion, I, 5141.
BARBUOT, Jean, Médecin.
Fontis San-Reginalis virtutum Explicatio, I, 3208.
BARCIET.
La Guerre d'Enée en Italie, II, 23145.
BARCLAI, Guillaume, Jurisconsulte.
De potestate Papæ, I, 7195.
BARCLAI, Jean, fils du précédent.
Pietas, seu publicæ & privatæ Vindiciæ, I, 7214.
Satyricon, II, 19853.
Aryenis, 19913—19.
Ode de rebus Gallicis, 20711.
de BARCOS, Martin, Abbé de S. Cyran.
Défense de M. Vincent de Paul, I, 11517.
Réplique à l'Ecrit de M. Abelly, 11519.
de la BARDE, Denys, Evêque de Saint-Brieuc.
Procès-verbal de l'Assemblée de Mantes, I, 6877.
Oraison funèbre de Henri d'Escoubleau, Archevêque de Bordeaux, 8261.
de la BARDE, Jean, Marquis de Marolles, frere du précédent.
Ambassade, III, 30759.
Lettres, 30864.
Dépêches & Ambassade, 30896.
Harangues, Lettres & Négociations, IV, Suppl. 30896.*
BARDELIN: voyez Laget.
BARDELOOS.
La Colonne de la Mer, traduite du Flamand, I, 837.

BARDIN, Guillaume, Conseiller-Clerc au Parlement de Toulouse.
Historia Chronologica Parlamentorum Patriæ Occitaniæ, II, 17259; III, 37727.
Historia Parlamenti Tolosani, III, 33015.
BARDIN (le Sieur).
Le Tombeau du Duc de Mayenne, III, 31781.
BARDIN, Pierre, de l'Académie Françoise.
Le Grand-Chambellan de France, III, 32321.
BARDON: voyez Danté.
BARDONNENCHE (le Pere), Oratorien.
Dissertation sur l'élévation du terrain du Duché de Bourgogne, I, 2199; IV, S.
Observations sur les mesures de Dijon, &c. III, 35926.
BARELLAS, Estevan.
Centuria de los Hechos del Conde de Barcelona, Don Bernardo Barcino, III, 38365.
BARENTIN (M.), Conseiller d'Etat.
Lettre au premier Président de Bordeaux, II, 21117.
BARENTZOON: voyez Bernard.
BARET, Jacques.
Le Chant du Coq François, II, 10949.
de BARGA, Pierre-Ange.
Orazione nella morte d'Enrico II, II, 17731.
BARGEDÉ (M.), Assesseur au Présidial d'Auxerre.
Histoire de l'Abbaye de S. Germain d'Auxerre, I, 12480.
BARIC, Arnauld, Bachelier en Théologie.
Conduite pour le temps de contagion, IV, Suppl. 2536.*
de la BARILLIERE.
Lettres & Avis d'Etat sur la Navigation, I, 890.
L'Anti-Pseudopacifique, II, 19830.
BARILLON, Jean, Secrétaire du Chancelier du Prat.
Histoire des deux premieres années du Règne de François I; II, 17497.
Histoire particulière de France, 17504. attribuée par conjecture.
de BARILLON (M.), Président.
Lettres, III, 30689.
de BARILLON, Henri, Evêque de Luçon.
Ordonnances Synodales, I, 6571; IV, S.
Statuts Synodaux, I, 6572; IV, S.
Ordonnances Synodales, I, 6573.
BARINGIUS, Daniel-Eberhard.
Clavis diplomatica, III, 29484.
de BARITAULT (M.), Conseiller au Parlement de Bordeaux.
Observations sur des Coquillages fossiles, I, 2824.
BARLÆUS: voyez van Baërl.
BARLANT, Adrien, Professeur d'Eloquence.
De Episcopis Trajectinis, I, 8795.
Catalogus Episcoporum Trajectensium, 8797.
Obsidio & Pugna Papiensis, II, 17510.
Vita Caroli Burgundiæ Ducis, 25466.
De insignibus Oppidis Germaniæ inferioris, III, 39257.
Chronica Ducum Brabantiæ, 39490.
Descriptio Hollandiæ, 39570.
Historia Comitum Hollandiæ, 39586.
BARLAY, Jacques.
Deprecatio in nuptias Caroli IX, II, 18097.
BARLET, Etienne, Jurisconsulte.
Monimenta Gentis suæ, III, 37993; IV, S.
BARLOT: voyez du Chastelier.
BARLOUT, Vincent, Prieur de l'Abbaye de S. Jacques de Montfort, I, 13643.
BARNAUD, Nicolas.
Le Cabinet du Roi, II, 18424. On le lui attribue.
Mirouer des François, 27206. On le lui attribue.

BARNÈS, Josué.
Histoire d'Edouard III, III, 35133.
BARNESTAPOLIUS, Obertus. On croit que c'est Robert Turnell ou Turner : voyez Turner.
BARNET, Jean.
Edition d'une Histoire Tragique de la Pucelle d'Orléans, II, 17240.
BARNY, Pierre, Jésuite.
Défense de ceux du Collège de Clermont, IV, 44641.
BARO, Baltazar, de l'Académie Françoise.
Continuation & Conclusion de l'Astrée, II, 21300.
BAROIS, Jacques-Marie, Libraire.
Histoire de l'Abbé de Longuerue, I, 11252.
Catalogue des Livres de M. Godefroy, II, 15954.
—des Livres de M. Bernard, 15955.
—des Livres de M. Secousse, 15958.
—des Livres de M. Couet, 15959.
BARON, Jacques.
Avertissement au Roi Charles X, II, 19175.
BARON, Bonaventure, Frere Mineur.
Annales Ordinis SS. Trinitatis, I, 13964.
Vita S. Joannis de Matha & S. Felicis Valesii, 13974.
BARON, Jules, Avocat.
L'Art Héraldique, III, 40015.
BARON, Hyacinthe-Théodore, Médecin.
An ut sanandis, &c. aquæ novæ Passiacæ ? I, 3132.
Quæstionum Medicarum Series, IV, 44850.
Continuatio, Id.
Lettre circulaire aux Docteurs Régents, 44882.
Question de Médecine sur les Maladies Vénériennes, 44905.
BARON (M.), Secrétaire de l'Académie d'Amiens.
Eloge de feu M. le Duc de Bourgogne, II, 25776.
BARON de Clairbourg (le Sieur).
Déclaration publique sur le retour de la Reine Mere, II, 20930.
BARONIUS, César, Cardinal.
Annales Ecclesiastici, I, 4909.
BAROT, C. Curé de Luzarche.
Pélerinage à Luzarche, I, 5331 ; IV, S.
BARRALI, Vincent, Moine de Lérins.
Chronologia Sanctorum & aliorum insulæ Lerinensis, I, 4271 & 12065.
de BARRAS : voyez Fabry.
BARRAULT, Jacques.
Histoire du Poitou, III, 35726.
de BARRAULT : voyez d'Emeri.
BARRE, Joseph, Chanoine Génovéfain.
Histoire d'Allemagne, II, 16454.
Vie du Maréchal de Fabert, 23882.
Lettre sur l'unité de la Monarchie Françoise, 16791.
Histoire des Loix & des Tribunaux de Justice, III, 32794.
BARRE, Pierre-Luc, Prêtre.
Vie de Mademoiselle Laval, I, 4795 ; IV, 48105.
Lettre sur la mort de M. Dandrade, IV, S. 11089.*
de la BARRE, Antoine, Archevêque de Tours.
Statuta Synodalia, I, 6783 & 86 ; IV, S.
de la BARRE (M.), Président en l'Election de Rouen.
Traité des Monnoies, III, 33960.
de la BARRE, Jean, Prévôt de Corbeil.
Antiquités de Corbeil, III, 34819.
de la BARRE, Jean-Baptiste, Jésuite.
Oraison funèbre de M. de la Ferté, Evêque du Mans, IV, S. 10377.*
de la BARRE (le Pere), Jésuite, peut-être différent du précédent.
Vie de Marie-Agnès Dauvaine, I, 14704.

de la BARRE, Louis-François-Joseph, de l'Académie des Inscriptions.
Mémoires sur les divisions des Gaules, I, 127.
Spicilegii altera Editio, II, 15988.
Notes sur l'Histoire du Règne de Louis XIV, 24491.
Histoire de la Ville de Paris, III, 34532.
de la BARRE (le Févre) : voyez le Févre.
BARRÉ, Nicolas.
Discours sur la Navigation du Chevalier de Villegagnon, III, 39769.
BARRELIER, Jacques, Dominicain.
Plantæ per Galliam, &c. observatæ, I, 3293.
BARREME (le Pere).
Oraison funèbre de Chrétienne de France, Duchesse de Savoie, II, 25617.
BARRERE, Pierre, Médecin.
Essai sur l'Histoire Naturelle de la France Equinoctiale, I, 2414.
Ornithologiæ specimen novum, 3591.
Relation de la France Equinoctiale, III, 39783.
des BARRES, Marie-Dorothée, Religieuse Visitandine.
Vie d'Anne Séraphique Boulier, I, 15292.
BARRET, Guillaume.
Jus Regis, I, 7228.
BARREYRE, Jean-Baptiste, Dominicain.
Vie de Marie Deymes, IV, S. 15142.*
BARRICAVE, J. Chanoine & Official de Toulouse.
Défense de la Monarchie Françoise, II, 27116.
BARRIGUE de Montvallon, Antoine, Conseiller au Parlement d'Aix.
Observations météorologiques faites à Aix, I, 2488.
Lettres sur le Procès de la Cadiere, 14392.
Mémoire sur les Jésuites, 14682.
BARRILLEAU, P. Etudiant en Théologie.
Eloge d'Emery Dreux, Sous-Chantre de l'Eglise de Paris, I, 11100.
BARRIN, Jean, Chanoine & Grand-Chantre de l'Eglise de Nantes.
Vie de Françoise d'Amboise, Duchesse de Bretagne, I, 14960.
BARROIS, Estienne.
Histoire du Siége d'Orléans, II, 17180.
BARRONNET, Léonard, Maître des Comptes.
Déduction du Droit de Charles VIII, au Royaume de Naples & de Sicile, II, 28892.
BARROYS, H. D.
Eloges de deux Archevêques de Paris, II, 22379.
Le Flambeau d'Olympe, 22827.
BARRY, René.
Vie de Louis le Juste, II, 22154.
de BARRY, Paul, Jésuite.
Les François illustres, IV, 45637.
BARSKDALE, Clément, Ministre Anglois.
Monumenta Literaria, IV, 45629.
du BARTAS : voyez de Saluste.
BARTEL, Simon, Théologal de Riès.
Historia Præsulum Regiensis Ecclesiæ, I, 7877.
BARTH, Gaspard.
Notæ in vitam S. Leonis IX, Papæ, I, 7682.
Animadversiones in vitam S. Martini Turonensis Episcopi, 10277.
Commentarium in Philippida Guillelmi Britonis, II, 16773.
Traduction Latine des Mémoires de Comines, 17393.
Dissertatio de Domanio Regis, 27693.
BARTHELEMY, Nicolas, Prieur de N. D. de Bonnes-Nouvelles à Orléans.
Vita Ludovici XII, Regis, II, 17471.
Historia Caroli Aurelianensis, IV, S. 25488.*

BARTHÉLEMI de Gramond, Gabriel, Président du Parlement de Toulouse.
　Historia prostratæ Sectariorum in Gallia Religionis, I, 5934; II, 21216.
　Ludovicus XIII; II, 21569.
　Historiæ Galliæ, Id.
　Lettre à Philarque, III, 32737.
BARTHÉLEMI de Luques, Evêque de . . . . .
　Genealogia Roberti Viscardi, III, 43417.
BARTHÉLEMI de Neuf-Chastel.
　Messana, II, 25354.
BARTHELLEMY, Vincent, Seigneur de Lespinay-Sainte-Aldegonde, Avocat.
　Panégyrique de Sainte Radegonde, IV, Suppl. 25015.*
BARTHEZ, Paul-Joseph, Médecin.
　Dissertatio de Aëre, IV, S. 1529.*
BARTHOUILH, Jean-Gabriel.
　Lettre à l'Auteur de la Noblesse commerçante, II, 28211.
BARTON, Jean, Comte de Montbas.
　Mémoires, II, 23999.
de BASAINVILLE, Gui.
　Epistola, II, 16666.
BASAN, F. Graveur.
　Dictionnaire des Graveurs, IV, 47826.
BASAN de Flamenville, Jean-Hervée; Evêque d'Elne, ou de Perpignan.
　Requête au Roi sur les Droits de l'Evêque d'Elne, I, 9258.
　Requête au Roi sur les Usages & Constitutions du Roussillon, III, 38351.
de BASCHI (M.), Marquis d'Aubals.
　Généalogie de la Maison de Genas, III, 42499.
　Abrégé généalogique de la Maison de Narbonne-Pelet, III, 43369.
BASEL, Jacques.
　De obsidione Bergopsomii, III, 39532.
BASILE de S. Jean (le Pere).
　Oraison funèbre de Henri de Ruffec, IV, Suppl. 32052.*
BASIN, Thomas, Evêque de Lisieux.
　Opinio & Consilium super Joanna Puella, II, 17211; IV, S.
　Breviloquium peregrinationis suæ, 17320.
de BASMAISON-Pougnat, Jean, Avocat.
　Discours des Fiefs & arrieres-Fiefs, III, 39910.
BASNAGE, Jacques, Ministre de Rotterdam.
　Réflexions sur la durée de la persécution, I, 6057.
　Histoire de la Religion des Eglises Réformées, 6070.
　Observatio de Alcuino, 11926.
　Lectionum antiquarum Canisii nova Editio, II, 15995.
　Annales des Provinces-Unies, 23925.
　Lettres historiques, 24593.
　Epistolæ de Historia Genevensi, III, 39178.
　Dissertation sur les Duels & les Ordres de Chevalerie, 40196.
　Histoire des Ordres Militaires, 40271.
BASNAGE de Beauval, Henri, frere du précédent.
　Eloge d'Estienne le Moine, I, 6068.
　—de René Rapin, 14168.
　—de Jean Boscager, IV, 45838.
　—de Claude Perrault, 46268.
　—de Pierre Bayle, 46635.
　—d'Emeric Bigot, 47008.
de BASSEFONTAINE (M.).
　Négociations, III, 30027.
BASSET, André, Recteur de l'Université de Valence.
　Institutio Universitatis Valentinæ, IV, 45292.
BASSET, Jean-Claude, Jésuite.
　Oraison funèbre de M. de Montmorin, Archevêque de Vienne, IV, S. 10730.*

BASSET (M.), Avocat.
　Eloge de Gabriel de le Noir, Lieutenant-Général de Béfiers, III, 34111.
BASSET de la Maison-Blanche, Gabriel, Avocat.
　Oraison funèbre de Jacques Denisot, I, 11093.
BASSET de la Marelle (M.), premier Avocat-Général du Parlement de Dombes.
　Différence du Patriotisme national, &c. II, 15476 & 28743.
de BASSOMPIERRE, François, Maréchal de France.
　Extrait de l'Inventaire, &c. II, 20330.
　Mémoires de sa Vie, 21657.
　Remarques sur l'Histoire de Henri IV & de Louis XIII, 21838; III, 31371.
　Négociations, III, 30455.
　Ambassade extraordinaire, IV, S. 30455.*
　Ambassades & Négociations, III, 30494—96.
　Origine de la Maison de Bassompierre, 41154.
BASTIDE, Philippe, Bénédictin.
　Dissertatio de antiqua Ordinis S. Benedicti intra Gallias propagatione, I, 11604.
　De Ordinis S. Benedicti Gallicanâ propagatione, 11605.
de BASTIDE, Pierre, Prêtre.
　Carmen de Virgine Deiparâ, IV, S. 4098.*
de la BASTIDE (M.).
　Carte de l'Evêché de Tarbes, IV, S. 1156.*
de la BASTIDE (de Chiniac) : voyez de Chiniac.
de la BASTIDE (Vergile) : voyez Vergile.
de la BASTIE : voyez de Bimard.
de BASVILLE (M.).
　Mémoire pour servir à l'Histoire du Languedoc, III, 37694.
BATAILLE, François-Joseph.
　Eloge de M. le Cardinal de Fleury, III, 31600.
BATAILLES, N. Religionnaire.
　Mémoires sur les Guerres de Religion dans le Languedoc, III, 37724; IV, S.
le BATHELIER, Jacques, Sieur d'Aviron, Avocat.
　Généalogie des six Comtes d'Evreux, III, 42248.
de BATILLY : voyez le Bey.
BATTELIER, Claude, Architecte.
　Plan de Vitry-le-François, I, 1919.
BATTEUX, Charles, de l'Académie des Inscriptions & de l'Académie Françoise.
　Parallele de la Henriade & du Lutrin, II, 19556.
　In felicem ortum Ducis Burgundiæ, 25768.
　Traduction de cette Piece, Id.
BATTI : voyez de Giovanni.
BAUCAIRE de Puy-Guillon, François, Evêque de Metz.
　Rerum Gallicarum Commentaria, II, 18011.
BAUCHERT, Jean, Greffier.
　Chronique & Journal de Metz, III, 38777.
de BAUCLAS, Gabriel-Henri, Procureur du Roi de la Maîtrise des Eaux & Forêts de Bar-le-Duc.
　Dictionnaire des Maréchaussées de France, III, 34078.
le BAUD, Jean, Chanoine de Liége.
　Chronique de Richard II, Roi d'Angleterre, III, 35137.
le BAUD, Pierre, Doyen de S. Tugal de Laval.
　Chroniques & Histoires des Bretons, III, 35385.
　Histoire de Bretagne, 35386 & 87.
　Discours sur la Ville de Laval, 35519.
　Histoire généalogique de la Maison de Laval, 42866.
BAUDAN, Antoine, Ministre de Nismes.
　Avis présenté au Cardinal de Richelieu pour la jonction des Mers, I, 892.
　Pieces justificatives de la sédition de Nismes, II, 23157.
BAUDE.
　Eloge de Charles VIII; II, 17390.

BAUDEAU;

BAUDEAU, Jacques, Graveur.
Armorial de Languedoc, III, 37747 & 40106.
BAUDEAU, Nicolas, Chanoine Régulier de Chancelade.
Prospectus du Canal de Bourgogne, I, 9515; IV, S. 957.*
Mémoire sur l'utilité des Histoires des Provinces, II, 15979.
Idées d'un Citoyen sur les Pauvres, 27311; IV, Suppl.
—sur les Finances, 27981 & 28134.
—sur le Commerce d'Orient, 28234.
BAUDELOT d'Aitval, Charles-César, de l'Académie des Inscriptions.
Dissertation sur le premier Fondateur de l'Eglise de Paris, I, 5158; III, 34396.
Description des bas-reliefs trouvés dans l'Eglise Cathédrale de Paris, I, 9271; III, 34396 & 34412.
Traduction d'un Panégyrique de Louis XIV, II, 24422.
Remarques sur deux Inscriptions de la Forêt de Bellesme, III, 35531; IV, S.
Observations sur une Inscription trouvée à Bordeaux, III, 37528.
BAUDEMOND, Abbé de Blandigny.
Vita S. Amandi, Trajectensis Episcopi, I, 8740.
BAUDERON, Brice, Seigneur de Sénecé, Lieutenant-Général au Présidial de Mâcon.
L'Apollon François, II, 24331.
Le Coq Royal, III, 31554 & 40137.
Harangues, 35979.
La Givre Mystérieuse, 40138.
BAUDERON de Sénecé, Antoine, Poëte, fils du précédent.
Remarques sur les Mémoires du Cardinal de Retz, II, 23733.
Lettre sur Lully, IV, 47746, & S.
BAUDIER, Michel, Historiographe de France.
Histoire de l'Abbé Suger, I, 12437.
—du Maréchal de Toiras, II, 21889.
Le Soldat Piémontois, 21999.
Histoire du Cardinal d'Amboise, III, 32459.
—de l'Administration de Romieu, 38189.
Traduction de l'Histoire de la Guerre de Flandres, 39308.
Histoire de Flandre, Id.
Généalogie de la Maison de Toiras, 44247.
BAUDIN.
Vie de Ste Honorine, I, 4504.
BAUDIUS, Dominique, Jurisconsulte.
Oratio funebris Josephi Scaligeri, IV, 47218.
BAUDONIVIE, Religieuse.
Vita sanctæ Radegundis, II, 25008.
BAUDOT, François, Maître des Comptes de Dijon.
Lettre sur la Ville d'Autun, I, 223; III, 35922.
—sur la Ville de Dijon, I, 264; III, 35922.
Traduction d'une Prose en l'honneur de S. Bénigne, I, 10936.
—de la Vie de Claude Fabri de Peiresc, III, 33198.
BAUDOT de Juilly, Nicolas, Historien.
Histoire de Philippe Auguste, II, 16776; IV, Suppl.
—de Charles VI, 17147.
—de Charles VII, 17286.
Mémoires de la Cour sous Charles VII, 17289.
Histoire de Louis XI, 17341.
—de la Révolution de Naples, 22279.
—de Catherine de France, Reine d'Angleterre, 25558.
—du Connétable de Bourbon, 25579.
—de la Conquête d'Angleterre, III, 34970.
Germaine de Foix, IV, 48070.
BAUDOUIN I, Empereur de Constantinople.
Epistolæ, II, 16727.

BAUDOUIN II, Empereur de Constantinople.
Epistolæ, II, 16793 & 16806.
BAUDOUIN, François: voyez Balduin.
BAUDOUIN, Jean, de l'Académie Françoise.
Traduction de la Vie de l'Abbé Suger, I, 12432;
—de la Jérusalem délivrée du Tasse, II, 16602.
—de l'Histoire des Guerres Civiles de France, de Davila, 19742.
—de l'Histoire de la Rébellion des Rochelois, 21549.
Entrée du Duc de Pastrana à Paris, 26310.
Traduction des Lettres du Cardinal de Ferrare, III, 30099.
Histoire de la Rochelle, 35751.
Traduction des Statuts des Chevaliers de l'Ordre de S. Jean, 40291.
Annotations sur leur Histoire, Id.
Vie de Henri-Catherin Davila, IV, 46714.
BAUDOUIN (M.), Colonel d'Infanterie.
L'Exercice de l'Infanterie Françoise, III, 32180.
BAUDOUIN d'Avesne.
Chronicon, III, 39424, 42679 & 80; IV, S. 39424.*
Le Linage de Couci & de Dreux, III, 42006.
Genealogiæ Comitum Flandriæ, 42330.
BAUDOUIN de Ninove.
Chronicon, II, 16955.
BAUDRAN (le Pere), Jésuite.
Oraison funèbre de Magdelène de la Fayette, IV, S. 14839.*
BAUDRAND, Michel-Antoine.
Carte de la France, I, 574.
Description de la France, 817.
Notæ in Descriptionem fluminum Galliæ, 854;
Carte du Roussillon, 1860.
de BAUDREUL, Jean, Président de la Chambre des Comptes du Duc de Longueville.
Généalogie de la Maison de Longueville, II, 25536.
BAUDRI : voyez Balderic.
BAUDRY, E. Bachelier en Théologie.
Le Triomphe de la Vertu sur la Mort, II, 25552.
BAUDRY, Paul, Ministre de Rouen.
Eloge de Matthieu de Larroque, I, 6045.
BAUDUY, Bonaventure, Célestin.
Mémoire sur le B. Pierre de Luxembourg, I, 10595.
—sur Philippe de Maizieres, III, 32714.
BAUDUYN, A.
S. Amable, Panégyrique, I, 10880.
BAUDY (M.).
Traité des Eaux minérales de Bourbonne-les-Bains, I, 3012; IV, S.
BAUGIER, Edme, Médecin & Conseiller au Présidial de Châlons-sur-Marne.
Traité des Eaux minérales d'Attancourt, I, 2931.
BAUGIER (M.), Seigneur de Beuvery, Lieutenant de Roi de Châlons-sur-Marne.
Mémoires sur la Province de Champagne, I, 2206; III, 34219.
Réponses aux Remarques sur ces Mémoires, III, 34221.
Lettres sur la Capitalité de Troyes, 34303.
de BAUHAUSEN, Jacques.
Art de Chevalerie, III, 40220.
BAUHIN Jean, Médecin.
Catalogus Stirpium Monspeliensium, I, 3347.
Traité des Animaux ayant ailes, &c. 3639.
BAUHIN, Gaspard, Médecin, frere du précédent.
Stirpium aliquot Explicatio, I, 3413.
BAULACRE (ou Baulaire), Laurent, Bibliothécaire de Genève.
Eclaircissemens sur quelques prétendus Camps des Romains, I, 80.
Description d'une Statue antique, 3850.

Lettre sur le Martyre de la Légion Thébéenne, IV, S. 4579.*
Eclaircissemens sur l'Histoire de Genève, III, 39183.
de BAULNE : *voyez* de Beaune.
de la BAUME, Claude, Archevêque de Besançon.
Statuta, I, 6809; V, *Add.*
de la BAUME, Philippe, Marquis d'Yennes.
Lettres au Parlement de Dôle, III, 38404.
Son Apologie, 38405.
de la BAUME, Joseph, Conseiller au Présidial de Nismes.
Histoire de la révolte des Camisards, I, 6097; IV, *Suppl.*
Lettres sur le Languedoc, III, 37714.
Eclaircissemens sur les Antiquités de Nismes, IV, S. 37875.*
de la BAUME-le-Blanc, Louis-César, Duc de la Valliere.
Bibliothèque du Théatre François, IV, S. 47773*. *On la lui attribue.*
de la BAUME-de-Suze, Armand-Anne-Tristan, Archevêque d'Ausch.
Recueil de Statuts Synodaux, I, 6379.
Procès-verbal de l'Assemblée du Clergé de 1675, 6890.
BAUMÉ (M.), Apothicaire.
Analyse d'une Eau de Douai, I, 3050.
Mémoire sur les Argiles, IV, S. 3427.***
de la BAUNE, Jacques, Jésuite.
Vita Jacobi Sirmondi, I, 14138.
Ludovico Magno Panegyricus, II, 24201.
Senatui Galliarum Panegyricus, III, 32864 & 65.
de la BAURDE (M.).
Mémoires, III, 38095.
BAUREIN (l'Abbé), de l'Académie de Bordeaux.
Dissertation sur Bordeaux, I, 236.
Recherches sur Bordeaux, 237.
Observations sur le Pays Bordelois, 238.
Dissertation sur le Clocher de l'Eglise de S. Michel de Bordeaux, 5130.
—sur la Tombe de Caiphas, III, 37514.
Mémoires sur les Gouverneurs, &c. de la Guyenne, 37515.
Essai sur l'ancien état de Bordeaux, 37523.
Recherches sur l'ancienne administration de la Justice dans Bordeaux, 37534.
Mémoire sur le Gouvernement de la Ville de Bordeaux, 37535.
de BAUSSET, Nicolas, Lieutenant du Sénéchal de Marseille.
Mémoires sur les affaires de Marseille, III, 38087 & 38219.
de BAUSSET, Philippe, Docteur en Théologie, Chanoine de Marseille.
Panegyricè de B. Lazaro Homiliæ, I, 8031.
de BAUSSET, Pierre, Docteur ès Droits, Prévôt de l'Eglise de Ste Marie-Majeure de Marseille.
Vie & mort de Jean-Baptiste Gault, Evêque de Marseille, I, 8045.
BAUSSONET, G.
Eloge de Charles de Maupas, Baron du Tour, IV, S. 31994.*
de BAUTHOR : *voyez* de Laffemas.
BAUTISTA, Ambrosio, Prémontré.
Discorso de las miserias de la Religion Catholica, II, 28721.
BAUTRU, Guillaume, Comte de Serrant.
Lettres, III, 30658.
BAUX (M.), Médecin.
Observations météorologiques, I, 2574.
Lettre au sujet de la maladie de Provence, 2609.
—sur les Eaux de Bourbonne-les-Bains, 3006.
BAUYIN, Jean, Chanoine Régulier de S. Victor.
De Gallica Regione, II, 15358.

BAUYN, Prosper, Maître des Comptes de Dijon.
Mémoire concernant la mort du Duc de Bourgogne, (Jean sans-peur), II, 17126.
Vie des quatre derniers Ducs de Bourgogne, 25441.
Histoire du Voyage de Jean, Duc de Bourgogne, 25446.
Mémoires de la Négociation du Traité d'Arras, III, 29255 & 29809.
Mémoires sur l'Histoire de Bourgogne, 35862, *peut-être les mêmes qu'au* N.° 25441.
Critique des Annales de Paradin, 35877.
Généalogie de la Maison de Vienne, 44441.
BAUYN (l'Abbé).
Oraison funèbre de Marie-Térèse d'Autriche, II, 25181.
—de Charles-Paris d'Orléans, fils de Henri II, Duc de Longueville, 25556.
BAVEREL (l'Abbé), *non* Baroul.
Dissertation sur les Princes & Seigneurs de Franche-Comté, III, 40673; V, *Add.*
de BAVIDE, Arnauld, Chapelain de la Reine.
Discours au Roi sur son Droit de Régale, I, 7602.
de BAVIERE, Ernest, Evêque de Liége.
Statuta Consistorialia, I, 6557; IV, S.
BAYARD, Alexis, de Saint-Claude.
Répartitions des sommes imposées sur la Terre de Saint-Claude, III, 38457.
BAYART, Jean, Valencenois.
Armorial, III, 40059.
de BAYE, Nicole, Greffier du Parlement de Paris.
Journal du Règne de Charles VI; II, 17138.
de BAYE : *voyez* Berthelot.
BAYEN (M.).
Examen des Eaux de Passy, I, 3135.
Analyse de ces Eaux, 3136.
de BAYF : *voyez* de Baif.
BAYLE, Pierre, Professeur en Philosophie & en Histoire.
Vie de Jean Calvin, I, 5812.
Remarques sur Jacques Paul Spifames, 5822 & 10185.
Histoire de Théodore de Beze, 5882.
—de Jean Mestrezat, 5963.
—de Benjamin Basnage, 5976.
—d'Edme Aubertin, 5977.
—de Moyse Amyrault, 5999.
—de Samuel Bochart, 6012.
—de Charles Drelincourt, 6015.
—de Jean Daillé, 6017.
—de Samuel Desmarests, 6024.
Critique de l'Histoire du Calvinisme de Maimbourg, 6034.
Lettres sur la même Histoire, 6035.
Histoire de Jean Claude, 6061.
—de Pierre du Bosc, 6075.
—de Pierre de Marca, 9341.
Article sur Antoine Arnauld le Docteur, 10895.
Histoire de Pierre-Victor-Palma Cayet, 11014.
—de Pierre Charron, 11041.
Eloge de Jean de Launoy, 11230.
Histoire de Pierre Abeillard, 11849.
Histoire de Jean Goulu, Général des *Feuillens*, 13091.
Vie de Robert d'Arbrisselles, 13947.
—de Théophile Raynaud, 14147.
—de Jean Adam, 14158.
Mercure Historique, quelques Volumes, II, 24798.
Histoire du Maréchal de Brézé, III, 31604.
—du Maréchal de Marillac, 31651.
—de Pierre d'Ailly, 32238.
—de Pierre du Chastel, 32244.
—de Jacques Amyot, 32246.

—de Guillaume du Bellay, 32677.
—de François de la Mothe le Vayer, 32733.
—de Guillaume Budé, 32755.
—de Paul Pélisson, 32764.
—de Pierre Ayrault, 34105.
Description d'Abbeville, 34188.
Dictionnaire Historique, IV, 45658.
Histoire de Blaise Pascal, 45790.
—de Guillaume Barclay, 45817.
—de François Hotman, 45908.
—de François Pinsson, 45970.
—de Jean Fernel, 46140.
—de Guy Patin, 46258.
—de Charles Spon, 46326.
—d'Oronce Finé, 46451.
—de Henri-Basnage de Beauval, 46629.
—de David Blondel, 46655.
—de Jean-Jacques Boissard, 46657.
—de Samuel Guichenon, 46755.
—de Bernard Girard, Sieur du Haillan, 46760.
—de Jean-Louis Guez de Balzac, 46990.
—de Jean-Barclai, 46999.
Remarques sur Pierre Ramus, 47192.
Histoire de Vallée des Barreaux, 47196.
—de Pierre Corneille, 47378.
—de Charles Coypeau, Sieur d'Assoucy, 47403.
—de Jean Dorat, 47408.
—de Jean-Edouard du Monin, 47542.
—de Pierre Ronsard, 47636.
—de Philibert de Lorme, 47804.
Remarques sur Charles le Brun, 47847.
Histoire d'Antoinette Bourignon, 48026.
—de Mademoiselle de Gournay, 48076.
Observations sur Louise Labé, 48099.
Remarques sur Anne de Parthenay, 48144.
—sur Catherine de Parthenay, 48145.
de BAYLON de la Salle, François, Evêque d'Arras.
Mandement au sujet d'un Miracle, I, 4949; IV, S.
BAZILE (l'Abbé), Secrétaire de M. l'Archevêque de Lyon.
Eloge de Jean-Thomas Hérissant, IV, S. 47977*.
BAZIN, Simon-Thomas, Dominicain.
Oraison funèbre de Louis XIII; IV, S. 22138**.
BAZIN, Henri, de Fismes.
Vie de Ste Macre, I, 4552.
BAZIN, Jean-Baptiste, Cordelier.
Remarques sur le Couvent de S. Bonaventure de Lyon, I, 13857.
BAZIN, Ingénieur.
Les Campagnes du Roi (Louis XV), II, 24691.
BAZIN, Gilles-Augustin, Correspondant de l'Académie des Sciences.
Traité sur l'Acier d'Alsace, I, 2771.
Histoire Naturelle des Abeilles, 3616.
Abrégé de l'Histoire des Insectes, 3617.
BAZIN de Bezons, Armand, Archevêque de Bordeaux.
Procès-verbal de l'Assemblée de 1685, I, 6894.
Ordonnances Synodales, I, 6421.
de BAZIN, Louise-Hélène.
Eloge de la Ville de Soissons, III, 54875.
Extrait & augmentation, Id.
de BAZINGHEN : voyez Abot.
de BAZOCHES, Gui, Chantre de S. Etienne de Châlons.
Chronique, II, 16716.
BEATUS Rhenanus, Littérateur.
Præfatio in Defensorium Pacis, I, 7047.
Res Germanicæ, II, 15369; III, 38705.
BEAU, Jean-Baptiste, Jésuite.
Polyænus Gallicus, I, 3905.
Vie de François d'Esteing, Evêque de Rodés, 7930.
le BEAU, Jean-Louis.
Poësie sur la Convalescence du Roi, II, 24653.
Tome V.

le BEAU, C.
Aventures, III, 39707.
le BEAU, Charles, de l'Académie des Inscriptions.
Eloge de l'ancien Evêque de Mirepoix, (J. Fr. Boyer), I, 10246.
—de l'Abbé de Fontenu, 11129.
—de l'Abbé Lebœuf, 11132.
—de l'Abbé de Pomponne, 11363.
—de l'Abbé du Resnel, 11404.
—de l'Abbé Sallier, 11438.
Traduction d'une partie de l'Histoire de M. de Thou, II, 19878.
Oratio in restitutam Regi valetudinem, 24651.
—de Pace, 24712.
Eloge de M. le Comte de Caylus, III, 31902; IV, 46686.
—de M. le Marquis d'Argenson, IV, Suppl. 32615.*
—de M. le Comte d'Argenson, III, 32619.
—du Président de Lamoignon, IV, S. 32955.*
—du Président Bon, IV, S. 33803**, & IV, 46665.
Histoire de l'Académie des Inscriptions, quelques volumes, IV, 45509.
Eloge de Camille Falconet, 46137.
—de Claude Deshais-Gendron, 46151.
—de Bernard de Fontenelle, 46461.
—d'Augustin Belley, 46645.
—d'Elie Blanchard, 46652.
—de Nicolas Bonamy, 46667.
—de Jean-Pierre de Bougainville, 46670.
—de Charles-Bernard Durey de Noinville, 46723.
—de Joseph-Balthasar Gibert, 46743.
—de Jacques Hardion, 46472.
—de Charles-Jean-François Hénault, 46764.
—de Pierre-Alexandre Lévesque de la Ravaliere, 46797.
—de François-Scipion Maffei, 46803.
—d'Alexis-Symmaque Mazocchi, 46821.
—d'Anicet Melot, 46823.
—de Léon Ménard, 46824.
—d'Estienne Mignot, 46834.
—du Cardinal Passionéi, 46851.
—de Charles Peyssonel, 46866.
—du Cardinal Quirini, 46890.
—de Jean-Daniel Schœpflin, 46916.
—de Jean-Pierre Tercier, 46931.
—de René Vatri, 46962.
—de Louis Racine, 47615.
de BEAUBRUN, Louis.
Journal de la Campagne de 1656, II, 23809.
de BEAUCAIRE, François, Evêque de Metz.
Oratio ad Patres Concilii Tridentini, II, 17911.
de BEAUCHAMPS, Raphaël, Moine de Marchiennes.
De antiquitate Monasterii Marcianensis, I, 12140.
Editio Historiæ Andreæ Sylvii, II, 16714.
de BEAUCHAMPS : voyez Godart.
de BEAUCHEMIN : voyez Girardot.
de BEAUCHESNE : voyez Robert.
de BEAUCOURROY : voyez Rumet.
BEAUCOUSIN, Jean, Bénédictin.
Hymni in honorem Divi Taurini, I, 9941.
BEAUCOUSIN, Christophe-Jean-François, Avocat.
Mémoires sur le Noyonois, III, 34892.
Remarques & Pièces sur le Collége de Noyon, IV, 45431.
Histoire des Hommes illustres de Noyon, 45730.
Vie d'Antoine le Conte, 45859.
—de Jean Dartis, 45871.
—de Bonaventure de Fourcroy, 45887.
Notice des Ouvrages de Charles du Moulin, 45953.
Eloge de Jean-Baptiste Hatté, 46168.
Vie de Nicolas de Nancel, 46246.

Eloge d'Alexandre-Jérôme Loiseau de Mauléon, 47119.
Vie d'Honorat de Beuil de Racan, IV, *Suppl.* 47606.*
Histoire de Philibert de Lorme, IV, 47805.
Eloges de Jacques & Pierre Sarrasin, 47934.
Eloge de Madame Beaucousin, sa mere, 48007.
BEAUDEAU : *voyez* Baudeau.
de BEAUDRICOURT, Jean, Maréchal de France.
Traité entre l'Evêque & les Habitants de Châlons-sur-Saône, III, 35969.
BEAUFILS, Guillaume, Jésuite.
Oraison funèbre de M. de la Berchere, Archevêque de Narbonne, I, 9179.
—de M. Colbert de Villacerf, Archevêque de Toulouse, 10232.
—de M. le Dauphin, fils de Louis XIV, II, 25695.
Vie de la Vénérable Mere Jeanne de Lestonac, IV, S. 15234.*
Vie de la Vénérable Mere de Chantal, I, 15278.
de BEAUFORT, Nicolas, Chanoine de S. Jean de Soissons.
Spicilegium de Vitis Sanctorum, IV, S. 4227.*
de BEAUFORT, Jean.
Le Trésor des Trésors de France, II, 27995.
Mémoire sur les Finances, 27996.
Remontrances à Nosseigneurs de la Chambre des Comptes, 28000.
Suite du Trésor des Trésors, 28003.
de BEAUFORT (M.), Grand-Vicaire de Châlons-sur-Marne.
Mœurs & Entretiens du Frere Laurent, I, 13724; IV, S.
Justification de ce Livre, 13725; IV, S.
de BEAUFORT, Eustache, Abbé de Sept-Fonts.
Lettre sur l'Histoire de l'Abbaye de Sept-Fonts, I, 13134.
de BEAUFORT (le Duc) : *voyez* de Vendosme.
de BEAUFREMONT, Claude, Baron de Senecey.
Proposition de la Noblesse au Roi, en 1563, II, 17949.
—en 1577, 18371.
—en 1585, IV, S. 18463.
Recueil de ce qui s'est passé en la Compagnie du Tiers-Etat à Blois en 1576 & 77, II, 17465.
Remerciement fait au nom de la Noblesse, 17473.
de BEAUFREMONT, Henri, Marquis de Senecey, fils du précédent.
Lettres, III, 30410.
BEAUGENDRE, Antoine, Bénédictin.
Vita Hildeberti Turonensis, I, 10328.
Vie de Bénigne Joly, 11208.
de BEAUJEU : *voyez* de Quiqueran.
BEAUJONNIER, Charles.
Collegium Montargiense, Ode, IV, 45420.
de BEAULIEU, Simon, Archevêque de Bourges.
Itinerarium, I, 1351; IV, S.
de BEAULIEU : *voyez* Bouju, Frémineau, Godard & de Pontault.
de BEAULNE : *voyez* de Beaune.
de BEAUMANOIR, Philippe, Bailli de Clermont en Beauvaisis.
Coutumes de Beauvaisis, II, 15464.
de BEAUMANOIR, Henri-Charles, Marquis de Lavardin.
Protestation, II, 29095.
de BEAUMANOIR de Lavardin, Jean-Baptiste, Evêque de Rennes.
Statuts, I, 6685; IV, S. & V, *Add.*
de BEAUMANOIR, Louis.
Plainte justificative pour les Peres Jésuites, IV, S. 14294.*
BEAUMÉ (M.) : *voyez* Baumé.
de la BEAUMELLE : *voyez* Angliviel.

BEAUMONT, Graveur.
Armorial de Paris, III, 40126.
BEAUMONT, Bertrand.
Requête touchant l'abolition des Paranymphes, IV, 44835.
de BEAUMONT : *voyez* Déon, Elie, de Cardevaque, de Harlay.
de BEAUMONT de Pérefixe, Hardouin, Archevêque de Paris.
Histoire de Henri IV, II, 20066.
de BEAUMONT du Repaire, Christophe, Archevêque de Paris.
Mandement sur l'assassinat attenté sur le Roi, II, 24757.
de BEAUNE, Renauld, Evêque de Mende, puis Archevêque de Bourges, & ensuite de Sens.
Decreta Concilii Provincialis Bituricensis, I, 6407.
Discours dans l'Assemblée du Clergé de 1605, IV, S. 6854.
Harangue au Roi, II, 18710.
Oraison funèbre de Marie Stuart, 25105 & 116.
Sermon funèbre sur la mort du Duc d'Anjou, frere de Henri III, 25513.
Exhortation sur le Serment de Henri III, 17477; IV, S.
Premiere Remontrance au Roi, 27481.
Harangue dans les Etats de Blois, 27482.
Oraison funèbre du Cardinal de Birague, III, 31507.
Réformation de l'Université de Paris, IV, 44727.
Oraison funèbre de Madame de Chiverni, 48050.
de BEAUNE, Claude, Praticien.
Traités concernant les Charges & Fonctions des Secrétaires d'Etat, III, 31616.
Traité de la Chambre des Comptes de Paris, 33785.
BEAUNIER, (Dom).
Recueil des Archevêchés, Evêchés, &c. I, 1218; IV, *Suppl.*
BEAUNIS de Chanterain, Pierre, Sieur des Viettes, Historiographe.
Le Hola des Gens de Guerre, II, 20184.
Le Cahier Royal divulgué, 27564.
BEAUPIED, J. F. Abbé de S. Spire.
Vies de S. Spire & de S. Leu, Evêques de Bayeux, I, 9896.
BEAUPIED Dumenil (le Sieur).
Mémoire sur les Marais salans, &c. I, 1733.
de BEAUPLAN, Guillaume.
Duché de Normandie, I, 1702.
BEAUPRÉ : *voyez* de Choiseul.
de BEAURAIN, Jean, Chevalier.
Carte des Côtes de Flandres & de Hollande, I, 705.
—de la Manche, 716.
—des Ports de la Manche, 717.
—du Loiret, 737.
—du Diocèse de Grenoble, 1067.
Plan d'Aire, en Artois, 1314.
Environs de Boulogne, 1404.
Plan de Boulogne, 1405.
—de Brest, 1428.
—de Calais, 1450.
—de Dunkerque, 1509.
Carte de l'Isle d'Aix, 1578.
—de l'Isle de Belle-Isle, 1582.
Plan de Lille, 1623.
—de Maubeuge, 1674.
—de Montpellier, IV, S. 1680.*
—de Montreuil en Picardie, 1680.**
—d'Orléans, I, 1732.
—de Paris, 1786.
—de Pau, 1794.
—de Reims, 1842.

Plan de Rennes, 1844.
—de Rochefort & de l'Isle d'Aix, IV, *Suppl.* 1848.*
Carte de la Rochelle & de ses environs, I, 1852.
Le Roussillon, 1862.
Plan de Saint-Malô, 1865.
—de Térouenne, 1882.
Histoire Militaire de Flandres, II, 24337.
Histoire du Maréchal de Luxembourg, III, 31645.
Beausire (le Sieur)
La Statue de Louis-le-Grand, II, 24274.
de Beausobre, Isaac, Ministre Calviniste.
Histoire des Vaudois, I, 5737.
—des Albigeois, 5764.
Introduction à l'étude de la Politique, des Finances & du Commerce, II, 27308.
de Beausoleil (la Baronne).
Déclaration faite au Roi des riches Trésors, &c. I, 2652.
de Beaussol : *voyez* Peyraud.
de Beauteville, Jean-Louis, Evêque d'Alais.
Protestation, IV, *S.* 6929.*
Beautrou (M.).
Lettres, III, 30565.
Beauvais, Jacques, Prêtre de la Doctrine Chrétienne.
Vie du B. César de Bus, I, 11005.
Beauvais (M.), Professeur au Collége de Dijon.
Ode aux Habitans d'Orléans, II, 17184.
de Beauvais, Gilles-François, Jésuite.
Vie de M. Bretigny, I, 10994.
Poësies Latines sur la mort de Louis XIV, II, 24529.
de Beauvais, Jean-Baptiste-Charles-Marie, Evêque de Senés.
Oraison funèbre du feu Roi Louis XV, IV, *S.* 24802.*
—du Duc de Parme, II, 25731.
de Beauvais-Nangis, Henri.
Mémoires, III, 31371.
Beauval : *voyez* Boucher.
de Beauval, *dit* le petit Prédicateur de M. le Dauphin.
Harangues, II, 14156.
de Beauval : *voyez* Basnage.
de Beauvau (M.), Gentilhomme.
Lettre sur le Sacre de Charles VII; II, 26040.
de Beauvau, Louis, Sénéchal d'Anjou & de Provence.
Description d'un Tournois, III, 40238.
de Beauvau, Gabriel, Evêque de Nantes.
Statuts, I, 6631.
de Beauvau, Gilles, Evêque de Nantes.
Statuts, I, 6631.
de Beauvau, Henri, Marquis.
Mémoires, III, 38894.
de Beauveseix : *voyez* Teillard.
de Beauvilliers, François, Duc de Saint-Aignan.
Lettre à Louis XIV; II, 14111.
de Beauvoir : *voyez* du Clercq.
de Beauvoir (le Sieur), de Chauvincourt.
Le Monagone, II, 19756.
Beauxamis, Thomas, Carme.
Histoire des Sectes qui ont oppugné le Saint Sacrement, I, 5831.
La Marmite renversée & fondue, II, 18155.
Remontrance au peuple François, 18486.
Oraison funèbre de Charles de Gondy, III, 31800.
Bebel, Henri, Professeur en Humanités.
Oratio de Germaniæ laudibus, II, 15396.
Demonstratio de Germanis, *id.*
De laude Germanorum, *id.*
De laude Suevorum, *id.*

Bebele, Balthasar, Professeur en Théologie.
Antiquitates Argentoratensis Ecclesiæ, IV, *Suppl.* 4926.*
—Germaniæ primæ, I, 5970 & 9113; IV, *Suppl.* 5970 & 38696.*
Bebin (Dom), Bénédictin.
Histoire de l'Abbaye de Faverney, I, 11904.
du Bec, Philippe, Evêque de Nantes.
Exhortations sur l'entretien des Pauvres, IV, *S.* 5027.*
—sur le Mariage du Roi Henri IV, II, 26297.
de Beca, Barthélemi, Moine des Dunes.
Chronodromi Supplementum, III, 39374.
Becanus : *voyez* von Beeck & Gorop.
Becasse (le Sieur).
Oraison funèbre de Françoise de Saint-Gelais de Lusignan, IV, *S.* 14830.*
Beccaria, Jean.
Refutatio libelli, De jure Magistratuum, II, 27120.
de Beccarie de Pavie de Fourquevaux, Jean-Baptiste-Raymond, Prêtre.
Catéchisme Historique & Dogmatique sur les Contestations, &c. I, 5566; IV, *S.*
Bechet (M.), Chanoine d'Uzès.
Traduction des Lettres de Busbec, III, 30217.
Beck (le Sieur).
Exposition des injustices de M. Klinglin, III, 38744.
de Beck : *voyez* von Beeck.
Becquet, Antoine, Célestin.
Remarques sur les Célestins, I, 13205.
Fundationes Monasteriorum Cœlestinorum, 13206; IV, *S.*
Vita virorum illustrium hujus Ordinis, *id.*
Bedacier, Catherine, veuve de M. Durand.
Mémoires de la Cour de Charles VII; II, 17257.
Bede, le vénérable, Prêtre Anglois.
Martyrium S. Justini Pueri, I, 4525.
Bedé, Jean, Sieur de la Gormandière, Avocat.
De la Liberté de l'Eglise Gallicane, I, 7014.
Echantillon de l'Histoire des Templiers, *id.*
Les Droits du Roi, 7207; II, 26817.
Consultation sur la Question, Si le Pape est Supérieur du Roi, &c. I, 7239.
Discours sur la majorité des Rois, II, 27382.
—sur la protection des Alliés, 28616.
—sur les Alliances de France & d'Espagne, 28619.
Bedel, Jean, Chanoine Régulier.
Vie de Pierre Fourrier de Mataincourt, I, 13500.
von Beeck, Pierre.
De rebus Caroli Magni, II, 16295.
Aquisgranum, III, 39251.
Begat, Jean-Baptiste-Agneau, Conseiller & ensuite Président au Parlement de Dijon.
Remontrance des Etats de Bourgogne, II, 17946 & 27194.
Réponse pour les Députés des Etats, 17948 & 27194.
Commentarii rerum Burgundicarum, III, 35871.
Begine, G.
Vie de S. Germain d'Auxerre, I, 10133.
Begon (M.), Intendant de la Rochelle.
Voyage de Bagnieres, I, 2353.
Begon (M.), Avocat au Parlement.
Mémoire pour les Princes du Sang, II, 28593.
Begon, Scipion-Jérôme, Evêque de Toul.
Statuts Synodaux, I, 6780; IV, *S.*
le Begue, François, Avocat du Roi en la Cour des Monnoies.
Vita Nicolai le Fèvre, IV, 47078.
le Begue de Presle, Achille-Guillaume, Médecin.
Manuel du Naturaliste, I, 2433.
Dangers de l'air des grandes Villes, 1604.

Histoire Naturelle des Quadrupèdes des environs de Paris, 3555.
—des Oiseaux qu'on voit dans le climat de Paris, 3596.
—des Poissons des environs de Paris, 3608.
—des Insectes des environs de Paris, 3621.
BEGUILLET, E. Avocat & Notaire.
De principiis Vegetationis & Agriculturæ, IV, S. 3416.*
Discours sur le Vin & la Vigne, IV, S. 3508.*
Précis de l'Histoire de Bourgogne, III, 35842.
de BEHETY, Pierre, Agent du Clergé.
Procès-verbal de la Chambre Ecclésiastique des Etats-généraux, I, 6861.
BEHOTTE, Adrien, Grand-Archidiacre de Rouen.
Canones Ecclesiastici, I, 6296.
De la Jurisdiction Ecclésiastique, 7479.
Du Droit de Déport, 7580.
Défense de l'Eglise Métropolitaine de Rouen, 9806.
Apologia pro S. Romano, 9832.
Défense du Privilége de la Fierte S. Romain, 9841.
Réfutation de la Réponse à cette Défense, 9843.
Réponse à l'Anti-Cotton, 14265; IV, S.
de BEINS, Jean.
Carte du Dauphiné, I, 1491.
de BEINVILLE, Charles-Barthélemi.
Les Vérités Françoises, II, 28710.
BEYARD (le Sieur).
Recueil touchant les Prélats & Barons des Etats de Languedoc, IV, S. 37746.*
de BEKA, Jean, Chanoine d'Utrecht.
Chronicon Episcoporum Ultrajectensium, I, 8791 & 93; III, 39561.
le BEL, Jean, Chanoine de S. Lambert de Liége.
Chronique, II, 16991.
le BEL, Philippe.
Traduction de la Vie de S. Bernard, I, 13041.
BELANGER, Ambroise-Augustin, Médecin.
An aliæ à Sequanicis Aquæ Parisiensibus sint desiderandæ, IV, S. 2846.*
BÉLARD, Pierre, Curé d'Alençon.
Inventaire des Titres de la Cure d'Alençon, III, 35309.
BELCARIUS : voyez de Beaucaire.
de BELESBAT (M.).
Mémoires politiques, II, 27203.
de BELEVILLE, Louis.
Discours du Voyage des François en Suède, II, 19931.
BELHOME, Humbert.
Historia Mediani Monasterii, I, 12169.
de BELIDOR : voyez Forest.
BELIN, Jacques-Nicolas, Avocat.
Vie de Louis-Antoine Billard, I, 4740; IV, S. 10955.
de ou le BELIN (M.), Conseiller au Parlement de Bourgogne.
Lettre sur les Vins de Bourgogne & de Champagne, I, 3528.
le BELIN, Anselme, Maître des Comptes de Dijon.
Abrégé historique de la Fondation, &c. de l'Hôpital de N. D. de la Charité de Dijon, I, 5011.
le BELIN, Jacques, Avocat & ensuite Conseiller à Dijon.
Lettre au Cardinal de Richelieu, sur son Election à l'Abbaye de Citeaux, I, 13010; III, 32482 & 37103.
de BELINGAN (le Pere), Jésuite.
Eloge de Jean Hardouin, I, 14189.
Lettre sur René-Joseph de Tournemine, 14195.
BELIUS, Charles-André.
De causis Pacis Crepiacensis, II, 17699.

de BELLA-CURIA : voyez Baldo.
de BELLAN : voyez Gédoin.
de la BELLANDE : voyez le Fébvre.
BELLANGER, François, Docteur de Sorbonne.
Lettre sur les Mémoires pour servir à l'Histoire des Gaules, I, 3749.
BELLANGER (M.), Trésorier du Sceau.
Titres & Pièces concernant la fondation faite à Stains, I, 5357.
BELLARMIN, Robert, Cardinal.
Disputatio de primatu Episcopi Romani, I, 7142.
Responsio ad librum cui titulus, Aviso, 7147.
Tractatus de potestate summi Pontificis, 7197.
Apologia pro Bellarmino, 7219.
Responsio ad Apologiam Catholicam, II, 18494.
De Translatione Imperii Romani ad Francos, II, 28762.
BELLAUD, Jean-Baptiste.
Oraison funèbre de Charles IX, II, 18242; IV, S. 18237.**
du BELLAY, Guillaume, Seigneur de Langey, Lieutenant-Général en Piémont.
De l'Antiquité des Gaules & de France, II, 15374.
Projet d'Histoire, 17557.
Lettre à un Secrétaire Allemand, 17613.
Epitres sur les Querelles, &c. 17614.
Ogdoades, 17621 & 22; V, Add.
Mémoires, 17623.
Lettres, III, 29934 & 35, 71, & 30063.
Discipline Militaire, III, 32132.
Du Voyage de l'Empereur Charles V en Provence, III, 38067.
du BELLAY, Jean, Cardinal, Evêque de Bayonne, & ensuite de Paris, frère du précédent.
Lettres, III, 29903, 25, 30, 32-34, 30063 & 63.
Epistola Francisci I, Apologetica, 29965.
Orationes ad Imperii Ordines, 29968.
du BELLAY, Martin, Seigneur de Langey, frère des précédens.
Mémoires, II, 17621 & 23.
Lettres, III, 29934 & 35, 30063.
du BELLAY, René, Evêque du Mans, frère des précédens.
Lettres, III, 29935.
du BELLAY, Eustache, Evêque de Paris, neveu des précédens.
Synodi Parisiensis Canones, I, 6660 & 61.
du BELLAY, Joachim.
Tumulus Henrici II, Latinè & Gallicè, II, 17736; IV, S. 17752.
Discours sur le fait des quatre Etats du Royaume de France, II, 27196.
BELLEAU, Remi, Poëte.
Dictamen metrificum de Bello, II, 17787.
de BELLEAU, Jean, Evêque de Meaux.
Statuts Synodaux, IV, S. 6608.**
de BELLE-CROIX : voyez Surguyn.
de BELLE-FOREST, François, Annaliste du Roi.
Carte de la France, I, 552.
Description des Villes & Provinces de France, 774 & 2101.
Plan d'Orléans, IV, S. 1730.**
De l'origine des François, II, 15382.
Edition des Annales de France de Nicole Gilles, 15689.
Les grandes Annales de France, 15734.
Histoire de Charlemagne, 16274.
—de Charles-le-Chauve, 16431.
—de Charles-le-Simple, 16478.
—de Charles IV, 16998.
—de Charles-le-Sage, 17074.
—de Charles VI, 17146.

Histoire de Charles VII, 17284.
—de Charles VIII, 17399.
—des neuf Charles, Rois de France, 18254.
Abrégé de la Chronique de Froissart, 17101.
Remontrances aux Princes François, 18005.
Discours des préfages & miracles, 18038.
Arraisonnement fort gentil & profitable, 18052.
Discours de l'excellence des Princes du Sang de France, 18052, 25232 & 27339.
—sur l'Histoire des préfages, 18192.
Traduction d'un Discours du Légat Commendon, 18269.
L'innocence de Marie Stuart, 25093 & 116.
Entrée d'Elisabeth d'Autriche, Reine de France, 26245.
Alégresses au Peuple sur l'entrée de la Reine Elisabeth, 26249.
Généalogie & alliances de la Maison d'Autriche, là.
Chant funèbre sur la mort du Comte de Martigues, III, 31988.
Traduction d'une Description des Pays-Bas, 39260.
Poëme sur la Maison de Tournon, 44280.
de BELLEFORT (M.), Comte de Laubepin.
Lettres sur la Conquête de la Franche-Comté, II, 24034.
de BELLEGARDE (le Duc) : *voyez* de Saint-Lary.
de BELLEGARDE (l'Abbé) : *voyez* Morvan & du Parc.
de BELLEGARDE, Fulgence, Barnabite.
Oraison funèbre de Jean d'Atanthon d'Alex, Evêque de Genève, IV, S. 10796.*
BELLEGUISE, Alexandre.
Traité de la Noblesse, III, 39869.
de BELLE-ISLE : *voyez* Fouquet.
de BELLEMAURE (le Sieur).
Le Portrait du Roi (Louis XIII), II, 20733.
de BELLEMOND (l'Abbé).
Eloge de Michel du Puget, IV, 46562.
de BELLEPERCHE, Pierre.
Tractatus de Feudis, III, 39908.
BELLEPIERRE de Neuve-Eglise, Louis-Joseph, Gardedu-Corps du Roi.
La Pratique de l'Impôt, II, 18123.
de la BELLERIE (M.).
Discours du Vin de Garambaud, I, 3541.
de BELLERIVE (le Chevalier), Capitaine de Dragons.
Histoire des Campagnes du Duc de Vendôme, II, 14470 & 25644.
BELLERY (M.).
Dissertation sur la Tourbe de Picardie, I, 2693.
de BELLESTANG : *voyez* de Lestang.
BELLET (l'Abbé), Chanoine de Cadillac.
Observations faites à Cadillac, I, 2404.
Catalogue des Plantes de Cadillac, 3323.
—des Arbres de Cadillac, 3324.
—de différens Raisins, 3517.
Lettre sur une Monnoie de Philippe Auguste & sur une autre de S. Louis, II, 16888; III, 34009; IV, S. 16888.
Description de Bordeaux, III, 37524.
BELLET, (Charles), Chanoine de Montauban.
Eloge de feu M. le Dauphin, fils de Louis XV, II, 25758.
—de M. Delfios, IV, 45719; & S.
—de M. l'Abbé le Franc, là.
BELLET-Verrier.
Mémorial alphabétique, II, 27307.
de BELLEVAL, Richier, Médecin.
Nomenclatura Stirpium horti regii Monspeliensis, I, 3385.
Remontrances à Henri IV, 3386.
de BELLEVILLE (le Chevalier).
Description du Comté Venaissin, III, 38311.

BELLEY, Augustin, de l'Académie des Inscriptions.
Mémoire sur une Voie Romaine, I, 92.
—sur une autre Voie Romaine, 95.
Observations sur deux Voies Romaines, 96.
Recherches sur plusieurs parties des Itinéraires Romains, 107.
Eclaircissemens Géographiques sur l'ancienne Gaule, 182.
Explication topographique du Siége d'*Alesia*, là, & 3894.
Dissertation sur *Augusta Veromanduorum*, 210.
—sur *Augustorium*, 211.
—sur *Bibracte*, 181 & 224.
—sur *Genabum*, 182 & 280.
—sur *Juliobona*, 312.
—sur *Limonum*, 315.
—sur *Ratiatum*, 332.
Observations sur Bayeux, 368; IV, S. 214.*
Nouvelles Observations sur Bayeux, 369.
Mémoire sur l'ordre politique des Gaules, 389.
Tableau de l'Empire François, 464.
Sur le lieu de la mort de Sigismond, 533.
BELLI, François.
Observazioni nel Viaggio suo, IV, S. 2307.*
de BELLIEVRE, Claude, Lyonnois.
Tractatus de Bellis quæ fuerunt inter Canonicos S. Joannis Lugdunensis, &c. I, 15393.
de BELLIEVRE, Claude, Président au Parlement de Dauphiné.
Lugdunum priscum, III, 37337.
de BELLIEVRE, Pompone I, Chancelier de France; fils du précédent.
Sermo de excommunicatione Henrici IV; I, 7168.
Remontrance sur la mort de l'Amiral de Coligny; II, 18134.
Lettre au Roi de Navarre, 18969.
Discours en faveur de Henri IV, 19617.
Harangue à la Reine d'Angleterre, 25100.
Ambassades, III, 30151.
Pièces, 30215.
Négociations, 30226.
Lettres, 30312.
Mémoires, 30318.
de BELLIEVRE, Jean, Seigneur de Hautefort, premier Présid. au Parlem. de Dauphiné, frere du précédent.
Lettres & Mémoires, III, 30161.
de BELLIEVRE, Nicolas, Président à Mortier, puis Conseiller d'Etat, fils du Chancelier.
Remarques sur ce qui s'est passé au Parlement, III, 32884.
de BELLIEVRE, Pompone II, fils du précédent.
Ambassades, III, 30568 & 30828.
Lettres, 30740.
BELLIN, Jacques-Nicolas, Ingénieur de la Marine.
Le Neptune François, I, 697; IV, S.
Cartes des Côtes de France, 704.
Carte réduite des Côtes de Flandres, 706.
Carte réduite de la Manche, 712.
Carte de la Manche avec détail, 713.
Carte réduite du Pas de Calais, 714.
Carte réduite des Côtes de Normandie, 718.
Cartes réduites du Golfe de Gascogne, 719 & 720.
Carte réduite de la Méditerranée, 724.
Carte plate de la Méditerranée, 725.
Carte réduite des parties du Nord du Golfe de S. Laurent, IV, S. 729.*
Carte réduite du Golfe de S. Laurent, IV, S. 729.**
Mémoires sur les Cartes hydrographiques, I, 845.
Canada, 1455.
Louisiane & Pays voisins, là.
Fleuve de S. Laurent, 1456.

Guyane Françoise, 1539.
Isle de Belle-Isle, 1581.
Isle de Bourbon, 1584.
Isle de Cayenne, 1539.
Isle de France, 1587.
Isle de la Guadeloupe, 1588.
Isle de la Martinique, 1590.
Isle de Ré & d'Oléron, 1593.
Isle de S. Domingue, 1597.
Description de l'Amérique Septentrionale, I, 2202.
—de la Guyane, III, 39787.
—de l'Isle de Corse, 39820.
de BELLIN (le Marquis).
Mémoire historique sur la Paix de Vervins, II, 19719.
le BELLIN, Jacques, Conseiller au Parlement de Bourgogne.
Mémoire sur le Franc-Aleu, III, 39957.
de BELLOC (M.), Conseiller au Parlement de Pau.
Compte rendu de l'Institut des Jésuites, I, 14564.
BELLOCQ, Pierre, Valet-de-Chambre de Louis XIV.
L'Eglise des Invalides, Poëme, I, 5250; IV, S.
BELLON, Pierre, Médecin.
Remontrances sur le défaut de la Culture des Plantes, I, 3441.
De Arboribus coniferis, 3459.
BELLOT (M.), Médecin.
Rapport sur le Cidre & le Poiré, IV, Suppl. 3516.*
BELLOT (Madame).
Observations sur la Noblesse & le Tiers-Etat, II, 27579.
Traduction de l'Histoire de la Maison de Plantagenet, III, 35187.
—de l'Histoire de la Maison de Tudor, *ld.*
de BELLOY, Pierre, Conseiller en la Sénéchaussée de Toulouse, & ensuite Avocat-Général du Parlement.
Recueil des Edits de Pacification, I, 6162.
Conférence des Edits de Pacification, 6163.
Moyens d'abus contre la Bulle de Sixte V, 7144.
Plaidoyer au sujet des Dominicains, 13757.
Apologie Catholique, II, 18493. *On la lui attribue quoiqu'elle porte le Monogramme d'Edmond de l'Allouette, Jurisconsulte*, IV, S. 18529.
De l'autorité du Roi, II, 18739.
Mémoire sur la Famille de Bourbon, 24967 & 28487.
Généalogie des Maisons de Foix, &c. II, 25388.
Interprétation des causes de l'Edit de Henri IV, sur l'union de son Patrimoine au Domaine de la Couronne de France, 27767.
Examen d'un Discours publié contre la Famille de Bourbon, 28489.
Réplique à la Réponse opposée à cet Examen, 28491.
Déclarat. du droit de légitime succession au Royaume de Portugal, 28897.
Remontrance des Magistrats de la Sénéchaussée de Toulouse, III, 31819.
Description du Pays de Béarn, 37656.
Panégyrique pour les Sénéchal, &c. de Toulouse, 37788.
Requête pour les Seigneurs & Officiers de Toulouse, 37789.
Plaidoyer joint à une Histoire de Foix, 37914.
De l'origine de divers Ordres de Chevalerie, 40254.
Plaidoyer contre les Jésuites, IV, 44659.
Mémoire pour l'Université & le Présidial de Toulouse, 45280.
Requête verbale contre un Avertissement au sujet du Mémoire précédent, 45282.
de BELLOY : *voyez* Marie.

de BELLOY (M.), Citoyen de Calais.
Le Siège de Calais, II, 17015.
Gaston & Bayard, III, 31872.
Mémoires historiques, 34145.
du BELLOY (le Chevalier).
Poëme sur la Conquête du Port-Mahon, II, 24747.
BELMISSER, Paul.
Elegiæ tres & Epithalamium, II, 17556.
BELON, Pierre, Médecin.
Histoire de la Nature des Oiseaux, I, 3589.
De Aquatilibus, 3602.
La nature & diversité des Poissons, *ld.*
BELORDEAU, Pierre, Avocat.
Entrée de la Reine Mere à Angers, II, 26342.
BELORDEAU : *voyez* de la Grée.
BELOT, Michel, Licentié en Droit.
Vie du Cardinal Sadolet, I, 8141.
—de Guillaume Ribier, III, 32730.
BELPREY, Brigadier.
Plan de Nancy, IV, S. 1685.
BELSLOU : *voyez* Willing.
de BELSUNCE de Castelmoron, Henri-François-Xavier, Evêque de Marseille.
Vie de Susanne-Henriette de Foix de Candale, I, 4786.
Réponse à une Lettre sur la peste de Marseille, IV, S. 5524.*
Réflexions sur une Lettre relative au même objet, *ld.*
Statuts Synodaux, I, 6600.
L'Antiquité de l'Eglise de Marseille, 8029. *On doute qu'il en soit l'Auteur.*
BELTRAMINO, François, Evêque de Terracine.
Li Commentarii di Francia, II, 18203; III, 30133.
BELYARD, Simon.
Le Guisien, II, 18846.
Charlot, II, 19349; IV, S. 19397.*
BENARD, Laurent, Bénédictin.
Avis à MM. les Députés de France, tenant les Etats de Paris, IV, S. 11623.*
Remerciement des Bénédictins au Roi Louis XIII, *ld.*
de BENAVIDEI, *voyez* Florès.
de la BENAZIE, Bernard.
Histoire de l'Eglise Collégiale d'Agen, I, 5123.
BENCIUS, François.
Oratio in funere Marci Antonii Mureti, I, 11313; IV, S.
BENDIER, Claude, Chanoine de S. Quentin.
Vie de S. Quentin, IV, S. 4624.*
Défense des prérogatives de la Ville & Eglise de Saint-Quentin, I, 5499; IV, S.
L'Eglise de S. Quentin maintenue dans ses droits, I, 5500 & 9733.
BENDIO, Jean, Dominicain.
De la Dévotion envers l'Image de Notre-Dame de Mongeres, I, 4176.
de BENE (M.), Chanoine de Laon.
Histoire de Notre-Dame de Liesse, IV, *Suppl.* 4164.
del BENE : *voyez* d'Elbene.
BENEDETTI, Rocco.
Le Feste della Signoria di Vinetia nella venuta di Henrico III, II, 26256.
BENEDETTI, Elpidio, Abbé de . . .
Essequie nella memoria di Anna Austria, II, 26761.
Raccolta di diverse Memorie per iscrivere la Vita del Cardinale Mazarini, III, 32540.
Breve Raccolta di diverse Notitie per scrivere la vita del Cardinale Mazarini, 32544; IV, S.
Pompe funebre nell' Essequie celebrate in Roma al Cardinale Mazarini, 32551.

BENEDICTI,

Table des Auteurs. 409

BENEDICTI, Alexandre-Peauce, Médecin.
Diaria de Bello Carolino, II, 17380.
BÉNÉDICTINS, Auteurs du *Gallia Christiana*, seconde Edition.
Gallia Christiana, I, 7828.
Series & Historia Archiepiscoporum Aquensium, (*d'Aix*), I, 7855.
—Episcoporum Aptensium, 7871. Regiensium, 7878. Forojuliensium, 7895. Vapincensium, 7901. Sistaricensium, 7909.
Series & Historia Episcoporum & Archiepiscoporum Albiensium (*d'Albi*), 7911.
—Episcoporum Ruthenensium, 7922. Castrensium, 7933. Cadurcensium, 7936. Vabrensium, 7955. Mimatensium, 7960.
Series & Historia Archiepiscoporum Arelatensium, (*d'Arles*), 7971.
—Episcoporum Massiliensium, 8025. Tricastinorum, 8056. Telonensium, 8060. Arausicanorum, 8067.
Series & Historia Episcoporum Elusanorum, Episcoporumque & Archiepiscoporum Auscienfium (*d'Ausch*), 8078.
—Episcoporum Aquensium, 8088. Lactorensium, 8089. Convenensium, 8090. Conseranensium, 8096. Adurensium, 8102. Vasatensium, 8103. Tarbensium, 8108. Lascurrensium, 8110. Oleronensium, 8111. Baionensium, 8120.
Series & Historia Episcoporum & Archiepiscoporum Avenionensium, (*d'Avignon*), 8122.
—Episcoporum Carpentoractensium, 8135. Vasionensium, 8143. Cabellionensium, 8152.
Series & Historia Archiepiscoporum Burdigalensium, (*de Bordeaux*), 8231.
—Episcoporum Aginnensium, 8265. Engolismensium, 8277. Santonensium, 8290. Pictaviensium, 8306. Petrocoriensium, 8326. Condomensium, 8333. Malleacensium, nunc Rupellensium, 8335. Lucionensium, 8341. Sarlatensium, 8388.
Series & Historia Archiepiscoporum Bituricensium, (*de Bourges*), 8349.
—Episcoporum Claromontensium, 8407. Lemovicensium, 8457. Aniciensium, 8484. Tutelensium, 8498. Sancti-Flori, 8504.
Series & Historia Episcoporum & Archiepiscoporum Cameracensium, (*de Cambrai*), 8518.
Episcoporum Atrebatensium, 8583. Tornacensium, 8608. Audomarensium, 8637. Namurcensium, 8641.
Series & Historia Archiepiscoporum Coloniensium, (*de Cologne*), 8646.
—Episcoporum Tungrensium, Trajectensium & Leodiensium, 8682.
Series & Historia Archiepiscoporum Ebredunensium, (*d'Embrun*), 8823.
—Episcoporum Grassensium, 8830. Diniensium, 8832. Vinciensium, 8835. Niciensium, 8847. Glandevensium, 8850. Senecensium, 8851.
Series & Historia Archiepiscoporum Lugdunensium, (*de Lyon*), 8856.
—Episcoporum Augustodunensium, 8959. Lingonensium, 8997. Cabillonensium, 9022. Matisconensium, 9042.
Series & Historia Archiepiscoporum Mechliniensium, (*de Malines*), 9055.
—Episcoporum Antverpiensium, 9057. Gandavensium, 9059. Brugensium, 9060. Yprensium, 9061. Rurremundensium, 9062. Sylvæducensium, 9063.
Series & Historia Episcoporum & Archiepiscoporum Moguntinensium, (*de Maïence*), 9065.
—Episcoporum Wormatiensium, 9106. Spirensium, 9110. Argentoratensium, 9111. Vindonissensium, posteà Constantiensium, 9148.
Series & Historia Archiepiscoporum Narbonensium, (*de Narbonne*), 9153.
Tome V.

—Episcoporum Biterrensium, 9183. Agathensium, 9193. Carcassonensium, 9195. Nemausensium, 9199. Magalonensium, nunc Monspeliensium, 9210. Leutevensium, 9226. Uceticensium, 9236. Electensium, 9248. S. Pontii Tomeriarum, 9252. Helenensium & Perpinianensium, 9255. Alesiensium, 9259.
Series & Historia Episcoporum & Archiepiscoporum Parisiensium, (*de Paris*), 9263.
—Episcoporum Carnotensium, 9354. Meldensium, 9389. Aurelianensium, 9432. Blesensium, 9486.
Series & Historia Archiepiscoporum Remensium, (*de Reims*), 9489.
—Episcoporum Suessionensium, 9585. Catalaunensium, 9612. Laudunensium, 9634. Sylvanectensium, 9655. Bellovacensium, 9666. Ambianensium, 9690. Noviomensium, 9728. Morinensium, 9763. Bolonensium, 9764.
Series & Historia Archiepiscoporum Rotomagensium, (*de Rouen*), 9788.
—Episcoporum Bajocensium, 9890. Abrincensium, 9914. Ebroicensium, 9934. Sagiensium, 9952. Lexoviensium, 9984. Constantiensium, 9998.
Series & Historia Archiepiscoporum Senonensium, (*de Sens*), 10007.
—Episcoporum Trecensium, 10079. Autissiodorensium, 10113. Nivernensium, 10172. Bethlehemitanorum, 10186.
Series & Historia Episcoporum & Archiepiscoporum Tarentasiæ, (*de Tarentaise*), 10190.
—Episcoporum Octodurensium, posteà Sedunensium, 10191. Augustensium, V, *Add.* 10191.ᵏ
Ecclesia Kebeccensis, 10800. Episcopi Kebeccenses, 10801.
Episcopi pro Missionibus exteris, 10835. Episcopi Babylonis, 10841.
De Congregatione Clericorum Secularium Doctrinæ Christianæ, 10844.
—Sacerdotum à Missione, 10853.
—Oratorii Domini Jesu, 10855.
—Sacerdotum S. Nicolai de Cardineto, 10860.
—Presbyterorum S. Sulpitii, 10861.
—Sacerdotum de Calvaria, 10862.
De Seminario Christi familiæ, 10863.
—S. Petri & S. Ludovici, 10864.
—S. Spiritûs, 10865.
Abbatiarum Series, 11561.
Compendiosa Congregationis S. Mauri Historia, 11625.
Anglo-Benedictina Congregatio in Francia, 11652.
Series & Historia Abbatum Cluniacensium, 11776.
Series Superiorum reformatæ Cluniacensis Congregationis, 11782.
De Abbatibus Sanctæ Genovefæ Parisiensis, 13602.
Francorum Regum Chronologia, II, 15929.
Ordinis S. Joannis Jerosolymitani, Majores in Francia Priores, III, 40323; IV, *S.* 40339.
Ordo S. Lazari in Francia, III, 40361.
BÉNÉDICTINS, Auteurs de l'Histoire Littéraire de la France. Dom Rivet qui est Auteur des neuf premiers Volumes, sera distingué ici par une r. à la fin des Articles qui sont de sa main.
Histoire Littéraire de la France, IV, 44548.
Des Druides, I, 3841, r.
Histoire de Berenger, 5701, r.
—du Pape Sylvestre II, 7681, r.
—du Pape S. Léon IX, 7687, r.
—du Pape Etienne IX, 7690, r.
—du Pape Nicolas II, 7691, r.
—du Pape Urbain II, 7697, r.
—du Pape Calliste II, 7701.
Histoire du Cardinal Estienne, 7790, r.
—du Cardinal Gilon, 7792.
—du Cardinal Hugues, 7794.
—du Cardinal Humbert, 7796, r.

Fff

Histoire du Cardinal Milon, 7801.
—du Cardinal Odon, 7803.
Histoire de Lazare, Evêque d'*Aix*, 7857, r.
—de S. Castor, Evêque d'Apt, 7876, r.
—de S. Maxime, Evêque de Riès, 7894, r.
—de Fauste, Evêque de Riès, 7894, r.
Histoire de S. Alethe, Evêque de Cahors (*sous Albi*), 7945, r.
—de S. Didier Evêque de Cahors, 7947, r.
—de S. Ambroise, Evêque de Cahors, 7951, r.
Histoire de Saturnin, Evêque d'*Arles*, 7986, r.
—de S. Héros, Evêque d'Arles, 7987, r.
—de S. Honorat, Evêque d'Arles, 7990, r.
—de S. Hilaire, Evêque d'Arles, 7999, r.
—de Ravenne, Evêque d'Arles, 8002, r.
—de Léonce, Evêque d'Arles, 8003, r.
—de S. Césaire, Evêque d'Arles, 8007, r.
—de S. Aurélien, Evêque-d'Arles, 8014, r.
—de S. Procule, Evêque de Marseille, 8033, r.
—de S. Honorat, Evêque de Marseille, 8036, r.
—de S. Théodore, Evêque de Marseille, 8039, r.
—de Héracle, Evêque de Saint-Paul-trois-Châteaux, 8059, r.
—de S. Cyprien, Evêque de Toulon, 8064, r.
—de S. Eutrope, Evêque d'Orange, 8072, r.
—de S. Verus, Evêque d'Orange, 8073, r.
Histoire de S. Orient, Evêque d'*Auch*, 8082, r.
Histoire de S. Véran, Evêque de Cavaillon, (*sous Avignon*), 8149; IV, S. r.
Remarques sur S. Claude, Evêque de *Besançon*, 8189, r.
Histoire de S. Protade, Evêque de Besançon, 8192, r.
—de S. Donat, Evêque de Besançon, 8193, r.
—du B. Marius, Evêque d'Avanches, 8217, r.
—de S. Amédée, Evêque de Lausanne, 8219, r.
—de Herton, Evêque de Basle, 8228, r.
Histoire de S. Delphin, Evêque de *Bordeaux*, 8238, r.
—de S. Amand, Evêque de Bordeaux, 8242, r.
—de S. Phébade, Evêque d'Angers, 8272, r.
—de Macarius ou Mérérius, Evêque d'Angoulesme, 8287, r.
—de Hugues, Evêque d'Angoulême, 8288, r.
—de Gérard, Evêque d'Angoulême, 8289.
—de S. Hilaire, Evêque de Poitiers, 8316, r.
—de S. Fortunat, Evêque de Poitiers, 8318, r.
Histoire de S. Sulpice-le-Débonaire, Evêque de Bourges, 8380, r.
—de S. Raoul, Evêque de Bourges, 8386, r.
—de Vulfade, Evêque de Bourges, 8387, r.
—de Gauzlin, Evêque de Bourges, 8388, r.
—de Léger, Evêque de Bourges, 8389.
—d'Abéric de Reims, Evêque de Bourges, 8390.
—de S. Apollinaire, Evêque de Clermont, 8433, r.
—de S. Préject, Evêque de Clermont, 8447, r.
—de S. Bonet, Evêque de Clermont, 8451, r.
—de Bernowin, Evêque de Clermont, 8452.
—de Durand, Evêque de Clermont, 8453, r.
—de S. Rurice, Evêque de Limoges, 8470, r.
—de Jourdain, Evêque de Limoges, 8479.
—de Gui II & d'Estienne I, Evêques du Puy, 8495, r.
—d'Adhémar, Evêque du Puy, 8496, r.
Histoire d'Halitgaire, Evêque de *Cambrai*, 8564, r.
—de Wibold, Evêque de Cambrai, 8565, r.
—de Girard I, Evêque de Cambrai, 8566, r.
—de Girard II, Evêque de Cambrai, 8568, r.
—de S. Eleuthere, Evêque de Tournai, 8629, r.
Histoire de Gonthier, Evêque de *Cologne*, 8665, r.
—de S. Brunon, Evêque de Cologne, 8669, r.
—de S. Servais, Evêque de Tongres, 8734, r.
—d'Estienne, Evêque de Liége, 8769, r.
—de Notger, Evêque de Liége, 8770, r.
—de S. Wolbodon, Evêque de Liége, 8774, r.
—de Wazon, Evêque de Liége, 8775, r.

Histoire de Theoduin, Evêque de Liége, 8776, r.
—de Henri-le-Pacifique, Evêque de Liége, 8777, r.
—de S. Otber, Evêque de Liége, 8778.
—de Frédéric, Evêque de Liége, 8781.
Observations sur Albéric, Evêque d'Utrecht, 8812, r.
Histoire de S. Ratbod, Evêque d'Utrecht, 8816, r.
—d'Adelbode, Evêque d'Utrecht, 8817, r.
—de Conrad, Evêque d'Utrecht, 8818, r.
Observations sur l'Auteur de la Vie de S. Marcellin, Evêque d'*Embrun*, 8827, r.
Histoire de S. Eusèbe, Evêque de Grasse, 8831, r.
—de S. Véran, Evêque de Vence, 8838.
—de S. Valérien, Evêque de Cémele, 8849, r.
Histoire de S. Irénée, Evêque de *Lyon*, 8883, r.
—de Faustin, Evêque de Lyon, 8884, r.
—de S. Just, Evêque de Lyon, 8890, r.
—de S. Eucher, Evêque de Lyon, 8898, r.
—de S. Patient, Evêque de Lyon, 8903, r.
—de S. Rustice, Evêque de Lyon, 8905, r.
—de S. Viventiole, Evêque de Lyon, 8908, r.
—de S. Leidrade, Evêque de Lyon, 8927, r.
—d'Agobard, Evêque de Lyon, 8930, r.
—d'Amolon, Evêque de Lyon, 8933, r.
—de S. Remy, Evêque de Lyon, 8935, r.
—d'Halinard, Evêque de Lyon, 8939, r.
—de S. Gébouin, Evêque de Lyon, 8940, r.
—de Hugues, Evêque de Lyon, 8941, r.
—de Josceran, Evêque de Lyon, 8942.
—de Rainald, Evêque de Lyon, 8943.
—de S. Rérice, Evêque d'Autun, 8965, r.
—de S. Euphrone, Evêque d'Autun, 8972, r.
—de S. Léger, Evêque d'Autun, 8985, r.
—de Modoin, Evêque d'Autun, 8987, r.
—d'Aganon, Evêque d'Autun, 8988, r.
—d'Estienne de Baugé, Evêque d'Autun, 8989.
—d'Isaac, Evêque de Langres, 9015, r.
—de Hugues, Evêque de Langres, 9017, r.
—de Rainard, Evêque de Langres, 9018, r.
—de Robert, Evêque de Langres, 9019, r.
Histoire de S. Boniface, Evêque de *Mayence*, 9093, r.
—de S. Lulle, Evêque de Mayence, 9096, r.
—de Raban, Evêque de Mayence, 9102, r.
—de Hatton, Evêque de Mayence, 9103, r.
—d'Uthon, Evêque de Strasbourg, 9133, r.
—d'Erkembald, Evêque de Strasbourg, 9134, r.
—de Brunon, Evêque de Strasbourg, 9135.
—de Salomon, Evêque de Constance, 9150, r.
Remarques sur l'Auteur de la Vie de S. Paul, Evêque de *Narbonne*, 9167, r.
Histoire de S. Rustique, Evêque de Narbonne, 9170, r.
—d'Agion, Evêque de Narbonne, 9173, r.
—du Cardinal Richard, Evêque de Narbonne, 9174.
—de Paulin, Evêque de Béziers, 9187, r.
—de Sedatus, Evêque de Béziers, 9188, r.
—de Sedatus, Evêque de Nismes, 9205, r.
—de Gautier, Evêque de Montpellier, 9210.
—de S. Firmin, Evêque d'Uzès, 9241, r.
—de S. Ferréol, Evêque d'Uzès, 9245, r.
Observations sur Massus, Evêque de *Paris*, 9286, r.
Histoire de Paul, Evêque de Paris, 9287, r.
—de S. Germain, Evêque de Paris, 9300, r.
—de S. Céran, Evêque de Paris, 9303, r.
—de Galon, Evêque de Paris, 9312.
—d'Estienne de Senlis, Evêque de Paris, 9313.
—de Pierre Lombard, Evêque de Paris, 9314.
—d'Arbogaste, Evêque de Chartres, 9361, r.
—de S. Fulbert, Evêque de Chartres, 9373, r.
—d'Hildegaire, Evêque de Meaux, 9416, r.
Rem. sur la Vie de S. Euverte, Ev. d'Orléans, 9458.

Table des Auteurs. 411

Histoire de Théodulphe, Evêque d'Orléans, 9470, r.
—de Jonas, Evêque d'Orléans, 9471, r.
—de Vautier, Evêque d'Orléans, 9472, r.
—d'Arnoul, Evêque d'Orléans, 9473, r.
Remarques sur les Actes des SS. Sixte & Sinice, Evêques de Reims, 9508.
Histoire de S. Remi, Evêque de Reims, 9529, r.
—de Mapinius, Evêque de Reims, 9531, r.
—de Sonnace, Evêque de Reims, 9532, r.
—de Tilpin, Evêque de Reims, 9541, r.
—d'Ebbon, Evêque de Reims, 9548, r.
—d'Hincmar, Evêque de Reims, 9549, r.
—de Foulques, Evêque de Reims, 9550, r.
—d'Hervé, Evêque de Reims, 9552, r.
—d'Artaud, Evêque de Reims, 9554, r.
—d'Adalbert, Evêque de Reims, 9555, r.
—d'Arnoul, Evêque de Reims, 9556, r.
—de Gervais, Evêque de Reims, 9558, r.
—de Manassé I, Evêque de Reims, 9560, r.
—de Renauld, Evêque de Reims, 9562, r.
—de Manassé II, Evêque de Reims, 9563.
—de Riculfe, Evêque de Soissons, 9600, r.
—de Lisiard, Evêque de Soissons, 9606.
—de Joscelin, Evêque de Soissons, 9607.
—de Guillebert, Evêque de Châlons-sur-Marne, 9626, r.
—de Guillaume de Champeaux, Evêque de Châlons-sur-Marne, 9628.
—de Geoffroy, Evêque de Châlons-sur-Marne, 9629.
—d'Hincmar, Evêque de Laon, 9648, r.
—d'Adalberon, Evêque de Laon, 9649, r.
—de Barthélemi de Jura, Evêque de Laon, 9652.
—de Frolland, Evêque de Senlis, 9664, r.
—d'Odon, Evêque de Beauvais, 9683, r.
—de Drogon, Evêque de Beauvais, 9684, r.
Remarques sur la Vie de S. Sauve, Evêque d'Amiens, 9717.
Histoire de Jessé, Evêque d'Amiens, 9719, r.
—de Guy, Evêque d'Amiens, 9720, r.
—de S. Eloy, Evêque de Noyon, 9755, r.
—de Ratbod II, Evêque de Noyon, 9759, r.
—de Baudri, Evêque de Noyon, 9760.
Histoire de S. Victrice, Evêque de Rouen, 9821, r.
—de S. Prétextat, Evêque de Rouen, 9830, r.
—de S. Ouen, Evêque de Rouen, 9859, r.
—de S. Ansbert, Evêque de Rouen, 9863, r.
—de S. Maurille, Evêque de Rouen, 9875, r.
—de Jean, Evêque de Rouen, 9876, r.
—de Guillaume, Evêque de Rouen, 9877.
—de Hugues d'Amiens, Evêque de Rouen, 9878.
—de S. Loup, Evêque de Bayeux, 9899, r.
—de Gislebert, Evêque d'Evreux, 9949.
—d'Adelhelme, Evêque de Sées, 9977, r.
—de Serlon, Evêque de Sées, 9978.
—de Fréculfe, Evêque de Lisieux, 9987, r.
Histoire de S. Léon, Evêque de Sens, 10041, r.
—de Magnon, Evêque de Sens, 10060, r.
—d'Aldric, Evêque de Sens, 10063, r.
—de Vautier, Evêque de Sens, 10065, r.
—de S. Loup, Evêque de Troyes, 10093, r.
—de S. Prudence, Evêque de Troyes, 10109, r.
—d'Atton, Evêque de Troyes, 10110.
—de S. Germain, Evêque d'Auxerre, 10140, r.
—de S. Aunacaire, Evêque d'Auxerre, 10157, r.
—du B. Hugues de Mâcon, Evêque d'Auxerre, 10168.
—de S. Salvius, Evêque d'Octodure (sous Tarentaise), 10192, r.
Remarques sur les Actes de S. Saturnin, Evêque de Toulouse, 10207, r.
Histoire de S. Martin, Evêque de Tours, 10289, r.
—de S. Perpétue, Evêque de Tours, 10313, r.

Hist. de S. Grégoire, Evêque de Tours, 10323, r.
—de Hérard, Evêque de Tours, 10326, r.
—d'Herberne, Evêque de Tours, 10327, r.
—du Vénérable Hildebert, Evêque de Tours, 10329.
Observations sur les Actes des Evêques du Mans, 10337, r.
Histoire de S. Domnole, Evêque du Mans, 10366, r.
—de S. Bertchran, Evêque du Mans, 10371, r.
—de S. Aldric, Evêque du Mans, 10377, r.
—de S. Maimbeuf, Evêque d'Angers, 10399, r.
—d'Eusebe Brunon, Evêque d'Angers, 10400, r.
—d'Ulger, Evêque d'Angers, 10401.
—de S. Melaine, Evêque de Rennes, 10414, r.
—de Marbode, Evêque de Rennes, 10416.
—de S. Félix, Evêque de Nantes, 10437, r.
—de Baudri, Evêque de Dol, 10489.
Histoire de S. Maximin, Evêque de *Trèves*; 10515, r.
—de S. Paulin, Evêque de Trèves, 10518, r.
—de S. Nicet, Evêque de Trèves, 10529, r.
—d'Amalaire, Evêque de Trèves, 10537, r.
—de Rotger, Evêque de Trèves, 10538, r.
—de S. Chrodegang, Evêque de Metz, 10575, r.
—d'Angelramne, Evêque de Metz, 10577, r.
—de S. Advence, Evêque de Metz, 10579, r.
—de Robert, Evêque de Metz, 10580, r.
—de Wigéric, Evêque de Metz, 10581, r.
—de Thierri I, Evêque de Metz, 10583, r.
—d'Herimanne, Evêque de Metz, 10585, r.
—de Poppon, Evêque de Metz, 10586.
—de Théodger, Evêque de Metz, 10587.
—de S. Auspice, Evêque de Toul, 10635, r.
Observations sur Autmonde, Evêque de Toul, 10638, r.
Histoire de Frothaire, Evêque de Toul, 10640, r.
—de Dadon, Evêque de Verdun, 10669, r.
—de Thierry, Evêque de Verdun, 10670, r.
—de Richer, Evêque de Verdun, 10671, r.
—d'Alberon, Evêque de Verdun, 10672.
Histoire de S. Avit, Evêque de *Vienne* 10701, r.
—de S. Mamert, Evêque de Vienne, 10707, r.
—de S. Evance, Evêque de Vienne, 10709, r.
—de S. Adon, Evêque de Vienne, 10715, r.
—de S. Hugues, Evêque de Grenoble, 10758.
Remarques sur Thomas II, Evêque de Viviers, 10763.
Histoire de S. Salone, Evêque de Genève, 10767, r.
Histoire de S. Ambroise, Evêque de Milan, 10811, r.
—de S. Ennode, Evêque de Pavie, 10816, r.
—de S. Paulin, Evêque de Nole, 10827, r.
—de plusieurs Evêques étrangers, originaires de la France, 10833.
Histoire de Dudon, Doyen de S. Quentin, 11101, r.
—d'Honoré, Scholastique d'Autun, 11203.
—de Roscelin, Chanoine de Compiègne, 11419, r.
Histoire de Jonas, Abbé d'Elnone, 11638, r.
—d'Hervé, Prieur de Bourgdéols, 11646.
—de Françon, Abbé d'Affligham, 11655.
—de S. Benoît, Abbé d'Aniane, 11669, r.
—de S. Ardon Smaragde, son Disciple, 11670, r.
—du B. Lanfranc, Abbé du Bec, 11701, r.
—de Roger, Moine du Bec, 11702.
—de S. Anselme, Abbé du Bec, 11709, r.
—de Boson, Abbé du Bec, 11713.
—d'Estienne de Rouen, Moine du Bec, 11714.
—de Jean, Moine de Bese, 11720.
—de Thibault, Moine de Bese, 11721.
—d'Arnaud, Abbé de Bonneval, 11727, IV; Suppl.
—de S. Odon, Abbé de Cluni, 11806, r.
—de S. Mayeul, Abbé de Cluni, 11817, r.
—de S. Odilon, Abbé de Cluni, 11824, r.

Tome V.

Fff 2

—de Glaber, Moine de Cluni, 11827, r.
—de Jotfaud, Moine de Cluni, 11828, r.
—de S. Ulric, Moine de Cluni, 11829, r.
—de S. Hugues, Abbé de Cluni, 11835, r.
—d'Yves, Prieur de Cluni, 11838, r.
—de Ponce, Abbé de Cluni, 11841.
—d'Alger, Moine de Cluni, 11843.
—de Nalgode, Moine de Cluni, 11844.
—d'Abailard, Moine de Cluni, 11854.
—de S. Adhalard, Abbé de Corbie, 11877, r.
—de Paschase Radbert, Abbé de Corbie, 11886, r.
—d'Angilbert, Abbé de Corbie, 11888, r.
—de Nevelon, Abbé de Corbie, 11889, r.
—de Thibault II, Abbé de Cormeri, 11892.
—de Jean, Abbé de Fescan, 11920, r.
—du B. Alcuin, Abbé de Ferrières, 11927, r.
—de Loup, Abbé de Ferrières, 11928, r.
—de Hugues, Abbé de Flavigny, 11934.
—d'Adrevald, Moine de Fleury, 11965, r.
—de Richard, Abbé de Fleury, 11966, r.
—de Gérauld & d'Isembart, Moines de Fleury, 11967, r.
—de S. Abbon, Abbé de Fleury, 11970, r.
—d'Aimoin, Moine de Fleury, 11971.
—de Gauflin, Abbé de Fleury, 11972, r.
—de Diéderic, Moine de Fleury, 11973, r.
—d'Helgaud, Moine de Fleury, 11974, r.
—de Raoul Tortaire, Moine de Fleuri, 11975.
—de Hugues de Sainte Marie, Moine de Fleury, 11976.
—d'Olbert, Abbé de Gemblou, 11988, r.
—de Sigebert, Moine de Gemblou, 11989, r.
—d'Anselme, Abbé de Gemblou, 11990.
—de Fauste, Moine de Glanfeuil, 11995, r.
—d'Odon, Abbé de Glanfeuil, 11996, r.
—d'Almanne, Moine de Hautvilliers, 12009, r.
—de Notcher, Abbé de Hautvilliers, 12010, r.
—de Guillaume, Moine de Jumièges, 12026, r.
—d'Arnoul, Abbé de Lagny, 12036, r.
—de Gurdistin, Abbé de Landevenec, 12045, r.
—de S. Erme, Abbé de Laubes, 12059, r.
—d'Anson, Abbé de Laubes, 12062, r.
—de Folcuin, Abbé de Laubes, 12063, r.
—de Hériger, Abbé de Laubes, 12064, r.
—de Vincent, Moine de Lerins, 12078, r.
—de S. Colomban, Abbé de Luxeu, 12109, r.
Apologie de S. Colomban, 12110.
Histoire de S. Eustase, Abbé de Luxeu, 12116, r.
—d'Angelome, Abbé de Luxeu, 12123, r.
—de Pierre, Moine de Maillesais, 12127, r.
—d'Auremond, Abbé de Mairé, 12139, r.
—de Galbert, Moine de Marchienes, 12142.
—d'Albert, Abbé de Marmoutier, 12154, r.
—de Gui, Abbé de Molesme, 12172.
—d'Anson, Abbé de Monstier-en-Der, 12179, r.
—de Thomas, Abbé de Morigny, 12231.
—de Guibert, Abbé de Nogent, 12265.
—de Gothescalc, Moine d'Orbais, 12269, r.
—de Richard, Abbé de Préaux, 12273.
—de Wandalbert, Moine de Pruim, 12275, r.
—de Reginon, Abbé de Pruim, 12276, r.
—de Winebrand, Moine de Saint-Allyre, 12312, r.
—de Milon, Moine de Saint-Amand, 12319, r.
—d'Hucbald, Moine de Saint-Amand, 12320, r.
—de Gilbert, Moine de Saint-Amand, 12321, r.
—de Jean, Abbé de Saint-Arnoul, 12332, r.
—de Guillaume Walon, Abbé de Saint-Arnoul, 12333, r.
—de Guillaume, Abbé de Saint-Bénigne, 12359, r.
—de Javenton, Abbé de S. Bénigne, 12360, r.
—de Folcuin, Moine de Saint-Bertin, 12372, r.
—de Téulfe, Abbé de Saint-Crespin, 12388.
—de Nicolas, Moine de Saint-Crespin, 12389.
—d'Adémar, Moine de Saint-Cybar, 12395, r.
—de Hilduin, Abbé de Saint-Denys, 12428, r.

—de Suger, Abbé de Saint-Denys, 12436.
—de Guillaume, Moine de Saint-Denys, 12440.
—d'Odon de Deuil, Abbé de Saint Denys, 12441.
—de Jean, Moine de Saint-Evroul, 12462.
—de Roger du Sap, Abbé de Saint-Evroul, 12463.
—de Guérin des Essars, Abbé de Saint-Evroul, 12464.
—de Richard de Leycestre, Abbé de Saint-Evroul, 12465.
—d'Ordéric Vital, Moine de Saint-Evroul, 12466.
—de S. Heiric, Moine de Saint-Germain d'Auxerre, 12485, r.
—de Remy, Moine de Saint-Germain d'Auxerre, 12486, r.
—d'Usuard, Moine de Saint-Germain-des-Prés, 12510, r.
—d'Aimoin, Moine de Saint Germain-des-Prés, 12511, r.
—d'Abbon, Moine de Saint-Germain-des-Prés, 12512, r.
—de Thierry II, Abbé de Saint-Hubert, 12572, r.
—d'Odolric, Abbé de Saint-Martial, 12602, r.
Remarques sur Richer, Abbé de S. Martin de Metz, IV, S. 12623.*
Histoire de Heriman, Abbé de Saint-Martin de Tournai, 12637.
—de Rainaud, Moine de S. Maur, 12649.
—d'Odilon, Moine de S. Médard, 12659, r.
—de Létald, Moine de Saint-Mesmin, 12681, r.
—de Smaragde, Abbé de Saint-Mihel, 12688, r.
—de Jean, Moine de Saint-Ouen, 12700.
—d'Odoranne, Moine de Saint-Pierre-le-Vif, 12718, r.
—de Clarius, Moine de Saint-Pierre-le-vif, 12719, r.
—d'Anselme, Moine de Saint-Remi, 12727, r.
—de Robert, Abbé de Saint-Remi, 12728.
—d'Odon, Abbé de Saint-Remi, 12730.
—de S. Angibert, Moine de Saint-Riquier, 12743, r.
—de Michon, Moine de Saint-Riquier, 12745, r.
—d'Enguerran, Abbé de Saint-Riquier, 12747, r.
—d'Anscher, Abbé de Saint-Riquier, 12750.
—d'Adalgise, Moine de Saint-Thierry, 12773.
—de Guillaume, Abbé de Saint-Thierry, 12774.
—de Thierry, Abbé de Saint-Tron, 12779.
—de Rodulphe, Abbé de Saint-Tron, 12780.
—de Raimbert, Abbé de Saint-Valery, 12787, r.
—du B. Richard, Abbé de Saint-Vannes, 12801, r.
—de Laurent, Abbé de Saint-Vannes, 12801.
—de Jean Cassien, Abbé de Saint-Victor de Marseille, 12819, r.
—d'Ansegise, Abbé de Saint-Vandrille, 12852, r.
—de Robert, Abbé de S. Vigor, 12854, r.
—de S. Yrier, Abbé du Monastère qui porte son nom, IV, S. 12865.*
—de S. Vital, Abbé de Savigny, 11867.
—de S. Gérauld, Abbé de Sauve-Majoure, 12875, r.
—de Wibaud, Abbé de Stavelo, 11898.
—de S. Bernard, Abbé de Tiron, 12901.
—du Cardinal Geoffroi, Abbé de Vendôme, 12916.
—de Hugues de Poitiers, Moine de Vézelai, 12931.
—de S. Robert, Abbé de Molesme, Fondateur de l'Ordre de Cîteaux, 12995.
—d'Ildebod, son Compagnon, 12996.
—de S. Estienne, Abbé de Cîteaux, 13003.
—de Rainald, Abbé de Cîteaux, 13004.
—de Fastrede, Abbé de Cîteaux, 13005.
—du B. Guerric, Abbé d'Igny, 13099.
—d'Odon, Abbé de Morimond, 13110.
—du Vénérable Serlon, Abbé de Savigny, 13131.

Table des Auteurs. 413

—de S. Etienne de Muret, Fondateur de l'Ordre de Grammont, 13197.
—de S. Bruno, Fondateur de l'Ordre des Chartreux, 13245, r.
—de Guignes, Prieur de la Grande-Chartreuse, 13246.
—de Sehere, Abbé de Chaumousay, 13427.
—de Hugues Farsit, Chanoine Régulier de S. Jean-des-Vignes, 13455.
—de Lierbert, Abbé de Saint-Ruf, 13467, r.
—de Hugues, Chanoine Régulier de Saint-Victor, 13479.
de Gilduin, Abbé de Saint-Victor, 13480.
—de S. Norbert, Instituteur de l'Ordre des Prémontrés, 13556.
—de Vivien l'un de ses Disciples, 13557.
—d'Estienne, Chanoine Régulier de Pébrac, 13638.
—de Pierre, Prieur de S. Jean de Sens, 13647.
—de Hugues Farsit, Abbé de Saint-Jean en Vallée, 13649.
—de Robert d'Arbrisselles, Instituteur de l'Ordre de Fontevrauld, 13949.
—d'André, Grand-Prieur de Fontevrauld, 13950.
—d'Héloïse, Abbesse du Paraclet, 14926.
Histoire de Chilpéric I, II, 16047, r.
—de Gontran, 16067, r.
—de Childebert II, 16068, r.
—de Clotaire II, 16071, r.
—de Dagobert I, 16078, r.
—de Charlemagne, 16308, r.
—de Louis-le-Débonaire, 16376, r.
—de Robert, fils de Hugues Capet, 16531, r.
—de Louis-le-Gros, 16654.
Histoire de Sainte Radegonde, 25019, r.
—de Godefroi de Bouillon, III, 31880, r.
—de Foulques Rechin, 35684, r.
—de Raimond du Puy, 40305.
—d'Amalaire de Metz, IV, 45761, r.
—de Bernard de Chartres, 46375.
—d'Eginard, IV, S. 46723.*
—de Frédégaire, IV, S. 46733.*
—de Guillaume de Conches, 47045.
BÉNÉDICTINS, Editeurs du Recueil des Historiens de France.
Recueil des Historiens de France, II, 15984 & 16557.
Observations concernant les Loix, &c. sous Hugues Capet, 15570.
De l'origine de la III. Race des Rois de France, 24948.
Du reste, voyez l'Article de Dom Bouquet, Editeur des huit premiers Volumes de ce Recueil.
BENET.
Méthode pour la réduction des Monnoies, III, 33914.
BENETON de Morange de Peyrins, Etienne-Claude, Gendarme.
Examen sur les Jeux de Hasard, II, 15544.
Traité des Marques nationales, II, 15573; III, 40037.
Dissertation sur les Réjouissances publiques, 26112, II, 26112.
—sur les Couronnes, 27064.
—sur les Enseignes Militaires des François, III, 31825.
Dissertation sur la Maison Militaire des Rois de France, 32193.
BENETOT, Maur, Bénédictin.
Tabula Chronologica Abbatum S. Joannis Laudunensis, I, 12574; IV, S.
de BENLUVRE : voyez Fleutelot.
de BENEVENT, Jérôme, Trésorier de l'Eglise de Bourges.
Harangue funèbre du Cardinal de Gondi, I, 9318.

Oraison funèbre du Cardinal de Joyeuse, 9884.
Discours sur la mort de Madame de Lyonne, IV, 48110.
BENEZOT, François.
Histoire des Exploits généreux, &c. II, 21345.
BENGY, Antoine, Jurisconsulte.
Concio funebris in memoriam Joannis Merceri, IV, 45936.
BENI, Paul.
Commentaire Italien sur la Jérusalem délivrée du Tasse, II, 16602.
BENING, François, Jésuite.
Le Bouclier d'honneur, III, 31933.
de BENIVENT, Jérôme, Trésorier-Général des Finances.
Discours des faits héroïques de Henri-le-Grand, II, 19994.
BENNET, Henri, Comte d'Arlington, Secrétaire d'Etat sous Charles II, Roi d'Angleterre.
Lettres, III, 30786, 30977 & 31021.
BENNET, Claude, Bailli de Ham.
Inventaire des Titres du Comté de Saint-Paul, II, 27940.
BENNING, Jean, Président de la Cour Provinciale du Luxembourg.
Historia Comitatûs Luxemburgensis, III, 39449.
BENOIT III, Pape.
Confirmatio Privilegiorum Corbeiæ, IV, Suppl. 11870.*
BENOIT VIII, Pape.
Epistolæ, III, 29756.
BENOIT XIV, Pape.
Bulle pour l'érection de l'Evêché de S. Claude, I, 9053.
BENOIT, Evêque de Marseille.
Litteræ ad Innocentium IV, II, 16811.
BENOIT, Chancelier de la République de Gênes.
Descriptio adventûs Ludovici XII ; II, 17416 & 26157.
BENOIT, Abbé.
De Vita Henrici II, Regis Anglorum, III, 35027.
BENOIT, Diacre de Mayence.
Versus de Legibus & Capitulis, II, 27600.
Capitula, 27610.
BENOIT, Elie, Ministre Calviniste.
Apologie de la retraite des Pasteurs, I, 6064.
Défense de cette Apologie, 6066.
Histoire de l'Edit de Nantes, 6185.
BENOIT, Guillaume.
Tractatus de Ducatu Normanniæ, II, 28799
BENOIT, Pierre, Seigneur de Compregnac.
Remarques & Mémoires pour l'Histoire du Limosin, sous le nom de Maldammat, III, 37594.
Remarques sur la Table Chronologique de l'Histoire du Limosin, sous le nom de Malderranat, 37596. *La ressemblance de ces noms jointe avec l'unité d'objet, donne lieu de penser que ces deux Ouvrages sont du même Auteur.*
BENOIT, René, Curé de S. Eustache à Paris.
Discours sur le Miracle des ardens, I, 4465.
Responsio ad libellum de Clericis, 7151.
Vie de S. René d'Angers, 10384.
Discours de ce qui advint touchant la Croix de Gastines, II, 18110.
Avertissement à la France, 19011.
Plainte & Requête au Pape Sixte V, IV, Suppl. 19258.*
Avertissement aux Paroissiens de S. Eustache, II, 19470.
Remontrance à Henri IV, 19678.
Remontrance à Messieurs de l'Assemblée de Rouen, 19685.
Moyen de conserver la Paix, IV, S. 19721*, II, 19764.

Traduction de l'Ordre du Sacre des Rois de France, II, 25959.
Le Sacre de Henri III, 26071.
BENOIT, Zacharie, Chartreux.
Vita S. Brunonis, I, 13233.
BENOIT de S. Dominique, Jean, Dominicain.
Histoire des Vaudois & des Barbets, 5733.
—des Albigeois, 5760.
BENOIT de Rouen (le Pere), Capucin.
Oraison funèbre de Louis d'Acquin, Evêque de Séez, I, 9981.
BENOIT de Toul (le Pere), Capucin.
Pouillé du Diocèse de Toul, I, 1290.
Histoire de la Ville & Evêché de Metz, I, 10549; III, 38764.
Histoire de la Ville & Evêché de Toul, 10615; III, 38797.
Dissertation sur le Siége Episcopal des Leuquois, 10616.
Vie de S. Gérard, Evêque de Toul, 10643.
Histoire de la Ville & Evêché de Verdun, 10659.
Synopsis progressûs Ordinis S. Francisci apud Lotharingos, 13866.
Lettre sur l'Histoire de S. Sigebert, II, 16101.
L'origine de la Maison de Lorraine, avec l'Histoire de ses Princes, II, 25911, III, 38905.
Supplément, II, 25915.
Réplique à deux Lettres, 25918.
de BENSERADE, Isaac, de l'Académie Françoise.
La Pucelle d'Orléans, II, 17236. *Ouvrage attribué.*
Le Labyrinthe de Versailles, 27027.
Portrait de quarante Académiciens, IV, 45503.
BENTIVOGLIO, Gui, Cardinal, Nonce en France.
Lettres sur les Affaires de Béarn, I, 5920.
Relatione de gli Ugonotti di Francia, 5964.
Lettere, III, 30456.
Relatione, *id.*
de BEOST : *voyez* Varenne.
de BERAGREM : *voyez* Prodez.
BERAIN, P. Chanoine & Custos de l'Eglise de Haslach.
Mémoires sur le Règne des trois Dagoberts, I, 9125, II, 16117 & 24858.
Dissertation sur une Chatte de Dagobert II, 16118.
BERAIN (M.), Dessinateur.
Desseins de Spectacles, IV, S. 26581.**
BERARD, Jean, Moine.
Chronicon Casauriense, II, 16374.
BERARDIER, Denys.
Entrée de Henri II à Beaune, II, 26201.
BERAUD, Artus, Avocat.
Vie de Louis de Virail, III, 32082 & 32680.
BERAUD, Pierre.
L'Etat de Montauban, III, 37613.
BERAUD (l'Abbé), Conseiller au Parlement de Paris.
Traité des Annates, I, 7570.
BERAUD (le Pere), Jésuite.
Observations météorologiques, I, 2546.
de la BERAUDIERE, François, Abbé de Nouaillé, depuis Evêque de Périgueux.
Oraison funèbre de Henri IV, II, 20039.
de la BERAUDIERE, Marc, Seigneur de Mauvoisin.
Le Combat de seul à seul, III, 40173.
BERAULD *ou* Berault, Nicolas, Historiographe du Roi.
Oratio de pace restitutâ, IV, S. 17722.**
BERAULT, J.
Traduction de la Satyre d'Euphormion, II, 19854.
BERCHARIUS : *voyez* Berthaire.
de la BERCHERE : *voyez* le Goux.
BERCHETTE, Toussaints.
Traduction Latine du Conseil Chrétien, I, 7173.
—de l'Explication des Controverses sur Henri IV; II, 28511.

BERCOLI, Pierre.
Grammaire Provençale, IV, S. 3779.*
—Limousine, IV, S. 3779.**
de BERCY, Roi d'Armes.
Guerres & Traités de Paix, III, 29588.
BERETTI, Gaspard, Bénédictin.
Tabula Italiæ medii ævi, I, 422.
BEREY, Nicolas.
Carte de la France, I, 569.
BEREY, *peut-être fils du précédent.*
Histoire de la Monarchie Françoise, II, 15840.
de BERGAIGNE, Jean, Archevêque de Cambrai.
Legatus Ecclesiasticus pro Ecclesia Cameracensi, I, 8547.
de BERGE (M.), Médecin.
Description d'une Esquinancie, I, 2497.
—d'une Fièvre putride, 2534.
BERGEDE, Nicole.
L'Arrêt des trois Esprits, III, 32359.
BERGELLANUS : *voyez* Arnold.
BERGER, Jean-Guillaume.
De origine Ordinis Aurei Velleris, III, 40421.
BERGER, Jean, *dit* de Saint-Clément.
Discours des faits advenus pendant les Guerres Civiles, II, 18115.
BERGERÉ, Gaston.
Discours contre les Duels, III, 40190.
de la BERGERIE : *voyez* Durant.
BERGERON, Nicolas, Avocat.
De la Gaule-France, II, 15385.
Le Valois Royal, III, 34842.
BERGERON, Pierre.
Traité des Voyages de découverte, III, 39630.
BERGERON, Chérubin, Récolet.
Oraison funèbre de la Maréchale-Duchesse de Belle-Isle, IV, 48008.
de BERGHEM, Guillaume.
Compendium Chronicorum Gelriæ, III, 39540.
de BERGHES, Maximilien, Archevêque de Cambrai.
Synodus Diocesana, IV, S. 6425.*
Canones & Decreta Concilii Provincialis, I, 6429.
de BERGHES, Guillaume.
Decreta Synodi Diœcesanæ, I, 6430.
de BERGHES, Antoine, Abbé de Saint-Bertin & de Saint-Tron.
Historia Ordinis Aurei Velleris, III, 40411.
BERGIER, Nicolas, Avocat au Présidial de Reims.
Histoire des grands chemins de l'Empire Romain, I, 62.
Le Bouquet Royal, II, 26085 & 26400. *Le second N.° paroît l'attribuer au fils ; mais cet Ouvrage est du pere.*
Le Cheval de Domitien, 26399.
Police générale de France, 27245.
Dessein de l'Histoire & Antiquités de Reims, III, 34230.
BERGIER, François, Jésuite.
Lettre sur la mort du Prince de Condé (Louis), II, 25829.
BERGIER (M.), Chanoine de l'Eglise Métropolitaine de Paris.
Dissertation sur les Voies Romaines des Séquanois, I, 70.
—sur les Villes principales des Séquanois, I, 344; IV, S. 38371.*
—sur l'origine des Séquanois, IV, S. 38371.*
—sur l'Hercule Ogmius, *id.*
—sur l'établissement des Bourguignons dans les Gaules, *id.*
BERGIER (M.), Médecin.
Traduction de la Matiere Médicale de M. Geoffroi, I, 3296.
BERGON (M.), Avocat.
Mémoire sur le Marquisat de Saluces, III, 38017.

Bergue, Justin, Récollect.
Oraison funèbre de Marguerite de Canillac, IV, 48034.

de Berigny, Godard, Conseiller au Présidial de Caën.
Abrégé de l'Histoire de France, II, 15831; IV, Suppl.

de Beringhen, Henri, premier Ecuyer du Roi.
Lettres, III, 30871.

de Berlaymont, Louis, Archevêque de Cambrai.
Concilium Provinciale, I, 6429.

Berler, Materne.
Chronicon Alsatiæ, III, 38707.

Berlette, Nicolas.
Antiquités de Soissons, III, 34864.

de Bermann (M.), Avocat.
Mémoire sur la Terre de Fenestrange, III, 38935.
Dissertation sur la Noblesse de Lorraine, 40699.

Bermingham, Michel, Médecin.
Traduction des Statuts de la Faculté de Médecine, IV, 44840.

de Bermond, Jean-Baptiste, dit l'Abbé du Tremblay.
Histoire généalogique de la Maison d'Anduse, III, 40930.

S. Bernard, Abbé de Clairvaux.
Chronicon Cisterciense, I, 12951.
Epistolæ, III, 29773.

Bernard ou Arnold, Abbé de Morimond.
Vita sanctæ Clodesindis, I, 14725.

Bernard, surnommé le Trésorier.
De la Conquête de la Terre-Sainte, II, 16794.

Bernard, Antoine, Evêque de Caserte Muratori. T. VII.
Disputationes de duelli eversione, III, 40167.

Bernard, Catherine.
Le Comte d'Amboise, III, 35671.

Bernard, Charles, Historiographe de France.
La conjonction des Mers, I, 889.
Sommaire de l'Histoire des Hérétiques de France, 5968.
Histoire des Guerres de Louis XIII, II, 21584.
Histoire de Louis XIII, 22147.
Carte généalogique de la Maison de Bourbon, 24981 & 25502.
Discours sur l'état des Finances, 27992.

Bernard, Claude, Prêtre de Dijon, mort à Paris, dit le Pere Bernard.
Son Testament, I, 10939.

Bernard, Claude, de Saint-Haon-le-Chastel-en-Forês.
Chronique des Rois de France, II, 15743.

Bernard, Claude, Lieutenant Particulier du Présidial de Mâcon.
Histoire de Mâcon, III, 35975.

Bernard, Claude-Barthélemi, de Riom.
Histoire de Riom, III, 37468.

Bernard, Etienne, Avocat & ensuite Conseiller au Parlement de Dijon, & depuis Lieutenant-Général au Bailliage de Châlons-sur-Saône.
Discours de ce qui advint à Blois en 1588, II, 18795.
Avis à la Noblesse en 1590, 19205.
Traduction Latine d'une Relation de la Conférence de Surenne, 19464.
Avertissement à la Noblesse & Villes de Bourgogne, 19574.
Discours sur la prise de Marseille, 19680; III, 38098.
Harangue aux Etats de Blois, II, 27484.
Journal des Etats de Blois, 27493.
Discours de ce qui s'est passé aux Etats de Blois, 27494.

Bernard, Jacques, Professeur de Philosophie.
Recueil des Traités de Paix, &c. III, 29148.

Bernard, Jean, Secrétaire de la Chambre du Roi.
Recueil des querelles & prétentions des Anglois, II, 28797.
Discours sur les faits des Rois & Seigneurs d'Angleterre, III, 35175.
Recueil des Seigneurs qui passerent la Mer avec Guillaume-le-Conquerreur, 40716.

Bernard, Jean-Baptiste, Chanoine Régulier de Sainte Geneviéve.
Discours sur l'assassinat du feu Roi, II, 14757.
Oraison funèbre du feu Duc d'Orléans, 25677.
— de M. le Prince de Condé, Henri II; II, 25817.

Bernard, Louis-Gaspard, Chanoine Régulier de Pont-à-Mousson.
L'Etablissement de la Congrégation de Notre-Dame, I, 15240.

Bernard, Nicolas, Célestin.
Les Fleurons sacrés du B. Pierre de Luxembourg, I, 10594.
La Vérité pour les Peres Célestins, I, 13209.

Bernard, Pierre, Mayeur de Calais.
Du Portus Iccius, I, 304; IV, S.
Annales de Calais, III, 34206.

Bernard, Pierre, Médecin.
Les Eaux de Gréoux, I, 3077.

Bernard, Pierre, Conseiller au Présidial de Béziers.
Explication de l'Edit de Nantes, I, 6173.

Bernard, Chanoine d'Avignon.
Speculum illustrium Juris Interpretum, &c. IV, 45809.

Bernard, ..., Libraire d'Amsterdam.
Remarques sur Charles Rivière Dufresny, IV, 47415.

Bernard, ..., Chanoine de Clermont.
Oraison funèbre du feu Roi Louis XV; IV, S. 24802.*

Bernard (Dom) : voyez de Montgaillard.

Bernard de Boulogne (le Pere), Capucin.
Bibliotheca Scriptorum Ordinis S. Francisci Capucinorum, IV, S. 13907.*

Bernard de Bordeaux (le Pere), Capucin.
Chronographica Descriptio Conventuum Ordinis, Capucinorum, I, 1186; IV, S.

Bernard Barentzoon, Guillaume, Pilote.
Description de la Méditerranée, I, 721.

Bernard de Luxembourg, Dominicain.
De Ordinibus Militaribus, III, 40252.

Bernard, Seigneur du Plessis-Besançon, Gouverneur d'Auxonne.
Négociations, III, 30521 & 30901.

Bernard de Valabregue, Juif.
Lettre d'un Milord, IV, S. 4925.*

Bernard : voyez Bertrand.

de Bernard, Pierre, Conseiller au Parlement de Toulouse.
Discours sur le Baptême de Monsieur, frere de Louis XIII; IV, S. 20138.*
L'Accueil des François, II, 20791.
La Liberté donnée à M. le Prince, 20794.
Le triple flambeau de grace, 26643.
Basiléphanie, 27380.

Bernardeau, Gabriel, Avocat.
Défense de la Noblesse des Maires & Echevins de la Rochelle, III, 35766.

de la Bernardeau : voyez Laugier.

Bernardi.
Eloge de Cujas, V, Add. 45877.*

Bernardin de Tous les Saints : voyez Rougerie.

de Berne, Herver.
Panegyricon Comitum Druydatum, III, 35564 & 40867.

Bernegger, Matthias, Jurisconsulte.
Forma Reipublicæ Argentoratensis delineata, III, 38737.

Oratio in funere Dionyfii Gothofredi, IV, 45891.
BERNEGGER, Jean-Gafpard, fils du précédent.
Forma Reipublicæ Argentoratenfis fufiùs expofita, III, 38737.
BERNER ou Bernier, Abbé d'Homblieres.
Vita fanctæ Hunegondis, I, 14756.
de BERNEVILLE : voyez de Jumelle.
BERNIER, Jean, Médecin.
Obfervations fur la Vie & les Œuvres de Rabelais, I, 11382.
Des Comtes de Champagne, III, 34216.
Hiftoire de Blois, III, 35631; IV, S.
Armoiries des Familles de Blois, III, 40084.
Vies des Hommes illuftres de Blois, IV, 45675.
Eloge de Jean Morin, 45786.
—de Pierre de Blois, 45795 & 46867.
—de Denys du Pont, 45982.
Hiftoire de plufieurs Médecins de Paris, 46012.
Eloge de Pierre Befchebien, 46047.
—de Paul de Boifgautier, 46051.
—de Louis Burgenfis, 46069.
—de Florimond de Beaune, 46370.
—de Jacques Bunel, 47849.
—de Jean Mofnier, 47913.
BERNIER, François, dit le Mogol, Médecin.
Eloge de Claude-Emmanuel Luillier-Chapelle, IV, 47358.
de BERNIERES, Jules-Céfar.
Etymologie des Mots François, II, 15488.
BERNONS de Salins.
Eloge de René-Jofué Valin, IV, 46009.
BERNOT de Charant (M.), Lieutenant-Général de la Charité-fur-Loire.
Abrégé hiftorique de cette Ville, I, 117543 IV, S.
de BERNY (M.).
Lettres, III, 30466 & 68, & 30760.
de BEROALDE, François, Sieur de Verville.
Hiftoire des Vers à Soie, I, 3632.
La Pucelle d'Orléans reftituée, II, 17194.
de BERQUIN, Robert, Orfévre.
Lifte des Gardes de l'Orfévrerie, III, 34733.
Lifte des Marchands Maîtres Orfévres, 34734.
BERROYER, Claude, Avocat.
Table des Ordonnances, II, 27615.
Bibliothèque des Coutumes, IV, S. 27663.*
Vie de Pierre Bardet, IV, S. 45827.*
BERRUYER (M.).
Lettres, III, 30468.
BERRUYER, J. J. Jéfuite.
Plaufus Parnaffi in ortu Britanniæ Ducis, II, 25722.
BERRY : voyez le Bouvier.
BERRYAT (M.), Médecin.
Examen des Eaux de la Ville d'Auxerre, I, 2851.
Obfervations fur les Eaux d'Appoigny, &c. 2926.
Mémoire fur la fituation d'Auxerre, III, 36016.
BERSAQUE, Denys, Jurifconfulte.
Hiftoria Comitum Artefiæ, III, 38963.
BERSON, Jacques, Docteur en Théologie.
Regrets funèbres fur la mort de François d'Alençon, Duc d'Anjou, II, 18456 & 25511.
BERTAUD, Léonard, Minime.
La Ville d'Autun couronnée de joie, I, 8990.
Eloges hiftoriques des Evêques de Châlons-fur-Saône, 9027.
L'illuftre Orbandale, III, 35969.
BERTAUD (le Sieur).
Les Délices de la Paix, II, 22830.
BERTAULD, François, Seigneur de Fréauville.
Les prérogatives de la Robe fur l'Epée, III, 32783.
BERTAUT, Jean, Evêque de Séez.
Hymne de S. Louis, II, 16815.
Difcours au Roi fur la Conférence de Fontainebleau, 19770.

Difcours funèbre fur la mort de Henri IV, 20021.
Parénete fur les Cérémonies du Baptême de M. le Dauphin (depuis, Louis XIII), 26644.
BERTAUT, Françoife, Epoufe du Préfident de Motteville.
Mémoires pour fervir à l'Hiftoire de Louis XIII, II, 22167.
—pour fervir à l'Hiftoire d'Anne d'Autriche 23906.
BERTEL, Jean, Abbé d'Epternay.
Hiftoria Luxemburgenfis, III, 39455.
BERTEL, Jean-Baptifte, Jéfuite, puis Clunien.
Mémoire touchant les droits du Roi fur Avignon, IV, S. 38318.*
BERTET (l'Abbé), Secrétaire du Clergé.
Procès verbal de l'Affemblée du Clergé de 1635, I, 6874.
BERTET, Jean.
Traité de la Charge de Grand-Aumônier, III, 32228.
BERTET, Jean, Ex-Jéfuite.
Hiftoria Collegii S. Martialis Avenione fundati, IV, 45160.
Traduction de cette Hiftoire, là.
BERTHAIRE ou Berchaire, Prêtre de Verdun.
Hiftoria Epifcoporum Virdunenfium, I, 10650; II, 16811.
BERTHAULD, Placide, Bénédictin.
Hiftoire de Compiégne, III, 34856.
BERTHAULT, Jean.
Hiftoire des Foreftiers & Comtes de Flandres, III, 39388.
BERTHAULT, Pierre, Ex-Oratorien, Chanoine de Chartres.
Florus Gallicus, I, 3863.
Florus Francicus, II, 15780; IV, S.
Cafallum bis liberatum, II, 21643 & 21721.
Ara Maffilienfis, IV, S. 38215.*
BERTHAULT, ..., Géographe.
Carte de l'Archevêché de Paris, I, 1118.
BERTHEAU, Pierre, Apothicaire à Châtelleraud.
La Fièvre des Huguenots de France, II, 21528.
BERTHELOT (M.), Chanoine de Châlons-fur-Saône.
Relation des réjouiffances qui y furent faites à la naiffance de (feu) M. le Dauphin, II, 26547; III, 37202.
BERTHELOT, Jofeph, Maître-ès-Arts.
De venenatis Galliæ animalibus, I, 3552.
BERTHELOT, François, Marquis de Baye.
Campagne du Maréchal de Créqui, II, 24122.
BERTHELOT du Ferrier.
Traité des Droits & Domaines du Roi, II, 27675.
BERTHELOT du Paty (M.), Médecin.
Difcours fur l'Hiftoire Naturelle de la Province d'Anjou, I, 2385.
Mémoire fur les Eaux de l'Anjou, I, 2924; IV, Suppl.
—fur les Eaux de Bouillon, 2984.
—fur les Vents d'Anjou, 3521.
BERTHEMET, Antoine, Avocat.
Difcours fur l'Académie de Soiffons, IV, 45609.
de BERTHEMIN, Dominique.
Difcours fur les Eaux de Plombières, I, 3150.
BERTHERAUD, François-Georges, Bénédictin.
Collection des Hiftoriens des Croifades, IV, Suppl. 15984.
BERTHET, François, Carme.
Hiftoire de Notre-Dame de Lieffe, I, 4166.
Difcours funèbre fur Charles de Laubefpine, Garde des Sceaux, III, 37529.
BERTHIER, Pierre, Evêque de Montauban.
Oraifon funèbre de Louis XIII; IV, Supplément, 22138.**

BERTHIER,

BERTHIER, Charles-Robert, Prêtre.
Relation du Miracle arrivé à Paris, au Fauxbourg S. Antoine, I, 5268.
Mémoires fournis aux Nouvelles Ecclésiastiques, 5652.

BERTHIER, Guillaume-François, Jésuite.
Histoire de l'Eglise Gallicane, Tomes XIII-XVIII, I, 3956.
Discours sur les Assemblées du Clergé, I, 6954; IV, S. & V, Add.
—sur les Annates, 7571.
—sur la Pucelle d'Orléans, II, 17230.
Observations sur ce que M. de Voltaire a dit du Testament du Cardinal de Richelieu, III, 32437.

BERTHIER, Pierre-Antoine, Prêtre.
Lettre sur une Inscription, IV, S. 16970.*

BERTHIUS.
Le grand vol des Princes, II, 22229.

BERTHOD.
La Ville de Paris en Vers burlesques, III, 34500 & 501; IV, S.

BERTHOD (Dom), Bénédictin.
Mémoire sur les Mémoires du Cardinal de Granvelle, IV, S. 8201.*
Anecdotes tirées de ces Mémoires, là.
Mémoire sur le premier Royaume de Bourgogne, III, 35862.
—sur les Villes principales du Comté de Bourgogne, IV, S. 38371.*
—sur les Comtes Héréditaires de Bourgogne, là.
Prospectus d'une Description de la Franche-Comté, IV, S. 38387.*
Mémoire sur les différentes positions de Besançon, 38431.*
—sur le Gouvernement de Besançon, 38432.*
—sur les Droits Régaliens de quelques Abbayes, 38443.*

BERTHOLD, Moine de Micy.
Vita S. Maximini, Miciacensis Abbatis, I, 12671.

BERTHOLET, Jean, Jésuite.
Histoire du Duché de Luxembourg, III, 39459.

la BERTHONIE (M.), Médecin.
Observations sur une maladie épidémique, I, 2624.

de BERTHOULET de Fromenteau de la Vauguyon, André, Ambassadeur.
Mémoire sur son Ambassade, III, 31056.

BERTI (M.), Conseiller au Présidial de Béfiers.
Eloge de Marie-Jean-François de Caylus, Prieur de Langogne, I, 11022.

BERTIER.
De la Régence, II, 27356.

de BERTIER, Philippe, Président au Parlement de Toulouse.
Tolosæ, sive Iconum libri duo, I, 4284.

de BERTIER, Pierre, (ou plutôt, Antoine-François,) Evêque de Rieux.
Traité de la Régale, I, 7622.

de BERTIER, Pierre, Evêque de Montauban.
Oraison funèbre de Madame la Duchesse d'Orléans, II, 25667.
—de Henri de Schomberg, III, 31691.

de BERTIGNY: voyez Petit.

BERTIN, Michel, Prieur de S. Jean-des-Vignes.
Antiquités de Soissons, III, 34864.

BERTIN de Blagny, Aug. L. de l'Académie des Inscriptions.
Réflexions sur la Vénalité des Charges en France, III, 31204.
Dissertation sur les Bailliages Royaux, III, 34080.

BERTIN du Rocheret (M.), Lieutenant-Criminel au Bailliage d'Epernay.
Histoire de la Ville d'Epernay, III, 34276.

Tome V.

Description de quelques Monumens, 34277.

BERTIUS, Pierre, Professeur Royal.
Judicium de Tabula Peutingeriana, I, 28.
Edition de l'Itinéraire d'Antonin, 60.
De Gallia Belgica, &c. 154.
Imperium Caroli magni, 409 & 410.
Notæ in libellum Provinciarum Galliæ, 425.
Notitia Episcopatuum Galliæ, 988.
Ode in obitum Guillelmi Vairii, IV S. 9984* pour 9994.*
Commentarii rerum Germanicarum, II, 15402.
Ode ad Ludovicum XIII, 21363.
De Aggeribus & Pontibus, 21555.
Epistola de Lingonensibus, III, 34346.
De antiquitate Gentis Montismorantianæ, 43297.

BERTIUS, Abraham, dit Pierre de la Mere de Dieu, Carme Déchaussé.
Les Fleurs du Carmel, I, 13710.

BERTOEND, Evêque de Châlons-sur-Marne.
Privilegium Monachis Dervensibus datum, IV, S. 12175.*

BERTOLOT, Luc, Abbé dans l'Ordre de Cîteaux.
S. Bernardi Gesta, I, 13063.

BERTON, Thomas, Dominicain.
Discours sur un Canal, &c. I, 932.
La Voie de Laict, II, 26355.

le BERTON de Bouënie (M.).
Abrégé historique de l'établissement du Calvinisme dans l'Isle d'Oléron, I, 5983.

de la BERTONIE (le Pere), Dominicain.
Exposé de l'état des Freres Prêcheurs, I, 13736.

BERTOULET le Brun, Archer du Corps de Philippe, Duc de Bourgogne.
Chronique de France, II, 17060.

BERTOUX, Guillaume.
Anecdotes Françoises, II, 15867; IV, S.

BERTRAND, Légat Apostolique.
Acta, IV, S. 7567.*

BERTRAND, Séverin, Curé de la Ferté-Bernard.
Oraison funèbre de Madame la Duchesse de Guise, IV, 48082.

BERTRAND ou Bernard, Moine de la Chaise-Dieu.
Historia Abbatum Casæ-Dei, I, 11740.

BERTRAND, Poitevin.
Historia Monasterii Belliloci Lemovicensis, I, 11687.

BERTRAND, François, fils du Président dont il a écrit la Vie.
Vita Joannis Bertrandi Præsidis Tolosani, III, 33030.

BERTRAND (M.), Conseiller au Parlement de Metz.
Comptes rendus des Constitutions & de la Doctrine des Jésuites, I, 14559.

BERTRAND.
Lettre sur la Conversion du grand Sagamos de la Nouvelle-France, III, 39658.

BERTRAND, Jean-Baptiste, Médecin à Marseille.
Relation de la peste de Marseille, IV, S. 2557.*
Dissertation sur l'air maritime, I, 2566.

BERTRAND (M.), Médecin à Paris.
Observations sur les Maladies épidémiques de Paris, I, 2583.
Mémoire historique sur la Faculté de Médecine, IV, 44853.

BERTRAND (M.), Apothicaire.
Avis sur les Eaux de S. Jean de Seirargues, I, 3213.

BERTRAND, Elie, Pasteur de Berne.
Dictionnaire des Fossiles, IV, S. 2664.*
Dissertation sur les Langues de la Suisse, III, 39081.

BERTRAND, J.
Discours sur l'Histoire du Comté de Neuf-Châtel, III, 39163.

Ggg

BERTRANDI, Pierre, Cardinal, Evêque d'Autun.
Libellus pro Ecclesiæ Gallicanæ libertate, I, 7050
& 51, & 7586.
Tractatus de origine Jurisdictionum, 7052 &
7586.
BERTRANDI, Jean, Archevêque de Sens.
Synode, I, 6736; IV, S.
BERTRANDI, Nicolas, Avocat.
Vita Guillelmi de Tholosano, I, 13680.
De Bello inter Julium II, & Ludovicum XII, II,
17456.
Opusculum de Parlamenti Tholosani erectione, III,
33012.
Opus de Tholosanorum gestis, 37762.
De Doctorum Tholosanorum gestis, IV, 45751.
BERTRE (M.).
Abrégé des Miracles de Notre-Dame de la Cou-
ture, I, 4135.
BERTRIS : voyez du Pont.
de BERULLE, Pierre, Cardinal.
Traité des Energumenes, I, 4831; IV, S.
Jugement sur les Jésuites, 14219.
Lettres concernant le Mariage de Henriette-Marie
de France, II, 28247.
*de BERVILLE : voyez Guyard.
BESANÇON, Philippe, Médecin.
De Arduennæ Sylvæ duorum fontium effectibus, I,
2918.
de BESAUDUN : voyez de Castellane.
BESAULT (M.).
Oraison funèbre du feu Duc d'Orléans, II, 25677.
BESCHEFER (M.), Chanoine de Notre-Dame de Châ-
lons-sur-Marne.
Remarques sur les Statuts Synodaux de l'Evêque
Guillebert, I, 6452.
Dissertation sur l'époque de la Mission de Saint
Mémie, 9621.
—sur l'Evêque Guillebert, 9627.
—sur l'Evêque Mancion (non Mamion), 9630.
BESIERS (M.) : voyez Beziers.
BESLY, Jean, Avocat du Roi au Siége de Fontenay-
le-Comte.
Des Evêques de Poitiers, I, 8307.
Histoire des Rois de France, II, 15650.
Dates de la vie des Rois de France, 15931.
De Philippe I, Roi de France, 16570.
Empêchement du Mariage de Philippe, 16571.
De la clause Regnante Christo, 16573.
Præfatio in Historiam de Hierosolymitano itinere,
16579.
De Hugues l'Abbé, fils de Charlemagne, 25267.
Lettre touchant le Béarn, 27763.
Chartophylacium, 29527.
Histoire des Comtes de Poitou, III, 35724.
Preuves de cette Histoire, 35725.
Remarques sur les Mémoires du Baron des Coul-
teaux, 37504.
De quelle Lorraine Charles, fils de Louis d'Outremer,
étoit Duc, 38821.
Généalogie des Comtes de Poitou, 43581.
BESNARD, P. J. Avocat.
Préface des Œuvres de M. Cochin, IV, 45855.
BESNIER, Pierre, Jésuite.
Discours sur la Science des Etymologies, II, 15491.
BESNIER (M.), Médecin.
Le Jardinier Botaniste, I, 3447.
BESNIER (M.), Médecin : il paroît postérieur au pré-
cédent.
Edition de la Maison Rustique de Liger, I, 2457;
IV, S.
BESOIGNE, Nicolas, Chanoine de Troyes, Clerc de la
Chapelle du Roi.
Etat de la France, II, 17285 & 96.
BESOIGNE, Jérôme, Doct. de Sorbonne, neveu du précéd.
Description de plusieurs Voyages en Fr. I, 2336.

Vie de Jean Hamon, 4751.
—d'Antoine le Maistre & autres Solitaires de Port-
Royal, 4758.
—de M. Arnauld le Docteur, 5610.
—de M. Nicole, 5623.
Questions sur le Concile d'Embrun, IV, Suppl.
6492.*
Vie de Nicolas Pavillon, Evêque d'Alet, V, Add.
9250.*
—de Nicolas Choart de Buzenval, Evêque de Beauvais, 9688.
—d'Etienne de Caulet, Evêque de Pamiers,
10241.
—de Henri Arnauld, Evêque d'Angers, 10413.
—de Matthieu Feydeau, 11114.
—de l'Abbé de Pontchâteau, 11362.
—d'Isaac le Maistre de Sacy, 11427.
—de Nicolas le Tourneux, 11488.
—de l'Abbé de S. Cyran, 11509.
Histoire de l'Abbaye de Port-Royal, 15091.
Lettres à l'Auteur des Mémoires historiques sur
Port-Royal, là.
Histoire de la Conversion du Prince de Conty,
II, 25851.
BESOLD, Christophe, Jurisconsulte.
Narratio rerum à Regibus Hierosolymitanis, &c.
gestarum, II, 15360.
BESSE, Guillaume, Citoyen de Carcassonne.
Recueil de Pièces, III, 29805.
Histoire des Ducs de Narbonne, III, 37807.
—des Comtes de Carcassonne, 37810.
de BISSÉ, Henri, Sieur de la Chapelle-Milon, Ins-
pecteur des Beaux-Arts.
Relation des Campagnes de Rocroy & de Fribourg,
II, 22185, 22211 & 25835.
BESSIN, Guillaume, Bénédictin.
Concilia Ecclesiæ Rotomagensis, I, 6293.
Series Archiepiscoporum Rotomagensium, &c.
9786.
BESSIN, Pierre : nom sous lequel s'est couvert Jacques
Dupuy, Prieur de Saint-Sauveur : voyez Dupuy.
BESSON, Jean, Géographe.
Carte de la France, I, 555.
Plan de Toulon, 1887.
BESSON, Jean, Géographe : celui-ci paroît postérieur.
Etats du Duc de Savoie, I, 1936.
BESSON, Claude, Cordelier.
Harangue funèbre de Denys Brulart, III, 33061.
BESSON (M.), Curé du Diocèse de Genève.
Mémoires pour l'Histoire Ecclésiastique des Dio-
cèses de Genève, &c. I, 10189.
BESSON, François : voyez Zuveline.
BETBEDER, Jean, Médecin.
Dissertation sur les Eaux du Mont de Marsan, I,
3109.
de BETHENCOURT, Galien.
Généalogie de la Maison de Bethencourt, III,
41317.
de BÉTHUNE, Maximilien, Duc de Sully, Marquis de
Rosny.
Harangues prononcées à l'Assemblée de Saumur, I,
6222 & 24.
Discours sur les Historiens des derniers tems, II,
15963.
—sur les projets de Henri-le-Grand, 19911.
Lettre à la Reine Régente, 20080.
Lettre aux Eglises réformées, 20081.
Lettres au Roi, 10388, & IV, S. 20497.*
Lettre à M. le Duc de Rohan, 21013.
Lettre au Sieur de Pibrac, 21085.
Mémoires abrégés, 21568.
Discours touchant les Affaires du Royaume, 27121.
—sur les Mémoires de M. de Villeroy, III,
30348.
Mémoires d'Etat, 30391.

Table des Auteurs.

de Béthune, Louis-Pierre-Maximilien, Duc de Sully.
Réponse à une Lettre & à un Mémoire sur la Maison de Béthune, III, 41326.

de Béthune (le Comte), Philippe, frere de Maximilien.
Dépêches, III, 30349 & 51.
Lettres, 30352, 30518 & 30760.
Négociations, 30441 & 30518.
Ambassade, 30458.
Le Conseiller d'État, 32712.

de Béthune (le Comte), Hippolyte, fils du précédent.
Inventaire des Manuscrits par lui recueillis, II, 15942.
Tables de ces Manuscrits, 15943.

de Béthune, Armand, Evêque du Puy, fils du précédent.
Ordonnances, I, 6683.
Oraison funèbre de Marie-Thérèse d'Autriche, II, 25181.
—de Pierre Seguier, III, 31542.

de Béthune, Louis, Comte & ensuite Duc de Charost, frere d'Hippolyte.
Lettres, III, 30855.

de Béthune d'Orval, Anne-Eléonore-Marie, Abbesse de Gif.
Vie d'Anne-Victoire de Clermont-Monglat, I, 14920.

Betort, Henri, Seigneur du Marest.
Historia Episcoporum & Comitum Nivernensium, I, 10174.

de Bettange (M.).
Traité des Monnoies, III, 33986.

le Beuf (M.), Capitaine de Milice Bourgeoise de la Ville de Joigny : voyez le Bœuf.
Lettre sur les Vins de Joigny, I, 3534.
—sur l'Ordonnance de Bacchus, 3536.

le Beuf (l'Abbé) : voyez Lebeuf.

de Beunie (M.), Médecin.
Mémoires sur les Plantes des Pays-Bas, IV, S. 3364.*

de Beurreville, Guichard, Oratorien.
Pseudo-Diva Ballencuriana, IV, S. 15049.*

Beurrier, Louis, Célestin.
Histoire du Monastère des Célestins de Paris, I, 13213.

Beurrier, Paul, Chanoine Régulier, Abbé de Sainte Geneviève.
Vie de Sainte Geneviève, I, 4449.
Sa propre Vie, 13610.

de Beuvry : voyez Baugier.

Bevilaque, Georges.
Historia de Bello Gallico, II, 19123.

Bevret, J.
Portus Cetius, III, 37816.

le Bey de Batilly, Denys, Président en la Ville de Metz.
Traité de l'Origine des anciens Assassins, I, 14243; & II, 19604.

Beyhing, Bonaventure.
Description des bains de Niderbronn, I, 3118.

Beylié (M.), Médecin.
Méthode pour traiter le Rhume du Dauphiné, I, 2523.

Beys, Charles, Libraire.
Le Valois Royal, III, 34842.

Beys, Christophe.
Vie & Martyre de S. Albert de Liége, I, 8782.

de Beys, Charles, Poëte.
La Milliade, à lui attribuée, II, 22095; III, 32485 & 516.
Les Triomphes de Louis le Juste, II, 22154.

de Bez, Ferrand.
Res gestæ Regum Franco-Galliæ, II, 15703.

Tome V.

de Beze, Théodore, Ministre de Genève.
Harangue des Protestans dans l'Assemblée de Poissy, I, 5789; & II, 17806.
Histoire des Eglises réformées du Royaume de France, I, 5804.
—de la vie & mort de Jean Calvin, 5807.
Discours contenant la Vie de Calvin, 5808.
Histoire de sa propre vie, 5875.
Ses Discours au Colloque de Poissy, 6201 & 2.
Harenga ad Cardinalem de Lotharingia, II, 17996.
Le Réveil-Matin des François, à lui attribué, 18152; IV, S.
Recueil des choses mémorables, à lui attribué, 19126.
Epistola Passavantii, III, 32898.
Icones Virorum illustrium, IV, 45625.

Beziers (M.), Curé & depuis Chanoine.
Lettres sur les Antiquités de Bayeux, I, 366 & 67.
Anecdotes sur quelques usages du Chapitre de Bayeux, 5427.
Observations sur Guillaume Chartier, 9317.
Eclaircissemens sur Geoffroi de Beaumont, Evêque de Laon, & Jean de Vienne, Archevêque de Reims, IV, S. 9570.*
Observations sur Turstin, Archevêque d'Yorc, IV, S. 9949.*
Chronologie des Baillis & des Gouverneurs de Caën, III, 34115 & 35288.
Essai sur les Grands-Baillis de Normandie, 34116.
Mémoire sur le Bessin, 35293; IV, S. 214.**
—sur la Châtellenie de Molley-Bacon, 35294.
—sur le Bourg de Condé-sur-Noireau, 35330.
—sur le Bourg de Creuilly, 35331.
—sur la Châtellenie de Semilly, 35334.
Anecdotes pour servir à l'Histoire & aux Généalogies de Normandie, 40743.

de Bezons : voyez Bazin.

Bianchi, Paul, Géographe.
Carte de la Savoie, I, 1951.

Biard, Pierre, Jésuite.
Relation de la Nouvelle France, III, 39664.

Bichet (M.), Ecuyer.
Remarques sur un Livre de M. Thomassin, IV, S. 950.*

Bichi, Alexandre, Cardinal, Evêque de Carpentras.
Négociations, III, 30757.
Lettres, 30858.

Bidault (M.).
Lettres, III, 30642.

Bidet (M.), qui paroît être antérieur au suivant.
Dissertation sur l'Echevinage de la Ville de Reims, III, 34254.
Histoire de la Ville de Reims, IV, S. 34254.

Bidet (M.), Officier de la Maison du Roi.
Traité sur la Vigne, I, 3507.

de Bie, Jacques, Graveur.
Les Portraits des Rois de France, II, 15758 & 87.
La France Métallique, 15788.
Les Familles de la France illustrées par des Médailles, III, 40584.
Généalogie de la Maison de Croy, 42064, IV, S.

Biesse, René, Prêtre.
Vie de Marie d'Alvequin de Jésus, I, 14709.

Biet, Antoine, Supérieur des Prêtres de Cayenne.
Voyage de la France équinoctiale, aux Isles de Cayenne, III, 39774 & 78.

Biet, Cl.
Lettre sur la mort du Chevalier de Lorraine, III, 31979.

Biet, René, Chanoine-Régulier, Abbé de S. Léger de Soissons.
Dissertation sur l'établissement des Francs dans les Gaules, II, 15920.

Eloge de M. le Maréchal d'Eſtrées, III, 31619.
de Biéville (M.), Profeſſeur en Droit de l'Univerſité de Caën.
Deſcription d'un Havre formé par un Ouragan, I, 3714.
Diſſertation ſur une Maxime des Habitans de Marſeille, I, 3934.
de Bievre : *voyez* Leconte.
du Biez, Oudard, Maréchal de France.
Lettres, III, 29916.
Big (l'Abbé) : *on prétend que l'Auteur qui s'eſt couvert ſous ce nom, eſt* M. de Voltaire, IV, S. 32875 : *voyez* Arouet de Voltaire.
Bigars, Antoine, Seigneur de la Lande.
Mémoires, II, 19498.
Bigeon, Gervais, Curé dans le Diocèſe de Séés.
Réponſe à deux Queſtions importantes, I, 7380.
Diſcours funèbre ſur Jean Amelot de Gournay, III, 32777.
Bigeot, Etienne, Lieutenant-Général au Bailliage de Pontarlier.
Le Bourguignon intéreſſé, III, 38412.
de la Bigne, Emilien, Bénédictin.
Hiſtoria Monaſterii S. Vincentii Laudunenſis, I, 12819.
de la Bigne, Margarin, Docteur de Sorbonne.
Statuta Synodalia Eccleſiæ Pariſienſis, I, 6662.
Vita Roberti Sorbonæ, I, 11411.
Bignon, Jérôme I, Avocat-Général du Parlement de Paris.
Harangue au Roi, II, 21891.
De la Préſéance des Rois de France, 26813.
De l'excellence des Rois de France, 26923.
Notæ in Marculfi formulas, 27596.
Traités des Ducs & Pairs de France, IV, *Suppl.* 31216.*
Bignon, Jérôme III, Conſeiller d'État, petit-fils du précédent.
Le Sacre de Louis XV; II, 16104.
Bignon, Jean-Paul, alors Oratorien, depuis Conſeiller d'Etat, frere du précédent.
Vie de François Lévéſque, Prêtre de l'Oratoire, I, 11245.
Bigorre, Valentin.
Traduction Angloiſe du Dialogue ſur les Droits de la Reine, II, 28848.
Bigot, Guillaume.
Somnium de expulſione Imperatoris Caroli V, II, 17566.
Bigot (M.), Vicomte de Morogues.
Eſſai ſur la Tactique de l'Infanterie, III, 32177.
Tactique navale, *là*.
le Bigot, Jean.
La priſe de Fontenay-le-Comte, II, 18317.
de Bigue, Jacques, Écuyer ordinaire de Charles VIII & de Louis XII.
L'Ordre obſervé à l'Enterrement de Pierre II, Duc de Bourbon, II, 26729; IV, *S.*
Bilain, Antoine, Avocat.
Traité des Droits de la Reine, II, 28847.
Bilancetto, Claude, Jéuite.
Traduction Italienne de la Vie de S. Elzéar, I, 3485.
de Biliſtein : *voyez* Andreu:
Bilius, Evêque de Saint-Malô.
Vita S. Machutis Britannenſis, I, 10469.
Billain (M.), Avocat.
Factum pour la Comteſſe de Saint-Geran, III, 43995.
Billard, Cl.
Carmina in obitum Ducis Joyoſæ, III, 31776.
Billard de Loriere, Gui-Michel, Conſ. au Grand-Conſ.
Démonſtration de la Cauſe des diviſions, I, 14401 ; IV, *S.* 5673.*

Requêtes & Mémoires contre M. de Bercy, III, 34796.
Billate, N. Chanoine Régulier de l'Hôpital de Provins.
Diſſertation ſur les Eaux Minérales de Provins, I, 3179.
Billery, Claude-Nicolas.
Traité ſur une Maladie peſtilentielle, IV, S. 2528.*
Billet (M.), Médecin.
Lettre ſur les Eaux de ſon Jardin, I, 3124.
Billet, Pierre, Recteur de l'Univerſité de Paris.
Statuts de l'Univerſité de Paris pour les Maîtres ès Arts, IV, 44692.
Billet de Fanieres, Martin.
Carmen de Statua equeſtri Ludovici Magni, II, 26489.
Hiſtoire du Collége Royal, IV, 45139.
Bibliothèque des illuſtres Pariſiens, 45737.
Les Antiquaires François, 46609.
Billon, Thomas, Avocat.
Sibylla Gallica, II, 21257.
de Billon, François, Secrétaire.
Le Fort inexpugnable de l'honneur du Sexe féminin, III, 32816.
de Billon, H. Sieur de la Prugne.
Traité des ordres & exercices de la Cavalerie, III, 32168.
des Billons (le Pere), Jéſuite.
Hiſtoire de Madame de Saint-Balmont, IV, S. 4820.*
de Billy (M.).
Nouvelle prédiction de la mutation du Régne, IV, S. 19207.*
de Billy, Jacques, Jéſuite.
La priſe de Landrecy, II, 21923.
de Billy, Touſſaints, Curé du Meſnil au Parc.
Hiſtoire des Evèques de Coutances, I, 9999.
de Billy, René-Turſtin.
Epitome Hiſtoriæ Eccleſiaſticæ Conſtantienſis, IV, S. 9999. *C'eſt peut-être le même Auteur & le même Ouvrage.*
Bimard de la Baſtie, Joſeph, Baron.
Diſſertation ſur la Vie de S. Louis, II, 16851.
L'Amphithéâtre de Bordeaux, III, 37516.
Adnotatiunculæ ad Inſcriptiones Nemauſenſes, III, 37874.
Bineau, Jacques.
Mémoires, II, 19192.
Binet, Claude.
Diſcours ſur Pierre Ronſard, IV, 47634.
Binet, Jean, Chantre & Chanoine de l'Egliſe de Meun.
Dialogue ſur les Antiquités de Meun-ſur-Loire, III, 35624.
Dialogue ſur l'Antiquité de Meun, 35625.
Binet, Etienne, Jéſuite.
Vie de S. Denys l'Aréopagite, I, 4026.
—de S. Abélard, 4292.
—de S. Elzéar & de Ste Delphine, 4388.
—de S. Savinien & de ſes Compagnons, 10051.
—de S. Adelrad, 10873 ; IV, *S.*
Vita Fundatorum Religioſorum in Eccleſia Lætienſi Monaſterii, I, 12092 : *comme Editeur.*
Vie de Ste Aldegonde, 14753.
—de S. Bathilde, II, 25035.
—de S. Gombert & de Ste Berthe, 25257.
Binet (M.).
Diſſertations ſur l'exhumation de Thierri III, II, 16111.
Binet de Montfroy, Bonne, Grand-Prieur de Fontevrauld.
Lettre ſur la mort de Jeanne-Baptiſte de Bourbon, I, 15167.
Binetruy de Grand-Fontaine (M.), Secrétaire de l'Académie de Beſançon.
Eloge de M. le Marquis du Meſnil, III, 31998.

Mémoire sur Antoine, Baron de Brun, 33220.
Eloge de M. le Président de Courbouzon, 33225.
—de M. le Marquis de Clevans, IV, S. 33225*
& 46700.*
—de M. Yard, IV, 46607.
—de l'Abbé d'Olivet, IV, S. 47163.*
—de M. Titon du Tillet, IV, 47230, & S.

Binnenger, Lud. Rheinhardus.
Oryctographiæ specimen, I, 1675.

Binot (M.).
Dissertation sur l'Antiquité de l'Eglise d'Arras, I, 8591.
—sur l'Erection de l'Artois en Comté, III, 38961.

de Birac.
Fonctions du Capitaine de Cavalerie, III, 32166.

Birago, Jean-Baptiste.
Il Mercurio veridico, II, 22084.
Istoria delle Sollevationi di stato di nostro tempo, II, 23723.

Bire, Nicolas.
Alliances généalogiques de la Maison de Lorraine, III, 42985.

Biré, Pierre, Sieur de la Douciniere, Avocat du Roi au Présidial de Nantes.
Epistemasie, III, 35455.

Biroat, Jacques, Docteur en Théologie.
Oraison funèbre de Dominique Séguier, Evêque de Meaux, I, 9422.
—du P. Martial, IV, S. 13927.*
—de la Reine Anne d'Autriche, II, 25166.
—d'Abel Servien, Surintendant des Finances, III, 32538.
—de la Duchesse de Bouillon, IV, 48015.

de Biron : voyez de Gontault.

Bisaccioni, Majolino, Gentilhomme ordinaire de la Chambre du Roi.
Sensi civili sopra il perfetto Capitano di Henrico de Rohan, I, 3890.
Memorie historiche, II, 21656.
Historie delle Guerre civili di Catalogna, 22245.
—delle Guerre civili di Francia, 23751.

Biset.
Traité du Domaine du Roi, II, 27680.

Bisgard, Séraphin.
Epistola Apologetica pro Hispaniarum Monatcha, II, 28977.

Bisman (M.), Curé de S. Martin-des-Luys.
Lettre sur le lieu où se fit l'entrevue du Pape Alexandre III, avec Louis VII; IV, S. 535.*

Bissel, Jean-Frédéric.
Animadversiones in Vitam Caroli Magni, II, 16248.

de Bissy : voyez de Thiard.

de Bitry (M.), Ingénieur.
Remarques sur le Bitume de Gaujac, I, 2755.

Bizar, Pierre.
Narrationes de Christianorum Expeditionibus, II, 16932.

de la Bizardiere : voyez David.

Bizet (M.).
Mémoire sur la Tourbe, I, 2694.

Blacvod, Adam, Conseiller au Présidial de Poitiers.
De Conjunctione Religionis & Imperii, I, 7066.
Pompa funebris Gasparis Colignæi, II, 18173.
Martyre de la Reine d'Ecosse, II, 25096 & 25116; IV, S.
Pompa funebris Caroli IX; II, 26741.
Apologia pro Regibus, 27137.
Carmen panegyricum ad Maximilianum Bethunium, III, 31812.

Blacvod, Henri, Professeur Royal.
Elogia quatuor Medicinæ Candidatorum, IV, 44844.

Blaeu, Guillaume, Géographe.
Description de la France, I, 786.
Septemdecim inferioris Germaniæ Provinciæ, 2032.

Blaeu, Jean, fils du précédent.
Description de la France, I, 786.
Theatrum Civitatum Belgii, III, 39270.

de Blainville, Joseph.
Les Pensionnaires du Collége de Louis-le-Grand, au Roi, II, 25722.

de Blainville, (M.).
Histoire de la Musique, IV, 47710.

de Blainville : voyez Moitoret & de Varigniez.

Blaise, Thomas, Libraire.
Histoire généalogique des Rois de France, II, 24830.

de Blaisy : voyez Joly.

Blampain, Michel.
Historia Normanniæ, III, 35074.

Blampain, Jean, Prémontré.
Jugement des Ecrits de M. Hugo, I, 13519.

Blampignon, Nicolas, Curé de S. Merry à Paris.
Vie de S. Merry, I, 12606.

Blanc, ..., Oratorien.
Richelius effigiatus, II, 22091.

du Blanc, Pierre, Aumônier du Roi.
Recommandations, II, 20171.
Les Regrets du Trépas du Chevalier de Guise, II, 20211; & III, 31982.
Vie du Duc de Mayenne, III, 31783.

le Blanc, Louis, Secrétaire du Roi.
Extrait en l'honneur de S. Louis, II, 16849.

le Blanc, Estienne, Secrétaire de Louis XII, & Contrôleur de l'Epargne sous François I.
Les Gestes de la Reine Blanche, II, 25045.
Discours de l'Entrée de la Reine Isabelle de Bavière, 26131.
Discours du Mariage d'Isabelle de France avec Richard, Roi d'Angleterre, 28363.
Recueil de Pièces, III, 29901.

le Blanc, Pierre, Conseiller, Juge des Conventions de Nismes.
Ses Mémoires, IV, S. 17934.*

le Blanc, Guillaume, dit le Jeune, Evêque de Grasse & de Vence.
Discours touchant le fléau des Loups & des Vers, I, 3584.
—touchant l'assassinat entrepris sur lui, 8841.
Gallia, II, 27204.

le Blanc, Jean.
Premier Livre de la Henriade, II, 19500.

le Blanc, Jean, peut être différent du précédent.
Oraison funèbre de Henri de Gondi, Cardinal de Retz, I, 9319.

le Blanc, François.
Dissertation sur quelques Monnoies de Charlemagne, &c. II, 28783.
Traité des Monnoies, III, 33980.

le Blanc, César, Oratorien.
Vie de Sainte Flore, I, 15220.

le Blanc, Gauthier.
Monumentum in ortum Britanniæ Ducis, II, 25723.

le Blanc (l'Abbé) : peut être différent de celui qui paroîtra plus bas.
Poëme sur l'Histoire des Gens de Lettres de Bourgogne, III, 36984.

le Blanc (M.), Administrateur des Aumônes des Prisons.
Mort édifiante d'une jeune fille, I, 4825; IV, Suppl.

le Blanc, Hubert.
Le Czar Pierre I, en France, II, 24549.

le Blanc (l'Abbé), Historiographe du Roi.
Lettres d'un François, II, 15475; IV, S.

Le Patriote Anglois, III, 31170.
le BLANC de Caftillon (M.), Avocat-Général au Parlement d'Aix.
Réquifitoires, IV, S. 6930* & 7321.*
Difcours fur les Jéfuites, I, 14484.
Autre Difcours fur les Jéfuites, 14501.
le BLANC de la Mothe, Marin.
Avertiffement au Roi fur les Monnoies, III, 33944.
le BLANC du Pleffis (M.), de la Société Littéraire de Châlons-fur-Marne.
Difcours fur une Hiftoire des Infectes de Champagne, I, 3620.
BLANCHARD, François, Bénédictin.
Portrait des Filles illuftres de S. Benoît, I, 14724.
BLANCHARD, François.
Hiftoire des Maitres des Requêtes, III, 32747.
Eloges des Premiers Préfidens du Parlement de Paris, 32892.
Les Préfidens à Mortier, 32928.
Généalogies des premiers Préfidens, 40582.
—des Préfidens à Mortier, là.
—des Maîtres des Requêtes, là.
Généalogie de la Famille de Montholon, 43286.
BLANCHARD, Guillaume, Avocat.
Table des Ordonnances, &c. II, 17658.
BLANCHARD, Claude ou Guillaume, Avocat.
Lettre d'un Chanoine de Luçon, II, 28599; & III, 31294.
BLANCHARD, Guillaume, Avocat, peut-être différent des précédens.
Lifte des Avocats au Parlement, III, 33002.
BLANCHARD (M.), Avocat.
Mémoires pour l'Abbé de l'Ifle-Barbe, I, 12013.
BLANCHART, François, Génovétain.
Décrets des Chapitres Généraux des Chanoines-Réguliers, IV, S. 13587.*
BLANCHE de Caftille, Reine de France, Mere de S. Louis.
Epiftola, III, 29783.
de BLANCHECAPE, Pierre.
Réformation des Ecoles de Droit, IV, 45609.
BLANCHET, Bernard, Bénédictin.
Traduction d'une Hiftoire des Miracles de la Sainte Vierge dans l'Abbaye de S. Pierre-fur-Dive, I, 12710.
de BLANCHEVILLE : faux nom fous lequel s'eft couvert l'Abbé Carlier : voyez Carlier.
BLANCHON, Joachim.
Difcours touchant la Guerre Civile, II, 18053.
BLANCHOUIN (M.), Treforier de France.
Recherches des Nobles dans la Généralité d'Alençon, III, 40745.
de BLANCOURT : voyez Haudicquer.
BLANDECQ, Charles, Bénédictin.
Les Miracles de la Vierge Marie à Soiffons, I, 14911.
de BLANGER, P. Vicaire-Général & Official de Coutances.
Oraifon funèbre de Claude Auvry, I, 10006.
BLANQUET, Samuel, Médecin.
Difcours fur l'Hiftoire Naturelle du Gévaudan, I, 2417.
Epiftola de aqua quæ in faxa obrigefcit, 2798.
Examen des Eaux du Gévaudan, 3072.
de BLARROR1VO : voyez l'article fuivant.
de BLARU, Pierre.
Nanceidos Opus, II, 17313.
de BLARU : voyez Guillet.
BLATIER (le Sieur).
Lettres, III, 30293.
BLAVET (M.).
Effai fur l'Agriculture, I, 3461.
BLAZIN (M.), Apothicaire.
Avis fur les Eaux de S. Jean de Seirargues, I, 3213.

du BLÉ, Nicolas, Marquis d'Uxelles, Maréchal de France.
Lettre, II, 24561.
de BLEGIERS de la Salle, Antoine, Gentilhomme.
Difcours touchant quelques prodiges, IV, Suppl. 3701.*
L'entrée du Cardinal Alexandre Farnefe dans Carpentras, IV, S. 38332.*
de BLÉGNY, Nicolas, Médecin du Roi.
Projet d'Hiftoire des Religions Militaires, III, 40266.
Projet de l'Hiftoire de l'Ordre du S. Efprit de Montpellier, 40389.
Remontrance au Roi, 40390.
Lettre, 40400; IV, S. 39779.*
Requêtes, 40402.
de BLÉMUR : voyez Bouette.
BLENDIC, Charles.
Cinq Hiftoires de Démoniaques, I, 4828.
BLERVACHE : voyez Clicquot.
de la BLETTERIE, Jean-Philippe-René, Profeffeur Royal & Académicien.
Lettres au fujet de la Relation du Quiétifme, I, 5633.
Traduction de quelques Ouvrages de Tacite, II, 15394.
le BLEU, Jacques, Jurifconfulte.
Lilietum, II, 22093.
de BLEVILLE : voyez du Bocage.
BLIN (M.), Chanoine de Noyon.
Vie de Jean-Baptifte de la Salle, I, 11415.
BLIN de Sainmore, Adrien-Michel-Hyacinthe.
Lettre de Gabrielle d'Eftrées, II, 19762.
Vie de Madame la Ducheffe de la Valliere, IV, S. 48209.**
de BLOIS, François, Lieutenant-Général de Meulan.
Traduction d'une Vie de S. Gaucher, I, 13418.
BLOME, Richard.
Le Catalogue de la Nobleffe d'Angleterre, III, 40728.
BLOMERENNE, Pierre, Prieur de la Chartreufe de Cologne.
Vita S. Brunonis, I, 13235.
le BLOND, Jean.
Commentarius in Joan. Macri Panegyricum de laudibus Mandubiorum, I, 321.
Scholiæ in libellum ejufdem de Gallorum fucceffibus, II, 15604 & 17671.
le BLOND, Guillaume, Mathématicien.
Traité de l'attaque des places, III, 32154.
le BLOND, Alexandre : nom fous lequel s'eft couvert M. Dezallier d'Argenville : voyez Dezallier.
BLONDEAU, Jean.
Commentaria Gallo-Brabantiæ, III, 39488.
BLONDEAU, Charles, Avocat.
Avis fur l'état des Abbayes de Chezal-Benoît, I, 11762.
BLONDEAU, Claude, Avocat.
Les Portraits des Hommes illuftres de la Province du Maine, IV, 45713.
BLONDEAU, Claude, Avocat, différent du précédent.
Bibliothèque Canonique, I, 6967.
BLONDEAU, Claude-François, Lieutenant d'Infanterie.
Paradoxe fuivi de quelques Obfervations, &c. I, 50233; IV, S.
BLONDEL, Jean.
Statura Curiæ Sedis Epifcopalis Æduenfis, I, 6365.
BLONDEL, David, Profeffeur d'Hiftoire.
De veterum Gallorum Francorumque Fortitudine, I, 3781.
Genealogiæ Franciæ plenior affertio, II, 1559 & 24917.
De Hugone Capeto, 16508.

Diatribe de formula *Regnante Christo*, 16574.
Animadversiones adversùs Lampades historicas, 24887.
In Stemma Austriacum Animadversiones, 25889.
De Coronatione Regum Franciæ, 25973.
De Ampulla Remensi, 25984.
Notes sur le Traité *de Domanio Franciæ*, 27666.
Nullité des Remontrances faites sous le nom de la Noblesse & du Tiers-Etat d'Auvergne, 27759.
Animadversiones in Zypæum, 28902.
Responsio ad Vindicias Hispanicas, 28934.
Barrum Campano-Francicum, 29022 ; IV, *Suppl.* 38941.*
Commonitorium, III, 30777.
Table généalogique de la Maison de Roye, III, 43903.
De Regni Neapolitani Jure pro Tremollio Duce, 44307.
BLONDEL, Guillaume, Maréchal des Camps & Armées du Roi.
Relation de son Voyage, III, 30913.
BLONDEL, François, Médecin.
Statuta Facultatis Medicinæ, IV, 44837.
Eloge de Louis Savot, IV, 46317.
BLONDEL, François, Médecin, *différent du précédent*.
Lettres sur les Eaux d'Aix-la-Chapelle, I, 2900.
Thermarum Aquisgranensium Descriptio, 2901.
BLONDEL, Pierre-Jacques.
Relations de quelques Assemblées publiques de l'Académie des Inscriptions, IV, S. 45510.**
—de quelques Assemblées publiques de l'Académie des Sciences, IV, S. 45523.*
BLONDEL, Pierre, Chancelier de Sainte-Géneviève.
Sa Requête contre celle du Recteur de l'Université de Paris, IV, 44764.
BLONDEL, Jacques-François, Architecte.
Architecture Françoise, I, 2136.
de BLONDEL, Robert.
Desolatio Franciæ, II, 17128.
Ad Carolum VII, Libellus, 17170.
Historia reductionis Normanniæ, 17249.
Oratio historialis, IV, S. 17249.*
BLONDET (M.), Médecin du Roi.
Dissertation sur les Eaux de Segray, I, 3224.
BLONDIN (M.), Chanoine d'Arras.
Mémoire concernant l'Histoire d'Artois, III, 38979.
BLOQUET, Philippe, Abbé de Saint-Aubert de Cambrai.
Mémoriaux, I, 8531.
Relation de l'entrée de Henri de Berghes, 8575.
BLOSSET, Pierre, Vicomte de Meaux.
Dénombrement du revenu de la Vicomté de Meaux, IV, S. 27868.*
BLOUET de Camilly, François, Evêque de Toul.
Ordonnances Synodales, I, 6780.
Mémoire pour justifier son opposition à l'érection d'un Evêché à Saint-Diez, 10627.
de BLUMESTEIN (M.), Concessionaire des Mines du Lyonnois.
Mémoires sur la Minéralogie, I, 2680.
BOBAN, Colomban.
Histoire du Prieuré de Vaux-sur-Poligny, I, 12923.
BOBÉ (M.), Chanoine de Meaux.
Oraison funèbre de Marie-Térèse d'Autriche, II, 25181.
BOBOLENE, Moine de Grandval.
Vita S. Germani Abbatis Grandivallensis, I, 11999.
BOBOLENE.
Table des Registres du Parlement, III, 33298.
du BOCAGE de Bléville (M.), de l'Académie de Rouen.
Observations d'Histoire Naturelle, I, 2418.

Mémoires sur le Havre de Grace, I, 2418, & III, 35251.
BOCCON, Paul, Botaniste.
Observatio de Materia simili Lithomargæ Agricolæ, I, 2710.
Icones & Descriptiones Plantarum, 3291.
BOCH, Jean.
De Belgii Principatu, III, 39305.
BOCHART, Samuel.
Phaleg & Chanaan, I, 3730.
De Gosselini veterum Gallorum Historia Judicium, 3792.
Lettre à M. Morley, II, 26872.
BOCHART de Sarron, François-Théodote, Ermite.
Histoire de Notre Dame du Puy, I, 4199.
BOCHART de Sarron, Jacques, Trésorier de la Sainte-Chapelle de Vincennes.
Oraison funèb. du Duc d'Orléans, frere de Louis XIV, II, 25655.
de BOCHAT : *voyez* Loys.
BOCHELLUS : *voyez* Bouchel.
BOCHERIUS : *voyez* Boucher.
BOCHETEL, Guillaume, Secrétaire d'Etat.
L'Ordre tenu au Sacre d'Éléonore d'Autriche, épouse de François I; II, 26052.
Expéditions, III, 30083.
BOCHETEL, Bernardin, Evêque de Rennes, fils du précédent.
Ambassade, III, 30070.
Lettres & Mémoires, 30122.
BOCHIUS : *voyez* Boch.
BOCQUET, Jean, Chanoine de S. Spire de Corbeil.
Vies de S. Exupere & de S. Loup de Bayeux, I, 9895.
BOCQUET de Chanterenne (M.), Avocat.
Requêtes & Mémoires pour M. le Cardinal d'Auvergne, Abbé de Cluni, I, 11797.
BOCQUILLOT, Lazare-André, Chanoine d'Avalon.
Deux Lettres sur la Liturgie, IV, S. 2339.*
Lettres sur les Reliques de S. Lazare, I, 3973, & IV, S.
Histoire du Chevalier Bayard, III, 31868.
Discours sur M. le Comte de Chastellux, IV, S. 31935.*
Lettre sur la mort du Comte de Chastellux, fils du précédent, IV, S. 31935.**
Mémoires sur l'Histoire d'Avalon, III, 35987.
Notice du Chapitre & de la Ville d'Avalon, *id.*
Dissertation sur les Tombeaux de Quarrée, 35988.
Réponse à la Critique de M. Thomassin, 35989.
BOCRIS, Jean-Henri.
Dissertatio de eruditione Caroli Magni, II, 16287.
de la BODERIE : *voyez* le Févre.
BODIN, Jean, Procureur du Roi au Présidial de Laon.
Lettre à Barnabé Brisson, II, 19224.
De la République, 27111.
Version Latine de ce Livre, *id.*
Apologie du même Livre, 27114.
Discours sur les causes de la cherté, 27114 & 27201.
Relation de ce qui s'est négocié aux Etats de Blois, 27467.
Discours sur le rehaussement des Monnoies, III, 33930.
BODIN, Charles.
Discours contre les Duels, III, 40186.
BODIN, Yves, Augustin.
Oraison funèbre du Comte de Chavigny, III, 32536.
de la BODINIERE : *voyez* Poisson.
BODREAU, Julien, Avocat.
Les Antiquités du Pays du Maine, III, 35505.
Privilèges de la Ville du Mans, 35514.

BOECE, Vulfin, Evêque de Poitiers.
Vita S. Juniani, I, 12136.
BOECLER, Jean-Henri, Conseiller de l'Empereur.
Commentarius de rebus seculi IX & X; II, 16454.
De Jure Galliæ in Lotharingiam, 29027.
Vindiciæ Jurium civitatis Argentoratensis, III, 38742.
BOECLER, Jean, Médecin.
Recueil d'Observations sur la peste de Marseille, I, 2556.
De acidulis Pessinis, 3146.
BOEHMER : voyez Bohemer.
BOERRHAVE, Hermann.
Edition du *Botanicon Parisiense*, I, 3356.
Préface sur le *Biblia naturæ*, 3614.
BOESSIUS : voyez de Boissieu.
de la BOETIE, Estienne, Conseiller au Parlement de Bordeaux.
Description du Pays de Médoc, I, 2230.
Discours de la servitude volontaire, II, 27124.
BOETIUS : voyez Boece.
de BŒUF, J.
Etat des Officiers de la Chambre des Comptes de Provence, III, 38132.
le BŒUF (M.), Capitaine de la Milice Bourgeoise à Joigny : voyez le Beuf.
Lettre sur la Dévotion des Rois de France à la Sainte Vierge, II, 26963.
le BŒUF (l'Abbé) : voyez Lebeuf.
BOFFRAND, Germain, Architecte du Roi.
Description de la Fonte de la Statue Equestre de Louis XIV; II, 24388 ; & III, 34546.
BOGAERT, Abraham.
Traduction Flamande des Commentaires de César, I, 3882.
BOGUET, Henri, Grand-Juge de la Ville de Saint-Oyans de Joux.
Discours des Sorciers, I, 4826; IV, *S. & V, Add.*
Vie & mort de S. Claude, 8184.
BOHEMER, Juste-Henning.
Animadversiones in Institutiones Juris Ecclesiastici, I, 6961.
Edition du Livre de M. de Marca, *de Concordia*, 7095.
BOHEMER, Georges-Louis.
Origines præcipuorum jurium Electoris Colonensis, IV, S. 39206.**
BOHM, François-Joseph.
Description de la Cathédrale de Strasbourg, I, 9128; & III, 38728.
BOICEAU de la Baraudiere.
Traité du Jardinage, IV, S. 3442.**
BOIER, Nicolas, Conseiller au Grand-Conseil.
Tractatus de Officio & potestate Georgii de Ambasia, Cardinalis, de latere Legati, I, 7355.
Tractatus de autoritate & præeminentia Magni Consilii, cum Additionibus, III, 32770; & IV, S.
BOILEAU, Jacques, Chanoine de la Sainte-Chapelle de Paris.
Recueil de diverses Pièces concernant les Censeurs, &c. I, 7278.
Considérations sur le Traité historique, &c. de Louis Maimbourg, 7300.
Traité des empêchemens du Mariage, 7386.
Liber de antiquis & majoribus Episcoporum causis, 7443.
BOILEAU, Nicolas, Sieur des Préaux, frere du précédent.
Explication de quelques Médailles, II, 24401.
BOILEAU, Jean-Jacques, Chanoine de S. Honoré, à Paris.
Vie de Madame d'Espernon, Carmélite, I, 15005.

Vie de Madame Combé, 15258 ; IV, *S.*
BOILLEVE, Joseph, Chanoine Régulier, Prieur de la Conception à Orléans.
Dissertation sur l'établissement de la Religion Chrétienne à Orléans, I, 4077.
BOINDIN, Nicolas, de l'Académie des Inscriptions.
Mémoires pour servir à l'Histoire des Couplets de 1710, II, 24460; IV, 47650 & *S.*
BOIREAU, Jacques, Jésuite.
Vie de S. Clair, I, 11053.
du BOIS, Richard, Evêque de Vérie.
Historia Ordinis Grandimontensis, I, 13183.
du BOIS, Jean, Jésuite.
Vita S. Joannis de Craticula, I, 10475.
du BOIS, Jacques, Aumônier de M. le Prince de Condé.
Vie de S. Maur, I, 11993.
du BOIS, Jean, Célestin.
Viennæ Allobrogum Antiquitates, I, 5073, & III, 37995.
Oratio in Exequiis Cardinalis Seraphini Olivarii, I, 10429.
Elenchus Archiepiscoporum Viennæ, 10683.
Floriacensis Bibliotheca, 11940.
Tractatus de conservatione Corporis S. Benedicti, 11944.
Inventarium pro vera Corporis S. Benedicti præsentia, 11945.
du BOIS (le Sieur).
Voyage aux Isles Dauphine & Bourbon, III, 39804.
du BOIS (M.), Avocat.
Introduction au Droit Ecclésiastique, I, 6961.
Maximes du Droit Canonique, *Id.*
Mémoires pour servir à composer une Ordonnance Ecclésiastique, I, 7457.
du BOIS, Nicolas, Professeur en Théologie à Louvain.
Disquisitio Theologico-Juridica super Declaratione Cleri Gallicani, I, 7284.
Consultationes Theologico-Juridicæ adversùs hanc Declarationem, 7290.
du BOIS, Gérard, Oratorien.
De primis Ecclesiis Galliæ, I, 3967.
De celebri Controversia, An S. Dionysius, &c. 4055.
De Sancta Genovefa, 4457.
Historia Ecclesiæ Parisiensis, 9273.
Vita Caroli le Cointe, 11065.
Series Abbatum S. Dionysii in Francia, 12405.
De Ecclesia S. Vincentii, 12505.
De origine & regno Francorum, II, 15441.
De annis Dagoberti, 15909.
De anno obitûs Roberti Regis, 15927.
De Pipini electione in Regem Francorum, 16157.
De Bellis sacris, 16821.
De Comitibus, III, 31317.
De variis Tribunalium generibus, 32822.
De distinctionibus familiarum apud Gallos, 39816.
De causa Templariorum, 40355.
du BOIS d'Annemets (le Sieur), Gentilhomme favori de Monsieur, Frere de Louis XIV.
Mémoires d'un Favori, II, 21395.
de BOIS de la Pierre : voyez de Lanfernat.
du BOIS de Ryocourt, Nicolas, Conseiller d'Etat du Duc de Lorraine.
Histoire de l'emprisonnement de Charles IV, Duc de Lorraine, III, 38887.
Discours de l'état & succès des affaires, IV, S. 38893.
du BOIS de Saint-Gelais, Louis-François, Secrétaire de l'Académie de Peinture & de Sculpture.
Recueil de Pieces sur les Ducs & Pairs, III, 31306.
Histoire Journaliere de Paris, III, 34435.
Description

Description des Tableaux du Palais Royal, 34564;
IV, 47816.
du Bois de Valagon, Antoine, Hérault d'Armes.
Chronologie Armoriale, II, 24829 & 24960.
du Bois : *voyez* de la Chesnaye.
de Boiscommun : *voyez* Boucher.
de Bois-Dauphin : *voyez* Laval.
de Boisduval (M.), de l'Académie de Rouen.
Mémoire sur la situation de Rouen, I, 2616.
—sur les eaux de Rouen, 3191.
de Boisgelin de Cucé, Jean-de-Dieu-Raymond, Evêque de Lavaur.
Oraison funèbre de feüe Madame la Dauphine Douairiere, II, 25766.
—du Roi Stanislas, III, 38924.
de Boisguillebert : *voyez* le Pesant.
de Boisius (le Sieur).
La nuit des nuits & le jour des jours, II, 25652.
Le Prince illustre, 25826.
de Bois-Lambert (M.), Curé du vieil-Evreux.
Lettre sur les Antiquités d'Evreux, III, 35317.
de Bois Martin : *voyez* Fourchier.
de Bois-Mislé (M.).
Histoire de la Marine, I, 851; & II, 28303.
de Boismont (l'Abbé), de l'Académie Françoise.
Oraison funèbre de Louis XV, IV, S, 24802.*
—de feu M. le Dauphin, II, 25751.
de Boismorand (l'Abbé), *sous le nom de Mademoiselle de Lussan.*
Anecdotes de la Cour de Philippe-Auguste, II, 16779.
Anecdotes de la Cour de François I, 17638.
Annales galantes de la Cour de Henri II, 17741.
Marie d'Angleterre, Reine-Duchesse, 25078.
Vie de Crillon le Brave, III, 31931.
du Bois-Olivier, Jean, Abbé de Beaulieu.
Epistola ad aliquem ex Cardinalibus de Societate Jesu, I, 14253.
Réponse à la Lettre déclaratoire du P. Coton, 14257.
Le Portrait Royal de Henri-le-Grand, II, 20024.
Boisot, Jean-Baptiste, Abbé de S. Vincent de Besançon.
Lettre touchant la Glaciere de Besançon, I, 2794.
Projet de la Vie du Cardinal de Granvelle, 8198; IV, S.
Boisot (M.) Professeur en l'Université de Dijon.
Réjouissances faites à Saint-Jean-de-Losne, III, 37296.
de Bois-Robert : *voyez* Metel.
de Bois-Rouvray, Sieur de Marçay, Avocat.
Traité de la Primatie d'Aquitaine, I, 8357.
Priviléges de l'Eglise de S. Etienne de Bourges, III, 35807.
Boissard, Jacques.
Icones & Elogia Virorum illustrium, IV, 45639.
de Boissat, Pierre, Vice-Bailli de Viennois.
Histoire généalogique de la Maison de Médicis, II, 25143; & III, 43175.
De la prouesse des Allobroges, III, 37928.
Traduction de l'Histoire des Chevaliers de l'Ordre de S. Jean de Jérusalem, 40291.
Remerciement au Roi par les Anoblis de Dauphiné, 40655.
de Boissat, Pierre, de l'Académie Françoise, fils du précédent.
Relation des Miracles de Notre-Dame de l'Ozier, I, 4184.
Marcellus, II, 16124.
Pusinensis obsidio, 21081.
Ligustica expeditio, 21325.
Anglorum ad Rheam excensio, 21461.
Rupella capta, 21552.
Sylvæ-Ducensis expugnatio, 21594.
Lotharingia capta, 21801.

Tome V.

Boisseau, Jean, Enlumineur du Roi.
Théâtre des Gaules, I, 568.
Europe Françoise, 682.
Topographie Françoise, 2118.
Origine & Généalogie de la Royale Maison de France, 24833.
Itinéraire de la Ville de Paris, III, 34482.
Recueil des Ordres de Chevalerie, 40260.
Théâtre de l'Ordre du S. Esprit, 40498.
Boisset, Bertrand, Citoyen d'Arles.
Chronique, III, 38063.
Boissevin, Graveur.
Portraits des Rois de France, II, 15792.
Boissier de Sauvages (l'Abbé).
Mémoire contenant des Observations de Lithologie, I, 2705.
—sur le Vitriol d'Alais, IV, S. 2729.*
Essai sur la formation des Dendrites, &c. 2829.
De la culture des Mûriers, 3480.
Mémoire sur les Vers-à-soie, 3637.
Boissier de Sauvages, François, Médecin.
Mémoire sur quelques Fontaines du Languedoc, IV, S. 2848.*
—sur les eaux d'Alais, I, 2920.
Methodus foliorum, 3349.
Mémoire sur les maladies des bœufs, 3568.
Dictionnaire Languedocien, III, 37706.
de la Boissiere : *voyez* d'Argentré & de Fontaine.
de Boissieres, Jean.
La Croisade, II, 16601.
Les Regrets d'Isabeau d'Autriche, 25510.
Boissieu, Antoine, Jésuite.
Vie de Jeanne Chazart de Matel, I, 14713.
de Boissieu : *voyez* Sarvaing.
de Boissise : *voyez* de Thumery.
de Boissy, Louis.
Mercure de France, quelques parties, II, 24801.
de Boissy : *voyez* Desprez & Gouffier.
de Boissy, Enard : *peut-être pour* Isarn Brissy : *voyez* Brissy.
Boistel, Pierre, Sieur de Gaubertin.
La defaite du faux Amour, II, 20609.
Histoire tragique de Circé, 20610.
Histoire des choses plus mémorables, 20709 & 20710.
Continuation de l'Astrée, 21300.
Boitet de Fréauville, Claude, Avocat.
Le fidéle Historien des Affaires de France, II, 21220.
Boivin : *voyez* Boyvin.
Boizard, Jean.
Traité des Monnoies, III, 33985.
Bolette, Antoine, Chanoine & Doyen de l'Eglise de Laon.
Catalogus Episcoporum & Decanorum Ecclesiæ Laudunensis, I, 9638.
de Bolingbroke (Milord), *voyez* Saint-John.
Boll, Balthasar.
Remarques sur la Ville de Weissembourg, III, 38749; IV, S.
Bollandus, Jean, Jésuite.
De S. Antholiano, I, 4313.
De SS. Chrysolio & sociis, 4358.
De Sta Georgia, 4471.
De S. Germano, Martyre, 4478.
De S. Menjolo, 4591.
De Sta Vitalina, 4726.
De S. Theodosio Vasionensi, 8146.
De S. Bonifacio Lausanensi, 8220.
De S. Pauliano Aniciensi, 8492.
De S. Ableberto *seu* Emeberto Cameracensi, 8562.
De SS. Eucharo & Falcone Trajectensibus, 8736.
De S. Rustico Lugdunensi, 8904.
De S. Gilleberto *seu* Gisleberto Meldensi, 9417.
De S. Regulo Sylvanectensi, 9658.

H hh

De S. Silvino Morinenſi, 9772.
De S. Voluſiano Turonenſi, 10308.
De S. Liborio Cenomanenſi, 10352.
De S. Licinio Andegavenſi, 10393.
De S. Celſo Trevirenſi, 10507.
De S. Maro, Trevirenſi, 10527.
De S. Grodegando Metenſi, 10572.
De S. Pulchronio Virdunenſi, 10664.
De S. Paulo Virdunenſi, 10668.
De S. Paſchaſio Viennenſi, 10694.
De S. Simplicio Viennenſi, 10697.
De S. Pantagatho Viennenſi, 10703.
De S. Philippo Viennenſi, 10704.
De S. Evantio Viennenſi, 10708.
De S. Euticio Balmenſi, 11684.
De S. Joanne Gorzienſi, 11997.
De S. Ulgiſo ſeu Wlgiſo Laubienſi, 12060.
De S. Euſtaſio Laubienſi, 12111.
De S. Bertulfo Renticenſi, 12306.
De S. Errico ſeu Herico Autiſſiodorenſi, 12484.
De S. Richario Centulenſi, 12736.
De S. Angilberto Centulenſi, 12740.
De S. Petro à Caſtro-Novo, 13006.
Vita B. Guillelmi Fundatoris Cœnobii Olivæ, 13115.
De S. Stephano Thiernenſi, 13191.
Commentarius in vitam Caroli Magni, II, 16242.
De Sta Bathilde, 25033.
de BOLLOGNE, Jules, Archidiacre & Théologal de Langres.
Oraiſon funèbre de Marie-Thérèſe d'Autriche, II, 25181 & 91.
BOLOGNIN ou Bologuin, Louis.
De quatuor ſingularitatibus in Gallia repertis, I, 767.
Deſcriptio Lugduni, III, 37366.
BOLSEC, Hieroſme-Hermès, Théologien, Médecin & Hiſtorien.
Hiſtoire de la vie de Calvin, I, 5809; IV, S.
—de Théodore de Beze, 5877; IV, S.
de BOMARE: voyez Valmont.
BOMBART (l'Abbé).
Eloge de Pierre de Marca, I, 9343.
—du Roi Staniſlas, III, 38927.
BOMBASTE (le Comte), Chevalier de la Roſe-Croix.
Le Trompette François, II, 19901.
Prophétie ſur la naiſſance de Louis-le-Grand, 19904 & 24398.
de BOMBELLES (M.).
Traité des Evolutions Militaires, III, 32144.
Mémoire pour le ſervice de l'Infanterie, 32176.
BOMIER (M.), Avocat du Roi au Préſidial de la Rochelle.
Diſcours ſur la Paix, II, 23853.
van BOMMEL, Abraham.
Deſcription de la Ville d'Amersfoort, III, 39566.
BOMPART, Jean.
Provinciæ deſcriptio, I, 1825.
BOMPART de Saint-Victor (M.)
Diſſertation ſur la Ville de Clermont, I, 252.
Ode à l'honneur de la Ville de Clermont, III, 37461.
Mémoire ſur Jean Savaron, IV, 46002.
—ſur Marcellin-Hercule Bompart, 46052.
de BOMY, Jean, Avocat.
Recherches ſur le nom de Brignoles, I, 277.
Rapport de l'Inſcription du Mauſolée de la Ville de Saint-Remy, III, 38206.
BON, Florent, Jéſuite.
Les Triomphes de Louis-le-Juſte, II, 21554.
BON (M.), Conſeiller de la Chambre des Comptes de Montpellier.
Diſſertation ſur l'Araignée, I, 3654.
—ſur la ſoie des Araignées, 3655.
le BON, Jean, Médecin du Roi.
Les érections des Villes des Gaules, I, 2102.
Propriétés des Eaux de Plombieres, 3149.
Le Tumulte de Baſſigny, II, 18200.
le BON, Matthieu, Chanoine Régulier de S. Victor-lès-Paris.
Vie de S. Victor & de S. Clair, I, 4717.
BON, avec un point d'abréviation, qui ſemble marquer la premiere ſyllabe du nom de l'Auteur.
Nunciatio publica lætitiæ, II, 19800.
de BONAC: voyez de Montault.
BONACINA, Géographe.
Carte du Piémont, I, 1942.
BONAD, François, Prêtre de Saintes.
Anacephaleoſis geneſeôn Francorum Regum, II, 15716 & 24827.
de BONAIR: voyez Stuart.
de BONAIR: nom ſous lequel s'eſt caché Antoine Varillas, III, 42237: voyez Varillas.
de BONAIRE (l'Abbé): voyez Debonnaire.
BONAL, Antoine, Juge des Montagnes de Rouergue.
Hiſtoire des Evêques de Rhodès, I, 7923.
—de la Comté de Rhodès, III, 37618.
Remarques ſur les Evêques de Rhodès, 37619.
de BONAL (l'Abbé), Prieur de Milhaud.
Liſte des Evêques de Rhodès & de Vabres, I, 7924; IV, S.
BONALD, François, Jéſuite.
Réponſe à l'Anti-Coton, I, 14264.
de BONALD, Etienne, Juge & Bailif de Milhaud.
Injuſtice des Armes rébelles, I, 5912.
BONAMICUS, Caſtrucius.
Commentarii de Bello Italico, II, 24614.
BONAMOUR, François-Jean-Baptiſte, Chanoine de la Chapelle aux Riches à Dijon.
Vie de S. Bénigne, I, 10932.
BONAMY, Pierre-Nicolas, de l'Académie des Inſcriptions.
Conjectures ſur deux anciennes Villes des Gaules, Bratuſpantium & Mediolanum, I, 239.
Obſervations ſur les Peuples Meldi, IV, Suppl. 323.*
Remarques ſur la Notice des Gaules de M. de Valois, I, 436.
Mémoire ſur l'Iſle d'Oſcelle, 528.
—ſur un lieu appellé Tricines, 536.
Recherches ſur le cours de la riviere de Bièvre, 864.
Mémoire ſur l'inondation de la Seine en 1740, 882.
—ſur l'Introduction de la Langue Latine dans les Gaules, 3778.
Obſervations ſur la conformité du Grec avec notre Langue, II, 15489.
Diſſertation ſur la cauſe de la ceſſation de la Langue Tudeſque, 15506.
Réflexions ſur la Langue Latine vulgaire, 15507.
Explications de quelques Sermens en Langue Romance, 15508.
Recueil de diverſes Pièces ſur l'Hiſtoire de France, IV, Suppl. 15998.*
Réflexions ſur les Noms Francia & Franci, II, 16151.
Mémoire ſur l'état de l'Empire François, lorſque les Normands y firent des incurſions, II, 16408.
—ſur l'état du Royaume de France pendant le regne de Charles-le-Chauve, Id.
—ſur les incurſions que les Normands firent dans la Neuſtrie, Id.
—ſur l'aſſaſſinat du Duc d'Orléans, 17114.
Hiſtoire de Gondevald, 25247.
Mémoire ſur un paſſage de Grégoire de Tours, 26123 & 28151.

—sur la formule *par la grace de Dieu*, 26879 & 27599.
Remarques sur le titre de *Très-Chrétien*, 26898.
Discours sur le Traité de Brétigny, III, 29386.
Mémoire historique sur le Tréfor des Chartres, 29486.
Mémoires sur Jacques Cœur, 32452 & 53.
Réflexions sur l'évaluation de nos Monnoies, 33920.
Recherches sur la célébrité de Paris, 34434.
Mémoire sur les Parloüers aux Bourgeois, 34437.
—sur les Aqueducs de Paris, 34456.
Description de l'Hôtel de Soissons, 34565; IV, *Suppl.*
Révision d'une Notice des Seigneurs de Saint-Fargeau, IV. S. 35554.*
Réflexions sur l'Auteur de l'érection du Comté de Bar en Duché, 38940.
BONANNI, Philippe.
Catalogus Ordinum Religioforum, I, 11557.
BONAUD, Jacques.
Notæ in opus de jure Delphini, II, 25212.
Panegyricus ad Franciam, *là*.
BONAVENTURE de Saint-Amable (le Pere), Carme Déchaussé.
La Vie S. de Martial, I, 4063.
Des Saints du Limosin, 4270.
Traduction de la Vie de S. Duminy, 13296.
Vie de Leonarde du Verdier de la Croix, 14992.
—de Marcelle Chambon, 15341.
Entrée de Philippe-le-Hardi à Limoges, II, 16114.
—de Charles VII, à Limoges, 26139.
—de Louis XI, à Limoges, 26145.
—de Henri, Roi de Navarre, à Limoges, 26179.
—du Roi & de la Reine de Navarre à Limoges, 26220.
—de Henri IV, à Limoges, 26306.
Histoire du Limosin, III, 37597.
Des Hommes illustres du Limosin, IV, 45705.
BONAVENTURE de S. Augustin (le Pere).
Vies des Religieux de l'Ordre de la Sainte Trinité, I, 13967.
BONAVENTURE de Sisteron (le Pere), Capucin.
Histoire de la Ville & Principauté d'Orange, III, 38281.
BONCHORSTIUS, Florentin, Jurisconsulte.
Tumultus Urbis Pictavienfis, II, 17897; IV, S. & III, 35731.
de BONDAROY : *voyez* Fougeroux.
BONDONNET, Jean, Bénédictin.
Avant-propos de son Histoire des Evêques du Mans, I, 3962.
Réfutation des Dissertations de M. de Launoy sur les Missions Apostoliques, 3964.
Vies des Evêques du Mans restituées, 10342; IV, *Suppl.*
BONDONNET, François, Chanoine Honoraire de Saint-Pierre du Mans.
Vie de Joseph-Ignace le Clerc de Coulennes, I, 11057.
BONEL, Charles; *faux nom sous lequel fut d'abord mis au jour l'Ouvrage suivant de* l'Abbé Fleury.
Institution au Droit Ecclésiastique, I, 6961.
BONELLI (M.), Nonce en Espagne.
Discorso sopra la Legata tra il Papa & il Rè Catolico, III, 30972.
BONESTAT.
L'Anti-Jésuite, I, 14282, *attribué*.
BONET, Thomas, Bénédictin.
Recherches sur le Cardinal Mazarin, III, 32539.
BONET, Antoine, Jésuite.
Vita Joannis Francisci Regis, I, 14125.
BONFA (le Pere), Jésuite.
Carte du Comté Venaissin, IV, S. 1906*.
Tome V.

BONFONS, Nicolas, Libraire.
Les Antiquités de Paris, III, 34388 & 91.
BONGARS, Jacques, Gentilhomme Orléanois.
Histoire des Eglises réformées de France, I, 5787.
Opposition faite par le Roi de Navarre, 7141.
Histoire de la Vie & des Ouvrages de quelques Auteurs, &c. II, 15970.
Gesta Dei per Francos, 15983.
Epistolæ, III, 30308.
de BONGEVILLE : *voyez* Guillaume.
de BONHEIM, Guillaume.
De Lantena Parisiensi Descriptio, II, 18175.
BONHOMME (l'Abbé).
Lettre sur des Ecoliers vertueux, IV, *Suppl.* 4750.*
BONICHON, François, Oratorien.
Pompa Episcopalis, IV, S. 10413.*
L'Autorité Episcopale défendue, I, 10417; IV, S.
BONIEL, Louis, Jésuite.
Eloge de Théophile Raynaud, I, 14146.
BONIEL de Cathillon, Antoine, Avocat-Général en la Chambre des Comptes de Dauphiné.
Vie de Claude Expilly, III, 33150.
S. BONIFACE, Archevêque de Mayence.
Epistolæ, III, 29:34.
BONIFACE VIII, Pape.
Sermones de Canonizatione S. Ludovici, II, 16845.
Bulla Canonizationis ejusdem, 16846.
Indulgentia pro S. Ludovico concessa, 16848.
BONIN, Pierre, Principal du Collége de Compiegne.
Les Mysteres de l'Octonaire, II, 21481.
La Vérité des Mysteres de l'Octonaire, 21532.
BONJOUR, Jacques.
De Bello in Caprariensses Commentaria, I, 5712.
BONJOUR, Claude, Augustin.
Carte du Diocèse de Besançon, IV, S. 1029.*
Le Lyon Bourguignon, IV, S. 1533.*
BONNE (M.)
Tableau de la France, I, 615.
Atlas Maritime, 702.
Description de la France, 828.
de BONNE, François, Duc de Lesdiguieres, Maréchal & Connétable de France.
Avis à l'Assemblée de Grenoble, I, 6233.
Lettres au Roi, II, 20279 & 20437.
—au Roi & à la Reine, 20495.
—au Roi, 20729.
—au Pape, 21042.
—au Sieur de Montbrun, 21055.
—au Roi, 21334 & 21343.
Discours sur l'Art Militaire, III, 32104 & 32121.
de BONNE de Crequi d'Agoust, François, Comte de Sault, Duc de Lesdiguieres, petit-fils du précédent.
Lettres, III, 30868.
BONNEAU (le Pere), Oratorien.
Au Roi sur son arrivée, II, 26423.
BONNEAU (Madame): *voyez* du Plessis.
de BONNECASE : *voyez* Alcide.
de BONNEFONS, Jean, Lieutenant-Général du Bailliage de Bar-sur-Seine.
Henrici Magno Lacrymæ, II, 20017.
Conchini funus & fumus, 20601.
L'Evanouissement de Conchini, 20644.
de BONNEFONS, Benoît, Bénédictin, Moine de Fontenelle.
Vies des Saints Religieux de l'Abbaye de Fontenelle; IV, S. 12853.*
de BONNEFONS, Elie-Benoît, Moine de Corbie.
Historia Corbeiensis; IV, S. 11869*, & III, 34167; IV, S.
BONNEFOY, Benoît, Jésuite.
Historia Hæresis in Gallia ortæ, I, 5996.

Hhh 2

BONNET, Claude, Gentilhomme de Dauphiné.
    Traduction de l'Histoire de France de Grégoire de Tours, II, 16051.
BONNET, Guillaume, Chanoine de Nevers, Aumônier du Roi.
    Oraison funèbre de Henri IV, II, 20038.
BONNET, Jean-Charles, Sieur de Chatignon & de Meaux, Avocat.
    Instruction sur la Chambre des Comptes de Provence, III, 33824.
BONNET, Louis.
    Panegyricus B. Margaritæ Arbouziæ, I, 14798.
BONNET, P.
    De Ordine Grandimontensi, I, 13187.
BONNET, Pierre, Docteur d'Avignon.
    Vie de la Marquise d'Oraison, I, 4814.
BONNET, Pierre.
    Histoire de la Musique, IV, 47709.
BONNET, Charles, Correspondant de l'Académie des Sciences de Paris.
    Traité d'Insectologie, I, 3618.
    Lettre sur les Abeilles, II, S. 3650.**
de la BONNETRIE : voyez Saboureux.
de BONNEVAL, (le Comte).
    Mémoites, III, 31878.
de BONNEVAL : voyez Gimat.
BONNEVIE : faux nom sous lequel s'est caché un Auteur qui est demeuré inconnu.
    Réponse à une question proposée sur la situation de Juniville, I, 2279.
    Lettre sur le nom de Sainte Coyere, 5040.
    —sur le Dimanche des Bordes, II, 15550.
    —sur le Roi des Ribauds, III, 34029.
de la BONNEVILLE : voyez Philibert.
BONNIER d'Alco, Antoine-Samuel, Président de la Cour des Aydes de Montpellier.
    Discours sur les Tailles du Languedoc, III, 37731.
le BONNIN de Chalucet, Armand-Louis, Evêque de Toulon.
    Ordonnances Synodales, I, 6765.
de BONNIVET : voyez Gouffier.
BONNOR, (ou peut-être Bonnet), Honoré, Prieur de Salon.
    L'Arbre des Batailles, III, 40148; IV, S.
BONNOT de Mabli, (l'Abbé).
    Parallele des Romains & des François, II, 15470.
    Observations sur l'Histoire de France, 27169.
    Le Droit public de l'Europe, 29140; & III, 29155.
    Des principes des Négociations, III, 32649.
BONOURS, Christophe.
    Discours de la vraie Noblesse, III, 39857.
de BONREPOS, François, Ambassadeur.
    Mémoires, III, 31013.
de BONREPOS, (le Chevalier).
    Description du Mississipi, III, 39718.
de BONREPOS : voyez de Riquer.
de BONS (le Sieur), Capitaine des Suisses.
    Lettre concernant une Chenille, I, 3626.
BONSERF (l'Abbé).
    Le Citoyen zèlé, IV, 45496.
BONTAULT, Gilles, Evêque d'Aire.
    Réglemens & Ordonnances, I, 6314.
BONTEMPS (le Sieur), Chanoine de Metz.
    Mémoires pour servir à l'Histoire de Metz, III, 38788.
BONTEMPS, Honoré, Aumônier du Roi.
    Oraison funèbre d'Anne d'Autriche, II, 25166.
BONTOUS, Jean-Joseph, Jésuite.
    L'auguste Piété de la Maison de Bourbon, II, 26500.
BONUCCI, Antoine-Marie.
    Vita S. Trophimi, I, 7983.
    Vita di Santa Gertruda, 15018.
de BONY, Louis, Jésuite.
    Vie de la B. Jeanne de Valois, II, 25065.

BORBONI : voyez du Monti.
BORBONIUS, N.
    Les Imprécations contre le Patricide, &c. II, 19943.
de la BORDE : voyez de Signac & Vidien.
de la BORDE du Houssay, (M.)
    Mémoires, II, 19307.
de BORDEAUX (M.), Intendant des Finances.
    Mémoires, II, 23901.
de BORDEAUX, Antoine, Seigneur de Neuville, Maître des Requêtes.
    Lettres, III, 30899.
de BORDEAUX (Pierre), Sieur de la Sabloniere, Capitaine, Exempt des Gardes du Corps.
    Mémoires, II, 21344.
de BORDEILLE : voyez de Bourdeille.
de BORDENAVE, Jean.
    Etat des Eglises Cathédrales, I, 7838; IV, Suppl.
    De l'Introduction du Calvinisme en Béarn, IV, S. 20927.*
    De la Ville & Evêché de Lescar, III, 37666.
BORDEREAU (M.), Avocat au Présidial de Meaux.
    Recueil des Evêques de Meaux, I, 9392.
    Sommaire de la Vie de Guillaume Briçonet, tiré de ses Mss. 9421.
BORDES, Basile, Prêtre & Ermite.
    Histoire de Notre-Dame d'Estang, I, 4140.
BORDES, Charles, Oratorien.
    Supplément au Traité des Edits, &c. pour maintenir l'unité, I, 6189.
    Vie de Jules Mascaron, 8275.
    Vita Ludovici Thomassini, 11480.
des BORDES (M.), Lieutenant des Gardes de la Porte du Roi.
    Médailles de la Reine Marie - Elisabeth Leckzinska, II, 25197.
de BORDEU (MM.), pere, fils aîné & fils cadet.
    Utrùm Aquitaniæ minerales Aquæ morbis chronicis, I, 2927.
    Lettres pour quelques Maladies traitées par les eaux de Barege, 2969.
    Lettre sur l'usage des Eaux de Barege, 2973.
    Observations sur les Eaux de Barege, 2975.
    Dissertation sur les Eaux de Barege, IV, Suppl. 2975.*
    Dissertation sur les Eaux du Béarn, I, 2976.
    Essais sur l'Histoire des Eaux du Béarn, 2977.
    Lettre sur les Eaux de Cauterez, 3030.
BORDIER.
    Eloge du Cardinal de Richelieu, II, 22100.
BORDIER, Jacques, Jésuite.
    Relation de la Nouvelle France, III, 39688.
BORDIER (M.).
    Mémoire sur le rang des Curés de Paris, I, 5196.
BORDIN, Nicolas, Chanoine de l'Eglise de Séez.
    Vie de Jean le Noir, IV, 45954.
BORDINI, Jean-François, Archevêque d'Avignon.
    Synodus Avenionensis, I, 6360; IV, S.
BOREL, Pierre, Médecin du Roi.
    Les Antiquités, &c. de Castres, &c. I, 2408; III, 37797.
    Catalogue de choses rares, 2467.
    Trésor des Antiquités Gauloises, 3747; II, 15491.
    Histoire des Evêques de Castres, 7934.
    —de Jacques Cœur, III, 32450.
    —des Comtes de Castres, 37796.
    Vita Renati Cartesii, IV, 46429.
    Vie de Nicolas Flamel, 46453.
BOREL, Louis, Grand-Archidiacre de Beauvais.
    Constitutions du Monastère des Religieuses du Tiers-Ordre de S. François à Beauvais, IV, S. 25178.*

Recueil sur le Bureau des Pauvres de Beauvais, III, 34916.
—concernant l'Hôpital-Général de Beauvais, 34917.
BOREL, Eustache-Louis, Président au Présidial de Beauvais, & Lieutenant-Général du Bailliage, neveu du précédent.
Mémoires sur l'Amiénois & le Beauvaisis, III, 34153.
Histoire du Beauvaisis, 34905.
Eclaircissemens sur les Mesures Itinéraires des Gaulois, 34906.
Dissertation sur *Litanobriga, Curmiliaca* & *Petromantalum*, 34907.
Réduction des Mesures & Poids de Beauvais à ceux & celles de Paris, 34908.
BORELY, Nicolas, de la Congrégation du Saint Sacrement.
Vie de Christophe d'Authier de Sisgau, I, 10188.
BORELY, Elzéar, Cordelier.
Vie de Ste Dauphine, I, 4375.
—de S. Elzéar, 4390.
le BORGNE, Gui, Bailli de Laumeur.
Armorial Breton, III, 40092.
de BORIE, Jean-François, Médecin.
Recherche des Eaux de Cauterez, I, 3028.
de BORIE, Paschase, Médecin.
An Phthisi Aquæ Cauterienses? I, 3029.
BORIGLIONI, Joseph, Doctrinaire.
Traduction Italienne de la Vie du B. César de Bus, I, 11007.
BORJON, Charles-Emmanuel, Avocat.
Abrégé des Actes, &c. concernant les Hérétiques, I, 6176 & 6950.
Des Offices de Judicature de France, III, 31209 & 31792.
Des Dignités temporelles, 31215.
BORNIER, Philippe, Lieutenant-Particulier au Siège Présidial de Montpellier.
Conférences des Ordonnances, II, 27650.
BORNMEISTER, Simon.
Pharus Geographiæ Galliæ, I, 808.
BORREMANS, Nicolas.
Traduction Hollandoise d'une Chronique de Hollande, III, 39585.
BORRICHIUS, Olaüs, Chimiste.
Quid ad Historiam Naturalem spectans observatum sit in itinere Galliæ? I, 2379.
BORSIUS, Jean-Thomas.
Annales Juliæ, &c. III, 39242.
BORTHON, Jean, Curé de Notre-Dame d'Auxonne.
Oraison funèbre du Duc de Candale, III, 31897.
du Bos, Jean-Baptiste, Secrétaire de l'Académie Françoise.
Remarques sur l'Histoire des grands Chemins de l'Empire Romain, I, 62.
Histoire critique de l'établissement de la Monarchie Françoise, II, 15915.
Histoire de la Ligue de Cambrai, 17437.
Les intérêts de l'Angleterre mal entendus, III, 31118.
du Bosc, Nicolas, Evêque de Bayeux, Garde des Sceaux de France.
Voyage pour négocier la Paix, I, 2338; III, 19799.
du Bosc.
Panégyrique du Roi (Louis XIV), II, 23890.
du Bosc (M.), Prêtre.
Vie & Miracles de S. Bonnet, IV, S. 8449.*
du Bosc de Montandré.
Le Courtisan immolé, ou Vie de S. Lambert, I, 8753.
De la Puissance des Rois sur les Peuples, &c. II, 23210 & 23277, *attribué.*

Discours de la Puissance des Rois, 23211, *attribué.*
Traité de l'ancienne Dignité Royale, 23212, *attribué.*
Le Courtisan désintéressé, 23264, *attribué.*
Le Caton François, 23555.
La Franche-Marguerite, 23560.
Le Point de l'Ovale, 23561.
La Décadence visible de la Royauté, 23562.
Le *Tu autem*, 23564.
Le Coup de Partie, 23565.
Le Contrecoup de Partie, 23566.
L'Exorcisme de la Reine, 23567.
Le Manuel politique, 23569.
Excommunication politique, 23570.
Le Formulaire d'Etat, 23571.
Caducée d'Etat, 23573.
Le Coup d'Etat du Parlement des Pairs, 23574.
Le Royal au Mazarin, 23575.
L'Avocat-Général, 23576.
L'Apocalypse d'Etat, 23577.
Le Plaidoyer de la Maison Royale, 23578.
Le Rapporteur des Procès d'Etat, 23579.
L'Anatomie de la Politique du Coadjuteur, 23580.
Discours important, 23581.
Le Dépositaire des Secrets de l'Etat, 23585.
La Discussion des quatre Controverses politiques, 23590.
L'Ecueil de la Royauté, 23635.
Le Sceptre de France en quenouille, 27358. *Il y est faussement appellé* du Boscq de Saint-André.
Suite historique des Ducs de la Basse Lorraine, III, 38826 & 39498.
Histoire généalogique de Godefroi de Bouillon, 41454.
BOSCH, André.
Sommaire des titres d'honneur de Catalogne, &c. III, 38368.
BOSCH, Pierre, Jésuite.
De S. Gaugerico Cameracensi, I, 8553.
De S. Euphronio Augustodunensi, 8970.
De S. Bethario vel Bohario Carnotensi, 9370.
De S. Laudulfo vel Landulfo Ebroicensi, 9945.
De S. Lupo Tricassino, 10089.
De S. Germano Autissiodorensi, 10132.
De S. Geranno Autissiodorensi, 10165.
De B. Gaufrido Cenomanensi, 10367.
De S. Arnulfo Metensi, 10559.
De S. Peregrino, 11344.
De S. Erneo, 12135.
De S. Wandregisilo, 12843.
De S. Ansegiso, 12851.
De Sta Glodesinde, 14726.
BOSCHERON (M.).
Lettre sur l'Abbé d'Aubignac, I, 11190.
Eloge d'Antoine Varillas, IV, 46960.
Vie de Philippe Quinault, 47592.
BOSCHET, Antoine, Jésuite.
Vie de Julien Maunoir, I, 14166.
Réflexions sur la Vie de Descartes, IV, 46430.
à Bosco, Joannes: *voyez* du Bois.
de Bosco Gualteri, Martin, Frere Mineur.
Vita venerabilis Mariæ de Malliaco, I, 4556.
BOSELLI, Pierre-Antoine.
Responsum novum de potestate Pontificis, I, 7174.
BOSIO, Jacques, Commandeur de l'Ordre de Saint-Jean.
Historia Imaginis Deiparæ Virginis Exhilaratricis, I, 4156.
Historia dell' Ordine di San-Giovanni Gierosolimitano, III, 40288; IV, S.
Indice di Privilegi della Religione di San-Giovanni Gierosolimitano, 40330.

BOSQUET, Georges.
Hugonearum hæreticorum Tolofæ conjunctorum Profligatio, I, 5793; II, 17810.
BOSQUET, Jean, Poëte.
Réduction de la Ville de Bonne, IV, *Suppl.* 19406.*
BOSQUET, François, Evêque de Lodève, & ensuite de Montpellier.
Historiarum Ecclesiæ Gallicanæ, Liber I, I, 3954; IV, *Sup.*
—liber quatuor, 3955.
Dissertatio de S. Martiale in Latinum sermonem conversa, 4065.
Préface & Plan de son Ouvrage sur les Libertés de l'Eglise Gallicane, 7023.
Remontrance du Clergé au Roi, 7427.
Discours sur la Régale, 7612.
Pontificum Romanorum è Gallia oriundorum, Historia, 7760.
Vie de S. Fulcran de Lodève, 9232.
Lettres, III, 30882.
Specimen Iconis historicæ Cardinalis Mazarini, III, 32549.
BOSQUIER, Philippe.
Harangue funèbre sur la mort de Charles de Croy, III, 31934.
BOSQUILLON, Noël, de l'Académie de Soissons.
Lettre contenant l'Eloge de l'Abbé Boisot, I, 10974.
Traduction d'un Discours funèbre sur la mort de Michel le Tellier, III, 31549.
Eloge de Paul Pellisson-Fontanier, III, 32760; IV, *S.*
—de Magdelene Scudery, IV, 48172.
BOSQUILLON (M.) Président en l'Election de Clermont-en-Beauvoisis.
Nobiliaire du Comté de Clermont-en-Beauvoisis, III, 34922.
BOSSCHAERTS, Willibrord.
Diatriba de primis veteris Frisiæ Apostolis, I, 8808.
le BOSSU, René, Chanoine Régulier de la Congrégation de France.
Carte des Bénéfices des Chanoines Réguliers de S. Augustin dans l'Archevêché de Reims, I, 1188.
—dans l'Archevêché de Sens, 1189.
le BOSSU, Rattio, Jésuite.
Eloge de Pomponne de Bellièvre, Chancelier de France, III, 31517.
—de Pomponne de Bellièvre, premier Président du Parlement de Paris, 32921.
le BOSSU, Jacques, Bénédictin.
Premier Devis d'un Catholique & d'un Politique. *Il a échappé si ce n'est que ce fût peut-être le Dialogue du* Nº 19012, *Tome II.*
Second Devis, II, 19017.
Troisième Devis, 19018.
BOSSUET, Jacques-Bénigne, Evêque de Meaux.
Oraison funèbre de la Princesse Palatine, I, 4782.
Réglement des Filles de la Propagation de la Foi, 5374; IV, *S.*
Relation sur le Quiétisme, 5630; IV, *S.*
Remarques sur la Réponse de M. de Cambrai à cette Relation, 5631.
Relation des Actes & Délibérations, &c. 5634.
Histoire abrégée des Albigeois & des Vaudois, IV, *S.* 5760.*
Histoire des Variations des Eglises Protestantes, I, 6067; IV, *S.*
Statuts Synodaux, I, 6611; IV, *S.* 6611.*
Defensio Declarationis Cleri Gallicani, I, 7303.
Oraison funèbre de Nicolas Cornet, I, 11082, IV, *S.* 11074*.
Jugement sur les Jésuites, 14219.
Abrégé de l'Histoire de France, II, 15724.

Oraison funèbre de Marie-Thérese d'Autriche, Reine de France, 25181.
—de Henriette-Marie de France, Reine d'Angleterre, 25610.
—de Madame la Duchesse d'Orléans, 25666.
Relation de l'éducation de M. le Dauphin, 25683.
Oraison funèbre du Prince de Condé 25832.
Politique tirée de l'Ecriture-Sainte, 27069.
Oraison funèbre de M. le Tellier, III, 31546.
Lettre sur M. Pellisson, 32762.
Oraison funèbre de la Princesse Palatine, Anne de Gonzague, IV, 48075.
BOSSUET, Jacques-Bénigne, Evêque de Troies.
Mandement au sujet de la Légende de Grégoire VII, I, 7335; IV, *S.*
de la BOSTIE: *voyez* Hubin.
BOSTIEN, Arnold, Carme.
De præcipuis Cartusianæ familiæ Patribus, IV, *S.* 13257.*
BOSWEL, Jacques, Evêque Anglois.
Relation de l'Isle de Corse, IV, *S.* 39822.*
BOTEREIUS: *voyez* Bouthrays.
BOTERO, Jean.
Vita di Clodoveo, II, 16023.
—di San Lodovico, 16864.
—di Carlo IX, 18263.
Relation de l'Absolution de Henri IV; IV, *S.* 19634.
BOTON, P.
Le Triomphe de la liberté Royale, II, 19651.
Discours de la vertu de la France, II, 19735; & III, 30323.
de BOTON, N. Président en l'Election de Mâcon.
Poëme sur la Ligue, II, 19548.
BOTTU, Louis, Avocat.
Lettre sur les Poitevins, I, 331; III, 35713.
—sur une Dissertation de M. Gibert, II, 15886.
—sur la Question, Si une femme peut faire les fonctions d'Avocat, III, 33007.
de BOUCART, Jacques.
Harangue prononcée devant le Roi, II, 17987.
BOUCHARD, Alain, Avocat.
Les Chroniques de Bretaigne, III, 35391.
BOUCHARD, François.
De Aquis Besuntione repertis, I, 2981.
BOUCHARD, Jean-Jacques.
Laudatio funebris Claudii Fabri Peirescii, III, 33197.
BOUCHARD, Jacques: *peut-être le même.*
Monumentum Romanum Nicolao-Claudio-Fabricio Perescio factum, IV, *S.* 33197.*
BOUCHAREL, Claude, Curé & Chanoine de Saint-Cloud.
Vie de S. Cloud, II, 25242.
BOUCHE, Honoré, Docteur en Théologie.
Celtoliguria & Galloliguria, I, 45.
Explication de quelques Voies Romaines, 106.
Du passage d'Annibal dans les Gaules, 162.
Carte de la Provence, 1829.
Description de la Provence, 2252; III, 38122.
Observations sur l'Histoire Naturelle de Provence, I, 2439.
Vindiciæ fidei & pietatis, 3983.
Défense de la Foi & de la Piété de Provence, 3990.
Oraison funèbre de Louis XIII ; IV, *S.* 22138.*
BOUCHEL, Arnold, Jurisconsulte.
Notæ in Historiam Ultrajectinam, I, 8793.
Descriptio Urbis Ultrajectinæ, III, 39558.
BOUCHEL, Laurent, Avocat.
Decreta Ecclesiæ Gallicanæ, I, 6297.
De Juribus & Libertatibus Ecclesiæ Gallicanæ 7012.
Notæ in Vitam S. Martini, 10280.
De Consecratione & Coronatione Regis Francorum II, 15972.
Notes sur les Ordonnances, 27631.

Description des Chanceliers & Gardes-des-Sceaux, III, 31477.
Des Tailles, Impositions & Tributs, 33869.
La Justice criminelle de France, 34099.
Recueil des Statuts & Réglemens des Libraires & Imprimeurs de Paris, V, *Add.* 34707.*
Histoire du Valois, 34844.
Boucher, Michel, Sieur de Boiscommun.
Oraison funèbre de Jean de Bourbon, Comte d'Anguien, II, 25596.
Boucher, Nicolas, Evêque de Verdun.
Oraison funèbre de Charles, Cardinal de Lorraine, I, 9372.
Caroli Lotharingi Cardinalis, & Francisci Ducis Guisii Litteræ & Arma, 9573; III, 32311.
Apologeticum ejus, I, 10676.
Boucher, Jean, Minime : *voyez* le Boucher.
Boucher, Jean, Curé de S. Benoît à Paris, & ensuite Chanoine & Archidiacre de Tournai.
Avis contre l'appel d'Edmond Richer, I, 7074.
Jesuita Sicarius, 14235.
Histoire de Pierre Gaverston, II, 18754.
De justâ Henrici III, abdicatione, 19034; IV, Suppl.
Réponse à une Lettre de l'Evêque du Mans, 19084.
Sermons de la simulée conversion, &c. II, 19491.
Apologie pour Jean Châtel, 19603, 27138; & IV, S. 19603.
Sa Défense contre l'imputation de l'*Admonitio*, 28680.
Avis sur le Plaidoyer de Pierre de la Martelliere contre les Jésuites, IV, 44652.
Boucher, Gilles, Jésuite.
Belgium Romanum, Ecclesiasticum & Civile, I, 3923 & 5080; III, 39284.
Disputatio de primis Tungrorum Episcopis, 8684.
Annotatio de Chronologia Regum Francorum, II, 15883.
Notæ in Gregorium Turonensem, 16054.
Belgium Gallicum, III, 39284.
Boucher, L.
Portrait de S. François de Sales, IV, S. 10781.*
Boucher, Pierre, Jésuite.
Panegyricus Delphino dictus, II, 23879.
Boucher, Pierre, Gouverneur des trois Rivieres.
Histoire Naturelle du Canada, I, 2405; III, 39693.
Boucher, Elie-Marcoul, Docteur de Sorbonne.
Relations des Délibérations de la Sorbonne au sujet de la Constitution *Unigenitus*, I, 5656.
Boucher (M.) Médecin.
Description du climat de Lille, I, 2537.
Précis d'Observations Météorologiques, 2538.
Boucher d'Argis, Antoine-Gaspard, Avocat.
Remarques sur les noms des Provinces, &c., I, 1099; IV, S.
Relation de la Procession de la Notre-Dame d'Août, IV, S. 4080.*
Consultation pour les Sieurs Potin, IV, Suppl. 6174.*
Notes sur l'Institution au Droit Ecclésiastique, I, 6961.
—sur le Discours de M. Fleury, touchant les Libertés de l'Eglise Gallicane, 7030.
Des Chanoines & des Chanoinesses, IV, S. 13412.*
Lettre sur l'usage des carrosses en France, II, 15542.
—sur la Fête des Foux, 15567; IV, S.
Dissertation sur l'origine du Papier & Parchemin timbré, 28145; IV, S.
Mémoire concernant le Village de Bretigny, III, 29384.
Du Trésor des Chartes, IV, S. 29486.*
Des Pairs de France, III, 31227.

Des Chanceliers & des Gardes des Sceaux, IV, S. 31480.**
De la séance des Maréchaux de France en la Connétablie, IV, S. 31575.*
Des Conseils des Rois, 32400.
Du Surintendant des Finances & du Contrôleur-Général, 32622.
Des Intendans de Justice, 32768.
Du Grand-Conseil, 32772.
Des Evocations, 32797.
Des Chambres, 32798.
Des Chanceliers & des Chancelleries, 32803.
Des Parlemens, 32860.
Mémoire pour Me Richard, Greffier en Chef, 32998.
Histoire de l'Ordre des Avocats, 34001.
Mémoire concernant les Avocats & Procureurs, 33003.
Lettre sur les Cérémonies du 7 Décembre, 33008.
Mémoire sur le Royaume de la Bazoche, 33010.
De l'Echiquier de Normandie, 33160.
Observations sur l'Echiquier, 33161.
Du Parlement de Dombes, 33232.
De la Chambre des Comptes de Paris, 33772.
Mémoire sur l'Empire de Galilée, 33814.
Lettre sur le même sujet, 33816.
Des Cours des Aydes & des Elections, 33862.
De la Cour des Monnoies, 33976.
Des Requêtes de l'Hôtel, 34030.
De la Connétablie, 34075.
Du Châtelet de Paris, 34084.
Mémoire pour les Officiers du Lieutenant-Criminel de Robe courte, 34097.
Histoire du Guet de Nuit & de Jour, 34098.
Lettre sur la Rue Galande, 34490.
Description de la Cérémonie de la Réduction de Paris, 34577.
Mémoire pour les Prévôts des Marchands & Echevins, 34603.
Des Quartiniers de la Ville de Paris, 34605.
Mémoire sur la Monstre des Officiers du Châtelet, 34613; IV, S. 34098.*
Des Expéditionnaires en Cour de Rome, 34630.
Remarques sur l'Etymologie du nom de Vincennes, 34794.
Mémoire sur Montlhéry, 34827.
—sur Marcoussy, 34830.
—sur Bretigny, 34832.
—sur Sainte-Géneviève-Bois, 34834.
Mémoire pour le Sieur Reneux contre M. le Duc d'Orléans, 36045; IV, 44744.
Réponse au Mémoire opposé, *là*.
Histoire de la Souveraineté de Dombes, 36058.
Mémoire historique sur Dombes, 36059.
Collection de divers Mémoires concernant la Principauté de Dombes, 36060.
Recueil historique concernant le Conseil Souverain de Dombes, 36064.
Catalogue des Officiers du Conseil de Dombes, 36065.
Mémoires concernant l'union de la Principauté de Dombes à la Couronne de France, 36071.
Discours sur l'union, 37393.
Des Fiefs. 39946.
Mémoire pour le Sieur Reneux, contre les Maitre & Echevins d'Auxerre, IV, 44744.
Boucher-Beauval, Jean.
Abrégé Chronologique de la Rochelle, III, 35761.
Boucher de Flegny, Jean, Prieur de Saint-Jean de Réomé.
Ecclesiæ S. Vinemeri Decanatus assertus, I, 5071.
le Boucher, Jean, Minime.
Le Pélerinage de Notre-Dame de Moyen-Pont, I, 4173; IV, S. 4179.*

BOUCHERAT, Nicolas, Abbé de Cîteaux.
Remontrance au Roi, II, 18403 ; IV, S. 35896.*
BOUCHET, Guillaume.
Gesta Caroli Magni, II, 16298.
BOUCHET, Jean , Procureur.
Epitres, &c. au sujet du décès de Madame Renée de Bourbon, I, 15166.
Sommaire des Gestes de quarante Rois de France, II, 15658.
Histoire de Clotaire & de Ste Radegonde, II, 16045.
—de Louis de la Trimouille, II, 17395; III, 31756.
Généalogies & Epitaphes des Rois de France; II, 17395 & 24823; IV, S.
Epitre écrite des Champs Elisées, 17463.
Triomphes de François I, 17626; IV, S.
Traduction de la Vie de Ste Radegonde, 25011.
Epitres du Traverseur, III, 29975.
Louange de la Ville de Poitiers, 35731.
Les Annales d'Aquitaine, 37502.
Généalogie de la Maison de la Trimouille, 44298.
BOUCHET, François, Lieutenant du Régiment du Comte de Saulx.
Eloge & Oraison funèbre du Connétable de Lesdiguierés, II, 21345.
du BOUCHET, Jean, Chevalier de l'Ordre du Roi.
Carte de l'Auvergne, I, 1368.
—de la Seigneurie de Coligny, 1485.
—du Comté de Madrie, 1660.
Actes authentiques touchant la Ligue, II, 19745.
La Postérité de Ferréolus, 24876.
Ansbert, Sénateur Romain, là.
Arnoul I. du nom, Duc en Austrasie, Id.
S. Arnoul, Evêque de Metz, là.
Apologie de la Maison Royale, 24880.
L'Origine de la seconde & troisième lignée de la Maison de France justifiée, 24911.
Histoire généalogique de la Maison de Courtenay, 25339.
Edition de la Vie du Duc de Montpensier, 25868.
Table généalogique des Comtes d'Auvergne, III, 41065.
Preuves de l'Histoire généalogique de la Maison de Coligny, 41934; IV, S.
Table généalogique des anciens Comtes de la Marche, 43101.
Généalogie de la Maison de Scouraille, 44095.
du BOUCHET (M.).
Réponse à la Requête de M. de Pranzac, III, 42159.
du BOUCHET (M.).
Dissertation sur une Statue trouvée à Clermont, III, 37476.
BOUCHETEL, Guillaume.
L'Ordre de l'Entrée de la Reine Eléonore, II, 26186.
de BOUCHEVRET : voyez l'Usurier.
BOUCHIN, Estienne, Procureur du Roi à Beaune.
Antiquités de Beaune, III, 35951.
BOUCHY, Philippe, Jésuite.
Histoire de Notre-Dame de Tongres, I, 4215.
BOUCICAULT.
Systême sur le Commerce de la Marine, II, 28193.
de BOUCKINGHAN (le Duc).
Manifeste, II, 21427.
Lettre à M. de Thoiras, 21435.
le BOUCQ, Pierre, Licentié ès Droits.
Histoire du Vicomté de Sébourg, III, 39064.
le BOUCQ, Simon, Prévôt du Chapitre de Valenciennes.
Histoire Ecclésiastique de la Ville & Comté de Valenciennes, I, 5103.

De la fondation des Abbayes de Hasnon & de S. Jean de Valenciennes, 12008.
Recueil des Antiquités de Valenciennes, III, 39053.
Abrégé de l'Histoire de Valenciennes, 39054.
Mémoire sur Valenciennes, 39059.
Journaux de Valenciennes, 39060.
le BOUCQ, Henri.
Des Villes & Villages venantes au chef-lieu de Valenciennes, I, 2266.
BOUDET, Joseph, Bénédictin.
Cartulaire de Notre-Dame de Saintes, IV, S. 14909.*
BOUDET, Claude, Chanoine Régulier Antonin.
Vie de M. Rossillon de Bernex, I, 10799; IV, Suppl.
Mémoire sur l'Ordre de S. Antoine, 13442.
Lettre sur quelques Poésies d'Antoine du Saix, IV, 47666.
BOUDET, Antoine, Imprimeur du Roi.
Journal économique, I, 2462.
BOUDIER, Pierre-Jacques, Général de la Congrégation de S. Maur.
Histoire du Monastere de Saint-Vigor, IV, S. 41826.*
BOUDIER de Villemort (M.), Avocat.
Abrégé historique de la Maison de Seyssel, III, 44136.
BOUDON, Henri-Marie, Grand-Archidiacre d'Evreux.
Vie de Madame Simon, I, 4821.
—de S. Taurin, Apôtre d'Evreux, 9940.
—du P. Jean-Chrysostome, Religieux Pénitent, 13885; IV, S. 13931.**
—de Jean-Joseph Seurin, 14144.
—de Marie-Elisabeth de la Croix-de-Jésus, 15256.
—de Marie-Angélique de la Providence, 15340.
BOUDOT, Jean-Pierre.
Essai historique sur l'Aquitaine, III, 37512.
BOUDRET, Ph.
Mémorial de la suprême Juridiction de Besançon, III, 38435.
de BOUELLES, ou Bovelles, ou Bouilles, Charles.
Recherches sur le Valois, III, 34841; IV, S.
de BOUÉMIE : voyez le Berton.
BOUETTE de Blémur, Eustache, Chanoine-Régulier de S. Victor.
Elogia Henrici du Bouchet, III, 32964; IV, Suppl.
BOUETTE de Blémur, Jacqueline, Religieuse Bénédictine.
Vie de Claude Granier, Evêque de Genève, IV, S. 10763.*
L'Année Bénédictine, IV, S. 11610.**
Eloges de plusieurs personnes illustres en piété, &c. là.
Eloge de D. Noël Mars, I, 11647; IV, S.
—de D. Didier de la Court, 12805.
—de D. Philippe François, IV, S. 12805.**
—de D. Jean Guichard, 12913.
Vie de Pierre Fourrier de Matincourt, 13500.
Eloge de Sainte Austreberte, 14773.
—d'Anne le Barbier, 14791.
—de Marguerite d'Angennes, 14792.
—d'Antoinette d'Orléans, 14794.
—de Jeanne Guischard, IV, S. 14801.*
—d'Antoinette Granger, I, 14803.
—de Charlotte Flandrine de Nassau, 14808.
—de Marie de l'Aubespine de Châteauneuf, 14809.
—de Louise de l'Hospital, 14810; IV, Suppl. 14897.*
—de Louise Bouffard, 14811; IV, S.
—de Laurence de Budos, 14813.
—d'Antoinette d'Estrades, 14814; IV, S.
—de Françoise de Faudoas d'Averton, 14815.

Eloge

—de Luce de Luxe, 14818.
—Je Blaise de Vulvegan, 14819; IV, S.
—d'Anne Bathilde de Harlay, IV, S. 14820.*
—de Scholaſtique-Gabrielle de Livron-Bourbonne, 14821.
—de Françoiſe de Foix, 14823.
—de Louiſe le Tellier, 14824.
—d'Antoinette de Varenne-Pagu, 14825.
—de Claude de Choiſeul de Praſlin, 14827.
—d'Eliſabeth de Breme, IV, S. 14827.*
—de Marie-Françoiſe Leſcuyer, IV, S. 14827**; & I, 15067.
—l'Anne d'Alegre, 14828.
—de Guyone-Scholaſtique Rouxel de Medavy, 14830.
—de Geneviève Granger, 14832.
—de Charlotte Bigars, IV, S. 14832.**
—de Louiſe Rouxel de Médavy, 14857.
—de Marie de Lorraine, 14869.
—de Magdelène de la Porte, 14872.
—de Françoiſe de la Chaſtre, 14891; IV, S.
—de Jeanne-Anne de Plas, 14893.
—de Jeanne de Vetthamont, 14894.
—de Louiſe de l'Hoſpital, IV, S. 14897.*
—d'Anne de l'Hoſpital, IV, S. 14897.**
—de Charlotte le Sergent, 14904.
—de Marie de Beauvilliers, 14906; IV, S.
—de Magdelène de Sourdis, 14931.
—le Renée de Lorraine, 14943.
—de Marguerite de Kircaldi, IV, S. 14943*.
—l'Antoinette de Monbron, 14944; IV, S.
de BOUFLERS, Hadrien, Gentilhomme de la Chambre de Henri III.
Epitre dedicatoire à Marie de Médicis, II, 19539.
BOUG.
Recueil des Edits, Ordonnances, &c. concernant l'Alſace, V, Add. 38716.*
de BOUGAINVILLE, Jean-Pierre, Secrétaire de l'Académie des Inſcriptions.
Eloge de M. le Cardinal de Rohan, I, 9146; & III, 32274.
Eloge de l'Abbé Fenel, I, 11116.
—le l'Abbé Geinoz, 11157; IV, 46341.
Traduction d'un Diſcours ſur la convaleſcence du Roi, II, 24650.
Eloge de Michel Turgot, Préſident au Grand-Conſeil, IV, S. 32780.*
Hiſtoire de l'Académie des Inſcriptions, IV, 45509.
Eloge de Claude Gros de Boze, IV, 46677.
—de Charles-Philippe de Monthenault d'Egly, 46724.
—de Nicolas Fréret, 46734.
—de Jean Otter, 46840.
Eclairciſſemens ſur Pythéas de Marſeille, 46887.
Eloge de Denys-François Secouſſe, 46917.
BOUGARD, R.
Flambeau de la mer, I, 840.
BOUGEANT, Guillaume-Hyacinthe, Jéſuite.
Relation des Miracles de S. Pâris, I, 11335.
Lettre ſur la mort du P. Porée, IV, S. 14201.*
Hiſtoire des Guerres & Négociations qui précéderent le Traité de Weſtphalie, III, 30773.
Hiſtoire du Traité de Weſtphalie, 30774.
BOUGEREL, Joſeph, Oratorien.
Idée de la France, I, 823.
Explication d'une Inſcription ſur les Révolutions de Marſeille, 3935.
Mémoires pour ſervir à l'Hiſtoire des Juifs, depuis leur arrivée en Provence, 4925.
Vie de Jean-Baptiſte Maſſillon, Evêque de Clermont, 8456.
Hiſtoire de Gérard du Bois, 10968.
Eloge de Pierre le Brun, 10999.
Hiſtoire de Charles le Cointe, 11066.
Vie de Pierre Gaſſendi, 11147.
Tome V.

Lettre ſur Jean-Pierre Gibert, 11167.
Vie de Jean-Pierre Gibert, 11169.
Eloge hiſtorique de l'Abbé le Grand, 11181 & 82; & IV, 46750.
Lettre ſur une Ode de M. Galaup de Chaſteuil, 13312.
Vie d'Antoine Pagi, 13893.
—de Jean de Pontevès, IV, S. 31898.
Lettre ſur l'Inſcription de l'Hôtel-de-Ville de Marſeille, III, 38216.
Mémoires pour l'Hiſtoire de l'Académie d'Arles, IV, 45552.
Les Hommes illuſtres de Provence, IV, 45743.
Mémoires pour ſervir à l'Hiſtoire de pluſieurs Hommes illuſtres de Provence, 45744, & S.
Vie de Louis Ferrand, 45774.
—de Scipion du Perrier, 45968.
Eloge de Louis-Antoine de Ruffy, 46901.
Vie de Claude Tertin, 46932.
Hiſtoire de Jean Bertet, 47005.
—de Balthaſar de Vias, 47704.
Vie de Jean Gilles, 47738.
—de Pierre Puget, 47924.
BOUGES, Thomas, Auguſtin.
Hiſtoire Eccléſiaſtique & Civile de Carcaſſonne, III, 37811; IV, S. 9196.
Notes ſur le Journal de l'Eſtoile, II, 20068.
BOUGLER.
Explication des Articles au ſujet du parricide de Ravaillac, II, 19946.
BOUGUER, Pierre, Académicien.
Opérations pour la vérification du degré du Méridien entre Paris & Amiens, I, 800.
de BOUGY de Callonges (le Marquis).
Lettres, III, 30388.
BOUHEZIUS, Pierre.
De Thermarum Aquiſgranenſium viribus; I, 1898.
BOUHIER, Balthazar-Bernard, Chanoine de la ſainte Chapelle de Dijon.
Oraiſon funèbre de Louis XIII; II, 22136.
BOUHIER, Jean, Conſeiller au Parlement de Bourgogne.
Hiſtoire du Divorce de Philippe Auguſte, II, 28349; IV, S. 25044.
BOUHIER, Jean, Préſident au Parlement de Bourgogne, fils du précédent.
Remarques ſur Rabelais, IV, S. 11387.*
Lettre ſur la Colonne de Cuſſy, II, 15579.
Du Droit Romain, IV, S. 27583.*
Vie de Jean Bigat, III, 33069.
—de Michel de Montaigne, 33131; IV, S. & IV, 45645.
—de Barthélemi de Chaſſeneuz, 33192.
—de Pierre Taiſſand, 34066.
Mémoire pour les Officiers du Parlement de Dijon, 36634.
Recueil relatif au même Procès, 36635.
Diſſertation ſur une Inſcription de Niſmes, IV, S. 37873.*
Vies des Juriſconſultes qui ont travaillé ſur la Coutume de Bourgogne, IV, 45811.
Mémoire concernant la Marquiſe de Courcelles, 48056.
BOUHIER, Jean, premier Evêque de Dijon.
Statuts Synodaux, I, 6486.
BOUHOURS, Dominique, Jéſuite.
Relation de la mort de Henri II, Duc de Longueville, I, 4757; II, 25549.
Vie de Laurence de Belleſons, I, 14838.
Hiſtoire de Pierre d'Aubuſſon, III, 31853.
Eloge d'Olivier Patru, IV, 45962.
BOUILLART, Jacques, Bénédictin.
Hiſtoire de l'Abbaye de S. Germain-de-Prés, I, 12491; IV, S.

I ii

Lettre fur les Statuts du portail de cette Abbaye, 12492.
Derniere Réponfe fur le même fujet, *Id*.
du BOUILLAY, Edmond, Roi d'Armes de Lorraine.
Le Catholique enterrement du Cardinal de Lorraine, I, 9175.
BOUILLE, Guillaume, Doyen de l'Eglife de Noyon.
Opufcule fur la Pucelle d'Orléans, II, 17201.
BOUILLE, Pierre, Jéfuite.
Hiftoria Inventionis B. Mariæ Virginis Foyenfis, I, 4142.
Hiftoire de la découverte de Notre-Dame de Foy, *Id*.
BOUILLE, Théodofe, Carme Déchauffé.
Hiftoire de la Ville de Liége, III, 39228.
BOUILLET (M.), Médecin, Secrétaire de l'Académie de Béfiers.
Lettres fur plufieurs particularités de l'Hiftoire Naturelle des environs de Béfiers, I, 2396; III, 37815.
Du Climat de Béfiers, I, 2502.
Mémoire fur les Coups de vent, 2503.
Expofition des Maladies aiguës obfervées à Béfiers, &c. IV, S. 2503.*
Mémoire fur l'huile de pétrole, I, 2754.
Defcription des grottes de Mervéis, 2799.
Recueil concernant l'Académie de Béfiers, IV, 45558.
BOUILLET (M.), Médecin, fils du précédent.
Mémoire fur les Pleuropneumonies du Diocèfe de Béfiers, IV, S. 2501.*
—fur l'ancienne Chevalerie, III, 40217.
Obfervations fur quelques Femmes fortes, IV, 48087.
de BOUILLON : *voyez* de la Marck & de la Tour-d'Auvergne.
BOUJU, Jacques, Préfident du Parlement de Rennes.
Difcours fur les Rois de France, II, 15737.
Turnella, III, 31867.
BOUJU de Beaulieu, Théophrafte, Aumônier du Roi, fils du précédent.
Avis fur le Livre de Richer, &c. I, 7080.
Défenfe de la Hiérarchie de l'Eglife, 7232.
BOULÆSE, ou Boulœfe, Jean.
Hiftoire du Miracle de Jéfus-Chrift en la Sainte Hoftie à Laon, I, 5479.
Hiftoire de la Victoire du Corps de Dieu, 5480.
Des Statuts du Collége de Montaigu, IV, 45076.
Remontrance au Parlement, 45077.
de BOULAINVILLIERS, Henri, Comte.
Etat de la France, I, 2085.
Réflexions fur l'Hiftoire de France, II, 15598.
Remarques fur les Rois de la troifieme Race, &c. 15605; III, 29752.
Hiftoire des Rois de France, II, 15643.
Abrégé Chronologique de l'Hiftoire de France, *Id*.
Journal du Règne des Rois de France, 15644.
Extrait de l'Hiftoire de France de Mézeray, 15760.
Abrégé Chronologique de l'Hiftoire de France, 15850.
Extrait de l'Introduction à l'Hiftoire de France de l'Abbé de Longuerue, 15925.
Confidérations fur les difficultés d'écrire une Hiftoire de France, 15978.
Préface & Notes fur le Journal du Règne de Saint Louis, 16877; IV, S. 16914.*
Anecdotes curieufes du Règne de Saint Louis, 16878.
Notes fur le Journal du Règne de Philippe III, 16910.
Hiftoire de l'ancien Gouvernement de France, 27159.
Etats Généraux du Royaume de France, 27415.
Mémoire au fujet des Domaines du Roi, 27707.

Mémoires préfentés à M. le Régent, 28112.
Juftification de la naiffance légitime de Bernard, Roi d'Italie, 28596.
Mémoire au fujet de l'affaire des Princes du Sang, 28597.
Réflexions fur le Mémoire des formalités, &c. 28989.
De l'établiffement des Parlemens, III, 32827.
Etabliffement du Parlement de Paris, 32874.
Differtation fur la Nobleffe Françoife, 39880.
Recherches fur l'ancienne Nobleffe, 30881.
Effais fur la Nobleffe de France, 39882.
Hiftoire généalogique du Comte de Boulainvilliers, 41460.
du BOULAIS : *voyez* Bar.
BOULANGER, André, Auguftin.
Oraifon funèbre de Marie de Lorraine, Abbeffe de Chelles, I, 14870.
BOULANGER (M.), Avocat.
Réponfe au Recueil d'Edits concernant les Chambres des Comptes, III, 36635.
BOULANGER (M.), Sous-Infpecteur des Ponts & Chauffées.
Lettres fur les Foffiles de la Champagne, I, 2678.
du BOULAY: *voyez* Egaffe.
du BOULAY (M.).
Hiftoire du Droit public Eccléfiaftique François, I, 6973.
BOULDUC, Simon, Apothicaire.
Examen des Eaux de Saint-Amand, I, 3200.
BOULDUC, Gilles-François, Apothicaire du Roi, fils du précédent.
Examen d'un Sel du Dauphiné, I, 2735.
Analyfe des Eaux de Bourbon-l'Archambaud, 3000.
—des Eaux de Forges, 3066.
—des Eaux de Paffy, 3131.
BOULE, Gabriel, Hiftoriographe du Roi.
Obfervations fur Nyons en Dauphiné, I, 325.
Relation d'un Vent de Nyons, 2577.
Effais de l'Hiftoire générale des Proteftans, 5765.
BOULENGER, Jules.
Tractatus de Gallorum moribus, I, 3786.
Annotationes in VI. Librum Cæfaris, 3900.
BOULENGER, Jules-Céfar, Docteur en Théologie.
Les Triomphes fur les victoires du Roi, II, 19797.
Hiftoriæ fui temporis, II, 19998; IV, S.
De Officiis Regni Galliæ, III, 31207.
De Infignibus Gentilitiis Ducum Lotharingorum, III, 40115.
le BOULENGER, Louis, Géomètre & Aftronome.
Calculation du Royaume de France, I, 768; IV, S.
BOULENGIER, F.
Hiftoire de S. Menje de Châlons, I, 9607.
BOULESTEYS de la Contie, Louis.
Traduction de l'Ambaffadeur parfait. . . .
BOULIER, Philibert, Chanoine de la Sainte Chapelle de Dijon.
Recueil pour fervir à l'Hiftoire Eccléfiaftique de Dijon, I, 4999; III, 37017.
Eclairciffement fur les Lettres-Patentes, en faveur de la Sainte Chapelle de Dijon ; 5000; III, 37025.
Sauve-garde du Ciel pour la Ville de Dijon, I, 5001.
Fondation & Réglement des Hôpitaux de Dijon, 5007.
BOULLANGER de Rivery (M.), Lieutenant-Particulier au Bailliage d'Amiens.
Effai fur les Foffiles de la Picardie, I, 2683; IV, *Suppl*.
Differtation fur l'Abbé de Camps, 11025.
Apologie de l'Efprit des Loix, II, 27080.
BOULLAY, J. Chanoine d'Orléans.
Manière de cultiver la Vigne dans le Vignoble d'Orléans, I, 3544.

du Boullay, Edmond, dit Clermont, Roi d'Armes.
Dialogues des Trois-Etats de Lorraine, II, 15900;
IV, S. 38847.*
L'Enterrement de Claude de Lorraine, Duc de
Guise, III, 32288 & 32356.
La Vie d'Antoine & François Ducs de Lorraine,
38849.
Histoire de Lorraine, 38851.
Généalogie des Ducs d'Austrasie, 42980.
Généalogie des Ducs de Lorraine, 42981.
Alliances de Lorraine, 42982.
du Boullay (M.).
Lettres III, 30820.
du Boullay (M.), Secrétaire de l'Académie de
Rouen.
Eloge de l'Abbé du Resnel, I, 11405.
—de M. Feydeau de Brou, III, 32767.
Dissertation sur l'Ingermanie, 34941.
Mémoire sur la nécessité de travailler à l'Histoire de
la Normandie, 34946.
Histoire de Richard, Cœur de Lion, 35058.
—de Jean sans Terre, 35067.
Eloge de Prosper Jolyot de Crébillon, IV, 47394.
Boullemier, Charles, Bibliothécaire du Collège de
Dijon.
Mémoire sur les limites du premier Royaume de
Bourgogne, V, *Additions*, 475.*
Remarques sur un passage de César touchant la
Religion des Gaulois, V, *Add.* 3847.*
Traduction des Mémoires de l'Abbé Fossaty, IV,
S. 22000.
Mémoire sur Aubriot, Prévôt de Paris, V, *Add.*
34611.*
Dissertation sur l'antiquité de la Ville de Dijon, IV,
S. 35910.*
Remarques sur la Commune de Dijon, III, 35912;
IV, S. & III, 36929.
Nouvelles Remarques, *là*.
Mémoire sur les Armoiries de la Ville de Dijon;
35924; IV, S.
Boulliau, Ismaël, Prêtre.
Diatriba de S. Benigno, I, 12350; IV, S.
Observations sur le tems de la mort de Dagobert,
II, 15908.
Catalogus Bibliothecæ Thuaneæ, 15953.
de Boullogne, Jean-Baptiste, Bénédictin.
Histoire de l'Abbaye de S. Germer, IV, *Sup.*
12550.*
de Boulongne, Madelène.
Planches qui représentent l'Abbaye de Port-Royal,
I, 15131.
Bouloux (M.).
Mémoire sur l'état du Séminaire des Missions étrangeres, IV, S. 10861.*
le Boultz, Claude, Evêque d'Agen.
Statuts Synodaux, I, 6312.
Bounin, Jean.
Antiquitates Urbis & Ecclesiæ Lucionensis, I,
5503; IV, S.
Bouquet, Simon, Echevin de Paris.
Le Sacre & l'Entrée de la Reine Elisabeth, femme
de Charles IX; II, 26068, 26246 & 51.
Bouquet, Martin, Bénédictin.
Tabulæ Peutingerianæ segmentum de Gallia, I, 28.
Excerpta ex antiquis Geographis, de Gallis, 58.
Exceptum ex Itinerario Antonini, 60.
Index Geographicus, 123.
Rerum Gallicarum Scriptores antiqui, 3860.
De Francorum origine, &c. II, 15456.
Recueil des Historiens des Gaules & de la France,
15984.
Notæ in Chronicon S. Prosperi, 16005.
—in Chronicon Prosperi Tyronis, 16006.
—in Chronicon Idacii, 16011.
—in Chronicon Marii Aventicensis, 16049.

—in Gregorii Turonensis Excerpta, 1657.
—in Aimoinum, 16688.
—in Vitam Caroli Magni, 16248.
—in Leges Salicas, &c. 27590.
—in Marculphi & aliorum Formulas, 27596.
Bouquet, Pierre, Avocat.
Notice des Titres de la possession de nos Rois de
nommer aux Evêchés, &c. I, 7563.
Le Droit Public de France, II, 17174.
Mémoire sur la Topographie de Paris, IV, *Suppl.*
34566.*
Bouquié, Pierre-Paul, Chirurgien.
Essais sur les Eaux de Saint-Amand, I, 3204; IV, S.
de Bourbon, (le Duc), Jean I.
Epistolæ, III, 29803.
de Bourbon (le Duc), Pierre II, Comte de Clermont,
petit-fils du précédent.
Lettres, III, 29850, 29915.
de Bourbon, Catherine, fille de Jean de Bourbon,
Comte de Vendôme.
Forme des Tournois, III, 40234.
de Bourbon, Louis, Cardinal, Archevêque de Sens,
fils de François, Comte de Vendôme.
Ordinationes Synodales, I, 6735.
de Bourbon, Charles, Comte, & ensuite Duc de
Vendôme.
Lettres, III, 29915.
de Bourbon, Charles, Cardinal, Archevêque de
Rouen, fils du précédent.
Lettre, IV, S. 19179.****
de Bourbon, Louis I, Prince de Condé, frere du
précédent.
Lettre à la Reine, II, 17872.
Déclaration & Confession de Foi, 17874.
Récusations envoyées au Parlement, 17895.
Remontrance à la Reine, 17896.
Protestation, 18036.
Lettres & Remontrances au Roi, &c. 18061.
de Bourbon, Henri I, Prince de Condé, fils du précédent.
Missives, II, 18335.
Déclaration, 18336.
Négociations, III, 30207.
de Bourbon, Henri II, Prince de Condé, fils du précédent.
Lettres, II, 20116, 17, 19, 29, 98; 279, 82;
88, 98; 386, 87, 89; 21320, 440, 77; III,
30705; IV, S. 20116.*
Justice demandée, II, 20130.
Harangue à l'ouverture des Etats de Bretagne;
21628.
Réponse à la Relation du Siége de Fontarabie, II,
21958; III, 33738.
de Bourbon, Louis II, Prince de Condé, fils du
précédent.
Relation de la bataille de Rocroy, II, 22183.
Lettres, II, 22315, 23284, 85, 86; 331, 45;
96; 420, 39, 46; III, 30894.
Réponse à la Requête du Parlement de Dijon,
22735.
La Vérité dans sa naïveté, 23075.
Remontrances au Roi, à la Reine Régente & à la
France, 23232.
Réponse aux impostures, &c. 23336.
Réponse contre la vérification, &c. 23379 & 91.
Mémoire sur la Ville de Besançon, 24036.
de Bourbon, Anne-Géneviève, Duchesse de Longueville, sœur du précédent.
Sa retraite, I, 4799; IV, S. & I, 15110.
de Bourbon, Louis, Comte de Soissons, petit-fils
de Louis I, Prince de Condé.
Lettres, III, 30629 & 32.
de Bourbon, François, Duc de Montpensier, petit-fils de Louis I, Prince de la Roche-sur-Yon.
Lettre, IV, S. 19230.*

de Bourbon, Louis-Auguste, Duc du Maine, fils légitimé de Louis XIV.
Mémoires, II, 28571 & 81.
de Bourbon, Jacques, bâtard de Vendôme, fils naturel de Jean II, Comte de Vendôme.
L'oppugnation de Rhodes, III, 40312.
de Bourbon, Charles, Evêque de Clermont, fils naturel de Renaud, bâtard de Bourbon.
Statuta Synodalia, I, 6466.
de Bourbon, Nicolas, Poëte.
In Francisci Valesii Regis obitum, &c. IV, Supp. 17642.*
Antonii à Borbonio Epithalamium, II, 25589.
de Bourbon, Nicolas, Poëte, petit-neveu du précédent.
Prosopopée de la Ville de Paris, III, 31981.
de Bourbonne (M.), Commandant à Montbéliard.
Lettres, III, 30634.
Bourbonnois, Jean-Baptiste.
Vertus des Eaux de Pougues, I, 3171.
de Bourchenu : voyez Moret.
Bourcher : voyez Demont.
Bourcheret, Laurent, Principal du Collège de la Marche.
De sedandarum hæreseôn ratione, II, 18573.
Bourchier, Jean.
Traduction Angloise de la Chronique de Froissart, II, 17100.
Bourcier (M.), premier Président de la Cour Souveraine de Nancy.
De la nature du Duché de Lorraine, III, 38910.
Mémoire sur le Duché de Lorraine, 38911.
Bourcier de Montureux, Jean-Louis, Procureur-Général de la Cour Souveraine de Nancy.
Vie de Jean-Léonard Bourcier de Montureux, III, 33235.
de la Bourdaisiere : voyez Babou.
Bourdaloue, Louis, Jésuite.
Eloge de Henri II, Prince de Condé, II, 25815.
Oraison funèbre de Louis II, Prince de Condé, 25832.
Eloge de Guillaume de Lamoignon, IV, S. 32926.*
de Bourdeilles, Hélie, Cardinal, Archevêque de Tours.
Opus pro Pragmaticæ Sanctionis abrogatione, I, 7543.
Defensorium Concordatorum, 7539 & 47; IV, S. 7539.
Opuscule sur la Pucelle d'Orléans, II, 17201.
de Bourdeille, André, Gouverneur de Périgord.
Lettres, III, 30249.
Maximes de la Guerre, 32098.
de Bourdeille, Pierre, Seigneur de Brantosme, frere du précédent.
Eloge de Charles VIII; II, 17400.
—de François I, 17635.
—de Henri II, 17739.
—de Charles IX, 18255.
—d'Anne de Bretagne, 25072.
—de Catherine de Médicis, 25084.
—de Marie Stuart, 25109.
—de Marguerite de Valois, 25129 & 32.
—d'Isabelle de Valois, 25520.
—du Connétable de Bourbon, 25577.
—du Duc de Montpensier, 25867.
Mémoires, III, 31355.
Eloge d'Anne de Montmorency, 31437.
—d'Armand de Gontaud, 31586.
—du Comte de Brissac, Charles de Cossé, 31607.
—du Marquis de Fronsac, 31624; IV, S.
—d'Odet de Foix, 31634.
—de Jacques de Matignon, 31652.
—de Blaise de Montluc, 31655.
—de Jacques de Chabannes, 31676.
—de Pierre de Strozzi, 31695.

—de l'Amiral Bonnivet, 31761.
—de l'Amiral de Coligny, 31769.
—de Léon Strozzi, 31798; IV, S.
—de François de Lorraine, 31799.
Discours sur les Colonels, 31832.
Eloge du Comte de Brissac, Timoléon de Cossé, 31837.
—du brave Bussi d'Amboise, II, 25129; III, 31889.
—du Duc de Nemours, 32020.
—du Duc de Guise, 32309.
Traité des Duels, 40159.
Vies des Dames illustres, IV, 47988.
Supplément, 47989.
de Bourdeille, Claude, Comte de Montresor, petit-neveu du précédent.
Mémoires, II, 22027 & 28.
Discours touchant sa prison, 22029.
Lettres, III, 30908.
Bourdel, Jean, Secrétaire du Chancelier du Prat.
Histoire des sept premieres années de François I, II, 17506.
Recueil de Traités, &c. III, 29881.
Bourdelin, Claude, Médecin.
Examen de diverses Eaux minérales, I, 2878.
Bourdedin, Louis-Claude, Médecin.
An sit urbis & agri Parisiensis aër saluberrimus, I, 2590.
Bourdelot : voyez Michon.
de Bourdigné, Jean, Docteur en Droit.
Mémoires des Comtes du Maine, III, 35507.
Histoire des Chroniques d'Anjou & du Maine; 35689; IV, S.
de Bourdillon : voyez de la Platiere.
Bourdin, Jacques, Secrétaire d'Etat.
Mémoires & Instructions pour le Concile de Trente; III, 30103.
Mémoires, Instructions & Dépêches, 30111.
Bourdin, Gilles, Procureur-Général du Parlement de Paris.
Mémoires sur les Libertés de l'Eglise Gallicane, I, 7009.
Bourdin, Charles, Chanoine & Archidiacre de Noyon.
Histoire de Notre-Dame de Fieulaine, I, 4187.
Bourdin, Matthieu, Minime.
Vie de Magdelène Vigneron, I, 4824 & 15131; IV, S. 4824.
Bourdin (M.), Procureur Fiscal de Joigny.
Histoire de la Ville & des Comtes de Joigny, III, 34332.
Bourdon, Rolland, Augustin.
Discours funèbre de Henri de Lorraine, III, 32354; IV, S.
Bourdon, Sébastien.
La Galerie du Président de Bretonvilliers, III, 34570.
de Bourdonnaye, Jean-Louis, Evêque de Léon.
Statuts Synodaux, I, 6560.
de Bourdonné (Madame), Chanoinesse de Remiremont.
Ecrit préliminaire des Dames Chanoinesses de Remiremont, I, 12301.
Bourdot de Richebourg, Charles-Antoine, Avocat.
Liste des Provinces de France qui ont des Coutumes particulieres, I, 2165.
Coutumier général, IV, S. 27663.*
Boureau des Landes, André-François, Commissaire Général de la Marine.
Essai sur la Marine & le Commerce, II, 28201.
Histoire de M. Constance, III, 39806.
de Bourey, Martin, Célestin.
Vie de Saint Pierre de Luxembourg, I, 10593; IV, S.
du Bourg, ou Burgensis : voyez Burgensis.

du Bourg, Anne, Conseiller Clerc au Parlement de Paris.
Sa Confession de Foi, I, 5771.
du Bourg, Claude, Seigneur de Guerine, Trésorier de France, frere du précédent.
Oraison à MM. des Comptes, II, 28046.
Lettres, III, 30120.
Epître à M. le Prince de Condé. . . . .
du Bourg, ou Burgus, Jean-Baptiste.
Commentarius de Bello Suecico, II, 21768.
du Bourg, Moyse, Jésuite.
Jansénius foudroyé, I, 5598.
du Bourg, Rolland.
Mémoire contre les prétentions du Cardinal de Bouillon, I, 11793.
du Bourg : voyez Barbeu.
Bourgeat, Guillaume.
Triomphe fait à l'entrée de François II à Chenonceaux, II, 26224.
Bourgelat (M.), de l'Académie de Berlin.
Elémens d'Hippiatrique, I, 3565.
Elémens de l'Art Vétérinaire, IV, S. 3565.*
Précis Anatomique du Corps du Cheval, là.
Essai sur les Appareils & les Bandages des Quadrupèdes, là.
Bourgeois, Charles, Jurisconsulte.
Narratio eorum quæ gesta sunt apud Fontem-Bellacum, IV, S. 6208.*
Bourgeois, Jean.
Histoire de Louise de Lorraine, I, 14942.
Bourgeois, Louise, dite Boursier, Sage-Femme de la Reine.
Récit de la Naissance des enfans de France, (fils de Henri IV), II, 25598.
Bourgeois, Oudart, Bénédictin.
Apologie pour le Pélerinage de nos Rois à Corbigny, II, 26980 ; IV, S. 5063*.
Bourgeois (M.), Avocat.
Dissertation sur l'origine des Poitevins, I, 211.
Observations sur le lieu où se livra la Bataille de Poitiers, 530.
Réflexions sur le Champ de la Bataille entre Clovis & Alaric, 541.
Lettre sur une Charte de Clovis, III, 29503.
Bourgeois (M.), Médecin.
Moyens de perfectionner les Vins, IV, Suppl. 3508.*
Bourgeois du Chastenet (M.).
Histoire de France, II, 15844.
de Bourges (M.), Missionaire Apostolique.
Relation du Voyage de M. l'Evêque de Béryte, I, 10837.
Bourgesius, Jacobus, Trinitaire.
Appendix ad Annales Gaguini, II, 15694.
de Bourglabbé, Estienne, Curé de Nanteuil.
Les Oracles des Rois de France, II, 15829 ; IV, Suppl.
du Bourgneuf, Jean-Léon, Trésorier de France.
Mémoire sur les Trésoriers de France, III, 34041.
Table des Ordonnances, &c. concernant les Trésoriers de France, 34042.
de Bourgogne (le Duc), Robert I.
Diplomata, III, 29762.
de Bourgogne (le Duc), Jean.
Epistolæ, III, 29803.
de Bourgogne (le Duc), Charles-le-Hardi.
Lettres, II, 17290.
de Bourgogne (le Duc) : voyez Louis de France.
Bourgoin, Edme, Dominicain.
Discours de la mort de Henri de Valois, II, 19057, attribué.
Bourgoin, François, Général de l'Oratoire.
Vie de Pierre de Bérulle, I, 7780.
Bourgoin, Jean.
La Chasse aux Larrons (Ire partie), II, 28008.

Offres & propositions au Roi, 28017.
Le Pressoir des Eponges du Roi, 28018.
La Chasse aux Larrons (II^{de} partie), 28026.
Le Desir du Peuple François, 28027.
Requête touchant la Chambre de Justice, 28033.
Bourgoin de Villefore, Joseph-François.
Vie de Madame de Longueville, I, 4798 ; II, 25553.
Anecdotes sur la Constitution Unigenitus, I, 5643.
Vie de S. Bernard, 13068.
Vie de la B. Jeanne de France, IV, S. 25067.*
de Bourgon : voyez de la Forest.
de la Bourgondiere (le Sieur).
Lettre sur la fuite du Sieur de Soubise, II, 21362.
Bourguet, Jean-Baptiste, premier Commis du Greffe de l'Amirauté de Marseille.
Détail sur la peste de Marseille, IV, Suppl. 2563.*
de Bourgueville, Charles, Lieutenant-Général de Caën.
Recherches sur le Duché de Normandie & sur la Ville de Caën, III, 34930.
Bourguignon, Claude, Oratorien.
Vie du P. Romillon, I, 11417.
Bourguignon d'Anville, Jean-Baptiste, Géographe du Roi.
Cartes Géographiques de la France, I, 8.
Carte de la Gaule au temps de César, 26.
Gallia antiqua (Carte), 39.
Carte de la Province Romaine dans la Gaule ; 44.
Notice de l'ancienne Gaule, 124.
Traité des Mesures itinéraires, 182.
Découverte d'une Cité inconnue, 195.
Réponse à une Lettre sur Chora, 248.
Mémoire sur le Port Itius, 311.
Carte de la France ancienne, 390.
—de la France moderne, 600.
—de l'Evêché de Lisieux, 1080.
—du Canada & de la Louisiane, 1457.
—des Côtes de Malabar & de Coromandel ; 1669.
—du Comtat Vénaissin, 1907.
Eloge de Humbert-François Bourguignon de Gravelot, IV, S. 47888.*
Bourice, Henri.
Oratio dicta honori Isaaci Casauboni ; IV, 47026.
Bourignon, Antoinette.
Sa Vie, IV, 48021.
Bourlé, Jacques, Docteur en Théologie.
Regrets sur la mort de Charles IX ; II, 18143.
Bourlé, Jean, Curé de Saint-Germain-le-Vieil à Beauvais.
Discours sur la prise de Mende, II, 17928.
de Bourlemont : voyez d'Anglure.
Bourlet de Vauxcelles (M.), Chanoine de Noyon.
Oraison funèbre du feu Roi Louis XV ; IV, S, 24802.*
—de feu M. le Dauphin, II, 25758.
Eloge de M. le Chancelier d'Aguesseau, III, 31563.
Bourlier (M.), Procureur-Général au Conseil Provincial de Luxembourg.
Inventaire des Archives de Luxembourg , II ; 29059.
de Bourlon, Charles, Evêque de Soissons.
Statuts Synodaux, I, 6748 ; IV, S.
de Bourneuf, René, Sieur de Cuissé, premier Président au Parlement de Bretagne.
Inventaire des Titres de Bretagne, 27802.
Bourot, Jean-Baptiste, Bénéficier de l'Eglise Cathédrale de Marseille.
Histoire de la Maison des Comtes de Vintimille, III, 44491.

438 Table VIII.

Bourotte, François-Nicolas, Bénédictin.
Arrêts & Décisions sur le Rhône, I, 2276.
Mémoire sur la Description du Languedoc, III, 37696.
Précis analytique du Procès sur le Rhône, 37700.
Continuation de l'Histoire générale du Languedoc, 37727.
Recueil de Pièces relatives au Droit du Languedoc, 39960.

Bourrée, Edme-Bernard, Oratorien.
Vie de Madame Boivault, I, 4790.
—de Sébastien Zamet, 9020.
—de François de Clugny, 11060.
—de Jacques Févret, 11121.
—de Madame de Courcelles, 15060.

Bourroul, Jean, Ingénieur du Roi.
Carte des Rivières de Garonne, &c. I, 736.
Mémoire sur la Rivière d'Orne, 873.
Instruction pour les intéressés aux Projets de Navigation, &c. 914.
Projet de Navigation des Rivières de la Vere & du Tarn, 887 & 919.

Bourru, Edme-Claude, Médecin.
Nùm Chronicis Aquæ vulgò *de Merlanges*? I, 3105.
Catalogue de la Bibliothèque de la Faculté de Médecine de Paris, V, *Add.* 15947.*
Eloge d'Antoine le Camus, IV, 46070.

Boursault, Edme.
Le Prince de Condé, II, 25791.
Le Marquis de Chavigny, III, 31913.

Boursier, Jacques, Sieur de Montarlot, Prévôt Provincial de la Connétablie.
Recueil concernant les Maréchaux de France, III, 34070.
Le Prévôt des Maréchaux, 34073.

Boursier, Laurent, Docteur de Sorbonne.
Mémoire sur les Dispenses de Mariage; IV, *Suppl.* 7370.***

Boursier (Madame) : *voyez* Bourgeois.

de Bourzeys, Amable, de l'Académie Françoise.
Historica Synopsis controversiæ Gottheschalcanæ, I, 5562.
Réponse au Bouclier d'Etat, II, 28855.
Raisons qui prouvent que la renonciation de la Reine est nulle, 28859.

Bousquet (M.), de l'Académie de Toulouse.
Mémoire sur le Château Narbonnois, I, 526.
—sur les Murs de Toulouse, III, 37773.

de Boussanelle (M.), Capitaine au Régiment de Cavalerie de S. Aignan.
Commentaires sur la Cavalerie, III, 32165.

Boussingault.
Poëme sur les Victoires de M. le Comte de Saxe, II, 24698.
Voyage des Pays-Bas, III, 39272.

de Boussu, Gilles-Joseph, Licentié en Droit.
Histoire de la Ville de Mons, III, 39433.
—de la Ville d'Ath, 39435.

Boutard, François, de l'Académie des Inscriptions.
Traduction Latine de l'Histoire des Variations, IV, *S.* 6067.
Meudonium & Trianæum, II, 27031.

Boutaric, François, Jurisconsulte.
Explication du Concordat, I, 7557.

Bout-roue, Alexandre.
Stances sur le Parricide, &c. II, 20004.
Le petit Olympe d'Issy, III, 34787.

Boutroue, Claude, Conseiller de la Cour des Monnoies.
Des Monnoies des Gaulois, I, 3789.
Recherches sur les Monnoies, III, 33978.

Bouteville.
Mémoire pour l'embellissement de l'Isle du Palais, III, 34541.

Bouthillier, Denys, Avocat; vers 1588.
Réponse des Catholiques François, II, 18541, *attribué*.

Bouthillier, Denys, Avocat, mort en 1622.
Plaidoyer pour la Fierte de Saint-Romain, I, 9840.
Réponse sur le prétendu privilége de cette Fierte, 9842 & 44.

Bouthillier, Denys, Avocat, vers 1652.
Traité contre les prétendus Droits du Royaume d'Yvetot, III, 35256, *attribué*.

Bouthillier, Denys, Avocat, vers 1706.
Plaidoyer pour les Religieux de Marmoutier, I, 12150.

Bouthillier de Chavigny.
Dictionaire des Finances, II, 27982.

le Bouthillier, Claude, Surintendant des Finances.
Lettres, III, 30652 & 60, 30821.

le Bouthillier, Victor, Evêque de Boulogne, & ensuite Archevêque de Tours.
Réglemens & Ordonnances à Boulogne, I, 6411; IV, *S.*
Ordonnances à Tours, 6787.
Casus reservati, 6788.

le Bouthillier, Léon, Comte de Chavigny, Secrétaire d'Etat, fils de Claude.
Lettres, III, 30593.
Conférence, 30607.
Ambassades, 30609 & 10.
Relation de la Conférence, 30613.
Lettres, 30616, 30659 & 60, 30806 & 21.

le Bouthillier de Chavigny, François, Evêque de Troyes, fils du précédent.
Inventaire des Mss. de Claude & Léon le Bouthillier, II, 15944.

le Bouthillier de Chavigny, Denys-François, Evêque de Troyes, neveu du précédent.
Statuts Synodaux, I, 6772.

le Bouthillier de Rancé, Armand-Jean, Abbé de la Trappe, neveu de Claude.
Relation de la mort de cinq Religieux de la Trappe; I, 13137.
Constitutions de l'Abbaye de la Trappe, 13139.
Réglemens de l'Abbaye de la Trappe, 13140.
Réflexions sur ces Constitutions, 13141.
Réglemens généraux pour la même Abbaye; 13142.
Relation de la mort de quelques Religieux, 13145.
Plusieurs Lettres & un Discours sur la réforme de son Monastere, 13157.
Lettre sur M. Pellisson, III, 32762.

Bouthrays : *voyez* Boutrays.

Boutigny des Préaux, Charles-François, Médecin.
An Vinum Remense ut suave sic salubre, I, 3531.

de Boutigny : *voyez* le Vayer.

Boutin : *voyez* des Perrines.

Boutinot, Denys, Curé de Villeneuve-le-Comte.
Histoire de Villeneuve-le-Comte, IV, *S.* 34371.*

Bouton, Clément.
Lettre sur la prise de Liége, III, 36112.

Bouton, François, Jésuite.
Relation de l'Etablissement des François dans la Martinique, III, 39750.

Boutrays, Raoul, Avocat.
Gallicinium, I, 7251.
Defensio pro Rege Christianissimo, I, 14335; II, 28676.
Florilegium, II, 19924.
Commentarii, 19996.
Henrici Magni vita, 19997.
Vers Chronologiques sur Henri le Grand, *Id.*
Ludovici XIII itinerarium, 20920.
Récit du second Voyage du Roi, 21078.
Postulatio ad Paulum V, 27146.
Breviarium vitæ Nicolai Brulartii, III, 31523.

Elogia Servini, Verduni & Haquevillæi, 32915 & 76.
Lutetia, 34496.
Histoire de l'incendie du Palais, 34541.
Historia Carnutum, 35537.
Aurelia, 35592 & 94.
Castellodunum, 35640.
BOUTREUX d'Estiau, Jacques.
De la Puissance Royale, I, 7365 & 10408.
Examen du Cahier de l'Evêque d'Angers, 7475.
BOUVANT (M.), Médecin.
Vie de Madame la Duchesse de Mercœur, I, 4804.
BOUVERY, Gabriel, Evêque d'Angers.
La Régle & Guide des Curés, &c. I, 6327.
BOUVIER de la Mothe (M.).
Oraison funèbre de Marie-Thérese d'Autriche, IV, S. 25195.*
le BOUVIER, Gilles, non Jacques, Hérault-d'Armes.
Description de la France, I, 763.
Recouvrement des Duchés de Normandie, II, 17250; III, 35070.
Chronique de Charles VII; II, 17270 & 71.
Chronique de Normandie, III, 35069.
Armorial, 40040.
BOUVIERES de la Mothe-Guyon, Jeanne-Marie.
Sa Vie, IV, 48085.
le BOUVIER, Charles, Bénédictin.
Historia Monasterii S. Sulpicii, I, 12759; IV, S.
BOUYN (l'Abbé), Docteur de Sorbonne.
Oraison funèbre du Vicomte de Turenne, IV, S. 31714.*
BOUYS, Jean-Baptiste, Bénéficier de S. Pierre d'Avignon.
La Royale Couronne d'Arles, III, 38186.
BOUZONI, J. Jésuite.
Oraison funèbre de Marie-Thérese d'Autriche, II, 25194.
BOUZONIER, Jacques, Jésuite.
Histoire des Religieuses de Notre-Dame, I, 15232.
de BOVELLES : voyez de Bouelles.
BOVER, Jean.
Gesta Caroli Magni, II, 16298.
BOVIER, Zacharie, Capucin.
Annales Capucinorum, IV, S. 13906.*
le BOVIER de Fontenelle, Bernard, Secrétaire de l'Académie des Sciences.
Histoire de l'Académie des Sciences, I, 2454 & 55.
Eloge de Jean Gallois, I, 11140.
— de Jean-Baptiste du Hamel, 11188.
— de M. l'Abbé de Louvois, 11253.
— du Pere Malebranche, 11257.
— de Charles Reynau, 11408; IV, 46573.
— de Pierre Varignon, 11503.
— du Pere Sébastien, 13706; IV, 46592.
— de M. d'Argenson, Garde des Sceaux, III, 31557; IV, S.
— du Maréchal de Tallard, 31707.
— du Maréchal de Vauban, 31725; IV, 46599.
— de Philippe de Courcillon de Dangeau, III, 31936.
— de Bernard Renau d'Elisagaray, 32046; IV, 46571.
— du Président de Maisons, 32957.
Histoire du Romieu de Provence, 38190.
Histoire du Renouvellement de l'Académie Royale des Sciences, IV, 45519 & 21.
Eloges des Académiciens, 45519 & 21.
Eloge de Claude Berger, 46039.
— de Pierre Blondin, 46050.
— de Claude Bourdelin, pere, 46057.
— de Claude Bourdelin, fils, 46059.
— de Pierre Chirac, 46093.
— de Denys Dodart, 46119.
— de Guy-Crescent Fagon, 46136.
— de Charles-François de Cisternay du Fay, 46138.

— d'Estienne-François Geoffroy, 46152.
— de Guillaume Homberg, 46176.
— de Nicolas Lemery, 46194.
— d'Alexis Littre, 46198.
— de Jean Mery, 46219.
— de Louis Morin, 46242.
— de Martin Poli, 46290.
— de François Poupart, 46292.
— de Daniel Tauvry, 46329.
— de Joseph Pitton de Tournefort, 46330.
— de Guichard-Joseph du Verney, 46348.
— de Guillaume Amontons, 46365.
— de Jacques Bernoulli, 46376.
— de François Bianchini, 46384.
— de Gilles Filleau des Billettes, 46385.
— de Herman Boërhave, 46389.
— de Louis Carré, 46405.
— de Jean-Dominique Cassini, 46407.
— de Jean-Matthieu de Chazelles, 46414.
— de Claude-Antoine Couplet, 46420.
— de Jean-Elie Lériget de la Faye, 46447.
— de Dominique Guglielmini, 46466.
— de Nicolas Hartsoëker, 46472.
— de Philippe de la Hire, 46477.
— de François-Guillaume de l'Hôpital, 46482.
— de Thomas Fantet de Lagny, 46489.
— de Godefroy-Guillaume de Leibnitz, 46491.
— de Jacques-Eugene d'Allonville de Louville, 46495.
— de Nicolas de Malézieu, 46501.
— d'Eustachio Manfredi, 46503.
— de Jacques-Philippe Maraldi, 46504.
— de Louis-Ferdinand, Marquis de Marsigly, 46505, & S.
— de Pierre Rémond de Montmort, 46516.
— d'Isaac Newton, 46520.
— de Jacques Ozanam, 46532.
— d'Antoine Parent, 46539.
— du Czar Pierre I, 46551.
— de Pierre-Sylvain Regis, 46569.
— de Jean-Baptiste Deschiens de Ressons, 46573.
— de Michel Rolle, 46579.
— de Frédéric Ruysch, 46580.
— de Joseph Saurin, 46583.
— de Joseph Sauveur, 46584.
— d'Ernfroi Wolter de Tschirnaus, 46593.
— de Jean-Baptiste-Henri du Trousset de Valincour, 46594.
— de Vincenzio Viviani, 46604.
— de Guillaume Delisle, 46782.
Vies des Poëtes François, 47273.
Lettre sur le Boileau, 47325.
Vie de Pierre Corneille, 47380.
— de la Marquise de Lambert, 48102.
BOVILLE, Charles.
De hallucinatione Gallicorum Nominum, I, 1096.
Epistolæ, III, 19863.
BOVIUS, Charles.
Oratio in funere Francisci Vendocinensis, Ducis Belfortii, II, 25639.
BOXHORN, Marc-Zuer.
Originum Gallicarum Liber, I, 3739.
De Republica Leodiensi, III, 39216.
Histoire Belgique, (en Hollandois), 39296.
Descriptio Comitatûs Hollandiæ, 39576.
Chronique de Zélande (en Flamand), 39626.
BOYER, Philibert, Procureur.
Instruction pour le fait des Finances, II, 27975.
BOYER, P. Ministre Calviniste.
Abrégé de l'Histoire des Vaudois, I, 5736.
BOYER, A.
Histoire de Guillaume le Conquérant (en Anglois), III, 34984.
BOYER, Pierre, Oratorien.
Vie de M. de Pâris, I, 11334.

Gémissemens sur la destuction de Port-Royal-des-Champs, 15125.
BOYER ,.... Médecin ordinaire du Roi.
Méthode contre une maladie épidémique , I , 1498.
Méthode à suivre dans les maladies épidémiques, 2602.
BOYER le jeune, (M.).
Lettre sur un Puits, I , 2870.
BOYER (M.), le neveu.
Eloge de Jean-Baptiste Boyer, IV, 46062.
BOYER ,.... Marquis d'Argens.
Mémoires & Lettres, III , 31849.
BOYER , Pierre , Sieur du Parc.
Cartes des quatre grandes Rivieres de France, I , 731; IV, Suppl.
Description des Cartes des Rivières de France, 858.
Les Lauriers triomphans de Louis XIII; II , 21571.
Etat général du Domaine , IV , S. 27701.*
BOYER , Paul , Sieur du Petit-Puy.
Remarques sur la Régence d'Anne d'Autriche, II , 25162.
Relation du Voyage de M. Bretigny à l'Amérique, III , 39777.
BOYER des Roches , Guillaume , Avocat.
Le Politique du Temps , I , 27253.
BOYER de Sainte-Marthe , Louis-Anselme , Dominicain.
Chorographie du Diocèse de Vaison, I , 2256.
Histoire de l'Eglise Cathédrale de S. Paul de Trois-Châteaux , 8057.
Additions , id.
Histoire de l'Eglise Cathédrale de Vaison , 8144.
BOYLESVE , Etienne , Prévôt de Paris.
Livre des Métiers de Paris , III, 34632.
de BOYNET : voyez Sarrau.
BOYRE , Arnauld , Jésuite.
Mémoire sur la Mere-Agnès de Jésus , I , 15137, IV , S.
BOYS , Matthieu.
Tractatus de Pontificis & Imperatoris potestate, I , 7068.
du BOYS, H.
De l'origine & autorité des Rois , II , 26814.
BOYVIN , Jean , Chanoine de S. Victor.
Vita Clementis V, Papæ , I , 7717.
—Joannis XXII, Papæ , 7724.
Memoriale Historiarum, II , 16985.
BOYVIN , Guillaume , Bénédictin.
Recueil de choses mémorables , II , 17418.
BOYVIN , François , Baron de Villars.
Mémoires , II , 17798.
Instruction, 17799.
Lettres , III , 30237.
BOYVIN , Jean.
Journal du Siége de Dôle , II , 21881.
BOYVIN (M.), Conseiller au Parlement de Dôle.
Le bon Bourguignon, II , 23931.
BOYVIN , Jean, Bibliothécaire du Roi.
Version Latine d'une partie de l'Histoire de Nicéphore Grégoras, II, 16732.
De la Bibliothèque du Louvre, II , 26969; IV , 44596.
Vita Claudii Peleterii, III , 32596.
Mémoire pour la vie de Guillaume Budé , III , 32756.
Extrait du Catalogue des Livres de la Bibliothèque des Rois Charles V, VI, VII ; IV , 44597.
Vita Petri Pithœi , 45977.
Vie de Christine de Pisan & de Thomas de Pisan, 46870.
de BOZE : voyez Gros.
de BRACAMONTE , Gaspard , Comte de Pegnaranda.
Négociations de Paix, III , 30914.

BRACHEL, Adolphe.
Historia universalis, II , 23222 & 23973.
BRACKENOFFER , Jean-Joachim , Magistrat de Strasbourg.
Musæum Brackenofferianum, I , 2468.
de BRACQUE , Jean , Evêque de Troies.
Statuta Synodalia , I , 6767.
BRADLEY , Richard.
Considérations sur la peste de Marseille, I , 2555.
Observations sur le Jardinage , 3457.
de BRAGELONGNE , Emery , Evêque de Luçon.
Ordonnances Synodales , I , 6569.
de BRAGELONGNE , Pierre , Président au Parlement de Paris.
Discours Généalogique de la Maison de Bragelongne, III , 41509.
de BRAIE, Nicolas.
Gesta Ludovici VIII ; II , 16785.
de BRANCALAN (M.), Avocat.
Remontrance au Roi sur la Déclaration de 1656, I , 6169.
de BRANCAS , Jean-Baptiste-Antoine , Archevêque d'Aix.
Ordonnances Synodales , IV , S. 6339.*
Procès-Verbal de l'Assemblée de 1723, I, 6915.
BRANCHE, Jacques , Bénédictin.
Les Vies des Saints de l'Auvergne , I , 4243.
Recherches sur les Eglises de Langeac, IV, S. 4959.*
Vie de S. Pierre de Chavanon, IV, S. 13636.*
—de la Mere Agnès de Jésus, IV , S. 15136.
BRANDLACHT, Georges, Jurisconsulte.
Pacificationum Austriaco-Hispano-Gallicarum Historia , III , 30727.
BRANDON , Moine des Dunes.
Chronodromum , III , 39374.
BRANDON , Philibert , Evêque de Périgueux.
Ordonnances , I , 6669.
BRANT, Guillaume.
Traduction Angloise des Révolutions de France; II , 23762.
de BRANTOSME : voyez de Bourdeille.
de BRASEY : voyez Moreau.
de BRASSAC (le Comte) : voyez de Galard.
de BRASSAC , Laurent-Barthélemi , Aumônier du Roi.
Oraison funèbre du Duc de Lesdiguieres, III, 31969.
BRASSART, Jean-Joseph, Médecin.
Traité des Eaux de Bouillon-lès-Saint-Amand, I, 2983 & 3202.
Observations sur la fontaine de S. Amand, 3199.
BRASSET (M.), Résident.
Lettres , III , 30709 & 30842.
le BRASSEUR , Philippe.
SS. Marcellinus & Petrus Hasnoniensis Ecclesiæ Patroni , I , 5097.
Origines Cœnobiorum Hannoniæ , 11565.
le BRASSEUR , Pierre , Aumônier du Conseil.
Histoire Ecclésiastique & Civile du Comté d'Evreux; III , 35314; IV , S. 9937* & 35314.
de BRASSEUSE , Susanne , Abbesse de Paraclet , sous le nom de laquelle parut la vie de Ste. Ulphe, écrite par Simon Martin , Minime , I , 47275 IV , S.
BRASSICA, Jacques.
De Etymo Hollandiæ , III , 39567.
Responsio ad Objectiones Jani Douzæ, 39580.
Editio Librorum Snoi de Rebus Batavicis, 39588.
BRAUN, Jean.
Epithalamia in nuptias Caroli IX; II , 18100.
du BRAY , Raymond , dit de Saint-Germain , Prédicateur du Roi.
Discours sur le Sacre de Louis XIII ; II , 26089.
BRAYER , Pierre , Chanoine & Vicaire-Général de Metz.
Oraison funèbre de M. le Dauphin, fils de Louis XIV, II , 25692.

de BRAZEY.

de Brazey : *voyez* Moreau.
de Bréande.
  Journal du Siège de Landau, II, 24412.
Bréard, Alexis, Bénédictin.
  Historia Abbatiæ Fontanellensis, I, 11840.
Brebeuf, Jean, Jésuite.
  Relation de ce qui s'est passé dans la Nouvelle France, III, 39674.
Bréchillet, Joseph *ou* Jean.
  Antiquitates Monasterii de Firmitate, I, 13084; III, 37244.
Bréchillet, Etienne, Avocat.
  Desseins des Arcs triomphaux érigés à Dijon, II, 26375.
  Retour du bon temps, II, 26391; III, 37017.
  Réjouissances de l'Infanterie Dijonoise, 26396 & 97; III, 36997 & 98.
  Description des Portiques érigés à l'entrée de Louis de Bourbon, 26406.
  Description d'un Feu de joie, 37000.
  Ebolemen de tailan, 37015.
  Paissaige des Pouacres, 37016.
de Breda, Antoine.
  Oraison funèbre de Louis XIII; IV, S. 22138.**
Bredet, Sébastien.
  La Cantiade, *ou* Eloge des Martyrs SS. Can, Cantien & Cantienne, I, 4349.
Bredin, Edouard, Géomètre & Peintre.
  Description de la Ville de Dijon, III, 35908.
van-Bréen, Gilles.
  Histoire Ecclésiastique des Vaudois, I, 5728.
de Brégy (le Comte).
  Mémoires de M.*** II, 24295 : *attribués*.
de Brégy (la Sœur), *dite* de Sainte - Eustochie, Religieuse de Port-Royal.
  Vie de la Mere Marie des Anges Suireau, I, 15099.
  Relation de sa propre captivité, 15107.
Brehal, Jean, Dominicain.
  Opuscule sur la Pucelle d'Orléans, II, 17201.
Breitinger, J. J.
  Epistola Apologetica, I, 3887.
  Relation sur l'antiquité de Zurich, (en Allemand), III, 39115.
Brémite, Jean.
  Vita S. Bernardi, III, 41284.
Brémond *ou* Bremont, Géographe.
  Cartes de la Méditerranée, I, 723.
  Descriptions, Plans de Ports & Baies de la Méditerranée, 849.
de Brémond, Placide, Bénédictin.
  Relation faite au Roi à son retour de l'Isle de Ré, III, 21452; IV, S.
Brenier, Claude, Jésuite.
  Oraison funèbre du Duc de Lesdiguières, III, 31451.
de Brequigny : *voyez* Feudrix.
Bresin, Louis.
  Chronique du Pays d'Artois & de Flandre, III, 38974.
de Breslay, René, Evêque de Troyes.
  Statuts & Règlements, I, 6771; IV, S.
de Bresmal, Jean-François, Médecin.
  Analyse des Eaux d'Aix-la-Chapelle, I, 2904.
  La Circulation des Eaux d'Aix, 2906.
  Description des Eaux de Nivelet, 3122.
  Analyse des Eaux de Saint-Gilles; IV, Suppl. 3257.*
Bressani, François-Joseph, Jésuite.
  Relatione de gli Missionarii nella Nuova Francia, III, 39684.
Bret (M.).
  Eloge de Philippe Macquer, IV, 46801.
  Mémoire sur Mademoiselle de Lenclos, 48108.

le Bret, Cardin, Conseiller d'Etat.
  De la Souveraineté du Roi & de son Domaine, II 26870 & 27674.
le Bret, Henri, Théologal de Montauban.
  Sommaire des Guerres de Religion, II, 21066.
  Histoire de la Ville de Montauban, III, 37612.
  Récit de ce qu'a été & de ce qu'est Montauban, 37614.
  Traduction d'un Manuscrit Latin sur le Languedoc, 37704.
Bretagne *ou* Bretaigne, Roi d'Armes.
  Commémoration de la Reine Anne de Bretagne, II, 15072⁄4.
  L'Ordre tenu à l'Enterrement de cette Reine, 26730.
Bretagne, Jacques, Lieutenant-Général en la Chancellerie d'Autun.
  Harangue du Tiers-Etat au Roi, II, 27456.
Bretagne, Claude, Bénédictin.
  Les Merveilles de Notre-Dame de Bethléhem de Ferrière, I, 4102; IV, S. 4101.
  Vie de Pierre Bachelier, 4738; IV, S.
  Constitutions pour la Communauté des Filles de S. Joseph, 15353.
de Bretagne, Louis, Marquis d'Avaugour.
  Dépêches, III, 30704.
de Bretagne, François, Lieutenant-Général de Sémur en Auxois.
  Le Roi Mineur, II, 21243.
Bretel, Nicolas, Sieur de Grémonville, Président au Parlement de Rouen.
  Relation de la Bataille de la Marfée, II, 21047.
  Ambassade, III, 30756.
  Négociations, 30757, 30990.
de Breteuil : *voyez* le Tonnelier.
de Bretez, Louis.
  Plan de Paris, I, 1784.
Brethe de Clermont, Louis, Chanoine Régulier.
  Basilicæ Sanctæ Genovefæ Decora, IV, Suppl. 5217.*
Brethel, Laurent, Secrétaire de l'Evêque d'Auxerre.
  Pouillé du Diocèse d'Auxerre, IV, S. 1181*.
le Brethon, Jean-Baptiste.
  Historia Regum Franciæ, IV, S. 15838.*
Bretin, Filibert, Médecin.
  Chant sur la défaite des Reistres, II, 18618.
Breton, Raymond, Dominicain.
  Relatio Gestorum Missionis in Insulis Americanis, III, 39749.
Breton, Antoine, Professeur en Droit.
  Mémoire pour servir à l'Histoire d'Orléans, III, 35602.
  Mémoire pour l'Université d'Orléans, IV, Suppl. 45032.*
  Discours sur M. Pothier, IV, S. 45986.**
du Breton (le Sieur).
  Traduction de l'Histoire du Siége d'Orléans, II, 17176.
le Breton, Hector.
  Armorial, III, 40056.
le Breton, Claude, Sieur de Villandry, Secrétaire des Finances.
  Lettres, III, 29949.
le Breton, Jean.
  Défense de la Vérité touchant les Religieuses de Louviers, I, 4858.
le Breton, Charles, Médecin.
  Oratio funebris Joannis de Monstrœil, IV, 46233.
le Breton (M.), Curé de Saint-Christ.
  Lettre sur les Eaux de Saint-Christ, I, 3205.

Tome V.

Kkk

BRETONNAYAU, T.
  Complainte sur le Trépas de Jean-Edouard du Monin, IV, 47540.
BRETONNEAU, Guy, Chanoine de Saint-Laurent de Plancy.
  Histoire du Vicariat de Pontoise, I, 9807.
  Histoire généalogique de la Maison des Briçonnet, III, 41549.
BRETONNEAU, François, Jésuite.
  Vie du P. Bourdaloue, IV, S. 14179.*
  Oraison funèbre du Duc d'Orléans, frere de Louis XIV ; II, 25655.
BRETONNIER, Henri ou Barthélemi-Joseph, Avocat.
  Dissertation sur le Droit Romain, IV, Suppl. 27583.*
de la BRETONNIERE : voyez Bacot.
BREUGIERE, Claude-Ignace, Sieur de Barante.
  Abrégé de la Vie des Poëtes François, IV, 47272.
  Vie d'Honorat de Bueil, Marquis de Racan, IV, 47604.
de BREUIL, Pierre, Bachelier de Sorbonne.
  Histoire des Peuples de Ricey, III, 35998.
du BREUIL.
  Lettres sur les matieres du Temps, II, 24257.
du BREUL, Jacques, Bénédictin.
  Pouillé de l'Archevêché de Paris, I, 1263.
  Vie de Charles de Bourbon, oncle de Henri IV, 9882.
  Chronicon Abbatum Monasterii S. Germani à Pratis, 12494.
  Histoire de cette Abbaye, là.
  Supplementum Antiquitatum Urbis Parisiacæ, 12495.
  De S. Mauri Fossatensis Cœnobio, 12638.
  Editon d'Aimoin, II, 16088.
  De Aimoino Judicium, 16090.
  Généalogie des Princes de Bourbon, 25784.
  Les Fastes & Antiquités de Paris, 34391.
  Le Théâtre des Antiquités de Paris, 34392.
BREUNOT, Gabriel, Conseiller au Parlement de Dijon.
  Mémoire de ce qui s'est passé au Parlement de Dijon, III, 33053 ; IV, S.
BREUVER, Henri.
  Historia universalis continuata, II, 23973.
  De Regni Christianissimi expeditione adversùs unitum Belgium, 23989.
de BREUX, Baudouin, Général des Doctrinaires.
  Vie du B. César de Bus, I, 11007.
BREVAL, J.
  Remarques sur différens endroits de l'Europe, I, 2331.
de BREVES : voyez Savary.
BREVET.
  Essai sur la Culture du Café, IV, S. 3506.*
BREYÉ.
  Histoire de Sibylle de Marsal, I, 4896.
BREYER, Jean-Baptiste, Théologal d'Aix.
  Oraison funèbre d'Anne d'Autriche, II, 25167.
BREYER, Jacques, Chanoine de Troyes.
  Recueil de Titres des Chanoines de Notre-Dame à Troyes, I, 5069.
BREYER, Remy, Chanoine de Troyes.
  Traduction de la Vie de Sainte Maure, IV, S. 4575.
  Lettres de S. Loup de Troyes & de S. Sidoine de Clermont, I, 10095.
  Vie de S. Prudence, 10105.
  De S. Aderaldo, 10874 ; IV, S.
  Annales de Troyes, III, 34302.
  Mémoire sur la Ville de Troyes, 34304.
de BREZÉ : voyez Maillé.
de BRÉZILLAC, Jean-François, Bénédictin.
  Histoire des Gaules, I, 3908.
  Eloge de D. Jacques Martin, IV, S. 12546.*

BRIANÇON (M.) Seigneur de la Saludie.
  Négociations, III, 30006.
de BRIANÇON : voyez Robert.
de BRIAND (M.), premier Président en l'Election de Nyort.
  Remontrance au Roi, II, 23876.
BRIANDET, Pierre, Avocat.
  Discours sur la réception de Jean Bouchu, premier Président, III, 33066.
BRIANT, Denys, Bénédictin.
  Mémoire sur l'Abbaye de S. Vincent-du-Mans, IV, Suppl. 12832.*
  Cenomania, IV, S. 35510.*
BRIANVILLE.
  Recueil généalogique de la Maison de Monty, III, 43314.
de BRIANVILLE : voyez Finé.
BRIASSON, Claude-Antoine.
  Lettre sur Antoine Boulanger, IV, 46394.
de BRICARD.
  Relation de ses Voyages à Tunis, II, 23883 ; III, 30966.
BRICE, Secrétaire d'Anne de Bretagne.
  Poëme Latin sur l'embrasement d'un Vaisseau, II, 17464.
BRICE, Germain.
  Description de Paris, III, 34507 & 8.
BRICE, Etienne-Gabriel, Bénédictin.
  Galliæ Christianæ nova Edino, I, 7828 ; IV, Suppl.
BRICHETAUX : voyez Prouvere.
BRIÇONNET, Guillaume, Evêque de Lodève & ensuite de Meaux.
  Statuta Synodalia, IV, S. 6608.*
  Oratio pro Rege Ludovico XII ; II, 17424 ; III, 29855.
  Déclaration des biens de l'Evêché de Meaux, IV, S. 27868.*
de BRIDIEU : voyez Roger.
BRIDOUL, Toussaints.
  Vie de S. Florent, I, 11126.
de BRIE, ..., Poëte.
  Histoire du Duc de Lorraine, dit le Balafré, III, 32315.
de BRIENNE : voyez de Loménie.
BRIET, Philippe, Jésuite.
  De Gallia antiqua, I, 131.
  De Regno Franciæ, 788.
  De mirabilibus Galliæ locis, 2378.
  Continuatio Annalium Regum Francorum, II, 15825.
de BRIEUX : voyez Mosant.
de la BRIFARDIERE : voyez Gaffet.
de la BRIFFE (M.), Avocat-Général du Parlement de Bordeaux.
  Plaidoyer sur la Dommerie d'Aubrac, IV, S. 5123.*
le BRIGANT.
  Dissertation sur les Brigantes, I, 246.
BRIGAUD (l'Abbé).
  Conférence d'un Anglois & d'un Allemand, II, 28566.
  Lettre en forme de Réponse, 28567.
BRIGEON, François, Procureur au Châtelet.
  Discours préliminaire de l'Inventaire des Titres de la Fabrique de Sainte-Marine, I, 5272.
BRIGUET.
  Discours sur la Naissance de M. le Duc de Bretagne, IV, S. 25722.*
BRIGUET, Sébastien.
  Concilium Epaunense, IV, S. 514.*
  Vallesia Christiana, IV, S. 10191.*
de BRILHAC, François, Evêque d'Orléans.
  Diploma de Processione pro libertate Urbis Aureliæ, II, 17177.
du BRILLET : voyez le Clerc.

Table des Auteurs. 443

BRILLIART (M.), Curé de Vaufaillon.
Les derniers fentimens de Jean-Baptifte le Gras, III, 34132.

de BRINAIS : *voyez* Rivière.

BRIOIS, Jean.
Carte du Pays Meffin, I, 1676.

BRION (M.), Ingénieur-Géographe du Roi.
Tableau analytique de la France, I, 617.
Atlas de France, 618.
La France analyſée, 633.
Cartes des Gouvernemens, 634.
—des Villes de Guerres, 636.
—des Amirautés, 637.
—des Parlemens, 641.
—des Chambres des Comptes & Cours des Aydes, 648.
—des Finances, *ld*.
—des Cours des Monnoies, 652.
—des Duchés & Comtés, 654.
—des Eaux & Forêts, 655.
—des Jurifdictions Confulaires, 656.
—des Maréchauffées, 672.
Recueil des Côtes maritimes de France, IV, S. 704.*
Coup-d'œil fur la France, 829.
Les Chapitres nobles de France, 999.

de BRION (l'Amiral) : *voyez* de Chabot.

de BRION (l'Abbé).
Vie de Marie de Sainte Térèſe, I, 15009; IV, Suppl.

de BRIORD (le Comte).
Ambaſſade, III, 31108.
Minutes, *ld.*

BRIOT, Nicolas, Tailleur & Graveur des Monnoies.
Mémoire fur les Monnoies, III, 33945.
Sommaire de ſes propoſitions & de ſes offres, 33946.
Réponſe aux Remontrances de la Cour, 33951.

BRIOT, Simon, Bénédictin.
Hiſtoire de l'Abbaye de Moleſme, I, 12171.

BRIQUET, Magdelène, Religieuſe de Port-Royal.
Relation de ſa captivité, I, 15107 & 15110.

BRIQUET (le Sieur).
De l'origine & du progrès des Charges des Secrétaires d'Etat, III, 32629.

de BRIQUET (le Sieur).
Code Militaire, III, 31662.

de BRISACIER, Jacques-Charles, Directeur du Séminaire des Miſſions étrangères.
Oraiſon funèbre de la Ducheſſe d'Aiguillon, IV, 47999.
—de Mademoiſelle de Bouillon, 48016.

de BRISACIER, Nicolas, Docteur de Sorbonne, neveu du précédent.
Lettre à l'Abbé Général de Prémontré, I, 13520.
Oraiſon funèbre de Louiſe-Charlotte de Châtillon, 15078.

BRISCART, Adrien, Curé de Notre-Dame de Tournai.
Traduction de la Chronique des Chartreux, I, 13220.

BRISETON, Pierre, Jéſuite.
Diſcours ſur la Mere de Chantal, IV, S. 15270.*
Oraiſon funèbre de Louis XIII ; IV, S. 22138.**

de BRISSAC : *voyez* de Coſſé.

BRISSEAU (M.).
Lettre touchant une fontaine de Tournai, I, 3259.

BRISSI, Iſarn, Prévôt d'Albi.
Synodale Diœceſis Albienſis, I, 6317 ; IV, S.

BRISSON, Barnabé, Préſident du Parlement de Paris.
Code de Henri III ; II, 27638.

BRISSON, Pierre, Sénéchal de Fontenai-le-Comte, frere du précédent.
Hiſtoire des Guerres Civiles, II, 18337.

Tome V.

BRISSON, A.
De Aquis Pugiacis, I, 3168.

BRISSON (M.), Inſpecteur des Manufactures de Lyon.
Lettre ſur la Chauſſée de Brunehaut, I, 90; IV, Suppl.
Mémoire ſur le Beaujolois, 2394.
Eſſai ſur la Recherche des Foſſiles, 2673.
Mémoires ſur le Beaujolois, III, 37433; IV, S. 37433.*

BRISSON (M.), de l'Académie des Sciences.
Ornithologie, I, 3593.
Obſervation ſur une eſpèce de Limaçon terreſtre, I, 3666.
Differtation ſur la Trombe, IV, S. 3729.*

BRITO, Bernard, de l'Ordre de Citeaux.
Hiſtoria de la Orden de Ciſter, I, 12950.

BRIXIUS, Germain.
Epitaphia Annæ Britanniæ Francorum Reginæ, IV, S. 25075.*

BRIZ-MARTINEZ, Jean.
Hiſtoria de los Reiës de Navarra, III, 37684.

BRIZARD (M.).
Eloge de Charles V ; IV, S. 17082.*

de BROC, Pierre, Evêque d'Auxerre.
Ordonnances Synodales, I, 6385.

BROCARD, Pierre.
De bello Caroli Burgundiæ Ducis, II, 25456; IV, Suppl.

BROCHARD : *voyez* de la Clielle.

BROCKEMBERGIUS : *voyez* Cornelisſonius.

BROCQ, Théodore, Bénédictin.
Recueil concernant la Ville de Metz, III, 38765.

BRODEAU, Julien, Avocat.
Vie de Charles du Molin, IV, 45950.

BROELMANN, Eſtienne, Juriſconſulte.
Specimen Hiſtoriæ Civitatis Coloniæ Ubiorum, III, 39205.

de BROGLIE, Charles-Maurice, Secrétaire & Agent du Clergé.
Procès-verbal de l'Aſſemblée de 1695, I, 6899.
—de l'Aſſemblée de 1714, 6911.
—de l'Aſſemblée de 1715, 6912.

de BROGLIE (l'Abbé), Agent du Clergé.
Rapport de l'Agence du Clergé, depuis 1760 juſqu'en 1765 ; IV, S. 6929.*

BROME, H.
Traduction Angloiſe du Journal de la Guerre de Hollande, II, 23985.

BROMPTON, Jean.
Chronicon, III, 35051.

BROOKE, Raoul.
Catalogue des Rois, &c. d'Angleterre, III 40724.

de BROSSARD, Martial-Louis, Doyen de la Cathédrale de Tulle.
Oraiſon funèbre de Gilles de la Beaume le Blanc de la Valliere, I, 10440.

BROSSAUD (M.), Médecin.
Rapport au ſujet des Eaux de la Plaine, I, 3147.

BROSSE (Claude), Syndic des Communautés de Dauphiné.
Recueil de Pièces pour ces Communautés, III, 37978.
Cahier préſenté au Roi, 37980.

BROSSE, Louis-Gabriel, Bénédictin.
Hiſtoire de Sainte Euphroſyne, I, 4405 ; IV, Suppl.
Vie de Sainte Euphroſyne, I, 4406.
Les Tombeaux des Rois dans l'Egliſe de Saint-Denys, I, 12418; IV, S. & II, 15816.

de la BROSSE, Jean, Archevêque de Vienne.
Statuta Synodalia, I, 6811.

Kkk 2

de la Brosse, Gui, Médecin.
Dessein du Jardin Royal, I, 3392.
Avis pour le Jardin Royal, 3393.
Description du Jardin Royal, 3394.
Ouverture du Jardin Roya, 3395.
de la Brosse, Nicolas.
Description de la Terre de Ricey, III, 35998.
Généalogie de la Maison de Vignier, 44449.
de Brosses de Tournay (M.).
Catalogue & Armoiries des Gentilshommes du Duché de Bourgogne, III, 40618.
Brossette, Claude, Avocat.
Edition du Procès-Verbal des Conférences, &c. II, 27649.
Eloge historique de la Ville de Lyon, III, 37360.
Recueil de Pièces du Procès en faveur du Présidial de Lyon, 37407.
Vie de Nicolas Boileau des Préaux, IV, 47321.
Brossin, Jacques, Chevalier de S. Jean, Commandeur de Fretay.
Extrait des Descendans & Ascendans d'André de Laval, III, 42874.
Brotier, Gabriel, Jésuite.
Vita Nicolai-Ludovici de la Caille, I, 11021.
de Brou : voyez Feydeau.
de la Broue, Claude, Jésuite.
Histoire de Jean-François Regis, I, 14123.
de la Broue, Pierre, Evêque de Mirepoix.
Oraison funèb. d'Anne-Christine de Bavière, II, 25705.
de la Broue, Auguste-Jean-François-Antoine, Baron de Vareilles-Sommieres.
Journal de la défense de Cassel, II, 24779.
Tableau du Corps Royal de l'Artillerie, III, 32153.
Brouillier, Jean, Chanoine du Mans.
Vies des Evêques du Mans, I, 10339.
de Brouilly, Nicolas.
Mémoire en réponse à celui du Prévôt de Saint-Diez, I, 10630.
Réflexions sur les Remarques de D. Calmet, 10631.
de Brouk (M.), Colonel.
Cambrai délivré du Siège, III, 39050.
Brousse, Jacques, Docteur en Théologie.
Vie de S. Vulphy, I, 11536; IV, S.
—du P. Ange de Joyeuse, I, 13913.
—de François de Montholon, III, 32724.
Brousse (M.), Avocat.
Mémoire pour les Chapitres de S. Etienne-des-Grès, de S. Benoît, de S. Méry & du S. Sépulchre, IV, S. 5194.*
de la Brousse, Paschal-François.
De Primatu Aquitaniæ, I, 8358.
Brousson, Claude, Ministre Calviniste.
Relation des Miracles des Cevennes, I, 6080.
Etat des Réformés en France, 6180.
Brouver, Christophe, Jésuite.
Vita Venantii Fortunati, I, 8317.
Historia Archiepiscoporum Treverensium, 10493.
Observatio de Thegano, II, 16353.
Annales Treverensium, III, 39238.
Brouzet (M.).
Analyse des Eaux de Passy, I, 3133.
Brovet, Jean, Promoteur de l'Eglise de Paris.
Commentaria in Statuta Synodalia, I, 6664.
Bruan (M.), Curé de Moussion.
Discours de la Maison de Lorraine, III, 42984.
Bruant (M.) Architecte du Roi.
Visite des Ponts de Seine, &c. I, 861.
Bruccio, Marco; nom sous lequel s'est couvert Jacques-Paul Spifame, II, 17941 : voyez Spifame.
Brucker, Jacques.
De Philosophia Celtarum, I, 3811.
Bruckeri, Jean-Henri.
Scriptores rerum Basiliensium, III, 39133.
Bruckner, Daniel.
Description du Canton de Bâle, I, 336.

Bruen, Antoine : voyez Brun.
de la Bruere : voyez le Clerc.
de Brueys, David-Augustin, Avocat.
Histoire du Fanatisme de notre temps, I, 6086.
Suite, Id.
de Bruez, Guy, Gentilhomme.
Continuation des Commentaires de François Rabutin, II, 17717.
de Brugelles, Louis-Clément.
Chroniques Ecclésiastiques du Diocèse d'Auch, I, 8079.
de Bruges, Gautier, Evêque de Poitiers.
Synodi annorum 1280 & 1284, I, 6671; IV, S.
Brugman, Jean, Frere Mineur.
Vita Sanctæ Lidwigis, I, 4536.
Brunier (M.), Médecin.
Lettre au sujet du Vin de Frontignan, I, 3540.
Mémoire sur Jean-Baptiste Sylva, IV, 46325.
Brulart Jacques, Nicolas, Chancelier de France.
Lettre à la Reine Mere, II, 20764.
Ambassade, III, 30235.
Lettres, 30285.
Mémoires, 30318.
Brulart de Sillery, Pierre, Marquis de Puysieux, Secrétaire d'Etat, fils du précédent.
Lettres, III, 30383, 30401, 30466 & 68, 30502, 30760, 30878.
Brulart de Sillery, Noël, Commandeur, frere du Chancelier.
Ambassade, III, 30459.
Brulart de Sillery, Roger, Marquis de Puysieux, petit-fils de Pierre.
Ambassades, III, 31122.
Brulart de Sillery, Fabio, Evêque de Soissons, frere du précédent.
Statuts Synodaux, I, 6749; IV, S.
Brulart, Noël, Seigneur de Crosne, Procureur-Général au Parlement de Paris.
Mémoire touchant quelques prétentions du Pape, I, 7135.
Brulart, Nicolas, Abbé de Joyenval, Conseiller au Parlement de Paris, fils du précédent.
Journal, II, 18077.
Brulart, Gilles, Seigneur de Genlis, Secrétaire d'Etat, neveu du précédent.
Laudatio funebris Christophori Thuani, III, 31901.
Brulart, Léon, (peut-être Charles, Prieur de Léon, frere du précédent.)
Ambassades, III, 30311.
Brulé : voyez Bruslé.
Brullay de Mornay (M.), Doyen des Conseillers du Bailliage de Sezannes.
Mémoire sur la Ville de Sezannes, III, 34374.
des Brulons : voyez Savary.
Brumoy, Pierre, Jésuite.
Histoire de l'Eglise Gallicane, Tomes XI & XII; I, 3956.
Vertus de la Sœur Jeanne-Silénie de la Motte-des-Goutes, I, 15299.
Brun (l'Abbé), Chanoine de S. Agricole d'Avignon.
Mémoire sur les Poëtes François, IV, 47278.
Brun ou Bruen, Antoine, Procureur-Général du Parlement de Dôle.
Lettre sur l'innocence des Princes, II, 23153.
Bibliotheca Gallo-Suecica, 28734.
Spongia Franco-Gallica Liturg. II, 28737; III, 30723.
Amico-critica Monitio ad Galliæ Legatos, III, 30721.
Oratio libera, 30723.
Brun (M.), Médecin.
Réponses au Mémoire de M. Chevalier sur les Eaux de Bourbonne, IV, S. 3014.**
Brun (Madame), Epouse du Subdélégué de l'Intendant de Besançon.
Dictionaire Comtois-François, III, 38372.

le Brun, Claude, Jurisconsulte.
Histoire de l'Image de Notre-Dame de Liesse, I, 4158.
De la Jurisdiction des Prévôts des Maréchaux, III, 34068.
le Brun (Pierre), Jésuite.
Musæ Turonenses, IV, S. 10330.**
le Brun, Dominique, Dominicain.
Panégyrique funèbre de Madame Polaillon, I, 4802; IV, S.
Epistola de Morte Francisci Combesis, I, 13829.
le Brun, L. Jésuite.
Epistola Hispaniæ ad Galliam, II, 25722.
le Brun, Philibert, Jésuite.
Eclaircissemens sur l'Histoire du Dauphiné, III, 37937.
le Brun, Pierre, Oratorien.
Notice de Louis-Marie Pidou, Evêque de Babylone, I, 14084.
Commentarius Litteratorum Congregationis Oratorii, IV, S. 10859.*
Eloge de Louis Thomassin, I, 11481.
le Brun (M.).
Les Coutumes de Toulouse, III, 37759.
le Brun (Denys).
Ode & Lettres sur la famille du grand Corneille, IV, 47387.
le Brun : voyez Bertoulet.
le Brun des Marettes, Jean-Baptiste, Acolythe de Rouen.
Voyages Liturgiques de France, I, 2339.
Dissertation sur le lieu de la Sépulture de Saint-Aignan, I, 9464; IV, S.
Dissertation de S. Victricio Rotomagensi, I, 989.
Vie de S. Paulin, Evêque de Nole, I, 10824.
Brunand, Claudine.
Armorial de la Noblesse de Lyon, III, 40109.
Brunault (le Sieur).
Lettres, III, 20343.
la Brune, (le Sieur).
Quelques parties du Mercure historique, II, 24798.
de la Brune, Jean, Pasteur de Schoonhoven.
La Vie de Charles V, Duc de Lorraine, III, 38903.
Bruneau (M.), Conseiller au Présidial de la Rochelle.
De la Maison de Ville de la Rochelle, III, 35776.
Bruneau, François.
Vie de S. Phalier, I, 11351.
Bruneau (le Sieur).
Relation de ce qui s'est passé en Allemagne, II, 14059.
Bruneau, Antoine, Avocat.
Institution des Universités de France, IV, 44599.
Brunel ou Bruneau.
Historia Rerum Andegavensium, III, 35692.
Brunet, Italien.
De la Conquête du Royaume de Naples, II, 25349.
Brunet.
Lettre sur la Venus d'Arles, III, 38168.
Brunet, Jean-Louis, Avocat.
Traité des Droits & Libertés de l'Eglise Gallicane, I, 6997.
Editio Libelli pro Ecclesiæ Gallicanæ Libertate, 7051.
Notes sur le Traité de l'Abus, 7484.
Brunet, P. F.
Extrait des Guerres du Règne de Louis-le-Grand, II, 24503.
Brunet (MM.), pere & fils.
Abrégé Chronologique des Grands-Fiefs de la Couronne de France, I, 6; & III, 31212.

Brunet, Jean, Dominicain.
Abrégé des Libertés de l'Eglise Gallicane, I, 70393; IV, S.
Brunet de Grandmaison, Pierre.
Dictionaire des Aydes, III, 33873.
Bruni, Léonard, dit Aretin.
De bello Gallico, I, 3902.
la Bruniere.
Des Droits du Roi dans l'Amérique, III, 39635.
Brunon, Evêque de Toul, depuis Pape Léon IX.
Historia successorum S. Hidulphi Trevirensis, I, 10539.
Confirmatio Privilegiorum Corbeiæ, IV, Suppl. 11870.*
De gestis Abbatum Mediani Monasterii, I, 12167.
Epistolæ, III, 29761.
Brunon, Evêque de Segni.
Vita S. Leonis Papæ IX, I, 7683.
Brunyer, Abel.
Hortus regius Blesensis, I, 3382.
Bruslé, Jean, de Montplainchant.
Histoire d'Alexandre Farnese, II, 19406.
Vie du Duc de Mercœur, III, 31997.
Brusoni, Girolamo.
Historie delle Guerre d'Italia, II, 23815.
Brussel (M.), Avocat.
Examen de l'usage des Fiefs en France, III, 39914.
Rusthemius, Jean.
Res gestæ Episcoporum Leodiensium, I, 8701.
Bruté (M.), Curé de S. Benoît à Paris.
Lettre sur Jean Bessard, I, 4739.
Chronologie des Curés de S. Benoît, 5206.
Brutus, Michel.
Oratio de Rebus à Carolo V gestis, II, 17675.
Brutus, Stephanus-Junius : faux nom sous lequel s'est couvert Hubert Languet, II, 27126: voyez Languet.
Bruyas (l'Abbé), Vicaire-Général de Tours.
Oraison funèbre de Madame de Vermandois, IV, S. 14848.*.**
Bruyer, Jacques, Prêtre de Remiremont.
Histoire de l'Abbaye de Remiremont, I, 12285.
de la Bruyere (M.).
Résurrection de la Paulette, II, 20404.
de la Bruyere (M.).
Lettre sur le Poëme de la Ligue, II, 19550.
Bruys, François.
Mémoires Historiques, IV, 46680.
Bruzand (M.), Avocat.
Journaux, III, 37723.
Bruzen de la Martiniere, Antoine-Augustin.
Description de la France, I, 817.
Vie de Richard Simon, 11454.
Journal Politique, III, 31157.
Histoire des Découvertes en Amérique, 39634.
Bry de la Clergerie, Gilles, Avocat.
Catalogue des Evêques de Séez, I, 9957.
Histoire des Comtes de Perche & d'Alençon, II, 25397.
Hist. du Pays du Perche & d'Alençon, III, 35298.
Additions, 35299.
La même Histoire beaucoup augmentée, là.
Généalogie des Comtes de Bellesme, 41252.
—des Comtes de Mortagne & de Perche, 43326.
—des Comtes de Séez, 44099.
Brydon, Jacques, Sieur de Laubardiere.
Histoire de Bretagne, III, 35394.
Buache, Philippe, Géographe du Roi.
Mémoire sur la Table de Peutinger, I, 28.
Plan de l'ancienne jonction de l'Angleterre à la France, 161.
Carte de l'Isle d'Oscelle, 528.
—de la France, 595.
—des Départemens des Secrétaires d'Etat, 653.
Cartes relatives aux Mines de Charbon de Terre, IV, S. 684.*.*

Carte de la Manche, I, 715.
—des Fleuves, Rivières & Montagnes de France, 732.
—du projet du Canal de jonction des Rivières de Somme & d'Oise, 744.
—d'une partie de la Rivière de Somme, 745.
Observations sur l'inondation de la Seine en 1740, 881.
Carte de l'Archevêché de Narbonne, 1104.
—des Maisons des Freres de la Charité, 1192.
—des Maisons des Sœurs de la Charité, 1193.
—du Marquisat d'Aubais, IV, S. 1362.*
—des Antilles Françoises, I, 1580.
—de l'Isle de la Martinique, 1589.
—du Languedoc, 1615; IV, S.
Plan de Paris, 1793.
Carte du Sénégal, 1871.
—de la Suisse, 1969.
—du Lac de Genève, 1977.
Observations physiques sur une chaîne de Montagnes, 2634.
Cartes du Canada, IV, S. 2675.*
Carte Minéralogique, I, 2687.
Considérations sur les nouvelles découvertes, III, 39633.
BUACHE, Jean-Nicolas, Géographe du Roi.
Cartes relatives aux Mines de Charbon de Terre, IV, S. 684.** *conjointement avec Philippe qui précède.*
BUACHE, Louis-Charles, Géographe.
Carte des Universités & Académies, I, 657.
de BUAT (le Comte).
Les Origines de l'ancien Gouvernement de la France, II, 27166.
Observations sur le Gouvernement de la France, 27171.
de BUCCIERE (M.), Médecin.
Maladies épidémiques, I, 1506.
BUCCIO, Pierre.
La Coronatione di Polonia e di Francia, II, 26072.
BUCCIUS, Augustin.
Oratio in funere Francisci Valesii, II, 25514.
BUCELIN, Jean.
Gallo-Flandria, IV, S. 38946.*
BUCELIN, Gabriel.
Constantiæ Rhenanæ Metropolis sacra & profana, I, 9147.
de BUCHAMPS, Claude, *dit Lézin de Sainte-Scholastique*, Carme.
Vie de Philippe Thibault, I, 13704.
Oraison funèbre de Jacques de Maillé-Brézé, III, 32725.
BUCHANAN, Georges, Poëte.
De Caleto recepta, II, 17699.
De Maria Scotorum Regina, 25091 & 25116.
de BUCHECH, Berthold, Evêque de Strasbourg.
Statuta Ecclesiæ Argentinensis, I, 6347; IV, *Suppl.*
BUCHELIUS : *voyez* Bouchel.
BUCHERIUS : *voyez* Boucher.
BUCHET (l'Abbé).
Quelques Parties du Mercure de France, II, 24801.
BUCHET (M.).
Examen de la Théorie de l'Impôt, II, 28124.
BUCHOZ, Pierre-Joseph, Médecin.
Dictionaire des Mines, &c. de France, IV, *Suppl.* 1664.*
Catalogue des Mines de Lorraine, 2679.*
Description des Végétaux de la France, 3294*.
—de tout le Règne Végétal, *là.*
Traité des Plantes de Lorraine, I, 3344; IV, S.
Catalogue des Plantes de Lorraine, IV, *Suppl.* 3344.*

Réponse à une Critique de son Traité, I, 3345.
Observations sur les Mûriers, IV, S. 3481.*
Catalogue des Quadrupèdes, &c. de la Lorraine, 3555.*
Dictionaire Vétérinaire, *là.*
Lettres sur les Animaux, *là.*
Eloge de François-Nicolas Marquet, IV, 46114.
BUCK, Georges.
Histoire de Richard, Roi d'Angleterre, (en Anglois), III, 35056.
BUCKERIDGE, Jean, Evêque de Rochester.
De potestate Papæ in temporalibus, I, 7229.
BUCQUET (M.), Procureur du Roi au Présidial de Beauvais.
Dissertation sur *Bratuspantium*, I, 240.
Mémoires sur l'Amiénois & le Beauvaisis, III, 34153.
Histoire du Beauvaisis, 34905.
Eclaircissemens sur les Mesures Itinéraires des Gaulois, 34906.
Dissertation sur *Litanobriga*, *Curmiliaca*, & *Petromantalum*, 34907.
BUCSELIN, Jean, Pasteur de S. Gauric à Bruxelles.
Miracula D. Virginis in Arlebeke, I, 4087.
BUDDÉE, Jean-François.
Exercitatio de Expeditionibus cruciatis, II, 16948.
Exercitatio de Testamentis summorum imperantium, 28945.
Ulterior Disquisitio de Jure gentis Austriacæ, 28951.
Jus Austriacum, *ou* Jus Hispano-Austriacum, 28956.
Selectorum Juris Dissertatio vetus & nova, 28957.
BUDÉ, Guillaume, Maître des Requêtes.
De l'Institution du Prince, II, 27089.
BUDES, Jean-Baptiste, Comte de Guébriant, Maréchal de France.
Lettres, III, 30650.
Dépêches, 30694.
de BUDT, Adrien, Moine des Dunes.
Historia Monasterii Dunensis, I, 13077.
Annalium Belgicorum Supplementum, III, 39374.
BUÉ, Jacques, Jésuite.
De Sancta Menna, IV, S. 4591.*
De Sancta Romana, 4667.*
De SS. Thyrso & Sociis, 4700.*
De Sanctis Valeria & Pollena, 4705.*
De S. Battio Vasonensi, 8147* *pour* 48.*
De B. Artaldo Bellicensi, 8208.*
De S. Grato Cabilonensi, 9033.*
De S. Caletrico Carnutensi, 9369.*
De S. Evodio Rotomagensi, 9825.*
De S. Romano Autissiodorensi, 10152.*
De S. Metropolo Trevirensi, 10507.*
De S. Patusio, 11340.*
De S. Leopardino, 11589.*
De S. Prudentio Martyre, 11721.*
De S. Pardulpho, 12004.*
de BUEIL, Hardouin, Evêque d'Angers.
Statuta, I, 6328; IV, S.
de BUEIL, Honorat, Marquis de Racan.
Vie de François de Malherbe, IV, 47506.
BUFFARD, Gabriel-Charles, Chanoine de Bayeux.
Traduction de la Défense de la Déclaration du Clergé, I, 7303.
BUFFIER, Claude, Jésuite.
Vie de Dominique George, I, 13164.
—de l'Ermite de Compiègne, 13405; IV, *Suppl.*
Pratique de la Mémoire artificielle, II, 15839.
Abrégé généalogique de la Maison de France, II, 24986.
Vie du Comte Louis de Sales, III, 31065.

Histoire de l'origine du Royaume de Sicile & de Naples, III, 35050.
Introduction à l'Histoire des Maisons Souveraines de l'Europe, 40591.
de Buffon (le Comte), Georges-Louis le Clerc.
Histoire Naturelle (des Quadrupèdes), I, 1466 & 3549; IV, S.
Etats des Lits de Terre qui se trouvent à Marly-la-Ville, 2689.
Histoire des Oiseaux, IV, S. 3594.**
Bugæus: voyez Bouju.
Bugnatre, Gédéon, Bénédictin.
Histoire du Laonnois, III, 34887.
Bugnon, Didier, Ingénieur & Géographe.
Carte du Diocèse de Metz, I, 1094.
—de l'Evêché de Toul, 1158.
—de l'Archevêché de Trèves, 1165.
—de l'Evêché de Verdun, 1174.
—des Duchés de Lorraine & de Bar, 1643.
Mémoires sur la Lorraine, 2221.
Polium des Duchés de Lorraine & de Bar, III, 38810.
Bugnot, Gabriel, Bénédictin.
Argenidis II & III Pars, II, 19917.
Bugnot, Estienne, Gentilhomme ordinaire de la Chambre du Roi.
Vie d'André Bugnot, III, 31887; IV, S.
Bugnyon, Philibert, Avocat.
Discours sur une Source du Vivarès, I, 3283.
Remontrance aux Etats, II, 18344 & 53; IV, Suppl.
Traduction Latine d'une Pièce concernant les Etats de Blois, II, 27465.
Traité des Loix abrogées, IV, S. 27583.*
Commentaire sur l'Ordonnance de Henri III, II, 27637.
Chronicon Urbis Matissanæ, III, 35973.
Buheler, Sébald, pere & fils.
Chronique de Strasbourg (en Allemand), I, 9116; III, 38721.
Histoire de la fille d'un Roi de France (en Allemand), IV, S. 16727.**
Buhot, Gilles, Chanoine de Bayeux.
Oraison funèbre de François Servien, IV, Suppl. 9912.**
—de Louis XIII; 22138.**
Discours sur le vœu de Louis XIII, & sur la naissance de Louis XIV; II, 22172.
Buisseret, François, Evêque de Namur.
Decreta Synodalia, IV, S. 6629.*
du Buisson (M.), Grand-Vicaire du Diocèse de Châlons (sur Marne).
Traité de la Régale, I, 7637.
du Buisson (le Sieur), Calviniste.
Lettre au Roi, II, 20368.
du Buisson (le Sieur).
Armorial, III, 40073.
Mémoire sur la Maison de Béthune, 41325.
Lettre au sujet de ce Mémoire, 41327.
du Buisson : nom sous lequel s'est couvert Gatien de Courtilz, II, 24073, & III, 31721 : voyez de Courtilz.
Bulæus : voyez du Boullay.
Bulengerus : voyez Boulenger.
Bulialdus : voyez Boulliau.
Bullart, Isaac, Chevalier de l'Ordre de S. Michel.
Académie des Sciences & des Arts, III, 31373; IV, 45639; & S. 31373.
Bullet, Jean-Baptiste, Doyen de l'Université de Besançon.
Description étymologique des Gaules, I, 134.
Mémoire sur la Langue Celtique, 3767.
Dissertation sur la prise de Rome par les Gaulois, 3951.
De Apostolica Ecclesiæ Gallicanæ origine, 4009.
Dissertation sur l'Etat des Evêques en France sous l.s Rois Mérovingiens, IV, S. 7430*, II, 27164.
—sur la Reine Pédauque, II, 15553; IV, Suppl. 15608.*
—sur le prétendu combat du Chien de Montargis, II, 15554; IV, S. 15608.*
—sur le Festin du Roi-boit, II, 15555.
—sur différens sujets de l'Histoire de France, 15608.
Recherches sur les Cartes à jouer, 15609.
Dissertation sur la Mythologie Françoise, &c. IV, S. 15608.*
—sur le Titre de Roi Très-Chrétien, & sur le nom de Dauphin, II, 26901.
—sur Hugues Capet, 28560.
—sur l'Origine des douze Pairs de France, III, 31228.
—sur un bœuf antique de bronze, 38389.
—sur les Jeux Militaires, 40232.
—sur la Fable de Mélusine, 43019.
de Bullion, Gilles.
Carte de la Savoie, I, 1950.
de Bullion, Claude, Surintendant des Finances.
Lettres, III, 30628.
Bulliou (M.), Chanoine Antonin.
Mémoire sur les Manufactures de Fayence de Rouen, III, 35230.
Bullioud, Pierre, Jésuite.
Symphorianus de Bullioud Lugdunensis eductus in lucem, I, 9608.
Histoire du Lyonnois, III, 37353.
Lugdunum sacro-profanum, IV, 45710.
de Bullioud, Symphorien.
Statuta Synodalia, I, 6746.
de Bullioud (le Chevalier).
La Petrissée, I, 2359.
Bulteau, Louis, Clerc attaché aux Bénédictins.
Histoire de l'Ordre de S. Benoît, IV, Supplém. 11610.*
Bulteau, Charles, Secrétaire du Roi, frere du précédent.
Annales Francici, II, 15881 & 82, 16172.
La préféance des Rois de France, 26944.
Bulteau de Préville (le Sieur).
Explication de l'Epitaphe de Claude le Roux de Chambremont, III, 43926.
Bultel.
Notice de l'Etat de l'Artois, III, 38950; IV, S.
Bultellier, Denys.
Apologia pro Franco-Gallis, II, 19951.
Buna.
Carte des Environs du Rhin, I, 1990.
Bunel, Pierre.
Traduction de la Défense du Roi, II, 17611; III, 29969.
Buonacorsi, Biaggio.
Diario di succesi seguiti in Italia, II, 17454.
Buonarotti, Michel-Angelo.
Descrittione delle Nozze di Maria di Medici, III, 26591.
Buray, P.
Pompa Regia in ingressu Reginæ, II, 26609.
vander Burch, Lambert.
Vita Guidonis Flandriæ Comitis, III, 39353.
Historia Comitum Flandriæ, 39387.
Burchard.
Diarium Alexandri VI; II, 17363.
Burchett, Anglois, Secrétaire de l'Amirauté.
Mémoires, II, 24376.
Burdin.
Observations faites à Tours, I, 2628.
Mémoires sur les terres, IV, S. 3421.*
Bureau de Saint-Pierre, Jean-Marie-Léonard-Magdelène, Conseiller au Parlement de Dijon.
Comptes rendus au sujet des Jésuites, I, 14535.

BURETEAU, Pierre, Célestin.
  Historia Archiepiscoporum Senonensium, I, 10014.
BURETTE, Pierre-Jean, Médecin.
  Tractatus de Aquarum Galliæ medicatarum natura, IV, S. 2887.*
  Mémoire pour la Faculté de Médecine, IV, 44933.
  Sa vie, 46066.
  Eloge de Madame Dacier, 48059.
BURGENSIS, Jérôme, Evêque de Châlons-sur-Marne.
  Statuta Synodalia, I, 6452.
de BURIE, Jean, premier Audiencier de la Chancellerie de Provence.
  Descriptio Provinciæ, III, 38021.
de BURIGNY: voyez Lévesque.
BURIN, Pierre.
  Réponse à une Epître, II, 18149.
BURLE, Honoré, Doyen des Conseillers de la Sénéchaussée générale d'Aix.
  Discours sur les Arcs de Triomphe, &c. II, 26463.
de BURLE de Réal, Gaspard, Grand-Sénéchal de Forcalquier.
  Histoire du Droit Ecclésiastique de France, I, 6975.
  Des Maximes du Royaume, &c. 7038.
  Examen d'une Question sur les biens Ecclésiastiques, 7399.
  Du Gouvernement de France, II, 15601.
  Dissertation sur le nom de Maison de France, 24990.
  La Science du Gouvernement, 17068.
  Si on peut résister, par les armes, au Souverain, 27149.
  Droit des Gens, 29120.
  Traité de Politique sur les intérêts des Princes de l'Europe, 29121.
  Des Ambassades, III, 32651.
  Bibliothèque des Auteurs François qui ont écrit sur les matieres du Gouvernement, IV, S. 46362.*
de BURLE de Réal, Baltazard, neveu du précédent.
  Dissertation sur le nom de famille de la Maison de France, II, 24989.
  Recueil de Mémoires & Dissertations sur ce sujet; 24990; IV, S.
BURLEIGH, Guillaume Cécile.
  Instructions, III, 30201.
BURLET, Claude, Médecin.
  Examen des Eaux de Vichy & de Bourbon, I, 3275.
  An gracilibus Pomaceum vino salubrius, 3516.
BURLUGAY, Jean, Chanoine de Sens.
  Factum contre les Cordeliers, I, 13862, attribué.
BURMANN, François.
  Remarques concernant la Langue Hollandoise, (en Hollandois), I, 3780.
BURMANN, Jean.
  Plantarum Americanarum fasciculi decem, I, 3310.
BURNET, Gilbert, Evêque de Salisbury.
  Voyage de Suisse, I, 2318.
  Histoire des Droits des Princes, &c. 7639.
des BURONS: voyez Sauvageau.
BURTIN, Paul-Denys.
  Edition des Ambassades de M. de la Boderie, III, 30382.
  Edition des Négociations de M. l'Abbé de Saint-Nicolas, 30801.
de BURY (M.), Avocat.
  Comparaison de Henri IV avec Philippe de Macédoine, II, 19987 & 20067.
  Histoire de la Vie de Henri IV, 20067.
  —de Louis XIII, 22169.
  Eloge du Duc de Sully, III, 31816.
de BUSBEC: voyez de Ghislen.
BUSCH, Grégoire.
  Annales Archiepiscopatûs Moguntini, I, 9066.

BUSÉE, Jean.
  Relatio de Petri Blesensis Vita, I, 11346.
de BUSGAMP: voyez Rumet.
de BUSNEL (M.), Procureur du Roi à Philippe-ville.
  Considérations sur l'emploi des Troupes étrangeres, III, 32212.
BUSON (M.), Gouverneur de Besançon.
  Recueil de Pièces contre les prétentions des Archevêques de Besançon, I, 8165.
BUSSA.
  Carte de la Forêt de Compiègne, IV, S. 1488.**
BUSSE: voyez Demange.
BUSSI-Lamet (M.).
  Lettres, III, 30819.
de BUSSIERES, Jean, Jésuite.
  Historia Francica, IV, S. 15827.*
  De Rea liberata, Poëmarion, II, 21464.
  Basilica Lugdunensis, III, 37469.
  Mémoires de Villefranche en Beaujolois, III, 37434.
de BUSSY: voyez de Rabutin, Mignot & Thierry.
BUTÉEL, Jean.
  Traduction Angloise de l'Abrégé de l'Histoire de France de Mézeray, II, 15762.
de BUTERICH (le Sieur).
  Harangue au Roi, II, 18358.
BUTINI, Robert, Médecin.
  Dissertation sur les lignes de Jules-César, I, 184.
BUTIUS: voyez de Budé.
BUTKENS, Christophe.
  Les Trophées du Duché de Brabant, III, 39468, & 40619 & 20; IV, S.
  Les actions les plus signalées des Ducs de Brabant, 39478.
  Annales généalogiques de la Maison de Linden, III, 42944; IV, Suppl.
de BUTRON y Mexica, Joseph.
  Relacion panegyrica, III, 30933.
BUTTET, Marc-Antoine, Gentilhomme.
  Le Cavalier de Savoie, II, 19847 & 49.
BUTYUS, Laurent, Evêque de Carpentras.
  Synodus Carpentoractensis, IV, S. 6446.*
BUVAT de la Sabliere, Matthieu.
  Iter Gergobinum, I, 3117.
Buy de Mornas, (M.).
  Description de l'ancienne Gaule, I, 40.
de BUY: voyez Maillete.
de BUZANVAL: voyez Choart.
BUZELIN, Jean, Jésuite.
  Gallo-Flandria sacra & profana, I, 5083; III, 39328.
  Series Episcoporum Tornacensium, I, 8612.
BYÉ, Corneille, Jésuite.
  De Sancta Felicula, IV, S. 4408*.
  De SS. Leodegario & Gerino, I, 8980.
  De S. Magdalveo, IV, S. 10668.*
  De S. Firmato ejusque sorore Flavia, IV, Suppl. 11121.**
  De S. Helano, IV, S. 11192.*
  De S. Jovino vel Juvino, IV, S. 11211.*
  De S. Sereno, I, 11451.
  De S. Gerardo Bronienfi, IV, S. 11733.*
  De S. Beregiso, I, 12570.
  De S. Brunone, IV, S. 13235.*
BZOVIUS, Abraham, Dominicain.
  Continuation de Baronius, IV, S. 4909.*
  Vita Gerberti Remensis Archiepiscopi, deinde Sylvestri II, Papæ, I, 7679; III, 31488.

C

C. Simon, Bénédictin, inconnu.
  Histoire de l'Abbaye de S. Nicaise de Reims, IV, S. 12693.**

C. (l'Abbé), *c'est-à-dire*; l'Abbé de Cursay, III, 44208 : *voyez* de Cursay.

C. (le Chevalier) : *inconnu*.
Sur la bataille de Fontenoy, II, 24667.

C. (le Pere), *c'est-à-dire*, le P. Chauchemer, Dominicain, IV, 48187 : *voyez* Chauchemer.

C. (Madame), *c'est-à-dire*, Madame Chardon, I, 4779 : *voyez* Chardon.

C. A. *c'est-à-dire*, Charles Ancillon, Calviniste, I, 6182 : *voyez* Ancillon.

C. A. Catholique : *inconnu*.
La Cause du Roi de France, II, 19461.

C. B. *c'est-à-dire*, Charles Blondeau, I, 11762: *voyez* Blondeau.

C. B. *c'est-à-dire*, Charles Bulteau, II, 26944: *voyez* Bulteau.

C. B. *inconnu*.
La Provence au Roi, III, 38114.

C. B. *c'est-à-dire*, Clément Barskdale, IV, 45629 : *voyez* Barskdale.

C. B. A. (le Chevalier) : *c'est* l'Abbé Lenglet, II, 20079 : *voyez* Lenglet.

C. B. D. *c'est-à-dire*, Claude Bonnet, Dauphinois, I, 16051, IV, S. *voyez* Bonnet.

C. B. M. *c'est-à-dire*, Claude-Barthélemi Morisot, III, 32343 : *voyez* Morisot.

C. C. *c'est-à-dire*, Charles Coffin, IV, S. 3530: *voyez* Coffin.

C. C. *inconnu*.
Histoire de Henriette-Marie de France, Reine d'Angleterre, II, 25622.

C. C. *inconnu*.
Mademoiselle de Tournon, IV, 48193.

C. C. A. *inconnu*.
Traduction Latine d'un Voyage du Brésil, II, 18412; III, 39769.
—de la Navigation du Chevalier de Villegagnon, III, 39770.

C. D. *c'est-à-dire*, Corneille Danckert, I, 566; IV, S. *voyez* Danckert.

C. D. *inconnu*.
Histoire de Henri de Montmorenci, III, 31661.

C. D. B. Chevalier de l'Ordre du Roi, *inconnu*.
Proposition faite au Roi, II, 21082.

Chev. de Boss. Bar. desc. *inconnu*.
Théâtre de France, II, 18921.

C. D. B. M. *inconnu*.
L'On du temps, II, 22357.

C. D. L. *c'est-à-dire*, Claude de Launay, III, 37014: *voyez* de Launay.

C. D. S. *c'est-à-dire*, Charles (Sorel) de Souvigny, IV, S. 19135 : *voyez* Sorel.

C. D. S. C. *inconnu*.
La Doctrine de J. C. & du Cardinal Bellarmin, I, 7209.

C. de S. S. *c'est-à-dire*, Charles de Souvigny-Sorel, II, 23870 : *voyez* Sorel.

C. D. V. F. *inconnu*.
Le Temple de Mémoire du grand Richelieu, IV, S, 32498.*

C. E. P. C. *c'est-à-dire*, Charles Escoffier, Prieur Catéchiste de l'Eglise de l'Eglise Cathédrale d'Orange, I, 38926, IV, S. *voyez* Escoffier.

C. P. *inconnu*.
In Hispanorum fugam Carmen, IV, S. 21899.*

C. F. M. *c'est-à-dire*, Claude-François Menestrier, III, 37355 : *voyez* Menestrier.

C. F. R. *c'est-à-dire*, Consiliarius Frischman Residens, III, 30779 : *voyez* Frischman.

C. G. *c'est-à-dire*, Charles Guillaume, III, 37957 ; IV, S. *voyez* Guillaume.

C. H. *inconnu*.
La dernière Expédition du Roi dans les Pays-Bas Espagnols (en Anglois), II, 23942.

C. H. D. P. D. E. T. B. *c'est-à-dire*, Charles Hersent de Paris, Docteur en Théologie, Bénéficier, II, 28723 : *voyez* Hersent.

C. L. B. *c'est-à-dire*, Charles le Bouyer, I, 12759; IV, S. *voyez* le Bouyer.

Ch. L. D. L. *c'est-à-dire*, Ch. L. de Lantage; IV, S. 15136 : *voyez* de Lantage.

C. L. L. *c'est-à-dire*, Claude le Laboureur, III, 40008 : *voyez* le Laboureur.

C. L. S. V. V. *inconnu*.
De ortu & processu Calvinianæ Reformationis in Belgio, I, 8806.

C. M. *c'est-à-dire*, Claude Malingre, III, 17798 & 19601 : *voyez* Malingre.

C. M. D. R. *inconnu*.
Le Triomphe de l'auguste Alliance, & la levée du Siége de Bruxelles, II, 24444.

C. M. H. *c'est-à-dire*, Claude Malingre, Historiographe, II, 21134 & 21577 : *voyez* Malingre.

C. M. H. D. F. *c'est-à-dire*, Claude Malingre, Historiographe de France, II, 15876 : *voyez* Malingre.

C. M. H. S. *c'est-à-dire*, Claude Malingre, Historiographe Sénonois, I, 5884 : *voyez* Malingre.

C. P. Platel, *c'est-à-dire*, Claude Patisot, dit le Pere Norbert, I, 14426 : *voyez* Patisot.

C. Q. B. *inconnu*.
Gallo-Batavus Veredarii Currus, II, 23998.

C. S. S. D. S. *c'est-à-dire*, Charles Sorel, Sieur de Souvigny, II, 26941; IV, S. 19135 : *voyez* Sorel.

C. T. *c'est-à-dire*, Christophe Tachon, I, 4808: *voyez* Tachon.

C. T. C. T. *c'est-à-dire*, Charles Trapes, Chanoine Théologal, IV, 44674 : *voyez* Trapes.

C. V. *c'est-à-dire*, C. Vallant, I, 2610 : *voyez* Vallant.

de C. (le Baron), Chambellan du Roi de Suède, *inconnu*.
Traduction d'une Lettre sur la Henriade, II, 19553.

de C. (le Marquis) : *c'est* M. de Cambis, Marquis de Villeron, III, 31581 : *voyez* de Cambis.

de C. de L. (l'Abbé) : *c'est* M. de Chiniac de Labastide, I, 7030 : *voyez* de Chiniac.

le C. de L. S. *c'est-à-dire*, le Chevalier de Lhermite-Souliers, III, 40786 : *voyez* de l'Hermite-Souliers.

CABELLIAU, Georges, Moine d'Aldenbourg.
Historia Urbis & Abbatum Aldenburgensium, I, 13018.

CABOCE, Vincent.
Laudatio funebris Michaelis Violæi, I, 13642.

CABRISSEAU, Nicolas, Théologal de Reims.
Sermon sur le Sacre de Louis XV; III, 34380.

CACAUT, François.
Plan de Nantes, I, 1686.

de CADAMOSTO, Aloigio.
El Portolano del Levante & del Ponente, I, 834.

de CADENADE (le Sieur), Gentilhomme de la Chambre du Roi : *peut-être le même que le Sieur de Fassy* ; *voyez* de Fassy.

CADET (M.), Apothicaire.
Analyse des Eaux de Briquesec, I, 3020.
Eau de M. Callabigi, 3139.
Analyse d'une Eau de Roye, IV, S, 3195.*

CADOT, Pierre-François, Prêtre.
Discours sur le Trépas de Claude de Beaufremont, III, 31862.

CADOT, Thibault, Conseiller en la Cour des Monnoies.
Le Blazon de France, III, 40039.

CADRY, Jean-Baptiste, Théologal de Laon.
  Les trois dernières Parties de l'Histoire de la Constitution *Unigenitus*, I, 5638.
  Témoignage des Chartreux, 5672; IV, S.
  Apologie des Chartreux fugitifs, *là*.
  Histoire de la condamnation de M. l'Evêque de Senez, 6495.
CÆSAR : *voyez* César.
CAETAN : *voyez* Cajetan.
CAFFIAUX (Dom), Bénédictin.
  Mémoires sur la Picardie, III, 34144.
CAHAIGNES, Jacques, Médecin.
  De Aqua fontis Hebevecronii, I, 3082.
  Responsio de eadem, 3083.
  Oratio de Academiarum institutione, IV, 44552.
  Elogia Civium Cadomensium, 45683.
  Oratio funebris de Nicolao Michaele, 46224.
  —de Joanne Ruxello, 47203.
CAHIER ou Caïet ou Cayet, Pierre-Victor, *dit* Palma ou de la Palme, Docteur en Théologie.
  Remontrance Chrétienne, I, 5861.
  Oraison funèbre de René Benoît, 10937.
  Chronologie Novennaire, II, 19726.
  Chronologie Septennaire, 19818.
  Défense contre la Censure de ce Livre, 18920.
  Histoire du Royaume de Navarre, III, 37679.
CAIETAN, Constantin, Bénédictin.
  Vita S. Amalarii Fortunati, I, 10536.
CAIGNET, Antoine.
  Oraison funèbre de Madame de la Chastre, IV, S. 14891.
  —de Madame Remie Bazin, 15088.*
CAIGNET, Bernard, Chanoine Régulier.
  Vie du Pere Faure, I, 13608.
de CAIGNY : *voyez* Perceval.
CAILLE du Fourny, Honoré, Auditeur des Comptes.
  Edition & continuation de l'Histoire généalogique & chronologique de la Maison de France, II, 24837.
  Inventaire des Titres des Duchés de Lorraine & de Bar, 28944.
  Edition & Continuation de l'Histoire généalogique & chronologique des Grands-Officiers de la Couronne, III, 31344.
  Catalogue des Grands Sénéchaux, 31392.
  —des Connétables, 31404.
  —des Chanceliers, 31484.
  —des Maréchaux de France, 31576.
  —des Amiraux de France, 31752.
  —des Généraux des Galères, 31794.
  —des Grands-Maîtres des Arbalestriers, 31803.
  —des Grands-Maîtres d'Artillerie, 31804.
  —des Porte-Oriflammes, 31831.
  —des Colonels Généraux, 31833.
  —des Grands-Aumôniers, 32226.
  —des Grands-Maîtres de la Maison du Roi, 32276.
  —des Grands-Chambriers, 32320.
  —des Grands-Chambellans, 32323.
  —des Grands-Ecuyers, 32335.
  —des Grands-Bouteilliers, 32353.
  —des Grands-Pannetiers, 32354.
  —des Grands-Véneurs, 32355.
  —des Grands-Fauconniers, 32361.
  —des Grands-Louvetiers, 32362.
  —des Grands-Queux, 32363.
  —des Grands-Maîtres des Eaux & Forêts, 32364.
  —des Chevaliers de l'Ordre du S. Esprit, 40505 & 9.
la CAILLE.
  Mémoires, II, 19722.
de la CAILLE, André.
  Traduction des Livres de Mizauld sur l'Agriculture, I, 3442.

de la CAILLE, Jean, Libraire.
  Plan de Paris, I, 1779.
  Description de Paris, III, 34524.
  Histoire de l'Imprimerie & de la Librairie, IV, 47957.
de la CAILLE, Nicolas-Louis, Académicien.
  Carte de l'isle de France dans la Mer des Indes, I, 1586.
de CAILLERE : *voyez* de Calliere.
CAILLEU, Norbert.
  Responsio ad Inquisitionem Launoii, I, 13532.
de CAISSEL.
  Relation de ce qui s'est passé en Catalogne, II, 24079.
  Relation de la Campagne de Flandres, 24137.
  Le Triomphe de la Gloire, 24158.
CAJETAN (le Cardinal), Légat en France.
  Missive à la Faculté de Théologie de Paris, I, 7181.
  Lettres à la Noblesse de France, &c. IV, *Suppl.* 19225.*
  Exhortatio ad Catholicos Franciæ, V, *Addition*, 19414.*
  Litteræ ad universos Catholicos, V, *Add.* 19427.*
CAJOT, Joseph, Bénédictin.
  Les Antiquités de Metz, I, 3936.
CALAMÆUS, Jean.
  Carte du Berri, I, 1388.
de CALANDIERS, Damien, Curé de Liverdis en Brie.
  Mémoire sur les Antiquités de Tournan, III, 34372.
CALCULUS : *voyez* Guillaume de Jumièges.
CALDAGUÈS (l'Abbé), Chantre de l'Eglise de Mont-ferrand.
  Mémoire sur le Puy de la Poix, I, 2748.
CALIGNON, Soffrey, Chancelier de Navarre.
  Traité pour la défense du Roi de Navarre, II, 18497, *attribué*.
  Journal des guerres, 19708.
CALIMAS (M.), Curé de Courthomer.
  Mémoire pour servir à l'Histoire du Diocèse de Séez, I, 9961.
CALIN (le Pere), Oratorien.
  Oraison funèbre de Scipion Dupleix, IV, 46710.
CALLARD de la Ducquerie, Jean-Baptiste, Médecin.
  Ager Medicus Cadomensis, I, 3325.
CALLENARD, Marc-Antoine, Jésuite.
  Histoire de la Vie de Jacques de Cordon d'Evieu, IV, S. 40325.*
CALLET, Jean-Claude, Médecin.
  An plerisque morbis chronicis Aquæ Borbonienses? I, 3005.
CALLIDIUS : *voyez* Lossæus.
CALLIER, Rodolphe.
  Clades Pictonica, III, 31775.
CALLIERE (M.) Chanoine de Toul.
  Pouillé du Diocèse de Toul, I, 1292.
de CALLIERE, Jacques, Maréchal de Bataille des armées du Roi.
  Le Duc de Joyeuse, Capucin, I, 13914.
  Histoire de Jacques de Matignon, II, 19714.
  Lettre sur le retour de M. le Prince, 23857.
de CALLIERE, François, Académicien, fils du précédent.
  Panégyrique de Louis XIV, II, 24242.
  De la maniere de négocier avec les Souverains, III, 32647.
CALLOET : *voyez* Querbrat.
de CALLONGES : *voyez* de Bougy.
CALLOT, Jean, Hérault d'Armes de Lorraine.
  Apothéose de la Maison de Lorraine, III, 38920.
  Armes de Lorraine, 40117.

CALMET, Augustin, Abbé de Senones.
Dissertation sur les grands Chemins de la Lorraine, I, 77.
Notice de la Lorraine, 2225.
Dissertation sur les Salines de Lorraine, 2736.
Traité des Eaux de Plombieres, 3158.
Dissertation sur les premiers Evêques de Trèves, 10501.
—sur les premiers Evêques de Metz, 10543.
—sur les premiers Evêques de Toul, 10607.
—sur les premiers Evêques de Verdun, 10660; IV, S.
Histoire de l'Abbaye de Munster, 12245.
Vie de Dom Didier de la Cour, 12804.
Origine & Généalogie de la Maison de Lorraine, II, 25920.
Empreintes & Explications des Monnoies de Lorraine, III, 34016.
Histoire de Lorraine, 38813.
Abrégé de l'Histoire de Lorraine, 38815.
Dissertation sur la suite Métallique des Ducs de Lorraine, 38916.
Dissertation sur les Duels, 40158.
Histoire généalogique de la Maison du Chastelet, 41825.
Histoire de la Maison des Salles, 44039.
Bibliothèque Lorraine, IV, 45707.
CALON, Edme, Avocat.
Avis à la France, II, 17970; IV, S.
de CALONNE (M.), Maître des Requêtes.
Mémoire, III, 35446.
de la CALPRENELE: *voyez* de Coste.
CALUZE de Paris (le Pere), Capucin.
Traduction des Annales des Capucins, IV, Suppl. 13906.*
CALVERT, Jean.
Histoire du Cardinal Mazarin (en Anglois), III, 32557.
CALVET (M.), Médecin.
Dissertation sur un Monument de Cavaillon, IV, S. 38346.*
CALVET de l'Etoile, Jean-Christophe.
Viage del Principe D. Phelippe, I, 2291.
Descriptio Belgii, III, 39259.
CALVUS: *voyez* le Chauve.
CALZA, François.
De Catalaunia, III, 38356.
CAMARGO, Jérôme.
Respuesta à la resolution de la Junta, &c. I, 7580.
CAMBACERES (M.), Docteur de Sorbonne.
Eloge de Pierre Gayet, I, 11152; IV, S.
de CAMBÉRY, Jean.
Le Miroir Royal, II, 27035.
de CAMBIER, Eudes, Bénédictin.
Continuatio Historiæ Afflighemensis, I, 11653.
CAMBINI (ou Caubini), André.
Storia di Francia, II, 16975; IV, S. 17294.*
de CAMBIS, Richard-Joseph, sieur de Fargues.
Vie de S. Benezet, I, 4337.
Recueil des SS. honorés à Avignon, IV, S. 5544.*
Mémoire sur les troubles d'Avignon, III, 38337.
de CAMBIS, Joseph-Louis-Dominique, Marquis de Velleron.
Vie de Madame de Rabutin-Chantal, Baronne de Sales, IV, S. 4816.*
Réflexions critiques sur la Vie de S. Agricole d'Avignon, IV, S. 8129.**
Seconde Critique, *là*.
Mémoire pour servir à l'Histoire de S. François de Sales, IV, S. 10789.*
Vie de S. Gens, IV, S. 13313.**
Additions au Mémoire sur le Maréchal de Bellegarde, II, 3158i.
Annales de la Ville d'Avignon, 38314.
Histoire de la Ville d'Avignon, 38322.

Tome V.

de CAMBOLAS, Jean, Président de Toulouse.
Du Franc-Aleu de Languedoc, III, 39954.
CAMBOLIVE, Etienne, Avocat.
Histoire de divers événemens concernant les Protestans de France, I, 6082; IV, S.
de CAMBOUNET de la Mothe, Jeanne, Ursuline.
Journal des illustres Religieuses de l'Ordre de Sainte Ursule, I, 15311.
de CAMBOUT de Coislin, Henri-Charles, Evêque de Metz.
Codex Canonum, I, 6620.
Mandement touchant la Légende de Grégoire VII, I, 7338; IV, S.
de CAMBOUT, Anne-François-Guillaume, Agent du Clergé, depuis Evêque de Tarbes.
Procès-Verbal de l'Assemblée de 1612, I, 6910.
de CAMBOUT de Pontchasteau, Sébastien-Joseph, Abbé de.....
Réponse à un Ecrit sur les Miracles de la Sainte Epine, I, 15102.
Lettre à M. l'Archevêque de Paris, 15107.
de CAMBRAI: *voyez* Lambert.
de CAMBRY, Pierre, Chanoine de S. Hermès.
Vie de Jeanne de Cambry, I, 14711.
de CAMBURAT (M.).
Vie & Système de Gassendy, IV, S. 46465.*
CAMERARIUS, Joachim.
Responsio ad Epistolam de rebus Gallicis, II, 18148 & 50.
CAMILLO Camilli.
Addition au Poëme Italien du Tasse sur Godefroi, II, 16602.
de CAMILLY: *voyez* Blouet.
CAMOTIUS, Jean-François.
Tabula Gelriæ, &c. I, 2001.
CAMP, (M.), de la Société Littéraire d'Arras.
Mémoire sur des Tombeaux & des Chemins Romains, I, 86.
Dissertation sur *Nemetocenna*, 198.
Notes sur la Garance, 3312.
Mémoire sur le Commerce des Atrebates, 3921.
Recherches tirées de plusieurs Manuscrits au sujet des Vaudois, 5710.
Dissertation sur des Antiquités découvertes près d'Arras, III, 38956.
Recherche sur le *Castrum Nobiliacum* d'Arras, 38983.
de CAMP-Remy (M.).
Récit fait aux Reines, II, 21490.
CAMPAIGNE (M.), Médecin.
Traité des Eaux de Bagneres, &c. I, 2946.
CAMPANA, César.
Historie del Mondo, II, 19755.
CAMPANELLA, Thomas, Dominicain.
Elogia in Delphini nativitatem, IV, S. 22178.*
La Monarchie de France (en Italien), II, 28637.
CAMPARDON (M.), Chirurgien.
Mémoire sur les Eaux de Bagnères, I, 2947.
CAMPEGGI, Sigismond: *faux nom sous lequel s'est caché* Xante Mariales, I, 7275: *voyez* Mariales.
CAMPEGIUS & Campese: *voyez* Champier.
de la CAMPIE: *peut-être faux nom.*
Les Profanations Mazariniques, II, 22566.
CAMPIGLIA, Alexandre.
Turbulenze della Francia, II, 19597.
de CAMPION.
Vie de plusieurs Hommes illustres, III, 31366.
CAMPISTRON, Louis, Jésuite.
Oraison funèbre de M. le Dauphin, fils de Louis XIV, II, 25696; IV, S.
Oraison funèbre de M. le Dauphin, petit-fils de Louis XIV, & de Madame la Dauphine, II, 25710.
CAMPOLINI, Fabricio: *faux nom sous lequel s'est déguisé* M. de la Mothe le Vayer, II, 28628 & 28740: *voyez* de la Mothe.

de CAMPRICHT (M.), Ministre de l'Electeur de Cologne.
Mémoires & Lettres, II, 28875; III, 30994.
de CAMPS, François, Abbé de Signy.
Observations critiques sur une Carte de la France, I, 392.
Remarques sur le Traité de M. Audoul, touchant la Régale, 7656.
Recueil de Pièces concernant l'Eglise d'Alby, 7913.
Eloge d'Hyacinthe Serroni, Archevêque d'Alby, 7921; IV, S.
Remarques sur la Vie de S. Gérard de Toul, 10645.
Réfutation du P. Benoît de Toul sur deux Châteaux, 10647.
Histoire des Abbés de Notre-Dame de Signy, 13135.
Lettre sur une Médaille, II, 15459.
Abrégé de l'Histoire de France, 15645.
Remarques sur deux Dissertations du P. Daniel, 15913.
—sur les Historiens de France, 15976.
Parallele de Clovis & de Théodoric, 16033.
Remarques sur l'édition de Grégoire de Tours donnée par D. Thierry Ruinart, 16056.
Lettre sur l'Histoire de Sigebert, 16103.
De l'Abdication de Childeric, 16158; II, 28548.
Lettre au sujet d'une Edition d'Eginhard, 16254.
Notice des Règnes de Hugues Capet & de Robert, 16510.
Dissertation sur les cinq Mariages de Robert, 16532.
Notice du Règne de Henri I, 16558.
—du Règne de Philippe I, 16623.
—du Règne de Louis-le-Gros, 16655.
—du Règne de Louis-le-Jeune, 16683.
Remarques sur l'Histoire de Philippe Auguste, écrite par Baudot, 16777.
Notice du Règne de Philippe Auguste, 16778.
—du Règne de Louis VIII, V, Add. 16791.*
—du Règne de S. Louis, 16887.
—du Règne de Philippe-le-Hardi, 16911.
—du Règne de Philippe-le-Bel, 16976.
—des Règnes de Louis Hutin, de Philippe-le-Long & de Charles-le-Bel, 17001.
—du Règne de Philippe de Valois, 17038.
—du Règne de Jean-le-Bon, 17050.
—du Règne de Charles V, 17073.
—du Règne de Charles VI, 17150.
—du Règne de Charles VII, 17292.
—du Règne de Louis XI, 17342.
Dissertation sur l'origine de Clovis, 24849.
Documenta domûs S. Arnulphi collecta & illustrata, 24872.
Remarques sur l'origine de Saint-Arnoul, 24889.
Dissertation sur l'origine de Saint-Arnoul, 24890.
—sur Hugues Capet, 24930.
De la Noblesse de la Race Royale des François, 24931; IV, S.
Que Robert-le-Fort étoit Prince du Sang des François, 24932.
Remarques sur l'Origine des Rois de France de la troisième Race, 24937.
Abrégé de l'Histoire des Reines de France, 24993.
Histoire des Filles de la Maison de France, 25209.
Observations sur l'Histoire de M. des Noulis, 25361.
Critique de l'Ouvrage du P. Benoît, 25911.
—du Livre du Sieur de Baleicourt, 25914.
—du Livre de Jean Mussay, 25919.
Dissertation sur le Sacre & le Couronnement des Rois de France, 25974.

Lettre sur le même sujet, 25976.
Du Titre de Très-Chrétien, 26893.
Réponse à la Réfutation du Pere Daniel, 26895.
Réponse à la Lettre du Pere Daniel, 26897.
Que la Dignité Impériale a été attachée à la Couronne de France, depuis Clovis, 26909.
Origine du Duché de Bouillion, 27771.
De la Souveraineté de la Couronne de France, sur les Royaumes de Bourgogne Transjurane & d'Arles, 27789.
Histoire de la Haute-Souveraineté des Rois de France, sur les Royaumes de Bourgogne & de Provence, 27793.
Traité de la Souveraineté des Rois de France sur les Bretons, 27817.
Origines & mouvances des Grandes Seigneuries situées le long de la Meuse, 27950.
Dissertation sur le Comté de Soissons, 27952.
—sur les Mariages des Rois de la premiere & de la seconde Race, 28324.
Souveraineté du Roi sur les Comtés de Haynault, &c. 28832.
Dissertation touchant les Droits du Roi sur le Royaume de Naples & de Sicile, 28895.
Traité de la Souveraineté de la Couronne de France sur la Lorraine, 29012.
De la Souveraineté des Rois de France sur les Ducs & Duché de Lorraine, 29013.
Origines & Mouvances des grandes Seigneuries situées le long de la Meuse, 29014.
Remarques sur la Défense de la Lorraine, 29040.
Dissertation sur la Souveraineté des Rois de France sur le Barrois, 29042.
Traité de la Souveraineté de la Couronne de France sur la Lombardie, 29086.
Réflexions sur le Livre du Pere Germon contre la Diplomatique du P. Mabillon, III, 29458.
Notice du Supplément de la Diplomatique du Pere Mabillon, 29460.
Cartulaires Historiques, 29498.
Dates singulieres des Chartes, 29504.
Histoire de la Guerre, 32092.
De la Garde des Rois de France, 32192.
Remarques sur l'Histoire de la Chapelle des Rois, 32231.
Critique du Parallele des Cardinaux Ximenès & de Richelieu, 32521.
Recueil sur les Paréages & Associations des Rois, &c. 32824.
Tarif de diverses Monnoies, 33898.
Preuves de l'Histoire des Comtes de Charolois, 36005.
Dissertation sur le Droit des anciens Comtes de Foix, 37916.
Recueil de Lettres d'Anoblissemens, 39890.
Lettre sur l'hérédité des Grands-Fiefs, 39943.
Table des Maisons de France, 40539.
Nobiliaire Historique de France, 40564.
Table alphabétique des Familles Nobles de France, 40795.
Observations sur les Droits attribués aux Vicomtes de Turenne, 41068.
Défense des Observations sur les Titres de la Maison de la Tour d'Auvergne, 41069.
Observations sur l'Histoire de la Maison d'Auvergne, 41077.
Généalogie de la Famille de Camps, 41650.
CAMUS, Jean-Pierre, Evêque de Bellay.
Eloge de Claude Bernard, I, 10943.
Vie de S. Norbert, 13547.
Harangue funèbre du Comte de Rantzau, III, 31682.
CAMUS, Nicolas.
Postulatio Academiæ Parisiensis, IV, 44771.

CAMUS, Charles-Etienne-Louis, Académicien.
Carte des Triangles, I, 602.
Opérations faites pour la vérification du degré du Méridien entre Paris & Amiens, I, 800; III, 34385.
Carte du Duché de Bourgogne, I, 1424.
Observations sur la Mesure d'un degré du Méridien, III, 34385.

CAMUS (M.), Avocat.
Consultation sur la Régale, IV, S. 7659.*
Mémoire pour le Curé de Ruel, 5353.*
Mémoire & Consultation pour l'Abbé d'Auchy, V, Add. 11675.*
Consultation pour l'Abbé Général de Grammont, IV, S. 13203.*
Lettres sur la Profession d'Avocat, 33004.*
Consultations premiere & seconde pour l'Université de Bourges, 45174* n. 3 & 7.
Mémoire pour l'Université de Poitiers, 45248.*
Consultation pour le Collège d'Auxerre, 45333* n. 1.
Consultations pour le Sieur Ricard, Chanoine d'Auxerre, là, n. 2 & 5.

de CAMUS, N. Chanoine de Besançon.
Eloge d'Antoine Cleriadus de Choiseul, Archevêque de Besançon, V, Add. 8202.*

le CAMUS, Etienne, Cardinal, Evêque de Grenoble.
Ordonnances Synodales, I, 6529.
Jugement sur les Jésuites, 14219.

le CAMUS, André, Jésuite.
Oratio funebris Philippi Franciæ (fratris Ludovici XIV), II, 25656.
Imago nascentis Herois, 25717.

le CAMUS, Antoine, Médecin.
Journal Œconomique, I, 2462.
Observations du Thermometre, &c. 2592.
Constitution de l'air de Paris, 2595; IV, S.
Dissertation sur les Eaux de Paris, 2843; IV, Suppl.
Rapport sur le Cidre & le Poiré, IV, S. 3516.*

le CAMUS, Louis-Florent, Marchand.
Le Négociant, II, 28262.

CAMUSAT, Jean, Libraire.
Négociations du Traité de Paix fait à Câteau-Cambresis, III, 29353.

CAMUSAT, Nicolas, Chanoine de Troyes.
Promptuarium sacrarum Antiquitatum Tricassinæ Diœcesos, I, 10082.
Notæ in Passionem S. Bercharii, 12176.
—in vitam S. Frodoberti, 12236.
Edition d'une ancienne Chronique Latine, II, 16746; IV, S.
Mélanges historiques, III, 30197.

CAMUSAT, François-Denys, petit-neveu du précédent.
Mémoires historiques & critiques, II, 24572.
Vie de M. Denys de Sallo, III, 32966
Remarques sur Pierre de Fermat, III, 33036; IV, 46448.
Histoire Critique des Journaux, IV, 45656.
Histoire de la Vie & des Ouvrages de l'Abbé de Bourzeis, 45767.
Particularités sur Jean-Baptiste Denys, 46114.
Remarques sur Charles Patin, 46263.
Particularités sur Tanneguy le Fevre, 47083.
Vie de Marin de Gomberville, 47095.

CAMUTIUS, André.
De Nobilitate, III, 39861.

CANAUT, Secrétaire de Gaston de France.
Vie d'Alfonse Ornano, III, 31671; IV, S.
—de Jean-Baptiste Ornano, 31673.

CANAYE, Philippe, Sieur de Fresne.
Lettres & Ambassades, III, 30363.

CANCHIUS.
Vita S. Germani Scoti, I, 5465.

CANDELAIRE, Jean-Baptiste.
Viri Consulares Senatûs Rothomagensis, III, 33169.
De vetusta Normanniæ nuncupatione, 35203.

CANDIDE, Jean.
De origne Regum Galliæ, II, 15686.

CANDIDE, Pantaléon.
Epitome Rerum Belgicarum, III, 39304.

du CANGE : voyez du Fresne.

CANIGIAN, Alexandre, Archevêque d'Aix.
Decreta Synodi Provincialis, IV, S. 6337.*

CANINI, Jérôme.
Traduction Italienne de l'Histoire de Louis XI, par Pierre Matthieu, II, 17334.
Aforismi politici, 17555.
Traduction Italienne de l'Histoire des guerres entre les Maisons de France & d'Autriche, 19750.
Tradaction Italienne des Lettres du Cardinal d'Ossat, III, 30345.

CANISIUS, Pierre, Jésuite.
Vie des SS. Beat & Fridolin, I, 4331.

CANISIUS, Henri, Jurisconsulte, neveu du précédent.
Lectiones antiquæ, II, 15995; IV, S.

de CANISY : voyez de Carbonel.

CANNEGIETERUS, Henri.
Dissertatio de Brittemburgo, I, 3925.

du CANON : voyez le Petit.

de CANOSSE, Louis, Evêque de Bayeux.
Constitutiones Synodales, I, 6392.

CANSI (M.).
La Bataille de Lawfeldt, II, 24701.

de CANTABRE, Gilbert, Evêque de Rhodès.
Statuta Synodalia, I, 6704; IV, S.

de CANTALAUZE de la Garde, Michel.
Dissertation sur l'origine & les fonctions du Parlement, III, 32847.

de CANTECLAIR, Charles, Doyen des Maîtres des Requêtes.
Liber Historiarum, II, 19729.

CANTELLI, Jacques.
Carte de la France, I, 584.
—de la Manche, 707.
—de Bourgogne, 1420.
—de Champagne, 1477.
—du Dauphiné, 1498.
—de Franche-Comté, 1532.
—de Guyenne, 1549.
—de l'Isle de France, 1573.
—de Languedoc, 1609.
—de Lorraine & d'Alsace, 1637.
—du Lyonnois, 1653.
—de Normandie, 1708.
—de l'Orléanois, 1725.
—de Picardie, 1809.
—du Roussillon, 1859.
—de Nice, 1928.
—de Savoie, 1955.
—des Suisses, 1966.
—du Cours du Rhin, 1983.
—de la Partie Occidentale de l'Allemagne, IV, S. 1990.*
—des Pays-Bas, 2037.

de CANTILLON.
Délices du Brabant, III, 39465.

de CANTIMPRÉ : voyez Thomas.

CANTEVEL (M.), Médecin.
Analyse des Eaux de Morlange, I, 3104.
—des Eaux de Passy, 3134.

CANU, Jessé.
Oraison funèbre du Duc de Montpensier, II, 25870.

CANUT : voyez Gambu.

CAOULT, Walrand, Chapelain de S. Amé à Douay.
Miracula Dominæ Gaudiorum in Picardiâ, I, 4157; IV, S.
Miracula Virginis Dei-paræ apud Tungros, I, 4213.

CAOURSIN, Guillaume, Vice-Chancelier de l'Ordre de S. Jear
Stabilimenta Rhodiorum Militum, III, 40278.
Opuscula varia, IV, S. 40278.
Descriptio Obsidionis Rhodiæ Urbis, III, 40310. IV, S.
de CAPDEVILLE, Pierre, Prêtre Prébendier.
Généalogie de la Maison de Gondrin, III, 41548.
CAPECE (le Pere).
L'Etat de la République de Naples, en Italien, II, 22280.
CAPECE-Latro, François.
Historia della Citta e Regno di Napoli, III, 35049.
CAPELLA, Galeas.
De Bello Mediolanensi, II, 17514.
CAPELLA, Jérôme, Dominicain.
Oratione funebre nella morte di Matthæo Roverio, III, 32718.
CAPELLONI, Laurent.
Vita del Principe d'Oria, III, 31797.
CAPILUPI, Camille.
Lo stratagemma di Carlo IX; II, 18137.
CAPITAIN, Henri.
Les Portraits des Reines de France, II, 24991.
CAPON (M.), Avocat.
Mémoire pour le Cardinal de Bouillon, Abbé de Cluny, II, 11784.
—pour Louis le Prestre de Vauban, III, 37581.
CAPPEL, Jacques, Avocat du Roi au Parlement de Paris.
Mémoires dressés pour le Roi & l'Eglise Gallicane, I, 7572.
Plaidoyer au sujet des Comtés de Flandres, &c. II, 28826.
Plaidoyers & Harangues, III, 29945.
Oratio in laudem Parrhisiensium, 34495.
CAPPEL, Louis, Ministre Calviniste.
Synopsis vitæ Jacobi Cappelli, I, 5943.
Synopsis vitæ suæ, 5985.
Commentarius de Capellorum Gente, IV, 47023.
CAPPEL, Dominique.
Contextus Actorum in Canonisatione Francisci de Sales, IV, S. 10791.*
CAPPERON (M.), Doyen de S. Maixent.
Essai sur le Comté d'Eu, I, 270; III, 35267.
Lettre à M. ***, I, 272; IV, S.
Réponse à la Défense, I, 274; III, 35277.
Remarques sur l'Histoire du Comté d'Eu, I, 2413; III, 35268.
Réflexions sur les anciens tombeaux, I, 3821.
Réflexions sur différens usages, II, 15535.
Mémoire sur les personnes originaires du Comté d'Eu, III, 35269.
Lettre au sujet de deux anciens Tableaux découverts dans la Ville d'Eu, 35275.
CAPPERONNIER, Jean, Académicien.
Edition de l'Histoire de S. Louis, II, 16852.
de CAPRE : voyez d'Arcussia.
CARACCIOLI, Antoine, Théatin.
Notæ ad Constitutiones Clericorum Regularium, I, 14078.
Traduction Italienne de l'Eloge de Henri II; II, 17734.
Scholia in antiquos Chronologos, III, 35043.
de CARACCIOLI (le Marquis).
L'Agriculture simplifiée, IV, S. 3440.*
Vie du Cardinal de Berulle, I, 7785.
—de Charles de Condren, IV, S. 11009.*
Dialogue entre le Siècle de Louis XIV & le Siècle de Louis XV; II, 24730.
de CARADEUC (M.).
Cédule évocatoire, III, 35446.
de CARADEUC de la Chalotais, Louis-René, Procureur-Général au Parlement de Bretagne.
Mémoire sur les Dispenses de Mariage, IV, S. 7370.**

Réquisitoire au sujet des Jésuites, I, 14581.
Compte rendu des Constitutions des Jésuites, 14582.
Second Compte rendu sur l'Appel comme d'abus, 14584.
Cédule évocatoire, III, 35446, n. 34.
I & II Mémoire, là, n. 48.
Lettre, là, n. 49.
Mémoire, là, n. 50.
CARAFFE, Charles, Cardinal.
Lettres III, 30036.
CARBASSE (M.), Médecin.
Eloge de Jean Cros, IV, 46109.
CARBON (l'Abbé).
Dissertation sur les Arcs de Triomphe de Reims, III, 34249.
de CARBON : voyez de Montpesat.
de CARBONEL de Canisy, François, Evêque de Limoges.
Ordonnances Synodales, I, 6554.
CARBONIER, J. B. Majeur des Camaldules.
Mémoire sur les Camaldules, I, 13268.
la CARBONNADE, Capitaine.
Harangue aux Soldats de M. le Prince, II, 20305.
CARCAT, Augustin.
Généalogie du Chevalier Bayard, III, 31865.
CARCAT, Augustin, Provincial des Augustins Réformés.
Vie de Sainte Fare, I, 14882.
CARDASSI, François-Antoine.
Riposta all'Assertione Scolastica, II, 19427.
de CARDEVAQUE, Ferdinand, Seigneur de Beaumont.
Histoire des Evêques de Tournai, I, 8609.
de CARDEVAQUE, Ferdinand, postérieur au précédent.
Historia Comitum Artesiæ, III, 38970.
CARDOINO, André, Chevalier.
Relatione di Gencera, III, 39177.
CARDON, Léger.
De la Dévotion envers Notre-Dame du Chêne, I, 4133.
de CARDONNE, Jean.
Remontrance aux Catholiques, II, 18045.
du CARDONNOY (M.), Conseiller au Présidial d'Amiens.
Remarques sur le Sacre des Rois de France, II, 25975.
CAREL, Jacques, Sieur de Sainte-Garde, Aumônier du Roi.
Childebrand, II, 16125.
Charles-Martel, 16126. C'est le même Ouvrage.
du CAREL.
Observations des Antiquités Anglo-Normandes (en Anglois), III, 35169.
CAREN, Georges, Ambassadeur d'Angleterre.
Relation de l'Etat de la France sous Henri IV, (en Anglois), III, 30370.
CAREZANO, Albert.
Annotationi sopra i Rivolutioni di Catalogna, II, 22130.
de CARIGNY : voyez P. D. P. S.
CARILON (M.), Curé.
Mémoire sur le village d'Avioth, III, 38796.
de CARITAT de Condorcet, Jacques-Marie, Evêque de Lisieux.
Lettre sur les Jésuites, I, 14654.
de CARITAT, Marie-J.-Antoine-Nicolas, Marquis de Condorcet.
Eloges des Académiciens de l'Académie des Sciences, IV, S. 45518.*
Eloge de Marin Cureau de la Chambre, IV, S. 46079.*
—de Moyse Charas, 46081.*
—de Samuel Cotereau Duclos, 46126.*

Table des Auteurs.   455

—de Claude Perrault, 46269.*
—de François Blondel, 46387.*
—d'Alexis Fontaine, 46457.*
—de Nicolas Frenicle de Bessy, 46463.*
—de Christian Huyghens, 46483.*
—d'Edme Mariotte, 46504.*
—de Jean Picard, 46546.*
—de Gilles Persone de Roberval, 46574.*
—d'Olaüs Roëmer, 46575.*

CARLA (M.).
Ambassade, III, 30444.
de CARLE, Lancelot, Evêque de Riés.
Traduction d'un Eloge de Henri II, 17734; IV. *Suppl.*
Lettre au Roi, III, 32290.
de CARLENCAS: *voyez* Juvenel.
de CARLESCROON (le Baron): *voyez* Dumont.
CARLET de la Roziere (M.), Chevalier de S. Louis.
Campagne du Prince de Condé, II, 24029; IV. *Suppl.*
Campagne du Maréchal de Créqui, 24123.
CARLIER, Claude, Prieur d'Andresy.
Remarques sur une des Chaussées de Brunehaud, I, 91.
Dissertation sur l'étendue du *Belgium*, 216.
—sur le nom de Picardie, 485.
Carte du Duché de Valois, 1901; IV, S.
Description du Duché de Valois, 2268.
Histoire naturelle du Duché de Valois, 2444.
Examen des Eaux de Verberie, 3264.
Considérations sur les bêtes à laine, 3575; IV, S. II, 28251.
Observations pour servir de Conclusion à l'Histoire du Diocèse de Paris, I, 5146; III, 34785.
Discours sur M. l'Abbé de la Caille, 11020.
Eloge de Pierre-François Pernot, 12621.
Dissertation sur l'état du Commerce en France, II, 28152.
Mémoire sur les Laines, 28250.
Histoire du Duché de Valois, III, 34848.
Vie de Pierre de Cugnieres, IV, 45866.
CARLOIS, Vincent, Secrétaire du Maréchal de Vieil-leville.
Mémoires de la Vie de ce Maréchal, II, 18114.
CARLONIUS: *voyez* de la Charlonie.
CARMAGNOLE, André, Chanoine de Beaune.
Oraison funèbre du Duc de Candale, III, 31896.
CARNCOVIUS, Stanislas, Evêque de Vladislas.
Panegyricus, II, 18275.
CARNEAU, Etienne, Célestin.
Vie de S. Pierre de Luxembourg, I, 10592.
des CARNEAUX: *voyez* Proust.
CARNET (Dom) Bernardin.
Notitia Regalis Abbatiæ B. Mariæ de Persenia, I, 13123.
CARNOT, Siméon, Chanoine Régulier.
Inventaire des Antiquités de l'Abbaye de S. Yved, IV, S. 13574.
CARO, Annibal.
Ode sur la Maison de France, V, *Add.* 26968.*
CARO, E. A.
Sentimens de la Grandeur de la France, II, 24350.
CARON, Raimond, Récollect.
Remonstratio Hibernorum, I, 7280.
CARON, François, Directeur Général aux grandes Indes.
Journal du Voyage des grandes Indes, III, 39805.
CARON de l'Eperon (M.), Procureur du Roi au Bailliage de Montdidier.
Mémoires pour la Géographie de la Picardie, I, 2249.
—sur l'Histoire de Picardie, III, 34142.
le CARON, Louis, Avocat.
De l'amour du Prince & obéissance du Peuple, II, 27195.

le CARON, Louis, *dit* Charondas, Jurisconsulte.
Discours au Roi, II, 27480.
Annotations sur la Conférence des Ordonnances, 27651.
—sur le Code de Henri III, 27638.
Commentaire sur l'Ordonnance du Domaine, 27716.
—sur les Edits, &c. concernant le Domaine du Roi, 27718.
le CARON, Claude.
Indice des Villes, &c. régies par la Coutume de Péronne, I, 2248.
le CARON, François.
Epistola Poëtica de Delphini ortu, II, 25680.
le CARON, Bernard, Jésuite.
Oratio funebris Vicecomitis Turenni, III, 31715.
de CARONDAS (M.), Chanoine de Soissons.
Dissertation touchant les Immunités Ecclésiastiques, I, 7411.
CARPENTIER, Pierre, Jurisconsulte: *peut-être le même que le suivant.*
Lettre à François Portus, I, 5836; II, 18188.
Consilium de retinendis armis, II, 18325.
CARPENTIER, Pierre, Président au Parlement de Bretagne.
Remontrance au Parlement de Bretagne, I, 7510; II, 19572; III, 35422.
CARPENTIER, Antoine, Avocat.
Le séjour royal de Compiègne, II, 27001.
CARPENTIER, Pierre, Bénédictin.
Supplementum ad Catalogum Palatiorum vel Villarum Regiarum, I, 444.
Glossarium novum, II, 15495; IV, S. & V, *Add.*
Alphabetum Tironianum, III, 29481.
CARPENTIER de Marigny, Jacques.
Relation des Divertissemens, &c. II, 26450; IV, *Supplément.*
le CARPENTIER, Jean, Chanoine Régulier de Saint-Aubert de Cambrai.
Description du Cambresis, I, 2200.
Histoire de Cambrai, 8539; III, 39041.
Généalogies des Comtes, Ducs, Evêques & Archevêques de Cambrai, II, 40640.
le CARPENTIER (M.), Architecte du Roi.
Recueil de Plans, &c. de l'Hôtel-de-Ville de Rouen, III, 35220.
CARPESAN, François, Secrétaire de l'Evêque de Parme.
Commentaria suorum temporum, II, 17524.
CARQUET (M.).
L'Accord des Lettres & des Armes, II, 15479.
CARRÆUS: *voyez* Carreau.
CARRÉ, F.
Observations sur le Projet d'un nouvel Hôtel-Dieu, III, 34561.
CARRÉ (M.), Avocat.
Mémoire pour le Syndic du Clergé de Lyon, IV, S. 8874.*
CARRÉ de Montgeron, Basile, Conseiller au Parlement.
La Vérité des Miracles, &c. démontrée, I, 5689.
CARREAU, Pierre, Sieur de la Perée, Procureur du Roi en l'Election de Tours.
Histoire des Archevêques de Tours, I, 10267.
Dissertation sur la Mort de S. Martin, 10295.
Explication de la Monnoie de Clovis, III, 33899.
Histoire du Duché de Touraine, 35653.
Eloges des Savans de Touraine, IV, 45753.
CARREL, L. J. Prêtre.
Avis à l'Auteur de la Vie de Jean d'Arenthon d'Alex, IV, S. 10798.*
CARRELET, Louis, Curé de Notre-Dame de Dijon.
Oraison funèbre du Prince de Condé, II, 25843.

CARRERE (M.).
Traité des Eaux du Rouſſillon, I, 3194.
de CARRETTO : voyez Ceroli.
CARRIANA, Philippe.
Harangue à la Reine Marie de Médicis, II, 19775.
du CARRIER : *nom ſous lequel s'eſt couvert Joſeph Cogniaſſe*, IV, S. 8482 : voyez Cogniaſſe.
CARROCA, Joſeph.
Politica del Comte de Olivarez, II, 22039.
CARROUGET, Dominique, Bénédictin.
Hiſtoire de l'Abbaye de S. Evroul, I, 12457; IV, Suppl.
Hiſtoire de l'Abbaye de S. Martin de Séèz, 12630.
du CARROY.
Les Larmes de la France, II, 19962.
CARRY, Jean, Vicomte de Faulkland.
Vie d'Edouard II (en Anglois), III, 35112.
CARSILIER, J. B. Avocat.
Requête au Roi, II, 24667.
CARTE.
Catalogue des Rolles Gaſcons, IV, S. 29618.*
CARTEAU, François, Bénédictin.
Epitome in Annales Beccenſes, I, 11695.
CARTIER, Jacques, Pilote de France.
Relatione della Navigatione da lui fatta, III, 39642 & 43.
de CARVALLO : voyez Monis.
CARY, Felix, Académicien de Marſeille.
Diſſertation ſur la Fondation de la Ville de Marſeille, III, 38209.
CASAL, Michel.
Vindiciæ Juris Eccleſiaſtici, I, 6974.
CASALAS, Jean, Dominicain.
Ordo Fratrum Prædicatorum vindicatur, I, 13734.
CASANATE, Jérôme, Cardinal.
Diſcorſo iſtorico ſopra la Regalia, I, 7653.
las CASAS : voyez de Leſcaze.
de las CASAS, Barthélemi, Evêque de Chiapa.
De Jure Principum, II, 27110.
CASELLES, Eſtienne.
Arbor genealogico hiſtorico de la Familia de los Duques de Bournonville, III, 41485.
de CASENUVE, Pierre, Prebendier de S. Eſtienne de Toulouſe.
Origines Françoiſes, II, 15491.
La Catalogne Françoiſe, 28928.
Annales de la Province de Languedoc, III, 37716.
Traité des Etats Généraux du Languedoc, 37732.
Inſtructions pour le Franc-Alleu, 39951.
Origine des Jeux Floraux de Toloſe, IV, 45613.
CASIMIR de Toulouſe (le Pere), Capucin.
Hiſtoire de Mademoiſelle Bachelier, I, 15197, IV, S. 4772.*
CASO-Derval, Eugene-Albert.
Etat général du Royaume de France, I, 674.
CASONI, Philippe.
Della Hiſtoria di Ludovico il Grande, II, 24026 & 34.
CASOVE, Nicolas.
Vita Antonii Charlas, IV, 45770.
CASSAGNE, Jean.
De Gigantibus, I, 3722.
de CASSAGNE, Jacques, Docteur en Théologie, de l'Académie Françoiſe.
Oraiſon funèbre de Hardouin de Préfixe, I, 9344.
Poëme ſur les Conquêtes de la Franche-Comté, II, 23933.
Poëme ſur la Guerre de Hollande, 23991.
de CASSAN, Jacques, Avocat du Roi au Préſidial de Béſiers.
Les Dynaſties, II, 15415.

Recherches des Droits des Rois de France, 28752 & 28998; IV, S.
Panégyrique du Languedoc, III, 37702.
CASSANDRE : *peut-être faux nom.*
La Sibylle Françoiſe, I, 14240.
CASSANIUS : voyez Caſſagne.
du CASSE.
Relation de l'Expédition de Carthagène; II, 24380.
du CASSE (M.), Official de Condom.
Traité des Droits & Obligations des Chapitres, &c. I, 7840.
CASSEGRAIN, J.
Diſſertation ſur la Fontaine du Fauxbourg S. Maurice de Chartres, I, 3032.
CASSEL, J. Ph.
Traduction Allemande des Obſervations de Schaverelt Stevens, I, 2322.
de CASSENOTTE : voyez Robert.
CASSIEN : voyez Jean Caſſien.
CASSINI, Jacques, Académien.
De la Carte de la France, I, 790.
De la Perpendiculaire à la Meridienne de Paris, 790 & 91.
Opérations pour la vérification d'un degré du Méridien, 800; III, 34385.
Carte du Duché de Bourgogne, I, 1424.
Obſervations Météorologiques, 2588.
Mémoires ſur la Méridienne, III, 37452.
CASSINI de Thury, Céſar-François, Académicien.
Carte des Triangles, I, 602 & 3.
De la Méridienne de Paris, 792.
Mémoire ſur la Deſcription de la France, 793.
La Méridienne de l'Obſervatoire de Paris vérifiée, 794.
Introduction à la Carte de la France, 795.
Projet pour la perfection de la Carte de France, 798.
Obſervations ſur la hauteur du Pole de l'Obſervatoire de Paris, III, 34383.
CASSONI, Laurent, depuis Cardinal.
Riſpoſta alla Proteſtatione del Marquis de Lavardin; II, 29110.
CASTAEL, Gérard, Chanoine de l'Ordre de Sainte-Croix.
Controverſia de Tranſlatione Reliquiarum S. Benedicti, I, 11955.
CASTAGNOLA, Jean-Antoine, Avocat.
Filippo V. Monarcha legitimo della Spagna, II; 28980.
CASTAIN, Matthieu, Cordelier.
Recueil des Fondateurs & Bienfaiteurs des Cordeliers de Rouen, I, 13858.
CASTANET (M.), Chanoine de l'Egliſe d'Orléans.
Généalogies de quelques Familles d'Orléans, III; 40751.
CASTANEUS : voyez Châtaignier.
de CASTANIZA, Jean, Prédicateur du Roi d'Eſpagne.
De Vita Bloſii, I, 12094.
CASTEL, fils de Chriſtine de Piſan.
Addition à la Chronique Martinienne, II, 17323.
CASTEL, F. Pérard, Avocat.
Remarques ſur les Définitions du Droit Canon, I, 6964.
CASTEL, Louis-Bertrand, Jéſuite.
Diſſertation ſur les pierres figurées, &c. I, 2811.
CASTEL, Joſeph.
Lettre ſur la mort de Denys de Sainte-Marthe, I, 12540.
CASTEL de Saint-Pierre, Charles-Irénée, Abbé de Tiron.
Obſervations ſur le Dictionnaire de la France, I; 15.
Mémoire pour les Bénéficiers, 1236.

Annales

Table des Auteurs.

Annales Politiques, II, 24626.
Discours sur la Polysynodie, 27304; III, 32410.
Mémoire sur les Pauvres Mendians, II, 27323.
Mémoire pour la Taille proportionelle, 28083.
Projet d'une Taille tarifiée, 28084.
Projet pour perpétuer la paix & le commerce, 28194.
Projet pour rendre la paix perpétuelle en Europe, 29141.
Abrégé du même Projet, 29142.
Mémoire contre le Duel, III, 40200.
Discours sur les travaux de l'Académie Françoise, IV, 45506.
Mémoire sur les Spectacles, 47778.

de CASTEL-Rodrigo (le Marquis).
Mémoires, III, 30781.

du CASTEL, Jacques.
Relation des Voyages de M. de Breves, III, 30419.

CASTELBERD, Raymond-François, Médecin.
Traité des Eaux de Bagnères, I, 2945.

de CASTELLAN.
Relation de l'Expédition de Gigery, II, 23889.

de CASTELLANE, Antoine-Honoré, Sieur de Besaudun.
Manifeste de la Noblesse de Provence, II, 19669.
Mémoires, III, 38079.

de CASTELLANE, Charles, Seigneur d'Auzat.
Mémoire pour la Maison de Castellane, III, 41684.

de CASTELLANE, Pauline.
Histoire de l'Abbé de Suze, IV, S. 11464.*

CASTELLANUS : voyez du Chastel.

de CASTELLE, Nicolas, petit-fils du Président Jeannin.
Vie de ce Président, III, 32466.

CASTELLI, Benoît, Bénédictin.
Traité de la Mesure des Eaux courantes, I, 898.

del CASTILLO, Léonard.
Viage del Rey Felippe IV; II, 23851.

de CASTELMONT.
Traité des Bains de la Ville d'Aix, I, 2912.

de CASTELMORON : voyez de Belsunce.

de CASTELNAU, Pierre, Légat du Pape.
Ordinationes, &c. pro exterminatione hæresis Albigensium, I, 5740.

de CASTELNAU, Antoine, Evêque de Tarbes.
Lettres, III, 29932.

de CASTELNAU, Michel, Seigneur de Mauvissiere.
Traduction du Livre des Mœurs des Gaulois, I, 3783.
Mémoires, II, 18093.
Histoire de la mort de Marie Stuart, 25115 & 16.
Lettres & Mémoires, III, 30122.
Négociations, 30139.
Ambassades, 30211.

de CASTELNAU, Julie, Comtesse de Murat.
Le Comte de Dunois, II, 25344.

de CASTEL-RODRIGO : voyez plus haut de Castel.

van CASTENOBLE, C.
Le Voyageur Flamand, III, 39324.

CASTIGLIONE, Bonaventure.
De Gallorum Insubrum antiquis sedibus, I, 3948.

de CASTILION, Jean-Baptiste-Louis, Evêque de Bruges.
Sacra Belgii Chronologia, I, 5084 & 8514.

de CASTILLE : voyez Jeannin.

CASTILLIONEUS : voyez Castiglione.

CASTILLON (M.).
Eloge d'Yves-Marie André, IV, 46367.
—de Claude Villaret, 46969.
—de l'Abbé Alary, 46979.
—de Charles-Estienne Pesselier, 47178.
—de Michel Guyot de Merville, 47477.
—de M. Baurans, 47716.

—de Jacques Aved, 47831.
—de Hubert Drouais, 47876.

de CASTILLON : voyez le Blanc.

CASTRES d'Auvigny (M.).
Vie du Cardinal de Tournon, IV, S. 8951*; III, 32464.
—du Cardinal de Champagne, IV, S. 9569* pour 68.*
—du Cardinal de Lorraine, IV, S. 9577*, III, 32464.
—de Guerin, Evêque de Senlis, IV, S. 9665*, III, 31490.
—de Suger, Abbé de S. Denys; IV, S. 12458.*
—de Matthieu de Vendôme, Abbé de S. Denys, IV, S. 12442.*
L'Histoire de France & l'Histoire Romaine, II, 15859.
Vie du Connétable Anne de Montmorency, 17744.
—de Blaise de Montluc, 18118.
—du Maréchal de Matignon, 19715.
—de Jean-Baptiste Colbert, II, 24185.
—de M. de Seignelay, II, 24298; III, 32590.
—de M. de Louvois, II, 24304; III, 32592.
—de Raoul, Comte de Vermandois, II, 25301; III, 31395.
—de Jean, Comte de Dunois, II, 25542.
Vies des Hommes illustres de la France, III, 31377.
Vie de Charles Martel, 31389.
—de Gaucher de Châtillon, Connétable, 31407.
—de Bertrand du Guesclin, Connétable, 31418.
—d'Olivier de Clisson, Connétable, 31423.
—de Charles d'Albert, Duc de Luynes, Connétable, 31449.
—de Pierre de la Forest, Chancelier, 31493.
—d'Antoine du Prat, Chancelier, 31496.
—de Charles de Chasteauneuf, Garde des Sceaux, 31530.
—de Michel le Tellier, Chancelier, 31551 & 32572.
Observations sur Louis de Pontchartrain, Chancelier, 31555.
Vie du Maréchal de Boucicaut, 31594.
—du Maréchal de Brissac, 31608.
—du Maréchal de la Vieilleville, 31726.
—de l'Amiral de la Trémoille, 31759.
—de l'Amiral Bonnivet, 31762.
—du Duc de Sully, 31814.
—d'Yves d'Alegre, 31844.
—du Chevalier Bayard, 31869.
—de Gaston de Foix, 31943.
—de Simon, Comte de Montfort, 32012.
—de François, Marquis d'O, 32032.
—du Cardinal Jean de la Balue, 32240.
—de Claude de Lorraine, premier Duc de Guise, 32287.
—de François, Duc de Guise, 32313.
—de Pierre de Villebéon, 32325.
—de Pierre la Brosse, 32327.
—d'Enguerrand de Marigny, 32330.
—de Georges de la Trémouille, 32333.
—du Cardinal Jean de la Grange, 32448.
—de Jean de Montagu, 32449.
—de Jacques Cœur, 32454.
—de Pierre des Essars, 32456.
—du Cardinal Guillaume Briçonnet, 32457.
—du Cardinal Georges d'Amboise, 32461.
—de Jacques de Beaune, 32463.
—de Concini, Marquis d'Ancre, 32475.
—du Cardinal de Richelieu, 32531.
—du Cardinal Mazarin, 32563.
—de Hugues de Lyonne, 32569.
—de Nicolas Fouquet, 32574.
—de Simon Arnaud, Marquis de Pomponne, 32594.

Vie de Louis-François-Marie de Barbefieux, 32595.
—de Michel Chamillard, 32597.
—de Florimond Robertet, 32683.
—de Nicolas de Neuville, 32691.
—de Paul Phelipeaux, 32693.
—de Louis Potier, 32694.
—de François des Noyers, 32695.
Defcription de la Ville de Paris, 34532.
à CASTRO-NOVO : *voyez* de Caftelnau.
CASTRUCCI : *voyez* Fantoni.
CASUET, Jean.
Oraifon funèbre de Scévole de Sainte-Marthe, III, 34051.
le CAT, Claude-Nicolas, Chirurgien.
Lettre fur la prétendue Cité de Limnes, I, 84.
Mémoires pour l'Hiftoire Naturelle des environs de Rouen, I, 2440.
Obfervations Météorologiques, &c. 2615.
Mémoire fur la Seche, 3612.
Diflertation fur le balancement d'un Arcboutant, 3699.
Eloge de Jean-Baptifte Mercaftel, IV, S. 11290.*
Mémoire fur la hauteur du Pôle à Rouen, III, 25199.
Eloge de M. du Bocage de Blefville, IV, 46388.
CATALAN : *nom douteux.*
Son Adieu, II, 22914.
CATANÉE, Albert.
Origine des Vaudois, I, 5708.
de CATEL, Guillaume, Confeiller au Parl. de Touloufe.
Hiftoire des Archevêques de Narbonne, I, 9155.
Les Archevêchés & Evêchés de Languedoc, 10193.
Mémoires fur l'Hiftoire de Languedoc, III, 37708.
Hiftoire des Comtes de Tholofe, 37763.
de CATEL, Pierre-Louis.
Oraifon funèbre de Henri IV, IV, S. 20041.*
de CATELAN (Mademoifelle).
Eloge de Clémence Ifaure, IV, 48097.
de CATELLAN, Jean, Evêque de Valence.
Antiquités de l'Eglife de Valence, I, 10731.
CATHALAN (le Pere), Jéfuite.
Oraifon funèbre de Madame la Ducheffe d'Orléans, II, 25671.
—de M. le Dauphin, fils de Louis XIV, IV, *Suppl.* 25698.*
CATHERINE de Bourbon : *voyez* de Bourbon.
CATHERINE de Médicis : *voyez* de Médicis.
CATHERINE de Saint-Jofeph, Religieufe.
Lettre fur Marguerite Duval de Sainte Gertrude, IV, S. 15210.**
CATHERINOT, Nicolas, Avocat.
Pouillé de Bourges, I, 1248.
Le Sanctuaire de Berry, 4248.
Annales Ecclésiaftiques de Berry, 4972.
Les Eglifes de Bourges, *là*.
Les Archevêques de Bourges, 8356.
Le Siège de Bourges, II, 17899.
Opufcules ou Recueil de différentes Pièces, III, 35803; IV, S. *On en trouve là le Catalogue.*
Tombeaux Généalogiques, 40606.
Le Nécrologe du Berry, 40607.
Le Nobiliaire du Berry, 40608.
Les Alliances du Berry, 40609.
Généalogie de Dorfanne, 42147.
Annales Académiques de Bourges, IV, 45170.
Que le Parquet de Bourges eft du Corps de l'Univerfité, 45171.
Scholarum Bituricarum Infcriptio, 45172.
Vie de Mademoifelle Cujas, 48057.
de CATHILLON: *voyez* Boniel.
de CATILHON (M.), Procureur-Général au Parlement de Touloufe.
Compte rendu des Conftitutions des Jéfuites, I, 14616.
Plaidoyer fur la même affaire, 14622.
CATILLON, André, Jéfuite.
Oraifon funèbre du Cardinal de la Rochefoucault, III, 32256.
CATON (le Sieur), Officier.
La Campagne de Lille, II, 24445.
CATON de Court, Charles, Secrétaire de M. le Duc du Maine.
Relation de la Bataille de Fleurus, II, 24287.
CATTANÉE, Albert, Archidiacre de Crémone.
Origine des Vaudois, I, 5708.
Epitome Hiftoriæ Regum Francorum, II, 15692 & 17395.
CATTIER, Ifaac, Médecin.
De la Nature des bains de Bourbon, I, 2986.
Lettre fur les Eaux de Bourbon-l'Ancy, 2987.
CATTIER, Philippe.
Oratio funebris ad gloriam Annæ Auftriacæ, II, 25174.
CATULLE, André, Archidiacre de Tournai.
Tornacum, Nerviorum Metropolis, I, 350; III, 39416.
Pondus & ftatera de Metropoli Nerviorum, I, 8615; III, 39416.
CATULPHE.
Epiftola, III, 29735.
CAUBINI : *voyez* Cambini.
CAUCHE, François.
Relation de l'Ifle de Madagafcar, III, 39798.
CAUCHOIS, Etienne.
Le Tombeau de la Noue, II, 19331.
CAUCHON de Maupas du Tour, Henri, Evêque du Puy & enfuite d'Evreux.
Statuts Synodaux d'Evreux, I, 6507.
Difcours funèbre fur Guillaume de Gifford, 9581.
Vie de S. François de Sales, 10778.
Oraifon funèbre de S. Vincent de Paul, 11515.
Vie de la Baronne de Chantal, 15272.
de CAUDIÉ : *voyez* Inard.
van CAUKERCKEN (M.), Tréforier d'Anvers.
Chronique de la Ville d'Anvers, IV, S. 39519.*
CAULET, François-Etienne, Evêque de Pamiers.
Inventaire de Pièces concernant la Régale, I, 7625.
Mémoire fur les rufes & artifices de fes Chanoines, IV, S. 10242.*
Relation & Lettre circulaire, IV, S. 14363.*
de CAULET, Jean, Evêque de Grenoble.
Diflertations fur les Actes du Clergé, IV, *Suppl.* 6930.***
Réponfe aux Lettres fur les Immunités Eccléfiaftiques, I, 7413.
Difcours fur l'aflaffinat du Roi, II, 24757.
de CAULINCOURT, Jean, Moine de Corbie.
Chronicon Corbeienfe, IV, S. 11869*; III, 34167
de CAUMARTIN : *voyez* le Fèvre.
CAUMETTE, Ch. Avocat.
Eclairciffemens fur les Antiquités de Nifmes, III, 37857.
de CAUMONT, Armand-Nompar, Maréchal de la Force.
Lettre au Roi, II, 20979.
Requête au Roi, 27574.
Lettres, III, 30600 & 601.
de CAUMONT, Henri-Jacques-Nompar, Duc de la Force.
Requête au Roi, II, 28197.
de CAUMONT de la Force, Charlotte-Rofe.
Hiftoire fecrete de Bourgogne, 15470.
Hiftoire de Marie de Bourgogne, 25473.
—de Marguerite de Valois, 25499.
—de Catherine de Bourbon, Ducheffe de Bar, 25593.

de CAUMONT : *voyez* Peruffis.
de CAUMONT, Jean.
Avertiffement des Avertiffemens, II, 18545 & 18940.
de CAUMONT - Baillard, (M.), Confeiller au Bailliage de Rouen.
Requête concernant le Privilège de la Fierte-Saint-Romain, I, 9849.
CAURIANE, Philippe.
De obfidione Rupellæ, II, 18205.
Orazione nella partita di Maria de Medici, 26592.
du CAURROY (M.), Chanoine de Beauvais.
Additions au Nobiliaire de Beauvaifis, III, 34899.
CAUSSIN, Nicolas, Jéfuite.
Oraifon funèbre de Catherine-Henriette de Beauvilliers, I, 14905.
Traduction Latine de la Confolation à la Reine Mere (de Louis XIII), II, 19985.
Hiftoire de Marie Stuart, 25116.
Vie de Sainte Ifabelle de France, 25376; IV, *Suppl.*
Des Perfonnes qui compofent les Confeils du Roi, III, 32406.
Agologie pour les Jéfuites, IV, 44678.
CAUSSIN (l'Abbé).
Mémoires fur les Contrées des Pays-Bas, III, 39279.
de CAUVIGNY de Columby, François, Académicien.
De l'Autorité des Rois, II, 27105.
de CAUX, Henri.
Catalogue des Gentilshommes de Languedoc, II, 40686.
Hiftoire des Comtes de Clermont - Lodève, 41900.
de CAUX (M.).
Poëme fur la prife de Bergopzoom, II, 24695.
Effai fur les Campagnes de Louis XV, 24734.
Critique du Siècle Littéraire de Louis XV; IV, 44572.
CAVAIGNAC, Antoine, Jéfuite.
Hiftoire de Notre-Dame de Ceignac, I, 4122.
de CAVAILLON de Melijac (M.).
Généalogie de la Maifon des Cavaillons, III, 41694.
CAVALCANTI, Guillaume.
Vie de S. Guillaume, Duc d'Aquitaine (en Italien°), IV, S. 12559ᴿ; III, 35721.
de' CAVALLI, Marin, Ambaffadeur de Venife.
Relatione del Ré Francefco primo, II, 17619.
la CAVALLIERA, Pierre.
Traduction d'une Hiftoire de ce qui s'eft paffé en Catalogne, II, 22023.
de CAVANYAC, Jean, Chancelier & Chanoine de Langres.
Historia brevis Lingonenfium Epifcoporum, I, 9001.
CAVARD ou Cavord, Prêtre de Languedoc.
Mémoire du Comte de Vordac (*nom déguifé*), II, 24359.
CAVELIER, Jean.
Carte du Languedoc, I, 1613.
Mémoire de la Guerre des Cévennes, 6096.
le CAVELIERS ou Cuneliers ou Cuvilliers, Jean.
Vie de Bertrand du Guefclin, III, 31408.
CAVERELLIUS, Philippe, Abbé de S. Waft.
Chronicon Vedaftinum, I, 12794.
CAVET, Etienne, Chanoine de S. Paul de Lyon.
Motifs d'une fainte libéralité, I, 5403.
de CAVEYRAC : *voyez* Novi.
CAWET (M.), de la Société Littéraire d'Atras.
Mémoire fur la Rivière de Scarpe, I, 877.
Differtation fur les Antiquités de l'Artois, III, 38955.

Differtation fur une Médaille de l'Artois, 38962.
Mémoires pour fervir à l'Hiftoire d'Artois, 38965.
—fur Robert I, Comte d'Artois, 38966.
—fur Robert II, Comte d'Artois, 38967.
—fur Mahaut, Comteffe d'Artois, 38968.
CAYET : *voyez* Cahier.
de CAYLUS (le Comte) : *voyez* de Thubières.
de CAYLUS (Madame) : *voyez* de Valois.
CAZEDEPATZ (le Pere), Jéfuite.
Oraifon funèbre de Henri de Béthune, I, 8264.
de CAZELLE : *voyez* Mafars.
CEBERET (M.).
Lettres, III, 30525.
CEIGER, J.
Helvetia, I, 1972.
CEILLIER, Remi, Bénédictin.
Hiftoire des Auteurs Eccléfiaftiques & des Conciles, IV, S. 4909.
Lettre au fujet du Cardinal Jouffroy, I, 7797.
Hiftoire de Gilbert de la Porrée, 8321.
—de Guillaume d'Auvergne, 9316.
—de Jean Petit de Sarifbery, 9379.
—de Pierre de Celles, 9380.
—d'Arnoul de Lifieux, 9988.
de CELLAMARE (le Prince), Ambaffadeur d'Efpagne.
Lettres, II, 24552.
CELLARIUS, Chriftophe.
De Gallia Narbonenfi, &c. I, 133.
Recenfio Commentariorum Julii Cæfaris cum Notis, IV, S. 3879.
CELLARIUS, Jacques : *voyez* Keller.
CELLIER de Riencourt, Alexandre, Doyen de l'Eglife d'Amiens.
Hiftoire des Evêques d'Amiens, I, 9692.
le CELLIER, Claude.
Armorial univerfel, III, 40069.
CELLOT, Louis, Jéfuite.
Maurilias Andegavenfis, I, 4917 & 10381; IV, *Suppl.*
Hiftoria Gottefchalci, I, 5563.
Notæ in Concilium Duziacenfe, 6489.
Vita Hincmari Laudunenfis, 9647.
CELTES, Conrad, Savant Allemand.
De fitu & moribus Germaniæ, II, 15396.
CENAMY, Archange, Capucin.
Oraifon funèbre de Nicolas Brulart, III, 33068.
CENALIS ou Cenau, Robert, fucceffivement Evêque de Vence, de Riès & d'Avranches.
Nomina infigniorum Galliæ locorum, I, 110.
Chronographia Galliæ, 770.
Hierarchiæ Galliæ Topographia, 1200.
De cœli, folique Gallici ratione, 2376.
Conftitutiones Synodales Arborienfis Diœcefis, 6300.
Tractatus de utriufque gladii facultate, 7065.
Hierarchia Neuftriæ, 9917.
Anthropologia Gallici Principatûs, II, 15377.
le CENE, Michel-Charles.
Vie de Charles le Cene, I, 6105.
CENTURIATEURS de Magdebourg.
Centuria nona, I, 4909.
CEPIAN, Jean.
Commentarius in Macri Panegyricum de laudibus Mandubiorum, I, 321.
Scholia in Macri libellum de Gallorum fucceffibus, II, 15604.
du CERCEAU : *voyez* Androüet.
le CERF, Magdelène, Religieufe de Port-Royal.
Mémoire fur la Mere Marie des Anges Suireau, I, 15099.
Relation de fa propre captivité, 15107.
le CERF de la Viéville, Philippe, Bénédictin.
Bibliothèque des Auteurs de la Congrégation de S. Maur, I, 11615.

Eloge de Jean-Laurent le Cerf de la Viéville, III, 33176.
Eloge des Normands, IV, 45727.
Dissertation sur le Royaume d'Yvetot, là.
le CERF de la Viéville de Freneuse, Jean - Laurent, Garde des Sceaux du Parlement de Rouen.
Comparaison de la Musique Italienne & de la Musique Françoise, IV, 47710.
Vie de Lully, 47747.
de CERISANTE : voyez Duncan.
de CERISAY, Guillaume, Avocat.
Plaidoyer concernant le Privilège de la Fierte-Saint-Romain, I, 9844.
de CERISIERS, René, Jésuite, depuis Aumônier du Roi.
L'Image de Notre-Dame de Liesse, I, 4161 ; IV, Suppl.
Vie de S. Remy, I, 9524.
Réflexions sur la Vie des Rois de France, II, 15809.
Les trois Etats de l'Innocence, 17238.
Le Herault François (le Maréchal de la Mothe Houdancourt), 22207.
L'Armée Françoise, 23775.
Les Armées Françoises, 23863.
Les six Campagnes du Roi, là.
Eloge de Sainte Clotilde, IV, S. 25003.*
—de Sainte Batilde, IV, S. 25035.*
—de la Reine Blanche, IV, S. 25047.*
—d'Anne d'Autriche, IV, S. 25164.*
Le Héros François (le Comte d'Harcourt), III, 32348.
Eloge de Jacques le Coigneux, 32946.
L'Illustre Amalazonthe, 33084.
CERMIER de Sipois : nom déguisé de Mercier de Poissy, II, 22859 : voyez Mercier.
CERNIC, Antoine-François.
Commentarii, II, 18008.
CERRIO, Jules.
Risposta al Trattato delle usurpationi del Ré di Spagna, II, 28885.
CERTON, Salomon.
Geneva, III, 39169.
CERUTTI, Jean-Antoine, Jésuite.
Apologie de l'Institut & de la Doctrine des Jésuites, I, 14683 ; IV, S.
CERVEAU, René, Prêtre.
Nécrologe du XVII & XVIII Siècle, I, 5570 ; IV, S.
el CERVERA : voyez Rapa.
CERVONI da Colle, Jean.
Discorso in laude di Maria Medicis, II, 25138.
S. CESAIRE, Evêque d'Arles.
Libellus pro privilegiis Ecclesiæ Arelatensis, I, 7979.
Libellus de renovando Ecclesiæ Arelatensis privilegio, 7980.
CESAIRE, Moine d'Hesterbach.
Actus Pontificum Coloniensium, I, 8653.
Vita S. Engelberti Coloniensis, 8674.
CESAR, Caius-Julius, Empereur.
Commentarii de Bello Gallico, I, 3879—82.
Gergoviæ in Arvernis obsessæ historia, 3891.
Alexiæ in Mandubiis obsessæ historia, 3894.
CESAR, François, Religieux de Sainte-Marie des Dunes.
Vita S. Bernardi, I, 13048.
de CESY : voyez de Harlay.
CEVOLI de Carretto, Nicolas.
Antigraphum, I, 7286 ; IV, S.
Atlas Antigraphi, 7287 ; IV, S.
Hercules Gentilis, 7288.
De extensione Regaliæ, 7640.
de CHABANEL, Jean, Recteur de N. D. de la Daurade.
De l'Antiquité de cette Eglise, I, 4136, IV, S. 5366.*

De l'état & police de la même Eglise, I, 4137, IV, S. 5366.*
de CHABANON, Mi. Paul-Gui, Académicien.
Eloge de Jean-Philippe Rameau, IV, 47760.
de CHABANS, Louis, Sieur du Mayne.
Histoire des Guerres des Huguenots, II, 21585.
Mémoire sur les Monnoies, III, 33934.
Apologie de l'Edit sur les Monnoies, 33937.
Avis sur les Duels, 40182.
de CHABERT (M.), Enseigne des Vaisseaux du Roi.
Voyage dans l'Amérique Septentrionale, III, 39638.
CHABOT, Philippe, Comte de Charni, Seigneur de Brion, Amiral de France.
Lettres, III, 29884.
CHABOT, Henri, Duc de Rohan.
Lettre à son Altesse Royale, II, 23418.
Manifeste, 23421.
Lettres, III, 30865.
CHABOT, Jacques, Jardinier du Roi.
Instruction sur le Plantage des Mûriers, I, 3475.
CHABROL, Pierre, Prêtre.
Carte de l'Election de Limoges, I, 1627.
CHABROL (M.), Avocat.
Réponse pour les Officiers du Présidial de Riom, III, 37464.
CHABRON, Gaspard, Avocat.
Histoire de la Maison de Polignac, III, 43592.
de CHAIGNEBRUN : voyez Audoin.
du CHAINTREAU : voyez de Lannel.
de CHAINVILLE.
Voyage & Description de Fontainebleau, I, 2369.
CHAISSY, F.
Entrée de Jean-Vincent de Tulle, Evêque d'Orange, I, 8075.
de CHAIX.
Lettre sur l'Histoire de Provence, III, 38019.
de la CHAIZE, François, Jésuite.
Réponse au sujet de la Consultation des XL Docteurs, I, 5629.
de la CHAIZE : voyez Filleau.
de CHALAIS (Madame) : voyez Montluc.
CHALAMONT de la Visclede (M.), Secrétaire de l'Académie de Marseille.
Eloges des Académiciens de Marseille, IV, 45584 & 45718.
Eloge de Jean-Pierre Rigord, 46895.
CHALARD, Joseph.
Vie de S. Léonard, I, 13350.
de CHALARD, Joachim, Avocat.
Exposition des Etats d'Orléans, II, 27454 ; IV, Suppl.
CHALINE, Charles, Avocat du Roi.
Panégyrique de la Ville de Chartres, III, 35539.
CHALIPPE, Candide, Récollect.
Oraison funèbre du Cardinal de Mailly, I, 9583.
de CHALIVEAU.
Requêtes pour la défense des Droits du Roi sur l'Abbaye de S. Jean au Mont, II, 27933.
CHALLE, Michel-Ange.
Description des Mausolées de la Reine, II, 25201.
CHALLES.
Les illustres Françoises, IV, 47992.
CHALOPIN (le Pere), Chanoine Régulier.
Oraison funèbre de Marie-Térèse d'Autriche, II, 25181.
CHALLUS, Nicolas.
Histoire de l'Expédition des François dans la Floride, III, 39645.
CHALONS, Claude, Oratorien.
Histoire de France, II, 15844.
de la CHALOTAIS : voyez de Caradeuc.
de CHALUCET : voyez le Bonnin.

CHALOST, Marc-Antoine, Avocat.
Eloge de Louis XIV; II, 24224.
CHALUMEAU, Jean.
Traduction d'un Traité des trois Fleurs de Lys, II, 26952.
de CHAMBALLAN.
Apologie pour la Communauté de Nantes, III, 35430.
CHAMBELLAN, Claude, Chanoine de Laon.
Le Polyphême, IV, S. 5480.*
de CHAMBERY (M.), Gouverneur de Limoges.
Harangue aux Habitans de Limoges.
de CHAMBON (l'Abbé).
Avis à la Reine, II, 22791 & 22989.
de CHAMBONNE.
Oraison funèbre de Nicolas de Verdun, III, 32913.
de CHAMBORS.
Mémoire sur Madame & Mademoiselle des Houlières, IV, 48094.
de CHAMBRAY (M. le Marquis).
Réponse à quelques questions de Géographie, I, 2278.
L'Art de cultiver les Pommiers & Poiriers, I, 3515.
Mémoires sur la Translation de l'Abbaye d'Almanesche, I, 14851.
CHAMBRE, David, Sieur d'Ormond, Conseiller au Parlement d'Edimbourg.
Histoire des Rois de France, d'Angleterre & d'Ecosse, II, 15742.
De la Succession des Femmes au Gouvernement, 15116.
de la CHAMBRE, Philippe, Evêque de Boulogne.
Réglemens & Ordonnances, I, 6411.
de la CHAMBRE : voyez Cureau.
de CHAMBRUN, Jean, Ministre d'Orange.
Notes sur un Poëme Latin touchant l'Histoire de M. de Thou, II, 19883.
Relation du rétablissement de la Principauté d'Orange, III, 38285.
de CHAMBRUN, Jacques : voyez Pinêton.
de CHAMELOC : voyez du Perrier.
de CHAMFROT (M.).
Eloge de Jean de la Fontaine, IV, S. 47440.*
Eloge de Molière, IV, 47536.
de CHAMGOBERT : voyez Pithou.
CHAMILLARD, Alexandre.
Oratio de Francisci Delphini laudibus, II, 25501.
CHAMILLARD (M.), Procureur-Général de la Chambre de Justice.
Traité du Crime de Lèze-Majesté, II, 28056.
CHAMILLARD (M.), Vicaire de S. Nicolas du Chardonnet.
Oratio in Declarationem Cleri Gallicani, I, 7283.
de CHAMILLART (M.).
Réglement pour l'Hôtel des Invalides, I, 5257.
de CHAMLAI (M.).
Mémoires sur les Affaires de France, IV, Suppl. 31133.*
Résumé de ces Mémoires, là.
de CHAMOUSSET : voyez Piarron.
CHAMPAGNE, Jean, Dominicain.
Du Sacre des Rois de France, II, 25958.
de CHAMPEL : voyez le Goullon.
CHAMPÉRON (l'Abbé).
Abrégé de la Vie de Jean-Baptiste Santerre, IV, 47931.
CHAMPÉRON, Jacques, Avocat.
Salvations de Madame la Duchesse de Ventadour, III, 44283.
CHAMPFLOUR.
Traduction des Exécrations sur le Parricide, II, 19955.
CHAMPFLOUR, François, Bénédictin.
Funèbres Cyprès sur la mort de Henri IV; II, 20013.

La grandeur du Ciel François sur le Sacre de Louis XIII; II, 26092.
de CHAMPFLOUR, Etienne, Evêque de la Rochelle.
Ordonnances & Réglemens, I, 6696; IV, S.
CHAMPIER, Symphorien, Médecin.
Tractatus de Galliæ divisione, &c. IV, Suppl. 129.
Traité Latin sur les Fleuves des Gaules, I, 2098.
Singularia in Lotharingia reperta, 2424.
Campus Elysius Galliæ, 3288.
Hortus Gallicus, 3289.
De Gallis summis Pontificibus, 7677.
Ecclesiæ Lugdunensis Hierarchia, 8865; IV, S.
Traduction de ce Livre, là, & III, 37334.
Des Evêques & Comtes de Toul, I, 10611.
Opera varia, II, 15482.
De Caroli VIII præclaris Gestis, 17402.
Descriptio Expeditionis in Genuenses, 17419.
Trophæum Gallorum, 17395 & 17441.
Les Triomphes de Louis XII; 17442 & 17478.
De Ludovici XII præclaris Gestis, 17470.
Regum Francorum Genealogia, 17395 & 24821.
Genealogia Lotharingorum Principum, 25902.
De Monarchia Gallorum, 27184.
Extraits servans à l'Histoire de Charles VIII & de Louis XII; III, 29867.
De Viris illustribus Galliæ, 31351.
La Vie du Capitaine Bayard, 31865.
Histoire du Royaume de Sicile, 35047.
Petit Livre du Royaume des Albigeois, 35856 & 37927.
De origine Civitatis Lugdunensis, 37333.
Traduction du même Livre, là.
De Laudibus Lugdunensis Civitatis, 37334.
Traité sur Vienne, 37996 : par conjecture.
Diversa Gesta Lotharingorum, 38840.
Chronique des Histoires du Royaume d'Austrasie, 38841.
Recueil des Histoires du Royaume d'Austrasie, 38842.
L'origine des Titres de Noblesse, 39840.
De antiquitate Domûs Turnonensis, 44179.
De Autoribus famatis in Gallia, 45623.
Vita Arnaldi de Villanova, 46018.
CHAMPIER, Claude, fils du précédent.
Catalogue des trois Gaules, I, 129.
Des Singularités des Gaules, 2098.
Traduction du Traité de son pere sur les Fleuves des Gaules, là.
Traité des saints lieux de Gaule, là.
Recueil des Fleuves & des Fontaines de France, 2875.
de CHAMPIGNY (M.), Ambassadeur.
Lettres, III, 30465.
CHAMPION, Pierre, Jésuite.
Vie des Saints Fondateurs de Retraite, I, 4766 & 11214; IV, S. savoir de M. Kerlivio, là : de Vincent Huby, là, & 14171 : & de Mademoiselle de Francheville, 4766, 4787 & 11214.
Vie de Louis Lallemant, 14122.
—du P. Rigoleu, 14145.
CHAMPION de Cicé, Jean-Baptiste-Marie, Evêque d'Auxerre.
Oraison funèbre de M. le Dauphin, II, 25750.
CHAMPIS, Symphorien : peut-être le même que Champier, III, 37996.
CHAMPLAIN, Samuel, Capitaine de Marine.
Carte du Canada, I, 1453.
Voyages en la Nouvelle France, III, 39651 & 62.
Relation de la Nouvelle France, 39669.
de CHAMPS, Etienne.
Carmen Ludovico Duci d'Enghien, II, 25821.
de CHAMPUSSAIS : voyez Thibault.

de CHAMPVANS : *voyez* Petrey.
de CHANATZ.
Ephémérides du Siége de Metz, II, 17661.
CHANCEY (M.), Docteur en Théologie.
Mémoire apologétique contre les Jésuites, I, 14375.
de CHANDÉ.
Recueil des Matières de Finances, II, 28099.
le CHANDELIER, Pierre.
Mémoires sur l'Histoire de notre temps, II, 18196.
de CHANDIEU, Antoine, Ministre Calviniste.
Histoire des persécutions de l'Eglise de Paris, I, 5784.
CHANDON, Renaud.
Responsum de Legatis, I, 7354.
CHANDON, Jean, Président en la Cour des Aydes.
Mémoires sur sa Vie, III, 33889.
CHANFAILLY.
Antiquaire de la Ville d'Alençon, III, 35308.
de CHANLECY, Jean-François, Protonotaire du Saint Siége.
Series egregiorum facinorum præstitorum à Principibus Lotharingiæ, III, 32286 & 38866.
CHANTELOU, Claude, Bénédictin.
Carte des Monastères de France de l'Ordre de S. Benoît, I, 1181; IV, S.
Histoire de l'Abbaye de Montmajour d'Arles, 12209.
—de l'Abbaye de Saint André d'Avignon, 12322.
de CHANTELOUBE (le Pere), Oratorien.
Lettre aux Chambres de Justice, II, 21737.
de CHANTELOUP, Jean, Sieur de Barban.
Vie de S. Lazare, I, 3971.
de CHANTERAIN : *voyez* Beaunis.
CHANTEREAU le Févre, Louis, Intendant des Finances en Lorraine.
Dissertation sur l'année de la mort de S. Martin, I, 10290.
Des anciens Francs, II, 15427.
Essai Chronologique, 15890.
Discours sur les Chroniques attribuées à S. Prosper, 16007.
—concernant le Mariage d'Ansbert, 24879.
La famille d'Ansbert anéantie, 24885.
Traité de la Loi Salique, 28531.
Traité concernant la différence d'entre l'ancienne Coutume des François & la Loi Salique, 28533.
Droits de la Couronne de France sur le Duché de Lorraine, 28996.
Question sur les Provinces de l'ancien Royaume de Lorraine, 29019.
Traité des Fiefs, III, 39936.
Mémoire sur l'origine des Maison & Duché de Lorraine, 42986.
de CHANTIRENNE : *voyez* Bocquet.
de CHANTETOURE, François.
La Tragédie de Gaspard de Coligny, II, 18154.
le CHANTEUR, Jean-Louis, Auditeur des Comptes.
Dissertation sur la Chambre des Comptes, III, 33782; V, *Add*.
de CHANTOISEAU : *voyez* Roze.
de CHANTONAY : *voyez* Perrenot.
CHANTOUNIERE de Cremaille.
Le Mausolée du Cardinal (de Richelieu), III, 32498.
Traduction du Politique Chrétien, 32503.
CHANUT, Antoine, Jésuite.
Perpinianum captum, II, 22063.
Ludovicus Borbonius Dux d'Enghien victor, 25822.
CHANUT, Pierre, Conseiller d'Etat.
Réponse à la Reine de Suède, II, 23785.
Négociations, III, 30888.
Mémoires, *là*.
de CHANVALLON : *voyez* de Harlay & Thibault.

de CHANVALLON (l'Abbé), Prêtre de l'Ordre de Malte.
Manuel des Champs, IV, S. 3462*; V, *Add*.
Economie rustique, *là*.
de CHAPEAUVILLE, Jean, Chanoine de l'Eglise de Liége.
Historia sacra & prophana, nec non politica, I, 8706.
Gesta Pontificum Leodiensium, 8713; IV, S.
CHAPELAIN, Jean, Académicien.
La Pucelle d'Orléans, II, 17232.
Lettre à Eraste sur ce Poëme, 17235.
Liste de Gens de Lettres, IV, 45636.*
CHAPELLE : *voyez* Luillier.
la CHAPELLE.
La Palme victorieuse, II, 20793.
de la CHAPELLE, Jean, Notaire Apostolique.
Chronicon Abbatiæ S. Richarii, I, 12732.
Vita S. Gervini, 12748.
de la CHAPELLE (le Marquis).
Généalogie de la Maison de Cardaillac, III, 41664.
de la CHAPELLE, Jean, Académicien.
Mémoire sur la Vie du Prince de Conti, II, 25857.
Pompe funèbre de M. le Prince de Conti, 26777.
Réflexions sur l'Affaire des Princes, 28592.
Réponse au Manifeste de l'Empereur, 28973.
Lettres d'un Suisse à un François, 28974, 76 & 31125.
Les mêmes en Latin, 31125.
de la CHAPELLE, Armand.
Mémoires de Pologne, II, 24616.
de la CHAPELLE (M.), Ministre à la Haye.
Vie de M. de Beausobre, I, 6148.
de la CHAPELLE (M.), de la Société Littéraire de Clermont-Ferrand.
Dissertation sur un Concile tenu à Clermont, I, 6465.
Mémoire sur un Article de l'Abrégé Chronologique du Président Hénault, II, 19855.
Lettres sur l'Origine du nom de Picardie, III, 34138.
Dissertation sur des Armes anciennes, 37477.
de la CHAPELLE : *voyez* Ribaud.
de la CHAPELLE-Milon : *voyez* de Bessé.
CHAPERON de Saint-André.
Lettre au sujet de l'Histoire de Meaux, I, 9396.
CHAPIGNON (*ou* Charpignon), Hyacinthe, Dominicain.
Oraison funèbre de Jean Comte de Saint-Aoust, III, 32054 : *voyez* Charpignon.
CHAPPÉ, François, Bénédictin.
I. Démonstration du Droit de Nomination aux Abbayes de Chezal-Benoît, I, 11763.
II. Démonstration, *là*.
Reprise des deux Démonstrations, *là*.
II. Eclaircissement du Droit de Sa Majesté sur ces cinq Abbayes, 11764.
Remarques sur l'établissement des Elections triennales de ces Abbayes, 11765.
CHAPPONEL, Raymond, Chanoine Régulier.
Histoire des Chanoines, I, 13589.
CHAPPOT, Jean, Minime.
Vie de S. François de Paule, I, 14021.
Defensio contra Epistolam Claudii du Vivier, III, 42417.
CHAPPOTIN de Saint-Laurent (M.), de la Société d'Auxerre.
Observations sur quelques Monumens de l'Auxerrois, III, 36024.
de la CHAPPRONAYE : *voyez* Chenel.
CHAPPUYS (le Pere), Jésuite.
Eloge funèbre du Chancelier Boucherat, III, 31553.

Chappuys, Antoine.
Traduction de la Description de la Limagne d'Auvergne, III, 37438.
—du Combat de Girolamo Mutio, III, 40162.
Chappuys, Claude, Libraire & Valet de Chambre de François I.
Panégyrique récité au Roi François I; IV, *Suppl.* 17568.*
La Complainte de Mars, II, 17571 & 26195.
L'Aigle qui fait la Poule, 17598.
Le Sacre de Henri II, 26059.
Chappuys, Gabriel, Interprete du Roi, neveu du précédent.
Continuation des Annales de France, II, 15689 & 15734.
Histoire des Règnes de Henri III & de Henri IV; II, 19139 & 19771.
Traduction d'une Oraison funèbre de Marguerite de France, II, 25506.
Histoire du Royaume de Navarre, III, 37675.
Chappuys, Claude: *postérieur aux précédens*.
Toscane Françoise-Italienne, III, 40789.
Chappuzeau, Charles, Avocat.
Traité de diverses Jurisdictions, III, 32791.
Chappuzeau, Samuel.
Description de la Ville de Lyon, III, 37354.
de Charant : *voyez* Bernot.
Charas, Moyse.
Expériences sur les Vipères, I, 3678.
Charbonneau, Louis.
Journal des Guerres de Béfiers, II, 18546.
Charbonneau, François.
Poème sur les Eaux de Meynes, I, 3107.
Chardenon.
Eloge de M. le Marquis d'Anlezy, IV, *Suppl.* 31847.*
Chardon, Louis.
Vie de S. Samson de Dol, I, 10481.
Chardon, Daniel, Avocat.
Factum pour les Médecins des Facultés Provinciales, IV, 44875.
Chardon, Daniel-Marc-Antoine, Intendant de la Marine.
Essai sur la Colonie de Sainte-Lucie, III, 39764.
Chardon (Madame).
Mémoire de sa conversion, I, 4779; IV, *S.*
Charles, Antoine, Docteur en Théologie.
Tractatus de Libertatibus Ecclesiæ Gallicanæ, I, 7024 & 7294.
De la Puissance Ecclésiastique, 7301.
Causa Regalæ explicata, 7645.
Charlemagne, Roi de France & Empereur.
Epistola ad Fastradam, II, 16209.
Capitularia & Diplomata, 27601.
Capitula anni 770, 27602.
Diploma de Scholis Osnabrugensis Ecclesiæ, 27603.
Præcipuæ Constitutiones, 27606.
Capitula, 27610.
Son Testament, 28454.
Diploma de Ecclesia Onoldisbacensi, III, 29736.
Epistolæ, 29740.
Charlemot, Claude.
Series SS. Ordinis Cisterciensis, I, 12958.
Charles I, *dit* Charlemagne : *voyez ci-dessus* Charlemagne.
Charles II, *dit* le Chauve, Roi de France & Empereur.
Excerptum ex Epistola ejus ad Nicolaum Papam, I, 9544.
Præceptum quo Privilegia Corbeiæ confirmat, IV, *S.* 11870.*
Capitula, II, 27605.
Capitularia, 27608.
Diplomata, 27609.
Capitula, 27610.

Charles III, *dit* le Gros, Empereur.
Constitutio de Feudis, III, 39899.
Charles V, Empereur.
Responsio ad Epistolam Francisci Regis Gallorum, III, 29894.
Responsio ad Epistolam Clementis VII, Papæ, 29897.
Epistola ad Paulum III, Papam, 29965.
Charles III, *dit* le Simple, Roi de France.
Præceptum quo Privilegia Corbeiæ confirmat, IV, *S.* 11870.*
Charles VI, Roi de France.
Lettres à Salmon, III, 29798.
Charles VII, Roi de France.
Pragmatica Sanctio, I, 7539 & 40.
Lettres sur la Réduction de Troyes, II, 17243; III, 34309.
Charles VIII, Roi de France.
Réponse à la Lettre de l'Empereur Maximilien, II, 17345.
Lettre, 17354.
Epistolæ, III, 29844.
Lettres, 29915.
Charles IX.
La Chasse Royale, I, 3578.
Edit de Janvier 1561 (*ou* 1562), II, 17835.
Lettre à M. de Schomberg, III, 30142.
Dépêches aux Ambassadeurs, 30155.
Lettres, 30166, 30170 & 71.
Charles, Roi d'Aquitaine.
Præceptum pro Agilmaro, II, 16394.
Charles II, Roi d'Espagne.
Testament & Codicille, II, 28939.
Charles-Frédéric, Roi de Prusse : *voyez* Frédéric II.
Charles, Etienne.
Vie & Histoire du Culte de S. Sébastien, I, 5493.
Charles, René, Médecin.
Quæstiones Medicæ circa Thermas Borbonienses, I, 3007.
Dissertation sur les Eaux de Bourbonne, 3008.
Quæstiones Medicæ circa acidulas Bussanas, 3022.
—circa fontes Plumbarias, 3154.
Observations sur la Maladie des Bœufs & des Vaches, 3567.
Charles le pere (M.), Médecin.
Additions aux Mémoires de son fils sur les Plantes d'Auvergne, I, 3315.
Charles le fils (M.), Médecin.
Mémoire sur les Plantes d'Auvergne, I, 3315.
Charles (le Pere), Jésuite.
Entrée de M. de Crochans, Archevêque d'Avignon, IV, *S.* 8134.*
Oraison funèbre du Comte de Gisors, III, 31950.
Charles (M.), Substitut du Procureur-Général au Parlement de Rouen.
Comptes des Constitutions & de la Doctrine des Jésuites, I, 14596.
Charles, N. Curé de Narbonne.
Relation d'un grand incendie, V, *Add.* 34353.*
Charles de S. Paul, Feuillent.
Notitia Episcopatuum Galliæ, I, 7820.
Charles de Saint-Vincent : *voyez* Aroux.
Charlet, Jean-Baptiste, Doyen de Grancey.
Histoire Naturelle du Diocèse de Langres, I, 1420.
Langres sçavante, IV, 45702.
de Charlevoix, Pierre-François-Xavier, Jésuite.
Histoire de la Nouvelle France, I, 2407; III, 39722.
Description des Plantes de l'Amérique Septentrionale, I, 3328.
Eloge du Cardinal de Polignac, 8086; IV, *Suppl.*

Vie de Marie de l'Incarnation, 15325.
Histoire de l'Isle de S. Domingue, III, 39742.
de la CHARLONIE, Gabriel, Juge-Prévôt d'Angoulême.
Engolismenses Episcopi, I, 8281.
Histoire de la Ville & des Comtes d'Angoulême, III, 35784.
CHARLOT, Toussaints-Joseph, Chaudronier.
Recueil concernant les Chaudroniers, III, 34667.
CHARLOTEAU : *voyez* Husson.
de CHARMONT (la Sœur) : *voyez* d'Hécaucourt.
de CHARNACÉ, Hercules - Girard, Baron.
Mémoires, III, 30576.
Lettres, 30588, 30592 & 30709.
Dépêches, 30594.
de CHARNAGE : *voyez* Dunod.
de CHARNES (l'Abbé).
Conversations sur la Critique de la Princesse de Clèves, IV, 48054.
de CHARNI : *voyez* de Brion.
de CHAROLOIS, Charles, Comte.
Lettres, III, 29820.
CHARONDAS : *voyez* le Caron.
de CHAROST : *voyez* de Béthune.
CHARPENTIER, Pierre : *voyez* Carpentier.
CHARPENTIER, Antoine, Médecin.
An Aquæ Hacquiniensæs medicamentosæ? IV, S. 3081.*
CHARPENTIER, Louis.
Vie de S. Phalere, I, 11350.
CHARPENTIER (M.), Médecin.
Harangue sur la mort de Gabriel Naudé, IV, S. 11318.*
CHARPENTIER, Antoine, Avocat.
Séjour Royal de Compiègne, II, 27001.
Histoire abrégée de la Maison d'Humieres, III, 42767.
CHARPENTIER, François, Académicien.
Panégyrique de Louis XIV, II, 24151.
Explication des Tableaux de la Galerie de Versailles, II, 27021.
Discours pour le Commerce des Indes Orientales, 28265 & 66.
Relation de l'établissement de la Compagnie des Indes, 28267; III, 39800.
Discours sur l'utilité des Exercices Académiques, IV, 45492.
CHARPINTIER, Pierre, Chanoine Régulier.
Editio Vitæ Sanctæ Genovefæ, I, 4442.
Offices de Sainte Geneviève, &c. 4455.
CHARPENTIER, P. L.
Carte du Marais depuis Beaucaire, &c. I, 1381.
CHARPIGNON (*ou* Chapignon), Hyacinthe, Dominicain.
Les Antiquités du Couvent des Freres Prêcheurs de la Ville de Bourges, I, 13749 : *voyez* Chapignon.
CHARPY, Gaëtan, Théatin.
Traduction d'une Relation de la Mission des Théatins en France, I, 14080.
Eloges des Rois de France, II, 15823.
CHARPY de Sainte-Croix, Nicolas.
Le juste Prince, II, 21931.
Paraphrase du Pseaume LXXI, 22176 : *par conjecture*.
L'Ombre de Madame la Princesse, 23278 : *par conjecture*.
Elogium Cardinalis Julii Mazarini, III, 32547.
CHARRIER.
Discours touchant la Pelleterie, III, 34751.
CHARRIER.
Les Lauriers d'Enghien, II, 22187.
CHARRIER (M.), Avocat.
Dissertation sur la préséance des Rois de France, II, 26935.
CHARRIER, Aymé.
Recueil de Lettres de Noblesse de MM. Charrier de Lyon, III, 41785.

de CHARRIN : *voyez* Fabre.
CHARRON, Jacques, Sieur de Monceaux, Valet de Chambre ordinaire du Roi.
Histoire Universelle, II, 15772.
Histoire des Rois de France, 15779.
CHARRON, Etienne-Léonard, Jésuite.
Mémoire pour servir à l'Eloge de Jean de Pins, I, 10248.
le CHARRON, François, Doyen de S. Germain l'Auxerrois.
Réglement de l'Eglise de S. Germain l'Auxerrois, I, 5223.
CHARTIER, Alain, Secrétaire des Rois Charles VI & Charles VII.
Description de la Gaule, I, 764.
Le Quadrilogue invectif, II, 17163.
Dialogus familiaris, 17164.
Epistolæ, 17165.
Chroniques sous son nom, 17271.
Ses Œuvres, *Id.*
Généalogie des Rois de France, 24954 & 28473.
Etat de la France, 27181.
CHARTIER, Jean, Moine de S. Denys, frere du précédent.
Les Chroniques de France, II, 15672.
Histoire des différends des Rois de France & d'Angleterre, 17167.
Histoire de Charles VII, 17270 & 75.
CHARTIER, René.
Paranymphus, IV, 44843.
CHARTIER, Lucas : *voyez* Wagenaër.
CHARTONNET, François-Antoine, Chanoine Régulier.
Vie de Charles Faure, I, 13607.
CHARVET, C. Archidiacre.
Histoire de l'Eglise de Vienne, I, 10686.
de CHARVOT, Antoine, Doyen de l'Eglise d'Autun.
Recueil pour servir à l'Histoire de la Ville d'Autun, III, 35930.
de CHASAN, Claude-Bernard, Gentilhomme.
Histoire du Siècle courant, II, 24231.
de CHASEREY.
Mémoire sur l'Abbé de Bellegarde, I, 10929.
CHASLES, François-Jacques, Avocat.
Dictionnaire de Justice, Police & Finances, II, 27661.
CHASOT de Nantigny, Louis.
Chronologie des Pairies, III, 31249.
Succession des Présidens, &c. des Parlemens, IV, S. 32860.*
Recherches sur les Comtes de Provence, IV, S. 38056.*
Dictionnaire Héraldique, III, 40033.
Généalogies des anciens Patriarches, Rois, &c. 40536; IV, S.
Tablettes Historiques, Généalogiques & Chronologiques, 40592.
Abrégé de la Généalogie des Vicomtes de Lomagne, 41960.
de la CHASSAGNE, Antoine, Docteur de Sorbonne.
Seconde Partie de la Vie de Nicolas Pavillon, Evêque d'Alet, I, 9250.
CHASSANAUS : *voyez* Chasseneuz.
de CHASSANION, Jean.
Histoire des Albigeois, I, 5757; IV, S.
CHASSANIS, Jean-Joseph, Médecin.
Dissertation sur une Maladie épidémique, I, 1540.
de CHASSEBRAS (MM.), de Bréau & de Crémailles.
Généalogie de la famille des Boissy, III, 41399.
de CHASSEBRAS, Jacques, Sieur de Crémailles, l'un des deux précédens.
Eloge de François-Hannibal, Duc d'Estrées, III, 32707.
CHASSEL (M.), Avocat.
Réponse à un Mémoire sur la Terre de Fenestrange, III, 38936.

de CHASSENEUZ,

de Chasseneuz, Barthélemi, Président du Parlement de Provence.
Catalogus gloriæ mundi, II, 15589; III, 31186.
Epitaphes des Rois de France, 26725.
Antiquitates Civitatum Burgundiæ, III, 35905.
Chassignet, Albert, Bénédictin.
Histoire de tous les Monastères du Comté de Bourgogne, I, 11632.
—des Maisons de l'Ordre de Clugni, 11783.
—du Prieuré de Vaux sur Poligny, 12924.
de Chassiron (M.), Conseiller d'Honneur au Présidial de la Rochelle.
Histoire de l'Académie de la Rochelle, IV, 45600.
de la Chastaigneraie.
La connoissance des Arbres Fruitiers, I, 3468.
Chastain, Jean, Prêtre.
Explication du Concordat, I, 7559.
Addition à cet Ouvrage, 7560.
Chasteau, Nicolas.
Histoire du Couvent des Carmes d'Orléans, I, 13716; IV, S. 13696.**
de Chasteau du Bois : voyez le Clerc.
du Chasteau, Jérôme-Gabriel, Avocat.
Plaidoyer pour les Chanoines d'Orléans, I, 5436.
Panégyrique de M. Cochin, IV, 45855.
de Chasteauneuf : voyez de l'Aubespine.
de Chasteignier de la Rochepozay, Louis, Seigneur d'Abain.
Ambassade, III, 30192.
Réponses, 30193.
de Chasteignier de la Rochepozay, Henri, Evêque de Poitiers.
Litaniæ Pictonicæ, I, 4280.
du Chastel : voyez Amand.
du Chastel, Pierre, Evêque de Mâcon.
Orationes in funere Francisci Regis, II, 17618 & 32.
Le Trépas & enterrement de François I; II, 26736.
Chastelain : voyez du Chastel, qui précède.
Chastelain, Georges.
Déclaration des hauts faits de Philippe, Duc de Bourgogne, II, 25450; & III, 38580.
Vie de Charles, Duc de Bourgogne, II, 25459, douteux.
Histoire de Jacques de Lalain, III, 39365.
Chastelain, Claude, Chanoine de Paris.
Voyages dans le Diocèse de Paris, I, 2340.
Martyrologe universel, 4232.
Vocabulaire Hagiologique; IV, S. 4232*, II, 15491.
Vie de S. Chaumont, I, 8922.
Traduction d'une Lettre touchant S. Benoît d'Aniane, 11666.
Relation d'un Voyage à l'Abbaye d'Orval, 13117.
Chastelain (Dom), Bénédictin, Trésorier de Saint Remi de Reims.
Histoire de l'Eglise de S. Remi, IV, S. 12730.*
le Chastelain, Jean.
Chronique de Metz; III, 38772 & 78.
du Chastelet : voyez Hay.
de Chastelier.
Description de la Généalogie de la Maison de Martigné l'Effriere, III, 43135.
de Chastelier-Barlot, Léon, Maréchal de Camp des Armées du Roi.
Mémoires, III, 30579.
de Chatellenot : voyez de la Loge.
du Chastellier, Jacques, Evêque de Paris.
Statuta Synodalia, I, 6658; IV, S.
de Chastelraut, Henri, Moine.
Chronique, I, 13127.
Chastenet, Léonard, Chanoine Régulier.
Vie d'Alain de Solminiac, I, 7953; IV, S.

de Chastenet, Jacques, Seigneur de Puységur.
Mémoires, III, 32038.
Instructions Militaires, 32107.
de Chastenet, Jacques, Marquis de Puységur, fils du précédent.
L'Art de la Guerre, III, 32108.
du Chastenet : voyez Bourgeois.
de Chasteuil : voyez Galaup.
Chastillon, Claude.
Avis touchant le Canal de Paris, I, 921.
Carte du Laonnois, 1619.
Topographie Françoise, 2118.
de Chastillon : voyez de Coligny.
de Chastillon (Madame), qui paroît être l'épouse de Gaspard IV.
Lettres, II, 28043.
de la Chastre, Claude, Maréchal de France.
La prise de Thionville, II, 17706.
Histoire de ce qui s'est passé entre M. le Duc d'Anjou & les Etats généraux des Pays-Bas, 18395.
Avis à Monsieur, 18400.
Avis à M. de Guise, 18501.
Discours sur le Voyage de M. de Mayenne, 18550.
Lettre sur l'entreprise de M. de Guise, 18552.
Discours ample & très-véritable, 18584.
Discours de la Guerre civile de France, 18637.
Lettre au Prevôt des Marchands, 18797.
Discours de la défaite du Vicomte de Turenne, 18968.
Propositions aux Corps de Ville d'Orléans, 19434.
Discours concernant la Ligue, 19519.
Lettres, III, 30284.
Discours & Mémoires, 30729.
de la Chastre, Edme, Colonel-Général des Suisses.
Mémoires, II, 22196 & 23726.
de Chastres (le Marquis).
Conversations plaisantes, II, 24499.
de Chatala-Coture (M.).
Eloges de quelques Académiciens de Montauban; IV, 45719, & S.
Chatard, Jean, Prieur de Tossigni.
Elogium Jacobi Billii, I, 10956; V, Add.
de Chatignon : voyez Bonnet.
de la Chatte : voyez des Jardins.
Chauchemer, François, Dominicain.
Critique de l'Oraison funèbre de Madame Tiquet, IV, 48187.
Discours Moral & Chrétien sur le même sujet, Id.
de Chaufepié, Jacques-George.
Remarques sur Nicolas Anthoine, I, 5961.
—sur Labadie, 6009.
Histoire de Claude Pajon, 6049.
Remarques sur Lucas Jansse, 6058.
Histoire de David Ancillon, 6079.
Remarques sur Elie Saurin, 6104.
Histoire de Charles le Cene, 6106.
—de Louis Tronchin, 6108.
Remarques sur Isaac Jaquelot, 6111.
Histoire de Pierre Jurieu, 6115.
Remarques sur Pierre Allix, 6119.
—sur Jacques Bernard, 6123.
—sur Jacques Basnage, 6132.
—sur Jacques Abbadie, 6135.
Histoire d'Elie Benoît, 6136.
Remarques sur Daniel de Superville, 6138.
—sur Jacques Lenfant, 6141.
—sur Jacques Saurin, 6144.
—sur Isaac de Beausobre, 6150.
—sur Maturin Veyssiere la Croze, 6152.
—sur Alphonse des Vignoles, 6155.
—sur le Cardinal Albéric, 7774.
—sur Apollinaire Sidoine, 8434.
—sur Odon de Cambrai, 8571.
—sur M. de Fénelon, 8582.
—sur Agobard de Lyon, 8931.

Remarques sur Amolon de Lyon, 8932.
Histoire d'Albert de Mayence, 9105.
Remarques sur le Cardinal d'Ossat, 9911.
—sur Achard d'Avranches, 9926.
—sur Denys Amelote, 10890.
—sur Joseph Antelmi, 10893.
—sur Adrien Baillet, 10908.
—sur Etienne Baluze, 10915.
—sur l'Abbé de Boissy, 10977.
—sur Jean de Cordes, 11073.
—sur Louis Ellies du Pin, 11104.
—sur l'Abbé Fraguier, 11137.
—sur l'Abbé d'Aubignac, 11192.
—sur Jean de Launoy, 11231.
—sur M. de Tillemont, 11240.
—sur le Pere Malebranche, 11261.
—sur l'Abbé Menage, 11288.
—sur Isaac Papin, 11331.
—sur Guillaume Postel, 11370.
—sur François Rabelais, 11386.
—sur S. Adalhard, 11878.
—sur Jean Mabillon, 12523.
—sur Angilbert, 12744.
—sur Noël - Bonaventure d'Argonne, 13261.
—sur le P. le Bossu, 13620.
—sur Michel le Quien, 13843.
—sur le Pere Mersenne, 14048.
—sur Ignace Pardies, 14156.
Histoire de Jean Hardouin, 14190.
Remarques sur René - Joseph de Tournemine, 14197.
Vie de la Reine Nantilde, II, 15031.
Remarques sur le Maréchal de S. André, III, 31685.
Histoire du Cardinal d'Amboise, 32462.
Dictionaire Historique, IV, 45658.
Remarques sur Blaise Pascal, 45791.
—sur Guy Pape, 45960.
—sur Olivier Patru, 45967.
Histoire de Pierre Bélon, 46037.
Vie de Pierre Chirac, 46094.
—de Gabriel Naudé, 46248.
Histoire de Jean Pecquet, 46264.
Remarques sur Pierre Petit, 46278.
Histoire de Charles le Pois, 46289.
—de Jules-César Scaliger, 46323.
—de Joseph Pitton de Tournefort, 46334.
—de Sébastien Vaillant, 46341.
—de Herman Boërhave, 46390.
Remarques sur René Descartes, 46432.
—sur Jacques Ozanam, 46533.
—sur Pierre Petit, 46548.
—sur Bernard Renau, 46572.
—sur Charles Ancillon, 46615.
Histoire de Pierre Bayle, 46640.
Remarques sur Louis Boivin l'aîné, 46664.
—sur Charles du Fresne du Cange, 46682.
—sur Jean Froissart, 46737.
—sur Samuel Guichenon, 46755.
—sur Guillaume le Breton, 46757.
—sur François Eudes de Mézeray, 46832.
—sur Jacques le Quien de la Neuville, 46889.
—sur Paul Rapin de Thoiras, 46893.
—sur Jean Foy-Vaillant, 46941.
—sur Jean-François Foy-Vaillant, 46945.
—sur Adrien & Henri de Valois, 46955.
—sur Jean Barbier d'Aucour, 46996.
—sur Isaac Casaubon, 47028.
—sur André Dacier, 47061.
—sur Bernard de la Monnoie, 47147.
—sur Jacques Paulmier de Grentemesnil, 47176.
—sur Charles de S. Denys de S. Evremont, 47208.
—sur Nicolas Boileau des Préaux, 47323.
—sur Jean-Gualbert de Campistron, 47352.

Rem. sur Guillaume Amfrye de Chaulieu, 47364.
—sur Jean de la Fontaine, 47440.
—sur Etienne Pavillon, 47572.
—sur Philippe Quinault, 47602.
—sur Honorat de Bueil de Racan, 47608.
—sur Jean Racine, 47613.
—sur Jean-Baptiste Rousseau, 47649.
—sur Gérard de S. Amant, 47656.
—sur Paul Scarron, 47681.
—sur Charles le Brun, 47847.
—sur Madame Dacier, 48061.
—sur Louise Labé, 48099.
—sur Christine de Pisan, 48148.
—sur Madame de Sévigné, 48179.
de CHAUGY, Magdelène, Visitandine.
Vies des quatre premieres Meres de la Visitation, I, 15261.
Vies de sept Vénérables Meres du même Ordre, 15262.
Vies de huit Religieuses du même Ordre, 15263.
Vies de neuf Religieuses du même Ordre, IV, S. 15263.*
* Année Sainte des Religieuses de cet Ordre, 15267.
de CHAULMONT (le Sieur).
Oraison funèbre de Henri IV; IV, S. 20041.*
de CHAULNES: voyez d'Albert d'Ailly.
CHAUMEAU, Jean, Seigneur de Lassay.
Histoire de Berry, III, 35798.
de CHAUMELZ, Léonard, Conseiller en la Cour des Aides de Guyenne.
Devises pour Anne d'Autriche, II, 25175.
CHAUMONT, Jacques, Curé de S. Didier à Sens.
Oraison funèbre de Louis-Henri de Gondrin, I, 10077.
de CHAUMONT (M.), neveu de Georges d'Amboise.
Lettres, III, 29860.
de CHAUMONT: voyez Paparin.
CHAUSSE, Marie-Hieronyme, Annonciade.
Histoire des Annonciades de Lyon, I, 14702.
CHAUSSIER.
Mémoire sur le Ruisseau de Suzon, IV, Suppl. 886.**.
de CHAUVAN: voyez Mortaine.
le CHAUVE, Godefroi, Archevêque de Bourges: faux nom sous lequel se trouve le Livre suivant.
Vita S. Wilhelmi Briocensis, I, 10463.
CHAUVEAU, François.
Vie de S. Bruno gravée, I, 13237.
CHAUVEAU de Mauny.
Mémoire pour les Comtes de Lyon, I, 5397.
CHAUVELIN, Henri Philippe, Conseiller au Parlement de Paris.
Observations sur l'Extrait du Procès-verbal de l'Assemblée du Clergé de 1750, I, 7408.
Compte rendu sur les Constitutions des Jésuites, 14427.
—sur la Doctrine des Jésuites, 14429.
Discours au sujet de la Sanction-Pragmatique du Roi d'Espagne concernant les Jésuites, 14480.
Histoire d'un Voyage fait en la Floride, II, 18016; III, 39645.
Traduction d'une Histoire de l'Amérique, là.
de CHAUVIGNÉ-Jaillot: voyez Renou.
CHAUVIN (M.), Conseiller en la Cour des Monnoies.
Eloge des SS. Can & Cantien, I, 4350.
Poëme sur la Vie de S. François de Sales, là & 10776; IV, S. douteux.
de CHAUVINCOURT: voyez de Beauvoir.
CHAUVINEAU, André, Minime.
Dernieres Actions du Cardinal de Guise, I, 9579.
L'heureuse fin du P. Ange de Joyeuse, I, 13911; IV, S.
Lettre d'un Solitaire au Roi, Princes & Seigneurs, II, 21480.

de CHAVAGNAC, Gaspar, Comte, Maréchal de Camp.
Mémoires, II, 14153.
de CHAVANES, Jacques-Auguste, Avocat.
Histoire de la Sainte Chapelle de Dijon, I, 4996.
Réfutation des moyens de M. l'Abbé de S. Étienne, 4998.
de CHAVARLANGES, Antoine.
Quantité des Villes de France, I, 2108.
de CHAVIGNY : *voyez* le Bouthillier.
de CHAVIGNY, Jean-Aymes, Maire de Beaune.
Discours de l'Avénement de Henri IV à la Couronne de France, II, 19148.
La premiere face du Janus François, 19670.
Pleyades, 19808 ; IV, S.
Entrée de Henri II à Beaune, 26202.
Discours sur la Vie de Michel Nostradamus, IV, 46250.
CHAZAL, François, Bénédictin.
Historia Cœnobii Floriacensis, I, 11939.
Histoire de l'Abbaye de Pontlevoy, IV, *Suppl.* 12270.*
—de l'Abbaye de Saint-Maixent, I, 12589.
—de l'Abbaye de Solignac, 12887.
de CHAZANS : *voyez* Gaudran & Saumaise.
de CHAZELLES (M.), Professeur d'Hydrographie.
Le Neptune François, I, 696.
Mémoires sur les Côtes de l'Océan, 844.
—sur les Côtes de la Méditerranée, 848.
de CHEFFONTAINES, C. Archevêque de Césarée.
Apologie de la Confrairie des Pénitens, II, 18437.
CHÉMERY (M.), depuis Trésorier de S. Jacques de l'Hôpital.
Discours sur l'Assassinat du Roi, II, 24757.
du CHEMIN, Estienne, Chanoine Régulier.
Oraison funèbre du Cardinal de Coislin, III, 32267.
Éloge de la Marquise de Thouty, IV, 48186.
CHENEL, Jean, Sieur de la Chappronaye.
Les Révélations de l'Ermite Solitaire, II, 20708.
des CHENETS, le Sieur.
Lettres, III, 30268.
CHENU, Jean, Avocat.
Notitia Beneficiorum Diœcesis Bituricensis, I, 1247.
Antiquités de plusieurs Villes de France, I, 2105.
Historia Chronologica Episcoporum Galliæ, 7823.
Historia Archiepiscoporum Ecclesiæ Bituricensis, 8351.
Chronologia Historica Archiepiscoporum Bituricensium, *Id.*
Recueil des Réglemens concernant les Offices de France, III, 31195.
Priviléges de la Ville de Paris, 34598.
—de la Ville de Tours, 35656.
—de la Ville de Poitiers, 35734.
Antiquités & Priviléges de Bourges, 35805 ; IV, S. 34237* & 35805.
CHENYSOT, Pierre.
Le Rosier des Guerres, II, 27182, *par conjecture.*
du CHER, René, Bénédictin.
Historia Abbatiæ S. Cypriani, I, 12397.
de CHERBEYT, Hercules, *dit* Dardenne.
Apologie contre les Politiques, II, 20721.
CHEREAU.
Recueil des Troupes Légères, III, 32211.
CHERET (l'Abbé), Chanoine de Chartres.
Éloge de l'Abbé Prevost, I, 11374.
CHERLER, Paul.
Luctus Ecclesiæ Basileensis, III, 39124.
Encomium Basileæ, 39126.
CHERPIGNON, Hyacinthe, Dominicain.
Oraison funèbre du Maréchal de Castelnau, III, 31609 ; IV, S. *voyez* Charpignon & Chapignon.
Tome V.

CHERREAU, Olivier.
Histoire des Archevêques de Tours, I, 10265.
CHERRUAU, Nicolas.
Harangue funèbre du Président de Bourblanc, III, 33109.
la CHESE, François, Cordelier.
Nécrologe des Cordeliers de Dijon, III, 37062.
de la CHESNAYE-DES-BOIS, François-Alexandre.
Dictionnaire des Antiquités, &c. de France ; IV, S. 2111.*
—d'Agriculture, I, 3453.
—des Animaux, 3551.
—des Mœurs des François, II, 15461.
Almanach des Corps des Marchands, 28291 ; IV, *Suppl.*
Dictionnaire Généalogique, III, 40034 & 40595.
Dictionnaire de la Noblesse, 40035 & 40596.
Lettre sur la Maison du Chastel, 41804.
—sur les Maisons de Faudoas & de Rochechouart, 42268.
de CHESNE : *voyez* Guiot.
du CHESNE, Léger, Professeur Royal.
Volatilium, &c. magis apud Gallias frequentium nomina, I, 3546.
De internecione Gasparis Colignii, II, 18172.
Oratio in funere Caroli IX, 18241.
Plainte sur la mort d'Anne de Montmorency (en Latin), III, 31435.
Tumulus Gabrielis Mongommerii, III, 32009.
Oratio funebris Adriani Turnebi, IV, 47237.
du CHESNE, Nicolas.
Præfatio in vitam Bayardi, III, 31865.
du CHESNE, Marc.
Description des Gaules, I, 551.
du CHESNE (M.), Professeur en Théologie.
Panégyrique funèbre du Duc de Mantoue, III, 32029.
du CHESNE, André, Historiographe de France.
Description du Royaume de France, I, 780.
Antiquités des Villes de France, I, 2106.
Catalogue des Evêques de France, 7849.
Notæ in Bibliothecam Cluniacensem, 11787.
—in Historiam calamitatum Petri Abælardi, I, 11846.
Bibliothèque de l'Histoire de France, II, 15935.
Series Auctorum qui de rebus Francicis scripserunt, 15936 & 15968.
Historiæ Francorum Scriptores coætanei, 15982.
De Eginhardo, 16252.
Epithete d'honneur de Henri-le-Grand, 19988.
Généalogie de la Maison de Hugues Capet, 24909.
Tables généalogiques des Rois &c. de Bourgogne, 25286.
Histoire Généalogique des Ducs & Comtes de Bourgogne, 25287.
Histoire généalogique de la Maison de Dreux, 25308.
Réfutation de l'imposture de Thierri Piesford, 25877.
Traité des Habillemens royaux, &c. 25971.
Antiquités & Recherches de la grandeur des Rois de France, 26812.
De la Préséance des Rois de France, 26922.
Pièces concernant la Lorraine, 29005.
Recueil de Pièces servant à l'Histoire, III, 30622.
Notes sur l'Histoire des Connétables, &c. 31342.
Vie d'Anne de Montmorency, 31438.
—de Henri de Montmorency, 31444.
—du Duc de Sully, 31810.
—d'Alain Chartier, IV, S. 32676.*
Historiæ Normannorum Scriptores, 34954.
Histoire d'Angleterre, d'Écosse & d'Irlande, 35180.

Histoire des Rois, Ducs & Comtes de Bourgogne, 45868.
Table généalogique des Seigneurs de Dombes, 36047.
Histoire des Dauphins de Viennois, 37941.
Généalogies de plusieurs Familles de France, 40551.
Tables Généalogiques des Comtes de Lyon, 40704.
Histoire généalogique de la Maison d'Ardres, 40963.
Table généalogique des Comtes d'Auxerre, 41079.
Histoire généalogique de la Maison de Bar-le-Duc, 41119.
Table généalogique des Comtes de Beaujeu, 41197.
Histoire généalogique de la Maison de Béthune, 41321.
Généalogie de la Maison des Bouthilliers de Senlis, 41493.
Histoire généalogique de la Famille de Broye, 41580.
Table généalogique des Comtes de Châlons-sur-Saône, 41729.
Généalogie de la Maison de Chartres, 41788.
Histoire généalogique des Vicomtes de Chasteaudun, 41793.
—de la Maison de Chasteau-Villain, 41800.
—de la Maison des Chasteigniers, 41803.
—de la Maison de Chastillon-sur Marne, 41814.
—de la Maison de Couche, 42005.
—de la Maison de Coucy, 42007.
—des Comtes de Diois, 42131.
Table généalogique des Seigneurs de Dombes, 42135.
—des Comtes de Forès, 42377.
Histoire généalogique des Maisons de Guine, &c. 42658.
—des Maisons de Laval, 42868.
—de la Maison de Luxembourg, 43026.
Table généalogique des Comtes de Mâcon, 43145.
Histoire généalogique de la Maison de Montmorency, 43303.
Titres & Mémoires de la Maison de Montmorency, 43307.
Table généalogique des Comtes de Nevers, 43379.
Généalogie des Seigneurs de Rais du Breuil, 43714.
Histoire généalogique de la Maison du Plessis-Richelieu, 43783.
Généalogie de la Maison de la Rochefoucault, 43838.
—des Comtes de Saint-Paul, 44011.
Histoire généalogique de la Maison de Saint-Valier, 44022.
Table généalogique des Comtes de Sens, 44122.
Histoire généalogique des Comtes de Valentinois, 44354.
—de la Maison de Vergy, 44414.
du Chesne, François, Historiographe de France, fils du précéder t.
Antiquités des Villes de France, I, 2106.
Histoire du Pape Sylvestre II, 7680.
—du Pape Urbain II, 7695.
—du Pape Calliste II, 7700.
—du Pape Urbain IV, 7705.
—du Pape Clément IV, 7710.
—du Pape Martin IV, 7715.
—du Pape Clément V, 7723.
—du Pape Jean XXII, 7731.
—du Pape Benoît XII, 7737.
—du Pape Clément VI, 7742.
—du Pape Urbain V, 7752.
—du Pape Grégoire XI, 7756.
Histoire du Pape Clément VII, 7759.
Dessein de l'Histoire des Cardinaux, 7766.
Histoire des Cardinaux François, 7767.
Vie de Pierre de Collemieu, 7788.
—de Guillaume Ferrier, 7791.
Histoire de Guillaume de Champagne, 9567; III, 32446.
Continuatio Scriptorum Historiæ Francicæ, II, 15982.
Relation de ce qui s'est passé à l'entrée du Légat à Paris, 16458.
Histoire des Chanceliers & Gardes des Sceaux, III, 31486.
Traité des Officiers qui composent le Conseil d'Etat du Roi, 32405.
Antiquités de Paris, 34404.
Généalogies des Chanceliers, 40576.
Chesneau, Jean, Secrétaire d'Ambassade.
Voyage de M. d'Aramont, III, 29979.
Chesneau, Nicolas, Chanoine de Reims.
Traduction de l'Histoire de l'Eglise de Reims, de Flodoard, I, 9490; IV, S.
Carmen in fortunam jocantem, II, 17696.
Psalterium decachordum, 18311.
Epicedium super funere Francisci Lotharingi, III, 32297.
Chesneau, Gilles, Procureur-Fiscal.
Traité sur la Présidence de la Communauté de Rennes, III, 35431.
Chesneau, Nicolas, Médecin.
Abrégé des Vertus des Eaux de Barbotan, I, 2964.
Traduction Latine du même Ouvrage, là.
Chesneau, Henri.
Trophées métalliques des Seigneurs de Rostaing, III, 43896.
Chesneau (M.) de la Société Royale d'Orléans.
Dissertation sur la Devise de Louis XII; II; 17481.
Chesneau du Marsais (M.), Avocat.
Exposition de la Doctrine de l'Eglise Gallicane, I, 7037.
de la Chesnée-Monstereul, Ch.
Le Floriste François, I, 3496; IV, S.
Chesnel de la Chapperonaye, Jean.
La Régle de l'Ordre de la Magdelène, III, 40531.
Chesnon, Jacques, Jésuite.
Oraison funèbre de François-Ignace de Baglion de Saillant, I, 8322.
de Chesserilles.
Mémoire sur les Bains de Digne, IV, S. 3045.*
de Chessieux: voyez de la Grange.
de la Chétardie, Louise, Grande-Prieure de l'Abbaye de Faremoutier.
Vie de Sainte Fare, I, 14879.
Chéval, Germain, Bénédictin.
Vie de Martin Matrier, I, 12620.
de la Chevalerie: voyez Arnauld.
Chevalier (M.), Avocat.
Plaidoyer pour les Chanoines de Reims, IV, 44638.
Chevalier, Jean, Jésuite.
Traduction de la Chronique de Fontevrauld, I, 13936.
Réponse à la Lettre d'une Religieuse de Fontevrauld, 13954.
Chevalier, Joseph, Seigneur de Cablans.
Histoire du Périgord, III, 37572.
Chevalier, François, Evêque d'Alais.
Réponse au Protonotaire du S. Siége sur son Sacre, I, 9162.
Chevalier, Antoine, Chanoine.
Histoire de S. Amable, I, 10884.
Chevalier (M.), Académicien.
Carte de l'Evêché de Meaux, I, 1090.

CHEVALIER, Louis, Avocat.
Plaidoyer pour l'Abbesse des Cordelières du Faux-bourg S. Germain, I, 7490 & 15207.
Mémoire pour l'Académie Royale des Sciences, IV, 45526.
CHEVALIER (M.), Grand-Vicaire de Meaux.
Mémoire sur le refus des Bulles, IV, S. 7370.***
CHEVALIER (le Pere), Doctrinaire.
Carte de Marseille & des environs, I, 1672.
Mémoires sur la Vie d'Hercules Audifret, 10899.
CHEVALIER (Dom), Bénédictin.
Dissertation sur les Martyrs de S. Allyre, I, 4956.
CHEVALIER, François-Félix, Maître des Comptes.
Dissertation sur les Voies Romaines, I, 70; IV, Suppl.
—sur l'emplacement d'Olino, IV, S. 327.*
Mémoires sur Poligny, III, 38447.
Histoire de Poligny, 38448.
Diverses généalogies de Franche-Comté, 40667.
CHEVALIER (M.), Chirurgien.
Observations sur les Eaux de Bourbonne-les-bains, IV, S. 3014.*
le CHEVALIER, Joseph, Cistercien.
Vie d'Elzéar de Vire, I, 13928.
—d'Elisabeth de Sainte-Anne, 15065.
le CHEVALIER, François, Bénédictin.
Edition de la France Bénédictine, I, 1181.
de la CHEVALLERIE: *voyez* Tahureau.
CHEVALLET (M.), Avocat.
Mémoires sur la Ville de Gray, III, 38345.
CHEVALLOT de la Magdelène, Claude, Avocat.
Edition d'un Traité de l'Indult, I, 7668.
de CHEVANES, Nicolas, Avocat.
Griefs & moyens d'appel contre la réformation de Cîteaux, I, 12984.
Mausolée dressé à la Mémoire de M. de Bellegarde, III, 31342.
de CHEVANES, Jacques-Auguste, Avocat & ensuite Secrétaire du Roi.
Moyens de faux du Curé de Viteaux, I, 5016.
De vita & scriptis Caroli Fevreti, III, 33087.
Vita Joannis Lacurnæ, 34110.
Réponse au Mémoire de MM. de S. Etienne de Dijon, 36461 : *attribué*.
Vita Nicolai Chevanei, IV, 45851.
De Joannis Menestrerii vita, 46826.
de CHEVANES, Jacques, Capucin.
Oraison funèbre de Jean-Baptiste Gaston de France, II, 25604.
Harangue funèbre du Duc de Candale, III, 31854.
de CHEVANNE: *voyez* de Gaumont.
CHEVET, Pierre.
Vita del S. Yvone, I, 11553.
de CHEVIGNÉ: *voyez* de Villiers la Faye.
CHEVILLARD, François, Chanoine d'Orléans.
L'Entrée d'Alfonse d'Elbene, Evêque d'Orléans, I, 9480.
Epitaphe de Michel le Fevre, 11120.
Les Portraits parlants, III, 35619; IV, 45733.
CHEVILLARD, Jean.
Ses desseins du Cardinal de Richelieu pour l'Amérique, III, 39756.
Le grand Armorial, 40065.
Blazon des Prévôts des Marchands, &c. de Paris, 40128.
CHEVILLARD, Jacques, Historiographe, (*peut-être pere & fils du même nom*).
La France Chrétienne, I, 994.
Cartes géographiques pour l'Histoire de France, II, 15634.
Idée générale de l'Histoire de France, 15635.
Les Ducs & Pairs, III, 31255.
Les Grands-Officiers de la Couronne, 31345.

Les Grands-Aumôniers de France, 32225.
Les Grands-Maîtres de la Maison du Roi, 32227.
Le Parlement de Paris, 32876.
Etat de la Cour des Aydes, 33863.
Les Prévôts des Marchands & Echevins, 34597.
Tableau de l'Honneur, 40029.
Dictionnaire Héraldique, 40032.
L'Armorial de Bourgogne, 40085.
Blazon de Borgogne, 40087.
Les Armes des Gouverneurs, &c. de Paris, 40127.
Les Chevaliers du S. Esprit, 40506.
Histoire généalogique de la Maison de Beauvais, 41220.
—de la Maison de Crouy, 42065.
—de la Maison de Lorraine, 42990.
CHEVILLARD, Louis.
Le Nobiliaire de Normandie, III, 40733.
CHEVILLIER, André, Docteur & Bibliothécaire de Sorbonne.
Des Droits de l'Université sur la Librairie, IV, 44777.
Origine de l'Imprimerie de Paris, IV, 47958.
CHEVRE.
Lettre sur le fort de Montaimé, III, 34377.
de CHEVREMONT (l'Abbé).
La France ruinée, II, 27302.
de CHEVREMONT, Jean, Curé de Ver.
Antiquités de Mante, III, 34806.
de CHEVREUSE: *voyez* de Lorraine.
CHEVRIER, François-Antoine.
Vie du P. Norbert, IV, S. 13929.*
Histoire de la Campagne de 1757 & 1758, II, 24765.
Testament Politique du Maréchal de Belle-Isle, II, 24781.
Codicile & Esprit du même, 24782.
Vie politique & militaire du même, 24783.
Mémoires pour servir à l'Histoire des Hommes illustres de Lorraine, IV, 45708.
de CHEVRIERS de Saint-Vallier, Jean de la Croix, Evêque de Québec.
Etat de la Nouvelle France, I, 10802; III, 39699.
de CHEVRY, Raoul, Evêque d'Evreux.
Ordinationes, I, 6504.
de la CHEZE, René.
Le Roi Triomphant, II, 21895 & 26398; III, 34247.
CHIALI (l'Abbé).
Traduction de la Vie de Mandrin, III, 33769.
de CHIAVARI, Etienne.
Histoire des troubles d'Arles, III, 38196.
CHICHERÉ, Bailli de Cîteaux.
Vie de S. Bernard, I, 13054.
CHICOT.
Au Roi mon bon Maître, II, 18713.
CHICOYNEAU, François.
Relation de la peste de Marseille, I, 2550.
Lettres sur le précédent Ouvrage, 2553.
Observations sur la peste de Marseille, 2554.
Lettre sur le même sujet, 2557.
Avis au sujet des eaux d'Yeuzet, 3286.
Lettre sur la maladie du Roi, II, 24646.
de la CHIESA, Louis.
Histoire du Piémont (en Italien), III, 38016; IV, S.
De Vita & Gestis Marchionum Salucensium, &c, IV, S. 38016.
de CHIEZE, Jacques.
Principauté d'Orange, I, 1719.
CHIFFLET, Jean-Jacques, Médecin.
Portus Iccius demonstratus, I, 295.
De loco Concilii Eponensis, 511.
De linteis sepulchralibus Christi, 5113 & 14.
De Episcopis Bisontinis, 8157.

Opera Politico-historica, II, 15593.
Anastasis Childerici I, 16012.
Dissertatio de Vexillo Regali, 22074, & III, 31816.
De Matrimonio Ansberti, 24883.
Ad Vindicias Hispanicas Lampades historicæ, 24886.
Vindiciæ Hispanicæ, 24910 & 28931.
Ad Vindicias Hispanicas Lumina nova, genealogica, 24913.
Mantissa in Sammarthanos, 24915.
Imago Francici Eversoris, 24918 & 25890.
Verum Stemma Childebrandinum, 24919.
Mémoires des Siècles passés, 24921.
Ad Vindicias Hispanicas Lumina nova prærogativa, 25880.
Stemma Austriacum assertum, 25886.
Tenneurius expensus, 25888 & 28933.
De Ampulla Remensi, 25981.
De insignibus Regum Francorum, 27048.
Lilium Francicum illustratum, 27050.
Alsatia Regi Catholico vindicata, 27725; IV, S. 38715.*
Prælibatio de Terra & Lege Salica, 28530.
Lumina nova Salica, 28535.
Contra mentem explicatam Gallici assertoris, 28537.
Commentarius Lothariensis, 29021; IV, S.
Recueil des Traités de Paix, &c. III, 29362.
Titulus sepulchralis Gentiviæ Arausiensis, 38297.
Vesontio, 38430.
Mémoire sur la Lorraine, 38811.
Lotharingia masculina, 38825.
Insignia Gentilitia Equitum Valleris Aurei, 40423.
CHIFFLET, Jules, Chanoine de Besançon, fils du précédent.
De sacris inscriptionibus quibus tabella D. Virginis Cameracensis illustratur, I, 4131.
Aula sacra Principum Belgii, 5090.
Audomatum obsessum, II, 21935; III, 39007.
Crux Andræana victrix II, 22053; IV, Suppl. 39004.*
Connoissance des deux Familles Royales de Bourgogne, II, 25434.
Breviarium Historicum Ordinis Velleris Aurei, III, 40425.
Traité de la Maison de Rye, 43960.
Les Marques d'honneur de la Maison de Tassis, 44194.
CHIFFLET, Jean, Avocat, frere du précédent.
Editio Aulæ sacræ Principum Belgii, I, 5090. Cette Edition a été attribuée à Jean-Jacques leur pere.
CHIFFLET, Philippe, Prieur de Bellefontaine, oncle des deux précédens.
Histoire du Prieuré de Notre-Dame de Bellefontaine, I, 4095.
Avis sur la nomination à l'Archevêché de Besançon, 7561 & 8167 : attribué à Jules, son neveu.
Traduction du Siège de Bréda, III, 39531.
CHIFFLET, Pierre-François, Jésuite, frere du précédent.
Dissertatio de uno Dionysio, I, 4049.
Extrait de cette Dissertation en François, 4050.
Opusculum de S. Dionysio, 4052.
Appendix de S. Dionysio, 4053.
Vita Sanctæ Paschasiæ, 4614.
—S. Triverii, 4702.
Divio Christiana, 4994.
Catalogus Episcoporum Vesontionensis Ecclesiæ, 8156.
Illustrationes Claudianæ, 8183.
De S. Albrico Augustodunensi, 8986.
De S. Martini Tempore, 10292.
Paulinus Illustratus, 10822.
Notes sur la Vie de S. Simon de Crespy, IV, S. 12208.

Series Abbatum S. Benigni, 12353.
De Ecclesia S. Stephani Divionensis, 12451.
Notæ in Vitam S. Baboleni, 12641.
Histoire de l'Abbaye & de la Ville de Tournus, 12909.
Excerpta de Vita S. Bernardi, 13044.
Dissertatio de annis Dagoberti, II, 15905.
Lettre touchant Béatrix, Comtesse de Châlons, III, 38385 & 41751.
S. Bernardi genus illustre assertum, 41284.
Diatriba de illustri genere S. Bernardi, Id.
Origo prima Comitum Valentinensium, 44356.
CHIFFLET, Paul Ferdinand, Moine.
De genere S. Bernardi, III, 41283.
CHIFFLET, Guy-François.
Exemption du Chapitre de Dôle, IV, S. 5119.*
Dissertatio circa visitationem Ecclesiæ Dolanæ, 8166.
CHIFFLET (M.), Président.
Dissertation sur l'Origine du nom de Franche-Comté, III, 38369.
Examen d'une Dissertation sur le Douaire, 38392.
CHIFFLOT, Antoine, Avocat.
Relation des réjouissances de Sémur, sur la naissance de M. le Duc de Bourgogne, II, 26472; III, 37315.
de CHILLY : voyez de Gilley.
de CHINIAC de Labastide du Claux (M.), Avocat.
Histoire des Celtes, IV, S. 3746.*
Discours sur la Religion Gauloise, IV, S. 3810.*
Discours sur le temps où la Religion Chrétienne fut établie dans les Gaules, IV, S. 4011.
Commentaire sur le Discours de M. Fleury, touchant les Libertés de l'Eglise Gallicane, 7030.
Réflexions sur ce Commentaire, 7031.
de CHIREMONT : voyez le Normant.
de CHIVERNI : voyez Hurault.
CHOART de Buzanval, Paul, Ambassadeur.
Lettres, III, 30358 & 66 & 474.
Négociations, 30358 & 65.
CHOART de Buzanval, Nicolas, Evêque de Beauvais, petit-neveu du précédent.
Statuts Synodaux, I, 6401.
de CHOISEUL, César, Duc & Maréchal du Plessis-Praslin.
Mémoires, II, 23962.
Lettres III, 30760 & 30833.
de CHOISEUL, Gilbert, Evêque de Comminges, puis de Tournay.
Rapport fait à l'Assemblée du Clergé, I, 7303; IV, S. 7098.*
Oraison funèbre de Jean-Louis de Bertier, I, 10249.
—de Charles Paris d'Orléans, II, 25555.
—du Prince de Conty, 25852.
Harangue à MM. de la Noblesse, IV, S. 27533.*
de CHOISEUL-Stainville, Léopold Charles, Archevêque d'Albi, depuis de Cambray.
Statuts Synodaux, I, 6319.
de CHOISEUL-Beaupré, Gabriel-Florent, Evêque de Mende.
Statuts Synodaux, I, 6615.
CHOISNYN, Jean, Secrétaire du Roi de Pologne.
Discours sur l'Election du Roi de Pologne, II, 18281.
Procès-verbal du Recolement des Terres du Pays reconquis, 17827.
de CHOISY, François-Timoléon, Académicien.
Vie de Madame de Miramion, I, 4809.
Histoire de l'Eglise, 4909; IV, S.
Eloge de Jacques-Bénigne Bossuet, 9425.
Vie de S. Louis, II, 16881.
Histoire de Philippe de Valois & de ses Successeurs, 17052, 75 & 148.

Mémoires pour servir à l'Histoire de Louis XIV, 24511.
Journal du Voyage de Siam, III, 31066.
Apologie du Cardinal de Bouillon, 32270, *attribuée*.

CHOLET, Jacques, Avocat.
Factums pour le Duc de Sully, I, 9445 ; III, 31258.
Réponse aux Mémoires touchant les Factums, I, 9445 ; III, 31260.
Indice du Traité de Ferreolus & d'Ansbert, II, 24878.
Mémoires, III, 35804.

CHOMEDEY, Jerôme.
Traduction de l'Histoire de Guichardin, II, 17547.

CHOMEL, Noël, Curé de S. Vincent de Lyon.
Dictionaire Œconomique, I, 2458.

CHOMEL, Jean-Baptiste, Médecin.
Des Eaux d'Auvergne & du Bourbonnois, I, 2937.
Observations sur les Eaux du Mont-d'or, 3111.
Histoire des Plantes d'Auvergne, 3314.
Additions aux Mémoires de M. Charles, sur les Plantes d'Auvergne, 3315.

CHOMEL, Jacques-François, Médecin.
Traité des Eaux de Vichy, I, 2879 & 3277.
Description des Eaux du Mont-d'or, 3112.

CHOMEL, Jean-Baptiste-Louis.
Essai historique sur la Médecine en France, IV, 44848.
Vie de Pierre-Jean-Baptiste Chomel, 46096.
Eloge de Louis Duret, 46129.
Eloge de Jacques Molin, *dit* Dumoulin, 46228.

CHOMER.
Abrégé de l'Histoire de France, II, 15786.

CHOPIN, René, Jurisconsulte.
Oratio de Gregorii XIV ad Gallos diplomate, I, 7183.
De Sacra Politia Forensi, 7360.
Panegyricus Henrico IV dictus, II, 19635.
De Domanio Franciæ, 27666 ; V, *Add.*

CHOPY, Antoine.
Carte du Lac de Genève, I, 1977.

CHOQUET, Hyacinthe, Dominicain.
De SS. Belgii ex Ordine Prædicatorum, I, 13761 ; IV, *S.* 13748.*

CHOQUET, Romain, Récollect.
Vie de Sainte Aye, I, 4324 ; IV, *S.*

CHOQUET (M.), Ingénieur.
Description des trois formes du Port de Brest, III, 35490.

CHOQUEZ (le Pere), Récollect.
Chronique des Evêques de Cambrai, I, 8538.
Vie de S. Géri de Cambrai, 8554.

CHORIER, Nicolas, Avocat.
De la Géographie moderne du Dauphiné, I, 2212.
Des Merveilles du Dauphiné, 3686.
Histoire Chronologique des Archevêques d'Embrun, &c. 8822.
Elogium Petri de Villars, 10729.
Histoire des Prieurs-Généraux des Chartreux, 13225.
Vie du Duc de Lesdiguieres, II, 21950.
Vita Petri Boissati, III, 33354.
—Dionysii Salvagnii Boëssii, 33800.
Histoire du Dauphiné, 37933.
Histoire abrégée du Dauphiné, 37934.
L'Etat politique de cette Province, 37935.
Recherches sur les Antiquités de Vienne, 37998.
Armorial de Dauphiné, 40097.
Nobiliaire de Dauphiné, 40651.
Histoire de la Maison de Saffenage, 44069.
Vie de Guy Pape, IV, 45958.

du CHOUL, Jean.
Pilati Montis Descriptio, I, 1636 ; IV, *Suppl.* 1637.

de CHOUPPES (le Marquis), Lieutenant-Général des Armées du Roi.
Mémoires, II, 23867 ; IV, *S.*

CHOUX.
Lettre sur l'Histoire de Provence, III, 38054.

CHREITIER (M.), Chapelain du Roi de Dannemark.
Discours sur l'Assassinat du Roi, II, 24757.

CHRÉTIEN, Moine de Sauve-Majoure.
Vita S. Gerardi ; I, 12873.

CHRÉTIEN II, ou Conrad, Archevêque de Mayence.
Chronicon rerum Moguntiarum, I, 9070 ; III, 39188 & 91.

CHRÉTIEN, Florent, Précepteur du Roi de Navarre.
Histoire de notre Tems, II, 18410.

CHRÉTIEN, François, Marchand.
Relation du Bombardement de Dieppe, III, 35241.

CHRÉTIEN, Jean, Jésuite.
Lettres écrites de Cayenne, III, 39781 & 82.

CHRÉTIEN (Dom) Bénédictin.
Histoire de la Ville de Mouson, III, 34261.

CHRÉTIEN, François : *faux nom sous lequel s'est couvert* Jean Chevalier, I, 13954 : *voyez* Chevalier.

CHRISTINE de France, Duchesse de Savoie.
Lettres & Dépêches, III, 30614.

CHRISTIUS, Frédéric.
De Nicolao Machiavello, II, 27093.

CHRISTOPHE, Pape.
Confirmatio Privilegiorum Corbeiæ, IV, *Suppl.* 11870.*

CHROUET, W. Médecin.
La connoissance des Eaux d'Aix-la-Chapelle, &c. I, 2905 & 3245.
Traduction d'une Dissertation sur les Eaux de Spa ; 3240 & 41.

CHRYSOSTOME de S. Denys (le Pere), Trinitaire Déchaussé.
Vie de S. Mayeul, I, 11814.

CHRYSOSTOME de S. Lô (le Pere), Religieux Pénitent.
Vie d'Antoine le Clerc, IV, *S.* 4745 ; V, *Add.*

CHUPPÉ, Pierre, Avocat.
Factum pour M. de Luxembourg, III, 31271.

de CHUYES, Georges.
La Guide de Paris, III, 34483.

CHYTRÉE, Nathan.
Variorum in Europa itinerum Deliciæ, I, 2295.
Iter Parisiense, 2365.

CIAMBOTTI, Jean-Baptiste.
Vita miracolosa di Santa Genovefa, IV, *Suppl.* 4450.*

CIBOLE, Robert, Chancelier de l'Université de Paris.
Opuscule sur la Pucelle, II, 17201.

CIBON, Laurent, Evêque de Vannes.
Ordonnances Synodales, I, 6804 ; IV, *S.*

de CICÉ : *voyez* Champion.

CICQUOT : *vraisemblablement faux nom.*
Les Paraboles, II, 19416.

CIGNA, Victor-Amédée.
Traduction Italienne de l'Histoire de France du Président Hénault, II, 15852.

CIMINY (M.), Chanoine d'Arles.
Dissertation sur la Mission de S. Trophime, I, 4068.

de CINQ-CIEUX, Sovil : *faux nom sous lequel s'est caché* Louis de Quincé, II, 17343 : *voyez* de Quincé.

de CIPIERE.
Lettre sur S. Front, I, 4427.

CIPRIAN.
Projet d'un Canal en Provence, I, 968.

de CIREY, Jean, Abbé de Cîteaux.
Chronicon Cisterciense, I, 11946; III, 35874.
Compendium Sanctorum Ordinis Cisterciensis, I, 11953.
Privilegia Ordinis Cisterciensis, 11965.
de CISTERNAY du Fay, Charles-François, Académicien.
Observations sur les Eaux de Bourbonne-les-Bains, I, 3009.
—sur les Salamandres, 3681.
CITOIS (M.), Médecin.
Histoire d'un Miracle de Notre-Dame des Ardilliers, I, 4090.
de CITRI.
Traduction d'une Histoire de la Conquête de Jérusalem, par Saladin, II, 16700.
CIZERON-Rival, François-Louis.
Réfutation d'un Mensonge, II, 24505.
Mémoire sur Claude Brossette, IV, S. 47019.*
—sur Philippe Néricault des Touches, IV, 47694.
—sur Madame Galliat, 48073.
CLABAULT (M.).
Tableau de la Maison de France, II, 24988.
Analyse de ce Tableau, Id.
CLADIERE, Jean-Joseph, Bénédictin.
Histoire de Notre-Dame de Vastinieres sous le Mont-d'or, I, 4220; IV, S.
CLAIR (M.), Ingénieur du Roi.
Carte des Isles de Sainte-Marguerite & de S. Honorat, I, 1599.
CLAIRAC.
Us & Coutumes de la Mer, II, 28323.
CLAIRAUT.
Observations sur la mesure d'un degré du Méridien, III, 34385.
de CLAIRBOURG: *voyez* Baron.
CLAIREAU, C. L. Minime.
Oraison funèbre du Cardinal de Coislin, III, 32268.
CLAIREMBAULT, Pierre, Généalogiste de l'Ordre du S. Esprit.
Inventaire des Mss. de M. de Gaignieres, II, 15946.
Catalogue des Chevaliers de l'Ordre du S. Esprit, III, 40509.
Recueil concernant l'Ordre du S. Esprit, 40520.
Généalogies des principales Familles de France, 40562.
CLAIREMBAULT, Nicolas-Paschal, Généalogiste de l'Ordre du S. Esprit, neveu du précédent.
Table Généalogique de la Maison de Rohan, III, 43864.
de CLAIRFONTAINE: *voyez* Dagues.
du CLAIRON: *voyez* Mailler.
de CLAIRVAL (M.).
Mémoire sur les Mûriers blancs, I, 3352.
de CLAMECY: *voyez* Venelle.
de CLAMORGAN, Jean, Seigneur de Saane.
La Chasse au Loup, I, 3583.
CLANSEAN.
Carte du Comté Venaissin, I, 1905.
CLAPASSON, André, Avocat.
Description de la Ville de Lyon, III, 37361; IV, S.
de CLAPIERS, François, Sieur de Vauvenargues.
De Provinciæ Comitibus, III, 38047.
Généalogie des Comtes de Provence, 43661.
de CLAPIERS-Colongue (le Chevalier).
Histoire du Régiment d'Infanterie du Maine, III, 32298.
CLAPISSON, Pierre, Conseiller au Châtelet.
Journal de la Chambre du Tiers-Etat, II, 27520.
de CLARET, François, Archidiacre d'Arles.
Nouvelle Agriculture, ou la Provence, Traduction, I, 2437; III, 38010.

Oraison funèbre du Chevalier de Guise, III, 31983.
de CLARI, François, Avocat-Général au Grand-Conseil.
Philippiques, I, 7185.
Remontrance au Grand-Conseil, II, 19377.
CLARIUS, Moine de S. Pierre-le-Vif.
Chronicon Monasterii S. Petri Vivi, I, 12713.
CLARKE, Samuel.
Histoire de Guillaume le Conquérant, III, 34982.
CLASGAR de Valles, Paul.
Triumfo de la Orden Militar de San Juan, III, 40294.
de CLASSUN.
Carte de l'Evêché d'Aire, I, 1004.
—de l'Evêché d'Acqs, 1055.
—du Présidial d'Acqs, 1375.
CLAUDE, Jean, Ministre Calviniste.
Plaintes des Protestans, I, 6057.
CLAUDE, Isaac, Ministre Calviniste, fils du précédent.
Le Comte de Soissons, II, 25865.
CLAUDE (M.), petit-fils de Jean.
Vie de David Martin, I, 6129.
CLAUDE Silvere d'Abbeville (le Pere), Capucin.
Histoire de la Bienheureuse Colerte, I, 15184.
Histoire de la Navigation des Capucins dans l'Isle de Maranga, III, 39773.
CLAUSSE, Cosme, Sieur de Marchaumont, Secrétaire des Finances.
Expéditions, III, 30034.
du CLAUX: *voyez* de Chiniac.
CLAVELLI: *voyez* de Novillieri.
CLAVIER, Estienne.
Panegyricus in adventum Archiepiscopi Bituricensis, I, 8403.
Floridonum Liber singularis, II, 15413.
Carmina in Statuam Equestrem Henrici IV, 20213.
de CLAVIGNY de Sainte-Honorine (M.), Chanoine de Bayeux.
Vie de Guillaume le Conquérant, III, 34983.
de CLAYE: *voyez* de Ricouart.
de CLAYES: *voyez* d'Herouville.
CLÉ, Jean, Jésuite.
De SS. Mauritio ac Sociis ejus, I, 4578; IV, S.
De S. Arnulfo Vapincensi, 7907.
De S. Solemne Carnotensi, 9365.
De S. Principio Suessionensi, 9594.
De S. Eustochio Turonensi, 10306.
De S. Mileto Trevirensi, 10524.
De S. Goërico, seu Abbone, Metensi, 10563.
De S. Sequano, 12753.
De Sancta Salaberga, 14739.
CLEANTE: *faux nom sous lequel s'est caché* Claude Pocquet, IV, 45813: *voyez* Pocquet.
de CLEAUX: *voyez* Fornier.
des CLÉERS, Hugues, Chevalier.
Commentarius de Majoratu & Seneschalia Franciæ, III, 31382.
de CLEMANGIS, Nicolas, Archidiacre de Bayeux.
Disputatio super materia Concilii generalis, I, 7539.
Epistolæ, III, 19812.
CLÉMENCET, Charles, Bénédictin.
Lettres à Morénas, I, 4919.
Lettre de Philippe Gramme, 4921.
Observations sur l'Affaire de Gottescalc, 5564.
Lettres sur la réalité du Projet de Bourgfontaine, 10870.
Vie de Bonaventure Racine, IV, S. 11388.*
Eloge de D. Maur Dantine, I, 12257.
Traduction Latine d'une Vie de Dom Pierre Coustant, IV, S. 12534.
— d'une Vie de D. Simon Mopinot, 12538.

Eloge

Eloge de D. Antoine Rivet, I, 12833 ; IV, S. 12833 & 46895.
Histoire-Générale de Port-Royal, I, 15092.
Catalogue des Mss. de la Bibliothèque des Jésuites, V, *Add.* 15947.*
Histoire Littéraire de la France, Tomes X. & XI. IV, 44548.

CLÉMENT IV, Pape.
Epistolæ, III, 29790.

CLÉMENT VII.
Epistola ad Carolum V. Imperatorem, III, 29897.

CLÉMENT XI. Pape.
Bref à Philippe V. Roi d'Espagne, II, 28946.

CLÉMENT XII. Pape.
Bulle pour l'Erection de l'Evêché de Dijon, I, 9049.
Bulle de Canonisation du B. Vincent de Paul, 11526.

CLÉMENT.
De Vita Caroli Magni, II, 16269.

CLÉMENT, Nicolas.
Austrasiæ Reges & Lotharingiæ Duces, III, 38857 ; IV, S. 15711.*

CLÉMENT, Claude, Jésuite.
Clemens IV. Pontificatu Maximus, I, 7709.
Ecclesiæ Lugdunensis Majestas, 8863.
Rodolphi de Chevriers, Gentilitius Splendor, 9950.

CLÉMENT, Antoine.
De Vita Claudii Salmasii, IV, 47210.

CLÉMENT, Nicolas, Bibliothécaire du Roi.
Défense de l'Antiquité de Toul, I, 10617.

CLÉMENT, Denys-Xavier.
Pratique de dévotion en l'honneur de S. Jean Népomucene, I, 5359.
Oraison funèbre de Scipion-Jérôme Bégon, 10649.
Panégyrique de la B. Jeanne de Chantal, 15281.
Oraison funèbre de feu M. le Dauphin, II, 25752.
—de Madame Anne-Henriette de France, 25782.
—du Roi Stanislas, III, 38923.
—de la Reine de Pologne, IV, S. 38931.*

CLÉMENT, François, Bénédictin.
Histoire de Pierre le Vénérable, IV, S. 11857.*
—de S. Bernard, IV, S. 13068.
Chronologie Historique des Rois de France, IV, S. 15929.*
Catalogue des Mss. de la Bibliothèque des Jésuites, V, *Add.* 15947.*
Historiens de France, Tome XII. IV, S. 15984.
Chronologie Historique des Rois de Portugal issus de la Maison de France, IV, S, 25297.*
—des Rois d'Espagne issus de la Maison de France, IV, S. 25747.*
—des Comtes de Vermandois, III, 34181.
—des Comtes de Champagne, 34225.
—des Comtes d'Alençon, 35300.
—des Comtes d'Evreux, 35315.
—des Rois, Comtes & Ducs de Bretagne, 35403.
—des Comtes du Maine, 35510.
—des Comtes du Perche, 35524; IV, S.
—des Comtes & Ducs de Nevers, 34563.
—des Comtes de Blois, 35634.
—des Comtes & Ducs d'Anjou, 35683.
—des Rois de Sicile & de Naples, 35687.
—des Comtes de Poitiers, 35716.
—des Comtes d'Angoulême, 35785.
—des Comtes de Berry, 35801; IV, S.
—des Comtes de Sancerre, 35815.
—des premiers Rois de Bourgogne, 35844.
—des Ducs de Bourgogne, 35883; IV, S.
—des Comtes de Maurienne & Ducs de Savoie, 36043.
—des Comtes & Dauphins d'Auvergne, 37448.
—des Comtes de la Marche, 37489.
—des Ducs de Guyenne, 37507.
—des Comtes de Perigord, 37570.

Tome V.

—des Comtes de Rouergue, 37624.
—des Ducs de Gascogne, 37633.
—des Comtes d'Armagnac, 37634.
—des Comtes de Bigorre, 37637.
—des Comtes de Cominges, 37643.
—des Sires d'Albret, 37650.
—des Comtes & Princes de Béarn, 37657.
—des Rois de Navarre, 37668.
—des Rois Visigoths, 37718.
—des Rois de Toulouse, 37719.
—des Comtes & Ducs de Toulouse, 37720.
—des Vicomtes de Narbonne, 37808.
—des Comtes de Carcassonne, 37812.
—des Comtes de Foix, 37922.
—des Comtes & Dauphins de Viennois, 37943.
—des Rois de Provence & d'Arles, 38037.
—des Comtes de Provence, 38038.
—des Comtes de Forcalquier, 38056.
—des Princes de Monaco, 38277.
—des Princes d'Orange, 38283.
—des Comtes de la Marche d'Espagne, 38364; IV, S.
—des Comtes de Bourgogne, 38388.
—des Rois & Ducs de Lorraine, 38817.
—des Comtes & Ducs de Bar, 38939.
—des Comtes d'Arrois, 38964.
—des Comtes de Flandres, 39012 & 39393.
—des Comtes de Hainaut, 39431.
—des Ducs de Basse-Lorraine, 39500.
—des Comtes de Hollande, 39604.
—des Grands-Maîtres de l'Ordre de S. Jean de Jérusalem, 40300.
—des Grands-Maîtres du Temple, 40342.
Histoire Littéraire de la France, Tome XII, IV, 44548, & S.

CLÉMENT (l'Abbé), Chanoine & Trésorier de l'Eglise d'Auxerre.
Réponse aux Lettres critiques sur les Religieuses de S. Germain d'Auxerre, I, 10142; IV, S.

CLÉMENTINI, Girolamo Curtio.
Notitia della Vita di San Liborio, I, 10357.

de CLÉONVILLE : *faux nom sous lequel s'est couvert* Jean Sirmond, II, 21694 : *voyez* Sirmond.

CLEOPHON : *faux nom d'un Auteur inconnu.*
Lettre à Polémarque, II, 20741.

le CLERC, Nicolas.
Chronique du Brabant, III, 39479.

le CLERC, Jean, Graveur.
Cartes de la France, I, 785.
Théâtre des Villes de France, 2109.
Vies des Grands Personnages, III, 31357.
Portraits des Hommes illustres, IV, 45632.

le CLERC,
Traduction de la Jérusalem délivrée du Tasse, II, 16602.

le CLERC, Jacques.
Histoire de Bourgogne, III, 35872.

le CLERC, Chrétien, Récollect.
Etablissement de la Foi dans la Nouvelle France, III, 39700.
Relation de la Gaspesie, 39701.

le CLERC (M.), Prêtre.
Eloge du Comte de Montal, III, 32000.

le CLERC, Sébastien, Graveur.
Les petites Conquêtes de Louis XIV ; I, 2142.
Plans, Elévations & Vues du Louvre & des Tuileries, II, 26988. *Il y a eu part.*

le CLERC, Paul, Jésuite.
Vie de S. François Regis, IV, S. 14128.

le CLERC, Jean, Ministre Calviniste.
Mémoires pour servir à l'Histoire des Controverses, &c. I, 5567.
Remarques sur Sulpice Sévere, I, 11463.
Vie de Thierry Ruinart, 12526.
Abrégé des Actes recueillis par Rymer, III, 29411.

Q q q

La Vie du Cardinal de Richelieu, 32519.
Eloge de Jean Pafferat, IV, 47170.
le CLERC, Pierre, Soudiacre de Rouen.
Difcours préliminaire à la tête de l'Hiftoire des Perfécutions des Religieufes de Port-Royal, IV, S. 15108.
le CLERC (M.), Médecin.
Effais fur les Maladies du Bétail, IV, *Suppl.* 3570.*
le CLERC: *nom fous lequel s'eft couvert* M. de Forbonnais, III, 34700: *voyez* de Forbonnais.
le CLERC du Brillet.
Edition du IVe. Tome du Traité de la Police, III, 34458.
Eloge de Nicolas de la Mare, IV, 46801.
le CLERC de la Bruere (M.), Secrétaire d'Ambaffade.
Hiftoire du Règne de Charlemagne, II, 16309.
le CLERC de Chafteau du Bois.
Dictionaire Caraïb-François, III, 39757.
le CLERC de la Foreft, Antoine.
Stations faites pour l'Entrée de la Reine Marie de Médicis, IV, S. 26307.*
Défenfe des Puiffances de la Terre, IV, *Suppl.* 26808 *, II, 27103.
le CLERC de Montlinot, Charles-Antoine.
Hiftoire de la Ville de Lifle, III, 39024; IV, *Suppl.*
le CLERC du Tremblay, Jofeph, Capucin.
Lettres, III, 30590 & 602.
du CLERCQ, Jacques, Seigneur de Beauvoir.
Hiftoire des Vaudois d'Arras, I, 5709; IV, *Suppl.*
Mémoires, II, 17297; IV, S.
le CLERCQ, Charles.
Panegyricus Michaëli de la Vigne, IV, 46354.
de CLERE : *voyez* de Protoval.
de la CLERGERYE : *voyez* Bry.
de CLERIIS : *voyez* des Cléers.
de CLERMONT (le Comte), Pierre : *voyez* de Bourbon (le Duc), Pierre II.
de CLERMONT-de-Chafte-de-Rouffillon, Louis, Evêque de Laon.
Ordonnances Synodales, I, 6545.
de CLERMONT-Tonnerre, François, Evêque de Noyon.
Statuts Synodaux & Ordonnances Synodales, I, 6651; IV, S.
Mémoire pour fervir à fon Eloge, 9762.
de CLERMONT-Tonnerre, François, Evêque de Langres, neveu du précédent.
Oraifon funèbre de Philippe de France, Duc d'Orléans, II, 25655.
de CLERMONT, François de Paule, Marquis de Montglat, Meftre-de-Camp.
Mémoires, II, 23865 & 66.
de CLERMONT, Louis, Chanoine Régulier.
Centuria Virorum illuftrium in Ordine Canonico, I, 13593.
de CLERON : *voyez* Terrier.
CLEROT (M.), Avocat.
Conjectures fur *Vetera domus*, I, 445.
Differtations fur les peuples du Pays de Caux ; 3927.
Défenfe d'un Acte qui fait foi de la fabrication de faux Privilèges, 12810.
Lettre fur les gens mariés de Normandie, III, 34929.
—fur la Defcription de la haute - Normandie, 34934.
de CLERVILLE, Louis, Chevalier, Commiffaire - Général des Fortifications.
Rapport touchant le Canal de Languedoc, I, 897.
Dépêches fur le même fujet, *là*.
Mémoires fur le Port de Cette, 901.

Difcours fur les Graus du Languedoc, 984.
Carte des Montagnes d'Auvergne, 1371.
CLETY (Dom), Bénédictin.
Differtation fur l'Abbaye de S. Bertin, I, 12365.
Réponfe aux Obfervations fur cet Ecrit, 12367.
de CLEVANS (le Marquis), Secrétaire de l'Académie de Befançon.
Eloge de M. Loys, III, 33854.
Relations de plufieurs féances publiques de l'Académie, IV, S. 45557.*
Eloge de M. le Vacher, IV, 46338.
de CLEVES, François, Duc de Nevers.
Lettres, III, 30065.
CLICHOU, Jacques, Jurifconfulte.
De Coronatione Henri II ; II, 26057.
CLICHTOVE, Joffe.
Oratio de laudibus S. Ludovici, II, 16863.
De Regis Officio, 27104.
CLICHTOVE, Jérôme, neveu du précédent.
Collection des Vies de S. Martin, I, 10275.
CLICQUOT (M.).
Differtation fur l'Etat du Commerce de France, II, 28155.
CLICQUOT - Blervache, Simon.
Ode fur les Fontaines de Reims, III, 34257.
de la CLIELLE - Brochard, Ifaïe.
Lettres & Mémoires, III, 30248.
Négociations, 30288.
CLODORÉ, J.
Relation de ce qui s'eft paffé dans l'Amérique, III, 39760.
CLOSNER, Frédéric.
Liber de rebus urbis Argentinenfis, III, 38718.
CLOUZIER.
Requête du Chapitre de S. Jacques de l'Hôpital, I, 5236.
CLOVIS I, Roi de France.
Epiftola ad Epifcopos, III, 29726.
CLOYSEAULT, Charles, Oratorien.
Vie de François Saint-Pé, I, 11431.
de CLOZET (l'Abbé).
Oraifon funèbre de Madame la Princeffe de Condé, II, 25846.
CLOZIER.
Mémoire fur une Souche d'Arbres pétrifiée, I, 2813.
CLUGNY, Jacques, Lieutenant - Général du Bailliage de Dijon.
Defcription des Grottes d'Arcy, I, 2788.
de CLUGNY, Ferry, Evêque de Tournai.
Statuta, IV, S. 6761.*
CLUSIUS, Charles.
Traduction Latine des Remontrances de Bellon fur l'Agriculture, I, 3441.
Exotiques, *là*.
Defcriptio Galliæ Belgicæ, III, 39265.
CLUTIN, Henri, Sieur d'Oifel, Ambaffadeur.
Lettres, III, 30134.
CLUVIER, Philippe, Géographe.
Germania Cifrhenana, I, 47.
Commentarius de tribus Rheni alveis, &c. I, 158.
Difquifitio de Francia, II, 15391.
Germania antiqua, 15392.
De Burgundionibus, III, 35833.
COCCEIUS, Henri.
De Lege Salica, Oratio, II, 28543.
COCCINI, Nicolas.
De Francorum origine, II, 15361.
COCCINI, Michel.
De rebus geftis in Italia, II, 17451.
De tranflatione Imperii Romani, 28760.
COCCINI, Jérôme.
Traduction Italienne de la Généalogie de la Maifon de Bourbon, II, 24973.
COCCIUS, Joffe, Jéfuite.
Hiftoria SS. Alfatiæ, I, 4240.

Table des Auteurs.

Dagobertus Rex, Argentinensis Episcopatûs fundator, I, 9124.
Cochet de Saint-Vallier, Melchior, Président au Parlement de Paris.
Traité de l'Indult, I, 7672.
Lettre sur un Traité des Droits & Obligations des Chapitres, 7841.
Dissertation sur les Armoiries de France, II, 27058.
Cochin, Henri, Avocat.
Observations dans la cause des Abbayes de Chezal-Benoît, I, 7564.
Mémoire pour les Religieuses du Val-de-Grâce, 9590 & 12386; IV, S.
—pour la Congrégation de S. Antoine, 13445.
—pour les Officiers de la Chambre des Comptes de Dijon, III, 36634.
—pour le Landgrave de Hesse-Darmstadt, III, 38750; IV, S. 38760.*
Cochin, Charles-Nicolas, Secrétaire de l'Académie de Peinture.
Essai sur Jean-Baptiste Deshays, IV, 47871.
Eloge de Jean-Baptiste Massé, 47900.
Lettres sur René-Michel Slodtz & sur Deshays, 47936.
Cochin (M.), Graveur.
Plans, &c. servant à l'Histoire de Louis XIV; I, 2144. *Il y a eu part.*
le Cocq (M.), Lieutenant particulier du Bailliage de Vire.
Mémoire pour servir à l'Histoire de Vire, III, 35329.
le Cocq (Luc), Curé de S. Germain d'Orléans.
Oraison funèbre du Cardinal de Coislin, III, 32263.
le Cocq : *voyez* le Jau.
le Cocq la Magdeleine.
Abrégé historique de la Maison d'Egmont, III, 42185.
Cocquault, Pierre, Chanoine de Reims.
Table Chronologique de l'Histoire de Reims, I, 9497; IV, S. 34258.
Mémoires pour servir à l'Histoire Ecclésiastique de Reims, 9498.
Supplément à ces Mémoires, *là*.
Mémoires pour la revendication des Eglises des Pays-Bas, 9501.
Mémoires sur divers Etablissemens de Reims, III, 34258.
Extrait sur Reims, 34379.
Cocqueau, Jean, Conseiller-Pensionnaire de Valenciennes.
Mémoires sur la Ville de Valenciennes, III, 39058.
Cocquebert.
Varia selecta Remensia, III, 34379.
de Cocquerel, Nicolas, Conseiller de la Cour des Monnoies.
Discours sur les Monnoies, III, 33933.
Rapport des Conférences sur les Monnoies, 33939.
Les causes du surhaussement des Monnoies, 33941.
Moyen pour bannir les Faux-Monnoyeurs, 33942.
Conférence des Monnoies, 33999.
de Cocquerel (M.), Lieutenant-Général de l'Amirauté de Flandres.
Le Navire de la France, II, 23858.
Cocqueriomont : *voyez* du Hetis.
Codretto, Paschal, Franciscain.
Vita di San Luigi di Tolofa, I, 10226.
Codretto, Antoine-Augustin.
Historia del Principe Thomaso di Savoia, III, 32319.
Coeffeteau, Nicolas, Evêque de Marseille.
Abrégé de l'Argenis, II, 19918.
Harangue funèbre sur Henri IV, 10027.
Consolation à Madame la Princesse de Conti, III, 31977.
Cœnalis : *voyez* Cenalis.

Coens, Pierre.
Disquisitio de Beghinis, I, 14715.
Copian, Jean.
Scholiæ in Librum Macri de prosperis Gallorum successibus, II, 17671.
de Cœuvre : *voyez* d'Estrées.
Coffin, Charles, Recteur de l'Université de Paris.
Campania vindicata, IV, S. 3530.*
Hymni super patrato in nova Hæmorrhoissa Miraculo, 5271.
Exposition des motifs de l'Appel de l'Université (en Latin), 5663, IV, S.
Laudatio funebris Delphini (Ludovici XIV nepotis), II, 25715.
Oratio in ortum Delphini (Ludovici XV filii), 25739.
Discours au Roi & au Duc d'Orléans, IV, 44694.
Coffin, Daniel-Charles, Conseiller au Châtelet, neveu du précédent.
Eloge de Charles Coffin, I, 11062.
Coger, François-Marie, Professeur de l'Université de Paris.
Poésie sur la Convalescence du Roi, II, 24653.
In horrendum nefas Carmen, 24757.
Examen du Discours de M. Thomas sur M. le Dauphin, 25757.
Coggoshale, Raoul, Abbé Cistercien.
Chronicon Terræ Sanctæ, II, 16709 & 61.
Chronicon Anglicanum, 16720.
Cognatus : *voyez* Cousin.
Cogniasse, Joseph, Ex-Jésuite.
Oraison funèbre de Louis de Lascaris d'Urfé, I, 8482.
Portrait du même, 8483.
Cohart, Pierre.
Description du saint Séjour des sept Œuvres de Miséricorde, I, 5307.
Cohon, Anthime-Denys, Evêque de Nismes, puis de Dol.
Ordonnances Synodales, I, 6638.
Relation de ce qui s'est passé dans l'Assemblée de Mantes, 6879.
Lettre interceptée, II, 22727.
Sentimens d'un fidèle Sujet, 23380 : attribués.
Cohon, (M.), Chanoine de S. Benoît.
Lettre sur la mort de Françoise de Vassé, I, 15225.
de Coiardan, Jean, Evêque d'Avignon.
Statuta Synodalia, IV, S. 6360.
Coichi, Antoine.
Lettre sur la Henriade, II, 19553.
Coieffé, Marc.
Carte de l'Evêché du Mans, I, 1087.
Coiffier, *dit* Ruzé, Antoine, Marquis d'Effiat, Maréchal de France.
Les heureux progrès des Armées de Louis XIII; II, 21641.
Mémoire sur la Guerre d'Italie, 21726.
Etat des Affaires des Finances, 28028.
Lettres, II, 28043; III, 30487 & 545.
Ambassade, III, 30486 & 94.
la Coignée, Pierre.
Réponse au sujet de la Réduction de Lyon, II, 19501.
Coignet de la Thuillerie, Gaspard, Comte de Courson.
Lettres, III, 30606, 709, 17 & 37.
Ambassades, 30716.
le Coigneux, Jacques, Président au Parlement de Paris.
Remontrances, II, 22625.
le Coigneux de Bachaumont, François.
Voyage fait en France, I, 2314.
le Coince (M.), Conseiller au Présidial d'Orléans.
Bibliographie Orléanoise, III, 35586.

Tome V.

de COINSY, Gautier, Moine de S. Médard de Soissons.
Poëme sur Notre-Dame de Soissons, I, 4211.
le COINTE, Charles, Oratorien.
De Provinciis Viennensi, Narbonnensi, Germanica
& Alpinis, I, 138.
De tribus Aquitanicis & Novempopulania, 146;
III, 37493.
Augusta Veromanduorum ubi sita ? I, 209.
De Boiis, eorumque antiquis sedibus, 231.
Variæ Galliarum Divisiones antiquæ, 428.
Franciæ Metropoles XVII sub Pippino, 463.
Quid sit Septimania ? 487.
Ubinam victus Amalaricus ? 525.
De Areopagiticis Hilduini, 4019.
Annales Ecclesiastici Francorum, 4907.
Agaunensis Concilii Acta an sint suppositicia ?
6310.
Status Administrationis Ecclesiarum tempore Pippini, 7815.
De Primatia Galliarum, 7836.
De Episcopis trium Provinciarum Aquitaniæ ætate
Clodovæi, 8076.
De causa Martyrii S. Lamberti, 8754.
De Primatu Lugdunensi, 8867.
De anno quo obiit S. Martinus, 10291.
De translatione Corporis S. Benedicti, 11954.
Monachi Reomaenses, 12240.
De S. Sequano, 12754.
De judicio per aquam frigidam, II, 15527.
Examen Chronologiæ Gregorii Turonensis, 15880.
Tabulæ Regum Francorum, 15893.
Reges Francorum, 15894.
De Baptismo Clodovæi, 16018.
Interpellationes Historiæ Francorum Gregorianæ
observatæ, 16052.
De variis editionibus Aimoinianæ Historiæ, 16093.
Examen Actorum S. Dagoberti, 16116.
Reges Merovingici, ab inertiæ accusatione vindicati, 16136.
De Pipini ad Solium regium elevatione, 16155.
De Donatione Pipini erga Sanctam Sedem,
16174.
De Imperio Occidentali ad Carolum magnum,
16225.
Examen discriminis titulorum cujusdam Chartæ
Ludovici Pii, 16329.
Refutatio Actorum exauctorationis Ludovici Pii,
16344.
De Clodomiro & Theodorico filiis Clodovæi, &c.
24850.
Genealogia Regum Francorum à Dagoberto I,
&c. 24857.
Stemma genealogicum posteriorum Regum Meroveadorum, 24860.
De Matrimoniis Ferreoli & Ansberti, 24877.
De Childebrando, 24922.
Variæ de Brunichilde Fabulæ refutatæ, 25026.
De denominationibus Reges Francorum vel Franciæ,
&c. 26790.
De Regibus Franciæ vocatis, Imperatores, 26793.
De Jure sedis Legatorum Franciæ, 26939.
An Carolus magnus habuerit jus Papam eligendi,
26949.
De Jure hæreditario Coronæ Francicæ, 28541.
De non translato Imperio à Græcis ad Francos,
28771.
Traité des Maximes d'aucuns Princes de l'Europe,
29134.
An sub Clodovæo ponebatur Consulum nomen in
Actis publicis, III, 29479.
Præcepta Meroveadarum Regum, 29502.
De Missis Dominicis, 31320.
De Moneta Germanorum & Francorum, 33896.
Mémoires de Marseille & de la Provence, 38237.
De Urbe Colonia, 39202.

le COINTE, Jacques.
Histoire de Louis XIII, II, 22161.
le COINTE, Jean-Louis, Officier au Régiment de l'Isle
de France.
Dissertation sur la pêche de l'or, I, 2784; IV,
Suppl.
—sur le Commerce de France, II, 28154.
—sur les Ordres de Chevalerie, III, 40275.
—sur l'état des Sciences en France avant François I;
IV, 44565.
le COINTE, Pierre, Avocat.
Dissertation sur la Loi Salique, II, 28546.
le COINTRE, Denys, Abbé de Landeve.
Histoire du Val des Ecoliers, I, 13656.
de COISLIN : voyez du Cambout.
COLARD, Antoine, Chanoine de Reims.
Annales Antistitum Remensium, I, 9494.
Commentaria Rerum Remensium, III, 34232.
COLARDEAU, Julien.
Tableaux des Victoires de Louis XIII; II, 21562 &
21649.
COLAS, Jacques, Garde de la Monnoie de Paris.
Mémoire sur les Monnoies, III, 33971.
COLAS, Marie, dite de S. Bernard, Religieuse.
Histoire de l'Abbaye de Bonnesaigne, IV, Suppl.
14859.*
COLAS, Henri.
Eloge de Philippe Delamet, I, 11092.
COLAS, Jean-François.
Oraison funèbre de Louis Duc d'Orléans, II,
25677.
COLAS de Portmorand, Al. Abbé de Plenesfelve.
Idée de la Famille de S. Joseph, I, 5258.
de COLAZON.
Notes sur l'Ambassadeur, III, 32633.
COLBERT, Jean-Baptiste, Marquis de Seignelay, Contrôleur-Général des Finances.
Lettre au Cardinal Mazarin, II, 23812.
Mémoires & Dépêches, III, 30826.
COLBERT, Jacques-Nicolas, Archevêque de Rouen, fils
du précédent.
Requête au Roi, I, 8872 & 73.
COLBERT, Nicolas, Evêque de Luçon & ensuite d'Auxerre, frere du précédent.
Notes sur la signature du Formulaire, IV, Suppl.
4982** & 5601.*
Ordonnances Synodales, I, 6386 & 6570.
COLBERT, André, Evêque d'Auxerre, neveu du précédent.
Ordonnances Synodales, I, 6387; IV, Suppl.
6387.*
COLBERT, Charles, Marquis de Croissy, Intendant
d'Alsace, autre fils de Jean-Baptiste.
Mémoires d'Alsace & des trois Evêchés, II, 27723;
III, 38709.
Lettres, III, 30981 & 83, 31015.
Mémoire concernant l'Etat du Poitou, 35728.
COLBERT, Jean-Baptiste, Marquis de Torcy, Secrétaire
d'Etat, fils du précédent.
Relation de la Fontaine sans fond, I, 2868.
Mémoires, III, 31135.
COLBERT, Charles-Joachim, Evêque de Montpellier,
frere du précédent.
Lettre au Roi sur les Auteurs des maux de l'Eglise,
I, 5673 & 14390; IV, S.
Lettre Pastorale au sujet du Miracle de la Verune,
5679.
Instruction Pastorale pour servir de Réponse à celle
de M. l'Archevêque de Sens, 5687.
Statuts & Ordonnances, 6623.
Lettre au sujet d'une Lettre de l'Assemblée du Clergé,
6920 & 7344.
Mandement au sujet de l'Office du Pape Grégoire
VII, 7341.
Lettre au Roi sur le même sujet, 7342.

COLBERT, Jean-Baptiste, Seigneur de Saint-Pouange & de Villacerf, Intendant en Lorraine.
Lettres, III, 30849.
COLBERT de Villacerf, Michel, Evêque de Mâcon, fils du précédent.
Ordonnances Synodales, I, 6604.
COLBERT de Villacerf, Jean-Baptiste-Michel, Archevêque de Touloufe, frere du précédent.
Ordonnances Synodales, I, 6761.
COLET, Jean, Official de Troyes.
Gloffæ in Statuta Synodalia, I, 6770.
COLIARD, Pierre, Dominicain.
Vita Sebastiani Michaëlis, I, 13811.
COLIGNON, Fr. Graveur.
Plans, &c. fervant à l'Histoire de Louis XIV; I, 2144. *Il y a eu part.*
COLIGNON, Pierre.
Panegyricus Sillerianæ Familiæ, III, 44145.
de COLIGNY, Gaspard I, Seigneur de Chastillon, Maréchal de France.
Lettres, III, 29875 & 82.
de COLIGNY de Chastillon, Gaspard II, Colonel géral de l'Infanterie Françoise & Amiral de France, fils du précédent.
Discours sur le Siége de Saint-Quentin, II, 17690.
Mémoires, *là. C'est le même Discours.*
Lettre au Roi, 17691.
Discours sur la Bataille de Dreux, 17906.
Réponse aux Interrogatoires de Jean Poltrot, 17917.
Déclaration sur certains points, 17918.
Défense contre Jean Poltrot, 17919.
Remontrance au Roi, 18035.
Négociations, III, 29951.
Lettres, 29952, 30017 & 18, & 30145.
de COLIGNY de Chastillon, Odet, Cardinal, Archevêque de Touloufe & Evêque de Beauvais, frere du précédent.
Constitutiones Synodales, I, 6400.
Lettres, III, 30145.
de COLIGNY de Chastillon, François (non Charles), Seigneur d'Andelot, Colonel général de l'Infanterie Françoise, frere des deux précédens.
Lettres, III, 30145.
de COLIGNY de Chastillon, François, Comte de Chastillon & ensuite de Coligny, Amiral de Guienne, fils de l'Amiral Gaspard II.
Discours de ce qui s'est passé en l'Armée étrangère, II, 18583.
de COLIGNY de Chastillon, Gaspard III, Maréchal de France & Amiral de Guienne, fils du précédent.
Manifeste, II, 21072.
Mémoires, II, 21767; III, 30647.
Relation de ce qui s'est passé au Camp devant Arras, II, 22009.
Relation de la bataille de la Marfée, 22047.
Lettres, III, 30700.
de COLIGNY de Chastillon, Gaspard IV, Lieutenant-Général des Armées du Roi, fils du précédent.
Lettres, II, 28043.
COLIN,
Lemovici eruditione illustres, IV, 45704.
COLIN (l'Abbé), Tréforier de l'Eglise Métropolitaine de Paris.
Lettre contre un Livre intitulé, Curiosités de l'Eglise de N.D. de Paris, I, 5152.
COLIN de Serre, Brunon, Grand-Archidiacre & Official de Mâcon.
Histoire de l'Eglife de Mâcon, I, 9044.
de la COLINIERE (M.), Conseiller au Parlement de Bretagne.
Lettre, III, 35446.

COLINS, Pierre.
Les Lauriers de la Maison de Bourbon, II, 22005.
Histoire des choses mémorables, III, 39436.
Histoire généalogique des Seigneurs d'Enghien, 42190; IV, S.
de COLLANGE, Gabriel.
Traduction de l'Histoire Angloise de Polydore Virgile, III, 35171.
COLLART, Jean.
Notes sur le Journal de la Paix d'Arras, IV, S. 17245*, III, 29808 & 38985.
COLLÉ.
La Partie de Chaffe de Henri IV; II, 20058.
de COLLEMEDIO : *voyez* de Colmieu.
COLLET, N. Jurisconsulte.
De Supremâ Romani Pontificis autoritate, I; 7316.
COLLET, Philibert, Avocat.
Dissertation sur les peuples des Pays de Bresse, &c. I, 342.
Histoire Physique de Bresse, 2402.
Catalogue des Plantes de Dijon, 3330.
Critique de l'Histoire de Bresse, III, 36035 & 37.
Remarques sur l'Histoire des Révolutions de Bresse *là.*
Critique de l'Histoire de la Souveraineté de Dombes, 36051.
Histoire de Dombes, 36055.
Castilio restituta, 36072.
COLLET, Pierre, Prêtre de la Mission.
Vie de Henri-Marie Boudon, I, 10981.
— de S. Vincent de Paule, 11523.
— de S. Jean de la Croix, IV, S. 13713.*
— de Madame le Gras, IV, S. 15035.*
COLLET (l'Abbé).
Histoire de S. Vincent de Paul, I, 11523.
Récit de la Maladie de M. le Dauphin, II, 25746; IV, S.
COLLETET, Guillaume, Avocat & Poëte.
Le bonheur de la vie solitaire, I, 5332.
Vie de Pierre Abeillard, 11852.
Poëme sur la naissance du Dauphin (fils de Louis XIII), II, 22176.
Traduction des Eloges des Hommes illustres de la France, IV, 45627.
Vie de Nicolas Vignier, 46966.
Histoire des Poëtes François, 47266.
Enumération des Poëtes François Moraux, 47271.
COLLETET, François, Poëte, fils du précédent.
Apologie de la solitude sacrée, I, 5335.
Journaux historiques, II, 23849.
La Hollande vaincue, IV, S. 23998*.
Relation de la prise de Mastricht, II, 24014.
Relation de l'Entrée de leurs Majestés dans Paris, 26440.
Antiquités de Paris, III, 34403.
La Ville de Paris, 34484.
Le Tracas de Paris, 34501.
Journal de Paris, 34529.
COLLIER, Claude.
Continuation de l'Histoire des Connétables, &c. III, 31342.
COLLIETTE, Louis-Paul, Doyen du Doyenné de S. Quentin.
Pouillé du Diocèse de Noyon, IV, S. 1271.*
Histoire de S. Quentin, IV, S. 4627.*
Mémoire sur l'Histoire de Vermandois, III, 34182; IV, S.
COLLIN, Gaspard.
De Thermis Vallesianorum, III, 39139.
COLLIN, Raphaël, Conseiller au Présidial de la Rochelle.
Annales, III, 35755.

COLLIN, Jean, Théologal de l'Eglise de S. Junien.
Histoire des Saints du Diocèse de Limoges, I, 4269.
Florilegium sacrum Lemovicense, IV, S. 4269.*
Vita beatorum Amandi & Juniani, I, 13272.
Table Chronologique de l'Histoire du Limosin, III, 37595.
COLLIN, Jean.
Plan de Reims, IV, S. 1842.*
COLLIN (M.), Vicaire perpétuel de l'Eglise de Paris.
Vie de Madame Polaillon, I, 4801.
COLLIN (M.), Secrétaire du Prince Palatin.
Précis de l'Histoire du Palatinat, V, Add. 39200.
COLLINI, Séraphin.
La Regia Tomba, II, 19995.
COLLINS, Jean, Aumônier du Roi.
Les Lauriers de la Maison de Bourbon, II, 24979.
COLLINSON.
Observations sur la Cicade, I, 3645.
de COLLONE, Geoffroy, Moine de S. Pierre-le-Vif.
Libellus super Nominibus Senonensium Archiepiscoporum, I, 10011.
Historia S. Petri Senonensis, 12714.
COLLÔT, Bernard, Chanoine de S. Germain l'Auxerrois.
Requête & Mémoire contre l'union du Chapitre de S. Germain l'Auxerrois avec celui de Notre-Dame, I, 5226.
de COLMIEU, Jean, Archidiacre de Térouanne.
Vita B. Joannis Teruanensis, I, 9779.
COLMONT, Octavien, Prêtre.
Mémoires sur la naissance & les progrès de l'hérésie à Dieppe, I, 5998.
COLOM, Jacques.
La Colonne de la mer, I, 837.
de COLOM.
La Complainte du Pays Souverain de Béarn, I, 5905; IV, S. 37688.*
COLOMB, Guillaume, Dominicain.
Oraison funèbre de la Marquise de Saint-Aulaire, IV, 18164.
COLOMB, Adalbert, Bénédictin.
Histoire des Auteurs Comtois, IV, 45699.
COLOMB, Jean, Bénédictin.
Histoire de l'Abbaye de S. Vincent du Mans, IV, S. 12832.**
COLOMB, Jean-François, Bénédictin.
Lettre sur Gilles de Paris, IV, 47458.
COLOMBAN, Moine.
Carmen de origine Gentis Francorum, II, 24864.
COLOMBIER (M.), Médecin.
Histoire naturelle de l'Artois, I, 2388.
de la COLOMBIERE, Claude, Jésuite.
Vie de Marguerite-Marie Alacoque, I, 15296.
de la COLOMBIERE: voyez Vulson.
COLOMBY.
Les Plaintes de la Captive Califton, II, 19843.
de COLOMBY: voyez de Cauvigny.
COLOMIEZ, Paul, Prêtre Anglican.
Editio Passionis SS. Victoris, &c. I, 4712.
Vie de Jacques Sirmond, 14137.
Avertissement touchant les Mémoires de la Reine Marguerite, II, 25130.
Gallia Orientalis, IV, 45729.
COLON, Bernard, Professeur de l'Université de Paris.
Oratio funebris in obitum Guillelmi de Lamoignon, III, 32925.
COLONGUE: voyez de Clapiers.
de COLONGUE: voyez de Forefta.
de COLONIA, Dominique, Jésuite.
Instruction sur le Jubilé de l'Eglise Primatiale de Lyon, I, 5399.

Oraison funèbre de Claude de S. Georges, 8957.
Abrégé de la Vie de Jean-François Regis, 14128.
Remarques sur une Inscription du temps de Charles VIII; II, 17408.
Oraison funèbre de Madame la Princesse de Condé, 25842.
Relation de ce qui s'est passé à Lyon lorsque les Princes y vinrent, 26506.
Réjouissances faites à Lyon pour la Naissance de M. le Duc de Bretagne, 26522.
Antiquités de la Ville de Lyon, III, 37343, IV, S. 37356.*
Discours concernant l'Histoire Littéraire de la Ville de Lyon, 37357.
Histoire Littéraire de la Ville de Lyon, IV, 45711.
de la COLONIE (M.), Maréchal de Camp des Armées de l'Electeur de Baviere.
Mémoires, II, 24546.
de la COLONIE (M.).
Histoire de la Ville de Bordeaux, III, 37532.
de COLONNE, Raoul, Chanoine de Chartres.
De Translatione Imperii Romani, II, 28757.
de COLONNE, Jean, Dominicain.
Mare Historiarum, II, 16829.
COLUMB, Fortunat.
Vita Ludovici Biroffi, I, 14073.
COLUMBI, Jean, Jésuite.
Notre-Dame de Manosque, IV, S. 4169.*
Virgo Romigera seu Manuescensis, I, 4202.
Noctes Blancalandanæ, 7850.
De rebus gestis Episcoporum Sistaricensium, 7910.
—Episcoporum Vasionensium, 8145.
—Episcoporum Valentinorum & Diensium, 10733 & 43.
—Episcoporum Vivariensium, 10761.
Quòd Joannes Monlucius non fuerit hæreticus; 10741.
De Cartusianorum initiis, 13242.
De Origine Congregationis S. Rufi, 13463.
De Blancalanda Cœnobio, 13562.
Historia Guillelmi Junioris, Comitis Forcalquieri, III, 38058.
De Manuesca Urbe Provinciæ, 38265; IV, S.
De Simianea Gente, 44147.
COLUMBI (le Pere), Dominicain.
Histoire de Sainte Magdelène, I, 3993.
COLUMNA: voyez Gilles.
COLUMNA, Jean-Baptiste, Romain, Chevalier.
Raconto Historico, II, 24086.
Discorso Augurico, 24087.
de COLUMNA: voyez de Colonne & de Coulombelle.
COLVENERE, Georges, Chancelier de l'Université de Douai.
Chronicon Cameracense & Atrebatense, I, 8523.
Editio Historiæ Flodoardi, 9490.
Vita Flodoardi, 11124.
Vita Thomæ Cantipratani, 13773.
de COMBALET: voyez Vignerod.
COMBALUSIER, François de Paule, Médecin.
Mémoire sur les Eaux de Saint-Laurent, IV, Suppl. 3213.*
Mémoire pour les Médecins de Montpellier, IV, 44982.
Défense de la Faculté de Médecine de Paris, 45005.
Eloge de François Chicoyneau, 46089; IV, S.
de COMBAULT, Charles, Baron d'Aureuil.
Eloge d'Anscheric, Evêque de Paris, I, 9311; II, 16459.
—d'Estienne de Garlande, Doyen de S. Aignan d'Orléans, & élu Evêque de Beauvais, I, 9476 & 9685; II, 16649.

—de Seulphe, Archevêque de Reims, I, 9553; II, 1648.
—de Guillaume de Champagne, Archevêque de Reims, I, 9568; II, 16689; III, 32447.
—de Guérin, Evêque de Senlis, I, 9665.
—d'Eble de Poitiers, Abbé de S. Denys, I, 12429; II, 16460.
—de Suger, Abbé de S. Denys, I, 12438.
Vie de Matthieu de Vendôme, Abbé de S. Denys, 12442.
Eloge de Bouchard, Comte de Melun, Moine du Fossé, 12648.
—de Geoffroi Martel, Comte d'Anjou, Moine de S. Nicolas d'Angers, I, 12697; II, 16559.
—d'Eudes de Chartres, Comte de Champagne, II, 16537.
—de Guy de Montlehery, II, 16624; III, 31394.
—d'Ansel de Garlande, II, 16634; III, 31395.
—de Robert & Gilles Clement, II, 16686.
Vie de la Reine Blanche, Mere de S. Louis, II, 16817 & 25047.
Eloge de Pierre de Villebeon, II, 16828; III, 32324.
Le vrai Childebrand, II, 24920.
Discours sur l'origine de la Maison d'Autriche, II, 25891.
—sur l'ancien Dapifer ou Sénéchal, III, 31391.
—sur le Connétable, 31402.
—sur le Chancelier, 31479.
—sur le Maréchal de France, 31572.
—sur la Chappe de S. Martin, 31824.
—sur le Chambellan, 32322.
Eloge d'Enguerrant de Marigny, 32329.
Histoire des Ministres d'Etat, 32444.
Discours abrégé de l'Artois, 38989.
de la COMBE, Honoré, Avocat.
Le progrès du Commerce, II, 28230.
de la COMBE (M.).
Dictionaire du vieux Langage, II, 15492.
Supplément, Id.
de la COMBE : voyez du Rousseaud.
COMBEL, ou Combes.
Explication de la Maison Royale de Versailles, II, 27007.
—de ce qu'il y a de plus remarquable à Saint-Cloud, IV, S. 34788.*
COMBES, Cl.
Tarif du Présage universel des Provinces de France, I, 2088.
COMBES.
Eloge du Chevalier Bayard, III, 31871.
COMBES, Jean, Avocat du Roi au Présidial de Riom.
Traité des Tailles, III, 33870.
de COMBES, Jean, Médecin.
Hydrologie, I, 3076.
de COMBES (M.).
L'Ecole du Jardin potager, I, 3454.
Traité de la culture des pêchers, 3472; IV, S.
COMBET, Claude, Dominicain.
Oraison funèbre d'Anne d'Autriche, II, 25169.
COMELIO, François.
L'Adieu de Jules Mazarin, II, 22808.
COMIERS, Claude, Mathématicien.
De Balneis Borbon-Anselmiensibus, I, 2990.
Lettre touchant les Eaux de Bourbon-Lancy, 2992.
de COMINES, Philippe, Seigneur d'Argenton.
Mémoires, II, 17325, 92 & 93.
de COMMANVILLE (l'Abbé).
Evêchés de la France, I, 1211.
de COMMANVILLE : voyez de Rouen.
COMMELIN, Gaspard.
Descriptio Urbis Amstelodamensis, III, 39611.

COMMENDON, Jean-François, Légat du Pape, II, 18269.
COMMIRE, Jean, Jésuite.
Ara Druidum Virgini pariturae sacra, I, 4126.
San-Cloviani Fontes, III, 34790.
COMOTO, Amadée, Clerc Régulier de S. Paul.
La Vita della Madre de Chantal, I, 15273.
de COMPAIGNE, Bertrand, Avocat.
Catalogue des Evêques d'Acqs, I, 8087.
Chronique du Diocèse de Baïonne, I, 8121; III, 37652.
COMPAING, (M.), Curé du Diocèse de Toulouse.
Traduction de la Vie de S. Gerauld d'Aurillac, I, 4472.
de COMPAS, André, dit le P. Cyprien, Carme Déchaussé.
Vertus & Ecrits de la Baronne de Neuvillette, I, 4812.
Description des Déserts des Carmes Déchaussés, 13710.
La Destruction du Duel, III, 40192.
le COMTE, Noël.
Historia universalis, II, 18422.
le COMTE, Antoine.
Oraison panégyrique au Duc d'Anjou, frere de Henri III, II, 26269; IV, S.
Commentarius in Constitutionem de Feudis, III, 39899.
le COMTE, Florent, Sculpteur & Peintre.
Des anciens bâtimens des Rois de France, II, 16986.
Cabinet des singularités d'Architecture, Peinture & Gravure, IV, 47823.
le COMTE (M.), Chanoine du Mans.
Panégyrique de la B. de Chantal, IV, Suppl. 15282.*
CONAIN : nom douteux.
Le Livre de la Poterne, III, 35776.
CONARD, Jean, Bénédictin.
Antiquités de la Ville de Séez, I, 12629.
CONCHET, P. Ch. Dominicain.
L'Etendue du Règne de Louis-le-Juste, II, 22138
CONCINO Concini, Maréchal d'Ancre.
Lettres, II, 10502 & 65.
de la CONDAMINE, Charles-Marie, Académicien.
Mémoire sur une Résine, I, 3329.
Eloge de M. de Maupertuis, IV, 46509.
de CONDÉ : voyez de Bourbon.
de CONDÉ (la Princesse), Epouse de Henri II : voyez de Montmorency.
de CONDÉ (la Princesse), Epouse de Louis II : voyez de Maillé.
de CONDÉ, Nicolas, Jésuite.
Histoire de Charles de Lorraine, Evêque de Verdun, I, 14120.
Oraison funèbre de Louis XIII ; II, 22130.
CONDENTIAL, J.
Les Larmes de la France sur le trépas du Cardinal du Perron, IV, S. 10072.*
de CONDORCET : voyez de Caritat.
de CONDOULET : voyez Trone.
CONÉ, Georges.
Vita Mariae Stuartae, II, 25111 & 16.
CONFLANS : voyez Masson.
de CONFLANS (M.).
Réflexions sur les affaires des Princes, II, 28583.
de CONIAC, Henri, Seigneur de Toulemain, Doyen du Parlement de Bretagne.
Histoire de Bretagne, III, 35397.
de CONIGSHOFFEN, Jacques.
Chronique, II, 17098.
CONRAD II, Empereur d'Allemagne.
Diplomata, III, 29762.
CONRAD, Archevêque de Mayence : voyez Chrétien II.

CONRAD, Abbé d'Urfperg : *voyez* de Liechtenaw.
CONRAD, Prêtre.
　Hiſtoria Caroli Magni, II, 16265.
CONRAD, Moine.
　Exordium ſacri Ordinis Ciſtercienſis, I, 12939.
CONRART, Valentin.
　Mémoires de du Pleſſis-Mornay, III, 30472.
　Vie de Jean Ogier de Gombauld, IV, 47160.
CONRINGIUS, Hermann.
　Aſſertio Juris Moguntini in coronandis Regibus Romanis, I, 9081.
　Iterata Diſſertatio contra Vindicias Colonienſis, 9084.
　Iteratarum Vindiciarum Juris coronandi Examen, 9086.
　Traduction Latine d'une Réponſe de Jean Bodin, II, 17201.
　Notæ in Epiſtolam Leonis III, ad Carolum Magnum & in Capitulare Caroli Magni, III, 29739.
CONSTANCE, Prêtre.
　Vita S. Germani Autiſſiodorenſis, I, 10129.
CONSTANT, Pierre.
　Invective contre le Parricide, &c. II, 19611.
　Les Cauſes des Guerres civiles de France, 19644.
CONSTANT, Germain, Avocat.
　Traité de la Cour des Monnoies, III, 33975.
CONSTANT, Joſeph, Sieur de Preyſac, Avocat.
　Harangue au ſujet des Lettres de M. le Gouverneur de Limoges, IV, S. 31916.*
CONSTANTIN-le-Grand, Empereur.
　Fragmentum de Francis, II, 16040.
CONSTATIN, Antipape.
　Epiſtolæ, III, 29738.
CONSTANTIN Manaſſés, Hiſtorien.
　De Carolo Magno, II, 16215.
CONSTANTIN.
　Mémoire concernant les Etats Provinciaux, II, 27577.
CONSTANTIN, Antoine, Médecin.
　Traité de la Pharmacie Provençale, I, 3368.
CONSTANTIN, Boniface, Jéſuite.
　Vie de Claude de Granier, I, 10768.
CONSTANTIN, Michel, Oratorien.
　Sciagraphia Vitæ Joannis Morini, I, 11306.
CONSTANTIN de Saint Alexis (le Pere), Carme Déchauſſé.
　Carte d'Artois, I, 1359.
de CONTAMINE : *voyez* Couſin.
CONTE, Jean.
　Vie de Saint Martin de Brive, I, 4569.
　—de S. Liberal d'Embrun, 8829.
le CONTE, René, Secrétaire du Roi.
　Continuation de l'Hiſtoire de la grande Chancellerie, III, 32805.
de la CONTERIE : *voyez* le Verrier.
CONTI, Laurent.
　Traduction Italienne des Mémoires de Comines, II, 17393.
　—de la République de Bodin, 27111.
CONTI (le Pere), Théatin.
　Lettres ſur la Bulle *Apoſtolicum*, I, 14474.
de CONTI (la Princeſſe) : *voyez* de Lorraine, Louiſe-Marguerite.
de la CONTIE : *voyez* Bouleſteys.
CONTREIUS, Adam.
　Pacificatio Noviomagenſis, III, 31026.
　Pacificatio Ryſwiçenſis, 31104.
de CONTY, Eſtienne, Official de Corbie.
　Hiſtoria de rebus Caroli V & Caroli VI, II, 17134.
　De Pærogativis Regum Franciæ, *là*, & 26092.
COP, Jean, Juriſconſulte.
　De reſtitutis à Franciſco Rege litteris, IV, 44566.

COPEL, N. Avocat.
　Laudatio funebris D. Dunod de Charnage, IV, S. 46719.*
le COQ, Jean.
　Examen du Traité de Jean Savaron, II, 26860.
le Coq de Villeray, Pierre-François.
　Hiſtoire de la Ville de Rouen, III, 35219.
COQUART, Graveur.
　Atlas de France, I, 805.
COQUEBERT.
　Traduction abrégée de l'Hiſtoire de Reims de Marlot, IV, S. 9493.
COQUELIN, François, Feuillent.
　Compendium Vitæ & Miraculorum S. Claudii, I, 8185 & 86.
COQUELIN, Nicolas, Chancelier de l'Univerſité de Paris.
　Mémoire des Droits, &c. du Chancelier de l'Univerſité, IV, 44762.
COQUELIN (Dom), Bénédictin, Abbé de Faverney.
　Hiſtoire de l'Egliſe de Beſançon, I, 8162.
　Cartulaire de l'Abbaye de Faverney, 11905.
　Abrégé Chronologique du Comté de Bourgogne, III, 38387.
COQUELIN (Dom), Bernardin.
　Hiſtoire de l'Abbaye de Clairefontaine, I, 13075.
COQUEREAU, Ch. Jacques-Louis, Médecin.
　Eloge de Louis-Antoine-Proſper Hériſſant, IV, 46175.
　Vie de Jacques-Bégnigne Winſlow, 46360.
　Eloge de Jean-Nicolas Servandoni, 47812.
COQUERY, Antoine.
　De bello geſto à Cæſare in Helvetio, I, 3885.
COQUERY, Pierre, Oratorien.
　Oraiſon funèbre de Madame de Choiſeul-Praſlin, I, 14826.
COQUI, Hilaire, Cordelier.
　Abrégé des Antiquités d'Auxerre, III, 36010.
COQUILLE, Gui, Avocat.
　Traité des Libertés de l'Egliſe de France, I, 6981 & 7361.
　Extrait de l'Inſtitution au Droit François, 6983.
　Diſcours des Droits Eccléſiaſtiques & Libertés de l'Egliſe Gallicane, 7166.
　Autre Traité ſur le même ſujet, 7167.
　Des Entrepriſes des Papes, 7190.
　Du Concile de Trente, 7512.
　Dialogue ſur les Cauſes des miſeres de la France, II, 19259.
　Devis d'un Citoyen de Nevers, 19478.
　Diſcours des Etats de France, 27401.
　Petit Journal des Etats d'Orléans, 27450.
　Mémoires des Etats de Moulins, 27458.
　Mémoires des Etats de Blois de 1577, 27468.
　Petit Journal des Etats de Blois de 1588, 27495.
　Annotations ſur l'Ordonnance de Henri III, 27637.
　Traité des Pairs de France, III, 31221.
　Hiſtoire du Duché de Nivernois, 35569.
　Généalogie de la Maiſon des Coquilles, 41976.
　—de la Maiſon de Nevers, 43382.
COQUILLON, Barthelémi.
　Complainte de l'Univerſité ſur la mort de Henri IV, II, 19963.
COQUINUS, Petrus.
　Faſciculus Archiepiſcoporum Senonenſium, I, 10015.
CORAL, Pierre, Abbé de S. Martin de Limoges.
　Chronicon S. Martini Lemovicenſis, I, 12622.
CORANSTI, Henri, Juriſconſulte.
　Oratio de S. Yvone, I, 11547.
de CORAS, Jacques.
　Vita Joannis Coraſii, III, 33031.
de CORBEIL, Pierre, Archevêque de Sens.
　Decreta, I, 6662, IV, S. Statuta,

Statuta, 6733, IV, S.
de CORBERON (M.), premier Président au Conseil de Colmar.
Recueil d'Ordonnances du Roi & Réglement du Conseil Souverain d'Alsace, III, 33231, IV, Suppl.
du CORBET : voyez d'Alès.
CORBIN, Jacques, Avocat.
Vie & Miracles de Sainte Géneviève, I, 4448; IV, S.
Histoire des Chartreux, 13228.
La Royne Marguerite, II, 25134.
Le Code de Louis XIII, 27643.
Recueil concernant la Cour des Aydes, 33865.
CORBIN, N. Procureur.
Vie de François Eudes de Mézeray, IV, 46827.
CORDARA, Jules, Jésuite.
Historiæ Societatis Jesu, Pars sexta, IV, S. 14216.*
de CORDEMOY, Géraud, Lecteur du Roi, Académicien.
Histoire des Gaulois, I, 3872.
Histoire des Francs, II, 15440.
Histoire de France, 15641.
de CORDEMOY, Louis Géraud, Abbé de Ferriere, fils du précédent.
Continuation de l'Histoire de France, II, 15641 & 16560.
de CORDES, Jean, Chanoine de Limoges.
Dissertation sur S. Martial, I, 4064 & 65.
CORDIER, Pierre, Ambassadeur.
Processus verbalis super Legatione, III, 29861.
CORDIER, Antoine, Archidiacre de Langres.
Histoire de S. Mametz, I, 4562 & 9006; IV, S.
CORDIER, François, Abbé des Maulets.
Vie d'Anne des Anges, I, 15002.
CORDIER, Jean : *nom sous lequel s'est couvert Jean Courrot*, IV, S. 14359* : *voyez* Courrot.
CORDIER (l'Abbé).
Vie de la Mere de Chantal, I, 15277.
de CORDIER, Lazare.
La fidélité de Marseille, III, 38228.
La réjouissance des Marseillois, 38235.
le CORDIER, H. Médecin.
Le Pont-l'Evêque, III, 35328; IV, S.
CORDON (M.), Médecin.
Examen de l'Eau de l'Abbaye des Fontenelles, IV, S. 3055.*
COREN, Jacques, Cordelier.
Harangue sur le trépas de Gaspard de Pontevès, III, 31899.
Descriptio Civitatis Avenionensis, 38334.
CORET, Jacques, Jésuite.
Vie d'Anne de Beauvais, I, 15313.
CORGNE, Pierre, Docteur en Théologie.
Défense des Droits des Evêques, I, 7468.
CORGNE de Launoy, Jean-Baptiste-Gabriel, Docteur en Théologie.
Les Droits de l'Episcopat, I, 7844.
de CORIOLIS (M.), Conseiller au Parlement d'Aix.
Motifs de l'opposition à l'Arrêté concernant les Amis des Jésuites, I, 14492.
CORLÆUS : *voyez* Courlay.
CORLIEU, François, Procureur du Roi.
Histoire de la Ville d'Engoulesme, III, 35784.
CORMIER, Thomas.
Historia rerum in Gallia gestarum sub Henrico II; II, 17745.
—sub Francisco II; IV, S. 17780.*
—sub Carolo IX; II, 18156.
—sub Henrico III & Henrico IV ineunte, IV, S. 19192.*
Code de Henri IV; II, 27640.
de CORMIS (M.), Avocat-Général au Parlement d'Aix.
Remontrance au Parlement de Provence sur les provisions du Cardinal de Richelieu, II, 21790.

Tome V.

Remontrance sur les Provisions du Chancelier Séguier; III, 31537.
de CORMIS, Louis, Président au Parlement d'Aix.
Tables des Provençaux illustres, III, 38129.
CORNAC.
Vie du Duc de Mayenne, III, 31782.
CORNAND de la Croze, Jean.
Description de la France en Anglois, I, 813.
CORNAZANI, Pierre-François, Secrétaire du Connétable Colonne.
Traduction Latine de l'Histoire des Guerres Civiles de France, II, 19742.
CORNEILLE, Marc.
Genealogia Forestariorum Flandriæ, III, 42323.
CORNEILLE, Pierre, Académicien.
Les Triomphes de Louis-le-Juste, II, 22154. *Il y a eu part.*
Poëme sur les victoires de Louis XIV, 23934.
CORNEILLE, Thomas, Académicien, frere du précédent.
Description de la France, I, 817.
Histoire de la Monarchie Françoise, II, 24323. *Il y a eu part.*
CORNEIO, Pierre.
Relacion de la Liga, II, 19204.
Discours du Siége de Paris, 19276.
CORNELISSON de Brockemberg, Pierre.
Catalogus Episcoporum Ultrajectensium, & Antistitum Egmondanorum, I, 8798.
Historia Regulorum Hollandiæ, &c. III, 39591.
Prisci Reges Bataviæ & Frisiæ, 39592.
Historia Genealogica Brederodiorum, 41524.
Historia & Genealogia Comitum Egmondanorum, 42184.
CORNET, Charles-François, Avocat du Roi au Présidial d'Amiens.
Eloge de M. Cornet (son oncle), I, 11082.
CORNET (Dom), Bénédictin.
Dissertation sur les Princes de Franche-Comté, III, 40673.
CORNET-Lail (M.), Seigneur de S. Denys.
Histoire du Martyre de S. Martial, I, 8464; IV, Suppl.
du CORNET : *voyez* de Haynex.
CORNU, Gautier, Archevêque de Sens.
Decreta, I, 6661; IV, S.
Statuta, 6733; IV, S.
Historia Susceptionis Coronæ Spineæ Jesu-Christi, II, 16802.
CORNU, Pierre, Conseiller au Parlement de Dauphiné.
Tabulæ historicæ Henrici IV; II, 19992; IV, Suppl.
CORNU, Jacques, Médecin.
Canadensium Plantarum Historia, I, 3327.
Enchiridion Botanicum Parisiense, 3354.
le CORNU, Nicolas, Evêque de Saintes.
Statuts Synodaux, I, 6729; IV, S.
CORNUAU (M.), Géographe du Roi.
Carte des environs de Limoges, I, 1619.
de CORNULIER, Pierre, Evêque de Rennes.
Remontrance du Clergé de France au Roi; I; 5930.
CORONELLI, Vincent, Cordelier.
Carte de la France, I, 581.
Plan du Canal du Languedoc, 755 & 907.
Carte du Dauphiné, 1494.
—de la Guienne, 1544.
—de la Normandie, 1705.
—de la Prévôté & Election, 1739.
—du Comté Venaissin, 1904.
—du Cours du Rhin, 1986.
—des Pays-Bas Catholiques, 2044.
Mémoire pour Philippe V; II, 24534.
Rome triomphante, 26479.

Ppp

CORONÉ, Benoît, Prédicateur du Roi.
Vie de S. Elzéar, I, 4387.
CORRÉA, Louis.
Conquesta del Regno de Navarra, III, 37671.
CORRERO, Jean, Ambassadeur.
Relationi di Francia, II, 18046; III, 30121 & 32.
CORROZET, Gilles, Libraire.
Catalogue des érections des Villes des Gaules, I, 2098.
Trésor des Histoires de France, ou Catalogue des Rois & des Roynes, II, 15876.
Trésor des Histoires de France, contenant les origines des Offices de France, III, 31188.
La Fleur des Antiquités de Paris, 34386.
Les Antiquités de Paris, 34387.
CORTEZ, Claude.
Histoire de Sainte Magdelène, IV, S. 3987.**
CORTIGIER (M.), Chanoine de Clermont.
Dissertation sur l'origine des Auvergnats, I, 3913.
—sur les familles sénatoriales des Gaules, 3917; III, 37458.
Mémoire sur la Vie & les Ouvrages de Génébrard, 7863.
Dissertation sur le lieu de la sépulture de Jean de Mandevelani, 9631.
Recueil sur la Jurisdiction Consulaire, 37469.
le CORVAISIER, Pierre-Jean.
Eloge de Louis XV; II, 24736.
Histoire de l'Académie d'Angers, IV, 45549.
COSME de S. Michel (Dom), Feuillent : voyez Roger.
COSME de Villiers (le Pere), Carme.
Bibliotheca Carmelitana, I, 13715; IV, Suppl. 13699.
COSMI, Estienne, Prévôt-Général des Somasques.
Istoria della Lega, II, 19130.
In funere Francisci Vindocinensis, Ducis Belfortii, Oratio, 15637.
de COSNAC, Daniel, Archevêque d'Aix.
Ordonnances Synodales, I, 6339.
de COSNAC, Gabriel, Evêque de Die, neveu du précédent.
Procès-verbal de l'Assemblée de 1701, I, 6903; IV, S.
COSNIER, Michel.
Notæ in Vitas B. Roberti de Arbrisello, I, 13936.
de COSPÉAN, Philippe, Evêque successivement d'Aire, de Nantes & de Lisieux.
Epistola apologetica pro patre Berullio, I, 7777; IV, S.
Oraison funèbre de Henri IV; II, 20020.
Remontrance du Clergé de France au Roi, 20574.
COSSART, Gabriel, Jésuite.
Continuatio Collectionis Conciliorum maximæ, I, 6181.
Entrée du Roi & de la Reine à Paris, II, 26426.
COSSE (le Chevalier).
Discours fait à Charles IX; II, 18060.
COSSE, Sébastien-Alexandre, Baron de S. Suplix.
Le Consolateur, II, 28125.
de COSSÉ, Charles, Comte de Brissac, Maréchal de France.
Négociations, III, 30030.
de COSSÉ, Charles, Comte de Brissac, Gouverneur de Paris, fils du précédent.
Harangue aux Etats de Blois, II, 27483.
Harangue projetée pour les Etats de Paris, 27514.
de COSSIGNY (M.), Ingénieur en Chef.
Deux Lettres sur une Grotte, I, 2793.
Parallele des Eaux de Plombieres & de Luxeuil, 3095.

COSTADONI, Anselme, Camaldule.
Annales Camaldulenses, IV, S. 13265.*
COSTAR, Pierre, Archidiacre du Mans.
Mémoire des Gens de Lettres, IV, 45636.
COSTARD.
L'Ame d'un bon Roi & Eloge de Henri IV; V, Add. 20073.
COSTARD (M.), Seigneur d'Ifs.
Traduction de l'Epître de M. de Thou, II, 19876.
Traduction des Vers qui sont dans les Mémoires de la Vie de M. de Thou, III, 32940.
Lettres au sujet des Ouvrages de M. de Thou, 32941 & 43.
Poëme sur Guillaume-le-Conquérant, III, 34987.
COSTE, Pierre.
Histoire du Prince de Condé, II, 24226.
COSTE (le Sieur), de Toulouse.
Projet d'une Histoire de Paris, III, 34533.
Lettre sur le même sujet, Id.
Dissertation sur l'antiquité de Chaillot, 34793; IV, S.
COSTE (M.), Médecin.
Traduction d'une Méthode d'analyser les Eaux minérales, IV, S. 2884.*
de COSTE, Gautier, Sieur de la Calprenede.
Pharamond, II, 16001.
de COSTE, Olivier dit Hilarion, Minime.
Histoire des Hommes & Dames illustres par leur piété, I, 4767; IV, 45634.
Eloge de Gilbert Genebrad, nommé Archevêque d'Aix, I, 7860.
—de François d'Esteing, Evêque de Rhodès, 7929.
—de Guillaume du Prat, Evêque de Clermont, 8455.
—du Cardinal de Tournon, Archevêque de Lyon, 8948.
—du Cardinal de Lorraine, Archevêque de Reims, 9576.
—du Cardinal de Bourbon, Archevêque de Sens, 10068.
—de Pierre Danès, Evêque de Lavaur, 10255.
—de l'Abbé de Billy, 10957.
—de Noël Paillet, 11326.
—de Jean le Pelletier, 11341.
Histoire de François le Picart, 11355; IV, S.
Eloge de Jérôme de la Souchere, 13011.
—de Jean de la Barriere, 13087.
—de Nicolas Gilbert, 13875.
—de Philippe Picart, 13879.
Vie de S. François de Paule, 14025.
Eloge de Jean Dehan, 14034.
—de Simon Guichard, 14036.
—de Jean Allard, 14038.
Vie de Marin Mersenne, 14044; IV, S.
Eloge de Scholastique de Budoz, 14790.
—d'Antoinette d'Orléans, 14793.
—de Marguerite d'Arbouze, 14796.
—de Barbe Avrillot, 14979.
—de la Comtesse de Chaligny, IV, S. 15030.*
—de Marguerite de Polastron, I, 15057.
—de Charlotte de Bourbon, 15165.
—de Galiotte de Gordon, 15221.
Les vrais Portraits des Rois de France, II, 15787.
Eloges & Vies des Reines & Princesses, II, 14996; IV, 47990.
Eloge de la B. Jeanne de Valois, II, 25061.
—d'Anne de Bretagne, 25073.
—de Claude de France, 25079.
—d'Eléonore d'Autriche, 25080.
—de Catherine de Médicis, 25089.
—d'Isabelle d'Autriche, 25124.
—de Louise de Lorraine, 25128.
—de Marguerite de Valois, 25133.
—de Marie de Médicis, 25149.

Eloges des Dauphins, 25292 & 37951.
Eloge de Marguerite de Lorraine, 25403.
—de Françoise d'Alençon, 25405.
—d'Anne d'Alençon, 25406.
—de Louife de Savoie, 25494.
—de Marguerite de France, 25498.
—de Magdelene de France, 25503.
—de Claude de France, 25522.
—de Diane légitimée de France, 25525.
—d'Antoinette d'Orléans, 25546.
—de Catherine d'Orléans, 25547.
—de Catherine de Gonzague-Clèves, 25548.
—de Louife de Bourbon, 25551.
—de Magdelene de France, 25559.
—d'Anne de France, 25572.
—de Gabrielle de Bourbon, 25575.
—d'Antoinette de Bourbon, 25586.
—de Marie de Bourbon, 25605.
—de Marie de Clèves, 25794.
—de Charlotte de la Trimouille, 25798.
—de Louife-Marguerite de Lorraine, 25848.
—d'Anne de Montafié, 25863.
—de Jean de Morvilliers, III, 31506.
—de Jacques Amyot, 32248.
—de Pierre Lizet, 32897.
Remarques fur la Nobleffe du Dauphiné, 40652.
Eloges de quelques Docteurs de la Faculté de Théologie de Paris, IV, 45759.
Eloge de Nicolas le Fevre, 47079.
—de Marie d'Albret, 48001.
—de Catherine de Nogaret, 48013.*
—de Mademoifelle de Gournay, 48076.
—d'Anne d'Eft, 48083.
—de Catherine de Clèves, 48084.
—de Marie Millet, 48129.
—de Sylvie Pic de la Mirande, 48130.
—de Fulvie Pic de la Mirande, là.
—de Mefdames des Roches, 48161.
—de la Comteffe de Tournon, 48192.
—de Madame de Villeroy, 48222.
de la Coste, Daniel.
Traité du Droit de l'équivalent en Languedoc, II, 27861; IV, S. 37744.*
de la Coste, Emmanuel-Jean.
Lettre au fujet de la Nobleffe Commerçante, II, 28213.
de la Coste : voyez de Montagu.
Costel (M.), Apothicaire.
Analyfe des Eaux de Pougues, IV, S. 3175.*
de Costentin de Tourville, Anne-Hilarion, Maréchal de France.
Mémoires, II, 14399.
Coster, Jean-Louis, Jéfuite.
Oraifon funèbre de M. le Dauphin, IV, Suppl. 25758.*
—du Roi de Pologne, III, 38925.
Coster, Charles-Nicolas, Avocat.
Mémoires pour la Cour fouveraine de Lorraine, III, 33234.
Cotereau, P.
Schedulare Magiftratuum Gallicorum, III, 31182.
Coterée, Claude, Chanoine de l'Eglife de Paris.
Pars Hiftoriæ Francifci I; II, 17651.
Cotheret (Dom), Bibliothécaire de Cîteaux.
Differtation fur l'origine de l'Ordre de Cîteaux, I, 12959; IV, S.
Cothier de Flavigny, Charles, Sieur de Juilly.
Les Rois de France, II, 15639.
Cotignon, Michel, Archiprêtre de l'Eglife de Nevers.
Catalogue des Evêques de Nevers, I, 10175.
Cotin, Charles, Abbé de Montfroncel.
Oraifon funèbre d'Abel Servien, III, 32537.
Cotolendi (M.), Avocat.
Vie de S. François de Sales, I, 10786.

Tome V.

—de Madame de Montmorency, 15289.
Coton, Pierre, Jéfuite.
Lettre déclaratoire de la doctrine des Jéfuites, I, 14256; IV, S. & II, 27140.
Oraifon funèbre de M. de Villeroy, III, 32686.
Cotreau, Jean, Archidiacre de Tournai.
Sermon funèbre de Pierre de Pintaflour, I, 8632.
Cotron, Victor, Bénédictin.
Hiftoire du Prieuré de Meulan, IV, S. 12165*, V, Additions, 12689.
Chronicon Cœnobii fanctæ Columbæ, I, 12382.
—Monafterii S. Germani Autifliodorenfis, 12479.
—Monafterii S. Nicafii Melletenfis, 12689.
Hiftoire des Abbés de S. Remi de Sens, 12731.
Continuatio Chronici Centulenfis, 12734.
Cotta, César-Auguftin.
Nympha Vivaria, III, 35639.
Cotte (M.), Oratorien.
Expériences fur les Limaçons, IV, 3666.****
Cotteral, Charles.
Traduction Angloife de l'Hiftoire des Guerres Civiles de France de Davila, II, 19742.
Cottereau du Coudray, Jean-Baptifte-Armand, Curé de Donnemarie.
Lettre fur la mort de M. Languet, Archevêque de Sens, IV, S. 10078.*
Cottereau Duclos, Samuel, Médecin.
Differtation contre quelques principes de Pierre-le-Givre, I, 2877.
Examen de diverfes Eaux minérales, 2878.
Obfervations fur les Eaux minérales de plufieurs Provinces de France, 2879.
Cotterel, Alexandre-François, Curé de S. Laurent à Paris.
Difcours fur l'affaffinat du Roi, II, 24757.
—fur la mort de la Reine, 25204.
—fur la mort de M. le Dauphin, 25748.
Defcription des Fêtes données à l'occafion de la naiffance de M. le Duc de Bourgogne, 26574.
de la Cottiere : voyez Jacob.
Cottin, Jean.
Traité de la Pefte, III, 34890.
Cottin de Joncy, Pierre-François, Confeiller au Parlement de Dijon.
Comptes rendus des établiffemens & de la doctrine des Jéfuites, I, 14535.
Cotton (le Chevalier).
Traduction Angloife de la Vie du Duc d'Efpernon, II, 22078.
Couanier Deflandes, Claude-Henri.
Eloge de M. le Duc de Bourgogne, II, 25775.
—du Duc de Sully, III, 31817.
—de Defcartes, IV, 46440.
Couart, Jean.
Coutumes de Chartres, I, 12704.
de Couchey : voyez Morelet.
de Couchy ou de Coucy ou d'Efcouchy, Matthieu.
Hiftoire d'une partie du Règne de Charles VII; II, 17270 & 78.
du Coudray, le B. Michel, Ciftercien.
Sa Vie, IV, S. 13120.*
du Coudray : voyez Cottereau.
de la Coudraye, François.
Traduction de la Vie du Cardinal Sadolet, I, 8140.
Hiftoire de la Maifon de Rohan, III, 43857.
de la Coudre (le Pere), Chanoine Régulier de la Congrégation de France.
Vie de S. Volufien de Tours, I, 10309.
de la Coudre : voyez Robinet.
Coudret (Dom), Bénédictin.
Mémoire fur les limites des différens Royaumes de Bourgogne, IV, S. 35861* & 38371.*
—fur l'étendue de la Province Séquanoife, IV, S. 38371.*

Mém. sur les Comtes héréditaires de Bourgogne, *là*.
—sur les différentes positions de Besançon, IV, S. 38431.*
—sur les Droits Réguliers de quelques Abbayes, IV, S. 38443.*
Dissertation sur les Etats de Franche-Comté, III, 38458.

COUDRETTE, Christophe, Prêtre.
Dissertation sur les Bulles contre Baïus, I, 5574.
Mémoire sur le Formulaire, 5585.
Histoire de la Compagnie de Jésus, 14221.

COUET, Ministre Calviniste.
Lettre sur la Conférence tenue à Nanci, I, 6205.

COUET (M.).
Remontrances sur l'Edit de 1695, I, 7460.

COUET, Bernard, Chanoine de Paris.
Lettres à un Evêque, I, 14400.

COUET, N. J. Fr.
Poësie sur la convalescence du Roi, II, 24653.

COUET de Montbayeux, René, Avocat.
Requête pour l'Archevêque de Rouen, touchant sa primatie, I, 8872 & 73.
—touchant le privilège de la Fierte S. Romain, 9848.

COUFFILTZ (M.), Médecin.
Lettres sur la découverte d'une source à Barrege, I, 2966.

COUILLARD, Antoine.
Epître au Roi de Pologne, II, 18212.

de COULANGES (Madame).
Lettres, III, 31095.

de COULOMBELLE, Landulfe.
Elogia Philippi Pulchri ejusque filiorum, II, 16987.

COULON, Louis, Prêtre.
Les Rivières de France, I, 859 & 2832.
L'Ulysse François, 2307.
Conducteur pour le voyage de France, &c. 23113; IV, S.
Le Trésor des Histoires de France, II, 15876.

COULON, Hilaire, Bénédictin.
Eloges des Hommes illustres de l'Abbaye de Luxeul, I, 12121.

des COULTEAUX : *voyez* de la Haye.

COUPEY, Gédéon.
Oraison funèbre de Claudine le Vergeur de Saint-Souplet, I, 15080.

COURANCE (Dom), Bénédictin.
Environs de Paris; IV, S. 34785.*

COURAND, Elie, Dominicain.
Discours funèbre sur Henri de Chabot, III, 31906.
Oraison funèbre du Duc de Montausier, 32003.

le COURAYER, Pierre-François, Bibliothécaire de Sainte Geneviève.
Vie de René le Bossu, I, 13619.
Epistola de Vita & Scriptis Molineti, 13623.

de COURBOUZON (M.), Conseiller au Parlement de Besançon.
Négociations au sujet des Bénéfices de Franche-Comté, I, 7675.

de COURBOUZON (M.), Président au Parlement de Franche-Comté, Secrétaire de l'Académie de Besançon.
Eloge de M. de Grammont, Archevêque de Besançon, I, 8202.
—de M. l'Abbé Marion, 11267.
—du Marquis du Chastelet, III, 31911.
—de M. le Duc de Tallard, 32070.
Dissertation sur l'institution du Parlement de Franche-Comté, 33213.
Les Registres du Parlement de Franche-Comté mis au net, 33216.
Mémoire sur Mercurin de Gattinare, 33219.
Vie du Président Philippe, 33221.
Eloge de M. de Quinssonas, 33223; IV, S.
—de M. Biétrix de Pelouscy, 33224.

Mémoire sur l'Histoire de la Franche-Comté, IV, S. 38370.*
Dissertation sur l'origine de Gerberge, 38379; IV, S.
—sur les Etats de Franche-Comté, 38458.
—sur l'Inquisition de Franche-Comté, 38461.
Mémoires sur le Comté de Montbéliard, 38464.
Remarques sur les Fiefs de Franche-Comté, 39932.
Vie d'Augustin-François Jault, IV, 46183.
Eloge de M. Dunod de Charnage, IV, 46719.

de COUBOUZON : *voyez* de Montgommery.

de COURCELLES (le Sieur).
Harangue au Roi, II, 21351.

de COURCHETET : *voyez* Denans.

de COURCILLON, Philippe, Marquis de Dangeau.
Mémoire sur la Maladie de Louis XIV; II, 24488.
Mémoires, 24567.

de COURCILLON, Louis, *dit* l'Abbé de Dangeau.
Carte de la France, I, 599.
—des anciens Etats généraux, 635.
—des Tailles, 646.
Etat des Cours des Aydes, 647.
Tables Historiques de la Monarchie Françoise, II, 15843.
Les Principes du Blazon, III, 40031.

COURLAY, François.
Vita S. Ausonii Engolismensis, I, 8282.
Vie de S. Ausone, 8285.

COURRADE, Augustin.
L'Hydre féminine, I, 3173.

de COURSAN (M.), Vicaire-Général de Metz.
Statuts Synodaux, I, 6618.

de COURSON : *voyez* Coigner.

de COURSONS (M.).
Méthode pour apprendre l'Histoire de France & l'Histoire Romaine, II, 15637 & 15836.

COURT de Gebelin, Antoine.
Histoire des troubles des Cevennes, I, 6101; IV, S.
Lettre sur des Antiquités du Château d'Uslé, III, 35664.

de COURT : *voyez* Caron.

de COURT, Louis, Abbé de S. Serge.
Variétés ingénieuses, IV, 47052, & S.

de COURT, Jean-Joseph, Contrôleur-Général des Finances de la Généralité d'Amiens.
Mémoires pour l'Histoire de la Ville d'Amiens, I, 5457; III, 34150.

de COURT, Jean-Etienne, Chevalier de l'Ordre de S. Louis.
Martyrologe de l'Eglise de France, IV, *Suppl.* 4232.**

de la COURT, Louis-Paschal.
Tableau des Gaules, I, 783.
Origine des Gaulois, 3862.
Origine des François, II, 15390.

de la COURT (M.), Missionnaire.
Lettre sur quelques possédés, I, 4835.

de la COURT, Jean-François, Curé de Lean en Brie.
Dictionaire des Prédicateurs François, IV, 46977.

le COURT (le Pere), Sous-Prieur de S. Aiou de Provins.
Lettre sur François d'Aligre, I, 13645.

COURTAUD, Siméon, Médecin.
Apologie de l'Université en Médecine de Montpellier, IV, 44867.
Monspeliensis civitas, 45206.

de COURTEILLES : *voyez* le Courvaisier.

GOURTÉPÉE, *avec* Beguiller.
Description du Duché de Bourgogne, V, *Add.* 45830.*

COURTIGIER, Martin, Sieur de la Fontaine.
Les Armoiries des premiers Commandeurs & Chevaliers de l'Ordre du S. Esprit, III, 40461.

Table des Auteurs.   485

des COURTILS, Jean, Historiographe.
Mer des Histoires, II, 15704.
de COURTILZ, Gatien, Sieur de Sandras.
Mémoires du Marquis de Montbrun, II, 21728.
Histoire secrette du Duc de Rohan, 21947.
Mémoires de M. de B.***, 21977.
— de M. de Bordeaux, 23901.
— de M. d'Artagnan, 24010.
Remarques sur le Gouvernement du Royaume, 24070.
Vie du Vicomte de Turenne, II, 24073 ; III, 31721.
Histoire de la Guerre de Hollande, 24127.
Mémoires contenant divers événemens remarquables, 24181.
Testament politique de J. B. Colbert, 24182.
Mémoires de M. le Comte de Rochefort, 24200.
Les Conquêtes du Grand Alcandre, 24212.
Les Dames dans leur naturel, 24255.
Le Grand Alcandre frustré, 24362.
Mémoires de J. B. de la Fontaine, 24370.
Annales de la Cour & de Paris, 24385.
La Guerre d'Espagne, de Bavière & de Flandres, 24437.
Mercure historique & politique, 24798.
Entretiens de M. Colbert, 28972.
Nouveaux Intérêts des Princes, 29125.
La Conduite de la France, III, 31053.
Réponse à ce Livre, là.
Histoire du Marechal de la Feuillade, 31621.
Vie de l'Amiral de Coligny, 31770.
Histoire du Chevalier de Rohan, 32052.
Histoire de la Bastille, 34589.
Mémoires de la Marquise de Fresne, IV, 48072.
COURTIN, R. Avocat du Roi à Bellême.
Histoire du Perche, III, 35525.
COURTIN (M.), Sieur de Villiers, Ambassadeur.
Dépêches, III, 30449.
Lettres, 30450.
COURTIN, Honoré, Maître des Requêtes.
Procès-verbal sur le Réglement des limites du Pays d'Artois, &c. II, 28828.
Journal de la Paix, III, 30928.
COURTIN, Nicolas, Professeur de l'Université de Paris.
Charlemagne, II, 16202.
Charlemagne Pénitent, IV, S. 16202.*
COURTIN (M.), Prêtre du Séminaire de S. Nicolas du Chardonet.
Mémoire sur Adrien Bourdoise, I, 10989.
COURTIN (M.), Avocat.
Mémoire pour les Comtes de Lyon, IV, Suppl. 8874.*
Consultation pour les Bénédictins de S. Germain-des-Prés, IV, S. 12549.*
Consultation sur l'état des Religieux dits de Picpus, IV, S. 13930.*
de COURTIVRON (le Marquis), Académicien.
Discours sur la nécessité de perfectionner la Métallurgie, I, 1768.
Catalogue des Armoiries des Gentilshommes de la Duché de Bourgogne, III, 40618.
COURTOIS (M.), Procureur.
Voyage en Périgord, I, 2357 ; IV, S.
COURTOT, Jean, Ex-Oratorien.
Proxima Gigantomachiæ Eversio, IV, S. 14359.*
le COURVAISIER de Courteilles, Antoine, Lieutenant-Criminel au Siége Présidial du Mans.
Histoire des Evêques du Mans, I, 10340.
Défense anticipée de cette Histoire, 10341.
COURVOISIER (M.), Médecin.
Lettre au sujet d'une Fontaine périodique, I, 2862.
COUSIN, Gilbert.
Brevis Galliæ Descriptio, I, 769.

Index Populorum Galliæ, 2097.
Burgundiæ superioris Descriptio, 2215.
COUSIN, Jean, Chanoine de Tournai.
Histoire de Tournai, I, 8613 ; IV, S. 39415.*
— de quelques Evêques de Noyon, I, 9729.
COUSIN, Louis, Président de la Cour des Monnoies.
Histoire de plusieurs Saints de la Maison de Tonnerre & de Clermont, I, 4282.
Traduction de la Vie de Charlemagne, écrite par Eginhart, II, 16250.
— des Annales d'Eginhart, 16335.
— de l'Ouvrage de Thégan, 16352.
— de la Vie de Louis-le-Débonnaire, écrite par l'Astronome, 16364.
— des Annales de S. Bertin, 16437.
Histoire de l'Empire d'Occident, 16454.
Traduction de l'Histoire de Nicétas Acominat, 16729.
Eloge de Barthélemi d'Herbelot, IV, 46770.
— d'Adrien de Valois, 46949.
COUSIN, Noël, Conseiller au Présidial de Moulins.
Ephémérides Bourbonnoises, II, 24969 ; IV, S. 37484.*
COUSIN de Contamine (M.).
Eloge de Nicolas Coustou l'aîné, IV, 47864.*
COUSINET, Jean (non Jacques), Chanoine Régulier de la Congrégation de France.
Notæ in Vitam S. Lupi Tricassini, I, 10088.
Trésor des Antiquités de S. Loup de Troyes, IV, S. 12586.*
Table des Abbés de Notre-Dame à Meaux, I, 13634 ; V, Add.
Chronologia Regalis Abbatiæ S. Lupi Trecensis, 13652.
COUSINOT, Guillaume, Maître des Requêtes.
Chronique, II, 17301.
COUSINOT, Jacques, Médecin.
Discours touchant les Eaux de Forges, I, 3057.
Lettre sur le même sujet, 3058.
Vie de Guillaume Cousinot, II, 17302.
Oratio de felici Rupellæ deditione, 21535.
Delphinus Gallicus, 25684.
COUSSIN, Graveur.
Armorial général de la Noblesse de Provence, III, 40135.
COUSTANT, Pierre, Bénédictin.
Vita S. Hilarii Pictaviensis, I, 8313.
Vindiciæ Manuscriptorum Codicum, &c. III, 29462.
Vindiciæ sanctorum Codicum confirmatæ, 29473.
COUSTUREAU, Nicolas, Sieur de Jaille.
Vie du Duc de Montpensier, II, 25868.
COUSTURIER, Estienne, Médecin.
Des Eaux de la Fontaine de Fer à Bourges, I, 3018.
le COUSTURIER, Philippe.
Vie de Robert Gueriteau, I, 11178.
le COUSTURIER (M.), Chanoine de S. Quentin.
Eloge funèbre de Madame de Ligny, IV, S. 14848**, & I, 15082.
Vie d'Isabelle de France, IV, S. 25378.*
Eloge de M. le Dauphin, II, 25758.
COUTAN.
Epître au Roi, II, 24681 ; IV, S.
COUTAN de la Croix.
Carte du Gouvernement du Havre de Grace, I, 1559.
— d'une partie de la Normandie, 1712.
des COUTEAUX (le Baron) : voyez de la Haye.
des COUTURES (le Baron).
Eloge de Madame de Miramion, IV, Suppl. 4809.*
COUTURIER de la Prugne, Joseph, Juge de Police.
Traduction de la Vie de S. Pardoux, IV, Suppl. 12006.*

Couvreur, Martin, Jésuite.
Histoire de Notre-Dame des Miracles à S. Omer, I, 4175.
le Couvreux, Simon, Carme.
Historia rerum gestarum sub Carolo VI; II, 17127.
Couzier, Médecin.
Maladies de l'Isle de Bourbon, I, 2513.
Coyer (l'Abbé).
L'Année merveilleuse, II, 24719.
La Noblesse Commerçante, 28211.
La Défense de la Noblesse Commerçante, 28224.
Coypeau, Charles, Sieur d'Assoucy,
Ses aventures, IV, 47401.
Coypel, Antoine, premier Peintre du Roi.
Discours prononcés dans les Conférences de l'Académie Royale de Peinture & Sculpture, IV, 45534.
Coypel, Charles, premier Peintre du Roi, fils du précédent.
Vie d'Antoine Coypel, IV, 47865.
Cozza, Laurent, Frere Mineur.
Vita S. Dionysii Areopagitæ, I, 4061.
Crasset, Jean, Jésuite.
Vie de Claude Helyot, I, 4752; III, 23889.
—de Madame Helyot, 4791.
de Crassier, G. L. Baron.
Elucidatio Quæstionis de Episcopatu Trajectensi ad Mosam, I, 8687.
Additamentum ad Elucidationem præcedentem, 8689.
Cratepoil de Moers, Pierre.
Catalogus Archiepiscoporum Coloniensium, I, 8647 & 48.
—Archiepiscoporum Moguntinensium, 9067.
—Archiepiscoporum Trevirensium, 10494.
Lectiones de Patriæ Coloniensis Sanctis, 8677.
Cravato, Augustin.
Causes de préséance entre la France & l'Espagne, II, 26915.
Crawford.
Mémoires, IV, S. 25115.*
de Crébillon : voyez Jolyot.
de Crecy : voyez de Verjus.
de Crémaille : voyez Chantouniere.
Cremers.
Clades Franco-Batava, II, 21849.
Cremonin, César.
Oraison au nom de l'Université de Padoue, IV, 44659.
de Créqui, Charles I, Maréchal de France.
Lettre au Roi, II, 21334.
Lettres, III, 30506 & 30577.
Négociations, 30554.
de Créqui, François, Duc de Lesdiguieres, fils du précédent : voyez de Bonne.
de Créqui, Charles III, Duc, Gouverneur de Paris, neveu du précédent.
Lettre au Roi, III, 29327.
Crescembeni, Jean-Marie.
Traduction Italienne des Vies des Poëtes Provençaux, IV, 47256.
Crespin, Jean, Imprimeur.
L'Histoire des Martyrs, I, 5851 & 52.
Histoire des vrais Témoins de la vérité de l'Evangile, 5852.
L'État de l'Eglise dès le temps des Apôtres, &c. 5853; IV, S.
de Crespiœul (M.).
Mémoire sur les Atrebates, I, 197.
Cressé, Pierre.
An Forgensium aquatum vices supplere possunt Passianæ ? I, 3125.
de Cressolles, Louis.
Parainesis, IV, S. 17595.*

du Crest.
Le Seneque mourant, II, 23568.
Cretin, Guillaume, Secrétaire de Louis XII.
Chroniques de France, II, 15699.
Traduction d'une Epître de la Reine Anne, 25071.
Creton.
Histoire de la prise de Richard, Roi d'Angleterre, III, 35036.
Cretté, Ingénieur.
Raisons pour le Canal de Champagne, IV, Suppl. 965.*
du Creux, François, Jésuite.
Traduction Latine de la Vie de S. François de Sales, IV, S. 10778.*
Traduction Latine de l'Histoire de S. Jean-François Regis, 14123.
Historia Canadensis, III, 39692.
Crevaisier, Simon, Prieur de S. Vivant.
Histoire du Monastère de S. Vivant, I, 13128.
Crevel (M.), Avocat.
Discours sur l'Origine des Normans, III, 34940.
—sur la Translation d'un Ossement de Guillaume-le-Conquérant, 34990.
Crevier, Jean-Baptiste-Louis.
Lettre sur M. Rollin, I, 11415; IV, S.
Oratio in restitutam Regi valetudinem, II, 24650.
Observations sur le Livre de l'Esprit des Loix, 27086.
Histoire de l'Université de Paris, IV, 44625.
Lettre à l'Auteur du Mémoire sur le Collège Royal, 44627.
de Crillon (l'Abbé), Agent du Clergé.
Rapport de l'Agence, IV, S. 6919.*
Crispin, Gilbert, Abbé de Westminster.
Vita B. Herluini, I, 11697.
Crispin, Milon, Chantre de l'Abbaye du Bec.
Vita B. Lanfranci, I, 11698.
—Guillelmi Beccensis, 11710.
—Bosonis Beccensis, 11711.
—Lethardi Beccensis, 11712.
Crispius, Guillaume.
Vita S. Gerlaci, I, 13315.
de Crissé : voyez de Turpin.
de Cristot : voyez Néel.
Critton, Georges, Professeur Royal.
Poëme sur le Baptême de M. le Dauphin, II, 26645.
Præfatio de Castrorum Becodianorum disciplina, IV, 45039.
Laudatio funebris Petri Ronsardi, 47631.
della Croce, Marsile.
L'Historia della Entrata di Henrico III in Venegia, II, 26254.
Chrochard, Claude, Minime.
Harangue funèbre sur le Trépas de Claude Bernard, I, 10941.
—sur le Trépas d'Estienne Bernard, III, 34117.
Croiset (le Pere), Jésuite.
Vie de Marguerite-Marie Alacoque, I, 15295.
Croisey, Graveur.
Plan de Saint-Cloud, IV, S. 1864.*
de Croissainte : voyez Pichatty.
de Croissy : voyez Colbert & Fouquet.
de Croix : voyez Poyer.
de la Croix, Edme, Abbé de Cîteaux.
Oratio ad Cardinalem Cajetanum, II, 19222.
de la Croix, Guillaume, Avocat.
Series & Acta Episcoporum Cadurcensium, I, 7937; V, Add.
de la Croix (M.).
Le bonheur de la Vie solitaire, I, 5332.
de la Croix (M.), Secrétaire d'Ambassade.
Mémoires, III, 31030.

de la CROIX, A. Ph. *peut-être* Philothée.
  Vie de Marguerite du S. Sacrement, I, 14996;
    IV, S.
de la CROIX : *voyez* Coutan, Nicolle, Petis.
de la CROIX du Maine : *voyez* Grudé.
de CROIXMARE (M.), Conseiller au Parlement de Rouen.
  Mémoires du Comte de Varack, III, 29200.
CROIZET.
  Projet d'une Place de Louis XI; III, 34553.
CROLLIUS, Georges-Chrétien.
  Varia Opera de Biponto, V, *Add.* 39201.*
CROMBACH, Hermann, Jésuite.
  Descriptio Archidiœcesis Coloniensis, I, 8645.
  Epitome Chronologica Archiepiscoporum Coloniensium, 8651.
  Annales Metropolis Ubiorum, 8654.
CROMÉ : *voyez* Morin.
CROMWEL, Olivier.
  Traduction Angloise de la Vie de Henri IV; II, 20064.
CRONENDAL, Philippe.
  De Comitibus Namurcensibus, III, 39439.
CROS (M.), Médecin.
  Mémoire sur les bains de la Malou, I, 3097.
  —sur les Eaux de Vendres, 3263.
  —sur la Rhubarbe, 3320.
de CROS, Gérard, Archevêque de Bourges.
  Statuta, I, 6406; IV, S.
du CROS, Simon.
  Histoire ou Mémoires de Henri, dernier Duc de Montmorency, II, 21763; III, 31661.
du CROS, Anne, Religieuse, fille du précédent.
  Mémoire sur Madame de Montmorenci, IV, S. 15290.*
du CROS, Joseph.
  Histoire des Voyages du Marquis de Ville, II, 23944.
CROSSE, Guillaume.
  Histoire des Pays-Bas, III, 39309.
du CROT, Lazare.
  Le Stile du Grand-Conseil, III, 32771.
  Traité des Aydes, 33871.
de CROY, Robert, Archevêque de Cambrai.
  Acta & Decreta Synodi Diœcesanæ, I, 6428.
CROZAT, Laurent.
  Ejulatio in obitu Petri le Goux de la Berchere, III, 33149; IV, S.
de la CROZE : *voyez* Cornand.
la CROZE : *voyez* Veyssiere.
CROZILLES, D.
  L'hérésie suspecte à la Monarchie, I, 5948.
CRUCÉ, Procureur.
  Dialogue du Maheutre, II, 19534.
CAUSEN, Nicolas.
  Monasticon Augustinianum, I, 13662.
CRUSIUS, Magnus.
  De Vita Philippi Mornæi, I, 5942; IV, S.
de CRUSSOL d'Uzès, Jean-Charles, Marquis, depuis Duc.
  Litanies pour le Roi, II, 24391.
de CRUSY de Mareilhac, Sylvestre, Evêque de Mende.
  Statuts, I, 6614; IV, S.
de CRUZAMONT, Louis.
  Gesta impiorum per Francos, II, 28693.
de CUCÉ : *voyez* de Boisgelin.
CUEILLENS, Félix, Cordelier.
  Oraison funèbre de Marie-Térèse d'Autriche, IV, S. 25195.*
  —du Vicomte de Turenne, IV, S. 31714.*
le CUEILLY : *voyez* de Lage.
le CUGNIERES, Pierre, Avocat du Roi.
  Oratio de duabus Potestatibus, I, 7049, 50, 51, 53.

CUGNOT (M.), Ingénieur.
  La Fortification de Campagne, III, 32155; IV, S.
de CUISEAU : *voyez* Paradin.
CUISSOT, Jean, Carme.
  Oraison funèbre de Constance de Beaufremont, I, 14804.
  —de Marie-Félix des Ursins, IV, S. 15288.*
  —de Mademoiselle de S. Géran, IV, 48166.
de CUISY, Pierre, Evêque de Meaux.
  Statuta Synodalia, IV, S. 6606.
CUJAS, Jacques, Jurisconsulte.
  Præscriptio pro Joanne Montlucio, II, 18147.
  Avis touchant la succession du Roi de Portugal, 28896.
  Oraison funèbre de Gaspard de la Chastre, III, 31908.
  Commentarii de Feudis, 39906.
de CULEMBURGH, Zueder.
  Origines Culemburgicæ, III, 39556.
CULOTEAU de Velye.
  Dissertation sur la Comté-Pairie de Châlons, III, 31225.
  Mémoire sur le Comté de Vertus, 34278.
CUMNENE.
  Déclaration de ce qui s'est passé depuis la prise des Fauxbourgs de Paris, II, 19489.
CUNDIER, Louis.
  Carte de la Provence, I, 1828.
CUNELIERS, N. *peut-être le même que* Cuvilliers & le Cavelìers : *voyez* le Cavelìers.
CUNY, Louis-Antoine, Jésuite.
  Oraison funèbre du Cardinal de Rohan, I, 9145.
  —de Madame la Dauphine, II, 25765.
CUPER, Gisbert.
  Fasciculus Epistolarum ad Marquardum Vildium, I, 206.
CUPER, Guillaume, Jésuite.
  De Sancta Apronia, I, 4316.
  De S. Arnulfo Mosomi, 4318.
  De S. Arnulfo Sylvæ Aquilinæ, 4319.
  De Beata Pelagia, 4618.
  De Sancta Scariberga, 4682.
  De S. Symphoriano, 4695.
  De SS. Victore & Sociis ejus, 4713.
  De S. Privato Mimatensi, 7964.
  De S. Avito Claromontensi, 8418.
  De S. Sidonio Apollinari Claromontensi, 8429.
  De S. Riticio Augustodunensi, 8963.
  De S. Arnulfo Suessionensi, 9602.
  De S. Audoeno Rotomagensi, 9855.
  De S. Eptadio, 11108.
  De S. Ebrulfo, 11582.
  De S. Filiberto, 11584.
  De S. Patricio, 11594.
  De S. Juniano, 12136.
  De S. Euspicio, 12666.
  De S. Vulmaro, 12860.
  De S. Aredio, 12865.
  De Sancta Segolena, 14765.
  De Sancta Alcelina, 15049.
CUREAU de la Chambre, Marin, Académicien.
  Observations sur l'*Optatus Gallus*, I, 7265.
CUREAU de la Chambre, Pierre, Curé de S. Barthélemi à Paris, fils du précédent.
  Oraison funèbre de Marie-Térèse d'Autriche, II, 25181.
  —de Pierre Séguier, III, 31538.
CURION, Cœlius Secundus.
  Version Latine de l'Histoire de Guichardin, II, 17547.
CURION, Jean, Médecin.
  De Francorum origine, II, 15375.
CURMIER, Maturin : *on croit que c'est* Louis d'Orléans, II, 19045 : *voyez* d'Orléans.

de la CURNE de Sainte-Palaye, Jean-Baptiste, I, Académicien.
Mémoire sur Guillaume le Breton, I, 10995.
—sur Rodolphe Glaber, I, 11825; II, 16552.
Remarques sur la Langue Françoise, II, 15510.
Projet d'un Glossaire François, 15512.
Mémoire concernant les principaux monumens de l'Histoire de France, particulièrement sur les Chroniques de S. Denys, 15674.
Notice d'un Manuscrit; intitulé, *Vita Caroli Magni*, 16273.
Mémoire sur la Vie du Moine Helgaud, &c. 16530.
—sur la Chronique de Morigny, 16664.
—sur deux Ouvrages concernant Louis VII, 16668.
Lettre sur le projet d'une Place pour la Statue du Roi, III, 34549.
Mémoire sur Rigord, II, 16741; IV, 46894.
—sur Guillaume de Nangis, II, 16961; IV, 46758.
—sur Froissart, II, 17102; IV, 46734.
Notice de deux Manuscrits du Jouvencel, III, 31753.
Mémoire sur les Romans de Chevalerie, 40215.
—sur l'ancienne Chevalerie, 40216.
Vies des Troubadours, IV, 47262, & S.
Notice des Poësies de Jean Froissart, IV, 47448.
Mémoire sur Jean de Venette, 47700.
de CURRES, Charles.
Les Triomphes de France en Latin, II, 17426.
de CURSAY : *voyez* Thomasseau.
CURTADUS : *voyez* Courtaud.
CURTIUS, Corneille, Augustin.
Elogia Virorum illustrium in Ordine Eremitarum S. Augustini, I, 13664.
CUSPINIEN, Jean.
De Imperatoribus, II, 16454.
de CUSSÉ : *voyez* de Bourneuf & de Kermadec.
CUSSET, Pierre, Imprimeur.
L'illustre Orbandale, III, 35969.
CUSTIS, C. F.
Annales de Bruges, III, 39406.
CUVELIER, François.
Mémoire pour l'Université de Paris, IV, 44748.
CUVIÉ.
Les Quatiers de Paris, III, 34445.
CUVILLIER : *voyez* le Caveliers.
CUYPER, Laurent, Carme.
Chronica Brabantiæ, III, 39493.
CYPRIEN, Evêque de Toulon.
Vita S. Cæsarii Arelatensis, I, 8005 & 6; IV, S. 8005.
CYPRIEN (le Pere), Carme Déchaussé : *voyez* de Compas.
CYPRIEN, Jean.
Dissertatio de statu & motibus Galliæ, II, 18168.
CYPRIEN (le Pere), Carme Déchaussé.
Discours sur l'assassinat du Roi, II, 24757.
CYRILLE, Bernard, Grand-Maître du S. Esprit de Rome.
Constitutions de l'Ordre (Hospitalier) du S. Esprit, III, 40392.
CYRIN, dit Aribon, Evêque de Frisingue.
Vita S. Emmerandi, I, 8319.
de CYSSAU (M.), Médecin.
Détail d'une Maladie épidémique, I, 2526.
CZERWENCA.
Vita Elisabethæ Austriacæ, IV, S. 25124.*

D

D. Prieur de Courcelles : *c'est* M. de Gueulette, II, 24845 : *voyez* de Gueulette.

D. (l'Abbé) : *c'est* l'Abbé Dordelu, I, 3741 : *voyez* Dordelu.
D.** (l'Abbé) : *inconnu*.
Oraison funèbre du Maréchal de Noailles, III, 31670.
D. (le Comte) : *c'est* M. Despié, III, 32140: *voyez* Despié.
D.*** (le Comte) : *c'est* M. de Grand-Champ, II, 24418 : *voyez* de Grand-Champ.
D. (la Comtesse) : *c'est* la Comtesse de Murat, Julie de Castelnau, II, 25544 : *voyez* de Castelnau.
D.** (Madame) : *c'est* Madame Durand, Catherine Bedacier, II, 17257: *voyez* Bedacier.
D.*** (le Marquis) : *c'est* Gatien de Courtilz, II, 14437 : *voyez* de Courtilz.
D. (le Sieur) : *c'est* le Sieur Dangosse, III, 34784: *voyez* Dangosse.
D. (le Sieur) : *c'est* le Sieur de Pilham, III, 31595: *voyez* de Pilham.
D.*** (le Vicomte) : *c'est* le Vicomte d'Alès, III, 39886: *voyez* d'Alès.
D. A. A. S. Th. Prof. *c'est* Jean-Antoine d'Aubremont: ces lettres peuvent signifier Doctor ab Alberomonte, Sacræ Theologiæ Professor, I, 7285; *voyez* d'Aubremont.
D. B. *c'est* l'Abbé de Bonal, IV, S. 7924 : *voyez* de Bonal.
D. B. *inconnu*.
L'Hercule François, II, 20717.
D. B. peut-être le S. de Bonair, Henri Stuart, *désigné* vers ce temps par ces lettres L. S. D. B. au N.º 22786.
Le Ministre d'Etat flambé, II, 22805.
D. B. D. S. G. (le Sieur) : *c'est* M. du Bois de Saint-Gelais, III, 34435 : *voyez* du Bois de Saint-Gelais.
D. B. N. L. *inconnu*.
Le Politique François, II, 29831.
D. C. (le Sieur) : *inconnu*.
Avertissement à la France, II, 20363 & 27136; IV, S.
D. C. peut-être de Caissel, *comme le suivant*, II, 14079: *voyez* de Caissel.
D. C. *c'est* de Caissel, II, 14137 : *voyez* de Caissel.
D. C. *c'est* d'Huisseau, I, 6244 : *voyez* d'Huisseau.
D. D. (le Sieur) : *c'est* le S. de Deimier, IV, S. 38211: *voyez* de Deimier.
D. D. D. R. *inconnu* : ces trois dernieres lettres *signifient* peut-être, Dessinateur du Roi.
Allégories royales, II, 26336.
D. F. *inconnu*.
Récit de l'arrivée de la Reine (Anne d'Autriche), II, 20430 & 26289.
D. F. S. *inconnu*.
Relation de ce qui s'est passé à Bourges, &c. IV, S. 10794.*
D. G. *inconnu*.
Abrégé des Trois-Etats, II, 27410.
D. G. *c'est* Jacques Otton, Comte Palatin, III, 31024: *voyez* Otton.
D. H. J. *inconnu*.
Supplément des Antiquités de Paris, III, 34393.
D. J. D. J. *inconnu*.
Histoire du Règne de Louis XIII; II, 22143.
D. L. (le Chevalier) : *inconnu*.
Le Visage de bois, II, 22889.
D. L. (le Sieur) : *inconnu*.
Histoire des Princes de la Maison Royale, II, 24980.
D. L. B. (le Pere) : *c'est* le Pere de la Barre, I, 14704: *voyez* de la Barre.
D. L. H. *inconnu*.
Annotations sur la Vie de l'Amiral de Coligny, III, 31768; IV, S.

D. L. L.

D. L. L. *inconnu.*
  Traité des Légats à latere, IV, S. 7358.*
D. L. P. *on suppose que c'est* de la Palme, *surnom de* Pierre-Victor Cahier, III, 37679 : *voyez* Cahier.
D. L. R. (le Sieur) : *inconnu.*
  L'Antiburlesque, II, 23626.
D. L. U. (le Sieur) : *inconnu.*
  Traités des Alliances entre les Rois de France & ceux de la Grande-Bretagne, II, 28691.
D. M. (Madame) : *c'est* Madame de Motteville, *fille de* M. Bertaut, II, 22167 : *voyez* Bertaut.
D. M. G. P. *inconnu.*
  Le Triomphe de Charles IV. Duc de Lorraine, III, 38896.
D. P. *c'est* le Cardinal du Perron : *voyez* Davy.
D. P. *c'est* du Peschier, III, 31975 : *voyez* du Peschier.
D. P. *c'est* Daniel Polluche, III, 35616 : *voyez* Polluche.
D. P. de S. Bernard, Feuillent : *c'est* Dom Pierre, IV, S. 10769*, *& vraisemblablement le même que* Pierre de Flottes, *du N.° suivant* 10770 : *voyez* de Flottes.
D. P. D. S. C. R. F. *c'est* Dom Pierre de Saint-Charles, Religieux Feuillent, II, 25882 : *voyez* Pierre de Saint-Charles.
D. P. D. S. J. *c'est* Dom Pierre de Saint-Joseph, Feuillent, II, 28038 : *voyez* Pierre de Saint-Joseph.
D. P. E. *inconnu.*
  Histoire du Maréchal de Boufflers, III, 31597; IV, S.
D. P. L. C. *inconnu.*
  Le Tombeau de M. Servin, III, 32978.
D. P. P. *voyez* P. D. P. S.
D. P. Sieur de S. *inconnu.*
  Lettre du véritable François, II, 22752.
D. R. A. R. B. L. *c'est* Dom Robert A. (*inconnu*) Religieux Bénédictin Lorrain.
  La Foi & la Religion des Politiques, II, 18655.
D. R. H. Q. M. *inconnu.*
  Le Divorce satyrique, II, 25135.
D. S. *inconnu.*
  Le Catholique Lorrain, II, 18955.
D. S. A. (le Sieur) : *inconnu.*
  Arrivée du Duc de Pastrana, II, 26311.
D. T. U. Y. *c'est* Davity, I, 787 : *voyez* Davity.
D. V. *c'est* de Villemadon, II, 25081 : *voyez* de Villemadon.
D. V. *c'est* de Vischard, Abbé de Saint-Réal, IV, S. 5767 : *voyez* de Vischard.
D. V. R. T. *inconnu.*
  Lettre sur les Hautponnois, III, 39008.
D. W. *inconnu.*
  Le Héraut François, III, 31666.
DABBES, Guillaume, Chanoine de S. Paul de Narbonne.
  Oraison funèbre de Claude de Rebé, I, 9177.
DACA, Antoine.
  Histoire de la B. Jeanne de la Croix, I, 15193.
DADIN (M.), Grand-Vicaire de Séez.
  Vie de Jacques-Charles-Alexandre Lallemant, I, 9983.
DADIN d'Hauteserre, Antoine, Jurisconsulte.
  De Aquitaniarum situ, &c. I, 147.
  De majoribus causis, 7441.
  Ecclesiasticæ Jurisdictionis Vindiciæ, 7484 & 86.
  Judicium in Privilegium S. Medardi Suessionensis, 12654.
  Notæ in Gregorium Turonensem, II, 16055.
  De Ducibus & Comitibus Provincialibus, III, 31314.
  Res Aquitanicæ, 37501.
  De origine & statu Feudorum, 39917.
DADRÉ, Jean, Théologal de Rouen.
  Chronique des Archevêques de Rouen, I, 9794.
DAFFIS : *voyez* d'Affis.

Tome V.

DAGAY, Etienne.
  Inventaire des Papiers du Gouvernement du Comté de Bourgogne, III, 29627.
DAGAY (M.), Avocat : *peut-être le même que le précédent.*
  Motifs de Droit pour la Ville de Salins, III ; 38638.
DAGAY de Mutigney (le Comte), Maître des Requêtes.
  Dissertation sur le Comté de Bourgogne, III, 38378.
  —sur les Droits des Comtes de Bourgogne sur Besançon, 38433.
DAGONEAU, Sieur de Vaux.
  La Légende de Claude de Guise, II, 18245.
DAGOT de Donzy.
  Mémoire sur un Insecte, I, 3657.
DAGOTY : *voyez* Gautier.
DAGOUMER, Guillaume, Recteur de l'Université de Paris.
  Requête de l'Université de Paris contre les Jésuites, I, 14385; IV, 44697.
DAGUES de Clairfontaines, Simon-Antoine-Charles, Académicien d'Angers.
  Essai sur M. l'Abbé Goujet, I, 11174 ; IV, S. 5622.
  Anecdotes du Règne de Louis XV ; II, 24795.
  Eloge d'Abraham du Quesne, III, 32042.
DAIGREVILLE (M.), Avocat.
  Mémoire pour les Curé & Marguilliers de Saint-Sauveur, I, 5208.
DAILLÉ, Jean, fils du Ministre de ce nom.
  Abrégé de la Vie de Jean Daillé son pere, I, 6016.
DAIRE, Louis-François, Célestin.
  Histoire de Claude Capperonnier, IV ; Suppl. 11027.*
  Tableau de la Bataille de Mastricht, II, 24704.
  Histoire d'Amiens, III, 34152.
  —de Montdidier, 34168.
  Des Sçavans & Hommes célèbres de Montdidier, IV, 45721.
  Tableau Historique des Sciences, &c. en Picardie, 45739.
de DAIRVAL : *voyez* Baudelot.
DALECHAMPS : *voyez* de Lechamp.
DALICOURT, P.
  La Campagne Royale, II, 23938.
DALLET, l'aîné.
  Projet pour connoître les Fossiles de France, I, 2663.
  Addition à ce Projet, *là.*
DAMAIN, Antoine.
  Compte des Saisies sur les Rébelles en 1590, V, *Add.* 19323.*
DAMBILLON, R. P.
  Discours sur la Guerre Civile, II, 19131.
DAMBRES : *voyez* d'Ambres.
DAMHOUDER, Josse.
  De magnificentia Politiæ civitatis Brugarum, III, 39407; IV, S.
DAMIEN, Pierre, Cardinal.
  Vita S. Odilonis, I, 11818.
van DAMME, Jean, Sieur d'Amalade.
  Carte du Comté de Charolois, I, 1484.
DAMOND.
  La France auguste, II, 24164.
DAMOURS (M.), Avocat.
  Mémoire sur le Rhône, I, 2275.
  —contre la Servitude, III, 15510.
de DAMPMARTIN, Pierre, Procureur-Général du Duc d'Alençon.
  La Fortune de la Cour, II, 19135; IV, S. & II, 25129.
de DAMVILLE : *voyez* de Montmorenci.

Qqq

DAN, Pierre, Trinitaire.
Le Trésor des Merveilles de Fontainebleau, II, 26994.
DANCHET.
Le Sacre de Louis XV; II, 26104.
DANCKERST, Juste.
Carte de la France, I, 577.
DANCKERT, Corneille.
Carte de la France, I, 566; IV, S.
DANCOURT, Philippe.
Relation des Cérémonies faites aux Princes de Condé, III, 35904.
DANDAULT, Jean-Baptiste, Abbé de S. Pierre d'Autun.
Histoire véritable du Martyre de Sainte Reine, I, 3206.
DANDOQUE (M.), Académicien.
Mémoire sur les Caillous appellés Diamans, &c. I, 2724.
DANDRÉ-Bardon, Michel-François, Professeur de l'Académie de Peinture & de Sculpture.
Le Passage du Var, II, 24694.
Monument de la Ville de Reims, III, 34250; IV, S. 34257.***
Catalogue des Peintres, Sculpteurs & Graveurs, IV, 47822.
Anecdotes sur Edme Bouchardon, 47840.
Vie de Charles-André Vanloo, 47948.
DANÈS, Pierre, Evêque de Lavaur.
Apologia pro Henrico II; II, 17657.
DANÈS, Jean, Avocat.
Le Règne de Louis XIII, II, 22133.
Le Portrait de M. le Chancelier Boucherat, IV, S. 31551.*
DANÈS, Pierre-Hilaire, Conseiller-Clerc au Parlement de Paris.
Mémoires sur Jacques Danès, Evêque de Toulon, I, 8065.
Abrégé de la Vie de Pierre Danès avec ses Opuscules, 10253.
DANET, Pierre.
Tumulus Ducis Montalserii, III, 32005.
DANET (le Sieur).
Carte de la France, I, 589.
de DANGEAU : voyez de Courcillon.
de DANGEUL : voyez Plumard.
de la DANGIE de Rauchie, Matthieu, Célerier de l'Abbaye de S. Etienne de Caën.
Apologie pour Guillaume-le-Conquérant, III, 34974.
DANGOSSE, J. Chalibert.
Description de la Généralité de Paris, I, 2241, III, 34784.
DANGUECHIN, Paul.
Laudatio funebris Christophori Thuani, III, 32902.
DANIEL, Gabriel, Jésuite.
Dissertation, si Childebert fit bâtir la Cathédrale de Paris, I, 5157.
Remontrance à M. l'Archevêque de Reims, I, 14369.
Dissertations sur l'Histoire de France, II, 15591.
Histoire de France, 15764, 65 & 67.
Abrégé de l'Histoire de France, 15766.
Chronologie des Rois de la premiere Race, 15900.
Dissertations préliminaires pour une nouvelle Histoire de France, 15911.
Dissertation sur la déposition de Childéric, pere de Clovis, 16010.
Histoire de Clovis & de ses enfans, 16046.
Réfutation de la Dissertation de l'Abbé de Camps sur le titre de Très-Chrétien, II, 26894.
Lettre à l'Abbé de Camps au sujet de sa Réplique, 26896; & IV, S. 392.

Dissertation sur la Loi Salique, 28547.
Discours où l'on examine si le Royaume de France est héréditaire ou successif, 28551.
Dissertation sur l'origine de la Charge de Chancelier, IV, S. 31480.*
Histoire de la Milice Françoise, III, 32093.
Dissertation sur les Monnoies d'or des Rois de France, 33900.
Discours sur les Médailles de Théodebert, 33981.
—sur les Médailles de Childebert & de Clotaire, là.
Dissertation sur le nom de Bretagne, 35344.
—sur les Rois de la petite Bretagne, 35351.
DANIEL, Samuel.
Histoire d'Angleterre, III, 35132.
DANSE (l'Abbé), Chanoine de Beauvais.
Mémoires sur l'Amiénois, III, 34153.
Histoire du Beauvaisis, 34905.
Eclaircissemens sur les Mesures itinéraires des Gaulois, 34906.
Dissertation sur *Litanobriga*, *Curmiliaca*, & *Petromantalum*, 34907.
DANTE, Pierre.
Oraison funèbre du Duc de Piney, III, 32681.
DAPPER, Olfert.
Description de la Ville d'Amsterdam, III, 39608.
DAQUIN (M.), Médecin.
Siècle Littéraire de Louis XV; IV, 44571.
Réponse à la Critique, 44573.
Lettres sur les Hommes célèbres, 45649.
DARAGON, Jean-Baptiste, Professeur dans l'Université de Paris.
Notes sur le Droit Public de France, II, 27175.
DARAN (M.), Chirurgien du Roi.
Mémoire sur le Canal de Provence, IV, S. 983.*
DARBO, Pierre.
Oraison funèbre de Henriette d'Escoubleau de Sourdis, I, 14903.
DARCET : voyez d'Arcet.
DARDENE (le Pere), de l'Oratoire.
Année Champêtre, IV, S. 3462.*
Abrégé des Instructions sur le Jardinage, là.
Traité sur les Jacinthes, I, 3489; IV, S.
—sur les Œillets, 3492; IV, S.
—sur les Renoncules, 3494; IV, S.
—sur les Tulipes, 3498.
DARDENNE : voyez de Cherbeyt.
DARÈS (l'Abbé).
Compte rendu des Comptes rendus, IV, Suppl. 14696.*
DARET, Pierre.
Portraits des Rois de France, II, 15792; IV, Suppl.
Noms & Armes des Chevaliers de l'Ordre du S. Esprit, III, 40502.
DARIGRAND (M.), Avocat.
L'Anti-Financier, II, 28128; IV, S.
Mémoire pour le Receveur du Domaine de la Généralité de Tours, IV, S. 31312.*
Mémoires contre les Syndics & Directeurs de la Compagnie des Indes, III, 39818; IV, Suppl.
DARINS.
Combinaisons des Changes, II, 28149.
DARLET, Thomas.
Traduction Angloise des Mémoires de Comines, II, 17393.
DARLUC (M.), Médecin.
Détail de Maladies épidémiques, I, 2518.
Observations sur quelques Maladies épidémiques, 2611.
Analyse des Eaux de Gréoux, 3079.
DARNALT, Jean, Religieux de Sainte Croix.
Vie de S. Mommolin, I, 4599 & 9756.

Statuta & Decreta Reformationis Congregationis Benedictinorum Nationis Gallicanæ, 11623.
Supplément de la Chronique Bourdeloife, III, 37531.
Instruction pour la conservation des Droits de la Ville de Bordeaux, 37536.
Instruction sur certains Droits de la Ville de Bordeaux, IV, S. 37536.*
Eloge de la Ville de Bordeaux, III, 37541.
Harangue aux ouvertures des plaidoyeries en la Sénéchaussée d'Angers, IV, S. 37584.*
Les Antiquités de la Ville d'Angers, III, 37586.

DARQUIER (M.), Académicien.
Mémoire sur les Sources de Bagnères, I, 2944.
Observations sur les eaux de Saint-Sauveur, I, 3217.
Expériences sur un Méphitis, 3689.

DARRERAC, Jean, Conseiller au Parlement de Bordeaux.
De l'origine des François, II, 15414.
Des Antiquités de la Ville de Bordeaux, III, 37522.

DARSANT, Magdelène, Epouse de M. de Puyfieux.
Histoire du Règne de Charles VII, IV, 17289.*

DARTIS, Gabriel, Ministre de Berlin.
Sentiment sur la retraite des Pasteurs (Protestans), I, 6065.

DASIPOD, Conrad.
Descriptio Horologii Argentoratensis, I, 9129; III, 38729.

à DASSEL, Harderwic.
Oratio de Carolo Magno, II, 16277.

DASSOUCY : voyez Coypeau.

DATI, Carlo.
Panegyrico di Luigi XIV; II, 23953.
Essequie di Luigi XIII, 26758.

DAUBENTON, Guillaume, Jésuite.
Vie de Jean-François Regis, I, 14126.
Oraison funèbre de Charles V, Duc de Lorraine, III, 38902.

DAUDET (M.), Chevalier, Géographe du Roi.
Cartes des Routes de Paris à Compiégne, &c. I, 627.
Route de Paris à Reims, 629.
Mémoire concernant le Canal de Conti, 930.
Guide des Chemins de France, 2302.
Journal du Voyage de Mademoiselle de Clermont, II, 24585 & 26616.
Epitre historique à la Reine, 24589.
Journal du premier Voyage de Louis XV, &c. 24594 & 26529.
Discours sur l'accouchement de la Reine, 25737, IV, S.
Histoire de la naissance de M. le Dauphin, 25738.
Plans de la Ville de Reims, &c. 26103; IV, S. 1842.*
Emblèmes héroïques pour des arcs de triomphe à Reims, III, 34380.

DAUDIGUIER : voyez d'Audiguier.
DAUGIERES : voyez d'Augieres.
DAULBEROCHE : voyez d'Aulberoche.

DAUMIUS, Chrétien.
Notæ in Vitam S. Mattini, I, 10277.

DAURIGNY : voyez Dorigny.

DAUVET, Gaspard, Comte du Marest.
Lettres & Dépêches, III, 30438.

DAVANNE, Nicolas, Prieur de S. Nigaise.
Vie & Martyre de S. Nigaise, I, 9817.

DAVENNE, François.
Recueil de Pièces, IV, S. 23221.*

DAVEZAN, Jean, Jurisconsulte.
Dissertatio de Pontificia & Regia Potestate, I, 7097.
Liber Servitutum, III, 39824.

Tome V.

Moyens pour remettre dans l'ordre les Universités de Droit, IV, 45019.
Elogium Jani à Costa, 45865.

DAVID, Jacques, Jurisconsulte.
Historia dedicationis Ecclesiæ Podii, I, 495.

DAVID, Jean, Avocat.
Mémoire touchant les Guises, II, 28883; III, 30179.

DAVID, Jean, Médecin.
Traité de la Peste, IV, S. 2539.*

DAVID, Adrien, Prémontré.
Chronique de la Fondation de l'Abbaye de Vicogne, I, 13580.

DAVID, P.
Cérémonies du Sacre des Rois de France, II, 25956.

DAVID, Jean, Intendant de M. de Soubise.
Du Jugement Canonique des Evêques, I, 7442.

DAVID (le Pere), Cordelier.
Oraison funèbre de Marie-Térèse d'Autriche, II, 25189.

DAVID, Joseph, Oratorien.
Oraison funèbre du Duc de Villeroy, III, 31731.
—de la Marquise de Saint-Aulaire, IV, 48163.

DAVID, Michel, Sieur de la Bizardiere.
Histoire de Louis-le-Grand, II, 24464.

DAVIER, Edme-Louis, Avocat.
Histoire de la Ville & des Comtes de Joigny, III, 34331.

DAVIGNON, Hugues, Avocat.
La Veleyade, I, 4198.

DAVILA, Henri-Catherin.
Historia delle Guerre civili, II, 19742.

DAVILA (M.).
Catalogue des Curiosités naturelles de son Cabinet; IV, S. 3555.***

DAVIN, Jacques, Avocat.
Journal, IV, S. 37853.*

DAVIO, Amé.
Discorso delle ragione di Filippo V, alla successione della Monarchia di Spagna, II, 28978.

DAVISSON, Guillaume.
Oblatio Salis, II, 28529.

DAVITY, Pierre, Seigneur de Montmorin.
Description de la France, I, 787.
Etats & Empires du Monde, là.
Etat de ceux de la Religion en France, 5955.
Arrêt de mort exécuté, II, 21295.
Découverte d'une entreprise terrible, 21296.
Origine des Ordres Militaires & de Chevalerie, III, 40259.

DAVOT (M.), Avocat.
Mémoire pour le Chapitre de l'Eglise Cathédrale de Belley, I, 5018.

DAWANEL.
Mémoires, II, 24691.

DAVY du Perron, Jacques, Cardinal, Archevêque de Sens.
Discours véritable sur la Conférence avec du Plessis-Mornay, I, 6206.
Actes de cette Conférence, 6208.
Réponse aux Récriminations du Sieur du Plessis, IV, S. 6208.
Ordinationes, I, 6736; IV, S.
Avertissement à ses Diocésains, 7182.
Brief Discours sur la Police de l'Eglise & de l'Etat, 7528.
L'Ombre de M. l'Amiral de Joyeuse, II, 18626.
Lettre à M. le Prince, II, 20164; IV, S. 20122.*
Harangue aux Etats sur l'article du Serment, II, 16834; IV, S.
Maximes d'Etat de Henri-le-Grand, 27224.
Lettre au Roi, III, 30364.
Ambassades, 30437.
Lettres, 30718.
Oraison funèbre de Pierre Ronsard, IV, 47632.

Qqq 2

DAY (le Pere), Jéfuite.
  Oraifon funèbre de M. de Révol, I, 8119.
DAYDÉ, Raymond.
  Hiſtoire de S. Sernin, I, 5363; IV, *Suppl.* 10202.*
DEAGEANT de Saint-Marcellin, Guichard.
  Mémoires, II, 21297 & 21869.
DEBONNAIRE, Louis.
  Le faux Proſélyte, I, 7314.
  Mémoire pour l'Evêque de Saint-Omer, 12363.
  La vérité de l'Hiſtoire de l'Eglife de Saint-Omer, 8638 & 12368.
  L'Eſprit des Loix quinteſſencié, II, 27083.
DECLAUSTRE, André.
  Mémoire hiſtorique ſur le Journal des Savans, IV, 45657, & S.
DEFOS, David.
  Traité du Comté de Caſtres, III, 37795.
  Du Privilège du Franc-Alleu, 39949.
DEGUIGNES, Joſeph, Académicien.
  Hiſtoire des Huns, Turcs, &c. II, 16706.
  Mémoire ſur Eſtienne Fourmont, IV, 46731.
DEHENNOT, Chriſtophe.
  Panegyricus Annæ Auſtriacæ, II, 22203.
  Oratio in funere Jacobi Capreoli, IV, 46416.
DEIDIER, P. Iſaac.
  Lettre ſur la Peſte de Marſeille, I, 2561.
  Avis ſur les Eaux de Saint-Jean de Seirargues, 3213.
de DEIMIER (le Sieur).
  La Liberté de Marſeille, III, 38099 & 38221; IV, S.
DEIRON, Jacques.
  Généalogie du Baron d'Aubais, III, 41014.
DELAN, Hyacinthe, Docteur en Théologie.
  Hiſtoire de Jacques Boileau, IV, S. 10966.*
DELASSUS, Raymond, Médecin.
  Vie de François Sanchez, IV, 46316.
DELAUT-Mariolet.
  Traité d'Armoiries, III, 39976.
  Noms & Blazons des Chevaliers de l'Ordre du S. Eſprit, 40504.
DELAVOYE.
  Lettre ſur des Vers-Luiſans, I, 3658.
DELBÉE.
  Journal, II, 23961.
DELESPINE (M.).
  Journal du Voyage de Meſdames en Lorraine, I, 2374.
  Relation du Voyage de Meſdames à Plombieres, 2375.
DELEWARDE, Michel, Oratorien.
  Liſte des Evêques de Cambrai, I, 8542.
  Hiſtoire du Hainaut, III, 39430; IV, S.
DELFAUD (l'Abbé).
  Eloge du vrai Sage (M. le Dauphin), II, 25761.
DELFOSSES, Magdelène.
  Mémoires de ſa Vie, IV, 48062.
DELISLE, Guillaume, Géographe.
  Mémoire ſur la Mer de l'Oueſt dans la Nouvelle France, III, 39633.
DELISLE de Moncel (M.).
  Dictionaire de la Chaſſe & de la Pêche, IV, S. 3581.*
  Méthode pour la deſtruction des Loups, IV, S. 3585*.
DELLE, Claude, Dominicain.
  Vie de Dom Jérôme Marchant, I, 13248.
DELORME, Bernard, Prêtre.
  Laudatio funebris Caroli-Franciſci des Monſtiers de Mérinville, IV, S. 9387.*
DELORME, Guillaume-Marie.
  Recherches ſur les Aqueducs de Lyon, III, 37344.
DELORT, François.
  Mém. concernant les Pays de Rouergue, III, 37615.

DELPECH de Moreville (M.), Conſeiller au Parlement.
  Traité des Bornes de la Puiſſance Eccléſiaſtique & de la Puiſſance Civile, I, 7101.
DELPHIUS.
  Res Burgundicæ, III, 35881.
DELVAL.
  Supplément aux Traités des Eaux de Marimont, I, 3101.
DEMANET (l'Abbé).
  Hiſtoire de l'Afrique Françoiſe, III, 39797.
DEMANGE-Buſſy.
  Annales de la Ville de Toul, III, 38799.
DÉMOCHARÈS : *voyez* de Monchy.
DEMONS, Jean, Conſeiller au Préſidial d'Amiens.
  La Démonſtration de la quatrième partie de rien, II, 19591.
  La Sexteſſence diablactique & potentielle, 19654.
DEMONT Bourcher : *voyez* de Mont-Bourcher.
DEMOURS (M.), Médecin.
  Mémoire ſur la Salamandre, I, 3682.
DEMPORTES : *voyez* du Puy.
DEMPSTER, Thomas.
  Notæ in Libros de Bello Chriſtianorum contra Barbaros, II, 16924.
DENANS de Courcheret, Luc, Secrétaire des Villes Anſéatiques.
  Hiſtoire du Cardinal de Granvelle, I, 8200.
  —du Traité des Pyrénées, III, 30929.
  —du Traité de Nimégue, 31013.
DENES, Jérôme, Docteur en Théologie.
  L'Apôtre de Narbonne, IV, S. 9163.*
DENESLE (M.).
  Lettre ſur l'Hiſtoire Eccléſiaſtique de l'Abbé Racine, I, 4920; IV, S.
  Réponſe à la Lettre de Philippe Gramme, 4922; IV, S.
DENISART.
  Obſervations ſur l'Ordre des Trinitaires, I, 13963.
DENISE, Nicolas, Chanoine de Troyes.
  Oraiſon funèbre de François Mallier du Houſſay, I, 10112.
  —de Louiſe de Harlay, 14844.
  —de Marie-Térèſe d'Autriche, II, 25183.
  —du Comte de Soiſſons, 25864.
de DENNEVILLE (le Sieur).
  Lettres, III, 30268.
DENNONVILLE : *voyez* Hémard.
DENULLY (M.), Chanoine de Beauvais.
  Mémoires ſur l'Hiſtoire de Beauvais, III, 34904.
DENYAU, Robert, Doyen de Giſors.
  Rotomagenſis Cathedra, I, 9808.
  Vita S. Clari, 11051.
  Hiſtoire de S. Clair, 11052.
  Rollo Northmanno-Britannicus, III, 34962.
DENYS, Nicolas, Gouverneur des François dans l'Amérique.
  Deſcription des Côtes de l'Amérique Septentrionale, I, 2406; & III, 39695.
DENYS, J. B.
  Mémoires Anecdotes, II, 24468.
DENYS, Louis, Géographe.
  Cartes de la France, I, 632.
  Itinéraire des Routes de France, IV, S. 678*" & 2347.**
  Archevêché de Paris, 1118.
  Diocèſe de Paris, 1119.
  Pouillé du Diocèſe de Paris, 1164; IV, S.
  Forêt de Fontainebleau, 1520.
  Environs de Paris, 1755.
  Plan de Paris, 1788; III, 34511.
  Poſtillon Pariſien, 34487.
DENYS de Genes (le Pere), Capucin.
  Bibliotheca Scriptorum Ordinis S. Franciſci Capucinorum, IV, S. 13907.*

Table des Auteurs.

DENYS de la Mere de Dieu (le Pere), Carme Déchaussé.
Traduction de l'Histoire des Fondations des Carmélites, I, 14967.

DÉON de Beaumont (le Chevalier).
Lettre sur les Vers à Soye, I, 3636.
Mémoires pour servir à l'Histoire des Finances, II, 27965.
Essai sur les différentes situations de la France, par rapport aux Finances, 28105.
Lettres, &c. III, 31179.
Eloge Latin du Comte d'Onsembray, IV, 46531.

DEPARCIEUX, Antoine, Académicien.
Mémoire sur les crues de la Seine, I, 884.
Mémoire sur un nouvel Aqueduc pour Paris, 931.
Mémoires sur la Rivière d'Yvette, IV, S. 931.*
Observations sur les Eaux des Rivières qui composent la Seine, II, 2846.

DEPRÉS.
Histoire de Valenciennes, III, 39055.

DERHAM, W.
Traduction de l'Histoire naturelle des Oiseaux d'Elzéazar Albin, I, 3592.

DERVAL : *voyez* Caso.

DESAUTOUR.
Généalogie de la Maison de Clugny, III, 41908.

DESBANS, Pierre.
Status strictioris reformationis in Ordine Præmonstratensi, I, 13526.

DESBILLONS (le Pere), Jésuite.
Eclaircissemens sur Guillaume Postel, IV, S. 11371.* & 46558.*

DESBOIS.
Atlas de France, I, 618.

DESBOULMIERS, Jean-Auguste-Julien.
Histoire du Théâtre Italien, IV, 47782.
—de l'Opera Comique, 47792.

DESCAMPES.
La connoissance parfaite des Chevaux, I, 3559.

DESCARTES (M.), Envoyé du Roi en Espagne.
Lettres, III, 30420.

DESCARTES (Mademoiselle).
Relation de la mort de Descartes, II, 46431.

DESCAUNETS, P.
Traité des Eaux de Bagnères & de Barège, I, 2940.

DESCEMET, J. Médecin.
Catalogue des Plantes du Jardin des Apothicaires, I, 3404.

DESCHAMPS, Nicolas.
Dissertation sur les Armoiries de la Famille des Gérard de Lièvremont, III, 38507.

DESCHAMPS (M.).
Mémoires des Campagnes de M. de Turenne, II, 24116.

DESCHAMPS (le Pere), Augustin.
Oraison funèbre de Jean-Baptiste de Contes, I, 11099.

DESCHAMPS (M.).
Examen des Réflexions sur les Finances & le Commerce, II, 28200.

DESCHAMPS, Robert.
Mandatum Procuratoris Normannorum Nationis, II, 24757.

DESCHAMPS, François, Bénédictin.
Dissertation sur les Rois d'Auvergne, I, 3915.
—sur le temps de Vinnebrand, 8414.
Mémoire sur les Rois d'Auvergne, IV, S. 37453.*

DESCHARTRES.
Eloges des plus excellents personnages, IV, 45633.

DESCHERETS : *voyez* Dinteville.

DESCLOS, Bernard.
Historia de Cataluña, III, 38360.

DESCOMEL, Paul, Avocat.
Plaidoyers faits en la Cour des Aydes, I, 7397 & 98.

DESCOURREAUX, Philibert.
Vie d'Adrien Bourdoise, I, 10989.

DESCOURTILS : *voyez* des Courtils.

DESCOUTURES, Simon.
Nobiliaire de la Généralité de Limoges, III, 40694.

DESCOUTURES.
Vie de Sainte Geneviève, & Eloge de Madame de Miramion, IV, S. 4456.*

DESESSARTS-Poncet, Jean-Baptiste.
Recueil d'Histoires sur le pouvoir du Démon, I, 4902.

DESFONTAINES : *voyez* Guyot.

DESFORGES-Maillard, Paul.
Poësies sur la prise de Berg-op-zoom, II, 24697.
Lettre sur une Cérémonie de Quimpercorentin, III, 35486.

DESFRICHES.
Vue d'Orléans, IV, S. 1731.*

DESGOTS.
Vie d'André le Nostre, IV, 46528.

DESGUERROIS : *voyez* des Guerrois.

DESHAYONS.
La Princesse Solitaire, ou la Vie de Sainte Landrade, I, 14761.

DESIRÉ, Artus.
La Singerie des Huguenots, I, 5855.
Le Désordre de France, II, 18391.
Le Ravage & Déluge des Chveaux de louage, 18406.

DESISTRIERES, Jean, Lieutenant du Pays de Carladès.
Mémoires sur les Fiefs, III, 39924.

DESJARDINS, Michel, Prédicateur du Roi.
Parallèle de Louis XV avec Louis XIV; II, 24717.
La Paix annoncée, 24784.
Poëme sur la mort de M. le Duc de Bourgogne, 25777.
Mausolée du Maréchal de Saxe, III, 31700.

DESJARDINS (M.), Maître des Requêtes.
Histoire des Provinces-Unies, III, 39544.

DESJEAN, Jean-Bernard, Sieur de Pointis.
Relation de l'expédition de Carthagène, II, 24379.

DESLANDES (le Pere), Dominicain.
Harangue funèbre sur Henri IV; II, 20026.

DESLANDES, Philippe.
Dissertation sur la Fondation de l'Eglise de Saint-Waast d'Origny, I, 14924.

DESLANDES (M.), Commissaire de la Marine.
Lettre sur le *Saliocanus portus*, I, 338.
Extrait d'une Lettre sur des Pyrites, 2766.
Traité sur la Pêche du Saumon, 3606.
Observations sur une espèce de Ver, 3660.
Lettre sur une Antiquité Celtique, 3761.
—sur la Langue Celtique, 3765.
Autre Lettre sur une Antiquité Celtique, 3849.
Voyage d'Angleterre, III, 31306.
De quelques particularités du Pays de Labourd, III, 37655.

DESLANDES : *voyez* Couanier & Morizot.

DESLAVIERS.
Eloge de la (feue) Reine, II, 25205.

DESLYONS, Jean, Doyen de Senlis.
Eclaircissement de l'ancien Droit de l'Eglise de Paris sur Pontoise, I, 9812.
Discours contre le Paganisme du Roi-boit, IV, S. 15555.
Oraison funèbre de Louis XIII; IV, S. 22138.**
—de la Duchesse de Saint-Simon, IV, 48168.

DESMARAIS : *voyez* Regnier.
DESMARES, Touſſaints, Oratorien.
Relation de la Conférence entre Dom Pierre de S. Joſeph & le P. Deſmares, I, 5588.
Deſcription de l'Abbaye de la Trappe, 13137 & 45.
DESMARESt, Vincent-François, Agent du Clergé, depuis Evêque de Saint-Malo.
Procès-verbal de l'Aſſemblée de 1700, I, 6901.
DESMAREST : *voyez* Regnier.
DESMAREST, Nicolas, Contrôleur - Général des Finances.
Mémoire ſur l'Adminiſtration des Finances, II, 28090.
DESMAREST (M.).
Mémoire ſur la Culture des Raves, I, 3505.
DESMAREST de Saint-Sorlin : *voyez* des Mareſts.
DESMARETS (M.).
Diſſertation ſur l'ancienne jonction de l'Angleterre à la France, I, 161.
Obſervations ſur les Montagnes d'Auvergne, IV, S. 2642.*
DESMARETTES : *voyez* le Brun.
DESMARETZ (M.), Inſpecteur des Manufactures.
Notice des Mines de la Généralité de Limoges, I, 2679.
Mémoire ſur l'Orſeille, 3338.
Ephémérides de la Généralité de Limoges, III, 37599.
DESMAREZ, François, Seigneur de Paris.
Mémoire Chronologique des Foires de Champagne & de Brie, III, 34311.
DESMARS (M.), Médecin.
Obſervations d'Hiſtoire Naturelle, I, 2395; IV, Suppl.
Mémoire ſur l'air, &c. de Boulogne ſur mer, 2399.
Maladies obſervées à Boulogne ſur mer, 2510.
Conſtitution épidémique, 2511.
Lettre ſur quelques Plantes de Picardie, 3365.
Mémoire ſur la mortalité des Moutons, 3576.
—ſur la mortalité des Chiens, IV, S. 3576.*
DESMAY, Jacques, Chanoine de Péronne.
Vie de S. Guiſy, I, 4495.
Remarques ſur la Vie de Jean Calvin, 5811.
Vie de S. Furſy, 12030.
Vie de Ste Clotilde, II, 25002.
DESMAY, Louis.
Relation des Peres de la Mercy, IV, S. 13991*, V, *Add.* 13999.*
DESMERY.
Mémoires ſur Guy Patin, IV, 46261.
DESMILLEVILLE (M.), Médecin.
Eſſai ſur les Eaux de Saint-Amand, IV, S. 3204.**
Journaux des guériſons opérées par ces Eaux, 3204.**
DESMONTS, Auguſtin, Chanoine Régulier.
Miracles de Notre-Dame de Foy, I, 4143.
DESMOUEUX (M.), Profeſſeur en Médecine & en Botanique.
Analyſe des Eaux de l'Hôtel-Dieu de Caën, I, 3025.
DESMOULINS (M.), Avocat.
Hiſtoire des Comtes de Neuf-Châtel, III, 39141.
DESMOULINS : *voyez* Dumoulin.
DESNANS : *voyez* d'Eſnans.
DESNE, Michel, Evêque de Tournai.
Statuta, I, 6763; S.
DESNEZ, Geoffroy.
Traduction de la Vie de S. Guillaume de Malaval, III, 35717.
DESNOS, Nicolas.
Vie de S. Catalde, I, 4355.
DESNOS : *voyez* Odolant.

DESNOUELLES, Jean, *dit* de Guiſe.
Miroir hiſtorial, II, 15670.
DÉSORMEAUX, Louis, Académicien.
Hiſtoire de Louis II, Prince de Condé, II, 24227.
Vie de François-Henri de Montmorency, 24365.
Hiſtoire de la Maiſon de Bourbon, 25966.
Vie d'Anne de Montmorency, III, 31441.
—de Henri de Montmorency, Connétable, 31445.
—du Maréchal Duc de Luxembourg, 31643.
—de François de Montmorency, 31658.
—de Henri de Montmorency, Maréchal de France, 31664.
—de Charles de Montmorency, 31787.
Généalogie de la Maiſon de Montmorency, III, 43306.
DESPENNES.
La Nobleſſe ramenée à ſes vrais principes, II, 28225.
DESPERRIERES : *voyez* Poiſſonier.
DESPESCHES, IV.
Repréſentations des animaux de la Ménagerie de Verſailles, IV, S. 3555.**
DESPIÉ.
Réflexions ſur l'établiſſement de l'Ecole Militaire, III, 32140.
DESPONTS, Claude, Procureur du Roi à Briançon.
Recueil des Tranſactions d'Imbert Dauphin, III, 37948.
DESPORTES.
Diſcours ſur les Affaires de France, II, 19397.
DESPORTES.
Diſcours ſur la Peinture & la Sculpture, IV, 47828.
Vies des premiers Peintres du Roi, *là*.
Vie de Charles le Brun, 47848.
DESPORTES : *voyez* Pouppé.
DESPRETS, Matthieu, Archidiacre de Térouanne.
Antiquitates Eccleſiæ Morinenſis, I, 9766.
DESPRETS, Claude, Avocat.
Mémoire ſur les Evêques de Cambrai & d'Arras, I, 8533.
DESPRETZ, Jean, Evêque de Langres & enſuite de Tournai.
Vitæ Ludovici X, Philippi V, Caroli IV, & Philippi VI, II, 17027.
DESPREZ, François.
Généalogies, Faits & Geſtes des Rois de France, II, 15727.
Le même Ouvrage en Latin, *là*.
DESPREZ, P. Ingénieur du Roi.
Le Plan du Siége de la Fere, II, 19679.
DESPREZ : *voyez* Antoine de S. Gabriel.
DESPREZ de Boilly.
Lettres ſur les Spectacles, IV, 47780; & S.
DESPRUETZ, Bernard, Evêque de S. Papoul.
Ordonnances & Inſtructions, I, 6723; IV, S.
DESPRUETZ, Matthieu, Docteur de Sorbonne.
Eloge funèbre de Henri d'Albret, Sire de Pons, IV, S. 31843.*
DESREY, Pierre, Orateur de Troyes.
Traduction des Chroniques de Gaguin, II, 15694.
—de la Mer des Chroniques, 15698.
—des Faits & Geſtes de Godefroi de Bouillon, 16595.
Relation du Voyage de Charles VIII à Naples, 17366 & 17395.
Les grandes Chroniques de Charles VIII, 15672 & 17383.
Généalogie de Godefroi de Bouillon, IV, *Suppl.* 41452.*
DESROCHES.
Journal de ce qui s'eſt paſſé en Candie, II, 23949.

DESROCHES, J.
Mémoire sur les Provinces des Pays-Bas, III, 39279.
DESSIEUX.
Le Siége de Saint-Jean de Lône, IV, S. 35959.*
DESTABLES (M.), Avocat.
Remarques sur les productions de la Champagne, I, 2411.
Almanach de Reims, III, 34259.
DESTERNES (le Pere), Augustin.
Oraison funèbre de Claude de Choiseul, III, 31614; IV, S.
DESTOUCHES, Jacques, Sieur de Rochemont.
Histoire de l'Abbaye de S. Estienne de Caën, I, 12449.
DESTRÉS (M.), Médecin.
Lettre sur les Eaux de Cresseilles, I, 3041.
DESTRÉES, Jacques.
Eloge de Raymond de Pavie, Baron de Forquevalz, III, 31037.
Histoire du Marquis de Saint-Mégrin, 32061.
Mémorial de Chronologie généalogique, 40593.
Lettre sur la famille d'Anfrie de Chaulieu, 40933.
Histoire généalogique de la Maison de Beaumont, V, Add.
—de la Maison de la Roche-Aymon, V, Add.
Requête du Sieur Balthazard-François Wale, 44532.
DESTRET: voyez Destrées, Médecin.
DITTEY (M.), Archidiacre d'Auxerre.
Mémoires sur de prétendues Reliques de S. Germain d'Auxerre, I, 10145.
Vie de M. de Caylus, Evêque d'Auxerre, 10171.
à DEUTECUM, Jean & Luc.
Helvetiæ Chorographia, I, 1960.
des DEUX-PONTS (le Duc).
Lettre à M. de Schomberg, II, 18587.
de la DEVESE, Abraham, Ministre Calviniste.
Vie de Jean Claude, I, 6061.
DEVEZE, Pierre, Théologien.
Publique Déclaration de Foi, IV, S. 5940.*
de la DEVISON, L. G. Chanoine de S. Brieux.
Vie & Miracles de S. Brieux & de S. Guillaume, I, 10465.
DEVOUX.
Plan d'Aix, I, 1316.
Carte de Provence, 1839.
DEVOYON, Joseph, Chanoine de Limoges.
Eloge de François de la Fayette, IV, S. 8481*, pour 80.*
Vie de René-François de Santerre, I, 11444.
Panégyrique de Sainte Jeanne-Françoise de Chantal, IV, S. 15283.*
DEYRON, Jacques.
Antiquités de Nismes, II, 37871.
Généalogie de Rosel, 43887.
DEZALLIER d'Argenville (M.), pere du suivant.
Théorie & Pratique du Jardinage, I, 3448; IV, Suppl.
DEZALLIER d'Argenville, Antoine-Joseph, fils du précédent.
Enumerationis Fossilium Galliæ tentamina, I, 1661.
Catalogue des Fossiles de France, 2661.
Vies des plus fameux Peintres, IV, 47819.
Vie de Claude Audran, 47832.
—de Nicolas Bertin, 47835.
—de Jacques Blanchard, 47837.
—de Thomas Blanchet, 47838.
—de Bon Boullogne, 47842; IV, S.
—de Louis de Boullongne, 47844.
—de Sébastien Bourdon, 47845.
—de Charles le Brun, 47848.
—de Pierre-Jacques Cazes, 47852.
—de Philippe de Champagne, 47853.
Vie d'Elisabeth-Sophie Chéron, 47857.
—de Louis Chéron, 47858.
—de Nicolas Colombel, 47860.
—de Michel Corneille, 47861.
—de Jacques & de Guillaume Courtois, 47862.
—de Jean Cousin, 47863.
—d'Antoine Coypel, 47866.
—de Noël & de Noël-Nicolas Coypel, 47868.
—de François Desportes, 47873.
—de Louis d'Origny, 47874.
—de Claude le Fevre, 47879.
—de Jean-Baptiste Blain de Fontenay, 47880.
—de Jean Forest, 47881.
—de Charles de la Fosse, 47882.
—de Martin Fréminet, 47885.
—de Charles-Alfonse du Fresnoy, 47886.
—de Claude Halle, 47889.
—de Laurent de la Hire, 47890.
—de Jean Jouvenet, 47892.
—de Nicolas Lancret, 47894.
—de Nicolas Largilliere, 47896.
—de Nicolas Lenoir, 47897.
—de Claude Gelée le Lorrain, 47898.
—de Philippe Meusnier, 47903.
—de Nicolas Mignard, 47904.
—de Pierre Mignard, 47908.
—de François le Moine, 47910.
—de Jean-Baptiste Mola, 47911.
—de Jean-Baptiste Monoyer, 47912.
—de Jean-Baptiste Oudry, 46916.
—de Joseph & Charles Parrocel, 47917.
—de François Perrier, 47918.
—de Nicolas Poussin, 47923.
—de Jean Raoux, 47925.
—d'Hyacinthe Rigaud, 47928.
—d'Antoine Rivalz, 47929.
—de Jacques Rousseau, 47930.
—de Jean-Baptiste Santerre, 47932.
—de Jacques Stella, 47938.
—de Pierre Subleyras, 47939.
—d'Eustache le Sueur, 47941.
—de Louis Testelin, 47943.
—de Robert Tournieres, 47744.
—de Pierre-Charles Trémollieres, 47945.
—de François & de Jean-François de Troy, 47946.
—de Moyse Valentin, 47947.
—de Jean-Baptiste Vanloo, 47951.
—de Joseph Vivien, 47953.
—de Simon Vouët, 47955.
—d'Antoine Wateau, 47956.
DEZALLIER d'Argenville, Antoine-Nicolas, fils du précédent.
Edition de la Théorie & Pratique du Jardinage de l'Abbé Schabol, IV, S. 3462.*
Manuel du Jardinier, là.
Histoire Naturelle éclaircie, ou Conchyologie, IV, S. 3666.*
Voyage pittoresque de Paris, III, 34522.
—des environs de Paris, là, & I, 2368.
Table des Peintres, Sculpteurs & Architéctes François, IV, 47819.
DHOGES, Pierre, Maire de Châlon-sur-Saône.
Eloge de César-Auguste de Bellegarde, III, 32336.
Regrets sur son Trépas, 32337.
DIAGO, François.
Historia de los Condes de Barcelona, III, 38362.
DIANNYERE (M.), Médecin.
Mémoire sur les Eaux de Bardon, I, 2965.
de DICET: voyez Raoul.
DICKINSON, Edme.
De origine Druidum, I, 3828.
DICQUEMARE (l'Abbé).
Plans & Cartes concernant le Havre-de-Grâce, III, 35252.

DIDEROT (M.)
Encyclopédie, I, 2461. *Il y a eu part.*
DIDIER, Evêque de Cahors.
Epiſtolæ, III, 29733.
DIDIER (M.), Doyen de l'Egliſe de Vienne.
Copie d'une de ſes Lettres ſur Epone, I, 514.
DIDIER, Euſébe, Récollect.
Panégyrique de S. Agricole, Evêque d'Avignon, IV, S. 8129.*
Réponſes aux Critiques, *Id.*
Réflexions ſur & contre le Mandement de l'Evêque de S. Pons, IV, S. 9254.*
DIÉDERIC, Moine Allemand.
Hiſtoria Tranſlationis reliquiarum S. Benedicti, I, 11958.
DIÉGO, François.
Vita S. Rochi, I, 4647 & 48.
Vie du B. Pierre de Luxembourg, IV, S. 10592.
DIERCKSENS, J. C. Curé de l'Hôpital d'Anvers.
Antverpia Chriſto naſcens & creſcens, IV, S. 5025.*
DIEREVILLE.
Voyage de Port-Royal de l'Acadie, III, 39709.
DIEU-DONNÉ (Dom), Bénédictin.
Cabinet de Courtagnon, I, 2482.
DIEULAMANT.
Deſcription de la Balme de Dauphiné, I, 2796.
DIEUXIVOYE, Bertrand-Simon, Médecin.
An aër Pariſinus ſalubris? I, 2581.
An Phthiſicis Aquæ Forgenſes? 3059.
DIGBY.
Traduction Angloiſe d'un Traité de l'Ambaſſadeur, III, 32637.
DIJON (M.), Ingénieur.
Mémoire ſur le Pont de Vieille-Brioude, III, 37470.
DILHERRUS, Jean-Michel.
De Hiſtoria priſca Germaniæ, II, 15404; IV, *Suppl.*
DILLERUS, Jean.
De origine Francorum, II, 15420.
DILLOUD, Ignace.
Vie de S. Jean de Matha, I, 13977.
DINET, Gaſpard, Evêque de Mâcon.
Ordonnances Synodales, I, 6602.
Harangue au Roi, II, 20573.
DINET, François, Récollect.
Le Théâtre de la Nobleſſe Françoiſe, III, 31361.
Oraiſon funèbre d'Anne d'Anglure, 31951.
DINOTH, Richard.
De bello civili Gallico, I, 5845; II, 18389.
DINOUART (l'Abbé).
Analyſe des Conciles de l'Egliſe Gallicane, I, 6288.
Edition du Traité de la Puiſſance Eccléſiaſtique & Temporelle de du Pin, IV, S. 7098.*
Eloge Latin de M. Joly de Fleury, III, 32988.
DINSTRUIRES, François.
Diſcours ſur la tenue des Conciles, II, 19596.
DINTER, Edme, Chanoine de S. Pierre de Louvain.
Genealogia Ducum Burgundiæ, II, 25430.
Chronicon Brabantiæ, III, 39481.
Res Lovanienſes, 39503.
DINTEVILLE, Guillaume, Seigneur des Cherets, Bailli de Troys.
Déroute de Saint-Quentin, II, 17689.
de DINTEVILLE, François, Evêque d'Auxerre.
Statuta Synodalia, I, 6382.
Dépêches, III, 29923.
DIROIS, François.
Hiſtoire de France avant Clovis, II, 15434.
DISAMBEC : *faux nom ſous lequel s'eſt couvert M. de Cambis*, I, 4337: *voyez* de Cambis, Sieur de Fargues.
DISARVOEZ-Pinguern.
Généalogie d'Anne de Bretagne, II, 25316.

DISSES, Maturin; Apothicaire.
Vertus & Analyſe des Eaux de Cranſſac, I, 3040.
DITHMAR, Juſte-Chriſtophe.
Editio Annalium Juliæ, &c. III, 39241.
DIVÆUS, Pierre.
De Galliæ Belgicæ Antiquitatibus, I, 3922; IV, S. II, 15396; III, 39281.
De ſtatu Belgicæ ſub Francorum imperio, III, 39282.
Res Brabanticæ, III, 39491.
de la DIXMERIE.
Les deux Ages du Goût & du Génie François, IV, 44574.
DOAZAN, Pierre-Eloi, Médecin.
An ſalubris aër Burdigalenſis? I, 2507.
Obſervations météorologiques, 2509.
DOBEILH (le Pere), Jéſuite.
Vie de ſainte Ulphe, IV, S. 4727.*
DOCÆUS, Jean.
Vita S. Dionyſii Areopagitæ, I, 4020.
DODART, Denys, Médecin.
Lettre ſur le Seigle, I, 3377.
—ſur Catherine Charpy, 4879.
DODEREL (M.), Préſident de l'Election d'Amiens.
Eſſai ſur le Règne de Charles V; II, 17078.
DODIER, Maturin.
Le Concile des Muſes, III, 31497.
DODIEU, Claude, Sieur de Vély, Maître des Requêtes, depuis Evêque de Rennes.
Lettres, III, 29922.
DODING-ton, J.
Traduction Angloiſe du *Miniſterium Cardinalis Richelii*, II, 22090.
ODSWORTH, Roger.
Monaſticon Anglicanum, I, 11569.
DOGNET, G.
Diſcours de la déconfiture des Publiquains, II, 18341.
DOGNYES, Gilbert, Evêque de Tournai.
Statuta Synodalia, I, 6763.
DOILLOT (M.), Avocat.
Mémoire pour les Evêques de Limoges, IV, S. 8461.*
DOISY (M.), Directeur du Bureau des Comptes des Parties Caſuelles.
Le Royaume de France, & les Etats de Lorraine, I, 2158; IV, S. 17.*
DOLCE, Louis.
Traduction Italienne de l'Hiſtoire de Nicolas Acominat, II, 16729.
—de l'Hiſtoire de Nicéphore Grégoras, 16732.
DOLET, Martin.
Carmen de Ludovici XII victoria, II, 17452.
DOLET, Eſtienne.
Franciſci Valeſii Fata, II, 17573.
Traduction du même Ouvrage, *Id.*
Diſcours de la République Françoiſe, 27185.
Liber de Legationibus Langiaci, III, 29931.
Orationes in Toloſam, 37765.
DOLET, Claude-Louis, Bénédictin.
Hiſtoire de la Province de Nivernois, III, 35570.
DOLLÉ, Louis, Avocat.
Diſcours pour le Prince de Condé, II, 25800.
Plaidoyer contre les Jéſuites, IV, 44636 & 37.
DOLMANS, Pierre, Jéſuite.
Obſervationes Apologeticæ pro Epiſcopatu Trajectenſi ad Moſam, I, 8688.
DOLOIX : *voyez* Guyon.
DOMAT, Jean, Juriſconſulte.
Loix Civiles, IV, S. 27583.*
DOMBASLE (l'Abbé).
Oraiſon funèbre du Roi de Pologne, III, 38925.

DOMENICHI,

Domenichi, Louis.
Traduction Italienne des Journaux de la Guerre de Charles VIII; II, 17380.
—du Fait d'Armes du Tar, 17381.
—de l'Histoire de Paul Jove, 17610.
Domergues, Jean-Jacques, Avocat.
Essai sur le Gouvernement du Languedoc, IV, S. 37702.*
Dominici, Bernard, Trinitaire.
Sermon funèbre fait aux Obséques du Duc de Guise, III, 32301.
Dominicy, Marc-Antoine, Conseiller du sacré Consistoire.
De Sudario Capitis Christi, I, 5134.
Ansberti familia rediviva, II, 24884.
Assertor Gallicus, 24911.
Germanum Hugonis Capeti Stemma illustratum, 24916.
Legis Salicæ Vindicatio, 28532.
Assertoris Gallici circa Legis Salicæ intellectum mens explicata, 28534.
Mémoire des anciens Comtes du Pays de Quercy, III, 37604.
Mémoire des anciens Comtes du Pays de Rouergue, 37616.
De prærogativa Allodiorum, 39953.
Dominique de Jésus : voyez Vigier.
Dominique de Sainte-Catherine (le Pere), Carme.
Vie de Pierre de Queriolet, I, 11377; IV, S. & III, 33109.
de Dompmartin, Pierre.
Accusation & excuse des maux de la France, II, 18361.
de Donadieu, François, Evêque d'Auxerre.
Statuts Synodaux, I, 6383.
Donat, Diacre de l'Eglise de Metz.
Vita S. Trudonis, I, 11493.
Donat (le Pere), du Tiers-Ordre de S. François.
Histoire des Ducs de Lorraine, III, 38886.
Donat, Dominique, Avocat.
Almanach de Montpellier, III, 37828.
Donati, Jérôme, Patrice de Venise.
Oratio ad Ludovicum XII; II, 17473.
Donatien de S. Nicolas (le Pere), Carme réformé.
Vie du Frere Jean de S. Samson, I, 13701; IV, Suppl.
Dondé, Antoine, Minime.
Vie de S. François de Paule, I, 14027.
Dondin, Guillaume, Jésuite.
Historia de rebus in Gallia gestis, II, 19405; IV, S. 19387.*
Doneau, Hugues, Jurisconsulte.
Defensio pro innocente sanguine, II, 18146.
Dongois, Gilles, Chanoine de la Sainte Chapelle de Paris.
Mémoires pour servir à l'Histoire de cette Chapelle, I, 5185.
Doni, Jean-Baptiste.
Epinicium Ludovico XIII; II, 21540.
Doni d'Attichy, Louis, Evêque d'Autun.
Historia Stephani IX, vel X, Papæ, I, 7688.
—Urbani II, 7693.
—Clementis IV, 7707.
—Martini IV, 7713.
—Benedicti XII, 7736.
Flores Historiæ Cardinalium, 7765.
Historia beati Alberici, 7773.
—Philippi de Alenconio, 7775.
—Beati Balduini, 7776.
—Bernardi Cardinalis, 7777.
—Petri Berulli, 7782.
—Nicolai Cusani, 7789.
—beati Henrici, 7793.
—Humberti, 7795.
—beati Martini, 7798.

Historia beati Matthæi, 7800.
—Hugonis Rogerii, 7805.
—beati Stephani, 7806.
—Jacobi de Vitriaco, 7808.
—Ludovici Albretti, 7952.
—Petri Fuxensis, 8019; V, Add.
—Ludovici Aleman, 8022.
—Francisci Mariæ Taurusii, 8134.
—Philippi Cabassolini, 8155.
—Petri à Bauma, 8196.
—S. Alberti Leodiensis, 8784.
—Erardi à Marcka, 8787.
—Francisci à Turnone, 8950.
—Guillelmi Remensis, 9565.
—beati Guidonis Paré, 9569.
—Richardi Longolii, 10004.
—Joannis Raymundi de Convenis, 10127.
—Davidis Betoun, 10244.
—Stephani de Bar, 10588.
—beati Petri Luxemburgi, 10591.
—Annæ d'Escars de Givry, 10601.
—S. Bernardi, 12390.
—Hieronymi de la Souchere, 13012.
Histoire de l'Ordre des Minimes, 14002.
Vie de la B. Jeanne de France, II, 25060.
Historia Petri d'Aubusson, III, 31852.
—Armandi-Joannis Plessæi Richelii, 32511.
Donjon (M.), Docteur en Théologie.
Eloge du (feu) Roi, II, 34789.
Donnet (M.), Médecin.
Dissertation sur les fièvres malignes, &c. I, 2603.
Traité des Eaux de Forges, 3067.
Donzelli, Joseph.
Parthenope liberata, II, 22264.
Donzy.
Récit de l'arrivée de Madame la Duchesse de Nemours dans le Bugey, III, 36038.
de Donzy : voyez Dagot.
Dorat, Jean, Poëte.
Chant triomphal sur la victoire de Charles IX; II, 18061.
Tumulus Caroli IX; 18241; IV, S. 26739.*
Ad Polonorum Legatos, 18274 & 26252.
Dorat, Jacques.
Avis au Roi, II, 20922.
du Dorat : voyez Prevost.
Dordelu du Fays.
Observations sur la Nation Gauloise, I, 3741.
Lettre à ce sujet, 3743.
Doré, Pierre, Dominicain.
Oraison funèbre de Philippe Chabot, III, 31763.
—du Duc de Guise, 32358.
Doremet, Jacques, Prêtre.
Vie d'Esther Leggnes, I, 4796.
Doresmieux, François, Abbé du Mont S. Eloi.
Vita S. Vindiciani I, 8558.
Doria : voyez Perceval.
Dorigny, Jean, Jésuite.
Histoire de S. Remi, I, 9528.
Vie d'Edmond Auger, 14108.
Dorival, N. Archidiacre de Besançon.
Synopsis rerum gestarum circa Decanatum majorem Ecclesiæ Metropolitanæ Bisuntinæ, I, 8168.
Dorival (le Pere), Jésuite.
Continuation de l'Abrégé de l'Histoire de France du P. Daniel, II, 15766.
Dorland, Pierre.
Chronicon Cartusiense, I, 13220.
Dormay, Claude, Chanoine de Soissons.
Suite des Evêques de Soissons, I, 9586.
Decora Franciæ reflorescentia, II, 23803 & 25985.
Histoire de Soissons, III, 34873.
Recherches sur les Vicomtes & Maisons illustres du Soissonois, 40780.

DORRIUS, Jean.
Encomium Ducatûs Gelriæ, III, 39548.
DORRON, Claude.
Entrée de Henri III à Venise, II, 26257.
DORSANNE, Antoine, Grand-Chantre de l'Eglise de Paris.
Réglemens des petites Ecoles de Paris, I, 5199.
Journal de ce qui s'est passé dans l'affaire de la Constitution *Unigenitus*, 5649.
DORSWORTH, Roger.
Liber genealogiarum, III, 40722.
DORTENSTEIN : *voyez* de Travers.
DORTIGUE, Pierre, Sieur de Vaumoriere.
Suite du Pharamond, II, 16001.
DORTOMAN, Nicolas, Médecin.
De causis & effectibus thermarum Belilucanensium, I, 2956.
DORTOUS de Mairan, Jean-Jacques, Académicien.
Histoire de l'Académie des Sciences, I, 2435.
Observations faites à Bésiers, 2501.
Mémoire sur la cause du froid & de la chaleur, 2586.
Eloge du Cardinal de Polignac, IV, S. 8086.*
—de l'Abbé Bignon, 10954.
—de l'Abbé Privat de Molières, 11295.
—du Cardinal de Fleury, III, 32610.
Eloges des Académiciens de l'Académie Royale des Sciences, IV, 45922.
Eloge de Gilles-François Boulduc, 46056.
—de François-Joseph Hunauld, 46179.
—de Louis Lemery, 46197.
—de François de Pourfour du Petit, 46279.
—de François de Brémond, 46397.
—d'Edmond Halley, 46469.
DOSANGIS : *voyez* Pigeon.
DOSITHÉE de Saint-Alexis (le Pere), Carme Déchaussé.
Vie de S. Jean de la Croix, I, 13713.
DOUART.
Privilèges des Secrétaires du Roi, III, 32821.
DOUBLET, Jacques, Bénédictin.
Histoire Chronologique pour la vérité de S. Denys Aréopagite, I, 4043.
Histoire de l'Eglise de S. Etienne des Grecs, IV, S. 5210.*
Vie de S. Etienne, Grand-Archidiacre de Sion, I, 11111.
Histoire de l'Abbaye de Saint-Denys, 11413.
DOUBLET, Nicolas, Libraire.
Pouillé du Diocèse de Chartres, I, 1267.
DOUCETTE, Jean-Baptiste, Chanoine d'Ainay.
Oraison funèbre de Mademoiselle d'Orléans, II, 25611.
DOUEN (M.), Chanoine de Laon.
Histoire de Notre-Dame de Liesse, IV, *Suppl.* 4164.
de la DOUESPE (M.), Directeur de l'Académie de Caën.
Discours prononcé dans cette Académie, IV, 45567.
DOUET, Philibert, Prieur de Notre-Dame de Sémur.
Harangue funèbre du Comte d'Origny, III, 31884.
DOUET, J.
Anagrammes sur le nom de Louis XIV, II, 24538.
DOUET d'Arcq (M.), Avocat.
Consultations pour M. Ricard, Chanoine d'Auxerre, IV, S. 45333.*
DOUFRERE, Marc, Dominicain.
Oraison funèbre de Catherine de Montluc de Balagny, I, 14925.
DOUJAT, Jean, Professeur en Droit.
La Clef du grand Pouillé de France, I, 1212.

Specimen Juris Canonici, 6959 & 7565.
Du Délit commun & du Cas privilégié, 7437.
Juris Regaliæ Notitia, 7614.
Oratio de Petro de Marca, IV, S. 9339.*
Rerum Gallicarum Liber I, II, 23728.
Consultation sur la renonciation de la Reine Marie-Térèse d'Autriche, 28842.
Réponse au Bouclier d'Etat, 28855.
Mémoire de l'état ancien & moderne de la Lorraine, II, 29035.
Vita Joannis Dartis, IV, 45869.
—Francisci Florentis, 45885.
DOULCET (M.), Avocat.
Mémoire pour les Religieux de la Charité, IV, 45002.
DOUNYN, Gabriel.
Les Joies pour l'entrée du Frere de Henri III à Bourges, II, 26270.
DOURXIGNÉ : *voyez* Gazon.
DOUTREMONT (M.), Avocat.
Mémoire sur la Jurisdiction du Recteur, IV, 44755.
le DOUX, Claude, Sieur de Melleville.
Journal de la Chambre du Tiers-Etat en 1615, II, 27519.
DOUZA, Jean, pere & fils.
Annales Hollandiæ, III, 39579.
DOUZA, Théodore, fils & frere des deux précédens.
Notæ in Chronicon Georgii Logothetæ, II, 16730 & 31.
DOVÉ, Martin.
Carte de la Flandre Françoise, I, 1510.
DOYEN, Barthélemi.
Vie de François de Paris, I, 11336, 37, 38.
DOYRÉ (M.), Maréchal de Camp.
Mémoire & Pièces sur Sédan, III, 34289.
le DRAN (M.).
Précis des Révolutions de la Guerre de la Succession d'Autriche, II, 24711.
Traités, Conventions, &c. III, 29157.
DRAZER, N. T. Champenois : *peut-être faux nom d'un Auteur désigné ailleurs par* N. R. Champenois, II, 22888.
Les Apparitions de l'Esprit du Marquis d'Ancre, II, 22896.
DRELINCOURT, Charles, Ministre Calviniste.
La Défense de Calvin, IV, S. 5811.*
Lettres sur une Remontrance du Clergé au Roi, I, 5981.
DRESSER, Matthieu.
Confutatio opinionis Bellarmini de Translatione Imperii Romani, II, 28763.
DREUX du Radier (M.).
Conjectures sur les *Pictones*, &c. I, 330.
Dissertation sur les Mays, 3816.
Discours historique sur les Druides, 3844.
Lettre sur la pierre levée de Poitiers, 3854.
Examen de la critique d'un endroit de M. de Thou, 5720.
Ordre Chronologique des Evêques de Poitiers, 8308.
Notice de Henri-Louis Chasteignier de la Rochepozay, IV, S. 8321.*
—de Jean-Claude de la Poype de Vertrieu, IV, S. 8324.*
—de François de la Béraudiere, IV, *Suppl.* 8331.*
—de Jean-César Rousseau de la Parisiere, IV, S. 9209.*
—de Matthieu-Ysoré d'Hervault, IV, S. 10331.*
—d'Urbain Grandier, IV, S. 11174.**
Eloge de l'Abbé Lebeuf, I, 11234.
Anecdotes sur Philippe des Portes, 11365; & IV, 47594.

Anecdotes sur François Rabelais, 11387.
Eloge de Jean-Baptiste Thiers, 11479.*
—de Dom Augustin Calmet, 12885.
—de la Dame de Rochechouart, IV, Suppl. 15171.*
Lettre sur quelques Proverbes, II, 15543.
Observations sur le dicton *Attendez-moi sous l'orme, là.*
Lettre sur l'usage de boîte à la santé, 15549.
Tablettes historiques des Rois de France, 15862.
Etymologies des Noms des Rois de France, 15872.
Lettre sur le Siége de Poitiers, 18067.
—sur la Médaille de van-Beuninghen, 24407.
Mémoire sur les Reines & les Régentes, II, 24997.
Remarques sur Sainte Aldegonde, IV, S. 25018.*
Examen d'un endroit de l'Histoire du Président de Thou, 25790.
Notice de Léon du Chatelier Barlot, IV, Suppl. 31856.*
Mémoire pour la Vie de M. de Saint-Olon, III, 32709.
Traduction d'un Panégyrique du Parlement, avec des Notes, 32865.
Discussion sur la Messe Rouge, 33000.
Mémoire sur la Question, Si une femme peut faire les fonctions d'Avocat, 33006.
Notice de Claude Pelgey, IV, S. 33805.*
—de Guillaume Aubert, IV, S. 33889.**
Réponse à une Question sur une Monnoie nommée Mançais, III, 34012.
Recherches sur la terre d'Anet, IV, S. 34836.*
Suite des Seigneurs de Chasteauneuf en Thymerais, IV, S. 35531.*
Essai sur le Langage Poitevin, 35714.
Lettre, &c. sur un Edifice Romain découvert à Poitiers, 35729.
—sur la foi & hommage de certains Fiefs, IV, S. 39920.*
—sur la Généalogie de Corneille, III, 41991.
Observations sur la Généalogie des Seigneurs de Dampmartin, 42094.
—sur l'Université de Poitiers, IV, 45241.
Bibliothèque Historique & Critique du Poitou, 45740.
Eloge des Hommes illustres du Thymerais, 45750.
Notice de Jean Babu, 45764.
—de Thomas Gould, 45780.
—du Cardinal de Richelieu, 45798.
—de Claude de Sainte-Marthe, 45800.
—de Théodoric de Saint-René, 45801.
—de Jacques Barraud, 45828.
—d'Adam de Blacvod, 45833.
—de Jean Boiceau, 45837.
—de Barnabé Brisson, 45846.
—de Julien Colardeau, 45856.
—de Jean Constant, 45858.
Eloge de Jacques Dulorens, 45879.
Notice de Jean Filleau, 45884.
—de Bonaventure Irland, 45910.
—de Robert Irland, 45911.
Eloge de Lambert du Chastel, ou de Chasteauneuf, 45912.
Notice de Guillaume de Lavau, 45915.
—de François Laufon, 45920.
—de Claude Mangot, 45932.
—de François Meynard, 45941.
—de François de la Porte, 45985.
—de Simon Pouvreau, 45987.
—de Pierre Rat, 45994.
—d'Estienne Gabriau de Riparfons, 45996.
—de Nicolas Théveneau, 46007.
Lettre sur André Tiraqueau, 46008.

Tome V.

Notice de Pierre Langlois de Belestat, 46034.
—de Pierre Brissot, 46065.
—de François Citoys, 46097.
—de Jacques & Paul Contant, 46102.
—de Paschal le Coq, 46104.
—de Jean Coyttar, 46108.
—de Jacques Goupil, 46162.
—de Pierre Joyeux, 46187.
—de François de Saint-Vertunien Lavau, 46192.
—d'Hippolyte-Jules Pilet de la Mesnardiere, 46222.
—de Pierre Milon, 46225.
—de Jean & François Pidoux, 46234.
—de Théophraste Renaudot, 46302.
—de Gaucher & Jacques de Sainte-Marthe, 46315.
Critique d'un Article au sujet de François Umeau, 46357.
Notice du même, 46358.
—de Gilles Filleau des Billettes, 46386.
—d'Ismaël Bouillaud (ou Boulliau), 46445.
—de Daniel Drouin de Belendroit, 46494.
—de Joseph-Albert le Large de Lignac, 46494.
—de Laurent Mesne, dit Neuré, 46511.
—de Jean de la Quintinie, 46564.
Eloge de François Viete, 46601.
Notice de Jean d'Authon, 46622.
—de Jean Besly, 46651.
—de Jean Bouchet, 46668.
—de Jules-César Boullenger, 46671.
—de Jean Filleau de la Chaise, 46688.
—d'Urbain Chevreau, 46697.
—de Jean Choisnin, 46698.
—de Jean de la Haye, 46763.
Mémoire sur Giovanni Paolo Marana, 46809.
Notice d'Augustin Nadal, 46837 & 47560.
—de Lancelot du Voësin la Popeliniere, 46874.
—de Florentin du Ruau, 46899.
—de Scévole de Sainte-Marthe, 46906.
—des Savans du nom de Sainte-Marthe, 46909.
—de Louis Trincan, 46938.
—de Corneille-Bonaventure Bertram, 47006.
—de Philippe Goibaud du Bois, 47015.
—de George Brossin, dit le Chevalier de Méré, 47020.
—de Louis Irland de Lavau, 47178.
—de Gilbert Banchereau, 47294.
—de Jacques Bereau, 47310.
—d'Adam de Blacvod, 47315.
—de Pierre Blanchet, 47316.
—de Jean Boiceau, 47317.
—de Pierre Fauveau, 47426.
—de Fortunat, IV, S. 47441.*
—de Jacques du Fouilloux, 47443.
Lettre sur le Carolin de Gilles de Paris, 47459.
Eloge d'Adrien Guesdou, 47475.
Notice de François le Poulchre de la Motte-Messemé, 47556.
—de Romain Dupin Pager, 47566.
—de Claude Pelgey, 47575.
—de Nicolas Rapin, 47619.
Mémoire sur Pierre Ronsard, 47638.
Réponse à une Critique de ce Mémoire, 47642.
Notice de Jean Salmon, dit Macrin, 47670.
—de Michel Lambert, 47742.
Anecdotes sur Germain Pilon, 47920.
Notice de Gabrielle de Bourbon, IV, S. 48018.*
—de Susanne Cailler, IV, 48032.
—d'Eléonore de Guyenne, IV, S. 48084.*
Particularités sur Marion de Lorme, IV, Suppl. 48111.*
Notice de la Marquise de Maintenon, IV, 48119.
—d'Anne de Parthenay, 48144.
—de Catherine de Parthenay, 48145.
—de Mesdames des Roches, 48162.

R rr a

Notice de Madame de la Trémoille, 48194.
DRIESSCH, Jacques.
　Chronicon Flandriæ, III, 39346.
DRIOT, Jean-Baptiste, Chanoine de Sens.
　Senonensis Ecclesiæ Querela, I, 10025.
　Antiquités de la Ville de Sens, III, 34324.
DRIUTIUS, Remi, Evêque de Bruges.
　Decreta & Statuta, IV, S. 6416.*
DROGON, Evêque de Térouanne.
　Vita sanctæ Godolevæ, I, 4484.
de DROMESNIL : *voyez* de Hallencourt.
DROMGOLD.
　Réflexions sur le Poëme touchant la Bataille de Fontenoy, I, 24667.
le DROU, N. Th. Médecin.
　Démonstration de l'utilité des Eaux de Spa, I, 3250.
　Principes des Eaux de Spa, 3251.
DROUART, François.
　Recueil concernant les Officiers & Archers de la Ville de Paris, III, 34604.
DROUET, Jean.
　De affinitate Ecclesiasticæ & Regiæ Jurisdictionis, I, 7069.
DROUET, Estienne-François, Bibliothécaire de MM. les Avocats.
　Catalogue des Manuscrits de la Bibliothèque des Avocats, V, Add. 15947.*
　Edition de la Méthode pour étudier l'Histoire, IV, S. 15973.
　Journal de la Guerre en Allemagne, II, 24774.
　Additions au Dictionaire de Moréri, IV, 45658.
DROUET de Maupertuis, Jean.
　Histoire de l'Eglise de Vienne, I, 10685.
　—de l'Abbaye de Sept-Fonts, 13133.
　Traduction d'un Abrégé de la Vie de Frère Arsene de Janson, 13159.
DROUET de Rompcroissant, Jean.
　La France Guerriere, III, 32102.
　Avis au Roi sur les Monnoies, 33962.
　Discours au Roi sur les Monnoies, 33963.
　Continuation des mêmes Mémoires, 33964.
DROUIN, Nicolas, Médecin.
　Les Eaux de Mouffon, I, 3115.
DROUYN, Philippe, Docteur en Théologie.
　Mémoire apologétique, IV, 45084.
DROZ, François-Nicolas-Eugène, Conseiller au Parlement de Besançon.
　Recherches sur *Ariarica* & *Abiolica*, I, 194.
　Remarques pour l'Histoire Naturelle de Pontarlier, 2436.
　Dissertation sur les Droits honorifiques des Chanoines de Gigny, IV, S. 5121.*
　Eloge de M. l'Abbé Bélon, IV, S. 10929.*
　—de M. l'Abbé Bullet, V, Add. 11001.*
　—de Dom Coquelin, IV, S. 11905.*
　Mémoire sur le Cartulaire de Rosiètes, IV, Suppl. 29711.*
　Eloge de Louis, Prince de Bauffremont, IV, S. 31863.*
　—de M. de Montrichard, Marquis de Fontenay, III, 32014; IV, S.
　Recueil des Edits, &c. registrés au Parlement de Besançon, IV, S. 33215.*
　Eloge de François-Elie de Courcheret, III, 33226.
　—de M. Bélin, IV, S. 33226.*
　Essai sur l'Histoire des Bourgeoisies, III, 38390.
　Dissertation sur le Douaire des femmes nobles, 38391.
　Mémoire sur les Droits Régaliens de quelques Abbayes, IV, S. 38443.**
　Observations sur les Aqueducs du Lac d'Antre, III, 38444.
　Mémoires pour servir à l'Histoire du Bailliage de Pontarlier, 38455.
　Mémoire sur la Collection des Chartes de la Franche-Comté, IV, S. 38461.*
　Dissertation sur le Sire de Joinville, IV, Supplém. 46778.*
DRU, Jean-Baptiste.
　Catalogue des Plantes de son Jardin, I, 3405.
le DRU, Nicolas : *faux nom sous lequel s'est caché* M. de Laffemas, II, 22344, & IV, S. 22806 : *voyez* de Laffemas.
de DRUY (le Comte).
　La lâcheté du Duel, III, 40193.
DRYDEN, Jean, Poëte.
　Le Duc de Guise, II, 18844.
DUAREN, François, Jurisconsulte.
　Traduction Latine des Remontrances du Parlement à Louis XI, I, 6978.
　Tractatus de Feudis, III, 39901.
DUBÉ, Paul, Médecin.
　Tractatus de mineralium natura, I, 3054.
DUBET, A. Ecuyer.
　La Muriométrie, IV, S. 3481.*
DUBOIS, Jacques.
　Les pleurs de la Vertu sur le Trépas de Henri II, II, 17730.
DUBOIS, Valet de Chambre de Louis XIII.
　Mémoire des choses qui se sont passées à la mort de Louis XIII, II, 22126.
DUBOIS (M.), Curé de Peschardieres.
　Eloge de M. de Solminihac, Evêque de Cahors, IV, S. 7953.
DUBOIS, Jean, Jésuite.
　Oraison funèbre de Marie-Esther de Pompadour, I, 15073.
DUBOIS.
　Amours d'Abélard, I, 11851.
DUBOIS, Jean-Baptiste, Médecin.
　An gracilibus Pomaceum Vino salubrius, I, 3516.
DUBOIS, H.
　Commentaire sur le fait des Aydes, II, 27988.
DUBOIS (M.), Président au Parlement de Paris.
　Lettre du 6 Janvier 1757, III, 33392.
DUBOIS : *voyez* du Bois.
DUBOS, Charles-François, Grand-Vicaire de Luçon.
　Vie de Henri de Barillon, I, 8345 ; IV, S.
DUBOS, Jean-Baptiste, Académicien.
　De l'état de la Gaule sur le déclin de l'Empire Romain, I, 453.
DUBUC.
　Mémoire sur les Loix prohibitives du Commerce étranger dans nos Colonies, II, 28235.
du DUC, Fronton, Jésuite.
　Histoire de la Pucelle d'Orléans, II, 17240.
　Remarques sur la Chronique Bourdeloise, III, 37531 & 36.
le DUC, Pierre, Bénédictin.
　Histoire de l'Abbaye de S. Nicolas d'Angers, I, 12695.
le DUC, Gilles, Official de Limoges.
　Etat du Clergé de Limoges, I, 1249.
le DUC (l'Abbé).
　Traduction d'une partie de l'Histoire de M. de Thou, II, 19878.
DUCHAT, Yves.
　Histoire de la Guerre sainte, II, 16599.
　Subizæ & Rupellenses bello domiti, IV, Suppl. 21554.
le DUCHAT, Jacob.
　Etymologie de la Langue Françoise, II, 15491.
　Remarques sur le Journal de Henri III, 19137.
　—sur la Satyre Ménippée, 19451 & 54.
　Notes sur le Baron de Fœneste, 21650.
　—sur la Confession de Sancy, III, 32473.

Table des Auteurs.

DUCIIER, Gilbert.
Epiftola fuper Pompa in funere Claudiæ Francorum Reginæ, II, 26734.

DUCHESNE, Charles, Médecin.
Récit du Voyage de Henri IV; II, 19236.

DUCHESNE, Vincent.
Mémoires pour fervir à l'Hiftoire de la Franche-Comté, III, 38371.

DUCHESNE, Jean-Baptifte, Jéfuite.
Hiftoire du Baïanifme, I, 5573.

DUCHESNE (M.).
Manuel de Botanique, I, 3361.

DUCHESNE, Jofeph, Sieur de la Violette.
Lettres, III, 30453.
L'Ombre de Garnier Stoffacher, 39180.

DUCK, Arthur.
De Jure Civili Romanorum, IV, S. 27583.*

DUCLOS : voyez Cottereau & Penot.

de la DUCQUERIE : voyez Callard.

DUCROS (le Pere), Jéfuite.
Oraifon funèbre d'Antoine Girard, I, 8323.
Lettre fur l'Ifle de France, III, 39816.

DUCASSE, Jacques, Avocat.
Panégyrique de Louis d'Aubeterre, Sénéchal d'Agenois, IV, S. 31851.**

DUDAN, Gabriel, Bénédictin.
Défenfe de l'Abbaye de Fefcan, I, 11916; IV, Suppl.

DUDERÉ de Graville (M.).
Mémoire pour les Subftituts de M. le Procureur-Général, III, 32992.

DUDLEI, Robert, Duc de Nottingham.
Cartes Marines de la France, I, 690.

DUDON, Doyen de Saint-Quentin.
De moribus & actis primorum Normanniæ Ducum, III, 34958.

DUDON, Pierre-Jules, Avocat-Général au Parlement de Bordeaux.
Compte rendu des Conftitutions des Jéfuites, I, 14521.

DUEZ (M.), Médecin.
Détail d'une Maladie épidémique, I, 2526.

DUFAU (M.), Médecin.
Effai fur les Eaux d'Acqs, I, 2893.
Obfervations fur les Eaux de Tercis, 3257.

DUFAUR (M.), Prédicateur du Roi.
Le Miniftre victorieux de l'envie, III, 32541.

DUFAY (M.).
Mémoire fur les Plantes de Rouen, I, 3373.

DUFESC (M.).
Defcription d'un bruit fouterrain, I, 3698.

DUFFRAISSE de Vernines (MM.), pere & fils.
Mémoire fur quelques Voies Romaines, I, 108.
—fur les Auvergnats, 213.
Differtation fur Clermont, 253.
Mémoire fur Gergovia, 286.
—fur les Pierres, &c. de Clermont, 2706.
—fur les Vins d'Auvergne, 3522.
Differtation fur le Royaume des Auvergnats, 3914.
Mémoire fur les mœurs des Auvergnats, I, 3916; IV, S.
—fur la Vie de Sidoine Apollinaire, 8435.
—fur S. Grégoire de Tours, 10325.
Difcours fur les preuves des Faits, III, 37442.
Mémoire fur les Auteurs de l'Hiftoire d'Auvergne, 37443.
—fur l'Hiftoire d'Auvergne, 37444, 46, 47.
—fur la Coutume d'Auvergne, 37455.
—fur les Monumens qui fe trouvent à Bains, 37474.
—fur le Temple de Waffo, 37475.
—fur un Vafe antique, 37478.

DUFOT (M.), Médecin.
Mémoire fur les Maladies épidémiques, IV, S. 2536.**

DUFOUR (le Pere), Dominicain.
De Ecclefiaftica poteftate Affertiones, I, 7318.

DUTOUR (M.).
Eloge d'Armand-Jérôme Bignon, IV, Suppl. 32744.***

DUGDALE, Guillaume.
Monafticon Anglicanum, I, 11569.
Le Baronage d'Angleterre, en Anglois, III, 40729.

DUHAMEL, Jean.
De la nature des Eaux de Dinant, I, 3048.

DUHAMEL, Jean-Baptifte, Académicien.
Hiftoria Regiæ Scientiarum Academiæ, I, 2453.

DUHAMEL du Monceau, Henri-Louis, Académicien.
Obfervations Botanico-météorologiques, I, 2607 & 2612.
Additions à l'Art du Charbonnier, IV, S.2762.**
Traité des Arbres & Arbuftes, 3300.
Additions, Id.
Traité de la Confervation des Grains, IV, Suppl. 3301.***
Supplément, Id.
Mémoire fur le Saffran, IV, S. 3333.*
Hiftoire des Plantes d'Orléans, I, 3393.
Traité de la Culture des Terres, 3418.
Elémens d'Agriculture, 3419; IV, S.
Traité des Arbres Fruitiers, IV, S. 3469.**
Mémoire fur la Garance, I, 3500; IV, S.
Des Semis & Plantations d'Arbres, IV, S. 3545.**
De l'Exploitation des Bois, Id.
Du Tranfport, de la Confervation & de la Force des Bois, Id.
Obfervations fur les Cendres des Végétaux, Id.
Traité général des Pêches, IV, S. 3604.**
Mémoire fur l'infecte qui dévore les grains de l'Angoumois, I, 3628.
Hiftoire de cet infecte, 3629.
Sur la pourpre d'un Coquillage de Provence, 3674.

DUHAMEL de Nainvilliers (M.), frere du précédent.
Obfervations Botanico-Météorologiques, I, 2607; IV, S.

DUHOUX (M.), Curé dans le Verdunois.
Effai fur les Abeilles & leurs Ruches, IV, Suppl. 3650.*

DUJON (M.), Intendant-Général des Meubles de la Couronne.
Apologie des Officiers des Finances du Roi, II, 28019.

DUJON (M.), Tréforier de la Cavalerie Légere,
Διηγηματιον, III, 32344.

DULAC : voyez Alléon.

DULARD (M.).
Protis, III, 39210.

DULCI, François-Etienne, Archevêque d'Avignon.
Synodus Avenionenfis, IV, S. 6360.*

DULLAERT, Jean.
Traduction Hollandoife de l'Hiftoire de Henri IV; II, 20066.

DULLIN (M.).
Plan du Sacre de Louis XV; II, 26104.

DUMAGE (M.), Bénéficier de l'Eglife de S. Michel de Bordeaux.
Bulles, &c. pour l'union de l'Eglife de S. Michel de Bordeaux au Monaftère de Sainte-Croix, I, 5128.
Recherches pour fervir à l'Hiftoire de l'Eglife de S. Michel de Bordeaux, 5129.

DUMAY (M.).
Difcours fur le trépas de M. de Thermes, III, 32341.

DUMAY : *voyez* du May.
DUMAYNE, G. Lecteur de la Sœur de Henri II.
 L'Heureux partage des dons de Pallas, II, 17681.
DUMAYNE : *voyez* de Chabans.
DUMENIL : *voyez* Beaupied.
DUMONT (M.).
 Essai sur les Causes de la destruction des deux premieres Races, V, *Add.* 16506.*
DUMONT : *voyez* du Mont.
DUMORTOUS.
 Plans, &c. pour l'Histoire de Louis XV ; I, 2149.
DUMOULIN, Jean.
 Traduction de l'Histoire générale des Plantes de Lechamp, IV, S. 3290.*
DUMOULIN (M.).
 Description de la France, I, 825.
DUMOULIN (M.).
 Méthode pour cultiver les Arbres à fruit, IV, S. 3469.***
DUNAND, Joseph-Marie, Capucin.
 Lettre sur Henri, Roi de Portugal, II, 15296 & 97.
 Moyens pour perfectionner l'Histoire du Comté de Bourgogne, III, 38370.
 Dissertation sur le Vicomté d'Auxonne, 38375.
 Réponse à une Dissertation sur l'antiquité de Dôle, 38423.
 Réponse au Supplément, 38424.
 Dissertation sur le nom de *Chrysopolis*, 38431.
 Recueils sur le Nobiliaire de Franche-Comté, 40672.
 Bibliothèque des Auteurs de la Franche-Comté, IV, 45701.
DUNCAN, Marc, Médecin.
 Discours de la possession de Loudun, I, 4844 & 51.
DUCAN, Marc, Sieur de Cérisante.
 Relation du Combat de Thionville, II, 22007.
DUNOD de Charnage, François-Ignace, Avocat.
 Pouillé de Besançon, I, 1240.
 Description du Comté de Bourgogne, 2217.
 Observations sur les mines d'or, d'argent & de fer de Franche-Comté, 2781.
 —sur les Salines & les Eaux de la Franche-Comté, 3070.
 Histoire de l'Eglise, Ville & Diocèse de Besançon, 5107 & 8158.
 Dissertation sur le Saint-Suaire de Besançon, 5115.
 Histoire de l'Abbaye de Baume-les-Messieurs, 11682.
 —de l'Abbaye de Saint-Claude, 12181.
 —de l'Abbaye de Baume-les-Dames, 14861, IV, *Suppl.*
 —de l'Abbaye de Château-Châlon, 14862.
 —des Abbayes de Ste Claire, IV, S. 15207.*
 Relation de la Guerre de Charles, Duc de Bourgogne, IV, S. 25454.*
 Du Parlement de Franche-Comté, IV, *Suppl.* 33213.*
 Histoire des premiers Rois de Bourgogne, III, 35845.
 —des Séquanois, 38386.
 Récit des Conquêtes du Comté de Bourgogne, IV, S. 38416.*
 Lettre sur l'antiquité de Dôle, III, 38421.
 Histoire de Besançon, 38431.
 —de Poligny, 38446.
 —du Comté de Montbéliard, 38462.
 —du Comté de Neufchâtel, 39162.
 Idée de la Noblesse, 39887.
 Apologie de Bernard de Tramelay, 40347.
 Nobiliaire du Comté de Bourgogne, 40666.
 Histoire de l'Université de Besançon, IV, 45161.

DUNOD de Charnage (M.), fils du précédent.
 Dissertation sur la Maison des Ducs de Méranie, III, 38380.
DUNOD, Pierre-Joseph, Jésuite.
 Tabula Geographica Provinciæ Sequanorum, I, 56 ; IV, S. 56.*
 Lettre sur les découvertes qu'on a faites sur le Rhin, 188.
 Découverte de la Ville d'Antre, 200.
 Découverte entière de la Ville d'Antre, 204.
 Découverte de *Didatium*, 263.
 —d'*Equestris*, 267.
 Observations sur les Salines de Groson, 2741.
 Projet de la Charité de la Ville de Dôle, 5120.
 Vie de S. Simon de Crépy, 12208.
DUPAIN-Triel.
 Plan de Toulouse, IV, S. 1888.*
DUPARC : *voyez* du Parc.
DUPATY : *voyez* Berthelot du Paty.
DUPIN (M.).
 Réfutation du Livre de l'Esprit des Loix, II, 27075.
 Mémoire sur les Bleds, 28252.
DUPIN : *voyez* Ellies du Pin & de la Tour Dupin.
DUPLAIN, Antoine.
 Cantique sur la Guerre avenue à Lyon, IV, *Suppl.* 37366.*
DUPLEIX, Scipion, Lieutenant-Particulier au Bailliage de Condom.
 Mémoires des Gaules, I, 3869.
 De l'état de la Religion Chrétienne dans les Gaules, 3961.
 Inventaire des Erreurs de Jean de Serres, II, 15682.
 Histoire générale de France, 15812.
 Histoire de Henri-le-Grand, 10061.
 —de Henri IV & de Louis XIII ; 21835.
 Réponse à Saint-Germain, 21837.
 Philotime, 21839.
 Les Loix touchant le Duel, III, 40170.
 Généalogie de la Maison d'Estrade en Agénois; III, 41235.
DUPLESSIS, Stanislas, Bénédictin.
 Mandrin pris, Poëme, II, 24739.
 La Prise de Mahon, Poëme, 24743.
 Poëme sur le malheur arrivé à la France en 1757, 24757.
DUPLESSIS (M.).
 Lettre sur l'Histoire de la réunion de la Bretagne, III, 31684.
DUPLESSIS (M.).
 Plan de Nancy, IV, S. 1684.*
DUPLESSIS d'Argentré, Charles, Docteur en Théologie.
 Collectio Judiciorum, IV, 44822.
DUPLEX, Melchior : *faux nom sous lequel s'est caché* Michel Perdoulx, IV, 45688 : *voyez* Perdoulx.
DUPONCET (le Pere), Jésuite.
 Oraison funèbre de Charles V, Duc de Lorraine ; IV, S. 38902.*
DUPONT, Denys, Avocat.
 Antiquitates Comitatûs Blesensis, III, 35618.
DUPONT (M.), Chanoine Régulier.
 Histoire de Cambrai, I, 8545 ; III, 39042.
DUPONT, Pierre-Samuel.
 De l'Administration des Chemins, II, 27320.
 Avis au Peuple, IV, *Suppl.* 28260.*
DUPORT du Tertre.
 La France Littéraire, IV, 44592.
DUPRAT.
 Portrait du Maréchal de Gassion, III, 31628.
 —du Maréchal de Gramont, 31629.
DUPRÉ, Maurice, Prémontré.
 Vie de Sainte Ulphe, IV, S. 4726.*

Dupré, Marguerite, Religieuse de Port-Royal.
Institution des Novices, I, 15095.
Relation de sa captivité, 15110.
Dupré, Guillaume-Boniface, Commissaire au Châtelet de Paris.
Recueil des Réglemens touchant la Police, II, 27662.
Recueils concernant le Châtelet, III, 34092 & 93.
Dupré d'Aulnay.
Traité des Subsistances Militaires, III, 32145.
Dupré de Saint-Maur, Nicolas-François, Maître des Comptes.
Essai sur les Monnoies, III, 33997.
Recherches sur les Monnoies, 33998.
Dupuis, Jean, Recteur de l'Université de Paris.
Mandatum, IV, 44781.
Dupuy, Clément, Jésuite.
Lettre sur Jean Châtel, II, 19605.
Dupuy, Pierre, Conseiller d'Etat.
Traité des Droits & des Libertés de l'Eglise Gallicane, avec ses Preuves, I, 6990.
Apologie pour la publication des Preuves des Libertés de l'Eglise Gallicane, 6992; IV, S.
Preuves des Libertés de l'Eglise Gallicane, seconde Edition, 6995.
Commentaire sur le Traité des Libertés de l'Eglise Gallicane, 7018.
Histoire du Schisme d'Avignon, 7130 & 7759.
Traité sur les Contributions des Ecclésiastiques, 7392.
Traité de ce qui s'est fait au sujet de la Jurisdiction Criminelle sur les Ecclésiastiques, 7431.
Recueil des Procédures contre les Evêques, 7432.
Recueil de Pièces touchant la Jurisdiction, ou Plaintes des Officiers du Roi, 7450.
Traité contenant les raisons & moyens touchant le Concile de Trente, 7531.
Histoire de la Pragmatique, 7546.
Mémoire touchant le Concordat, 7549.
Inventaire de ses Manuscrits, II, 15939.
Catalogus Bibliothecæ Thuaneæ, 15953.
Histoire de Pierre Brosses, 16912.
—d'Enguerrand de Marigny, 16979.
Remarques sur la Satyre Ménippée, 19451 & 54.
Apologie pour M. de Thou, 19886.
Remontrance sur le Réveil de Maître Guillaume, 20159.
Mémoires, 21131.
Traité des Appanages des Enfans de France, 25211.
Partages & Appanages des Enfans de France, 25216.
Histoire des Régences, 27347.
Commentaire sur l'Ordonnance de la Majorité des Rois, 27377.
Traité de la Majorité des Rois, 27385.
Recueil des Maximes concernant les Droits du Roi, 27690.
Recherches sur le Domaine du Roi, 27708.
Traité des Droits du Roi sur le Comté d'Artois, 27744; III, 38992.
—du Comté d'Aussonne, 27751; III, 35961.
—du Comté d'Auxerre, 27760.
—du Royaume de Bourgogne, 27788; III, 38065.
—du Duché de Bourgogne, 27790.
—du Duché de Bretagne, 27816.
—du Comté de Guise, 27849.
—des trois Evêchés, 27878; III, 38760.
—de la Principauté d'Orange, 27904.
—des Comtés de Provence, &c. 27921.
—de la Mouvance du Comté de Saint-Paul, 27944.

De la Loi Salique, 28527.
Programma Episcopi Carnutensis, 28658.
Traité touchant les Droits du Roi sur plusieurs Etats, 28754.
—contre les prétentions du Roi d'Angleterre, 28800.
—du Droit du Roi, au Royaume d'Angleterre, 28801.
—des Droits du Roi sur le Comté de Flandres, 28836; III, 39013.
—sur les Villes de Lille, &c. 28837; III, 39014.
—sur les Villes de Tournay, &c. 28838; III, 39420.
—sur les Royaumes de Naples & de Sicile, 28894.
—sur le Royaume d'Arragon, 28906.
—sur le Royaume de Castille, 28907.
—sur le Royaume de Navarre, 28908; III, 37682.
L'Inventaire des Titres de Lorraine, 28991.
Traité des Droits du Roi sur Avignon, 29064.
—du Comté de Venisse, 29065.
—de plusieurs Terres du Duc de Savoie, 29075.
—des différends que le Roi a eus avec M. de Savoie, 29078.
—des Droits du Roi sur Gênes, 29081.
Inventaire du Trésor des Chartes du Roi, III, 29490.
Considérations sur les Traités de Paix faits entre la France & l'Espagne, 29811.
L'Histoire des Favoris, 31372.
Origine des Parlemens, Conseils & autres Cours Souveraines, 32828. (Ms. dont l'Auteur est nommé Pierre du Puy).
Traité du Parlement de Paris, 32877.
Procès criminels pour crime de Lèze-Majesté, 33599.
Procédure contre les Evêques criminels de Lèze-Majesté, 33618.
Mémoire pour la justification de François-Auguste de Thou, 33745.
De la Bresse & du Marquisat de Saluces, 38014.
Des Villes & Places de Nice, &c. 38271.
Traité sur les entreprises des Ducs de Lorraine, 38870.
Notes sur l'Histoire de la Maison de Luxembourg, 39453.
Traité concernant la condamnation des Templiers, 40350.
Dupuy, Jacques, Prieur de S. Sauveur, frere du précédent.
Inventaire de leurs Manuscrits, II, 15939.
Catalogus Bibliothecæ Thuaneæ, 15953.
Index Nominum quæ in Historiis Thuani leguntur, 19881.
Actes du Concile de Trente, III, 30103.
Dupuy (M.), Lieutenant au Bailliage de Sémur.
Mémoires pour l'Histoire de Sémur en Brionnois, III, 35993.
Dupuy, Antoine, Recteur de l'Université de Cahors.
Oratio de legitimo Regalium jure, I, 7628.
Dupuy, Jean, Récollect.
Etat de l'Eglise du Périgord, I, 5139.
Dupuy (M.).
Lettre sur les Opéra, IV, 47785.
Dupuy (M.), de l'Académie des Inscriptions.
Mémoire sur les causes de l'abolition de la servitude en France, IV, S. 27310.[*]
Eloge d'Armand-Jérôme Bignon, IV, Suppl. 32744.[***]
Lettre à M. Macé de Richebourg, III, 33916.[*]
Mémoire sur nos Poids & nos Mesures, 33921.
Dissertation sur le denier d'argent de Charlemagne, 33982; IV, S.

Lettre au sujet des Recherches sur les Monnoies, IV, S. 33998.*
Éloge de Jean-Philippe René de la Bléterie, IV, S. 46653.*
—de M. Févret de Fontette, 46729.*
—de M. Duclos, IV, S. 47072.*†
Dupuy : voyez Laugier & du Puy.
Dupuy d'Emportes, Jean-Baptiste.
Le Gentilhomme Cultivateur, I, 3455.
Traité du Blazon, III, 40036.
Dupuy des Esquilles (M.), Etudiant en Chirurgie.
Leçons de Botanique, I, 3389.
Dupuy de la Porcherie (M.), Médecin.
Abrégé historique sur un Mal de Gorge, I, 2521.
Durand, Guillaume, Evêque de Mende.
De modo celebrandi Concilii, I, 6810.
Durand, Hugues, Carme.
Necrologium Fratrum Carmelitarum Cabillone quiescentium, I, 13699.
Durand, Claude, Docteur en Théologie.
Avis sur le Livre de la Puissance Ecclésiastique & Politique, I, 7072; IV, S.
Durand, Bernard, Avocat.
Histoire Ecclésiastique de Châlon-sur-Saône, IV, S. 4990.*
Privilèges de la Ville de Châlons-sur-Saône, III, 35969 & 70.
Défense pour la Préséance de la Ville de Châlon, 35969 & 71.
Durand, Clément.
De primariis Allobrogibus, III, 37997.
Durand, Pierre.
Eloge du Maréchal de la Ferté, III, 31620.
Remarques sur Clermont, 37460.
Généalogies des Comtes d'Auvergne, 41064.
Généalogie de la Maison de Senneterre, 44119.
Eloge de Jean Savaron, IV, 46000.
Durand (le Pere), Oratorien.
Oraison funèbre d'Anne d'Autriche, II, 25172.
Durand, Bernard, Avocat.
Présentations des Lettres octroyées par le Roi aux Peres Minimes, I, 14010.
Durand (M.), Avocat-Général.
Requête au sujet d'un Conflict de Jurisdiction, III, 36572.
Durand, Ursin, Bénédictin.
Voyage Littéraire, I, 2337.
Suite, 2358.
Galliæ diversa Concilia & Statuta Synodalia, 6289.
Thesaurus Anecdotorum, II, 15985.
Veterum Scriptorum amplissima Collectio, 15987.
Durand, Estienne, Avocat.
Villes, &c. régies par la Coutume de Vitry en Perthois, I, 2271.
Durand (Dom), Bénédictin.
Traité des Eaux de Plombieres, I, 3158.
Durand (M.), Professeur à Evreux.
Lettre sur la bataille d'Ivry, I, 2139.
—sur l'origine du Bonnet verd, II, 15571.
—sur le droit d'Atrier, III, 35321.
Mémoire sur le Bourg d'Illiers, 35322.
Lettre sur l'Abrégé Chronologique des grands Fiefs, 39923.
Durand (le Pere), Chanoine Régulier.
Notice sur l'Abbaye de Sablonceaux, I, 13493.
Durand, Antoine, Médecin.
Avis sur les Eaux de Saint-Jean de Seirargues, I, 3213.
Durand, François, Dominicain.
Eloge de (feu) M. le Dauphin, II, 25758.
Durand (Madame).
Mémoires de la Cour de Charles VII; II, 17288.
Durand (Mademoiselle).
Histoire des Amours de Grégoire VII; &c. III, 32484.

Durand de Maillane (M.), Avocat.
Dictionnaire de Droit Canonique, I, 6970.
Les Libertés de l'Eglise Gallicane, IV, Suppl. 6997.*
Durand de Monlauseur (M.).
Manifeste sur la peste de Villefranche en Rouergue, I, 2633.
Durand de Villegaignon, Nicolas, Chevalier de S. Jean.
Réponse aux Remontrances de ceux qui sont persécutés, &c. II, 17817.
Réponse aux Libelles publiés contre lui, 17823.
Navigation ès terres de l'Amérique, III, 39767.
Commentarii de Bello Melitensi, 40315 & 16; IV, Suppl.
Durant, Gilles, sieur de la Bergerie.
Regret sur la mort de l'Ane Ligueur, II, 19451.
Duranthon, Antoine, Docteur en Théologie.
Procès-verbaux des Assemblées du Clergé rédigés par matieres, I, 6931.
Réponse aux Lettres contre l'immunité, 7406.
Durel, Philippe-Pierre, Lieutenant-Particulier du Bailliage de Meaux.
Recueil de Titres concernant la Ville de Meaux, III, 34363.
Dureseu : voyez Serey.
Duret, Jean, Jurisconsulte.
Commentaire sur l'Ordonnance de Henri III; II, 27637.
L'Harmonie des Magistrats, III, 31183.
Duret, Pierre, Graveur.
Portraits des Illustres, III, 31365.
Duret, Remi.
Recueil des Conclusions & autres Actes concernant la Nation de France, IV, 44623.
Duret, Edmond-Jean-Baptiste, Bénédictin.
Lettre sur Madame de Harcourt, IV, Suppl. 14906.*
Durey de Noinville, Jacques-Bernard, Président Honoraire au Grand-Conseil.
Recherches sur les Fleurs de Lys, II, 27061.
Mémoires sur les Ambassades à la Porte, III, 29449.
Histoire du Conseil & des Maîtres des Requêtes, 32413.
—du Théâtre de l'Opéra, IV, 47786.
Durival, Nicolas.
Table des Villes, &c. de la Lorraine & du Barrois, I, 2223.
Mémoire sur la Lorraine & le Barrois, 2224.
Durival : voyez Lutton.
Durmoy, Nicolas.
La Vie de S. Nicolas, IV, S. 5377.*
Durun : voyez Furie.
Dusel-des-Monts : voyez Pinczon.
Duson, Jean-Baptiste, Sieur de Saligny, Prieur de Pesmes.
Oraison funèbre du Marquis de Saint Martin, III, 31858.
Dussaussoy : voyez Maille.
Dutour (M.), Correspondant de l'Académie des Sciences.
Observations sur un banc de terre crétacée, I, 2697.
Duvair : voyez du Vair.
Duval, Jean-Baptiste.
Oraison funèbre de Jérôme de Gondy, IV, S. 31953.*
Duval, André, Docteur en Théologie.
Elenchus libelli de Potestate Ecclesiastica & Politica, I, 7077.
De supremâ Romani Pontificis potestate, 7230.
Vie de Barbe Avrillot, 14976.
Duval, Jean, Prêtre.
Le Calvaire profané, I, 5345.

Duval.

DUVAL.
Histoire du soulévement des Fanatiques dans les Cévennes, I, 6088.
DUVAL, Jacques, Bénédictin.
Extrait d'une Lettre, I, 180 & 279.
DUVAL, François, Marquis de Fontenay-Mareuil.
Mémoire sur ce qui s'est passé entre lui & le Cardinal Savelli, III, 30761.
Dépêches & Lettres, 30808.
DUVAL de Stors.
Lettres, III, 30237.
DUVERGÉ.
Analyse des Terres de la Touraine, IV, *Suppl.* 3421.*
DUVERNIN (M.), Médecin.
Discours sur l'Histoire Naturelle, I, 2390.
—sur le climat d'Auvergne, 2493.
Mémoire sur la Maladie épidémique des Martres-de-Verre, 2568.
Analyse des Eaux de Péruchès, 3145.
Dissertation sur le tempérament des Auvergnats, III, 37453.
DUVRAC, Louis.
An agri Parisiensis tenuia vina, &c. I, 3545.
DYEL, Jean, Sieur des Hameaux, Ambassadeur.
Ambassade, III, 30735.
Lettres, 30797.
DYNAMIUS, Patrice des Gaules.
Vita S. Maximi Reiensis, I, 7886.
—S. Marii Bodanensis, 11716.

E

E. B. D. *c'est* E. Beguillet, Dijonnois, IV, S. 3416*: *voyez* Beguillet.
E. B. E. S. D. P. P. *inconnu.*
Le Secret de la Paix, II, 23223.
E. D. L. J. C. *c'est*, ce semble, Edmond de Lallouette, Jurisconsulte, II, 18493, *comparé avec* 18529 & 24968: *voyez* de l'Allouette.
E. G. T. *inconnu.*
Pastorelle pour le bout-de-l'an de Henri-le-Grand, II, 20047.
E. P. C. *inconnu.*
Le remuement des Moines de Lyon, II, 17888.
E. S. *inconnu.*
Vie du Baron de Renti en Anglois, I, 4763.
E. S. des Préaux, D. B. A. *c'est* Estienne Seyftre des Préaux, I, 4336: *voyez* Seyftre.
E. W. *c'est* Everard Wassemberg, II, 23968 & 29034: *voyez* Wassemberg.
EADMER, Moine de Cantorbéri, & ensuite Archevêque de Saint-André en Ecosse.
Vita B. Lanfranci, I, 11699.
—B. Anselmi, 11703.
Alia Vita ejusdem, 11704.
Historia novorum, III, 35005.
d'EAUBONNE: *voyez* le Févre.
EBBON, Archevêque de Reims.
Apologeticum, I, 9546; II, 16377.
EBERHARD, Evêque de Bamberg.
Historia fundationis Monasterii Cluniacensis, I, 11770.
EBERT, Adam, Jurisconsulte.
Voyage Littéraire, I, 2344.
Traduction Latine de l'Histoire de la Captivité de François I; II, 17518.
EBERWIN.
Vita S. Simeonis Reclusi, I, 13385.
EBOUF, Georges.
Narratio rerum in Gallia gestarum, II, 18364.
EBRARD, Chanoine Régulier.
Chronicon Monasterii atiensis, I, 13429.

Tome V.

EBRARD, Marquis de Saint-Sulpice.
Dépêches, III, 30108.
Lettres, 30109.
Ambassades, 30112.
ECCARD, J. Georges.
Observatio de portu Iccio, I, 303.
Præfatio in Leibnitii collectanea etymologica, 3759.
De origine Germanorum, I, 3878; II, 15397.
Origines Familiæ Hasburgo-Austriacæ, II, 25895.
Leges Francorum Salicæ, 27588.
Diploma Caroli Magni de Scholis Osnabrugensis Ecclesiæ criticè expensum, 27603.
Censura hujus Diplomatis, 27604.
De imaginibus Caroli Magni, III, 33983; IV, S. 16286.*
Dissertatio de Antiquitatibus Alsatiæ & Germaniæ, III, 38696.
ECHALLART, Olivier, Bénédictin.
Vie de la bonne Armelle, I, 4771.
ECHARD, Laurent.
Histoire d'Angleterre, III, 35184.
ECHARD, Jacques, Dominicain.
Scriptores Ordinis Prædicatorum, I, 13738.
de l'ECLUSE des Loges, Pierre-Maturin.
Edition des Mémoires de Sully, III, 30391.
l'ECUYER de la Jonchere, Antoine, Ingénieur.
Projet d'un Canal en Bourgogne, I, 938.
Factum contre les Etats de Bourgogne, 946.
Justification de ce Factum, 947.
Observations sur le Devis & le Procès-verbal de M. Gabriel, 948; IV, S.
Abrégé de ce qui s'est fait & passé en Bourgogne, &c. 949.
EDELINCK, Jean, Graveur.
Statues de Versailles, II, 27016.
d'EDELSHEIM (le Baron).
Mémoire touchant la Maison de Hanau, III, 38750.
EDMONDES, Ambassadeur de la Grande-Bretagne.
Remontrances au Roi, II, 20339.
EDMONS, Clément.
Traduction Angloise des Commentaires de César, I, 3882.
EDOART, Nicolas, Libraire.
Traduction de la Chronique de Bugnyon, III, 35973.
Traduction d'un Discours de la Guerre de Malte, 40316. Le N.° 40317 *pourroit n'être qu'une répétition en y lisant* par Nic. Edoart.
EDWARDS, Georges.
Histoire naturelle des Oiseaux peu communs, I, 3592.
d'EFFIAT: *voyez* Coiffier.
de l'EFFRETIER: *voyez* Lanier.
EGASSE du Boulay, César, Greffier de l'Université.
Mémoires des Bénéfices qui sont à la collation de l'Université de Paris, I, 1298; IV, 44745.
De vetustissimis Galliarum Academiis, I, 3832; IV, 44550.
Fondation de l'Université de Paris, IV, 44618.
Historia Universitatis Parisiensis, 44620.
Notæ ad Censuram in hoc Opus, 44622.
Recueil des Priviléges de l'Université de Paris, 44742.
Remarques sur la dignité, &c. du Recteur, IV, 44752.
—sur l'Election des Officiers, 44753.
—sur les Bedeaux de l'Université, 44768.
De Patronis quatuor Nationum, 44783.
De Decanatu Nationis Gallicanæ, 44786.
Abrégé de l'Histoire de l'Université, 44799.
EGBERT.
Vita S. Amoris, IV, S. 10880.*

EGENOD (M.), Maire de Besançon.
Mémoire sur le Gouvernement de Besançon, IV, S. 38432.*
—sur les Droits Régaliens de quelques Abbayes, IV, S. 38443.*
EGILBERT.
Vita S. Ermenfredi, I, 11901.
EGINHARD, Chancelier de Charlemagne.
Breviarium Chronologicum, II, 16235.
Vita Caroli Magni, 16248—55.
Epistolæ, 16255; III, 29742.
Annales, 16334.
de l'EGLISE : voyez de la Chiesa.
d'EGLY : voyez de Monthenault.
EGNACE, Jean-Baptiste.
De Romanis Cæsaribus, II, 16454.
Panegyricus in Franciscum I; II, 17633; IV, S. 17491.*
d'EGREFEUILLE : voyez d'Aigrefeuille.
d'EGUILLES (M.), Président au Parlement d'Aix.
Mémoires sur les Jésuites, I, 14682.
EIDOUS, Marc-Antoine.
Traduction des Lettres de Toland sur les Druides, IV, S. 3840.
—des Mémoires du Colonel Lawrence, II, 24777.
EISEN.
Recueil des Troupes qui forment la Garde & la Maison du Roi, III, 32195.
EISENBERG, P.
Itinéraire de France & d'Angleterre, I, 1304.
EITARD, Michel.
Dissertation touchant les Eaux de Saint-Paul de Rouen, I, 3189.
EKCARD.
Libellus de Expugnatione Hierosolymitana, II, 16608.
de EKEMBACH, Walfrand.
Histoire des Gestes de Charlemagne, II, 16199.
EKKERHARD.
De origine, &c. Monasterii S. Galli, II, 16765.
ELADIUS, Diacre.
Vita S. Apollinaris, Valentinensis Episcopi, IV, S. 10736.* attribué.
d'ELBENE, Alfonse, Evêque d'Albi.
Index Locorum, &c. Burgundiæ, I, 2216.
Lettres à d'Espernon, II, 19154. attribuées.
De gente Hugonis Capeti, 24907.
De regno Burgundiæ Transjuranæ & Arelatis, III, 35857.
De gente Marchionum Gothiæ, III, 44261, IV, S. 37703.*
d'ELBENE, Guy (non Barthélemi), Lieutenant des Chevaux-Légers du Duc d'Orléans, neveu du précédent.
Lettres, III, 30834.
d'ELBENE, Alfonse, Evêque d'Orléans, frere du précédent.
Codex Statutorum Synodalium, I, 6373.
d'ELÉMENT : voyez Moitrel.
d'ELHAM, Thomas.
Annales Regum Angliæ, III, 35142.
ELIAN de Montalto, Philothée.
Lettre d'Espagne à la Reine Régente, II, 20212.
ELIE, Jean, Moine de S. Crespin.
Histoire de l'Abbaye de S. Crespin, I, 12387.
ELIE de Beaumont, Avocat.
Mémoires pour les Sieurs Potin, IV, Suppl. 6274.*
ELISABETH, Reine d'Angleterre.
Ses Lettres à Walsingham, II, 28409.
Autres Lettres, III, 30359.
ELISÉE (le Pere), Carme Déchaux.
Oraison funèbre du Roi Stanislas, III, 38922.

d'ELLENS.
Plans & Journaux des Siéges de la Guerre de Flandres, II, 24705.
ELLIES du Pin, Louis, Docteur en Théologie.
Histoire des Disputes sur la Grace, I, 5583.
—du Jansénisme, 5584.
—du Bref d'Innocent XII, 5635.
Traité de la Puissance Ecclésiastique & Temporelle, 7098 & 7308.
Dissertationes de antiqua Ecclesiæ disciplina, 7304.
Mémoire sur le refus des Bulles, IV, S. 7370.***
Traité des Excommunications, 7466.
Dissertatio de forma judiciorum Ecclesiasticorum, 7488.
Histoire de sa Vie, 11104.
Recueil concernant Louis XIII; II, 22162.
Ordo Magistrorum Facultatis Theologicæ, IV, 44821.
Additions au Dictionnaire de Moréri, 45658.
ELMACIN, Georges.
Historia Saracenica, II, 16695.
ELOY (le Frere), Augustin Déchaussé.
Mémoires de ce qui s'est passé touchant la Religion prétendue Réformée, I, 5918.
ELSSIUS, Philippe, Augustin.
Encomiasticum Augustinianum, I, 13663.
ELVERUS, Jérôme.
Deliciæ Apodemicæ, I, 2303.
EMERIC : voyez Aucane.
EMERY, Sébastien, Avocat.
Satyre contre Poyet, III, 31497.
d'EMERY (M.), Comte de Barrault.
Discours de la déroute des Capitaines Blanquet & Gaillard, II, 20694.
Lettres, III, 30420 & 30569.
d'EMERY : voyez Particelli.
EMMANUEL de Rennes (le Pere), Capucin.
Vie des Peres Agathange de Vendôme & Cassien de Nantes, S. 13927.**
EMMIUS, Ubbon.
De Frisia, III, 39578.
l'EMPEREUR : voyez Lempereur.
d'EMPORTES : voyez Dupuy.
ENDI.
Traduction de l'Ombre de Marguerite de France, II, 25507.
ENEN, Jean, Suffragant de Trèves.
Medulla gestorum Trevirorum, III, 39236.
ENGELHUSE, Théodore.
Chronicon, II, 16454.
d'ENGHIEN (le Duc) : voyez de Bourbon.
d'ENGHIEN, François, Dominicain.
Responsio de Potestate Ecclesiastica, I, 7289.
Autoritas Sedis Apostolicæ, 7297.
d'ENGLEBERME, Jean Pyrrhus, Jurisconsulte.
Militia Francorum Regum, II, 16931.
De Lege Salica, 28481.
Panegyricus Aureliæ, III, 35590 & 94.
ENGUERRAND de Monstrelet, Gouverneur de Cambray.
Chronique, II, 17299; IV, S.
Etats-Généraux sous Charles VI; 27422 & 24.
ENGUERRANT, Archange, Récollect.
Oraison funèbre de Marie-Térèse d'Autriche, II, 25188.
ENLART de Grandval (M.), Conseiller au Conseil d'Artois.
Mémoire sur les Fossiles d'Artois, I, 2669.
Discours sur l'origine de la Langue Françoise, II, 15500.
Mémoires concernant l'Histoire d'Artois, III, 38979.
d'ENNETIERES, Jean.
Le Chevalier sans reproche, III, 39364.

ENNODIUS, Félix, Evêque de Pavie.
Vita beati Antonii Syri, I, 12079.
ENRIQUEZ, Chr.
Vidas de los Padras del Desierto de Dunas, IV, S. 13078.*
ENS, Gaspar.
Elogium Henrici IV; II, 20010.
l'EPÉE, Hugues, Cordelier.
Discours funèbre sur Marie-Térèse d'Autriche, II, 25186.
de l'EPERON : voyez Caron.
EPON, Boëce, Jurisconsulte.
Vita S. Yvonis, I, 11548.
EQUICOLA, Marus, ou Marius.
Son Apologie, IV, S. 17646.*
d'ER, R.
L'Ombre & le Tombeau de Marguerite de France, II, 25507.
ERARD, Claude, Avocat.
Plaidoyer pour le Duc de Mazarin, IV, 48124.
ERASME, Didier.
Carmen Divæ Genovefæ sacrum, IV, S. 4458.*
Epistola de Vita & Morte Lud. Berquini, I, 5766.
Epistolæ, III, 29927.
Imago Reipublicæ Argentinensis, III, 38735.
ERASTE, nom supposé.
Lettre sur le Poëme de la Pucelle, II, 17233.
ERATH, Augustin, Chanoine Regulier.
Augustus Velletis Aurei Ordo, III, 40435.
ERCHAMBERT.
Breviarium Regum Francorum, II, 16122.
ERCHEMPERT, Moine du Mont-Cassin.
Historia Longobardorum, II, 16211, 16350 & 16412.
ERCKEMBALD, Evêque de Strasbourg.
Carmen de antecessoribus suis in Episcopatu Argentoratensi, I, 9115.
ERICH, Adelar.
Chronique de Juliers, III, 39240.
ERMENGARDE.
Diplomata, III, 29762.
ERMENTAIRE, Abbé.
De vita S. Filiberti, I, 12018.
ERNAUD.
Discours de la Noblesse, III, 39852.
EROUARD, Archidiacre de Séez.
Réponse au sujet de la prétendue Relique de S. Godegrand, I, 9974.
ERPENIUS, Thomas.
Galliæ Descriptio, I, 784.
Tractatus de peregrinatione Gallica, I, 2281.
l'ESCALOPIER.
Abrégé de la République de Bodin, II, 17112.
de l'ESCALOPIER (M.), Aumônier du Roi.
Discours de la Ville de Paris, II, 23266.
Relation de ce qui s'est passé à l'arrivée de la Reine Christine de Suède à Essonne, II, 26414.
d'ESCARS : voyez de Peirusse.
d'ESCLAVOLLES : voyez de Gimont.
d'ESCLUSEAUX : voyez d'Hausens.
d'ESCŒUVRES : voyez de Rebreviette.
ESCOFFIER, Charles, Prieur.
Les Antiquités de la Ville d'Orange, III, 38296; IV, S.
d'ESCOMAN : voyez de Voyer.
d'ESCONVEL : voyez Lesconvel.
d'ESCORBIAC, Samuel.
Recueil de Réglemens concernant les Offices de France, III, 31195.
Priviléges du Languedoc, 37730.
d'ESCOUBLEAUX de Sourdis, François, Cardinal, Archevêque de Bourdeaux.
Ordonnances Synodales, I, 6419.
Decreta Synodi Provincialis, là
Réponse à la Lettre de M. le Prince, II, 20140.

d'ESCOUBLEAUX de Sourdis, Henri, Evêque de Maillezais, & ensuite Archevêque de Bourdeaux, frere du précédent.
Decreta Synodi Provincialis, I, 6419.
Ordonnances & Statuts Synodaux, 6594.
Paterna Expostulatio, 8259.
Lettres, III, 30795.
d'ESCOUCHY : voyez de Coucy.
d'ESCUDIER, François, Dominicain.
Vie d'Antoine du S. Sacrement, I, 13826.
ESGUISIER, Philippe, Docteur en Théologie.
Oraison funèbre de Marie-Térèse d'Autriche, II, 25181.
d'ESMERY (M.), Médecin.
Discours sur l'Histoire Naturelle de la Picardie, I, 2434.
Mémoire sur le Jardin des Plantes d'Amiens, 3380.
d'ESMIVY, Hyacinthe, Seigneur de Moissac.
Recueil touchant l'Annexe, I, 7322; III, 33189 & 38128.
Histoire du Parlement de Provence, 33177.
d'ESNANS (le Baron), Conseiller Honoraire du Parlement de Besançon.
Observations sur les Sels de Salins & de Montmorot, I, 2746.
Extraits tirés de la Chambre des Comptes de Bruxelles, &c. III, 29628.
—de la Chambre des Comptes de Lille, 29663.
—des Archives de Tournai, &c. 29720.
Les Registres du Parlement de Franche-Comté mis au net, 33216.
Ses Manuscrits, 38653—56; IV, S. & V, Add.
d'ESNANS : voyez d'Orsans.
ESNAULT (l'Abbé).
Dissertation sur les Osismiens, I, 329.
—sur l'établissement de la Foi dans la Normandie, 4078.
Dissertations sur l'Histoire Civile & Ecclésiastique du Diocèse de Séez, 5432 & 9953; III, 35325.
d'ESPAGNAC : voyez de Sahuguet.
d'ESPAGNET, Jean, Président au Parlement de Bordeaux.
Edition du Rosier des Guerres, II, 15706.
Traité de l'institution du jeune Prince, là & 27182.
ESPARRON (M.).
Traité des Eaux de Gréoux, I, 3078.
d'ESPEISSE : voyez Faye.
van ESPEN, Zéger-Bernard.
Dissertatio in Concilium Lugdunense I & II; I, 6576.
—de pristino Codice Ecclesiæ Gallicanæ, 6957.
Jus Ecclesiasticum universum, 6971.
Supplementum ad varias Operum ejus Collectiones, IV, S. 6971.
Tractatus de promulgatione Legum Ecclesiasticarum, I, 7320.
Mémoire sur les dispenses de Mariage, IV, S. 7370.***
Tractatus de recursu ad Principem, 7478.
d'ESPENCE, Claude, Docteur en Théologie.
Primi Galliarum Apostoli, I, 3957.
Vita S. Godonis, 11677; IV, S.
Oraison funèbre de Marie Stuart, II, 25107.
De triplici Francorum Liliorum incremento, II, 26952; IV, S. 27043.*
Oraison funèbre du Chancelier Olivier, IV, Suppl. 31498.*
—de Marie de Lorraine, Reine d'Ecosse, IV, 48114.
d'ESPERNON : voyez de Nogaret & Goth.
d'ESPESSE, Antoine, Avocat.
Traité des Tailles, III, 33878.

d'Espesses : *voyez* Faye.
d'Espinac, Pierre, Archevêque de Lyon.
   Statuta Synodalia, I, 6580; IV, S.
   Statuts & Ordonnances, 6581.
   Harangue au nom du Clergé, II, 18354.
   Réponse de MM. de Guise à un Avertissement, 18468.
d'Espinassi (Mademoiselle).
   Abrégé de l'Histoire de France, II, 15865.
d'Espinay de Saint-Luc, François, Grand-Maître de l'Artillerie de France.
   Observations Militaires, III, 32120.
de l'Espinoy, Philippe, Vicomte de Térouenne.
   Recherches des Antiquités & Noblesse de France, III, 40662; IV, S.
Espitalier, Jean, Curé du Diocèse de Chartres.
   Vie de Paul Godet des Marais, I, 9386.
   Prédictions de la Muse Dauphine, IV, S. 25705.*
Esprit du Bosroger (le Pere), Capucin.
   Discours sur la possession des Religieuses de Louviers, I, 4866.
d'Espuller : *voyez* Idlinger.
des Esquilles : *voyez* Dupuy.
Esquirou, J. B.
   Recherche sur les Eaux de Vic, I, 3268.
d'Essars : *voyez* Payen.
d'Essart : *voyez* Prevost.
d'Est, Hippolyte, *dit* le Cardinal de Ferrare.
   Lettere, III, 30099.
d'Est, Alfonse, Duc de Ferrare.
   Lettres, III, 30464.
d'Est, Raymond, Cardinal.
   Mémoires, III, 30997.
d'Estaing, Joachim, Evêque de Clermont.
   Canons Synodaux, I, 6469.
   Statuts Synodaux, 6470.
d'Estaing, Louis, Evêque de Clermont, frere du précédent.
   Canons Synodaux, I, 6471; IV, S.
d'Estaing, Joachim, Comte, neveu des précédens.
   Dissertation sur la Noblesse, III, 39878.
   —sur l'origine des Fiefs, 35042.
d'Estampes de Valençay, Léonor, Evêque de Chartres, & ensuite Archevêque de Reims.
   Statuts Synodaux, I, 6692.
   Ordonnances, 6693.
   Manifeste ou Avis au Clergé de France, 6866.
   Cardinalium, &c. Sententia de quibusdam Libellis, II, 28657 & 60.
d'Estampes de Valençay, Jean, Conseiller d'Etat, frere du précédent.
   Lettres, III, 30709.
d'Estampes de Valençay, Henri, Grand-Prieur de France.
   Ambassade, III, 30877.
d'Estampes, (l'Abbé).
   Oraison funebre de Philippe de France, II, 25655.
de l'Estang : *voyez* de la Salle.
d'Estelan (M.), fils du Maréchal de Saint-Luc.
   La Milliade, II, 22095.
d'Esternod, Claude.
   Le Franc Bourguignon, II, 28626.
Esteve, Louis.
   La Vie de M. Fizes, IV, 46145.
d'Estiau : *voyez* Boutreux.
Estienne II ou III, Pape.
   Epistolæ, III, 29738.
Estienne III ou IV, Pape.
   Epistolæ, III, 29738.
Estienne IX ou X, Pape.
   Epistolæ, I, 9559; III, 29761 & 68.
Estienne, Diacre, Disciple de S. Césaire.
   Vita S. Cæsarii Arelatensis Episcopi, I, 8005.

Estienne, Prêtre.
   Vita S. Amatoris Autissiodorensis Episcopi, I, 10126.
Estienne, Evêque de Liége.
   Vita S. Lamberti Trajectensis Episcopi, I, 8747 & 48.
Estienne, Comte de Chartres & de Blois.
   Epistola Adelæ uxori suæ, II, 16575.
Estienne, Abbé de S. Jacques de Liége.
   Vita S. Modoaldi Trevirensis Episcopi, I, 10530.
Estienne de Pebrac.
   Vita S. Petri de Chavanon, I, 13636.
Estienne, Evêque de Rennes.
   Vita S. Guillelmi Firmati, I, 4494.
Estienne, Abbé de Sainte-Géneviève & ensuite Evêque de Tournai.
   Epistola ad Robertum Pontiniacensem Monachum, I, 12972.
   Epistolæ, III, 29779.
Estienne de Cypre, Dominicain.
   Généalogie de la Maison de Lusignan, III, 43020.
Estienne, F.
   Oraison funebre de Marie Dudrad, I, 4784.
Estienne, Joseph, Doyen de l'Eglise de Valence.
   Parænesis, II, 19389.
Estienne, Charles, Docteur en Médecine, & Imprimeur du Roi.
   Les Fleuves de France, I, 853.
   La guide des Chemins de France, 2286.
   Voyages de plusieurs endroits de la France, 2287.
   Abrégé de l'Histoire des Vicomtes & Ducs de Milan, IV, S. 29083.*
   Discours des Histoires de Lorraine & de Flandres, III, 38853; IV, S. 28835* & 29016.
Estienne, Henri, Imprimeur du Roi, neveu du précédent.
   Discours de la Vie de Catherine de Médicis, II, 25081.
   Legenda sanctæ Catharinæ Mediceæ, *Id*.
   Tableau de la Vie de Catherine de Médicis, 25082.
   Narrationes cædis Ludovici Borbonii, 25787.
   De la prééminence des Rois de France, 26797.
   Des anciens Guerriers des Gaulois, III, 31353.
Estienne, Robert, Imprimeur, neveu du précédent.
   Ode in cædem Henrici IV; IV, S. 19981.*
   Vers pour le Plaidoyer de Dollé contre les Jésuites, IV, 44637.
Estienne, Antoine.
   Oraison funebre de Marie Dudos, I, 15228.
Estienne, Henri, Sieur du Belle.
   Eloges des Princes & Généraux d'Armée qui ont servi sous Louis-le-Juste, II, 22154.
   Journal de la Guerre de Hollande, 23985.
Estienne d'Arles (le Pere), Capucin.
   Le Char de Triomphe de Louis XIV; II, 24015.
Estienne (M.), Avocat.
   Exposé pour M. le Duc de Chevreuse, III, 35042.
Estienne, Robert, Libraire.
   Eloge de l'Abbé Pluche, I, 11360.
   Notes sur Charles Rollin, IV, 46897.
Estiennot, Claude, Bénédictin.
   Antiquitates Benedictinæ, I, 11621; IV, S.
   Chronica Monasterii Casæ Dei, IV, S. 11743.
   Histoire du Monastère de Chezal-Benoît, IV, S. 11758.
   Monumenta pro historia Archimonasterii Lirinensis, I, 12066.
   Historia Monasterii S. Martini supra Viosnam, 12614.
   Mémoires pour l'Histoire de l'Abbaye de Solignac, IV, S. 12887.*

Fragmenta Historiæ Aquitaniæ, III, 37508.
d'ESTILLAT, Bernard.
Indiculus Episcoporum Carcassonensium, I, 9196.
de l'ESTOILLE, Jean-Thierry.
Le Siége de la Cité de Marseille, III, 38218.
de l'ESTOILLE, Pierre.
Journal de Henri III; II, 19137; IV, S.
Recueil divers, 19908.
Journal du Règne de Henri IV, 20068 & 79.
Mémoires, 20079.
de l'ESTOILLE : *voyez* de Pontsemothe.
ESTOR.
Vie de S. Frambourg, I, 11678.
ESTOR, Jean-Georges, Jurisconsulte.
Edition du Traité d'Hauteserre, *de Ducibus & Comitibus*, III, 31314.
d'ESTOURNEAU (M.), Gentilhomme de la Chambre.
Traduction de l'Histoire des choses mémorables, II, 18119.
Les dernieres paroles de Henri de Valois, II, 19052.
d'ESTOUTEVILLE, Guillaume, Cardinal, Evêque d'Orléans.
Diploma de Processione pro libertate urbis Aureliæ, II, 17177.
d'ESTRADES (le Comte), Godefroi.
Ambassades, III, 30950 & 51.
Lettres, &c. 30979 & 31015.
de l'ESTRE, Hugues.
Remontrances, ou de l'Estre perpétuel de l'Empire François, II, 19363 & 27213.
d'ESTRÉES, François-Annibal, Duc, & ensuite Maréchal de France.
Mémoires de la Régence, II, 20701 & 21869.
Relation du Siége de Mantoue, 21590; IV, S.
—des affaires de Mantoue, 21591.
Négociations, III, 30448, 30499, 30573, 30637, 38 & 41.
Lettres, 30528, 30606, 30639 & 40, 30684 & 30760.
d'ESTRÉES, César, Cardinal, Evêque de Laon, fils du précédent.
Négociations, III, 31072.
d'ESTRÉES, Jean, Evêque de Laon, neveu du précéd.
Lettre sur les funérailles de la Marquise de Cœuvre, IV, 48055.
d'ESTRÉES, Jean, Abbé de Saint-Claude, autre neveu du Cardinal.
Statuta Monasterii S. Claudii, I, 12185.
Appendix ad eadem, 12186.
Requête contre les Religieux de l'Abbaye de Saint-Claude, 12187.
Seconde Requête, 12188.
Troisieme Requête, 12190.
de ESTRELLA : *voyez* Calvete.
de l'ETANG : *voyez* de la Salle.
d'ETÉMARE : *voyez* le Sesne.
ETHELRED.
De genealogia Regum Anglorum, III, 34966.
ETRIS (M.), Commissaire des Guerres.
Eloge de M. Bossuet, Evêque de Meaux, IV, S. 9428.*
Eloge de M. le Maréchal de Duras, IV, *Suppl.* 31616.†*
ETTERLIN, Petterman.
Chronique, III, 39096.
S. EUCHER, Evêque de Lyon.
Passio SS. Mauricii ac Sociorum ejus, I, 4578.
De laudibus Eremi, 7989.
d'EUDEMARE, François, Chanoine de l'Eglise de Rouen.
Histoire de Guillaume le Bâtard, III, 34980.
EUDÉMON-Jean, André, Jésuite.
Epistola Monitoria, I, 7223.
Apologia pro Henrico Garneto, 14263.

Admonitio ad Ludovicum XIII; II, 28641.
EUDES de Deuil, Moine de Saint-Denys.
De Ludovici VII profectione in Orientem, II, 16665.
EUDES, Jean, Instituteur des Eudistes.
Abrégé de la Vie de Marie des Vallées, IV, 48196.
Recueil des Visions de Marie des Vallées, 48197.
Histoire de la Vie de Marie des Vallées, 48199.
EUDES de Mézeray, François, frere du précédent.
Histoire des Gaulois, I, 3874.
Des Libertés de l'Eglise Gallicane, 7017.
Des Appels comme d'Abus, 7489.
Histoire de France avant Clovis, II, 15434.
Mémoires sur divers points de l'Histoire de France, 15620; IV, S.
L'Histoire de France, 15758.
Abrégé Chronologique de l'Histoire de France, 15762; IV, S.
L'Histoire de la Mere & du Fils, 20855 : *faussement attribuée*.
L'Ombre de Sandricourt, 21663.
Abrégé des Vies des Reines de France, 24992.
Mémoire sur ce qui s'est passé à Londres, 26939.
Histoire de la Maltôte, 28066.
EUGENE de Bruges (le Pere), Capucin.
Ultima vox zelatricis innocentiæ; IV, S. 14366.†*
EULOGE de Cordoue.
Epistola, II, 16395.
EUSEBE (le Pere) : *voyez* Didier.
EUSTACHE *ou* Eustache : *voyez* Wace.
EUSTACHE, Sieur d'Anneville.
Histoire de Normandie, III, 35176.
EUTROPE, Historien.
Belli Gallici Epitome, I, 3904.
EUTROPE, Prêtre.
Tractatus de Juribus & Privilegiis Imperatorum, II, 16413.
EVANGELUS, Licentius : *faux nom sous lequel s'est caché* Beatus Rhenanus ; I, 7047 : *voyez* Beatus.
EVEILLARD, Pierre.
Traité de la Jurisdiction du Présidial d'Angers, III, 34103.
EVEILLON, Jacques, Chanoine de l'Eglise d'Angers.
Epistola Capituli Andegavensis pro S. Renato, I, 10387.
Défense du Chapitre de l'Eglise d'Angers sur la Procession du Sacre, 10408.
Réponse du Chapitre de l'Eglise d'Angers à la Plainte apologétique pour l'Evêque d'Angers, 10410.
EVERARDUS Nicolai, Joannes Secundus, fils de Nicolas.
Itineraria tria, I, 2285.
EVERHELME, Abbé de Haut-mont.
Vita S. Popponis, I, 12896.
d'EXILLES : *voyez* Prevost.
EXPILLY, Claude, Président au Parlement de Grenoble.
Discours sur les Fontaines de Vals, I, 3260.
Supplément à l'Histoire du Chevalier Bayard, III, 31864.
Traité de l'Antiquité de Grenoble, 57992.
EXPILLY (l'Abbé).
Dictionnaire des Gaules & de la France, I, 17 & 2446.
Dénombrement des peuples de la Gaule transalpine, 126.
Description de la France, 817.
EYCKIUS, Jean.
Centuria Urbium Belgicarum, III, 39271.
EYNDIUS, Jacques.
Chronicon Zelandiæ, III, 39623.
EYRE, Henri.
Traité des Eaux de Spa, I, 3246.

EYSENGREIN, Guillaume.
La Chronique de la Ville de Spire, III, 39194.
d'EYSSAUTIER : *voyez* de la Rouviere.
EZELON, Moine de Cluni.
Epitome Vitæ S. Hugonis, I, 11833.

F

F.*** (M.), *inconnu.*
Prife d'Habit de Madame de la Valliere, IV, 48207.
F. (le Chevalier), *inconnu.*
Syftême d'Impofition, II, 28116.
F. A. D. S. P. R. F. I. *c'eft* Frere Antoine de Saint Pierre, Religieux Feuillent indigne, I, 13092 : *voyez* Antoine de S. Pierre.
F. B. *peut-être* Filibert Bretin.
Chant fur la défaite des Réiftres, II, 18618.
F. C. *c'eft* François Colletet, II, 23849 : *voyez* Colletet.
F. D. B. C. *c'eft* François de Belleforeft Comingeois, II, 26249 : *voyez* de Belleforeft.
F. D. C. *peut-être* François de Clari, I, 7185 : *voyez* de Clari.
F. D. L. T. *c'eft* François de la Treille, II, 179435 & III, 31809 : *voyez* de la Treille.
F. D. P. L. *c'eft* François de Paule Lagarde, II, 27173 : *voyez* Lagarde.
F. D. S. A. *inconnu.*
Lettre d'un vieux Confeiller d'Etat, II, 21739.
F. F. C. M. B. *c'eft* Frere François Chappé, Moine Bénédictin, I, 11764 : *voyez* Chappé.
Fr. F. D. (le R. P.), *inconnu.*
Harangue fur la mort de Henri de Beaufremont, III, 31861.
F. J. de S. F. R. F. *c'eft* Frere Jean de S. François, Religieux Feuillent, *nommé dans le Monde* Jean Goulu, IV, 47077 : *voyez* Goulu.
Fr. J. P. *c'eft* Frere Jean Pigenat, II, 19381 : *voyez* Pigenat.
F. L. P. S. T. L. *c'eft* Frater Libertus Paëpeus Sacræ Theologiæ Licentiatus, I, 13570 : *voyez* de Paëpe.
F. M. *inconnu.*
Traduction Italienne de l'Entrée de Henri II à Lyon, II, 26203 & 4.
F. M. *inconnu.*
Le Commerce honorable, II, 28184.
Fr. M. *c'eft* le Frere Macaire, IV, S. 14040 : *voyez* Macaire.
F. M. D. M. L. D. E. B. *inconnu.*
Réponfe prophétique fur la S. Barthélemi, II, 18164.
F. M. M. Religieux Francifcain, *inconnu.*
Eloge funèbre de Pierre le Goux de la Berchere, III, 33063.
F. N. L. D. E. T. D. L. F. D. P. E. P. D. L. A. *c'eft* Frere Nicolas Louvet, Docteur en Théologie de la Faculté de Paris, & Prieur de l'Abbaye, I, 13168 : *voyez* Louvet.
F. P. D. B. P. C. *c'eft* Frere Paulin de Beauvais, Prédicateur, Capucin, I, 14938 : *voyez* Paulin.
F. P. G. *c'eft* Frere Pierre Goujou, Religieux Obfervantin, I, 4635 & 36 : *voyez* Goujou.
F. R. A. R. U. *peut-être faux nom.*
Seconde Savoifienne, II, 29088 ; IV, S. 21630.*
F. R. P. *inconnu.*
Traduction du Difcours de Pierre Hardivilliers, IV, 44649.
F. R. P. S. *le nom de* LIMOGES, *mis enfuite, ne feroit peut-être que le nom du lieu de l'impreffion.*
Vie de Jean Laborie Récollect, IV, S. 13904.*
F. S. *c'eft* Frédéric Spanheim, I, 5965 ; III, 38290 : *voyez* Spanheim.
F. S. *on croit que c'eft le* Pere Léon de S. Jean, Carme des Billettes.
Journal de la maladie du Cardinal de Richelieu, III, 32487.
F. S. D. J. C. *c'eft* Frere S. de Jefus, Carme, *peut-être le même que le précédent.*
Lettre fur le trépas du Cardinal de Richelieu, IV, S. 32487.*
F. V. Eccléfiaftique, *inconnu.*
Oraifon funèbre du Cardinal de Richelieu, III, 32496.
de F. (le Comte), *inconnu.*
L'Ami de l'Etat, II, 27314.
FABERT, Pierre-Jean.
Hydrographum fpagyricum, I, 2876.
FABERT, Abraham, Sieur de Moulin, Echevin de Metz, Maître de l'Artillerie.
Le Pays Meffin, I, 1675.
Defcription du Pays Meffin, 2231.
Voyage de Henri IV à Metz, II, 19909, 26306, III, 38781.
Remarques fur les Antiquités de la Ville de Metz, III, 38761.
de FABERT, Abraham, Maréchal de France, fils du préc.
Relation de la Bataille de la Marfée, II, 22047.
Lettres, III, 30870.
Ordonnances, 34286.
Lettre au Roi, 40514.
de FABERT (M.), coufin du précédent.
Hiftoire des quatre derniers Ducs de Bourgogne, II, 25444.
FABRE, Antoine, Médecin.
Traité des Eaux du Vivarais, I, 3284.
FABRE, Louis, Bénédictin.
Differtation fur la tranflation du Corps de S. Benoît, I, 11957.
FABRE, Jean-Claude, Oratorien.
Continuation de l'Hiftoire Eccléfiaftique de l'Abbé Fleury, I, 4909.
Table des Matieres de l'Hiftoire de M. de Thou, II, 19878.
FABRE (le Pere), Carme.
Panégyrique de la Ville d'Arras, III, 38156.
Eloges des Hommes illuftres d'Arles, IV, 45665.
FABRE, François, Prêtre.
Hiftoire d'Elzéar-François des Achards de la Baume, I, 10812.
FABRE de Charrin (M.).
Eloge de Defcartes, IV, 46439.
FABREGOU (M.), Botanifte.
Defcription des Plantes qui naiffent aux environs de Paris, I, 3358.
FABREGUES : *voyez* Molinier.
de FABREGUES : *voyez l'article fuivant.*
FABRI, Louis, Sieur de Fabregues.
Mémoires, III, 38101.
Catalogue des Confuls d'Aix, 38146.
FABRI (le Sieur), Ingénieur.
Mémoire fur le Siége de Soiffons, II, 20571.
FABRICIUS, François.
Thermæ Aquifgranenfes, I, 2899.
FABRICIUS, Georges.
Iter Argentoratenfe, I, 2370.
FABRICIUS, François.
De Motibus Gallicis, II, 18875.
De totius Europæ ftatu, *ld.*
FABRICIUS, Jean.
Hemerologium, II, 19882.
FABRICIUS, Jean-Albert.
Præfatio in Schedii Syntagmata de Diis Germanis, I, 3798.
Ifagoge in Hiftoriam Scriptorum Hiftoriæ Gallicæ, II, 15968.
FABRICIUS, Jacques-Côme : *nom fous lequel s'eft couvert* Jacques Sirmond, I, 7075 : *voyez* Sirmond.

FABRY (M.).
Vertu des Eaux de Salmiere, I, 3220.
FABRY J. F. Sieur de Barras, Avocat.
Chronologie du Monastere de S. Victor-les-Marseille, I, 12815.
FABRY de Peirese, Claude, Conseiller au Parlement d'Aix.
Inventaire de ses Manuscrits, II, 15938.
Principauté d'Orange, 17903.
FACIUS, Barthélemi.
De origine Belli inter Gallos & Britannos, II, 17158.
FAESCHIUS, Luc.
Disquisitio de rebus Helvetiorum, I, 3929.
Commentatio historica de fœdere Romanorum cum Helvetia, 3930.
de FAGET, Paul, Prieur de Launac.
Procès-verbal de l'Assemblée de 1665, I, 6888.
Vita Petri de Marca, 9338.
FAGON (M.), Médecin.
Hortus Regius Parisiensis, I, 3398.
du FAIL, Noël, Seigneur de la Hérissaye, Conseiller du Parlement de Rennes.
Histoire de Bretagne, III, 35393.
la FAILLE, Germain, Avocat du Roi.
Annales de Toulouse, III, 37784.
Recueil de Pièces concernant les Fiefs de Languedoc, 39959.
Traité de la Noblesse des Capitouls de Toulouse, 40783.
Vie de Pierre Goudelin, IV, 47463.
de la FAILLE, Clément, Contrôleur ordinaire des Guerres.
Mémoire sur les pétrifications des environs de la Rochelle, I, 2808.
— sur les pierres figurées du Pays d'Aulnis, 2827.
— sur les fumiers, 3435; IV, S. 3419.**
Essai sur la Taupe, IV, S. 3588.*
Conchyliographie, I, 3668.
du FAIS.
Vie de Jean-Baptiste Morel, I, 11303.
de la FALAISE: voyez le Normant.
FALCAND, Hugues.
Historia de Rebus gestis in Siciliæ regno, III, 35025.
FALCON, Moine de Tournus.
Catalogus Abbatum Trenorciensium, I, 12909.
FALCON de Benevent.
Chronicon, III, 35043.
FALCON, Nicolas.
Chronique de Godefroi de Bouillon, II, 16589.
FALCON, Aymar.
De rebus mirabilibus Delphinatûs, I, 3684.
Compendium Historiæ Antonianæ, 13435.
FALCONET, Camille, Médecin.
Remarques sur le mot Dunum, I, 385.
Dissertation sur les principes de l'étymologie, II, 15485.
Observations sur nos premiers Traducteurs François, IV, 45652.
Remarques sur les Horlogets & les Horloges, IV, 47986.
de FALKEMBOURG, Jacques.
Elogiæ, II, 18211.
FALKERER, Nicolas.
Traduction Latine des Annales de France de Nicole Gilles, II, 15689.
FALUEL, Jean, Docteur en Théologie.
Oraison funèbre du Maréchal du Biez & du Seigneur de Coucy, III, 31585.
FANCAN: voyez Langlois.
FANGÉ, Augustin, Bénédictin, Abbé de Senones.
Vie de Dom Augustin Calmet, I, 12886.
de FANIERES: voyez Billet.

FANTI, Gabriel.
Relatione de' vantagi della Chiezza nel Beatino, I, 8118.
FANTONI Castrucci, Sébastien, Carme.
Istoria della Citta d'Avignione, III, 38320.
FARAUDY, Brunon, Dominicain.
Vita Venerabilis Antonii à SS. Sacramento, IV, S. 13828.*
de la FARE, Charles-Auguste, Marquis.
Mémoires & Réflexions sur le Règne de Louis XIV, II, 14371.
FARET, Nicolas, Académicien.
Mémoires du Comte d'Harcourt, III, 32350.
Vie de René II, Duc de Lorraine, 38835.
du FARGIS (le Marquis).
Lettres, III, 30420.
du FARGIS, Marie, Prieure de Port-Royal.
Relation de ce qui s'est passé à Port-Royal des Champs, I, 15108.
de la FARGUE (l'Abbé).
Réponse à la Critique de l'Eloge funèbre de Louis XIV, II, 24526.
FARIN, François, Prieur de Notre-Dame du Val.
L'Origine des Eglises de Rouen, I, 5424.
La Normandie Chrétienne, 9784.
Mémoires concernant l'Echiquier ou Parlement de Rouen, III, 33159; IV, S.
Histoire de la Ville de Rouen, 35214 & 15.
FARIN, Jean.
Etat des Lettres d'Annoblissement pour la Province de Normandie, III, 40738.
FARIOLE: voyez de Venasque.
FARMAIN de Rozoy.
Le Siège de Calais, II, 17018.
de FARNAU, P.
Vie de Pierre de la Place, III, 33888.
FARNEWORTH, Ellis.
Traduction Angloise de l'Histoire des Guerres Civiles de France de Davila, II, 19742.
FAROLD ou Faroul, Simon, Doyen & Official de Mantes.
Vie de M. Guériteau, I, 11179.
Vie de S. Marcoul, 11252; IV, S.
De la Dignité des Rois de France, II, 16979.
FARON (M.), Notaire à Châlons-sur-Marne.
Mémoires pour servir à l'Histoire de S. Alpin, I, 9623.
FASSARDI, F.
Traduction d'une Oraison funèbre de Henri IV, IV, S. 20033.*
Le Bal de la Reine Marguerite, II, 26310.
de FASSY, François, peut-être surnommé de Cadenade, Gentilhomme de la Chambre du Roi.
La Contre-Apologie des Financiers, II, 28020.
FATOU, Nicolas, Dominicain.
Discours sur le Saint Cierge d'Arras, I, 4948; IV, Suppl.
FAUCHER, Denys, Moine de Lérins.
Ecloga de laudibus insulæ Lerinensis, I, 12067.
Annales Provinciæ, III, 38046.
FAUCHER, Chrysostome.
Histoire du Cardinal de Polignac, V, Add. 32709.*
FAUCHET, Claude, Président de la Cour des Monnoies.
Les Antiquités Gauloises, I, 3868; II, 15640.
Traité des Libertés de l'Eglise Gallicane, I, 6981.
Ses Œuvres, II, 15585.
Origines des Dignités & Magistratures de France, III, 31197.
De la Ville de Paris, 34398.
Origine des Chevaliers, 40211.
Noms & Sommaires des Œuvres des Poëtes François, IV, 47263.

de FAUDOAS (l'Abbé), Prévôt de Montauban.
Histoire généalogique de la Maison de Faudoas, III, 42267.
FAULCONNIER.
Description historique de Dunkerque, III, 39029.
FAULQUES (Charles), Chanoine Régulier de Sainte Geneviève.
Oraison funèbre de la Marquise de Torcy, IV, 48189.
du FAULTRAY, ou Fautrier.
Recueil de diverses Pièces, III, 30168 & 30203 ; IV, S. 22138.**
FAUQUE (Mademoiselle).
La dernière guerre des bêtes, III, 31174; IV, Suppl.
FAUQUEL, Antoine, Prêtre.
Epitaphe de la Ville de Calais, II, 17703.
Discours sur la prise de Guines, 17705.
du FAUR, Charles, Oratorien.
Discours sur Jean-Baptiste Gault, I, 8050.
du FAUR, Louis, Sieur de Grateins.
Traités de Paix, III, 30166.
du FAUR, Louis, Seigneur de Pibrac, frere du précédent.
Points principaux de sa Remontrance, II, 18001.
Recueil sur la seconde Remontrance, 18073.
Epistola ad Stanislaum Helvidium, 18148.
Responsio ad Carncovii Panegyricum, 18275.
Lettres, III, 30176.
Pièces, 30215.
Traités de Paix, 30266.
Son Apologie, 32931.
du FAUR, Guy, Seigneur de Hermay.
Discours des combats où s'est trouvé Gilbert de la Curée, II, 19754.
Traduction Latine de la Vie de Guy du Faur, Sieur de Pibrac, III, 32931.
FAURE, J. Claude.
Abrégé de la Science Héraldique, III, 40005.
FAURE, François, Evêque d'Amiens.
Statuts Synodaux, I, 6323.
Panégyrique de Louis-le-Grand, II, 24159.
Oraison funèbre d'Anne d'Autriche, 25166.
—de Henriette-Marie de France, 25619.
—de Gaspard de Coligny, III, 31924.
FAURE.
La Fête Royale donnée à Chantilly, II, 26527.
de FAURE-Ferriès, Jacques, Abbé de S. Vivant.
Poëme sur la Conquête de la Franche-Comté, II, 24033.
du FAURE de Gache (le Pere).
Eloge de Louis XV; II, 24737.
FAURIN, Jean.
Journal, II, 19803 ; III, 37794.
FAUSSABU.
Lettre sur la Ville d'Avesne, III, 39068.
FAUSTE, Evêque de Riès.
Panégyrique de S. Maxime de Riès, I, 7887.
FAUSTE, Moine d'Agaune.
Vita S. Severini Abbatis Agaunensis, I, 11657.
FAUSTE, Moine, Disciple de S. Maur.
Vira S. Mauri, I, 11992.
FAUSTE, Jean-Frédéric.
Limburgenses Fasti, III, 39445.
FAUSTE (Dom), Abbé de Luxeul & de Morey.
Histoire de l'Abbaye de Luxeul, I, 12105.
—de l'Abbaye Morey, 12227.
FAUTREL, George, Jésuite.
Histoire de Notre-Dame de S. Sauveur, I, 4205.
FAUTRIER : voyez du Faultray.
FAUVEAU, Christophe.
Oraison funèbre de Louis XIII; IV, S. 22138.**
FAUVELET du Toc, Antoine.
Edition d'une Histoire de Henri, Duc de Rohan, III, 32050.

Histoire des Secrétaires d'Etat, 32628.
Généalogies des Secrétaires d'Etat, 40582.
de FAUS : voyez Robin.
FAVART, Charles-Simon.
La France délivrée par la Pucelle d'Orléans, II, 17186.
FAVEDE de Monteili (l'Abbé).
Précis de l'Histoire de France, II, 15863.
FAVEREAU, Antoine, Secrétaire de l'Archevêque de Reims.
Additions à la Chronique de Jean du Tillet, II, 15719.
FAVEREAU, Jacques, Conseiller de la Cour des Aydes.
Icon Lodoici XIII; II, 21806.
La Milliade, 22095; IV, S.
La France consolée, 26332.
de la FAVERGE (le Sieur) : faux nom sous lequel s'est couvert Symphorien Champier, IV, S. 8865 ; voyez Champier.
de FAVERNER (l'Abbé), Grand-Vicaire de Gironne.
Histoire du Roussillon, III, 38350.
de FAVEROLLES, René-François, Jésuite.
Oraison funèbre de Gaston - Jean - Baptiste, Duc d'Orléans, II, 25603.
FAVIER, Nicolas, Général des Monnoies.
Figures des Pourtraits des Médailles, &c., II, 18161.
Recueil pour l'Histoire de Charles IX, 18252.
FAVIER, Nicolas, Avocat du Roi.
Traité de la Régale, I, 7598.
Ecrits, III, 31040.
Remarques, 31042.
Remontrances, 31046.
Réplique, 31047.
FAVIER, Henri, Bénédictin.
Oraison funèbre de M. le Duc de Berry, II, 25726.
FAVIER, Dominique, Avocat.
Mémoire pour M. l'Evêque de Laon, I, 7494.
—pour le Chapitre de S. Quentin, 9737.
FAVYN, André, Avocat.
Traité des Premiers Officiers de la Couronne de France, III, 31206.
Histoire de Navarre, 37678.
De l'institution des Armes & Blazons, 39987 & 40225.
Le Théâtre d'honneur, 40258.
FAY, Jean.
Discours sur la Régence, II, 27341.
de FAY, Antoine, Imprimeur.
Relation du Prix de l'Arquebuse à Dijon, III, 37005.
du FAY, Barthélemi.
Tumulus Caroli IX ; II, 18241.
du FAY, Paschal, Médecin.
Jupiter Gallicus, IV, S. 24309.*
du FAY (le Pere), Jésuite.
Oraison funèbre du Cardinal Pierre de Bonzy, Archevêque de Narbonne, IV, S. 9178.*
du FAY : voyez de Cisternay & Hurault.
FAYAN, Jean, Médecin Limousin.
Descriptio Lemovici, I, 1624; IV, S.
de la FAYARDIE : voyez Jourdain.
FAYDEAU, Victor, Chanoine de l'Eglise de Paris.
Vie de Madame Polaillon, I, 4800.
FAYDIT, Pierre, Titulaire de l'Eglise de S. Jean de Riom.
Lettre à Madame la C. I, 4283.
Requête, 4959.
Vie de S. Amable, 10881 ; IV, S.
Tombeau de Santeul, 13481.
Extrait d'un Sermon où il parle des Franchises, II, 29116.
Præfectura Bosiana, III, 34601.

FAYE,

FAYE, Antoine.
Geneva liberata, III, 39167.
FAYE d'Espesses, Jacques, Avocat-Général au Parlement de Paris.
Avertissement sur la réception du Concile de Trente, I, 7505.
Harangue & Lettres, III, 30177.
Diverses Pièces, III, 30215; IV, S. 32932.
FAYE d'Espesses, Charles, Conseiller d'Etat, fils du précédent.
Mémoires, II, 19893.
Négociations, III, 30501.
FAYE, Charles, Abbé de Saint-Fulcien, Conseiller Clerc au Parlement de Paris, oncle du précédent.
Réponse à l'Ecrit de Génébrard sur l'Excommunication, &c. I, 7150.
Discours des raisons & moyens contre les Bulles monitoriales de Grégoire XIV, 7165.
la FAYE, Antoine, Ministre Calviniste.
De Vita Theodori Bezæ, I, 5880 & 813; IV, S.
de la FAYE (M.), peut-être le même que le précédent.
Articles envoyés de la part du Prince de Condé à l'Assemblée de Grenoble, II, 20281.
de la FAYE, Matthieu.
Notes sur la Conférence des Ordonnances, II, 27631.
de la FAYE, Jean.
Delphineis, II, 25686.
de la FAYETTE de Hautefeuille, François, Evêque de Limoges.
Statuts Synodaux, I, 6572; IV, S.
de la FAYETTE (la Comtesse): voyez de la Vergne.
de la FAYOLE: voyez Moret.
FAYON.
Généalogie de la Maison de Senneterre, III, 44120.
du FAYOT.
Le Portrait du Cardinal Mazarin, II, 23859.
du FAYS: voyez Dordelu.
FEBRONIUS, Justinus: c'est, dit-on, M. de Hontheim, IV, S. 7319: voyez de Hontheim.
le FEBVRE, Jacques.
Articles concernant la Congrégation de l'Oratoire, I, 10856.
le FEBVRE, J. B.
La Dévotion du Calvaire d'Atras, I, 4956.
le FEBVRE, Marie-Elisabeth, Ursuline.
Lettre sur la mort de plusieurs Ursulines, IV, S. 15333.
le FEBVRE (M.), Doctrinaire.
Dissertation sur le Massacre de Vassy, II, 17847.
Abrégé de l'Histoire de M. de Thou, 19879.
Dissertation sur la Régence de Catherine de Médicis, II, 27348.
Examen sur le titre de Roi de France, attribué au Roi d'Angleterre, 28794.
Histoire de Calais, III, 34207.
Mémoire contenant les Statuts de l'Ordre du S. Esprit, III, 40459.
le FEBVRE (M.), Conseiller au Parlement de Metz.
De adventu Dominarum Adelaidæ & Victoriæ in Lotharingiam, II, 26578.
le FEBVRE, Philippe, Président du Bureau des Finances de Rouen.
Histoire de Henri Felix, Archevêque de Mayence, IV, S. 9105.*
le FEBVRE de la Bellande.
Traité des Droits d'Aydes, III, 33874.
le FEBVRE: voyez le Fevre.
FEDERICI, Dominique.
La Verita vindicata, II, 28858.
FEIDEAU de Brou, Henri.
Ordonnance sur une Lettre touchant d'anciens Tombeaux, I, 9704; IV, S.

Tome V.

FÉJACQ, Jacques, Dominicain.
Oraison funèbre de Mademoiselle d'Orléans, II, 25609; IV, S.
—de M. le Dauphin, petit-fils de Louis XIV; IV, S. 25716.*.
—de la Marquise d'Heudicourt, IV, 48091.
FÉLIBIEN des Avaux, André, Historiographe du Roi.
Description de la Trappe, I, 13136.
Relation de la Fête de Versailles, IV, S. 26459.*
Les Divertissemens de Versailles, II, 26461.
Mémoire pour servir à l'Histoire des Maisons Royales de France, 26987.
Description du Château de Versailles, 27006.
—de la Chapelle de ce Château, 27024.
Conférences de l'Académie Royale de Peinture & Sculpture, IV, 45533.
FÉLIBIEN des Avaux, Jean-François, Académicien, fils du précédent.
Description de l'Eglise des Invalides, I, 5251.
—du Dôme de cette Eglise, 5252.
—de l'ancien Louvre, II, 26989.
—de Versailles, 27011.
—de quelques Monumens de Paris, III, 34406.
Requête au Roi, IV, 45513.
Notices des Architectes François, 47795.
Entretien sur les Peintres & Architectes, 47815.
FÉLIBIEN, Michel, Bénédictin, frere du précédent.
Dissertation sur les Antiquités Celtiques, I, 3762.
Observations sur les restes d'un ancien Monument trouvé dans le Chœur de N. D. de Paris, 9272.
Vie de S. Anselme, 11708.
Histoire de l'Abbaye de S. Denys, 12415.
Lettre sur la mort de Madame de Harcourt, IV, S. 14906.*
Vie d'Anne-Louise de Brigueul, I, 15076.
Histoire de la Ville de Paris, III, 34530.
FÉLICIEN de S. Norbert (le Pere), Carme Déchaussé.
Réflexions sur le Projet de M. Deparcieux, IV, S. 931.**
de FELIGONDE: voyez Pelissier.
FÉLIX, Claude, Chanoine de Langres.
De Pontificibus urbis Lingonicæ, I, 9000.
FÉLIX, Joseph, d'Auxerre.
Mémoires sur la Ligue, IV, S. 19574.**
Félix de Tassy, Henri, Evêque de Châlon-sur-Saône.
Recueil des Ordonnances Synodales de Châlon, IV, S. 6425.*
Oraison funèbre de Charlotte de Varennes-Pagu, I, 14837.
—du Prince de Condé, II, 25832.
de FÉLIX, Antoine, Député de Marseille.
Discours au Sénat de Genes, III, 38244.
FELLON (le Pere), Jésuite.
Oraison funèbre de M. le Dauphin, fils de Louis XIV; II, 25697.
—de M. le Dauphin & de Madame la Dauphine, 25714. Ce Dauphin étoit fils du précédent.
FELS, Edmond.
Histoire d'Edouard II, Roi d'Angleterre, III, 35111.
FÉNACOL, Jean.
Traduction Flamande des Commentaires de César, I, 3882.
FÉNEL, Charles-Maurice, Doyen de l'Eglise Métropolitaine de Sens.
Mémoires pour servir à l'Histoire des Archevêques de Sens, I, 10024.
FÉNEL, Jean-Baptiste-Paschal, Académicien.
Remarques sur le mot Dunum, I, 386.
Plan de la Religion des Gaulois, 3809.
Dissertation sur la Conquête de la Bourgogne, II, 16060; IV, S. 35862.*
—sur le Soissonnois, III, 34876.

T t t

FÉNELON : *voyez* de la Mothe.
de FÉNELON (le Marquis).
  Discours, III, 31160.
FÉNIER, Pierre, Minime.
  Relation du Siège de Peronne, III, 34175.
de FÉNIN, Pierre, Panetier de Charles VI.
  Mémoires, II, 17143.
de FÉNIS, Ignace.
  Ludovici XIV, Inauguratio, II, 26102.
de FÉNOILLET, Pierre, Evêque de Montpellier.
  Harangue au Roi, I, 5236.
  Discours fait en l'Assemblée du Clergé, I, 7380.
  Discours funèbre sur la mort de Henri IV; IV, S. 10020.*
  Remontrance au Roi contre les Duels, II, 10253.
  Oraison funèbre de Louis XIII; IV, S. 22138.**
  —du Duc de Montpensier, II, 25869.
  —de Pomponne de Bellièvre, III, 31515.
de FÉNOYL (le Comte).
  Sommaire des preuves des Droits de mutation dûs aux Archevêques de Lyon, I, 8864; III, 37423.
FENTON, G.
  Traduction Angloise de l'Histoire de Guichardin, II, 17547.
de FER, Antoine.
  Carte de l'Isle de France, I, 1568.
de FER, Nicolas, Géographe.
  Cartes de la France, I, 586, 7, 8, 9.
  La France divisée par Généralités, 643.
  Postes de France & d'Italie, 667.
  Côtes de France, 688 & 9.
  Carte de la Manche, 709.
  Cours de la Moselle & de la Saare, 739.
  Cours des rivieres d'Oise & d'Aîne, &c. 740.
  Cours de la Somme, 743.
  Canal d'Orléans & de Briare, 751.
  Canal du Languedoc, 753.
  La France Ecclésiastique, 993.
  Evêché d'Angers, 1010.
  Archevêché de Paris, 1115.
  Alsace, 1328.
  Berri, &c. 1394.
  Plan de Bourges, IV, S. 1412.*
  Bourgogne, I, 1417.
  Bourgogne & Bresse, 1421.
  Bretagne, 1437.
  Les Cévennes, 1469.
  Champagne, 1479.
  Dauphiné, 1495.
  Plan de Dijon, IV, S. 1503.*
  —de Douai, IV, S. 1506.*
  Flandre Françoise, 1514.
  Forêt de Fontainebleau, 1528.
  Franche-Comté, 1531.
  Guyenne, Saintonge & Gascogne, 1546.
  Isle de France, 1569.
  Languedoc, 1614.
  Partie du Languedoc, 1618.
  Lorraine, &c. 1641.
  Lyonnois, &c. 1650 & 55.
  Maine, Anjou, Touraine, 1665.
  Normandie, 1711.
  Prévôté & Election de Paris, 1738.
  Environ de Paris, 1746 & 47.
  Plan de Paris, 1778.
  Plan du Fauxbourg Saint-Germain, IV, Suppl. 1794.
  Picardie & Artois, 1804.
  Poitou & Aulnis, 1821.
  Provence, 1835.
  Plan de Rouen, 1855.
  Roussillon, 1861.
  Saintonge, Angoumois, &c. 1868.

Généralité de Soissons, 1873.
Château de Versailles, 1913.
Frontieres de France & d'Espagne, 1923.
Comté de Nice, &c. 1927.
Piédmont & Montferrat, 1946.
Savoie, 1956.
Cours du Rhin, 1987.
Frontieres du Palatinat, &c. 1993.
Evêché de Liége, 2022.
Pays-Bas Protestans, 2039.
Pays-Bas Catholiques, 2048.
Flandre, 2060.
Frontieres de la Flandre Françoise & Espagnole, 2064.
Plans & Descriptions de quelques Villes, &c. de France, 2127.
Histoire des Rois de France, II, 15845.
de FÉRALS (le Baron).
  Lettres, III, 30123 & 37.
FÉRAMUS.
  Histoire de Boulogne, III, 34198.
de FÉRANVILLE (M.), Avocat.
  Précis pour les RR. PP. Célestins, V, *Add.* 13216.
  Mémoire à consulter pour les Religieux de S. Bertin, *là*.
FÉRAUD, Raymond, Poëte.
  La Vida de Sant Honorat, IV, S. 7988.
FERCHAULT de Réaumur, René-Antoine, Académicien.
  Observations du Thermomètre, I, 2591.
  —sur les Mines de Turquoises, IV, S. 2724.*
  Description d'une Mine de fer, I, 2769.
  Essais de l'Histoire des rivieres & des ruisseaux qui roulent de l'òr, 2776.
  Remarques sur des Coquilles fossiles, 2825.
  Mémoire sur une Morille, 3366.
  Mémoires pour servir à l'Histoire des Insectes, 3615.
  Histoire des Teignes, 3630.
  —des Guêpes, 3651.
  Examen de la soie des Araignées, 3656.
  Observations sur des Vers aquatiques, 3659.
  Histoire du Ver-Lyon, 3661.
  Mémoire sur les Insectes des Limaçons, 3662.
  Des merveilles des Dails, 3669.
  Mémoire sur les mouvemens des Coquillages, 3670.
  Découverte d'une nouvelle Teinture de pourpre, 3673.
  Sur un Coquillage des Côtes de Poitou, 3675.
FERDINAND, Valentin.
  Syllabus Præpositorum, &c. Ecclesiæ Moguntinæ, I, 9075.
FERET, Denys.
  Les Prémices, II, 20144.
de FERIA (le Duc), Ambassadeur d'Espagne.
  Harangue en l'Assemblée des Etats de France, II, 19450.
FERIN.
  Plan de Rouen, I, 1856.
de FERLET (M.), Professeur dans l'Université de Nancy.
  Eloge de Pierre-Joseph de la Pimpie de Solignac, IV, S. 46925.*
FERMEL'HUIS, Jean, Médecin.
  Eloge d'Elisabeth Sophie Chéron, IV, 47856.
  —d'Antoine Coysevox, 47869.
FERMELLUYS, Jean, Maître d'Ecole.
  Vie de S. Roch, I, 4653.
FERNAND, Jean, Moine de Chezal-Benoît.
  Vita S. Sulpicii Pii, Bituricensis Episcopi, I, 8375.
le FÉRON, Jean, Avocat.
  Le Symbole Armorial, II, 27637.
  Les Armoiries des Rois de France, *là*.
  Catalogue des Connétables, &c. III, 31337 & 42.

Histoire des Prévôts & Lieutenans-Civils de Paris, 34083.
Catalogue des Prévôts & Gardes de la Prévôté de Paris, 34612.
Le grand Blazon d'Armoiries, 39981.
Armoiries des Grands-Officiers, 40042.
De l'Institution des Rois d'Armes, 40144.
Histoire généalogique de la Maison d'Harcourt, 42695.

le FÉRON, Philippe, Docteur en Théologie.
Oraison funebre de Louis de Bassompierre, I, 8304.

le FÉRON (M.), Curé de S. Léonard de Reims.
Introduction à l'Histoire de Reims, III, 34239.

le FÉRON, G.
Armorial de Picardie, III, 40131.

FÉRONI, François-Antoine, Marquis.
Traduction Italienne des Mémoires de l'Abbé de Montgon, III, 31153.

FERRAIGE, Jacques, Docteur en Théologie.
Vie de Marguerite d'Arbouze, I, 14799.

FERRAND, Jean, Jésuite.
Le Bonheur de la Ville d'Aix, II, 26388.
Epinicion pro Liliis, 27051.
Epinicion secundum, *Id.*

FERRAND, Louis, Avocat.
Noctes Paludanæ, IV, S. 7389.*
Synopsis Annalium Regum Franciæ, IV, *Suppl.* 15640.*

FERRAND, Henri, Médecin.
Inscriptiones ad res notabiles spectantes, IV, *Suppl.* 45644.*

FERRAND de Monthelon (M.), Peintre.
Mémoire sur l'Etablissement de l'Ecole des Arts de Reims, IV, S. 34257.**

FERRANDE : *voyez* Garcie.

FERRANT de Launoy (M.),
Lettres, III, 30052.

de FERRAR (M.), Conseiller de la Cour des Comptes de Montpellier.
Traduction de la Jerusalem délivrée du Tasse, IV, S. 16602.*

FERRARE, Claude.
De bello Batavico, II, 23987.

de FERRARE : *voyez* d'Est.

FERRARY (M.), Avocat.
Mémoire justificatif des Jésuites, I, 14380.

FERRAULT, Jean.
Topographie du Duché de Bourbonnois, I, 2192; III, 37481.
Insignia peculiaria Christianissimi Francorum regni, II, 26794 & 26884.
Tractatus Jura regni Franciæ continens, 26884 & 85; IV, S.

FERRERO, Charles-Hyacinthe, Jésuite.
Traduction Italienne de la Vie de Jean-François Regis, I, 14127.

FERRET, Hippolyte, Curé de S. Nicolas-du-Chardonet.
Histoire du Vicariat de Pontoise, I, 9809.

FERRET, Laurent.
Oratio super restitutâ Delphini valetudine, II, 25744.

FERRI, Paul, Ministre Calviniste.
Remarques sur la Vie de S. Livier, I, 4544.
Réponse à l'Histoire de l'Hérésie dans Metz, 5972.
Histoire de la Ville de Metz, III, 58789.

FERRIER, Antoine.
Epitaphium de morte Henrici II, II, 17737.

FERRIER, Augier, Médecin.
Avertissement à Jean Bodin, II, 27115.

FERRIER, Jérémie, Ministre Calviniste.
Réponse au Manifeste du Sieur de Soubise, I, 5954; II, 21359.

Le Catholique d'Etat, II, 28652.

FERRIER, Jean, Jésuite.
Relation de ce qui s'est fait dans l'Affaire des Jansénistes, I, 5603.
Réflexion sur cette Relation, *Id.*

FERRIER, Louis, Poëte.
Anne de Bretagne, Tragédie, II, 25076.

du FERRIER, Arnoul, Maître des Requêtes.
Ambassade, III, 30154, IV, S.
Lettres, 30465.

du FERRIER (M.).
Examen de l'Apologie pour les Jésuites, IV, 44663.

du FERRIER, ou du Ferron : *voyez* du Ferron.
du FERRIER : *voyez* Berthelot.

de FERRIERE, Claude, Avocat.
Catalogue des Lieux dépendans du Ressort de la Prévôté & Vicomté de Paris, I, 2246.
Recueil des Edits & Ordonnances des Rois de France, II, 27630.
Traité des Fiefs, III, 39940.

de FERRIERE, Joseph.
Vie de plusieurs Jurisconsultes, IV, 45808; V, *Add.*
Vie de Jacques Baudin, 45829.
—de Barthélemi-Joseph Bretonnier, 45844.
—de Pierre-Jacques Brillon, 45845.
—de Jean Doujat, 45877.
—de Matthieu Terrasson, 46006.

de la FERRIERE (M.), Chanoine de Nismes.
Abrégé de l'Histoire de Nismes, III, 37852.

FERRIÈS : *voyez* de Faure.
FERRIS : *voyez* Mattane.

du FERRON, Arnoul, Conseiller au Parlement de Bordeaux.
Continuation de l'Histoire des Rois de France, de du Haillan, II, 15684.
Continuatio operis Pauli Emilii, 15690; IV, S.

du FERRON, Remi.
Vita Cardinalis Richelii, II, 28669; III, 32479.

le FERRON, Louis.
Henriæs, II, 20030.

FERRY, André, Minime.
Mémoire sur l'Etablissement des Fontaines dans Amiens, III, 34164.
Dissertation sur le Projet de donner des eaux à la Ville de Reims, 34257.
Plan des Ecoles de Mathématiques & de Dessin, IV, S. 34257.*
Mémoire sur les Fontaines de Dôle, III, 38427.

la FERTÉ : *voyez* Marc.

FESCHIUS, Sébastien.
De Insignibus & eorum Jure, III, 39993.

FESSART (M.), Avocat.
Mémoire sur l'Affaire de Sorbonne, IV, 44833.

FÉTIZON, Paul, Ministre Calviniste.
Apologie pour les Réformés, I, 6040.

FEUARDENT, François, Cordelier.
Vita S. Irenæi, I, 8875.
Histoire de l'Abbaye du Mont-S.-Michel, I, 12214.

de FEUCY, Jean, Abbé du Mont-S.-Eloy.
Chronique des Comtes de Flandre, III, 39334.

FEUDRIX de Bréquigny, L. Georges-Oudard, Académicien.
Notitia Legum Codicis Theodosiani ad Gallias spectantium, IV, S. 27585.*
Ordonnances des Rois de France, II, 27659.
Table Chronologique des Diplômes concernant l'Histoire de France, IV, S. 29499; V, *Add.* 29499.*
Histoire des Révolutions de Gènes, III, *note avant le* N.ª 39819.

de FEUGA, Jean-Jacques, Médecin.
Vie de S. Léon de Rouen & de Bayonne, I, 9872.

de la FEUILLADE : *voyez* d'Aubusson.
de la FEUILLE, Claude.
Vita Joannis Fidis Vallantii, II, 46942.
FEUILLÉE, Louis, Minime.
Description des Plantes de l'Amérique, I, 3311.
FEUILLET, Nicolas, Chanoine de S. Cloud.
Histoire de la Conversion de M. Chanteau, I, 4743 ;
III, 33812.
Récit de la mort de la Duchesse d'Orléans, & son
Oraison funèbre, II, 25661.
de FEUQUEROLLES.
Tablettes Historiques & Chronologiques, II,
15838.
de FEUQUIERES : *voyez* du Pas.
FÉVAL, Laurent.
Institution de la Confrérie Royale de N. D. de
Bonne-Délivrance, I, 4107.
le FÉVRE, Jean, Evêque de Chartres.
Diarium historicum, II, 17093.
Le même Journal en François, *là* ; III, 38062 &
39426.
Chronique de Hainaut, III, 39425.
le FÉVRE, Gilles, Carme.
Historia Brabantiæ, III, 39485.
le FÉVRE, Jean, Prêtre.
Les Antiquités des Gaules, I, 3812.
le FÉVRE, Jacques.
Panegyricus ad Henricum III; II, 18308.
le FÉVRE, Marin.
Traduction du Dialogue sur deux Fontaines de la
Forêt d'Ardenne, I, 2928.
le FÉVRE, Pierre, Maître des Requêtes.
Responsio ad Petrum Carpentarium, II, 18326.
le FÉVRE, Adrien, Chanoine d'Arras.
Oratio in funere Joannis de Vernois, I, 8640.
le FÉVRE, Nicolas, Précepteur de Louis XIII.
Præfatio in Historiam Concilii Tridentini, II,
19872.
le FÉVRE, Isaac.
Nombre des Eglises de Lyon, I, 5389.
le FEVRE, Charles, Oratorien.
Planctus in mortem Eustachii Gault, I, 8053.
le FÉVRE, Nicolas, Dominicain.
Institutio Conventûs Carnutensis Fratrum Prædicatorum, I, 13750.
Discours de l'Assemblée du Chapitre Provincial
célébré à Chartres, 13751.
le FÉVRE, Henri, Curé de S. Livier de Metz.
Dissertation sur la Vie de S. Livier, I, 4545.
Mémoires sur les Evêques de Metz, IV, *Suppl.*
10548.*
le FÉVRE, Hyacinthe.
Histoire de la Province des Récollects de Paris, I,
13901.
le FÉVRE, Jacques, Prévôt & Théologal d'Arras.
Traduction d'anciens Mémoires du XIVᵉ Siècle,
III, 31417.
le FÉVRE, Jacques, Docteur en Théologie.
Recueils concernant les Protestans, I, 6181.
le FÉVRE (M.), Chanoine Genovéfain.
Lettres sur la Capitalité de Troyes, III, 34303.
le FÉVRE (M.).
Eloge de M. de Montesquieu, III, 33136.
le FÉVRE, Antoine-Martial, Prêtre.
Description des Curiosités des Eglises de Paris, I,
5150.
Calendrier de l'Eglise de Paris, 5167.
La nouvelle Athènes, III, 34535.
Les Muses en France, IV, 44575.
le FÉVRE, Justin : *c'est, dit-on*, M. de Hontheim, I,
7319; IV, S. *voyez* de Hontheim.
le FÉVRE (Dom), Bénédictin.
Ode sur l'Histoire Naturelle d'Auvergne, I, 2393.
le FÉVRE : *voyez* Chantereau.

le FÉVRE de la Barre.
Description de la France Equinoctiale, III, 39779.
Journal de son Voyage, *là*, & II, 23910.
le FÉVRE de la Boderie, Guy, Poëte.
La Galliade, IV, 44567.
le FÉVRE de la Boderie, Antoine, Maître d'Hôtel du
Roi, frere du précédent.
Lettres, III, 30381 & 30466.
Ambassades, 30382 & 30401.
le FÉVRE de Caumartin, Louis, Garde des Sceaux de
France.
Conférences, III, 30339.
Lettres, 30362.
le FÉVRE de Caumartin, Jacques, Conseiller d'Etat,
fils du précédent.
Lettres, III, 30789.
le FÉVRE de Caumartin, François, Général des Finances, oncle du précédent.
Lettres, III, 30809 & 10.
le FÉVRE d'Eaubonne, Pierre-Gervais, Chanoine de
l'Eglise de Paris.
La Constitution *Unigenitus* déférée à l'Eglise uni-
verselle, I, 5654.
le FÉVRE de Fontenay, (M.).
Journal du Voyage de l'Ambassadeur de Perse, II,
24484.
— de la maladie & mort de Louis XIV, 24487.
Mercure de France, II, 24801 : *quelques Volumes*.
le FÉVRE, Thomas, Sieur du Grand-Hamel.
Discours de la Navigation & du Commerce, II,
28185.
le FÉVRE de Lézeau, Nicolas, Conseiller d'Etat.
Histoire de l'Hérésie en France, I, 5780.
De la Religion Catholique en France, II, 19547.
Vie de Jean de Morvilliers, III, 31505.
Histoire de Michel de Marillac, 31528.
Recueil de Pièces concernant les Conseils du Roi,
III, 32403.
le FÉVRE d'Ormesson, André, Conseiller d'Etat.
Du Conseil du Roi, III, 32404.
Son Journal dans l'Affaire de M. Fouquet, IV,
S. 32584.*
le FÉVRE d'Ormesson, Nicolas, Minime, fils du pré-
cédent.
La France ressuscitée, II, 23839.
le FÉVRE d'Ormesson, Olivier, Maître des Requêtes,
frere du précédent.
Journal de la Chambre de Justice, II, 28056.
le FÉVRE de la Planche (M.), Avocat du Roi.
Traité du Domaine, II, 27692.
le FÉVRE de Saint-Hilaire (M.), Conseiller au Parle-
ment de Paris.
Recueil touchant l'Annexe, I, 7322.
le FÉVRE de Saint-Marc, Charles-Hugues.
Vie de Nicolas Pavillon, I, 9250.
Eloge de Claude Capperonnier, 11027.
Supplément au Nécrologe de l'Abbaye de Port-
Royal, 15128.
Mémoire sur la Dignité de Patrice, II, 16224.
Abrégé Chronologique de l'Histoire d'Italie,
16454.
Vie du Marquis de Feuquieres, III, 32700.
Remarques sur l'Histoire d'Angleterre de Toyras,
35185.
Vie de Philippe Hecquet, IV, 46171.
Additions au Bolæana, 47326.
Mémoire sur la Vie de Chapelle, 47359.
le FÉVRE de Saint-Remy, Jean, Chancelier de Phi-
lippe-le-Bon, Duc de Bourgogne.
Histoire de Charles VI ; II, 17129 & 41.
FÉVRET, Charles, Secrétaire du Roi.
Traité de l'Abus, I, 7482 & 84.
Harangue au Roi, au nom de la Ville de Dijon,
II, 21618.

Discours sur la présentation des Lettres du Gouvernement de Bourgogne, en faveur de Henri de Bourbon, Prince de Condé, IV, S. 25806.*
Discours semblable pour Louis de Bourbon, Prince de Condé, fils du précédent, II, 25823.
Carmen de vita sua, III, 33088.
Relation de la sédition de Dijon, 36993.
De claris Fori Burgundici Oratoribus, IV, 45810.
FÉVRET, Claudine, Abbesse des Bernardines de Dijon.
Journal des Saints de l'Ordre de Citeaux, I, 12989.
FÉVRET, Nicolas-Bénigne, Seigneur de Daix.
Minutes du Gouvernement de Bourgogne, III, 35827.
FÉVRET de Fontette, Charles-Marie, Conseiller au Parlement de Dijon.
Comptes rendus des établissemens & de la doctrine des Jésuites, I, 14535.
Suite Chronologique des Rois de France, IV, S. 15900.* Elle est à la tête du Tome II.
FEYDEAU, Matthieu, Prêtre.
Mémoires sur sa Vie, IV, S. 11121.*
FEYDEAU de Brou, Henri, Evêque d'Amiens.
Statuts Synodaux, I, 6324.
FEYRABEND, Christophe.
Traduction Allemande des Commentaires de César, I, 3882.
FEYRABEND, Sigismond.
Annales rerum Belgicarum, III, 39298; IV, S. 39315.*
de FIBROIS, Noël.
Chronique, II, 16991.
FICHET, Alexandre, Jésuite.
Le Triomphe du Saint Siège, I, 7254.
Vie de la Mere de Chantal, 15271.
FICKLER, Jean-Baptiste, Jurisconsulte.
De Jure Magistratuum & Officio Subditorum, II, 27119.
FICRE : voyez Goujon.
FIDELE de Pau (le Pere), Capucin.
Oraison funèbre de M. le Dauphin (fils de Louis XV), II, 25747.
FIDELE de Saluces (le Pere), Capucin.
Histoire des Missions des Capucins de Savoie, IV, S. 5993.*
FIDENCE, F.
Hierosolymita, II, 16610.
du FIEF, Nicolas.
Series Episcoporum Tornacensium, I, 8610.
Bibliotheca Tornacensis, IV, 45755.
de FIESBRUN (le Sieur).
Discours pour M. le Prince de Condé, II, 25812.
de FIESQUE, Scipion, Comte.
Lettres, III, 30127.
de FIESQUE, Charles-Léon, Comte.
Remontrance de la Noblesse, II, 27544.
de FIESQUE, Jean-Louis, Comte, fils du précédent.
Requête & Mémoire, II, 24165.
de FIEUX, Jacques, Evêque de Toul.
Statuts Synodaux, I, 6779 & 80.
de FIEUX, Charles, Chevalier de Mouhi.
Le Financier, II, 28118.
Mémoire de M. le Marquis de Fieux, III, 31940.
du FIGON, Charles, Maître des Comptes.
Traité des Offices & Dignités, III, 31190.
FIGUEIRO, Vasco, Gentilhomme Portugais.
Avertissement aux Rebelles François, II, 19353.
FIGUIER, E. G. Prébendier de Montauban.
Carte de l'Evêché de Montauban, I, 1096.
de FIGUIERE.
Récit de la Vie de M. de S.-Chamond, III, 32057.

FILESAC (M.), Chirurgien.
Traduction d'une Thèse sur les Eaux de Forges, I, 3060.
Traduction des Lettres sur les Eaux de Sainte-Reine, 3209.
FILESAC, Jean, Docteur en Théologie.
De Gallorum & Germanorum moribus, I, 3781.
De Sacrilegio Laico, 7422, IV, S.
Regia Majestas sacrosancta, 14340.
Statuta Facultatis Theologicæ Parisiensis, IV, 44818.
Sorbona instaurata, 44827.
FILLASTRE, Guillaume, Evêque de Tournay.
Exemples de la magnanimité des Rois de France, II, 26965.
Oratio ad Pium II, nomine Ducis Burgundiæ, III, 36098.
La Toison d'or, 40410, IV, S.
FILLASTRE, Guillaume, Bénédictin.
Défense de l'Abbaye de Fescan, I, 11916; IV, Suppl.
Réponse aux raisons de l'Archevêque de Rouen, I, 11917; IV, S.
FILLEAU, Jean, Avocat du Roi.
Tittes des Eglises de Sainte Radegonde, &c. I, 5504.
Relation Juridique touchant la Doctr. Jansénistes, 5593.
Recueil des Arrêts rendus touchant la Religion prétendue réformée, 6175.
Traité des Droits, &c. des Eglises Cathédrales, 7837.
Preuves des Litanies de Sainte Radegonde, II, 15014; IV, S.
Recueil des Réglemens concernant les Offices de France, III, 31195.
De Comitibus Consistorianis, 32713.
Traité de l'Université de Poitiers, 35736; IV, 45239.
FILLEAU de la Chaize.
Histoire de Philippe Auguste, II, 16775.
Vie de S. Louis, 16879.
FILLIAS de Fontbouillant.
Carte des Rivières d'Ardon & d'Elette, I, 733.
FILLION de Chevigneu (M.), Lieutenant des Gardes du Roi de Pologne.
Journal du séjour de Mesdames de France à Lunéville, IV, S. 2375.*
Relation du second Voyage de Mesdames en Lorraine, Id.
FILSAC : voyez Filesac.
FILSJEAN, Etienne.
Mémoire sur la Seigneurie de Montbard, II, 27891.
—sur la Seigneurie de Noyers, 27901.
FILTZ-MORITZ.
Lettres sur les Affaires du Temps, II, 24557.
FINÉ, Oronce, Mathématicien.
Galliæ descriptio (Carte), I, 543.
FINÉ de Brianville, Claude-Oronce, Abbé de Saint Benoît de Quincé.
Projet de l'Histoire de France en Tableaux, II, 15627.
Abrégé de l'Histoire de France, 15821.
Traduction des Lettres de Bongars, III, 30308.
FION.
Plan de la Ville de Beaune, IV, S. 1384.*
FIRENS, Pierre.
Le Blazon des Armes de la Maison Royale de Bourbon, II, 27040.
FIRMIAN, Pierre : nom sous lequel s'est déguisé le Pere Zacharie de Lisieux, Capucin, II, 15466 : voyez Zacharie.

FIRMIN, Evêque.
Vita S. Cæsarii Arelatensis Episcopi, I, 8006.
FIRMIN, Claude, Célestin.
De Vitis illustribus Ordinis Cœlestinorum, I, 13207.
FISEN, Barthélemi, Jésuite.
Flores Ecclesiæ Leodiensis, I, 4266.
De beata Juliana, 15051.
la FITTE, Solon.
Carte du Béarn, I, 1379.
de FITZ-JAMES, François, Duc, Evêque de Soissons.
Avis sur les Jésuites, I, 14665.
Mandement sur l'assassinat du Roi, II, 24757.
FIZEN, Barthélemi, Jésuite.
Sancta Legia, I, 8719.
FLACCHIO.
Généalogie de la Maison de la Tour-Taxis, III, 44195.
FLACCUS Illyricus, Matthias : *voyez* Francowitz.
de FLACOURT, Etienne.
Histoire de l'Isle de Madagascar, III, 39799.
de FLACOURT, Guillaume, Curé de S. Eloy à Orléans.
Oraison funèbre du Cardinal de Coislin, III, 32266.
FLAMENG, Guillaume, Chanoine de Langres.
Vita S. Bernardi, I, 13050.
FLAMENT, Etienne.
Discours sur la Fontaine de Pougues, I, 3172.
de FLAMENVILLE : *voyez* Basan.
FLAMINIO, M. A.
De rebus in Gallia Belgica gestis, IV, S. 17620*, *par conjecture.*
FLAMINIUS, Jean-Antoine.
Vita Prosperi Aquitanici, I, 7882.
FLAVIEN, Amand : *nom sous lequel s'est caché* David Blondel, III, 30777 : *voyez* Blondel.
de FLAVIGNY : *voyez* Cothier.
de FLAVIN, Melchior, Cordelier.
Remontrance au Roi, II, 17879.
de la FLECHE (M.), Chanoine de Chartres.
Requête du Chapitre de Notre-Dame de Chartres, I, 9362.
FLÉCHIER, Esprit, Evêque de Nismes.
Relation des persécutions des Fanatiques du Vivarais, I, 6085.
Carmen de hibernâ Expeditione Ludovici XIV; II, 23936.
Oraison funèbre de Marie-Térèse d'Autriche, Reine, II, 25188.
—d'Anne Christine de Bavière, Dauphine, 25703.
Cursus Regius, 26445.
Oraison funèbre de Michel le Tellier, III, 31547.
—de Madame de Brezé, 31605.
—du Vicomte de Turenne, 31712.
—du Duc de Montausier, 32002.
—de Guillaume de Lamoignon, 32924.
Recueil des Antiquités de Languedoc, 37707.
Oraison funèbre de la Duchesse d'Aiguillon, IV, 47998.
—de la Duchesse de Montausier, 48132.
FLÉCHIER (Madame), Religieuse de Sainte Claire, sœur du précédent.
Relation des Observances des Religieuses de Sainte Claire, I, 15179.
de FLÉGNY : *voyez* Aubert.
la FLEICHE, François.
Les Noms & Blasons des Chevaliers de l'Ordre du S. Esprit, III, 40494.
de la FLÉMAS, Barthélemi, Sieur de Bauthor.
Le naturel du Mûrier, I, 3473.
La façon de semer la graine de Mûrier, 3474.
FLÉMING, Laurent.
Dissertatio de Trajectu Julii Cæsaris in Britanniam, I, 302.

FLESSARD, C.
Regrets sur la mort d'Antoine d'Hostun, III, 31958.
la FLEUR : *faux nom d'un inconnu.*
Lettre au Sieur de l'Espine, II, 22694.
FLEURAC (M.), Ambassadeur.
Lettres, III, 30453.
de FLEURANCE : *voyez* du Rivault.
de FLEURANGES : *voyez* de la Marck.
de FLEURBELLE, Antoine.
Vita Jacobi Sadoleti, Cardinalis, I, 8140.
FLEUREAU, Basile, Barnabite.
Histoire de l'Abbaye de Morigny, I, 12230.
Les Antiquités d'Estampes, III, 35557.
FLEURIAU, Gaston, Evêque d'Orléans.
Ordonnances &, Réglemens Synodaux, I, 6374.
FLEURIAU, Bertrand-Gabriel, Jésuite.
Vie du P. Claver, I, 14065.
FLEURIAU, Jean-François, Jésuite.
Poëme Latin sur la Convalescence de M. le Dauphin (fils de Louis XV), II, 25741.
FLEURIMONT.
Médailles du Règne de Louis XV; II, 24687.
FLEURY, Antoine.
Réponse à un écrit de l'Amiral (de Coligny), II, 18042.
FLEURY (M.), Ambassadeur.
Lettres, III, 30453.
FLEURY.
Mémoire pour la Voierie, III, 34043.
FLEURY, Nicolas, Jésuite.
Vie de S. François de Sales, I, 10783.
FLEURY, Claude, Prieur d'Argenteuil.
Histoire Ecclésiastique, I, 4909.
Institution au Droit Ecclésiastique, 6961.
Mémoire touchant les Libertés de l'Eglise Gallicane, 7029.
Discours sur les Libertés de l'Eglise Gallicane, 7030.
Mémoire sur la manière de procéder contre les Bulles des Papes, IV, S. 7255.*
—sur les Différends du Pape Boniface VIII; IV, S. 7309.*
—sur les Différends du Pape Jules II, *là.*
—sur l'autorité du Pape, *là.*
—sur les Différends du Pape Innocent XI, *là.*
Traité des Légats *à latere*; IV, S. 7358.**
Autre écrit sur le même sujet, *là.*
Mémoire sur cette Question, Que faire si le Pape, &c. IV, S. 7370.**
Correction d'un Abrégé historique des Tribunaux de Rome, IV, S. 7650.*
Vie de Marguerite d'Arbouze, I, 14801.
Mémoire sur l'affaire des Filles de l'Enfance, IV, S. 15154.*
Portrait de M. le Dauphin (petit-fils de Louis XIV); II, 25721.
Vie du Prince de Conti, IV, S. 25856.*
Droit public de France, II, 27175.
Histoire du Droit François, II, 27580.
Etudes des Francs, IV, 44551.
FLEURY, Charles, Jésuite.
Histoire du Cardinal de Tournon, I, 8951; III, 32464.
FLEURY-Ternal, Charles, Jésuite, *peut-être le même.*
Vie de S. Bernard de Vienne, I, 10721.
FLEURY, Jean-Baptiste, Chanoine de Besançon.
Almanach de Franche-Comté, III, 38373.
FLEURY de Fremicourt.
L'Illustre Compiègne, II, 17002.
de FLEURY : *voyez* Joly.
FLEURELOT de Beneuvre.
Lettre au sujet de la Sédition de Dijon, III, 36994.
FLODOARD *ou* Frodoart, Chanoine de Reims.
Historia Ecclesiæ Remensis, I, 9490, II, 16213; 16349, 16409, 16491.

Table des Auteurs.

Translationes S. Remigii, I, 9517.
Annales, II, 16496.
de FLOGNY : *voyez* Boucher.
FLOQUET, Jacques-André, Ingénieur hydraulique.
Avis sur le Canal de Provence, I, 969.
Analyse de ce Canal, 970.
Devis pour ce Canal, 973.
Trois autres Pièces intitulées, Canal de Provence, 974, 975, 976; IV, S.
FLORENCE, Prêtre de Trois-Châteaux.
Vita sanctæ Rusticulæ, I, 14732.
FLORENCE de Pontarlier (le Pere), Capucin.
Mémoire pour servir à l'Histoire naturelle de Franche-Comté, I, 2415.
FLORENT, Abbé.
Vita S. Judoci in Pontivo, I, 13338.
FLORENT, Moine de Worcestre.
Chronicon, III, 35004.
FLORENT, François, Jurisconsulte.
Discours au sujet de la Régale, I, 7587.
Dissertatio de antiquo statu Religiosorum Ordinum, 11560.
Traité de l'Office de Chancelier, III, 31475.
FLORENTIN, Augustin.
Historiæ Camaldunenses, I, 13265.
FLORES de Benavides, Antoine.
Traduction Espagnole de l'Histoire de Guichardin, II, 17547.
FLORET, Sébastien.
Journal, III, 38777.
FLORIN, J. Mar.
De Campo Francorum Madio, II, 15525.
FLORIOT, C.
Abrégé Chronologique des Ordres Militaires, III, 40265.
FLORIUS, François.
Epistola de commendatione urbis Turonicæ, III, 35659.
FLORUS, Diacre de Lyon.
Querela de divisione Imperii, II, 16377.
FLORUS, Julius.
Chronicon, II, 16661.
FORUS, Georges, Jurisconsulte.
De expeditione Caroli VIII; II, 17395.
De Bello Italico, 17455.
FLORY, Jean, Chirurgien.
Récit des réjouissances faites à Dijon, pour la naissance du Duc de Bourgogne, II, 26471.
FLOTILLE, Religieuse.
Somnia seu Visiones, II, 16491.
de la FLOTTE.
Journal d'un Voyage fait aux Indes, III, 39813.
de FLOTTES, Pierre, *dit* de S. Bernard.
Oraison funèbre de S. François de Sales, IV, S. 10769.*
Autre pour l'anniversaire du même, I, 10770.
FLOY, Jean, Jésuite.
Innocentia Brunechildis, II, 25025.
de FLURANCE : *voyez* du Rivault.
de FOCHOAN : *voyez* de Pontaymeri.
FODERÉ, Jacques, Franciscain.
Narration des Couvens de l'Ordre de S. François de la Province de S. Bonaventure, I, 13855; IV, S.
de FOIGNY, Jacques.
Vie d'Ermine, I, 4793.
de FOIGNY, Jean, Libraire.
Le Sacre du Roi de France, II, 25960.
Traduction d'une Oraison funèbre de François de Lorraine, III, 32298.
de FOIX, Gaston-Phœbus, Comte.
Traité de la Chasse des Bêtes sauvages, I, 3579.
de FOIX, Odet, Seigneur de Lautrec.
Lettres, III, 29916.
de FOIX, Jacques, Evêque de Lescar.
Constitutiones Diœcesis suæ, I, 6541.

de FOIX, Paul, Archevêque de Toulouse.
Lettres, III, 30204 & 5.
de FOIX (M.), Ambassadeur.
Lettres, III, 30465.
de FOIX (l'Abbé), Chanoine de Meaux.
Traduction des Lettres de Busbec, III, 30217.
FOKKENS, Melchior.
Description de la Ville d'Amsterdam, III, 39607.
FOLARD (le Chevalier).
Observations sur la marche d'Annibal dans les Gaules, I, 168.
—sur les batailles de Cassano, &c. II, 24467.
FOLARD (le Pere), Jésuite.
Oraison funèbre du Maréchal de Villars, III, 31729.
—de Cardin le Bret, 32473.
FOLCARD, Moine de S. Bertin.
Vita S. Bertini, I, 12369.
FOLCUIN, Abbé de Lobbes.
Vita S. Folcuini Teruanensis, I, 9775.
Gesta Abbatum Laubiensis Monasterii, 12047; II, 16511.
Chronica S. Bertini, 12361; IV, S.
de FOLLEVILLE : *voyez* Navet.
FOMERI (M.).
Lettre sur un saint Clou (de la Croix de N. S.), IV, S. 5544.*
FONBONNE (M.), Chanoine.
Avis à MM. les Religionaires de France, I, 6266.
de FONCEMAGNE, Laurent-Etienne, Académicien.
Observations sur la Notice des Gaules de M. de Valois, I, 435.
Mémoire sur l'étendue du Royaume de France dans la premiere Race, 457.
—sur le Partage du Royaume de France dans la premiere Race, 458, II, 28557.
Remarque sur une nouvelle explication des mots *Austria* & *Neustria*, 459.
Observations sur les Actes des Evêques du Mans, 10336.
—sur l'Auteur de la Vie de S. Yriez, 12864.
Examen d'une Tradition touchant Charlemagne, II, 16204.
Réfutation d'une opinion singulière sur le Roi Louis VII, 16684.
Eclaircissemens sur Charles VIII; 17357.
Observations sur deux Ouvrages concernant le Règne de Charles VIII; 17368.
—sur le Règne de Charles VIII; 17401.
Examen des différentes opinions sur l'origine de la Maison de France, 24947.
De l'origine des Armoiries, 27060; III, 39988.
Examen d'une opinion sur l'ancien Gouvernement de France, 27160.
Mémoires pour établir que le Royaume de France a été successif dans la premiere Race, 28556.
Mémoire où l'on examine si les Filles ont été exclues de la succession au Royaume, &c. 28558.
Lettre sur le Testament Politique du Cardinal de Richelieu, III, 32431 & 36.
Dissertation sur le Royaume d'Yvetot, III, 35264; IV, S.
Observations concernant la Ville de Cherbourg, 35341.
Vues sur les Tournois, 40231.
Histoire de l'Académie des Inscriptions, *quelques volumes*; IV, 45509.
Examen de l'opinion de M. Maittaire, &c. 47959.
de la FONS, Jacques.
Discours sur la mort de Henri-le-Grand, II, 19981.
de la FONS, Claude, Avocat.
Indice des Villes ressortissantes au Bailliage de Vermandois, I, 2269.

Histoire de S. Quentin, Apôtre du Vermandois, 4624.
Raretés de la Ville de Saint-Quentin, 5495.
Origine & progrès de l'Abbaye d'Origny, 14922.
Histoire de la Ville de Saint-Quentin, III, 34178.
FONSECA, Joseph-Marie, Franciscain.
Annales Minorum, V, *Add.* 13852.*
FONT, Joseph.
Catalana Justicia, II, 22038.
la FONT.
Carte de l'Archevêché de Narbonne, I, 1103.
de la FONT.
Remerciement des Habitans de la Ville de Paris au Roi, II, 24723.
de la FONT de Saint-Yenne.
L'Ombre du Grand Colbert, II, 24732, 26991; III, 32589; IV, S. 24732.
FONTAINE, Simon, Franciscain.
Histoire Catholique & Ecclésiastique de son temps, I, 5768.
FONTAINE, Charles.
Salutation à Charles IX; II, 26137.
Ordre de l'antiquité de Lyon, III, 37339.
FONTAINE, Jacques, Médecin.
Discours sur les bains de Gréoux, I, 3075.
FONTAINE, François.
Réponse aux demandes touchant la Hiérarchie, I, 7456.
FONTAINE, Jean.
Vie de S. Loup de Lyon, I, 8910.
FONTAINE, Nicolas.
Mémoire pour servir à l'Histoire de Port-Royal, I, 10866 & 15129.
Anecdotes sur M. de Sacy, 11427.
FONTAINE, Jacques, *dit* de la Roche, Curé du Diocèse de Tours.
Nouvelles Ecclésiastiques, I, 5652. *Il y a travaillé plusieurs années.*
FONTAINE (M.).
Eloge de Jean-Baptiste Deshays, IV, 47870.
FONTAINE de S. Marcel, Louis : *nom sous lequel s'est caché le Pere Zacharie de Lisieux*, I, 5599 : *voyez* Zacharie.
de FONTAINE de la Boissiere, Joseph.
Oraison funèbre de Françoise Molé, I, 15071.
de FONTAINE-Martel, René, Marquis d'Arcy.
Négociations, III, 31062 & 31089.
de la FONTAINE : *voyez* Natey.
de la FONTAINE, Louis, *dit* Wicart, Seigneur de Salmonsart.
Recueil des Antiquités de Valenciennes, III, 39057.
de la FONTAINE (M.), Ambassadeur.
Lettres & Mémoires, III, 30161.
de la FONTAINE, Jean.
Comparaison d'Alexandre, de César & de M. le Prince, II, 25838.
de la FONTAINE, Jean-Baptiste : *sous le nom duquel Gatien de Courtilz a publié des Mémoires*, II, 24370 : *voyez* de Courtilz.
de FONTAINES, Pierre.
Traité de l'ancienne Jurisprudence des François, II, 15515 & 16850.
de FONTAINES (le Chevalier).
Lettre sur la Fondation du Chapitre de Longpré, I, 5482.
des FONTAINES (l'Abbé) : *voyez* Guyot.
des FONTAINES (le Sieur) : *nom sous lequel s'est couvert* l'Abbé de Cerisiers, III, 33084 : *voyez* de Cerisiers.
des FONTAINES des Huyots.
Histoire des Reines Jeanne I & II de Naples & de Sicile, II, 25415; IV, S.
FONTANIER : *voyez* Pellisson.
de FONTANIEU, Gaspard-Moyse, Conseiller d'Etat.
Table de son Recueil, II, 15948. *Elle est à la fin du* Tome IV *de cette Bibliothèque*, Part. II, p. 3.

Recueil de Titres, &c. concernant l'Histoire de France, II, 15999.
Histoire de Charles VII; II, 17187.
—de Charles VIII; 17405.
Journal de la Guerre d'Italie, 24615.
Traités des Reines de France, 24995.
Traité des Régences, 27330.
Droits du Roi sur les Pays étrangers, 28756.
Mémoire sur le Cartulaire du Dauphiné, III, 29644.
Dissertation sur l'Office de Chancelier & sur les Magistratures, 32796.
Histoire du Dauphiné, avec ses Preuves, & différens Mémoires, 37960.
FONTANINI, Juste, Professeur d'Eloquence à Rome.
Vindiciæ antiquorum Diplomatum, III, 29464.
FONTANON, Antoine, Avocat.
Les Edits & Ordonnances des Rois de France, II, 27628.
FONTANUS, Jacques.
De bello Rhodio, III, 40311.
de FONT-BOUILLANT : *voyez* Fillias.
de FONTENAILLES : *voyez* Sauvage.
FONTENAY, Claude, Jésuite.
Histoire de l'Eglise Gallicane, Tomes IX—XI; I, 3956.
Eloge de Jacques Longueval, 14191.
de FONTENAY : *voyez* le Févre.
de FONTENAY-Mareuil : *voyez* Duval.
FONTENEAU, Léonard, Bénédictin.
Collection de Diplômes, &c. concernant le Poitou, &c. IV, S. 39716.*
de FONTENEIL.
Histoire des mouvemens de Bourdeaux, II, 13375; IV, S. 37551.*
de FONTENELLES : *voyez* le Bovyer.
de FONTENETTES : *voyez* Savary.
de FONTENU, Louis-François, Académicien.
Dissertation sur quelques Camps de César, I, 79.
Réflexions sur le Loiret, 737 & 871.
Description de l'ancien Aqueduc de Coutances, III, 35338.
de FONTENY, Jacques.
Antiquités des Villes de France, I, 2104.
Description des Chanceliers, III, 31477.
de FONTETTE : *voyez* Févret & d'Orceau.
de FONTRAILLES (M.).
Relation des Choses de la Cour, II, 21973.
Lettres, III, 30814.
FOPPENS, Jean-François, Chanoine de Malines.
Historia Episcopatûs Sylvæducensis, I, 9064.
Diplomata Belgica, I, 5088; III, 39319.
Bibliotheca Belgica, IV, 45694.
FORBERGER, Georges.
Traduction Allemande de l'Histoire de Guichardin, II, 17547.
de FORBIN, Claude, Comte.
Mémoires, II, 24451.
de FORBIN de Janson, Toussaints, Evêque de Marseille, puis de Beauvais, Cardinal.
Statuts & Ordonnances, I, 6402; IV, S. & I, 6599.
de FORBONNAIS : *voyez* Veron.
FORCADEL, Etienne, Jurisconsulte.
De Gallorum Imperio & Philosophiâ, I, 3790.
Polonia felix, II, 18291.
Valesiorum Franciæ Regum origo splendida, II, 24957; IV, S.
De Francorum Regum Jure, &c. II, 26804.
Quòd Feminæ illustres, &c. 27340.
Tractatus de Feudis, III, 39908.
Le Montmorenci Gaulois, 43248.
FORCATULUS : *voyez l'article précédent.*
de la FORCE : *voyez* de Caumont & Piganiol.

de FORCOAL,

de FORCOAL, Jean, Evêque de Séés.
  Statuts Synodaux, I, 6713.
  Mémoire pour la défense de ses Droits, 9964.
  Inventaire de l'Evêque de Séés, 9965.
  Le Droit du Roi sur la Ville de Séés, III, 35327.
FOREST, Denys.
  Chronique de France, II, 15380.
FOREST (l'Abbé).
  Almanach de Languedoc, III, 37701.
FOREST de Bélidor, Bernard, Ingénieur.
  Le Bombardier François, III, 42152.
FOREST du Chesne, Nicolas.
  Mars vere Gallicus, II, 28723 & 30.
de la FOREST : voyez le Clerc, le Normand & Provensal.
de la FOREST, Floride : vraisemblablement faux nom.
  Recueil des Réponses faites au Soldat François, II, 19841.
de la FOREST Mouet de Bourgon, Jacques.
  Description de la France, I, 815.
de FORESTA de Colongue, Joseph-Ignace, Evêque d'Apt.
  Recueil de Mandemens, &c. I, 6336.
de FORESTEL : voyez Wauvrin.
FORESTIER, Guillaume.
  Vitæ quorumdam Abbatum Monasterii SS. Trinitatis, I, 12377.
FORESTIER, Pierre, Chanoine d'Avalon.
  Dissertation sur la naissance & le progrès de la Religion Chrétienne en France, I, 3969.
  Vies des Saints d'Autun, 4241 & 8961.
  —des Saints d'Auxerre, 4244.
  Fondation de l'Eglise Collégiale d'Avalon, 4977.
FORESTIER.
  Plan de Rennes, IV, S. 1844.*
le FORESTIER (M.), Curé de S. Jean de Mortagne.
  Discours sur la Capitale du Perche, III, 35527.
FORGEMONT, Joachim, Docteur en Théologie.
  Lettre à M. Richer, I, 7083.
FORGET, Germain, Avocat.
  Traité du Droit de Régale, I, 7603.
  Panégyric du chant d'alégresse, II, 18305.
FORGET, Louis.
  Vertus & triomphes de S. Louis, II, 16870.
FORGET (M.), Médecin du Duc de Lorraine.
  Mémoires de la Vie de Charles IV, Duc de Lorraine, III, 38898.
FORGET : voyez du Fresne.
FORMANOIR de Palteau.
  Observations sur l'Agriculture, IV, S. 3545.**
FORMENTIN (M.).
  Histoire des Comtes de Ponthieu, III, 34194.
FORMEY, Jean-Henri-Samuel, Académicien de Berlin.
  Eloge de David Ancillon, fils, I, 6133.
  —de Philippe Naudé, 6142.
  —de Philippe Forneret, 6146.
  Mémoire sur Isaac de Beausobre, 6147.
  Lettre sur la Vie de M. de Beausobre, 6149.
  Eloge de Paul-Emile Mauclerc, 6153.
  —d'Alphonse des Vignoles, 6154.
  Epitre Dédicatoire de la nouvelle édition du Dictionnaire étymologique, II, 15491.
  Principes du Droit de la Nature & des Gens, 19112.
  Histoire de la Succession de Berg & de Juliers, III, 39247.
  Eloge de Pierre Carita, IV, 46071.
  —de Pierre-Louis Moreau de Maupertuis, 46509.
  Mémoire sur Jacob le Duchat, 47070.
  Mémoires sur François Villon, 47706.
FORMIE, Pierre.
  Vita Samuelis Petiti, I, 5973.
FORNACIUS, Jacques.
  Ludovico XIII, Gratulatio, II, 20441.
  —sacrum Epithalamium, 20442.
Tome V.

FORNIER, Jean.
  Histoire de l'affliction de la Ville de Montauban, IV, S. 17888.*
FORNIER, Marcellin, Jésuite.
  Histoire des Alpes Maritimes, I, 8824.
FORNIER, Pierre-Paul, Avocat.
  Histoire Généalogique de la Maison de Guise, III, 42667.
FORNIER (M.), Sieur de Cléaux.
  Lettre sur la Généalogie du Cardinal de Richelieu, III, 43781.
FORNSTER, Christophe, Chancelier de Montbéliard.
  Discursus de nominibus Arginidæis, II, 19919.
  Epistolæ, III, 30754.
de FORQUEVAUX : voyez de Beccarie, de Pavie & de Rover.
FORT-LYS : voyez Questier.
du FORT, François, Avocat.
  Traduction de la Généalogie des Comtes de Provence, III, 38047.
  Plaidoyer pour Robert de Quiqueran, Sieur de Beaujeu, 38196.
le FORT de la Moriniere.
  Notices des principaux Poëtes François, IV, 47274.
FORTET, Pierre.
  Testamentum, IV, 45048.
FORTET (Dom), Bénédictin.
  Histoire de la Congrégation de S. Maur, I, 11630.
de FORTIA (M.), Sieur de Piderzay ou Tiderzay.
  Tombeau de S. François de Sales, IV, Suppl. 10784.*
  Eloge de la Mere de Chantal, IV, S. 15273.*
FORTIN, Thomas, Docteur en Théologie.
  Vie de Madame de Chevreul, I, 4817; IV, Suppl.
FORTIN de la Hoguette, Hardouin, Archevêque de Sens.
  Statuts Synodaux, I, 6738.
  Procès-verbal de l'Assemblée de 1675, 6890.
FORTUNAT, Vénance, Evêque de Poitiers.
  Vita S. Dionysii, Episcopi Parisiensis, I, 4012.
  —S. Amantii Ruthenensis, 7926.
  —S. Hilarii Pictaviensis, 8310.
  —S. Marcelli Parisiensis, 9288.
  —S. Germani Parisiensis, 9293.
  —S. Remigii Remensis, 9515 & 17.
  —S. Medardi Noviomensis, 9741 & 44.
  —S. Paterni Abrincensis, 9919.
  —S. Martini Turonensis, 10278.
  —S. Maurilii Andegavensis, 10378.
  —S. Albini Andegavensis, 10390.
  Carmina Historica, II, 16058; III, 29731 & 31349.
  Vita sanctæ Radegundis, II, 25008.
  Epistolæ, III, 29730.
de Fos, David.
  Entrée de la Reine à la Rochelle, II, 26389.
de Fos (le Sieur) : peut-être le même.
  Traité du Comté Castres, IV, S. 37792.*
du Fos, Julien.
  Défense de la Noblesse du Dauphiné, III, 37977.
FOSSARD, F. G. Franciscain.
  La Fondation de la Chapelle de Notre-Dame de Bonne-Délivrance, I, 4138; IV, S.
FOSSARD (le Sieur).
  Oraison funèbre du Marquis de Beuvron, III, 31877.
FOSSATI (l'Abbé).
  Memorie delle Guerre d'Italia, II, 21000.
de la FOSSE (l'Abbé).
  Remarques sur les Diablintes, I, 258.
de la FOSSE (le Sieur).
  Carte de France, I, 613.

Vvv

Carte de Bourgogne & Bresse, 1425.
—de Bretagne, 1440.
—de Franche-Comté, 1536.
—de Lorraine & Barrois, 1646.
—de Nivernois, 1698.
—d'Orléanois, 1730.
du Fossé : *voyez* Thomas.
des Fossez (le Marquis).
Récit véritable des pratiques du Duc de Rohan, IV, S......
du Fou : *voyez* du Pié.
la Foucaudière.
Miraculeux effets de l'Eglise Romaine, I, 4852.
Foucault, François, Médecin.
An in asthmate Aquæ Borbonienses, &c. I, 2996.
Foucault, Nicolas-Joseph, Conseiller d'Etat.
Découvertes des ruines de l'ancienne Ville des Viducassiens, I, 364.
Mémoires sur sa Vie, III, 32742.
Foucher de Chartres.
Gesta peregrinantium Francorum, II, 16637.
Foucher, Jean, Théologal de l'Eglise de Tours.
Oraison funèbre de Matthieu Ysoré d'Hervault, I, 10331.
de Foucheraine : *voyez* Rapine.
de Fouchery, Pierre, Chanoine de Limoges.
Commentaria historica, III, 37593.
de Fouchy : *voyez* Grandjean.
Fouet, Claude, Médecin.
Le Secret des Eaux de Vichy, I, 3274.
Nouveau Système des Eaux de Vichy, *Id.*
Fouet, Louis, Jurisconsulte.
Regia in matrimonium potestas, I, 7387.
Fougasses, Thomas.
La Généalogie de la Maison de Bourbon, II, 24977.
Fougeret de Montbron.
La Henriade travestie, II, 19559.
La Capitale des Gaules, III, 34536.
Fougeroux de Bondaroy, Augustin-Denys, Académicien.
Art de tirer des Carrières la pierre d'Ardoise, I, 2716.
Mémoire sur les brisans de la mer, IV, *Suppl.* 3660.*
Histoire d'un Insecte singulier, 3666.*
Fouillou, Jacques, Prêtre.
Edition des Lettres d'Antoine Arnauld avec des Notes, I, 5621.
Histoire du Jansénisme, 5626.
—du Cas de Conscience, 5628.
Relation de la Maladie & de la mort du P. Quesnel, 11380.
La calomnie portée aux derniers excès, 14389.
Mémoire sur la destruction de Port-Royal des Champs, 15120.
Avertissement sur les prétendues rétractations des Religieuses de Port-Royal, 15123.
du Fouilloux, Jacques, Gentilhomme.
La Vénerie, I, 3579.
du Fouilloux, Antoine, Médecin.
Discours sur l'origine des Fontaines, I, 3166.
Observations sur la Fontaine de Pougues, 3169.
Foulon, Louis, Secrétaire de l'Archevêque de Cambrai.
Epitome Vitæ Francisci vander Burch, I, 8577.
Foulon, Jean-Erard, Jésuite.
Vie de sainte Ode, I, 4610.
Vindiciæ Ecclesiæ Tungrensis, 8686.
Historiæ Leodiensis Compendium, 8720.
Historia Leodiensis, 8721; III, 39215.
Foulquart, Jean, Syndic des Habitans de Reims.
Inventaire de Pièces, concernant le Sacre des Rois, II, 25953.

Faits de la Ville de Reims, III, 34231.
Foulque.
Historia gestorum viæ Hierosolymitanæ, II, 16613.
Foulquier (M.), Principal du Collége de Béfiers.
Eloge de Jean Caillé, I, 11017.
—de Hyacinthe Astier, III, 33860.
Mémoire concernant le Collége de Béfiers, IV, 45341.
Fouquet, François, Archevêque de Narbonne.
Ordonnances, I, 6634.
Fouquet, Nicolas, Surintendant des Finances.
Requête contre le Chancelier Séguier, II, 28056.
Caractères des Officiers du Parlement de Paris, III, 32991.
Fouquet (l'Abbé), Agent du Clergé, depuis Archevêque d'Embrun.
Rapport des anciens Agens du Clergé, I, 6923.
Fouquet de Belle Isle, Charles-Louis-Auguste, Maréchal de France.
Lettres à M. de Contades, II, 24770.
Fouquet de Croissy (M.), Conseiller au Parlement de Paris.
Le Courier du temps, II, 23034.
Lettres, III, 30859.
du Four, Louis, Jésuite.
S. Leontius, Episcopus Forojuliensis, I, 7899.
du Four, Charles, Curé de S. Maclou.
Mémoire sur l'Ermitage de Caën, I, 5600; IV, S. 5431* & 5600.
du Four, Charles, Trésorier de l'Eglise Cathédrale de Rouen : *peut-être le même.*
Lettre sur Marie des Vallées, IV, 48201.
du Four de Longuerue, Louis, Abbé du Jars.
Description de la France, I, 8.
Mémoire sur la Généralité de Paris, IV, *Suppl.* 2241.*
Remarques sur la seconde Requête de l'Archevêque de Lyon, IV, S. 9806.*
De l'origine des François, II, 15443.
Introduction à l'Histoire de France, II, 15922; IV, S.
Chronologia (*sive* Annales) Regum Francorum, 15922 & 16162.
Annales de Charlemagne & de Louis-le-Débonnaire, 15922.
Disquisitio de annis Childerici I, 15923.
Epitaphes de la Reine Theodechilde, 25040.
Traité des Appanages, 25228.
Vie du Cardinal de Richelieu, III, 32526.
—du Cardinal Mazarin, 32562.
Remarques sur l'Inscription d'un Marbre trouvé à Thorigny, 35291.
du Four-Lévesque, Pierre : *nom d'un fou sous lequel s'est couvert un Auteur inconnu.*
Mémoire à ceux qui vont aux Etats, II, 18758.
de Fourbin, Gaspard, Seigneur de Soliers & de Saint-Cannat.
Mémoires pour servir à l'Histoire de Provence, III, 38103.
de Fourbin (le Bailli), Ambassadeur.
Ambassade, III, 30605.
Fourchier de Bois-Martin.
Histoire de la Ville de Bourges, III, 35807.
Fourcroy de Ramecourt (M.), Ingénieur du Roi.
De la Pierre de Chaux, IV, S. 2714.*
Observations sur les mouvemens des Marées, IV, S. 2832.*
de Fourcroy, Charles, Avocat.
Plaidoyer pour les Religieux François de l'Ordre de S. Dominique, I, 13744.
de Fourcroy, Antoine, Avocat.
Mémoire de MM. de S. Etienne de Dijon, III, 36460.

Table des Auteurs.

de Fourcroy (l'Abbé).
Eloge des Chartreux, I, 13231.
—de Dom Innocent le Maſſon, IV, S. 13248.*
Fourneau (M.), Recteur de l'Univerſité de Paris.
Mémoire ſur la réunion des petits Colléges, IV, 45101 & 8.
Fournier, Jean.
Traduction d'une Hiſtoire des Guerres de Religion, I, 5746; II, 16966; IV, S.
Fournier, Guillaume, Juriſconſulte.
Commentarius in Conſtitutionem de Feudis, III, 39899.
Fournier, André, Procureur du Roi.
Mémoires, III, 38092.
Fournier, Olivier, Dominicain.
Hiſtoria Conventuum S. Jacobi Rotomagenſis & Cadomenſis, I, 13754.
Fournier, F.
L'Echo Royal des Tuileries, II, 20551.
Fournier, Georges, Jéſuite.
Mémoires de la Marine, II, 15797.
Relation d'un Combat des Galères de France, 21940.
De l'Amiral de France, III, 31738.
Fournier.
Diſcours à la Reine, II, 22446.
Fournier, Dominique, Bénédictin.
Deſcriptions des ſaintes Grottes de l'Abbaye de S. Germain d'Auxerre, I, 12489.
Fournier (M.), Médecin.
Mémoire ſur l'Eau de la Rivière d'Ouche, I, 2838.
Fournier l'aîné (M.), Fondeur de Caractères.
Lettre ſur l'Imprimerie, IV, S. 47981.**
Fournier le jeune, Pierre-Simon, Fondeur de Caractères.
Notices des Graveurs en Caractères d'Imprimerie, IV, 47825; & S.
Diſſertation ſur l'Art de graver en Bois, 47963.
De l'origine de l'Imprimerie, 47964.
Obſervations ſur le Vindiciæ Typographicæ, 47966.
Remarques ſur une Lettre relative à ces Obſervations, 47968.
Fournier (Dom), Bénédictin.
L'Almanach de Reims, IV, S. 34259.
de Fournier, Eſprit, Médecin.
Diſcours des qualités des Eaux de Bagnolz, I, 2952.
Fournival, Simon.
Recueil des Titres concernant les Tréſoriers de France, III, 34040.
de Fournival, Richard.
Le Roman d'Abladane, III, 34151.
du Fourny : voyez Caille.
de Fourquevaux : voyez de Beccarie, de Pavie & de Rover.
Fourrier, Pierre, Chanoine Régulier.
Conſtitutions des Religieuſes de la Congrégation de Notre-Dame, I, 15237.
du Fousteau (le Sieur).
Deſcription du Royaume de France, I, 2107.
Traité des Mœurs des Gaulois, 3785.
De l'origine des François, II, 15419.
Les curieuſes ſingularités de la France, 15607.
De la prééminence des Rois de France ſur les autres Rois, 26916.
Des Armes de France, 27039.
De la Loi Salique, 28522.
Foy de Saint-Hilaire, Chanoine de Beauvais.
Mémoire ſur S. Lucien de Beauvais, IV, Suppl. 9677.*
de Foy, Louis-Etienne, Chanoine de Meaux.
Traité des deux Puiſſances, I, 7495; IV, Suppl. 7101.*

Tome V.

Proſpectus d'une Deſcription de la France, I, 9.
Notice des Diplômes, &c. III, 29499.
Fozio, Joſeph, Jéſuite.
Traduction Italienne de la Vie de S. François de Sales, I, 10779.
de Frachet, Gérard, Dominicain.
Chronicon Lemovicenſe, II, 16898; IV, S.
Fradet, Antoine.
Libertés de l'Egliſe de Bourges, I, 4974.
Fradet (M.), Prêtre.
Obſervations ſur les Médailles de Louis XIV; II, 24406.
Fradet (M.), Avocat, neveu du précédent.
Recherches touchant Manaſſé II, Archevêque de Reims, I, 9564.
Mémoire concernant Robert, Abbé de S. Remi, I, 12729; II, 16581.
Eſſai ſur l'état des Sciences en France, IV, 44563.
Recherches ſur la Vie d'Adelgiſe, Id.
Eloge de Nicolas Culoteau de Velye, 46710.
Fragosus, Jean-Baptiſte.
Regimen Reipublicæ Chriſtianæ, I, 7271.
Fraguier, Claude-François.
Eloge de Roger de Piles, IV, 46868 & 47818.
Fraichot, Caſimir, Bénédictin.
Hiſtoire de l'Abbaye de Morer, I, 12228.
Sa Vie & ſes Ouvrages, 11229.
de Fraisse, Jean, Chanoine de Clermont.
Vie de S. Auſtremoine, I, 8410.
du Fraisse : voyez Duffraiſſe & de Montiers.
de la Framboisiere, Nicolas-Abraham, Médecin.
Deſcription de la Fontaine minérale du territoire de Reims, I, 3110.
Franc, Herman.
Les Nobles dans les Tribunaux, III, 39991.
le Franc, Jacques : peut-être faux nom.
Jehova Vindex, II, 19104.
le Franc, Pierre : on croit que c'eſt Louis d'Orléans, II, 19045 : voyez d'Orléans.
le Franc, Iſaac.
Carte de la Touraine, I, 1889.
le Franc ou de France, Jérôme, Préſident du Conſeil d'Artois.
Hiſtoire des Troubles des Pays-Bas, III, 39311.
De l'établiſſement de l'Univerſité de Douai, IV, 45193.
le Franc, Germain.
Repræſentatio Pacis generalis, II, 28614.
le Franc de Pompignan, Jean-Georges, Evêque du Puy.
Le véritable uſage de l'autorité ſéculière, I, 7372.
Lettre au Roi ſur l'affaire des Jéſuites, 14666.
Oraiſon funèbre de la feue Reine, II, 25199.
—de Madame la Dauphine, Marie-Térèſe d'Eſpagne, 25764.
Eloge de M. le Duc de Bourgogne, 25774.
le Franc de Pompignan, Jean-Jacques, Préſident de la Cour des Aydes de Montauban.
Conjectures ſur le Rouergue, I, 337; III, 37617.
Voyage de Languedoc & de Provence, 2356.
De Antiquitatibus Cadurcorum, I, 3924; III, 37606.
Poëme ſur le Retour du Roi, II, 24661.
Eloge de M. le Duc de Bourgogne, 25774.
Lettre à M. le Chancelier, III, 33379.
Franceus, Chriſtianus, Général des Auguſtins.
Exordium & progreſſus Communitatis Auguſtinenſium Bituricenſis, I, 13670.
France (M.).
Mémoire ſur la culture du Sainfoin, I, 3506.
France de Vagency (M.) : peut-être le même.
Réflexions ſur les Labours, I, 3432.
de France, Chriſtophe, Evêque de Saint-Omer.
Statuta Synodalia, I, 6358.
de France : voyez le Franc.

Vvv 2

FRANCELET, Edme, Jésuite.
 Divio sancta, armata, togata & docta, III, 35915.
FRANCÈS, Michel-Antoine, Jurisconsulte.
 De Ecclesiis Cathedralibus, I, 7839.
FRANCESQUIN, Barthélemi.
 Discours touchant le crime à lui imposé, II, 19866; III, 38781.
de FRANCHEMONT (M.), Secrétaire d'Ambassade.
 Lettres, III, 30471 & 74.
de FRANCHEVILLE : voyez du Fresne.
de FRANCHEVILLE : faux nom sous lequel s'est couvert M. Arouët de Voltaire, II, 24504 : voyez Arouët.
di FRANCHIS : voyez Laureto.
FRANCIOTTI, Antoine, Cardinal.
 Vita S. Francisci Salesii, I, 10779.
FRANCKENSTEN, Christophe-Frédéric.
 Notæ in Historias Prioli, II, 23862.
FRANCKS, Médecin.
 Voyage en France, &c. IV, S. 2333.*
S. FRANÇOIS de Paule, Instituteur des Minimes.
 Les Règles de l'Ordre des Minimes, IV, S. 14002.*
S. FRANÇOIS de Sales, Evêque de Genève.
 Instructions Synodales, I, 6523.
 Oraison funèbre du Duc de Mercœur, III, 31995.
FRANÇOIS I, Roi de France.
 Concordat avec Léon X; I, 7547.
 Lettre à sa Mere, II, 17488.
 Epître en vers, 17509.
 Ses Poésies, 17516.
 Lettres & Poésies, 17517.
 Deux Lettres au Pape, 17536.
 Epître aux Electeurs, 17595.
 Œuvres Poétiques & Lettres, 17642.
 Lettres, III, 19869 & 70.
 Epistola ad Electores, 29894.
 Lettres & Instructions, 29915 & 16, 19, 25, 32, 49 & 54.
 Epistola Apologetica, 29965.
 Lettres, 29988, 30078.
FRANÇOIS II, Roi de France.
 Lettre au Roi de Navarre, II, 17766.
 Lettres aux Cours du Parlement de France, 17767.
 Lettres, III, 30092 & 30166.
FRANÇOIS, Jean.
 Iter Francicum, I, 2289.
FRANÇOIS, Timothée : nom sous lequel s'est caché Edmond Richer, I, 7085 : voyez Richer.
FRANÇOIS (le Frere), Chartreux.
 Le Jardinier solitaire, I, 3446.
FRANÇOIS (le Frere), Ermite : peut-être faux nom.
 Antiquités du Palais de Verberie, III, 34860.
FRANÇOIS V.
 Réflexions sur le Chapitre annuel de Prémontré, I, 13514.
FRANÇOIS, Jean-Charles, Conseiller de Sedan.
 Mémoire des Officiers Municipaux de Sedan, III, 34292.
FRANÇOIS (le R. P.), Religieux Récollect.
 Relation d'un voyage souterrain, I, 2800.
FRANÇOIS (M.).
 Mémoire concernant Mariembourg, III, 39069.
FRANÇOIS (M.).
 Eloge de Henri-Jacques Macquart, IV, 46201.
 —d'André-Pierre le Guay de Prémontval, 46561.
 —de Roger Schabol, 46576.
 —de Marc-Antoine Laugier, 46796.
 —de Charles-Hugues le Febvre de S.-Marc, 46903.
 —de Charles-Nicolas Maillet du Boulay, 47018.
 —d'Adrien-Claude le Fort de la Moriniere, 47153.
 —de M. Blavet, 47720.
 —de Jean-Claude Trial, 47763.
 —de Pierre-Simon Fournier, 47883.
 —de Jean-Charles François, 47884.
FRANÇOIS, Jean, Bénédictin.
 Histoire de Metz, III, 38763.

 Des Gaulois, des Druides, &c. IV, S. 3841.*
FRANÇOIS-Joseph (le Pere).
 Necrologium Carmelitarum Discalceatorum, I, 13712.
FRANÇOIS d'Angers (le Pere), Capucin.
 Vita & Acta Josephi le Clerc, I, 13920.
FRANÇOIS de Lannion (le Pere), Capucin.
 Panégyrique funèbre de Henri de Bourneuf, III, 33108.
FRANÇOIS de Malneville (le Pere), Capucin.
 Oraison funèbre de Charlotte de Bigan, I, 15068.
FRANÇOIS de Toulouse (le Pere), Capucin.
 Histoire de la Chapelle de Notre-Dame de Grad, IV, S. 4147.*
 Vie de Jeanne de l'Estonac, I, 15234.
 Vie de Madame de Lisle, IV, S. 15343.*
FRANÇOIS de Saint-Augustin : voyez Macedo.
FRANÇOIS de Saint-Nicolas : voyez Coquelin.
FRANÇOIS d'Aigreville, Robert, Avocat.
 Histoire de l'Assemblée du Clergé de 1655, I, 6886.
 Mémoires touchant le Cardinal de Retz, I, 9337.
FRANÇOIS, Isaac, Sieur de la Girardie, Grand-Voyer de Touraine.
 Topographie de la Touraine, I, 2262 ; III, 35644.
le FRANÇOIS de Lalande, Joseph-Jérôme, Académicien.
 Eloge du Comte de Saxe, III, 31704.
 Etrennes historiques de la Bresse, 34036.
 Eloge de Joseph-Nicolas de l'Isle, IV, 46486.
le FRANÇOIS de Rigauville.
 Journal du Siége de Philisbourg, II, 24102.
FRANÇOISE de la Croix, Carmélite.
 Vie d'Anne d'Autriche, II, 25176.
FRANÇOISE de Sainte-Térése : voyez de Traslage.
FRANCON : voyez de Paul.
FRANCOWITZ, Matthias, dit Flaccius Illyricus.
 Edition des Œuvres de Grégoire de Tours, II, 16051.
 De translatione Imperii Romani, 28761.
des FRANCS : voyez Neufchaises.
de FRANQUENAY : voyez de la Sarraz.
FRANTZIUS, Jean-Joachim.
 Historia Caroli Magni, II, 16248 & 97.
FRAPPIER, Augustin-Etienne, Chanoine d'Auxerre.
 Mémoire sur un droit du Doyen de la Cathédrale d'Auxerre, IV, S. 4980.*,
 Discours sur la signature du Formulaire, IV, S. 4982.**
 Index Conciliorum Provinciæ Senonensis, IV, S. 6294.*
de FRASNAY, Pierre.
 Lettre au sujet des Boïens, I, 232 ; III, 37483.
 Lettres sur l'Histoire du Nivernois, III, 35571.
de FRASNE : voyez Rochet.
FRASQUET, Jean, Moine de S. Germain d'Auxerre.
 Chronique, II, 16898 : attribuée.
FRAXINEUS : voyez du Monstier, Seigneur de Fresne.
de FRAUVILLE : voyez Bertauld & Boitet.
FRÉCULFE, Evêque de Lisieux.
 Chronicon, I, 4909 ; II, 16070.
FRÉDÉGAIRE.
 Epitome & Chronicon, II, 16049 & 51, 81 & 82.
FRÉDÉRIC II, Roi de Prusse.
 Avant-propos sur la Henriade, II, 19552 & 57.
 L'Anti-Machiavel, 27094.
 Lettre au Maréchal de Saxe, III, 31701.
 L'Esprit du Chevalier Folard, 32110.
 Eloge de Julien Offray de la Mettrie, IV, 46223.
FRÉDÉRIC III, Electeur Palatin.
 Mémoire de sa Conférence avec Henri III; II, 18284.
FREDRO, André-Maximilien.
 Gestorum Polonorum sub Henrico Valesio Historia, II, 18288.

FRÉHER, Marquard.
Corpus Franciæ Historiæ, II, 15981.
De Aimoino, 16091.
Judicium de Eginhardo, 16251.
De statura Caroli Magni, 16284 & 85.
De Fœdere Ludovici, Germaniæ, & Caroli, Galliæ, Regum, 16381.
Fœderis Ludovici, Germaniæ, & Caroli, Galliæ, Regum, formulæ, III, 19205.
Origines Palatinæ, 39198.
Commentarius in Ausonii Mosellam, IV, S. 39198.*
De Electoratu Palatini Rheni, IV, S. 39198.**
Notitia Villarum Creichyowe, IV, S. 39201.*
Commentarius in Constitutionem de Feudis, 39899.
FRÉHER, Paul.
Theatrum Virorum eruditione clarorum, IV, 45639.
FREIG, Jean-Thomas.
Præfatio in Librum Petri Rami de Moribus veterum Gallorum, I, 3783.
Vita Petri Rami, IV, 47189.
du FRÉMENTEL, Jacques.
Tableau généalogique de la Maison de Brossard, III, 41574.
de FRÉMICOURT : voyez Fleury.
FRÉMIN, Guillaume, Président au Présidial de Meaux.
Remontrance au Roi, III, 34082.
FREMINEAU de Beaulieu, François, Avocat du Roi.
Le Plan de l'Anarchie Rocheloise, avec sa suite, I, 5933; II, 21036.
Traité des droits de la Monarchie, &c. I, 7376; II, 26888.
FRÉMIOT, André, Archevêque de Bourges.
Remontrance du Clergé de France, IV, S......*
Ordonnances Ecclésiastiques, I, 6408.
Lettre sur la mort du Chevalier de Guise, IV, S. 31982.*
FRÉMON ou Frémont, Charles, Grandmontin.
L'Esprit de l'Ordre de Grandmont, IV, S. 13189.*
Vie de S. Etienne de Muret, I, 13193.
—de Hugues de Lacerta, 13201.
FRÉMONT (M.)
Carte de l'Archevêché de Rouen, I, 1134.
FRÉMONT d'Ablancourt, (M.).
Mémoires, III, 30976 & 31689; IV, S.
FRIN, Jean-Thomas.
Traduction Allemande de l'Histoire de France de Paul-Emile, II, 15690.
de la FRENADE (l'Abbé).
Les Triomphes du Roi Henri IV; II, 19927.
le FRENAIS.
Question sur une Monnoie nommée Mançais, III, 34012.
de la FRENAYE ou Fresnaye : voyez Vauquelin.
de FRENEUSE : voyez le Cerf.
le FRERE, Jean.
Histoire des troubles, I, 5837; II, 18183, 18418 & 19.
Traduction de l'Oraison funèbre de Charles IX par Muret, II, 18239.
Histoire de France, I, 5845; II, 18420.
FRÉRET, Nicolas, Académicien.
Lettre sur les Ouvrages de Guillaume de l'Isle, I, 2; IV, 46781.
Son sentiment sur la Table de Peutinger, 28.
—sur la Description des Gaules de Gilles Robert, 36.
Mémoire sur les Colonnes itinéraires de la France, 64.
—sur la comparaison des Mesures Itinéraires des Romains avec celles de MM. Cassini, 68.
—sur l'Inscription de Brumt, &c. 349.
—sur le mot Dunum, 387.
Observations sur la Religion Gauloise, 3808 & 10.
—sur les Sacrifices humains, 3814.
—sur l'étymologie du nom des Druides, 3838.

Eloge de l'Abbé Bignon, 10953.
—de l'Abbé Fourmont, 11131; IV, 46733.
—de l'Abbé Gédoyn, 11154.
—de l'Abbé de Mongault, 11297.
—de l'Abbé de Rothelin, 11420.
—de l'Abbé Souchay, 11460.
De l'Origine des François, II, 15451.
Observations sur le nom de Mérovingiens, 15885.
Recherches de l'établissement des François, 15914.
Des Etats généraux, IV, S. 27409.*
Eloge du Cardinal de Fleury, III, 32611.
—de Pierre-Jean Burette, IV, 46067 & 46680.
—d'Anselme Banduri, 46623.
—de Joseph de Bimard de la Bastie, 46630.
—de Joseph de Scytres, Marquis de Caumont, 46686.
—d'Etienne Fourmont, 46732.
—de Pierre des Ours de Mandajors, 46808.
Lettre sur Nicolas Sanson, 46910.
Eloge de Charles de Valois, 46957.
—d'Antoine Danchet, 47401.
FRÉRON, Elie-Catherine.
Eloge de l'Abbé Velly, I, 11506.
—du Pere Castel, 14109.
Anecdote sur Henri IV; II, 20057.
Histoire de Marie Stuart, 25119.
Description du Mausolée de M. le Duc de Bourgogne, 25772.
Eloge de M. le Maréchal de Lowendal, III, 31637.
Lettre sur l'Oraison funèbre du Cardinal de Fleury, 32602.
Eloge d'Antoine-Yves Goguet, 32968.
—de Charles de Secondat, 33132.
—d'Alexandre-Conrart Fugere, 33891.
—de M. Boullanger de Rivery, 34101.
Histoire abrégée de la fondation des Prix de l'Université de Paris, IV, S. 44702.*
Plan & Statuts d'une nouvelle Académie, IV, 45546.
Eloge de Pierre de Morand, 45948.
—de M. Deslandes, 46443.
—de M. de Fontenelles, 46458.
Mémoire sur M. Juvenel de Carlencas, 46684.
Eloge de François Parfaict, 46850.
—de l'Abbé d'Olivet, 47163.
—de M. Philippe, 47179.
—de M. du Tillet, 47228.
—de M. de la Chaullée, 47365.
—de M. le Chevalier de Cogolin, 47371.
Tombeau de M. de Crébillon, 47392.
Eloge de M. de Crébillon, 47393.
Lettre sur un Article concernant M. de Crébillon, 47396.
Eloge de M. de la Grange-Chancel, 47466.
—de Claude-Pierre Patru, 47571.
—de Jean-Joseph Vadé, 47696.
—de Gaspard du Change, 47854.
—de Pierre-Simon Fournier, IV, S. 47883.*
—de Jean Boudot, 47971.
—de Claude-Charles Thiboust, 47981.
Histoire de Madame de Grafigny, 48079.
Eloge de Mademoiselle de Lussan, 48116.
FRÉROT, Nicolas.
Notes sur la Conférence des Ordonnances, II, 27631.
Les Basiliques ou Ordonnances de nos Rois, 27633.
FRESCHOT, Casimir, Bénédictin apostat.
Origine, &c. del Calvinismo nella Francia, I, 6187.
Histoire du Congrès de la Paix d'Utrecht, III, 31140.
Vita di Carlo V, Duca di Lorena, 38904.
Histoire de la Province d'Utrecht, 39564.
Traduction Italienne d'une Description de la Louisiane, 39698.

de Fresne : *voyez* de Canaye.
de Fresne -Forget, Pierre, Secrétaire d'Etat.
La Fleur de Lys, II, 19419.
Lettres, III, 30251.
de Fresne-Forget, Jean, Préfident à Mortier.
Négociations, III, 30250.
du Fresne (M.).
Lettre narrative d'un Difcours, II, 18460.
du Fresne, Charles, Sieur du Cange, Tréforier de France.
Mémoires pour une Defcription de la France, I, 10.
Gallia, 11.
Du Port Iccius, 299.
Dissertatio de Pottu Iccio, 301.
Catalogus Palatiorum vel Villarum Regiarum, 444.
Mémoire fur S. Denys, 4035.
Traité du Chef de S. Jean-Baptifte, 5463.
Hiftoire des Evêques d'Amiens, V, *Add.* 9692.*
Gloffarium ad Scriptores mediæ & infimæ Latinitatis, II, 15494.
Differtations fur l'Hiftoire de S. Louis, 15590.
Collection de fes Manufcrits, V, *Add.* 15616.
Hiftoire de ce que les François ont fait dans l'Empire de Conftantinople, 16733.
Edition de l'Hiftoire de S. Louis de Joinville, 16850.
Corrections de la Chronique d'Enguerrand de Monftrelet, 17295.
Carte Généalogique des Rois & de la Maifon de France, 24846.
Differtation des Affemblées & des Fêtes folemnelles des Rois de France, 26110; IV, S. 26579.*
De la prééminence des Rois de France, 26943.
Des Couronnes des Rois de France, 27063.
Notes & Obfervations fur les Etabliffemens de S. Louis, 27613.
De la Mouvance du Comté de Champagne, 27829.
Du mot de *Sale*, 28542.
Differtation des Comtes Palatins de France, III, 31316.
—fur la Bannière de S. Denys, 31828.
—fur les Chevaliers Bannerets, 31829.
Vie du Sire de Joinville, 31961.
Eloge de Geoffroy de Villehardouin, 32079.
Deffein de l'Hiftoire de Picardie, V, *Add.* 34138.*
Hiftoire d'Amiens, 34149.
Hiftoire des Comtes de Montreuil, Ponthieu, &c. V, *Add.* 34187.*
Mémoire de quelques Mff. concernant les Ducs de Bourgogne, 36079.
Differtation des Gentilshommes, 39871.
Des Cottes d'Armes, 40242.
Du Cry d'Armes, 40243.
De la communication des Armoiries, 40244.
De l'ufage des Tournois, 40245.
Des armes à outrance, 40246.
Des adoptions d'honneur, 40247.
Hiftoire des Royaumes de Jérufalem, &c. 40542; V, *Add.*
Hiftoire des Familles Normandes qui ont fondé le Royaume de Sicile, 40543.
Tables Généalogiques de plufieurs Familles de France, 40544.
Nobiliaire de France, 40577.
Plan d'un Armorial général, *là.*
Anciennes Familles Françoifes tranfportées en Angleterre, 40730.
Nobiliaire de Picardie, 40771.
Généalogie de la Maifon de Joinville, 42792.
—de la Maifon de Villehardouin, 44461.
du Fresne d'Aubigny, Jean - Charles, Surintendant des Etudes de l'Ecole Militaire.
Mémoire fur Charles du Frefne du Cange, III, 34059.

Mémoire fur les Mff. de M. du Cange, 34060.
du Fresne : *voyez* Reteau.
du Fresne de Francheville (M.).
Hiftoire des premieres expéditions de Charlemagne, II, 16180; IV, S.
—des Finances, 27964.
—de la Compagnie des Indes, 28269; III, 39806.
Fresneau (M.), Curé de S. Jean à Paris.
Oraifon funèbre de la feue Reine, II, 15203.
—de la Marquife de Laffay, IV, 48104.
Fresneau, Jacques, Sieur de la Frefniere.
A Meffieurs des Etats, II, 20237.
du Fresnoy : *voyez* Lenglet.
du Fresny : *voyez* Riviere.
de Fresse : *voyez* Duffraiffe.
du Frétat, Amable, Jéfuite.
Carte de l'Auvergne, I, 1369.
Fréteville, Charles, Curé de Mars en Oth.
Eloge de la Vie de S. Médard, I, 9748.
Fréton, Louis, Seigneur de Servas.
Commentaires, II, 20864.
Frey, Jean-Cécile, Médecin.
Admiranda Galliarum, I, 2446.
Philofophia Druidarum, 3826.
Matriæ Medices Elogia, II, 25146.
Recitus veritabilis, III, 34792; IV, S.
Frey de Neuville, Charles, Jéfuite.
Obfervations fur l'Inftitut des Jéfuites, I, 14644.
Appel à la Raifon, 14678.
Oraifon funèbre du Maréchal de Belle-Ifle, III, 31582.
—du Cardinal de Fleury, 32601.
Freytagius, Chriftianus.
Hiftoria Valefiana, II, 19145.
Hiftoria Francifci Alenconii, 25516.
Friant (le Pere), Chanoine Régulier.
Vie de Pierre Fourrier de Matincourt, I, 13502.
Friboes, Noël.
Abrégé des Chroniques de France, IV, S. 17132.*
de Friche, Jacques, Bénédictin.
Vita S. Ambrofii, I, 10807.
du Friche de la Nojamme.
Abrégé Chronologique de l'Hiftoire de l'Abbaye de S. Martin de Sées, I, 12632.
Frickius, Jean-George.
Commentatio de Druidis, I, 3835.
Præfatio in Legem Salicam, II, 27589.
Friderick.
Le Pacifique, II, 19316.
Frigot.
Defcription du Pays de Cotentin, III, 35336.
Frion.
Vie de M. Bailler, I, 10904.
Friquet, Graveur.
La Galerie du Préfident de Bretonvilliers, III, 34570.
Frischlin, Nicodême.
Carmen de Horologio Argentoratenfi, III, 38719.
Frischman, Jean, Confeiller de Montbéliard.
Pietas Francica, I, 7113.
Batavia Triumphata, II, 23990.
Caufa Regum belligerantium, III, 30779.
De Pace Terefiana, Confultatio, 30925.
Frisius, Laurent.
Généalogie de la Maifon de Heu, III, 42736.
Fritch, Ahafver.
Tabulæ Pacis Ryfwici initæ, III, 29188.
Annotationes ad Inftrumenta Pacis Weftphalicæ & Noviomagicæ, III, 31025.
Frizon, Pierre, Docteur en Théologie.
Summorum Pontificum Gallorum res geftæ, I, 7762.
Gallia purpurata, 7763.
Vita Henrici Spondani, 10237.

Nomenclatura Magnorum Franciæ Eleemofynariorum, III, 32222.
Traité des Grands-Aumôniers de France, 32223.
FRIZON, Léonard, Jéfuite.
Henrici Bethunii immortalitas, I, 8262.
Infula Pacis, II, 23860.
Panegyricus in Divam Radegundem, IV, S. 25019.*
Carolo-Patifio Aurelianenfi Confolatio, II, 25554.
Aftræa redux, III, 33112.
Lyrica Soteria, 33113.
FRIZON, Nicolas.
Vie de S. Sigebert, II, 16100.
—d'Eléonore-Marie d'Autriche, Reine de Pologne, III, 38906.
FRODOARD, Moine de S. Alban.
Chronica, III, 35087.
FRODOARD : voyez Flodoart.
FROGER.
Relation d'un Voyage aux Côtes d'Afrique, III, 39791.
de FROIDEVILLE, Emar.
Dialogue de l'Origine de la Nobleffe, III, 39849.
de FROIDOUR, Louis, Grand-Maître des Eaux & Forêts de Touloufe.
Lettre touchant la communication des deux Mers, I, 900.
Voyage des Pyrénées, 2352.
Réglemens concernant les Forêts du Pays de Bigorre, III, 37639.
FROISSART, Jean, Tréforier & Chanoine de Chimey.
Chronique, II, 17100, IV, S.
Entrée d'Ifabeau de Bavière, Reine de France, 26129.
Chronique de la Rébellion de Gand, III, 39363.
FROLAND, Louis, Avocat.
Mémoire concernant la Comté-Pairie d'Eu, III, 35274.
FROMAGER.
Recueil concernant les Ducs & Pairs, III, 31251.
FROMENT, Gafpard.
Avertiffement pour les Univerfités de France, IV, 44659.
FROMENT, Antoine, Avocat & Confeiller Elu en l'Election de Briançon.
Effai fur l'incendie de fa patrie, &c. I, 2449.
de FROMENTEAU : voyez de Berthoulet.
FROMENTIERES, Jean Louis, Evêque d'Aire.
Oraifon funèbre de Hardouin de Péréfixe, I, 9346.
—d'Anne d'Autriche, II, 25166.
—de M. de Lyonne, III, 32571.
FRONTEAU, Jean, Chanoine Régulier.
Differtatio de Virginitate honoratâ, &c. I, 4963.
Vita Yvonis Carnotenfis, 9374.
Edition des Œuvres d'Yves de Chartres, III, 29767.
Oratio in obitum Matthæi Molé, 31533.
Epiftola de morte Hieronymi Bignonii, 32981.
Oraifon funèbre de Jérôme Bignon, 32983.
FROQUIERES (M.), Théologal de Noyon.
Eloge de Marie de Saint-Marfal de Conros, IV, S. 14848.*
FROTET, Nicolas, Sieur de la Landelle.
Journal de ce qui s'eft paffé à Saint-Malo, III, 35415.
FROTHAIRE, Evêque de Toul.
Epiftolæ, III, 29741.
FROTIER, Jean.
Defcription du Château d'Amboife, III, 35670.
FROTOMOND.
Vita S. Juniani, I, 13342.

de FROULAY, Charles-Louis, Evêque du Mans.
Ordonnances Synodales, I, 6462.
de FROULAY de Teffé, René, Maréchal de France.
Hiftoire de Daniel de Cofnac, I, 7869.
Récit des incidens fecrets, II, 21543.
Circonftances particulières, II, 31273.
de FROULAY de Teffé, Gabriel-Philippe, Evêque d'Avranches.
Statuts Synodaux, I, 6304; IV, S.
FROUMENTEAU, Nicolas.
Le Cabinet du Roi, II, 18424 : attribué.
Le fecret des Finances, 27973.
de la FUENTE (le Marquis).
Déclaration fur ce qui eft arrivé à Londres, II, 26938.
FUESTIN, Jean-Conrad.
De genuinâ Albigenfium & Waldenfium diftinctione, I, 5738.
Edition de l'Ouvrage de Simler, De Helvetiorum Republica, IV, S. 39074.*
Epitome Hiftoriæ Helvetiæ antiquæ, III, 39091.
Thefaurus Hiftoriæ Helveticæ, 39092.
FUIRON, Antoine.
Oraifon funèbre d'Anne d'Autriche, II, 25166.
FULBERT, Evêque de Chartres.
Vita S. Autberti Cameracenfis, I, 8556.
Epiftolæ, III, 29756, 60 & 61.
FULBERT, Moine de Jumiéges, ou de S. Ouën.
Vita S. Aicadri, I, 12021.
FULCHIRON (le Pere), Jéfuite.
Obfervation de l'eau tombée à Lyon, I, 2545.
FULGENCE (le Pere), Capucin.
Mémoire fur la Ville de Mouzon, III, 34261.
FULLER, Thomas.
Cruciatorum Hiftoria, II, 16926.
FUMÉE, Antoine, Confeiller du Confeil Privé.
Panégyrique pour le retour de Henri, Roi de France & de Pologne, IV, S. 18304.
de FUMÉE, Jacques.
L'Arfenal de la Milice Françoife, III, 32149.
de FUMEL, Jean-Félix-Henri, Evêque de Lodève.
Oraifon funèbre de la feue Reine, II, 25207.
de FUNCK.
Plans & Journaux des Siéges de la Guerre de Flandres, II, 24705.
de FUNES, Jean-Auguftin, Chevalier.
Chronica de la Militia de San-Juan-Bautifta de Jerufalem, III, 40295.
FURETIERE, Antoine.
Defcription de l'Académie Françoife, IV, 45504.
FURGOLE, Jean-Baptifte, Avocat.
Traité de la Seigneurie Féodale, III, 39958; IV, Suppl.
FURIC Durun, Julien.
Réflexions politiques, II, 22096.
FURNESTER, Zacharie : faux nom fous lequel s'eft couvert Hugues Doneau, II, 18146 : voyez Doneau.
FURSTENBERGER, Jofuas.
Hiftoire de la Ville de Mulhaufen, III, 38756.
FUSCHIUS, Melchior.
La Chronique de Spire augmentée, III, 39195.
FUSIUS, Wolfgang.
Valefius, II, 19138.
FUSTAILLIER, Jean ou François, Avocat.
De Antiquitatibus Matifconenfibus, III, 35972.
FUZELIER, Louis.
Mercure de France, quelques volumes, II, 24801.
FYON, Claude, Abbé de S. Etienne de Dijon.
Hiftoire de cette Eglife, I, 12452.
Differtation fur la Ville de Dijon, III, 35917; IV, S.

G

G. Ange, *c'est* Ange Goudard, II, 28107 : *voyez* Goudard.

G. B. *inconnu.*
Traité de la grande prudence & subtilité des Italiens, I, 7154.
De l'office & préséance de l'Ecclésiastique & du Magistrat, 7155.

G. B. N. *peut-être* Guillaume-Bernard Nerveze, III, 31680 : *voyez* Nerveze.

G. D. C. *c'est* Gatien de Courtilz, II, 23901 : *voyez* de Courtilz.

G. D. G. P. Bourdelois, *inconnu.*
Manifeste pour les Bourdelois, II, 23156; III, 37544.

G. D. N. (le Baron), *inconnu.*
Le Gentilhomme étranger voyageant en France, I, 2325.

G. D. R. *c'est* Guillaume de Rebreviette, I, 8783 : *voyez* de Rebreviette.

G. D. V. *c'est* Guillaume du Vair, IV, S. 38100 : *voyez* du Vair.

G. D. M. *on croit que c'est* le Sieur Brulé de Montplainchant, III, 31997 : *voyez* Brulé.

G. G. L. *c'est* Guillaume-Godefroy de Leibnits, II, 15445; IV, S. & III, 29151 : *voyez* Leibnits.

G. G. R. *on croit que c'est* André Eudémon-Jean, II, 28641 : *voyez* Eudémon-Jean.

G. G. R. A. Peregrinus Romanus. *On prétend que c'est* Guillaume Rose, Évêque de Senlis, II, 19230. *D'autres croyent que c'est* Guillelmus Reginaldus Anglicanus, *qui s'appelloit* Peregrinus Romanus. *Il a pu signer la Dédicace de l'Ouvrage de* Guillaume Rose : *voyez* Rose.

G. L. B. *c'est* Guy le Borgne, III, 40092; IV, S. *voyez* le Borgne.

G. L. C. *inconnu.*
Histoire de ce qui s'est passé au Parc Royal, II, 20095.

G. M. *c'est* Guillaume Masset, II, 26387 : *voyez* Masset.

G. R. N. *inconnu.*
Discours de la divine élection de Henri IV, Roi de France & de Navarre I, 19150; IV, S.

G. U. H. *inconnu.*
Romano-Germanus Splendor, II, 28900.

G. W. S. *c'est* Georgius Wallin Suecus, IV, 44570 : *voyez* Wallin.

de G. (la Demoiselle), *c'est* Mademoiselle de Gournay (Marie de Jars), II, 19961 : *voyez* de Jars.

de G. *peut-être la même* Demoiselle de Gournai.
Le Prince de Corse, II, 21278; IV, S.

Gabriau de Riparfont, Etienne, Avocat.
Mémoire sur la préséance des Ducs & Pairs, III, 31270.
—sur l'extinction de la Pairie de Piney, 31276.

Gabriel (M.), Architecte.
Mémoire sur le Projet de M. de la Jonchere, I, 942.
Procès-verbal sur le même sujet, 944.

Gabriel du Saint-Esprit (le Pere), Carme réformé.
Vie de Pernelle Gaudon, I, 4788.

Gabriel de S. Joseph (le Pere), Carme.
Quæstio Theologica de validitate, &c. I, 7380.

Gabriel de Sainte-Marie : *voyez* de Gifford.

Gabriel de Sainte-Anne (Dom), Feuillent.
Nobiliaire du Royaume de France, III, 40549.
Dictionaire Généalogique, 40550.

le Gac, Charles.
Mémoire sur la Colonie de la Louisiane, IV, S. 39719.*

Gace : *voyez* Wace.
de Gache : *voyez* du Faure.
Gaches, Jacques, Avocat.
Mémoires sur le Languedoc, III, 37793.

Gacon (M.).
Notice de François Gâcon, IV, 47451.

Gaffet de la Brifardiere, Antoine, Gentilhomme de la Vénerie du Roi.
Traité de la Vénerie, I, 3581.

Gagnée, Jean, Docteur en Théologie.
Vita S. Alcimi Aviti, I, 10699.

Gaguin, Robert, Général des Trinitaires.
Traduction des Commentaires de César, I, 3880.
Passio S. Richardi, I, 4644.
Addition à la Chronique Martinienne, II, 15672 & 17323.
Compendium super Francorum gestis, 15694.
Epistolæ, &c. III, 29849.

Gaignat de Launais (M.).
Guide du Commerce, IV, S. 28150.*

de Gaignieres : *voyez* Roger.

Gaillard, Auger.
Description du Château de Pau, III, 37665.

Gaillard, Noël, Avocat.
Discours sur la présentation des Lettres du Duc de Mercœur, II, 25643.
Remontrances de la Noblesse de Provence au Roi, 27917; III, 39938; IV, S. 38123.*
Discours sur la présentation des Lettres de M. d'Aligre, III, 31544.
—sur la présentation des Lettres de M. le Duc de Fronsac, 31790.

Gaillard, Gilles.
Traité sur les limites de la Provence & du Languedoc, I, 2272; III, 38021.

Gaillard.
Réflexions sur les Mémoires touchant les Ambassadeurs, III, 32636.

Gaillard, Honoré, Jésuite.
Oraison funèbre de François de Harlay, I, 9349.
—de M. le Dauphin (petit-fils de Louis XIV); & de Madame la Dauphine (son épouse), II, 25708.
—du Prince de Condé, 25840.

Gaillard, Gabriel-Henri, Académicien.
Lettre sur le goût des François, II, 15480.
Histoire de la rivalité de la France & de l'Angleterre, IV, S. 17171.*
—de la querelle de Philippe de Valois & d'Edouard III, *là.*
—de François I, 17639.
Mémoire sur Frédégonde & sur Brunehaut, 25023.
Histoire de Marie de Bourgogne, 25474.
Eloge de Descartes, IV, 46437.
—de Marc d'Alverny de la Palme, 47165.
—de Pierre Corneille, 47383.

de Gaillard, Hector-Antoine.
Genio Galliæ hospitali Ode, II, 21539 & 22104.

Gailli (M.), Secrétaire de l'Hôtel-de-Ville de Charleville.
Mémoire sur Mézières, Charleville & le Mont-Olympe, III, 34270.

Galafrey.
Mémoire sur les Mariages des Protestans, I, 6267.

Galand : *voyez* Galland.

de Galard de Béarn, Jean, Comte de Brassac.
Lettres, III, 30564 & 30635.

Galaud, Docteur en Théologie.
Vie du B. César de Bus, I, 11003.

Galaup, Jean, Seigneur de Chasteuil, Procureur-Général de la Chambre des Comptes d'Aix.
Discours sur les Arcs triomphaux dressés à Aix en 1622, II, 26353.

Galaup,

GALAUP, Pierre, Sieur de Chasteuil, fils du précédent.
Discours sur les Arcs triomphaux dressés à Aix en 1701, II, 26495.
Réflexions sur la Lettre de Sextius, 26497.
Histoire des Troubadours, IV, 47258.
Apologie des Poëtes Provençaux, 47259.
GALBERT.
Vita Caroli Boni, III, 39340.
GALCHURIUS, Eugène.
Versio Latina Vitæ S. Fursei, I, 12030.
GALENUS, Matthieu.
Præfatio in Areopagitica, I, 4016.
GALESIUS.
Ecclesiastica in Matrimonium Potestas, I, 7382.
GALET.
Analyse des Eaux de Mazamet, I, 3102.
GALFREDUS.
Histoire du Royaume de Ligurie, III, 38025.
GALHAULT.
Mémoires pour servir à l'Histoire Ecclésiastique du Diocèse d'Arras, I, 8592.
GALIEN, Claude.
Découverte des Eaux de Château-Thierry, I, 3034.
GALIFET, Jacques, Seigneur de Toconet.
Remontrances des Députés du Parlement de Provence, II, 23132.
de GALIFFET, Joseph, Jésuite.
Vita Margaritæ Mariæ Alacoque, I, 15298.
de la GALISSONIERE (M.).
Mémoire des Commissaires, III, 31169.
GALLAND, Pierre, Chanoine de l'Eglise de Paris.
Oratio in funere Francisci I, I, 17629; IV, S.
Vita Petri Castellani, III, 32243.
GALLAND, Auguste, Conseiller d'Etat.
Traité des Vaudois, I, 5722.
Traité des Albigeois, 5753.
Histoire des Guerres entre la France & la Flandre, II, 17004.
Mémoires touchant le Domaine, 27699.
Mémoires concernant l'Artois, 27743.
Mémoires concernant la Principauté de Château-Regnault, 27834.
Droits du Roi sur Dunkerque, &c. 27843.
Droits du Roi comme Châtelain de Lille, 28839.
Droits de la Couronne de France sur la Flandre, &c. là.
Mémoires pour l'Histoire de Navarre & de Flandre, 28909; IV, S. 37681.
Inventaire du Trésor des Chartres de la Sainte Chapelle, III, 29489.
De l'Office du Grand-Sénéchal, 31390.
Des Enseignes & Etendards de France, &c. 31823.
Discours sur l'état de la Ville de la Rochelle, 35753; IV, S.
Discours sur la Ville de la Rochelle, 35754.
Fondation de la Ville de Montauban, 37611.
Erection du Comté de Castres, 37792.
Titres de la Ville d'Enghien, 39437.
Recherches des Fiefs, 39920.
Contre le Franc-Alleu sans titre, 39948.
Du Franc-Alleu, 39950.
Franc-Alleu de Languedoc, 39952.
Généalogies des illustres Maisons de l'Europe & de France, 40548.
Généalogies des principales Familles de Paris, 40753.
Mémoires de la Maison d'Albret, 40864.
GALLAND, Georges.
Mémoires, III, 29427.
GALLAND, Antoine, Académicien.
Découverte des ruines de l'ancienne Ville des Viducassiens, I, 364.
Nécrologe de la mort des Savans, IV, 45653.

Discours sur quelques anciens Poëtes, 47264.
GALLANT, Simon.
Traduction des Décrets d'un Concile de Tours, I, 6784.
des GALLARS, Nicolas, Ministre Calviniste.
Histoire des Eglises réformées au Royaume de France, I, 5804.
GALLÉE, Philippe.
Chronica Regum Francorum, II, 15745.
GALLEMANS, Jean, Chanoine Régulier.
Vita beatæ Idæ, I, 4512.
—S. Himnielini, 11198.
GALLEMANT, Charles-Placide, Récollect.
Vie de Jacques Gallemant, I, 11139.
Provincia S. Dionysii Fratrum Minorum Recollectorum, 13900.
La Famille des Gallemants, III, 42456.
GALLET, Jacques, Curé de Compans.
Des anciens Itinéraires de l'Amérique, I, 98.
Remarques sur l'Histoire des Bretons, IV, Suppl. 35245.*
Mémoires pour servir à l'Histoire de Bretagne, III, 35354.
GALLICE, Augustin.
Idea divinæ bonitatis in Anna Margareta Clemente, I, 15286.
de GALLIER.
Noms & Armoiries des Officiers du Parlement de Provence, III, 38 32.
GALLOIS, Jean, Académicien.
Réflexions sur la Vie de Descartes, IV, 46430.
GALLOIS, Pierre.
De l'origine des Académies, IV, 45491.
le GALLOIS, Antoine-Paul, Bénédictin.
Oraison funèbre de Marie-Térèle d'Autriche, II, 25181; IV, S. 25195.*
le GALLOIS de Grimarest, Jean-Léonard.
Mémoire historique de la Révolte des Fanatiques, I, 6095; IV, S.
Vie de Jean-Baptiste Pocquelin de Molière, IV, 47528.
Additions à cette Vie, 47530.
GALLON, Cardinal, non Evêque de Paris.
Constitutiones, I, 6657; IV, S.
GALLOT, Thomas.
Vie de Germain Binois, I, 10959; V, Add.
GALLUCCIUS, Tarquin, Jésuite.
Oratio in funere Cardinalis Arnaldi Ossati, I, 9908.
GALLUS, Jean-Baptiste, Jurisconsulte: nom sous lequel s'est couvert Jean-Baptiste de Machault, Jésuite, II, 19884.
le GALLOIS, François.
Traduction d'une Oraison funèbre du Duc de Beaufort, II, 25637.
GALON, Evêque de Paris, non Cardinal.
Statuta Synodalia, I, 6662; IV, S.
GALOPIN, George.
Editio Vitæ S. Veroni, I, 4711.
Flandria generosa, III, 42327.
de GAMA, Emmanuel, Avocat.
Dissertation sur le Droit d'Aubaine, II, 27674.
de GAMACHE, Philippe, Docteur en Théologie.
Censure du Livre de Ecclesiastica & Politica Potestate, I, 7073.
de GAMACHES, Michel, Bénédictin.
Mémoires sur le Projet d'un Canal, IV, Suppl. 928.*
GAMART, Pierre.
Recueil sur le Duché de Mazarin, III, 34263.
GAMBART, Adrien, Prêtre.
Vie Symbolique de S. François de Sales, I, 10781.
GAMBU, André, Architecte.
Carte de Bourgogne, I, 1422.
—de Dijon, 1503.

de GAMON, Achilles, Avocat.
  Mémoires fur les Guerres du Vivarais, II, 18360.
de GANAR, Germain, Evêque d'Orléans.
  Statuta Synodalia, I, 6369.
de GANAT : *voyez* Ribaud.
de GAND : *voyez* Villani.
GANDELOT (l'Abbé).
  Mémoires fur l'Histoire de Beaune, III, 35955.
  Histoire de la Ville de Beaune, 35956, IV, S.
GANNERON (Dom), Chartreux.
  Annales de la Chartreuse du Mont-Dieu, IV, S. 13250.*
  Mémoires, III, 34265.
de GANNO, Estienne.
  De Antiquitatibus Urbis Tolosæ, III, 37768.
GANOT, Sébastien, Religieux de Fontevrauld.
  Vie de Robert d'Arbrisselles, I, 13940; IV, *Suppl.*
de GARAMBERIO : *voyez* Guyot.
GARASSE, François, Jésuite.
  Mémoire fur les Jésuites, IV, S. 14342.*
  Les Recherches des Recherches, II, 15582.
  Ludovico XIII, Sacra Rhemensia, 26094.
  Réception de Louis XIII, 26329; IV, S.
  Le Banquet des Pages, III, 32974.
  Oraison funèbre d'André de Nesmond, 33123.
GARCÉ.
  Traduction Hollandoise de l'Histoire de Louis XIV, en Médailles, II, 24402.
GARCIA, Carlos.
  La Oposicion y Conjuncion de los luminares de la Tierra, II, 28628.
GARCIE, P. *dit* Ferrande.
  Le grand Routier, I, 836.
GARDE, (M.), Prêtre.
  Vie de Louise de Lorraine, I, 15195.
de la GARDE : *voyez* de Cantalauze, du Jardin & Pardoux.
GARDÉ, Julien, Hérault d'Armes.
  Copies de Commissions, &c. II, 23764.
  Lettres & Mémoires, III, 30889.
de GARDEIL.
  Lettre fur le Tripoli, I, 2704.
du GARDEIN de Villemaire, Antoine-Joseph-Louis.
  Devises & Inscriptions pour la Statue Equestre de Louis XV; II, 24775; III, 34547.
de la GARDELLE : *voyez* de Periere.
du GARDIN, Louis, Médecin.
  La Notre-Dame de Hau *ou* Halle, IV, *Suppl.* 4150.ᴷ
GAREL, Elie.
  La Palme facrée de Henri-le-Grand, II, 20015.
  Explication des Aigles de Lorraine, III, 40116.
de GAREL : *voyez* Auvray.
de GARIBAY, Estevan.
  Illustrationes Genealogicas de los Reyes di Francia, II, 24828.
GARIDEL, Joseph, Médecin.
  Histoire des Plantes d'Aix & de Provence, I, 3303 & 3369.
GARIEL, Pierre, Chanoine de Montpellier.
  L'origine, &c. de l'Eglise de S. Pierre de Montpellier, I, 5370.
  Discours de la Guerre contre ceux de la Religion, I, 5940; IV, S. 11, 20852; IV, S. 37827.*
  Epitome rerum in inferiore Occitania pro Religione gestarum, I, 5984; IV, S.
  Series Præsulum Magalonensium & Montispeliensium, 9213.
  Maguelone suppliante, IV, S. 9213.*
  Les Gouverneurs de la Gaule Narbonoise, III, 37749.
  Idée de la Ville de Montpellier, 37834.
GARIN (le Pere), Dominicain.
  Regula Nosocomii Belvacensis, IV, S. 5471.*

GARLON (M.), Chirurgien.
  Dissertation fur les Eaux de Barbotan, IV, *Suppl.* 2964.*
GARMAGE (M.), Curé de S. Pierre de Clermont.
  Rapport de la fouille faite fur la Montagne de Gergovia, I, 288.
  Le Puy-de-Dôme, 2642.
GARNIER, Moine de Tournus.
  Passio S. Valeriani, I, 4708.
GARNIER, Sébastien.
  Les trois premiers Livres de la Loyssée, IV, S. 16813.*
  Les huits derniers Livres de la Henriade, II, 19501; IV, S.
GARNIER, Claude.
  Tombeau de Henri-le-Grand, II, 20014.
  Portrait de Louis XIII, 20104.
GARNIER, Esprit.
  Tumulus Ludovici Chenæi, III, 33195.
GARNIER, Charles-François, Docteur en Théologie.
  Elogium Francisci Granet, I, 11184.
  Inscriptum Joanni-Baptistæ Souchay, 11459.
GARNIER, Jean-Jacques, Académicien.
  Traité de l'origine du Gouvernement François, II, 15603.
  Continuation de l'Histoire de France de l'Abbé Velly, 15807.
  Le Commerce remis à fa place, 18222.
  Eloge de Jean-Louis le Beau, IV, 46642.
GARNISON.
  Abrégé de la Politique pour la France, III, 32430.
  Traité de Politique, *Id.*
de GARRA, Paul, Dominicain.
  Le Chariot d'honneur, I, 10170.
  Oraison funèbre de Charles de Neuville, III, 32702.
GARRAULT, François, Sieur de S. Georges, Trésorier de France.
  Des Mines d'argent trouvées en France, I, 2774; IV, S.
  Des Poids, Mesures, Nombres & Monnoies des Gaulois, 3788.
  Recueil fur les Monnoies, III, 33919.
  Sommaires des Edits, &c. concernant la Cour des Monnoies, 33926.
  Recueil fur le fait des Monnoies, 33930.
  Réduction des Mesures & Poids du Duché de Rethelois, 34267.
  Traité des Poids & Mesures de Paris, 34451.
GARREAU, Antoine, Procureur au Parlement de Dijon.
  Description du Gouvernement de Bourgogne, I, 2196.
GARREAU (M.), *celui-ci paroît différent du précédent.*
  Vie de M. de la Salle, IV, S. 11435.
GARRIDO, François.
  Batalla de Roncevalles, II, 16184.
GARRIGUES, Pierre.
  Inscriptions de Narbonne, III, 37805.
de GARSAULT (M.).
  Les figures des Plantes d'usage en Médecine, I, 3297.
  Explication de ces figures, 3298.
  Traité des Plantes & Animaux, IV, S. 3551.*
  Le nouveau parfait Maréchal, IV, S. 3564.*
  L'Anatomie du Cheval, traduite de l'Anglois, I, 3561.
GARSON, François, Docteur en Théologie.
  Lettre au P. Sirmond fur S. Denys, I, 4033.
  Apologie pour les faints Apôtres des Gaules, 4039.
  Vie de Claude Bernard, 10944.
GARZON, Thomas.
  Vita Hugonis à S. Victore, I, 13478.

GASSEN de Plautin, P.
Discours des Eaux d'Encausse, I, 3052.
GASSENDI, Pierre, Prévôt de l'Eglise de Digne.
Historia Ecclesiæ Diniensis, I, 8833.
Vita S. Domnini Diniensis, 8834.
— Claudii Fabri Peirescii, III, 33198.
GASSION, Gilles.
Chronique de Normandie, III, 35064.
GASSION, Hugues.
Discours de la Vie & Mort de Charles & Sébastien de Luxembourg, III, 31987.
GASSOT, Jules.
Oratio in funere Caroli IX; II, 18241.
GASTALDI, Jean-Baptiste, Médecin.
An Phthisi Anglorum incipienti Clima Avenionense? I, 2495.
GASTAUD, François, Avocat.
Oraison funèbre de Madame Tiquet, IV, 48187; IV, S.
Réponse à la Critique, Id.
Critique du Discours Moral, là.
GASTEL, Timothée, Bénédictin.
Dissertation sur les Eaux de Luxeuil, I, 3094.
GASTELIER de la Tour, Denys-François.
Armorial des Etats de Languedoc, III, 37748 & 40106.
Description de Montpellier, 37835.
Nobiliaire du Languedoc, 40689.
Abrégé de la Généalogie de Château-neuf de Randon, 41797.
Généalogie de la Maison de Fay, 42284.
— de la Maison de Preissac, 43647.
— de la Maison de Varagne de Gardouch, 44377.
GASTIER.
L'Excellence du mot de Clerc, III, 33011.
GASTON de France, Jean-Baptiste, Duc d'Orléans, frere de Louis XIII.
Lettres au Roi, II, 21667—70.
Requête à MM. du Parlement, 21673.
Lettre au Roi, 21683, 707, 27.
Lettre au Maréchal de Schomberg, 21732.
Lettre au Roi, 21759.
Lettre au Parlement de Dijon, 21774.
Lettre aux Gouverneurs des Provinces, IV, Suppl. 23597.*
Lettres, 30629, 853 & 986.
Lettres au Roi, 30661.
GASTON - Phœbus, Comte de Foix : voyez de Foix.
GASTUMEAU, J. B. Procureur du Roi.
Mémoires pour la Ville de la Rochelle, III, 35778.
GATIEN, Jérôme, dit de la Mere de Dieu.
Traité de l'ancienne Hiérarchie, I, 7845.
de GATINARA, Mercurin Arborio, Président du Parlement de Dôle.
Déduction des querelles de la Maison d'Autriche & de Bourgogne contre la Maison de France, II, 28818.
Instruction sur les Droits de la Maison de Bourgogne, III, 38587.
GATTE, M. Antoine, Jurisconsulte.
Epistola pro Vindiciis antiquorum Diplomatum, III, 29466.
de GAUBERTIN : voyez Boistel.
GAUBIUS, Jérôme-David.
Biblia naturæ, latinè versa, I, 3614.
GAUCHER, Jean.
Oraison funèbre du Cardinal de Bérulle, I, 7778.
GAUDELET, Jean, Avocat.
Recueil des Indulgences de Dijon, I, 5008.
Vie de S. Bénigne, 10935; III, 37040.
GAUDET, Fr. Charlemagne, Lieutenant en la Prévôté de Weymars.
Requête au Roi, II, 24667.

Vers sur la convalescence de M. le Dauphin, 25743.
GAUDIN.
Vie de S. Hildevert de Meaux, I, 9411.
GAUDIN, Jacques, Official de Paris.
Oraison funèbre de Hardouin de Péréfixe, I, 9345.
Elogium Petri Lallemantii, 13614.
GAUDRILLET (l'Abbé), Prêtre de Dijon.
Histoire de Notre-Dame de Bon-Espoir, I, 4106; V, Add. 4139.*
Description de la Bataille de Guastalla, II, 24608.
Relation des Réjouissances faites à Dijon, III, 37009.
le GAUFFRE, Thomas, Prêtre, Maître des Comptes à Paris.
Récit de ce qui s'est passé à Louviers, I, 4855.
Exorcisme de plusieurs Religieuses, 4856.
Récit du Voyage de Louviers, IV, S. 4856* : c'est peut-être le même Ouvrage sous trois titres.
Vie de Claude Bernard, 10946.
le GAUFFRE, Hubert-François, Secrétaire du Roi.
Vita Ambrosii lu Gauffre, 11150.
GAUFFREDUS : voyez Geoffroy.
GAUFFRETEAU, Jean, Curé.
Siége & Prise de la Rochelle, II, 21546; IV, Suppl.
GAUFFRIDUS, Maurice, Dominicain.
Vita S. Yvonis, I, 11546.
GAUFREDI, Evêque de Luynes.
Sacra Gothofredi Expeditio, II, 16587.
GAUFRIDUS : voyez Geoffroi.
GAUFRIDUS, Jacques.
Apologia pro Ludovico XIII; II, 28695.
de GAUFRIDY, Jacques, Président au Parlement d'Aix.
Ses Emplois, III, 33194.
Histoire de Provence, 38121.
de GAUFRIDY, Jean-François, Conseiller au Parlement d'Aix, fils du précédent.
Histoire de Provence, III, 38110.
Histoire Généalogique de la Maison de Gaufridy, 42480.
GAULMIN (M.), Maître des Requêtes.
Avis pour entreprendre sur la Franche-Comté, II, 22044.
GAULT, Eustache, nommé à l'Evêché de Marseille.
Discours sur le Rhin, I, 875.
Traité des Droits du Roi sur la Navarre, II, 28915.
GAULTHEROT, Denys, Jurisconsulte.
Langres Chrétienne, I, 5045.
L'Anastase de Langres, III, 34351.
de GAULTHIERES : voyez Nicole.
GAULTIER, Jacques.
Histoire de S. Gaultier, I, 12628.
GAULTIER (M.), Avocat.
Les Lauriers du Roi, II, 21548.
GAULTIER, Nicolas, Commandeur de l'Ordre Hospitalier du S. Esprit.
Tableau de l'Ordre (Hospitalier) du S. Esprit, III, 40380.
Histoire des Freres Hospitaliers de l'Ordre du Saint Esprit, 40383.
Défense du Chef de l'ancien Ordre du S. Esprit, 40385.
GAULTIER, Etienne.
Martyrologium Conventûs Carnutensis Fratrum Minorum, I, 13859.
GAULTIER, Jean-Baptiste, Théologien.
Vie de Jean Soanen, I, 8852.
Abrégé de la Vie de Charles Joachim Colbert, 9224.
Relation de la Vie & Mort de M. de Langle, 9781; IV, S.

Lettre à M. de Charancy, 14397.
Relation de la Captivité de la Mere des Forges, 14706.
Lettres Apologiques pour les Carmélites, 14971; IV, S.
Histoire du Parlement, II, 23743; III, 32885.
Les Lettres Persanes convaincues d'impiété, II, 24570.
de GAUMONT, Gabriel, Sieur de Chevanne.
Vie de S. Denys l'Aréopagite, I, 4029.
S. Denys l'Aréopagite, Evêque de Paris, 4048.
Dissertation sur la Tunique de N. S. J. C. 11674.
GAUSBERT, Chanoine de Limoges.
Vita S. Frontonis Petrocoriensis, I, 8328.
GAUTERAN, François, Jésuite.
Question historique sur Tournai, I, 351.
GAUTEREAU, Ministre Calviniste converti.
La France toute Catholique, I, 6054.
GAUTERON (M.).
Eloges de quatre Académiciens, IV, 45593.
Eloge de Jean-François de Négre de Lacan, I, 11218.
—de Pierre Icher, IV, 46184.
—de Pierre Magnol, 46203.
—de Laurent Ricome, 45720 & 46304.
GAUTHIER, le Chancelier.
Antiochena Bella, II, 16633.
GAUTHIER d'Ochies, Abbé de Longpont.
Vita B. Joannis de Montemirabili, I, 13103.
GAUTHIER, Maturin, Dominicain.
Oraison funèbre de Jean de Bellièvre, III, 33148.
GAUTIER, Guillaume, Cistercien.
Historia Monasterii B. Mariæ de Begaris, I, 13021.
—Monasterii B. Mariæ de Blancha, 13023; IV, Suppl.
Monasterii S. Albini de Bosco, 13126.
GAUTHIER (M.), Maire de Châlons-sur-Saône.
Relation des Réjouissances faites à Châlons à la naissance de (feu) M. le Dauphin, II, 26547; III, 37202.
GAUTIER, Evêque d'Orléans.
Capitula, I, 6368.
GAUTIER de Coventry.
Historia Regum Angliæ, III, 35091.
GAUTIER de Gysburne, Chanoine Régulier.
Historia de Regibus Angliæ, III, 35104.
GAUTIER, Jean, Maître des Comptes, en Bretagne.
De l'Etat & Office de Maître des Comptes, III, 33804.
GAUTIER (M.), Avocat-Général au Grand-Conseil.
Lettre sur la mort du P. de Joyeuse, IV, Suppl. 13910.*
GAUTIER, Archidiacre.
Vita Caroli Boni, III, 39339.
GAUTIER, Jean.
Histoire de Sainte Géneviève, I, 4447.
GAUTIER, René.
Vie d'Anne de Jésus, traduction, I, 14984!
—d'Anne de S. Barthélemi, traduction, 14987.
GAUTIER,
Lettre sur Catherine Charpy, I, 4879.
GAUTIER (le Pere), Prémontré.
Apologie de la Dissertation sur l'apparition de la Sainte Vierge à S. Norbert, I, 13554.
GAUTIER, Jean-Louis, dit de S. Augustin, Carme Déchaussé.
Vie d'Eugénie de S. Augustin, I, 15008.
GAUTIER.
Notes sur l'Histoire de Genève, III, 39174.
GAUTIER, Hubert, Ingénieur.
Carte de l'ancienne Gaule, I, 35.
Extrait de l'Itinéraire d'Antonin sur la Gaule, 60.

Précis de l'Histoire des grands Chemins de Nicolas Bergier, 62.
Carte de l'Evêché de Béziers, 1031.
—de l'Evêché de Nismes, 1107;
—de l'Evêché d'Uzès, 1180.
Bibliothèque des Philosophes & des Savans, 2452.
Dissertation sur les Eaux de Bourbonne-les-Bains, 3004.
Histoire de Nismes, III, 37848.
GAUTIER Dagoty, Graveur.
Portraits des Hommes & des Femmes célèbres, 31380.
GAUTIER de Sibert, Pierre-Edme, Académicien.
Variations de la Monarchie Françoise, II, 15602 & 27168.
Histoire des Ordres de Notre-Dame du Mont-Carmel & de S. Lazare, IV, S. 40374.*
GAVAND.
Inventaire des Terriers, &c. étant en la Chambre des Comptes de Forez, II, 27846.
GAVOIS (M.).
Index Plantarum collectarum in littore Maris Oceani, I, 3331.
—Plantarum quæ circa Lutetiam pullulant, 3355.
GAY, Jean, Procureur au Parlement de Toulouse.
Histoire des Albigeois, I, 5755; IV, S. & II, 17831.
GAY, Thomas, Dominicain.
Ager Dominicanus, IV, S. 13738.**
le GAY de Ramecourt (M.).
Dissertation sur les Atrebates, I, 196.
de GAYA, Louis, Sieur de Tréville.
Les huit Barons de l'Abbaye de S. Corneille, I, 12383.
Histoire généalogique des Dauphins de Viennois, II, 25289.
L'Art de la Guerre, III, 32100.
GAYOT, Antoine, Jésuite.
Vie de Gaspard Dinet, I, 9046.
GAYOT de Pitaval, François.
Histoire d'Urbain Grandier, IV, S. 4836.*
—des Combats d'Almenar, II, 24455.
Relation de la Campagne du Maréchal de Villars, 24472.
GAZET, Guillaume, Pasteur de Sainte Marie-Magdelène d'Arras.
Catalogue des Saints des Pays-Bas, I, 4258.
Histoire de la sacrée Manne & de la sainte Chandelle d'Arras, 4946.
Histoire de la sainte Chandelle, 4947; IV, Suppl.
Histoire Ecclésiastique de Flandres, I, 5081.
Tableaux sacrés de la Gaule Belgique, IV, Suppl. 5081.*
Histoire Ecclésiastique des Pays-Bas, I, 8510.
L'Ordre des Evêques des Pays-Bas, 8511.
L'Ordre des Evêques de Cambray & d'Arras, 8535 & 85.
Vie de S. Waast d'Arras, 8596.
Suite des Evêques d'Arras, IV, S. 8585.*
Généalogie des Comtes d'Artois, II, 25371.
Succession des Comtes d'Artois, IV, S. 38963.*
Bibliothèque sacrée des Pays-Bas, IV, 45691.
GAZET, Nicolas, Cordelier, neveu du précédent.
Les Chroniques des Religieuses de l'Annonciade, I, 14698.
Vie de Louise de Lorraine, II, 25126.
GAZON Dourxigné.
Vers sur la Conquête de Minorque, II, 24745.
de GAZONVAL: voyez Mandrini.
GAZZOTTI, Pierre.
Historia delle Guerre d'Europa, II, 24154.

le GÉANT, Jean.
Descriptio Archiepiscopatûs Coloniensis, I, 1046.
GEAY, Jean-Léonard, Dominicain.
Oraison funèbre du Prince de Conti, II, 25853.
le GEAY, Jean, Docteur, Régent en l'Université d'Orléans.
Lamentations des Catholiques d'Orléans, II, 18004.
GEBAVER, Georges-Chrétien, Jurisconsulte.
Judithæ Augustæ Franciæ Elogium, II, 25042.
de GEBELIN : voyez Court.
GEBHARD.
Reges Francorum Merovingici, II, 15892 & 24862.
GEBWILLER, Jérôme.
Descriptio Alsatiæ & Argentorati, I, 2168 ; & III, 38694.
Libertas Germaniæ, II, 15366 & 96 ; 28773.
GÉDOIN, Louis, Sieur de Bellan.
Négociation, III, 30476.
Dépêches, 30516.
GÉDOLPHE ou Geldolphe, Joseph, de Ryckel, Chanoine Régulier.
Vita sanctæ Beggæ, I, 14719.
Historia sanctæ Gertrudis, 15014.
GÉDOYN.
Les Conditions de la Paix, IV, S. 18573.*
GIGER, Wolfgang-Jacques.
Theatri Europæi Tomus X & XI ; II, 24155.
GELANT : voyez Geslant.
GELDENHAURIUS, Gérard.
Catalogus Episcoporum Ultrajectensium, I, 8796 ; III, 39565.
Vita Philippi à Burgundia, 8810 ; II, 25476.
Historiæ Germaniæ inferioris, III, 39258.
Historia Batavica, 39569.
GELEDE, Bernard, Prieur de Notre-Dame de Gimont.
Généalogie de la Valette-Nogaret, III, 44357.
GELÉE, Jean.
Regrets sur la mort de François d'Alençon, Duc d'Anjou, II, 25512.
GELÉE, Vincent, Correcteur de la Chambre des Comptes.
Annotations sur le Guidon des Finances, II, 27977.
GELENIUS : voyez Ghelen.
GELICQ, Adam.
Chroniques de Cambray, I, 8529.
GELIOT, Louvant.
La Brigue défaite, III, 36943.
Indice Armorial, 40000.
GELLEGRAIN.
L'Espagne dépouillée, II, 22064.
GELOT (M.), Procureur du Roi.
Dissertation sur les Canaux proposés en Bourgogne, I, 952.
Essai sur les différens génies du Peuple François, II, 15468.
Exposition de l'Ordonnance Militaire de Charles-le-Guerrier, III, 35885.
Exposition de la Charte de Commune de Dijon, 35913 & 36928.
Réponse aux Remarques de l'Abbé Boullemier, 36930.
GELU, Jacques, Archevêque de Tours, transféré à Embrun.
Vita ejus ab ipso scripta, I, 10330.
Dissertatio de Puella Aurelianensi, II, 17199.
GEMBERLAKH, Guillaume-Rodolphe : faux nom d'Antoine Bruen, ou Brun : voyez Brun.
GEMELLUS, Pierre.
Oratio de obitu Ludovici Cardinalis Borbonii, I, 10067.

le GENDRE (M.), Curé d'Hénouville, ou sous son nom l'Abbé de Pontchâteau.
Manière de cultiver les Arbres fruitiers, I, 3465.
le GENDRE, Philippe, Ministre Calviniste.
Vie de Pierre Thomines, Sieur du Bosc, I, 6074.
le GENDRE, Louis, Chanoine de l'Eglise de Paris.
Eloges de François de Harlay, I, 9350.
Laudatio Francisci de Harlay, 9351.
De Vita Francisci de Harlay, 9352.
Laudatio Claudii Joly, 11209.
Elogium Claudii Thevenin, 11477.
Mœurs & Coutumes des François, II, 15462.
Histoire de France (des deux premières Races), 15642.
Histoire de France (jusqu'à la mort de Louis XIII), 15806.
Jugemens sur plusieurs anciens Historiens de France, 15975.
Essais du Règne de Louis-le-Grand, 24378.
Histoire des Reines de France, 24994.
Lettres à un Homme de qualité, 28575, 86 & 99.
Vie du Cardinal d'Amboise, III, 32460.
Statuts pour le Collège de Reims, IV, 45091.
le GENDRE (le Pere), Augustin.
Oraison funèbre d'Eléonore de Matignon, IV, S. 14845.*
le GENDRE (M.), Avocat.
Requête de la Noblesse contre les Ducs & Pairs, III, 31288.
Réponse de M. le Chevalier de Vendôme au Mémoire des Princes du Sang, II, 28593 ; III, 31292.
Réponse du même à la Requête des Ducs & Pairs, II, 28600 ; III, 31293.
le GENDRE, Gilbert-Charles, Marquis de Saint-Aubin.
Des Antiquités de la Nation Françoise, II, 15435.
Dissertation sur Roricon, 16021.
Des Antiquités de la Maison de France, 24943.
Réponse aux Objections, 24944.
Seconde Réponse, 24945.
Lettre aux Auteurs des Mémoires de Trévoux, 24946.
le GENDRE (M.), Ingénieur.
Description de la Place de Louis XV à Reims ; I, 2152.
GÉNÉBRARD, Gilbert.
Chronologia, I, 4909.
De Clericis qui participârunt in divinis cum Henrico Valesio, 7150.
Liber de sacrarum Electionum jure, 7558.
Oraison funèbre de Pierre Danès, 10252.
Excommunication des Ecclésiastiques, &c. 18898.
GENESIO, Alessandro.
Traduction Italienne de l'Histoire de France de Pierre Matthieu, II, 19821.
GENEST, Claude-Charles, Abbé de S. Vilmer.
Portrait de Charles Caton de Court, IV, 47052.
GENEST (M.), Commis aux Affaires étrangères.
Traduction de la Vérité révélée, II, 28210.
GENET, Edme-Jacques.
Histoire des Sièges de Berg-op-zoom, II, 24695.
de GENNES, Julien-René-Benjamin, Oratorien.
Réflexions sur le Miracle de Moïsy, I, 5688.
de GENNES, Pierre, Avocat.
Mémoire pour le Sieur de la Bourdonnaye, II, 24726.
—pour le Sieur Dupleix, II, 28286 ; III, 39807 ; IV, S.
—pour M. de Klinglin, III, 38745.
—pour le Landgrave de Hesse-Darmstatt, 38750.
—pour le premier Chirurgien du Roi, IV, 45003.

de GENOILLAC, Jean, Evêque de Tulles.
Règlement pour les Ecclésiastiques, I, 6781.
GENOUX, Simon, Bénédictin.
Casa Dei Benedictina, I, 11742.
de GENSANNE (M.).
Mémoire sur les Mines d'Alsace, I, 2667.
GENTIEN, Benoît.
Histoire du Roi Charles V; II, 17072.
—du Roi Charles VI; 17129.
GENTIL, Pierre.
Discours sur la Guerre de Malte, III, 40319.
de GENTIL, Pons, Avocat.
Harangue & Remontrances, IV, S. 18424.*
de GENTIL, Philippe, Marquis de Langallerie.
Mémoires, II, 24419; III, 31964.
Manifeste, III, 31965.
le GENTIL, Jean, Chanoine & Vidame de l'Eglise de Reims.
Recueil des Actes, &c. concernant le Clergé, I, 6944.
GENTILI, Scipion.
Notes Italiennes sur le Poëme du Tasse, II, 16602.
Oratio funebris in obitum Hugonis Donelli, IV, 45872.
GENTILLET, Innocent, Jurisconsulte.
Le Bureau du Concile de Trente, I, 7504.
Remontrance au Roi, II, 18319.
Discours d'Etat, 17096.
Traduction du Livre de la République des Suisses, III, 39074.
GENTILLOT, Jean Benoît.
Additamenta ad Annales Lambecianos, cum crisi, II, 16402.
GENTRAC, Joseph, Jésuite.
Oraison funèbre de Charles du Plessis d'Argentré, I, 8501.
GENTYT de Tillancourt.
Remarques pour servir à l'Histoire de Gondrecourt, III, 38945.
GEOFFROI, Abbé de Vendôme.
Epistolæ, III, 29769.
GEOFFROI le Gros, Moine de Tiron.
Vita S. Bernardi Tironensis, I, 12899.
GEOFFROI, Moine de Clairvaux.
Vita S. Bernardi Clarevallensis, I, 13041.
GEOFFROI, Prieur du Vigeois.
Chronica, II, 16688.
GEOFFROI de Beaulieu, Dominicain.
S. Ludovici Vita, II, 16838; V, Add.
GEOFFROI de Coulon, Moine de S. Pierre-le-Vif.
Chronicon, II, 16956.
GEOFFROI, Pierre.
Les Merveilles de Notre-Dame de Garafon, I, 4145.
GEOFFROI, Etienne-François, Médecin.
De Plantis indigenis, I, 3296.
GEOFFROI, Claude-Joseph, Médecin, frere du précédent.
Catalogue de Curiosités naturelles, I, 2476.
Examen du Sel de Pécais, 2743.
—des Eaux de Passy, 3128.
Histoire des Insectes qui se trouvent aux environs de Paris, 3619.
Traité des Coquilles qui se trouvent aux environs de Paris, IV, S. 3672.*
GEOFFROI, J. B. Jésuite.
Gratulatio ob Regem ex morbo restitutum, II, 24652.
In restitutam Delphino valetudinem, 25740.
GEORGE Logothete ou Acropolite.
Chronicon, II, 16730 & 31.
GEORGE le Grec.
Raccolta di alcuna Scritture, II, 19490.
GEORGE (le Chevalier).
Lettres à M. le Prince de Condé, II, 22664.
GEORGE, Jacques, Jésuite.
Mausolée Royal, II, 10031.

Vie de Claude de la Chastre, III, 31612.
GEORGE (M.), Avocat.
Mémoire pour les Bourses du Collège de la Marche, IV, 45068.
GEORGE d'Amiens (le Pere), Capucin.
Oraison funèbre de Madame d'Elbœuf, IV, 48067.
GEORGEL (l'Abbé).
Réponse à un Ecrit sur les Rangs, &c. III, 43862.
GEORGEON (M.), Avocat.
Edition d'une Traduction de l'Histoire de Guichardin avec des Notes, II, 17547; IV, S.
Préface de la Traduction de l'Histoire de M. de Thou, 19878.
GEORGISCH, Pierre.
Codex Juris Germanici antiqui, IV, S. 27589.*
Regesta Chronologica, IV, S. 29499.*
GÉRARD de Roussillon, Comte de Bourges & de Provence.
Testamentum ejus, I, 12930.
GÉRARD, Moine de Corbie.
Vita S. Adhalardi, I, 11872.
GÉRARD de Vannes.
Vita S. Roberti, Abbatis Casæ Dei, I, 11744.
GÉRARD d'Anvers, Clerc.
Abbreviatio Historiæ, II, 16899.
GÉRARD d'Auvergne, Moine de Cluni.
Chronicon Cluniacense, I, 11774.
GÉRARD d'Auvergne, Chanoine.
Chronicon, II, 16916; V, Add.
GERARD Geldenhaurius : voyez Geldenhaurius.
GÉRARD, G.
Tombeau de René Benoît, IV, S. 10937.*
GÉRARD l'Espagnol.
Franciæ engannada, II, 28718.
GÉRARD (M.), Avocat.
Défenses pour les Particuliers qui possèdent des Bois en Normandie, III, 35194.
GÉRARD, Louis.
Flora Gallo-Provincialis, I, 3370.
S. GÉRAUD, Moine de Fleuri.
Poëma de Waltario, III, 37500.
GERBAIS, Jean, Docteur de Sorbonne.
Traduction d'une Lettre de l'Eglise de Liége, I, 7257.
Traité pacifique du pouvoir de l'Eglise & des Princes, &c. 7385.
Dissertatio de Causis majoribus, 7444.
De Delphini studiis, II, 25685.
GERBERON, Gabriel, Bénédictin.
Histoire de la Robe-sans-couture de Notre Seigneur, I, 5327 & 11675.
Histoire du Jansénisme, 5578.
Mémorial de ce qui s'est passé touchant les cinq Propositions, 5590.
Histoire de la paix de l'Eglise, 5609.
Rétractation, 15107.
GERBERT, Archevêque de Reims, depuis Pape sous le nom de Sylvestre II.
Apologia Arnulfi, I, 6689.
Epistolæ, III, 29754 & 56.
GERBIER (M.), Résident en Angleterre.
Lettres, III, 30651.
GERBIER de la Massilaye, J. B. Avocat.
Réflexions sur le Droit du Roi de nommer aux Prélatures, I, 7562.
Précis pour les Evêques de Chartres & d'Orléans, IV, S. 9360.*
Réponse à un Mémoire contre la Compagnie des Indes, II, 28287.
Mémoire pour M. le Duc de Brissac, IV, S. 31312.*
—pour M. le Duc de Chevreuse, III, 35642.
GERBRAND, Jean, Carme.
Chronicon Hollandiæ, III, 39584.

Annales Egmondani, 39620.
Des anciens Seigneurs de Bréderode (en Flamand), 39622.
de GERGY : *voyez* Languet.
GERHARD, Jean-Erneſt.
Jus tertii in cauſa Regaliæ, I, 7652.
de GERLAND : *voyez* Legoux.
S. GERMAIN, Evêque de Paris.
Epiſtola ad Brunichilden, II, 16048.
GERMAIN, Evêque de Châlons-ſur-Saône, puis d'Auxerre.
Tractatus de virtutibus Philippi Burgundiæ Ducis, II, 25448.
GERMAIN, Jean.
Hiſtoria Caroli V (Imperatoris), III, 38069.
GERMAIN, Abbé de S. Jean de Térouanne.
Les Droits du Roi ſur cette Abbaye, II, 27935.
GERMAIN, Michel, Bénédictin.
Commentarius de antiquis Regum Francorum Palatiis, I, 441; IV, S.
Monaſticon Gallicanum, 11619.
Hiſtoire de l'Abbaye de Notre-Dame de Soiſſons, 14910.
GERMAIN, Pierre-Bénigne, Théologal d'Autun.
Problême *ou* Diſſertation ſur Bibracte, I, 225; IV, S.
Lettres ſur S. Lazare, IV, S. 3973.*
Diſcours ſur les Hiſtoriens d'Autun, III, 35943.
Mémoires ſur l'Hiſtoire d'Autun, 35947.
de GERMANES (l'Abbé), Vicaire-Général de Rennes.
Hiſtoire des Révolutions de Corſe, III, 39822.
de GERMIGNY, Jacques, Baron de Germoles.
Négociations, III, 30209.
Lettres, 30210.
de GERMOLES : *voyez* Germigny.
GERMON, Barthélemi, Jéſuite.
Diſſertation ſur l'origine des François, II, 15452 & 15591.
De veteribus Regum Francorum Diplomatibus Diſceptatio, III, 29457.
Diſceptatio ſecunda, 29461.
—tertia, 29467.
De veteribus Hæreticis, 29472.
GIROTHÉE *au* Philothée : *voyez* de la Croix.
GIROU, Guillaume.
Bibliothèque des Auteurs de Berry, IV, 45674.
—des Ecrivains d'Orléans, 45734.
—des Auteurs de Touraine, 45754.
GERRIT Potters vander Loo.
Traduction Flamande de la Chronique de Froiſſart, II, 17100.
GERSAINT, Edme-François.
Catalogues de Curioſités naturelles, I, 2472, 73, 74, 75.
Vie d'Antoine Wateau, IV, 47956.
de la GERSÉE : *voyez* de la Geſſée.
GERSON, François.
Hiſtoire Rocheloiſe, II, 21545.
de GERSON, Jean Charlier, Chancelier de l'Egliſe de Paris.
Scripta adverſus aſſertionem Joannis Parvi, II, 17115.
Apologia pro puella Joanna, 17197 & 201.
Opus collativum de Puella, 17198 : *attribué*.
Harangue devant Charles VI; II, 17180.
GERTOUX, Jean.
Mémoires, III, 38196.
GERVAIS, Archevêque de Reims.
Epiſtolæ, III, 29761.
GERVAIS de Cantorbéri, Bénédictin.
Chronica, III, 35054.
GERVAIS de Tilberi.
Deſcriptio Galliarum, I, 471.
Otia Imperialia; I, 2380; II, 16723.
De Mirabilibus mundi, II, 16722.

De Origine Burgundionum, III, 35831.
GERVAIS, Evêque de Séez.
Epiſtolæ, III, 29784.
GERVAIS de Tournai.
Bellum ſacrum adverſus Albios, I, 5752.
Præfatio Hiſtoriæ Falcandi, III, 35025.
GERVAISE, Nicolas, mort Evêque d'Horren.
Hiſtoire de l'Egliſe de S. Martin de Tours, I, 5551.
Vie de S. Martin de Tours, 10187.
Diſſertation ſur le temps de la mort de Saint-Martin, 10294.
GERVAISE, Armand-François.
Diſſertation ſur l'héréſie des Inveſtitures, I, 5565.
Vie de S. Irénée, 8882.
Vie d'Abélard & d'Héloiſe, 11852.
Hiſtoire de Suger, 12433.
Défenſe de cette Hiſtoire, 12434.
Hiſtoire de la Réforme de l'Ordre de Citeaux, 12982.
Jugement des Vies de l'Abbé de Rancé, 13153.
GERVAISE de la Touche (M.), Avocat.
Mémoire pour Michel-Alexandre le Moine, I, 13575.
Précis pour le même, 13576.
GERY : *nom ſous lequel s'eſt caché le P.* Queſnel, I, 5572 : *voyez* Queſnel.
de GERY (M.), Chanoine Régulier.
Oraiſon funèbre de Louis XV; IV, S. 24802.*
Diſcours à l'occaſion d'une émeute, III, 37574.
GESLAND, Jean.
Addition aux Chroniques des Maiſons de Vitré & de Laval, III, 44506.
GESLANT, Nicolas, Evêque d'Angers.
Statuts Synodaux, I, 6326; IV, S.
GESNEL, Matthieu.
Notice de l'Abbaye de S. Evre, I, 12455.
GESNER, Conrad, Médecin.
Hiſtoria Animalium, I, 3553.
de la GESSÉE, Jean.
Le Siège de Sancerre, II, 18197.
La Rochelléide, 18209.
Le Tombeau du Duc d'Aumale, IV, S. 32360.*
Traité ſur les Généalogies de la Maiſon de Montmorenci, III, 43299.
van GESTEL, Corneille.
Carte de l'Archevêché de Malines, I, 1085.
Deſcriptio Archidiœceſis Mechlinienſis, IV, *Suppl.* 1259.*
Hiſtoria ſacra & profana Archiepiſcopatûs Mechlinienſis, I, 9036; III, 39524.
GEUFFRIN.
La Franciade, II, 15777.
GÉVART, J. Gaſpard.
Lacrymæ ad tumulum J. Aug. Thuani, III, 32938.
GEYMAN, Pierre, Dominicain.
Hiſtoire de Notre-Dame de Pradelles, I, 4194.
GHEBELLINI, Etienne.
Carte du Comté Venaiſſin, I, 1901.
GHELEN, Sigiſmond.
Appiani Latina Verſio, I, 1903.
GHELEN, Gilles, Chanoine de Cologne.
Hierotheca, I, 8660; IV, S.
Sanctus Engelbertus, 8675.
De magnitudine Coloniæ Agrippinæ, III, 39206.
GHENING *ou* Gheninx, Philippe.
Deſcription des Fontaines acides de Spa, I, 3234, 35, 36.
GHISQUIÈRE, Joſeph, Jéſuite.
Commentarius de ſanctâ Fide, IV, S. 4414.*
—de Sanctâ Tulliâ, 4704.*
—de S. Cypriano Telonenſi, 8060.*
—de S. Palladio Santonenſi, 8300.*

Commentarius de sancto Hieronymo Nivernensi, 10184.*
—de S. Apollinari Valentini, 10736.*
—de S. Badilone, 12090.*
—de Sanctâ Aureâ, 14748.*
—de Sanctâ Ragenfrede, 14875.*
de GHISLEN, Augier, Seigneur de Busbec.
Epistolæ, III, 30216 & 17.
GIANNETASIUS, Nicolaus-Parthenius, Jésuite.
Historia Neapolitana, II, 25363.
GIARD, Christophe.
Compendi della Vita di San Francisco de Sales, I, 10777.
GIBALIN (le Pete), Jésuite.
Discours sur la justice des armes de Louis XIII; II, 28713.
GIBERT, Jean-Pierre, Docteur en Théologie & en Droit.
Institutions Ecclésiastiques & Bénéficiales, I, 6968.
Usages de France sur toutes les matières Canoniques, 6971.
Histoire de l'usage & de l'autorité du Droit Canonique en France, 6972.
Introduction à l'étude des Libertés de l'Eglise Gallicane, 6977.
Mémoire pour une Edition des Libertés de l'Eglise Gallicane, 6996.
Apologie des Libertés de l'Eglise Gallicane, 7026.
Les Opinions Ultramontaines sappées, 7027.
Mémoire sur le refus des Bulles, IV, S. 7370.*k
Conférence de l'Edit de 1695, 7463.
Usages de l'Eglise Gallicane, concernant les Censures & l'irrégularité, 7465.
Maximes & Usages de la France sur les Conciles & les Assemblées du Clergé, 7496.
GIBERT, Balthasar, Syndic de la Faculté des Arts de l'Université de Paris.
Discours sur la Constitution *Unigenitus*, I, 5665.
Mémoire concernant les Principaux des petits Collèges, IV, 44811.
GIBERT, Joseph-Balthasar, Académicien.
Mémoires pour servir à l'Histoire des Gaules, I, 3748.
Lettre sur le même sujet, 3752.
Mémoire sur le nom de *Mérovingiens*, II, 15884.
Recherches sur les Cours qui exerçoient la Justice, III, 32838.
GIBERTAIN (M.), Chevalier de S. Louis.
Journal de la peste du Gévaudan, I, 2532.
GIBERTI (M.), Médecin.
Remarques sur l'Histoire des Comtes de Provence, III, 38050.
de la GIBONAYS, Jean-Artur.
Recueil concernant la Chambre des Comptes de Bretagne, III, 33822.
Succession des Ducs de Bretagne, 35353.
GIBSON, Edme.
Dissertatio de Portu Iccio, I, 301.
GIFFART, P. Graveur.
L'Art Militaire François pour l'Infanterie, III, 32179.
de GIFFORD, Guillaume.
Oraison funèbre de Louis de Lorraine, Cardinal de Guise, I, 9580.
Harangue funèbre prononcée à l'enterrement du cœur de ce Cardinal, IV, S. 9580.*
GIGAS: *voyez* le Géant.
GIGNOUX (M.), Médecin.
Détail des Maladies épidémiques, I, 2630.
GIGOT de Bellefonds, Marie, Marquise de Villars.
Lettres, III, 31036.

de GILABERT, François.
Discursos sobre la calidad del Principado del Cataluña, IV, S. 38354.*
GILBAUT, Laurent.
Le Trésor des Harangues, III, 32840.
GILBERT.
Vita S. Bernardi, I, 13047.
GILBERT, Jacques.
Tractatus de Sedis Apostolicæ primatu, I, 7306.
de GILBERT, L.
Traduction de la Vie de S. Etienne de Die, I, 10747.
S. GILLES, Abbé.
Libellus pro Privilegiis Ecclesiæ Arelatensis, I, 7979.
GILLES de Paris, Diacre.
Carolinus, II, 16264 & 16786.
GILLES de Liége, Moine d'Orval.
Gesta Pontificum Leodiensium, I, 8709.
Editio Vitæ S. Alberti Leodiensis, 8782.
GILLES Columna, *dit* le Romain, Archevêque de Bourges.
Quæstio in utramque partem, I, 7043.
GILLES, Nicole, Secrétaire de Louis XII.
De l'origine des François, II, 15360.
Les Annales de France, 15689.
GILLES, Pierre, Ministre Calviniste.
Histoire Ecclésiastique des Eglises réformées, I, 5979.
GILLESON, Bonaventure, Bénédictin.
Histoire des Antiquités de Compiégne, III, 34857.
Annales de Soissons, 34869.
Antiquités de Soissons, 34870.
GILLET, Jean.
Dessein touchant la Recherche des Plantes du Languedoc, I, 3335; IV, S.
GILLET, François-Pierre, Avocat.
Dissertation sur le Franc-Alleu, IV, S. 39953.*
GILLET, Laurent, Avocat, frere du précédent.
Requête au Roi pour les Avocats & les Médecins, IV, S. 40037.*
GILLET (M.), Avocat.
Mémoire sur la Jurisdiction du Recteur, IV, 44755.
GILLET de Moyvre (M.), Avocat.
Vie de M. le Marquis de Feuquieres, III, 32113.
de GILLEY, Jean, Baron de Marnoz.
Carte de la Franche-Comté, IV, S. 1523.*
Descriptio Agri qui vulgò *Pagnol* (vel *Pagnoz*), III, 38443.
GILLOT, Jacques, Conseiller-Clerc du Parlement de Paris.
Vita Joannis Calvini, I, 5810.
Traités des Droits & Libertés de l'Eglise Gallicane, 6989.
Instructions & Missives des Rois de France, 7498.
Relation de ce qui s'est passé touchant la Régence de Marie de Médicis, II, 27351.
Actes du Concile de Trente, III, 30103.
Lettres sur Jacques Faye, Sieur d'Espesse, III, 32955.
GILLOT, Jean, Jésuite.
De S. Hilario Pictaviensi, I, 8311.
Oratio in funere Connestabilis de Montmorency, III, 31447.
GILON, Moine de Cluni.
Epitome Vitæ S. Hugonis Cluniacensis, I, 11833.
GILON, Evêque de Paris.
Historia Gestorum vitæ Hierosolymitanæ, II, 16613 & 14; IV, S.
GILQUIN, Peintre.
Explication des Desseins des Tombeaux des Ducs de Bourgogne, III, 37057.

GIMAT

GIMAT de Bonneval, J. B. Comédien du Roi.
Voyage de Mantes, I, 23623; IV, S.
de GIMONT, Paul : *faux nom sous lequel s'est caché Jean Boucher, Archidiacre de Tournay*, I, 7074 : voyez Boucher.
GIN (M.), Avocat.
Remarques du Chancelier de l'Eglise de Paris sur une Requête du Recteur de l'Université, IV, 44765.
GINET, Pierre.
Recherches de l'Antiquité d'Angoulême, III, 35787.
de GIOVANNI Batti, Siméon.
Essequie della Regina Maria de Medici, II, 26754.
GIRAFFI, Alexandre.
Le Rivoluzioni di Napoli, II, 22263.
GIRAFFY, P. Franciscain.
Traduction des Relations du Cardinal Bentivoglio, I, 5964.
GIRALDI, Julien.
Essequie d'Errico IV; II, 26746.
GIRARD, Roger, Augustin.
Traduction de la Vie de Guillaume, Duc d'Aquitaine, III, 35721.
GIRARD, Guillaume, Secrétaire du Duc d'Epernon.
Vie de ce Duc, II, 22078.
Apologie de M. de Beaufort, 23726.
GIRARD, Etienne, Avocat.
Les Edits & Ordonnances de nos Rois, II, 27630.
Des Offices de France, III, 31199.
Traité des Chanceliers, 31480.
Livre des Officiers de Chancellerie, 32800.
Traité des Parlemens, 32857.
GIRARD, N. Grand-Archidiacre d'Angoulesme.
Vie de Jean-Louis Guez de Balzac, IV, 46988.
GIRARD, Claude, Licentié en Théologie.
Relation de ce qui s'est passé pour terminer les contestations des Théologiens, I, 5602.
GIRARD, Antoine, Jésuite.
Traduction de la Vie de S. Guillaume de Dijon, I, 12358.
Les mémorables journées des François, II, 15801.
L'idée d'une belle mort dans celle de Louis XIII, 22127.
GIRARD (M.).
Table des distances des principales Villes, I, 680.
GIRARD de Villars (M.), Médecin.
Plantes du Pays d'Aunis, I, 3313.
Catalogue des Plantes de la Rochelle, 3372.
de GIRARD, Bernard, Sieur du Haillan, Historiographe de France.
De l'origine des Francs, II, 15383.
Dessein de l'Histoire de France, 15625.
Histoire générale des Rois de France, 15684.
Histoire sommaire des Rois de France, 15687.
Regum Gallorum Icones, 15722.
Vie de Louis XI, 17330.
Lettre sur la Bataille d'Ivry, 19245.
De la grandeur des Rois de France, 26805.
De l'état des affaires de France, 27150.
Histoire des Comtes & Ducs d'Anjou, III, 35693.
Icones Ducum Lotharingorum, 38855.
GIRARDEL, François, Prêtre.
Vie de Pierre Girardel, I, 13816 : *attribuée.*
GIRARDET, Jean-Baptiste, Médecin.
Le Miracle de la Nature dans les Eaux de Louverot, IV, S. 3091.*
de la GIRARDIE : voyez François.
GIRARDIN, Guillaume.
Le Portolan, traduit de l'Italien, I, 835.

GIRARDIN, Jacques-Félix.
Histoire de la Ville & de l'Eglise de Fréjus, I, 7898.
GIRARDOT de Beauchemin, Jean.
La Bourgogne délivrée, III, 38398.
Relation de la Guerre du Comté de Bourgogne; 38596.
GIRAU (le Sieur).
Harangue au Roi & à la Reine Régente, III, 33186.
GIRAUD.
La Procopade, IV, 46296.
GIRAUDEAU.
Variations des effets en papier, II, 28102.
GIRON, Matthieu, Bénédictin.
Lettre sur le sacre de Henri IV; II, 26075.
GIRY, Etienne.
Hist. des choses advenues en la Ville de Sommieres; II, 18382.
GIRY, Louis, Avocat.
Traduction du Livre de l'Eglise avec l'Etat, I, 7263.
GIRY, François, Minime, fils du précédent.
Vie de S. Denys l'Aréopagite, I, 4058.
Vies des Saints de France, 4230.
Vie de S. Baudille, 4328.
—de S. Florent, 4420; IV, S.
—de S. Fuscien, &c. 4429.
—de S. Gengoux, 4437.
—de Ste Géneviève, 4466.
—de Ste Godeberte, 4482.
—de Ste Gudule, 4488.
—de S. Guidon, 4492.
—de Ste Ide, 4513.
—de S. Justin, 4527.
—de Ste Lidwine, 4538.
—de Ste Macre, 4553.
—de Ste Maixence, 4558.
—de Ste Noitburge, 4608.
—de S. Quentin, 4625.
—de S. Richard, 4645.
—de S. Roch, 4660.
—de S. Savinien, 4679.
—de S. Victor, 4718.
—de Ste Ulphe, 4729.
—de la Vénérable Alette, 4769.
—du Cardinal de Bérulle, 7783.
—de S. Salvi d'Albi, 7917.
—de S. Honoré d'Arles, 7992.
—de S. Hilaire d'Arles, 7996.
—de S. Césaire d'Arles, 8008.
—de S. Cyprien de Toulon, 8062.
—de S. Claude de Besançon, 8187.
—de S. Delphin de Bordeaux, 8235.
—de S. Eutrope de Saintes, 8295.
—de S. Hilaire de Poitiers, 8311.
—de S. Front de Périgueux, 8329.
—de S. Guillaume de Bourges, 8397.
—de S. Philippe de Bourges, 8400.
—de S. Allire de Clermont, 8415.
—de S. Sidoine Apollinaire, 8430.
—de S. Genest de Clermont, 8441.
—de S. Martial de Limoges, 8466.
—de S. Vindicien de Cambray, 8559.
—de S. Waast d'Arras, 8597.
—de S. Brunon de Cologne, 8667.
—de S. Servais de Tongres, 8731.
—de S. Lambert de Mastricht, 8758.
—de S. Hubert de Liége, 8764.
—de S. Irénée de Lyon, 8878.
—de S. Just de Lyon, 8887.
—des deux SS. Eucher de Lyon, 8894.
—de S. Léger d'Autun, 8981.
—de S. Didier de Langres, 9003.
—de S. Boniface de Mayence, 9091.

Vie de S. Paul de Narbonne, 9164.
—de S. Aphrodise de Béziers, 9186.
—de S. Flour de Lodève, 9229.
—de S. Marcel de Paris, 9289.
—de S. Germain de Paris, 9296.
—de S. Landry de Paris, 9307.
—de S. Faron de Meaux, 9408.
—de S. Aignan d'Orléans, 9462.
—de S. Nicaise de Reims, 9512.
—de S. Remi de Reims, 9526.
—de S. Rigobert de Reims, 9538.
—de S. Abel de Reims, 9540.
—de S. Draufin de Soissons, 9598.
—de S. Arnoul de Soissons, 9604.
—de S. Menje de Châlons-sur-Marne, 9619.
—de S. Rieule de Senlis, 9661.
—de S. Lucien de Beauvais, 9679.
—de S. Firmin d'Amiens, le Martyr, 9698.
—de S. Honoré d'Amiens, 9713.
—de S. Godefroi d'Amiens, 9722.
—de S. Médard de Noyon, 9746.
—de S. Eloy de Noyon, 9752.
—de S. Omer de Terouenne, 9770.
—de S. Victrice de Rouen, 9820.
—de S. Evode de Rouen, 9826.
—de S. Romain de Rouen, 9837.
—de S. Ouen de Rouen, 9857.
—de S. Ansbert de Rouen, 9861.
—de S. Léon de Rouen, 9870.
—de S. Exupere de Bayeux, 9897.
—des SS. Savinien & Potentien de Sens, 10033.
—de S. Loup de Sens, 10045.
—de S. Aimé de Sens, 10052.
—de S. Vulfran de Sens, 10055.
—de S. Loup de Troyes, 10090.
—de S. Peregrin d'Auxerre, 10121.
—de S. Germain d'Auxerre, 10137.
—de S. Arey de Nevers, 10177.
—de S. Saturnin de Toulouse, 10203.
—de S. Exupere de Toulouse, 10212.
—de S. Silvin de Toulouse, 10220.
—de S. Louis de Toulouse, 10223.
—de S. Martin de Tours, 10284.
—de S. Brice de Tours, 10304.
—de S. Grégoire de Tours, 10321.
—de S. Julien du Mans, 10345.
—de S. Liboire du Mans, 10354.
—de S. Maurille d'Angers, 10382.
—de S. Aubin d'Angers, 10391.
—de S. Corentin de Quimper, 10449.
—de S. Paul de Léon, 10453; IV, S.
—de S. Brieux, 10461.
—de S. Malo, 10472.
—de S. Samson de Dol, 10482.
—de S. Magloire de Dol, 10484.
—de S. Maximin de Trèves, 10512.
—de S. Arnoul de Metz, 10561.
—du B. Pierre de Luxembourg, 10596.
—de S. Crescent de Vienne, 10689.
—de S. Didier de Vienne, 10712.
—de S. Adon de Vienne, 10723.
—de S. Hugues de Grenoble, 10756.
—de S. François de Sales, 10785.
—de S. Ambroise de Milan, 10808.
—de S. Paulin de Nole, 10823.
—de S. Amable de Riom, 10881.
—de S. Bénigne de Dijon, 10931.
—du B. Claude Bernard, 10947.
—du B. César de Bus, 11009.
—de Charles de Condren, 11069.
—de Thomas Elie, 11105.
—de Jean-Jacques Olier, 11324.
—de S. Vincent de Paul, 11520.
—de S. Yves de Tréguier, 11554.
—de S. Ermelan d'Aindre, 11660.

Vie de S. Anselme de Cantorbéri, 11706.
—de S. Robert de la Chaise-Dieu, 11747.
—de S. Odon de Cluni, 11804.
—de S. Odilon de Cluni, 11822.
—de S. Adhalard de Corbie, 11875.
—de S. Leufroy de Madri, 11900.
—de S. Momble de Fleuri, 11964.
—de S. Guibert de Gemblours, 11985.
—de S. Aicard de Jumiéges, 12023.
—de S. Fourcy de Lagny, 12031.
—de S. Ursmar de Laubes, 12054.
—de S. Caprais de Lérins, 12073.
—de S. Louis de Blois, 12095.
—de S. Eustase de Luxeul, 12114.
—de S. Humbert de Maroilles, 12157.
—de S. Berchaire de Monstier-en-Der, 12177.
—de S. Romain du Mont-Jura, 12199.
—de S. Marcoul de Nanteuil, 12254.
—de S. Aimé de Remiremont, 12290.
—de S. Bertin de Sithiu, 12370.
—de S. Cybar d'Angoulesme, 12393.
—de S. Lomer de Blois, 12584.
—de S. Clair de Vienne, 12593.
—de S. Merry d'Autun, 12605.
—de S. Mandé de Saint-Malo, 12661.
—de S. Avite de Micy, 12669.
—de S. Mesmin de Micy, 12673.
—de S. Frambourg de Micy, 12679.
—de S. Thierry du Mont-d'Or, 12767.
—de S. Valery d'Amiens, 12782.
—de S. Blimond d'Amiens, 12785.
—de S. Eusice de Celles, 12879.
—de S. Bernard de Tiron, 12900.
—de S. Adjuteur de Tiron, 12905.
—de S. Robert de Molesme, 12992.
—de S. Etienne de Cîteaux, 13000.
—de S. Bernard de Clairvaux, 13065.
—de Jean de la Barriere, 13087.
—de Jean de Montmirel, 13106.
—de S. Tibauld de Vaux-de-Cernay, 13170.
—de S. Bruno, Instituteur des Chartreux, 13243.
—de S. Bavon, Ermite, 13286.
—de S. Drogon, Reclus, 13299.
—de S. Flavie, Ermite, 13305.
—de S. Goar, Anachorete, 13321.
—de S. Hospice, Reclus, 13329.
—de S. Léonard, Anachorete, 13353.
—de S. Montain, Ermite, 13371.
—de S. Thibauld de Provins, Ermite, 13390.
—de S. Gaucher, Chanoine Régulier, 13419.
—de S. Norbert, Instituteur des Prémontrés, 13551.
—de S. Gilbert, Abbé de Neuf-Fontaines, 13568.
—du B. Robert d'Arbrissselles, 13944.
—de S. Jean de Matha, 13976.
—de S. Pierre Nolasque, 13997.
—de S. François de Paule, 14029.
Dissertatio de annis S. Francisci de Paula, 14031.
Vie de Pierre Moreau, Minime, 14041.
La Régle du Tiers-Ordre des Minimes, IV, S. 14067.**
Vie de Ste Marie d'Oignies, 14721.
—de Ste Angadresme, Abbesse d'Oroër, 14736.
—de Ste Aure, Abbesse de Saint-Martial, 14746.
—de Ste Austreberte, Abbesse de Pavilly, 14774.
—de Marguerite d'Arbouze, Abbesse du Val-de-Grace, 14800.
—de Ste Opportune, Abbesse de Montreuil, 14855.
—de Ste Berthille, Abbesse de Chelles, 14867.
—de Ste Fare, Abbesse de Farmoutier, 14885.
—des SStes Bove & Dode, Fondatrices de l'Abbaye de S. Pierre de Reims, 14940.
—de la Mere Marie de l'Incarnation, Carmélite, 14982.

Table des Auteurs.

Vie de Marguerite du S. Sacrement, Carmélite Déchauffée, 14995.
—de Ste Gertrude, Abbeffe de Nivelle, 15016.
—de Ste Vautrude, Fondatrice des Chanoineffes de Mons, 15023.
—de la B. Julienne, Prieure de Montcornillon, 15053.
—de S. Gontran, Roi de Bourgogne, II, 16065.
—de S. Charlemagne, Empereur, 16306.
—de S. Louis, Roi de France, 16880.
—de Ste Clotilde, Reine de France, 25005.
—de Ste Radegonde, Reine de France, 25016.
—de Ste Bathilde, Reine de France, 25037.
—de la B. Jeanne de Valois, Reine de France, 25066.
—de S. Cloud, petit-fils de Clovis, 25244.
—de Ste Aurélie, fille de Hugues Capet, 25282.
—de Ste Ifabelle, fœur de S. Louis, 25377.
—de S. Guillaume, Duc d'Aquitaine, III, 35722.
—de S. Sigifmond, Roi de Bourgogne, 35850.
—de Charles-le-Bon, Comte de Flandre, 39343.
—de S. Pepin de Landen, Duc de Brabant, 39474.

GISLEBERT, Moine de Font-Rouge.
Vita S. Romani, Conditoris Monafterii Fontifrogi, I, 11980.

GISLEBERT, Abbé de Nogent : *ou plutôt*, Hetmann, *contemporain de Guibert*.
Hiftoria Ecclefiæ Laudunenfis, I, 9635 & 37.

GISLEBERT, Chancelier de Baudouin V, Comte de Flandre.
Chronicon Hannoniæ, III, 39423.

GISLEMAR.
Vita S. Droctovæi, I, 12509.

de GISPERT (M.), Confeiller du Confeil de Rouffillon.
Comptes rendus de la Doctrine des Jéfuites, I, 14580.

de GISSEY, Odo, Jéfuite.
Difcours de la Dévotion de Notre-Dame du Puy, I, 4197 & 8485.
Hiftoire de Notre-Dame de Roquemadour, 4201.
Vie de S. Sernin de Touloufe, 10201.
Hiftoire de Toulouse, III, 37767.

GIUNTI, Bernard.
Chronicon de Re di Francia, II, 15741.

GIUSTINIANI, Marin.
Relatione nell' anno 1530, III, 29918.
—nell' anno 1535, II, 17561 ; III, 29936.

GIUSTINIANI, François.
Relatione nell' anno 1535, III, 29937.

GIUSTINIANI, Bernard.
Hiftorie Chronologiche del origine di gli Ordini Militari, III, 40263.

GIVRY (M.), Avocat du Roi.
Lettre fur un Traité de la majorité, II, 27387.

le GIVRE, Pierre, Médecin.
Le fecret des Eaux minérales acides, I, 2877.
Lettre touchant les Eaux de Forges, 3064.
Anatomie des Eaux de Provins, 3178.
Traité des Eaux minérales de Provins, *ld*.
Lettres touchant les Eaux de Sainte-Reine, 3209.

de GIVRY, Claude, Cardinal, Adminiftrateur de l'Eglife de Poitiers.
Conftitutions Synodales, I, 6673.

GLABER : *voyez* Raoul.
GLAREANUS : *voyez* Lorit.
de GLARIS : *voyez* Tfchudi.
de GLATIGNY, Pierre, Oratorien.
Series Epifcoporum Lexovienfium, I, 9986.

de GLATIGNY (M.), Avocat-Général de la Cour des Monnoies de Lyon.
Differtation fur les anciens Gaulois, I, 3836.

Differtation fur la Servitude, II, 15519.
Recherches fur l'origine des Communes, 27309.
Obfervations fur les Titres d'honneur, III, 39818.

GLEISES.
Obfervations fur les Montagnes des Cévennes & du Vivarais, I, 2203.

de GLEN, Baudouin.
Chronicon Cœnobii Henniacenfis, I, 13430.

GLOBAB, Martin.
Traduction Efpagnole d'une Réponfe aux Manifeftes du Roi de France, II, 28707.

GLOMY.
Catalogue de curiofités, I, 2485.

GOBBÉ, Yve-Jofeph, Bernardin.
Notitia Regalis Abbatiæ B. Mariæ de Perfenia, I, 13123.

GOBELIN (M.), Intendant de l'Armée d'Alface.
Lettres, III, 30838.

GOBET (M.), Garde des Archives de M. le Comte de Provence.
Réflexions fur l'Hiftoire d'Auvergne, IV, *Suppl.* 37450.*

GOBILLON, Nicolas, Curé de S. Laurent à Paris.
Vie de Madame le Gras, I, 15035.

GOBINEAU de Montluifant.
La Royale Thémis, IV, *S.* 33207.*

GOBLER, Juftin, Jurifconfulte.
Hiftoria de quadam filia Regis Franciæ, IV, *S.* 16727.**

GODARD, Jean-Jacques-François, Profeffeur de Rhétorique à Caën.
In teterrimum Ludovici XV parricidium, II, 24757.
Traduction du Poëme de M. Coger fur l'affaffinat du Roi, *ld*.

GODART, Jean, Chanoine de Reims.
Recueil de Pièces fur Reims, III, 34379.

GODART (M.).
Lettres & Mémoires, III, 30161.

GODART, Jean.
Les Triomphes de Henri IV, II, 19636.

GODART d'Aucourt (M.), Fermier-Général.
Le bien-aimé, II, 24654 ; IV, S.
Le Bureau de la France, 24657 ; IV, S.
Louis XV, 24658.

GODART de Beauchamps, Pierre-François.
Recherches fur les Théâtres de France, IV, 47772.

GODART de Beaulieu (M.), Maire d'Abbeville.
Mémoires fur le Comté de Ponthieu, III, 34192.

GODEAU, Antoine, Evêque de Vence & de Graffe.
Vie de M. de Cordes, I, 4748.
Hiftoire de l'Eglife, 4909.
Difcours fur l'Hôpital-Général de Paris, IV, S. 5315.*
Relation des Délibérations du Clergé de France, fur la Conftitution d'Innocent X ; I, 5594.
Ordonnances & Inftructions Synodales, 6800.
Eloge d'Alain de Solminiac, 7954.
—de Jean-Baptifte Gault, 8051.
Oraifon funèbre de Henri Litolphi, 8107.
—de Jean-Pierre Camus, 8210.
—d'Octave de Bellegarde, 10075.
Eloge de S. François de Sales, 10780.
Defcription de la Grande Chartreufe, 13126.
Oraifon funèbre de Louis XIII ; IV, *S.* 22138.*
Harangue au Roi, II, 23828.
Difcours au Cardinal Mazarin, 23829.
Oraifon funèbre de Matthieu Molé, III, 31532.

GODEFROY, Pierre, Jurifconfulte.
Remontrance au Roi, II, 18054.

GODEFROY, Léon, Conseiller au Châtelet de Paris.
Déscription de Tolose, III, 37781; IV, *Suppl.* 2308.*
Voyage en Béarn & en Quercy, IV, *Suppl.* 2308.*

GODEFROY, Denys, Jurisconsulte, fils du précédent.
Maintenue & Défense des Princes Souverains, &c. ou Défense des Empereurs, &c. I, 7164.
Statuta Galliæ, II, 27592.
Editio Corporis Juris Civilis cum Notis, IV, S. 27583.*
Avis à la Reine sur les Monnoies, III, 33940.
Dissertatio de Nobilitate, 39855.

GODEFROY, Théodore & Denys, fils & petit-fils du précédent.
Recueil de Pièces sur les Provinces de France, III, 34135.
Recueil de diverses Pièces sur la Suisse, 39110.
Mémoires sur Genève, 39171.
Des Ordres Hospitaliers & Militaires, 40264.
Pièces sur la Noblesse du Royaume, 40586.

GODEFROY, Théodore, Conseiller d'Etat, Historiographe de France, le même que le précédent.
Edition de l'Histoire de Charles VI de Juvenal des Ursins, II, 17142.
—de l'Histoire de Charles VIII de Guillaume de Jaligny & autres, 17395.
—d'une Partie de l'Histoire de Louis XII de Jean d'Auton, 17423.
—de l'Histoire de Louis XII de Jean de Saint-Gelais, 17449.
—d'une Histoire de Louis XII recueillie de Claude de Seissel & autres, 17478.
Généalogie des Rois de Portugal, 25294.
De l'origine des Rois de Portugal, IV, *Supplém.* 25294.*
Origines de la Maison d'Autriche, II, 25878 & 79.
Généalogie des Ducs de Lorraine, 25907.
Origine de la Maison de Lorraine, *là*.
Réfutation de la prétendue origine de la Maison de Lorraine, 25908.
Le Cérémonial de France, 25921.
Le Cérémonial François, 25922.
Recueil de Cérémonies, 25928.
Cérémonial du Parlement de Paris, 25932.
Cérémonies aux Mariages de France & d'Espagne, 26596.
Mémoire touchant la Dignité des Rois de France, 26819.
—concernant la Préséance des Rois de France, 26925.
Notes sur les Etats-Généraux de 1614, 27517.
Traité touchant les Droits du Roi, 28753.
Mémoire concernant les Droits du Roi sur la Navarre, 28914.
Titres de Lorraine, Barrois, &c. 28993.
Recueil des Affaires de Piémont & de Savoie, 29077.
Inventaire du Trésor de Chartres, III, 29490.
Edition de l'Histoire d'Artus III, Comte de Richemont, 31426.
Annotations sur l'Histoire du Chevalier Bayard, III, 31864; IV, S. 31866.*
Vie de Guillaume Marescot, 32727.
Table des Regiftres du Parlement, 33296.
Conspiration du Duc d'Alençon, 33671.
Regiftres de la Chambre des Comptes de Paris, 33827.
Inventaire des Titres de la Chambre des Comptes de Paris, 33833.
Généalogie des Comtes & Ducs de Bar, 41118.
Vie de Michel Marefcot, IV, 46213.

GODEFROY, Jacques, Jurisconsulte, frere du précédent.
Gallicanæ Historiæ Annales, I, 3867.
Le Mercure Jésuite, 14352.
Diatriba de Jure Præcedentiæ, II, 26932.
Editio Codicis Theodosiani, cum Commentariis, IV, S. 27583.*
Mémoire touchant l'Etat de Genève, III, 39170.

GODEFROY, Denys, Historiographe du Roi, le même que celui qu'on a vu plus haut avec Théodore son pere.
Edition de l'Histoire de Charles VI de Juvenal des Ursins, II, 17142.
—de l'Histoire de Charles VII de Jean Chartier, 17270.
—des Mémoires de Philippe de Comines, 17392.
—de l'Histoire de Charles VIII par de Jaligny, 17395.
Généalogie des Ducs de Bretagne, 25310.
Mémoires & Instructions pour servir dans les Négociations, 28936.
Table des Traités de Paix, &c. III, 29225.
Inventaire des Bulles concernant les Pays-Bas, 29683.
Mémoires pour la Paix, 30767.
Histoire des Connétables, 31342.
Catalogue des Connétables, 31404.
—des Chanceliers, 31484.
—des Maréchaux de France, 31576.
—des Amiraux de France, 31752.
—des Généraux des Galères, 31794.
Eloges de Jean & Gaspard Bureau, 31806.
Traduction de la Vie de Philippe de Comines, 31925.
Catalogue des Grands-Maîtres de la Maison du Roi, 32276.
Remarques sur la Vie de Jacques Cœur, 32451.
Généalogies de quelques Chanceliers, 40576.
Généalogie de Philippe de Comines, 41950.
—de Jean Juvenal des Ursins, 44525.

GODEFROY, Jean, Directeur de la Chambre des Comptes de Lille.
Extrait d'une Chronique du XV Siècle, II, 17296.
Remarques sur l'Histoire de Louis XI par Varillas, 17338.
Edition des Mémoires de Castelnau, 18093.
La véritable fatalité de Saint-Cloud, 19088; IV, S.
Edition de la Satyre Ménippée, 19451 & 54.
Abrégé de l'Histoire de la Ligue, 19638.
Inventaire des Titres du Comté de Haynault, 28830.
Notes sur la Confession de Sancy, III, 32473.
Inventaire des Titres de la Chambre des Comptes de Lille, 33857.

GODEFROY (M.), Avocat.
Mémoire pour l'Université de Reims, IV, 45262.

GODELET.
Remarques sur ce qui est arrivé dans Dijon, III, 37001.

GODELLUS, Guillaume.
Chronicon, I, 12600.

GODESCALC, Diacre & Chanoine de Liége.
Gesta S. Lamberti Trajectensis, I, 8748.

GODET : *voyez* de Laistre.

GODET des Marais, Paul, Evêque de Chartres.
Statuts Synodaux, I, 6444.

GODIN, Antoine.
Notæ in Concilia Ecclesiæ Rotomagensis, I, 6293.

GODIN, Louis, Académicien.
Histoire de l'Académie des Sciences, I, 2454.
Liste des Académiciens, IV, 45528.

GODONESCHE.
Médailles du Règne de Louis XV, II, 24687.

Table des Auteurs.

GODRAN, Charles, Chanoine de Dijon.
Euphemia de ingreſſu Regis Caroli IX in urbem Divionem, II, 16234; IV, S.
Epicedium in mortem Francifci à Lotharingia Guifiani Ducis, III, 32296; IV, S.

GODRAN, Jean, Sieur de Chazans.
Hiſtoire des quatre derniers Ducs de Bourgogne, II, 25443.
La voie triomphale de la Vertu, 26407.
Hiſtoire des Chevaliers de la Toiſon d'Or, III, 40426.
Remarques ſur les armes des Chevaliers, 40427.

GODY, Simplicien, Bénédictin.
Dionyſius Gallus vindicatus, I, 4044.
Hiſtoire de Notre-Dame de Mont-Roland, 4178; IV, S.

GOERINGIUS : voyez Gherinx.

GOETSMANN, Conſeiller au Conſeil d'Alſace.
Notice des Domaines d'Alſace, II, 27724.
Traité du Droit Commun des Fiefs, III, 39961.

GOFFREDO, Jean Antoine.
Raguaglio dell' aſſedio dell' Armata Franceſe, II, 22275; IV, S.

GOFFRID : voyez Geoffroi.

de la GOGUE, Jean, Prieur de Saint-Gildas.
Hiſtoire des Princes du bas-Berry, III, 35807.
Généalogie de Déols & de Châteauroux, 42115.

GOHARD, Pierre, Archidiacre de Noyon.
Traité des Bénéfices Eccléſiaſtiques, I, 7583.

GOHORIUS, Jacques, Mathématicien.
De rebus geſtis Francorum, II, 17396.
Geſta Ludovici XII, 17469.

GOIDSCHENHOVEN : voyez van Haecht.

GOIFFON, D. Médecin.
Index Plantarum quæ circa Lugdunum naſcuntur, I, 3342.

GOIFFON, Joſeph, Principal du Collège de Dombes.
Diſſertation ſur la peſte du Gévaudan, I, 2530; IV, S. III, 37903.
Réponſe (à M. Chicoyneau) ſur la peſte de Marſeille, I, 2554.

GOIS, Damien.
Obſidio Urbis Lovanienſis, III, 39508.

GOLDAST, Melchior, Juriſconſulte.
Animadverſiones in vitam Caroli Magni, II, 16248.
Editio Conſtitutionum Imperialium, IV, Suppl. 27610.*
De Tranſlatione Imperii Romani, II, 28766.

GOLDING, P.
Traduction Angloiſe d'un Abrégé de la Chronique de Froiſſart, II, 17100.

GOLDMEYER, André.
Chronique de Straſbourg en Allemand, III, 38725.

GOLEIN, Jean, Carme.
Traduction d'un Livre de Chronique, II, 16436.

GOLLUT, Louis, Avocat.
Mémoires de la République Séquanoiſe, III, 38384.
Défenſe contre le Décret de la Cité, 38619.

GOLNITZ, Abraham.
Ulyſſes Gallico-Belgicus, I, 2307.

GOLSCALC, Jean.
Topographia Emporii Antverpiani, III, 37513.

GOLSCHER, Moine de Trèves.
Vita SS. Eucharii, Valerii & Materni, I, 10502.
Geſta Treverorum, III, 39235.

GOMAR, François.
Oratio in funere Franciſci Junii, I, 5872.
Notæ in Defenſorium Pacis, 7047.

de GOMBERVILLE : voyez le Roy.

GOMBOUST, Jacques.
Plan de Paris, I, 1772.

GOMÈS, Alvar.
De Principis Burgundiæ militia, III, 40412.

de GOMEZ, (Madame) : voyez Poiſſon.

de GOMICOURT, (M.) : voyez d'Amyens.

de GOMMER, (MM.) freres.
L'Autourſerie, IV, S. 3597.*

GON, Guillaume.
Diſcours ſur la mort de Louis XIII; II, 22131.

GON, François.
Relation de la mort d'Etienne-François de Caulet, I, 10240.

GONDELFINGE, Henri.
De rebus geſtis ſub Carolo Duce Burgundiæ, II, 25463.

GONDELPHE.
Hiſtoria Ordinis S. Auguſtini, IV, St 13662.*

GONDI, Jérôme.
Traduction Eſpagnole d'un Eloge de Catherine de Médicis, II, 25088.

de GONDI de Retz, Pierre, Evêque de Paris.
Statuta, I, 6663.

de GONDI de Retz, Henri, Evêque de Paris, Cardinal, neveu du précédent.
Statuta Synodalia, I, 6664.
Réglemens, 6665; IV, S.

de GONDI de Retz, Jean-François, premier Archevêque de Paris, frere du précédent.
Concilium Provinciæ Pariſienſis, I, 6665; IV, S.
Conſtitutions pour le Monaſtere de Sainte Marie-Magdelène, 15253.

de GONDI de Retz, Jean-François-Paul, Archevêque de Paris, Cardinal, neveu des précédens.
Oraiſon funèbre de la Marquiſe de Maignelay, IV, S. 4805.*
Ses propres Mémoires, I, 9336, II, 23731.
Sermon en l'honneur de S. Louis, II, 22302.
Avis prononcé au Parlement, 23287.
Avis déſintereſſé, 23314, attribué.
Apologie de l'ancienne Fronde, 23321.
Le vrai & le faux, 23448.
Le vraiſemblable, 23450.
Les contretemps, 23451.
Les intérêts du temps, 23453.
Avis aux Malheureux, 23454.
Le Manifeſte de M. de Beaufort, 23480.
L'Eſprit de paix, 23486.
Lettre du Bourgeois déſintereſſé, 23550.
Harangue au Roi, 23679.
Réponſe à M. le Nonce, &c. 23720.
Remontrance au Roi, 23826.
Lettre, III, 31095.

GONDON, Gilles, Docteur en Théologie.
Vie du P. Yvain, I, 11543; IV, S.

de GONDRECOUR, Charles.
Vies de Charles d'Urre & de Marie de Marcoſſey; I, 4765.

de GONDRIN : voyez de Pardaillan.

de GONGORA y Torreblanca, Garcia.
Hiſtoria del Regno de Navarra, III, 37685.

GONON, Benoît.
Hiſtoria Cœleſtinorum Galliæ, I, 13210.

de GONTAULT, Armand, Baron de Biron, Maréchal de France.
Lettre ſur la Bataille d'Ivry, II, 19244.
Traité de la Guerre, III, 32101.
Maximes pour la Guerre, 32122; IV, S.

de GONTAULT, Charles, Duc de Biron, Maréchal de France, fils du précédent.
Lettres au Roi, II, 19804.
Lettres, III, 30379.

de GONTAULT de Salignac (M.).
Ambaſſade, III, 30498.
Lettres, 30878.

542 Table VIII.

GONTHIER, Moine de l'Ordre de Cîteaux.
Hiſtoria Conſtantinopolitana, II, 16728.
GONTHIER d'Andernac, Médecin.
Commentarius de Balneis, I, 1886.
GONTHERI, Jean, Jéſuite.
Oraiſon funèbre du Duc de Mayence, III, 31780.
van GONTHOEVENS, Guillaume.
Chronique de Hollande, III, 39597.
GONTIER (M.), Docteur de Sorbonne.
Oraiſon funèbre de Françoiſe-Angélique d'Eſtampes de Valençai; IV, S. 15084.*
de GONTIERS, François-Maurice, Archevêque d'Avignon.
Decreta Synodalia, I, 6361.
Concilium Provinciale, 6362.
GONZAGUE, François, Général des Franciſcains.
De Origine Seraphicæ Religionis Franciſcanæ, IV, S. 13852.*
de GONZAGUE, Louis, Duc de Nevers.
Remontrance au Roi, II, 18312.
Journal, 18378.
Avis au Roi, 18380.
Lettres ſur le retour des Suiſſes, 18613.
Traité des cauſes & raiſons de la priſe d'Armes, 18906.
Avertiſſement aux Bourgeois de la Ville de Paris, 18978.
Lettre au Pape Sixte V, 19273.
Diſcours des Exploits du Duc de Nevers, 19304.
Diſcours ſur ſon Voyage à Rome, 19521 & 630.
Lettres, 19581.
Acta Legationis pro Henrico IV, 19629.
Journal des Etats de Blois, 27466.
Relation touchant les propoſitions de Mariage des Ducs d'Anjou & d'Alençon, 28409.
Réponſes aux Lettres de Henri IV; III, 30290.
Mémoires, 30300.
de GONZAGUE-Cleves, Charles, Duc de Nevers, fils du précédent.
Lettre à la Reine, II, 20116.
Lettre au Roi, 20488.
Lettres au Roi & à la Reine, 20494 & 96.
Lettre contre les calomnies, 20497.
Manifeſte ſur la Déclaration contre lui faite, 20517.
Lettre au Pape, 20527.
Lettres au Roi, 20560, 20987.
Lettres, III, 30431
de GONZAGUE de Cleves, Anne, Princeſſe Palatine, fille du précédent.
Ecrit ſur ſa Converſion, I, 4782.
GOODWIN, Thomas.
Hiſtoire du Régne de Henri V, Roi d'Angleterre, en Angloiſ, III, 35153.
Goos, Abraham.
Septemdecim Inferioris Germaniæ Provinciæ, I, 2028.
Goos, Pieter.
Côtes de France, I, 692.
GORACCUS, François, Docteur en Théologie.
Confutation du menſonge touchant la Dédicace de l'Egliſe des Bons-hommes, I, 14008.
de GORDES: voyez de Simiane.
GORDON, Jean.
Encomium Galliæ, I, 820.
GORDON, Alexandre.
La Vie du Pape Alexandre VI, en Angloiſ, II, 17410.
GORDON de Bacq.
La Maladie du Roi, II, 24649.
de GORICKHEM, Henri.
Propoſitiones de Puella Militari in Francia, II, 17197.

GORIN de Saint-Amour, Louis, Docteur de Sorbonne.
Journal de ce qui s'eſt fait dans l'affaire des cinq Propoſitions, I, 5591.
de la GORMANDIERE: voyez Bedé.
GOROP, Jean, dit Bécan.
Opera hactenùs in lucem inedita, I, 3744, IV, Suppl.
Origines Antverpienſes, III, 39515.
GOSCIN, Jean, Carme.
Cérémonies de l'Egliſe traduites, IV, S. 4988.*
GOSMOND.
Les campagnes de Louis XV; II, 24686.
des GOSNES. voyez d'Argentré.
GOSSELIN, Jean, Garde de la Librairie du Roi.
Diſcours de la dignité des Fleurs-de-Lys, II, 27045.
GOSSELIN, Antoine, Profeſſeur d'Eloquence & d'Hiſtoire.
Hiſtoria veterum Gallorum, I, 3791.
Laudatio Jacobi Savignæi, IV, 46003.
GOSSET, Nicolas, Curé de Sainte Opportune à Paris.
Obſervations ſur le Chapitre de Sainte Opportune, IV, S. 5280.*
Vie de Sainte Opportune, I, 14854; IV, Suppl.
GOSSET, Jean-Baptiſte-Zacharie, Archidiacre de Soiſſons.
Diſcours ſur Henri Delfaut, IV, 47064.
GOSSET (l'Abbé), Chanoine de Soiſſons, peut-être neveu du précédent.
Mémoire ſur le Duc de Mayenne, III, 31784.
GOSSET (M.), Auditeur des Comptes.
Table des Matieres des Ordonnances de la Chambre des Comptes, III, 33776.
GOSWIN.
Vita B. Arnulphi, I, 13178.
GOTH, Jean-Baptiſte-Gaſton, Marquis de Rouillac, Duc d'Eſpernon.
Hiſtoire de la véritable origine de la troiſieme Race, II, 14924.
GOTHOFREDUS: voyez Godefroi.
GOTSMANN de Thurn, Conſeiller au Conſeil d'Alſace.
Mémoire ſur la Ville de Metz, III, 38766.
GOUAN, Antoine, Médecin.
Flora Monſpelienſis, I, 3351.
Hortus Regius Monſpelienſis, 3388.
GOUAULT (M.), ſous ſon nom, c'eſt M. le Févre, Chanoine Régulier de Sainte Génevieve, III, 34303: voyez le Févre.
GOUDARD, Ange, Chevalier.
Journal de la Conquête du Port-Mahon, II, 24746.
Les intérêts de la France mal-entendus, II, 17311; IV, S. III, 31171.
Motifs pour porter la France à rendre libre le Commerce du Levant, II, 28207.
Traité du Commerce du Levant, 28289.
L'Anti-Babylone, III, 34537.
GOUDOUIN, Jean, Profeſſeur Royal.
Requête au Roi, IV, 44805.
GOUDOUR, Jacques, Doctrinaire.
Vita B. Cæſaris de Bus, I, 11008.
le GOUÉ (M.), Lieutenant-Général de Mayenne.
Remarques ſur l'Hiſtoire des Seigneurs du Duché de Mayenne, III, 43166.
GOUFFIER de Boiſy, Aimar, Evêque d'Albi.
Synodale, I, 6317.
GOUFFIER, Guillaume, Sieur de Bonnivet, Amiral de France.
Lettres, III, 29874.
GOUGNON.
Généalogie de Frezeau de la Frezeliere, III, 42426.

Table des Auteurs.

Gouin, Jean-François, Oratorien.
Oraison funèbre d'Anne de Choiseul de Praslin, I, 14839.
Goujet, Claude-Pierre, Chanoine de S. Jacques de l'Hôpital.
Vie de Marie-Elisabeth Tricalet, I, 4823.
— de Pierre Nicole, 5622; IV, S.
Relation du Chapitre de Marmoutier, IV, *Suppl.* 5669.*
Lettre touchant Jean Labadie, 6008.
Suite du Traité de l'Autorité des Rois, I, 7369; IV, S.
Lettre sur les Annates, 7569.
Histoire du Cardinal de Bérulle, 7786.
Notice de Gilbert Genebrard, IV, S. 7862.* IV, 47092.
Vie de Felix Vialart, I, 9632.
Notice de Pierre Danès, IV, S. 10255*; IV, 47062.
— de Jacques-Marie d'Amboise, 10887, IV, 46354.
— de Jean Aubert, 10896.
— d'Etienne Baluze, 10916.
— de Jean Banneret, 10918.
Eloge de Joseph Bougerel, 10983; IV, S.
Notice de Pierre-Victor-Palma Cayet, 11016; IV, 46680.
— de Claude Capperonnier, 11028.
— de Jacques de Chevreul, 11046.
— de Jean-Baptiste Cotelier, 11080.
— de Jean-Baptiste Couture, 11086.
— de Jean Dartis, 11091.
Lettre sur la vie de Pierre Des-Molets, 11098.
Vie de Jacques-Joseph Duguet, 11102; II, 27108.
Histoire de Louis Ellies du Pin, 11104.
Notice de Valérien de Flavigny, 11122; IV, 47086.
Eloge de Jean-Claude Fabre, IV, S. 11112.**
Notice de Michel Fourmont, 11132; IV, 46735.
— de Pierre Galand, 11138; IV, 46464.
— de Jean Gallois, 11142.
— de Pierre Gassendi, 11149; IV, 46464.
— de Jean Gerbais, 11162.
Eloge de Jean-Pierre Gibert, IV, S. 11167.*
Mémoires sur sa propre vie, 11174; IV, S. & IV, 46749.
Notice de François Jourdain, 11212.
Eloge de Jacques-Philippe de Lavarde, IV, *Suppl.* 11226.*
— d'Alexandre Levier, 11246.
Abrégé de la Vie de Pierre Lombert, 11249.
Notes sur les Mémoires de l'Abbé de Marolles, 11268.
Notice de Guillaume Massieu, 11276.
— de l'Abbé Privat de Molieres, 11296.
— de Pierre de Montmaur, 11301.
— de Siméon de Muis, 11312.
Edition d'une Vie de François de Pâris, 11337.
Notice de Nicolas Piat, 11352; IV, 47180.
— de Louis Ellies du Pin, 11358.
— de Jacques Pinssonat, 11359.
— de Guillaume Postel, 11371.
— de Pierre Pradet *ou* Padet, 11373; IV, 46536.
— de Jean-Baptiste Sarrasin, 11445.
— d'Antoine Singlin, 11456.
— de Jean-Baptiste Souchay, 11461.
— de Jean Terrasson, 11473.
Eloge historique de Nicolas le Tourneux, 11489.
Vie de Pierre-Joseph Tricalet, 11492.
Notice de François Vatable, 11500.
— de Pierre Vatignon, 11505.
Lettre sur André Valladier, 12335.
Vie de Claude Lancelot, 12402.
Eloge de Simon Mopinot, 12538.
Lettre sur Dom Remi Ceillier, 12807.

Eloge de Jean-Baptiste-Elie Avrillon, 14066.
Histoire de Jean-Pierre Niceron, 14074.
Avertissement sur l'Abrégé de l'Histoire de France de Mézerai, II, 15762.
Notes sur les Mémoires de la Ligue, 19724.
Lettre sur la Généalogie de MM. de Boisleve, III, 41396.
De l'état des Sciences depuis Charlemagne, jusqu'au Roi Robert, IV, 44561.
Lettre à l'Auteur de l'Histoire de l'Université de Paris, 44626.
Mémoires sur le Collège Royal, 45140.
Observations sur plusieurs Assemblées savantes, 45488.
Catalogue des Ouvrages des Académiciens de l'Académie des Inscriptions, 45510.
Supplément au Dictionnaire de Moréri, 45658.
Bibliothèque Françoise, IV, S. 45658.
Notices des Professeurs du Collège Royal de Paris, 45736.
Notice de Jacques Baudin, 45830.
Eloge de Charles-Joseph Boullanger, 45841.
— de Gabriel-Charles Buffard, 45847.
Notice de Philippe de Buisine, 45848.
— de Claude-Charles Capon, 45849.
— de Jean Doujat, 45876.
— de Hugues Guijon, 45900.
— de Pierre Hallé, 45905.
— de Pierre le Mercre, 45939.
— des trois Martin Akakia, 46014.
— de Jacques d'Amboise, 46016.
— de Nicolas Andry, 46017.
— de Simon Baudichon, 46030.
— de Denys Bazin, 46032.
— d'André Beauvau, 46033.
— de Guillaume Belet, 46035.
— de Jean Berault, 46038.
— de Henri Blacvod, 46049.
— de François Boujonnier, 46055.
— de Charles Bouvard, 46061.
— de Pierre-Jean Burette, 46068.
— de Claude Charles, 46083.
— de Jacques Charpentier, 46086.
— de René, Jean, & Philippe Chartier, 46087.
— de Jean le Conte, 46103.
— de Paul Courtois, 46106.
— de Jacques Cousinot, 46107.
— d'Alexandre-Michel Denyau, 46112.
Eloge de Jean Devaux, 46116.
Notice de Jacques Dubois, 46125.
— de Jean-Baptiste Dubois, 46126.
— de Louis Duret, 46128.
— de Jean Duret, 46130.
— d'André Enguehard, 46133.
— de Jean Faber, 46134.
— d'Etienne de la Font, 46146.
— d'Etienne-François Geoffroy, 46153.
— de Jérôme Goulu, 46160.
— de Jacques Goupyl, 46161.
— d'Etienne Gourmelen, 46163.
— d'Augier d'Harambour, 46167; IV, S.
Eloge de Philippe Hecquet, 46169.
Histoire du même, 46170.
Notice d'Etienne Hubert, 46178.
— d'Augustin-François Jault, 46182.
— d'Arnoul de l'Isle, 46188.
— de Jacques Lætus, 46190.
— de Jean Maignien, 46201 & 46496.
— de Paul le Maitre, 46205.
— de Siméon de Malmédy, 46207 & 46501.
— de Jean Martin, Professeur en Médecine, 46215.
— de Jean Martin, Professeur en Arabe, 46216.
— de Henri de Monantheuil, 46232.
— de Jean de Montreuil, 46234.

Notice de René Moreau, 46236.
—de Jean-Baptiste & Jean-Baptiste-René Moreau, 46237.
—de Jean-Baptiste Morin, 46241.
—de Guy Patin, 46260.
—de Simon Pietre, 46286.
—de Pierre Ponçon, 46291.
—de Germain Préaux, 46295.
—d'Antoine le Rat, 46300.
—de Jean Riolan, 46305.
—de Pierre, Michel & Claude Séguin, 46324.
—de Joseph Pitton de Tournefort, 46333.
—de Guillaume du Val, 46342.
—de Pierre Vattier, 46346.
—de Vidus Vidius, 46350.
—de Guillaume des Auberis, ou Desauberis, 46369.
—de Pierre Bertius, 46382.
—de François Blondel, 46387.
—de Jean Boulenger, 46395.
—de Maurice Bressieu, 46398.
—de François Chevalier, 46415.
—de N. Dampestre, 46422.
—d'Oronce Finé, 46452.
—de Pierre Forcadel, 46463.
—de Jean-Baptiste du Hamel, 46471.
—de Philippe de la Hire, 46480.
—de Joseph-Nicolas de l'Isle, 46487.
—de Jacques Martin, 46506.
—de Jean de Merlieres, 46510.
—de Michel Morus, 46518.
—de Louis Noël, 46525.
—de Pierre Nyon, 46529.
—de François Parent, 46541.
—de Jean Pelletin, 46544.
—de Jean Pena, 46545.
—de Jean Perreau, 46546.
—de Jean-Martin Poblacion, 46555.
—de Guillaume Postel, 46558.
—de Laurent Pothemot, 46559.
—de Vincent Raffar, 46565.
—de Pierre Ramus, 46566.
—de Gilles Persone de Roberval, 46574.
—de David de Sainclair, 46580.*
—de Joseph Sauveur, 46586.
—de Jean Stadius, 46589.
—de Jean Tileman Stella, 46590.
—de François Vicomercato, 36600.
—de Jean-Philippe-Réné de la Blétene, 46653.
—de Louis Boivin, 46661.
—d'Etienne Fourmont, 46733.
—d'Antoine Galland, 46741.
—de Nicolas Henrion, 46768.
—de Barthélemi d'Herbelot, 46773.
Histoire de Claude Lancelot, 46789.
Notice de Jean Offer, 46841.
Eloge du Cardinal Passionéi, IV, S. 46851.*
Notice de François Petis de la Croix, 46863.
—d'Alexandre-Louis-Marie Petis de la Croix, 46864.
—de Julien Pouchard, 46878.
Eloge de François Bourgoin de Villefore, 46971.
Notice de Philippe d'Aquin, 46980.
—de Claude d'Auvergne, 46982.
—de Jacques d'Auvergne, 46983.
—de Jean Banneret, 46993.
—de Raoul Bayne, 47003.
—de Vincent Blancio, 47010.
—de Nicolas de Bourbon, 47019.
—de Claude le Cappellain, 47024.
—de Jean Cheradame, 47035.
—de Léger du Chesne, 47036.
—de Jean de Cinqarbres, 47039.
de Bertin le Comte, 47044.

Notice de Denys Coroné, ou Charron, 47050.
—de Georges Critton, 47055.
—de Sébastien Daubus, 47063.
—de Pierre Dippy, 47067.
—de Jean Dorat, 47068.
—de Philippe Dubois, 47069.
—de Jean-Baptiste de Fiennes, 47085.
—de Jean Goudouin, 47098.
—de Nicolas Goulu, 47100.
—de Jean Grangier, 47103.
—de Jacques Hélie, 47109.
—de Nicolas Henry, 47111.
—de Marc-Antoine Herfan, 47113.
—de Denys Lambin, 47114.
—de Barthélemi Latomus, 47116.
—de Pierre de Lenglet, 47120.
—de Théodore Marcile, 47126.
—de Jean Mercier, 47133.
—de François du Moustier, 47148.
—de Frédéric Morel, 47150.
—de Paul Paradis, 47166.
—de François Parent, 47167.
—de Jean Passerat, 47171.
—de Jacques Piénud, 47182.
—de Jacques Pigis, 47183.
—d'Abraham Remi, 47193.
—d'Alain Restaud de Caligny, 47194.
—de Louis le Roi, 47201.
—de Charles Rollin, 47202.
—de Jean Ruault, 47205.
—de Jean Strazel, 47222.
—de Jean Tarin, 47224.
—de Nicolas Tavernier, 47225.
—de Jacques Touslain, 47232.
—d'Adrien Turnebe, 47239.
—de Pierre Valens, 47241.
—de Jean Vauvilliers, 47246.
—de Pierre Vigal, 47249.
Histoire de la Poésie Françoise, IV, 47279.
Vie de François de Poilly, V, *Add.* 47911.*
Traduction du Plan du Traité de M. Méerman sur les Origines Typographiques, IV, *Suppl.* 47969.
Goujon, Pierre, Cordelier.
Eclaircissemens sur Sainte Reine, I, 4635.
Vie de Sainte Reine, 4636.
Histoire de Sainte Reine, 4637; IV, 47293.
Goujon (M.), Jurisconsulte.
Hieroglyphe Royal de Henri-le-Grand, IV, S. 19932.*
Discours funèbre sur Henri IV; II, 20032.
Accueil fait à M. d'Alincourt à Lyon, 26302.
Goujon-Fiere, Avocat.
L'Horoscope du Roi (Louis XIII), II, 20074.
Goulart, Simon, Ministre Calviniste.
Remontrance aux François révoltés, I, 5841.
Histoire des Martyrs depuis Jean Hus, 5852.
Mémoires de la Ligue, II, 19724.
Traduction de la France Gauloise, 27152.
Goulart, Jacques.
Carte du Lac de Geneve, I, 1976.
Goulas, Léonard, Secrétaire des Commandemens de Gaston de France.
Lettres, III, 30846.
Goulas, Nicolas, Sieur de la Mothe, parent du précédent.
Histoire du Regne de Louis XIII; II, 22155.
Mémoires, 23377.
Vie de Léonard Goulas, 25602.
Goulei.
Bibliothèque des Auteurs Normands, IV, 45714.
Goulet, Robert, Docteur de Sorbonne.
Compendium de multiplici Parisiensis Universitatis magnificentiâ, IV, 44608.

Goulin,

GOULIN, (M.), Médecin.
Eloge d'Antoine Ferrein, IV, 46141.
—de Louis-Antoine-Profper Hétiffant, 46174.
—de François Planque, 46188.
—de Claude Paris, 47984.
le GOULLON de Champel (M.) Procureur-Général au Parlement de Metz.
Réquifitoire au fujet des Jéfuites, I, 14557.
de GOULTHIERES, Nicole.
Merveilles découvertes près d'Autun, III, 35931.
GOULU, Jean, dit de S. François, Général des Feuillens.
Vie de S. François de Sales, I, 10771.
Vindiciæ Theologicæ Ibero-Politicæ, II, 28667.
Difcours fur le Trépas de Nicolas le Fevre, IV, 47077.
GOULU, Nicolas, neveu du précédent.
Eloge de Jean Goulu, IV, S. 13090.*
Elogium Henrici Monantholii, IV, 46230.
Epitaphium Guloniorum, 47099.
GOURBIN, J. M.
Traduction du Traité de Genebrard, fur l'Excommunication, II, 18898.
de GOURCY (l'Abbé).
Eloge de René Defcartes, IV, 46441.
GOURDAN, Simon, Chanoine Régulier.
Inftructions & Prières pour la Confrairie de S. Jean-Baptifte, I, 5196.
Vies des Hommes illuftres qui ont fleuri dans l'Abbaye de S. Victor de Paris, 13475.
GOURDANT, Pierre, Avocat.
Requête de l'Evêque de Noyon contre le Chapitre de S. Quentin, I, 9736.
GOURDIN, Michel, Bénédictin.
Oraifon funèbre de M. Egon de Furftemberg, I, 9142.
—de Marguerite de Beaujeu, IV, S. 14843.*
GOURDIN.
Mercure de la Nouvelle France, III, 39672.
GOURGUES, Capitaine.
Hiftoire de la Floride, III, 39646.
Reprife de la Floride, 39649.
de GOURGUES, Marc-Antoine.
Tréfor des Monnoies, III, 33961.
de la GOURMANDIERE. Voyez Bedé.
GOURMEAU (M.), Curé de Gien.
Vie de M. de la Noë-Ménard, I, 11323.
GOURMELAN, Etienne.
Hiftoire de Bretagne, III, 35392.
de GOURNAY (M.) : voyez Amelot.
de GOURNAY (Mademoifelle). Voyez de Jats.
de GOURNÉ, Pierre-Matthieu, Prieur de N. D. de Taverny.
Table de la France, I, 20.
Profpectus d'une Hiftoire de France, II, 15628.
Lettres fur la Science Métallique, 24776.
GOURREAU de la Prouftiere, Philippe, Prieur de S. Victor de Paris.
Vita Magiftri Thomæ, Prioris Sancti Victoris, I, 13476.
Oraifon funèbre de Louis-Emmanuel de Valois, II, 25530.
de GOURVILLE (M.).
Mémoires, III, 32708.
de GOURVILLE (Jean), différent, ce femble, du précédent.
Mémoires, II, 24384.
de GOUSSANCOURT, Matthieu, Céleftin.
Armes des Chevaliers, III, 40075.
Armes de la Nobleffe Lyonnoife, 40107.
Martyrologe des Chevaliers de Malte, 40301.
de GOUSSANVILLE, Pierre.
Vita Petri Blefenfis, I, 11347.

GOUSTÉ, Claude, Lieutenant-Général de Sens.
Quæ Regia Poteftas, &c., I, 7359; II, 26799.
Edition d'une Lettre d'Yves de Chartres, fur le Sacre des Rois, II, 25955.
de la GOUTE, Daniel.
Harangue au Roi, II, 21510.
GOUTTARD (M.), Médecin.
Traité des Eaux d'Abecourt, I, 2890.
le GOUVÉ, Jean-Baptifte, Avocat.
Obfervations dans la Caufe des Abbayes de Chezal-Benoît, I, 7564.
Plaidoyer contre les Jéfuites, 14417.
Mémoires pour M. de Saint-Michel, III, 35642.
le GOUVELLO, Reignault, Tréforier de l'Eglife d'Angers.
Oraifon funèbre de M. le Dauphin, (fils de Louis XIV,) IV, S. 15698.*
le GOUVENAIN, (M.) Député des Etats du Charolois.
Lettres, III, 37223.
le GOUVERNEUR, Guillaume, Evêque de Saint-Malo.
Statuts Synodaux, I, 6590.
le GOUX, Pierre, Confeiller au Parlement de Dijon.
Lettre fur la mort de l'Abbé Nicaife, I, 11320.
Funus Santolinum, 13484.
Eloge de Jean-Baptifte Lantin, III, 33092.
le Goux de la Berchere, Charles, Evêque de Lavaur, & enfuite Archevêque d'Alby, puis de Narbonne.
Statuts Synodaux de Lavaur, IV, S. 6541.*
—d'Alby, I, 6318.
—de Narbonne, 6635.
le Goux de Gerlan, ou de Janfigny : voyez Legoux.
GOUYE de Longuemare (M.), Avocat.
Differtation fur la Chronologie des Rois Mérovingiens, II, 15887; IV, S.
Lettre en réponfe à celle d'un prétendu Bénédictin, 15889.
Lettre fur l'Hiftoire de France de la premiere Race, 15924; IV, S.
Differtation fur plufieurs points de l'Hiftoire des fils de Clovis, 16060.
Divers Eclairciffemens fur l'Hiftoire des enfans de Clovis, 16062.
Eclairciffement fur la charge de Roi des Ribauds, III, 34026.
Differtation fur le Soiffonnois, 34876.
le GOVE (M.).
Remarques fur l'Hiftoire des Seigneurs du Duché de Mayenne, III, 35503.
de GOVES. Voyez du Tillet.
GOVINÆUS, Cl., Doyen de l'Eglife de Beauvais.
De Ædis Sacræ Bellovacæ ruinâ & inftauratione; Parænefis, I, 5470.
GOYET, Servais.
Procès-Verbal des Reliquaires, &c. de S. Martin de Tours, I, 5556.
de GOYET (l'Abbé).
Généalogie de la Maifon de Goyet, III, 42570.
GOYON de la Plombanie, Henri.
La France Agricole & Marchande, IV, S. 3429.*; II, 28240.
Mémoire fur le défrichement des Landes, I, 3433.
—fur les vers à foie, 3634.
Vues fur le Commerce, II, 28231.
GOZZIUS, Hermodore.
Tumulus Jacobi Carpentarii, IV, 46085.
de GRACE (M.).
Lettre fur l'Origine de la Monarchie Françoife; IV, S. 15458.*

Histoire de la Lorraine, III, 38919.
de la GRACE, Felix : *faux nom sous lequel s'est caché Louis Richeome*, I, 14231 : *voyez* Richeome.
GRACILIS, Petrus, Augustin.
De Indulgentiâ Leonis Papæ IX; I, 11724.
GRADENIGO, Jean-Augustin, Bénédictin.
Memorie intorno la Vita di Dionysio Faucher, IV, S. 11089.*
le GRAIN, Jean-Baptiste, Maître des Requêtes de la Reine Marie de Médicis.
Décade contenant la Vie de Henri le Grand, II, 20000.
Décade contenant l'Histoire de Louis XIII, 20703.
Continuation, 20703.
Droit du Roi sur plusieurs grandes terres, 28918.
Sa propre Généalogie, III, 42575.
GRAINDORGE.
Traité de l'Origine des Macreuses, I, 3600.
de GRAINVILLE : *voyez* de Lépine.
GRAMAIN (le Pere), Jésuite.
Oraison funèbre du Duc de Vendôme, II, 25645.
GRAMMAYE, Jean Baptiste.
Peregrinatio Belgica, I, 2306; III, 39263.
Historiæ urbis Cameracensis summa Capita, I, 8537.
Betunia & Ariacum, III, 39000.
Hasbania illustrata, 39234.
Rerum Flandricarum Primitiæ, 39326.
Antiquitates Flandriæ, 39329.
Flandria Francica, *là*.
Flandria Lysana, *là*.
Brugæ Flandrorum, 39405.
Ipretum & Trasiniacum, 39409.
Namurcum, 39441.
Encomium Brabantiæ, 39470.
Historia Brabantiæ, 39494.
Antiquitates Gallo-Brabantiæ, 39502.
Lovanium, 39506.
Bruxella, 39509.
Taxandria, 39512.
Antiquitates Antverpiæ, 39517.
—urbis Mechliniensis, 39523.
—Bredanæ, 39530.
de GRAMMONT, Antoine-Pierre, Archevêque de Besançon.
Statuta, I, 6809.
Supplique pour ses droits, 8164.
de GRAMMONT, François-Joseph, Archevêque de Besançon, neveu du précédent.
Statuta, I, 6809.
de GRAMMONT, Scipion, Sieur de Saint-Germain.
Le Denier Royal, III, 33959.
de GRAMOND. *Voyez* Barthélemi.
de GRAMONT, Gabriel, Archevêque de Bourdeaux, puis de Toulouse, Cardinal.
Lettres, III, 29925.
de GRAMONT, Antoine, Maréchal de France, Duc & Pair.
Mémoires, II, 23972.
Lettres, III, 30869.
de GRAMONT, Antoine-Charles, Duc & Pair, Vice-Roi de Navarre, fils du précédent.
Mémoires du Maréchal de Gramont, III, 31628.
de GRANCEY (le Comte).
Lettre à M. le Prince de Condé, II, 22444.
GRANCOLAS, Jean, Docteur en Théologie.
Histoire abrégée de l'Eglise de Paris, I, 9275.
Oraison funèbre de Philippe de France, II, 25655.
le GRAND, Jacques, Augustin : *sous le nom de* le Petit.
Mémoires pour le gouvernement du Royaume de France, II, 17139; IV, S.
le GRAND, Yves, Chanoine de Saint-Paul de Léon.
Mémoires sur l'Evêché de Saint-Paul de Léon, I, 10451.

le GRAND, Jean.
Instruction sur le fait des Finances, II, 27974.
Orationes de Academiâ Parisiensi & de Philosophiâ, IV, 44611.
le GRAND, Pierre, Avocat & Procureur du Roi.
Le Sépulcre de Sainte-Anne, I, 7872.
le GRAND, Etienne, Jésuite.
Vie de S. Vorle, I, 4731.
Histoire de Chastillon-sur-Seine, 4992.
Généalogie, Etudes, Vacations, &c. de S. Bernard, 13058.
le GRAND, Louis, Conseiller.
Etat sommaire du Bailliage de Troyes, I, 2164.
le GRAND, Gérard-Grégoire, Bénédictin.
Encomium Basilicæ Jovinæ Nicasianæ, IV, *Suppl.* 12693.*
le GRAND (M.), Avocat.
Observations sur les Coutumes du Comté de Flandres, III, 39398.
le GRAND, Jean-Claude, Curé de S. Martin d'Arc.
Vie de Pierre Labelle, I, 11216.
le GRAND, Joachim, Prieur de Neuville-les-Dames.
Eloge de Charles le Comte, I, 11064.
—de l'Abbé de Marolles, 11269.
Vie de Louis XI; II, 17339; IV, S.
Différends sur la Régence, 27363.
Traité de l'Assemblée des Etats, 27407.
Traité de la succession à la Couronne de France, 28559.
Mémoire touchant la succession à la Couronne d'Espagne, 28985.
Discours sur ce qui se passe aujourd'hui dans l'Empire, 28986.
le GRAND de Castelle.
Eclaircissemens touchant les privilèges de Saint-Omer, III, 39006.
GRAND-CHAMP (M.).
Lettres, III, 30186.
de GRAND CHAMP.
Mémoires du Comte D.***, II, 24418.
GRAND-CLAS, Maurice, Médecin.
De Temperatura Lotharingiæ, I, 2541.
GRAND-DIDIER, Claude, Bénédictin.
Recherches sur l'Abbaye de S. Evre, I, 11455.
de GRAND-FONTAINE : *voyez* Binetruy.
du GRAND-HAMEL : *voyez* le Fevre.
GRAND-JEAN de Fouchy, Jean-Paul, Académicien.
Histoire de l'Académie des Sciences, I, 1455.
Observations Météorologiques, 2589.
Eloge de Jean-François Boyer, ancien Evêque de Mirepoix, 10247.
—de l'Abbé de Bragelongne, 10998.
—de l'Abbé de la Caille, 11019.
—de l'Abbé Terrasson, 11469.
—du Chancelier d'Aguesseau, III, 31559.
—du Maréchal de Lowendal, 31638.
—de Charles d'Albert, 31843.
—de Bernard Forest de Bélidor, 31875; IV, 46371.
—de M. le Duc de Chaulnes, IV, S. 31911.*
—de M. le Duc d'Eguillon, II, 31937.
—de M. de la Galissonniere, 31947.
—de M. le Marquis de Montmirail, IV, S. 32013.*
—de François-Florent de Valliere, 32074.
—de Jean-Baptiste Colbert de Torcy, 32614.
—de Jean-Jacques Amelot, 32615.
—de Jean Moreau de Séchelles, 32616; IV, S.
—d'Antoine-Louis Rouillé, 32617.
—du Comte d'Argenson, IV, S. 32619.*
—de Daniel-Charles Trudaine, IV, S. 32744.*
Eloges des Académiciens de l'Académie Royale des Sciences, IV, 45523.
Eloge de Théodore Baron, 46028.
—de François Chicoyneau, 46090.

Eloge d'Antoine Ferrein, 46142.
—de Claude-Joseph Geoffroy, 46154.
—de Jean Hellot, 46172.
—de Jean-Claude-Adrien Helvétius, 46173.
—de Gabriel Jars, 46181.
—d'Antoine Jussieu, 46189.
—de Jean-Louis Petit, 46272.
—de François de la Peyronie, 46280.
—de Guillaume Rouelle, 46312.
—de Jacques-Benigne Winslow, 46359.
—de Jean Bernoulli, 46379.
—de Pierre Bouguer, 46392.
—de Jacques Bradley, 46396.
—de Ch. Et. Louis Camus, 46404.
—de Jacques Cassini, 46410.
—de Jean Chappe d'Auteroche, 46411.
—d'Alexis-Claude Clairault, 46417.
—de Jean de Crouzat, 46421.
—de Martin Folkes, 46457.
—de Bernard le Bovyer de Fontenelle, 46460.
—d'Etienne Hales, 46468.
—de Joseph-Nicolas de l'Isle, 46485.
—de Jean-Jacques Dortous de Mairan, 46498.
—de Pierre-Louis-Moreau de Maupertuis, 46507.
—d'Abraham Moivre, 46512.
—de Jacques Douglas de Morton, 46518.
—de François Nicole, 46523.
—de Louis-Antoine Nollet, 46526.
—de Louis-Léon Pajot, Comte d'Onsembray, 46530.
—d'Antoine Deparcieux, 46537.
—de Jean de Poleni, 46556.
—de Réné-Antoine Ferchault de Réaumur, 46568.
—de Hans Sloane, 46588.
—de Christien Wolf, 46605.
—de Philippe Buache, IV, S. 46680.*
de GRAND-MAISONS, Pierre Brunet.
Tables des Aides & Gabelles, II, 27987 : *voyez* Brunet de Grand-Maisons.
de GRAND-PRÉ, César.
César-Armorial, III, 40064.
de GRAND-RYE.
Lettres, III, 30186.
de GRAND-VAL. *Voyez* Enlart.
de GRAND-VILLIERS. *Voyez* Marteau.
GRANDET, Joseph, Curé d'Angers.
Vie de M. Cretey, IV, S. 11087.*
—de Louis-Marie de Montfort, I, 11298.
—d'un Solitaire inconnu, 13334.
—d'Anne de Meleun, 15223 ; IV, S.
—de Gabriel Dubois de la Ferté, III, 31939 & 40327.
de GRANDIDIER (l'Abbé).
Histoire de l'Eglise & des Evêques de Strasbourg, V, *Add.* 9118.*
GRANDIER, Urbain, Curé de Loudun.
Lettre de la Cordonniere de la Reine Mere, II, 21833 : *attribuée.*
Oraison funèbre de Scévole de Sainte-Marthe, III, 34049.
GRANET, Pierre, Jurisconsulte.
Tractatus Pacificationum Vervini & Parisiis initi, III, 29296.
GRANET (l'Abbé).
Histoire de l'Hôtel des Invalides, I, 5253.
Eloge de M. de Launoy, & Histoire de ses Ouvrages, IV, S. 11228.
de la GRANGE, Claude.
Lettre sur le siége de Villemur, II, 19391.
Remontrance au Roi par le Tiers-Etat du Dauphiné, III, 37971.
Réponses du Tiers-Etat, 37971 & 72.
Réplique du Tiers-Etat, 37973.

Tome V.

de la GRANGE (M.), Intendant d'Alsace.
Mémoires sur l'Alsace, III, 38710.
de la GRANGE de Chessieux (M.), Avocat.
Conduite des François Justifiée, III, 31168, 39732; IV, S.
de la GRANGE aux Ormes (M.).
Lettres, III, 30719.
GRANGÉ, Claude, Calviniste.
Philippica in Sixtum V, I, 7145.
De secundo Bello civili, II, 18050.
des GRANGES.
Carte du Cours du Rhin, I, 1984.
—du Palatinat du Rhin, 1996.
GRANGIER, Jean, Professeur Royal.
Dissertatio de loco ubi victus Attila fuit olim, I, 5033; IV, S.
De Franciâ ab Henrici IV interitu vindicatâ, II, 20046.
Panegyricus dicatus Ludovico XIII, 20933.
Oratio de compressâ pestilentiâ, 21074.
—de Regis pietate in Matrem Augustam, 21075.
—in victoriam Ludovici XIII, 21465.
De Magistratibus & Præfecturis Francorum, III, 31208.
Oratio funebris Nicolaï-Verduni, 32911.
—Ludovici Servini, 32979.
De l'Etat du Collège de Beauvais, IV, 45046.
Oratio pro restaurandis Scholis Regiis, 45138.
Gratulatio de instauratis Scholis Regiis, *id.*
Oratio funebris in laudem uxoris Nicolaï Verdunii, 48211.
GRANIER.
Extrait de l'Histoire de France, II, 16504.
GRANVAL.
Le Vice puni, *ou* Cartouche, II, 24579.
de GRANVAL : *voyez* Enlart.
GRAPHEUS, Cornelius Scrib.
Descriptio Pacis inter Carolum V & Franciscum, III, 29219.
GRAPPIN (Dom), Bénédictin.
Dissertation sur *Brocariacum*, I ; 450.
Histoire de l'Abbaye de Faverney, V, *Addition*, 11905.*
Examen des Antiquités de Luxeuil, 12122; IV, Suppl.
Mémoire sur Luxeuil, IV, S. 38454.*
—sur Faverney, 38454.**
le GRAS (M.), Secrétaire des Commandemens de la Reine.
Lettres, III, 30679.
le GRAS, Simon, Evêque de Soissons.
Procès-verbal du Sacre de Louis XIV, II, 26100.
le GRAS du Villard, Pierre, Chanoine de Grenoble.
Vie de M. le Cardinal le Camus, I, 10760; IV, Suppl.
Eloges de quinze Chanoines de Grenoble, IV, S. 10865.*
Vie de la Sœur Louïse, I, 15242.
L'Esprit de l'Esprit des Loix, II, 27072.
Mémoires sur le Dauphiné, III, 37936.
Dissertation sur l'origine des Noms de famille, 39830.
de GRASSAILLE, Charles.
Regalium Franciæ libri duo, I, 7586; II, 26885.
GRASSER, Jacques.
Itinerarium Historico-Politicum, I, 2349.
Dissertatio de Antiquitatibus Nemausensibus, III, 37861.
GRASSER, Jean.
Livre des Héros Suisses (en Allemand), III, 39097.

Zzz

GRASSIUS, Jodocus, Chartreux.
Version Latine d'une Vie de Philippe, Duchesse de Lorraine, I, 15187.
GRATTE (le Pere), Jésuite.
Deux Discours au Roi, II, 23887.
de GRAVAGNEUX : *voyez* Peronnet.
de la GRAVE : *voyez* Poncet.
de la GRAVE (M.), Commissaire au Châtelet de Paris.
Lettre sur M. Avisse, IV, 47287.
GRAVEL (l'Abbé), Envoyé de France.
Relation d'une insulte faite à son Hôtel, IV, S. 31000.*
de GRAVEL, Robert, Conseiller d'Etat.
Négociations, III, 30967.
Pièces Latines, 30968.
de GRAVEROL, François, Avocat.
Mémoire pour la Vie de Jean-Baptiste Cotelier, I, 11077.
Éloge de Samuel Sorbiere, 11457; IV, S.
Notice de vingt-deux Villes du Languedoc, III, 37752.
Miles Missicius, 37868.
Votum Deæ Mehelaniæ solutum, 37869.
Epulæ ferales, 37870.
Éloge de Jacques Spon, IV, 46328.
Epistola de Vita Petri Bunelli, 47021.
Mémoire sur Tanneguy le Févre, 47081.
de GRAVEROL, Jean, frere du précédent.
Histoire de Nismes, III, 37847.
de la GRAVETTE.
Au Roi, sur son heureux retour, II, 24104.
GRAVIER (M.), Commissaire-Général de la Marine.
Discours concernant la conduite de la Marine, IV, S. 28183.*
GRAVIER.
Carte des environs de Gênes, I, 1947.
de GRAVILLE : *voyez* Duderé & Mallet.
GREBAN, Simon.
Epitaphes de Charles VII; IV, S. 17282*, II, 26722 & 23.
de la GRÉE - Bellordeau.
Polyarchie, II, 20542; III, 35423.
S. GRÉGOIRE le Grand, Pape.
Epistolæ, III, 29732.
GRÉGOIRE III, Pape.
Epistolæ, III, 29738.
GRÉGOIRE V, Pape.
Epistolæ, III, 29756.
GRÉGOIRE VII, Pape.
Epistolæ, III, 29764.
GRÉGOIRE IX, Pape.
Epistolæ, III, 29789.
GRÉGOIRE XIV, Pape.
Litteræ Monitoriales ad Principes, &c. I, 7156.
Bref à l'Evêque de Plaisance, 7176.
Bref à la Ville de Paris, 7177.
Bref au Duc de Mayenne, 7178.
Bref pour tous les Ecclésiastiques, 7179.
Facultés par lui données à son Nonce, 7180.
Bulles & Brefs en faveur de la Ligue, V, *Add.* 19361.
S. GRÉGOIRE, Evêque de Tours.
De gloria Martyrum & Confessorum, I, 4234 & 4909.
De Vita Patrum, 4234.
De S. Injurioso ejusque uxore, 4516.
Vita sanctæ Monegundæ, 4600.
Historia Francorum Ecclesiastica, 4905; IV, *Suppl.* 4909, II, 16051.
Vita S. Salvii Albiensis, 7915.
—S. Theodori Massiliensis, 8037.
—S. Illidii Claromontensis, 8412.
—S. Galli Claromontensis, 8439.
—S. Nicetii Lugdunensis, 8914.

Vita S. Simplicii Augustodunensis, 8967.
—S. Gregorii Lingonensis, 9012.
Acta S. Prætextati Rotomagensis, 9828.
De Miraculis S. Martini Turonensis, 10275 & 10279.
Vita S. Brictii Turonensis, 10303.
—S. Nicetii Trevirensis, 10527.
—S. Caluppani, 11023.
—S. Senochi, 11598.
—S. Ursi, 11603.
—S. Leobardi, 12151.
—S. Martii, 12595.
—S. Aredii, 12863.
—S. Friardi, 13308.
—S. Hospitii, 13328.
Chronologia, II, 15879.
Excerpta ex ejus Opusculis, 16057.
Res gestæ à S. Guntramno, 16063.
De sancta Clotilde, 25001.
Vita S. Sigismundi, III, 35846.
GRÉGOIRE, Moine de Farfe.
Chronicon Farfense, II, 16619.
GRÉGOIRE, Pierre, Jurisconsulte.
Réponse au Conseil de du Moulin, I, 7502.
GRÉGOIRE, Jean.
Vie de Charles le Bon (en Flamand), III, 39341.
Version Latine du même Ouvrage, *là*.
GRÉGOIRE, Jacques.
Hortus Pharmaceuticus, I, 3403.
GRÉGOIRE (le Pere), du Tiers-Ordre de S. François.
Plan de Lyon, IV; S. 1659.*
GRÉGOIRE de Naples, Evêque de Bayeux.
Gesta Urbani IV, Papæ, I, 7703.
de GRÉMONVILLE : *voyez* Bretel.
de GRENAILLE (le Sieur).
Le Soldat Suédois, II; 22056.
GRENAN, Bénigne, Professeur de l'Université de Paris.
Réflexions critiques sur l'Eloge funèbre de Louis XIV, II, 24523.
GRENET, Michel.
Paraphrase des Devises des Rois de France, II, 15875 & 17065.
GRENIER (Dom), Bénédictin.
Mémoires sur la Picardie, III, 34144.
GRENIER (M.), Commissaire de la République de Genève.
Carte du Lac de Genève, I, 1978.
GRESEMOND, Thierri.
De sancta Cruce prope Moguntiam violata, III, 39191.
GRESLET, Ph.
Eloge d'Etienne Haligre, Chancelier, III, 31515.
GRESLIN, Henri.
De l'ordre observé en la convocation des Etats généraux, II, 27499.
GRESSET, Jean-Baptiste-Louis.
Lettre à M. de Choiseul, III, 31178.
GRETSER, Jacques, Jésuite.
Scriptores contra Waldenses, I, 5707.
Apologia Societatis Jesu in Gallia, 14238.
—pro Bellarmino, II, 18767.
GREVIN, Jacques, Médecin.
Description du Beauvaisis, I, 2188; IV, S./III, 34896 & 902.
de GRIEUX (M.), Conseiller.
Réponse au Discours fait au Roi pour l'assemblée d'un nouveau Concile, I, 5887.
Renvoi du Discours de l'union, 7515.
GRIFFET, Henri, Jésuite.
Histoire des trois Hosties Miraculeuses, IV, *Suppl.* 5025.*
Eloge de Gabriel Daniel, I, 14188; IV, 46711.
Mémoire concernant les Jésuites, 14646.

Remarques sur le Compte rendu par M. de la Chalotais, 14669 : *attribuées*.
Coup-d'œil sur l'Arrêt du 6 Août 1761; 14650; IV, S. *attribué en partie*.
Traité des preuves de l'Histoire, IV, S. 15978.*
Edition & Continuation de l'Histoire de France du P. Daniel, II, 15765.
Edition de la Vie du Maréchal de Vieilleville, 18114.
Histoire de Louis XIII, 22168.
Journal du Règne de Louis XIV, 24498.
Recueil de Lettres sur Louis XIV, 24502 ; III, 31146.
Edition des Mémoires du P. d'Avrigny, 24541.
Observations sur le Meurtre de Jean, Duc de Bourgogne, IV, S. 25448.*
—sur Marie de Bourgogne, IV, S. 25473.*
—sur les Titres du Comté de Dunois, IV, *Suppl*. 25543.*
—sur Charles, Duc de Guyenne, frere de Louis XI; IV, S. 25558.*
Examen de l'anecdote de l'homme au masque, IV, S. 25736.*
Observations sur Bertrand du Guesclin, III, 31420.
—sur Olivier de Clisson, 31423.
—sur Charles de Melun, 31424.
—sur le Connétable de Richemont, 31427.
—sur le Connétable de Saint-Pol, 31428.
Affaire de Pierre de Latilly, Garde des Sceaux, 31492; IV, S.
Du Chancelier Pierre de la Forest, 31494.
Observations sur le Maréchal de Boucicaut, 31595.
—sur Jean & Gaspard Bureau, 31807.
—sur le Cardinal Ballue, 32241.
—sur Jean le Mercier, 32278.
—sur Jean de Montagu, 32279.
—sur Antoine de Chabannes, 32282.
—sur Antoine de Chasteauneuf, 32334.
—sur Jacques Cœur, 32455.
—sur le Parlement de Paris, 32872.
De l'abolition des Templiers, 40357.
Titres de Maison de Rohan, 43861.
Observations sur Agnès Sorel, 48181.
GRIFFITH : *voyez* Altorf.
GRIGNAN, Symphorien.
Italiæ & Galliæ Panegyricum, I, 766.
de GRIGNAN : *voyez* Adhémar.
de GRIGNAN (Madame) : *voyez* de Sévigné.
de GRIGNON (M.)
Ambassade, III, 30805.
GRIGUETTE, Benigne.
Eloges des Hommes illustres, III, 31363.
GRILLÉ, Nicolas, Evêque d'Usès.
Ordonnances Synodales, I, 6822 & 23.
Oraison funèbre de Louis XIII; IV, S. 22138.*
—du Comte de Guébriant, III, 31632.
GRILLON, Eustache, Médecin.
Lettre sur un Ouragan de Provins, I, 3713.
Histoire de l'Hôtel-Dieu de Provins, 5053.
GRILLOT, Jean, Jésuite.
Lugdunum lue affectum, I, 1543 ; IV, *Suppl*. 37368.*
Lyon affligée de contagion, *Id*.
GRISEL, Hercules.
Fasti Rotomagenses. III, 35213.
GRIMALDI, Jérôme, Archevêque d'Aix & Cardinal.
Ordonnances Synodales, I, 6338.
de GRIMAREST : *voyez* le Gallois.
GRIMAUDET, François, Avocat.
De la Puissance Royale & Sacerdotale, I, 7067.
Remontrance aux Etats d'Anjou, II, 17809 & 17447.

de GRIMAULD, Gilbert, Théologal de Bourdeaux.
Oraison funèbre du Cardinal de Sourdis, I, 8250.
Discours sur l'attentat commis en la personne de l'Archevêque de Bourdeaux, 8255.
GRIMESTON, Edouard.
Traduction Angloise de l'Histoire de Louis XI; II, 17334.
Histoire des Pays-Bas, III, 39309.
de GRIMOART (M.).
Essai sur les Batailles, V, *Add*. 32122.*
de GRIMONT.
Mémorial des Possesseurs de Fiefs déphendans de la Maison de Châlon, III, 38693.
GRIMOULT, Ravend.
Remarques de France, II, 15737.
GRINGAND, le Pere, Augustin.
Vie de Jacquette de Resseguier, I, 15331; IV, *Suppl*.
le GRIS, Pierre, Chanoine Régulier.
Historia de Clericis Regulatibus, I, 13406.
Chronicon Abbatialis Canoniæ S. Joannis apud Vineas, 13452; IV, S.
Statuta ejusdem Abbatiæ, 13453.
GRISET, Jean.
Discours funèbre de Roger de Bellegarde, III, 32345.
GRISIUS : *voyez* le Gris.
de la GRIVE, Louis, Apothicaire.
Antiparallèle des Vipères Romaines & Herbes Candiottes, &c. I, 3340.
de la GRIVE, Jean, Géographe.
Carte de la Cour des Aydes de Paris, I, 650.
—du Cours de la Seine, 861.
Description du Cours de la Seine, 879.
Plan de la Ville de Beauvais, IV, S. 1387.*
Environs de Paris, 1751.
Plan de Paris, 1781 & 82; IV, S.
—de Saint-Cloud, 1864.
—de Versailles, 1914.
—des Fontaines de Paris; IV, S. 1792.**
—de la Censive de l'Abbaye de Sainte Géneviève, IV, S. 1793.*
de GROEZ (le Comte), Ambassadeur de l'Empereur.
Mémoire présenté aux Etats Généraux, II, 28973.
de GROISBEECK, Gérard, Evêque de Liége.
Statuts & Ordonnances, I, 6558.
GROJEAN : *voyez* Rollin.
de GROLÉE de Vireville, César, Chevalier.
Abrégé des Cérémonies pour les Cardinaux, I, 7809.*
GROLIBRIUS, César.
Historia expugnatæ urbis Romæ, II, 17526.
GROLIER des Servieres.
Lettres, III, 30760.
GRONOVIUS, Jean-Frédéric.
Observationes in Vitam S. Martini, I, 10277.
Discours sur la Loi Royale, II, 26875.
GRONOVIUS, Jacques, fils du précédent.
Edition d'Ammien Marcellin, I, 59.
GRONOVIUS, Laurent-Théodore, frere du précédent.
Notæ in libellum Provinciarum Galliæ......
GROPP, Ignace.
Historia Monasterii Amorbacensis, I, 12246.
GROS de Boze, Claude, Académicien.
Eloge de M. de Beaujeu, Evêque de Castres, I, 7935.
—de M. le Cardinal de Polignac, 8085; IV, *Suppl*.
—de M. d'Antin, Evêque de Langres, IV, *Suppl*. 9021.
—de M. de Caumartin, Evêque d'Orléans, I, 9487.

Eloge de M. de Sillery, Evêque de Soiſſons, 9611.
—de M. de Coiſlin, Evêque de Metz, 10604.
—de l'Abbé Anſelme, 10891.
—de l'Abbé Banier, 10919.
—de l'Abbé de Boiſſy, 10977.
—de l'Abbé Boutard, 10993.
—de l'Abbé Couture, 11084.
—de l'Abbé Fraguier, 11134.
—de l'Abbé de Louvois, 11254.
—de l'Abbé Maſſieu, 11274.
—de l'Abbé Pinard, 11354.
—de l'Abbé Renaudot, 11402.
—de Charles Rollin, 11414; IV, 46897; Suppl. 11414.
—de l'Abbé Sevin, 11452.
—de l'Abbé Tallemant, 11467.
—de l'Abbé de Tilladet, 11485.
—de Dom Mabillon, 12518.
—de Dom de Montfaucon, 12546.
—du Pere de la Chaize, 14183; IV, 46687.
—du Pere Tellier, 14186.
Le Sacre de Louis XV, II, 26104.
Eloge de M. le Duc d'Eſtrées, IV, S. 31618.*
—de Jacques-Louis de Béringhen, IV, Suppl. 31875.**
—de Nicolas-Joſeph Foucault, IV, S. 32741.*
—de Jérôme Bignon, IV, S. 32742.**
—de Michel le Peletier de Souzy, IV, Suppl. 32742.***
—de Chrétien-François de Lamoignon, III, 32949.
Explication d'une Monnoie, ou Lettre d'un Charles, 33900.
—d'une Inſcription de Lyon, 37345.
Hiſtoire de l'Académie Royale des Inſcriptions, IV, 45509.
Eloges des Académiciens, 45510.
Eloge de Louis-François-Joſeph de la Barre, 46626.
—de Charles-Céſar Baudelot de Dairval, 46631.
—de Jean Boivin, 46659.
—de Louis Boivin, 46662.
—de François Bourdelin, 46673.
—de Gisbert Cuper, 46711.
—d'Antoine Galland, 46739.
—de Philippe-Antoine Gualterio, 46752.
—de Nicolas Henrion, 46766.
—de Jacques-Chriſtophe Iſelin, 46779.
—de Ludolphe Kuſter, 46785.
—d'Antoine Lancelot, 46788.
—de Simon de la Loubere, 46799.
—de Philibert-Bernard Moreau de Mautour, 46819.
—de Henri Morin, 46836.
—de Marc-Antoine Oudinet, 46843.
—de Jacques le Quien de la Neuville, 46888.
—de François Simon, 46923.
—d'Eugène-Pierre de Surbeck, 46928.
—de Jacques de Tourreil, 46936.
—de Jean Foy Vaillant, 46939.
—de Jean-François Foy Vaillant, 46943.
—de Jean-Baptiſte de Valbonnais, 46947.
—de Réné Auber de Vertot, 46963.
Notice de François Charpentier, 47031.
Eloge d'André Dacier, 47059.
—de Nicolas Boileau des Préaux, 47318.
de Thomas Corneille, 47384.
Notice de Nicolas Jenſon, 47978.
le GROS, André, Médecin.
Hiſtoire de S. Roch, I, 4654.
le GROS, Nicolas, Chanoine de Reims.
Calendrier Eccléſiaſtique, I, 5568.
Renverſement des Libertés de l'Egliſe Gallicane, I, 7323; IV, S. 5641.*
Diſcours ſur les Nouvelles Eccléſiaſtiques, I, 5652.
Mémoire ſur le refus des Bulles, IV, S. 7370.***

Défenſe de la vérité & de l'innocence, I, 14398.
GROSELLIER (le Pere), Oratorien.
Diſſertation ſur S. Ennodius de Pavie, I, 10815.
GROSEZ, Jean-Etienne, Jéſuite.
Vie de Magdelène de la Trinité, I, 15250.
—d'Anne de Xaintonge, 15321.
Oraiſon funèbre de Marie-Térèſe d'Autriche, II, 25184.
GROSLEY, Pierre-Jean, Avocat.
De la Navigation de la Seine, I, 885.
Mémoire ſur le Blanc de Troyes, 2698.
Vie du Pape Urbain IV, 7706.
Catalogue des Evêques de Troyes, 10081.
Mémoires pour ſervir de Supplément aux Antiquités Eccléſiaſtiques du Diocèſe de Troyes, 10083; IV, S. 34308.*
Mémoire ſur le Cérémonial qui ſe pratiquoit aux Entrées des Evêques de Troyes, 10085.
Lettre ſur les cauſes de l'exil de S. Loup de Troyes, 10097.
Obſervations ſur le même ſujet, 10100.
Recherches ſur Waymer, Evêque de Troyes, 10103.
Eloge de M. Breyer, 10997.
Vie de Charles le Cointe, 11067.
Mémoires pour ſervir à l'Hiſtoire des Jéſuites, 14316.
Traduction des Guerres civiles de France de Davila, II, 19742.
Recherches pour ſervir à l'Hiſtoire du Droit François, 27583.
Vie de MM. Pithou, III, 34307.
Ephémérides Troyennes, 34314.
Recherches ſur la nobleſſe utérine de Champagne, 39883.
Mémoires de l'Académie de Troyes; IV, 45621.
Pièces badines à lui attribuées.
Mémoire ſur François Pithou, 45972.
Vie de Pierre Pithou, 45980.
—de Jean Paſſerat, 47173.
GROSMESNIL de Vernon.
Les Campagnes de Louis XV; II, 24714.
GROSNER, Pierre.
Deſcription de la ville de Dijon, III, 35913.
GROSS, George.
Chronique de Baſle, (en Allemand), III, 39131.
GROSSE, (M.) Médecin.
Obſervations ſur les Eaux de Saint-Amand, IV, S. 3204.*
Mémoire ſur les Eaux de Vitry-le-François, I, 3282.
Analyſe d'une Eau de Vitry-le-François, IV, S. 3282.*
GROSSI (M.).
Mémoires pour la Ville d'Apt, I, 7872.
GROSSI, Jean, Oratorien.
Remarques ſur le Frere Fiacre, IV, S. 13683.*
Vie de Louiſe-Blanche-Térèſe de Ballon, I, 15064.
GROSSIUS, Jean-Georges.
Epitaphia & Inſcriptiones Baſileenſes, III, 39130.
GROTHAUS, Jean.
Suffraganei Colonienſes, I, 8661.
GROTIUS, Hugues.
De Imperio ſummarum Poteſtatum, I, 7366.
De Jure Belli & Pacis, II, 29118.
Epiſtolæ, III, 30728.
Obſidio Bredana, IV, S. 39531.*
Obſidio Grollæ, IV, S. 39556.*
De antiquitate Reipublicæ Batavicæ, III, 39538 & 75.
Commentarius in Annales Hollandiæ, 39579.
GROTT, Laurent.
Indices Hiſtoriæ Univerſalis, II, 18422.
GROUNER, T. S.
Montagnes de Suiſſe, I, 1974.

Table des Auteurs.   551

le GROUSSET, Pierre, Médecin.
Recueil des vertus de la fontaine de S. Eloy au Village de Forges, I, 3056.

des GROUX, P.
Oratio de D. Ludovici præconiis, II, 16837.

GROZET de Vautorte, François, Avocat-Général au Grand-Conseil.
Dépêches, III, 30775.
Négociations, 30804 & 30884.

GRUAU, Louis, Curé au Diocèse du Mans.
Nouvelle invention de Chasse, I, 3585.

GRUBER, J. Daniel.
Versio Institutionum Juris Ecclesiastici, I, 6961.

GRUDÉ, François, Sieur de la Croix du Maine.
Bibliothèque, II, 15934; IV, S.
Discours où il est fait mention de ses Œuvres pour la France, 15951.
Vie de Michel de l'Hôpital, 31502.

GRUEL, Guillaume.
Histoire d'Artus III, Comte de Richemont, III, 31426.

GRUPEN, C. V.
De primis Francorum sedibus, II, 15425.

GRYNÉE, Simon.
Monumenta Basileensium, III, 39128.

GRYPHE, Chrétien.
Sylloge Scriptorum seculi XVII, de rebus Gallicis, II, 15968.

GRYPHIANDER, Jean.
Commentarius de Weichlildis Saxonicis, II, 16303.

de GUA de Malves (l'Abbé).
Projet d'exploitation des Minieres & Mines du Languedoc, I, 2782.

de GUAL.... Etienne.
Breve Chronicon, II, 16766.

GUALDO, Galeazzo, Comte.
Historia delle Guerre di Imperatori, &c. II, 22016.
Histoire des révolutions de Naples, 22272.
Historia delle rivoluzioni di Francia, 23762.
Luoghi corretti nella sua Historia, 23763.
Il Trattato della pace conchiusa, III, 30928.
Historia del Ministerio del Cardinal Mazarini, 32542.
Vita e Conditioni del Cardinal Mazarini, 32553.

GUALTERUS: voyez Gautier.

GUALTHERUS, Jean, Jésuite.
Tabula Chronologica, I, 4909.

de GUASCO, Octavien.
Vues sur les Volces, I, 3946.
Dissertation sur les Arts des Volces, IV, S. 3946.*
—sur l'état des Sciences en France sous Charles V, &c. IV, 44564.

du GUAST, Paulin.
Vie de la B. Jeanne de Valois, II, 15064.

GUASTALLUS, Jacques.
Carte du Piémont, I, 1940.

GUASTAVINI, Jules.
Notes Italiennes sur le Poëme du Tasse, II, 16602.

du GUAY-Trouin, René, Chef d'Escadre des Armées du Roi.
Mémoires, II, 24512; IV, S.

le GUAY, Claude.
Alliance de la France avec le Turc justifiée, II, 18688.

le GUAY de Prémontval, (Madame): voyez Pigeon Dosangis.

GUAZZO, Marc.
Historia della venuta & partita d'Italia di Carlo, Re di Francia, II, 17375.

GUDEN, Jean-Maurice.
Historia Erfurtensis, III, 39191.

du GUÉ, François.
Ordonnances concernant les Communautés de Dauphiné, III, 37983.

GUEAU de Reverseau, (M.), Avocat.
Mémoire pour les Curé & Marguilliers de S. Germain-l'Auxerrois, I, 5226.

de GUÉBRIANT: voyez Budes.

GUEFFIER (M.).
Négociations, III, 30547.
Lettres, 30760 & 801.
Dépêches, 30803.

GUÉHÉNEUC.
Essai sur l'Origine de la Maison de Rohan, III, 43865.

de GUELLE: voyez Vaillant.

GUELPHE, François.
Relation de la retraite de M. Arnauld, IV, S. 5620.*

GUÉNAY, Jean, Jésuite.
Chronologia Monasterii S. Victoris, I, 12814.

GUENEAU.
Lettre sur Sémur en Auxois, III, 37309.

GUENEBAULT, Jean.
Le Réveil de Chyndonax, I, 3817.
Antiquités de la Ville de Dijon, III, 35910.

de GUÉNÉGAUD, Henri, Sieur du Plessis.
Dépêches & Mémoires, III, 30881.

GUENIN.
Traité de la Culture de l'Oreille-d'Ours, I, 3493; IV, S.

le GUERCHOIS, (M.) Avocat-Général.
Plaidoyer contre Tanquerel, I, 7250; IV, S.

GUÉRET (M.), Maître des Comptes de Blois.
Histoire de la Ville de Blois, III, 35632.

GUÉRET, Jean, Jésuite.
La France Chrétienne, I, 4228.

GUÉRET, Louis-Gabriel, Vicaire-Général de Rhodès.
Mémoire sur les Immunités du Clergé, I, 7415.

GUERGUIL (M.).
Oraison funèbre de M. de Beauvau, I, 9181.
—de M. de Crillon, 9182.

GUÉRIN, Abel, Secrétaire de Charles IX.
Mémoires de sa Vie, IV, 45898.

GUÉRIN, Denys.
Vita S. Dionysii Areopagitæ, I, 4025.

GUÉRIN, Claude.
Commentaires Latins sur la Coutume de Paris, I, 2246.

GUÉRIN (M.), Député du Dauphiné.
Remontrances au Roi par le Tiers-Etat du Dauphiné, III, 37981.

GUÉRIN, Gérard, Minime.
Oraison funèbre de Louis Doni d'Attichi, I, 8991.
Eloge du Marquis d'Uxelles, III, 32088 & 35969.

GUÉRIN (M.), Lieutenant-Particulier de Cognac.
Harangues, II, 23847.

GUÉRIN, François, Prieur de S. Hilaire.
Discours sur l'établissement de l'Hôpital-Général d'Orléans, I, 5445.

GUÉRIN (M.), Médecin.
Lettres touchant les eaux de Sainte-Reine & de Forges, I, 3064 & 3209.

GUÉRIN (M.), Académicien.
Description de l'Académie Royale de Peinture & de Sculpture, IV, 45531 & 47821.

GUÉRIN (M.), Professeur de l'Université de Paris.
Réflexions critiques sur l'Eloge funèbre de Louis XIV, II, 24524.

GUÉRIN (M.), Académicien de Rouen.
Mémoire sur les pétrifications de la Vallée de Bondeville, I, 2805.

GUÉRIN, Jacques, Libraire.
Catalogue des Livres de M. de Cangé, II, 15952.
Catalogue des Livres de M. le Maréchal-Duc d'Estrées, 15956.

GUERIN (M.).
    La Victoire de Fontenoy, II, 24667.
GUERIN, Nicolas-François.
    Oratio funebris Ludovici Delphini, II, 25755.
GUERIN de Rademont (M.), Receveur des Fermes.
    Traité sur la Dixme Royale, II, 28078.
de GUERIN de Tencin, Pierre, Archevêque d'Embrun.
    Concilium Provinciale, I, 6492.
de GUERIN de Tencin, Claudine-Alexandrine.
    Le Siége de Calais, II, 17704.
de GUÉRINE : voyez du Bourg.
de la GUERINIERE : voyez Robichon.
de la GUÉRONIERE.
    Projet d'un Canal en Poitou, I, 966.
GUÉROULT, François.
    Descriptio Villæ salubrioris, III, 34801.
GUERRIER (M.), Conseiller au Parlement de Paris.
    Discours sur l'origine des appanages des Fils de France, II, 25214.
    Mémoire sur les Etats d'Auvergne, III, 37456.
des GUERROIS, Marie-Nicolas, Oratorien.
    Vies des Saints honorés au Diocèse de Troyes, I, 4287.
    Ephemeris Sanctorum Ecclesiæ Trecensis, IV, S. 4287.*
    Les Vérités de S. Aventin, I, 4322; IV, S.
    Vies des Saints de Champagne, IV, S. 5029.*
    Vies des Evêques de Troyes, I, 10084.
    Sancti Lupus & Memorius cum Attilâ Rege, 10094.
de la GUESLE, Jacques, Procureur-Général au Parlement de Paris.
    Lettre sur l'assassinat de Henri III, II, 19059.
    Remontrance faite à Nantes, en présence de Henri IV, 19539; IV, S.
    Remontrances à Elisabeth, Reine d'Angleterre, 25099.
    Remontrance pour montrer la grandeur des Rois de France, 26807.
    Traité touchant le Comté de Saint-Paul, 27942.
    Remarques touchant le Comté de Saint-Paul, 27943.
    Remontrances sur la dissolution du Mariage de Henri IV, 28412.
    Récit du Procès fait au Maréchal de Biron, III, 30363 & 33687; V, Add. 33687.
GUESNAY, Jean-Baptiste, Jesuite.
    Magdalena Massiliensis advena, I, 3978.
    Auctuarium historicum de Magdalenâ, 3980.
    Le Triomphe des Reliques de Sainte-Magdelène, 3987.
    Massilia Christiana, 5522 & 8026.
    Cassianus illustratus, 11032.
    Annales Provinciæ Massiliensis, III, 38223.
GUESNIER (Dom), Bénédictin.
    Additions au Glossaire de du Cange, II, 15494.
GUESNOIS, Pierre, Lieutenant-Particulier d'Issoudun.
    La Conférence des Ordonnances Royaux, II, 27631.
du GUET, Jacques-Joseph, Prêtre.
    Institution d'un Prince, II, 27108.
du GUET, André, Oratorien.
    Oraison funèbre d'Armande-Henriette de Lorraine de Harcourt, I, 14918.
GUETTARD, Jean-Etienne, Médecin.
    Atlas Minéralogique, IV, S. 684.*
    Mémoire sur l'Histoire-Naturelle, I, 2478.
    —sur les Volcans de la France, 2641.
    —sur les avantages d'une Carte minéralogique, 2658.
    —sur quelques fossiles de France, 2664.
    —sur les Minéraux du Canada, 2665; IV, Suppl. 2675.*
    Suite de ce Mémoire, I, 2665.
    Addition à ce Mémoire, là.
    Observations Minéralogiques, 1666.
    Mémoire sur la Minéralogie de l'Auvergne, 2672.
    Mémoire sur les Fossiles de Champagne, 2676.
    Description Minéralogique des environs de Paris, 2682.
    Second Mémoire sur le même sujet, là.
    Mémoire sur les terreins qui traversent la France & l'Angleterre, 2687.
    —sur les Tourbieres de Villeroy, 2695.
    Description de la préparation du blanc de Troyes, 1676 & 2697.
    Histoire de la découverte des matières semblables à celles de la porcelaine de la Chine, 2700; IV, S. 2705.*
    Lettre sur le Kaolin & sur le Pétuntsé, 2702.
    Mémoire sur l'Ocre, 2703.
    —sur les Ardoisieres d'Angers, 2715.
    —sur les Granits de France, 2722.
    —sur les Poudingues, 2725.
    —sur les Salières, 2726.
    —sur la Pierre Meuliere, 2727.
    —sur l'Ostéocole, 2728.
    Réponse à un Mémoire sur les Marais salans, 2734.
    Description des Salines de l'Avranchin, 2738.
    Mémoire sur les paillettes & les grains d'or de l'Ariege, 2777.
    Réponse à une note de M. l'Abbé de Gua, 2783.
    Observations sur quelques Stalactites de sable, 2785.
    Description de la Grotte de Crégi, 2795.
    Mémoires sur des os fossiles, 2816, 17, 18.
    Mémoire sur les accidens des Coquilles fossiles, 2822.
    —sur les Encrinites & les Pierres étoilées, 2816.
    —sur plusieurs Rivieres de Normandie, 2835.
    Expériences sur les Plantes de la famille de la Garance, 3295.
    Observations sur les Plantes, 3299.
    Description de deux nids de chenilles, 3623.
    Observations sur les Coquillages, 3667.
de GUEUDEVILLE, Nicolas.
    Carte de la France, I, 596.
    Chronologie des Rois de France, II, 15933.
    Esprit des Cours de l'Europe, III, 31124.
de GUEULETTE, Simon, dit Desmay, Bernardin, & ensuite Clunien.
    Abrégé de l'Histoire de l'Eglise Gallicane, I, 4915.
    Méthode pour apprendre l'Histoire de France, II, 15633; IV, S.
    Abrégé de l'Histoire Générale de la Maison de France, 24845.
de GUEULETTE, Thomas-Simon, Substitut du Procureur du Roi au Châtelet de Paris, neveu du précédent.
    Notes sur l'Histoire du petit Jean de Saintré, III, 32063.
    Histoire du Prince Gérard, III, 35565.
GUEZ, Jean-Louis, Sieur de Balzac.
    Lettres au Roi & à la Reine, II, 20227.
    Le Prince, 21611.
    Lettres du Cardinal de Richelieu, 21699 & 700.
    Lettre à M. le Duc de Beaufort, 22684.
GUIARD, Françoise, Religieuse Annonciade.
    Vie de la B. Jeanne de France, II, 25054.
GUIART, N., Chanoine du S. Sépulcre à Paris.
    Historia Universitatis Parisiensis, IV, 44624.
GUIB, Jean-Fréderic.
    Abrégé de l'Histoire de la ville d'Orange, III, 38295.
    Dissertation sur l'Arc de triomphe d'Orange, 38299.
    Seconde Dissertation sur le même sujet, IV, S. 38300.
de GUIBAL.
    Histoire de la Ville de Béziers, III, 37815.

GUIBAUDET,

Table des Auteurs.

GUIBAUDET, François.
Les Rois & Ducs d'Austrasie, IV, S. 15711*; III, III, 38857.

GUIBERT, Abbé de Nogent.
De Vitâ suâ, I, 12263.
Historia Hierosolymitana, II, 16609.

GUIBERT, Abbé de Gembloan.
Narratio combustionis Monasterii Gemblacensis, I, 11987.

GUIBERT, ou Gilbert, de Tournay.
Hodœporicon, II, 16808.

GUIBERT, Nicolas.
Responsio calumniis in Lotharingos evomitis, III, 38807.

GUIBERT, Jean-Joseph, Jésuite.
Henrico Bethunio funebris Panegyricus, I, 8263.

GUIBERT : voyez Gislebert.

de GUIBOURS, Pierre : voyez Anselme de la Vierge Marie.

GUICCIARDINI : voyez Guichardin.

GUICHARD, Claude, Jurisconsulte.
De la maniere d'ensévelir nos Rois, IV, Suppl. 26696.*

GUICHARD, Jean-François.
Voyage de Chantilly, I, 2364; IV, S.

GUICHARDIN, François.
Histoire des choses advenues sous Charles VIII, II, 17374.
Della Historia dell' anno 1494 &c. 17547; V, Add.
Paralipomena, 17550.
Duo loci detracti, 17551; & I, 7142.

GUICHARDIN, Louis, neveu du précédent.
Descrittione di Paësi Bassi, III, 39260.
Descriptio Comitatûs Hannoniæ, 39421.
—Hollandiæ & Zelandiæ, 39575.

GUICHARDY.
Mémoire sur les Questions touchant la Noblesse, III, 39868.
Factum sur la Noblesse de Bretagne, 40633.

de GUICHE (le Comte).
Mémoires, II, 23978.

de la GUICHE (M.).
Lettres, III, 30379.

de la GUICHE (le Marquis).
Notes sur les Antiquités de Mâcon, III, 35976.
Mémoire sur les Etats du Mâconnois, Id.

de la GUICHE, Susanne-Magdelène, Calvairienne.
Eloge funèbre de Marie-Catherine-Antoinette de Gondy, IV, S. 14951.*
—de Marie-Magdelène de Perrien de Crenan, IV, S. 14952.*

GUICHENON (le Chevalier).
Remarques sur l'Histoire de France de Mézeray, II, 15761.

GUICHENON, Samuel, Avocat.
Episcoporum Bellicensium Chronologica series, I, 8203.
Catalogus Priorum Charitatis ad Ligerim, 11756.
Histoire des Guerres de Savoye, II, 23376.
—de Christine de France, 25616.
Bibliotheca Sebusiana, III, 29715.
Vie de Jacques de Savoie, Duc de Nemours, III, 32021.
—de Charles-Emmanuel de Savoie, Duc de Nemours, 32022.
—de René, Légitimé de Savoie, Comte de Villars, 32284.
—de Thomas-François de Savoie, Prince de Carignan, 32318.
Histoire de Bresse, 36031.
—de la Maison de Savoie, 36042.
—de la Souveraineté de Dombes, 36048.
Armorial de Bresse & de Bugey, 40089.

Tome V.

Généalogie des Familles Nobles de Bresse & de Bugey, 40623.
Mémoires de la Maison de Vienne, 44440.

GUICHENON, Germain, Augustin, frere du précédent.
Vie de Camille de Neufville de Villeroy, I, 8956.
Histoire de Bresse, III, 36034.

de la GUICHETTE, Eléazar.
Lettre à un Ami, IV, S. 21450.*

GUICHON, Jacques, Avocat.
Factum pour Michel Bauldri, I, 8337.

GUIDI (l'Abbé).
Dialogue, &c. sur les Mariages des Protestans, V, Add. 6274.*
Lettre sur la destruction des Jésuites, I, 14692; V, S.

GUIDO : voyez de la Guionie.

de GUIGNARD (M.), Chevalier de S. Louis.
L'Ecole de Mars, III, 32137.

GUIGNES, Jean, Bénédictin.
Historia Abbatiæ S. Florentii de Salmurio, I, 12472; IV, S.

GUIGNOISEAU, Nicolas.
Répertoire des Ordonnances, II, 27642.

de GUIGNOYSEAU : voyez de Guinoyseau.

GUIGUES I, Prieur de la Grande-Chartreuse.
Vita S. Hugonis Gratianopolitani, I, 10755.
Statuta & Privilegia Ordinis Cartusiensis, 13221.

GUIJON, Jacques, Jean, André, & Hugues, freres, Jurisconsultes.
Opera varia, III, 35906.

GUIJON, Jacques, Jurisconsulte, l'aîné des précédens.
Epicedium Nicolai Brularti, IV, S. 12609.*
Le Devoir du sujet, II, 19206.
Entrée de Roger de Bellegarde à Autun, 16298.
Togati Heroës, III, 31869.

GUIJON, Jean, Jurisconsulte, frere du précédent.
Dissertatio de Magistratibus Augustodunensis Foti; III, 35904.

de GUIJON, Jacques, Précepteur de M. le Comte de Clermont.
Vie de Magdelène de Clermont, I, 14932.

GUILBAULT (M.), Avocat.
Harangue sur la mort du Cardinal de Birague, IV, S. 31510.*
Eloges de divers Magistrats du Parlement de Paris, IV, S. 32893.*

GUILBERT, Pierre, Précepteur des Pages du Roi.
Description de Fontainebleau, II, 26996.

GUILBERT, Pierre.
Mémoires Historiques & Chronologiques sur l'Abbaye de Port-Royal des Champs, I, 15093 & 15116.

GUILLARD, Louis, Evêque de Tournay, puis de Chartres & ensuite de Châlons-sur-Saône.
Constitutiones Synodales, I, 6425 & 38.
Synodi Carnotenses, 6439 & 40.
Statuta Synodalia, 6762; IV, S.

GUILLARD, Charles, Evêque de Chartres, neveu du précédent.
Statuta Synodalia, I, 6440; IV, S.
Constitutiones Synodales, I, 6440.
Acta Synodalia, 6441.

GUILLARD, André, Sieur du Mortier.
Ambassade à Venise, III, 29981.
Lettres aux Rois François I, & Henri II, 30001.

GUILLARD, André, Sieur de l'Isle.
Mémoires, III, 30096.

GUILLARD, René, Avocat.
Requête sur l'Indult, I, 7670.
Histoire du Conseil du Roi, III, 32412.

A aaa

GUILLAUD, Claude, Théologal d'Autun.
Oraison funèbre du Duc de Guise, III, 32357.
GUILLAUME V, Comte de Poitou & Duc d'Aquitaine.
Epistolæ, III, 29756.
GUILLAUME de Jumiéges.
Historia Normannorum, III, 35013.
GUILLAUME de Poitiers.
Gesta Guillelmi Ducis Normannorum, III, 34979.
GUILLAUME de la Pouille.
Res Normannicæ, III, 34993.
GUILLAUME de Saint-Denys.
Vita Sugerii, I, 12431 & 32.
GUILLAUME de S. Thierri.
Vita S. Bernardi, I, 13041.
GUILLAUME de Tyr.
Historia Belli sacri, II, 16681.
GUILLAUME de Malmesbury.
De rebus gestis Anglorum, III, 35006; IV, S.
Historia novella, 35018.
GUILLAUME de Neubourg, dit Litle ou le Petit.
Res Anglicanæ, III, 35039.
GUILLAUME le Breton.
Vita Philippi Augusti, II, 16772.
Philippis, 16773.
GUILLAUME d'Andre ou Anderne.
Chronicon Monasterii Andrensis, I, 11673.
Continuatio Historiæ Andreæ Sylvii, II, 16714 & 16801.
GUILLAUME de Puy-Laurens.
Chronicon de Rebus Albigensium, I, 5745; II, 16900; III, 37763.
GUILLAUME d'Auvergne, Evêque de Paris.
Statuta Synodalia, I, 6662; IV, S.
GUILLAUME de Chartres, Dominicain, Chapelain de S. Louis.
Vita S. Ludovici, II, 16838; V. Add.
GUILLAUME de Tripoli, Dominicain.
De Statu Saracenorum, II, 16901.
GUILLAUME de Bongeville, Moine du Bec.
Chronicon, II, 16904.
GUILLAUME de Nangis, Moine de S. Denys.
Gesta S. Ludovici, II, 16852 & 54.
—Philippi Audacis, 16908.
Chronicon, 16960 & 61.
La même Chronique en François, 16960.
Libellus de sacra Regum Galliæ unctione, II, 25967.
GUILLAUME, Dominicain, Confesseur de la Reine Marguerite de Provence.
Histoire de S. Louis, II, 16840.
GUILLAUME, Chanoine de Grenoble.
Vita Margaritæ Comitissæ Albonensis, I, 4768.
GUILLAUME Ockam, Franciscain.
Disputatio super potestate Prælatis Ecclesiæ & Principibus commissa, I, 7045.
Dialogus de potestate Imperiali & Papali, 7048.
GUILLAUME, Moine d'Egmond.
Chronicon Egmondanum, I, 8790; III, 39285 & 39620.
GUILLAUME de S. André, Scholastique de Dol.
Histoire de Jean IV, Duc de Bretagne, II, 25313; III, 35369 & 72.
GUILLAUME, Evêque de Tournai : voyez Fillastre.
GUILLAUME (Maître) : faux nom d'un inconnu.
Sentence arbitrale, IV, S. 20190.*
Lettre aux Princes, 20277.*
Bigarrures, 20940.*
Tableau des ambitieux de la Cour, 21176.*
Raillerie sur les affaires de ce temps, 21244.*
GUILLAUME, Jean, Avocat.
Discours sur la présentation des Lettres d'érection du Duché de Bellegarde, III, 32338.
GUILLAUME, Charles.
Almanach Dauphin, III, 37957; IV, S.

GUILLAUME, Jean-Baptiste, Académicien de Besançon.
Eloge de Jean de Vienne, III, 31755.
—de Guy Arménie, 33218.
Histoire Généalogique des Sires de Salins, 38439.
Dissertation sur une Statue de Mandeure, 38456.
—sur la preuve du Duel, 40201.
Diverses Généalogies de Franche-Comté, 40667.
Histoire Généalogique de la Maison de Bauffremont, 41171.
GUILLAUME (le Pere), Barnabite.
Dissertation sur un Monument trouvé près de Saint-Andéol, III, 37883.
GUILLEBAUD, Pierre, dit de S. Romuald, Feuillent.
Epitome Chronici Ademari, II, 16525.
GUILLEBERT, Evêque de Châlon-sur-Marne.
Statuts Synodaux, I, 6452; IV, S.
GUILLEMINET.
Mémoire sur les courans de la Méditerranée, IV, S. 849.*
de GUILLERAGUES (le Comte).
Relation de l'Audience du Grand-Vizir, IV, Suppl. 31063.*
GUILLET, Scipion.
Renouvellement des anciennes alliances, II, 28630.
Epithalamium Dionysii Salvagnii Boëssii, III, 33801.
GUILLET de Blaru (M.), Avocat.
Mémoire pour les Docteurs de la Faculté de Théologie de Paris, I, 5658.
—pour Anne-Jean Rouillé, IV, 45527.
GUILLETTE.
Plan de Paris, I, 1773.
GUILLIMANN, François.
De Episcopis Argentinensibus, I, 9118.
De Rebus Helvetiorum, III, 39080.
GUILLOT, Constance, Bénédictin.
Histoire de l'Abbaye de Luxeuil, I, 12104.
—de l'Abbaye de S. Vincent de Besançon, 12827.
GUILLOT (M.).
Discours sur l'Agriculture, I, 3438.
GUILLOT le Songe-creux : faux nom d'un inconnu.
Almanach, III, 36991.
de la GUILLOTIERE, Jean.
Isle de France, I, 1562.
de la GUILLOTIERE, François.
Cartes de la France, I, 560 & 561.
GUILLOUZOU, Richard, Dominicain.
Histoire de l'Image de Notre-Dame de Nazareth, I, 4181.
Vie de Marie Paret, I, 15139; IV, S.
GUIMONEAU.
Dissertation sur la primatie de Lyon, I, 8870.
GUINAUD.
La Connoissance des Propheties de Nostradamus, II, 22171.
de GUINAUNT, Antoine, Médecin.
Discours sur la mort du Cardinal Charles de Bourbon, II, 25595.
GUINDANT (M.), Médecin.
Examen des Eaux de la Loire, &c. IV, Supplém. 2836.*
GUINEMAND (M.), Médecin.
Mémoires de la Maison de Vienne, III, 44440; IV, S.
GUINET, Nicolas, Abbé de Sainte-Marie de Pont-à-Mousson.
Addition à la Vie de Madame de Gueldres, IV, S. 15189.
GUINET (M.), Clerc-Tonsuré.
Tableau des Evêques d'Autun, IV, S. 8960.*
GUINOISEAU : voyez Guignoiseau.
de GUINOYSEAU, Pierre.
Réponse au Diogene François, II, 17232.

Guion.
Elogium Macuti Pomponii, III, 33077.
de la Guionie, Bernard, Evêque de Lodève.
Descriptio Galliarum, I, 472.
Tractatus de Sanctis quorum corpora Diœcesim Lemovicensem ornant, &c. 4268.
Tranfitus S. Eugenii, 4404.
Sentences & Jugemens rendus, 5361.
Processus & Sententiæ contra Valdenses, 5702.
Vita Urbani II, Papæ, 7694.
—Urbani IV, Papæ, 7704.
—Clementis IV, Papæ, 7708.
—Martini IV, Papæ, 7714.
—Clementis V, Papæ, 7719 & 20.
—Joannis XXII, Papæ, 7725 & 26.
—S. Lycerii Conferanensis, 8097.
Nomina & Gesta Episcoporum Lemovicensium, 8460 & 61.
Vita S. Sacerdotis Lemovicensis, 8473.
—S. Fulchranni Lodovensis, 9231.
Nomina Episcoporum Diœcesis Tolosanæ, 10196.
Vitæ quorumdam Sanctorum Episcoporum Ecclesiæ Tolosanæ, Id.
Episcopi Tolosani, Id.
Historia S. Calmini, 11735.
De Stephano Obafinæ fundatore, 13114.
De Ordinibus Grandimontensi & Artigiæ, 13181.
Exordia Fratrum Prædicatorum, 13731.
De Origine Francorum, II, 15376.
Nomina Regum Francorum, 15663.
Chronicon de Regibus Francorum, 16995.
Les Fleurs des Chroniques, IV, S. 16995.*
Genealogia Regum Franciæ, 24812.
Comites Tholosani, III, 37757 & 63.
Guiot de Chesne, Nicolas, Avocat.
Mémoire sur la Principauté de Neufchastel, III, 39152.
Guiran, Gaillard, Conseiller au Présidial de Nismes.
Rôle des Lieux qui dépendent de la Viguerie de Nismes, I, 2236.
Explicatio duorum Numismatum Nemausensium, III, 37872.
Interpretatio Lapidum repertorum Nemausi, 37873.
Antiquitates Nemausenses, 37875.
Recherches sur les Sénéchaux de Beaucaire, 37886; IV, S. 37855.*
Guiran, Pierre, Chevalier.
Mémoire sur la Fontaine de Nismes, IV, Suppl. 37852.*
Guiroy, Antonin.
Almanach de l'Ordre de Malte, IV, S. 40339.*
Guis, Pierre-Augustin, Académicien de Marseille.
Eloge de René du Guay-Trouin, III, 31955.
Mémoires en faveur des Négocians de Marseille, 38249.
Guiscardi.
Jugement du Livre du Catholique d'Etat, II, 28656.
Guischardt, Charles.
Le Siége de Marseille, I, 3897.
de Guise, Jacques : voyez de Guyse.
de Guise, Jean : voyez Desnouelles.
de Guise : voyez de Lorraine.
de Guise, Nicolas, Chanoine de Cambray.
Vita & Panegyris Francisci Buissereti, I, 8576.
Mons Hannoniæ Metropolis, III, 39432.
Guissius, Jean.
Symbola heroica porticus regiæ, II, 22216.
Guiton, Marc.
Lettre à un Protestant François, I, 6192.
Guiz, Joseph, Oratorien.
Description des Arènes, III, 38163.
Gulonius : voyez Goulu.
Gundling : voyez van Hohenhard.

Tome V.

Guntherius : voyez Gonthier.
Gurdistinus.
Vita S. Winwaloei, I, 12040.
de Gurnez, Jean-Antoine, Oratorien.
Laca prodigiis Deiparæ celebris, I, 4118.
Vira S. Liberti, 4534.
de Guron, Louis, Conseiller du Roi.
Les Entretiens des Champs Elisées, II, 21661.
Mémoires sur les Guerres d'Italie, 21726.
Histoire du Temps, 21800.
Lettres, III, 30552.
de Guron : voyez de Rechignevoisin.
Gurtler, Nicolas.
Historia Templariorum, III, 40343 & 50.
Gusemeyer.
Traduction Allemande du Traité des Droits de la Reine, II, 28847.
Gusman, Joseph-Martin, Chanoine de Cadix.
Oracion funebre de Serenissimo Delphin, III, 25760.
Guther, J. Patrice Romain.
Rupella rupta, II, 21553.
de Guttery, Gabriel.
Traduction d'une Vie de Marie Stuart, II, 25103.
Guy, Evêque d'Amiens.
De Conquæstu Angliæ, III, 34967.
Guy, Abbé de S. Denys.
Vita S. Guinaili, I, 12043.
Guy de Munois, Abbé de S. Germain d'Auxerre.
De gestis Abbatum S. Germani Autissiodorensis, I, 12477.
Guyard, Bernard, Dominicain.
La nouvelle apparition de Luther & de Calvin, I, 7391; IV, S.
Vie de S. Vincent Ferrier, IV, S. 13762.*
La Fatalité de Saint-Cloud, II, 19087.
Oraison funèbre de Louis XIII, IV, S. 22138.**
Guyard, Robert, Bénédictin.
Histoire du Monastère de S. Josse sur Mer, IV, S. 12575.*
Guyard de Berville.
Histoire de Bertrand du Guesclin, III, 31421.
—du Chevalier Bayard, 31870.
Guyart, Guillaume.
Histoire de S. Louis, II, 16850 & 55.
La Branche aux Réaux Lignages, 16965.
Guyart, Jean.
Traité de l'origine de Hugues Capet, II, 14905.
Traité de la Loi Salique, 28509.
Guyart (l'Abbé).
L'Histoire de France & l'Histoire Romaine, II, 15859.
Guyenne, Roi d'Armes de François I.
Voyages & Négociations, III, 29908.
Guyet, Lezin.
Carte de l'Anjou, I, 1340.
—du Maine, 1663.
Guyman d'Arras, Moine de S. Waast.
Historia Monasterii S. Vedasti, I, 12790.
Guymier, Côme, Président aux Enquêtes.
Glossæ in Pragmaticam Caroli VII Sanctionem, I, 7539.
de Guynant, Antoine, Médecin.
Discours sur la mort du Cardinal Charles de Bourbon, I, 9879.
Epitaphium Cardinalis Caroli à Borbonio junioris, IV, S. 9883.*
Guyon, Etienne, Jésuite.
Orationes duæ, IV, 45662, & S. 37904.*
Guyon, Antoine.
Lettre au Cardinal de Joyeuse, I, 9804.
Guyon, Symphorien, Curé de S. Victor d'Orléans.
Catalogue des Bénéfices du Diocèse d'Orléans, I, 1266.

Notitia Sanctorum Ecclesiæ Aurelianensis, 4279.
Histoire de l'Eglise, Diocèse, Ville & Université d'Orléans, 5434, 9436 & 38 ; IV, S. 9438.
Historia Episcoporum Ecclesiæ Aurelianensis, 9435.
Histoire du Siège d'Orléans, II, 17188.

GUYON, Jacques, Prêtre, frere du précédent.
Préface de l'Histoire de l'Eglise d'Orléans, I, 5434 & 9438.
Histoire du Sacrilège commis dans le Diocèse d'Orléans, 5448.
La solemnelle Entrée des Evêques d'Orléans, 9448.

GUYON (l'Abbé).
L'Apologie des Jésuites convaincue d'attentats, &c. I, 14684.
Essai critique sur la translation de l'Empire d'Occident, II, 16455.
Du Commerce des François aux Indes, II, 28269; III, 39806.

GUYON (Madame) : *voyez* Bouvieres.

GUYON Doloix, Louis, Médecin.
Discours des Fontaines d'Encausse, I, 3051.

GUYONNET de Vertron (M.), Historiographe du Roi.
Le nouveau Panthéon, II, 24225.

GUYOT, Antoine.
Etat de la Fondation de la Chapelle de Jésus-Marie-Joseph, I, 5041.

GUYOT, Henri.
Oraison Panégyrique, III, 37392.

GUYOT, Germaine-Antoine, Avocat.
Table des lieux régis par les Coutumes de Mante & Meulan, I, 2229.
Discours sur la mort de M. le Dauphin (petit-fils de Louis XIV) & de Madame la Dauphine, II, 25706.

GUYOT (M.), Employé dans les Postes.
Etrennes des Postes, I, 832.
Dictionnaire portatif de la France, IV, S. 832.*
Dictionnaire des Postes, I, 2160.

GUYOT (M.).
Mercure historique, II, 24798.

GUYOT, Guillaume-Germain, Prédicateur du Roi.
Eloge du Pere André, I, 14214 ; IV, S.
Oraison funèbre de Louis XV; IV, S. 24802.*
—du Roi de Pologne, III, 38925.

GUYOT des Fontaines, Pierre-François.
L'Histoire de France & l'Histoire Romaine, II, 15859.
Traduction d'une partie de l'Histoire Universelle de M. de Thou, 19878.
Relation de l'expédition de Moka, 24617.
Avis à M. de Voltaire, 24667.
Description de la Ville de Paris, III, 34532.
Histoire des Ducs de Bretagne, 35399.
Histoire de la Chirurgie, IV, 44890.

GUYOT de Garambertio, Jean, Médecin.
Divinæ Naturæ triumphus, I, 3207.

de GUYSE, Jacques.
Les Illustrations de la Gaule Belgique, III, 39288.
Chronique des Comtes de Flandre, *là* & 39366.
Annales Hannoniæ, 39427.

de GUYSE, Jean : *voyez* Desnouelles.

GUYTON de Morveau (M.), Avocat-Général au Parlement de Dijon.
Eloge du Président Jeannin, III, 32471.

de GYÉ : *voyez* de Rohan.

GYRALDUS, Cynthius-Joannes-Bapt.
Oratio in funere Francisci I, II, 17630.

H

H. peut-être pour B. c'est Benoît, Evêque de Marseille, II, 16811 : *voyez* Benoît.

H. Thomas, *inconnu*.
Traduction Angloise des Remarques sur la Vie de M. de Villeroy, III, 32689.

H. A. von T. *inconnu*.
Enodatio Quæstionum circa Jura Juliæ, III, 39244.

H. B. *inconnu*.
Abrégé des Edits & Déclarations de Louis XIV, II, 27651.

H. B. T. *inconnu*.
Vie des Saints Can, Cantien & Cantianne : I, 4348.

H. C. *inconnu*.
Abrégé de l'Histoire Françoise, II, 15748.

H. D. V. c'est Hercule de Valobscure, III, 37894; *voyez* de Valobscure.

H. Dl. *inconnu*.
Considérations sur la Colonie Françoise de S. Domingue, V, Add. 39746.*

H. F. M. *inconnu*.
Mérovée, II, 16008.

H. M. D. M. A. *inconnu*.
La Balance d'Etat, II, 23270.
Le Masque levé, 23501.

H. P. c'est Henri Poirier, I, 14057 : *voyez* Poirier.

H. P. D. L. D. E. D. c'est Henri-Philippe de Limiers, Docteur ès Droits, II, 24490 : *voyez* de Limiers.

H. R. P. *inconnu*.
Lettre d'un Gentilhomme, II, 22742.

HABERT, François.
Les Regrets sur le trépas de Henri II ; II, 17731.

HABERT.
Stances sur la reddition de la Ville de Paris, IV, S. 19567.
Complainte sur la mort de Pierre Ronsard, IV, 47629.

HABERT, Nicolas, Prieur Claustral.
Epitome Chronici Monasterii Mosomensis, I, 12233.

HABERT, Pierre, Médecin.
Des vertus des Eaux d'Auteuil, I, 2936.

HABERT (M.), Avocat.
Défense du Pays de Languedoc contre la Régale, I, 7607.

HABERT, Germain, Abbé de Cerisy.
Vie de Pierre de Bérulle, I, 7781.

HABERT, Isaac, Evêque de Vabres.
De consensu Hierarchiæ & Monarchiæ, I, 7263.
Traité du pouvoir de l'Eglise & des Princes sur le Mariage, I, 7380.

HABICOT, Nicolas.
Gigantostéologie, I, 3724.

HABINTONS, Guillaume, Chevalier.
Histoire d'Edouard I, Roi d'Angleterre, III, 35101.

HACHARD, Marie-Magdelène, Ursuline.
Relation du Voyage des Ursulines de Rouen à la nouvelle Orléans, IV, S. 15332.*

d'HACHE : *voyez* de Haitze.

HACMENER, Joachim.
Tables généalogiques des Ducs de Bourgogne, II, 25431.

HACQUEVILLE, Nicolas.
Vita S. Bernardi, I, 13062.

HÆBEDEN, François-Dominique.
Ses Pensées sur la Campagne de 1747; IV, *Suppl.* 24691.*

van-HÆCHT-Goidschenhoven, Laurent.
Chronique des Ducs de Brabant, III, 39495.

HÆCKEL, Jean-Philippe.
Annales breves Regum Meroveorum, IV, *Suppl.* 16151.**

HAEMRODIUS, Cornelius.
Batavia, III, 39572.

Defcriptio Hollandiæ, 39373.
HÆNART.
Hiftoire facrée des Saints Ducs & Ducheffes de Douai, I, 5091.
vander-HAER, Floris, Tréforier de S. Pierre de Lille.
Les Chaftelains de Lille, III, 39016.
Généalogie de la Maifon de Luxembourg, 43025.
de HAES, François.
Traduction Hollandoife des Mémoires de Comines, II, 17393.
HAFFNER, François, Chancelier de Soleurre.
Hiftoire du Canton de Soleurre, III, 39121.
HAFN, Henri.
Vita Barnabæ Briffon, III, 32953.
HAGELGANSIUS, Jean-Henri.
De prifcâ Germanorum ætate, II, 15404.
HAGEMANN, Germain.
De omnigenâ hominis Nobilitate, III, 39865.
HAGEMEIER, Joachim.
De ftatu Galliæ, II, 27297.
HAGENBUCH, Jean-Gafpard.
Exercitatio de Oftionibus, I, 328.
HAGUENOT.
Projet d'un Mémoire fur les Eaux du Boulidou, IV, S. 2984.*
HAHN, Simon-Fridéric.
De Atelatenfis regni limitibus, III, 38036 & 38188; IV, S. 38036.
du HAILLAN : voyez Girard.
de HAINAULT, Jean, Miniftre Calvinifte.
L'Etat de l'Eglife, avec le Difcours des Temps, I, 5797.
Recueil des troubles advenus, II, 17954.
de HAITZE, Pierre-Jofeph, dit d'Hache.
Apologétique de la Religion des Provençaux, I, 3996.
Hiftoire de S. Benezet, 4339.
—de Sainte Roffoline, 4663.
Etat de l'Œuvre pour le fecours des prifonniers, 5514.
L'Efprit du Cérémonial d'Aix, IV, S. 5516.*
Lettre touchant les Arcs triomphaux d'Aix, II, 26496.
Differtation fur l'Hiftoire de Provence, III, 38060.
Hiftoire de la Ville d'Aix, 38136.
Curiofités de la Ville d'Aix, 38137.
Differtation fur le Confulat de la Ville d'Aix, 38148.
Hiftoire du B. Gérard Tenque, 40303.
Bibliothèque des Auteurs de Provence, IV, 45745.
Vie d'Arnauld de Villeneuve, 46019.
—de Michel Noftradamus, 46253.
—de Jules-Raymond de Soliers, 46925.
la HAIZE, M. Avocat.
Difcours fur le Gouvernement de la Rochelle, III, 35756.
du HALDE, Jean-Baptifte, Jéfuite.
In natalem Britanniæ Ducis Dialogus, II, 25722.
HALLE, François, Archevêque de Narbonne.
Statuta Ecclefiæ Narbonenfis, IV, S. 6633.*
HALLÉ, Pierre, Jurifconfulte.
Inftitutiones Canonicæ, I, 6963.
Elogium Gabrielis Naudæi, 11317.
Atrebatum Expugnatio, II, 22015.
Elogium Rollandi Mareffi, IV, 47128.
d'HALLENCOURT de Dromefnil, Charles-François, Evêque d'Autun, puis de Verdun.
Lettre circulaire fur les Fêtes, IV, S. 4979.*
Statuts, I, 6816.
Mandement contre la Légende de Grégoire VII, I, 7340; IV, S.

HALLER (M.).
Confeils pour former une Bibliothèque de la Suiffe, IV, S. 39069.*
HALLEY, P.
Ruxino recepta, Carmen, II, 22069.
HALLEY (M.).
Mémoire fur la premiere defcente de Céfar en Angleterre, I, 300.
HALLIER, François, Evêque de Cavaillon.
Commentarii in Ordinationes Cleri Gallicani, &c. I, 6883.
du HALLIER : voyez de l'Hôpital.
HALOIX.
Hiftoire du Siége de Montauban, IV, Supplément, 21062.
HALLOIX, Pierre, Jéfuite.
Vita S. Dionyfii Areopagitæ, I, 4013 & 27.
Triumphus facer Sanctorum Terentiani & focii Martyrum, 5092.
HAMBERT, Anfelme.
Eglogue de deux Bergers de France, II, 18026.
du HAMEAU, Pierre, Jéfuite.
Vie de Marguerite de Lorraine, II, 25400.
des HAMEAUX : voyez Dyel.
HAMEL (M.), Curé de Mouy.
L'Année fpirituelle des Religieufes Urfulines, IV, S. 15311.*
du HAMEL, Jacques, Procureur du Roi en la Cour Ecclefiaftique de Rouen.
La Police Royale fur les Perfonnes Eccléfiaftiques, I, 7363.
du HAMEL, Jean-Baptifte.
Differtatio de Privilegiis S. Germani à Pratis, I, 12501.
—altera de iifdem, 12504.
Verfion Latine du Traité des Droits de la Reine, II, 28847.
Hiftoria Regiæ Scientiarum Academiæ, IV, 45518.
du HAMEL, F. M. Moine de S. Sever.
Vie de S. Sever Evêque d'Avranches, I, 9923.
HAMILTON.
Anecdotes de la Cour de Childeric, II, 16014.
HAMON, Pierre, Ecrivain du Roi.
Carte de la France, I, 550.
HAMON, Jean, Médecin.
Relation de plufieurs circonftances de fa Vie, I, 4751.
HAN, Paul-Conrad-Balthafar.
Defcription de l'Alface (en Allemand), I, 2173.
du HAN de Mézieres, Chanoine de la Cathédrale de Chartres.
Defcription de l'Eglife de Chartres, I, 4969.
HANCHIUS, Martin.
Vita Claudii Salmafii, IV, 47212; & S.
vander-HANE, Laurent.
Notes fur les Coutumes du Comté de Flandres, III, 39398.
HANEGRAVE, Corneille, Prémontré.
Vita di San Norberto, I, 13545.
d'HANGEST (M.), Théologal d'Amiens.
Mémoire fur les Druides, I, 3845.
Idée du Temps de l'Eglife Cathédrale d'Amiens, 5458.
Differtation fur les Vidames de France, III, 31323.
Mémoires pour fervir à l'Hiftoire de Picardie, 34143.
—fur les Hommes illuftres de Picardie, IV, 45738.
HANOQUE, Charles.
Nova Francia Orientalis, II, 26101; III, 38726.
HAD, Gafpar. On croit que c'eft Louis Rogieri, II, 28764 : voyez Rogieri.

HARÆUS, François.
   Annales Ducum Brabantiæ, III, 39306.
HARAULT, André.
   Chronicon de Ré di Francia, II, 15741.
HARCOUET.
   Lettres sur l'origine des Armes de France, II, 27056.
HARCOUET de Longueville (M.), Avocat.
   Description des Cascades de S. Cloud, III, 34791; IV, S.
de HARCOURT, Agnès, Abbesse de Longchamp.
   Vie d'Isabelle de France, II, 16850 & 25374.
de HARCOURT (le Comte) : voyez de Lorraine.
HARDING, Jean.
   Chronique (en Anglois), III, 35165.
HARDIVILLIERS, Pierre, Recteur de l'Université de Paris.
   Actio pro Academia Parisiensi, IV, 44649.
HARDOUIN, Denys, Jurisconsulte.
   Historia Ecclesiastica Flandriæ, I, 5079.
   De Magistratibus Flandriæ, III, 39396.
   De Nobilitate Burgundica, 40614.
HARDOUIN, Jean, Jésuite.
   Collectio maxima Conciliorum, I, 6284.
   Elogium Joannis Garnerii, 14160.
   Explication d'une Médaille de Philippe Auguste, III, 34010.
   Défense de cette Explication, là.
HARDOUIN : voyez de Bueil.
vander-HARDT, Hermann.
   Vita Joannis Gersonii, I, 11165.
   —Petri de Alliaco, III, 32236.
HARDUIN, Alexandre-Xavier, Secrétaire de l'Académie d'Arras.
   Sentimens d'un Citoyen d'Arras, II, 25779.
   Mémoires pour servir à l'Histoire d'Artois, III, 18971.
   —pour servir à l'Histoire d'Arras, 38980.
   Discours sur le retour de l'Artois sous la domination Françoise, 38993.
HARDY (M.), Maréchal des Logis.
   Carte de la Bretagne, I, 1432.
HARDY, Sébastien.
   Le Guidon des Finances, II, 27977.
   Requête pour les Financiers, 28021.
HARDY, Robert, Bénédictin.
   Histoire de l'Abbaye de S. Aubin, I, 12339.
HARDY, Martial, Récollect.
   Oraison funèbre de Catherine-Elisabeth de Verthamont de Lavau, I, 14896; IV, S.
HAREL, J. Minime.
   Oraison funèbre de la Maréchale de Saint-Géran, IV, 48167.
HAREMBERG, Jean-Christophe.
   Emendationes in Cæsaris libris de Bello Gallico tentatæ, I, 3886.
   Exercitatio Ecclesiastica de Ebbone Remensi, 9547.
de HARENTALS, Pierre, Prémontré.
   Vita Joannis XXII, Papæ, I, 7729.
   —Benedicti XII, 7734.
   —Clementis VI, 7741.
   —Innocentii VI, 7746.
   —Urbani V, 7749.
   —Gregorii XI, 7755.
   —Clementis VII, 7758.
HARIGER, Abbé de Lobes.
   Gesta Pontificum Tungrensium, &c. I, 8707.
   Vita S. Landoaldi, 11224.
HARILEPHE, Abbé d'Aldembourg.
   Vita S. Arnulphi Suessionensis, I, 9601.
HARIULPHE, Moine de S. Riquier.
   Chronicon Centulensis Abbatiæ, I, 12733.
   Vita S. Angilberti, 12740.
   Vita Venerabilis Angilranni, 12746.
   —S. Gervini, 12749.
   —S. Magdegisili, 13360.
de HARLAY, Achilles I, Comte de Beaumont, premier Président du Parlement de Paris.
   Remontrance au Roi sur la vénalité des Charges, III, 33309.
   —sur le rappel des Jésuites, 33310.
de HARLAY, Christophe, Comte de Beaumont, Gouverneur d'Orléans, fils du précédent.
   Dépêches, III, 30357.
de HARLAY, Achilles III, Comte de Beaumont, Procureur-Général du Parlement de Paris, petit-fils du précédent.
   Discours sur la Déclaration du Clergé de 1682; I, 7282.
   Avis au sujet de la Régale, 7633.
   Appel au sujet d'une Bulle d'Innocent XI, II, 29103.
   Discours au Roi, III, 33311.
de HARLAY, Nicolas, Sieur de Sancy, Surintendant des Finances.
   Dépêches, III, 30324.
   Discours sur l'occurrence de ses affaires, 32472.
de HARLAY, Achilles, Sieur de Sancy, depuis Evêque de Saint-Malo, fils du précédent.
   Réponse à la Remontrance, II, 21679 : attribuée.
   Discours d'un vieux Courtisan, 21689 : attribué.
   Ambassades, III, 30439.
   Journal du Cardinal de Richelieu, 32502.
de HARLAY, Philippe, Comte de Cesy.
   Dépêches, III, 30449.
   Lettres, 30451, 30509, 30744.
de HARLAY, Achilles, Marquis de Chanvallon.
   Breve summa de las hazanas de Henrico IV; II, 19867 : attribué.
de HARLAY de Chanvallon, François, Archevêque de Rouen, frere du précédent.
   Ordonnances, I, 6699; IV, S.
   Statuts & Réglement, 6700.
   Acta Rothomagensis Ecclesiæ, 6701.
   Statuta Synodalia, 6702.
   Gallio, Ecloga, III, 35236.
de HARLAY, François, Archevêque de Rouen & ensuite de Paris, neveu du précédent.
   Ordonnances, I, 6666.
   Statuts Synodaux, IV, S. 6666.*
   Synodicon Parisiense, I, 6667; IV, S.
   Statuta Synodalia, 6703; IV, S.
HARME, Topographe du Roi.
   Plan de Paris, I, 1791.
de HARNES, Michel.
   Traduction de la Chronique de Turpin, II, 16187.
de HAROWYS, Nicolas, Jésuite.
   Panegyricus Mariæ-Teresiæ Reginæ dictus, II, 25164.
de la HARPE (M.).
   Eloge de M. de Fénelon, IV, S. 8582.*
   —de Charles V, Roi de France, II, 17079.
   —de Henri IV, IV, S. 10073.*
   —du Maréchal de Catinat, V, Add. 31611.*
   Idées sur Moliere, IV, 47537.
   Eloge de Jean Racine, IV, S. 47614.*
de HARRACH, Ferdinand-Bonaventure, Comte.
   Mémoires & Négociations, III, 31113.
HARRISE, B.
   Traduction Latine d'un Traité de la Prééminence des Rois de France, &c. II, 26940.
vander-HART : voyez vander-Hardt.
HARTEVELT, Gaspar.
   Chronicon Gebriæ, III, 39545.
HARTMANN, Christophe.
   Annales Eremi Deiparæ Monasterii, IV, S. 4152.*

HARTMANN, Jean-Adolphe.
Vitæ quorumdam Pontificum Romanorum, I, 7678.
de HARTOGHE, Polycarpe.
Notæ in Vitam S. Norberti, I, 13538.
HARTZEIM, Joseph, Jésuite.
De initio Metropoleos Ecclesiasticæ Coloniæ, I, 8656 & 58.
HARVENG, Philippe, Abbé de Bonne-Espérance.
Vita S. Amandi Leodiensis, I, 8741.
—S. Landelini, 11897.
—Venerabilis Odæ, 15028.
HASIUS, Matthias.
Imperium Francorum, I, 413.
HATÉ (M.), Médecin.
Observations sur l'Eau de Passy, I, 3137.
HATTON, Claude, Curé de Meriot.
Recueil sur la Ville de Provins, III, 34373.
HATTON, Christophe.
Oraison funèbre du Cardinal de Bourbon l'ancien, I, 9881.
du HAU (M.).
Remontrances sur l'union de la Justice de Saint-Palais avec celle de Pau, III, 37689.
—sur les oppositions à l'établissement du Parlement de Pau, 37690.
HAUDICQUER de Blancourt (M.).
Recherches sur l'Ordre du S. Esprit, III, 40510.
Nobiliaire de Picardie, 40767.
HAUDIQUER, Jean-Baptiste & Charles, Bénédictins, freres.
Recueil des Historiens de France, II, 15984. Ils y ont eu part.
Eloge de Dom Martin Bouquet, I, 12258; IV, S. 12546* & 46671.*
Histoire de Dom Didier de la Cour, IV, Suppl. 12805.*
vander-HAUMEN, Pierre.
Traduction Espagnole des Remarques sur la Vie de M. de Villeroy, III, 32689.
de HAURANNE : voyez du Vergier.
HAUSELT, Hubert.
Imago Flandriæ, IV, S. 5083.*
d'HAUSENS d'Esclusaux, François.
Recueil des Privilèges accordés à l'Ordre de S. Jean, III, 40336.
de la HAUSSE.
La Noblesse telle qu'elle doit être, II, 28226.
HAUTBOIS, Charles, Evêque de Tournay.
Statuta, I, 6762; IV, S.
du HAUTCHAMP : voyez Marmont.
de HAUTEFORT (M.).
Lettres & Mémoires, III, 30191.
Lettres, 30453.
de HAUTERIVE, Gérard, Archidiacre de Langres.
La Chronique de Grancey, III, 40678.
Généalogie curieuse, 40679.
HAUTERRE (M.), Médecin.
Mémoire sur une Source de Blaru, I, 2982.
d'HAUTESERRE (l'Abbé).
De l'Institut des Carmélites réformées, I, 14964.
d'HAUTESERRE : voyez Dadin.
de HAUTESERRE de Salvaizon, François.
Francia exterorum Principum protectrix, II, 26964.
des HAUTESRAYES : voyez le Roux.
d'HAUTEVAL, J. L.
Vie de Nicolas de la Roche, I, 13380.
de HAUTEVILLE, Nicolas, Chanoine de Genève.
Caractères de S. François de Sales, IV, S. 10783.*
Octave de S. François de Sales, là.
Origine de la Maison de S. François de Sales, I, 10784.
Histoire de la Maison de S. François de Sales, III, 44040.

de HAUTEVILLE des Amourettes, Charles-Louis, Lieutenant-Colonel des Grenadiers Royaux.
Edition des Mémoires des Campagnes de M. de Turenne, II, 24126.
Relation de la Bataille navale de 1759, 24771.
Essai sur la Cavalerie, III, 32164.
L'Anti-Légionaire François, 32184.
de HAUT-GUÉ : voyez de Hauterive.
HAUTIN de Villars.
Mémoire concernant les Mines de France, I, 2656.
de HAUTPORT, Robert.
De Miraculis Virginis Deiparæ Tungrensis, &c. I, 4214.
de HAUT-VÉ : voyez de Hauterive.
HAVART, Regnault, Chapelain de la Duchesse de Bourgogne.
Abrégé sur aulcuns pas des Chronicques de France; II, 15873.
HAVENS, Arnold, Jésuite & ensuite Chartreux.
Commentarius de erectione novorum in Belgio Episcopatuum, I, 8513.
HAVER, Jean-Christophe.
Oratio de Waldensibus, I, 5731.
HAVERCAMP, Sigebert.
Introductio in Historiam Patriam (Hollandiæ), III, 39603.
HAVERS, G.
Traduction Angloise du Journal de Saint-Amour, I, 5591.
HAY, Paul, Sieur du Chastelet, Conseiller d'Etat.
Les Entretiens des Champs Elysées, II, 21661.
Discours au Roi, 21688.
L'Innocence justifiée, 21690.
Observations sur le Maréchal de Matillac, 21788.
Recueil de diverses Pièces, 21842.
Discours d'Etat, 21844 & 28722.
Seconde Savoisienne, 29088 : attribuée.
Histoire de Bertrand du Guesclin, III, 31416.
HAY, Paul, Marquis du Chastelet, fils du précédent.
Traité de l'Education de M. le Dauphin, II, 25681.
Traité de la Politique de France, II, 27286; III, 32429.
de la HAYE, Samson, Guillelmite.
De Ordine Divi Guillelmi, III, 35720.
de la HAYE, Jean, Baron des Coulteaux.
L'Etat de l'Eglise de France, I, 4915.
Journal du Siége de Poitiers, II, 18066.
Histoire de notre temps, 18261.
Mémoires & Recherches de la Gaule Aquitanique, III, 37503.
Généalogie de la Maison de Sansay, 44055.
de la HAYE, Jean.
Traduction d'une Histoire Belgique, III, 59310.
de la HAYE (le Sieur), Député des Réformés.
Harangue au Roi, II, 20872.
de la HAYE, Pierre, Jurisconsulte.
Traduction de la vie de S. Yves, I, 13552.
de la HAYE (M.), Ambassadeur.
Ambassade, III, 30620.
de la HAYE, Jacques, Jésuite.
Réponse à l'Apologie de l'Université de Paris contre les Jésuites, IV, 44671.
de la HAYE, Jacob.
Journal du Voyage des Grandes Indes, III, 39805.
de la HAYE, Gilbert, Dominicain.
Fondation du Couvent de Sainte-Marguerite dans la Ville de Saint-Omer, I, 5100 & 15134.
de la HAYE-Ventelet (M.).
Lettre au Roi, III, 30964.
des HAYES, Pierre, Chanoine Régulier.
Histoire des Evêques de S. Malo, I, 10467.

de HAYNEX du Cornet, Louis.
Histoire des Guerres de Savoie, II, 21415.
des HAYONS.
Vie de Jean d'Allamont, IV, S. 31844.*
HAYS, Jean.
Oraison funèbre de Charles d'Humieres, III, 31959.
HAYWARD, Jean.
Les Vies de trois Rois d'Angleterre, III, 35012.
de HAZARDIS, Hugues, Evêque de Toul.
Statuta Synodalia, I, 6777.
HAZON, Jacques-Albert, Médecin.
Laudatio Universitatis Parisiensis, IV, 44716.
Eloge de l'Université de Paris, là.
Eloge de la Faculté de Médecine, 45006.
HÉBERT, Nicolas, Théologal d'Evreux.
Oraison funèbre de la Princesse de Condé, II, 25796.
HÉBERT, Charles, Avocat.
Réponse des Prévôts des Marchands, &c. à un Mémoire pour l'Université de Paris, IV, 44757.
HÉBERT, M. Jésuite.
Ad Nutricem Ducis Britanniæ, II, 25722.
HÉBERT (M.), Avocat.
Mémoires sur Coulommiers, III, 34370.
HÉBERT (M.).
Dictionnaire de Paris, IV, S. 2368*; III, 34523.
HÉBERT de Rocmont (l'Abbé).
La Gloire de Louis-le-Grand, II, 24244.
d'HÉBRAIL (l'Abbé).
La France Littéraire, IV, 44592.
d'HÉCAUCOUR de Charmont (la Sœur), Religieuse de Port-Royal.
Relations sur Port-Royal de Paris, I, 15115.
vander-HECKEN, Gilles, Chanoine Régulier.
Recherches sur les Evêques de Cambray, I, 8540.
HECQUET, Philippe, Médecin.
Lettre sur le Miracle arrivé au Fauxbourg Saint-Antoine à Paris, I, 5269.
Eloge de Raymond-Jacob Finot, IV, 46144.
HECQUET (M.), Médecin, neveu du précédent.
Amusemens des Eaux d'Aix-la-Chapelle, I, 2908.
HECQUET (Madame): voyez Homace.
HEDA, Guillaume.
De Episcopis Ultrajectinis, I, 8793.
HEDELIN, François, Abbé d'Aubignac.
La Pucelle d'Orléans, II, 17237.
Panégyrique du Prince de Condé, 25820.
Harangue funèbre du Comte de Rantzau, III, 31683.
Panégyrique de Louis de Savoie, Duc de Nemours, 32024.
Discours au Roi, IV, 45543.
HEERKENS, Nicolas, Médecin.
Annotationes in Vitam Caroli Magni, II, 16249.
de HEERS, Henri.
Spadacrene, I, 3239.
Vindiciæ pro eadem, 3240.
Observationes in Spa & Leodii animadversæ, 3241.
HEGENIT, Godefroi.
Itinerarium Frisium Hollandicum, I, 1290.
d'HÉGUERTY (M.).
Discours sur l'Histoire Naturelle de l'Isle de Bourbon, I, 2401.
Observations sur le Volcan de l'Isle de Bourbon, 2644.
Essai sur les Intérêts du Commerce Maritime, II, 28203.
HEIDEGGER, Jean-Henri.
Carolus Magnus testis veritatis, II, 16293.

de HEINCKEN (le Baron).
Remarques sur l'origine de la Gravure, &c. IV, 47969, & S.
HEINDRICH, Pierre.
Massilia, I, 3932.
HEINECCIUS, Jean-Gottlieb.
Præfatio in Codicem Juris Germanici, IV, Suppl. 27589.*
De eminentioribus Ducatûs & Ducum Lotharingiæ prærogativis, III, 38825.
De vita Francisci Balduini, IV, 45825.
HEINSIUS, Daniel.
Historia rerum ad Sylvam Ducis atque alibi gestarum, III, 39529; IV, S. 39529.*
Vita Jacobi Auberii, IV, 45815.
Epistola de morte Josephi Scaligeri, 47216.
Orationes duæ in obitum ejusdem, 47217.
de HEISS (M.), Intendant de l'Armée du Roi.
Mémoire, III, 31081.
HEISTER, Henri.
Suffraganei Colonienses, I, 8661.
HELGAUD, Moine de Fleury.
Epitome Vitæ Roberti Regis, II, 16529.
HÉLIE, Bertrand.
Historia Comitum Fuxensium, III, 37917.
HÉLIN, Jean, Jésuite.
Vie de S. Servais, I, 8729.
HELINAND, Moine de Froidmont.
Chronica, II, 16721.
HELLE, P. C. A.
Catalogues de Curiosités, I, 2480, 81, 83 & 84.
HELLIS, E. A. Chanoine de S. Bavon.
Histoire des Evêques & du Chapitre de S. Bavon à Gand, IV, S. 9060.*
HELLO, François, Avocat.
Des Jurisdictions Ecclésiastiques de France, I, 7455.
HELLOT, Michel.
Récit de la venue d'une Canne Sauvage, III, 35496; IV, S.
HELLOT, Jean, Académicien.
Etat des Mines du Royaume, I, 2657.
Discours sur les Mines du Royaume, 2659.
Examen du Sel de Pécais, 2743.
—de l'Eau de l'Yvette, 2845.
HELMONT, J. B.
Supplementum de Spadanis fontibus, I, 3238.
HELWICH, Georges, Vicaire de l'Eglise de Mayence.
Notæ & Additiones in Chronicon rerum Moguntinarum, I, 9070; III, 39191.
Tredecim Icones Electorum Moguntinensium, 9073.
Nobiliras Ecclesiæ Moguntinæ, 9074; III, 39191.
Moguntia devicta 9078; III, 39191.
Annalium Wormatiensium Prodromus, 9107.
Commentarius in Vitam Caroli Magni, II, 16248.
Chronicon Monasterii ad S. Albanum, III, 39191.
Antiquitates Cœnobii Lauris-hamensis, là.
HELVIDIUS, Stanislas, faux nom sous lequel s'est couvert Joachim Camerarius, II : 18148 : voyez Camerarius.
HELVIS, Jean.
Les Tableaux & Discours des faits du Duc d'Aumale, III, 32360; IV, S.
HÉLYOT, Pierre, dit le Pere Hippolyte, Religieux du Tiers-Ordre de S. François.
Histoire des Ordres Monastiques, I, 11558.
—de l'Ordre de S. Benoît....
—de l'Ordre du Val des Choux, 12917.
—de l'Ordre de Cîteaux, 12981.
—de l'Abbaye d'Obasine, 13112.
—de l'Abbaye d'Orval, 13117.
—de l'Abbaye de Sept-Fonts, 13134.
—de l'Abbaye de la Trappe, 13143.

Histoire

Histoire de l'Ordre de Grammont, 13138.
—des Célestins, 13204.
—des Chartreux, 13230.
—des Camaldules, 13268.
Origine des Chanoines Réguliers, 13412.
Histoire des Chan. Rég. de S. Maurice, 13414.
—des Chan. Rég. d'Aroaise, 13416.
—des Chan. Rég. de Chancelade, 13423.
—des Chan. Rég. du Mont S. Eloi, 13432.
—des Chan. Rég. de S. Antoine, 13439.
—des Chan. Rég. de S. Aubert, 13449.
—des Chan. Rég. de S. Jean des Vignes, 13454.
—des Chan. Rég. de S. Ruf, 13466.
—des Chan. Rég. de S. Victor, 13471.
—les Chan. Rég. de Sainte-Croix, 13495.
—des Chan. Rég. de Notre Sauveur, 13499.
—des Chan. Rég. de Windesem, 13505.
—des Chan. Rég. de Bourgachard, 13506.
—des Chan. Rég. du S. Esprit, 13507.
—des Chan. Rég. associés du S. Esprit, 13508.
—des Chan. Rég. de S. Cosme, 13509.
—des Chan. Rég. de S. Jacques, 13510.
—des Chan. Rég. de S. Laurent, 13511.
—des Chan. Rég. de Prémontré, 13517.
—des Chan. Rég. de Sainte Géneviève, 13591.
—des Chan. Rég. de S. Jean en Vallée, 13648.
—des Chan. Rég. du Val-des-Ecoliers, 13657.
—des Chan. Rég. des deux Amans & de quelques autres, 13658.
—des Augustins, 13661.
—des Carmes, 13693.
—des Dominicains, 13732.
—des Franciscains, 13850.
—des Récollects, 13898.
—des Capucins, 13906.
—des Religieux du Tiers-Ordre, 13930.
—de l'Ordre de Fontevrauld, 13932.
—des Brigittains, 13957.
—des Trinitaires, 13959.
—de l'Ordre de la Merci, 13989.
—des Servites, 14000.
—des Minimes, 14003.
—des Barnabites, 14068.
—des Théatins, 14075.
—des Freres de la Charité, 14085.
—des Freres de la Mort, 14094.
—de l'Ordre de l'Annonciade, 14699.
—des Augustines, 14707.
—des Béguines, 14717.
—des Bénédictines....
—de l'Abbaye d'Estrun, & de quelques autres Monasteres Nobles de Flandres, 14877.
—des Religieuses de Montmartre, 14901.
—des Religieuses de l'Abbaye de S. Paul-lès Beauvais, 14929.
—de l'Ordre de Sainte Brigitte, 14947.
—des Religieuses du Calvaire, 14949.
—des Carmélites, 14956.
—de diverses Chanoinesses, 15011.
—des Religieuses de Cîteaux, 15039.
—des Dominicaines, 15133.
—des Franciscaines, 15176.
—des Religieuses Hospitalieres, 15108.
—des Religieuses de l'Hôtel-Dieu de Paris, 15209.
—des Religieuses Minimes, 15217.
—des Filles de Notre-Dame, 15235.
—de la Congrégation de Notre-Dame, 15238.
—des Religieuses de Notre-Dame de la Miséricorde, 15246.
—des Religieuses de la Visitation, 15260.
—des Ursulines, 15301.
—des Chartreuses, 15335.
—des Congrégations pour l'Instruction des jeunes filles, 15344.

Tome V.

—de la Congrégation des Filles de la Croix, 15345.
—des Religieuses de la Maison de Saint-Cyr, 15346.
—des Filles de Sainte-Géneviève ou Miramiones, 15351.
—des Filles & Veuves de l'Union Chrétienne & des Nouvelles-Catholiques, 15354.
—des Ordres Militaires, III, 40269.
—des Hospitaliers de l'Ordre de S. Jean de Jérusalem, 40293.
—des Chevaliers Templiers, 40344.
—des Chevaliers du Mont-Carmel & de S. Lazare, 40367.
—des Chanoines Réguliers du S. Esprit à Montpellier, 40376.
—des Chevaliers de l'Ordre de la Toison d'Or, 40408.
—des Chevaliers de l'Ordre du Croissant, III, 40436.
—des Chevaliers de l'Ordre de Saint-Michel, 40445.
—des Chevaliers de l'Ordre du S. Esprit, 40460 & 64.
—des Chevaliers de l'Ordre de Saint-Louis, 40528.
HÉLYOT, Alexis, Récollect.
Oraison funèbre de Louis-Henri de Harcourt, IV, S. 31956.***
HÉMAR de Dénonville, Charles, Evêque de Mâcon, Cardinal.
Dépêches, III, 29938.
Lettres, 29948.
HÉMERÉ, Claude, Chanoine de S. Quentin.
De Scholis publicis earumque Magisteriis, I, 5497.
Augusta Veromanduorum vindicata & illustrata, 5498.
Antiquitates Urbis S. Quintini, III, 34179.
De Academia Parisiensi, IV, 44615.
HÉMERIC: voyez Adson.
d'HÉMERY: voyez Particelli.
HEMMERLEIN: voyez Malléol.
HEMRICOURT, Jacques.
Le Miroir des Nobles de Hasbaye, III, 40681.
HÉNAULT, Charlotte.
Les Palmes héroïques du Duc de Beaufort, II, 22501.
HÉNAULT, Charles-François, Président au Parlement de Paris.
Lettre au sujet de la Régale, I, 7658.
Abrégé Chronologique de l'Histoire de France, II, 15852.
Réponse à une Lettre sur ce Livre, 15854.
François II, Tragédie, 17784.
Lettre sur Catherine de Médicis, 27349.
—sur la Statue équestre qui est à Notre-Dame de Paris, III, 34410.
HENGELMILL.
Traduction Angloise de l'Argenis, II, 19916.
de HENNI (M.), Médecin.
Détail d'une maladie épidémique, I, 2516.
HENNEPIN, Louis, Récollect.
Description de la Louisiane, III, 39697.
—d'un très-grand pays, 39704.
Voyage en un pays plus grand que l'Europe, 39705.
HENNEQUIN, Oudard, Evêque de Troyes.
Statuta Synodalia, I, 6770.
HENNEQUIN, Jean, Secrétaire de la Chambre du Roi.
Le Guidon des Finances, II, 27977.
HENNEQUIN, Claude, Vicaire-Général d'Alby.
Procès-verbal de l'Assemblée du Clergé de 1695, I, 6894.
Mémoire sur les Libertés de l'Eglise Gallicane, 7032.

Bbbb

d'HENNEQUIN, le Baron.
Mémoires, III, 38897.
HENNETON, Philippe, premier Secrétaire du Roi de Caſtille.
Histoire des Traités de Louis XII, III, 29844.
HENNIN, Chrétien, Médecin.
Traduction Latine des grands Chemins de l'Empire Romain, I, 62.
HENNINGÈS, Jérôme.
Theatrum genealogicum, III, 40533.
HÉNOCQ, Martial.
Sancto Martiali Carmen, II, 22294.
HENRERA, David, Cordelier.
Vie de Sainte Bégue, traduite en François, I, 14718.
Vie de la B. Marie d'Oignies, traduite en Flamand, 14720.
HENRI I, Roi de France.
Diplomata, III, 29762.
HENRI II, Roi de France.
Edit contre les petites dates, II, 7573.
—sur la prohibition d'expédier en Cour de Rome, 7575.
Lettre au Parlement, II, 17627.
—aux Electeurs, &c. 17656.
Lettres à M. de Matillac, III, 30013.
—à M. de Nevers, 30016.
Epistolæ arcanæ, 30023.
Lettres à M. de la Vigne, 30055.
Autres Lettres, 30078.
HENRI III, Roi de France & de Pologne.
Discours sur la S. Barthélemi, II, 18145.
Epistola ad Archiepiscopum Gnesnensem, 18297.
Lettre au Sieur de Mandelot, 18674.
—au Pape, 19007.
—au Comte de Montbéliard, 19054.
Lettres à Guillaume de Saulx, III, 30166.
—au Sieur d'Abain, 30193 & 94.
—au Duc d'Espernon, 30222.
—au Cardinal de Joyeuse & au Marquis de Pisani, 30234.
—à MM. de la Valette, de Pontcarré, &c. 30242.
—au Sieur de la Clielle, 30248.
Registre des Expéditions de Lettres, 30260.
Lettres à M. Rouillé, 30269.
Lettres diverses, 30342.
Lettres au Maréchal de Souvré, 30380.
HENRI IV, Roi de France & de Navarre.
Traduction des Commentaires de César, I, 3880.
Lettres à Henri III, IV, S. 18468.*
Harangue & Déclaration devant Paris, II, 19152.
Lettre sur la Bataille d'Ivry, 19246.
Lettre au Duc de Montpensier, III, 30247.
—à M. de Rouillé, 30269.
—à plusieurs Potentats, 30273.
—au Duc de Nevers, 30289.
Epistolæ ad Imperatorem, &c. 30327.
Lettres au Duc de Luxembourg, &c. 30330.
Lettres diverses, 30342.
Lettres à M. de Béthune, 30344 & 30519.
—à M. de Caumartin, 30362.
—à la Reine Marie de Médicis, 30371.
—au Connétable de Montmorency, 30378.
—au Maréchal de Souvré, 30380.
—à M. de la Boderie, 30399 & 30401.
—à M. de Réfuge, 30399.
—à Jean Villiers-Hotman, 30404.
HENRI, Duc d'Anjou, fils & frere de Roi.
Expéditions, III, 30130 : voyez Henri III.
HENRI, contemporain de S. Bernard.
De antiquitate urbis Tornacensis, II, 39413.
HENRI d'Hutinton.
Historiæ Regum Anglorum, III, 35022.
HENRI, Honoré.
Commentaire des Guerres Civiles, II, 17989.

HENRI, Jean.
Carmen de Belna, III, 35952.
HENRI, Hugues.
Recueil de Pièces contre les prétentions des Archevêques de Besançon, I, 8165.
HENRI, Pierre : faux nom sous lequel s'est couvert Jean-Baptiste Guesnay, I, 3980 : voyez Guesnay.
HENRI, Daniel, Oratorien.
Vie de Barbe Avrillot, I, 14977.
HENRI, Pierre, Bénédictin.
Gallia Christiana nova, I, 7828. Il y a part.
Eloge d'Etienne Brice, IV, S. 46678.*
HENRI de Calais (le Pere), Capucin.
Vie d'Honoré de Paris, I, 13916.
HENRICI, Honoré.
Relation de l'Entrée du Cardinal Farnèse à Avignon, IV, S. 38332.*
HENRICPETRUS, Jacques, Jurisconsulte.
Continuatio Operis Pauli Æmilii, II, 15690.
HENRION de Pensey.
Eloge de Charles du Moulin, IV, 45952.
HENRIQUEZ, Chrysostome, Cistercien.
Menologium Cisterciense, I, 12944 & 54.
Fasciculus Sanctorum Ordinis Cisterciensis, 12956.
Vita S. Alberici, 12997.
Vitæ SS. Patrum Eremi Dunensis, 13078.
Sol Cisterciensis in Belgio, 13174.
Vita Joannis Rusbrochii, 13491.
Vida della Madre Aña de San Bartolome, 14987.
Lilia Cistercii, 15038.
Quinque prudentes Virgines, 15045.
HENRIQUEZ de Monegro, Ascensio.
Las excellentias del Matrimonio de los Reges de Francia, II, 28423.
HENSCHENIUS, Godefroi, Jésuite.
Notitia Galliarum & Belgii, I, 432.
Commentarius de sanctis Accio & Acheolo, 4293.
—de sanctis Agoardo & Agliberto, 4297.
—de sancta Alena, 4298.
—de sanctis Amando & Domnoleno, 4308.
—de sancta Ayâ, 4323.
—de sancto Beato, 4330.
—de sancto Bobone, 4346.
—de sancto Claro, 4359.
—de sancta Consortia, 4365.
—de sanctis Donatiano & Rogatiano, 4378.
—de sanctis Elevarâ & Sponsariâ, 4382.
—de sancto Epipodio & sociis, 4395.
—de sancto Eudaldo, 4401.
—de sancta Exuperantiâ, 4408.
—de sancta Gemmâ, 4432.
—de sancto Gengulpho, 4436.
—de sancto Genio, 4440.
—de sancta Honorinâ, 4505.
—de Beata Idâ, 4511.
—de sancto Magnoberto, 4555.
—de sanctis Marcello & Anastasio, 4565.
—de sancta Mastidiâ, 4571.
—de sanctis Maximo & Venerando, 4582.
—de sanctis Prisco & Cottâ, 4620.
—de sanctâ Rotrude, 4670.
—de sanctis Rufino & Valerio, 4671.
—de sancto Salvio, 4673.
—de sancto Vincentio Aginnensi, 4710.
—de sancto Leone IX, Papâ, 7682.
—de sancto Constantino Vapincensi, 7903.
—de sancto Aureliano Arelatensi, 8012.
—de sancto Orientio Elusano, 8080.
—de sancto Veredemo Avenionensi, 8130.
—de sanctis Sylvestro & Fronimio Bisuntinis, 8172.
—de sancto Antidio Bisuntino, 8176.
—de sancto Claudio Bisuntino, 8179.
—de sancto Anthelmo Bellicensi, 8206.
—de sancto Amando Burdigalensi, 8239.
—de sancto Phœbadio Aginensi, 8270.

Table des Auteurs.

Commentarius de sancto Eutropio Santonensi, 8293.
—de sanctis Palladio I & II, Bituricensibus, 8367.
—de sancto Austregisilo Bituricensi, 8381.
—de sancto Rodulpho Bituricensi, 4385.
—de sancto Illidio Claromontensi, 8436.
—de sancto Genesio Claromontensi, 8441.
—de sancto Aureliano Lemovicensi, 8449.
—de sancto Sacerdote Lemovicensi, 8472.
—de sancto Lupo Lemovicensi, 8473.
—de sancto Marcellino Aniciensi, 8491.
—de sancto Hadulpho Cameracensi, 8561.
—de sancto Lietberto Cameracensi, 8567.
—de beato Odone Cameracensi, 8569.
—de sancto Vedasto Atrebatensi, 8594.
—de sancto Eleutherio Tornacensi, 8624.
—de Episcopatu Tungrensi & Trajectensi, 8685.
—de sancto Martino Tungrensi, 8723.
—de sancto Maximino Tungrensi, 8724.
—de sancto Servatio Tungrensi, 8726.
—de sancto Quirillo Tungrensi, 8735.
—de sancto Amando Trajectensi, 8740.
—de sancto Floreberto Leodiensi, 8767.
—de sancto Federico Leodiensi, 8779.
—de sancto Lamberto Lugdunensi, 8925.
—de sancto Agobardo Lugdunensi, 8928.
—de sanctis Reveriano Augustodunensi, & sociis, 8962.
—de sancto Simplicio Augustodunensi, 8967.
—de sancto Desiderio Lingonensi, 9007.
—de sancto Hildegrimo Cabillonensi, 9035.
—de beato Rabano Moguntino, 9097.
—de sancto Paulo Narbonensi, 9166.
—de sancto Theodardo Narbonensi, 9171.
—de sanctis Hilario & Valerio Carcassonensibus, 9198.
—de sancto Landerico Parisiensi, 9304.
—de sancto Yvone Carnotensi, 9374.
—de sancto Euchario Aurelianensi, 9468.
—de sancto Romano Remensi, 9530.
—de sancto Lethardo Laudunensi, 9663.
—de sancto Erkembondone Teruanensi, 9774.
—de sancto Baino Teruanensi, 9780.
—de sancto Gildardo Rotomagensi, 9824.
—de sancto Prætextato Rotomagensi, 9828.
—de sancto Ansberto Rotomagensi, 9860.
—de sancto Paterno Abrincensi, 9919.
—de sancto Autperto Abrincensi, 9924.
—de sancto Alnoberto Sagiensi, 9970.
—de sancto Agricio Senonensi, 10037.
—de sancto Heraclio Senonensi, 10038.
—de sancto Leone Senonensi, 10040.
—de sancto Gundelberto Senonensi, 10048.
—de sancto Aldrico Senonensi, 10061.
—de sancto Melano Tricassino, 10086.
—de sancto Peregrino Autissiodorensi, 10110.
—de sanctis Valerio & Valeriano Autissiodorensibus, 10114.
—de sancto Heladio Autissiodorensi, 10125.
—de sancto Amatore Autissiodorensi, 10126.
—de sancto Palladio Autissiodorensi, 10158.
—de sancto Tetrico Autissiodorensi, 10159.
—de sancto Heribaldo Autissiodorensi, 10163.
—de SS. Eoladio & Agricolâ Nivernensibus, 10179.
—de sancto Hilario Tolosano, 10208.
—de sancto Perpetuo Turonensi, 10310.
—de sancto Turibio Cenomanensi, 10347.
—de sancto Similino Nannetensi, 10433.
—de sancto Paterno Venetensi, 10442.
—de sancto Meriadeco Venetensi, 10445.
—de sancto Brioco Britannensi, 10460.
—de sancto Curvallo Britannensi, 10474.
—de sancto Maximino Trevirensi, 10509.
—de sancto Britonio Trevirensi, 10519.

Tome V.

Commentarius de sancto Modesto Trevirensi, 10525.
—de sancto Aprunculo Trevirensi, 10526.
—de sancto Clodulpho Metensi, 10566.
—de sancto Abbone Metensi, 10570.
—de sancto Jacobo Tullensi, 10639.
—de sancto Gerardo Tullensi, 10642.
—de sancto Zachariâ Viennensi, 10691.
—de sancto Justo Viennensi, 10692.
—de sancto Dionysio Viennensi, 10693.
—de sancto Claudio Viennensi, 10695.
—de sanctis Nectario & Nicetio Viennensibus, 10696.
—de sancto Juliano Viennensi, 10702.
—de sancto Pantagatho Viennensi, 10703.
—de sancto Mamerto Viennensi, 10705.
—de sancto Desiderio Viennensi, 10711.
—de sancto Domnolo Viennensi, 10714.
—de sanctis Bobolino & Dodolino Viennensibus, 10716.
—de sancto Austreberto Viennensi, 10717.
—de sancto Marcello Diensi, 10745.
—de sancto Hugone Gratianopolitano, 10755.
—de sancto Baldomero, 10910.
—de sancto Cerenico, 11036.
—de sancto Corcodemo, 11074.
—de sanctis Felice, Fortunato & Achilleo, 11115.
—de sanctis Ferreolo & Ferruccio, 11118.
—de sancto Joanne Monasteriensi, 11207.
—de sancto Maurilio, 11283.
—de sancto Vulphlagio, 11537.
—de sancto Abraham, 11572.
—de sancto Quiniberto, 11595.
—de sancto Tudino, 11601.
—de sancto Severino, 11657.
—de sancto Godone, 11676.
—de sancto Majolo, 11808.
—de sancto Alcuino, 11922.
—de sancto Ebremundo, 11978.
—de sancto Guiberto, 11984.
—de sancto Riocho, 12037.
—de sancto Hidulpho, 12052; IV, S.
—de sancto Ursmaro, 12053.
—de sancto Theodulpho, 12056.
—de sancto Waldeberto, 12119.
—de sancto Leone, 12163.
—de sancto Mauronto, 12164; IV, S.
—de sancto Romano, 12197.
—de sancto Ultano, 12222.
—de sancto Sylvestro, 12243.
—de sancto Marculfo, 12249.
—de beato Andreâ, 12318.
—de sancto Fulrado, 12424.
—de sancto Mamertino, 12481.
—de sancto Guillelmo Gellonensi, 12558.
—de sancto Jovino, 12576.
—de sancto Antonio Abbate S. Juliani, 12577.
—de sanctis Liffardo & Urbicio, 12579.
—de sancto Maxentio, 12590.
—de sancto Baboleno, 12644.
—de sancto Aurelio, 12667.
—de sancto Avito, 12668.
—de sancto Theodulfo, 12769.
—de sancto Papoleno, 12895.
—de sancto Bernardo Tironensi, 12899.
—de sancto Stephano Cisterciensi, 12999.
—de sancto Gervino, 13019.
—de sancto Madelgisilo, 13360.
—de sancto Medulpho, 13369.
—de sancto Primaële, 13377.
—de sancto Psalmodio, 13378.
—de sancto Ronano, 13381.
—de sancto Simeone, 13385.
—de sancto Theobaldo, 13388.

Bbbb 2

Commentarius de sancto Gilberto, 13567.
—de sanctâ Euſtandiolâ, 14735.
—de sanctâ Adjolâ, 14767.
—de beatâ Clotſinde, 14776.
—de sanctâ Aldetrude, 14785.
—de sanctâ Earcongotâ, 14889.
—de beatâ Ideburgâ five Ittâ, 15020.
—de venerabili Odâ, 15029.
—de beatâ Julianâ, 15050.
Francorum Regum Chronologia, II, 15896.
De Fredegarii Chronico, 16084.
De S. Sigeberto, 16095.
De Autore Geſtorum Dagoberti filii Clotarii, II, 16106.
Diatriba de tribus Dagobertis, 24854.
Exegeſis de Genealogico Stemmate Regum Francorum primæ ſtirpis, I, 15897; II, 24855.
Appendix apologetica pro Diatriba, 24856.
Exegeſis innovans ac ſtabiliens Diatribam, I, 15898; II, 24858.
De sanctâ Clotilde, 25001.
De beatâ Joannâ Valeſiâ, 25055.
Hensès, Henri-Auguſte.
Schediasma de Commentariis Hiſtoricis, II, 15969.
Hentzner, Paul, Juriſconſulte.
Itinerarium Germaniæ, &c. I, 2298.
Hepidann, Moine de S. Gal.
Annales breves, II, 16549.
Hérard, Archevêque de Tours.
Vita sancti Chrodegandi Sagienſis, I, 9972.
l'Hérault de Lyonniere, Thomas.
Hiſtoire des mouvemens de l'Europe, II, 24318.
Panégyrique du Portrait de M. le Dauphin, II, 24329.
Herbelin, Matthieu, Tréſorier de l'Egliſe de S. Yved à Braine.
Hiſtoire des Comtes de Dreux, II, 25306.
Deſcription de Dreux & de Braine, 25307; III, 34809.
Herbelot, Gervais, Moine de Longpont.
Hiſtoire de la ſainte Face, I, 5483; IV, S.
d'Herbelot, Barthélemi, Interprête des Langues Orientales.
Bibliothèque Orientale, II, 16706.
Herben, Matthieu.
De rebus geſtis Trajectenſium ad Moſam, II, 39525.
Herben ou Herbern, Archevêque de Tours.
Miracula beati Martini, I, 10301.
Herbert, Edouard.
Expeditio Ducis de Buckinghan, II, 21463.
Herbert.
Eſſai ſur la police générale des grains, II, 28253.
Herculan, Jean.
Antiquitates Vallis Galilææ, IV, S. 5381.*
Hérédie, Bonaventure, Carme.
Défenſe de notre ſaint Pere le Pape, I, 7276.
Hérée, Charles-Guſtave.
Scholiæ in Monumenta Moguntina, III, 39191.
Series Archiepiſcoporum Moguntinenſium, Id.
Hérempert, Moine du Mont-Caſſin.
Hiſtoria Principum Beneventanorum, III, 35043.
Héric, Moine de S. Germain d'Auxerre.
Vita Divæ Genovefæ, IV, S. 4458.*
—S. Germani Autiſſiodorenſis, I, 10130.
De vita & miraculis ejuſdem, 10131.
Epiſtola ad Carolum Calvum, III, 29745.
d'Hericourt, Chriſtophe, Doyen de l'Egliſe de Laon.
Hiſtoria de Chriſti Jeſu triumpho, &c. IV, S. 4827.*
Hiſtoire de Nicole de Vervins, IV, 48216.
d'Héricourt, Julien, Procureur du Roi.
Défenſes touchant les Forêts du Languedoc, IV, S. 37730.**

De Academiâ Sueſſionenſi, IV, 45610.
d'Héricourt, Louis, Avocat, petit-fils du précédent.
Mémoire ſur l'union du Chapitre de S. Germain-l'Auxerrois, I, 5226; IV, S.
Addition à ce Mémoire, Id.
Requête pour l'union de l'Egliſe de S. Jacques-de-l'Hôpital, IV, S. 5236.*
Diſſertation ſur le Droit Eccléſiaſtique, IV, Suppl. 6960.
Les Loix Eccléſiaſtiques de France, 6965.
Hériman ou Herman, Moine de Nogent.
De Miraculis beatæ Mariæ Laudunenſis, I, 4153; 5478 & 9637.
De fundatione novem Abbatiarum Ordinis Præmonſtratenſis, I, 13513.
Hériman, Abbé de S. Martin de Tournai.
Hiſtoria reſtaurationis S. Martini Tornacenſis, I, 12636; II, 16671.
Hérimar, Abbé de S. Nicaiſe de Reims.
Hiſtoria renovationis Monaſterii S. Nicaſii Remenſis, I, 12693.
de Héris, C. dit Cocqueriomont.
Traduction d'une Explication de la Généalogie de Henri IV, II, 24971.
Hérissant, Fr. David, Médecin.
Analyſe des Eaux de Merlange, I, 3104.
—d'une ſource de Vaugirard, IV, S. 3261.*
Mémoire ſur les Coquilles, IV, S. 3676.*
Hérissant, Louis-Antoine-Proſper, Médecin.
Jardin des Curieux, IV, S. 3414.*
Éloge de M. du Cange, III, 34063.
—de Jean Gonthier, IV, 46158.
Hérissant, Louis-Théodore, frere du précédent.
Deſcription de Charenton, III, 34795.
Remarques ſur la Ville de Mantes, 34807.
Diſcours ſur les Loix, 37394.
Recueil de Recherches ſur la France....
de la Hérissaye : voyez du Fail.
l'Héritier de Nouvelen, Nicolas, Hiſtoriographe de France.
Tableau Hiſtorique de la France, II, 23943; III, 27182.
l'Héritier (Mademoiſelle).
La Pompe Dauphine, II, 26779.
Herluyson (M.), Chanoine de Troyes.
Lettre ſur l'incendie de la Cathédrale, I, 5068; V, Add.
Herman : voyez Hériman.
Herman Contract, Moine de Richemont.
Chronicon, II, 16454 & 73.
d'Hermand (M.), Avocat.
Mémoire ſur les Privilèges de Beaucaire, II, 37889.
Hermann, Guillaume.
Bellum Hollandiæ Gelriæque, III, 39587.
Hermann, J. H.
Origine du Conſeil de Cour de l'Empereur, II, 27167.
Hermant, Godefroi, Chanoine de Beauvais.
Hiſtoire de la Ville de Beauvais, I, 5469; III, 34903.
Diſcours ſur l'établiſſement du Bureau des Pauvres de Beauvais, 5473.
Mémoires ſur l'Hiſtoire Eccléſiaſtique du XVIIe Siècle, 5577.
Défenſe de la piété, &c. contre les impiétés de Jean Labadie, 6007.
Hiſtoire Eccléſiaſtique du Diocèſe de Beauvais, 9672; III, 34903.
Titres qui ſervent de preuves à cette Hiſtoire, 9673.
Vie de S. Ambroiſe de Milan, 10806.
Premiere Apologie de l'Univerſité, IV, 44670.
Vérités Académiques, 44672.

Table des Auteurs.

Seconde Apologie de l'Université, 44675.
Troisième Apologie de l'Université, 44681 & 82.
HERMANT, N. Curé de Maltot.
Vies des Saints de Bayeux, I, 4247.
Histoire du Diocèse de Bayeux, 9892.
—des Religieux Militaires, III, 40267.
—des Hommes illustres du Diocèse de Bayeux, IV, 45671.
HERMANT (M.), Ingénieur.
Carte des Pays-bas Catholiques, I, 2050.
d'HERMANVILLE (M.), Docteur en Théologie.
Histoire du B. Idesbalde, I, 13080.
de HERMAY : voyez du Faur.
HERMENTAIRE, Moine de Lérins.
Description des Isles d'Yeres, I, 2445.
d'HERMILLY (M.), Censeur Royal.
Iconologie Historique & Généalogique des Rois de France, IV, S. 15869.**
l'HERMITE, Martin, Jésuite.
Histoire des Saints de la Province de Lille, Douay & Orchies, I, 4265.
—des Ducs de Douay, III, 39033.
l'HERMITE de Soliers, Jean-Baptiste, dit Tristan.
Carte de la Touraine, I, 1891.
Les Présidens-nés des Etats de Languedoc, IV, S. 9155.*
Vie d'Alphonse Ornano, III, 31672.
—de Jean-Baptiste Ornano, 31674.
Les Forces de Lyon, 37403 & 40108.
Eloges & Généalogies des premiers Présidens du Parlement de Paris, 32892 & 40582.
Inventaire de l'Histoire Généalogique de la Noblesse de Touraine, 40786.
La Toscane Françoise, 40790.
La Ligurie Françoise, 40791.
Les Corses François, 40792.
Naples Françoise, 40793.
Généalogie de Dulaurens, 42169.
Discours généalogique sur la Maison de Mancini, 43081.
Histoire généalogique de la Maison de Souvré, 44175.
HERNAND, Archidiacre de Liége.
Descriptio Victoriæ Steppensis, III, 39349.
HERNANDEZ, Philippe.
Description de la Généralité de Paris, I, 2242; IV, S. & V, Add.
de HÉROGUELLE, François, Médecin.
Anatomie des Eaux de Saint-Amand, I, 3198.
HEROLD, Jean.
Continuatio Historiæ Belli sacri, II, 1668.
De Romanorum in Rhætiâ littorali stationibus:...
HEROLD, Basile-Jean.
Leges Salicæ, &c. II, 27584; IV, S.
De Heidelberga & Manheimio, IV, Supplém. 39198.
HEROLDEN, Jean.
Chronique de Mayence, en Allemand, I, 9071.
HERON, Nicolas, Aumônier de la Reine.
Oraison funèbre de Marie-Térèse d'Autriche, II, 25181.
HEROUARD, Seigneur de Vaugrineuse.
Journal de Louis XIII, II, 21447 & 48.
d'HÉROUVILLE de Claye : voyez de Ricouart.
HERPIN, René : on prétend que c'est Jean Bodin, II, 27114 : voyez Bodin.
de HERRERA, Antoine.
Commentario de los Españoles, &c. II, 17749.
Traduction Espagnole des Avertissemens des Catholiques Anglois, 19235.
Historia de los successos de Francia, 19637.
—de lo succedido en Escocia, 25116.
HERRGOTT, Marquard.
Genealogia diplomatica Gentis Habsburgicæ, II, 25896.

HERSAN, Dom, Bénédictin.
Bailliage du Duché de Valois, I, 1900.
HERSAN, Marc-Antoine, Professeur Royal.
Oratio in funere Michaëlis Tellerii, III, 31549.
HERSENT, Charles, Chancelier de l'Eglise de Metz.
Optatus Gallus, I, 7258.
Discours sur la prise de la Rochelle, IV Suppl. 21550.*
Monument dédié à la Mémoire de Louis - le - Juste, II, 22151.
Eloge de Gabrielle - Angélique de Bourbon, 25623.
De la Souveraineté de Metz, 27881; IV, Suppl. 38760.**
Traduction du Mars Gallicus, 28723.
Oraison funèbre de la Duchesse de la Valette, IV, 48204.
d'HERTEMBERG, Joachim.
Traduction Latine des Remarques sur la Vie de M. de Villeroy, III, 32689.
HERTIUS, Jean-Nicolas.
Notitia veteris Germaniæ populorum, II, 15406.
—regni Francorum veteris, 15407.
HERTZOG, Bernard.
Remarques sur l'Alsace (en Allemand), I, 2169.
Chronique d'Alsace, III, 38706.
HERVÉ, Daniel, Oratorien.
Vie de Barbe Avrillot, I, 14981.
HERVET, Gentien, Chanoine de Reims.
Discours des troubles de 1562, II, 17922.
—sur les pillages, 17939.
HERVIEUX (M.), Greffier de la Cour des Aydes.
Mémoire sur Valogne, III, 35339.
HERVIN, Jean, Bénédictin.
Lettre sur la mort de Dom René Laneau, IV, S. 12546.*
de HESDIN.
Mémoire sur les Contrées des Pays-Bas, III, 39279.
HESMIVY : voyez Esmivy.
HESSELIN, Denys.
Chronique, II, 17322.
HESTEAU, Clovis, Sieur de Ruysement.
Les Tombeaux de Henri - le - Grand, &c. II, 19986.
HESTERBERG, Jean.
Historia Ecclesiæ Valdensium, I, 5725.
HEUDÉ.
Epître au Roi, II, 24667.
HEUDON, Jean.
Les Avantures de la France, II, 15784.
Suite de ces Avantures, IV, S. 15784.*
d'HEULLAND.
Théâtre de la Guerre en Allemagne, II, 24767.
HEUMANN, Christophe, Augustin.
De Vitâ Stephani Gaussleni, IV, S. 5986.*
Meditatio super loco Eginharti de Carolo Magno, II, 16283.
Notæ in Elogia Gallorum illustrium, IV, 45627.
HEUMANN, J.
Tractatio de Boiis, I, 233.
HEUNESON, Secrétaire du Chapitre de Verdun.
Généalogie des Rois de France, des Duc de Lorraine, &c. II, 24807.
l'HEUREUX, Barthélemi.
Bella Leodiensia, III, 39217.
van HEUSSEN, Hugues-François, Vicaire d'Utrecht.
Batavia sacra, I, 8799.
HEUTERAS, Pontus.
Totius Galliæ Conditionis Descriptio, I, 130.
Res Burgundicæ, II, 25437; III, 35881.
De Belgio, III, 39266.
Descriptio genealogica Familiarum Galliæ & Belgicarum, 40661.

HEVIN, Pierre.
Lettre touchant l'Histoire de la Comtesse de Châteaubriant, IV, 48041.
vander HEYDEN, Pierre.
Historia Brabantiæ, III, 39484.
d'HIBERO, Ignace-Firmin.
Notæ in Exordium Ordinis Cisterciensis, I, 12939.
—in Exordium magnum, *Id.*
Editio Exordiorum Ordinis Cisterciensis, *Id.*
HIÉRÔME : *voyez* Jérôme.
HIGDEN, Raoul.
Polychronicon, III, 35122.
S. HILAIRE, Archevêque d'Arles.
Vita S. Honorati, I, 7988.
De S. Honorato, Oratio funebris, 7989.
HILDEBERT, Evêque du Mans, puis Archevêque de Tours.
Vita S. Hugonis Cluniacensis, I, 11830.
—sanctæ Radegundis Reginæ, II, 25010.
Epistolæ, III, 29770.
HILDEGAIRE, Evêque de Meaux.
Vita S. Faronis Meldensis, I, 9407.
HILDEGAIRE.
Epistolæ, III, 29756.
HILDEGARD (le Bienheureux).
Vita S. Roberti, Bingiorum Ducis, I, 4646.
HILDUIN, Abbé de S. Denys.
Areopagitica, I, 4016.
HILDUINUS Tassonius, Abbé de Lobes, puis Archevêque de Milan.
Gesta Abbatum Lobiensium, I, 12046.
HILLAR, Maur, Bénédictin.
Vindiciæ Historiæ Trevirensis, IV, S. 10506.*
HILLER, Matthieu.
Dissertatio de origine gentium Celticarum, I, 3735.
de HILLERIN (M.), Trésorier de l'Eglise de la Rochelle.
Oraison funèbre de M. le Dauphin & de Madame la Dauphine, IV, S. 25716.**
HILPERIC, Levin, Moine, de Selingstadt.
De Carolo Magno, II, 16221.
HINCMAR, Archevêque de Reims.
Epistola ad Carolum Calvum, de S. Dionysio, I, 4014.
Admonitio de Potestate Regiâ & Pontificiâ, 7041.
Vita & Encomium S. Remigii, 9516 & 17.
Vita Ebbonis, 9542.
Excerptum ex Opere adversùs Gothescalcum, 9544.
Vita S. Genebaldi, 9644.
Consilium de Pœnitentia Pipini Junioris, II, 16339.
De divortio Lotharii Regis, 16398 & 99.
Epistola ad Carolum III Imperatorem, 16448.
Ordo qualiter Carolus Calvus fuit consecratus, 26001; V, *Add.*
Epistola de Regno & Palatio Francorum, 26984.
Opusculum ad Ludovicum Balbum Regem, 27178, III, 29746.
HINSBERG, Jean, Evêque de Liége.
Concilium Synodale, IV, S. 6555.*
HINSSELIN de Morache, Jean.
Description de la France, I, 809.
Histoire de Louis XIV, II, 24081.
la HIRE : *voyez* de Vignoles.
de la HIRE, Philippe, Académicien.
Observations du Baromètre, I, 2587.
—sur l'eau de pluie, &c. 2618.
—sur une espèce de Talc, 2713.
Description d'un Insecte, 3640.
Découverte des ieux de la mouche, 3641.
Description d'un Aimant, 3692.

Ephemerides Regiæ Scientiarum Academiæ, IV, 45517.
HIRETIUS, Jean, Docteur en Théologie.
Les Antiquités d'Anjou, III, 35673.
HIRTIUS, Aulus.
De Bello Gallico, I, 3879.
HOBBES, Thomas.
Le Corps politique, II, 27088; IV, S.
HOCHEREAU (M.), Avocat.
Eloge de M. Doulcet, IV, 45878.
d'HOCFELD : *voyez* d'Ichtersheim.
HOCSEM, Jean.
Gesta Pontificum Leodiensium, I, 8710.
de la HODE : *faux nom sous lequel s'est caché un Ex-Jésuite, nommé* la Mothe, II, 24494 : *voyez* la Mothe.
HODEAU.
Priviléges des Maires & Echevins de Bourges, III, 35807.
HODELER, René, Cordelier.
Oraison funèbre du Marquis de Navailles, III, 32019.
HODIN, Félix, Bénédictin.
Gallia Christiana nova, I, 7828. *Il y a eu part.*
HOEFFEL, Jo. Theoph.
Historia Balsami mineralis Alsatici, I, 2750.
HOEMELLE, François, Chanoine Régulier.
Historia de Castellione ad Sequanam, III, 35997.
HŒUFFT (M.), Banquier.
Lettres, III, 30743.
van HOEY (M.), Ambassadeur.
Lettres & Négociations, III, 31159.
HOFFMANN, Fridéric.
Analyse des Eaux du bas Selter (en Allemand); I, 3227.
HOFFMANN, Jean-Guillaume.
Dissertationes de Fœderibus Romanorum cum Francis, II, 15916.
HOFFMANN, Charles.
Pietas Caroli Magni, II, 16294.
d'HOGES, Pierre, depuis Maire de Châlons-sur-Saône.
Oraison funèbre de François de Clari, III, 33033.
de la HOGUETTE : *voyez* Fortin.
van HOHENHARD, Pierre.
Neufchastel de Prusse (en Allemand), III, 39156; V, *Add.*
HOIN.
Eloge de M. Daviel, IV, 46111.
HOIUS, André.
De Gallicanis Capetiæ stirpis Regibus, II, 24908.
De Gentis Urbisque Atrebatum laudibus, III, 38952.
Oratio de Bethunia, IV, S. 39000.*
—de Duaco, IV, S. 39033.*
d'HOLLANDER, Jean, Chanoine de Sainte Vaudru.
Mémoires, III, 39402.
d'HOLLANDER, Jean : *peut-être le même.*
De Nobilitate, III, 39847.
HOLLANDRE, Curé de Paris.
Eloge d'Antoine Froissart, IV, S. 11137.*
HOLMES, Georges.
Edition de la Collection de Rymer, III, 29410.
HOLZBERGER, Georgius Valent.
Dissertatio de Aëre, Aquis & locis, Argentinæ, I, 2442.
HOMACE, Catherine, veuve de M. Hecquet.
Histoire d'une fille sauvage, IV, 48010.
HOMANNIANI hæredes.
Helvetia, I, 1970.
HOMBERG, Guillaume, Académicien.
Description de l'Insecte nommé *Demoiselle,* I, 3642.

Observations sur les Araignées, 3653.
Home, David.
   Le Contre-Assassin, I, 14285.
   L'Assassinat du Roi, 14286.
   Apologia basilica, II, 27092.
de Homodeis, Antonio Filoteo.
   Traduction Italienne de l'Histoire de Falcand, III, 35025.
Hondius, Josse.
   Imperium Caroli Magni, I, 410.
   Carte de la France, 558.
le Hongre, Jacques, Dominicain.
   Vie & Trépas du Duc de Guise, III, 32310.
Honorat, Evêque de Marseille.
   Vita S. Hilarii Arelatensis, I, 7994.
Honoré de Sainte-Marie (le Pere), Carme Déchaussé.
   Observations sur les Larmes de Jésus-Christ, I, 5456.
   Du Culte de la sainte Face, 5485.
   Dissertation sur l'Inscription de la sainte-Face, 5486.
   —sur la Chevalerie, III, 40270.
Honorius III, Pape.
   Epistolæ, III, 29789.
de la Hontan.
   Voyage dans l'Amérique Septentrionale, III, 39706.
de Hontheim, Jean-Nicolas, Evêque de Miriophis, Suffragrant de Trèves.
   De statu Ecclesiæ, I, 7319; IV, S.
   Historia Trevirensis, 10490; III, 39238.
   Mandement sur l'assassinat du Roi, II, 24757; IV, S.
Hoofts, Pierre-Corneille.
   Histoire de Henri-le-Grand (en Hollandois), II, 10060.
de Hooghe, Romain.
   Atlas maritime, I, 696.
Hopper, Joachim.
   Commentarius de tumultibus Belgicis, III, 39301.
Hoquincourt : voyez de Mouchy.
Hordal, Jean, Jurisconsulte.
   Joannæ d'Arc, Historia, II, 17214.
Hordret (M.), Avocat.
   Mémoire pour le Sieur de la Gatinais, II, 24728.
van Hornieck, Louis.
   De Regali Postarum Jure, II, 28140.
Horologgi, Joseph.
   Traduction Italienne de l'Histoire de Guillaume de Tyr, II, 16681.
   —de l'Histoire de Nicétas Acominat, 16729.
de l'Hospital, Michel, Chancelier de France.
   De Caleti & Guinæ Expugnatione, II, 17700 & 17759.
   De sacra Francisci II initiatione, 17758, 17759 & 27190.
   De Meti urbe capta, 17759; III, 38775.
   Discours au Parlement de Paris, II, 17771.
   Discours des raisons de la paix, 18048.
   Le But de la Guerre & de la Paix, 18090.
   Proposition faite aux Etats d'Orléans, 27440.
   Harangue aux Etats d'Orléans, IV, S. 27453.**
   Mémoires, III, 30035.
   Lettres, 30174.
   Olivarius, 31500.
   Instruction des Ambassadeurs, IV, S. 32673.*
de l'Hospital, Nicolas, Seigneur de Vitry, Maréchal de France.
   Relation de la Victoire obtenue contre les Rébelles, II, 21112.
   Lettres, III, 30681.
de l'Hospital, Nicolas-Louis, Marquis de Vitry, fils du précédent.
   Harangue à MM. du Clergé, II, 27535.

de l'Hospital, François, Sieur du Hallier, depuis Maréchal de France, oncle du précédent.
   Lettres, III, 30702.
de l'Hostal, Pierre, Sieur de Roquebonne.
   Le Soldat François, II, 19826.
   L'Avant-Victorieux, 19910.
   La Navarre en deuil, 19944.
l'Hoste, Antoine, Avocat.
   Table des Villes, &c. sujettes à la Coutume de Montargis, I, 2234.
Hoteman-Morfontaine, Ambassadeur.
   Lettres, III, 30453.
Hotman, François, Jurisconsulte.
   Notæ in Libellum Provinciarum Galliæ, I, 125.
   Papæ Sixti V fulmen brutum, 7142.
   De furoribus Gallicis, II, 18140.
   Franco-Gallia, 15379 & 27152.
   Monitoriale adversus Italo-Galliam, 27154.
   Strigilis Papirii Massoni, 27156.
   De autoritate Comitiorum, 27398.
   Disputatio de Controversia successionis regiæ, 28485.
   De jure successionis Leges collectæ, 28500.
   Responsum ad Tractatum Zampini, 28502.
   Commentario de Feudis, III, 39907.
Hotman, Antoine, Avocat, frere du précédent.
   Traité des Droits Ecclésiastiques, I, 6985.
   Requête, II, 18730.
   Les Droits de l'Oncle contre le Neveu, 28484.
   Traité de la Loi Salique, 28513.
Hotman, Jean, Sieur de Villiers, fils du précédent.
   Anti-Chopinus, I, 7184; IV, S.
   Traduction de la Préface de l'Histoire de France de M. de Thou, II, 19876.
   Négociations, III, 30403.
   De l'Ambassadeur, 32632.
   L'Anticolazon, 32634.
Hotman, Fr. Sieur de la Tour.
   Histoire Celtique, II, 15782.
van-Hots, Zeger.
   Declaratio de Beghinis, I, 14714.
Hottinger, Jean-Henri.
   Methodus legendi Historias Helveticas, IV, S. 39069.*
   Speculum Tigurinum, III, 39114.
Houard, David, Avocat.
   Anciennes Loix des François, II, 27595.
   Traités sur les Coutumes Anglo-Normandes, V, Add. 27595.*
Houdancourt : voyez de la Mothe.
Houdart de la Motte, Antoine, Académicien.
   Clovis, II, 16027.
   Harangue au Roi, 26533.
Houel, Nicolas.
   Déclaration de l'Institution de la Charité Chrétienne, I, 5510.
Houemelle, François.
   Historia Ecclesiæ B. Mariæ de Castellione ad Sequanam, IV, S. 13424.**
du Houssay : voyez de la Borde & Mallier.
de la Houssaye : voyez Amelot.
de la Houssaye (M.), Intendant d'Alsace.
   Mémoires sur l'Alsace, III, 38711.
Houssemayne, Nicole.
   Extrait de plusieurs Chroniques touchant la Maison de Courtenay, III, 42021.
Housset (M.), Médecin.
   Histoire des fièvres catharrales putrides, IV, Suppl. 2494.*
   Dissertation sur Jean Housset, I, 5338.
   Précis historique touchant la délivrance d'Auxerre, IV, S. 36014.*

Apologie de ce Précis; *Id.*
Hovæus, Antoine, Abbé d'Epternac.
Chronique des Comtes d'Egmond, III, 39621.
de Hoveden: *voyez* Roger.
Howel, Nicolas.
Abrégé de l'Histoire des François, II, 15747.
Mémoires sur les Reines de France, 24998.
Howel, Jacques, Gentilhomme Anglois.
Lustra Ludovici, II, 22149.
La Forêt de Dodone, 22150.
Traité de la prééminence des Rois de France, 16940.
Hoynck van Papendrecht, Corneille-Paul.
Historia Ecclesiæ Ultrajectinæ, I, 8803.
Catalogus Præpositorum & Decanorum Ecclesiarum Ultrajectensium, 8805.
Notæ in veteris Ævi Analecta, II, 15996, III, 39320.
Analecta Belgica, II, 15996; III, 39321.
d'Hozier, Pierre, Juge d'Armes de France.
Tables des Provençaux illustres, III, 38129, *faussement attribuées.*
Armorial de Bretagne, 40091.
Les Noms & Blazons des Chevaliers de l'Ordre du S. Esprit, 40497.
Notes sur le Nobiliaire de Picardie, 40767.
La Généalogie de la Maison d'Antinzé, 40902.
Généalogie de la Maison de Bournonville, 41484.
Histoire de la Maison de Breauté, 41522.
Généalogie de la Maison de Cominges, 41951.
—de l'ancienne Maison de Coucy, 42010.
—des Seigneurs de la Dufferie, 42168.
—de Gilliers, 42525.
Remarques sur la Généalogie de la Maison de Gondi, 42544.
Généalogie & Alliance de la Maison des Sieurs de Larbour, 42857.
Les Seize Quartiers du Baron de Molac, 43226.
Généalogie de la Maison de la Rochefoucault, 43841.
—de la Maison de Rouvroy, 43921.
Table Généalogique de la Maison de Saint-Simon, 44018.
Généalogie de la Maison des Violes, III, 44495.
d'Hozier, Pierre & Charles-René, pere & fils: *Pierre est le même que le précédent.*
Généalogies des principales Familles de France, III, 40563.
d'Hozier, Charles-René, *le même que le précédent.*
Remarques sur l'Histoire de Charles IX, II, 18264.
Additions à l'Armorial d'Amiens, III, 40080 & 40766.
Armoiries de Bourgogne, 40086.
Généalogie de la Maison de Conflans, 41960.
—de la Maison de la Fare, 42160.
d'Hozier, Louis-Pierre & Antoine-Marie: pere & fils: *Louis-Pierre étoit frere de Charles-René qui précède.*
Armorial de France, III, 40070 & 40598.
d'Hozier, Antoine-Marie, Sieur de Serigni: *le même que le précédent.*
Défi littéraire sur la Famille d'Alès, III, 40877.
Lettre sur la Famille d'Aluye, 40901.
Histoire Généalog. de la Famille de Chastelard, 41806.
Huart (M.), Docteur en Théologie.
Vie de S. Frambourg, I, 12678.
Huarte, George.
Histoire de Notre-Dame de Tongres, I, 4216.
Hubert.
Vita sanctæ Gudulæ, I, 4487.
Hubert, Franciscain.
Epitoma, II, 15693.

Hubert, Franciscain.
Historia de gloria Imaginis beatæ Mariæ de Cortenbosch, I, 4130.
Huberti, Adrien, Franciscain.
Vita beatæ Joannæ Valesiæ, II, 25062.
Hubert, François.
Histoire d'Edouard II (en Anglois), III, 35110.
Hubert, Nicolas, Chanoine & Théologal d'Evreux.
Oraison funèbre de Jean le Jau, I, 11205.
Hubert de S. François (le Pere), Carme.
Vie de Philippe Thibault, I, 13703.
Hubert, François, Auditeur des Comptes.
L'Auditeur des Comptes, III, 33807.
Hubert (le Pere), Oratorien.
Oraison funèbre de Marie-Térèse d'Autriche, IV, S. 25195.*
Hubert, Robert, Chanoine d'Orléans.
Antiquités de l'Eglise de S. Agnan d'Orléans, I, 5437.
Traité de la Noblesse, III, 39873.
De l'Origine des Fiefs, 39941.
Généalogies des Familles distinguées de l'Orléanois, 40752.
Hubert de Dôle (le Pere), Capucin.
Discours sur l'assassinat du Roi, II, 24757.
Hubin, Nicolas, Sieur de la Bostie.
De la Fontaine de Hébévécron, I, 3085.
Hucbald, Moine d'Elnone.
Vita S. Lebwini, I, 11236.
—sanctæ Richtrudis, 14762.
de la Hucterie, Charles.
Le Concile des Dieux, II, 25504.
Hue (M.), Directeur des Ponts & Chaussées.
Dissertation sur une Voie Romaine, I, 101.
Hueber, Philippe, Bénédictin.
Thesaurus Anecdotorum, IV, S. 15990. *Il y a en part.*
Huebold, Moine.
Vita S. Theodorici Abbatis, IV, S. 12765.*
le Huen, Nicole, Carme.
Des Croisées, II, 16616.
Huerne (M.), Bachelier en Théologie.
Oraison funèbre de Hardouin Fortin de la Hoguette, I, 10078.
Huerne de la Motte, François-Charles, Avocat.
Libertés de la France contre le pouvoir de l'excommunication, I, 7470.
Huet, Pierre-Daniel, Evêque d'Avranches.
Statuts Synodaux, I, 6305.
Vita sua, 9927.
Commentarius de rebus ad se pertinentibus, 9928.
Etymologies de la Langue Françoise, II, 15491.
Dissertation sur Honoré d'Urfé, III, 32084.
* Origines de la Ville de Caën, 35286.
Généalogie de la Maison d'Urfé, 44520.
Histoire des Hommes illustres de la Ville de Caën, IV, 45684.
Huet (M.), Chanoine & Official d'Auxerre.
Procédure pour la vérification des Reliques de S. Germain d'Auxerre, IV, S. 10142.
Huet, Jean-Baptiste, Bénédictin.
Oraison funèbre de M. le Dauphin, IV, *Suppl.* 25758.*
Hugary de la Marche-Courmont, Ignace.
Essai politique, III, 31172.
Hugo, Charles-Louis, Abbé d'Estival, Evêque de Ptolemaïde.
Ordonnance portant condamnation des réquisitions des Promoteurs de Toul, I, 10623.
Annales Ordinis Præmonstratensis, 13518.
Vie de S. Norbert, 13553.
Critique de l'Histoire des Chanoines, 13590.
Vie de la Mere Erard, 15257; IV, S.

Sacræ

Sacræ Antiquitatis Monumenta, II, 15992; IV, Suppl.
Traité sur l'origine de la Maison de Lorraine, 25913.
Réflexions sur deux Ouvrages sur le même objet, 25917.
Lotharingia vindicata, 29038.
Défense de la Lorraine, 29039.
Histoire de Lorraine, III, 38812.
Dissertation sur une Médaille de Léopold, Duc de Lorraine, 38908.

Hugot, Jean, Chanoine de Troyes.
Annales de la Ville de Troyes, III, 34301.

de la Huguerie.
Discours sur l'Election du Roi, II, 19444.

Hugues Capet, Roi de France.
Epistola duplex ad Joannem Papam, III, 29753.
Diplomata, 29757.

Hugues, Abbé de S. Pierre de Flavigny.
Chronicon Virdunense, I, 10655.
Vita S. Magdalvei, IV, S. 10668.*
—S. Richardi, I, 12800.

S. Hugues, Abbé de Cluni.
Vita B. Morandi, I, 11836.

Hugues de Sainte-Marie, Moine de Fleury.
Galliæ situs, I, 469.
Historia Ecclesiastica, 4906.
Tractatus de Regiâ potestate & Sacerdotali dignitate, 7042.
Vita S. Sacerdotis Lemovicensis, 8472.
Liber Miraculorum S. Benedicti, 11962.
De modernis Francorum Regibus, II, 16492 & 16546.
Chronicon, 16545.

Hugues, Archevêque de Rouen.
Vita S. Adjutoris, I, 12903.

Hugues de S. Victor.
Regula Canonicarum Regularium, I, 13585.
Chronicon, II, 16657.

Hugues de Salvanaise.
Tractatus de Conversione Pontii de Larazio, I, 13129.

Hugues de Poitiers, Moine de Vézelai.
Historia Monasterii Vezeliacensis, I, 12929.
Chronicon, II, 16647.
Historia Nivernensium Comitum, III, 35561.

Hugues de S. François (le Pere), Carme.
Histoire de la Dévotion de Sainte Anne, I, 5027.

Hugues, Comte de Saint-Paul.
Epistolæ, II, 16726.

Hugues (le Pere), Prémontré.
Vita sanctæ Ivetæ, I, 13340.

Hugues, Hermann.
Obsidio Bredana, III, 39531.

d'Hugues, Guillaume, Archevêque d'Embrun.
Négociation, III, 30478.

d'Hugues, Louis, Chanoine d'Embrun.
Procès-verbal de l'Assemblée du Clergé de 1645, I, 6882.

d'Huillet : voyez Pothouin.

l'Huillier, Jean, Evêque de Meaux.
Statuta Synodalia, I, 6607; IV, S.

d'Huisseau, J.
Discipline des Eglises réformées de France, I, 6197.
Recueil de ce qui s'est passé au Synode d'Anjou, 6244.

d'Huissier d'Argencourt, Barthélemi.
Catalogue des Plantes de Bourgogne, I, 3322.

Huistace : voyez Wace.

l'Hullier.
Le Rapport des Poids & Monnoies, III, 33923.

Hullin, Gabriel.
Traité des Marches de Poitou, Bretagne & Anjou, III, 35713.

Tome V.

Humbert.
Histoire de la Cour, II, 21653.

Humblot, François, Minime.
Discours funebres ès morts de M. le Duc de Montpensier & du Pere Ange de Joyeuse, I, 13910; IV, S. II, 25597; & IV, S. 25870.*

Hume, David.
Histoire de la Maison de Plantagenet, III, 35187.
—de la Maison de Tudor, là.
—de la Maison de Stuart, là.

Humetzius, J.
Bellum Septimestre, III, 39005.

Humius, Jacques.
Reditus Ducis Aurelianensis in Gallias, II, 21804.

de Humont : voyez de Laffemas.

Hunauld, Pierre, Médecin.
Discours sur quelques fièvres, I, 2582.
Dissertation sur quelques fièvres malignes, 2584.
Le Chirurgien Médecin, IV, 44898.

Hunebaud.
De Francis, II, 15363.

de Huppigny : voyez de la Mothe.

Hurault, Robert, Sieur de Belesbat.
Vita Francisci II Regis, II, 17778.

Hurault, Jacques.
Des Offices d'Etat, III, 31191.

Hurault, Michel, Sieur du Fay.
Franc & libre Discours, II, 18744.
Anti-Sixtus, 19102.
L'Anti-Espagnol, 19132 : faussement attribué.
Discours sur l'Etat de France, 19326.
Le Francophile, 19351.

Hurault, Philippe, Comte de Chiverni, Chancelier de France.
Mémoires d'Etat, II, 19749.

Hurault, Philippe, Evêque de Chartres, Abbé de Pont-Levoy, fils du précédent.
Récit de la mort de son pere, II, 19749; III, 31512.
Mémoires, II, 19782.

Hurault, Paul, Sieur de Maisse, Ambassadeur.
Ambassade, III, 30224 & 30314.
Lettres, 30287 & 30465.

Huré (l'Abbé).
Carte de la Maison de France, II, 24987.

Hurel, Gilles.
Journal de ce qui s'est passé à Paris, &c. II, 24321.

Hurel (le Sieur), Maréchal.
Le Farcin, IV, S. 3565.*

van Hurne, Christophe, Jurisconsulte.
Chronicon de rebus Gandavensium, III, 39400.

Hurson (M.).
Journal du Palais, IV, S. 33304.*

Hurtaut (M.), Professeur de l'Ecole Militaire.
Iconologie historique & généalogique des Rois de France, IV, S. 15869.**

Hurten, Jean-Christophe.
Le Cercle de Souabe, IV, S. 1991.*

d'Hurville, S.
Henrici Magni Anagrammata, II, 20008.

Hussenot, (M.), Avocat.
Mémoire pour M. le Duc d'Orléans contre le Chapitre de la Sainte-Chapelle de Paris, I, 5193.
Requête pour les Chanoines de S. Euchaire de Laverdun, 10646.

Husson, Matthieu, Conseiller au Présidial de Verdun.
Histoire des Evêques de Verdun, IV, S. 10658.*
—de la Ville de Verdun, III, 38802.
Edition des Antiquités de la Gaule Belgique, 39297.
Crayon de la Noblesse de Lorraine, 40695.
Les seize Quartiers des Maisons de Lorraine & de Bar, 42988.

Cccc

Husson, Martin, Avocat.
Des Partages & Apanages des Enfans de France, II, 25227.
Factum pour Philippe Aubery, Seigneur de Montbard, III, 36809.
Husson (le Pere), Cordelier.
Eloge de Jacques Callot, IV, 47851.
Husson Charloteau (M.), Curé d'Iges.
Abrégé des matières Bénéficiales, I, 7582.
Hutten, Ulric.
Arminius, II, 15404.
Huttich, Jean.
Collectanea Antiquitatum Moguntinensium, III, 39191 & 93.
Huynes, Jean, Bénédictin.
Histoire de l'Abbaye du Mont-Saint-Michel, I, 12216.
des Huyots : *voyez* des Fontaines.
Hyacinthe de Paris (le Pere), Capucin.
Commencement, &c. de la Congrégation de l'Exaltation-Sainte-Croix, I, 5298.
Hyparque (le Pere), Religieux du Couvent des SS. Peres d'Aix.
Visions, II, 23025.
Hyver, André.
Mémoires de l'Election d'Argentan, III, 35311.

I

I. D. J. M. C. D. *c'est* Ignace de Jésus-Maria, Carme Déchaussé, nommé dans le monde Jacques Sanson, III, 34189 : *voyez* Sanson.
I. G. D. J. *c'est* Innocentius Gentillet Doctor juris, I, 7504 : *voyez* Gentillet.
I. L. C. P. M. *inconnu*.
Dialogue de deux Vignerons, II, 23518.
I. M. S. D. C. *inconnu*.
Le Limosin, II, 21200 ; IV, S.
I. N. P. *inconnu*.
Traduction d'une Harangue sur la mort de Claude de Saumaise, IV, 47214.
I. N. R. I. *c'est* Pierre-Jean Grosley, I, 14316 : *voyez* Grosley.
I. V. C. *c'est* Jean Villevaut, Clermontois, I, 3872 ; IV, S. *voyez* Villevaut.
Ibarra, Jacques.
Lettre au Roi d'Espagne, II, 19376.
d'Ibelia, Jean, Comte de Japhé & d'Ascalon.
Usages du Royaume de Jérusalem, II, 15464.
d'Icaria (M.), Commandeur.
Traduction Italienne d'une Description du Canal du Languedoc, I, 907.
d'Icham, Pierre, Moine de Cantorbéri.
Chronica, III, 35097.
d'Ichtersheim, François-Robert, Seigneur d'Hocfeld.
Topographie d'Alsace, I, 2175.
Idace, Evêque, en Galice.
Chronicon, II, 16011.
Idlinger (M.), Baron d'Espuller.
Prospectus du Canal de Bourgogne, I, 953.
Idon.
Vita S. Liborii Cenomanensis, I, 10351.
J'Ifs : *voyez* Costard.
Ignace (Dom), Chartreux de Rouen.
Histoire de la Ville de Rouen, III, 35216.
Ignace-Joseph de Jesus-Maria : *voyez* Jacques Sanson.
Ignace de S. Antoine (le Pere), Trinitaire Déchaussé.
Vie de Sainte Consortie, I, 4366.
Continuatio Annalium Ordinis SS. Trinitatis, 13965.
Necrologium Religiosorum & Monialium Ordinis SS. Trinitatis, 13966.
Vies des Religieux & Religieuses de la sainte Trinité, 13968.
Mémoires sur la Déchausse, 13969.
d'Illiers, Milon, Evêque de Chartres.
Statuts Synodaux, I, 6437.
Imbert.
Almanach de la Ville d'Arles, III, 38158.
Imbert (M.), Médecin.
Histoire des maladies épidémiques de Tonneins, I, 2621 & 22.
Imhoff, Jacques-Guillaume, Allemand.
Excellentiarum Familiarum in Gallia Genealogiæ, II, 24841 ; III, 40535.
Généalogies des Maisons de Beaumanoir, &c. 41202.
Inard de Caudié, Benoît.
Eloges des Hommes illustres des trois Ordres de S. François d'Assise, IV, S. 13872.*
d'Infreville (le Chevalier).
Détail de la conduite dans le combat naval, &c. II, 24427.
d'Ineridembourg, Alerimand-Cunrad, Baron.
Discours sur les causes des mouvemens de l'Europe, II, 20914.
Ingenu : *faux nom sous lequel s'est caché* M. Guenin, I, 3493 ; IV, S. *voyez* Guenin.
d'Inguimbert, Malachie.
Vita Armandi-Joannis Buthilletei Rancæi, I, 13156.
Ingulphe, Abbé de Croyland.
Historia, III, 35002 & 3.
Innocent III, Pape.
Epistolæ ad Regem & Principes Galliæ, I, 5739.
Expeditionis pro recuperanda Terra sancta Ordinatio, II, 16715.
Bulla (anni 1216), 16752.
Epistolæ super negotio Terræ sanctæ, III, 29782.
Innocent IV, Pape.
Vita S. Wilhelmi Briocensis, I, 10463.
Epistolæ, II, 16812 ; III, 29789.
Innocent VI, Pape.
Registrum Litterarum Apostolicarum, III, 29794 ; IV, S.
Innocent VIII, Pape.
Bulle adressée à Charles VIII, II, 17353.
Innocent X, Pape.
Breve super separatione Congregationis Doctrinæ Christianæ, I, 10850.
Deux autres Brefs concernant l'état séculier de cette Congrégation, *id*.
Innocent XIII, Pape.
Bref au Roi (Louis XV), II, 24571.
Inselin, Charles, Géographe.
Carte de la France, I, 597.
Plan d'Amiens, 1339.
—de Béthune, IV, S. 1397.*
—de Boulogne, IV, S. 1404.*
—de Dieppe, I, 1502.
Carte de Dijon, 1503.
Plan de Landau, 1604.
—de Neubrisac, 1689 ; IV, S.
—d'Orléans, 1731 ; IV, S.
—de Rouen, 1857.
Territoire de Saint-Denys, 1863.
Plan de Strasbourg, 1880.
—de Valenciennes, IV, S. 1896.*
Carte des XVII Provinces des Pays-Bas, I, 2040.
Institor, Henri, Inquisiteur d'Allemagne.
Opusculum in errores Monarchiæ, I, 7057.
Interian de Ayala, Jean, Religieux de la Merci.
Traduction Espagnole de l'Institution au Droit Ecclésiastique, I, 6961.

INTORCETTA, François.
  Traduction Italienne de la Vie de S. Agnan, I, 9461.
d'INTRAS, Jean.
  L'enfer du plus méchant patricide, II, 19977.
IRAIL (l'Abbé).
  Histoire de la réunion de la Bretagne à la France, III, 35404.
IRÉNÉE, Marc.
  Encomium Franciæ, II, 15422.
IRÉNÉE de Sainte-Catherine (le Pere), Carme.
  Oraison funèbre de Françoise Roy, I, 14812.
IRÉNIQUE, Erasme : *faux d'un Auteur inconnu que les uns croient être Isaac Wolmar; les autres*, Antoine Bruen.
  Bibliotheca Gallo-Suecica, II, 28734.
IRLAND, Bonaventure.
  Remontrances au Roi, II, 18372.
ISABELLE, Reine de Hongrie.
  Lettres, III, 30055.
ISELIN, Jacques-Christophe.
  Oratio funebris Pauli Reboletii, I, 6112.
ISELIN, Jean-Rodolphe, parent du précédent.
  Remarques sur la Chronique de Tschudi, III, 39094.
  Laudatio funebris Jac. Chr. Iselii, IV, *Supplém.* 46780.*
d'ISEMBOURG, Jean, Archevêque de Trèves.
  Synodus, I, 6774; IV, *S.*
d'ISENGHIEN (le Comte).
  Origine des premiers mouvemens de la Rébellion en Catalogne, II, 22032.
ISEREHUYFF, Conrad.
  Historia Archiepiscoporum Coloniensium, I, 8653.
S. ISIDORE de Séville.
  Excerpta ex ejus Gothorum Historia, II, 16073.
ISIDORE (le Pere), Augustin Déchaussé.
  Chronique des Augustins Déchaussés, I, 13675.
de l'ISLE (M.), Envoyé près l'Electeur de Saxe.
  Dépêches, III, 30699.
de l'ISLE, Claude, Historiographe.
  Tables généalogiques & historiques des Rois de France, II, 24847.
de l'ISLE, Guillaume, Géographe, fils du précédent.
  Catalogue de ses Ouvrages; divers Ecrits à ce sujet, I, 2.
  Carte des premiers établissemens des François, 393.
  La France partagée aux Enfans de Clovis, 396.
  La France suivant le partage des Enfans de Clotaire, *là*.
  La France partagée à la mort de Dagobert en Neustrie & Austrasie, *là*.
  Civitas Leucorum, *ou* Evêché de Toul, 408 & 1157.
  Avertissement sur cette Carte, 408.
  Carte de l'Empire de Charlemagne, 414.
  Tabula Delphinatûs, 421 & 1495.
  Carte pour servir à la lecture de l'Histoire des Croisades, 423.
  Notitia locorum quæ in Tabula Delphinatûs expressa reperiuntur, 477.
  Cartes de la France, 593 & 94.
  Carte du Golphe de Lyon, 727.
  Le Cours du Rhin, 746 & 1989.
  Evêché de Beauvais, 1027, 1387; IV, *S.*
  —de Béziers, 1031.
  Archevêché de Narbonne, 1103.
  Evêché de Senlis, 1149.
  Alsace, 1331.
  Anjou, 1347.
  Artois & Picardie Septentrionale, 1357 & 1805.

Tome V.

Béarn, &c. 1380 & 1550.
Bordelois, &c. 1411 & 1550.
Bourgogne, 1422.
Canada & Louisiane, 1454.
Champagne, 1480.
Hainault, 1557.
Isles Antilles Françoises, 1580.
Isle de la Martinique, 1589.
Isle de Saint-Domingue, 1596.
Le Maine & le Perche, 1666 & 1797.
Côtes de Malabar & de Coromandel, 1668.
Normandie, 1713.
Généralité d'Orléans, 1727.
Prévôté & Vicomté de Paris, 1740.
Plan de Paris, 1780.
Partie méridionale de la Picardie, 1805.
Provence, 1836.
Sénégal, 1871.
Généralité de Tours, 1894.
Etats du Duc de Savoie, 1937 & 45.
Suisse, 1969.
Principauté de Neuf-châtel, 1975.
Souabe, 1992.
Pays Bas, 2041.
Flandre, Brabant, Hainaut, 2062.
Table des Villes, &c. du Duché de Bourgogne, 2194.
de l'ISLE de LÉRISSEL, Simon-Claude, frere du précédent.
  Défense de l'antiquité de Toul, I, 10617.
de l'ISLE, Joseph, Abbé de S. Léopold de Nanci.
  Défense du Martyre de la Légion Thébéenne, I, 4579.
  Vie de M. Hugy, 4754; III, 31958.
  Histoire de l'Abbaye de Saint-Michel, 12687.
  —de l'Abbaye d'Agaune, IV, *S.* 13414.*
de l'ISLE : *voyez* Guillard & de Romé.
de l'ISLE, François : *faux nom sous lequel on croit découvrir* Regnier de la Planche, II, 18085 : *voyez* Regnier.
de l'ISLE-Adam : *voyez* de Villiers.
de l'ISLE-Dieu (l'Abbé).
  Lettre sur la mort de Mademoiselle de Monaco, IV, *S.* 48131.*
ISLETTE, Chanoine de Châlons-sur-Marne.
  Recherches sur les Evêques de Châlons-sur-Marne, I, 9614.
ISNAND, Etienne, Minime.
  Cosmographia Minimorum, I, 14005.
ISNARD (le Pere), Minime.
  Histoire de Toulon, III, 38256.
ISNARD, Jacques, Avocat.
  Arcis Sammartinæ Obsidio, II, 11462.
  Ludovico XIII rebellis Rupellæ domitori gratiarum actio, 11538.
  Ludovici XIII Tumulus, 22148.
ISNARD, Christophe.
  Mémoire pour le plant des Mûriers blancs, I, 3476.
de l'ISOLA, François.
  Remarques sur les Mémoires de Hugues de Lyonne, III, 30974 : *attribuées.*
ISSALI, Jean, Avocat.
  Mémoire concernant la Succession de Neuf-châtel, III, 39146.
d'ISSELT, Michel.
  De Bello Coloniensi, I, 8680.
  Mercurius Gallo-Belgicus, III, 39300.
  Commentarius brevis, IV, *S.* 39300.*
ITHIER, Gérard, Prieur de Grandmont.
  Gesta Priorum Grandmontensium, I, 13180.
  Vita S. Stephani Thiernensis, 13191.
ITHIER, Bernard, Bénédictin.
  Chronicon S. Martialis Lemovicensis, I, 12607.
ITHIER, Jean-Dominique, Evêque de Glandève.
  Constitutions Synodales, I, 6528; IV, *S.*

Ccccc2

ITTIGIUS, Thomas, Docteur Luthérien.
Hiftoria Synodorum à Reformatis habitarum, I, 6194; IV, S.
IVON, Moine de S. Denys.
Hiftoria Regum Francorum, II, 15660.
d'IVRY, Jean.
Traduction des Triomphes de France, II, 17426.

J

J.*** (l'Abbé), inconnu.
Lettre fur les Pétrifications d'Albert, I, 2801.
J. A. D. inconnu.
Importantes vérités pour les Parlemens, II, 22812.
J. A. M. D. L. P. D. D. inconnu : on découvre feulement que les fix dernieres Lettres fignifient, Miniftre de la parole de Dieu.
Décifions Royales fur l'Edit de Nantes, I, 6166.
J. B. Marfeillois, inconnu.
Difcours fur le combat de Simon de S. Jean, II, 19812.
J. B. c'eft Jean Bedé, II, 27382 : voyez Bedé.
J. B. Gentilhomme Champenois, inconnu.
Difcours d'Etat, II, 20427.
J. B. Sieur de Montarlot, c'eft Jacques Bourfier, III, 34073 : voyez Bourfier.
J. B. inconnu.
Le Confeil d'extorfion, II, 23982.
J. B. B. c'eft Jean Boucher-Beauval, III, 35761 : voyez Boucher.
J. B. D. peut-être J. Bernard, Dijonnois.
Avis aux François, II, 28504.
J. B. D. L. Financier, inconnu.
Etat des Revenus du Roi & du Clergé, II, 28063.
J. C. c'eft Jofeph Chalard, I, 13350 : voyez Chalard.
J. C. D. D. inconnu.
L'Origine de la Maifon de Sohier, III, 44157.
J. C. H. c'eft Joannes Chriftophorus Harenberg, I, 3886 : voyez Harenberg.
J. C. P. T. c'eft Jean Collin, Prêtre, Chanoine Théologal, III, 37595 : voyez Collin.
J. C. S. D. U. ou V. c'eft J. Clodoré, peut-être, Secrétaire de Vaiffeaux, II, 23910; III, 39760 : voyez Clodoré.
J. D. c'eft Jean Doujat, II, 29035 : voyez Doujat.
J. de B. c'eft Jacqueline (Bouette) de Blémur, I, 13500 : voyez Bouette.
J. D. B. A. inconnu.
Difcours fur le fait des quatre Etats, II, 18775.
J. D. C. peut-être Reboul, I, 5863 comparé avec II, 19850 : voyez Reboul.
J. D. C. inconnu.
Lettre fur le P. Gontery ou Gothery, IV, Suppl. 14114.*
J. D. C. c'eft Jacques du Caftel, III, 30419 : voyez du Caftel.
J. D. F. inconnu.
Cléophon, II, 19068.
J. D. F. B. R. C. F. inconnu.
Apologie pour l'Auteur de l'Hiftoire de France, &c. (la Popeliniere), IV, 46875.
J. D. F. C. D. C. c'eft Jean de Fraiffe, Chanoine de Clermont, I, 4005 : voyez Fraiffe.
J. D. G. inconnu.
Hiftoire de S. Aphrodife de Béziers, I, 9185.
J. D. L. peut-être Jean de Lery, II, 18376 : voyez de Lery.
J. D. L. c'eft Jean de Lataille ou la Taille, II, 19546 : voyez de la Taille.

J. D. L. G. inconnu.
Difcours fur la Vie du Maréchal de Montmorency, III, 31657.
J. D. L. T. D. B. c'eft Jean de la Taille de Bondaroy, II, 17891 : voyez de la Taille.
J. D. L. T. E. inconnu.
Remontrance pour le Roi à fes fujets, II, 18415.
J. D. M. c'eft Jean de Montlyard, II, 25793 & 27399 : voyez de Montlyard.
J. D. M. D. R. inconnu.
L'Europe reffufcitée, II, 24263.
J. D. N. Chanoine de Bazas, inconnu.
Amanei de Albreto funebris Panegyricus, I, 8106.
J. D. S. c'eft Jean de Sourdier, II, 24120 : voyez de Sourdier.
J. D. S. Sieur de Rodolphe, A. D. M. inconnu.
Les Cendres glorieufes, III, 32494.
J. D. V. inconnu.
Difcours fur la mort de l'Amiral de Joyeufe, III, 31773.
J. D. V. c'eft Jean de Vaux, IV, 44889 : voyez de Vaux.
J. E. & T. inconnus.
Dénombrement des Habitans de Valenciennes, III, 39062.
J. F. c'eft Jean Ferrand, II, 26388 : voyez Ferrand.
J. F. c'eft Jean-François Senault, I, 13763 : voyez Senault.
J. G. c'eft Jean Guyart, II, 28509, voyez Guyart.
J. G. P. inconnu.
Le Chant de Protée, II, 19588.
J. G. R. R. C. inconnu.
Ducis Efpernonii triumphalia, II, 26417.
J. J. c'eft Jean Jourdain, I, 3556 : voyez Jourdain.
J. L. D. G. c'eft Jean Lautens de Gand, III, 39293 : voyez Lautens.
J. L. P. D. M. Aumônier de Henri IV, inconnu.
Oraifon funèbre de ce Prince, IV, Supplém. 20041.*
J. L. P. J. C. D. inconnu.
Difcours fur les Etats de France, II, 18510; III, 31201.
J. L. V. R. D. L. D. P. c'eft Jacques le Vaffeur, Recteur de l'Univerfité de Paris, IV, Suppl. 15875 : voyez le Vaffeur.
J. M. c'eft Jofeph Mervefin, II, 32053 : voyez Mervefin.
J. M. D. V. c'eft Jean-Marie de Vernon, I, 4810 : voyez Jean-Marie.
J. P. D. B. C. D. P. G. P. D. M. L. M. D. F. E. X. c'eft Jonathas, Petit de Bertigny, ci-devant Prévôt-Général, près de Meffieurs les Maréchaux de France en Xaintonge, II, 27991 : voyez Petit de Bertigny.
J. P. D. E. M. c'eft Jacques Pons, Docteur en Médecine, I, 3502 : voyez Pons.
J. P. L. M. inconnu.
Stemma Familiæ Porcellorum, III, 43611.
J. P. R. c'eft Nicolas Johannes, Sieur du Portail, II, 22313 : voyez Johannes.
J. R. D. L. inconnu.
Amiable Remontrance aux Lyonnois, I, 5840.
J. R. D. L. c'eft Pierre Matthieu, II, 18842 : voyez Matthieu.
J. S. inconnu.
Traduction d'une Oraifon funèbre de Marie Stuart, II, 25104.
J. S. inconnu.
Révifion du Code de Henri IV, II, 27640.
J. S. D. E. D. c'eft Jofeph Seguin, Docteur en Droit, I, 2930 : voyez Seguin.

Table des Auteurs.

J. S. P. *inconnu.*
Hymne fur la naiffance de Madame, Fille de Charles IX, II, 25508.

J. S. P. A. S. T. E. C. *c'est* Joannes Salé, Presbyter Autissiodorensis, Sanctæ Trecensis Ecclesiæ Canonicus, IV, S. 11103* : *voyez* Salé.

J. T. *inconnu.*
Difcours (en Vers) fur les Guerres inteftines, II, 18141 & 74.

J. T. *c'est* Joannes Tilius (Jean du Tillet), II, 15718, *voyez* du Tillet.

J. T. *c'est* Jean Tournet, III, 31516 : *voyez* Tournet.

J. U. C. Docteur ès Droits d'Avignon, *inconnu.*
Vie de Henri II, Duc de Montmorency, IV, S. 21765* & 31662.*

J. V. *inconnu.*
Elégie fur la défense de Poitiers, en Latin, II, 18069 & 70.

J. V. S. *inconnu.*
Relation de la Campagne de Flandres, II, 24454.

de JACLE, Girard.
Gefta Comitum Namurcenfium, III, 39438.

JACOB, Louis, *dit* de S. Charles, Carme Billette.
Elogium Bartholomæi Raccoli, I, 8040.
Elogia Petri Naturelli, Petri San-Juliani, Claudii Roberti, Guillelmi Bernardoni, 11316.
Gabrielis Naudæi Tumulus, 11318.
Descriptio Provinciæ Narbonenfis Ordinis Carmelitarum, 13696 ; IV, S.
Elogium Agnetis de Harcourt, 15203.
Additions aux Etymologies de Ménage, II, 15491.
Bibliothèque de l'Hiftoire de France, 15937.
Elogium Joan. Bapt. Agni Begatii & Joan. Defpringles, III, 33069 & 70.
De claris Æduenfibus, IV, 45669.
Catalogus Scriptorum Burgundiæ, 45678.
De claris Scriptoribus Cabillonenfibus, 45682.
Elogium Hugonis Donelli, 45873.

JACOB (le Pere), Dominicain.
Mémoire fur la Canonicité de l'Inftitut de S. Dominique, I, 13735.

JACOB de la Cottiere.
Requête au Lieutenant-Général de la Breffe, III, 42772.

JACOBI, Gérard.
Diva Virgo Ommelenfis, I, 4182.

de la JACQUERIE : *voyez* de Saint-Remy.

JACQUES I, Roi d'Angleterre.
Lettre à Madame la Princeffe de Condé, II, 20547.
Déclaration pour le Droit des Rois, 26836.

JACQUES (M.).
Vie de Marie de Beauvilliers, I, 14848.

JACQUES d'Autun (le Pere), Capucin : *voyez* de Chevanes.

JACQUES de Chaumont (le Pere), Capucin.
Difcours funèbre fur Françoife-Gabrielle de Livron, IV, S. 14802.**

JACQUES de Doccom : *faux nom fous lequel s'eft caché* Michel d'Iffelt, III, 39300 : *voyez* d'Iffelt.

JACQUES de Guyfe : *voyez* de Guyfe.

JACQUES de Saint-Denys (Dom), Feuillent.
Oraifon funèbre du Cardinal de Marquemont, I, 8953.

JACQUES de Saint-Dominique (le Pere), Dominicain.
Vie de Pierre Girardel, I, 13816.
— de la Sœur Anne de Sainte-Marie, *Id.*

JACQUES de Saint-Michel (Dom).
Hiftoire des Héréfies des Vaudois & Albigeois, I, 5730.

JACQUES de Vitri, Evêque de Ptolémaide, Cardinal.
Hiftoria Orientalis & Occidentalis, II, 16754.
Epiftolæ, 16755, 56 & 60.

JACQUET, Claude.
Hiftoire de la Chapelle de Notre-Dame des Ermites, I, 4152.

JACQUET, Hélie.
Hiftoire des Récollects de la Province de la Conception immaculée, I, 13903.

JACQUET de Malzet.
Le Militaire Citoyen, III, 34574.

JACQUIN.
Fafles François II, 15856.

JAFAUGATUS, Auguftin.
Chronicon Cifterciense, I, 12947.

de la JAILLE, Hardouin.
Avis fur le gage de Bataille, III, 40156.
Avis fur les Duels, 40169.

JAILLERY, Jean, Curé de Ville-neuve-Saint-George.
Traduction de la Vie de S. Germain de Paris, I, 9293.

JAILLOT, Hubert, Bernard-Hyacinthe, & Bernard-Antoine, pere, fils & petit-fils.
Carte des Poftes, I, 665, 69, 70.
La France divifée par Archevêchés & Evêchés, avec toutes les Abbayes à la nomination du Roi, 996.
Evêché de Chartres, 1045.
— de Comminges, 1049.
Archevêché de Touloufe, 1160.
Généralité d'Aix en Provence, 1315 & 1834.
Partie de l'Artois, 1356.
Reffort du Confeil Provincial d'Artois, 1358.
Carte de l'Auvergne, 1370.
Généralité de Bourges, 1412.
Guyenne & Gafcogne, 1551.
Ifles de Ré & d'Oléron, 1595.
Partie du Languedoc, 1612 & 1887.
Généralité de Limoges, 1628.
Lyonnois, 1652.
Normandie, 1714.
Généralité d'Orléans, 1728.
— de Paris, 1734.
Environs de Paris, 1750.
Picardie, 1811.
Poitou, 1823.
Provence, 1315 & 1834.
Généralité de Riom, 1652, 1846 & 47.
— de la Rochelle, 1851.
— de Soiffons, 1874.
Etats du Duc de Savoie, 1938.
Pays-Bas Catholiques, 2049.
Flandre, 2061.
Comté de Hainaut, 2067.

JAILLOT, gendre de Bernard-Hyacinthe : *voyez* Renou de Chauvigné.

de la JAISSE : *voyez* le Mau.

JALABERT (Dom) Bénédictin.
Etat de la France, II, 27296.

de JALIGNY, Guillaume, Secrétaire de Pierre II, Duc de Bourbon.
Hiftoire de Charles VIII, II, 17347 & 95.
Vie du Comte de Comminges, III, 31754 ; IV, S.

de JALLERANGE : *voyez* Seguin.

JAMET le jeune *ou* le cadet, François-Louis.
Notes fur le Journal du féjour de Mefdames à Lunéville, IV, S. 2375.*
Lettre fur les Flambards, III, 34813 ; IV, S.
Affaire du Collège de la Ville de Laon, 34891.
Dénombrement de la Lorraine & du Barrois, 38810.

JAMYN, Amadis.
Traduction de la Nymphe Angevine, IV, *Suppl.* 26262.*

JANDOT, Jacques, Bénédictin.
  Collectanea Chronologica, I, 11938.
JANESEGIUS, J.
  Martis Gallici subsidiariæ Velitationes, II, 28726.
JANIÇON, F. M. Agent du Lantgrave de Hesse-
  Cassel.
  Etat de la République des Provinces-Unies, III,
  39543.
de JANIGE (M.), Chanoine Théologal de S. Emilion
  à Bordeaux.
  Oraison funèbre d'André de Marilhac, I,
  11266.
de la JANNÈS : voyez Prevost.
JANNING, Conrad, Jésuite.
  Disquisitio in Chronicon Joannis de Beka, I,
  8792.
  De variis S. Irenæi Actis, 8877.
  De S. Prisco Lugdunensi, 8916.
  De beato Bardone Moguntino, 9104.
  De SS. Gohardo Nannetensi & sociis Martyribus,
  10439.
  Vindicatio pro autoritate Vitæ S. Hermelandi,
  11659.
  De S. Heribaldo, 13326.
  Appendix ad Commentarium de S. Norberto,
  13555.
  De sancta Flora, 15217.
  Disquisitio in Supplementum Chronologicum, II,
  16631.
  De Salomone Rege Martyre in Britannia Aremo-
  rica, III, 35359.
JANSENIUS, Corneille, Evêque de Gand.
  Statuta Synodalia, IV, S. 6518.*
  —Decanalia, Id.
JANSENIUS, Corneille, Evêque d'Ypres.
  Mars Gallicus, II, 28723.
de JANSIGNY : voyez Legoux.
JANSON d'Almeloveen, Theodore.
  Vita Isaaci Casauboni, IV, 47025.
  Dissertatio de Vitis Stephanorum, 47973.
de JANSON : voyez de Forbin.
JANSSON, M.
  Mercurius Gallo-Belgicus, II, 19458.
JANSSON, P. A.
  Mundus furiosus, II, 19716.
JANSSON, dit Blaeu, Guillaume.
  Imperium Caroli Magni, I, 410.
  Mundus Maritimus, 838 : voyez Blaeu.
JANSSON, dit Blaeu, Jean, fils du précédent.
  Theatrum Urbium Galliæ & Helvetiæ, I, 2110.
de JANT, Jacques, Chevalier.
  Réponse pour la France, IV, S. 23971.*
  La Méduse, Bouclier de Pallas, II, 28857.
  Négociations, III, 30946.
JANVIER (le Sieur).
  Carte de France, I, 613.
  Isle de France, 1574 & 76.
  Plan de Paris, IV, S. 1790.*
JANVIER, Pierre, Curé de S. Thibaut de Meaux.
  Dicta Episcoporum Meldensium, IV, Supplém.
  9391.
  Annales des Evêques de Meaux, I, 9391; III,
  34361.
JAQUEMIN.
  Histoire des Ducs de Lorraine, III, 38845.
JARDEL (M.), ancien Officier du Roi.
  Mémoire sur Brennacum, IV, S. 451.*
  —sur l'Histoire Naturelle du Soissonnois, I,
  2441.
  Description des Monumens, &c. des Comtes &
  Comtesses de Braisne, IV, S. 13574.*
  Lettre sur quelques Antiquités trouvées près de la
  Fere, III, 34359.
  Lettre sur la Ville de Braisne, 34880.
  Essai sur les Antiquités de Braisne, IV, S. 34880.*

Mémoire sur la Navigation de la Rivière de Vesle,
  IV, S. 34882.*
du JARDIN, Pierre, Sieur de la Garde.
  Manifeste, II, 19935 & 41.
JARDINIER, Nicolas, Jésuite.
  Eloge funèbre de Marie-Anne Dessalles de Rosté,
  I, 14845; IV, S.
  Oraison funèbre de Madame de Choiseul de Fran-
  ciere, 14846; IV, S.
des JARDINS : voyez Desjardins.
des JARDINS, Marie-Catherine, depuis dite, Ma-
  dame de Villedieu, & Madame de la Chatte.
  Mém. sur Henriette-Sylvie de Moliere, IV, 48131.
JARKIUS, Jean.
  Notæ & Observationes de Diis Germanis, I,
  3798.
JARRIGE, Pierre, Ex-Jésuite.
  Les Jésuites mis sur l'échafaud, I, 14358; IV,
  Suppl.
  Rétractation, IV, S. 14358.*
JARRY, François, Prieur de la Chartreuse de Notre-
  Dame de la Prée-lès-Troyes.
  Description de l'origine des Chartreux, I, 13219.
JARRY, Madelon, Sieur de Vurigny.
  Des faits des François, II, 15737; IV, S.
du JARRY : voyez Juillard.
JARS (M.), Directeur des Mines de Cheissy & de
  Saint-Bel.
  Notice des Mines du Lyonnois, &c. I, 2680.
de JARS, Marie, Demoiselle de Gournay.
  Adieu de l'ame du Roi, II, 19961.
  Sa'propre Vie, IV, 48076.
de JARS : voyez de Rochechouart.
le JARS ou Laziardus, Jean, Célestin.
  Epitomata conserta, II, 15693.
le JAU, Jean-Paul, dit le Coq, Chanoine d'Evreux.
  Tractatus de summi Pontificis autoritate, I,
  7245.
  Series Episcoporum Ebroicensium, 9936; IV, S.
JABUERT, Etienne, Médecin.
  Vie, Apologie & Histoire de Michel Nostradamus,
  IV, 46251.
JAUBERT (l'Abbé).
  Dissertation sur un Temple octogone, IV, S. 3852*,
  III, 37758.
  Des causes de la dépopulation, II, 27316.
  Dictionnaire des Arts & Métiers, IV, Suppl.
  34636.
JAULNAY, Charles, Doyen de l'Eglise de S. Rieule.
  Vie de S. Rieule, I, 7985 & 9660.
  Histoire de l'Eglise de Senlis, 9656.
JAULT, Augustin-François, Médecin.
  Dictionnaire Etymologique, II, 15491.
  Vie de Ménage, V, Add. 47132.*
JAUNA, Dominique.
  Histoire du Royaume de Chypre, &c. II,
  16951; V, Add.
des JAUNAUX : voyez Pinault.
JAUNAY, Isaïe, Général des Bénédictins.
  Remonstrance au Roi Henri IV; IV, Suppl.
  11622.*
JAUSSIN, Louis-Amant, Apothicaire.
  Mémoires sur l'Isle de Corse, II, 24766.
JAUVEMANT, Odon, Avocat.
  Histoire de Langres, III, 34347.
de JAVERSAY.
  Eloge de Louis XIII, II, 22135.
le JAY, François.
  Traité de la Dignité des Rois, II, 27138.
le JAY, Guillaume, Evêque de Cahors.
  Statuts Synodaux, I, 6458.
le JAY, Gabriel-François, Jésuite.
  Le Triomphe de la Religion, II, 14240; IV, S.
du JAY, Théophile.
  La Grandeur souveraine de nos Rois, I, 7217; IV, S.

JEAN Caſſien, Abbé de S. Victor de Marſeille.
  Paſſio SS. Victoris, &c. I, 4712.
JEAN de Biclar, Evêque de Girone.
  Excerpta ex ejus Chronico, II, 16069.
JEAN, Moine de Beze.
  Chronicon Monaſterii Beſuenſis, I, 11719; II, 16317.
JEAN le très-ſage.
  Verſus ad Carolum Calvum, IV, S. 16411.*
JEAN, Moine de Cluni.
  Vita S. Odonis, I, 11801.
JEAN XV, Pape.
  Epiſtolæ, III, 29756.
JEAN, Abbé de Gorze.
  Vita ſanctæ Clodeſindis, I, 14725.
JEAN, Abbé de S. Arnoul de Metz.
  Vita S. Joannis Abbatis Gorzienſis, I, 11997.
JEAN, Moine de Marmoutier.
  Hiſtoria Gauffredi Ducis Normannorum, Comitis Andegavorum, III, 35019.
  Chronicon Turonenſe, 35649.
  Geſta Conſulum Andegavenſium, 35676.
JEAN de Hexeni.
  Continuatio Hiſtoriæ Simeonis Dunelmenſis, III, 35009.
JEAN, Moine de S. Bertin.
  Vita S. Bernardi, Pœnitentis, I, 13288..
JEAN Petit de Saliſbery, Evêque de Chartres.
  Vita B. Anſelmi, I, 11705.
  Epiſtolæ, III, 29776.
JEAN, Ermite.
  Vita S. Bernardi Clarevallenſis, I, 13043.
JEAN d'Ipre, Abbé de Sithiu.
  Vita S. Erkembodonis, I, 9774.
  Chronicon S. Bertini, 12362; II, 16955.
JEAN du Sourd ou de Paris, Dominicain.
  Tractatus de Poteſtate regiâ & populi, I, 7044.
JEAN Boyvin, Chanoine Régulier de S. Victor: voyez Boyvin; & à l'article Mémoriale Hiſtoriatum, ajoutez le N.º 15358.
JEAN, Roi de France.
  Lettres, III, 29515; IV, S. 29796.*
JEAN de Londres.
  Continuation de la Chronique de Gervais de Cantorbéri, III, 35055.
JEAN d'Arras, Secrétaire du Duc de Berry.
  Hiſtoire de Luſignan, III, 43013.
  —de Méluſine, 43016.
JEAN, Moine de S. Denys : peut-être Jean Charlier.
  Hiſtoria Caroli VII, II, 17267.
JEAN.
  Bellum geſtum apud Fornovium, II, 17377.
JEAN, Pierre, Chanoine de S. Autpert.
  Dialogi de querelis Franciæ & Angliæ, II, 18470.
JEAN, Evêque de Rocheſter : voyez Buckeridge.
JEAN (le Pere), Cordelier.
  Oraiſon funèbre de Charlotte-Flandrine de Naſſau, I, 14806.
JEAN du Très-Saint-Sacrement (le Pere).
  Vita de Vincente de Paul, I, 11521.
JEAN de S. Antoine (le Pere), Franciſcain.
  Supplementum ad Scriptores Ordinum minorum, IV, S. 45658.
  Bibliotheca univerſa Franciſcana, là; V, Add. 13852.*
JEAN de S. François : voyez Goulu.
JEAN de S. Malachie, Feuillent.
  Pro nova Baſilicæ Fontanæſis inſtauratione, I, 13070; III, 37247 & 48.
JEAN de Sainte-Marie, Jacobin.
  Vie du Bienheureux Yves Mahieuc, I, 10431.
JEAN Marie de Vernon (le Pere), du Tiers-Ordre de S. François.
  Vie de S. Arnoul & de Ste Scariberge, I, 4321 & 10316.

L'Amazone Chrétienne, 4820.
Vie de Charles de Savreuſe, 11446.
Hiſtoire du Tiers-Ordre de S. François d'Aſſiſe, IV, S. 13931.*
Annales Tertii Ordinis S. Franciſci, là.
Fondation des Religieuſes de S. Remi des Landes, 14946.
Vie de Marguerite du S. Sacrement, IV, Suppl. 14998.*
—de Françoiſe de S. Bernard, 15194.
—de Marguerite de S. François Xavier, 15317.
—de S. Louis, II, 16874.
Hiſtoire de François II, Duc de Bretagne, 25314.
JEAN-Louis de S. Auguſtin (le Pere) : voyez Gautier.
JEAN-Baptiſte de Bourges (le Pere), Capucin.
  Eloge funèbre de Madame la Ducheſſe de Vendôme, II, 25636.
JEAN-Baptiſte de S. Anne (le Pere) : voyez Pradillon.
de JEAN, Georges-Chrétien.
  Syllabus Præpoſitorum, &c. Eccleſiæ Moguntinæ, I, 9075.
  De Patriciorum veterum Moguntinenſium familiis, 39191.
  Supplementum rerum Moguntiacarum, III, 39189.
  Editio Hiſtoriæ Palatinæ Dan. Parœi, IV, Supplém. 39199.
  Miſcellanea Hiſtoriæ Palatinæ, 39201.
de JEAN (M.), Avocat du Roi.
  Diſcours ſur la ſuppreſſion des Vicomtés de Caën & d'Evrecy, III, 35289.
JEANNIN, Pierre, Préſident du Parlement de Bourgogne.
  Remontrance au nom des Rois de France & d'Angleterre, I, 7196.
  Préface ſur la Vie de Henri IV, II, 19999.
  Deux Avis au Roi, III, 30318.
  Négociation, 30365.
  Lettres, 30366 & 463.
  Mémoires, 30384.
  Diſcours Apologétique, 32465.
JEANNIN de Caſtille, Pierre, Ambaſſadeur.
  Négociations, III, 30426.
  Lettres, 30428.
JEFFERYS, Th. Géographe.
  Deſcription des parties maritimes de la France, I, 701.
  Hiſtoire Naturelle des poſſeſſions Françoiſes dans l'Amérique, 2384.
JEOUFFRE, Jean, Curé de S. Viance.
  Vie de S. Vincentien, ou Viance, I, 13401.
JÉRÉMIE (M.).
  Relation du Détroit & de la Baye de Hudſon, III, 39713.
S. JÉRÔME.
  Vita S. Exuperii Toloſani, I, 10210.
JÉRÔME (Dom), Feuillent.
  Rétractation, I, 15107.
JÉRÔME de Sainte-Paule (le Pere), Auguſtin Déchauſſé.
  Les plaintes des élémens, &c. I, 4185.
JÉRÔME (le Pere), Récollect.
  Oraiſon funèbre de Madame de Bougues; IV, 48014.
JÉRÔME de Monceaux (le Pere).
  Vie de Sainte Chriſtine, I, 4357.
JEROTHÉE de Mortagne (le Pere), Capucin.
  Oraiſon funèbre de la Ducheſſe de Guiſe, IV, S. 25612.*
JÉSUITES, Auteurs des Ouvrages ſuivans.
  Hiſtoire de l'Egliſe Gallicane, I, 3956 : voyez Longueval & ſes Continuateurs.
  Vies des Saints, commencées par Bollandus : voyez Bollandus & ſes Continuateurs.

le JEUNE, Paul, Jésuite.
Relation du Voyage de la Nouvelle - France, III, 39666.
Autres Relations de la Nouvelle-France, 39676.
le JEUNE, Antoine : *voyez* Antoine de S. Pierre.
le JEUNE (M.), Curé de S. Laurent à Paris.
Mémoire sur un projet pour un nouvel Hôtel-Dieu, I, 5326.
Lettre au sujet d'un nouvel Hôtel-Dieu, III, 34560.
le JEUNE (M.), Doyen de Franay.
Histoire de l'Eglise Collégiale de Franay-les-Chanoines, I, 5417.
le JEUNE (M.).
Clovis, Poëme, II, 16030.
La Louiséide, IV, S. 16814.**
JEZE (M.).
Tableau de Paris, III, 34450.
JOACHIM du Mont Faliique (le Pere), Capucin.
Vita di San-Guillelmo Eremita, III, 35719.
JOBELOT (M.), Conseiller.
Justification du Parlement (de Franche Comté), III, 38517.
JOBERT, Jean.
Recherches du Privilége des Nobles, III, 39867.
JOBERT, Louis, Jésuite.
Vie du Pere Crasset, I, 14170.
JOBEY (M.), Avocat.
Mémoire sur le Droit d'Atrier, III, 35321.
de JODE, Corneille.
Carte de la France, I, 554.
JODELLE, Etienne.
Recueil des Inscriptions, &c. ordonnées en 1558, II, 26222.
JOFFRE.
Table de l'Inventaire des Actes des Archives du Diocèse de Montpellier, III, 29676.
JOFFREDI, Pierre.
Nicæa Civitas monumentis illustrata, I, 8848; III, 38273.
Historia Alpium maritimarum, 38271.
JOHANNES, Nicolas, Sieur du Portail, Avocat.
L'Histoire du Temps, II, 22313.
Discours sur la Députation du Parlement, II, 22975.
JOHANNETON (M.).
Lettre sur une Oraison funèbre du Duc d'Orléans, II, 25678.
de JOINVILLE (le Sire Jean), Sénéchal de Champagne.
Histoire de S. Louis, II, 16850 & 52; IV, S. V, *Add*.
JOLICLERC (M.), Avocat.
Lettre sur le Siége de Saint-Jean de Losne, II, 21879.
JOLICLERC, Cl. Christophe, Maire.
Réponse à la Relation des Réjouissances faites à Saint-Jean de Losne, III, 37298.
JOLIVET, Jean.
Carte de la France, I, 549.
le JOLIVET, Charles.
Description de la Pompe funèbre faite à Dijon, après la mort du Prince de Condé, II, 25844.
—de la Fête donnée à Dijon pour la convalescence du Roi, 26560.
le JOLIVET, fils, (M.), Architecte.
Mémoire sur le Canal de Bourgogne, I, 957.
JOLLAIN (M.), Curé d'Ivry-lès Paris.
Vie de S. Frambourg, I, 12677.
le JOLLE, Pierre.
Description d'Amsterdam, IV, S. 39608.*
JOLY, Guillaume, Avocat.
Panégyrique au Roi Henri IV, IV, *Supplém.* 19585.*
JOLY, Jacques, Professeur du Collége de Navarre.
Puellæ Aurelianensis Causa, II, 17213.

JOLY, Guillaume, Lieutenant-Général de la Connétablie.
Traité de la Justice Militaire de France, III, 32127.
Anti-Duel, 40176.
Vie de Guy Coquille, IV, 45860.
JOLY, H.
Histoire du Siége de Montauban, II, 21062; IV, *Suppl*.
JOLY, Jacques, Avocat.
Notes sur la Conférence des Ordonnances, II, 27631.
Des Offices de France, III, 31199.
Additions au Livre des Officiers de Chancellerie, 32800.
JOLY, Hector, Maître des Comptes.
Traité de la Chambre des Comptes de Dijon, III, 33817.
JOLY, Claude, Avocat, & ensuite Chanoine de l'Eglise de Paris.
Recueil de diverses Pièces, II, 15597.
Eclaircissement sur la Statue Equestre de Philippe-le-Bel, 16970.
Voyage à Munster, 21260.
Histoire de la prison de M. le Prince, 23265.
Maximes pour l'institution d'un Roi, 23427; IV, *Suppl*.
Mémoires, 23732 & 35.
Eloge de Guillaume Bailli, III, 33798.
Vie de Guillaume Joly, 34079.
Des Ecoles Episcopales, IV, 44576.
Factums au sujet des petites Ecoles, 44580 & 82.
Eclaircissement ou troisieme Factum, 44584.
Ecritures pour Contredits, 44587.
Eloge de Guy Coquille, 45862.
Vies d'Antoine & de Gui Loisel, 45925.
Vie du même Antoine Loisel, 45926.
—d'Antoine Loisel, petit-fils du précédent, 45929.
JOLY, Gui, Conseiller au Châtelet de Paris, neveu du précédent.
Moyens de Requête, II, 23046.
Les Intrigues de la Paix, 23548.
Suite, *Id*.
Mémoires, 23735 & 36.
Lettre d'un Gentilhomme Anglois, 23825.
Traité des Droits de la Reine, 28847.
Remarques en réponse à deux Ecrits sur le même sujet, 28850.
Suite, 28851 & 69.
JOLY, Antoine, Médecin.
Description des Eaux de Vichy, I, 3272.
Observations sur les Eaux de Vichy, 3273.
JOLY, Claude, Conseiller au Parlement de Metz.
Description des Grottes d'Arcy, I, 2787.
Etat du Domaine du Roi en Bourgogne, II, 27791.
Relation de la Convocation de l'Arriere-ban de France en Allemagne, III, 39968.
JOLY, Antoine-François, Censeur Royal.
Projet d'un nouveau Cérémonial François, II, 25923.
Eloge d'Antoine Jacob, dit Montfleury, IV, 47546.
JOLY, Philippe-Louis, Chanoine de Dijon.
Remarques sur Pierre-Victor-Palma Cayet, I, 11014.
Eloge de Philibert Papillon, 11328; IV, 46849.
Vie de Guillaume Postel, 11371.
Eloge d'André Renau, 11401.
Lettres sur quelques sujets de Littérature, III, 38131.
Eloges de quelques Auteurs François, IV, 45645.

Remarques

Remarques critiques sur le Dictionaire de Bayle, IV, S, 45658.
Eloge du Cardinal de Richelieu, IV, 45797.
Remarques sur Guy Patin, 46258.
Histoire de François Bruys, 46679.
Vie de François Bruys, 46680.
—de François-Timoléon de Choisy, 46699, & S. attribuée.
Remarques sur Pierre Ramus, 47191.
Lettre sur les Poésies de Pierre Groguet, 47472.
Remarques sur Jean-Edouard du Monin, 47542.
—sur Philibert de Lorme, 47804.
—sur Mademoiselle de Gournay, 48076.
—sur Catherine de Parthenay, 48145.
JOLY de Blaisy, Georges, Président au Parlement de Dijon.
Journaux du Parlement de Dijon, III, 33057 & 58.
JOLY de Blaisy, Antoine, Président du Grand-Conseil, fils du précédent.
Vie de Georges Joly, Baron de Blaisy, III, 33074.
—de Pierre Palliot, IV, 46847.
JOLY de Fleury, Omer, Avocat-Général.
Compte rendu des Constitutions des Jésuites, I, 14428.
JOLY de Mézeroy (M.), Lieutenant-Colonel.
Annales du Régiment de Bresse, III, 32209.
JOLY de Saint-Claude (le Pere), dit Joseph Romain, Capucin.
Dissertation touchant les anciennes Villes des Séquanois, I, 3942; IV, S.
Histoire de l'Image de Notre-Dame d'Onnoz, I, 4183; IV, S.
Eloge de Joseph Chevassu, IV, S. 11044.*
JOLYOT de Crébillon, Prosper.
Eloge du Maréchal de Villars, III, 31727.
JOMBERT (N.), Libraire & Imprimeur.
Lettre sur l'Imprimerie, IV, S. 47981.**
du JON, François, Professeur en Théologie.
Vita ejus ab ipso scripta, I, 5871.
Animadversiones in libros Bellarmini, II, 28765.
du JON.
Discours sur la Vie du Marquis d'O, III, 32031.
JONAS, Abbé de Lérins.
Vita S. Attalæ, I, 12081.
JONAS, Moine de Bobio.
Vita S. Columbani, I, 12107.
—S. Eustasii, 12111.
JONAS, Abbé, Disciple de S. Colomban.
Vita S. Joannis Reomaensis, I, 12241.
JONAS, Moine de Fontenelles.
Vita S. Vulframni Senonensis, I, 10054.
JONAS, autre Moine de Bobio.
Vita sanctæ Burgundofaræ, I, 14878.
de la JONCHERE, Louis.
Système d'un nouveau Gouvernement, II, 27305 & 28080.
de la JONCHERE : voyez l'Ecuyer.
de JONGOUX, Françoise-Marguerite.
Histoire du Cas de Conscience, I, 5628.
Mémoires sur la destruction de Port-Royal des Champs, 15120.
JONCQUET, Denys, Médecin.
Hortus Regius Patisiensis, I, 3398.
Index Plantarum quas excolebat, 3413.
de JONCY : voyez Cottin.
JONGELIN, Gaspard.
Notitia Abbatiarum Ordinis Cisterciensis, I, 12953.
Purpura S. Bernardi, 12957.
de JONGHE, Baudouin.
Chroniques de Gand (en Flamand), III, 39403.
Principes Hollandiæ, 39596.
JONSTON, Jean, Médecin.
Historia Naturalis, I, 3555.
Tome IV.

de JONVILLE (M!).
Continuation du Journal de la défense de Landau, IV, S. 24413.*
JORDAN.
Acta Martini IV, Papæ, I, 7716.
JORDAN, Ælie, Evêque d'Acerno.
Tractatus de majoribus causis, I, 7438.
JORDAN, Michel, Dominicain.
Ratio vindicatrix de Lazaro, &c. I, 3982.
JORDAN, Claude.
Voyage de la France, I, 1314.
La Clef du Cabinet, II, 24800.
JORDAN, Ch. Et. Ministre à Berlin.
Voyage Littéraire, I, 2345.
Histoire de M. la Croze, 6151.
JORNANDÈS, Archevêque de Ravenne.
Fragmenta de Francis, II, 16040 & 42.
Res Gothicæ, 16041.
JOSEPH, Précepteur de Louis le Bégue.
Historia Translationis Corporum SS. Raynoberti & Zenonis, IV, S. 9905.*
JOSEPH, fils de Tangri-Bardi.
Histoire de Nouredin & de Saladin, II, 16699.
JOSEPH, fils de Josué, Rabbin.
La Chronique des Guerres entre les François & les Ottomans, II, 16934.
JOSEPH, Jacques, Médecin.
Vie de S. Montain, I, 13370; IV, S.
JOSEPH, Pierre : voyez de Haitze.
JOSEPH de Paris (le Pere), Capucin : voyez le Clerc du Tremblay.
JOSEPH de Morlax (le Pere), Capucin.
Discours sur la mort du Prince de Joinville, III, 31985.
JOSEPH de Dreux (le Pere), Capucin.
Oraison funèbre du Pere Joseph de Morlaix, I, 13927.
Vie de Magdelène de Sourdis, 14930.
JOSEPH de Jesus-Maria, Trinitaire.
Bullarium Ordinis SS. Trinitatis, IV, S. 13963.*
JOSEPH-Marie de Paule (le Pere), Minime.
Editio Vitæ S. Francisci de Paula, I, 14015.
JOSEPH-Romain de S. Claude (le Pere), Capucin : voyez Joly.
JOSNET, P.
An Rhemensis aër salubris? I, 2613.
Dissertation sur les qualités du Mont-Béru, 2980.
JOSSE, L. Chanoine de Chartres.
Traduction de l'Argenis, II, 19916.
Dissertation sur l'état du Commerce de France, sous les Rois de la I & II Race, 28153.
JOSSET, Pierre.
Francias, II, 15638.
JOTSAUD, Moine de Cluni.
Vita S. Odilonis, I, 11818.
Planctus de transitu ejusdem, 11810.
Appendix ad ejus Vitam, ld.
JOUAN, Abel.
Discours du Voyage du Roi Charles IX, II, 17986.
JOUANNAUX, Claude.
La Géographie des Légendes, I, 4233.
JOUANT, Jean, Abbé de Prieres.
Réflexions sur la Lettre de l'Abbé de Citeaux, I, 12984.
JOUBERT, Laurent, Médecin.
Histoire des Poissons, traduite du Latin, I, 3603.
Vita Guillelmi Rondeleti, IV, 46309.
JOUBERT, P, J. Curé de Couché.
Oraison funèbre de Gabriel-Joseph le Coigneux, III, 31922.
de JOUGLA (Dom), dit Arsene, Religieux de la Trappe.
Plusieurs Lettres, I, 13160.

JOUIN, Michel.
Recette pour la toux du Renard, II, 18935.
JOUIN, Nicolas.
Procès contre les Jésuites, I, 14399.
JOUIN (le Pere), Dominicain.
Oraison funèbre du Duc d'Orléans, II, 25675.
JOULY.
Triomphe de la Naissance de M. le Dauphin, II, 19799.
JOURDAIN (le Pere), Augustin.
Chronica, II, 28759.
JOURDAIN, Jean.
Le parfait Cavalier, I, 3556.
JOURDAIN (Dom), Bénédictin.
Mémoire sur l'Abbaye d'Almanesche, I, 14850.
JOURDAIN (M.).
Mémoire sur la Biliothèque du Roi, IV, 44595.
JOURDAIN (Dom), Bénédictin.
Oraison funèbre de Claude Bouhier, I, 9052.
JOURDAIN, Claude, Bénédictin.
Défense de D. Grégoire Tarisse, I, 11626.
JOURDAIN, Maur, Bénédictin.
Dissertation sur quelques Voies Romaines, I, 70.
Lettre à M. Mille, IV, S. 35842.*
Lettres Critiques à M.*** là.
JOURDAIN de la Fayardie.
Description des anciens monumens de la Ville de Périgueux, III, 37575.
JOURDAN (C.).
La Justice aux pieds du Parlement, II, 20143.
L'ordre observé en la Procession générale de 1614, 20230.
Entrée de Louis XIII à Paris, II, 26323.
JOURDAN.
La magnificence de Paris, II, 26372.
JOURDAN, Adrien, Jésuite.
Histoire des Gaules, I, 3871.
—de France, II, 16144.
De l'origine de la Maison de France, 24923.
Critique de l'origine de la Maison de France, 24926.
JOURDAN.
Le Guerrier Philosophe, II, 24643.
JOURNEL, Antoinette, dite de Jesus, Chanoinesse.
Vie de la Mere Antoinette de Costerel de Bonneuil, IV, S. 15030.*
—de la Sœur Barbe Fremault, IV, S. 15130.*
JOUSSE, Daniel, Conseiller au Présidial d'Orléans.
Table alphabétique des Villes de France, où il y a Siége Présidial, I, 2164.
Carte du Loiret, 2837.
Commentaire sur l'Edit de 1695, I, 7458; IV, S.
—sur l'Ordonnance du Commerce, II, 28156.
Traité de la Jurisdiction des Présidiaux, IV, Suppl. 34079.*
—des Commissaires-Enquêteurs-Examinateurs, IV, S. 34132.*
Vie de M. Pothier, IV, 45986.
JOUSSE (M.), fils du précédent.
Lettre sur l'Histoire de l'Orléanois, III, 35604.
JOUSSET, Gilles, Curé d'Orléans.
Vie de M. Jogues, I, 4755; III, 34067.
Eloge de M. des Mahis, I, 11177.
Vie de François Perdoulx, 11343.
JOUTEL.
Journal du Voyage de M. de la Salle, III, 39710.
JOUVENCY, Joseph, Jésuite.
Panegyricus Ecclesiæ Parisiensis, I, 9274.
Historia Societatis Jesu, 14216. Il y a eu part.
Version Latine d'un Eloge de Henri II, Prince de Condé, II, 25815.
—d'une Oraison funèbre de Louis II, Prince de Condé, IV, S. 25832.
De Expeditione quorumdam Societatis Jesu in Acadia, III, 39659.
JOUVET, Nicolas, Chanoine de Laon.
Les Blazons de Picardie, III, 40133.
Histoire des Seigneurs de Coucy, 42008.
JOUVIN de Rochefort, Albert, Trésorier de France.
Carte de l'Archevêché de Paris, I, 1115.
Plan de Limoges, IV, S. 1628.*
—de Paris, I, 1774.
—de Tolose, 1888.
Voyage de France, 2315.
—des Pays-bas, III, 39275.
de Joux (le Pere) Minime.
Histoire de la découverte miraculeuse de Notre-Dame d'Etang, IV, S. 4140.*
JOUY, Nicolas.
Traité des Eaux de Bourbonne-les-bains, I, 3010; IV, S.
de JOUY (M.), Avocat.
Edition des Loix Ecclésiastiques de Héricourt, IV, S. 6965.
—des Loix Civiles de Domat, IV, S. 27583.*
JOVE, Paul, Evêque de Nocera.
Historiæ sui temporis, II, 17610.
JOVET.
Lettres sur une fondation faite à Notre-Dame de Chartres, II, 16970.
JOYEUSE (M.), Médecin.
Relation d'une épidémie, I, 2625.
de JOYEUSE, François, Cardinal, Archevêque de Toulouse.
Lettre sur la jonction des deux Mers, I, 888.
Concilium Provinciale, 6757.
Traduction des anciens Statuts, 6758; IV, S.
Ordonnances, IV, S. 6758.*
Discours sur la mort de MM. de Guise, II, 18839.
Lettres, III, 30233 & 34.
JUBLAIN, Gabriel, Médecin.
Rapport des vertus des Eaux de Priscey & de Premeau, I, 3176.
JUBRIEN, Jean.
Carte du Diocèse de Reims, I, 1125.
—du Pays de Reims, 1841.
—du Réthélois, 1845.
de JUDÆIS : voyez de Jode.
JUENIN, Pierre, Chanoine de Tournus.
Dissertation sur S. Valérien, I, 4707.
Histoire de l'Abbaye de Tournus, 12910.
Lettre au sujet de S. Valérien, 12911.
le JUGE, Pierre, Chanoine Régulier.
Histoire de Sainte Géneviève, I, 4446.
Discours des choses signalées de Sainte Géneviève, I, 13591.
JUGLAR, Louis, Jésuite.
Vita & virtutes Ludovici Justi, II, 22134.
Elogium Marescalli de Toiras, III, 31709.
JUGLER, J. Fr.
Bibliotheca Historiæ Litterariæ, IV, 44593.
JUILLARD du Jarry, Laurent.
Oraison funèbre d'Esprit Fléchier, I, 9206.
Vie de S. Germain de Paris, 9298.
Oraison funèbre du Duc de Vendôme, II, 25646.
—de M. le Dauphin, fils de Louis XIV, IV, S. 25668.*
—de Madame la Dauphine (épouse du précédent Dauphin), II, 25703.
—de M. le Dauphin (fils du précédent), & de Madame la Dauphine (son Epouse), 25712.
—de Henri II, Prince de Condé, 25811.
—de Louis II, Prince de Condé (fils du précédent), 25832.
Traduction d'une Description de Meudon, 27031.
Oraison funèbre du Duc de Montausier, III, 32001.

JUILLET.
Généalogie de la Famille de M. le Conseiller de Clugny, III, 41911.
de JUILLY : *voyez* Baudot & Cothier.
JULIEN, Archevêque de Tolède.
Historia Vambæ, II, 16107.
JULIEN, Cardinal de S. Ange.
Litteræ ad Eugenium IV, I, 7539.
JULIEN, Christian, Récollect.
Oraison funèbre du Maréchal de Brancas, III, 31603.
JULIEN (M.), Géographe.
Carte de France, I, 608.
Table des Maisons alliées à la Maison Royale de France, II, *après le* N.º 25920.
JULIEN de Besançon (le Pere), Capucin.
Relation des Merveilles de Notre-Dame de Gray, IV, S. 4148.
JULIOMONTENSIS, Joannes.
De successione Juliacensi, IV, S. 39242.**
JULIOT (M.).
Mémoire sur le Bitume de Gaujac, I, 2755.
JULLET, Nicolas, Minime.
Histoire de la Chapelle & des Miracles de Notre-Dame de Bon-Secours-lès-Nancy, I, 41113; IV, S.
le JUME de Poplencourt.
Description de l'Hôtel des Invalides, I, 5248.
le JUMEL de Berneville, Marie-Catherine, Comtesse d'Aunoy.
Mémoires, II, 24146.
Histoire du Prince de Carency, 25873.
de JUMILHAC (l'Abbé).
Rapport de l'Agence du Clergé, IV, *Supplém.* 6929.*
JUNCKER, Christien.
Fasti Moguntinenses, IV, S. 39190.*
—Colonienses, IV, S. 39106.*
—Trevirenses, IV, S. 39236.*
JUNCKER (M.).
Introduction à la Géographie du moyen âge (en Allemand), I, 542.
JUNGERMAN, Godefroi.
Edition Latine des Commentaires de César, I, 118.
JUNIEN, Hadrien, Médecin.
Batavia, I, 157; III, 39571.
Quòd Bataviam Franci invaserint, III, 15409.
JUNIUS : *voyez* du Jon & de Jonghe.
JUNOT, Jean-Baptiste, Cordelier.
Elogium Francisci la Velle, I, 13887.
—Jacobi du Creux, 13888.
Oraison funèbre de Marie-Anne-Agnès de Rouville, 14836.
JURAIN, Claude, Avocat.
Voyage de Sainte Reine, I, 4633.
* Remarques sur les Comté & Duché de Bourgogne, IV, S. 35864.*
Histoire des Antiquités d'Auxonne, III, 35964.
JURET, François.
Notes sur les Vies des Archevêques de Sens, I, 10019.
Notæ in Vitam S. Martini, 10277.
Notes sur Aimoin, IV, S. 16093.*
—sur la Vie de Charlemagne, IV, S. 16250.*
JURIEU, Pierre, Ministre Calviniste.
Histoire du Calvinisme & du Papisme, I, 6033.
Relation de ce qui s'est passé dans les affaires de la Religion Réformée, 6083.
Les Soupirs de la France esclave, II, 27300.
de JUSSIE, Jeanne, Abbesse d'Anelly.
Le Levain du Calvinisme, I, 5767.
de JUSSIEU, Antoine, Académicien.
Examen des causes des impressions des Plantes, &c. I, 1810.

Tome V.

Recherches Physiques sur les Pétrifications qui se trouvent en France, 2811.
Examen des causes qui ont altéré l'eau de la Seine, 2841.
Description du *Corispermum hyssopifolium*, 3336.
Catalogue des Arbres & Arbrisseaux, qui peuvent s'élever aux environs de Paris, 3362.
Expériences faites sur le *Chrysanthemum*, 3364.
Discours sur le progrès de la Botanique, 3401.
de JUSSIEU, Bernard, Académicien, frere du précédent.
Histoire des Plantes qui naissent aux environs de Paris, I, 3355.
JUSTE.
Vita S. Amabilis, I, 10879.
JUSTEL, Christophe.
Codex Canonum vetus, I, 6958.
Stemma Arvernicum, III, 41060.
Histoire généalogique de la Maison d'Auvergne, 41061.
Histoire de la Maison de Turenne, *là.*
Discours du Duché de Bouillon, 41455.
JUSTIATERIUS.
Examen Comitiorum Ratisbonensium, III, 29238.
JUSTIN de l'Epiphanie (le Pere), Carme.
Catalogus Fratrum Beatæ Mariæ Virginis de Monte Carmelo in reformatâ Turonensi Provinciâ, I, 13697.
JUSTINIANI, Pierre-Marie, Bénédictin, Evêque de Sagone.
Dissertatio de existentia Corporum SS. Benedicti & Scholasticæ, I, 11953.
JUSTINIANI, Joseph-Benoît, Bénédictin.
Commentarius de rebus ad Minorem Balearium gestis, II, 24754.
JUSTINIEN, Empereur.
Corpus Juris Civilis, IV, S. 27583.*
JUSTINIEN, Vincent, Dominicain.
Vita Hugonis de sancto Caro, I, 8944.
JUVENAL, Gui, Abbé de S. Sulpice de Bourges.
Reformationis Monasticæ Vindiciæ, I, 11759.
JUVENAL de Lyon (le Pere), Récollect.
Descriptio Conventuum Recollectorum Provinciæ S. Francisci in Gallia, I, 13902.
JUVENAL des Ursins, Jean, Archevêque de Reims.
Histoire de Charles VI, II, 17142.
Entrée d'Isabeau de Bavière, Reine de France, 26130.
Lettre aux Etats de Blois, 27425.
Rapport à Charles VII, 28788; III, 29814.
Traité des Querelles entre les Rois de France & les Rois d'Angleterre, II, 28790.
Deux Discours touchant les différends entre les Rois de France & d'Angleterre, 28791.
Différentes Pièces, 28792.
Pièces & Remontrances, III, 29821.
Discours de l'Office du Chancelier de France, 31457.
Remarques sur un Arrêt concernant Charles II, Duc de Lorraine, 38833.
JUVENEL de Carlencas (M.).
Dissertation sur les Manufactures, II, 15543; IV, *Suppl.*
Essais sur l'Histoire des Belles-Lettres, &c. IV, 44591.
Dissertation sur l'origine des Académies, 45494.
JUVENIS, Raymond.
Histoire Séculière & Ecclésiastique, I, 5072; III, 37929.
Mémoires sur la Ville de Gap, 38008.
JUVET (M.), Médecin.
Réflexions sur la cause de l'intempérie, &c. I, 2528; IV, S.
Dissertation contenant de nouvelles Observations sur l'Eau de Bourbonne, 3013; IV, S.

Dddd 2

Lettre fur la vertu des Eaux de Bourbonne, &c. 3014.
de JUVIGNY (le Sieur).
Avis en l'occurrence des Etats Généraux, II, 27994.
Propofitions au Roi pour le foulagement du peuple, 28009.
Avis de l'établiffement de quatre Académies en France, IV, 45489.
de JUVIGNY : voyez Rigoley.

K

de KAERDANIEL : voyez du Pré-le-Jay.
KÆRIUS, Pierre.
XVII. Inferioris Germaniæ Provinciæ, III, 39267.
KALTINHOFORUS, Etienne.
Campania, I, 1474.
KANON, André, Jéfuite.
Expeditio Legatorum Regis Poloniæ, III, 30753.
KEATE.
Récit de l'Hiftoire de Genève, III, 39187.
KELLER, Jacques, Jéfuite.
Tyrannicidium, I, 14281.
Myfteria politica, II, 28642.
KER de Kerfland, Jean.
Mémoire fur la puiffance des François dans l'Ifle Hifpaniola, III, 39744.
de KERMADEC, François, Baron de Cuffé.
Relation envoyée au Roi de la Grande-Bretagne, II, 26838.
Lettre au Préfident Miron, 26856.
de KERMADEC (M.).
Projet d'une Defcription de la Province de Bretagne, III, 35348.
de KERSLAND : voyez Ker.
KERVER de Paris, Hyacinthe, Capucin.
Motifs de la Converfion de M. de Clermont d'Amboife, III, 31920.
KEUCHEN, Robert.
Comparatio Cardinalium Richelii & Mazarini, III, 32514.
KEUSÉ (M.), Médecin.
Obfervations fur une maladie épidémique, I, 2539.
KEYSLER, Jean-Georges.
Differtatio de cultu folis, &c. I, 3798.
Antiquitates felectæ Septentrionales, 3799.
KHUN, Jean-Gafpard.
Panegyricus Ludovico XIV, II, 24386.
KILIAN, Corneille.
Traduction Flamande des Mémoires de Comines, II, 17393.
KILIAN, Jean.
Difputatio de Aquis Selteranis, I, 3228.
KINTS, Evrard.
Les délices du Pays de Liége, III, 39230.
KIPPING, Henri.
Notæ in Axiomata politica, II, 28778.
KIRCHER, Athanafe.
Mundus fubterraneus, I, 2450.
KIRCHNER de Morvillier, Herman.
De Officio Cancellarii, III, 31474.
KLÉEMAN.
Mémoire fur le Hanneton, IV, S. 3657.**
KLEINLAWEL, Michel.
Chronique de Strafbourg, III, 38724.
KNAPIUS : voyez Servilius.
KNIGHTON ou Knigthon, Henri, Chanoine Régulier.
Chronicon, III, 35139 & 40.
KNIPPENBERG, Jean.
Hiftoria Ducatûs Geldriæ, I, 8821; III, 39553.
KNITTHON : voyez Knighton.

de KNOBELSDORF, Euftathe.
Defcriptio Lutetiæ, III, 34496; IV, S.
KOELER, Jean-David.
De Bibliotheca Caroli Magni, II, 16289.
Exercitatio de Familia Carolingica, 24893.
Differtatio de Familia Franconica, 24894.
Familia Augufta Luxemburgenfis, III, 39457.
KOGMANN, Balthafar.
Chronique de Strafbourg, I, 9117; III, 38721.
KOHEL, Sigifmond.
Vitæ nonnullorum Patrum Ordinis Præmonftratenfis, I, 13527.
de KONIGSHOVEN, Jacques.
Chronique d'Alface, III, 38703.
KRAFFT, Laurent.
Hiftoire généalogique de la Maifon d'Autriche, II, 25897.
KRANSFELT, Jean : faux nom fous lequel s'eft caché Etienne Tabourot, II, 18617 : voyez Tabourot.
KRANTS, Albert.
Saxonia, II, 16454.
KRANTZ, Albert.
Res geftæ Normannorum, III, 35063.
KRATZ, Jean.
Hiftoria Fontis Holzenfis, I, 3086.
de KSAUSON, François-Jofeph.
Mémoire préfenté aux Etats de Bretagne, I, 958.
KUGLER.
Defcription de la Guerre d'Alface (en Allemand), III, 38708.
KUNAST, Philippe-Louis.
Collection des Edifices publics de Strafbourg (en Allemand), III, 38727.
KUNIUS, Jean-Gafpard.
Oratio funebris Delphini, II, 25701.
KURSCHNER, Jean-Michel.
De fonte medicato Caftinacenfi, I, 3027.
KYPSCLER, Gottlieb : faux nom fous lequel s'eft couvert Abraham Ruchat, III, 39077 : voyez Ruchat.
KYRIANDER, Guillaume.
Annales Auguftæ Treverorum, III, 39237.

L

L. A. D. inconnu.
Journal hiftorique de l'Europe, II, 24344.
L. A. V. inconnu.
Relation de l'enlèvement de François Genêt, Evêque de Vaifon, IV, S. 8151.*
L. B. inconnu.
Jardinage des Œillets, I, 3490.
L. B. D. B. S. c'eft la Baronne de Beaufoleil, I, 2652: voyez de Beaufoleil.
L. B. D. D. c'eft Théodore Agrippa d'Aubigné, II, 18388 : voyez d'Aubigné.
L. B. E. S. D. G. M. O. D. R. inconnu.
Le Voyage de la France à Saint-Germain, II, 22788.
L. C. c'eft Louis Coulon, II, 15876 : voyez Coulon.
L. C. B. M. inconnu.
Traité des Œillets, I, 3491.
L. D. F. D. D. inconnu.
Les Avis de Charlot à Colin, II, 20456.
L. D. L. D. c'eft l'Abbé de l'Ifle-Dieu, IV, S. 48131*: voyez de l'Ifle-Dieu.
L. D. L. P. c'eft l'Abbé de la Porte, II, 27078: voyez de la Porte.
L. D. M. c'eft peut-être Jean Bruflé de Montplainchant, II, 19406 : voyez Bruflé.
L. D. M. c'eft Louis de Mayenne Turquet, II, 28173: voyez de Mayenne Turquet.

L. D. M. C. S. D. S. C. D. S. A. D. V. *c'est* Louis du May, Chevalier, Seigneur de Salette, Conseiller de son Altesse de Virtemberg, II, 28781 : *voyez* du May.

L. D. M. C. S. D. S. E. D. M. *c'est* Louis du May, Conseiller, Secrétaire du Sérénissime Electeur de Mayence, III, 32426 : *voyez* du May.

L. D. R. *c'est* Lanthelme de Romieu, III, 38159 : *voyez* de Romieu.

L. D. R. *inconnu*.
Le Voyage de Reims par Louis XIII, II, 26087.

L. E. D. *inconnu*.
Réponse à la Lettre du Pape, II, 26852.

L. F. B. Avocat-Général en la Cour des Monnoies.
Traité sur les désordres des Monnoies, III, 33932.

LL. FF. LL. *ce sont* les frères Lottin, II, 26783 : *voyez* Lottin, les deux frères.

L. G. C. D. R. *c'est* Louis Guron, Conseiller du Roi, II, 21800 : *voyez* Guron.

L. L. *inconnu*.
L'Homme d'Etat Catholique, II, 28675.

L. L. M. *c'est* l'Abbé le Mascrier, III, 39725 : *voyez* le Mascrier.

L. M. *inconnu*.
Réfutation de la Lettre d'Avis, II, 22964.

L. M. D. M. *inconnu*.
Histoire de Lusignan, III, 43013.

L. M. D. P. *inconnu*.
Voyage fait en Provence, I, 2355.
Les Antiquités de Provence, III, 38133.

L. M. P. *c'est-à-dire*, le Ministre Prisonnier, *c'est* Abraham de Wicquefort, *alors Prisonnier en Hollande*, III, 32635 : *voyez* de Wicquefort.

L. N. M. *inconnu*.
Mémoire touchant les Factums du Sieur Cholet, III, 31259.

L. O. T. M. *inconnu*.
Les Regrets de Madame de Nemours, II, 18865.

L. P. Docteur en Médecine, *inconnu*.
Histoire de la Fontaine de Segray, I, 3222.

L. P. A. *c'est* le Président Allard, IV, 48171 : *voyez* Allard.

L. P. C. M. D. *inconnu*.
Régles, &c. des Ordres de Notre-Dame du Mont-Carmel & de S. Lazare, III, 40360.

L. P. D. L. C. *c'est* Louis-Paschal de la Court, I, 3862 : *voyez* de la Court.

L. P. J. M. *c'est* le Pere Jean-Marie, I, 4321 & 10316 : *voyez* Jean-Marie.

L. P. J. M. D. V. *c'est* le Pere Jean-Marie de Vernon, IV, S. 4810 : *voyez* Jean-Marie.

L. P. T. *inconnu*.
Discours funèbre de Pierre-Victor Palma Cahiet, I, 11013.

L. S. A. J. D. A. *c'est* le Sieur Antoine-Joseph (Dezallier) d'Argenville, I, 3448 : *voyez* Dezallier.

L. S. A. R. *c'est* Ludovicus Servinus, Advocatus Regius, I, 7158 : *voyez* Servin.

L. S. C. C. A. P. D. A. *inconnu*.
Le Fidèle intéressé, II, 23557.

L. S. D. B. *c'est* le Sieur de Bonair, II, 22786 : *voyez* de Bonair.

L. S. D. D. *inconnu*.
Traduction Françoise de l'Entrée du Duc de Nevers à Rome, II, 26305.

L. S. D. D. S. C. E. T. *inconnu*.
Remontrance au Peuple, II, 22823.

L. S. D. E. *inconnu*.
Panégyrique pour M. le Duc de Beaufort, II, 22500.

L. S. D. J. *inconnu*.
Les vertus de l'Eau de la Hacqueniere, I, 3080.

L. S. D. L. R. *c'est* le Sieur de la Roque, III, 37717 : *voyez* de la Roque.

L. S. D. N. G. P. *c'est* le Sieur (d'Andrea) de Nibles, Gentilhomme Provençal, III, 38027 : *voyez* d'Andrea.

L. S. D. T. *inconnu*.
Manifeste au Roi, II, 22699 & 27271; IV, Suppl.

L. T. Seigneur Romain.
Relation de la conduite de la Cour de France, II, 23884.

L. T. A. *inconnu*.
Le Masque de la Ligue découvert, II, 19315.

L. V. *c'est* l'Abbé Villain, I, 5229 : *voyez* Villain.

de L. (l'Abbé), *c'est* l'Abbé de Longchamps, IV, 44549 : *voyez* de Longchamps.

de LABARDE, Jean, Marquis de Marolles : *voyez* de la Barde; & *ajoutez* y l'article suivant.
De rebus Galliarum, II, 23739.

de LABASTIDE, l'aîné, (M.).
Histoire de la Littérature Françoise, IV, 44549.*

LABAT, Jean-Baptiste, Dominicain.
Observations sur l'Histoire Naturelle de Cayenne, I, 2409.
Voyage aux Isles de l'Amérique, 2419, III, 39761.
Mémoires du Chevalier d'Arvieux, III, 31111.
Relation de l'Afrique occidentale, 39792.
Voyage du Chevalier du Marchais, 39793.

de LABATUT, Hugues, Evêque de Cominges.
Statuts Synodaux, I, 6475.

LABBE, Philippe, Jésuite.
Extrait de l'Itinéraire d'Antonin sur la Gaule; I, 60.
Pharus Galliæ antiquæ, 113.
Véritables Antiquités d'Abbeville, 242.
De Episcopatibus Galliæ, 1209.
Sacra Galliarum Topographia, 1210.
Pouillé Royal, 1231.
Pouillé de Bourges, &c. 1246.
Tableau des Villes de France, 2089.
Hagiologium Franco-Gallix, 4229.
Conciliorum Galliæ Historia, 6276.
Synopsis Historica Conciliorum, 6277.
Conciliorum Collectio maxima, 6282.
Accessiones ad Geographiæ Episcopalis Breviarium, 7835.
Catalogue des Evêques soumis à la Primatie de Bourges, 8353.
Notæ in Chronicon Dolensis Abbatiæ, 11728.
Eloges des Rois de France, II, 15815.
Histoire des Rois de France, 15824.
Annales Regum Francorum, 15825.
Chronologie des Rois de France, 15899.
Nova Bibliotheca Manuscriptorum Librorum, 15993.
Diatriba de Aimoino, 16092.
Eloges sur la Naissance du Dauphin, 22174.
La Clef d'or de l'Histoire de France, 24836.
Discours touchant le Mariage d'Ansbert, 24881.
Le Blason Royal des Armoiries de la Maison de France, 27041.
Mélange curieux, III, 30831.
Histoire des Chanceliers, &c. 31483.
Elogium funebre Caroli de Crequy, 31616.
Histoire du Berry, 35799.
Le Blazon de Berry, 40083.
Tableaux généalogiques des six Pairs Laïcs, 40581.
Quis fuerit Marculphus Formularum Editor, IV, 45930.

LABBÉ, Christophe, Chanoine Régulier.
Vie de S. Vaneng, I, 11919.

LABBÉ, Pierre, Jésuite.
Dissertatio de itinere Annibalis, I, 163.

Epiftola de ortu Lugdunenfi, 318.
—de antiquo ftatu Lugduni, ibid.
Vita & Elogia Ludovici XIII, II, 21805.
Hiftoria Lugduni veteris, III, 37363.
LABENAZIE, Bernard, Chanoine de S. Caprais d'Agen.
Differtatio de tempore quo primò Evangelium eft prædicatum in Galliis, I, 3968.
Défenfe de l'Antiquité des Eglifes de France, 4006.
Differtations fur S. Denys l'Aréopagite, 4056.
Hiftoire du Diocèfe d'Agen, 8266; IV, S.
Excerptum ex Hiftoria Diœcefis Aginnenfis, 8267.
Præconium divi Caprafii, 8269.
Oraifon funèbre de Jules Mafcaron, 8274.
Hiftoire de la Ville d'Agen, III, 37585.
LABERAN de Montigny, Gabriel.
La Grandeur de la Maifon de France, II, 26883; IV, S.
LABOTTIERE, Antoine, Libraire.
Almanach de Guyenne, III, 37492.
le LABOUREUR, Claude, Prévôt de l'Ifle-Barbe.
Notes fur le Bréviaire de Lyon, I, 8861.
Les Mafures de l'Abbaye de l'Ifle-Barbe, 12012.
Quels étoient les Droits de Frideric Barberouffe, fur la Ville & Comté de Lyon, IV, Suppl. 37365.*
Difcours fur l'origine des Armes, III, 40008.
Preuves de Nobleffe des anciens Moines de l'Ifle-Barbe, III, 40682 & 40709.
Hiftoire généalogique de Sainte-Colombe, 43992.
le LABOUREUR, Jean, Prieur de Juvigné, neveu du précédent.
Hiftoire de Charles VI, traduite du Latin, II, 17129.
Eloge de Jean d'Orléans, Comte de Dunois, 17285.
Edition des Mémoires de Caftelnau, 18093.
Difcours fur la vie de Henri III, 19133.
Hiftoire du Comte de Guébriant, 22195.
Réponfe aux Bons-Avis, 23095.
Table généalogique des defcendans de Charles VI, 24955.
Tableaux généalogiques des feize quartiers de nos Rois, 24984.
Additions aux Mémoires de Caftelnau, 25116; III, 30129 & 31356.
Hiftoire de Louis de France, Duc d'Anjou, Roi de Sicile, 25413.
—de Jean de France, Duc de Berry, 25424.
—de Philippe de France, Duc de Bourgogne, 25429.
—de Louis, Duc de Bourbon, 25569.
De la Loi Salique, 28528.
Edition des Mémoires de Sully, III, 30391.
Hiftoire de la Pairie de France, 31222.
Tombeaux des Perfonnes illuftres, 31367 & 40588.
Eloge d'Anne de Montmorency, 31439.
—de Jacques de Caftelnau, 31610.
Vie de Michel de Caftelnau, 32679.
De la Nobleffe, 39879.
Recueil d'Annobliffemens, 39893.
Difcours fur l'origine des Armoiries, 40025.
Généalogies de plufieurs Familles de France, 40589.
Hiftoires généalogiques de plufieurs Maifons de Bretagne, 40626.
Généalogie de la Maifon d'Albert, 40844.
—de Bégot, 41342.
—de Billy, 41350.
—des Bochetels, 41383.
—de du Bofc d'Efmendreville, 41432.
—de Bourdin, 41471.
—des de Broffe de Sainte-Severe, 41577.
—des Budes, 41605.

Généalogie de la Maifon de Caftelnau, 41685.
Obfervations fur la Fable de Mélufine, 43018.
Généalogie de la Maifon de Morogues, 43325.
—de Morvilliers, 43329.
—de Rochechouart, 43830.
—de Rouxel-Medavy, 43932.
Hiftoire de la Reine de Pologne, Marie de Gonzague, IV, 48074.
le LABOUREUR, Louis, Bailly du Duché de Montmorency, frere du précédent.
Charlemagne, II, 16201.
Les Victoires du Duc d'Anguien, 22253.
le LABOUREUR, Claude-Louis-René, Avocat-Général du Roi au Confeil d'Alface.
Livre des Fiefs d'Alface & de Brifgau, III, 38713.
LABROUSSE, Pafchal.
Vindiciæ Primatûs Burdigalenfis, IV, S. 8233.*
du LAC: voyez Alléon.
LACARRY, Gilles, Jéfuite.
De antiquis divifionibus Galliæ, I, 429.
Hiftoria Galliarum, 3865.
—Coloniarum à Gallis & in Gallias, 3909.
Differtatio de S. Geraldo Auriliacenfi, 4475; IV, Suppl.
Breviculum de Vita Francifci de Stanno, 7931.
Differtatio de anno & die obitûs S. Roberti Cafæ Dei, 11746.
De Origine Francorum, II, 15433.
Epitome Hiftoriæ Regum Franciæ, 15785.
Differtatio de Regibus Franciæ primæ Familiæ, 15910.
—de primo & ultimo anno Regis Hugonis Capeti, 16512.
Breviculum expeditionis Ludovici XIV adverfùs Batavos, 23988.
De Regibus Franciæ & Lege Salicâ, 28544.
Notitia Magiftratuum Imperii & Galliarum, III, 31184.
LACHERÉ, François, Cordelier.
Nécrologe du Couvent des Freres Mineurs de Dijon, I, 13856.
Laus Francifci le Roux, 13889.
LACOMBE, Jacques.
Dictionaire des Beaux-Arts, IV, 47794.
LACOMBE (M.), Libraire.
Mercure de France, II, 24801. Il y a part.
LACOURT (M.), Envoyé.
Lettres, III, 30685.
LACOURT (M.), Chanoine de Reims.
Notes fur l'Hiftoire de la Métropole de Reims; III, 34379.
Fragmens fur les Archevêques de Reims, là.
Mémoires fur l'Hiftoire des Archevêques de Reims, là.
LACOUX de Marivault, Jérôme.
Vie de Marie d'Alvequin de Jéfus, I, 14710.
du LACQ.
Théorie du Méchanifme de l'Artillerie, III, 32151.
de LADEVEZE (M.), Colonel d'Infanterie.
Relation de la pefte du Gévaudan, I, 2531.
de LADONE, Etienne.
Antiquitates Auguftoduni, III, 35938.
LADVOCAT, Jean-Baptifte, Docteur de Sorbonne.
Remarques fur Robert Sorbon, I, 11413.
Lettre fur le même, III, 34514.
De la fondation de la Maifon de Sorbone, IV, 44829.
Dictionaire Hiftorique, IV, S. 45658.
LAET, Daniel: peut-être, Michel de Loy.
Elogium Petri Hallæi, IV, 45902 & 3.
de LAET, Jean.
Gallia, II, 27673.
Refpublica Belgii confœderati, III, 39539.
Novus Orbis, 39629.

de LAFFEMAS, Barthélemi, Sieur de Bauthor.
Sources d'abus & monopoles, II, 19689.
Trésors & richesses pour l'Etat, 19690.
Moyens de chasser la gueuserie, 19769.
L'Incrédulité, 28174.
Remontrance au peuple, 28297.
Avis & Remontrances, là.
Plant & Profit des Mûriers, là.
Liberté du transport de l'or & de l'argent, là.

de LAFFEMAS, Isaac, Sieur de Humont.
Histoire du Commerce de France, II, 28150; IV, Suppl.

de LAFFEMAS, Nicolas, dit le Dru.
Lettre à M. le Cardinal, II, 22344.
Le terme de Pâque sans trébuchet, 22806; IV, Suppl.

LAFITAU, Joseph-François, Jésuite.
Histoire de Jean de Brienne, II, 16739.
Mœurs des Américains, III, 39631.
Mémoire concernant le Gin-Seng, 39632.

LAFITAU, Pierre-François, Evêque de Sisteron.
Réfutation des Anecdotes sur la Constitution Unigenitus, I, 5646.
Histoire de cette Constitution, 5648.
Réfutation de l'Histoire de la condamnation de M. de Senès, 6496.
Oraison funèbre de Philippe V, Roi d'Espagne, II, 25728.

LAFON, René : faux nom sous lequel s'est caché Louis Richeome, IV, 44643 : voyez Richeome.

LAFOND (M.), Académicien.
Description d'une Tortue de Mer, I, 3609.

LAFOSSE (M.), Maréchal des Ecuries du Roi.
Cours d'Hippiatrique, IV, S. 3565.*

LAGADENE, Jean.
Glossaire Bas-Breton, François & Latin, I, 3768.

LAGANE (M.), Procureur du Roi de la Ville de Toulouse.
Discours sur l'Histoire des Jeux Floraux, V, Add. 45617.*

LAGARDE, François de Paule.
Traité de la Souveraineté du Roi, II, 27173.

de LAGE-Baiton (M.), premier Président du Parlement de Bordeaux.
Deux Lettres, II, 17962.

de LAGE de Cueilly.
Mémoires, II, 24640.

LAGEDANT (M.), Maître-ès-Arts.
Essai sur *Ratiatum*, I, 333.

LAGET-Bardelin (M.), Avocat.
Mémoire pour les Evêques de Chartres & d'Orléans, IV, S. 9360.*
—pour l'Archevêque de Lyon, &c. I, 11768.

LAGUILLE, Louis.
Histoire de l'Alsace, III, 38698.

LAIGNEAU, P.
Discours sur la constance des Parisiens, II, 19298.

de LAIGUE, Etienne, Sieur de Beaucaire.
Traduction des Commentaires de César, I, 3880.

LAINGÉE, Jacques, Docteur de Sorbonne.
Traduction Latine de la Vie de Calvin, I, 5809.
De Vita Theodori Bezæ, 5879.

de LAISEMENT : voyez Balliere.

LAISNÉ, Henri.
Discours sur la Dignité des Fleurs-de-Lys, II, 27045 : attribué.

LAISNÉ, Guillaume.
Mémoires contenant des Généalogies du Pays Chartrain, &c. III, 40686.

LAISNÉ, Charles, Oratorien.
Oraison funèbre de Pierre Seguier, III, 31539.

Oraison funèbre de César de Choiseul, 31679.

LAISNÉ, Antoine.
Descriptio & Encomium Lugduni, IV, Suppl. 37360.*

de LAISTRE, Juste.
Liste des Villes, &c. régies par la Coutume de Chaumont, I, 2210.

de LAISTRE-Godet (M.), Libraire.
Almanachs de Reims, III, 34259.

de LALAIN, Arnold, Prévôt de Notre-Dame de Bruges.
Epistola de congressu Imperatoris & Ducis Burgundiæ, II, 25454.

de LALANDE : voyez le François.

de LALANE, Antoine, Oratorien.
Eloge de Madame la Duchesse de Noailles, I, 4776.

LALAVANIUS.
Henrici Magni manes, II, 20005.

LALLEMANT, André.
Panegyricus S. Firmino Ambianensi Martyre, I, 9697.

LALLEMANT, Charles, Jésuite.
Lettre sur les mœurs des Sauvages du Canada, III, 39660.

LALLEMANT, Jérôme, Jésuite.
Relations de la nouvelle France, III, 39678.
Autres Relations, 39685.

LALLEMANT, Pierre, Chanoine Régulier.
La Vie de Sainte Géneviève traduite, I, 4442.
Eloge de Sainte Géneviève, 4450.
Vita Joannis Fronteau, 13611.
Journal de sa propre Vie, 13617.
Oratio in honorario funere Audomari Talæi, III, 32729.
Oraison funèbre de Pompone de Bellièvre, IV, S. 32917, & III, 32919.

LALLEMANT (le Pere), Jésuite.
Avertissement d'un Recueil sur Port-Royal, I, 15122.

LALLEMANT, Jacques-Ch.-Alexandre, Evêque de Séez.
Mandement pour la translation des Reliques de S. Godegrand, I, 9973; IV, S.

LALLEMANT, Nicolas & Richard, Libraires.
Bibliotheque des Théreuticographes, I, 3582.

LALLOUETTE, Ambroise, Chanoine de Sainte Opportune.
Vie de M. le Camus, Evêque de Grenoble, I, 10759.
—de Marie-Catherine-Antoinette de Gondi, 14952.
Histoire des Ouvrages pour & contre la Comédie & l'Opéra, IV, S. 47779.*

LALLOUX, Chapelain du Colonel de Brouck.
Relation du Siége de Cambrai, II, 23021.

de LALOURCÉ (M.), Avocat.
Requête des Curé & Marguilliers de Sainte Géneviève des Ardens, I, 5220.
Mémoire & Consultation pour Jean Lioncy, 1414.
—pour M. Bigot, III, 39735.

de LAMARE, Nicolas, Commissaire au Châtelet de Paris.
Huit Plans de Paris, I, 1759—64, 71 & 75.

LAMBARD, Guillaume.
Additamenta Chronicorum Prosperi Aquitanici, III, 35117.

LAMBERT de Schaffnebourg.
Vita S. Annonis Coloniensis, I, 8672.
Chronicon, II, 16131 & 16566.
Germanorum Res præclaræ, II, 16454.

LAMBERT d'Ardres.
Opera super Ghisnensium historiam, III, 34205 & 42656.

LAMBERT (le Chevalier).
Recueil des Priviléges accordés à l'Ordre de Malte, III, 40332.
LAMBERT (M.), Curé de Châlons.
Vie de François de l'Isle, IV, S. 11246.*
—de Paulin de l'Isle, IV, S. 13145.*
LAMBERT de Cambrai (M.), Maître des Eaux & Forêts.
Histoire des Plantes d'Orléans, I, 3353.
LAMBERT (le Pere), Cordelier.
Expériences faites sur la fontaine d'Eau chaude de Dax, I, 2896.
Réflexions critiques sur la Religion des Gaulois, 3847.
LAMBERT, Claude-François, Curé du Diocèse de Rouen.
Eloge de Marie-Eléonore de Rohan, IV, S. 14896.**
Memoires de Martin & Guillaume du Bellay, II, 17623.
Histoire du Règne de Henri II, 17755.
Abrégé Chronologique de l'Histoire de Louis XIV, 24405.
Eloge de Martin & Jean du Bellay, III, 32678.
Histoire Littéraire du Règne de Louis XIV, 44568.
Eloges des François distingués, IV, 45648.
Eloge de Charles Barbeyrac, 46026.
Discours sur la Poësie Françoise, 47270.
Eloges des principaux Poëtes, 47276.
Discours sur la Musique, 47713.
—sur l'Architecture, 47796.
Eloge d'Augustin-Charles d'Aviler, 47998.
—de Robert de Cotte, 47800.
—d'Antoine Desgodets, 47801.
—de Jacques Gabriel, 47802.
—de Jules-Hardouin Mansart, 47803.
—de François Mansart, 47807.
—de Claude Perrault, 47809.
—de François Romain, 47810.
—de Louis le Vau, 47813.
Notices de François d'Orbay, Pierre le Muet, le Pautre & Bullet, 47814.
Discours sur la Peinture, 47817.
—sur la Gravure, 47827.
Eloge de François & Michel Anguier, 47829.
—de Gérard Audran, 47833.
—de Philippe de Champagne, 47853.
—de Gaspard du Change, 47854.
—de François Chauveau, 47855.
—de Sébastien le Clerc, 47859.
—de Nicolas Coustou, 47864.
—de Martin Desjardins, 47872.
—de Pierre Drevet, 47875.
—de Gérard Edelinck, 47877.
—de François Girardon, 47887.
—de Claude Milan, 47902.
—de Robert Nanteuil, 47914.
—de Bernard Picart, 47919.
—de François Poilly, 47921.
—de Charles Simonneau, 47935.
—de Claude Ballin, 47982.
—de Pierre & Thomas Germain, 47983.
—de Madame Bois de la Pierre, 48011.
—de Madame de Brégy, 48029.
—de Madame le Camus de Melsons, 48033.
—de Madame Dacier, 48061.
—de Catherine Descartes, 48063.
—de Marie Dupré, 48065.
—de Madame la Comtesse de la Fayette, 48069.
—de Charlotte-Rose de Caumont de la Force, 48071.
—de Mademoiselle de Gournay, 48078.
—de Marie l'Héritier de Villandon, 48090.
—de Madame & Mademois. des Houlieres, 48095.
—de la Marquise de Lambert, 48103.
—de Marie de Loubencourt, 48115.
—de Marie de Rafilly, 48156.

Eloge de Louise-Géneviève de Saintonge, 48169.
—de Madame de Saliez, 48170.
—de Magdelène Scudery, 48173.
—de Louise-Anastasie de Serment, 48177.
—de Madame de Sévigné, 48178.
—de Madame la Comtesse de la Suze, 48182.
—d'Anne de la Vigne, 48218.
—de Madame de Villedieu, 48221.
LAMBERT (M.), Conseiller au Parlement de Paris.
Discours sur l'Instruction Pastorale de M. l'Archevêque de Paris, I, 14458.
de LAMBERT : voyez de Reboul.
de LAMBERTY, Guillaume.
Mémoires pour le XVIIIe Siècle, III, 29153 & 31152.
de LAMBERVILLE, Charles, Avocat.
Lisle des Rivières Royales, I, 856.
Abrégé des Voitures par la jonction des deux Mers, 891.
Cause du Déluge au Fauxbourg S. Marcel, 923.
Discours politiques & économiques, 2651.
de LAMBILLY, Guillaume, Jésuite.
Carte de l'Evêché de Nantes, I, 1101.
LAMEQUIN (M.), Contrôleur du Bureau de Torcy.
Réduction des Priviléges de la Souveraineté de Sédan, III, 34293; IV, S.
LAMET : voyez Bussi.
LAMEY, André.
Edition du *Codex Laureshamensis Abbatiæ Diplomaticus*, IV, S. 29661.**
Descriptio Pagi Lobodunensis, Wormatiensis & Rhenensis, IV, S. 39201.**
de LAMOIGNON, Guillaume, Premier Président du Parlement de Paris.
Eloge de M. de Turenne, II, 31718.
Lettres, 35418.
Journal, *là*.
de LAMOIGNON, Chrétien-François, Avocat-Général & ensuite Président, fils du précédent.
Avis au sujet de la Régale, I, 7633.
Lettre sur la Vie du P. Bourdaloue, 14179.
de LAMOIGNON, Chrétien, Président, fils du précédent.
Eloge d'Adrien Baillet, I, 10906.
de LAMONT.
Les fonctions de tous les Officiers de l'Infanterie, III, 32175.
LAMORAL : voyez le Pippre.
LAMOUR, Antoine, Jésuite.
Oraison funèbre de Thomas de Bonzi, I, 9191.
LAMPINET, Ferdinand, Conseiller Honoraire de Besançon.
Dissertation sur *Didatium*, I, 262.
Bibliothèque Séquanoise, IV, 45697.
LAMY, Luc.
Vie & Miracles du B. Lamy, Evêque de Chartres, I, 9381.
LAMY.
Traduction du *Florus Gallicus*, I, 3864.
—du *Florus Francicus*, II, 15794; IV, S.
LAMY, Thomas.
Vie de Françoise de Faudoas d'Averton, IV, *Suppl.* 14815.*
Histoire de Madame de Sacy, I, 14817.
LAMY (le Sieur) : *faux nom sous lequel s'est caché Antoine le Maître*, I, 13057 : *voyez* le Maître.
LAMY, François, Bénédictin.
Conjectures sur deux colonnes de nuées, IV, *Suppl.* 3709.*
Histoire de la Ville de Pont-Sainte-Maxence, III, 34853; IV, S.
LANAGERIE, Jean.
Recette pour guérir les trahisons, II, 19508.
LANARIO, François.
Histoire de la Guerre de Flandre, III, 39308.

LANCEA,

LANCEA, Jérôme, Minime.
Vita di San Francisco de Paula, I, 14023.
LANCELOT, Claude, Bénédictin.
Relation d'un Voyage d'Alet, I, 9249.
Mémoires touchant M. l'Abbé de S. Cyran, 11507 & 15129.
LANCELOT, Antoine, Académicien.
Remarques sur *Argentoratum*, I, 192.
Dissertation sur *Genabum*, 278.
Recherches sur *Gergovia*, 284.
Discours sur les sept Merveilles du Dauphiné, 3688.
Traduction d'un Abrégé de la Vie du Frere Arsene de Janson, 13159.
Eclaircissement sur Charles VIII, II, 17348.
Mémoire sur le Mariage de Charles VIII, 17352.
Recherches sur Guy Dauphin, 25291.
Mémoires pour servir à l'Histoire de Robert d'Artois, 25372.
Poëme à la louange de la Dame de Beaujeu, 25573.
L'Esprit de Guy Patin, III, 30996.
Mémoires du Duc de la Trimouille, 31310.
Mémoire sur Raoul de Presles, 32752; IV, 47186.
Justification de la conduite de Philippe de Valois, 33626.
Mémoires sur le Président de Boissieu, 33802.
Explication d'un Monument de Guillaume-le-Conquérant, 34989.
Description des Figures de l'Eglise de la Magdelène de Châteaudun, 35643; V, *Add*.
Remarques sur quelques Inscriptions du Pays de Comminges, 37644.
Observations sur le Monument de Ventavón, 38010.
Dissertation sur la Principauté d'Orange, III, 38279.
Addition au *Polium* de Lorraine, 38810.
Histoire de Claude de l'Isle, IV, 46781.
de LANCOSME : *voyez* Savary.
de LANCY, Jean, Prieur de Foigny.
Historia Fusniacensis Monasterii, I, 13094.
de la LANDE, Jean, Théologien.
Oraison funèbre de Marie de Médicis, II, 25154.
de la LANDE (le Sieur), Gentilhomme ordinaire du Roi.
Le véritable Etat de la France, II, 27180.
de la LANDE, Pierre, Trésorier de S. Frambaud.
Conciliorum Galliæ Supplementa, I, 6279; IV, *Suppl.*
Traité du Droit de Régale, 7608.
Remarques sur les Droits de Régale, 7609; IV, *Suppl.*
de la LANDE : *voyez* Bigars.
de la LANDE, Jacques, Jurisconsulte.
Traité du Ban & de l'Arrière-Ban, III, 39969.
de la LANDE, Joseph-Jérôme le François, Académicien.
Lettre sur le Canal de Languedoc, IV, *Suppl.* 911.*
Plan de Toulouse, IV, *S.* 1888.*
Etrennes historiques de Bresse, I, 2402 : *voyez* le François.
LANDÉ (M.).
Dépêches, III, 30572.
de la LANDELLE : *voyez* Frotet.
de la LANDELLE, Jean-Baptiste, *dit* l'Abbé de Saint-Remy.
Mémoires sur l'Histoire de France, II, 16148.
Mercure François, 24551.
des LANDES : *voyez* Boureau & Couasnier.
LANDEUTE (M.), Médecin.
Description des Maladies de Bitche, I, 2504.

LANDINO, Christophe.
Oratione in morte di Donato Acciaioli, IV, 46610.
de LANDONIERE, René, Capitaine.
Histoire de la Floride, II, 18017.
LANDRÉ *ou* Landrin, Christophe, Médecin.
L'Histoire de notre temps, I, 5819 : *attribuée*.
LANDREY, Jean.
De la vertu des Eaux de Vic-le-Comte, I, 3279; IV, S.
de la LANE, Abel, Abbé de Val-Croissant.
Réfutation de la Relation du Pere Ferrier, I, 5604.
Oraison funèbre d'Anne d'Autriche, II, 25166.
de LANEVERE (M.), Mousquetaire.
Essai sur la Pucelle, II, 17219.
LANFANT (le Pere), Jésuite.
Oraison funèbre de feu M. le Dauphin, IV, S. 25758.*
de LANFERNAT, Louise-Marie, Epouse de M. de Bois de la Pierre.
Chronologie des Prieures de Chaise-Dieu, I, 15174.
LANFRANC, Abbé du Bec, & ensuite Archevêque de Cantorbéri.
Epistolæ, III, 29765.
LANFREDINI, Jérôme.
Descriptione delle Essequie fatte à Francesco de Lorena, Principe di Gionvillo; IV, *Supplém.* 31985.*
LANFREDUS.
Historia Mausiacensis Monasterii, I, 12159.
de LANGALLERIE : *voyez* de Gentil.
LANGBAINS, Guillaume, le pere.
Traduction Angloise de la Révision du Concile de Trente, I, 7514.
LANGE, François, Avocat.
De l'exemption des Ecclésiastiques, I, 7437 à *bis*.
Traité du Droit d'Indult, 7671.
LANGE de Lupe, Jean, Avocat de la Reine, au Parlement de Bordeaux.
Harangue à Charles IX, II, 17796.
de LANGEAC, Jean, Evêque de Limoges.
Statuta Synodalia, I, 6551.
LANGELÉ, Jacques, Bénédictin.
Histoire du Saint-Suaire de Compiègne; I, 5476.
—des Fieffés de l'Abbaye de S. Corneille de Compiègne, IV, *S.* 12383.
LANGELLIER, Nicolas, Evêque de S. Brieuc.
Remontrances du Clergé de France, II, 18507.
LANGEY.
Lettre au sujet d'une sainte Hélène, I, 4500.
de LANGEY : *voyez* du Bellay.
de LANGLADE, Jacques, Baron de Saviere *ou* Saumieres.
Particularités de la Vie du Vicomte de Turenne, III, 31722.
Mémoires du Duc de Bouillon, 31883.
de LANGLE, Pierre, Evêque de Boulogne.
Statuts Synodaux, I, 6413.
LANGLET (M.), Avocat.
Eloge de Charles Coffin, I, 11062.
LANGLOIS, *dit* Fancan.
La Chronique des Favoris, II, 21186.
LANGLOIS, Adrien, Bénédictin.
Apologie pour l'Histoire des deux fils aînés de Clovis II, IV, S. 25253.*
LANGLOIS (M.), Avocat.
Factum pour la Comtesse de Saint-Géran, III, 43995.
LANGLOIS, Jean-Baptiste, Jésuite.
Histoire des Croisades contre les Albigeois, I, 5763.
LANGLOIS, Simon-François.
Traité concernant les Notaires, III, 34625.

de LANGRENÉ (M.), le pere, Architecte.
Description d'une Place de Mars, III, 34555.
LANGRENUS, Michael-Laurentius.
Burgundiæ Comitatûs Descriptio, I, 1529.
LANGUET, Hubert, Conseiller de l'Electeur de Saxe.
Harangue au Roi, II, 18101.
Vindiciæ contra Tyrannos, 27126.
Arcana seculi decimi sexti, III, 30200.
LANGUET de Gergy, Jean - Joseph, Archevêque de Sens, auparavant, Evêque de Soissons.
Instruction pastorale au sujet des prétendus Miracles, I, 5685.
Statuts Synodaux, 6749.
Mémoire contre l'Abbaye du Val-de-Grace, I, 9590; IV, S.
Vie de Marguerite-Marie Alacoque, 15296.
de LANGUISEL, Bertrand, Evêque de Nismes.
Synodus, I, 6636; IV, S.
LANIER de l'Effretier.
Traité des Libertés de l'Eglise Gallicane, I, 7011.
de LANNEL, Jean, Sieur de Chaintreau.
Vie de Godefroi de Bouillon, II, 16597.
Histoire de Dom Juan II, Roi de Castille, 21213: faussement attribuée.
Le Roman Satyrique, 21303.
Recueil de Pièces, III, 30411.
Lettres, 30412.
LANNOY (M.), Lieutenant - Particulier des Eaux & Forêts.
Antiquités de Sédan, III, 34283.
LANNOY, Ferdinand.
Cartes des Duchés & Comtés de Bourgogne, I, 1418.
Carte de la Franche-Comté, 1524; IV, S.
de LANNOY, Jacques.
Chronici Guillelmi de Nangiaco, variæ Lectiones, II, 16961; IV, S.
de LANNOY ou Launoy, Matthieu.
Remontrance à la Noblesse de France, I, 7171, & II, 19322.
de LANOUE : voyez de la Noue.
LANOVIUS : voyez de la Noue.
de LANSAC : voyez de Saint-Gelais & du Vivier.
de LANTAGE, Ch. L.
Vie d'Agnès de Jésus, de l'Ordre de S. Dominique, I, 15136; IV, S.
—de la Mere des Séraphins, 15138.
LANTENAI, Hugues, Bénédictin.
Mémoires sur l'Abbaye de Vendosme, IV, Suppl. 12915.*
LANTHELME de Romieu, Chevalier.
Histoire des Antiquités de la Ville d'Arles, III, 38159.
Portefeuille sur Arles, 38177.
LANTIGEOIS, Michel.
Vie d'Antoine de Bessey, III, 31876 & 34119.
LANTIN.
Eloge de M. Pouffier, III, 33094.
LANTRECEY. Denys.
Discours fait aux Obsèques du Maréchal de Choiseul, IV, S. 31676.*
LANZINA, Jean-Alfonse.
Historia de las Revolutiones de Messina, II, 24088.
Leteras, III, 31031.
de LAON, Jean, Sieur d'Aigremont.
Relation du Voyage des François au Cap du Nord, III, 39776.
LAPOSTRE, George.
Calais, Port Iccien, I, 296.
La Devise de Henri IV, II, 19736.
le LARGE de Lignac, Joseph-Adrien, Ex-Oratorien.
Avis d'un Militaire à son fils, I, 14412.

de LARISVILLA, Nicolas, surnommé le Picart.
Tractatus de S. Remigio, I, 9520.
Chronologia Vitæ S. Remigii, 9521.
De dedicatione Ecclesiæ Sancti Remigii apud Remos, 12722.
de LARMESSIN, N.
Les Représentations des Rois de France, II, 15793.
de LARREY, Isaac, Conseiller du Roi de Prusse.
Histoire de France sous le Règne de Louis XIV, II, 24491; IV, S.
L'Héritiere de Guyenne, 25044.
Histoire d'Angleterre, III, 35183.
de LARROQUE, Matthieu, Ministre à Caën-lès-Rouen.
Traité de la Régale, I, 7642.
de LARROQUE, Daniel, Protestant & ensuite Catholique, fils du précédent.
Vita Matthæi de Larroque, I, 6046.
Vie de François Eudes de Mézeray, IV, 46829.
de LARROQUE : voyez d'Auneau.
LARROUVIERE, Jean, Médecin.
Nouveau Systême des Eaux de Forges, I, 3063.
de LARTIGUE.
La France attaquée & défendue, II, 24050.
de LASCARIS : voyez d'Urfé.
de LASSAI : voyez Chaumeau.
de LASSAY (le Marquis).
Mémoires, II, 24591.
LASSERÉ, Louis, Grand-Maître du Collége de Navarre.
Vie de S. Louis, II, 16865.
de LASSONE, Joseph-Marie-François, Médecin.
Analyse d'une Eau de Roye, IV, S. 3195.*
Observations sur les Eaux de Vichy, I, 3278; IV, S.
de LASTIC, Antoine.
Apologie pour la Congrégation de la Doctrine Chrétienne, I, 10849.
de LASTIC, Antoine, Evêque de Comminges.
Statuts Synodaux, IV, S. 6475.
de LASTRE, Jean.
Triomphes & Magnificences avec Harangues, IV, S. 26271.*
de LATAILLE : voyez de la Taille.
LATASTE, Louis-Bernard.
Observations sur le refus du Châtelet, III, 33351.
LATHALA.
Dissertation sur les Scordisques, I, 3939.
LATINI, César.
Ceremonie fatte nel Batesimo del serenissimo Delphino, II, 26640.
LATOME, Jean, Doyen de la Collégiale de S. Barthélemi de Francfort.
Historia Regum & Ducum Austrasiæ, III, 39472; IV, S.
LATOME, Jean, Chanoine Régulier.
Historia Monasterii S. Trudonis, I, 12778.
LATOME, Jean.
Catalogus Episcoporum Moguntinensium, I, 9068.
LATOME, Jean.
Histoire de l'Ordre de la Merci, I, 13986.
de LATRE, Guillaume.
De institutione Conceptionis Marianæ, III, 34945.
LATRECEY, Denys, Chanoine de Troyes.
Oraison funèbre de Henri IV, II, 20035.
Discours fait aux Obsèques de M. le Duc de Rhételois, III, 32028.
de LAUBANIE : voyez de Magontier.
LAUBARDEMONT.
Rapport du Procès du Marquis de Cinq-Mars, III, 33743.
de LAUBARDIERE : voyez Brydon.
de LAUBÉPIN (le Comte) : voyez de Bellefort.
de LAUBESPINE, Gabriel, Evêque d'Orléans.
Statuts Synodaux, I, 6372.

de LAUBESPINE (M.).
Lettres, III, 30466 : *voyez* de l'Aubespine.
LAUDONNIERE.
Histoire de la Floride, III, 39646.
de LAUDUN, Pierre, Sieur de l'Agaliers.
La Franciade, II, 15755.
LAUFFER, Jacob.
Histoire de la Suisse, III, 39099.
LAUGIER, Honoré, Sieur de Porcheres, Académicien.
Le Camp de la Place Royale, II, 26315 & 26593.
LAUGIER, F. Gaspard, Minime.
Elogium tripartitum S. Francisco de Paula, I, 14032.
Ludovici Magni elucubratio anagrammatica historica, II, 24152.
LAUGIER (l'Abbé).
Histoire de la Peste d'Avignon, IV, *Supplém.* 38345.*
LAUGER, Marc-Antoine, Jésuite.
Oraison funèbre du Prince de Dombes, II, 25734; IV, S.
LAUGIER de la Bernardeau (M.), Gentilhomme Provençal.
Portrait de Louis XV, II, 24659.
LAUGIER-Dupuy, J. Doctrinaire.
Carte du Comté Vénaissin, I, 1906.
LAUMÔNIER, Fiacre, Paysan : *faux nom d'un inconnu.*
Lettre aux Princes, IV, S. 20277.*
de LAUNAIS : *voyez* Gaignat.
de LAUNAY, Claude.
Dialogue François & Bourguignon, III, 37014.
de LAUNAY, Nicolas, Directeur de la Monnoie des Médailles.
Histoire de France par Jettons, II, 15870.
de LAUNAY, L. M.
Critique du Dictionnaire de la France, I, 13.
de LAUNAY : *voyez* Corgne & Padeolau.
de LAUNAY (Mademoiselle) : *voyez* de Staal.
de LAUNAY-Hue (M.).
Oraison funèbre de M. de la Croisette, Gouverneur de Caën, IV, S. 31933.*
de LAUNOY, Jean, Docteur en Théologie.
Dispunctio Epistolæ Petri de Marca, &c. I, 3960.
Locus Gregorii Turonensis vindicatus, 3963.
Locus Sulpitii Severi vindicatus, *là*.
In utrumque locum Observationes, *là*.
Dissertatio de commentitio Lazari, &c. appulsu, 3977.
Disquisitio disquisitionis de Magdalena, 3979.
Auctuarium, 3981.
Honoratus Bucheus, 3984.
Les Sentimens de M. de Launoy, 3985.
Varia de commentitio Lazari, &c. appulsu, 3988.
Deux Lettres sur la croyance des Eglises de Provence, 4001.
Epistolæ Hincmari dispunctio, 4015.
De Areopagiticis Hilduini Judicium, 4018.
Vita B. Dionysii Areopagitæ, 4028.
Vita S. Dionysii Parisiensis Episcopi, *là*.
S. Dionysii Parisiensium Apostoli Miracula, 4036.
Animadversiones in Palladium Galliæ, 4038.
Responsionis ad Dissertationem de duobus Dionysiis discussio, 4041.
Varia de duobus Dionysiis Opuscula, 4046.
Judicium super Chiffleti Dissertationem de uno Dionysio, 4051.
—de controversia super conscribendo Parisiensis Ecclesiæ Martyrologio, 5170.
—de Valesii disceptatione de Basilicis, 5175.
Disquisitio de antiquis Basilicis Parisiensibus, 5177.

Examen des Privilèges du Chapitre de S. Martin de Tours, 5550.
Anti-Bellarminus, 7208.
Regia in Matrimonium potestas, 7381.
Addition à ce Livre, IV, S. 7381.*
Index erratorum contentorum in Libro Galesii, 7383.
Remarques sur les privilèges des Religieux de Saint Victor de Marseille, 8054 & 12818.
Réponse au Factum des Religieux d'Agen, 8273.
Réflexions sur la procédure des Chanoines de Vézelay, 8996.
Remarque sur le second Inventaire de Productions des Chanoines de Soissons, 9589.
Dissertatio de primi Cenomanensis Præsulis Epocha, 3963 & 10343.
—de Vita S. Maurilii & de Historia S. Renati, 10386.
Remarques sur la Bulle de l'établissement de la Congrégation de S. Maur, 11617.
De Sandionysiana Basilica, 12411.
Inquisitio in Chartam Immunitatis Monasterii S. Germani, &c. 12497.
Ejusdem Inquisitionis Assertio, 12499.
Examen de certains Priviléges, &c. 12500.
Inquisitio in Privilegium Monasterii S. Medardi, 12651.
Assertio hujus Inquisitionis, 12653.
Epistola de eodem Privilegio, 12655.
Altera Epistola de eodem, 12656.
Inquisitio in Chartam fundationis Vindocinensis Monasterii, 12915.
Factum pour M. l'Evêque d'Autun, 12932.
De verâ causâ secessûs S. Brunonis, 13240.
Inquisitio in Privilegia Præmonstratensis Ordinis, 13531.
Censura Responsionis ad hanc inquisitionem, 13533.
Examen des Priviléges d'Alexandre V, &c. 9641 & 13535.
Jus Capituli Laudunensis, 13536.
De loco sepulturæ Dagoberti, IV, S. 16079.**
Epistola de depositione Childerici, II, 16154.
De Scholis celebrioribus, IV, 44553.
De variâ Aristotelis in Academia Parisiensi fortunâ, 44617.
Factum pour les Colléges de l'Université, 44807.
Historia Gymnasii Navarræ, 45081.
de LAUNOY : *voyez* Ferrant.
du LAURA (Dom), Bénédictin.
Recueil de Piéces pour servir à l'Histoire de Saint Benoît en France, I, 11620.
de LAURAGUAIS (le Comte).
Mémoire sur la Compagnie des Indes, II, 28282.
Lettre pour un passage de ce Mémoire, *là*.
LAURENCEAU, Pierre, Médecin.
An Vinum Remense omnium saluberrimum ? I, 3524.
LAURENCEAU, Cosme, Récollect.
Oraison funèbre de Philippe de France, Duc d'Orléans, IV, S. 25655.
du LAURENS, André, Médecin.
De strumas sanandi vi Galliæ Regibus concessâ, II, 26977.
du LAURENS, Honoré, Avocat-Général de Provence, mort Archevêque d'Embrun.
Panégyrique de l'Henoticon de Henri III, II, 18499.
Discours de la Conférence de Surenne, 19464.
Harangue funèbre du Maréchal de Toiras, 21889.
du LAURENS : *voyez* Robinet.
LAURENT de Liége, Moine de S. Laurent.
Historia Virdunensium Episcoporum, I, 10652.
LAURENT, Jean, Avocat.
Histoire de la Ville de Laon, III, 34883.

Extrait fur l'Hiſtoire de Laon, 34884.
LAURENT, Jean, Feuillent.
Abrégé pour les Arbres nains & autres, I, 3462; IV, S.
LAURENT (le Sieur).
Relation du Carouſel Dauphin, & Courſes de têtes, IV, S. 26475.*
La magnifique adreſſe des Chevaliers Maures, IV, S. 26476.*
La Fête Royale de Saint-Cloud, IV, S. 26480.*
Relation de la Fête Dauphine de Chantilly, IV, S. 26483.*
LAURENT de Pertuis (le Pere), Capucin.
Vie du Vénérable Bernard de Corléon, Capucin, IV, S. 13921.*
LAURÈS (M.).
La Bataille de Fontenoy, II, 24667.
LAURÈS, Pierre, Chirurgien.
Supplément aux Lyonnois dignes de mémoire, IV, 45712.
LAURET, Matthieu, Abbé de S. Sauveur de Caſtelles.
De vera exiſtentia Corporis S. Benedicti in Caſinenſi Eccleſia, I, 11946.
LAURETO de Franchis.
Vita di ſan Agricola, I, 8129.
Hiſtoria Avenionenſis contagionis, III, 38335.
de LAURIER, Jean.
L'état préſent de ce Royaume, II, 27208.
de LAURIERE, Euſèbe-Jacob, Avocat.
Table des Ordonnances, II, 27615.
Ordonnances des Rois de France, 27659.
Bibliothèque des Coutumes, IV, S. 27663.*
Glloſſaire du Droit François, 27671.
Vie d'Antoine Loiſel, IV, 45927.
de LAURRIERE, Joël.
Privilèges de la Rochelle, III, 35777.
de LAUSSEROIS, Jean, Procureur du Roi.
Recherches ſur la Ville de Bar-ſur-Seine, III, 36001.
de LAUTARET, D. T. Médecin.
Les Merveilles des Bains de Digne, I, 3046.
Ophiologie, 3677.
LAUTENS, Jean.
Annotations ſur les Mémoires d'Olivier de la Marche, III, 39293.
Le Jardin d'Armoiries, 40102.
LAUTHIER.
Requêtes du Conſeil Supérieur d'Artois, I, 8590.
LAUTHIER, Honoré-Maria, Médecin.
Les Eaux chaudes d'Aix, I, 2916.
Lettre ſur M. de Tournefort, IV, 46331.
de LAUTIER, Philippe, Général des Monnoies de France.
Figures des Monnoies de France, III, 33901.
LAUTOUR (M.), Lieutenant-Général de la Table de Marbre de Rouen.
Vie de M. Lautour du Châtel, IV, 45921.
LAUTOUR de Monfort, François.
Mémoires ſur la Ville d'Argentan, III, 35312.
Généalogie de la Maiſon de Rouxel-Médavy, 43934.
de LAUTREC : voyez de Foix.
LAVAL (le Pere), Jéſuite.
Voyage en la Louiſiane, III, 39710.
de LAVAL, Urbain, Seigneur de Bois-Dauphin, Maréchal de France.
Lettre à M. de Liancourt, II, 20414.
Harangue devant l'Empereur, III, 30329.
de LAVAL, Antoine, Géographe du Roi.
Deſſeins des Proſeſſions Nobles & Publiques, II, 15587.
de LAVAL, Antoine, Capitaine du Château de Moulins.
Hiſt. Général. de la Maiſon de Bourbon, II, 24974.

de LAVAL, Henri, Evêque de la Rochelle.
Réglemens faits pour l'Egliſe de la Rochelle, I, 8338; IV, S. 6695.*
Ordonnances & Lettre Paſtorale, IV, Suppl. 6695.*
de LAVARDE (M.), Chanoine de S. Jacques de l'Hôpital.
In obitu Jacobi Molin, IV, 46227.
de LAVARDIN : voyez de Beaumanoir.
LAVAUT.
Deſcription d'une Fontaine qui a un Flux & un Reflux, I, 1869.
de LAVERGNE : voyez de la Vergne.
de LAVIE, Jean-Charles, Préſident au Parlement de Bordeaux.
Abrégé de la République de Bodin, II, 27112; IV, S.
LAVIZAN, Pierre-Ange.
Memorie hiſtoriche, II, 21329.
de LAVOISIER (M.).
Mémoire en Réponſe à celui du P. Félicien, IV, S. 931.**
—ſur l'Hiſtoire Minéralogique de la France, IV, S. 2683.*
LAW, Jean.
Mémoires concernant la Banque & la Compagnie des Indes, II, 28106.
Mémoire ſur l'uſage des Monnoies, 28113.
Conſidérations ſur le Commerce & ſur l'Argent, 28196.
LAWRENCE (M.), Colonel.
Mémoires, II, 24777; III, 39812.
de LAYRE, Alexandre.
Le Génie de Monteſquieu, II, 17085.
LAYRIZ, Jean-Georges, Profeſſeur d'Hiſtoire.
De Bellis inter Auſtriacos & Gallos Hiſtoria, II, 24233.
LAZARI, Albert.
Motivi di tutte le Guerre, &c. II, 23965.
LAZIARDUS : voyez le Jars.
LAZIUS, Wolfang.
De gentium aliquot migrationibus, I, 5732.
De Cimmeriorum immigratione, II, 15371.
De migrationibus Burgundionum, III, 35832.
LAZZARINI de Murro.
Epiſtola pro vindiciis antiquorum Diplomatum, III, 29465.
Defenſio, 29468.
LÉANDRE de Dijon (le Pere), Capucin.
Oraiſon funèbre de Jacques de Neufcheſes, I, 9038.
LÉAU, Pierre, Jéſuite.
Converſion de M. de Meillars, I, 4761; IV, S. 5974.*
Oraiſon funèbre du Marquis de Meillars, IV, S. 31997.*
LÉAUTÉ, Jacques, Médecin.
De antiquis Auguſtoduni Monumentis, III, 35945.
LÉBER, Pierre.
Germinia, IV, S. 9392.**
LEBEUF, Jean, Chanoine d'Auxerre.
Obſervations ſur deux Colonnes milliaires, I, 66.
Lettre ſur Portus Abucini, 186.
Réponſe à une Lettre ſur Bibrax, 230.
Obſervations ſur Bordeaux, 235.
Lettre ſur Chora, 247.
Réplique ſur le même ſujet, 249.
Notice de Chora & de Contraginnum, 250.
Obſervations ſur Metioſedum, 323.
Lettre au ſujet de Noviodunum Sueſſionum, 327.
Diſſertation ſur les habitans du Soiſſonnois, 345.
—ſur Vellaunodunum & Genabum, 361.

Mémoire sur quelques Antiquités du Diocèse de Bayeux, 365; II, 15557; III, 35290.
Réponse aux Observations de D. du Plessis, touchant le mot *Dunum*, 378 & 380.
Autres Lettres sur le même sujet, 382 & 383.
Recueil de divers Ecrits sur l'Histoire de France, 437.
Examen des Conjectures de M. Clerot sur *Vetera domus*.
Découverte de *Saveia*, 447.
Découverte de *Juviniacum*, *Morlaca* & *Masolacum*, 448.
Sur la position de *Brennacum*, 451.
Sur la situation de *Vetus domus* & *Bonagilum*, 452.
Sur les Saxons établis dans le Pays Bessin, 455.
Dissertation sur le nom de *France*, 456.
Recherches sur la position de quelques lieux, &c. 494.
Dissertation sur le Pays des Amognes, 495.
Lettre touchant le lieu d'une ancienne bataille, 501.
Dissertation sur *Vicus Catolocensis*, 507.
Sur le Canton des *Cupedenses*, 510.
Dissertation sur le lieu où fut donné la bataille de Fontenai, 516.
—sur le Fontenai du Diocèse de Paris, 517.
—sur la position de *Latiniacum*, 519.
Eclaircissemens sur quelques lieux nommés dans la Vie de S. Loup de Troyes, 520.
Sur le lieu où furent données deux batailles en France en 596 & 600, 522.
Dissertation sur le lieu de la bataille donnée en 583, 523.
Lettre touchant Montmirail dans le Perche, 524.
Mémoire sur l'Isle d'Oscelle, 527.
Supplément à ce Mémoire, 529.
Sur *Stadinisus Pagus*, 535.
Essai de Dissertation sur le *Campus Vocladensis*, 542.
Eclaircissemens sur quelques débordemens de la Seine, 880.
Mémoires pour un Pouillé, 1220.
Remarques sur le Voyage de Normandie, 2360.
—sur le pays de Beauvaisis, 2363; III, 34909.
Lettre sur les bains de Toul, 3258.
Eloge des Vins d'Auxerre, 3532.
Lettre sur les anciens Tombeaux, 3821.
Traité sur les anciennes sépultures, 3822.
Réflexions sur les Tombeaux de Civaux, 3823.
Lettre sur deux figures Gauloises, & sur *Cervolus* & *Vetula*, 3853.
—sur une découverte du Corps de S. Lazare, 3976.
Examen de quelques Manuscrits sur Sainte Marie Magdelène, 3997.
Observations sur les Actes de S. Denys, 4062.
Dissertation sur l'établissement de la Religion Chrétienne dans le Soissonnois, 4070.
Lettres sur le Recueil des Bollandistes, 4291.
Remarques sur la pieuse Alpaïs, 4303.
Remarques sur les Reliques de Sainte Honorine, 4507.
Réponse sur S. Oudard, 4612; IV, S.
Apologie de M. Baillet sur S. Rénobert, 4641 & 9907.
Dissertations sur l'Histoire Ecclésiastique & Civile de Paris, 4910.
Lettre sur les Habits Canoniaux & Militaires, 4982.
Addition, *là*.
Lettre sur les chasses d'Auxerre, 4985.
Histoire de la Ville & du Diocèse de Paris, 5144.
Observations sur l'Eglise de Notre-Dame de Paris, 5156.

Lettre sur le Calendrier de Paris, 5168.
Mémoire sur une Eglise de Paris peu connue, 5207.
Dissertation sur S. Germain l'Auxerrois, 5222.
Mémoire sur la construction de l'Eglise Cathédrale de Verdun, 5387.
Lettre touchant l'Evêché de Bethléhem, 5416.
—sur l'Histoire Ecclésiastique de Rouen, 5423.
Observations sur une espèce de Cuve antique, 5557.
Histoire de la prise d'Auxerre par les Huguenots, 5826; III, 36014.
Lettre au sujet de quelques anciens Evêques de Bourges, 8362.
Dissertation sur le corps de S. Marcel, 9292.
—sur S. Landry de Paris, 9305.
Addition sur le même, 9306.
Lettre sur une Offrande singulière, 9419.
—sur la Sépulture de S. Aignan, 9465.
Réponse sur un Mémoire venu d'Amiens, 9693.
Lettre sur S. Amé de Sens, 10051.
Remarques sur les causes de l'exil de S. Loup de Troyes, 10099.
Mémoires concernant l'Histoire Ecclésiastique & Civile d'Auxerre, 10114; III, 36012.
Vie de S. Pélerin d'Auxerre, 10123.
Histoire de S. Vigile d'Auxerre, 10161.
Lettre touchant la Vie de S. Aderald, 10875.
—sur un saint Chanoine du Diocèse de Nevers, 10895.
—au sujet d'un Auteur peu connu, 11151.
Dissertation sur Honorius d'Autun, 11202.
Mémoire sur un ancien Ecrivain Ecclésiastique, 11474.
Observations sur S. Gilles, 11577.
Notes sur l'Histoire du Monastère de la Charité sur Loire, 11755.
Raisons qui prouvent la distinction des Saints Rigomer & Richmir, 12134.
Relation de la conversion de S. Mamert, 12483; IV, S. 4562.
Lettre au sujet de l'Histoire de la Ville & Abbaye de Tournus, 12911.
—sur le P. Prevost, 13625.
Recherches sur les anciennes Traductions, II ; 15511.
Discussion sur la Chevelure des anciens Francs, 15313.
Remarques sur les anciennes Manumissions, 15521.
Mémoire sur les usages anciens des Repas, 15530.
Lettre sur le feu de la S. Jean, 15547.
—sur le dicton, *Attendez-moi sous l'Orme*, 15548.
Observations sur le gras des Samedis, 15551.
Conjectures sur la Reine Pédauque, 15552 & 25007.
Remarques sur quelques Antiquités de Périgueux, 15558; IV, S. III, 37574.
Mémoire sur une Inscription découverte à Périgueux, 15559; IV, S.
Remarques sur les Dons annuels, 15569.
Recueil de divers Ecrits sur l'Histoire de France, 15611.
Dissertations sur l'Histoire Ecclésiastique & Civile de Paris, 15612.
Notice d'un Manuscrit des Chroniques de S. Denys, 15673.
Remarques sur l'Histoire de France de l'Abbé Velly, 15808.
Dissertation sur l'époque de l'établissement des Francs dans les Gaules, 15920.
Recherches sur Roricon, 16020.
Dissertation sur plusieurs circonstances du Règne de Clovis, 16034.

Dissertation sur plusieurs points de l'Histoire des Enfans de Clovis, 16061.
Examen de trois Histoires de Charlemagne, 16203.
Observations sur l'époque de la bataille de Fontenay, 16379.
Nouvelle preuve de l'époque de cette bataille, 16380.
Mémoires historiques concernant nos Rois des VIII & IX Siècles, 16434.
Notice d'un Manuscrit des Annales de S. Bertin, 16438.
Examen des trois dernieres parties de ces Annales, 16442.
Notice des Annales Védastines, 16466.
Eclaircissemens sur la Chronologie des Règnes de Louis-le-Gros & Louis-le-Jeune, 16656.
Remarques sur les Actes de S. Louis, 16884.
Lettre sur une Vie de S. Louis, 16885.
Réfutation de deux Ecrits sur le lieu de la naissance de S. Louis, 16893.
Lettre au P. Texte sur le même sujet, 16897.
Notes sur la Vie de Charles V, 17071.
Extrait d'une Lettre sur le Journal de Charles VI, & de Charles VII, 17156.
Mémoire sur les Chroniques Martiniennes, 17324.
Remarques sur les dons annuels faits aux Rois de France, 26971.
Remarques sur le Château de Vincennes, 26993.
Supplément à un Mémoire sur le Village de Brétigny sous Montlhéry, III, 29384 & 34833.
Vie de Jacques Amyot, 32250.
Réponse aux Remarques du P. Texte sur Amyot, 32251.
Mémoire sur la Vie de Philippe de Maizieres, 32715.
Notice des Ouvrages du même, là.
Supplément au Mémoire de M. Lancelot sur Raoul de Presles, 32753.
Observations sur l'Empire de Galilée, 33815.
Lettre sur le Roi des Ribauds, 34027.
Conjectures sur les Souverains de Picardie, 34147.
Lettre sur le *Chantéor* de Sens, 34325.
—sur d'anciens Livres Manuscrits de Sens, 34326.
Mémoire sur l'ancien édifice découvert à Montmartre, 34397.
Dissertation sur l'assemblée de l'Indict, 34401.
—sur une ancienne statue du Parvis de Notre-Dame, 34409.
Lettre sur une ancienne Inscription trouvée proche Paris, 34416.
Découverte d'une Inscription à Paris, 34417.
Sépultures anciennes découvertes à Paris, 34418.
Lettre sur une Antiquité reconnue à Montmartre, 34419.
—sur l'explication du nom *Bue*, usité à Montmartre, 34420.
Remarques sur l'antiquité des enceintes de Paris, 34430.
Histoire de la Ville & du Diocèse de Paris, 34785.
—de la Ville de Touci, IV, S. 35554.**
Lettre sur un Amphitéâtre du Gâtinois, III, 35556.
—sur l'antiquité prétendue de la Ville de Nevers, 35573.
—à l'occasion d'une Inscription qui se trouve à Nevers, 35575.
Remarques sur une Inscription d'Orléans, 35616.
Lettre sur un ancien édifice découvert à Poitiers, 35729.
—sur les Tombeaux de Quarrée, 35990.
—au sujet des Mémoires historiques sur les Evêques & les Comtes d'Auxerre, 36011.

Lettre touchant une date de l'Histoire d'Auxerre, 36019.
Conjectures sur des anneaux & bandes de fer trouvées à Epoigny, 36025.
Lettre sur quelques usages de l'Eglise d'Auxerre, 36027.
—sur la Ville de Briennon-l'Archevêque, 36028.
Remarques sur une Inscription de Lyon, 37347.
—sur l'origine du Jubilé de Lyon, 37373.
Mémoire sur les Antiquités d'Auvergne, 37457.
—sur les Antiquités du Puy en Velay, 37905.
Observations sur l'Arc d'Orange, 38302.
De l'état des Sciences sous Charlemagne, IV, 44555.
Supplément, 44557.
De l'état des Sciences depuis Charlemagne jusqu'au Roi Robert, 44560.
Supplément, là.
De l'état des Sciences depuis le Roi Robert jusqu'à Philippe-le-Bel, 44562.
Supplément, là.
Notice de quelques Auteurs Ecclésiastiques d'Arras, 45666.
Catalogue des personnes illustres du Diocèse d'Auxerre, 45668.
Des différentes Sectes des Philosophes, &c. 46363.
Vie de Christine de Pisan, 46871.
Notice du Poëte Fulcoïus, 47449.
Lettre sur les Poésies de Pierre Groguet, 47471.
Autre sur le même sujet, 47473.
Observations sur Léonius, 47490.
Lettre sur une Tombe de Marguerite de Châlons, femme de Jean de Savoye, 48037.
LEBEUF (M.), Capitaine de Milice Bourgeoise.
Lettre sur les Pairs de Champagne, III, 34216.
LEBRET : *voyez* le Bret.
de LEBRIXA : *voyez* Antoine.
de LECHAMP, Jacques.
Histoire générale des Plantes, IV, S. 3290.*
LECONTE de Bievre.
Eloge de M. Pothier, IV, S. 45986.*
de LECQUES.
Relation de ce qui s'est passé en la Valteline, III, 29290.
LECREN (l'Abbé), Grand-Chantre de Mortain.
Oraison funèbre de feu M. le Dauphin, IV, S. 25758.*
le LECTIER (M.), Procureur du Roi au Présidial d'Orléans.
Catalogue des Arbres de son Jardin, I, 3406.
LECTIUS, Jacques, Jurisconsulte.
De vita Antonii Sadeëlis, I, 5858.
Claudio-Mastix, 8181.
Epitaphius Serrmo pro Errico IV, II, 20043.
LEDEL, Jacques.
Traduction Epagnole de l'Histoire de S. Louis, II, 16850.
LEDIEU, François, Chancelier de l'Eglise de Meaux.
Mémoires sur l'Histoire du Diocèse de Meaux, I, 9394.
LEENRECHT, Stich.
Richt, IV, S. 27610*; V, *Add.*
LÉGER, Archevêque de Bourges.
Oraison funèbre du B. Robert d'Arbrisselle, I, 13936.
LÉGER, Jean, Pasteur des Eglises des Vallées de Piémont.
Histoire des Eglises Vaudoises, I, 5729.
LEGOUX de Jansigny, & de Gerlan, Bénigne, Grand-Bailli d'Epée du Dijonois.
Essai sur l'Histoire de Bourgogne, III, 35843; IV, S. V, *Add.*
Dissertation sur l'origine de la Ville de Dijon, IV, S. 35910**; V, *Add.*
LÉGUISÉ : *voyez* Lesguisé.
LEHMANN.
La Chronique de Spire, III, 39195.

LEIBNITZ, Godefroi-Guillaume, Conseiller d'Etat de l'Empire.
　Collectanea etymologica, I, 3759.
　Accessiones historicæ, II, 15403 & 16454.
　De origine Francorum, 15445; IV, S.
　Responsio ad R. P. Turnominium, 15447.
　Codex Juris Gentium Diplomatici, III, 29151.
de LEIDESTRE, Robert, Comte.
　Instructions, III, 30201.
LEICHSENRING, Jean-Louis.
　De fonte Niederbronnensi, I, 3120.
LEICKER, Frédéric.
　Vita Barnabæ Brisson, III, 32952.
LEIDHRESSER, D.
　Dissertatio super doctrinæ capitibus inter Academiam Parisiensem & Societatis Jesu Patres controversis, IV, 44655.
de la LEIGUNE, Etienne.
　Généalogie de MM. de Lucas, III, 43007.
LELEU, Claude, Chanoine & Archidiacre de Laon.
　Histoire du Diocèse de Laon, I, 9636.
　Mémoires sur la Ville de Laon, III, 34886.
LELLERON (M.), Avocat.
　Vie de S. Ayoul, I, 12085.
de LELLIS, Charles.
　Vita Michaëlis Riccii, III, 33079.
LEMEIGNEN (M.).
　Rapport au sujet des Eaux de la Plaine, I, 3147.
LEMERAULT, Louis, Bénédictin.
　Dissertation sur l'Abbaye de S. Bertin, IV, Suppl. 12365.
　Réponse aux Observations, IV, S. 12367.
LÉMERY, Nicolas, Médecin.
　Dictionnaire des Drogues, I, 2460.
　Examen du Sel de Pécais, 2743.
　Observations sur une fontaine de Senlisse, 2871.
LÉMERY, Louis, Médecin, fils du précédent.
　Extrait de ses Observations sur les Eaux de Passy, I, 3126.
LEMPEREUR, Jacques, Jésuite.
　Dissertation sur Aventicum, I, 173 & 203.
　—sur Bibracte, 173 & 220.
　—sur Bibrax, 173 & 227.
　—sur la Langue Celtique, 3764.
　Mémoires pour servir à l'Histoire des Gaules, IV, S. 3870*; V, Add.
　Eclaircissemens sur quelques passages des Commentaires de César, I, 173; IV, S. 3885.
　Histoire des anciens Eduens, I, 3926; III, 35946.
　Vie du P. Bernard, I, 10948.
　Histoire d'une sainte & illustre Famille de ce siècle, I, 14153; IV, S.
　Dissertation sur divers Tombeaux d'Autun, I, 173; III, 35939.
LEMPRECHT.
　Vie de M. de Leibnitz (en Allemand); IV, 46492.
LEMULIER, Louis, Avocat.
　Harangue pour la préséance de la Ville de Sémur-en-Auxois, III, 35982.
　Mémoire sur le même sujet, 37312: ou peut-être la même Pièce.
LENAIN, Gilles, Chanoine d'Orléans.
　Jacobi Alleaume Laudatio funebris, I, 10876.
LENAIN de Tillemont, Sébastien.
　Vie de S. Denys, Evêque de Paris, I, 4060, & 9284.
　—de S. Alexandre, Martyr à Lyon, 4300.
　—de S. Epipode, 4397.
　—de Sainte Foi & de S. Caprais, 4414.
　—de S. Genès d'Arles, 4435.
　—de Sainte Geneviève, 4468.
　—de S. Marcel de Châlons, 4568.

Vie de S. Maurice, 4578.
—de S. Patrocle, 4616.
—de S. Quentin, 4627.
—de S. Victor, 4719.
—de S. Vincent d'Agen, 4723.
Mémoires pour servir à l'Histoire Ecclésiastique; IX, S. 4909.
Vie de S. Prosper d'Aquitaine, 7885.
—de S. Maxime de Riès, 7892.
—de S. Privat de Mende, 7966.
—de S. Trophime d'Arles, 7982.
—de S. Hilaire d'Arles, 7998.
—de S. Delphin de Bordeaux, 8237.
—de S. Amand de Bordeaux, 8241.
—de S. Hilaire de Poitiers, 8315.
—de S. Allire de Clermont, 8417.
—de S. Namace & de S. Eparce, de Clermont, 8426.
—de S. Sidoine Apollinaire, de Clermont, 8432.
—de S. Servais de Tongres, 8733.
—de S. Irénée de Lyon, 8880.
—de S. Just de Lyon, 8889.
—de S. Eucher de Lyon, 8897.
—de S. Patient de Lyon, 8902.
—de S. Simplice d'Autun, 8969.
—de S. Didier de Langres, 9010.
—de S. Rustique de Narbonne, 9169.
—de S. Marcel de Paris, 9291.
—de S. Gaud d'Evreux, 9944.
—de S. Loup de Troyes, 10092.
—de S. Amateur d'Auxerre, 10128.
—de S. Germain d'Auxerre, 10139.
—de S. Saturnin de Toulouse, 10205.
—de S. Martin de Tours, 10286.
—de S. Perpétue de Tours, 10312.
—de S. Turibe du Mans, 10323.
—de S. Maximin de Treves, 10514.
—de S. Ambroise de Milan, 10810.
—de S. Paulin de Nole, 10826.
—de S. Bénigne de Dijon, 10934.
—du B. Cassien, 11034.
Mémoires touchant Guillaume de Saint-Amour, 11428.
Vie de S. Salvien, 11443.
—de S. Vincent de Lérins, 12077.
—de S. Romain, 12201.
—de S. Lupicin, 12204.
Lettre à M. l'Abbé de la Trappe, 13147.
Mémoires sur la Vie de S. Louis, II, 16876.
—touchant la Conquête du Royaume de Sicile, 25365.
LENAIN, Pierre, Sous-Prieur de l'Abbaye de la Trappe, frere du précédent.
　Vie du B. Hugues de Mâcon, I, 10167.
　Essais de l'Histoire de l'Ordre de Cîteaux, 11963.
　Vie de S. Robert, Fondateur de cet Ordre, 11993.
　—de S. Albéric, 11998.
　—de S. Etienne, 13001.
　—de S. Jean de Bonnevaux, 13025.
　—de S. Bernard, 13066.
　—du B. Conrad, 13072.
　—du B. Hugues de Pontigny, 13125; IV, Suppl.
　—d'Armand-Jean le Bouthillier de Rancé, 13154.
　—de S. Thibauld de Vaux de Cernay, 13171.
　—de la B. Julienne de Mont-Cornillon, 15055.
LENAIN, Bénigne, Sieur d'Olinville, frere des précédens.
　Mémoires pour servir à un Dictionnaire généalogique, III, 40553.
LENAIN (M.), Intendant de Poitou.
　Mémoire sur les Vers à soie, I, 3635.
de LENCLOS : voyez Ninon.

LENET, Pierre, Conseiller d'Etat.
  Mémoires, III, 23199.
LENET, Philibert-Bernard, Chanoine Régulier.
  Oraison funèbre de François d'Aligre, I, 13646.
LENFANT, Jean, Procureur.
  Mémoires historiques pour Meaux, I, 9390; IV, S. & III, 34361.
LENFANT : voyez Lanfant.
LENGLET du Fresnoy, Nicolas.
  Description de la France, I, 811.
  Mémoire sur la Collation des Canonicats de Tournay, 5101.
  Edition des Commentaires de Dupuy sur le Traité des Libertés de l'Eglise Gallicane, 7018.
  Recueil des Pragmatiques Sanctions, &c. 7566.
  Plan de l'Histoire de la Monarchie Françoise, II, 15630.
  Abrégé de l'Histoire de France, 15869.
  Méthode pour étudier l'Histoire de France, 15972 & 73.
  Supplément à cette Méthode, 15974.
  Discours sur l'étude de la troisième Race de nos Rois, 16507.
  Remarques sur la Pucelle d'Orléans, 17218.
  Histoire de Jeanne d'Arc, 17221; IV, S.
  Edition des Mémoires de Philippe de Commines, 17392.
  Supplément aux Mémoires de Condé, 17976.
  Notes sur la Henriade, 19552.
  Remarques sur les Mémoires de l'Estoille, 20079.
  Edition des Mémoires de la Régence, 24574.
  Description du Feu d'Artifice des Ambassadeurs d'Espagne, 26530.
  —des Isles Antilles, III, 39739.
  Catalogue raisonné des Géographes & Voyageurs, IV, S. 46609.**
LENNARD, Samson.
  Traduction Angloise d'une Histoire des Vaudois & des Albigeois, I, 5721 & 58.
de LENONCOURT, Robert, Cardinal, Evêque de Metz.
  Négociation, III, 30022.
de LENOUST : voyez Aufray.
LÉODEBOD, Abbé de S. Aignan d'Orléans.
  Testamentum ejus, I, 12310.
Léon de Marsique, Cardinal, Evêque d'Ostie.
  Chronicon Cassinense, II, 16495.
LÉON III, Pape.
  Epistola, III, 29739.
LÉON IX, Pape : voyez Brunon; Evêque de Toul.
LÉON X, Pape.
  Concordat avec François I, I, 7547.
de LÉON de S. Jean (le Pere), Carme réformé.
  La France convertie, ou Vie de S. Denys, I, 4057.
  Lettre sur la mort de la Présidente Molé, 4810.
  Histoire de l'Hostie Miraculeuse des Billettes, 5244.
  Le Pontife innocent ou Vie de S. François de Sales, IV, S. 10774.*
  Eloge d'Antoine Yvan, I, 11542.
  Delineatio Redonensis Carmelitarum Observantiæ, 13694.
  Oraison funèbre de Joseph-Arnaud de Paris, 13925.
  Antiquités de l'Abbaye de Montmartre, 14899.
  Vie de Françoise d'Amboise, 14959.
  —de Marie de S. Charles, 15199.
  Journal de la maladie du Cardinal de Richelieu, III, 32487.
de LÉON (M.).
  Ambassade, III, 30443.
  Lettres, 30465.

LÉONARD, Hubert, Carme & Evêque.
  De genealogia Nobilium Francorum, III, 40566.
LÉONARD, Frédéric, premier Imprimeur du Roi.
  Recueil des Traités de Paix, III, 29147.
LÉONARD (M.).
  Oraison funèbre du Dauphin (fils de Louis XIV); II, 25716.
  —du Dauphin (petit-fils de Louis XIV) & de la Dauphine, son épouse, Id.
  —de Louis XIV, Id.
LÉONARD, Marguerite, épouse de Primi Visconti, Comte de S. Majole.
  Traduction de l'Etat de la République de Naples, II, 22180.
LÉONI, Jean-Baptiste.
  Considérations sur l'Histoire de Guichardin en Italien, II, 17547 & 54.
LÉOPOLD (l'Archiduc), en 1632.
  Lettre à M. de Rohan, III, 30538.
LÉOPOLD (l'Archiduc), en 1649.
  Lettre aux Gouverneurs de France, II, 22406.
LÉOPOLD (l'Empereur), en 1701.
  Litteræ ad Papam, II, 28953.
  Edit touchant la succession à la Monarchie d'Espagne, 28973.
LEOTHARD, Honoré : faux nom sous lequel s'est caché Théophile Raynaud, I, 3986 : voyez Raynaud.
LEOVITIUS, Conrad.
  Centurie des choses mémorables, II, 18716.
LEPAGE.
  Calendrier de l'Université, IV, 44717.
de LÉPERON : voyez Caron.
de LÉPINE de Grainville.
  Mémoire sur M. de Pibrac, III, 32936.
LEQUEUX, Claude, Prêtre.
  Mémoire sur la Vie de M. Mésenguy, I, 11291; IV, S.
  Abrégé de la Vie pénitente de Madame de la Valliere, 15007; IV, 48209.
  Vie & Mort de Henriette-Marie de France, Reine d'Angleterre, II, 25620.
  —de Henriette-Anne d'Angleterre, Duchesse d'Orléans, 25666.
  Abrégé de la Vie de Louis II de Bourbon, Prince de Condé, 25832.
  Histoire de Madame de la Valliere, IV, S. 48209*; attribuée.
LEQUIEN, Michel, Dominicain.
  Dissertation sur le Port Iccius, I, 306.
  Histoire de Boulogne, III, 34200.
LEQUIEN de la Neuville, Jacques, Académicien.
  Dissertation sur les Lys, II, 27057.
  Origine & usage des Postes, 28141.
  Histoire des Dauphins d'Auvergne, III, 37449.
  —des Dauphins de Viennois, d'Auvergne & de France, 37954.
de LERISSEL : voyez de l'Isle.
LEROY, Chrétien.
  Epithalamium Philippi Hispaniarum Infantis, II, 26629.
de LERY, Jean, Ministre Calviniste.
  Histoire de la Ville de Sancerre, II, 18199; IV, Suppl.
  Discours du Siége de la Charité, 18376.
  Histoire d'un Voyage des François au Brésil, 18412; III, 39769.
LESBROS.
  Traité des Mûriers, IV, S. 3481.*
  —de la Garance, IV, S. 3500.*
de LESCAGNE, Tristan, Official de S. Julien du Sault.
  Le Lys très-Chrétien, I, 4912; II, 26950.
LESCALOPIER, N. Aumônier du Roi.
  Vie de S. Paxent & de Sainte Albine, I, 12612.
  Tableaux de Louis XIV, &c. II, 23791.

LESCALOPIER,

LESCALOPIER, Pierre, Jésuite.
De Diis veterum Gallorum, I, 3800.
LESCALOPIER de Nourar, Charles-Armand, Maître des Requêtes.
Traduction du Traité de Imperio summarum Potestatum circa sacra, I, 7366.
Eloge de Jean Oliva, IV, S. 46838.*
LESCARBOT, Marc, Seigneur de S. Audibert.
La Chasse aux Anglois, II, 21547.
Le Tableau de la Suisse, III, 39076.
Histoire de la Nouvelle-France, 39654.
La Conversion des Sauvages de la Nouvelle-France, 3965.
Relation d'un Voyage dans la Nouvelle-France, 39656.
Muses de la Nouvelle-France, 39657.
de LESCAZE, Jacques, Curé de Benac.
Mémorial des Troubles du Pays de Foix, III, 37923.
de LESCAZES, Antoine, Chanoine d'Agen.
Réponse Apologétique touchant S. Caprais, IV, S. 8268.*
LECHASSIER, Jacques, Avocat.
De la Liberté de l'Eglise Gallicane, I, 6986.
Contre ceux qui disent que les Juges de ce Royaume, &c. 6988.
La Maladie de la France, II, 20737; IV, S.
Dissertation sur la sureté des Rois; IV, Suppl. 27145.*
Les Régences de France, II, 27346.
La Loi Salique, 28520.
LESCHASSIER, Nicolas.
Elogium Jacobi Lechassier, IV, 45922.
LESCONVEL.
Observations sur l'Histoire de François Eudes de Mézeray, II, 15759.
Histoire de France, 15834.
Le Sire d'Aubigny, 17460.
Le Prince de Longueville, 25545.
Anne de Montmorency, III, 31440.
Histoire de Bretagne, 35396.
Intrigues de François I, IV, 48040.
de LESCORNAY, Jacques, Avocat.
Histoire de la Maison de Longueville, II, 25541.
Mémoires de la Ville de Dourlan, III, 34823.
LESCOT, Matthieu, Doyen & Chanoine de S. Marcel à Paris.
Oraison funèbre de Charles de Valois, II, 25532.
LESCOT, Jacques, Evêque de Chartres.
Discours sur le Mariage de Monsieur, I, 7380.
Vie du Cardinal de Richelieu, III, 32509.
de LESCUN, Jean-Paul, Conseiller en la Cour de Béarn.
Requête contre le Livre intitulé, Le Moine, I, 5901.
Avis d'un Gentilhomme de Gascogne, 5903.
Mémoires sur les Oppositions, 5904.
Demandes des Eglises réformées de Navarre, 5906.
Apologie des Eglises réformées de Béarn, 5910.
Défense contre les impostures, &c. 5911.
La persécution des Eglises de Béarn, 5915.
Calamité des Eglises de la Souveraineté de Béarn, 5927.
Généalogie des Seigneurs de Béarn, II, 25389.
de LESCURE, Jean-François, Evêque de Luçon.
Ordonnances Synodales, I, 6574.
LESCUYER, Jean.
Traité de la Chambre des Comptes, III, 33784.
LESCUYER (M.), Avocat.
Mémoire sur la Fondation de la Cure de Sainte Marguerite, I, 5266.
de LESDIGUIERES : voyez de Bonne.

Tome V.

LESGUISÉ, Jean, Evêque de Troyes.
Statuta Synodalia, I, 6767 & 68; IV, S.
LESLÉ ou Leslai, Jean, Evêque d'Ecosse.
De titulo & jure Mariæ Scotiæ Reginæ, II, 25116.
De rebus gestis Scotorum sub Mariâ, Id.
LESPAGNOL, Jean.
Histoire de Sainte Vaubourg, I, 4710.
LESPENDRY, G.
Panégyrique de M. Pellot, III, 33174.
de LESPINAY - Sainte - Aldegonde : voyez Barthélemy.
de LESPINCEIL, Charles : faux nom sous lequel s'est caché le P. Garasse, III, 32974 : voyez Garasse.
de LESRAT, Guy.
Remonstrances & Advertissemens, IV, Suppl. 35703.*
LESSABÉE, Jacques.
De Hannoniæ Urbibus, III, 39422.
de LESSEINS : voyez de Lyonne.
LESSER.
Théologie des Insectes, I, 3614.
LESSIUS, Léonard, Jésuite.
Discussio Concilii Lateranensis, I, 7226.
de LESTANG (M.), Maître des Monnoies.
Rencontres de Maître Guillaume, III, 33935.
de LESTANG, Antoine, Sieur de Belestang.
Histoire des Gaules, I, 3907; IV, S.
—des Conquêtes des Gaulois (ou François), II, 15665.
de LESTANG, Jacques.
Discours Généalogique de la Maison de Lestang, III, 42919.
de LESTOCQ, Nicolas, Chanoine & Théologal d'Amiens.
Dissertation sur la translation du corps de S. Firmin, I, 9706.
Justification de la translation de S. Firmin le Confès, 9708.
Lettres sur des Remarques opposées à cette Justification, 9710.
Oraison funèbre de Henri Feydeau de Brou, IV, S. 9725.**
LESTORQUART, Luc.
Memorabilium Historia, II, 23864.
LESTRANGE, François & Claude.
Orationes de Regis consecratione, II, 25968.
LESTRÉES, François.
Oratio Carolo III, Lotharingiæ Duci, III, 38864.
LETARTIERS, Jean.
Histoire de quelques Rois de France, III, 39019.
LETHALD, Moine de Mici.
Vita S. Juliani Cenomanensis, I, 10344.
Liber Miraculorum S. Maximini Miciacensis, IV, S. 12672.*
LÉTI, Gregorio.
Europa gelosa, II, 23997.
La Fama gelosa della Fortuna, 24163.
Successi e evenimenti dell' Europa, 24198.
Monarchia universal di Luigi XIV, 24262.
Teatro Gallico, 24375.
Historia Genevrina, III, 39175.
Teatro Belgico, 39541.
de LÉTOUF, Claude, Baron de Sirot.
Mémoires, II, 23052.
LETZNER, Jean.
Histoire de Charlemagne (en Allemand), II, 16283.
Vie de S. Louis-le-Débonnaire (en Allemand), 16365.
LEULLIER, Jacques, Docteur en Théologie.
Observationes in Librum Launoii de Matrimonio, I, 7384.
LEULLIER, Jacques, Curé de S. Louis dans l'Isle à Paris.
Eloge de Nicolas du Bosc, III, 34602.

F fff

LEURERS, Jean.
Vita S. Servatii Tungrensis, I, 8727.
LÉVELING, P. Théodore.
Traduction de l'Analyse des Eaux du bas Selter, I, 3227.
LÉVESQUE, Jean.
Annales Ordinis Grandimontensis, I, 13182 & 363; IV, S.
LÉVESQUE, Guillaume, Notaire au Châtelet de Paris.
Recueil concernant les Notaires, III, 34619.
LÉVESQUE, Nicolas, Chanoine d'Autun.
Oraison funèbre de la Comtesse de Toulonjon, IV, 48190.
LÉVESQUE, Catherine.
Les trois Fleurs de Lys spirituelles de Péronne, IV, S. 4766*; I, 11484.
Vie de Mademoiselle Raynard, I, 15205.
Discours sur le Blason des Armes de Péronne, IV, S. 34174.*
LÉVESQUE, C. Chapelain des Orfévres de Paris.
Traduction de la Vie de S. Eloy, I, 9750; IV, Suppl.
LÉVESQUE, Prosper, Bénédictin.
Mémoires pour servir à l'Histoire du Cardinal de Granvelle, I, 8199.
LÉVESQUE de la Ravaliere, Pierre-Alexandre, Académicien.
Réponse au sentiment de Dom Calmet sur les Limites d'une partie du Royaume, I, 467.
Sur la position d'un lieu mentionné dans la 125e Lettre de Loup de Ferriere, 502.
Remarques sur la Langue vulgaire de la Gaule, 3779; II, 15509.
Eclaircissement sur un passage de César, 3899.
Vie de S. Grégoire de Tours, 10324.
Lettre sur l'origine de la Langue Françoise, II, 15501.
Explication de quelques bas-reliefs, 15578.
Doute au sujet des Auteurs des Annales de S. Bertin, I, 10107; II, 16439.
Réponse à l'Auteur de la suite de la Défense de l'Eglise de Troyes, I, 10108; II, 16441.
Lettre au sujet des mêmes Annales, II, 16443.
Notes sur les Poésies du Roi de Navarre, 15048.
Examen critique des Historiens qui ont parlé de ces Poésies, 15049.
Réponse à une Lettre sur le même sujet, 25051.
Autre Réponse, 25053.
Caractère des Mémoires de Sully, III, 30392.
Vie du Sire de Joinville, 31962.
—d'Etienne I, Comte de Sancerre, 32064.
Discours préliminaire d'une Histoire des Comtes de Champagne, 34224.
Recherches sur MM. Pithou, IV, 45979.
LÉVESQUE de Pouilly, Jean-Simon, Lieutenant-Général du Présidial de Reims.
Vie de Michel de l'Hôpital, III, 31504.
Eloge de M. Rogier du Mouclin, 34129.
Discours sur les fontaines de Reims, 34257.
Mémoire pour les Officiers du Bailliage de Reims, 34380.
Discours prononcé à la rénovation des Officiers, Id.
Description d'un Monument découvert à Reims, Id.
LÉVESQUE de Burigny, Jean, Académicien, frere du précédent.
Traité de l'Autorité du Pape, I, 7312.
Vie de M. Bossuet, 9430.
—du Cardinal du Perron, III, 32153; IV, 45793; & S. 10074.
Histoire du Royaume de Sicile, 35686.
Eloge de la Comtesse de Vertillac, IV, 48215.

LEVET, Louis.
Inventaire des Chartres du Roi, III, 29487.
de LEVILLE, Nicolas, Prieur des Célestins de Héverlai.
Heverlea Coelestina, I, 13213.
de LEVIS, Antoine, Evêque de Saint-Flour.
Statuta Synodalia, I, 6719.
de LEWARDE : voyez Delewarde.
LEVUST, Robert.
Généalogie de la Maison de Clermont en Dauphiné, III, 41898.
LEYDECKER, Melchior, Professeur en Théologie.
De Historia Jansenismi, I, 5624.
LEYDET (M.), Conseiller au Parlement de Bordeaux.
Lettre sur la Capitale de Guyenne, III, 37518.
LÉZAND, Claude, Curé de Sevrey.
Panegyris B. Claudii Bernard, I, 10942.
de LÉZEAU : voyez le Févre.
Lezin de Sainte Scholastique (le Pere) : voyez de Buchamps.
LHUYD, Humfred.
Epistola de Monâ Druidum insulâ, III, 35172.
LIBANIUS.
Fragmentum de Francis, II, 16040.
LIBERGE, Marin.
De præsentis seculi calamitate, II, 18007.
Discours sur le Siége de Poitiers, 18065, V, Add.
De calamitatum Galliæ causis, 18071.
LIBERTINO, Clément.
Historia de los movimientos de la Cataluña, II, 22019.
LICENTIUS Evangelus : faux nom sous lequel s'est caché Beatus Rhenanus, I, 7047 : voyez Beatus.
LICHIARD, Jean-Baptiste : faux nom sous lequel s'est caché Jean Richard, II, 18616 : voyez Richard.
LICHTENBERGER, Jean-Fridéric.
Tabulæ Temporum fatorumque Germaniæ, II, 15454.
de LICIEU : voyez de Boissat.
LIÉBAULT, Jean, Médecin.
Recueil des Chasses du Cerf, &c. I, 3577.
LIÉBAUX, Henri, Géographe.
Carte des Gaules, I, 394.
—de la France, au temps de Clovis & de ses Enfans, 395.
—de la France divisée par Parlemens, 640.
—de l'Alsace & de la Lorraine, 1329.
—de la Forêt de Halette, 1558.
—de la Lorraine, 1639.
LIEBLE, Philippe-Louis, Bénédictin.
Notice de l'ancienne France, I, 440.
Mémoire sur les limites de l'Empire de Charlemagne, 465.
de LIECHTENAU, Conrad, Abbé d'Ursperg.
Chronicon, II, 16795.
de LIÉGE, Claude, Président aux Traites Foraines.
Notice sur la Ville de Sainte-Menehould, III, 34271.
LIÉTAU, Jean, Prieur de Chaumont en Poitiers.
Vie de S. Berthauld, I, 13291.
LIEUTAUD (M.), Médecin.
Mémoires pour l'Histoire Naturelle de Provence, I, 1439.
le LIEVRE, Jean, Abbé de S. Ferréol.
Histoire de l'antiquité & sainteté de Vienne, I, 5074 & 10684; IV, S. III, 37996.
LIGER, Louis.
In funere Henrici Galliarum Regis, IV, Supplém. 20010.*
LIGER, Louis.
Nouvelle Maison Rustique, I, 2457.

Moyens pour rétablir l'abondance, 3424.
Culture des Jardins fruitiers & potagers, 3449.
Le Jardinier fleuriste, 3482.
Le Guide des Etrangers dans Paris, III, 34526.
de LIGNAC : *voyez* le Large.
de LIGNE : *voyez* de Lingne.
de LIGNEROLLES : *voyez* Robineau.
de LIGNY, Dominique, Evêque de Meaux.
   Statuts Synodaux, I, 6610.
de LIGNY : *voyez* de Villers au Tertre.
LIGORIUS, Pyrrhus.
   Gallia, I, 547.
   Gallia Belgica, 2023.
de LILLE : *voyez* Rigaud.
LIMANTON (M.), Greffier en Chef.
   Inventaire des Titres qui sont au Greffe de Dombes, III, 36062.
LIMBERG, J.
   Description d'un Voyage fait en Allemagne, I, 2319.
de LIMBORCH, Louis, Abbé de S. Gilles.
   Vita S. Ægidii, I, 11573.
LIMBORTH, Gislebert, Chanoine de Liége, Médecin.
   Commentarius de fontibus Ardennæ, I, 3231.
   De acidulis quæ sunt in Sylva-Arduenna, 3232 & 33.
de LIMBOURG, Jean-Philippe, Médecin.
   Dissertation sur les Eaux de Spa, I, 3249.
   Traité des Eaux de Spa, 3252.
   Observations sur les Eaux de Spa, 3253.
de LIMIERS, Henri-Philippe, Docteur en Droit.
   Continuation de l'Histoire de France de Mézeray, II, 15763.
   Les Annales de la Monarchie Françoise, 15846.
   Histoire du Règne de Louis XIV, 24490.
LIMNÉE, Jean.
   De Episcopatibus Galliæ, I, 1208 & 7824.
   De Civitatibus Franciæ, 2113.
   De reformatæ Religioni addictis, 5978.
   De Libertatibus Ecclesiæ Gallicanæ, 7019.
   De Pragmatica Sanctione, 7544.
   De origine, lingua & excellentia Franciæ, II, 15428.
   Notitia regni Franciæ, 15580.
   De sacris Ampullis, 25986.
   De Regis Franciæ Jure, &c. 26889.
   Cui debeatur Successio in regno Franciæ, 28477.
   De Principibus Galliæ, &c. III, 31214.
   De Vexilla, 31827.
   De Comitiis & Parlamentis, 32858.
   De Nobilitate Galliæ, 39866.
   De Lutetianâ Universitate, IV, 44610.
   De Aquensi Universitate, 45143.
   De Andegavensi Universitate, 45154.
   De Burdigalensi Universitate, 45164.
   De Bituricensi Universitate, 45167.
   De Cadomensi Universitate, 45176.
   De Cadurcensi Universitate, 45187.
   De Montispessulanâ Universitate, 45203.
   De Nannetensi Universitate, 45211.
   De Aurelianensi Universitate, 45219.
   De Pictaviensi Universitate, 45238.
   De Tolosanâ Universitate, 45269.
   De Valentinâ Universitate, 45291.
LIMOJON, Alexandre-Toussaints, Sieur de Saint-Didier.
   Histoire de la Négociation de la Paix de Nimègue, III, 31022.
LIMOJON de Saint-Didier.
   Clovis, Poëme, II, 16028.
LIMPEN, Jean, Jésuite.
   Commentarius de S. Theodardo Trajectensi, I, 8745.
   —de S. Gondulpho Metensi, 10576.

Commentarius de SS. Mauro, Salvino & Aratore Virdunensibus, 10662.
   —de S. Petro de Chavanon, 13637.
LINAGE de Vauciennne, Pierre.
   Relation des Négociations pour le Cardinalat, I, 7769.
   Mémoire sur l'origine des guerres, II, 21724.
LINAND, Barthélemi, Médecin.
   Traité des Eaux de Forges, I, 3061.
   Lettre sur le même sujet, 3062.
LINDANUS, David.
   De Teneræmondanæ Urbis antiquitate, III, 39412.
LINDEMBROGE, Erpold.
   Chronique des Gestes de Charlemagne, II, 16281.
LINDEMBROGE, Fridéric.
   Leges Salicæ, &c. III, 27584 & 86.
   Codex Legum antiquarum, IV, S. 27584.*
van LINDERN, Fr. Balt.
   Turnefortius Alsaticus, I, 3305.
   Hortus Alsaticus, *là*.
de LINGENDES, Claude, Jésuite.
   Nascenti Galliarum Delphino, II, 22176.
de LINGENDES, Jean, Evêque de Sarlat, puis de Mâcon.
   Ordonnances Synodales, I, 6603.
   Oraison funèbre de Louis XIII, IV, S. 22138.**
de LINGENDES, Nicolas, Maître d'Hôtel ordinaire du Roi, frere du précédent.
   Etat des Officiers & Commensaux du Roi, III, 32389.
de LINGNE ou de Ligne, Julien.
   Histoire de Cambray, III, 39036.
   Journal de Cambray, 39037.
   Kalendrier de Cambray, 39038.
LINGUET, Simon-Nicolas-Henri, Avocat.
   Projet d'un Canal & d'un Port, I, 763; IV, Suppl.
   Lettre sur le même sujet, 964; IV, S.
   Canaux navigables, IV, S. 986.*
   Histoire des Jésuites, IV, S. 14223.*
de LIONNE, Artus, Evêque de Gap.
   Histoire Chronologique des Evêques de Gap, I, 7902.
de LIONNE, Hugues, Ministre d'Etat, fils du précédent.
   Remarques sur la reddition de Dunkerque, II, 23827.
   Négociations, III, 30902.
   Mémoires, 30903.
   Négociations de Paix, 30914.
   Minutes, 30954.
   Mémoires, 30974.
de LIONNE de Lesseins, Charles, Chanoine de S. Bernard de Romans.
   Procès-verbal de l'Assemblée de 1670, I, 6889.
LIPSE, Juste.
   Diva Virgo Aspricollis, I, 4092; IV, S.
   Diva Virgo Hallensis, 4150.
   Diva Virgo Sichemiensis, 4170.
   Lovanium, III, 39505.
de LIQUES, David, Gentilhomme de Picardie.
   Histoire de la Vie de Philippe de Mornay, I, 5941.
   Mémoires de du Plessis-Mornay, III, 30472.
LIRON, Jean, Bénédictin.
   Dissertation sur l'établissement de la Religion Chrétienne dans les Gaules, I, 4010.
   Recherches dans l'Histoire Ecclésiastique de France, 4011.
   Apologie pour les Armoricains, 4073.
   Dissertation sur l'établissement des Juifs en France, 4924.
   Hist. de la conversion de plusieurs Juifs, IV, S. 4924.*

Histoire de l'Eglise de Chartres, 4968.
Dissertation sur les prétendus Evêques de Saint Martin de Tours, 5546.
Disquisition historique sur Ruricius, Evêque de Limoges, 6308 & 8471; IV, S.
Recherches sur un Concile d'Autun, 6364.
Dissertation sur un Concile de Toulouse, 6755.
Remarques sur le B. Amédée, Evêque de Lausane, IV, S. 8218.*
—sur Odon de Sully, Evêque de Paris, IV, S. 9314.*
Mémoires pour servir à l'Histoire des Evêques, &c. de Chartres, 9359.
Chronologie de la Vie de S. Lubin, 9368.
Remarques sur le Cardinal Antoine de Créquy, Evêque d'Amiens, IV, S. 9724.*
Observations sur un Maxime, prétendu Evêque de Toulouse, 10214.
—sur Verus, Evêque de Tours, 10271.
Dissertation sur S. Martin de Tours, 10300.
Remarques sur Ulger, Evêque d'Angers, IV, S. 10400.*
—sur S. Paterne de Vannes, 10444.
Dissertation sur Maracaire de Vannes, 10447.
Remarques sur Jean Auvray, 10901; IV, S.
Vie de Geoffroy Boussard, 10992.
Particularités de la Vie de Guillaume de Taix, 11465.
Mémoire sur Hervé Prieur de Bourgdéols, 11645.
Dissertation sur l'Abbé Suger, 12435.
Particularités de la Vie & des Ecrits de Daniel-Georges Viole, 12400.
Remarques sur Lithald, IV, S. 12681.*
—sur Gui Jouvennaux, I, 12761.
Mémoires sur Pierre Sutor, 13258.
Remarques sur Blaise Foucher, IV, S. 13810.*
—sur Jean Porthaise, I, 13881; IV, S.
Du commencement de la Monarchie Françoise, II, 15442.
Observations sur les François & les Gaulois, 15460.
De l'Origine de la Langue Françoise, 15503.
Que la Langue Latine étoit Vulgaire parmi les Gaulois, 15504.
Remarques sur les Origines de la Langue Françoise données par Ménage, 15505.
—sur la Bibliothèque historique du P. le Long, IV, S. 15949.***
Observations sur le *Thesaurus Anecdotorum* de D. Martenne, II, 15986.
Si les Seigneurs François se faisoient la guerre sous les Rois de la premiere Race, 16152.
Correction du Texte de l'Historien Nithard, 16372.
Dissertation sur une Lettre d'Eginhart, 16384; IV, Suppl.
Observations sur la mort de Herbert, Comte de Vermandois, 16480.
Réflexions sur la guerre de Languedoc, 16671.
Observation sur l'âge de Jean II, 17039.
—sur des Fables publiées au sujet de Charles V, 17076.
Découvertes dans l'Histoire de l'Eglise de France, 25018.
Sur Hébert *ou* Herbert, Comte de Vermandois, 25266.
Réflexions sur les Diplômes de Thierry III, & de Louis-le-Débonnaire, III, 29480.
Remarques sur Michel Bégon, 31766.
—sur Pierre de Courthardy, 32896.
De l'ancienne Monnoie du Mans, 34011.
Origines chimériques de quelques Familles, 40794.
Dissertation sur l'Ecole du Palais de Charlemagne, IV, 44558.

Observations sur plusieurs Hommes illustres, 45644.
Bibliothèque Chartraine, 45687.
Observations sur Arnoul de Bonneval, 45762.
—sur Jean Matthieu le Grand, 45896.
Remarques sur Arnaud Ruzé, 45999.
Observations sur Julien Tabouet, 46005.
—sur Guillaume Bigot, 46048.
Remarques sur Bernard de Chartres, 46374.
—sur Simon de Pharès, 46549.
Observations sur Nicolas Béraud, 47004.
Supplément à l'Histoire des Cappels, 47023.
Observations sur François Grudé, Sieur de la Croix du Maine, 47056.
—sur Jean le Grand, 47101.
Remarques sur Christophe de Longueil, 47122.
—sur Pierre du Pont, 47185.
Observations sur David Rivault, 47199.
Remarques sur Jean le Voyer, 47254.
—sur Matthieu Boutrelier, 47333.
—sur Pierre Gringore, 47469.
—sur Michel Langlois, 47487.
—sur Laurent des Moulins, 47557.
—sur Jean Rotrou, 47647.
Observations sur Jean de Murs, 47759.
LIRTAULD : *voyez* de Serre-Lirtauld.
du LIS, Samuel. On croit que c'est Simon Goulart, II, 19724 : *voyez* Goulart.
du LISDEM, Henri.
L'Esclavage du Chevalier de Vintimille, III, 32081.
de LISLE, Pierre, Anachorete.
L'Origine des Rois de France, II, 15367.
Faits & gestes des Rois de France, 15708.
de LISLE : *voyez* de l'Isle.
de LISOLA, François, Baron.
Le Politique du Temps, II, 23966.
Gallia verecunda, 23968 & 29034; IV, Suppl. attribué.
Aurifodina Gallica reserata & obstructa, 23969 : attribué.
Maroboduus in Ludovico XIV, redivivus, 23970 : attribué.
Raisons Politiques touchant la guerre d'Allemagne, 24060; III, 31001.
Remarques sur le procédé de la France, 28846.
Suite (*ou* Critique) du Dialogue sur les Droits de la Reine, 28852 : attribuée.
Bouclier d'Etat & de Justice, 28854.
Mémoires & Lettres, 28875; III, 30994.
L'Orateur François, 28876 : attribué.
Le dénouement des intrigues, 30994.
La sauce au verjus, 30999 : attribuée.
LISSENE (le Pere), Jésuite.
Discours funebre à la mémoire de Henri Sponde, IV, S. 10236.*
LISTER, Martin.
Le Voyage de Paris, III, 34520.
LISTORP, Daniel.
Vita Renati Catesi, IV, 46426.
LISTRIUS, Gérard.
Descriptio Ultrajectinæ Regionis, III, 39557.
de la LIVE, A. L.
Catalogue de son Cabinet de Peinture & de Sculpture, IV, 47823.
de LIVONIERE : *voyez* Pocquet.
S. LIZIARD, Evêque de Soissons.
Vita S. Arnulphi Suessionensis, I, 9601.
LOBBET, Jacques, Jésuite.
Gloria Leodiensis Ecclesiæ, I, 8722.
LOBINEAU, Gui-Alexis, Bénédictin.
Réflexion sur l'Apologie des Armoricains, *ou* Contre-Apologie, I, 4074.
Histoire des Saints de Bretagne, 4251.
Eloge de Michel Félibien, 12532.
Additions au Glossaire de du Cange, II, 15494.

Réponse au Traité de la Mouvance de Bretagne, 27819.
Réponse aux Dissertations sur la Mouvance de Bretagne, 27822.
Histoire de la Ville de Paris, III, 34530.
—de Bretagne, 35398.
—de la Ville de Nantes, 35458.
—de la Chrambre des Comptes de Bretagne, *Id.*
Traité des Droits Seigneuriaux de Bretagne, *Id.*
—des Barons de cette Province, *Id.*
Généalogie des Ducs de Bretagne, 41534.

LOCKE, Jean.
Du Gouvernement Civil, II, 27087.

de LOCROS, Ferry.
Laudatio Funebris Matthæi Moulartii, I, 8604.
De la piété & vertu des Rois de France, II, 26968.
Origo & progressus Comitatûs Artesiensis, III, 38959.
Histoire des Comtes de S. Paul en Ternois, 39009.
Chronicon Belgicum, 39303.

LOESCHER, V. E.
Literator Celta, I, 3763.

de LŒUVRE, Jacques.
Laudatio funebris Antonii Barillonii, III, 32731.

de LŒUVRE, Jean, Prieur de S. Yves.
Vie de S. Yves, I, 11555.

van LOEUWEN ou Leuven, Simon.
Chronique de Hollande, III, 39601.
Description de la Ville de Leyde, 39615.

LOFFROY, Jean, Greffier du Plumitif.
Traité de la Chambre des Comptes de Paris, III, 33786.

de la LOGE de Châtellenot, J. B.
Réponse au Projet de M. de la Jonchere, I, 939.

LOGER, Claude-Alexis, Avocat.
Observations sur le Concile de Trente, I, 7533.
Conjectures sur l'origine du Droit François, II, 27582.
Table des Ordonnances, 27615.

des LOGES : *voyez* de l'Ecluse.

LOHENSCHIOLD.
De floribus Lygiis, vulgò Lilia vocatis, II, 27061.

LOISEAU : *voyez* Loyseau.

LOISEAU (M.).
Discours sur la délivrance d'Orléans, III, 17182.*

LOISEAU de Mauléon (M.), Avocat.
Plaidoyer pour les Comtes de Lyon, I, 5397.

LOISEL, Antoine, Avocat.
La Guyenne, *ou* Remontrances, &c. I, 6164.
Consultation sur la Réception du Concile de Trente, 7513.
Des Régales, 7601.
Mémoires du Comté & Evêché de Beauvais, 9668; III, 34896.
Opuscules, II, 15597.
Journal, 19518.
Amnistie & oubliance des maux, 19665.
Histoire des affaires du Temps, 20514.
Des Droits du Roi de France, 26886 & 27672.
De la Loi Salique, 28525.
Vie de Baptiste du Mesnil, III, 32971, IV, 45941.
Louange de Bourdeaux & de Guyenne, 37540.
Antiquités de Périgueux, 37573.
De la Ville & Pays d'Agénois, 37584.
De l'Université de Paris, IV, 44614.
Des Personnages de renom du Beauvaisis, IV, 45671.
Vie de Pierre Pithou, 45976.

LOISEL, Charles, Jurisconsulte & Historiographe.
Trésor de l'Histoire générale, II, 21314.

LOISEL (M.), Professeur en Droit à Rennes.
Lettre sur l'Origine du Bonnet verd, II, 15511.

de LOISEY.
Relation de la prise de Liége, III, 36111.

LOISY : *voyez* de la Touche.

des LOIX, Jean, Dominicain.
Speculum Inquisitionis Bisuntinæ, I, 5111.

LOMBARD, Eugene : *faux nom sous lequel s'est caché Célestin Sfondrate*, I, 7296 : *voyez* Sfondrate.

LOMBARD, G.
Comparaison des Histoires de Mézeray & du Pere Daniel, II, 15965.

LOMBARD, Théodore, Jésuite.
Vie de Jacques Vaniere, I, 14198.
Réponse à l'Idée des Vices de l'Institut des Jésuites, 14641.
Poëme sur la peste de Marseille, III, 38240.

de LOMBARD, Jean-Henri, Lieutenant-Général au Siége de Grasse.
Eloge de François Gaufridy, III, 33202.

LOMBARDELLI, Grégoire.
Vita di San Martiale, I, 8465.

LOMEDÉ, Jean.
Catalogus Ecclesiarum Galliæ exemptarum, I, 1299.
—piorum Hospitiorum, &c. 1304.
Responsio ad Libellum de Clericis, &c. 7151.
Tractatus Privilegiorum quæ exemptiones Ecclesiasticæ dicuntur, 7539.

LOMMELINO, Ambroise.
Discorso sopra le cose di Francia, II, 19366.
Relatione del Negotiato suo, 19632.

de LOMÉNIE, Antoine, Sieur de la Ville aux Clercs.
Inventaire de ses Manuscrits, II, 15940.
Table de ses Manuscrits, 15941.
Négociations, III, 30302.
Dépêches, 30324.
Ambassade, 30494.

de LOMÉNIE, Henri-Auguste, Comte de Brienne, fils du précédent.
Réponse aux Mémoires de M. de la Chastre, II, 22197.
Mémoires, 23871.
Lettres, III, 30769 & 30953.
Lettres & Minutes, 30904 & 30942.
Pièces qui regardent la Lorraine, 30928.
Dépêches, 30942.

de LOMÉNIE, Henri-Louis, Comte de Brienne, & ensuite Oratorien, fils du précédent.
Mémoires sur le Jansénisme, I, 5586.
Mémoires (d'Etat), II, 24179.

de LOMÉNIE de Brienne, Charles-François, Evêque de Coutances, frere du précédent.
Statuts Synodaux, I, 6479.

de LOMÉNIE de Brienne, Charles, Archevêque de Toulouse.
Oraison funèbre de M. le Dauphin, II, 25749.

de la LONDE (M.).
Recherches sur les *Cadetes*, I, 243.
Mémoire sur la Riviere d'Orne, 873.
Plan de Caën, 1444.

du LONDEL, Jean-Etienne.
Fasti Ludovici Magni, II, 24332.
Les Fastes des Rois des Maisons d'Orléans & de Bourbon, 24373.

le LONG, Jacques, Oratorien.
Edition de l'Histoire des démêlés de Boniface VIII, & de Philippe-le-Bel, I, 7119.
Vie de Nicolas Malebranche, 11259.
Mémoire pour la Vie de Philippe Labbe, 14149; IV, 46785.
Bibliothèque historique de la France, IV, S. 15949.*

Mémoire sur François de Belleforest, IV, 46644.
—sur André du Chesne, 46693.
—sur Gatien de Courtils, 46708.
—sur Scipion Dupleix, 46721.
—sur MM. Godefroy, 46746.
—sur Bernard-Girard du Haillan, 46760.
—sur MM. le Laboureur, 46786.
—sur Eudes de Mézeray, 46828.
—sur MM. de Sainte-Marthe, 46907.
—sur Jean de Serres, 46919.
—sur Antoine Varillas, 46958.
de Longannay, René.
Oratio, IV, S. 18345.
de Longchamp, F.
L'ancien Hérault Breton, III, 40090.
de Longchamp : *voyez* Turpin.
Longchamps.
Plan de Paris, IV, S. 1790.*
Poitou, I, 1824.
de Longchamps : *voyez* de Montandre.
de Longchamps (l'Abbé).
Tableau des Gens de Lettres, IV, 44549.
de Longeville : *voyez* Harcouet.
S. Longis, Abbé au Mans.
Testamentum ipsius, I, 11723.
de Longlée (le Sieur).
Ambassade, III, 30286.
de Longovico : *voyez* de Longvi.
de Longueil, Pierre, Évêque d'Auxerre.
Statuts Synodaux, I, 6381.
de Longueil, Christophe, Abbé de S. Ambroise de Milan.
Oratio de Laudibus S. Ludovici, II, 16862.
de Longueil, Jean.
Histoire des Officiers de la Couronne de France, III, 31340.
—des principaux Commensaux de la Maison du Roi, 32398.
de Longuemare : *voyez* Gouye.
de Longuerue : *voyez* du Four.
de Longuesnay (le Sieur).
La Régle de S. Benoît traduite, avec les Constitutions des Religieuses du Cherche-Midi, I, 14875.
Longuet, François, Chanoine de l'Eglise de Paris.
Procès-verbal de l'Assemblée de 1665, I, 6888.
de Longueterre.
Vie de S. François de Sales, I, 10772.
de Longueval, Jacques, Jésuite.
Notice abrégée de l'ancienne Géographie de la Gaule, I, 430.
Discours sur la Religion des Gaulois, 3807.
Histoire de l'Eglise Gallicane, 3956.
Dissertation sur le temps de l'établissement de la Religion Chrétienne dans les Gaules, 4008.
—sur l'année de la mort de S. Martin, 10296.
de Longueville (le Duc) : *voyez* d'Orléans.
de Longueville (la Duchesse) : *voyez* de Bourbon.
de Longueville (Mademoiselle) : *voyez* d'Orléans.
de Longvi, Claude, Évêque de Langres, Cardinal.
Statuta Synodalia, I, 6564.
de Longvi, Étienne, Évêque de Mâcon.
Statuta Synodalia, I, 6602.
de la Lontiere : *voyez* de la Roque.
van Loon, Jean.
Cartes Marines de la France, I, 694.
Le Flambeau de la Mer, 841.
Lopez, Jean.
Historia de lo transito de la Donna Isabella de Valois, II, 25519.
De obtentionis retentionisque regni Navarræ justitia, 28910.
De Regni Navarræ situ, III, 37667.

Lopez, Jacques.
Traduction Espagnole des Commentaires de César, I, 3881.
Lopez (le Sieur).
Lettres, III, 30683.
Lopez, Jérôme, Chanoine & Théologal de Bordeaux.
Pouillé de Bordeaux, I, 1244.
L'Eglise Métropolitaine de Bordeaux, 8232.
Oraison funèbre d'Anne d'Autriche, II, 25170.
—de Marie-Térèse d'Autriche, 25192.
—de Louis II de Bourbon, Prince de Condé, 25832.
Loppin, Isaac, Secrétaire de la Chambre du Roi.
Mines Gallicanes, I, 1654.
Avis au Roi, II, 28037.
Lorchan, Gaspard.
Mercurius Gallo-Belgicus, III, 39300.
Loredan, Marie-Turge : *faux nom sous lequel s'est cachée* Marguerite Léonard, II, 22280 : *voyez* Léonard.
Lorentz, Jean-Michel.
Epitome Rerum Gallicarum, IV, S. 3877.*
De antiquo Coronæ Gailiæ in Regnum Lotharingiæ Jure, II, 29041; III, 38811.
Sermon funèbre prononcé aux funérailles du Comte de Saxe, III, 31699.
De majoribus Feudis, 39922.
Loret.
La Muse Historique, II, 23218 & 23899; IV, S. 23218.
Loride, Pierre, Avocat.
Etat de l'affaire de Gex, I, 5990.
de Loriere : *voyez* Billard.
Lorit de Glaris, Henri.
Annotationes in Julii Cæsaris Commentarios, IV, S. 3879.
Commentariolus in Tacitum, II, 15396.
Descriptio Helvetiæ, II, 15396; III, 39071.
Panegyricon in laudem quatuor Pagorum Helvetiorum, II, 15596; III, 39071.
Lornet (Dom), Bénédictin.
Dissertation sur les Etats de Franche-Comté, III, 38458.
le Lorrain de Vallemont, Pierre, Chanoine de Rouen.
Curiosités de la Nature & de l'Art sur la végétation, IV, S. 3447.*
Description d'un Aimant, 3691.
Histoire de la Ville de Rouen, III, 35214.
Eloge de Sébastien le Clerc, IV, 47859.
de Lorraine, René II, Duc.
Déclaration de la bataille de Nancy, II, 17312.
de Lorraine, Antoine, Duc, fils du précédent.
Lettres, III, 29915.
de Lorraine, Jean, Cardinal, Archevêque de Reims & Évêque d'Agen, frere du précédent.
Statuta & Constitutiones Synodales, I, 6311.
Synode Provincial, I, 6689, IV, S.
de Lorraine, Charles, Évêque de Strasbourg, Cardinal, fils du Duc Charles II.
Remarques sur les troubles de l'Evêché de Strasbourg, I, 9139.
de Lorraine, Marguerite, Duchesse d'Orléans, fille du Duc François II.
Lettres, III, 30687.
de Lorraine, Nicolas, Comte de Vaudemont, Duc de Mercœur, fils du Duc Antoine.
Le Catalogue des Rois & Comtes qui ont régné en Provence, II, 27926.
Les Illustrations de la Comté de Provence, III, 38040.
de Lorraine, Charles, Évêque de Verdun, Cardinal de Vaudemont, fils du précédent.
Synodus Virdunensis, I, 6814.

de LORRAINE, Claude, Duc de Guife, fils du Duc René II.
Lettres, III, 29917 & 30047.
de LORRAINE, François, Duc d'Aumale & de Guife, fils du précédent.
Mémoires, II, 17687.
Difcours fur la Bataille de Dreux, 17907.
Négociations, III, 30038.
Lettres, 30092.
de LORRAINE, Charles, Cardinal, Archevêque de Reims, frere du précédent.
Difcours au Colloque de Poiffy, I, 6829; II, 17807.
Commentarius de rebus geftis Henrici II, 17747.
Difcours faits dans le Parlement de Paris, 17893.
Lettre d'un Seigneur du Hainaut, 17952.
Harangue au Roi, 18195; IV, S.
Harangue à Charles IX, 16064.
Lettere fopra la precedenza de gli Ambafciatori di Francia & di Spagna, 26908.
Négociations, III, 30003.
Lettres, 30040 & 48.
Dépêches, 30075.
Lettres confolatoires à Madame la Douairiere de Guife, fa mere, 32293.
Autre à Madame de Guife, fa belle-fœur, 32294.
de LORRAINE, Henri, Duc de Guife, fils du Duc François.
Lettre au Roi, II, 18670.
Autre Lettre, 18742.
Lettres, III, 30220 & 39.
de LORRAINE, Louis, Cardinal de Guife, Archevêque de Reims, frere du précédent.
Lettres, III, 30240.
de LORRAINE, Louis, Cardinal de Guife, Archevêque de Reims, neveu du précédent.
Lettre à M. le Duc de Guife, II, 20824.
de LORRAINE, Charles-Louis, Evêque de Condom, fils naturel du précédent.
Statuts Synodaux, I, 6477.
de LORRAINE, Charles, Duc de Guife, fils du Duc Henri.
Harangue à la Reine, IV, S. 20429.*
Lettre au Roi, II, 20489.
de LORRAINE, Claude, Duc de Chevreufe, frere du précédent.
Ambaffade, III, 30494.
Lettres, IV, S. 32344.
de LORRAINE, Louife-Marguerite, Princeffe de Conti, fœur des précédens.
Hiftoire des Amours du grand Alcandre (Henri IV), II, 19787 & 20069.
de LORRAINE, Henri II, Duc de Guife, fils du Duc Charles.
Lettre fur le Voyage de Naples, II, 22269.
Mémoires, 22276.
Lettre à la Reine, 22570.
Relation du Voyage de Naples, 23773.
de LORRAINE, Charles, Duc de Mayenne, fils de François Duc de Guife.
Edit & Déclaration, II, 19157.
Lettre au Roi d'Efpagne, 19312.
Lettres au Pape, 19313.
Autres Lettres, III, 30396.
de LORRAINE, Henri, Duc de Mayence, fils du précédent.
Lettre au Roi, II, 20529.
Réponfe à la Reine Mere, 20760; III, 30420.
Lettres, III, 34233.
de LORRAINE, Henri, Comte d'Harcourt, fils de Charles I Duc d'Elbœuf.
Lettres, III, 30900.
Lettre, 32351.

LORRY, François, Jurifconfulte.
Notes fur un Traité du Domaine, II, 27692.
LORRY, Paul-Charles, Jurifconfulte.
Effai fur le Mariage, IV, S. 7388.*
Mémoire fur les moyens de rendre les études de Droit plus utiles, IV, 45032.
LORRY, Anne-Charles, Médecin.
Mémoire pour fervir à l'Hiftoire de la Faculté de Médecine de Montpellier, IV, 45208.
Eloge de Jean Aftruc, 46022.
de LORSANES (le Sieur).
Proteftation, IV, S. 18327.*
LOSME de Monchefnay, Jacques.
Bolæana, IV, 47324.
de LOSSE, Jean, Abbé de S. Laurent de Liége.
Res Leodienfes, I, 8703.
Defcriptio urbium inferioris Belgii, III, 39164.
de LOSSE, D. dit la Touche, Miniftre Calvinifte.
Lettre fur la Conférence tenue à Nancy, I, 6205.
LOTHAIRE, Empereur.
Conftitutio, II, 16327.
Diplomata, 27607 & 9.
LOTHAIRE, Diacre.
Carmen de origine Gentis Francorum, II, 24864.
LOTICHIUS, Jean-Pierre.
Rerum Germanicarum Commentarii, II, 23054.
LOTTER, Jean-Georges.
Differtatio in Tabulam Peutingerianam, I, 28.
LOTTIN, Auguftin-Martin & Antoine-Profper, Libraires, freres.
Almanach des Ducs de Bourgogne, II, 26783.
LOTTIN, Auguftin-Martin, Libraire, Imprimeur du Roi, l'aîné des deux précédens.
Voyage & retour de Saint-Cloud, IV, Suppl. 2361.*
Annales & Antiquités de Saint-Cloud, là.
Mémoire concernant la Chapelle de la Conception de la Sainte Vierge, I, 4206.
Précis de la Vie de l'Abbé Prevoft, 11374.
—de la Vie de M. Tricalet, 11492.
Edition des Oraifons funebres de M. le Prevoft (avec quatre Notices), II, 14520.
Peroraifon d'un Difcours fur la conduite de Dieu envers les hommes, 24757.
Notice hiftorique fur M. le Duc de Berry (petit-fils de Louis XIV), 15715.
Eloge du Maréchal de Catinat, V, Add. 31611.
Tableau des Profeffeurs du Collége Royal, IV, 45140.
Trois Lettres fur l'Imprimerie, IV, S. 47981.**
Réponfe, là.
Deux Lettres, là.
Réplique, là.
LOUAIL, Jean.
Hiftoire du Cas de Confcience, I, 5628.
La premiere Partie de l'Hiftoire de la Conftitution Unigenitus, 5638.
de la LOUBERE, Simon.
Relation du Royaume de Siam, III, 31068.
Lettre fur M. Peliffon, 32762.
De l'Origine des Jeux Floraux de Touloufe, IV, 45616.
de LOUDERI : voyez Pinffon.
de LOUDON : voyez Morin.
de LOUEN, Charles-Antoine.
Hiftoire de l'Abbaye Royale de S. Jean des Vignes, I, 13454.
LOUIS-le-Débonnaire, Empereur & Roi de France.
Areopagitica, I, 4016.
Præceptum de divifione Regni, II, 16328.
Conqueftio de fcelere filiorum fuorum, 16346.
Capitularia, 27607.

Capitula, 27610.
Epistolæ, III, 29744.
LOUIS II, Empereur.
Epistola Apologetica, II, 16405.
LOUIS VIII, Roi de France.
Testamentum, II, 16782.
S. LOUIS, IX.e du nom, Roi de France.
Ordinationes, &c. pro exterminatione hæresis Albigensium, I, 5740.
Pragmatica Sanctio, 7538; IV, S.
Epistola ad subditos suos, II, 16813.
Contractus Navigii cum Venetis, 16825.
Testamentum, 16826.
Les Enseignemens de S. Louis à sa Fille Agnès, 16827.
Constitutiones, Statutum & Litteræ, 27611.
Les Préceptes de S. Louis à son fils Philippe, 27612.
Les établissemens de S. Louis, 27613.
LOUIS XI, Roi de France.
Sa Déclaration contre Charles, Duc de Bourgogne, II, 17314.
Son Cabinet, 17336; IV, S.
Le Rosier des Guerres, 27182.
Lettres, III, 29830 & 31, 29915.
LOUIS XII, Roi de France.
Lettres, III, 29866, 29915, 29986 & 30421.
LOUIS XIII, Roi de France.
Lettres Patentes pour la construction du Canal de Briare, I, 934.
Traduction des Commentaires de César, 3880.
Déclaration touchant son Vœu à la Sainte Vierge, 4079.
Lettres Royales en forme de Chartes pour l'érection de l'Hôpital des Cent Filles, 5308.
Lettre au premier Président du Parlement de Paris, II, 10431.
—à la Reine, 20432.
—à l'encontre du Duc de Nevers, 20523.
—au Duc de Mayenne, 20529.
Lettres au Duc de Bouillon, 20559.
Lettre à M. de Bonouvrier, 20602.
—au Parlement de Provence, 20631.
—aux Gouverneurs des Provinces, 20688.
Lettres à la Reine Mere, 20759, 62, 67, 70, 71.
Lettre à M. le Prince, 20785.
—à MM. de la Cour du Parlement, 20786.
—à M. le Prince, 20792.
—aux Parlemens, 20880.
Lettres au premier Président du Parlement de Paris, 20988, 21005 & 6.
Lettre aux Prévôt des Marchands & Echevins de Paris, 21019.
—à M. de Sully, 21085.
—à Madame la Connétable, 21198.
—à M. le Duc de Nevers, 21209.
—au Parlement de Paris, 21403.
—aux Gouverneurs des Provinces, là.
—au Duc de Montbazon, 21597.
—à M. d'Halincourt de Suze, 21601.
—au Duc d'Orléans, 21627.
—au Duc de Montbazon, 21632.
—au Duc de Brissac, 21633.
—aux Parlemens & aux Gouverneurs des Provinces, 21666.
—à M. de Bellegarde, 21667.
Lettres au Duc d'Orléans, 21667 & 68.
Lettre aux Provinces, 21669.
Lettres au Duc d'Orléans, 21669, 72, 83.
Lettre à la Reine-Mere, 21686.
Lettres au Duc d'Orléans, 21727.
Lettre au Parlement de Bourgogne, 21738.
—au Duc de Montbazon, 21745.
—au Duc d'Orléans, 21760.

Lettre au Comte de Soissons, 21773 & 75.
—au Parlement de Paris, 21776.
Lettres au Parlement de Metz, 21786.
Lettre au Duc de Montbazon, 21787.
Lettres à l'Archevêque de Bordeaux, 21912.
Relations en forme de Journaux, 22054.
Lettres au Duc de Montbazon, 22062 & 28705.
—à Jean Villiers-Hotman, III, 30404.
—à François Savari de Breves, 30417.
Autres Lettres, 30421.
Lettres aux Ducs de Nevers & de Nemours, 30503.
—au Marquis de Béthune, 30519.
—à la Reine Mere, 30529.
—à la Reine Mere & autres, 30680.
—au Duc d'Orléans, 30682.
LOUIS XIV, Roi de France.
Edit pour la Construction du Canal de Languedoc, I, 896.
Lettres Patentes en interprétation de cet Edit, là.
Déclaration concernant le droit de voiture sur ce Canal, 909.
Lettres Patentes pour le Canal de Briare, 934.
Edit pour la construction du Canal de Briare, 935.
Edit pour le desséchement des Marais de Bourgogne, 937.
La Guerre des Suisses, traduite de César, 3884.
Déclaration qui confirme le vœu de Louis XIII, 4080.
Edit portant établissement de l'Hôpital-Général, 5316.
Déclaration sur la Bulle d'Alexandre VII concernant le Formulaire, 5606.
Lettres au Duc de Montbazon, &c. III, 22315.
Lettre aux Prévôt des Marchands & Echevins de Paris, 21905.
—au Parlement de Provence, 23026.
—au Parlement de Bourdeaux, 23047.
Lettres au Parlement de Paris, 23147, 23419 & 28.
Lettre au Duc de Lorraine, 23429.
Lettres au Maréchal de l'Hospital, 23436, 61, 63.
Lettre au Parlement de Provence, 23465.
Lettre & Ordonnance au Prévôt des Marchands de Paris, 23511.
Lettres au Duc d'Orléans, 23676 & 77.
Lettre au Sieur Pietre, 23678.
—au Cardinal de Retz, 23680.
—aux Députés du Clergé de Paris, 23681.
—à l'Archevêque de Paris, 23694.
Lettres au Maréchal de l'Hospital, 23777, 78, 82.
Lettre aux Prevôt des Marchands & Echevins de Paris, 23781.
Lettre au Pape Urbain VIII, 23784.
—à la Reine d'Espagne, 23911.
—au Duc de Saint-Aignan, 24111.
—au Cardinal d'Estrées, 24253.
—au Pape Clément XI, 24417.
—au Duc de Tresines, 24446.
—sur les Droits de la Reine, 28845.
—au Cardinal d'Estrées, 29096.
—au Maréchal d'Aumont, III, 39328.
Lettres au Cardinal de Bichi & au Marquis de Fontenay, 30883.
Lettres diverses, 30953, 58, 62.
Lettres au Pape Alexandre VII, &c. & à plusieurs Cardinaux, 30990.
—à M. de la Moignon, 31009.
Lettres diverses, 31011.
Lettres au Comte de Briord, 31116.

Lettres

Table des Auteurs.

Lettres à M. le Duc de Tresmes, 31123.
Lettre au Marquis de la Vieuville, 33752.
—au Duc de Montbazon, 39049.

Louis XV, Roi de France.
Cours des principaux Fleuves & Rivières de l'Europe, I, 860.
Lettres Patentes pour la construction d'un Canal sur la Vere, 918.
Lettres-Patentes accordées aux Entrepreneurs de ce Canal, 920.
Traité entre les Rois de France & de Sardaigne, 2277.
Réglement touchant l'administrat. des Haras, 3560.
Lettre au sujet du Vœu de Louis XIII, 4080.
Lettres-Patentes pour l'érection de l'Evêché de Dijon, 9049.
Edit concernant la délivrance des Prisonniers par les Evêques d'Orléans, 9454.
Lettre à M. de Berwick, II, 24563.
—à son Conseil, 24590.

Louis XVI, Roi de France.
Description de la Forêt de Compiégne, IV, *Suppl.* 1488.*
Lettres-Patentes portant création de la Charge de Garde des Sceaux de France, en faveur de M. de Miromesnil, IV, *S.* 31565.*

Louis de France, Duc de Bourgogne, pere de Louis XV.
Journal de son Voyage, II, 26512.

Louis II, Roi de Jérusalem & de Sicile.
Testamentum, II, 18456.

Louis, Pierre.
De jure Anglorum in Gallia, II, 28802.

Louis, Jean-Pierre : *on a prétendu découvrir sous ce nom Louis Hugo, Tome II, N.° 29039. Mais cet article n'est qu'une traduction du N.° 29038, attribué à Jean-Pierre Ludewig, dont il porte le nom, & qui est Auteur de plusieurs autres Ouvrages : voyez* Ludewig.

Louis, Antoine, Chirurgien.
Histoire de la Chirurgie en France, IV, 44890.
Réfutation de l'Ecrit des Médecins, &c. 44964.
Lettre contenant un Rêve singulier, 44971, & *S.*
Histoire de l'Académie Royale de Chirurgie, 45541.
Eloges de MM. Bassuel, Malaval & Verdier, 46029.
Eloge d'Egide-Bertrand Pibrac, 46045.
—d'Ambroise Bertrandi, 46046.
—de Claude-Nicolas le Cat, 46074.
—de Henri-François le Dran, 46120.
—de Pierre Foubert, 46147.
—de Pierre-Paul Molinelli, 46229.
—de Jean-Louis Petit, 46271 & 73.
—de Jean-Georges Roëderer, 46308.

Louis de S. Malachie (Dom), Feuillent.
Liber de origine & progressu Congregationis S. Mariæ Fuliensis, I, 13085.

Louis de Sainte Térèse (le Pere), Carme Déchaussé.
Annales des Carmes Déchaussés, I, 13708.
Histoire des Missions des Carmes Déchaussés en Hollande, 13709.

Louis de Mont-Royal (le Pere), Capucin.
Carte de l'Ordre des Capucins, I, 1186; IV, *S.*

Loup, Evêque de Châlon-sur-Saône.
Vita S. Maximini Trevirensis, I, 10510.

Loup Servat, Abbé de Ferrieres.
Epistolæ, III, 19743.

de la Loupe, Vincent.
Prochotrophe urbis Carnutensis, I, 4970; IV, *S.* 35541.*
Commentarii de Magistratibus & Præfecturis, III, 31185; IV, *S.*

de la Loupe (M).
Lettre à un Seigneur, IV, *S.* 20356.*

Tome V.

de Loutaud (le Chevalier).
La Campagne des François en Candie, II, 23947.

Louvart, François, Bénédictin.
Lettre sur Dom Thierri de Viaixnes, IV, *Suppl.* 12805.***

Louvet, Pierre, Avocat.
Chronologia rerum Ecclesiasticarum Diœcesis Bellovacensis, I, 9667; IV, *S.*
Histoire & Antiquités du Diocèse de Beauvais, 9669.
Histoire du Beauvaisis, III, 34897.
Remarques de la Noblesse Beauvaisienne, 34898 & 40604.

Louvet, Pierre, Dominicain.
Thesaurus Apostolicus, IV, *S.* 5284.*

Louvet.
Discours sur la Paix de Câteau-Cambresis, IV, *S.* 37786.*

Louvet, Nicolas, Prieur de Vaux-de-Cernay.
Liste des Abbés de Vaux-de-Cernay, I, 13168.

Louvet, Pierre, Médecin.
La France dans sa splendeur, I, 2145.
Vie de S. Roch, 4650.
—de S. Thyrse & des Saints Marius & Donat, 4705.
Abrégé de l'Histoire de Provence, 7851.
Vie de S. Prosper d'Aquitaine, 4650 & 7883.
Le Mercure Hollandois, 24142.
Discours de l'an Jubilaire de la Paix, III, 30927.
Histoire de la Principauté de Dombes, 36049.
Projet de l'Histoire de Beaujolois, 37430.
Histoire du Beaujolois, 37431.
Histoire de Villefranche, 37435.
Abrégé de l'Histoire d'Aquitaine, 37511.
Remarques sur l'Histoire de Languedoc, 37709.
Le Trésor des grandeurs du Languedoc, 37710.
Histoire de Montpellier, 37829.
—des troubles de Provence, 38106.
Addition à cette Histoire, 38107.
Abrégé de l'Histoire de Provence, 38123.
Histoire de Sisteron, 38262.
Abrégé de l'Histoire de Franche-Comté, 38418.

de Louvetiere (M.), Avocat.
Traité de la Régale, I, 7596; IV, *S.*

de Louvigny (le Comte).
Lettre au Maréchal de Grammont, II, 24110.

de Louvois : *voyez* le Tellier.

Louvreloeil, Jean-Baptiste, Doctrinaire.
Le Fanatisme renouvellé, I, 6089.
Lettre à M. Brueys, 6090.
Mémoire sur le Pays du Gévaudan, III, 37901.

de Louvrex, G.
Recueil de Pièces concernant le Pays de Liége, III, 39229.

Louwius, Pierre.
Notationes in militiam sacram Ducum Brabantiæ, III, 39492.

de Loy, Michel.
Oratio de vario Juridicæ Scholæ statu, IV, 45024.
Elogium Petri Halle, IV, 45903.

de Loyac, Jean, Conseiller au Parlement de Bordeaux.
Les Advis d'un fidèle Conseiller, II, 27274.
L'Euphème des François, II, 27507; III, 40183.

de Loyac, Jean, Abbé de Gondon.
Vie de Pierre de Sanejehan, I, 13447.
—d'Antoine Tholosani, 13448.

de Loyauté, Dom, Avocat.
Notæ in Vitam Hildeberti Turonensis, I, 10328.

Loyens, Hubert.
Responsio Tractatui de origine Ducatûs Brabantiæ, II, 28873.
Synopsis rerum gestarum à Principibus Lotharingiæ, Brabantiæ & Limburgi, III, 38869.

Gggg

Loyens, J. G.
    Recueil Héraldique des Bourguemeſtres de Liége,
        III, 39214 & 40692.
Loyer, Jacques.
    Généalogie de la Maiſon de Martigue, III, 43136.
le Loyer, Pierre, Conſeiller au Préſidial d'Angers.
    Les Colonies Iduméanes, III, 35674.
    Généalogie de la Maiſon de Craon, 42035.
le Loyer, Jean.
    Carte de l'Evêché d'Angers, I, 1009.
    —de l'Anjou, 1344.
le Loyer, Jacques, frere du précédent.
    Confins de Bretagne & d'Anjou, I, 1441.
Loys de Bochat, Charles - Guillaume.
    Carte pour l'Hiſtoire de l'Helvétie, I, 57.
    Diſſertation ſur les Ambrons, 190.
    Veterum Helvetiorum fortitudo, 294.
    Mémoire ſur Lauſanne, 316.
    Locus J. Cæſaris ad Helvetios pertinens, 3888.
    Mémoires critiques ſur la Suiſſe, I, 3931; III, 39069.
de Loys, Pierre.
    Franciæ Regum Deſcriptio, IV, S. 15819.*
Loyseau, Charles.
    Du Droit des Offices de France, III, 31198.
    Traité des Seigneuries, 39832.
Loysel : voyez Loiſel & de Perriers.
de Lozerolles : voyez Aved.
de Lubert (Mademoiſelle).
    L'origine de la Machine de Marly, II, 27029;
        IV, S.
de Lubieres, Jean.
    Diſcours ſur le Royaume de Sicile & les Comtés
        de Provence, &c. II, 27923.
Lubin, Auguſtin, Religieux Auguſtin.
    Gallia cum locis ubi Martyres paſſi ſunt, I, 998.
    Provinciæ Eremitarum S. Auguſtini in Gallia, 1190.
    La Clef du grand Pouillé de France, 1212.
Lubuzit, Gabriel.
    Notæ in Gigem Gallum, II, 15466.
Luc, Evêque de Tui en Galice.
    Scriptores contra Waldenſes, I, 5707.
Lucante, N. Médecin.
    Obſervations ſur les Eaux de Meynes, I, 3108.
Lucas, Guillaume.
    Hiſtoire d'Harcourt, III, 42697.
Lucas (le Pere), Jéſuite.
    Elogium Franciſci Vavaſſoris, I, 14163.
Lucas, N. Avocat.
    Eloge de Madame des Houlieres, IV, 48093.
Lucas, Pierre, dit le P. Simplicien, Auguſtin déchauſſé:
    voyez Simplicien.
Lucas, C. Médecin.
    Analyſe de l'Abrégé des Eaux Minérales, I, 2884.
Lucas (le Sieur), Graveur.
    Plan de Niſmes, I, 1691.
Lucas (l'Abbé), de la Société Littéraire d'Arras.
    Diſſertations ſur les Terres & les Eaux du Canal
        de la Lys, I, 1688.
    Diſſertation ſur la Tourbe d'Artois, 2692.
    Obſervations Phyſiques ſur les Eaux de l'Artois, 2850.
    Mémoire ſur les exondations du Puits de Boyaval,
        &c. 1853.
Luccevangeli, Nicolas.
    Succeſſi del viaggio d'Errico terzo, II, 18187.
Luce (M.), Chanoine Régulier de S. Victor.
    Recherches ſur les Routiers & la Jacquerie, II, 15572;
        IV, S.
de la Luce, Bertrand, Médecin.
    Défenſe pour les François, II, 17564.
de Luchet (le Marquis).
    Diſſertation ſur Genabum, IV, S. 280.**
    Deſcript. Topographique de l'Orléanois, IV, S. 2240.*

De la Pucelle d'Orléans, IV, S. 17242.*
    Hiſtoire de l'Orléanois, III, 35603.
de Lucinge, René, Seigneur des Alymes, Médecin.
    Commentarii, II, 18496.
    Les Occurrences de la derniere Paix, 19795; IV,
        Suppl.
Lucius, Pierre, Carme.
    Bibliotheca Carmelitana, IV, S. 13699.*
Lucius de Tongres, Cordelier.
    Hiſtoria Rerum Belgicarum, III, 39280.
Lucius de Verone.
    Diſſertatio de ſucceſſione in Jura Juliæ, III,
        39243.
Luckius, Jean-Jacques.
    Sylloge Numiſmatum, IV, S. 15870.*
    Annales Rupiſpoletani, III, 38754.
    Genealogiæ Alſaticæ, 40599.
Lucotte du Tillot, Jean - Bénigne, Gentilhomme
    ordinaire du Duc de Berry.
    Mémoire ſur la Fête des Foux, II, 15563 & 64.
    Lettre au ſujet de ces Mémoires, 15567.
    Miſcellanea eruditæ antiquitatis, 15579.
    Mémoires hiſtoriques ſur les Favorites, 24369.
    Mémoires pour ſervir à l'Hiſtoire des Ducs de Bour-
        gogne, 25436.
    —pour ſervir à l'Hiſtoire de Charles de Biron,
        III, 31591.
    —pour ſervir à l'Hiſtoire du Duc de Guiſe, III,
        32314.
de Ludewig, Jean-Pierre.
    Reliquiæ Manuſcriptorum Diplomatum, II, 15991;
        IV, S.
    Singularia Juris publici Germanici Imperii Principia,
        IV, S. 27610.*
    Du Droit de l'Empire ſur la Principauté d'Orange,
        (en Allemand), II, 27909.
    Lotharingia vindicata, 29038 & 39; IV, S.
    Fata noviſſima Principatûs Arauſionenſis, III,
        38288.
    Hiſtoria Principatûs Arauſionenſis, IV, Supplém.
        38294*; V, Add.
S. Ludger, Evêque de Munſter.
    Vita S. Gregorii Ultrajectini, I, 8811.
le B. Ludger.
    Commentatio de B. Rabano Mauro, I, 9099.
Ludot, Chriſtophe.
    Requête au Roi, II, 21275.
de Luigen : voyez Virilus.
Luillier : voyez l'Huillier.
Luillier (M.), Docteur de Sorbonne, Curé de S. Louis
    en l'Iſle.
    Diſcours ſur Alexandre Bontemps, IV, S. 32399.*
Luillier - Chapelle, Claude - Emmanuel.
    Voyage fait en France, I, 2314.
de Luines (Meſdames).
    Rétractation, I, 15107.
Luithprand, Diacre de Pavie.
    Res ab Europæ Imperatoribus & Regibus geſtæ,
        II, 16483.
de Lullin (le Marquis).
    Mémoires, III, 30321.
de Lumieres : voyez d'Amours.
de Lumina : voyez Poullin.
Luminée de Marca, Corneille, Bénédictin.
    Duces Burgundiæ, II, 25438; III, 39386.
Lupanus : voyez de la Loupe.
Lupis, Antoine.
    Il Comte Franceſco Martinengo, III, 31991.
Lupus Protoſpata.
    Chronicon Neapolitanum, III, 35043.
Lupus, Chrétien, Auguſtin.
    Diſſertatio de Appellationibus, I, 7487.
    —de S. Leonis IX Actis, 7685.
de Lurbe, Gabriel, Juriſconſulte.
    Garumna, Aurigera, &c, I, 855.

Catalogus Archiepiscoporum Burdigalensium, 8234.
Chronicon Rerum Burdigalensium, III, 37531; IV, S.
Traduction du même Livre, là.
Les Statuts de la Ville de Bourdeaux, 37536, IV, S.
De illustribus Aquitaniæ viris, IV, 45664.
de Lus (M.).
Lettres & Mémoires, III, 30122.
de Lusancy (le Sieur) : *faux nom sous lequel s'est déguisé* Matthieu de Beauchasteau, Ministre des Protestans.
Vie du Duc de Schomberg, III, 31686.
Lusignan, Etienne, Dominicain.
Catalogus quorumdam Pontificum Galliæ, I, 1204.
Notitia Episcoporum Galliæ, 7819.
Della origine del Regno di Francia, II, 15384.
Généalogie des Maisons de Mérovée, 15238.
Description des Généalogies des Rois de Jérusalem, &c. III, 40541.
de Lussan, Mademoiselle : *la plupart des Ouvrages imprimés sous son nom, sont attribués à d'autres Auteurs, comme on va le voir.*
Anecdotes de la Cour de Philippe Auguste, III, 16779 : *attribuées à l'Abbé de Boisimorand.*
Histoire de Charles VI, 17147 : *attribué à M. Baudot de Juilly.*
Mémoires secrets de la Cour de Charles VII, 17189 : *attribués au même.*
Histoire du Règne de Louis XI, 17341, *attribuée au même.*
Anecdotes de la Cour de François I, 17638.
Annales galantes de la Cour de Henri II, 17742.
Histoire de la Révolution de Naples, 22279 : *attribuée à M. Baudot de Juilly.*
Marie d'Angleterre, Reine-Duchesse, 25078.
Vie de Crillon le Brave, III, 31931.
Lusse (le Sieur), Gentilhomme.
Lettre sur le Sacre de Charles VII, II, 26040.
Luto, Philippe.
Plan de Boulogne, I, 1405.
de Luttange, Nicolas, Célestin.
Chronique des Célestins de Metz, III, 38777.
Lutto (M.), Curé d'Alquine en Boulonois.
Histoire du Boulonois, III, 34201.
Lutton Durival, Jean-Baptiste.
Essai sur l'Infanterie Françoise, III, 32182.
de Luxembourg, François, Duc de Piney.
Lettre aux Cardinaux & au Pape, II, 19269 & 19337.
—au Roi & à M. de Villeroy, III, 30309.
de Luxembourg : *voyez* de Montmorenci.
de Luxembourg, Jean, Abbé d'Ivry, depuis Evêque de Pamiers.
Notes sur l'Institution du Prince de Budé, II, 27089.
Vie du Connétable Anne de Montmorency, IV, S. 31436.*
Luyts, Robert, Chanoine de Tonnerre.
Histoire de S. Micomer, I, 11293.
—de la Reine Marguerite de Bourgogne, II, 25367.
La Régence des Reines de France, 27357.
Description de la Ville de Tonnerre, III, 34335.
de Luzech, Antoine, Evêque de Cahors.
Constitutiones Synodales, I, 6455.
de la Luzerne, César-Guillaume, Evêque, Duc de Langres.
Oraison funèbre de Louis XV, IV, S. 24802.*
Lydius, Jean.
Vita Nicolai de Clemangis, I, 11055.
de Lymoges, Jacob.
Harangue au Roi, II, 21035.
Lynchée, André.
Elogium Joannis Mollony, IV, 45785.

Tome V.

de Lyon, Olivier, Grand-Maître du Collège de Navarre.
Oratio ad Franciæ Cancellarium, IV, 44723.
du Lyon, Pierre, Archevêque de Toulouse.
Ordonnances Synodales, IV, S. 6758.*
Lyonnard, Claude.
Panegyricus Galliæ Delphinatúsque, III, 37926.
Lyonnet, Robert.
Dissertatio de Morbis hereditariis, II, 22132.
de Lyonniere : *voyez* l'Hérault.
de Lys (l'Abbé) de la Société Littéraire d'Arras.
Observations sur l'Artois, I, 2490.
Mémoire sur l'éducation des Abeilles, 3650.
Dissertation sur la Conversion des Atrebates, & sur la Manne d'Arras, I, 4075, 4945; IV, S.
Mémoire sur la séparation des Evêchés d'Arras & de Cambrai, 8587.
—sur la Vie de François Richardot, Evêque d'Arras, 8603.
du Lys, Charles, Conseiller d'Etat, Avocat-Général en la Cour des Aydes de Paris.
Recueil d'Inscriptions, II, 17224.
Recueil concernant les Elus, III, 33876.
Traité des Offices des Trésoriers de France, 34036.

M

M. (Fr.), *c'est* le Frere Macaire, I, 14040; IV, S. *voyez* Macaire.
M.** *c'est* M. l'Abbé Lebeuf, I, 11911 : *voyez* Lebeuf.
M.*** *c'est* M. Freret, I, 2 : *voyez* Freret.
M.*** *inconnu.*
Lettre à M. de Voltaire, II, 24509.
M.*** *c'est* M. l'Abbé Lebeuf, III, 35990 : *voyez* Lebeuf.
M.*** Avocat de Nismes.
Eclaircissement des Antiquités de la Ville de Nismes, III, 37877.
M.*** Chirurgien de Paris : *c'est* M. Louis, IV, 44964 : *voyez* Louis.
M.*** Chirurgien de Rouen.
Lettres sur les disputes des Chirurgiens & des Médecins, IV, 44919.
M.*** de Troyes, *inconnu.*
Histoire des Comtes de Champagne, III, 34212.
M.*** (l'Abbé), *c'est* l'Abbé Mallet, II, 19742 : *voyez* Mallet.
M. A.*** Médecin de Paris.
Lettre au sujet de quelques crystallisations, I, 2723.
M. A. B. *c'est* M. Antoine Breton, I, 3561 : *voyez* Breton.
M. A. C. D. S. T. *c'est* M. Adam, Curé de S. Thomas d'Evreux, III, 35320; IV, S. *voyez* Adam.
M. A. D. *inconnu.*
Observation sur une Maladie inconnue, I, 2491.
M. A. D. E. D. *c'est* M. Anson, Docteur en Droit, I, 34825 & 35560 : *voyez* Anson, & *lisez-y* 34825 *au lieu de* 34885.
M. A. E. P. P. *inconnu.*
Catalogus Plantarum Horti Regii Parisiensis, I, 3396.
M. A. G. B. D. A. A. A. P. *c'est* M. Antoine-Gaspard Boucher d'Argis, Avocat au Parlement, II, 15542; III, 29384 : *voyez* Boucher d'Argis.
M. A. L. A. E. P. *c'est* M. Antoine Loisel, Avocat en Parlement, I, 7513 : *voyez* Loisel.
M. A. R. *inconnu.*
Curiosités de Paris (en Anglois), I, 2366.

M. B. Docteur en Médecine, *c'est* M. Billet, I, 3124 : *voyez* Billet.
M. B. *inconnu.*
Lettre fur la Question, Si les anciens Gaulois parloient Grec, I, 3775.
Réponfe à un Dialogue fur le même fujet, *là.*
M. B. Chanoine d'Auxerre.
Lettre fur le véritable Auteur de la Chronique de S. Marien, II, 16747.
M. B. Ecclésiastique.
Lettre fur les difficultés des Ligueurs, II, 19155.
M. B. *c'est* M. Baral, IV, *Suppl.* 27109 : *voyez* Baral.
M. B. *c'est* M. Bafnage, III, 40196 : *voyez* Bafnage.
M. B.*** Médecin de Nifmes: *c'est* M. Baux, I, 2609 : *voyez* Baux.
M. B.*** *inconnu.*
Mes Rêveries fur les Doutes modestes, II, 28133.
M. B.*** *c'est* M. Beautrou, III, 30565 : *voyez* Beautrou.
M. B.*** Avocat au Parlement : *c'est* Béguillet, III, 35842 : *voyez* Béguillet.
M. B. A. A. G. C. *inconnu.* On prétend feulement que ces quatre dernières Lettres fignifient Avocat au Grand Confeil.
Les Grenouilles d'Egypte, II, 28690.
M. B B. *inconnu.*
Eloge de Guillaume de Lavaur, IV, 45916.
M. B. D. A. *c'est* M. Boucher d'Argis, III, 34832 : *voyez* Boucher d'Argis.
M. B. D. D. S. *c'est* M. Bellanger, Docteur de Sorbonne, I, 3749 : *voyez* Bellanger.
M. B. D. L. *c'est* M. Bougerel de l'Oratoire, I, 10968 & 11066 : *voyez* Bougerel.
M. B. D. S. V. *c'est* M. Bompart de Saint - Victor, III, 37461 : *voyez* Bompart.
M. B. P. *inconnu.*
L'Amante convertie, I, 15006.
M. C. *c'est* M. Chevallet, III, 38445 ; IV, S. *voyez* Chevallet.
M. C. *inconnu.*
Mémoires de l'Académie de la Ville-neuve de Nancy, IV, 45596.
M. C.*** *inconnu.*
Ode fur les Vaisseaux offerts au Roi, II, 24790.
M. C.*** *c'est* M. Camufat, IV, 45656 : *voyez* Camufat.
M. C. Sacr. Th. Doctore, *c'est* Maître Charlas, Docteur en Théologie, I; 7024 : *voyez* Charlas.
M. C. C. A. *inconnu.*
Le Négociant Citoyen, II, 28233.
M. C. de D. Capitaine d'Infanterie.
Adieux d'un Poëte à fa Mufe, II, 24667.
M. C. G. Soldat du Régiment des Gardes Françoifes.
Difcours au Roi, II, 24671.
M. C. L. A. A. P. D. P. *c'est* Pierre Bayle, I, 6073 : *voyez* Bayle.
M. C. Q. A. G. D. P. *inconnu.*
Sur le profit des Brebis & des Chèvres, I, 3572.
M. C. S. *c'est* M. Charles Sorel, IV, 45501 : *voyez* Sorel.
M. D. *c'est* M. Dezallier d'Argenville, fils, I, 2368 ; III, 34522 ; IV, S. 3462* : *voyez* Dezallier.
M. D. *c'est* Marc Duncan, I, 4851 : *voyez* Duncan.
M. D. *c'est* M. Denefle, I, 4910 & 22 ; IV, S. *voyez* Denefle.
M. D. *c'est* M. Duval, I, 6088 : *voyez* Duval.
M. D. *c'est* M. Simon Gueulette, furnommé Defmay, II, 15633 ; IV, S. *voyez* Gueulette.
M. D. *inconnu.*
Relation de ce qui s'est paffé en Sicile, II, 24093.

M. D. *c'est* Madame la Comteffe d'Aunoy, Jumel de Berneville, II, 24146 : *voyez* Jumel.
M. D. *c'est* M. d'Héguerty, II, 28203 : *voyez* d'Héguerty.
M. D. *c'est* M. de la Cofte, II, 28213 : *voyez* de la Cofte.
M. D. *inconnu.*
Traduction d'un Ouvrage Italien fur la Loi Salique, IV, S. 28545.*
M. D. *c'est* M. le Comte d'Avaux, Claude de Mefme, III, 30776 : *voyez* de Mefme.
M. D.** *c'est* M. de Court, IV, 47052, & S. *voyez* de Court.
M. D.*** de l'Académie de Rouen, *inconnu.*
A M. de Voltaire, II, 24667.
M. D.*** *c'est* M. Dezallier d'Argenville, fils, III, 34522 : *voyez* Dezallier.
M. D.*** *c'est* M. Desjardins, III, 39544 : *voyez* Desjardins.
M. D.*** Chirurgien d'Orléans.
Réponfe au Médecin, Auteur du Baillon, IV, 44917.
M. D. B. *c'est* M. du Boulay, I, 6973 : *voyez* du Boulay.
M. D. B. *inconnu.*
Diflertation fur les Inveftitures & la Régale, I, 7629.
M. D. B. *On a voulu défigner ainfi* M. de Boulainvilliers, *mais mal-à-propos*, III, 31222.
M. de B.*** Secrétaire de M. L. C. D. R. *c'est-à-dire*, de M. le Cardinal de Richelieu ; & *fous ce nom, c'est* Gatien de Courtilz, II, 21977 : *voyez* de Courtilz.
M. D. C. On croit que *c'est* M. de Chevrier, II, 24783 : *voyez* de Chevrier.
M. de C. *c'est* M. Petit du Noyer, III, 31147 : *voyez* Petit du Noyer.
M. D. C. A. D. S. *inconnu.*
Lettre fur le trou de Clufeau, III, 37582.
M. D. D. *c'est* M. Dreux du Radier, IV, 45750 : *voyez* Dreux du Radier.
M. D. de M. Confeiller au Parlement de Paris.
Hiftoire de la Baronie de Chacenay, III, 34378.
M. D. D. R. *c'est* M. Dreux du Radier, II, 15862 : *voyez* Dreux du Radier.
M. D. F. L. *inconnu.*
Mémoires touchant ce qui s'eft paffé en Italie, II, 24301 & 24364 ; IV, S.
M. de G. *inconnu.*
Traité de la Paix d'Angleterre, III, 40731.
M. D. L. *c'est* M. de Lautaret, I, 3677 : *voyez* de Lautaret.
M. D. L. *c'est* M. de Launoy, IV, S. 7381* : *voyez* de Launoy.
M. D. L. B. E. *inconnu.*
Oraifon funèbre de Madame la Princeffe de Condé, II, 25819.
M. D. L. C. D. B. *c'est* M. de la Chefnaye des Bois, I, 3551 ; III, 40595 : *voyez* de la Chefnaye.
M. D. L. F. Prêtre, *inconnu.*
Traité des Abeilles, I, 3647.
M. D. L. F. *inconnu.*
Lettre myftique fur les Jéfuites, I, 14246.
M. D. L. P. de la Société Littéraire d'Arras.
Lettre fur quelques fujets de Littérature, III, 38130.
—au fujet de l'Artois, 38991.
M. D. L. R. Médecin ordinaire du Roi : *c'est* M. de la Rue, I, 3174 : *voyez* de la Rue.
M. D. L. R. *c'est* M. de la Roque, l'un des Auteurs du Mercure, I, 13255 ; III, 31432, 34480 ; IV, 47073 : *voyez* de la Roque.
M. D. L. R. *c'est* M. de la Rochefoucault, II, 23726 : *voyez* de la Rochefoucault.

Table des Auteurs. 605

M. D. L. R. *inconnu*.
Mémoires touchant M. de Thou, III, 30910.

M. D. L. R. C. *inconnu*.
Lettre au sujet de la Dispute des Chirurgiens & des Médecins, IV, 44901.

M. D. L. S. *inconnu*.
Dictionaire Galibi, III, 39786.

M. D. M. *inconnu*.
Mémoires du Comte d'Aubigny, III, 31579.

M. de M. Conseiller au Parlement d'Aix, *c'est* M. Barrigue de Montvalon, I, 14392 : *voyez* Barrigue.

M. de M.*** *c'est* M. des Ours de Mandajors, I, 176 : *voyez* des Ours.

M. D. M. C. D. S. P. *c'est* M. le Clerc de Montlinot, Chanoine de S. Pierre de Lille, III, 39024 : *voyez* le Clerc de Montlinot.

M. de N. *inconnu*.
Mémoires sur Belle-Isle, III, 35494.

M. D. P. *inconnu*.
Discours d'Etat, II, 21177.

M. D. P. *c'est* M. Daniel Polluche, II, 15540; III, 35610: *voyez* Polluche.

M. D. P. *c'est* Michel de Pure, I, 8954; III, 32261: *voyez* de Pure.

M. D. P. Bourgeois de Paris.
Réponse aux Lettres de Henri de Bourbon, II, 19268.

M. D. P. U. *c'est* Marie de Pommeru, Ursuline, I, 15302; IV, S. *voyez* de Pommeru.

M. de R. Avocat du Roi au Parlement de Paris.
Politicissimus Discursus, II, 28684.

M. de R. *c'est* M. Boullanger de Rivery, II, 27080: *voyez* Boullanger.

M. D. R. P. D. S. A. *c'est* Michel de Reillac, Prieur de S. Amand, I, 10231 : *voyez* de Reillac.

M. de S. *inconnu*.
Abrégé de Pharamond, II, 16003.

M. de S.
Le détail de la France, II, 28069.

M. D. S. C. D. R. A. P. D. P. *c'est* M. de Suffren, Conseiller du Roi au Parlement de Provence, II, 26497 : *voyez* de Suffren.

M. D. S. J. *inconnu*.
Observations sur les Ouvrages de Bernard Guidonis, I, 9235.

M. de S. M. *c'est* M. le Fevre de Saint-Marc, III, 35185 : *voyez* le Fevre de Saint-Marc.

M. D. T. à Abbeville, *inconnu*.
Remarques sur Quentovicus, I, 531.

M. de T.*** *inconnu*.
Mémoires sur la Guerre, III, 32114.

M. de V.*** *c'est* M. de Valdori, II, 22165 : *voyez* de Valdori.

M. E. N. *inconnu*.
Opuscule sur la Pucelle, II, 17101.

M. F. C. D. M. Avocat : *c'est* M. des Maisons, I, 6964 : *voyez* des Maisons.

M. F. P. C. *c'est* M. Perard-Castel, I, 6964 : *voyez* Perard-Castel.

M. F. X. T. Juge de la V. de C. *c'est* M. François-Xavier Tixedor, Juge de la Viguerie de Conflans, II, 18237 : *voyez* Tixedor.

M. G. *c'est* M. Guettard, I, 2783 : *voyez* Guettard.

M. G.*** Officier de la Chambre de Madame la Dauphine.
La Postérité de Charles de Bourbon, Duc de Vendôme, II, 29585.

M. G. C. D. C. D. E. T. *c'est* M. Girardin, I, 7898 : *voyez* Girardin.

M. G. D. C. *c'est* M. Gatien de Courtilz, II, 23901 : *voyez* de Courtilz.

M. G. de M. *inconnu*.
Description de la prise de Calais, II, 17702.

M. G. Y. D. B. E. D. *inconnu*.
Recherches sur la Ville & Comté de Laval, III, 35521.

M. H. C. *c'est* M. Henri Colas, I, 11092 : *voyez* Colas.

M. H. D. Barroys, P. C. D. S; N. D. S. M. D. F. II, 22379 : *voyez* Barroys.

M. H. D. M. P. *c'est* M. Haté, Doctor Medicus Parisiensis, I, 3137 : *voyez* Haté.

M. J. *c'est* M. Jousse, IV, *Suppl.* 33079* : *voyez* Jousse.

M. J. le jeune, *c'est* M. Jamet le jeune IV, 34813, & S. *voyez* Jamet.

M. J. B. C. *inconnu*.
Abrégé de l'Histoire de S. Maxime, I, 4586.

M. J. B. D. E. T. E. R. O. D. P. M. *inconnu*.
Suite du Catéchisme des Partisans, II, 28038.

M. J. B. G. P. *inconnu*.
Remarques au sujet du Médecin du Roi Louis XI, IV, 46099.

M. J. B. Ph. *inconnu*.
Lettre au sujet des Cryptes de Paris, III, 34415.

M. J. D. B. M. D. *inconnu*.
Atlas de France, IV, S. 634.*

M. J. E. A. *inconnu*.
Rerum memorabilium Excerpta, IV, S. 19892.*

M. J. J. Q. *inconnu*.
Parallèle de Philippe II & de Louis XIV, II, 24537.

M. J. L. D. *inconnu*.
Apologie Royale, II, 19806; III, 33692.

M. J. T. *c'est* M. Jean Tournet, I, 1222 : *voyez* Tournet.

M. L. *inconnu*.
Observations sur l'Abrégé de la Vie des Evêques de Coutances, I, 10001.
Lettre sur le Feu de la S. Jean, II, 15547.

M. L. *inconnu*.
Elégie sur la mort conspirée au Duc de Guise, II, 17914.

M. L. *inconnu*.
Le Bouclier du Parlement, II, 22323.
Discours sur la prison des Princes, 23069.
Lettre à M. le Maréchal de Turenne, 23114.

M. L. Chanoine d'Auxerre : *c'est peut-être* M. Lebeuf, III, 34326 : *voyez* Lebeuf.

M. l'A. *inconnu*.
Dictionaire François-Breton, I, 3772.

M. l'Abbé *** : *c'est* l'Abbé Lebeuf, III, 33815 : *voyez* Lebeuf.

M. L. A. M. A. *inconnu*.
Lettre sur une ancienne cérémonie d'Evreux, III, 35318.

M. L. B. de Chartres, *inconnu*.
Lettre sur Gilles Marie, II, 11265.

M. L. B. C. D'A. *c'est* M. Lebeuf, Chantre d'Auxerre, I, 3997 : *voyez* Lebeuf.

M. L. B. D. E... E. *inconnu*.
La Cour de France turbanisée, II, 24234.

M. L. C. *c'est* M. l'Abbé le Blanc, III, 36984 : *voyez* le Blanc.

M. L. C. D. *inconnu*.
Lettre concernant la punition de deux Clercs de l'Université, IV, 44628.

M. L. C. D. B. *c'est* M. le Comte de Buat, II, 27171 : *voyez* de Buat.

M. L. C. D. L. V. *inconnu*.
Relation de la sortie de la Reine Mere, II, 20853.

M. L. C. D. R. *c'est* M. le Comte de Rochefort, sous le nom duquel s'est caché Gatien de Courtilz, II, 24200 : *voyez* de Courtilz.

M. L. C. D. V. *c'est* M. le Comte de Vignacourt, IV, 48213 : *voyez* de Vignacourt.

M. L. D. C. *c'est* M. l'Abbé de Choisy, III, 31066: *voyez* de Choisy.

M. L. D. D. N. *c'est* Madame la Duchesse de Nemours, Marie d'Orléans-Longueville, II, 23736: *voyez* d'Orléans-Longueville.

M. L. D. L. D. L. *c'est* M. l'Abbé de l'Ecluse des Loges, III, 30391 : *voyez* de l'Ecluse.

M. L. D. M. *c'est* M. Laberan de Montigny, II, 26883 : *voyez* Laberan.

M. L. D. M. *c'est* Madame la Duchesse Mazarin, Hortense Mancini, IV, 48122 : *voyez* Mancini.

M. le Fr. *c'est* M. le Franc, I, 2356 : *voyez* le Franc.

M. L. F. S. *c'est* M. Louis-Frideric Scharffenstein, III, 38698 : *voyez* Scharffenstein.

M. L. G. D. C. *c'est* M. la Grange de Chessieux, III, 31168; IV, S. *voyez* la Grange.

M. L. L. *inconnu*.
Lettre sur la Fondation de l'Abbaye de Chaalis, I, 13035.

M. L. L. M. *c'est* M. l'Abbé le Mascrier, III, 39808 : *voyez* le Mascrier.

M. L. M. de l'Académie des Sciences : *c'est* M. le Monnier, I, 2881 : *voyez* le Monnier.

M. le M. Archiviste de S. Martin de Tours.
Dissertation sur les Moules à couler Monnoies, III, 33903.

M. L. M. D. B. *c'est* M. le Marquis de Beauvau, III, 38894 : *voyez* de Beauvau.

M. le M. D. L. F. *c'est* M. le Marquis de la Fare, II, 24371 : *voyez* de la Fare.

M. L. M. D. T. *c'est* M. le Maréchal de Tessé, II, 21543 : *voyez* de Tessé.

M. L. P. *inconnu*.
Considérations sur le Contrat de Mariage de la Reine, II, 28877.

M. L. R. *c'est* Claude Saugrain, I, 2346; III, 34527: *voyez* Saugrain.

M. L. R. D. B. *c'est* M. l'Abbé Robert de Briançon, IV, 46775 : *voyez* Robert.

M. L. V. *c'est* M. l'Abbé Vilain, IV, 46454 : *voyez* Vilain.

M. M. *inconnu*.
Lettres sur l'Etablissement de la Monarchie Françoise, II, 15912.

M. M. *inconnu*.
Traduction d'une Réponse du Cardinal Bellarmin, II, 18494.

M. M. *inconnu*.
Lettre au sujet de la Devise de Jean de Montagu, III, 34831.

M... M... *c'est* M. Mannory, II, 24522 : *voyez* Mannory.

M. M.*** *inconnu*.
Voyage en Espagne, &c, I, 2327.

M. M.*** *inconnu*.
Voyage de Paris à la Roche-Guyon, I, 2361.

M. M.*** *c'est* M. Marchand, III, 38926; IV, S. *voyez* Marchand.

MM. *inconnus*.
Discours sur le Mariage du Roi, II, 23844.

M. M. D. M. D. V. *inconnu*.
Dissertation sur Vesoul, III, 38453.

M. M. D. S. *c'est* M. Malingre de Sens, II, 20947 : *voyez* Malingre.

M. N. *inconnu*.
Lettre sur l'Histoire de Larrey, II, 24493.

M. N. *inconnu*.
Lettre sur quelques Antiquités de Paris, III, 34407.

M. N.*** Echevin de Bolbec.
Lettre sur l'Histoire Naturelle des environs de Bolbec, I, 2398.

M. N. R. F. I. *inconnu*.
L'Etat en trouble, II, 23674.

M. P. *c'est* M. Pelloutier, I, 3747, IV; S. *voyez* Pelloutier.

M. P. *c'est* M. Polluche, II, 25226 : *voyez* Polluche.

M. P. *inconnu*.
Lettre sur le Testament de Charles II, Roi d'Espagne, II, 28943.

M. P. *inconnu*.
Eloge de Jean-Baptiste Colbert, IV, S. 32591**.

M. P. *inconnu*.
Eloge de Claude-Nicolas le Cat, IV, 46073.

M. P. BE. JU. TH. *c'est* Maître Pierre de Belloy, Jurisconsulte Tholosain, II, 28897 : *voyez* de Belloy.

M. P. C. D. C. *c'est* M. Pierquin, Curé de Chastel, I, 5487 : *voyez* Pierquin.

M. P. D. P. *c'est* M. Pierre du Puy, III; 31372: *voyez* Dupuy.

M. P. D. R. Avocat.
Essai de réunion des Protestans, IV, S. 6274.

M. P. de V. *inconnu*.
Henri IV, Poëme, II, 19569.

M. P. G. *c'est* M. Pierre Gohard, I, 7583 : *voyez* Gohard.

M. P. H. Marquis de C. *inconnu*.
Traité de la Politique de France, II, 27283; III, 30985.

M. P. V. D. G. *c'est* Magdèlene Poisson, veuve de Gomez, II, 16029 : *voyez* Poisson.

M. Q. *c'est* Maturin Questier, II, 22736 : *voyez* Questier.

M. R. *inconnu*.
Marseille sçavante, IV, 45714.
Réponse à une Lettre, 45715.

M. R. D. G. *c'est* M. Ribaud de Ganat, II, 15539: *voyez* de Ganat.

M. R. D. R. *inconnu*.
Lettre sur la Question, Si les anciens Gaulois parloient Grec, I, 3775.
Réplique sur le même sujet, *là*.

M. R. L. D. *inconnu*.
Lettre sur les gratifications de quelques Villes, II, 15536.

M. R. P. C. D. H. E. *inconnu*.
Lettres au sujet des anciennes Epitaphes de Paris; III, 40765.

M. S. *c'est* M. Saintard, II, 28221; IV, S. *voyez* Saintard.

M. S.*** *c'est* M. Sellius, III, 39544 : *voyez* Sellius.

M. S. A. G. D. P. D. P. *c'est-à-dire*, M. Servin, Avocat-Général du Parlement de Paris, II, 19137 : *mais mal-à-propos*.

M. T. *c'est* Melchior Tavernier, I, 566; IV, S. *voyez* Tavernier.

M. T. (*peut-être* C.) S. Th. D. *c'est* Magister Charlas, Sacræ Theologiæ Doctor, I, 7645 : *voyez* Charlas.

M. T. B. *c'est* M. Thomas, Bourguignon, I, 13918: *voyez* Thomas.

M. T. D. C. *c'est* M. Tronson de Cheneviere, IV, S. 14998* : *voyez* Tronson.

M. T. D. C. *c'est* M. Terrier de Cléron, III, 38438 : *voyez* Terrier.

M. Van*** *c'est* M. Moreau, III, 31164 : *voyez* Moreau.

M. V. D. B. *c'est* M. Varenne de Béost, I, 2709: *voyez* Varenne.

de M. (l'Abbé), *c'est* l'Abbé de Monville, I, 2356: *voyez* de Monville.

de M. (l'Abbé), *inconnu*.
Lettre sur le Voyage de la Cour, II, 23850.

de M. M. (le Sieur), Gentilhomme de la Chambre.
La Merveille Royale de Louis XIII, IV, *Suppl*, 20708.*

le M. Provençal : *c'est apparemment* le Médecin Provençal, *qui est* Nostradamus, II, 20738 : *voyez* Nostradamus.

le M. de M. c'est le Marquis de Mirabeau, I, 2356 : voyez de Mirabeau.
MAAN, Jean, Chanoine & Chantre de l'Eglise de Tours.
Concilia Provinciæ Turonensis, I, 6295.
Sancta & Metropolitana Ecclesia Turonensis, 10267.
du MABARET (l'Abbé), Curé de S. Léonard.
Mémoire sur Charles Duplessis d'Argentré, I, 8502.
—sur François Babin, 10902.
MABILLON, Jean, Bénédictin.
Itinerarium Burgundicum, I, 2341.
Annotationes de missione S. Dionysii, 4014.
Elogium S. Geraldi Auriliacensis, 4474.
—S. Vincentii seu Madelgarii, 4714.
Lettre sur la sainte Larme de Vendôme, 5454.
Observationes de Berengario, 5697.
Notæ in Vitam S. Leonis IX, Papæ, 7682.
Dissertatio de ordinatione & obitu S. Desiderii Cadurcensis, 7946.
De venerabili Goderanno, Abbate Malleacensi, 8303 & 12129.
Elogium S. Rodulphi Bituricensis, 8384.
—Hadulphi Atrebatensis, 8599.
Commentaire sur la Vie de S. Lambert de Liége, 8757.
Elogium S. Aureliani Lugdunensis, 8936.
—S. Argrimi Lingonensis, 9016.
Notæ in Vitam B. Rabani Moguntini, 9098.
Elogium ejusdem, 9101.
—S. Hildemanni Bellovacensis, 9681.
Dissertatio de B. Maurilio Rotomagensi, 9873.
Elogium Egilonis Senonensis, 10064.
De Heribaldo, Abbone, Christiano & Bettone, Episcopis Autissiodorensibus, 10164.
Elogium S. Adonis Viennensis, 10721.
Annales Ordinis S. Benedicti, 11607.
Acta Sanctorum Ordinis S. Benedicti, 11608.
De S. Mauri missione in Galliis, 11609.
Réponse des Bénédictins de la Province de Bourgogne, 11634.
Réplique des mêmes, 11636.
Elogium S. Carlomanni, 11639 ; IV, S.
—S. Euticii, 11685.
—S. Bernonis, 11799.
—S. Odonis, 11803.
—B. Aymardi, 11807.
—S. Majoli, 11815.
—S. Odilonis, 11821.
—S. Theofridi, 11871.
—S. Pascasii Radberti, 11884.
—B. Alcuini, 11923.
—venerabilis Widradi, 11933.
Dissertatio in historiam translationis Corporum SS. Benedicti & Scholasticæ, 11951.
Elogium S. Mummoli, 11963.
—S. Tassilonis, 12025.
Dissertatio de venerabili Beltrano, 12102.
Elogium S. Waldeberti, 12117.
De S. Bartholomæo Abbate, 12153.
Elogium S. Ultani, 12223.
Dissertatio de Mosomensis Monasterii instauratione, 12234.
Elogium Macwatdi, 12274.
Lettre touchant le premier Institut de Remiremont, 12299.
De venerabili Ansteo, 12331.
De S. Bertillone, 12356.
Elogium S. Fulradi, 12425.
De S. Theodorico, Abbate, 12461.
De Otgerio, Benedicto & Rotgario, 12467.
Elogium S. Baboleni, 12643.
Dissertatio de venerabili Annone, 12675.
Elogium venerabilis Alvei, 12705.
Dissertatio de S. Arnulpho, 12707.
De venerabili Hincmaro, 12726.

Elogium S. Angilberti, 12742.
Dissertatio de venerabili Federico, 12796.
—de venerabili Fingenio, 12798.
—de venerabili Harduino, 12849.
—de venerabilibus Gerardo, Gradulpho & Gilberto, 12853.
Elogium B. Malcaleni, 12921.
—S. Fiacrii, 13304.
—sanctæ Valdradæ, 14729.
—sanctæ Theochildis, 14741.
Eloge de Jacqueline Bouette de Blémur, 14841.
De notis Chronologicis Stirpium Francicarum, II, 15901.
Observationes historicæ circa Regum Francorum annos, 15902.
Dissertationes duæ de Epocha Dagoberti & Clodovei junioris, 15903.
Dissertatio de anno mortis Dagoberti I & Clodovei II, 15904 & 6.
—de anno ordinationis Desiderii Episcopi Cadurcensis, 15906.
Observationes de anno Hugonis Capeti obitûs, &c. 15926.
Vetera Analecta, 15989.
Discours sur les anciennes sépultures de nos Rois, 26696.
De re Diplomatica, III, 29456.
Supplementum, 29459.
Nova Monumentorum Collectio, 29496.
Catalogus Cancellariorum, 31481.
De Scholis Parisiensibus, IV, 44559.
de MABLY : voyez Bonnot.
MAOUL, Jacques, Evêque d'Alet.
Oraison funèbre de Charles le Goux de la Berchere, Archevêque de Narbonne, I, 9180.
—de la Princesse Electorale Louise - Hollandine, 15075.
—de Marie-Françoise de Lézay de Luzignan, 15338.
—de M. le Dauphin, fils de Louis XIV, IV, S. 25698.*
—de M. le Dauphin, petit-fils de Louis XIV & de la Dauphine son épouse, II, 25707.
—du Chancelier Michel le Tellier, III, 31548.
MACAIRE, Pierre, Minime.
Vie de Pierre Moreau, I, 14040; IV, S.
Notes sur le Traité de Vervins, III, 30322.
MACARIUS : voyez l'Heureux.
MACÉ, René, Religieux Trinitaire.
Chronique de France, II, 15699 & 16677.
Voyage de l'Empereur Charles V, par la France, II, 17572.
MACÉ de Richebourg (M.).
Essai sur les Monnoies étrangères, III, 33916.
Observations sur un Extrait de cet Ouvrage, IV, S. 33916.
MACÉDO, François, dit de S. Augustin, Cordelier.
Descriptio sanctæ Baumes, I, 4000.
Commenrationes pro sancto Vincentio Lerinensi, & S. Hilario Arelatensi, 8000.
Vitæ S. Joannis de Matha & S. Felicis Valesii, 13972.
De Origine Francorum, II, 15429.
Propugnaculum Lusitano-Gallicum, 15595.
Quæstiones de regnis Hispaniæ & Navarræ, 28935.
Elogia Gallorum, IV, 45635.
MACER, Jean, Jurisconsulte.
Panegyricus de laudibus Mandubiorum, I, 321.
De prosperis Gallorum successibus, II, 15604 & 17671.
de MACHAULT, G.
Histoire de Notre-Dame de Liesse, I, 4160.

de Machault, Jean-Baptiste, Jésuite.
Historia Episcoporum Ebroicensium, I, 9937.
Histoire du B. Jean de Montmirel, 13105, IV, S. 11207.*
Notationes in Thuani Historiam, II, 19884.
Ludovici XIII Expeditio in Italiam, 21642.
Discours sur la réception du Roi à Paris, 26373.
Histoire de Normandie, III. 34953.
de Machault (M.), Président au Grand-Conseil.
Recherches sur la grande Confrérie de la Vierge, I, 5263; IV, S.
de Machault, Louis-Charles, Evêque d'Amiens.
Eloge de M. de la Motte son prédécesseur, IV, S. 9727.*
Machaut : *voyez* de la Mauniaye.
de Macheco de Prémeaux (l'Abbé).
Procès-verbal de l'Assemblée du Clergé de 1715, I, 6912.
Macheret, Clément, Curé d'Orthet.
Catalogue des Doyens de l'Eglise Cathédrale de Langres, I, 5044.
Macheret, Etienne, Jésuite.
Panegyricus Remorum, III, 34245.
Machiavelli, Nicolas.
Ritratti delle cose di Francia, II, 17523.
Discours de l'état de paix & de guerre, 27090.
Le Prince, 27090 & 91.
Lettre pour la justification, 27095.
Machon, Louis, Archidiacre de Toul.
Histoire de Henri III, II, 19140.
Remarques sur une Histoire de Louis XIII, 22145.
Observations pour l'Arrêt du Parlement, &c. 23390.
Machoud, Jean, Lieutenant ès Justices de Tournus.
L'origine, &c. de la Ville & Abbaye de Tournus, I, 12908.
de Machy (M.), Apothicaire.
Examen de l'Eau de M. Calsabigi, I, 3138.
Réponse aux Observations de M. Cadet, IV, S. 3138.*
Examen des Eaux de Verberie, I, 3264.
Macicaut, Pierre.
Discours funèbre de Jean de Bellièvre, III, 33147.
Maconnay, Gaspard, Jésuite.
L'Arc-en-Ciel de Mâcon, II, 26392; III, 35974.
Macquer (M.), Médecin.
Examen de l'Eau de l'Yvette, I, 1845.
Macquereau ou Macreau, Robert.
Histoire de l'Europe, II, 17538.
Chroniques de la Maison de Bourgogne, III, 39294.
Macquin : *voyez* Maquin.
Macreau : *voyez* Macquereau.
Madaillan, B.
Le Fantassin réformé, III, 32174.
de Madariago, Jean, Chartreux.
Vida de san Bruno, I, 13236.
Madeleine : *voyez* Magdelaine.
de la Madeleine : *voyez* Chevallot & de la Magdelaine.
Madrizio, Nicolas, Patrice d'Udine.
Viaggi per l'Italia, &c. I, 2330.
Madura, Pierre-Louis.
Vita S. Rochi, I, 4649 & 52.
Maffei, Alexandre.
L'immagine del Vescovo rappresentata nelle virtu di M. Bossuet, I, 9428.
Maffei, Scipion.
Epistola de Cippis quibusdam milliaribus, I, 104.

Galliæ Antiquitates selectæ, I, 2333; II, 15576.
la Magdelaine : *voyez* le Cocq.
de la Magdelaine (le Sieur).
Récit des choses arrivées en l'Isle de Ré, II, 21455.
Magdelène de S. Joseph.
Vie de Catherine de Jésus, I, 14986.
Mageney : *voyez* Magneney.
Maggiolo, Barthélemi.
Vita di san Francesco di Paula, I, 14028.
Maghe, Engelbert.
Chronicon Ecclesiæ B. Mariæ Virginis bonæ Spei, I, 13563.
Magin, Jean-Antoine, Mathématicien.
De Gallia veteri & nova, IV, S. 2.**
Magistri, Yves, Cordelier.
Chronique de l'Ordre de Fontevrauld, I, 13936.
Le Réveil-matin, II, 19352.
Vie de Jeanne, Reine de France, II, 15058.
—de Marguerite de Lorraine, *Id.*
Magneney ou Mageney, Claude.
Recueil d'Armoiries, III, 40002 & 63.
Magni.
Relation de la Fête des Prudhommes de Marseille, II, 26484.
Magnien, Jean, Procureur du Roi.
Remonstrance, IV, S. 18434.
Magnien, Charles, Cordelier.
Vie du Pere Fernandès, I, 13886; IV, S.
Réflexions sur la Régence d'Anne d'Autriche, II, 25163 & 27355; IV, S.
Oraison funèbre d'Anne d'Autriche, 25166; IV, S.
La bienvenue de M. le Dauphin, IV, *Suppl.* 25679.
Magnien, Pierre, Prêtre.
Les Constitutions du Monastère de Notre-Dame de Tart, I, 15061.
Magnier, Hubert, Jésuite.
Oraison funèbre du Prince de Condé, II, 25809.
Magnin, Jean-Baptiste, Bénédictin.
Histoire de l'Eglise de Brou, IV, *Supplément* 5021.*
Magnol, P. Médecin.
Botanicum Monspeliense, I, 3348.
Hortus Regius Monspeliensis, 3387.
de Magny, Guillaume, Médecin.
Est-ne Chirurgus Medico certior? IV, 44907.
de Magontier de Laubanie, Yriez, Lieutenant-Général des Armées du Roi.
Journal du Siége de Landau, II, 24413.
Magre, Jacques, Jésuite.
Liladamus seu Melita, III, 40314.
Magy, Augustin, Jésuite.
Oraison funèbre de M. d'Inguimbert, IV, *Suppl.* 8142.*
Mahieu, Jacques, Curé de Gaillefontaine.
Oraison funèbre de Pierre le Gendre, IV, *Suppl.* 11159.*
Mahudel (M.).
Explication de quelques Inscriptions trouvées à Langres, III, 34341.
Mahuet, Jean, Dominicain.
Prædicatorium Avenionense, I, 13760.
Maicheil, Daniel.
De Bibliothecis Parisiensibus, IV, 44593.
Maichin, Armand, Seigneur de Maison-neuve.
Description de l'ancienne Gaule, I, 132.
Histoire de Saintonge, Poitou, Aunis & Angoumois, III, 37560.
Généalogie de la Maison de Pons, 43600.
—de la Maison de Rohan, 43858.
—de la Maison de la Trimouille, 44309.
—des Ducs d'Uzès, 44529.

Maignan,

Table des Auteurs.

MAIGNAN (M.), Avocat.
Mémoire pour M. le Duc de Nevers, IV, *Suppl.* 35579.*

MAIGRET, Jean-Baptiste-Alexandre.
An capitis & pectoris nudatio sit noxia? I, 2600.

MAILHES (M.), Médecin du Roi.
Lettre sur la peste de Marseille, I, 2560.

MAILHOZ, Gabriel.
Eumenie & Gondamir, II, 16153; IV, S.
Lettre de Gabrielle de Vergy, avec le Précis de son Histoire, IV, 48214.

MAILLANE.
Recherches sur la Ville de Beaucaire, III, 37888.
de MAILLANE: *voyez* Durand.

MAILLARD, Benoît, Grand-Prieur de Savigny.
Gesta Abbatum Saviniacensium, I, 12869.

MAILLARD, Nicolas.
Discursus consolatorii, IV, S. 5813.*

MAILLARD, André, Maître des Requêtes du Roi.
Le Francophile, II, 19357: *attribué.*

MAILLARD, Claude, Jésuite.
Histoire de Notre-Dame de Halle, I, 4151.

MAILLARD, Jean, Jésuite.
Vie d'Etienne Liraud, I, 11247.
—de Marie Bon de l'Incarnation, 15330.

MAILLARD, Hubert, Bénédictin.
Oraison funèbre de Bénigne Joly, IV, S. 11208.*

MAILLARD (le Pere), Jésuite.
Vie de Mademoiselle du Tronchay, I, 4774.

MAILLARD: *voyez* Desforges.

MAILLART, Adrien, Avocat.
Lettre au sujet des Voyages de César en Angleterre, I, 308.
Autre sur le *Lemovicum* de César, &c. 314.
Autres sur le *Vellaunodunum* de César, 355 & 57.
Dissertation sur les limites de la France Germanique, 460.
Lettre sur le même sujet, 462.
Remarque sur un endroit de l'Histoire de France du P. Daniel, 521.
Lettre sur S. Sigismond, 532; III, 35852; IV, *Suppl.*
Liste des Jurisdictions d'Artois, 2185.
Lettre sur la Congrégation d'Arrouais, 13415.
—sur la date d'avant ou après Pâque, II, 15541.
Remarques sur le lieu de la mort de Henri I, 16561.
Dissertation sur le lieu de la naissance de S. Louis, 16889.
Réponse au P. Texte sur le même sujet, 16891.
Lettre au sujet d'Athies-sur-Orges, III, 29253.
—au sujet de Bretigny, 29383.
Eclaircissemens sur l'Echiquier de Normandie, 33158.
Lettre sur le chien de Montargis, 35551.
Chronologie des Souverains d'Artois, 38994.

MAILLE-Duflaussoy (M.).
Le Citoyen désintéressé, III, 34539.

de MAILLÉ, Urbain, Duc de Brezé, Maréchal de France.
Lettres, III, 30672 & 816.

de MAILLÉ-Brézé, Claire-Clémence, Princesse de Condé.
Lettre à la Reine Régente, II, 23123.
Requête au Parlement de Bordeaux, 23138.
Lettre au Roi, 23165.

de MAILLEBOIS: *voyez* d'O.

MAILLEFER, Joseph, Conseiller au Présidial de Reims.
Notes sur l'Histoire de Reims de Marlot, IV, S. 9493.*
Abrégé de l'Histoire de Marlot, III, 34379.

MAILLEFER, Elie-François, Bénédictin.
Vie de M. de la Salle, IV, S. 11435.*

MAILLET, Jean-Baptiste, Chartreux.
Vie d'Ambroise Hélyot, Chartreux, IV, *Supplém.* 13261.*

MAILLET (M.).
Minorque conquise, II, 24741.

MAILLET du Clairon, Antoine, Commissaire de la Marine.
Observations sur la Négociation de la France & de l'Angleterre, IV, S. 31171.*
Eloge du Comte de Saxe, III, 31703.

de MAILLET, Claude, Conseiller à Bar.
Mémoires pour servir à l'Histoire du Barrois, I, 2222; III, 38957.
Essai sur l'Histoire du Barrois, 38938.

MAILLETE de Buy.
Journal de Metz, III, 38777.

de MAILLY, Africain, Bailli de Dijon.
Orationes duæ ad Imperii Ordines, III, 29968.

de MAILLY, Nicolas, Médecin.
Traité des Eaux de Chenay, I, 3037.

MAIMBOURG, Claude, Augustin.
Vie de Jean de Chisy, I, 13682.

MAIMBOURG, Louis, Jésuite.
Histoire du Calvinisme, I, 6031.
—du grand Schisme d'Occident, 7131.
Traité historique de l'établissement & des prérogatives de l'Eglise de Rome, 7298.
De la Régale, 7647.
Histoire de la décadence de l'Empire depuis Charlemagne, II, 16456 & 28772.
—des Croisades, 16944.
—de la Ligue, 19747.
De excellentia Regum Galliæ, 26882.
Histoire de la translation de l'Empire des Grecs aux François, 28772.

S. MAINBŒUF, Evêque d'Angers.
Vita S. Maurilii Andegavensis, I, 10379.

du MAINE (le Duc): *voyez* de Bourbon.
du MAINE: *voyez* de Grudé de la Croix.

de la MAINFERME, Jean, Religieux de Fontevraud.
Clypeus Fontebraldensis Ordinis, I, 13945.

MAINI (M.), Avocat.
Eloge de Louis-Antoine Lozeran, I, 14211.
—du P. Dufesc, *là.*
—de Philippe Berti de Christini, III, 34111.

MAIOLUS.
Vita Guillelmi Durandi, I, 7968.

de MAIRAN: *voyez* Dortous.

MAIRE (M.).
Les Registres du Parlement de Franche-Comté mis au net, III, 33216.

MAIRE (M.), Lieutenant-Général.
Mémoire sur Quingey, IV, S. 38444.*

MAIRE (M.), Chanoine de Maintenon.
Lettre sur les Seigneurs de Soreau, III, 41639.

le MAIRE, Guillaume, Evêque d'Angers.
Statuts Synodaux, I, 6326; IV, S.
Gesta ejus ab ipso relata, 10401; II, 16974.

le MAIRE, François, Docteur en Théologie.
La descente de la lignée de Lebret, III, 42896.

le MAIRE, Guillaume, Moine de S. Denys.
Dialogus de calamitate Regni Franciæ, II, 17166.

le MAIRE, Jean, Historiographe.
Des Princes de la Gaule Belgique & Celtique, I, 3856.
Le promptuaire des Conciles, 6275; IV, *Suppl.*
Traité de la différence du Schisme & des Conciles, 7125.
De la Généalogie des Princes descendus des Troyens, II, 15365.
Les illustrations de la Gaule, 16171; V, *Add.*

le MAIRE, Jean, Docteur en Théologie.
Disputatio de potestate Papæ, I, 7059.

le Maire, Henri, Curé de S. Sulpice à Paris.
Consolation sur la mort de Demoiselle Marie d'Ancre, II, 20674.
Oraison funèbre du Prince de Conti, 25847.
le Maire, François, Conseiller au Présidial d'Orléans.
Histoire Ecclésiastique de la Ville d'Orléans, I, 5433.
Antiquités de l'Eglise & du Diocèse d'Orléans, 9437.
Histoire de la Pucelle d'Orléans, II, 17226.
Origine de la Ville d'Orléans, III, 35588.
Recueil de Pièces sur la Ville d'Orléans, 35594.
Histoire de la Ville & du Diocèse d'Orléans, 35596.
Généalogies des Nobles Orléanois, 40750.
De l'Université d'Orléans, IV, 45222.
le Maire.
Le Sacre de Louis XIV, II, 26096.
le Maire (M.), Chanoine de Soissons.
Eloge funèbre de Simon le Gras, Evêque de Soissons, IV, S. 9608.*
le Maire (M.), Chanoine & Archidiacre de Chartres.
Oraison funèbre de Madame la Duchesse d'Orléans, II, 25669.
le Maire, C.
Paris ancien & nouveau, III, 34506.
le Maire, François, Missionnaire Apostolique.
Mémoire sur la Louisiane, III, 39715.
le Maire (M.), Médecin.
Analyse de l'Eau d'Abbeville, I, 2888.
le Maire, Jean, Médecin.
Essai sur les Eaux de Bussang, I, 3023.
Traité sur les Eaux de Plombieres, 3159.
de Mairobert.
Lettres sur l'Amérique, III, 31165.
Réponse aux Ecrits Anglois, 31166.
des Maiseaux, Pierre.
Vie du Sieur de Saint-Evremond, III, 32059.
—de Pierre Bayle, IV, 46637.
—de Nicolas Boileau des Préaux, 47320.
de la Maison-Blanche : voyez Basset.
de la Maison-Neufve, Jean.
Cantique sur la Nativité de Madame Victoire, II, 17682.
Colloque social de Paix, &c. 17721.
des Maisons, François, Avocat.
Traité des Aydes, III, 33879.
des Maisons, F. C.
Définitions du Droit Canon, I, 6964.
de Maisse : voyez Hurault.
le Maistre, Gilles, Premier Président au Parlement de Paris.
Traité des Appellations comme d'abus, I, 7471.
Des Régales, 7599.
Des Fiefs, Hommages & Vassaux, III, 39903.
le Maistre, Jean, Président au Parlement de Paris.
Extrait des Registres de l'Assemblée tenue à Paris en 1593, I, 7509.
Proposition à la Cour de Parlement, II, 19480.
le Maistre, Henri.
Vita S. Yonii, I, 11540.
le Maistre, Raoul, Dominicain.
Origine des troubles de ce temps, II, 19380.
Le Siége de Rouen, 19642.
Eloge funèbre de Jacques de Cléré, III, 31919.*
Généalogie de Cléré, 41890, IV, S.
Mémoires de la Famille de Cléré, 41891.
Discours des Princes de la Maison de Luxembourg, III, 43028.
le Maistre, Rodolphe.
Préservatif des Fièvres malignes de ce temps, I, 2580.

le Maistre, Antoine, Avocat.
Mémoire sur l'Ermitage de Caën, I, 4871 ; IV, Suppl.
Vie de S. Bernard, 13057.
Harangues sur la présentation des Lettres de M. Séguier, III, 31536.
le Maistre de Saci, Louis-Isaac, Prêtre.
Les Enluminures de l'Almanach des Jésuites, I, 14361.
le Maistre, Fr. Dominicain.
Oraison funèbre de Henri de Bourneuf, III, 33107.
le Maistre (le Sieur).
Traduction du Panégyrique de Christine de France, II, 25618.
le Maistre (M.), Curé de Joinville.
Le Fruitier de la France, I, 3294.
Maitre-Jean (M.), Chanoine de Troyes.
Mémoires sur René Benoît, &c. I, 10081.
Maittaire, Michel.
Annales Typographici, IV, 47969 ; IV, S.
Historia Typographorum aliquot Parisiensium, 47970.
Historia Stephanorum, 47974.
Maiziere (ou Maziere) de Monville, Chanoine de Bordeaux.
Voyage de Languedoc & de Provence, I, 2356.
Essai sur la Vie du Grand Condé, II, 25834.
Vie de Pierre Mignard, IV, 47906.
Major : voyez le Maire.
Majoret, Laurent.
Vie de Sainte Berthe, IV, Supplém. 14780* ; II, 25259.
Discours funèbre sur Catherine de Lorraine, IV, S. 15029.*
Majour, Guillaume, Chanoine de Clermont.
Défense de Savaron, I, 10885.
Apologie des Chanoines de Clermont, 10886.
Malabayla, Philippe, Bernardin.
Vita di San Bernardo, I, 13056.
Malacorpius, Michel.
Vita S. Norberti, I, 13540.
Malafaire.
Vie de Jean Jouvenet, IV, 47891.
Malart de Normandel (M.).
Mémoire généalogique de la Maison des Malarts, III, 43067 ; IV, S.
Malart de Malarville (M.).
Histoire de la Ville d'Alençon, III, 35307.
de Malarville : voyez l'article précédent.
Malaubere (M.).
Oraison funèbre d'Anne-Jules de Noailles, IV, S. 31669.*
Malaval, François.
Vie de S. Philippe Benizi, I, 14001.
Malaysoye (M.), Gouverneur de Pignerol.
Lettres, III, 30836.
Malbay de la Motte, Avocat.
Plan pour servir à l'Histoire du Comté de la Marche, III, 37488.
Malbosc, Jean.
Stances sur la mort de Henri-le-Grand, IV, S. 19981.*
Malbrancq, Jacques, Jésuite.
Morinorum magnitudo, I, 54.
Irius Cæsareus, 298.
De Morinis, 324 ; III, 38896.
Chronologia Regum Franciæ, II, 15878.
Maldammat, peut-être le même que Malderranat, qui va suivre.
Remarques & Mémoires pour l'Histoire du Limosin, III, 37594.
Malder, Jean, Evêque d'Anvers.
Ordinationes, IV, S. 6332.*

MALDERRANAT, peut-être le même que Maldammat, qui précède.
Remarques sur une Table Chronologique du Limosin, III, 37596.
de MALESTROIT (le Sieur).
Paradoxes sur le fait des Monnoies, II, 27201; III, 33929.
MALET : voyez Mallet.
MALETERRE, Geoffroi.
Res gestæ Roberti Wiscardi, III, 34994.
MALEU, Etienne, Chanoine de S. Junien.
Chronicon Comodoliacense, III, 37591; IV, S. 5137.**
de MALEVAULT.
Traité des Affaires d'Etat commises aux Secrétaires du Roi, III, 32813.
de MALLZIEU, Nicolas, Chancelier de Dombes.
Apologie pour l'Edit de 1714, II, 28579.
de MALHERBE, François.
Ode sur l'attentat commis en la Personne du Roi (Henri IV), IV, S. 19844.
Ode pour le Roi (Louis XIII), II, 21450.
Lettre sur la mort du Chevalier de Lorraine, III, 31978.
de MALHERBE : voyez Baltazar.
MALINGHEN, François, Oratorien.
Vie de Magdelène de Clermont-Tonnerre, I, 14933.
MALINGRE de Saint-Lazare, Claude, Historiographe de France.
Histoire de l'hérésie moderne, I, 5884 & 85.
Etat de la Religion prétendue réformée dans le Béarn, 5928.
—de la même Religion à la Rochelle, 5932.
Traité de la Loi Salique, II, 15596 & 28526.
Edition du Trésor des Histoires de France, 15876.
—des Mémoires du Baron de Villars, 17798.
Recueil tiré des Registres du Parlement, 19601.
Histoire de Louis XIII, 20168.
Histoire Universelle des années 1619 & 1620, 20947.
Histoire des derniers troubles, 21132.
Guerres Civiles de France, 21133.
Histoire de la Rébellion, 21134 & 21577; IV, Suppl.
Continuation des affaires d'Italie, 21614.
Remarques d'Histoire, 21962.
Histoire générale des Guerres, 22081.
Le Journal de Louis XIII, 22144.
Suite du Mercure François, 22199.
Histoire de Louis XIV, 22242.
Histoire de notre temps, 23796.
Entrée de Louis XIII à Orléans, 26321.
Traité de la prééminence de nos Rois, 26933.
Histoire des Etats assemblés à Paris, 27524.
Alliances entre la France & l'Ecosse, 28633.
Histoire des Dignités honoraires de France, III, 31213.
Histoire des Hommes illustres, 31358; IV, Suppl.
De l'ancienne Mairie du Palais, 31383.
Antiquités de la Ville de Paris, 34402.
Les Annales de Paris, 34528.
Chronologie des Prevôts des Marchands & Echevins, 34596.
Traité du Royaume d'Yverot, 35254.
MALINGREAU, (M.), Procureur du Roi d'Espagne.
Ecrits pour le Roi d'Espagne, III, 21040.
MALLE (l'Abbé), Prieur d'Aubord.
Mémoire pour les Bains les Bouillens, I, 3121.
de MALLÉA, Sauveur, Trinitaire.
Généalogie de S. Félix de Valois, I, 13971.
Vies de S. Jean de Matha & de S. Félix de Valois, là.

MALLÉOL, Félix, dit Hemmerlein.
Dialogus de Suitensium ortu, III, 39092.
MALLET, Antoine.
Premier établissement de l'Ordre des Capucins, I, 13907.
MALLET, Antoine, Chancelier du Duché de Mercœur.
Vie de Louise de Lorraine, II, 25127.
MALLET, Antoine, Dominicain.
Histoire des Hommes illustres du Grand-Couvent des Freres Prêcheurs de Paris, I, 13742; IV, S. V, Add.
MALLET, Edme.
Monumens de la Mythologie & de la Poésie des Celtes, I, 3758.
Traduction de l'Histoire des Guerres Civiles de France de Davila, II, 19742.
Histoire de Henri-Catherin Davila, IV, 46716.
MALLET : voyez Manesson.
MALLET de Graville, François, Docteur de Sorbone.
Oraison funèbre d'Anne d'Autriche, II, 25166.
MALLIER, Claude, Seigneur du Houssay.
Lettres, III, 30606 & 44.
MALLIER du Houssay, François, Evêque de Troyes.
Déclaration sur Catherine Charpy, I, 4880.
MALLOT (M.), Curé de Crespi.
Eclaircissement sur S. Gengoul, I, 4439.
MALLOUD, Jeanne-Marie.
Vie de Françoise-Hiéronyme de Villette, I, 15285.
de MALMEDI, Isaac.
Discours sur la Maison de Crouy, III, 41060.
MALOET, Pierre, Médecin.
An Chirurgia pars Medicinæ certior? IV, 44906.
MALOUIN, Thomas, Médecin.
Edition du Traité de M. Graindorge sur l'origine des Macreules, I, 3600.
MALOUIN, Paul-Jacques, Médecin.
Histoire des Maladies épidémiques de Paris, I, 2593.
Analyse des Eaux savonneuses de Plombieres, 3155.
MALPAS, Nicolas.
Eloge funèbre de Cleriadus de Vergy, III, 32076; IV, S.
MALPOY, Pierre, Avocat.
Chariot du triomphe du Roi, II, 26376.
Réjouissance de l'Infanterie Dijonoise, 26382 : douteux.
Entrée du Prince de Condé à Dijon, 26390.
Récit de ce qui s'est passé à Dijon pour la naissance de M. le Dauphin, 26401.
Réjouissance de l'Infanterie Dijonoise, 26396; III, 36998 : douteux.
Description d'un Feu de joie, 37000 : douteux.
MALTESTE, Antoine.
Descriptio Comitatûs Cadœlensis, III, 57220.
MALTESTE, Claude, Conseiller du Parlement de Dijon.
Histoire du Parlement de Dijon, III, 33055.
Anecdotes du Parlement de Dijon, 33056 & 35901.
MALTESTE, Louis, Conseiller au Parlement de Bourgogne.
Avis dans l'Affaire des Jésuites, I, 14537.
MALTOR, Antoine, Ex-Recteur de l'Université de Paris.
Oratio funebris Mariæ Reginæ, II, 25206.
—Ludovici Delphini, 25754.
MALTY, Emmanuel, Minime.
Eloquia Regia Ludovici XIII, II, 22139.
MALUS.
Avis des riches mines d'or & d'argent, I, 2685.

de MALVES : *voyez* de Gua.
MALVIN, Godefroi.
De Francorum origine, II, 15378.
De Gallorum rebus gestis, 15726.
de MALVIN de Montazet, Antoine, Archevêque de Lyon.
Ordonnance portant Réglement, pour l'Eglise Primatiale, IV, S. 5592* & 8874.*
Lettre à M. l'Archevêque de Paris, I, 8874.
Mandement sur la mort de la Reine, II, 25202.
Lettre pastorale au sujet du Collége de la Trinité de Lyon, IV, 45409.
de MALZET : *voyez* Jacquet.
MAMEROT de Frixone, Sébastien, Chanoine de Troyes.
Les Passages d'Outremer en la Terre-Sainte, II, 16927 & 28.
Les Gestes du Roi Charles VI, 17145; V, *Add.*
—de Charles VII, 17282.
Traduction de la Chronique Martinienne, 17323.
S. MAMERT ou Mamertin, Abbé.
Conversio ejus, I, 12482; IV, S. 10119.*
MANASSÉ I, Archevêque de Reims.
Apologia pro seipso, I, 9561.
MANCINI, Hortense, Duchesse de Mazarin.
Ses Mémoires, IV, 48122.
de MANDAJORS : *voyez* des Ours.
MANDE, Nicolas.
Histoire de la Conférence de Calais, III, 29877.
de MANDELOT (M.).
Lettres, III, 30202 & 30453.
MANDRINI, Sulpice : *faux nom sous lequel s'est caché Jean Sirmond*, I, 7267 : *voyez* Sirmond.
MANERO, Pierre.
Vida de Joanna de Valois, II, 15063.
MANESSON Mallet, Alain.
Description de la France, I, 810.
Les Travaux de Mars, III, 32133.
MANFREDI, Ottavio, Prieur Augustin.
Orazione funèbre nella morte di Enrico IV, II, 20033.
MANGARS.
Traduction des Considérations politiques de Bacon, III, 30562.
MANGAUD.
Expérience sur un Méphitis, I, 3689.
MANGEARD, François.
Antiquités de Bourgogne, III, 35887.
MANGEART, François, *peut-être le même.*
Le Francophile, II, 21180.
MANGIN (M.), Grand-Vicaire de Langres.
Histoire Ecclésiastique & Civile du Diocèse de Langres, I, 9003.
MANGOT, Claude, Garde des Sceaux.
Conférences, III, 30339.
MANGOT, Jacques, Avocat du Roi, frère du précédent.
Principaux points d'une Remontrance, IV, *Suppl.* 19601.*
MANIER, Simon, Curé de Palaiseau.
Oraison funèbre de MM. du Fresne & de Minville, III, 31946.
MANLIUS, Jacques.
Chronicon Episcopatus Constantiensis, I, 9149.
Historia collectæ Cardinalitiæ dignitatis in Albertum Moguntinum, III, 39191.
MANNE, Pierre.
Mémoires pour la France & la Provence, III, 38061.
MANNORY, Louis, Avocat.
Plaidoyer pour le Chapitre de S. Germain l'Auxerrois, I, 5226.
Traduction d'une Oraison funèbre de Louis XIV, II, 24522.

MANOLESSO, Emilio-Maria.
L'Elettione in Re di Polonia di Henrico di Valois, II, 18273.
MANRIQUE, Ange, Historiographe de l'Ordre de Citeaux.
Cisterciensis Annales, I, 12941.
La venerabile Madre Aña de Jesus, 14984.
MANS.
Etat de la Forêt de Compiègne, III, 34859.
de MANSENÇAL, Jean, Premier Président au Parlement de Toulouse.
La vérité & autorité de la Justice & Jurisdiction du Roi très-Chrétien, &c. I, 7434.
MANSI, J. Dominique, Servite.
Conciliorum amplissima Collectio, I, 6287.
Elogium Stephani Baluzii, 10917.
MANTÉ, Jean.
L'entéléchie des Eaux de Vic, I, 3269.
MANTEL, Jean.
Tabula Chorograph. Principatûs Leodiensis, I, 2020.
Compendium Historiæ Lossensis, III, 39233.
Historia Lossensis, IV, S. 39233.*
MANTEL, Jean.
Histoire de France, II, 15676.
de MANTES.
Lettres sur la Sainteté de Vienne, I, 5075.
de MANTOUE, Baptiste, Général des Carmes.
De vita S. Dionysii Areopagitæ, I, 4023.
de MANTOUE (le Duc).
Lettres, III, 30464.
MANTUANO, Pierre.
Casamientas de España y Francia, II, 26325.
MANZINI.
Il apparato della Republica Venetiana per la venuta di Errico Terzo, II, 26258.
MAPPIUS, Adam-Michel.
Editio Annalium Juliæ, III, 39242.
MAPPUS, Marc.
Historia Plantarum Alsatiæ, I, 3306.
Catalogus Plantarum Horti Argentinensis, I, 3381.
MAQUIN, Nicolas.
Elogium Joannis Besly, III, 34120 & 35724; IV, 46650. & S. 34120.
de MARA, Guillaume, Chanoine de Coutances.
Epistolæ & Carmina, III, 29864.
MARAIS, Matthieu, Avocat.
Critique des Titres employés dans l'Histoire de la Maison de Turenne, III, 41062.
Mémoires de René, Sieur de Rieux, 43795.
Eloge d'Antoine de Rez, IV, 45995.
des MARAIS, Jean.
Histoire de l'expédition faite sur les Génois, II, 17421.
des MARAIS : *voyez* Godet & Regnier.
MARALDI, Jacques-Philippe, Académicien.
Carte de la France, I, 580.
MARALDI, Jean-Dominique, Académicien.
Observations Météorologiques, I, 2588.
MARAN, Guillaume, Docteur en Droit.
Moyens de nullité & d'abus pour M. de la Valette, Archevêque de Toulouse, I, 10198.
MARANA, Jean-Paul.
L'Espion dans les Cours, II, 24180.
Dialogo frà Genova & Algieri, 24219.
Le piu nobili azioni della Vita di Luigi il grande, 24220 & 21, & 24294.
MARANTA, Scipion.
Expostulatio pro antiquis Diplomatibus, III, 29471.
MARBODUS, Evêque de Rennes.
Vita S. Licinii Andegavensis, I, 10394.
—S. Roberti, Abbatis Casæ Dei, 11744.
—B. Gualteri, Abbatis Stirpensis, 13631.
MARC de Bauduen (le Pere), Capucin.
Vie de la Marquise de Maignelay, I, 4806.

Table des Auteurs.

Vie de la Marquise d'Oraison, 4815.
—d'Agnès d'Aguillenquy, 15200.
MARC-la-Ferté, Eméry, Evêque du Mans.
Ordonnances Synodales, I, 6461.
de MARCA, Pierre, Président du Parlement de Paris, & ensuite Archevêque de Toulouse, puis de Paris.
Descriptio Galliæ locorum juxta Hispaniam, I, 145.
Observations sur l'Aquitaine, 149.
Observationes Geographicæ de Marca Hispanica, 483.
De Septimania, 488.
Recherches Géographiques sur les Gascons, 491.
Observations sur les Capots ou Cagots, 492.
Itinerarium, 2350, IV, S.
Epistola ad Henricum Valesium, 3959.
Histoire de Notre-Dame de Beth-Aran, 4098.
Dissertatio de Cultu B. Mariæ Virginis in Monte-ferrano, IV, S. 4178.*
Relation de ce qui s'est fait dans les assemblées des Evêques au sujet des cinq Propositions, I, 5596.
Relation des Délibérations du Clergé de France, sur les Constitutions d'Innocent X & d'Alexandre VII, 5601.
Dissertatio de veteribus Collectionibus Canonum, IV, S. 6956.*
De Concordia Sacerdotii & Imperii, Libri IV, I, 7092.
Lettre sur la Doctrine de ce Livre, 7093.
Libellus quo consilium suum exponit, 7094.
De Concordia Sacerdotii & Imperii, Libri VIII, Id
Diverses Pièces sur le Mariage de Monsieur, 7380.
Dissertatio de Judiciis canonicis Episcoporum, 7440.
—de Appellationibus ab abusu, 7480.
—de Jure Regaliæ, 7611.
Mémoire au sujet de la Régale, 7613.
Dissertatio de Primatu Lugdunensi, 8866.
Mémoires sur la Souveraineté de Béarn, II, 27763; III, 37659.
Dépêches à M. le Tellier, III, 30848.
Lettres à M. le Tellier, 30940.
Lettre au sujet du Procès du Marquis de Cinq-Mars, 33743.
Origines des Ducs de Gascogne, 37627.
Histoire de Béarn, 37660.
Origine des Rois de Navarre, 37680.
Histoire des Comtes de Carcassonne, 37809.
Origine des Comtes de Foix & de Bigorre, 37918.
Descriptio Ruscinonis, 38347.
Marca Hispanica, 38355.
de MARCA : voyez Luminée.
MARCAILLE, Sébastien, Cluniste.
Vie de S. Menoux, I, 4593.
Antiquités du Prieuré de Souvigny, 12889.
—du Bourbonnois, III, 37483.
MARCANDIER.
Réflexions sur la prospérité du Berry, III, 35796.
MARCARA (M.), Directeur de la Compagnie des Indes.
Mémoires, III, 39801.
MARCASSUS, Pierre.
Le Timandre, II, 21652.
de MARÇAY : voyez de Bois-Rouvray.
MARCEL, Jacques, Doctrinaire.
Vie du B. César de Bus, I, 11002.
MARCEL, Guillaume, Ex-Oratorien, Curé de Basly.
Relation de ce qui s'est passé dans la Canonisation de S. Pierre d'Alcantara, I, 5430.

Histoire de la solemnité de la Canonisation de S. François de Borgia, 5431.
—de la suppression du Prêche de Basly, 6027.
Pax promissa, II, 22065.
Oraison funèbre d'Odet de Harcourt, IV, Suppl. 31956.**
Medicus Deo similis, IV, 44846.
Tumulus Guillelmi de Brebeuf, 47338.
MARCEL, Pierre, Professeur de Rhétorique, frere du précédent.
Carmen Epicedio-Panegyricum Harduini de Péréfixe, I, 9348.
MARCEL, P.
Vita S. Romani Rotomagensis, I, 9835.
MARCEL, Guillaume, Avocat.
Des Peuples & des Villes des Gaules, I, 121.
Histoire des Gaules, 3873.
Promptuarium Metropolitanæ Galliarum Ecclesiæ, IV, S. 7977* & 38155.*
De l'origine des François, II, 15439.
Histoire de la Monarchie Françoise, 15753.
Divinationes in Tabulam Arelatensem, III, 38176.
MARCEL de Riès (le Pere), Capucin.
Vie de Bonne de Paris, I, 15202; IV, S.
MARCELLIN de Pise (le Pere), Capucin.
Continuatio Annalium Capucinorum, IV, Suppl. 13906.*
MARCHAIS, Antoine.
Description de l'état de la France, II, 27282.
Etat de la France, 27196.
Voyage en Guinée & à Cayenne, III, 39793.
MARCHAND, Claude, Libraire.
La Monodie des Docteurs d'Orléans, IV, 45230 & 45811.
MARCHAND, Henri.
Urbis Salinarum Topographia, IV, S. 38439.*
MARCHAND, Jean-Henri, Avocat.
Lettre sur la Tolérance des Protestans, I, 6271.
La Noblesse Commerçante, II, 28217.
Eloge du Roi Stanislas, III, 38926; IV, S.
MARCHAND, Prosper, Libraire.
Remarques sur Jacques-Paul Spifame, I, 5822 & 10185.
—sur Antoine Caracciol, 5827.
—sur Jean de Liçarrague, 5857.
—sur Jean de Serres, 5865.
—sur Pierre Merlin, 5873.
—sur Antoine Fusi, 5945.
—sur David Home, 5967.
Histoire de Philippe de Vitry, 9420.
Remarques sur Guy de Roye, 9570.
Histoire d'Antoine Caracciol, 10111.
Remarques sur le Cardinal Séraphin Olivier, 10430.
—sur l'Abbé de Beaulieu, 10970.
Dissertation sur l'Anti-Coton, 14258.
Remarques sur la Médaille du Soleil arrêté, II, 24408.
Dictionnaire Historique, IV, 45658.
Remarques sur Nicolas Barnaud, 46027.
—sur Mandeville ou Mondeville, 46028.
—sur Théodore Agrippa d'Aubigné, 46620.
Observations sur Louis du May, 46820.
Remarques sur Jean de Montlyard, 46835.
—sur les deux freres Gréban, 47467.
Histoire de l'origine de l'Imprimerie, 47969.
Syntagma de Viris Stephanorum, 47975.
Recherches sur les Etiennes, 47976.
Remarques sur la Comtesse de la Suze, 48183.
le MARCHAND, Artus, Dominicain.
Oraison funèbre de Jean-Maximilien de Limoges, III, 33173.
MARCHANT, Jacques.
De rebus Flandriæ memorabilibus, III, 39375.

Flandriæ Principes, *Id.*
Flandriæ Commentaria, 39379.
MARCHANT, François, Directeur du Conseil de l'Ordre de Fontevrault.
La Science Royale, II, 27254; IV, *Suppl.* 27251.*
MARCHANT, Jean.
De febre purpuratâ, &c. I, 2516.
MARCHANT, Nicolas, Médecin.
Index Stirpium in Galliâ conquisitarum, I, 3290.
—Plantarum in littore Maris Oceani collectarum, 3331.
—Plantarum quæ circa Lutetiam pullulant, 3355.
MARCHANT, Jean, Médecin, fils du précédent.
Dissertation sur les Plantes indigènes, I, 3292.
MARCHANT (M.).
Requête du Curé de Fontenoy, II, 24667.
de MARCHAUMONT : *voyez* Clausse.
de la MARCHE, Olivier.
Le Chevalier délibéré, II, 25459.
Rationarium Aulæ & Imperii Caroli Audacis, II, 25471.
Mémoires, III, 39293; IV, S.
Etat de la Maison de Charles, Duc de Bourgogne, *Id.*
Avis sur les Duels, 40169.
de la MARCHE (le Pere).
Vies de Marie Dias, & autres, I, 4772.
de la MARCHE-Courmont : *voyez* Hugary.
de la MARCHE de Parnac, Henri, Abbé-Général de Grammont.
Vie de S. Etienne de Muret, I, 13195.
Lettre sur le Livre intitulé, *les Moines empruntés*, 13196.
MARCHÈS, François.
De antiqua Gallias inter & Hispanias communione, II, 28629.
MARCHETTI, Jacques, Docteur en Théologie.
Harangue pour la Paix, II, 19789.
MARCHET, Jacques-Basilic.
Dialogus de Morini expugnatione, II, 17672; IV, S. & III, 38997.
MARCHETTY, François, Ex-Oratorien.
Vie de M. de Chasteuil, I, 4744.
—de Jean-Baptiste Gault, 8048.
—d'Eustache Gault, 8052.
Discours sur le Négoce des Gentilshommes de Marseille, II, 28187; III, 38245.
Explication des Coutumes des Marseillois, III, 38252.
MARCHISIO, Jean-Dominique.
Mémoires des services rendus, II, 23716 : *douteux*.
de MARCIGNY, Chérubin.
Discours sur trépas de M. Balthasard de Villars, III, 37408.
MARCILE, Théodore, Professeur Royal d'Eloquence.
De laudibus Galliæ, II, 15387.
Henrico IV, Monodia, 19930.
Sacra Coronatio Ludovici XIII, 26091.
Orationes de laudibus Academiæ Parisiensis, IV, 44609.
de MARCILLAC : *voyez* de Crusy.
de MARCILLY.
Traduction d'une Harangue, II, 21606.
de la MARCK, Robert, Duc de Bouillon, Seigneur de Fleuranges, Maréchal de France.
Journée de Sainte Brigide, II, 17487.
Histoire des choses mémorables, 17505 & 623.
de MARCONNAY, Melchior, Evêque de Saint-Brieuc.
Statuts Synodaux, I, 6716; IV, S.
MARCORELLE (M.)
Observations Météorologiques, I, 2626.

Observations sur quelques singularités d'Histoire Naturelle, 3708.
MARCULFE.
Formulæ, II, 27596 & 610.
de la MARE.
Chronicon Abbatum Athanacensium, I, 11671.
de la MARE, Philibert, Conseiller au Parlement de Dijon.
Vita Gilberti Genebrardi, I, 7861.
—Janoti Patoilleti, 11340.
Mémoire sur la Vie de Charles VIII, attribuée à Philippe de Comines, IV, S. 17394.*
Commentarius de Bello Burgundico, II, 21884.
Mémoires, 24237; III, 31070, 36392.
Histoire de l'Obélisque de Plombieres, 25688.
Fragmentum Vitæ Petri le Goux de la Berchere, III, 33065.
Vita Philippi Lantini, 33085.
Vie de Jacques, Comte de Vintimille, 33086.
Mémoires pour la Vie d'Estienne de la Boëtie, 33129.
—pour la Vie de Barthélemi de Chasseneuz, 33191.
Conspectus Historicorum Burgundiæ, 35825.
Mémoire sur Otte-Guillaume Duc & Comte de Bourgogne, 35866.
Remarques sur plusieurs particularités de la Ville de Dijon, 37002.
Titres, Fondations, &c. de l'Eglise de S. Jean de Dijon, 37047.
Vita fratrum Guijoniorum, IV, 45899.
De Vita Guillelmi Philandri, 46550.
Vita Huberti Langueti, 46790.
—Claudii Salmasii, 47213.
de la MARE : *voyez* de la Marre.
MARÉCHAL (M.), Prêtre.
Carte de l'Evêché du Mans, I, 1088.
de la MARELLE : *voyez* Basset.
MARENI, Pierre, Jurisconsulte.
Compendio della stirpe di Carlo Magno, II, 24873.
MARÉCHAL, Jacques, Avocat.
Commentaire sur la Pragmatique de Charles VII, I, 7539 : *attribué*.
MARESCHAL, Claude.
Physiologie des Eaux de Vichy, I, 3270.
MARESCHAL, Matthias.
Carte de la Souveraineté de Dombes, I, 1505.
MARESCHAL (le Sieur).
Recueil d'Ordonnances de la Police de Nantes, III, 35463.
MARESCHAL, Philibert, Sieur de la Roche.
Le Trésor des beaux Esprits, II, 15934.
La Guide des Arts & Sciences, *Id.*
le MARESCHAL.
Réflexions sur le Portrait de Louis XIV, II, 24178.
MARESCHAUX, Jacques.
Factum pour la Faculté de Médecine, IV, 44869.
MARESCHAUX (M.), Chanoine de Chartres.
Oraison funèbre de la Duchesse de Guise, II, 25612.
MARESCOT, Michel, Médecin.
Discours sur une prétendue démoniaque, I, 4830.
MARESCOT, Guillaume, fils du précédent.
Lettres, III, 30548 & 96.
MARESCOT, Philippe.
Lettres, III, 30518 & 19.
MAREST, Gabriel, Jésuite.
Lettre sur un Voyage à la Baye de Hudson, III, 39702.
Lettre écrite du Pays des Illinois, 39711.
du MAREST : *voyez* Betort & Dauvet.
de MARESTE d'Alge, Antoine, Avocat-Général en la Cour des Aides de Rouen.
Histoire de l'Abbaye de Fescan, I, 11911.

des MARESTS de Saint-Sorlin, Jean.
Réponse à l'Apologie des Religieuses de Port-Royal, I, 15112.
Jeu du Roi de France, II, 15930.
Clovis, Poëme, 16025.
Le Triomphe de Louis & de son Siècle, 24047.
MARET, Jean, Médecin.
Révision du Dictionnaire Œconomique, I, 2458.
MARET (M.), Médecin.
Mémoire sur les Mœurs des François, IV, Suppl. 2381.***
Dissertation sur la fécondité d'un grain de froment, IV, S. 3301.***
Lettre sur la Patrie de M. de Crébillon, IV, 47397.
Eloge de Jean Rameau, 47761.
des MARETS, Samuel, Professeur de Groningue.
Histoire de Jean Labadie, I, 6004.
Vindiciæ de Canonicis Ultrajectensibus, 8807.
des MARETTES : voyez le Brun.
de MAREUIL, Pierre.
Vie de la Vénérable Jeanne de Valois, II, 25068.
MARGARIN de la Bigne : voyez de la Bigne.
de MARGNY, Jean.
L'Avanturier, II, 15460.
de MARGON : voyez Plantavit.
MARGUERIT, Pacifique, Minime.
Chronologia Minimorum, I, 14006.
MARGUERITE d'Alençon, Reine de Navarre.
Lettres, III, 30007.
MARGUERITE de Valois, Reine de France.
Ses Mémoires, II, 25129.
Lettres, III, 30176.
MARGUERON, Noël, Curé d'Argilly en Bourgogne.
Récit de l'attentat commis contre le S. Sacrement, I, 4976.
de MARGUERY : voyez Moulin.
MARIALÈS, Xante.
Stravaganze nuovamente seguite, I, 7273.
Enormite inaudite nuovamente uscite in luce, &c. 7275.
MARIANA, Jean.
De Rege & Regis Institutione, II, 27101.
MARIANI, Michel-Ange.
Il piu curioso e memorabile della Francia, IV, S. 2317.*
Historia di Francia, II, 23885.
MARIANUS Scotus.
Chronicon, II, 16567.
MARIE de Médicis, Reine de France, épouse de Henri IV.
Lettre à la Reine (Epouse de Louis XIII), II, 20341.
—au Maréchal de Lesdiguieres, 20343.
—au Duc de Rohan, 20754.
—au Roi, 20759.
—au Duc de Mayenne, 20760.
—au Roi, 20761.
Lettres au Chancelier, au Garde des Sceaux & au Président Jeannin, 20763.
—au Roi, 20765 & 66.
Lettre au Roi, 20842.
Deux Lettres 21677.
Lettre au Roi, 21686.
—au Roi, 21704.
—au Parlement, 21729.
—au Pape, 21851.
—au Roi, 21852.
—au Nonce, 21859.
—au Pape, 21861.
Son Testament, 28459.
Lettres au Maréchal de Souvré, III, 30380.
—à Jean Villiers-Hotman, 30404.
Lettres & Dépêches à M. de Réfuge, 30409.
Lettres diverses, 30434.

Lettres aux Ducs de Nevers & de Nemours, 30505.
—au Roi & autres, 30529.
Lettres diverses, 30629.
MARIE de l'Incarnation (la Mere), Ursuline.
Lettres, I, 15326; IV, S. 39694.*
MARIE-Térèse de Jésus (la Mere), Carmélite.
Vie de la Mere Louise de Jésus, I, 14988.
MARIE de S. Georges (M.), Secrétaire de l'Académie d'Auxerre.
Eloge de M. du Letain, I, 11003; IV, S. & IV, 45668.
—de M. le Pere, IV, 45668.
de MARIETA, Jean, Dominicain.
Vida del Confessor San Lesmes, I, 11751.
MARIETTE, Pierre-Jean, Libraire & Imprimeur, ensuite Secrétaire du Roi.
Révision de la Description de Paris de Brice, III, 34508.
Lettre sur la Fontaine de la rue de Grenelle, 34562.
MARIETTE de la Pagerie, G.
Carte de l'Evêché de Coutances, I, 1053.
MARIGNY (M.), Gentilhomme de Nevers.
Traduction du Traité Politique d'Allen, II, 27136.
de MARIGNY : voyez Carpentier.
de MARILLAC, Gilbert, Secrétaire du Connétable de Bourbon.
Histoire de la Maison de Bourbon, II, 15587.
Vie du Connétable de Bourbon, 25576.
de MARILLAC, Charles, Archevêque de Vienne, frere du précédent.
Discours sur la rupture de la trève, II, 17680.
Ambassade en Angleterre, III, 29955.
Registres & Dépêches, 29956.
Négociations à Bruxelles, 30010.
—en Allemagne, 30011.
Ambassades, 30012.
Négociations à Metz, 30022.
—en Allemagne, 30069.
de MARILLAC, Michel, Surintendant des Finances, & ensuite Garde des Sceaux, neveu du précédent.
Examen des Remontrances & Conclusions, &c. I, 7206.
De l'Institution des Religieuses de Notre-Dame du Mont-Carmel, 14963.
Relation de la descente des Anglois dans l'Isle de Ré, II, 21459.
Ordonnance de Louis XIII, 27644.
Harangue à ce sujet, 27645.
Lettres, III, 30515.
Recueil des Conseils du Roi, IV, Supplément, 32403.*
Harangue à MM. du Parlement de Paris, 32852.
Traité de la Cour du Parlement de Paris, IV, S. 32874.*
Harangue aux Etats de Bretagne, IV, Supplém. 35427.
de MARILLAC, Louis, Maréchal de France, frere du précédent.
Relation de la Guerre du Pont de Cé, II, 10866.
Lettres, III, 30798.
MARIN, Maurice, Barnabite.
Vie de Barbe Avrillot, I, 14980.
MARIN (M.), Premier Président au Parlement d'Aix.
Discours pour la réunion du Comtat Venaissin à la Couronne de France, II, 29068.
MARIN, Ange, Minime.
Conduite de la Sœur Anne Violet, IV, S. 15205.*
MARIN (M.), Censeur Royal.
Vie d'Abailard, I, 11855.

Histoire de Saladin, II, 16704.
MARINELLO, Curtio.
 Discorso del modo di studiar l'Historie, II, 17547.
des MARINES: *voyez* de Saint-Yriey.
MARINI (le Cavalier).
 Quatre Lettres, IV, S. 2303.*
 Lettre sur Paris, V, *Add.* 34497.*
MARINI (M.).
 Lettres, III, 30760.
MARINI, Dominique, Archevêque d'Avignon.
 Decreta Diœcesana Synodi Avenionensis, IV, S. 6360.*
MARIOLET: *voyez* Delaut.
MARION (M.), Secrétaire de M. le Duc de Montmorency.
 Recueil de Pièces, III, 30198.
MARION, Simon, Avocat-Général.
 Plaidoyer contre les Jésuites, I, 14236; IV, 44642 & 59.
 Conférence sur Beautin, III, 30153.
 Plaidoyer pour le Duc de Nivernois, III, 31257.*
MARION (M.).
 Mémoire pour servir à une Bibliothèque Séquanoise, IV, 45696.
MARIOT (M.), Avocat.
 Mémoire pour M. l'Evêque d'Auxerre sur la Régale, IV, S. 7659.
MARIOTTE.
 Mémoire concernant les Etats de Languedoc, III, 37733; IV, S.
MARIUS, Evêque d'Avenches.
 Chronicon, II, 16049.
MARIUS, Nicolas, Doyen de l'Eglise Cathédrale de Verdun.
 Apologia prima, I, 10677.
MARIUS.
 Journal des tremblemens de Terre arrivés à Manosque, I, 3706.
MARIUS de Perrin, Denys, Chevalier de Saint Louis.
 Préface & Notes sur les Lettres de Madame de Sévigné, III, 31902.
de MARIVAULT: *voyez* Lacoux.
de la MARCK, Robert, Duc de Bouillon.
 Lettres, III, 29929.
de MARLE, Henri, Maître d'Hôtel du Roi.
 L'Ordre observé à l'Enterrement du Duc d'Anjou, II, 26743.
de MARLEBURG, Henri.
 Chronica, III, 35145.
MARLIAN, Aloys.
 De Ordine Velleris Aurei, Oratio, III, 40419.
MARLIAN, Raymond.
 Index Geographicus Commentariorum Cæsaris, I, 117; IV, S.
 Descriptio veterum Galliæ locorum, 118.
MARLIER, Jérôme, Abbé de S. Guislain.
 Vie de S. Guislain, I, 12564.
MARLORAT, Augustin.
 Remontrance à la Reine Mere, I, 5790; II, 17816.
MARLOT, Guillaume, Prieur de S. Nicaise de Reims.
 An Tornacensis civitas Nerviorum caput sit? I, 8614.
 Metropolis Remensis Historia, 9492.
 Histoire de la Ville de Reims, 9493.
 Le Tombeau de S. Remi, 9525 & 11725.
 Oraison funèbre de Guillaume de Gifford, 9582.
 Monasterii S. Nicasii Remensis initia, 12692.
 Le Théâtre d'Honneur préparé au Sacre des Rois, 25980.
 Réponse à la Censure de Jacq. le Tenneur, 25983.

De cœlesti Chrismate, 15988.
MARMESSE, François, Cordelier.
 Récit des Miracles faits à Sainte Reine, I, 4869; III, 37292.
de MARMET de Valcroissant, Pierre.
 Mission de S. Auspice d'Apt, I, 7873.
MARMIESSE, Pierre, Avocat.
 Remontrances, II, 20258.
MARMONT du Hautchamp, Barthélemi.
 Histoire du Système des Finances, II, 24577 & 28107.
 Abrégé de la Vie du Régent, 25673.
 Histoire du Visa, 28115.
MARMONTEL (M.).
 Préface pour la Henriade, II, 19552.
 L'Etablissement de l'Ecole Royale Militaire, 24731; III, 32138.
 Mercure de France, 24801. *Il y a eu part.*
 Vers sur la naissance de M. le Duc d'Aquitaine, 25778.
de MARNE, Jean-Baptiste, Jésuite.
 Essai sur la position de différens Peuples, IV, S. 155.*
 Recherches sur l'ancien Comté de Lomme, IV, S. 473.*
 Evénemens Ecclésiastiques du Comté de Namur, 8642.
 Dissertation sur les Evêques de Tongres, 8690.
 — sur S. Materne, 10506.
 Examen sur la fille aînée du Duc Charles de France, II, 24895.
 Histoire du Comté de Namur, III, 39443.
 Lettres sur la Tradition d'Arlon, 39461.
de MARNES, Antoine.
 Recueil des moyens pour rétablir la République Lyonnoise, III, 37367.
MARNEZIA, Claude-Gaspard, Chanoine de Lyon.
 Réflexions sur l'Histoire de France, IV, *Supplém.* 16148.*
 Oraison funèbre de Louis XV, IV, *Supplément*, 24802.*
de MARNIX, Jean, Baron de Potes.
 Résolutions Politiques, III, 32422.
de MAROIS, Claude, Dominicain.
 Discours sur la mort de Diane de Clausse, I, 14802.
 Le parfait Gentilhomme, III, 39861.
 Traité des Armes & Armoiries, 39992.
 Les Alliances de plusieurs Familles de France, 40585.
 Histoire de la Famille de Chaumont au Vexin, 41833.
de MAROLLES (le Marquis): *voyez* de la Barde.
de MAROLLES, Michel, Abbé de Villeloin.
 Traduction des Constitutions de l'Ordre de la Milice Chrétienne, I, 4226.
 —des Livres de S. Grégoire de Tours sur la gloire des Martyrs & sur la Vie des Peres, I, 42343; II, 16051.
 —des quatre Livres du même sur la Vie de Saint-Martin, II, 16051.
 Mémoires sur sa Vie, I, 11268.
 Extraits des Titres des Abbayes de Villeloin & de Baugerais, 12933.
 Histoire des Rois de France, II, 15820.
 Considérations sur le Poëme de Clovis, 16026.
 Traduction de l'Histoire de France écrite par S. Grégoire de Tours, 16051.
 —de l'Histoire de Frédégaire, 16082.
 Traité de l'Antiquité des Armoiries, 27053.
 Eloge de Claude de Marolles, III, 31990.
 Description de Paris, 34502.
 Traduction de l'Histoire de la Construction d'Amboise, 35666.
 —de l'Histoire des anciens Comtes d'Anjou, 35676.

Généalogies

Généalogies des Familles Nobles de Touraine, 40784.
Histoires Généalogiques de plus de cent Familles, 40785.
Généalogies des Seigneurs d'Amboise, 40909.
Généalogie des Bastarnay, 41156.
—de la Maison de Montbason, 43257.
—des Comtes de Montrésor, 43311.
—de Louis de Gonzague, Duc de Nevers, 43384.
—de la Maison de Palluau, 43472.
—de la Maison de Prully, 43664.
—de la Maison de Sainte-Maure Montaufier, 44006.
Quadrains sur diverses Personnes, IV, 45638.
de MAROLLES, Claude, Jésuite.
Discours sur la Pucelle d'Orléans, II, 17181.
—sur la Délivrance d'Orléans, 17182.
MAROT, Jean, Valet de Chambre de François I.
Description des Voyages de Louis XII, II, 17450.
MAROT, Clément, Poëte, fils du précédent.
Eclogue sur le trépas de Madame Louise de Savoie, IV, S. 25495.*
Epigramme sur la venue de Charles-Quint en France, II, 26195.
MAROT.
Plans, &c. de l'Hôtel des Invalides, I, 5249.
MARQUAIS, Jacques, Abbé de S. Martin de Tournai.
Gesta Abbatum S. Martini Tornacensis, I, 12635.
de MARQUAIS, Jean, Grand-Prieur de S. Waast.
Gesta Abbatum S. Vedasti, I, 12793.
de MARQUEMONT : voyez Simon.
MARQUET, François-Nicolas, Médecin.
Observations sur quelques Maladies, I, 2572; IV, S.
Dictionnaire des Plantes de Lorraine, 3343.
MARQUETTE (le Pere), Jésuite.
Découverte de quelques Nations de l'Amérique, III, 39696.
MARQUEZ, Pierre, Professeur d'Eloquence.
Eloge de M. Massillon, IV, S. 11277.*
—de M. le Dauphin, II, 25758.
—d'Abraham du Quesne, III, 32041.
MARQUIS, Jean, Médecin.
Le Royal Mausolée, III, 32017.
de la MARRE (M.), Avocat.
Chronicon urbis Rotomagensis, III, 35206.
de la MARRE, Nicolas, Commissaire au Châtelet de Paris.
De la fertilité des Provinces de France, I, 3302.
Des lieux où il se nourrit plus de bestiaux, 3573.
Des poissons qu'on sert en France sur les tables, 3604.
Traité de la Police, III, 34458.
Description de Paris, 34511.
Observations sur les Spectacles de Paris, IV, 47770.
de la MARRE (M.).
Révision du Dictionnaire Economique, I, 2458.
Défense de plusieurs Ouvrages sur l'Agriculture, 3440.
MARRET, Jean.
Traduction d'une Histoire des Insectes de l'Europe, I, 3613.
MARRIER, Maturin.
Du Franc-Aleu, III, 39947.
MARRIER, Martin, Bénédictin.
Bibliotheca Cluniacensis, I, 11787.
Historia Monasterii S. Martini de Campis, 12611.
MARS, Noël, Bénédictin.
Vie de Noël Mars, son Oncle, I, 11648.
Vita Francisci Bineti, IV, S. 14033.*
du MARSAIS : voyez Chesneau.
de MARSAY.
Avis touchant un Canal à faire, I, 925.

Tome IV.

de MARSIGLY, Louis-Ferdinand, Comte.
Carte du Golfe de Lyon, I, 728.
—de la Côte entre le Cap Canaille & celui du Croiset, 729.
Histoire Physique de la Mer, I, 2832.
Répliques touchant la reddition de la Forteresse de Brisac, II, 24430.
de MARSIGNY, Chérubin, Récollect.
Vie de la Mere de Nerestang, I, 15062.
MARSILE de Padoue, dit Menandrin.
Defensorium Pacis, I, 7047.
De translatione Imperii Romani ad Francos, II, 28758.
de MARSILLAC, Sylvestre, Evêque de Mende.
Lettres, III, 30837.
MARSOLIER, Jacques, Chanoine d'Uzès.
Vie de S. François de Sales, I, 10787.
—d'Armand-Jean le Bouthillier de Rancé, 13152.
—de la Mere de Chantal, 15275 & 76 & 82.
Histoire du Duc de Bouillon, III, 31601.
MARSOLIER, Alexandre, Sieur de Ville-Dombe.
L'Exercice des Mousquetaires, III, 32199.
de MARSY, François-Marie.
Histoire de Marie Stuart, II, 25119.
Dictionaire de Peinture & d'Architecture, IV, 47793.
de MARSY : voyez Sautreau.
la MARTAGELLE.
Lettre à M. le Duc de Guise, II, 20648.
MARTEAU de Grandvilliers, Pierre-Antoine, Médecin.
Description de quelques Dyssenteries, I, 2505.
Histoire d'une Dyssenterie épidémique, 2605.
Dissertation sur les Eaux d'Aumale, 2933.
Analyse des Eaux de Forges, 3068.
MARTEAU de S. Gatien, Martin, Carme.
Abrégé du Paradis de la Touraine, I, 10266.
Vie de S. Martin de Tours, 10283.
Le Paradis de la Touraine, III, 35646.
Des Personnes illustres de Touraine, IV, 45752.
MARTEL, Charles, Chanoine Régulier.
Menologium Monasterii Viridis Vallis, I, 13490.
MARTEL, Jean.
Antiquité du Triomphe de Béziers, III, 37813; IV, S.
MARTEL, Jean, Jésuite.
Oraison funèbre de M. le Bouthillier, Archevêque de Tours, IV, S. 10330.*
MARTEL (le Sieur).
Vie de Jean-Etienne Duranti, III, 33026.
MARTEL de Montpinson, Charles.
L'Histoire de notre Temps, I, 5829.
de MARTEL.
Réponse à des Mémoires contre les Jeux Floraux de Toulouse, IV, 45615.
de la MARTELLIERE, Pierre, Avocat.
Plaidoyer contre les Jésuites, IV, 44650.
MARTENE, Edmond, Bénédictin.
Voyage Littéraire, I, 2337 & 38.
Galliæ diversa Concilia & Statuta Synodalia, 6289.
Annalium Ordinis S. Benedicti, Tomus VI, 11607.
Histoire de la Congrégation de S. Maur, 11630; IV, S.
—de l'Abbaye de Marmoutier, 12147; IV, Suppl.
Vie de D. Claude Martin, 12155; IV, S.
—de D. Pierre Constant, IV, S. 12534.
—de D. Simon Mopinot, IV, S. 12538.
Stabulensis Monasterii jura propugnata, 12892.
Thesaurus Anecdotorum, II, 15985.
Veterum Scriptorum Collectio, 15987.
MARTHAN, Jacques.
De Guillelmo Budæo, IV, S. 32754.*

Iiii

MARTI ou Martin, Corneille, Zélandois.
  Généalogies des Forestiers & Comtes de Flandres, IV, S. 40653*; III, 42336.
MARTI y Viladamor, François.
  Cataluña en Francia, II, 22020.
  Manifesto de la fidelidad Cataluña, 22238 & 28930; IV, S. 38367.
  Præsidium inexpugnabile, 28926; IV, S. 38367.*
  Defensa di la autoridad Real, 28927.
MARTIAL du Mans (le Pere), Religieux Pénitent.
  Almanach spirituel de Paris, I, 5200.
MARTIAL de S. Jean-Baptiste (le Pere), Carme Déchaussé.
  Bibliotheca Scriptorum utriusque Congregationis & sexûs Carmelitarum Excalceatorum, I, 13714.
MARTIANAY, Jean, Bénédictin.
  Vie de Magdelène du S. Sacrement, I, 15004.
de MARTIGNAC : voyez Algay.
de MARTIGNY.
  Poëme sur les Conquêtes du Roi, II, 24722.
MARTIN Polonois.
  Chronique, II, 17323.
MARTIN IV, Pape.
  Epistolæ, III, 29789.
MARTIN.
  Chronique des Comtes & Ducs de Bourgogne, III, 38581.
MARTIN, Jean.
  Traduction de deux Oraisons funèbres de François I, II, 17628 & 29.
MARTIN, Jean, Procureur.
  Police du grand Bureau des Pauvres de Paris, I, 5304.
MARTIN, Corneille : voyez Marti.
MARTIN, Arnaud ou Renaud, Chanoine d'Auxerre.
  Supplément à la Vie de Jacques Amyot, III, 32245.
MARTIN, Moine de Monstier-neuf.
  Fragmentum Historiæ Monasterii novi Pictaviensis, I, 12238.
MARTIN, Simon, Minime.
  Vie de S. Wlphli, I, 11538; IV, S.
  —de S. Babolein, 12645.
  —de Sainte Austreberte, 14771.
  —de Catherine de Vis, 15229.
MARTIN, Jean, Curé d'Ouzoner.
  Oraison funèbre de Jacques Talon, III, 32728.
MARTIN.
  Table généalogique de la Maison de Foix, III, 42358.
MARTIN (M.) Médecin.
  Poema Macaronicum de Bello Huguonotico, II, 17786.
MARTIN, Matthieu, Minime.
  De l'origine & du progrès de l'Hérésie de Calvin à Dieppe, I, 6029.
MARTIN, Claude, Bénédictin.
  Vie de Marie de l'Incarnation, I, 15324.
  Eloge funèbre de Pompone de Bellièvre, III, 32920.
MARTIN, François, Cordelier.
  Eloges des personnes illustres de Caën, IV, 45685.
  Athena Normannorum, 45724.
MARTIN, Raymond.
  Traité du Domicile, IV, S. 37820.*
MARTIN, Arnoul.
  Histoire de la Peste de Marseille, III, 38239.
MARTIN, Gabriel, Libraire.
  Catalogue des Livres de M. Lancelot, II, 15957.
  —des Livres de M. Burette, 15960.
MARTIN (M.), Médecin.
  Détail d'une Maladie épidémique, I, 2526.
MARTIN, Jacques, Bénédictin.
  Gallia antiqua, I, 38.

Observations sur la Géographie des Gaules, 125.
Les différentes divisions des Gaules, 128.
Dissertation sur la Gaule Celtique, 150.
—sur les *Bebryces*, 215
Eclaircissemens sur les origines Celtiques & Gauloises, 3756.
La Religion des Gaulois, 3801.
Histoire des Gaules, 3908.
MARTIN (M.), Apothicaire à Auxerre.
  Mémoire sur des Pyrites, I, 2765.
  Analyse des Eaux d'Auxerre, 2852.
MARTIN, (M.), Apothicaire de l'Ecole Royale Militaire.
  Analyse de l'Eau du puits de cette Ecole, I, 2866.
à MARTINARIA : voyez Villarius.
MARTINEAU, Samuel, Evêque de Bazas.
  Les sentimens d'un fidèle sujet, II, 23380.
MARTINEAU, Isaac, Jésuite.
  Lettre sur la Vie du P. Bourdaloue, I, 14179.
  Les Vertus de Louis de France, Duc de Bourgogne, puis Dauphin, II, 25718.
  Oraison funèbre du Prince de Condé, 25832.
MARTINEAU du Plessis, Denys.
  Description de la France, I, 814.
MARTINEAU de Soleine.
  Description des Grottes d'Arcy, IV, S. 2786.*
  Les vœux de l'Europe & de la France, pour la santé du Roi, II, 24595; IV, S.
MARTINENGO, François, Comte.
  Guerra di Provenza, III, 38105.
MARTINEZ : voyez Briz.
MARTINI, Gilles.
  Duché de Limbourg, I, 2014.
MARTINI, Nicolas.
  Libertas Aquilæ triumphans, II, 28779.
de la MARTINIERE (M.).
  Edition de l'Etat de la France, II, 27296.
de la MARTINIERE : voyez Bruzen & Pinsson.
MARTINIUS, Pierre.
  Gratulatio de Academia Rupellis instituta, IV, 45458.
MARTINIUS, Charles.
  Généalogie des Forestiers & Comtes de Flandres, III, 42324.
MARTINON (M.), Curé d'Auzon.
  Dissertation sur *Gergovia*, I, 287.
  Mémoire sur *Castrum Victoriacum*, 538.
  Dissertation sur les Familles de l'Auvergne, 3918.
des MARTINS, Hilaire.
  Vies des Poëtes Provençaux, IV, 47255 & 56.
de la MARTONIE, Raymond, Evêque de Limoges.
  Statuts Synodaux, I, 6552.
MARTYN, J.
  Traduction de l'Histoire des Plantes qui naissent aux environs de Paris, I, 3355.
MARTYNS, Guillaume.
  Histoire des Rois d'Angleterre, III, 35173.
MARTYR, Pierre.
  Commonitorium Catholicum, II, 22087 & 27047.
MARTYR-Rizo, Jean-Paul.
  Muerte del Rey de Francia Henrique IV, II, 19989.
  Vida y muerte del Duque de Viron, III, 31589.
MARULI, Jérôme.
  Vite di Gran-Maëstri della Religione di san Giovanni Gierosolimitano, III, 40296.
MARVILLE, Antoine.
  Recognitio Codicis Theodosiani, IV, S. 27583.*
du MAS, Hilaire, Docteur de Sorbonne.
  Histoire des cinq Propositions, I, 5579 & 5582.
  Défense de cette Histoire, 5581.
du MAS, Pierre, Doctrinaire.
  Vie du B. César de Bus, I, 11011.

Masars de Gazelle (M.), Médecin.
Observations sur une Paralysie de la vessie, I, 3098.
de Mascarenhas : *voyez* de Montarroyo.
Mascaron, Pierre-Antoine, Avocat.
Marseille aux pieds du Roi, IV, S. 21906*; III, 38254.
Relation du Voyage des Galeres de France, II, 21940.
Harangue pour la Reine Régente, II, 22259 & 25161.
Discours funèbre à la mémoire du Cardinal de Richelieu, III, 32497.
Mascaron, Jules, Evêque de Tulles, puis d'Agen, fils du précédent.
Oraison funèbre d'Anne d'Autriche, II, 25166.
—du Duc de Beaufort, 25640.
—de Madame la Duchesse d'Orléans, 25668.
—du Chancelier Pierre Séguier, III, 31541.
—du Vicomte de Turenne, 31713.
Maschon, Louis, Chanoine de Toul.
Mémoires pour l'Histoire de Toul, I, 10164.
Masclaris.
Traduction du second volume de l'Histoire de la République de Venise, de Nani, II, 23964.
Mascou, Jean-Jacques.
De nexu regni Burgundici cum Imperio Romano-Germanico, IV, S. 38036.**
De nexu regni Lotharingiæ cum Germanorum Imperio, III, 38824; IV, S.
le Mascrier, J. B.
Traduction des Commentaires de César, corrigée, I, 3880.
Traduction d'une partie de l'Histoire de M. de Thou, II, 19878.
Mémoire sur la Louisiane, 39725.
Histoire de la derniere révolution des Indes Orientales, 39808.
Maselli, Antoine.
Lettera sopra l'interruptione della Historia della Chiesa & Citta d'Avignione, III, 38313.
Masenius, Jacques.
Annales Trevirenses, III, 39238.
Masius, Charles, Evêque d'Ypres.
Statuta Synodalia, I, 6534.
Masius, Hector Godefroi.
Dissertatio de contemptu Concilii Tridentini, I, 7536.
le Masle, Jean.
Poëme de la Vie de Jean Porthaise, I, 13880.
Discours de l'origine des Gaulois, II, 15381.
—sur les troubles, 18202.
—de l'origine des Manceaux, III, 35506.
Le Bréviaire des Nobles, 39851.
de Masnay, Guillaume, Président au Conseil de Namur.
Inventaire des Chartes du Comté de Namur, II, 29061.
Massa, Antoine.
Contra usum duelli, III, 40164.
de Massac, Raymond.
Pæan Aurelianus, I, 2432; III, 35591 & 94.
Pugæ, Carmen, 3167.
de Massac, Charles, fils du précédent.
Les Fontaines de Pougues, I, 3167.
de Massac, Ange, Avocat.
Edition de l'Institution au Droit Ecclésiastique, I, 6961.
de Massac (M.).
Mémoire sur les Engrais, IV, S. 3419.*
Masse (M.).
Histoire de la Rochelle, III, 35776.
Masse, Claude, Ingénieur du Roi.
Carte du Pays d'Aulnis, I, 1366; IV, S.

Tome V.

Carte depuis les bords de la Loire jusqu'à l'Adour, 1920.
Mémoire sur partie du bas Poitou, &c, I, 22515; IV, S.
Massé, Chrétien, prétendu Evêque de Cambrai.
De Episcopis Cameracensibus, I, 8532.
Chronicon Historiæ utriusque Testamenti, II, 15715.
Massé, Louis.
Commentaria in Statuta Provinciæ, III, 38059.
Massé, Jean-Baptiste.
La grande Galerie de Versailles, II, 27020; IV, *Supplém.*
Massé, Pierre-André, Avocat.
Traité des Bois, IV, S. 3545.**
Masselin, Jean, Official de Rouen.
Procès-verbal des Etats généraux de Tours, II, 27434.
de la Masserie : *voyez* Morin.
Masset, François.
Histoire de Château-Porcien & de Réthel, III, 34264.
Masset, Guillaume, Jésuite.
La garde du Lys, II, 26387.
de Masseville. (l'Abbé).
Histoire de Normandie, III, 35195.
de Massiac, (M.) Lieutenant des Grenadiers.
Mémoires, II, 24383.
Faits mémorables, 24569.
Massieu, Guillaume, Académicien.
Histoire de la Poësie Françoise, IV, 47267.
de la Massilaye : *voyez* Gerbier.
Massillon, Jean-Baptiste, Evêque de Clermont.
Oraison funèbre de Camille de Neufville-de-Villeroy, I, 8955; IV, S.
—de Henri de Villars, 10730.
—du Prince de Conti, II, 25856.
Massinot (le Pere).
Vie de Sainte Geneviève, I, 4469.
Massip, (M.) Avocat.
Description d'un Echo, I, 3694.
Eloge de Joseph-François Portalon, 11364.
—de François Dandoque, IV, 46423.
de Masso, Antoine.
Harangue, III, 37388.
de Massoignes : *voyez* de Massonigues.
Massol, Jean, Seigneur de Marcilly.
Epithalame sur les Mariages de France & d'Espagne, II, 20444.
Hercules Gallicus, 22128.
Gravelinga, *Id.*
Masson, Jean-Papire, Avocat.
Descriptio fluminum Galliæ, I, 854.
Notitia Episcopatuum Galliæ, 1205 & 7822.
Historia calamitatum Galliæ, 3866.
Vita Joannis Calvini, 5810.
Elogium Cardinalis Caroli Borbonæi, 9883.
—Patris Angeli de Joiosa, 13912.
Annales Francorum, II, 15717.
Historia vitæ Caroli IX, 18253.
Vita Joannis Engolismæ Comitis, 25421; IV, S.
Discours des choses qui se sont passées au Mariage de Charles IX, 26065 & 26236.
Relatio cæremoniarum Baptismi Ludovici Delphini, 26639.
Judicium de libello Hotomani, 27153.
Responsio Matharelli ad hunc libellum, *là : attribué.*
Responsio ad maledicta Hotomani, 27155.
Elogia varia, III, 31362; IV, S. 45635.*
Elogium Renati Biragi, 31509.
—Annæ Thuanæ, Huralti Chiverni uxoris, 31514; IV, S.
—Pomponii Bellevræi, 31518.
—Annæi Anglurii, 31953.

Iiii 2

Elogium Ducis Mercorii, 31996.
Vita Claudii & Francifci primorum Guifiæ Ducum, 32285.
Elogia Chriftophori & Auguftini Thuanorum, 32905 & 37.
Elogium Francifci Miton, 34600.
Defcriptio Arverni Municipii, 37466.
De ftatu Andegavenfis Academiæ, IV, 45153.
Elogium Francifci Balduini, 45822.
Vita Renati Choppini, 45852.
—Jacobi Cujacii, 45867.
—Caroli Molinæi, 45949.
Elogium Petri Pithœi, 45974.
Vita Jacobi Carpentarii, 46084.
Elogium Michaëlis Marefcotti, 46212.
—Simonis Pietræi, 46285.
—Nicolai Angeli, 46616.
—Joannis Paſſeratii, 47169.
—Joannis Aurati, 47407.
—Petri Ronfardi, 47635.
—Clementiæ Ifauræ, IV, S. 48097.*
MASSON, Jean, Archidiacre de Bayeux, frere du précédent.
Vie de S. Exupere de Bayeux, I, 9894; V, Add.
Hiftoire de Jeanne d'Arc, II, 17216.
Traduction de la Vie de Jean, Comte d'Angoulême, 25491; IV. S.
Inauguratio Ludovici XIII, 26093.
Defcriptio domûs quæ Couflans appellatur, III, 34797.
MASSON, Claude, Oratorien.
Oraifon funèbre d'Angélique du Toc, I, 14831.
MASSON. (M.)
Hiftoire de Pierre Bayle, IV, 46638.
MASSON, Pierre-Touſſaints, Tréforier de France.
Traduction d'un Difcours fur la Convalefcence du Roi, II, 24651.
—d'un Difcours fur la Paix, 24651 & 712.
MASSON de la Motte-Conflans, Antoine-Claude-Pierre, Avocat.
Réflexions fur le terme de *Main-morte*, II, 15522.
Recherches fur les Servitudes, *là*.
Notes fur les Deshérences, *là*.
Recherches fur les Albergues, 15523.
Lettre fur l'ufage de boire à la fanté, 15549.
Epitre du Magifter de Lawfeldt, 24702.
Epitre au Roi fur la Paix, 24703; *douteux*.
L'Année fans merveille, 24720; IV, S.
Lettre fur l'Efpier, III, 39399.
le MASSON (M.), Prémontré.
Differtation fur *Gergovia*, I, 285.
Mémoire fur les Dauphins d'Auvergne, III, 37450.
le MASSON, Jean-Baptifte.
Calendrier des Confrairies de Paris, I, 5202.
le MASSON, Innocent, Général des Chartreux.
Lettre fur la Confultation des 40 Docteurs, I, 5629.
Vie de Jean d'Aranthon d'Alex, 10797.
Eclairciſſemens fur cette Vie, 10798.
Annales ordinis Cartufienfis, 13229; V, *Add*.
le MASSON du Parc (M.), Commiſſaire de la Marine.
Traité des Poiſſons de la grande & petite marée, IV, S. 3604.*
de MASSONIGUES, Aubert.
Les Occafions, IV, S. 19323.*
MASSUET, René, Bénédictin.
Differtatio de S. Irenæi Vita & fcriptis, I, 8881.
Annales ordinis S. Benedicti, Tomus V; I, 11607.
Vita Joannis Mabillonii, 12520.
—Theoderici Ruinart, 12524.
MASSUET, Pierre.
Hiftoire de la Guerre préfente, II, 24613.

MASURE, Louis.
Borboniades, I, 5868.
MATAGO de Matagonibus: *faux nom fous lequel s'eſt caché* François Hotman, II, 27154 & 56 : *voyez* Hotman.
MATALIS, Jean.
Harangue funèbre de Claude de Montigny, IV, S. 11299.*
MATHAREL : on foupçonne que c'eft Papire Maſſon, II, 27152 & 53 : *voyez* Maſſon.
MATHAS, Antoine, Procureur du Roi.
Recherches des Connétables, des Maréchaux de France & des Amiraux, III, 31396.
de MATHONIERE, Nicolas.
Carte de la France, I, 545.
MATHOU, Hugues, Bénédictin.
De vera Senonum origine Chriftiana, I, 4069.
Catalogus Archiepifcoporum Senonenfium, 10022.
de MATIGNON, Odet, Comte de Torigny.
Harangue aux Princes, II, 18345; IV, S.
de MATIGNON, Léonor I, Evêque de Coutances, puis de Lifieux, neveu du précédent.
Statuts Synodaux, I, 6479 & 6562.
de MATIGNON, Léonor II, Evêque de Lifieux, neveu du précédent.
Regles & Statuts, IV, S. 5431.**
MATTANE - Ferris, Blaife - Antoine, Profeſſeur en Droit.
Traduction Efpagnole de l'Inftitution au Droit Ec- cléfiaftique, I, 6961.
MATTE (M.), Démonftrateur en Chimie.
Mémoire fur les Salins de Péquais, I, 1742.
MATTHESON.
Vie de Marie Stuart, II, 25117.
MATTHIAS de Neuf-châtel, *dit* Albert de Strafbourg.
Commentarius de Vita Bertholdi II, à Buchecke, I, 9136.
Chronicon, III, 38702.
MATTHIEU, Cardinal de Sion.
Oratio Philippica, II, 17466; III, 29862.
MATTHIEU, Pierre, Hiftoriographe de France.
Continuation de l'Hiftoire de France de Jean de Serres, II, 15681.
Hiftoire de S. Louis, 16866.
—de Louis XI, 17334.
Guifiade, 18842; IV, S.
Pompe funèbre des Pénitens de Lyon, IV, S. 18847.*
Difcours fur les changemens advenus en la Ville de Lyon, 19512.
Harangue au Peuple de Lyon, 19590; III, 37391.
Hiftoire des derniers troubles de France, II, 19737, 38, 39, 40; IV. S. 19737.
Hiftoire mémorable des guerres entre les deux Maifons de France & d'Autriche, 19750.
Hiftoire de France, durant fept années, 19821.
Hiftoire de la mort de Henri - le - Grand, 19980 & 97.
Hiftoire d'Ælius Sejanus, 20615.
Hiftoire des profpérités malheureufes, 20661.
Hiftoire de France durant cent ans, 20950.
Hiftoria di Francia, 20970.
La Généalogie de la Maifon de Bourbon, 24973.
Entrée de Henri IV, à Lyon, 26283.
Les deux plus grandes réjouiſſances de Lyon, 26285.
Entrée de la Reine, à Lyon, 26292.
Alliances de France & de Savoie, 28631.
Offices de la Couronne de France, III, 31338.
Remarques fur la Vie de M. de Villeroy, 32689; IV, S.
MATTHIEU, Jean-Baptifte, fils du précédent.
La Piété Royale, II, 20985.
Eloge de Marie de Médicis, 25145.

MATTHIEU, François, Jésuite.
  Discours funèbre sur Scholastique - Gabrielle de Livron-Bourbonne, I, 14822.
MATTHIEU, Antoine, Jurisconsulte.
  Observationes in Chronicon Willelmi Egmondani, I, 8790; III, 39285.
  —in Chronicon de Trajecto, 8794.
  Fundationes & Fata Ecclesiarum Ultrajecti, 8800.
  Veteris Ævi Analecta, II, 15996; III, 39320.
  Notæ in Vitam Philippi à Burgundia, 25476.
  Observationes in Chronicon Ducum Brabantiæ, III, 39497.
  Notæ in Librum de Rebus Ultrajectinis, 39560.
  De Nobilitate, &c. 39864.
MATTHIEU (M.).
  Oraison funèbre de M. le Dauphin, fils de Louis XIV, II, 25693.
MATTHIEU d'Abbeville (le Pere), Capucin.
  Discours funèbre sur Henri - le - Grand, II, 10028.
MATTHIEU de Monsur (le Pere), Capucin.
  Vie du P. Vergier de Barbe, IV, S. 14214.*
MATTHIEU Paris, Moine de S. Alban.
  Historia major, III, 35079.
  Historia minor, là.
MATTHIEU de Westminster, Bénédictin.
  Flores Historiarum, III, 35102.
MATURIN de Sainte - Anne (le Pere), Carme réformé.
  Vita Joannis à sancto Samsone, I, 13702.
le MAU de la Jaisse, Pierre, Chevalier de S. Lazare.
  Plans des Places de Guerre de France, I, 2132.
  Carte de la Monarchie Françoise, III, 32095.
  Abrégé de la Carte Militaire, 32096.
de MAUBÉE, Denys, Seigneur de Capponay.
  Traité des Eaux de Cessay, I, 3031.
  —des Eaux de Sainte - Anne, IV, S. 3205.*
  —des Eaux de Saint-Symphorien, I, 3218.
MAUBERT, Pierre.
  Histoire Politique du Siècle, III, 29156.
MAUBERT de G.
  Traduction des Lettres du Chevalier Talbot, III, 31180.
de MAUBUY.
  Vies des Femmes illustres, IV, 47995.
MAUCLER, Michel, Docteur de Sorbonne.
  De Monarchia Divina, Ecclesiastica & Seculari, Christiana, I, 7090.
  Excerpta ex hoc Libro, 7091.
MAUCOMBLE, Jean-François-Dieudonné.
  Histoire de Nismes, III, 37853.
MAUCONDUIT.
  Dissertation sur sainte Magdelène, I, 3994.
MAUDET (MM.), pere & fils.
  Continuation des Annales de Raphaël Collin, III, 35755.
MAUDUIT, François.
  Histoire de Jean Labadie, I, 6002.
MAUDUIT : voyez de la Reyniere.
MAUGEAN.
  Lettres, III, 30760.
MAUGER, Nicolas.
  Historia Comitis Rogerii in Sicilia, III, 34998.
MAUGER (M.), Garde-du-Corps du Roi.
  L'Origine & les Progrès des Gardes - du - Corps, III, 32196.
MAUGRAS, Jean - François, Doctrinaire.
  Vie de Sainte Géneviève, I, 4451.
  Prieres à Sainte Géneviève, là.
  Procession de Sainte Géneviève, là.
de MAUGRÉ (l'Abbé).
  Oraison funèbre du Maréchal de Belle-Isle, III, 31583.
de MAUGRISSON, Christophe, Aumônier du Roi.
  Diverses Pièces politiques, II, 29044.
MAUGUE, Benoît, Médecin.
  Histoire Naturelle de la Province d'Alsace, I, 2382.

le MAUGUIER (M.), Théologal de Beauvais.
  Lettres sur S. Lucien de Beauvais, IV, Supplém. 9677.
MAUHUGEON.
  Histoire des Seigneurs de la petite Bretagne, III, 35374.
de MAULÉON : voyez Loiseau & Oihenart.
MAULEVRER : voyez Andrault.
MAULJEAN (M.), Conseiller de Lorraine.
  Preuves des degrés de la Généalogie d'Alsace, II, 25885.
MAULMIRAY, Jérôme, Conseiller au Présidial de Sens.
  Notes sur les Vies des Archevêques de Sens, I, 10019.
MAULTROT (M.), Avocat.
  Apologie des Jugemens contre le Schisme, I, 7370.
  Mémoire pour le Chapitre d'Auxerre, IV, Suppl. 36024.*
  —touchant la Jurisdiction du Grand-Chantre, IV, S. 44587.*
MAUMENET, L.
  Poëme sur la jonction des deux Mers, I, 908.
de la MAUNIAYE - Machaut.
  Discours sur l'élection de M. d'Aligre, Garde des Sceaux, II, 21188.
MAUNOIR, Julien.
  Vita S. Corentini Aremorici, I, 10448.
MAUNOURY de Perteville (M.), Avocat du Roi.
  Mémoires de la Maison d'Alençon, II, 35310.
de MAUNY : voyez Chauveau.
MAUPARTY, Hubert, Procureur du Roi.
  Histoire du Quillotisme, I, 5637.
de MAUPAS : voyez Cauchon.
MAUPEOU, Pierre, Curé de Nonnancourt.
  Eloge funèbre d'Armand - Jean le Bouthillier de Rancé, I, 13150.
  Vie du même, 13151.
de MAUPEOU, Augustin, Evêque de Castres.
  Statuts Synodaux, I, 6448.
de MAUPEOU, René-Charles, Premier Président.
  Discours au Roi, III, 33341, 43, 44, 46, 49, 50, 64, 68, 69, 70, 74.
de MAUPERTUI : voyez Drouet.
de MAUPERTUIS : voyez Moreau.
MAUPIN.
  Etats du Duc de Savoie, I, 1931.
MAUPIN (M.), Valet - de - Chambre de la Reine.
  Méthode de cultiver la Vigne, I, 3508; IV, Suppl.
  L'Art de multiplier le Vin par l'Eau, IV, Suppl. 3508.*
  Expériences sur la bonification des Vins, là.
  Essai sur l'Art de faire le Vin & le Cidre, là.
  Lettre sur l'Art de faire le Vin, là.
  Analyse du Vin, là.
MAUPOIN (M.), Avocat.
  Journal des Cérémonies de Paris, I, 5201.
MAUPOINT, Claude.
  Histoire de Louis XI, II, 17329.
MAUR, Jean.
  Sylvæ Regiæ, IV, S. 23989.*
MAURÈS, Jean, Médecin.
  Rupellæ captæ Prosopopœia, II, 21537.
MAURICE : voyez Pierre.
MAURICE, Maturin.
  Traité de l'Origine de la vraie Noblesse, III, 39841.
MAURICE, Jean-Baptiste.
  Le Blazon des Armoiries des Chevalier de la Toison d'Or, III, 40431.
MAURICE de la Mere de Dieu (le P.), Augustin déchaussé.
  Eremus Augustiniana, I, 13673.

du MAURIER (M.).
Lettres, III, 30471 & 74.
du MAURIER : *voyez* Aubery.
MAURILE de Saint-Michel (le Pere), Carme.
Voyage des Isles Camercanes, III, 39753.
MAURIN, Ambroise.
Ode sur l'arrivée de Louis XIII en Provence, II, 26348.
MAUROY, Honoré, Sieur de Verrieres, Secrétaire du Roi.
Discours sur la Vie de Bernard de la Valette, III, 31788.
de MAUROY, Marie-Magdelène, Dominicaine.
Vies d'Agnès de Jésus, I, 15136.
—d'Elisabeth de l'Enfant Jésus, 15140.
MAURY, J.
Gratulatio poetica ad Conseranensem Episcopum, I, 8100.
MAURY, Jean-Suffrein.
Eloge de François de Salignac de la Mothe-Fénelon, IV, S. 8582.*
—de Charles V, IV, S. 17082.*
—de M. le Dauphin, II, 25758.
—du Roi Stanislas, III, 38927; IV, S.
de MAUTOUR : *voyez* Moreau.
MAUVANS, M.
Critique du Nobiliaire de Provence, IV, S. 40775.*
de MAUVILLAIN, Jean.
An ægrè convalescentibus Aquæ Forgenses ? I, 3060 & 3209.
Hortus Regius Parisinus, I, 3398.
MAUVILLON (M.), Secrétaire du Roi de Pologne.
Histoire de la Guerre de Bohême, II, 24663.
de MAUVISSIERE : *voyez* de Castelnau.
de MAUVOISIN : *voyez* de la Béraudiere.
MAXIMILIEN, Roi des Romains, depuis Empereur.
Lettre à Charles VIII, II, 17345.
MAXIMIN de Gruchen (le Pere), Capucin.
Carte de l'Ordre des Capucins, I, 1186; IV, *Suppl.*
du MAY, Antoine, Médecin.
Narratio de morte Joannis Stephani Duranti, II, 19226; III, 33027.
du MAY, Paul, Bourguignon.
Traduction d'un Discours sur ce qui s'est passé dans le Piémont, II, 20705.
Les Lauriers de Louis-le-Juste, 21122.
Discours sur le trépas de M. de Thermes, III, 32341.
du MAY, Louis, Seigneur de Sallettes.
L'Avocat condamné, II, 28781.
Réflexions historiques, III, 32426.
de MAYENNE (le Duc), Henri de Lorraine : *voyez* de Lorraine.
de MAYENNE (le Duc), Ferdinand de Gonzague, héritier du précédent.
Lettre à Madame de Longueville, II, 21602.
MAYER, Martin.
Theatrum Europæum, II, 24155. *Il y a eu part.*
de MAYERNE, Louis.
La Monarchie Aristo-démocratique, II, 27128.
Apologie de ce Livre, 27129.
Traité des Négoces, 28173.
Histoire du Royaume de Navarre, III, 37680.
de MAYERNE, Théodore, *dit* Turquet, fils du précédent.
Description de la France, &c. I, 782.
Sommaire de la Description de la France, 1293.
Guide des Chemins de France, &c. 2301.
MAYEUX, François, Avocat.
Mémoire sur le Duché-Pairie d'Espernon, III, 31295.
Sommaire de ce Mémoire, *là*.
de MAYNARD, Géraud, Conseiller au Parlement de Toulouse.
Traité de la Puissance Royale & Sacerdotale, I, 7060; IV, S. 7097.*

du MAYNE : *voyez* de Chabans.
de MAYNES (M.).
Repartie sur les Eaux de Hébévécron, I, 3084.
de MAYNIER, B.
Histoire de la Noblesse de Provence, III, 40778
de MAYRON, François.
Supplicatio Joanni XXII oblata, I, 4393.
de MAYSONADE.
Mémoire sur les Pêchers, IV, S. 3472.*
de MAZAN : *voyez* de Sade.
del MAZANO : *voyez* Ramos.
MAZARELLI, Claire-Marie, Marquise de Saint-Chamond.
Eloge du Duc de Sully, III, 31818.
—de Descartes, IV, 46438.
MAZARIN, Jules, Cardinal.
Réponse à la Reine Mere, II, 21860.
—au Cardinal Barberin, 22556 : *douteuse.*
Lettres surprises, 23257 : *douteuses.*
Lettre à la Reine Mere, 23272.
Lettres à la Reine & au Prévôt des Marchands, 23364.
Lettre au Roi, 23395.
—à Son Altesse Royale, 23397.
Lettres à la Reine & au Prévôt des Marchands, 23399.
Lettre à M. le Tellier, 23658.
Lettres diverses, III, 30762 & 63.
Dépêches, 30823.
Mémoires, 30826.
Lettres diverses, 30845.
Lettres à M. le Tellier, 30874 & 79.
Lettres diverses, 30920 & 21.
Dépêches, 30922.
Dépêches à M. le Tellier, 30940.
Lettres, 30943.
MAZARIN (la Duchesse), Hortense Mancini : *voyez* Mancini.
MAZARINI Mancini, L. Jules B. Duc de Nivernois.
Mémoire sur la Politique de Clovis, II, 16036.
—sur l'indépendance de nos premiers Rois, 26811.
MAZÉAS, Jean-Maturin.
Lettre sur Port-Mahon, II, 24751.
de MAZÉAS (l'Abbé).
Mémoire sur la Mine d'Alun de la Tolfa, I, 2731.
de MAZELLI, Marie-Claire, Visitandine.
Vies de plusieurs vénérables Meres & Sœurs de la Visitation, I, 15266; IV, S.
du MAZET : *voyez* d'Audiguier.
de MAZIERES, Philippe, Chancelier de Chypre.
Vita Venerabilis Petri Thomæ, I, 13700.
de MAZILLES, Jean, Echanson du Duc de Bourgogne.
Lettre touchant la prise de Liége, III, 36114.
MAZOYER (M.).
Bibliothèque du Royaume de France, I, 826.
MAZURE, Nicolas, Curé de S. Paul à Paris.
Oraison funèbre de Jean-François de Gondi, I, 9329.
Harangue funèbre de Louis-le-Juste, II, 22137.
Etablissement, &c. de la Charge de Maître ordinaire de la Chapelle du Roi, III, 32234.
MAZZOLARI, Joseph-Marie.
Oratio in ortu Burgundiæ Ducis, IV, S. 25767.*
MÉAT.
Fille héroïque, ou Sainte Reine, I, 4632.
MÉAULME, François.
La Royauté inviolable, II, 21387.
de MÉAUNE, Louis.
Histoire des Comtes de Laval, III, 42867.
de MEAUX, Jean, Avocat.
Panégyrique du Comte de Harcourt, III, 32346.

de Meaux : *voyez* Bonnet.
van Mechelen, Jean-Baptiste.
   Oratio funebris in laudem Guillelmi le Gouverneur, IV, S. 10476.*
Médard (le Pere), Capucin.
   Histoire de Notre-Dame de la Paix, I, 4189.
de Médavy : *voyez* Rouxel.
de Médicis, Catherine, Reine de France.
   Lettre à l'Evêque de Rennes, II, 17876.
   Lettres au Connétable de Montmorency, III, 30118.
   —au Maréchal de Saux-Tavannes, 30166.
   Lettres diverses, 30170.
   Lettres au Sieur de la Rochepozay, 30193.
   Lettres diverses, 30259 & 30411.
de Médicis, Marie : *voyez* Marie.
de Médicis, Cosme II, Grand-Duc de Toscane.
   Lettres, III, 30469.
de Mediobarbo, Jean-Antoine.
   Ludovico Magno Panegyricus, II, 24422.
Médon, Bernard.
   Vita Petri Casenovæ, I, 11029; IV, S.
   —divi Raymundi, 11389; IV, S.
   —Guillelmi Marani, IV, 45933.
   Oratio in obitum Petri Puteani, 46882.
Medullartius : *voyez* Moulart.
le Mée, René, Cordelier.
   Vie de Philippe Cospéan, I, 9997.
le Mée, François.
   Traité des Statues, II, 24230.
de Meerhout, Jean.
   Gesta Pontificum Tungrensium, &c. I, 8698.
Meerman, Gérard.
   Origines Typographicæ, IV, 47969.
   Conspectus Originum Typographicarum, IV, S. 47969.
Mege (Dom), Bénédictin.
   Annales Congregationis S. Mauri, I, 11629.
Mege, Antoine-Joseph, Bénédictin.
   Vie de S. Benoît, IV, S. 11608.**
Mege, Joseph, Bénédictin.
   Histoire de Notre-Dame de Rochefort, I, 4200.
Megret, J.
   Illustres Borbonienses, IV, 45676.
Megret, Antoine, Trésorier de France.
   Eloges des Hommes illustres de Bourbonnois, IV, 45677.
de Mehun, Jean.
   Traduction de l'Art Militaire de Végece, III, 32126.
Meibomius, Henri.
   Chronologia ad Historiam belli sacri, II, 16635.
   Notæ in Origines Marcanas, III, 39253.
Meibomius, Hermannus Dietericus.
   De Gallicæ Historiæ Periodis & Scriptoribus, II, 15968.
Meighan, C.
   Traité des Eaux de Barège, I, 2968.
des Meillarts.
   Mémoires sur les Pétrifications d'Albert, I, 1803.
de la Meilleraye : *voyez* de la Porte.
Meillier.
   Ode au Soleil, IV, S. 38332.***
Meinard : *voyez* Menard.
Meinders, Herman-Adolphe.
   Dissertatio de Jurisdictione Colonaria, II, 15517.
   Tractatus de statu Religionis & Reipublicæ, 16369.
Meinier, Jean, sieur d'Oppede.
   Généalogie des Rois de Naples & de Sicile, II, 25411.
   Remontrances au Roi, III, 33187.
de Meinieres (le Président) : *voyez* du Rey.
de Meinieres (la Présidente) : c'est Madame Bellot: III, 35187 : *voyez* Bellot.

Méla, Pomponius.
   Excerptum de Gallis, I, 58.
de Mélai : *voyez* Rouillé.
Mélan, Claude.
   Vue, Perspective & Plans du Château de Versailles, II, 27013.
Mélanchthon, Philippe.
   De vocabulis regionum quæ recensentur in Tacito, II, 15396.
Mélanchthon, Jean : c'est Jean de Chambrun, II, 19883 : *voyez* de Chambrun.
Mélart : *voyez* Mellart.
Melguit : *voyez* Melquisite.
Méliand, Hercules, Président aux Enquêtes.
   Lettres, III, 30799 & 30878.
   Harangues, Lettres & Négociations, IV, *Suppl.* 30896.*
de Mélijac : *voyez* de Cavaillon.
Mélissan, Antoine, Franciscain.
   Supplementum Annalium Minorum, V, *Add.* 13852.
Mellart, Laurent, Bourguemestre de Huy.
   Chronologie des Evêques de Liège, I, 8716.
   Histoire de la Ville de Huy, III, 39232.
de Melleville : *voyez* le Doux.
Mellier, Girard, Maire de Nantes.
   Description du Tombeau de François II, Duc de Bretagne, II, 25315 ; III, 35465.
   Mémoires pour servir à l'Histoire des Foi & Hommages de Bretagne, II, 27825 ; III, 35410 & 39933.
   Essai sur l'Histoire de Nantes, III, 35461.
Mellinet (M.), Docteur de Nantes.
   Observations sur les Reliques de S. Germain d'Auxerre, IV, S. 10142.
Mellini, Savo, Cardinal.
   Auctoritas infallibilis & summa Cathedræ S. Petri, I, 7294.
Melon, J. Fr.
   Essai politique sur le Commerce, II, 28198.
   Eloge de Jean-François de Pons, IV, 47184.
Melon de Pradou (l'Abbé).
   Oraison funèbre de M. de Beaumont d'Autichamp, I, 8503.
Melot, Anicet, Académicien.
   Dissertation sur la prise de Rome par les Gaulois, I, 3949.
   Edition de l'Histoire de S. Louis, II, 16852.
Melquisite, Dominique.
   Commentariolus de rebus gestis Philiberti à Chalon, Aurengiorum Principis, III, 35853 & 38284.
Ménage, Gilles, Doyen de S. Pierre d'Angers.
   Eloge du Cardinal Cointrel, I, 7787.
   Epistola ad Guillelmum fratrem, 10386.
   Dissertation sur S. René d'Angers, 10389.
   Vita Matthæi Menagii, 11289, IV, S.
   —Josephi Tellerii, 14035.
   Dictionnaire Etymologique de la Langue Françoise, II, 15491.
   Digression touchant le Mariage du Roi Philippe I, 16572.
   Elégie latine contre le Parlement de Paris, 24057.
   Réfutation de l'opinion du Duc J'Espernon, 24927.
   Sommaire de la Vie de Jacques Ménage, III, 32759.
   Eloge de Jean Nicot, IV, S. 32759.*
   —de Guy Breslay, III, 32778 ; IV, S.
   Vita Petri Ærodii, 34104.
   —Guillelmi Menagii, 34108.
   Sommaire de l'Histoire de Jean Bodin, 34122 ; IV, 46656.
   Généalogies de plusieurs Familles d'Anjou, 40601.
   Généalogie de la Maison du Bois de Fontaines, 41391.
   Table généalogique de la Maison de Laval, 41869.

Généalogie de la Maison de Mayenne, 43165.
Sommaire de la généalogie de Pelé en Anjou, 43507.
Généalogie de la Famille des le Peletier-de-S.-Denys en Anjou, 43510.
Histoire de Sablé, 43965; IV, S.
Généalogie de la Maison de Signy, 44141.
—de la Maison de Villeneuve d'Anjou, 44471.
Sommaire de la Vie de François Baudouin, IV, 45823.
Eloge de Jean Breslay, 45843; IV, S. 34130.*
Vita Joannis Hortensis, 46115.
Sommaire de la Vie de Jean Barclai, 46998.
Observations sur Jean Dorat, 47407.*
Historia Mulierum Philosopharum, 47997.
MENANDER: voyez Menard.
MÉNANDRE le Protecteur.
Fragmentum de Francis, II, 16040 & 41.
MÉNANDRIN: voyez Marsile.
MENANT (M.), Maître des Comptes.
Extrait des Registres de la Chambre des Comptes de Paris, III, 33843.
de MÉNANTES, François, Sieur de Saint-Denys.
Tableau des Vertus de la Reine Régente, II, 25139.
MÉNARD, François.
Orationes legitimæ, I, 3815; IV, S.
Regicidium detestatum, II, 19949; IV, S.
ÉNARD, Hugues, Bénédictin.
M De unico S. Dionysio, I, 4042.
Vita Benedicti XI vel XII, Papæ, 7735.
—B. Matthæi, Cardinalis, 7799.
De S. Chenoaldo Laudunensi, 9646.
Notæ in Vitam S. Benedicti Ani nensis, 11667.
Vita S. Godonis, 11678.
—B. Morandi, 11836.
—S. Pascasii Radberti, 11881.
—S. Convoionis, 12283.
—S. Giraldi, 12340.
—S. Magdegisili, 13361.
—Margaritæ Arbouziæ, 14797.
MÉNARD, Claude, Prêtre.
Plainte apologétique pour M. d'Angers, I, 10409.
Historia Andegavensis, III, 35697.
Disquisitio Amphitheatri Andegavensis Groannii, 35707.
L'Ordre du Croissant, 40444.
Peplus Andegavensis, 45661.
MÉNARD, Claude, Lieutenant-Général en la Prévôté d'Angers.
Edition de l'Histoire de S. Louis, II, 16850, bis.
—d'une Histoire de Bertrand du Guesclin, III, 31410.
MÉNARD, Pierre.
Vita B. Martini, I, 10282.
Notes sur la Chronologie de Grégoire de Tours, II, 15879.
Elogium Gabrielis Michel de la Rochemaillet, IV, 45543.
MÉNARD, Léon, Académicien.
Dissertation sur quelques Inscriptions des Pierres miliaires, I, 105.
Description de la Province Narbonnoise, 137.
Mémoire sur Glanum Livii, IV, S. 290.*
Recherches sur les Aréomiques, I, 371.
Notice de la Viguerie de Nîmes, 2237.
Observations sur l'Histoire Naturelle de Nîmes, 2430.
Histoire des Evêques de Nîmes, 9200.
Réponse à une Lettre anonyme, 9203.
Remarques sur l'ancienne Chronique d'Uzès, 9247; III, 37900.
Réfutation du sentiment de M. de Voltaire sur le Testament politique du Cardinal de Richelieu, III, 32435.

Histoire de Nîmes, 37851; IV, S.
Observations sur quelques monumens de Nîmes, 37878 & 79.
Dissertation sur un Monument du Bourg S. Andéol, 37384.
Mémoire sur l'Arc de triomphe de la ville d'Orange, 38303.
—sur quelques Monumens du Comté Venaissin, 38309.
Vie de Samuel Sorbiere, IV, S. 46325.*
Histoire de François Graverol, IV, S. 46751.*
Mémoire sur l'origine de Laure, IV, 48106.
MÉNARD (l'Abbé).
Eloge de Charles V, II, 17080.
de la MÉNARDAYE (M.), ex-Oratorien.
Examen de l'Histoire des Diables de Loudun, I, 4835.
de la MÉNARDIERE: voyez Pilet.
MENASSIER: voyez Mettayer.
MENC (le Pere), Dominicain.
Mémoire sur la Pêche de Provence, IV, S. 3606.*
MINCKENIUS, Jean-Burchard.
Schediasma de Commentariis Historicis, II, 15969; IV, S.
de MENDOÇA, Bernardin.
Harangue au Roi, II, 18724.
de MENDOÇA, Hernando.
Avis sur les Jésuites, I, 14292.
de MENDOÇA & de Palafox, Jean.
La Historia del sitio de Fuentarabia, II, 21952.
MENDON, André, Jésuite.
De Ordinibus Militaribus, III, 40261.
de MENDOSA, François.
Lettre au sujet de plusieurs merveilles, I, 3701.
MENEL, Simon-Olive, Conseiller du Parlement de Toulouse.
De Perpiniani deditione epinicium, II, 22066.
de MÉNERVILLE: voyez Trépagne.
MÉNESSIER, B. Arpenteur Juré du Roi.
Canal à faire de la riviere d'Etampes jusqu'à Paris, I, 758.
le MÉNESTREL, Antoine, Receveur du Domaine.
Etat du Domaine de Paris, II, 27907.
MÉNESTRIER, Claude-François, Jésuite.
Dissertation sur les grands chemins de Lyon, &c, I, 69.
—sur le passage d'Annibal à travers les Gaules, 164.
Lettre sur le même sujet, 165.
Dissertation sur la fondation de Lyon, 319.
Lettre sur la situation de l'ancien Lyon, 320.
—sur les Séguliens, 341.
Dissertation sur la Province où étoit la ville d'Epaune, 512.
Carte du Lyonnois, 1654.
Relation des cérémonies faites à Grenoble, &c, 5077.
Décoration pour la Canonisation de S. François de Sales, 5078.
Descriptions des réjouissances faites pour la Béatification du B. François de Sales, 10791.
Relations des cérémonies faites à l'occasion de la solemnité de la Fête de S. François de Sales, 10792.
Carrousel pour la Canonisation de S. François de Sales, 10795.
Projet d'Histoire de l'Ordre de la Visitation, 15268.
La Cour du Roi Charles V, II, 17058.
La Devise du Roi justifiée, 24145 & 27066.
Décoration de la Cour de l'Hôtel-de-Ville, 24173.
Les Respects de la Ville de Paris, 24275.
Histoire de Louis-le-Grand, 24315.
Factum justificatif sur cette Histoire, 24326.
La Statue équestre de Louis le Grand, 24387.

Tableaux

Tableaux généalogiques des Rois de France, 24840.
Oraison funèbre d'Anne d'Autriche, 25171.
Remarques sur une Lettre touchant le Sacre de Charles VII, 26040.
Description des Cérémonies faites pour la Publication de la Paix à Lyon, 26422.
Relation de l'Entrée du Cardinal Fabio Chigi à Lyon, 26453.
Le Temple du Mont-Claros, 26468.
Pompe funèbre pour le Prince de Condé, 26773.
Appareil funèbre du cœur de ce Prince, 26774.
Oraison funèbre du Vicomte de Turenne, III, 31714.
Plan d'une Histoire de la Ville de Lyon, 37356.
Eloge historique de la Ville de Lyon, 37358.
Histoire civile & consulaire de la Ville de Lyon, 37359.
Traité sur les Preuves de la Noblesse, 39874.
Les diverses espèces de Noblesse, 39875.
Le Blazon de la Noblesse, 39876.
Discours sur l'origine des Armes, 40007.
Abrégé des principes héraldiques, 40013.
La Pratique des Armoiries, 40016.
Les Recherches du Blazon, 40017.
L'Art du Blazon, 40018.
L'Art du Blazon justifié, 40019.
La Méthode Royale du Blazon, 40020.
La nouvelle Méthode du Blazon, 40021.
De l'Origine des Armoiries, 40023.
Origine des Ornemens des Armoiries, 40024.
De la Chevalerie, 40229.
Traité des Tournois, 40241.

MENGAU.
L'avénement de Louis XIV à la Couronne, II, 22293.

MENGIN, Ignace-Isidore, Médecin.
Discours sur les Eaux de Plombières, I, 3157.

MENGUY (l'Abbé).
Requête du Parlement à M. le Duc d'Orléans, III, 31285.

MENIERES: voyez du Rey.

du MÉNIL-MORIN.
Discours sur les Bois, I, 3437.

MENIN, Octave.
Oda in Henrici III. ad urbem Venetam adventum, II, 18294; IV. S.

MENIN (M.), Conseiller au Parlement de Metz.
Traité du Sacre, II, 25966; V. Add.

MENKE, Jean-Baptiste, Historiographe du Roi de Pologne.
Additions à la Méthode pour étudier l'Histoire de France, II, 15972.

MENNENIUS, François.
Deliciæ Equestrium Ordinum, III, 40257.

de MENOUX (le Pere), Jésuite.
Coup-d'œil sur l'Arrêt du 6 Août 1761, IV, S. 14650.

MENTEL, Jacques, Médecin.
Elogium Bartholomæi Perdulcis, IV, 46265.

MENTEL, Jacques, Médecin.
De vera Typographiæ origine, IV, 47961.

MENTEL......Médecin.
Septem miracula Delphinatûs, I, 3685.

MENTEL, Jean.
Historia Universitatis Parisiensis, IV, 44624.

de MENTES.
Eloge de Vienne souterraine, III, 38000.

MENUEL, Edme.
Catalogue des Evêques de Troyes, IV, Suppl. 10079.*

de la MERAIE.
Relation du Siège de Vitré, III, 35418.

MERCABUONI.
Sonnet Italien sur l'assassinat du Roi, II, 24757.

Tome V.

MERCATOR, Gérard.
Descriptio Tabulæ Gallicæ Ptolemæi, I, 23.
Le Royaume d'Arles, 420.
Carte de France, 553.
—de l'Alsace, 1320.
—de l'Anjou, 1341.
—de l'Artois, 1352.
—du Berri, 1389.
—de Boulogne & de Guines, 1400.
—du Duché de Bourgogne, 1415.
—de la Bretagne & de la Normandie, 1430.
—de la Franche-Comté, 1523.
—de la Guyenne, 1541.
—du Hainault & de Namur, 1554.
—de l'Isle de France, Picardie & Champagne, 1563.
—de la Lorraine, 1630.
—de la Picardie & de la Champagne, 1801.
—du Poitou, 1816.
—du Piémont, 1941.
—des Suisses, 1962.
—de l'Electorat de Trèves, 2005.
—du Duché de Luxembourg, 2008.
—des Pays-Bas, 2027.
—du Comté de Flandres, 2053.

MERCATOR: voyez Cremers.

MERCIER, Josias.
Vita Petri Pithœi, IV, 45973.

MERCIER, Louis.
Abrégé de la naissance & progrès de l'Abbaye de S. Jean à Valenciennes, I, 13451.

MERCIER de Poissy.
Lettre à la Reine, II, 22730.
—à M. le Duc d'Orléans, 22859.

MERCIER, Christophe, Carme déchaussé.
Vie de Marie-Térèse de Jesus, I, 15001.

MERCIER.
Traduction d'un Discours sur la convalescence du Roi, II, 24652.

MERCIER, Louis-Sébastien.
Eloge de Charles V, IV, S. 17082.*
—de Descartes, IV, 46442.

MERCIER, Barthélemi, Abbé de S. Léger.
Lettre sur un Article du Dictionnaire des Gaules, I, 18.
—sur le Testament Politique du Cardinal de Richelieu, IV, S. 32440.
Supplément à l'Histoire de l'Imprimerie de Prosper Marchand, IV, S. 47969.

MERCIER du Paty (M.), Trésorier de France.
Réflexions sur l'Agriculture, I, 3434.
Mémoires sur les Bouchots à Moules, 3671.

le MERCIER, François Joseph, Jésuite.
Relation du Pays des Hurons, III, 39675.
Autres Relations, 39682 & 83, 86 & 87, 89.

le MERCIER, Jacques, Chanoine Régulier.
Histoire de la Sainte Larme, IV, S. 5468.*

le MERCIER (M.), Curé du Diocèse d'Evreux.
Oraison funèbre du Duc de Vendôme, II, 25647.

MERCKER, Jean.
Apodemica, I, 2308.

de MERCŒUR (le Duc): voyez de Lorraine & de Vendôme.

MERCURE, Jean.
Exhortationes in Turcos & Scythas, II, 28613.

de MERÉ: voyez Brossin.

MEREAU, François.
Exercice de dévotion de Fere en Tardenois, I, 5042.

MÉRELLO, Michel.
Della Guerra fatta da Francesi, II, 18056.

de MÉREVILLE: voyez Delpech.

de MÉREZ, Guillaume-Ignace, Archidiacre de Nîmes.
Oraison funèbre du Prince de Dombes, II, 25735.

K k k k

de MERGEY, Jean, Sieur de Haraus-Mesnil.
Mémoires militaires, II, 18216; III, 30197 & 31997.
MÉRIAN, Matthieu.
Plans & Vues de Villes, I, 803 & 2118.
Tabulæ Archiepiscopatûs Moguntini, Coloniensis & Trevirensis, I, 8643; III, 39188.
Cartes des Pays-Bas, III, 39273.
MÉRIAN, Marie-Sibylle, fille du précédent.
Histoire des Insectes de l'Europe, I, 3613.
de MERICA, Henri, Chanoine Régulier.
De desolatione Civitatis & Terræ Leodiensis, III, 39219.
MÉRIGON, Paul-Bertrand.
Recueil de Panégyriques, II, 21660.
MÉRIGOT, Christophe, Jésuite.
Vie de Madame Philippe de Gueldre, I, 15188.
MÉRIGOT (le Pere), Récollect.
Oraison funèbre de Michel Poncet de la Riviere, I, 10418.
—de Madame de Rochechouart, 14847; IV. S.
MÉRILLE, Edme, Jurisconsulte.
Vita ipsius, IV, 45937.
MÉRINDOL, Antoine, Médecin.
Des Bains d'Aix, & des moyens de les remettre, I, 2911.
Apologie pour les Bains d'Aix, 2913.
de MÉRINVILLE (Mademoiselle), mariée au Comte de Pringy.
Vie de Louis Bourdaloue, I, 14178.
Eloge du même, IV, S. 14178.
de MÉRINVILLE, Charles-François, Evêque de Chartres.
Statuta Synodalia, I, 6445.
MERLE (M.), Doyen de l'Eglise de Saulieu.
Mémoires servant à l'Histoire de Saulieu, III, 35995.
MERLE (M.) Subdélégué.
Mémoire sur la Ville de Saulieu, III, 35996.
MERLE (Dom), Bénédictin.
Lettre sur une Charte du Monastere de Réomaüs, IV, S. 35842.*
Réplique à la Réponse de M. Mille, Id.
MERLET, Jean, Ecuyer.
Abrégé des bons Fruits, I, 3464; IV, S.
MERLIN, Jacques, Ministre Calviniste.
Journal de sa Vie, IV, S. 5958.*
—de la Rochelle, III, 35757.
MERLIN (le Pere), Jésuite.
Observations sur la Maison de Clairvaux, I, 13040.
Apologie de S. Bernard, I, 13069.
MERRAT (M.), Apothicaire.
Mémoire sur le raisin, I, 3518.
le MERRE, Pierre, Avocat.
Avis sur les Conciles du P. Hardouin, I, 6286.
Recueil des Actes concernant le Clergé, 6946.
Ordre qu'on doit garder dans l'étude du Droit Canonique, 6960.
Traité de la Discipline des Eglises de France, 6976.
De l'étendue de la Puissance Ecclésiastique & Temporelle, 7100.
Mémoire sur l'Appel, 7326.
—sur le refus des Bulles, IV, S. 7370.***
Justification des Usages de France, 7389.
Recueil d'exemples sur les Jugemens des Evêques, 7447.
Notes sur le Concile de Trente, 7537.
Remarques sur la Pragmatique, 7545.
Résolutions de plusieurs Questions sur le Concordat, 7556.
Réflexions touchant la Régale, 7646.
Traité des Droits des Rois de France, 7661.
Sommaire touchant la Jurisdiction pour l'Archevêque de Tours, 10270.

MERSÆUS: voyez Cratepoil.
MERULA, Claude.
De adventu Eleonoræ Divionem, II, 26178.
MÉRULA, Gaudence.
De Gallorum Cisalpinorum antiquitate, I, 3947.
MERULA, Paul, fils du précédent.
Geographia Galliæ, I, 777.
Diatriba de statu Reipublicæ Bataviæ, III, 39575.
MERVAULT, Pierre.
Journal du Siège de la Rochelle, II, 21483; IV, Suppl.
Mémoires pour servir à l'Histoire des troubles de la Rochelle, IV, S. 21483.*
Collections historiques concernant la Rochelle, III, 35760.
MERVEILLEUX, N.
Principauté de Neufchâtel, I, 1975.
MERVESIN, Joseph.
Histoire du Marquis de Saint-André Montbrun, III, 32053.
—de la Poésie Françoise, IV, 47268.
MÉRY, Jean, Chirurgien.
Remarques sur la Moule des Etangs, I, 3672.
MÉRY, François, Bénédictin.
Bibliothèque des Auteurs du Berry, IV, 45674.
Vita Domini Prustelli, 45990.
MÉRY, François, Médecin.
An salubrior Sequana? I, 1844.
de MÉSATS.
Lettres touchant le rétablissement des Jésuites, III, 37061.
MESCHET, Louis, Bernardin.
Priviléges de l'Ordre de Cîteaux, I, 12968.
Le véritable gouvernement de l'Ordre de Cîteaux, 12973.
Réflexions sur une Réponse à ce Livre, 12975.
La maniere de tenir le Chapitre général de l'Ordre de Cîteaux, 12980.
de la MESCHINIERE: voyez Odespunc.
MÉSENGUY, François-Philippe.
Idée de la vie & de l'esprit de Nicolas Choart de Buzenval, I, 9687.
Vie de Godefroy Hermant, 11193.
MESHOVIUS, Arnold.
Historia defectionis Hermanni Comitis de Weda; Archiepiscopi Coloniensis, I, 8678.
Relatio rerum per totam Diœcesim Coloniensem gestarum, 8681.
de MESLAY: voyez Rouillé.
de MESLE (M.).
La Conquête de l'Angleterre, III, 34969.
de MESLE le jeune (M.).
Poëme sur Guillaume – le – Conquérant, III, 34988.
MESME, Laurent, dit de Neuré, ex-Chartreux.
Querela ad Gassendum, I, 5516; IV, S.
de MESME, Henri, Seigneur de Roissy, Chancelier de Navarre.
Sa Vie, III, 32720.
de MESME, Jean-Jacques II, Sieur de Roissy, Conseiller d'Etat, fils du précédent.
Généalogie des Maisons de Bourbon, &c. II, 24961.
Discours sur les Familles de la troisieme Race de nos Rois, 25279.
Traité des Terres & Seigneuries patrimoniales échues à Henri IV, 27669 & 27761.
Remontrance sur l'injuste usurpation du Royaume de Navarre, 28916.
de MESME, Henri II, Seigneur de Roissy, Lieutenant Civil de Paris, & ensuite Président, fils du précédent.
Sentence contre les Remarques de J. B. Gallus, sur l'Histoire de M. de Thou, II, 19885.
Procès-verbal des enclaves d'Artois, 27746.

de MESME, Claude, Comte d'Avaux, Ambassadeur, frère du précédent.
Dépêches, III, 30526 & 95, & 30770.
Négociations, 30549 & 664.
Lettres, 30665, 720 & 41.
Mémoires, 30776.
de MESME, Jean-Antoine, Comte d'Avaux, Conseiller d'Etat, neveu du précédent.
Lettres, III, 31015.
Mémoire, 31043.
Négociations, 31073, 74, 87 & 101.
de MESME, Jean-Antoine, Premier Président au Parlement de Paris, neveu du précédent.
Discours au Roi, III, 33314.
de la MESNARDIERE: *voyez* Pilet.
de MESNE, Barthélemi.
Généalogie des Rois de France, II, 24815.
MESNIER (M.), Prêtre.
Problême historique, Qui des Jésuites, &c. I, 14408.
Addition, IV, S. 14408.
du MESNIL, Jean-Baptiste, Avocat du Roi.
Mémoire sur les procédures faites à Rome contre la Reine de Navarre, I, 7138.
Avertissement sur le fait du Concile de Trente, 7500.
Quelques Ouvrages, II, 15527.
Plaidoyer contre les Jésuites, IV, 44633 & 59.
du MESNIL (le Sieur).
Récit de la Fête faite au Havre, IV, S. 26481.*
MESPLEDE, Louis, Dominicain.
Vie de Sainte Flore, I, 15218.
Catalaunia Galliæ vindicata, II, 28924; III, 38365.
MESQUITA, Martin.
Eftræum fulmen, II, 24092.
MESRUS de Saint-Ouein, Prieur de Loify.
Oraison funèbre de Saladin d'Anglure, III, 31847.
MESSEMÉ: *voyez* de la Mothe.
MESSI, Antoine.
Descrizione dell' acquisto di Terra sancta, II, 16930.
MESSIEN, Prêtre, Disciple de S. Césaire.
Vita S. Cæsarii Arelatensis, I, 8005.
MESTAIS, Joseph, Avocat.
Réponse à la Lettre de M. (Tamponnet), Docteur en Théologie, I, 7409.
MESTRAL, André.
Carmina retrograda, ad Ludovicum XIII, II, 21224 & 26356.
le MÉTAYER, Martin, Curé de S. Thomas d'Evreux.
Dissertation sur les Pensions, I, 7428.
MÉTEL de Bois-Robert, François, Académicien.
Le Parnasse Royal, II, 21863.
MÉTERAN, Emmanuel.
Historia Belgica, III, 39310.
MÉTÉZEAU.
Tombeau de Henri-le-Grand, II, 20018.
METON, Germain.
Traité des Eaux trouvées près de l'Aigle, I, 2897.
METSIUS, Laurent, Evêque de Bois-le-Duc.
Statuta Synodalia, IV, S. 6422.*
de la METTRIE: *voyez* Offroy.
MEULAN (M.) Receveur-Général des Finances.
Procès-verbal de sa tournée en Auvergne, III, 37436.
de MEULANT, Jean, Evêque de Meaux.
Statuta Synodalia, IV, S. 6606.
vander MEULEN.
Vues, &c. servant à l'Histoire de Louis XIV, I, 2143.
de MEULES, J. Sieur du Rosier.
La Fondation de Châlons, III, 34272.
Unellographie, III, 35529.
de MEULLES (M.).
Lettres, III, 30751.

MEUNIER (M.).
Eloge de l'Abbé Hocart, I, 11199.
MEURIER, Hubert.
Traduction d'un Concile de Reims, I, 6690.
Traité des Processions, &c. II, 18452; III, 34228.
De sacris unctionibus, II, 25969.
MEURISSE, Martin, Evêque de Madaure, Suffragant de Metz.
Histoire de l'Hérésie dans la Ville de Metz, I, 5971.
Statuta Synodalia, 6617.
Histoire des Evêques de Metz, 10548.
MEURSIUS, Jean.
Athenæ Batavæ, III, 39613.
MEUSNIER, Charles, Doyen de la Cathédrale d'Orléans.
Notitia Episcoporum Aurelianensium, I, 9433.
MEUSNIER de Querlon, Anne-Gabriel.
Journal Œconomique, I, 2462. *Il y a eu part.*
Histoire du Siége de Pondichéry, II, 24708.
Défense du Pere de Neuville, III, 32603; IV, Suppl.
Discours & Notes sur les Voyages de Montaigne, IV, S. 46514.*
Eloge de l'Abbé Prevost, IV, S. 46879.*
Lettre au sujet de l'Abbé des Fontaines, IV, 47088.
Mémoire sur la Chanson Françoise, 47275.
Vie de Malherbe, 47508, & S.
Le Point de Vue de l'Opéra, 47787.
Réglement pour l'Opéra, 47788.
MEUSY (l'Abbé).
Code de la Religion & des Mœurs, IV, S. 27656.*
MEY (l'Abbé), Avocat.
Mémoire des Curé & Marguilliers de S. Nicolas du Chardonnet, I, 5278.
Dissertation sur la Bulle *Unigenitus*, 7327.
Apologie des Jugemens contre le Schisme, 7370.
Observations dans la cause des Abbayes de Chezal-Benoît, 7564.
Consultation pour des Curés du Diocèse de Sées, IV, S. 9983.*
Mémoire pour les Abbés de S. Vincent du Mans, &c. I, 11767.
Représentations des Religieux de Cantimpré, IV, S. 13422.*
Mémoire pour le Curé de la Mothe S. Héray, IV, S. 14906.**
Représentations de l'Université de Paris, IV, 44750.
MEYER, Jacques.
Chronicon Flandriæ, III, 39371.
Res Flandricæ, 42335.
MEYER, Antoine, neveu du précédent.
Cameracum, I, 8544; III, 39039.
Comites Flandriæ, III, 39372.
MEYER, George-Frédéric.
Mappa Alsatiæ, I, 1319.
de MEYERRE, Jean-Godefroy.
Acta Pacis Westphalicæ publica, III, 29230.
Instrumenta Pacis, IV, S. 29230.*
Acta Comitialia Ratisbonensia publica, 29239.
MEYNARD, Antoine, Médecin.
Traité de la Dyssenterie, IV, S. 1629.*
MEYNIER, Accurse, Conseiller du Roi au Grand-Conseil.
Ecrits pour soutenir les Droits du Roi sur la Provence, II, 27920.
MEYNIER, Jean, Conseiller du Roi au Parlement de Provence.
Discours sur les Droits du Roi aux Royaumes de Naples & de Sicile, II, 28888.
MEYNIER, Honorat.
Les principes de la Guerre Civile de Provence, III, 38081 & 115.

Tome V. Kkkk

MEYNIER, Bernard.
De executione Edicti Nannetensis, I, 6172.
De l'Edit de Nantes exécuté, là.
MEYNIER, Etienne-David.
Mémoire sur les Sciences des Gaulois, IV, *Suppl.* 3845.*
MEYSEREY (M.), Médecin.
Lettre au sujet des Maladies d'Etampes, I, 2525.
MEYSSONIER, Lazare.
Richelias, III, 32490.
Histoire de l'Université de Lyon, IV, 45201.
de MEYZIEU : *voyez* Paris.
de MEZERAY : *voyez* Eudes.
de MEZEROY : *voyez* Joly.
de MEZIERES : *voyez* du Han.
de MEZIRIAC : *voyez* Bachet.
de MEZIRIAT.
Recueil de Relations, II, 21717.
MIARD (M.), Vicaire-Général du Cardinal de Sourdis.
Narration de l'Affaire des Carmélites de Bourdeaux, I, 14974.
MICHAELIS, Sébastien, Dominicain.
Histoire d'une Possédée, I, 4833; IV, S.
MICHALAN, Jacques.
Oraison funèbre de Charles de Savoie, Duc de Nemours, III, 32023.
MICHAU, Europe.
Vie de Marie Elisabeth, I, 14705.
MICHAULT, Jean-Bernard, Avocat.
Remarques sur Bibracte, I, 226.
Lettre sur la Bourgogne, 3321.
Description d'un Météore ignée, IV, *Supplément*, 3729.*
Histoire de Guillaume du Vair, I, 9995.
Mémoires sur l'Abbé Lenglet, 11242.
Histoire de Robert Gaguin, 13979.
—de François Oudin, 14208.
Extraits de divers Auteurs sur l'Histoire de France, II, 15599.
Vie du Comte de la Rivière, III, 32047.
Histoire de Nicolas Boïer, 33125; IV, S.
Description du Gouvernement de Bourgogne, 35829.
Eloges de Dalechamps & du Chevalier de Méré, IV, 45645 & 47020.
Remarques sur la Vie & les Ouvrages de Pierre Besse, 45765.
Eloge de Pierre-Bénigne Germain, 45779.
Mémoire sur Pierre Palliot, 46848.
Eloge de Jean-Baptiste Fromageot, 47089.
—de Prosper Jolyot de Crébillon, 47395.
Eloges de Jean & Matthieu de Montreuil, 47549.
Histoire de N. Pradon, 47595.
MICHEL, Abbé de S. Florent de Saumur.
Historia Monasterii S. Florentii de Salmurio, I, 12470; IV, S.
MICHEL, Guillaume, *dit* de Tours.
Le Penser de royale mémoire, II, 17502.
MICHEL (le Pere), Camaldule.
Lettre à M. le Duc d'Angoulême, II, 22774.
MICHEL, Claude.
Bibliotheca Fevretiana, III, 36979.
MICHEL, Honoré, Franciscain.
Vie de Marie de Clermont, I, 15198.
MICHEL, Jean.
L'embarras de la Fieiro de Beaucaire, III, 37890.
MICHEL, N. Major du Régiment de Rochefort.
Ordonnances Militaires, III, 32163.
MICHEL (M.), Contrôleur de la Maison du Roi Stanislas.
Fondations & établissemens du Roi Stanislas en Lorraine, I, 2154.
MICHEL (M.), Géographe du Roi.
L'Indicateur fidèle du Voyageur François, I, 625; IV, S. 678.*

MICHEL du S. Esprit (le Pere), Carme.
Le Pélerinage de Notre-Dame des Lumières, I, 4168.
MICHEL de Bagnones (le Pere), Capucin.
Vie de Marguerite de Mesples, IV, *Supplément*, 4807.*
MICHEL de la Rochemaillet, Gabriel, Avocat.
Descriptions des Cartes de la France, I, 785.
Vie de Pierre Charron, 11040.
Les Edits & Ordonnances de nos Rois, II, 27628.
Notes sur la Conférence des Ordonnances, 27631.
Edition du Code de Henri III, 27638.
Eloges des Hommes illustres, 31397 & 66; IV, 45632.
Vie de Scévole de Sainte Marthe, 34047.
MICHEL-Ange de S. François (le Pere), Carme Déchaussé.
Vie de Françoise de S. Joseph, I, 15003.
de MICHEL (le Sieur), Lieutenant du Prévôt de la Connétablie.
La Retraite honteuse, II, 21348.
de MICHEL (le Sieur).
Découverte de la Rivière de Mississipi, III, 39710.
de MICHEL, Yves, Sieur de Sure.
Remontrance sur les Mines d'or & d'argent du Dauphiné, I, 2780.
de MICHEL (l'Abbé).
Relation de ce qui s'est passé au Concile d'Embrun, I, 6493.
le MICHEL, Jérôme-Anselme, Bénédictin.
Histoire de l'Abbaye de Marmoutier, IV, *Suppl.* 12146.*
MICHELE, Giovanni, Ambassadeur de Venise.
Relatione di Francia, II, 18328.
MICHELE.
Vida de Isabel de Borbon, II, 15614.
MICHELET de Vatimont (M.), Conseiller au Parlement de Metz.
Comptes rendus des Constitutions & de la Doctrine des Jésuites, I, 14559.
MICHELOT, Henri, Pilote.
Cartes de la Méditerranée, I, 723.
Portulan de la Méditerranée, 846.
Recueil des Routes, IV, S. 846.*
Réplique à plusieurs Ecrits, 847.
MICHON-Bourdelot, Pierre, Médecin.
Recherches sur les Vipères, I, 3679.
MICHON de Tourterel, Claude-Philibert, Garde-du-Corps du Roi.
Dissertation sur les projets d'un Canal en Bourgogne, I, 945.
MICOLON (l'Abbé), Secrétaire de l'Académie de Clermont.
Eloge de M. Garmages, IV, S. 151.*
—du P. Guerrier, IV, S. 11184.*
MICQUEAU, Jean-Louis, Principal du College d'Orléans.
Aureliæ Urbis Obsidio, II, 17175, IV, S. V, *Add.*
Histoire du Siège d'Orléans, 17176.
Lycampæi Castri Obsidio, 17669.
de la MICQUSTIERE : *voyez* Renart.
MIDOT, Jean.
Vindiciæ Communitatis Nortbertinæ, I, 13523.
Commentarius caufarum firmitati communitatis Nortbertinæ adstipulantium, 13524.
MIDOT (M.), Grand-Prévôt de S. Gengoulph de Toul.
Mémoire sur les Evêques de Toul, I, 10613.
MIGNARD.
Planches concernant Versailles, II, 27019.
MIGNON (M.), Docteur de Sorbonne.
Vie de S. Fursi, I, 12033.

MIGNOT, Jean-André, Grand-Chantre d'Auxerre.
Martyrologium Autiffiodorenfis Ecclefiæ, IV, S. 4244.*
Obfervations fur Sainte Géneviève, 4470.
Mémoire fur les Statues de S. Chriftophe, IV, S. 4982.*
De l'Origine de la Régale, 7659.
Traduction d'un Difcours de S. Victrice, 9823.
Relation des Découvertes faites à Auxerre, IV, S. 10164.*
Obfervations fur l'Hiftoire de France de l'Abbé Velly, II, 15811.
Notice des Auteurs & Monumens qui pourront fervir à l'Hiftoire d'Auxerre, III, 36006.
Obfervations fur la délivrance d'Auxerre, IV, S. 36014.*

MIGNOT, Etienne, Académicien.
Mémoire fur les Libertés de l'Eglife Gallicane, I, 7035.
Traités des Droits de l'Etat & du Prince, 7417.
Hiftoire de la réception du Concile de Trente, 7499.

MIGNOT (M.), Confeiller-Clerc au Grand-Confeil.
Hiftoire de Jeanne I, Reine de Naples, II, 25414.

MIGNOT de Buffy.
Lettre fur l'origine de la Nobleffe Françoife, III, 39885.

MIGNOT de Montigny, Etienne, Académicien.
Carte des Triangles, I, 602.
Duché de Bourgogne, 1424.
Mémoire fur les Salines de Franche-Comté, 2740.

MIKEL (M.) Géographe du Roi.
Plan de Dijon, I, 1504.

MILACHON, Nicolas, Curé de Foucheres.
Hiftoire des Archevêques de Sens, I, 10021.

MILÆUS, Chriftophe.
De primordiis Urbis Lugduni, III, 37336.

MILÆUS, Jacques.
De antiquitate Urbis Trevirenfis, III, 39239.

MILAR, Jean.
Gefta Pontificum Tungrenfium, &c. I, 8717.

MILATERIUS, Cl.
De vocabulis quæ Galli à Judæis didicerunt, II, 15487.

MILDMUY (M.).
Mémoire fur les limites de l'Acadie, III, 31169; IV, S.

MILES, Thomas.
Catalogue d'honneur (en Anglois), III, 40725.

de MILHAU (M.).
Hiftoire de l'Ifle Cayenne, III, 39780.
Lettre fur l'Hiftoire de cette Ifle, 39781.

MILHODE, Burchard.
De la Fontaine de Lengou, I, 3090.

MILLAIN, Jean-François, Secrétaire des Commandemens de M. le Duc.
Requête des Princes du Sang, 28572.
Mémoire des Princes du Sang, 28589.

MILLANGES (le Pere), Jéfuite.
Oraifon funèbre de Magdelène-Angélique-Marie de Chaftillon, IV, S. 14845.*

MILLE, Henri, Notaire Royal.
Difcours de l'Entrée du Roi à Marfeille, II, 26352.

MILLE (M.).
Carte de l'ancien Royaume de Bourgogne, IV, S. 419.*
Introduction à l'Hiftoire de Bourgogne, III, 35825.
Abrégé Chronologique de l'Hiftoire de Bourgogne, 35841.
Lettres en réponse à fes Critiques, IV, Supplém. 35842.*

MILLER, J. F.
Conjecture fur le nom des Druides, I, 3835.

MILLET, Simon-Germain, Bénédictin.
Vindicata Ecclefiæ Gallicanæ gloria, I, 4030.

Ad Differtationem de duobus Dionyfii refponfio, 4040.
Traité de la Tranflation du Corps de S. Benoît, 11947.
Le Tréfor de l'Eglife de S. Denys, 12417.

de la MILLETIERE, Théophile Brachet.
Difcours des vraies raifons pour les Prétendus Réformés de France, I, 5931.
Manifefte du fieur de Soublié, 5953.
Récit de la defcente des Anglois dans l'Ifle de Ré, IV, S. 21457.*
De Orbis Chriftiani pace & concordia, III, 30560.

MILLETOT, Bénigne, Confeiller au Parlement de Dijon.
Traité du Délit commun & du Cas privilégié, I, 7435.
Défenfe du Délit commun, 7436.
L'Homme du Pape & du Roi, II, 28699 : attribué.

MILLETOT, Jean-Bénigne, petit-fils du précédent.
Lettre à M. le Chancelier, III, 33093.

MILLOT, Claude-François-Xavier.
Elémens de l'Hiftoire de France, II, 15868.
Mémoires pour l'Hiftoire de Louis XIV & de Louis XV, V, Add. 24797.*
Difcours fur l'origine & les progrès de notre Poéfie, IV, S. 47262.*

MILLOTET, Marc-Antoine, Avocat-Général du Parlement de Dijon.
Mémoires fervant à l'Hiftoire de Bourgogne, III, 35900.
Apologie pour la Franche-Comté, 38401.

MILLOTET, Hugues, Chanoine de Flavigny.
Chariot de triomphe de Sainte Reine, IV, Suppl. 4639.*

MILON, Moine d'Elnone.
Vita S. Amandi Leodienfis, I, 8742.
Supplementum Vitæ S. Amandi, 12316.

MILON, Pierre, Médecin.
Defcription des Fontaines de Rochepozay, I, 3183; IV, S.

MILON (M.).
Hiftoire de l'Hoftie miraculeufe (des Billettes), I, 5243.

MILON, Alexandre, Evêque de Valence.
Mandement fur l'Affaffinat du Roi, II, 24757.

de MIMEURE (le Chevalier).
Relation de la Campagne de la Franche-Comté, II, 24036.

MIMIN, François.
An Vinum Remenfe Burgundo fuavius & falubrius? I, 3526.

MINARD, Jean-François, Bernardin.
Vita di San Bernardo, I, 13061.

MINARD (l'Abbé).
Hiftoire des Jéfuites en France, I, 14222.

MINET (M.), Premier Préfident au Préfidial de Valois.
Bailliage du Duché de Valois, I, 1900.
Effai fur le Valois, III, 34846.
Traités du Valois, 34847.

MINEUS, F.
Jufta Ludovici Jufti defenfio, II, 21165.

MINIAT (M.), Médecin.
Traité des Eaux de S. Amand, I, 5197.

MINNINGIUS, Joffe-Hermann.
Objectiones de quodam Caroli Magni diplomate, II, 27603.

MINOIS, Claude.
Panegyricus pro Schola Juris Parifienfis, IV, 45007.

MINOT, Philippe, Prêtre de Dijon.
Récit de ce qui s'eft paffé en la folemnité de la Canonifation de S. François de Sales, &c. F, 16794.

de Minut, Gabriel, Sénéchal de Rouergue.
Medicina morbi Gallos infeſtantis, II, 18450.
La Paule-Graphie, IV, S. 48219.*
Mirabaud, J. B.
Traduction de la Jéruſalem délivrée du Taſſe, II, 16602.
de Mirabeau (le Marquis) : voyez de Riquetti.
de Mirabel (le Comte).
Mémoire ſur la Citadelle d'Arras, III, 38994.
Mirail (M.), Géographe.
Plan de Bordeaux, I, 1410; IV, S.
Mirasson, Iſidore, Barnabite.
Hiſtoire des Troubles de Béarn, II, 20928; IV, S. 5928.*
Obſervations ſur le P. Arnoux Jéſuite, IV, Suppl. 14419.*
Le Philoſophe redreſſé, I, 14693; IV, S.
Remarques ſur Charles d'Albert, Duc de Luynes, II, 21214.
—ſur le Duc d'Eſpernon, 22079.
—ſur Marguerite de Valois, 25500.
—ſur le Duc de Leſdiguieres, III, 31452.
Notice hiſtorique ſur Guillaume du Vair, 31524.
Remarques ſur le Maréchal de la Force, 31623.
Mirat de la Tour (M.), Gouverneur de Tulle.
Diſcours du Règne de Louis-le-Grand, II, 24431.
de Miraulmont, Pierre, Lieutenant-Général en la Prévôté de l'Hôtel.
Recueil des Chanceliers, III, 31472.
Mémoires ſur les Cours Souveraines, 32789.
Traité des Chancelleries, 32799.
Le Prévôt de l'Hôtel & Grand-Prévôt de Paris, III, 34024.
Juriſdictions & Priviléges de la Prévôté de l'Hôtel, 34025.
Mirault, Grégoire, Franciſcain.
Vita Beatæ Joannæ Valeſiæ, II, 25062; IV, S.
le Mire, Jean, Evêque d'Anvers.
Decreta Synodi Diœceſanæ, IV, S. 6332.*
le Mire, Aubert, Doyen de l'Egliſe d'Anvers, neveu du précédent.
Gallia Belgica, I, 2014.
De SS. Virginibus Colonienſibus, 4256.
Notitia Eccleſiarum Belgii, 5087.
Editio Diplomatum Belgicorum, 5088, IV, S. III, 39318 & 19.
Vita & Martyrium S. Alberti Leodienſis, 8782.
Origines Cœnobiorum Benedictinorum in Belgio, 11622.
Editio Chronici Ciſtercienſis, 12951.
De Windeſemienſi & aliis Congregationibus Canonicorum Regularium, 13504.
Chronicon Ordinis Præmonſtratenſis, 13515.
Genealogia beati Arnulphi aucta & emendata, II, 24868.
Annales rerum Belgicarum, III, 39314.
Faſti Belgici, 39315.
Auctuariolum de Rebus Brabanticis, 39491.
Origines Equeſtrium Ordinum, 40255.
Stemmata Principum Belgii, 42337.
Illuſtres Belgii Scriptores, IV, 45690.
Miribelois, Laurent.
La Fille du Temps, II, 21638.
de Miromesnil, Armand-Thomas Hue, alors Premier Préſident du Parlement de Rouen.
Lettres au Roi, III, 33480 & 88.
Diſcours au Roi, 33508.
Miron, François, Médecin.
Relation de la mort de Henri de Lorraine, & de Louis ſon frere, II, 18805.
Miron, François, Lieutenant-Civil de Paris, petit-fils du précédent.
Mémoire ſur le Procès de Chartetier, III, 33685.

Remontrance pour la Révocation des Lieutenans-Généraux alternatifs, 34081; IV, Supplément, 32214.*
Miron, Robert, Prévôt des Marchands de Paris, Préſident du Tiers-Etat, frère du précédent.
Réponſe à la Harangue du Cardinal du Perron, II, 26835.
Harangue à la clôture des Etats, 27530.
Mémoires, III, 30477.
Miron, Charles, Evêque d'Angers.
Lettre touchant les Miracles de Notre-Dame des Ardilliers, I, 4088; IV, S.
—touchant l'Article du Tiers-Etat, II, 26849.
Misathée, Théophile : faux nom d'un inconnu.
Apologie pour les Egliſes Réformées de France, I, 5950.
Misson, Maximilien.
Le Théâtre ſacré des Cévennes, I, 6093.
Mitaler, Claude.
Venerandæ antiquitatis Libelli, II, 27585.
Mittarelli, Jean Benoît, Camaldule.
Annales Camaldulenſes, IV, S. 13265.*
Mitte, Melchior, Marquis de Saint-Chamont.
Voyage du Cardinal Barberin en France, III, 30484.
Ambaſſade, 30715.
Lettres & Dépêches, 30747.
Négociations, 30757 & 800.
Mizauld, Antoine, Médecin.
Secretorum Agri Enchiridion, I, 3442.
Oratio in funere Caroli IX, II, 18241.
Vita Orontii Finæi, IV, 46450.
Mocénigo, André.
Bellum Cameracenſe, II, 17435.
La Guerra di Cambrai, 17436.
de Modene (le Comte) : voyez Raymond.
Modeste, Publius-François.
De Franciſci Gallorum Regis victoria, II, 17489.
Modeste de S. Amable (le Pere), Carme Déchauſſé.
La Monarchie ſainte de France, I, 4237; IV, Suppl.
Vie de Sainte Ode, 4611.
—de S. Florebert de Liége, 8768.
—de S. Wolbode de Liége, 8773.
—de S. Fédéric de Liége, 8780.
—de S. Syagre d'Autun, 8974.
—de S. Firmin d'Uzès, 9239.
—de S. Agilbert de Paris, 9309.
—de S. Ebregiſil de Meaux, 9414.
—de S. Landry de Meaux, 9415.
—de S. Nivard de Reims, 9534.
—de S. Arnoul de Soiſſons, 9603.
—de S. Folcuin de Terouenne, 9776.
—de S. Romain de Rouen, 9836.
—de S. Ouen de Rouen, 9856.
—de S. Remy de Rouen, 9867.
—de S. Arnoul de Tours, 10315.
—de S. Lézin d'Angers, 10395.
—de S. Aigulphe de Metz, 10556.
—de S. Arnoald de Metz, 10557.
—de S. Arnoul de Metz, 10560.
—de S. Goëric de Metz, 10564.
—de S. Godon de Metz, 10565.
—de S. Cloud de Metz, 10567.
—de S. Grodegand de Metz, 10573.
—de S. Gon, 11679.
—de S. Adhalard, 11874.
—de S. Wala, 11880.
—de S. Romaric, 12293.
—de S. Adelphe, 12297.
—de S. Fulrad, 12427.
—de S. Riquier, 12738.
—de S. Wandrille, 11844.
—de S. Bavon, 13285.
—de S. Léonard, 13351.

Vie de Liffart, 13358.
—de S. Namphafe, 13372.
Traduction de la Vie du Pere Dominique de Jéfus-Marie, 13722.
Vie de Ste Vautrude, 14731.
—de Ste Théodéchilde, 14742.
—de Ste Berte, 14779.
—des Stes Bove & Dode, 14939.
—du Bienheureux Clovis, II, 16032.
—de S. Gontran, 16064.
—du Bienheureux Dagobert, 16077.
—des Bienheureux Childebert, 16044 & 113.
—de S. Charlemagne, 16305.
—de Ste Clotilde, 25004.
—de Ste Radegonde, 25015.
—de Ste Andovaire, 25020.
—de Ste Gelefuinte, 25021.
—de Ste Bertrude, 25030.
—de Ste Bathilde, 25036.
—de Ste Ultrogothe, 25039.
—de la Bienheureufe Hildegarde, 25041.
—de Ste Richarde, 25043.
—de la Bienheureufe Albofléde, fœur de Clovis, 25235.
—de Ste Alboflède, fille de Clovis, 25236.
—de S. Lyphard, 25237.
—de S. Cloud, 25243.
—de Ste Théodéchilde, 25249.
—de S. Arnoald, 25251.
—de S. Enimie, 25253.
—de Ste Adde, 25255.
—de S. Gombert & de Ste Berthe, 25258.
—de Hugues l'Abbé, 25268.
—de S. Pepin, III, 31387.
—de S. Sigifmond, 35849.

Modius, François.
Collectanea de rebus Flandriæ, III, 39384.

Moetjens, Adrien, Libraire.
Recueil des Traités de Paix, III, 29148.
Actes & Mémoires de la Paix de Nimègue, 29185.
Actes & Mémoires de la Paix de Ryfwick, 29187.

le Moine, Pierre, Curé de S. Fargeau.
Chronique de France, II, 17266.

le Moine, Pafquier, dit le Moine fans Froc, Portier ordinaire du Roi.
Conquête du Duché de Milan, II, 17492.
Le Sacre de François I, 26047.

le Moine, Jacques, dit de Morgues.
Narratio eorum quæ in Florida acciderunt, II, 18014; III, 39648.

le Moine, Pierre, Jéfuite.
S. Louis, Poëme, II, 16814.
Lettre fur les Mémoires de la Régence, 20701.
Vie de Louis XIII, 22158.
Poéfies fur la Naiffance du Dauphin, 22174.
Difcours fur le Cardinal de la Rochefoucault, III, 32257.
Hiftoire du Cardinal de Richelieu, 32510.
Manifefte Apologetique pour les Jéfuites, IV, 44679.

le Moine (le Sieur)
L'Apothéofe d'Hercules, II, 27025.

le Moine (M.), Archivifte de Tours.
Obfervations fur la Pile de S. Mars, III, 35648.
—fur le Tombeau de Turnus, 35649.

le Moine (M.), Académicien de Rouen.
Mémoire fur le Privilége de S. Romain, I, 9852.

le Moine (M.) : peut-être le même.
Lettre fur la Pucelle d'Orléans, II, 17219.
Hiftoire des Antiquités de Soiffons, III, 34877.

Mointru (M.).
Négociations, III, 30527.

Moisant, Jacques.
De Academia Cadomenfi, IV, 45565.

Moiset (M.), Avocat.
Réponfe du Chapitre de S. Quentin à un Mémoire contre fa Jurifdiction, I, 9734.

de Moissac : voyez Efmivy.

Moissant, Claude.
Genealogia Comitum Campaniæ, III, 31749.

Moitoret de Blainville, Antoine, Architecte.
Traité du grand Négoce de France, II, 28189.

Moitrel d'Element.
Manière d'éteindre les Incendies, III, 34474; IV, S.

Mol, Bénigne, Avocat.
Requête pour les Religieufes de Poiffy, I, 15146.

Molanes, Jean, Théologien de Louvain.
Indiculus Sanctorum Belgii, I, 4257.
Natales Sanctorum Belgii, 4259.
Militia facra Ducum Brabantiæ, III, 39492.
Annales Urbis Lovanienfis, 39904.

du Molard, Etienne.
Traduction du Manifefte du Duc de Savoie, II, 20453.

Molé, Matthieu, Premier Préfident.
Harangues, II, 22327 & 719.

Molé, Athanafe, Capucin.
De converfione Jacobi Stephani & Davidis Rhodon, IV, S. 6049.*

de Moléon (le Sieur) : faux nom fous lequel s'eft couvert Jean-Baptifte le Brun des Marettes, I, 2339 : voyez le Brun.

des Molets ou Defmolets, Pierre-Nicolas, Oratorien.
Vita Bernardi Lamy, I, 11222.
Elogium Jacobi le Long, 11250.
Eloge de Claude de Vert, 11862.
—de Guillaume d'Auxerre, IV, 45781.*

de Moleyres.
Mémoires concernant le bien de la France, II, 27255 & 28180.

Moliere : voyez Pocquelin.

du Molin, Charles : c'eft le même que Charles du Moulin, II, 15373 : voyez du Moulin.

Moline, Pierre-Louis, Avocat.
La Louifiade, IV, S. 16814.*
Eloge du Maréchal de Gaffion, III, 31628.

de Molinet, Jean, Chanoine de Valenciennes.
Hiftoire, II, 17351.
Voyage de Charles VIII à Naples, II, 17364; IV, S.
Chroniques, III, 39292.

du Molinet, Claude, Chanoine Régulier.
Cabinet de l'Abbaye de Sainte Géneviève, I, 2469.
Remarques fur la Vie de Sainte Géneviève, 4442.
Réflexions fur les Antiquités des Chanoines, 13409.
Difcours fur les Habits des Chanoines, IV, S. 13412.**
Hiftoire de Sainte Géneviève & de fon Abbaye, I, 13594.
—des Chanoines Réguliers de S. Auguftin de la Congrégation de France, 13595.
Origine de l'Ordre des Chanoines Réguliers en France, 13596.
Vies des Hommes illuftres des Chanoines Réguliers en France, 13597.
—des Hommes illuftres des Chanoines Réguliers de la Congrégation de France, 13598.
Hiftoire du Cabinet des Médailles du Roi, II, 16975; IV, S.
Mémoire fur les Confeffeurs des Rois, III, 32235.
Découverte d'une des Antiquités de Paris, 34405.
Hiftoire des Seigneurs de Baugency, 35626.

MOLINIER, Etienne, Prêtre.
  Le Lys de Val de Garaison, I, 4147.
  Des Confrairies Pénitentes, IV, S. 5366.**
  Sermon sur S. Thomas de Cantorbéri, I, 7613.
  Vie de Barthélemi de Donadieu de Griet, 8095.
  Discours funèbre sur Guillaume du Vair, 9993.
  Oraison funèbre de Gabriel Banquet, 13817.
MOLINIER-Fabregues, N. Jean.
  Abrégé Chronologique des Evêques de Valence & de Die, I, 10734.
  Recueil d'Actes concernant l'Eglise de Valence, 10735.
MOLITOR, Usuald.
  Commentarius in Descriptionem Helvetiæ, II, 15396.
  —in Panegyricon in laudem quatuor pagorum Helvetiorum, là.
MOLLER, Bernard.
  Rheni Descriptio, I, 874.
MOLLINGER, Jacques-Frédéric.
  De Jure Vexilli Argentoratensium, III, 38739.
de MOMGRO, Assensio-Enrrisquès.
  Discours Royal, II, 20443.
del MONACO, François-Marie, Théatin.
  Relation de la Mission des Théatins en France, I, 14080.
MONANTHEUIL, Henri, Médecin & Mathématicien.
  Oratio de Collegio Professorum Regiorum, IV, 45137.
MONARD de Vautrey, Jean.
  Orationes de Civitate Avenionensi, III, 38325.
de MONCADA, Sanche.
  Traduction Espagnole du Mars Gallicus, II, 28723.
du MONCEAU : voyez Duhamel.
de MONCEAUX : voyez Charron.
de MONCEL : voyez Delisle.
de MONCETS : voyez Pajon.
de MONCHEMBERY.
  Continuation de l'Argenis, II, 19914.
de MONCHESNAY : voyez Losme.
MONCHIACENUS : voyez l'article suivant.
de MONCHY, Antoine, surnommé Democharès, & vulgairement appellé de Mouchy.
  Catalogus Episcoporum Galliæ, I, 1203 & 7818 ; IV, S.
  Réponses à quelques Apologies des Hérétiques, IV, S. 5768.*
de MONCLAR : voyez de Ripert.
MONCORNET, Balthasar.
  Portraits des Rois, Princes & Seigneurs de France, II, 15790.
  —des Princes, Seigneurs & Personnes illustres, III, 31365.
de MONCRIF : voyez Paradis.
MONDHAR.
  Cartes de France, I, 632.
  Postillon Parisien, III, 34487.
MONDIN, Jean, Jurisconsulte.
  Déploration sur la mort de M. le Duc de Guise, II, 18866.
  Consolation à la France, 18867.
de MONDION, Jacques, Curé de Saché.
  Vie de Marguerite de Rouxelloy, IV, Supplém. 4819.*
de MONDONVILLE (le Prieur) : c'est Guillaume Laisné, III, 40646 : voyez Laisné.
MONESTIER (le Pere).
  Dissertation sur le Son & la Lumiere, I, 3693.
MONET, Philibert, Jésuite.
  Galliæ Geographia, I, 111.
  Nomenclatura Geographica Galliarum, IV, Suppl. 120.*
  Dictionaire, II, 15491.
  Capta Rupecula, 21557.

Burgundionica, III, 35838.
Origine & Pratique des Armoiries, 39995.
MONETA (le Pere), Dominicain.
  Libri V adversùs Catharos & Valdenses, IV, S. 5737.*
de MONFORT : voyez Lautour.
MONGE.
  Plan de la Ville de Beaune, IV, S. 1384.*
MONGEZ, A.
  Histoire de la Reine Marguerite de Valois, premiere femme de Henri IV, V, Add. 25130.*
MONGIN, Edme, Académicien.
  Oraison funèbre du Prince de Condé, Henri II, II, 25816.
  —du Prince de Condé, Louis II; IV, Supplément, 25832.*
de MONGLAT (le Marquis) : voyez de Clermont.
de MONICART, J. B. Trésorier de France.
  Versailles immortalisé, II, 27009.
le MONIER, François.
  Oratio in funere Nicolai à Novavilla, III, 32688.
MONIER, François, Théologal du Bellay.
  Vie de S. Anthelme du Bellay, I, 8207.
MONIER, Jean, Docteur.
  Dissertation touchant la Rivière où Marius défit les Ambrons, I, 170.
  Abrégé historique de la Ville de Pertuis, III, 38154.
MONIN, P.
  Eloges des quatre derniers Ducs de Bourgogne, II, 25445.
de MONIN, Gilles, Jésuite.
  Sacrarium Comitatûs Namurcensis, III, 39440.
MONIS de Carvallo, Antoine.
  Francia interessada con Portugal, II, 22204.
de MONJOURNAL, Claude, Sieur de Sindray & du Thil.
  Annotations sur les Mémoires de Comines, III, 17326.
  Discours sur l'avénement de Henri de Pologne en France, 18299.
de MONLAUSIER : voyez Durand.
de MONLUC : voyez de Montluc.
MONNET (M.), Apothicaire & Chymiste.
  Traité des Eaux minérales, IV, S. 2884.*
  Précis de l'Examen des Eaux de Bar, &c. I, 2963.
  Eclaircissement sur un passage du Mémoire précédent, là.
  Analyse des Eaux Minérales de la Plaine, 3148.
  Lettre sur les Haricots, IV, S. 3501* : supposé que ces cinq Ouvrages soient du même Auteur.
MONNIER, François.
  Journal des Règnes de François I, &c. II, 18259.
MONNIER (M.), Avocat.
  Mémoires sur les Auteurs de la Bresse, III, 37178.
  Mémoire sur Philibert Collet, là.
MONNIER (M.), Négociant.
  Mémoires sur l'Agriculture, IV, S. 3419.**
le MONNIER, Pierre-Charles, Académicien.
  Observations d'Histoire Naturelle, I, 794 & 2381.
  Description des Mines de l'Auvergne, 2671.
  —des Mines du Roussillon, 2686.
  Traité des Eaux Minérales de France, 2881.
  Description des Sources Minérales de l'Auvergne, 2938.
  Examen de quelques Fontaines de France, 2970.
  —des Eaux du Mont d'Or, 3113.
  Description des Fontaines du Roussillon, 3195.
  Histoire des Plantes d'Auvergne, 3314.
  Description des Plantes d'Auvergne, 3317.
  Plantes du Berry, 3319.
  Description des Plantes du Roussillon, 3375.
  Mesure d'un degré du Méridien, III, 34385.

le MONNIER,

Table des Auteurs. 633

le MONNIER, Guillaume, Académicien, fils du précédent.
Construction d'un Obélisque, III, 34384.
de la MONNOIE, Bernard, Académicien.
Glossaire des Mots Bourguignons, IV, Supplém. 3779.***
Traduction des Hymmes en l'honneur de S. Bénigne, I, 10936.
Mémoires pour servir à la Vie de Gilles Ménage, 11285.
Remarques sur les Bibliothèques Françoises de la Croix du Maine & de du Verdier, IV, Suppl. 45655.*
Histoire de Pierre Bayle, IV, 46638 : *désavouée*.
Mémoire sur Jean-François Sarrasin, III, 34957 & 47676 : *attribué*.
Notes sur les principaux Imprimeurs François, IV, S. 47969.*
de la MONNOIE, ... Religieuse Ursuline, fille du précédent.
Relation d'une Fête faite dans le Monastère des Ursulines de Dijon, I, 15320; IV, S.
de la MONNOIE (M.), Avocat.
Mémoire pour M. le Duc d'Orléans, IV, Suppl. 9360.*
MONOD, Pierre, Jésuite.
Histoire des Evêques de Genève, I, 10764.
Recherches sur les Alliances de France & de Savoie, II, 28632.
Apologie Françoise, 29089.
Histoire de Genève, III, 39172.
de MONRÉAL (le Sieur).
Lettre sur le Sacre de Charles VII, II, 26040.
de MONS, Aimeri, Evêque de Poitiers.
Statuts Synodaux, I, 6672; IV, S.
MONSIGNANUS, Elisée.
Bullarium Carmelitarum, I, 13691.
MONSNYER, Raoul, Chanoine de S. Martin de Tours.
Historia Ecclesiæ S. Martini Turonensis, I, 5547.
Jura Ecclesiæ S. Martini Turonensis, 5548.
Recueil de Pièces sur Marmoutier, 12149.
de MONSTEREUL : *voyez* de la Chesnée.
du MONSTIER, Jean, Seigneur de Fresne, depuis Evêque de Bayonne.
Historia Belli inter Franciscum & Carolum V, II, 17577.
du MONSTIER, François.
Trois Requêtes de l'Université, IV, 44680 & 82.
du MONSTIER, Artus, Récollect.
La Piété Françoise vers Notre-Dame de Liesse, I, 4162.
Neustria Pia, 4278; IV, S. & I, 11568.
De Rebus Neustriacis Volumina quinque, 5420.
Divi Lauriani Archiepiscopi Hispaliensis Elogium, 5449.
Neustria Christiana, 9782.
De la Sainteté de la Monarchie Françoise, II, 26955.
du MONSTIERS, Simon, Avocat.
Traduction de l'Histoire de France de Paul Emile, II, 15690.
de MONSTREIL, Jean, Prévôt de Lille.
Traité sur le prétendu droit des Anglois à la Couronne de France, II, 28785.
Epistolæ, III, 19806.
de MONSTRELET : *voyez* Enguerrand.
du MONT, Nicolas.
Discours du Règne de Charles IX, II, 18248.
du MONT, Pierre.
Additions à la Description des Pays-Bas, III, 39260.
du MONT, Robert.
Tractatus de Abbatiis Normannorum, I, 11567.

Tome V.

du MONT (le Sieur).
Voyage en France, I, 2316.
du MONT, François, Officier François réfugié en Hollande.
Recueil de Traités, III, 29194.
Mémoires Politiques, 31008.
Mémoire sur la Guerre de 1700, 31112.
Les Soupirs de l'Europe, 31129.
du MONT (M.), Baron de Carlescroon.
Histoire du Droit de Barriere des Provinces-Unies, III, 31115.
Recherche des causes de la présente Guerre, 31117.
du MONT (M.), Historiographe de Sa Majesté Impériale & Catholique.
Corps Diplomatique du Droit des Gens, III, 29149.
du MONT : *voyez* Dumont.
de MONTAGNE, Louis-Laurent-Joseph, Capitaine.
Eloge de Gaspard-François Belou de Fontenay, IV, S. 31944.*
Esprit de Madame de Maintenon, IV, 48120.
de MONTAGNE (M.), Président de Montpellier.
Histoire de la Religion & de l'Etat de la France, I, 5782; II, 17774.
de la MONTAGNE, Jacques, Garde-des-Sceaux de la Chancellerie de Montpellier.
Histoire de l'Europe, II, 18561; IV, S.
de la MONTAGNE : *voyez* Montigny.
des MONTAGNES (le Sieur) : *faux nom sous lequel s'est caché* Jean Sirmond, II, 21684 : *voyez* Sirmond.
des MONTAGNES, François : *faux nom sous lequel s'est caché* Louis Richeome, IV, 44640 : *voyez* Richeome.
de MONTAGU, Henri, Sieur de la Coste.
La descente généalogique de la Maison de Bourbon, II, 24975.
de MONTAGU (M.).
Lettres, III, 30863.
MONTAIGNE, G.
Police des Pauvres de Paris, I, 5304.
MONTAIGNE, Jean : *faux nom sous lequel s'est caché* Nicolas Boïer, IV, S. 32770 : *voyez* Boïer.
de MONTAIGNE, Michel, Chevalier des Ordres du Roi.
Discours sur la Vie d'Etienne de la Boëtie, III, 33128.
de la MONTAIGNE.
Dissertation sur l'époque de la construction du Palais Galien, III, 37527.
de MONTALAMBERT, Adrien.
Histoire de l'apparition de Sœur Alès de Thézieux, I, 14935 & 36; IV, S.
de MONTALTE : *voyez* Peretti.
de MONTALTO : *voyez* Elian.
MONTANBON.
Eclaircissement sur un Recueil des Priviléges de l'Ordre de Citeaux, I, 12969.
de MONTAND, Nicolas. *On croit que ce pourroit être* Nicolas Barnaud, II, 27106 : *voyez* Barnaud.
de MONTANDRE (les Sieurs).
Etat Militaire de France, III, 32097.
de MONTANDRÉ : *voyez* du Bosc.
MONTANUS, Pierre.
XVII Inferioris Germaniæ Provinciæ, I, 1029.
MONTARDET : *nom sous lequel se trouve désigné le Sieur du Bosc de Montandré*, II, 23321 : *voyez* du Bosc.
de MONTARGON, Hyacinthe, Augustin.
Eloge du P. Laurent, I, 13686; IV, S.
de MONTARROYO de Mascarenhas (Freyre).
Négociations de la Paix de Ryswick, III, 31102.

L lll

634   *Table* VIII.

Montaudouin, F.
　Mémoire sur François-Séraphique Bertrand, IV, 47312.
de Montault de Bénac, Philippe, Duc de Navaille, Maréchal de France.
　Mémoires, II, 24189.
de Montauzan, François, Jésuite.
　Journal du Concile d'Embrun, I, 6494.
de Montazet : *voyez* de Malvin.
de Montbas : *voyez* Barton.
de Montbayeux : *voyez* Couet.
de Montbourcher, Paul, Sieur de la Rivaudiere.
　Traité des Cérémonies des Combats en Champ Clos, II, 26677 ; III, 40153.
de Montcallier, Jean, Général des Capucins.
　Chorographica Descriptio Provinciarum Capucinorum, I, 1186.
de Montcassin, Rémond, Député de la Noblesse.
　Procès-verbal de la Chambre de la Noblesse aux Etats de Paris, II, 27509.
de Montchal, Charles, Archevêque de Toulouse.
　Journal de l'Assemblée de Mantes, I, 6878.
　Mémoires, III, 32486.
de Montclar (M.), Avocat-Général du Parlement d'Aix.
　Réquisitoire, IV, S. 6930.*
de Montdoucet (le Sieur).
　Lettres & Négociations, III, 30162.
　Lettres, 30293.
de Monte-Alvo, Barnabé, Cistercien.
　Chronicon del Orden del Cister, I, 12949.
de Monteil, Joseph.
　Vie de Sainte Radegonde, II, 25013.
de Monteil : *voyez* Adhémar.
de Monteili : *voyez* Favede.
de Montempuis : *voyez* Petit.
de Montenault.
　Vie de Jean de la Fontaine, IV, 47439.
de Montenoy : *voyez* Palissot.
de Montepin, François Marie-Aymon, Jésuite.
　Histoire des Merveilles de Notre-Dame de Gray, I, 4148 ; IV ; S.
　—des Hosties miraculeuses, IV, *Suppl.* 5244* ; V, *Add.*
de Montepineuse (le Baron) : on croit que c'est Humbert d'Aubigné, II, 19760 : *voyez* d'Aubigné.
de Montereul, Jean, Avocat.
　Plaidoyer concernant le Privilége de la Fierte-S.-Romain, I, 9844.
de Montereul, Jean, Chanoine de Toul & Académicien, fils du précédent.
　Réponse au Livre intitulé, *De l'autorité des Chanoines*, I, 9805 ; IV, S.
　Oraison funèbre du Cardinal de Joyeuse, 9885.
　Consolation à Madame la Duchesse de Montpensier, II, 25871.
　Négociations, III, 30818.
de Montereul, Jean, Président au Parlement de Paris.
　Brulartus Sillerius, III, 31522.
de Montereul, S. Curé de S. Sulpice à Paris.
　Lettre sur le Trépas de M. Ferrier, IV, *Supplém.* 32723.*
de Monterey (le Comte).
　La Déclaration juste, III, 31006.
de Montesquieu : *voyez* Secondat.
Montet (M.), Médecin.
　Mémoire sur les Salines de Pécais, I, 2745 ; IV, S.
　Examen des Eaux de Pomaret, 3161.
de Montfalcon.
　Vie de Maurice-Eugène de Savoie, Comte de Soissons, III, 32067.
de Montfaucon, Bernard, Bénédictin.
　Des Habits, &c. des Gaulois, I, 3787.
　Religion des anciens Gaulois, 3805.
　Les Monumens de la Monarchie Françoise, II, 15574.
　Discours sur les Monumens antiques de Paris, III, 34394.
de Montfaut, Raymond.
　Recherche de la Noblesse de Normandie, III, 40737.
de Montféré : *voyez* Trouillard.
de Montfort, Pierre, Evêque de Saint-Malo.
　Statuta Synodalia, I, 6589.
de Montfort (M.).
　Panégyrique de la Ville d'Arles, III, 38157.
de Montfroy : *voyez* Binet.
de Montfuron : *voyez* de Valbelle.
de Montgaillard, Bernard, Feuillent.
　Réponse à Henri de Valois, II, 18841.
de Montgaillard, Antoine, Jésuite.
　Historia Vasconica, III, 37630.
de Montgeron : *voyez* Carré.
de Monglat (le Marquis) : *voyez* de Clermont.
de Montgommery, Louis, Seigneur de Courbouzon.
　Le fléau d'Aristogiton, I, 14260.
　La Milice Françoise, III, 32128.
de Montgon, Charles-Alexandre.
　Mémoires, III, 31153.
de Montguenant : *voyez* Piard.
de Monthelon : *voyez* Ferrand.
de Monthenault d'Egly, Charles-Philippe, Académicien.
　Histoire des Rois des deux Siciles, de la Maison de France, II, 25364 ; III, 35685.
de Montholon, François, Garde-des-Sceaux de France.
　Remontrance en l'Assemblée des Etats, II, 18767.
de Montholon (M.), Agent auprès des Grisons.
　Lettres, III, 30453.
de Montholon, Jacques, Avocat.
　Plaidoyer pour les Jésuites, IV, 44651.
de Montholon, Guillaume.
　Procès-verbal concernant les Limites de la Bresse, III, 36037.
de Montholon, Philippe, Lieutenant-Général au Bailliage de Châlons en Champagne.
　Mémoire sur les Villes & Villages du Bailliage de Châlons, I, 2205.
de Monti-Borboni, Laurent.
　Histoire du Pays de Vaux, III, 39137.
Montié (M.), Jurisconsulte.
　Lettre sur l'origine de la Monarchie Françoise, II, 15457.
de Montiers, Jean, Sieur du Fraisse.
　Livre des Etats & Maisons illustres de la Chrétienté, III, 40532.
de Montignée, Nicolas.
　Annales Coenobii Viconiensis, I, 13579.
Montigny, Jean-Baptiste, Sieur de la Montagne.
　Mémoire sur l'importance du Havre de Grace, III, 35248.
de Montigny, Louis.
　Traduction de la Vie de S. Eloi, I, 9750.
de Montigny, Jean, Sieur du Rivage.
　Lettre sur le Poëme de la Pucelle, II, 17234.
de Montigny..... de Lallain.
　Annoblis des Duchés de Lorraine & de Bar, III, 40118.
de Montigny : *voyez* Laberan & Mignot.
de Montjournal : *voyez* de Monjournal.
Montjoye, Roi d'Armes.
　L'Ordre des Joustes faites à l'entrée de la Reine Marie d'Angleterre, II, 26170.
de Montlinot : *voyez* le Clerc.
de Montluc, Blaise, Maréchal de France.
　Commentaires, II, 13117.

Lettres, III, 30165.
de MONTLUC, Jean, Evêque de Valence, frere du précédent.
Reformatio Cleri Valentini, I, 6792.
Defensio pro Andium Duce, II, 18146.
Epistola ad Ordines Poloniæ, 18267.
Harangues à la Noblesse de Pologne, 18268.
Election du Roi de Pologne, 18270.
Remontrance aux Etats de Languedoc, 18383; III, 37743.
Avis au sujet de la Majorité, 27374.
Harangue devant François II, 27441.
Lettres, III, 29953 & 57, 30165.
de MONTLUC, ... Epouse de M. de Chalais.
Lettre au Roi, III, 33711.
de MONTLUISANT : voyez Gobineau.
de MONTLYARD, Jean, Ministre Calviniste.
L'Anti-Jésuite, IV, S. 19974.*
Traduction d'une Explication de la Généalogie de Henri II, Prince de Condé, II, 25793.
—d'un Traité des Etats de France, 27399.
MONTMARTIN, Jean.
Mémoires, II, 19718.
de MONTMARTIN : voyez Davity.
de MONTMELIER, Gilles.
Journal concernant Montargis, III, 35549.
de MONTMORENCY, Philippe, Evêque de Limoges.
Statuta Synodalia, I, 6550.
de MONTMORENCY, Anne, Connétable de France.
Lettres, III, 29883, 916, 932, 954 & 59; 30016 & 17, 19 & 20.
de MONTMORENCY, Henri I, Duc, Maréchal de France, Seigneur de Damville, fils du précédent.
Déclaration & Protestation, II, 18322 & 30; IV, S.
de MONTMORENCY, Henri II, Duc, fils du précédent.
Lettres au Roi, II, 20758 & 21440.
de MONTMORENCY, Charlotte - Marguerite, Princesse Douairiere de Condé, sœur du précédent.
Lettre à M. le Prince de Condé, II, 22711.
Lettres diverses, III, 30812.
de MONTMORENCY, François-Henri, Duc de Luxembourg.
Lettre au Roi, II, 24310.
de MONTMORET, Humbert, Poëte & Orateur.
Bella Britannica, II, 17160.
de MONTMOUTH (le Duc).
Traduction Angloise des Révolutions de France, II, 23762.
de MONTMOUZ (M.), Conseiller au Présidial de Bourg-en-Bresse.
Histoire de Bresse, &c. III, 35827.
de MONTPENSIER (le Comte & la Comtesse).
Lettres, III, 29915.
de MONTPENSIER (le Duc) : voyez de Bourbon.
de MONTPENSIER (la Duchesse) : voyez d'Orléans.
de MONTPENSIER (Mademoiselle), fille de Gaston de France, Duc d'Orléans.
Divers Portraits, II, 23836.
Mémoires, 24252.
de MONTPESAT de Carbon, Jean, Archevêque de Sens, auparavant Abbé du Maz-d'Azil.
Statuts Synodaux, I, 6738; IV, S.
Procès-verbal de l'Assemblée de 1655, 6885.
de MONTPESAT de Carbon, Joseph, Archevêque de Toulouse.
Ordonnances Synodales, I, 6760.
de MONTPINSON : voyez Martel.
de MONTPLAINCHANT : voyez Bruflé.
la MONTRE (M.), Mathématicien.
Parallèle de Cahors & d'Uxellodunum, I, 372.
de MONTRÉ.
Naissance & progrès du Monastère de Sainte Marie-Magdelène, I, 15254.

Tome V.

de MONTRÉAL, Alexandre.
Le premier coup de la retraite, I, 7199.
de MONTREIL : voyez de Monstreil.
de MONTREIL, Maurice.
Fontaine de Bourges, I, 3019.
de MONTRESOR (le Comte) : voyez de Bourdeille.
de MONTREUIL, Jean.
Description de l'Abbaye de Chaalis, I, 13034.
Addition à la Chronique Martinienne, II, 17323.
de MONTREUIL, Matthieu, Chanoine du Mans.
Lettre sur le Mariage du Roi, II, 23846.
de MONTREUIL ou de Montreul : voyez de Montereul.
de MONTREVEL (le Marquis).
Lettre à l'Evêque d'Autun, III, 37141.
de MONTRICHARD (le Marquis).
Mémoire sur six puits, I, 2863.
Recherches sur les Sorciers, 4904.
Mémoire sur les Poëppes, III, 36030; IV, Suppl.
Examen de deux monumens, 36044.
de MONTROGER (M.), Ingénieur.
La Ramponide, III, 34315.
MONTSAINCT, Thomas, Chirurgien.
Le Jardin Sénonois, I, 3376.
Lettre sur une pluie rouge, 3715.
de MONTSERRAT, Guillaume.
Commentarius super Pragmaticâ Caroli VII Sanctione, I, 7539 & 42.
Tractatus de Successione Regum, II, 27110 & 28479.
de MONTULLÉ (M.).
Eloge de M. de Julienne, IV, 47893.
de MONTUREUX : voyez Bourcier.
de MONTVALLON : voyez Barrigue.
de MONTVILLE : voyez Maiziere.
du MONY : voyez Savin.
MONZINI, Jean-Baptiste.
Vita di santa Colomba, I, 4363.
de la MOOR, Thomas.
Vita & mors Eduardi II Regis Angliæ, III, 35108.
MOPINOT, Simon, Bénédictin.
Eloge de Pierre Coustant, I, 12534, IV, S.
de MOR, Antoine.
Traduction Espagnole d'un Discours Italien sur la Vie de S. Louis, II, 16873.
de MORACHE : voyez Insselin.
MORAND, Jean.
Vie de S. Morand, I, 11837; IV, S.
MORAND, Sauveur, Chirurgien.
Mémoire sur les Eaux de Saint-Amand, I, 3203.
Discours à l'ouverture des Ecoles de Chirurgie, IV, 44935.
Histoire de l'Académie Royale de Chirurgie, 45541.
Eloge de M. Daviel, IV, S. 46111.*
—de Jean Faget, 46134.*
—de René-Jacques de Garengeot, 46150.*
—de Jean Malaval, IV, 46206.
—de Georges Mareschal, 46211.
—de M. Petit, 46274.
—de François de la Peyronie, 46281.
MORAND, Jean-François-Clément, Médecin.
Du Charbon de Terre & de ses Mines, IV, Suppl. 2762.*
Mémoire sur le Charbon de Terre, 2762.***
Description des Grottes d'Arcy, I, 2789.
—de la Balme du Dauphiné, 2797.
Mémoire sur les Eaux de Bains en Lorraine, 2955.
Lettre sur les Eaux de Luxeuil, 3092.
—sur Pierre l'Hermite, 13375.

de la Morandière.
Principes politiques sur le rappel des Protestans, IV, S. 6192.*
Morange, Bédian, Docteur de Sorbone.
Primatûs Lugdunensis Apologeticon, I, 8868.
de Morange : *voyez* Beneton.
Morckens, Michel, Chartreux.
Conatus Chronologicus ad Catalogum Episcoporum Coloniensium, I, 8652.
Mordant, Jean.
Oraison funèbre de Louis XIII, IV, *Supplément*, 22138.**
Moreau, Jean, Chanoine du Mans.
Vita Aldrici Cenomanensis, I, 10375.
Moreau, Sébastien.
Histoire des premieres années du Règne de François I, II, 17503.
Moreau (M.), Conseiller au Présidial de Quimper.
Histoire de Bretagne, III, 35421.
Moreau, Philippe.
Le Tableau des Armoiries de France, III, 39989.
Moreau, Etienne, Abbé de S. Josse.
Procès-verbal de l'Assemblée du Clergé de 1635, I, 6874.
Journal de cette Assemblée, 6875.
Moreau, Charles, Augustin.
Thesis Apologetica pro Divi Augustini doctrinâ, &c. I, 13669.
Moreau, René, Médecin.
Defensio Facultatis Medicæ Parisiensis, IV, 44863.
Centonis diffibulatio, 45207.
De illustribus Medicis Parisiensibus, 46011.
Vita Guillelmi Ballovii, 46024; IV, S.
—Petri Brissoti, 46063.
—Jacobi Sylvii, 46123.
Elogium Martini Moreau, 46235.
Vita Bartholomæi Perdulcis, 46266.
Moreau, Paul, Docteur en Théologie.
Vindiciæ Jurium Episcopi & Ecclesiæ Suessionensis, I, 9587.
La Translation des Corps des SS. Gervais & Protais, 9591.
Moreau, Etienne, Avocat-Général en la Chambre des Comptes de Dijon.
Lettre sur la mort de Jean-Baptiste Boisot, I, 10972.
Relation d'une Pompe funèbre faite pour le Prince de Condé, II, 25831.
Réjouissances faites à Dijon pour la Naissance de M. le Duc de Bourgogne, II, 26470; III, 37003.
Mémoire au sujet du rang des Officiers du Royaume, III, 31210.
Feu de joie tiré à Dijon pour la prise de Philisbourg, 37004.
Discours sur l'établissement d'une Académie à Dijon, IV, 47574.
Moreau, Jean-Baptiste, Prieur de Cîteaux.
Eloge funèbre de Marguerite le Cordier du Trône, I, 15079.
Moreau (M.), Doyen de l'Eglise d'Auxerre.
Réflexions sur une Requête de l'Abbé Général de Cîteaux, IV, S. 11978.*
Moreau (M.), Chanoine de l'Eglise d'Auxerre : *il paroît différent du précédent.*
Vie de Clovis, II, 16037.
Traité de l'ancien Comté d'Auxerre, III, 36018.
Mémoire sur le Commerce d'Auxerre, 36023.
Eloges de M. de Caylus & de M. Berryat, 45668.
Moreau, Jean-Nicolas, Conseiller à la Chambre des Comptes d'Aix.
L'Observateur Hollandois, III, 31164.
Mémoires pour servir à l'Histoire de notre temps, II, 24761.

Moreau, Jacob-Nicolas, Avocat.
Entendons-nous, II, 28133.
Mémoire sur les Toiles peintes, 28247; IV, *Suppl.*
—pour les Commissaires, III, 34617.
Moreau, Gabriel-François, Evêque de Vence.
Oraison funèbre de Ferdinand VI & de Marie de Portugal, Roi & Reine d'Espagne, II, 25729.
—du Duc de Bourgogne, 25771.
Moreau (M.).
Leçons de Morale, de Politique & de Droit Public, IV, S. 15870.**
Moreau de Mautour, Bernard-Philibert, Académicien.
Discours sur *Bibracte*, I, 217.
Observations sur une Inscription antique, 219.
Poëme sur la Fontaine de Gousſainville, 3073.
Observations sur des Monumens trouvés dans l'Eglise Cathédrale de Paris, 9270; III, 34396.
Description des principaux Monumens de l'Abbaye de Cîteaux, 12960.
Eloge de Dom Moreau, 13016.
Description de la Colonne de Cussy, II, 15579; III, 35948.
Histoire de la Reine Marie de Médicis, II, 25141.
Remarques sur l'Epitaphe de Philippe-le-Bon, Duc de Bourgogne, 25453.
—sur une Inscription découverte en Champagne, III, 34334.
—sur quelques singularités de Paris, 34395, 34408 & 11.
Dissertation sur les Antiquités Celtiques, 34530.
—sur Isis & sur Cybele, *là*.
Explication d'une Inscription antique de Nantes, 35464.
Mémoires pour l'Histoire de Dijon, 35918.
Observations sur la Colonne de Cussy, 35950.
Conjectures sur des Tombeaux qui se trouvent dans l'Auxois, 35983.
Observations sur une Inscription de Tain, 38003.
Explication d'une Epitaphe de Provence, 38032.
Moreau de Brasey, Jacques, Capitaine d'Infanterie, neveu du précédent.
Journal de la Campagne de Piémont, II, 24299 & 300.
Relation de ce qui s'est passé à Châlon-sur-Saône à l'Entrée du Duc de Bourgogne, 26510.
Moreau de Maupertuis, Pierre-Louis, Académicien.
Observations sur une Salamandre, I, 3680.
Eloge de M. de Montesquieu, III, 33135.
Observations sur la Mesure d'un Degré du Méridien, 34385.
de Moregard.
L'Horoscope, II, 20176.
Moreilhon (M.), Curé de Portès.
Eloge de Gilbert de Choiseul, I, 8635.
Morel, Jean, Chanoine Régulier.
Historia piæ feminæ Herminæ, I, 4792.
Morel, Guillaume, Libraire.
Edition de Grégoire de Tours, II, 16051.
Morel, Jean, Chanoine du Mans.
Nomenclatura Pontificum Cenomanensium, I, 10338.
Oratio de conjunctione Scholarum Remensis & Cenomanensis, IV, 45066.
Morel, Jean, Principal du Collége de Reims à Paris.
Entrée du Comte de Randan à Clermont, II, 26273.
Encomium urbis Parisiorum, III, 34499.
De præsenti statu Academiæ Parisiensis, IV, 44613.
Oratio funebris in necem Eduardi Monini, 47541.

MOREL, Fédéric, Doyen des Professeurs Royaux.
Vita Jacobi Amyot, III, 32247.
MOREL, Philippe, Oratorien.
Articles concernant la Congrégation de l'Oratoire, I, 10856.
MOREL, Claude, Imprimeur du Roi.
Catalogue des Connétables, &c. III, 31337.
MOREL, Jean, Médecin.
De febre purpurata, &c. I, 2515.
MOREL, Germain, Bénédictin.
Mémoire contre l'intrusion des Peres de la Mission dans l'Abbaye de S. Méen, IV, *Supplém.* 12662.*
MOREL (M.), Conseiller au Présidial de Coutances.
Relation des Cérémonies observées à l'Entrée de l'Evêque de Coutances, I, 10005; II, 26405; IV, S.
MOREL, François-Antoine, Minime.
Vie de Paul Tronchet, I, 14049.
—de Jacques Martinot, 14050.
—de François Martin, 14054.
MOREL, Andoche, Jésuite.
Oraison funèbre de la Mere de Chantal, I, 15270.
L'Image d'une Noblesse parfaitement Chrétienne, III, 31845.
MOREL, Jean-Baptiste, Curé de Villiers-Vimeux.
Vie d'Edme, Roi, I, 11423.
Réponse sur cette Vie, 11424.
MOREL (M.), Docteur en Théologie.
Oraison funèbre de Maturin Savari, I, 9980.
MOREL, Pierre.
De antiquissima Seguinorum gente, III, 44106.
MOREL, Georges, Curé de Valonne.
Oraison funèbre de François de Nesmond, I, 9913.
MOREL (M.), Lieutenant-Général de Troies.
Pouillé du Diocèse de Troies, IV, *Supplém.* 1181.**
Calendrier de l'Eglise de Troies, 5066.
Projet d'un Ouvrage concernant la Ville de Troies, III, 34305.
MOREL, Jean-Claude, Médecin.
Quæstiones Medicæ circa fontes medicatos Plumbariæ, I, 3156.
MOREL (M.), Avocat-Général en la Chambre des Comptes de Dijon.
Réflexions sur la Naissance de Ronsard, IV, 47642.
MORELET, Jean, Sieur de Couchey.
Bellum Sequanicum secundum, II, 23930.
De Bello Batavico, &c. 24064.
Elogium Claudii Bartholomæi Morisoti, IV, 47154.
MORELLE (M.), Médecin.
Dissertation sur les Eaux de Luxeuil, I, 3093.
MORELLET (l'Abbé).
Edition du Dictionnaire de Commerce, I, 2459.
Réflexions sur les avantages de la libre fabrication & de l'usage des Toiles peintes, II, 28245.
Mémoire de la situation de la Compagnie des Indes, 28279.
Examen d'une Réponse à ce Mémoire, 28281.
MORELLY.
Remarques historiques sur les Lettres de Louis XIV, III, 31011.
MORÉNAS, François, Historiographe d'Avignon.
Histoire du Bienheureux Pierre de Luxembourg, IV, S. 10597.*
—de ce qui s'est passé en Provence, II, 24641.
—de la présente guerre (de 1644), 24665.
Relation du Service fait à Avignon pour M. le Dauphin, 25759.
—de l'Entrée de Dom Philippe dans Avignon, 26559.

Relation de ce qui s'est passé pendant son séjour, là.
—des Réjouissances faites dans Avignon pour la convalescence du Roi, 26562; IV, S.
—des Fêtes données à Avignon pour la Naissance de M. le Duc de Bourgogne, 26575.
Idée de l'Alliance de la Maison de Bourbon & de la Maison d'Autriche, 28751.
Parallèle du Ministère du Cardinal de Richelieu & du Cardinal de Fleury, III, 32612.
de MORENNE, Claude, Curé de S. Méry à Paris, & ensuite Evêque de Séés.
Oraison funèbre de Louis du Moulinet, I, 9979.
—de Henri III, II, 19120.
Epître aux Catholiques de Paris, 19495.
Lettre à Jacques Julian, 19496.
Discours sur ce que l'on doit au Roi, 19530.
Oraison funèbre de Gaspard de la Chastre, III, 31909.
Eloge funèbre de M. de Villeroy, 32687.
—de Barnabé Brisson, 32951.
Oraison funèbre de François Miron, 34599.
—de Madame d'Halincourt, IV, 48088.
MORENO, Richard, Abbé de Vaucelles.
Chronica Valcellensia, I, 13166.
MORÉRI, Louis, & ses Continuateurs.
Description de la France, I, 817.
Notice du Cardinal de Janson, III, 32273.
Dictionaire Historique, IV, 45658.
Notice de Jacques Almain, 45760.
—de Laurent Bourfier, 45766.
—de Jacques Fouilloux, 45776.
—de Jean-Baptiste Gaultier, 45777.
—de Nicolas le Gros, 45781.
—de Jacques de Sainte-Beuve, 45799.
—d'Honoré Tournély, 45802.
—de Joseph de Voisin, 45805.
—de Jean Hamon, 46166.
—de Robert Pitrou, 46553.
—de Jean-Baptiste Rousseau, 47648.
MORET de la Fayole, Pierre, Avocat.
Le Paravent de la France, II, 24317 & 29130.
Histoire généalogique de la Maison de Roucy, III, 43902.
MORET de Bourchenu, Jean-Pierre, Marquis de Valbonnais.
Dissertation sur la découverte du lieu d'Epone, I, 513.
Mémoires du Dauphiné, III, 37945.
Histoire du Dauphiné, 37946.
Lettre sur le Dauphin Humbert, 37947.
Histoire de la Donation du Dauphiné, 37953.
Observations sur une Inscription de Ventavon, 38010.
Mémoire pour la Jurisdiction du Parlement de Dauphiné sur la Principauté d'Orange, 38304.
Généalogie de la Maison de la Tour-du-Pin, 44269.
de MORET, Joseph.
Historia obsidionis Fontarabiæ, II, 21955.
de MORET, Joseph, Jésuite. *Il paroît différent.*
Investigaciones de las Antiguedades del Reyno de Navarra, III, 37687.
Annales del Reyno de Navarra, 37687.
du MOREY : *voyez* Thomas.
MORFONTAINE : *voyez* Hoteman.
de MORGUES : *voyez* le Moine.
de MORGUES, Matthieu, Sieur de Saint-Germain, Aumônier de Marie de Médicis.
Le Manifeste de la Reine Mere, II, 20718.
Vérités Chrétiennes, 20863.
Lettres, &c. examinées, 21588.
Remontrance au Roi, 21678.
Répartie sur la Réponse à la Remontrance, 21680.
Observations sur la Déclaration du Roi, 21687.

Remontrance du Caton Chrétien, 21692.
Avertissement à Cléonville, 21695.
Lettre-de-Change protestée, 21697.
Réponse à une Lettre de Balzac, 21701.
Discours sur le Livre intitulé, *le Prince*, 21702.
Le Génie démasqué, 21744.
La Vérité défendue, 21789.
Lumieres pour l'Histoire de France, 21836.
Jugement sur la Préface, &c. 21843.
Avis sur ce qui s'est passé, &c. 21853.
L'Ambassadeur Chimérique, 21913.
Dernier Avis à la France, 21918.
Recueil de Pièces curieuses, 21919.
Histoire de Louis XIII, 22156.
Bons Avis, 23094.
Oraison funèbre de Marie de Médicis, 25152; IV, S.
—de Diane de France, 25526.
Le Droit du Roi sur des Sujets Chrétiens, II, 26867.
Avis d'un Théologien, 28673.
Recueil de Pièces pour la défense de la Reine Mere, III, 30666.
Amico - criticæ Monitionis Litura, 30722.
Bruni Spongia, 30724 & 25.
Abrégé de la Vie du Cardinal de Richelieu, 32506.

MERHOFF, Daniel-Georges.
Princeps Medicus, II, 26982.

MORICE, Pierre-Hyacinthe, Bénédictin.
Armoricæ veteris Descriptio, I, 46.
Des anciens Itinéraires de l'Armorique, 98.
Des Peuples de l'Armorique, 153.
Mémoires pour servir à l'Histoire de Bretagne, III, 35400.
Histoire de Bretagne, 35401.
Histoire généalogique des Maisons de Porrhoët & de Rohan, 43863.

MORILLON.
Mémoires, III, 38085.

MORILLON, Claude, Imprimeur.
Pompe funèbre de Henri IV, II, 26747.

de MORILLON.
Le Persée François, II, 26331.
Le Pancraste d'Alexandre, 26370.

MORIN, Antoine, Prêtre.
Journal du Siége de Boulogne, III, 34202.

MORIN, Jacques, Sieur de Loudon.
Le Livre des Alliances de la Maison de Loudon, III, 42997.

MORIN, Lazare, Sieur de Cromé, Conseiller au Grand Conseil.
Dialogue du Maheutre, II, 19534.

MORIN, Guillaume, Grand-Prieur de l'Abbaye de Ferriere.
Discours des Miracles faits en la Chapelle de Notre-Dame de Bethléhem de Ferriere, I, 4099.
Histoire de l'Abbaye de Ferriere, 11921.
—de l'Abbaye de S. Benoît-sur-Loire, 11936.
—de l'Abbaye de Fontaine - Jean, 13095.
De l'Institution & Fondation des Peres Récollects, 13897.
Fondation du Collége des Barnabites à Montargis, 14072.
Histoire du Gâtinois, du Sénonois & du Hurepoix, III, 35547.
Maisons Nobles du Gâtinois, &c. 40680.

MORIN, Pierre.
Catalogue des Fleurs de son Jardin, I, 34073; IV, S.
—des Plantes rares de son Jardin, 3468.
Instruction pour connoître les Orangers, &c. 3470; IV, S.
Remarques pour la Culture des Fleurs, 3484; IV, S.

MORIN, Jean.
Disquisitio de duobus Dionysiis, I, 4045.

Histoire de la Souveraineté des Papes, 7110.
Articles concernant la Congrégation de l'Oratoire, 10856.

MORIN, Etienne.
Vita Samuelis Bocharti, I, 6010.
—Jacobi Palmerii Grentismesnilli, IV, 47174.

MORIN, Louis, Médecin.
Mémoire sur les Eaux de Forges, I, 3065.

MORIN (M.), Ingénieur.
Réflexions sur les projets d'un Canal en Bourgogne, I, 940.

MORIN : *voyez* du Ménil.

MORIN de la Masserie, Jean.
Les Armes & Blazons des Chevaliers du S. Esprit; III, 40495.

de MORIN, Jean, Sieur de la Soriniere.
Mémoires touchant les Antiquités de la Bretagne Armorique, III, 35347.

MORING, Gérard, Curé de S. Tron.
Vita SS. Trudonis, &c. I, 11495.
Chronicon Trudonense, 12777.

de la MORINIERE, Michel-Martin.
Vie du Cardinal de la Rochefoucault, III, 32261.
Généalogie de la Maison de la Rochefoucault, 43839.

de la MORINIERE : *voyez* le Fort.

MORISCET, Jean.
Relation de la mort de Guez de Balzac, IV, 46987.

MORISON, Robert.
Hortus Regius Blesensis, I, 3383.

MORISOT, Claude-Barthélemi.
Orbis maritimi Historia, I, 850.
Alethophili veritatis amantis lacrymæ, 14321; II, 19855.
Conspiratio Anglicana, 19853.
Henricus Magnus, 20052.
Soteria, 21432.
Panegyricus Ludovico Justo scriptus, 21573.
Peruviana, 21870.
Porticus Medicæa, II, 25147; III, 31360.
De Viris illustribus sui ævi, 31370.
Epître de Nestor à Léodamie, 32343.
Consolation sur la mort de M. de Thermes, *là*.
Elogium Petri le Goux de la Berchere, 33065.
—Joannis Bouchu, 33067.
—Jacobi Gothofredi, IV, 45894.
—Claudii Salmasii, 47211.

MORIZOT Deslandes, Pierre-Joseph, Médecin.
An Diæta omnibus necessaria, magis Parisinis, I, 2596.
An Parisinis Variolarum inoculatio, 2597.

MORLAND, Samuel, Chevalier.
Histoire de l'Eglise des Vallées de Piémont (en Anglois), I, 5726.

MORLET (M.), Apothicaire.
Analyse des Eaux de l'Hôtel-Dieu de Caën, I, 3024.

de MORLHON (M.), Lieutenant-Général du Présidial de Toulouse, III, 31564.

de la MORLIERE, Adrien, Chanoine de l'Eglise d'Amiens.
Catalogue des Evêques d'Amiens, I, 9691.
Antiquités d'Amiens, III, 34148.
Mémoires pour l'Histoire de Montdidier, 34170.
Armorial d'Amiens, 40080.
Recueil de plusieurs nobles Maisons du Diocèse d'Amiens, 34148 & 40600.

de la MORLIERE, Jacques-Auguste, Chevalier.
Le Siége de Tournay, II, 24675.

MORNAC, Antoine, Jésuite.
Des Guerres de la Ligue, II, 19746.

MORNAC, Antoine, Jurisconsulte.
Feriæ Forenses & Elogia Togatorum, III, 32868; IV, 45632.

Table des Auteurs.

De falsâ Regni Yveroti narratione, III, 35255.
de MORNAS : *voyez* Buy.
de MORNAY, Philippe, Sieur du Plessis-Marly, Gouverneur de Saumur.
Discours sur la Conférence tenue à Fontainebleau, I, 6206.
Réponse au Livre de l'Evêque d'Evreux sur cette Conférence, 6207.
Avertissement sur la Réception du Concile de Trente, I, 7505; IV, 5.
Discours pour la Guerre contre les Espagnols, II, 18120.
Remontrance aux Etats, 18344.
Discours à Henri III, 18441.
Etat du Roi de Navarre, 18443.
Relation de ce qu'il avoit fait auprès de Henri III, 18444.
Réponse aux Déclarations de MM. de Guise, 18467.
Déclarations du Roi de Navarre, 18483 & 18500.
Deux Lettres de ce Roi, 18500.
Remontrance aux trois Etats, 18518 & 58.
Lettre d'un Gentilhomme Catholique, 18537.
Réponse au petit Discours, 18548.
Exposition sur la Déclaration du Duc du Maine, 18549.
Les dangers & inconvéniens de la Paix, 18556.
Exhortation pour la Paix, 18557.
Avertissement aux bons Catholiques, 18576.
Mémoires envoyés en divers lieux, 18623.
Remontrance à la France, 18630.
Mémoire envoyé par le Roi de Navarre, 18635.
Discours sur la prise de Marans, 18704.
Déclaration du Roi de Navarre, 18975.
Lettre au Roi, 20592.
— à M. le Duc de Montbazon, 20874.
— à M. le Duc d'Espernon, 20993.
Discours du Droit prétendu par ceux de la Maison de Guise, 25904.
Mémoires, III, 30472.
Lettres, Mémoires & autres Pièces, 30473.
Avis sur une Milice Françoise, 32131.
de MORNAY de la Villetertre, René, Prêtre, Seigneur de Bachaumont.
Vie de Mademoiselle de Buhy, 4778.
— de Philippe de Mornay, 32722.
de MORNAY : *voyez* Brulley.
MOROCOURT, Jean, Chartreux.
Vita S. Brunonis, I, 13234.
de MOROGUES : *voyez* Bigot.
MOROSINI, André.
L'Imprese & Espeditioni di Terra santa, II, 16737.
MOROTIUS, Charles-Joseph.
Historia Cisterciensis reflorescentis, I, 13086.
MOROZZO, François.
Vita di Madama Reale Francesca di Borbon, II, 25613.
MORTAINE (M.), Sieur de Chauvan.
Recueil des noms des Villes, &c. de Bourgogne, I, 2195.
du MORTIER : *voyez* Guillard.
MORTIS, Jean, Chanoine de la Sainte Chapelle de Paris.
Histoire de cette Chapelle, I, 5184.
de MORTOUS, Pierre, Procureur du Roi.
Histoire des Conquêtes de Louis XV, II, 24713.
MORUS : *voyez* Meurier.
MORVAN de Bellegarde, Jean-Baptiste.
Eloge du Roi (Louis XIV), II, 24479.
Histoire de Louis XIV, 24495.
Maximes pour l'Instruction du Roi, 27107.
Vies de plusieurs Hommes illustres, III, 31376.
de MORVEAU : *voyez* Guyton.

de MORVILLER : *voyez* Kirchner.
de MORVILLIERS, Jean, Evêque d'Orléans.
Mémoires d'Etat, II, 18348.
Dépêches, III, 29986.
Procès-verbal de la Conférence tenue à Marck, 30032.
Lettres, 30033.
MOSANT de Brieux, Jacques.
Origines de quelques Coutumes anciennes, II, 15496.
Lettres sur l'Histoire de Caën, III, 35285.
De l'Origine des Chevaliers Bannerets, 40219.
MOSC, François.
Cœnobiarcha Oignacensis, I, 13635; IV, *Suppl.* 13569.*
MOSCHORSCHIUS, Jean-Michel.
Supplementum ad Catalogum Episcoporum Argentoratensium, I, 9112.
de MOSQUEROS (M.), Conseiller au Parlement de Pau.
Compte rendu de l'Institut des Jésuites, I, 14564.
de MOSTOLAC : *voyez* le Sage.
de la MOTE, Bernard, Evêque de Bazas.
Chronica, II, 17040.
MOTET, Jean, Jésuite.
Combat d'honneur concerté par les quatre Elémens, II, 26412.
la MOTHE (le Pere), dit de la Hode, Jésuite.
Histoire des Révolutions de France, II, 15841.
— du Règne de Louis XIV, 24494.
Vie de Philippe d'Orléans, petit fils de France, 24576.
de la MOTHE, Jacques, Seigneur de Huppigny.
Le Blason des Armes de France, III, 27036.
de la MOTHE, Charles, Conseiller au Grand-Conseil.
Discours sur Etienne Jodelle, IV, 47483.
de la MOTHE, J.
Le Réveil-Matin, II, 19352.
de la MOTHE, Daniel, Evêque de Mende.
De la Translation de l'Empire d'Occident, II, 18769.
de la MOTHE (M.), Avocat.
Mémoires sur la Ville de Châtillon-sur-Seine, &c. III, 37227.
de la MOTHE : *voyez* Bouvier, Goulas, de Camboulnet, le Blanc.
de la MOTHE-Fenelon : *voyez* de Salignac.
de la MOTHE-Guyon : *voyez* Bouvières.
de la MOTHE-Houdancourt, Henri, Archevêque d'Auch.
Statuts & Réglemens, I, 6378.
Constitutions, *là*.
Factum pour la défense du Maréchal de la Mothe-Houdancourt, III, 31668.
de la MOTHE-Hissan *ou* Lussan : *voyez* Gaillard, Gilles.
de la MOTHE-Messemé.
Les honnêtes Loisirs, II, 18638.
de la MOTHE-le-Vayer, François.
Introduction à l'Histoire de France, II, 15631.
Discours de la contrariété d'humeurs, 28740.
En quoi la Piété des François diffère de la Piété des Espagnols, 28741.
de la MOTTE (le Sieur), Echevin de Harfleur.
Antiquités de Harfleur, III, 35253.
de la MOTTE (M.), Docteur en Théologie.
Oraison funèbre du Duc d'Arpajon, III, 31850.
de la MOTTE, Simon, Célestin.
Traité des Pays du Hurepois, III, 34817.
de la MOTTE : *voyez* Houdar, Huerne, Malbay.
de la MOTTE-Conflans : *voyez* Masson.
de la MOTTE-le-Noble.
Histoire de Louis XIV, II, 24009.
de MOTTEVILLE : *voyez* Bertaut.

MOUBLET (M.), Médecin.
Petites Véroles confluentes, I, 2619.
Conſtitution épidémique, 2620.
MOUCHET, Bernard.
Vie de Sainte Marie d'Oignies, I, 14721.
de MOUCHET de Villedieu (M.), Doyen de l'Egliſe de Nevers.
Oraiſon funèbre de Louis XV; IV, S. 24802.*
de MOUCHY : voyez de Monchy.
de MOUCHY - Hocquincourt (M.), Evêque de Verdun.
Statuts Synodaux, I, 6815.
MOUET : voyez de la Forêt.
de MOUHY : voyez de Fieux.
MOULANS, Jean, Apothicaire.
Les vertus des Eaux de Bagnères & de Barège, I, 2939.
MOULART, Matthieu, Evêque d'Arras.
Statuta Synodalia, I, 6353.
MOULIERE (M.), Préſident en Suiſſe.
Lettres, III, 30988.
MOULIN de Marguery (M.), Médecin.
Traité des Eaux de Paſſy, I, 3129.
de MOULIN, voyez Fabert.
du MOULIN, Antoine.
Edition d'une Traduction des Commentaires de Céſar, I, 3880.
Conſeil ſur le fait du Concile de Trente, 7501.
Le même en Latin, là.
Le même en Latin avec une Préface, là.
Commentarius ad Edictum contra parvas Datas, 7574.
Le même en François, là.
Conſultation pour la Nobleſſe de Picardie, 9724; III, 39846.
Conſilium ſuper Religione Jeſuitarum, 14226.
De l'Origine des François, II, 15373.
Tractatus de Excellentia Regis Franciæ, 26802; IV, S.
du MOULIN, Pierre, Miniſtre Calviniſte.
De Monarchia temporali Pontificis Romani, I, 7210.
du MOULIN, Pierre, Chanoine de Cantorbéri, fils du précédent.
Addition au Livre de la Politique de France, IV, 32429.
du MOULIN, Gabriel, Curé de Manneval.
Obſervations ſur les Salines de Normandie, I, 2737.
Les Conquêtes des Normands François, III, 35001.
Hiſtoire générale de Normandie, 35123.
Catalogue de pluſieurs Familles de Normandie, 40714.
— des grands Seigneurs Normands, 40715.
du MOULIN, Pierre, Avocat.
Traité des grandes Seigneuries de France, III, 39831.
du MOULINET (le Sieur).
Regiſtre de divers Titres touchant l'Hiſtoire de Bretagne, II, 27809.
du MOULINET, Claude, Sieur des Thuileries.
Obſervations ſur la Deſcription de la France, I, 8.
Introduction au Dictionnaire de la France, 12.
Objection contre l'Eſſai Hiſtorique ſur le Comté d'Eu, 271.
Défenſe de l'Etymologie du nom de la Ville d'Eu, 273; III, 35276.
Diviſions de la France, 824.
Diſſertation ſur l'Hiſtoire de la Tranſlation du Corps de S. Martin, 10299.
Mémoire ſur le Livre des Miracles de S. Martin, 10302.
Deſcription du Mont-S-Michel, 12220.
Remarques ſur les Statues du portail de S. Germain-des-Prés, 12492.

— ſur l'origine de la Maiſon de France & ſes prérogatives, II, 24933.
Suite de ces Remarques, 24934.
Seconde partie de cette ſuite, 24935.
Diſſertation ſur l'origine des Rois de France, de la troiſième Race, 24936.
Défenſe des Diſſertations ſur l'origine de la Maiſon de France, 24939.
Eclairciſſemens, 24940.
Diſſertation ſur la mouvance de Bretagne, 27821.
Lettre touchant les réponſes à ces Diſſertations, 27823.
Eclairciſſement ſur l'Election des anciens Rois de France, 28552.
Diſſertation au ſujet de la diſpute entre le P. Germon & le P. Mabillon, III, 29470.
— touchant l'Hiſtoire de Normandie, 35196.
MOULLART - Sanſon, Pierre, Géographe.
Catalogue des Ouvrages des Sieurs Sanſon, I, 1.
Galliæ antiquæ Deſcriptio Geographica, 29.
Gallia antiqua, &c. cum Itinerario Romano, 32.
Celto-Galatia, 33.
Gallia Provincia Romanorum, 42.
Archevêché d'Auſch, 1015.
Campement des Armées du Roi dans les Pays-Bas, 2069.
MOULLET, Claude, Jardinier du Roi.
Inſtruction du plantage des Muriers, I, 3475.
MOUNIN, Abraham.
Recueil de Pièces touchant l'Hiſtoire d'Aquitaine, III, 37502.
MOURAT.
Chaſſes du Roi Louis XV, II, 24584.
MOURET, Pierre.
Recueil de la Maiſon d'Amboiſe, III, 40908.
de MOURGUES, Matthieu, Jéſuite.
Relation de la ſeconde Navigation du Canal de Languedoc, I, 907.
MOUROT, Sébaſtien, Bénédictin.
Oraiſon funèbre de Dom Hilarion de Bar, I, 12099.
MOURRE, Honoré.
Hiſtoire de l'Egliſe de Notre-Dame de la Dreſche, I, 4139.
MOUSKES, Philippe, Chanoine, puis Evêque de Tournay.
Hiſtoire de France, II, 14655 & 16733.
MOUSNIER, Jean, Curé de S. Valeric.
Vie de S. Valeric, I, 13396.
MOUSSET (M.), Médecin.
Mémoire ſur une Maladie contagieuſe, I, 2606.
de MOUSTIER, François.
Alphonſo Richelio Cardinali, Gratulatio, II, 22114.
MOUTEAU, Philippe, Médecin.
Les miracles de la Nature par l'uſage des Eaux de Bourbon-Lancy, I, 1988.
Lettre ſur les vertus des mêmes Eaux, 2989.
MOUTON, Joſeph.
Poëſie ſur la Convaleſcence du Roi, II, 24653.
MOUTON, Pierre.
Antiquités de Meaux, IV, S. 34362.*
le MOYNE : voyez le Moine.
MOYRON, Jacques.
Vita S. Triverii, I, 4702.
de MOYVRE : voyez Gillet.
MUCANTE, Jean-Paul, Maître des Cérémonies du Pape.
Relatione della Reconciliatione di Henrico IV, II, 19633.
MUDRY, François, Obſervantin.
Annotations ſur les Privilèges de l'Ordre des Frères Mineurs de l'Obſervance Régulière, I, 13852.
MUDZAERT, Denys, Prémontré.
Hiſtoire Eccléſiaſtique de Flandre, I, 5082.

MUEG,

Muɪg, Charles.
Chronique de Strasbourg, (en Allemand), III, 38722.
le Muet, Pierre, Architecte.
Figures, Plans & Elévations des beaux Bâtimens de France, I, 2120.
Muevin, Jacques.
Chronicon de rebus quæ in Flandria contigerunt, III, 39414.
Mugnos, Philadelphe.
Raguagli Historici del Vespro Siciliano, II, 25366.
Muhamed al Curchi.
Histoire de la Guerre faite contre les Francs, II, 16701.
Mul (le Pere), Cordelier.
Observations sur la Fontaine de Marsac, en Périgord, I, 2865.
Muldrac, A. *Il paroît antérieur au suivant.*
Oraison funèbre de Loys de Lorraine & de Henri son frere, II, 18814.
Muldrac, Antoine, Prieur de Longpont.
Compendiosum Diœcesis Suessionensis Speculum, I, 9588.
Compendium Abbatiæ Longiponti Suessionensis Chronici, 13102.
Le Valois Royal, III, 34845.
le Mulier, Valentin, Carme réformé.
Oraison funèbre d'Evrard du Châtelet, III, 51912; IV, *S.*
Muller, Philippe.
Vindiciæ Nortbertinæ, I, 13555.
Muller, Henri, Surintendant de Rostoch.
Berengarii Historia, I, 5696.
le Munerat, Jean.
De dedicatione Ecclesiæ Parisiensis, I, 5159; IV, *Suppl.*
Munier, Jean, Avocat du Roi au Bailliage d'Autun.
Vie de Rodolphe, Roi de France, II, 16487.
Recherches sur Autun, III, 35941.
—sur les Comtes d'Autun, 35942.
Eloges des Hommes illustres d'Autun, IV, 45670.
Munier (M.), Sous-Ingénieur.
Mémoire sur les Vins & l'Eau-de-Vie, IV, *Suppl.* 3545.*
Munster, Sébastien.
Germaniæ descriptio, II, 15396.
Muos, H. L.
Aspect de la Suisse, I, 1973.
Muralt.
Lettres sur les Anglois & les François, II, 15473.
de Murat (M.), Juge-Mage de Carcassonne.
Lettre sur la découverte d'un Monument d'antiquité, I, 65.
Muratori, Antoine.
Notæ in Chronicon Farfense, II, 16619.
le Mure, Fr.
An vulnera capitis sint periculosiora Parisiis, &c. I, 2599.
de la Mure, Jean-Marie, Chanoine de Montbrison.
Catalogue des Bénéfices du Diocèse de Lyon, I, 1256.
L'Astrée sainte, ou Histoire Ecclésiastique du Forez, 5104.
—du Diocèse de Lyon, 8859.
Antiquités du Prieuré des Religieuses de Beaulieu, 15173.
Chronique de l'Abbaye de Sainte-Claire de Montbrison, 15192.
Histoire du Pays de Forez, III, 37425.
Les Origines de plusieurs Maisons illustres de Forez, 40665.
Murer, Henri, Chartreux.
La Suisse sainte, I, 4288.

Muret, Marc-Antoine, Jurisconsulte.
Oratio in funere Pauli Foxii, I, 10228.
—ad Pium IV, IV, *S.* 17777.*
—ad Gregorium XIII, II, 18194.
—in funere Caroli IX, 18239.
Oraison pour Henri III, devant le Pape Grégoire XIII, 18355.
Oraison funèbre d'Antoine de Bourbon, & de Jeanne d'Albret, 25590.
Muret (M.), Ex-Oratorien.
Oraison funèbre du Duc de Vivonne, III, 31735.
—de M. le Duc de Mortemar, 31801 & 32018.
de Muret (le Comte).
Mémoires, III, 31141.
de Murro : *voyez* Lazzarini.
Murschel, Israël.
La Fleur de la République de Strasbourg (en Allemand), III, 38736.
Musard, F.
Lettre sur les Fossiles, I, 2677.
Musée, Dominique.
Oratio ad laudem Henrici IV, II, 19688.
li Musis, Gilles, Abbé de S. Martin de Tournai.
De Vita Andreæ Ghin de Florentia & Joan. de Pratis, I, 8631.
Catalogus Antistitum Cœnobii Martiniani, 12634.
Chronica, II, 17020.
Musnier, Charles, Doyen de l'Eglise d'Orléans.
Histoire de la Maison de Sorbonne, IV, 44830.
Mussey (M.), Prieur-Curé de Longwic.
La Lorraine ancienne & moderne, II, 25916.
Musson (M.), Docteur de Navarre.
Histoire des Ordres Monastiques, I, 13660.
—des Carmélites, 14957.
Mustel.
Mémoire sur les Pommes de Terre, IV, *S.* 3505.*
de Mutigney : *voyez* Dagay.
Mutio, Jérôme.
Le Combat, III, 40162.
Mutius, Hilderic.
De Germanorum origine, &c. II, 15400.
Mutte, Henri-Denys, Doyen de l'Eglise de Cambrai.
Dissertation sur les Nerviens, I, 352.
Muxica, Martin.
Relation de la défaite de l'Armée Espagnole, II, 22070.
le Myere, François, Cordelier.
Vie de Thomas-Elie de Biville, I, 10960.

N

N. *inconnu.*
Histoire des Pays-Bas, III, 38468.
N. Gaspard, Historien.
Trésor de l'Histoire générale, II, 21221.
N.** Confesseur de la Reine Marguerite.
Histoire de la Vie & des Miracles de S. Louis, II, 16840.
N.*** *c'est* Nicolas Petit, III, 32006 : *voyez* Petit.
N. B. *c'est* Nicolas Bonfons, III, 34388. *On a omis d'y marquer ce monogramme, qui le désigne : voyez* Bonfons.
N. B. C. R. *c'est* Nicolas Billate, Chanoine Régulier, I, 3179 : *voyez* Billate.
N. C. *inconnu.*
Mémoires & Négociations secretes, III, 30745.
N. C. Romain, Docteur ès Droits, Prévôt & Gruyer de Pont-à-Mousson.
Traduction de la Nancéide, II, 17313.
N. D. *inconnu.*
Pouillé du Diocèse de Chartres, I, 1267.
N. D. A. *inconnu.*
Discours de ce qui s'est passé dans la Ville d'Angoulême, II, 18736.

N. D. B. c'est Nicolas de Bourbon, III, 31981 :
voyez de Bourbon.
N. D. C. inconnu.
Le Cabinet du Roi, II, 18424.
N. D. C. c'est Nicolas de Cocquerel, III, 33941 :
voyez de Cocquerel.
N. D. L. c'est Nicolas de Lorraine, III, 38040 :
voyez de Lorraine.
N. D. P. Avocat.
Histoire du Voyage du Roi, II, 20917.
N. D. S. inconnu.
Apologie du Mariage du Roi, II, 28622.
N. D. S. Sieur des Isles.
La Fortune de la Cour, II, 19135.
N. G. D. V. R. inconnu.
Le Portrait de la Félicité du Duc de Mercœur, III, 31973.
N. I. T. inconnu.
L'Entrée de Louis XIV à Paris, II, 22474.
N. L. D. J. inconnu.
Copie de la Réponse faite par un Politique, II, 18928.
N. N. D. L. F. inconnu.
Entrées de Charles IX & de la Reine son Epouse, II, 26248.
N. P. D. C. H. R. c'est Nicolaüs Proust des Carneaux, Historiographus Regius, II, 21116 : voyez Proust.
N. R. Champenois, inconnu.
L'Italie vengée de son Tyran, II, 22888.
N. R. P. c'est Nicolas Regnault, Provençal, III, 38071 : voyez Regnault.
N. V. c'est Nicolas Venette, I, 3192 : voyez Venette.
de NABERAT, Anne, Commandeur de l'Ordre de Saint Jean.
Sommaire des Priviléges de l'Ordre de S. Jean, III, 40291 & 335; IV, S.
Mémoire pour obtenir une Bulle en faveur de l'Ordre de S. Jean, IV, S. 40330.*
Malte suppliante, III, 40334.
du NACAR, le Sieur.
Lettre à l'Abbé de la Rivière, II, 22546.
NADASI, Jean, Jésuite.
Annus dierum memorabilium Societatis Jesu, I, 14103.
Mortes illustres, III, 39691.
NADAUD, Joseph, Curé de Teyjac.
Pouillé de Limoges, I, 1250.
Dissertation sur S. Martial, 4066.
Histoire Ecclésiastique du Diocèse de Limoges, 5136.
Histoire de l'Abbaye de Beuil, 13012.
Vie de S. Etienne de Muret, 13198.
Histoire de l'Abbaye de l'Esterp, 13630.
— de l'Abbaye des Allois, 14858.
— de l'Abbaye de Bonnesaigne, 14859.
— de l'Abbaye de Bugue, 14860.
Privilegia Urbis Lemovicensis, III, 37590.
Nobiliaire de la Généralité de Limoges, 40694.
Bibliothèque Limousine, IV, 45706.
NADAULT, Jean, Avocat-Général de la Chambre des Comptes de Dijon.
Mémoires pour servir à l'Histoire de la Ville de Montbard, III, 35999.
NÆVIUS, Jean, Augustin.
Eremus Augustiniana, I, 13665.
NAGEREL, Jean, Chanoine & Archidiacre de Rouen.
Description du Pays & Duché de Normandie, I, 2238; 34925.
de NAINVILLIERS : voyez Duhamel.
de NAISSEY, Jean, Chanoine & Archidiacre de Châlons-sur-Saône.
Historiæ Regum Francorum Epitome, II, 15730.
NALGOD, Moine de Cluni.
Vita S. Odonis Cluniacensis, II, 11802.
— S. Maioli, 11808.

NAN.
Traduction de la Satyre d'Euphormion, II, 19854.
ANCEL.
Vita Petri Rami, IV, 47190.
NANCEL, Nicolas.
Carmen de Nominibus Regum Franciæ, II, 15819.
de NANCEL, Pierre, Substitut du Procureur du Roi.
Querimonia super funere Henrici IV, II, 20009.
De la Souveraineté des Rois, 26816.
NANCHE, Hilaire, Récollet.
Discours funèbre sur la mort de Philibert de Pompadour, IV, S. 32057.*
NANGIS : voyez de Beauvais.
NANI, Jean-Baptiste, Procurateur de S. Marc.
Historia della Republica Veneta, II, 23964.
Ambassade, III, 30790.
Relatione della Ambasceria straordinaria, 30944.
NANQUIER, Simon.
Opusculum de funere Caroli VIII; II, 17403 & 26728; IV, S. 17403.
De lubrico temporis curriculo, 26728.
de NANS : voyez Denans.
de NANTIGNY : voyez Chasot.
NARDIN.
Recueil de Pièces contre les prétentions des Archevêques de Besançon, I, 8165.
NARDOT, François-Jean, Curé de S. Pierre de Dijon.
Discours d'honneur à la mémoire d'André Frémyot, I, 8404.
de NASSAU, Guillaume, Prince d'Orange.
Ordonnances, Loix & Statuts pour sa Principauté, III, 38306.
de NASSIGNY (M. le Président).
Journal du Palais, IV, S. 33304.*
NATEY de la Fontaine, Nicolas.
Discours de l'Origine du différend d'entre les François & les Anglois, II, 28793.
NATHORT, Téoph. Erdm.
Flora Monspeliensis, I, 3350.
NATUREL, Pierre, Official & Grand-Vicaire de Châlon-sur-Saône.
De Episcopis Cabillonensibus, I, 9023.
Historia Ecclesiæ Cathedralis Cabillonensis, 9024.
Cartulaire du Monastere de S. Marcel-lès-Châlons, III, 29703.
NAU, Nicolas, Jésuite.
Laudatio funebris Cardinalis de la Rochefoucault, III, 32225.
NAUCHE, Léonard, Curé de Rochechouard.
Oraison funèbre de la Marquise de Pompadour, IV, 48149.
NAUDÉ, Gabriel.
Vita Joannis Cordesii, I, 11071.
Addition à l'Histoire de Louis XI; II, 17335.
Jugement de ce qui a été imprimé contre le Cardinal Mazarin, 22989; IV, S.
Considérations sur les coups d'Etat, III, 32425.
Science des Princes, 32426.
Epistola de obitu Nicolai Fabricii Peirescii, 33196.
De antiquitate & dignitate scholæ Medicæ, IV, 44845.
Elogia Petri Puteani, 46883.
NAUDIN (M.), Médecin.
Analyse des Eaux de Surgeres, I, 3256.
NAULT, Denys, Juge de Luzy.
La mort d'Ambiorixene vengée, I, 5895.
Histoire de l'ancienne Bibracte, III, 35946; IV S.
de la NAUVE (M.), Conseiller au Parlement.
Procès-verbal touchant la saisie du Duché de Bar, II, 19054.
Autre pour déclarer la réunion au Domaine, 29055.
NAVAGERO, André, Ambassadeur.
Il Viaggio fatto in Spagna e in Francia, I, 2288.
NAVAGERO, Bernard, Ambassadeur, depuis Cardinal.
Relation de son Ambassade à Rome, II, 26936.
de NAVAILLE : voyez de Montault.

NAVAU.
Le Financier Citoyen, II, 28119.
NAVET de Folleville, Thomas, Oratorien.
Oraison funèbre d'Anne d'Autriche, II, 25166.
NAVEUS, Michel, Chanoine de Tournai.
Chronicon S. Michaëlis, I, 12215.
NAVIER, Louis (*ou* Pierre) Toussaints, Médecin.
Dissertation sur les Maladies populaires, I, 2519.
Mémoire concernant les Eaux de Rosnay, 3185.
—sur la végération des grains, IV, S. 3432.*
de NAVIERE, Charles.
La Renommée sur le Mariage de Charles IX; II, 26066.
NAVIÈRES, Charles ; *il paroît être différent.*
Heureuse Entrée au Ciel de Henri le Grand, II, 20045.
NÉDOIN de Pons-Ludon, Joseph-Antoine.
Essai sur les Grands-Hommes de la Champagne, IV, 45686.
NÉE, Jean-Baptiste, *dit* de la Rochelle.
Liste des Villes, &c. régies par la coutume d'Auxerre, I, 2187.
Le Maréchal de Boucicaut, III, 31596.
Mémoires pour servir à l'Histoire du Nivernois, 35576.
Discours sur l'Antiquité d'Auxerre, 36022.
NÉEL, Balthasar, Médecin.
Dissertation sur les Eaux de Rouen, I, 3188.
NÉEL, Louis-Balthasar.
Voyage de Paris à Saint-Cloud, IV, S. 2361.**
Histoire de Maurice, Comte de Saxe, II, 24725.
—de Louis, Duc d'Orléans, IV, S. 25678.*
NEGRI, Jean-François.
Prima Crociata, II, 16605.
NEHUSIUS, Epon.
Réponse à une Lettre sur la Conversion de S. Bruno, I, 13241.
NÉKER.
Réponse à un Mémoire sur la Compagnie des Indes, II, 28280.
NEMEITZ, J. C.
Séjour de Paris, III, 34521.
de NEMOURS (le Duc) : *voyez* de Savoie.
de NEMOURS (la Duchesse) : *voyez* d'Orléans.
NENNET.
Mémoire sur la Ville de Bavai, III, 39066.
NÉON (le Pere), *dit* le Philopole.
Histoire de la Pucelle, II, 17241.
NEQUE, Damian.
Mémoires, III, 38196.
NÉRON, Pierre, Avocat.
Les Edits & Ordonnances de nos Rois avec Annotations, II, 27630.
de NERVEZE, Guillaume-Bernard, Sécretaire de la Chambre du Roi.
Stances au Roi, II, 19868.
Le Songe de Lucidor, 19969.
Discours funèbre sur Henri IV, 20029.
Lettre à M. le Prince de Condé, 20145.
Prière à Dieu, 10539.
Lettre sur le trépas du Connétable Anne de Montmorenci, IV, S. 31442.*
Consolation sur la mort du Duc de Rais, III, 31680.
Oraison funèbre du Duc de Mayenne, 31779.
de NERVEZE, Susanne.
Le *Te Deum* des Dames de la Cour, II, 22600.
La grande Fête des Cœurs, 23840.
NESCIPIO, Liponani : *faux nom pour* Scipione Napolini, II, 22263 : *voyez* Scipione.
du NESME, J.
Le Miracle de la Paix, II, 19734; IV, S.
de NESMOND (le Président).
Harangue au Roi, II, 23537.

Tome V.

de NESMOND, François, Evêque de Bayeux.
Statuts Synodaux, I, 6394.
NESSEL, Daniel, Bibliothécaire de la Bibliothèque Impériale.
Prodromus pacificatorius, III, 19145.
NESSEL, Edmond, Médecin.
Traité des Eaux de Spa, I, 3243.
NESSEL, Matthieu.
Apologie des Eaux de Spa, I, 3244.
NESTOR, Jean, Médecin.
Abrégé des Comtes de Boulogne & d'Auvergne, III, 34199.
de NETS, Nicolas, Evêque d'Orléans.
Statuts Synodaux, IV, S. 6372.*
Lettre à M. le Cardinal de la Rochefoucault, IV, S. 21460.*
de NEUCHAISES, Charles, sieur des Francs.
Instruction d'un Chef de Guerre, II, 18218.
de NEUCHAISES, Jacques, depuis Evêque de Châlons-sur-Saône.
Oraison funèbre du Maréchal de Montigny, III, 31631.
de NEUF-EGLISE (M.), ancien Officier de Cavalerie.
Le Patriote Artésien, I, 2388.
de NEUFVILLE, François.
Concion de joie, II, 18301.
de NEUFVILLE, Nicolas, Seigneur de Villeroy, Secrétaire & Ministre d'Etat.
Discours de la Bataille de Moncontour, II, 18078.
Remontrances au Roi, ……
Lettre au Roi de Navarre, 18682.
Avis au Duc de Mayenne, 19185.
Discours sur la Bataille d'Ivry, 19239.
Ecrit sur le Catholicon d'Espagne, 19453.
Harangue pour l'Assemblée des prétendus Etats, 19469.
Apologie, 19516.
Lettre à M. de Mayenne, 19538.
—à M. de Bellièvre, 19674.
Manifeste sur l'évasion de son Commis, 19810.
Discours sur le rang des Grands, 26690.
Lettres au Maréchal de Matignon, III, 30199 & 304.
Mémoires d'Etat, 30346 & 47.
Lettres à M. de Béthune, 30350.
—à M. de la Boderie, 30383 & 401.
Lettres & Mémoires, 30408.
Apologie, 32684.
Lettre à M. du Vair, 32685.
de NEUFVILLE de Villeroy, Camille, Archevêque de Lyon, petit-fils du précédent.
Réglemens & Ordonnances, I, 6583.
de NEUFVILLE de Villeroy, Ferdinand, Evêque de Chartres, frere du précédent.
Réglemens, I, 6443.
de NEUFVILLE : *voyez* le Pippre.
de NEURÉ, Mathurin : *faux nom sous lequel s'est caché* Laurent Mesme, IV, S. 5516 : *voyez* Mesme.
NEUSMAN, D.
Traduction Angloise de l'Histoire de la Paix de Nimègue, III, 31022.
NEUSSER, Brunon : *faux nom sous lequel s'est caché* François Macedo, I, 8000 : *voyez* Macedo.
de NEUVÉGLISE, Charles.
Souveraineté de Dombes, I, 1506.
Histoire de la Souveraineté de Dombes, III, 36050.
Réponse à la Critique de cette Histoire, 36052.
de NEUVE-EGLISE : *voyez* Belle-Pierre.
de NEUVILLE.
Oraison funèbre du Cardinal du Perron, I, 10071.
de NEUVILLE (l'Abbé).
Essais sur les Régimens, III, 32210.
de NEUVILLE : *voyez* de Bordeaux & Frey.

M mmm 2

de la NEUVILLE, Anne - Joseph, Jésuite.
 Vie de S. Jean-François Régis, I, 14129.
de la NEUVILLE, Balthasar Hezeneil : *faux nom sous lequel s'est caché* Adrien Baillet IV, S. 39310 : *voyez* Baillet.
de la NEUVILLE : *voyez* Lequien.
NEVELET, Pierre, Sieur de Dosch.
 Ecphrasis Basileæ, III, 39127.
 Vita Francisci Hotomani, IV, 45907.
 Lacrymæ in funere Petri Pithœi, 45975.
de NEVERS : *voyez* de Clèves & de Gonzague.
NEVEU (le Pere) Dominicain.
 Canonicité de l'Ordre des Freres Prêcheurs, IV, S. 13735.*
le NEVEU : *voyez* Vallette.
NÉVÉUS.
 Le triomphe de la Ligue, 19561.
de NIBLES : *voyez* d'Andréa.
NICAISE, Claude, Chanoine de la Sainte-Chapelle de Dijon.
 Arégé de sa Vie, I, 11319; IV, S.
 Explication d'un Monument trouvé en Guyenne, I, 3824; III, 37497.
 Lettre au sujet de cet Ouvrage, 37498.
 Epistola de Petri Petiti obitu, IV, 46276.
NICEPHORE, Patriarche de Constantinople.
 De S. Dionysio Areopagitâ, I, 4013.
NICEPHORE Grégoras, Historien Grec.
 Historia Byzantina, II, 16732.
NICERON, Jean-Pierre, Barnabite.
 Histoire de Pierre Viret, 5833.
 —de Matthieu Beroalde, IV, S. 5845.*
 —de Louis Cappel, I, 5847.
 —d'Antoine de Chandieu, 5859.
 —de Lambert Daneau, IV, S. 5861.*
 —de Jacques Cappel, 5944.
 —d'Antoine Fusi, 5946.
 —de Simon Goulart, 5952.
 —de Nicolas Vignier, 5969.
 —de Louis Cappel le jeune, 5986.
 —de Samuel Bochart, 6013.
 —de Jean Daillé, 6018.
 —de Samuel des Marests, 6025.
 —de Matthieu de Larroque, 6047.
 —de Jean Claude, 6063.
 —d'Etienne le Moine, 6069.
 —de David Ancillon, 6078.
 —d'Isaac Jacquelot, 6110.
 —de Jacques Gousset, 6114.
 —de Pierre Allix, 6118.
 —de Jacques Bernard, 6122.
 —de Jean de la Placette, 6125.
 —de Pierre Poiret, 6128.
 —de Jacques Basnage, 6131.
 —de Jacques Abbadie, 6134.
 —de Jacques Lenfant, 6140; IV, S.
 —de Gilbert Genebard, 7862.
 —de Louis Abelly, 7932.
 —de Claude de Seyssel, 8041.
 —de Paul - Philippe de Chaumont, IV, Suppl. 8088.*
 —d'Arnaud de Pontac, I, 8104.
 —de Joseph-Marie Suarès, 8150.
 —de François Genet, 8151.
 —de Jean-Pierre Camus, 8212.
 —de Jules Mascaron, 8276.
 —de François de Salignac de la Motte - Fénelon, 8579.
 —d'Antoine Godeau, 8845.
 —de Louis Doni d'Attichy, 8993.
 —de Pontus de Tyard, 9036.
 —d'Esprit Fléchier, 9209.
 —de François Bosquet, 9223.
 —de Pierre de Marca, 9342.
 Histoire de Jacques-Bénigne Bossuet, 9429.
 —d'Arnauld d'Ossat, 9912.
 —de Pierre-Daniel Huet, 9933.
 —de Henri Sponde, 10239.
 —de Pierre Danès, 10254.
 —d'Adrien d'Amboise, 10453.
 —d'André du Saussay, 10648.
 —de Jean-Claude Sommier, 10830.
 —de Gaspard Abeille, 10871.
 —de Claude Ameline, 10888.
 —de Denys Amelote, 10889.
 —de Joseph Antelmi, 10892.
 —de Jean d'Aubry, 10898.
 —d'Adrien Baillet, 10907.
 —d'Etienne Baluze, 10914.
 —de Michel-Antoine Baudrand, 10922.
 —de Joachim du Bellay, 10927.
 —de René Benoît, 10938.
 —de François Béroalde de Verville, 10949.
 —de Marguerin de la Bigne, 10952.
 —de Jacques de Billy, 10958.
 —de Lazare-André-Bocquillot, 10965.
 —de Jacques Boileau, 10966.
 —d'Etienne du Bois de Bretteville, 10967.
 —de Jean du Bois, 10969.
 —de Philippe du Bois, 10971.
 —de Jean-Baptiste Boisot, 10975.
 —de François de Boisrobert, 10976.
 —de Charles de Bouelle, 10982.
 —d'Ismaël Bouillaud, 10986.
 —de Nicolas Bourbon l'ancien, 10987.
 —de Nicolas Bourbon le jeune, 10988.
 —d'Amable de Bourzeys, 10991.
 —de Guillaume le Breton, 10996.
 —de Pierre le Brun, 11000.
 —de Jean Cabassut, 11012.
 —de Pierre-Victor Palma Cahier, 11015.
 —de Nicolas Camusat, 11026.
 —de Pierre Caseneuve, 11030.
 —de Jacques Cassagnes, 11031.
 —de Pierre Cureau de la Chambre, 11037.
 —de Pierre Charron, 11042.
 —de Guillaume Amfrye de Chaulieu, 11043.
 —d'André Chevillier, 11045.
 —de Philippe Chifflet, 11047.
 —de Laurent-Josse le Clerc, 11059.
 —de François de Clugny, 11061.
 —de Louis-Géraud de Cordemoy, 11070.
 —de Jean de Cordes, 11078.
 —de Jean-Baptiste Cotelier, 11079.
 —de Gilbert Cousin, 11083; IV, 47053.
 —de Jean-Baptiste Couture, 11085.
 —de Louis de Dangeau, 11090.
 —d'Artus Désiré, 11094.
 —de Jean Deslyons, 11095.
 —de Claude d'Espence, 11109.
 —de Jacques Eveillon, 11112.
 —de Claude Fleury, 11123.
 —de Claude-François Fraguier, 11136.
 —de Jean Gallois, 11141.
 —de Guillaume Gazet, 11153.
 —de Jean Gerbais, 11161.
 —de Jean - Pierre Gibert, 11168.
 —de Jean-Baptiste du Hamel, 11189.
 —de François Hédelin, 11191.
 —de Godefroy Hermant, 11194.
 —de Gentien Hervet, 11196.
 —de Claude Joly, 11211.
 —de Jean le Labourreur, 11217.
 —d'Ambroise Lallouette, 11220.
 —de Joseph Lambert, 11221.
 —de Bernard Lamy, 11223.
 —de Jean de Launoi, 11231.
 —de Sebastien Lenain de Tillemont, 11239.

Histoire de Jacques le Long, 11251.
— de Nicolas Malebranche, 11260.
— de Michel de Marolles, 11271.
— de Jacques Marsollier, 11273.
— de Guillaume Massieu, 11275.
— de François de Maucroix, 11281.
— de Gilles Ménage, 11287.
— de Louis Moréri, 11304.
— de Matthieu de Morgues, 11305.
— de Jean Morin, 11309.
— de Pierre Morin, 11310.
— de Siméon de Muis, 11311.
— de Marc-Antoine Muret, 11315.
— de Pierre Nicole, 11321.
— d'Isaac Papin, 11330.
— de Guillaume Paradin, 11333.
— de Louis Ellies du Pin, 11357.
— de Philippe des Portes, 11365.
— de Guillaume Postel, 11369.
— de François Rabelais, 11384.
— de Maturin Régnier, 11393.
— de François-Séraphin Régnier Desmarets, 11396.
— d'Eusèbe Renaudot, 11403.
— d'Edmond Richer, 11410.
— de Pierre de Saint-Julien, 11430.
— de Claude de Sainte-Marthe, 11433.
— de Charles de la Saussaie, 11448.
— de Richard Simon, 11455.
— de Samuel Sorbière, 11458.
— de François Tallemant, 11466.
— de Paul Tallemant, 11468.
— d'André Thevet, 11478.
— de Jean Baptiste Thiers, 11479.
— de Louis Thomassin, 11483.
— de Jean Marie la Marque de Tilladet, 11486.
— d'André du Val, 11499.
— d'Alexandre Varet, 11502.
— de Pierre Varignon, 11504.
— de Jérôme Vignier, 11513.
— de Rodolphe Glaber, 11816.
— de Pierre Abeillard, 11853.
— de Jean Raulin, 11859.
— de Claude de Vert, 11863.
— de Paul Rabusson, 11865.
— de Joachim Perion, 11893.
— d'André Valladier, 12334.
— de Claude Lancelot, 12401.
— de Nicolas-Hugues Ménard, 12514.
— de Louis Bulteau, 12516.
— de Jean Mabillon, 12522.
— de Thierri Ruynart, 12527.
— de Pierre-François Lamy, 12528.
— de Jean Martianay, 12530.
— de Michel Félibien, 12533.
— de Nicolas le Nourry, 12536.
— de Denys de Sainte-Marthe, 12542.
— de Paul-Yves Pezron, 13015.
— de Pierre Guillebaud, 13093.
— de Pierre Lenain, 13163.
— de Pierre Crespet, 13215.
— de Nicolas le Comte, 13216.
— de Noël-Bonaventure d'Argonne, 13260.
— de René le Bossu, 13620.
— d'Augustin Lubin, 13688.
— de Louis Jacob, 13705.
Remarques sur Abraham, Wenceslas & Jean Bertius, 13723.
Histoire de Joseph la Brosse, 13727.
— de Nicolas Coëffeteau, 13813.
— de Jacques Goar, 13819.
— de Jacques Barrelier, 13822.
— de Jean Nicolaï, 13823.
— de Bernard de Guyard, 13825.
— de François de Combefis, 13831.

Histoire de Jacques Quétif, 13832.
— de Noël Alexandre, 13838.
— d'Olivier Maillard, 13873.
— de Michel Menot, 13874.
— de Maurice Hylaret, 13878.
— de François Feuardent, 13883.
— d'Antoine Pagi, 13892.
— de François Pagi, 13894.
— de Jean-François Niceron, 14043.
— de Marin Mersenne, 14047.
— d'Hilarion de Coste, 14052.
— d'Emmanuel Maignan, 14058.
— de Charles Plumier, 14062.
— de François Garasse, 14121.
— de Philibert Monet, 14130.
— de Jacques Sirmond, 14140.
— de Georges Fournier, 14141.
— de Henri Albi, 14143.
— de Théophile Raynaud, 14148.
— de Philippe Labbe, 14150.
— de Philippe Briet, 14151.
— d'Ignace Pardies, 14155.
— de François Vavasseur, 14164.
— de Pierre-François Chifflet, 14165.
— de René Rapin, 14169.
— de Dominique Bouhours, 14175.
— de Claude-François Menestrier, 14181.
— de Jean Dez, 14185.
— de René-Joseph de Tournemine, 14196.
— de Michel de l'Hospital, III, 31503.
— de Charles de Saint-Denys, Sieur de Saint-Evremond, 32060.
— d'Honoré d'Urfé, 32086.
— de Jacques Amyot, 32249.
— de François d'Amboise, 32721.
— de Charles Paschal, 32723.
— de Paul Hay du Chastelet, 32726.
— de François de la Mothe le Vayer, 32735.
— de Guillaume Budé, 32757.
— de Paul Pellisson-Fontanier, 32763.
— de Guy Faur, Sieur de Pibrac, 32934.
— de Jacques-Auguste de Thou, 32945.
— de Barnabé Brisson, 32954.
— de Jean Picot, 32961.
— de Denys de Sallo, 32967.
— de Jérôme Bignon, 32984.
— de Papire Masson, 32997.
— de Jean de Coras, 33012.
— de Guillaume de Catel, 33034.
— de Jean Bégat, 33071.
— de Jean Vetus, 33078.
— de Charles Fevret, 33090.
— de Pierre Boissat, 33155.
— de Jean-Laurent le Cerf de la Viéville, 33175.
— de Barthélemi de Chasseneuz, 33191.
— de Nicolas Rigault, 33212.
— de Denys Salvaing de Boissieu, 33803.
— d'Emeri Bigot, 33890.
— de Claude Fauchet, 34018.
— de Louis Cousin, 34021.
— de Scevole de Sainte-Marthe, 34053.
— de Charles du Fresne, Sieur du Cange, 34056.
— de Pierre Ayrault, 34106.
— de Pierre le Loyer, 34107.
— de François Grimauder, 34109.
— de Nicolas Catherinot, 34114.
— de Jean Besly, 34121.
— de Jean Bodin, 34123.
— de Germain Audebert, 34127.
— d'Adam Blacvod, 34128.
— de Guillaume Caoursin, 40324.
— de Nicolas Durand de Villegaignon, 40325.
Mémoires pour servir à l'Histoire des Hommes illustres, IV, 45643.
Histoire de David-Augustin de Brueys, 45768.

Remarques fur les Ouvrages de Jean de Chaumont, 45769.
Hiſtoire de Louis Ferrand, 45773.
—de Théophile Brachet de la Milletiere, 45784.
—d'Antoine Aubery, 45819.
—de Guillaume Aubert, 45820.
—de Pierre Aubert, 45821.
—de François Baudouin, 45824.
—de Guillaume Barclay, 45827.
—de Claude Berroyer, 45832.
—de Guillaume Blanchard, 45835.
—de Jean Boſcager, 45839.
—de Jean Chenu, 45850.
—de René Choppin, 45853.
—de Nicolas Chorier, 45854.
—de Guy Coquille, 45863.
—de Jacques Corbin, 45864.
—de Jacques Cujas, 45868.
—de Jean Dartis, 45870.
—de Hugues Doneau, 45874.
—de Jean Doujat, 45875.
—de Charles-Annibal Fabrot, 45880.
—d'Antoine Favre, 45881.
—de Claude de Ferriere, 45882.
—de François Florent, 45886.
—de Denys Godefroy, 45893.
—de Jacques Godefroy, 45895.
—de François Grimaudet, 45897.
—de Pierre Hallé, 45904.
—de François Hotman, 45909.
—d'Euſèbe-Jacob de Laurière, 45919.
—de Jacques Leſchaſſier, 45923.
—de Marin Liberge, 45924.
—d'Antoine Loiſel, 45928.
—d'Edme Merille, 45938.
—de Gabriel Michel de la Roche-Maillet, 45944.
—de Claude Mignault, 45946.
—de Charles du Moulin, 45951.
—de Jules Pacius, 45956.
—de Guy Pape, 45959.
—d'Olivier Patru, 45966.
—de Gabriel du Pineau, 45969.
—de François Pinſſon, 45970.
—de Pierre Pithou, 45978.
—de Claude Poquet de la Livoniere, 45983.
—de Daniel de Priézac, 45988.
—d'Etienne Raſſicod, 45993.
—de Sébaſtien Rouillard, 45998.
—de Jean Savaron, 46001.
—de Julien Tabouet, 46004.
—de Jacques d'Amboiſe, 46015.
—d'Arnauld de Villeneuve, 46020.
—de Guillaume de Baillou, 46025.
—de Pierre Bélon, 46036.
—de François Bernier, 46041.
—de Jean Bernier, 40642.
—de Théophile Bonnet, 46053.
—de Pierre Borel, 46054.
—de Claude Bourdelin, pere, 46058.
—de Claude Bourdelin, fils, 46060.
—de Pierre Briſſot, 46064.
—de Marin Cureau de la Chambre, 46079.
—de Symphorien Champier, 46080.
—de Jean-Jacques Chifflet, 46092.
—de Daniel le Clerc, 46098.
—de Jean-Baptiſte Denys, 46113.
—de Jean Devaux, 46117.
—de Charles Drelincourt, 46121.
—de Jacques Dubois, 46124.
—de Louis Duret, 46127.
—de Charles de l'Ecluſe, 46132.
—de Philippe-Sylveſtre du Four, 46148.
—de Jean de Gorris, 46159.
—de Laurent Joubert, 46185.
—de Nicolas Lémery, 46195.

Hiſtoire de Jean Mery, 46210.
—d'Hippolyte-Jules Pilet de la Meſnardiere, 46221.
—d'Antoine Mizauld, 46226.
—de Henri de Monantheuil, 46231.
—de Jean-Baptiſte Morin, 46240.
—de Louis Morin, 46243.
—de Nicolas de Nancel, 46245.
—de Gabriel Naudé, 46247.
—de Charles Patin, 46262.
—de Claude Perrault, 46269.
—de Pierre Petit, 46277.
—de Séverin Pineau, 46287.
—de François Poupart, 46293.
—de Pierre Regis, 46303.
—de Guillaume Rondelet, 46310.
—de Louis Savot, 46318.
—de Jules-Céſar Scaliger, 46322.
—de Charles Spon, 46327.
—de Joſeph Pitton de Tournefort, 46332.
—de Sébaſtien Vaillant, 46340.
—de Guichard-Joſeph du Verney, 46349.
—de Michel de la Vigne, 46356.
—de Guillaume Amontons, 46366.
—de Claude de Beauregard, 46371.
—de Jacques Bernouilli, 46378.
—de Pierre Bertius, 46383.
—de Jean de la Bruyere, 46402.
—de Louis Carré, 46406.
—de Jean-Dominique Caſſini, 46408.
—d'Oronce Finé, 46451.
—de Dominique Guglielmini, 46467.
—de Philippe de la Hire, 46478.
—de Chreſtien Huyghens, 46483.
—du Marquis de Marſigli, IV, S. 46505.*
—de Philippe Naudé, 46519.
—d'Iſaac Newton, 46521.
—de Jacques Ozanam, 46534.
—d'Antoine Parent, 46540.
—de Pierre Petit, 46547.
—de Pierre-Sylvain Regis, 46570.
—de Jacques Savary, pere & fils, 46582.
—de Joſeph Sauveur, 46585.
—de Jean Taiſnier, 46591.
—de J. B.-Henri du Trouſſet de Valincourt, 46595.
—de Geoffroy Vallée, 46597.
—de Pierre Varignon, 46598.
—d'Elie Vinet, 46603.
—d'Abraham-Nic. Amelot de la Houſſaye, 46613.
—de Charles Ancillon, 46614.
—de Théodore-Agrippa d'Aubigné, 46619.
—de Henri Baſnage de Beauval, 46629.
—de Charles-Céſar Baudelot de Dairval, 46632.
—de Jean Baudoin, 46633.
—de Pierre Bayle, 46639.
—de François de Belleforeſt, 46643.
—de Nicolas Bergier, 46647.
—de Charles Bernard, 46649.
—de David Blondel, 46656.
—de Jean-Jacques Boiſſard, 46658.
—de Jean Boivin, 46660; IV, S.
—de Louis Boivin, 46663.
—de Jean Bouchet, 46668.
—de Raoul Bouthrais, 46674.
—de Nicolas Catherinot, 46683.
—de Jean de Chapeauville, 46690.
—d'André du Cheſne, 46694.
—d'Urbain Chevreau, 46696.
—de Nicolas Chorier, 46700.
—de Paul Colomiez, 46702.
—de Géraud de Cordemoy, 46705.
—de Gilles Corrozet, 46707.
—de Gatien de Courtils, 46709.
—de Henri-Catherin Davila, 46715.
—de Scipion Dupleix, 46722.

Histoire de Germain de la Faille, 46726.
— d'André-Félibien des Avaux, 46728.
— de Jean Froissart, 46735.
— d'Antoine Gallant, 46740.
— de Pierre Gilles, 46744.
— de Rodolphe Glaber, 46745.
— de Théodore & Denys Godefroy, 46747.
— de François Guichardin, 46753.
— de Samuel Guichenon, 46756.
— de Guillaume de Nangis, 46759.
— de Bernard Girard du Haillan, 46761.
— de Nicolas Henrion, 46767.
— de Barthélemi d'Herbelot, 46772.
— de Pierre d'Hozier, 46776.
— de François-Michel Janiçon, 46777.
— de Guillaume de l'Isle, 46783.
— de Hubert Languet, 46792.
— d'Isaac de Larrey, 46794.
— de Guillaume de Lavaur, 46795.
— de Simon de la Loubere, 46800.
— de Claude Malingre, 46805.
— de Papire Masson, 46814.
— de Pierre Matthieu, 46815 & 16.
— de François Eudes de Mézeray, 46831.
— de Casimir Oudin, 46842.
— de Marc-Antoine Oudinet, 46844.
— d'Etienne Pavillon, 46853.
— de Charles Perrault, 46858.
— de Nicolas Perrot d'Ablancourt, 46860.
— d'Isaac la Peyrere, 46865.
— de Roger de Piles, 46869.
— de Lancelot du Voësin de la Popelinière, 46875.
— de Benjamin Piolo, 46881.
— de Paul Rapin de Thoiras, 46892.
— de Gilles-André de la Roque, 46898.
— de Louis-Antoine de Ruffi, 46901.*
— de César Vichard de Saint-Réal, 46905.
— de Scévole & Louis, & Pierre-Scévole de Sainte-Marthe, 46908.
— de Jean-François Sarrasin, 46913.
— de Jean de Serres, 46920.
— de Claude de Seyssel, 46921.
— de François Simon, 46924.
— de Charles Sorel, 46926.
— d'Antoine Teissier, 46930.
— de Jacques de Tourreil, 46937.
— de Jean Foy Vaillant, 46940.
— de Jean-François Foy Vaillant, 46944.
— de Jean-Baptiste Moret de Bourchenu de Valbonnais, 46948.
— d'Adrien de Valois, 46951.
— de Henri de Valois, 46954.
— d'Antoine Varillas, 46959.
— de Louis Videl, 46964.
— de Blaise de Vigenere, 46965.
— de Nicolas Vignier, 46967.
— d'Elie Vinet, 46973.
— de Jean Ballesdens, 46986.
— de Jean-Louis Guez de Balzac, 46992.
— de Jean Barbier d'Aucour, 46995.
— de Jean Barclai, 47000.
— d'Emeric Bigot, 47009.
— de Gilles Boileau, 47012.
— de Philippe Goibaud du Bois, 47014.
— de Pierre de Boissat, 47017.
— d'Isaac Casaubon, 47027.
— de Gabriel Chappuys, 47030.
— de François Charpentier, 47032.
— d'Antoine Rodolphe le Chevalier, 47037.
— de Florent Chrestien, 47038.
— de Jean de Cinq-arbres, 47039.
— de Jean le Clerc, 47040.
— de Gabriel de Collange, 47041, & s.
— de Paul Colomiez, 47043.
— de Robert Constantin, 47049.

Histoire de Georges Critton, 47054.
— de François Grudé, Sieur de la Croix du Maine, 47057.
— de Savinien Cyrano, 47058.
— d'André Dacier, 47060.
— de Jacob le Duchat, 47071.
— de Jacques Esprit, 47074.
— de Nicolas Faret, 47076.
— de Tanneguy le Fevre, 47082.
— de Marin de Gomberville, 47098.
— de Jean Grangier, 47102.
— de Claude Grujet, 47105.
— de Gabriel Gueret, 47106.
— de Nicolas de Herberay, 47112.
— de Claude Lancelot, 47115.
— d'Antoine de Laval, 47117.
— de Christophe de Longueil, 47123.
— de Pierre de Marcassus, 47124.
— de Jean de Marconville, 47127.
— de Rolland des Marets, 47129.
— de Jean Martin, 47131.
— de Louis Meigret, 47132.
— de Jean Meschinot, 47135.
— de Claude-Gaspard Bachet de Meziriac, 47138.
— de Claude Mignault, 47139.
— de Pierre de Montmaur, 47149.
— d'Etienne Morin, 47152.
— de Gabriel Naudé, 47157.
— de Jean Ogier de Gombauld, 47162.
— de Jean Passerat, 47171.
— de Jacques Paulmier de Grentemesnil, 47175.
— de Jacques Pelletier, 47177.
— de Pierre Ramus, 47192.
— de David Rivault de Flurance, 47198.
— de Louis le Roy, 47200.
— de Jean Rouxel, 47204.
— de Pierre du Ryer, 47207.
— de Joseph Scaliger, 47220.
— de Hubert Sussaneau, 47223.
— de Ponthus de Thiard, 47227.
— d'Adrien Turnebe, 47238.
— de Pierre Valens, 47240.
— de Claude Favre de Vaugelas, 47243.
— de Pierre d'Ortigue de Vaumotiere, 47245.
— de Michel d'Amboise, 47281.
— de Florent Carton d'Ancourt, 47282.
— de Barthélemi Aneau, 47283.
— de Germain Audebert, 47286.
— de Guillaume des Autels, 47289.
— de Nicolas Barthélemi, 47298.
— de Remi Belleau, 47304.
— d'Isaac de Benserade, 47309.
— de Nicolas Boileau des Préaux, 47322.
— d'Edme Boursault, 47335.
— de Gautier de Costes de la Calprenede, 47349.
— de Jean Gualbert de Campistron, 47351.
— de Claude Chappuys, 47361.
— de Pierre Corneille, 47381.
— de Thomas Corneille, 47386.
— d'Etienne Dolet, 47406.
— de Jean Dorat, 47410.
— de Charles Riviere Dufresny, 47416.
— de Claude de l'Etoile, 47421.
— de Jean de la Fontaine, 47438.
— d'Antoine de la Fosse, 47442.
— de Charles-Alphonse du Fresnoy, 47447.
— de Robert Garnier, 47452.
— de Jean de la Gessée, 47456.
— de Jacques Grévin, 47468.
— de Pierre Gringore, 47470.
— de François Habert, 47478.
— d'Etienne Jodelle, 47484.
— de Pierre le Loyer, 47497.
— de Gabriel Magdélénet, 47500.
— de Jean Mairet, 47502.

Histoire de François de Malherbe, 47508.
—de Jean & Clément Marot, 47515.
—de Martial d'Auvergne, 47517.
—de Jean Michel, 47522.
—de Jean-Baptiste Pocquelin de Moliere, 47533.
—de Jean-Edouard du Monin, 47542.
—d'Antoine de Montchrestien, 47544.
—de Nicolas de Montreux, 47550.
—de Pierre Patrix, 47570.
—de Bonaventure des Periers, 47579.
—de Claude de Pontoux, 47591.
—de Claude Quillet, 47597.
—de Philippe Quinault, 47601.
—d'Honorat de Bueil de Racan, 47607.
—de Jean Racine, 47612.
—de Nicolas Rapin, 47618.
—de Jean-François Regnard, 47622.
—de Jean Rotrou, 47646.
—de Marc-Antoine Gérard de Saint-Amant, 47655.
—de Mellin de Saint-Gelais, 47661.
—de Jean des Marets de Saint-Sorlin, 47663.
—d'Abel de Sainte-Marthe, 47664.
—d'Abel-Louis de Sainte-Marthe, 47665.
—de Hugues Salel, 47667.
—de Jean Salmon, *dit* Macrin, 47669.
—de Jacques Savary, 47678.
—de Jean Renaud de Ségrais, 47685.
—de Jacques Tahureau, 47687.
—de Jean & Jacques de la Taille, 47688.
—de Théophile Viaud, 47690.
—de François Villon, 47706.
—d'Augustin-Charles d'Aviler, 47797.
—de Robert, Charles & Henri Etienne, 47977.
—d'Elisabeth-Sophie Cheron, 48048.
—de Madame Dacier, 48060.
—de Mademoiselle de Gournay, 48077.
—de Louise Labé, 48100.
—de Madame de Motteville, 48137.
—de Magdelène Scudery, 48174.
NICETAS Acominate.
 Historia de rebus à Latinis Constantinopolim gestis, II, 16729.
de la NICHILIERE : *voyez* Sousnor.
NICKOLS, Jean.
 Remarques sur les avantages & les désavantages de la France & de la Grande-Bretagne, par rapport au Commerce, II, 28205.
NICOCLEON : *faux nom sous lequel s'est caché* Matthieu de Morgues, II, 21695 *voyez* de Morgues.
NICOLAÏ, Jean.
 Le Calendrier de Louis XI, II, 17321.
NICOLAÏ, Nicolas, Géographe du Roi.
 Calais & Boulogne, I, 1446.
 Description du Pays & Duché de Berry, 2189.
 Discours de la Guerre de Henri II ; II, 17646.
 Description de la Cité de Lyon, III, 37332.
NICOLAÏ : *voyez* Everardus.
NICOLAÏ, Jean.
 Traduction de la Vie de Louis le Juste, II, 22154.
NICOLAÏ, Jean, Premier Président de la Chambre des Comptes de Paris.
 Harangue au Roi & à la Reine, IV, S. 22280.*
 Harangue à M. le Duc d'Orléans, II, 22389.
NICOLAÏ, Jean, Dominicain.
 Galliæ Dignitas vindicata, II, 28925.
NICOLAÏ, Guillaume, Académicien.
 Mémoires sur le Rhône, II, 2274.
 Observations sur les Préliminaires de l'exécution de Cabrieres & de Mérindol, I, 5719.
NICOLAS, I, Pape.
 Epistola ad Arduicum Archiepiscopum Bisuntinum, V, *Add.* 8195.*
NICOLAS, II, Pape.
 Epistolæ, I, 9559 ; II, 29761 & 63.

NICOLAS, Chanoine de Liége.
 Gesta S. Lamberti Trajectensis, I, 8748.
 Elogium Algeri Scholastici, 11842.
NICOLAS, Moine de S. Crespin de Soissons.
 Vita S. Godofridi Ambianensis, I, 9721.
NICOLAS d'Amiens.
 Chronicon, IV, S. 16727.*
NICOLAS, Italien.
 Traduction Italienne des Mémoires de Philippe de Comines, II, 17325.
NICOLAS de Dijon (le Pere) Capucin.
 Le Triomphe de la Charité, III, 33072.
NICOLAS, Augustin.
 Parthenope furens, II, 22267.
 Historia della Rivolutione di Napoli, 22274.
 Relation sur le succés des Armes de la France, 23929.
NICOLAS, Louis.
 Mémoires sur le Canada, IV, S. 39695.*
NICOLAS : *voyez* Barthélemi.
NICOLAS du Tralage, Jean.
 Carte de la France, I, 581.
 Description du Royaume de France, 582 & 812.
 Autre Carte de la France, 583.
 Carte du Dauphiné, 1493.
 Gouvernement du Dauphiné, 1497.
 Carte du Languedoc, 1610.
NICOLAS du Tralage, Françoise Carmélite.
 Vie d'Isabelle des Anges, I, 14991.
NICOLE de Gaulthieres, Gentilhomme Espagnol.
 Grandes & effroyables merveilles, II, 18429.
NICOLE, Julien.
 Histoire du Diocèse d'Avranches, I, 9916.
NICOLE, Pierre.
 Relation de l'ouragan de Champagne, I, 3711.
 Mémoire sur la Compagnie de l'Ermitage, 4871.
 Histoire de Catherine Fontaine, 4881.
 Réponse sur le même sujet, 4883.
 Histoire de la Sœur Malin, 4887 ; IV, S.
 Belga percontator, 5597.
 Pernicieuses conséquences de la nouvelle Hérésie des Jésuites, IV, S. 14361.**
 Apologie des Religieuses de Port-Royal, 15111.
 Les Visionnaires, 15112.
NICOLE, François-Louis.
 Poësie sur la Convalescence du Roi, II, 14633.
NICOLLE de la Croix, Louis-Antoine.
 Description de la France, I, 811.
NICOLSON (le Pere), Dominicain.
 Essais sur l'Histoire Naturelle de Saint-Domingue, V, *Add.* 2440.*
NICOT, Jean.
 Dictionnaire, II, 15491.
 Edition d'Aimoin, 16088.
NIDERSTEDT, Burchard.
 Malta vetus & nova, III, 40329.
de NIEREMBERG, Jean, Jésuite.
 Los claros Varones de la Compañia de Jesus, I, 14100.
NIFANIUS, Chrétien.
 Ostensio quòd Carolus Magnus non fuerit Papista, II, 16290.
 Carolus Magnus Veritatis Evangelicæ Confessor, 16292.
NIGELLE, Hermold.
 Poëma de rebus gestis Ludovici Pii, II, 16366.
NIGER Radulphus : *voyez* Raoul le Noir.
de NIHELL (M.), Médecin.
 Traité des Eaux de Rouen, I, 3190.
NINNIN, Henri, Médecin.
 An Vidula salubris? I, 2847.
NINON de Lenclos.
 Lettres, IV, 48108.
de NIPIVILLE, Godefroy.
 Portrait du Havre-de-Grace, III, 35249.

NIQUET,

NIQUET, Honoré, Jésuite.
Vie de Sainte Sologne, I, 4693.
— de Nicolas Gilbert, 13876.
Apologie pour l'Ordre de Fontevrauld, 13938.
Histoire de l'Ordre de Fontevrauld, 13939.
— des Abbesses de Fontevrauld, 15164.
NIQUET (M.), Président au Parlement de Toulouse.
Discours au Roi, III, 33502.
NIQUEVARD : voyez Thesut.
NISSOLE (M.).
Dissertation sur le Kermès, I, 3337.
NITHARD.
De dissensionibus filiorum Ludovici Pii, II, 16370 & 71.
NIVELLE (M.), Avocat.
Mémoire pour la Marquise de Brinvilliers, IV, 48030.
NIVELLE, Louis, le jeune, Avocat.
Mémoire pour M. le Duc de Luxembourg, III, 31175.
NIVELLE, Gabriel-Nicolas.
La Constitution Unigenitus déférée à l'Eglise Universelle, I, 5654.
Histoire de Nicolas Petitpied, 11342.
NIVELON, Claude.
Vie de Charles le Brun, IV, S. 47848.*
de NIVERNOIS (le Duc) : voyez Mazarini.
NIZON.
Vita S. Basini Trevirensis, I, 10531.
de NOAILLES, Antoine, Gouverneur de Bourdeaux.
Ambassade, III, 30024.
de NOAILLES, Evêque d'Acqs.
Notes sur les Mémoires de M. du Bellay, II, 17621.
Négociations, III, 30053.
Ambassade, 30146.
de NOAILLES, Gilles, Evêque d'Acqs, frère & successeur du précédent.
Ambassades, III, 30159 & 60.
Lettres, 30186.
de NOAILLES, François, Comte, Lieutenant-Général d'Auvergne.
Ambassade, III, 30581.
Lettres, 30678.
de NOAILLES, Louis-Antoine, Evêque de Châlons-sur-Marne, & ensuite Archevêque de Paris, Cardinal.
Constitutions du Monastère de Vinet, I, 5032.
Mandement sur le Miracle opéré dans la Paroisse de Sainte-Marguerite, 5270.
Mémoires & Instructions secretes envoyées à Rome, 5650.
Statuts, Ordonnances, &c. pour Châlons, 6454.
Statuts Synodaux de Paris, 6668.
Lettre aux Religieuses de Port-Royal, 15124.
le NOBLE, Pierre, Lieutenant-Général au Bailliage de Troyes.
Remontrance en l'Assemblée des Maire & Echevins de Troyes, III, 34313.
le NOBLE, Eustache, Sieur de Tenelière, Procureur-Général au Parlement de Metz.
L'Hérésie détruite, I, 6053.
L'Esprit de Gerson, 7309; IV, S.
Pasquinade, II, 24255.
Description du feu tiré à Versailles, 26517.
Relation de l'Etat de Gênes, III, 29319.
Réponse à l'obligation de Péricard, 31795.
Traité de la Monnoie de Metz, 34008; IV, S. 38789.*
le NOBLE : voyez de la Motte.
de NOBLEVILLE : voyez Arnault.
NOBYS, J. F. Docteur en Théologie.
Oraison funèbre de Charles-Emmanuel de Beaufremont, III, 31863.

Tome V.

NODOT, François.
Le Munitionaire des Armées de France, III, 32159.
Histoire de Lusignan ou de Melusine, 43013 & 14.
de la NOE (le Pere), Jésuite.
Oraison funèbre de la Duchesse de Guise, IV, S. 25612.**
NOEL (le Pere), Cordelier.
Eloge funebre de Catherine de Baradat, I, 15087.
NOEL, Michel.
Mémorial des Eaux & Forêts, I, 987.
NOEL, J. B.
Gallia antiqua, I, 38.
NOEL d'Amy, Louis, Chanoine d'Auxerre.
Autricum Christianum, I, 10115.
de NOGARET de la Valette, Jean-Louis, Duc d'Espernon, Colonel de l'Infanterie.
Lettre au Roi de Navarre, II, 18440 & 18661.
Lettre au Roi, 18661.
Discours des Raisons, &c. 20465.
Premiere Lettre au Roi, 20744.
Lettre au Roi depuis la Paix, 20748.
Autres Lettres au Roi, 20754.
Lettre à M. Germain, IV, S. 20861.*
Lettre à la Reine Mere, II, 20885.
Harangue au Roi, 20886.
Mémoires, II, 22077; III, 30275.
Discours pour le Réglement de l'Infanterie, IV, S. 32098.*
Lettres, III, 30221 & 22.
de NOGARET, Bernard, d'abord Duc de la Valette, & ensuite d'Espernon, fils du précédent.
Relation du Siége de Fontarabie, II, 21957; III, 33738.
Lettre à M. le Prince sur cette Relation, II, 21958.
— au Parlement de Bourdeaux, 22878.
— à un de Messieurs du Parlement de Paris, 23159.
Lettres, III, 30822. Il y est nommé Louis; mais si les dates sont vraies, c'est Bernard.
de NOGARET de la Valette, Louis, Cardinal, Archevêque de Toulouse, frere du précédent.
Ambassades, III, 30610.
Lettres, 30617.
NOGUIER, Antoine.
Guerres du Comte de Montfort, I, 5754; II, 16744.
Histoire Tolosaine, III, 37766.
NOGUIER, François.
Vie de Sainte Marthe, IV, S. 3990.*
Histoire de l'Eglise d'Avignon, I, 8126.
de NOINTEL (M.).
Projet d'une Ordonnance sur les Monnoies, III, 33987.
de NOINVILLE : voyez Durey.
le NOIR, Raoul : voyez Raoul le Noir.
le NOIR, Antoine, Prieur de Rantigny.
Histoire du Mont-Valérien, I, 5333; IV, Suppl.
le NOIR, Jean, Théologal de Sées.
Lettre au sujet de la Régale, I, 7635.
Requêtes contre l'Evêque de Sées, 9967.
Le Droit du Roi sur la Ville de Sées, III, 35326.
Suite de cette Défense, là.
le NOIR (Dom), Bénédictin.
Mémoire sur le Projet d'une Histoire de Normandie, III, 34947.
NOIRET.
Vie du B. Vincent de Paul, I, 11524.
de la NOIAMME : voyez du Friche.
NOLIN, Jean-Baptiste, Géographe.
Gallia Transalpina, I, 34.

Nnnn

Royaume & Duché de Septimanie, 416.
Carte de la France, 582.
—de la Cour des Aydes de Paris, 649.
—de la Manche, 710.
Canal du Languedoc, 756.
Evêchés de Limoges & de Tulles, 1076.
Généralité d'Amiens, 1337.
Bretagne, 1434.
Canada, 1453.
Champagne & Brie, 1478.
Guyenne, 1545.
Gouvernement de Guyenne & Gascogne, 1550.
Plan de Landau, 1603.
Languedoc, 1610.
Limosin, 1626.
Lorraine, 1638.
Gouvernement du Lyonnois, 1654.
Nancy & ses Environs, 1682.
Gouvernement de Normandie, 1709.
La Normandie, 1710.
Environs de Paris, 1749.
Plan de Paris, 1777.
Gouvernement de Picardie, 1810.
Provence, 1832.
Généralité de la Rochelle, 1850.
Etats du Duc de Savoie, 1935.
Piémont, 1945.
Cours du Rhin, 1985.
La Partie Occidentale de l'Allemagne, IV, *Suppl.* 1990.*
Théâtre de la Guerre en Flandre, 2070.

NOLIN, Jean Baptiste, fils du précédent.
Carte de France, I, 609 & 12.
Provinces Ecclésiastiques de France, 995.
Evêchés de Limoges & de Tulles, 1077.
Anjou, Maine & Perche, 1348.
Normandie, 1717.
Environs de Paris, 1754.
Picardie & Artois, 1812.

NOLIN (M.).
Essai sur l'Agriculture moderne, I, 3461.

NOMPAR : *voyez* de Caumont.

NONNIUS, Louis.
Aquæ Spadanæ præstantia, &c. I, 3142.

NONNOTTE, Cl. Adrien.
Erreurs de Voltaire, IV, S. 14511.*

NOODT (M.), Professeur en Droit.
Du pouvoir des Souverains, II, 26875.

NOPPIUS, Jean.
Chronique d'Aix-la-Chapelle, III, 39250.

NORBERT (le Pere), Capucin.
Chronologie des faits concernant la Ville de Sédan, III, 34280.

NORBERT (le Pere), Capucin : *voyez* Parisot.

NORELLIUS, André.
De Vita Petri Poireti, I, 6127.

de NORIEGA, François-Benoît.
Injustitia Belli Austriaci, II, 28971.

de NORIS, Alexandre.
Guerre di Germania, II, 21966.

NORMAND, Claude-Joseph.
Theses de pestis Massiliensis contagione, I, 2564.
Analyse des Eaux de Jouhe, 3088.
Dissertation sur l'antiquité de Dôle, III, 38420.
Supplément, 38422.

le NORMAND, René, Sieur de la Forest.
Catalogi Nobiliorum Normannorum, III, 40718.

le NORMAND de Vaunbaut.
Mémoires sur les Pierres & les Pétrifications de la Franche-Comté, IV, S. 2719.*

de NORMANDEL : *voyez* Malart.

le NORMANT (M.), Lieutenant-Particulier du Bailliage du Palais à Paris.
L'Homme d'Etat François, II, 28679.

le NORMANT, Jean, Sieur de Chiremont.
Histoire de trois filles possédées de Flandres, IV, S. 4833.**

le NORMANT, René, Sieur de la Falaise.
Discours pour le rétablissement de la Milice Françoise, III, 32129.

de la NORROYE : *voyez* de Petremol.

de NORTHOFF, Levold.
Catalogus Archiepiscoporum Coloniensium, I, 8649.
Origines Marcanæ, III, 39253.

de NOSTRADAMUS, Michel, Médecin & Astrologue.
Quatrains, II, 17790.

de NOSTRADAMUS, Jean, Procureur, frère du précédent.
Mémoires, III, 38066.
Vies des Poëtes Provençaux, IV, 47256.

de NOSTRADAMUS, César, Gentilhomme, neveu du précédent.
Histoire de Provence, III, 38108.
Suite de cette Histoire, 38109.
Discours sur les ruines de Salon, 38208.
—de la Noblesse, 39856.
Généalogies de Provence, 40774.

NOTGER, Evêque de Liège.
Gesta Episcoporum Tongrensium, Trajectensium & Leodiensium, I, 8692.
Vita S. Hadalini, 12881.

de la NOUE, François, *dit* Bras de Fer, Gentilhomme.
Remarques sur l'Histoire de Guichardin, II, 17547.
Observations sur les Troubles, 18083.
Discours sur les Affaires de France, 19329.

de la NOUE, Odet, fils du précédent.
Description de la Tyrannie, II, 27135 : *attribuée.*

de la NOUE, François, Minime.
De sanctis Franciæ Cancellariis, I, 4238.
Chronicon Ordinis Minimorum, 14002 ; IV, *Suppl.*
Elogium Petri Blanchot, 14042.

du NOUELLE, Jean, Abbé de S. Vincent de Laon.
Miroir historial, III, 39361.

NOUET, Jacques, Jésuite.
Oraison funèbre du Prince de Condé, II, 25810.

de NOUGARET.
Apollon, Poëme, II, 24791.

des NOULIS : *voyez* Pétrineau.

NOULLEAU, Jean-Baptiste, Théologal de Saint-Brieuc.
Politique Chrétienne Ecclésiastique, IV, *Suppl.* 6954.*
Diverses Pièces sur les Libertés de l'Eglise Gallicane, I, 7021.

de NOURAR : *voyez* Lescalopier.

le NOURRY, Nicolas, Bénédictin.
Vita S. Ambrosii, I, 10807.

NOUVILET, Claude.
Hymne Triomphal au Roi, II, 18163.

de NOUVELLON : *voyez* l'Héritier.

NOVELLIN de Salizolie, Balthasar.
De Expeditione Genuensi, IV, S. 17409.**

NOVI de Caveyrac, Jean.
Apologie de Louis XIV, sur la révocation de l'Edit de Nantes, 6186.
Réponse à la Dissertation sur la Tolérance des Protestans, 6170.
Mémoire sur les Mariages des Calvinistes, 6274.
Appel à la Raison, 14678.
Dissertation sur la journée de la Saint-Barthélemi, II, 18184.
Eloge de M. le Dauphin, IV, S. 15760.*

de NOVILLIERI Clavelli, Guillaume-Alexandre.
Traduction Italienne de la Suite des Révolutions de France, II, 19739.

de Novion : *voyez* Potier.
du Noyer, Pierre.
  Duché de la Valliere, I, 1897.
du Noyer, François, Sieur de Saint-Martin.
  Requête au Roi, II, 28005.
  Propositions, Avis & Moyens, 28011.
du Noyer (Madame).
  Lettres & Mémoires, III, 31147.
des Noyers : *voyez* Sublet.
de Nuce, Angelus, Abbé du Mont-Cassin.
  Appendix ad Chronicon Casinense, I, 11950.
  Appendix tertia, 11952.
de Nuenaire, Herman, Comte.
  De Origine Francorum, II, 15368.
  De rebus Francorum, 17513.
  De Gallia Belgica, III, 39255.
Nuiratte (le Pere).
  Oraison funèbre de M. de Belzunce, I, 8055.
de Nully, Jacques.
  Anthodosis pro felici Belvacensis Episcopi adventu, I, 9675.
Numan, Philippe.
  Histoire des Miracles de Notre-Dame de Montaigu, I, 4171.
Nuques, Alexandre.
  Historia Britonum, III, 35364.
Nuzzi.
  Traduction Italienne de l'Histoire de la Constitution *Unigenitus*, IV, S. 5648.
de Nyau, Charles.
  Réflexions sur les avantages de Louis XIV, II, 24328.
Nyel, Louis, Jésuite.
  Vie d'Anne-François de Beauvau, I, 14152.

O

O. D. *c'est* Odolant Desnos, III, 35305 : *voyez* Odolant.
O. D. D. C. *inconnu.*
  Discours facétieux, II, 22347.
O. D. D. M. *c'est* M. Odolant-Desnos, Docteur en Médecine, III, 35304 : *voyez* Odolant.
d'O, François, Seigneur de Maillebois.
  Négociation, III, 30195.
Oberlin, Jean-Fridéric.
  Epitome rerum Gallicarum, I, 3876.
  Essai sur le Patois Lorrain, &c. V, *Addition*, 38937.
Obert, Walerand, Conseiller de la Chambre d'Artois.
  Sommaire des troubles advenus dans Arras, III, 38975.
Obrecht, Ulrich, Jurisconsulte.
  Dissertatio de Philosophiâ Celticâ, I, 3793 & 3804.
  Excerpta Historica & Juridica, II, 28947.
  Prodromus rerum Alsaticarum, III, 38697.
Obrit, Robert.
  De Atrebatis urbis liberatione, III, 38978.
Ockam : *voyez* Guillaume.
Odespunc de la Meschiniere, Louis.
  Concilia novissima Galliæ, I, 6280.
  Raisons contre l'opposition formée à son élection pour l'Agence, 6873.
  Actes, Titres & Mém. concernant le Clergé, 6940.
S. Odilon, Abbé de Cluni.
  De Vita beati Majoli, I, 11810.
Odolant Desnos (M.), Médecin.
  Dissertation sur les Aulerces, V, *Add.* 3912.*
  Recueil pour le Duché d'Alençon, III, 35304.
  Mémoire sur l'Echiquier d'Alençon, 35305.
  Chronologie des Baillis & Gouverneurs d'Alençon, IV, S. 35304.**.

Odon, Abbé de Glanfeuil.
  Historia Translationis S. Mauri, I, 11991.
  Vita S. Mauri interpolata, 11992.
Odon, Evêque de Beauvais.
  Vita S. Luciani Apostoli Bellovacensium, I, 9676 ; IV, S.
S. Odon, Abbé de Cluni.
  Vita S. Geraldi, I, 4472.
  De S. Martino Turonensi, 10275.
  De Reversione S. Martini è Burgundia, 10298.
  Vita S. Gregorii Turonensis, 10320.
  Chronicon, II, 16488.
Odon, Moine de S. Maur des Fossés.
  Vita Burchardi, I, 12647.
Odon d'Ogile.
  De Ludovici VII profectione in Orientem, III, 41284.
Odon, Evêque de Frescati, Légat en France.
  Statuta, IV, S. 6606.
  Litteræ ad Innocentium IV, Papam, II, 16810.
Odon : *voyez* Eudes.
Odorann, Moine de S. Pierre-le-Vif.
  Chronicon, II, 16543 ; IV, S.
l'Œuvre, Jean.
  Panegyricus Petri Padetii, IV, 46535.
de l'Œuvre, Jacques.
  Traité historique des Ecoles de l'Université, IV, 44578.
Oexmelin, Alexandre-Olivier.
  Histoire des Flibustiers des Indes, III, 39743.
Offroy de la Mettrie, Julien.
  Machiavel en Médecine, IV, 46013.
Ogier, Matthieu, Prêtre du Mans.
  Comté du Maine, I, 1661.
Ogier, F.
  Discours en faveur des Minimes François de Rome, I, 14009.
Ogier, Charles.
  Ephémérides, III, 30567.
Ogier, François, frere du précédent.
  Description de la vraie Croix de l'Abbaye de Grandmond, I, 13203.
  Oraison funèbre de Louis XIII, IV, S. 22138.**.
  —de la Comtesse de Soissons, II, 25862.
  Eloge du Comte d'Avaux, III, 32533.
  Vita Caroli Ogier, IV, 47159.
  Oraison funèbre de la Duchesse de Longueville, 48111.
d'Ogilvy (le Baron).
  Mémoire pour la Libération des Finances, II, 28122.
Oihenart de Mauléon, Arnaud.
  De situ Vasconiæ Aquitanicæ, I, 490.
  Catalogus Pontificum Vasconiæ Aquitanicæ, 8077.
  Genealogia Navarræ Regum, II, 15386.
  Navarta in justè rea, 18912.
  Notitia utriusque Vasconiæ, III, 37631.
d'Oisel : *voyez* Clutin.
Okeley.
  Plan de Calais, IV, S. 1450.*
Oldecop, Pierre.
  De Avenione Urbe, I, 5544 ; III, 38321.
Oleignan, Jérôme, Jurisconsulte.
  Tractatus de præcedentia Regis Catholici, II, 26913.
d'Olery, Nicolas, Prieur Claustral de Cluni.
  Chronicon, I, 11779.
Olhafen de Schollenbach, Tobie.
  Instrumenta Pacis, III, 30783.
Olhagaray, Pierre.
  Histoire de Foix, Béarn & Navarre, III, 37920.
Olier, Edouard, Conseiller au Parlement de Paris.
  Journal, II, 19794.
Olihana, François.
  Vita di San Pedro Nolasco, I, 13996.

d'OLINVILLE : *voyez* Lenain.
OLIVA, Pierre-Garcias.
  Traduction Espagnole des Commentaires de César, I, 3881.
d'OLIVARÈS (le Duc).
  Raisonnemens d'Etat, II, 27258.
d'OLIVET : *voyez* Thoulier.
OLIVIER le Scholastique.
  De captione Damietæ, II, 16758.
  Historia Regum Terræ Sanctæ, 16759.
  Historia Damiatina, *Id*.
OLIVIER, François, Chancelier.
  Harangue au Parlement, II, 17716.
  Orationes duæ ad Imperii Ordines, III, 29968.
OLIVIER (M.), Chanoine de Milly.
  Mémoires du Comte de Vordac, II, 24359.
OLIVIER, Guennolé.
  Instruction pour user à propos des Eaux de Balaruc, I, 2958.
OLIVIER (le Comte) : *faux nom sous lequel s'est caché* Jean de Lataille, II, 19546 : *voyez* de Lataille.
OLIVIER de la Marche : *voyez* de la Marche.
OLLIER de Verneuil (M.), Chancelier Pénitencier de S. Etienne de Toulouse.
  Oraison funèbre de M. le Dauphin (petit-fils de Louis XIV), & de Madame la Dauphine (son Epouse), II, 25711.
de ONCIEU, Guillaume, Sénateur de Chambéry.
  La Précédence de la Noblesse, III, 39896.
de ONCIEUX, Jean.
  Histoire de l'Abbaye de Baume-les-Messieurs, III, 38564.
ONULFE.
  Vita S. Popponis, I, 12896.
OPITIUS, Martin.
  Traduction Allemande de l'Argenis, II, 19916.
OPOIX (M.), Apothicaire.
  Analyse des Eaux de Provins, IV, S. 3179.*
d'OPPEDE : *voyez* Meinier.
OPSTRAET, Jean.
  An summus Pontifex potestatem habeat, &c. I, 7311.
OPTATUS Gallus : *faux nom sous lequel s'est caché* Charles Hersent, I, 7258 : *voyez* Hersent.
d'ORAISON, Nicolas.
  Traité de l'origine des Rois de France, II, 24806.
d'ORANDRÉ : *faux nom sous lequel s'est caché* du Bosc de Montandré, II, 23580 : *voyez* du Bosc.
d'ORBAIS (le Sieur).
  Ambassade, III, 30104.
d'ORBESSAN (le Marquis), Président au Parlement de Toulouse.
  Mémoire sur les Salines de Pécais, I, 1744; IV, *Suppl*.
  Essai sur les Eaux de Bagnères, 2941; IV, *Suppl*.
  Eloge de M. de Crillon, Archevêque de Toulouse, IV, S. 10232.*
  —de M. le Président Palarin, IV, S. 33030.*
  Dissertation sur une Inscription trouvée à Eause, III, 37499.
  Mémoire sur un Monument antique trouvé à Eause, *Id*.
  Dissertation sur les Antiquités de Nismes, 37881.
  Mémoire sur un Monument trouvé à Clarensac, 37882.
  Dissertation sur un Monument d'Arles, 38178.
  Eloge de Clémence Isaure, IV, 48098.
  —de Paule de Viguier, 48219.
d'ORCEAU de Fontette (M.), Intendant de Caën.
  Lettre sur les grands Chemins, II, 27318.
  Discours concernant l'Académie de Caën, IV, 45568.

ORDERIC Vital, Moine de S. Evroul.
  Historia Ecclesiastica, I, 5418; II, 16501; III, 35017.
  Vita S. Theodorici Abbatis, 12460.
  —S. Vitalis Abbatis, 12866.
ORÉE, Henri.
  Theatrum Europæum, II, 24155.
ORESME, Nicolas, Précepteur de Charles V.
  De mutatione Monetarum, III, 33924.
ORESMIEUX, Claude.
  Histoire d'Artois, III, 38969.
ORICELLARIUS : *voyez* Ruscellaï.
ORIERS, Jean.
  La Généalogie des Comtes de Nassau, III, 43371.
d'ORIGNY, Pierre, Sieur de Sainte-Marie.
  Le Hérault de la Noblesse de France, III, 39848.
d'ORIGNY (le Pere), Jésuite.
  Histoire de l'Institution de la Congrégation de Notre-Dame, I, 15239.
d'ORIGNY (le Chevalier).
  Mémoire sur la Famille des Dorigny, III, 43447.
d'ORIOLLES, Pierre, Chancelier.
  Registre de plusieurs Lettres, III, 29522.
  Lettres, 29831.
d'ORIVAL, François, Archidiacre de Luxeul.
  Histoire de la Cité de Besançon, IV, S. 38429.*
  —du Chapitre de l'Eglise Métropolitaine, *Id*.
  —de saint Suaire, *Id*.
d'ORIVAL (le Baron) : *faux nom sous lequel s'est caché* l'Abbé Saas, III, 19201 : *voyez* Saas.
ORLANDIN, François, Jésuite.
  Historiæ Societatis Jesu, Pars prima, I, 14216.
ORLÉANS, Hérault de M. le Duc d'Orléans.
  Les Exercices Militaires faits au Château de Sandricourt, III, 40239.
d'ORLÉANS-Angoulesme, Marguerite, Duchesse d'Alençon.
  Lettres, III, 29915 & 30007.
d'ORLÉANS-Dunois, Jean, Evêque d'Orléans & ensuite Archevêque de Toulouse.
  Ordinationes Synodales, I, 6370.
  Statuta Synodalia, 6756 & 58; IV, S.
d'ORLÉANS-Longueville, Henri II, Duc.
  Lettres au Roi, II, 20179 & 344.
  Lettres, 22562.
  Lettre à MM. du Parlement, 22717.
d'ORLÉANS-Longueville, Marie, Duchesse de Nemours, fille du précédent.
  Requête au Parlement, II, 13228.
  Mémoires, 23732, 35 & 36.
d'ORLÉANS (le Duc), Gaston-Jean-Baptiste de France, frère de Louis XIII.
  Lettre au Duc de Montbazon, II, 22315.
  Lettres au Roi, 23675 & 713 : *voyez* Gaston.
d'ORLÉANS, Anne-Marie-Louise, Duchesse de Montpensier, fille du précédent.
  Lettre à la Reine, II, 22729.
  Lettres, III, 30986.
  Divers Portraits, IV, S. 31373.*
  Histoire de la Princesse de Paphlagonie, IV, 48143.
d'ORLÉANS (le Duc), Philippe, petit-fils de France, & Régent du Royaume.
  Lettre à MM. les Intendans sur la Taille, II, 28081.
d'ORLÉANS, Louis, Avocat-Général de la Ligue.
  Cantique de victoire, II, 18051.
  Apologie des Catholiques, 18524.
  Avertissemens des Catholiques Anglois, 18535 & 19234.
  Réplique pour le Catholique Anglois, 18539.
  Lettres Catholiques, 19045.
  Plaidoyer des Gens du Roi, 19398.
  Expostulatio adversus unum ex Sociis, 19424.
  Le Banquet du Comte d'Arete, 19537.

Remerciement au Roi, 19824.
La Plante humaine, 19971; IV, S.
Les Ouvertures du Parlement, III, 32839.
d'Orléans, Régnault, Sieur de Sincé, Conseiller au Présidial de Vennes.
Observations sur l'Etat, II, 27216.
d'Orléans, Pierre-Joseph, Jésuite.
Vie de Pierre Coton, I, 14119.
Histoire des Révolutions d'Angleterre, III, 35182.
—de M. Constance, 39806.
Orler, Jean-Jansson.
Description de la Ville de Leyde, III, 39614.
Ormea, François-Amédée.
Storia di San Guglielmo Divionense, I, 12358.
d'Ormegrigny (le Sieur): *faux nom sous lequel s'est caché* Pierre du Moulin le fils, III, 32429: *voyez* du Moulin.
d'Ormesson: *voyez* le Févre.
d'Ormon: *voyez* Chambre.
d'Ormoye: *voyez* de Plaix.
d'Ornano, Jean-Baptiste, Maréchal de France.
Lettre au Roi, II, 21261.
Lettre au Seigneur d'Automaire, 21404.
d'Ornezan, Bernard, Evêque de Lombez.
Statuta Synodalia, I, 6587.
d'Oronville, Jean.
Histoire de Louis II, Duc de Bourbon, II, 25570.
Oroux (l'Abbé), Chanoine de S. Léonard, & Chapelain de la Chapelle du Roi.
Histoire de S. Léonard, I, 4532 & 13356.
Lettre sur S. Cybar, 12396; IV, S.
Histoire de la Chapelle des Rois de France, III, 32230.
Orry, Jean, Avocat.
Recherches des Antiquités du Maine, III, 35502.
d'Orsans, Antoine, Seigneur d'Esnaus.
Rôle des Fiefs du Charollois, IV, S. 36004.*
Orsi, Jean-Joseph, Marquis.
Traduction Italienne de la Vie du Comte Louis de Sales, III, 32065.
Orsini, Fulvio, Cardinal, Légat en France.
Lettere & Negociatione, III, 30150.
Ortelius, Abraham, Géographe.
Gallia vetus, I, 24.
Galliæ veteris typus, 27.
Belgii veteris typus, 48.
Cartes de la France, 549 & 57.
Campaniæ Comitatus, 1470.
Itinerarium per nonnullas Galliæ Belgicæ partes, 2290.
Germanorum veterum vita, &c. II, 15405.
Orthen, Philibert-Albert.
De Regali conducendi Jure, II, 28139.
d'Ortigue, Pierre, Sieur de Vaumoriere.
Adélaïde de Champagne; IV, 48038: *voyez* Dortigue.
d'Orval: *voyez* de Béthune.
Osbert, Abbé de Gemblours.
De Vita S. Veroni, I, 4711.
Osbert, Moine de Vassor.
Vita S. Foranni, I, 12912.
Osiander, Jean-Adam.
Dissertatio de Jure Regaliæ, I, 7651.
d'Osmond.
Nobiliaire de Normandie, III, 40732.
Osorio, Jérôme, Evêque des Sylves.
De Regis institutione, II, 27099.
d'Ossat, Arnaud, Cardinal, Evêque de Bayeux.
Discours du Cardinal de Joyeuse, II, 18839.
Lettres, III, 30345.
d'Ossay: *voyez* d'Auffay.
Othlon.
Vita S. Bonifacii Moguntini, I, 9090.

Ott, Christophe.
Laurus Carolina, II, 16454.
Ottieri, François-Marie, Marquis.
Historia delle Guerre avenute in Europa, II, 24421.
Ottius, Jean-Henri.
Annotationes ad Franco-Galliam, II, 15490.
Otton, Jacques, Comte Palatin.
Templum Pacis, III, 31024.
Otway.
Traduction Angloise d'un Essai sur l'Art de la Guerre, III, 32115.
d'Oudeghersт, Pierre.
Chroniques & Annales de Flandres, III, 39370.
Oudenhoven, Jean.
Description de la Ville de Bosleduc (en Flamand), III, 39527.
d'Oudenhoven, Jacques: *peut-être le même*.
Description de la Ville de Dordrecht, III, 39617.
Oudenot, Placide, Bénédictin.
Oraison funèbre de M. de Gondrecourt, I, 11173.
—de Dom Claude Petitdidier, 12884.
—de Léopold, Duc de Lorraine, III, 38914.
Oudin, Pierre, Chanoine de S. Jean des Vignes.
Plaidoyer contre Charles Destourmelle, I, 13456.
Oudin, Casimir, Prémontré apostat.
Dissertatio de Berengatio, I, 5699.
Oudin, François, Jésuite.
Recherches sur les Ambrons, I, 189 & 3911.
Glossaire Celtique, 3766.
Notices de divers Jésuites, 14104.
Eloge de Fronton du Duc, V, *Add.* 14115.*
Histoire de Fronton du Duc, 14116; IV, S.
Eloge de Denys Petau, 14134.
Histoire de Jacques de Billy, 14157.
—de Jean Garnier, 14161; IV, S.
Genethliacon Ludovici Henrici Ducis Borbonii, II, 25845.
Commentarius de Joanne Buherio, III, 33076.
Gratulatio Joanni Berbiseio Senatûs Principi, 36977.
Bibliotheca Petri Fevreti Carmen, 36978.
Epicedium Bernardi Monetæ, IV, 47145.
Oudinet.
Histoire de la Bibliothèque du Roi, IV, 44594.
Oudot (M.), Curé de la Croix en Brie.
Eloge du Marquis de Nangis, III, 31956.
Oudri: *voyez* Orderic.
S. Ouen, Archevêque de Rouen.
Vita S. Eligii Noviomensis, I, 9750.
l'Oultreman, Antoine, Prieur de Saint-Jean de Valenciennes.
De origine Abbatiæ S. Joannis apud Valencenas, I, 13450.
l'Oultreman, Pierre, Jésuite.
La Cour Sainte de Notre-Dame de Valenciennes, I, 4219.
Vie de Pierre l'Ermite, 13374.
Constantinopolis Belgica, 16738; IV, *Suppl.* 39349.*
Traité des dernieres Croisades, 16940 & 41.
Histoire de Valenciennes, III, 39056.
Vie de Henri d'Oultreman, IV, 46845.
l'Ourche: *voyez* de Seraucourt.
des Ours de Mandajors, Louis.
Nouvelles découvertes sur l'ancienne Gaule, I, 171.
Eclaircissemens sur la dispute d'Alise, 177.
Conclusion de la dispute d'Alise, 178.
Nouvelles découvertes sur Clodion, II, 16004; IV, S.
des Ours de Mandajors, Jean-Pierre, Académicien, fils du précédent.
Dissertation sur la Narbonoise, I, 141.

Dissertation sur la Celtique d'Ambigat, 152.
—sur la route d'Annibal dans les Gaules, 166.
—sur la route d'Annibal entre le Rhône & les Alpes, 167.
Réflexions sur les Dissertations touchant l'état de l'ancienne Gaule, 176.
—sur *Augustodunum*, 176 & 223.
Recherches sur Trevidon, &c. 347.
Des limites de la France & de la Gothie, 461.
Recherches sur l'Evêché d'*Arisidium*, 498 & 9260.
Dissertation sur la fondation de Marseille, 3933.
Histoire critique de la Gaule Narbonoise, 3937.

OURSEL, Jean, Libraire.
Les beautés de la Normandie, III, 35198.

OUSMANNUS, *voyez* Reismannus.

OUTHIER (M.), Prêtre du Diocèse de Besançon.
Evêché de Bayeux, I, 1022.
Evêché de Meaux, 1090.
Archevêché de Sens, 1151.
Plan de Bayeux, IV, S. 1377.*
—de Caën, IV, S. 1444.
—d'Onsenbrai, IV, S. 1718.*
Observations faites à Bayeux, 2496.

OUVRARD, René, Chanoine de Tours.
Défense de l'ancienne Tradition des Eglises de France, I, 4004.

OVER, Simon.
Lutetia, III, 34497.

OVIDE : faux nom d'un inconnu.
Métamorphose du Maréchal d'Ancre, II, 10620.

OWEN, Richard, Ecuyer.
Relation de ce qui s'est passé sur la côte de Malabar, II, 24777 ; 39812.

OZY. (M.), Apothicaire.
Discours sur la Chymie, I, 2391.
Prospectus d'une Histoire Naturelle de l'Auvergne, 2392.
Analyse du Bitume du Puy de la Poix, 2749.
Observations sur les Mines de charbon, 2759.
Analyse des Eaux de la Bourboule, 3015.
—des Eaux de Chaudes-Aigues, 3035.
—des Eaux de Contrexeville, 3039.
—des Eaux de Saint-Allyre, 3196.
—des Eaux de Saint-Mars, 3214.
Dissertation sur des Vapeurs étouffantes, 3690.

P

P. *c'est* Pierre Coste, II, 24226 : *voyez* Coste.
P. (le Sieur), *c'est* le Sieur Perron, III, 34829 : *voyez* Perron.
P. A. M. L. A. inconnu.
Conjectures sur les Monnoies, III, 34004.
P. B. Sieur de Gaubertin : *c'est* Pierre Boistel, II, 20709 & 21299 : *voyez* Boistel, & *là au lieu de* 20710, *mettez* :
La même avec une Suite, 20710 & 21299.
P. B. *c'est* Philibert Boulier, I, 4999 : *voyez* Boulier.
P. B. A. *inconnu*.
Remontrance au Roi, III, 35424.
P. B. E. *inconnu*.
L'Image du Souverain, II, 22879.
P. C. Définiteur des Augustins.
Vie d'Etienne Rabache, I, 13681, IV, S.
P. C. E. M. D. J. *inconnu*.
Sépulcre de la Princesse Claude de Msy, I, 15030.
P. C. P. A. *inconnu*.
Epistola ad Academicos Parisienses, I, 14288.
P. D. *c'est peut-être* Pierre Dupuy, II, 21131 : *voyez* Dupuy.
P. D. *c'est* P. Dalicourt, II, 23938 : *voyez* Dalicourt.
P. D. B. *c'est* Pierre de Belloy, I, 6162 : *voyez* de Belloy.

P. D. P. S. de Carigny, *ou* D. P. P. Sieur de Carigny.
Traduction d'une Lettre d'un Gentilhomme Italien, II, 22525.
L'Idole renversée, 22638.
P. D. R. *c'est* Pierre de Rosnel, III, 34735 : *voyez* de Rosnel.
P. D. T. A. *inconnu*.
Discours sur la réduction de Calais, II, 17694.
P. D. V. G. D. R. *c'est* Pierre du Val, Géographe du Roi, IV, S. 808* : *voyez* du Val.
P. F. D. Chanoine Régulier de Sainte-Geneviève.
Manibus Cardinalis de la Rochefoucault Monumentum, III, 32258.
P. F. D. G. C. *inconnu*.
La Retraite de la Ligue, II, 19562.
P. F. G. D. *inconnu*.
Le Miroir Royal de Saint Louis, II, 27506.
P. G. D. S. Calviniste, *inconnu*.
Discours au Roi pour la paix de l'Eglise, I, 5890.
Paulus, G. F. P. N. Merula : *c'est* Paulus Gaudentii Filius Pauli nepos Merula, I, 777 : *voyez* Merula.
P. G. M. on croit que *c'est* Guillaume Marcel, III, 38176, IV, S. *voyez* Marcel.
P. G. S. D. L. C. *inconnu*.
Les Efforts & Assauts faits à Lusignen, II, 18324.
P. G. T. M. *inconnu*.
Medaglione delle ultime vittorie del Rè, II, 18632.
P. H. *inconnu*.
Remarques sur une Inscription, III, 35454.
P. H. Marquis du C. *c'est* Paul Hay, Marquis du Châtelet, III, 32429 : *voyez* Hay.
P. H. Seigneur D. C. *c'est* Paul Hay, Seigneur du Châtelet, III, 31416 : *voyez* Hay.
P. H. D. C. *inconnu*.
Réplique à l'Auteur du Bouclier d'Etat.
P. L. P. S. D. B. L. *inconnu*.
Remonstrance de Police, II, 20229.
P. L. S. G. J. C. D. C. S. L. *inconnu*.
L'Entrée du Légat Fabio Chigi, II, 26457.
P. M. Jésuite, *inconnu*.
Noaillia Familia an armata fortior, &c. III, 43403.
P. M. D. *c'est peut-être* Philippe Mornai Duplessis, II, 18500 : *voyez* Mornai.
P. M. D. en M. *c'est* Simon Pietre, Gendre de Michel Maresot, Docteur en Médecine, I, 4865 : *voyez* Pietre.
P. M. H. C. R. D. l'O. D. S. A. A. D. S. A. R. M. L. D. C. D. L. *c'est* par M. Hentiquez, Chanoine Régulier de l'Ordre de S. Antoine, Aumônier de Son Altesse Royale M. le Duc Charles de Lorraine.
Abrégé Chronologique de l'Histoire de Lorraine, V, *Add*. 38919.*
P. M. L. *inconnu*.
Voyages de M. le Haye, III, 30517.
P. M. N. R. S. D. P. P. *inconnu*.
Discours sur la Conférence du Cardinal du Perron avec du Plessis-Mornay, I, 6206 ; IV, S.
P. M. T. *c'est* Petrus Ménard Turonensis, II, 15879 : *voyez* Ménard.
P. P. *c'est* Pierre Perrier, II, 25245 : *voyez* Perrier.
P. P. Jean-Pierre-Louis, *c'est* Louis Hugo, Père Prémontré, II, 29039 : *voyez* Hugo.
Pa. P. *c'est* Paul Pétau, II, 16373 : *voyez* Pétau.
P. P. M. *inconnu*.
Discours sur la Réformation des Cordeliers, I, 13896.

P. R. Sieur du Plessis.
Assertion de l'Episcopat de S. Piat, I, 8621.
Salvation pour cette Assertion, 8622.

P. S. C. *inconnu*.
Avis & Exhortation à MM. du Conseil de la Sainte Union, II, 18944.

P. S. D. B. N. *On prétend que c'est* Antoine Coiffier *dit* Ruzé, Maréchal d'Effiat, Surintendant des Finances, II, 21641 : *voyez* Coiffier.

P. V. B. C. *inconnu*.
Le Carême & Mœurs du Politique, II, 18850.

P V. P. C. *c'est* Pierre-Victor-Palma Cahier, II, 19818 : *voyez* Cahier.

le P. B. R. *c'est* le Pere Bernard Routh, I, 3820: *voyez* Routh.

le P. J. M. *c'est* le Pere Jean-Marie de Vernon, I, 4321 : *voyez* Jean-Marie.

le P. J. M. D. C. *c'est* le Pere Jean-Marie Dunand, Capucin, II, 25296 : *voyez* Dunand.

le P. L. *c'est* le Pere Labbe, Jésuite, II, 22174 : *voyez* Labbe.

le P. L. J. *c'est* le P. Labbe, Jésuite, II, 24881 : *voyez* Labbe.

le P. L. M. *c'est* le Pere le Moine, Jésuite, II, 20701 & 22174 : *voyez* le Moine.

le P. M. D. B. C. P. *c'est* le Pere Marc de Bauduen, Capucin, Prédicateur, I, 4806 : *voyez* Marc de Bauduen.

le P. M. T. *c'est* le Pere Matthieu Texte, I, 9235 : *voyez* Texte.

le P. P. R. D. N. D. D. V. *inconnu*.
Observations sur les Vignes, I, 3509.

le P. T. D. M. C. *c'est* le Pere Thomas de Martigues, Capucin, III, 38205: *voyez* Thomas.

un P. M. *c'est* un Pere Minime, *inconnu*.
Oraison funèbre de Charlotte de Harlay, I, 15032.

PACCIUS *ou* Pactius: *voyez* Thomas.

PACCUS, Richard.
Oratio in Pace, II, 17501.

PACHIER, Emmanuel, Théologal de Marseille.
Vie du Bienheureux Lazare, I, 3970.
—de S. Cannat, 8035.

PACIFIQUE de Provins (le Pere), Capucin.
Relation des Isles de S. Christophe & de la Guadeloupe, III, 39751.

PACÔME (le Frère), Hermite de Senart.
Mémoire sur l'établissement de l'Hermitage de la Forêt de Senart, I, 4134.

PACÔME (le Frère), Religieux de la Trappe.
Description du Plan & Relief de l'Abbaye de la Trappe, I, 13138.

PACQUOTTE, Charles-Guillaume.
Dissertation sur la maladie épidémique du Pays Messin, I, 2569.
Quæstio circa Aquas Mussipontanas, 3162.
Dissertation sur les Eaux de Pont-à-Mousson, 3163.

PADÉOLAU *ou* Padisleau, de Launay, Albert, Auditeur puis Correcteur des Comptes.
Recherche sur le fait de la Régale, I, 7604; IV, S. 33797.*

de PAEPE, Libert, Prémontré.
Summaria Chronologica Ecclesiæ Parcensis, I, 13570.

de PAGAN, Blaise-François, Comte.
Histoire de Hugues de Pagan, III, 40346.

le PAGE du Pratz.
Histoire de la Louisiane, III, 39726; IV, S.

PAGEAU.
Discours sur la Charge de Notaire, III, 34624.

de la PAGERIE: *voyez* Mariette.

PAGÈS de Vixouses.
La Paix, Poëme, II, 24786.

PAGI, Antoine, Cordelier.
Lettre sur la croyance des Eglises de Provence, I, 4001.

le PAIGE, Thomas, Dominicain.
Manuel des Confrères du Rosaire, I, 5376.
Harangue funèbre du Duc de Chaulne, III, 31578.
Harangue sur la mort de M. Georges de Saint-Belin, 32055.
Oraison funèbre de Nicolas de Verdun, 32912, IV, S.

le PAIGE, Nicolas, Dominicain, *peut-être le même que* Thomas *qui précède*.
Oraison funèbre du Maréchal de Vitry, III, 31734.

le PAIGE, Jean, Prémontré.
Vita B. Gualteri Laudunensis, I, 9651.
Bibliotheca Præmonstratensis Ordinis, 13521, IV, S.
Vitæ SS. Confessorum Præmonstratensis Ordinis, 13525.
Vita S. Norberti, 13543.
—B. Hugonis, 13558.
—B. Philippi Harvengii, 13564.
—S. Gilberti, 13567.

le PAIGE (M.), le pere, Avocat.
Mémoire sur les Religieux de S. Antoine, IV, S. 13443.

le PAIGE, Louis-Adrien, fils du précédent.
Le Potéisme de l'erreur, I, 5571.
Histoire de la détention du Cardinal de Retz, IV, S. 9336*; II, 23734.
Analyse des Constitutions des Jésuites, I, 14221.
Idée générale des Vices de l'Institut des Jésuites, 14422.
Mémoire sur les Lits de Justice, II, 26668.
Lettres sur les fonctions du Parlement, III, 32844.
Mémoires au sujet des Observations &c. 33351.

PAILHÈS.
Remarques sur les Paillettes & les grains d'or de l'Ariege, I, 2777.

PAIN-ET-VIN, Pierre, Religieux Augustin.
Eloge de Guy du Faur, Sieur de Pibrac, III, 32929.

PAJOLI, Alfonse.
Vita del Vice-Comite di Turenne, III, 31721.

PAJON, Claude, Ministre Calviniste.
Remarques sur l'Avertissement Pastoral, I, 6043.

PAJON de Moncets, Pierre-Abraham.
Annales de la Faculté de Médecine, IV, 44852.

PAJOT de Plouy, Séraphin, Evêque de Die.
Statuts Synodaux, I, 6484.
Statuts & Réglemens de l'Eglise Cathédrale, 10744.

PALATIO, Jean, Jurisconsulte.
Aquila inter Lilia, II, 14470.

de PALATIOS, Jean-Loup, Jurisconsulte.
De Justitia & Jure obtentionis & retentionis Regni Navarræ, II, 28911.

PALAU, Louis.
Discurso sobre la pretention de los Contados de Rossellon y Cerdeña, IV, S. 38348.*

PALEIRET, Jean.
Carte de la France, I, 610.

PALÉOTTO.
Lettere sopra la precedenza de gli Ambasciatori di Francia & di Spagna, II, 26908.

PALERNE, Gabriel, Sieur de Sardon *ou* Surdon.
Vie d'Antoine Bonosier *ou* Roussier, I, 10978 & 11422.

PALIART, Charles-Albert, Récollect.
Oraison funèbre du Baron de Condé, IV, *Suppl.* 31934.*

PALINGENE, Guillaume-Roland, Jurisconsulte.
Epinicia Ludovico XIV; II, 23790.

PALISSOT de Montenoy, Charles.
Mémoires pour servir à l'Histoire de notre Littérature, IV, S. 45655.*

Lettre au sujet des Mémoires de M. Chevrier, IV, 45709.
Eloge d'Antoine-François Prevost d'Exiles, 46879 & 47186.
—de Louis Racine, 47616.
—de Pierre-Charles le Roi, 47651.
—de Nicolas Balechou, 47834.
PALISSY, Bernard.
Discours de la nature des Eaux & Fontaines, I, 2649 & 2848.
Le moyen de devenir riche, 2650; IV, S. II, 18172.
Remarques sur la Ville de Saintes, III, 37564.
PALLEMONIO, Jean Jacques.
Panegyrici, II, 23891.
PALLIOT, Pierre, Imprimeur.
Historia quatuor Ducum postremorum Burgundiæ, II, 25442.
Le Parlement de Bourgogne, III, 33038.
Histoire des Chanceliers de Bourgogne, 35902.
Mémoire sur Nicolas Rolin, 35903.
Idée historique & généalogique du Duché de Bourgogne, 36813.
Généalogies des le Blond & des Barres & Morelet, 36847.
Extrait de ses Manuscrits concernant la famille des Fontette, III, 36871.
Généalogie de la famille des Julien, 36881.
Abrégé généalogique de la Branche de Quatre de Miglery, 36900.
Généalogie de Rémond, 36901.
Indice Armorial, 40000.
Les Eloges & Blasons des Chevaliers de la Toison d'Or, 40429.
Idée généalogique de la Duché de Bourgogne, 40616.
Recueil de Pièces concernant la Duché de Bourgogne, 40617.
Additions à la Généalogie de la Maison d'Amanzé, 40902.
Généalogie de la Maison des Amats, 40904.
—de la Famille des Bernard, 41285.
Histoire généalogique des Comtes de Chamilly de la Maison de Bouton, 41496 & 746.
Preuves de l'Histoire généalogique de la Maison de Bouton, 41496.
Généalogie de la Famille des le Coussin, 42027.
—de la Famille des Joly, 42794.
PALLU, Victor, Médecin.
Panegyricus funebris Claudii Caroli, IV, 46082.
Lettre à un de ses Amis, 46256.
PALLU, François, Evêque d'Héliopolis.
Relation des Missions des Evêques François, I, 10836.
Mémoriaux, 10839.
PALMA ou de la Palme: voyez Cahier.
PALMIER, Pierre, Archevêque de Vienne.
Statuta Synodalia, I, 6810.
PALTEAU.
Nouvelle construction de Ruches de bois, I, 3648.
de PALTEAU: voyez Formanoir.
de PALUDANO ou de Baladuno, Ponce.
Historia prioris Belli sacri, II, 16615.
PANCKOUKE, A. J.
Dictionnaire de la Châtellenie de Lille, III, 39015.
Abrégé Chronologique de l'Histoire de France, 39392.
PANDULPHE.
Vita Urbani II, Papæ, I, 7693.
—Callisti II, Papæ, 7698.
PANEL (le Pere), Jésuite.
Dissertation sur une Médaille de Lyon, III, 37348.

PANIGAROLE, François, Evêque d'Ast.
Discours de ce qui s'est passé en la Ville de Paris, &c. II, 19263.
Abrégé fait au Duc de Savoie, 19310.
Relation faite au Duc de Savoie, 19430.
PANIGROLLE, Egmond.
Discours sur les Etats de Normandie, III, 30223.
PANTALÉON, Henri, Médecin.
Vita Guillelmi Tyrii, I, 10817.
Traduction Latine des Annales de France de Nicole Gilles, II, 15689.
Regum Francorum Vitæ, 15733.
Effigies Regum Francorum, 17395.
Historia rerum gestarum Militaris Ordinis Joannitarum, III, 40292.
PANTHOT, Jean.
Réflexions sur les Maladies de Lyon, I, 2544.
PAPARIN de Chaumont, Pierre.
Ordonnances & Statuts Synodaux, I, 6519.
PAPE de Saint-Auban, Jacques.
Mémoires, II, 18624.
PAPEBROEK, Daniel, Jésuite.
De sanctâ Beatâ, I, 4332.
De sancto Benedicto, Fundatore Pontis Avenionensis, 4334.
De sanctâ Cunerâ, 4372.
De sancto Elpidio, 4383.
De sanctâ Emilione, 4394.
De sanctâ Flaminâ, 4415.
De sanctâ Florinâ, 4422.
De sancto Frisio, 4426.
De sanctâ Godebertâ, 4481.
De sancto Gondeleberto, 4486.
De sanctâ Hildeburge, 4503.
De sanctâ Hoylde, 4508.
De sanctâ Liceriâ, 4535.
De sanctâ Lidwige, 4536.
De sancto Lupercio, 4549.
De sancto Mansueto, 4563.
De sanctâ Maximâ, 4584.
De sancto Memorio, 4589.
De sanctâ Pecinnâ seu Perseverandâ, 4617.
De sanctâ Saturninâ, 4675.
De sancto Sicario, 4686.
De sanctis Walberto & Bertillâ, 4733.
De sancto Wamberto, 4734.
De sancto Atrigio vel Aredio Vapicensi, 7904.
De sancto Hilario Arelatensi, 7995.
De sancto Africano Episcopo juxta Vabrum, 8091.
De sancto Ausonio Engolismensi, 8283.
De sancto Dicentio Santonensi, 8302.
De sancto Peladio seu Palladio Ebredunensi, 8828.
De sancto Irenæo Lugdunensi, 8876.
De sanctis Joanne, Desiderio & Flavio, Cabillonensibus, 9028.
De sancto Giraldo Matisconensi, 9045.
De sancto Hildeverto Meldensi, 9410.
De sancto Materniano Remensi, 9514.
De sancto Medardo Noviomensi, 9743.
De sancto Ragnoberto, Bajocensi, 9905.
De sancto Germerio Tolosano, 10215.
De sancto Innocentio Cenomanensi, 10361.
De sancto Domnolo Cenomanensi, 10363.
De sancto Bertramno Cenomanensi, 10370.
De sancto Æmiliano Nannetensi, 10438.
De sancto Bilio Venetensi, 10446.
De sancto Alcimo Avito Viennensi, 10698.
De sancto Alpiano, 10878.
De sancto Amabili, 10879.
De sancto Blithario, 10962.
De sancto Hilarione, 11197.
De sancto Micomero, 11291.
De sancto Theodulpho, 11476.
De sancto Ortario, 11593.
De sancto Huberto, 11731.

De sancto

De sancto Hugone Cluniacensi, 11830.
De sancto Vincentio Lerinensi, 12075.
De beato Petro Juliacensi, 12173.
De sancto Florentino, 12708.
De sancto Richardo, 12800.
De sancto Gerardo, 12872.
De sancto Foranno, 12922.
De beato Arnulpho, 13178.
De sancto Aventino, 13274.
De sanctis Berthaldo & Amando, 13290.
De sancto Drogone, 13298.
De sancto Gentio, 13313.
De sancto Lupicino, 13359.
Historia Abbatiæ Calvimontis, 13565.
De beato Guillelmo de Tolosano, 13680.
De sancto Francisco de Paulâ, 14011.
De sanctâ Richtrude, 14762.
De sanctâ Bertâ, 14777.
De sanctâ Hildeburgâ, 14788.
De sanctâ Elisabethâ Schœnaugiæ, 14789.
De sanctâ Thechilde, II, 25248.
De Diplomaticis, III, 29455.
Annales Antverpienses, 39519; IV, S.
van PAPENDRECHT : voyez Hoynck.
de PAPENHAUSEN, Wolfgang-Ernest : faux nom sous lequel s'est couvert Antoine Bruen, III, 30723 : voyez Bruen.
PAPIEN, Jurisconsulte.
Ses Réponses, IV, S. 27583.*
PAPILLON, Philibert, Chanoine de la Chapelle aux Riches de Dijon.
Voyage Littéraire, I, 2343; III, 37124.
Réflexions sur le Tombeau de Chindonax, I, 3819; II, 15579.
Dissertation sur l'Auteur de la Chronique de S. Bénigne, I, 12351.
Vie de Charles Fevret, III, 33089; IV, 45883; & S. 33089.
Notes sur la Relation d'une Mission, 37018.
Bibliothèque des Auteurs de Bourgogne, IV, 45679.
Langres savante, 45701.
Vie de Philibert Collet, 45857.
Eloge de Claude Mignault, 47139.
PAPILLON, Jean-Baptiste-Michel.
Histoire des Graveurs en Bois, IV, 47824.
PAPINIUS.
Chronicon Gemblacensis Cœnobii, I, 11983.
PAPIRE : voyez Masson.
PAPORET (M.), Avocat.
Mémoire pour la Ville d'Auxerre, IV, Supplém. 36022.*
PAPPUS, Léonard, Chanoine de Constance.
Epitome rerum Germanicarum, II, 22125.
Historia Belli civilis, III, 39092 : faussement attribuée.
PAQUOT, J. N. Chanoine de S. Pierre de Louvain.
Mémoires pour servir à l'Histoire Littéraire des Pays-Bas, IV, S. 45694.*
du PAR : voyez Boyer.
PARADIN, Guillaume, Doyen de Beaujeu.
Historia Ecclesiæ Gallicanæ, I, 3953.
Francorum Regum series, II, 15877.
De rebus gestis in Belgio, 17597.
Memoria nostra, 17636.
L'Histoire de notre temps, là.
Continuation de l'Histoire de notre temps, 17684.
De motibus Galliæ, expugnato receptaque Itio Caletorum, 17698, IV, S. 34105.*
De antiquo statu Burgundiæ, III, 35853.
Annales de Bourgogne, 15877.
Mémoires pour l'Histoire de Lyon, 37350.
Mémoriaux des familles anciennes de France, 40561.

PARADIN, Claude, Doyen de Beaujeu, frère du précédent.
Alliances généalogiques des Rois de France, II, 24825.
PARADIS, Jean-Baptiste, Franciscain.
Histoire du Couvent des Frères Mineurs de la Ville d'Amiens, IV, S. 13853.*
PARADIS de Moncrif, François-Augustin.
Lettre sur l'Abbé Terrasson, I, 11471.
PARASIDERA, Augustin.
Santa Fara in Borgogna, I, 14884.
PARAYRE (le Pere), Augustin.
Chronique des Religieuses Ursulines de la Congrégation de Toulouse, I, 15310.
du PARC.
Histoire de l'Eglise de Chartres, I, 4967.
Histoire Chartraine, III, 35533.
du PARC, Antoine.
Lamentations du Peuple François, II, 18235.
du PARC, Jacques, Jésuite.
De felici ortu Burgundiæ Ducis, II, 25767.
Adversùs invidos Normannorum censores, III, 34939; IV, 45726.
du PARC : voyez Boyer & Sauvage.
du PARC de Bellegarde (l'Abbé).
Supplementum ad varias Collectiones Operum cl. Van-Espen, IV, S. 6971.
PARCEVAL Doria.
Inventaire des Biens & Droits d'Avignon, III, 38531.
de PARDAILLAN de Gondrain, Louis-Henri, Archevêque de Sens.
Remontrance du Clergé de France au Roi, I, 5980; IV, S. 6885.*
Statuts Synodaux, I, 6737.
Ordonnance au sujet de l'entreprise des Jésuites sur le Collège de Provins, IV, 45441.
de PARDAILLAN : voyez Ségur.
PARDOUX de la Garde, F.
Speculum Grandimontis, I, 13184.
PARÉ, Daniel.
Historia Palatina, IV, S. 39199.*
PARENT.
La Muse en belle humeur, II, 26441.
PARENT (M.) Curé d'Aumont.
Carte de l'Evêché de Senlis, I, 1149.
PARFAICT, Claude & François, Frères.
Histoire du Théâtre François, IV, 47773.
Mémoires sur les Spectacles de la Foire, 47791.
PARFAICT, Claude, l'un des deux précédents.
Dictionnaire des Théâtres de Paris, IV, 47776.
PARFAICT, François, frère du précédent.
Vie de Nicolas Boindin, IV, S. 47327.*
de PARFOUROU.
Lettres sur le Canada, III, 39727.
PARIS, Evêque de Pisaure.
De rebus gestis Francisci I; II, 17491.
PARIS, Julien, Abbé de Foucarmont.
Onomasticon Cisterciense, I, 12943.
Du premier esprit de l'Ordre de Cîteaux, 12972.
Apologie pour l'Ordre de Cîteaux, 11984.
PARIS (M.), Curé de Coolus.
Le Mariage du Roi, II, 26625.
PARIS (M.), Ingénieur du Roi.
Isles de Ré & d'Oléron, &c. I, 1594.
PARIS de Meyzieu.
Lettre pour l'Ecole Militaire, III, 32139.
Lettre & Mémoire sur le même sujet, 32141.
PARIS Vaquier, Louis, Chanoine de Lectoure.
Catéchisme historique & dogmatique sur les contestations, &c. I, 5566.
Lettre sur l'Eglise Catholique d'Utrecht, IV, S. 8804.**
de PARIS, Nicolas.
Oraison funèbre de Henri IV; IV, S. 20041.*

de PARIS, Jérôme, Curé de Saint-Saulge.
Mémoire sur la Ville de Saint-Saulge, III, 33582.
de PARIS : *voyez* Desmarez.
de la PARISIERE : *voyez* Rousseau.
PARISOT, Etienne, Jésuite.
Vie de Marie Hyacinthe, I, 14703.
PARISOT, Claude *dit* le Pere Norbert, Capucin sécularisé.
Oraison funèbre de Cl. de Visdelou, I, 10832.
Histoire de son passage à l'état de Prêtre séculier, IV, S. 11359.*
Mémoire sur les affaires des Jésuites avec le Saint-Siège, I, 14426.
PARIVAL, Nicolas.
Histoire de Louvain, III, 39507.
de PARIVAL, Jean.
Délices de la Hollande, III, 39540.
de PARIVAL, J. N.
Abrégé de l'Histoire de ce siècle de fer, II, 23886.
de PARME (le Duc).
Lettres, III, 30464.
PARMENIUS, L.
De cladibus per Gallos Italiæ illatis, II, 17457.
PARMENTIER, Antoine-Charles, Avocat.
Suite chronologique des Evêques de Nevers, I, 10173.
—des Evêques de Béthlehem, 10187.
Histoire de la Province de Nivernois, III, 35578.
—de la Châtellenie de Marcy, 35583.
—de la Seigneurie de Cougny, 35584.
le PARMENTIER (M.), Graveur.
Carte de la France, I, 605 & 6.
Plan de Montpellier, 1680.
de PARNAC : *voyez* de la Marche.
PARRA, Guillaume, Chanoine de Belley.
Lettre sur l'Ouverture du Tombeau de S. François de Sales, I, 10790.
de PARTHENAY, Catherine, Duchesse de Rohan.
Apologie pour Henri IV, II, 19673.
PARTICELLI, Michel, Seigneur d'Hémery, Surintendant des Finances.
Histoire de ce qui s'est passé en Italie, II, 21646.
Ambassades, III, 30609 & 10.
Lettres, 30742 & 60.
de PARTZ de Pressi, François-Joseph-Gaston, Evêque de Boulogne.
Statuts Synodaux, IV, S. 6413.*
PARUTA, Philippe.
Préface jointe au Poëme du Tasse sur Godefroi, II, 16602.
PARVUS : *voyez* le Petit.
PARY (M.).
Histoire des Corps de Marchands & des Communautés d'Arts & Métiers, III, 34633 ; IV, *Suppl.*
de PAS, Manassé, Marquis de Feuquieres, Lieutenant-Général des Armées du Roi.
Négociations, III, 30557.
Lettres & Négociations, 30558.
Lettres & Dépêches, 30625.
de PAS, Antoine, Marquis de Feuquieres, Lieutenant-Général des Armées du Roi, petit-fils du précédent.
Mémoires sur la Guerre, II, 22030; III, 32112.
Maximes sur la Guerre, *id.*
de PAS, François, Comte de Rebenac, frère du précédent.
Mémoire sur son Ambassade, III, 31086.
de PAS, Jude, Comte de Feuquieres, frère des précédens.
Vie de M. le Marquis de Feuquieres (son frère), III, 32172.
du PAS : *voyez* de Procé.
PASCAL, Etienne.
Iconum liber, II, 17395.

PASCAL, Pierre.
Elogium Henrici II; II, 17734.
Historiarum fragmenta, 17748.
PASCAL, Charles.
Traduction d'un Eloge de Catherine de Médicis, II, 25088.
Oraison funèbre de Marguerite de France, 25506.
Legatio Rhætica, III, 30413.
Legatus, 32631.
Vita Vidi Fabri Pibraci, 32931.
Elogium Eliæ Vineti, IV, 46971.
PASCAL, Jacqueline, Religieuse de Port-Royal.
Réglement pour les Enfans, I, 15095.
PASCAL, Gilberte, Epouse de M. Perrier, sœur de la précédente.
Vie de Blaise Pascal, son frere, I, 4759; IV, *Suppl.*
PASCAL, Jean, Médecin.
Traité des Eaux de Bourbon-l'Archambaud, I, 2999.
PASCAL, J. B.
Réflexions sur la Conquête de Minorque, II, 24750.
de PASCAL, Pierre-Antoine.
Eloge d'Antoine de Ruffi, IV, 46900.
PASCASE Radbert, Abbé de Corbie.
Vita S. Adhalardi, I, 11872.
—venerabilis Walæ, 11879.
PASCHASE, Théod.
Notæ in Icones Regum Francorum, II, 17395.
PASQUIER, Etienne, Avocat-Général en la Chambre des Comptes de Paris.
Des anciens Gaulois, I, 3794.
Remarques sur les Gaulois & sur les Francs, 3857.
Vers quel temps la Religion Chrétienne se vint habituer dans les Gaules, 3958.
Des libertés de l'Eglise Gallicane, 7015.
Des Appellations comme d'abus, 7471.
De l'ancienneté des Régales, 7600.
De la Fierte S. Romain de Rouen, 9845.
Sommaire de la Vie d'Abélard, 11847.
Catéchisme des Jésuites, 14230.
Recherches de la France, II, 15581 ; III, 30415.
Ses Œuvres, 15584.
Des Croisades, 16939.
De la Pucelle d'Orléans, 17195.
Recueil des Mœurs de Louis XI, 17332.
Congratulation au Roi Charles IX, 18095.
Les Guerres arrivées pendant les troubles, 18204.
Congratulation au Roi Henri III, 18631.
De la fatalité qu'il y eut en la ligne de Capet, 24904.
Déportemens de la Reine Frédégonde, 25021.
—de la Reine Brunehaut, 25024.
Relation de la mort de Marie Stuart, 25110.
De la famille d'Anjou, 25359.
Des prétentions de la seconde famille d'Anjou, 25418.
Histoire du Connétable de Bourbon, 25578.
De la commune Police de France, 27158.
Gouvernement des Rois Mineurs, 27343.
Du Droit d'aînesse, Apanage, Loi Salique, &c. 28521.
Lettres, III, 30416.
Des Connétables, Chanceliers, &c. 31192.
De l'ordre des douze Pairs, 31220.
De l'Amirauté, 31751.
Remarques sur le Chevalier Bayard, 31866.
De l'établissement du Grand-Conseil, 32769.
Des Parlemens de France, 32836.
Vie de Christophe de Thou, 32904.
Observations sur le Connétable de Bourbon, 33651.

Procès fait à Philippe Chabot & à Guillaume Poyet, 33659.
De la Chambre des Comptes de Paris, 33781.
Des Tréforiers Généraux de France, 34032.
Remarques fur des Antiquités, Priviléges, &c. de Paris, 34390.
Plaidoyer pour la Ville d'Angoulême, 35791.
De l'Etat & Condition des Personnes de France, 39823.
De l'ancienneté des Terres tenues en Fief, &c. 39838.
De l'Université de Paris, IV, 44616.
Plaidoyer contre les Jésuites, 44632.
Du Collége & Confrairie des Chirurgiens, 44888.
Ses principales Actions, 45961.
PASQUIER, Nicolas & Gui, frères, fils du précédent.
L'Anti-Garasse, II, 15583.
PASQUIER, Nicolas, Maître des Requêtes, l'un des deux précédens.
Ses Œuvres, II, 15584.
Remontrances à la Reine Mere, 20076; 23202 & 27220.
Exhortation au Peuple, 20078.
Lettres, II, 15584; III, 30461; V, *Add.*
Le Gentilhomme, III, 39858.
PASQUIER, Samuel.
Fondation de la Chapelle du S. Efprit, à Orléans, I, 5442.
PASQUIER, Etienne, Dominicain.
La levée du Siège d'Arras, II, 23774.
PASQUIER (M.), Avocat.
Avis fur un Traité du Droit Public de France, II, 27175.
PASQUIER.
Forêt de Fontainebleau, I, 1520.
Carte des Environs de Paris, IV, S. 1758.*
Carte de Paris, 1787.
Plan topographique & raisonné de Paris, 1788; III, 34511.
Plan de Versailles, 1915.
PASQUIER de Wardanché : *voyez* de Wardanché.
du PASQUIER, Jean, Syndic de la Ville de Toul.
Mémoires, III, 38798.
de PASQUIERS.
Lettres & Mémoires, III, 30112.
PASSART (M.), Conseiller d'Etat.
Raisons pour soutenir la validité du Mariage de Monsieur, I, 7380.
PASSAVANT, Benoît : *faux nom sous lequel s'est caché* Théodore de Beze, III, 32898.
PASSAVANT, Jean, Oratorien.
Vie de Magdelène Gautron, I, 14840.
de PASSE (l'Abbé).
Jugement fur les Lettres de Madame de Sévigné, III, 31093.
Eloge de Nicolas Henti, IV, 47110.
PASSERAT, Jean, Professeur Royal d'Eloquence.
Oratio in funere Caroli IX; II, 18241.
In Nuptias Henrici IV; 19772.
Consolation de Madame de Givry, III, 31951.
Les Louanges des Troyens, 34300.
Elogia in Adriani Turnebi obitum, IV, 47236.
de PASSY (le Seigneur): *c'est* Jacques Spifame, II, 17875 : *voyez* Spifame.
PASTEL, Pierre, Prémontré.
Vie de François Mathon, I, 11278.
PASTORIUS, Joachim.
Differentiæ inter Politicen genuinam ac diabolicam....
PASTORIUS, Joachim-Augustin.
De gestis Caroli Magni, II, 16302.
Tacitus Belgicus, 24892.
PASTORIUS, Jean-Martin.
Des Ammeistres de Strafbourg, III, 38738.
Tome V.

PASTOURANE, Jean, Jéfuite.
Théophante ou la Rencontre des Dieux, II, 26394.
PASTUREL, Christophe, *dit* Thomas d'Aquin de Saint-Joseph, Carme Déchauffé.
L'Arrivée de Sainte Magdelène & de S. Denys l'Aréopagite en France, IV, S. 3987.*
Notes fur la Monarchie sainte de France, 4237.
Differtatio de Arifitensi Episcopatu, 7925; II * 24864.
Histoire de S. Calmin, 11735.
Vie du Cardinal Guillaume Sudré, *là.*
—de Galliote de Gordon, 15222.
Editio Carminis de Origine Gentis Francorum, II, 24864.
Observations fur le Discours de Chantereau, concernant le Mariage d'Ansbert, 24882.
PASTUREL, Toussaints, Minime.
Mémoire fur les Miracles opérés par S. François de Paule, I, 14033.
PASUMOT (M.), Ingénieur du Roi.
Recherches fur les voies Romaines, I, 72.
Lettre à M. le Comte de Caylus, 75.
Mémoires Géographiques fur quelques Antiquités de la Gaule, 183.
Differtation fur *Chora*, 251.
—fur *Gergovia*, 290.
Observations fur le Débordement de 1764, 885.
Mémoire pour le Canal de Bourgogne, IV, S. 957.**
Carte des environs de Troies, 1895.
Observations fur les Montagnes d'Auvergne, IV, S. 2642.*
Description des Grottes d'Arcy, 2790; III, 36028.
Observations d'Histoire Naturelle, 3416.
De l'origine des mots *Celte & Gaule*, 3733.
Eloge de M. le Comte de Caylus, III, 31903.
Remarques fur des Antiquités de Côte-côte, 35244.
PATACHICH de Zajefdal, Adam.
Augusta quinque Carolorum Historia, II, 16269 & 457.
PATERSON.
Legiflator de Jurisdictione Pontificis Romani & Imperatoris, I, 7047.
PATIN, Nicolas, Prieur de S. Lucien.
Discours fur S. Lucien, IV, S. 9678.*
PATIN, Guy, Médecin.
Lettres, III, 30995.
Elogium Francifci Miron, 34600.
—Simonis Pietræi, IV, 46185.
PATIN, Robert, Médecin, fils du précédent.
Paranymphus Medicus, IV, 44865.
PATIN, Charles, Médecin, fils du précédent.
Traité des Tourbes combustibles, I, 2691.
PATOUILLET, Janot, Protonotaire du S. Siège.
Neapolitana Expeditio, II, 17369.
PATOUILLET, Louis, Jéfuite.
Poésies fur le Mariage du Roi, II, 24588.
Poëme fur la convalescence du Roi, 24597.
Appel à la raison, 14678. *Il y a eu part.*
Observations fur le Refus du Châtelet, III, 33351.
PATRASSON, J.
Portrait de Charles X; II, 19229.
PATRICE d'Armach, Alexandre, *c'est* Corneille Janfenius, Evêque d'Ypres, II, 28723 : *voyez* Janfenius.
PATRIGNANI, Antoine.
Traduction Italienne de la Vie de Marguerite du S. Sacrement, I, 14998.
PATRU, Olivier, Avocat.
Mémoire fur les Affemblées du Clergé, I, 6951.
—fur les Affaires du Clergé, 6961.

O o o o 2

Traité des Libertés de l'Eglise Gallicane, 7028.
Eclaircissemens sur l'Astrée, II, 21301.
Réponse du Curé au Marguillier, 23320.
Eloge funèbre de Pompone de Bellièvre, III, 32921.
Lettre sur la préséance aux Etats de Bretagne, 35429.
Vie de Nicolas Perrot d'Ablancourt, IV, 46859.

PATTE, Pierre, Architecte.
Monumens à la gloire de Louis XV; I, 2150.
Mémoires de Charles Perrault, III, 32585.
Mémoire sur le Portail de S. Sulpice, 34568.
Tableau des progrès des Arts & des Sciences, I, 2150, IV, 44573.
Vie de Germain Boffrand, IV, 47799.

PATULLO.
Essai sur l'amélioration des terres, I, 3427; IV, Suppl.

du PATY : voyez Berthelot & Mercier.

PAU, Pierre.
Eloge de Louis Relaud, IV, 47624.

PAUL I, Pape.
Epistolæ, III, 29738.

PAUL III, Pape.
Epistola ad Carolum V; II, 17596; III, 29965.

PAUL V.
Bref pour la célébration de la Fête de S. Louis, IV, S. 16897.*
Lettre à Louis XIII; II, 20968.

PAUL, Diacre de Mérida.
Fragmentum de Francis, II, 16050.

PAUL, Diacre d'Aquilée.
De gestis Longobardorum, &c. II, 16129 & 16182.

PAUL, Diacre de Metz.
Chronica Metensium Episcoporum, I, 10544.
Fragmentum de Episcopis Metensis Ecclesiæ, 10551.
Vita S. Grodegandi, 10571.

PAUL-Bois.
Vies des cinq premieres Meres de l'Ordre de la Visitation, I, 15264.

PAUL-Emile, Chanoine de l'Eglise de Paris.
De rebus gestis Francorum, II, 15690.

PAUL de Paris (le Frère), Ermite.
Défense des Frères de la Mort, I, 14095.

PAUL du S. Sacrement (le Pere), Carme Déchaussé.
Vie de Madame Aymard, I, 4816.

de PAUL : voyez Pauli.

PAULHAC (M.), Avocat.
Le siége de Leucate, II, 21897.

PAULHAN, Pierre.
Discipline Ecclésiastique, I, 6637.

PAULI, Thierri.
Historia de Cladibus Leodiensium, III, 39222.

PAULI, Matthias.
Vita S. Rochi, I, 4655.

PAULI, Sébastien.
Codice Diplomatico del sacro Militare Ordine Gierosolymitano, III, 40299.

PAULIAN (le Pere), Jésuite.
Résolution du Problême touchant les Jésuites, IV, S. 14408.*

PAULIN, Prêtre de Milan.
Vita S. Ambrosii Mediolanensis, I, 10803.

PAULIN, Evêque de Nole.
Vita S. Genesii Arelatensis, I, 4434. On lui a aussi attribué l'Article suivant.

PAULIN de Périgueux.
De Vita S. Martini Turonensis, I, 10277.

PAULIN, Hippolyte, Minime.
Panégyrique des Fleurs-de-Lys, I, 27046.

PAULIN, Claude, Jésuite.
Narratio felicis obitûs Gabrielis Albaspinæi, I, 9479.

PAULIN de Beauvais (le Pere), Capucin.
Vie des Saintes Bove & Dode, I, 14938.

de PAULMY : voyez de Voyer.

PAUMIER, François.
Remontrance au Roi sur le Temporel de l'Etat Ecclésiastique, IV, S. 7396*; I, 7424.
Réponse à la Censure de l'Assemblée du Clergé, 7426.

de la PAUSE : voyez Plantavit.

de la PAUSE de Margon (l'Abbé).
Mémoires du Duc de Villars, II, 24603.
—du Maréchal de Berwick, 14604.

le PAUTRE (M.), Graveur.
Plans, &c. de l'Hôtel des Invalides, I, 5249.
Thermes, Bustes, &c. de Versailles, II, 27018.

de PAVIE, François, Baron de Forquevauls.
Vie de plusieurs grands Capitaines, III, 31359.

de PAVIE : voyez de Beccarie & de Rouer.

PAVILLIER (M.), Ingénieur.
Visite du Canal de Languedoc, I, 910.

PAVILLON, Nicolas.
Discours sur l'Histoire des Polonois, II, 18278.

PAVILLON, Nicolas, Evêque d'Alet.
Ordonnances, I, 6320.
Statuts Synodaux, 6321.

PAVILLON, Balthasar, Aumônier du Roi.
Vie de Robert d'Arbrisselles, I, 13942.

PAVILLON, Nicolas-George. On croit que son vrai nom étoit Poullain, III, 39454 : voyez Poullain.

PAYEN, Pontus, Seigneur d'Essars.
Les troubles arrivés à Arras, III, 38976.

PAYEN, Basile, Bénédictin.
Bibliothèque de la Bourgogne Séquanoise, IV, 45698.

le PAYEN (M.), Procureur du Roi au Bureau des Finances de la Généralité de Metz.
Essai sur les Moulins à Soie, IV, S. 3481.*

de PAZ, Matthieu.
Commentaria in Concordata, I, 7552.

du PAZ, Augustin, Dominicain.
Histoire des Evêques de Bretagne, I, 10258.
Histoire généalogique de plusieurs Maisons illustres de Bretagne, 40625.
—de la Maison de Léon, 42905.
Généalogie de la Maison de Molac, 43225.

PÉAGET, Léandre, Médecin.
An à vino Burgundo arthritis, I, 3539.

PÉAN ou Pihan, René.
Lettre à M. Schminck au sujet de son Edition d'Eginhart, II, 16254. On l'attribue à l'Abbé de Camps.
Journal du Règne de S. Louis, II, 16797.
Revision du Journal de S. Louis, IV, S. 16914.*
Lettre touchant la Succession à la Couronne de France, II, 24929 & 28561.
Remarques sur l'origine de la Maison de Lorraine, 25884.
Des Droits des Rois de France, 26946.
Remarques sur l'origine de Théodoric, Comte de Toulouse, III, 44263.

PECH.
Dissertation sur la Métropole de Narbonne, I, 9161.

PECH, Jean, Médecin.
Descriptio Plantarum in Pyrenaicis montibus nascentium, I, 3371.

PECQUET (M.).
L'Esprit des Maximes Politiques, II, 27084.
Analyse raisonnée de l'Esprit des Loix, IV, Suppl. 27084.*
Loix Forestières de France, II, 27663.
Discours sur l'Art de négocier, III, 32648.

PEGNA, François.
Responsio canonica, II, 19622.
Censura in Arestum pronuntiatum contra Joannem Castellum, III; 33684.

de PEGNARANDA : *voyez* de Bracamonte.
PEILHE, François.
Histoire de l'ancienne Ville d'Arles, IV, *Supplém.* 38162.*
Recueil de Médailles antiques d'Arles, *là.*
Entretien sur les Antiquités d'Arles, IV, *Suppl.* 38162.**
Description de l'Amphithéâtre d'Arles, III, 38164.
Discours sur une Inscription antique d'Arles, IV, *S.* 38176.*
Relation de ce qui s'est passé dans la Ville d'Arles, 38203.
Description des Antiquités de la Ville de Saint-Remi, 38207.
de PEIRESC : *voyez* Fabry.
du PEIRIER, Scipion.
Harangue pour la présentation des Lettres du Prince de Joinville, III, 31984.
de PEIRUSSE d'Escars, Charles, Evêque de Langres.
Oratio ad Legatos Polonorum, II, 18277.
PEISSON de Bacot, Jean-Philibert, Procureur du Roi à la Sénéchaussée de Lyon.
Requisitoire contre un Livre concernant les Jésuites, I, 14676.
PEITAIS (l'Abbé), Chanoine de Saint-Quentin.
Mémoire sur la Ville de Saint-Quentin, III, 34180.
PEIX (l'Abbé), Professeur de Philosophie.
Observations sur des Eaux qui s'enflamment, I, 2867.
PELÉ, Julien, Bénédictin.
Relation de la Maladie & de la Mort d'Hyacinthe Ravechet, I, 11391; IV, *S.*
PELÉE de Saint-Maurice.
L'Art de cultiver les Peupliers d'Italie, IV, *Suppl.* 3472.**
PÉLEGRIN, Antoine.
Dissertation sur le mal contagieux d'Aix, III, 38144.
PELEGROM, Simon.
Descriptio urbis Sylvæducensis, III, 39526.
PELERIN *ou* Peregrin, Alexandre.
De Duello, III, 40187.
PELETIER *ou* le Pelletier : *voyez* Pelletier.
PELEUS, Julien.
Panegyrique funèbre de Henri III; IV, *Supplém.* 19120.*
Histoire de Henri-le-Grand, II, 19520.
Panégyrique au grand Henri IV, *S.* 19807.*
Le Cavalier François, II, 19834.
Le Chancelier de France, III, 31473.
Le premier Président du Parlement de France, 32894.
PELISSIER *ou* Pellicier, Guillaume, Evêque de Maguelone ou Montpellier.
Histoire du Comte de Montfort, I, 5743.
Lettres, III, 2996; & 64.
PELISSIER de Féligonde (M.).
Dissertation sur l'origine des Gaulois, I, 3757.
—sur la Langue originaire des Gaulois, 3777.
Lettre sur un ancien Jetton & sur les Fleurs-de-Lys, III, 34014.
Mémoires sur l'Histoire d'Auvergne, 37445.
PELISSON.
Requêtes contre le Chapitre de S. Brieux, I, 10459.
PELISSON.
Traduction d'un Parallele de Charles V & de François I; II, 17641.
PELISSON : *voyez* Pellisson.
PELLAS, André-Sauveur, Minime.
Dictionaire Provençal, III, 38029.
PELLEPRAT, Pierre, Jésuite.
Diva Genoveva, I, 4460.
Relation des Missions des Jésuites dans l'Amérique Méridionale, III, 39755.

PELLERIUS, Christophe.
Theatrum Pacis, III, 29182.
PELLETIER, Louis.
Oratio funebris in obitu Philiberti à Chalon Aurengiorum Principis, III, 35853.
PELLETIER, Laurent, Bénédictin.
Légende de Robert d'Arbrisselles, I, 13937.
PELLETIER, T.
Vie du Cardinal du Perron, I, 10072.
PELLETIER, Pierre.
La Monarchie de l'Eglise, I, 7071.
Discours lamentable sur le patricide commis contre Henry IV; II, 19971.
De l'inviolable personne des Rois, 19972 & 27145.
PELLETIER (M.) : *peut-être le même.*
Lettre sur la mort de Madame la Vicomtesse de Pisieux, IV, 48154, & *S.*
PELLETIER (le Sieur) : *peut-être le même.*
Traduction d'une Lettre touchant S. François de Sales, IV, *S.* 10790.*
Lettre sur la mort de Pierre Coton, I, 14117; IV, *S.*
Apologie pour les Jésuites, 14305; IV, 44662.
Lettre à M. le Prince de Condé, II, 20127.
Discours d'Etat, 21832.
Lettre sur la mort du Chevalier de Lorraine, III, 31976.
PELLETIER : *peut-être le même.*
Discours sur la mort du Marquis de Courtenvaux; III, 31694.
Oraison funèbre du Duc de Mayenne, 31778.
PELLETIER (M.) : *il paroît postérieur.*
Maximes sur la conduite de Béatrix de Cusance; III, 38880.
PELLETIER, Jacques.
Recueil des Commanderies de France, I, 1300.
PELLETIER, Jean.
Mémoire pour le rétablissement du Commerce, II, 28190.
PELLETIER, Ambroise, Bénédictin.
Dissertation sur la Noblesse, III, 39888.
Nobiliaire ou Armorial général de la Lorraine; 40702.
du PELLETIER (le Sieur).
Lettre à M. le Duc de Beaufort, II, 22545.
le PELLETIER, Laurent, Bénédictin.
Series Abbatum sancti Nicolai Andegavensis, I; 12694.
le PELLETIER.
Traduction du Jugement des Cardinaux sur certains Libelles, II, 28657.
le PELLETIER, Guillaume, Jésuite.
Oraison funèbre de Henri II d'Orléans, Duc de Longueville, II, 25550.
le PELLETIER, Louis, Premier Président au Parlement de Paris.
Remontrances au Roi, III, 33331.
Discours au Roi, 33335.
le PELLETIER, Robert-Martin, Chanoine Régulier de Sainte Geneviève.
Mémoire sur Claude d'Espence, I, 11109.
Vie de S. Thibaud, 11339.
Lettres sur les Poésies du Roi de Navarre, II; 25050 & 52.
Histoire des Comtes de Champagne & de Brie; III, 34224.
Bibliothèque des Ecrivains de Champagne, IV, *S.* 45686.
Histoire de Pierre le Givre, IV, 46157.
le PELLETIER, Louis, Bénédictin.
Dictionnaire de la Langue Bretone, I, 3771.
le PELLETIER de Souzy, Michel, Conseiller d'Etat.
Découverte des ruines de la Ville des Curiosolites, I, 254.

de PELLEVÉ, Nicolas, Archevêque de Sens, puis de Reims.
Réponse à la Harangue du Duc de Feria, II, 19450.
PELLICIER de Salas, Joseph.
Traduction Espagnole de l'Argenis, II, 19916.
PELLICOT (M.), Chanoine Régulier de S. Antoine.
Panégyrique de S. Lazare, I, 3972; IV, S.
PELLISON, Jean.
Oratio in laudem Cardinalis Turnonis, I, 8946.
PELLISSON, Pierre, Maître des Requêtes de Navarre.
Mémoires sur la Famille de Bourbon, II, 24967.
PELLISSON-Fontanier, Paul, Maître des Requêtes de France, petit-fils du précédent.
Recueil d'Ecrits sur le Prieuré de Saint-Orens, I, 5143.
Production pour la Manse Abbatiale de l'Abbaye de S. Germain-des-Prés, 12507.
Panégyrique de Louis XIV, II, 23967.
Relation de la Conquête de la Comté de Bourgogne, 24035.
Histoire de Louis XIV, 24150.
Discours de Louis XIV à M. le Dauphin, IV, S. 24384.*
Vie d'Anne d'Autriche, 25176.
Lettres, III, 31076.
Observations sur le Testament Politique du Cardinal de Richelieu, 32441.
Premiere Défense de M. Fouquet, 32576.
Histoire de l'Académie Françoise, IV, 45498 & 99.
Eloge de Marin Cureau de la Chambre, 46078.
Mémoire sur Jean-François Sarrasin, III, 34957; IV, 46912 & 47676.
Notice de Jean Ballesdens, IV, 46985.
Eloge de Jean Baudoin, 47002.
—de Paul Hay du Châtelet, 47034.
—de François de Cauvigny, Sieur de Colomby, 47042.
—de Nicolas Faret, 47075.
Notice de Louis Giry, 47093.
—de Marin de Gomberville, 47094.
—de Claude Gaspard Bachet de Méziriac, 47137.
—de Pierre du Ryer, 47206.
—de Jean Sirmond, 47221.
Eloge de Claude Favre de Vaugelas, 47242.
—de Vincent Voiture, 47251.
Notice de François d'Arbaud de Porcheres, 47284.
Eloge de Balthasar Baro, 47295.
—de Nicolas Bourbon le jeune, 47332.
Notice de Jean Doujat, 47411.
Eloge de Claude de l'Etoile, 47419.
—d'Antoine Godeau, 47460.
—de Philippe Habert, 47479.
Notice de Claude de Malleville, 47509.
—de François Maynard, 47520.
—de Georges de Scudéry, 47683.
—de François Tristan l'Ermite, 47695.
PELLIZER de Tovar, Joseph.
Idea del Principado de Cataluña, III, 38357.
PELLOT.
Remontrance au Conseil du Roi, III, 37387.
PELLOUTIER, Simon.
Histoire des Celtes, I, 3746.
Mémoire sur l'extérieur de la Religion des Celtes, IV, S. 3746.
Lettres sur les Celtes, I, 3747; IV, S.
Réponse aux Objections de M. Gibert, 3751; IV, Suppl.
Réponse aux Objections de M. Schœpflin, 3754.
Remarques sur les temps sacrés des Gaulois, IV, S. 3816.*
Observations historiques & critiques, I, 3846; IV, Suppl.

Dissertation sur un passage de César, 3901.
Mémoire sur l'Histoire des Galates, 3952; IV, Suppl.
PELTAN, Jean-Antoine, Prémontré.
Vita S. Norberti, I, 13541.
PELTEREAU.
Mémoires sur les Prés hauts, IV, S. 3421.*
PELTRE, Hugues, Prémontré.
Vie de Ste Odile, I, 15027.
PEÑA : voyez Pegna.
PENE, Charles, Ingénieur, Géographe du Roi.
Le Neptune François, I, 696.
PENNOTTE, Gabriel.
Historia Canonicorum regularium, I, 13407.
PENOT (le Sieur).
Discours à M. d'Aligre, Chancelier, IV, Suppl. 31544.*
PENOT-Duclos, Charles, Académicien.
Mémoires sur l'origine des Langues Celtique & Françoise, I, 3776.
Mémoire sur les Druides, 3837.
Considérations sur les Mœurs de ce Siècle, II, 15472.
Mémoire sur les Epreuves, 15528.
Histoire de Louis XI, 17340.
Mémoire sur les Jeux Scéniques, IV, 47777.
Histoire de Madame de Luz, 48117.
de PENSEY : voyez Henrion.
de PENTIMALLY, Méléagre.
Chronologia di Priori della gran Cartosa, I, 13224.
de PENY (M.), Secrétaire d'Ambassade.
Dépêches, III, 30750.
PEPIN, Roi de France.
Capitularia & Diplomata, II, 27601.
PEPIN I, Roi d'Aquitaine.
Capitularia, &c. II, 27607.
PEPIN II, Roi d'Aquitaine.
Diplomata, II, 27609.
PEPIN, François.
Version Latine d'un Livre de la Conquête de la Terre-Sainte, II, 16794.
PEPIN (le Sieur), Chanoine Musical de la Sainte Chapelle de Dijon.
Journal, III, 35897 & 36989.
PEPIN, Charles, Avocat.
Louanges à Dieu pour Louis XIII; II, 21069.
PEPIN, Charles, Chanoine de Soissons.
Poëme sur le Trépas de la Duchesse d'Estrées, IV, 48068.
PEPINO, Pierre-Rochin.
Regio Sposalitio, II, 26598.
PEPOLI (le Sieur), Comte Boulonois.
Lettre au Cardinal Mazarin, II, 22422.
PEPOLI, Léonard, Jurisconsulte de Bologne.
Discours sur la Succession de la Monarchie d'Espagne, II, 28937.
de PERALÈS, Christophe-Gonzales, Bernardin.
Vida y milagros del san Bernardo, I, 13053.
PÉRARD, Bénigne.
Réjouissances de l'Infanterie Dijonoise, III, 36997 & 98.
Ebolemen de tailan, 37015.
Paissaige des Pouacres, 37016.
Retour du bon temps, 37017.
PÉRARD, Etienne, Doyen de la Chambre des Comptes de Dijon.
Recueil concernant la Sainte Hostie de Dijon, I, 5003; IV, S.
Notes sur l'Histoire des Ducs de Bourgogne de du Chesne, II, 25288.
Extrait des anciens Comptes des Ducs de Bourgogne, III, 33819.
Recueil des anciens Comptes des Ducs de Bourgogne, 33851.

Recueil de Pièces servant à l'Histoire de Bourgogne, 35870.
Notes sur les Annales de Bourgogne de Paradin, 35877.
PÉRAU-Calabre, Gabriel-Louis, Licentié en Théologie.
Description de l'Hôtel des Invalides, I, 5254.
Vie de François Rabelais, 11385.
Histoire de l'extinction des Jésuites en France, 14423.
Vie de l'Amiral de Coligny, II, 18130; III, 31770.
—de Gaspard de Saulx, 18217; IV, S.
—de Henri, Duc de Rohan, 21948.
—du Vicomte de Turenne, 24076.
—de Louis I de Bourbon, Prince de Condé, 25786.
Vies des Hommes illustres de la France, III, 31377.
Vie du Maréchal Armand de Biron, 31587.
—du Maréchal Charles de Biron, 31590.
—du Maréchal de Brissac, 31608.
—du Maréchal de Strozzi, 31696.
—du Maréchal de Tavannes, 31697.
—du Maréchal de Thermes, 31708; IV, S.
—du Maréchal de Vieilleville, 31726.
—du Duc de Mayenne, 31785.
—de François d'Andelot, 31835.
—de Pierre d'Aussun, 31856.
—d'André d'Essé, 31938.
—de Henri, Duc de Guise, 32317.
—de Jérôme Bignon, 32985.
Edition de la Description de Paris de Germain Brice, 34508.
—de la Description de Paris & de ses environs de Piganiol de la Force, I, 2245; III, 34513.
Eloge de César Vichard de Saint-Réal, IV, 46905.
PERBON, Jérôme.
De excellentia Christianissimi nominis, II, 26796.
PERCEVAL de Caigny, Ecuyer du Duc d'Alençon.
Chronique d'Alençon, II, 25392.
PERCHERON, Etienne.
Catalogue des anciens Rois des Gaules, I, 3859.
PERCHERON (M.), Avocat du Roi.
Francias, II, 15814; IV, S.
PERCIN, Jean-Jacques, Dominicain.
Totius Albigensium facti narratio, I, 5761.
Monumenta Conventûs Tolosani Ordinis Fratrum Prædicatorum, 13755.
De nobilioribus Tolosæ Familiis, III, 40782.
De Academia Tolosana, IV, 45286.
PERDOULX de la Perrière, Michel, Gentilhomme d'Orléans.
Histoire du Miracle du Crucifix de S. Pierre Puellier, IV, S. 5440.*
L'Entrée célèbre des Evêques d'Orléans, I, 9447.
Dissertation sur le Privilége des Evêques d'Orléans, là.
Poëme & Cantique sur la délivrance d'Orléans, II, 17187.
Portrait de M. de la Fons, III, 34126.
Mémoires pour servir à l'Histoire d'Orléans, 35595 & 600.
Essai d'un Abrégé Chronologique de l'Histoire d'Orléans, 35601.
Lettre sur la Bibliothèque Chartraine, IV, 45688.
PERDOULX de la Perrière, Michel-Gabriel, Bénédictin.
Lettre sur la Bibliothèque des Auteurs de la Congrégation de S. Maur, I, 11616.
Seconde Lettre, 11618.
PERDOULX (M.).
Discours sur la délivrance d'Orléans, II, 17182.*

le PERE, Maturin.
Description d'une Chaussée antique, I, 73.
—d'une Fontaine, 2872.
Mémoire sur les Eaux de Pougues, 3175.
—sur les Chenilles plieuses de feuilles, 3624.
Eloge de M. l'Abbé Lebeuf, 11233; IV, 45668.
Observations pour la Méridienne d'Auxerre, III, 36015.
Evaluation du prix de la Ville d'Auxerre, 36020.
Eloge de M. Martin, IV, 45668 & 46217.
de la PERÉE : voyez Catreau.
de PERÉFIXE, Hardouin de Beaumont, Evêque de Rhodès & ensuite Archevêque de Paris.
Statuts & Réglements pour les Frères Cordonniers, I, 5300.
Sommaire de l'Histoire de France, II, 15817.
Voyez de Beaumont.
PÉRÉGRIN : voyez Pélerin.
PÉRÉGRIN, Constantin : faux nom sous lequel s'est caché Baudouin de Jonghe, III, 39596 : voyez de Jonghe.
PEREGRINUS, Abbé de Notre-Dame des Fontaines.
Historia Prælatorum Ecclesiæ B. Mariæ de Fontanis, 13096.
PERELLE, André-Robert, Conseiller au Grand-Conseil.
Observations sur l'Edit de 1695, IV, Supplém. 7458.
PERELLE.
Vues des belles Maisons de France, I, 2121.
Plans, &c. servant à l'Histoire de Louis XIV, 2144.
Les Délices de Paris, III, 34519.
Histoire des Guerres d'Italie par les Bretons, 35371.
PERETTI de Montalte, Alexandre, Cardinal.
Lettre au Conseil de l'Union. . . . .
PEREZ, Antoine, Secrétaire de Philippe II.
Obras y Relaciones, III, 30307.
Lettres, 30367.
PERIANDER, Gilles.
Nobilitas Moguntinæ Diœceseos, I, 9072.
Sanctæ sedis Moguntinæ facies, III, 39191.
PERIANDER, Antoine : faux nom sous lequel s'est caché Jean Portner, I, 11185 : voyez Portner.
de PÉRICARD, François, Evêque d'Avranches.
Statuts Synodaux, I, 6301.
de PÉRICARD, François, Evêque d'Evreux, neveu du précédent.
Statuts du Diocèse d'Evreux, I, 6506.
PERICART (M.).
Lettres, III, 30466 & 68.
PÉRIER, Jacques-Simon.
Sa Vie, I, 11345.
PÉRIER, Daniel.
Encomium Issiaci, III, 34786.
PERIER, Marguerite.
Vie de Blaise Pascal, IV, 45788 ; V, Add.
Mémoires pour servir à l'Histoire de Blaise Pascal, 45789.
PÉRIER, Jean, Jésuite.
De sanctâ Amâ, I, 4303.
De sanctâ Bellinâ, 4333.
De sanctis Florentino & Hilario, 4418.
De sanctâ Lutrude, 4550.
De sancto Valeriano, 4709.
De sancto Rustico Claromontensi, 8424.
De sancto Verano Vincensi, 8836.
De sancto Lupo Lugdunensi, 8909.
De sancto Annemundo Lugdunensi, 8921.
De sancto Ceranio Parisiensi, 9301.
De sancto Amato Senonensi, 10050.
De sancto Fraterno Autissiodorensi, 10146.
De sancto Aunario Autissiodorensi, 10155.

De sancto Materno Trevirensi, 10504.
De sancto Stephano Diensi, 10748.
De sancto Florentio, 11115.
De sancto Richardo, 12022.
De sancto Geremaro, 12552.
De sancto Bavone, 13284.
PERIER (l'Abbé).
Histoire de Nicolas Sanson, IV, 46910.
PERIERE, Jean, Chanoine de Limoges.
Oraison funèbre de François de la Fayette, I, 8480.
PERIERE, Jean, Jésuite.
Oraison funèbre d'Elisabeth d'Aubusson de la Feuillade, I, 14895.
Eloge funèbre de Frédéric-Maurice de la Tour d'Auvergne, IV, S. 32071*.
de PERIERE, Henri, sieur de la Gardelle.
Harangue sur la présentation des Lettres de M. de Turenne, III, 31719.
de PERIERE-LOYSEL.
Propositions au Roi pour la Navigation & le Commerce, II, 28182; IV, S. 891*.
PERIGAUD, Jean, Jésuite.
Gallia victrix, II, 24049.
Consolatio heroica in obitu Joannis de Gourgue, III, 33127.
PERIN, Léonard, Jésuite.
Apophthegmata Henrici IV; II, 19929.
Oraison funèbre de Charles III, Duc de Lorraine, III, 38860.
—de Charles, Cardinal de Lorraine, là.
PERION, Joachim, Bénédictin.
Vita S. Dionysii Areopagitæ, I, 4024.
Oratio de laudibus Dionysii Briçoneti, 10476.
Histoire de l'Abbaye de Cormery, 11891.
Dialogi de Linguæ Gallicæ origine, II, 15484.
PERISTEROSTROPHUS, J. faux nom sous lequel s'est caché Guichard de Beurreville, IV, S. 15049*; & V, Add. voyez de Beurreville.
PERNETTI (l'Abbé).
Tableau de la Ville de Lyon, III, 37340.
Les Lyonnois dignes de mémoire, 40708; IV, 45712.
Eloge d'Horace Cardon, IV, 47972.
Notice de quelques autres Imprimeurs de Lyon, là.
PERNETTY (Dom).
Lettre sur Nicolas Flamel, IV, 46455.
PERNOT (M.) Présidant au Présidial de Toul.
Recueil des anciennes Ordonnances Ecclésiastiques de Lorraine, I, 10621.
PERONNET de Gravagneux, François, Avocat.
Regrets sur la mort de sa femme, IV, 48147.
PEROT, peut-être Æmilius Perottus.
Lotareis, II, 16600.
de PEROUSE, Pierre-Annet, Evêque de Gap.
Lettre sur la notice de la Gaule du P. Longueval, I, 431.
Mémoire sur la situation du lieu d'Epaone, 515.
PERPERAT, Jean.
Traduction latine d'une réponse à l'Anti-Coton, I, 14264.
PERPOINT.
Tarif du quatrieme paiement, &c. II, 28273.
PERRAULT, Julien.
Relation du Cap Breton, III, 39671.
PERRAULT, Claude, Médecin & Architecte.
Description des grottes d'Arcy, I, 2786.
Mémoires pour servir à l'Histoire des Animaux, 3548.
PERRAULT, Charles, Contrôleur-Général des Bâtimens du Roi, frère du précédent.
Eloge de Samuel Bochart, I, 6011.
—du Cardinal de Bérulle, 7784.
—de Nicolas Coëffereau, 8044.

Eloge d'Antoine Godeau, 8844.
—de Pierre de Marca, 9340.
—de Guillaume du Vair, 9994.
—du Cardinal du Perron, 10074.
—de Henri Sponde, 10238.
—d'Ismaël Bouillaud, 10985.
—de Pierre Gassendi, 11146.
—de Jean de Launoi, 11229.
—de Sébastien Lenain de Tillemont, 11237.
—de Gilles Ménage, 11286.
—de Jean Morin, 11308.
—de Jean-François Senault, 11450.
—de Louis Thomassin, 11482.
—de Jérôme Vignier, 11513.
—de Jean-Baptiste Santeuil, 13482.
—de Pierre Lallemant, 13616.
—de François de Combefis, 13830.
—de Marin Mersenne, 14045.
—de Denys Petau, 14133.
—de Jacques Sirmond, 14139.
Odes sur la Paix & sur le Mariage du Roi, II, 23854.
Mémoires, 24186; III, 32585.
Le Siècle de Louis le Grand, II, 24238.
Eloge du Prince de Condé, Louis II, 25833.
Courses de têtes & de bagues, 26445.
Les Hommes illustres de France, III, 31374; IV, 45640.
Eloge de Pierre Séguier, 31543.
—de Michel le Tellier, 31550.
—du Maréchal de Gassion, 31627.
—du Maréchal de Grammont, 31630.
—du Maréchal de Luxembourg, 31648.
—du Vicomte de Turenne, 31724.
—du Duc de Sully, 31813.
—du Duc de la Meilleraye, 31819.
—de Sébastien de Pontault, 31873.
—de Claude Berbier du Metz, 31999.
—du Comte de Pagan, 32035.
—d'Abraham du Quesne, 32039.
—de Jacques Solleysel, 32068.
—d'Honoré d'Urfé, 32083.
—du Comte d'Harcourt, 32349.
—de Pierre Jeannin, 32469.
—du Cardinal de Richelieu, 32518.
—de Jean-Baptiste Colbert, 32586.
—de Paul Phelypeaux de Pontchartrain, 32692.
—de François de la Mothe le Vayer, 32734.
—de Robert Arnauld d'Andilly, 32740.
—de Paul Pellisson-Fontanier, 32761.
—d'Achilles de Harlay, 32908.
—de Pompone de Bellièvre, 32923.
—de Guillaume de Lamoignon, 32926.
—de Papire Masson, 32996.
—de Pierre de Fermat, 33035.
—de Claude Fabri de Peiresc, 33200.
—de Nicolas Rigault, 33211.
—d'Antoine Rossignol, 33805.
—de Scévole de Sainte-Marthe, 34052.
—de Charles du Fresne, Sieur du Cange, 34058.
Particularités sur l'Académie Françoise, IV, Suppl. 45499*.
Origine de l'Académie des Inscriptions, IV, S. 45510*.
Origine de l'Académie des Sciences, IV, S. 45513.*
Eloges de MM. Arnauld & Pascal, III, 31374; IV, 45763.
Eloge d'Antoine le Maître, IV, 45931.
—d'Olivier Patru, 45964.
—de François Pithou, 45971.
—de Philippe Collot, 46100.
—de Claude Perrault, 46269.
—de Jean de la Quintinie, 46563.
—de David Blondel, 46654.
—de Barthelemi d'Herbelot, 46771.

Eloge

Eloge de Pierre Dupuy, 46885.
— de Jean-François Sarafin, 46911.
— d'Adrien de Valois, 46950.
— de Jean-Louis Guez de Balzac, 46989.
— de Nicolas le Fevre, 47080.
— de Joseph Scaliger, 47119.
— de Vincent Voiture, 47252.
— d'Isaac de Benserade, 47307.
— de Pierre Corneille, 47379.
— de Jean de la Fontaine, 47435.
— de François de Malherbe, 47507.
— de Jean-Baptiste Pocquelin de Moliere, 47531.
— de Philippe Quinault, 47593.
— de Jean Racine, 47610.
— de Jean-Baptiste Lully, 47745.
— de François Mansart, 47806.
— de Jacques Blanchard, 47836.
— de Charles le Brun, 47846.
— de Jacques Callot, 47850.
— de François Chauveau, 47855.
— de Claude Mellan, 47901.
— de Pierre Mignard, 47905.
— de Nicolas Poussin, 47922.
— de Jacques Sarrafin, 47933.
— d'Eustache le Sueur, 47940.
— de Jean Varin, 47952.
— des Simon Vouet, 47954.
— de Claude Ballin, 47982.
PERRAULT (M.) Maire de Châlons-sur-Saône.
  Mémoires sur la Ville de Châlons-sur-Saône, III, 37193.
du PERRAY, Michel, Avocat.
  Notes & Observations sur l'Edit de 1695, I, 7458.
  Observations sur le Concordat, 7554.
  Questions sur le Concordat, 7555.
  Traité de la Régale, 7657.
PERREAU, Pierre, Médecin.
  Les Singularités de la fontaine de S. Pardoux, I, 3215.
PERREAU, Jean, Professeur Royal en Philosophie.
  Oratio in Ludovici XIII egregiis facinoribus, II, 21550.
PERREAUD, François, Ministre Calviniste.
  Démonologie, I, 4872.
PERRECIOT (M) Maire de Baume-les-Dames.
  Essai sur la Notice des Gaules, IV, S. 439*.
  Observations sur la division du pays des Séquanois, IV, S. 489*.
  Mémoire sur l'étendue de la Province Séquanoise, IV, S. 38371*.
  — sur les Comtes héréditaires de Bourgogne, Id.
  — sur les différentes positions de Besançon, IV, S. 38431*.
  — sur Baume-les-Dames, IV, S. 38454***.
  Dissertation sur les Etats de Franche-Comté, III, 38458; IV, S.
  — sur les Princes de Franche-Comté, 40673.
PERRENOT, Antoine, Archevêque de Malines.
  Decreta & Statuta Synodalia, IV, S. 6605.
PERRENOT de Chantonay, Thomas, Ambassadeur d'Espagne.
  Lettres, III, 30107.
  Ambassade, 30128.
PERRET, C.
  Le Manifeste de Mademoiselle, II, 23506.
PERRET (M.), Secrétaire de l'Académie de Dijon.
  Discours sur l'amour des Sciences dans les Habitans de Dijon, III, 35907.
  Eloge de M. Fevret de Fontette, IV, Supplém. 46729*.
  Eloge d'Alexis Piron, V, Add. 47585.
du PERRET (M.), Oratorien.
  Dissertation sur l'établissement de la Religion Chrétienne dans le Soissonnois, I, 4071.

Tome V.

PERRIER, Pierre.
  Vie de S. Cloud, II, 25245.
du PERRIER, Aymar, Sieur de Chameloc.
  Discours touchant l'état des Gaules, I, 3861; III, 37925.
  — sur l'état de la Provence, III, 38112.
du PERRIER, François.
  Mémoires, III, 38111.
du PERRIER.
  Mémoire sur les Dauphins & Dauphines, II, 26782; III, 37956.
de la PERRIERE, Guillaume.
  Les Gestes des Tholosains augmentés, IV, Suppl. 37762.
  Les Annales de Foix, III, 37918; IV, S.
de la PERRIERE.
  Relation de la Guerre du Comté de Bourgogne, III, 38406.
de la PERRIERE, voyez Perdoulx.
PERRIN, François.
  Le Portrait de la Vie humaine, III, 35933.
  Histoire d'Autun, 35934.
  Recherches sur l'antiquité d'Autun, 35935.
  Regrets sur les ruines d'Autun, 35936.
PERRIN, Jean-Paul, Ministre Calviniste.
  Histoire des Vaudois, I, 5721.
  — des Albigeois, 5758.
PERRIN, Charles-Joseph, Jésuite.
  Poëme latin sur la mort de Louis XIV, II, 24528.
de PERRIN, Gaspard.
  La Spagyrie des Fontaines de Sellès, I, 3226.
de PERRIN, voyez Benneton & Marius.
des PERRINES-Boutin.
  Apologie pour la Communauté de Nantes, III, 35430.
PERRIUS, Claude, Jésuite.
  Icon Regis, II, 22086.
PERROCHEL, François, Evêque de Boulogne.
  Statuts Synodaux, I, 6412.
PERRON.
  L'Anastase de Marcoussy, III, 34829.
  Généalogie de la Maison de Balzac, 41111.
  — des Maisons de Montaigu, &c. Id.
du PERRON (le Cardinal), voyez Davy.
du PERRON, (le sieur).
  Apologie pour les Peres Jésuites, I, 14293.
PERRONET (M.), Ingénieur.
  Mémoire sur les Eaux de l'Yvette, V, Additions, 931***.
PERROT, Nicolas.
  Oratio in funere Caroli IX; II, 18241.
PERROT. Vincent.
  Aviso piaccevole data alla bella Italia, I, 7146.
PERROT d'Ablancourt.
  Traduction des Commentaires de César, I, 3880.
PERRY, Claude, Jésuite.
  Histoire Ecclésiastique de Châlons-sur-Saône, I, 4990 & 9026.
  Panegyris Jacobi de Neucheses, Episcopi Cabilonensis, 9037.
  Vie de S. Eustase, 11113.
  Obeliscus Plomberianus in honorem Delphini, II, 25688.
  Luctus Cabillonis in obitu Marchionis d'Uxelles, III, 32087.
  Panegyris Petri Odebert, 33073.
  Histoire de Châlons-sur-Saône, 35967.
de PERRYNS : voyez Benneton.
le PERS, Jean-Baptiste, Jésuite.
  Mémoires sur l'Isle Espagnole, III, 39742.
PERSONA, Gobelin, Official de Paderborn.
  Cosmodromicum, IV, 16454.
PERSONNE de Roberval, Gilles.
  Moyen de faire une Carte de la France, I, 7781; IV, S.

P ppp.

de la PERSONNE, A.
Aquitanographie, I, 2182; III, 37506.
de PERTEVILLE : *voyez* Maunoury.
PERTSCH, Jean-G.
Tractatio Canonica de Pallio Archiepiscopali, I, 9087.
de PERUSSE : *voyez* de Peyrusse.
PERUSSIS, Louis, Sieur de Caumont.
Discours des Guerres du Comté Venaissin, III, 38074.
Second Livre, 38075.
Troisième Livre, 38076.
le PESANT, Pierre, Sieur de Bois-Guillebert.
Marie-Stuart, II, 25122.
Le détail de la France sous Louis XIV, 28070.
PESCHANT.
Discours de l'obéissance du peuple, II, 19763.
du PESCHIER (le Chevalier).
Discours de la défaite de la Garnison de Cambrai, III, 39047.
du PESCHIER, N. Avocat.
Lettre sur la mort de M. le Chevalier de Guise, III, 31975.
Le Tombeau de M. le Chevalier de Guise, 31980.
Consolation sur la mort de Madame la Duchesse de Nevers, IV, 48141.
de PESCIONI, Charles, Chanoine Régulier Antonin.
Oraison funèbre d'Anne d'Autriche, II, 25173.
PESSELIER, Pierre, Moine d'Auxerre.
Editio vitæ S. Germani Autissidiorensis, I, 10130.
PESSELIER, Charles-Etienne.
Idée des Finances & des Coutumes de France, II, 27980; IV, S. 28119.*
Doutes proposés à l'Auteur de la Théorie de l'Impôt, 28121.
Lettre sur le Mausolée du Cardinal de Fleury, III, 32613.
Edition du Tableau de Paris, 34450.
Eloge de Barthélemi-Christophe Fagan, IV, 47422; V, *Add.*
PESTALOSSI, Jérôme-Jean.
Avis contre la peste de Marseille, I, 2549.
PESTEL, Pierre.
Epicedion Joannis Racine, IV, 47609.
PÉTAU, Paul, Conseiller au Parlement de Paris.
De Nithardo, II, 16373 & 25269.
PÉTAU, Denys, Jésuite.
Sancta Genovefa, I, 4459.
Historia Regum Francorum, II, 15785.
Réponse au Plaidoyer de Pierre Hardivilliers, IV, 44649.
PETIGNY.
Mémoire pour M. Coupry du Pré, III, 32999.
PETIOT, Etienne, Jésuite.
Vie de Bernard Bardon de Brun, I, 10925.
PÉTIS de la Croix, François, Interprete du Roi.
Vie de N. Thevenot, IV, 46934.
PÉTIS de la Croix, François, Professeur Royal, fils du précédent.
Relation de ce que le Roi a fait de mémorable contre les Corsaires de Barbarie, II, 24191.
La Turquie Chrétienne, 24363.
PÉTIS de la Croix, Alexandre-Louis-Marie, Professeur Royal, fils du précédent.
Lettres de Hadgi-Mehemet-Effendi, III, 31111.
Histoire de François Pétis de la Croix (second du nom), IV, 46862.
PETIT, Jean, Docteur de l'Université de Paris.
Justification du Duc Jean de Bourgogne, II, 17109.
PETIT, Jacques : *nom sous lequel on croit reconnoître* Jacques le Grand, IV, S. 27179 : *voyez* le Grand.

PETIT, Jacques, Procureur du Roi au Comté de Soissons.
La Procession de Soissons, II, 17545.
PETIT, Barthélemi, Chanoine de Condé.
Extraits des Registres de l'Ordre de la Toison d'Or, III, 40430.
PETIT (M.), de Béliers.
Dialogue sur la Statue de Henri IV; II, 20214; III, 34541.
PETIT (M.), Substitut du Procureur-Général en l'Election de Vézelai.
Discours sur les trois Merveilles, II, 20548; IV, *Suppl.*
PETIT, Philippe, Dominicain.
Histoire de la Ville de Bouchain, III, 39065.
PETIT, Pierre, Intendant des Fortifications de Normandie.
Discours sur l'inondation de Paris, VI, S. 879.*
Avis sur la jonction des Mers, I, 894.
Discours touchant les inondations de la Rivière de Seine, 926; III, 34455.
Le Gouvernement de la Capelle, 1460 : *si toutefois il est du même Auteur.*
Lettre sur les Salines de Normandie, 2739.
PETIT ou Petite, Pierre, Médecin.
Fons Gossinvilæ, I, 3073.
Dissertatio de latitudine Parisiensi, III, 34382.
Elogium Gabrielis Magdeneleti, IV, 47499.
PETIT (M.), Chanoine de Soissons.
L'ordre tenu à Soissons pour la subsistance des Pauvres, I, 9610.
PETIT, Nicolas, Jésuite.
Vie de M. le Duc de Montausier, III, 32006.
PETIT, Paul.
Relation des Réjouissances faites à Dijon, II, 26543; III, 37008.
PETIT (M.), Chirurgien.
Second Mémoire pour les Chirurgiens, IV, 44912.
Lettre à M. Astruc, 44920.
PETIT (M.).
Droit Public des Colonies Françoises, III, 39741.
PETIT de Bachaumont, Louis.
Mémoire sur M. l'Abbé Gédoyn, I, 11156.
Mémoires sur le Louvre, II, 26990.
—sur le Louvre, l'Opéra, &c. III, 34542.
Chanson sur la Colonade, 34543.
PETIT de Bertigny, Jean.
L'anti-Hermaphrodite, II, 27991.
PETIT de Montempuis, Jean-Gabriel, Chanoine de Paris.
Observations sur les Mémoires de Sully, I, 14225; III, 30393.
PETIT du Noyer, A. M.
Lettres historiques, Mémoires, III, 31147.
PETIT-Benoît.
Dictionnaire Comtois-François, III, 38372.
PETIT-Didier, Matthieu, Abbé de Senones.
Traité sur l'autorité des Papes, I, 7313.
Dissertation sur le même sujet, 7315.
PETIT-Didier, Jean-Joseph, Jésuite.
Mémoire touchant les Jésuites, IV, *Supplém.* 14385.*
Réfutation des calomnies, IV, S. 14390.*
PETIT-pied, Nicolas, Chanoine de Paris.
Histoire du Chapitre de Notre-Dame de Paris, I, 5161.
Traité des Droits des Ecclésiastiques dans l'administration de la Justice séculiere, III, 34096.
PETIT-pied, Nicolas, Docteur de Sorbonne, neveu du précédent.
Histoire du Cas de Conscience, I, 5618.
Recueil de Pièces touchant l'Histoire de la Compagnie de Jesus, 14382.
Sentimens des Jésuites pernicieux aux Souverains, *id.*

de Petit-puy : voyez Boyer.

le Petit, Lambert, Moine de S. Jacques de Liége.
Chronicon, sive Res gestæ Leodiensium, I, 8693; II, 16796.

le Petit, Jean-François.
Chronique de Hollande, III, 39536 & 90.

le Petit, Augustin, Sieur du Canon, Avocat.
Réflexions sur la mort de Henri IV; II, 19938.

le Petit, Jacques-Georges, Secrétaire du Roi.
Traduction des Mémoires sur la vie de M. de Thou, III, 32940.
Lettres au sujet de cette Traduction, 32942 & 44.

le Petit (le Pere), Jésuite.
Lettre sur la mort de deux Missionnaires, III, 39721.

Petite, Jean, Official de Bayeux.
Evêché de Bayeux, I, 1021; IV, S.

Petite ou Petit, Pierre : voyez Petit.

Petitot, François.
Relation des Réjouissances faites à Dijon, II, 26544; III, 37014.
Continuation de l'Histoire du Parlement de Bourgogne, III, 33039.

Pétrarque, François.
Epistolæ quindecim, I, 7142.

Pétrée, Théodore, Chartreux.
Notæ in Chronicon Cartusiense, I, 13220.
Nomina Domorum Ordinis Cartusiani, 13223.
Bibliotheca Cartusiana, IV, S. 13229* & 45658; & V, Add. 13229.*

de Petremol, Antoine, Seigneur de la Norroye.
Lettres, III, 30114 & 15, & 197.

Petrey, Louis, Sieur de Champvans.
Lettre à son fils, II, 21883.

Petri, Suffrid, Jurisconsulte.
Gesta Pontificum Leodiensium, I, 8712.
Appendix ad Chronicon Ultrajectinum, 8791 & 93.
Chronicon Ducum Brabantiæ, III, 39496.

Petri, Jacques-Henri.
Histoire de la Ville de Mulhausen, (en Allemand), III, 38756; IV, S.

Petricca, Ange.
Disputatio de Appellationibus, I, 7481.

Petrineau des Noulis, Nicolas.
Histoire des Rois de Sicile & de Naples, II, 25361.
Projet de l'Histoire d'Anjou, III, 35698.
Relation concernant l'Académie d'Angers, IV, 45549.

Petrini, Jean, Carme.
Harangue funèbre de Henri IV; II, 20022.
Oraison funèbre de M. de Thermes, III, 32340.

Petrois.
Journaux, III, 37723.

Petyst (M.), Avocat du Roi à Amiens.
Observations sur la Reine Brunehault, II, 25029.

Peucer, Gaspard.
De Henrici IV periculis, I, 7174.

Peuffier (M.), Curé de Rouen.
Le grand Calendrier de Rouen, I, 5422; III, 35217.

Peutinger, Conrad.
Carte de l'Empire d'Occident, I, 60 & 62.
Sermones convivales ad illustrationem Germaniæ, II, 15396, III, 29851.

de Peyrac, Aimeri, Abbé de Moissac.
Vita Urbani V, Papæ, I, 7750.
Chronicon, II, 16266.

Peyrat.
Etats du Domaine du Roi en Bourgogne, III, 36803.

du Peyrat, Guillaume, Aumônier du Roi.
Histoire Ecclésiastique de la Cour, I, 5179; III, 32229.
L'Origine des Cardinaux, 7770.
Réponse sur sa Retraite, 11348.

Tome V.

Discours sur Henri IV; II, 19976.
Recueil de Poésies sur le trépas de Henri le Grand, IV, Suppl. 20074.*
La preuve des quatre titres d'honneur des Rois de France, 26891.
Tombeau de M. de Givry, IV, S. 31951.*
Traité des Secrétaires d'Etat, III, 32623.

Peyraud de Beaussol.
Poëme aux Anglois, II, 24787; IV, S.

de la Peyre : voyez d'Auzoles.

de la Peyrere, Isaac.
La bataille de Lens, II, 22289.

de Peyressac, Pierre, Agent du Clergé.
Procès-Verbal de l'Assemblée de 1625, I, 6865.
Recueil des Remontrances, Edits, &c. concernant le Clergé, 6937.

de Peyrins : voyez Beneton.

Peyron, Boniface, Augustin.
Oraison funèbre d'Irier de Chouly, IV, Suppl. 31916.**

de Peyronet, Simon, Curé de Toulouse.
Histoire de Notre-Dame du Taur, I, 4212.
Catalogus Sanctorum, 4285; IV, S.
Notes sur les Canons & Statuts de Toulouse, IV, S. 6755, 57 & 58.*
Jus sacrum Ecclesiæ Tolosanæ, 6759.

de la Peyronie, François, Chirurgien.
Requête du Corps des Chirurgiens, IV, 44934.
Testament, 44999.

de Peyronnenc, Jean, Curé de Toulouse.
Oraison funèbre de Marie-Térèse d'Autriche, II, 25195.

de Peyrusse, Antoine.
Discours sur l'Edit du Roi, concernant la réunion de ses Sujets à la Religion Catholique, I, 6157; II, 18508.

Peyssonnel, Jacques, Avocat.
Traité de l'hérédité des Fiefs de Provence, III, 39939.

Peyssonnel (MM.).
Lettre sur la mort de Charles Peyssonnel, IV, 46283.

Peyssonnel (M.), Académicien de Marseille.
Eloge du Maréchal de Villars, III, 31730.

Pez, Bernard, Bénédictin.
Bibliotheca Benedictina Mauriana, I, 11614.
Thesaurus Anecdotorum, II, 15990; IV, S.
Notæ in narrationem obsidionis Papiæ, 17512.

Pezay, Antoine.
Histoire généalogique de la Maison de Gondi, III, 42545.

de Pezerols.
La Noblesse Commerçante & Militaire, II, 28223.

Pezron, Paul-Yves, Abbé de la Charmoise.
Antiquités des Celtes, I, 3740.

Pfanner, Tobie.
Historia Pacis Monasterii & Osnabrugæ tractatæ, III, 30782.

Pfeffel, Christian-Fréderic, Jurisconsulte.
Recherches concernant les droits du Pape sur Avignon, II, 19070.

Phalesius, Hubert.
Chronicon Affligemense, I, 11654.

Pharamond, Saluste.
Carolus Allobrox, III, 39168.

Phelipeaux, Jean, Chanoine de Meaux.
Relation du Quiétisme, I, 5632.
Histoire des Evêques de Meaux, 9393.

Phelippeaux, Jean, Jésuite.
Raisons pour le désaveu des Evêques de France; II, 28665.

Phelypeaux de Pontchartrain, Paul, Secrétaire d'Etat.
Mémoires, II, 20856.

PHELYPEAUX de la Vrilliere, Louis, Secrétaire d'Etat, *neveu du précédent.
Lettre à M. d'Argenson, II, 23033.
PHELYPEAUX de la Vrilliere, Michel, Archevêque de Bourges, fils du précédent.
Ordonnances Synodales, I, 6409.
PHELYPEAUX du Verger, Raymond-Balthasar, Lieutenant-Général des Armées du Roi, neveu de Louis.
Lettre au Roi, III, 31120.
Mémoires, 31121.
PHELYPEAUX du Verger, Jacques-Antoine, depuis Evêque de Lodève, frère du précédent.
Procès-Verbal de l'Assemblée de 1690, I, 6896.
—de l'Assemblée de 1705, 6905.
PHILADELPHE, Eusebe, *faux nom d'un inconnu.*
Le Réveil-Matin des François & de leurs voisins, II, 18152 : *attribué à Barnaud ou à Théodore de Beze.*
De Vitâ Caroli IX, 18249.
PHILALETHE : *faux nom sous lequel s'est caché* Marin Cureau de la Chambre, I, 7265 : *voyez* Cureau.
PHILARETE, Gilbert : *faux nom sous lequel s'est couvert* Gislebert Limborth, I, 3231 : *voyez* Limborth.
PHILEMON : *faux nom d'un inconnu.*
Traduction Latine du Théâtre de la Grande-Bretagne, III, 35178.
PHILESIUS, Reigman.
Traduction Allemande des Commentaires de César, I, 3882.
PHILIBERT.
Histoire des Révolutions de la Haute-Allemagne, III, 39106.
PHILIBERT de la Bonneville (le Pere) Capucin.
Vie du B. François de Sales, I, 10769 ; IV, S.
PHILIEUL de Carpentras, Vasquin, Docteur ès Droits.
Traduction des Statuts du Comtat, IV, *Supplém.* 38316***.
PHILIPON (M.) Avocat du Roi au Bureau des Trésoriers de France à Dôle.
Mémoire sur les différends des Chanoines & des Familiers, V, *Add.* 5119**.
PHILIPPE II, *dit* Auguste, Roi de France.
Son Testament, II, 16769 & 28455.
PHILIPPE VI, *dit* de Valois, Roi de France.
De Lege Salicâ, Carmen elegiacum, II, 28469.
PHILIPPE III, Roi d'Espagne.
Lettre au Prince de Condé, II, 20415.
—à Leurs Majestés Très-Chrétiennes, 20438.
PHILIPPE V, Roi d'Espagne.
Renonciations à la Couronne de France, II, 18988.
PHILIPPE Hardeng *ou* Harvenge, Abbé de l'Aumône.
Vita S. Amandi, I, 12317.
PHILIPPE, Antoine, Minime.
Oraison funèbre de Charlotte de Harlay, I, 15033.
PHILIPPE, Claude-Ambroise, Conseiller au Parlement de Besançon.
Mémoires, III, 33222.
PHILIPPE, Robert, Jésuite.
Oraison funèbre de Louis-Marcel de Coëtlogon, I, 8636.
PHILIPPE, Etienne, Licentié en Droit.
Apologie de l'Eloge funèbre du Roi (Louis XIV), II, 24525.
PHILIPPE (M.) Censeur Royal.
Carte de la France, I, 684.
PHILIPPE de la Sainte Trinité (le P.) Général des Carmes Déchaussés.
Vita Dominici de Jesu-Mariâ, I, 13722.
PHILIPPI, Jean, Président en la Cour des Aides de Montpellier.
Recueil concernant les Aides & Finances, III, 33866.
Histoire de la Guerre civile en Languedoc. . . .

PHILIPPOPOLI, François.
Traduction Italienne du livre *de Bello Mediolanensi*, II, 17514.
PHILIPS, Edouard.
Continuation de l'Histoire d'Angleterre, III, 35181.
PHILODUSE, Jean-Pierre.
Responsio adversùs scriptum Brokemburgii, III, 39581.
PHILOMENE, N. P., *faux nom d'un inconnu.*
Le Fantassin, II, 20796.
PHILOPALD, Antoine, Procureur-Général des Peres de la Mission à Rome.
Mémoires sur la Constitution *Unigenitus*, I, 56493 ; IV, S.
PHILOPÉE, Lambert-Ludolphe.
Historia Francorum, II, 15659.
PHILOPONE, Lotaire : *faux nom d'un inconnu.*
Traduction latine des Mémoires de Jean du Tillet, II, 15732.
PHILOTHÉE, Moine de Cîteaux.
De Vitâ S. Bernardi, Carmen, I, 13046.
PHILOTHÉE : *faux nom sous lequel s'est caché* Joachim Forgemont, I, 7083 : *voyez* Forgemont.
PHŒBUS, Gaston ; *voyez* de Foix.
PHONAMIC, Pierre : *faux nom sous lequel s'est caché* Pierre Champion, I, 4766 ; IV, S. *voyez* Champion.
PIA (M.), Apothicaire.
Analyse des eaux de Briquesec, I, 3020.
PIALES (M.), Avocat.
Traité des Commendes & des Réserves, I, 7585.
—des Expectatives, &c. 7663.
Correction d'une faute qui s'est glissée dans son Traité des Expectatives, IV, S. 45231.*
PIANELLI, Laurent, Sieur de la Valette.
Abrégé du Blazon, III, 40030.
de PIANESSE : *voyez* de Simiane.
PIARD de Montguenant, Antoine, Avocat du Roi en la Vicomté de Neufchâtel.
Apologie Royale, I, 7216.
PIARRON de Chamousset, Claude-Humbert, Maître des Comptes.
Plan d'une Maison d'Association, I, 5301.
Mémoires sur la conservation des Enfans, 5302.
Observations sur la liberté du Commerce des Grains, II, 28256.
PIAT (M.), Avocat du Roi à Chartres.
Sur les Eaux Minérales de Chartres, I, 3033.
PIAT, N. Recteur de l'Université de Paris.
Oratio Rectoris de interdicendâ Turselini Historiâ, IV, 44700.
de PICAINE.
La nouvelle Milice, III, 32130.
PICARD, François.
De obitu Antonii Borbonii, II, 25587.
PICARD, Jean, de Toutry.
De priscâ Celtopædiâ, I, 3797.
Epinicion de rebus gestis Caroli Cossæi Brissaci, III, 31606.
PICARD, Jean, Chanoine Régulier de S. Victor.
Catalogus Episcoporum Parisinorum, I, 9265.
Nomenclatura Episcoporum Lexoviorum, 9985.
Vita Petri Abailardi, 11852.
Chronicon Abbatiæ S. Victoris, 13474.
Notæ in Libros Guillelmi Neubrigensis, III, 35039.
PICARD, Antoine.
Maisons de plaisance de France, I, 2122.
PICARD, Bernard.
Les Peintures qui sont dans l'Hôtel du Châtelet, III, 34571.

PICARD.
  Catalogue de Curiosités, I, 2485.
PICARD, Benoît : *voyez* Benoît de Toul.
PICARDET, Hugues, Procureur-Général au Parlement de Dijon.
  Procès-verbaux des Etats généraux, II, 27497.
  L'Assemblée des Notables de 1626 & 27, 27567.
PICART (M.).
  La mesure d'un degré du Méridien, III, 34385.
PICAULT, Pierre.
  Traité des Parlemens & Etats-généraux, II, 27408; III, 32859.
PICCOLOMINI, Æneas-Sylvius, depuis Pape sous le nom de Pie II : *voyez* Pie II.
  Fasciculus rerum expetendarum, I, 7539.
PICCOLOMINI, Jacques, Cardinal, Evêque de Pavie.
  De Leodiensium Dissidio, III, 39218.
PICCOLOMINI, Hercule.
  Elogio della Vita del Principe Armando-Giovanni du Plessis de Richelieu, III, 32481.
PICCOLOMINI, Salomon.
  Historia mirabilis de Francorum Rege supposito, II, 16983.
PICEDI, Papire.
  Notes sur Guichardin, I, 17547.
PICHART, Pierre, Notaire & Procureur.
  Journal de ce qui s'est passé à Rennes pendant la Ligue, III, 35420.
PICHATTY de Croissainte (M.), Procureur du Roi.
  Journal de ce qui s'est passé à Marseille pendant la peste, I, 2563.
PICHON (l'Abbé), Chantre de la Sainte-Chapelle du Mans.
  Les Droits respectifs de l'Etat & de l'Eglise, IV, S. 7104.*
PICOT, Eustache, Récollect.
  Vie de la Sœur Galon de Béfiers, I, 15204.
de PICOU, H.
  Poëme sur la prise de Dunkerque, IV, *Supplém.* 22247.*
PICQUET, Claude, Franciscain.
  Descriptio Provinciæ Divi Bonaventuræ, I, 13854.
PIDOU, Jean, Médecin.
  Avertissement sur les bains chauds de Bourbon-l'Archambault, I, 2997.
  Les Fontaines de Pougues, 3165.
  Discours sur la Fontaine de Pougues, 3169.
PIDOU de Saint-Olon, François, Gentilhomme ordinaire du Roi.
  Traduction des Evénemens du Règne de Louis le Grand, II, 24221 & 24294.
  —du Portrait de Louis XIV, 24535.
  Négociations, III, 31058.
PIDOUX, Charles, Lieutenant-Général en la Sénéchaussée de Civray.
  Notes sur la Vie de Sainte Radegonde, II, 25012; IV, S.
PIDOUX, François, Médecin.
  Exercitatio Medica in actiones Juliodunensium Virginum, I, 4853; IV, S.
  Germana defensio hujus Operis, 4854; IV, *Suppl.*
PIE II, Pape.
  Retractatio eorum quæ scripserat pro Concilio Basileensi, I, 7539 : *voyez* Piccolomini, Æneas-Sylvius.
du PIÉ du Fou, le Marquis.
  Généalogie de la Maison de Champagne-la-Suse, III, 41755.
PIECHE, Pierre, Oratorien.
  Oraison funèbre de Marie-Térèse d'Autriche, IV, S. 25195.*
  —de Paul de Fortias, Seigneur de Pelles, IV, *Suppl.* 31944.*

de PIEDMONT (le Prince).
  Lettre à la Reine Mère, II, 20887.
PIÉDUCANT, Nicolas.
  Vie de Sainte Clotilde, II, 25003.
PIELLÉ, Guillaume.
  De Anglorum fugâ & Hispaniorum expulsione, IV, S. 17459*; III, 37669.
PIÉMONT, Eustache, Notaire.
  Mémoires sur le Dauphiné, III, 37959.
PIERCHAM, Morien : *faux nom sous lequel s'est caché Symphorien Champier*, III, 37333 : *voyez* Champier.
PIERI, Pierre-François.
  Cabinetto Istorico, II, 22258.
PIERQUIN, Jean, Curé de Chastel au Diocèse de Reims.
  Vie de S. Juvin, I, 4530.
  Dissertation sur la sainte Face, 5487.
PIERRE, Bibliothécaire du Mont-Cassin.
  Historia Francorum abbreviata, II, 16463.
PIERRE, Moine de Maillesais.
  De antiquitate, &c. Malleacensis insulæ, I, 12126.
PIERRE, Abbé.
  Vita S. Theobaldi à Comitibus Campaniæ, I, 13388.
PIERRE, Scholastique de Limoges.
  Codex de Apostolo Christi Martiale, I, 8463.
PIERRE, Moine de Dive.
  Carmina de Monasterio Beccensi, I, 11691.
PIERRE, Maurice, *dit* le Vénérable, Abbé de Cluni.
  Vita B. Pontii, I, 11839.
  —Matthæi Rhemensis, 12619.
  —sanctæ Reingardis, 14786.
  Epistolæ, III, 29773.
PIERRE, Prieur de S. Jean de Sens.
  Epistolæ, III, 29773.
PIERRE, Abbé de Celles, puis Evêque de Chartres.
  Epistolæ, III, 29778.
PIERRE de Blois, Archevêque de Cantorbéri.
  Epistolæ, III, 29780.
  Continuatio ad Historiam Britonum, 35003.
PIERRE, Moine des Vaux-de-Cernai.
  Historia Albigensium, I, 5743; IV, S.
PIERRE de Condet, Chapelain de S. Louis.
  Epistolæ, II, 16843.
PIERRE, Chanoine Régulier de S. Aubert de Cambrai.
  Vita sanctæ Dympnæ, I, 4380.
PIERRE, Evêque de Lodève.
  Præclara Francorum facinora, I, 5746; II, 16966.
PIERRE de Cugnières : *voyez* de Cugnières.
PIERRE Bertrandi : *voyez* Bertrandi.
PIERRE de Bayeux, Dominicain.
  Chronicon, II, 17096.
PIERRE d'Ailly, Evêque de Cambrai & Cardinal.
  Dialogi de Querelis Franciæ & Angliæ, IV, *Suppl.* 17162, 69, 97.
PIERRE de Provence, *probablement faux nom*.
  Lettre à la Reine, II, 22766; III, 33182.
PIERRE de Saint-Charles, Feuillent.
  Table généalogique des Maisons de France, d'Alsace, &c. II, 25882.
PIERRE de Saint-Joseph, Feuillent.
  Catéchisme des Partisans, II, 22471; IV, S. & II, 28038.
PIERRE de Sainte-Hélène, Augustin déchaussé.
  Histoire des Augustins déchaussés, I, 13672.
PIERRE de Saint-Quentin (le Pere), Capucin.
  Le Miroir d'Origny, IV, *Supplém.* 4339**; I, 14923.
  Vie de S. Domice & de sainte Ulphe, I, 4377; IV, S. & I, 4728.
PIERRE de Sainte-Catherine, Feuillent.
  Cérémonial des Religieuses de l'Abbaye de Montmartre, I, 14902.

PIERRE de Sainte-Catherine de Sienne, Feuillent.
Table généalogique de la Maison de Joinville, III, 42791.
PIERRE, Robert.
Bathoniensium & Aquisgranensium Thermarum comparatio, I, 2910.
PIERRE (M.), Substitut en la Cour Souveraine de Lorraine.
Sinastal, III, 38921.
PIERRE-JOSEPH : *voyez* de Haitze.
PIERRE de la Mere de Dieu : *voyez* Bertius, Abraham.
PIERRE de Saint-Bernard : *voyez* de Flottes.
PIERRE de Saint-Romuald : *voyez* Guillebaud.
de PIERRE, Chrétien.
Vie de S. Charles-le-Bon, III, 39342 : *attribuée*.
de la PIERRE, Antoine.
Divers Traités sur les Monnoies, III, 33970.
de la PIERRE (de Bois) : *voyez* de Lanfernat.
PIESPORD, Thierri.
Principum Haspurgi Austriacorum Stemma, II, 25875.
PIESSOT, Jean.
Mémoires sur l'Histoire de Reims, III, 34379.
PIETER GOOS : *voyez* Goos.
PIETRE, Simon, Médecin.
Discours sur une prétendue Démoniaque, I, 4830; IV, S.
Traité des marques des possédés, 4865.
PIETRE, Germain.
L'Appanage de Jean-Baptiste Gaston, Duc d'Orléans, II, 25223.
PIGAFETTA, Philippe.
Relatione dell'assedio di Parigi, II, 19283.
PIGANIOL de la Force, Jean-Aymar.
Description de la France, I, 818 & 2446.
Nouvelle Description de la France, 818.
Introduction à la Description de la France, 819.
Description des environs de Paris, 2245.
Voyage de France, 2347.
Lettre sur Robert Sorbon, 11413.
—sur l'Histoire généalogique & chronologique de la Maison de France, II, 24838.
Description des Châteaux & Parcs de Versailles & de Marly, 27019.
Nouvelle Description de ces Châteaux, IV, S. 27012.*
De la différence qu'il y a entre les Officiers de la Couronne & les Grands-Officiers de la Maison du Roi, III, 32218.
Description de Paris, &c. 34513.
Les Curiosités de Paris, &c. 34527; IV, S.
Remarques sur l'Université de Paris, IV, 44629.
—sur l'Université d'Aix, 45142.
—sur l'Université d'Angers, 45151.
—sur l'Université d'Avignon, 45157.
—sur l'Université de Besançon, 45162.
—sur l'Université de Bourdeaux, 45163.
—sur l'Université de Bourges, 45166.
—sur l'Université de Caën, 45175.
—sur l'Université de Cahors, 45186.
—sur l'Université de Dijon, 45190.
—sur l'Université de Douai, 45194.
—sur l'Université de Montpellier, 45202.
—sur l'Université de Nantes, 45210.
—sur l'Université d'Orange, 45217.
—sur l'Université d'Orléans, 45218.
—sur l'Université de Pau, 45232.
—sur l'Université de Perpignan, 45235.
—sur l'Université de Poitiers, 45237.
—sur l'Université de Pont-à-Mousson, 45249.
—sur l'Université de Reims, 45254.

Remarques sur l'Université de Strasbourg, 45266.
—sur l'Université de Toulouse, 45268.
—sur l'Université de Valence, 45290.
Histoire de l'établissement de l'Académie de Peinture, 45530.
PIGENAT, Jean, Docteur en Théologie.
L'Aveuglement du Politique, II, 19381.
PIGEON-Dosangis, Marie-Anne-Victoire, Epouse d'André-Pierre le Guay de Prémontval.
Mémoire concernant la Vie de Jean Pigeon, IV, 46552.
PIGNA, Jean-Baptiste.
Orazione nella morte di Francesco II ; II, 17791.
PIGNARD, Jacques.
Factum pour les Religieux de Fontevrauld, I ; 13953.
de PIGNERONE, Maturin.
Pro Carmelitis opus triplex, I, 13692.
PIGNORIA, Laurent.
Notices historiques jointes au Poëme du Tasse sur Godefroi, II, 16602.
de PIGRAY, Louis, Carme.
Oraison funèbre de Louis de la Baume, Comte de Suze, III, 31859 ; IV, S. 32069.*
PIGUERRE, Paul-Emile.
Histoire de France depuis 1547 jusqu'en 1580, I ; 5845 ; II, 18420.
PIJAN, Guillaume, Célestin.
Histoire généalogique de la Maison de Montagu ; III, 43249.
PIKE, Jean.
Suppletio Historiæ Regum Angliæ, III, 35118.
PILA, Humbert, Secrétaire du Dauphin Humbert III.
Mémoires, III, 37949.
PILASTRE, Pierre.
Commentaria Ecclesiæ Sagiensis, I, 9959 ; IV, S.
PILE, (l'Abbé).
Oraison funèbre de Madame Henriette de Lorraine d'Elbeuf, I, 14916.
de PILES, Roger.
Vie des Peintres François, IV, 47818.
PILET de la Mesnardiere, Hippolyte-Jules, Médecin & Académicien.
Plan d'Arras, I, 1350.
Réflexions sur le Discours de M. Duncan, 4851.
La Pucelle d'Orléans, II, 17236.
Relation du Siége d'Arras, 23765.
—du Siége de Valence, 23808.
—du Siége de Dunkerque, 23821.
le PILEUR, N.
Observations sur la Sœur Marie des Vallées, IV ; 48195.
de PILHAM.
Histoire du Maréchal de Boucicaut, III, 31593.
PILHOPEOUS : *peut-être pour Philopæus*, *voyez* Philopée.
PILLADE, Laurent.
Rusticias, III, 38850.
du PILLE, (M.), Docteur en Théologie.
Vie de S. Grégoire d'Arménie, I, 13324.
PILLET, Jean, Chanoine de Gerberoy.
Traités de plusieurs Vidames, III, 31322.
Histoire de la Ville de Gerberoy, 34921.
PIMANDRE : *faux nom sous lequel s'est caché Jean Sirmond*, II, 21422 ; III, 32480 : *voyez* Sirmond.
de la PIMPIE de Solignac, Pierre-Joseph.
Eloge de M. de Montesquieu, III, 33133.
—du Roi Stanislas, 38927.
PIN, Barthelémi.
Legenda S. Rochi, IV, S. 4649.*
Allobrogica Narratio, *là.*
du PIN, Augustin.
Histoire de l'Abbaye de S. Augustin, I, 12344.

du PIN, Martin, Doyen de l'Eglise d'Avalon.
Mémoires servant à l'Histoire de la Ville d'Autun, III, 35929.
du PIN, Louis Ellies : *voyez* Ellies, & *ajoutez-y* :
Histoire du Concordat, I, 7549.
du PIN : *voyez* de la Tour.
PINARD (M.), de l'Académie de Rouen.
Mémoire sur la Pensée, I, 3374.
PINARD (M.), Commis au Bureau de la Guerre.
Chronologie Militaire, III, 31348 & 32094.
Des Sénéchaux, 31393.
Des Connétables, 31405.
Des Maréchaux de France, 31577.
Des Grands-Maîtres de l'Artillerie, 31805.
Des Colonels-Généraux, 31834.
Des Lieutenans-Généraux, &c. 31841.
PINART, Claude, Secrétaire d'Etat.
Discours du Mariage de Charles IX, II, 18096.
Dépêches, III, 30231.
PINAULT, Matthieu, Seigneur des Jaunaux.
Histoire du Parlement de Tournay, III, 33227.
PINAULT, Olivier, Prêtre.
Histoire de la derniere persécution de Port-Royal, I, 15121.
PINAULT, Pierre-Olivier, Avocat.
Edition des Loix Ecclésiastiques de d'Héricourt, IV, S. 6965.
Portrait des Jésuites, I, 14218.
PINCHART (M.), Chanoine Régulier.
Traduction abrégée de Marlot, IV, S. 9493.*
de PINCHESNE.
Essais de l'heureuse Alliance, II, 24019.
PINCTON de Chambrun, Jacques, Ministre d'Orange.
Ses Larmes, IV, S. 6050.* *Voyez* de Chambrun.
PINCZON Dusel-des-Monts.
Considérations sur le Commerce de Bretagne, II, 28236.
PINEAU, Génevieve, Religieuse de Port-Royal.
Relation de ce qui s'est passé à Port-Royal, I, 15107 & 8.
PINEDO, Matthieu, Minime.
Vida de San Francisco de Paula, I, 14024.
PINELLE, Louis, Evêque de Meaux.
Statuta Synodalia, I, 6608; IV, S.
Déclaration des Fiefs & Arriere-Fiefs du Vicomté de Meaux, IV, S. 27868.*
PINET, Antoine.
L'affection de la Ville de Meaux au service du Roi, III, 34366.
du PINET, Antoine.
Plans & Descriptions de quelques Villes de France, I, 2100.
PINETTE, Nicolas, Maître des Requêtes de l'Hôtel de la Reine.
Traités pour les Affaires du Clergé de France, I, 6955.
de PINEY : *voyez* de Luxembourg.
PINGRÉ, Alexandre-Guy, Chanoine-Régulier, Génovéfain.
Opérations pour la vérification du degré du Méridien entre Paris & Amiens, I, 800; III, 34385.
Mémoire sur la colonne de la Halle au bled, 34567.
PINGUERN : *voyez* Disarvoez.
PINIUS, Jean, Jésuite.
De sanctâ Crescentiâ, I, 4369.
De sancto Rocho, 4651.
De sanctâ Tenestinâ, 4699.
De sancto Juliano Lascurrensi, 8114.
De sancto Leontio Burdigalensi, 8244.
De sancto Justo Claromontensi, 8421.
De sancto Arigio vel Aredio Lugdunensi, 8919.
De sancto Ebregisilo vel Ebraisilo Meldensi, 9413.

De sancto Hugone Autissiodorensi, 10166.
De sancto Aregio Nivernensi, 10176.
De sancto Eulalio vel Euladio Nivernensi, 10182.
De sancto Paulino Trevirensi, 10516.
De beato Petro Cardinali Luxemburgi, Metensi, 10590.
De sancto Gildardo, 11172.
De sancto Rigomero, 11411.
De sancto Martiano, 11590.
De sancto Badulpho, 11672.
De sancto Bernardo, 13045.
PINON, Jacob.
Carmen Panegyticum in Natalibus Delphini, II, 22178.
PINOT (M.), Médecin.
Observations sur une maladie de Bourbon-Lanci, I, 2512.
Lettre sur les Eaux de Bourbon-Lanci, 2991.
Dissertation sur les Eaux de Bourbon-Lanci, *Id.*
PINSART, Yves.
Les Trophées de la piété du Couvent de S. Jacques, I, 13746.
PINSELET, (Charles).
Le Martyre de Jacques Clément, II, 19064.
PINSSON, François, Avocat.
Pouillés des Provinces de Bresse, &c. I, 1259.
Commentarius in Pragmaticam S. Ludovici Sanctionem, 7539.
Version Latine de l'Histoire de la Pragmatique, 7546.
Dissertation Historique sur la Régale, 7617; IV, Suppl.
Traité des Régales, 7649.
Notes sur les Indults, 7666.
Lettre sur les personnes illustres de la Congrégation de S. Maur, 11612; IV, S.
Eloge de Dom Julien-Gatien Morillon, IV, S. 12662.*
Epitaphe d'Antoine de Vyon d'Hérouval, IV, 46774.
PINSSON de Louderi, Louis, Chanoine-Régulier, frère du précédent.
Mémoires pour servir à l'Histoire de l'Abbaye de Daoulas, I, 13428.
PINSSON de la Martiniere, Jean, Procureur du Roi en la Connétablie de France.
Le vrai Etat de la France, II, 27275.
Etat & Gouvernement du Royaume de France, 27279.
Priviléges des Officiers de la Maison du Roi, III, 32387.
Etat des Officiers de la Maison du Roi, 32390.
De la Connétablie, 34074.
Relation de la Principauté d'Yvetot, 35258.
PINY, Alexandre, Dominicain.
Vie de Magdelène de la Trinité, I, 15249.
de PIOSSINS (le Chevalier).
Mémoires de la Régence, II, 24574.
de la PIPARDIERE (le Sieur) : *on soupçonne que c'est un faux nom.*
Défense de la Bibliothéque des Auteurs de la Congrégation de S. Maur, I, 11617.
le PIPPRE de Neufville, Simon Lamoral.
Abrégé Chronologique de l'Origine, &c. de la Maison du Roi, III, 32194.
PIQUES.
Avignon & Comté Venaissin, I, 1363.
PIRAUT, Alexis.
Quæstio politica, II, 28685.
PIRCKHEIMER, Bilibald.
Brevis Explicatio Germaniæ, II, 15396.
Descriptio Germaniæ utriusque, 15401.
Historia Bellorum Helveticorum, III, 39092.
Descriptio inferioris Germaniæ, 39256.

PIROGALLO, François.
Le Glorie di Pavia, II, 23801.
PIRON, Aimé, Apothicaire.
Relation des réjouissances faites à Dijon pour la naissance du Duc de Bourgogne, II, 26469.
Lé Festin des Eta, III, 37014.
Bontan de retor operar grionche, *là*.
Joyeusetai Dijonoise, *là*.
La Gâde Dijonoise, *là*.
PIRON.
Chant sur la Louisiade, II, 24683.
PIROT, Edme, Docteur de Sorbonne.
Mémoire sur l'autorité du Concile de Trente, I, 7537.
Les dernieres Heures de la Marquise de Brin- villiers, IV, 48031.
Relation de la mort de Madame de Brinvilliers, IV, S. 48031.*
PIROU, Michel, Bénédictin.
Vie de S. Fiacre, I, 13303.
de PISAN, Christine.
Le Livre des faits du Roi Charles V; II, 17070 & 71.
Le Livre des faits d'Armes, III, 40224.
de PISANI, *voyez* de Vivonne.
PISAURUS.
Journal de son Ambassade, III, 30485.
Extrait de sa Minute, *là*.
de la PISE, Joseph.
Observations sur la Principauté d'Orange, I, 2431.
Tableau de l'Histoire des Princes d'Orange, III, 38280.
Généalogie des Princes d'Orange, 43441.
de la PISE, Gaspard.
Prééminence des Princes d'Orange, IV, *Suppl.* 38280.*
PISON, Benoît.
Gesta S. Domnoli Cenomanensis, I, 10364.
Vita S. Huberti Britanniacensis, 11731.
de PISSELEU, François, Evêque d'Amiens.
Statuta Synodalia, I, 6322.
de PITAVAL, *voyez* Gayot.
PITHON (M.).
Journal des Eaux de S. Amand, I, 3201.
PITHON-Court (l'Abbé).
Histoire du Comté Venaissin, IV, S. 38323.*
— de la Noblesse du Comté Venaissin, III, 40787.
PITHOU, Pierre & François, Avocats.
Les Offices de France, III, 31193.
PITHOU, Pierre, Avocat, l'un des deux précédens.
De Tricassibus, &c. I, 354.
Extrait des Registres du Parlement, touchant les Villes de France, 2079.
Etat sommaire du Bailliage de Troies, 2264.
Libertés de l'Eglise Gallicane, 6979.
Neutralitas Ecclesiæ Gallicanæ, 7132.
Ecclesiæ Gallicanæ Status, 7133.
Mémoire pour Henri IV, 7187.
De justâ Henrici IV Absolutione, 7188; II, 19620.
Maintenue de la Loi fondamentale, &c. 7189.
Histoire de la Pragmatique, 7546 : *attribuée*.
Recueil des Evêques de Troies, 10080.
Quelques Ouvrages recueillis par Claude Joly, II, 15597.
Historiæ Francorum Scriptores duodecim coætanei, V, *Add.* 15980.*
Historiæ Francorum Scriptores veteres undecim, II, 15980.
Satyre Ménippée, 19451.
Mémoire sur Henri IV, 19616.
De l'origine des Ducs, &c. III, 31313; IV, S.
Mémoires des Comtes de Champagne & de Brie, 34215.

Réglement pour le Bailliage de Tonnerre, 34337.
Remarque sur les Antiquités de la ville d'Agen 37583.
Généalogie des Comtes de Champagne, &c. 41748.
— de Troye & de Meaux, 44320.
PITHOU, François, Avocat, frère du précédent.
Codex Canonum vetus Notis illustratus, I, 6958; V, *Add.*
Commentaire touchant la Régale, 7594.
La Légende des Jésuites, 14314; IV, S.
Traité de la grandeur, &c. des Rois de France, I, 6984; II, 26806.
Lettre sur un Discours fait pour la préséance du Roi d'Espagne, 26914.
Liber Legis Salicæ, cum Interpretatione rerum & verborum, 27586.
Capitula cum Glossario, 27610.
Conférence pour le Réglement des limites de Lor- raine & Franche-Comté, 27864.
PITHOU, Nicolas, frère des précédens.
Histoire Ecclésiastique & Séculière de la Ville de Troyes, I, 5065; IV, S.
Histoire du Calvinisme à Troyes, IV, *Supplém.* 5859.
PITOIS, Claude, Médecin.
Sur l'abus des Eaux de Premeau & de Priscey, I, 3177; IV, S.
PITOT.
Avis & Devis pour donner de l'eau aux fontaines de Carcassonne, I, 913.
Extrait des Observations & Opérations faites en Languedoc, 986.
PITROU, Robert, Inspecteur-Général des Ponts & Chaussées.
Projet d'une nouvelle Place à Paris, III, 34552.
PITTIELD, Alexandre.
Traduction Angloise des Mémoires pour servir à l'Histoire des Animaux, I, 3548.
PITTON, Jean-Scholastique.
De Historiâ rerum naturalium Provinciæ, I, 2438.
Les Eaux chaudes d'Aix, 2914.
De Pugnâ C. Marii, 3912.
Dissertation sur la Sainte Eglise d'Aix, 3991.
Annales de l'Eglise d'Aix, 7854.
Sentimens sur les Historiens de Provence, III, 38018.
Histoire de la Ville d'Aix, 38135.
Observations sur les Ecrivains d'Aix, IV, 45660.
PITTON de Tournefort, Joseph, Médecin.
Histoire des Plantes qui naissent aux environs de Paris, I, 3355.
Schola Botanica, 3399.
de la PLACE, Pierre, Président en la Cour des Mon- noies.
Commentaires de l'Etat de la Religion & de la République, I, 5785; II, 17797.
de la PLACE (le Pere), Dominicain.
Oraison funèbre du P. Cloche, Général des Domi- nicains, IV, S. 13846.*
de la PLACE (M.).
Mercure de France, II, 24801. *Il y a eu part.*
PLACENTIN, Jean.
Catalogus Antistitum Tungrensium, &c. I, 8704.
PLACIDE (le Pere), Augustin déchaussé.
Carte de la France, I, 591.
Postes de France & d'Italie, 664.
Flandre Françoise, 1513.
Etats du Duc de Savoie, 1934.
Savoie, 1957.
Pays-Bas Catholiques, 2047.
Flandre, 2059.
PLAGON, Hugues.
Traduction Françoise de l'Histoire des Croisades, II, 16681.

de PLAINEVAUX,

de PLAINEVAUX, Nicolas-François.
Le Bouclier de l'Innocence, III, 40387.
de PLAISANCE (le Cardinal) : voyez Sega.
des PLAISANTINS, Jérôme.
Traduction Latine de la Jérusalem délivrée du Tasse, II, 16602.
de PLAIX, César, Sieur de l'Ormoye, Avocat.
Anti-Coton, I, 14258.
de la PLANCHE (le Sieur).
Histoire de l'Etat de France, I, 5783; II, 17777.
de la PLANCHE : voyez le Fèvre & Regnier.
PLANCHER, Urbain, Bénédictin.
Carte de l'ancien Royaume de Bourgogne, I, 418.
Etendue de l'ancien Royaume de Bourgogne, 475.
Dissertation sur l'étendue du Royaume de Bolon, 486.
Histoire de Bourgogne, III, 35878.
Généalogie de la Maison de Vienne, 44443.
PLANCHET (Dom), Bénédictin.
Lettre sur le Tombeau de Chyndonax, I, 3819; II, 15579.
PLANCHETTE, Jean-Bernard, Bénédictin.
Traduction d'une Histoire des Miracles de Notre-Dame en l'Abbaye de S. Pierre-sur-Dive, I, 4191.
PLANCIUS, Guillaume.
Vita Joannis Fernelii, IV, 46139.
PLANCIUS.
Description de la Méditerranée, I, 721.
PLANQUE (le Pere), Oratorien.
Observations sur la Fontaine de Fontestorbe, I, 2858.
PLANQUE (M.), Médecin.
Bibliothéque de Médecine, I, 2464; IV, S.
Remarques sur les Eaux de Barège, 2951.
—sur les Eaux de Bourbon-l'Archambault, 3000.
—sur les Eaux de Bourbonne, 3006.
de PLANTADES (M.).
Mémoire sur Forum Domitii, I, 275.
PLANTAVIT de la Pause, Jean, Evêque de Lodève.
Chronologia Præsulum Lodoviensium, I, 9227.
PLANTAVIT de la Pause Margon (l'Abbé) : voyez de la Pause.
PLANTEDIO, Manilio.
Abrégé de l'Histoire de Guichardin en Italien, II, 17549.
PLANTENAR, François.
Relation des Réjouissances faites à Dijon, III, 37010.
PLANTIER (M), Médecin.
Rapport au sujet des Eaux de la Plaine, I, 3147.
PLANTIN, Jean.
Helvetia antiqua & nova, III, 39086.
Abrégé de l'Histoire de la Suisse, 39087.
de PLANTIN : voyez Gassen.
PLATEL (M.), Docteur en Théologie.
Oraison funèbre d'Alexandre de Boniface, Chevalier de Boissehart, IV, S. 31879.*
PLATEL (l'Abbé) ; faux nom sous lequel s'est caché le Pere Norbert Parisot, IV, S. 11359.** : voyez Parisot.
de la PLATIERE, Imbert, Seigneur de Bourdillon, Maréchal de France.
Remontrances au Roi, II, 17923.
Négociations, III, 30069.
PLAYGNE ou PLAYNE, Ambroise, Avocat.
Ludovici Magni gestorum Series, II, 24223;
L'Art héraldique, III, 400015.
du PLESSIS (le Sieur), Gentilhomme Bourguignon.
Les Vies de Jacques & Antoine de Chabannes, III, 32281.
du PLESSIS, Jacqueline-Marie, épouse du Sieur Bonneau.
Vie de Louise-Eugénie de Fontaine, I, 15293.

du PLESSIS, Toussaints, Bénédictin.
Lettre sur la prétendue Cité de Limmes, I, 83.
Etendue du pays de Caux, 244.
Dissertation sur Genabum, 279; IV, S. 180.*
Etendue des anciens Habitans du Vexin, 363.
Lettres touchant le mot Dun ou Dunum, 377, 379, 381, 384.
Pouillé du Diocèse de Meaux, 1269.
Carte du Pays de Caux, 1462.
Carte du Vexin, 1918.
Description de la Haute-Normandie, 2239; III, 34930.
Réponse à la Lettre de M.***, IV S. 2239.*
Voyage de Strasbourg à Dunkerque, 2371.
Réflexions contre l'Histoire du Diocèse de Paris, 5147.
Histoire de la naissance du Calvinisme en France, 5769.
Synodicon Meldense, 6612.
Gallia Christiana, 7828. Il y a eu part.
Lettre au sujet de ce Livre, 7830.
Histoire de l'Eglise de Meaux, 9395.
Réponse à la Lettre de M. l'Abbé de S. André, 9397; IV, S.
Lettre sur quelques endroits de son Histoire de l'Eglise de Meaux, 9401.
Réponses aux Lettres d'un Chanoine-Régulier, 9402.
Vie de S. Paulin, Evêque de Nole, IV, Suppl. 10827.*
Justification contre quelques Ecrits, 12812.
Liste des Généraux des Maruins, 13960.
Lettre à M. Maillart, III, 33158.
Lettre au sujet de deux anciennes Eglises de Paris, 34413.
Annales de Paris, 34575.
Notes sur le Poëme d'Abbon, Id.
Histoire de la Ville de Coucy, 34896.
Observations sur deux articles des Mémoires de Trévoux, 34931.
Examen de deux Lettres des Observations sur les Ecrits modernes, 34932.
Réponse à une Lettre sur la question de la Haute-Normandie, 34935.
Description d'Orléans, 35606.
du PLESSIS : voyez le Blanc, de Guénégaud, Martineau, Roi, Rolland.
du PLESSIS d'Argentré, Charles, Evêque de Tulles.
Collectio Judiciorum de novis erroribus, I, 6298.
Abrégé de la Vie de Martin Grandin, 11183.
du PLESSIS-Besançon : voyez Bernard.
du PLESSIS-Mornay : voyez Mornay.
du PLESSIS-Praslin (le Maréchal) : voyez de Choiseul, César : & ajoutez-y :
Relation de la prise de Réthel, II, 23206.
du PLESSIS-Richelieu, François, Grand-Prévôt de l'Hôtel.
Procès fait à la mémoire de Jacques Clément, IV, S. 19077.*
du PLESSIS-Richelieu, Alfonse-Louis, Archevêque d'Aix, puis de Lyon, Cardinal, fils du précédent.
Lettres, III, 30582 & 839.
du PLESSIS-Richelieu, Jean-Armand, Cardinal, Duc de Richelieu, Evêque de Luçon, frere du précédent.
Discours contre l'autorité des Souverains dans les Conciles Généraux, IV, S. 7364.*
Mémoire pour la préséance des Cardinaux, I, 7772.
Histoire de la Mere & du Fils, ou Histoire de Marie de Médicis, II, 20855 & 25142.
—de Don Jean II, 21213.
—de Louis XIII, 21615.
Relation de la Guerre d'Italie, 21645 & 21726.

Lettre à la Reine mere, 21665.
Obſervations ſur une Lettre de Monſieur, 21670.
Relation de ce qui s'eſt paſſé à Dijon, 21671 ;
   III, 36995.
Remontrance à Monſieur, 21691.
Journal, 21716.
Harangue au Parlement, 21834.
Lettre ſur les Iſles de Sainte-Marguerite, 21912.
Hiſtoire du Cardinal de Richelieu, 21928.
Lettre à Madame de Savoie, 21971.
Relation du Siége d'Arles, 22013.
Narration des grandes actions du Roi, 22031.
Mémoires, 22089.
Raiſonnemens d'Etat, 27258.
Harangue en l'ouverture de l'Aſſemblée des Notables, 27573.
Lettres, III, 30589, 30624, 53, 54, 55, 56 ;
   IV, S. 30656.
Teſtament Politique, 32431.
Suite, 32432.
PLEURRE, F. Etienne.
   S. Victoris Victoria, I, 4716.
PLEUVRY (l'Abbé).
   Hiſtoire du Havre de Grâce, III, 35250.
PLINE.
   Excerptum de Gallis, I, 58.
de la PLOMBANIE : voyez Goyon.
de PLOUY : voyez de Pajot.
PLUCHE, Antoine.
   Obſervations ſur les couches de la montagne de Laon, I, 2635.
   —ſur les Inſectes, 3614.
   Explication du phénomène de S. Nicaiſe de Reims, 3700.
   Lettre ſur la ſainte Ampoule, V, Add. 25986.*
PLUMARD de Dangeul (M.), Maître des Comptes.
   Traduction des Remarques ſur les avantages & les déſavantages de la France & de la Grande-Bretagne, par rapport au Commerce, II, 28205.
PLUMIER, Charles, Minime.
   Nova Plantarum Americanarum Genera, I, 3307.
   Deſcription des Plantes de l'Amérique, 3308.
   Traité des Fougeres de l'Amérique, 3309.
Pocock, Edouard.
   Traduction Latine de l'Hiſtoire des Empires par Abulfarage, II, 16705.
POCQUELIN, Jean-Baptiſte, dit Moliere.
   Poëme ſur les peintures du Val-de-Grace, IV, 47906.
POCQUET de Livoniere, Claude.
   Notice de la Province d'Anjou, I, 2181.
   Diſſertation ſur l'Univerſité d'Angers, IV, 45152.
   Sentimens de Cléante ſur quelques Avocats, 45813.
PODIEU, Claude.
   Relation de ce qui s'eſt fait pour le mariage de François I, II, 28388.
de PODIO-Laurentii : voyez de Puy-Laurens.
PODIUS, Léonard.
   De Collegio Auſcitano, IV, 45324.
POELEMBOURG, Arnauld.
   Oratio funebris in obitum Stephani Curcellæi, I, 5989.
POGIUS.
   De Nobilitate, III, 39842.
POGIUS, Julien.
   Oratio funebris Franciſci Lotharingi, III, 32298.
POGOESEUS, Alexandre.
   Laudatio funebris Chriſtophori Thuani, III, 32902.
POICTEVIN (M.), Préſident de Provins.
   Mémoires pour l'Hiſtoire de la Ligue, II, 18981 ;
   III, 30257.
POINCELIER.
   Environs de Soiſſons, I, 1876.
de POINCY, Jean, Evêque de Meaux.
   Statuta Synodalia, IV, S. 6606.

de la POINTE, François, Géographe.
   Carte de la Beauce, I, 1382.
   Armorial hiſtorique des Chevaliers de l'Ordre du S. Eſprit, III, 40507.
   Abrégé Chronologique de la Maiſon de Champagne, 41750.
de POINTIS : voyez Des-Jean.
POINTZ, Jean.
   Relation de l'Iſle Tabago, III, 39758.
POIRET, Pierre, Miniſtre Calviniſte.
   Vie du Baron de Renti, I, 4763.
   —d'Armelle Nicolas, 4770.
   Préface Apologétique touchant Antoinette Boutignon, IV, 48021.
   Vie d'Antoinette Bourignon, là.
   Mémoire ſur Antoinette Bourignon, 48022.
   Monitum neceſſarium, 48024.
POIRIER, Henri, Minime.
   Projet pour l'Hiſtoire du Pere Maignan, I, 14057.
POIRIER, Germain, Bénédictin.
   Recueil des Hiſtoriens de France, IV, Supplém. 15984 : il y a eu part.
de POISIEUX, Gui, Archevêque de Vienne.
   Statuta Synodalia, I, 6810 ; IV, S.
POISSON, Pierre, Sieur de la Bodinière.
   Traité de la Majeſté Royale en France, II, 26808.
POISSON, Magdelene, veuve de Gomez.
   Lettre ſur le Poëme de Clovis, II, 16029.
POISSON, Pierre, Cordelier.
   Oraiſon funèbre de M. de Sainte-Colombe Jourdan, I, 11432.
   Panégyrique de ſaint François d'Aſſiſe, 13896.
   Réflexions au ſujet de ce Panégyrique, là.
   Lettre aux Couvens de la Province, là.
   —ſur la mort de Jean Soto, là.
   Oraiſon funèbre de M. le Dauphin, fils de Louis XIV ; IV, S. 25698.*
   —du Maréchal de Boufflers, III, 31600.
POISSON, Jeanne-Antoinette, Marquiſe de Pompadour.
   Mémoires, II, 24792 : ſous ſon nom.
POISSONIER Deſperrières.
   Traité des Fièvres de l'Iſle de Saint-Domingue, I, 2617.
POISSONNIER, Pierre.
   Les ſecrets des Eaux de Ségray, I, 3223.
de POISSY : voyez Mercier.
POITEVIN : voyez Poictevin.
POITEVIN, Fr. faux nom ſous lequel s'eſt caché Gabriel Gerberon, dans l'article ſuivant.
   L'Egliſe de France affligée, I, 5615 : voyez Gerberon, & ajoutez y cet article.
POITEVIN (M.), Avocat.
   Sommaire pour les Chanoines de Saint-Omer, I, 12364.
de POITIERS, Alphonſe, Comte.
   Regiſtrum, III, 29788.
de POITIERS, Charles, Evêque de Châlons-ſur-Marne.
   Statuta Synodalia, I, 6451 ; IV, S.
de POITIERS, Aliénor.
   Les honneurs de la Cour de Bourgogne, II, 25472.
de POL, François-Gabriel-Marie.
   L'Art Militaire de France, III, 32099.
POLDO : voyez d'Albenas.
de POLEINS (M.), Procureur-Général du Parlement de Dombes.
   Hiſtoire de la Souveraineté de Dombes, III, 36054.
de POLIGNAC, Melchior, Cardinal, Archevêque d'Auſch.
   Lettre à M. le Marquis D. III, 31130.
de POLIGNY, Jean, Conſeiller au Parlement de Dijon.
   Journal du Parlement de Dijon, III, 33054.

Polius, Jacques, Francifcain.
Defcriptio fanctæ Mariæ Beuricenfis, I, 4103.
Epitome de Statu Colonienfis Provinciæ Francifcanæ, 13865.
Vita Nicolai Vigerii, 13884.
Polla (le Pere), Jéfuite.
Oraifon funebre de Marguerite de Quibly, IV, S. 14832.*
Polluche, Daniel.
Remarques fur la Pucelle d'Orléans, IV, S. 280.*
Obfervations fur *Genabum*, I, 282.
Réflexions fur *Genabum*, 283.
Mémoire fur le lieu de *Cingiacum*, 508.
Eclairciffement fur une Forêt, 518.
Lettre fur une Infcription qui fe trouvoit à Orléans, IV, S. 5435**; III, 35616.
Réplique fur le même fujet, IV, S. 5435.**
Mémoire fur la Difcipline Monaftique introduite à faint Euverte d'Orléans, I, 5441.
Examen d'un paffage qui regarde l'Eglife d'Orléans, 9440.
Defcription de l'Entrée des Evêques d'Orléans, 9451.
Difcours fur l'origine du Privilège accordé aux Evêques d'Orléans, 9452.
Differtation fur l'Offrande de cire, appellée les Goutières, 9456.
Mémoire fur les Manaffès, Evêques d'Orléans, 9477.
—fur Philippe le Berruyer, 9478.
Lettre fur les Etrennes, II, 15540.
Mémoire fur la date d'une Charte de Carloman, 16178; IV, S. 16461.**
Problême fur la Pucelle d'Orléans, 17196.
Examen de deux Articles touchant la Pucelle d'Orléans, 17228.
Mémoire fur l'appanage de Philippe, fils de Saint Louis, 25226.
Mémoire où l'on démontre que Philippe, fils de S. Louis, n'a jamais été Duc d'Orléans, 25379.
Mémoire fur Philippe de France, premier Duc d'Orléans, 25409.
Notes fur le Mariage de Marie d'Orléans, 25489.
Mémoire fur la découverte d'un Prince & d'une Princeffe de France, 25560.
Remarques fur l'Hiftoire d'Orléans relativement au Sacre des Rois, 26107; III, 35597.
Defcription des magnificences faites à Orléans, au paffage de Madame de France, II, 26555.
Mémoire fur la date d'une Charte de Louis le jeune, III, 29505.
—fur deux Chanceliers, 31489.
Lettre fur les Monnoies d'Orléans, 34007.
Notes fur quelques points de l'Hiftoire d'Orléans, 35598.
Remarques fur la Defcription d'Orléans, 35606.
Lettre fur le nom de *Guefpin*, 35610.
Réponfe à deux Articles du Mercure fur le même fujet, là.
Lettre fur le nom de *Chiens d'Orléans*, là.
Mémoire fur la Seigneurie de Meun, 35622.
Polus, Renaud, Cardinal & Archevêque de Cantorbéri.
Vita Chriftophori Longolii, IV, 47121.
Polycarpe, Corneille.
Vita S. Norberti, I, 13544.
Polygrollius : *vraifemblablement faux nom d'un inconnu.*
Poëma Medico-Politico-Pathologicum, II, 21858.
Pomereau, Etienne.
Traité des Eaux de Saint-Gondon, I, 3210.
Pommeraye, François, Bénédictin.
Concilia Ecclefiæ Rotomagenfis, I, 6293.
Hiftoire des Archevêques de Rouen, 9797.
—de l'Eglife Cathédrale de Rouen, 9798.

—de l'Abbaye de Sainte-Catherine, près Rouen, 12378 & 699.
—de l'Abbaye de Saint-Ouen de Rouen, 12699.
—de l'Abbaye de Saint-Amand de Rouen, 12699 & 14927.
de la Pommeraye (M.)
Lettres, III, 29913.
de Pommereu, Marie.
Chronique de l'Ordre des Religieufes de fainte Urfule, I, 15302.
des Pommiers : *voyez* Auroux.
des Pommiers (M.), Gouverneur de Chiroy.
L'Art de s'enrichir par l'Agriculture, IV, Suppl. 3440.*
de Pompadour (la Marquife) : *voyez* Poiffon.
de Pompignan : *voyez* le Franc.
de Pompone : *voyez* le Fevre de la Boderie.
de Pompone : *voyez* Arnauld d'Andilly.
Pona, François.
Traduction italienne de l'Argénis, II, 19916.
Ponce, Abbé de Savigny.
Chronicon Saviniacenfe, I, 12868 & 69.
Ponce de Léon, Gonfalve, Jurifconfulte.
Scholaftica Affertio, II, 19426.
Poncein : *voyez* Treilion.
de Poncelet, Louis, Lieutenant de Saint Gengoux.
Mémoire fervant à l'Hiftoire de Saint Gengoux.
Poncet (le Chevalier) : *peut-être le même que Maurice Poncet*, *qui fuit*, II, 18362 : *voyez l'article fuivant.*
Poncet, Maurice, Bénédictin, Curé de S. Pierres-des-Arcis à Paris.
Remontrances à la Nobleffe de France, II, 18187 & 214.
L'Antipharmaque, 18362.
Oraifon funèbre du Vicomte d'Auchi, III, 31854.
Poncet, Louis, Secrétaire de l'Evêque de Sées.
Difcours fur la mort de Henri IV, II, 20041.
Poncet (M.), Confeiller d'Etat.
Harangues faites en l'Affemblée de 1675, I, 6891.
Poncet de la Grave, Guillaume, Avocat.
Etat des Cours Souveraines, III, 32790.
Hiftoire de la Ville de Paris, 34534.
Projet des embelliffemens de Paris, 34538.
Poncet de la Riviere, Matthieu, Confeiller d'Etat.
Confidérations fur la Régale, I, 7615.
Poncet de la Riviere, Michel, Evêque d'Angers.
Approbation qui permet la publication d'un Miracle, IV, S. 4091.*
Oraifon funèbre de Pierre de Bonzy, Cardinal, Archevêque de Narbonne, IV, S. 9178.*
—de Philippe de France, Duc d'Orléans, Régent, II, 25674.
—de M. le Dauphin, fils de Louis XIV, 25691.
Poncet de la Riviere, Matthias, ancien Evêque de Troyes.
Oraifon funèbre de Louis XV, IV, S. 24802.*
—de la Reine Marie Leckzinska, II, 25200.
—de Madame Louife-Elifabeth de France, Ducheffe de Parme, 25780.
—de Madame Anne-Henriette de France, 25781.
du Poncet, Nicolas, Jéfuite.
Oraifon funebre de Marguerite - Angélique de Béthune, I, 14945.
Ponchier, Etienne, Evêque de Paris, & enfuite Archevêque de Sens.
Decreta Synodalia, (Ecclefiæ Parifienfis), I, 6659.
Ordinationes Synodales, (Ecclefiæ Senonenfis), 6734.
Pons, Jacques, Médecin.
Traité des Melons, I, 3502.
Pons, Claude, Médecin.
Parallele des Viperes & Herbes Lyonnoifes, &c., I, 3339.
Sycophantie Thériacale, 3341.

de Pons-Ludon : *voyez* Nédoin.
de Ponsan (M.), Trésorier de France.
Éloge de M. Mariotte, IV, S. 34066.*
de Ponssemothe de l'Étoile, Pierre, Abbé de Saint Acheul.
Lettre à un Curieux, I, 9703 ; IV, S. 9710.*
L'Ombre de M. Thiers, 9707 ; IV, S. 9710.*
Remarques Critiques, 9709 ; IV, S. 9710.*
Histoire de l'Abbaye de S. Acheul, 13640.
Oraison funèbre de Susanne des Friches de Brasseuse, 15070.
—de Marie-Térèse d'Autriche, II, 25190.
Les Curiosités de l'Aquitaine & du Languedoc, III, 37692.
de Pont de Veyle *ou* Vesle.
Le Siége de Calais, II, 17704 : *attribué*.
Mémoires du Comte de Comminges, III, 31928.
du Pont, François, Chanoine de Sées.
Traduction d'une partie de l'Histoire de M. de Thou, II, 19877.
du Pont. (M.)
De l'Exportation & de l'Importation des grains, II, 28254.
du Pont-Bertris.
Éloges des Philosophes, IV, 46361.
du Pont-Saint-Pierre. (le Baron)
Harangue à la clôture des États, II, 27529.
de Pontac, Arnauld, Évêque de Basas.
Constitutiones, I, 6798.
Lettre touchant un Collége qu'on vouloit donner aux Jésuites, IV, 44633.
de Pontagny : *voyez* Robinet.
Pontanus, Jean-Jovien.
Historiæ Belli Ferdinandi Senioris, III, 35688.
Pontanus, Pierre.
Carmen de Francisco I, II, 17486.
Pontanus, Jean-Isaac.
Descriptiones de Rheni divortiis, &c. I, 159.
Descriptio universæ Galliæ, 778.
Itinerarium Galliæ Narbonensis, 2348.
Origines Francicæ, II, 15411.
Historia Gelrica, III, 39552.
Historia Urbis Amstelodamensis, 39606.
Apologia hujus Historiæ, 39606.
Pontanus : *voyez* Dupont.
de Pontarlier : *voyez* Barbaud.
de Pontault, Sébastien, Chevalier de Beaulieu.
Plans & Cartes des Villes d'Artois, &c. I, 1361.
Plan de Calais, 1449.
Plans & Cartes des Villes de Flandre, 1515.
Isle de la Conférence, 1589.
Plans & Profils des Villes des Pays-Bas, &c. 2133.
Conquêtes de Louis-le-Grand, 2141 ; II, 24322.
de Pontaymeri, Alexandre, Sieur de Focheran.
La Cité de Montelimart, II, 19362.
Le Roi triomphant, 19586.
Discours d'État sur la blessure du Roi, 19607.
—sur la guerre d'Espagne, 19643.
de Pontbriand. (l'Abbé)
Projet d'un établissement pour les Savoyards, I, 5303 ; IV, S.
Pélerinage du Calvaire, 5348.
de Pontchartrain : *voyez* Phelypeaux.
de Pontchateau : *voyez* du Cambout.
de Pontdevesle : *voyez* de Pont de Veyle.
Pontier, Pierre.
Histoire de la découverte des Canaries, II, 17103.
Pontier, Gédéon, Protonotaire Apostolique.
Lettre au premier Évêque d'Alais, I, 9262.
des Pontieres.
L'Avis du Chevalier Catholique, II, 20088.
du Pontu.
Lettres sur la République de Géneve, III, 39179.
de la Popeliniere : *voyez* Voisin.
de Poplencourt : *voyez* le Jume.

Popoleschi, Dante.
Traduction Italienne des Commentaires de César, I, 3881.
Porcacchi, Thomas.
Remarques sur l'Histoire de Guichardin, II, 17547.
Le attione d'Errigo terzo Re di Francia, 18193.
Porcé, (l'Abbé) Chanoine du Saint Sépulcre à Caën.
Mémoire sur les Demoiselles de Leaupartie, IV, S. 4896.*
Porcher, Pierre, Prieur-Curé de S. Maxent.
Fondation de la Chapelle de Notre-Dame de Toutes-Aides, I, 4217.
—de l'Église de S. Maxent, 5026.
de Porcheres : *voyez* Laugier.
de la Porcherie : *voyez* Dupuy.
Porcheron, Claude, Bénédictin.
Histoire de l'Abbaye de-Saint Lucien, IV, *Suppl.* 12588.*
Porchet, (le Pere) Trinitaire.
Histoire des Antiquités d'Arles, III, 38160.
Porchier, Etienne.
Le Rosier des Guerres, II, 27182 : *attribué*.
Porée, Martin, Évêque d'Arras.
Tractatus pro parte Ducis Burgundiæ, II, 17111.
Porée, Charles, Jésuite.
Oraison funèbre de Louis-le-Grand, II, 24522.
Éloge de M. le Dauphin (fils de Louis XIV.) 25699.
Porée, (M.) Curé de Louvigny.
La Mandarinade, I, 11277.
Poret, Jean.
Le Tableau de Rebais, III, 34358.
Porrade, Pierre.
Suite de l'Histoire de la Congrégation des Filles de l'Enfance de Notre-Seigneur, I, 15154 ; IV, *Suppl.*
du Port, Gilles, Jurisconsulte.
Histoire de l'Église d'Arles, I, 7977.
du Port des Rosiers, François, Archidiacre de Toul.
Stemmata Lotharingiæ ac Barri Ducis, II, 25903.
du Port des Rosiers, Jean, Conseiller du Roi.
Vie du Prince Jean, Comte d'Angoulesme, IV, S. 25491.*
du Port du Tertre.
Conjuration des Fils de Louis le Débonnaire, II, 16348.
Portail, Avocat : *peut-être le même que* Nicolas Johannès, sieur du Portail.
Défense du Coadjuteur, II, 23321 : *voyez* Johannès.
Portail, (M.) Avocat-Général.
Discours de rentrée & Mercuriales, III, 32888.
du Portail : *voyez* Johannès.
de la Porte, Reginald, Évêque de Limoges.
Statuta, I, 6549.
de la Porte, Olivier : *peut-être* Sieur du Troncy.
Apologie pour la Ville de Lyon, III, 37390 : *voyez* du Troncy.
de la Porte, Charles, Duc de la Meilleraye, Maréchal de France.
Ses Emplois, ou Dépêches & Mémoires, III, 30602.
de la Porte, (le Pere) Carme : *voyez* Antoine de S. Martin.
de la Porte, Pierre, Valet-de-Chambre de Louis XIV.
Mémoires, II, 23907.
de la Porte, (le Pere) Minime.
Recueil concernant l'Histoire du Languedoc, III, 37726.
de la Porte. (M.)
Le Retour de la Paix, II, 24721.
de la Porte, Joseph.
Observations sur l'Esprit des Loix, II, 27078.
Histoire Littéraire des Femmes Françoises, IV, 47997.

de la PORTERIE.
Institutions de Cavalerie & de Dragons, III, 32167.
PORTES, (M.) Chanoine de Laon.
Remontrances au Roi, II, 24680.
des PORTES, Joachim, Abbé de Tiron.
Discours du régne de Charles IX ; II, 18248.
PORTHAISE, (le Pere) Franciscain.
Sermons sur la Conversion du Roi de Navarre, II, 19493 ; IV, S.
PORTIUS, Grégoire.
De fatali machinâ Rupellæ, II, 21541.
Epigrammata pro Rupellâ debellatâ, 21542.
de PORTMORAND : voyez Colas.
PORTNER, Jean-Albert, Conseiller de Ratisbonne.
Vita Francisci Guyeti, I, 11185.
Elogia in obitum Hieronymi Bignonii, III, 32982.
Ominæum Somnium in ejusdem funere, 32983.
Elogia Petri Puteani, IV, 46884.
PORTOCARRERO, Louis-Emmanuel-Fernandez, Cardinal, Archevêque de Tolède.
Auctoritas infallibilis & summa Cathedræ S. Petri, I, 7294.
PORTUS, François, Professeur en Grec à Génève.
Réponse aux Lettres de Pierre Carpentier, II, 18189.
La même en Latin, là & I, 5836.
POSSEVIN, Antoine, Jésuite.
Vita de Lodoico Gonzaga Duca di Nevers, III, 31026.
POSSINUS : voyez Poussines.
POSTEL, Guillaume.
Carte de la France, I, 544 & 45.
Tractatus de Gallia, 771.
Histoire des Expéditions des Gaulois ou François depuis le Déluge, 2906.
Apologie de la Gaule, là ; & II ; 27186.
Moyens de pacification entre les Huguenots & les Catholiques, 5786.
Démonstration de la sollicitude de Dieu pour la France, II, 17190.
Les merveilleuses Victoires des Femmes du monde, 17191.
Extrait d'un de ses Ouvrages sur la Pucelle d'Orléans, 17218.
Les raisons de la Monarchie, 28482.
La Loi Salique, &c. 28483.
POSTEL, Pacifique, Capucin.
Mémoires sur Magdelène de Sourdis, I, 14930.
POTEL, Guillaume, Chirurgien.
Discours des Maladies épidémiques de Paris, I, 2578.
POTEL, François-André, Chanoine d'Auxerre.
Examen sur la Sépulture de plusieurs Saints d'Auxerre, I, 4245.
Mémoire & Réponse à des Questions envoyées au Chapitre d'Auxerre, 4980.
Eclaircissemens sur quelques Rits de l'Eglise d'Auxerre, IV, S. 4980.**
Mémoire sur les Hôpitaux d'Auxerre, I, 4983 ; IV, Suppl.
—sur les Ecoles d'Auxerre, 4984.
Vie d'André Colbert, Evêque d'Auxerre, IV, Sup. 10170.*
Eloge funèbre de M. de Caylus, Evêque d'Auxerre, IV, S. 10171.*
Mémoire sur le lieu de la sépulture de S. Corcodeme, IV, S. 11074.
Encomium funebre Joannis Lebeuf, I, 11235.
Notice des Auteurs qui peuvent servir à l'Histoire d'Auxerre, III, 36006.
Mémoire pour l'Horloge publique de la Ville d'Auxerre, 36014.
de la POTERIE : voyez le Roy.
de POTES : voyez de Marnix.
de la POTHERIE : voyez Bacqueville.

POTHIER, Robert-Joseph, Conseiller au Présidial d'Orléans.
Pandectæ Justinianeæ, in novum ordinem digestæ, IV, S. 27583.*
POTHOUIN d'Huillet (M.), Avocat.
Réflexions pour l'Abbé de l'Isle-Barbe, I, 12014.
POTIAN (M.), Médecin.
Traité des Eaux minérales de Dieu-le-fit, IV, S. 3044.ˣ
POTIER, Jacques, Religieux Augustin.
Hercules triumphans, IV, 45796.
POTIER, Augustin, Evêque de Beauvais.
Réglemens pour la charité des Pauvres malades à Beauvais, I, 5474.
Statuts Synodaux, 6401.
POTIER, Nicolas, Seigneur de Novion, Premier Président du Parlement de Paris, neveu du précédent.
Discours sur la Déclaration du Clergé, I, 7282.
POTIER de Novion, Jacques, Evêque d'Evreux, fils du précédent.
Statuts Synodaux, I, 6508.
POTIER, André, Prieur du Monastère de S. André du Câteau-Cambresis.
Histoire des Evêques de Cambray, I, 8541.
Historia Abbatiæ S. Andreæ in Castello Cameracensi, 12325.
Chronique du Câteau-Cambresis, III, 39052.
POTTIER, N. Prêtre.
La Noblesse de S. Walbert, III, 44531.
POTTIER (M.), Procureur-Fiscal de Paray en Berry.
Remarques sur les Diablintes, I, 259.
de POUDENX, François, Evêque de Tarbes.
Ordonnances Synodales, I, 6750.
de POUDENX, Bernard, Chanoine & Archidiacre de Tarbes.
Rapport pour l'Agence du Clergé en 1705, I, 6906.
Procès-verbal de l'Assemblée de 1707, 6907.
POUGET. (M.)
Lettre sur l'Araignée, I, 3654.
POUGET, François-Aimé, Docteur de Sorbonne.
Mémoire sur le refus des Bulles, IV, S. 7370.**‡
POUGNAT : voyez de Basmaison.
POUGNET, J.
Edition des Coutumes d'Auvergne, I, 2186.
POUHAC de Vallans (M.), Avocat.
Mémoire sur la Souveraineté de Neufchâtel, III, 39153.
POUHAT, Jean-Baptiste.
Ludovici Magni Panegyricus, II, 24334.
de POUILLY : voyez Lévesque.
POULAIN.
Essai sur l'Histoire de l'Eglise de Tournay, I, 8617.
Histoire de la Ville & Cité de Tournay, III, 39419.
POULIHOT, Victorin, Récollect.
Recueil des Priviléges accordés aux Prétendus Réformés en faveur des Rochellois, IV, S. 6168.*
POULLAIN (le Sieur), Capitaine.
Lettres, III, 30049.
POULLAIN, Nicolas, Lieutenant de la Prévôté de l'Isle de France.
Procès-verbal contenant l'Histoire de la Ligue, II, 18665.
POULLAIN, Henri, Général des Monnoies.
Traité des Monnoies, III, 33906 & 7.
Mémoire sur les Monnoies, 33908.
Réponse à l'Avis de M. Godefroi, 33943.
Relation de l'Epreuve de fabrication des Espèces, 33953.
POULLAIN, Nicolas-Georges.
Continuation de l'Histoire de la Maison de Luxembourg, III, 39454.
Tables généalogiques de la Maison de Luxembourg, là.
POULLAIN de Saint-Foix, Germain-François.
Examen des prétentions d'Edouard III ; II, 17010.

Dissertation au sujet de la Statue équestre qui est dans l'Eglise de Notre-Dame de Paris, 17029.
Réponse à une Lettre sur le même sujet, 17031.
Histoire des guerres entre la France & l'Angleterre, 17171.
L'Origine de la Maison de France, 24949.
Lettre au sujet de l'Homme au Masque de fer, 25736.
Réponse au P. Griffet sur le même sujet, IV, *Suppl.* 25736.*
Des Fêtes & Divertissemens de nos Rois, II, 26111.
Funérailles de nos Rois, 26697.
Hôtel des deux Compagnies des Mousquetaires, III, 32198.
Essais historiques sur Paris, 34428.
Requête à M. le Lieutenant-Criminel, 34429.
Histoire de l'Ordre du Saint-Esprit, 40513; IV, S. & V, *Add.*
—des Hommes illustres de Bretagne, IV, 45681.
POULLIN, Fr. Sal. Dan. Médecin.
An Versaliarum salutaris Aër, I, 2632.
POULLIN (M.).
Oraison funèbre de Louis, Duc d'Orléans, II, 25677.
POULLIN de Lumina (M.).
Histoire de l'Eglise de Lyon, IV, S. 8859*; III, 37362.
Usages & Mœurs des François, IV, S. 15868.*
Histoire de la Guerre contre les Anglois, II, 24772.
Abrégé Chronologique de l'Histoire de Lyon, III, 37362.
POULTIER (M.), Sculpteur du Roi.
Lettre sur les Statues de Versailles, II, 27017.
POUPARD, Olivier.
Conseil touchant la peste, I, 2614.
POUPART, François, Médecin.
Histoire du Formicaleo, I, 3643.
POUPART, Spiridion, Religieux Picpus.
Dissertation sur deux tombeaux antiques, qui se voyent dans l'Eglise de Notre-Dame de Soissons, I, 14912; III, 34872.
POUPERON de Tilly (M.), Entrepreneur & Directeur des mines à charbon.
Examen des Instructions sur la houille, I, 2696.
Mémoire sur le charbon minéral, 2761.
POUPPÉ Desportes (M.), Médecin.
Histoire des maladies de Saint-Domingue, IV, S. 2617.*
POURCELOT, Pierre.
Table du Pouillé Royal, I, 1221.
POURCHOT, Edme, Recteur de l'Université de Paris.
Mémoire présenté au Conseil, IV, 44696.
Mémoire pour l'Université de Paris, 44756.
Second Mémoire, 44758.
Mémoire touchant la Seigneurie du Pré-aux-Clercs, 44761.
—pour les Doyens des Tribus de Sens & de Tours, 44789.
POURNAS, Léonard.
Traduction de la Vie de Charlemagne, II, 16250.
POURRIERES (l'Abbé).
Oraison funèbre de M. le Bret, IV, S. 32743.*
POUSSIN (le Sieur).
Voyage en Sicile & à Naples, IV, S. 24389.*
Lettre sur le Mémoire présenté par M. Vernon, II, 24395.
POUSSINES, Pierre, Jésuite.
De Vitâ Arnaldi Boreti, I, 4742; III, 33033.
Historia Societatis Jesu, Partis V Tomus I; I, 14216.
de POUTIER, Antoine-Honoré, Seigneur de Gouberland.
Statuts de l'Ordre de S. Georges, & Liste des Chevaliers, III, 40677.

POYER de Croix, François.
Histoire des Ducs de Bourgogne, II, 25435; V, *Add.*
de la POYPE de Vertrieu, Jean-Claude, Evêque de Poitiers.
Mémoire contre l'Université de Poitiers, IV, 45243.
del POZZO, Barthélemi.
Continuatione della Historia dell' Ordine di San Giovanni Gierosolymitano, III, 40289 & 90.
de PRADE : *voyez* le Royer.
de PRADEL, Abraham.
Les Adresses de la Ville de Paris, III, 34491.
de PRADEL : *voyez* de Serres.
PRADIER (Dom), Bénédictin.
Etat de la France, II, 27196. *Il y a eu part.*
PRADIER de Vic, François.
Tableau historique, III, 30462.
PRADILLON, Jean Baptiste, *dit* de Sainte-Anne, Général des Feuillens.
Histoire des Feuillentines de Toulouse, I, 15058.
La Conduite de Jean de la Barriere, II, 19134.
Les Familles d'Outre-Loire, III, 40690.
PRADINES (M.), Lieutenant en la Sénéchaussée de Béziers.
Eloge de Jean de Clapiés, IV, 46419.
de PRADO, Jean.
Vida de San Francisco de Paula, I, 14026.
de PRADOU : *voyez* Melon.
de PRAESLE : *voyez* de Presles.
PRAILLON, Michel, Echevin de Metz.
Chronique de Metz, III, 38786.
PRAILLON, Philippe, petit-fils du précédent.
Continuation de la Chronique de Metz, III, 38786.
de PRANZAC (le Marquis).
Déduction Généalogique (de sa famille), II, 25309.
du PRAT, Antoine, Chancelier de France, puis Cardinal, Archevêque de Sens.
Ordinationes Synodales, I, 6734.
Mémoires, II, 17475.
Lettres & Négociations, III, 19914.
du PRAT, Guillaume, Evêque de Clermont, fils du précédent.
Statuta Synodalia, I, 6467.
du PRAT, Pandolphe.
Laurea Flandrica, II, 22250.
du PRAT : *voyez* Duprat.
PRATEOLE, Gabriel.
Sermo de Francisci II inauguratione, II, 26061.
du PRATZ : *voyez* le Page.
du PRÉ, Claude, Sieur de Vaux-Plaisant, Conseiller en la Sénéchaussée de Lyon.
Belli Tumulus, IV, S. 18087.*
Abrégé de la vraie origine des François, II, 15410.
du PRÉ, Maurice, Prémontré.
Annales Ordinis Præmonstratensis, I, 13516.
Vie de S. Norbert, 13542.
du PRÉ (M.).
Oraison funèbre de Jean Forcoal, Evêque de Sées, IV, S. 9979.*
du PRÉ-le-Jay, Gédéon, Seigneur de Kaërdaniel.
Généalogies des plus illustres Maisons de France, III, 40560.
Histoire Généalogique de Bretagne, 40627.
Abrégé Généalogique de la Maison d'Espinay, 42211.
du PRÉAU, Gabriel, Docteur en Théologie.
Histoire de l'Etat & Succès de l'Eglise, I, 5846.
Abrégé de l'Histoire de France, II, 15744.
Traduction de l'Histoire de la Guerre sainte, 16681.
Harangue sur les causes de la Guerre entreprise contre les Rébelles, 17878.

PRÉAUDEAU (M.), Avocat.
Requête pour parvenir à un Réglement en la Sainte Chapelle de Vincennes, I, 5360.
PRÉAUX (M.).
Lettres, III, 30466 & 68.
des PRÉAUX : *voyez* Boutigny & Seyftre.
de PRÉCHAC : *voyez* de Preſchac.
PRÉCIEUX, Jacques, Bénédictin.
Recueil des Historiens de France, II, 15984. *Il y a eu part*.
PRÉCY (l'Abbé).
Description de la Gaule Celtique, I, 151.
Differtation fur *Vellaunodunum*, 362.
Mémoire fur l'Hiſtoire d'Alxerre, III, 36017.
de PRÉFONTAINE, Agneau, Lieutenant de Marine.
Eloge de Henri de Matignon, III, 31993.
de PRÉFONTAINE (M.), Commandant du Nord de la Guyane.
Maifon ruſtique de Cayenne, I, 2410; III, 39785.
PREISS, Chriſtophe.
Elegia, III, 35853.
de PREMAGNY.
Mémoire fur les avantages de la France, II, 15465.
de PRÉMEAUX : *voyez* de Machéco.
de PRÉMONTVAL (Madame) : *voyez* Pigeon-Dofangis.
PREMPART, J.
Deſcription du Siége de Boſleduc, III, 39528.
des PRÉS, Jean, Evêque de Montauban.
Statuta Synodalia, IV, *S*. 6623.*
de PRESCHAC.
Le grand Sophy, II, 24217.
Hiſtoire du Comte de Genevois, 25419.
L'Héroïne Mouſquetaire, IV, 48128.
du PRESCHIER ou Pelchier.
L'Hiſtoire de ce temps, II, 20113.
La Harangue Pariſienne, 20218.
de PRESLE : *voyez* le Bègue.
de PRESLES, Raoul, Secrétaire de Charles V.
Tractatus de Poteſtate Pontificali & Imperiali, I, 7054.
Traité de l'Oriflamme, III, 31820.
Deſcription de Paris, 34504.
PRESSAC, Antoine.
Franciſci Ducis de Joyeuſe Acta memorabilia, I, 9888.
de PRESSEUX, Philippe-Louis.
Differtatio de Aquis Spadanis, I, 3248 & 49.
Obſervations fur les Eaux de Spa, IV, *S*. 3250.*
de PRESSI : *voyez* de PARTZ.
PRESTON, Thomas.
Apologia Cardinalis Bellarmini, I, 7212.
le PRESTRE, Claude, Conſeiller au Parlement de Paris.
Article du Cahier du Tiers-Etat fur la Souveraineté du Roi, II, 26821.
le PRESTRE, Sébaſtien, Sieur de Vauban, Maréchal de France.
Projet d'une Dixme Royale, II, 28075.
Oiſivetés, 28078.
De l'attaque & de la défenſe des Places, III, 32146.
Traité de la défenſe des Places, 32147.
PREUDHOMME, Pierre, Chanoine de Cambrai.
Series & Acta Epiſcoporum Cameracenſium, I, 8520.
Nouveau Bouclier d'Etat & de Juſtice, II, 28774.
PREUSSER, Gonthier.
Laudatio funebris Delphini, II, 25701.
de PRÉVILLE : *voyez* Bulteau.
PRÉVOST, Etienne, Official de Chartres.
Traité touchant l'Egliſe de Notre-Dame de Chartres, I, 4966.

PREVOST, Jean, Archiprêtre de S. Severin à Paris.
Reſponſio ad Libellum de Clericis, &c. I, 7151.
Oraiſon funèbre de Chriſtophe de Thou, III, 32901.
PREVOST, J. du Dorat.
Traduction des imprécations contre le parricide commis en la perſonne de Henri IV, II, 19943.
PREVOST, Jean, Avocat.
Apothéoſe de Henri IV, II, 20044.
PREVOST, J.
Catalogue des Plantes du Béarn, &c. I, 3318.
PREVOST, Etienne.
Traité touchant Calais & Guiſnes, III, 34208.
PREVOST, Nicolas.
Cartularium Abbatiæ Sanctæ Mariæ de Nuchariis, I, 12267.
Elenchus Benefactorum & teſtium ejuſdem Cartularii, 12268.
PREVOST, Jean, Chanoine de l'Egliſe du Mans.
Carte de l'Evêché du Mans, I, 1088.
PREVOST (Jean-Louis), Capiſcole de l'Egliſe d'Orange.
Hiſtoire de l'Egliſe d'Orange, I, 8568.
Remarques fur l'Arc de triomphe d'Orange, III, 38300; IV, *S*.
PREVOST, Claude, Chanoine Régulier Génovéfain.
Notes fur le projet d'un nouveau Cérémonial François, II, 25923.
PREVOST, Claude-Joſeph, Avocat.
Mémoire fur une fondation d'Ecole, I, 5147.
Défenſe de la Conſultation contre le Concile d'Embrun, 6503.
Obſervations fur le Traité des Libertés de l'Egliſe Gallicane, 6997.
Mémoire fur les diſpenſes de Mariage, IV, *S*. 7370.***
PREVOST, Henri, Chanoine de S. Germain-l'Auxerrois, et enſuite de l'Egliſe de Paris.
Lettres fur Jean Hennuyer, IV, *Suppl*. 9988*; V, *Add*.
Réponſe à la Differtation fur Jean Hennuyer, I, 9990; V, *Add*.
PREVOST d'Eſſart (M.), Avocat.
Hiſtoire de la révolte des Sieurs de la Rivière & de Fargues à Heidin, III, 38999.
PREVOST d'Exiles, Antoine-François.
Traduction d'une partie de l'Hiſtoire de M. de Thou, II, 19878.
Hiſtoire de Marguerite d'Anjou, 25420.
Les Aventures de Pomponius, 25672.
Hiſtoire de Guillaume le Conquérant, III, 34986.
Traduction de l'Hiſtoire de la Maiſon de Stuart, 35187.
Récit des Voyages des François dans la Floride, 39650.
PREVOST de la Jannès (M.), Conſeiller au Bailliage d'Orléans.
Eloge hiſtorique de M. de la Lande, IV, 45913.
PREVOST de Sanſac, Antoine, Archevêque de Bourges.
Oraiſon funèbre d'Anne de Thou, épouſe du Chancelier de Chiverny, III, 31513.
le PREVOST, Jean, Secrétaire du Roi.
Ordre obſervé aux Etats de Tours, II, 27428.
le PREVOST, Robert.
La Repriſe de la Floride, II, 18019.
le PREVOST.
Vies des Saints du Dioceſe de Liſieux, I, 4272.
le PREVOST, Jean, Chanoine de l'Egliſe de Rouen.
Hiſtoire Eccléſiaſtique de Normandie, I, 9783.
Series Archiepiſcoporum Rotomagenſium, 9789.
Recherches de la Normandie, III, 35190.
le PREVOST, Pierre-Robert.
Oraiſon funèbre de Guillaume Egon de Furſtemberg, I, 9144.

Oraison funèbre de Paul Godet des Marais, 9385.
—de Louis XIV ; II, 24520.
—de M. le Duc de Berry, 25725.
de PREYSSAC : *voyez* Constant.
PRIANDI ou Priaudi.
Lettres, III, 30540.
Mémoire au sujet de Mantoue, 30713.
de PRIEZAC, Daniel, Conseiller d'Etat.
Miscellaneorum Libri, II, 26904.
Vindiciæ Gallicæ, 28724.
de PRIEZAC, Salomon, fils du précédent.
Mons Valerianus, I, 5334.
Campestre Galliæ miraculum, II, 26995.
de PRIMEROSE (le Sieur), Pasteur de l'Eglise Réformée de Bordeaux.
Harangue à M. le Duc de Mayenne, II, 20731.
de PRIMEROSE, Jean, Médecin.
Academia Monspeliensis, IV, 45205.
PRIMI-Visconti, Jean-Baptiste, Comte de S. Majole.
Historia della Guerra d'Olanda, II, 23996.
La Campagna del Ré Christianissimo, 24121.
I successi della Guerra, 24135.
PRINCE, Paul, Jésuite.
Vie de la Mere de S. Augustin, I, 15327.
de PRINGY : *voyez* de Merinville.
PRIOLO, Benjamin, Secrétaire du Duc de Rohan.
Libri Historiarum, II, 23861.
PRIORAT, Jean.
Traduction du Livre de Vegece de la Chevalerie, III, 40210.
BRISBACH, Wolfgang.
Liber de moribus veterum Gallorum, I, 3784.
Responsio ad Orationem Pomponii Bellevrai, II, 18136.
PRISC, Jean.
Defensio Historiæ Britannicæ, III, 35172.
PRISCUS, ancien Rhéteur.
Fragmentum de Francis, II, 16040.
PRIVAS, Jean, Cordelier.
Discours panégyrique sur la Ville d'Arles, III, 38155.
PROBUS, Philippe, Official d'Amiens.
Additiones Glossis Cosmæ Guymier in Pragmaticam Caroli VII Sanctionem, I, 7539 ; IV, S.
Supplementum Tractatui Ruzæi de Jure Regaliorum, 7586.
de PROCÉ, Philippe, Sieur du Pas.
Mémoires, II, 24006.
PROCOPE.
Fragmentum de Francis, II, 16040, 41, 42.
PROCOPE-Couteaux (M.), Médecin.
Lettres, IV, 44921.
Notes sur les Observations d'un Chirurgien, 44928.
PRODEZ de Beragtan, Pierre-François, Marquis d'Almacheu.
Ses Mémoires, IV, S. 31845.*
PROFUTURUS, Franciscus : *faux nom sous lequel s'est caché* Pierre Nicole, I, 5597 : *voyez* Nicole.
de PROGRELL, Jean-Gaspar L. B.
Vindiciæ Austriacæ, III, 40422.
PROHET, Claude-Ignace, Avocat.
Edition des Coutumes d'Auvergne, I, 2186.
Histoire de ce qu'il y a de plus considérable dans l'Auvergne, III, 37439.
PROMONTOIS.
Vie de S. Louis, II, 16872.
PRONOSTEL.
Carte de l'Evêché d'Alby, I, 1005.
S. PROSPER.
Chronicon, II, 16005.
PROSPER Tyro.
Chronicon, II, 16006.
PROSPER de Rodès (le Pere), Capucin.
Histoire des Maisons principales de France, III, 40578.

Histoire généalogique des Ducs & Pairs, 40579.
PROST de Royer, Antoine-François, Avocat.
Lettre sur l'administration municipale de Lyon, III, 37370.
de PROTOVAL, René, Marquis de Clere.
Généalogies de quelques Maisons de France, III, 40568.
—des anciennes Maisons de Normandie, 40734.
PROUST, Claude, Célestin.
La Guide des Pélerins de Notre-Dame de Verdelay, I, 4222.
Vie de S. Lié, 13346.
PROUST des Carneaux, Nicolas, Historiographe du Roi.
De Gestis Regum Galliæ Narratio, II, 15649.
De Gestis Ludovici XIII. in Normania & Aquitania, 20911 ; IV, S.
De Regis expeditione in insula Rea, 21116.
De obsidione Urbis Rupellæ, 21556.
PROUST de Chambourg, Aimon, Jurisconsulte.
Généalogie de la Maison d'Orléans-de-Rere & d'Orléans-Cressy, III, 43452.
—de la Maison de Signy, 44142.
le PROUST, François, Sieur de Ronday, Avocat.
De la Ville & Château de Loudun, III, 35744.
PROUSTEAU, Guillaume.
Epistola de Marino Grostête des Mahis, I, 11175.
de la PROUSTIERE : *voyez* Gourreau.
PROUVERE, Simon, Prêtre d'Argentan.
Historia Diœcesis Sagiensis, I, 9960.
PROUVERE-Brichetaux, Marin, Dominicain.
Histoire Ecclésiastique du Diocèse de Sées, I, 9958.
Chronique de la Congrégation Gallicane des Dominicains, 13747.
Histoire de Normandie, III, 35081.
de PROVENCHERE, Siméon.
Le prodigieux Enfant pétrifié : traduction, I, 2814.
de PROVENCHERE, Barthélemi.
Oraison funèbre du Cardinal du Perron, I, 10070.
—de la Duchesse de Nevers, IV, 48112.
PROVENSAL de la Forest, Louis.
Vie d'Antoine le Clerc, I, 4745.
PROVILLE, J. J. Dominicain.
Histoire du Couvent des Dominicains d'Arras, I ; 13748.
—des Contestations agitées au Concile de Constance, II, 17117.
PROVINQUIERES, Accurse, Récollect.
Vie de la Mere Anne-Catherine de la Croix de Sévilles, I, 15291.
PROYARD (l'Abbé).
L'Ecolier vertueux, IV, S. 4750.*
Vie de feu M. le Dauphin, fils de Louis XV ; V, *Add.*
s. PRUDENCE, Evêque de Troyes.
Vita sanctæ Mauræ, I, 4575 & 76.
de la PRUGNE : *voyez* de Billon.
de PRUSSE (le Prince) : *voyez* Frédéric II, Roi de Prusse.
PRYNNE, Guillaume.
Vie des Rois d'Angleterre, Jean, Henri III, & Edouard I ; III, 35100.
PTOLÉMÉE.
Tabula Galliæ, I, 23.
Exceptum de Gallis, 58.
PTOLOMÉE de Luques (le Pere), Dominicain.
Vita Clementis V, Papæ, I, 7718.
—Joannis XXII, Papæ, 7728.
—Benedicti XII, Papæ, 7733.
—Clementis VI, Papæ, 7740.
—Innocentii VI, Papæ, 7745.
—Gregorii XI, Papæ, 7754.
Genealogia Caroli Regis Siciliæ, II, 25356 : *faussement attribuée.*

de PTONCOURT:

de PTONCOURT : *voyez* Treullior.
PUBLITIUS, Jacques.
　Panegyricus Domûs Dominorum Civitatis Lavallenſis, III, 42870.
de la PUENTE, Jean.
　Defenſa de la Precedencia de los Reyes Catholicos, II, 26924.
PUFFENDORF, Iſaïe.
　Diſſertatio de Druidibus, I, 3830.
PUFFENDORF, Samuel, Hiſtoriographe de Suède.
　Diſſertatio de Fœderibus inter Sueciam & Galliam, II, 28750; III, 29436.
PUGET de Saint-Pierre.
　Eloge de M. le Dauphin, II, 25758.
PUGET de la Serre, Jean, Hiſtoriographe du Roi.
　Vie de Jean-Baptiſte Gault, I, 8049.
　—de Claude Bernard, 10945.
　Les Amours du Roi & de la Reine, II, 21380.
　La Clytie, 21654.
　Les Sièges & Batailles de M. le Prince, 22252.
　Le Temple de la Gloire, 24999.
　Le Portrait d'Anne d'Autriche, 25160.
　Eloge du Duc d'Enghien, 25827.
　Noces de Louis XIII, 26326.
　Entrée de Marie de Médicis dans les Villes des Pays-bas, 26384.
　—dans la Grande-Bretagne, 26386.
　Panégyriques des Hommes illuſtres, III, 31368.
　Portrait de Scipion l'Africain, 32489.
de PUGET, Etienne, Evêque de Marſeille.
　Statuts & Ordonnances, I, 6598.
de PUGET-Barbentane (le Chevalier).
　Avis à la Langue de Provence, III, 40788.
　Lettre à la même, *là*.
du PUGET, Antoine, Sieur de Saint-Marc.
　Mémoires pour l'Hiſtoire de Provence, III, 38084.
PUGNATORE, Jean-François.
　Origine dell' Ordine del Toſone, III, 40417.
de PUGNY (M.), Ambaſſadeur.
　Lettres, III, 30578.
du PUILLE, Barthélemi, Trinitaire.
　Vie de S. Roch, I, 4656.
du PUIS, Jean, Récollect.
　Hiſtoire des Evêques de Périgueux, I, 8327.
du PUIS, Matthias, Dominicain.
　Relation de l'établiſſement d'une Colonie dans la Guadeloupe, III, 39752.
du PUIS : *voyez* Dupuis.
de PUISIEUX, Phil. Florent.
　Voyage en France, &c. I, 2334.
de PUISIEUX (Madame) : *voyez* Darſant.
du PUITS, François, Général des Chartreux.
　Vita S. Brunonis, I, 13235.
PUJADES, Jérôme.
　Cronica de Cataluña, III, 38361.
de PUJOLS (M.).
　Dépêches, III, 30636.
　Lettres, 30749.
PULCI, Louis.
　Li Fatti di Carlomagno, II, 16194.
PULLEVÉ, Adrien, Bailli du Comté de Noyon.
　Oratio funebris in obitum Guillelmi Aboti, III, 32960; IV, S.
PULVÆUS : *voyez l'article précédent*.
le PUMEC, Cyrille.
　Le dévot Pélerinage de Notre-Dame de Folgoët, I, 4141.
de PURE, Michel.
　Vita Cardinalis Alphonſi-Ludovici Pleſſæi-Richelii, I, 8954.
　Vie du Maréchal de Gaſſion, II, 22254.
　Vita Cardinalis Armandi-Joannis Pleſſæi Richelii, III, 32476.
PUTEANUS-Ericius : *c'eſt* Henri du Puy : *voyez ſon article ci-après*.

Tome V.

du PUY, Jean.
　La Recherche des Mines des Pyrenées, I, 2684.
du PUY, G., Archidiacre de Bazas.
　Oraiſon funèbre d'Arnaud de Pontac, I, 8105.
du PUY, Germain, Archidiacre de Luçon.
　Oraiſon funèbre de Henri de Barillon, I, 8344.
du PUY, Henri, *nommé en latin* Ericius Puteanus.
　Diva Virgo Aſpricollis, IV, S. 4092.*
　Diva Virgo Bellifontana, I, 4095.
　Suffragium de Beghinis, 14716.
　De Obſidione Lovanienſi, II, 21848.
　Orcheſtra Burgundica, 25440; III, 38593.
　Prælium Væringanum, III, 39446.
　Bruxella ſeptenaria, 39510.
du PUY : *voyez* Dupuy.
de PUY-Guillon : *voyez* Baucaire.
du PUY-Laurent : *voyez* Guillaume.
du PUY de Saint-Pardoux, François-Rigald-Céſar, Archiprêtre de S. Exuperi de Limoges.
　Oraiſon funèbre de Louis de Laſcaris d'Urfé, I, 8481.
PUYLON, Denys, Médecin.
　Statuts de la Faculté de Médecine, IV, 44838.
de PUYSEGUR : *voyez* de Chaſtenet.
de PUYSIEUX (le Marquis) : *voyez* Brulart.
PYON.
　Relation des Réjouiſſances faites à Châtillon-ſur-Seine, III, 37234.

Q

QUADUS, Matthias.
　Deliciæ Galliæ, I, 2297.
QUARRÉ, Pierre.
　Les effets de la Nymphe de Santhenay, I, 3221.
QUARRÉ, Gaſpard.
　La Peiralité, IV, S. 22242.*
QUARRÉ d'Aligny, Gaſpard, Avocat-Général du Parlement de Dijon.
　Hiſtoire des anciens Rois, Ducs & Comtes de Bourgogne, III, 35865.
QUARRÉ, ..., Comte d'Aligny.
　Mémoires, II, 24377.
QUARSIER, Jean-Joſſe, Abbé d'Againe.
　Vita S. Sigiſmundi, III, 35848.
QUATREBARBES de la Rongere.
　Hiſtoire généalogique de la Maiſon de Brillé, III, 41452.
　Généalogie de la Maiſon de la Chapelle-Rainſouin, 41772.
　—de la Famille de Charnières, 41782.
　—de la Famille de Quatrebarbes, 43682.
　—de la Maiſon de Valcaux, 44352.
QUATRE-HOMMES (MM.) pere & fils, Conſeiller de la Cour des Aides à Paris.
　Mémoires ſur la Cour des Aides, III, 33895.
QUATREMAIRES, Jean-Robert, Bénédictin.
　Hiſtorica Synopſis Controverſiæ Gottefcalcanæ, I, 5562.
　Hiſtoria Monaſterii S. Michaëlis in periculo matis, 12210; IV, S.
　Privilegium S. Germani à Pratis, 12498.
　S. Germani à Pratis Jura propugnata, 12502.
　Recenſio paradoxorum J. Launoii & J. B. du Hamel, 12503.
　Privilegium S. Medardi propugnatum, 12652.
　Concilii Remenſis de Godefrido Ambianenſi falſitas, I, 12789.
QUENTIN.
　Relation du Siége de Péronne, II, 17562.
QUERBŒUF, Marie, Jéſuite.
　Traduction d'un Eloge funèbre de M. le Duc de Bourgogne, II, 25773.

QUERBRAT Calloet (M.), Avocat-Général en la Chambre des Comptes de Bretagne.
Avis sur les Chevaux, I, 3557; II, 28298.
Moyen pour augmenter les revenus du Royaume, 3571; II, 27968.
QUERCETANUS : *voyez* du Chesne.
de QUERCU : *voyez* du Chesne.
QUERCULUS : *voyez* Chesneau.
de QUERCY, Thomas.
De l'Antiquité de la Ville d'Aleth, III, 35478.
QUERCYNOIS, A. D. *Ce nom pourroit être un surnom qui désigneroit un homme originaire du Quercy.*
Les Motifs qui ont empêché la Paix, IV, *Suppl.* 23672.*
QUERIAU.
Discours d'ouverture dans la Société Littéraire de Clermont-Ferrand, IV, 45571.
de QUERLON : *voyez* Meusnier.
de QUERLONDE (M.), Ingénieur en Chef.
Mémoire sur les Bains de Plombieres, I, 3160.
QUERRET, Jean, Ingénieur.
Carte de la Franche-Comté, I, 1534.
Etat du Comté de Bourgogne, IV, *S.* 2216.***
QUERVELLE, Jean.
Poésie sur la Convalescence du Roi, II, 24653.
QUESNAY, François, Chirurgien.
Histoire de la Chirurgie, IV, 44890.
Examen impartial des Contestations des Médecins & des Chirurgiens, 44976, & S.
Mémoire concernant l'ancienne Législation sur l'état de la Chirurgie en France, 44977, & S.
Préface de l'Histoire de l'Académie Royale de Chirurgie, IV, 45541.
de QUESNAY.
Des Ecrivains de Marseille, IV, 45716.
QUESNAYE, François.
Traduction d'une Vie de S. Yves, I, 11551.
QUESNEL, Nicolas, Chanoine Régulier, Génovéfain.
Histoire du Prieuré de Sainte-Catherine de Paris, I, 136
—de l'Abbaye de S. Vincent de Senlis, 13654.
QUESNEL, Pasquier, Oratorien.
Sur les trois Hosties miraculeuses, IV, *S.* 5025.*
Apologie des Censures de Louvain & de Douai, 5572.
La Paix de Clément IX, 5580.
Histoire du Formulaire, 5608.
Préface & Supplément à la Relation de la Paix de Clement IX, 5610.
Mémorial touchant l'accusation de Jansénisme, &c. 5614.
Illusion de la Relation de ce qui s'est passé dans l'affaire de Douai, 5617.
Question curieuse : Si M. Arnauld est hérétique, 5618.
Défense de l'Eglise Romaine & des Souverains Pontifes, 5625.
Dissertatio de Codice antiquo Ecclesiæ Gallicanæ, 6956.
—pro S. Hilario Arelatensi, & antiquis Arelatensis Ecclesiæ juribus, 8001.
Eloge de M. des Mahis, 11177 : *attribué.*
Lettre sur la Vie de la Mere Louise-Eugénie de Fontaine, 15119 & 15294.
La Souveraineté des Rois défendue, II, 26873.
QUESNEL (l'Abbé).
Histoire des Religieux de la Compagnie de Jesus, IV, *S.* 14220.*
Almanach du Diable, II, 24620.
QUESTIER, Maturin, *dit* Fort-Lys.
Le Revers du mauvais temps passé, II, 22732.
Le Journal poétique de la Guerre Parisienne, 22736.
QUETIF, Jacques.
Vie & Miracles de Sainte-Aure, I, 14745.

QUETTA, Antoine, Jurisconsulte.
Rex Romanorum & Rex Francorum, uter alterum præcedat, II, 26906.
de la QUEUE, Henri, Dominicain.
Histoire d'Amboise, III, 35667.
Histoire Lochoise, 35668.
La Lignée des Seigneurs d'Amboise, III, 40907.
le QUEUX : *voyez* Lequeux.
de QUEVEDO, François.
Carta al Rey Luis XIII, II, 28719.
QUICK, Jean, Ministre Calviniste.
Recueil des Synodes des Eglises Réformées de France, I, 6195.
QUILIAN, Michel.
Discours à M. le Duc de Guise, II, 18711.
QUILLET, Claude.
Henricias, IV, *S.* 20065.*
QUILLET (M.).
Lettre au sujet d'un Puits, I, 2870.
QUIN.
Le Triomphe de Chantilly, II, 26579.
de QUINCARNON (M.), Lieutenant de Cavalerie.
Fondation & Antiquités de l'Eglise Collégiale de S. Paul de Lyon, I, 5402.
de QUINCÉ, Louis.
Extrait des Registres du Parlement, II, 17343.
Discours d'Etat, 23629.
de QUINCY (le Marquis).
Histoire Militaire du Regne de Louis-le-Grand, II, 24500.
Maximes & Instructions sur l'Art Militaire, III, 32111.
de QUINIPILIS : *voyez* d'Aradon.
QUINNE, Gautier.
Recueil des Reparties de Henri-le-Grand, II, 19928.
QUINQUET, Ange, Théatin.
Relation de la mort du P. André de la Croix, I, 14083.
de QUINSONNAS (M.).
Pieces sur les premiers succès de la Campagne, II, 24660.
de QUINSSONAS (M.), Premier Président du Parlement de Besançon.
Réflexions sur l'Histoire de Marguerite de Bourgogne, II, 25290.
QUINTIN Ménard, Archevêque de Besançon.
Statuta Bisuntinensis Diœcesis, III, 38550.
QUINTIN, Jean, Religieux de l'Ordre de S. Jean.
Christianæ Civitatis Aristocratia, I, 7063.
Duæ Prælectiones, 7064.
Remontrances du Clergé de France, II, 27442.
de la QUINTINIE, Jean, Directeur des Jardins du Roi.
Instruction pour les Jardins, I, 3452.
de QUIQUERAN de Beaujeu, Pierre, Evêque de Senès.
de Laudibus Provinciæ, I, 2437.
de QUIQUERAN de Beaujeu, Honoré, Evêque de Castres.
Mandement au sujet de la Légende de Grégoire VII, I, 7339; IV, *S.*

R

R. (l'Abbé) : *inconnu.*
Lettre sur l'Histoire de Larrey, II, 14492.
R.*** (Dom), Bénédictin, *inconnu.*
Lettres concernant les Mémoires sur le Nivernois, III, 35577.
R. C. : *c'est le Pere Ange de Saulieu, Religieux Capucin,* I, 3123 : *voyez* Ange.
R. Ch. (le Sieur), *inconnu.*
Vérités Françoises & Politiques, II, 22979.

R. D. B. (l'Abbé) : *c'est* Robert de Briançon, III, 38022 : *voyez* Robert.

R. D. C., *inconnu*.
Discours funèbre sur le cœur d'André Frémyot, I, 8405.

R. D. H., *inconnu*.
Carte de la Lorraine, I, 1632.

R. D. M. (le Sieur), *inconnu*.
Les reproches faits aux Princes retirés de la Cour, II, 10698.

R. G. A. D. F., *inconnu*.
Le Tombeau de MM. de Guise, II, 18837.

R. J. P. C. : *c'est* Robert-Joseph Pothier, Conseiller, IV, S. 27583* : *voyez* Pothier.

R. L. M. : peut-être R. le Maître, *l'un des Médecins de la Cour, sous Henri IV.*
La Santé du Prince, IV, S. 25598.*

R. O. : *c'est* Robert Ouvrard, I, 4004 : *voyez* Ouvrard.

R. P. : *c'est* Robert Pierre, I, 1910 : *voyez* Pierre.

R. P. D. P., *inconnu*.
Apologie de l'Article I du Tiers-Etat, II, 26840.

le R. P. D.... Bénédictin : *c'est* Dom Jacques Martin, I, 3756 : *voyez* Martin.

le R. P. D. D. S. A. R. D. L. D. C., *inconnu*.
Vie de S. Lié, I, 13345.

le R. P. D. P. D. S. J. : *c'est* Dom Pierre de Saint-Joseph, II, 22471 & 28038; IV, S. 22471 : *voyez* Pierre de Saint-Joseph.

le R. P. H., *inconnu*.
Explication d'une Epitaphe de Poissy, II, 25346.

le R. P. L. B. : *c'est* le Révérend Pere le Bon, I, 4717 : *voyez* le Bon.

le R. P. T. de S. L. : *c'est* le Révérend Pere Toussaints de Saint-Luc, I, 4747 : *voyez* Toussaints.

le R. P. Tr. R. C. : *c'est* le Révérend Pere Tranquille, Religieux Capucin, I, 4837 : *voyez* Tranquille.

le R. P. V. R. P. D. J. : *c'est* le Révérend Pere Vincent Rathier, Prieur des Jacobins, I, 5052 : *voyez* Rathier.

RABAN, Edouard, Imprimeur.
Les Antiquités de la Ville d'Orange, III, 38296.

RABARDEAU, Michel, Jésuite.
Optatus Gallus benignâ manu sectus, I, 7268.
Breviarium probatorium, 7270.
Benevola Admonitio, *là*.
Exercitatio Canonica de validitate, &c. 7380.

de RABAUDY.
Dissertation sur la Prise de Rome par les Gaulois, I, 3952.

RABAUT, Paul, Pasteur Calviniste.
Lettre sur l'Assassinat du Roi, II, 24757; IV, *Suppl.*

RABEL, Jean, Peintre.
Les Antiquités de Paris, III, 34389.

RABELAIS, François, Médecin.
La Sciomachie, &c. II, 17653.
Lettres, III, 29918.

de RABIRIA, Jacques.
Collectanea Tolosæ, III, 37761.

RABUT (M.), Consul à Livourne.
Lettres, III, 30860.

de RABUTIN, François, Gentilhomme.
Commentaires sur les Guerres de la Gaule Belgique, II, 17717.
Continuation, *là*.
Annales Historiques, 17718.

de RABUTIN, Roger, Comte de Bussy, Lieutenant-Général des Armées du Roi.
Histoire de Louis XIII, II, 22157.
Mémoires, 23904; IV, S.
Œuvres mêlées, *là*.
Supplément aux Mémoires & aux Lettres, 23905.
Histoire de Louis XIV, 24324.

Tome V.

Histoire amoureuse des Gaules, 24366.
Lettres, III, 31096.
Les illustres Malheureux, 31375.
Discours sur le bon usage des adversités, 31375 & 890.

de RABUTIN, Louise-Françoise, fille du précédent.
Vie de S. François de Sales, I, 10788; IV, S.
—de la Mere de Chantal, 15274; IV, S.

RACHIS, François.
Historia della Guerra fatta da Principi Christiani nella Terra Sancta, II, 16937.

RACINE, François, Seigneur de Villegomblain.
Voyage de Claude de Joyeuse, II, 18625; III, 31963.
Mémoires des troubles, II, 19802.

RACINE, Jean, Gentilhomme Ordinaire du Roi.
Abrégé de l'Histoire de Port-Royal, I, 15090.

RACINE, Louis, Académicien, fils du précédent.
Mémoire sur Jean Racine, IV, 47614.

RACINE, Pierre, Administrateur de la Confrérie Royale de la Sainte Vierge.
Prieres & Instructions à l'usage de cette Confrérie, I, 3286 & 4109.

RACINE, Bonaventure, Prêtre.
Abrégé de l'Histoire Ecclésiastique, I, 4918.
Histoire des Contestations sur la Grace, 5584.

RACINE, Robert-Florimont, Bénédictin, frère du précédent.
Lettre sur la Procession de S. Denys, I, 11423; IV, *Suppl.*
Histoire du Prieuré de S. Fiacre, 12468.

RACOLIS (M.), Avocat.
Eloge de Henri de Rouels, Sieur d'Arnoy, I, 11421.
—de Robert-Marc-Antoine Barbier, III, 34111.

de RACONIS : *voyez* Ange, & *ajoutez-y*, V, *Add.*
de RACONIS : *voyez* d'Abra.

RADBERT : *voyez* Paschase.

RADBOD, Evêque de Noyon.
Vita sanctæ Godebertæ, I, 4481.
—S. Medardi, Noviomensis Episcopi, 9745.

de RADEMONT : *voyez* Guérin.
du RADIER : *voyez* Dreux.

RADIUS, Casimir-Henri.
De Domo Comitum Rappolsteinensium, III, 38755 & 43773.

RADLINSKI, Jacques-Paul, Chanoine-Régulier du Saint-Sépulcre.
Traduction latine de la Vie de la Princesse Claude de May, Comtesse de Chaligny, IV, *Suppl.* 15030.*

RADULPHUS, Moine du S. Sépulcre.
Vita S. Lietberti Cameracensis, I, 8567.

de RÆMOND, Florimond, Conseiller au Parlement de Bordeaux.
Histoire de la Naissance de l'Hérésie en France, I, 5883.

de RÆMOND, Charles.
Regrets sur la mort de Henri IV, II, 20054.
Le Sacre de Louis XIII, 16083.

RAFFARD, François : *voyez* Ange de Sainte-Rosalie.

RAFFRON, Claude, Minime.
Vie de François Giry, I, 14060.

RAGAINE, J. C. I., Prêtre.
Histoire de S. Romain, I, 4666.

RAGEMBALD *ou* Ragimbert : *voyez* Raimbert.

le RAGOIS (M.), Précepteur du Duc du Maine.
Introduction à l'Histoire de France, II, 15632.

RAGOT, François, Curé de Marans.
Oraison funèbre de M. de Frézeau de la Frézeliere, I, 8340.

RAGOUNEAU, François, Lieutenant-Particulier.
Plaintes de la Ville de Richelieu, IV, S. 35747.*

RAGUEAU, François, Jurisconsulte.
Indice des Droits Royaux, II, 27670 & 71.

Rrrr 2

RAGUENEAU, Paul, Jésuite.
Vie de Catherine de S. Augustin, I, 15224.
Relation de la Nouvelle-France, III, 39681.
RAGUENET, François.
Histoire du Vicomte de Turenne, II, 24075.
RAGUET, Louis.
Projet de l'Histoire de Roussillon, III, 38349.
RAGUET, Gilles-Bernard, Prieur d'Argenteuil.
Histoire des contestations sur la Diplomatique, III, 29469.
RAGUIDEAU, Julien, Bénédictin.
Oraison funèbre de Charles-Henri de la Tremoille, IV, S. 32072.*
RAGUIER, Jacques, Evêque de Troyes.
Statuta, I, 6769; IV, S.
RAILLARD, Hilaire : *peut-être faux nom.*
Almanach, III, 36991.
RAILLARD, Claude, Horloger.
Recueil concernant les Horlogers, III, 34703.
le RAILLERE : *peut-être faux nom.*
Lettre à Catelan, II, 22421.
RAIMBERT, Abbé de Leucone.
Vita S. Walarici, I, 12781.
RAINALD, Abbé de Vézelai.
Vita S. Hugonis Cluniacensis, I, 11831.
Synopsis ejusdem, 11832.
RAINAUD, Evêque de Langres.
De Vita S. Mamantii, I, 4560.
RAINIER, J.
Oratio de rectâ Civitatis Institutione, III, 37335.
RAINSSANT, Jean-Firmin, Bénédictin.
Les Merveilles de Notre-Dame de Bethléhem de Ferrieres, I, 4101.
RAINSSANT, Pierre, Garde des Médailles du Roi.
Explication des Tableaux de la Galerie de Versailles, II, 27022.
Dissertation sur l'Origine de la figure des Fleurs de Lys, 27055.
RAINSSANT de Viez-Maison.
Représentation de la Noblesse hérétique, II, 19339.
de RAISSE, Arnold, Chanoine de S. Pierre de Douai.
Ad Natales Sanctorum Belgii Auctuarium, I, 4260.
Thesaurus sacrarum Reliquiarum Belgii, 4263 & 5086.
Belgica Christiana, 8512.
Origines Cartusiarum Belgii, 13247.
RAISSONS (le Pere), Dominicain.
Vie d'Antonin Massoulié, I, 13833.
de RAM, Jean.
Electorat de Trèves, I, 2004.
RAMBAUD (le Sieur), Avocat.
Plaidoyer pour le Tiers-Etat de Dauphiné, III, 37968.
Lettre servant d'Apologie, 37969.
RAMBERVILLER, Alfonse, Lieutenant - Général au Bailliage de Metz.
Les Actes de S. Livier, I, 4543.
de RAMBOUILLET : *voyez* d'Angennes : & *à l'Article de* Claude, *ajoutez* :
Missive pour le Roi Henri IV; V, *Add.* 19164.*
de RAMECOURT : *voyez* Fourcroy & le Gay.
de la RAMÉE, Pierre, Philosophe.
Liber de Moribus veterum Gallorum, I, 3783.
Tractatus de C. J. Cæsaris Militiâ, 3898.
Basilea, III, 39125.
Harangue, IV, 44722.
Avertissement, 44725.
Testamentum, 47191.
RAMNUSIO, Paul.
De Bello Constantinopolitano, II, 16736.
RAMON, Alfonse.
Vida di San Pedro Nolasco, I, 13993.
RAMOS del Mazano, François.
Respuesta de España al Tratado de Francia sobre le pretenciones de la Reyna, II, 28861.

RAMQUEZ, Antoine.
Cataluña defendida de sus emulos, II, 22021.
de RAMSAY, André-Michel.
Vie de François de Salignac de la Motte-Fénelon, I, 8578.
Histoire des Vicomtes de Turenne, II, 24074.
RAMUS : *voyez* de la Ramée.
de RANCÉ : *voyez* le Bouthillier.
RANCHIN, Guillaume, Avocat du Roi à la Cour des Aides de Montpellier.
Révision du Concile de Trente, I, 7514.
Qui sint hujus Franciæ Historiæ Autores, quæ Aimoini nomine circumfertur? II, 16089.
RANCHIN, François, Médecin de Montpellier.
Traité de la Peste, I, 2571.
RANCHIN, François, Avocat de Montpellier.
Description de la France, I, 787.
RANDIN, Jean.
Decreta Synodalia Parisina, I, 6659.
RANGEARD, (l'Abbé).
Réponse à la Dissertation sur l'Eglise de S. Pierre d'Angers, I, 4929.
Discours sur les Maisons Souveraines de l'Anjou, III, 35699.
Eloge de Pierre-Jean le Corvaisier, IV, 45549 & 47051.
de RANTE, Jacques, Avocat.
Description du Siége de Valenciennes, III, 39061.
RAOUL Glaber, Moine de Cluni.
Vita S. Guillelmi, Abbatis Divionensis & Reomaensis, I, 12244 & 357.
Historiæ sui temporis, 16550 & 51.
RAOUL de Caën.
Gesta Tancredi, II, 16612.
RAOUL le Noir.
Chronicon, III, 35035.
RAOUL de Dicet.
Fragmentum Abbreviationum Chronicorum, III, 35040.
RAOUL (M.).
Singularités de Paris, III, 34517.
RAOUL, Michel & Jacques, Evêques de Saintes.
Statuts Synodaux, I, 6729; IV, S.
RAOUL, Jacques, Evêque de la Rochelle.
Ordonnances, I, 6695.
RAOUL (M.).
Dissertation sur les Eaux d'Encausse, I, 3053.
RAOULT, Guillaume.
La Maladie & la Convalescence de M. le Dauphin, II, 25742.
RAPA el Cervera.
Traduction Castillane d'une Histoire de Catalogne, III, 38360.
RAPHAEL, J., Jacobin.
Vie de S. Elzéar, I, 4386.
RAPHAEL de Toscane.
La Mort du Duc & du Cardinal de Guise, II, 18823.
RAPHAEL (le Pere), Augustin Déchaussé.
Panégyrique d'une Image de la Mere de Dieu, I, 4093.
Les Sacrifices de la Vierge & de la France, II, 22173.
RAPHAEL (le Pere), Augustin Déchaussé : *il paroît différent.*
Vie de Jeanne Perraud, I, 14712.
RAPHAEL de la Vierge Marie (le Pere), Augustin Déchaussé.
Description du Couvent Royal de Brou, I, 13677.
RAPIN, Nicolas, Grand-Prévôt de la Connétablie de France.
Traduction d'une Préface d'une Histoire de France, II, 19876.
Vers sur le Plaidoyer de Dollé contre les Jésuites, IV, 44637.

Table des Auteurs.

RAPIN, René, Jésuite.
  Epistola super Regaliæ negotio, I, 7624.
  Eloge de François Fouquet, Archevêque de Narbonne, 9178.
  —de Louis II de Bourbon, Prince de Condé, II, 25825.
RAPIN de Thoiras, Paul.
  Dissertation sur la Pucelle d'Orléans, II, 17229.
  Abrégé des Actes recueillis par Thomas Rymer, III, 29411.
  Histoire d'Angleterre, 35185.
RAPINE, Florimond, Seigneur de Foucheraine.
  Récit de l'Assemblée des Etats à Paris, II, 27532.
RAPINE, François, Bénédictin.
  Oraison funèbre du Duc de Rhételois, III, 32027.
RAPINE, Charles, Recollect.
  Annales Ecclésiastiques de Châlons en Champagne, I, 9614.
  Discours de la Vie de S. Menge, 9618; IV, S.
  Histoire des Récollects, IV, S. 13898.*
RAPINE, Pascal, Récollect.
  Oraison funèbre d'Anne d'Autriche, II, 25166.
RAPP, Jacques.
  Description de la Prise de Colmar, III, 38752.
RASLE, François.
  L'Histoire de notre temps, I, 5805; II, 17944.
RASLE, Sébastien, Jésuite.
  Lettre écrite de la Mission de Narantsoak, III, 39714.
  Autre Lettre sur les Coutumes des Sauvages, là.
RASOIR, Jean, Doyen de Salle.
  Eclaircissement du Droit de Marie de Bourgogne, II, 28820.
RASSICOND, Etienne, Avocat.
  Notes sur le Concile de Trente, I, 7532; IV, S.
le RAT, François, Médecin.
  An Thermæ Borbonienses, Anselmienses? &c. I, 2995.
de RATABON, Martin, Evêque d'Ypres, auparavant Vicaire-Général de Strasbourg.
  Mandata promulgata in Synodo Argentinensi, I, 6348.
RATBOD : voyez Radbod.
RATHIER, Evêque de Vérone.
  Vita S. Ursmari, I, 12053.
RATHIER ou Ratier, Vincent, Dominicain.
  Discours sur le rétablissement de l'Eglise de S. Quiriace, I, 5052.
  Oraison funèbre de Jeanne-Gabrielle Dauvet des Marets, I, 15072.
RATOUYN, N., Chanoine de Soissons.
  Oraison funèbre de Charles de Bourbon, I, 9609.
RATPERT.
  De Origine, &c. Monasterii S. Galli, II, 16765.
de RATTE, Etienne-Hyacinthe, Secrétaire de la Société Royale de Montpellier.
  Histoire de la Société Royale de Montpellier, IV, 45593.
  Eloge de M. de Castries, Archevêque d'Alby, IV, S. 7921.*
  —de René-François de Beauvau du Rivau, V, Add. 9181*; IV, 45720; V, Add.
  —de François Chicoyneau, IV, 45720.
  —de François de Plantade, là.
  —de Jean Matte, là.
  —de Jean-Paul Bignon, là.
  —de François de la Peyronie, 46282.
  —de François Boissier de Sauvages, 46319.
  —de Jean Clapiés, IV, S. 46419.*
  —de Henri Pitot, IV, S. 46552.*
  —de Jean-Baptiste O-brenan Theodongh de Quétin, IV, S. 46562.*
RATUS, Pierre.
  Admonitio ad Pictones, II, 17880.
de RAUCHIE : voyez de la Dangie.

RAUCOURT.
  Recueil des Domaines du Hainault, II, 27855.
RAUFT, Michel.
  Mémoires de M. le Comte de Lowendal, III, 31639.
RAULIN, Jean.
  Oratio in laudem S. Ludovici, II, 16861.
  Epistolarum Opus, III, 29865.
RAULIN (M.), Médecin.
  Observations sur les Eaux de Pougues, IV, Suppl. 3175.*
RAUSIN ou Reusin, Etienne, Jurisconsulte.
  Leodium Ecclesiæ Cathedralis, I, 8715.
  Delegatio Civitatis Leodiensis, III, 39224.
de la RAVALIERE : voyez Levesque.
de RAVANNE (le Chevalier).
  Mémoires, III, 32045.
de RAVIERES (le Seigneur).
  Traduction des grandes Merveilles, &c. II, 18419.
RAVIRT, Nicolas, Religieux de l'Abbaye de S. Etienne.
  Journal de Dijon, III, 36988.
de RAVILLE (le Baron), Envoyé de l'Electeur de Trèves.
  Mémoire présenté au Roi, IV, S. 31070.*
RAVISIUS Textor, Jean.
  De Joannâ Francorum Reginâ, IV, S. 25053.*
RAY, J, Physicien.
  Observations Topographiques, &c. I, 2317.
  Plantæ in Gallo-Provinciâ collectæ, 3367.
  Synopsis Avium, IV, S. 3594.*
RAY de Saint-Geniès, J., Capitaine d'Infanterie.
  Histoire militaire du Régne de Louis le Juste, II, 22164.
  Histoire militaire du Regne de Louis XIV, 24501.
  L'Officier Partisan, 28127.
RAYAL (l'Abbé).
  Anecdotes littéraires, IV, 45646.
RAYBAUD, Jean.
  Description des Monumens d'Arles, III, 38179.
  Histoire des Grands-Prieurs de Saint-Gilles, 40328.
RAYER, Jean, Chanoine de Notre-Dame du Val.
  Vie de S. Thibault, I, 13389.
RAYMOND, Moine de S. André d'Avignon.
  Vita S. Pontii, I, 12324.
RAYMOND, Comte de Toulouse.
  Ordinationes, &c. pro exterminatione hæresis Albigensium, I, 5740.
  Ordonnances contre les Albigeois ; traduction, 5741.
RAYMOND, Esprit, Comte de Modene.
  Mémoires, II, 21022.
  Histoire des Révolutions de Naples, 22277.
RAYMOND de Sainte-Albine.
  Abrégé de l'Histoire Universelle de M. de Thou, II, 19879.
  Lettre sur Nicolas Frénicle, IV, 47445.
RAYNAL (l'Abbé).
  Histoire des Guerres de Charles-Quint, II, 17617.
  Anecdotes de l'Europe, 24715.
  Mercure de France, 24801. Il y a eu part.
  Essai sur les progrès du Gouvernement de la Monarchie Françoise, 27168.
RAYNAL, Jean, Avocat.
  Suite des Evêques & Archevêques de Toulouse, I, 10197.
  Histoire de Toulouse, III, 37775.
RAYNALDUS, Moine de Tulles.
  Chronicon, II, 16476.
RAYNALDUS, Archidiacre de S. Maurice d'Angers.
  Chronicon, II, 16568.
RAYNALDUS.
  Continuatio Annalium Ecclesiasticarum, IV, Suppl. 4909.
RAYNAUD, Théophile.
  Hercules Commodianus, I, 3986.

Indiculus Sanctorum Lugdunensium, 4276.
Hagiologium Lugdunense, 4277.
S. Joannes Benedictus, 4335.
Assertio Primatûs Lugdunensis, 8869.
Ambrosius, 10805.
Cæsar de Bus, 11006.
S. Bernardus, 13059.
Trinitas Patriarcharum, 13238.
Robertus de Arbrissello, 13941.
RAYNAULD : *voyez* Reinauld.
RAZOUX (M.), Médecin.
Mémoire sur les Rhumes épidémiques, I, 2573.
Tables nosologiques, IV, S. 2575.*
de RÉAL : *voyez* de Burle.
RÉAMI, Dominique.
Traduction Italienne de la Vie de S. Vincent de Paul, I, 11516.
de RÉAUMUR : *voyez* Ferchault.
des RÉAUX de la Richardiere.
Le Voyage de Candie, II, 23946.
de REBATU, François, Conseiller du Roi en la Sénéchaussée d'Arles.
Description de la Diane d'Arles, III, 38166.
Mirlatus Arelatensis, 38172.
Commentatiuncula in tres versus, 38173.
Diverses Antiquités d'Arles, 38174.
de REBENAC : *voyez* du Pas.
REBOUL (le Sieur), Calviniste converti.
La Cabale des Réformés, I, 5863.
Satyre Ménippée, 5864.
Fortunes & Vertus du Roi Henri IV, II, 19850.
REBOUL, Pierre, Jésuite.
Histoire de Notre-Dame de Montaigu, traduction, I, 4170.
REBOUL, Vincent, Dominicain.
L'Arrivée de sainte Magdelène à Marseille, I, 3989.
Histoire de sainte Magdelène, *Id*, & IV, Suppl. 3991.*
Le Pélerinage de la sainte Baume, I, 5539.
de REBOUL, Guillaume.
L'Anti-Huguenot, II, 19732.
de REBOUL de Lambert, Pierre-François-Xavier, Evêque de Saint-Paul-Trois-Châteaux.
Statuts Synodaux, IV, S. 6723.*
RÉBOULET, Pierre-François, Avocat.
Histoire de la Congrégation des Filles de l'Enfance de Notre-Seigneur, I, 15156.
Réponse au Mémoire publié par M. de Juliard, 15158.
RÉBOULET, Simon, Jurisconsulte.
Histoire du Régne de Louis XIV, II, 24496.
RÉBOULIER.
Dissertation sur l'Origine de Toulouse, III, 37771.
le REBOURS, G.
Discours fait aux obsèques de M. de Médavy, IV, S. 31994.**
REBOULIER, Pierre, Archidiacre de Rieux.
Oraison funèbre de Bernard de Marmiesse, I, 8101 ; IV, S.
REBREVIETTE, Guillaume, Sieur d'Escœuvres.
Histoire de S. Albert de Liége, I, 8783.
L'image de la Noblesse de Sainte-Gertrude, 15015.
REBUFFE ou Rébuffi, Pierre, Jurisconsulte.
Interpretatio Concordatorum, I, 7547.
De Prærogativis Principum, II, 26801.
Les Edits & Ordonnances des Rois de France, 27626.
Commentarii in Constitutiones Regias, 27627.
De Feudis, III, 39902.
de RÉCHAC, Jean, Dominicain.
Fondation de tous les Couvens des Frères Prêcheurs, I, 13737.
Vies des trois plus signalés Frères Prêcheurs de la Province de Bretagne, 13762.

Vie du B. Regnault de S. Gilles, 13764.
Vies des Saints de l'Ordre des Frères Prêcheurs, IV, S. 13738.*
—des Saintes & Bienheureuses, tant du premier que du Tiers-Ordre de S. Dominique, IV, S. 15133.*
de RECHIGNEVOISIN, Bernard, Seigneur de Guron.
Seconde Savoisienne, IV, S. 21630.*
REDING-Abibereyg, Augustin.
Œcumenica Cathedræ Apostolicæ Auctoritas, I, 7308.
REDSLOB, Jean-Louis.
Epitome Rerum Gallicarum, I, 3877.
de RÉFUGE, Eustache, Conseiller d'Etat.
Traité de la Préséance des Rois de France, II, 26927.
Ambassades, III, 30409.
Lettres, 30293, 30471 & 743, 30878.
de RÉFUGE (le Marquis), Lieutenant-Général des Armées du Roi.
Armorial de Saint-Paul-de-Léon, III, 40136.
REGA, Henr. Jos.
Dissertatio de Aquis Fontis Matimontensis, I, 3099.
Analyse des Fontaines, &c. 3101.
de REGIBUS, Guillaume.
Histoire Chronologique d'Angleterre, III, 35162.
REGIHAND.
Recueil d'Arrêts concernant les Seigneurs de Provence, III, 38134.
REGIO, Paul.
Vita di San Francisco de Paula, I, 14022.
REGIS, Pierre-Sylvain, Académicien.
Examen des Eaux de Balaruc, I, 2957.
REGIUS : *voyez* le Roy.
REGLEY (l'Abbé).
Description de la Généralité de Paris & de ses Elections, I, 1735 & 2243.
Vie de Mandrin, III, 33768.
REGNARD, D. F., Consul & Echevin de Paris.
Nouvelles, II, 24618.
REGNAUDIN, Claude, Procureur-Général au Grand-Conseil.
Traité de l'Indult, I, 7668.
REGNAULT, Nicolas.
Discours des Guerres de Provence, III, 38071.
REGNAULT, Gilbert, Juge-Mage de Cluny.
La Légende de Claude de Guise, II, 18245.
REGNAULT, Melchior, Conseiller au Présidial de Soissons.
Histoire de Soissons, III, 34868.
REGNAULT, Robert, Minime.
Vie & Miracles de Sainte Fare, I, 14881.
Mariages des Rois de France, II, 28342.
REGNAULT (le Sieur).
Le Richelieu, II, 22092.
Paraphrase du Pseaume 71, 22177.
Marie Stuart, Reine d'Ecosse, IV, S. 25128.*
REGNAULT (M.), Chanoine de S. Symphorien de Reims.
Histoire des Sacres, II, 25965 ; V, *Add*.
REGNAULT (M.).
La Botanique mise à la portée de tout le monde, IV, S. 3301.*
REGNAULT de Segrais, Jean.
Les Nouvelles Françoises, IV, 48004.
La Princesse de Clèves, 48051.
RÉGNIER (M.), Médecin.
Le Louvet, maladie du Bétail, IV, S. 3570.*
RÉGNIER Desmarais, François-Séraphin, Académicien.
Traduction Italienne de la Relation sur le Quiétisme, I, 5630.
Abrégé de sa Vie, 11394.
Histoire des Démêlés de la Cour de France avec la Cour de Rome, II, 23877.

Table des Auteurs. 687

Description du Monument érigé dans la place des Victoires, II, 24229; III, 24544.
Poëme sur le Regne de Louis XIV, II, 24481.
—sur les Eaux de Versailles, 27008.
RÉGNIER, Louis, Sieur de la Planche.
Réponse à l'Epître de Charles de Vaudemont, II, 17953.
Du grand & loyal Devoir de MM. de Paris, 17988.
La Légende du Cardinal de Lorraine, 18085, attribuée.
REIGLET (l'Abbé).
Almanach de Reims, III, 34259.
de REILLAC, Michel, Prieur de S. Amand.
Relation des Funérailles de Charles de Montchal, I, 10231.
REIMANN.
Vita S. Cadroæ, I, 12920.
REINAULD, Archidiacre de S. Maurice d'Angers.
Continuation d'une Chronique, III, 35087.
REINCE, Nicolas, Secrétaire du Cardinal du Bellay.
Traduction Italienne des Mémoires de Comines, II, 17393.
Lettres, III, 29949 & 50.
REINECCIUS, Reinerus.
Notæ in Annales de rebus gestis Caroli Magni, II, 16257.
Annales de Gestis Caroli Magni, 16282.
REINERUS : voyez Sacconi.
REINERUS, Moine de S. Laurent près de Liége.
Gesta S. Lamberti Trajectensis, I, 8748.
Vita S. Wolbodonis Leodiensis, 8772.
—S. Federici Leodiensis, 8779.
De Vitâ Corachi & Reginardi Episcoporum Leodiensium, 8788.
De Claris Scriptoribus Monasterii sui, Id.
REINERUS, Moine de S. Jacques de Liége.
Historia Leodiensis, I, 8694.
REINERUS : voyez Reineccius.
REINHARD, Jean-Jacques.
Scriptores Rerum Palatinarum, IV, S. 39201.*
REINIUS, C.
Traduction Latine de l'Histoire de France de Jean de Serres, II, 15681.
REISEC, Salomon.
Espece des Bains de Niderbronn, I, 3119.
RAISEISSEN, Jean-Daniel.
Commentatio de Origine Comitis Palatini, IV, S. 31318.*
RELAND, Adrien.
Oratio in obitum Pauli Bauldry, IV, 46634.
de RELY, Jean, Chanoine de Paris, puis Evêque d'Angers.
Remontrances du Parlement à Louis XI, I, 6978.
L'Ordre tenu aux Etats de Tours, II, 27430.
Propositions faites devant le Roi, 27433.
de RÉMERVILLE de Saint-Quentin, François.
Dissertation sur les Albices, I, 187.
Vie de S. Elzéar, 4392.
—de S. Castor d'Apt, 7875.
Histoire des Comtes de Forcalquier, III, 38057.
—de la Ville d'Apt, 38263.
REMINIUS, Abraham : voyez Remy.
RÉMOND, Guy.
Epitome de l'Histoire de France, II, 15813.
RÉMOND, Nicolas, Secrétaire d'Etat.
Traité du Revenu & Dépense des Finances, II, 28015.
RÉMOND : voyez Ræmond & Raymond.
de RÉMOND, Jean.
Avis au Roi, IV, S. 28887.*
S. REMY, Evêque de Reims.
Epistolæ, III, 29729.
REMY, Marc, Dominicain.
Notes sur l'Histoire de Guichardin, II, 17547.
Vie de Guichardin, Id.

Considerazioni civili sopra le Historie de Fr. Guicciardini, 17552.
REMY, Nicolas.
Discours des choses advenues en Lorraine, III, 38837.
REMY, Abraham.
Borbonias, II, 21222.
REMY, M., Récollect.
Traduction de l'Histoire de Notre-Dame de Halle, I, 4150; & IV, S.
REMY, Pierre.
Catalogues de Curiosités, I, 2480, 81, 83, 86, 87.
Eloge de Jacques Aved, IV, 47830.
RENARD, Simon.
Lettres, III, 30255.
RENARD, Nicolas François, Conseiller au Parlement de Besançon.
Compte rendu sur l'Institut des Jésuites, I, 14511; IV, S.
RENARD (M.), Médecin.
Observations sur la Maladie épidémique de Monceau, I, 2570.
RENART, Jean, Sieur de la Micquetiere.
Traduction de l'Histoire de France de Paul Emile, II, 15690.
RENAUD (le Pere), Dominicain.
Oraison funèbre de Louis, Duc d'Orléans, II, 25677.
Description de la Pompe funèbre de M. le Duc de Villeroy, III, 31733.
RENAUD (le Pere), Jésuite.
Histoire de Dominique Parrenin, I, 14212.
RENAUD de Segrais : voyez Regnault.
RENAUDOT, Théophraste, Médecin.
Vie du Cardinal Mazarin, I, 7865.
Suite du Mercure François, II, 22199.
Réponse à l'Auteur des Libelles, &c. 22197.
Gazette de France, 24801.
Vie de Henri II de Bourbon, Prince de Condé, 25813.
—du Maréchal de Gassion, III, 31625.
Oraison funèbre de Scévole de Sainte-Marthe, 34050.
Factum, IV, 44855.
Réponse à un Libelle, 44856.
RENAUDOT, Eusèbe, Académicien, neveu du précédent.
Histoire de Saladin, II, 16703.
de RENDER.
Mémoire pour le Chapitre de l'Eglise Cathédrale de S. Omer, I, 12364.
RENÉ d'Anjou, Roi de Jérusalem & de Sicile.
La Forme des Tournois, III, 40233.
RENÉ, Evêque de Léon.
Relation au sujet des Carmélites de Tréguier, I, 14975.
RENÉ, Gaspard-Jean, Médecin.
Quæstio de aëre, aquis & locis Monspeliensibus, I, 1429.
RENÉAUME, Paul, Médecin.
La Vertu de la Fontaine de Médicis, I, 3106.
de RENNEFORT : voyez Souchu.
de RENNEVILLE, Constantin. On croit que c'est Gatien de Courtilz, III, 34589 : voyez de Courtilz.
RENOU de Chauvigné-Jaillot, Jean-Baptiste-Michel, Géographe du Roi.
Carte des Pays-Bas, I, 1042.
Recherches sur la Ville de Paris, III, 34579, IV, S.
RENOULT, Thomas, Docteur en Théologie.
Recueil abrégé des Actes concernant le Clergé, I, 6949.
RENTIERE.
Relation touchant les côtes de Languedoc, III, 37705.

de RENTRÉ, Jacques.
Description du Siége de Valenciennes, II, 23806.
de REPELLIA.
Anagrammata, I, 7868.
de REPLONGES, Philibert.
De certissimâ nominis Burgundiorum Ratione, III, 35837.
REQUIER, Jean-Baptiste, Ex-Oratorien.
Traduction du Mercure de Vittorio Siri, II, 23792.
Vie de Nicolas-Claude Peiresc, III, 33201; IV, S. 33198.*
de RESCASSIER ou Rescossier.
Relation de la mort de l'Abbé de Langlade du Chayla, I, 6087 & 11226.
RESCIUS, Stanislas.
De Rebus in Electione Henrici Regis Poloniæ gestis, II, 18289.
RESTAUT, Pierre.
Traduction de l'exposition des motifs de l'Appel de l'Université, I, 5663.
RETEAU du Fresne (Madame).
Histoire de la Ville de Cherbourg, III, 35340.
de RETZ : voyez de Gondi.
REUCHLIN, Jean.
Dialogus de Julio II, II, 17453; IV, S.
REUD (M.).
Les Registres du Parlement de Franche-Comté mis au net, III, 33216; IV, S.
REVERAN, Jean.
La Tariffe du Présage universel des Provinces de France, I, 2088.
REVEREND (le Sieur).
Les Dits notables de Monsieur, II, 25654.
de REVERSEAU : voyez Gueau.
REVERSY, Urbain.
Opus de Episcopis Senonensibus, I, 10017.
du REVEST (l'Abbé).
Histoire de Pierre Bayle, IV, 46638 : attribuée.
de RÉVOL, Louis, Secrétaire d'Etat.
Lettres, III, 30237.
Dépêches, 30294.
Instructions, 30298.
de RÉVOL, Joseph, Evêque d'Oléron.
Recueil d'Ordonnances, I, 6655.
REY, Guillaume, Médecin.
Dissertation sur la Peste de Provence, IV, Suppl. 2564.*
du REY de Meinieres (M.), Président au Parlement de Paris.
Indication sur la Compétence de la Puissance Séculiere, IV, S. 7452.*
Histoire de la détention du Cardinal de Retz, II, 23734.
Mémoire sur les Présidens à Mortier, IV, S. 32870.*
Princes & Pairs poursuivis & jugés, IV, Suppl. 33618.*
REYHERSBERGE, Jean.
Chronique de Zélande, III, 39626.
REYNAT, Jacques Apothicaire.
Observations sur les Eaux de Vals, I, 3161.
REYNAUD ou Reynaut, Curé de Vaux.
Vie de M. Creuzot, I, 11088; IV, S.
Le Philosophe redressé, IV, S. 14693.*
REYNAUD de Villeneuve, François, Evêque de Viviers.
Ordonnances, I, 6817.
de la REYNIE (M.).
Requête contre M. l'Archevêque de Reims, III, 32717.
de la REYNIERE-Mauduit.
L'Exercice Militaire de l'Infanterie Françoise, III, 32136.
REYSSEYGUIER (le Chevalier).
Mémoires secrets, IV, S. 24643.*
REYSSIUS : voyez de Raisse.

RHANN, Henri.
Histoire de la Suisse, III, 39100.
de RHEDINGER.
Vita Cardinalis Richelii, III, 32504.
RHEGINON, Abbé de Prum.
Chronica, II, 16468.
de RHEINVILLERS.
Mémoires sur le Lin, I, 3501.
RHENANUS : voyez Beatus.
de RHINS (M.), Avocat.
Mémoire sur les Compagnies des Indes, II, 28285.
—sur la Province de Forez, III, 37427.
—sur la Baronnie de Beaujolois, 37432.
de RHODES (M.).
Cérémonial de France, II, 25926.
de RHODES, Jean.
Vita Benjamini Prioli, IV, 46880.
de RHODES (M.), Médecin.
Lettre sur les Eaux de Forviere, I, 3069.
Dissertation sur la possession de Marie Volet, 4890.
du RHUT (Madame).
Mémoires de la Duchesse Mazarin, IV, 48122.
de RIANTZ, Pierre, Minime.
Vie de Jérôme Détienne, I, 14064; IV, S.
de RIBADENEIRA, Pierre, Jésuite.
Vie de S. Louis, II, 16868.
RIBALLIER (M.), Syndic de la Faculté de Théologie de Paris.
Essai sur les Privileges & Exemptions des Réguliers, IV, S. 11571.*
RIBAUD, Jacques, dit de Rochefort, & ensuite de la Chapelle, Avocat.
Mémoire sur le Port Itius, I, 310; IV, S.
—sur Vercingentorix, 3893.
Dissertatio Suessionica, 4072.
Dissertation sur l'établissement du Christianisme en Auvergne, 4076.
Lettre sur le Jour des Etrennes, II, 15539.
Recueil de Dissertations, 15592.
Abrégé de l'Histoire de France, 15858.
Dissertations sur l'Etablissement des François, 15917, 18, 19; IV, S.
—sur le Regne de Clovis, 16035.
—sur la premiere Croisade, 16578.
de RIBEYRE, Paul, Evêque de Saint-Flour.
Statuts Synodaux, I, 6720; IV, S.
RIBIER, Guillaume, Conseiller d'Etat.
Discours au Roi, I, 5886.
Réplique à la Réponse, 5888.
Apologie du Discours, 5889.
Discours sur la Lettre de M. le Prince de Condé, IV, S. 20719.
Mémoires d'Etat, III, 30089.
RIBIER, Jacques, Conseiller d'Etat, frère du précédent.
Discours sur le Gouvernement des Monarchies, II, 27097.
Mémoires concernant les Chanceliers & Gardes-des-Sceaux, III, 31478.
RICARD, Jean-Marie, Avocat.
Edition de la Coutume de Paris, I, 1246.
Déclaration des Duchés &c. du Bailliage de Senlis, I, 2260.
RICARD, Raymond.
Refleffioni Belgice fatte contrò le pretensioni della Regina, II, 28865.
RICARD (l'Abbé), Chanoine & Professeur d'Eloquence à Auxerre.
Eloge de M. le Dauphin, II, 25758.
Mémoires à consulter, IV, S. 45333; N°. 2 & 5.
de RICARDELLE : voyez de Trégouin.
RICAUT.
Mémoire sur les Eaux de l'Arriege, I, 2836.
RICCHIN, Thomas-Augustin, Dominicain.
Editio Librorum Patris Monetæ adversùs Catharos & Valdenses, IV, S. 5737.*

RICCI,

RICCI, Joseph, Clerc Régulier Somasque.
De Bellis Germanicis, II, 22286.
Rerum Italicarum Narrationes, 23752.
RICCIO, Michel, Conseiller au Parlement de Dijon.
De Regibus Francorum, II, 15695.
Historia Regum Hierosolymitanorum, 16724.
RICHARD, Abbé de S. Vannes.
Vita S. Rodingi, I, 11688 & 13020.
RICHARD, Moine de Cluni.
Narratio de Fundationibus Monasterii Caritatis ad Ligerim, I, 11753.
RICHARD, Moine de Cluni.
Chronicon, II, 16420.
RICHARD de Poitiers, Moine de Cluni.
Chronicon, II, 16647 & 72; IV, S.
RICHARD de Northombrie, Prieur d'Haguftald.
Historia de Gestis Regis Stephani, III, 35016.
RICHARD, Chanoine de Londres.
Itinerarium Richardi, III, 35033.
RICHARD, Moine.
Chronicon de Rebus Richardi, III, 35034.
RICHARD de Saint-Germain.
Chronicon Siciliæ, II, 25352; III, 35044.
RICHARD.
De Bello Civili Gallico, II, 18415.
RICHARD, Jean, Avocat.
De Francorum Origine, II, 15389.
Antiquitates Divionenses, III, 35909.
RICHARD, Jean-Baptiste, Avocat.
Cafafanga, II, 18616.
RICHARD, Sébastien, Médecin.
Les Bains de Digne, I, 3045.
RICHARD (l'Abbé), Prieur de Lansac.
Procès-Verbal de l'Assemblée de 1625, I, 6865.
RICHARD, Jacques.
Description de la Franche-Comté, IV, S. 2216.*
RICHARD, Jean, Curé de Triel.
Notæ in Censuram Hungaricam, I, 7291.
RICHARD, René, Chanoine de Sainte-Opportune.
Traité des Pensions Royales, I, 7429.
Dissertation sur l'Indult, 7673; IV, S.
Quelques Détails sur Edmond Richer, 11410.
Vie de Jean-Antoine le Vachet, 11498.
—du Pere Joseph, 13922.
Le véritable Pere Joseph, 13923.
Réponse à ce Livre, 13924.
Discours sur l'Histoire des Fondations Royales, II, 26960.
Parallele du Cardinal Ximenès & du Cardinal de Richelieu, III, 32520.
Histoire anecdote du Cardinal de Richelieu, 32523.
Coup d'Etat des Cardinaux de Richelieu & Mazarin, 32525.
RICHARD (M.).
Mémoire sur les Eaux de la Rochelle, IV, S. 2867.*
RICHARD (l'Abbé), de l'Académie de Dijon.
Dissertation sur le caractere des anciens Gaulois, 3795.
Mémoire sur les Mœurs des anciens Gaulois, 3796.
Discours sur l'état des Sciences dans les Gaules, 3842.
Tablettes de Bourgogne, III, 35828.
Mémoire sur la Chevalerie Militaire, 40218.
RICHARD (le Pere), Dominicain.
Dictionnaire des Sciences Ecclésiastiques, IV, S. 45658.
de la RICHARDIERE: voyez des Réaux.
RICHARDOT, François, Evêque d'Arras.
Statuta Synodalia, I, 6352.
RICHARDOT, Camille, Médecin.
Nouveau Système des Eaux de Plombieres, I, 3153.
RICHART, Antoine, Contrôleur du Grenier à Sel de Laon.
Mémoires sur la Ville de Laon, III, 34889.

Tome V.

RICHE, Claude.
Orationes duæ, III, 37389.
RICHE, A.
Histoire du Saint-Clou, I, 5383.
le RICHE.
Mémoire pour l'Abbesse de Château-Châlon, I, 14863; IV, S.
de RICHEBOURG (M.).
Histoire de la Marine, II, 28303.
de RICHEBOURG (M.).
Histoire de Vienne, I, 10686; IV, S.
de RICHEBOURG: voyez Bourdot, Macé, Toustain.
de RICHELIEU: voyez du Plessis.
RICHEOME, Louis, Jésuite.
Réfutation du Catéchisme des Jésuites, I, 14231.
Plainte contre le franc & véritable Discours, 14242; IV, 44647.
Examen du Libelle intitulé: Anti-Coton, 14266.
Avis & Notes sur quelques Plaidoyers de M. Servin, 14291.
Consolation à la Reine Mere, II, 19985.
Tableau votif pour Louis XIII, 21068.
Lettre sur le trépas du Marquis d'Afferac, IV, S. 31851.*
La Vérité défendue contre le Plaidoyer d'Antoine Arnaud, IV, 44640.
Réponse au Plaidoyer de Simon Marion, 44643.
RICHER, Moine de Senones.
Vita S. Gundelberti Senonensis, I, 10047.
Historia Martyrii Monachorum Luxoviensium, 12124.
Chronicon Senoniensis Abbatiæ, 12883; II, 16813.
RICHER, Abbé de S. Symphorien de Metz.
Vita Adalberonis II Metensis, I, 10584.
RICHER, Christophe, Ambassadeur.
Mémoires, III, 29961 & 81, 30197.
Lettre à Henri II, 30009.
Mémoire sur l'Alliance du Roi avec MM. des Ligues (Suisses), III, 29287.
RICHER, Edmond, Docteur en Théologie.
De Ecclesiasticâ & Politicâ Potestate, I, 7070.
Demonstratio hujus Libelli, 7070 & 80.
Defensio ejusdem Libelli, 7081.
Considérations sur les Raisons pour le désaveu, &c. 7085; II, 28666.
Déclaration & Protestation, 7086.
De Historiâ Rerum gestarum adversùs eum, 7088.
Histoire de son Syndicat, 7089.
Vindiciæ Richerii, 7224: douteux.
Tractatus de Potestate Ecclesiæ in rebus temporalibus, 7237.
Defensio Articuli quem tertius Ordo, &c. là.
Traité des Appellations comme d'abus, 7476.
Histoire du Démêlé de l'Evêque d'Angers avec son Chapitre, 10411.
Vita Joannis Gersonii, 11164.
Apologie de Gerson, là.
Histoire de la Pucelle d'Orléans, 17225.
Historia Academiæ Parisiensis, IV, 44619.
De optimo Academiæ Statu, 44731.
Statuta Collegii Cardinalitii, là.
RICHER, Jean, Libraire & Imprimeur de Paris.
Le Mercure François, II, 22199. Il en est le premier Auteur.
RICHER, Etienne, Libraire & Imprimeur de Paris.
Le Mercure François, II, 22199. Il y a eu part.
RICHER, L. J., Avocat.
Relation de la Découverte d'une source, I, 2856.
RICHER, François, Avocat.
Histoire de la Possession des Religieuses de Loudun, V, Add. 4854.*
De l'Autorité du Clergé, & du Pouvoir du Magistrat Politique, I, 7105.
Histoire des Couplets attribués à Rousseau, IV, S. 47650.*

Sfff

Histoire du Procès de la Marquise de Brinvilliers, IV, S. 48031.*
—du Procès de Marie-Catherine Cadiere, IV, S. 48032*; V, *Add.*
de RICHESOURCE : *voyez* de Sourdier.
RICHETTE.
Histoire généalogique de la Maison de Tournon, III, 44181.
RICHIER, Edmond.
Les Opérations des Ducs de Lorraine, III, 38838.
RICHOT, Etienne, Ingénieur du Roi.
Avis présenté au Cardinal de Richelieu, I, 892.
RICHOU, Claude, Elu de Château-Chinon.
Mémoires concernant la Ville de Château-Chinon, III, 15581.
le RICHOUX de Norlas, D. P. ou D. Pierre : *faux nom sous lequel s'est caché Dom Michel-Gabriel Perdoulx*, I, 11616 & 18 : *voyez* Perdoulx.
de RICHY, Jules, Gentilhomme de Picardie.
Discours de l'entreprise d'Anvers : II, 18447; IV, S 39520.*
Passe-tems du Roi, II, 10501.
de RICOUART, Antoine, Comte d'Hérouville de Clayes, Lieutenant-Général des Armées du Roi.
Etat des Mines d'Alsace, I, 2668.
Traité des Légions, III, 32181.
le RIDANT, P., Avocat.
Examen de deux Questions sur le Mariage, I, 7388.
Notes sur une Dissertation touchant le Concile de Trente, 7532.
RIDEUX, (M.), Médecin.
Mémoire sur les Eaux d'Yeuzet, IV, S. 3286.*
de RIENCOURT, Simon, Correcteur des Comptes.
Abrégé chronologique de l'Histoire de France, II, 15822.
de RIENCOURT : *voyez* Cellier.
du RIER, Pierre.
Traduction de la Vie de S. Martin, écrite par Sulpice Sévère, I, 10276.
de RIEUX, René, Evêque de Léon.
Constitutiones Synodales, I, 6559.
RIGAUD, J.
Recueil de Vues de Paris, &c. I, 2134.
RIGAUD (M.).
Lettre sur un Ouragan, I, 3721.
RIGAUD de Lille (M.).
Mémoire sur le Sainfoin, IV, S. 3506.**
RIGAULT, Nicolas, Conseiller au Parlement de Metz.
Dissertatio super Editione Libelli paræinetici, de cavendo schismate. I, 7264.
Vita S. Romani, edita cum notis, 9831.
Traits concernant les Jésuites, 14217.
Continuatio Historiæ Thuani, II, 19891.
Epistola quâ Thuanus defenditur, 19887 & 28682.
Apologeticus pro Christianissimo Rege, 28683.
Traduction Latine de l'Oraison funèbre de Gaspard de la Chastre, III, 31908.
Vita Petri Puteani, IV, 46882.
RIGAULT (M.), neveu du précédent.
Eloge de Nicolas Rigault, III, 33210; IV, S.
RIGAULT (M.), Avocat.
Représentations de M. l'Archevêque de Paris au Roi, IV, 45130.
Tableau des Avocats du Parlement de Paris, IV, 45814.
de RIGAUVILLE : *voyez* le François.
de RIGNAC, Jean.
Concilia Galliæ Narbonensis, I, 6291.
Catalogues des Evêques de Languedoc, 9152.
Mélanges pour l'Histoire du Languedoc, III, 37722.
Dénombrement des Barons d'Alais, 37896.
Decus Occitanicum, 44103.
RIGNONI, Jean-Constance, Minime.
Orazioni Sacre Toscane, I, 15283.

RICOLEY de Juvigny (M.), Conseiller au Parlement de Metz.
Mémoire de toutes les Impositions, &c. I, 7402.
Discours sur le progrès des Lettres en France, IV, S. 44575.*
Eloge de Claude-Pierre de la Monnoye, IV, 45947.
Mémoire sur Bernard de la Monnoye, 47144.
Vie d'Alexis Piron, V, *Add.* 47585.**
RIGORD ou Rigot, Moine de S. Denys.
Gesta Philippi Augusti, II, 16740.
RIGORD.
Relatio de Christi Clavo, Coronâ, &c. IV, S. 16206.*
RIGOT : *voyez* Rigord.
de RIGUET (l'Abbé), Grand-Prévôt de Saint-Dié.
Histoire du Chapitre de Saint-Dié, I, 5379.
—de l'Eglise de Saint-Dié, 5380 & 10627; V, *Add.*
Systême chronologique des premiers Evêques de Toul, 10616; V, *Add.*
Mémoires pour la Vie de Saint-Dié, *là.*
RINALDUS, Jacques, Jésuite.
Flora Galliæ Sanctæ, I, 4235.
RINCIUS, Bernardin, Médecin.
Epithalamion, II, 26585.
RING, Frideric-Dominique.
Vita Joannis-Danielis Schœpflin, IV, 46915.
RIOLAN, Jean, Médecin.
Requête au Roi, I, 3391.
Gigantomachia, IV, S. 3724.*
L'imposture des os du Roi Theutobocus, I, 3725.
Disputatio de monstro nato Lutetiæ, 3726.
Recherches sur les Ecoles de Médecine, IV, 44866.
de RION.
Avertissement à M. de Luynes, II, 10809.
RIPA (le Pere)
Casale liberato, II, 21993.
RIPAMONE, Arias.
Compendio Istorico dell' ultima Guerra, II, 24443.
RIPAMONTIUS, Joseph.
Fragmenta Historiæ Catholicæ, II, 21954.
de RIPARFONT : *voyez* Gabrtau.
de RIPERT de Monclar, Jean-Pierre-François, Procureur-Général du Roi au Parlement d'Aix.
Compte rendu des Constitutions des Jésuites, I, 14486.
Plaidoyer dans la même Affaire, 14496.
Discours sur la Pragmatique-Sanction du Roi d'Espagne, 14509.
Réplique aux Apologies des Jésuites, 14668; IV, S.
RIPPIER, Michel.
Préface pour la Conférence de la Coutume du Maine, III, 35513.
de RIQUET, Pierre-Paul, Seigneur de Bon-Repos.
Projet du Canal de Languedoc, I, 895.
Pièces pour un Canal de l'Ourcq à Paris, 928.
RIQUETI (l'Abbé).
Panégyrique de S. Louis, II, 16871.
de RIQUETTI, Victor, Marquis de Mirabeau.
Voyage de Languedoc & de Provence, I, 2356.
L'Ami des Hommes, II, 27312.
Mémoire sur les Etats Provinciaux, 27578.
Théorie de l'Impôt, 28120.
RISCH, Gaspar, Jurisconsulte.
Notæ in Historiam Universalem Natalis Comitis, II, 18422.
RISEBERG, Laurent.
Epitome de Rebus Gallicis, II, 19598.
RISHANGER, Guillaume, Moine de S. Alban.
Chronicon Angliæ, III, 35143.
RISTEAU (M.), Directeur de la Compagnie des Indes.
Réponse aux Observations sur l'Esprit des Loix, II, 27079.

du RIT, Michel, Avocat.
Optimus Gallus, II, 19051.
La Vie d'Antrague, *Id.*
RITHOVIUS, Martin, Evêque d'Ypres.
Statuta, IV, S. 6823.*
RITIUS : *voyez* Riccio.
RITTER, Jean-Daniel.
Obfervationes in Codicem Theodofianum, IV, S. 27583.*
RITTERHUSIUS, Conrad, Jurifconfulte.
Vita Salviani, I, 11440.
RITTERHUSIUS, Nicolas, fils du précédent.
Opus ingens Genealogicum, III, 40534.
du RIVAGE : *voyez* de Montigny.
RIVAL, Pierre, Chapelain du Roi de la Grande-Bretagne.
Deux Differtations fur la dépofition de Childeric II, 16161.
Examen de la Differtation de l'Abbé de Vertot fur la Loi Salique, II, 28550.
RIVAL : *voyez* Cizeron.
RIVAL, Aymar, Seigneur de la Rivaliere.
De Allobrogibus, III, 37932.
de la RIVALIERE : *voyez* l'article précédent.
de RIVALZ (le Chevalier).
Analyfe de différens Ouvrages de Peinture, Sculpture & Architecture, IV, S. 37791.*
RIVAREL.
Vie de S. Remi, I, 9518.
de la RIVAUDIERE : *voyez* de Mont-Bourcher.
du RIVAULT, David, Sieur de Flurance.
Les Etats, II, 27215.
Difcours du Point d'Honneur, III, 40197.
Deffein d'une Académie, IV, 45490.
RIVE, Jofeph, Chanoine de S. Symphorien.
Vues de la Ville d'Avignon, IV, *Suppl.* 1363* & 63.**
RIVEAU, Georges.
De Rupellâ, ter obfefsâ, II, 21561 ; IV, S.
RIVER, Edme.
Epinicium in Lenfiacam Victoriam, II, 25828.
de RIVERY : *voyez* Boullanger.
RIVET, Antoine, Bénédictin.
Préface & quelques Articles du Nécrologe de Port-Royal-des-Champs, I, 15127.
Obfervations fur la Langue Françoife, *ou* Romance, II, 15499.
Hiftoire Littéraire de la France, IV, 44548. *Il en a fait les neuf premiers volumes : voyez l'article* Bénédictins, *où toutes les pièces qui font de lui dans cet Ouvrage, font diftinguées des autres par la Lettre* r.
RIVIERE, Antoine, Auguftin.
Les dernieres Actions de Jean-François Batillon, III, 32956.
RIVIERE (M.), Médecin.
Mémoire fur quelques fingularités du terrain de Gabian, I, 2753.
RIVIERE de Brinais : *faux nom fous lequel s'eft caché* André Clapafton, IV, S. 37361 : *voyez* Clapaffon.
RIVIERE du Frefny, Charles.
Mercure de France, II, 24801. *Il y a eu part.*
de RIVIERE, Paul.
Catalogue des anciens Rois des Gaules, I, 3858.
de la RIVIERE, Polycarpe, Chartreux.
Hiftoria Ecclefiæ Gallicanæ, I, 7826.
Annales Ecclefiæ Urbis & Comitatûs Avenionenfis, 8125 ; III, 38312.
de la RIVIERE, Louis, Evêque de Langres.
Lettres, III, 30752.
de la RIVIERE, Louis, Minime.
Vie de Marie Teiffonniere, I, 4822.
—du Bienheureux François de Sales, 10773.
de la RIVIERE, Henri-François, Comte.
Vie du Chevalier de Reynel, I, 4746 ; III, 40327.

Tome V.

Vie de M. de Courville, 4749 ; III, 31930.
—de Madame de Ségur, IV, S. 15009.*
Portrait de M. le Comte de Buffi, III, 31891.
Lettres choifies, 32047 & 48.
Hiftoire de la Maifon de Ligne, 42935.
de la RIVIERE (la Comteffe).
Lettres à la Baronne de Neufpont, V, *Additions*, 24471.*
de la RIVIERE (l'Abbé).
Origine du Royaume d'Yvetot, III, 35265.
Eloges des Normands, IV, 45725.
de la RIVIERE (M.) le jeune, Médecin.
Analyfe des Eaux de Metlange, I, 3104.
de la RIVIERE (M.).
Méthode pour cultiver les arbres à fruits, IV, S. 3469.***
de la RIVIERE : *voyez* le Bailif & Poncet.
de RIVO, Raoul, Doyen de Tongres.
Gefta Pontificum Leodienfium, I, 8711.
RIVIUS, Jean.
Rerum Francicarum Decades, II, 15697.
Exordium Imperii Belgarum, III, 39295.
RIVOIRE, Antoine, Jéfuite.
Vie de S. Caftor, Evêque d'Apt, IV, S. 7876.*
de la RIVOIRE, Archimbaud, Seigneur de Locques.
Ses Mémoires, IV, S. 17568.*
RIVOT (M.), Médecin.
Lettre fur le Tombeau du Cardinal de Beaulieu, I, 8406.
RIVUS, François.
Chronicon Cluniacenfe, I, 11778.
RIZZI, Ifidore.
Abrégé des difgraces de Madame Rizzi, IV, 48158.
RIZZI-ZANNONI, J. A. B.
Atlas de la France, I, 4.
Galliæ veteris Tabula, 41.
Plan de la France, 614.
La France avec fes Bailliages, 616.
La France Littéraire, 658.
Table odographique de la France, 677.
Le petit Neptune François, 703.
Théatre de la Guerre en Allemagne, II, 24774.
ROALD, François.
Commentarii in Hiftoriam Albigenfium, I, 5744.
ROALDES, François.
Antiquités de Valence, III, 38002.
de ROANNE, Jean.
Panegyricus Fevardentinus, I, 13882.
ROBB, Jacques, Avocat.
Differtation fur Bibrax, I, 228.
—fur le lieu où s'eft donnée la bataille de True, 537 ; IV, S.
Defcription de la France, 811.
ROBBÉ.
Mon Odyffée, I, 2358.
Epître du Sieur Rabot, II, 24667.
ROBELIN, J.
Difcours de la Défaite des Suiffes, II, 18597.
—à la louange de M. de la Valette, III, 31789.
ROBERT, Roi de France.
Diplomata, III, 29758.
ROBERT le Poitevin, Moine de Cluni.
Hiftoire de Robert Guifcard, III, 34996.
ROBERT, Moine de S. Remi de Reims.
Hiftoria Hierofolymitana, II, 16581.
ROBERT, Moine.
Bellum Chriftianorum Principum.
S. ROBERT, Abbé de Molefme.
Chronicon Ciftercienfe, I, 12951.
ROBERT, Archidiacre d'Oftrevande.
Vita S. Aiberti (*non* Alberti), I, 11642 & 13271.
ROBERT, Abbé de Saint-Tron : *douteux*.
Chronicon Trudonopolitani Cœnobii, I, 12775.
ROBERT de Torrigny, *ou* du Mont S. Michel.
Chronicon Abbatum Monafterii Beccenfis, I, 11692.

Sfff 2

Appendix ad Sigebertum, II, 16630, 73, 87 & 743.
ROBERT de Caffenotte.
Francorum Regum Continuatio, II, 16675.
ROBERT, Moine de S. Marien d'Auxerre.
Divifio Galliæ, I, 470.
Chronicon Autiffiodorenfe, 10114; II, 16746; IV, S.
ROBERT, Moine de Fefcan.
Chronicon Fifcanenfe, I, 11910.
ROBERT, Abbé de Vaffor.
De Fundatione Monafterii Walciodotenfis, I, 12919.
ROBERT d'Evefbury.
Hiftoire d'Edouard III, III, 35129.
ROBERT Cenalis *ou* Cenau : *voyez* Cenalis.
ROBERT, J., Juge Criminel de Nifmes.
Mémoires touchant les Antiquités de Nifmes, III, 37860.
ROBERT, Jean, Jéfuite.
Legia Catholica, I, 8718.
ROBERT, Claude, Prêtre de Langres.
Gallia Chriftiana, T, 7825.
Abbatiarum Series, 11561.
De Cancellariis, LI, 31482.
Divio & Belna, 35914 & 53.
ROBERT, Jean & Pierre, pere & fils, Lieutenans-Généraux au Siége Royal de Dorat.
Mémoires pour fervir à l'Hiftoire-Naturelle de la Marche, I, 2427.
—fur les Maladies de la Marche, 2547.
—fur les Rivieres de la Marche, 2834.
—fur les Eaux d'Availles, 2891.
—fur les Plantes de la Marche, 3346.
—fur les Comtes de la Marche, III, 37491.
ROBERT de Briançon, Dominique, Ex-Dominicain.
L'Etat de la Provence, III, 38022.
Le Nobiliaire de Provence, 40775; IV, S.
Généalogies de plufieurs Maifons de Provence, 40777.
Hiftoire généalogique de la Maifon de Simiane, 44150.
—de la Maifon de Vintimille, 44490.
Eloge de Pierre d'Hozier, IV, 46775.
ROBERT (M.), Avocat.
Factum concernant les Droits du Comté de Saint-Trivier, III, 37188.
ROBERT de Beauchefne (M.), Chevalier.
Ses Avantures, III, 39724.
ROBERT (le Sieur).
Recueil des Priviléges d'Angers, III, 35701.
ROBERT, Gilles, Géographe du Roi.
Defcription des Gaules, I, 36.
Gallia Antiqua, 37.
Franciæ Status fub primis Regibus, 391.
Imperium Caroli Magni, 411.
Carte de France, 601 & 7.
Evêché d'Auxerre, 1018.
Diocèfe d'Auxerre, 1019.
Alface, 1336.
Berri, &c. 1395.
Bourgogne, 1423.
Bretagne, 1438.
Champagne, 1482.
Dauphiné, 1501.
Franche-Comté, 1535.
Guyenne, 1552.
Ifle de France, 1575.
Ifles Antilles, 1579.
Ifles de S. Domingue & de la Martinique, 1598.
Languedoc, &c. 1616 & 17.
Maine, Perche, Anjou, &c. 1667.
Normandie, 1715.
Orléanois, 1719.
Environs de Paris, 1753.
Picardie & Artois, 1806.
Poitou, Aulnis, &c. 1822.
Cercle des quatre Electeurs, 1998.
ROBERT de Vaugondy, Gilles, Géographe du Roi, fils du précédent.
Edition des Tables méthodiques de Nicolas Sanfon, IV, S. 2.*
Imperium Caroli Magni, I, 412.
Carte des Poftes, 671.
Archevêché de Paris, 1117.
Berri, &c. 1396.
Bretagne, 1439.
Canada, &c. 1458.
Lorraine & Barrois, 1645.
Maine, Limoufin, Auvergne, 1670.
Normandie, 1716.
Environs de Paris, 1756 & 57.
Plan de Paris, 1789 & 90.
Picardie, Artois, &c. 1813.
Provence, &c. 1838.
Touraine, IV, S. 1892.*
Diocèfe de Tours, *id*.
Promenades des Environs de Paris, 2367.
Mémoire fur les Accroiffemens de Paris, III; 34332.
Tablettes Parifiennes, 34486.
ROBERT de Heffelin (M.), Infpecteur des Elèves de l'Ecole Militaire.
Dictionaire de la France, IV, *Supplém.* 19*; I, 2162.
le ROBERT, Jean, Abbé de S. Aubert de Cambrai.
Mémoriaux, I, 8531.
Relation des Obféques de Pierre d'Ailly, 8573.
—des Funérailles de Jean de Lens, 8574.
ROBERTI, Jean, Jéfuite.
Vita S. Lamberti Trajectenfis, I, 8751.
—S. Huberti Tungrenfis, 8761.
de ROBERVAL : *voyez* Perfonne.
ROBICHON.
Traité des Domaines de France, II, 27701.
Aliénations des Portions du Domaine, 27702.
ROBICHON de la Gueriniere (M.).
Ecole de Cavalerie, I, 3563.
de ROBIEN (M.), Préfident du Parlement de Rennes.
Hiftoire de Bretagne, I, 99; III, 35355.
Hiftoire Naturelle de la Province de Bretagne, I, 2403.
de ROBIEN (M.).
Differtation fur la formation des pierres figurées, &c. I, 1828.
ROBIN, Pafchal, fieur de Fauz.
Vie de S. Hermelan, IV, S. 11659.*
Difcours fur le Pays d'Anjou, III, 35694.
Généalogie de la Maifon de Brie, 41554.
ROBIN, Jean, Arborifte du Roi.
Le Jardin du Roi Henri IV, I, 3390.
—du Roi Louis XIII, *id*.
Catalogus Stirpium quæ Luteriæ coluntur, 3409.
Hiftoire de Plantes aromatiques, &c. 3410.
—des Plantes de Virginie, &c. 3411.
Enchiridion Ifagogicum ad notitiam ftirpium, &c. 3412.
ROBIN, Vincent.
Avis fur la Pefte de Bourgogne, I, 2514.
ROBIN, Pierre, Profeffeur dans l'Univerfité de Paris.
Panegyricus Petri Seguieri, IV, S, 31538.*
ROBIN (le Pere), Jéfuite.
Oraifon funèbre du Vicomte de Turenne, IV, S. 31714.*
ROBIN, Claude, Curé de S. Pierre d'Angers.
Le Camp de Céfar au Village d'Empyre, I, 97.
Differtation fur l'Eglife de S. Pierre d'Angers, 4928.
L'Ami des Peuples, ou Mémoire fur les Droits des Pafteurs, III, 39707.

Robineau, Claude, Seigneur de Lignerolles, Procureur du Roi au Duché d'Orléans.
Traduction des Lamentations des Catholiques d'Orléans, II, 18004.
Robinet, Charles, dit du Laurens.
Suite de la Muse historique, II, 23900; IV, S.
Robinet (le Sieur).
Plan de Rennes, IV, S. 1844.*
Robinet (l'Abbé), Official de Paris.
Mémoire sur l'évocation des Appels comme d'abus, I, 7493.
Robinet, J. B.
Discours sur l'Histoire de l'Académie des Sciences de Paris, IV, 45524.
Robinet de la Coudre (M.).
Prospectus d'une Notice de la Ville, &c. d'Auxerre, III, 36007.
Robinet de Pontagny (M.).
Observations faites à Auxerre, I, 2494.
Notice du Comté d'Auxerre, III, 36008.
Du nombre des Habitans, 36009.
Robinot (M.), Curé d'Ingré.
Discours sur l'Entrée de M. de Paris, Evêque d'Orléans, IV, S. 9485.**
Robinson (M.).
Mémoire sur les Macreuses de France (en Anglois), I, 3599.
Roby (M.), Ex-Jésuite.
Vie de Madame Germain, IV, S. 15341.
Robyns, Laurent.
Topographia Comitatûs Lossensis, IV, Supplém. 39233.
de la Roca ou Rocca: voyez de Vera.
Roch, Barthélemi.
Mémoire sur le Berds-Grass, IV, S. 3506.**
Rochard (M.), Médecin.
Mémoire sur l'Isle de Belle-Isle, IV, S. 2395.*
—sur l'Agaric, IV, S. 3301.**
—sur l'Alga, IV, S. 3302.*
Rochard, Claude, Chirurgien.
Description d'une Maladie endémique, I, 2499.
Histoire de la Ville de Meaux, IV, S. 34362.*
Antiquités de la Ville de Meaux, là.
Roche, Léonard, Chanoine Régulier de la Chancelade.
Vie de Jean Garat, I, 13424.
Roche (le Pere), Cordelier.
Régles de la Confrairie Militaire de la Vierge, I, 4083.
de la Roche, Pierre.
Prosphonématique au Roi, II, 26247.
de la Roche, Bernard, Président aux Requêtes de Toulouse: peut être le même que Bernard de la Rocheflavin, qui se trouve ci-après.
Recherches de la Maison de M. d'Espernon, III, 41207.
de la Roche, Michel.
Histoire de Nicolas Anthoine, I, 5959.
de la Roche, Laurent.
Laudatio funebris Dionysii de Largentier, I, 13074.
de la Roche, Jean, Oratorien.
Eloge funèbre de Louis Boucherat, III, 31552.
de la Roche (l'Abbé).
Panégyrique de Sainte Généviève, I, 4463.
de la Roche, J. B. Louis, Prédicateur du Roi.
Eloge funèbre de Louis, Duc d'Orléans, II, 25676.
de la Roche (M.), Colonel de Dragons.
Essai sur la petite Guerre, IV, S. 32137.*
de la Roche: voyez Fontaine & Mareschal.
de la Roche d'Or (le Marquis).
La Victoire remportée sur ceux de la Religion prétendue-réformée, II, 20973.
Rocheblave.
Carte de la Baronie du Caila, I, 1445.
de Rochechouart, Guillaume, Seigneur du Jars.
Mémoires, II, 17983.
de Rochechouart, Aimé, Marquis de Bonnivet.
Lettre au Prince de Condé, II, 10293.
—au Roi, 20412.
de Rochechouart : voyez de Seve.
de la Rocheflavin, Bernard, Président aux Requêtes de Toulouse.
Treize Livres des Parlemens, III, 32841.
Mémoires des Antiquités, &c. de Toulouse, 37770.
Voyez de la Roche, Bernard.
Rochefort (le Sieur).
Ordonnances concernant l'Infanterie Françoise, III, 32178.
de Rochefort (le Seigneur).
Harangue à Charles IX, II, 27443.
de Rochefort, César.
Histoire des Isles Antilles, I, 2386; III, 39747.
Relation de l'Isle Tabago, III, 39759.
de Rochefort : voyez Jouvin & Ribaud.
de la Rochefoucauld, François, Cardinal, Evêque de Clermont, puis de Senlis.
Statuts Synodaux de Clermont, I, 6468.
—de Senlis, 6740.
Raisons pour le Désaveu, &c. 7084; II, 28665.
de la Rochefoucauld, François VI, Duc, Prince de Marsillac.
Mémoires, II, 23726.
Lettre, III, 31095.
La Princesse de Clèves, IV, 48052.
de la Rochelle : voyez Née.
de la Rochemaillet : voyez Michel.
de Rochemore, Alexandre-Henri-Pierre, Marquis.
Mémoire sur les Volces Arémorices, I, 3945.
Discours sur l'Origine de Nismes, III, 37856.
de la Rochepozai : voyez Châteignier.
Rocheran ou Rocheron, René, Cordelier.
Carte de la Province de Tours des Cordeliers, I, 1185.
Description de Cataluña, III, 38358.
du Rocheret : voyez Bertin.
des Roches, Jean : voyez Desroches : rapportez-le ici, & ajoutez-y :
Autre Mémoire sur les Pays-Bas, V, Add. 39279.*
des Roches : voyez Boyer.
Rochet, Jean-Baptiste, Seigneur de Frasne, Avocat-Général du Parlement de Besançon.
Mémoire sur Philibert Poissenot, & sur Antoine de Roche, I, 11860.
Essai sur l'Histoire des Hommes de Letres de Franche-Comté, IV, 45700 & S.
Vie de Hugues Babel, 46984.
—de Jean Mairet, 47501.
Eloge de Madame la Duchesse de Tallard, 48184.
de Rochfort, Jean.
Flores Historiarum, III, 35144.
de Rochomont : voyez Destouches.
Rochon.
La Noblesse oisive, II, 28218.
de Rocmont : voyez Hebert.
de Rocolles, Jean-Baptiste, Chanoine de S: Benoît à Paris.
Description de la France de Davity, augmentée, I, 787.
Histoire du Calvinisme, 6037.
Vie de Pierre Davity, IV, 46718.
Rocque, J.
Plan de Paris, I, 1783.
de la Rocque (le Comte) : voyez de Vera.
de la Rocque : voyez de la Roque.
Rodeau.
Histoire des Troubles de France, II, 18029.
Roderique, Ignace.
Traditio de Origine Metropoleos Coloniensis, I, 8657.

Difceptationes duæ de Abbatibus Abbatiarum Mal-
   mundienſis & Stabulenſis, 12891.
   Difceptatio tertia, 12893.
RODOLPHE III, Roi de Bourgogne.
   Diplomata, III, 19762.
RODRIGUEZ, Antoine.
   Traduction Portugaiſe de la Vie de Bertrand du
   Gueſclin, III, 31414.
RODRIGUEZ, Barthélemi.
   Vida de ſan Roque, I, 4657.
RODULFE, Moine de Fulde.
   Vita B. Rabani Mauri, I, 9097 & 98.
RODULFE, Abbé de Saint-Tron.
   Chronicon Abbatum ſancti Trudonis, I, 12776.
ROENNE, Jean.
   Puteus Rothomagenſis, I, 4203.
   Obitus Claudii Grularrii, III, 33172.
   Elogium Ivonis Kerbici, IV, 45782.
ROESELIN, Elie.
   Situation des Voſges, (en Allemand), I, 2639.
ROFFINIAC, Chriſtophe, Préſident au Parlement de
   Bordeaux.
   De Regnorum Galliæ & Francorum Origine, II,
   15379.
ROGER, Abbé de la Croix-Saint-Leufroi.
   Vita S. Brunonis Colonienſis, I, 8666.
ROGER, Daniel.
   Ode de laudibus Antverpiæ, III, 39514.
ROGER, Michel, Procureur-Général de Gaſton de
   France.
   Lettre à Charles Sorel, IV, S. 21670.*
   L'Appanage de Gaſton de France, II, 25223.
ROGER, Coſme, dit de S. Michel, Feuillent.
   Oraiſon funèbre d'Anne-Bathilde de Harlay, I,
   14820.
   —d'Anne-Marie de Lorraine, 15088.
   —d'Anne d'Autriche, II, 25166.
ROGER (l'Abbé), dit Schabol.
   Obſervations ſur les Villages de Montreuil, &c. I,
   3456.
   Théorie & Pratique du Jardinage, IV, S. 3462.*
ROGER, Nicolas-Adrien, Curé de S. Hilaire à Noyon.
   Relation de la conceſſion d'une portion du corps
   de S. Médard, IV, S. 5500.*
ROGER de Bridieu, Antoine, Archidiacre de Beauvais.
   Abrégé de la Vie de Nicolas Choart de Buzenveil,
   I, 9686.
ROGER de Gaignieres, François.
   Inventaire de ſes Manuſcrits, II, 15946.
ROGER de Hoveden, Profeſſeur en Théologie.
   Annales, III, 35062.
ROGER de Wendover, Prieur de la Celle de Beau-
   voir.
   Chronica, III, 35077.
ROGIER, Pierre, Seigneur de Migné.
   Deſcription du Pays de Poitou, IV, S. 2250.*
ROGIER, René.
   Carte du Poitou, I, 1815.
ROGIER, Jean.
   Traités d'entre les Rois de France & les Rois d'An-
   gleterre, II, 28475.
ROGIER, Jean, Echevin de Reims.
   Mémoires concernant l'Hiſtoire de Reims, III,
   34237 & 379.
   Diſcours ſur l'Echevinage de Reims, 34246.
ROGIER, Eugène, Comte de Villeneuve.
   Preuves de Nobleſſe pour l'Ordre du Saint-Eſprit,
   III, 40472.
ROGIER, Modeſte, dit de S. Amable, Carme Dé-
   chauſſé : voyez Modeſte de S. Amable.
ROGIER, Adam.
   Laudatio funebris Henrici Julii Borbonii, II,
   25839.
ROGIERI, Louis, Jéſuite.
   Defenſio Cardinalis Bellarmini, II, 28763.

ROGUENAN, Jean.
   Traduction Françoiſe de l'Apollon François, II,
   19993.
de ROHAN, François, Seigneur de Gié.
   Lettres, III, 29957.
de ROHAN, Henri II, Duc de Rohan, Colonel-Gé-
   néral des Suiſſes.
   Le parfait Capitaine, I, 3889.
   Son Apologie ſur les troubles de France, 5956.
   Diſcours ſur la Ligue, II, 19639.
   Réponſe aux choſes à lui propoſées, 20308.
   Lettres au Roi, 20754, 903, 972.
   Déclaration, 21417.
   Manifeſte, 21424.
   Réponſe à M. le Prince, 21477.
   Mémoires, 21579 & 725.
   Voyage, 21580.
   Traité avec l'Eſpagnol, 21582.
   Lettre à l'Archiduc Léopold, 30538.
   Dépêches, 30555.
   Intérêts des Princes de l'Europe, 29124.
   Diſcours politiques, 30512.
de ROHAN, Anne, ſœur du précédent.
   Stances ſur la mort de Henri IV, II, 20012.
de ROHAN-Montbazon, Marie, Ducheſſe de Che-
   vreuſe.
   Lettres, IV, S. 32334.
de ROHAN Chabot : voyez Chabot.
ROHAULT, B.
   Sommaire de la Deſcription des Pays-Bas, III,
   39261.
Roi (M.), Chanoine de Nantes.
   Lettre ſur la Maiſon d'Aubigné, III, 41026.
le ROI : voyez le Roy.
ROILLET, Claude.
   Acteon Gallicus, II, 18307.
   Oratio & Ode in obitum Ducis Guiſiani, III,
   32300.
du ROISSAC.
   Généalogie de la Maiſon de la Rochefoucault, III,
   43840.
de ROISSY : voyez de Meſme.
ROL, N., Sieur du Pleſſis : peut-être le même que Ni-
   colas Rolland, qui va ſuivre.
   Diſcours de la mort d'André de Brancas, III,
   31777.
ROLAND, Aubert, Cordelier.
   Hiſtoire de la Guerre de René II, Duc de Lor-
   raine, III, 38834.
ROLAND Hébert, Archevêque de Bourges.
   Remontrance au Roi contre les Duels, I, 6868 ;
   III, 40189.
de ROLAND : voyez Salvigen.
ROLIN, Jean, Cardinal, Evêque d'Autun.
   Diploma de Proceſſione pro libertate Aurelianenſis
   Urbis, II, 17177.
ROLIN, Pierre.
   Le Miroir Armorial, III, 40066.
ROLLAND, Nicolas, Sieur du Pleſſis, Général des
   Monnoies.
   Remontrance au Roi, II, 18746.
   Cenſure du Dialogue du Manant & du Maheutre,
   19536.
   Avertiſſement ſur les Monnoies, III, 33936.
   Réponſe à l'Apologie ſur les Monnoies, 33938.
   Mémoires ſur les Propoſitions de Briot, 33954.
ROLLAND (le Sieur), Secrétaire d'Ambaſſade.
   Relation de l'Ambaſſade de M. de Refuge, III,
   30410.
ROLLAND, Louis, Docteur.
   De la Dignité du Roi, II, 26868.
ROLLAND d'Erceville (M.), Préſident au Parlement
   de Paris.
   Diſcours ſur les Jéſuites Séculiers, I, 14438 ; IV,
   Suppl.

Compte rendu de l'Histoire de l'Abbé Blache, IV, S. 1448*.
Lettre à M. l'Abbé Velly, II, 15809; IV, S.
Compte rendu sur ce qui a été fait au Collège de Louis-le-Grand, IV, 45107.
—sur l'Installation de l'Université dans ce Collège, 45108.
—sur le plan d'études à suivre dans les Colléges indépendans, 45305.
—sur plusieurs Colléges du ressort du Parlement de Paris, 45155 & 45309.
—sur le Collége des Jésuites d'Angoulême, 45319.
—sur le Collége des Jésuites d'Aurillac, 45325.
—sur le Collége des Jésuites d'Auxerre, 45329.
—sur le Collége des Jésuites de Billon, 45342.
—sur le Collége des Jésuites de Blois, 45345.
—sur le Collége des Jésuites de Bourges, 45173 & 45352.
—sur le Collége des Jésuites de Clermont-Ferrand, 45371.
—sur le Collége des Jésuites de la Fleche, 45386.
—sur le Collége des Jésuites de Fontenay-le-Comte, 45390.
—sur la Résidence des Jésuites à Guéret, 45394.
—sur le Collége des Jésuites de Mauriac, 45417.
—sur le Collége des Jésuites de Moulins, 45421.
—sur le Collége des Jésuites d'Orléans, 45432.
—sur le Collége des Jésuites de Poitiers, 45245 & 45437.
—sur la Résidence des Jésuites à Pontoise, 45439.
—sur le Collége des Jésuites de Roanne, 45454.
—sur le Collége des Jésuites de Saint-Flour, 45464.
—sur le Collége des Jésuites de Sens, 45474.
—sur le Collége des Jésuites de Tours, 45484.
ROLLET, M.
Poëma encomiasticum Aquarum Vichaensium, I, 3271.
ROLLIARDUS : voyez Rouillard.
ROLLIN, Charles, Recteur de l'Université de Paris.
Mandata, IV, 44687 & 44781.
Mémoire pour le Procureur de la Nation de France, 44788.
ROLLIN-Grojean.
Avis aux Communautés de Bresse, III, 36037.
ROMAIN, Benoît, Bénédictin.
Oraison funèbre du Duc de Luxembourg, III, 31647.
ROMAN, Jean, Ministre Calviniste.
Relation de ce que Dieu a fait par lui, IV, Suppl. 6085.*
ROMAN (M.), Médecin.
Dissertation sur les Plantes de Franche-Comté, I, 3333.
ROMANI, Louis.
Mémoires, III, 38196.
ROMANY (M.), Avocat.
Congratulations publiques, II, 20448.
ROMANY, François, Docteur en Théologie.
Vita Urbani V Papæ, I, 7751.
de ROMÉ de l'Isle.
Description d'une collection de Minéraux, IV, S. 2686.*
de ROMENAY : voyez Coquille.
ROMIEU, Pierre, Médecin.
Traité des Eaux de Vendres, I, 3261.
de ROMIEU : voyez Lanthelme.
de ROMMECOURT, Louis-Marie, Comte.
Généalogie de la Maison de Rommecourt, III, 43878.
de ROMPCROISSANT : voyez Drouet.
ROMUALD II, Archevêque de Salerne.
Chronica solemnis, III, 35026.
ROMULUS, Franciscus. On croit que c'est le Cardinal Bellarmin, II, 18494 : voyez Bellarmin.

RONCOURT, Alexandre.
Il Regno di Luigi XIII; II, 21298.
le ROND d'Alembert, Jean, Académicien.
Encyclopédie, I, 2461.
Eloge d'Edme Mallet, 11262.
Réflexions sur l'Abbé Terrasson, 11470.
Analyse de l'Esprit des Loix, II, 27081.
Eloge de M. le Président de Montesquieu, III, 33134.
—de Jean Bernouilly, IV, 46380.
—de César Chesneau du Marsais, 47130.
de RONDAY : voyez le Proust.
RONDÉ (M.), Chevalier d'honneur au Bailliage d'Auxerre.
Plan de la Ville d'Auxerre, I, 1374.
Mémoire sur le transport d'une Vigne, 3519.
—sur les Chenilles qui s'attachent à la Vigne, 3615.
Abrégé de l'Histoire des Guêpes, 3652.
Relation des Découvertes faites dans l'Eglise de Notre-Dame de la Cité à Auxerre, 4246.
RONDEAU (M.), Maître des Comptes à Rouen.
Mémoire sur le Fort Sainte-Catherine, III, 35221.
—sur les Tombeaux d'Oissel, 35237.
—sur ses Antiquités & celles de Rouvray, là.
—sur le Château de Robert-le-Diable, là.
du RONDEAU (M.).
Mémoires sur les Plantes des Pays-Bas, IV, Suppl. 3364.*
RONDELET, Guillaume, Médecin.
De Historiâ Piscium, I, 3603.
RONDELET, Pierre, Medecin.
Aquarum Avallensium medicatarum Descriptio, I, 2932.
RONDET, Laurent-Etienne, Rédacteur de cette Table.
Table des Matières de l'Histoire Ecclésiastique de l'Abbé Fleury & du P. Fabre, I, 4909.
Sommaires de ce qui concerne l'Eglise Gallicane, 4916.
Justification de l'Histoire Ecclésiastique de l'Abbé Racine, 4923.
Discours sur l'Appel, 5655.
Lettre sur trois dates anciennes, relatives à trois Archevêques de Lyon, IV, S. 8915.*
Collectio omnium Canonum Provinciæ Tolosanæ & Statutorum Synodalium Tolosanæ Ecclesiæ, IV, S. 10197.*
Problême Historique sur diverses époques de la Vie de S. Martin, I, 10297.
Lettre sur le même sujet, IV, S. 10297.*
Mémoire sur Jérôme Besoigne, I, 10951.
Abrégé de la Vie de l'Abbé Racine, 11388.
Remarques sur un Abbé de Bese, omis dans le Gallia Christiana, V, Add. 11719.*
—sur une Charte de la même Abbaye, omise dans le Spicilége, là.
—sur l'Edition du Chronicon Besuense, donnée par Dom Luc d'Acheri, là.
—sur trois autres Abbés de Bese qui s'y trouvent, & qui sont omis dans le Gallia Christiana, là.
Tableau des Princesses Religieuses de la Maison de France, IV, S. 14697.*
Remarques sur Nicolas Oresme, IV, S. 45787.**
Eloge de Pierre & Nicolas le Sueur & autres, IV, 47942.
RONDIL ou Roudil de Betriac.
Dissertation sur les Tectosages, V, Add. 3943.*
Monumentorum Galaticorum Synopsis, IV, S. 3952.*
RONDINELLI, Jean.
Oratio in Exequiis Caroli IX, II, 18240.
Orazione delle Lodi della Reina Catarina de Medici, 29090.
de la RONGERE : voyez Quatrebarbes.
RONSARD, Pierre.
La Franciade, II, 15736; IV, S.

Tombeau de Charles IX, 18241; IV, S. 26739.**
Avant-Entrée du Roi (Henri II) à Paris, 26110.
La Nymphe de France, IV, S. 26262.*
Epitaphes pour Anne de Montmorency, III, 31433.
Généalogie de la Maison de Sanfay, 44056.
ROQUE, François.
Vertus de Louis de Fougasse-la-Bastie d'Entrechaux, I, 11130; IV, S.
de la ROQUE, N.
Recherches de la Noblesse, III, 39859.
de la ROQUE (M.).
Les Motifs de la Conversion de l'Abbé de la Trappe, I, 13146.
de la ROQUE (M.).
Histoire du Languedoc, III, 37717.
de la ROQUE, Gilles-André, Sieur de la Lontiere.
Le Blason des Armes de la Maison Royale de Bourbon, II, 27040.
Traité singulier du Blason, 27043.
Traité de l'Origine des noms, III, 39827.
—de la Noblesse, 39872.
—du Ban & de l'Arrière-Ban, 39970.
Lettre aux Intéressés en l'Histoire des Maisons nobles de Normandie, 40747.
Histoire généalogique des Maisons nobles de Normandie, 40748.
Eloges de la Maison de Bellievre, 41257.
Généalogie de la Maison de du Fay, 42279.
Histoire généalogique de la Maison d'Harcourt, 42698.
de la ROQUE, Antoine & Jean, freres, Auteurs de plusieurs Pièces insérées au Mercure de France, dont ils ont eu la direction.
Lettres sur la croyance des Eglises de Provence, I, 4001.
Lettre au sujet des Chartreuses de Paris & de Marseille, 13255.
Mercure de France, II, 24801.
Remarques sur la Médaille de François, Duc de Valois, 25496.
Lettre sur le Connétable Anne de Montmorenci, III, 31432.
Mémoire sur la Foire Saint-Germain, 34480.
Médailles grecques de Marseille, 38217.
Marseille délivrée de la Peste, 38241.
Lettres au sujet du Marquis de Rosni, 41324.
Lettre sur une Médaille moderne, IV, 47073.
de la ROQUE, Jean, Académicien de Marseille, l'un des deux précédens.
Voyage de Basse-Normandie, I, 2360.
—de Laurent d'Arvieux dans la Palestine, III, 31110.
Eloge de Laurent d'Arvieux, 40375.
Lettre sur le projet d'une Académie à Marseille, IV, 45583.
de ROQUEBONNE : voyez de l'Hostal.
de ROQUEMONT.
Commentaire sur le fait des Aides, II, 27988.
ROQUES, Pierre, Ministre Calviniste.
Discours sur les Duels, III, 40196.
de ROQUETTE, Gabriel, Evêque d'Autun.
Ordonnances, I, 6366.
Oraison funèbre de la Princesse de Conti, II, 25865.
de ROQUETTE, Henri-Emmanuel, Abbé de S. Gildas.
Procès-Verbal de l'Assemblée de 1705, I, 6905.
RORICON, Moine.
Gesta Francorum, II, 16019.
de Ros, Alexandre-Dominique.
Cataluña desengañada, II, 22237.
di ROSA, François.
Traduction Italienne de l'Origine du Royaume de Naples, III, 35050.
ROSANDRE (le Chevalier) : *faux nom d'un inconnu.*
La louange & l'utilité des Notes, II, 21175.

de ROSANT : *voyez* de Rossant.
ROSE, François.
Histoire de la Conquête de Constantinople, II, 16735.
ROSE, Guillaume, Evêque de Senlis.
De justâ Reipublicæ Christianæ authoritate, II, 19230.
de ROSELLIS, Nicolas, Cardinal d'Arragon.
Vita S. Leonis IX, Papæ, I, 7684.
—Stephani IX vel X, Papæ, 7689.
—Nicolai II, Papæ, 7692.
—Callisti II, Papæ, 7699.
de ROSELLIS, Antoine, Jurisconsulte.
Monarchia, I, 7056.
ROSELLUS, Petrus. *On prétend que c'est* Franciscus Marchesius, II, 28629 : *voyez* Marchès.
de ROSEMOND, Jean-Baptiste.
Traduction d'un Traité sur l'Excommunication, I, 7192.
Histoires civiles d'Angleterre, III, 35113.
de ROSERGIO : *voyez* du Rosier.
ROSET, Michel, Doyen des Conseillers de Geneve.
Chroniques de Geneve, III, 39164.
du ROSIER, Bernard, Archevêque de Toulouse.
Synodus Diœcesana, IV, S. 6755.*
Vita S. Bernardi, I, 13049.
Liber Historiæ Caroli Magni, II, 16172.
du ROSIER, Pierre, nommé à l'Archevêché de Toulouse, neveu du précédent.
Liber de Viagio Cruce signatorum, II, 16925.
—de Annalibus Civitatis Tolosanæ, III, 37760.
du ROSIER, Jean, Minime.
L'Immortalité du Phénix, III, 31860.
du ROSIER : *voyez* de Meules.
des ROSIERS (M.), Chirurgien.
Réponse à l'Ecrit intitulé : *Cléon à Eudoxe*, IV, 44923.
ROSINI, François.
Vita di san Rocho, I, 4658.
ROSLIN, Elisée.
Description de l'Alsace, III, 38695.
de ROSMADEC, Sébastien, Evêque de Vannes.
Ordonnances & Réglemens, I, 6802 & 3; IV, S.
de ROSNEL, Pierre.
Traité concernant la Communauté des Orfévres, III, 34735.
de ROSNY : *voyez* de Béthune.
de ROSOY.
Annales de Toulouse, III, 37777.
ROSS, Jean.
Historia, III, 35166.
ROSSAL.
Vie de Charles Icard, I, 6116.
de ROSSANT, André, Jurisconsulte.
Remontrance au Peuple de Flandres, II, 18427.
Les Mœurs de Henri de Valois, 19105.
La Vie de Henri de Valois, 19107.
ROSSEL, (M.), Baron d'Aigaliers.
Mémoires sur les Troubles du Languedoc, I, 6102.
ROSSEL (M.), Avocat.
Histoire du Patriotisme François, IV, *Supplém.* 15868.**
de ROSSELY (le Chevalier).
Mémoire pour rétablir le Commerce sur mer, II, 18177.
ROSSET, Pierre.
Apologie aux Rapsodeurs, II, 18924.
Pratum, III, 31495.
de ROSSET, François.
Le Roman des Chevaliers de la Gloire, II, 26317.
Histoire du Palais de la Félicité, 26335.
du ROSSET.
Généalogie de Brinon, III, 41560.
de ROSSI, Jean-Jacques.
Carte de la France, I, 578.

Cours du Rhin, 1982.
Les XVII. Provinces des Pays-Bas, 2036.
Rossigneux (M.), Apothicaire.
  Analyse des Fontaines de Montmorot, &c. I, 3114.
Rossignol, Jean-Etienne.
  Transactions d'Imbert, Dauphin de Viennois, III, 37948.
Rostain, Charles-François, Prieur de S. Bénigne de Dijon.
  Hymnes & Prose en l'honneur de S. Bénigne, I, 10936.
de Rostaing (le Marquis), Lieutenant-Général des Armées du Roi.
  Mémoire sur les Eaux de Luxeul, I, 3096.
de Rostaing (le Chevalier).
  Histoire de Chartres, III, 35546.
de Rostrenen, Grégoire, Capucin.
  Dictionnaire Bas-Breton, I, 3769.
  Grammaire Françoise Bretonne, 3770.
Rosweid, Héribert, Jésuite.
  Fasti Sanctorum quorum Vitæ in Belgicis Bibliothecis reperiuntur, I, 4264.
  Historia Ecclesiæ Belgicæ, 5085.
Rotarius : voyez le Royer.
Rote ou Roté, Michel.
  Traduction de l'Apologie d'Equicola, IV, *Suppl.* 17646*; II, 27186.
Rotfrid.
  Translationes Corporis S. Remigii, I, 9517.
Rothaese, J. L.
  Chroniques de Gand, III, 39403.
Rotier, Esprit.
  Histoire de Béranger, I, 5694.
de Rotté (le Baron).
  Lettres, III, 30739.
  Négociations, 30788.
Rou, Jean, Avocat.
  Remarques sur l'Histoire du Calvinisme, I, 6032.
de Roualdez, François, Docteur Régent de Cahors.
  Discours des choses mémorables advenues à Cahors, III, 37605.
Rouault, L., Curé de S. Pair-sur-Mer.
  Abrégé de la Vie de S. Gaud, de S. Pair, &c. I, 9921; IV, S.
  —de la Vie des Evêques de Coutances, 10000.
Roubaud (l'Abbé).
  Représentation sur le Commerce des Grains, II, 28261; IV, S.
  Réponse à la Lettre de M. de Voltaire sur ce sujet, IV, S. 28261.*
de Roubin.
  Sonnets & Madrigal, II, 26503.
de Roucy, Charles, Evêque de Soissons.
  Statuta Synodalia, I, 6747.
Roudet, Jean.
  De Ordine Grandimontensi, I, 13185.
Roudil : voyez Rondil.
Rouelle (M.).
  Analyse des Eaux de Passy, I, 3140.
de Rouen, Jean, Sieur de Commanville.
  L'Anniversaire d'Adrien de Breauté, III, 31885.
le Rouge, Jérôme.
  Historia de Gothis & Longobardis, II, 16043.
le Rouge (Dom), Bénédictin.
  Mémoire sur les Droits de l'Abbaye de S. Pierre de Conches, IV, S. 11866.*
le Rouge (M.), Ingénieur Géographe du Roi.
  Carte de France, I, 604.
  Cartes des Côtes de France, 700.
  Carte de la Méditerranée, 726.
  Le Cours du Rhin, 747 & 48.
  Alsace, 1334 & 35.
  Plan de Belançon, IV, S. 1397.*
  Champagne, 1431.
  Gouvernement du Dauphiné, 1500.

Plan de Gaillon, 1537.
Châtellenie de Lille, &c. 1622.
Duchés de Lorraine & de Bar, &c. 1644.
Plan de Nanci, 1684.
Environs de l'Orient & du Port-Louis, 1720.
Environs de Paris, 1752.
Plan de Paris, IV, S. 1786.*
Provence, 1837.
Pays-Bas Catholiques, 1302 & 2051.
Siéges & Batailles pour l'Histoire des Guerres, II, 24735; IV, S. 2149.*
Précis des Feux d'artifice & Illuminations, &c. IV, S. 26631.*
Description du Château de Chambor, II, 27033.
Le parfait Ayde-de-Camp, III, 32157.
Traduction de l'Histoire des Isles de Jersey & de Guernesey, 35343.
Rouger (M.), Trésorier de la Collégiale de Donzy.
  Histoire Civile & Ecclésiastique de Donzy, IV, S. 5416* & 35579.*
Rougerie, Jean, dit Bernardin de Tous-les-Saints, Carme Déchaussé.
  Vie & Miracles de S. Léonard, I, 13352; IV, Suppl.
Rouget, Louis.
  Hymni in Beatam Genovefam, I, 4461.
  Genovefa, Carmen, 4462.
  Poésie sur la Convalescence du Roi, II, 24653.
Rouget (M.), Maire de Bar-sur-Seine.
  Histoire de la Ville de Bar-sur-Seine, III, 36003.
de Rougnac : voyez d'Arbaud.
de Rouillac (le Marquis) : voyez Goth.
Rouillard, Sébastien, Avocat.
  Parthénie, ou Histoire de l'Eglise de Chartres, I, 4962.
  Traité de l'Antiquité de la Sainte Chapelle du Palais, 5182.
  Discours sur le Monastere de li-Huns en Sang-ters, 12097.
  Traduction de la Vie de Burchard, 12647.
  Vie de S. Frambourg, 12678.
  Le Théristre, 15243.
  Vie de sainte Isabelle de France, II, 25375.
  Le Grand-Aumônier de France, III, 32219.
  Vie de Jacques Amyot, 32245.
  Historia primorum Præsidum Parlamenti Parisiensis, 32891.
  Antiquités de Poissy, 34800.
  Histoire de la Ville de Melun, 34821.
  —de la Ville de Chartres & Pays Chartrain, 35534.
  Défense pour Gaspard de Moncony, 37399.
  Catalogue de plusieurs Seigneurs de la Maison de Melun, 43183.
  Trajectus Elysius Jani Passeratii, IV, 47168.
Rouillé (M.), Secrétaire d'Etat.
  Réglemens pour une Académie de Marine, IV, 45562.
Rouillé de Meslay (M.), Intendant de Provence.
  Discours d'Ouvertures d'Assemblées, III, 38030, IV, S. 38127.*
  Son Testament, IV, 45525.
de Rouillé, Guillaume.
  Recueil de l'Antiquité de la Gaule, I, 3734.
Rouille, Pierre.
  Oraison funèbre de Louis XIII, IV, S. 22138.**
Roussat, Jean.
  Recherches sur la Ville de Langres, III, 34344.
Rousse, Jean, Curé de S. Roch à Paris.
  Eloge Latin de la Marquise de Maignelay, I, 4807.
Rousseau, Nicolas, Notaire Royal à Orléans.
  Entrée du Roi de Pologne à Orléans, II, 26163.
Rousseau, Jacques, Curé de S. Romain de Sens.
  Histoire de Sens, III, 34328.

Tome V.

Rousseau (l'Abbé).
　Campagnes du Roi, II, 24667.
Rousseau, Jean-Jacques, de Genève.
　Lettre sur Genève, III, 39185.
Rousseau, François, Bénédictin.
　Lettre sur la manière d'écrire l'Histoire, IV, S. 35842.*
　Lettre aux Auteurs du Journal Encyclopédique, *Id.*
Rousseau de la Parisière, Jean-César, Evêque de Nismes.
　Oraison funèbre de M. le Dauphin (petit-fils de Louis XIV), & de Madame la Dauphine (son Epouse), II, 25713.
du Rousseaud de la Combe, Gui, Avocat.
　Recueil de Jurisprudence Canonique & Bénéficiale, I, 6969.
Roussel, Jean, Professeur Royal d'Eloquence & de Philosophie.
　Oratio de Instauratione Academiæ Cadomensis, IV, 45178.
Roussel, Michel.
　L'Anti-Mariana, II, 27102.
Roussel, Pierre, Prieur de S. Loup de la Chapelle-sur-Yonne.
　Discours funèbre sur la mort de Philippe de Miremont, I, 9423; III, 32399.
Roussel : faux nom sous lequel s'est caché M. Perdoulx de la Perriere, II, 17187 : *voyez* Perdoulx.
Roussel (M.), Ingénieur du Roi.
　Plan de Paris, I, 1783.
　Carte des Pyrénées, 1925.
Roussel (M.), Chanoine de Verdun.
　Histoire Ecclésiastique & Civile de Verdun, I, 10661; IV, S. III, 38801.
Roussel (M..).
　Essais sur les Règlmens, III, 32185 & 210; V, *Add.* 32185.
Roussel (M.), Conseiller au Parlement de Paris.
　La Richesse de l'Etat, II, 28132.
Roussel de la Tour (M.), Conseiller au Parlement de Paris.
　Compte rendu concernant l'Université de Reims, IV, 45265.
　—concernant plusieurs Collèges du Ressort du Parlement de Paris, 45310.
　—sur le Collége des Jésuites à Aire, 45313.
　—sur les Colléges de la Province d'Artois, 45321.
　—sur le Collége d'Atras, 45322.
　—sur le Collége des Jésuites de Bar-le-Duc, 45334.
　—sur le Collége des Jésuites de Béthune, 45340.
　—sur le Collége des Jésuites de Charleville, 45362.
　—sur le Collége des Jésuites de Châlons-sur-Marne, 45365.
　—sur le Collége des Jésuites de Chaumont en Bassigny, 45369.
　—sur le Collége des Jésuites de Compiégne, 45374.
　—sur le Collége des Jésuites de Dunkerque, 45380.
　—sur le Collége des Jésuites d'Eu, 45383.
　—sur le Collége des Jésuites de Hesdin, 45396.
　—sur le Collége des Jésuites de Laon, 45401.
　—sur le Collége des Jésuites de Mâcon, 45413.
　—sur le Collége des Jésuites de Reims, 45443.
　—sur le Collége Anglois des Jésuites de Saint-Omer, 45469.
　—sur le Collége Wallon des Jésuites de Saint-Omer, 45472.
Rousselet, Georges-Etienne, Jésuite.
　Les Lys sacrés, II, 16869.
Rousselet, Pacifique, Augustin Réformé.
　Histoire de l'Eglise Royale de Brou, IV, S. 5021*; I, 13678.

Rousselot de Surgy, Jacques-Philibert.
　Eloge de M. le Marquis de Montmirail, III, 32013.
Rousset, J., de la Société Royale de Berlin.
　Mercure historique, II, 24798. *Il y a eu part.*
　Les Intérêts des Puissances de l'Europe, III, 29137.
　Intérêts présens des Puissances de l'Europe, 29138.
　Histoire des Guerres entre les Maisons de France & d'Autriche, 29139.
　Recueil historique d'Actes, 29154.
　Recherches sur les Alliances entre la France & la Suède, 29439.
　Histoire de la Succession aux Duchés de Clèves, &c. 39246.
de Rousseville : *voyez* Villiers.
de Roussillon (le Comte).
　Dissertation sur l'Entrée des Bourguignons dans les Gaules, IV, S. 38377.**
　—sur les anciens Preux, III, 40230.
Roussy (M.), Chanoine de la Rochelle.
　Orléans délivré, II, 17185.
Roustan (M.), Médecin.
　Détail d'une Maladie épidémique, I, 2535.
Routh, Bernard, Jésuite.
　Observations sur le *Campus Vocladensis*, I, 540.
　Recherches sur la manière d'inhumer, 3820.
Rouviere, Pierre, Jésuite.
　Vita Francisci Cardinalis à Turnone, I, 8947.
　Collectio de Monasterio S. Joannis Reomaensis, 12239.
　De Vitâ Petri Cotoni, 14118.
　Elogium Henrici IV, II, 19991.
　Rerum à Cardinale de la Rochefoucault gestarum Excerpta, III, 32259.
　De Vitâ & Rebus gestis ejusdem, 32260.
de Rouviere, Henri, Conseiller de l'Hôtel-de-Ville de Paris.
　Voyage du tour de la France, I, 2329.
de la Rouviere d'Eyssautier, Chevalier de l'Ordre de S. Louis.
　Mémoire sur une espèce de Chenilles, I, 3627.
Rouvroy.
　Traité touchant les Eaux de Plombières, I, 3151.
Roux (M.), Docteur en Théologie.
　Histoire des trois Ordres Réguliers & Militaires, III, 40197.
Roux, J. B.
　Oraison funèbre de Cosme-Alfonse de Valbelle, III, 32073.
Roux (M.).
　Lettre sur les Reliques qu'on dit être de S. Germain d'Auxerre, I, 10143.
Roux (M.), Médecin.
　Observations de Médecine, &c. I, 2463.
　Rapport sur le Cidre & le Poiré, IV, *Suppl.* 3516.*
　Eloge de Charles-Augustin Vander-monde, IV, 46344.
le Roux, Raimond, Avocat.
　Discours sur la mort de Georges de Selve, I, 10251.
le Roux, J., Curé de Marc en Barœul.
　Histoire de Tournay, III, 39418.
le Roux, Jean, Procureur-Fiscal du Comté de Flandre.
　Théâtre de la Noblesse de Flandre, III, 40663.
le Roux (le Pere), Augustin.
　Discours au sujet de l'élection des Consuls d'Arles, III, 38200.
le Roux des Hautesrayes (M.), Professeur Royal.
　Mémoire sur Etienne Fourmont, IV, 46731.
Rouxel, P. D.
　Elogium Guillelmi Prustelli, IV, 45989.
Rouxel de Médavy, François, Evêque de Séez.
　Statuts Synodaux, I, 6712.

ROUXELIN (M.), Secrétaire de l'Académie de Caën.
Eloge du P. André, I, 14213.
ROUZEAU, Simon.
L'Hercule Guespin, I, 3542; III, 35593.
du ROUZEAU (M.), Avocat.
Mémoires pour la Dame Desjardins, IV, *Supplém.* 6274.*
de ROVERE, Antoine.
Chronique de Flandre (en Flamand), III, 39376.
de ROVERE, Raymond, *dit* de Pavie, Seigneur de Forquevals, Gouverneur de Narbonne.
Ambassades, III, 30112.
Dépêches, 30113.
Lettres, 30131; IV, S. 30122.*
de ROVERE, François, Seigneur de Forquevals, fils du précédent.
Vie de Raymond de Pavie, Baron de Forquevals, III, 32036.
de la ROVERE, Jérôme, Evêque de Toulon.
Sermons funèbres prononcés ès obséques de Henri II, II, 17728; IV, S.
ROVERIUS : *voyez* Rouviere.
ROY (M.), Chevalier de l'Ordre de S. Michel.
La Convalescence du Roi, II, 24655.
Discours au Roi, sur le succès de ses Armes, 24684.
ROY : *voyez* Roi.
Roy, Jean, Curé d'Escrou.
Vie de S. Lain de Sées, I, 9969.
le ROY, Jacques, Archevêque de Bourges.
Constitutiones Synodales, I, 6407; IV, S.
le ROY, Louis, Professeur Royal.
Des différends & troubles advenus entre les Hommes, I, 5823; II, 18023.
Oratio ad Principes Henricum II, & Philippum Hispaniæ Regem, IV, S. 17722.*
Consolatio in morte Henrici II, II, 17733.
Consolatio ad Reginam Francisci II matrem, 17792.
Considérations sur l'Histoire de ce temps, 18022 & 112.
Exhortation aux François, 18092 & 27197.
Traduction d'une Lettre de Zamosci, 18274.
De l'Art Politique, IV, S. 27096.*
Dessein du Royaume de France, II, 27197.
De l'excellence du Gouvernement Royal, 27198.
Vita Guillelmi Budæi, III, 32754.
Epistola de Francisco Connano, 32758; V, 45857.*
le ROY, Pierre, Chanoine de Rouen.
Satyre Ménippée, II, 19451.
le ROY, Nicolas, Curé de Barneville.
Discours sur la mort d'Odet de Matignon, III, 31992.
le ROY, Christophe.
Vita Franciscæ d'Ambosia, I, 14958.
le ROY, Bénigne, Jardinier du Roi.
Instruction du plantage des Mûriers, I, 3475.
le ROY, Antoine, Professeur de Philosophie.
Rabelæsiana Elogia, I, 11381.
Ludus Meudonianus, II, 27030.
Observationes de Rabelæsio, IV, S. 47603.*
le ROY, Alard, Jésuite.
Traduction de l'Histoire des Evêques de Liège, I, 8718.
—de la Vie de S. Lambert de Mastricht, 8751; IV, S.
le ROY, W.
Relation de ce qui s'est passé à Marseille, III, 38229.
le ROY, Thomas, Moine de S. Bénigne.
Histoire du Monastère de S. Bénigne, I, 12354.
le ROY, Antoine, Archidiacre de Boulogne.
Histoire de Notre-Dame de Boulogne, I, 4114.
le ROY, Guillaume, Abbé de Hautefontaine.
Vie de Marie-Anne du Val de Dampierre, I, 4783; IV, S.

le ROY, Jacques.
Notæ in Chronicon Balduini Avennensis, IV, S. 30424.*
Topographia Gallo-Brabantica, III, 39463.
Castella & Prætoria Nobilium Brabantiæ, 39464.
Théâtre du Duché de Brabant, 39467.
L'Erection des Terres titrées du Brabant, 40621.
le ROY, Georges, Avocat.
Requête de l'Evêque de Noyon contre le Chapitre de S. Quentin, I, 9731.
Mémoire contre le Chapitre de S. Quentin, 9732.
Recueil de Pièces concernant l'exemption du Chapitre de Tours, 10269.
Mémoires pour le Duché d'Estouteville, III, 41233.
Requête au Roi pour le Prince de Soubise, 43866.
Mémoire pour le même Prince, 43867.
le ROY (M.), Chanoine de S. Agnan d'Orléans.
Oraison funèbre du Cardinal de Coislin, III, 32265.
le ROY, Alexandre.
Dissertation sur les Prérogatives du Connétable, III, 31403.
le ROY, Pierre, Orfévre, Contrôleur des Rentes.
Dissertation sur l'Hôtel-de-Ville de Paris, III, 34436 & 530.
Mémoire concernant les Rentes de l'Hôtel-de-Ville, 34439.
Recueil concernant les Orfévres Jouailliers, 34736.
le ROY (M.).
Traduction de la Défense de la Déclaration du Clergé de 1682, I, 7303.
Lettre sur les Jésuites, 14219.
le ROY (M.), Médecin.
Observations sur les Eaux de Baleruc, I, 2961.
le ROY, Pierre, de l'Académie de Montauban.
Histoire ancienne des Francs, II, 15432.
le ROY, Chrétien.
Poésie sur la Convalescence du Roi, II, 24653.
le ROY, Charles.
De Aquarum mineralium naturâ & usu, IV, S. 2887.**
le ROY, Pierre, Horloger.
Eloge de Julien le Roy, IV, 47985.
le ROY, Marin, Sieur de Gomberville, Académicien.
De l'Origine des François, II, 15412.
Le Polexandre, 16127.
Histoire des cinq derniers Rois de la Maison de Valois, 19142.
La Cythérée, 21651.
Vie de François, Duc d'Alençon, 25515.
le ROY de la Poterie (M.).
Voyage du Canada, III, 39712.
le ROY, Jacques, Sieur de la Tour.
Notitia Urbis & Agri Antverpiensis, III, 39518.
de ROYA, Gilles.
Annales Belgici, III, 39374.
de ROYE, Gui, Archevêque de Sens, puis de Reims.
Exhortations, IV, S. 9970.
de ROYE, François.
Vita Berengarii, I, 5695.
De Missis Dominicis, III, 31319.
Apologeticus pro Antecessoribus, IV, 45020.
ROYER, Alexandre.
Mémoires pour l'Histoire de Lorraine, III, 38905.
ROYER (M.), Chirurgien & Chymiste.
Remarques sur les Eaux de Sermaise, I, 3230.
ROYER (l'Abbé), Théologal de Mâcon.
Oraison funèbre de Louis XV, IV, S. 24802.*
de ROYER : *voyez* Prost.
le ROYER, Jean, Evêque de Meaux.
Statuta Synodalia, IV, S. 6606.

le ROYER, Jacques, Chanoine de S. Denys de Liége.
De Actibus Terræ Brabantiæ, III, 49487.
le ROYER, Jean.
Histoire du Mont-Valérien, I, 5333; IV, S.
le ROYER (le P.), Chanoine Régulier, Génovéfain.
Vie de François Blanchart, I, 13609.
le ROYAL, Jean, Chanoine de Notre-Dame du Val.
Vie de S. Thibault de Provins, I, 13389.
le ROYER, Jean, Sieur de Prade.
Sommaire de l'Histoire de France, II, 15832.
Remarques sur l'Origine de la troisieme Race de nos Rois, 24924.
Le Trésor héraldique, ou le Mercure Armorial, III, 40006.
Généalogie de la Maison des Thibault, 44221.
le ROYER de la Sauvagere (M), Ingénieur en Chef, Chevalier de l'Ordre de S. Louis.
Recherches sur des Pierres extraordinaires, & sur quelques Camps des anciens Romains, I, 100, IV, S. 101*; III, 35348 & 475.
—sur un Camp de César, en Xaintonge, IV, S. 101.**
—sur la situation de Cæsarodunum, Capitale des Turones, IV, S. 243.*
Mémoire sur une Pétrification, 1819.
Recueil d'Antiquités, IV, S. 3855.*
Recherches sur les Santones, IV, S. 5938.*
—sur la Guerre de César contre les Venètes, IV, S. 3943.**
Observations sur S. Maime, I, 4598.
Liste des Abbés de Sablanceaux, 13493.
Recherches sur l'ancien Blabia ou Blavia des Romains, III, 35492 & 37556; IV, S. 230.*
Lettre sur l'Isle de Belle-Isle, 35493.
Recherches sur quelques Antiquités des environs de Tours, 35647.
Mémoires pour servir à l'Histoire de la Ville de Chinon, 35663.
Recherches sur les Antiquités qui se trouvent au Château d'Ussé, 35664.
—sur les Ruines Romaines de Saintes, 37565.
—sur le Briquetage de Marsal, 38793.
ROZARD.
Eloges à M. l'Archevêque de Corinthe, II, 22572.
Relation de ce qui s'est passé à S. Denys, 22745.
ROZE, François.
Hymne sur l'Entrée de Charles IX à Paris, II, 26250.
ROZE de Chantoiseau.
Almanach des six Corps, III, 34634.
ROZEL, Charles, Avocat.
Traduction de l'Oraison funèbre de Madame de Veran, IV, 48211.
ROZIER (l'Abbé).
Mémoire sur les Vins & l'Eau-de-vie, IV, Suppl. 3545.*
du ROZIER : voyez Sureau.
de la ROZIERE : voyez Carlet.
de ROZOI : voyez Farmain.
RUADE, Bruno, Chartreux, Evêque de Conserans.
Lettres touchant sa promotion à cet Evêché, I, 8099.
RUALD ou Ruaud.
Controversia de Duellis, III, 40181.
du RUAU, Florentin.
Tableau des Régences, & particulièrement de celle de Marie de Médicis, II, 25140 & 27345; IV, S.
RUAULT, Jean, Recteur de l'Université de Paris.
Universitatis Parisiensis Lachrymæ, III, 32907.
Preuves de l'Histoire du Royaume d'Yverot, 35257.
de RUBEIS, P. Fr.
Conclusiones contra Canonicos sanctæ Capellæ Divionensis, III, 37023.

RUBEN, Gabriel.
Discours sur Jean le Jeune, I, 11206; IV, S.
RUBEUS : voyez le Rouge.
RUBIN, Paschal, Sieur du Faur.
Traduction d'une Epître de S. Sidoine Apollinaire, I, 3892.
de RUBYS, Claude.
Discours sur la Peste, I, 2542.
Réponse à l'Anti-Espagnol, II, 19233.
Histoire de l'origine de la Maison de France, 24976; IV, S. 24979 pour 76.
Histoire des Princes sortis des Maisons de Vendôme & d'Albret, 25584.
Conférence des Prérogatives d'ancienneté & de noblesse de la France, 26926.
Priviléges de la Ville de Lyon, III, 37350.
Histoire de la Ville de Lyon, 37351.
Commentaires sur les Priviléges de Lyon, 37381.
Histoire des Dauphins de Viennois, 33940.
RUCELLAÏ, Louis.
Essequie di Anna d'Austria, II, 26760.
RUCHAT, Abraham, Ministre Calviniste.
Succession des Evêques de Lausanne, I, 8213.
Les Délices de la Suisse, III, 39077; IV, S.
Histoire de la Suisse, 39089.
—de la Réformation de la Suisse, 39104.
Histoire Ecclésiastique du pays de Vaud, 39138.
RUCHEN, Jean-Balthasar.
Description de Strasbourg, III, 38721.
RUDBECK, Olaüs.
Atlantica, I, 3731.
RUDBORN, Thomas.
Chronicon, III, 35076.
RUDEL, Laufred.
Roman Provençal, III, 38033.
RUDIGER, Esrom.
Parallelismus inter Annam Burgium & Christophorum Herdesianum, I, 5777.
de la RUE, Philippe.
Carte du Périgord, I, 1798.
de la RUE, Charles, Jésuite.
Oraison funèbre de Jacques-Bénigne Bossuet, I, 9424.
Panegyricus Ludovico Magno dictus, II, 14141.
Oraison funèbre de M. le Dauphin (fils de Louis XIV), IV, S. 25698.*
——de M. le Dauphin (petit-fils de Louis XIV) & de Madame la Dauphine (son épouse), II, 25709.
——du Maréchal de Boufflers, III, 31599.
——du Maréchal Duc de Luxembourg, 31646.
——du Maréchal de Noailles, 31669.
de la RUE (M.), Médecin.
Les Eaux de Pougues, I, 3174.
RUEL, Antoine.
La Santé de la France, II, 21147.
du RUEL (M.), Curé de Sarcelles.
Histoire des Villes de Senlis & de Crépy, III, 34852.
RUELLAN, Alexis.
Notitia Regalis Abbatiæ Beatæ Mariæ de Perseniâ, I, 13123.
de la RUELLE, Claude.
Discours sur l'Enterrement de Charles III, Duc de Lorraine, III, 38859.
des RUES, Jacques.
Délices de la France & Antiquités de ses Villes, I, 1091 & 2103; IV, S.
RUFFELET (l'Abbé).
Annales Briochines, IV, S. 35481.*
de RUFFEY, Gilles-Germain Richard, Président en la Chambre des Comptes de Dijon.
Essai sur le Siége de Dijon, IV, S. 17465*; III, 35925.
—sur les Académies de France, IV, 45495.

Eloge funèbre de M. de la Monnoye, 47146.
de RUFFI (M.).
Négociation, III, 30365.
Lettres, 30366, 471 & 74; IV, S.
de RUFFI, Antoine, Conseiller d'Etat.
Histoire Ecclésiastique de Marseille, I, 5523.
Histoire de l'Abbaye de S. Victor de Marseille, 12817.
—des Généraux des Galères, III, 31793.
—des Comtes de Provence, 38048.
Histoire de Marseille, 38222.
Justification de l'innocence calomniée, 38232.
Vie du Chevalier de la Coste, 40326.
Eloges de quelques illustres Marseillois, IV, 45717.
de RUFFI, Louis-Antoine, fils du précédent.
Histoire des Evêques de Marseille, I, 8027.
Dissertation sur les Evêques de Marseille, 8028.
Histoire de S. Louis de Toulouse, 10225.
Dissertation sur les Comtes de Provence, &c. III, 38049.
Seconde Edition de l'Histoire de Marseille, 38222.
RUFFIER, Fr., Cordelier.
Oraison funèbre de François le Roux, I, 13890.
RUGIERO, Simon.
Charlemagne, Poëme Italien, II, 16198.
RUINART, Thierri, Bénédictin.
Iter Litterarium, I, 2342.
Notæ in Acta SS. Epipodi & Sociorum ejus, 4395.
—in Acta S. Genesii Arelatensis, 4434.
—in Acta SS. Mauricii & Sociorum ejus, 4578.
—in Acta SS. Rogatiani & Donatiani, 4664.
—in Acta S. Symphoriani, 4694.
—in Acta SS. Victoris & Sociorum ejus, 4712.
—in Acta S. Vincentii Agginensis, 4720.
De Basilicis San-Germanensibus, 5178.
Agaunensis Concilii Acta an sint supposititia? 6310.
Vita Urbani II Papæ, 7696.
Apologie de la Mission de S. Maur, 11610.
Eadem Latinè reddita, Id.
De Regali Abbatiâ S. Germani à Pratis, 12496.
Vie de Jean Mabillon, 12517.
Edition des Œuvres de S. Grégoire de Tours, II, 16051.
De S. Gregorio Turonensi, & ejus Operibus, 16053.
De Fredegario & ejus Operibus, 16085.
Fredegarii Fragmenta, 16086.
Ecclesia Parisiensis vindicata, III, 29463.
RULMAN, Anne, Asséïleur en la Grande-Prévôté de Languedoc.
Histoire secrete, II, 21383.
Plan de ses Œuvres, III, 37711.
Narré des Révolutions de Languedoc, 37712.
Antiquités de Nismes, 37861.
RUMET de Buscamp, Nicolas, Maître des Requêtes.
Historia Picardiæ, III, 34140.
Chronique de Ponthieu, 34187.
RUMET de Beaucourroy, François, fils du précédent.
Suite de la Chronique du Comté de Ponthieu, III, 34187.
de RUMILLY.
Défense des Droits du Prieuré de Fives, I, 5094.
de RUNAS (M.), Avocat.
Histoire de Ponthieu, III, 34190.
de RUOLZ, Ch. Jos., Conseiller à la Cour des Monnoyes de Lyon.
Discours sur Louise Labbé, IV, 48101.
RUPERT, Abbé de Duitz.
Vita S. Heriberti Coloniensis, I, 8670.
de RUPT (l'Abbé), Aumônier des Carabiniers.
Instruction pour le Corps des Carabiniers, III, 32202.

RUSCELLAÏ, Bernard.
Commentarius de Bello Italico, II, 17359.
RUSCELLI, Jérôme.
Supplément à l'Histoire de Paul Jove, 17610.
RUSSINGER, Jacques.
De Antiquitatibus Fori Tiberii, I, 276.
Vindonissæ veteris Descriptio, 370.
Periphrasis Urbium Helvetiorum, III, 39085.
Compendium Antiquitatum Vitudurensium, 39116.
Descriptio sancti Galli Oppidi, 39117.
De Salodoro Discursus, 39120.
De Vetustate Urbis Basileæ, 39129.
RUSTAING de Saint-Jory.
Mémoires secrets, II, 23737.
RUTEAU, Benoît.
La Vie & le Martyre de S. Adrien, I, 5095.
Chronique de Gradmont, III, 39411.
RUTEAU, Antoine, Minime.
Histoire de Notre-Dame de Wavre, I, 4221.
Annales de Haynault, III, 39429.
RUTH d'Ans, Paul Ernest, Chanoine de Sainte-Gudule.
Vie de sainte Goule (ou Gudule), I, 4490.
RUTTY (M.), Médecin.
Abregé des Eaux minérales, I, 2883.
de RUVIGNY (M.).
Lettres, III, 30861.
RUYR, Jean, Chanoine de S. Dié.
Recherches des saintes Antiquités de la Vosge, I, 4289.
de RUYSEMENT : voyez Hesteau.
Ruzé, Arnoul.
Tractatus Juris Regaliorum, I, 7586.
Ruzé, Guillaume, Evêque d'Angers.
Maniere de Profession de Foi, II, 18513.
Ruzé : voyez Coiffier.
de RYCKEL : voyez Gedolphe.
de RYE, Thomas.
Descriptio Fontium acidorum Pagi Spa, I, 3235.
La même Description en François, augmentée, 3236.
de RYE....., Archevêque de Besançon : l'un des deux qui vont suivre.
Etat du Diocèse de Besançon, III, 38539.
de RYE, Ferdinand, Archevêque de Besançon.
Supplique à l'Empereur, I, 8163.
de RYE, François, Archevêque de Besançon, neveu du précédent.
Déclaration sur l'Entrée de l'Armée Françoise en Franche-Comté, II, 21880; IV, S. Il y est nommé Ferdinand; mais la date de 1637 suppose que c'étoit François.
du RYER, Pierre, Académicien.
Traduction de l'Histoire de M. de Thou, II, 19877.
—de l'Argenis de Barclai, 19913 & 14.
RYESIUS : voyez Rye.
RYETIS : voyez de Rye.
RYMEN, Jean, Médecin.
Recherches sur la Nielle, IV, S. 3438.*
Second Mémoire sur les Maladies des Bleds, Id.
RYMER, Thomas, Historiographe de la Reine d'Angleterre.
Fœdera, Conventiones, &c. inter Reges Angliæ, &c. III, 29410.
de RYMON, Emmanuel-Philibert, Lieutenant-Général ès Bailliages du Pays & Comté de Charolois.
Traité de la Jurisdiction Royale pour le Comté de Charolois, I, 7433; III, 36004; IV, S.
Traité des Pays & Comté de Charolois, II, 27833; IV, S. 36004.
de RYOCOURT : voyez du Bois.
RZAFF.
Observations sur les principaux Remèdes, IV, S. 3250.*

S

S. (le Sieur), *inconnu.*
Sur la Conférence de Ruel, II, 21797.

S. B. S., *inconnu.*
Considération sur l'Etat de la France, II, 20142.

S. C. On soupçonne, mais avec peu de vraisemblance, que c'est Soffroy Calignon.
Histoire des choses admirables advenues en France, II, 19195.

S. C. M. : peut-être le Sieur Claude Malingre Sénonois, II, 22242 : *voyez* Malingre.

S. D. M. d'Orléans, *inconnu.*
Discours contenant les dernieres paroles de M. le Chevalier de Lorraine, III, 31974.

S. D. M. E. S. D. B. C. E. M. D. O. D. R. On soupçonne que cela peut signifier S. D. M., Ecuyer, Sieur de B., Conseiller & Maître-d'Hôtel Ordinaire du Roi.
Histoire de Henri, Duc de Rohan, II, 21943.

S. D. R. C. C. : c'est Simon de Riencourt, Conseiller-Correcteur de la Chambre des Comptes de Paris, II, 15822 : *voyez* de Riencourt.

S. G. S. : c'est Simon Goulart Senlisien, I, 5841 : *voyez* Goulart.

S. H., Médecin du Roi, *inconnu.*
Table généalogique de la Maison de Nevers, III, 43387.

S. L. P. J. C. D., *inconnu.*
Discours sur la vénalité des Charges, II, 27983.

S. M. C. : on soupçonne que c'est Claude Malingre Sénonois, II, 22144 : *voyez* Malingre.

S. P. P., *inconnu.*
Parallèle des Tyrans, II, 23445.

S. T. F. S. L. S. D. T., *inconnu.*
Le Politique burlesque, II, 22329.

S. T. P. A. E. P., *inconnu.*
Traduction des Satyres d'Euphormion, II, 19854.

S. U. N. U. ou **S. V. N. V.**, *inconnu.*
Traduction d'une Relation de la conduite de la Cour de France, II, 23884; III, 30961.

le **S....**, *inconnu.*
Lettre à M. de F., II, 18588.

le **S. D. C.**, *inconnu.*
Récit de ce qui s'est passé au Synode d'Anjou, I, 6019.

le **S. D. D. R.** : c'est le Sérénissime Duc de Rohan, II, 21579 & 725 : *voyez* de Rohan.

le **S. D. L. G. D. C.** : c'est le Sieur de la Grange de Chessieux, III, 39723; IV, S. : *voyez* de la Grange.

le **S. de M.** : c'est le Sieur de Montfalcon, III, 32067 : *voyez* de Montfalcon.

le **S. D. S. M.**, *inconnu.*
Procès burlesque, II, 22365.

le **S. J. P. P. B.** : on prétend que c'est le Baron de Lisola, III, 30994 : *voyez* de Lisola.

le **S. P. C. A.** Helle : *voyez* Helle.

SAAS, Jean, Chanoine de Rouen.
Mémoire sur les Voies Romaines en Normandie, I, 85.
Pouillé du Diocèse de Rouen, 1276; IV, S.
Notes sur un Mémoire touchant l'Abbaye de S. Victor en Caux, 11809.
Justification de ce Mémoire, 12811.
Supplément à la Défense des Droits de l'Abbaye de S. Ouen, 12813.
Éloge du P. Artus du Monstier, 13904.
Lettres sur le Catalogue de la Bibliothéque du Roi, II, 26974.
Avis au Comte de Varack, III, 29201.
Notice des Manuscrits de l'Eglise de Rouen, 35210.

Réfutation de l'Ecrit du P. Taffin sur cette Notice, 35212.
Catalogue des Hommes illustres nés en Normandie, IV, 45718.
Elogia in obitum D. de Fontenelle, 46459.

SABATIER, Esprit, Avocat.
Le Caducée François sur Avignon, III, 38317.

SABATIER (l'Abbé), de Cavaillon.
Poëme sur la Bataille de Lutzelberg, II, 24764.

SABATIER (Antoine), de Castres.
Les trois Siécles de notre Littérature, IV, *Suppl.* 45655.

de **SABATIER**, Pierre, Evêque d'Amiens.
Mandement sur l'ouverture de la Châsse de S. Firmin-le-Confès, I, 9711.

de **SABATIER**, Pierre, Chanoine d'Arles.
Acta Ecclesiæ Arelatensis, I, 7978.

SABBATHIER, Jean, Bénédictin.
Lettre sur la Contagion d'Aix, III, 38145.

SABBATHIER, François, Professeur à Châlons-sur-Marne.
Dissertation sur les limites de l'Empire de Charlemagne, IV, S. 465.*
Mémoire sur le lieu où Attila fut défait, I, 5053; IV, S.
Dissertation sur les Tectosages, IV, S. 3943.*
Essai sur la Puissance temporelle des Papes, 7110.
Recueil de Dissertations sur divers sujets de l'Histoire de France, IV, S. 15622.*
De l'Origine du Comte Palatin, IV, 31318.**
Mémoires pour servir à l'Histoire générale des premiers Peuples de la Champagne, IV, S. 34221.
Dissertation sur les différentes positions de Besançon, IV, S. 38431.*

SABEN, Jean-Claude, Médecin.
Eclaircissement sur les Eaux de Luxeul, IV, S. 3092.*

SABIN : faux nom sous lequel s'est caché Jean Sirmond : *voyez* Sirmond.

SABINO, Vittorio.
Le Vite de gli Ré di Francia, II, 15710.

du **SABLE**, Guillaume.
Coq-à-l'âne de la Truie au Foin, IV, *Supplém.* 19639.*

SABLIER.
Histoire de la réunion des Provinces de France à la Couronne, II, 27705.

de la **SABLIERE** : *voyez* Buvat.

SABLON, Vincent.
Histoire de l'Eglise de Notre-Dame de Chartres, I, 4125 & 4964.
Traduction de la Jérusalem délivrée du Tasse, II, 16602.

de la **SABLONIERE** : *voyez* de Bordeaux.

des **SABLONS** (M.).
Les Grands Hommes vengés, IV, S. 45655.*

SABOUREUX de la Bonnetrie, Charles-Louis.
Constitutions des Jésuites traduites, I, 14099.

de **SABRAN** (M.), Résident de France.
Plaintes au Parlement d'Angleterre, II, 28183.
Négociations, III, 30599, 30733 & 34.
Lettres, 30642.
Lettres & Dépêches, 30738.

SABRÉ, Antoine.
Lettre au Sieur Labadie, I, 6005.

SACCHINI, François, Jésuite.
Vita S. Paulini Nolani, I, 10821.
Historiæ Societatis Jesu, Pars II, III, IV, 14216.

SACCONI ou Sachoni, Regnier.
De Waldensibus, I, 5704.
Summa de Catharis & Leonistis, 5705.

SACHEVERELT-Stevens, Gentilhomme.
Mélanges d'Observations faites en divers lieux (en Anglois), I, 2322.

de Sachy de Caroujes (M.), Maire d'Amiens.
Essai sur un projet de Fontaines pour Amiens, III, 34163.
de Saconay, Gabriel, Précenteur de l'Eglise de Lyon.
Des Guerres contre les Albigeois, I, 5764.
Généalogie & fin des Huguenots, 5854.
Discours des premiers troubles de Lyon, II, 17887 & 19686.
Apologie pour la Ville de Lyon, 17887, 18074 & 19686.
De la Providence de Dieu sur les Rois de France, 26954.
Sacy (M.), Avocat.
Mémoires concernant les Pairs de France, III, 31307.
de Sacy, Louis, Avocat.
Requête & Mémoire touchant les Ex-Jésuites, I, 14374.
Requête des Correcteurs & Auditeurs des Comptes, III, 33810.
de Sacy, Claude-Louis-Michel.
L'Honneur François, IV, S. 15621.*
de Sacy : voyez le Maistre.
de Sade (M.), Abbé de Breuil.
Remarques sur les premiers Poëtes François & Troubadours, IV, 47260 & S.
de Sade de Mazan, Jean, Evêque de Cavaillon.
Decreta Synodalia, I, 6459.
Sadéel : voyez de Chandieu.
Saens d'Aguirre, Joseph, Bénédictin, Cardinal.
Auctoritas infallibilis & summa Cathedræ S. Petri, I, 7294.
Saffron (le Pere), Minime.
Généalogie de MM. le Fevre d'Eaubonne d'Ormesson, III, 42309.
Sagard, Gabriel, dit Théodat, Récollet.
Histoire du Canada, III, 39663.
Voyage du Pays des Hurons, 39667.
Histoire & Voyages du Canada, là.
Sage, Esprit, Chanoine de S. Paul-Trois-Châteaux.
Histoire des Evêques de cette Ville, I, 8058.
Sage (M.).
Mémoire sur les Bains de Rennes, I, 3181.
le Sage (le Pere), Dominicain.
Eloge funèbre de Louis XIV, IV, S. 24520*.
le Sage de Mostolac (M.), Archiprêtre de l'Usech.
Lettre sur Uxellodunum, I, 375.
le Sage de Samine.
Eloge de M. du Cange, III, 34062.
Sagittaire, Gaspard, Luthérien.
Historia S. Norberti, I, 13550.
Bella Caroli Magni, II, 16240.
Origines & Successiones Principum Arausionensium, III, 38287.
Sagon, François.
Le Regret d'honneur féminin, IV, 4804.
de Sagon, François.
Apologie pour le Roi, II, 17616.
Saguens, Jean, Minime.
Vita Emmanuelis Magnani, I, 14056.
de Saguens, Blaise, Avocat.
Oraison funèbre de la Duchesse de la Valette, IV, 48205.
Saguez (M.), Secrétaire du Roi.
Mémoire & Lettres sur les Finances, II, 28042.
Factums, 28043.
Saguier, Jacques, Chanoine d'Amiens.
Oraison funèbre d'Antoine, Cardinal de Crequy, I, 9725.
de Sahuguet d'Amarzit, Jean-Baptiste-Joseph, Baron d'Espagnac.
Campagne du Roi en 1745, II, 24669.
—en 1746, 24685.
—en 1747, 24688.
Campagne du Roi en 1748, 24689.
Histoire du Maréchal de Saxe, IV, S. 31706*; V, Add. 24725* & 31706.*
Essai sur la Science de la Guerre, III, 32116.
—sur les grandes opérations de la Guerre, 32117.
de Sahurs, Etienne, Chanoine Régulier Génovéfain.
Oraison funèbre de Marie-Térèse d'Autriche, II, 25187; IV, S., &c.
Saigeot, Jean.
Le Triomphe du Roi, II, 21516.
de Sainceriaux, Robert.
Sermon sur la Mort de S. Louis, II, 16836 & 50.
de Sainctes, Claude, Evêque d'Evreux.
Discours sur le saccagement des Eglises Catholiques, I, 5798.
Constitutiones Synodi Æstivalis Ebroicensis, 6505.
Traduction du Concile de Rouen tenu sous le Cardinal de Bourbon, 6698.
Avertissement contre l'Arrêt donné à Caën, IV, S. 9950.*
Bref Avertissement en faveur de la Ligue, V, Add. 19346.*
de Sainghin, Clément.
Généalogie de la Maison de Luxembourg, III, 43024.
de Sainmore : voyez Blin.
de Saint-Abel : voyez Sylvestre.
de Saint-Agnan : voyez de Beauvilliers.
de Saint-Albien (le Pere).
Etat du Diocèse de Marseille, IV, S. 1236.**
Calendrier spirituel pour Marseille, I, 5524; IV, Suppl.
de Saint-Amour : voyez Gorin.
de Saint-André, Guillaume, Scholastique de Dol.
Histoire de Jean IV, Duc de Bretagne, II, 25313.
de Saint-André (le Président).
Recueil concernant le Dauphiné, III, 37985.
de Saint-André : voyez Chaperon.
de Saint-André, Antoine : faux nom sous lequel s'est caché Antoine Verjus, I, 11322 : voyez Verjus.
de Saint-Ange : faux nom sous lequel se trouve caché Gabriel Naudé, II, 22989 : voyez Naudé.
de Saint-Auban : voyez Pape.
de Saint-Aubin (M.) Maître de la Poste de Metz.
Lettres, III, 30843.
de Saint-Aubin, Jean, Jésuite.
Histoire Ecclésiastique & Civile de la Ville de Lyon, S. 5390 & 8858; III, 37355.
de Saint-Aubin : voyez le Gendre.
de Saint-Audibert : voyez Lescarbot.
de Saint-Aulaire : abusivement pour Sainte-Aulaire : voyez de Sainte-Aulaire.
de Saint-Bernard (le Pere).
Vie de S. Bernard de Menthon, I, 4341.
de Saint-Bernard, Pierre : voyez de Flottes.
de Saint-Blaise.
Journal du Siége de Maestricht, II, 24012.
de Saint-Bonnet, Jean, Maréchal de Toiras.
Lettres, III, 30574.
de Saint-Cannat, Gaspard de Fourbin.
Mémoires, III, 38086 & 103.
de Saint-Chamond (la Marquise) : voyez Mazarelli.
de Saint-Chamont (le Marquis) : voyez Mitte.
de Saint-Chaumond (le Marquis).
Harangue aux Cardinaux, II, 23780.
de Saint-Clair : voyez Turgot.
de Saint-Clavier.
De Cæde nefariâ Henrici Magni, IV, S. 19982.*
de Saint-Clément.
Theses d'Etat, II, 22978.
de Saint-Denys, (M.), Greffier du Parlement.
Voyage au Camp devant Fribourg, II, 14670; IV, S. 2356* & 24670.

de SAINT-DENYS, Charles, sieur de Saint-Evremont.
Discours sur les Historiens François, II, 15964.
Retraite de M. le Duc de Longueville, 22674 & 23726.
Discours sur les Alliances de France avec l'Espagne, 28746.
Lettre d'un Etranger sur la Paix des Pyrénées, III, 30924 & 28.
Eloge de M. de Turenne, 31717.
Parallele de M. le Prince & de M. de Turenne, là.
Oraison funèbre de Madame la Duchesse de Mazarin, IV, 48123.
Factum pour Madame la Duchesse de Mazarin, 48126.
de SAINT-DENYS : voyez de Menantes.
de SAINT-DIDIER, Hubert.
Recueil des Titres concernant les Priviléges du Franc-Lyonnois, III, 37422.
de SAINT-DIDIER : voyez Limojon.
de SAINT-DONNET (M.).
Mercure Historique, II, 24798. Il y a eu part.
de SAINT-ELIER (M.).
Mercure Historique, II, 24798. Il y a eu part.
de SAINT-ETIENNE (M.), Envoyé en Baviere.
Dépêches, III, 30626.
de SAINT-ETIENNE, Claude, Bernardin.
Instruction pour connoître les bons fruits, I, 3463.
de SAINT-EVREMOND : voyez de Saint-Denys.
de SAINT-FERREOL : voyez du Vivier.
de SAINT-FIRMIN (l'Abbé).
Discours sur la Régale, I, 7623.
de SAINT-FOIX : voyez Poullain, & au N.° 40513, ajoutez V, Add.
de SAINT-GASSIEN : voyez Marteau.
de SAINT-GELAIS, Jean, sieur de Montlieu.
Histoire de France, II, 17395 & 449.
de SAINT-GELAIS, Octavien, Evêque d'Angoulesme, frère du précédent.
Le Verger d'Honneur, II, 17367.
Le Séjour d'Honneur, 17385.
Complainte du Trépas de Charles VIII, 17386.
Le Trésor de la Noblesse, III, 39844.
de SAINT-GELAIS, Louis, sieur de Lansac, Chambellan ordinaire du Roi.
Dépêches, III, 30026.
Lettres & Mémoires, 30122.
Lettres, 30136.
de SAINT-GELAIS-Lansac, Urbain, Evêque de Comminges, fils naturel du précédent.
Avertissement de ce qui s'est passé en la Ville de de Tolose, II, 18879.
de SAINT-GELAIS : voyez du Bois.
de SAINT-GENIES : voyez Ray.
de SAINT-GEORGES, Claude, Archevêque de Lyon.
Statuts, Ordonnances, &c. I, 6584.
L'Esprit de Gerson, 7309.
Requête au Roi, 8872 & 73.
de SAINT-GEORGES : voyez Garrault & Marie.
de SAINT-GERMAIN, Jean.
Les Conditions requises pour la Paix, IV, Suppl. 18573.*
de SAINT-GERMAIN, Charles, Médecin.
Abrégé des Exercices de la Congrégation de l'Immaculée Conception, &c. I, 5194.
de SAINT-GERMAIN : voyez du Bray, de Gramont, de Morgues, & Richard.
de SAINT-GERMAIN d'Apchon.
L'Irénophile, II, 19589.
de SAINT-GERY de Magnas.
Discours contenant un Abrégé de la Vie de Madame (la Duchesse d'Orléans), IV, S. 25670.*
de SAINT-GILLES, Robert, Minime.
Tableau de la Vie du Comte de Courtenay, III, 32044.
de SAINT-GOARD : voyez de Vivonne.

de SAINT-HAON-le-Chastel : voyez Bernard.
de SAINT-HILAIRE : voyez le Fevre, & Foy.
de SAINT-JEAN (M.), Gentilhomme Normand.
Histoire du Comté de Mortain, en Normandie, III, 43327.
de SAINT-JEAN (M.), Avocat.
Sommaire des Decrets du Concile de Trente, I, 7534.
SAINT-JOHN, Henri, Lord-Vicomte de Bolingbroke.
Le Siècle Politique de Louis XIV, II, 24506.
Mémoires secrets sur les Affaires d'Angleterre & de France, 24544.
de SAINT-JOIRE (M.).
Remontrance aux Prévôt des Marchands & Echevins de Lyon, III, 37402.
de SAINT-JORY : voyez Rustaing.
de SAINT JULIEN (le Sieur) : faux nom sous lequel s'est caché Godefroy Hermant, I, 6007 : voyez Hermant.
de SAINT-JULIEN de Balleure, Pierre, Doyen de Châlon-sur-Saône.
Histoire de l'Abbaye de Tournus, I, 12907.
Mélanges Historiques, II, 15588 ; III, 35894.
Chronique des Rois de France, 15666.
Discours de l'Origine de Hugues Capet, 24901.
Apologie de ce Discours, 24903.
Généalogie des Ducs de Bourgogne, 25285.
Des François Saliens, 28508.
Discours sur le Royaume de France, 28512.
De l'Origine des Bourguignons, III, 35836.
Des Antiquités d'Autun, 35931.
Histoire de la Ville d'Autun, 35932.
Des Antiquités de Mâcon, 35973.
Des Antiquités de Tournus, 35980.
Remarques sur plusieurs Familles de France, 40583.
Généalogies de quelques Maisons de Bourgogne, 40615.
de SAINT-JURE, Jean-Baptiste, Jésuite.
Vie du Baron de Renti, I, 4763.
de SAINT-JUSTE, Jean.
Le Journal des Voyages de Philippe-le-Bel, II, 16964.
de SAINT-LARY & de Thermes, Roger, Duc de Bellegarde.
Lettre au Roi, II, 21667.
Lettres, III, 30691 & 736.
de SAINT-LAURENT : voyez Chappotin & Cozza.
de SAINT-LAZARE (le Sieur) : faux nom sous lequel s'est caché Claude Malingre, II, 26933 : voyez Malingre.
de SAINT-LUC : voyez d'Espinay.
de SAINT-MARC : voyez le Fevre & du Puget.
de SAINT-MARCELLIN : voyez Déageant.
de SAINT-MARTIN (le Sieur), Gentilhomme Provençal.
Tables Généalogiques de plusieurs Familles de France, III, 40582.
de SAINT-MARTIN, Michel, Docteur en Théologie.
Vie de Jean du Bois, I, 4741 ; III, 34021.
Portrait de Charles de Lormel, IV, 46199.
de SAINT-MARTIN (M.), Commissaire de la Marine.
Dissertation sur l'établissement de plusieurs Phares, I, 852.
de SAINT-MARTIN : voyez du Noyer.
de SAINT-MARTIN d'Arennes (M.), Généalogiste de France.
Généalogie de la Maison de Simiane, III, 44148.
de SAINT-MAURICE : voyez Alcide & Pelée.
de SAINT-MAURIS (M.), Seigneur de Montbarrey.
Ambassade, III, 29996.
de SAINT-MEGRIN (le Marquis), fils de M. le Duc de la Vauguyon.
Portrait de M. le Dauphin, II, 25745.

de SAINT-MICHEL

de Saint-Michel (M.), Prêtre.
Oraison funèbre de Henri de Maupas du Tour, I, 9951.
de Saint-Michel : voyez Maurile.
de Saint-Olon : voyez Ridou.
de Saint-Ouein : voyez Mesnes.
de Saint-Pardoux : voyez du Puy.
de Saint-Paul (le Comte).
Lettre à M. le Prince de Condé, II, 20411.
de Saint-Paul, Charles.
Notitia antiqua Episcopatuum Galliæ, I, 1206.
de Saint-Perès.
Calendrier de la Sainte Vierge, I, 4081.
Le vrai Trésor de l'Histoire sainte, 4163.
Histoire miraculeuse de Notre-Dame de Liesse, 4163; IV, S.
de Saint-Philippe (le Marquis).
Mémoires, II, 24564.
de Saint-Pierre : voyez Bureau, Castel, Puget.
de Saint-Polycarpe (l'Abbé).
Vie du Cardinal de Vaudemont, I, 10673.
de Saint-Prest, Jean-Yves.
Histoire des Traités de Paix & autres Négociations, III, 31133.
de Saint-Quentin : voyez de Rémerville.
de Saint-Réal : voyez Vichard.
de Saint-Remy : voyez le Févre, de la Landelle, Su-rirey.
de Saint-Remy de la Jacquerie, Jean, Roi d'Armes de la Toison d'or.
Mémoires, II, 25464.
Traité des Armoiries, III, 39975.
de Saint-Romain, Jean, Procureur du Roi au Parlement de Paris.
Réponse au Traité du Chancelier de Bourgogne, II, 28808.
de Saint-Romain, Jean, Résident à Hambourg.
Lettres, III, 30813.
de Saint-Sauveur, Nicolas, Chanoine Régulier Génovéfain.
Ecrits sur les Différends des Bénédictins, &c. I, 11633.
de Saint-Sauveur (le Sieur) : faux nom sous lequel s'est caché Jean-Baptiste Thiers, I, 13860; voyez Thiers.
de Saint-Savin, Guillaume.
Vita Hugonis de Lacerta, I, 13199; IV, S.
de Saint-Severien, François.
Vida de San Francisco de Paula, I, 14016.
de Saint-Severin, H.
Oratio ad Regem Franciæ, IV, S. 17092.
de Saint-Simon, Claude, Duc.
Lettres, III, 30841.
de Saint-Simon, Ch. Fr. Siméon, Evêque d'Agde.
Notitiæ Sanctorum Diœcesis Agathensis, I, 9194.
de Saint Sixt, Charles, Evêque de Riès.
Consolation sur le trépas de Guillaume le Blanc, I, 8842.
Oraison funèbre de Henri IV, IV, S. 20041.
de Saint-Sorlin : voyez Desmarests.
de Saint-Sulpice : voyez Evrard.
de Saint-Suplix : voyez Coslé.
de Saint-Surin (le Baron).
Lettre à un sien Ami, IV, S. 21439.
de Saint-Tyr : voyez de Gaillard.
de Saint-Valliers : voyez de Chevriers & Cocher.
de Saint-Victor : voyez Bompart & Torchet.
de Saint-Vincent, Charles, Dominicain.
Vie de Madame Polaillon, IV, S. 4801.
de Saint-Yenne : voyez de la Font.
de Saint-Yon, Garnier.
Inventaire des Livres de la Bibliothèque de Charles VI, II, 26972.
de Saint-Yon.
Histoire de ce qui est advenu à Paris, II, 18677.

Tome V.

de Saint-Yriey des Marines, Jean-Baptiste.
La Mémoire de Louis-le-Grand, II, 24171.
Saintard (M.).
Lettre sur le Commerce des Colonies, II, 28221; IV, S.
Essai sur les Colonies Françoises, 28290; III, 39636.
de Sainte-Albine : voyez Raymond.
de Sainte-Aulaire, Antoine.
Histoire généalogique de la Maison de Sainte-Aulaire, III, 41211 & 123; 43985; IV, Suppl. 41211.
de la Sainte-Baume, Denys : faux nom sous lequel s'est couvert Jean-Baptiste Guesnay, I, 3987 : voyez Guesnay.
de Sainte-Catherine (M.).
Mémoire pour faire des Colonies Françoises à Terre-Neuve, II, 28178.
Lettre touchant M. d'Arsens, III, 30414.
de Sainte-Colombe.
Observations sur les Chemins publics, II, 27317.
de Sainte-Croix, Prosper, Evêque de Chisame, Nonce.
Lettres au Cardinal Borromée, I, 6196; III, 30110.
De Civilibus Galliæ Dissentionibus, II, 17999.
de Sainte-Croix : voyez Charpy.
de Sainte-Foy, Gervais.
Legatio Cardinalis Lugdunensis, III, 30510.
de Sainte-Foy : voyez Sorbin.
de Sainte-Foy (le Sieur) : faux nom sous lequel s'est couvert le P. Annat, Jésuite, I, 15103 : voyez Annat.
de Sainte-Gemme, Pierre.
Le grand Roi amoureux, II, 19807.
de Sainte-Gurde : voyez Carel.
de Sainte-Honorine : voyez de Chavigny.
de Sainte-Marie.
Lettre concernant l'Entrée de M. de Coislin, Evêque d'Orléans, I, 9481; III, 32262.
de Sainte-Marie : voyez de Suarès.
de Sainte-Marthe, Charles, Lieutenant-Criminel d'Alençon, & Maître des Requêtes de la Reine de Navarre.
Oraison funèbre de Françoise d'Alençon, II, 25404.
Oratio funebris in obitum Margaritæ Navarræorum Reginæ, 25497.
de Sainte-Marthe, Scévole, Seigneur d'Estrepied, Trésorier de France, neveu du précédent.
Hymne sur l'avant-Mariage de Charles IX, II, 18098.
Stances sur la Victoire de Henri IV, 19247.
Carmen de Victoria apud Evriacum, 19248.
De Jure Gallicæ Coronæ, 26887.
Eloge du Président Fauchet, III, 34017.
La Louange de la Ville de Poitiers, 35730.
Elogia Gallorum illustrium, IV, 45627.
de Sainte-Marthe, Abel, Seigneur d'Estrepied, Conseiller d'Etat, Garde de la Bibliothèque du Roi, fils du précédent.
Panegyricus Ludovico Justo, II, 21227.
Panegyricus alter, 21228.
Expeditiones Italicæ, 21326.
Expeditio Valtelinæa, 21327.
—Rupellana, 21949.
—Belgica & Atrebatensis, 22014.
Davidis sancti & Ludovici Justi Parallela, 22141.
Panegyricus Mariæ Mediceæ, 25148.
Consultatio de Jure Gallicæ Coronæ, 28515.
Lex Salica, 28516.
Elogia aliquot Galliæ Familiarum, III, 40546.
Elogium Gentis Arnaldæ, 40988.
—Gentis Albaspineæ, 41023.
—Gentis Bellevræa, 41256.
—Gentis Buthelleriæ, 41491.

Yyyy

Elogium Gentis Ruzeæ & Coiffieriæ Effiatæ, 41918.
—Gentis Plessiæ Richeliæ, 43784.
—Gentis Schombergiæ, 44092.
de SAINTE-MARTHE, Abel, Seigneur de Corbeville, Garde de la Bibliothèque du Roi, fils du précédent.
Discours sur la Bibliothèque de Fontainebleau, IV, S. 16972.*
de SAINTE-MARTHE, Scévole & Louis, Avocats, Historiographes du Roi, oncles du précédent.
La France divisée en Archevêchés, &c. I, 992.
Notitia Episcopatuum Galliæ, 1207.
Gallia Christiana, 7827.
Abbatiarum Series, 11561.
De l'Origine des François, II, 15417.
Abrégé de l'Histoire de France, 15804.
Histoire généalogique de la Maison de France, 24831 & 978.
Les diverses Opinions sur l'Origine de la lignée des Capévingiens, 24914.
Des Grandeurs, &c. des Rois de France, 26881.
De la Préséance des Rois de France, 26934.
Catalogue des Officiers de la Couronne de France, III, 31339.
—des Grands Sénéchaux, 31392.
—des Connétables, 31404.
—des Chanceliers, 31484.
—des Maréchaux de France, 31576.
—des Amiraux de France, 31752.
Vie de Louis de la Trimoille, 31758.
Catalogue des Généraux des Galeres, 31794.
—des Grands-Maîtres des Arbalestriers, 31803.
—des Grands-Maîtres d'Artillerie, 31804.
—des Porte-Oriflammes, 31831.
—des Colonels Généraux, 31833.
—des Grands-Aumôniers, 32226.
—des Grands-Maîtres de la Maison du Roi, 32276.
—des Grands-Chambriers, 32320.
—des Grands-Chambellans, 32323.
—des Grands-Ecuyers, 32335.
—des Grands-Bouteilliers, 32353.
—des Grands-Pannetiers, 32354.
—des Grands-Veneurs, 32355.
—des Grands-Fauconniers, 32361.
—des Grands-Louvetiers, 32362.
—des Grands-Queux, 32363.
—des Grands-Maîtres des Eaux & Forêts, 32364.
Remarques sur les Généalogies dressées par Estienne de Lusignan, 40541.
Généalogies des Familles de France, 40552.
Généalogie de la Maison d'Aspremont, 41006.
Histoire généalogique de cette Maison, 41007.
—de la Maison de Beauvau, 41219.
—de la Maison de la Trimouille, 44308.
de SAINTE-MARTHE, Pierre-Scévole, Historiographe du Roi, fils du précédent Scévole.
Addition à l'Histoire généalogique de la Maison de France, II, 24832.
Table généalogique de la Maison de France, 24834.
Remarques sur l'Origine de la Maison de France, 24928.
Généalogie de la Maison Royale de Navarre, 25385.
Traité Historique des Armes de France, 27042.
Traité de l'Origine des Fleurs-de-Lys, 27054.
L'Etat de la Cour des Rois de l'Europe, 27288.
L'Europe vivante, 27293.
Gouverneurs & Lieutenans-Généraux, III, 31324.
de SAINTE-MARTHE, Abel-Louis, Général de l'Oratoire, frère du précédent.
Sanctorum Galliæ Regum ac Principum Sylva Historica, I, 4236.
Lettre sur le Pere François Lévêque, IV, S. 11244.*

de SAINTE-MARTHE, Nicolas-Charles, Prieur de Claunai, Aumônier du Roi, frère des précédens.
Historia Cabillonensium Episcoporum & Comitum, I, 9025.
Traduction d'un Poëme sur le Baptême de M. le Dauphin, II, 26645.
Extrait des Registres de la Chambre des Comptes de Paris, III, 33841.
de SAINTE-MARTHE de Chant-d'Oiseau, Claude, Prêtre séculier, petit-neveu de Charles.
Lettre concernant la Marquise de Crevecœur, I, 15108.
Apologie des Religieuses de Port-Royal, 15111.
Défense des Religieuses de Port-Royal, 15113.
de SAINTE-MARTHE de Chant-d'Oiseau, Denys, Religieux Bénédictin, neveu du précédent.
Dissertation sur S. Trophime d'Arles, I, 4067.
Galliæ Christianæ secunda editio, 7828.
Lettres à M. l'Abbé de la Trappe, 13144.
Recueil de quelques Pieces, là.
Oraison funèbre d'Anne-Berthe de Béthune, 14842.
de SAINTE-MARTHE (le Baron).
Proposition pour la Police générale du Royaume de France, II, 27290.
de SAINTE-MARTHE : voyez Boyer.
de SAINTE-PALAYE : voyez de la Curne.
de SAINTES : voyez de Sainctes.
de SAINTOT (M.).
Cérémonial de France, II, 25926.
Mémoires concernant les Ambassadeurs, IV, Suppl. 25926 ; II, 26581.
de SAINTRÉ, Jean.
Additions aux Chroniques de Bretaigne, III, 35391.
SAIVERDA, Bernardin, Abbé du Mont-Cassin.
Deux Dissertations sur le Corps de S. Benoît, I, 11946.
SALA, N. Pannetier du Fils de Charles VIII.
Exemples de la hardiesse de plusieurs Rois & Empereurs, II, 26966.
SALA ou Salas, Gaspard, Augustin.
Proclamacion Catholica, II, 22017.
Epitome de los Principios de las guerras de Cataluña, 22022 & 23 ; IV, S. 22040.*
Lagrimas Catalanas, II, 22040.
Traduction Espagnole du Héros François, 22207 ; III, 32348.
SALAIGNAC (M.), Médecin.
Eaux de Bagneres, I, 2943.
SALAMANCA, Antoine.
Mappa Helvetiæ, I, 1958.
de SALANHAC, Etienne.
Exordia Fratrum Prædicatorum, I, 13731 ; IV, S.
SALAS : voyez Sala.
de SALAS : voyez Pellicier.
SALAZAR, Alexis, Bénédictin.
Suite de l'Histoire de Bourgogne, III, 35878.
de SALAZAR, Ambroise.
Tratado de la Ciudad de Paris, III, 34505.
de SALAZAR y Castro, Louis.
Historia genealogica de la Casa de Lara, III, 42856.
de SALCEDE (le Sieur), Gouverneur de Marsal.
La Guerre Cardinale, II, 17981.
de SALCEDO, Pedro Gonzales.
Examen de la Verdad en Respuesta à los Tratados de los derechos de la Reyna Christianissima, II, 28864.
SALÉ, Jean, Chanoine de Troies.
Encomium funebre Nicolai Moricé du Lérain, IV, S. 11103.*
de SALELLES (M.), Sous-Doyen du Conseil Souverain de Roussillon.
Compte rendu de l'Institut & des Constitutions des Jésuites, I, 14575.
Comptes rendus de la doctrine des Jésuites, 14580.

SALERNE, François, Protonotaire Apostolique.
Vindicatio valoris Matrimonii Ducis Aurelianensis, I, 7380.
de SALERNE (M.), Médecin.
Essai sur les Dendrites des environs d'Orléans, I, 2830.
Histoire des Plantes des environs d'Orléans, 3353.
Mémoire sur les Maladies que cause le seigle, 3378.
Histoire Naturelle des Animaux, 3550.
Essai sur l'Histoire Naturelle des Oiseaux, 3594 ; IV, S. 3594.*
SALERNO, Lucentio.
Relatione della Rivoluzione di Napoli, II, 22273.
de SALES, S. François : *voyez* François.
de SALES, Charles-Auguste, Evêque de Genève, neveu du précédent.
De Vita Francisci Salesii, I, 10774.
Traduction de cette Vie, *là*.
Vie de Marie-Aimée de Blonay, 15284 ; IV, S.
SALETTE, Elisabeth.
Remerciement fait à M. le Coadjuteur, II, 22835.
de SALETTE, Jean, Evêque de Lescar.
Statuta Ecclesiæ Lascariensis, IV, S. 5143.*
de SALETTE ; *voyez* du May.
SALEUR, Jacques, Frère Mineur Observantin.
La Clef Ducale de la Maison de Lorraine, III, 42987.
Crayon de la Noblesse des Ducs de Lorraine, & des Evêques de Metz, Toul & Verdun, 42989.
SALGADO de Somoza, François.
Tractatus de Regiâ protectione, I, 7477.
SALIAT, Pierre.
Vita Petri Galioti Acierii, III, 31808.
SALIES, David, Procureur-Général du Parlement de Navarre.
Mémoire de ce qui s'est passé en l'Assemblée des Notables en 1626, II, 27570.
de SALIGNAC ; *voyez* de Gontault.
de SALIGNAC de la Mothe-Fénelon, Bertrand, Gentilhomme François.
Le Siége de Metz, II, 17662.
Le Voyage de Henri II aux Pays-Bas, 17668 & 26219.
Mémoires, III, 30138.
Négociations, 30139.
Dépêches, 30140.
de SALIGNAC de la Mothe-Fénelon, François, Archevêque de Cambrai.
Réponse à la Relation sur le Quiétisme, I, 5631.
Réponse aux Remarques qui suivirent, *là*.
Dialogues sur la Peinture, IV, 47906.
de SALIGNY, Charles, Avocat.
Villes, &c. du Comté de Réthel, régies par la Coutume de Vitri-le-François, I, 2258.
Villes, &c. du Ressort & Bailliage de Vitri-le-François, 2270.
Description de la Ville de Vitri, III, 34279.
de SALIGNY, Louis, Jésuite.
Version Latine de deux Lettres sur la Mort du Prince de Condé, II, 25819.
de SALIGNY : *voyez* Dufson.
de SALINS, Jean-Baptiste, Médecin.
Défense du Vin de Bourgogne, I, 3528.
de SALINS, Hugues, Médecin.
Réponse aux Découvertes de M. de Mandajots sur l'ancienne Gaule, I, 171.
Lettres sur *Bibracte*, 218 & 221.
Défense du Vin de Bourgogne, 3528.
Eadem Latinè versa, *là*.
de SALINS : *voyez* Bernons.
SALIUS, *voyez* Saulius.
de la SALLE, Antoine, Secrétaire du Roi de Naples.
Chronique des Comtes d'Anjou, II, 25358.
Cérémonies observées au Sacre des Rois, 25957.
Histoire du petit Jean de Saintré, III, 32063.

Tome V,

Chroniques des Rois de Sicile, 35046.
Déclaration de Noblesse, 39836.
Les Sérimonies du Gaige de Bataille, 40151 & 238.
Noms des Nobles qui vinrent en la Conquête de Naples, 40772.
de la SALLE, (M.) Avocat.
Cérémonies du Sacre de Louis XIII, II, 26085.
de la SALLE, Pierre : *peut-être le même.*
L'Antiquité des Sacres des Rois Chrétiens, II, 25979.
de la SALLE, Louis, Trinitaire.
Carte de l'Evêché de Séez, I, 1147.
—de l'Abbaye de la Trappe, 1198 ; IV, S.
de la SALLE (M.).
Mémoires sur la Ville de Reims, III, 34252.
de la SALLE (M.), Garde du Roi.
Almanach de Reims, III, 34259.
de la SALLE de l'Etang, Simon-Philibert, Conseiller au Présidial de Reims.
Des Prairies artificielles, I, 2425.
Traité sur la Culture de la Luzerne, &c. *là.*
Dissertation sur l'Exportation du Bled, *là.*
Manuel d'Agriculture, 3439.
de la SALLE : *voyez* de Baylon & de Blegiers.
SALLÉ, Claude, Prémontré.
Abrégé des choses remarquables de l'Abbaye de S. André-aux-Bois, I, 13572.
SALLÉ, (M.) Avocat.
Traité concernant les Commissaires, III, 34615.
Eloge de Louis Gougenot, IV, 47888.
de SALLEN, Pierre.
Vie de S. Exupere de Bayeux, I, 9893.
de SALLENGRE, Albert Henri.
Huetii Commentarius de rebus ad se pertinentibus, I, 9928.
Histoire de Pierre de Montmaur, 11300 ; IV, S.
Mémoire sur Guillaume Postel, 11366.
Eloge de Bernard de la Monnoie, IV, 47143.
SALLIER, Claude, Garde de la Bibliothèque du Roi.
Eclaircissemens sur Guillaume Postel, I, 11368.
Examen des reproches faits à la mémoire de Charles V, II, 17077.
Mémoire pour les Ducs d'Orléans, 25483 ; IV, S.
Notice de deux Ouvrages de l'Histoire de Dijon, 25484.
Histoire de Charles I, Duc d'Orléans, 25488.
Histoire du Procès qui s'éleva entre le Roi de France & le Roi d'Angleterre, 28472.
Notice d'un Registre de Philippe-Auguste, 29509.
Recherches sur Jean le Maire, IV, 46804.
Observations sur les Poésies de Charles d'Orléans, 47565.
de SALLO, Denys.
Mémoire sur le Nom de la Reine Marie-Térèse d'Autriche, II, 24990 ; III, 39829.
Des Noms & Surnoms, III, 39829.
SALMON.
Dialogues, Lamentations, Négociations, III, 29798.
SALMON.
Carte des Postes, I, 662.
SALMON Macrin.
Næniæ de Gelonide Borsala, IV, 48013.
de SALMONSART : *voyez* de la Fontaine.
de SALNOVE, Alexandre, Bénédictin.
De Corporibus Sanctorum Sebastiani, Gregorii & Medardi ; IV, S. 12659.*
de SALNOVE, Robert, Lieutenant de la Grande-Louveterie de France.
La Vénerie Royale, I, 3580.
de SALUSSES, Michel-Antoine, Marquis.
Lettres, III, 29905.
de SALUSTE, Guillaume, Sieur du Bartas.
Cantique sur la Victoire d'Ivry, II, 19245.
SALVAGNIUS Boëssius : *voyez* l'article suivant.

SALVAING de Boëssieu, Denys, Premier Président en la Chambre des Comptes de Dauphiné.
Carmen de Monte inaccesso, I, 2640.
Sylvæ quatuor & septem, de toridem miraculis Delphinatûs, 3683 ; IV, S. 3683.*
Oratio habita Romæ, II, 21799.
Annotations sur l'Histoire du Chevalier Bayard, III, 37864.
De l'Usage des Fiefs dans le Dauphiné, 39937.
Généalogie de la Maison des Salvaing, 44046.
Elogia illustrium Virorum de Gente Salvagnia, 44047.
de SALVAIZON : voyez de Hautesette.
SALVETTI, (Abbé)
Raconto del accidente accorso in Roma, III, 29331.
SALVIGEN de Roland, Guillaume.
Epinicia, seu Victoriæ Regiæ, II, 23822.
SAMBLANCAT, Jean.
Galliæ Palladium, I, 4037.
Confutatio Parænetici de cavendo Schismate, 7266.
Rerum Gallicarum Liber I; II, 15795.
—Liber VI & VII, 21862.
Leucata obsidione liberata, 21898.
Delphino Nænia, 22176.
Pugna ad Rocrœum pugnata, 22184.
Index Comitum Ruscinonensium, III, 38348.
de SAMINE : voyez le Sage.
SAMMARTHANUS : voyez de Sainte-Marthe.
SAMPIERI, Philippe.
Fasti di Ludovico XIV, II, 24397.
de SAN-MAJOLE : voyez Primi-Visconti.
di SAN-MARIA.
Veri Confinii della Potestà dominanti, I, 7096.
SANADON, Noël-Etienne, Jésuite.
Elogium funebre Danielis Huetii, I, 9930.
Laudatio funebris Ludovici Delphini, II, 25700 ; IV, S.
SANCTIUS, Chrysostome.
Epistola de Situ Olandiæ, III, 39568.
SANCTORUS, Jean-Basile.
Tractatus de Lege Salicâ, III, 38483.
de SANCY : voyez de Harlay.
SANDÆUS, Maximilien.
Elogium constantiæ Senatûs Coloniensis, I, 8662.
SANDERUS, Antoine.
Carte de la Châtellenie d'Ypres, I, 1561 ; IV, S. 2067.*
Hagiologium Flandriæ, 4261.
Chorographia sacra Brabantiæ, 5024 ; III, 39498.
Brabantia Sacra & Profana, 5025 ; III, 39498.
Elogia Cardinalium, IV, S. 7768.
Descriptio Palatii Bruxellenses, III, 39316.
Flandria illustrata, 39330 & 498.
Gandavum, 39401.
SANDERSON, Guillaume.
Histoire de Marie Stuart, II, 25114.
SANDERSON, Robert.
Les cinq derniers volumes de la Collection commencée par Thomas Rymer, III, 29410.
de SANDOVAL, Prudence, Evêque de Pampelune.
Historia Captivitatis Francisci I, II, 17518.
de SANDRAS : voyez de Courtilz.
de SANDRICOURT : faux nom d'un Auteur inconnu : on a soupçonné que ce pouvoit être François Duret, dont le nom renferme à-peu-près les mêmes lettres, II, 23386.
Le Complot, ou le Procès du Cardinal Mazarin, II, 23381.
Le Politique Lutin, 23385.
L'Accouchée Espagnole, 23386.
Réponse pour son Altesse Royale, 23398.
La Descente du Politique Lutin aux Limbes, 23423.
Les Préparatifs de la Descente du Cardinal Mazarin aux Enfers, 23425.

Le Censeur du Tems & du Monde, 23467.
Pasquin & Marforio, 23468.
Seconde Partie du Censeur, 23475.
Suite de cette Partie, 23477.
Réponse à l'Esprit de Paix, 23487.
La troisieme Partie du Censeur du Tems, 23600.
La quatrieme & derniere Partie du Censeur du Tems, 23647.
Les Sentimens de la France, 23652.
L'Ombre de Mancini, 23653.
Songes & Réponses d'Hydromante, 23641.
Les Cordeliers d'Etat, 23655.
Les Remontrances des trois Etats, 23706.
SANESIO, Alexandre, Comte.
Traduction Italienne des Révolutions de France ; II, 19740.
SANLYONA, Simon : vraisemblablement faux nom.
Recitus veritabilis, II, 19033.
de SANSAC : voyez Prevost.
de SANSAY, René, Comte.
Remontrances à Henri III ; II, 18764.
SANSON, Jean.
L'Ordre des Maires, Echevins & Consuls d'Angoulesme, III, 35790.
SANSON (les Sieurs), Géographes, pere & fils.
Carte des Postes, I, 661.
SANSON, Nicolas, Géographe, le premier des deux précédens.
Tables Méthodiques, IV, S. 2.*
Gallia vetus, ex C. J. Cæsaris Commentariis, I, 25.
Galliæ antiquæ Descriptio geographica, 29 & 30.
Gallia vetus in Partes, Regiones, Provincias & Populos distributa, 31 & 32.
Celto-Galatia, 33.
Belgica, 51.
Description de la Gaule, 112.
La France & les Pays circonvoisins, là.
Disquisitiones Geographicæ, 114.
Remarques sur la Carte de l'ancienne Gaule, 116.
Noms des anciens & petits Peuples de la Gaule, 122.
Recherches sur Abbeville, 241.
Le Portus Icius de César, 297.
Cartes de la France, 565, 79, 98.
Cartes des Postes, 659 & 660.
Tables géographiques des Divisions de la France, 673.
Carte de la Manche, 708.
—de la Méditerranée, 722.
—des Rivieres de France, 730.
La France décrite en Cartes & Traités, 789.
La France divisée en ses Primatiats, &c. 991.
Evêché d'Agde, 1000.
—d'Agen, 1001.
—d'Aire, 1002.
Archevêché d'Alby, 1006.
Evêché d'Alet, 1007.
—d'Amiens, 1008.
—d'Angers, 1009.
—d'Angoulesme, 1011.
—d'Anvers & de Bosleduc, 1012.
—d'Arras, 1013.
—d'Avranches, 1014.
—d'Autun, 1016.
—d'Auxerre, 1017.
—de Baïeux, 1020.
—de Bâle, 1023.
—de Bayonne, 1024.
—de Bazas, 1025.
—de Beauvais, 1026.
Archevêché de Besançon, 1028 & 29.
Evêché de Béziers, 1030.
—de Blois, 1033.
—de Boulogne, 1034.

Table des Auteurs.

Evêché de Cahors, 1036.
Archevêché de Cambray, 1038.
Evêché de Carcassonne, 1039.
—de Castres, 1041.
—de Châlons-sur-Marne, 1042.
—de Châlons-sur-Saône, 1043.
—de Chartres, 1044.
Archevêché de Cologne, 1047.
Evêché de Cominges, 1048; IV, S.
—de Condom, 1050.
—de Conserans, 1051; IV, S.
—de Coutances, 1052.
—de Dax, 1054.
—de Die, 1056.
—de Dijon, 1058; IV, S.
—de Dol & de Saint-Malo, 1059.
Archevêché d'Embrun, 1060.
Evêché d'Evreux, 1061.
—de Gand & de Bruges, 1063.
—de Gap, 1064.
—de Genève, 1065.
—de Grenoble, 1066.
—de Langres, 1069.
—de Laon, 1070.
—de Lausanne & de Constance, 1072.
—de Lescar, 1073.
—de Liége, 1074.
—de Limoges, 1075.
Archevêché de Lyon, 1078.
Evêché de Lisieux, 1079.
—de Lodève, 1081.
—de Luçon, 1082.
—de Mâcon, 1083.
Archevêché de Malines, 1084.
Evêché du Mans, 1086.
Archevêchés de Mayence, Trèves & Cologne, 1089.
Evêché de Mende, 1092.
—de Metz, 1093.
—de Mirepoix, 1095.
—de Montpellier, 1097.
—de Namur, 1099.
—de Nantes, 1100.
Archevêché de Narbonne, 1102.
Evêché de Nevers, 1105.
—de Nismes, 1106.
—de Noyon, 1108.
—d'Oléron, 1109.
—d'Orléans, 1110.
—de Paniers, 1111.
Archevêché de Paris, 1114.
Evêché de Périgueux, 1120.
—de Perpignan, 1121.
—de Poitiers, 1122.
—du Puy en Vélai, 1123.
—de Quimper-Corentin, 1124.
Archevêché de Reims, 1126.
Evêché de Rennes, 1127.
—de Rhodès, 1128; IV, S. 1131.*
—de Riés, 1129.
—de Rieux, 1130.
Archevêché de Rouen, 1133.
Evêché de Ruremonde, 1135.
—de Saint-Brieuc, 1136.
—de Saint-Flour, 1137.
—de Saint-Malo, 1138.
—de Saint-Omer, d'Ypres & de Tournay, 1139.
—de Saint-Papoul, 1140.
—de Saint Paul de Léon, 1141.
—de Saint-Pons, 1142.
—de Saintes, 1143.
—de Sarlat, 1145.
—de Sées, 1146.
—de Senlis, 1148.
Archevêché de Sens, 1150.
Evêché de Soissons, 1152.
—de Spire, 1154.
—de Strasbourg, 1155.
—de Tarbes, 1156.
—de Toul, 1157.
Archevêché de Toulouse, 1159.
—de Tours, 1162.
Evêché de Tréguier, 1163.
Archevêché de Trèves, 1164.
Evêché de Troyes, 1166.
—de Tulles, 1168.
—de Vabres, 1169.
—de Valence, 1170.
—de Vannes, 1171.
—de Verdun, 1173.
Archevêché de Vienne, 1175.
Evêché de Viviers, 1176.
—de Vormes, 1177.
Archevêché d'Utrecht & Evêché de Middelbourg, 1178.
Evêché d'Uzès, 1179.
Alsace, 1322.
Anjou, 1343.
Artois, 1354.
Beauce, 1383.
Beauvaisis, 1386.
Berri, 1392.
Boulenois, &c. 1402.
Bourbonnois, 1406.
Bourgogne, 1419.
Bretagne, 1436.
Canada, 1452.
Champagne & Brie, 1475.
Champagne, 1476.
Dauphiné, 1496.
Franche-Comté, 1527.
Guyenne & Gascogne, 1547.
Hainault, 1556.
Isle de France, &c. 1566, 70 & 71.
Languedoc, 1607.
Lyonnois, 1651.
Normandie, 1704 & 6.
Orléanois, 1724.
Généralité de Paris, 1733.
Prévôté & Election de Paris, 1737.
Environs de Paris, 1742.
Picardie & Pays-Bas Catholiques, 1803.
Picardie, 1807.
Provence, 1830.
Vermandois, 1909.
Piémont, 1943.
Savoie, 1953.
Les Suisses, 1964.
La Suisse, 1965.
Cours du Rhin, 1988.
Palatinat du Rhin, 1995.
Electorat de Trèves, 2006.
Duché de Luxembourg, 2011.
—de Limbourg, 2017.
Gaule Belgique, 2025.
Provinces-Unies des Pays-Bas, 2035.
Pays-Bas Catholiques, 2043.
Flandres, 2057.
Antiquités de la Ville de Marseille, III, 3821.5.
SANSON, Guillaume & Adrien, fils du précédent.
Conquêtes du Roi dans les Pays-Bas, I, 2068.
SANSON, Guillaume, le premier des deux précédens.
Lettres sur la Notice des Gaules, IV, *Supplém.* 433.*
Carte de la France, I, 580.
Tables géographiques des Divisions de la France, 673.
Geographia Synodica, 997.
Archevêché de Bourges, 1035.
Evêché de la Rochelle, 1132.

Alsace, 1322.
Blaisois, 1399.
Flandre Françoise, 1511.
Franche-Comté, 1528.
Lorraine, 1634.
Généralité de Tours, 1893.
Les Monts-Pyrénées, 1924.
Les Alpes, le Duché de Milan, &c. 1930.
Les Etats du Duc de Savoie, 1933.
Le Cours du Rhin, 1979.
Evêché de Liége, 2021.
Pays-Bas Catholiques, 2043.
Dissertation sur les Conquêtes des Gaulois, 3910.
SANSON, Jacques, *dit* Ignace de Jesus-Maria, Carme Déchaussé, neveu de Nicolas.
Histoire de la Chapelle de Notre-Dame des Miracles, I, 4174.
Histoire Ecclésiastique d'Abbeville, 5467; IV, S.
Vie de S. Maur des Fossés, 11640.
Histoire des Comtes de Ponthieu, III, 34189.
Remarques sur les Auteurs d'Abbeville, IV, 45659.
SANSON-Moulart : *voyez* Moulart-Sanson.
SANSON, Zéphyrin, Chanoine.
Mémoire sur Richard Simon, I, 11453.
SANSOVINO, François.
Edition Italienne de l'Histoire de Guichardin, II, 17547.
Abrégé de cette Histoire en Italien, avec des Notes, 17548; IV, S.
Ordine de' Cavalieri del Tosone, III, 40413.
de la SANTE, Gilles-Anne-Xavier, Jésuite.
Poëme sur la maladie & la guérison du Roi, II, 24596.
SANTERRE, Pierre, Chanoine de Chinon.
Apologia Ecclesiæ Chinonensis, I, 5560.
de SANTEUL, Jean-Baptiste, Chanoine Régulier de S. Victor.
Petri Camboust de Coislin, Episcopi Aurelianensis, Currus sacer, I, 9483.
de SANTEUL, Louis, Médecin.
Quæstio Medico-Chirurgica, IV, 44908.
Réponse d'un Médecin Anglois, 44909.
Nouvelles Réflexions, 44929.
SANTIN.
Plan de Bordeaux, I, 1410; IV, S.
de SANTIN, Thomas.
Historia del Tumulto di Napoli, II, 12271.
SANUTI, Marin, *dit* Torselli.
Liber secretorum Fidelium Crucis, II, 15983 & 16921.
Epistolæ, III, 29793.
SANUTI, Marin, *postérieur au précédent.*
Commentarius Italicè scriptus de Bello Gallico, II, 17414.
de SAPT.
Eloge de Henri IV, II, 20072.
SARACENI, Jean-Charles.
Traduction Italienne d'une Histoire Universelle, II, 18422.
SARASIN, Jean-François.
Histoire du Siége de Dunkerque, II, 22247 & 25835.
Pompe funèbre de Voiture, 22561; IV, 47253 & S. 22561.
Lettre d'un Marguillier, 23319.
Rollon Conquérant, III, 54957.
SARASIN : *voyez* Sarrasin.
SARAZIN, Léonard.
Catalogus Lugdunensium Præsulum, I, 8857.
SARAZIN : *voyez* Sarrazin.
de SARCÉ, François, Cordelier.
Vie de S. Louis, II, 16867.
SARCEY de Sutieres (M.), Gentilhomme.
Ecole d'Agriculture, IV, S. 3423.ᴿ
de SARDON : *voyez* Palerne.

SARIO de Zamoczi, Jean.
Liber Legationum, III, 30188.
SARLAT (M.).
Mémoire sur la Dordogne, I, 866.
de SARON : *voyez* Bochart.
SARRASIN (M.).
Lettre au sujet des Eaux du Cap de la Magdelène, I, 3026.
SARRAU (M.).
Lettre pour la Capitale de Guyenne, III, 37518.
SARRAU (MM.) de Boynet & de Veris.
Observations météorologiques, I, 2508.
SARRAU de Boynet (M.).
Mémoire sur un Banc de Coquillages, I, 3676.
de la SARRAZ de Franquenay, J.
Le Ministre public dans les Cours étrangeres, III, 32650; IV, S.
SARRAZIN, Jean, Conseiller de Genève.
L'Anti-Cavalier de Savoie, II, 19848.
SARRAZIN, (le Sieur).
Récit du Différend de M. de Longueville, III, 39143.
SARRAZIN, (M.), Avocat.
Mémoire pour le Chapitre de Notre-Dame de Paris, I, 5226.
de SARRON : *voyez* Bochart.
SARTORIUS, Augustin.
Historia Ordinis Cisterciensis, I, 12952.
SARTRE, (M.).
Mémoire sur les Carrieres d'Ardoises d'Angers, I, 2717.
SAUGRAIN, Guillaume, Libraire.
La Maréchaussée de France, III, 34076.
SAUGRAIN, Claude-Marin, Libraire.
Dictionnaire de la France, I, 12.
Voyage de France, 2346.
Les Curiosités de Paris, III, 34527; IV, S.
Code de la Librairie, 34708.
SAULIUS, Toussaints.
Vedastias, I, 8595.
de la SAULLAYE.
Vie de Charles de la Saussaie, I, 11447.
SAULNIER, Pierre.
Dissertatio de Capite Sacri Ordinis sancti Spiritûs, III, 40582.
Trattato del Sacro Ordine de San Spirito in Sassia di Roma, 40586.
Commentarius Historicus de Fraternitate Sancti Spiritûs, 40598.
SAULNIER, Gilbert, Sieur du Verdier, Historiographe de France.
Voyage de France, I, 2309.
Histoire des Cardinaux illustres, 7768.
—du Cardinal de Bérulle, 7768 & 82.
—du Cardinal de la Rochefoucault, 7768; III, 32261.
—du Cardinal de Richelieu, 7768; III, 32508.
Mémoires des Reliques qui sont à Saint-Denys, 12419.
Abrégé de l'Histoire de France, II, 15826.
Histoire de notre temps, 23796.
Description de l'Etat de la France, 27281.
Etat de la France, 27296.
SAULNIER, Claude, Prévôt & Chanoine d'Autun.
Autun Chrétien, I, 8961.
SAULNIER, Charles.
Notæ & Commentaria in Statuta Ordinis Præmonstratensis, I, 13530.
de SAULY, (M.) Médecin.
Observations sur les Eaux de Barrège, I, 2967.
de SAULT : *voyez* de Bonne.
du SAULT, Jean Olivier, Avocat-Général du Parlement de Bordeaux.
Rupella à Ludovico XIII capta & expugnata, II, 21537.

Table des Auteurs.

du SAULT, Nicolas.
  Vie de Mademoiselle de Neuvillars, I, 4811.
de SAULX, Gaspard, Comte de Tavannes, Maréchal de France.
  Avis donnés au Roi, II, 18217.
  Lettres, III, 30152.
de SAULX, Guillaume, Comte de Tavannes, fils du précédent.
  Mémoires, II, 18217 & 19671.
de SAULX, Jean, Vicomte de Lugny, frère du précédent.
  Mémoires de Gaspard de Saulx, II, 18217; III, 31696.
de SAULX, Jacques, Comte de Tavannes, petit-fils de Guillaume.
  Mémoires, II, 23756.
de SAULX (l'Abbé), Chanoine de Reims.
  Oraison funèbre de Madame de la Rochefoucault, V, *Add.* 14945.*
  Emblêmes & Devises pour diverses occasions, III, 34380.
  Description des Fêtes données à Reims pour la Statue du Roi, *là.*
  Eloge de Louis-Jean Lévesque de Pouilly, IV, 46560.
du SAULZET (l'Abbé).
  Abrégé du Recueil des Actes, &c. concernant le Clergé, I, 6948.
SAUMAISE, Pierre, Sieur de Chazans.
  Panégyrique de Louis le Juste, II, 21572.
  Discours sur les Vertus du Prince de Condé, 25805.
  Vie du Président Jeannin, III, 32466.
  Instruction de ses affaires, 33080.
de SAUMIERES (le Baron) : *voyez* de Langlade.
SAUNIER : *voyez* Saulnier.
SAUR le Jeune.
  Mémoire sur le Cobolt, ou Mine Arsénicale, I, I, 1767.
SAURIN, Joseph, Académicien.
  Eloge de Jacques-Bénigne Bossuet, I, 9426.
  Mémoire contre le Sieur Rousseau, II, 24460.
de SAUSIN, (M.), Conseiller au Parlement de Grenoble.
  Compte rendu pour l'établissement d'une Université à Grenoble, IV, 45199; V, *Add.*
SAUSSAI (le Sieur), Inspecteur des Jardins du Duc de Bourbon.
  Traité des Jardins, I, 3451; IV, *S.*
du SAUSSAY, André, Evêque de Toul, auparavant Curé de S. Leu à Paris.
  Origines Ecclesiarum Galliæ, I, 3965.
  Apologia pro Hilduino, 4017 & 31.
  Polemicus Tractatus de Apostolatu Gallico S. Dionysii Areopagitæ, 4031.
  Catalogus testium assertæ veritatis, *là.*
  Martyrologium Gallicanum, 4127.
  De Episcopali Monogamiâ & Unitate Ecclesiasticâ, 5046 & 9004; IV, *S.* 34351.*
  De bipartito Domini Clavo, 5582.
  De Inventione Corporis sanctæ Annæ, 5517.
  Généalogie des Hérétiques Sacramentaires, 5974.
  Statuta Synodalia, 6778.
  De necessariâ bini Cæsarii Arelatensis existentiâ, 8011.
  De falso Altergerio Carnotensi, 8563.
  Chronicon Parisiense, 9266.
  La Métropole Parisienne, 9323.
  Metropolis Parisiensis, *Id.*
  De sacro Ritu præferendi crucem majoribus Prælatis, 9524.
  Réflexions sur le changement de Grands-Vicaires fait par le Cardinal de Retz, 9334.
  Martyrium Sanctorum Sixti & Sinicii assertum, 9507.
  De Gloriâ S. Remigii, 9519.

De seculo quo claruit S. Ægidius Abbas, 11574.
De causâ Conversionis S. Brunonis, 13239.
De cœlesti Regum Christianissimorum Unctione, II, 25987.
De Mysticis Galliæ Scriptoribus, IV, 45756.
du SAUSSAY, Louis, Grand-Pénitencier d'Orléans.
  L'Entrée célèbre des Evêques d'Orléans, I, 9447; IV, *S.*
de la SAUSSAYE, Charles, Doyen de l'Eglise d'Orléans.
  Notitia Beneficiorum Aurelianensis Ecclesiæ, I, 1265.
  Annales Ecclesiæ Aurelianensis, 9434.
  De verâ Translatione Corporis S. Benedicti, 11948.
  Oraison funèbre de Henri IV, II, 10036.
SAUTER, Jean-Léonard.
  Traduction Allemande des Actes de la Paix de Nimégue, III, 29185.
  —d'un Traité de l'Ambassadeur, 32637.
SAUTREAU de Marsy, Claude-Sixte.
  Eloge de Charles V; II, 17081.
SAUVAGE, Denys, Seigneur de Fontenailles, *dit* Sieur du Parc.
  Continuation des Annales de France de Nicole Gilles, II, 15689.
  Edition des Mémoires de Philippe de Comines, 17392.
  —de l'Histoire de Louis XII, de Claude de Seyssel, 17476.
  Traduction de l'Histoire de Paul Jove, 17610.
  Chronique de Flandre, III, 39369.
SAUVAGE, Jean, Minime.
  La Vie de Henri II, Duc de Lorraine, III, 38867.
SAUVAGEAU des Burons, Michel, Procureur du Roi au Présidial de Vannes.
  Raisons des Etats de Bretagne contre l'Indult, I 7664.
de la SAUVAGERE : *voyez* le Royer.
SAUVAGES (les Sieurs), Ingénieurs.
  Mémoire sur la communication des deux Mers, IV, *S.* 940.*
de SAUVAGES : *voyez* Boissier.
SAUVAL, Henri.
  Source de la Seine, &c. I, 878.
  Cause des débordemens de la Seine, &c. 2839.
  Croisades conclues à Paris, II, 16943.
  Histoire des Antiquités de Paris, III, 34427.
SAUVEUR, Joseph, Mathématicien.
  Le Neptune François, I, 696.
de SAUVIGNY (M.), Lieutenant de Cavalerie.
  La France vengée, II, 24757.
  La Noblesse commerçante & militaire, 28216.
  Parnasse des Dames, IV, *S.* 47998.
de SAUVIGNY (M.), Garde-du-Corps du Roi de Pologne.
  Voyage des Dames de France en Lorraine, IV, *S.* 2375.*
SAVARI, C.
  Carte de la France, I, 562.
SAVARON, Louis.
  Du Pouvoir des Légats, I, 7349.
SAVARON, Jean, Lieutenant-Général de Clermont.
  Notæ in Libellos de Ecclesiis & Monasteriis Claromontanis, I, 4255; III, 37460.
  Catalogue des Evêques de Clermont, 8408.
  Vita S. Sidonii Apollinaris, 8427.
  De la Sainteté de Clovis, II, 16024.
  Traité de la Souveraineté du Roi, 26857.
  Second Traité, 26858; V, *Add.*
  Erreurs de l'Examen de ces Traités, 26861.
  De la Souveraineté du Roi & de son Domaine, 26866.
  Traité de l'Epée Françoise, 26967.
  —de la Régence, 27337.
  Chronologie des Etats-Généraux, 27402.

Traité de l'Annuel & Vénalité des Offices, III, 31202; IV, S. 28004.*
Origine de Clermont, III, 37460.
Traité contre les Duels, 40175.
Discours sur les Duels, 40178.

SAVARRE.
Description des Bailliages & Pays de Labourd, I, 2218.

SAVARY de Lancosme, Jacques.
Instruction & Ambassade, III, 29353 & 30214.

SAVARY de Breves, François.
Discours véritable sur l'éducation du Duc d'Anjou, frère du Roi, II, 25600; III, 30419.
Discours sur l'Alliance du Roi avec le Grand-Seigneur, II, 28689; III, 30419.
Lettres, III, 30368.
Négociations, 30418.
Relation de ses Voyages, 30419.
Discours sur les moyens de ruiner la Monarchie Ottomane, là.

SAVARY, Maturin, Evêque de Sées.
Mandemens & Synodes, I, 6714.

SAVARY des Brulons, Jacques, Inspecteur-Général des Manufactures.
Dictionnaire de Commerce, I, 2459.

SAVARY, Philémon-Louis, Chanoine de S. Maur, frère du précédent.
Edition du Dictionnaire de Commerce, I, 2459.
Supplément à ce Dictionaire, là.

SAVARY de Fontenettes.
Lettre sur la mort de MM. de la Force, II, 18128.

SAVERIEN, Alexandre.
Histoire de Pierre Bélon, IV, S. 46036.*
—de Nicolas le Fevre, IV, 46143.
—de Guillaume Homberg, 46177.
—de Nicolas Lemery, 46196.
—de Charles Plumier, IV, S. 46288.*
—de Joseph Pitton de Tournefort, IV, Suppl. 46331.**
—des Philosophes Modernes, IV, 46362; & S.
—de Jacques Abbadie, 46364.
—de Pierre Bayle, 46369 & 641.
—de Jean Bernoulli, 46381.
—de Herman Boërhave, 46391.
—de Jean de la Bruyere, 46399.
—de Jean-Dominique Cassini, 46409.
—de Pierre Charron, 46413.
—de Jean-Théophile Desaguliers, 46424.
—de René Descartes, 46434.
—de Jacques-Joseph Duguet, 46444.
—de Pierre de Fermat, 46449.
—de Pierre Gassendi, 46465.
—d'Edmond Halley, 46470.
—de Nicolas Hartsoëker, 36473.
—de Philippe de la Hire, 46479.
—de Chrétien Huyghens, 46484.
—de Godefroy-Guillaume de Leibnitz, 46493.
—de Benoît Maillet, 46497.
—de Nicolas Malebranche, 46500.
—de Joseph Privat de Molieres, 46513.
—de Michel de Montaigne, 46514.
—d'Isaac Newton, 46521.
—de Pierre Nicole, 46524.
—de Blaise Pascal, 46542.
—de Pierre Poliniere, 46557.
—de Pierre Ramus, 46567.
—de François de la Rochefoucault, 46575.
—de René-Antoine de Réaumur, IV, S. 47569* pour 68.*
—de Jacques Rohault, IV, 46578.
—de Pierre Varignon, 46599.
—de François Viete, 46602.
—de Chrétien Wolf, 46606.

de SAVIERE : voyez de Langlade.

de SAVIGNÉ, Jacques.
Laudatio funebris Antonii Gosselini, IV, 47097.

de SAVIGNI.
Mémoires sur la Maison du Bellay, III, 41245.

SAVIN du Mony (M.), Avocat.
Mémoire pour M. le Duc d'Orléans, III, 34854.

SAVOT, Louis, Architecte.
Discours sur le Colosse du grand Roi Henri (IV), I, 20001.

SAVOT.
Lettre sur le trépas de M. le Comte de Charny, IV, S. 31907.*

de SAVOYE, Philippe, Archevêque de Lyon.
Statuta Ecclesiæ Lugdunensis, IV, S. 5389.*

de SAVOYE, Louise, Duchesse d'Angoulesme, mere de François I.
Journal, II, 17623, 25493; III, 29918.
Mémoires, II, 25492.

de SAVOYE, Jacques, Duc de Nemours.
Lettre à M. le Duc d'Alençon, II, 18401.

de SAVOYE, Charles Emmanuel, Duc.
Manifeste, II, 20111.
Lettres au Roi & à la Reine Mere, 20888.
Lettre à ses Sujets, 21629.

de SAVOYE, Victor-Amédée-François, Duc.
Lettre au Pape, III, 29303.

de SAVOYE : voyez Pithou.

SAXANUS, Antoine : peut-être le même qu'Antoine Saxonus : voyez Saxonus.
Oratio ad Clementem VII Papam, II, 26193.

de SAXE, Maurice, Comte, Maréchal de France.
Mémoires sur l'Art de la Guerre, III, 32119.

de SAXE-Veymar, Bernard.
Lettres, III, 30657.

SAXI, Joseph-Antoine.
Animadversiones in Acta Concilii Ticinensis, II, 16415.

SAXI, Pierre, Chanoine d'Arles.
Pontificium Arelatense, I, 7975.
Entrée du Roi dans Arles, II, 26349.

SAXI-Bellius.
Epistola de Cardinali Richelio, III, 32478.

SAXONUS, Antoine.
Oratio funebris in Exequiis Margaretæ Austriæ Principis, III, 35853.

SAYMOND, D.
Excellences de la Confrairie de S. Urbain, I, 4943.

SCALIGER, Jules-César.
Urbes claræ, I, 2095.

SCALIGER, Joseph-Juste, fils du précédent.
Notitia Galliarum, I, 110 & 503; IV, S.
Vita Julii Cæsaris Scaligeri, IV, 46320.

SCARRON, Secrétaire de l'Ambassadeur d'Espagne.
Curiosités du Temps, II, 17968.

SCARRON, Pierre, Evêque de Grenoble.
Harangues, III, 37982.

SCARRON, Paul.
La Mazarinade, II, 23367.
La Foire S. Germain, III, 34501.

SCELLIER : voyez Sellier.

SCEVE, Maurice.
Description de l'Entrée de Henri II à Lyon, II, 26205.

SCHABAD-Eddin-Abdalrahman.
Histoire de Nouredin & de Saladin (en Arabe), II, 16699.

SCHABOL : voyez Roger.

SCHADÉ, Osée.
De la grande Eglise de Strasbourg, I, 9126.
Chronique de Strasbourg, III, 38723.

SCHAMBERG, Samuel.
Deliciæ Gallicæ, I, 2299.

SCHANNAT, Jean-Frideric.
Historia Episcopatûs Wormatiensis, I, 9108.

Documenta

Documenta ad Monasterium omnium Sanctorum Præmonstratensis Ordinis, 13560.
Lettre sur les Béguines d'Anvers, IV, S. 14717.*

SCHARDIUS, Simon.
Version Latine du Traité de la différence du Schisme & des Conciles, I, 7125.
Historicum Opus, II, 15396.

SCHARF, Jean-Fridéric.
Meletema de Gallorum Druidis, I, 3833.

SCHARFENSTEIN, Louis-Frédéric.
Description d'Alsace, I, 2176.
Abrégé de l'Histoire de la Province d'Alsace, III, 38698.

SCHATEN, Nicolas.
Carolus Magnus, Rex Romano-Catholicus, II, 16291.

SCHATENMANN, François-Christophe.
Dissertatio de Oberheimgeraida, I, 2177.

SCHEDELIN, Herman.
Chronicon universale, II, 16454.

SCHEDIUS, Elias.
De Diis Germanis, I, 3798.

de SCHEIB, François-Christophe.
Tabula Peutingeriana, I, 28.

SCHEIDIUS, Chrétien-Louis, Jurisconsulte.
Præfatio in Libros Eccardi de origine Germanorum, II, 15397.

SCHELLEMBERG, Jean-Baptiste.
Vita S. Norberti, I, 13548.

SCHENCK, Jacques.
Chronicon, II, 15370.

de SCHEPSEVED, Guillaume.
Annales de Rebus Anglicanis, III, 35126.

SCHERBIUS, Christophe.
Notice des Eaux de Sulzbach, I, 3254.

SCHEUCHZER, Jean-Jacques, Médecin.
Les Suisses, I, 1968.
Itinera Alpina, 2448, 2634; III, 39070.
Λοιμογραφια Massiliensis, 2551.
Traduction Latine d'une Dissertation sur la Peste de Provence, 2608; IV, S. 2564.*

SCHEUFFER, Arnaud.
Vita Caroli Magni, II, 16280.

SCHIFALD, Thomas, Dominicain.
De Adventu Caroli Magnanimi, II, 17370.

SCHILLING, Thiébaut.
Chronique, III, 39095.

SCHILLING, Christ-Henri.
Historia Bullarum Clementis VI & XI, &c. I, 5641.

SCHILTER, Jean.
Antiquitates Teutonicæ, IV, S. 15404.*
Interpretatio Latina Epinicii Teutonici, cum Commentatione Historicâ, II, 16447.
Legis Salicæ Textus editus, 27589.
Dissertatio de Feudis, III, 39919.

SCHLEDER, Georges.
Theatrum Europæum, II, 24155. *Il y a eu part.*

SCHLICHUNHORT, André.
Traduction Flamande d'une Histoire de Gueldre, III, 39552.

SCHMID, Jean-André.
Historia Bullarum Clementis VI & XI, &c. I, 5641.
De Conciliis Moguntinis, III, 39191.

SCHMIDT (M.).
Recueil d'Antiquités, I, 207.
Mémoires sur l'Hercule *Ogmius*, IV, S. 38371.*

SCHMINCK, Jean-Hermann.
Dissertationes de Carolo Magno, II, 16248.
Dissertatio de Eginhardo, 16253; III, 31488.

SCHNEIDER, Jean-Balthasar.
Apologia Civitatis Colmariensis, III, 38753.

SCHNORF, Walther.
Historia Belli Civilis, III, 39092 : *faussement attribuée.*

SCHOBINGER *ou* Schonbenger, Barthélemi.
Additiones Tractatui de Collegiis & Monasteriis veteribus, I, 4926 & 11559.

SCHŒPFLIN, Jean-Daniel, Professeur à Strasbourg.
Gallia vetus, I, 28.
Alsatia antiqua, 55.
Militares Romanorum viæ per Alsatiam, 63.
De Oppidis Alsatiæ, &c. 156.
Alsatia Romana, *Id.*
De Loco ubi victus Ariovistus, 185.
De Argentorato, 193.
De Augusta Rauracorum, 208.
De Portu Iccio, 305.
De Mediomatricis, 322.
De Rauracis, 334.
De Sequanis, 343.
Sur un Monument des Tribocs, 348.
Alsatia Franciæ Ducatus, 407.
Status Alsatiæ Francicæ, 474.
Plans de Strasbourg, 1881.
Descriptio Alsatiæ Gallicæ, 2179; IV, S.
Conspectus Alsatiæ, 2383.
De Auro Rhenensi Alsatico, 2779.
De Thermis & Balneis Alsatiæ, 2923.
Vindiciæ Celticæ, 3753.
De Religione Celticâ & Druidibus, 3839.
Origines Christianismi in Alsatiâ, IV, S. 4926; I, 9114.
Hierarchia Christiana Alsatiæ, 19114.
De Francis, II, 15453.
De Moribus Francorum, 15463.
De Linguis in Franciâ Regno, 15497.
De Pharamundo, Clodione, Meroveo, 16000.
Illustres ex Clodovæi Historia Controversiæ, 16033.
Reges Austrasiæ, II, 16146 & 24483.
De extincto & restaurato Occidentali Imperio, 16227.
De sacris Regum Galliæ in Orientem Expeditionibus, 16949.
Num Edoardo III, Angliæ Regi, aliquod in Galliam jus fuerit? IV, S. 17009*; II, 28471.
Panegyricus Ludovici XV; II, 24598.
Panegyricus Ludovico XV dictus, 14796.
Systemata varia de Origine Habsburgicorum, 25898.
De Comite Palatino Galliæ, IV, S. 31318.**
De Guillelmi Conquæstoris in Angliam Jure, III, 34971.
De Burgundiâ Cis & Trans-Juranâ, 35855.
De Regno Navarræ, 37683.
Alsatia illustrata, 38699.
Alsatia diplomatica, 38700.
Alsaticarum Rerum Scriptores, *Id.*
De Cæsareo Ingelheimensi Palatio, IV, S. 39193.*
Mémoire sur l'Origine de l'Imprimerie de Strasbourg, IV, 47962 & S.
Vindiciæ Typographicæ, 47965.

de SCHOFFIER, Jean.
Discours de la Guerre de Verdun, II, 18877.

de SCHOLLENBACH : *voyez* Olhafen.

de SCHOMBERG, Gaspard, Comte de Nanteuil, Conseiller d'Etat.
Lettre au Roi Henri III; II, 18590.
Mémoire touchant la proposition faite à Henri III, &c. 28494.
Lettre au Roi Charles IX; III, 30143.
—à MM. de Limoges & Brulard, 30144.
Lettres, 30148 & 379.
Négociations, 30149.

de SCHOMBERG, Henri, Comte de Nanteuil & de Duretal, Maréchal de France, fils du précédent.
Lettre au Roi Louis XIII, II, 21457.
Relation de ce qui s'est passé en Piémont, 21644 & 726.
—du Combat livré près de Castelnaudari, 21754.
Lettres, 30866.

de SCHOMBERG, Charles, Duc d'Alluin, fils du précédent.
Lettres, III, 30866.
SCHONBENGER : voyez Schobinger.
SCHONOVE, Antoine, Chanoine Régulier.
De Origine & Ædibus Francorum, II, 15372.
SCHONLEUBEN, Jean-Louis.
Differtatio de Origine Domûs Hafpurgo-Auftriacæ, II, 25893.
SCHOONEBEEK, Adrien.
Hiftoire des Ordres Militaires, III, 40268.
SCHOT, François, Jurifconfulte.
Itinerarium Galliæ, I, 2305.
SCHOTT, André, Jéfuite.
Edition de l'Itinéraire d'Antonin, I, 60.
Notæ in Libellum Provinciarum Galliæ, 425.
Vita S. Ennodii, 10815.
—Marci Antonii Mureti, IV, 47156.
SCHOTTER, Jacques, Principal du Collége d'Amboife.
Amœnitates Arcis Ambafianæ, III, 35662.
SCHRAG, Jean-Adam, Avocat-Général de Strafbourg.
Obfervations fur l'invention de l'Imprimerie à Strafbourg, IV, 47960.
SCHRAG, Frédéric, Affeffeur à la Chambre Impériale.
Nullitas reunionis Alfaticæ, III, 38714.
Libertas Argentinenfium, 38731.
SCHRAGEL, Georges.
Elegia encomiaftica de Antverpiâ, III, 39514.
SCHREVELIUS, Théodore.
Trophæum Pelufianum, II, 16690.
Harlemum, III, 39611.
SCHRIECK : voyez Scrieck.
SCHROT, Chrétien.
Defcriptio Gelriæ, &c. I, 2002.
de SCHUDI : voyez de Tfchudi.
SCHULCKEN, Adolphe.
Apologia pro Bellarmino, I, 7219.
SCHULTENS, Albert.
Traduction Latine de la Vie de Saladin, II, 16696.
SCHULZ, Erneft-Augufte.
De Cimbricâ Francorum Origine, II, 15426.
De Capite taurico, 16012.
SCHURER, Jean-Jacques.
Defcriptio Balnei Sulzenfis, I, 3255.
SCHURZFLESCH, Conrad-Samuel.
De Divifione Imperii Carolini, IV, S. 463*; II, 16378.
De Druidum Inftitutis, I, 3834.
Lemmata Antiquitatum Francicarum, 15436.
De Origine Francorum, Id.
De Regno Auftrafiæ, 16145.
Hiftoria Burgundionum, III, 35854.
Quòd Carolus IV non diffipaverit Imperii Patrimonium, IV, S. 38036.*
De Velleris Aurei Ordine, III, 40420.
SCHWARTZ, Jean-Conrad.
Defignatio finium Veteris Helvetiæ, I, 293; III, 39069.
SCHYZ, P. Pontien.
Politia Helvetiæ triumphalis, III, 39088.
SCIOPPIUS, Gafpar.
Claudio-Maftigis Confutatio, I, 8182.
Differtation contre l'Arbor Aniciana de Seyfrid, II, 25894.
Scaliger Hyperbolimæus, IV, 46321.
SCIOPPIUS, André, frère du précédent.
Horofcopus Anti-Cotonis, I, 14267.
SCIPIONE Napolini.
Le Rivolutioni di Napoli, II, 22263.
SCOHIER, Jean, Chanoine de Berghes & de Tournai.
De l'Etat & Comportement des Armes, III, 39986.
Théâtre généalogique de la Nobleffe de Flandres, III, 40655; IV, S.
La Généalogie de la Maifon de Croy, 42061.

SCONIN, P.
Vie de S. Vulgis, I, 11535.
SCOT, Marian.
Chronicon, II, 16454.
SCOT, Romuald.
Summaria rationum de Mariâ Stuartâ, II, 25101 & 16.
SCOT, Richard.
Genealogia aliquot Regum Franciæ, II, 24952.
SCOTTÉ Vélinghen, J.
Priviléges de Boulogne-fur-Mer, III, 34203.
SCRIBANIUS, Charles, Jéfuite.
Antverpia, III, 39516.
SCRIBONIUS, Corneille.
Defcriptio Pacis, II, 17575.
SCRIECK, Adrien.
Originum & Rerum Celticarum & Belgicarum Libri viginti tres, I, 3736; III, 39284; IV, S.
Monitorum fecundorum Libri quinque, 3737.
Adverfaria, 3738.
SCRIVERE, Pierre.
De Urbe Ultrajectinâ, I, 8789; III, 39539.
Batavia illuftrata, III, 39535.
Antiquitates Provinciarum unitarum, Id.
Tabularium Antiquitatum Batavicarum, 39574.
Principes Hollandiæ, 39575 & 99.
Hiftoire des Comtes de Hollande (en Flamand), 39594.
Chronique de Hollande (en Hollandois), 39600; IV, S.
de SCUDÉRI, Magdelène.
Artamene, II, 23833.
Ciélie, 23835.
Célanire, 27005.
Eloge du Sieur de Vaumoriere, IV, 47244.
Epifode fur la Poéfie Françoife, 47268.
SCULTING, Antoine.
Jurifprudentia vetus ante-Juftinianea, IV, Suppl, 27583.*
SÉBASTIEN de Senlis (le Pere), Capucin.
Vie de la bienheureufe Paffi, IV, S. 15199.*
SEBISIUS, Michel.
Vita Dionyfii Gothofrodi, IV, 45892.
SEBISIUS, Melchior, fils du précédent.
Differtationes de Acidulis, I, 2922; IV, S.
SECILE ou Sicile, Hérault d'Alfonfe, Roi d'Arragon.
Traité du Comportement des Armes, III, 39973.
Le Blafon des couleurs en armes, &c. 39974.
de SECKENDORF, Guy-Louis.
De Antoniâ Burignoniâ Relatio, IV, 48023.
Defenfio hujus Relationis, 48025.
SECLAENDER, Nicolas.
Sylloge Bracteatorum Moguntinenfium, III, 39191.
de SECONDAT, Jean-Baptifte, Confeiller au Parlement de Bordeaux.
Extrait fur le Bitume de Gaujac, I, 2756.
Obfervations fur les Eaux de Dax, &c. 2885.
Relation de la Fontaine bouillante de Dax, 2895.
Mémoire fur les Eaux de Barége, 2971.
Differtation fur une fépulture publique, 3825.
Confidérations fur la Conftitution de la Marine Militaire de France, II, 28319.
Mémoire fur les poids & mefures de Bordeaux, III, 37533.
de SECONDAT, Charles, Baron de Montefquieu, Préfident au Parlement de Bordeaux.
Lettres Perfannes, II, 24570.
De l'Efprit des Loix, 27070.
Défenfe de ce Livre, 27076.
Obfervations fur la Loi Salique, 27591.
—fur le fyftême du Comte de Boulainvilliers, III, 39884.
SECOUSSE, Denys-François, Avocat.
Projet d'une nouvelle Notice des Gaules, I, 438.

Essai & Commencement de cette Notice, 439.
Mémoire pour servir à l'Histoire de Paul de Foix, 10230.
—pour servir à l'Histoire des Troubles d'après la Bataille de Poitiers, II, 17041.
Mémoire dans lequel on prouve que Charles V étoit Souverain de la Guyenne, lorsque, &c. 17057 & 27853.
—sur quelques événemens du règne de Charles VI, 17085.
Mémoires sur les Révolutions arrivées dans le Gouvernement François, 17119.
Edition des Mémoires de Condé, 17975.
Mémoire sur le Maréchal de Bellegarde, 18409; III, 31580.
Mémoires pour servir à l'Histoire de Charles II, Roi de Navarre, 25387; IV, S. 37680.**
Notice du Livre intitulé : Dicæarchiæ Pogymnasmata, 27625.
Ordonnances des Rois de France recueillies, 27659.
Mémoire sur l'union de la Champagne & de la Brie à la Couronne de France, 27830.
—sur le Procès-criminel d'Audouin Chauveron, III, 33629.
Recherches sur les Monnoies de France, 33905.
Dissertation sur une Monnoie attribuée au Prince de Condé, 33984.
Conjectures sur un Sceau du moyen-âge, 37955.
Eloge d'Eusèbe-Jacob de Laurière, IV, 45918.
SECUNDUS, Joannes : voyez Everardus.
SECUSIUS, Général des Freres Mineurs.
Historia Pacis initæ inter Hispaniarum & Galliarum Reges, III, 30319.
SEDILEAU.
Observations sur quelques Insectes, I, 3622.
SEDULIUS, Henri, Franciscain.
Diva Virgo Mosæ-Traj-ctensis, I, 4179.
Commentarius in Vitam S. Ludovici Tolosani, 10222.
SEGA, Philippe, Cardinal de Plaisance, Légat en France.
Exhortation aux Catholiques, II, 19446.
Protestatio ad Cardinalem Pellevæum missa, 19477.
Lettre à tous les Catholiques de France, 19631; IV, S.
de SÉGAUD, Guillaume, Jésuite.
In Natales Britanniæ Ducis, II, 25722.
SÉGON, Charles, Avocat.
Le Mercure Armorial, III, 40006.
Armorial Universel, 40068.
SÉGONNE, Bernard.
Dissertation sur la Cigale, I, 3644.
de SEGRAIS : voyez Regnault.
SEGUIER, Pierre, Président au Parlement de Paris.
Négociations, III, 30195.
SEGUIER, Jérôme, Président au Grand-Conseil.
Lutetia liberata, III, 34576.
SEGUIER, Antoine, Avocat-Général au Parlement de Paris.
Plaidoyer contre la Bulle de Grégoire XIV; I, 7157.
Ambassade, III, 30311.
Négociations, 30332.
SEGUIER, Pierre, Chancelier de France.
Catalogue des Manuscrits de sa Bibliothèque, II, 15945.
Harangue au Roi, 23613.
Mémoires, III, 30673.
Lettres, 30698 & 986.
SEGUIER, Dominique, Evêque d'Auxerre, puis de Meaux, frère du précédent.
Statuts Synodaux d'Auxerre, I, 6384.
—de Meaux, 6609.

Tome V.

SEGUIER, Antoine-Louis, Avocat-Général au Parlement de Paris.
Discours sur la mort de M. Joly de Fleury, III, 32781.
—contre les Réflexions d'un Universitaire, IV, 45126.
SEGUIER, Martin, Conservateur Apostolique de l'Université de Paris.
Epître à un Gentilhomme François, II, 18413.
SEGUIER, H.
Traduction de l'Histoire de la sainte Hostie de S. Jean-en-Greve, IV, S. 5242.*
SEGUIER, Jacques.
Oraison funèbre de Henri le Grand, II, 20019.
SEGUIER, Jacques.
Oratio & Carmina in funus Marchionis d'Asserac, III, 31851.
SEGUIER, Jean-François, Secrétaire de l'Académie de Nismes.
Mémoire sur le sol du Diocèse de Nismes, I, 2690.
Parallèle des Antiquités de France & d'Italie, II, 15577.
Inscriptions antiques de Nismes dessinées, III, 37859.
Dissertation sur l'Inscription de la Maison quarrée de Nismes, 37865.
—sur l'Inscription du Temple de Caïus, 37866.
Lettre sur un Monument d'Arles, 38178.
Mémoire pour la conservation du Collége de Nismes, IV, S. 45428.*
SEGUIN, J., Docteur en Théologie.
Hæma-Christo-latriæ, I, 4957.
SEGUIN, Pierre, Avocat.
Oraison funèbre de Charles de Neuville, III, 32703.
SEGUIN, Joseph, Docteur en Droit.
La Fontaine minérale d'Arles, I, 2930.
Les Antiquités d'Arles, III, 38161.
SEGUIN.
Duché de Bourgogne, I, 1424.
SEGUIN de Jallerange (M.), Professeur en Droit.
Mémoire sur un ancien Château découvert à Jallerange, IV, S. 344.**
Description des Monumens antiques découverts près de Jallerange, IV, S. 38389.*
Dissertation sur les Rois Bourguignons, III, 35863.
—sur l'Auteur des Anciennes Loix des Bourguignons, 35864.
SEGUIRAN : voyez Seguyran.
SEGUR, Jacques, Baron de Pardaillan.
Négociations, III, 30236.
SEGUY, Joseph, Chanoine de Meaux.
Oraison funèbre de Henri Thyard de Bissy, I, 9431.
Panégyrique de la B. Jeanne de Chantal, 15280.
Oraison funèbre du Maréchal de Villars, III, 31728.
SEGUYRAN, Boniface, Seigneur de Vauvenargue.
Chronica Comitum Provinciæ, III, 38045.
SEGUYRAN, Melchior, Seigneur de Vauvenargue.
Consultation pour les Droits de la France sur la Provence, II, 27925.
SEHER, premier Abbé de Chaumoussay.
De Primordiis Calmosiacensis Monasterii, I, 13426.
SEIGNETTE, P., Médecin.
Lettre sur une Grotte, I, 2792.
Analyse de plusieurs Eaux minérales, 2948; IV, S. 2882.*
Examen des Eaux de Vichy, 3276.
SEIGNORET (M.), Avocat.
Mémoire sur un Canonicat du Chapitre de Mâcon, IV, S. 5012.*
de SEILERN, L. B., Sous-Chancelier de l'Empereur.
Jus Austriacum, ou Hispano-Austriacum, II, 28956.

SELDEN, Jean.
  Des Titres d'honneur, III, 40726.
SELLIER (M.), de l'Académie d'Amiens.
  Mémoire sur la Ville d'Amiens, I, 191.
  —sur le cours de la Somme, 886.
  Recherches sur l'Histoire-Naturelle, &c. de Picardie, 2435.
  Mémoire sur les Eaux d'Amiens, 2849.
du SELLIER (M.), dit le Pere Tranquille de Bayeux, Capucin.
  Justification de l'Histoire Ecclésiastique de l'Abbé Fleury, IV, S. 7031.*
  Eclaircissemens sur les Conciles Généraux, là.
SELLIUS.
  Histoire des Provinces-Unies, III, 39544.
de SELVE, Jean, Premier Président du Parlement de Paris.
  Négociations, III, 29885.
  Discours de la Légation, 29887.
  Exemplaire de ce qui s'est passé en Espagne, 29888.
de SELVE, Jean-Paul, Evêque de Saint-Flour, fils du précédent.
  Ambassade, III, 30044.
  Lettres, 30256.
de SELVE, George, Evêque de Lavaur, frère du précédent.
  Lettres, III, 29932.
de SELVE, Odet, Président au Grand-Conseil, frère des précédens.
  Ambassade, III, 30004.
de SELVE, Lazare, Président au Parlement de Metz.
  Négociations, III, 30403.
SENAULT, Jean-François, Général de l'Oratoire.
  Oraison funèbre de la Marquise de Maignelay, I, 4805.
  Vie de Jean-Baptiste Gault, 8047.
  —du B. Regnault de Saint-Gilles, 13763.
  Oraison funèbre de Magdelène de la Porte, 14871.
  Vie de Magdelène de Saint-Joseph, 14989.
  Oraison funèbre de Marie-Françoise Lescuyer, 15066.
  Vie de Catherine de Montholon, 15319.
  Oraison funèbre de Marie de Médicis, II, 25153.
  —d'Anne d'Autriche, 25166.
  —de Henriette-Marie de France, 25621.
  L'Horoscope de M. le Dauphin, 25679.
  Le Monarque, ou les Devoirs des Souverains, 27106.
  Oraison funèbre du Comte de Brienne, III, 32567.
  Généalogie de la Famille de Montholon, 43285.
de SENECÉ : voyez Bauderon.
de SENECEY : voyez de Beaufremont.
de SENECTERE, Magdelène, Dame de Miremont.
  Oraise, IV, 48142.
de SENECTERE : voyez de Senneterre.
SENEQUÉ : faux nom d'un inconnu.
  Epître concernant la Ville de Lyon, III, 37364.
SENGRE, Henri.
  La Haute-Alsace, IV, S. 1328.*
  Strasbourg, I, 1877.
  Cours du Rhin, 1981.
  Pays-Bas, 2038.
de SENKEMBERG, Henri-Chrétien.
  Corpus Juris Feudalis Germanici, IV, S. 27610.*
de SENNETERRE, Henri, Marquis de la Ferté.
  Ambassade, III, 30583.
de SENNETERRE : voyez de Senectere.
SENOQUE.
  Histoire de Verdun, III, 38803.
SEPHER, Pierre-Jacques, Chefcier de Saint-Etienne d'Egrès.
  Maximes & Libertés Gallicanes, I, 7036; IV, S.
  Vie de M. de Pibrac augmentée, III, 32936.
  Notes sur l'Histoire des Princes d'Orange, 38282.

SEPTALA, Jean.
  Savoie, I, 1949.
SEQUART, Claude.
  Histoire du Privilége de S. Romain, I, 9839.
de SEQUEYROS & Soto-Mayor, François, Augustin.
  Eurythmia Pontificalis, I, 7293.
SERAN de la Tour*(l'Abbé).
  Parallèle des Carthaginois avec les Anglois, II, 24760; III, 31173.
  Essai sur M. de Barails, 31791.
SERAND, Jean-François.
  La Bellegarde, III, 32339.
SERANE (M.), Médecin.
  Observations sur l'Eau de S. Jean de Seirargues, I, 3211.
SERARIUS, Nicolas, Jésuite.
  Comitum Par, B. Godefridus & S. Romaricus, I, 4669 & 12195.
  Historia Archiepiscoporum Moguntinensium, 9077.
  Res Moguntiacæ, III, 39189 & 91.
SERAS.
  Le Commerce ennobli, II, 28219.
SERAUCOURT, Claude.
  Plan de Lyon, IV, S. 1659.*
de SERAUCOURT (M.), Seigneur d'Ourche.
  Histoire de Lorraine, III, 38832.
SERENE, Jacques, Archevêque d'Embrun.
  Statuta Synodalia, I, 6503; IV, S.
de SERENT, J. R. Sébastien.
  Panegyricon Polignii, III, 38450.
  Laus Arbosiana, 38451.
de SERENT (M.).
  Poëme sur la naissance de M. le Duc de Bourgogne, II, 25770.
SEREY-Durefeu.
  Lettres, III, 30123.
SERGIUS II, Pape.
  Epistolæ, III, 29747.
de SERIGNY : voyez d'Hozier.
de SERINY (M.), Avocat.
  Précis de l'Affaire de S. Jacques-de-l'Hôpital, I, 5236.
de SERIONNE : voyez Accarias.
SERNANO, Constantin, Cardinal.
  Vita Petri Aureoli, I, 7858.
de SEROUVILLE : voyez de Volkyr.
de SERRANT : voyez Bautru.
SERRANUS : voyez de Serres.
SERRARIUS : voyez Serarius.
de SERRE : voyez Colin.
de SERRE-Lirtauld.
  Mémoires des Campagnes du Maréchal de la Mothe-Houdancourt, III, 31667.
la SERRE (M.), Avocat.
  Inventaires des Titres sur la Régale, I, 7605.
  Défense & Raisons de la Province de Languedoc contre la Régale, 7606.
de la SERRE, Michel.
  Discours à M. le Duc, II, 18409.
  Remontrance à Henri III, 27113.
de la SERRE (le Sieur), Major.
  Journal du Siége de Casal, II, 21620.
de la SERRE (le Sieur).
  Entrée de la Reine-Mère dans les Villes des Pays-Bas, IV, S. 25149.*
de la SERRE : voyez Puget.
SERRES (M.).
  Histoire de Montpellier, III, 37830.
  Abrégé de cette Histoire, 37831.
de SERRES, Jean, Historiographe de France.
  Inventaire général de l'Histoire de France, II, 15681.
  Syllabus Annalium Galliæ, 15752.
  Mémoire de la troisième Guerre Civile, 18086.
  Commentarii de Statu Religionis & Reipublicæ, 18347.

Recueil des choses mémorables, 19126 & 713.
Gasparis Colinii Vita, III, 31767.
de SERRES, Olivier, Sieur de Pradel.
La Cueillette de la soie, I, 3631.
SERRONI, Hyacinthe, Dominicain, Evêque de Mende.
Oraison funèbre d'Anne d'Autriche, II, 15166.
SERTORIUS, Charles.
Recueil de ce qui est arrivé à Metz, III, 38787.
SERVAN ou Servant (M.), Avocat-Général au Parlement de Grenoble.
Discours dans la cause d'une femme Protestante, IV, S. 6274.
Discours sur les Mœurs, IV, S. 15472.*
de SERVAS : voyez Freton.
SERVIEN, Abel, Secrétaire d'Etat.
Lettre aux Médiateurs, II, 22303.
Les Sentimens d'un fidèle Sujet, 23380.
Déclaration du Roi sur l'ouverture de la Guerre avec l'Espagne, 28702.
Motifs pour la Guerre d'Allemagne, III, 30598.
Lettres, III, 30717 & 20.
Dépêches, 30770.
Lettres, 30856.
SERVIEN, François, Evêque de Bayeux, frère du précédent.
Statuts Synodaux, I, 6393.
de SERVIERES : voyez Grolier.
de SERVIEZ.
Les Hommes Illustres du Languedoc, IV, 45703.
SERVILIUS, Jean.
Geldro-Gallica Conjuratio, II, 17581.
SERVIN, Louis, Avocat-Général du Parlement de Paris.
Plaidoyer concernant les Pénitens bleus, I, 4975.
Vindiciæ secundùm libertatem Ecclesiæ Gallicanæ, 7158.
Remontrance sur le Livre de Bellarmin, 7201.
Plaidoyer sur la distinction de la Jurisdiction Ecclésiastique & Séculière, 7203.
Harangues au Roi, II, 20814.
Remontrance au Roi, 20870.
Plaidoyer au sujet de la Reine Marguerite, 25136.
Avis à MM. des Etats, 26843.
Action du Parlement de Paris sur la Majorité de Louis XIII, 27381.
Convocation des Etats & Union du Domaine, 27397.
Plaidoyer concernant les Jésuites, IV, 44659.
le SESNE d'Etémare, Jean.
Mémoire dans lequel on montre le vrai point de vue, &c. I, 5566.
Plan d'études au sujet des Contestations, là.
Gémissemens sur la destruction de Port-Royal, 15125.
de SEUR, Jean.
La Flandre illustrée, III, 39025.
le SEUR, Guillaume.
Histoire de Gaston de Foix, III, 31942.
le SEURE, Edme.
Généalogie de MM. Bonneau, III, 41424.
SEUTER ou Seutter, Matthieu.
Postes de France & d'Italie, I, 668.
Gallia Augustiniana, 1191.
Alsatia, 1333.
Chorographia Argentorati, 1878.
Helvetia, 1971.
SEVE.
La Fondation d'Arles, III, 38162.
de SÉVE de Rochechouart, Gui, Evêque d'Arras.
Réglemens & Ordonnances, I, 6354.
de SÉVERAC (M.), Brigadier des Armées du Roi.
Journal de la Campagne du Nord, II, 24605.
SEVERE : voyez Sulpice.
SEVERT, Vincent, Préchantre de l'Eglise de Sens.
Chronicon, II, 17650.

SEVERT, Jacques, Docteur en Théologie.
L'Anti-Martyrologe, I, 5869.
Chronologia Antistitum Archiepiscopatûs Lugdunensis, 8854.
—Antistitum Lugdunensium, 8855.
De Matisconensibus Episcopis, 9044; IV, S.
de SÉVIGNÉ (la Marquise).
Lettres, III, 31092 & 95.
Lettres au sujet de M. Fouquet, 33759.
de SÉVIGNÉ, Françoise-Marguerite, Comtesse de Grignan, fille de la précédente.
Lettres, III, 31095.
de SÉVILLE, Jean.
Réception faite à Henri III, à Rouen, II, 16279.
SEVIN, Charles.
Sermons au Peuple Chrétien, II, 18215.
SEVIN, Nicolas, Evêque de Cahors.
Ordonnances, I, 6456.
Statuts Synodaux, 6457.
SEXTIUS le Salyen : *faux nom sous lequel s'est couvert Pierre-Joseph de Haitze*, II, 26496 : voyez de Haitze.
SEYFRID, Jean.
Arbor Aniciana, II, 25894.
de SEYSSEL, Claude, Evêque de Marseille, puis Archevêque de Turin.
La Victoire de Louis XII, II, 17443 & 78.
Les Louanges du Roi Louis XII, 17476 & 78.
Comparaison du Règne de Louis XI à celui de Louis XII, 17477.
Apologie des Louanges de Louis XII, 17478.
Harangue au Roi d'Angleterre, là.
La grande Monarchie de France, II, 27183; IV, S.
Harangue pour le Mariage de Madame Claude de France, 28381.
La Loi Salique des François, 28478.
Speculum Feudorum, III, 39980.
SEYSTRE des Préaux, Etienne, Célestin.
Vie de S. Benezet, I, 4336.
SEZILLE, Claude, Théologal de Noyon.
Histoire des Sièges, &c. de Noyon durant la Ligue, IV, S. 34893.*
—des Hommes illustres de Noyon, IV, 45730.
SFONDRATE, Célestin, Abbé de S. Gal, Cardinal.
Regale Sacerdotium, I, 7296.
Dissertatio in qua refutantur, &c. 7302.
Documenta ad argumentum Regaliæ spectantia, 7638.
Responsio ad Dissertationem Natalis Alexandri, 7644.
Gallia vindicata de Regalia, 7648.
Animadversiones in Tractatum Francisci Pinsson, 7650.
Version Latine d'un Plaidoyer de M. Talon, II, 29098.
Legatio Marchionis Lavardini Romam, 29115; IV, S.
SHERARD, Guillaume.
Schola Botanica, I, 3399.
SHILTER (M.), Avocat-Général à Strasbourg.
Abrégé de la Législation de Strasbourg, III, 38743.
SHIRLEY (M.).
Mémoires sur les limites de l'Acadie, III, 31169; IV, S.
de SIBERT : voyez Gautier.
SICARD, Jean.
Ob quas causas Henricus II urbem Metensem ceperit, II, 17666.
SICRE (M.).
Mémoire sur les Eaux d'Ax, I, 2892.
SIDOINE-Apollinaire, Evêque de Clermont.
Encomium S. Patientis, I, 8899.
Epistolæ, III, 29725.

SIGEBERT, Diacre de S. Vincent.
  Vita Theodorici Metenſis, ex ſtirpe Witikindea, I, 10582.
SIGEBERT, Moine de Gemblours.
  Vita S. Machutis, I, 10471.
  —Guiberti Cœnobii Gimblacenſis Conditoris, 11984.
  —S. Sigiberti Auſtraſiæ Regis, II, 16095.
  Chronicon, I, 11983; II, 16630.
SIGIBERT, Evêque d'Uzès.
  Tractatus de geſtis Regum Franciæ, II, 16498.
SIGISMOND de S. Maurice (le Pere), Capucin.
  Vita S. Mauricii & Sociorum ejus, IV, S. 4578.*
de SIGNAE, François, Seigneur de la Borde.
  Le Trépas & Enterrement de Henri II; II, 26738.
SIGNOT, Jacques.
  Description des paſſages par où l'on peut entrer des Gaules en Italie, I, 2282.
SIGONIUS, Charles.
  De Vitâ Andreæ Auriæ, III, 31795 & 96.
SIGORGNE, Pierre, Archidiacre & Chanoine de Mâcon.
  Oraiſon funèbre de Louis XV; IV S. 24802.ᴷ
SIGULFE, Diſciple d'Alcuin.
  Vita B. Alcuini, I, 11922.
SILBERRADE, Jean-Martin.
  Hiſtoriæ Juris Gallicani Epitome, II, 27581.
de SILHON, Jean, Conſeiller d'Etat.
  Préface du parfait Capitaine, I, 3889.
  Panégyrique au Cardinal de Richelieu, II, 21574.
  Traités ſur les Guerres d'Italie, 21726.
  Avis aux Flamans, 23113.
  Eclairciſſemens ſur le Miniſtère du Cardinal Mazarin, 23118; III, 32539.
  Les Sentimens d'un fidèle Sujet, 23380; attribués.
  Trois Apologies, III, 29300.
  Le Miniſtre d'Etat, 32423.
  Placet contenant ſa Vie, IV, 46922.
SILHOUETTE (M.)*
  Mémoire des Commiſſaires, III, 31169.
SILICEUS, Jean, Chanoine-Régulier de Vaux-Verd.
  De Exordio & Progreſſu Monaſterii Viridis-Vallis, I, 13489.
de SILLERY : voyez Brulart.
de SILLY, Jacques, Evêque de Sées.
  Statuta Synodalia, I, 6709 & 10; IV, S.
de SILLY, Jacques, Chevalier.
  Harangue à Charles IX; II, 27444.
SILOS, Joseph.
  Fundatio domûs ſanctæ Annæ Regalis Pariſienſis, I, 14079.
SILVESTRE : voyez Sylveſtre.
SILVIUS : voyez Sylvius.
SIMÉON Métaphraſte.
  Vita S. Dionyſii Areopagitæ, I, 4013.
SIMÉON de Dunham.
  De Geſtis Regum Anglorum, III, 35008.
SIMÉON Léontin.
  Chronicon Regis Siciliæ, II, 25353.
SIMÉON, Carme, Prieur à Arras.
  Chroniques de France & de Bourgogne, II, 17461.
SIMÉONI, Gabriel.
  La Limagne d'Auvergne, I, 1372.
  La Fontani di Roiag in Arvernia, 3184.
  Interprétation de l'énigme d'Italie, II, 17678.
  Deſcrittione della Limania, II, 37438.
  Inſcriptions de Provence, III, 38031.
de SIMIANE, Charles-Emmanuel-Hyacinthe, Marquis de Pianeſſe.
  Traité généalogique de la Maiſon de Simiane, III, 44151.
de SIMIANE de Gordes, Louis-Marie-Armand, Evêque de Langres.
  Statuts & Ordonnances, I, 6566.
SIMLER, Joſias.
  Libellus Provinciarum Galliæ, I, 425.

  De Helvetiorum Republicâ, III, 39074.
  Antiquitates Helvetiæ, 39075.
  Deſcriptio Valleſiæ, 39092 & 139.
  Commentarius de Alpibus, là.
SIMOCATTE : voyez Theophylacte.
SIMON de Gand, Abbé de Saint-Bertin.
  Continuatio Chronici Sancti Bertini, I, 12361.
SIMON de Beaulieu : voyez de Beaulieu.
SIMON, Philippe.
  La Chronique de la Ville de Spire augmentée, III, 39194.
SIMON, François, Procureur-Fiſcal de Mereville.
  Traité de la Juriſdiction des Prévôts des Maréchaux, III, 34069.
SIMON de Marquemont, Denys, Archevêque de Lyon, Cardinal.
  Remontrance de la part du Clergé de France à la Reine-Mere, I, 5902.
  Statuts de Lyon, 6582; IV, S.
  Harangue à la Clôture des Etats, II, 27528.
  Lettres, III, 30440, 90 & 91; IV, S.
SIMON de la Vierge Marie (le Pere), Carme.
  Eloge funèbre de Charlotte-Françoiſe-Radegonde de Montaud de Navaille, I, 14834.
SIMON, Richard, Ex-Oratorien.
  Hiſtoire des Revenus Eccléſiaſtiques, I, 7584.
  Vita Joannis Morini, 11307.
  Factum pour le Prince de Neubourg, 11912.
  Factum au ſujet des Juifs de Metz, III, 38791.
SIMON, Denys, Conſeiller au Préſidial de Beauvais.
  Obſervations ſur le Droit Eccléſiaſtique & Canonique, I, 6961; IV, S.
  Supplément à l'Hiſtoire du Beauvaiſis, I, 9670; III, 34899.
  Additions à l'Hiſtoire du Beauvaiſis, I, 9671; III, 34899.
  Le Nobiliaire du Beauvaiſis, 40605.
  — Bibliothèque des Auteurs de Droit, IV, 45806.
SIMON de Valhebert.
  Additions aux étymologies de Ménage, II, 15491.
  L'Agenda du Voyageur, III, 34493.
SIMON, Jean, Avocat.
  La République des Abeilles, I 3649.
de SIMON, Jacques.
  Vie de ſainte Vautrude & de S. Vincent ſon époux, I, 15022.
SIMOND de Riencourt (M.), Correcteur de la Chambre des Comptes.
  Hiſtoire de la Monarchie Françoiſe ſous Louis XIV; II, 24323.
SIMONEAU, le Sieur, Graveur.
  Médailles de la Reine, II, 15198.
SIMONEL, Dominique.
  Traité des refus de la Communion, I, 7469.
  —des Droits du Roi ſur les Bénéfices, 7662.
  Diſſertation ſur les Rois de France, III, 31229.
SIMONNET (M.).
  Eclairciſſemens ſur Marie Stuart, II, 25120.
SIMPLICE, Pélerin.
  Hiſtoria Belli civilis Helvetici, III, 39092.
SIMPLICE, Moine de S. Sulpice de Bourges.
  De Senio Ordinis S. Benedicti in Galliis, I, 11624.
SIMPLICIEN (le Pere), Auguſtin Déchauſſé.
  Edition de l'Hiſtoire généalogique & chronologique de la Maiſon de France, II, 24837.
  —de l'Etat de la France, 27196.
  —de l'Hiſtoire des Pairs de France, III, 31223.
  —de l'Hiſtoire des Grands-Officiers de la Couronne & de la Maiſon du Roi, 31344.
  Catalogue des Grands-Sénéchaux, 31392.
  —des Connétables, 31404.
  —des Chanceliers & Gardes des Sceaux, 31434.
  —des Maréchaux de France, 31576.
  —des Amiraux de France, 31752.
  —des Généraux des Galères, 31794.

Table des Auteurs.

Catalogue des Grands-Maîtres des Arbaleſtriers, 31803.
—des Grands-Maîtres d'Artillerie, 31804.
—des Porte-Oriflammes, 31831.
—des Colonels-Généraux, 31833.
—des Grands-Aumôniers, 32226.
—des Grands-Maîtres de la Maiſon du Roi, 32276.
—des Grands-Chambriers, 32320.
—des Grands-Chambellans, 32323.
—des Grands-Ecuyers, 32335.
—des Grands-Bouteilliers, 32353.
—des Grands-Pannetiers, 32354.
—des Grands-Veneurs, 32355.
—des Grands-Fauconniers, 32361.
—des Grands-Louvetiers, 32362.
—des Grands-Queux, 32363.
—des Grands-Maîtres des Eaux & Forêts, 32364.
Du Duché de Croy-Havré, 34166.
De la Duché-Pairie de Poix-Créqui, 34167.
—de Chaulnes, 34176.
—d'Halwin, 34177.
—de Saint-Simon, 34183.
—de Guiſe, 34186.
—de Bournonville, 34204.
De la Comté Pairie de Champagne, 34223.
De la Comté & Duché-Pairie de Réthelois, 34269.
De la Comté-Pairie de Châlons (ſur Marne), 34273.
De la Duché-Pairie d'Aumont, 34317.
—de Piney-Luxembourg, 34318.
—de Beaufort, 34319.
Du Duché de Beaufort-Montmorenci, là.
De la Duché-Pairie de Roſnay, 34320.
—de Château-Villain, 34321.
—de Brienne, 34322.
—de Villemor, 34323.
—de Langres, 34352.
—de Grancey, 34354.
—de Château-Thierry, 34360.
—de la Vieuville, 34361.
—de Treſmes, 34369.
—de Coulommiers, 34371.
—de Saint-Cloud, 34788.
—de la Roche-Guyon, 34805.
De la Comté-Pairie de Mante, 34808.
De la Duché-Pairie de Rambouillet, 34815.
—de Chevreuſe, 34816.
—de Villeroy, 34820.
—de Villars, 34822.
—de Nemours, 34826.
—d'Arpajon, 34835.
—de Montmorency, 34840.
Des Comté & Duché-Pairie du Valois, 34849.
De la Duché-Pairie de Verneuil, 34855.
De la Comté-Pairie de Soiſſons, 34878.
De la Duché-Pairie d'Eſtrées, 34882.
—de Laon, 34888.
De la Comté-Pairie de Noyon, 34893.
—de Beauvais, 34902.
De la Duché-Pairie d'Humieres, 34923.
—de Boufflers, 34924.
—de Fitz-James, 34925.
—de Normandie, 35188.
Du Duché de Longueville, 35246.
—d'Eſtouteville, 35247.
Des anciens Comtes d'Eu, 35271.
De la Comté-Pairie d'Eu, 35272.
Des Comtes d'Aumale, 35278.
De la Duché-Pairie d'Aumale, 35279.
—d'Elbœuf, 35284.
—de Harcourt, 35291.
—d'Alençon, 35301.
De la Comté-Pairie d'Evreux, 35316.
De la Duché-Pairie de Damville, 35324.
—de Mortain, 35335.

De la Comté-Pairie de Bretagne, 35365.
De la Duché-Pairie de Retz, 35473.
—de Coiſlin, 35474.
Des Comtes de Penthièvre, 35482.
De la Duché-Pairie de Penthièvre, 35483.
—de Rohan, 35484.
Du Duché de Quintin-Lorges, 35485.
De la Comté-Pairie du Maine, 35508.
De la Duché-Pairie de Mayenne, 35518.
Du Duché de Beaumont-au Maine, 35523.
De la Comté-Pairie de Mortagne, 35528.
Des anciens Seigneurs de Belleſme, 35530.
De la Duché-Pairie de Chartres, 35536.
—d'Eſpernon, 35546.
—de Saint-Fargeau, 35554.
Du Duché de Chaſtillon, 35555.
De la Comté-Pairie d'Eſtampes, 35559.
De la Comté & Duché-Pairie de Nivernois, 35579.
De la Duché-Pairie d'Orléans, 35611.
—de la Ferté-Senneterre, 35627.
Des Comtes de Blois & de Chartres, 35633.
De la Duché-Pairie de Vendôme, 35638.
—de Dunois, 35641.
—de Touraine, 35654.
—de Luynes, 35660.
De la Comté & Duché-Pairie d'Anjou, 35682.
Du Duché de Beaupréau, 35708.
De la Duché-Pairie de Briſſac, 35709.
—de la Valliere, 35710.
—du Lude, 35711.
De la Comté-Pairie de Poitou, 35727.
De la Duché-Pairie de Noirmouſtier, 35738.
Des anciens Seigneurs de Luſignan, 35740.
De la Duché-Pairie de Montbaſon, 35741.
—de la Meilleraye, 35742.
—de Thouars, 35743.
Du Duché de Loudun, 35745.
De la Duché-Pairie de Richelieu, 35746.
—de Châtellerault, 35749.
Du Duché ſimple de Châtellerault, là.
De la Duché-Pairie de Mortemart, 35750.
De la Comté & Duché-Pairie d'Angoulême, 35786.
Du Duché ſimple d'Angouleſme, là.
De la Duché-Pairie de la Valette, 35793.
—de la Rochefoucauld, 35794.
—de Montauſier, 35795.
—de Berry, 35802.
Des Comtes de Sancerre, 35814.
De la Duché-Pairie de Château-Roux, 35817.
Des Seigneurs de Sully, 35818.
De la Duché-Pairie de Sully, 35819.
—de Bethune-Charoſt, 35820.
—de Saint-Aignan, 35821.
—d'Aubigny-Richemont, 35822.
—de Bourgogne, 35882.
—de Choiſeul, 35927.
—de Bellegarde, 35965.
De la Comté-Pairie de Mâcon, 35978.
—d'Auxerre, 36013.
Du Duché de Pontevaux, 36041.
De la Duché-Pairie de Roannois, 37429.
—d'Auvergne, 37451.
—de Montpenſier, 37471.
—de Mercœur, 37472.
—de Randan-Foix, 37473.
—de Bourbon, 37485.
—de Levis, 37486.
De la Comté-Pairie de la Marche, 37490.
De la Duché-Pairie de Guyenne, 37510.
—de Fronſac, 37559.
—du Duché de Royan-Noirmouſtier, 37566.
De la Duché-Pairie de Frontenay, 37567.
De la Comté-Pairie de Périgord, 37571.
De la Duché-Pairie de Biron, 37578.

De la Duché-Pairie de la Force, 37579.
—d'Aiguillon, 37587.
—de Duras, 37588.
Du Duché de Lauzun, 37589.
De la Duché-Pairie de Noailles, 37601.
—de Ventadour, 37602.
Des Comtes de Rodès, 37623.
De la Comté-Pairie de Villefranche, 37626.
De la Duché-Pairie de Gascogne, 37632.
—de Roquelaure, 37635.
—d'Antin, 37636.
—de Lavedan, 37640.
Des Comtes de Cominges, 37641.
Des Vicomtes de Lomagne, 37646.
Des Seigneurs & Comtes de l'Isle-Jourdain, 37647.
Du Duché d'Albret, 37651.
De la Duché-Pairie de Gramont, 37691.
De la Comté-Pairie de Toulouse, 37755.
De la Baronie-Pairie de Montpellier, 37826.
De la Duché-Pairie d'Uzès, 37899.
—de Joyeuse, 37912.
—de Lesdiguiere, 37994.
Du Duché de Valentinois, 38005.
De la Duché-Pairie de Valentinois, 38006.
—de Clermont-Tonnerre, 38011.
—d'Hostun-Tallard, 38013.
—de Villars-Brancas, 38264.
Du Duché de Carignan, 38795.
—de Bar, 38941.
De la Comté-Pairie d'Attois, 38960.
—de Flandre, 39011.
De la Châtellenie de Mortagne, 39034.
Le Catalogue des Chevaliers de l'Ordre du Saint-Esprit, 40509.
Généalogies des Familles qui ont eu de grandes Charges, 40598.
—des Comtes de Flandres, &c. 40658.
de Sincé : voyez d'Orléans.
Sincerus, Jodocus : *faux nom sous lequel s'est caché Justus Zinzerlingius*, I, 2300 : voyez Zinzerlingius.
de Sindré (M.).
Remontrances au Roi, II, 18765.
de Sindrey : voyez de Monjournal.
de Singlande (le Pere), du Tiers-Ordre de S. François.
Mémoires & Voyages, II, 24633.
Singleton, Guillaume : *faux nom sous lequel s'est caché Léonard Lessius*, I, 7226 : voyez Lessius.
de Sireiani (M.), Théologal d'Aix.
Généalogie de la Maison de Simiane, III, 44149.
Siri, Victoire, Historiographe du Roi.
Memorie recondite, II, 22002.
Bollo nel Mercurio veridico, 22085.
Historia delle Guerre civili di Francia, 23725.
Il Mercurio, 23792.
Sirmond, Jacques, Jésuite.
Dissertatio de duobus Dionysiis, I, 4032 & 46.
Concilia antiqua Galliæ, 6278.
Notæ stigmaticæ in Magistrum triginta paginarum, 7075.
Vita S. Sidonii Apollinaris, 8428.
Editio Historiæ Flodoardi, 9490.
Vita S. Ennodii, 10815.
—S. Paschasii Radberti, 11883.
Catalogus Abbatum Monasterii SS. Trinitatis Vindocinensis, 12914.
Notæ in Capitula, II, 17610.
Sirmond, Jean, Académicien, neveu du précédent.
Dissertation touchant le Concile de Lyon en 1297, I, 6577.
Réfutation de l'*Optatus Gallus*, 7267; III, 32480.
La même en Latin, 7267.
Lettre de Pimandre à Théopompe, II, 21422; III, 32480.

Rupella capta, 21551.
Le Coup d'Etat de Louis XIII, 21664.
Défense du Roi & de ses Ministres, 21684.
Avertissement aux Provinces, 21694.
Lettre-de-change à Nicocléon, 21696.
Le bon Génie de la France, 21743.
Avis du François fidèle, 21917.
L'Homme du Pape & du Roi, 28699.
Négociations du Cardinal Barberin, III, 30480.
Vie du Cardinal d'Amboise, 32458.
Sirot, Joseph.
Plan du Camp de S. Jean de Lône, III, 37297.
de Sirot : voyez de Létouf.
de Sistrieres, Jean.
Histoire d'Auvergne, III, 37441.
Siviard (Saint), Abbé de S. Calais.
Vita S. Carilefi, I, 12373.
Six, Jean, Evêque de Saint-Omer.
Statuta Synodalia, I, 6357 & 59; IV, *Suppl*.
Sixte V, Pape.
Lettres au Cardinal de Bourbon & au Duc de Guise, II, 18707.
Bulle contre Henri III, 18893.
Proposition faite au Consistoire sur la mort du Cardinal de Guise, 18894.
Harangue au Consistoire sur le même sujet, 18895.
—sur la mort de Henri III, 19100 & 102; V, *Add*. 19059.*
Lettre à MM. du Parlement de Paris, IV, *Suppl*. 19229.*
Bref à la Ville de Paris, IV, S. 19337.*
Confirmatio Privilegiorum Archi Hospitalis S. Spiritûs, III, 40397.
Sixte de Paris (le Pere), Capucin.
Vie du vénérable Bernard de Corléon, IV, S. 13921.*
Sizée, François.
Elogium Pauli Boudot, I, 8605; IV, S.
Sleidan, Jean.
Vita Angeli Catti, I, 10728.
Traduction Latine de la Chronique de Froissart, II, 17100.
Cominæus conversus & illustratus, 17393; IV, *Suppl*.
Historia Expeditionis ab Henrico II susceptæ, 17667.
Relation du Sacre de Henri II, 26055.
Traduction Latine de la Monarchie de France de Seyssel, 27183.
Smaragde, dit Ardon, Disciple de S. Benoît d'Aniane.
Vita S. Benedicti Anianensis, I, 11667.
Smith, Thomas.
Instructions d'Ambassade, III, 30201.
Smith, Jean.
Noviomagus, III, 39554.
Smith, Thomas.
Syntagma de Druidum moribus, I, 3831; IV, *Suppl*.
Snoi, Reinier.
De Rebus Batavicis, III, 39588.
Soanen, Jean, Evêque de Senez.
Lettre au sujet des Miracles & Convulsions, I, 5690.
Oraison funèbre de Marie-Térèse d'Autriche, II, 25181.
Sobolis, Foulques, Procureur.
Journal, ou Etat de la Ville d'Aix, III, 38113, & 59.
Soderin, Julien, Evêque de Saintes.
Constitutions Synodales, I, 6727 & 28; IV, S.
de Soet, Gaspard.
Catalogus Abbatum Valcellensium, I, 13165.
Soet, H. S.
Theatrum Belgii inferioris, II, 24129.

SOGIREL

SOGIREL de Torcey.
Lettre au sujet de Troyes, III, 34306.
SOIROT, Emilien, Chanoine de Dijon.
Vie de Bénigne Joly, IV, S. 11208.**
de SOISSONS (le Comte) : *voyez* de Bourbon.
de SOISSONS (M.), Gentilhomme du Maine.
Détail de la France, II, 28089.
de la SOLAYE.
Mémoires & Expéditions de Candie, II, 23951.
de SOLEINE : *voyez* Martineau.
de SOLEISEL, Jacques.
Le parfait Maréchal, I, 3562.
de SOLEMNE, David.
La Charge du Maréchal-des-Logis, III, 32156.
SOLIER, Fr., Jésuite.
Lettre touchant la Censure de quelques Sermons, I, 14284.
de SOLIERS, Jules-Raymond.
Commentarii Rerum Provinciæ, III, 38026.
Mémoires, 38091.
Antiquités de Marseille, 38214.
de SOLIERS : *voyez* de Fourbin & l'Hermite.
de SOLIGNAC : *voyez* de la Pimpie.
SOLIS, Virgile.
Effigies Regum Francorum, II, 15739.
SOLLIER, Jean-Baptiste, Jésuite.
De S. Balsemio, I, 4326.
De S. Hugone, 4509.
De S. Justino, 4526.
De S. Menulfo, 4592.
De sanctâ Merâ, 4594.
De sanctâ Monegundâ, 4601.
De S. Nomio, 4609.
De sanctâ Sigradâ, 4687.
De S. Galactorio Lascurrensi, 8113.
De S. Arcadio Bituricensi, 8383.
De S. Gallo Claromontensi, 8439.
De S. Viventiolo Lugdunensi, 8906.
De S. Aureliano Lugdunensi, 8937.
De S. Prospero Aurelianensi, 9466.
De S. Bandarido Suessionensi, 9593.
De S. Elaphio Catalaunensi, 9624.
De S. Æterno Ebroicensi, 9948.
De S. Urcicino Senonensi, 10035.
De S. Paulo Senonensi, 10039.
De S. Urso Trecensi, 10087.
De S. Cameliano Trecensi, 10101.
De S. Urso Autissiodorensi, 10148.
De S. Theodosio Autissiodorensi, 10149.
De S. Eleutherio Autissiodorensi, 10151.
De S. Ætherio Autissiodorensi, 10153.
De S. Angelmo Autissiodorensi, 10162.
De S. Itherio Nivernensi, 10183.
De S. Euphronio Turonensi, 10317.
De S. Leonorio Redonensi, 10420.
De S. Felice Nannetensi, 10435.
De S. Goiveno Leonensi, 10455.
De S. Wilhelmo Briocensi, 10464.
De S. Thutiavo Dolensi, 10487.
De S. Auctore Metensi, 10555.
De S. Auspicio Tullensi, 10634.
De S. Raimundo, 11390.
De S. Rustico, 11416.
De S. Valentino, 11501.
De S. Frambaldo, 11585.
De S. Generoso, 11587.
De S. Mummolo, 11592.
De S. Adegrino, 11686.
De S. Auremondo, 12138.
De S. Carilefo, 12374.
De S. Eparchio, 12392.
De S. Theodorico, 12765.
De S. Donato, 13297.
De S. Friardo, 13309.
De S. Mariano, 13362.

De sanctâ Resticulâ, 14733.
De sanctâ Agilbertâ, 14768.
De sanctâ Bertâ, 14778.
SOLMINIHAC, Alain, Evêque de Cahors.
Statuts & Réglemens, I, 6455.
SOLOMEAU, Pierre.
Discours sur la Vie de Théodore de Beze, I, 5881.
SOLOMET, Jean, Bénéficier de l'Eglise de Riès.
Nomenclatura Episcoporum Regiensium, I, 7879.
Histoire de la Ville & du Diocèse de Riès, 7881.
SOMBECH.
Chronicon Gemblacensis Cœnobii, I, 11983.
SOMMIER, Jean-Claude.
Histoire de l'Eglise de Saint-Diez, I, 5380 & 10627.
Apologie de cette Histoire, 5381 & 10618.
Oraison funèbre de la Princesse Charlotte-Elisabeth-Gabrielle de Lorraine, IV, S. 15029.*
SOMMIERS : *voyez* de la Broue.
de SOMOZA : *voyez* Salgado.
SONNER, Guillaume.
Responsio ad Cliffletii Librum de Portu Iccio, I, 301.
SONNES, Léonard.
Anecdotes Ecclésiastiques sur le Clergé de Rouen, I, 9889.
SONNIUS, François, Evêque d'Anvers.
Statuta Synodalia, IV., S. 6332.*
SORBER, J. Jacques, Jurisconsulte.
Commentarium de Comitiis antiquis, II, 27391.
SORBIERE, Samuel.
Dissertatio de Petro Gassendo, I, 11145.
Traduction du Corps Politique de Thomas Hobbes, II, 27088; IV, S.
SORBIN, Arnaud, *dit* de Sainte-Foi, Evêque de Nevers.
Oraison funèbre de Madame la Princesse de Condé, I, 4781.
Traduction des Actes des Conciles tenus contre les Albigeois, 5741.
—de l'Histoire de la Ligue Sainte contre les Albigeois, 5743.
Oraison funèbre du Cardinal de Bourbon, 9880.
Alégresse de la France, II, 18059.
Le vrai Réveil-matin, 18219 & 17115.
Oraisons funèbres de Charles IX; IV, S. 18237.*
Vie de Charles IX, 18251 & 52.
Oraison funèbre de Marguerite de France, 25505.
—d'Isabeau de France, 25509.
—de Claude de France, 25521.
—d'Anne de Montmorenci, III, 31433.
—de Paul de Caussade, 31900.
—de Jacques de Levis, 31901.
—de Louis de Gonzague, Duc de Nivernois, 32025; IV, S.
Exhortation contre les Duels, 40168.
SOREL, P.
Elegies & Sonnets sur Anne de Montmorenci, III, 31435.
SOREL, Oudet.
Mention de ce qui s'est passé aux Etats de 1593; IV, S. 19440.*
SOREL, Charles, Sieur de Souvigny, Historiographe de France.
Discours sur la Jonction des Mers, I, 893.
Avertissement sur l'Histoire de France, II, 15626.
La Guide de l'Histoire de France, 15961.
Des Défauts de l'Histoire de France, 15962.
Histoire de la Monarchie Françoise jusqu'en 840, 16368.
Discours sur Charles Bernard, 21147; IV, 46648.
Histoire de la Monarchie sous Louis XIV, 23870.
Généalogie de la Maison de Bourbon, II, 24985.
Traités sur les Droits & Prérogatives des Rois de France, 26941.

La Flandre Françoise, 28840.
Remontrance au Peuple de Flandre, 28841.
La Défense des Catalans, 28923; III, 38365.*
Que la Lorraine eſt un ancien Membre de la Couronne de France, 29020.
Remarques ſur la Lorraine, 29028.
L'Amour philoſophique de Cléomède, III, 44169.
De l'Académie Françoiſe, IV, 45501.
Deſcription de l'Iſle de la Portraiture, 45641; IV, S.
Bibliothèque Françoiſe, IV, S. 45658.
De la Charge d'Hiſtoriographe de France, 46608.
SORET, Jean, Religieux.
Hiſtoire de S. Baſle, I, 13281.
SORET, Jean, Avocat.
Prédictions de Momus, II, 24733.
de SORET (le Marquis).
La Cordonniere de Loudun, III, 32485 : *attribuée.*
SORETH, Jean, Général des Carmes.
Expoſitio Parænetica in Regulam Carmelitarum, IV, S. 13689.*
de SORIA, Bonaventure, Cordelier.
Vie de Marie-Térèſe d'Autriche, II, 25196.
SORIN.
Mémoire ſur l'Hiſtoire de la Maiſon d'Auvergne, III, 41076.
de la SORINIERE (M.).
Eloge de la fontaine de l'Eperviere, IV, S. 3053.*
Lettre au ſujet de la Ville d'Angers, III, 35704.
de la SORINIERE : *voyez* de Morin.
SORINUS, Tanigius : *peut-être* Panagius.
De Normannorum Haro, III, 34928.
SORIS *ou* Soriz, Maturin, Religieux de Fontevrauld.
Diſſertation ſur le B. Robert d'Arbriſſelles, I, 13948.
Oraiſon funèbre de Jeanne-Baptiſte de Bourbon, IV, S. 15169.*
SORIUS : *voyez* Souris.
SORNET (Dom), Bénédictin.
Diſſertation ſur les Princes de Franche-Comté, III, 40673.
de SOSA, François.
Préface de la Vie de la B. Jeanne de la Croix, I, 15193.
de SOSIE, Louis.
Catalogus Delphinorum Viennenſium, III, 37939.
Hiſtoria Marchionum Salucienſium, 38015.
Catalogus Comitum Provinciæ, 38041.
SOSSIUS, Guillaume.
De Vitâ Henrici III; II, 19141.
—Henrici IV, 20051.
SOTEAUX, Jean.
Vita S. Proſperi Aquitani, I, 7881.
de SOTO, André.
Traduction Eſpagnole de la Vie de S. Albert de Liége, I, 8785.
de SOTO : *voyez* Varen.
de SOTO-MAYOR : *voyez* de Sequeyros.
SOTUEL, Nathanaël, Jéſuite.
Bibliotheca Scriptorum Societatis Jeſu, I, 14104.
SOUCHET, Jean-Baptiſte, Chanoine de Chartres.
Mémoires touchant le Pays Chartrain, I, 4961.
Notæ in Vitam S. Bernardi Tironenſis, 12899.
Veritatis Defenſio in Joannem Frontonem, III, 29768.
SOUCHU de Rennefort, Urbain.
Relation du premier Voyage de la Compagnie des Indes, III, 39801.
Hiſtoire des Indes Orientales, 39803.
SOUCIET, Étienne, Jéſuite.
Critique d'un endroit de l'Hiſtoire de Sablé, III, 43966.
de SOUDÉ, François, Maître des Comptes de Paris.
Extrait des Regiſtres de la Chambre des Comptes, III, 39891.

de SOUFFENAGE (le Marquis).
La Guerre d'Eſpagne, &c. ou Mémoires du Marquis D.***, II, 24437 : *attribué.*
SOUFFLOT (M.), Architecte.
Plan de la nouvelle Egliſe de ſainte Geneviève, I, 5218.
de SOUHAIT.
Le vrai Prince, II, 19757.
Diſcours ſur l'attentat, 19781.
Le Pacifique, 19827.
La vraie Nobleſſe, III, 39853.
de SOUHÉ : *voyez* Cothier.
de SOUILLAC (le Comte).
Lettre contenant quelques Remarques ſur l'Hiſtoire de France, II, 15636 & 15971.
SOULAS, Hilaire.
Henrico de Bethune Epiſcopalis Inauguratio, I, 8336.
de SOULAS, G. D. S.
Libre Diſcours au Roi, I, 7529.
SOULIER, Pierre.
Hiſtoire du Calviniſme, I, 6055.
Obſervations ſur l'Edit de Nantes, 6174.
Abrégé des Edits de Louis XIV, 6177.
Hiſtoire des Edits de pacification, 6178.
de SOULIERS : *voyez* l'Hermite.
de SOULLE (M.), Chevalier de l'Ordre de S. Louis.
Mémoires ſur la Campagne de Bohême, II, 246; 1.
SOULLIER (M.), Médecin.
Relation de la peſte de Marſeille, I, 2550.
Obſervations ſur la peſte de Marſeille, 2554.
SOUMILLE (M.), Bénéficier de l'Egliſe Collégiale de Ville-Neuve-lès-Avignon.
Lettre au ſujet de la Chartreuſe, I, 13257.
du SOURD : *voyez* Jean.
de SOURDES (le Marquis).
Journal de l'Aſſemblée de la Nobleſſe à Paris, en 1651, II, 27576.
de SOURDES, Jean-Matthias.
Floſculi Notitiæ Figeacenſis, III, 37610.
de SOURDIER, Jean, Sieur de Richeſource.
Critique de la Relation du Siège de Fribourg, II, 24120.
de SOURDIS : *voyez* d'Eſcoubleaux.
SOURIS, Gerard, Prieur de Brogne.
Catalogus Abbatum Bronienſium, I, 11732.
Traduction de la Vie de S. Gérard, 11733.
SOUSNOR, Jean, Sieur de la Nichiliere.
Dialogue des trois Vignerons, III, 35512; IV, S.
SOUSSELIER, Jean.
Harangue funèbre de Jean de Maupeou, I, 9040.
de SOUVERT, Jean, Avocat.
Remontrance à MM. des Trois-Etats de Bourgogne, II, 20085.
Avis pour les Gens des Trois-Etats de Bourgogne, 27218 & 409; III, 35898.
de SOUVIGNY : *voyez* Sorel.
de SOUVRÉ, Jacques, Commandeur de S. Jean de Latran.
Lettres, III, 30867.
de SOUZY : *voyez* le Pelletier.
SOVIL de Cinq-Cieux : *faux nom ſous lequel s'eſt caché* Louis de Quincé, II, 17343 & 23629 : *voyez* de Quincé.
de SOVOT : *voyez* Balot.
SOYER, Charles, Enlumineur du Roi.
Recueil des Noms & Armoiries des Chevaliers de la Toiſon d'Or, III, 40415.
Armoiries & Blaſons des Chevaliers de l'Ordre du S. Eſprit, de la Jarretiere & de la Toiſon d'Or, 40501.
Recueil de la Nobleſſe de Lorraine, 40698.
Continuation des Annoblis de Lorraine, 40701.
Les Alliances de la Maiſon de la Trimouille, 44302.

Soyer (M.), Avocat.
Mémoire contre les Jésuites, I, 14391.
de Sozzi.
Consultation sur la mouvance de la Vicomté de Rohan, II, 27932.
Spach, Jean.
Chronique de Strasbourg (en Allemand), III, 38719.
Spalatin, Georges.
De Arminio Historia, II, 15396.
Spanheim, Frédéric, Ministre Calviniste.
Geneva restituta, I, 5965; IV, S. 39171.*
Le Soldat Suédois, II, 22055.
Commentaires sur la Vie du Vicomte de Dhona, III, 38290.
de Sparre (le Chevalier), Lieutenant-Colonel.
Le Code Militaire, III, 32161.
Spatafora, Mario-Reitani.
Il Rogerio in Sicilia, III, 35000.
Speckel ou Specklin, Daniel, Architecte.
Alsatiæ Tabula, I, 1318.
Chronique de Strasbourg, III, 38720.
Remarques sur l'Histoire de la Basse-Alsace, 38746.
Speed, Jean.
Le Théâtre de la Grande-Bretagne (en Anglois), III, 35178.
Spener, Philippe-Jacques.
Synopsis Rerum Gallo-Francicarum, II, 15817.
Illustriores Galliæ Stirpes, 24843.
Sperer, Jacques-Charles.
Gallia Belgica, I, 403.
Notitia Germaniæ antiquæ, 542; II, 15399.
Franciæ & Francorum Consideratio, 15448.
Speroni, Arnold, Bénédictin.
Vita di Antonio Godeau, IV, S. 8846*; V, Add.
Spifame, Jacques, Evêque de Nevers, & ensuite Apostat.
Harangue à l'Empereur Ferdinand, II, 17875.
Lettre à la Reine, 17941.
Discours sur le Congé obtenu par le Cardinal de Lorraine, 17977.
Spifame, Raoul, Avocat, frère du précédent.
Dicæarchiæ Progymnasmata, II, 27624.
Spon, Jacob.
Dissertation sur la Colonie Equestris, I, 266.
Recherches des Antiquités de Lyon, III, 37342.
Histoire de Genève, 39173 & 74.
Sponde, Henri, Evêque de Pamiers.
Epitome & Continuatio Annalium Baronii, I, 4909.
Ordonnances Synodales, 6334.
Sprecher, Fortunat.
Historia Motuum in Rhetia, II, 21478.
Spreng, Jean-Jacques.
Commentarium Rerum Rauracorum, I, 3938; III, 39132.
Harangue sur les 1200 Suisses qui livrerent bataille à Louis XI; IV, S. 39093.
Sprenger, Adolphe : *faux nom sous lequel s'est caché* Antoine Bruen *ou* Brun, III, 30721 : *voyez* Brun.
Springspheld, Gottlob-Charles, Médecin.
Iter Medicum ad Thermas Aquisgranenses, I, 2909.
de Squinnemard (le Sieur).
Forêt de Fontainebleau, I, 1519.
de Staal, (Madame).
Mémoires, II, 24612.
Portrait du Duc du Maine, 25733.
Stabulanus, Jean, Moine de S. Laurent de Liége.
Chronicon Leodiense, I, 8696.
Stage, Achilles.
De Electione Henrici, Regis Poloniæ, II, 18283.
Stanislas, Roi de Pologne.
Lettre sur sa Retraite, III, 38930.

Tome V.

Stanyan, Temple.
Etat de la Suisse, III, 39078.
Stapleton, Thomas, Docteur en Théologie.
Laudatio in funere Francisci Richardot, I, 8602.
Oratio funebris in laudem Arnoldi de Ganthonis, IV, S. 12143.*
Starckman, P.
Plan de Landau, I, 1602.
de Stavegne, Roger.
Li Charboclois d'armes, II, 16819.
Steel, Richard.
Recueil de Pièces concernant la démolition de Dunkerque, III, 39031.
Réflexions sur l'importance de Dunkerque, 39032.
Stella, Jean.
Monarchia Gallica, II, 28735.
Stella : *voyez* Calvet de l'Etoile.
Stellarius : *faux nom sous lequel s'est caché* Jean de Thoulouse, I, 13472 : *voyez* de Thoulouse.
Stemer, Nicolas-François-Xavier.
Routes des lieux d'Etapes, &c. I, 631.
Traité du Département de Metz, 2232; III, 38758.
Stenglin.
Description des Comtés de Neuchâtel & de Vallangin, III, 39144.
vander Sterre, Jean-Chrysostome, Abbé de S. Michel d'Anvers.
Natalis Sanctorum Ordinis Præmonstratensis, I, 13522.
Editio Vitæ S. Norberti, 13538.
Stettler, Michel.
Annales (en Allemand), III, 39098.
Stevart, Jean.
De Adventu Henrici II in Lutetiam, II, 26209.
Stevens, Jean.
Supplementum Monastici Anglicani, I, 11569.
Stevens : *voyez* Sacheverelr.
Steyer, Adrien.
De Viis militaribus Romanorum, I, 67.
Sticker, Urbain, Jésuite.
De S. Principio Cenomanensi, I, 10360.
Stilting, Jean, Jésuite.
De S. Agilo Vicecomite, I, 4296.
De S. Ferreolo, 4410.
De S. Memorio & Sociis, 4588.
De S. Wasnulfo, IV, S. 4734.*
De S. Salvio Albiensi, 7916.
De S. Æonio Arelatensi, 8004.
De S. Cæsario Arelatensi, 8006.
De S. Lycerio Conseranensi, 8097.
De S. Fausto Tarbensi, 8109.
De S. Agricola Avenionensi, 8128.
De S. Aniano Bisuntino, 8178.
De S. Bibiano Santonensi, 8297.
De S. Ambrosio Santonensi, 8298.
De S. Ferreolo Lemovicensi, 8476.
De S. Piato Tornacensi, 8619.
De S. Gregorio Ultrajectino, 8811.
De S. Justo Lugdunensi, 8886.
De S. Elpidio Lugdunensi, 8891.
De S. Patiente Lugdunensi, 8900.
De S. Ætherio Lugdunensi, 8918.
De S. Syagrio, Augustodunensi, 8973.
De S. Evantio Augustodunensi, 8976.
De S. Nectario Augustodunensi, 8977.
De S. Nivardo Remensi, 9533.
De S. Ansarico Suessionensi, 9596. *
De S. Alpino Catalaunensi, 9622.
De S. Firmino Ambianensi, Confessore, 9701.
De S. Eunucio Noviomensi, 9758.
De S. Audomaro Morinensi, 9769.
De S. Sinerio Abrincensi, 9925.
De S. Chrodegando Sagiensi, 9972.
De S. Ambrosio Senonensi, 10036.

De S. Ebbone Senonenfi, 10058.
De S. Optato Autiffiodorenfi, 10150.
De S. Exupèrio Tholofano, 10211.
De S. Lidorio Turonenfi, 10273.
De S. Victorio feu Victurio Cenomanenfi, 10358.
De S. Maurilio Andegavenfi, 10380.
De S. Adelpho Metenfi, 10554.
De S. Gauzlino Tullenfi, 10641.
De S. Ifmidone feu Ifmione Dienfi, 10746.
De Reginaldo, 11596 & 13379.
De S. Rithberto aut Raimberto, 11597.
De S. Sulino, 11600.
De S. Aigulfo, 12084.
De S. Agilo, 12178.
De S. Bertino, 12369.
De S. Mederico, 12604.
De S. Sevoldo, 12788.
De S. Ulfacio, 13402.
De Sanctâ Hunegundâ, 14757.
De S. Ludovico, II, 16883.
De S. Clodoaldo, 25141.
De beatâ Elifabeth Franciæ, 25374.
STOA, Jean-François-Quintien.
  Cleopolis, III, 34494.
STOCK, Melchior.
  Chronique des Comtes de Hollande, III, 39583.
STOCKMANS, Pierre, Confeiller du Confeil de Brabant.
  Deductio de Jure devolutionis in Ducatu Brabantiæ, II, 28843.
  De Jure Devolutionis in Brabantiâ, adversùs Mariam-Terefiam, 28849.
  Tractatus de Jure Devolutionis, 28868.
van STOKKEN, Gérard.
  Thuanus enucleatus, IV, 45630.
STOLBERGER : voyez Strobelger.
de STORS : voyez Duval.
de STRAATMAN, Henri.
  Teftament Politique de Charles V, Duc de Lorraine, III, 38901.
STRABON.
  Excerptum de Gallis, I, 58.
STRADA, Octavius.
  De Vitis Cæfarum, II, 18454.
STRADA, Famien, Jéfuite.
  Narratio de Vita & Morte Mariæ Stuartæ, II, 25116.
STRADA, François.
  La Clemenza Reale, II, 24096.
STRANGNAGE, Guillaume.
  Hiftoria Mariæ Stuart, II, 25113.
STRATIUS, Jean.
  Ad Leonoram Galliæ Reginam Gratulatio, II, 26588.
STRAUCH, Gilles.
  Difquifitio de Waldenfibus, I, 5727.
STRAUCH, Jean.
  Tractatus de Regno Arelatenfi, III, 38187.
STREINNIUS, Richard.
  Anti-Anicianus, II, 15894.
STREITHAGEN, Pierre.
  Syntagma Urbis Juliacenfis, III, 39248.
STROBELGER ou Stolberger ou Strobelberger, Jean-Etienne, Médecin.
  Galliæ Politico-Medica Defcriptio, I, 2377.
  Hiftoria Monfpelienfis, III, 37833.
  Defcriptio Scholæ Monfpelienfis, IV, S. 45204.*
STROZA, Paul-Thomas.
  Iter ad Sacram Divæ Magdalenæ cryptam, I, 3999.
STRUBE, David-George.
  De Origine Nobilitatis Germanicæ, & præcipuis quibufdam ejus juribus, IV, S. 27610.
STRUVE, Burcard-Gotthelf.
  Syntagma Hiftoriæ Germanicæ, II, 15398 & 16454.
  De Francorum Origine, II, 15449.
  De Scriptoribus Hiftoricis Regni Gallici, 15966.
  De Carolo Magno, 16299.
  De Ludovico Pio, Lothario & Ludovico II, 16424.
  De Carolo Calvo & Ludovico Balbo, 16446.
  De Ludovico Germanico, &c. 16469.
  De Francorum Regno, 27165.
  Bibliotheca Juris, IV, S. 27583.*
  Corpus Juris Publici Imperii Romani Germanici, IV, S. 27610.*
  De Jano-Jacobo Boiffardo, IV, 46657.
STUART, Jean, Duc d'Albanie.
  Lettres, III, 29915 & 17.
STUART, Robert, Maréchal de France.
  Lettres, III, 29916 & 29.
STUART, Jacques : voyez Jacques I, Roi d'Angleterre.
STUART, Henri, fieur de Bonair, Hiftoriographe du Roi.
  Sommaire de l'Hiftoire de France, II, 15830.
  Panégyrique pour M. le Duc de Beaufort, 22786.
  Les Trophées & les Difgraces des Princes de la Maifon de Vendôme, 25641.
  Factum pour lui, 25642.
  Si le Chevalier de Vendôme a dû prétendre la droite à la Cour de Savoie, 26693.
STUCK, Jean-Guillaume.
  Carolus Magnus redivivus, II, 19401.
  Irene Gallica, 19798, IV, S. 19802.*
STUMPFF, Jean.
  Hiftoire des Suiffes, III, 39082.
  Chronique des Suiffes, 39083.
à STUPEN, Gabriel : faux nom fous lequel s'eft caché Claude-Barthélemi Morifot, I, 14321 : voy. Morifot.
STURMIUS, Léonard-Chrift. Mathématicien.
  Obfervations faites dans des Voyages en France, &c. I, 2323.
SUAREZ, Fernand, Carme.
  Traduction Efpagnole de l'Hiftoire de l'Ordre de S. Antoine, I, 13435.
SUAREZ, Jacques, Obfervantin Portugais.
  Sermon funèbre fur Henri IV, II, 20023.
SUAREZ de Sainte-Marie, Jacques, Evêque de Séès.
  Statuts Synodaux, I, 6711.
SUAREZ, François, Carme.
  Oraifon funèbre de Louis XIII ; IV, S. 22138.**
SUAREZ, Jofeph-Marie, Evêque de Vaifon.
  Chorographia Diœcefis Vafionenfis, I, 2256 & 8144.
  Eptada, IV, S. 7761.*
  Avenionis antiquæ Documentu, IV, S. 8125.*
  Diptychon Avenionenfe, Id.
  Defcriptiuncula Civitatis Avenionenfis, III, 38319.
  Lettre fur la belle Laure, IV, 48107.
SUAREZ, Charles-Jofeph, Chanoine d'Avignon, frère du précédent.
  Elogium funebre Solitarii Montis Libani, I, 13310.
de SUBERCASAULX, (M.) Médecin.
  De Aquarum Tarbellicanum calidis Aquis, I, 2894, IV, S.
SUBLET, François, Sieur des Noyers, Secrétaire d'Etat.
  Lettre fur l'attaque des Ifles de Sainte-Marguerite & de Lérins, II, 21912.
  Lettres, III, 30591 & 686.
de SUCCA, Antoine.
  Duces Brabantiæ, III, 39490.
SUCHEREAU, Françoife.
  Hiftoire de l'Hôtel-Dieu de Québec, III, 39723.
SUDAN, Claude, Jéfuite.
  Bafilea Sacra, I, 8225, IV, S.
SUE le jeune, (M.) Chirurgien.
  Eloge de Jean Devaux, IV, 46118.
le SUEUR, Euftache, Peintre.
  Peintures de la Vie de S. Bruno, I, 13257.
  Peintures qui font dans l'Hôtel du Châtelet, III, 34571.
SUEYRO, Emmanuel, Chevalier de l'Ordre de Chrift.
  Defcription de Flandria, III, 39268.
  Annales de Flandes, 39373.
SUGER, Abbé de Saint-Denys.
  Libellus de confecratione Ecclefiæ à fe ædificatæ, I, 11409.

Vita Ludovici Groſſi, II, 16650.
Epiſtolæ, III, 29772.
SUICER, (l'Abbé) de la Société Littéraire de Châlons.
Obſervations Météorologiques, I, 2520.
SUIDAS.
Vita S. Dionyſii Areopagitæ, I, 4013.
SUIZER, Jean-Henri.
Chronologia Helvetica, III, 39084.
SULLOT, Claude, Procureur.
Journal des choſes arrivées en Bourgogne, III, 35899.
de SULLY, Eudes, Evêque de Paris.
Statuta Synodalla, I, 6661 ; IV, S.
de SULLY : voyez de Béthune.
SULPICE Sévère, diſciple de S. Martin.
Vita S. Hilarii Pictavienſis, I, 8309.
— S. Martini Turonenſis, 10175 & 76.
SUMER (M.), Médecin.
Conſtitution épidémique obſervée à Marignane, I, 2548.
de SURDON : voyez Palerne.
SUREAU du Rozier, Hugues, Miniſtre Proteſtant.
Confeſſion de reconnoiſſance, I, 5843.
SURGUYN, Raoul, Seigneur de Belle-Croix.
Traité contre les Remontrances faites aux Etats d'Avignon, II, 27448.
de SURGY : voyez Rouſſelot.
SURHONIUS, Jean.
Artois, I, 1351.
Picardiæ Belgicæ Deſcriptio, 1800.
Vermandois, 1908 ; IV, S.
Duché de Luxembourg, 2007.
SURIANO, Michel, Vénitien.
Commentario del Regno di Francia, II, 17774.
Relation de ſon Ambaſſade en France, 26936; III, 30101.
SURIN (le Pere) Jéſuite.
Extrait de ſes Mémoires, I, 4835.
Lettre à M. l'Evêque de Poitiers, 4846.
SURIREY de Saint-Remy (M.).
Mémoires d'Artillerie, III, 32150.
SURIUS, Laurent, Chartreux.
Vita S. Yvonis, I, 11549.
— S. Brunonis, 13235.
Hiſtoire des choſes mémorables, II, 18119.
SUSANNE, Cyprien.
Diſcours ſur le Gouvernement de l'Egliſe, I, 7364.
SUSIO.
Della ingiuſticia del Duello, III, 40165.
SUSSANEAU, Hubert.
Perona obſeſſa, IV, S. 34175.*
de SUTIERES : voyez Sarcey.
SWAMMERDAM, Jean.
Biblia Naturæ, I, 3614.
SWERT, François.
Deliciæ Gallicæ, I, 2296.
Monumenta Sepulcralia Brabantiæ, III, 39469.
Athenæ Belgicæ, IV, 45692.
de SWERT, Pierre.
Necrologium aliquot Catholicorum, IV, 45695.
SUYSKEN, Conſtantin, Jéſuite.
De Sanctâ Benedictâ, IV, S. 4339.*
De S. Elzeario, I, 4385.
De S. Floſcello, 4423 ; IV, S.
De S. Geroldo, IV, S. 4478.*
De S. Lauro, I, 4551.
De Sanctâ Libariâ, IV, S. 4533.*
De Sanctâ Maurâ, I, 4576.
De S. Quintino, IV, S. 4627.**
De S. Urſione, I, 4732.
De S. Caſtore Aptenſi, 7874.
De S. Auſtindo Auſcienſi, 8084.
De S. Apollinare Bituricenſi, IV, S. 8370.*
De S. Lamberto Trajectenſi, I, 8750.
De S. Sacerdote Lugdunenſi, 8912.

De S. Remigio Nemenſi, 9517.
De S. Divitiano Sueſſionenſi, IV, S. 9592.*
De S. Leudomero Catalaunenſi, I, 9625.
De S. Chagnoaldo Laudunenſi, 9642.
D. S. Firmino Ambianenſi, Martyre, 9696.
De S. Laudo Conſtantienſi, 10002.
De S. Apro Tullenſi, 10636.*
De S. Amore, IV, S. 10886.*
De S. Marſo, IV, S. 11270.
De S. Pipione, IV, S. 11359.*
De S. Reventio, I, 11407.
De S. Vulgiſo, 11534.
De S. Auguſto, IV, S. 11578.*
De S. Ermenfredo, 11901.
De S. Yſarno, 12821.
De S. Rodingo, 13020.
De B. Joanne de Montemirabili, 13104.
De Sanctis Euſebiâ & Sociabus Martyribus, IV, S. 14750*.
De Sanctâ Enimiâ, IV, 25252.*
de SUZE : voyez Triſtan de la Baume.
de SUZZI (M.).
Lettre ſur un article du Dictionnaire des Gaules, I, 19.
SYCHARD, Adrien.
Recueil Généalogique des Maiſons de Mortemar, III, 43328.
Généalogie de la Maiſon de Saulx, 44079.
Oraiſon funèbre de Madame de Rochechouard, IV, 48159.
SYETTE : voyez Boutreux.
de SYLVA, Gonſalve, de l'Ordre de Citeaux.
Traduction Portugaiſe de la Vie de S. Bernard, I, 13050.
SYLVE, Frédéric.
Diſcurſus de Revolutionibus anni 1672, II, 23992.
de SYLVECANE (le Préſident).
Deviſes pour M. Colbert, II, 24188.
SYLVESTRE (M.).
Vue d'Orléans, IV, S. 1731.*
Perſpectives & Payſages (de France), 2123.
Vues des plus belles Villes de France, 2124.
—des lieux les plus remarquables, 2125.
—du Château de Vaux-le-Vicomte, 2126.
—du Louvre & des Thuileries, II, 26988.
—des Villes & Maiſons Royales, 27004.
—du Château de Verſailles, 27014.
SYLVESTRE, Daniel.
Les lieux les plus remarquables de Paris, III, 34518.
SYLVESTRE, Pierre-François.
Le Flambeau de la Mer, traduit du Flamand, I, 841.
SYLVESTRE (le Pere) Capucin.
Appendix Annalium Capucinorum, IV, S. 13906.*
SYLVESTRE de Saint-Abel (M.) de la Société Littéraire d'Auxerre.
Eloge de M. de Caylus, Evêque d'Auxerre, IV, S. 10171.*
Diſſertation ſur la Reine Brunehault, II, 25028.
Notice du Fief de Palteau, III, 34330.
Obſervations ſur un uſage ſingulier, 34838.
Notice du Comté de Gien, 35621.
SYLVIOL, Antoine.
De Triumphali Ludovici XII. Victoria, II, 17440.
SYLVIUS, André.
Hiſtoria Franco-Merovingicæ Synopſis, II, 16714.
SYLVIUS, Garcias.
Traduction Eſpagnole de l'Eloge de Henri II; II, 17734.
SYLVIUS, Æneas.
Germania, II, 15396.
De Officio Heraldorum, III, 40206.
SYLVIUS, Lambert : voyez Wood.
de SYMONY, Guillaume.
Généalogie de Symony, III, 36915.

SYRUS, Moine de Cluni.
Vita S. Majoli, I, 11809.
SZLEZEPECHEMY, George, Archevêque de Strigonie.
Censura quatuor Propositionum Cleri Gallicani, I, 7291.

T

T.*** inconnu.
Mémoires sur les Vers à Soie, IV, S. 3637.*
T** (l'Abbé) inconnu.
Relation de la Mission des Jésuites à S. Etienne-en-Forès, I, 5105.
T. B. Æ. peut-être Theophile Banosius, II, 18560 : voyez Banosius.
T. G. c'est Théodore Godefroy, II, 28754 : voyez Godefroy.
T. P. c'est-à-dire, Theologus Parisinus : c'est Gilbert Genebrard, I, 7150 : voyez Genebrard.
T. R. Q. inconnu.
Traité des causes & raisons de la prise d'armes, II, 18906 ; IV, S.
T. S. F. H. S. T. L. P. U. T. c'est Hugo-Franciscus Heussenius Sacræ Theologiæ Licentiatus Pastor Vicarius Trajectinus, I, 8799 : voyez van Heussen. Peut-être qu'au lieu de T. S. on auroit dû lire H, qui répond à Hugo.
T. V. Y. A. c'est Davity, III, 40259. On le trouve ailleurs désigné par D. T. U. Y. I, 187, peut-être l'un & l'autre pour D. V. T. Y. : voyez Davity.
de TABARIE, Hue ou Hugue.
L'Ordene de Chevalerie, III, 40213.
TABARY, Hippolyte, Chanoine Régulier Génovéfain.
Vie du P. de Sesy, I, 13644.
TABARY, Jean-François, Libraire.
Additions à la Dissertation de M. de Boulainvilliers sur la Noblesse de France, III, 39882.
TABEOMIUS, Guillaume, Archidiacre de Saint-Omer.
Laudatio funebris in obitum Jacobi Pamelii, I, 8639.
TABLET.
Observations sur les qualités des Eaux de Bagnoles, I, 2951.
TABOUET, Julien, Procureur-Général du Parlement de Chambéry.
De Republicâ & Linguâ Francicâ ac Gothicâ, II, 15483.
Historica Franciæ Regum Genesis, 15723.
De Republica Francica, 27188.
De diversis Ordinibus Gallorum, III, 31187.
De prima Senatuum Origine, 32834.
TABOUILLOT, Nicolas, Benedictin.
Des Gaulois, des Druides, &c. IV, S. 3841.*
Histoire de Metz, III, 38763.
TABOUROT, Pierre, Maître de Dijon.
Histoire du Siége de Dijon, II, 17465 ; III, 35924.
TABOUROT, Etienne, Procureur du Roi de Dijon.
Reistrorum Defensio, II, 18617.
Icones & Epitaphia quatuor Ducum Burgundiæ, 25439.
TABOUROT, Théodore, Chanoine de Langres.
Histoire de l'Eglise de Langres, I, 5043.
TACHARD, Guy, Jésuite.
Voyages de Siam, III, 31067.
TACHON, Christophe, Bénédictin.
Vie de Marguerite de Mesples, I, 4808.
TACITE, Corneille, Historien.
De Moribus Germanorum, II, 15393.
TACON, Fr. Jesuite.
Déclaration de l'Institut de la Compagnie de Jésus, I, 14294.
TÆGIUS, François.
Narratio Obsidionis Papiæ, II, 17512.
TAHUREAU, Pierre, sieur de la Chevallerie.
L'Histoire de notre temps, II, 18445.
TAHUREAU, Jacques, frère du précédent.
Oraison de la grandeur du Règne de Henri II ; II, 17674.

TAILHÉ, Jacques.
Abrégé Chronologique de l'Histoire de la Société de Jésus, I, 14220.
Histoire de Louis XII, 17480.
TAILLANDIER, Charles, Bénédictin.
Préface du Dictionnaire de la Langue Bretonne, I, 3771 ; IV, S.
Projet d'une Histoire de Champagne, III, 34214.
Lettre sur un ancien Monument de la Ville de Reims, 34244.
Histoire de Bretagne, 35401.
Eloge d'Antoine Rivet, IV, 44548.
TAILLASSON, P.
Réponse, pour le Chapitre de Toulouse, aux moyens de Messire Louis de la Valette, I, 10199.
de la TAILLE, Jean.
Remontrance pour le Roi à ses Sujets, II, 17891.
Histoire des Singeries de la Ligue, 19546 ; IV, Suppl.
Discours des Duels, III, 40172.
TAILLEPIED, Noël, Cordelier & ensuite Capucin.
Histoire des Druides, &c. I, 3813 ; IV, S.
—de Théodore de Beze, 5876.
L'Antiquité de Pontoise, III, 34802.
Antiquités de Rouen, 35209.
TAISAND, Pierre, Trésorier de France.
Les Vies des plus célèbres Jurisconsultes, IV, 45807 ; V, Add.
Histoire d'Antoine Favre, 45881.
TAISAND, Claude, Religieux de Cîteaux, fils du précédent.
Vie de Pierre Taisand, III, 34065.
de TAIX, Guillaume.
Recueil de ce qui s'est passé aux Etats de Blois, I, 6838 ; III, 30197.
Mémoires des Affaires du Clergé de France, 6934.
Propositions faites en la Chambre Ecclésiastique des Etats de Blois, II, 17462.
Relation des Députés des Etats, 27464.
Mémoire sur les de Tain, III, 44196.
TALBERT, François-Xavier, Chanoine de Besançon.
Eloge de Jacques-Bénigne Bossuet, V, Add. 9428.
Oraison funèbre du Maréchal de Duras, IV, S. 31616.*
Eloge du Chevalier Bayard, IV, S. 31871.*
—du Marquis du Chastelet, III, 31910.
—de Michel de Montagne, V. Add. 46514.*
TALBOT, Robert, Chevalier.
Lettres, III, 31180.
TALLEMANT, François, Abbé du Val-Chrétien.
Traduction de l'Histoire de la République de Venise, II, 23964.
TALLEMANT, Paul, Prieur de Saint-Aulin, cousin du précédent.
Préface du Recueil des Médailles sur Louis XIV, II, 24402.
Eloge de Pierre Séguier, III, 31540.
—du Duc d'Aumont, 31855.
—de Jean-Baptiste Colbert, 32587.
Discours sur l'utilité des Académies, IV, 45492.
Eloge de Nicolas Barat, 46624.
—d'Etienne Pavillon, 46852.
—de Charles Perrault, 46857.
—de Julien Pouchard, 46877.
—d'Isaac de Benserade, 47306 ; IV, S.
—de Joseph-François Duché, 47413.
le TALLEUR, Guillaume.
Chronique de Normandie, III, 35168.
TALON, Pierre, Chanoine de Limoges.
Sermon sur Bernard Bardon de Brun, I, 10924 ; IV, S.
TALON, Omer, Avocat-Général au Parlement de Paris.
Harangues au Roi, IV, S. 22280.*
Harangue au Roi, IV, 22741.
Mémoires, II, 23753 ; IV, S.

Plaidoyer touchant la succession de la Duchesse de Vendosme, 25633.
TALON, Denys, Avocat-Général au Parlement de Paris, fils du précédent.
Projet de Réformation de la Discipline Ecclésiastique, I, 7457.
Plaidoyer sur l'interdit de l'Eglise de S. Louis de Rennes, II, 29097.
TALON, Claude, Intendant des Finances en Artois.
Procès-verbal sur le Réglement des limites du Pays d'Artois, &c. II, 28818.
TALON, Jacques, Prieur de S. Paul-aux-Bois.
Procès-verbal de l'Assemblée du Clergé de 1645, I, 6882.
Relation des actions de M. le Cardinal de la Valette, II, 21970; IV, S.
TALON, Nicolas, Jésuite.
Vie du Bienheureux François de Sales, I, 10775.
TAMOT, Gabriel, Avocat.
Recherches des Antiquités de la Ville du Mans, III, 35501.
TANDON, (M.) Médecin.
Mémoire sur une Maladie épidémique, IV, *Suppl.* 2569.*
TANEL, François.
Procès-verbal de l'exécution des Arrêts donnés contre le Connétable de Bourbon, III, 33648.
TANNER, Thomas.
L'Entrée de Mazarin, II, 22201.
TANNER, Matthias.
Historia Societatis Jesu, I, 14105.
TANNEVOT, Alexandre.
La Campagne du Roi, II, 24690.
Lettre sur un livre d'Estampes, 26558.
de TANTALE.
Satyre Ménippée, I, 6227.
TAON, Claude-Philippe, Jésuite.
Eloge du Maréchal de Toiras, III, 31710.
TARAULT, Jean, Jésuite.
L'état des Gaules avant l'établissement de la Monarchie Françoise, I, 3870.
Annales de France, II, ~~1642~~ — 16142.
TARDE, Jean, Chanoine.
Potamographie de la Garonne, I, 735.
Evêché de Sarlat, 1144.
TARDIF.
Eloge de M. Frezeau de la Frezeliere, I, 8339.
Cartes de la Postérité de Henri le Grand, II, 24985.
TARDIN, Jean, Médecin.
Histoire de la Fontaine qui brûle, I, 2864; IV, S. 3073.*
TARDY, Emmanuel, Médecin.
Dissertation sur les Eaux de Vichy, IV, S. 3278.*.
TARDY, J. Charles.
Anetum, III, 34837.
TARGET, fils, Avocat.
Consultation sur le Collège des Bons-enfans, IV, S. 45040.*
de TARGNY, (l'Abbé) Garde des MSS. de la Bibliothèque du Roi.
Additions & changemens à faire aux Conciles du P. Hardouin, I, 6286.
Observations sur les Loix Ecclésiastiques de France, 6966.
Remarques sur les Instructions & Missives des Rois de France, I, 7498.
TARIN, Jean, Professeur Royal.
Laudatio funebris Petri Cardinalis de Gondiaco, I, 9318.
TARIZZO, François-Antoine.
Ragguoglio Istorico dell' assedio della Cita di Tarino, IV, S. 24435.*
de TARSIA, Paul-Antoine.
Tumulros de la Ceudad de Napoles, II, 22278.

TARTARIN, N. Avocat.
Requête pour les Princes légitimés, II, 28595.
le TARTRIER, Yves, Doyen de l'Eglise Cathédrale de Troyes.
Procès-verbal de ce qui s'est fait par le Clergé aux Etats de Blois, II, 27489.
TASCHER.
Mémoire pour les Prevôt des Marchands & Echevins, III, 34595; IV, S.
TASCHEREAU, Jacques, Bénédictin.
Gallia Christiana nova, I, 7828. *Il y a part.*
TASSIN, Nicolas, Géographe du Roi.
Carte de la France, I, 564.
Cartes de France & d'Espagne, 567.
—des Côtes de France, 687.
Alsace, 1321.
Anjou, 1342.
Duché d'Aumale, 1364.
Berri, 1390.
Boulonois, &c. 1401.
Bourgogne & Bresse, 1416.
Bresse, 1427.
Bretagne, 1433.
Dauphiné, 1492.
Franche-Comté, 1526.
Guyenne, 1542.
Hainault, &c. 1555.
Isles de France & Brie, 1565.
France, Valois, Tardenois, *là*.
Isles de Sainte-Marguerite & de Saint-Honorat, 1600.
Languedoc, 1606.
Limosin, 1625.
Lorraine & Bar, 1633.
Lyonnois, &c. 1649.
Le Maine, 1664.
Royaume de Navarre, 1688.
Nivernois, 1695.
Normandie, 1701.
Duché d'Orléans, 1722.
Environs de Paris, 1743.
Picardie & Artois, 1802.
Poitou, Saintonge, &c. 1817.
Provence, 1826.
Sedan, 1870.
Touraine, 1890.
Pays de Valois, 1899.
Vermandois, &c. 1911.
Vexin, &c. 1916.
Savoie, 1952.
Suisses, 1963.
Duché de Luxembourg, 2009.
Pays-Bas, 2030.
Flandre, Artois, Hainaut, 2054.
Plans & profils des principales Villes de France, 2114.
—des Villes de Bourgogne, 2115.
—des Villes de Lorraine, 2116.
—des Villes de Suisse, 2117.
Description du Pays des Suisses, III, 39072.
TASSIN, (le sieur)
Journal de la Campagne du Capitaine Thurot, II, II, 24768.
TASSIN, René-Prosper, Bénédictin.
Continuation de l'Histoire de l'Ordre de S. Benoît, IV, S. 11610.*
Histoire Littéraire de la Congrégation de S. Maur, I, 11615; IV, S. 11618.*
Eloge de Charles-François Toustain, I, 12259; IV, S. 46937.*
Histoire de Jean-Luc d'Achery, IV, S. 12515;* IV, 46612.
—de Jean Mabillon, IV, S. 12523.*
—d'Edmond Martenne, IV, *Suppl.* 12545.*; IV, 46613.

—de Bernard de Montfaucon, IV, S. 11546.*
—de l'Abbaye de S. Ouein de Rouen, IV, S. 12699.*
Défense des Droits de cette Abbaye, IV, S. 12700.* I, 12810. *Il y a eu part.*
Histoire d'Antoine Rivet, IV, S. 12834.*
—de l'Abbaye de S. Vandrille, IV, S. 12840.*
Traité de Diplomatique, III, 29483. *Il y a eu part.*
Notice des Manuscrits de l'Eglise de Rouen, revue, 35211.
Histoire de Gabriel Gerberon, IV, 45778.
—de Prudent Maran, 45783.
—de Thierry Ruinart, 46902.
—de Denys de Sainte-Marthe, IV, S. 46908.*
Notice de Pierre Guarin, IV, S. 47105.*
—de Charles Catignon, IV, S. 47355.*
—de Julien-Gatien de Morillon, IV, S. 47551.*
TASSINOT, Jacques.
Remarciman dé brave Boroza dé Dijon, III, 37014.
de TASSIS, Jean-Baptiste.
De Tumultibus Belgicis, III, 39301.
TASSO, Torquato.
Lettera, nella quale paragona l'Italia alla Francia, IV, S. 2302.
La Gierusalemme liberata, II, 16601.
Apologia della istessa, 16603.
La Gierusalemme conquista, 16604.
de TASSY : *voyez* Félix.
TATTO, Charles.
Discours de la Réception faite par Henri III aux Ambassadeurs Suisses, II, 18430.
TAUPINART de Tillieres, Gabriel.
Eloge de M. de Turennes, II, 24156 ; III, 31723.
TAUREAU *ou* TAURELLI, André.
De Chindonactis Tumulo, I, 3818.
de TAVANNES : *voyez* de Saulx.
TAVEAU, Balthasar, Procureur.
Antiquités de la Ville de Sens, III, 34329.
TAVEAU, Jacques, Avocat.
Senonensium Archiepiscoporum Vitæ, I, 10019.
de la TAVERNE, Antoine, Grand-Prevôt de l'Abbaye de S. Vast.
Journal de la Paix d'Arras, III, 29808 & 38985.
TAVERNIER, Melchior.
Le Royaume d'Austrasie, I, 397.
Carte de France, corrigée, 566 ; IV, S.
TAVERNIER, Nicolas, Professeur en Grec; & Recteur de l'Université de Paris.
Oratio funebris Mariæ-Teresiæ Austriacæ, II, 25182.
TAVERNIER, (Dom) de l'Ordre de Cîteaux.
Histoire de l'Abbaye de Lieu-Croissant, I, 13100.
TAXIL, Nicolas, Chanoine.
Oraison funèbre de Pierre Gassendi, I, 11144.
TEDENAT, Jean.
Sommaire des Remarques Chronologiques touchant l'Abbé de Cîteaux, I, 12976.
TEGNAGELLIUS, Reignier.
De Geldrorum Principum origine, &c. III, 39549.
du TEIL.
Raisonnemens sur les Affaires présentes, II, 22659.
Les Calomnies du Cardinal Mazarin, 22660.
TEILLARD de Beauveseix, (M.) Conseiller en la Cour des Aydes de Clermont-Ferrand.
Mémoire sur la Vie de l'Empereur Avitus, I, 3919.
—sur la Vie d'Ecdicius, 3920 ; II, 24898.
Dissertations sur deux Inscriptions sépulchrales, III, 37479 & 80.
TEISSRENC, Etienne, Prêtre.
Géographie Parisienne, I, 801 ; IV, S. 34527.*
TEISSERENC, Jacques, Garde-du-Corps.
Poëme sur la Prise de Mahon, II, 24742.
TEISSIER, Antoine.
Traduction de la Vie de Théodore de Beze, I, 5881.

Additions aux Eloges des Hommes sçavans, IV, 45631.
TEISSIER, Charles, Bénédictin.
Vie de S. Josse, I, 4518.
TEISSIER, (M.) Avocat.
Mémoire pour les Marguilliers de Saint Germain-l'Auxerrois, I, 5226.
TELESIUS, Gérard : *probablement faux nom.*
Apologia pro Dionysio de Sainte-Marthe, I, 7829.
TELLIER, Michel, Jésuite.
Recueil des Bulles, &c. concernant les erreurs des deux derniers siécles, I, 5575.
Réflexions sur la Vie de Descartes, IV, 46430.
le TELLIER, Jean-Baptiste.
Discours sur les Vers à Soie, I, 3635.
le TELLIER, Michel, Secrétaire d'Etat & ensuite Chancelier de France.
Dépêches, III, 30824 & 25.
Mémoires, 30827.
Dépêches & Mémoires, 30847.
Lettres, 30874 & 80.
Dépêches, 30923, 39 & 40.
Lettres, 30986, 31048 & 83.
le TELLIER, François-Michel, Marquis de Loúvois, fils du précédent.
Dépêche, III, 31012.
Mémoire, 31033.
Lettres, 31045 & 48.
Instruction, 31052.
Lettres, 31078 & 80.
Mémoire & Instructions, 31080.
le TELLIER, Charles-Maurice, Archevêque de Reims, frère du précédent.
Remontrances du Clergé, IV, S. 6889.*
Jugement sur les Jésuites, I, 14119.
Régles données aux Filles de la Propagation de la Foi, IV, S. 15356.*
TEMPLE, Guillaume, Chevalier.
Mémoires, II, 24147 ; III, 31019.
Réponse à un Libelle, 24148.
Nouveaux Mémoires, 24149.
Lettres, III, 31020.
Histoire de Guillaume-le-Conquerant, 34985.
de TEMPLEUX, Jean.
Carte du Blaisois, I, 1398.
de TEMPLEUX, Damien, sieur du Frestoy.
Beauce, I, 1382.
Beauvaisis, 1385 ; IV, S.
Bourbonnois, 1406.
Bresse, 1426.
Pays de Brie, 1443.
Champagne, 1471.
Isle-de-France, 1564.
Laudunois, 1620.
Lyonnois, &c. 1648.
Normandie, 1699.
Saintonge, 1866.
Pays de Valois, 1898.
Description du Valois, I, 2167 ; III, 34843.
du TEMS, Hugues, Chanoine de Bordeaux.
Le Clergé de France, IV, S. 7828.*
de TENCIN : *voyez* de Guérin.
le TENDRE.
Priviléges des Maire & Echevins de Bourges, III, 35807.
de TENELIERE : *voyez* le Noble.
le TENNEUR, Jacques-Alexandre, Conseiller en la Cour des Aydes de Guyenne.
Falsitas Historiæ de Francorum Rege supposito, II, 16984.
De variis Principum Genealogiis, 25887.
De Sacra Ampulla Remensi, 25982.
De Regis Christianissimi Prærogativis, 26903.
De Jure Francorum Salico, 28538.
Veritas vindicata, 28932.

TENZEL,

TENZEL, Guillaume-Erneſt.
Deſcriptio Monumentorum Moguntinenſium, III, 39191.
TEOBAD, Moine de Bêſe.
S. Prudentii Martyris Acta, IV, S. 11721.*
TEPEL, Jean.
Vita Renati Carteſii, IV, 46427.
TERESE de Jéſus, (la Mere) Carmélite Réformée.
Vie d'Anne d'Autriche, II, 25176.
de TERLON, Hugues, Chevalier.
Mémoires, III, 30948.
Négociations, 30965.
TERNALS : voyez Fleury.
TERNET, Claude, Mathématicien.
Martyre de Sainte Reine, I, 4640.
TERNIER, (M.).
Diſſertation ſur le Mûrier blanc, I, 3316.
Mémoire ſur la Vie de Blaiſe Paſcal & de ſa Sœur, IV, 45793.
de TERRA-Rubea : voyez de Terre-Vermeille.
de la TERRADE : voyez de la Trau.
de TERRADEIL, François.
Ses Mémoires, III, 32071 ; IV, S.
du TERRAIL, (le Marquis).
Projet de Galeries Patriotiques, III, 34544.
TERRASSON, Paul, Médecin.
Apologie des Eaux de Die, I, 3044.
TERRASSON, Humbert, Religieux de l'Abbaye de Jou-Dieu.
Oraiſon funèbre du Duc de Villeroy, III, 31732.
TERRASSON, Jean, Académicien.
Lettre ſur un nouveau Syſtême de Finances, II, 28103.
TERRASSON, Matthieu, Avocat.
Mémoire ſur la Souveraineté de Neufchaſtel, III, 39151.
TERRASSON, Antoine, Avocat, fils du précédent.
Du Droit Romain en France, IV, S. 27583.*
Vies & Ouvrages des Juriſconſultes François qui ont écrit ſur le Droit Romain, IV, Suppl. 45808.*
de TERRAUBE, G.
Aquitainographie, III, 37505.
de la TERRAUDIERE : voyez Augier.
TERRAY, Joſeph-Marie, Conſeiller-Clerc au Parlement de Paris.
Compte rendu au ſujet des effets du P. Lavaur, Jéſuite, I, 14472.
Compte rendu de pluſieurs Colléges, IV, 45308.
de TERRE-Vermeille ou Rouge, Jean.
Contra Rebelles Regum Tractatus tres, II, 25212.
Tractatus de Jure legitimæ ſucceſſionis in hæreditate Regni Galliæ, 28480 & 85.
TERRIER de Cleron, Joſeph, Préſident en la Chambre des Comptes de Dôle.
Vie de Mandrin, III, 33769.
Hiſtoire de ce qui s'eſt paſſé à Beſançon, 38438.
de la TERRIERE.
Lettre du Soldat François, II, 21902.
TERRIN, Claude, Conſeiller au Siége d'Arles.
Deſcription du Théatre de la Ville d'Arles, III, 38165.
La Vénus & l'Obéliſque d'Arles, 38167.
Lettre de Muſée à Calliſthène, 38170.
Mémoire ſur le Théatre d'Arles, 38175.
Explication d'un Monument d'Arles, ld.
Diſſertation ſur une Colonne d'Arles, ld.
Explication d'une Inſcription d'Arles, ld.
TERRISSE, Théophile, Médecin.
Traité de la Fontaine de Pênes au terroir de Die, I, 3043 & 3144.
TERRISSE, François-Chriſtophe, Abbé de S. Victor en Caux.
Mémoire pour les Chanoines de Rouen, IV, Suppl. 9816.*

Recueil de Pièces concernant l'Abbaye de S. Victor en Caux, I, 12808.
Mémoire ſur l'Origine de cette Abbaye, 12809.
Juſtification de ce Mémoire, 12811.
du TERTRE, Jean-Baptiſte, Dominicain.
Hiſtoire Naturelle des Antilles, I, 2387.
Vie de Sainte Auſtreberte, 14772.
Hiſtoire générale des Antilles, III, 39748.
—des Iſles de l'Amérique, 39754.
du TERTRE : voyez Duport.
TESAURO, Emmanuel.
Sant-Omero aſſediato da Franceſi, II, 21933.
Panégyrique de Chriſtine de France, 25618.
TESCHENMACHER, Wernher.
Patriæ antiquæ, (Belgii veteris) Deſcriptio, I, 49.
Annales Juliæ, &c. III, 39241.
Geldria & Zutphania, 39551.
de TESSÉ : voyez de Froulay.
TESSEREAU, Abraham, Secrétaire du Roi.
Hiſtoire des Réformés de la Rochelle, I, 6050.
—des Chanceliers, III, 31485.
—de la Grande Chancellerie, 32805.
TESTA, N. Archevêque de Montréal.
De Vitâ & rebus geſtis Gulielmi II, Siciliæ Regis, IV, S. 35001.*
TESTAS, Michel, Curé de S. Paul à Poitiers.
Oraiſon funèbre de Marie-Louiſe de Thimbrune de Valence, I, 15172 ; IV, S.
TESTE-NOIRE, Pierre.
Diſcours concernant Sainte Ménehoult, I, 4590.
TÉTELET, Philibert, Chanoine Régulier Génovéfain.
Memoria Petri Lallemantii, I, 13615.
TEULFE, Abbé de Morigny.
Chronicon Morigniacenſis Cœnobii, II, 16663.
TEXERA, Jean.
De Flammulâ ſeu Vexillo Sancti Dionyſii, III, 31822.
TEXERA, Joſeph, Dominicain.
Exegeſis Genealogica de Henrico IV, II, 24971.
Explicatio Genealogiæ Henrici II Condæi, 25793.
Généalogie de la Maiſon de la Trimouille, III, 44299.
TEXIER, Louis, Prieur d'Hallone.
Diſcours touchant la Chapelle de Notre-Dame de la Guariſon, I, 4149.
Vie de S. Francaire, 4425.
Diſcours en l'honneur de S. Francaire, ld.
Diſcours funèbre ſur Charles Bouvard, 10979 ; IV, S. 10993.*
Vie de S. Marcoul, 12253.
Diſcours de la Vie de Claude du Bellay, 13132.
Antiquités de la Maiſon du Bellay, III, 41245.
TEXTE, Matthieu, Dominicain.
Eclairciſſement ſur le lieu de Brétigny, I, 500 ; III, 29385.
Lettre ſur l'origine de certaines Pierres, 2707.
Réponſe aux Obſervations ſur les Ouvrages de Bernard Guidonis, 9235 ; IV, S.
Eclairciſſement au ſujet de Jean Hennuyer, 9989.
Réponſe à une Lettre ſur Jean Hennuyer, IV, S. 9990.* ; V, Add.
Autre Lettre ſur le même Jean Hennuyer, V, Add. 9991.*
Hiſtoire des Freres Prêcheurs Confeſſeurs des Rois, &c. I, 13741.
Nécrologe du grand Couvent de S. Jacques, 13745.
Eloge du Frere François Romain, 13845.
Lettre ſur le lieu de la naiſſance de S. Louis, II, 16890.
Réponſe à M. Maillart ſur le même ſujet, 16892.
Réponſe à M. Lebeuf ſur le même ſujet, 16894.
Réponſe à une autre Lettre ſur le même ſujet, 16896.

Diſſertation ſur une Médaille de Philippe-le-Bel, 16977.
Lettre ſur le lieu de la ſépulture du cœur de Philippe-le-Bel, 16978; IV, S.
Diſſertation ſur une Médaille de Philippe VI, (de Valois), 17032.
Réponſe à une Lettre ſur cette Diſſertation, 17034.
Réplique à une autre Lettre, 17036.
Diſſertation ſur le jour du décès de Philippe de Valois, 17037.
Remarques ſur Amyot, III, 32251.
Explication d'un ancien Jetton, 34014.
Diſſertation ſur l'origine du nom de Dauphin, 37938.
—ſur la Princeſſe Jeanne de Chaſtillon, épouſe de Pierre de France, IV, 48045.
TEXTOR; voyez Raviſius.
TÉZART, Louis, Evêque de Bayeux.
Statuta Synodalia, I, 6391; IV, S.
THACUSSIOS, (M.) Avocat.
Requête au Roi pour M. de Lur, Baron de Drugeac, IV, S. 38017.*
THAUMAS de la Thaumaſſière, Gaſpard, Sieur de Puy-Ferrand.
Des Duchés, &c. aſſis dans les Reſſorts du Bailliage de Berri, I, 2190.
Le Patriarchat de Bourges, 8355.
Hiſtoire des Abbayes du Diocèſe de Bourges, 11563.
Notes & Obſervations ſur les Coutumes de Beauvaiſis, &c. II, 15464.
Hiſtoire de Berri, III, 35800.
Traité du Franc-Aleu de Berri, 39956.
Généalogies des Seigneurs de Berri, 40610.
—des Princes du Bas-Berri, 40611.
—des Barons de Grancey, &c. 40612.
Nobiliaire du Berri, 40613; IV, S.
Généalogie de la Maiſon de Châteauroux, 41799.
—de la Famille de Dorſanne, 42148.
—de la Maiſon de Sancerre, 44051.
Vies des Hommes illuſtres de Berri, IV, 45673.
THIBAUT de Champuſſais, (M.) Subdélégué & Maire.
Mémoire ſur la Ville de Domfront, III, 35332.
THÉGAN, Chorévêque de Trèves.
Opus de Geſtis Ludovici Pii, II, 16352.
THÉLION, (M.) Avocat.
Conſultation ſur le Collége du Cardinal le Moine, IV, 45073.*
THENAUD, Jean, Frère Mineur.
La Margarite de France, IV, S. 15691.*
THÉODÉRIC.
Vita Sanctæ Hildegardis, I, 15043.
THÉODORE de Blois, (le Pere) Capucin.
Hiſtoire de la Marine, I, 851.
—de Rochefort, III, 35781.
THÉODORIC, Roi d'Italie.
Epiſtolæ, III, 29728.
THÉODORIC de Saint-René, (le Pere) Carme des Billettes.
Remarques ſur l'Hoſtie miraculeuſe, I, 5245.
THÉODUIN, Evêque de Liège.
Epiſtolæ, III, 29761.
THÉODULPHE, Evêque d'Orléans.
Deſcription de la Proceſſion d'Angers, I, 4930.
Capitulare ad Parochiæ ſuæ Sacerdotes, IV, S. 6368.*
Verſus de Fulrado Abbate, 12226.
Carmina, II, 16258.
Verſus de Ludovico Pio, 16322.
Annales Francici, 16323: attribués.
THEOPHANE.
Chronographia, II, 16228.
THÉOPHYLACTE Simocatte.
Excerpta de Francis II, 16042.
THÉROUDE, Jean, Curé de Vernon.
Abrégé de la Vie de S. Maxime de Riès, I, 7888.

Epiſtolæ de Amicitiâ diverſarum Eccleſiarum propter S. Maximum, 7889.
Vie de S. Adjuteur, 12904.
Sommaire de ce qu'il y a de remarquable dans Vernon, III, 35280.
de THÉSEU, François, Avocat.
Sommaire des choſes arrivées en France, III, 35875.
Recueil d'Arrêts, 35896.
de THÉSUT Niquevard, Jacques, Protonotaire Apoſtolique.
Oraiſon funèbre de Jean de Maupeou, I, 9039.
de THÉSUT, Louis, Conſeiller au Bailliage de Châlons-ſur-Marne.
Procès-verbal des Etats de Blois, II, 27491.
THEULLIER.
Piéce au ſujet de la Généralité de l'Ordre de Cîteaux, I, 13013.
THEVAR, Godefroi.
Vita Maximiliani Bethunii, III, 31811.
THEVENEAU, André, Avocat.
Diſcours ſur les Préceptes de S. Louis, II, 27612.
THEVENIN, Pantaléon.
Hiſtoria Theodori Bezæ Latinè reddita, I, 5877.
De Vitâ Theodori Bezæ, 5878.
THEVENIN, Michel, Secrétaire d'Etat du Duc de Lorraine.
La Loi Salique de Lorraine démontrée, II, 29015.
THÉVENIN, Michel ou Matthieu.
La Conjuration de Concino Concini, II, 20577.
THEVENIN.
Lettre à M. le Duc d'Eſpernon, II, 23032.
THEVENOT, Léonard.
Naiſſance, &c. des Hérétiques de ce temps, I, 5966.
THÉVENOT, Melchiſédech, Garde de la Bibliothèque du Roi.
Catalogue des Manuſcrits de la Bibliothèque du Chancelier Séguier, II, 15945.
THEVET, André, Ex-Cordelier.
Deſcription de la France, I, 773.
Vie de Bérenger, 5698.
—de Gennadius, 11158.
—de Robert Gaguin, 13978.
Diſcours ſur la Bataille de Dreux, II, 17910.
Les Généalogies des Rois & Princes de Bourgogne, 25432.
Vie d'Antoine de Bourgogne, 25478.
—de Louis d'Orléans, Comte d'Angouleſme, 25485.
—d'Antoine de Bourbon, 25588.
Vies des Hommes illuſtres, III, 31352; IV, 45626.
Vie de Charles d'Amboiſe, III, 31613.
—de l'Amiral Bonnivet, 31760.
—de l'Amiral Chabot, 31764.
—de Léon Strozzi, 31798.
—du Comte de Briſſac, 31836.
—de Nicolas de Brichanteau, 31886.
—de Gaſton de Foix, 31941.
—de Philippe de Villiers, 32080 & 40313.
—de Jacques de Chabannes, 32283.
Les Singularités de la France Antarctique, 39768.
Vie de Jacques de Molai, 40349.
—d'Oronce Finé, IV, 46451.
—d'Auſone, 47288.
—de Jean Clopinel, 47370.
—de Mellin de Saint-Gelais, 47659.
—d'Eudes de Montreul, 47808.
THEVIN, Henri, Jéſuite.
Vie de Charlemagne, II, 16301.
de THÉZUT, (M.) l'un des Membres de la Chambre de la Nobleſſe de Bourgogne.
Catalogue & Armoiries des Gentilshommes du Duché de Bourgogne, III, 40618.

de THIARD de Bissy, Pontus, Evêque de Châlons-sur-Saône.
Epistolâ de Jesuitis, I, 14227.
De Genealogia Hugonis Capeti, II, 24906.
de THIARD de Bissy, Henri, Evêque de Toul, puis de Meaux, Cardinal.
Compilation des Ordonnances du Diocèse de Meaux, I, 6612.
Ordonnances Synodales de Toul, 6780.
THIBAUD, Antoine, Curé de Chagny.
La Paroisse de Chagny, III, 37190.
L'Etat de l'Eglise de Chagny, 37191.
THIBAUD (M.), Ingénieur.
Projet pour rendre la Sorgue navigable, IV, S. 886.*
THIBAULT, Evêque.
Vita S. Guillelmi Eremitæ, III, 35717.
THIBAULT, Dominique, Frère Mineur.
Oraison funèbre de Henri IV, II, 20025.
THIBAUT, N.
Petit Traité des Eaux de Bourbonne, I, 3002.
THIBAULT, Joseph-Victor, Minime.
Vie de Marguerite de Soliez, I, 15063.
THIBAULT, Bénigne, Bénédictin.
Annales de l'Abbaye du Bec, IV, S. 11695.*
THIBAULT de Chanvallon.
Observations sur l'Histoire Naturelle de la Martinique, I, 2418.
Voyage à la Martinique, III, 39765.
THIBAULT, François-Timothée, Procureur-Général de la Chambre des Comptes de Nanci.
Histoire des Bénéfices de la Lorraine & du Barrois, I, 1287.
—des Loix & Usages de la Lorraine & du Barrois, 7676.
THIBAUT, Roi de Navarre.
Ses Poësies, II, 25048—53.
THIBERGE, Louis, Directeur du Séminaire des Missions étrangeres.
Oraison funèbre de Mlle. de Bouillon, IV, 48017.
THIBOUST, Nicolas, Libraire & Imprimeur de Paris.
Description de l'Origine des Chartreux, I, 13219.
THICKAINE.
Voyage en Hollande, IV, S. 2335.*
de THIERRAT, Florentin.
Traités sur la Noblesse, III, 39854.
THIERRIAT (M.), Garde-Marteau de la Maîtrise des Eaux & Forêts de Chauny.
Instructions sur la Culture des Terres, IV, Suppl. 3545.**
THIERRIOT (M.), Avocat.
Division du Territoire régi par la Coutume de Troyes, I, 2265.
THIERRY I, Roi de France.
Privilegium Monachis Dervensibus datum, IV, S. 12175.*
THIERRY, Archevêque de Trèves.
Vita Sanctæ Lintrudæ, I, 4541.
THIERRY, Moine.
Acta S. Conradi sive Cunonis, Martyris, I, 10540.
THIERRY, Abbé de S. Tron.
Vita S. Trudonis, I, 11494.
—S. Bavonis, 13283.
—Sanctæ Landradæ, 14760.
THIERRY de Vaucouleur.
Gesta Urbani IV, Papæ, I, 7703.
THIERRY, Martin.
Francisci Regis Triumphus, II, 17584.
De Obitu Guillelmi Montismorentii, III, 32015.
THIERRY (M.), Conseiller du Duc de Lorraine.
Origine de la Maison de Lorraine & d'Autriche, II, 25881.
Histoire des Ducs de Lorraine, III, 38856.
THIERRY.
Animæ illustres Juliæ, &c. III, 39249.

THIERRY, Thibaud-Gaspard, Avocat-Général au Parlement de Dijon.
Discours sur les Vertus du Duc d'Enguyen, II, 25841.
THIERRY (M.), Médecin.
Relation d'un Voyage fait à Barrège, I, 2974.
THIERRY de Bussy, Fr.
An Siccitas aëris Parisinis salubris, &c. I, 1601.
THIERS, Jean-Baptiste, Curé de Champrond, & ensuite de Vibraye.
Factum sur les Porches de l'Eglise de Chartres, I, 4971.
Dissertation sur la Sainte-Larme de Vendôme, 5453.
Réponse à la Lettre du P. Mabillon sur ce sujet, 5455.
Traité de la Dépouille des Curés, 7581.
Factum contre le Chapitre de Chartres, 9381.
La Sauce-Robert, 9383.
La Sauce-Robert justifiée, 9384.
Dissertation sur le lieu où repose le corps de S. Firmin-le-Confès, 9705.
L'Ombre de M. Thion, sur le même sujet, 9707.
Critique de la Vie de S. Sauve, Evêque d'Amiens, 9707 & 16.
Apologie pour M. l'Abbé de la Trappe, 13144.
Dissertation sur l'Inscription du grand portail des Cordeliers de Reims, 13860.
Oraison funèbre de Louise de Thou, 15083.
THIERSAULT, Guillaume, Jésuite.
Vie de Sainte Lidwine, I, 4537.
THIESSET (M.), Médecin.
Observations Noso Météorologiques, I, 1629.
THIEULIN, Jacques, Chanoine Régulier Génovéfain.
Histoire de l'Abbaye de Mauléon, I, 13633.
le THIEULLIER (M.), Médecin.
Eloge Latin de Camille Falconet, IV, 46137.
du THIL : voyez de Monjournal.
à THIMO : voyez à Thymo.
THIROUX, Claude, Conseiller du Roi à Autun.
Eloge du Président Jeannin, III, 32468.
Mémoires servant à l'Histoire d'Autun, 35941.
THIROUX, Jean-Evangeliste, Bénédictin.
Oraison funèbre de M. le Duc d'Orléans, IV, S. 25656.*
Eloge de Denys de Sainte-Marthe, IV, S. 46908.*
THIROUX.
Histoire de Lille, III, 39023.
de THOIRAS : voyez de Saint-Bonnet.
THOLOMAS (le Père), Jésuite.
Dissertation sur l'Hyène, I, 3586.
THOMAS Paccius ou Pactius, Prieur de Loches.
Gesta Comitum Andegavensium, III, 35679.
THOMAS de Cantimpré.
Vita Jacobi de Vitriaco, I, 7807.
Vie du B. Jean de Cantimpré, 13422; IV, S.
Vita Sanctæ Lutgardis, 15046.
THOMAS, Evêque de Lincoln.
Traité sur l'Excommunication des Rois (en Anglois), I, 7192.
THOMAS, Evêque de Lisieux : voyez Basin.
THOMAS, Hubert.
De Tungris & Eburonibus, IV, S. 354,* 39435,***
II, 15396; III, 39212; IV, S.
De Palatinorum Origine, &c. IV, S. 39198.
Monumenta Litterarum antiqua, Id.
THOMAS, Jean.
Paralipomena (Historica), II, 15690.
THOMAS, Jean.
De Galliæ præsenti Miseriâ (Poëma), II, 18407.
THOMAS d'Avignon (le Père), Capucin.
Oraison funèbre de Louise de Lorraine, II, 25125.
THOMAS, Paul, Conseiller au Présidial d'Angoulesme.
Defensio Engolismensium, II, 19950.
Rupellais, II, 21559; III, 35759.
Lutetias, III, 34498.

Tome V.

THOMAS d'Aquin (le Père): *voyez* Pasturel.
THOMAS, Jean.
  Notes sur la Conférence des Ordonnances, II, 27631.
THOMAS, Antoine.
  Apologie du P. Honoré, I, 13918.
THOMAS du Fossé, Pierre.
  Mémoire pour servir à l'Histoire de Port-Royal, I, 10867 & 15129.
  Mémoires de M. de Pontis, II, 23738.
THOMAS du Fossé, Melthide, Religieuse de Port-Royal, sœur du précédent.
  Relation de ce qui s'est passé à Port-Royal, I, 15114.
THOMAS, Edme, Chanoine de l'Eglise Cathédrale d'Autun.
  Salubrité d'Autun, I, 2492.
  Histoire de la Cité d'Autun, III, 35937 & 35940.
  Dessein de l'Histoire de la Cité d'Autun, 35937.
THOMAS de Martigues (le Père), Capucin.
  Relation du Débordement du Rhône, III, 38205.
THOMAS (M.), Trésorier de S. Jacques-de-l'Hôpital.
  Discours sur l'Assassinat du Roi, II, 24757.
THOMAS du Morey (M.), Ingénieur.
  Mémoire sur le Canal de Bourgogne, I, 956.
THOMAS, Antoine, Professeur en l'Université de Paris.
  Eloge de M. le Dauphin, II, 25756.
  —de René du Guay-Trouin, III, 31954.
  —de M. le Chancelier d'Aguesseau, 31560 & 61.
  —du Comte de Saxe, 31702; IV, S.
  —du Duc de Sully, 31815; IV, S.
  —de René Descartes, IV, 46435; IV, S.
THOMAS (le Sieur).
  Du Commerce de Paris, III, 34635.
THOMASIUS, Jacques, Philosophe.
  Vita Petri Abælardi, I, 11848.
THOMASIUS, Chrétien, Jurisconsulte, fils du précédent.
  Dissertatio de Templariorum Equitum Ordine, III, 40351.
THOMASSEAU de Cursay, Jean-Marie-Joseph, Chanoine Honoraire d'Appoigny.
  Anecdotes, II, 24518; IV, 44569.
  Mémoire sur les Savans de la Famille de Terrasson, III, 44208 & 47226.
THOMASSIN, Matthieu, Conseiller du Conseil Delphinal.
  Le Registre Delphinal, III, 37930.
THOMASSIN, Jean.
  Panegyricus de Civitate Lingonum, III, 34343.
THOMASSIN, Louis, Seigneur de Mazaugues.
  Relation des Réjouissances pour le rétablissement de la Santé du Roi, III, 38141.
THOMASSIN, Jean.
  Rerum Gallicarum Epitome, II, 15776.
THOMASSIN, Simon, Graveur du Roi.
  Recueil des Figures, &c. du Château de Versailles, II, 27026.
THOMASSIN, Louis, Evêque de Sisteron.
  Statuts Synodaux, I, 6741.
THOMASSIN (M.), Ingénieur du Roi.
  Carte pour le Canal de Bourgogne, I, 750.
  Lettres sur les Canaux proposés en Bourgogne, 943.
  Nouveaux Mémoires sur le même sujet, 950.
  Lettre sur la Colonne de Cussy, II, 15579; III, 35949.
THOMÉ, Charles-Joseph, Chanoine de Meaux.
  Lettre aux Auteurs de la Nouvelle Gaule Chrétienne, sur les Doyens de l'Eglise de Meaux, I, 5050 & 7832.
  Ouvrages & Recueils sur l'Eglise Cathédrale, V, *Add.* 5050.*
  Lettres à Dom Toussaints du Plessis, sur S. Saintin, 9403.
  Lettre aux Auteurs de la nouvelle Gaule Chrétienne sur plusieurs Abbés & Abbesses, 9404.
  Lettre à Dom Toussaints du Plessis sur un Jugement rendu en faveur du Chapitre de Meaux, 9405.
  Droits & Priviléges des Evêques de Meaux, V, *Add.* 9405.*
  Observations sur la Famille de Claude d'Espence, 11110.
  Fondation & Prieurs du Monastère de Sainte Celine, V, *Add.* 12865.
  Procès-verbaux de la descente de la Châsse de S. Fiacre, V, *Add.* 13304.*
  Liste Chronologique des Abbés de Chage, V, *Add.* 13634.*
  Relations d'Entrées, &c. des Rois, Princes, &c. à Meaux, IV, S. 26580.*
  Lettre sur les Grands-Aumôniers, III, 32221.
  Recherches sur les Baillis de Meaux, 34124.
  Listes des Gouverneurs & Lieutenans-Généraux de Brie, IV, 34227.*
  Liste des Comtes de Dammartin, IV, S. 34840.*
  Diverses Généalogies de Brie & de Meaux, IV, S. 40639.*
THOREAU, Matthieu, Doyen de l'Eglise de Poitiers, mort Evêque de Dol.
  Procès-verbal de l'Assemblée de 1660; I, 6887.
THOREL, Gaspard.
  Forme de la Direction de l'Hôtel-Dieu de Notre-Dame de Pitié de Lyon, I, 5411.
THORENTIER, Jacques, Oratorien.
  Harangue funèbre de Louis-Henri de Gondrin, I, 10076.
THORNE, Guillaume.
  Chronicon, III, 35135.
de THORON d'Artignole (M.), Chanoine d'Aix.
  Oraison funèbre du Cardinal Grimaldi, I, 7867.
de THOU, Nicolas, Evêque de Chartres.
  Statuta Synodalia, I, 6442; IV, S.
  Statuts Synodaux, *Id.*
de THOU, Jacques-Auguste, Président au Parlement de Paris, neveu du précédent.
  Extraits de son Histoire sur les Jésuites, I, 14217.
  Historiæ sui Temporis, II, 19869 & 70.
  Historia Concilii Tridentini, 19871.
  Epître au Roi, ou Préface de son Histoire de France, 19876 & 20167.
  Traduction de son Histoire, 19877 & 78.
  Abrégé de son Histoire, 19879.
  Poëmatium, 19883: *faussement attribué.*
  Epistola ejus Janino, 19890.
  Massoni Vita, 31362 & 32995; IV, S. 45635.*
  Commentarii de Vitâ suâ, 32939.
  Elogia Doctorum Virorum, IV, 45629—31.
THOULIER d'Olivet, Joseph, Académicien.
  Eloge de Paul-Philippe de Chaumont, IV, *Suppl.* 8088.*
  —de Pierre-Daniel Huet, 9931.
  —de Jean de Montigny, IV, S. 10455.*
  Vie de l'Abbé de Choisy, I, 11048; IV, 46699: *attribuée.*
  Eloge de l'Abbé Cotin, 11081; IV, 47051 & 389.
  —de l'Abbé Fraguier, 11135.
  Mémoire de l'Abbé Gédoyn, 11155.
  Eloge de l'Abbé de Lavau, 11227.
  —de l'Abbé de Maucroix, IV, S. 11281.
  Remarques & Additions à l'Histoire de l'Académie Françoise, IV, 45499.
  Lettre à M. le Président Bouhier, 45502.
  Eloge d'Olivier Patru, 45965.
  —de Marin Cureau de la Chambre, 46078.
  —de Jean de la Bruyere, 46401.
  Notice sur Daniel Huy, 46474.
  Eloge de Géraud de Cordemoi, 46704.

Eloge de François-Eudes de Mézeray, 46830.
—de Hardouin de Péréfixe, 46855.
Notice sur Jean Ballesdens, 46985.
Eloge de Jean-Louis Guez de Balzac, 46991.
—de Jean-Barbier d'Aucour, 46994.
—de Pierre Bardin, 47002.
—de Gilles Boileau, 47011.
—de Philippe Goibaud du Bois, 47013.
—de Pierre de Boissat, 47016.
—de Pierre Cureau de la Chambre, 47029.
—de Paul Hay du Chastelet, 47034.
—de François de Cauvigny, Sieur de Colomby, 47042.
—de Valentin Conrart, 47048.
—de Nicolas Faret, 47075.
—de Louis Giry, 47093.
Notice sur Marin de Gomberville, 47094.
—sur Claude-Gaspard Bachet de Méziriac, 47137.
Eloge de François de la Mothe-le-Vayer, 47155.
—de Jean Ogier de Gombauld, 47161.
Notice sur Pierre du Ryer, 47206.
—sur Jean Sirmond, 47221.
Eloge de Claude Favre de Vaugelas, 47242.
—de Vincent Voiture, 47251.
Notice sur François d'Arbaud de Porchères, 47284.
Eloge de François de Beauvilliers, Duc de Saint-Aignan, 47301.
—d'Isaac de Benserade, 47308.
—de François le Métel de Boisrobert, 47328.
—de Pierre Boissat, 47329.
—de Nicolas Bourbon le jeune, 47332.
—de Claude Boyer, 47336.
—de Jacques Cassagnes, 47354.
—de Jean Chapelain, 47357.
—de Michel le Clerc, 47368.
Notice sur Jean Doujat, 47411.
Eloge de Claude de l'Etoile, 47419.
—de Jean de la Fontaine, 47436.
Vie de Charles-Claude Genest, 47454 : *attribuée.*
Eloge d'Antoine Godeau, 47460.
—de Philippe Quinault, 47610.
—d'Honorat de Bueil de Racan, 47605.
—de Jean Racine, 47611.
Notice sur Georges de Scudéry, 47683.
—sur François Tristan l'Hermite, 47695.
de Thoulouse, Jean, Prieur de l'Abbaye de S. Victor à Paris.
Abrégé de la Fondation de l'Abbaye de S. Victor, I, 13470.
Antiquitates ejusdem Abbatiæ, 13472.
Annales Ecclesiæ S. Victoris Parisiensis, 13473.
Thourette, Claude.
Table des Lieux régis par la Coutume de Montfort, I, 2225.
Thouron, J. C. Oratorien.
Vie de Françoise-Angélique d'Estampes de Valançay, I, 15085.
Thouvenot (M.), Chanoine de Saint-Diez.
Siège quasi Episcopal de l'Eglise de Saint-Diez, I, 10629.
Thoynard, Nicolas.
Mémoire touchant les Chartes de l'Abbaye de Saint-Mesmin, III, 29598.
Thschudi : *voyez* Tschudi.
de Thubieres de Caylus, Charles-Daniel-Gabriel, Evêque d'Auxerre.
Mandement à l'occasion du Miracle de Seignelay, I, 5680.
Instruction Pastorale au sujet de quelques Ecrits contre ce Mandement, 5681.
Ordonnances Synodales, 6388 ; IV, S.
Mandement au sujet de l'Office de Grégoire VII, 7336.
Lettre au Roi sur le même sujet, 7337.

de Thubieres de Caylus, Anne-Claude-Philippe, Comte, frère du précédent.
Description & Plan de deux anciens Camps Romains en Franche-Comté, I, 70.
Dissertation sur le Camp des Alleux près d'Avalon, 74.
—sur les restes d'un ancien Camp près de Troyes, 76.
—sur un Camp Romain près de Bar-le-Duc, 78.
Mémoire sur un Chemin des Romains dans l'Artois, 87.
Plan du Camp de Vié-Lan, près Laon, 89.
Mémoire sur un ancien Camp Romain, près de Romorantin, 93.
—sur la Voie Romaine de Chartres à Orléans, 94.
—sur plusieurs Voies Romaines en Bretagne, 99.
—sur quelques Blocs de pierre en Bretagne, 100.
Remarques sur *Bagacum*, 214.
—sur *Carocotinum*, 243.
—sur *Dariorigum*, 256.
—sur Drevant & Cordes, 265.
—sur *les Essui & les Itesui*, 269.
—sur *Gergovia*, 289.
—sur Grand en Champagne, 291.
—sur *Grannona*, 292.
—sur les Antiquités de *Juliobona*, 313.
Indication de quelques Edifices des Romains dans les Gaules, 326.
Observations sur le *Staliocanus Portus*, 339.
—sur un Amphithéâtre de Tintiniac, 346.
—sur *Oxellodunum*, 376.
—sur un prétendu Camp d'Attila, 506.
—sur des Carrieres de Marbre blanc, 2712.
Etat des bains de Néry, 3116.
Remarques sur un Monument antique de Lantef, 3852.
Observations & Figures de divers anciens Monumens, 3855.
Conjectures sur la Galere subtile, II, 15534.
Observations sur deux Antiquités trouvées dans des pierres, 15560.
Examen d'un passage de Grégoire de Tours sur les Sépultures, 15561.
Conjectures sur l'usage des souterrains de Picardie, 15562.
Diverses Antiquités de Paris, III, 34414.
Observations sur les différentes enceintes de Paris, 34431.
Monument Romain à Soissons, 34871.
Observations sur les Antiquités des environs de Vannes, 35475.
Antiquités de Nismes, 37858.
Plans des Fondations qui environnoient la Fontaine de Nismes, 37880.
Observations sur d'anciens monumens de Poligny, 38449.
Antiquités de Bavai, 39067.
Observations sur l'ancienne Chevalerie, 40214.
Mémoire sur les Fabliaux, IV, 47265.
—sur Guillaume de Machaut, 47498.
Vie d'Edme Bouchardon, 47839.
—de Pierre Mignard, 47907.
—de François le Moine, 47909.
de la Thuillerie : *voyez* Coignet.
des Thuilleries : *voyez* du Moulinet.
Thuillier, René, Minime.
Elogium Ludovici Donii d'Attichy, I, 8992.
Régle & Cérémonial des Minimes, 14004.
Vita Petri Moreau Latinè reddita, 14041 ; IV, S.
Elogium Marini Mersenne, 14046.
Vita Hilarionis de Coste, 14051.
Elogium Ægidii Cossart, 14053.
—Francisci Lanovii, 14055 ; IV, S.
— Nicolai Barré, 14059.
—Francisci Giry, 14061.
Diarium Patrum Ordinis Minimorum, 14063; IV, S.

THUILLIER, Vincent, Bénédictin.
Tumulus Ludovici XIV; II, 24532.
THULDEN, Christien-Adolphe.
Historia Universalis continuata, II, 23973.
THULEMAIR, Henri-Gonthier.
Notæ in Librum de Staturâ Caroli Magni, II, 16285.
De Sororibus Caroli Magni, 25263.
de THUMERY de Boissise, Jean, Conseiller d'Etat.
Dépêches, III, 30324 & 25.
Négociations, 30400.
THURET, Antoine, Prieur de Notre-Dame de Homblieres.
Table des Rois de France, II, 24842.
de THURY : voyez Cassini.
à THYMO, Petrus : voyez vander Heyden ; & ajoutez-y l'article suivant.
De Origine Trevirensium & Tungrorum, III, 39208.
THYRIOT, Michel.
Orationes de Theologiæ Candidatis, IV, 45757.
THYSIUS, Antoine.
Historia Batavica, III, 39598.
TICUVIUS, Moine.
Chronicon Ordinis Sancti Benedicti, I, 11606.
de TIEFFENTHAL : voyez d'Alt.
TIEPOLO, Nicolas.
Relazione del Abbocamento di Papa Paolo III con Carlo V è Francesco I; IV, S. 17567.*
TIERCELIN, Jean-Baptiste, Evêque de Luçon.
Sanctiones & Canones Synodales, I, 6568.
TIGEOU, Jacques, Chanoine de Metz.
Traduction d'un Discours sur la mort du Cardinal de Lorraine & du Duc de Guise, I, 9573 ; III, 32311 ; IV, S.
de TIGNONVILLE, Guillaume, Garde de la Prévôté de Paris.
Ordonnance pour la Police de Paris, III, 34453.
du TIL ou du Tilleul, Charles, Abbé de Phalempin.
Historia Episcoporum Atrebatensium, I, 8585.
du TIL : voyez de Monjournal.
TILENUS.
Réponse au Discours de la Milletiere, I, 5931.
de TILLANCOURT : voyez Gentyt.
TILLEMON (le Sieur), faux nom sous lequel s'est caché Jean Nicolas du Tralage, I, 581 : voyez Nicolas.
de TILLEMONT : voyez Lenain.
TILLET (M.), Avocat.
Fondation de l'Hôpital de S. André de Bordeaux, I, 5126.
Continuation de la Chronique Bourdeloise, III, 37531.
—du Recueil des Statuts de Bourdeaux, 37536 ; IV, S.
TILLET (M.), Académicien.
Mémoire sur l'Insecte qui dévore les grains de l'Angoumois, I, 3628.
Histoire de cet Insecte, 3629.
TILLET, (M.), Directeur de la Monnoie à Troyes.
Essai sur les Poids étrangers, III, 33922.
du TILLET, Jean, Greffier au Parlement.
Histoire de la Guerre contre les Albigeois, I, 5756.
Mémoire & Avis sur les Libertés de l'Eglise Gallicane, 6980.
Recueil des Rois de France, II, 15586.
Mémoires sur les Affaires de France, 15732.
Abrégé Généalogique de la Maison de France, 24826.
Mémoires sur les Fils & Filles de France, 25208.
—sur les Princes du Sang de France, 25233.
De la premiere Branche de Bourgogne, 25283.
De la Branche de Vermandois, 25299.
De la Branche de Dreux, 25302.
De la Maison de Bretagne, 25311.
De la Branche de Courtenay, 25317.
De la premiere Branche d'Anjou, 25347.
De la Branche d'Artois, 25368.
De la Branche des Comtes de Toulouse, 25373.
De la Branche d'Evreux, 25381.
De la Maison d'Alençon, 25390.
De la seconde Branche d'Anjou, 25410.
De la Branche de Berry, 25422.
De la seconde Branche de Bourgogne, 25426.
De la Branche des Ducs d'Orléans, 25481.
De la Branche de Clermont, 25561.
Mémoires des Sacres, 25962.
Procès-verbal de l'Entrée de Henri II à Paris, 26207.
Séance de Louis XIV en son Lit de Justice, 26663.
Discours sur la Séance des Rois de France en leurs Cours de Parlement, 26664.
Extraits de ses Recueils concernant les Séances des Grands, 26690.
Mémoires des derniers jours, 26700.
—des Titres, &c. des Rois de France, 26803.
—de l'Autorité & Prérogatives des Reines, là.
—des Armoiries des Rois de France, 27038.
La France ancienne, 27151.
Mémoires des Régences du Royaume, 27338.
Discours pour la Majorité du Roi, 27370 & 73.
Pour l'entière Majorité du Roi Très-Chrétien, 27373.
Traités entre les Rois de France & ceux d'Angleterre, V, Add. 29378.*
Recueil de Guerres & de Traités de Paix, III, 29398.
Mémoires des grands Offices de France, 31189.
Recueil du Rang des Grands de France, 31216.
Mémoire des Rois de France, 31217.
du TILLET, Jean, Evêque de Saint-Brieuc, puis de Meaux, frère du précédent.
Chronique abrégée des Rois de France, II, 15586, 15718 & 19; IV, S.
Chronicon de Regibus Francorum, 15690 & 718 ; IV, S.
Constitutiones Caroli Magni, 17606.
du TILLET, Hélie, Sieur de Goves.
Discours sur la Maison de Courtenay, II, 25323.
du TILLET.
Instruction touchant le Point d'Honneur, III, 40198.
du TILLET : voyez Titon.
de TILLIERES : voyez Taupinart.
de TILLIERS : voyez le Veneur.
du TILLOT : voyez Lucotte.
de TILLY, (le Comte).
Lettre III, 30479.
de TILLY : voyez Pouperon.
à TIMO : voyez à Thymo.
TIMOTHÉE, François Catholique : faux nom sous lequel s'est caché Edmond Richer, I, 7085 ; II, 28666 : voyez Richer.
TINDAL.
Remarques sur l'Histoire de Toyras, III, 35185.
TINSEAU, Jean-Antoine, Evêque du Bellai, & ensuite de Nevers.
Statuta Synodalia, I, 6397.
Mémoire sur M. Tricalet, 11492.
TIPHAIGNE (M.), Médecin.
Essai sur l'Histoire Œconomique des Mers Ocidentales de France, I, 2831.
Mémoire sur les Vignes, 3513.
Question sur les Vignes, 3514.
Enumeration des productions de la Manche, 3605.
TIRAQUEAU, André.
Commentarii de Nobilitate & Jure Primogenitorum, III, 39845.
Liste des Femmes Savantes, IV, 4997.

Table des Auteurs.

TISSERAND (M.), Curé de Crugey.
  Lettre sur la Colonne de Cussy, II, 15579.
TISSIER, Bertrand.
  Bibliotheca Cisterciensium, I, 12964.
TISSOT, Jacques.
  Histoire du Géant Theutobocus, I, 3723.
TISSOT, Maurice.
  Pollitum Comitatûs Burgundiæ, I, 1241.
  Burgundiæ Comitatûs Topographia, 1525; IV, *Suppl.*
  Comitatûs Burgundiæ Chorographia, IV, *Suppl.* 2216.*
TITE-LIVE, Historien Romain.
  Extrait sur les Gaulois, V, *Add.* 3860.*
TITE-LIVE : faux nom d'un inconnu.
  Vita Henrici V, Regis Angliæ, III, 35152.
TITIUS.
  Scholiæ in Syriadem Petri Angeli, II, 16606.
TITIUS, Jean.
  Thuani voluminum Recensio, II, 19889.
TITON du Tillet, Evrard.
  Remarques sur l'Histoire de la Poésie Françoise, IV, 47269.
  Description du Parnasse François, 47277.
  Supplémens, *là*.
  Notice de Charles Vion d'Alibray, 47280.
  —de Florent Carton d'Ancourt, 47282.
  —de Robert Arnaud d'Andilly, *là*.
  —de Jacques Autreau, 47290.
  —d'Esprit-Jean de Rome, Sieur d'Ardène, 47291.
  —de Jean-Antoine de Baif, 47292.
  —de Jean-Louis Guez de Balzac, 47293.
  —de Guillaume Sallustre du Bartas, 47297.
  —du petit Beauchâteau, 47299.
  —de Joachim & Jean du Bellay, 47302.
  —de Remi Belleau, 47304.
  —de Pierre Bellocq, 47305.
  —de Jean Bertaut, 47311.
  —de Théodore de Beze, 47313.
  —d'Adam Billaut, 47314.
  —de Nicolas Boileau des Préaux, 47322.
  —de Nicolas Boindin, 47325.
  —de François le Métel de Boisrobert, 47328.
  —de Jean Boivin, 47330.
  —de Jean Bouhier, 47331.
  —de Nicolas Bourbon le jeune, *là*.
  —d'Edme Boursault, 47335.
  —de Claude Boyer, 47337.
  —de Guillaume de Brebœuf, 47339.
  —de Charles-Antoine le Clerc de la Bruere, 47340.
  —de David-Augustin de Brueys, 47341.
  —de Pierre Brumoy, 47342.
  —d'Antoine le Brun, 47343.
  —de Louis le Brun, 47344.
  —de Jean de Bussieres, 47345.
  —de Roger Rabutin de Bussy, 47346.
  —du Chevalier de Cailly, 47347.
  —de François de Callieres, 47348.
  —de Gautier de Costes de la Calprenède, 47349.
  —de Jean-Gualbert de Campistron, 47351.
  —de Louis Campistron, 47353.
  —de Jacques Cassagnes, 47354.
  —de Gilles de Caux, 47355.
  —de Jean-Antoine du Cerceau, 47356.
  —de Marc Duncan de Cerisantes, 47356.*
  —de Jean Chapelain, 47357.
  —de Claude-Emmanuel Luillier-Chapelle, 47359.
  —de Jean de la Chapelle, 4360.
  —de Jean-Louis de Charleval, 47362.
  —de François Charpentier, *là*.
  —de Pierre-Claude Nivelle de la Chaussée, 47366.
  —d'Urbain Chevreau, 47367.
  —de Pierre Cleric, 47369.
  —de Jean Clopinel, 47371.
  —de Guillaume Colletet, 47373.

Notice de Dominique Colonia, 47374.
  —de Jean Commire, 47375.
  —de Valentin Conrart, 47376.
  —de Guillaume Coquillart, 47377.
  —de Pierre Corneille 47381.
  —de Thomas Corneille, 47385.
  —de Gabriel Cossart, 47388.
  —de Charles-Emmanuel de Coulanges, 47390.
  —de Guillaume Cretin, 47399.
  —d'Antoine Danchet, 47401.
  —de François-Michel Chretien Deschamps, 47404.
  —de Jean Dorat, 47409.
  —de Joseph-François Duché, 47413.
  —de Charles Riviere Dufresny, 47414.
  —de Gilles Durant, 47418.
  —de Claude de l'Etoile, 47420.
  —de Barthélemi-Christophe Fagan, 47423.
  —de Charles-Auguste de la Fare, 47424.
  —de N. Fatouville, 47425.
  —de Jean-Elie Leriget de la Faye, 47427.
  —de M. de Fénelon, 47428.
  —du Chevalier de la Ferté, 47429.
  —du Gaspar de Fieubet, 47430.
  —d'Esprit Fléchier, 47431.
  —de Melchior Follard, 47432.
  —de Jacques de la Fonds, 47433.
  —de N. de la Font, *là*.
  —de Jean de la Fontaine, 47437.
  —de François Guyot des Fontaines, 47441.
  —d'Antoine de la Fosse, 47442.
  —de Cl. François Fraguier, 47443.
  —de Jean de la Frenaye, 47444.
  —de Charles-Alfonse du Fresnoy, 47446.
  —de Jean Fuselier, 47450.
  —de François Gâcon, 47451.
  —de Robert Garnier, 47452.
  —de Gilbert Gaumin, 47453.
  —de Charles-Claude Genest, 47455.
  —de Gabriel Gilbert, 47457.
  —d'Antoine Godeau, 47460.
  —de Jean Ogier de Gombaud, 47461.
  —de Marie le Roy de Gomberville, 47462.
  —de Pierre Goudelin, 47464.
  —de Jacques Grevin, 47468.
  —de Guillaume de Lorris, 47476.
  —de Michel Guyot de Merville, 47477.
  —de Philippe Habert, 47480.
  —de Jean Hesnault, 47481.
  —de Michel de l'Hospital, 47482.
  —de Daniel Huet, *là*.
  —de François-Antoine Jolly, 47485.
  —de Gilbert Jonin, 47486.
  —de N. de Launay, 47488.
  —d'Alexandre Laynez, 47489.
  —de François Limojon de Saint-Didier, 47491.
  —de N. de Linant, 47492.
  —de Pierre de Lingendes, 47493.
  —d'Hilaire Bernard de Longepierre, 47494.
  —de Jean Loret, 47496.
  —de Gabriel Magdelenet, 47500.
  —de Louis Magnet, 47501.
  —de Jean Mairet, 47502.
  —d'Isaac le Maître de Sacy, 47504.
  —de Nicolas de Malezieu, *là*.
  —de François de Malherbe, 47508.
  —de Claude de Malleville, 47509.
  —de Pierre Mambrun, 47510.
  —de Jacques Charpentier de Marigny, 47512.
  —de Michel de Marillac, 47513.
  —de Jean & Clement Marot, 47515.
  —de Martial d'Auvergne, 47516.
  —de Guillaume Massieu, 47517.
  —de François de Maucroix, 47519.
  —de François Maynard, 47520.
  —de Gilles Menage, 47521.

Notice de Pierre-Antoine Millieu, 47523.
—de Georges-Louis Valon de Mimeure, 47524.
—de Pierre le Moyne, 47525.
—de Jacques Moifant, 47526.
—de J. B. Pocquelin de Moliere, 47532.
—de Jacques Lofme de Monchefnay, 47539.
—de Bernard de la Monnoye, 47543.
—d'Antoine Jacob de Montfleury, 47546.
—de Henri-Louis Habert de Montmor, 47547.
—du Comte de Montplaifir, 47548.
—de Jean & Mathieu de Montreuil, 47549.
—de Bernard Moreau de Mautour, 47551.
—d'Antoine Mornac, 47552.
—de Pierre Motin, 47553.
—d'Antoine Houdar de la Motte, 47555.
—de Michel Mourgues, 47558.
—de Marc-Antoine Muret, 47559.
—du Duc de Nevers, 47561.
—du Préfident Claude Nicole, 47562.
—d'Euftache le Noble, 47563.
—de Charles Ogier, 47564.
—de Jean Ogier de Gombauld, là.
—de Jean Palaprat, 47567.
—d'Etienne Pafquier, 47569.
—de Jean Pafferat, là.
—de Pierre Patrix, 47570.
—de René le Pays, 47573.
—de N. Péchantré, 47574.
—de Simon-Jofeph Pellegrin, 47576.
—de Paul Pelliffon, 47577.
—de Charles du Perier, 47578.
—de Charles Perrault, 47580.
—de Pierre Perrin, 47581.
—de Jacques Davy du Perron, 47582.
—de Denys Petau, 47583.
—de Pierre Petit, 47584.
—de Guy du Faur de Pibrac, 47585.
—de Philippe Poiffon, 47587.
—de Raimond Poiffon, 47588.
—de Melchior de Polignac, 47589.
—de Jean-Baptifte Poncy-Neuville, 47590.
—de Charles Porée, 47592.
—de Philippe des Portes, 47593.
—de N. Pradon, 47595.
—de Claude Quillet, 47596.
—de François Rabelais, 47603.
—d'Honorat de Bueil de Racan, 47606.
—de Jean Racine, 47611.
—de Nicolas Rapin, 47618.
—de René Rapin, 47620.
—de Jean-François Regnard, 47621.
—de Maturin Régnier, 47622.
—de François-Séraphin Régnier Defmarets, 47623.
—d'Abraham Remi, 47625.
—de Pierre-Céfar Richelet, 47626.
—du Cardinal de Richelieu, 47627.
—de Henri Richer, 47628.
—de Charles Rollin, là.
—de Pierre Ronfard, 47637.
—d'Antoine de la Roque, 47644.
—de Jean Rotrou, 47645.
—de Jean-Baptifte Rouffeau, 47648.
—de Charles de la Rue, 47652.
—d'Antoine de la Sabliere, 47653.
—du Duc de Saint-Aignan, 47654.
—de Marc-Antoine Gérard de Saint-Amant, 47655.
—de François-Jofeph de Beaupoil de Sainte-Aulaire, 47657.
—de Charles de Saint-Denys de Saint-Evremont, 47658.
—de Mellin de Saint-Gelais, 47660.
—de Denys de Saint-Pavin, 4-662.
—de Jean Defmarets de Saint Sorlin, 47663.
—d'Abel-Louis de Sainte-Marthe, 47665.

Notice de Scévole de Sainte-Marthe, là.
—de Jean Salmon dit Macrin, 47668.
—de Noël-Etienne Sanadon, 47671.
—de Claude Sanguin, 47672.
—de Louis de Sanlecque, 47673.
—de Jean-Baptifte Santeul, 47675.
—de Jean-François Sarafin, 47677.
—de Pierre-Jufte Sautel, 47679.
—de Jofeph-Jufte Scaliger, 47680.
—de Paul Scarron, 47681.
—de Georges de Scudery, 47683.
—de Jean Renaud de Segrais, 47684.
—d'Antoine Bauderon de Sénecé, 47686.
—de Jacques Teftu, 47689.
—de Théophile Viaud, 47690.
—de Thibault, Comte de Champagne & Roi de Navarre, 47691.
—de Jacques-Augufte de Thou, 47692.
—de Pontus de Thiard, 47693.
—de Philippe Néricault des Touches, 47694.
—de François Triftan l'Hermite, 47695.
—de Jean-Baptifte du Trouffet de Valincourt, 47697.
—de Jacques Vaniere, 47698.
—de François Vavaffeur, 47699.
—de Jacques Vergier, 47701.
—de Henri Cahagne de Verrieres, 47702.
—de Cl. Charles Guyonnet de Vertron, 47703.
—de Pierre de Villiers, 47705.
—de François Villon, 47706.
—de Jean Donneau de Vizé, 47707.
—de Vincent Voiture, là.
—d'Honoré d'Urfé, 47708.
Remarques fur la Mufique Françoife, 47711.
Notice de Jean-François d'Andrieu, 47714.
—de Michel de la Barre, 47715.
—de Nicolas Bernier, 47717.
—de Bertin, 47718.
—de Louis-Thomas Bourgeois, 47721.
—de J. B. de Bouffet, 47722.
—de Sébaftien Broffard, 47723.
—d'Antoine Calviere, 47724.
—de N. Cambert, 47725.
—d'André Campra, 47726.
—de Marc-Antoine Charpentier, 47727.
—de Nicolas Clerembault, 47729.
—de Pafchal Colaffe, 47730.
—de la Cofte, 47731.
—de François Couperin, 47732.
—de Henri Defmarets, 47733.
—d'André Cardinal des Touches, 47734.
—de Forqueray, 47735.
—des deux Gaultier, 47736.
—de Pierre Gaultier, là.
—de Ch. Hubert Gervais, 47737.
—de Jean-Claude Gillier, 47739.
—de François Lalouete, 47740.
—de Michel Lambert, 47741.
—de Michel Richard de la Lande, 47743.
—de Jean-Baptifte Lully, 47748.
—de l'Abbé Madin, 47749.
—de Marin Marais, 47750.
—de Jean-Louis Marchand, 47751.
—de Jean Matho, 47752.
—de Guillaume Minoret, 47753.
—de Henri du Mont, 47755.
—de Michel Monteclair, 47756.
—de J. B. Moreau, 47757.
—de Jean-Jofeph Mouret, 47758.
—de Jean Ferry Rebel, 47763.
—de Jofeph-Nicolas Pancrace Royer, 47764.
—de Salomon, 47765.
—de Jean-Baptifte Senallié, 47766.
—de J. Theobaldo Gatti, 47767.
—de quelques autres Muficiens, 47769.

Remarques

Table des Auteurs.

Remarques sur nos Spectacles, 47771.
Notice de Madame la Comtesse d'Aunoy, 48003.
—de Marie-Anne Barbier, 48006.
—de Catherine Bernard, 48009.
—de Madame de Bregy, 48029.
—de Madame le Camus de Melsons, 48033.
—d'Elisabeth-Sophie Cheron, 48049.
—de Madame de Clapisson, 48051.
—de Madame Dacier, 48061.
—de Catherine Descartes, 48063.
—de Madame Dreuillet, 48064.
—de Marie Dupré, 48065.
—de Charlotte-Rose de Caumont de la Force, 48071.
—de Mademoiselle de Gournay, 48078.
—de Madame de la Guerre, 48080.
—de Marie l'Héritier de Villandon, 48090.
—de Madame & Mademoiselle des Houlieres, 48095.
—de Madame Levêque, 48109.
—de Marie de Louvencourt, 48115.
—de Françoise Masquieres, 48121.
—de Madame de Montegut, 48133.
—de Madame de Murat, 48139.
—de Marie de Rasilly, 48156.
—de Mesdames des Roches, 48162.
—de Madame de Saliez, 48170.
—de Magdelène Scudery, 48173.
—de Louise-Anastasie de Serment, 48177.
—de Madame la Comtesse de la Suze, 48182.
—de Madame Vatry, 48210.
—d'Anne de la Vigne, 48217.
—de Madame de Villedieu, 48221.
TITOT, Pierre-Alexandre.
Naturæ Thermarum Plumbariarum Descriptio, I, 3152.
de TITREVILLE, Charles.
Oraison funèbre de Henri de Fourcy, III, 33799.
Chessiacum, 34836.
TIXEDOR, François-Xavier, Juge de la Viguerie de Conflans.
France commerçante, II, 28237.
TIXIER, (M.), Avocat.
Eloge d'Antoine de Portalou, IV, 45984.
TIXIER le jeune, (M.) Avocat.
Discours sur l'Origine du partage de l'Auvergne, III, 37454.
Dissertation sur la Sénéchaussée de Clermont, 37463.
TOBAR, Joseph.
Relacion de los successos en Rossellon, II, 21985.
du TOC : voyez Fauvelet.
de TOCONET : voyez Galifet.
TOINARD : voyez Thoynard.
TOISON.
Histoire de la Création du Roi d'Armes des François, III, 40139.
TOLAND, Jean.
Lettres sur les Druides (en Anglois), I, 3840.
Annotationes in Orationem Philippicam, III, 29861.
Gallus aretalogus, Id.
TOLNER, Charles-Louis.
Historia Palatina, III, 39100.
Additiones, Id.
TOLOMMEI, Claude.
Orazione, II, 17654.
TOMASINI, Jacques-Philippe, Evêque de Citta-Nova.
Vita di San Bovo, I, 4345.
Elogium Claudii Expilii, III, 33151.
TOMASIO, Jean.
Estats du Duc de Savoie, I, 1932.
TOMELLUS, Moine.
Historia Hannonensis Monasterii, I, 12007.
TONDOLI, Gabriel.
Il Mas-Aniello, II, 22165.

Tome V.

TONDU, Jean.
Analyse des Eaux de Merlange, I, 3103.
TONIOLE, Jacques.
Basilea sepulta retecta, III, 39130.
le TONNELIER, Louis-Nicolas, Baron de Breteuil.
Mémoire, III, 31057.
le TONNELIER de Breteuil, Charles-Louis-Auguste, Evêque de Rennes, neveu du précédent.
Statuts & Réglemens, I, 6685 ; IV, S.
TONNI, Pierre.
Idée de la Fièvre épidémique de Nismes, I, 2575.
TONSÉ, Jean.
Entrata di Madama Maria di Medici in Lione, II, 16294.
TONSTALL, Cuthbert.
Oratio habita in Sponsalibus Francisci, Francorum Regis primogeniti, II, 26587 ; IV, S.
TONTI.
Découvertes dans l'Amérique Septentrionale, III, 39703.
de TORCHEFELON, Guillaume.
Les Armoiries du Dauphiné, III, 40096.
TORCHET de Saint-Victor, (M.) Ingénieur.
Lettre sur le Kaolin & sur le Pétuntsé, I, 1701.
de TORCY : voyez Colbert.
de TORECY : voyez Sogirel.
TORELLI, Pierre-Paul : faux nom sous lequel s'est caché Xante Marialès, I, 7273 : voyez Marialès.
de TORIGNY : voyez de Matignon.
TORNACIUS, Jacques.
Henrici Magni Apotheosis, II, 20006.
TORNICH, Pierre.
Historias e Conquestas de los Reyes de Aragon, IV, S. 38361.*
de la TORRE, Jean-Dominique.
Giornale dell' Assedio di Pavia, II, 23800.
de la TORRE (M.).
Traduction des Mémoires & Négociations du Comte de Harrach, III, 31113.
de TORRES, François-Charles.
Relacion, III, 30180.
le TORS (M.), Lieutenant-Criminel au Bailliage d'Avalon.
Dissertation sur quelques Chemins Romains, I, 71.
Lettres sur Vellaunodunum & Genabum, 356, 59, 60.
Lettre sur la Relique de S. Lazare, 3974.
de TORSAY (le Sieur).
Vie de Philippe Strozzi, III, 31858.
TORTAIRE, Raoul, Moine de Fleury.
Miracula S. Benedicti, I, 11961.
Histoire de la première Croisade, IV, Supplém. 16635.*
TORTOLET, Barthélemi.
Laurus Gallica, II, 22152.
Pacata Italia gratias agens, 22202.
TORTORA, Homere.
Historia di Francia, II, 19783.
TOSCAN, Jean-Matthieu.
Topographia Cryptæ Massiliensis, III, 38213.
du TOT.
Réflexions sur les Finances & le Commerce, II, 28199.
TOUART, Victor.
De nonnullis Engolismæ Antiquitatibus, III, 35788.
TOUBEAU, Jean, Prévôt des Marchands.
Privileges de la Ville de Bourges, III, 35806.
Mémoire des Maire & Echevins de la Ville de Bourges, 35808.
Mémoire sur le Commerce de la Ville de Bourges, 35809.
TOUCHARD, Jean.
Traduction des Lettres du Roi de Navarre, &c. II, 18116.

Aaaaa

de la Touche (le Chevalier).
Relation de ce qui s'est passé à l'entrée de M. de Choiseul, Evêque de Châlons-sur-Marne, II, 26650.
de la Touche : *voyez* Gervaise.
de la Touche-Loisy.
Jeux Pastoraux, III, 34380.
de Toulemain : *voyez* de Coniac.
Toulorge.
Recueil des Epitaphes de l'Eglise de S. Paul, IV, S. 5283.*
Toupin, Longin : *vraisemblablement faux nom*.
Lettre du vrai Soldat François, II, 22336.
la Tour (le Capitaine) : *peut-être encore faux nom*.
Lettre sur les calomnies, &c. II, 22633.
la Tour (le Père), Jésuite.
Vie de Jean-Jacques Daumond, I, 4750.
de la Tour, Bertrand, Evêque de Toul.
Statuta Synodalia, I, 6777.
de la Tour, Louis, Chartreux.
Generales Ordinis Cattusiani, I, 13222.
de la Tour, Bertrand, Doyen de l'Eglise de Tulles.
Institutio Tutelensis Ecclesiæ, I, 8500.
de la Tour, Raphaël.
Neapolis dissidens, II, 22267.
de la Tour, Bertrand, Chanoine de Montauban.
Vie de M. Caulet, I, 11035 ; IV, S.
de la Tour, Antoine-Joseph, Comte.
Ob minorem Balearium expugnatam, Epinicia, II, 24753.
de la Tour (M.).
Armorial, III, 40073.
de la Tour-d'Auvergne, François, Vicomte de Turenne.
Ambassade, III, 29906.
de la Tour-d'Auvergne, Henri, Duc de Bouillon, Maréchal de France.
Mémoires depuis le commencement de Charles IX jusqu'au Siége de Monségur, II, 18555 ; III, 31601.
Lettre au Roi sur le Maréchal de Biron, 19805 ; III, 33694.
Lettre à M. le Prince, 20131.
—au Président Jeannin, 20315.
Lettres au Roi & à la Reine, 20464 & 559.
—au Roi, 20778, 20854, 21008.
Manifeste, 21185.
Mémoires contenant l'Histoire de sa Vie sous Henri IV & sous Louis XIII ; III, 31882.
de la Tour-d'Auvergne, Frédéric-Maurice, Duc de Bouillon, fils du précédent.
Requête au Parlement, II, 23122.
de la Tour-d'Auvergne, Henri, Vicomte de Turenne, Maréchal de France, frère du précédent.
Lettre à M. de Bouillon, II, 22401.
Lettre à la Reine Régente, 23108.
Lettres, III, 30840.
de la Tour-du-pin, Jacques.
Panégyrique de la B. Jeanne de Chantal, I, 15279.
Oraison funèbre de Louis, Duc d'Orléans, II, 25677.
de la Tour : *voyez* Gastelier, Hotman, Mitat, Roussel, le Roy, Seran.
du Tour, Charles, Avocat.
In Laudem Præsidis & Senatorum Curiæ Præsidialis Suessionensis, III, 34131.
du Tour, Jean.
De quelques Droits des Chapitres de Reims, IV, *Suppl.* 7846.*
du Tour.
Vœux & Offrandes à Madame Henriette de Lorraine, Abbesse de Notre-Dame de Soissons, I, 14914.
du Tour : *voyez* Cauchon.

de Toureil, Aamable.
Histoire de la Congrégation des Filles de l'Enfance de Notre-Seigneur, I, 15152.
de Tournay.
Panégyrique de M. le Prince de Condé, II, 25824.
de Tournay : *voyez* de Brosses.
de Tournefort : *voyez* Pitton.
Tournely, Honoré, Docteur de Sorbone.
Relation de ce qui s'est fait dans la Faculté de Théologie de Paris sur la Constitution *Unigenitus*, I, 5657.
de Tournemeul : *faux nom sous lequel s'est caché un Feuillent inconnu*.
Vie de Charles de S. Bernard, I, 13089.
de Tournemine, René-Joseph, Jésuite.
Lettre à M. de la Roque sur une Médaille, I, 2360.
Eloge de l'Abbé de Bellegarde, 10928.
Réflexions touchant l'origine des François, II, 15446.
Opinion sur l'origine de la troisième Race, 24938.
Eloge de Madame Dacier, IV, 48058.
de Tournes, Jean.
Alliances Généalogiques des Rois de France, II, 24825.
Tournet, Jean, Avocat.
Notice des Bénéfices de France, I, 1222.
Traduction du Traité *de Sacra Politia Forensi*, I, 7360.
Oraison funèbre de Pomponne de Bellièvre, III, 31516.
—de Nicolas Brulart de Sillery, 31520.
Gallio, 35235.
le Tourneux, Nicolas.
Vie du B. Pierre de Luxembourg, I, 10595.
Tournielle, N. Médecin.
Avis touchant les Eaux d'Aix-la-Chapelle, I, 2901.
de Tournon, François, Cardinal, successivement Archevêque d'Embrun, d'Ausch, de Bourges, de Lyon.
Constitutiones Synodales Auxitanæ, I, 6376.
Statuta Synodalia Lugdunensia, 6580.
Lettres, III, 29883.
Discours de sa Légation en Espagne, 29887.
Exemplaire de ce qui s'est passé en Espagne, 29888.
Lettres, 29925 & 30060.
de Tournon (Madame).
Madame de Tournon, IV, 48191.
Touron, Antoine, Dominicain.
Histoire de Michel Mazarin, IV, S. 7865.*
—de Dominique de Marinis, IV, S. 8134.*
—d'Hyacinthe Libelli, *là*.
—de Dominique de Florence, IV, S. 10227.*
—des Hommes illustres de l'Ordre de S. Dominique, I, 13739.
Vie de S. Dominique, *là*.
—de S. Thomas d'Aquin, *là*.
Histoire du B. Regnault de Saint-Gilles, 13765.
—de l'Abbé Matthieu, 13766.
—de Bertrand Garrigue, 13767.
—de Pierre Callani, *là*.
—de Raymond de Felgar, *là*.
—de Pierre de Reims, 13768.
—d'André de Lonjumeau, 13769.
—de Guillaume Perault, 13770.
—de Vincent de Beauvais, 13771.
—de Hugues de Saint-Cher, 13772.
—de Thomas de Cantimpré, 13774, IV, S.
—de Geoffroy de Beaulieu, 13775.
—de Guillaume de Chartres, *là*.
—de Pierre de S. Astier, 13776.
—de Humbert de Romans, 13777.
—d'Innocent V, Pape, 13778.
—de Guy de Sully, 13779.
—de Guy de la Tour-du-Pin, 13780.
—de Nicolas de Hanaps, 13781.

Histoire de Hugues Aycelin de Billon, 13782.
—de Raoul de Granville, 13783.
—de Jean de l'Alleu, 13784.
—de Nicolas de Fréauville, 13785.
—de Raymond Béquin, 13786.
—de Bérenger de Landore, 13787.
—de Bernard Guidonis, 13788.
—de Durand de Saint-Pourçain, 13789.
—de Guillaume-Pierre de Godieu, 13790.
—de Pierre de la Pallu, 13791.
—de Gérard de Daumar de la Garde, 13792.
—de Guillaume de Laudun, 13793.
—de Jean des Moulins, 13794.
—de Humbert II, Dauphin de Viennois, 13795.
—de Guillaume Sudre, 13796.
—de Charles d'Alençon, 13797.
—de Hugues Gaspart, 13798.
—de Nicolas de Saint-Saturnin, 13799.
—de Simon de Langres, 13800.
—d'Elie Raymond, IV, S. 13800.*
—de Martin Porée, 13801.
—de Jean de Puinoix, 13802.
—de Barthélemi Texier, 13803.
—de Michel-François de Lille, 13804.
—de Jean Clérée, 13805.
—de Guillaume Paris, 13806.
—de Jean Guiencourt, 13807.
—de Jacques Fourré, 13808.
—d'Antoine Havet, 13809.
—de Godefroi de Bolduc, 13810.
—de Sébastien Michaelis, 13812.
—de Nicolas Coëffeteau, 13814.
—de Louis de Vervins, 13815.
—de Noël Deslandes, 13818.
—de Jacques Goar, 13820.
—de Jean-Baptiste Carré, 13821.
—de Vincent Baron, 13824.
—de Vincent Contenson, là.
—d'Antoine le Quieu, 13828.
—d'Antonin Massoulié, 13834.
—d'Alexandre Piny, 13835.
—d'Antoine Chatagnié, 13836.
—de Noël Alexandre, 13839.
—d'Antonin Cloche, 13840.
—de Pierre Paul, 13841.
—de Guillaume Martel, 13847.
TOUROUDE (M.), Curé de Mitry.
Lettre sur un usage faussement attribué au lieu nommé Mitry, IV, S. 34838.*
de TOUROUVRE, Jean-Armand, Evêque de Rhodès.
Lettre Pastorale au sujet des troubles de son Diocèse, I, 14390.
de TOURTEREL : voyez Michon.
TOURTOUREAU, François, Doctrinaire.
Oraison funèbre d'Antoine Godeau, I, 8843.
TOURTOURET, Vincent.
De Nobilitate Gentilitiâ, III, 39860.
de TOURVILLE : voyez de Costentin.
TOUSSAINTS de Saint-Luc (M.), Carme réformé des Billettes.
Vie de Jacques Cochois, I, 4747.
Mémoires sur le Clergé & la Noblesse de Bretagne, I, 10261 ; III, 40634.
Histoire de Conan de Mériadec, III, 35350.
Armes des Gentilhommes de Bretagne, 40093.
Mémoires sur l'Ordre de Notre-Dame du Mont-Carmel & de S. Lazare, 40361.
Extraits des Titres sur cet Ordre, 40366.
Recueil de Pièces sur cet Ordre, 40369.
TOUSSART, Jean-Antoine.
Diplomata Ordini Hospitali S. Spiritus concessa, cum Notis, III, 40395.
TOUSTAIN, Charles-François, Bénédictin.
Défense des Droits de l'Abbaye de S. Ouein de Rouen, I, 12810 ; IV, S. 12700.*

Eloge de Dom Antoine Rivet, IV, S. 12833.
Histoire de l'Abbaye de S. Vandrille, IV, Suppl. 12840.*
Additions au Glossaire de Ducange, II, 15494.
Traité de Diplomatique, III, 29483.
TOUSTAINT de Richebourg, Gaspard-François, Lieutenant des Maréchaux de France.
Dissertation sur l'Echiquier, III, 33162.
de TOVAR : voyez Pellizer.
de TOYRAS : voyez Rapin.
TRABIT, Claude, Greffier de la Connétablie.
Jurisdiction des Maréchaux de France, III, 34071.
TRABOUILLET, Louis, Chapelain du Roi.
Etat de la France, II, 27296.
de TRACY, Bernard, Théatin.
Recherches sur l'Abbaye de Sept-Fonts, IV, S. 13134.*
Remarques sur les Théatins de France, V, Add. 14075.*
Noms des Théatins de Paris, I, 14082.
TRÆUSCH, Ch. Fred.
Traduction Allemande de l'Histoire de France du Président Hénault, II, 15852.
TRAHAN, Philippe-Nicolas.
Recueil concernant les Imprimeurs en taille-douce, III, 34705.
TRAIMOND, Moine de Clairvaux.
Epistolæ, III, 29781.
du TRALAGE : voyez Nicolas.
TRANQUILLE, (le Père) Capucin.
Relation des Procédures de Loudun, I, 4857.
TRANQUILLE de Bayeux (le Père), Capucin : voyez du Sellier.
TRAPES, Charles.
Réfutation des Vérités Académiques, IV, 44674.
TRASSE, Nicolas, Chanoine de Troyes.
Dissertation sur l'invasion d'Attila, I, 504 ; IV, S.
—sur Villery, 539.
—sur les causes de l'exil de S. Loup de Troyes, 10096.
Réponse aux Observations sur cette Dissertation, 10098.
de la TRAU, Olivier, Sieur de la Terrade.
Discours de l'Ordre Hospitalier du Saint Esprit, III, 40379.
Mémoire sur l'Antiquité de l'Ordre Hospitalier du Saint Esprit, 40381.
de TRAUTMANSDORFF, Sigismond-Joachim, Comte.
Mémoire présenté à la Diete de Bade, II, 28973.
TRAUTWEIN, Grégoire, Abbé des Chanoines Réguliers de S. Michel.
Vindiciæ adversùs Librum Febronii, IV, S. 7319.
TRAVERS, Nicolas, Prêtre de Nantes.
Traité des Conciles de la Métropole de Tours, IV, S. 6195.* ; I, 6785.
Les Pouvoirs légitimes du premier & du second ordre, I, 7467.
Histoire des Evêques de Nantes, 10432 ; IV, S.
Dissertation sur les Monnoies de Bretagne, III, 34006.
Catalogue des Princes & Comtes, Seigneurs de Nantes, 35459.
Histoire de la Ville de Nantes, 35460.
de TRAVERS-Dortenstein, Jean-Victor, Baron.
Extrait du Traité de l'Art de la Guerre de M. de Puységur, III, 32109.
le TRAVERSEUR : nom sous lequel s'est caché Jean Bouchet, II, 24823 ; IV, S. 15166 : voy. Bouchet.
TRAVESSAC : voyez de Valette.
de TRÉGOUIN, G. Sieur de Ricardelle.
Nullités survenues dans l'Institution de la Congrégation de la Doctrine Chrétienne en France, I, 10848 & 50.
Recueil des Pièces produites en Justice pour justifier cette Congrégation, 10850.

Tome V.

Aaaaa 2

740 *Table* VIII.

de la Treille, François, Commissaire de l'Artillerie.
  Discours des Villes, &c. prises sous Jean d'Estrées, II, 17943; III, 31809.
de Treillis, Marguerite-Julienne, Religieuse de la Visitation de la Ville de Gray.
  Histoire de ce Monastere, IV, S. 15260.*
Treillon-Poncin, Jean-Pierre.
  Abrégé de Géographie, I, 816.
Trelier, E.
  Statuts & Coutumes de Bragerac, III, 37577.
de Trelles, Nicolas-Clément.
  Vies des Comtes de Hollande, III, 39595.
de Trélong.
  Stances contre l'Ambition, II, 19510.
de Tremblay : *voyez* de Bermond & le Clerc.
de la Trémoille, Henri, Duc de Thouars.
  Lettres au Roi & à M. le Prince, II, 20979.
de la Trémoille, Henri-Charles, Prince de Tarente, fils du précédent.
  Mémoires, II, 23960; III, 32072, IV, S. 30975.*
Trépagne de Ménerville, René, Curé de Sureine.
  Amusemens de M. le Duc de Bretagne, II, 25721, IV, S.
de Tressan : *voyez* de la Vergne.
Treulliot de Proucourt (M.), Curé d'Ansacq.
  Relation d'un bruit extraordinaire, I, 3696.
Treuvé, Simon-Michel, Théologal de Meaux.
  Histoire de M. du Hamel, I, 11186.
Treveth, Nicolas, Dominicain.
  Chronicon, II, 16965; IV, S. III, 35007 & 103.
de Tréville : *voyez* de Gaya.
Tribalet, Jacques, Avocat.
  Dissertation sur l'affaire de Neufchâtel, III, 39155.
Tribault.
  Histoire du Siége d'Orléans, II, 16009.
Tribert.
  Considérations sur Charles VII, II, 17277.
Tribolet.
  Lettres sur la Révocation de l'Edit de Nantes, I, 6060.
Tricault (l'Abbé).
  Dissertation sur Sulpice Sévère, I, 11464.
  Eloge de Louis (*ou* Michel) du Puget, IV, 46562.
de Trie, Guillaume, Evêque de Baïeux, puis Archevêque de Reims.
  Statuta Synodalia Bajocensia, I, 6391.
  —Remensia, 6691.
Trigan, Charles, Curé de Digoville.
  Histoire Ecclésiastique de la Province de Normandie, I, 5421 & 9787.
  Vie de M. Paté, 11339.
Trigault, Marguerite.
  Vie de Florence de Werguineul, I, 14805.
Trincant, Louis, Procureur du Roi à Loudun.
  L'Anti-Anglois, II, 21430; IV. S.
  Histoire Généalogique de la Maison du Bellay, III, 41244.
  —de la Maison de Savonniere, 44084.
Trinquier (M.), Curé de Cadix.
  Evêché de Lavaur, I, 1071.
Tripault, Emmanuel.
  Anagrammata Virorum illustrium, IV, 45731.
  Anagrammes des Dames d'Orléans, 45732.
  Anagrammes des Dames de la Cour, IV, S. 47990.*
Trippault, Léon.
  Edition de l'Histoire du Siége d'Orléans, II, 17179.
  Joannis d'Arc res gestæ, 17192.
  Les Antiquités d'Orléans, III, 35587.
  Sylvulæ Antiquitatum Aurelianensium, 35589, & 94; IV, S.
Triquet, André, Jésuite.
  Vie de Sainte Aldégonde, I, 14754.
Tristan, Jean, Seigneur de Saint-Amand.
  Traité du Lys, II, 27049.
Tristan : *voyez* l'Hermite.

Tritheme *ou* Trittenheme, Jean, Abbé de Spanhem.
  Vita B. Rabani Mauri, I, 9101.
  De Origine Francorum ex VI Libris Wastaldi, & XII ultimis Hunibaldi, II, 15363.
  Compendium primi Voluminis, 15364, 16138 & 39.
  Compendium ex XII ultimis Hunibaldi Libris, 16139.
  Annales Hirsaugenses, 17462.
Trivior, Gabriel, Historiographe du Roi.
  Observatio Apologetica, II, 15418.
Trivulce, Pompone, Gouverneur de Lyon.
  Lettres, III, 29925.
Tronc de Condoulet, Palamedes.
  Vie de Michel Nostradamus, II, 26502; IV, 46252.
Tronchay, Michel, Chanoine de Laval.
  Vie de M. Lenain de Tillemont, I, 11238.
  Histoire de l'Abbaye de Port-Royal, 15089.
Tronchin, Théodore.
  Oratio funebris Simonis Goulartii, I, 5951.
  Oratio quâ Duci Rohannico parentatum fuit, III, 32050.
Tronchin, Jean-Antoine.
  Electa Gallica, IV, S. 15497.*
Tronçon, Jean, Avocat.
  Catalogue des lieux dépendans du ressort de la Prévôté & Vicomté de Paris, I, 2246.
  Entrée de Louis XIV & de Marie-Thérèse d'Autriche, II, 26424.
de Troncy.
  Traduction d'une Relation de la Réconciliation de Henri IV, II, 19633.
  Apologie Françoise pour la Ville de Lyon, III, 37390.
Tronson de Chenevieres, Jean-Pierre.
  Vie de Marguerite du Saint Sacrement, IV, S. 14998.*
le Trosne, Guillaume-François, Avocat du Roi à Orléans.
  La Liberté du Commerce des Grains, II, 28260.
  Eloge de M. Pothier, IV, S. 45986.*
Trotel (le P.), Dominicain.
  Mémoire concernant le Droit des Frères Prêcheurs de Morlaix, III, 35481.
Trouillard, Pierre, Seigneur de Montferé, Avocat.
  Mémoires du Comte du Maine, III, 35509.
Trouillet (M.), Avocat.
  Eloge de Louis Valadon, IV, 46343.
Trouillet (M.), Curé d'Ornans.
  Dissertation sur les Voies Romaines des Séquanois, I, 70.
  Prospectus d'une Histoire des Saints de Franche-Comté, 4167.
  Mémoires sur l'Hercules Ogmius, IV, S. 38371.*
  —sur l'Etablissement des Bourguignons dans les Gaules, *là.*
  —sur les Villes principales du Comté de Bourgogne, *là.*
du Trousset de Valincour, Jean-Baptiste, Historiographe du Roi.
  Vie de François de Lorraine, Duc de Guise, III, 32312.
  Lettres sur la Princesse de Clèves, IV, 48053.
de la Troussiere.
  Mémoires de la Vie de François d'Usson, III, 32706.
Trouvé, Isaac, Orfévre.
  Mémoire historique touchant le Tableau votif des Orfévres, I, 5153.
Troya d'Assigny, Louis.
  Histoire de la Constitution *Unigenitus*, I, 5639.
  Dénonciation des Jésuites, 14387; IV, S.
de Troyes, Jean.
  Chronique de Louis XI; II, 17322.

Table des Auteurs.

TRUBLET, Nicolas-Charles-Joseph.
  Mémoires pour servir à l'Histoire de M. de Fontenelle, IV, 46462.
  Eloge de M. de Maupertuis, 46509.
  Lettre sur Houdar de la Motte, 47554.
  Mémoires sur le même, 47555.
TRUDAINE de Montigny (M.).
  Eloge de Daniel-Charles Trudaine, IV, S. 32744.*
TRUDON, Fr.
  Traité de la Science du Blazon, III, 40028.
TRUELLER.
  Le Roumant de Bertrand du Glaicquin, III, 31409.
TRUGONI, François-Fulvie.
  Il sacro Trimegisto nella Vita di San Massimo, I, 7890.
TRUMEL (M.), Secrétaire du Roi.
  Lettre à l'encontre de notre bonne Ville de Paris, IV, S. 19355.*
TRUSSEL, Jean.
  Continuation de l'Histoire d'Angleterre, III, 35132.
TSCHARNER, Bernard.
  Histoire de la Suisse, III, 39105.
TSCHUDI, Gilles, dit de Glaris.
  Clef de diverses Antiquités, I, 135.
  Epistola de Equestris Coloniæ, &c. nomine & situ, 268; II, 15396.
  Delineatio veteris Rauricæ, 335.
  Carte des Suisses, 1961.
  Histoire des Guerres des Cimbres, 3928.
  Alpinæ Rheticæ Descriptio, II, 15396.
  Historia Helvetiæ Allemanicæ, III, 39090.
  Extraits concernant la Suisse, 39093.
  Chronique, 39094.
TUBŒUF, Michel, Abbé de S. Urbain, depuis Evêque de Castres.
  Procès-verbal de l'Assemblée de 1650, I, 6884; IV, S.
TUBŒUF, F. E.
  La Couronne de Jesus-Christ, I, 5289.
TUCCAVI, Alberto.
  Il Vendico Messinense, II, 24085.
TUCKER.
  Essai sur le Commerce, II, 28206.
TUDEBOD, Pierre.
  Historia de Hierosolymitano Itinere, II, 16579.
TUDESCHI, Nicolas, dit le Panormitain, Cardinal, Archevêque de Palerme.
  Tractatus pro Concilio Basileensi, I, 7539.
TULLIER, Jean.
  Mémoire touchant les Jeux Floraux de Rhodès, IV, 45602.
TULLY, Florent-Guillaume, Médecin.
  Essai sur les Maladies de Dunkerque, I, 3524; IV, S.
de TURBILLY (le Marquis).
  Mémoire sur les Défrichemens, I, 3428.
TUREAU, Pierre, Champenois, Avocat.
  Tractatus adversùs Franco-Galliam, II, 27157.
TUREAU, Pierre, Bourguignon.
  Histoire de Bourgogne, III, 35879.
de TURENNE: voyez de la Tour d'Auvergne.
TURGOT de Saint-Clair, Dominique-Barnabé, Evêque de Séés.
  Mandement sur une sainte Epine, IV, S. 5432.**
  Procès-verbal de l'Assemblée de 1710, I, 6908.
TURKIUS, Henri, Jésuite.
  Annales Westphalici, II, 16304.
TURLUPIN, Nicodême: faux nom sous lequel s'est caché Jean de Villiers-Hotmann, I, 7184: voyez de Villiers.
TURNEBE, Adrien.
  Epithalamium Francisci Valesii, IV, S. 17718.*
  Oratio in funere Jacobi Tusani, IV, 47231.
TURNELL ou Turner, Robert.
  Maria Stuarta vindicata, II, 25103 & 25116.

TURNER.
  Sylva de abolito More Singularium Certaminum, II, 19922.
TURNER, George.
  Relation des Eaux de Pyrmont, I, 3180.
  Traité des Eaux de Spa, 3247.
TURPIN, Archevêque de Reims.
  Historia Caroli Magni, II, 16183, 86, 87; IV, S.
  Visio Turpini, 16188.
TURPIN, Matthieu, Sieur de Longchamp.
  Histoire du Royaume de Naples, III, 35048.
TURPIN, Thomas, Dominicain.
  Annales Comitum Turonesium, III, 39010.
TURPIN, F. H.
  Vie de César, Duc de Choiseul, II, 23962; III, 31678.
  —du Prince de Condé, 24228.
  Vies des Hommes illustres, III, 31377.
  France illustre, V, Add. 31380.*
  Vie de Charles de Choiseul, 31677.
  Histoire du Royaume de Siam, 39806.
de TURPIN de Crissé, Lancelot, Comte.
  Essai sur l'Art de la Guerre, III, 32115.
TURQUAIN, Thomas.
  Remontrances au Parlement de Dijon, III, 33927.
  Avis donné en une Assemblée à Paris, 33928.
TURQUET: voyez de Mayerne.
TURQUOIS, Dom, Feuillent.
  Rétractation, I, 15107.
TURQUOYS, Laurent.
  L'Empire François, I, 5.
  Carte Généalogique de la Maison de France, II, 24835.
  De la Cathalogne, &c. III, 38354.
  Etat de la Lorraine depuis les enfans de Louis-le-Débonaire, 38821.
TURQUOYS, L. fils.
  Edition de l'Empire François, I, 5.
TURREL, Pierre, Philosophe & Astrologue.
  Table Chorographique de Bourgogne, III, 35826.
TURRETTIN, Samuel.
  Préservatif contre le Fanatisme, I, 6094.
TURRIGIUS.
  Notæ in Vitam Sylvestri II, Papæ, I, 7679.
TYRELL, Jacques.
  Histoire générale d'Angleterre, III, 35086.

U

UBALDINI, Petruccio, Cardinal.
  La Vita di Carlo Magno, II, 16276.
  Lettere, III, 30424.
d'UBAYE, Paul, Minime.
  L'Héroïne Chrétienne (Marie-Térèse d'Autriche), II, 25180.
  Oraison funèbre de Marie Térèse d'Autriche, 25185.
de UBILLA y Medina, Antoine.
  Succession del Rey Philippe V, en la Corona de España, II, 18982.
UDALL, Guillaume.
  Vie de Marie Stuart, II, 25112.
S. UDALRIC, Bénédictin.
  Consuetudines Cluniacensis Monasterii, IV, Suppl. 11781.*
ULADISLAS IV, Roi de Pologne.
  Epistolæ, II, 21984.
ULIERDEN, Christophe, Bénédictin.
  Patriarchium Bituricense, I, 8352.
d'ULIERDEN, Lambert.
  Commentatio de duodecim Tribubus Opificum Civitatis Leodiensis, III, 39231.
ULLOA, Alfonse.
  Le Guerre d'Italia, II, 17685.
ULTRAMOSANUS, Jean.
  Historia Rerum Leodiensium, I, 8695.

UNELLUS, Nicolas : *faux nom sous lequel s'est caché Nicolas Percheron*, IV, S. 15814 : *voyez* Percheron ; & *ajoutez-y le* N.° 15421.
UNTONS, Henri.
 Ambassade, III, 30280.
URBAIN IV, Pape.
 Indulgentiæ concessæ in favorem S. Ludovici, II, 16824.
 Epistolæ, III, 29887 & 89.
d'URBIN (le Duc).
 Lettres, III, 30464.
d'URFÉ, Pierre, Grand-Ecuyer de France.
 L'Ordre tenu à l'Enterrement de Charles VIII, II, 26727.
d'URFÉ, Honoré, Comte de Châteauneuf, petit-fils du précédent.
 L'Astrée, II, 21300.
 Inscriptions pour l'Entrée de Madame de Tournon, Comtesse de Roussillon, 26177.
d'URFÉ, Louis Lascaris, Evêque de Limoges, petit-neveu du précédent.
 Ordonnances Synodales, I, 6553.
URSENSON, Merian.
 Description de l'Alsace, I, 2174.
URSIN.
 Vita S. Leodegarii Augustodunensis, I, 8979.
URSIN, Zacharie.
 Traduction Allemande de la Vie de Calvin, I, 5807.
des URSINS : *voyez* Juvenal.
URSTITIUS, Chrétien.
 Catalogus Episcoporum Basileensium, I, 8224.
 Epitome Historiæ Basileensis, III, 39122.
 Chronique de Basle, 38757 & 39123.
URTICA, Augustin.
 Traduction Italienne des Commentaires de César, I, 3881.
d'URVILLE (M.), Avocat du Roi.
 Histoire de Raoul, Duc de Normandie, III, 34963.
 —de Guillaume Longue-Epée, 34964.
 —de Richard I, 34965.
USSERIUS, Jacques, Archevêque d'Armach.
 Gotteschalci Historia, I, 5561.
l'USURIER de Bouchevret, Benoît, Avocat.
 Généalogie de la Maison de Luxembourg-Béon, III, 43030.
UTENHOVE, Charles.
 Epitaphium in mortem Henrici II ; II, 17735 & 37.
UTHON, Evêque de Strasbourg.
 Vita S. Arbogasti Argentinensis, I, 9132.
d'UXELLES : *voyez* du Blé.
d'UZÈS : *voyez* de Crussol.

V

V. D. A. C. *c'est* Viole d'Athys, Conseiller d'Etat, II, 26835 : *voyez* Viole.
V. M. G. *inconnu*.
 L'embrâsement du Pont du Rhône, III, 39181.
V. S. F. *inconnu*.
 Recueil des titres touchant l'Office de Capitaine de Lyon, III, 37409.
VA-DE-BON-CŒUR : *probablement faux nom*.
 Mémorial des Travaux de Saint-Julien-lès-Mets, III, 38783.
VACCON.
 Causes de la ruine du Commerce de Marseille, III, 38251.
 Avis au Roi sur le Commerce de Marseille, IV, S. 38254.*
le VACHER, Noël, Chanoine de Laon.
 Evêché de Soissons, I, 1153.
 Généralité de Soissons, 1872.
le VACHER.
 Histoire de Frère Jacques, IV, 46180.

le VACHET, Jean-Antoine, Prêtre.
 Vie du bon Henri I, 4753.
de la VACQUERIE, Jean, Docteur en Théologie.
 Remontrance au Roi, IV, S. 18229.*
de la VACQUERIE, Antoine, Minime.
 Histoire de S. Florent, I, 4416.
de VADERE, Jean-Baptiste.
 Réponse aux Vindices touchant les Fleurs-de-lys, II, 27052.
 De l'Origine des Ducs de Brabant, III, 39471.
VADIAN, Joachim.
 De Collegiis & Monasteriis veteribus, I, 11559.
VÆNIUS, Othon.
 Bellum Batavorum cum Romanis, III, 39577.
van VAESBERGE, Jean, Chanoine.
 Gerardimontium, III, 39410.
VAGEDÈS, Henri.
 De Ludibriis Aulæ Romanæ, II, 28770.
 Periodus Regni Austrasiæ, III, 38900.
de VAHA, Guillaume, Jésuite.
 Vita S. Guillelmi, Eremitæ, III, 35718.
VAILHEN (l'Abbé).
 Essai d'un Abrégé Chronologique sur Villeneuve-lès-Avignon, IV, S. 37900.*
VAILLANT (M.), Procureur-Fiscal du Comté de Beauvais.
 Histoire du Cardinal de Chastillon, IV, S. 9685.*
VAILLANT, Clément.
 De la Commodité de l'Appanage des Enfans de France, II, 25213.
 Opuscules par contre-opinion, III, 39911.
 Traité de la Source du Fief, 39912.
 De l'Etat ancien de la France, 39913.
VAILLANT de Guelle, Germain, Evêque d'Orléans.
 Statuta Synodalia, I, 6371.
 Oratio funere Caroli IX ; II, 18241.
VAILLANT, Pierre.
 Panégyricus Pauli Boudot, I, 8606.
 Laurus Theologica ejusdem, 8607.
 Votum pro salute Regis, II, 21226.
 Palladium Franciæ, IV, 44612.
 Elogium Theodori Marcilii, IV, S. 47126.*
VAILLANT, André, Abbé du Mont Saint-Eloy.
 Histoire de cette Abbaye, I, 13431.
VAILLANT, Jean.
 Histoire des Familles d'où est issu J. B. Raffard, III, 36901.
VAILLANT, Sébastien.
 Botanici Parisiensis Prodromus, I, 3356.
 Botanicon Parisiense, 3357.
de VAILLANT, Françoise-Fare, Religieuse.
 Vie de Sainte Fare, I, 14883.
le VAILLANT, Antoine, Avocat.
 Mémoire pour l'Exercice de la Jurisdiction du Cardinal de Bouillon sur l'Ordre de Cluni, I, 11791.
 —pour l'Etablissement de la Jurisdiction des Abbés Généraux de Cluni sur tout l'Ordre, 11792.
 —pour le Coadjuteur de l'Abbaye de Cluni, 11795.
du VAIR, Guillaume, Evêque de Lisieux, Garde des-Sceaux de France.
 Extrait des Registres de l'Assemblée tenue à Paris en 1593, I, 7509.
 Discours sur ce qui fut proposé de la part de la Ville après les Barricades, II, 18671.
 Réponse à la Lettre du Cardinal Séga, II, 19449 & 533.
 Exhortation à la Paix, 19462.
 Harangue à la Reyne, IV, S. 19774.*
 Suasion de l'Arrêt concernant la Loi Salique, II, 28519.
 Discours de la Négociation du Maréchal de Bouillon, III, 30305.
 Réponse à la Lettre de M. de Villeroy, 32685.
 Remontrances au Roi, 33310.

Remontrance aux Habitans de Marſeille, 38100 & 38220; IV, S. 38100.
VAISSETE, Guillaume, Procureur du Roi.
Deſcriptio Galliæ, I, 807.
VAISSETTE, Joſeph, Bénédictin. *Obſervez que pour ce qui regarde l'Hiſtoire du Languedoc, il a été aidé par D. Claude de Vic, du moins pour les Pièces compriſes dans les deux premiers Volumes.*
Gallia Braccata, I, 43.
De la diviſion de la Gaule, 136.
Sur les Peuples de la Narbonoiſe, 140.
Sur les Limites de cette Province, 142.
Sur la Diviſion de l'ancienne Narbonoiſe, &c. 143.
Sur l'endroit où Annibal paſſa le Rhône, 169.
Royaume & Duché de Septimanie, 416.
Le Languedoc, 417.
Sort le Languedoc François, 479.
De l'Origine du nom de *Languedoc*, 480.
Sur la Septimanie, 489.
Deſcription de la France, 822.
Epoque de la Miſſion des premiers Evêques de la Narbonoiſe, IV, S. 4068.*; I, 7852.
Remarques ſur l'origine du nom d'*Albigeois*, IV, S. 5756.*
Hiſtoire des Albigeois, 5764.
Maſſacre des Religionaires de Toulouſe, 5838.
Sur l'époque du Concile de Saint-Gilles, 6306.
Sur un Concile de Béziers, 6404.
De l'époque du Concile de Lombers, 6586.
Sur l'époque d'un prétendu Concile de Narbone, 6633.
Eclairciſſement ſur la Famille du Pape Clément IV, 7712.
Obſervations ſur les Voyages de Clément V; IV, S. 7730.* pour 23.*
Sur le Cardinal Arnauld Novelli, IV, S. 7802.*.
Epoque de l'Epiſcopat de quelques Evêques d'Albi, 7914.*
Sur l'Egliſe du Gévaudan, 7961.
Sur Odilon de Mercueur, 7967; IV, S. 7969.*
Sur Guillaume Duranti, 7969.
De la Juriſdiction des Evêques d'Arles, 7976.
Sur Frotard, Evêque d'Alby, IV, S. 7918.*
Sur le Vicariat d'Eſpagne, I, 8010.
Sur quelques Evêchés érigés dans la Guienne, 8230; IV, S. 9158.
Sur l'Epoque de la tranſlation du Siége Epiſcopal de Velai, 8488.
Sur quelques Evêques du Puy, 8497.
Queſtion ſur les Archevêques de Narbonne, 9162.
De l'Epiſcopat d'Aribert, Archevêque de Narbonne, IV, S. 9170.*
De la Plainte de Bérenger, Vicomte de Narbonne, IV, S. 9173.*
Sur la Dépoſition de Pons d'Arſac, Archevêque de Narbonne, IV, S. 9174.*
Sur Guillaume de Landorre, Evêque de Béziers, 9189.
Des premiers Evêques de Carcaſſonne, &c. 9197.
Sur les premiers Evêques de Niſmes, 9204.
De quelques Evêques de Niſmes, IV, S. 9205.*
Sur l'Egliſe de Maguelone, 9214.
Epoque du Rétabliſſement de Maguelone, 9215.
Sur les premiers Evêques de Lodève, 9228.
De l'Abbaye d'Alet, aujourd'hui Evêché, IV, S. 9248.*
Sur l'Egliſe d'Elne, 9257.
Sur le Pays & l'Evêché d'Arſat, 9261.
Sur quelques Evêchés érigés dans le Languedoc, 10195; IV, S. 9158.
De l'Epoque du Martyre de S. Saturnin, & de l'authenticité de ſes Actes, 10206.
Sur les Actes de S. Germier, Evêque de Toulouſe, 10216.
Sur les Evêques de Toulouſe depuis la fin du neuvième ſiècle, 10221.
Sur Bertrand de l'Iſle-Jourdain, Evêque de Toulouſe, IV, S. 10226.*
Remarques ſur l'érection de l'Abbaye de Pamiers en Evêché, IV, S. 10233.*
Des premiers Evêques de Viviers, 10762.
Sur S. Raymond, Evêque de Balbaſtro, 10819.
Remarques ſur S. Gilles, 11576.
Origine de l'Abbaye de Caunes, IV, S. 11739.*
— de l'Abbaye de Figeac, IV, S. 11929.*
— de l'Abbaye de Gaillac, IV, S. 11980.*
— de l'Abbaye de Lézat, IV, S. 12090.**
— de l'Abbaye du Mas-Garnier, IV, S. 12158.*
— de l'Abbaye de Saint-Chignan, IV, S. 12380.*
Eloge de Dom Claude de Vic, IV, 12544.
Généalogie de la Famille de S. Guillaume, Duc d'Aquitaine, 12561.
Epoque de la Miſſion de S. Dominique en Languedoc, 13740.
Sur S. Pierre Nolaſque, 13999.
Sur l'Origine des François, II, 15455.
Sur le regne de Louis VII, 16670 & 76.
Apologie de Raymond II, dernier Comte de Tripoly, IV, S. 16703.*
Sur le regne de Philippe Auguſte, 16764.
Sur le regne de S. Louis, 16804 & 18.
Sur la Guerre de Philippe-le-Hardi contre le Comte de Foix, IV, S. 16900.*
Epoque de l'Entrevue de Philippe-le-Hardi & de Pierre II, Roi d'Arragon, IV, S. 16904.*
Epoque & lieu de la mort de Philippe-le-Hardi, IV, S. 16913.*
Sur le regne de Philippe-le-Bel, 16968.
Epoque d'un Voyage de Philippe de Valois, IV, S. 17007.*
Epoque de l'Expédition de Henri de Lancaſtre, IV, S. 17013.*
Sur le regne de Philippe de Valois, 17038.
Sur le regne de Charles V, 17083.
Epoque & lieu de la Bataille donnée entre Gaſton-Phœbus & le Duc de Berry, IV, S. 17085.*
Epoque de la ſoumiſſion du Languedoc au parti Bourguignon, IV, S. 17130.*
Sur le regne de Charles VIII, 17408.
Sur l'entrevue de François I avec l'Empereur Charles V, 17568 & 26590.
Circonſtances du Voyage de François I en Languedoc, 17586 & 26590.
Sur les émotions excitées à Toulouſe ſous Charles IX, 17855; III, 37783.
Sur le Paſſage de l'armée des Princes de Navarre & de Condé, 18088.
Sur le Maſſacre des Religionaires de Toulouſe, 18183; III, 37783.
Sur la mort tragique de Duranti, 19227; III, 33028.
Hiſtoire de la Guerre de Languedoc, 21054.
Sur le Siége de Montauban, 21064; IV, Suppl. 21016.*
Sur l'entrée de Gaſton, Duc d'Orléans, en Languedoc, 21755.
Sur la Reine Marguerite de Valois, 25137.
Epoque du Mariage d'Alfonſe, frère de S. Louis, IV, S. 25373.*
Sur l'uſurpation des Royaumes de Provence, 27917.
Epoque de l'union du Marquiſat de Provence au Domaine des Comtes de Toulouſe, 27918.
Epoque de l'union des Comtés de Querci & de Rouergue au même Domaine, 27928; III, 37607.
Sur le Traité de Paix conclu entre S. Louis & Jacques I, Roi d'Arragon, 29337.
Sur Bertrand du Gueſclin, 31419.
Sur Guillaume de Nogaret, 31491; IV, S. & 32630.
Sur Guy du Faur, Sieur de Pibrac, 32935.

Epoque de l'inftitution du Parlement de Touloufe, 33016.
Son rétabliffement fous Charles VII, 33017.
En quel temps les Comtes de Touloufe ont aliéné les Comtés de Cahors & de Rodès, 37607.
Des Seigneurs de l'Ifle-Jourdain, & des Vicomtes de Gimoëz, 37648.
Epoque de la défunion de la Septimanie du Royaume d'Aquitaine, 37703.
Des Grands-Officiers de la Maifon des Comtes de Touloufe ; IV, S. 37709.*
Epoque de l'union du Marquifat de Gothie au Domaine des Comtes de Touloufe, 37721.
Hiftoire générale de Languedoc, 37727.
Abrégé de l'Hiftoire de Languedoc, 37728.
Obfervations fur les Etats généraux de Languedoc, en 1356, 37734.
—fur leur députation au Roi Jean, là.
—fur les Etats de 1383 ; 37735.
—fur les Etats de 1442 ou 43 ; 37736.
Remarques fur la Pairie des Comtes de Touloufe, 37756.
Des Siéges de Touloufe par Charles-le-Chauve, 37778.
Du Siège de Touloufe par Henri II, 37779.
Du Siège de Touloufe par Louis, fils du Roi Philippe Augufte, III, 37780.
Sur l'émotion arrivée à Touloufe, à l'occafion du Maréchal de Joyeufe, 37784.
Sur l'expédition du Maréchal de Joyeufe, Id.
Sur les Vicomtes de Narbonne, 37808.
Sur les Vicomtes de Béziers & d'Agde, 37817.
Epoque de la fouftraction de Béziers, 37818.
Sur les Seigneurs de Montpellier, 37825.
Sur les Comtes de Subftantion, 37841.
Sur les Comtes & Vicomtes de Lodève, 37844.
Origine de la Ville de Beaucaire, 37887.
Origine de la Ville & du Port d'Aigues-Mortes, 37893.
Sur les anciens Seigneurs d'Uzès, 37898.
Sur les anciens Comtes & Vicomtes de Gévaudan, 37901.
Sur les Comtes de Vélai & d'Auvergne, 37904.
Sur les premiers Vicomtes de Polignac, 37908.
Sur les expéditions de Louis-le-Jeune contre ces Vicomtes, 37909.
Sur l'Origine de la Ville de Pamiers, 37924.
Differtations fur l'Hiftoire de Provence, 38053.
En quel temps le Siége du Préfet des Gaules fut transféré à Arles, 38182.
Lettre fur le Romieu de Provence, 38191.
Epoque de la ceffion du Comté Venaiffin, 38316.
Des Comtes de Befales, &c. 38359.
Epoque du Siège de Barcelone par Louis-le-Débonnaire, 38363.
Remarques fur Gaucelin d'Azillan, & autres Grands-Maîtres de S. Jean, 40306.
Epoque de quelques circonftances de l'affaire des Templiers, 40356.
Obfervations fur Gui, Fondateur de l'Ordre des Hofpitaliers du S. Efprit de Montpellier, &c. IV, S. 40401.*
Sur les Branches de la Maifon de Lautrec, 42890.
Sur les Poëtes Provençaux, IV, 47261.
du VAL, André.
Traduction de l'Oraifon funèbre de Paul de Foix, I, 10229.
du VAL, Jacques, Médecin.
L'Hydrothérapeutique des Fontaines Médicinales, I, 3186.
du VAL (le Père), Minime.
La France fous la protection de Dieu, II, 26956.
du VAL, Guillaume, Médecin.
Hiftoria monogramma, I, 4290.
Le Collège Royal de France, IV, 45136.

du VAL, Vincent.
Eloge du Cardinal Mazarin, avec un Poëme héroïque, III, 32554.
du VAL, Pierre, Géographe du Roi.
Le Royaume de la France Orientale, I, 398.
—de la France Occidentale, 399.
—d'Aquitaine, 415.
—de Bourgogne & d'Arles, 419.
Cartes de la France, 571 & 72, 591.
France Seigneuriale, IV, S. 653.*
Confins de France, 663.
L'Océan, 693.
Canal du Languedoc, 754.
Defcription de la France, ou Géographie Françoife, 806.
Parallèle de France & d'Efpagne, IV, S. 808.*
Evêché d'Aire, 1003.
—d'Evreux, 1062.
Archevêché de Paris, 1113.
Carte des Maifons des Chanoines Réguliers de la Congrégation de France, 1187.
Duché Aiguillon, 1313.
Alface, 1326.
Artois & Hainault, 1355.
Barrois, 1377.
Flandre Gallicane, 1512.
Franche-Comté, 1530.
Guyenne, 1543.
Ifle-de-France, &c. 1567.
Lorraine & Alface, 1636.
Normandie, 1703.
Orléanois, 1723.
Poitou, 1819.
Provence, 1827.
Rouffillon, 1859.
Duché de Thouars, 1885.
Touraine, 1892.
Piémont, 1944.
Savoie, 1954.
Cours du Rhin, 1980.
Duché de Luxembourg, 2013.
Duché de Limbourg, 2018.
Pays-Bas, 2034.
Flandre, 2058.
Provinces échues à la Reine, 2063.
Alphabet de France, 2112.
Les Acquifitions de la France, 2146.
La France Seigneuriale, 2157.
Defcription de l'Alface Françoife, 2170.
Alphabet des Abbayes de France, 11562.
Recherches des Annales de France, II, 15803.
Le Blazon, III, 40011.
du VAL, Jean-Baptifte-Charles, Jéfuite.
Oraifon funèbre du Dauphin (petit-fils de Louis XIV), IV, S. 25716.*
du VAL, Jacques, Bénédictin.
Lettres fur l'Hiftoire du Nivernois, III, 35571.
du VAL : voyez Duval.
de VALABREGUE : voyez Bernard.
de VALAGON : voyez du Bois.
le VALANÇAY : voyez d'Eftampes.
de VARANES, Valerand.
Carmen de Domo Dei Patifienfi, I, 5323.
—de Geftis Joannæ Virginis egregiæ, II, 17172.
—de Caroli VIII Victoriâ, 17378.
—de Expugnatione Genuenfi, 17425.
de VALAVOIRE, Nicolas, Evêque de Riès.
Ordonnances, I, 6687.
de VALBELLE, Honoré.
Hiftoire de Provence, III, 38070.
de VALBELLE, Antoine, Seigneur de Montfuron.
Mémoires, III, 38227.
de VALBELLE, Jean-Baptifte, Commandeur de l'Ordre de Malte.
Réponfe à la Juftification de Marfeille, III, 38231.

de VALBONAYS.

de VALBONAYS : *voyez* Moret.
de VALCROISSANT : *voyez* de Marmet.
VALDENVINE.
Histoire de Remiremont, I, 12288.
VALDERABENO, François.
Traduction Espagnole de la Vie de S. Eloi, I, 9750.
VALDÈS, Jacques.
Prærogativa Hispaniæ, II, 26917.
VALDOR, Jean, Chalcographe.
Les Triomphes de Louis-le-Juste, II, 22154.
VALDORI, G. Capitaine.
Discours du Siége de la Ville de Rouen, I, 19358.
de VALDORI (le Sieur), Huissier chez le Roi.
Anecdotes du Ministère du Cardinal de Richelieu, III, 22165.
de VALÉE : *voyez* de Verail.
de VALENÇAY : *voyez* d'Estampes.
de VALENCE.
Remontrances aux Etats de Languedoc, II, 18402.
VALENCIER, Etienne.
Discours sur la mort du Comte de Sault, III, 32066.
VALENTIN (M.), Chirurgien.
Eloge de M. le Cat, IV, 46076.
VALERIUS, Coadjuteur de l'Evêque d'Agen.
Statuta & Constitutiones Synodales, I, 6311.
de VALERNOD, Joachim, Prêtre de S. Ruf.
Remontrances à l'Abbé Général de S. Ruf, IV, S. 13468.*
VALEROT, Guillaume.
Journal de la France, II, 15842.
VALET, Antoine.
Le Tombeau de M. le Vicomte de Paulmy, IV, S. 32082.*
VALETTE, François.
Grandis Sylva, Cœnobium, I, 13097.
VALETTE, Armand.
Animadversioni Chiffletianæ Animadversio repensa, III, 41732.
de VALETTE Travessac, Antoine, Prieur de Bernis.
Les François lavés du crime de la Saint-Barthélemi, II, 18185.
Sonnets sur les Antiquités de Nismes, III, 37849.
Apothéose de la Ville de Nismes, IV, S. 37881.*
Lettre du Tripot de Milhaud, IV, S. 45588.
de la VALETTE.
Parallèle de l'Hérésie des Albigeois & de celle du Calvinisme, I, 5759 & 6035, IV, S. 6181.*
de la VALETTE : *voyez* de Nogaret & Prunelli.
VALEYRE, Guillaume-Amable, Professeur de l'Université de Paris.
Histoire des Monnoies de France, III, 33991.
de VALHEBERT : *voyez* Simon.
VALHEN, Joseph.
Essai d'un Abrégé Chronologique de l'Histoire de Villeneuve-lès-Avignon, III, 38344.
VALIN, René-Josué, Jurisconsulte.
Commentaire sur l'Ordonnance de la Marine, II, 28321.
de VALINCOUR : *voyez* du Troussset.
de la VALISE : *peut-être faux nom.*
La Famine, II, 22899.
VALLA, Pierre, Docteur de Sorbonne.
Sagiensium Episcoporum Catalogus, I, 9956.
VALLADIER, André, Abbé de S. Arnoul de Metz.
La Tyrannomanie étrangère, I, 7013.
Histoire Ecclésiastique & Civile du Comté d'Avignon, 8124.
Epitaphe - Panégyrique du Cardinal de Givry, 10599.
L'auguste Basilique de l'Abbaye de S. Arnoul, 12328.
Les saintes Montagnes d'Orval & de Clairvaux, 13118.

Tome V.

Harangue funèbre de Henri-le-Grand, II, 20034.
Parénese Royale sur le Sacre de Louis XIII, 26090.
Labyrinthe Royal de l'Hercules Gaulois, 26291.
VALLAMBERT, Simon, Médecin.
Notæ in Inscriptionem antiquam, III, 37428.
de VALLANS : *voyez* Pouhac.
VALLANT, C.
Consultation sur la Maladie de Provence, I, 2610.
VALLART, Joseph, Professeur de l'Ecole Royale Militaire.
Conquête de la Gaule, I, 3883.
de VALLAVEZ (le Sieur).
Mémoire de l'Ouverture des Etats à Paris, II, 27503.
VALLÉE, Philippe.
Discours funèbre sur la Mort du Cardinal de Joyeuse, I, 9886.
de la VALLÉE, Jacques.
Histoire de Madame de la Meilleraye, I, 4789.
Discours sur Achilles de Harlay, III, 32906.
Histoire de la Mort de Madame de la Meilleraye, IV, S. 48117.*
de la VALLÉE-CLAUSE, Pierre : *faux nom sous lequel s'est caché* Théophile Raynaud, I, 13734; *voyez* Raynaud.
des VALLÉES ou des Rames, Pierre.
Vita Beatæ Coletæ, I, 15181.
des VALLÉES.
Conversations de Maître Guillaume, II, 21662.
de VALLEMONT : *voyez* le Lorrain.
VALLERIUS, Nicolas.
Tentamina circa Aquas Aquisgranenses, I, 2903.
de VALLES, Claude.
Recueil des Armoiries des Pairs, III, 31239 & 40060.
Elogium Cardinalis Richelii, 37477.
Mémoires sur les Armoiries, 39978.
Blason des Connétables, &c. 40043.
—des Amiraux, 40044.
de VALLES : *voyez* Clascar.
de la VALLETRIE (le Sieur).
Episemasia, IV, S. 18707.*
VALLETTE 'e Neveu, Jacques, Recteur de l'Université de Paris.
Mémoire pour le vingt-huitiéme accordé à la Faculté des Arts, IV, 44707.
de VALLIER (M.), Colonel d'Infanterie.
Journal du Camp de Richemont, II, 24738.
Eloge de M. Chevert, IV, S. 31915.*
de la VALLIERE, le Chevalier.
Le Général d'Armées, III, 32102 & 23; IV, S.
de la VALLIERE (le Duc) : *voyez* de la Baume le Blanc.
VALLOT, Jean, Trésorier de S. Etienne de Dijon.
Panégyrique funèbre du Duc de Candale, III, 31895.
VALLOT, Jean, Intendant du Jardin du Roi.
Préface du Livre intitulé : *Hortus Regius Parisiensis*, I, 3398.
VALLOT, Jean Baptiste, Médecin.
Dissertatio de principiis & virtutibus Aquarum Bellovacensium, I, 2979.
VALMONT de Bomare.
Dictionaire d'Histoire Naturelle, I, 2465.
de VALMONT.
Dissertation sur les Maléfices, I, 4903.
de VALOBSCURE, Hercules.
Inventaire des Seigneurs de Sauve, III, 37894.
VALOIS (le Père).
Conjectures Physiques sur le Sel marin, I, 2732.
de VALOIS, Charles, Duc d'Angoulesme : *voyez* d'Angoulesme.
de VALOIS, Louis, Comte d'Alais : *voyez* d'Angoulesme, & *ajoutez-y l'article suivant.*
Ordonnance, II, 23001.

Bbbbb

de VALOIS, Henri, Historiographe de France.
   Edition d'Ammien Marcellin, I, 59.
   Oratio in obitum Dionysii Petavii, 14132.
   —in obitum Jacobi Sirmondi, 14135.
de VALOIS, Adrien, Historiographe du Roi, frère du précédent.
   Edition d'Ammien Marcellin, I, 59.
   Notitia Galliarum, 433.
   Notitiæ hujus Defensio, 434.
   Dissertation sur les anciens Palais des Rois, 442, IV, S.
   Disceptatio de Basilicis Francorum, 5174.
   Ejusdem Defensio, 5176.
   De vetustioribus Lutetiæ Basilicis, là.
   Edition du Poëme d'Adalbéron avec des Notes, 9650; II, 16535.
   Chronicon Rerum Francicarum, II, 15891 & 16039.
   Defensio Observationis de annis Dagoberti, 15907.
   De Fredegario ejusque Operibus, 16083.
   Epistola de Dagoberto II, 16104.
   Gesta Francorum, 16143; IV, S.
   Oratio de Laudibus Ludovici Adeodati, 24161.
   De Ansberto & Blitilde Commentatio, 24888.
   Notes sur la Majorité des Rois, 27386.
   Remarques sur les Comtes d'Anjou, III, 35696.
   Oratio funebris Petri Puteani, IV, 46882.
   De Vita Henrici Valesii, 46953.
de VALOIS, Pierre, Franciscain.
   Causa Valesiana, I, 7193.
de VALOIS, Marthe-Marguerite, Marquise de Villette, épouse de M. de Caylus.
   Ses Souvenirs, IV, 48036.
VALOT, Edouard, Evêque de Nevers.
   Statuts & Ordonnances Synodales, I, 6643; IV, Suppl.
VAN-CASTENOBLE : voyez Castenoble : & ainsi des autres noms commençans par les particules van & vander.
VANDAM, Henri.
   Enarratio de l'Inondation de la Hollande, III, 39534.
de VANDENESSE.
   Inventaire des Titres concernant le Domaine du Roi en Bourgogne, IV, S. 27779.*
VANDERMONDE (M.), Médecin.
   Observations de Médecine, &c. I, 2463.
   Description d'une fièvre putride, &c. 2533.
   Traduction d'une Thèse de Médecine, 2596.
de VANDŒUVRE.
   Relation de la guerre de Flandres, II, 23921; IV, S.
VANTHULDEN.
   Les Travaux d'Ulysse, II, 26998.
VAQUIER : voyez Paris.
de VARACK : voyez de Croixmare.
de la VARDE, Jacques-Philippe, Chanoine de Saint Jacques de l'Hôpital : voyez de Lavarde ; & ajoutez-y l'article suivant.
   Lettre sur la Vie de Gassendi, I, 11148.
de VAREILLES-Sommieres : voyez de la Broue.
VAREN de Soto, Basile.
   Traduction Espagnole de l'Histoire des Guerres Civiles de France de Davila, II, 19742.
VARENNE de Béost (M.), Secrétaire-général des Etats de Bourgogne.
   Mémoires sur les Carrieres de Marbre de la Bourgogne, I, 2709.
de VARENNE (la Femme d'Isaac) : voyez de Voyer, Jacqueline.
de VARENNES, Gilbert, Jésuite.
   Le Roi d'Armes, III, 39998.
de VARENNES, Claude, Jésuite.
   Description de la France, I, 2310.

VARET, Alexandre-Louis, Grand-Vicaire de Sens.
   Miracle arrivé à Provins, I, 5054.
   Factums pour les Prêtres & les Ermites du Mont-Valérien, 5341 & 42.
   Relation de ce qui s'est passé dans l'affaire de la paix de l'Eglise sous Clément IX, 5610.
   Factum de M. de Gondrin contre le Chapitre de Sens, 10026; IV, S.
   —contre les Cordeliers de Provins, 13862.
de VARGAS, Bernard, Trinitaire.
   Additio ad Opusculum de Vitâ S. Petri Nolasci, I, 13994.
de VARIGNIES, Jean, Seigneur de Blainville.
   Négociations, III, 30493.
   Ambassade, 30494.
VARILLAS, Antoine, Historiographe de France.
   Histoire des Révolutions arrivées en Europe, I, 5828.
   —du Regne de S. Louis, II, 16875.
   —de Louis XI, 17337.
   —de Charles VIII, 17404.
   —de Louis XII, 17483.
   —de François I, 17637.
   —de Henri II, 17752.
   —de François II, 17782.
   —de Charles IX, 18264.
   —de Henri III, 19143.
   Factum pour la Généalogie de la Maison d'Estrées, III, 42237.
VARIN, Jean-Philippe.
   Vertus de la Fontaine d'Antilly, I, 2925.
   Le sacré Thrône des Rois de France, II, 15770 & 26820.
VARIN, Thomas, Sieur d'Andeux.
   Narré de la prise de possession de Besançon, III, 38397; IV, S.
   Nobiliaire du Comté de Bourgogne, 40671.
   L'état de la Confrérie de S. Georges, 40674; IV, Suppl.
VARIN, Antoine, Médecin.
   An urbs Regia Versaliarum salubris ? I, 2631.
VARLET, Dominique-Marie, Evêque de Babylone.
   Lettre au sujet des Miracles, &c. I, 5684.
   Notes sur le refus des Bulles, IV, S. 7370.**
   Ses Apologies, I, 10831.
VARNIER, Jacob, Médecin.
   Anecdotes sur la Champagne, IV, S. 34279.*
VARNIER, Louis, Médecin.
   Mémoire sur la Marne, 2699.
   —sur les Pétrifications de Soulains, 2809.
   Observations sur quelques Plantes de Champagne, 3326.
   Mémoire sur les Plantes de Vitry-le-François, 3379.
VARSAVAUX (M.), Avocat.
   Traités des Droits des Communes & Bourgeoisies, II, 27310; IV, S. V, Add.
VASSAU, Jean.
   Petit Voyage, &c. I, 2312.
VASSE, Jean.
   Oraison funèbre de Marie-Térèse d'Autriche, IV, S. 25195.*
de VASSEBOURG, Richard.
   Antiquités du Royaume d'Austrasie, III, 38852.
VASSELIEU, dit Nicolay.
   Discours de l'Artillerie, III, 32124.
le VASSEUR, Jean.
   Notæ in Carmen de Pugiacis Lymphis, I, 3167.
le VASSEUR, Jacques, Recteur de l'Université de Paris.
   Franciæ Reges, II, 15754.
   Devises des Rois de France, 15875; IV, S.
le VASSEUR, Jacques, Doyen de l'Eglise de Notre-Dame de Noyon.
   Diva Virgo Mediopontana, I, 4172.

Annales de l'Eglife Cathédrale de Noyon, 5488 & 9730.
Homélies de S. Eloi & autres Pièces traduites, 9751; IV, S.
Le Tombeau de Claude de Montigny, 11299.
Traduction de la Vie du B. Michel du Coudray, IV, S. 13120.*

le VASSEUR (M.), Avocat.
Requête des Religieux de l'Abbaye de Fefcan, I, 11913.

le VASSEUR (le Père), Jéfuite.
Poéfie fur la Mort de Louis XIV; II, 24527.

le VASSEUR, P.
Etat de la nouvelle Neuftrie ou Normandie, I, 484.

le VASSOR, Michel, Ex-Oratorien.
Hiftoire de Louis XIII; II, 22159; IV, S.

de VATAS (le Sieur).
Négociations, II, 27886.

de VATIMONT: voyez Michelet.

VATTEL.
Traité du Droit des Gens, II, 29123.

de VATTEVILLE, Jean.
Rapport fait aux Députés des Etats de Franche-Comté, III, 38460.

VAU (Dom), Prieur de Perfeigne.
Regiftre, I, 13122.

de VAUBAN: voyez le Preftre.

de VAUBECOURT (M.), Lieutenant de Roi en Champagne.
Lettres, III, 30811.

VAUBREUIL.
Pont-à-Mouffon, Poëme, III, 38944.

du VAUCEL, Louis-Paul, Théologal d'Alet.
Relation de ce qui s'eft paffé touchant la Régale, I, 7619.
Mémoires fur la Vie d'Etienne Caulet, 10242.

de VAUCELLES (M.).
Lettres, III, 30420.

de VAUCEMAN, Odon, Prieur de S. Germain d'Auxerre.
De Gauchero Abbate, I, 12487.

de VAUCIENNE: voyez Linage.

de VAUGENCY: voyez France.

de VAUGONDY: voyez Robert.

de VAUGUYON: voyez de Berthoulet & de Saint-Mégrin.

VAULTIER (M.), Commiffaire ordinaire de l'Artillerie.
Journal des Marches, &c. II, 24336.

de VAULX, Claude.
Regales Gallorum Regis Triumphi, IV, S. 26226.**

de VAUMORIERE: voyez Dortigne & d'Ortigue.

de VAUNE (M.), Apothicaire.
Mémoire fur les Vins & l'Eau-de-vie, IV, S. 3545.*

de VAUPRIVAS: voyez du Verdier.

VAUQUELIN, Jean, Sieur de la Frenaye.
Pour la Monarchie de ce Royaume, II, 17938 & 27199.
La Guerre Burlefque, 22918.

VAUSSIN, Claude, Abbé général de Citeaux.
Lettre pour répondre à un Libelle diffamatoire, I, 11984.

de VAUTIBAUT: voyez le Normand.

VAUTIER (le Sieur), Ingénieur.
Campement des Armées du Roi dans les Pays-Bas, I, 2069.

le VAUTIER, François.
Almanach de la Cour, II, 22339.

de VAUTORTE: voyez Grozet.

de VAUTREY: voyez Monard.

de VAUVENARGUES: voyez de Clapiers & Seguiran.

VAUVILLIERS, Jean.
Ludovico Victori, Oratio, II, 24682.

de VAUVRIN: voyez de Wauvrin.

de VAUX & Quentin.
Relation du Siége de Péronne, II, 17561.

Tome V.

de VAUX, Jean, Chirurgien.
Index funereus Chirurgorum, IV, 44889.

de VAUX: voyez Dagoneau.

de VAUXELLES: voyez Bourlet.

de VAUX-Plaifant: voyez du Pré.

VAVASSEUR, Quentin, Ancien de l'Eglife Pr. Réf. d'Alençon.
Regiftre du Contrôle du Domaine de la Vicomté d'Alençon, III, 35306.

VAVASSEUR, François, Jéfuite.
Delphini Horofcopus, II, 22176.
De Pace ac Regalibus Nuptiis, 23855.
Claudii Memmii d'Avauxii Elogium, III, 32534.

le VAYER de Boutigny, François Rolland, Intendant de Soiffons.
Traité de l'Autorité des Rois dans l'adminiftration de l'Eglife Gallicane, I, 7368.
De l'Autorité du Roi fur l'âge néceffaire à la Profeffion Religieufe, 7390.
Differtation fur l'Autorité des Rois en matiere de Régale, 7636.
Traités fur les Finances, II, 28058.
Traité de la peine du Péculat, 28061.

le VAYER: voyez de la Mothe.

de VAYRAC (l'Abbé).
Differtation fur Uxellodunum, I, 374.
Carte dreffée fur fes Mémoires, 2373.
Journal du Voyage du Roi à Reims, II, 24573.
Maximes de Droit & d'Etat, 28576.
Traduction des Lettres du Cardinal Bentivoglio, III, 30456.
Lettre au fujet de Guillaume, fils d'Etienne Comte de Blois, 35635.

le VEILLARD (M.).
Notes en réponfe à une Lettre fur les Eaux de Paffy, IV, S. 3143.*

de la VEINE, Jean, Bénédictin.
Les Chroniques du Prieuré de S. Etienne de Nevers, I, 12454.

vander-VEKENE, Jean, Jardinier du Roi.
Inftruction du Plantage des Mûriers, I, 3475.

VELDIUS, Jean, Jéfuite.
De Sancta Auftregilde, I, 4321.
De S. Remaclo Trajectenfi, 8744.
De S. Lupo Senonenfi, 10044.

VELIARD, Jacques.
Laudatio funebris Petri Ronfardi, IV, 47630.

VELIUS.
Chronique de la Ville de Horn, III, 39619.

VELLAY, Humbert.
Hiftoire du Regne de Louis XII; II, 17472.

VELLEIUS, Hubert, Avocat.
Supplementum Annalium Gaguini, II, 15694.

VELLEMIN, Jean.
Hiftoria belli quod cum Hæreticis geffit Claudia de Turaine, I, 5825.

de VELLERON: voyez de Cambis.

VELLU (le Pere), Francifcain.
Oraifon funèbre d'Anne d'Autriche, IV, S. 25165.*

VELLY, Paul-François.
Hiftoire de France, II, 15807.

VELSER, Marc.
Tabula Peutingeriana, I, 28.

de VELY: voyez Dodieu.

de VELYE: voyez Culoteau.

VENANCE Fortunat: voyez Fortunat.

de VENASQUE Farriole, Charles.
La Liberté de Monaco, III, 38275.
Grimaldæ Gentis Arbor, 42608.

VENATOR, Balthazar.
Αποσπασματια, IV, S. 39201.

VENDELIN, Godefroi.
Pluvia Purpurea Bruxellenfis, I, 3717.

VENDELSTIN, Jean.
Corpus Canonum Carolo Magno oblatum, I, 6958.

Bbbbb 2

de VENDERESCA, Poncard.
De Dedicatione Ecclesiæ S. Remigii apud Remos, I, 12723.
VENDEUILLE, Jean, Evêque de Tournay.
Statuta, I, 6763; IV, S.
de VENDOSME : *voyez* de Bourbon.
de VENDOSME, Céfar, Duc, fils naturel de Henri IV.
Lettres au Roi, II, 20122.
Lettres à la Reine, II, 20122 & 39.
de VENDOSME, François, Duc de Beaufort, fils du précédent.
Requête au Parlement, II, 22785.
Lettre à M. le Duc de Mercœur, 22837.
—à Son Alteffe Royale, 23438.
VENEL (M.), Médecin.
Aquarum Galliæ Mineralium Analyfis, I, 2887.
Analyfe de deux Fontaines de Gabian, 3071.
Examen des Eaux de Paffy, 3135.
Analyfe des Eaux de Paffy, 3136.
Mémoire fur l'Analyfe des Eaux de Selter, 3229.
VENELLE, Pierre.
Les Proueffes de la Cavalerie légere de France, IV, S. 15802.*
VENERO, Alfonfe, Dominicain.
Vida del Confeffor San Lefmes, I, 11750.
VENETTE, Nicolas.
Obfervations fur les Eaux de la Rouillaffe, I, 3192.
le VENEUR, Tanneguy, Comte de Tilliers.
Ambaffade, III, 30494.
VENIER, Benoît, Bénédictin.
Patriarchium Bituricenfe, I, 8352.
Vita S. Jacobi Eremitæ, 13331.
VENOT, Jacques.
Inventaire des Papiers de la Chambre des Comptes de Dijon, III, 36775 ; IV, S. 27779.*
de VENTADOUR (le Duc).
Lettres, III, 30379.
VENTELET : *voyez* de la Haye.
de VENTOUX (l'Abbé).
Oraifon funèbre de M. le Dauphin, IV, *Supplém.* 25758.*
VENTURA, Comin, Libraire.
Racolta d'alcune Scritture publicati in Francia, II, 19999.
VENTURIUS, François.
Oratio in funere Henrici IV ; II, 10041.
VENUTI, Philippe.
Recherches fur les Gahets, I, 493.
Differtation fur les Monnoies des Anglois, III, 34015.
Mémoire fur la Vie de Vaifre, Duc d'Aquitaine, 37513.
Differtation fur les anciens Monumens de Bordeaux, 37525.
—fur un bas-relief de la Ville de Bordeaux, 37529.
Il Trionfo Litterario della Francia, IV, 45647.
VER-BIEST, Ifaac.
Nova totius Galliæ Defcriptio, IV, S. 562.*
de VERA & Zuniga, Antoine, Comte de la Roque.
La mexor Lis de Francia, II, 16873.
Al pio Padre Urbano VIII, 28696.
de la VERCHIERE (M.), Procureur en la Juftice du Grand-Prévôt de l'Hôtel.
Lettre à M. de Courtenay, II, 25337.
de VERCLOS, Hyacinthe, Capucin.
Vie d'Agnès d'Aguillengui, I, 15201.
de VERDALE, Arnauld, Evêque de Maguelone.
Series Epifcoporum Magalonenfium, I, 9211; III, 37824.
Chronicon Præfulum Magalonenfium, 9212.
du VERDIER, Antoine, Sieur de Vauprivas.
La Biographie & Profopographie des Rois de France, II, 15746 ; *attribuée* : V, *Add.*
Bibliothèque, 15934 ; IV, S; IV, 45658.

Profopographie ou Defcription des perfonnes infignes, IV, 45624.
du VERDIER (Claude), fils du précédent.
Additions à la Profopographie, IV, 45624.
du VERDIER : *voyez* Saulnier.
VERDUC, Pierre, Chanoine Régulier de la Sainte Croix.
Vie de Théodore de Celles, I, 13496.
de VERDUN, Jean-Baptifte, Minime.
Le Triomphe de la Ville de Guife, II, 23143.
VERE (l'Abbé).
Lettre fur les Eaux de Balaruc, I, 2960.
du VERGÉ (M.), Médecin.
Analyfe Chimique des Terres de Touraine, I, 3417.
le VERGIER.
Epiftola della Chiefa di Geneva, III, 39176.
du VERGIER de Hauranne, Jean.
Apologie pour M. de la Rochepofay, IV, S. 8321.*
Réfutation de la Somme de François Garaffe, I, 14334.
Queftion Royale, II, 27144.
VERGILE de la Baftide (M.), Gentilhomme de Languedoc.
Mémoire fur les grands Chemins des Romains en Languedoc, I, 103.
Obfervations phyfiques fur les terres voifines du Rhône, 3415.
de la VERGNE, Marie-Magdelène, Comteffe de la Fayette.
Mémoires, II, 24276.
Hiftoire de Madame Henriette d'Angleterre, 25659.
Lettres, III, 31095.
La Princeffe de Clèves, IV, 48052.
La Princeffe de Montpenfier, 48135.
de la VERGNE de Montenart de Treffan, Louis, Evêque du Mans.
Ordonnances Synodales, IV, S. 6461.*
de la VERGNE, Louis-Elifabeth, Comte de Treffan.
Difcours à l'occafion de la Dédicace de la Statue de Louis XV à Nanci, I, 2155, III, 38934.
Lettre fur l'Hiftoire Naturelle, 2477.
Poëme fur la Bataille de Fontenoy, IV, S. 24667.
Portrait de Staniflas-le-Bienfaifant, III, 38928.
Eloge de Pierre-Louis Moreau de Maupertuis, IV, 46508.
de VERGY, Antoine, Archevêque de Befançon.
Statuta Bifuntinenfis Diœcefis, III, 38550.
du VERGY.
Etymologies de la Langue Françoife, II, 15491.
VERYARD, E.
Mélanges d'Obfervations choifies, I, 2321.
VERHEIDEN, Jacques.
Effigies præftantium Theologorum, IV, 45758.
VERHOEVEN, Théodore.
Res Amersfortianæ, III, 39565.
de VERIS : *voyez* Sarrau.
de VÉRITÉ, Louis-Alexandre, Avocat.
Effai fur l'Hiftoire de Picardie, III, 34139.
Hiftoire du Comté de Ponthieu, 34195.
VERJUS, Antoine, Jéfuite.
Vie de Michel le Nobletz, I, 11322.
VERJUS, François, Evêque de Graffe.
Vie de Jean Verjus, I, 11510.
de VERJUS (M.), Comte de Crecy.
Réfutation d'un Libelle, III, 31000.
Réponfe à un autre Libelle, 31002.
de VERNANT, Jacques : *faux nom fous lequel s'eft caché* Bonaventure Hérédie, I, 7276 : *voyez* Hérédie.
du VERNE (M.), Avocat.
Mémoire pour M. le Duc d'Orléans, III, 36045.
VERNERON (M.), Chanoine de Liége.
Addition à la Chronique Martinienne, II, 17323.
VERNET, François.
Lettre Apologétique, IV, S. 6152.*
VERNET, Jean.
Lettres fur Genève.

de VERNEUIL, Nicolas, Historiographe du Roi.
Responsio ad prætensum Jus Francorum, II, 28899.
Dissertatio de causis occupatæ à Francis Lotharingæ, 29017.
de VERNEUIL : *voyez* Ollier.
VERNEY, Etienne, Prébendier de l'Eglise de S. Paul de Lyon.
Joannes-Charlerius de Gerson, in tumulo gloriosus, I, 11166.
VERNIMEN.
Recueil de Pièces relatives au Parlement de Flandres, III, 35228.
VERNINAC, Jean, Bénédictin.
Dissertation sur *Genabum*, IV, S. 283.*
—sur la seconde & la troisième Race de nos Rois, IV, S. 24948*.
de VERNINES : *voyez* Duffraisse.
de VERNON : *voyez* Grosménil.
du VERNOY, Léopold-Everhard.
Dissertatio sistens seriem Comitum Montisbeliardensium, III, 38465.
VERNY (M.), Médecin.
Relation de la Peste de Marseille, I, 2550.
Observations sur la Peste de Marseille, 2554.
VÉRON, Charles, Prémontré.
Vie de S. Gerlac, I, 13316.
VÉRON, François, Ex-Jésuite, Curé de Charenton.
La fuite du plus ancien Ministre, IV, S. 5918.*
Notables défauts de la Cêne des Ministres, I, 5962.
VÉRON de Forbonnais (M.), Inspecteur-général des Monnoies.
Extrait de l'Esprit des Loix, II, 27074.
Recherches sur les Finances, 28113.
Elémens du Commerce, 28204.
Questions sur le Commerce des François au Levant, 28209.
Lettre sur le Commerce de la Noblesse, 28220.
Examen des avantages & des désavantages de la prohibition des toiles peintes, 28244.
Essai sur l'admission des Navires neutres, 28320; IV, S. III, 39637.
Mémoire sur l'usage des Monnoies, III, 33996; IV, S.
—sur la Manufacture des Glaces, 34700.
de VERONCOURT : *voyez* Alix.
de VERRAZANO, Jean.
Relatione della Terra per lui scoperta, III, 39641.
VERRIER : *voyez* Bellet.
le VERRIER, Jean.
Histoire de la Découverte des Canaries, II, 17103.
le VERRIER (M.)
Edition des Traités des Monnoies, III, 33907.
le VERRIER de la Conterie (M.), Seigneur d'Amigny.
L'Ecole de la Chasse aux Chiens courans, I, 3582.
de VERRIERES : *voyez* Mauroy.
VERSONS, André.
Institution de la Congrégation de Notre-Dame de Refuge, I, 15255.
VERSOIN, Pierre, Avocat.
Harangue pour le Duc de Guise, II, 18747.
Plaidoyer pour les Jésuites, IV, 44631.
VERSTEGAN, Richard.
Antiquitates Belgicæ, III, 39283.
de VERTOT : *voyez* Auber.
de VERTRIEU : *voyez* de la Poype.
de VERTRON : *voyez* Guyonnet.
de VERTUS, Philippe, Comte.
Epistolæ, III, 29803.
VERUS, Evêque d'Orange.
Vita S. Eutropii Arausiensis, I, 8070.
de VERVILLE : *voyez* de Beroalde.
VÉSALE, André, Médecin.
Infelicis vulneris Henrici II successûs Relatio, II, 17725.

VESDIER (M.), Curé de S. Aignan au bas Maine.
Réflexions sur la Vie de François Blin, IV, S. 4740.*
VESTELONGA, Jean-Baptiste.
La Legge Salica, II, 28545.
VESTIER, Jacques, Doctrinaire.
Vie du Bienheureux César de Bus, I, 11004.
de VETERI-BUSCO : *voyez* du Vieux Busc.
VÉTILLART (M.), Médecin.
Mémoire sur une Maladie, IV, S. 2547.*
VETUS, Jean, Conseiller au Parlement de Dijon.
Ses Négociations à Augsbourg, I, 10598.
VEUILLET.
Lettre sur les Eaux de Jouhe, I, 3087.
de VEYLE, Claude.
Recueil pour l'Histoire de Bresse, III, 36037.
Epître Dédicatoire de l'Histoire de Bresse, *là*.
de VEYLE : *voyez* de Pont.
VEYREL, Samuel, Apothicaire.
Recueil des Antiquités de Saintes, III, 37563.
VÉZOV, Jean.
Oraison funèbre de Henri II; II, 17729.
VIAL (le Père), Jésuite.
Vie de Réné Descartes, IV, 46433.
VIALART, Charles, *dit* de S. Paul, Général des Feuillans & ensuite Evêque d'Avranches.
Statuts Synodaux, I, 6502.
Mémoires du Ministère du Cardinal de Richelieu, II, 21781.
VIALART de Herse, Félix, Evêque de Châlon-sur-Marne, neveu du précédent.
Ordonnance pour les Régentes, &c. IV, S. 5039.*
Ordonnances, Mandemens, &c. I, 6453.
VIALART, Louis, Prieur de Montournois.
Histoire Généalogique de la Maison de Surgeres, III, 44185.
VIALIER, Gaspard, Docteur en Théologie.
Oraison funèbre du Chevalier de Montrevel, III, 32016.
—de Charles de Neuville, 32701.
VIALIS, Guillaume, Notaire.
Acta & Gesta Civitatis Viennæ, IV, S. 38001.
VIALLET, Emmanuel Guillaume, sous-Ingénieur des Ponts & Chaussées.
Lettre sur les Pétrifications de Champagne, I, 2807.
VIANI (l'Abbé) Prieur de l'Eglise de S. Jean-de Jérusalem, à Aix.
Harangue aux Princes, II, 26498.
VIARD (M.)
Recueil des Epoques les plus intéressantes de l'Histoire de France, IV, S. 15869.*
de VIAS, Balthazar, Gentilhomme ordinaire de la Chambre du Roi.
Sylvæ Regiæ, II, 15775; IV, S.
Henricea, 19861.
Oraison funèbre de Henri IV; IV, S. 20041.*
Astræa Apologia, IV, S. 21309.*
Rupella obsessa, IV, S. 21558.*
Harangue au Roi & à la Reine, 26846.
Epicedium in Nicolaüm Claudium Fabricium de Peyresc, III, 33199.
de VIC, (M.) Ambassadeur.
Lettres, III, 30878.
de VIC, Gérard, Chanoine.
Chronicon Episcoporum Ecclesiæ Carcassonensis, I, 9196.
de VIC, Claude, Bénédictin.
Traduction Latine de la Vie de D. Jean Mabillon, I, 12517.
Histoire générale de Languedoc, III, 37727. *Il y a travaillé avec Dom Vaissette* : *voyez* Vaissette.
de VIC : *voyez* Pradier.
VICAIRE (M.) Curé de S. Pierre de Caën.
Oraison funèbre du Cardinal de Fleury, III, 32609.

VICHARD de Saint-Réal, Céfar.
  Relation de l'Apoftafie de Genèfe, I, 5767 ; IV, Suppl.
  Mémoires de la Ducheffe Mazarin, IV, 48122.
VICONTE, Antoine.
  Hiftoria de los Santos de Catalauna, I, 4254.
VICTONS, François, Minime.
  Vita S. Francifci de Paula, I, 14016.
  Abrégé de cette Vie, là.
  Vie de Gafpar Bon, 14037.
VIDA, Jérôme.
  Orazione funebre nelle morte di Francefco I, II, 17631.
VIDAL, Remond, Gentilhomme.
  Harangue prononcée devant la Seigneurie de Venife, II, 21606.
VIDAL, Jean.
  Abrégé de l'Hiftoire des Evêques de Cahors, I, 7938 ; IV, S.
VIDAL, Pierre, Bénédictin.
  Lettres fur les Reliques de S. Germain d'Auxerre, I, 10141.
de VIDAL, Jean, Avocat.
  Traité des Reliques des SS. Hilarion, &c. I, 5135.
VIDEL, Louis, Secrétaire du Duc de Lefdiguières.
  Le Promenoir de la Reine, II, 19918.
  Hiftoire du Duc de Lefdiguières, 21346.
  Annotations fur l'Hiftoire du Chevalier Bayard, III, 31864. Elles portent fon nom.
VIDIEN de la Borde, (le Père) Oratorien.
  Principes fur les deux Puiffances, I, 7102.
de la VIE, François, Jéfuite.
  Difcours de l'Origine des Bourguignons, III, 35839.
de la VIE, Bernard, premier Préfident du Parlement de Pau.
  Remontrance faite à la premiere ouverture de ce Parlement, III, 33204 ; IV, S.
de VIEILLEVILLE (le Sieur), François de Scépeaux, Maréchal de France.
  La Journée des embufcades, II, 17677.
de la VIEILLEVILLE, Robert.
  Négociation, III, 30022.
de la VIEILLEVILLE, Robert, Marquis.
  Négociations, III, 30403.
de la VIEILLEVILLE (M.).
  Lettres, III, 30908.
VIELLE, Pierre.
  Traduction de la Vie de S. Aldric du Mans, I, 10375.
de VIENNE, Charles-Jean-Baptifte, Bénédictin.
  Eclairciffement fur plufieurs Antiquités trouvées à Bourdeaux, III, 37530.
  Hiftoire de la Ville de Bourdeaux, IV, S. 37532.*
  Differtation fur la Religion de Montaigne, IV, S. 46514.*
de VIENNE-Plancy.
  Lettre fur la Pucelle d'Orléans, II, 17217 ; IV, S.
des VIETTES : voyez Beaunis.
VIEUSSENS (M.), Médecin.
  Analyfe des Eaux de Balaruc, I, 2959.
de la VIEUVILLE, Charles, Marquis, puis Duc, Surintendant des Finances.
  Lettre au Chancelier, IV, S. 21374.*
  Lettres, II, 28043.
de la VIEUVILLE d'Orville, Adrien, Comte de Vignacourt, Grand-Croix de l'Ordre de Malte.
  Hiftoire de Liderle, III, 39335.
  Edele de Ponthieu, IV, 48150.
  La Comteffe de Vergy, 48213.
de la VIEUVILLE ou Vieville : voyez le Cerf.
le VIEUX, Jean, Docteur de Sorbonne.
  Verfion latine des derniers propos de François de Lorraine, Duc de Guife, III, 32289.

le VIEUX, Jean, Médecin.
  Orationes in Medicinæ Commendationem, IV, 44842.
du VIEUX-Bufc, Adrien, Moine de S. Laurent de Liége.
  Chronicon Leodienfe, I, 8700 ; II, 17316.
de VIEUX-Pont, Jean, Evêque de Meaux.
  Déclaration d'un Miracle fait en l'Abbaye de Faremoutier, I, 14880.
de la VIEUXVILLE, Pierre-Guillaume, Evêque de Saint-Brieux.
  Statuts Synodaux, I, 6717.
VIEVILLE, Pierre.
  Traité des Elections, III, 33877.
de la VIEVILLE : voyez le Cerf.
de VIEZ-MAISON : voyez Rainffant.
de VIGENERE, Blaife, Secrétaire de la Chambre du Roi.
  Annotations fur les Commentaires de Céfar, I, 115.
  Des Alpes, &c. 139.
  Traduction des Commentaires de Céfar, 115 & 3880.
  —de la Jérufalem délivrée du Taffe, II, 16602.
  Edition de l'Hiftoire de la Conquête de Conftantinople de Villehardouin, 16733.
  Difcours fur l'Hiftoire de Charles VII ; 17272.
  Entrée de Henri II à Mantoue, 26261.
  Hiftoire de Geoffroy de Villehardouin, III, 32078.
VIGIER, Gerald, dit Dominique de Jéfus, Carme Déchauffé.
  La Monarchie Sainte & Hiftorique de France, (en Latin), I, 4237.
  Hiftoire des trois Saints Protecteurs de la haute Auvergne, 4242.
  Vie de S. Gérauld, 4473.
VIGIER, Jean.
  Etat des Jurifdictions qui reffortiffent en la Sénéchauffée d'Angoumois, I, 2180.
  —de celles qui reffortiffent en la Sénéchauffée de la Rochelle, 2259.
VIGILE, Jean.
  Verfion Latine de la Vie de Scévole de Sainte-Marthe, III, 34047.
de VIGNACOURT, (le Comte) : voyez de la Vieuville.
de la VIGNE, André, Orateur du Roi.
  Les Louanges des Rois de France, II, 15874 & 17333 ; IV, S.
  Journal du Voyage de Charles VIII, à Naples, 17365.
  Le Vergier d'honneur du même Voyage, 17367.
  Hiftoire de Charles VIII, 17395.
  L'Attollite portas de Gênes, 17431.
  Le Libelle des cinq Villes d'Italie, 17444.
  Déploration du Trépas de Loys de Luxembourg, III, 31419 : attribuée.
de la VIGNE, G.
  Difcours de la furprife de la Ville de Concq, II, 18377.
de la VIGNE, Michel, Médecin.
  Orationes duæ, IV, 44860.
  Elogium Michaëlis de la Vigne, (patris ejus), 56355.
de la VIGNE, David, Francifcain.
  Oraifon funèbre de Philippe de Cofpean, I, 9996 ; IV, S.
de la VIGNE, N.
  Environs de Chantilly, I, 1483.
VIGNEROD de Cambalet, Marie, Ducheffe d'Aiguillon.
  Lettres, III, 30854.
de VIGNEULES, Philippe, Marchand & Citoyen de Metz.
  Chronique de Metz, III, 38777.

VIGNIER, Nicolas, Médecin.
De l'Origine des François, II, 15386.
Sommaire de l'Histoire des François, 15700.
De la Noblesse de la troisième Maison de France, 24902.
Réponses sur la préséance entre la France & l'Espagne, 26915.
Traité de l'ancien Etat de la petite Bretagne, 27814.
Remarques sur les troubles advenus en France, 27985.
Chronicon rerum Burgundionum, III, 35880.
Histoire de la Maison de Luxembourg, 39452 & 54.
Généalogie des Seigneurs de Fiennes, 42315.

VIGNIER, Jérôme, Oratorien, petit-fils du précédent.
Lettre sur la Pucelle d'Orléans, II, 17217.
Réponse sur le même sujet, *Id.*
Origine de la Maison d'Alsace, &c. 25883.
Stemma Austriacum, 28886.
Oraison funèbre de Jean-Baptiste le Goux de la Berchere, III, 33062.

VIGNIER, Jacques, Jésuite.
Histoire du Diocèse de Langres, I, 9002; IV, *Suppl.*
— de l'Abbaye de Rosoy, 12309.
Recueil d'Inscriptions & de Monumens de Langres, III, 34339.
Décade Historique du Pays de Langres, 34348 & 49.
Chronicon Lingonense, 34350.
Antiquités de la Ville de Bar-sur-Seine, 36002.
Miscellanea Francica, 38823.
Commentaires sur la Chronique de Grancey, 40678.

VIGNIER.
Le Château de Richelieu, III, 35748.

de VIGNOLES-la-Hire, Bertrand.
Mémoires des choses passées en Guyenne, II, 21077.

VIGNOLLE.
Vie de Henri IV; II, 20063.

de VIGNON.
Vie du Maréchal de Schulemberg, V, *Add.* 31706.**

VIGOR, Simon, Archevêque de Narbonne.
Oraison funèbre d'Elisabeth de France, II, 25517.

VIGOR, Simon, Conseiller au Grand-Conseil.
Lettre sur l'Advis du Docteur Durand, I, 7076.
Historia Actorum quæ intervenerunt inter summos Pontifices & Philippum Pulchrum, 7116.
Apologia Cardinalis Bellarmini, 7212 : *attribuée.*
Commentarius de autoritate Concilii generalis, 7225.
Apologia de suprema Romani Pontificis potestate, 7231.
Sommaire Réponse, 7233.
Les Canons des Conciles, &c. 7236.
De l'Etat & Gouvernement de l'Eglise, 7244.

de VIGUIER, (le Chevalier).
Mémoires pour servir à l'Histoire des Hommes illustres de Narbonne, IV, 45723 ; IV, *S.*

VILADAMON : *voyez* Marti.

VILETTE, Etienne-Nicolas, Grand-Archidiacre de Laon.
Histoire de Notre-Dame de Liesse, I, 4164.

VILIOTTI, François, Médecin.
Varii Europæ Eventus, II, 23837.

VILLAIN, Etienne-François.
Histoire de la Paroisse de S. Jacques de la Boucherie, I, 5229.
— de Nicolas Flamel, IV, 46454.
Lettre au sujet de cette Histoire, 46456.

de VILLAMONT.
Description du Royaume de France, I, 779.

VILLANI de Gand, Maximilien, Evêque de Tournai.
Synodus Diœcesana, I, 6763.

VILLANI de Gand, François, Evêque de Tournai, neveu du précédent.
Statuta Curiarum Ecclesiasticarum Provinciæ Cameracensis, I, 6431.

VILLARD, (M.) Secrétaire d'Ambassade.
Observations faites dans un Voyage en Turquie, III, 30621.

du VILLARD : *voyez* le Gras.

de VILLAREAL, Emmanuel-Fernandez.
El Politico Christiano, III, 32503.
Epitome Genealogico del Cardinal Duque de Richelieu, III, 43785.

VILLARET, Claude.
Continuation de l'Histoire de France, II, 15807.
Lettre sur la Pucelle d'Orléans, 17220.

VILLARET, Graveur.
Plan de Montpellier, I, 1679.

VILLARIUS à Martinaria, Jacques, Jurisconsulte.
De victis ad Leucatam Hispanis, II, 21899.

VILLARMIN, François.
Elogium Joannis-Vincentii de Tullia, I, 8074.

de VILLARS, Pierre, Archevêque de Vienne.
Catalogus Præsulum Viennensium, I, 10682.

de VILLARS, Henri, Archevêque de Vienne.
Procès-verbal de l'Assemblée du Clergé de 1655, I, 6885.

de VILLARS, (la Marquise) : *voyez* Gigot de Bellefonds.

de VILLARS, (le Baron) : *voyez* Boyvin.

de VILLARS, (le sieur) : *voyez* Girard & Hautin.

de VILLARS-BRANCAS, Louis, Duc.
Lettre sur les Lettres de Madame de Sévigné, III, 31094.

de VILLARS-HOUDAN, (le sieur) Chef de la Ligue en Bourgogne.
Relation de la défaite de Saveufe, II, 19005.
Mémoires, 19667.

de VILLART, Jean.
Oraison funèbre de Henri, IV ; IV, *S.* 10041.*

de VILLE, Antoine, Chevalier.
Obsidio Corbeiensis, II, 21887.
Le Siége d'Hesdin, 21965.
Description de la Ville d'Hesdin, III, 38998.

de VILLE, Léonard : *faux nom sous lequel s'est caché* Symphorien Champier, I, 8865 : *voy.* Champier.

de VILLE d'Arcie, Abraham.
Généalogie de la Maison de la Trimouille, III, 44301.

de la VILLE, (M.) Docteur de Sorbonne.
Préjugés légitimes contre le Jansénisme, I, 5613.

de VILLEBOIS, Louis.
Nartatio Rerum in Arvetnia gestarum, II, 18375.

de VILLEBOIS, Pierre.
Vie d'Anne de Beauvais, I, 15312.

de la VILLE-AUX-CLERCS : *voyez* de Loménie.

de VILLEDIEU (M.) : *voyez* de Mouchet.

de VILLEDIEU (Madame) : *voyez* des Jardins.

de VILLE-DOMBE : *voyez* Marsolier.

de VILLEFEU, François.
Discours des Fontaines de Vic-le-Comte, I, 3280.

de VILLEFORE : *voyez* Bourgoin.

de VILLEFRAMON, (l'Abbé).
Oraison funèbre du Duc de Tallard, IV, *S.* 32070.*

de VILLEGAIGNON : *voyez* Durand.

de VILLEGAS, Bernard, Jésuite.
Vida de santa Lutgarda, I, 15047.

de VILLEGOMBLAIN : *voyez* Racine.

de VILLE-HARDOUIN, Geoffroy, Maréchal de Champagne & de Romanie.
Histoire de la Conquête de Constantinople, II, 16733.

de VILLEMADON.
Lettres écrites à Catherine de Médicis, II, 25081.

de VILLEMAIRE : *voyez* du Gardein.

de VILLEMONT, (M.) Ingénieur.
Journal de la défense de Landau, IV, S. 24413.*
de VILLEMONTÉE, François, Evêque de Saint-Malo.
Ordonnances, I, 6591.
de VILLEMORT : *voyez* Boudier.
de VILLENEUVE, Guillaume, Maître d'Hôtel de Charles VIII.
Histoire des Guerres d'Italie, II, 17382.
de VILLENEUVE (M.).
Remarque sur un Poisson qu'on croit être la Torpille, I, 3611.
de VILLENEUVE : *voyez* Reynaud & Rogier.
de VILLERAY, *voyez* le Coq.
VILLEROD.
Remerciement du Curé de Fontenoy, II, 24667.
de VILLERON, *voyez* de Cambis.
VILLEROI, Louis, Dominicain.
Histoire de la fondation du Couvent des Freres Prêcheurs à Toul, I, 13758.
de VILLEROY : *voyez* de Neufville.
de VILLERS, Servais-Augustin.
Analyse des Eaux de Marimont, I, 3100.
—des Fontaines de Roidemont & Montaigu, 3101.
de VILLIERS, Charles-Louis.
Histoire du Bienheureux Garambert, IV, S. 13566.*
Suite des Abbés & Prieurs du Mont Saint-Martin, IV, S., 13566.**
de VILLERS la Faye, Simon, Seigneur de Chevigné.
Réponse à Jean Boyvin sur le Siége de Dôle, II, 21882.
de VILLERS-au Tertre, Alfonse, Seigneur de Ligny.
Relation du Siége de Cambray, II, 23022 ; III, 39049.
VILLERY, Jacques, Prêtre habitué de S. Roch à Paris.
Vie de Catherine Fontaine, I, 4881.
Apologie de cette Fille, 4884.
Avis, &c. 4885.
Histoire de la Sœur Malin, 4887.
Idée d'un Dessein pour la gloire de Dieu, 4888.
Autres Pièces, 4889.
de la VILLETERTRE : *voyez* de Motnay.
de VILLETHIERRY, Jean-Girard.
Vie de S. Jean-de-Dieu, I, 14085.
VILLETTE, Claude, Chanoine de S. Marcel à Paris.
Histoire de France, II, 15771.
Les Raisons des Cérémonies du Sacre des Rois, II, 25978.
VILLETTE, (M.) Chanoine de Laon.
Oraison funèbre de la Marquise de Cœuvre, IV, 48055.
de VILLETTE, Charles, Marquis.
Eloge de Charles V, II, 17082.
de VILLEVAULT, Louis-Guillaume, Conseiller en la Cour des Aydes.
Ordonnances des Rois de France, II, 27659.
Table des neuf premiers Volumes, 27660.
Eloge de Denys-François Secousse, IV, 46918.
VILLEVAUT, Jean, Clermontois, Procureur.
Discours du Siége de Gergovie, I, 3892 ; IV, *Suppl.*
Antiquités de Clermont, III, 37459.
de VILLIERS, Hubert-Philippe.
Traduction du Discours du Siége de Metz, II, 17663.
de VILLIERS, Charles.
Catalogus Episcoporum Carnutensium, I, 9357.
de VILLIERS, Charles. *Il paroît postérieur.*
Catalogus Episcoporum Autissiodorensium, I, 10117.
de VILLIERS, Placide, Bénédictin.
Chronicon Luxovicum, I, 12103.

de VILLIERS, Cosine, Carme Déchaussé.
Bibliotheca Carmelitana, I, 13715.
de VILLIERS, (M.) de la Société Littéraire de Châlons-sur-Marne.
Mémoire sur le rétablissement de la culture, des terres, I, 3431.
de VILLIERS (l'Abbé).
Vie de Louis IX, Dauphin de France, II, 25763.
de VILLIERS : *voyez* Courtin, Hotman & Vaquier.
de VILLIERS, Jean, Seigneur de l'Isle-Adam.
Ordonnance de Gages de Batailles, III, 40153.
Avis sur les Duels, 40169.
de VILLIERS de l'Isle-Adam, Charles, Evêque de Beauvais.
Statuta Synodalia, I, 6399.
de VILLIERS de Rousseville, Nicolas, Procureur du Roi.
Extraits de plusieurs anciens Titres, II, 15997 ; III, 29537.
Histoire de Picardie, III, 34141.
—des Majeurs d'Amiens, 34154.
Chronologie des Seigneurs du Diocèse d'Amiens, 34155.
Histoire des Comtes de Ponthieu, 34191.
Nobiliaire de Picardie, 40768 ; V, *Add.*
Histoire généalogique des Maisons de Picardie, 40769.
Recueil des Epitaphes de Picardie, 40770.
VILLOT, Henri.
Athenæ Sodalitii Franciscani, IV, S. 13872.*
VILOPOGGIO, Claude.
Antipatia de Francesi e Spagnuoli, (traduction), II, 28628.
VILTHEME, Alexandre, Jésuite.
Luxemburgum Romanum, III, 39458.
de VIMONT, Barthélemi, Jésuite.
Relation de la Nouvelle France, III, 39679.
VINAY, François, Minime.
Oraison funèbre d'Anne d'Autriche, II, 25168.
VINCARTIUS, Jean.
Beata Virgo Cancellata, I, 4207.
VINCENT de Beauvais, Dominicain.
Regula Nosocomii Belvacensis, IV, S. 5471.*
Speculum Historiale, I, 4909.
Fragmenta ex eo Speculo, II, 15656.
Extrait touchant le grand Voyage de Jérusalem, 16929.
VINCENT, Jean.
Réplique pour le Tiers-Etat de Dauphiné, III, 37974.
VINCENT, Augustin.
Découverte des Erreurs de Raoul Brook, III, 40725.
VINCENT de Rouen (le Père), Religieux du Tiers-Ordre de S. François.
Histoire de Notre-Dame de Bonencontre, I, 4105 ; IV, S.
Discours sur la Mort du Cardinal Louis de la Valette, IV, S. 10230.*
VINCENT, Philippe, Ministre de la Rochelle.
Recherches sur la Réformation de la Rochelle, I, 5848 ; IV, S.
VINCENT de Nanci (le Père) Capucin.
Histoire de Notre-Dame de Sion, I, 4210.
VINCENT de Nanci (le Père), Religieux du Tiers-Ordre de S. François.
Histoire de S. Sigebert, II, 16099.
VINCENT, Jacques-Claude, Bénédictin.
Lettres concernant une ancienne Notice des Provinces des Gaules, IV, S. 59* ; V, *Add.*
Dissertation sur l'étendue de la France & sur ses partages sous la première Race, V, *Additions*, 439.*
Dissertation sur les Tectosages, V, *Add.* 3943.*

Mémoire

Mémoire sur l'Autorité des Empereurs dans les Gaules, après l'établissement des Barbares, V, *Add.* 15916.*
Lettre où l'on examine si le Sacre de Pepin est la première époque du Sacre des Rois de France, V, *Add.* 15979.*
L'Almanach de Reims, IV, S. 34259.
Mémoire sur les Limites des différens Royaumes de Bourgogne ; IV, S. 35862.* & 38371.*

VINCENT, Alexandre, de l'Académie de Nîsmes.
Dissertation sur l'Origine des Francs, II, 15458.

VINCHANT, François.
Annales des Evêques de Cambrai, I, 8534.
Annales de Hainaut, III, 39429.
Descente de la Noblesse de Hainaut, 40681.

VINDRICIUS, Abbé de S. Evre.
Vita S. Gerardi Tullensis, I, 10642.

VINESAUF, Geoffroi.
Itinerarium Regis Anglorum Richardi, II, 16707.

VINET, Elie, Principal du Collége d'Aquitaine à Bourdeaux.
Commentarius in Ausonii claras Urbes, I, 2093.
Traduction de la Vie de Charlemagne, II, 16250.
Discours de l'Antiquité de Bourdeaux, III, 37521.
L'Antiquité de Saintes & de Barbésieux, 37562.
Votum Narbonnensium, 37800.
De Schola Aquitanica, IV, 45663.

VINET (M.) Médecin.
Histoire de Luxeuil, III, 38454.

VINHEIM, Erhard, Chartreux.
Sacrarium Agrippinæ, I, 8659.

VINTIMILLE.
Elogium Machuti Pomponii, III, 33077 ; IV, S.

de VINTIMILLE, Charles-Gaspard-Guillaume, Archevêque de Paris.
Ordonnance au sujet des prétendus miracles, &c. I, 5683.
Ordonnance qui renouvelle trois Ordonnances du Cardinal de Noailles, IV, S. 6668.*
Ordonnance qui renouvelle les anciens Statuts Synodaux, V, *Add.* 6668.**
Mandement à l'occasion de la Naissance de M. le Dauphin, II, 26532.

VIOLE, Pierre, Président aux Enquêtes.
Lettres, III, 30862.

VIOLE, Daniel-George, Bénédictin.
Vie de Sainte Reine, I, 4634.
Apologie pour le Corps de Sainte Reine, là.
Vie de S. Germain d'Auxerre, 10135.
Histoire de l'Abbaye de Flavigny, 11932.
Historia Abbatum S. Germani Autissiodorensis, 12478.
—Monasterii Pontiniacensis, 13124.

VIOLE d'Athys (M.), Conseiller d'Etat.
Réponse à la Harangue du Cardinal du Perron, II, 26835.
Libre Discours des Affaires de France, 27146.

de la VIOLETTE : *voyez* Duchesne.

VIOLLET de Wagnon, Jacques.
L'Auteur Laquais, I, 4747.

VION, Robert.
Lettre touchant la Prise de Liége, III, 36115.

VIOT, Roland.
Vie de S. Bernard de Menton, I, 13289.

VIPERAN, Antoine.
De Bello Melitensi, III, 40320.

de VIRAIL, peut-être Louis.
Lettres & Mémoires, III, 30122.

de VIRAIL, Scipion, fils de Louis.
Commentaire sur les Guerres de Provence, III, 38089.

de VIRAIL de Valée, Caius.
Mémoires, III, 38090.

VIRDOUX (le Père), Grand-Prieur de Fontevrauld.
Oraison funèbre de Jeanne-Baptiste de Bourbon, I, 15169.

Tome V.

de VIREVILLE : *voyez* de Grolée.

VIREY, Claude-Hénoch, Secrétaire du Roi.
Voyage du Prince de Condé en Flandre, II, 25801.
Itinerarium Italicum Henrici Borbonii, 25807 ; IV, *Suppl.*
Commentarium de Burgundiæ Imperio, III, 35840.
Description du Territoire de Châlon-sur-Saône, 35966.*

VIREY, Pierre, Abbé de Charlieu.
Vita S. Guillelmi Bituricensis, I, 8396.

VIRGILE, Polydore.
Historia Anglicana, III, 35171.

VIRILUS de Luigen, Hermann.
Notæ in Catalogum Episcoporum Moguntinensium, I, 9068.

VISCARD, Jean-Baptiste.
La Coronation d'Henrico, Duca d'Angio, a Ré di Polonia, II, 26070.

de VISCH, Charles, Bernardin.
Vita Alani Insulensis, I, 13008.
—S. Edesbaldi, 13079.
—Adriani Budsii, 13081.
Bibliotheca Scriptorum Ordinis Cisterciensis, IV, *Suppl.* 45658.

de la VISCLEDE : *voyez* Chalamont.

VISCONTI, Christophe.
Le Guerre nel Piemonte, II, 17750.

VISCONTI : *voyez* Primi.

de VISÉ : *voyez* d'Auneau.

VISEUR, Robert, Chanoine d'Amiens.
Miroir ardent de la Vie & Mort de S. Jean-Baptiste, I, 5462.

de VISMES (le Père), Doctrinaire.
Eloge du Père Baizé, I, 10909.

VISSCHER, Nicolas.
Carte de la France, I, 573.
Alsace, 1324.
Artois, 1353.
Hainault, 1555.
Lorraine, 1635.
Duché de Luxembourg, 2010.
—de Limbourg, 2015.
Pays Bas Protestans, 2031.
Pays-Bas Catholiques, 2045. Flandre, 2055.

VITAL, Protonotaire du Pape Alexandre III.
Vita S. Bertrandi Convenensis, I, 8093.

VITAL : *voyez* Orderic.

VITAL (le Père), Capucin.
Epilogus Ordinis Minorum, IV, S. 13852.*

de VITAL, Jean.
La Prinze du Mont Saint-Michel, II, 18320.

VITELLIUS, Raynier.
Belgiographia, III, 39260.

VITRAC (l'Abbé), Professeur à Limoges.
Eloge de Jean Dorat, Poëte, V, *Add.* 47410.*

VITRÉ, Antoine, Imprimeur.
Etat du Clergé de France, I, 7834.

VITRIAN, Jean.
Traduction Espagnole des Mémoires de Comines, II, 17393.

de VITRY, Jacques, Cardinal.
Vita Beatæ Mariæ Oigniacensis, I, 14720.

de VITRY : *voyez* de l'Hôpital.

de VITTE, Jean, Chanoine d'Utrecht.
Historia Caroli VI, II, 17139.

VIVALD, Jean-Louis, Dominicain.
Elogium de Laudibus sacrorum Liliorum, II, 27044.

VIVARIUS, Jacques.
De Aureo Vellere, Carmen, III, 40416.

VIVARIUS, François.
Vita Beatæ Julianæ Montis-Cornelii, I, 15052.

VIVENCE, Evêque.
Vita S. Cæsarii Arelatensis, I, 8006.

de VIVENS (le Chevalier).
Observations sur l'Agriculture, I, 3436.

Ccccc

VIVIANUS, Jean.
Itinerarium per nonnullas Galliæ & Belgicæ partes, I, 2290.
du VIVIER, Claude, Minime.
Vie de S. François de Paule, I, 14017.
du VIVIER, François.
Environs de Paris, I, 1744.
du VIVIER de Lansac (l'Abbé), Comte de Lyon.
Rapport des anciens Agens du Clergé, I, 6923.
du VIVIER (M.), Baron de Saint-Ferriol.
Origine des illustres Seigneurs du Vivier, III, 44508.
de VIVONNE de Saint-Goard, Jean, Marquis de Pisani.
Ambassade, III, 30206.
Lettres, III, 30219, 28 & 34.
de VIXOUSES : voyez Pagès.
de VIZÉ : voyez d'Auneau.
VOISIN, Lancelot, Sieur de la Popeliniere.
L'Histoire des derniers Troubles, I, 5835 ; II, 18094 & 18385.
Dessein de l'Histoire des François, II, 15388.
Histoire de France, 18386.
Histoire de la Conquête de Bresse, 19790.
L'Amiral de France, III, 31750.
VOET, Paul.
De Duellis, III, 40194.
Origines des Seigneurs de Bréderode, 41525.
VOET, Marius.
Liste des Grands-Baillis de Bruges, III, 39408.
Histoire généal. de la Maison de Flandre, 42329.
VOGEL.
Les Priviléges des Suisses, III, 39108.
VOIDEUL (M.).
Lettre sur le *Portus Iccius*, I, 307.
de VOIGNON (M.), Commandant de Cavalerie.
Vie du Maréchal de Schulemberg, V, *Add*. 31706.*
de VOIGT, Christophe-Arnold.
Notitia veteris Francorum Regni, II, 15606.
VOISENET, François, Maire de Saumur.
Mémoire sur la Ville de Sémur en Auxois, III, 35981 ; IV, S.
VOISIN (le Père), Jésuite.
Oraison funèbre de M. de la Brunetiere, I, 8305.
VOISIN, Daniel-François, Chancelier de France.
Lettre à MM. les premiers Présidens, III, 31299.
de VOISIN, Joseph, Aumônier du Prince de Conti.
Vie du Prince de Conti, II, 25854.
VOITURE, Vincent.
Lettre après la prise de Corbie, II, 21888.
VOLATERRAN, Raphaël.
De Galliâ Franciâque, II, 15701.
VOLCK, Jean.
Description du Baume de Terre de Hanau, I, 2751.
de VOLKYR de Sérouville, Nicolas.
Epitome, *ou* Chronique des Empereurs, Rois & Ducs d'Austrasie, II, 15711 ; IV, *S.* III, 38829 ; IV, *S*.
Histoire de la Victoire obtenue contre les Luthériens, II, 17522 ; IV, *S.* 38849.*
VOLMAR, Isaac, Baron de Rieden.
Diarium, III, 30787.
la VOLPILLIERE.
La Hollande aux pieds du Roi, II, 24018.
de VOLTAIRE : *voyez* Arouet.
VONDER-HARDT, Hermann : *voyez* vander Hardt, & *ajoutez-y l'Article suivant*.
Vitæ Nicolai de Clemangis, I, 11056.
VOOGHTE, Nicolas-Jean.
Cartes Marines de la France, I, 694.
Le Flambeau de la Mer, 841.
de VORDAC (le Comte) : *peut-être le même que le sieur* Cavord *ou* Cavard, II, 24359 : *voyez* Cavard.

VORSTIUS, Everard, Médecin.
Oratio de Vitâ & Obitu Caroli Clusii, IV, 46131.
VORSTIUS, Adolphe, Médecin, fils du précédent.
Oratio in excessum Claudii Salmasii, IV, 47214.
VOSMER, Michel.
Principes Hollandiæ, III, 39593.
VOSSIUS, Gérard-Jean.
De Gallis, Gallorumque Diis, &c. I, 3827.
VOSSIUS, Matthieu, fils du précédent.
Chronicon Hollandiæ, III, 39585.
des VOUEZ, Thibaut.
Litteræ & Arma Porcelleti generis, III, 43612.
de la VOYE, (M.) Ingénieur.
Le Neptune François, I, 696.
de VOYER de Paulmy, Gabriel, Evêque de Rhodès.
Ordonnances Synodales, I, 6706.
de VOYER de Paulmy, René I, Seigneur d'Argenson.
Lettres, III, 30748.
de VOYER de Paulmy, René II, Comte d'Argenson, fils du précédent.
Négociations, III, 30898.
de VOYER de Paulmy d'Argenson, Claude, Aumônier du Roi, oncle du précédent.
Elogium Renati le Voyer (fratris sui), III, 32704.
Pompa funebris ejusdem, *Id*.
Triumphus sui, *Id*.
de VOYER de Paulmy d'Argenson, François-Elie, Archevêque de Bourdeaux, petit neveu du précédent.
Decreta Conciliorum Provincialium, I, 6420.
Ordonnances Synodales, 6421.
de VOYER de Paulmy d'Argenson, René-Louis, Marquis d'Argenson, neveu du précédent.
Réflexions sur les Historiens François, II, 15967.
Considérations sur le Gouvernement de la France, 17170.
Intérêts des Princes de l'Europe, 29138.
de VOYER, Jacqueline, *dite* d'Escoman, femme d'Isaac de Varennes.
Déclaration & Manifeste, II, 19939 & 41.
VRAYET, (M.) de l'Académie d'Amiens.
Dissertation sur les Eaux d'Abbeville, I, 2889.
VREDIUS, Olivier, Jurisconsulte.
Flandria Christiana, IV, *S.* 5080.*
De primis Gallorum Sedibus in Flandriæ partes, II, 15424.
Sigilla, Caracteres & Inscriptiones Diplomatum, quibus usi sunt Imperatores Romani & Reges Francorum, III, 29501.
Liber de Officiis Comitis, 31315.
Historiæ Comitum Flandriæ, 39332.
De primis Comitibus Flandriæ, 39345.
Genealogia Comitum Flandriæ, 40654 & 42338 & 39.
Sigilla Comitum Flandriæ, 42339.
VRENTIUS, Maximilien.
Urbes Flandriæ & Brabantiæ, III, 39327.
VREVAIN, François, Jésuite.
Oraison funèbre de Henri IV ; II, 20030.
VREVIN, Louis : *peut-être le même que le suivant*.
Observations sur le Code de Henri IV ; II, 27641.
de VREVIN, Louis, Président & Lieutenant-Général de Chaulny.
Notes & Observations sur le Code des Priviléges des Officiers de la Maison du Roi, III, 32388.
Antiquités de Chaulny, 34895.
VRIENT, Jean-Baptiste.
Icones Ducum Brabantiæ, III, 39490.
de la VRILLIERE : *voyez* Phelypeaux.
VRILLOT, Baudouin.
Recueil des Saints des Pays-Bas, I, 4262.
VUIDRIC, Abbé de S. Mesmin.
Dissertation sur la Vie de S. Gérard, I, 12674.
VULSON, Marc, Conseiller en la Chambre de l'Edit de Grenoble.
De la Puissance du Pape, I, 7253.

VULSON, Marc, Sieur de la Colombiere, Gentilhomme ordinaire de la Chambre du Roi.
Les Portraits des Hommes illustres, III, 31364.
Recueil d'Armoiries, 40003.
La Science héroïque, 40004.
De l'Office des Rois d'Armes, &c. 40226.
Le Théâtre d'honneur, 40227.
de VULSON.
Traité des Elections, III, 33875.
de VULSON, P., Médecin.
De l'usage des Eaux acides d'Auriols & de Monestier, I, 2935.
de VURIGNY : voyez Jarry.
VUYARD, Robert, Bénédictin.
Histoire de la sainte Robe de Notre-Seigneur, I, 11675; IV, S.
—de l'Abbaye de Breteuil, IV, S. 11730.*
—de l'Abbaye de Samer, IV, S. 12855.*

W

WACE ou Gace.
Le Roman le Rou, III, 34960; IV, S.
WACHTLER, Christophe.
Epistola de Pace Ryswicensi, III, 29189.
WADING, Luc, Franciscain.
Annales totius Ordinis Fratrum Minorum, IV, S. 13872*; V, Add.
Catalogus Scriptorum Ordinis Minorum, IV, S. 13872 & 45658.
de WAERSEGGHER, Jérôme.
Supplementum Chronologiæ Ecclesiæ Parcensis, I, 13570.
WAGENAAR, Jean.
Description de la Ville d'Amsterdam, III, 39610.
WAGENAER ou Chartier, Luc.
Cartes Marines de France, I, 686.
WAGENSIL, Jean-Christophe : faux nom sous lequel s'est caché François Charpentier, II, 28266 : voyez Charpentier.
WAGHENARE, Pierre, Prémontré.
Vita S. Norberti Lyrica, I, 13546.
WAGNER, Marc.
Chronique choisie, II, 16275.
WAGNER, Jean.
Dissertatio de Godefrido Bullonio, IV, S. 31880.*
de WAGNON : voyez Violler.
de WAHA, Guillaume.
Labores Herculis Christiani, II, 16607.
WAHRMUND.
La Politique de la France démasquée, II, 24067.
de WAITTE, Antoine, Abbé de Cambron.
Diva Camberonensis cruentata, I, 4121.
Historia Camberonensis Abbatiæ, 13030.
WALAFRID ou Walfrid, Abbé d'Augi.
Versus de Exilio Judith, II, 16337.
—de Gerardo Comite, III, 31949.
WALCHIUS, Christophe-Guillaume-François.
Historia Canonisationis Caroli Magni, II, 16311.
WALDIUS, S.
De veteribus Gallorum Druidibus, I, 3829.
de WALDKIRCH, J. Rodolphe.
Histoire Helvétique, III, 39101.
WALFRID : voyez Walafrid.
WALLIN, Georges.
De sancta Genovefa, I, 4458.
Lutetia erudita, IV, 44570.
WALLON de Beaupuis, Charles.
Vie de Pierre Manguelen, I, 11163.
WALSINGHAM, Thomas, Moine de S. Alban.
Histoire de Pierre Gaverston, II, 18753.
Historia brevis, III, 15146.
WALSINGHAM, François, Ambassadeur en France.
Réponses à la Reine Elisabeth, II, 28409.
Lettres, III, 30201.

Tome V.

WALTERIUS : voyez Gautier.
WALTHER, Moine de Seckingan.
Vita S. Fridolini, I, 12566.
WANDALBERT, Moine de Prum.
Vita S. Goaris, I, 13320.
de WANGEN, Pierre.
Physignomonia Jesuitica, I, 14277.
WARAMOND, Erneft : faux nom sous lequel s'est caché François Hotman, II, 18140 : voyez Hotman.
de WARDANCHÉ, Pasquier, Curé de Sainte-Agathe.
Lettre sur l'ancienne Cité de Limmes, I, 82.
WAREMOND, François.
Litura fœderis Hispano-Gallici, II, 28736.
de WARMOND, Polydore.
La Source de la Grandeur de la France, II, 24194.
WARNAHAIRE.
Acta S. Desiderii Lingonensis, I, 9007.
WARNANT, Jean, Prémontré.
Historia Rerum Leodiensium, I, 8695.
WARNEFRID, Paul.
De Episcopis Metensibus, II, 24867.
WARNEWICIUS, Marc.
Descriptio Comitatûs Flandriæ, III, 39323.
WARTEL (le P.), Chanoine Régulier du Mont S. Eloi.
Observations sur les Minéraux, &c. de l'Artois, I, 2670.
WARTON, Simon.
Editio Scholæ Botanicæ, I, 3399.
WASE, Christophe.
Traduction Angloise de l'Histoire de Priolo, II, 23862.
Histoire de France sous le Ministère du Cardinal Mazarin, (en Anglois) 23869.
de WASSEBOURG, Richard, Archidiacre de Verdun.
Histoire des Evêques de Verdun, I, 10657.
Suite Généalogique des Rois de France, II, 24824.
Les Antiquités de la Gaule Belgique, III, 39297.
WASSEMBERG, Evrard.
Joannis Casimiri carcer Gallicus, II, 21983.
Gallia verecunda, 23968 & 29034; IV, S.
Aurifodina Gallica reserata, 23969.
Maroboduus redivivus, 23970.
WASSEMBURG, Ebhard : peut-être le même que le précédent : voyez Watsemburg.
WASSER, Gabriel.
Histoire du Canton d'Appenzel, III, 39118.
WASTALD.
De Introitu Sicambrorum in Germaniam, II, 15363.
WASTELAIN, Charles, Jésuite.
Description de la Gaule Belgique, I, 22; III, 39278.
Gallia Belgica antiqua, 53.
De la Gaule Belgique ancienne, 155.
Examen de la situation du Port Iccius, 309.
Gallia Belgica medii ævi, 404.
Etablissement des Bourguignons dans la premiere Germanie, 454.
De la Gaule Belgique du moyen âge, 473.
Des Frisons, ou du Diocèse d'Utrecht, 476.
De l'ancien Diocèse de Tournai, 8616.
Des Francs Saliens & Ripuaires, II, 15431.
WATELET (M).
Vie de Louis de Boullongne, IV, 47843.
WATERLOS, Lambert, Chanoine Régulier de S. Aubert.
Historia Episcoporum Cameracensium, I, 8522.
VATI, Guillaume.
Additamenta ad majorem Matthæi Paris Historiam, III, 35079.
WATSEMBURG, Ebhard.
Civitatis Embricæ Descriptio, III, 39252.
de WATTEVILLE, Alexandre-Louis.
Histoire de la Confédération Helvétique, III, 39103.

de WAULDE, Gilles, Curé de Binche.
Chronologie de l'Abbaye de Laubes, I, 11050.
WAUSTRY, Bonaventure, Religieux d'Aunay.
Vie de Sainte Hombline, I, 15040.
de WAUVRIN, Jean, ſieur de Foreſtel.
Chronique d'Angleterre, II, 17305.
Hiſtoire de Charles, Duc de Bourgogne, 25465;
IV, S. 25468.*
WEIHENMAIER, Elie.
Diſſertatio de Waldenſibus, I, 5735.
WEINCKENS, Jean, Prieur de Selgenſtad.
Eginhartus illuſtratus & vindicatus, II, 16255.
WEIS, F. M.
Repréſentation des Fêtes de Strasbourg, III, 38733.
WEISS, Matthieu.
Lycæum Benedictinum, I, 11611.
WEISSIUS, Chrétien.
Diſcurſus de Carolo Magno, II, 16300.
WENCKER, Jacques.
Syntagma de Cancellariis, I, 4238.
Collectanea Juris Publici, III, 38717.
Apparatus & Inſtructus Archivorum, Id.
Collecta Archivi & Cancellariæ Jura, Id.
WENDELIN, Godefroi.
Franciæ Salicæ Tabula, I, 50.
Leges Salicæ illuſtratæ, II, 28536.
Aurei Velleris Encomium, III, 40424.
WERNSDORFF, Marc-Gottlieb.
De Republicâ Galatarum, IV, S. 3952.*
de WESAL, Herman.
Chronicæ Colonienſis Fragmentum, I, 8653.
WESENBECK, Matthieu, Juriſconſulte.
Narratio de Annâ Burgio, I, 5776.
WESENBECK, Pierre, Juriſconſulte, frère du précédent.
Oratio de Waldenſibus & Albigenſibus, I, 5718.
WESSELING, Pierre.
Vetera Romanorum Itineraria, I, 61.
WESTON, Odoward, Docteur en Théologie.
Sanctuarium Juris Pontificii defenſum, I, 7222.
WEYERS, Jean-Herman.
Pouillé des Bénéfices, &c. de Reims, IV, S. 1170**, III, 34380.
WHITE.
Relation de Terre-Neuve, III, 39733.
WIALART, Claude, Bénédictin.
Hiſtoire de l'Abbaye de S. Vincent-de-Laon, I, 12830.
WIBERT, Archidiacre de Toul.
Vita S. Leonis IX Papæ, I, 7682.
WIBERT ou Guibert, Franciſcain.
Vita S. Eleutherii Tornacenſis, I, 8626.
WICART : voyez de la Fontaine.
WICHMANS, Auguſtin, Prémontré.
Brabantia Mariana, I, 4117.
Diſſertatio de Origine & Progreſſu Cœnobii Poſtulani, 13571.
WICKES, Thomas, Chanoine Régulier de S. Auguſtin.
Chronicon, III, 35098.
de WICQUEFORT, Abraham, Conſeiller d'Etat du Duc de Brunſwick.
Mémoire touchant les Ambaſſadeurs, III, 32635.
L'Ambaſſadeur & ſes fonctions, 32637.
WIDDRINGTON, Roger : faux nom ſous lequel on croit découvrir Thomas Preſton ou Simon Vigor.
Apologia Cardinalis Bellarmini, I, 7212.
Reſponſio ad quemdam Theologum, 7221.
—ad libellum cujuſdam Theologi, 7227.
Supplicatio ad Paulum V, 7241.
Diſcuſſio diſcuſſionis Decreti Concilii Lateranenſis, &c. 7242.
WIELAN ou Wielandr, Philippe.
Hiſtoria Cameracenſium Principum & Epiſcoporum, III, 39040.

Recueil des Antiquités de Flandres, 39378.
Hiſtoria Brabantiæ, 39486.
Inſignia Nobilium Flandriæ, 40100.
WILD, Marquard, Bibliothécaire de Berne.
Apologie pour la Cité d'Avenche, I, 205.
WILHEM, J. B., Jéſuite.
Hiſtoire des Ducs de Lorraine, III, 38816.
WILLERMET, Cl. Fr.
Laudatio funebris Burgundionum Ducis, II, 25773.
WILLIBALD, (Saint) Evêque d'Aichſtet.
Vita S. Bonifacii Moguntini, I, 9088; IV, S. III, 31487.
WILLICHIUS, Joſſe.
Commentaria in Tacitum, II, 15396.
WILLING, François, dit Belſlou.
Diſcours ſur la Compagnie des Cent-Suiſſes, III 32205.
WILMIUS, Jean.
Hiſtoria Colonienſis, I, 8655.
WILTHEIM, Jean-Guillaume, Jéſuite.
De S. Maximino Trevirenſi, I, 10511.
WILTHELME, Alexandre, Jéſuite.
Diptychon Bituricenſe, I, 8354.
—Leodienſe, 8705.
Appendix in aliud, Id.
Acta S. Dagoberti cum Notis, II, 16115. L'Auteur eſt nommé Alexandre Withelme : on ſuppoſe que c'eſt le même.
WIMPHELINGIUS, Jacques, Prêtre de Spire.
Carolus Magnus Germanus, I, 466.
Catalogus Epiſcoporum Argentoratenſium, 9112.
Epitome Germanicarum Rerum, II, 15396.
—Imperatorum Germanicorum, 16454.
Gallia cis Rhenum, III, 38704.
WINEBRAND, Moine de S. Allyre.
Chronicon Monaſterii S. Illidii, I, 12311.
WINSLOW, Jacques-Bénigne, Médecin.
An Cerealia & Olera agri Pariſienſis ſalubria, I, 3363.
WION, George, Médecin.
Boranotrophium, I, 3384.
WISTACE : voyez Wace.
WITASSE, Charles, Docteur de Sorbonne.
Relations des Délibérations de la Sorbonne, au ſujet de la Conſtitution Unigenitus, I, 5656.
WITHELME : voyez Wilthelme.
WITICHIND.
Annales, II, 16489.
WITLICH, Jean-Antoine.
Catalogus Abbatum Monaſterii Divi Jacobi, in Monte Specioſo, III, 39191.
de WITT, Frédéric.
Carte de la France, I, 576.
Alſace, 1325.
Artois, 1352.
Bourgogne, 1419.
Bretagne, 1433.
Canada, 1452.
Dauphiné, 1496.
Guyenne, 1548.
Iſle de France, 1572.
Languedoc, 1608.
Normandie, 1707.
Picardie, 1808.
Provence, 1831.
Suiſſes, 1967.
Cours du Rhin, 1989.
Duché de Luxembourg, 2011.
—de Limbourg, 2016.
Pays-Bas Proteſtans, 2033.
Pays-Bas Catholiques, 2046.
Fiandre, 2056.
de WITTE, Auguſtin.
Deſcriptiones Conventuum Provinciæ inferioris Germaniæ, I, 13864.

WITY, (M.) Licentié en Théologie.
Oraison funèbre d'Agnès-Catherine de Grillet de Brissac, IV, S. 14925.*
WOENNELOK, Marius.
Epistola ad Alexandrum Gambacurtam, III, 41732.
de WOERDEN, Michel-Ange, Baron.
Mémoires, II, 23838.
Ludovici Magni Res gestæ, II, 24140.
Traité de l'Histoire de Louis-le-Grand, 24232.
Annales bellici & triumphales Ludovici Magni, 24372.
Journal des Conférences tenues à Courtrai, III, 31041.
WOLF, Jérôme.
Version Latine de l'Histoire de Nicephore Grégoras, II, 16732.
WOLF, Guillaume.
Vita S. Trudonis, I, 11495.
WOLF, Constantin.
Gallia Concilio Tridentino repugnans, I, 7535.
WOLF, Jean-Chrétien.
Monumenta Typographica, IV, 47969.
WOLFANG, Christophe.
Manifeste sur l'emprisonnement du Prince de Furstemberg, II, 24052.
Guillelmi Furstembergii Detensio, 24053.
WOLMAR, Isaac.
Bibliotheca Gallo-Suecica, II, 28734.
WOOD, Lambert.
Florus Anglicus, III, 35179.
WRIGHT, Ed.
Observations faites dans un Voyage en France, &c. I, 2332.
WURFBAIN, Léonard.
Relationes Historicæ Haspurgicæ Austriacæ, II, 25876.
WURTISIUS: voyez Urstitius.

X

de XAINTONGE, Pierre, Avocat-Général au Parlement de Dijon.
L'Arche reposée sur la France, II, 21607.
Discours & Harangues, III, 33060.
XAUPY, Joseph, Chanoine & Archidiacre de Perpignan.
Dissertation sur l'Eglise Primatiale de Bordeaux, I, 5125 & 8233.
—sur l'Election à l'Archevêché de Bordeaux, faite en 1529, 8248.
—sur le Conseil Souverain de Roussillon, III, 33229.
Recherches sur la noblesse des Citoyens de Perpignan & de Barcelone, 38352.

Y

Y, Presche le salut: anagramme du nom d'un Auteur inconnu.
Le Martyre des deux Frères, II, 18845.
YART (l'Abbé).
Mémoires sur la Ville de Rouen, III, 35208.
YDENS.
Histoire du S. Sacrement de Miracle à Bruxelles, IV, S. 5025.*
d'YENNES: voyez de la Baume.
YON, (M.) Avocat.
Lettre sur la Place destinée pour la Statue du Roi, III, 34548.
YORKE, Jacques.
Blazons d'Angleterre, III, 40123.
YSAMBERT, Nicolas.
Julio Corderio pro xeniis, IV, 45771.

d'YSE, Alexandre.
Propositions pour parvenir à la réunion des deux Religions, I, 6026.
YUNIUS, Joachim.
Aquarum Spadanarum Gryphi, I, 5237.
YVELIN.
Examen de la Possession des Religieuses de Louviers, I, 4859.
YVES, Evêque de Chartres.
Chronicon, II, 16533.
Epistola de Unctione Regis Francorum, sive de Consecratione Ludovici VI, 25955 & 26021.
Epistolæ, III, 29767.
des YVES: voyez de Saint-Prest; & ajoutez-y, II, 29152.
YVON (l'Abbé).
Eloge de Jean-Baptiste Ladvocat, IV, 46787.
YVOUNET, Paul.
Le Flambeau de la Mer, traduit du Flamand, I, 839.

Z

ZABARELL, Jacques.
Merovea, II, 25899.
ZACCARIA, (le Père) Jésuite.
Elogio del Marchese Scipione Maffei, IV, Suppl. 46803.*
ZACHARIE, Pape.
Epistolæ, III, 29738.
ZACHARIE de Lisieux, (le Père) Capucin.
Relation du Pays de Jansénie, I, 5599.
Giges Gallus, II, 15466.
Seculi Genius, 15467.
ZACHARIE de Saluces (le Père): voyez Bovier.
ZAMARIEL, A.: faux nom sous lequel s'est caché Antoine de Chandieu, I, 5784: voyez Chandieu.
ZAMBECCARI, Louis: faux nom sous lequel s'est caché Antoine de Vera & Zuniga, Comte de la Roque, II, 28696: voyez de Vera.
ZAMET, Sébastien, Evêque de Langres.
Statuts & Ordonnances, I, 6565.
ZAMMAR, Jean-Paul.
Doctrina de Antiquitate Barcinonæ, III, 38366.
ZAMOSCI, Jean-Sari, Ambassadeur en France.
Epistola de Henrico Valesio Rege, II, 18274.
ZAMPINI, Matthieu, Jurisconsulte.
Responsio ad calumnias confictas in Gregorium XIV, I, 7171.
De Origine Hugonis Capeti, II, 24899.
Elogia della grande Caterina, 25088.
De gli Stati di Francia, 27399.
Confutatio errorum Scripti, cui titulus, Avertissement, 28497.
De Successione Juris & prærogativæ primi Principis Franciæ, 19158 & 28501.
ZANNONI: voyez Rizzi.
ZANT-FLIET, Corneille.
Chronicon, I, 8699; II, 17274.
ZEILLER, Martin.
Carte de la France, I, 570.
Topographia Galliæ, 803.
Plans de Villes, Id.
Topographie d'Alsace (en Allemand), 2171; IV, Suppl.
Topographia Alsatiæ, IV, S. 38694.*
Topographie de la Suisse (en Allemand), III, 39073.
Topographia Archiepiscopatûs Moguntini, Coloniensis & Trevirensis, III, 39188.
—Palatinatûs Rheni, 39197.
Topographie des Pays-Bas (en Allemand), 39273.
ZENTGRAF?, Jean-Jo chim.
Biga Dissertatio de Tactu Regis Franciæ, II, 26983.

de ZERBINAS, Alexandre, Vicaire de l'Archevêque de Narbonne.
   Regulæ Ecclesiasticæ, I, 6633.
ZETZNER.
   Chronique de Strasbourg, III, 38723.
ZIL : *voyez* Zyl.
ZILIOLI, Alexandre.
   Guerra trà Errico IV & Carlo Emmanuele, Duca di Savoia, II, 19793.
   Regenza della Regina Maria di Francia, 20269.
   Sollevatione de i Principi e Baroni di Francia, 20918.
   Espeditioni e Vittoria di Ludovico XIII, 21217.
   La Rebellione de' Popoli di Valtelina, 21319.
   Assedio & Presa della Rocella, 21560.
   Movimenti d'Armi in Italia, 21647.
ZINZERLINGE, Juste.
   Itinerarium Galliæ, I, 2300.
   De Burdegala, III, 37542.
ZOCCOLI, Jean, Jésuite.
   Lettre sur la mort de Jeanne-Baptiste de Bourbon, I, 15168.
ZOÈS, Nicolas, Jurisconsulte.
   Vita Joannis Vandwillii Tornacensis, I, 8633.
van ZOMEREN, Corneille.
   Description de la Ville de Gorcum (en Hollandois), III, 39624.
ZOROBABEL, Sadoc, Juif de Bordeaux.
   Projet sur les Sciences & les Lettres, V, *Add.* 45497*.
ZUALLARD, Jean.
   Description de la Ville d'Ath, III, 39434.
ZUINGLE, Huldric.
   Epitome de Francorum Regno, II, 15751.
   De Gestis inter Gallos & Helvetios, 17459.
ZUMEL, François, Général de la Mercy.
   Vita S. Petri Nolasci, I, 13992.

de ZURLAUBEN, Beat. A. D. Fidele, Baron, Académicien.
   Cours du Rhin, Carte, I, 991.
   Bibliothèque Militaire, Historique & Politique, II, 15615.
   Mémoires de Henri, Duc de Rohan, 21906.
   Abrégé de la Vie d'Enguerrand de Coucy, III, 31929.
   Histoire militaire des Suisses, 32203 & 39107.
   Code militaire des Suisses, 32204.
   Mémoire sur Arnaut de Cervole, 32332.
   Histoire Helvétique, 39107.
   Guillaume Tell, 39113.
   Tables généalogiques des Maisons d'Autriche & de Lorraine, 41057; IV, S. 25920.
   Mémoire sur Marius, Evêque d'Avenche, IV, 46811.
ZUTPHIUS, Conrad.
   Chronicon Geldriæ, III, 39547.
ZUVELING, François, *dit* Beslon.
   Abrégé d'un Recueil de Pièces concernant les Suisses, III, 29278.
   Entretiens sur la Compagnie des cent Gardes-Suisses, 32206.
ZYL, Othon, Jésuite.
   Historia Miraculorum Beatæ Mariæ Sylvæducensis, I, 4209.
   Cameracum obsidione liberatum, III, 39051.
   Ruræmunda illustrata, 39533.
ZYLLÈS, Nicolas.
   Defensio Abbatiæ Imperialis Sancti Maximini, I, 10500.
vander ZYPE, François, Chanoine & Archidiacre d'Anvers.
   Hiatus Cassani obstructus, II, 28901.

IX.
TABLE
DES ANONYMES,

C'est-à-dire,

Des Ouvrages qui ne portent point le Nom de leurs Auteurs,

Et qui d'ailleurs n'indiquent point assez par leur Titre leur Classe, ou qui se rapportant à la Classe de l'Histoire des Régnes, n'ont point de date qui puisse y faire connoître leur rang.

Rédigée par LAURENT-ETIENNE RONDET.

Entre les Ouvrages Anonymes, il en est un grand nombre qu'il est facile de trouver par les autres Tables. Si ce sont des Ouvrages qui regardent les Provinces, Villes, Diocèses, Abbayes, ou autres lieux, on les trouvera par la Table Géographique. Si ce sont des Chroniques ou Histoires générales, elles sont indiquées par la Table Chronologique. Si ce sont des Vies, des Éloges, des Oraisons funèbres & autres Ouvrages qui regardent certaines Personnes, on aura recours à la Table des Personnes. Si ce sont des Traités, Dissertations ou autres Pièces dont le sujet soit énoncé dans le Titre, la Table Alphabétique des Matières fera connoître les Numéros sous lesquels ils peuvent se trouver. Si ce sont des Pièces relatives aux événemens qui se sont passés sous certains Régnes connus, la date de ces événemens, ou même de l'impression, pourra suffire pour les trouver dans l'Histoire des Régnes, qui s'étend depuis la page 79 jusqu'à la page 626 du Tome II. Les dates des années, mises à la tête des pages dans cette Partie, serviront à faire connoître la place de ces Pièces. Il faut seulement observer qu'une Pièce dont la date, prise de l'événement, seroit de 1601, pourroit avoir été placée entre celles de 1602, relativement à la date de l'impression ; & que réciproquement une Pièce dont la date, prise de l'impression, seroit de 1601, pourroit avoir été placée entre celles de 1600, relativement à la date de l'événement ; en sorte que, pour le plus sûr, il faut alors parcourir les Pièces de trois années ; mais communément celles qui sont datées de 1601, se trouveront sous 1601, & ainsi des autres.

Il ne s'agit donc ici que des Pièces qui n'ont point de dates, ou dont le sujet n'est pas assez indiqué par le titre ; en un mot, de celles qu'on ne pourroit trouver sans le secours de cette Table.

A

A l'immortelle mémoire de Henri IV; II, 20007.
A Messieurs des Etats, 20238.
A Messieurs des Etats en la Chambre de la Noblesse, 20237.
A Messieurs les Administrateurs de l'Hôtel-Dieu, IV, 44939.
Au & Aux *se trouvent plus loin dans leur rang alphabétique.*
l'Abonnement de Poincy, III, 35803.
l'Acte de Contrition du Duc de Lorraine, II, 21824.
Actions de graces de la France, à M. le Prince de Condé, 22457.
—sur la mort du Marquis d'Ancre, 20611.
l'Adieu de Jules Mazarin à M. le Prince, 22416.
—du Cardinal Mazarin à MM. de Paris, 22524.

Admonitio ad Ludovicum XIII, 28641.
Adoration du Veau d'or, 20936.
Adoration civile de la fille de France nouvellement née, IV, S. 25613.*
Advertissement & Advis : *voyez* Avertissement & Avis.
les Affaires qui sont aujourd'hui entre les Maisons de France & d'Autriche, III, 30778.
troisième Affiche posée à Paris, II, 21299 : *les deux premières avoient paru sous le titre d'Avis & de Second Avertissement : on les trouve sous les Numéros* 23297 *&* 98. *Il y en a une quatrième, intitulée*, le Prince de Condé aux Bourgeois de Paris, *au N.°* 23300.
l'Aigle & le Vautour, II, 24757.
Aiguillon aux vrais François, 19114.
Alethophili (veritatis amantis) Lacrymæ, I, 14321.

les Allarmes, II, 20580.
l'Alliance Françoise, III, 40478.
l'Almanach des abusés de ce temps, II, 20383.
l'Ambassadeur chimérique, 21913.
l'Ambassadeur de Savoie, 21620.
l'Ambitieux, 22512.
l'Ami des François, IV, S, 27308.*
le véritable Ami du Public, II, 22601 & 95 : peut-être le même.
l'Amour de la Patrie, 24757.
Amours des Dames illustres de France, 24367.
l'Amuse-Badaud Mazarin, 23504.
l'Anatomie de la Politique du Coadjuteur, 23580.
l'Anchre de la Paix, 20618.
Androgeneia Henrici IV, 24970.
Anecdotes, ou Lettres secretes, III, 31156.
Anecdotes Généalogiques & secretes, IV, S. 24602.*
le bon Ange, au Roi, II, 19768.
Animadversiones ad Basilica, III, 35803.
l'Année merveilleuse, II, 24719.
Antediluviani, III, 35803.
Anti-Remontrance au Roi, pour son Etat, II, 20812.
l'Anti-Colazon, III, 32634.
l'Anti-Guisart, II, 18526.
l'Anti-Jésuite, IV, S. 19974.*
l'Anti-Machiavel, II, 27094.
les Anti-Communaux, III, 35803.
Antipatia de Francesi a Spagnuoli, II, 28628.
les Antipodes pour & contre, 20942.
l'Apocalypse d'Etat, 23577.
Apologeticus pro Christianissimo Rege, II, 28683.
Apologia Gallicarum Ecclesiarum, III, 30184.
Apologie au Roi, I, 14344.
Apologie contre Henri III, II, 19115.
Apologie de Théophile, I, 14325.
—du Duc de Luynes, II, 21168.
—du Roi François I, III, 29944.
—en faveur du Roi (Louis XIII), II, 28634.
—pour M. de Châtillon, I, 5929.
—pour MM. les Princes, II, 23073.
Apologie Cardinale, III, 32499.
Apologie Royale, (sur la mort du Maréchal de Biron), II, 19806.
Apologie Royale (contre la Harangue du Cardinal du Perron), 26837.
Apothéose du Docteur Pr.....pe (Procope) IV, 46296.
l'Apparition de la Guerre & de la Paix, II, 22445.
Appel sans grief, III, 35803.
Appelans injustes, là.
Appendix ad Catalogum, II, 28648.
l'Arbre des Batailles, III, 40149.
Arcana Galliæ, II, 24389.
le Faux Arnaud, I, 14367.
Arrêt notable du Parlement contre plusieurs Partisans, II, 22618.
Arrêts de Tabarin, 21240.
l'Arrivée des Ambassadeurs du Royaume de Patagoce, 22455.
l'Art d'imprimer, III, 35803.
l'Art de plumer la poule sans crier, II, 28074.
Artamene, ou le grand Cyrus, 23833.
Article principal du Traité de Madame de Longueville, 23110.
Articles accordés au nom du Roi, 18708 & 27: peut-être les mêmes.
Articles des Financiers, présentés au Roi, 21368.
Articles donnés par le Comte d'Alais, 23024.
les Articles des Cahiers généraux de France, 20251.
l'Asne ruant, 20939.
l'Assassinat du Roi, I, 14286.
Au Duc de Rohan, II, 21425.
Au Prince du Sang surnommé la Cuirasse, 22348.
Au Révérend Pere Dom Gaston, 23714.

Au Roi (Henri III), sur le fait de l'Edit de pacification, (par un Calviniste), II, 18492.
Au Roi (Henri III), par un Catholique, sur les moyens de conserver son autorité & de contenter son Peuple, 18719.
Au Roi,(Henri IV), du soin que Sa Majesté doit avoir de la conservation de sa vie, I, 14245.
de Auctore Actorum Sanctarum Perpetuæ & Felicitatis, III, 35803.
de l'Autorité Royale contre les Erreurs présentes, I, 7240.
Aux bons François, II, 19983 & 20003 : peut-être la même.
Aux Huguenots rébelles de ce temps, 21098.
Aux Rochelois, Id.
l'Avant-Courier du Guidon François (sous Louis XIII), 20815.
l'Avant-Courier François (sous Louis XIV), 22799.
l'Avantage sans avantage, III, 35803.
l'Avanturier rendu à dangier, II, 25460.
le vrai Avatic, III, 35803.
les Aventures de Pomponius, II, 25672.
Avertissement à M. de Luynes, 20809.
—à tous les Etats de l'Europe, 28645.
—contre les Conspirations de l'Etat, 20734.
—contre les Politiques, 18686.
—de Dieu envoyé au Roi, IV, S. 27216.*
—sur les Lettres octroyées par le Roi au Cardinal de Bourbon, II, 28496.
second Avertissement aux Parisiens, 23298. Le premier avoit paru sous le titre d'Avis. Voyez le N° 23297.
l'Aveuglement du Conseil de Sa Majesté, 23488.
—des Parisiens, 23625.
Avis à M. de Luynes, 20813.
—à MM. des Etats, 26843.
—à MM. de l'Assemblée, 27561.
—à la Royne Mere du Roi (Louis XIII,) 27225.
—au Roi (Louis XIII) sur l'Instruction de la Jeunesse, I, 14274.
—au Roi (Louis XIII) sur les Affaires de la Nouvelle France, II, 20699.
—au Roi (Louis XIII) sur le rétablissement de l'Office de Connétable, 20810.
—au Roi (Louis XIII) sur les mouvemens d'Italie, 21586.
—au Roi (peut-être Louis XIII.) pour faire entrer la Noblesse & Gens de mérite aux Charges, III, 32785.
—au Sieur Cardinal Mazarin, II, 22522.
—aux Flamans, 23113.
—aux Gens de bien, 23297.
—aux Grands de la terre, 22502.
—aux Princes Chrétiens, 28692.
Avis contre les Catholiques simulés, 19119.
—contre les François, 24210.
Avis d'Etat au Roi Henri III, 17202.
—à la Reine (Mère du Roi), (Louis XIV), 27272.
Avis d'un bon Pere Ermite, 22400.
—d'un Théologien sans passion, 28673.
—de l'an du Maréchal d'Ancre, 22519.
—de Colin à Margot, 20556.
—de quatre fameuses Universités d'Italie, 19580.
—des Marchands de la Bourse d'Anvers, 21730.
—du Baron d'Orival, 19201.
—du François fidèle, II, 21917.
—du Riche inconnu de la Parabole, 22509.
Avis en l'occurrence des Etats-Généraux, 27994.
—sur l'Etat touchant les Matieres présentes, 22417.
Avis & Remontrances aux Etats, 27240.
les Avis de Charlot à Colin, 20555.
Avis salutaire au Cardinal de Sourdis, 26830.
—aux Bourgeois de Paris, 22326.
—sur l'état présent des Affaires d'Allemagne, 28687.
dernier Avis à la France, 21918.
petit Avis, 20335.

utile

Table des Anonymes.

utile & salutaire Avis au Roi pour bien régner, II, 10090 & 17226. *Le même.*
vrais & bons Avis de François Fidele, 21685.
l'Avocat-Général soutenant la Cause de tous les Grands de l'Etat, 23576.
les Avocats du Roi Conseillers, III, 35803.
les Axiômes du Droit François, *Id.*
les Ayeules de Madame de Bourgogne, III, 37958.
le piu nobili Azioni della Vita e regno di Luigi il Grande, II, 24220.

B

BALLADE burlesque des Partisans, II, 22333.
le Ballet Politique, IV, S. 21430.*
le grand Ballet, ou le Branle de sortie, II, 23246.
le Bannissement du mauvais Riche, 22331.
le Baron de Fœneste, 21650.
les Barticades, 21299.
Bibliotheca Gallo-Suecica, 28734.
—Mystica, 28668.
Billet suspect, III, 35803.
le Bonheur de la France en la mort de Mazarin, II, 22521.
les Bornes de la France réduites à la Paix des Pyrénées, III, 31097.
Bouclier d'Etat & de Justice, II, 28854.
le Bourguignon désintéressé, III, 38413.
le Bourguignon intéressé, II, 23932 ; III, 38412 : *vraisemblablement le même.*
le bon Bourguignon, II, 23931 ; III, 38400 : *le même.*
le Bréviaire & Pseautier du Cardinal de Richelieu, IV, S. 22104.*
le grand Bréviaire de Mazarin, II, 22443.
Breviarium Politicorum, III, 32564.

C

la CABALA Spagnuola discoperta, II, 28731.
la Cabale Espagnole, 21166.
la Cabale Espagnole entièrement découverte, 28646.
le Cabinet des Princes, 29127.
le Cabinet de Vulcan, 20152.
la Calomnie portée aux derniers excès, I, 14389.
Cantique d'alégresse sur le retour de la Paix, II, 21145.
le Caquet des Poissonnieres, 20990.
le Caquet des Marchandes Poissonnieres, 22593.
les Caquets de l'Accouchée, 21149.
le Cardinal Mazarin joué par un Flamand, III, 30916.
illustres Cardinales Armandus de Richelieu & Mazarinus, II, 28744.
la Cassandre Françoise, 22484.
Castigationes ad Hymnos Ecclesiæ, III, 35803.
Catalogue des Partisans, II, 22607.
Catalogus Librorum Mystico-Politicorum; &c. 28651.
les Catalans François au Roi d'Espagne, 28929.
Catéchisme Royal; V, *Add.* 27216.*
le Catholicon d'Espagne, II, 19451.
le vrai Catholique Romain, 19369.
le Caton François, 23555.
le Caton François au Roi, 27227.
le Caton François (en Allemand) 27229.
le Caton & le Diogene François, 27233.
les Causes des Guerres Civiles de France, 19644.
la Cavalcade Royale, 22617.
Cenomanica, IV, 45065.
Censure, ou Discours Politique, touchant les prétendans à la Couronne de Pologne, III, 30987.
Centuries Prophétiques révélées à Jean Belot, 21039.
les Centuries & Plaintes de M. de Vendôme, II, 21391.
la Champagne désolée, 22580.

la Charge suit la chose, III, 35803.
la Charge du Sieur de Villequier, 30182.
les Charmes de Conchine, II, 20608.
la Chasse au Renard, 21237.
la Chemise sanglante de Henri le Grand, 19941.
le Chevalier délibéré, IV, S. 25458.*
le Chien à trois têtes, II, 20957.
Chimæra Gallica, 28777.
la Chimere des Vérités Académiques, IV, 44673.
le Chirurgien Médecin, IV, 44898.
Choses notables, & qui sont dignes de l'Histoire, II, 17777.
Christianissimus Christianizandus, III, 31029.
Chronicon Juris sacri, 35803.
Chronologie Novennaire, II, 19726.
—Septennaire, 19818.
le Clairvoyant de Fontainebleau, 21234.
Clef du Roman du Grand Cyrus, 23834.
la Clef du Cabinet de la Nature, III, 33970.
la fausse Clef de tous les Cabinets des Princes de l'Europe, II, 29128.
Clélie, Histoire Romaine, 23835.
Cléon à Eudoxe, IV, 44922.
Codex Carolinus, III, 29738.
Codex Testamentorum, 35803.
Codicille très-véritable de Jules Mazarin, II, 22453.
Codicilles de Louis XIII, 27257.
Cogitationes Leviticæ super ingressu Monachorum, I, 12448.
le Combat donné sur les Frontieres de la Franche-Comté II, 21816.
les Commandemens de Maître Guillaume, 19815.
Commentaires sur les Centuries de Nostradamus, 20935.
le Commerce d'Amérique par Marseille, IV, S. 3308.*
les Commissions extraordinaires en Matiere criminelle, III, 35450.
la Commodité des bottes en tout temps, II, 21401.
Compendium Belli Germanici, 23053.
Compilogue des Guerres de la Gaule, I, 775.
Complainte des Partisans au Cardinal Mazarin, II, 22608.
Complainte du Sang de Henri-le-Grand, 20557.
Complainte sur la Pyramide, I, 14308.
la Complainte de l'Ordre Royal de France, III, 40452.
la Complainte des Pauvres à la Reine Régente, II, 22499.
Compliment de l'Ex....(l'Exécuteur) à l'Auteur de l'Oraison funèbre de Madame T. (Tiquet), IV, 48188.
le Conciliateur, III, 33351.
le Conciliateur redressé, *Id.*
Conclave de Grégoire XIV; III, 30176.
—de Clément IX, 30969.
Conclusion de M. Servin, 32975.
Conduite du Clergé justifiée, 33351.
Conduite des François en Amérique, 31167.
la Conduite de la France depuis la Paix de Nimégue, 31053.
Conférence secrete, II, 19912.
agréable Conférence de deux Paysans, 22481.
la Conférence d'un Parisien & d'un Bordelois, 21621.
la grande Conférence des Hermites du Mont-Valérien, 22574.
Confession du bon Larron, 20187.
Confession Catholique du Sieur de Sancy, III, 32473.
Confession générale du Marquis d'Ancre, II, 20614.
le Confiteor de Henri IV, 20347.
le Confiteor aux Rochelois, II, 21517.
Conseil contre les Monopoles des faux Prédicateurs, 19116.

le Conseiller fidèle, II, 21530.
Confidérations à la France, fur la confolation envoyée à la Reine Mere, I, 14276.
Confidérations d'Etat fur le Livre intitulé, *Avertiſſement au Roi*, II, 28674.
Confidérations Politiques fur les Coups d'Etat, III, 32425.
Confidérations fur le danger où l'on feroit fi les Pays-Bas Autrichiens, &c. 31158.
—fur les Traités de Paix faits entre la France & l'Eſpagne, II, 29811.
Confultatio de Pace Terefianâ, III, 30925.
le Contadin Provençal, I, 20826.
les Contens & Mécontens fur le fujet du temps, 22410.
Contre les ennemis de la Paix, 22420.
Contrebatterie de la Juſtice des François, 28638.
les Contrevérités de la Cour, 20820.
Copie de la Harangue faite à l'entrée des Etats, 20241.
Copie du Billet imprimé à Saint-Germain-en-Laye, 22753.
le Corbeau de la Cour, 21172.
le Coteret de Mars, 10504.
le Coup d'Etat préfenté au Roi, 20590.
le Coup d'Etat de l'Empire, 28733.
le Courbouillon des Rebelles, 21142.
la Couronne de gloire de nos Généraux, 22560.
la Couronne de la Reine envoyée du Ciel, 22604.
le Courrier foucerrain, &c. 21622.
le Courrier de Pluton, 24533.
le Courtifan à la mode, 21379.
le Courtifan fans flatterie, 27268.
les Courtifans de Saint-Germain révoltés, 22548.
que les Coutumes ne font point de Droit écrit, III, 35803.
le Créancier plus que payé, *là*.
le Croquant de Poitou, II, 20398.
les Cruautés commifes contre les Catholiques de la Ville de Vendôme, 19160.
le Curé Bourdelois portant le vrai Avis à M. l'Evêque de Nantes, III, 37549.
Curiofités hiſtoriques, 31138.

D

la Date mal conteſtée, III, 35803.
le *De profundis* de la Rochelle, II, 21105 & 21530: peut-être le même.
la Décadence des mauvais Miniſtres d'Etat, 22478.
Déclamation contre les Députés qui ont fait la paix, 22957.
—contre les vices des trois Ordres de l'Etat, 20257.
Déclaration de M. le Duc d'Orléans, IV, Supplém. 23255.*
Déclaration des Caufes qui ont mu les Ducs, &c., d'Ecoſſe, II, 18503.
Déclaration des Commis au Gouvernement de la Franche-Comté, IV, S. 21880.
la Déclaration du Duc Charles de Lorraine, II, 22564.
les Déclarations faites par les Habitans de la Ville de Caſtres, 21419.
Découverte des équivoques & échapatoires des Jéſuites, IV, 44667.
le Decret de Maron, III, 35803.
le Decret fuppofé, *là*.
le Decret volontaire, *là*.
Défaite des Compagnies de M. d'Armentieres, II, 20289.
la Défaite des Eſpagnols qui gardoient les paſſages, &c., 22134.
—des Reiſtres, 20413.
—des Troupes de M. le Prince de Condé, 20418.
nouvelle Défaite de l'Armée du Duc de Lorraine, 21817.
la derniere Défaite des Troupes de l'Armée Impériale, II, 21818.
Defenſa de Eſpaña contra las calomnias de Francia, 28702.
Defenſa de Eſtado y de Juſticia, 28854.
Défenſe d'avoir commerce avec les Eſpagnols, III, 38415.
Défenſe de la Vérité & de l'Innocence outragées, I, 14398.
Défenſe des Droits & des Prérogatives des Rois de France, II, 28724.
Défenſe des Puiſſances de la terre, IV, S. 26808.*
Défenſe pour le Frondeur déſintéreſſé, II, 23196.
la Défenſe de la faveur contre l'envie, 18620.
la Défenſe des Droits de l'Univerſité de Paris, IV, 44797.
Demandes des Généraux, II, 22854.
les fauſſes Démarches de la France, III, 30977.
fuite des fauſſes Démarches de la France, II, 24023.
Démonſtration de la caufe des diviſions qui règnent en France, I, 14401; III, 33351: *c'eſt la même*.
Dendrologie, II, 22150.
le Dénouement des intrigues du temps, III, 30994.
Dépens refufés, 35803.
le Dépoſitaire des Secrets de l'Etat, II, 23585.
Deputatio Cardinalis Cajetani, IV, S. 19216.*
Défaveu du Libelle intitulé, *Apologie pour M. le Duc de Longueville*, II, 23116.
la Deſcente des Reiſtres, 18585.
Deſcription du Pays des Braques Idraques, 22200.
la Deſcription de l'Iſle de Portraiture, IV, 45641.
la Deſcription de tout ce qui s'eſt paſſé en Champagne, II, 20419.
Deſſein perpétuel des Eſpagnols à la Monarchie univerſelle, 28636.
les Deſſeins de M. le Prince envoyés au Roi, 20197.
le Détail de la France, (fous Louis XIV,) 28070.
—(fous Louis XV,) 28089.
le Deuil de la France, 19964.
le Diable étonné, 20941.
Dialogue de Dame Péretre, 22616.
—de Rome & de Paris, 22507.
Dialogue des vaillans faits d'Armes de Bolorofpe, 21402.
Dialogue du Berger Picard avec la Nymphe Champenoiſe, 20612.
—du Cardinal de Richelieu, voulant entrer en Paradis, III, 32530.
—du curieux Eraclite, II, 19906.
Dialogue entre le Roi Louis XI & le Roi Louis XII, 27264.
Dialogue fervant de réplique à *l'Image de la France*, 27230.
Dialogue fur les Droits de la Reine, 28848.
fuite de ce Dialogue, 28852: *c'eſt une critique*.
Dialogues entre Charles-Quint & François I; IV, S. 31105.*
Dicæarchiæ Henrici Regis Chriſtianiſſimi Progymnaſmata, II, 27624.
Dictamen metrificum de Bello & ruſticorum pigliamine, 17787.
Difeſa di Stato & di Giuſtitia, 28854.
la Différence des humeurs, façons de faire, &c., 28742.
le Diogenes François, 27231.
Diogenes Gallicus, III, 32910.
Diſcours à la Reine Mere, I, 5935.
—à Meſſieurs de Paris, II, 22503.
—au Roi (Charles IX,) 27209.
—au Roi (Louis XIII,) 21705.
—au Roi (Louis XIII,) 21771.
—au Roi (Louis XIII,) fait par le vrai Mathaut, 19941.
—au Roi (Louis XIII,) fur la Paix, 21407.

* —au Roi (Louis XIII,) sur la réformation de l'Etat, II, 27247.
—au Roi (Louis XIII,) touchant les Libelles, 28677.
Discours Chrétien & Politique de la Puissance des Rois, 27269.
Discours contre la Ligue, 19565.
Discours d'Etat, ou véritable Déclaration des motifs, &c., 28732.
—d'Etat & de Religion, à MM. du Parlement, 22396.
—d'Etat, présenté à la Reine (Mere de Louis XIV,) 22390.
—d'Etat, présenté au Roi (Louis XIII,) 20141.
—d'Etat, sur les Ecrits de ce temps, 28722.
Discours d'un Philosophe mécontent, 22588.
—de Jacophile à Limne, 19129.
—de M. Souffle, & autres, 20188.
Discours de ce qui s'est nouvellement passé entre le Cardinal Barberin, & le Maréchal d'Estrées, 21972.
—de la Servitude volontaire, 27124.
—des possédés & tourmentés du démon, 19856.
Discours divers des choses appartenant à notre France, 27187.
Discours important sur le gouvernement des Royaumes, 22540 & 27262 : c'est le même.
Discours pour la subvention des affaires du Roi, 27193 & 27967 : c'est le même.
—pour la sûreté de la vie & de l'état des Rois, 19968 & 26831 : peut-être le même.
—pour montrer qu'il est expédient au Roi d'être fort sur mer, 27256.
Discours politique, Si la France doit prendre le parti des Princes Protestans, 28703.
—politique, au Roi (Louis XIII,) 20552.
Discours présenté à la Royne, Mere du Roi (Louis XIII) 27222.
Discours prophétique, 22582.
Discours remarquables avenus à Paris pendant les Etats, 26851.
Discours salutaire & Avis de la France mourante, 20955.
Discours sur l'état présent des affaires de France, 20401 & 27239 : c'est le même.
—sur l'injustice des plaintes qu'on fait contre le Gouvernement de l'Etat, 27243.
—sur l'origine des Troubles, III, 33351.
—sur la Conférence faite entre le Prince de Condé & le Duc de Nevers, II, 20286.
—sur la promotion de M. le Chancelier, 21041.
—sur la rencontre des temps & des affaires, 21736.
—sur le sujet du Colosse du grand Roi Henri, 20001.
—sur les calomnies imposées aux Princes & aux Seigneurs Catholiques, 28493.
—sur les causes de l'extrême cherté, 27201.
—sur plusieurs points importans de l'état présent des affaires de France, 20932, 21388, 21706 : peut-être le même.
brief Discours des principales Conjurations de ceux de la Maison de Guise, 17950.
libre Discours d'un vrai François, 21285.
libre & salutaire Discours des Affaires de France, 27246.
le franc & libre Discours sur l'état présent de la France, 18744.
la Discussion des quatre Controverses politiques, 23590.
Dispute du port d'Armes, 27133.
la sanglante Dispute entre le Cardinal Mazarin & l'Abbé de la Riviere, 22450.
Disquisitio de Gallorum integritate, III, 31037.
Dissertations du Droit François, 35803.
la Dissolution de la Réunion, IV, S. 28782.**
Disticha de Lupara, III, 35803.
le Divorce de la Bourgogne, 38496.
les Doléances de la Noblesse de Provence au Roi, II, 23126.

Tome V.

les Doublets de la Langue, III, 35803.
les Drogues admirables du merveilleux Opérateur, II, 20945.
les Droguistes du temps aux Dames, 21410.
le Droit du Roi, I, 9965.
la Dyssenterie des Financiers, II, 21245.

E

Echo de la France troublée, II, 22413.
autre Echo de la France, 22414.
l'Ecrivain du Clergé convaincu d'imposture ; III, 33351.
les derniers Efforts de l'Innocence opprimée, I, 6039.
Eloge de Monseigneur le Duc de Beaufort, II, 22532.
—du Sieur de Luynes, 20827.
sur l'Enlévement des Reliques de S. Fiacre, 21120.
l'Entrée du Roi (Louis XIII) à la Rochelle, 21511.
Entretien de Marphorio & de Pasquin sur le Testament de Charles II, II, 28940.
—des bonnes Compagnies, 21444.
—du Roi Henri IV avec le Duc de Bouillon, 21322.
Entretien politique entre Jaqueton & Catau, 22585.
l'Entretien familier du Roi, 22418.
plaisant Entretien du Sieur Rodriguez, 22599.
les Entretiens sérieux de Jodelet & de Gilles le Niais, 22606.
Epigrammata, III, 35803.
Epistola monitoria ad Academicos Patisienses perturbatores, I, 14282.
Epistola Saxibelli, II, 22118.
Epistolæ Helvetii ad Gallum, III, 31125.
Epître de Nestor à Léodamie, 32343.
Epître écrite du tems de Philippe-le-Bel, I, 14271.
Epître envoyée au Roi de Navarre, IV, S. 5767.*
Epîtres familieres du Traverseur des voies périlleuses, II, 29975.
Erreurs de Voltaire, IV, S. 14511.*
les Erreurs, II, 24757.
Escu d'Alliance, III, 35803.
l'Espagnol François, II, 27238.
l'Espérance des bons Villageois, 22551.
l'Espion dans les Cours des Princes Chrétiens, 24180.
l'Esprit de la Fronde, IV, S. 23754.*
l'Esprit de Guy Patin, III, 30996.
l'Esprit du Duc de Chastillon apparu, II, 22573.
l'Esprit des Magistrats Philosophes, I, 14697.
l'Esprit bienheureux du Maréchal de Marillac, III, 33721.
Essai politique sur les avantages que la France peut retirer de la Conquête de l'Isle Minorque, 31172.
Etat de la France (en Italien), II, 27160.
autre Etat de la France (en Italien), 27261.
Etat de la France, comme elle est gouvernée, 27262.
Etat de la France, ou Propositions Politiques & Militaires, 27284.
Etat général de la France, 27267.
autre Etat général de la France, 27276.
Etat présent de la France (en Anglois), 27289.
Etat présent de la France & de ses Finances, 27295.
Etat succint des troubles excités par le Cardinal, 22514.
l'Etat de l'Espagne, 28816.
l'Etat de l'Eglise, I, 5797.
l'Etat des Lys avant la perte d'un grand support, III, 32527.
le parfait Etat de la France, II, 27285.
le vrai Etat de la France en 1650, 27275.
le vrai Etat de la France en 1652, 27277.
les Etats de la Ligue, 19439.
les Etats tenus à la Grenouillere, 21233.
Etrennes à la France, 19767.
—aux trois Andrés, IV, S. 36014.*
Etrennes de Pierrot à Margot, II, 2018/.

Ddddd 2

l'Europe vivante & mourante, III, 40594.
l'Evangéliste du Salut, II, 23558.
les Evénemens les plus confidérables du Règne de Louis-le-Grand, 14294.
Examen de la Remontrance du Parlement de Provence, 23018.
Exhortation, &c. contenant les commodités de la Paix, 27211.
Exhortation aux Princes & Seigneurs du Confeil, pour obvier aux féditions, 17838.
Expeditio Juliacenfis, 20109.
Extrait du Manufcrit du Duc d'Aumale, 19941.
—des Regiftres du Confeil d'Etat, 20375.
—des Regiftres (du Parlement), touchant M. d'Epernon, 20408.
Extrait fur la Généalogie de Broé, III, 35803.

F

FActum de l'Office de Receveur des Décimes, III, 35803.
Factum pour le Comte de Laubepin, 38403.
—pour le Comte de Saint-Maïole, 31071.
—pour Dorquin, 35803.
Factum fervant au Procès criminel du Cardinal Mazarin, II, 22627.
la Fatalité de Saint-Cloud, 19087.
la véritable Fatalité de Saint-Cloud, 19088.
la Fin tragique des Partifans, 22470.
le Financier à MM. des Etats, 28002.
Fineffes de Crouftille, 21170.
les Flambards, III, 34812.
Flambeau Aftronomique, 35200.
le Fléau des Médifans, IV, S. 10348.**
la Fleur de Lys, II, 19419.
Florus Germanicus, 22256.
le Fouet des Hérétiques, 19318.
la France armée à la Paix, 20292.
la France au défefpoir, 21400.
la France augufte, 27292.
la France aux Fondeurs, 23536.
la France aux pieds victorieux du Roi, 23759.
la France divifée, 19560.
la France en larmes, 20568.
la France & les Royaumes ruinés par les Favoris, 22587.
la France mourante, 18946 & 21188 : peut-être la même.
la France parlant à M. le Duc d'Orléans endormi, 22800.
la France politique, III, 31028.
la France profternée aux pieds de MM. du Parlement, II, 22527.
la France ruinée, &c. par qui & comment, 24284 & 27302 : c'eft la même.
la France triomphante, 27286.
le François Fidèle, à Jules Mazarin, 22483.
le bon François contre les Libelles, 27237 & 28621 : c'eft le même.
fapiens Francus, 22119.
fapiens & generofus Francus, 28678.
Fraudes & impoftures des Charlatans découvertes, 21169.
la Fulminante contre les Calomniateurs, 20937.

G

GAbrielle d'Eftrées à Henri IV; II, 19759.
la Galerie du Palais du Luxembourg, 25142.
Gallia deplorata, 28717.
Gallica arma contra calumnias afferta, 28739.
Galliæ, five de Francorum Regis dominiis & opibus, 27252.
Gallicinium nuper auditum, 22535.

la Gaule Greque, III, 35803.
le Géant François au Roi, II, 10833.
Généalogie de MM. Dorfanne, III, 35803.
la Généalogie de Jules Mazarin, II, 22517.
le Génie démafqué, 21744.
le Gentilhomme François armé de toutes pièces, 20354.
la fauffe Glace du Miroitier, 27207.
la Grandeur & la Gloire de la France, 23922.
Gratianus recenfitus, III, 35803.
Gravelinga, II, 22128.
les Griefs du Sieur Paraffay, III, 35803.
la Guerre libre, II, 28729.
de la Guerre des Tabourets, 22598.
de la dernière Guerre des Bêtes, III, 31174.

H

HArangue au Roi, par l'Evêque de Montpellier, I, 5936.
Harangue de l'Amateur de Juftice aux Trois-Etats, II, 27241.
—des Boulangers du Fauxbourg Saint-Victor, 21392.
—du Courier Extraordinaire envoyé par le Pape, 22397.
—du Crocheteur affis fur la cloche de la Samaritaine, 20086.
Harangue faite à la Reine (Mère de Louis XIV,) 21392.
—faite au Roi (Louis XIV,) & à la Reine Régente, 23224.
—faite par un fameux Miniftre à fes Paroiffiens, 19788.
Harangues & Propofitions tenues aux Etats de la Ligue, 19442.
Henri de Valois, 18863.
l'Hermaphrodite de ce temps, 19941.
l'Hermite de Cordouan, 21794.
l'Héroïne Moufquetaire, IV, 48128.
Hippodromus, II, 28648.
Hiftoire de la Guerre de France, 23727.
Hiftoire de Don Jean II, Roi de Caftille, 21213.
—des Amours de Henri IV, 19787.
—des dernières Guerres Civiles, 23271.
—des Guerres des Huguenots, 21585.
—des Guerres entre les Maifons de France & d'Autriche, 24716.
—des Promeffes illufoires, III, 31055.
—du Prince Papyrius, II, 24565.
Hiftoire en forme de Journal de la Guerre de Paris, 22995.
Hiftoire Politique du fiècle, III, 29156.
Hiftoire fecrette des intrigues de la France, 31137.
Hiftoricum Opus, II, 15396.
la Hollande vaincue, IV, S. 23998. *
l'Homme d'Etat, II, 21173.
l'Homme d'Etat Catholique, 20848 & 18675 : peut-être le même.
l'Homme de Diogenes, 20355.
l'Homme du Pape & du Roi, 28699.
l'Honneur du Miniftre étranger enfeveli dans le tombeau, 22563.
l'Horofcope du Connétable, 10831.
Huitième Denier, III, 35803.
l'Huomo del Papa e del Rè contra la Francia, II, 28699.
Hymni & Panegyrici, 28648.

I

l'ICare Sicilien, IV, S. 23267.*
Icon Tyranni, II, 22516.
jufte Idée d'un bon Gouvernement, III, 33351.
Ignis fatuus, II, 28648.

l'Image de la France, repréſentée à MM. des Etats, II, 27228.
Imperium Romanum, III, 35803.
l'Impiété ſanglante du Cardinal de Richelieu, II, 22104.
l'Injuſte au Thrône de la Fortune, 22513.
Innocence opprimée par des Juges iniques, 17215.
l'Inquiſiteur de la Foi repréſenté, I, 5112.
Inſtructio Gallo-Britanno-Barbara, II, 28648.
Inſtruction Royale, 27278.
Inſula Pacis, 23860.
l'Interdit de l'Egliſe de S. Louis (de Rome), 29094.
l'Intérêt des Provinces, 22411.
les Intérêts de l'Angleterre mal entendus, III, 31118.
les Intimés calomniés, 35803.
Inventaire des Livres trouvés en la Bibliothéque de Maître Guillaume, II, 19813.
—des Pièces du Monde, 22504.
Inventaire général de tout ce qui s'eſt paſſé en Europe depuis 1623, 21434.
l'Iſle des Hermaphrodites, 19128.

J

le Janus à deux Faces, II, 21139.
les Jeux de la Cour, 20960.
le Joſtobole de ce temps, 21280.
Journal contenant ce qui s'eſt paſſé au Parlement de Paris, 23741.
Journal du Citoyen, III, 34510.
Journal Politique & Littéraire, 31157.
le Journal du Parlement, 35803.
le Jouvencel, 31753.
Jubilus Confœderatorum, II, 22116 & 28653; *c'eſt le même.*
Jugement de ce qui a été imprimé contre le Cardinal Mazarin, 22989.
le Jugement de Minos, 20953.
le Jugement donné entre les Traitans, 22485.
Jules l'Apoſtat, 22448.
Jura Pontis Rhodani, III, 38345.
Juriſconſulti exotici, 35803.
Juſtice des Armes du Roi contre l'Eſpagne II, 28712.
la Juſtice perſécutée par les Armes du Comte d'Alais, 23011.
Juſtificacion de las acciones de Eſpaña, 28710; & III, 30580; *c'eſt la même.*
Juſtification de l'Innocence calomniée, III, 38232.
—de l'Union, II, 19117.
la Juſtification de M. le Prince, 23405.
—du Parlement & de la Ville de Paris, 22542.

L

les Lamentations du Jérémie Rochelois, II, 21492.
les Lauriers de Louis le Juſte, 21122.
le Légataire héritier, III, 35803.
Légende de S. Nicaiſe, II, 18245.
Leonora, 20632.
Lettre a d'Eſpernon, 18800.
—à la Reine (Mère de Louis XIV,) pour la cauſe publique, 22840.
—à M. de Charancy, I, 14397.
—à M. le Prince de Condé, II, 21904.
—à un Ami de Province, 24757.
—à un Magiſtrat, I, 14396.
—aux Avocats de France, III, 35803.
Lettre adreſſée de Parme à la Reine Mère du Roi (Charles IX,) IV, S. 17994. *
Lettre burleſque à M. le Cardinal (Mazarin), II, 22568.

Lettre circulaire aux Curés, III, 35803.
Lettre circulaire & véritable de l'Archiduc Léopold, II, 22806.
Lettre d'Ariſtandre à Cléobule, II, 22407.
—de Guillot le Songeux, 20259.
—de l'Empereur aux Pariſiens, 22404.
—de M*** à un Ami de Province, IV, 44910.
—de Madame la Ducheſſe de Savoie (*ou de Nevers*), II, 20367.
—de Maître Guillaume, à MM. les Pariſiens, 20581.
—de Maître Guillaume, à MM. les Princes, 20291.
—de Mazarin à l'Agent de ſes affaires à Rome, 22419.
—de Muſée à Calliſthènes, III, 38170.
—de Perroquet aux enfans perdus de France, II, 20160.
—de Théophile à ſon frère, I, 14326.
—de l'Aſſemblée des Etats de Guyenne, 20526.
—de la Cour du Parlement de Paris, 22301.
—de la petite Nichon du Marais, 22412.
—de la Royne-Mère, envoyée au Roi (Louis XIII,) 20836.
—des Peuples de la Province de Poitou, 22466.
—du Bourgeois déſintéreſſé, 23550.
—du Cardinal Antonio Barberin, 22556.
—du Comte Duc d'Olivarez à Jules Mazarin, 22405.
—du Courrier de l'autre Monde, 20241.
—du bon Génie de Paris à celui de Compiègne, 22603.
—du Parlement de Bourdeaux, 23174.
—du Prince d'Orange, 20370.
—du Roi d'Eſpagne, envoyée aux Pariſiens, 22403.
—du Sieur de Nacar, à l'Abbé de la Riviere, 22546.
—d'un Ami, à M. le Duc d'Eſpernon, 23155.
—d'un Avocat ſur l'Adminiſtration municipale, III, 34911.
—d'un Avocat de Paris à un de ſes Amis de Province, IV, 44918.
—d'un Conſeiller de Nantes à ſon Ami, II, 23722.
—d'un vieux Conſeiller d'Etat à la Reine Mère (de Louis XIII,) 21739.
—d'un Coſmopolite, I, 14694.
—d'un fameux Courtiſan, II, 22584.
—d'un Docteur de Paris à la Reine Régente (Mère de Louis XIV,) 22408.
—d'un Docteur (en Médecine), à un Maître Chirurgien, IV, 44913.
—d'un Eſpagnol à un François, II, 28570.
—d'un Gentilhomme écrite de Paris, 23134.
—d'un Gentilhomme de Gueldres à un de ſes Amis, III, 31077.
—d'un Gentilhomme Italien, II, 22525.
—d'un Juriſconſulte François à un Publiciſte Allemand, IV, S. 31230. *
—d'un Normand aux fendeurs de nazeaux, II, 22615.
—d'un Particulier au Parlement de Paris, 23189.
—d'un Secrétaire de Saint-Innocent, 22473.
—d'un Univerſitaire, IV, 44710.
—d'une Religieuſe, II, 22398.
Lettre de Cachet du Roi à la Chambre des Comptes, 22601.
Lettre de conſolation envoyée à Madame la Ducheſſe de Rohan, 22547.
Lettre de réplique à la petite Nichon, 22591.
Lettre déchiffrée, (ſous le Miniſtère du Cardinal de Richelieu,) 21422; & III, 32480: *c'eſt la même.*
Lettre déchifrée (ſous le Miniſtère du Cardinal Mazarin,) 22409.
Lettre écrite au Roi (Louis XIV,) par les Princes voiſins du Palatinat, III, 31079.
Lettre en forme de Diſſertation (contre les Chirurgiens), IV, 44899.

Lettre envoyée de Saint-Germain à l'Imprimeur, II, 22395.
—envoyée à Sa Sainteté, 22557.
—envoyée à quelques Villes de Champagne & de Picardie, 22399.
Lettre justificative d'un Député de Grenoble, 20365.
Lettre servant de Réponse au Libelle intitulé, Relation véritable de ce qui s'est passé à Constantinople, 24169.
Lettre sur l'époque de l'Homme au masque de fer, V, *Add.* 25736.*
—sur la Maladie du Roi (Louis XV,) II, 24645.
deux Lettres d'un Gentilhomme Bourguignon, 24034.
Lettres à MM. de Vergy, III, 38393.
—à un Provincial sur la justice des motifs de la Guerre, 31162.
Lettres circulaires du Roi d'Espagne, II, 24556.
Lettres de l'Hermite Solitaire, 20351.
—de Mademoiselle de Chemerant, 22121.
—de MM. de l'Assemblée de Grenoble, 20345.
—d'un Avocat de Province à un Avocat de Paris, 28603.
—d'un François, 15475.
—d'un François à un Hollandois, III, 31163.
—d'un Homme du Monde au sujet des Billets de Confession, 33351.
—d'un Suisse à un François, 31125.
Lettres & autres Pièces curieuses sur les affaires du temps, II, 28875 ; III, 30994. *Ce sont les mêmes.*
Lettres Persannes, II, 24570.
pro Libertate ac Salute Gallici Imperii, Votum, 10011.
il Libro delle Bataglie de li Baraoni di Franza, 16197.
la Ligue renversée, 20510.
Liste des noms de ceux qui ont été éloignés, &c. durant le Ministère du feu Cardinal de Richelieu, 22122.
Litteræ ad Henricum Smetium, 19725.
Litura Monitionis Amico-criticæ, III, 30722.
le Livre de Franchise, I, 7117.
le Livre de la Poterne ou de Conain, III, 35776.
Loi Fondamentale du Royaume, II, 26812.
Louange de M. le Marquis de Chanleu, 22543.
la Louange des Rois de France, 17333 & 26795 : *vraisemblablement c'est la même.*
Lux orta est Justo, 20967.
Lyrica Soteria, III, 35113.

M

MACHIAVEL en Médecine, IV, 46013.
de fatali Machina Rupellæ, II, 21541.
la Magie des Favoris, 21103.
la Main de Scévola, III, 35803.
le Mal assigné, *là*.
la Maladie de la France, II, 27217.
Maledicentiæ & adulationes Scriptorum Galliæ, 28701 ; III, 32485 : *c'est le même.*
les Mânes de Henri-le-Grand se complaignant à tous les Princes, II, 19941.
suite des Mânes de Henri-le-Grand à la France, 26853.
la Manifestation de l'Antechrist en la personne de Mazarin, 22510.
Manifeste de ce qui se passa dernièrement aux Etats Généraux, 20246.
Manifeste de la France au Marquis de Vitry, 20635.
—de la Ville d'Aix, 23020.
—des Etats de France, qui se disent Mécontens, 18695.
—du sieur de Soubise, I, 5953.
Manifeste pour le Public, au Roi, (Louis XIII,) II, 27248.

Manifeste pour le Sieur de Coulons, III, 35803.
le Manifeste circulaire de M. le Prince, II, 23355.
le Manifeste du Cardinal Mazarin, 23240.
suite du Manifeste du Cardinal Mazarin, 23241.
le Manifeste des Sieurs Servien, le Tellier & de Lyonne, 23288.
le Manifeste François, 28635.
Manuel des Souverains, III, 33351.
la franche Marguerite, II, 23560.
Marphore, ou Discours contre les Libelles, 28677.
Mars Christianissimus, 28749.
Martin l'âne, aux Parisiens, 20689.
exécrable Massacre arrivé en la Ville de Montpellier, 21091 & 21433 : *peut-être le même.*
les Maux que cause le Droit annuel, 27223.
Mazarin en soupçon de sa vie, 22525.
nouvelle Médaille Consulaire, III, 35500.
le Médiateur d'une grande querelle, I, 14672.
Mémoire des offres faites de la part du Roi, (Louis XIV,) au Duc de Savoie, II, 24308.
—des raisons qui obligent le Roi (Louis XIV) à prendre les armes contre le Duc de Savoie, 24291.
Mémoire servant d'Instruction pour MM. les Commissaires départis dans les Provinces, 27299.
Mémoires adressés à MM. des Etats, 20261.
Mémoires concernant les affaires de la Ligue, III, 34233.
Mémoires de ce qui s'est passé au Parlement de Paris, II, 23741.
Mémoires des desseins de la Maison d'Autriche, 28694.
Mémoires du Comte de Varack, III, 29200.
—d'un Favori de Son Altesse Royale, II, 21395.
Mémoires historiques sur les principaux événemens du Régne des Favorites de Louis XIV, 24369.
Mémoires pour les trois Ordres du Royaume, 24555.
Mémoires pour servir à l'Histoire, 21866.
—pour servir à l'Histoire D. M. R., 23896.
Mémoires secrets de la Cour de France, 23737 ; IV, *S.* 23334* : *ce sont les mêmes.*
Mémoires secrets, envoyés de Blois, 18801.
Mémoires secrets, pour servir à l'Histoire de Perse, IV, *S.* 24643.*
le Mercure Espagnol, II, 28728
—François, 22199.
—Infernal, 22595.
la Merveille Royale de Louis XIII, 20638.
la Métamorphose de la France, 22569.
la Métamorphose Royale, 22555.
les nouvelles Métamorphoses de l'Espagnol, 22589.
la Métempsycose, ou seconde vie de Maître Guillaume, 21294 & 21399 : *vraisemblablement la même.*
les Métiers de la Cour, 22594.
la Milliade, 22095.
Ministerium Cardinalis Mazarini, III, 32528.
le bon Ministre d'Etat, II, 22495.
les Miracles de Louis-le-Juste, pour la conversion de la Rochelle, 21531.
Miroir de la France, 20506.
Miroir historial, 15670 ; IV, *S.* 17061* : *vraisemblablement le même.*
le Miroir à deux visages opposés, 22491.
le Miroir de la Tyrannie Espagnole, 18135.
le Miroir de la Vérité, I, 7325.
le Miroir des Souverains, II, 27270.
le Miroir du Temps passé à l'usage du présent, 21364.
le Miroir qui ne flatte point, 22492.
Miseres des Catholiques François, 18536.
la Mode qui court au temps présent, 19801.
Monarchia Gallica asserta, 28735.
la Monodie, IV, 45230 & 45811 : *c'est la m*
les Monopiliers ennemis de la France, IV, *S.* 2*me!*
Monopoles des Etrangers découvertes, II, 19801.*
le Monopoleur rendant gorge, 22469. 765.
le Monstre à trois têtes, 20822.

le Monstre hérétique étouffé par un enfant, II, 22611.
le Mot à l'oreille, 21307.
le Mot à l'oreille, ou le Miroir qui ne flatte point, 22492.
le Mot à l'oreille sur les desseins de la Reine, (Mère de Louis XIV,) & du Cardinal Mazarin, 23503.
Moti di Francia, 18876.
Motifs de la France pour la guerre d'Allemagne, III, 30850.
Motifs & raisons principales du Parlement de Rouen, II, 22553.
Motifs pour la Paix générale, III, 31016.
les Motifs de la tyrannie du Cardinal Mazarin, II, 22489.
le Mouchoir pour essuyer les yeux de M. le Prince de Condé, 22490.
Moyen assuré pour ménager le bled des Bourgeois, 22610.
Moyens du Procès d'Edmond Richer, IV, 44734.
Moyens présentés au Roi, pour ôter l'abus & corruption qui s'est glissée dans le Corps politique de l'Etat, IV, S. 27289. *
Mysteria Politica, II, 28642.

N

Nativité triomphante & heureuse de Monseigneur le Duc, II, 17603.
le bon Navarrois aux pieds du Roi, 19941.
la Nazarde à Jules Mazarin, 22449.
de tribus Nebulonibus, 28745.
le Nez pourri de Théophraste Renaudot, 22586.
Noble mal taxé, III, 35803.
la Noblesse Françoise au Chancelier, II, 20364.
la Non-pareille du temps, 22515.
Notæ ad Altercationes Hadriani Imperatoris, III, 35803.
—ad Symposii ænigmata, là.
—ad Testamentum Pithœanum, là.
Notes sur les Commandemens de Maître Guillaume, II, 19816.
Nouvelles apportées au Roi Louis XIII, 22464.
Nouvelles burlesques, portées par le Duc de Châtillon, 22504.
les Nouvelles d'Allemagne, 20369.
les premieres Nouvelles de la Paix, 22456.
Nova novorum, 22115 & 28653 : c'est le même.
les Novales de Venême, III, 35803.

O

l'Observateur Hollandois, III, 31164.
Observationes & Conjecturæ Juris, 35803.
Observations sur les troubles de la Régence, II, 23729.
Ode au Roi (Louis XIV.) sur les mouvemens arrivés à Paris, 24261.
l'Œconôme fidèle, au Roi, 27251.
les Offres & Protestations faites par les Habitans de Château-Thierry, 10350.
l'Ombra del Signor Cardinale Mazzarini, III, 32566.
l'Ombre de Calvin, II, 21174.
—de Henri le Grand, au Roi, 19941 & 27234. C'est la même.
—de Monseigneur le Duc de Mayenne, 20956.
—de M. le Connétable, 20965.
—de M. le Duc de Bouillon, 21274.
—du Cardinal de Richelieu, parlant à Jules Mazarin, 22482.
—du Chancelier de l'Hôpital, 21158.
—du grand Armand Cardinal de Richelieu, 22107.
—du Marquis d'Ancre à la France, 20637 & 20817. Vraisemblablement la même.

la Oposicion y conjuncion de los dos grandes luminares de la tierra, 28628.
Opposans au Decret de Maron, III, 35803.
Opposition à l'ordre de Maron, là.
Oraison écrite aux Etats du Saint-Empire, assemblés à Spire, 29973.
Oraison pour le Roi aux Etats tenus à Spire, 29970.
Ordonnance des Compagnons du noble Jeu de l'Arbalestre, 34260.
l'Ordre du départ du Roi (Louis XIII.) vers l'Allemagne, II, 21825.
l'Ordre triomphant, & grand nombre des Navires équipés pour le fait de la guerre à l'encontre du Roi d'Angleterre, 17600.
Origenes Philanthropos, I, 14300.
Origine de la Maladie de la France, II, 18945.
l'Oui-dire de la Cour, 22581.
Ouvrage de Pénelope, IV, 46013.

P

le Pacifique, II, 20390.
la Paix en son thrône de gloire, 22459.
le Palais de la Gloire, III, 40538.
le Palais de l'Honneur, 40537.
Palladium Franciæ, seu Richelias, II, 22097.
le Palladium, ou le Dépôt tutélaire de Paris, 22533.
Panégyric des Angevins, III, 42873.
Panégyrique de l'Hénoticon, II, 18499.
Parabole & Similitude présente, 22465.
Parallèle de la conduite des Carthaginois avec la conduite de l'Angleterre, III, 31173.
—de la conduite du Roi (Louis XV,) avec celle du Roi d'Angleterre (Georges II,) 31176.
—du Cardinal de Richelieu & du Cardinal Mazarin, 32524.
—du Cardinal Ximenès & du Cardinal de Richelieu, 32520.
—du Ministère du Cardinal de Richelieu & du Cardinal de Fleury, 32611.
—du Roi Saint Louis, & du Roi Louis XIII, II, 28644.
les Parallèles de la Noblesse, III, 35803.
Paraphrase de l'Antienne Da pacem, II, 20203.
—de l'In exitu, 22057.
le Paravent de la France, 29130.
des Parpaillots rébelles, 21098.
Partage inégal, III, 35803.
les Particularités de la Chasse Royale, II, 22619.
Pasquil du Duc de Rohan, 21243.
le Pasquil Picard coyonesque, 20507.
le Pasquin sur les Affaires du temps, 22488.
Pasquinades, 24176.
Pasquinades anciennes, III, 35803.
le Passe-partout des bons Bretons, II, 21142.
le Passe-partout du Temps, 22575.
le Pater noster du Mazarin, 22373.
le Patriote Anglois, III, 31170.
le Païsan François, II, 27219.
les Pensées du Provençal Solitaire, 23135.
le Philothémis, 20320.
Pièce de Pontoise, 23595.
la Pièce charmante du Cabinet découverte, 22503.
la Pièce intitulée, le Censeur censuré, 23476.
Pièces sur les affaires de Montauban, 21160.
le Piquet de l'Europe, 24177.
la Pitarchie Françoise, 10314.
Placet des Princes de la Maison de Lorraine, III, 40521.
la Plaideuse, 35803.
Plaidoyer d'un Contrebandier, IV, 44970.
Plainte à la Reine (Mère de Louis XIV,) de la part des Dames de Paris, II, 22549.
Plainte de M. de Luynes, 20825.

Plainte de la France à la Reine, (Mère de Louis XIV,) 22374.
—de la Nouvelle France, 20847.
—du Poëte Champêtre, 22921.
Plaintes de l'Epée de M. le Connétable, 20830.
—des Malcontens contre le Gouvernement de l'Etat, 27242.
—des Princes, contre Barradas, 21396.
Plaintes & Supplications de la Reine-Mère au Roi, (Louis XIII,) 20753.
les Plaintes de la France fur l'état préfent, 22332.
—de la France à M. le Prince, 22467.
—de la Nobleffe de Provence, 23128.
—de Monfeigneur le Duc de Vendôme, 20146.
Pluton Maltôtier, 28071.
Poëma Macaronicum de Bello Hugonotico, 17786.
le Point de l'Ovale, 23561.
Politicifmus Gallicus, 28738.
le Politique du Temps, 27273.
la Politique Françoife démafquée, III, 31099.
la Politique univerfelle, II, 23389.
la Pompe funèbre de Voiture, 22561.
le Portrait du méchant Miniftre d'Etat, 22518.
le véritable Portrait des Cardinaux de Richelieu & Mazarin, III, 33351.
divers Portraits faits par ordre de Mademoifelle, IV, S. 31373. *
Pofitiones novo-Canonicæ, III, 35803.
Poftulatio Ludovici XIII ad Urbanum VIII, II, 28698.
le Pot aux rofes découvert, 22454.
le Pot aux rofes découvert du plaifant Voyage fait au Bois de Vincennes, 21951.
la Poupée démafquée, 20938.
le Pour & Contre de la Cour, 22649.
la Pourmenade des Bons-Hommes, 20834.
la Pourfuite de la Chaffe aux Larrons, 28025.
la Pr . . . . . ade (Procopade), IV, 46296.
Prédiction merveilleufe, &c. II, 22452.
Prédictions de Noftradamus fur la perte du Cardinal Mazarin, 22451.
Préparatifs pour aller au-devant du Roi (Louis XIII,) & de la Reine (fa Mère,) 10469.
Préfens du Roi de Siam, 14206.
le Prêt gratuit, III, 35803.
Prévarication du P. de la C. (Chaife), Confeffeur du Roi, IV, S. 14183. *
la Prévention, III, 35803.
la Prière du Gafcon, II, 21146.
le Prince abfolu, 26863.
le Prince de Condé aux bons Bourgeois de Paris, 23300.
l'illuftre Prince de Beaufort exilé, 22531.
la Princeffe d'Angleterre, 25077.
Problême Hiftorique, IV, S. 14684. *
Procès du Pape contre le Roi, II, 26839.
le Procès-verbal de la Canonifation du Bienheureux Jules Mazarin, 22506.
les Profanations Mazariniques, 22566.
le Projet de Paix délivré par les Ambaffadeurs de France, III, 31107.
Promeffes du Roi de France (Louis XIV,) au Prétendant, 31132.
Propempticum ad G. Lamonium Proto-Præfulem, 35803.
les admirables Prophéties de l'abfinthe, II, 20818.
les Propos tenus à Loches, 18957.
la Propofition faite à la Nobleffe de France, 20353.
Propofitions faites à Leurs Majeftés par le Prince d'Epinoze, 22609.
les feize Propofitions de Pierre Boutiquier, 20199.
le Propre prétendu, III, 35803.
Profopopée de la Ville de Nancy & de la Mothe, II, 21820.
Proteftation des Catholiques, 19333.

la Proteftation du Maréchal de Bouillon, 20296.
le fidele Provençal confacrant fon honneur & fa vie, 23683.
les Pfeaumes des courtifans, 20958.
la Pucelle de Paris triomphante, 22480.
la Pyramide Royale, 21608.

Q

QUÆSTIO politica, II, 28648 & 85 : vraifemblablement la même.
Quæftiones quodlibeticæ, 28670.
le Quart-d'heure de Rabelais, 24673.
le Qu'as-tu vu de la Cour, 20816.
de Quelque chofe remarquable & merveilleufe de paix & bonne amitié, 20445.
Queftion de Droit Public, fur une matiere très-intéreffante, IV, S. 31230. *
Queftion d'Etat, II, 21734.
Queftion d'une Rente amortie, III, 35803.
Queftion importante, qui eft agitée aujourd'hui avec chaleur, 33351.
Queftion importante, (pour fervir de Réponfe à la précédente,) Id.
Qui maledixerit patri fuo, &c., II, 29101.
Quodlibeta, 28648.

R

le RABAIS des Filles d'amour, II, 20399.
Rabbi Benoni Vifiones & doctrina, 28686.
Racematio Virgidemiæ, 28654.
Raillerie univerfelle, 22571.
Raifon d'Etat contre le Miniftre étranger, 22634.
Raifons de la Reine Mere (de Louis XIII,) 20951.
Raifons politiques touchant la guerre d'Allemagne, III, 31001.
Raifons pour lefquelles le Procureur du Roi Catholique, &c. 31044.
Raifons fur lefquelles eft intervenu l'Arrêt du Confeil contre les Jéfuites, IV, 44661.
les Raifons ou les Motifs véritables du Parlement de Paris, II, 22541.
le Rameau Royal, 22579.
le Rapporteur des Procès d'Etat, 23579.
la Réalité du Projet de Bourgfontaine, I, 10868.
la Réception faite à MM. les Gens du Roi, II, 22391.
la Réception faite au Courier d'Efpagne, 22393.
Récit de ce qui s'eft paffé à la Conférence de Ruel, 22798.
Récit véritable de ce qui s'eft fait & paffé à Rome, 22558.
la Récompenfe qu'a reçue Henri de Valois, 19081.
Recueil de Pièces nouvelles de ce temps, III, 31002.
—des Maximes véritables pour l'inftitution du Roi, II, 23427.
—des Préfages profaïques de M. Noftradamus, &c. 19809.
Recueil général des Caquets de l'Accouchée, 21149.
Réduction du Duché de Bretagne, à l'union des Villes Catholiques, IV, S. 18913. *
Réflexions d'un Univerfitaire, 45125.
Réflexions & Maximes politiques fur l'état préfent des affaires, II, 27298.
Réflexions fur la conduite de M. le Prince, 23343.
—fur la Régence des Gens mariés, IV, 44804.
—fur le Projet de Paix, III, 31103.
de la Réformation de ce Royaume, II, 27250.
Refus fait à Monfeigneur le Prince de Condé, 20287.
Réfutation de la Pièce de Pontoife, 23596.
—d'un Libelle adreffé à M. le Prince d'Ofnabrug, III, 31000.
la Régale univerfelle, 35803.
Regnaud de Montauban refufcité, II, 21163.

Regrets

Regrets de M. *** sur la mort de sa femme, IV, 48147.
les Regrets de l'absence du Roi (Louis XIV), II, 22789.
Réjouissance de toute la France sur la mort du Connétable, 20832.
les Réjouissances des Harangeres & Poissonnieres, sur les discours du temps, 20210.
Relatio proditionis Gallicanæ, 28648.
Relation de ce qui s'est passé à l'emprisonnement de M. le Duc de Vendôme, 21408.
—de ce qui s'est passé à l'établissement d'une Cour Souveraine à Nanci, 21816.
—de ce qui s'est passé à l'Hôtel-de-Ville de Paris, 23540.
—de ce qui s'est passé à Marseille, 23019 & 23133: *c'est la même*.
—de ce qui s'est passé depuis la mort de Henri III, 19196.
—de ce qui s'est passé en la Ville de Bourdeaux, 23023.
—de la défaite d'une Compagnie de Chevaux-Légers, 23004.
—de la Fête des Prudhommes, III, 38255.
—de la Figure d'osier que le Peuple nomme *le Suisse de la Rue aux Ours*, V, Add. 39140.*
—d'une Expédition de guerre faite par mer, 21942.
Relation véritable de ce qui s'est fait & passé à Bourdeaux, 23058.
Relatione del successo e progresso fatto dal Duca di Parma, 19404.
la Religion unique, III, 35803.
Remarques des Ambassadeurs Plénipotentiaires de l'Empereur, 31106.
Remarques importantes à la cause commune, II, 22529.
Remarques sur l'Avertissement de Renaudot, IV, 44858.
—sur l'Inventaire des Livres trouvés en la Bibliothèque de Maître Guillaume, II, 19814.
—sur le Testament de M. Cujas, III, 35803.
le Remarqueur Anonyme, II, 28870.
Remède des excellens & libres Discours, 19327.
Remèdes contre les piperies des Pipeurs, 18685.
Remerciement à M. le Maréchal de Vitry, 20586.
Remerciement du Peuple de Paris à M. Miron, 19858.
Remerciement sincere à un homme charitable, 27073.
le Remerciement des Beurrieres de Paris, I, 14261.
—de toutes les Provinces de France, II, 22461.
les très-humbles Remerciemens des Bourgeois de Paris, 22458.
Remontrance à la Reine Mère (de Louis XIII,) Régente en France, 27220.
—au Peuple François, 18333.
—au Peuple de Provence, 23015.
—au Roi (Louis XIII,) contre les Duels, 20402.
—au Roi (Louis XIII,) importante à son Etat, 20811.
—au Roi (Louis XIII,) importante pour son Etat, IV, S. 21207. * *peut-être la même que la précédente*.
—au Roi (Louis XIV,) & à la Reine Régente, 23131.
—aux Mal-contens, 20166.
Remontrance du Berger de la grande montagne, 22576.
—du Clergé par l'Évêque d'Aire, 10574.
—du Roi Louis XII au Roi Louis XI, 22582 & 27263 : *c'est la même*.
Remontrance sur les abus des Intendans de Justice, 22539.
la Remontrance au Théophile, 20818.
charitable Remontrance du Caton Chrétien, 21692.
très-humble Remontrance d'un Gentilhomme Bourguignon, 22468.
—du Parlement de Paris au Roi, (Louis XIV,) & à la Reine Régente, 22527.
très-humble & chrétienne Remontrance à la Reine Régente, (Mère de Louis XIV,) 22538.
Remontrances au Peuple de Flandres, III, 38946.
—au Roi (Louis XIII,) de la part de sa Cour de Parlement de Paris, 27249.

Tome V.

Remontrances des Députés du Parlement de Provence, 23132.
—du Clergé de France au Roi, (Henri III,) 27210.
—du Parlement de Paris au Roi, (Henri IV,) 19731.
trois Remontrances faites sur la fin des derniers troubles, 19466, IV, S. 19668. * *ce sont les mêmes*.
Remontrances pour la Religion Catholique, 19370.
Rencontre de Henri IV & du Duc de Bouillon, 21238.
—de Pied-d'Egrette avec Maître Guillaume, 19857.
—des trois Pacifications, 19766.
la Rencontre de Henri-le-Grand, au Roi, (Louis XIII,) 19941.
—de M. d'Espernon & de François de Ravaillac, à Angoulême, *là*.
—de M. de Vendôme avec un Paysan, 21236.
—de Pontgibaut & de Chalais, 21409.
—d'un Gascon & d'un Poitevin, 22613.
l'heureuse Rencontre d'une mine d'or, 22612.
suite des Rencontres de Maître Guillaume dans l'autre monde, III, 33935.
la Rente de Séris, 35803.
la Rente négligée, *là*.
la Rente non épave, *là*.
Répartie sur la Réponse à la très-humble Remontrance, II, 21680.
Réplique à l'Auteur du Bouclier d'Etat, 28856.
—au suffisant & captieux Censeur de la Lettre d'avis, 22965.
Réponse à l'Avis publié sur l'impossibilité du passage par le Piémont, 21587.
—à l'Ecrit du Comte d'Avaux, III, 31098.
—à la fausse Relation du Parlement de Provence, II, 23000.
—à la Lettre circulaire envoyée à tous les Gens de bien, 23483 & 23684 : *c'est la même*.
—à la Main de Scévola, III, 35803.
—au Diogène François, II, 27232.
—au Libelle, intitulé : *Admonition à Louis XIII*, 28647.
—au Livre intitulé : *la Conduite de la France*, III, 31053.
—au calomnieux Libelle, intitulé : *Libre Discours*, I, 7247.
—au séditieux Ecrit, intitulé : *Lettre d'un Bourgeois désintéressé*, II, 23551.
—aux calomnies proposées contre les Catholiques, 28492.
—aux invectives du Livre, intitulé : *le grand Colisée*, I, 14272.
—aux Nouvelles de l'autre Monde, II, 20407.
Réponse contre le séditieux Libelle, intitulé : *le Caractère du Royaliste*, 23496.
Réponse de l'Ambassade Impériale, III, 31105.
—de la Communauté de Gentilly, II, 20304.
—de la véritable Noblesse de Provence, 23129.
—d'un Allemand à un Serviteur du Roi, 17615.
—d'un ancien Conseiller d'Etat, 20316.
—d'un Ecrivain Hollandois à un illustre Parisien, 28949.
—d'un Gentilhomme à un Avis au Roi, 21587.
—d'un Major d'Infanterie à un Intendant de Province, III, 32183.
—d'un Vassal du Roi Catholique, II, 28707 ; & traduite en *Espagnol*, 28721.
Réponse sur les calomnieux Propos, 30322.
Réponse véritable à une Lettre supposée, 21733.
Repotia Catharinica, III, 35803.
Representatione d'un Consigliero del Parlamento, 31084.
les véritables Reproches faits à Jules Mazarin, II, 24497.
Requête au Roi (Louis XIV,) par le *Corps de la Noblesse*, 22597.
Requête burlesque des Partisans au Parlement, 22567.

Eeeee

Requête des Jésuites au Roi, IV, 44669.
Requête présentée au Roi Catholique, II, 24553.
—présentée au Roi Pluton, 20823.
Requête pour Factum, à Nosseigneurs du Parlement, III, 35803.
supplément à cette Requête, *ld.*
la Requête des trois Etats, II, 23502.
Requêtes des Provinces & des Villes de France, 22429.
la Résolution du Conseil de Science (*ou* Conscience). 22578.
Résolutiones Magistrales Quæstionum quotlibeticarum, 28672.
Responsorium au *Salve, Regina,* des Financiers, 21370.
les Ressentimens de la Ville de Paris, 22624.
les Resveries de la Royne, (Mère de Louis XIII,) 20819.
Rétablissement de la France dans son ancien éclat, III, 31027.
Retraite de M. le Prince de Tingry, II, 20352.
dernière Retraite & Résolution du Duc de Lorraine, 21819.
le Réveil-Matin de la Fronde Royale, 23191.
Révélations ou suite des Mânes de Henri-le-Grand, à la France, 26853.
Riflessioni di uno che ama la Verita, IV, S. 7650.*
les Risées de Pasquin, II, 23378.
la Robe sanglante de Jules Mazarin, 22520.
le Roi du Roi, 22098.
Rolindæus, III, 36071.
le Rosier Historial de France, II, 15706.
le Royal, au Mazarin, 23575.
la Ruse des Flatteurs découverte, 20323.

S

la Salade des Iniquistes, I, 14254.
le Salut de l'Europe III, 31103.
le *Salve, Regina,* de Mazarin, II, 22378.
—des Financiers, 21369.
—du Colonel Ornano, 21390.
la Santé des Princes, IV, S. 25598.*
la Sapience du Roi, II, 12239.
Satyra in Quæstiones quotlibeticas, 28671.
Satyre, ou Feu à l'épreuve de l'eau, 23197.
Satyre Ménippée, 19451.
la Sauce-Robert, I, 9383.
la Sauce-Robert justifiée, 9384.
la Sauce au Verjus, III, 30999.
Sault de l'Allemand, II, 21248.
la Sauterelle demasquée, I, 14347.
premiere Savoisienne II, 19087.
seconde Savoisienne, 19088.
Scopæ, 28648.
Scrittura Satirica di un Catolico Spagnuolo, 28697.
le Secret à l'oreille d'un Domestique de Mazarin, 22508.
le Secret de la Cour, 23602.
le Secret de la retraite de M. le Prince, 23340.
le Secrétaire de Pibrac, 21525.
les Sentimens de réjouissance d'un Solitaire, 22590.
les Sentimens des François intéressés à la Paix générale, 23119.
les Sentimens d'un fidèle Sujet du Roi, 23380.
les Sérées Satyriques de la Cour, 21411.
le vrai Serviteur du Roi, 20358.
la Sibylle Françoise parlant au Roi, (Louis XIII.) 20952.
la Sibylle moderne, 22550.
Sicera, III, 36403.
les grands Signes & Miracles advenus en cette année, II, 18453.
Silence au bout du doigt, 22781.
suite du Silence au bout du doigt, 22781.

Sire Benoît, ferreur d'éguillettes, 11529.
le Sire d'Aubigny, 17460.
le Soldat François, 19826.
le Soldat François en colere, 28627.
le Soldat Suédois, 22055.
Sommaire de ce qui s'est passé en Piémont, 21719.
—du Procès de René Dorsanne, III, 35803.
Songe contenant une Remontrance de la France, II, 19472.
Songe & révélation de Maître Guillaume, 21159.
Sortes Virgilianæ, 20564.
le Sotisier de Pierre de l'Estoille, 19908.
les Souhaits des bons François, 22565.
Soupirs de l'Eglise Gallicane, 19855.
les Soupirs d'Alexis, sur la retenue de son ami Théophile, I, 14322.
—de l'Europe sur le Projet de la Paix, III, 31129.
—de la Fleur de Lys, II, 20959.
—de la France esclave, 27300.
Source de plusieurs abus & monopoles qui se sont glissés en France, IV, S. 27988.*
les Souvenirs de Madame de Caylus, IV, S. 24514.*
Spongia Bruni, III, 30724.
Stances, II, 20829.
Stances, à Paris, 18717.
Statera Belli & Pacis, III, 31054.
Stomachatio boni Popularis, II, 22536.
le Stratagême, 23533.
Supplément à la Requête pour Factum, à Nosseigneurs du Parlement, III, 35803.
Supplication au Roi (Louis XIV,) pour avancer le Procès des Partisans, II, 22554.
dernière Supplication du Cardinal de Mazarin, 22526.
pour la Sûreté de la Vie des Rois, 21397.
le Surveillant François, 20224.
le Syndic du Peuple au Roi, (Louis XIII,) 20835.

T

Tableau de la discorde dans les guerres civiles de France, II, 22992.
le Tableau des Tyrans favoris, 22479.
le *Te Deum* des Dames de la Cour, 22600.
Templum Pacis, & Pacifcentium Leges Imperii fundamentales, III, 31024.
le Temps passé & l'avenir, II, 22496.
Testament de Mantoue, 24601.
—de René Dorsanne, III, 35803.
—du Cardinal Jules Mazarin, II, 24195.
Testament Politique de Jean-Baptiste Colbert, 24182.
—du Cardinal Mazarin, III, 32442.
—du Marquis de Louvois, II, 24303.
Testament véritable du Card. Jules Mazarin, 22349.
le Testament de l'Union, 19456.
la Tête de Bœuf couronnée, 20940.
Theophilus in carcere, I, 14323.
Tirtæus, aux François, II, 20391.
le Tocsin contre les Massacreurs, II, 18179, 18338, & 18379. *Vraisemblablement le même.*
Tombeaux domestiques, III, 35803.
Tombeaux (ou Tableaux) généalogiques, *ld.*
Tout se dira, I, 14688.
le Tout en tout à la Cour, II, 20821.
le Tout en tout du temps, 22852.
Tractatus Politicus de translatione Regni, 19147.
Tragédie de la perfidie d'Aman, 20671.
Tragédie des Rébelles, 20673, & 21171. *Peut-être la même.*
les Tragiques, 18388.
la Trahison découverte, 18967.
Traité de ce qui s'est passé à Paris au temps de la Ligue, 19125.
—de l'Architecture, III, 35803.

Traité de l'Artillerie, III, 35803.
—de la Marine, *là*.
—des Martyrologes, *là*.
—de la Monarchie universelle, II, 28874.
—de la Peinture, III, 35803.
—des Tailles, Crues, Impôts, &c. II, 18803.
—du Mariage de Henri IV, 19774.
le Trésor des Epitaphes pour & contre le Cardinal, III, 32529.
le Tribun François, ou Remontrance à la Reine, (Mere de Louis XIII,) I, 14279.
le Triomphe de la France contre les Anthropophages, II, 21164.
—de la Vérité sans masque, 22498.
—de Monseigneur le Duc de Beaufort, 22623.
—de Paris, & sa joie, 22460.
—des neuf Preux, 16195.
—du Faquinisme Mazarin, 23527.
le Triomphe Royal, 22605.
Tromperies des Charlatans, 10845.
la Trompette des Catholiques, 19118.
la Trompette Divine & Royale, 20371.
Turnella, III, 32867.

U

Union de la Noblesse de France, II, 22596.
l'Université en chemise, IV, S. 20393.*

V

la Vanité du Secrétaire du Connétable, II, 20964.
Variétés Historiques, IV, S. 15622.*
que la Vénalité des Offices n'est point dommageable à l'Etat, II, 27223.
la Vengeance équitable, charitable & permise, 22511.
la Verita vindicata de' i sofismi di Francia, 28858.
le Véritable, 16825.
le Véritable, ou le Mot en Ami, 21272.
la Vérité continuant de prononcer ses Oracles, 23637.
la Vérité dans sa naïveté, 23075.
la Vérité défendue, 21789.

la Vérité démasquée, 23660.
la Vérité & l'Innocence victorieuses de l'Erreur & de la Calomnie, I, 10870.
la Vérité manifestée, II, 23393.
la Vérité révélée, 28210.
la Vérité toute nue au Peuple de Provence, 23685; III, 38119 : *c'est la même.*
la pure Vérité cachée, II, 22931.
Vérités Académiques, IV, 44672.
les Vérités Françoises opposées aux calomnies Espagnoles, II, 28710.
les Vérités Historiques, 23239.
Vers sur l'effigie de la Justice, 21614.
Victoire signalée obtenue par M. de Guise, IV, S. 20454.*
Vie de Mademoiselle Cujas, III, 35803.
la Ville de Poitiers au Roi d'Espagne, II, 16491.
le petit Villebœuf, III, 35803.
Vindiciæ Gallicæ adversùs Alexandrum Patricium, II, 28724.
Vindiciæ Theologicæ Ibero-Politicæ, 28667.
Virgidemia, 28648.
la Vision Prophétique de Sainte Geneviève, 22493.
l'épouvantable Vision apperçue à l'Abbaye de Marmoutier, 22447.
les Visions Nocturnes de M. Maturin Questier, 22402.
le Vœu des Parisiens à la Vierge, 22577.
les Vœux des Princes aux pieds du Roi (Louis XIII,) 20587.
—des Religieux de Saint-Denys pour la Paix du Royaume, 22534.
la Voix de l'Eléphant, 20499.
—du Peuple à M. le Duc de Beaufort, 22559.
—du vrai Patriote Catholique, IV, S. 6273.**
la Voix publique au Roi, II, 21232 & 21304; *peut-être la même.*
Voyage de Maître Guillaume, 10621.
Voyage fait par ordre de Louis XIV, dans la Palestine, III, 31110.
le Voyage des Ambassadeurs de Siam en France, 31069.
—des Justes en Italie, II, 22370.
le Vrai & le Faux de M. le Prince & de M. le Cardinal de Retz, 23448.

FIN DE L'OUVRAGE.

M. DCC. LXXVIII.

www.ingramcontent.com/pod-product-compliance
Lightning Source LLC
Chambersburg PA
CBHW061723300426
44115CB00009B/1088